The Oxford Companion to the Supreme Court of the United States
(second edition)

牛津
美国联邦最高法院指南
(第二版)

本书编译委员会

主任
许明月

副主任
夏登峻

成员
许明月 夏登峻 邓瑞平 张舫 曾文革 李昌林
胡智强 邓宏光 林全玲 胡海容 邵海

译者名单
（以姓名音序排列）

曹振海 常传领 常洁 陈丽丹 邓宏光 邓静
邓瑞平 杜昱 范兴成 龚柳青 郭成 郭东
韩伟 胡海容 胡智强 江华 蒋专平 李昌林
李刚 李慧 李剑 李明 李绍保 李昱 林全玲
刘小雅 刘志杰 潘林伟 邵海 孙曙生 田晓玲
王红丽 王煜宇 武全 夏登峻 熊莉君 许明月
杨力峰 杨沛川 姚家峰 岳志军 曾文革
张舫 张伊明 赵学刚

牛津
美国联邦
最高法院
指南

THE OXFORD COMPANION TO THE SUPREME COURT OF THE UNITED STATES

（第二版）
(second edition)

主编：[美] 克米特·L.霍尔
译者：许明月　夏登峻　等

北京大学出版社
PEKING UNIVERSITY PRESS

北京市版权局著作权合同登记　图字：01-2007-0925

图书在版编目(CIP)数据

牛津美国联邦最高法院指南/(美)克米特·L.霍尔主编；许明月等译.—北京：北京大学出版社，2009.1
ISBN 978-7-301-14427-5

Ⅰ.牛… Ⅱ.①霍… ②许… Ⅲ.最高法院-概况-美国 Ⅳ.D971.262

中国版本图书馆 CIP 数据核字(2008)第 170718 号

Copyright © 1992,2005 by Oxford University Press, Inc.
This translation of The Oxford Companion to the Supreme Court of the United States, Second Edition, originally published in English in 2005, is published by arrangement with Oxford University Press, Inc.

《牛津美国联邦最高法院指南》(第二版)简体中文版由牛津大学出版社授权出版发行。

书　　　　名：	牛津美国联邦最高法院指南
著作责任者：	〔美〕克米特·L.霍尔 主编　许明月　夏登峻 等译
特 邀 编 辑：	缪庆庆　方昇
责 任 编 辑：	杨剑虹　陆建华
标 准 书 号：	ISBN 978-7-301-14427-5/D·2185
出 版 发 行：	北京大学出版社
地　　　　址：	北京市海淀区成府路 205 号　100871
网　　　　址：	http://www.pup.cn　电子邮箱：law@pup.pku.edu.cn
电　　　　话：	邮购部 62752015　发行部 62750672　编辑部 62117788　出版部 62754962
印　　刷　者：	北京中科印刷有限公司
经　　销　者：	新华书店
	787 毫米×1092 毫米　16 开本　76.75 印张　2806 千字
	2009 年 1 月第 1 版　2009 年 1 月第 1 次印刷
定　　　　价：	298.00 元

未经许可，不得以任何方式复制或抄袭本书之部分或全部内容。
版权所有，侵权必究
举报电话：010-62752024　电子邮箱：fd@pup.pku.edu.cn

总目录

中文版说明 /1
第二版序言 /5
第一版序言 /7
撰稿人名录 /13
主题目录 /21

附录一　美利坚合众国宪法 /1046
附录二　大法官的任命与连任 /1054
　　联邦最高法院大法官任命(1789—2005) /1054
　　总统任期内的任命 /1061
　　大法官继任年志 /1067
　　大法官的继任 /1073
附录三　联邦最高法院的琐事与传统 /1079
　　联邦最高法院的"第一"与琐事 /1079
　　联邦最高法院的传统 /1081
判例索引 /1082
中文词条索引 /1131

中文版说明

《牛津美国联邦最高法院指南》是一部系统介绍美国联邦最高法院的大型工具书,其内容涉及大法官及与联邦最高法院发展密切相关的重要人物(如参议院否决的联邦最高法院大法官被提名者,在联邦最高法院辩论过的最杰出的律师等)的介绍;联邦最高法院的运作程序和美国立宪主义的内涵(如正当法律程序、三权分立等);联邦最高法院曾经审理过的具有重要影响的经典判例;以及联邦最高法院的历史及相关的术语和概念,等等。它从不同的视角勾勒了美国联邦最高法院的立体形象,为读者提供了有关美国联邦最高法院、美国宪政体制,尤其是美国违宪审查制度的全面信息。同时,正如托克维尔所言:"几乎在美国出现的所有政治问题或迟或早会转化为司法问题。"通过本书,读者还会看到,在美国这样一个法治国家,诸如奴隶制、种族、宗教、女权、总统大选、中央与地方的关系,甚至堕胎、同性恋、色情传播等此类社会关注的问题,是如何在法律的框架中获得解决的。

本书完全采用了原文的编排顺序,即按照英文词条首写字母的顺序排列相关内容。为方便读者理解,在词条的编排上,将原英文词条放在前面,中文词条放在其后。按照原文编者的设计,正文在提及相关词条时一般都设置了标记"*",以便读者在阅读某一词条的内容时,能够参考相关词条的内容。为照顾原文的这一特点,翻译时,遇到此类短语,我们都将英文原文标注在译文后的括号中;考虑到中文译名的首汉字发音拼音字母可能与英文不同,在涉及这类交叉引注时,"*"只标注在对应的英文首字母前,而没有放在对应的中文文字前。读者可以按照首写字母顺序查阅相关的英文词条和对应的中文词条。

为避免前后翻译不一致,对文中出现的通过引用词条而所作的插注(将相关词条放在正文的括号中予以注明),翻译时均按原文处理,没有翻译成中文,但说明性的插注,一般都译成了中文。

同样是为了避免前后翻译的不一致,译文每一词条后的撰稿人姓名一律未翻译,使用原英文姓名。本书中安排有撰稿人名录,需要了解相关信息的读者可以参考该名录。

在原文不少词条的后面列有建议参阅的其他词条和参考文献,为便于读者查找原文,也没有译成中文。

原书未设目录,但在正文之后以附录的形式设有主题索引(Topical Index),列出了每一词条的名称及其在本书原文中所在的页码和出现的页码。考虑到中国读者习惯于在书的文前查阅目录,我们按照每一词条字母顺序编写了主题目录,相应地,中译本中便不再附原书书后的主题索引。

在本书英文版中,为了方便读者查找,人物小传的人名按照姓、名顺序排序,中间用逗号隔开,与正常情况下人名的顺序相反,如"Thurgood Marshall",在词条名中被表述为"Marshall,Thurgood",在一般读者的记忆中,往往记住的是姓,而不是名,因此,按姓的首写字母编写,便于读者查阅。考虑到中国读者同样存在这种情况,因此,对词条名中的人名,翻译时保留了原文的顺序,姓名中间用逗号隔开。如"Marshall,Thurgood"就译成"马歇尔,瑟古德"。但正文中的姓名则按照正常的英文顺序表述。在原文中,为了简化表述,在人物小传词条中使用了一些缩写,以"b."代表出生时间,"d."代表死亡时间,"interred"表示"安葬于……",翻译时按照意思直译,没有进行简化处理。但按照原文将上述内容放在词条的后面括号中。除作为词条名的人名以外,其他人名在词条中第一次出现时,一般都附有英文原名,该英文原名放在译名后面的括号中,以便读者按照英文原名了解相关信息,避免出现人名翻译前后不一致而引起误导。

判例的翻译是法学著作翻译中较难处理的一个问题,我们参考了有关法学文献对判例的译法,对判例名的翻译进行了如下处理:

判例翻译的一般格式是:中文判例名(英文判例名)(时间或时间+页码)。

原版中词条判例(即作为词条名称的判例)直接标明了判例出处,译文中,将判例出处放在中文后标明,对应的英文判例名后没有再附判例出处。考虑到中国读者阅读习惯和中国著述者的行文习惯,判例出处用括号与判例名和正文分开。例如,Cohen v. California,403 U. S. 15(1971),对应的中文词条名为:"科恩诉加利福尼亚州案"[403 U. S. 15(1971)]。为了保持判例出处翻译的前后统一,也考虑到读者查阅判例出处的便利,对判例出处没有翻译。

本书判例词条主要来源于《美国判例汇编》(United States Reports)。《美国判例汇编》是美国官方出版的判例汇编,它收集了最高法院成立以来的绝大多数判例。其中,前四卷采用了达拉斯(Dallas)的判例汇编,由亚历山大·詹姆斯·达拉斯编辑,称为《达拉斯判例汇编》,简写为"Dall.",《达拉斯判例汇编》同时也是美国联邦最高法院的最初四卷的判例汇编,故其卷号与美国判例汇编的卷号相同。本书的少量判例来源于这些卷本的美国判例汇编。例如:Chisholm v. Georgia("奇泽姆诉佐治亚州案")2 Dall.(2 U. S.)419(1793)。其中,"2 Dall."表明该判例的出处是《达拉斯判例汇编》第2卷,接下来的括号中的"U. S."意味着该卷同时也是《美国判例汇编》的第2卷。紧跟其后的数字"419"代表页码,即第419页,而括号中的"1793"则代表审理案件的年代。如果将其出处翻译成中文,则为"《达拉斯判例汇编》第2卷(《美国判例汇编》第2卷),第419页,1793年"。

达拉斯之后,接任联邦最高法院判例汇编工作的人有威廉·克兰奇(William Cranch)、亨利·惠顿(Henry Wheaton)、理查德·彼得斯(Richard Peters)、本杰明·霍华德(Benjamin Howard)、杰里迈亚·布莱克(Jeremiah Black)和约翰·华莱士(John Wallace),在引用这些卷本的判例汇编时一般都要标明相应编辑者的姓名,读者在查阅本书时可以参考下面的例子理解其含义:

英文:Fletcher v. Peck,6 Cranch(10 U. S.)87(1810)

中文:"弗莱彻诉佩克案",《克兰奇判例汇编》第6卷(《美国判例汇编》第10卷),第87页(1810年)

英文:Johnson and Graham's lessee v. McIntosh,8 Wheat.(21 U. S.)543(1832)

中文:"约翰逊与格雷厄姆租户诉麦克尹托西案",《惠顿判例汇编》第8卷(《美国判例汇编》第21卷)543页(1832年)

英文:Holmes v. Jennison,14 Pet.(39 U. S.)540(1840)

中文:"霍姆斯诉詹尼森案",《彼得斯判例汇编》第14卷(《美国判例汇编》第39卷),第540页(1840)

英文:Luther v. Borden,7 How.(48 U. S.)1(1849)

中文:"卢瑟诉博登案",《霍华德判例汇编》第7卷(《美国判例汇编》第48卷),第1页(1849年)

英文:Murdock v. Memphis,20 Wall.(87 U. S.)590(1875)

中文:"默多克诉麦穆非斯案",《华莱士判例汇编》第20卷(《美国判例汇编》第87卷)第590页(1875年)

华莱士之后,联邦最高法院的判例汇编不再标明编辑者姓名,而直接使用《美国判例汇编》(United States Reports),引用时使用缩写"U.S."。1883年,West出版公司开始出版联邦最高法院的判例汇编,其名称为《联邦最高法院判例汇编》(Supreme Court Reporter),引注时缩写为"S. Ct.",此外,自1901年起,还出现了《联邦最高法院判例汇编(律师版)》(Lawyers Edition of Supreme Court Reports),引用时使用缩写"L. Ed."(但本书中的词条判例没有引用律师版判例汇编)。下面是目前使用的表明这类判例出处的一些例子:

英文:Johnson v. Louisiana,400 U. S. 356(1972)

中文:"约翰逊诉路易斯安那州案",《美国判例汇编》第400卷第356页(1972年)

英文:Hodgson v. Minnesota,111 S. Ct. 2926(1990)

中文:"霍奇森诉明尼苏达州案",《联邦最高法院判例汇编》第111卷第2926页(1990年)

判例名一般按照原告诉被告的顺序翻译。但原文中对某些判例(特别以合众国作为原告的判例)在表述顺序上进行了倒置,即,将被告放在前面,然后用逗号隔开,后面为原告。如:"Kagama,United States v."，在翻译时，如果这类判例名为词条名，译者均按照正常顺序将其颠倒过来，译为"合众国诉卡加马案"。在正文中，这类判例是按照正常顺序排列的，即：United States v. Kagama，翻译时，一般后附原文。请读者注意，在交叉引注的场合，相关的星号仍然放在英文的原文所标注的位置，即：United States v. *Kagama，这样处理同样是为了方便读者查找相关的交叉参考词条。读者在查阅该词条判例时，应在"K"字头词条中查找，而不要在"U"字头词条中查找。

判例翻译过程中，对词条判例和非词条判例，在第一次出现时一般都后附了英文名，对词条判例，还按照原文将星号放在英文名相应词条的首写字母前。读者可以按照字母顺序，便利地查找相关的英文判例名称和对应的中文判例名称。

正文中引用的非词条判例都没有标明出处，需要了解其出处的读者，可以参阅书后的判例索引。考虑到其中涉及的出处较多，为方便读者查阅原文，我们仅就其判例名称进行了翻译。读者也可以参考上面的例子理解其出处。

人名大部分参考了新华通讯社译名资料组编写的《英语姓名译名手册》（商务印书馆1973年第二版）中的翻译，某些该书中未列出的人名，参照其他翻译著作中的译法翻译，找不到翻译依据的人名，直接根据发音翻译，书中涉及的中国人人名和日本人人名，一律按发音翻译。对由此给读者带来的不便，我们深表遗憾。

还需说明的是，本书涉及的某些概念和短语，是在美国特定的文化背景中形成的，由于我们水平有限，至交稿时，仍未发现理想的译法，如，Taking，根据本书相关解释，其本义大致可理解为"为公共目的需要而对私人财产利益施加不利的影响"，它包括传统意义上的征收、征用，但其含义要更为宽泛，它无须所有权或占有的转移，甚至因为城市规划而使私人财产的经营、利用受到不利的影响，都可纳入其中，故翻译为"征用"或"征收"，显然不妥，经反复斟酌，最后，勉强将其统一翻译为"占用"。再如，Establishment of Religion，按照传统理解，有"将某一宗教设立为国教"的意思，但是，正如词条本身所解释的那样，在现代美国社会，基本上没有从这一意义使用这一概念，相关的案例，主要涉及政府违反宗教中立原则，对宗教主体和活动给予一定优惠待遇的情形，而且，很多是在宗教与非宗教主体之间发生的争议，根本提不到设立国教的高度。考虑到这些情况，本书经多次反复，最终仍选择将其直译为"确立宗教"，毕竟，美国宪法中并没有明确提到"国教"（State Religion）这一概念，而且，"确立"有支持、巩固的意思，基本能够反映原文的含义。此外，Court Packing Plan，本为罗斯福总统在新政时期，为克服保守的联邦最高法院对新政形成的阻力，运用总统的对大法官任命权，对联邦最高法院的大法官队伍进行全面调整的一项计划。有人将其翻译为"联邦最高法院人员安置计划"，也有人将其翻译为"联邦最高法院人事调整计划"或"法院人事调整方案"，考虑到根据该方案调整的人员仅为大法官，故翻译为"人事调整计划或方案"也可能产生歧义，而加上联邦最高法院又嫌译文过长，故仍将其直译为"法院人员布置计划"。本书中诸如此类的概念或短语仍有不少，若单看该概念或短语本身，难免存有歧义，故建议读者结合相关内容了解其准确含义。

最后需要说明的是，本书翻译过程中，得到了北京大学出版社、法律出版社、重庆大学和西南政法大学的大力支持，在此表示衷心的感谢。本书的翻译工作整整持续了8年，早在2000年，我们就接受了法律出版社的委托，组织本书的翻译工作。但2004年本书译稿交付出版社不久，原书出版了新的版本（第二版），对第一版作出了大量实质性修订。增列了60多篇文章，也删除了一些文章，并对大部分文章作了不同程度的修改，鉴于这种情况，法律出版社决定不再出版本书，并主动承担了相关责任。我们对法律出版社作出的决定表示理解，并对其主动承担责任的做法表示赞赏。令人感动的是，在法律出版社作出不再出版本书决定后，该社负责本书编辑工作的朱宁、高如华女士等，深感本书出版的重要学术和社会价值，主动与北京大学出版社联系，安排本书第二版中文版的出版事宜。本书的版权事宜，也由以上两出版社妥善解决。没有法律出版社、北京大学出版社和蒋浩、陆建华先生，朱宁、高如华、杨剑虹女士等出版社人士的大力支持，本书便不可能与读者见面。

本书的译者大部分为重庆大学和西南政法大学的在职教师，博士或硕士研究生、毕业生，没有他们的辛勤劳动，本书是不可能与读者见面的。在本书交付出版之际，重庆大学法学院博士林全玲、胡海容女士，胡智强、常传领、邓宏光、邵海先生等，也参加了部分文字校对和格式统一的工作；西南政法大学博士研究生郭东先生对"撰稿人名录"进行了编译、整理；在深圳工作的韩伟先生对附录二和附录三进行了编译、整理。同时，本书的翻译还得到了重庆大学法学院外籍教师Obradovic Dean先生的指导，在此一并致谢。

《牛津美国联邦最高法院指南》是一部篇幅宏大，内容涉及美国社会生活各个方面的巨著。由于我们水平有限，特别是在某些方面缺乏对背景知识的深刻了解，不妥甚至错误之处，诚望读者不吝赐教，批评指正。书中的不足均归于译者和统稿人。

许明月

2008年7月于重庆大学法学院

第二版序言

自《牛津美国联邦最高法院指南》第一版面世至今已有 13 年了。在这 13 年里，联邦最高法院既有变化也有延续。有两位大法官已经离开了联邦最高法院。大法官拜伦·R. 怀特（Byron R. White）于 1993 年离开，大法官哈里·A. 布莱克蒙（Harry A. Blackmun）于 1994 年离开。总统比尔·克林顿分别任命了鲁思·巴德·金斯伯格（Ruth Bader Ginsburg）和斯蒂芬·G. 布雷耶（Stephen G. Breyer）来代替他们。自 1994 年以来，联邦最高法院的人员一直相当稳定。事实上，联邦最高法院自 1937 年增加到 9 人以后，从来没有在这么长的时间内保持大法官队伍没有发生变化。然而，在本书第二版出版之际，似乎不可避免要发生变化。尽管现在的大法官的平均年龄并不是美国历史上最高的，但是，目前联邦最高法院大法官的平均年龄确实比较高，已经达到 70 岁。并且，首席大法官威廉·H. 伦奎斯特（William H. Rehnquist）患有甲状腺癌，其他两位大法官金斯伯格和桑德拉·戴·奥康纳（Sandra Day O'Connor）也都曾患过癌症。年龄本身并不是影响他们在法院工作的主要因素。联邦最高法院年龄最大的法官约翰·保罗·史蒂文斯（John Paul Stevens）到 85 岁时身体仍然很健康，每天都要慢跑 2 英里。小奥利弗·温德尔·霍姆斯（Oliver Wendell Holmes, Jr.），联邦最高法院最受人尊敬的大法官之一，在 1932 年退休时已经 90 岁。然而，总统乔治·W. 布什将有机会在他第二个任期内大幅度调整联邦最高法院的组成。到目前为止，布什和吉米·卡特仍将是美国历史上仅有的任满一届任期却没有任命过一个大法官的总统。尽管，富兰克林·D. 罗斯福在他第一个任期内没有任命过大法官，但在第二个任期内却任命了 9 位大法官，仅比乔治·华盛顿任命的法官人数少。

联邦最高法院的大法官是经常让人感觉很神秘的联邦最高法院中的主角。在本书第二版中，对每一位大法官都有专门的文章对其进行介绍，包括新就任的大法官金斯伯格和布雷耶，并且介绍其他大法官的许多文章也已经修订，尤其是介绍那些自第一版出版后继续任职的大法官的文章。

在过去的 13 年里，联邦最高法院仍然要解决一些重大的宪法纠纷。联邦最高法院解决了备受关注的 2000 年总统选举问题，为布什挫败了他的民主党的对手艾·戈尔（Al Gore）而赢得了白宫。当然，还存在许多很有争议的判决。联邦最高法院还处理了许多涉及堕胎、积极行动、惩罚性赔偿、财产权和土地使用管制、商业条款的适用范围、选举筹资限制、州权力和州主权豁免、土著美国人开设赌场、仇视性言论和其他大量宪法第一修正案纠纷，以及大量刑事诉讼问题。由于联邦最高法院的判决是其对美国宪政最重要的贡献，所以我们增加了 60 多篇文章，对 1992 年到 2004 年审判期的重要案件进行了介绍。我们还增删、修订了其他一些介绍案例的文章，特别注意增加了那些早期案件中涉及的救济问题在过去 13 年里出现的新进展。联邦最高法院的历史已经证明，它的工作反映了美国社会生活的重大事件。例如，2001 年 9 月 11 日恐怖袭击以后，联邦最高法院的大法官们就一直被要求对联邦政府捕获的一些人的命运作出裁判。

联邦最高法院作为一个社会机构也发生了变化。"9·11"的恐怖袭击以及新的恐怖主义活动的持续危险使得法院周围的防卫更加严密。尽管普通公民仍然可以接触联邦最高法院的大法官以及他们的工作地点。信息技术革命比10年前更为全面地影响了联邦最高法院大法官的工作。第二版详细地说明了信息革命是如何影响大法官的工作的。例如，联邦最高法院已有了自己的为公众、媒体和当事人提供帮助的网站（http://www.supremecourtus.gov/）。

由于第一版出版后，原来的作者有的已经过世了。对于他们的文章，有的我们也作了修订，并注明了原作者和新的作者。而如果仍然健在的原作者不愿意修订他们的文章，编辑会将这一修订任务委托给新的作者，我们已将他们的名字列入撰稿人名录。

与第一版相一致，新的修订版仍然注意照顾读者的不同兴趣爱好。如以前一样，我们允许作者表达自己的观点，但我们尽量避免任何一篇文章成为某种意识形态观点的忠实的传声筒，尤其是有关涉及一些具有较大争议事项（如堕胎、积极行动）的文章。我们仍然保持了第一版的传统，确保每一篇文章都将联邦最高法院解释为美国文化中所珍视的价值的代表和影响美国公民的日常生活的重要机构。我们也强调了联邦最高法院对国际社会产生的越来越大的影响，以及超越国界的势力对联邦最高法院所产生的日益重要的影响。我们相信，联邦最高法院不断增强的对国际宪政观点的关注和运用，在下一个十年里，其重要性也必将进一步提高。

如何使用本书

第二版的编排顺序与第一版相同：根据字母顺序，并设有交叉索引。大致的安排已经在第一版的序言中解释了，第一版序言就在本文之后。顺便提一下附录中的内容。附录列出了一些难以在书的正文中找到但又对理解正文具有重要意义的内容。附录二中的表格列明了大法官的继任，法院某一席位空缺的时间，任命大法官的总统，参议院的投票情况（如果进行了投票），以及每位大法官的任职时间。这些表格也已经更新、修订，个别情况下修改了第一版的错误。这种安排通过一个相对简单的表格形式将大法官的具体问题向读者进行了介绍，而没有使用大型的、复杂的表格进行解释。这也有利于读者把握每个被提名者通向大法官之路的关键事件。

还有一个附录（附录三）包含了一些琐碎的、鲜为人知的有关联邦最高法院及其大法官的琐事。本版附录已经更新，不仅反映了第一版后的新进展，而且还增加了一些第一版中没有包含的内容。一些读者曾告诉我们，这些附录也是本书中很有价值的组成部分。

致谢

本书自问世到第二版的修订都是大家共同努力的结果。本书的开始就列出了一个单独的撰稿人名录，并在合适的情况下介绍了他们所属的单位。没有这些撰稿人的学术、学识和广博的知识，本书第一版不会取得如此巨大的成功，我们希望第二版同样会取得成功。与第一版相同，本修订版的出版，同样吸收了法律、政治学、历史学、社会学、刑事司法和人类学等不同领域的知识。因此，本书的视角是一种刻意追求的多元视角，一种有意将法律与社会联系起来的视角。

在本书修订的过程中，我们得到了许多图书馆和图书馆管理员的大力帮助，其中包括：犹他州立大学图书馆、范德比尔特大学图书馆和约翰·霍普金斯大学图书馆。除了曾经为本书的第一版做出过努力的人，我们还深深地感受到如下人士为第二版所提供的帮助：迈卡·麦金尼（Mica Mckinney）、尼尔·阿伯克龙比（Neil Abercrombie）、詹姆斯·N.泰勒（James N. Taylor）、特里西亚·兰德尔·诺顿（Tricia Randall Norton）、罗斯·厄恩斯科姆（Rose Ernstrom）、特里萨·登顿（Teresa Denton）和戴安娜·巴尼特（Diane Barnett）。此外，威廉·M.威克（William M. Wieck），一位杰出的法学教师与法律史学家，由于其他的专业工作使其无法参加第二版的修订。他对本书的第一版所做的贡献是非常巨大的，尽管在第二版中他不再担任编者。

我们要感谢斯蒂芬·韦格利（Stephen Wagley），牛津大学出版社的编辑，尤其需要提到的是他的耐心、敬业、高效的组织技巧、丰富的出版知识，以及对于有关联邦最高法院的著作持续在其供职的出版社出版的伟大传统所表现出的真诚的兴趣。与第一版一样，编者与作者都受到了牛津大学出版社工作人员的专业水准的良好服务。本书仍然存留的不足应归于编者自己。

主编：克米特·L.霍尔（Kermit L. Hall）
编者：小詹姆斯·W.伊利（James W. Ely, Jr.）
乔尔·B.格罗斯曼（Joel B. Grossman）
2005年2月1日

（林全玲译，许明月校）

第一版序言

美国联邦最高法院一度是联邦政府的一个最不易接近同时又是最易接近的部门。与行政、立法部门不同,它的成员均是任命而非选举的,而且一旦任命,只要品行良好,他们实际上是终身任职。尽管大法官们在公开的法庭上听取案件的辩论,但他们却要在秘密会议中作出判决,这种做法对外部世界封锁得十分严密,以致人们只能从大法官(通常)所保留的支离破碎的记录中了解其运作情况。大法官们在辩论和判决案件的会议上与其他大法官在一起,但保持自身的独立,即使是他们信得过的法律秘书也被排斥在外。

然而,尽管有这些保密,联邦最高法院最终却必须用书面意见对其大多数判决作出说明。约500卷本的《美国判例汇编》,即官方的最高法院判例汇编,提供了过去两个世纪里从高级别法院涌出的浩繁的语句的无言证据。当然,联邦最高法院通过履行其最高职责,如同最高法院大厦主入口上方的题词所表明的那样,提供"法律下的公平司法"(Equal Justice Under Law)来表现自己。联邦最高法院是审理依据《宪法》或美国法律而产生的所有案件和争议的最高裁判庭,因而它起着《宪法》杰出守护人和解释者的作用。《牛津美国联邦最高法院指南》的编辑们将以阐明联邦最高法院扮演这一关键角色的方式作为其主要任务。

首席大法官查尔斯·E. 休斯(Charles Evans Hughes)曾经宣称联邦最高法院"在理念上和功能上都是美国特色的"。世界上几乎没有其他哪个法院具有同样大的权力来解释它们自己国家的宪法;也没有哪个法院所做的事能与两个多世纪来联邦最高法院审理和判决的案件所达到的成就媲美。正如亚历克西斯·德·托克维尔(Alexis de Tocqueville)在《论美国的民主》中评论的那样:"迄今为止,我不知道在地球上还有哪个国家以美国那样的方式组织过司法权……也未曾有哪个国家的人民建立过比其更令人印象深刻的司法权。"

鉴于过去两个多世纪里联邦最高法院对美国人生活施加的影响,它的史话已不仅仅是一些事实和人物,也不仅仅只是大法官和判例,而是这个国家的历史本身。当托克维尔发现"几乎在美国出现的任何政治问题或迟或早都会转化为司法问题"时,经由联邦最高法院的判决,法律成为政治对话的一种延伸。要想了解联邦最高法院,必须同时对作为其如此之多工作来源的政治、社会或经济势力也要有所了解。

我们把联邦最高法院视为一个法律机构,当然它就是一个法律机构。不过,本书的编辑们也把它视为一个政治、社会、经济和文化的综合机构,一个通过法律说话、但其判决能型构其作为其中一部分的社会秩序并同时又被它所型构的机构。因此,本书有意同时抓住联邦最高法院对施加给它的社会压力所作的反应和其内部为探求联邦宪法之含义而斗争的戏剧性场面。另外,在大多数情况下,外部压力和内部斗争是密切相关的。回顾一下首席大法官罗杰·B. 托尼(Roger B. Taney)和大法官本杰明 R. 柯蒂斯在德雷德·斯科特案(Dred Scott)(1857)中关于奴隶制之宪法基础的斗争,我们会发现,他们对非洲后裔是否可以成为美国公民这一问题的法律上的分歧,实际上反映了内战前夕南北之间存在的更大的斗争。在本书中,我们试图把最高法院拟人化,把大法官和他们的判决置于美国人的历史和生活的总框架之中,阐明"法律下的公平司法"的实践与理论。

本书对于联邦最高法院的历史和目前的运作提供了一个综合性介绍。它通过按字母顺序排列的涵盖几类宽泛类别的词条而达到这一目的。传记词条探索了全部大法官、参议院否决的被提名者、在联邦最高法院辩论过的最杰出的律师、以及其他许多在联邦最高法院历史上具有重要地位的人物的个人经历和职业生涯。大法官的生平梗概,如有关约翰·马歇尔和小奥利弗·温德尔·霍姆斯(John Marshall and Olivel Wendell Holmes Jr.)的生平梗概,包括了他们的出身、教育、成长过程中受到的重要影响和职业,并集中论述了他们主要的法律和司法职业,他们获得所渴望的在最高法院的地位的原因,以及他们担任联邦最高法院大法官后对宪法所作的贡献。

另一类的词条论述了一些对联邦最高法院的运作和美国立宪主义的内涵都具有核心意义的概念,它涵盖了诸如正当法律程序、权力分立以及法律的平等保护之类难以把握的主题。这类词条给概念以定义并追踪它的历史出处和发展;探究这些概念在联邦最高法院的运行中所起的作用;讨论律师、法官和学者们与这些概念相关的现时理解,并探讨这些概念在美国历史和法文化中的一般含义。

本书特别重视说明大法官们在联邦最高法院日常运行中的工作方法——过程、实践和程序。因此,制度方面的词条从历史视角涵盖了诸如首席大法官办公室,法院书记官,判决意见的陈述和撰写,以及大法官的工作任务之类的主题。此外,还有许多集中研究联邦最高法院之物质环境的文章,包括历史上供联邦最高法院使用的建筑物、现今联邦最高法院大厦的建筑风格。有关最高法院的记者室、图书馆、大法官办公室,以及为联邦最高法院增添光彩的绘画和雕塑等主题的小文章,这些小文章也十分有趣。

另一类词条占了 400 多条,它考察了联邦最高法院从确立大法官审查国会法律合宪性权力的"马伯里诉麦迪逊案"(Marbuy v. Madison)(1803)这一伟大的判例,到宣告联邦所得税违宪的"波洛克诉农场主贷款与信托公司案"(Pollock v. Farmers Loan & Trust Co.)(1895),再到最终要求法定的议员选区应以"一人一票"为基础按比例分配名额的"贝克诉卡尔案"(Baker v. Carr)(1962)。编者们选择了最有历史意义的判例,它们不仅对宪法的演进,而且也对美国现今社会、文化和政治动力产生了影响。这些词条通常提供了判例的背景资料,阐明了大法官判决案件的方法,探究了大法官之间在法律原则和公众价值方面的分歧,并就判例已在法律上和美国人的生活中产生的影响提供了一些看法。

本书中还包括了涉及广泛的阐释性词条。将其纳入其中,是为了对以下两个目标有所帮助:一个是范畴广泛的论文。它们总结了对美国国民的生活产生了极其重要影响的联邦最高法院判例在重要的实体和程序领域的发展。例如,本书包括了对堕胎、积极行动、审查制度、教育、就业歧视、性别、诽谤、淫秽和色情、种族和种族主义、宗教和学校祈祷等实体法主题,以及法庭里的摄像、强迫患精神病的被告人认罪、获得律师帮助的权利、自我归罪和陪审团审理等程序法主题的介绍性论述。这些文章形成了对联邦最高法院主体工作的内在一致的总体看法,属于本书中最重要文章之列,因为它们揭示了联邦最高法院与其所处的社会之间的张力关系,并揭示了将社会需求调和成一种法律回应的方法。另一个是四篇连贯地按年代顺序编写的论文。它们一起构成了"联邦最高法院的历史"这一词条。这些文章是:联邦的建立(1789—1865 年);重建运动、联邦主义和经济权利(1866—1920 年);法律自由主义的衰落与兴起(1921—1954 年);现代社会权利意识的觉醒(1955—1990 年)。它们提供了对联邦最高法院和美国全部历史过程中关键进程的总体认识。总的说来,"联邦最高法院的历史"这一词条说明了社会需求与法律回应的进程在联邦最高法院的历史上是不可分割的。它还回顾了联邦最高法院演变为美国最重要的宪法解释机构的历程。本书所囊括的还有大量关于在联邦最高法院历史中具有特殊意义的历史主题的论文,包括有关奴隶制、重建运动、第一次和第二次世界大战、越南战争、民权运动、激进主义和其他许多单篇小文章。

最后一类词条解释了词汇和短语。这些文章分为两类:基本专用术语,如什么是"训令令状",以及与联邦最高法院有关的著名的词汇和短语,如"普勒西诉弗格森案"(Plessy v. Ferguson)(1896)中使用的"隔离但公平原则"或"布朗诉教育理事会案 Ⅱ"(Brown v. Board of Education II)(1955)中使用的"十分审慎的速度"。

在创作本书时,编者希望为包括学生、一般读者、法律学者、历史学者和政治学者以及有关学科的学者、各个领域的执业人员(律师、法官、记者、公务员和其他职业者)在内的广大读者提供可以获得和接受的权威资料。关于联邦最高法院的作品在过去是汗牛充栋,现在也源源不断,但其中多数均为专业图书馆中的专著和技术性出版物,具有较强专业性质,并不完全适合普通读者。编者试图满足对最高法院各方面获得权威的、具有广泛适用性的参考资料的需要。最后,将近三百位撰稿人给本书带来了许多学科方面的真知灼见和专门知识,他们之中有法律工作者、法官、记者和学者。编者鼓励他们对论题提供历史性的和解释性的背景材料、避免使用神秘的法律术语,从而使他们的论述能够完全为普通读者所接受。

在本书所涉及的范围中,有着使各类读者感兴趣的论题和观点。对非专业人员而言,特别值得注意的是本书提供的关于联邦最高法院的内部运作和历史的广泛信息,关于所有大法官和其他主要历史人物的丰富的传记资料,对法律和宪法基本术语的定义,对大法官所经历的选定、提名、确认(包括一项有关参议院司法委员会的词条)程序的涉猎,对诸如著名的1937年的法院人员布置事件,日本人重新安置案的历史,以及最高法院在处理种族隔离和积极行动中所起的作用等历史题材的广泛而详尽的论述。上述题材广泛的解释性词条对于普通读者和较为专业的读者都具有实在的助益。对于联邦最高法院有专业兴趣的读者应该特别注意本书全面涵盖的联邦最高法院的主要判例,以及联邦最高法院在关系到宪法的重要实体和程序方面的讨论。本书有些文章是具有专门性质的。毕竟,对最高法院的全面论述,意味着要包括对律师、法官和其他专家感兴趣的问题,诸如最高法院对《宪法》"占用"(taking)条款的态度、有关互惠税收豁免问题的论述。

编者希望,所有读者都能从其取材广泛、不就法论法的努力中受益。撰稿人自始至终均试图将联邦最高法院作为美国文化价值的象征,作为一个其行为会影响我们日常生活的机构来对待。比如,"避孕"这篇文章考察了联邦最高法院之判决是如何影响了最具隐私性的社会关系的。"(联邦宪法)第一修正案"一文评估了美国人在表达他们的政治观念时所享有的自由的范围。其他条目也强调从各种文化视角论述联邦最高法院,包括通过电影、话剧和小说了解联邦最高法院在美国大众文化中的地位的可能性。我们希望本书能为所有读者提供良好的服务。

如何使用本书

本书按字母顺序排列,并设有几种交叉索引。这些交叉索引形成一个精心设计的模式,将读者引向相关论题,进而引向具有普遍兴趣的论题。比如:一个对司法自我约束感兴趣的读者将会被引导而找到对有关案件和争议、诉权原则、案件的成熟性和无实际意义等进行讨论的参考词条,直到最后的有关司法审查的论文。还有两种索引(一种是本书所提到的全部判例的索引;另一种是主题、专有名称和概念的索引)以及几个附录。本书的每一要素都刻意对其他要素进行补充,并使其便于使用者进行信息查寻。

本书的词条是完全以每个字母而不是以每个单词为基础,它按字母顺序排列组成。字词之间的连接符号和空格可以不顾,但标点符号如逗号和分号必须纳入考虑范围。因此,"Johnson, Thomas"应在"Johnson and Graham's Lessee v. McIntosh"之前。在大多情况下,这种体系是明确无误的。比如词条"Cohens v. Virginia"应在"E. C. Knight v. United States"之前;而"Cohens v. Virginia"也应在"Cohen v. California"之前,因为"Cohens"的字母"s"按字母顺序应在"Cohen v."中的"v."之前。按字母顺序如此近似的词条术语是比较少见的。另外,在美国作为原告的判例的词条中,均按对方当事人的名字列出来。例如,判例 United States v. Robel,其词条是"Robel, United States v."。这同样适用于单方诉讼的判例,诸如"Siebold, Ex parte"。

每一个作为词条的判例所包含的内容均以标准表述开头。在判例的名称之后,读者可以发现正式的《美国判例汇编》援引,例如:在"肯特诉杜勒斯案"(Kent v. Dulles)中可以见到"357 U. S. 116",意即该判例载于《美国判例汇编》卷本357号并开始于第116页。案件判决的年代在随后的括号内。文章的开头接下来告知辩论的日期或期间(在肯特案中,日期为1958年4月10日)和判决的日期或期间(1958年6月16日);大法官表决(5比4);谁代表法院起草判决意见[大法官道格拉斯(Douglas)];有谁参与了并存意见;以及谁持异议[如大法官克拉克(Clark)、伯顿(Burton)、哈伦(Harlan)和惠特克(Whittaker)]。

本书依靠几种交叉索引方案以提高其使用便利。在这一体系的最高层是空白词条。空白词条出现在按字母顺序的标题之中,对于与该主题相关的同义词或转换的词条,它将指引读者参阅讨论该主题的实际词条。例如,空白词条"五角大楼文件案"(Pentagon Papers Case)将会引导读者去参考案件的正式名称"New York Times v. United States"(1921)。在有些情况下,一个空白词条会把读者引入将对该概念的讨论作为一项较大主题的一部分的词条。比如,"无因回避"(Peremptory Challenge),作为一个空白词条,它会直接将读者指向"程序性正当程序"(Due Process, Procedural)。

在一篇论文的正文中,交叉索引也用嵌入一个星号来表明。星号表示在其他地方已把用这种方式标明的主题作为单独的词条。例如,在词条"Boyd v. United States"中,短语 Fourth and Fifth Amendments(联邦宪法第四和第五修正案)和 privacy(隐私)之前均位置有星号标记,意思是读者可以查阅词条"Fourth Amendment"、"Fifth Amendment"和"Privacy"。在有些情况下,一个带有星号标记的词条可能不确切地与词条短语相匹配。比如,Substantive Due Process(实体性正当程序)这个概念在本书中虽多处提及,但词条术语则为"Due Process, Substantive"。当另一篇论文中对此词条进行交叉索引时,它可能以"Substantive *due process"这样的短语出现,此时,它将引导读者按字母顺序参阅"Due Process, Substantive"词条。同时注意还有一个名为"Due Process, Procedural"的单独词条。在使用一个星号不可行或这样做会产生误导或混淆时,则将交叉索引放在括号之内。比如,在关于大法官约瑟夫·P.布拉德利(Joseph P. Bradley)的文章中,存在有关"公共利益影响"原则的讨论。本书没有专门论述这种术语的词条,但它在判例词条"Munn v. Illinois"(1877)中详细讨论过,因此,该判例词条将被作为加括号的交叉索引词被置于该短语之后。最后,在许多词条末尾有一些交叉索引直接将读者引向其他词条中可见的有关或详尽的论述。例如,涉及在公立学校中祈祷问题的"Abington School District v. Schemp"一案之后,读者则可见到交叉索引词条"Religion",一篇有关联邦最高法院对待宗教整个主题的长篇论述。

每一词条末跟有另外两个项目。许多词条列出了参考文献,如果读者希望了解更多有关该论题的论述,则它对读者是有帮助的;较长的文章通常列举的参考文献也很多。我们千方百计地把较好的公共图书馆容易查到的非技术性文献列入参考文献之中。我们对于那些从总体上讲比法律、历史和政治学的专门刊物更易于理解的书籍给予了特别的关注。第二个项目即在参考文献之后(如果没有参考文献则是在正文之后)是文章作者的名字。通过主题索引,读者可以查询特定撰稿人为本书撰写的全部论文。

附录置于本书末,用以提供并不特别适合特定的词条,但对了解联邦最高法院的历史和目前的运作又十分重要的补充信息。这些附录包括大法官的继任;联邦最高法院空缺特定席位的天数;任命大法官的总统;参议院确认或否决被任命者的表决(采用表决时);以及每一大法官的任职期间。在适当的地方,这些列表上也包括一些曾被提名到高等法院任职、但因各种原因从未就任的人物。另外还有一个附录则包括了有关联邦最高法院琐事和第一(比如,哪位大法官任职时间最长?第一个获准进入联邦最高法院大法官席的女性是谁?)以及传统(为何大法官以特定方式出庭?)的列举清单。

除了交叉索引和附录之外,本书还通过两个索引增进并提高了分析力。一是本书所提及的带有专门援引出处的每一判例的索引。在判例为联邦最高法院判例的情况下,援引均为《美国判例汇编》,而未用署名的判例汇编,诸如,Dallas, Cranch 和 Wheaton(达拉斯、克兰奇和惠顿)。有兴趣了解更多这些命名的判例汇编(以这种汇编出版过的最高法院的判例截止到1824年)的读者,可阅读"最高法院判例汇编"词条。使用《美国判例汇编》的唯一例外,出现于在该书出版时只能通过非官方出版的《最高法院判例汇编(律师版)》或《美国法律周刊》查找的近期判决的案件。就联邦下级法院的判例而言,本书对于1880年以前的联邦地区法院和巡回法院的判例引用了《联邦判例》;自1880年开始的联邦地区法院的判例以及起于1880年止于1932年的巡回法院判例均引自《联邦补篇》;起于1932年联邦巡回法院和美国上诉法院判例均引自《联邦判例汇编》。当援引州的判例时,编者则依赖于官方的判例汇编,这些汇编均由各法院出版作为它们自己判例的权威性文本,而不是广泛使用的由West出版公司出版的非官方的判例汇编(《全国判例汇编系统》)和律师合作出版公司出版的非官方判例汇编(《美国法律判例汇编》)。当然,有些州已经停止出版它们自己的判例汇编,而用《全国判例汇编系统》作为它们的官方判例汇编文本。本书的判例索引不仅涵盖了作为词条的判例,也包括本书提及的全部判例。因此,即使一个判例未被作为一个词条论及,它也会在本书某一地方出现,判例索引是判定本书有此判例的最好方法。

本书还有一个主题索引,可直接将读者指引到本书正文中提及的观念、人物、场所和制度。比如,有兴趣了解除"宗教"词条外所有关于宗教方面的信息的读者,可以查阅索引,它不仅向读者指明涉及宗教的判例,还指明联邦最高法院对宗教概念的使用。主题索引补充并增强了在本著作的正文中所使用的交叉索引系统,同时还可以使人们获得自身不是独立词条之主题的信息的详尽要点。

致谢

本书是一部众多撰稿人的作品。一份单独的撰稿人名录列举了大约三百名撰稿人的姓名和所属机构。正是他们的学术成就、知识和博学铸成了本书。我们感谢各学科同仁对本出版项目给予的大力支持。

随着工作进程的推进,我们得到了美国联邦最高法院文史室的大力帮助。整个文史室都出色地尽其职责,但要特别感谢文史室主任盖尔·加洛韦(Gail Galloway)和她的助理普里西拉·古德温(Priscilla Goodwin)、洛伊丝·朗(Lois Long),他们不仅向我们提供了可查到的联邦最高法院照片档案资料,而且还提供了有关最高法院传统、历史和发展的资料。我们也要感谢最高法院图书馆和最高法院历史研究学会的全体职员,他们不仅为编者而且也为作者无私地奉献了大量时间。佛罗里达大学历史系毕业生埃里克·赖斯(Eric Rise)和蒂莫西·许布纳(Timothy Huebner)除了对本书尽了一份责任外,还熟练地完成了许多检索任务。该大学法学信息中心的罗莎莉·桑德森(Rosalie Sanderson)及其全体同仁给予的帮助也难以言表。编者们还要感谢威斯康星大学图书馆、锡拉丘兹大学法学院图书馆、范德比尔特大学法学院图书馆的全体人员。佛罗里达大学法学院秘书处的德洛里斯·基思（Delores Keith），卡西·奇兹姆（Cassie Chism），丹尼·佩恩（Danny Payne），格温·雷诺兹（Gwen Reynolds）和贝茨·唐纳森（Betty Donaldson）也提供了专家般的支持。

本书的创意受到了牛津大学出版社的琳达·霍尔沃森·莫尔斯（Linda Halvorson Morse）的鼓舞。感谢她和她的助手南希·戴维斯（Nancy Davis）对编纂这种参考书面临的问题表现出的耐心和相当有卓识的远见。在过去的整整三年里，她一直用警觉的眼光和支持性的参与帮助编者们保持正确的导向。我们要特别感谢杰弗里·埃德尔斯坦（Jeffrey Edelstein）这位专门负责本书出版的编辑。他是一位集正派、耐心与外交才能于一身的典范，既是精明能干的编辑，又是细心的组织者和具有同情心的听众。我们和作者们一直庆幸能得到如此精心的支持；尽管大家都殚精竭虑，本书仍然难免存在不足，这都应归于我们自己。

主编：克米特·L.霍尔（Kermit L. Hall）
编者：小詹姆斯·W.伊利（James W. Ely, Jr.）
乔尔·B.格罗斯曼（Joel B. Grossman）
威廉·M.威克（William M. Wiecek）
1992年5月15日

（夏登峻译，李昌林校）

撰稿人名录

Henry J. Abraham	弗吉尼亚大学詹姆斯·哈特项目政府与对外事务荣誉教授
Shirley S. Abrahamson	威斯康星州最高法院首席法官
Erin Ackerman	约翰·霍普金斯大学博士研究生
David Adamany	天普大学校长、政治学教授
S. L. Alexander	新奥尔良罗佑拉大学通信系副教授
Dean Alfange, Jr.	马萨诸塞州立大学阿默斯特分校政治学名誉教授
Francis A. Allen	佛罗里达大学埃德森·R. 桑德兰项目名誉法学教授
Soontae An	堪萨斯州立大学新闻与大众传播学助理教授
George T. Anagnost	亚利桑那州皮奥里亚市法院
Rhonda V. Magee Andrews	旧金山大学法学教授
Noel J. Augustyn	华盛顿特区美国法院行政管理学办公室助理主任
Lawrence H. Averill	阿肯色大学小石城分校查尔斯·C. 鲍姆杰出法学荣誉教授
Judith A. Baer	得克萨斯农业机械大学政治学教授
Gordon E. Baker	加州大学圣巴巴拉分校政治学教授,已故
Thomas E. Baker	佛罗里达国际大学法学院法学教授
Richard Allan Baker	美国参议院,历史办公室主任
Gordon Morris Bakken	加州州立大学富勒顿分校历史学教授
David C. Baldus	爱荷华大学约瑟夫·B. 特耶法学教授
Howard Ball	佛蒙特大学名誉政治学教授和大学学者;佛蒙特法学院辅助法学教授
Susan A. Bandes	德保罗大学法学院杰出的研究教授
Christopher P. Banks	亚克朗大学政治学教授
Willam C. Banks	锡拉丘兹大学、麦克斯韦公民与公众事务学院劳拉·J. 和 L. 道格拉斯·马里帝兹项目教授
Randy E. Barnett	波士顿大学法学院奥斯汀·B. 佛莱彻项目教授
Alice Fleetwood Bartee	西南密苏里州立大学政治学教授,法学前期教育顾问
Lawrence Baum	俄亥俄州立大学政治学教授
Maurice Baxter	印第安纳大学历史学教授,已故
Hugo Adam Bedau	塔夫茨大学奥斯汀·弗莱彻(Austin Fletcher)项目荣誉哲学教授
Michal R. Belknap	加利福尼亚大学圣迭戈分校加州西部法学院法学教授,历史学辅助教授
Martin H. Belsky	突沙大学法学院院长
Herman Belz	马里兰大学大学园学院历史学教授
Michael Les Benedict	俄亥俄州立大学荣誉历史学教授
Thomas C. Berg	明尼苏达州圣托马斯大学法学院法学教授
Loren P. Beth	南卡罗来纳洛克希尔市
Robert H. Birkby	范德比尔特大学政治学荣誉教授
Susan Low Bloch	乔治城大学法律中心法学教授
Maxwell Bloomfield	美国天主教大学哥伦布法学院荣誉法学教授,历史学教授
David J. Bodenhamer	印第安纳大学-普渡大学印第安纳波利斯分校,POLIS 研究中心主任
Edgar Bodenheimer	加州大学戴维斯分校法学教授,已故
Lee C. Bollinger	哥伦比亚大学校长
Steven R. Boyd	得克萨斯州新布朗福市
William Bradford	印第安纳大学法学院法学教授
Daan Braveman	锡拉丘兹大学法学院法学教授

R. Randall Bridwell	南卡罗来纳大学斯特罗姆·瑟古德项目法学教授
John Brigham	马萨诸塞大学阿默斯特分校政治学教授
Stanley C. Brubaker	柯尔盖特大学政治学教授
Jon W. Bruce	范德比尔特大学法学教授
Patrick J. Bruer	北卡罗来纳查布尔希尔镇
Thomas Burke	威尔斯利大学政治学教授
Augustus M. Burns Ⅲ	佛罗里达大学美国历史学教授,已故
Gregory A. Caldeira	俄亥俄州立大学政治学教授
David L. Callies	夏威夷大学威廉姆·S.理查德森法学院法学教授
Bruce A. Campbell	托勒多大学法学教授
Mark W. Cannon	弗吉尼亚麦克林
Bradley C. Canon	肯塔基大学政治学教授
Norman L. Cantor	鲁特格斯大学纽瓦克分校内森·雅各布斯学者,法学教授
Lincoln Caplan	耶鲁大学法学院骑士资深记者;《法律事务》杂志编辑及董事长
Lief H. Carter	科罗拉多大学政治学教授
Bill F. Chamberlin	佛罗里达大学大众传媒荣誉学者
Henry L. Chambers Jr.	密苏里-哥伦比亚大学法学院詹姆斯·S.罗林斯项目法学教授
Erwin Chemerinsky	南加州大学西尼·M.艾尔马斯项目政治学、法学教授
Eric A. Chiappinelli	西雅图大学法学教授
Kevin M. Clermont	康奈尔大学,弗拉纳根(Flanagan)项目法学教授
Jonathan M. Cohen	华盛顿区海因茨·吉伯特和兰道夫律师事务所合伙人
Morris L. Cohen	耶鲁法学院荣誉法学教授
Peter J. Coleman	伊利诺伊大学芝加哥分校历史学荣誉教授
Stephen A. Conrad	印第安纳大学法学院法学教授
Beverly Blair Cook	威斯康星-密尔沃基大学政治学荣誉教授
Richard C. Cortner	亚利桑那大学政治学荣誉教授
Robert J. Cottrol	乔治华盛顿大学法学院法学、历史学、社会学教授,哈罗德·保罗·格林法学研究教授
Barbara Craig	康涅狄格州卫斯理大学米德尔顿分校政府学荣誉教授
Jennifer L. Culbert	约翰·霍普金斯大学政治学助理教授
Charles G. Curtis, Jr.	威斯康星州赫勒·埃尔曼·怀特和麦考利夫律师事务所合伙人
Michael Kent Curtis	韦克福雷斯特大学法学教授
George Dargo	新英格兰法学院法学教授
Thomas Y. Davies	田纳西大学法学院国家校友会杰出的法学服务教授
Sue Davis	特拉华大学政治学教授
Brannon P. Denning	山姆佛德大学坎伯兰法学院,法学副教授
Neal Devins	威廉-玛丽大学马歇尔-威思法学院
Raymond T. Diamond	图伦大学法学教授
T. J. Donahue	约翰霍普金斯大学政治学系研究生
Michael B. Dougan	阿肯色州立大学历史学教授
Donald A. Downs	威斯康星大学麦迪逊分校政治学、法学、新闻学
Robert E. Drechsel	威斯康星大学,麦迪逊分校新闻学和法学教授
Mary L. Dudziak	南卡罗来纳大学法学院爱德华法官和鲁伊·L.吉瑞度项目法学、历史学教授
Gerald T. Dunne	圣路易斯大学法学教授,已故
Steven J. Eagle	乔治·梅森大学法学院法学教授
John C. Eastman	查普曼大学法学院法学教授;克莱蒙特宪法学研究中心主任
Walter Ehrlich	密苏里大学圣路易斯分校教育和历史学荣誉教授
Theodore Eisenberg	康奈尔法学院亨瑞·艾伦·马克项目法学教授
Ward E. Y. Elliott	克雷蒙麦肯纳学院伯内特·C.沃尔福特项目美国政治制度教授
Richard E. Ellis	纽约州立大学水牛城分校历史学教授和主任
James W. Ely, Jr.	范德比尔特大学密尔顿·R.安德伍德项目法学教授、历史学教授
Leon D. Epstein	威斯康星大学麦迪逊分校马林可德杰出政治学、法学教授

Nancy S. Erickson Esq.	纽约市法律服务部律师
Daryl R. Fair	新泽西大学政治学教授
Patricia J. Falk	克里夫兰-马歇尔法学院法学院教授
Malcolm M. Feeley	加州大学法学院伯克利分校克莱尔·桑德斯·克莱门茨院长项目主持
Noah Feldman	纽约大学法学副教授
David Fellman	威斯康星大学麦迪逊分校政治学荣誉教授
Martha A. Field	哈佛法学院兰代尔项目法学教授
Paul Finkelman	突沙大学法学院查普曼杰出法学教授
Peter G. Fish	杜克大学政治学和法学教授
Owen M. Fiss	耶鲁法学院斯特林项目法学教授
Catherine E. Fitts	美国最高法院图书馆馆长
Martin S. Flaherty	福德汉姆法学院约瑟·R.克劳利人权研究项目教授,合作主任
William E. Forbath	得克萨斯大学奥斯汀分校历史学教授,劳埃德·M.本特森项目法学教授
Tony Freyer	亚拉巴马大学历史和法学大学研究教授
Eric T. Freyfogle	伊利诺伊大学法学院马克斯·L.罗项目法学教授
Charles Fried	哈佛法学院贝尼菲尔项目法学教授
Steven F. Friedell	鲁格特斯大学肯姆登分校法学教授
Michael Froomkin	迈阿密大学法学院法学教授
Gerald E. Frug	哈佛大学路易斯·D.布兰代尔项目法学教授
William Funk	路易斯-克拉克州立大学法学教授
Richard Y. Funston	圣迭戈州立大学副校长,学术委员会委员,已故
Tim Gallimore	密苏里哥伦比亚
Gail Galloway	美国联邦最高法院前任图书馆馆长
Richard A. Gambitta	得克萨斯州大学圣安东尼奥分校法学和公共事务机构主任
Anna Lisa Garcia	得克萨斯圣安东尼奥
Bryan A. Garner	达拉斯市 LawProse 公司
Richard W. Garnett	圣母玛利亚大学法学院法学副教授
Patrick M. Garry	南达科他大学法学院法学助理教授
Gerard W. Gawalt	国会图书馆美国早期史专家
Frederick Mark Gedicks	博里汉姆扬大学法学院法学教授
Sheldon Gelman	克里夫兰-马歇尔法学院法学教授
James L. Gibson	华盛顿大学圣路易斯分校政治学教授
Donald Gifford	马里兰大学法学院法学教授
William Gillette	鲁特格斯大学历史学教授
Howard Gillman	南卡罗来纳大学政治学和法学教授
James J. Gobert	英国埃塞克斯大学法学教授
Andrew S. Gold	德保罗大学法学院助理教授
Jerry Goldman	西北大学政治学教授
Sheldon Goldman	马萨诸塞大学阿默斯特分校政治学教授
Leslie Friedman Goldstein	特拉华大学休·M.莫里斯项目教授
Stephen E. Gottileb	联合大学奥尔巴尼法学院法学教授
Mark A. Graber	马里兰大学帕克学院政治学教授;马里兰大学法学院法学教授
Ervin N. Griswold	哈佛法学院前任院长;美国前任政府首席律师,华盛顿特区琼斯、戴、瑞威斯和波格律师事务所律师;已故
William Crawford Green	莫尔海德州立大学政治学教授
R. Kent Greenawalt	哥伦比亚大学大学教授
Linda Greenhouse	《纽约时报》最高法院通讯记者
Michael Grossberg	印第安纳大学历史和法学教授
Alison E. Grossman	哥伦比亚地区法院书记员
Joel B. Grossman	约翰霍普金斯大学政治学教授
Joan R. Gundersen	匹兹堡大学研究学者
Lakshman D. Guruswamy	科罗拉多大学波德校区多曼·圣尼古拉项目国际环境法法学教授

Kermit L. Hall	纽约州立大学奥尔巴尼西分校校长,历史学教授
Richard F. Hamm	纽约州立大学奥尔巴尼分校,历史学副教授
William H. Harbaugh	弗吉尼亚大学美国史荣誉教授
Robert M. Hardaway	丹佛大学斯图姆法学院法学教授
Sidney L. Harring	城市大学纽约法学院法学教授
Christine Harrington	纽约大学政治学教授,法律与社会研究机构及项目的发起人
Grant Hayden	霍夫斯特拉法学院教授
Geoffrey C. Hazard	耶鲁法学院杰出荣誉法学教授
Michael Heise	康奈尔法学院教授
Walter Hellerstein	佐治亚法学院沙科夫特·佛朗西斯税法项目杰出教授
Arthur D. Hellman	匹兹堡大学法学院法学教授,杰出的学院学者
Francis Helminski	宾夕法尼亚律师协会成员
Beth M. Henschen	东密歇根大学政治学讲师
Milton Heumann	鲁特格斯大学政治系
Herbert M. Hill	威斯康星大学麦迪逊分校美国黑人研究和劳资系荣誉教授
Charles F. Hobson	威廉-玛丽学院美国早期历史文化学院,约翰马歇尔文选,编辑
Michael Hoeflich	堪萨斯大学法学院,约翰·H.和约翰·M.凯恩项目法学教授
Peter Charles Hoffer	佐治亚大学历史学研究教授
Wythe Holt	亚拉巴马大学法学院法学大学研究教授
Ari Hoogenboom	纽约城市大学,布鲁克林学院及研究所和大学中心历史学教授
Herbert Hovenkamp	爱阿华大学法学院本和多萝西·威利项目法学教授
J. Woodford Howard, Jr.	约翰·霍普金斯大学政治学荣誉教授
Adisa Hubjer	丹佛大学法学院
Timothy S. Huebner	罗兹大学历史学副教授
N. E. H. Hull	鲁特格斯大学法学教授
Dennis J. Hutchinson	芝加哥大学法学资深讲师,威廉·雷尼·哈珀项目教授,新大学分部的院长,学院副院长
Harold M. Hyman	赖斯大学历史学荣誉教授
Stanley Ingber	纽约城市大学约翰·杰伊刑事司法学院法学教授
Robert M. Ireland	肯塔基大学历史学教授
Robert J. Janosik	欧瑟登托学院政治学副教授,已故
Carol E. Jenson, Ph. D.	明尼苏达州明尼阿波利斯市独立学者
Herbert A. Johnson	南卡罗来纳大学杰出荣誉法学教授
John W. Johnson	北爱荷华大学历史学教授
Carolyn C. Jones	康涅狄格大学法学院法学教授
Alan R. Jones	格林奈尔学院历史学荣誉教授
James E. Jones, Jr.	威斯康星大学麦迪逊分校内森·P.范辛格项目劳工法、劳资关系荣誉教授
Craig Joyce	休斯顿大学法律中心,UH法学基地教授
Ronald C. Kahn	欧柏林学院詹姆斯·门罗项目政治学、法学教授
Laura Kalman	加利福尼亚大学圣巴巴拉分校历史学教授
John P. Kaminski	威斯康星大学麦迪逊分校历史学教授
Yale Kamisar	圣迭戈大学法学教授,密歇根大学克拉伦斯·达罗项目杰出法学荣誉教授
Kenneth L. Karst	加利福尼亚大学洛杉矶分校戴维·G.普赖斯和达拉斯·P.普赖斯项目法学教授
Paul Kens	得克萨斯大学圣马克斯分校政治学、历史学教授
Drew L. Kershen	俄克拉荷马大学厄尔·斯尼德世纪项目法学教授
Mark R. Killenbeck	阿肯色州大学怀力·H.戴维斯项目杰出法学教授
Susan R. Klein	得克萨斯大学奥斯汀分校贝克和博特斯项目法学教授
Douglas W. Kmiec	佩珀代因大学法学院卡鲁斯家庭法学教授
Joseph F. Kobylka	南卫理公会大学政治学教授

Donald P. Kommers	圣母玛丽亚大学法学院约瑟和伊丽莎白·罗布政府与国际关系项目教授,辅助法学院教授
Alfred S. Konefsky	纽约州立大学水牛城分校大学杰出教授
Milton R. Konvitz	康奈尔法学院劳工关系和法学荣誉教授
Margery Koosed	亚克朗大学法学教授
J. Morgan Kousser	加州理工学院社会学和历史学教授
Samuel Krislov	明尼苏达大学政治学教授
Nancy Kubasek	博林格林州立大学法学研究教授
Philip B. Kurland	芝加哥大学法学教授,已故
Stanley I. Kutler	威斯康星大学麦迪逊分校历史学、法学教授
David E. Kyvig	北伊利诺伊大学首席研究教授和历史学教授
Wayne R. LaFave	伊利诺伊大学厄巴纳-尚佩恩分校,戴维·C.鲍姆项目法学荣誉教授
Jacob Landynski	社会研究新学院政治学教授,已故
William Lasser	克莱穆森大学政治系杰出校友教授
Susan E. Lawrence	鲁特格斯大学政治学副教授
William E. Leuchtenburg	北卡罗来纳大学查珀尔希尔分校历史学荣誉教授
Nickolai G. Levin	迈耶、布朗、罗和莫律师事务所
Sanford Levinson	得克萨斯州大学奥斯汀分校 W.圣约翰·加伍德法学项目教授
Gregory Leyh	密苏里州,格拉德斯通
JoEllen Lind	印第安纳州法尔帕拉索
Jonathan Lurie	鲁特格斯大学历史学教授,辅助法学教授
Stewart Macaulay	威斯康星大学法学院马尔科姆·皮特曼·夏普项目教授,西奥多·W.布雷泽·巴斯科姆法学项目教授
Thomas C. Mackey	路易斯维尔大学,历史学教授,法学辅助教授
Harold G. Maier	范德比尔特大学戴维·丹尼尔斯·艾伦项目法学杰出教授
Diane C. Maleson	坦普尔大学比斯利法学院法学教授
John Anthony Maltese	佐治亚大学副教授
Earl M. Maltz	鲁特格斯大学肯姆登分校杰出的法学教授
Robert F. Martin	北爱阿华大学历史学教授
Karen J. Maschke Ph. D.	纽约州加里斯黑斯廷斯中心
Albert R. Matheny	佛罗里达大学政治学教授,自由艺术与科学学院副院长
Lynn Mather	纽约州立大学水牛城法学院鲍迪法律与社会政策中心主任
Mari J. Matsuda	乔治敦大学法律中心法学教授
James May	美国大学华盛顿法学院法学教授
Thomas R. MoCoy	范德比尔特大学法学院法学教授
Forrest McDonald	亚拉巴马大学首席荣誉研究教授
G. Roger McDonald	纽约城市大学约翰杰伊刑事司法学院政治学讲师
Gary L. McDowell	里士满大学泰勒·海恩斯领导研究和政治学项目教授
Marian C. McKenna	加拿大卡尔加里大学历史学荣誉教授
Mica McKinney	盐湖城
William P. McLauchlan	普渡大学政治学副教授
R. Michael McReynolds	退休于马里兰州贝塞斯达法学档案中心
Wallace Mendelson	得克萨斯州大学奥斯汀分校政治学荣誉教授
Philip L. Merkel	西部州立大学法学院法学教授
Roy M. Mersky	得克萨斯州大学奥斯汀分校研究部主任,詹姆尔法学研究中心教授
Keith C. Miller	德雷克大学法学院埃利斯和内伦·莱维特项目杰出法学教授
Elizabeth Brand Monroe	印第安纳大学-印第安纳波利斯分校历史学副教授
Ralph James Mooney	俄勒冈大学法学院华莱士和艾伦·凯帕克项目法学教授
Matthew J. Moore	佛蒙特州大学政治系
David A. Moran	韦恩州立大学法学院助理教授
Jeffrey B. Morris	托若学院法学教授
Paul L. Murphy	美国史教授,已故

A. E. Keir Nash	加利福尼亚大学圣巴巴拉分校政治学教授
R. Kent Newmyer	康涅狄格大学法学院历史学、法学教授
Gene R. Nichol	北卡罗来纳州大学法学院伯顿·克雷格院长项目法学教授
Marlene Arnold Nicholson	德保尔大学法学教授
Donald G. Nieman	博林格林州立大学,艺术和科学学院院长,教授
Jill Norgren	纽约城市大学约翰杰伊刑事司法学院,政治学荣誉教授
Sheldon M. Novick	佛蒙特法学院法学、历史学辅助教授
David M. O'Brien	弗吉尼亚大学莱昂内·瑞伍思和乔治·W.斯派塞项目教授
Karen O'Connor	美国大学政治系教授,妇女与政治研究机构主任
Robert M. O'Neil	弗吉尼亚州夏洛茨维尔
Timothy J. O'Neill	西南大学政治学教授
Susan M. Olson	犹他大学政治学教授,学院副院长
Peter Onuf	弗吉尼亚大学历史学教授
John V. Orth	北卡罗来纳大学法学院小威廉·兰德·凯南项目法学教授
Ellen Frankel Paul	博林格林州立大学政治学教授,社会哲学及政策中心副主任
Anthony A. Peacock	犹他州大学政治系
J. W. Peltason	加利福尼亚大学欧文分校校长,已荣誉退休
H. W. Perry, Jr.	得克萨斯州大学奥斯汀分校,法学院及政府学系
Barbara A. Perry	斯威特布拉德学院卡特·格拉斯项目政治学教授
James Pfander	伊利诺伊大学法学院普林提斯·H.马歇尔项目教授
Leo Pfeffer	纽约中央河谷,律师,已故
Richard J. Pierce Jr.	乔治·华盛顿大学莱尔·T.阿尔弗森项目教授
Rick H. Pildes	纽约州大学法学院萨德尔宪法学项目教授
Daniel Pinello	纽约城市大学约翰·杰伊刑事司法学院政治学教授
Richard Polenberg	康奈尔大学戈尔德温·史密斯(Goldwyn Smith)项目美国史教授
Mary Cornelia Aldis Porter	巴拉特学院政治学教授,已故
Robert Post	耶鲁大学法学院戴维·博伊斯项目法学教授
H. Jefferson Powell	杜克大学法学教授
Walter F. Pratt, Jr.	圣母玛丽亚大学法学院副院长,法学教授
Stephen B. Presser	西北大学法学院拉乌尔·博格尔法学史项目教授
Kathryn Preyer	卫斯理学院历史学荣誉教授
C. Herman Pritchett	加利福尼亚大学圣巴巴拉分校政治学教授,已故
Steven Puro	圣路易斯大学政治学教授
David M. Rabban	得克萨斯州大学法学院达尔·杰梅尔、兰德尔·哈格·杰梅尔、罗伯特·李·杰梅尔项目法学教授
Robert J. Rabin	锡拉丘兹大学法学院法学教授
Michael L. Radelet	科罗拉多州大学波尔德分校社会学系教授、主任
Susan M. Raeker-Jordan	威得恩大学法学院法学副教授
Fred D. Ragan	东卡罗来纳大学历史学荣誉教授
Laura K. Ray	威得恩大学法学院法学教授
J. H. Reichman	杜克大学法学院布尼安·S.旺布尔项目法学教授
Inez Smith Reid	哥伦比亚特区上诉法院法官,美国大学公共事务学院辅助教授
Eric W. Rise	特拉华州大学刑事司法学副教授
Donald L. Robinson	史密斯大学,查尔斯·N.克拉克项目教授
Donald M. Roper	纽约州立大学纽帕兹学院历史学副教授
Gerald N. Rosenberg	芝加哥大学法学讲师及政治学副教授
Norman L. Rosenberg	麦克莱斯特学院历史学教授
William G. Ross	山姆佛德大学坎伯兰法学院法学教授
Ronald D. Rotunda	乔治梅森大学法学院研究基地法学教授
John Paul Ryan	教育、公共政策与市场集团总裁
Lucy E. Salyer	新罕布什尔大学历史学副教授
Joseph Sanders	休斯敦大学法学教授

Thomas O. Sargentich	美国大学华盛顿法学院法学教授
Judith K. Schafer	图伦大学历史学、法学客座教授
Frederick Schauer	哈佛大学约翰·F.肯尼迪政府学院,弗兰克·斯坦顿(Frank Stanton)项目第一修正案研究教授
John M. Scheb Ⅱ	田纳西大学政治学教授法学研究项目主任
Harry N. Scheiber	加利福尼亚大学伯克利分校博尔特·霍尔法学院日本与美国法项目主任;史蒂芬·A.里森费德项目法学、历史学教授;厄尔·沃伦法律研究机构主任
John R. Schmidhauser	南加利福尼亚大学政治学教授
Benno C. Schmidt, Jr.	爱迪生计划主任
Patrick D. Schmidt	南卫理公会大学政治学助理教授
David Schultz	哈姆莱大学公共管理和管理学研究生院
Robert G. Seddig	阿勒格尼学院政治学教授
Robert A. Sedler	州立韦恩大学杰出法学教授,吉布斯民权与公民自由项目主持
John E. Semonche	北卡罗来纳大学查珀尔希尔分校美国宪法史及法律史教授
Jeffrey M. Shaman	德保尔大学法学院圣文森特·德保尔项目法学教授
Charles H. Sheldon	华盛顿州立大学克劳迪厄斯·O和玛丽·W.约翰逊项目杰出政治学教授
E. Lee Shepard	弗吉尼亚历史协会档案及手稿部主任
Suzanna Sherry	范德比尔特大学法学教授
Stephen A. Siegel	德保尔大学法学院首席研究教授
Gordon Silverstein	加利福尼亚大学伯克利分校政治学助理教授
Jerold L. Simmons	内布拉斯加大学奥马哈分校历史学教授
Randy T. Simmons	犹他州立大学政治学教授
Christopher Slobogin	佛罗里达大学弗雷德里克·C.莱文法学院史蒂芬·C.奥康纳项目法学教授
Elliot E. Slotnick	俄亥俄州立大学研究生院副院长政治学教授
Bradley A. Smith	俄亥俄州哥伦布市首府大学法学院法学教授
Rodney A. Smolla	里士满大学艾伦项目法学教授
Aviam Soifer	波士顿大学法学院法学教授
Michael E. Solimine	辛辛那提大学法学院法学教授
Rayman L. Solomon	鲁特格斯大学康登分校法学院院长、教授
Harold J. Spaeth	密歇根州立大学政治学荣誉教授
Peter W. Sperlich	加利福尼亚大学伯克利分校政治学荣誉教授
Howard T. Sprow	联合大学奥尔巴尼法学院法学教授,已故
Robert J. Steamer	马萨诸塞大学政治学荣誉教授
Barbara C. Steidle	密歇根州立大学助理教务长及教务长高级荣誉顾问
Robert David Stenzel	纽约州纽约市
William B. Stoebuck	华盛顿大学贾德森·福克纳项目荣誉法学教授
Geoffrey R. Stone	芝加哥大学法学院小哈里·卡尔文项目杰出服务法学教授
James B. Stoneking, Esq.	西弗吉尼亚州惠林市
Rennard J. Strickland	俄勒冈州尤金市
Michael F. Sturley	得克萨斯州大学法学院法学教授
Erwin C. Surrency	佐治亚大学法学院荣誉法学教授
Mary K. Bonsteel Tachau	路易斯维尔大学历史学教授,已故
Susette M. Talarico	佐治亚大学埃尔伯特·贝里·赛伊项目美国政府与宪法教授,政治学系刑事司法研究所主任;乔赛亚·梅格斯项目杰出教学教授
Abigail M. Thernstrom	曼哈顿政策研究机构高级职员
Michael E. Tigar	美国大学华盛顿法学院法学教授
Mark V. Tushnet	乔治城大学法律中心卡马克·沃特豪斯项目法学教授
Reed Ueda	塔夫茨大学历史学教授
Melvin I. Urofsky	弗吉尼亚州立联邦大学历史学公共政策教授
Sandra F. VanBurkleo	州立韦恩大学历史学副教授,辅助法学教授
Stephen Vaughn	威斯康星大学麦迪逊分校历史学传播史教授

Adrian Vermeule	芝加哥大学伯纳德·D.梅尔策项目法学教授
John R. Vile	田纳西中部州立大学政治学教授
Paul J. Wahlbeck	乔治·华盛顿大学政治学副教授
Samuel Walker	内布拉斯加大学奥马哈分校刑事司法系刑事司法教授
Thomas G. Walker	埃默里大学政治学教授
David Warrington	哈佛法学院图书馆特藏部主任
Stephen L. Wasby	纽约州立大学奥尔巴尼分校纳尔逊·A.洛克菲勒公共事务和政策学院政治学荣誉教授
Carol Weisbrod	康涅狄格大学法学院法学教授
William M. Wiecek	锡拉丘兹大学法学院历史学、法学教授
Robert A. Williams, Jr.	亚利桑那大学詹姆斯·E.罗杰斯法学院E.托马斯·沙利文项目、美籍印第安人研究项目法学教授
John W. Winkle III	密西西比大学政治学教授
Stephen B. Wood	罗得岛大学政治学荣誉教授
John R. Wunder	内布拉斯加大学林肯分校历史学教授
David A. Yalof	康涅狄格大学政治学副教授
Tinsley E. Yarbrough	东卡罗来纳大学政治学研究教授
Mark G. Yudof	得克萨斯州大学校长法学教授
Charles L. Zelden	诺瓦东南大学历史学副教授
Nicholas S. Zeppos	范德比尔特大学学术事务副校长及教务长,法学教授
Rebecca E. Zietlow	托莱多大学法学院法学教授

(夏登峻、郭成、郭东整理,许明月校对)

主题目录

A

Abington School District v. Schempp
阿宾顿校区诉谢穆普案 ………… 1

Ableman v. Booth;United States v. Booth
艾布尔曼诉布思案;合众国诉布思案 ………… 1

Abortion
堕胎 ………… 2

Abrams v. United States
艾布拉姆斯诉合众国案 ………… 5

Abstention Doctrine
规避原则 ………… 6

Academic Freedom
学术自由 ………… 6

Access to Trials
媒体旁听审判 ………… 7

Actual Malice
实际恶意 ………… 7

Adair v. United States
阿代尔诉合众国案 ………… 8

Adams, John Quincy
亚当斯,约翰·昆西 ………… 8

Adamson v. California
亚当森诉加利福尼亚州案 ………… 8

Adarand Constructors, Inc. v. Pena
阿达兰德建筑公司诉彭纳案 ………… 9

Adkins v. Children's Hospital
阿德金斯诉儿童医院案 ………… 10

Administration of Federal Courts
联邦法院的管理 ………… 10

Administrative Assistant to the Chief Justice
首席大法官的行政助理 ………… 11

Administrative Office of U. S. Courts
联邦最高法院行政管理办公室 ………… 11

Administrative State
行政国家 ………… 11

Admiralty and Maritime Law
海事与海商法 ………… 17

Admission to Practice Before the Bar of the Court
获准在联邦最高法院律协从事律师职业 ………… 18

Advance Sheets
判决样张活页 ………… 18

Advertising Bar
律师广告 ………… 19

Advisory Opinions
咨询意见 ………… 19

Affected with a Public Interest
受公共利益之影响 ………… 19

Affirmative Action
积极行动 ………… 19

Age Discrimination in Employment Act
就业年龄歧视法 ………… 22

Agostini v. Felton
阿戈斯提尼诉费尔敦案 ………… 23

Agriculture
农业 ………… 23

Akron v. Akron Center for Reproductive Health, Inc.
阿克龙诉阿克龙生育健康中心股份有限公司案 ………… 25

Albermarle Paper Co. v. Moody
阿尔贝马勒纸公司诉穆迪案 ………… 25

Albertson v. Subversive Activities Control Board
艾伯森诉颠覆活动控制会案 ………… 25

Alienage and Naturalization
外侨身份与归化 ………… 26

Alien and Sedition Acts
外侨法和煽动叛乱法 ………… 29

Alien Land Laws
外侨土地法 ………… 29

All Deliberate Speed
十分审慎的速度 ………… 29

Allegheny County v. ACLU Greater Pittsburgh Chapter
艾勒金尼县诉美国公民自由联盟大皮茨堡分会案 ………………………… 29

Allgeyer v. Louisiana
艾杰耶尔诉路易斯安那州案 …………… 30

American Bar Association Standing Committee on Federal Judiciary
美国律师协会联邦司法委员会 ………… 30

American Civil Liberties Union
美国公民自由联盟 ……………………… 31

American Communications Association v. Douds
美国通讯协会诉杜茨案 ………………… 32

American Indians
美国印第安人 …………………………… 32

American Insurance Company v. Canter
美国保险公司诉坎特案 ………………… 33

American Library Association, United States v.
合众国诉美国图书馆协会案 …………… 33

Americans United for the Separation of Church and State
政教分离美国人联合会 ………………… 33

Americans with Disabilities Act.
美国残疾人法 …………………………… 34

Amicus Brief
法庭之友诉讼要点 ……………………… 34

Amicus Curiae
法院之友 ………………………………… 35

Antecedents to the Court
联邦最高法院之前身 …………………… 35

Antelope, The
羚羊号案 ………………………………… 37

Antitrust
反托拉斯法 ……………………………… 37

Appeal
上诉 ……………………………………… 41

Appellate Jurisdiction
上诉管辖权 ……………………………… 42

Appointment and Removal Power
任免权 …………………………………… 43

Aptheker v. Secretary of State
阿普特克诉国务卿案 …………………… 45

Architecture of the Supreme Court Building
联邦最高法院大楼的建筑结构 ………… 45

Argersinger v. Hamlin
阿杰辛格诉哈姆林案 …………………… 48

Arizona v. Fulminante
亚利桑那州诉福明南特案 ……………… 49

Arlington Heights v. Metropolitan Housing Development Corp.
阿林顿·海特诉都市房产开发公司案 … 49

Arms, Right to Bear
持有武器权 ……………………………… 49

Armstrong, United States v.
合众国诉阿姆斯特朗案 ………………… 49

Article III
宪法第3条 ……………………………… 50

Ashwander v. Tennessee Valley Authority
阿什旺德诉田纳西河流域管理局案 …… 53

Assembly and Association, Cifizenship, Freedom of
集会和结社自由 ………………………… 53

Atkins v. Virginia
阿特金斯诉弗吉尼亚州案 ……………… 55

Attainder, Bills of
褫夺公民权法案 ………………………… 55

Austin v. United States
奥斯汀诉合众国案 ……………………… 56

Automobile Searches
车辆搜查 ………………………………… 56

B

Badger, George Edmund
巴杰,乔治·埃德蒙 …………………… 59

Bad Tendency Test
不良倾向测试 …………………………… 59

Bail
保释 ……………………………………… 60

Bailey v. Drexel Furniture Co.
贝利诉德雷克塞尔家具公司案 ………… 61

Baker v. Carr
贝克诉卡尔案 …………………………… 61

Bakke Decision
巴基案判决 ……………………………… 63

Baldwin, Henry
鲍德温,亨利 …………………………… 63

Ballard v. United States
巴拉德诉合众国案 ……………………… 64

Ballew v. Georgia
巴柳诉佐治亚州案 ……………………… 65

Bank of Augusta v. Earle 奥古斯塔银行诉厄尔案 ………… 65	Black, Hugo Lafayette 布莱克,胡果·拉斐特 ………… 77
Bank of the United States v. Deveaux 合众国银行诉德沃克斯案 ……… 65	Black, Jeremiah Sullivan 布莱克,杰里迈亚·沙利文 ……… 80
Bankruptcy and Insolvency Legislation 破产立法 ………………………… 66	Black Monday 黑色星期一 …………………… 80
Bar Admission 律师资格 ……………………… 67	Blackmun, Harry Andrew 布莱克蒙,哈里·安德鲁 ……… 80
Bar Advertising 律师广告 ……………………… 67	Blair, John, Jr. 小布莱尔,约翰 ………………… 82
Barber Shop 最高法院的理发室 …………… 68	Blakely v. Washington 布莱克尼诉华盛顿州案 ………… 83
Barbour, Phillip Pendleton 巴伯,菲利普·彭德尔顿 ……… 68	Blatchford, Samuel 布拉奇福德,塞缪尔 …………… 83
Barenblatt v. United States 巴伦布莱特诉合众国案 ………… 69	Blue Laws 蓝法 …………………………… 84
Barnes v. Glen Theatre, Inc. 巴恩斯诉格伦剧院股份公司 …… 69	Board of Trustees of Alabama v. Garrett 亚拉巴马州校董会诉加勒特案 … 84
Barron v. Baltimore 巴伦诉巴尔的摩案 …………… 70	Boerne v. Flores 博尔纳诉弗罗里斯案 …………… 84
Bates v. State Bar of Arizona 贝茨诉亚利桑那州律师协会案 … 70	Bolling v. Sharpe 博林诉夏普案 ………………… 85
Batson v. Kentucky 巴特森诉肯塔基州案 ………… 71	Bork, Robert Heron 博克,罗伯特·赫伦 …………… 85
Beard, Charles Austin 比尔德,查尔斯·奥斯汀 ……… 71	Boudinot, Elias 伯迪诺特,伊莱亚斯 …………… 86
Belle Terre v. Boraas 贝尔·特瑞诉博拉斯案 ………… 72	Bowers v. Hardwick 鲍尔斯诉哈德威克案 …………… 86
Bennis v. Michigan 本尼斯诉密歇根州案 ………… 72	Bowsher v. Synar 鲍舍诉西纳尔案 ……………… 87
Benton v. Maryland 本顿诉马里兰州案 …………… 73	Boyd v. United States 博伊德诉合众国案 …………… 87
Berman v. Parker 伯曼诉帕克案 ………………… 73	Boy Scouts v. Dale 美国童子军组织诉戴尔案 ……… 87
Betts v. Brady 贝茨诉布雷迪案 ……………… 73	Bradford, Edward Anthony 布拉德福德,爱德华·安东尼 … 88
Bible Reading in Public Schools 公立学校的《圣经》阅读课 ……… 74	Bradley, Joseph P. 布拉德利,约瑟夫·P. ………… 88
Bickel, Alexander 比克尔,亚历山大 …………… 74	Bradwell v. Illinois 布拉德韦尔诉伊利诺伊州案 …… 89
Bigelow v. Virginia 比奇洛诉弗吉尼亚州 …………… 75	Brandeis, Louis Dembitz 布兰代斯,路易斯·德姆比茨 … 90
Bill of Rights 《权利法案》 …………………… 75	Brandeis Brief 布兰代斯辩护要点 …………… 92

Brandenburg v. Ohio
布兰登堡诉俄亥俄州案 ………… 93

Branzburg v. Hayes; In re Pappas; United States v. Caldwell
布兰兹堡诉海斯案;涉及帕帕斯的对物(对事)诉讼案;合众国诉考德威尔案 ……… 93

Breedlove v. Suttles
布里德洛夫诉萨博尔斯案 ……… 94

Brennan, William Joseph, Jr.
小布伦南,威廉·约瑟夫 ………… 94

Brewer, David Josiah
布鲁尔,戴维·约西亚 …………… 97

Breyer, Stephen G.
布雷耶,史蒂芬·G. ……………… 98

Bricker Amendment
布里克修正案 …………………… 100

Briefs
诉讼要点 ………………………… 100

Briscoe v. Bank of the Commonwealth of Kentucky
布里斯科诉肯塔基共同体银行案 …… 101

Bronson v. Kinzie
布朗森诉金泽案 ………………… 101

Brown, Henry Billings
布朗,亨利·比林斯 ……………… 101

Brown's Indian Queen Hotel
布朗印第安皇后宾馆 …………… 102

Brown v. Board of Education
布朗诉教育理事会案 …………… 102

Brown v. Maryland
布朗诉马里兰州案 ……………… 105

Brown v. Mississippi
布朗诉密西西比州案 …………… 105

Buchanan v. Warley
布坎南诉瓦雷案 ………………… 106

Buckley v. Valeo
巴克利诉瓦莱奥案 ……………… 106

Buck v. Bell
巴克诉贝尔案 …………………… 107

Budd v. New York
巴德诉纽约州案 ………………… 108

Budget of the Court
联邦最高法院的预算 …………… 108

Buildings, Supreme Court
联邦最高法院的建筑 …………… 109

Bunting v. Oregon
邦廷诉俄勒冈州案 ……………… 111

Bureaucratization of the Court
联邦最高法院的体制化 ………… 112

Bureaucratization of the Federal Judiciary
联邦司法机关的体制化 ………… 112

Burger, Warren Earl
伯格,沃伦·厄尔 ………………… 113

Burr, Aaron
伯尔,阿伦 ……………………… 115

Burton, Harold Hitz
伯顿,哈罗德·希茨 ……………… 115

Burton v. Wilmington Parking Authority
伯顿诉威明顿泊车管理局案 …… 116

Bush v. Gore
布什诉戈尔案 …………………… 117

Business of the Court
联邦最高法院的业务 …………… 118

Busing
巴士运送 ………………………… 120

Butchers' Benevolent Association of New Orleans v. Crescent City Livestock Landing and Slaughterhouse Co.
新奥尔良文明屠宰协会诉克里森特城市禽畜卸放与屠宰公司案 ……… 120

Butler, Charles Henry
巴特勒,查尔斯·亨利 …………… 120

Butler, Pierce
巴特勒,皮尔斯 ………………… 121

Butler, United States v.
合众国诉巴特勒案 ……………… 122

Butz v. Economou
巴兹诉伊科诺莫案 ……………… 122

Byrnes, James Francis
伯恩斯,詹姆斯·弗朗西斯 ……… 123

C

Calder v. Bull
考尔德诉布尔案 ………………… 125

California, United States v.
合众国诉加利福尼亚州案 ……… 126

California v. Acevedo
加利福尼亚州诉阿策韦多案 …… 126

Cameras in Courtrooms 法庭里的摄像机 …… 126	Champion v. Ames 钱皮恩诉埃姆斯案 …… 147
Campaign Finance 竞选资金 …… 127	Chaplinsky v. New Hampshire 查普林斯基诉新罕布什尔州案 …… 147
Campbell, John Archibald 坎贝尔,约翰·阿奇博尔德 …… 127	Charles River Bridge v. Warren Bridge 查尔斯河桥梁公司诉沃伦桥梁公司案 …… 147
Cantwell v. Connecticut 坎特威尔诉康涅狄格州案 …… 128	Chase, Salmon Portland 蔡斯,萨尔蒙·波特兰 …… 148
Capitalism 资本主义 …… 128	Chase, Samuel 蔡斯,塞缪尔 …… 149
Capital Punishment 死刑 …… 136	Checks and Balances 审查与平衡 …… 151
Capitol, Supreme Court in the 国会大厦中的联邦最高法院 …… 138	Cherokee Cases 柴罗基系列案 …… 151
Cardozo, Benjamin Nathan 卡多佐,本杰明·内森 …… 138	Chicago, Burlington & Quincy Railroad Company v. Chicago 芝加哥、布尔灵顿及昆西铁路公司诉芝加哥市案 …… 151
Carlton, United States v. 合众国诉卡尔顿案 …… 139	Chicago, Milwaukee & St. Paul Railway Co. v. Minnesota 芝加哥、米尔沃基与圣保罗铁路公司诉明尼苏达州案 …… 151
Carolene Products Footnote 卡洛伦案第四评注 …… 139	
Carroll v. United States 卡罗尔诉合众国案 …… 139	Chief Justice, Office of the 首席大法官职位 …… 152
Carswell, George Harrold 卡斯韦尔,乔治·哈罗德 …… 140	Child Labor 童工 …… 154
Carter v. Carter Coal Co. 卡特诉卡特煤炭公司案 …… 140	Children 儿童 …… 154
Cases and Controversies 案件与争议 …… 141	Chimel v. California 契莫尔诉加利福尼亚州案 …… 154
Catron, John 卡特伦,约翰 …… 141	Chinese Exclusion Cases 排华案 …… 155
Censorship 审查制度 …… 142	Chisholm v. Georgia 奇泽姆诉佐治亚州案 …… 156
Center Chair 中心席 …… 143	Chisom v. Roemer 奇索姆诉罗默尔案 …… 156
Certification 意见确认 …… 143	Choate, Joseph Hodges 乔特,约瑟夫·霍奇斯 …… 157
Certiorari, Writ of 调卷令状 …… 144	Church and State 教会与国家 …… 157
Cert Pool 文书组 …… 145	Circuit Courts of Appeals 巡回上诉法院 …… 157
Chafee, Zechariah, Jr. 小查菲,泽卡赖亚 …… 146	Circuit Riding 巡回办案 …… 157
Chambers 法官工作室 …… 146	

Citation
引用（令状） ……………………………… 158

Cities
城市 ………………………………………… 158

Citizenship
公民身份 …………………………………… 158

City of Monterey v. Del Monte Dunes at Monterey, Ltd.
蒙特利市诉蒙特利市戴蒙特顿有限公司案 … 159

Civil Law
民法（成文法） …………………………… 160

Civil Liberties
公民自由 …………………………………… 160

Civil Rights Act of 1964
《1964年民权法》 ………………………… 160

Civil Rights Act of 1991
《1991年民权法》 ………………………… 161

Civil Rights Cases
民权系列案 ………………………………… 162

Civil Rights Movement
民权运动 …………………………………… 162

Civil War
美国内战（南北战争） …………………… 165

Clark, Tom Campbell
克拉克，汤姆·坎贝尔 …………………… 167

Clark Distilling Co. v. Western Maryland Railway Co.
克拉克蒸馏公司诉西马里兰铁路公司案 … 168

Clarke, John Hessin
克拉克，约翰·赫辛 ……………………… 168

Class Actions
集团诉讼 …………………………………… 169

Classic, United States v.
合众国诉克拉西克案 ……………………… 170

Clear and Present Danger Test
明显、即发的危险标准 …………………… 170

Clerk, Office of the
书记官办公室 ……………………………… 171

Clerks of the Court
法院书记官 ………………………………… 172

Clerks of the Justices
大法官秘书 ………………………………… 172

Clifford, Nathan
克里福德·内森 …………………………… 174

Clinton v. Jones
克林顿诉琼斯案 …………………………… 175

Coerced Confessions
被迫认罪 …………………………………… 175

Cohens v. Virginia
科恩诉弗吉尼亚州案 ……………………… 176

Cohen v. California
科恩诉加利福尼亚州案 …………………… 176

Cohen v. Cowles Media Co.
科恩诉考尔斯传媒公司案 ………………… 177

Coker v. Georgia
科克尔诉佐治亚州案 ……………………… 177

Cold War
冷战 ………………………………………… 178

Colegrove v. Green
科尔格罗夫诉格林案 ……………………… 178

Coleman v. Miller
科尔曼诉米勒案 …………………………… 178

Collector v. Day
税务官诉戴案 ……………………………… 178

Collegiality
权利共享 …………………………………… 179

Collusive Suits
共谋诉讼 …………………………………… 179

Comity
礼让 ………………………………………… 179

Commerce Power
商业权力 …………………………………… 180

Commercial Speech
商业言论 …………………………………… 183

Common Carriers
公共承运人 ………………………………… 184

Common Law
普通法 ……………………………………… 185

Common-Law Court
普通法法院 ………………………………… 185

Communism and Cold War
共产主义与冷战 …………………………… 186

Communist Party v. Subversive Activities Control Board
共产党诉颠覆活动控制委员会案 ………… 187

Compulsory Process
强制到庭程序 ……………………………… 187

Concurrent Power
共存权力 …………………………………… 187

英文	中文	页码
Concurring Opinions	并存意见	188
Condemnation	指控	188
Conference, the	会议	188
Confessions, Coerced	被迫认罪	190
Confirmation Process	确认程序	190
Conflict of Interest	利益冲突	190
Congress, Arrest and Immunity of Members of	国会成员的免受逮捕权	190
Congress, Qualifications of Members of	国会成员的资格	190
Congressional Power of Investigation	国会的调查权力	191
Congressional Power to Enforce Amendments	国会执行修正案的权力	191
Congressional Rules	国会规则	192
Conkling, Roscoe	康克林·罗斯科	192
Conscientious Objection	良心抗拒	193
Conscription	征兵	194
Consent Decree	双方同意的裁决	194
Constitutional Amending Process	修宪程序	194
Constitutional Amendments	宪法修正案	195
Constitutional Interpretation	宪法解释	197
Constitutionalism	立宪主义	204
Contempt Power of Congress	藐视国会权力	206
Contempt Power of the Courts	藐视法院权力	206
Contraception	避孕	206
Contract	合同	207
Contract, Freedom of	合同自由	208
Contracts Clause	宪法契约条款	209
Cooley, Thomas Mcintyre	库利,托马斯·麦金太尔	210
Cooley v. Board of Wardens of the Port of Philadelphia	库利诉费城港监委员会案	210
Cooperative Federalism	合作联邦主义	210
Cooper v. Aaron	库珀诉阿伦案	211
Copyright	版权	211
Coram Nobis	纠错令状	212
Corporations	公司	212
Corrigan v. Buckley	科里根诉巴克利案	213
Corwin, Edward Samuel	科温,爱德华·塞缪尔	213
Counsel, Right to	获得律师辩护权	214
Counselman v. Hitchcock	康塞尔曼诉希契科克案	215
Court Curbing	法院抑制	215
Court-Packing Plan	法院人员布置计划	217
Court Reporters	联邦最高法院判决汇编人	218
Courts of Appeals	上诉法院	218
Cox v. New Hampshire	考克斯诉新罕布什尔州案	219
Coyle v. Smith	科伊尔诉史密斯案	220
Craig v. Boren	克雷格诉博伦案	220
Craig v. Missouri	克雷格诉密苏里州案	221

Cranch, William
克兰奇，威廉 …… 221

Creation Science
创世论 …… 221

Criminal Syndicalism Laws
犯罪集团法 …… 221

Crittenden, John Jordan
克里滕登，约翰·乔丹 …… 222

Crosby v. National Foreign Trade Council
克罗斯比诉国家对外贸易委员会案 …… 222

Crow Dog, ex parte
克罗狗单方诉讼案 …… 222

Cruel and Unusual Punishment
残忍和非正常刑罚 …… 223

Cruikshank, United States v.
合众国诉克鲁克香克案 …… 224

Cruzan v. Director, Missouri Department of Health
克鲁赞诉密苏里州健康部主任案 …… 224

Cummings v. Missouri
卡明斯诉密苏里州案 …… 225

Cumming v. Richmond County Board of Education
卡明诉里士满县教育理事会案 …… 225

Curator, Office of the
最高法院文史室 …… 226

Curtis, Benjamin Robbins
柯蒂斯，本杰明·罗宾斯 …… 226

Curtiss-Wright Export Corp., United States v.
合众国诉柯蒂斯-赖特出口公司案 …… 227

Cushing, Caleb
库欣，凯莱布 …… 228

Cushing, William
库欣，威廉 …… 228

D

Dallas, Alexander James
达拉斯，亚历山大·詹姆斯 …… 231

Dames & Moore v. Regan
达姆斯与穆尔诉里甘案 …… 231

Danbury Hatters' Case
丹伯里·哈特尔斯案 …… 231

Daniel, Peter Vivian
丹尼尔，彼得·维维安 …… 231

Darby Lumber Co., United States v.
合众国诉达比木材公司案 …… 232

Dartmouth College v. Woodward
达特茅斯学院诉伍德沃德案 …… 233

Davis, David
戴维斯，戴维 …… 234

Davis, John Chandler Bancroft
戴维斯，约翰·钱德勒·班克罗夫特 …… 235

Davis, John William
戴维斯，约翰·威廉 …… 235

Davis v. Bandemer
戴维斯诉班德尔莫案 …… 235

Davis v. Beason
戴维斯诉比森案 …… 236

Day, William Rufus
戴，威廉·鲁弗斯 …… 236

Dead List
死案名单 …… 237

Death Penalty
死刑 …… 237

Debs, in re
德布斯对物（对事）诉讼案 …… 237

Decision-making Dynamics
判决作出机制 …… 238

Declaration of Independence
《独立宣言》 …… 238

Declaratory Judgments
宣告性判决 …… 239

Defamation
毁誉 …… 239

Defensive Denials
防御性否决 …… 239

Dejonge v. Oregon
德乔恩吉诉俄勒冈州案 …… 240

Delegation of Powers
授权 …… 240

DeLima v. Bidwell
德利马诉比德韦尔案 …… 241

Dennis v. United States
丹尼斯诉合众国案 …… 241

Desegregation Remedies
解除种族隔离的救济 …… 242

Detainee Cases
被拘留者案件 …… 243

Dictum
法官意见 …… 244

Die, Right to
死亡权 …………………………… 244

Dillon v. Gloss
狄龙诉格罗斯案 ………………… 244

Disability of Justices
法官的无行为能力 ……………… 245

Discriminatory Intent
歧视意图 ………………………… 246

Discuss List
评议案件清单 …………………… 246

Disparate Impact
歧视影响 ………………………… 247

Disparate Treatment
歧视待遇 ………………………… 247

Dissent
异议 ……………………………… 247

Diversity Jurisdiction
跨州管辖权 ……………………… 249

Dobbins v. Erie County
多宾斯诉伊利县案 ……………… 250

Dodge v. Woolsey
道奇诉伍尔西案 ………………… 250

Dolan v. City of Tigard
多兰诉泰格市 …………………… 250

Dombrowski v. Pfister
多姆布罗斯基诉普费斯特案 …… 251

Double Jeopardy
双重治罪危险 …………………… 251

Douglas, William Orville
道格拉斯,威廉·奥维尔 ………… 252

Downes v. Bidwell
唐斯诉比德韦尔案 ……………… 255

Draft
征兵 ……………………………… 255

Dred Scott Case
德雷德·斯科特案 ……………… 255

Dual Federalism
双重联邦主义 …………………… 255

Due Process, Procedural
程序的正当程序 ………………… 255

Due Process, Substantive
实体正当程序 …………………… 256

Due Process Revolution
正当程序革命 …………………… 258

Duncan v. Kahanamoku
邓肯诉卡哈纳莫库案 …………… 258

Duncan v. Louisiana
邓肯诉路易斯安那州案 ………… 259

Duplex Printing Co. v. Deering
杜普雷克斯印刷公司诉狄尔林案 … 259

Duvall, Gabriel
杜瓦尔,加布里埃尔 ……………… 260

E

Eastern Enterprises v. Apfel
东部企业公司诉阿普菲尔案 …… 261

E. C. Knight Co., United States v.
合众国诉 E.C. 佘特公司案 ……… 261

Education
教育 ……………………………… 262

Edwards v. California
爱德华兹诉加利福尼亚州案 …… 264

Edwards v. South Carolina
爱德华兹诉南卡罗来纳州案 …… 264

Eichman, United States v.
合众国诉爱奇曼案 ……………… 264

Eighteenth Amendment
联邦宪法第十八修正案 ………… 265

Eighth Amendment
联邦宪法第八修正案 …………… 266

Eisenstadt v. Baird
艾森斯塔德诉伯尔德案 ………… 266

Elections
选举 ……………………………… 267

Eleventh Amendment
联邦宪法第十一修正案 ………… 269

Elfbrandt v. Russell
埃尔夫布兰德诉拉塞尔案 ……… 270

Ellsworth, Oliver
埃尔斯沃思,奥利弗 ……………… 271

Elrod v. Burns
埃尔罗德诉布恩斯案 …………… 271

Eminent Domain
征用权 …………………………… 272

Employment Discrimination
就业歧视 ………………………… 272

Engel v. Vitale
恩格尔诉瓦伊塔尔案 …………… 273

Entitlements
权利资格 …………………………………… 274

Environment
环境 ………………………………………… 274

Equal Protection
平等保护 …………………………………… 277

Equitable Remedies
衡平救济 …………………………………… 279

Erie Railroad Co. v. Tompkins
伊利铁路公司诉汤普金斯案 ……………… 279

Ernst, Morris Leopold
厄恩斯特,莫里斯·利奥波德 ……………… 279

Error, Writ of
错误审查令状 ……………………………… 280

Escobedo v. Illinois
埃斯可贝多诉伊利诺伊州案 ……………… 280

Espionage Acts
间谍法 ……………………………………… 280

Establishment Clause
确立宗教条款 ……………………………… 281

Euclid v. Ambler Realty Co.
尤克里德诉阿姆布勒物业公司案 ………… 281

Evans v. Abney
埃文斯诉阿布尼案 ………………………… 282

Everson v. Board of Education of Ewing Township
埃文森诉埃维因镇教育理事会案 ………… 282

Evolution and Creation Science
进化与创世论 ……………………………… 283

Exclusionary Rule
排除规则 …………………………………… 283

Executive Agreements
行政协定 …………………………………… 286

Executive Immunity
行政豁免 …………………………………… 287

Executive Privilege
行政特权 …………………………………… 288

Exhaustion of Remedies
救济穷竭 …………………………………… 289

Ex parte
单方诉讼 …………………………………… 290

Ex Post Facto Laws
溯及既往的法律 …………………………… 290

Ex rel.
私人引起的公诉 …………………………… 290

Extrajudicial Activities
司法外活动 ………………………………… 290

F

Fairfax's Devisee v. Hunter's Lessee
费尔法克斯的地产受遗赠人诉亨特的
　地产承租人案 …………………………… 293

Fairness Doctrine
公平原则 …………………………………… 293

Fair Representation
公正代表 …………………………………… 293

Fair Value Rule
公平价值原则 ……………………………… 293

Family and Children
家庭和孩子 ………………………………… 293

Fay v. Noia
费伊诉诺亚案 ……………………………… 296

Federal Common Law
联邦普通法 ………………………………… 297

Federalism
联邦主义 …………………………………… 297

Federalist, The
《联邦党人文集》 …………………………… 307

Federal Justice Center
联邦法官中心 ……………………………… 307

Federal Maritime Commission v. South Carolina Ports Authority
联邦海事委员会诉南卡罗来纳州港务局案 … 307

Federal Questions
联邦问题 …………………………………… 308

Federal Rules of Civil Procedure
联邦民事程序规则 ………………………… 308

Federal Rules of Criminal Procedure
联邦刑事程序规则 ………………………… 309

Federal Tort Claims Act
联邦侵权赔偿请求法 ……………………… 309

Feiner v. New York
费纳诉纽约州案 …………………………… 309

Feist Publication, Inc. v. Rural Telephone Service Company, Inc.
费斯特出版公司诉乡村电话服务公司案 … 309

Female Suffrage
妇女投票权 ………………………………… 310

Field, Stephen Johnson
菲尔德,斯蒂芬·约翰逊 ………………… 310

Fifteenth Amendment
联邦宪法第十五修正案 ………………… 312

Fifth Amendment
联邦宪法第五修正案 …………………… 314

Fifth Amendment Immunity
联邦宪法第五修正案豁免 ……………… 316

Fighting Words
攻击性言论 ……………………………… 316

Finality of Decision
判决的终局性 …………………………… 316

Financing Political Speech
筹资性政治言论 ………………………… 317

First Amendment
联邦宪法第一修正案 …………………… 318

First Amendment Absolutism
联邦宪法第一修正案绝对论 …………… 320

First Amendment Balancing
联邦宪法第一修正案的平衡 …………… 321

First Amendment Speech Tests
联邦宪法第一修正案言论测试标准 …… 322

First English Evangelical Lutheran Church of Glendale v. County of Los Angeles
格兰代尔第一英国福音路德教教堂诉洛杉矶县案 ……………………………… 322

First Monday in October
十月的第一个星期一 …………………… 323

First National Bank of Boston v. Bellotti
波士顿第一国家银行诉贝洛提案 ……… 323

Fiscal and Monetary Powers
财政与货币权 …………………………… 324

Flag Burning
焚烧国旗 ………………………………… 324

Flast v. Cohen
弗莱斯特诉科恩案 ……………………… 324

Fletcher v. Peck
弗莱彻诉佩克案 ………………………… 325

Fletcher v. Rhode Island
弗莱彻诉罗德岛案 ……………………… 326

Florida v. Bostick
佛罗里达诉博斯蒂克案 ………………… 326

Footnote Eleven (of Brown v. Board of Education)
布朗案第十一评注 ……………………… 326

Footnote Four(of United States v. Carolene Products Co.)
卡洛伦案第四评注 ……………………… 327

Fordice, United States v.
合众国诉福代斯案 ……………………… 328

Foreign Affairs and Foreign Policy
涉外事务与对外政策 …………………… 328

Fortas, Abe
福塔斯,阿贝 …………………………… 329

Fortas Resignation
福塔斯辞职 ……………………………… 330

44 Liquormart v. Rhode Island (1996)
44 酒商诉罗得岛案 …………………… 331

Four Horsemen
四骑士 …………………………………… 332

Fourteenth Amendment
联邦宪法第十四修正案 ………………… 332

Fourth Amendment
联邦宪法第四修正案 …………………… 334

Framers of the Constitution
联邦宪法缔造者 ………………………… 337

Frankfurter, Felix
法兰克福特,费利克斯 ………………… 337

Frank v. Mangum
弗兰克诉曼格姆案 ……………………… 339

Freedom of Speech
言论自由 ………………………………… 340

Free Exercise Clause
宗教自由践行条款 ……………………… 340

Freeman v. Pitts
弗里曼诉皮茨案 ………………………… 340

Freund, Ernst
弗罗因德,厄恩斯特 …………………… 340

Frontiero v. Richardson
弗罗蒂罗诉理查森案 …………………… 341

Frothingham v. Mellon
弗罗辛厄姆诉梅隆案 …………………… 342

Fugitives from Justice
逃犯 ……………………………………… 342

Fugitive Slaves
逃亡奴隶 ………………………………… 342

Fuller, Melville Weston
富勒,梅尔维尔·韦斯顿 ……………… 343

Full Faith and Credit
完全诚意和信任 ………………………… 345

Fullilove v. Klutznick
富利洛夫诉克卢茨尼克案 …………… 345

Fundamental Fairness Doctrine
基础正当原则 …………………………… 346

Fundamental Rights
基础权利 ………………………………… 346

Furman v. Georgia
弗曼诉佐治亚州案 ……………………… 346

G

Gag Rule
缄口规则 ………………………………… 349

Garcia v. San Antonio Metropolitan Transit Authority
加西亚诉圣安东尼奥都市交通局案 …… 349

Gault, In re
涉及高尔特的诉讼案 …………………… 350

Gay And Lesbian Issues
男女同性恋问题 ………………………… 350

Geier v. American Honda Motor Co.
盖尔诉美国本田汽车公司案 …………… 351

Gelpcke v. Dubuque
格尔普克诉杜布奎案 …………………… 351

Gender
性别 ……………………………………… 351

General Welfare
公共福利 ………………………………… 358

Genesee Chief v. Fitzhugh
吉尼斯船长诉菲茨休案 ………………… 358

Gerrymandering
操纵选区划分 …………………………… 359

Gertz v. Robert Welch, Inc.
格尔兹诉罗伯特·韦尔奇公司案 ……… 360

Gibbons v. Ogden
吉本斯诉奥格登案 ……………………… 361

Gideon v. Wainwright
吉迪恩诉温赖特案 ……………………… 361

Gilbert, Cass
吉尔伯特,卡斯 ………………………… 362

Ginsburg, Douglas Howard
金斯伯格,道格拉斯·霍华德 ………… 363

Ginsburg, Ruth Bader
金斯伯格,鲁思·巴德 ………………… 363

Gitlow v. New York
吉特洛诉纽约案 ………………………… 365

Goldberg, Arthur Joseph
戈德堡,阿瑟·约瑟夫 ………………… 366

Goldberg v. Kelly
戈德堡诉凯利案 ………………………… 367

Gold Clause Cases(1935)
黄金条款系列案件(1935) …………… 367

Goldfarb v. Virginia State Bar
戈德法布诉弗吉尼亚州律师协会案 …… 367

Goldwater v. Carter
戈德华特诉卡特案 ……………………… 368

Gomillion v. Lightfoot
戈米利恩诉莱特富特案 ………………… 368

Gompers v. Buck's Stove & Range Co.
冈珀斯诉巴克炉灶厨具公司案 ………… 369

Good Faith Exception
善意例外 ………………………………… 369

Good News Club, Inc. v. Milford Central School
好消息俱乐部诉米尔福德中心学校案 … 369

Graham v. Richardson
格雷厄姆诉理查森案 …………………… 369

Grandfather Clause
祖父条款 ………………………………… 370

Grand Juries
大陪审团 ………………………………… 370

Granger Cases
农民系列案 ……………………………… 371

Gratz v. Bollinger
格拉茨诉博林杰案 ……………………… 371

Graves v. New York ex rel. O'keefe
奥基夫引起的格拉雷斯诉纽约州案 …… 371

Gray, Horace
格雷,霍勒斯 …………………………… 371

Gray v. Sanders
格雷诉桑德斯案 ………………………… 372

Greenberg, Jack
格林伯格,杰克 ………………………… 373

Green v. Biddle
格林诉比德尔案 ………………………… 373

Green v. County School Board of New Kent County
格林诉新肯特郡学校理事会案 ………… 373

Gregg v. Georgia
格雷格诉佐治亚州案 …………………… 374

Grier, Robert Cooper
格尔尔，罗伯特·库珀 ………………… 376

Griffin v. California
格里芬诉加利福尼亚州案 ……………… 377

Griffin v. County School Board of Prince Edward County
格里芬诉爱德华王子县学校理事会案 …… 377

Griggs v. Duke Power Co.
格里格斯诉杜克电力公司案 …………… 377

Griswold v. Connecticut
格里斯沃尔德诉康涅狄格州案 ………… 378

Grosjean v. American Press Co.
格罗斯简诉美国出版公司案 …………… 380

Grove City College v. Bell
高大城市学院诉贝尔案 ………………… 381

Groves v. Slaughter
格罗夫斯诉斯劳特案 …………………… 381

Grovey v. Townsend
格罗威诉汤森案 ………………………… 381

Grutter v. Bollinger and Gratz v. Bollinger
格鲁特诉博林杰案和格拉茨诉博林杰案 … 382

Guarantee Clause
宪法保障条款 …………………………… 383

Guest, United States v.
合众国诉格斯特案 ……………………… 383

Guinn v. United States
吉恩诉合众国案 ………………………… 384

Gymnasium
最高法院健身房 ………………………… 384

H

Habeas Corpus
人身保护状 ……………………………… 385

Hague v. Congress of Industrial Organizations
黑格诉工业组织协会案 ………………… 386

Hall v. Decuir
霍尔诉德克尔案 ………………………… 386

Hamilton, Alexander
汉密尔顿，亚历山大 …………………… 386

Hammer v. Dagenhart
哈默诉达根哈特案 ……………………… 387

Hand, Billings Learned
汉德，比林斯·勒尼德 ………………… 388

Harlan, John Marshall
哈伦，约翰·马歇尔 …………………… 389

Harlan, John Marshall, II
哈伦，约翰·马歇尔 II ………………… 392

Harper v. Virginia State Board of Elections
哈珀诉弗吉尼亚州选举委员会案 ……… 394

Harrison, Robert H.
哈里森，罗伯特·H …………………… 395

Harris v. McRae
哈里斯诉麦克雷案 ……………………… 395

Harris v. New York
哈里斯诉纽约州案 ……………………… 395

Hate Speech
仇视性言论 ……………………………… 396

Hawaii Housing Authority v. Midkiff
夏威夷房屋管理局诉米德基夫案 ……… 396

Hayburn's Case
哈伊布恩案件 …………………………… 397

Haynsworth, Clement Furman, Jr.
小海恩斯沃思，克莱门特·弗曼 ……… 397

Head Money Cases
人头费系列案 …………………………… 397

Headnotes
批注 ……………………………………… 398

Heart of Atlanta Motel v. United States
亚特兰大中心旅馆诉合众国案 ………… 398

Heightened Scrutiny
强化的审查 ……………………………… 398

Helvering v. Davis
赫尔夫林诉戴维斯案 …………………… 398

Hepburn v. Griswold
赫伯恩诉格里斯沃尔德案 ……………… 399

Higher Law
高级法 …………………………………… 399

Hirabayashi v. United States
海拉巴亚斯诉合众国案 ………………… 400

History, Court Uses of
法院对历史的运用 ……………………… 400

History of the Court
联邦最高法院的历史 …………………… 402

Hoar, Ebenezer Rockwood
豪尔，埃比尼泽·罗克伍德 …………… 432

Hodgson v. Minnesota
霍奇森诉明尼苏达州案 ………………… 432

Holden v. Hardy
霍尔登诉哈迪案 …………………… 432

Holder v. Hall
霍尔德诉霍尔案 …………………… 433

Holding
判决结果 …………………………… 433

Holmes, Oliver Wendell
霍姆斯,奥利弗·温德尔 …………… 433

Holmes v. Jennison
霍姆斯诉詹尼森案 ………………… 438

Home Building and Loan Association v. Blaisdell
房屋修建及贷款委员会诉布莱斯德尔案 …… 439

Homosexuality
同性恋 ……………………………… 439

Honda Motor Co. v. Oberg
本田汽车公司诉奥伯格案 ………… 440

Hornblower, William Butler
霍恩布洛尔,威廉·巴特勒 ………… 441

Housing Discrimination
住房歧视 …………………………… 441

Houston, Charles Hamilton
休斯顿,查尔斯·汉密尔顿 ………… 442

Houston, East and West Texas Railway Co. v. United States
休斯顿、东西得克萨斯铁路公司诉合众国案 …… 443

Howard, Benjamin Chew
霍华德,本杰明·丘 ………………… 443

Hoyt v. Florida
霍伊特诉佛罗里达州案 …………… 443

Hudson & Goodwin, United States v.
合众国诉赫德森与古德温案 ……… 443

Hudson v. Palmer
赫德森诉帕尔默案 ………………… 444

Hughes, Charles Evans
休斯,查尔斯·埃文斯 ……………… 444

Humphrey's Executor v. United States
汉弗莱遗嘱执行人诉合众国案 …… 446

Hunt, Ward
亨特,沃德 ………………………… 446

Hurley v. Irish-American GLB Group of Boston, Inc.
赫尔利诉波士顿爱尔兰裔美国人同性恋组织案 …… 448

Hurtado v. California
胡塔多诉加利福尼亚州案 ………… 448

Hustler Magazine v. Falwell
赫斯特勒杂志诉法尔威尔案 ……… 449

Hutchinson v. Proxmire
哈钦森诉普罗克斯迈尔案 ………… 449

Hylton v. United States
希尔顿诉合众国案 ………………… 449

I

IFP
贫民诉讼 …………………………… 451

Illegitimacy
非婚生子女 ………………………… 451

Illinois ex. rel. McCollum v. Board of Education
麦科勒姆引起的伊利诺伊州诉教育理事会案 …… 451

Immigration
移民 ………………………………… 451

Immigration and Naturalization Service v. Chadha
移民与归化局诉查德哈案 ………… 452

Immunity
豁免 ………………………………… 453

Impact of Court Decisions
法院判决的影响 …………………… 453

Impeachment
弹劾 ………………………………… 454

Implied Powers
默示权力 …………………………… 455

Impoundment Powers
扣留权 ……………………………… 455

In Camera
不公开审理 ………………………… 456

Income Tax
所得税 ……………………………… 456

Income Tax Cases
所得税案 …………………………… 456

Incorporation Doctrine
并入原则 …………………………… 456

Independent and Adequate State Grounds Doctrine
独立与充分的州理由原则 ………… 457

Indian Bill of Rights(1968)
《印第安人权利法案(1968)》 …… 457

Indigency
无助者 ……………………………………… 458

In Forma Pauperis
贫民诉讼 …………………………………… 459

Inherent Powers
固有权力 …………………………………… 459

Inheritance and Illegitimacy
遗产及非婚生子女 ………………………… 460

Injunctions and Equitable Remedies
禁令与衡平法救济 ………………………… 461

In Personam Jurisdiction
对人诉讼管辖 ……………………………… 463

In Re
对物（对事）诉讼 ………………………… 463

In Rem Jurisdiction
对物（对事）诉讼管辖 …………………… 463

Insanity Defense
精神错乱辩护 ……………………………… 463

Insolvency Legislation
破产状态立法 ……………………………… 464

Insular Cases
海岛系列案 ………………………………… 464

Insurance Rates, Equality and
平等与保险费率 …………………………… 465

Intergovernmental Tax Immunity
政府间税收豁免 …………………………… 466

Intermediate Scrutiny
中级审查 …………………………………… 466

International Impact of Court Decisions
法院判决的国际影响 ……………………… 466

International Union v. Johnson Controls, Inc.
国际工联诉约翰逊控制公司案 …………… 468

Interposition
州的干预 …………………………………… 468

Interpretivism and Noninterpretivism
文本主义和非文本主义 …………………… 468

Interstate Commerce Commission
州际商事委员会 …………………………… 469

Interstate Compacts
州际协约 …………………………………… 470

Inverse Condemnation
回复控告 …………………………………… 470

Iredell, James
艾尔戴尔,詹姆斯 ………………………… 473

J

Jackson, Andrew
杰克逊,安德鲁 …………………………… 475

Jackson, Howell Edmonds
杰克逊,豪厄尔·埃德蒙兹 ……………… 475

Jackson, Robert Houghwout
杰克逊,罗伯特·霍沃特 ………………… 476

Jackson-Black Feud
杰克逊—布莱克之争 ……………………… 478

Jackson v. Metropolitan Edison Co.
杰克逊诉都市爱迪生公司案 ……………… 479

Japanese Relocation
日本人重新安置 …………………………… 479

Jay, John
杰伊,约翰 ………………………………… 479

J. E. B. v. Alabama ex rel. T. B.
特里萨·拜布尔引起的詹姆斯·E.鲍曼
  诉亚拉巴马州案 ………………………… 480

Jefferson, Thomas
杰斐逊,托马斯 …………………………… 481

Jenner-Butler Bill
詹纳—巴特勒法案 ………………………… 482

Johnson, Thomas
约翰逊,托马斯 …………………………… 482

Johnson, William
约翰逊,威廉 ……………………………… 483

Johnson and Graham's Lessee v. Mcintosh
约翰逊与格雷厄姆租户诉麦克尹托西案 …… 485

Johnson v. De Grandy
约翰逊诉德格瑞迪案 ……………………… 485

Johnson v. Louisiana
约翰逊诉路易斯安那州案 ………………… 486

Johnson v. Santa Clara County
约翰逊诉圣·克拉拉县案 ………………… 486

Johnson v. Zerbst
约翰逊诉泽尔布斯特案 …………………… 487

Joint Anti-Fascist Refugee Committee v. McGrath
联合反法西斯难民委员会诉麦格拉思案 …… 487

Join Three
支持三位大法官签发调卷令的投票 ……… 487

Jones v. Alfred H. Mayer Co.
琼斯诉艾尔弗雷德·H.迈耶尔公司案 …… 488

Jones v. Van Zandt
琼斯诉冯·赞特案 …… 489

Judicial Activism
司法激进主义 …… 489

Judicial Conference of the United States
美国司法会议 …… 490

Judicial Ethics
司法伦理 …… 490

Judicial Immunity from Civil Damages
民事损害赔偿的司法豁免 …… 491

Judicial Improvements and Access to Justice Act
《司法改善与申诉法》 …… 491

Judicial Power and Jurisdiction
司法权力与管辖权 …… 492

Judicial Review
司法审查 …… 499

Judicial Self-Restraint
司法自我约束原则 …… 504

Judiciary Act of 1789
《1789 年司法法》 …… 506

Judiciary Acts of 1801 and 1802
《1801—1802 年司法法》 …… 508

Judiciary Act of 1837
《1837 年司法法》 …… 509

Judiciary Act of 1866
《1866 年司法法》 …… 509

Judiciary Act of 1869
《1869 年司法法》 …… 510

Judiciary Act of 1875
《1875 年司法法》 …… 510

Judiciary Act of 1891
《1891 年司法法》 …… 510

Judiciary Act of 1925
《1925 年司法法》 …… 511

Juries
陪审团 …… 512

Jurisdiction
管辖权 …… 512

Just Compensation
公平补偿 …… 512

Justices, Number of
法官人数 …… 512

Justiciability
可诉性 …… 513

Juvenile Justice
青少年司法问题 …… 513

K

Kagama, United States v.
合众国诉卡加马案 …… 515

Kastigar v. United States
卡斯提加诉合众国案 …… 515

Katzenbach v. McClung
卡曾巴赫诉麦克朗案 …… 515

Katzenbach v. Morgan
卡曾巴赫诉摩根案 …… 516

Katz v. United States
卡茨诉合众国案 …… 516

Kendall v. United States ex rel. Stokes
斯托克斯引起的肯德尔诉合众国案 …… 517

Kennedy, Anthony McLeod
肯尼迪,安东尼·麦克劳德 …… 517

Kentucky v. Dennison
肯塔基州诉丹尼森案 …… 519

Kent v. Dulles
肯特诉杜勒斯 …… 520

Ker v. California
克尔诉加利福尼亚州案 …… 520

Keyes v. Denver School District No. 1
凯斯诉丹佛市第一校区案 …… 520

Keyishian v. Board of Regents
克伊西安诉校务委员会案 …… 521

Keystone Bituminous Coal Association v. DeBenedictis
基斯顿生煤协会诉德贝奈迪克提斯案 …… 521

Kidd v. Pearson
基德诉皮尔逊案 …… 521

Kilbourn v. Thompson
基尔波恩诉汤普森案 …… 522

King, Edward
金,爱德华 …… 522

Klopfer v. North Carolina
克洛普弗尔诉北卡罗来纳州案 …… 522

Knaebel, Ernest
内布尔,欧内斯特 …… 523

Knox v. Lee
诺克斯诉李案 …… 523

Korean War
朝鲜战争 ………………………… 523

Korematsu v. United States
科里马修诉合众国案 ……………… 523

Kunz v. New York
孔兹诉纽约州案 …………………… 524

L

Labor
劳工 ………………………………… 525

Laissez-Faire Constitutionalism
放任自由的立宪主义 ……………… 528

Lamar, Joseph Rucker
拉马尔,约瑟夫·拉克尔 ………… 529

Lamar, Lucius Quintus Cincinnatus
拉马尔,卢修斯·昆塔斯·辛辛纳图斯 … 530

Land Grants
土地授予 …………………………… 531

Lanza, United States v.
合众国诉兰扎案 …………………… 531

Lassiter v. Northampton County Board of Elections
拉斯特诉北汉普敦县选举委员会案 … 532

Lawrence v. Texas
劳伦斯诉得克萨斯州案 …………… 532

Lawyers' Edition
律师版 ……………………………… 533

Least Dangerous Branch
危险最小的分支部门 ……………… 533

Least Restrictive Means Test
最低约束手段标准 ………………… 533

Lee v. Weisman
李诉韦斯曼案 ……………………… 534

Legal Counsel, Office of
最高法院法律顾问处 ……………… 534

Legal Defense Fund
法律辩护基金 ……………………… 534

Legal Realism
法律现实主义 ……………………… 535

Legal Tender Cases
法定货币系列案 …………………… 535

Legislative Districting
立法机构的选区划分 ……………… 536

Legislative-Executive Agreements
立法—行政协定 …………………… 537

Legislative Standing
立法者诉权 ………………………… 537

Legislative Veto
立法否决权 ………………………… 538

Lemon Test
莱蒙案标准 ………………………… 538

Lemon v. Kurtzman
莱蒙诉库尔兹曼案 ………………… 539

Leon, United States v.
合众国诉利昂案 …………………… 540

LexisNexis
LexisNexis 数据库 ………………… 541

Libel
诽谤 ………………………………… 541

Library
联邦最高法院图书馆 ……………… 543

License Cases
许可系列案 ………………………… 543

Lincoln, Abraham
林肯,亚伯拉罕 …………………… 543

Lincoln, Levi
林肯,利瓦伊 ……………………… 546

Lind, Henry Curtis
林德,亨利·柯蒂斯 ……………… 546

Literacy Tests
文化水平测试 ……………………… 547

Livingston, Henry Brockholst
利文斯顿,亨利·布罗克霍斯特 …… 547

Lochner v. New York
洛克纳诉纽约州案 ………………… 548

Locke v. Davey
洛克诉戴维案 ……………………… 550

Loewe v. Lawlor
洛伊诉劳勒案 ……………………… 551

Lone Wolf v. Hitchcock
洛恩·沃尔夫诉希契科克案 ……… 551

Lopez, United States v.
合众国诉洛佩斯案 ………………… 551

Lottery Cases
彩票案 ……………………………… 552

Louisiana ex rel. Francis v. Resweber
弗朗西斯引起的路易斯安那州诉斯
　威伯案 …………………………… 552

Louisville, New Orleans and Texas Railway Co. v. Mississippi
路易斯威尔,新奥尔良和得克萨斯铁路公司诉密西西比州案 ……… 553

Louisville Railroad Co. v. Letson
路易斯威尔铁路公司诉勒葱案 ……… 553

Lovell v. City of Griffin
洛弗诉格里芬市案 ……… 553

Lovett, United States v.
合众国诉洛维特案 ……… 554

Loving v. Virginia
洛文诉弗吉尼亚州案 ……… 554

Lower Federal Courts
低级别联邦法院 ……… 555

Lucas v. South Carolina Coastal Council
卢卡斯诉南卡罗来纳州滨海委员会案 ……… 555

Lujan v. Defenders of Wildlife
卢汉诉野生动物保护者案 ……… 556

Lurton, Horace Harmon
勒顿,霍勒斯·哈蒙 ……… 556

Luther v. Borden
卢瑟诉博登案 ……… 557

Lynch v. Donnelly
林奇诉唐纳利案 ……… 558

M

Madison, James
麦迪逊,詹姆斯 ……… 559

Magnet Schools
磁性学校 ……… 560

Mallory v. United States
马洛里诉合众国案 ……… 560

Malloy v. Hogan
马洛伊诉霍根案 ……… 560

Mandamus, Writ of
执行令状(履行职责令状,训令状) ……… 561

Mann Act
曼恩法 ……… 561

Mapp v. Ohio
马普诉俄亥俄州案 ……… 562

Marbury v. Madison
马伯里诉麦迪逊案 ……… 563

Maritime Law
海商法 ……… 564

Marriage
结婚 ……… 564

Marshall, John
马歇尔,约翰 ……… 565

Marshall, Thurgood
马歇尔,瑟古德 ……… 568

Marshall Statue
马歇尔塑像 ……… 570

Marshall v. Barlow's Inc.
马歇尔诉巴洛公司案 ……… 570

Marshals of the Court
联邦最高法院执行官 ……… 570

Martial Law
戒严法 ……… 571

Martin, Luther
马丁,卢瑟 ……… 571

Martin v. Hunter's Lessee
马丁诉亨特租户案 ……… 571

Martin v. Mott
马丁诉莫特案 ……… 572

Maryland v. Craig
马里兰州诉克莱格案 ……… 572

Massachusetts v. Mellon
马萨诸塞州诉梅隆案 ……… 573

Massiah v. United States
梅西亚诉合众国案 ……… 573

Masson v. New Yorker Magazine, Inc.
马森诉纽约客杂志有限公司案 ……… 574

Maternity Leave
产假 ……… 575

Matthews, Thomas Stanley
马修斯,托马斯·斯坦利 ……… 575

Maxwell v. Dow
马克斯韦尔诉道案 ……… 576

McCardle, Ex parte
麦卡德尔单方诉讼案 ……… 576

McCarran Act
麦卡伦法 ……… 577

McCleskey v. Kemp
麦克莱斯基诉肯普案 ……… 577

McCleskey v. Zant
麦克莱斯基诉桑特案 ……… 578

McConnell v. Federal Election Commission
麦康奈尔诉联邦选举委员会案 ……… 578

McCray v. United States
麦克雷诉合众国案 ……… 579

McCulloch v. Maryland
麦卡洛克诉马里兰州案 ……… 579

McKeiver v. Pennsylvania
麦基沃诉宾夕法尼亚州案 ……… 581

McKenna, Joseph
麦克纳,约瑟夫 ……… 582

McKinley, John
麦金利,约翰 ……… 583

McLaurin v. Oklahoma State Regents for Higher Education
麦克劳瑞恩诉俄克拉荷马州高等教育委员案 ……… 584

McLean, John
麦克莱恩,约翰 ……… 585

McReynolds, James Clark
麦克雷诺兹,詹姆斯·克拉克 ……… 586

Metro Broadcasting v. Federal Communications Commission
麦特罗广播公司诉联邦通信委员会案 ……… 587

Meyer v. Nebraska
迈耶诉内布拉斯加州案 ……… 587

Miami Herald Publishing Co. v. Tornillo
迈阿密先驱报出版公司诉托尼罗案 ……… 588

Michael M. v. Superior Court of Sonoma County
迈克尔·M.诉所诺马县高等法院案 ……… 588

Michigan Department of State Police v. Sitz
密歇根州警察局诉西茨案 ……… 589

Michigan v. Long
密歇根州诉朗案 ……… 589

Micou, William Chatfield
米库,威廉·查特菲尔德 ……… 589

Midnight Judges
午夜法官 ……… 590

Military Justice
军事司法 ……… 590

Military Trials and Martial Law
军事审判与军事法 ……… 590

Milkovich v. Lorain Journal Co.
米尔可维奇诉洛兰杂志公司案 ……… 591

Miller, Samuel Freeman
米勒,塞缪尔·弗里曼 ……… 591

Miller v. California; Paris Adult Theatre v. Slaton
米勒诉加利福尼亚州案;巴黎成人剧院诉斯拉顿案 ……… 592

Miller v. Johnson
米勒诉约翰逊案 ……… 593

Milligan, Ex parte
米利根单方诉讼案 ……… 594

Milliken v. Bradley
米利肯诉布拉德利案 ……… 594

Minersville School District v. Gobitis
迈纳斯维尔校区诉哥比提斯案 ……… 595

Minnesota Rate Cases
明尼苏达州费率案 ……… 596

Minnesota Twins
明尼苏达孪生兄弟 ……… 596

Minor v. Happersett
迈纳诉哈珀瑟特案 ……… 596

Minton, Sherman
明顿,谢尔曼 ……… 596

Miranda v. Arizona
米兰达诉亚利桑那州案 ……… 597

Miranda Warnings
米兰达权利告知 ……… 599

Mississippi University for Women v. Hogan
密西西比女子大学诉霍根案 ……… 601

Mississippi v. Johnson
密西西比州诉约翰逊案 ……… 601

Missouri ex rel. Gaines v. Canada
盖恩斯引起的密苏里州诉加拿大案 ……… 602

Missouri v. Holland
密苏里州诉荷兰案 ……… 602

Missouri v. Jenkins(1990)
密苏里州诉詹金斯案 ……… 603

Missouri v. Jenkins(1995)
密苏里州诉詹金斯案 ……… 603

Mistretta v. United States
密斯特里塔诉合众国案 ……… 603

Mobile v. Bolden
莫比尔诉博尔登案 ……… 604

Moment of Silence
默祷时刻 ……… 604

Monell v. Department of Social Services
莫内尔诉社会服务部案 ……… 604

Monetary Powers
货币权 ……… 605

Monopoly
独占 ……… 605

Monterey v. Del Monte Dunes
蒙特利市诉戴蒙特顿有限公司案 ……… 605

Moody, William Henry
穆迪,威廉·亨利 ………………………… 605

Moore, Alfred
穆尔,艾尔弗雷德 ………………………… 606

Moore v. Dempsey
穆尔诉登普西案 …………………………… 606

Moose Lodge v. Irvis
穆斯旅店诉艾尔维斯案 …………………… 607

Mootness
无实际价值 ………………………………… 607

Morehead v. New York ex rel. Tipaldo
提帕尔多引起的莫尔黑德诉纽约案 ……… 608

Morgan v. Virginia
摩根诉弗吉尼亚州案 ……………………… 608

Morrison v. Olson
莫里森诉奥尔森案 ………………………… 608

Morrison, United States v.
合众国诉莫里森案 ………………………… 609

Mugler v. Kansas
马格勒诉堪萨斯州案 ……………………… 609

Mulford v. Smith
马尔福德诉史密斯案 ……………………… 610

Muller v. Oregon
马勒诉俄勒冈州案 ………………………… 610

Municipal Corporations
市政公司 …………………………………… 611

Munn v. Illinois
芒恩诉伊利诺伊州案 ……………………… 613

Murdock v. Memphis
默多克诉麦穆菲斯案 ……………………… 613

Murdock v. Pennsylvania
默多克诉宾夕法尼亚州案 ………………… 614

Murphy, Frank
墨菲,弗兰克 ……………………………… 614

Murphy v. Waterfront Commission of New York
墨菲诉纽约滨海委员会案 ………………… 615

Murray's Lessee v. Hoboken Land & Improvement Co.
默里租户诉霍伯肯土地改良公司案 ……… 615

Muskrat v. United States
马斯克拉特诉合众国案 …………………… 616

Myers v. United States
迈尔斯诉合众国案 ………………………… 616

N

Nabrit, James M., Jr.
小纳布里特,詹姆斯·M ………………… 619

National Association for the Advancement of Colored People
全国有色人种协进会 ……………………… 619

National Association for the Advancement of Colored People v. Alabama ex rel. Patterson
帕特森引起的全国有色人种协进会诉亚拉巴马州案 ……………………………… 619

National Association for the Advancement of Colored People v. Button
全国有色人种协进会诉巴顿案 …………… 620

National Labor Relations Board v. Jones & Laughlin Steel Corp.
全国劳动关系委员会诉琼斯与劳夫林钢铁公司案 ……………………………… 620

National League of Cities v. Usery
全国城市联盟诉尤塞里案 ………………… 621

National Organization for Women (NOW)
全国妇女组织 ……………………………… 622

National Police Power
国家治安权 ………………………………… 622

National Security
国家安全 …………………………………… 622

National Treasury Employees Union v. Von Raab
国库雇员工会诉冯·拉布案 ……………… 624

Native Americans
土著美国人 ………………………………… 625

Naturalization
归化 ………………………………………… 629

Natural Law
自然法 ……………………………………… 629

Neagle, In re
尼格尔对物(对事)诉讼案 ……………… 630

Near v. Minnesota
尼尔诉明尼苏达州案 ……………………… 630

Nebbia v. New York
奈比亚诉纽约州案 ………………………… 631

Nebraska Press Association v. Stuart
内布拉斯加出版协会诉斯图尔特案 ……… 631

Necessary and Proper Clause
必要与适当条款 …………………………… 631

Nelson, Samuel
纳尔逊,塞缪尔 ……………… 631

New Commerce Clause
新商业条款 …………………… 632

New Deal
"新政" ………………………… 633

Newsroom Searches
编辑部的搜查 ………………… 634

New State Ice Co. v. Liebmann
新州冰块公司诉利布曼案 …… 634

New States
新加入的州 …………………… 634

New York State Club Association v. City of New York
纽约州俱乐部协会诉纽约市案 …… 634

New York Times Co. v. Sullivan
纽约时报公司诉沙利文案 …… 635

New York Times Co. v. United States
纽约时报公司诉合众国案 …… 636

New York v. Belton
纽约州诉贝尔顿案 …………… 637

New York v. Miln
纽约州诉米尔恩案 …………… 638

Nine Old Men
九个老头 ……………………… 638

Nineteenth Amendment
联邦宪法第十九修正案 ……… 638

Ninth Amendment
联邦宪法第九修正案 ………… 638

Nixon, Richard
尼克松,理查德 ……………… 641

Nixon, United States v.
合众国诉尼克松案 …………… 642

Nixon v. Administrator of General Services
尼克松诉总务执行官案 ……… 643

Nixon v. Condon
尼克松诉康登案 ……………… 644

Nixon v. Herndon
尼克松诉赫恩登案 …………… 644

Nixon v. United States
尼克松诉合众国案 …………… 644

Nollan v. California Coastal Commission
诺兰诉加利福尼亚滨海委员会案 …… 645

Nomination of Justices
法官的提名 …………………… 645

Nominations, Controversial
有异议的提名 ………………… 645

Nominees, Rejection of
被提名者的拒绝 ……………… 646

Nonverbal Expression
非言辞表达 …………………… 647

Norfolk Southern Railway Co. v. Shanklin
诺福克南方铁路公司诉尚克林案 …… 649

Norris v. Alabama
诺里斯诉亚拉巴马州案 ……… 649

Norris v. Boston
诺里斯诉波士顿案 …………… 650

Northern Securities Co. v. United States
北方证券公司诉合众国案 …… 650

Northwest Ordinance
西北法令 ……………………… 650

Noto v. United States
诺托诉合众国案 ……………… 651

Nullification
否认原则 ……………………… 651

Number of Justices
法官名额 ……………………… 651

O

Obiter Dictum
判决附言 ……………………… 653

O'Brien, United States v.
合众国诉奥布赖恩案 ………… 653

Obscenity and Pornography
淫秽与色情 …………………… 653

O'Connor, Sandra Day
奥康纳,桑德拉·戴 …………… 655

Ogden v. Saunders
奥格登诉桑德斯案 …………… 657

O'Gorman and Young v. Hartford Fire Insurance Co.
奥戈尔曼与扬诉哈特富德火险公司案 …… 658

Old City Hall, Philadelphia
费城旧市政大厅 ……………… 658

Olmstead v. United States
奥姆斯特德诉合众国案 ……… 658

Olney, Richard
奥尔尼,理查德 ……………… 658

One Person, One Vote
一人一票 ………………………… 659

Opinions, Assignment and Writing of
判决意见的书写与委派 …………… 659

Opinions, Style of
判决意见的风格 …………………… 659

Oral Argument
口头辩论 …………………………… 663

Orders List
指令一览表 ………………………… 664

Ordinary Scrutiny
普通审查 …………………………… 664

Oregon v. Mitchell; Texas v. Mitchell; United States v. Arizona
俄勒冈诉米切尔案；得克萨斯诉米切尔案；合众国诉亚利桑那州案 …………… 664

Original Intent
立法者本意 ………………………… 665

Original Jurisdiction
原审管辖权 ………………………… 665

Original Package Doctrine
原装原则 …………………………… 665

Orr v. Orr
奥尔诉奥尔案 ……………………… 665

Osborne v. Ohio
奥斯本诉俄亥俄州案 ……………… 666

Osborn v. Bank of the United States
奥斯本诉合众国银行案 …………… 666

Otto, William Tod
奥托, 威廉·托德 ………………… 667

P

Pacific States Telephone & Telegraph Co. v. Oregon
太平洋州电话电报公司诉俄勒冈州案 …… 669

Paid Docket
付费的待决案件 …………………… 669

Paintings in the Supreme Court Building
联邦最高法院建筑上的油画 ……… 669

Palko v. Connecticut
帕尔可诉康涅狄格州案 …………… 670

Palmer v. Thompson
帕尔默诉汤普森案 ………………… 671

Panama Refining Co. v. Ryan
巴拿马炼油公司诉瑞安案 ………… 671

Pardon Power
赦免权 ……………………………… 672

Parker, John Johnston
帕克, 约翰·约翰斯顿 …………… 673

Parker v. Davis
帕克诉戴维斯案 …………………… 673

Party System
政党制度 …………………………… 673

Pasadena Board of Education v. Spangler
帕萨德那教育理事会诉斯潘格勒案 …… 674

Passenger Cases
乘客系列案 ………………………… 675

Patent
专利 ………………………………… 675

Paternalism
父权主义 …………………………… 676

Paterson, William
佩特森, 威廉 ……………………… 676

Patterson v. McLean Credit Union
帕特森诉麦克莱恩信用合作社案 … 677

Paul v. Virginia
保罗诉弗吉尼亚州案 ……………… 678

Payne v. Tennessee
佩恩诉田纳西州案 ………………… 678

Payton v. New York
佩顿诉纽约州案 …………………… 678

Peckham, Rufus Wheeler
佩卡姆, 鲁弗斯·惠勒 …………… 679

Peckham, Wheeler Hazard
佩卡姆, 惠勒·哈泽德 …………… 680

Peirce v. New Hampshire
皮尔斯诉新罕布什尔州案 ………… 680

Penn Central Transportation Co. v. City of New York
佩恩中心运输公司诉纽约市案 …… 680

Pennoyer v. Neff
彭诺耶诉奈弗案 …………………… 681

Pennsylvania Coal Co. v. Mahon
宾夕法尼亚煤炭公司诉马洪案 …… 681

Pennsylvania v. Nelson
宾夕法尼亚州诉纳尔逊案 ………… 681

Pennsylvania v. Wheeling and Belmont Bridge Co.
宾夕法尼亚州诉威林-贝尔蒙特大桥公司案 …… 682

Penry v. Lynaugh 彭里诉利诺弗案 ………… 682	Pointer v. Texas 波因特诉得克萨斯州案 ………… 694
Pentagon Papers Case 五角大楼文件案 ………… 683	Police Power 治安权 ………… 694
Peonage 劳役偿债制度 ………… 683	Political Parties 政党 ………… 698
Pepper, George Wharton 佩珀,乔治·沃顿 ………… 684	Political Process 政治程序 ………… 699
Per Curiam 法院意见 ………… 684	Political Questions 政治问题 ………… 706
Peremptory Challenges 无因回避 ………… 684	Political Thicket 政治丛林 ………… 709
Perry v. United States 佩里诉合众国 ………… 684	Pollak, Walter Heilprin 波拉克,沃尔特·海尔普林因 ………… 710
Personnel Administrator of Massachusetts v. Feeney 马萨诸塞州人事管理员诉菲尼案 ………… 685	Pollock v. Farmers' Loan & Trust Co. 波洛克诉农场主贷款与信托公司案 ………… 711
Peters, Richard, Jr. 小彼得斯,理查德 ………… 685	Poll Taxes 成人人头税 ………… 711
Petition, Right of 请愿权 ………… 685	Popular Images of the Court 联邦最高法院的公众形象 ………… 712
Petitioner and Respondent 起诉者和应诉者 ………… 686	Pornography 色情 ………… 717
Petit Juries 小陪审团 ………… 686	Postal Power 邮政权 ………… 717
Picketing 纠察 ………… 688	Poverty 贫困 ………… 717
Pierce v. Society of Sisters 皮尔斯诉姐妹会案 ………… 688	Powell, Lewis Franklin, Jr. 小鲍威尔,刘易斯·富兰克林 ………… 717
Pinkney, William 平克雷,威廉 ………… 689	Powell v. Alabama 鲍威尔诉亚拉巴马州案 ………… 718
Pitney, Mahlon 皮特尼,马伦 ………… 689	Powell v. McCormack 鲍威尔诉麦科马克案 ………… 719
Planned Parenthood of Southeastern Pennsylvania v. Casey 宾夕法尼亚州东南计划生育组织诉凯西案 ………… 690	Powers v. Ohio 鲍尔斯诉俄亥俄州案 ………… 720
Plea Bargaining 辩诉交易 ………… 691	Prayer in Public Schools 公立学校的祈祷 ………… 720
Plessy v. Ferguson 普勒西诉弗格森案 ………… 692	Precedent 先例 ………… 720
Plurality Opinions 多元意见 ………… 693	Preferred Freedoms Doctrine 优先自由原则 ………… 721
Plyler v. Doe 普莱勒诉无名氏案 ………… 693	Pregnancy, Disability, and Maternity Leaves 孕妇、无能力与孕妇离职 ………… 721
	Presidential Emergency Powers 总统紧急权力 ………… 722

英文	中文	页码
Press, Freedom of the	新闻自由	723
Press Confidentiality	新闻的保密性	724
Press Coverage	新闻的报道范围	724
Presser v. Illinois	普雷瑟诉伊利诺伊州案	724
Press Room	新闻室	725
Pretrial Publicity and the Gag Rule	审前公开与缄口规则	725
Prigg v. Pennsylvania	普里格诉宾夕法尼亚州案	726
Printz v. United States	普林兹诉合众国案	726
Prior Restraint	预先约束	727
Prisoners' Rights of Speech	囚犯的言论权	728
Privacy	隐私权	729
Private Corporation Charters	私人公司章程	735
Private Discriminatory Associations	私人歧视性协会	736
Privileges and Immunities	特权与豁免	737
Prize Cases	战利品系列案	738
Probable Cause	相当理由	739
Procedural Due Process	程序上的正当程序	739
Progressivism	革新主义	739
Prohibition, Writ of	禁止令状	740
Property Rights	财产权	741
Pro Se Petition	亲自请求	748
Providence Bank v. Billings	普罗瓦登斯银行诉比林斯案	748
Prudential Insurance Co. v. Benjamin	谨慎保险公司诉本杰明案	749
Public Forum Doctrine	公共论坛原则	749
Public Information Office	公共信息部	750
Public Lands	公地	750
Public Opinion	公众意见	751
Public Use Doctrine	公共使用原则	753
Punitive Damages	惩罚性损害赔偿	753
Pure Speech	纯粹言论	754
Putzel, Henry, Jr.	小普策尔·亨利	754

Q

英文	中文	页码
Quirin, Ex Parte	奎因单方诉讼案	755
Quo Warranto	公职质疑令状	755

R

英文	中文	页码
Race and Racism	种族与种族主义	757
Race Discrimination and the Death Penalty	种族歧视与死刑	765
Railroads	铁路	767
Ranking of the Justices	法官的排名	767
R. A. V. v. City of St. Paul	罗伯特·A.维克特拉诉圣保罗市案	768
Rawls, John	罗尔斯,约翰	769
Read, John Meredith	里德,约翰·梅雷迪恩	769
Reagan, Ronald	里根,罗纳德	770

英文	中文	页码
Reapportionment Cases	议席重新分配系列案	771
Reconstruction	重建	772
Recuse	法官的回避	773
Red Lion Broadcasting Co., Inc. v. Federal Communications Commission	红狮广播公司诉联邦通讯委员会案	773
Reed, Stanley Forman	里德,斯坦利·福曼	773
Reed v. Reed	里德诉里德案	774
Reese, United States v.	合众国诉里斯案	775
Regents of the University of California v. Bakke	加州大学校务委员诉巴基案	775
Regulatory Taking	管制性占用	776
Rehnquist, William Hubbs	伦奎斯特,威廉·哈布斯	776
Released Time	宗教教导时间	780
Religion	宗教	780
Removal Act of 1875	1875年管辖转移法	789
Removal of Cases	案件的转移	789
Removal Power	免职权	789
Reno v. American Civil Liberties Union	雷诺诉美国公民自由联盟案	789
Reply, Right of	回应权	790
Reporters, Supreme Court	联邦最高法院判例汇编人	791
Reporting of Opinions	判决意见的报道	792
Republican Party of Minnesota v. White	明尼苏达州共和党人诉怀特案	793
Reserved Powers	保留权力	793
Resignation and Retirement	辞职与退休	793
Res Judicata	既判案件	794
Respondent	被告	794
Restrictive Covenants	限制性协约	794
Retirement	退休	795
Reversals of Court Decisions by Amendment	通过修正案推翻判决	795
Reversals of Court Decisions by Congress	众议院推翻判决	795
Reverse Discrimination	逆向歧视	796
Review, Process of	审查程序	796
Reynolds v. Sims	雷诺兹诉西姆斯案	796
Reynolds v. United States	雷诺兹诉合众国案	798
Rice v. Cayetano	赖斯诉凯耶塔诺案	799
Richardson, United States v.	合众国诉理查森案	799
Richmond Newspapers, Inc. v. Virginia	里士满报业公司诉弗吉尼亚州案	800
Richmond v. J. A. Croson Co.	里士满市诉J.A.克罗森公司案	801
Right to _____	对_____的权利	802
Right to Bear Arms	武器持有权	802
Ring v. Arizona	林诉亚利桑那州案	802
Ripeness and Immediacy	案件的成熟性与直接性	802
Robel, United States v.	合众国诉罗贝尔案	803
Roberts, Owen Josephus	罗伯茨,欧文·约瑟夫斯	803
Roberts v. United States Jaycees	罗伯茨诉合众国国际青年商会案	804
Robing Room	罩衣室	805

Robinson v. California
鲁滨逊诉加利福尼亚州案 805

Robinson v. Memphis and Charleston Railroad
鲁滨逊诉麦穆菲斯—查尔斯顿铁路公司案 ... 805

Rochin v. California
罗沁诉加利福尼亚州案 805

Roe v. Wade
罗诉韦德案 806

Roman Law
罗马法 808

Romer v. Evans
罗默诉埃文斯 808

Roosevelt, Franklin Delano
罗斯福,富兰克林·德拉诺 809

Rosenberg v. United States
罗森伯格诉合众国案 811

Rosenberger v. University of Virginia
罗森伯格诉弗吉尼亚大学案 811

Rose's Notes on the United States Reports
罗斯美国判例汇编诠释 812

Ross, United States v.
合众国诉罗思案 812

Rostker v. Coldberg
罗斯克诉戈德堡案 813

Roth v. United States; Albert's v. California
罗思诉合众国案;艾伯茨诉加利福尼亚州案 ... 813

Royal Exchange in New York City
纽约市皇家交易大楼 814

Rule-making Power
法规制定权 814

Rule of Four
四人规则 815

Rule of Reason
合理规则 815

Rules of the Court
联邦最高法院规则 816

Runyon v. McCrary
鲁尼恩诉麦克拉里案 817

Rust v. Sullivan
拉斯特诉沙利文案 817

Rutan v. Republican Party of Illinois
拉坦诉伊利诺伊州共和党案 818

Rutledge, John
拉特利奇,约翰 818

Rutledge, Wiley Blount, Jr.
小拉特利奇,威利·布朗特 819

S

St. Clair, James
圣克莱尔,詹姆斯 821

Salaries of the Justices
联邦最高法院大法官的薪金 821

San Antonio Independent School District v. Rodriguez
圣安东尼奥独立校区诉罗德里格斯案 ... 821

Sanford, Edward Terry
桑福德,爱德华·特里 822

Santa Clara County v. Southern Pacific Railroad Co.
圣克拉拉县诉南太平洋铁路公司案 ... 823

Santa Clara Pueblo v. Martinez
圣克拉拉印第安村诉马丁内斯案 823

Scales v. United States
斯凯尔斯诉合众国案 824

Scalia, Antonin
斯卡利亚,安东尼 824

Schechter Poultry Corp. v. United States
谢克特禽畜公司诉合众国案 826

Schenck v. United States
申克诉合众国案 827

School Attendance
就学人数 828

School Prayer and Bible Reading
校内祈祷与诵经 828

Scottsboro Cases
斯科特伯罗系列案 829

Scott v. Sandford
斯科特诉桑福德案 829

Sculpture in the Supreme Court Building
联邦最高法院建筑里的雕塑 831

Seamstress's Room
联邦最高法院裁缝室 831

Search Warrant Rules, Exceptions to
搜查令规则的例外 832

Second Amendment
联邦宪法第二修正案 833

Sedition Act of 1798
《1798年煽动罪法》 834

Seditious Libel 煽动性诽谤	835	Sheppard v. Maxwell 谢泼德诉马克斯韦尔案	854
Segregation, De Facto 实质上的隔离	836	Sherman Antitrust Act 《谢尔曼反托拉斯法》	854
Segregation, De Jure 理论上的隔离	837	Shiras, George, Jr. 小乔治·夏伊拉斯	855
Selection of Justices 大法官的遴选	837	Shreveport Rate Cases 施里夫波特费率系列案	856
Selective Draft Law Cases 征兵法系列案	840	Siebold, Ex Parte 涉及塞伯德的单方诉讼案	856
Selective Exclusiveness 选择性排斥	840	Silver Platter Doctrine 银盘原则	857
Self-Incrimination 自证其罪	840	Sit-in Demonstrations 静坐示威	857
Seminole Tribe of Florida v. Florida 佛罗里达州的塞米诺族诉佛罗里达州案	841	Sixteenth Amendment 联邦宪法第十六修正案	858
Senate Judiciary Committee 参议院司法委员会	842	Sixth Amendment 联邦宪法第六修正案	858
Senatorial Courtesy 对参议院的礼让	843	Skinner v. Oklahoma 斯金纳诉俄克拉荷马州案	860
Seniority 资历	844	Skinner v. Railway Labor Executives Association 斯金纳诉铁路劳工执行协会案	861
Separability of Statutes 立法的可分性	844	Slaughterhouse Cases 屠宰场系列案	861
Separate but Equal Doctrine 隔离但公平原则	844	Slavery 奴隶制	863
Separation of Powers 分权原则	845	Slip Opinion 条状书面判决意见	870
Seriatim Opinions 分述判决意见	851	Slochower v. Board of Education of New York City 斯罗乔威尔诉纽约市教育理事会案	871
Seventeenth Amendment 联邦宪法第十七修正案	851	Smith, William 史密斯,威廉	871
Seventh Amendment 联邦宪法第七修正案	851	Smith Act 《史密斯法》	871
Sex Discrimination 性别歧视	851	Smith v. Allwright 史密斯诉奥尔莱特案	872
Sexual Harassment 性骚扰	852	Smyth v. Ames 史密斯诉埃姆斯案	873
Shapiro v. Thompson 夏皮罗诉汤普森案	852	Social Background of the Justices 联邦最高法院大法官的社会背景	873
Shaw v. Reno 肖诉雷诺案	852	Social Science 社会科学	874
Shelley v. Kraemer 谢利诉克雷默案	853	Sociological Jurisprudence 社会学法学	875

Solicitor General
首席政府律师 ………………………… 875

Souter, David Hackett
苏特,戴维·哈克特 …………………… 877

South Carolina v. Katzenbach
南卡罗来纳州诉卡曾巴赫案 …………… 879

South Dakota v. Dole
南达科他州诉多尔案 …………………… 880

South-Eastern Underwriters Association, United States v.
合众国诉东南保险商协会案 …………… 880

Sovereign Immunity
主权豁免 ………………………………… 880

Spallone v. United States
斯帕罗纳诉合众国案 …………………… 881

Speech and the Press
言论与出版 ……………………………… 881

Speech or Debate Clause
言论或辩论条款 ………………………… 889

Speedy Trial
迅速审理 ………………………………… 889

Spencer, John C.
斯潘塞,约翰·C. ……………………… 890

Spite Nominations
恶意任命 ………………………………… 890

Springer v. United States
斯普林格诉合众国案 …………………… 891

Staff of the Court, Nonjudicial
联邦最高法院的非司法人员 …………… 891

Stanbery, Henry
斯坦伯利,亨利 ………………………… 892

Standard Oil v. United States
标准石油公司诉合众国案 ……………… 892

Standing to Sue
起诉权 …………………………………… 893

Stanford v. Kentucky
斯坦福诉肯塔基州案 …………………… 895

Stanley, United States v.
合众国诉斯坦利案 ……………………… 895

Stanley v. Georgia
斯坦利诉佐治亚州案 …………………… 895

Stanton, Edwin M.
斯坦顿,埃德温·M. …………………… 896

Stanton v. Stanton
斯坦顿诉斯坦顿案 ……………………… 896

Stare Decisis
遵循先例原则 …………………………… 896

State Action
国家(州)行为 ………………………… 896

State Constitutions and Individual Rights
州宪法和个人权利 ……………………… 897

State Courts
州法院 …………………………………… 900

State Police Power
州治安权 ………………………………… 902

State Regulation of Commerce
州商业管制 ……………………………… 902

State Sedition Laws
州煽动罪法 ……………………………… 904

State Sovereignty and States' Rights
州主权和州权利 ………………………… 904

State Taxation
州税收 …………………………………… 910

Statutory Construction
制定法的解释 …………………………… 911

Stay
中止诉讼程序 …………………………… 911

Steel Seizure Case
钢铁厂查封案 …………………………… 911

Stevens, John Paul
史蒂文斯,约翰·保罗 ………………… 911

Steward Machine Co. v. Davis
斯图尔德机械公司诉戴维斯案 ………… 913

Stewart, Potter
斯图尔特,波特 ………………………… 913

Stone, Harlan Fiske
斯通,哈伦·菲斯科 …………………… 914

Stone v. Mississippi
斯通诉密西西比州案 …………………… 917

Stone v. Powell
斯通诉鲍威尔案 ………………………… 917

Stop and Frisk Rule
令停与搜身规则 ………………………… 918

Story, Joseph
斯托里,约瑟夫 ………………………… 918

Strauder v. West Virginia
斯特劳德诉西弗吉尼亚州案 …………… 921

Strawbridge v. Curtiss
斯特劳布里奇诉柯蒂斯案 ……………… 921

Stream of Commerce
商流 ………………………… 921

Strict Scrutiny
严格审查 ………………………… 922

Stromberg v. California
斯特姆伯格诉加利福尼亚州案 ……… 922

Strong, William
斯特朗,威廉 ……………………… 923

Stuart v. Laird
斯图尔特诉莱尔德案 ……………… 924

Sturges v. Crowninshield
斯特奇斯诉克劳宁谢尔德案 ………… 924

Subpoena
传票 ……………………………… 924

Substantive Due Process
实体的正当程序 …………………… 924

Subversion
颠覆 ……………………………… 925

Suffrage
选举投票 ………………………… 925

Sugar Trust Case
糖业托拉斯案 …………………… 925

Sunday Closing Laws
星期日歇业法 …………………… 925

Supreme Court Reporter
《联邦最高法院判例汇编》 ………… 925

Suspect Classification
违宪嫌疑的分类 …………………… 926

Sutherland, George
萨瑟兰,乔治 ……………………… 926

Swann v. Charlotte-Mecklenburg Board of Education
斯旺诉卡尔罗特-麦克伦伯格教育理事会案 …………………………… 927

Swayne, Noah Haynes
斯韦恩,厄·海恩斯 ………………… 928

Sweatt v. Painter
斯韦特诉佩因特案 ………………… 929

Swift & Co. v. United States
斯威夫特及其公司诉合众国案 ……… 929

Swift v. Tyson
斯威夫特诉泰森案 ………………… 930

Symbolic Speech
象征性言论 ……………………… 930

T

Taft, William Howard
塔夫脱,威廉·霍华德 ……………… 933

Tahoe-Sierra Preservation Council v. Tahoe Regional Planning
太浩-塞拉保护委员会诉太浩地区规划当局案 …………………………… 935

Takings Clause
宪法占用条款 …………………… 935

Talton v. Mayes
塔尔顿诉梅斯案 …………………… 936

Taney, Roger Brooke
托尼,罗杰·布鲁克 ………………… 936

Tape Recordings
磁带录音 ………………………… 938

Tax Immunities
税收免除 ………………………… 939

Taxing and Spending Clause
宪法征税与开支条款 ……………… 940

Taylor v. Louisiana
泰勒诉路易斯安那州案 …………… 940

Tennessee v. Lane
田纳西州诉莱恩案 ………………… 941

Tenth Amendment
联邦宪法第十修正案 ……………… 942

Terminiello v. Chicago
特米涅罗诉芝加哥案 ……………… 944

Terms
开庭期 …………………………… 944

Territories and New States
美国准州与新州 …………………… 945

Terrorism, War on
反恐怖主义战争 …………………… 946

Terry, David Smith
特里,戴维·史密斯 ………………… 946

Terry v. Adams
特里诉亚当斯案 …………………… 946

Terry v. Ohio
特里诉俄亥俄州案 ………………… 946

Test Cases
测试案件 ………………………… 947

Test Oaths
测试宣誓 ………………………… 948

Texas and Pacific Railway Co. v. United States
得克萨斯与太平洋铁路公司诉合众国案 …… 949

Texas v. Johnson
得克萨斯州诉约翰逊案 ………………… 949

Texas v. White
得克萨斯诉怀特案 ……………………… 950

Thayer, James Bradley
塞耶,詹姆斯·布拉德利 ………………… 950

Third Amendment
联邦宪法第三修正案 …………………… 950

Thirteenth Amendment
联邦宪法第十三修正案 ………………… 950

Thomas, Clarence
托马斯,克拉伦斯 ……………………… 951

Thompson, Smith
汤普森,史密斯 ………………………… 953

Thornberry, William Homer
索恩伯里,威廉·霍默尔 ………………… 954

Thornburgh v. American College of Obstetricians and Gynecologists
索恩伯勒诉美国妇产科学院案 ………… 954

Thornhill v. Alabama
桑西尔诉亚拉巴马州案 ………………… 955

Thurlow v. Massachusetts
图尔罗诉马萨渚塞州案 ………………… 955

Tidelands Oil Controversy
潮浸区石油分歧 ………………………… 955

Time, Inc. v. Hill
时代公司诉希尔案 ……………………… 956

Time, Place, and Manner Rule
时间、地点和方法规则 …………………… 956

Tinker v. Des Moines Independent Community School District
廷克诉德斯·莫因斯独立社区学校校区案 … 957

Todd, Thomas
托德,托马斯 …………………………… 958

Tort
侵权 ……………………………………… 959

Travel, Right to
迁移权 …………………………………… 959

Treaties and Treaty Power
条约与条约权 …………………………… 960

Trial by Jury
陪审团的审理 …………………………… 961

Tribe, Lawrence H.
特赖布,H.劳伦斯 ……………………… 962

Trimble, Robert
特林布尔,罗伯特 ……………………… 962

Trop v. Dulles
特罗普诉达勒德案 ……………………… 963

Truax v. Corrigan
托拉克斯诉科里根案 …………………… 963

Twelfth Amendment
联邦宪法第十二修正案 ………………… 964

Twentieth Amendment
联邦宪法第二十修正案 ………………… 964

Twenty-fifth Amendment
联邦宪法第二十五修正案 ……………… 964

Twenty-first Amendment
联邦宪法第二十一修正案 ……………… 965

Twenty-fourth Amendment
联邦宪法第二十四修正案 ……………… 965

Twenty-second Amendment
联邦宪法第二十二修正案 ……………… 966

Twenty-seventh Amendment
联邦宪法第二十七修正案 ……………… 966

Twenty-sixth Amendment
联邦宪法第二十六修正案 ……………… 966

Twenty-third Amendment
联邦宪法第二十三修正案 ……………… 967

Twining v. New Jersey
特文宁诉新泽西州案 …………………… 967

Tyler, John
泰勒,约翰 ……………………………… 967

Tyson v. Banton
泰森诉邦顿案 …………………………… 968

U

Ullman v. United States
厄尔曼诉合众国案 ……………………… 969

Understanding Tests
理解力测试 ……………………………… 969

United Jewish Organizations of Williamsburgh v. Carey
威廉斯堡犹太人联合组织诉凯里案 …… 969

United Mine Workers, United States v.
合众国诉美国矿业工人协会案 ………… 970

United Public Workers v. Mitchell
联合公务雇员协会诉米切尔案 ………… 971

United States District Court, United States v.
合众国诉合众国联邦地区法院案 ………… 971

United States Law Week
《美国法律周刊》 ………………………… 971

United States Reports
《美国判例汇编》 ………………………… 972

United Steelworkers of America v. Weber
美国钢铁工人联合会诉韦伯案 …………… 972

Unprotected Speech
不受保护的言论 …………………………… 973

U. S. Term Limits, Inc. v. Thornton
美国任期限制公司诉桑顿案 ……………… 976

V

Vacate
撤销 ………………………………………… 979

Van Devanter, Willis
范·德凡特,威利斯 ………………………… 979

Veazie Bank v. Fenno
韦泽银行诉菲诺案 ………………………… 980

Veronia School District v. Acton
维罗尼亚校区诉阿克顿案 ………………… 980

Vested Rights
既得权利 …………………………………… 981

Veto Power
否决权 ……………………………………… 981

Vietnam War
越南战争 …………………………………… 982

Vinson, Frederick Moore
文森,弗雷德里克·穆尔 …………………… 983

Virginia, United States v.
弗吉尼亚州诉合众国案 …………………… 984

Virginia v. Tennessee
弗吉尼亚州诉田纳西州案 ………………… 985

Virginia v. West Virginia
弗吉尼亚州诉西弗吉尼亚州案 …………… 985

Vote, Right to
投票权 ……………………………………… 986

Voting Rights Act of 1965
《1965 年投票权法》 ……………………… 988

W

Wabash, St. Louis & Pacific Railway Co. v. Illinois
瓦巴施、圣路易斯和太平洋铁路公司诉伊利诺伊州案 ……………………………… 991

Wade, United States v.
合众国诉韦德案 …………………………… 991

Waite, Morrison Remick
韦特,莫里森·雷米克 ……………………… 991

Wallace, John William
华莱士,约翰·威廉 ………………………… 992

Wallace v. Jaffree
华莱士诉杰弗里案 ………………………… 993

Walworth, Reuben Hyde
沃尔沃思,鲁本·海德 ……………………… 994

War
战争 ………………………………………… 994

Ward's Cove Packing Co. v. Atonio
瓦德谷包装公司诉安东尼奥案 …………… 996

Ware v. Hylton
韦尔诉希尔顿案 …………………………… 997

War on Terrorism
反恐怖主义战争 …………………………… 997

War Powers
战争权 ……………………………………… 997

War Powers Act of 1973
《1973 年战争权力法》 …………………… 998

Warren, Charles
沃伦,查尔斯 ……………………………… 999

Warren, Earl
沃伦,厄尔 ………………………………… 999

Wartime Seizure Power
战时没收权 ………………………………… 1002

Washington, Bushrod
华盛顿,布什罗德 ………………………… 1003

Washington, George
华盛顿,乔治 ……………………………… 1004

Washington v. Davis
华盛顿诉戴维斯案 ………………………… 1005

Washington v. Glucksberg and Vacco v. Quill
华盛顿州诉格卢克斯伯格案和瓦卡诉奎尔案 …………………………………… 1006

Watergate Affair 水门事件 ………………………………… 1007	Wiener v. United States 威纳诉合众国案 …………………………… 1019
Watkins v. United States 沃特金斯诉合众国案 ………………………… 1007	Williams, George Henry 威廉斯,乔治·亨利 ………………………… 1020
Wayne, James Moore 韦恩,詹姆斯·穆尔 ………………………… 1007	Williams v. Florida 威廉斯诉佛罗里达州案 …………………… 1020
Web and Computer Access 网络与计算机的使用 ……………………… 1008	Williams v. Mississippi 威廉斯诉密西西比州案 …………………… 1021
Webster, Daniel 韦伯斯特,丹尼尔 ………………………… 1009	Willson v. Blackbird Creek Marsh Co. 威尔森诉布莱克包德港湾湿地公司案 …… 1021
Webster v. Reproductive Health Services 韦伯斯特诉生殖健康服务部案 …………… 1010	Wilson, James 威尔逊,詹姆斯 …………………………… 1021
Weeks v. United States 威克斯诉合众国案 ………………………… 1011	Winship, In Re 温希普对物(对事)诉讼案 ………………… 1022
Weems v. United States 威姆斯诉合众国案 ………………………… 1011	Winstar Corporation, United States v. 合众国诉温星公司案 ……………………… 1023
Weinberger v. Wiesenfeld 温伯格诉威森菲尔德案 …………………… 1011	Wiretapping 窃听 ………………………………………… 1023
Wesberry v. Sanders 威斯伯里诉桑德斯案 ……………………… 1012	Wirt, William 沃特,威廉 ………………………………… 1023
West Coast Hotel Co. v. Parrish 西海岸旅馆公司诉帕里西案 ……………… 1012	Wisconsin v. Yoder 威斯康星州诉约德案 ……………………… 1024
Westlaw Westlaw 数据库 …………………………… 1013	Witnesses, Confrontation of 质证 ………………………………………… 1024
Weston v. Charleston 韦斯顿诉查尔斯顿案 ……………………… 1013	Wolcott, Alexander 沃尔科特,亚历山大 ……………………… 1025
West River Bridge Co. v. Dix 威斯特河大桥公司诉迪克斯案 …………… 1014	Wolff Packing Co. v. Court of Industrial Relations 沃尔夫包装公司诉产业关系法院案 ……… 1025
West Virginia State Board of Education v. Barnette 西弗吉尼亚州教育理事会诉巴尼特案 ……… 1014	Wolf v. Colorado 沃尔夫诉科罗拉多州案 …………………… 1025
Wheaton, Henry 惠顿,亨利 ………………………………… 1015	Women 妇女 ………………………………………… 1026
White, Byron Raymond 怀特,拜伦·雷蒙德 ……………………… 1015	Wong, Kim Ark, United States v. 合众国诉王·金·阿克案 ……………… 1026
White, Edward Douglass 怀特,爱德华·道格拉斯 ………………… 1016	Woodbury, Levi 伍德伯里,利瓦伊 ………………………… 1026
White Primary 白人预选 …………………………………… 1017	Woodruff v. Parham 伍德拉夫诉帕勒姆案 ……………………… 1027
Whitney v. California 惠特尼诉加利福尼亚州案 ………………… 1018	Woods, William Burnham 伍兹,威廉·伯恩汉姆 …………………… 1027
Whittaker, Charles Evans 惠特克,查尔斯·埃文斯 ………………… 1018	Woodson v. North Carolina 伍德森诉北卡罗来纳州案 ………………… 1028
Wickard v. Filburn 威卡德诉菲尔伯恩案 ……………………… 1019	Woodward, George W. 伍德沃德,乔治·W. ……………………… 1028

Worcester v. Georgia
武斯特诉佐治亚州案 ……………… 1029

Workload
工作量 ……………………………… 1029

World War Ⅰ
第一次世界大战 …………………… 1030

World War Ⅱ
第二次世界大战 …………………… 1032

Writ
令状 ………………………………… 1035

Wyatt, Walter
怀亚特,沃尔特 ……………………… 1035

Y

Yakus v. United States
亚库斯诉合众国案 ………………… 1037

Yarbrough, Ex Parte
涉及亚伯勒的单方诉讼案 ………… 1037

Yates v. United States
耶茨诉合众国案 …………………… 1037

Yellow Dog Contracts
黄狗合同 …………………………… 1038

Yick Wo v. Hopkins
伊克·吴诉霍普金斯案 …………… 1039

Young, Ex Parte
涉及扬的单方诉讼案 ……………… 1039

Younger v. Harris
扬格诉哈里斯案 …………………… 1040

Youngstown Sheet & Tube Co. v. Sawyer
扬格斯通钢板与管道公司诉苏耶尔案 ……… 1041

Young v. American Mini Theatres, Inc.
扬诉美国迷你剧场公司案 ………… 1042

Z

Zelman v. Simmons-Harris
泽尔曼诉西蒙斯-哈里斯案 ………… 1043

Zoning
分区制 ……………………………… 1043

Zorach v. Clauson
左拉奇诉克卢森案 ………………… 1044

Zurcher v. Stanford Daily
泽克诉《斯坦福日报》案 …………… 1044

Aa

阿宾顿校区诉谢穆普案[Abington School District v. Schempp, 374 U. S. 203 (1963)]①

1963年2月27、28日辩论,1963年6月17日以8比1的表决结果作出判决,其中,克拉克代表法院起草判决意见,布伦南、道格拉斯和戈德堡持并存意见,斯图尔特表示反对。谢穆普案基本上是联邦最高法院在前一个开庭期中审理的"恩格尔诉瓦伊塔尔案"(*Engel v. Vitale)(1962)裁决的翻版。在这个更早的案件中,联邦最高法院认定了一项行为违宪,并宣布该违宪的立法无效。谢穆普案重申了该案的逻辑和结论,它似乎是在说:"我们说话算数。"谢穆普案重申了恩格尔案的裁决——宗教确立条款(the Establishment Clause)禁止公立学校接受资助开展类似祈祷的宗教活动,其审案大法官组成也相同。不过,这次由长老会教友、大法官汤姆·C. 克拉克(Tom C. *Clark)撰写多数意见。因宗教信仰不同而产生的联邦最高法院的意见分歧明显体现在——犹太教徒阿瑟·戈德堡(Arthur *Goldberg)和天主教徒威廉·布伦南(William *Brennan)——单独的并存意见中。

谢穆普案是在恩格尔案引起了人们对该案的不满之后不久审理的。这种不满情绪从整个1962年夏天持续到联邦最高法院下一个开庭期。众议员L. 门德尔·里弗斯(L. Mendell Rivers)指责联邦最高法院是在"立法——他们从未判决——并且一只眼睛盯着克里姆林宫,另一只眼睛看着美国全国有色人种协进会。"红衣主教斯佩尔曼(Spellman)说它命中了"长期以来美国儿童在其熏陶下成长的敬神传统的要害"。众议员弗兰克·贝克尔(Frank Becker)称恩格尔案是"美国历史上最惨不忍睹的(裁决)",并提供了撤销本案(和后来的谢穆普案)裁决的修正案(参见 Constitutional Amending Progress)。根据盖洛普民意测验,76%的美国人支持这一方案。美国国会111名议员总共提出了150份此类修正案,贝克尔的议案进入投票表决,但在众议院败北。

谢穆普案的裁决实际上决定了两个案件的结果:它本身和"默里诉库尔勒特案"(Murray v. Curlett)(1963)。前者由谢穆普一家——美国民权联盟挑选并为之辩护的一个非犹太教家庭——提起,他们反对宾夕法尼亚州的一项要求公立学校每天开学时朗读10节圣经的立法。后者由梅德林·默里(Madalyn Murray)和她的儿子威廉(William,公开的无神论者)提起,他们反对一项巴尔的摩的制定法,该制定法规定在市立学校的开学活动(opening exercises)上"不带评论地朗读一章圣经和使用主祷文"。同恩格尔案一样,这两个案件中都有同类法庭之友的参与,其中,分离主义者对祈祷表示反对,融合主义者则表示支持。

大法官克拉克的多数意见对历史轻描淡写,对宗教在美国人生活中的重要性却大谈特谈。不过其结论却与一年前得出的结论如出一辙:宪法禁止各州确立宗教(establishment of religion),祈祷是宗教活动,因此公立学校的祈祷在宪法上是得不到许可的。联邦最高法院第一次正式为宗教自由条款问题确立了一个"标准"。立法要符合宪法,必须具有"世俗的立法目的和基本效果,即既不促进也不禁止宗教"(p.222)。在这里,宗教物品(如恩格尔案中的物品)不是州创作的这一事实在宪法上是无足轻重的;"分离之墙"是实实在在的,并应当坚决维护。

并存意见,除了撰写该并存意见的大法官的教派及某种难为情的表示歉意的语调外,是平淡无奇的。它似乎是说,他们试图向美国人重申,联邦最高法院的姿态不是反宗教的。最引人注目的是布伦南提出的包含74页内容的意见,它回顾了宪法第一修正案的历史以及相应的司法和立法解释,其结论是政府既不能促进也不能禁止宗教。

大法官波特·斯图尔特(Potter *Stewart)的反对意见重申了他在恩格尔案中提出的意见。他指责大多数法官对宗教持敌对(而非中立)态度,赞成把这些做法认定为合法行为。此外,斯图尔特指出,联邦最高法院在这两个祈祷案件中阐明的分离主义者的原则引起了一个解释上的难题:如果各州试图保护宗教自由践行权(例如,在战区向为满足军队需求的随军教士付费),那么它们实际上是在推行基本(如果不是全部)具有宗教目的的政策,这就会与禁止确立国教条款发生冲突。他坚持认为,他的方案强调自由践行权的重要性,可以避免这一困境。

[Joseph Kobylka 撰;李昌林译;许明月校]

艾布尔曼诉布思案;合众国诉布思案[Ableman v. Booth; United States v. Booth, 121 How. (62 U. S.) 506 (1859)]②

1859年1月19日辩论,1859年3月7日以9比0的表决结果作出判决,托尼代表法院起草判决

---

① 另请参见 Religion。
② 另请参见 Fugitive Slaves;Slavery;State Sovereignty and States' Rights。

意见。在1854年春,密苏里州奴隶主本杰明·S.加兰特(Benjamin S. Garland)到威斯康星州去,试图收回一个逃跑的奴隶。乔舒亚·格洛弗(Joshua Glover)在两年前就逃跑了,在拉辛之外的一家工厂找到一份差事。奴隶主根据《1850年逃亡奴隶法》,向米尔沃基的美国地方长官提起诉讼,后者当即签发逮捕格洛弗的逮捕令。副执法官在奴隶主的协助下,强行进入了格洛弗的小屋,把他打翻在地,带出州界,用手铐铐起来,送到米尔沃基监狱。

愤怒的公众集会谴责了这次俘获,认为"1850年奴隶俘获法是可耻的和……作废的",急速派遣100人到米尔沃基以保证格洛弗得到释放。与此同时,废奴主义者、一份反对奴隶制报纸的编辑谢尔曼·M.布思(Sherman M. Booth)从当地县法院法官那里为格洛弗申请了人身保护状。联邦执法官和县司法行政官拒绝释放格洛弗,其根据是格洛弗受到联邦法院的合法监禁,不得经由地方县法院的人身保护状程序而释放。然而,一群人冲进监狱,救出了格洛弗,他再也没有被重新捕获。其后不久,布思和其他人因帮助和教唆对格洛弗的救助违反联邦法律受到正式刑事起诉,并被定罪。

这是州和联邦之间旷日持久的管辖权冲突的引人注目的序幕。联邦对布思的刑事起诉招致了联邦当局威斯康星籍法官,甚至联邦最高法院法官持续的反对。在一方面,威斯康星州最高法院的法官为防止受到联邦的审查,命令他们的书记员对联邦最高法院签发的错误审查令状不予回复,并不签发任何命令。另一方面,法官和立法者就州人身保护状的管辖范围与联邦管辖范围问题展开了论战(另见Judicial Power and Jurisdiction; Federalism)。

这一冲突随着首席大法官罗杰·B.托尼(Roger B. *Taney)在"艾布尔曼诉布思案"和"合众国诉布思案"(1859)这两个相伴的案件中作出的一致意见而达到极致,虽然他的裁决并未结束这场争斗。托尼谴责威斯康星州最高法院的立场,认为它"会败坏美国政府的根基"(p.525)。他的意见回应了约翰·马歇尔(John *Marshall)时代在诸如"麦卡洛克诉马里兰州案"(*McCulloch v. Maryland)(1819)著名裁决中表现的明显的国家主义。具有讽刺意味的是,"艾布尔曼诉布思案"中国家权力无所不包的断言出自于以强硬支持州权著称的首席大法官之手。此外,托尼在判决附言中表明了这样一个一致意见,即1850年逃亡奴隶法的"所有条款都得到了美国宪法的充分授权"(p.526)。当布思随后在1860年联邦法院重新受到刑事指控的时候,尽管有联邦最高法院的命令,威斯康星州最高法院仍然在布思是否有权获得人身保护状问题上平均分成两派。威斯康星州议会认为托尼的裁决是"专制"的,呼吁各州"积极反抗"。只有通过内战(*Civil War)才解决了这个问题。

或许是因为其与奴隶制和托尼[他因两年前在德雷德·斯科特案(Dred *Scott)中的意见招致广泛的批评]的这层关系,"艾布尔曼诉布思案"极少被作为先例引用。"艾布尔曼诉布思案"表明:州无签发使人脱离联邦羁押的人身保护状的司法权,但在南北战争之后这一问题被重新诉诸法律。塔伯尔案(Tarble's Case)(1872)得出了同一结论,成为联邦管辖权至上的典型援引判例。不过,实际上,在"艾布尔曼诉布思案"裁决以前,法律都是不明确的。1858年发表的一篇权威专论还在支持威斯康星州最高法院的立场。

很多人把"艾布尔曼诉布思案"视为德雷德·斯科特案的可怕延伸。在奴隶制的背景下,同时还有其他有关联邦法官的权力的冲突,但反对奴隶制的力量把"艾布尔曼诉布思案"视为用宪法反对奴隶制的行为的终结。威斯康星州法官所表示的对宪法的抵抗,该州立法者和公民强烈反抗宪法的再三呼吁,反映出了其与南方分离主义观点一致的立场。威斯康星为北方的联邦州,其立场本应与南方对立。

参考文献 Robert M. Cover, *Justice Accused: Antislavery and the Judicial Process* (1975).

[Aviam Soifer撰;李昌林译;许明月校]

堕胎[Abortion]

托克维尔(Alexis de Tocqueville)在《论美国的民主》一书中称:"在美国几乎没有一个政治问题迟早不会变成司法问题。"(Mayer, ed., 1969, p.270)直到19世纪后半叶以后,对堕胎施以刑事制裁才成为普遍的做法,而直到20世纪后半叶以后,性自主是宪法权利的观念才占据公众的头脑。这一发展才决定了堕胎问题最终成为司法问题。

作为公共健康和伦理方面的治安权(*police power)的一部分,堕胎法在传统上是州政府的份内之事。在美国早期历史上,堕胎是如此危险——比生小孩更致命,它本身就危及生命——以至于细致规制性行为的立法者认为没有必要把堕胎规定为犯罪。在19世纪,当医学的进步使堕胎安全一些后,某些州禁止堕胎,这主要是为了保护孕妇,其他早期的反堕胎立法基本上是通常被称为"小康斯托克法"(little Comstock laws)的州淫秽物品立法(*obscenity statutes)的组成部分。这些法律,与1873年联邦康斯托克法类似,把避孕用品和堕胎器械包括在违禁的"淫秽"物品之内。在20世纪初,马格纳雷特·桑格(Margnaret Sanger)等改革者开始提倡生育控制,把它作为控制家庭规模,特别是穷人的家庭规模的手段。到1960年,有48个州使生育控制合法化。

生育控制的非犯罪化增进了妇女对其生殖力的控制,强化了个人权利,但避孕(*contraception)并不确保妇女在生育方面自决。性交可能是在妇女不自愿的情况下进行的——不仅因为强奸,而且因为满足丈夫性要求的法律义务。此外,现有的女性避孕措施还是不可靠的(参见 Family and Children; Marriage)。

由于妇女仍然会遭遇不情愿的怀孕,可以堕胎对于可靠的生育控制而言就是必要的。而堕胎一直是一个比避孕更有争议的问题。在那些把胎儿视为人者看来,堕胎等于杀人。并且,即便不认为胎儿是真正意义上的人者,也难以接受合法堕胎的观念。虽然男女双方都使用避孕物品,会怀孕和堕胎的却只有妇女。妇女享有与男性平等的权利的观念是一个相对较新的观念。此外,社会对于妇女的文化观念在传统上是与对于母亲的观念绑在一起的。堕胎的选择是由至少是在那个特定的时刻不要小孩的妇女作出的,这一可能性与人们关于妇女角色的既定观念大相径庭。

直到20世纪60年代,除非是为了拯救母亲的生命,堕胎在全美各处仍然是非法的。20世纪60年代女权主义的勃兴更大地推动了争取堕胎权的斗争。1962年《示范刑法典》预示了观念的转变。在该法典中,美国法律学会建议,堕胎在某些情形下是合法的:例如怀孕是强奸所致,或者婴儿可能有严重缺陷。1965年至1970年间,有14个州部分或者全部采纳了美国法律学会的建议。纽约、阿拉斯加和夏威夷彻底废除了其反堕胎法。

堕胎和隐私权 "格里斯沃尔德诉康涅狄格州案"(*Griswold v. Connecticut)(1965)废除了最后一部有效的反对生育控制的法律,在隐私权(*privacy)的架构内确立了一项宪法权利。美国联邦最高法院裁定,使用避孕物品的权利处于《权利法案》(*Bill of Rights)中几个条款的"延伸"所保护的"隐私权领域"之内。很多法律学者认为,尽管这一论点对于司法创设宪法未提及权利的正当性没有提供很有说服力的论证,但该裁决确立了一种其内容可以通过后来的判决界定和扩展的权利。

1973年,美国联邦最高法院把隐私权延伸至对堕胎的选择权。在"罗诉韦德案"(*Roe v. Wade)中,占大多数的7名大法官裁定:"隐私权……是宽泛的,足以包含妇女是否中止妊娠的决定。"(p. 153)大法官哈里·布莱克蒙(Harry *Blackmun)的多数意见强调了"各州可能给妇女带来的伤害",以及"不情愿的怀孕给所有各方带来的痛苦"(p. 159)。但很多(有关堕胎的各个领域的问题)批评家认为他的意见不具有说服力,或者没有充分的基础。它未能在罗案和格里斯沃尔德案间建立逻辑联系,因为罗案没有说明堕胎与生育控制极其类似,因此可以合理地归于隐私权保护的范围。联邦最高法院对胎儿的法律地位的确定甚至招致了更多的批评。布莱克蒙发现,社会上没有形成胎儿是人的一致意见,并且美国法律也不承认未出生者是人。但各州在"潜在的人的生命"方面确实存在强制性的利益。各州在对保护母亲的健康有必要时可以限制堕胎。下述每种利益都足以使限制在孕期的不同阶段堕胎具有正当性:母亲在怀孕3个月后的健康;怀孕6个月后的潜在生命(在当时医学权威看来,此时胎儿脱离子宫可以存活)。因此,堕胎选择的宪法权利是有限制的。在头3个月,各州无权限制堕胎;从第4个月开始到第6个月,各州或许可以规制堕胎,但不能禁止堕胎;在最后3个月,除非堕胎对于母亲的生命和健康是必要的,各州可以禁止堕胎。

罗案判决作出至今已有30多年了,它一直是美国联邦最高法院历史上最富争议的判决之一。提倡生育自由的人对该案表示热烈的欢迎。但该案也导致了"生命权"运动的形成。即便很多反对限制堕胎的美国人也认为联邦最高法院篡夺了属于选举产生的政府部门的权力。批评者指出,该案在宪法上没有文本依据,吁请人民通过其选举产生的代表决定他们需要什么样的堕胎法,以及"人"是否包括未出生的胎儿。

抵制"罗诉韦德案"的努力从1973年一直持续至今。人们提出了一项宪法修正案,把"人"界定为包括未出生的胎儿。但无论是这一项"人的生命的修正案",还是一项企图通过联邦立法达到同一结果的法案,都未提交到美国国会。不过,美国国会和很多州议会不断通过了否定该案裁决,或者至少是缩小了该案裁决适用范围的法律。这些制定法旨在为谋求堕胎的妇女在堕胎的道路上设置各种障碍。这些法律不可避免地会在法庭上受到挑战,从1973年到1986年,当伦奎斯特(*Rehnquist)取代沃伦·伯格(Warren *Burger)成为联邦最高法院的首席大法官后,法官们对为妇女选择堕胎设置障碍和拒绝促进堕胎进行了区分,前者大多被宣布无效,后者的效力则得到维持。近年来,法院扩展了政府对堕胎的限制权。

堕胎和公共基金 美国联邦最高法院一直支持那些拒绝政府赞成堕胎的法律。1976年通过了第一个"海德修正案"——联邦旨在对医疗补助基金的使用进行的限制。海德修正案以及那些与之类似的为挽救妇女的生命而对堕胎作出了一些限制州法都坚持对此进行司法审查。在"哈里斯诉麦克雷案"中,大法官波特·斯图尔特所代表的多数意见是具有代表性的。"尽管政府在妇女的自由选择的道路上可以不设置障碍,但政府也不需要消除那些并非它自己所设置的障碍。贫困问题就是出现在后一类障碍中的问题"。(p. 316)大法官威廉·布伦南、瑟古德·马歇尔与布莱克蒙坚持认为这些法律不能为那些贫穷的妇女带来安全的堕胎,因此制造了双重标准的宪法权利。但是斯图尔特的观点占了上风。既然罗案中的反对者首席大法官伦奎斯特是该案之后的唯一延期继任者并继续出现在法庭上，而且罗案的支持者已被反对者所取代，那么对这些法律进行宪法性的审查就很难取得成功。拉斯特诉沙利文案通过支持禁止接受联邦资助的诊所哪怕是向它的当事人宣传可以在那里进行堕胎的联邦言论钳制令进一步限制了贫穷妇女堕胎。这个言论钳制令在比尔·克林顿就任总统后的第一周就被宣布废止，而乔治·W.布什就职后又恢复了该令的效力。

法律对于生育选择的控制 某些堕胎的障碍是直接的，例如，已婚妇女堕胎要有配偶的同意，未成年人堕胎要有父亲或母亲的同意。联邦最高法院在罗案之后的第一个堕胎案——"计划生育部门诉丹福斯案"（Planned Parenthood v. Danforth）（1976）和"宾夕法尼亚州东南计划生育组织诉凯西案"（Planned Parenthood v. Casey）（1992）中分别宣布强制性的配偶同意和强制性对配偶通知规定无效。然而，实践证明，父亲或母亲同意的规定更成问题。因为在未成年人得到治疗之前必须有父亲或母亲的同意，并且未成年人的宪法权利不如成年人那么广泛，然而丹福斯案排斥了父母同意的要求并且联邦最高法院从来没有支持过一部给予父母绝对的否决权的法律。但是，涉及要求父母同意的法律一直被认可。联邦最高法院维持了通知父母的规定["H.L 诉马西森案"（H.L. v. Matheson）（1981）]，并且认可规定堕胎须得到父亲或母亲或者法官的同意的法律[如"贝洛提诉伯尔德案"（Bellotti v. Baird）（1979）；"计划生育当局诉阿什克罗夫特案"（Planned Parenthood v. Ashcroft）（1983）；"俄亥俄州诉阿克龙生育健康中心案"（*Ohio v. Akron Center for Reproductive Health）（1990）]。在"霍奇森诉明尼苏达州案"（*Hodgson v. Minnesota）中，联邦最高法院维持了一部要求堕胎须得到父母双方或者法官的同意的制定法。这些"司法规避"条款要求，寻求堕胎的未成年人应当说服法官：她已经很成熟，能够自己作出决定，而且堕胎符合她的最大利益。

某些制定法设置了与其说是旨在妨碍选择堕胎不如说是劝阻堕胎的障碍。在这些法律中，有的禁止使用特定堕胎技术，有的要求医生忠告病人，有的指令一个等候期，还有的规定堕胎必须在医院进行（绝大多数随意选择的堕胎都在诊所进行）。联邦最高法院仍维持第一种类型的限制，到新近的2000年，"斯滕伯格诉卡哈特案"取消了一个内布拉斯加州的法律，该法律旨在禁止所谓"不公正生育堕胎"（一项在后期阶段程序中使用的膨胀和萃取技术）反选择运动。在此背景下，这个法律呈违宪的模糊并且过度地增加了妇女选择的负担。

从1976年到1986年间的几个判决推翻了第二种和第三种的限制，其理由要么是它们含糊不清或者不合理，或者是大法官威廉·J.布伦南（*Brennan）在"索恩伯勒诉美国妇产科学院案"（*Thornburgh v. American College of Obstetricians and Gynecologists）（1986）中所写的："各州不能随意打着保护母亲的健康或者保护潜在的生命的幌子，威逼妇女继续妊娠。"（p.759）

保守的退却 在1980年，罗纳德·里根的总统选举获胜，反选择运动显示了它的选举力量。里根承诺任命那些能推翻罗案裁决的大法官。他任命了桑德拉·戴·奥康纳（Sandra Day *O'Connor）、安东尼·斯卡利亚（Antonin *Scalia）和安东尼·肯尼迪（Anthony *Kennedy）为大法官，替换了罗案中的多数派。他的继任者乔治·H.W.布什任命戴维·苏特代替了布伦南和克拉伦斯·托马斯代替了马歇尔。在伦奎斯特代替沃伦·伯格（Warren *Burger）之前，罗案的一致同意开始动摇。例如，大法官奥康纳在1983年的"阿克龙诉阿克龙生育健康中心案"（*Akron v. Akron Center for Reproductive Health）中的反对意见就坚持罗案的三个月框架"显然是自相矛盾的"（p.458）。她评论道，医疗技术的发展，使得怀孕晚期的堕胎更加安全，并能使早产的婴儿可以存活。

"韦伯斯特诉生殖健康服务部案"（*Webster v. Reproductive Health Services）（1989）废除了这种三个月框架，显示了法院在堕胎权认定上的重大退步。一部密苏里州法律宣称生命始于怀孕，禁止把任何公共基金和设施用于堕胎，要求对怀孕20周的堕胎进行存活力测试。联邦最高法院维持了与其在阿克龙案和索恩伯勒案中认定无效的限制近似的某些限制，罗伯斯特案差一票就直接推翻了罗案，奥康纳支持这些限制，但是，她拒绝加入其他四位赞同推翻罗案的法官的行列。

罗案的重新肯定 戴维·苏特与克拉伦斯·托马斯代替了布伦南和马歇尔被广泛地认为是罗案的丧钟。新的联邦最高法院在"宾夕法尼亚州东南计划生育组织诉凯西案"（Planned Parenthood v. Casey）（1992）中又有一次机会改变这个决定。使这个国家每个法院的观察者惊讶的是，这个事件没有发生。大法官苏特加上奥康纳（O'Connor）、肯尼迪以多数意见再次肯定了"罗案中心观点"（p.843）：在生命存在之前有权堕胎，州有权在生命存在之后限制堕胎，州的立法利益存在于整个怀孕期间母亲的健康和胎儿的生命之上。联邦最高法院首次承认阻止把堕胎权作为一个有效的州利益。从现在起，将免于司法审查，除非这些法律施加了"不正当的负担"（p.874）。凯西案使堕胎权从宪法的权利降了下来，限制性规定不再需要通过罗案的"强制性的州利益"测试。凯西案大多数赞成堕胎应具备：知情情况下的同意要求，一个强制的24小时的等待期间，还有一个父母的同意或在没有父母同意的情况下的司法同意的条款。

凯西案保持着先例的约束力,虽然政府不能完全地禁止堕胎,但是使贫困妇女、乡村妇女,以及少数群体妇女不能堕胎的法律却仍然存在。美国联邦最高法院总的来说没有重访堕胎法律的宪法性问题。2000年反选择总统的选举与共和党对国会的控制使生育选择的鼓吹者很担忧,特别是当他们期望乔治·W. 布什对联邦最高法院大法官的任命。RU-486这种堕胎药的研制,使得关于堕胎的纷争消失,当食品和药品管理局在2000年给此种药物完全的市场销售批准之时,意味着反堕胎力量在反对使用RU-486药物的战役中失利。现在此药被广泛地使用。

参考文献 A. Graber, Rethinking Abortion (1996); Eileen L. McDonagh, Breaking the Abortion (1996); Karen O'Connor, Neutral Ground? (1996); Rosalind P. Petchesky, Abortion and Woman's Choice (1990); Laurence H. Tribe, Abortion: The Clash of Absolutes (1991).

[Judith A. Baer 撰;李昌林、孙曙生译;许明月、潘林伟校]

艾布拉姆斯诉合众国案 [Abrams v. United States, 250 U. S. 616 (1919)]①

1919年10月21日辩论,1919年11月10日以7比2的表决结果作出判决,克拉克起草判决意见,霍姆斯持反对意见。1918年8月23日,俄国移民、无政府主义者雅各布·艾布拉姆斯(Jacob Abrams)与他的几个同志一起在纽约城被捕,其中有莫利·斯泰默尔(Molly Steimer)、海曼·拉考斯基(Hyman Lachowsky)和塞缪尔·里普曼(Samuel Lipman)。他们写作、印刷和散发了英语、依地语各一份的传单,谴责伍德罗·威尔逊总统发兵到苏俄作战。依地语的传单还号召进行总罢工,以反对政府的干涉政策。根据1918年5月16日的《反叛乱法》,艾布拉姆斯和其他人被起诉。该法规定,"蓄意发表、印刷、写作或者出版任何背叛、亵渎、谩骂、侮辱"美国的政府体制,以及"蓄意鼓动、煽动、鼓吹缩减""作战必要或者必需的"物品的产量,"……意图通过此种减产削弱美国的战斗力或妨害作战"的行为构成犯罪。1918年10月联邦地区法院法官小亨利·德拉马尔·克莱顿(Henry DeLamar Clayton, Jr.)审理了此案。他们被认定有罪并被判处15年至20年监禁。

1919年3月,当艾布拉姆斯和其他人还保释在外的时候,美国联邦最高法院根据《1917年间谍法》["申克诉合众国案"(*Schenck v. U. S.)]和《1918年反叛乱法》["德布斯诉合众国案"(Debs v. U. S.)]维持了对反战的社会主义者的定罪。这两个案件都是一致裁决,由奥利弗·温德尔·霍姆斯(Oliver Wendell *Holmes)执笔。他在申克案中的判决理由是:"每个案件中的问题在于,言词的使用场合和性质是否会带来明显即发的危险,且此危险会产生国会有权防止的实质性恶果。"(p.52)

大法官约翰·H. 克拉克(John H* Clarke)在艾布拉姆斯案中的多数意见遵循了霍姆斯的推论。克拉克说,传单造成了明显即发的危险,因为它们是在"战争的极度危急时刻"散发的,构成了"挫败政府作战计划的企图"(p.623)。此外,他继续说,即便这些无政府主义者的初衷是援助俄国十月革命,他们号召的总罢工也必然会妨碍对德国的作战。

但是,当联邦最高法院裁判艾布拉姆斯案的时候,霍姆斯已经修正了自己的观点。受反激进的歇斯底里症(antiradical hysteria)导致的压抑之困扰,以及若干朋友和熟人——包括哈佛大学法学院教授小泽卡赖亚·查菲(Zechariah *Chafee)、联邦地区法院法官勒尼德·汉德(Learned *Hand)、政治理论家哈罗德·J. 拉斯基(Harold J. Laski)——的影响,霍姆斯对明显即发危险之标准开始采用一种更自由主义的解释。其结果是,他在艾布拉姆斯案中的反对意见[路易斯·D. 布兰代斯(Louis D. *Brandeis)表示赞同]对该标准进行了至关重要的革新。

现在霍姆斯宣称,国会"在宪法上有权惩罚那些造成或者意图造成明显、迫切的危险的言论,这些危险会即刻导致某种美国可以合宪地防止的实质性恶果"(p.627)。霍姆斯否定"一个无名小卒偷偷摸摸地印制冒傻气的传单"(p.628)会造成这种危险;他还否定造成这种危险的"意图"的存在,因为艾布拉姆斯的"唯一目的"就在于阻止美国干涉俄国。霍姆斯的理由是,宪法第一修正案保护对所有意见的表达,"除非它们直接危及法律对社会进行的合法的、具有极其重要目的的调控,以至于有必要为了挽救国家而立即进行司法审查"(p.630)。

联邦最高法院重新界定明显即发危险之标准的努力持续了50年之久,直至在"布兰登堡诉俄亥俄州案"(*Brandenburg v. Ohio) (1969) 中,联邦最高法院才直接提出了一条煽动标准。霍姆斯在艾布拉姆斯案的反对意见中对言论自由、探索真理、试验价值之关系的雄辩讨论却经久不衰:"当人类意识到时间已经平息了许多挑起事端的信条后,他们最终可能会更加确信,真理的最好检验标准是思想在自由交流过程中为人所认可的程度。他们会相信思想的自由交流最能实现他们所追求的目的。真理是愿望可以稳妥实现的唯一基石。这完全符合宪法原则。这是一项试验,就如同整个生命都是一场试验一样"(p.630)。

---

① 另请参见 Clear and Present Danger Test; Espionage Acts; First Amendment Speech Tests; Speech and the Press; World War I.

参考文献 Richard Polenberg, *Fighting Faiths: The Abrams Case, the Supreme Court, and Free Speech* (1987).

[Richard Polenberg 撰;李昌林译;许明月校]

规避原则[Abstention Doctrine]①

联邦最高法院采取的政策之一是,准许联邦司法机关不对宪法问题作出裁决。它通常被称为"普尔曼"(Pullman)规避原则,因为它是联邦最高法院在"得克萨斯铁路委员会诉普尔曼公司案"(Railroad Commission of Texas v. Pullman Co.)(1941)中被采纳的。该原则的适用条件有二。首先,对未在州最高法院得到终局解释的州制定法,须根据宪法在联邦法院提出质疑。其次,该制定法必须非常不明确,以至于州司法机关的权威解释可以解决这个宪法问题。在这种情况下,联邦法院无需永久放弃管辖权,可以选择在州最高法院确定该制定法的含义之前放弃作出宪法性裁判。联邦法官在动用该原则方面具有很大的自由裁量权。但在诸如制定法在表面上就违背了基本权利的情况下,也可不动用该原则。

普尔曼规避原则的根本目的在于强化联邦主义(*federalism)原则。其依据的前提是,除非绝对必要,联邦法院不得干预各州的事务。如果州法院的解释有解决纠纷的可能性,那么在联邦法院介入之前最好准许州司法机关采取行动。在合众国诞生之初,普遍限制联邦法院干预州的事务理念就已经存在,国会早在1793年就提及该原则。

[Thomas G. Walker 撰;李昌林译;许明月校]

学术自由[Academic Freedom]②

自19世纪以来,美国的教授们就一直在为学术自由而奋斗,但学术自由一词直到1952年才出现在美国联邦最高法院的判决中。大法官威廉·O. 道格拉斯(William O. *Douglas)在"阿德勒诉教育理事会案"(Adler v. Board of Education)的反对意见中使用了该术语。占多数的大法官在冷战和麦卡锡主义(参见 Communism and Cold War)的阴影笼罩之下,维持了纽约州的《范伯格法》(Feinberg Law),该法禁止公共机构雇用属于纽约学监委员会公布的"颠覆组织"成员的教师。

"迈耶诉内布拉斯加州案"(*Meyer v. Nebraska)(1923)和"皮尔斯诉姐妹会案"(*Pierce v. Society of Sisters)(1925)是在宪法上承认学术自由的先兆。在迈耶案中,联邦最高法院宣布一部禁止向九年级学生教授外语的州法律无效。在皮尔斯案中,联邦最高法院推翻了俄勒冈州一部要求父母将其8岁到16岁的子女送到公立学校学习的法律。这两个案件都以私立学校的实体的正当程序(substantive *due process)权利和父母控制子女所受教育之种类的权利为依据。

不过,自阿德勒案以来,一直存在以下两个问题:(1)学术自由是否暗示了免于审查和规制的强化,或者它仅意味着所有人都享有的一系列权利;(2)"学术自由"赋予谁做什么的自由?

对教授和学生的学术自由 当前,阿德勒案的前提已经被否定。公共机构的雇员,包括教师,至少享有和其他人一样的表达自由["克伊西安诉校务委员会案"(*Keyishian v. Board of Regents)(1967)]。"学术自由……是宪法第一修正案特别关注的一件事,它不容忍法律要求在教室里兜售一套正统的说教"(p.603)。

在"斯维齐诉新罕布什尔州案"(Sweezy v. New Hampshire)(1957)中,一位马克思主义教授拒绝回答州调查员关于他在新罕布什尔大学的教学和政治观点的提问,联邦最高法院首肯了他的做法。首席大法官厄尔·沃伦(Earl *Warren)认定思想和表达自由对学术机构至关重要。大法官费利克斯·法兰克福特(Felix *Frankfurter)持并存意见。他谈到保护"学者的热忱和无畏"与大学的机构独立之需要(pp.262-263)。自此以后,沃伦和法兰克福特的观点一直占据着联邦最高法院对学术自由讨论的统治地位。

在"巴伦布莱特诉合众国案"(*Barenblatt v. United States)(1959)中,联邦最高法院以5比4的微弱多数拒绝使大学教师免受国会对其政治信仰和结社的调查。但在后来的废除教师效忠宣誓的那些判例中,它谴责了强迫教师在政治上的一致性会产生的令人不寒而栗的后果。在那些宣誓案件中,联邦最高法院明确无误地把表达自由和程序公正结合起来,用以表述一个有助于"学术自由"的自主空间。

教师们是首先从联邦最高法院对学术自由的扩张解释中获益的人。在"爱普尔森诉阿肯色州案"(Epperson v. Arkansas)(1968)中,联邦最高法院废除了一部禁止教师教授进化论(*evolution)的刑法,认为宪法第一修正案已界定了州控制课程的权力。

不过,当教师批评学校官员的时候,受保护的言论之范围可能会窄一些。在"皮克林诉教育理事会案"(Pickering v. Board of Education)(1968)中,联邦最高法院判决,宪法第一修正案禁止解雇公开质问学校委员会政策的教师。虽然联邦最高法院动用了学术自由,它却也阐明,教师同时也是一名雇员;破坏性的言论,即便是涉及公众关心的事项,也可以是解雇的依据。"哈尔斯山城市校区教育理事会诉

---

① 另请参见 Federal Questions; State Constitutions and Individual Rights; State Courts。

② 另请参见 Education; First Amendment。

多伊尔案"(Mt. Healthy City School District Board Of Education v. Doyle)(1977)准许雇主在能够表明解雇的独立理由的情况下,解雇其言论涉及公共问题的教师,这强化了学校当局的权威。

在"校务委员会诉罗思案"(Board of Regents v. Roth)(1972)中,联邦最高法院判决,正当程序条款并不要求大学在不与非终身制(nontenured)的教师续签合同时陈述理由和进行听证。只有当她令人信服地表明,不续签合同会给她寻找新的职位留下污点时,该教师才能够要求举行听证。

联邦最高法院对于承认学生的学术自由更为踌躇。在"廷克诉德斯·莫因斯独立社区学校校区案"(*Tinker v. Des Moines School District)(1969)中,一个校区中止了带黑袖套抗议越南战争(*Vietnam War)的中学生的学业,联邦最高法院宣布这一做法无效。但是,在"希利诉詹姆斯案"(Healy v. James)(1972)中,联邦最高法院对这一冲突发表了意见,认为公立大学可以通过实施合理的规则,管理学生进行表达的时间、地点和方式。它可以拒绝学生参与有明显破坏性的团体。但这些行动不能以学生希望表达观点的内容为依据。即便这些观点是"可恶的"(p.188)。

在"黑兹尔伍德校区诉库尔梅尔案"(Hazelwood Shool District v. Kuhlmeier)(1988)中,联邦最高法院维持了学生报纸的高校校长的检查制度,认为由于该报纸由新闻班的学生撰写,它并非一个公共论坛,因此,没有被授予第一修正案的全权保护。

机构自治的学术自由 大法官法兰克福特在"斯维齐诉新罕布什尔州案"(Sweezy v. New Hampshire)中持并存意见,他强调了大学在免受政府控制方面的独立性。联邦最高法院在最近的更多的判例中也对此表示了支持。但这里也有明显的矛盾,因为若司法不介入学校或者大学的决定(即尊重其机构独立),意味着当学生或者教师主张学校剥夺了他们的自我表达权或平等权的主张时,司法将无所作为。在"明尼苏达州社区大学委员会诉奈特案"(Minnesota State Board for Community Colleges v. Knight)(1984)中,联邦最高法院没有支持宪法第一修正案对教授参与学术管理所提供的保护。

教授权利与大学自治之间的矛盾在"宾夕法尼亚大学诉平等就业机会委员会案"(University of Pennsylvania v. Equal Employment Commission)(1990)中表现得很明显。该委员会搜寻与大学决定方面的相关同等记录以反对一名大学教师,因为该教师声称该否决是因为种族和性别歧视所引发。联邦最高法院拒绝了大学的要求,该要求声称这些记录是受学术自由的特权所保护。

"教育理事会诉比科案"(Board of Education v. Pico)(1982)确认了学校委员会课程设置和教材选用方面的裁量权,但是规定学校委员会不得向社区的压力低头,把"令人反感的"书从学校图书馆的书架上取下。比科案确认了机构自治,但它仅限于机构的功能在没有受到不当压力审查情况下的自治。

联邦最高法院在关于大学入学的积极行动方案的判决方面,机构自治一直是中心的议题。在"加州大学校务委员诉巴基案"(*Regents of the University of California v. Bakke)(1978)中,法院援引了机构性学术自由,以准许加利福尼亚大学医学院把种族因素纳入其录取政策之内。在"格鲁特诉博林杰案"(Grutter v. Bollinger)(2003)中,以5比4的表决结果,联邦最高法院维持了州法学院在录取学生时将种族作为一种因素进行考虑的做法,其依据就是,学院有促进学生组成多样性的学术自由。

联邦最高法院的意见无疑会在以个人为中心的学术自由和以机构为中心的学术自由理论之间摇摆不定。联邦最高法院似乎注定还会在各类案件中遇到巴基案和格鲁特案类似的情形,并重新面临教授和学生表达自由的问题。

参考文献 Richard H. Hiers, "Institutional Academic Freedom vs. Academic Freedom in Public Colleges and Universities: A Dubious Dichotomy," Journal of College & University Law 29(2002):35. "Academic Freedom," symposium in *Texas Law Review* 66 (1988): 1247-1659. MICHAEL E. TIGAR.

[Michael E. Tigar 撰;李昌林、孙曙生译;许明月、潘林伟校]

媒体旁听审判[Access to Trials]

参见 Richmond Newspapers, Inc. v. Virginia。

实际恶意[Actual Malice]①

一种证明责任,由对诽谤和失实起诉的公职人员或者公共人物承担,要求他们以明确的、令人信服的证据证明行为人明知其虚假或者无视事实真相而发表诽谤性言论。联邦最高法院在"纽约时报公司诉沙利文案"(*New York Times Co. v. Sullivan)(1964)中称,宪法第一修正案(the* First Amendment)要求证明实际恶意,以保护政府事务的公开的、正常的讨论。仅证明失实和疏忽还不足以证明有实际恶意。联邦最高法院在"加里森诉路易斯安那州案"(Garrison v. Louisiana)(1964)中指出,要证明实际恶意,须证明诽谤性言论是在"已经高度意识到其可能失实"的情况下作出的。要证明实际恶意,通常要证明一系列相关因素,这包括其依据的来源不可靠、在有怀疑其准确性的实质理由时未查明事实真相。有助于认定实际恶意的结论包括:微不足道的截稿时间压力,同一言论前后不一致,未查核

---

① 另请参见 Speech and the Press。

重要的信息源,有关专栏作家知悉与所发表的言论相反的信息的证据,增加发行量的渴望,以及政治动机。联邦最高法院曾经说,实际恶意有别于普通法上的恶意,后者要求证明邪恶或不良的意图。在"马森诉纽约客杂志有限公司案"(*Masson v. New Yorker Magzine Inc.)(1991)中,联邦最高法院再次认同了其对实际恶意的判断标准,但同时认为"实际恶意"这一术语的使用可能会引起误解。因此法官们在向陪审团发布指示时应当使用"明知虚假"和"无视事实真相"。由于要求公职人员和公共人物证明实际恶意,所以他们在诽谤案件(*libel suits)中就几乎没有胜诉过。

[Bill F. Chamberlin 撰;李昌林译;许明月校]

阿代尔诉合众国案[Adair v. United States, 208 U. S. 161（1908）]①

1907年10月29、30日辩论,1908年1月27日以7比2的表决结果作出判决,哈伦代表法院起草判决意见,麦克纳和霍姆斯持反对意见。1898年颁布了《厄尔德曼法》(Erdman Act),以防州际贸易因劳动争议而分崩离析。它禁止以不加入工会为条件的雇佣合同,禁止因雇员参加工会活动而解雇之或者把他列入黑名单,以保护工会会员。一个雇主解雇了一位担任工会会员的雇员,并对该法的合宪性提出质疑。大法官约翰·马歇尔·哈伦(John Marshall *Harlan)代表多数意见撰写判决意见,他断定雇主和雇员双方具有平等地讨价还价的能力。他认为该法不合理地侵犯了宪法第五修正案之正当程序条款所保护的个人自由和财产权利。依据宪法第十四修正案(the *Fourteenth Amendment)的先例,哈伦将实质性正当程序和契约自由移植入宪法第五修正案里。他还认为该法超出了国会商业权力(*commerce power)的范围。他对该法的立法史不加考虑,并断言工会会员与州际贸易之间不存在"法律或者逻辑联系"(p.178)。

大法官约瑟夫·麦克纳(Joseph *McKenna)在其反对意见中呼吁司法现实主义,而大法官奥利弗·温德尔·霍姆斯(Oliver Wendell *Holmes)则重申了他在"洛克纳诉纽约州案"(*Lochner v. New York)(1905)中采纳的司法自我约束立场:立法者是公共政策的恰当仲裁人,能够合理地限制契约自由。

保守主义者称赞阿代尔案谴责了"阶级立法",而罗斯科·庞德则认为它是"机械法哲学"的缩影,用"技术术语和抽象概念"挫败了正义目标。直到"罗斯福新政"时期改革劳资关系,这一判例都支持宣布为工会提供类似保护的制定法无效["科皮奇诉堪萨斯州案"(Coppage v. Kansas)(1915)]。

[Barbara C. Steidle 撰;李昌林译;许明月校]

亚当斯,约翰·昆西[Adams, John Quincy]

[1767年7月11日出生于马萨诸塞州布雷特利(现名昆西);1848年2月21日卒于华盛顿特区]律师,1825—1829年任美国总统。约翰·亚当斯(John Adams)和阿比盖尔·亚当斯(Abigail Adams)之子。约翰·昆西·亚当斯1787年毕业于哈佛学院,后师从西奥菲勒斯·帕森斯(Theophilus Parsons),1790年7月通过律师资格考试。1794年中,乔治·华盛顿(George *Washington)总统委任他为荷兰公使。1803年,马萨诸塞州议会送他进入美国参议院。一年以后,他获准在联邦最高法院出庭辩护。在替"弗莱彻诉佩克案"(*Fletcher v. Peck)(1810)中的被告辩论之后,亚当斯接受了俄罗斯大使这一薪水微薄的职位。随后不久,他谢绝了詹姆斯·麦迪逊(James *Madison)总统之最高法院大法官这一报酬更丰厚的任命。1817年,亚当斯担任国务卿,1824年他被选举为美国总统。

1828年,安德鲁·杰克逊(Andrew *Jackson)获胜之后,亚当斯被选进众议院。在众议院里,他反对州拒绝执行联邦法令(*nullification),反对实施言论钳制令,反对归并得克萨斯州。1841年,废奴主义者劝说他在"合众国诉埃米斯塔德案"(United States v. Amistad)(1841)中为53名非洲人的自由权辩护。大法官约瑟夫·斯托里(Jodeph *Story)称亚当斯的辩论"因其力量[和]尖刻的讽刺而超乎寻常"。在恢复他在众议院的职位之后,亚当斯坚决地推进废奴运动;1842年,他组织了一场失意的请愿,倡导解散隔离奴隶联盟,他得到的回报是受到被驱逐出众议院的威胁。1848年2月21日在众议院唱名的时候,他突然中风,两天后与世长辞。

[Sandra F. VanBurkleo 撰;李昌林译;许明月校]

亚当森诉加利福尼亚州案[Adamson v. California, 332 U. S. 46（1947）]②

1947年1月15、16日辩论,1947年6月23日以5比4的表决结果作出判决,里德代表法院起草判决意见,法兰克福特持并存意见,布莱克、道格拉斯、墨菲和拉特利奇表示反对。对于宪法第十四修正案(the *Fourteenth Amendment)之正当程序条款(*Due Process Clause)是否吸收了《权利法案》(*Bill of Rights)的相关规定,从而使其可适用于州刑事诉讼,存在着激烈的争议。亚当森案体现了这种争议。问题在于,控方要陪审团注意被告人拒绝作证的事实是否违反宪法第五修正案(the *Fifth

---

① 另请参见 Contract, Freedom of; Due Process, Substantive; Fifth Amendment。

② 另请参见 Due Process, Procedural; Incorporation Doctrine。

Amendment)之自证其罪(*self-incrimination)禁令。持多数意见者重申"帕尔可诉康涅狄格州案"(*Palko v. Connecticut)(1937)之判决,即宪法第十四修正案"并未把联邦《权利法案》之所有权利置于它的荫蔽之下",而仅吸收了那些"有序自由所暗含的"基本权利(p.54)。判决维持了定罪,因为检察官的评论并未导致"不公正的审判"。

大法官胡果·布莱克(Hugo *Black)在反对意见中争辩道,应当把正当程序条款理解为,它保证"所有州都不能剥夺其公民的特权以及《权利法案》对他们的保护"。因此,他争辩道,宪法第十四修正案吸收了"宪法第五修正案禁止强行从被告人处取得定罪证据的全部保护"(p.75)。联邦最高法院从未采纳布莱克的"全盘并入"解释。不过,在"选择性并入"原则之下,它确实吸收了《权利法案》几乎所有的组成部分。因而,在"格里芬诉加利福尼亚州案"(*Griffin v. California)(1965)中,联邦最高法院判决,宪法第十四修正案不准许州检察官提请陪审团注意被告人不作证的事实。

[Thomas Y. Davies 撰;李昌林译;许明月校]

阿达兰德建筑公司诉彭纳案 [Adarand Constructors, Inc. v. Pena, 515 U. S. 200 (1995)]

1995年1月17日辩论,6月12日以5比4的表决结果作出判决,斯卡利亚、肯尼迪与托马斯持并存意见,史蒂文斯、金斯伯格、苏特持反对意见。在20世纪60年代和70年代州和联邦政府发起了一场被称作"积极行动方案"的运动。这项行动的目标是使少数种族能够容易地克服因种族隔离而产生的歧视。

联邦最高法院在"富利洛夫诉克卢茨尼克案"(Fullilove v. Kluznick)(1989)中支持了一个1977年的法律,该法律为少数种族的商业企业留出了10%的份额。该1977年的法律是自1866年《解放奴隶局法》(Freedman Bureau Act)以来的第一个包含了明确的种族意识分类的联邦制定法。联邦最高法院的这项判决产生了巨大的影响,引导了一大批联邦立法的通过。同时,联邦最高法院拒绝把同样的权力给予地方和州政府去设置同样项目,在同一年,他们判决了富利洛夫案,大法官们撤销了弗吉尼亚州里士满市的一个项目,该项目为少数种族承包商保留了30%的建设基金。在"里士满市诉J. A. 克罗森公司案"中,大法官们得出结论说,对这类地方性项目,当其涉及种族问题时,应该实行最严格的司法审查。一年后,法院对"麦特罗广播公司诉联邦通信委员会案"(Metro Broadcasting v. FCC)作出了判决,在该案中,以大法官威廉·J. 布伦南为代表的微弱多数,确认了一项旨在增进黑人拥有广播许可证所有权份额的项目。联邦最高法院确认,对联邦的保留项目不要求按照适用于当地和州政府的严格审查标准进行检查。本质上说,联邦政府在设定以种族为区分的优惠时享有特殊处置权。

联邦保留项目的影响是深远的和实质性的。例如1994年,约有100亿美元用于这类项目。在这些项目中,紧随着富利洛夫案而卷入其中的是小企业管理署和交通部。它给政府的缔约一方以金融激励,后者把至少10%的生意给了少数群体承包人。兰迪·皮奇(Randy Pech)是科罗拉多州斯普林斯的阿达兰德承包商公司的一名白人业主。阿达兰德在圣胡安市国家森林的护轨工程建设招标中以低的价格投标,但分合同却给了一家西班牙人所有的公司。皮奇(Pech)把交通部和它的部长费德里克·佩纳(Federico Pena)告上了法庭,声称分承包政策违反了宪法所保证的平等保护和正当程序条款。联邦地区法院和上诉法院驳回这些诉求,其理由是联邦政府能够调用以种族为基础的积极行动的项目并且不受严格的检查。

然而,大法官们撤销了原判,把案件发回低级别法院进行追加审查,这样做,在某种意义上微弱的多数决定了严格的审查应当适用于种族意识的积极行动的项目。大法官桑德拉·戴·奥康纳(Sandra Dayi *O'Connor)为多数方起草了判决意见,把联邦的保留项目放在了与地方各州的努力同样的宪法的位置上。按奥康纳所言,那将意味着所有政府根据种族的分类应该经受详细的司法审查以确保法律平等保护的人权不会受到侵害(p.227)。根据宪法,以种族分类为基础的措施不得不进行严格的裁判(narrowly tailored)并且需有促进强制性政府利益。大法官安东尼·斯卡利亚(Antonin *Scalia)比奥康纳走得更远,他强调了自己的看法:这种项目从不能经受住严格的司法审查。斯卡利亚写道:"在政府的眼里,我们这儿只有一个种族,就是美国。"(p.239)大法官克拉伦斯·托马斯(Clarence *Thomas)是另外一位持并存意见者。他把此类的项目描述为资助的和家长式作风的措施,其结果是阻碍了黑人们不能从竞争的意义上来证明他们的真正价值。

由大法官约翰·保罗·史蒂文斯(John Paul *Stevens)所领导的反对派坚持认为,这个国家的不愉快的种族关系历史要求联邦政府采取救济行动。大法官鲁思·巴德·金斯伯格(Ruth Bader *Ginsburg)的反对意见与斯卡利亚和托马斯表现出特别的不同,他论辩道:通过精心设计的积极行动项目在第十四修正案的平等保护条款的界限内能得到很好的运转。金斯伯格坚持道:在任何情况下,起草这样的计划是立法机关的责任,她谴责了多数,通常是多数对议会的至上性充满敬意,而在这个事项中恰恰没有这样做。

联邦最高法院的行为明确地否决了麦特罗广

播公司案,但它没有推翻小企业管理署的项目。案件发回到低级别法院由其决定该项目是否破坏了所要求的严格的检查。来自联邦最高法院的消息是对于积极行动方案项目要有机会通过宪法性法律的检查,该项目也应该被严格地裁判并适用于那些过去受歧视的受害者而不是简单地帮助所有的少数。

[Kermit L. Hall 撰;孙曙生译;潘林伟校]

阿德金斯诉儿童医院案[Adkins v. Children's Hospital, 261 U. S. 525 (1923)]①

1923年3月14日辩论,1923年4月9日以5比3的表决结果作出判决,萨瑟兰代表法院起草判决意见,塔夫脱和霍姆斯反对,布兰代斯缺席。应对公众对自由放任资本主义经济学的广泛接受,联邦最高法院在19世纪90年代形成了契约自由原则,它确认了私人加入合同安排的宪法权利。这一原则削减了政府通过制定规章干预契约自由的权力。划时代的阿德金斯案判决是联邦最高法院投身自由放任资本主义原则和契约自由的范例。

阿德金斯案中争论的是1918年为哥伦比亚特区的妇女规定最低工资的联邦法。据称,该法的宗旨是使妇女的身心健康不受工资不足造成的有害生活状况之损害。后来担任联邦最高法院大法官的费利克斯·法兰克福特(Felix *Frankfurter)在此案中作为律师为该法辩护。他企图证明,该措施是合法行使治安权以改善妇女在市场中遭遇的困境,因而是正当的。另一方面,儿童医院(Children's Hospital)则反驳道,该法是一部固定价格的法律(price-fixing law),它违宪地干预了雇佣合同的自由。

大法官乔治·萨瑟兰(George *Sutherland)代表多数派发言,宣布该最低工资法无效,因其违反了宪法第五修正案(the *Fifth Amendment)之正当程序条款(*due process clause)保护的契约自由。虽然萨瑟兰承认在特定情况下可以规制合同的条款,他却强调"契约自由是……普遍原则,并且限制例外的范围"(p.546)。他把工资法和工时法区分开来,认为是最低工资法武断地把基本上属于社会的福利功能强加到雇主头上。鉴于宪法第十九修正案(the *Nineteenth Amendment)和妇女法律地位的变化,萨瑟兰坚持认为,不得对妇女的契约自由进行比男性更大的限制。他争辩道,最低工资法无视"每份雇佣合同固有的伦理要求",即劳动的价值应当与工资成正比(p.558)。简言之,工资应当由自由市场确定。(参见 Labor)

大法官威廉·霍华德·塔夫脱(William Howard *Taft)在其有力的反对意见中主张,立法者可以依据治安权(*police power)限制契约自由,以规定妇女的最长工时和最低工资。他告诫道,大法官们不应仅因他们认为特定经济政策是不明智的就宣布规章无效。大法官奥利弗·温德尔·霍姆斯(Oliver Wendell *Holmes)质疑契约自由的合宪性。注意到"有很多法律都禁止人们为其所欲",霍姆斯指出,联邦最高法院已经维持了许多限制契约自由的法律(p.568)。他认为,立法者可以合理地得出如下结论:为女性雇员限定最低工资会改善其身心健康的状况。

阿德金斯案的判决是自由放任资本主义的宪政主义的引人注目的表述。它显示了联邦最高法院之确信,即工资和价格的确定是自由市场经济的核心,因此应使其免受多余的立法干预。在20世纪20年代以及20世纪30年代初,联邦最高法院再引用阿德金斯案以对契约自由原则进行扩大解释。特别是,大法官们用阿德金斯案废除了数州的最低工资法。

作为大萧条和"罗斯福新政"(*New Deal)在政治上的胜利之结果,联邦最高法院在1937年放弃了其自由放任资本主义的宪政主义,准许联邦和州政府在指导经济生活方面起主导作用。"西海岸旅馆公司诉帕里西案"(*West Coast Hotel v. Parrish)(1937)显示了联邦最高法院的这一新观点。在该案中,大法官们勉强地维持了华盛顿规定妇女和儿童最低工资的法律,推翻了阿德金斯案。西海岸旅馆公司案之判决标志着契约自由作为宪法性规范之效力的终结。

参考文献 Joel Francis Paschal, *Mr Justice Sutherland: A Man Against the State* (1951).

[James W. Ely, Jr. 撰;李昌林译;许明月校]

联邦法院的管理[Administration of Federal Courts]

联邦最高法院在整个历史上对于管理联邦法院系统都起到了重要的作用,这一角色使联邦最高法院在立法、裁判和行政管理等方面都发挥着重要的作用。在"北部管道建设公司诉马拉索管道公司案"(Northern Pipeline Construction Co. v. Marathon Pipe Line Co.)(1982)中,出于司法系统独立和行政的整体性考虑,它抵制了国会就非宪法第3条(non-*Article Ⅲ)所指法官在终止任期和补偿保护方面的司法授权。而在"韦曼诉索瑟德案"(Wayman v. Southard)(1825)中则认可,并在"密斯特里塔诉合众国案"(*Mistretta v. United States)(1989)中重申(p.22)了国会委托的"在其认为对于执行司法部门有权发布的判决……所必要和适当时"行使管理和制定规则的职责。

---

① 另请参见 Contract, Freedom of。

19世纪的联邦最高法院通过其规则制定权和联邦最高法院大法官对地方法院的巡视而进行的断断续续的督察,在边缘上对泛司法系统的行政管理进行监督。对于分散的、本质上处于自治状态的各联邦法院的集中监督,则由国会授权不同的行政部门行使,这些部门包括财政部(1789—1849)、内政部(1849—1870)和司法部(1870—1939)。一开始,这种监督主要是财务账目方面,渐渐地,扩展到法院房屋供给、物资供应、人事管理和待处理案件的统计等方面。1922年,在塔夫脱出任首席大法官期间,司法体系中这种泛系统的管理由国会授权设立的资深巡回法官会议(the Conference Senior Circuit Judges,即美国司法会议,* Judicial Conference of the United States)承担。1939年的一部设立由该会议资助和监督的美国法院行政管理办公室的法律在很大程度上同时阻断了联邦最高法院和司法部对低级别法院直接的行政管理。后来对一些法律还建立了其他一些司法机构,如:联邦司法中心(Federal Judicial Center)(1967);多地区诉讼司法管理处(Judicial Panel on Multi-District Litigation)(1968);美国量刑委员会(U.S Sentencing Commission)(1984)。在20世纪80—90年代,美国法院行政管理办公室在某种程度上显露出了在低级别法院管理方面集中化的功能,而司法会议则经历了为适应行政管理和治理职能而进行的重构。1939年的法律同样还创建了巡回委员会(Circuit Council),并赋予其发布改进地区行政管理的命令权,这一权力在"钱德勒诉司法委员会"(Chandler v. Judicial Council)(1970)案中得到重申,在1990年以后,它还可以对法官的不当行为进行先期调查,以对任性的法官进行约束,或在严重的情况下,提交司法会议,以便后者采取行动,包括建议众议院进行弹劾。

早期国会对于联邦最高法院在对低级别法院实践性和程序性规则进行解释方面的零星授权在1934年变成了在民事程序规则方面的宽泛授权。这使在裁判过程中,酿成了重要的规则。这些规则的大多数出自1958年之后联邦最高法院提名任命的咨询委员会之手,彼时,司法会议承担选任咨询委员会成员的职责。联邦最高法院大法官们对联邦最高法院非裁判性质的规则的否决权一直颇受争议,直到1988年国会对其改革过程中产生某些规则提出激烈反对。当今民事和刑事规则的变化则与在司法程序中电子信息与视频会议的应用有很大关系。

[Peter G. Fish 撰;李昌林、许明月译;许明月校]

首席大法官的行政助理[Administrative Assistant to the Chief Justice]

为协助首席大法官沃伦·E. 伯格(Warren E. * Burger)行使其非司法职能,美国国会于1972年设置了首席大法官行政助理这一职位。在一小组职员的协助之下,行政助理履行首席大法官(* chief justice)分配的任务。这些任务通常包括为联邦最高法院招募新职员或官员,为首席大法官之发言或出版物进行研究,一般性地处理有关联邦最高法院之职员(* staff)的问题。行政助理还是首席大法官与其他机构和组织——美国国会、行政部门、州法院、研究中心、律师协会、法学院以及民间团体——之间的联络人,并协助首席大法官履行其在司法委员会、联邦司法中心和史密斯学会(Smithsonian Institution)中的职责。

行政助理也担任着联邦最高法院同事项目的执行董事,该项目创立于1973年,为中间职业者提供一次机会在下列的机构中工作1年:联邦司法中心、美国联邦司法机关、美国法院的行政办公室、美国审判委员会和联邦最高法院。

担任过行政助理职务的人包括政治经济学家、公共遗产管理人马克·W. 卡农(Mark W. Cannon);美国法学院联合官员诺埃尔·J. 奥古斯丁(Noel J. Augustyn);法学院院长小劳伦斯·H. 埃夫里尔(Lawrence H. Averill, Jr.);投资通讯业的律师罗布·M. 琼斯(Robb M. Jones),联邦最高法院的职员哈维·里西考夫(Harvey Rishikof),华盛顿特区律师詹姆斯·C. 杜夫,美国助理检察官沙利·M. 里德尔(Sally M. Rider)。

[Mark W. Cannon 撰;李昌林译;许明月校]

联邦最高法院行政管理办公室[Administrative Office of U.S. Courts]

参见 Administration of Federal Courts。

行政国家[Administrative State]①

宪法以貌似简单的方式将政府的权力在三个分支机构之间进行了划分。第1条把立法权授予由参议院和众议院组成的国会行使;第2条把行政权授予总统;第3条(the * Article Ⅲ)把司法权授予联邦最高法院和国会选择设立的其他联邦低级别法院行使(参见 Judicial Power and Jurisdiction)。对于这三个部门谁享有基本的制定政策职能,宪法毫不含糊。对授予总统和法院的权力之简单描述与对授予国会之权力的描述形成了鲜明的对比。宪法第1条第8款授予给国会的具体权力就不少于17项,其范围覆盖了从对伪造行为的处罚这种具体的权力到征税、开支、规制商贸、招募军队并供给军需的广泛权力。此外,国会还被授权制定执行它的其他一切权力所必需的和适当的法律。

---

① 另请参见 Delegation of Powers; Labor; Separation of Powers。

如果说对国会之权力的这一关注折射出宪法起草者们对于在我们的宪政体制下如何分享权力的认识,这一认识在现代美国政府体制中却未得到什么体现。当20世纪宪法在公民权利和个人权利方面经历重大变化的时候,它在我们的政府体制方面也经历着同样重大的变化(参见 History of the Court; Rights Consciousness in Contemporary Society)。固然,国会继续行使着广泛的重大决策的权力。但在"罗斯福新政"以后的时代,越来越多的法律是由行政机构制定的。现在,行政机构公布的法律在规制美国社会生活的方方面面起着与制定法同等重要的作用。在这一转变中,联邦最高法院起着核心作用。在形成和控制行政国家权力之平衡方面,联邦最高法院继续扮演着关键的角色。

从其混合功能可以明显看出行政机构在我们的宪政体制中的不确定角色。因而,尽管宪法第1条授权国会立法,第2条授权总统执行法律,第3条授权法院裁判,但各种行政机构却独自行使着三种不同的宪法权力。例如,国家劳资关系委员会(NLRB)——制定法授权它规制工会与雇主之间的关系——被授权制定与立法无分别的规则。国家劳资关系委员会还行使着行政权这一最广义上执行立法政策的权力,以及行使长期以来在本质上视为行政权的特定权力,如作出起诉决定。最后,国家劳资关系委员会在裁决工会与雇员之间的纠纷的时候,还行使着司法权。

诸如此类的政府权力向行政机构的转移是否合宪,宪法并没有明确规定。实际上,宪法文本似乎暗示着反对。宪法将所有的立法权授予国会,司法权授予司法机构,行政机构行使的这些权力似乎应当在政府的其他分支机构中有所回应。对于行政国家的最基本的挑战集中体现在:是否应当允许这种权力的委托。联邦最高法院对这一问题的肯定回答无疑标志着美国宪政历史上一个最重要的发展。

许多制定法授权一些机构裁决私人之间的争议——经常指私人权利的争议。这些机构官员的裁决权的行使常常导致对宪法的挑战,被迫将他们的诉求提交给该机构雇员面前的当事人论辩道:这样的安排违反了宪法第3条将美国的司法权授予独立的联邦司法机构的命令。联邦最高法院在"克罗韦尔诉本森案"(Crowell v. Benson)(1932)中否决了对行政政府结构提出的反对意见,确认了美国雇佣赔偿委员会的代理委员的权力,即有权对就雇工与雇主之间的就工人的赔偿额的争议作出裁决。50年后,联邦最高法院对行政机构对私人权利争议的裁决权的合宪性投下了阴影。在"北部管道建设公司诉马拉索管道公司案"(Northern Pipeline Co. Construction V. Marathon Pipeline)(1982)中,联邦最高法院认定国会试图在司法部门之外建立破产法院系统不合宪。大法官分为三派,但多数法官通过推理,认为很多行政机构的裁判系统同样是不合宪的。然而,在"托马斯诉联合碳化物公司案"(Thomas v. Union Carbide)(1985)与"日用品期货交易委员会诉舍尔案"(Commodity Futures Trading Commission v. Schor)(1986)中,多数大法官却重申了议会至少有权授权给行政机构去裁决某些私人权利的争议。联邦最高法院支持环境保护署有权使用具有拘束力的仲裁以解决测试数据方面的争议,此种数据是该机构要求公司与其竞争对手所共享。日用品期货交易委员会有权裁决发生在证券经纪人与他们的顾客之间的合同争议。在每个案件中大法官之间的激烈的辩论表明大法官们仍然要区分不同的情况确定国会是否可以授权行政机构裁决私人权利的争议。

国会已经在数百部制定法中把政策和规则制定(*rule making)权授权给行政机构行使。其中的许多授权行为已经对政策制定和规则制定构成立法权的基础——即立法权是不能让渡的——带来了挑战。在罗斯福"新政"之前,联邦最高法院就曾支持了多项立法机构的立法权委托。在"菲尔德诉克拉克案"(Field v. Clark)(1892)中,国会授权总统对外国商品征收报复性关税,大法官们维持了这一授权,该制定法授权总统在认定美国商品在国外被征收"不平等和不合理的"关税时,征收报复性关税。报复性关税实施的时间以总统认为"合适"的时间而定(p. 680)。尽管联邦最高法院承认国会无权把立法权授予总统,它仍然维持了这一立法。联邦最高法院认为,国会界定了立法的目标和制裁方法,总统仅有权查实所要求的未决事件——即外国对美国的商品征收了"不平等和不合理的关税"。

随后,联邦最高法院维持了更多的对于总统及其属下之包括无遗的授权。在"合众国诉格里莫德案"(United States v. Grimaud)(1911)中,一部制定法授权农业部长发布规章保护公共林木,联邦最高法院维持之。联邦最高法院把农业部长的权利界定为仅仅是填补该制定法的细节,故而得出该制定法并未超越宪法界域的结论。在"小J. W. 汉普敦及其公司诉合众国案"(J. W. Hampton Jr. & Co. v. United States)(1928)中,一部关税法令准许总统发布一套关税制度,并且规定该关税制度与国会通过制定法对其作出的规定具有相同的法律效力,联邦最高法院维持之。显然,联邦最高法院已经超越了"菲尔德诉克拉克案"(Field v. Clark),承认了行政部门的批量立法。

司法界对立法权让渡给总统及其属下之容忍在罗斯福"新政"时期受到质疑(参见 History of the Court: The Depression and the Rise of Legal Liberalism)。为应对经济大萧条,国会采取一系列措施,把大量立法权授予行政部门。联邦最高法院以授权为依据宣布其中的某些措施无效。《国家工业复兴法》授权总统对几乎美国经济的各个方面制定"公平的"竞争法律,在"谢克特禽畜公司诉合众国案"("Schechter Poultry Corp. v. United States)(1935)和"巴拿马炼油公司诉瑞安案"("Panama Refining Co. v. Ryan)(1935)中,联邦最高法院宣布这些条款无效。

谢克特禽畜公司案和巴拿马炼油公司案是联邦最高法院最后一次以不当授予立法权为由宣布国会的措施无效。实际上,20世纪30年代中期不友好的司法环境并未阻止国会一以贯之地把国家权力授予行政机构。尽管其他授权措施未落入谢克特禽畜公司案和巴拿马炼油公司案废除的"新政"时期的措施之范围,联邦最高法院还是很快对授权问题采取了更为接纳的立场。在"美国电力与照明公司诉证券交易委员会案"(American Power & Light Co. v. SEC)(1946)中,联邦最高法院维持了证券交易委员会规制公法人之重组的权力。在"亚库斯诉合众国案"("Yakus v. United States)(1944)中,1942年紧急状态价格控制法授权价格管理局为商品和房租定价,联邦最高法院亦维持之。

在1989年至2001年间,联邦最高法院维持了5次国会在政策制定和法律规则制定方面对于行政机构的比较宽泛的授权。被其维持的权力包括:制定约束联邦法院法官的裁判规则的权力——"密斯特里塔诉合众国案"(Mistretta v. United States)(1989);决定向应当对管制计划承担付费义务的人征收多少税收权力——"斯金纳诉中美洲管道公司案"(Skinner v. Mid-America Pipeline Co.)(1989);决定犯罪构成要素的权力——"图比诉合众国案"(Touby v. United States)(1991);决定处决军人的条件的权力——"罗文诉合众国案"(Loving v. the United States)(1996);发布不考虑规则本身的成本而其成本评价每年10亿美元环境规则的权力——"惠特曼诉美国货运联盟案"(Whiteman v. American Trucking Assn)(2001)。对国会授权政府机构行使政策制定和规则制定方面的权力,联邦最高法院似乎已经放弃了确立限制性条件的任何企图。

联邦最高法院对于把立法权授予行政机构之普遍认可,无疑鼓励了国会依靠行政机构制定政策。从20世纪30年代以来,几乎每个十年中,国会都要通过设置新的行政机构或者扩大现有行政机构之规制责任,来寻求棘手问题的解决办法。然而,不应当把这种国会行为模式解读为对相关问题缺乏立法兴趣。实际上可以得出相反的结论。国会通常选择在最敏感的政治领域——例如环境领域或者劳资关系领域——进行授权,这恰好是因为利益集团的压力是如此密集,以致于有操作性的立法解决办法在政治上是不可能的。尽管它把权力授予行政机构,国会仍然关注行政机构在其广泛的授权之下的行动过程。

国会在寻求着使其继续对行政机构进行控制的机制。其中最富争议的控制机制是立法否决权("legislative veto)。在立法否决制之下,如果国会的一院(一院否决)或者两院(两院否决)通过否决方案,行政机构的法规就被宣布无效。立法否决的倡导者鼓吹它是使国会继续对行政机构的活动实行监督的有用机制。相反,反对者则担心,立法否决使国会之实力人物享有更大的权力,并且在没有充足的程序或者司法监督的情况下,使得国会对行政机构的监督在很大程度上不受约束。

在"移民与归化局诉查德案"("Immigration and Naturalization Service v. Chadha)(1983)中,联邦最高法院宣布立法否决无效。联邦最高法院的结论是,立法否决恰好违背了宪法第1条行使立法权之规定。特别是一院否决违背了立法权由两院制的立法机关行使、在行使立法权时要有总统参与的规定。与此类似,两院否决则违背了宪法第1条之所有立法措施都要送交总统行使否决权的规定。

尽管联邦最高法院对于规制行政机构同样关注,查德案之判决反应了联邦最高法院的这一认定,即立法否决之滥用超过了立法否决作为控制机制的作用。尤其值得注意的是特殊利益集团之角色。它在不能战胜行政机构时,会回到国会,用立法否决该行政机构的立法。

宣布立法否决无效并未使国会对于影响行政机构之活动无计可施。经由监督听证、预算措施、制定法条款或者非正式地对规章制定者"利用职权施压",国会掌握了规制行政机构之规章制定活动的足够手段。国会还可以通过控制该行政机构的负责人之人选来影响政策。在历史上,总统坚持对控制行政机构之政策制定者的任免有绝对权力,在这种情况下,联邦最高法院不得不充当国会与总统之纠纷的裁判。(参见 Appointment and Removal Power)。

联邦最高法院在这一领域最先的主要判决是"迈尔斯诉合众国案"("Myers v. United States)(1926)。在迈尔斯案中,总统免去了一位美国邮政局局长的职务。该邮政局局长质疑这一免职,主张根据设置他的职务的制定法,只有在参议院同意的情况下才可免去他的职务。联邦最高法院宣布该制定法违宪。首席大法官威廉·霍华德·塔夫脱(William Howard "Taft)的判决理由是,该法之所以违宪,是因为国会干预了总统免去行政官员的权力。

迈尔斯案的范围是不确定的。联邦最高法院的判决理由显示出,对于总统任免行政机构官员的权力的任何限制都是违宪的。但该案似乎要视参议院为自己保留的免职权而定。在"汉弗莱遗嘱执行人诉合众国案"("Humphrey's Executor v. United States)(1935)中,联邦最高法院对迈尔斯案作了最后的、更狭义的解释。在汉弗莱遗嘱执行人案中,富兰克林·D.罗斯福("Rosevelt)总统免去了联邦贸易委员会长官的职务。该长官之遗属(他已去世)

诉请追偿劳动报酬,声称国会把总统免职的权力限制在正当理由基础之上。联邦最高法院维持了这一限制,否定总统有无限的免去行政机构官员职务的权力。联邦最高法院基于国会未为其自身保留任何直接的免去联邦贸易委员会官员的权力,而对该案与迈尔斯案进行了区分。

事实证明,汉弗莱遗嘱执行人案对于行政国家的结构是一个特别重要的先例。该案准许国会不但把权力授予根据总统意愿行事的内阁,还授予所谓"独立机构"。这些独立机构——多成员委员会,由代表两党的成员组成,定期或者不定期任职,总统不能根据自己的意愿罢免之——在行政国家中行使着大量的立法权。汉弗莱遗嘱执行人案许可国会使这些机构免受总统的直接控制。学者们对这一政治上的独立是否可行和是否必要不以为然。毕竟,总统的控制提供了确保这些机构不在民众选举的官员影响之外行事的一些手段。

联邦最高法院并未从汉弗莱遗嘱执行人案之裁决退却。在"鲍舍诉西纳尔案"(*Bowsher v. Synar)(1986)中,联邦最高法院废除了平衡紧急赤字控制预算法(1985),即众所周知的《格拉姆—鲁德曼—霍林斯法》(Gramm-Rudman-Hollings Act)。联邦最高法院判决声称,把缩减预算的权力交由美国审计署署长这一总统任免但可由国会参、众两院罢免的人物行使是违宪的。联邦最高法院坚持其在迈尔斯案中的判决,判定国会不得参与行政官员的免职。不过,联邦最高法院对汉弗莱遗嘱执行人案之裁决则不受干扰。

涉及政府伦理法(1978)之独立检察官条款是否合宪的"莫里森诉奥尔森案"(*Morrison v. Olson)(1988)打消了对汉弗莱遗嘱执行人案之活力的任何质疑。该法——针对理查德·尼克松(*Nixon)暂时中止水门事件检察官阿奇博尔德·考克斯(Archibald Cox)之活动而颁布——授权一个联邦法官组成的特别小组任命一个独立检察官来调查行政部门高官涉嫌的犯罪活动。总统只有在独立检察官渎职时方可罢免之。司法部之受到独立检察官调查的高官质疑该法的合宪性。联邦最高法院维持了该法。联邦最高法院认定汉弗莱遗嘱执行人案仍然有拘束力,判定国会有权限制总统罢免那些人们公认他行使核心行政部门职能的行政官员,如独立检察官。然而,联邦最高法院强调,独立检察官并没有政策制定权,因而总统仍然可以通过司法部长对于独立检察官以一定原因免除其职务的潜在的权力而保留其对独立检察官的某种程度的控制。尽管如此,联邦最高法院仍然维持了独立检察官设置的合宪性,但国会最终决定,独立检察官设置并不是一个好主意,并允许授权任命独立检察官的制定法到1999年失效。

联邦最高法院在莫里森案中对汉弗莱遗嘱执行人案之重申和实际上的扩张解释使行政国家赖以建立的宪政大厦之很大一部分各得其所。与此同时,莫里森案以及联邦最高法院在"密斯特里塔诉合众国案"(Mistretta v. United States)(1989)中之裁决反应了司法对国会在构建行政机构方面之创新的容忍。联邦最高法院之行政法法理的大部分都界定了国会和总统权力对行政机构的触及。在莫里森案和密斯特里塔案中,联邦最高法院认可了司法对行政机构之活动的介入。在莫里森案中,联邦最高法院维持了联邦法官组成的特别小组对独立检察官的任命,而在密斯特里塔案中,联邦最高法院维持了联邦法官在量刑委员会中的活动。

在行政国家中,人们关注的主要问题之一就是如何确保行政机构负责任和可控制。联邦最高法院的分权案件折射出国会和总统在获得行使至上的制衡权方面的努力。每个部门都声称它经由选举程序代表了人民的意愿来证明其职能的正当性。联邦最高法院在制约行政机构方面也扮演了重要角色。通过解释宪法、向该行政机构授权的制定法或者约束所有行政机构的基本制定法——行政程序法(APA)——联邦最高法院把程序和实体限制推行于行政机构。联邦最高法院这一监督职能既可以理解又自相矛盾:可以理解,是因为"马伯里诉麦迪逊案"(*Marbury v. Madison)(1803)确立了联邦最高法院作为宪法争议之最终裁决者的地位;自相矛盾,则是因为对行政机构在政治上负责任和对其进行控制现在是由一个任职终身、非由选举产生的联邦最高法院来进行的。

由于宪法第3条限定,联邦最高法院仅有裁决"案件"或者"争议"(*"cases" or "controversies")的权力,因此它的这一功能是经由对行政机构之活动实行司法审查来实现的。司法审查(*judicial review)可由行政程序法或者专门的制定法授权。联邦最高法院对行政机构之决定的审查是宽泛的,包括宪法、制定法和事实问题。在对行政机构之活动进行审查的领域中有关联邦最高法院之角色的争议在很大程度上体现了对联邦最高法院在民主国家中的角色的争议。在审查行政机构之决定时,联邦最高法院究竟应当扮演一个多么积极的角色呢?

"罗斯福新政"结束后不久,联邦最高法院的很多裁判都折射出因循行政机构之决定的意愿。例如,在"全国劳动关系委员会诉海斯特出版物公司案"(National Labor Relations Board v. Hearst Publications, Inc.)(1944)中,联邦最高法院未触动国家劳资关系委员会的如下决定,即报贩是受劳动法保护的"雇员"。联邦最高法院告诫道,这类决定在很大程度上要由专门行政机构作出,法院只有在极为例外的情况下才可以置之不理。在"寰宇摄影器材公司诉全国劳动关系委员会案"(Universal Camera Corp. v. NLRB)(1951)中,联邦最高法院对行政机构之事实认定规定了一个类似的恭顺的标准。

联邦最高法院这一恭顺的态度反应了对于行政机构在美国政府中之角色的特定观念。在"罗斯福新政"期间,行政机构被视为超越政治的专家,它们对社会政策和经济政策问题提出深思熟虑的解决办法。联邦最高法院自然对这些专家表示恭敬。不过这一观念最终得到了改变。学者们和政府官员们认识到,认为行政机构是专家型的、超政治的是过誉了。关注的焦点回到了设立行政机构的原初授权。国会如此行事不但是因为时间不够、缺乏兴趣、缺乏专业知识,而且因为这些问题经常在政治上难以对付。是故,国会所避免的政治龃龉经由行政机构决策程序再次显现出来。行政机构的决策不仅是运用专业知识之结果,它实际上也是政治性的决策。

联邦最高法院以两种方式应对了这一点。其一,它明确承认,国会得把权力授予行政机构以避免不得不作出政治性的决策,从而让行政机构解决针锋相对的利益集团之间的龃龉。在"谢弗龙美国公司诉自然资源防护委员会案"(Chevron U. S. A. Inc. v. Natural Resources Defense Council Inc.)(1984)中,联邦最高法院维持了环境保护署对1977年清洁空气法修正案之解释。联邦最高法院承认,国会已经明确避免解决该问题,那么,决策就应当由一个在政治上可靠的机构而不是联邦最高法院作出。联邦最高法院主要基于行政机构更强的政治可靠性而恭顺,而不再是基于行政机构的更专业性而恭顺。联邦最高法院承认,"尽管行政机构并不能直接对人民负责,但是,总统是,因此,对于政府的这一政治分支来说,由其作出诸如此类的政策选择是完全适当的。"(pp. 865-866)

联邦最高法院对行政机构之决策的明显的政治性质的第二个反应是保证行政机构之决策是有理由的斟酌和公正程序之结果。这些要求是联邦最高法院对行政程序法之"武断和无常"标准之审查的一部分。联邦最高法院保证利益集团有意义地参与程序、行政机构考虑利益集团之观点、行政机构对其选择之理由作出解释。这样,联邦最高法院就准许行政机构规制行为的最高权力,但试图使其程序成为一个理性的过程。例如,在"机动车辆制造商协会诉州农场互助汽车保险公司案"(Motor Vihicle Manufacturers Association v. State Farm Automobile Insurance Co.)(1983)中,交通部取消了一条要求在汽车中进行消极限制(如自动安全带或气囊)的规则,联邦最高法院宣布其无效。联邦最高法院裁定,虽然该行政机构有选择保证汽车安全的手段的最终权力,但是任何选择都必须完全、充分地考虑了每个备选方案的结果。

联邦最高法院在州农场案中宣布的原则——通常被称为致力合理决策的原则——发挥了很有价值的功能。通过要求行政机构说明其如何从可适用的法律和事实中合理导出其采取的行动,法院可以保证行政机关的行动符合国会通过授权该行政机构的制定法指导该行政机构采用的标准。然而,州农场案原则也是一系列问题的根源。赞同行政机关某项决策选择的法官可能得出该行政机构充分考虑了相关事实而作出政策选择,而不赞同该项政策的法官则可能导出作出政策的行政机构的推理存在漏洞、缝隙和不适当性。对行政机构行为所实施的司法审查所进行经验研究证实了这种担心的根源,例如,理查德·L. 里福兹(Richard L. Revesz)(1997)发现,共和党法官对有关环境保护方面的推论认为其极不适当的数量是民主党法官的5倍。与行政机构一样,法院也是由对于政策的适当性有着不同奇怪观点的个人所组成的政治机构。

与联邦最高法院在监督行政机构方面同样充满活力的是,国会有时也试图减少对行政机构决策的司法审查。例如,国会可能希望避免司法审查造成的拖延。行政程序法表明,国会可能选择避开司法审查。消除司法审查的这一选择在相互竞争的目标之间引起了紧张局面。联邦最高法院试图尊誉国会保护行政机构之自治的决定。但是,该院同样希望保护在行政国家中不可或缺的司法监督。

为协调这些双重考虑,联邦最高法院对排除司法审查的制定法进行了狭义解释,以保护司法审查之必要部分。在"特雷纳诉特内奇案"(Traynor v. Turnage)(1988)中,一部退伍军人管理局(VA)的规章否定酒精中毒的牺牲者有权享受教育津贴。联邦最高法院对此进行了狭义解释。它把该制定法解释为,它仅排除对涉及个体之权益的、把既定的制定法标准适用于特定事实的案件的司法审查权。联邦最高法院为自己保留了对行政机构之决定的法律解释问题进行审查的权力,反应了它对于让渡给行政机构的作为其权力之界域的纯法律问题的关注。

在提起宪法问题时,联邦最高法院更是宣称了其对审查权力的保留。在"韦伯斯特诉无名氏案"(Webster v. Doe)(1988)中,联邦最高法院判决,前中央情报局密探可获得对其雇之合宪性的司法审查。联邦最高法院勉强承认,该案体现的国家安全性质使司法的角色有限。而它仍然不愿意彻底放弃对行政机构遵守宪法之司法审查。联邦最高法院在韦伯斯特诉无名氏案中之判决再次反应了"马伯里诉麦迪逊案"(Marbury v. Madison)在行政国家中的影响。马伯里案确立的联邦最高法院对宪法的最终解释权有力地支持了司法在保证行政机构遵守宪法中的角色。国会有权限制对行政机构之行为的司法审查。但不顾马伯里诉麦迪逊案之背景,联邦最高法院在韦伯斯特诉无名氏案中强调,只有当国会以最清晰的语言如此表明,它才会认定国会意图排除对宪法请求之司法审查。联邦最高法院申明,即便如此,这一决定仍会引起严重的宪法问题。

联邦最高法院在很大程度上未审查排除对行政机构之行为违宪的主张之司法审查是否合宪,这主要是因为这一问题从未被公然提出过。联邦最高法院的宪法关注并不直接系于任何具体的宪法文本,而关注宪法结构这一更基本的问题。联邦最高法院认为宪法是美国的至上的法律,基本上由它来执行。行政机构与其他政府部门一样,都应当在它所解释的宪法的范围内行事。消除司法审查就会放弃宪法是法律的观念。鉴于行政机构之宪法地位的不确定性,这些法治方面的关注尤其敏锐。确实,司法对将立法权授予行政机构这一观念的容忍,可能取决于联邦最高法院确保行政机构遵守宪法的能力。

联邦最高法院发展出了一系列防止对行政机构之运作进行不当干预的原则。其中两个原则是:穷尽行政救济手段;需要行政机构之终局决定。穷尽原则要求,受委屈者在寻求司法审查之前,应当使用行政机构之内的所有救济途径。例如,在"迈尔斯诉伯利恒造船公司案"(Myers v. Bethlehem Shipbuilding Corp.)(1938)中,一家公司希望参加国家劳资关系委员会议程上的一次听证。该公司主张,它的业务未涉及州际贸易,因而在宪法上不应受到国家劳资关系委员会之规制。联邦最高法院驳回了这一诉讼,强调所有请求都应当在该行政机构面前提起。联邦最高法院在"联邦贸易委员会诉标准石油公司案"(Federal Trade Commission v. Standard Oil Co.)(1980)中也得出了类似结论。在该案中,联邦贸易委员会提起行政程序,指控石油行业在20世纪70年代石油危机期间之不公平价格行为。一家石油公司提起诉讼,主张联邦贸易委员会的行为不符合发起行政机构行为的行政机构之内在标准。联邦最高法院命令驳回该石油公司的诉讼。联邦最高法院强调,只有当行政机构作出终局决定时,才能够进行司法审查。

在行政机构行为之司法审查中,常常要求联邦最高法院界定行政机构行使立法权的正当程序。最重要的是,联邦最高法院必须认定行政机构的程序是否符合程序性正当程序之要求。行政机构通常通过发布规则或者规章处理事务,而规则或者规章与制定法一样具有普适效力和远期效力。通常,在发布公告,给予提交书面意见之机会后,规则就得以公布。在"合众国诉佛罗里达东海岸铁路公司案"(United States v. Florida East Coast Ry. Co.)(1973)中,联邦最高法院判决,如果在发布规则之前,行政机构发出了公告,并给予有关各方提交书面意见之机会,这就符合正当程序。行政机构不必举行审判型的听证——如开示、口头作证、交叉询问、根据提交的证据决策。

联邦最高法院要求,在行政机构针对相对人执行法律时,应有更精细的程序。行政机构对个体行使着巨大的权力。它们可以停止发放社会保障金,不发放产业发展之许可证,或对个体或者商号提起刑事诉讼。联邦最高法院判决,在此类行为中,正当程序要求通知个体并给予其听证的机会(参见 Due Process, Procedural)。这些通知和听证一般应在行政机构行为之前举行。因而,如在"布罗克诉公路快运公司案"(Brock v. Roadway Express)(1987)中,据称,一家货运公司的卡车司机因对该公司的安全问题提起民事诉讼,结果被解雇,劳工部命令该公司恢复该司机的职务。联邦最高法院判决,在行政机构命令复职之前,应当给予该公司一定的听证的机会,以道出其对事实之描述,驳斥该机构的证据。在"克利夫兰教育理事会诉罗德密尔案"(Cleveland Board of Education v. Loudermill)(1985)中,联邦最高法院判决,在解雇公职人员之前,雇主应当通知并给予雇员听证的机会。

在衡量行政机构之行为是否符合正当程序的要求时,联邦最高法院承认,在紧急情况下行政机构得便宜行事,在采取行动之后才通知和举行听证。在"尤因诉迈格与凯斯伯里公司案"(Ewing v. Mytinger & Casselberry, Inc.)(1950)中,联邦最高法院准许食品和药物管理局在事先未通知制造商并给予举行听证的机会的情况下扣留贴错商标的药物。即便是在必须事先通知和给予听证的机会的情况下,联邦最高法院也极少要求听证程序是审判式的,要口头作证和交叉询问。在"马修斯诉埃尔德里奇案"(Mathews v. Eldridge)(1976)中,联邦最高法院判决,只要给予了个体以书面形式驳斥该行政机构之决定的一些机会,就可以在举行审判式的听证之前停止发放残疾人社会保险金。

联邦最高法院在行政国家中的角色既是促进者又是怀疑者。在把行政机构统一到美国的宪政体制之宪法嬗变过程中,联邦最高法院是领头羊。联邦最高法院对把立法权授予行政机构之接受已成定案,而它仍然是行政国家增长的一个重要因素。在许可成立行政国家的前提下,联邦最高法院担当起了监督行政机构的角色。在这一角色中,联邦最高法院极力避免对监督行政机构、为其补充人员、拨款的国会和总统之运作进行不当干预。但联邦最高法院不情愿彻底放弃监督职能。正如在法律的其他领域中一样,联邦最高法院倾向于把司法审查与法治观念等同。只要马伯里诉麦迪逊案宣布的司法审查原则保持活力,联邦最高法院在行政国家中的职能就坚不可摧。

参考文献　Walter Gwllhorn, Clark Byse, Peter L. Strauss, Todd Rakoff, Roy A. Schotland, *Administrative Law: Cases and Comments*, 8th ed. (1987); Richard A. Harris and Sidney M. Milkis, *The Politics of Regulatory Change* (1989); Theodore J. Lowi, *The End of Liberalism: Ideology, Policy, and the Crisis of*

Public Authority (1969); Richard B. Stewart, "The Reformation of American Administrative Law," *Harvard Law Review* 88 (1975): 1667-1813; Peter L. Strauss, *An Introduction to Administrative Justice in the United States* (1989); Cass R. Sunstein, "Constitutionalism After the New Deal," *Havard Law Review* 101 (1987): 421-510. Cass R. Sunstein, *After the Rights Resolution* (1990).

[Nicholas S. Zeppos 撰;Richard. J. Peter 修订;李昌林、孙曙生译;许明月、潘林伟校]

海事与海商法[Admiralty and Maritime Law]①

美国宪法第3条(the *Article Ⅲ)第2款赋予联邦法院审理"一切有关海事法和海商管辖权的案件"。宪法的所有地方或者国会制定的任何法律都未对这一管辖权作出界定。因此，就要求联邦法院决定其领域范围、它包括的案件类型以及应当赋予的救济方式。国会间或扩大了联邦法院之海事管辖权，并且迄今为止联邦最高法院都维持了这些努力的合宪性。

宪法制定者们把海商和海事管辖权授予联邦法院，是因为国际和州际航运对新诞生的美国至关重要。无论是在战争年代还是和平年代，有序地解决航运方面的国家利益都超越了地方利益。在1875年之前，联邦法院被赋予全部联邦问题管辖权(*federal question jurisdiction)，海事管辖权之授予是联邦初审法院审理同一州公民之间的案件之唯一依据。

在南北战争(*Civil War)之前，联邦最高法院对联邦的海事管辖的适当范围经常受到重大限制。反对者以英格兰的高等海事法院为例，指出它的管辖权限于仅仅发生在海上的纠纷，如船舶碰撞、海难救助、海员索要薪金等。英格兰海事法院基本上没有海事合同(*contracts)的管辖权。企图限制联邦法院之海事管辖权者关注的是联邦对州权之侵入。不过，联邦最高法院的大多数判决都逐渐扩大了管辖权，使其包括海上保险合同案件、提单案件、租船合同案件这些对于航运业至关重要的案件。

大法官约瑟夫·斯托里(Joseph *Story)是19世纪倡导扩大联邦海事管辖权的领袖人物。他在"德劳韦奥诉伯伊特案"(De Lovio v. Boit)(1815)中的巡回法院判决否定了英格兰判例的可适用性，并宽泛地宣称海事管辖权延伸至所有"与海上的航海、商务、贸易有关的"合同。这一立场与斯托里在著名的联邦最高法院判例"斯威夫特诉泰森案"(*Swift v. Tyson)(1842)中的观点是一致的，即在商法案件中联邦法院不受州法院对普通法之认定的限制。斯托里和其他人相信，如果联邦法院要成为有效率的商事法院，它就必须有权在商事案件和海事案件中宣布与商贸活动密不可分的法律。联邦最高法院的多数接受了斯托里的宽泛观点。

在英格兰，高等海事法院之管辖权受到地理限制，限于海上发生的案件或者潮涨潮落范围内的案件。联邦最高法院最初在托马斯·杰斐逊案(The Thomas Jefferson case)(1825)中接受了这一规则。随着各大江和五大湖上汽轮运输的大量增加，这一规则变得不尽如人意。在"吉尼斯船长诉菲茨休案"(*Genesee Chief v. Fitzhugh)(1852)中，联邦最高法院推翻了托马斯·杰斐逊案。联邦最高法院判决，只要内河和内湖是可通航的，即能承载州际或者国际商船，宪法授权的海事管辖权就延伸至这些水域发生的案件。

当案件仅属于联邦法院之海事管辖权的范围时，就不存在获得陪审团审判(*trial by jury)的权利。州法院(*state courts)对大多数海商案件具有并存管辖权。大多数海商案件不属于联邦法院之排他管辖权的范围，是因为1789年《法官法》(*Judiciary Act of 1789)第9条之"为请求人保留"条款。在其当时的表述中，该条款为请求人保留了"所有案件中他们有权得到的其他所有救济方式"。该条体现了宪法起草者们的意图。在19世纪，人们普遍认为，州法院能够把州法适用于海商案件，联邦法院拥有海商管辖权就会适用普遍的海商法，而联邦法院对于海商案件具有多元管辖权则会适用联邦普通法(*federal common law)。但根据联邦最高法院在"南太平洋公司诉詹森案"(Southern Pacific Co. v. Jensen)(1917)中的判决，对于海商案件，州法院和联邦法院都应当适用同一的法律。此处的"法律"通常是指海商法，不过在某些问题上，如果认为州有强制性利益，可以适用州法，如环境污染问题和对本地海员的规制。

不过，有一些案件联邦具有排他的管辖权。首当其冲的是对物(对事)诉讼海商案件的管辖权，它以船只是被告这一拟制为前提。要行使对物(对事)诉讼(*in re)管辖权，原告实际上可以请求美国执法官扣押船只。没收敌人的船只或者货物的战利品系列案件在本世纪极少审理，但也可仅由联邦法院审理。尽管人们在传统上认为海难案件同样不得在州法院审理，近年来却有几个州法院审理了此类案件，并且一些学者主张，当原告提起对人诉讼(*in personam)时，"为请求人保留"条款授权州法院审理海难案件。

还有一些对海事法院同等重要，而在传统上却被认为不属于海商管辖权的权力，其中主要的有给予衡平法上的救济(参见 Injunctions and Equitable

---

① 另请参见 Judicial Power and Jurisdiction; Lower Federal Courts。

Remedies）。在1890年的日食案（The Eclipse case）中概述的联邦最高法院对此问题的早期处理是，行使海事管辖权的法院无权给予衡平法上的救济。这一原则之起源不甚了。它或许是基于衡平法院对人实施行为，即命令个人作为或者禁止其作为，而海事法院在传统上是对人采取行动。这一原则也有可能起源于对州在联邦体制中的权力之关注，以及限制联邦法院之权力的渴望。无论如何，在衡平法救济附属于联邦法院有权给予的前某其他救济方式的案件中，低级别联邦法院对这一原则作出了例外规定。并且，在"斯威夫特及其公司帕克尔斯诉加勒比哥伦比亚公司案"（Swift & Co. Packers v. Compania Colombiana Del Caribe. S. A）（1950）中，联邦最高法院扩大了这些例外，准许联邦法院驳回附属于海事请求、作为其保障的关于船主进行欺诈交易的请求。更晚近的是，某些低级别法院彻底抛弃了这一较早的原则，现在会在海事案件中给予一切适当的衡平法上的救济。

虽然对海商和海事案件管辖权之一般界限进行了令人满意的划分，却仍然存在一些模糊之处，船只修缮合同是海事的，而建造船只合同则不是，这是联邦最高法院1858年在"人民船渡公司诉比尔斯案"（People's Ferry Co. v. Beers）中的判决。该案判决的依据是所有在陆地上签署并将在陆地上履行的合同不是海事合同这一现在已经被抛弃的观念。低级别法院曾经判决，尽管租船合同是海事合同，而售船合同则不是。最令人咋舌的是，低级别法院曾经根据联邦最高法院1854年"明图恩诉梅纳德案"（Minturn v. Maynard），判决管理船只业务之各个方面的总代理合同不视为海事合同。联邦最高法院在1991年推翻了明图恩诉梅纳德案，重申联邦法院有海事管辖权以保护海商活动［"埃克森公司诉中心海湾管线公司案"（Exxon Corp. v. Central Gulf Lines, Inc.）］。

这些联邦最高法院对合同的管辖权是有限的观点，与其对海事侵权（*tort）案件的传统做法形成了鲜明的对比。在海事侵权案件中，联邦最高法院对在水上发生的一切错误行为行使管辖权，而无论其对商业航运是否重要。当游泳者被冲浪板划伤、飞机坠入领水，或者在类似情况下，低级别法院都行使了管辖权。但在1972年联邦最高法院对侵权案件采取了一种更限制性的方式，要求属于海事管辖权的侵权案件必须"与传统海事活动有密切联系"［"喷气航空管理公司诉克利夫兰市案"（Executive Jet Aviation, Inc. v. City of Cleveland）（p. 268）］。但在随后的一个5比4的判决中，联邦最高法院判决，在通航水域发生的游艇之间的碰撞属于海事管辖权的范围［"佛里莫斯特诉理查森案"（Foremost v. Richardson）（1982）］。联邦低级别法院竭力把这些判决适用于其他类型的案件。尽管在起初存在着一些争议，所有对这一问题进行过裁决的上诉法院现在都认定，造船厂工人对石棉制造商制造的石棉之泄漏引起的伤害提起的诉讼不属于海事案件。另一方面，联邦低级别法院却乐于受理海员和乘客提起的损害赔偿请求，即便该侵权没有什么因素是海事案件独有的。

联邦最高法院大致界定了宪法赋予的海事管辖权的含义。此外，联邦最高法院及联邦低级别法院对于美国商事航运法律之发展起了重要作用。结果是联邦法院完成了其促进联邦在统一解决海事纠纷方面的利益的使命。

参考文献 Steven F. Friedell, *Benedict on Admiralty*, 7th rev. ed. (1988); Grant Gilmore and Charles L. Black, Jr., *The Law of Admiralty*, 2d ed. (1975); Thomas J. Schoenbaum, *Admiralty and Maritime Law* (1987).

[Steven F. Friedell 撰；李昌林译；许明月校]

获准在联邦最高法院律协从事律师职业 [Admission to Practice Before the Bar of the Court]

从1853年到2002年，有大约246 000名律师获准在联邦最高法院律协执业，没有1790年至1853年间的许可记录。在1925年之前，获得许可无需提出书面申请，律师根据律协成员之口头推荐而获许可。联邦最高法院律协在世的成员之数量也不可考。

每年大约有4000名到5000名律师获准在联邦最高法院律协执业。他们中的每个人此前都必须获准在一个州、准州、领地或者哥伦比亚特区的最高审级法院执业至少3年。申请人必须未受任何不利纪律制裁，并且具有良好的道德和职业品质。申请人必须提交一份个人陈述、一份他获准执业的州法院（*state court）官员签发的证书、一份由两名认识申请人但与其没有关系的、是联邦最高法院律协成员的保证人作出的陈述，以证明他具有这些品质。

书记官根据上述文献通知申请人他是否获得许可。在支付应付费用后（2003年为100美元），申请人在公证人或者公开的法庭上宣誓品行端正、奉公守法、维护美国宪法，便可获得许可。

[Noel J. Augustyn 撰；李昌林译；许明月校]

判决样张活页 [Advance Sheets]①

判例样张活页是继条状判决意见（*slip decision）之后的特定法院或者辖区之判决的一种初步

---

① 另请参见 Reporting of Opinions。

形式。每一卷此类平装书都大致按时间先后汇集一系列判决。几本小册子（大约 3 到 6 本）汇编在一起成为合订本，它通常保留了样张活页中的页码。由于法官们在合订本出版之前可以对其意见作出修正，页码也可能发生细小的变化。样张活页是为出版官方或者非官方的判例汇编而发行，通常在出版合订本之后废弃。

[Morris L. Cohen 撰；李昌林译；许明月校]

律师广告[Advertising Bar]

参见 Bar Advertising。

咨询意见[Advisory Opinions]①

1793 年 7 月 18 日，乔治·华盛顿(*Washington)总统就 1778 年法美条约的条约义务寻求联邦最高法院的咨询意见[这是当时州法院(*state courts)常见的做法]。法国公使坚持，该条约准许他在美国把船只编入私掠船。这似乎与华盛顿近期的中立宣告相抵触。考虑到小萨拉(Little Sarah)号船即将作为法国的私掠船驶离美国港口，华盛顿就条约的 29 个问题向联邦最高法院提出咨询。

首席大法官约翰·杰伊(John *Jay)回信要求待到联邦最高法院全体法官聚齐后再行作答，指出大法官们对作答感到"十分棘手"。1793 年 8 月 8 日，大法官们正式复函，列举分权原则(*separation of powers)的种种问题，决定不提供要求的咨询意见。杰伊陈述道，大法官们是"终审法院的法官"，除非经由实际的诉讼，他们不得决定任何问题。这一拒绝，强化了司法部长作为总统之法律顾问的地位，以及法院对于行政的独立。

尽管后来的大法官们试图就巡回税和内部改良问题提供咨询意见，但他们却克制住了，而把实际的诉讼作为发布法律意见的论坛。大法官们以非官方的形式偶尔向行政或者立法部门提供过法律咨询。然而，观察家们通常认为这些非正式的做法是不幸的政党活动。有些州的宪法则确实准许其最高法院发布咨询意见。

[Joan R. Gundersen 撰；李昌林译；许明月校]

受公共利益之影响[Affected with a Public Interest]

参见 Commerce Power; Munn v. Illinois; Police Power。

积极行动[Affirmative Action]②

一个常用语，指为了补偿社会整体在过去对特定的、受保护的群体之歧视，而直接或者间接向其成员提供就业、就读大学或者职业学院以及其他社会福利和资源的政府政策。出于映射种族敏感性的政治原因和慎重考虑，公众对积极行动之正当性的认可，倾向于把它描述为个人机会均等的逻辑延伸。实际上，积极行动体现的观念在哲学上与作为机会均等之基础的法律的平等保护(*equal protection of the laws)原则背道而驰。二者之本质区别在于，积极行动这一政策旨在使人们受益，是以其具有某群体之成员的身份为依据，而不是以个体的资质和经历为依据。积极行动关注的焦点是公共机构或者私立机构使用的程序之结果，其评判标准是种族平衡；而不是以确保个体无论种族、性别都得到同等对待的程序之存在为基础。是故，可以把它视为一种公民权利政策，其前提是群体而非个体权利，它寻求的是结果均等而非机会均等。

作为公民权利政策的一般描述，积极行动包括诸如学校隔离、选举权、房屋出售和租赁、联邦投资的机构之活动、在公共和私营单位就职等事务。在上述的每个领域中，都有主张界定积极行动的群体权利原则和结果均等方面的判决。不过，最好地说明该政策之历史发展和理论基础的，却是就业歧视法。在《1964 年民权法》通过之前，与选举或者公共教育中种族歧视在一定程度上是违宪的不同，雇主被允许根据种族或者其他考虑选择雇员。相应地，雇佣中的积极行动涉及宣布非法的做法合法，以使向被视为社会歧视的受害人群体之成员提供经济利益的做法具有正当性。

就业中的积极行动起源于 20 世纪 60 年代执行《民权法》第七编和规制联邦签约人的第 10925、11246 号行政命令的有关行政机构的政策。在 20 世纪 70 年代，联邦最高法院在使新的种族意识的民权观念正当化、合法化方面起了主要作用。总体上讲，联邦最高法院的理论基础是，种族歧视实际上是阶级歧视，无论它出现在什么地方、以何种形式出现，它在本质上都是同一现象。联邦最高法院假定，在学校隔离和选举权案件中采用的考虑了种族因素、坚持具体的种族平衡标准补救既往歧视之后果的措施，可以适用于就业问题，而不论这两种活动之性质有多么巨大的差异。在 20 世纪 80 年代，联邦最高法院坚决地保护并合法化就业领域中的积极行动倾向，反对行政部门朝着公平的个人权利、机会均等方向重新界定公民权利的企图。

积极行动对只要是个人有权得到的权利，无论种族或者其他无关的个人品质，它们都应当得到同等保护这一传统的自由原则提出了挑战。法律平等地赋予政府对个人上述权利的保障，这是机会均等的主要含义。否定个体的权利，或者基于种族而给予个体不同对待，就构成歧视。这种观点可被称为

---

① 另请参见 Cases and Controversies; Judiciability。
② 另请参见 Employment Discrimination; Race and Racism。

差别对待的歧视理论(*disparate treatment theory of discrimination)。与此相反,积极行动则主张差别影响的歧视理论(*disparate impact theory of discrimination)。这一理论主张,歧视是一种统计上的种族差别对待,它源于就业惯例或者其他社会机构之活动;这些惯例或者活动并非工商企业或成问题的活动所必需或者所必要的,因而不具有正当性。根据这一观点,非法的歧视并非受种族偏见支配而对权利的有意否定。它是根据种族包容性标准或者比例代表制衡量的合法的社会和经济惯例之社会效果。

差别影响的歧视观念最初被用于学校隔离和选举权案件,在这些案件中,各法院判决,种族中立的政策是违法的,因为它们具有排除美国黑人的效果。例如,在"加斯顿郡诉合众国案"(Gaston County v. U.S.)(1969)中,联邦最高法院判决,种族中立的文盲标准是歧视性的,理由是过去的学校隔离政策使美国黑人得不到平等的受教育机会,从而使他们不能发展智力,达到非文盲的标准。在就业领域,废除资历差别对待的案件促进了基于差别影响理论的积极行动。在这些案件中,各法院判决,种族整合的部门分类延续了过去(合法的)种族隔离之效果,因此根据《民权法》第七编的规定,它是违法的。

在划时代的"格里格斯诉杜克电力公司案"(*Griggs v. Duke Power Company)(1971)中,联邦最高法院采用了差别影响的歧视观念作为执行《民权法》第七编的理论架构。联邦最高法院一致判决:一家公司在选聘雇员时使用的智力测试和中学毕业条件非法,因为它们具有差别的种族影响。该公司在《民权法》第七编施行之前就进行了种族歧视。它在该法施行时把测试作为选拔方法可被认为是故意歧视美国黑人。不过,联邦最高法院并未认定故意歧视。首席大法官沃伦·伯格(Warren *Burger)在宣称《民权法》第七编针对的是就业惯例之后果,并且国会要求考虑谋职者之姿态和境遇之后,主张排除美国黑人的做法是违法的,除非证明它与职务的履行有关,或者是"业务所必需的"。

低级别法院(*lower courts)宽泛地适用格里格斯案,以废除被证明有差别性种族影响的就业惯例,《民权法》第七编之适用的差别影响理论在"阿尔贝马勒纸公司诉穆迪案"(*Albemarle Paper Company v. Moody)(1975)中得到确认。这一理论强烈推动从1972年开始受《民权法》第七编规制的私营和公共雇主参与种族意识的雇佣活动,以避免基于种族不平衡的统计数字提出的歧视指控。与此同时,联邦行政机构根据联邦合同执行检查局的规章,要求雇主提交积极行动的书面计划,设定纠正对少数群体和妇女"雇佣不足"的目标和时间表。

大多数既受《民权法》第七编规制又受合同执行计划规制的大型雇主作出了预期的反应,执行差别制的雇佣政策,随着积极行动计划付诸实施,男性白人雇员开始根据《民权法》提起歧视诉讼指控不合法的做法。在20世纪70年代末期,联邦最高法院的三个相反的判例对处于萌芽状态的基于差别影响理论的积极行动框架提出挑战。

在"加州大学校务委员诉巴基案"(*Regents of the University of California v. Bakke)(1978)中,联邦最高法院审理了一家医学院的积极行动计划,该计划把该院的100个入学名额中的16个分给少数群体的成员,巴基(Bakke)的成绩比大多数入学的少数群体成员高,他主张这一计划侵犯了他的获得法律平等保护的宪法权利。在一个巧妙达成的妥协中[大法官刘易斯·鲍威尔(Lewis *Powell)是其中的主要发言人],联邦最高法院实际上作出了两个判决。它以5比4的投票判决,该积极行动计划分配的名额不合法,侵犯了巴基不因种族受到歧视的权利。不过,大法官鲍威尔申明,根据《民权法》和宪法,可以准许从1978年以来获得较大就业比例的补救已证明的歧视行为之种族意识的政策。鲍威尔与另一组大法官组成赞成积极行动的多数派,在同案第二份判决的意见中,认定种族可被视为一个州的大学之录取政策的合法考虑因素,其理论根据是它促进了宪法第一修正案的"多样性"价值。

尽管巴基案否定了绝对的名额分配方案,它还是保护了高等教育中以及受《民权法》第七编规定的联邦资助的活动之非歧视要求规制的行政机构中积极行动框架的演进。在"美国钢铁工人联合会诉韦伯案"(*United Steelworkers of America v. Weber)(1979)中,联邦最高法院扩大了《民权法》第七编规定的积极行动之范围。它驳回了一名男性白人雇员针对联合工会和雇主的积极行动计划的相反歧视请求。在执行合同和面临根据《民权法》第七编提出歧视指控的压力下,这一计划规定了一个50%的种族比例。大法官威廉·布伦南(William *Brennan)代表5比4的多数派说,这一定额是一种私人的自愿的积极行动;尽管执行《民权法》第七编的政府官员不得要求这样做,它却是为法律许可的,其目的在于"消除在传统上隔离的工种中明显的种族不平衡"。尽管在先前的定额案件中,低级别法院命令采取差别对待措施以补救非法的隔离,联邦最高法院在韦伯案中却在不要求发现非法做法的情况下维持了定额。它保护了此类种族意识的政策;根据差别影响的歧视理论和合同执行中的雇佣不足理念,雇主和工会必须采用这种政策。

联邦最高法院在"富利洛夫诉克卢茨尼克案"(*Fullilove v. Klutznick)(1980)中进一步扩大了积极行动。该案涉及1977年公共工程就业法一个条文的合宪性,这个条文规定,商业部给予的所有联邦补助之10%要给予少数民族工商企业。联邦最高法院以6比3的表决结果驳回一个白人签约人的歧视指控,维持了该法,认为它是国会对宪法第十四修正案(the *Fourteenth Amendment)禁止延续过去的歧视行为之效果的合同行为这一国会权力的行使。尽管有几个大法官使用救济作为立论的根据,联邦最高法院却并不要求认定非法的歧视是对不同种族实行差别对待的前提。针对社会歧视,该判决认可了国会制定对不同种族实行实际上是以种族比例代表原则和差别影响的歧视理论为基础的差别对待的法律的宽泛权力。

在20世纪80年代里根政府试图阻止积极行动之蔓延。尽管是在根据差别影响理论执行《民权法》第七编和为非法做法之受害人寻求补救,司法部却对雇主根据司法命令或者"自愿"采取的定额之合法性提出了质疑。它主张,以牺牲不是少数群体成员的个体而非可能曾经进行歧视的雇主之利益为代价,来纠正对少数群体整体的社会歧视的这种差别对待,如果施用于自身不是歧视的受害人的那些少数群体之成员,违反了《民权法》第七编的要求,超出了该法规定的司法权之范围。司法部的诉讼政策,迫使联邦最高法院在多年回避该问题之后,认定《民权法》第七编规定的定额救济的合法性。

在20世纪80年代中期的一系列判决中,联邦最高法院再次确认了定额之合法性,并界定了种族意识的积极行动之范围。在"金属片工人国际协会第28地方分会诉公平就业机会委员会案"(*Local 28 Sheet Metal Workers International Association v. Equal Employment Opportunity Commission)(1986)中,低级别法院命令工会保留29%的成员资格,联邦最高法院以5比4的投票认定它违反了《民权法》第七编。大法官布伦南代表联邦最高法院宣称:当雇主或者工会"曾经持续地或者严重地进行歧视,或者为消除普遍的歧视之后遗症所必需时",定额或者"种族意识的阶层补救"就是适当的(p.445)。在"国际消防员协会第93地方分会诉克利夫兰市案"(Local 93 International Association of Firefighters v. City of Cleveland)(1986)中,联邦最高法院维持了城市与少数雇员阶层之间规定晋升定额的双方同意的规定(*consent decree)。大法官布伦南的多数派意见认为,该双方同意的规定是一种积极行动,它没有侵犯非少数派的雇员之利益。在"合众国诉帕拉蒂斯案"(United States v. Paradise)(1987)中,联邦最高法院以5比4的投票维持了50%的晋升定额之合宪性,这一定额被用来补救一家州警察局之严重歧视。在描述采用积极行动计划之标准后,大法官布伦南说,定额命令是具有灵活性、暂时性的,并且对白人雇员是公平的,因为它仅仅延缓了他们的晋升而不是端掉了他们的饭碗。

差别影响的歧视理论在20世纪60年代发端时,其潜在的逻辑是促使雇主似乎是自愿地而不是在受到基于统计数字之差别提起的歧视诉讼之威胁才加入差别对待实践。该制裁的有效性进一步要求,当雇主采取积极行动时,无需承认他们过去的可能使其面临少数群体成员根据《民权法》第七编提起的诉讼的歧视行为,要保护他们不受对他们过去的歧视行为提起的指控。在"约翰逊诉圣·克拉拉县案"(*Johnson v. Santa Clara County)(1987)中,联邦最高法院确认了这一根本原则。它驳回了一个白人雇员对公共雇主根据积极行动计划实行了以性别为基础的差别对待是歧视性的指控。联邦最高法院阐明并超越了韦伯案,废除了积极行动是非法的歧视之救济的观念。大法官布伦南代表多数派说,把种族或者性别作为录用雇员的考虑因素是正当的,因为"存在着反应妇女'在传统的分化的社会分工中'代表不足的'重大失衡'"(p.617)。在约翰逊案中,联邦最高法院承认,积极行动是一项前途无量的政策;它在差别影响的歧视理论固有的人口比例主义的支配下,以群体权利为基础,旨在达成种族和性别平衡。

虽然联邦最高法院广泛地认可种族意识的措施,它还是对积极行动进行了一些限制。在"消防员第1794地方工会诉斯托茨案"(Firefighters Local Union No. 1794 v. Stotts)(1984)中,联邦最高法院以6比3的投票判决,修正使黑人就业不因资历协议(seniority agreement)解雇之积极行动的双方同意的判决的司法命令,超出了《民权法》第七编赋予的司法权。在"威甘特诉杰克逊教育理事会案"(Wygant v. Jackson Board of Education)(1986)中,联邦最高法院以5比4的投票判决,保护少数雇员不被解雇、却引起更资深的教师被解雇的积极行动计划违反了宪法之平等保护条款。上述判决反应了对资深者权益的关怀。这种关怀明显见于"蒂姆斯特尔斯诉合众国案"(Teamsters v. U.S.)(1977)。在该案中,联邦最高法院推翻一系列根据现实效果原理给予黑人利益的先例,并判决,要认定论资排辈的体制违法,必须证明有歧视的故意。

在保护积极行动不受里根政府之反定额政策攻击之后,联邦最高法院似乎在1989年提供通过修正根据差别影响理论证明歧视的证据规则改弦更张。通过减轻雇主应对歧视指控的证明责任,联邦最高法院限制了差别影响观念固有的定额倾向,使差别影响和差别对待观念融合在统一的就业歧视理论之中。在"瓦德谷包装公司诉安东尼奥案"(Ward's Cove Packing Co. v. Atonio)(1989)中,联邦最高法院阐明,在差别影响案件中,如同在差别对待案件中一样,证明责任在整个审判过程中始终由原告承担。它进一步判决,仅仅通过对熟练工种和非熟练工种中各种族所占百分比之统计数据的对比尚不足以成立有表面证据的案件。它还说,在反驳差别影响指控时,雇主仅需要表明其做法服务于合法的商业目的,而不需要表明它们是必要的或者不可或缺的。

联邦最高法院在"里士满诉 J. A. 克罗森公司案"(*Richmond v. J. A. Croson Company)(1989)中进一步紧缩了积极行动的规则。以 6 比 3 的投票,它判决:一个城市命令的给少数群体的签约人保留 30% 的定额违宪,侵犯了白人签约人的权利。联邦最高法院首次把严格审查(*strict scrutiny)审查标准适用于良性的种族划分,判决这种保留有瑕疵,因为它未能表明过去在签订公共签约中有歧视,从而证明其正当性。

1990 年,联邦最高法院认可广播业之差别对待,继续了它在积极行动问题上的曲折进程。在"麦特罗广播公司诉联邦通信委员会案"(*Metro Broadcasting Inc. v. Federal Communications Commission)中,联邦最高法院以 5 比 4 的投票宣称,国会通过预算程序要求行政机构维系的有利于占少数的广播业主的一项联邦通信委员会政策,对于达成广播多元化这一重要的政府目标至关重要。通过确认国会根据毫无标准的预算权(与宪法第十四修正案规定的受到更多限制的立法权相较而言)制定对不同种族实行差别对待的立法的权力,联邦最高法院把关注的焦点放在积极行动预期的效益而非其救济方面的正当性上。

麦特罗广播公司案与约翰逊案一样,反应了积极行动的支持者把群体权利和结果平等视为克服社会歧视的公共政策所必要的原则的趋势。尽管联邦最高法院在瓦德谷案中表现出了对差别影响的歧视理论的保留,随着 20 世纪 90 年代界定平等的含义的努力之继续,积极行动仍然固守在公民权利体制方面的政策之阵地上。通过颁布 1991 年《民权法》,国会推翻了瓦德谷案以及其他限制联邦民权保护范围的近期判决,从而再次确认,全美国都遵从的积极行动原则。

[Herman Belz 撰,李昌林译;许明月校]

就业年龄歧视法[Age Discrimination in Employment Act]

1967 年制定的《就业年龄歧视法》是对根据 1964 年的《民权法》授权的一些调查发现的反应。许多雇工坚持认为,该法含混不清,对于发现并维持工作的能力严重下降的年老工人来说,该法维持了令人讨厌的陈词滥调。就业年龄歧视法的主要条款使下列的行为违法:雇主在因为一个人的年龄在 40 岁以上而仅基于其年龄的因素在雇佣条件和特别待遇方面对其歧视,但若是基于"比年龄更为重要的合理的因素"或一定的资历要求的结果或为雇主利益的计划(以及其他的情形)等因素的考量,区别对待是合法的。该法的实体性的反歧视的条款总体来说与 1964 年的《民权法》的第七编(涵盖种族和性别歧视)所循的路径相同;但该法的实施与救济条款则与《平等劳动与标准法》的相关条款大致相同。

自从就业年龄歧视法颁布实施以来,通过减少包括雇用、解雇、晋升、补偿条款和职业介绍等几乎涉及就业所有方面的专横的以年龄为基础的歧视,通过为禁止以年龄为基础的侵扰与报复而提起的就业年龄歧视法上的控告,使很多的年老受雇者从中受益。结果,雇主更加谨慎地对待年龄较大的雇工,谨慎地为雇佣诉讼提供非年龄相关的文件证明。而且更普遍地使用激励的项目鼓励工人撤回或取消任何潜在的根据就业年龄歧视法而提起的诉讼。

随着时间的推移,就业年龄歧视法的使用范围也在扩大。由于该法原本规定并没有涵盖年龄超过 65 岁的人,因而,这些人常常被迫非自愿地退休,但该法的修正案在大多数情况下都取消了年龄上限的要求,并且极大地缩小了允许实施强制退休计划的情形。其他修订还特别地规定了 1990 年 10 月 15 日以后签订的放弃追究就业年龄歧视法上的责任的最低标准,即必须符合"知情的"、"自愿的",才是可执行的。

在大多数州,就业年龄歧视法补充了其业已存在的年龄歧视的法律。另外,就业年龄歧视法与美国残疾人法之间有大量的重叠,因为有各种各样的与年龄有关的残疾,尽管就业年龄歧视法与美国的残疾法不一样,不要求为雇工提供"合理的膳宿供应"。同样,就业年龄歧视法与劳工退休收入保障法也存在重叠,因为这两部制定法都牵涉到影响退休及退休金计划的劳工诉讼。

联邦最高法院有关就业年龄歧视法方面的案例所关注的焦点是不断变化的。尽管一些案例仅仅牵涉到该法本身的解释问题,如"黑曾纸业公司诉比金斯案"(Hazen Paper Co. v. Biggins)(1993),在该案中,联邦最高法院坚持认为,当某个雇主的行为仅仅以某一因素为基础,而该因素只是经验地与年龄相关,那么该雇主故意的年龄歧视并不成立。其他的案例则是更多地在工具意义上使用该法,例如,那些使用就业年龄歧视法作为拓展联邦主义的一种手段的判决[参见 2000 年的"金梅尔诉佛罗里达州教务理事会案"(Kimel v. Florida Board of Regents, 2000);1991 年的"格雷戈里诉阿什克罗夫特案"(gregory v. Ashcroft,1991);1983 年的"公平机会就业委员会诉怀俄明州案"(Equal Opportunity Employment Commission v. Wyoming,1983)]。

参考文献 Barbara T. Lindemann and David D. Kadue, Age Discriminationin Employment Law(2003).

[Nickolai Gilford Levin 撰;孙曙生译;许明月、潘林伟校]

阿戈斯提尼诉费尔敦案[Agostini v. Felton, 521 U. S. 203（1997）]

1997年4月15日辩论，1997年6月23日以5比4的表决结果作出判决；奥康纳代表法院起草判决意见，苏特和金斯伯格反对。几乎没有什么问题比处理国家与宗教的关系更令现代的联邦最高法院烦恼的了。在1985年，联邦最高法院经过努力终于就二者的关系嵌入了一条清晰的宪法契子。大法官们在"阿杰拉诉费尔敦案"（Aguilar v. Felton）(1985)和"大瀑布城校区诉鲍尔案"（School District of the City of Grand Rapids v. Ball）(1984)中，以5比4的多数表决结果，对1965年初等及中级教育法的第一章给出了新的解释。该章规定给公立学校提供联邦基金以对那些来自贫困家庭的孩子的数学与阅读教育指导，而不管他们所在的学校。根据这部法律，公立学校的教师到教会学校任教，这样做以其自愿为基础。然而，联邦最高法院在阿杰拉案中判决，公立学校教师在教会学校中出现会导致州与教会之间产生构成违反宪法第一修正案确立宗教条款的违宪性纠葛。阿杰拉与阿戈斯提尼两案的发生地纽约市的公共机关通过发放超过一亿美元的联邦教育基金来对提供第一条所列的服务作出回应，这些经费，除了用于采取其他行动外，主要被用来租用大篷车停放在教会学校外面的公共街道上。这些移动教室每年可为两万多学生提供服务，并要求教会学校的学生和公立学校的教师离开他们的教室并在似乎中立的场合见面。

多数大法官亲自发起了该诉讼并导致了阿戈斯提尼（Agostini）案的判决结果。在"金尔亚斯·约耳教育理事会诉格拉米特案"（Kiryas Joel Board of Education v. Grumet）(1994)中，大法官们表示他们将欢迎对该案提起将能导致对阿杰拉案的重新审议或有可能推翻原判的上诉。一年后，纽约市学校委员会对上述诉讼的发起作出反应，采取了不寻常的步骤，按照联邦民事诉讼程序规则第60条b款规定，在布鲁克林的联邦地区法院提起动议。根据该特别规则，当据以作出该令的情势已经发生重大变化以至于再适用此命令将变得明显不公正，允许一方当事人请求一个动议撤销法院的命令。联邦地区法院和美国第二上诉巡回法院拒绝同意该动议，因为他们认为只有联邦最高法院能够撤销它自己的先例。大法官们受理了此案，但拒绝把民事诉讼程序规则第60条b款应用于他们的判决，他们认为，如果他们这样做将会引起来自当事人的潮水般的上诉，因为当事人已经得出结论，大法官们将会放弃先例。

大法官桑德拉·戴·奥康纳（Sandra Day O'Connor）的意见坚持认为联邦最高法院已经撤销了阿杰拉案。她援引两个案例，"威特斯诉华盛顿案"（Witters v. Washington）(1986)与"佐布里斯特诉卡特琳娜山脚校区案"（Zobrest v. Catalina Foothills School District）(1993)，这两个案例都以微弱的多数放弃了几个应用在阿杰拉案中的主要推断。第一，联邦最高法院拒绝承认所有政府直接的对教会学校教育的帮助都是违宪的。公共钱财没有破坏第一修正案公认的条款出于世俗的目的能应用于所有的学生。第二，由公立学校教师实施的前提性项目完全有可能使其远离宗教的因素。第三，奥康纳发现学校委员会完全有能力制定行政管理指南以确保教师们以中立的方式完成工作而不需过分的对其进行管制，并因此引起教会与国家之间纠葛。最后，按照奥康纳所言，没有理由相信世俗学校学生的父母亲能够得出结论说：公立学校的教师在教派的学校教室的出现意味着纽约市教育委员会已经把同意的标签贴在了宗教的教育上。

由大法官戴维·苏特（David Souter）所领导的反对派谴责多数派以其较早的裁决不负责任地对待该案，按照戴维·苏特所言：多数派所引述的先前的判决是有限的裁决。联邦最高法院还没有推翻阿杰拉案。而且，苏特继续说道：联邦最高法院的新裁决将把国家资助直接地授予宗教机构，从而极大地破坏了第一修正案确立宗教条款。

这个判决所产生的更多的是烟雾而不是阳光。如大法官奥康纳（O'Connor）所言：本案所涉及的法律从没有把公共基金提供给教会学校，而且总的目标是帮助那些需要帮助的学生，他们正忍受着学术匮乏的痛苦。各种不同的允许父母用公共基金支付教会学校学费的学校埋单计划的支持者和反对者，对于该判决所表达的意思是相互矛盾的。然而，奥康纳（O'Connor）起草的狭窄的意见似乎是一位不确定的预言者，它预言了在未来的案件中大法官们将会如何作为，这一未来的案件将会直接地导致保证人的宪法命运的变化。

[Kermit L. Hall 撰；孙曙生译；许明月、潘林伟校]

农业[Agriculture]①

不是联邦最高法院判决时使用的术语，而是引发案件的领域。从1790年到1860年，通过涉及农田的案件，联邦最高法院作出的判决确立了美国陆地的主权["弗里蒙特诉合众国案"（Fremont v. United States）(1854)]和私人所有权["合众国诉尼奥案"（United States v. Noe）(1859)]的基础。农具发明家之间的诉讼导致早期对宪法之专利条款的解释["西摩诉麦考密克案"（Seymour v. McCormick）(1854)]。

南北战争之后，农产品是繁荣的商业之基础。随着商业之增长，州议会通过了规制电梯、铁路和打

---

① 另请参见 Capitalism。

包商方面的制定法。从1873年到1940年间,这些措施在联邦最高法院引起了广泛的争议。一部分大法官相信,各州在宪法上拥有经由其治安权(*police power)保护公众之健康、安全和福利的权力。这些大法官们接受了向屠夫[见"屠宰场系列案"(*Slaughterhouse Cases)(1873)]和储存谷物者[见"佩恩诉堪萨斯州案"(Payne v. Kansas)(1918)]发放许可证的州制定法。他们还认可了规制电梯商索要的费用["芒恩诉伊利诺伊州案"(*Munn v. Illilois)(1877)]及牛奶之最低和最高零售价["奈比亚诉纽约州案"(*Nebbia v. New York)(1934)]的规章。另一派大法官则相信:这些州制定法违反了宪法第十四修正案(the *Fourteenth Amendment)之正当程序、平等保护和特权与豁免(*privilleges and immunity)条款。这些大法官们用宪法第十四修正案来保护美国公民免受州垄断特许权["屠宰场系列案"(slaughterhouse cases)(1884)]、没收性的费率管制["布拉斯诉北达科他州案"(Brass v. North Dakota)(1894)]及农产品加工者之间的区别对待的发放许可证标准["弗罗斯特诉俄克拉荷马公司委员会案"(Frost v. Oklahoma Corporation Commission)(1929)]之侵害。尽管在1940年之后,问题发生的背景偏离了农业贸易,对州治安权与宪法第十四修正案之相互作用的争论却未平息(参见Commerce Power)。

在处理国会有关美国商业之权力的时候,联邦最高法院常提及农业问题。大法官们认定,州有权使本州的农业不遭受传染病["密苏里、堪萨斯、得克萨斯铁路公司诉哈伯案"(Missouri, Kansas & Texas Railway Co. v. Haber)(1898);"明茨诉鲍德温案"(Mintz v. Baldwin)(1933)],但它们却不能使自己隔绝于州际贸易或者州际竞争["勒姆克诉农场主谷物公司案"(Lemke v. Farmers' Grain Co.)(1922);"鲍德温诉 G. A. F. 西利格公司案"(Baldwin v. G. A. F. Seelig, Inc.)(1935)]。同样,作为接受州的授权进行管理的部门,国会只能规制州际贸易。在界定农业方面的州际贸易过程中,联邦最高法院作出了几个最重大的判决。

起初,联邦最高法院认为,当农业处于州际贸易之中["斯塔福德诉华莱士案"(Stafford v. Wallace)(1922)]而不是在进入州际贸易之前["伊利诺伊州中心铁路公司诉麦肯德里案"(Illinois Central Railroad Co. v. McKendree)(1905)]时,它是否属于联邦权力范围之内是值得怀疑的。1933年随着大萧条的加剧,联邦最高法院不得不根据《国家工业复兴法》和《农业调整法》重新评价自己的立场。这两部法律都通过行政机构扩大了联邦对商业的权力。在"谢克特禽畜公司诉合众国案"(*Schechter Poultry Corporation v. United States)(1935)和"合众国诉巴特勒案"(United States v. *Butler)(1936)中,联邦最高法院判决这两部法律违宪。

在谢克特禽畜公司案中,联邦最高法院表达了其如下担忧,即国会把立法权授予行政机构,而对于机构的行为却缺乏适当的标准(参见Delegation of Powers)。国会对此的反应是颁布1938年第二部农业调整法。联邦最高法院维持了第二部法律,因为国会确立了规制农业部的实体标准[马尔福德诉史密斯案(*Mulford v. Smith)(1939)]。此外,在从1936年["圣约瑟夫存货场诉合众国案"(St. Joseph Stock Yards Co. v. United States)(1936)]开始到1941年["合众国诉摩根案"(United States v. Morgan)(1941)]结束的一系列案件中,联邦最高法院发展了规制农业部之行政行为的程序公正原则。

在巴特勒案中,联邦最高法院判决,使产出符合需求的农业税在宪法上侵犯了州对于州际贸易的权力。不过,在1942年初,联邦最高法院维持了直接影响州际贸易的国会对州内牛奶贸易的规制["合众国诉莱特伍德牛奶场案"(United States v. Wrightwood Dairy)]。在1942年下半年,在"威卡德诉菲尔伯恩案"(*Wickard v. Filburn)中,联邦最高法院采用扩充性实质经济效果标准认定国会在何时可以控制州内贸易。威卡德案迄今为止仍然是确认联邦通过宪法贸易条款规制美国农业的包括无遗的权力的典型案件。

现在,农业极少成为联邦最高法院作出重要判决的领域。农业为联邦反垄断法中的适用除外领域["帕克诉布朗案"(Parker v. Brown)(1943)],农业领域提供了构成证券法中规定的投资合同的适用范围["证券与交易委员会诉霍威公司案"(Securities and Exchange Commission v. Howey Co.)(1946)],农业领域还产生了一个界定联邦普通法之适用范围的主要判例["合众国诉基姆贝尔食品公司案"(United States v. Kimbell Foods, Inc.)(1979)]。50年中,除了上述三个判例之外,联邦最高法院在农业领域判例中的收成已经结束。但是,从20个世纪90年代开始,农业又为联邦最高法院的行动提供了肥沃的土壤。

联邦最高法院应用农业市场促进项目("打勾"基金)来处理第一修正案的权利问题,使其免于单个市民(农业生产者)所反对的强制的演说的损害。(比较"格利克曼诉怀尔德曼兄弟和埃里奥特公司案"与"美国诉联合食品股份有限公司案")(Glickman v. Wileman Bros. & Elliott, Inc., 1997 With United States v. United Foods, Inc., 2001.)联邦最高法院强有力地认可了玉米作物和玉米种子的专利知识产权,以此促进农业生物技术的发展["J.E.M. 农业供应公司诉先驱国际种子公司案"(J. E. M. Ag Supply, Inc. v. Pioneer i-Bred International, Inc., 2001)]。

伴随着21世纪的开始,命运也发生了转折,农业为联邦最高法院提供了案例,通过这些案例可以界定在商业条款下的国会权力的界限,威卡德案证明,国会的这种权力在60年前显得多么的宽广。随着有关环境的法律在农场和牧场的实施,农业有可能成为一个连接点,通过农业,联邦最高法院可以再次界定国会所代表的权力(商业、税收、消费)以及这些权力如何与联邦主义的宪法结构相关联。联邦最高法院似乎已经摆好了处理来源于农业案件中的基本宪法程序问题架势。

[Drew L. Kershen 撰;李昌林、孙曙生译;许明月、潘林伟校]

阿克龙诉阿克龙生育健康中心股份有限公司案 [Akron v. Akron Center for Reproductive Health, Inc. ,462 U. S. 416(1983)]①

1982年11月30日辩论,1983年6月15日以6比3的表决结果作出判决,鲍威尔代表法院起草判决意见,奥康纳与怀特及伦奎斯特持反对意见。联邦最高法院废除了俄亥俄州阿克伦市采用的一系列限制堕胎的措施,包括:禁止在妊娠4至6个月时不在医院而是在诊所做堕胎手术,要求外科医生在妇女签署同意的表格前提供详尽的堕胎方面的信息,以及表示同意和接受手术之前的24小时等待期。联邦最高法院说,在医院堕胎的要求增加了堕胎的成本,却未显著增加妇女的安全;该法令规定的提供信息的要求旨在劝说妇女不要堕胎,而不是要向她告知相关程序;等待期通过要求往返两次而增加了费用,同时这种规定也过于刻板。

大法官桑德拉·戴·奥康纳(Sandra Day *O'Connor)在本案中撰写了她有关堕胎的第一份主要意见。她批评罗诉韦德案采用的三月制步骤是死板的;并且,随着医疗技术的发展,胎儿在4至6个月之间甚至更早的时间都可以存活,这一步骤可能受到这方面的压力。她建议,除非对妇女作出决定施加了"过度的压力",限制堕胎的规章就应当得到通过。在她看来,无论是要求医院做手术还是要求一个等待期都未构成过分的压力,因为在当地的医院就可以堕胎,并且等待期"相对堕胎对于胎儿之生命的必然的、不可挽回的后果而言",不过是"用于保证妇女的决定是经过成熟考虑的微小的成本"(p.474)。

[Mark V. Tushnet 撰;李昌林译;许明月校]

阿尔贝马勒纸公司诉穆迪案 [Albermarle Paper Co. v. Moody,422 U. S. 405(1975)]②

1975年4月14日辩论,1975年6月25日以7比1的表决结果作出判决,斯图尔特代表法院起草判决意见,马歇尔、伦奎斯特和布莱克蒙持并存意见,伯格部分反对,鲍威尔缺席。本案和"联合造纸商与造纸业工人诉穆迪案"(United Papermakers and Paperworkers v. Moody)都根据相同的意见裁判,处理《1964年民权法》(*Civil Rights Act of 1964)第七编的两个重要问题:(1)地区法院在判决向因种族歧视遭受经济损失的雇员支付欠薪时应当适用的标准;(2)雇主为应对法律上的挑战而证明有歧视效果的录用前考试"与工作密切相关"应当符合的要求。

穆迪案的原告由位于北卡罗来纳州罗阿诺克拉皮兹的阿尔贝马勒纸公司的工厂的现任和前任美国黑人雇员组成。他们指控该公司的论资排辈制度延续了1965年7月2日(《民权法》第七编生效之日)之前存在于该工厂的部门工种分配制度之中的公开的隔离制度,他们寻求禁止令和支付欠薪救济。

联邦最高法院认定,该公司适用的标准不具有在《民权法》第七编上有效的与工作的密切联系,并判决:初审法院本应适用这些标准,判给欠薪。在决定支付欠薪问题时,联邦最高法院裁定,只要认定有歧视,并且命令支付欠薪可以适当地刺激雇主遵守《民权法》第七编,就应当作出支付欠薪的判决。它总结到,救济的确定性可以最好地实现该法。在所有实质的方面,此项认定都持续提供了《民权法》第七编之下的一种主要救济方式。

[Herbert Hill 撰;李昌林译;许明月校]

艾伯森诉颠覆活动控制会案 [Albertson v. Subversive Activities Control Board, 382 U. S. 70(1965)]③

1965年10月18日辩论,1965年11月15日以8比0的表决结果作出判决,布伦南代表法院起草判决意见,怀特缺席。1950年在杜鲁门总统否决后颁布的《国内治安法》,即众所周知的《麦卡伦法》(*McCarran Act),试图通过强制登记曝光美国共产党。该法要求共产主义组织在司法部部长那里登记,并设立颠覆活动控制委员会控制登记程序。已登记的组织被要求披露其官员的姓名及经费来源。已登记的组织的成员会受到各种限制,包括不发给护照,无权在军工工厂工作。联邦最高法院在"共产党诉颠覆活动控制委员会案"(*Communist Party v. Subversive Activities Control Board)(1961)中维持了登记的规定,但对于那些限制方式是否合宪的判决要在它们被实际执行时才会作出。

正如人们预期的,共产党拒绝登记。司法部部

---

① 另请参见 Abortion;Privacy。
② 另请参见 Employment Discrimination; Race and Racism; Segregation, De Facto。
③ 另请参见 Communism and Cold War; Self-Incrimination;Subversion。

长接着就要求颠覆活动控制委员会命令党员个人进行登记。面临受到制裁的可能,艾伯森(Albertson)和其他人拒绝登记,诉称其等同于违反宪法第五修正案(the *Fifth Amendment)的自证其罪。联邦最高法院达成一致意见。联邦最高法院判决,虽然该法声称登记者免受刑事起诉,而登记行为实际上可以被用作刑事起诉的证据,或者为侦察提供线索。

颠覆活动控制委员会在其他案件中都以败北告终。"合众国诉罗贝尔案"(United States v. *Robel)(1967)废除了在军工工厂就业的禁令。因其无所作为,尼克松政府于1973年准许颠覆活动控制委员会寿终正寝。

[C. Herman Pritchett 撰;李昌林译;许明月校]

外侨身份与归化 [Alienage and Naturalization]①

宪法关于外侨和归化的规定反映出美国政治、经济和社会历史方面更为广泛的主题。例如,1787年宪法刚得到批准,就爆发了法国大革命,这引起了对外国干涉本国事务的恐慌。联邦主义者不顾杰斐逊共和党员的强烈反对,颁布了《1798年侨民法和煽动叛乱法》,授予宽泛的总统扣留或者驱逐外侨的权力。政府并未根据《外侨法》作出逮捕。托马斯·杰斐逊(*Jefferson)总统赦免了几个被根据《煽动叛乱法》(*Sedition Act)监禁的共和党编辑。这些法律激起的恐慌促成了对州的权力作出经典表述的弗吉尼亚和肯塔基决议,并为杰斐逊党人在1800年的选举中增加了筹码(参见 State Sovereignty and States'Rights)。

在19世纪下半叶,产业发展带来的经济压力,与对外来政治思潮的恐惧以及强烈的排外情绪结合在一起,产生了针对外侨和移民的激烈反应。宪法第十四修正案(the *Fourteenth Amendment)的平等保护条款(*Equal Protection Clause)成为关于外侨的宪法规定的核心。即便不怎么平衡,它限制了州以公民资格为筛选的基础的权力;而联邦政府对外侨和入籍的程序的宪法特权却仍然十分巨大(参见 Federalism)。近期的外侨案件处理的是外侨是否可以得到政府救济、受雇于公共部门,以及正当程序问题,它们反映了福利国家的出现。

由于外侨和归化处理的都是非公民的地位问题,故先简单介绍宪法关于公民资格的规定是必要的。把外侨界定为没有公民资格的人,就产生了宪法如何确定谁是公民的问题。尽管美国宪法规定,众议员和参议员必须是美国公民,总统必须"生为美国公民",它却未给出美国公民的定义。

总统"生为美国公民"的规定,表明宪法起草者们采用的是出生地主义原则。根据这一原则——它的字面含义是"对土地或者地域的权利"——在一国领域内出生即取得该国的公民资格。这与公民资格随血统而取得的血统主义或者血亲权(right of blood)不同。根据类似出生地之类的特征作为公民资格的基础,是中世纪的产物,有悖于现代自由政治理论的原理。而随出生取得的公民资格,则有几个政治上的优点:它为财产权(*property rights)确立了明确的基础;它促进移民;它避免了管辖冲突;它缓解了战时可能发生的集体驱逐出境的担忧。

不过,直到南北战争(*Civil War)之后,出生地主义原则才成为宪法规定。在"斯科特诉桑福德案"(*Scott v. Sandford)(1857)中,首席大法官罗杰·B.托尼(Roger B. *Taney)指出,奴隶德雷德·斯科特(Dred Scott)被他的主人从实行奴隶制的密苏里州带到自由州伊利诺伊州,并进入威斯康星州界内。他不能在联邦法院起诉以获得自由,因为所有非洲人的后裔,无论是自由人还是奴隶,都不能成为美国公民(参见 Slavery)。为推翻斯科特案,1868年的宪法第十四修正案宣告:"凡在合众国出生或加入合众国国籍而受其管辖的人,均为合众国及其居住州的公民。"

宪法第十四修正案不但界定了公民资格,还赋予外侨以宪法权利。这是因为宪法第十四修正案的正当程序条款(*Due Process Clause)和平等保护条款不但适用于公民,还适用于所有人。在屠宰场系列案(*Slaughterhouse Cases)(1873)中,大法官塞缪尔·F.米勒(Samuel F. *Miller)注意到:南北战争期间的宪法第十三修正案(the *Thirteenth Amendment)、第十四修正案(the Fourteenth Amendment)、第十五修正案(the *Fifteenth Amendment)的颁布基本上是旨在确保新近获得自由的奴隶的权利(尽管只有宪法第十五修正案专门使用了种族方面的术语)。不过,米勒补充道,这些修正案并不仅适用于美国黑人。例如,米勒指出,宪法第十三修正案现在就不会准许奴隶制在西部地区在"中国苦力劳工制度"下发展(p.72)。

大法官米勒正确地注意到了"中国苦力"问题。起初,联邦政府欢迎始于1848年加利福尼亚淘金热的中国移民。这些移民成为修建横贯大陆中西部通到太平洋岸的铁路的劳动力。随着该铁路于1869年竣工,欧洲移民潮涌入美国西部,劳动力不再缺乏。中国侨民成为恶劣的有时甚至是狂暴的歧视的牺牲品。

"伊克·吴诉霍普金斯案"(*Yick Wo v. Hopkins)(1866)是宪法史上的一个里程碑,该案是发生在旧金山的审查一部旨在不准中国人开洗衣店的表面中立的法律的案件。遵照大法官米勒在屠宰场系列案中的评论,联邦最高法院一致判决,宪法第十四

---

① 另请参见 Citizenship。

修正案的平等保护条款适用于外侨。由于联邦法律禁止华侨成为美国公民，伊克·吴案的判决具有特别重要的意义。

界分联邦与州的权力范围对于分析伊克·吴案之后外侨的公民权利将有所裨益。虽然外侨们利用宪法第十四修正案是为了宣布州的规章无效，联邦最高法院认可了联邦对非美国公民的广泛权力。

首先考察一下各州基于外侨身份制定了法律的那些案件。尽管各州有规制健康、安全、福利、伦理方面的治安权，伊克·吴案判决，这些权力要受联邦的平等保护条款的规制。例如，在"托拉克斯诉莱奇案"（Truax v. Raich）（1915）中，一部州法规定大多数行业80%的工人必须是美国公民，联邦最高法院宣布其无效。该法具有把外侨挡在市场之外的效果。不过，法院的判决并不总是对外侨有利。就在一年以前，在"帕松诉宾夕法尼亚州案"（Patsone v. Pennsylvania）（1914）中，大法官们就维持了一部禁止外侨狩猎的州法。大法官奥利弗·温德尔·霍姆斯（Oliver Wendell *Holmes）——他在"洛克纳诉纽约州案"（*Lochner v. New York）（1905）中倡导"合理做法"标准——代表联邦最高法院的一致意见写道，为了替公民保护自然资源，州可以"合理地"把外侨作为一个阶层加以限制（参见 Rule of Reason）。类似地，在"特伦斯诉汤普森案"（Terrace v. Thompson）（1923）中，联邦最高法院维持了限制日本侨民拥有或者租用土地的州法。

具有讽刺意味的是，排日案件导致了扩大对外侨权益的保护。"科里马修诉合众国案"（*Korematsu v. United States）（1944）支持了珍珠港事件后对居住在太平洋西岸的日裔进行紧急重新安置。尽管大法官胡果·L. 布莱克（Hugo L. *Black）接受这一极端行动的军事理由，他还是写道，基于种族的划分是"天然靠不住的"，应当受到"最严格的审查"（参见 Strict Scrutiny; Suspect Classifications）。虽然本案中的划分是基于种族的，布莱克强调，即便是科里马修这样的公民——更不用说外侨——在战时的紧急情况下，也会受到基于种族的排斥（参见 Race and Racism）。虽然科里马修案从未被推翻，但它赞成在紧急情况下实行种族歧视，这必然会被平等保护法更为晚近的发展所取代。

在20世纪70年代，伯格任首席大法官的联邦最高法院把科里马修案的"严格审查"适用于影响外侨的州规章。根据这一标准，受质疑的法律是合宪的这一通常假设被推翻，州承担了证明适用"靠不住的筛选标准"有利于毋庸置疑的政府利益的举证责任。这些案件主要处理获得政府救济金和在公共部门的就业问题。

在"格雷厄姆诉理查森案"（*Graham v. Richardson）（1971）中，联邦最高法院判决，外侨身份和种族一样，是靠不住的筛选标准；并适用严格审查，判决州不得剥夺外侨享受福利津贴的权利。亚利桑那州为其公民保留有限资金的利益（这是一个与帕松案并行的理由）并不使限制福利津贴具有正当性。在格里菲斯对物（对事）诉讼案（In re Griffiths）（1973）中，联邦最高法院也适用了严格审查，判决各州不得限制外侨居民从事法律职业。

两年之后，在"休格曼诉杜格尔案"（Sugarman v. Dougall）（1973）中，联邦最高法院创制了格雷厄姆案的一类重要例外。大法官哈里·布莱克蒙（Harry *Blackmun）的判决理由认为，州不得剥夺外侨担任州的某些文职人员的资格。不过，法官意见（*Dictum）表明，可以不让外侨担任州政府的某些选举产生的甚至非选举产生的职务。布莱克蒙写道，可以不让外侨担任制定、执行或审查重大公共政策的职务，因为这些政治职能"是代议制政府的核心"。然而，在"福利诉坎奈列案"（Foley v. Connelie）（1978）中，联邦最高法院仅使用普通审查维持纽约州禁止外侨担任骑警的规章，因为执法官在执行公共政策时享有很大的裁量权。首席大法官伯格写道，把严格审查的高栏适用于每个外侨身份限制案件会"抹杀公民与外侨之间的全部区别，从而贬低公民身份的历史价值"（p. 295）。在涉及州之重要公共职能的问题上，州仅须表明限制外侨的理性根据即可。多数大法官遵循福利案的政治功能分析，在"阿姆巴克诉诺威克案"（Ambach v. Norwick）（1979）中维持了对外侨担任公立学校教师的限制，在"卡贝尔诉查维斯-萨利多案"（Cabell v. Chavez-Salido）（1982）中维持了对外侨担任副缓刑监护官的限制，但联邦最高法院在"伯奈尔诉费因特案"（Bernal v. Fainter）（1984）中否定了担任公证人的类似身份要求。

在"普莱勒诉无名氏案"（*Plyler v. Doe）（1982）中，联邦最高法院把另一个平等保护标准——中等或强化审查——适用于限制外侨的案件。与已经讨论的案件中所涉及的外侨都合法，在美国居留不同的是，普莱勒案涉及的是非法居留的外侨的子女。得克萨斯州准许其学区不让"非法居留者"的子女接受免费学校教育。虽然联邦最高法院的多数大法官驳回了得克萨斯州之非法外侨不是宪法第十四修正案上的"人"的主张，他们却拒绝适用严格审查。它以5比4的投票宣布得克萨斯州在平等保护审查中使用中等标准的法律无效。大法官刘易斯·F. 鲍威尔（Lewis F. *Powell）写了一份一语中的并存意见，强调该案的特殊情况——外侨的子女居留在美国的非自愿性，以及涉及的政府救济的重要性。

因而，与使人反感的种族限制（它天然是靠不住的）不同的是，州可以颁布一些界分外侨与公民的法律。就合法居留在美国而不能得到重要的福利的外侨而言，格雷厄姆案确立了这样一个假定，即限制外侨的措施是靠不住的,应当受到严格审查。而福利案则认可了该规则的一个例外:州仅须表明排除外侨从事对代议制政府至关重要的公共职能的理性根据。就非法居留的外侨而言,前景就没有那么清晰。普莱勒案适用了中等的审查标准,但该案判决的狭隘和意见分歧,使得难以超越本案的事实将其推而广之。

尽管州限制外侨的权力是变化不定的,涉及联邦法的案件则有着单一的主题:中央政府对外侨的权力是实质性的。19世纪下半叶涉及中国劳工的案件陈述了关键原则。在"柴单平(音译)诉合众国案"(Chae Chan Ping v. United States)(1889)这个排华案件(*Chinese Exclusion Cases)中,联邦最高法院说,国会限制外侨进入美国的权力是对国家主权的根本贡献。所以,国会可以禁止从亚洲来的移民。与此类似,在"冯月亭(音译)诉合众国案"(Fong Yue Ting v. United States)(1893)中,联邦最高法院给予国会自由确定驱逐出境标准的权力。

国会早在颁布《1798年外侨法和煽动叛乱法》时就行使了上述权力。然而,正如国会直到19世纪下半叶才广泛行使其商业方面的权力一样,它直到19世纪90年代才开始立法限制移民。当时存在的对南欧和东欧移民的极大仇视引起了这一时期对移民的进一步限制。1901年利昂·柴果斯茨(Leon Czolgosz)刺杀威廉·麦金利(William McKinley)总统,为对外侨、无政府主义和暴力的恐惧火上浇油。1903年,国会颁布法律,规定无政府主义者驱逐出境和不准进入美国的理由。第一次世界大战(*World War I)以及十月革命之后的"红色恐怖"造成对所有激进分子(其中很多是外侨)更不能容忍、更加压制。1917年到1918年,国会颁布移民法,准许联邦政府基于政治原因驱逐外侨,甚至剥夺授予给曾经与无政府主义者有染的已入籍的公民权。

由于联邦最高法院广泛认可国会对外侨的权力,就外侨身份方面的问题而言,对联邦法律的质疑要少于对州的法律。不过,在1976年,伯格担任首席大法官的联邦最高法院判决,文官委员会不得施行剥夺外侨担任联邦文官资格的规则。大法官鲍威尔在"汉普敦诉牟·孙·王案"(Hampton v. Mow Sun Wong)(1976)中代表5人组成的多数派作出的判决,否定了联邦对外侨的享有绝对权力的观点。例如,非公民在驱逐出境的听证中享有正当程序权利["王·杨·孙诉麦格拉思案"(Wong Yang Sung v. McGrath)(1950)];宪法第四修正案(the *Fourth Amendment)对不合理的搜查与扣押的禁令也适用于移民当局对非法移民的调查,尽管这在"边境搜查"方面具有一定的灵活性["合众国诉布拉格诺尼·彭西案"(United States v. Brignoni-Ponce)(1975)]。然而,联邦最高法院最终还是驳回了文官委员会基于正当程序的规章,并避免承接任何平等保护案件。在一件与汉普顿案一道判决的案件中,以"博林诉夏普案"(*Bolling v. Sharpe)(1954)为基础的宪法第五修正案(the *Fifth Amendment)的有限范围,在联邦外侨案件中显得明朗起来。在"马修斯诉迪亚兹案"(Mathews v. Diaz)(1976)中,联邦最高法院一致判决,国会在剥夺至少在美国生活5年的外侨享受公费医疗保险福利的权利时,仅须表明其理性根据。

通过出生以外的方式取得国籍的归化制度也反映了联邦的广泛权力。国会对外侨的权力在一定程度上是建立在宪法第1条确立入籍的统一规则授权之上。在1790年,国会规定,只要其出具品行良好和愿意遵守美国宪法的证据,任何普通法法院就可以授予在美国生活两年的自由的外籍白人国籍。这些基本要求——定居、道德品质,以及效忠宪法原则——仍然是现今入籍的核心条件。然而,正如在合众国诉麦辛多西案(United States v. MacIntosh)(1931)所强调的,国会保有界定这些标准的广泛权力。国会把受过教育作为入籍的一个条件,并准许以品行卑劣(酗酒、赌博、卖淫或重婚)以及犯罪前科为由不授予国籍。

在"奥斯本诉合众国银行案"(*Osborn v. Bank of the United States)(1824)中,首席大法官约翰·马歇尔(John *Marshall)坚持认为,入籍的公民与本土出生的公民之间没有差别。然而,自从《1906年入籍法》颁布以来,该规则存在着一个重大例外。如果有在入籍过程中存在恶意或者有欺诈行为的证据,入籍的公民可被剥夺公民资格,而在"施奈德曼诉合众国案"(Schneiderman v. United States)(1943)中,联邦最高法院使政府在剥夺入籍公民的公民资格时负有重大的证明责任。仅证明施纳德曼在成为公民时是共产党员(参见 Communism and Cold War)并不足以证明他不效忠宪法(这是入籍的法定条件)。联邦最高法院要求,要剥夺公民权,必须有有关不忠于美国的清楚、明白、令人信服的证据。

外侨身份与归化反映了美国公民权利历史上的两个主题:其一,外侨法的历史强调了公民权利在真实或者假想的危急时刻之脆弱性,并表明了政治、经济和社会力量在界定这些权利时的交互作用。从《外侨法与煽动叛乱法》,到19世纪下半叶的反亚裔的限制规定,到镇压红色恐怖和反共产主义的"二战"后时代,威胁安全的因素——经济的或者政治的——刺激了限制公民和外侨权利之范围的努力(参见 Subversion)。其二,如同美国社会永恒的公民权利问题——种族关系问题——一样,外侨案件反映出了美国的联邦主义(*federalism)的轮廓。联邦规制外侨身份与归化的权利是对国家主权的贡献并且是重大的。在不涉及广泛认为对代议制政府至关重要的职能的领域,宪法第十四修正案限制了州根据公民身份对人进行分类的权力。

参考文献 Thomas Alexander Aleinikoff and David A. Martin, *Immigration: Process and Policy* (1985);"Developments in the Law: Immigration Policy and the Rights of Aliena," *Havard Law Review* 96 (1983): 1286-1465; Charles Gordon and Harry Rosenfield, *Immigration Law and Procedure* (1984); Elizabeth Hull, *Without Justice For All: The Constitutional Rights of Aliens* (1985).

[Patrick J. Bruer 撰；李昌林译；许明月校]

外侨法和煽动叛乱法 [Alien and Sedition Acts]

参见 Sedition Act of 1798。

外侨土地法 [Alien Land Laws]①

外侨在美国拥有不动产的权利不是绝对的，也不受美国宪法的保护，自1776年以来，美国的法院和立法机关就一直面临着这个问题。

联邦最高法院处理外侨对不动产的权利的第一个判例是"费尔法克斯的地产受遗赠人诉亨特的地产承租人案"（*Fairfax's Devisee v. Hunter's Lessee)（1813）。英国公民丹尼·费尔法克斯（Denny Fairfax）继承了位于弗吉尼亚州的土地。在独立战争期间，弗吉尼亚州希望阻止敌侨获得不动产权，它把费尔法克斯的继承权转让给弗吉尼亚州公民戴维·亨特（David Hunter）。虽然联邦最高法院维持了费尔法克斯的继承权，它这样做只不过是因为弗吉尼亚州未正确适用将无人继承财产充公的程序。如果在此之前弗吉尼亚州正确地起草了法律，它可能就能够驳回费尔法克斯的请求。这一狭隘的判决理由准许州立法机关限制外侨的权利。

很多州都限制外侨拥有土地的能力。某些州要求，拥有土地必须具有入籍意向（*citizenship）的可能性的证据；其他州则限制拥有的土地的数量。大多数此类限制于1850年到1920年在美国西部出现。各州和准州（*territories）把禁止中国人和日本人拥有农场和矿场作为抑制亚洲移民的手段。

联邦政府也对外侨进行限制。在1887年，国会颁布法律阻止未来的外侨在联邦的准州之内拥有或者租赁不动产。矿场和林场也受到严格控制。

对限制外侨的土地所有权的立法提出的质疑通常都以失败告终。各级法院维持了立法机关限制外侨财产权的权利。大多数这些限制已经作废，但它们可以随时获得重新颁布。

[John R. Wunder 撰；李昌林译；许明月校]

十分审慎的速度 [All Deliberate Speed]

十分审慎的速度是首席大法官厄尔·沃伦（Earl *Warren）在"布朗诉教育理事会案 II"（*Brown v. Board of Education II）（1955）的判决意见中提出的比较模糊的指导。这个短语体现了联邦最高法院在种族隔离问题上的踌躇，后来成了那些拒绝变革者的正当根据。该短语是在大法官奥列弗·费利克斯·法兰克福特（Felix *Frankfurter）坚持要求之下加入判决理由的。他认为这一表述源自大法官温德尔·霍姆斯（Oliver *Wendell *Holmes）对19世纪衡平法惯例的解释，而这是不准确的。实际上它的原始出处是19世纪天主教赞美诗作者弗朗西斯·汤普森 [Francis Thompson (1859—1907)] 的诗歌"天堂猎手"（The Hound of Heaven）。联邦最高法院在1964年的"格里芬诉爱德华王子县学校理事会案"（Griffin v. County School Board of Prince Edward County）中避免进一步依赖这一理念。在1968年的"格林诉新肯特郡学校理事会案"（*Green v. County School Board of New Kent County）中，拒绝适用这一短语。同年，大法官胡果·布莱克（Hugo *Black）在一次电视采访中，批评了联邦最高法院对这一短语的使用——这在当时是在职的大法官对占主导地位的判决理由在法庭以外所作的史无前例的批评。

[Dennis J. Hutchinson 撰；李昌林译；许明月校]

艾勒金尼县诉美国公民自由联盟大皮茨堡分会案 [Allegheny County v. ACLU Greater Pittsburgh Chapter, 492 U. S. 573 (1989)]②

1989年2月22日辩论，1989年7月3日以5比4（改判）和6比3的表决结果（维持原判）作出判决，布莱克蒙代表法院起草判决意见，奥康纳部分持并存意见，布伦南和史蒂文斯部分持并存意见部分持反对意见，肯尼迪对判决部分持并存意见部分持反对意见。在20世纪80年代初，"林奇诉唐纳利案"（*Lynch v. Donnelly）（1984）表明了联邦最高法院支持宗教活动的政策。在该案中，不顾美国公民自由联盟（*American Civil Liberties Union）提出的反对，它以5比4的投票维持了一次公开发起的宗教展出。联邦最高法院适用"莱蒙诉库尔兹曼案"（*Lemon v. Kurtzman）（1971）中阐明的三方"标准"（见 Lemon Test），判决在大型展出——包括圣诞老人、驯鹿和许愿——中，马槽中出生耶稣的画像具有世俗的意义，而不具有提倡或者禁止宗教的基本效果，未过分使教堂或者州陷入其中。在艾勒金尼案中，联邦最高法院拒绝延伸林奇案以认可主要集中于宗教象征的季节性展出。

大法官哈里·布莱克蒙（Harry *Blackmun）起草判决意见。其判决理由由只有大法官桑德拉·戴·

---

① 另请参见 Alienage and Naturalization; Property Rights。
② 另请参见 Religion。

奥康纳(Sandra Day *O'Connor)赞同。他认定,林奇案关注的是展出的图画背景而非是节日期间这个时间背景。所以,马槽中出生耶稣画——未被其他更世俗的物品渲染——在乡下法庭中公开展出是不合宪的。不过,分枝烛台可以出现在类似的场合中,只要它处于一个——被世俗的东西包围——强调节日的多样性气氛之中。布伦南、马歇尔和史蒂文斯原本打算取缔这两次展出;而伦奎斯特、怀特、斯卡利亚和肯尼迪原本打算支持它们。

[Joseph F. Kobylka 撰;李昌林译;许明月校]

艾杰耶尔诉路易斯安那州案[Allgeyer v. Louisiana,165 U. S. 578(1897)]①

1897年1月6日提出诉讼,1897年3月1日以9比0的表决结果作出判决,佩卡姆(Peckham)代表法院起草判决意见。在艾杰耶尔诉路易斯安那州案中,联邦最高法院首次宣告剥夺个人签订合同权的州法违宪。案件发生在路易斯安那州,该州和其他州一样,禁止不符合一定条件的商行在该州的辖区内经营。为执行这一政策,路易斯安那州规定,路易斯安那州的人通过邮件与在外州经营的公司签订某些保险合同是非法的。艾杰耶尔及其公司被指控与一家纽约公司签订此类保险合同。

联邦最高法院在此前曾经判决,保险不是州际贸易,因此不能判决路易斯安那州的法律而侵犯国家管辖权而违宪。联邦最高法院判决,该合同在纽约生效,在那里也是合法的。接着,联邦最高法院判决,宪法第十四修正案(the *Fourteenth Amendment)的正当程序条款保障签订合法合同的权利。

艾杰耶尔诉路易斯安那州案是确立"契约自由"的关键判例。尽管该案的判决理由本身仅宣称签订合法合同的权利受正当程序条款保护,各级法院发展了契约自由原则,其例外受到限制。各州必须证明契约自由之例外的正当性。雇主经常引证这一原则质疑规制雇佣合同条款的立法——如规定最长工作时间或最低工资的立法。直到20世纪30年代中期,这些质疑通常获得成功。

[Michael Les Benedict 撰;李昌林译;许明月校]

美国律师协会联邦司法委员会[American Bar Association Standing Committee on Federal Judiciary]②

美国律师协会联邦司法常务委员会是联邦法官选任程序中主要的非政府角色。该委员会是经过早期律师组织无系统地影响联邦法官选任的尝试之后,于1946年正式成立的。在不同的总统任期中,它的职能大相径庭。在早期,该委员会偶尔提名法官。而它现在的职能被限定为评价审查法官候选人。

从艾森豪威尔政府开始,美国律师协会的建议所追求的目标是在候选人实际被提名之前,形成一种甄别机制。比如,杰拉尔德·福特总统在提名约翰·保罗·史蒂文斯(John Paul *Stevens)担任联邦最高法院大法官之前,就15名候选人征求了美国律师协会的意见。不过,在2001年,乔治·布什结束了这种传统。这种变化可归因于在罗伯特·伯克于1987年被罗纳德·里根总统提名到联邦最高法院时受到来自委员会的4张反对票引起的在保守的共和党人之间广泛流传的对于委员会的批评,而在1991年乔治·布什提名克罗伦斯·托马斯到联邦最高法院时,又收到来自委员会的两张反对票。进而,在2002年大选后,参议院中共和党重新取得了多数席位,由奥利·哈奇(Orrin Hatch)担任主席的司法委员会便终止了这一传统,即开始于1948年的在收到美国律师协会联邦司法委员会的评价之前,不进行联邦法官确认的下一步程序的传统。

具有讽刺意味的是,该委员会在历史上曾被认为是代表业已建立的律师协会的保守的机构,却发现其在法官选择方面的角色在共和党统治下被淡化,特别是,从20世纪60年代开始,大约有2000人被提名出任联邦法院的法官,然而,仅有26人被该委员会认为不合格,而其中23人是由民主党总统提名的。现在,美国律师协会司法委员会仍然担当着其评价的角色,但仅仅在被提名人的名字由总统提出以后才由其作出评价了。

在2001年,该委员会由15名成员组成,他们由美国律师协会主席选任,以映射联邦法院的结构的方式代表美国的各个地区,委员会成员中有2人从第九巡回区中选出,1人则随机选出。调查被提名者的主要责任由代表出现法官职位空缺的地区的委员承担。这种安排难免招致非议,因为委员会的商议不可避免地会集中在对某个个人的推荐上。

目前,联邦最高法院大法官候选人被给出的评价等级是"十分合格"、"合格"、"不合格"。一致认定"十分合格",就如同在任命安东尼·肯尼迪(Anthony *Kennedy)和史蒂芬·布雷耶(Stephen *Breyer)时的情形那样,显然有助于得到参议院的批准。如果委员会之评价较为模棱两可时,正如对罗伯特·博克(Robert *Bork)的提名时的情形,被提名者将会遇到重大障碍。联邦最高法院大法官的候选人获得"不合格"的投票是罕见的,实际上还没有人被该委员会的多数委员定为"不合格"[其中包括时运不济的克莱门特·海恩斯沃思(Clement *Haynsworth)、G. 哈罗德·卡斯韦尔(G. Harrold

---

① 另请参见 Contract, Freedom of; Due Process, Substantive。

② 另请参见 Appointment and Removal Power; Selection of Justices。

＊Carswell)和罗伯特·博克(Robert Bork)]。多数表决的评价是代表委员会的评价,但是,评价表决是否为一致赞同、多数或大多数成员赞同,是会引起注意的;此外,委员会的大多数给出了什么样的替代性评价也会引起注意。

委员会对低级别联邦法院(＊lower federal courts)(地区法院和上诉法院)法官候选人的评价使用的标准同样是"十分合格"、"合格"、"不合格"以及表决票的分布情况。由于在总统的任期内有若干任命低级别法院法官的机会,分析家们常常以有多少候选人得到美国律师协会的最高评价、有多少人被认为"不合格"为基础,对一届总统任期内填补法官空缺的成功性进行比较分析。

从一开始,该委员会的职能就存在争议。在补充关键的法官职位的时候,作为制度化的、非政府的声音,美国律师协会实际上占据垄断地位。人们对此提出了质疑。并且,由于美国律师协会在历史上被视为代表了律师界最成功、最保守的势力,人们常对委员会判定的偏见提出疑问。实际上,在卡特政府时期进行的研究揭示,美国律师协会的褒扬性的结论与候选人的白人男性身份、年龄、从事法律职业的年限有密切联系。美国律师协会的评价还显得有利于就读著名法学院、从事传统职业、在被提名之前有较高收入的候选人。乔治·布什政府在低级别法院法官的任命上不再向美国律师协议司法委员会咨询,它声称,由于其在法官任命中的优越地位,这样做并没有正当性。然而,一些人认为,行政政府的动机过于意识形态化,反映了其在评价被提名者方面,更愿意依靠诸如联邦主义者协会(Federalist Society)之类的更为保守的机构成员的偏好。

自创立近半个世纪以来,美国律师协会联邦司法常务委员会在联邦法官选任中一直是一个重要且不无争议的因素。它在一个变易不羁的状况下,继续反应了现今的政治环境,人们提出的期待,以及现时总统行政创造的机会。

[Elliot E. Slotnick 撰;李昌林、许明月译;许明月校]

美国公民自由联盟[American Civil Liberties Union]①

美国公民自由联盟是一个致力于保护个人宪法权利的民间自治组织,纲领包括诉讼、教育公众和游说。美国公民自由联盟的律师为相信其公民自由受到侵害的个人提供免费法律援助。

美国公民自由联盟建立于1920年,其前身是1917年成立的国家民权局,它旨在为出于良心拒服兵役者(＊conscientious objectors)辩护,并同第一次世界大战(＊World War Ⅰ)期间压制民权的行为作斗争。美国公民自由联盟的显著特征是它宣称的为民权进行非党派性的辩护。美国公民自由联盟曾经为共产主义者、纳粹分子、三K党等不受欢迎群体之言论自由进行辩护,以保护言论自由原则,而不是为了保护其言论的内容。批评美国公民自由联盟者极少注意到这一区别。

美国公民自由联盟议事日程处于不断的发展之中。在20世纪20年代初期,它致力于为政治上的激进分子和工会(＊labor union)组织者的宪法第一修正案(the ＊First Amendment)权利辩护。1926年的"斯科普斯诉合众国案"(Scopes v. United State)使它在全国名声大噪。联盟对田纳西州禁止教授进化论(＊evolution)的法律的质疑,使学术自由(＊academic freedom)和政教分离问题提上了它的议事日程。20世纪30年代,联盟的议程包括:替宗教(＊religion)自由辩护(特别是在一系列耶和华见证人的案件中)、质疑对艺术的审查(＊censorship)、援助少数种族的公民权利(参见 Race and Racism)以及倡导犯罪嫌疑人权利的司法保护(参见 Due Process, Procedural)。

在20世纪60年代,联盟的公民权利概念延伸至妇女(参见 Gender)、学生、囚犯、穷人、同性恋者和其他"牺牲品群体"。联盟对既存的堕胎犯罪法(＊abortion laws)、死刑(＊capital punishment),以及于1970年对"越战"(＊Vietnam War)之合宪性提出了质疑。同时,它对宪法第一修正案问题的态度正朝着"绝对主义"的方向发展,包括了反对一切形式的审查和政府对宗教进行的所有形式的资助(参见 First Amendment Absolutism)。

美国公民自由联盟在联邦最高法院胜诉了很多产生重大宪法原则的案件。一位历史学家估计,从1925年至今,联盟参与了被公认为"划时代"的案件之80%。在"吉特洛诉纽约案"(＊Gitlow v. New York)(1925)中,联盟帮助说服联邦最高法院把宪法第十四修正案(the ＊Fourteenth Amendment)之正当程序条款与宪法第一条修正案(the ＊First Amendment)融合(参见 Incorporation Doctrine)。联盟的律师们成功地在"斯特姆伯格诉加利福尼亚州案"(＊Stromberg v. California)(1932)、"鲍威尔诉亚拉巴马州案"(＊Powell v. Alabama)(1932)、"德乔恩吉诉俄勒冈州案"(＊DeJonge v. Oregon)(1937)和"黑格诉工业组织协会案"(＊Hague v. CIO)(1939)中进行了辩论。他们还在"海拉巴亚斯诉合众国案"(＊Hirabayashi v. United States)(1943)和"科里马修诉合众国案"(＊Korematsu v. United States)(1944)中辩论,在这两个案件中,他们质疑"二战"(＊World War Ⅱ)期间疏散和收容美籍日本人,但

---

① 另请参见 Speech and the Press。

是败诉。在"二战"之后的岁月里,联盟参与了多数有关政教分离["恩格尔诉瓦伊塔尔案"(*Engel v. Vitale)(1962)]、审查[如"雅各布里斯诉俄亥俄州案"(Jacobellis v. Ohio)(1964)]、刑事程序[如"米兰达诉亚利桑那州案"(*Miranda v. Arizona)(1966)]方面的重大案件。它还加入全国有色人种协进会(*NAACP)之主要民权案件,包括"布朗诉教育理事会案"(*Brown v. Board of Education)(1954)。

美国公民自由联盟之法律活动在传统上依赖于提交提出宪法问题的法庭之友诉讼要点的相互合作的律师之公益服务。在20世纪60年代,联盟日益向其当事人增加直接的代理服务,并更大程度地用收费的在编律师。在20世纪70年代,联盟创立了一系列致力于解决特定问题的"特别项目",如生育权、囚犯的权利和妇女的权利,这些项目由基金的捐助和受雇的专职员工筹措资金。到1980年为止,联盟每年大约提起6000件诉讼,其中的大多数都由相互合作的律师以联盟之会员的身份作为自愿者加以处理。在联邦最高法院,它每年大约在30件案件中提交诉讼要点,比美国政府以外的其他机构在联邦最高法院露面的机会都要多。

多年以来,联盟对民权问题之立场引起了巨大分歧,批评意见来自方方面面:保守的反共产主义者指责联盟支持共产主义(*communism),因为它为共产主义者之宪法第一修正案权利做过辩护。原教旨主义者因联盟之政教分离立场而攻击它"不信神"或者"反基督教"。联盟反对审查,反对限制避孕(*contraception)和堕胎,造成了与天主教的长期冲突。因其为犯罪嫌疑人的权利进行辩护,保守人士攻击联盟是"罪犯的院外活动集团"。左翼的批评家指责联盟在冷战期间未能猛烈地反对反共产主义措施,并偶尔批评它替纳粹和其他极右翼势力辩护。

从20世纪70年代开始,保守派人士引证联盟对越战之质疑和在水门事件中支持弹劾(*impeachment)理查德·尼克松(Richard *Nixon)总统,攻击联盟放弃了其传统的赞成自由的政纲领的、非党派的民权斗士的角色。保守的法学者争辩道,联盟对宪法上的隐私权(*privacy)以及尤其是堕胎权的立场在宪法的文本和历史上都没有根据。一般而言,这些批评声称,联盟和自由主义的法官用他们自身的政治观念替代了宪法制定者之原意(*original intent)。联盟回答道,它的民权理念受宪法和《权利法案》(*Bill of Rights)确立的有限政府之架构和宗旨支撑。

从组织上看,到20世纪80年代为止,联盟由一个全国办公室和50个州的分会、支会网组成。分会受全国理事会制定的政策之约束,但在制定自己的方针方面享有高度的自治。某些分会聘请有自己的专职律师和院外活动家。联盟的会员从1920年的1000人增至1990年的275 000人。联盟之全国办公室包括一个法律顾问团、公共教育部和位于华盛顿的立法办公室,其中有11名法律顾问和对10个特定领域进行研究的工作人员。

参考文献 Charles Lamm Markmann, *The Noblest Cry*: *A History of the American Civil Liberties Union*(1965); Samuel Walker, *In Defense of American Liberties*: *A History of the ACLU*(1990).

[Samuel Walker 撰;李昌林译;许明月校]

美国通讯协会诉杜茨案[American Communications Association v. Douds,339 U.S. 382(1950)] ①

1949年10月10、11日辩论,1950年5月8日以5比1的表决结果作出判决,文森代表法院起草判决意见,法兰克福特部分同意,杰克逊持部分同意部分反对,布莱克反对,道格拉斯、克拉克和明顿缺席。该案涉及冷战时期反共立法之合宪性,联邦最高法院维持了1947年的《塔夫脱-哈特莱法》(Taft-Hartley Act)第9条(h)之规定,要求工会的官员签署宣誓书,表明自己不是共产党员或其支持者,并且不信仰非法推翻美国政府,未签署宣誓书的工会不得对不公平的劳动惯例向国家劳资关系委员会寻求救济。

联邦最高法院未以对国家安全的威胁,而是以对州际贸易的威胁为评价的基础。大多数大法官认定:该法属于国会的商业权力(*commerce power)的范围,因为可以合理地认为,共产党会从事政治性的罢工,这会破坏国家经济。联邦最高法院承认,该法对宪法第一修正案(the *First Amendment)保护的政治权利具有可怕的效果。而它仍然判决,宪法第一条修正案未被违反,因为该法保护公众免受有害行为——政治性罢工——而不是有害思想的侵害。联邦最高法院接着把明显即发的危险(*clear and present danger)标准作为简单的平衡标准,得出了国会保护国家不受政治性罢工的侵害的利益超出了该法让工会会员承担的责任这个结论。

尽管杜茨案未被推翻,其权威效力却受到怀疑。在"合众国诉布朗案"(United States v. Brown)(1965)中,替代第9(h)条的法律被联邦最高法院废除。

[Mary L. Dudziak 撰;李昌林译;许明月校]

美国印第安人[American Indians]

参见 Native Americans。

---

① 另请参见 Communism and Cold War; Labor; Speech and the Press。

美国保险公司诉坎特案[American Insurance Company v. Canter, 1 Pet. (26 U.S.) 511 (1828)]①

1828年3月11日辩论,1828年3月15日以7比0的表决结果作出判决,马歇尔代表法院起草判决意见。联邦主义(*federalism)方面的问题是早期的联邦最高法院遇到最棘手的问题之一,其中之一就是如何为准州佛罗里达的联邦上诉法院和国会授权该准州设立的低级别法院适当划分海事和海商管辖权(*admiralty and maritime jurisdiction)。本案涉及一桩海事案件中原告对佛罗里达准州内的地方法院的海难救助金判决的上诉,它提出的更大问题包括:国会获得和统制准州的权力及其来源;联邦法院与地方法院管辖权的划分;宪法第3条(the *Article Ⅲ)授予的海事和海商管辖权的范围以及准州的法律渊源。

首席大法官约翰·马歇尔(John *Marshall)代表联邦最高法院的一致意见,确认了地方法院的判决。他解释到,当国会赋予联邦上诉法院在该准州的不完全的宪法第3条规定的管辖权时,它并未授予它们联邦司法权的全部手段。宪法把这种权力延伸至(特别是)根据联邦宪法、法律或条约起诉的案件,以及海事和海商案件。所以,海事诉讼不是根据"美国的法律和宪法"起诉的案件,而是"与航海一样古老;当发生此类案件时,我们的法院就适用这些已经长期存在的海事法和海商法"(p.544)。马歇尔还说:国会从宪法第4条的准州条款中得到获得和统制准州的权力。这一立场被首席大法官罗杰·B.托尼(Roger B. *Taney)在1857年的德雷德·斯科特(Dred *Scott)案中推翻。

[Ralph James Mooney 撰;李昌林译;许明月校]

合众国诉美国图书馆协会案[American Library Association, United States v., 539 U.S. 194 511 (2003)]

2003年3月5日辩论,2003年6月23日以6比3的表决结果作出判决,伦奎斯特代表法院起草判决意见。肯尼迪、布雷耶持并存意见,史蒂文斯、苏特、金斯伯格反对。国会颁布了《儿童互联网保护法》(CIPA)以防止未成年人通过使用公共图书馆互联网终端接触到淫秽的音像制品。《儿童互联网保护法》(CIPA)规定公共图书馆将不能获得联邦对其提供互联网服务而给予的资助,除非他们在其终端上安装了软件以阻隔传送淫秽图像的网站。

根据国会不能劝导联邦援助的接受者去完成违宪行为的原则,首席大法官威廉·伦奎斯特(Rehnquist *William)辩论说,公共图书馆的使命是为社区提供最大利益的精神食粮,公共图书馆的互联网通道不是一个受到保护的公共论坛;成年读者仍可很容易通过请求图书管理员进入一个没有阻隔的终端;政府有权界定它所建立的项目限制的界限。从这些前提出发,伦奎斯特得出结论:《儿童互联网保护法》(CIPA)没有诱导公共图书馆去实施违宪行为。

大法官约翰·保罗·史蒂文斯(John Paul *Stevens)反对理由是:《儿童互联网保护法》(CIPA)对于政府基金接受以限制第一修正案的权利为条件是不能允许的,因为《儿童互联网保护法》(CIPA)否认了图书馆在判断受到阻隔网站价值方面的任何自由裁量权。

大法官苏特、金斯伯格一起反对的理由是:阻止成年人接触对未成年有害的资料是宪法上不能允许的对图书馆所控制的通信资料的基于内容的限制。他论辩道:应当适用严格审查(*strict scrutiny),《儿童互联网保护法》(CIPA)也许不能通过这种审查,因为它并没有严格地满足既保护未成年人不受淫秽图像侵害,又不侵犯作为图书馆读者的成年人的基本权利这一强制性的政府利益。按照大法官苏特的观点,《儿童互联网保护法》(CIPA)的条款并没有确保图书馆成年读者能够简单通过申请就能得到不受阻隔地使用终端的权利。

[T. J. Donahue 撰;孙曙生译;胡海容校]

政教分离美国人联合会[Americans United for the Separation of Church and State]②

1947年,由于教区附属学校的倡导者正在发起要求获得公共财政补贴的运动,一帮政治、宗教和教育方面的领袖人物创立了政教分离美国人联合会(AUSSCS),它在现在被简称为美国人联合会(AU)。政教分离美国人联合会相信,政教分离原则是宗教自由的基石。今天,政教分离美国人联合会代表了52 000名以上的个人和3000个教堂和宗教团体。

尽管政教分离美国人联合会最初的宗旨是教育性质的,多年以来它还是参与了不少宗教与政府之间的诉讼。政教分离美国人联合会提起诉讼,提供律师,并提交法庭之友诉讼要点(*amicus curiae briefs)。1971年以来,政教分离美国人联合会在联邦最高法院参与了约15件案子,在低级别法院参与了很多案子。

政教分离美国人联合会反对政府对教区附属学校的任何形式的资助,认为它们对教育的资助充满了其主办教会所体现的宗派主义。政教分离美国人联合会参与的重大案件包括"莱蒙诉库尔兹曼案"(*Lemon v. Kurtzman)(1971)——该案确立了今天

---

① 另请参见 Lower Federal Courts; Territories and New States。

② 另请参见 Education; Religion。

禁止建立国教条款的基础,"弗莱斯特诉科恩案"(*Flast v. Cohen)(1968)——它确立了联邦纳税人根据禁止确立宗教条款质疑联邦资金是否用于宗教用途的资格。一般而言,如同在"阿杰拉诉费尔敦案"(Aguilar v. Felton)(1985)和"大瀑布城校区诉鲍尔案"(School District of the City of Grand Rapids v. Ball)(1984)中那样,在政府直接资助学校活动的案件中,政教分离美国人联合会胜诉;而当资助以税收减免的方式涓涓流入儿童的家庭,学校只是间接受益时,如"米勒诉艾伦案"(Mueller v. Allen)(1983)那样,它就不大容易获得成功。

[Stanley Ingber 撰;李昌林译;许明月校]

美国残疾人法
[Americans with Disabilities Act.]①

《美国残疾人法》(ADA)是由乔治·H. W. 布什(George H. W. Bush)总统在1990年签署生效的。通常被认为是世界上第一部综合性的反歧视残疾人的法律,这部法律特别具体地规定了雇主、政府机构及公共设施的管理者所作所为,以确保残疾人不会被不公正地排斥于社会生活之外。《美国残疾人法》(ADA)由大批联邦机构及私人当事人来实施,这些私人当事人根据某些规定可以提起诉讼,收取侵权损害赔偿费。

《美国残疾人法》(ADA)的渊源可以追溯到一部早期的制定法,即1973年《康复法》的第504条。在主要为消费措施的系列规定中,该条仅仅是一个微不足道的条款,它规定"如果其他条件符合,任何个人都不应该仅仅由于他残疾的原因在任何项目或接受联邦基金的活动中受到歧视。"联邦机构和法院把此条解释为创设对歧视提起诉讼并接受"合理的膳宿"权利的法律。由于504条只覆盖了接受联邦基金实体,所以残疾人利益维护者便强烈地要求制定更加全面的法律。一个早期的建议是修正1964年的《民权法》使其包括残疾人,但许多人担心开放该法对其修正所带来的后果,还有人论证单个残疾人的复杂性与多样性决定,一个分开的、独立的法律更必要。在里根(*Reagan)执政期间,国家残疾人委员会起草了《美国残疾人法》(ADA)的第一稿,在1988年春,修改稿被提交到了国会。这个法案再没有走出过委员会,但在1988总统选举期间,两方候选人都在观念上认可了《美国残疾人法》(ADA),乔治·H. W. 布什(George H. W. Bush)的认可为该法的通过扫平了道路。通过与残疾人组织、民权组织及布什政府的谈判修正,1989年《美国残疾人法》(ADA)被再次提交到国会,并于1990年以压倒多数票在两院通过。

《美国残疾人法》(ADA)分为5章,第一章涵盖了在私人和公立部门就业的问题。凡是感到遭受歧视者根据1964年《民权法》也可得到同样的救济。他们可以向就业机会均等委员会投诉然后再提起诉讼。第二章涵盖了由州、地方和联邦政府经营的服务、设施和项目。投诉者可以向司法部提出投诉;也可以提起联邦诉讼去禁止歧视行为,并可以得到有限度的金钱赔偿。第三章涵盖了大量的私人的非政府的设施和项目,从酒吧、面包房到公园和动物园。投诉者享有与第二章规定一样的权利。司法部部长也有权提起诉讼,而且只要有歧视的"形式和实践",就可以请求金钱赔偿和民事罚款。第四章涵盖了为语言和听力障碍者提供的电信服务,并授权联邦通信委员会实施该法律。第五章是兜底性的一章,除了其他规定外,本章从该法的覆盖范围中排除了大部分的保险服务项目,并规定为胜诉的当事人一方提供律师费用,还规定异性装扮癖、同性恋、盗窃癖及正在吸食毒品者不是该法认定的残疾人。

《美国残疾人法》(ADA)的起草者希望把因使用术语、援用504条创设的规则和判例涉及的定义所产生的冲突降低到最小程度。504条款已经适用10多年,在这方面,他们坦率地承认失败了,联邦法院,包括联邦最高法院,多年来一直对《美国残疾人法》(ADA)中的关键概念伤透脑筋。举例来说,这部法律要求雇主创设"合理的膳宿"提供给残疾的受雇人员,但如果这样做会招致"过分的艰难"则可以免除——这就留给法院来决定什么是"合理的"与什么是"过分的"的问题。首要的问题是法院根据这部法律一直对谁能称得上是真正的残疾人而困惑不解。《美国残疾人法》把残疾界定为有着一定的损伤并因而在"主要的生活活动方面"受到"实质性的限制"。但何谓"实质的"和"主要的"? 联邦最高法院的判决已经缩减了这个定义的内涵,例如它曾裁定可矫正的障碍——如一个案件中的严重近视——不属于美国残疾人法中所指的残疾["萨顿诉联合航空案"(Sutton v. United Airlins)(1999)]。

的确,调查发现,美国残疾人法的被告在法庭上受到了极悲惨的对待,但是,这部法律在项目运行和物质构架方面却毫无争议地带来了广泛的变化,也激发了世界各地的残疾人权利活动家们的灵感。

[Thomas F. Burke 撰;孙曙生译;许明月、潘林伟校]

法庭之友诉讼要点[Amicus Brief]

法庭之友诉讼要点(*brief)由对案件将要发展出的法律原则感兴趣但不是案件当事者提交,其感兴趣的原因是该原则与他们自身偏好的政策或者未来的诉讼有关。尽管有"法庭之友"的标签,法庭之友几乎不可避免地与一方当事人结盟,基本上成为

---

① 另请参见 Tennessee v. Lane。

当事人之友。法庭之友诉讼要点具有潜在的重要性,因为它们可提醒法庭注意有别于当事人的观点的法律论点和视角。例如,此类诉讼要点可使大法官们注意到可能作出的裁判的效果。法庭之友通常是一个组织,但它也可能是一个个人。

极少有法庭之友诉讼要点被提交给联邦地区法院或美国的上诉法院(参见 Lower Federal Courts)。多数法庭之友诉讼要点被提交给联邦最高法院,这其中有的是与调卷令(*certiorari)申请一同提交的。众多组织的关注能够引起最高法院对案件的重视,从而更有可能同意复审。不过,大多数法庭之友诉讼要点是在联邦最高法院同意对案件进行复审之后才提交的。在联邦最高法院,只有经许可,个人才可以提交法庭之友诉讼要点。如果有一方当事人不许可,联邦最高法院自身可以许可。根据联邦最高法院的规则,由政府首席律师(*solicitor general)代表的联邦政府以及州政府都不需要获得这种许可。有时候联邦最高法院邀请组织或者行政机构——最常见的是司法部部长——提交它们对案件的意见。当一方当事人放弃支持其在低级别法院所主张的立场,联邦最高法院得指定一名法庭之友支持这一立场。在"鲍勃·琼斯大学诉合众国案"(Bob Jones University v. United States)(1983)中,当里根政府放弃种族歧视的私立学校不应受到税收减免的争点之后,联邦最高法院就指定威廉·科尔曼(William Coleman)对这一观点进行主张。

组织致力提交法庭之友诉讼要点有若干理由。最显而易见的是企图影响联邦最高法院的判决。不过,有些法庭之友提交的诉讼要点不过是在"抖旗帜",该团体的领导希望这样做可以向其成员表明该组织是活跃的。从审判阶段开始就缺乏支撑诉讼的资金来源或者法律人才的组织发现,法庭之友是参与诉讼的一个十分廉价的方法。不过,某些保守的公益律师事务所即便是在审判阶段能够有更大程度的参与,也倾向于通过提交法庭之友诉讼要点参与,试图用它们来挫败自由组织的法庭之友观点。

联邦最高法院对法庭之友诉讼要点的接受因时而异,不过现在对它们似乎持欢迎态度。在有争议的案件中,如"韦伯斯特诉生殖健康服务部案"(*Webster v. Reproductive Health Services)(1989),曾经有过六份法庭之友诉讼要点。法庭之友诉讼要点对联邦最高法院判决产生影响的程度不得而知。有时候它们确实显得有一定作用。例如,"特里诉俄亥俄州案"(*Terry v. Ohio)(1968)中,美国人有效执法协会提交的法庭之友诉讼要点就可能曾经使联邦最高法院确信警察遭遇的危险可以通过令停与搜身(*stop-and-frisk)措施避免。在"马普诉俄亥俄州案"(*Mapp v. Ohio)(1961)中,美国公民自由联盟(*American Civil Liberties Union)的法庭之友诉讼要点中的在刑事审判中应当排除以不当方式获得的证据的论点为联邦最高法院将证据排除规则(*exclusionary rules)延伸至州的案件提供了基础。而某些怀疑论者则说,大法官们对法庭之友诉讼要点不屑一顾,或许甚至没有看上一眼。更严重的问题是,这种诉讼要点通常不在对抗制中进行交锋,因为它们是在寻常的日子里提交给联邦最高法院的,并因而不能彼此应答。其中的主张也不能通过律师之间的论辩而得到验证,因为提交法庭之友诉讼要点的组织极少被允许参与口头辩论(*oral argument)。

[Stephen L. Wasby 撰;李昌林译;许明月校]

法院之友[Amicus Curiae]

从字面上讲就是"法庭之友",是当事人的代理律师以外的被赋予向法庭提交诉讼要点任务的个人或者组织。尽管此类个人或者组织对案件结果具有政治或者意识形态方面的利益,提交诉讼要点的个人却不能在案件中有直接的、个人的利害关系。近年来,法庭之友诉讼要点(*amicus briefs)在涉及学校废除种族隔离、就业歧视、堕胎等问题的民权案件中最为有效。

[Timothy S. Huebner 撰;李昌林译;许明月校]

联邦最高法院之前身
[Antecedents to the Court]①

英国的历史、美国殖民地的经历以及根据邦联条例而进行的全国政府的运行状况构成了根据联邦宪法第3条的授权设立的联邦最高法院的背景。

英国的先例 在英国人对北美洲实行殖民统治时,英国存在三种普通法法院(*common-law courts):皇家民事法院、王座法院、财税法院。其中,前述第一个法院行使一般民事管辖权(*civil jurisdiction);第二个法院是刑事审判法院,并对民事诉讼具有一定的上诉管辖权限;第三个法院起初只是财政机构,后对以王室作为一方当事人的争议作出裁断。此外,还有第四种法院——高等衡平法院,它对因为严格的普通法规则而不能够获得保护的当事人提供衡平法救济机制,据称,该法院的权力来自国王为臣民伸张正义的义务。

这四种法院构成殖民地法院体系的基础,各殖民地法院体系之间的差异只在于或者把管辖权分配给另一名称的法院,或把管辖不同案件的法院进行了合并。1686年之后,一些殖民地采用了艾德蒙·安德鲁斯(Edmund Andros)爵士为新英格兰(美国东北部地区)确立的管辖模式。这一模式把皇室民事法院、王座法院和财税法院的管辖权交由单一的普通法

---

① 另请参见 History of the Court; Establishment of the Union。

法院——通常称为最高法院——行使。在马萨诸塞、宾夕法尼亚和其他一些地区,衡平法院的职能由普通法法院行使。不过以前衡平权都是由单独的衡平法院行使,并且大多数情况下衡平法院由殖民地总督及其顾问组成。英国的法院体制给北美殖民地时期的法律制度的管辖权观念打下了深深的烙印,但后者倾向于合并英格兰因历史原因而独立存在的管辖权。美国联邦最高法院既行使普通法管辖权又行使衡平法管辖权,它代表了这一美国趋势的延续(参见 Judicial Power and Jurisdiction)。

独立于英国普通法法院和衡平法法院之外的是高等海事法院(约在 1360 年设立),它管辖公海上发生的民事纠纷,惩罚犯罪和海盗行为,并在战时行使捕获管辖权(prize jurisdiction)(对于把敌船及其货物判给俘获其的船员是必要的)。英国高等海事法院对北美殖民地的高等海事法院(约在 1696 年设立)履行这些职能的活动进行上诉审查。

在英格兰,普通法法院的法官们在传统上是巡回审案(这被称为"事实审"或"巡回"管辖权),事实的判定和法律疑难问题之裁决在完成巡回之后留给全体法官解决。大多数北美殖民地采用了某种形式的"事实审"管辖权,它一直延续到独立战争之后各州的实践中。美国联邦最高法院最初是根据《1789 年司法法》(*Judiciary Act of 1789)设立的,它也需要参与联邦巡回法院审理案件。一个或者多个联邦最高法院大法官被指派到涵盖数个相邻州的巡回管辖区域,在地区法官的协助之下主持案件的审理(参见 Circuit Riding)。尽管这不是英格兰所实践的事实审,它在利用上诉法院法官审理全国的案件方面却是类似的。《1802 年司法法》(参见 Judiciary Acts of 1801 and 1802)颁布之后,联邦最高法院有权决定联邦巡回法院的法官不能达成一致意见的问题,这与英格兰的事实审的做法非常接近。

英帝国的行政管理 殖民地时期和早期各州的实践及法院的管理大量借鉴了英格兰的模式,美国联邦最高法院特别是有关它在联邦法院系统中的权力方面也反映了类似的继承。不过,最高法院也是在一个联邦制度下运作的。在这种制度中有着相同于大英帝国在独立战争前夕的诸多来自行政方面的挑战(参见 Federalism)。

大英帝国的行政管理中心是枢密院,它由皇家顾问组成。从都铎王朝(1485—1603)开始,它就对王国行使总的行政监督。从古代开始,它对国王的领地(即对国王效忠但不是英格兰的组成部分的土地)都行使着上诉管辖权。就北美殖民地而言,枢密院有责任审查殖民地立法,并以国王的名义否定与英格兰立法相抵触的法律。在某些管辖权限内,殖民地法院的裁判也要受枢密院上诉审的审查。这些职能,连同对殖民地政府总的行政监督职能,使枢密院处于控制殖民地的创制权、确保其遵守国际法、用英格兰的先例塑造殖民地的经济政策的地位。

北美殖民地海事法院审结的海事系列案件(*admiralty cases)受英格兰高等海事法院的上诉审查,有的案件还要受枢密院审查。这确保了海事案件、对国际法的解释、捕获管辖权的行使保持在位于白厅[英国伦敦的一条宽阔大道,是伦敦法庭的主要所在地,以其为政府办公机构所在地而著名。——校者注]的宗主国政府的控制之下。

冲突的土地授予(*land grants)有时候有导致北美殖民地之间或者在不同殖民地拥有不动产者之间产生敌意的危险。枢密院设立边界委员会对纠纷进行仲裁并向枢密院报告,然后由枢密院正式确定新的边界。这一程序成为(1781 年生效的)《联邦条例》组成部分,并成为联邦宪法授权给美国联邦最高法院边界管辖权的基础。

美国联邦最高法院对联邦问题(*federal question),特别是国际法和条约权利问题的管辖权,反映出枢密院和高等海事法院使殖民地的创制权与宗主国的外交和公共政策相符合的功能。在州法或者法院判决与联邦宪法或制定法相冲突时,也会出现其他联邦问题。联邦宪法至上条款(第 6 条)规定,联邦的立法优于州的立法。在这一点上,美国联邦最高法院行使的职能与枢密院拒绝认定为"英格兰法律"有冲突的殖民地法律时的职能类似。上诉审查的标准则大相径庭,因为枢密院在作决定时不受成文宪法的约束。

枢密院的不可或缺的功能之一是控制殖民地的经济活动,以确保宗主国得到贸易盈利。在联邦宪法中,经由宪法商业条款(第 1 条第 8 款),美国联邦最高法院拥有类似的权力,以抑制州的重商主义,确保州际贸易和对外贸易规则统一。枢密院对殖民地的经济握有控制权,而宪法之下的联邦当局存在则是为了创立和规制美国各州之间的共同市场。

早期的州宪法 由于在独立战争中作战的一代认为立法权优于行政权或者司法权,很多早期的州宪法都把立法机关建立的法庭作为法庭之统帅。这些上诉法院由法官、州议会两院的议员、可能会有某些行政机关代表组成,实践证明,它们对于审查在司法法院提起的诉讼而言是一个累赘。在联邦宪法中设立美国联邦最高法院,代表了对分权原则(*separation of powers)的明显偏好;它还表明独立战争之前已经恢复引起公众争议的司法独立理想的信念。

某些州的宪法包含有在法律生效之前或者之后对其进行违宪审查的规定。根据纽约州 1777 年宪法,一个由州长、议长、州最高法院大法官组成的法案修正会议对立法行使中止性否决权。该法案只有重新获得两院 2/3 的代表之投票,才可成为法律。宾夕法尼亚州的 1776 年宪法设立了一个审查员委员会,使公众注意法律的缺陷和州官员的渎职行为,提交到费城制宪会议的弗吉尼亚方案建议,授权联邦议会审查和否决州立法的权力;这一建议未获通过,但至上条款被加入宪法第6条,由此可得出一个强有力的推论:美国联邦最高法院应当行使司法审查权,以支援联邦的至上性。

邦联条例 尽管其起草工作在1776年就已经完成,由于各州对西部土地权属的争议致使其批准的日期推迟到1781年。邦联条例规定的司法权限为解决边界争议、基于边界争议的土地权属纠纷,以及审查州海事法院的判决的海事、海商和捕获管辖权。

根据《邦联条例》第9条的规定,边界争议由混合仲裁法庭审判。它们遵循枢密院的程序,并用于解决1782年康涅狄格州与宾夕法尼亚州对宾州东北角土地的争议,以及1784年马萨诸塞州与纽约州对纽约西部之类似争议。联邦宪法第3条第2款把这一权力授予美国联邦最高法院。该款还授权解决私人间根据两个州土地授予而主张土地所有权的争议。

在《邦联条例》被批准之前,海事管辖权由国会的一个审查州海事法院判决的委员会行使。1781年成立了捕获与俘获案件上诉法院;在它为期两年的存续期间里,一共处理了超过100件案件。当美国联邦最高法院成立后,该上诉法院的官方记录被移交给联邦最高法院书记官。

宪法的批准 在费城制宪会议和各州批准宪法的会议上对联邦宪法的讨论,显示出独立联邦法院系统的建立引起的诸多关注。有人担心审判在遥远的、不方便的地方进行。很多参加制定和批准宪法会议的人对宪法第3条的正文中缺乏陪审团审判这一保障表示担心。上述反对意见和很多其他的反对意见是美国法律传统的产物。这一传统可以追溯到英格兰1620年至1648年对清教徒的追诉时期和1660年至1688年英格兰复辟时期对陪审团审判的滥用。独立战争开始之前的那几年强化了美国人对程序保障的兴趣,并且很多州宪法都包含了类似于那些最终包括在《权利法案》修正案之中的程序保障。

结论 美国联邦最高法院的制度最早可以追溯到英美普通法,其功能与英格兰早期的司法机关、大英帝国的司法机关和早期殖民地及各州的司法机关,以及《邦联条例》所规定的政府司法机关相类似。与此同时,联邦最高法院的前身显示,它正是美国在特定的州和殖民地,以及在与英帝国的更大范围的关系中的历史经验的产物。

参考文献 Julius Goebel, Jr., *History of the Supreme Court of the United States*, vol. 1, *Antecedents and Beginnings to 1801* (1971); S. C. F. Milsom, *Historical Foundations of the Common Law* (1969); Theodore F. T. Plucknett, *A Concise History of the Common Law* (1969); Joseph H. Smith, *Appeals to the Privy Council from the Colonial Plantations* (1950).

[Herbert A. Johnson 撰;李昌林译;许明月校]

羚羊号案[Antelope, The, 10 Wheat. (23 U.S.) 66 (1825)]

1825年2月26日至3月3日辩论,1825年3月16日作出判决,马歇尔代表法院起草判决意见,大法官们对案件暴露的问题意见纷纭,有时甚至带有猜想的性质,无反对意见。羚羊号案在联邦最高法院历史上首次提出国际奴隶贸易的合法性问题。1822年,大法官约瑟夫·斯托里(Joseph *Story)在巡回审判时,在"合众国诉拉杰恩·尤金尼亚案"(United States v. La Jeune Eugenie)中判决,这种贸易是非法的,"有悖于正义和人道的一般原则",即自然法(*natural law)。羚羊号案基于下述事实重新审视了这一问题:一艘私掠船袭击了北大西洋船队,俘获了羚羊号贩奴船,捕获者和奴隶们被美国缉私船扣押,交由巡回审判的大法官威廉·约翰逊(William *Johnson)处理,他命令以抽签的方式在美国、西班牙、葡萄牙的索偿者之间分配奴隶。

根据数位索偿者的上诉,在联邦最高法院,首席大法官约翰·马歇尔(John *Marshall)勉为其难地承认,奴隶贸易"违反自然法",但是判决道:它已经受到殖民地国家和西非人民的"惯例、国内法和舆论"的制裁,因而"应当受到可以从长期的惯例和普遍的默认中推导出的制裁方式的制裁"(pp. 66, 115, 121)。不过,他对案件的处置的效果,是把大约120名奴隶作为"美国人""遣返"到美国殖民协会的殖民地(今日利比里亚)去,让其中大约30人作为"西班牙人"(即西班牙索偿者的财产)在佛罗里达州受奴役(*slavery)。

[William M. Wiecek 撰;李昌林译;许明月校]

反托拉斯法[Antitrust]①

反托拉斯法是由制定法、司法判决和强行措施组成的法律之整体,目的在于制约威胁自由市场竞争的商业活动。反托拉斯法关注的核心是竞争,这反映了这样一种基本信念,即在美国的经济中,通过追求利润的公司(这些公司竭力服务于在市场的选择余地中作出决策以获得最大满足的消费者)的独立、竞争性的决策程序,通常能最好地决定经济问题。反托拉斯法旨在通过禁止限制竞争的相互串通、壁垒和垄断行为保护经济竞争,但因而也有造成抬高价格、降低产出、质量和减少创新的危险。这样做的时候,它与直接规定特定公司的产品数量、费率

---

① 另请参见 Capitalism。

和服务收费的其他管理经济的形式相冲突;例如,在"自然垄断"的行业里,人们认为,规模经济排除了多家公司的积极竞争。

基本规定和长期范式 反托拉斯法源于19世纪末20世纪初美国对急剧经济变化的反应。从此以后,联邦反托拉斯法的发展在该领域一直占据主导地位,尽管在第一次世界大战之前各州反托拉斯努力也很突出,并在近年来重新获得重要地位。联邦反托拉斯法以三部主要的法律为基础。其中最重要的是1890年《谢尔曼法》,该法第1条关注的是群体行为,它明确禁止限制州际、国际商业贸易的"一切合同、合作……或者共谋";第2条把个别公司作为其禁止垄断行为或者垄断企图的目标。1914年《克莱顿法》专门针威胁竞争的价格歧视、"捆绑"销售、独家经营、兼并和连锁董事对竞争的威胁。1914年《联邦贸易委员会法》完全授权其建立行政机关规制"不公平竞争手段"。

违反《谢尔曼反托拉斯法》(*Sherman Antitrust Act)的行为可以受实体刑罚的制裁。此外,私人和美国司法部可以对因他人违反谢尔曼法或克莱顿法造成的威胁请求强制性救济(参见 Injunctions and Equitable Remedies)。联邦贸易委员会有权发布最终可由联邦法院执行的制止令,作为违反《克莱顿法》或者《联邦贸易委员会法》的救济措施。美国和私人也可以得到3倍于他们因谢尔曼法或克莱顿法禁止的行为遭受的实际损失的损害赔偿。根据1976年颁布的"政府监护"立法,州可以代表受到违反《谢尔曼法》的行为之损害的居民在该州范围内的自然人请求给予3倍的赔偿。

尽管根植于制定法,实体的反托拉斯原则从一开始就基本上经由联邦最高法院对联邦反托拉斯法律之解释而发展。实际上,联邦最高法院在原则方面的核心地位,以及这些措施对于维持美国的自由产业体制至关重要的广为传颂的信念,常常使人们想到宪法和反托拉斯法法哲学之间的相似性。

长期以来,反托拉斯法的执行和解释的方向经常发生变化,这反映出美国经济、政治和精神生活的较大变化和模式。此外,自反托拉斯法律一颁布开始,人们对反托拉斯法的性质和目的就争论不休。某些法学家、学者和执法官把反托拉斯法对竞争的保护仅仅或者主要理解为提高经济效益和使社会财富在总体上最大化。其他人更强调更公平的福利分配、保护个体的商业机会、使政治自由免受私人经济实力过度集中带来的潜在威胁这些目的。近年来,尽管这些分歧依然存在,反托拉斯法愈发鲜明地重视强调提高经济效益的新古典经济学的观点。今日,这一思潮主导了反托拉斯法打击的所有四类行为:竞争者之间的横向联合协议、单个公司的旨在取得或者维持垄断地位的行为、有供求关系的公司之间的纵向联合,以及企业合并。

起源和早期的发展 19世纪末的反托拉斯立法和判例法以英美早期对垄断的反应和对贸易的限制为基础,英美早期对反竞争的私人行为的限制主要包含在合同、兼并和限制贸易的共谋方面的普通法先例之中。这些先例随各州管辖的范围和时间的不同而千变万化;在最初的反托拉斯法律颁布之时,还不存在统一的美国普通法(*common law)体系。

随着美国市场在南北战争之后的数十年里在地理上的扩大,由于各行各业的竞争日趋白热化,新技术革新一再使供大于求(参见 History of the Court; Reconstruction, Federalism, and Economic Rights)。这些发展促使大量美国公司在19世纪末20世纪初通过各种形式的多种行业的兼并寻求更大的安全和更高的回报。美国的公司起初基本上转变为诸如卡特尔的松散的联盟,从19世纪80年代开始就越来越结成稳固的、更紧密的联合体,如建立托拉斯、控股公司以及进行企业合并等(merger)。在19世纪80年代后期,随着一系列新的托拉斯的出现,公共舆论从起先以令人厌烦的铁路运营为关注的焦点,转移到对掠夺性商业行为、卡特尔化和整体上的产业集中的更广泛的关注上,促使在州一级爆发了新的反托拉斯行动。不过,对州的努力之实际限制和法律限制的认识,不久就导致要求出台新的联邦反托拉斯立法的排山倒海的压力,其结果是1890年颁布了《谢尔曼法》。

在该法颁布之前的辩论中,国会议员们表示了对保护的有力支持,以及对确保经济机会、公平消费价格、效率和政治自由的关注。长期以来,学者们对国会根本或者唯一要促进的是上述哪个价值目标众说纷纭。不过,在19世纪末的思潮中,这些目标和价值通常被认为在很大程度上是值得褒扬的,因此,大多数国会议员很可能希望同时达成所有这些目的。

无论是该法本身还是国会辩论都未对该法一般立场的实际运作提供详细的指导。国会通常试图把传统上普通法对贸易进路之限制融入州法院(*state courts),殊不知到1890年这些原则已变成何等模样。国会旨在把可观的权威授予联邦法院以发展出更为准确的原则。该法的通过,是确认竞争性自由市场之基本理念的重要信号;并且,该法的执行条款远远超越了早期仅仅规定限制性贸易协定不具有法律上的执行力的普通法原则。

该法颁布后的头十年里,仅看到联邦对其有限的执行。这在一定程度上是因为,在联邦最高法院首次适用该法的"合众国诉 E. C. 奈特公司案"(United States v. *E. C. Knight Co)(1895)中,对国会的商业条款权力作了限制性解读,驳回了对制糖厂垄断性兼并的质疑。不过,在数年之内,从19世纪90年代后起诉铁路卡特尔的案件开始,联邦最高法院在各种其他场合大力支持适用该法。19世纪末至20世纪初,一轮新的并购浪潮导致整个经济急剧集中。这强化了公众的忧虑,致使西奥多·罗斯福总统和威廉·霍华德·塔夫脱(*Taft)总统任职期间增加了联邦执行活动。这些活动促成了联邦最高法院的一系列胜利。这些胜利在"标准石油公司诉合众国案"(*Standard Oil Co. v. United States)(1911)和"合众国诉美国烟草公司案"(United States v. American Tobacco Co.)(1911)的判决中达到巅峰。在这些案件中,联邦最高法院命令分解当时两个最大的产业并购,以补救对《谢尔曼法》的违反,尽管这样的方式不能有效削弱这些并购造成的集中的经济实力。

在这些年里,联邦最高法院就《谢尔曼法》合适的一般标准展开了辩论。起初,占主导地位的是大法官鲁弗斯·W. 佩卡姆(Rufus W. *Peckham)对为违反限制的"合理性"进行辩护的反对,以及他的该法禁止任何直接、立即限制竞争并从而限制州际和对外贸易的协定的观点。首席大法官爱德华·D. 怀特(Edward D. *White)是"合理原则"(*rule of reason)这一替代观点的主要倡导者。在联邦最高法院对标准石油公司案和美国烟草公司案的判决理由中,这一观点最终取得了胜利。佩卡姆和怀特标准具有非常含混之处。例如,首席大法官怀特在标准石油公司案中的"合理原则"判决理由本身就意味着,某些协定因其与生俱来的性质,无需深究其合理性就可直截了当地宣布它们反竞争。该判决理由的这个方面,给联邦最高法院后来对于根据其"本质"即可认为为反竞争的活动和只有通过对目的、市场能力、效果和达成合法目的的不那么具有限制性的可行的替代措施更深入的调查才可以判定为反竞争的活动的界分的深入发展蒙上阴影,而这一界分在反托拉斯中处于核心地位,但通常又很棘手。

联邦最高法院对"合理规则"方法的确认,激活了对反托拉斯法的政治上的分歧。这一话题成为1912年西奥多·罗斯福、威廉·霍华德·塔夫脱和伍德罗·威尔逊三者逐鹿总统职位的主要关注的问题。随着威尔逊的当选,加固《谢尔曼法》的努力导致1914年颁布《克莱顿法》和《联邦贸易委员会法》。

从第一次世界大战到20世纪20年代期间,美国人逐渐接受了进步时期经济的逐步集中,伴随这一集中的是经济高度繁荣,因此对反竞争的行为和垄断行为的关注大大减少(参见World War Ⅰ; Progressivism)。在这些年里,联邦官员和联邦最高法院继续谴责诸如限价的赤裸裸的反竞争的协定,但是鼓励相互竞争的行业之间其他形式的合作,如分享商业状况的一般数据。

从"罗斯福新政"到20世纪70年代 公众对商业和对美国市场的健康的信心随1929年股票市场的崩溃而土崩瓦解。而联邦政府在富兰克林·D. 罗斯福(Franklin D. *Rossevelt)总统施行"新政"(*New Deal)的头几年里,却转向了因《全国工业复兴法》而扩大了的行业间合作,而不是复兴的反托拉斯行动。但联邦最高法院在"谢克特禽畜公司诉合众国案"(*Schechter Poultry Corporation v. United States)(1935)中宣布该法违宪,所以,后来的"新政"措施朝着截然不同的方向发展。受1937年经济低谷、对欧洲当时的卡特尔化后果的关注和经济学界愈发把集中的市场视为经济运作不力之典型产物的鞭策,联邦反托拉斯行动迅即剧增。20世纪30年代末开始的深入的反托拉斯行动,并未大大降低20世纪初确立的经济集中水平。不过,在随后的数十年里,它们确实使持续了两年的反托拉斯行动上升到一个新的台阶,超越了"新政"前的水平。

在这种背景下,反托拉斯的判例法有了长足进展。在整个20世纪70年代的判决中,联邦最高法院大力支持积极适用联邦反托拉斯法,反复对联合性商业协议、单一公司导致提升在市场中领头的行为以及并购提出质疑。尽管它继续承认,相互竞争者之间的某些形式的合作,如一般资信的分享或合理限制的合营,在特定情况下会提高效率、促进竞争,联邦最高法院却极大地增加对简易的本身违法规则的适用,以谴责限价、限产、市场分割和协同拒绝交易之类的集体协议,以及纵向转售价格维持协议、制造商个体对于经销商强加的非价格限制、大部分的搭售安排——在这种安排中,购买一种商品必须以同时购买另一种商品为条件。

联邦最高法院强烈支持上诉法院在"合众国诉美国铝业公司案"[United States v. Aluminum Co. of America(1945)]中对垄断的划时代的判决理由。该判决理由对支配市场的力量的合法性十分怀疑,并强调了反托拉斯法在社会、政治和经济方面的重要性。虽然要求作为《谢尔曼法》垄断的要素的市场支配力以及取得或者维持之的不当行为应当与进行优势竞争相区别,美国铝业公司案的判决却把纯属技术、眼力、勤劳的行为限制到一个非常狭窄的范围内。联邦最高法院的判决理由在随后的岁月里延续了这种两要件标准,否则就会使垄断的认定标准混乱不堪。

联邦最高法院在"新政"之后数十年里的并购案件判决在起初背离了这一潮流,准许根据《谢尔曼法》进行非常大的并购。《克莱顿法》1914年对反竞争并购的原初禁令极少得到适用,因为它仅适用于获取股本而不是获取资产,并且未超出横向并购的范围,不能适用于纵向并购和不同行业的并购。而对20世纪40年代对经济集中在经济、社会和政治上的重新关注,促使国会在1950年修正该法以弥补漏洞,致使联邦最高法院在20世纪60年代反转其对于并购案件的处理进路。联邦最高法院于彼时极大地限制了许可的并购范围。例如,它规定了对横向并购创制的公司联合持有的市场份额只能占5%这样低的份额。联邦最高法院显示出对更早的市场集中化倾向的强烈关注,它保护因创立新的、更有效率的并购公司而受到威胁的较小的竞争者,即便是此种保护牺牲了它所谴责的并购可能带来的成本节省和消费者购买价格的降低。

现代反托拉斯法 在20世纪的最后1/4的时间里,全球以及国际间经济生活的结构和范式均发生了根本性转变,伴随着这种转变,学者对于回应反托拉斯法执行和解释而改变的市场行为的分析也发生了强烈的根本上的转换。经济生活的许多方面已经日益全球化,这也加剧了美国公司所面临的竞争,与此同时支持政府管制的观点从总体上而言也减少了。从20世纪70年代的后半段开始,联邦最高法院、联邦低级别法院(*lower federal courts)以及联邦执行机构逐渐接受了对先前占主导地位的反托拉斯法原则的批评意见,该原则主要是由芝加哥大学的经济学家和法学教授极力主张的。这些颇有影响的批评性分析着重强调了不同类型的横向和纵向协议,单一企业行为以及为先前的反托拉斯法怀疑或者敌视的合并在增进效率方面的潜在作用,这也反映出一种基本的确信,即一般而言,市场有能力保持竞争,而不需要政府反生产性的(counterproductive)干预。

这种新古典主义经济学的批评持续有力地在现行反托拉斯法的许多原则以及执行的哲学上晃动。然而,在过去的10年,经济生活和学者的观点继续演化,并影响着反托拉斯法在新的方向上发展的进程。举例来说,反托拉斯法学者、执法人员以及法院已经对反托拉斯法适用到新"信息经济时代"的高科技公司给予了热切关注,在这样一个时代,知识产权的发展以及保护的重要性已经得到充分的证明。与此同时,学者、执法人员和法院也就再次按照目前正处于发展阶段的"后芝加哥学派"的观念对反垄断法原则进行提炼的必要性展开了争论。这些后芝加哥学派的观念假定促进反竞争行为的市场不完善性在比代表性的芝加哥学派学者所认可的更大的范围内流行。到目前为止,此类后芝加哥学派的分析对学者以及执行机构工作的影响远胜于法官。

在判例法发展的领域里,从最近25年来看,在审理横向和纵向协议案件方面,联邦最高法院已经大幅度地——尽管还没有完全——从祈求于本身违法原则的做法中退却。联邦最高法院对本身违法原则的疏远是以其一项具有里程碑意义的判决意见为标志的,该判决意见颠覆了联邦最高法院长达十年的对于非价格纵向限制行为的经销商按照本身违法原则追究责任的做法[参见"大陆电视公司诉通用电话西尔韦尼亚公司案"(Continental T. Inc. v. GTE Sylvania, Inc.)(1977)]。联邦最高法院发现,此类"品牌内部"(指基于同一品牌产品而结集的各种生产者、经销者、批发商、零售商等相关主体之间——译者注)的前竞争性的限制,通过企图从自己改善经营的努力中获得利益的经销商,通过限制品牌内部竞争的强度,通过减少不付成本地利用其他经销商以高昂成本改善经营而取得的优势的"搭便车者",会引发"品牌间的"(interbrand)更积极进取的改善经营的努力。

相似地,联邦最高法院也已经限制了横向协议中适用本身违法原则的范围。尽管联邦最高法院强调《谢尔曼法》的分析集中在受质疑的限制是促进还是压制竞争上,但是它不仅关注商业竞争是否受到抑制,而且关注此类结果是否已经从因效率和产出而取得的新收益中得到补偿。与此同时,自20世纪80年代以来,政府对赤裸裸的卡特尔限制进行刑事制裁的努力却加强了,这种行为仍然受到本身违法行为原则的规制。每年提起指控的案件数量显著增加,而且最近政府检察官已经使赚取巨额非法利润的长期性的全球卡特尔获罪。同时政府检察官也成功推动了征收更多的罚金以及对涉及反托拉斯的刑事犯罪处以更长的刑期。在20世纪70年代中期,联邦最高法院在很大程度上修正了其对并购的限制态度,要求在宣布并购非法之前更详尽地评估并购对竞争可能产生的影响[例如"合众国诉通用动力公司案"(United States v. General Dynamics Corp.)(1974)]。从那以后,联邦最高法院对于合并法的实质标准很少谈及,而留给联邦低级别法院作进一步的发展。联邦上诉法院在合并案中也已不再依赖以市场份额和市场集中程度作为依据的假设,而是强调新的主体进入市场将会有力地削弱该市场内的合并,将会增加市场的力量或者促进这种力量发挥作用的推论。

20世纪70年代以来,联邦执行政策的变化使得反托拉斯法对合并的处理进行了许多调整。20世纪80年代经司法部修改后的合并指南尽管也能反映出对特定合并的担心,因为这类合并可能增加多家企业共谋或者单一企业控制市场的风险,但是该指南强调合并活动潜在的经济利益,并且相对于早期联邦最高法院的判例法和部门哲学而言,指南也显著提高了提起反托拉斯诉讼的门槛。1992年司法部和联邦贸易委员会一起修改的指南,着重强调,考虑到新近合并的企业对市场控制力的单边实践,于是对评估新主体进入市场所带来的抵消合并负面作用的潜能进行了详细的规定。更近一些时候,指南的修改表达了一种更大的意愿,即当有足够有力的证据证明合并可能产生重要的而且更有效率的收益,而采用别的方式无法达到这种效果时,一些在其他方面存在问题的合并也被允许。

在联邦最高法院对现代垄断案件的有限处理中,它使得以下争议不断持续:与较小竞争者合作的义务范围,提高对手成本的各种做法的合法性,对掠夺性定价诉讼请求的恰当处理方式。例如，联邦最高法院裁决，处于支配地位的公司不得通过中断长期建立起来的市场合作机制严重损害更小的竞争者的利益，至少在缺乏任何合理的效率方面的正当理由时应该如此 ["阿斯彭滑雪场诉阿斯彭高地滑雪公司案"(Aspen Skiing v. Aspen Highlands Skiing Corp.)(1985)]。另一方面，联邦最高法院加强了证明掠夺性定价违法性的标准，这就要求更密切关注市场结构以及被告公司的成本与被诉掠夺性定价期间的价格的关系。1982年，政府在反垄断方面主要取得了两点具有里程碑意义的成绩。在那一年，政府对国际商务机器公司提起的多年诉讼被驳回，同时与美国电话电报公司的诉讼也以和解结案。后一案中将公司的长话业务与本地的运营公司相分离的处理方式，其结果是产生了反托拉斯历史上最大的一起财产剥夺案。直到20世纪90年代中期，美国电话电报公司案的诉讼仍然是政府最近的也是最主要的垄断案件，这一局面在合众国和几个州就微软公司的非法垄断以及其他违反反托拉斯法行为提起诉讼时得以改变。

在反托拉斯法的历史上，微软公司案是少数几个引起公众注意的案件之一，就像1911年的标准石油公司案一样。这个案件强调了将反托拉斯法适用于"新经济"，以及具有"网络效应"（或者"消费规模经济"）发挥关键作用的高科技产业而不断增长的担心。在"网络"产业中，诸如电话或者个人电脑的操作系统之类的特定产品对消费者而言，价值随着使用该产品的消费者人数的增加而增长，因而公司有极大的动力去参与竞争从而使自己的产品成为产业的标准。然而，该标准一旦建立，别的公司很难挑战这种统治地位。

对微软公司提起诉讼的核心问题在于，该公司从事的许多实践被证明并不是为了进一步促进商业效率，而是旨在阻止在微软的垄断领域内可能出现的新的有效率的竞争，从而维持微软公司在以因特尔为基础的个人电脑操作系统中的垄断地位。美国地区法院在审理该案时发现，微软公司对自己的非法垄断行为有悔意，因而要求当事方提交方案以便将该公司拆解成一个操作系统公司和一个应用软件公司。美国哥伦比亚特区巡回上诉法院支持地区法院对于责任作出的大部分裁决，并总结道，微软公司没能提供证据证明自己被诉的行为是有利于增进效率而应被排除的行为，也就是未能对政府的初步证据进行反驳。上诉法院将此案发回重审以便补正之后，联邦政府以及多数州的原告，当然不是全部，达成了一个和解方案要求限制微软公司的行为而不是改组该公司。美国哥伦比亚特区巡回上诉法院批准了这一和解方案，同时保留了采取进一步的司法措施以便将来采用必要的而且合适的方式执行该方案的权利。目前，该诉讼正在哥伦比亚特区巡回法院上诉，因为地区法院拒绝接受这个未能满足州要求给予更进一步救济的和解方案。

尽管目前大多数的反托拉斯案件都是由私人而非政府执行机构提起的，但是从20世纪70年代以来，联邦最高法院通过严守固有的起诉要求从而使得维持私人的反托拉斯诉讼更加困难，同时也鼓励低级别法院以原告的请求从经济上来看是否是难以置信为依据，从而将更多的案件排除出去。与此同时，联邦反托拉斯执行机构的成果是以各州司法部部长的反托拉斯执行活动为补充的，从全球背景来看也是与其他国家反托拉斯执行机构的工作成果分不开的。现在，越来越多的国家已经建立了自己的反托拉斯法，特别是近年来为了更有效率地核查跨国间的反竞争行为，不同国家反托拉斯机构之间的合作也明显增加了。

结论 尽管上述讨论的主要发展在自19世纪后期以来的反托拉斯法中占据主导地位，反托拉斯分析还关注其他重要问题，如反托拉斯法管辖范围的各种例外，包括限制可归因于国家而非个人决策产生的例外，以及宪法第一修正案保护的活动的例外。今天，在对总体目标和具体原则进行争论的过程中，随着美国经济、知识和政治背景的不断变化，反托拉斯法保护竞争的意义也在不断变化。

参考文献 Philip Areeda and Donald Turner, *Antitrust Law*：*An Analysis of Antitrust Principle and Their Application*, 2d ed (2000); Robert Bork, *The Antitrust Paradox*：*A Policy at War with Itself* (1978); Tony Freyer, Regulating Big Business：Antitrust in Great Britain and America 1880-1990 (1992). Ernest Gellhorn, *Antitrust Law and Economics*, 4th ed. (1994); Herbert Hovenkamp, Federal Antitrust Policy：The Law of Competition and Practice, 2d ed. (1999). James May, "Antitrust in the Formative Era：Political and Economic Theory in Constitutional and Antitrust Analysis, 1880-1918," *Ohio State Law Journal* 50 (1989): 257-395; E. Rudolph J. R. Peritz, Competition Policy in America：History, Rhetoric, Law, rev. ed (2001). Martin J. Sklar, The Corporate Reconstruction of America, 1890-1916：The Market, the Law, and Politics (1988); Hans Thorelli, *The Federal Antitrust Policy*：*Origination of an American Tradition* (1955).

[James May 撰；李昌林、林全玲、胡海容译；许明月校]

上诉[Appeal]

对诉讼结果不满的诉讼当事人可以行使某些上诉权。上诉意味着让高级别法院审查低级别法院的诉讼程序。提起上诉的当事人，被称为"上诉人"或

"请求人"(*petitioner)以书面概要或者口头方式指出足以推翻低级别法院裁判的错误。对方当事人,即"被上诉人"或"答辩人",则辩称低级别法院行为得当,其裁判有效。

上诉法院由多名法官组成,他们仅关注低级别法院是否犯有有损当事人的错误。他们不关注发现新的事实。结果,上诉法院根据对低级别法院的记录、书面概要、口头辩论的审查下判,而不根据新提交的证据或者证言下判。取决于是否发现"可以更改的错误",上诉法院可以维持、废除、修正或者撤销低级别法院的判决。判决在法官们辩论之后以书面意见方式宣告。

上诉可以是强制的或者自愿的。在强制的上诉中,上诉人有权使案件得到复审并对其裁判根据作出判定。在自愿的上诉中,上诉法官没有对案件进行全面审查的义务。联邦最高法院在历史上曾经受理过强制上诉和任意上诉,但自《1988年司法改进与接近正义法》(*Judicial Improvements and Access to Justice Act of 1988)使联邦最高法院的上诉管辖(*appellate jurisdiction)几乎仅针对自愿上诉。

[Thomas G. Walker 撰;李昌林译;许明月校]

上诉管辖权[Appellate Jurisdiction]①

美国联邦宪法和联邦制定法将联邦最高法院的管辖分为两大类:初审管辖(*original)(对案件进行一审的权力);上诉管辖(*appellate)(审理从低级别联邦法院或州法院上诉的案件的权力)。初审管辖权涉及州与州之间的诉讼和对使节提起的诉讼,它极少使用。作为初审管辖的案件直接向联邦最高法院提起,它的判决不能再提起上诉,尽管初审管辖只耗费联邦最高法院的很小一部分时间和资源,但它依然是联邦最高法院正常业务的一部分,联邦最高法院每年听审一到五个初审案件,部分原因在于避免它管辖的初审案件陷入废绝的结局,更主要的是需要它裁决州与州之间通常是边界问题的真正的冲突。

联邦最高法院裁决的最具有纪念意义的案件是"马伯里诉麦迪逊案"(Marbury v. Madision)(1803)。此案是联邦最高法院作为初审管辖的案件,也正是该案奠定了联邦最高法院对国会通过的法律具有违宪审查权力的基础。

然而,联邦最高法院上诉(*appellate)管辖对于美国法律和宪政制度的现代功能来说却居于中心地位。直到近期,联邦最高法院的上诉案件仍分为两类,"强制上诉"(也称为"根据权利的上诉")和"任意的上诉"。强制上诉的案件来自联邦低级别法院和州高等上诉法院的判决,根据制定法要求,如果在低级别法院的判决中存在一定的事实,就由联邦最高法院听审。然而,随着高等法院承办案件数的继续增大,受到逐渐增多批评的上诉的案件主要来自于联邦最高法院自身的成员。许多强制性的上诉所提起的微不足道的问题浪费了联邦最高法院宝贵的时间。这些案件常常被简单地处理掉,因此,对法律的发展来说几乎没有什么先例的价值。结果,国会于1988年颁布了改革的立法,给予联邦最高法院对自己的备审案件目录表完全的控制权,因此,现在上诉到联邦最高法院的案件大多是通过调卷令(the Writ of *Certiorari)途径的任意性的上诉案件。联邦最高法院每年接受大约8000件的令状请求。如果联邦最高法院9名大法官中至少有4名认为该案值得审理,联邦最高法院就签发调卷令——或"同意复审"——并定下该案提供全部案情摘要和开庭辩论的时间表。是许可还是驳回复审令申请完全委诸自由裁量,其注意力特别集中于解决不同联邦上诉法院(*courts of appeals)、联邦地区法院以及(或者)州法院(*state courts)之间对重要法律原则或法律问题的冲突。

近年来,部分由于以上的变化,联邦最高法院每期判决不到一百个案件。假如联邦最高法院拒绝听审一个案件(拒绝复审令),这个令状意味着低级别法院判决的效力得到维持,但是拒绝复审令不能被解释为已经得到联邦最高法院的同意。超越低级别法院本身的管辖范围,它没有先例的约束力。

与过去相比,地区法院判决的直接上诉已经变得很不常见。他们通常仅仅发生在特殊的情况,即在特别的领域由制定法规定的要求联邦最高法院进行直接审查的事项,比如那些由《投票权法》(*Voting Rights Act)所涵盖的事项。也有极其稀少的案件,美国的上诉法院确认有关极其重大的公众性问题需要联邦最高法院立即进行审查。对此类已经确认的问题,进行考虑是强制性的,但一系列的技术问题允许法院因其不适当废弃这种确认。与上诉和调卷令申请不同,巡回法庭——而不是当事人——可以独立决定何时该提交问题。

尽管我们一般把联邦最高法院与涉及宪法的裁判联系在一起,但也要认识到,联邦最高法院作为上诉的最后一道屏障,在对联邦制定法的解释方面也发挥着同样重要的作用。因此,尽管联邦最高法院的宪法性的裁决具有免予审查的最终效力而且仅只能通过宪法修正案的方式进行修改——在美国的历史上仅仅发生了不到6次——制定法的判决则要接受国会的审查、修改。例如,假如环境保护署(EPA)决定二氧化碳属于一种污染气体应该受联邦《空气清洁法》的规制,这个问题接着被提起上诉,由联邦最高法院裁决环境保护署(EPA)错误地解释了该法,那么,国会有权通过修改该法,把二氧化碳作为

---

① 另请参见 Judicial Review。

一种污染物包括在该法内，进而推翻了联邦最高法院的判决。

联邦最高法院根据其上诉管辖权审查的另一主要案件类型是州法院的判决。尽管宪法并未明确授权联邦最高法院审查州法院的判决，但从合众国诞生的那一天开始，很多人就相信，这种监督对于确保联邦法律之至上性和统一性是必要的。这一权力具有使联邦法院凌驾于州法院之上的潜在威胁，它被严格限定在与联邦主义(*federalism)相适应的范围之内。制定法把对州法院关于联邦问题的判决的审查限定在州高等法院的终审判决的范围。另外，假如州法院的判决已不涉及联邦的理由支撑，亦即，如果判决结果完全受到州法院适用的纯粹州法的判决理由之支持——即便是为了审查有关联邦法律的判决，根据"充分、独立的州法理由"原则，联邦最高法院也不得对该案进行审理。这一规定可以确保稀缺的司法资源不被用于给出纯属建议的意见。如果不清楚州法院的判决依据，联邦最高法院就会假定该判决依据的是联邦法律，并主张有管辖权。同时也很清楚的是，对于纯粹属于州法律管辖的事项，联邦最高法院并不是比州最高上诉法院更高。

联邦最高法院在行使它的上诉管辖权方面，一直受内部规则的约束。宪法第3条规定联邦法院只能听审"案件和争议"。联邦最高法院曾把这条解释为联邦法院只能考虑真正的法律争议。这种方法被概括为若干所谓"可管辖原则"。例如，提起诉讼的当事人要有诉权，案件要"成熟"，而不是"司法判决未解决的事项"。法院不能根据自己的裁量权来决定是否受理法院审判的政治问题，或者提供"咨询性的意见"——例如，当国会考虑立法建议的合宪性时，向国会提出咨询意见。另外，除了内部的限制外，联邦最高法院一直面临着来自其外部的威胁其约束上诉审权力的政治压力。这方面最著名的案例是弗兰克林·D.罗斯福(Franklin D. Roosevelt)总统1937年的计划，该计划要求联邦最高法院的大法官由那些能对新政立法作出更有利裁决的法官组成。在20世纪50、60、70年代，国会曾提出过抑制联邦最高法院听审某些案件权力的建议，其涉及的案件包括有关公立学校祈祷、种族分立学校的一体化和州制定的关于堕胎方面的法律。虽然这些建议没有任何结果，但是它的作用是让联邦最高法院的大法官们记住：联邦最高法院所裁决的事项往往存在于美国政治生活的漩涡之中，联邦最高法院上诉审查的极大权力必须运用智慧、审慎地管理和运用。

参考文献 Robert L. Stern, Eugene Gressman, Stephen M. Shapiro, and Kenneth S. Geller. *Supreme Court Practice*, 8th ed(2002).

[Irving R. Kaufman 撰；George Dargo 修订；孙曙生、李昌林译；许明月、潘林伟校]

任免权[Appointment and Removal Power]①

美国宪法有两处涉及任免权。第2条第2款规定，总统"经参议院建议和同意，任命联邦最高法院法官。"第3条(*Article Ⅲ)第1款规定："最高法院和低级别法院的法官如忠于职守，得终身任职。"任命与免职相互联系，是因为宪法起草者们考量，司法独立部分决定了上述条款中包含的对行政权的限度。这一对司法完整、胜任和独立的考量，建立在独立战争前十年英国殖民地政策的经验之上。在戈登·伍德(Gordon Wood)看来，英国的司法任命政策已经成为"强化法院(之君主制)利益"和"把无教养的、行为放纵的人推到最显赫的地位……玩弄我们的人民和土地，使最高司法职位充斥着道德败坏、恃强凌弱、呆若木鸡的人……"(伍德，1969，pp. 78，145)。有讽刺意味的是，从1776年到1787年间，法官选拔模式成为分裂制宪会议代表的地区和制度冲突问题之一。最终，宪法起草者们未规定任何选拔法官的标准(无论是职业标准还是其他标准)，尽管代表们确实讨论过优秀的法学家的必要性。

制度力量和地区影响给制宪会议对法官资格问题的讨论蒙上了阴影。正如独立战争之后对由州立法机关行使法官任命权的支持渐弱一样，由"全国立法机关"任命法官的最初努力也以失败告终。反之，联邦主义者之仅由总统行使法官选拔权的努力也宣告失败。仅由参议院进行选拔的主张也被挫败，尽管从1787年6月13日至9月7日大多数代表支持这一方案。目前由总统提名、经参议院建议和同意后任命的框架是在制宪会议闭会前夕通过的。

调和地区和文化差异的必要性修正了联邦主义理想。尽管乔治·华盛顿(George *Washington)总统任命坚定的联邦主义者为联邦最高法院法官，他和他的继任者却仔细地按地区分配法官职位。这是政治的需要，也是《1789年司法法》(*Judiciary Act of 1789)的规定。该法给予大法官们在其被选出的地区巡回审判的任务(参见 Circuit Riding)。因此，整个国会，而不单是参议院，通过将联邦最高法院的任务与巡回审判、法官选任与按地区分配名额模式，联邦最高法院法官名额与巡回法官的数量联系起来，对总统选任法官产生了某种影响，尽管这种影响有时只是间接的。国会将这一关系维持了一个多世纪。此外，还以19世纪的宪法第十九修正案的形式，提议要么赋予众议院与参议院同等的职能(1808年)，要么废除总统任命法官的职能，彻底由国会两院选拔(1818年、1867年和1868年)，主张国会的任免权。其中，对选拔程序最重要的是总统成

---

① 另请参见 Selection of Justices。

44　任免权［Appointment and Removal Power］

功提名之后参议院的建议和同意的相对影响。

因被提名者的政治立场和意识形态而被参议院否决的做法始于乔治·华盛顿的任期内。约翰·拉特利奇（John *Rutledge）失败的真正原因是他公开反对联邦主义者发起的与英国签订的《杰伊条约》，但很多参议员把他的古怪行为作为表面原因，从而确立了用虚饰的适格标准掩盖党派性的否决这一传统。参议院曾经以缺乏能力或者不正直为由否决了一些被提名者。尤利西斯·S.格兰特总统对他的腐败的司法部部长乔治·H.威廉斯（George H* Williams）之提名就是一个例证。

目前对罗伯特·博克（Robert *Bork）的失败的意义的讨论，集中在参议院是否引入了新的党派和意识形态考量。而对此类因素的任何评估都必须包含对总统行为的考察。历史的和目前的记录并未显示出有重大变化。当党派和意识形态的差异推动总统和参议员提名时，其结果最常取决于他们相应的政治力量、韧性和策略。所以，完成已故总统之任期的约翰·泰勒（John *Tyler）未被给予填补长期空缺的两个大法官职位的机会是不足为奇的。这一否决不是因为他继任总统职位，而是因为他在政治上的势单力孤。与此类似，甚至在选举中赢得大多数选民的总统也曾经受挫，被视为无用之人。林登·约翰逊（Lyndon Johnson）企图把大法官阿贝·福塔斯（Abe *Fortas）提升为首席大法官，罗纳德·里根（Ronald *Reagan）对博克的失效提名是20世纪的例证。但宪法框架对总统和参议院之间的关系也有决定性的作用（参见 Nominees, Rejection of）。

宪法对随意免职的限制和忠于职守则终身任职的保障是核心的制度因素。在一份20世纪50年代完成的经常被人们引用的分析中，罗伯特·达尔（Robert Dahl）的结论是："在联邦最高法院占据统治地位的政策观点，从未脱离在美国立法的多数派中占统治地位的意见"（Dahl, 1957, p.293）。达尔的分析显示，总统每22个月就有新的机会任命联邦最高法院大法官，平均而言其依据是充分的；但对没有任命机会的总统（安德鲁·约翰逊和吉米·卡特）或者任命机会低于平均数的总统［杰斐逊（*Jefferson）、麦迪逊（*Madison）、门罗、约翰·昆西·亚当斯（John Quincy *Adams）、泰勒、菲尔莫尔、皮尔斯、布坎南、麦金利、威尔逊、柯立芝、林登·约翰逊和福特］而言，这没有多少宽慰。

受挫败的总统对免职无能为力。1804年众议院针对大法官塞缪尔·蔡斯（Samuel *Chase）通过了八条弹劾案（*impeachment），但参议院开释了他。这一早期的将司法党派性作为免职根据的努力的失败，意味着在实践中对大法官仅有的限制是健康状况和个人偏好。其结果，在选举发生根本变化（如临界选举）的情况下，总统使法官任命与其政策取向一致的渴望与维持联邦最高法院的司法偏好之间的紧张关系就愈发严重（参见 Party System）。死亡和重病成为结束法官生涯的不可逆转的非自愿因素。

在整个联邦最高法院历史上，占绝对多数的大法官要么是在他所在政党的总统任期内自愿离职，要么是尽可能久地呆在联邦最高法院。20世纪的一个主要例外，即1968年首席大法官厄尔·沃伦（Earl *Warren）在约翰逊（Johnson）总统决定不竞选下届总统时宣布退休，强调了不言而喻的普遍假定。1968年11月选举后，共和党参议员和副总统候选人斯普罗·阿格纽（Spiro Agnew）对沃伦的攻击接踵而至：哥伦比亚特区巡回法官约翰·A.达纳赫（John A. Danaher）于12月宣布，他将在1969年1月20日退休，以便当选总统尼克松得以填补首席大法官职位的空缺。达纳赫相信，由他将该空缺还给共和党绝对是适当的。

总之，总统的选择取决于忠于职守这一占有职位的条件，以及大法官在身体健康时愿意在联邦最高法院呆多久。参议院尽管作出了几个引人注目的否决［对法官约翰·J.帕克（John J. *Parker）、大法官福塔斯的否决，以及结果对法官霍默尔·索恩伯里（Homer *Thornberry）、博克和金斯伯格（*Ginsberg）的否决］，参议院在20世纪通过投票或者强迫离职进行否决的比例与19世纪相比已经减少（参见 Nominations, Controversial）。

长期困扰总统和参议院选拔大法官职位的一个主要问题是，是否可以获得被提名者的基本资料。从罗伯特·巴龙斯（Robber Barons）时期直到参议院司法委员会（*Senate Judiciary Committee）创设公开听证之前，人民党和进步党参议员一再试图通过要求总统公开收到的信件来判断公司利益对总统选择联邦最高法院大法官究竟有多大的影响。然而，直到1929年以前，参议院保持了在封闭中处理所有提名的程序。1916年对布兰代斯（*Brandeis）和1925年对斯通（*Stone）的提名是1929年通过参议员鲁宾逊（Robinson）对规则的改变（它规定提名的会期应当公开，除非由多数票决定不公开）之前仅有的例外。

参议院司法委员会从1939年开始改变了其做法，对被从费利克斯·法兰克福特（Felix *Frankfurter）开始的提名者进行提问。此类提问显然为批评总统提名的人以使总统难堪或否决提名提供了更多的机会。参议员斯特罗姆·瑟蒙德（Strom Thurmond）大吼着奚落大法官福塔斯："马洛里（Mallory）！马洛里！我要这个名字灌进你的耳鼓！"这戏剧化地表明在联邦最高法院大法官提名的矛盾中，提名者和反对者之间通常公开引用原则问题到了何种程度。基本的问题在于，参议院的反对者是否愿意像瑟蒙德的南卡罗来纳州的同事在反对福塔斯时一样，固守其之所以反对的原则或者意识形态根据。参议员弗里兹·霍林斯(Fritz Hollings)明确地争辩到,确认福塔斯为首席大法官的投票,无异于赞成他那套司法哲学。有讽刺意味的是,支持或者反对提名的意识形态和原则基础之间的激烈冲突,大多被其对手归结为不够光明磊落。例如,大多数反对博克的参议员否定基于自由主义原则进行否决,正如里根总统和司法部部长米斯(Meese)否认以保守的标准来筛选潜在的法官候选人一样。

联邦最高法院大法官的选任的另外一个重要方面涉及美国律师协会的特殊角色。至少是早在赫伯特·胡佛(Herbert Hoover)总统任职期间,美国律师协会就在提名和任命程序中被赋予了一种重要的、非正式的职能。由于美国律师协会各主要委员会反复反对"新政"时期的立法,致使其在富兰克林·D.罗斯福(Franklin D. *Roosevelt)总统任期内失宠。经过多年非正式的但明显可见的建议,美国律师协会代表会议要求民主党和共和党的政纲草拟委员会通过要求总统向美国律师协会联邦法官委员会(* American Bar Association Committee in Federal Judiciary,1946 年创立)咨询的纲领。艾森豪威尔总统照办。美国律师协会联邦法官委员会在后来的岁月里增加了其影响。尼克松总统在职期间,总统与美国律师协会的关系盛极一时,协会的声誉随着替总统提名克莱门特·海恩斯沃思(Clement *Haynsworth)而声名鹊起。美国律师协会在其影响联邦最高法院大法官选拔程序的数十年里,起初被批评为对自由主义的候选人有偏见,支持保守主义者。在博克的提名争议之后,保守主义者辛辣地诋毁美国律师协会联邦法官委员会。无论有偏见的指控来自自由主义者还是保守主义者,总有一个严重的潜在的宪法问题,那就是:异乎寻常地把行政性宪法权力授予一个小小的民间组织是否妥当。

参考文献 Robert A. Dahl, "Decision-Making in a Democracy: The Supreme Court as a National Policy Maker," *Journal of Public Law* 6 (1957): 279-295; Paul A. Freund, "Appointment of Justices: Some Historical Perspectives," *Harvard Law Review* 101 (1988): 1146-1163; John R. Schmidhauser, *Judges and Justices, the Federal Appellate Judiciary* (1979); Gordon Wood, *The Creation of the American Republic, 1776-1787* (1969).

[John R. Schmidhauser 撰;李昌林译;许明月校]

阿普特克诉国务卿案[Aptheker v. Secretary of State,378 U. S. 500 (1964)]①

1964 年 4 月 21 日辩论,1964 年 6 月 22 日以 6 比 3 的表决结果作出判决,戈德堡代表法院起草判决意见,克拉克、哈伦和怀特反对。1926 年护照法授权国务卿给申请到国外的美国公民签发护照。在"二战"之后的冷战压力之下,国务院通过政策,拒绝对美国共产党人或者到国外旅行会损害美国的利益的人签发护照。这一政策引起了广泛的争议,并且很多宣称自己不是共产党人的人也未得到护照。在"肯特诉杜勒斯案"(*Kent v. Dulles)(1958)中,联邦最高法院裁定,公民跨国境旅行是宪法第五修正案(the *Fifth Amendment)保护的"自由"的组成部分,护照法并未授权国务卿制定拒绝签发护照的政策。

然而,还可适用另一部制定法。1950 年国内安全法(参见 Mccarran Act)规定,所有"共产主义活动"组织到司法部部长那里登记,并拒绝向此类组织成员签发护照。联邦最高法院在"共产党诉颠覆活动控制委员会案"(*Communist Party v. Subversive Activities Control Board)(1961)中维持了登记的规定。但国务院根据这一授权恢复拒签权的努力在涉及两个美国共产党领导人的阿普特克诉国务卿案中却遭到否定。大法官阿瑟·戈德堡(Arthur *Goldberg)承认旅行权不是绝对的,但是他认为,国内安全法太宽泛了,它无视个体的共产党员在组织中活动的程度或者他们之旅行的目的。不过,后来在泽莫尔诉腊斯克案(Zemel v. Rusk)(1965)中,维持了对于到特定国家或者地区旅行的限制。

[C. Herman Pritchett 撰;李昌林译;许明月校]

联邦最高法院大楼的建筑结构[Architecture of the Supreme Court Building]②

首席大法官威廉·霍华德·塔夫脱(William Howard *Taft)喜欢把宪法视为"约柜"(ark of the Covenant,约柜,古以色列人保藏刻有十诫的两块石板的木柜。——校者注),而法官正好是保卫其神圣原则的团体。当塔夫脱成为国会 1928 年设立的联邦最高法院大厦委员会主席之后,他选择他的朋友卡斯·吉尔伯特(Cass *Gilbert)为联邦最高法院第一个永久家园设计一幢有充分吸引力的大厦。吉尔伯特是这一使命的符合逻辑的选择。他是美国建筑学界新古典主义的杰出代表。在他建筑生涯的早期,1893 年在芝加哥世界博览会进行的著名的"白色城市"展出对他产生了巨大影响。那里展出的建筑物都是雄伟的白色建筑,其古典的外观和装饰造成了一个整洁美的虚幻世界。因其唤起了对古代帝国之雄伟的向往,这一美术版的古典主义很快俘获了扩张主义的美国之想象力,成为接下来半个世纪

---

① 另请参见 Communist and Cold War;Subversion;Travel, Right to。

② 另请参见 Building, Supreme Court;Sculpture in the Supreme Court Building。

46 联邦最高法院大楼的建筑结构 [Architecture of the Supreme Court Building]

官方建筑的典范。

沿着这一传统,吉尔伯特设计出了一座象征现代联邦最高法院之权力和合法性的公正的圣殿。地址——位于东国会大厦街、正对国会大厦的方形街区——在很大程度上决定了新楼的规模,因为它必须与国会建筑群的其他大型建筑物,包括毗邻的国会图书馆,保持和谐。在这块地基上,吉尔伯特建议树立起一座庄严的白色大理石大楼,由高高的大殿似的中央大楼和较矮的对称的两翼组成。中央大楼为法庭;它有设立柱的大厅和华美的门廊,象征希腊的巴台农神庙(吉尔伯特把它作为范本)。为强化来访者的肃穆感,建筑师把大楼远远地建在地皮的后面,在前面留下空地,修建一个宽大的大理石广场,并用53步宽大的石阶向上进入中央大楼的大门(参见图一)。

图 一

其效果具有不容置疑的感染力,并具有威慑力。石阶的两翼,是高耸的大理石砌块,支撑着詹姆斯·E. 弗雷泽(James E. Fraser)的大型雕塑。在右边的是一尊象征"法律的权威"的男性雕塑,他的左手握有一块刻着"Lex"(法)的书板,而他旁边的一把入鞘的剑则表明可使用国家强制力执行法律。左边的对应的雕塑题为"默祷正义",雕刻的是一位古典装束的女性,与严格的法律相对应,代表平等精神。她的右手握有一个小的天平雕塑像,一本法律书放在她的左手旁。正如某些古墓外的卫兵塑像一样,弗雷泽创造的巨人唤起了普通人对法律阐释者常常具有的不安和畏惧。

在阶梯的顶部,是两排科林斯式圆柱。圆柱支撑着罗伯特·艾特肯(Robert Aitken)设计的三角饰。艾特肯的装饰融合了寓言形象和美国历史上的人物,以庆贺有序的自由,或者如同紧临那组装饰下面的铭文宣称的,是颂扬"法律下的公平司法"。在中央坐着加冕后的自由女神,她的右下摆是正义的天平;两名分别代表"秩序"和"权威"的罗马战士侍立左右,摆出保护的架势。两旁各两个塑像代表"国会",而两个代表"法律研习者"的横卧的塑像填补了正义三角饰的两个尽头。右边的两个议员与1930年接替塔夫脱任首席大法官的查尔斯·埃文斯·休斯(Charles Evans *Hughes)以及艾特肯本人惟妙惟肖;左边的则与卡斯·吉尔伯特和律师、政治家伊来休·鲁特(Elihu Root)相似。艾特肯选择把约翰·马歇尔(John *Marshall)和威廉·霍华德·塔夫脱(William Howard Taft)描绘为年轻的学生,代表两个研习者。

大楼左边的补充性三角饰刻着首席大法官休斯的题词:"公正,自由的卫士。"赫尔曼·A. 麦克尼尔(Herman A. MacNeil)在浮雕中赞颂了法律权威对于文明化的作用。三位古代立法者——摩西,他两侧是孔子和梭伦——占据浮雕的中央,这里本来打算安放象征司法解决纠纷仁慈的一面。

在大楼的内部,强化了对传统和权威的诉求。在铜质大门(在大楼向公众开放时它滑入墙的凹处)后面,整料的白色大理石柱支撑着大厅之用镶板装饰的天花板。这一宽大的走廊作为通向尽头的法庭之门厅,在墙上的壁龛或者交错的基座上陈列着联邦最高法院已故首席大法官的半身塑像。与石柱一样,地板、墙面、半身塑像都用白色大理石做成,使人们到达法庭铺设红地毯的大门时,产生一种敬畏的情绪。

联邦最高法院法庭(*Chamber)比其在国会大厦的前身要大得多,提供了可容纳约300人的座位。沿着东墙一字排开的高大的大法官坐椅俯瞰着法庭。这是直到1972年以前的传统的设计。是年,联邦最高法院批准把座位改为"翼形"或者半六边形,以便于在口头辩论时大法官们进行交流(参见图二a和b)。在坐椅后面是一排大理石圆柱,衬之以一幅厚重的红窗帘,这增加了威严的实感。而阿道夫·温曼(Adolph Weinman)沿着墙的上部进行的装饰,提醒参观者法律权威之必要和崇高。按照吉尔伯特的设计,在每个开庭期开始时,大法官们从一条专用走廊进入法庭,戏剧性地分开窗帘后就座。

图二(a)

一楼的其余部分是大法官室、助手办公室,以及会议室(conference rooms)和更衣室(*robing rooms)。联邦最高法院在国会大厦办公时,由于缺乏足够的空间,大法官们没有自己专门的办公室。吉尔伯特对弥补这一缺陷十分悉心,他给每个大法官提供了一套三间的办公室——一间供个人使用,另外两间供法律助手和秘书使用。预计到大法官有时候可能希望不露声色地销毁一些文件,他还给每个大法官的私人办公室配备了工作壁炉。该大楼的规模为扩大办公室的面积留下了足够的空间,并且有时候退休了的大法官也继续占有他们的办公室。

在他们的工作日里,大法官们被屏蔽着,不与公众接触。在拥挤的国会大厦里,他们曾一度不得不在法庭旁听人员众目睽睽之下穿着法袍;当他们获得一间差强人意的更衣室后,他们仍然不得不招摇地穿过有时候塞满参观者的走廊以进入法庭。塔夫脱认为这种暴露有损于司法的尊严;而吉尔伯特则设置了相应的空间安排,以确保联邦最高法院的隐

48　阿杰辛格诉哈姆林案[Argersinger v. Hamlin]

图二(b)

秘。是故，大法官们在大楼的地下室泊车，乘专用电梯上到一楼不向公众开放的走廊。这一走廊可以通到所有大法官室，以及一间会议室、一间更衣室，还有法庭。大法官们可以用同样的方式到二楼的专用餐厅或者图书馆阅览室。这些处心积虑的防护，平添了联邦最高法院作为不受公众压力影响的与世隔绝的圣徒之集合体的神秘感。

联邦最高法院主图书馆(*library)占据整个三楼。其漂亮的橡木镶板的阅览室为大法官们的助手、联邦最高法院律师协会成员、国会议员代表、联邦行政机关的律师提供了优越的研究设施。塔夫脱以前对国会大厦缺乏足够的存放联邦最高法院逐渐增加的记录和档案的空间尤为关注。因此，吉尔伯特预留了足够的档案室，并设有温度和湿度控制以保护历史文献。根据塔夫脱的建议，他还在底楼另辟两间房屋供新闻界使用(参见 Press Room)。

联邦最高法院大厦委员会于1929年批准了吉尔伯特的初步设计，国会拨款9 740 000美元用于建设。最终，委员会退回93 532.03美元未使用的资金。建设到1931年才正式开始，大厦终于在1935年10月7日(星期一)向公众敞开大门。

参考文献　Lois Craig and the Staff of the Federal Architecture Project, *The Federal Presence: Architecture, Politics, and Symbols in United States Government Building* (1977); Alpheus Thomas, *William Howard Taft: Chief Justice* (1965); Catherine Hetos Skefos, "The Supreme Court Gets a Home," *Supreme Court Historical Society Yearbook* (1976): 25-36.

[Maxwell Bloomfield 撰；李昌林译；许明月校]

阿杰辛格诉哈姆林案[Argersinger v. Hamlin, 407 U.S. 25 (1972)]①

1971年12月6日辩论，1972年2月28日再辩，1972年6月12日以9比0的表决结果作出判决，道格拉斯代表法院起草判决意见，布伦南、斯图尔特、伯格、鲍威尔和伦奎斯特持并存意见。

阿杰辛格(Argersinger)被控持有私藏的枪支。该罪可受到6个月以下监禁、1000美元以下罚金，或者二者并处。由于贫穷，他未聘请律师。一名法官审判了他，认定他有罪，判处90日监禁。后来，阿

---

① 另请参见 Counsel, Right to。

杰辛格向佛罗里达州最高法院申请人身保护状(*habeas corpus*),声称他被剥夺了宪法第六修正案(the *Sixth Amendment*)规定的延请律师权。佛罗里达最高法院驳回了他的请求。

美国联邦最高法院撤销了原判。它延伸"吉迪恩诉温赖特案"(*Gideon v. Wainwright*)(1963),认为"缺乏明知的、明智的弃权,任何人都不得因任何罪行——无论是微罪、轻罪还是重罪——而遭到监禁,除非他在受审时有[指定的或者延请的]律师辩护"(p.37)。大法官刘易斯·F. 鲍威尔(Lewis F. *Powell*)在其并存意见中表示了这样的忧虑,即多数派的判决会给已经不堪重负的刑事司法系统增添沉重的负担,并会准许那些被处以罚金而不是监禁的人提出平等保护的请求。

7年之后,在"斯科特诉伊利诺伊州案"(*Scott v. Illinois*)(1979)中,联邦最高法院澄清了它在阿杰辛格案中的判决,认定,被控可处监禁的罪但未被实际判处监禁的被告人,不享有宪法第六修正案规定的延请律师权。联邦最高法院还指出,尽管在阿杰辛格案判决时存在着忧虑,实践证明,这一判决具有"合理的可行性"(p.373)。

[Susan E. Lawrence 撰;李昌林译;许明月校]

亚利桑那州诉福明南特案[Arizona v. Fulminante,111 S ct. 1246(1991)]

1990年10月10日辩论,1991年3月26日以5比4的表决结果作出判决,伦奎斯特起草判决意见,怀特反对。在数十年里,"自动撤销原判规则"统治着被迫认罪(*coerced confession*)的案件。根据这一规则,如果在审判时错误地采纳了受强制或者"非自愿"的口供,定罪必须被撤销,而无论还有多少无瑕疵的有罪证据支撑定罪。而联邦最高法院在福明南特案中则认定,对错误采纳的受强制的口供,应当进行"无害错误"分析。

联邦最高法院指出,对通过违反"梅西亚诉合众国案"(*Massiah v. United States*)(1964)和"米兰达诉亚利桑那州案"(*Miranda v. Arizona*)(1966)规则而获得的口供已经进行了"无害错误"分析。它强调,受强制的口供之"证据能力"及其对审判的影响,无法与基于其他原因不可采的口供之证据能力和对审判的影响区分开来。对被告人而言,错误采纳受强制的口供可能通常是一场"蹂躏",但对所有不可采的口供都可以这样说。通过违反梅西亚规则或米兰达规则获得的口供对陪审团的影响,并不天然小于受强制的口供。

反对者认为,由于受强制的口供是具有极大重要性的宪法上的错误,它应当受到与基于其他理由不可采的口供不同的处遇。他们强调,用于榨取强制的口供的方法触犯了一条基本原则:"我们实行

的是控诉制而非纠问制。"(p.1256)

[Yale Kamisar 撰;李昌林译;许明月校]

阿林顿·海特诉都市房产开发公司案[Arlington Heights v. Metropolitan Housing Development Corp. ,429 U. S. 252(1977)]①

1976年10月13日辩论,1977年1月11日以7比1的表决结果作出判决,鲍威尔起草判决意见,马歇尔和布伦南部分持并存意见部分反对,怀特反对,史蒂文斯缺席。非营利性的开发商都市房地产开发公司试图在芝加哥郊区的阿林顿·海特开发种族隔离的中低收入住宅,该案即起源于此。村监理委员会拒绝该公司重新划界的申请,从而阻止它建设。于是该公司向联邦地区法院起诉,声称拒绝划界是种族歧视,既违反美国联邦宪法第十四修正案,又违反联邦法律。地区法院维持该村的决定,但判决被联邦上诉法院第七巡回审判庭撤销。

在联邦最高法院,关键的问题是根据宪法第十四修正案证明种族歧视的标准;判决集中在种族上不均衡效果与歧视的意图之间的差别上。遵循"华盛顿诉戴维斯案"(*Washington v. Davis*)(1976),联邦最高法院否定了仅表明种族不均衡的效果。它认为,要得出违宪的结论,必须证明有种族歧视的意图或者目的。在审视划界决定之历史背景,导致该决定的前因后果,以及官方记录之后,联邦最高法院认定,原审原告未证明种族歧视是该村之决定的动因。上诉法院之判决被撤销,并要求它考虑违反制定法的请求。

这一判决未充分指导怎样才算符合歧视之证明标准,并对克服地方上和全国的住房问题上的种族歧视留下极大的障碍,因此遭到批评。在该案辩论时,该村的64 000位居民中,只有27人(占0.4%)是黑人。该村估计,到1989年,在该村的75 000人以上的居民中,这一数字仅能上升到约300人(占0.4%)。

[Gerald N. Rosenberg 撰;李昌林译;许明月校]

持有武器权[Arms, Right to Bear]
参见 Second Amendment。

合众国诉阿姆斯特朗案[Armstrong, United States v. ,517 U. S. 456]

1996年2月26日辩论,1996年5月13日以8比1的表决结果作出判决,伦奎斯特(Rehnquist)代

---

① 另请参见 Discriminatory Intent; Equal Protection; Race and Racism;Zoning。

表法院起草判决意见,苏特、金斯伯格持并存意见,布雷耶部分持并存意见并赞成判决,史蒂文斯反对。阿姆斯特朗(Amstrong)是一个来自加利福尼亚州洛杉矶的非裔美国人,针对他密谋传播"高纯度"可卡因罪的联邦判决提出质疑,其根据是他之所以被挑选起诉是因为他的种族身份,该判决违背了第五修正案的正当程序条款的平等保护部分。多数意见认为,他无权开释,因为他没能证明政府拒绝针对其他种族的类似情形的嫌疑人起诉。尽管被告人提出了一些证据说明每一个在洛杉矶被起诉的高纯度可卡因案都涉及黑人被告人,而且联邦毒品判决法律的确有歧视的影响,但阿姆斯特朗没能证明某个非黑人个人本应当被起诉但实际上并没有被起诉的情况。联邦最高法院驳回第九巡回法庭的推断,即"犯罪类型前所有种族的人平等"(或所有种族的人都可能犯所有类型的罪)。

大法官约翰·保罗·史蒂文斯(John Paul* Stevens)因其反对意见而受到许多学者的拥护。他是唯一对被告的诉求从政治和社会的角度进行审查的大法官。首先,他评论道,1986 年的《反吸毒法》为科刑的目的把 1 克高纯度的可卡因等值为 100 克的粉状可卡因,结果导致了高纯度的可卡因犯罪者的刑期比粉状可卡因被告平均要长 3—8 倍。他进一步评论道,尽管 55% 的高纯度的可卡因的使用者是白人,但因私贩高纯度可卡因而被宣判有罪的联邦罪犯中白人仅占 4%,从而导致了黑人的平均刑期比白人要超出 40%。他论辩道:考虑到烦人的种族倾向执法模式,加上美国的奴隶制遗产,被告应获得开释令。

联邦最高法院重申了"合众国诉巴斯案"(United States v. Bass)(2002)中的情况:被告必须有特别高度的展示才能在选择的指控中获得开释令,在该案中,联邦最高法院以一致的意见推翻了由第六巡回法庭对一个黑人签发的开释令,该黑人被告认为,全国范围的统计结果显示美国黑人被指控犯有可判处死刑的犯罪的频率是白人的两倍。联邦最高法院指出,粗略的对于整体状况的统计数据对于针对"类似处境被告"的指控来说,没有任何意义。

参考文献 Shelly A. Diskerson Moore, "Questining the Autonomy of Prosecutorial Charging Decisions: Recognizing the Need to Exercise Discretion—Knowing There Will Be Consequences for Crossing the Line," *Louisiana Law Review* 60 (2000): 371. Joseph L. Gastwirth and Tappan K. Nayak, "Statistical Aspects of Cases Concerning Racial Discrimination in Drug Sentencing: Stevens v. State and United States v. Armstrong," *Journal of Criminal Law and Crininology* 87 (1997): 583. Stephen E. Gottlieb, "Rolling John Bingham in His Grave: The Rehnquist Court Makes Sport with the Fourteenth Amendment," *Akron Law Review* 36(2003): 411.

[Susanr Klein 撰;孙曙生译;许明月、潘林伟校]

宪法第 3 条[Article Ⅲ]

宪法第 3 条(宪法之司法条文)的故事,在很大程度上就是美国宪政主义本身的故事。这个故事有一个开头,却没有结尾,充满紧张和悬念,爱恨交织。

宪法第 3 条界定和划清了"美国的司法权"的界限。为确保联邦之司法独立,该条第 1 款规定,联邦法官忠于职守得终身任职。第 2 款则列举了联邦法院可以或者必须行使管辖权的案件。第 3 款界定了叛国罪。

尽管宪法第 3 条有意把司法部门作为与宪法第 1、2 条规定的立法、行政部门平等的机构,宪法起草者们对司法权之方案却被爱恨交织的矛盾心理困扰。在制宪会议上,人们一致同意应当有"唯一的最高法院"。宪法第 3 条以强制性术语规定设立该法院。但有些宪法起草者担心联邦法院会过度把自己的意见强加到州之立法权上,因此,对于是否应当设立联邦低级别法院(* lower federal courts),他们存在尖锐的对立。这一分歧以妥协告终。根据这一妥协,宪法第 3 条授权国会创设联邦低级别法院,但并不要求它这样做。这一所谓麦迪逊式妥协的必然结果是,联邦低级别法院之管辖权要受国会的限制。

甚至连宪法对联邦最高法院之权力的规定也极其简略,并明显是妥协的产物。宪法第 3 条使联邦最高法院之上诉管辖权(* appellate jurisdiction)"遵从国会所规定的另外情况和规章"。

对某些评论家和批评家而言,宪法第 3 条并无司法审查(* judicial review)——法院评估州和联邦立法之合宪性的权力——之明文,这也是令人咋舌的。亚力山大·汉密尔顿(* Hamilton)在《联邦党人文集》(* The Federalist)第 78 篇中,为这一奇特的权力辩论。但是,由于宪法第 3 条从未明确提及司法审查,对宪法起草者之意图的辩论将常盛不衰。

因此,如果仅把宪法第 3 条视为文本,它决定的实在太少。它为事实上已经发展出的——或许是世界上最有权力的司法系统——提供了可能性。但是,如果一个司法系统相对不那么显眼,可能没有司法审查权,并且联邦法院的管辖权受国会框定以保护国会和行政部门的权力,宪法第 3 条之措辞与之也是一致的。

案件或争议要素 宪法第 3 条的司法权通过 1789 年的《司法法》使之以制定法的形式具体表现出来,1789 年的《司法法》创设了美国的联邦法院系统,建立联邦对许多但不是全部的案件和宪法第 3 条详细列举的争议的司法管辖。授权联邦最高法院宣告州法的违宪。在首席大法官约翰·马歇尔

(John *Marshall)领导下,联邦最高法院在"马伯里诉麦迪逊案"(Marbury v. Madison)(1803)建立了至关重要的先例:它确立了联邦最高法院有权宣告法律的违宪,在"蒂罗休诉合众国案"(Durousseau v. United States)(1810)中,它建立了另外一个至关重要的先例:确立立法权对联邦最高法院的上诉管辖权的限制。

在司法审查被引入之际,它是比较政治学中使人透不过气的话题,并且人们至今仍然对它争论不休。持续关注之轨迹在于,各级法院应当如何(而不是是否应当)行使这一异乎寻常的权力。罄竹难书的争论倾向于在不同时期围绕不同的取向进行:"严格解释者"与"司法激进主义者"(*judicial activists)相抗衡;那些希望把司法的职能局限于执行"起草者之意图"的人与主张"活着的宪法"的人进行了争辩(参见 Original Intent)。但分界线从来都不十分清晰,这或许是因为所谓的对手之间的核心前提在很大程度上是一致的缘故。人们公认,司法审查显然是民主社会明显的异己物,如果要它不破坏宪法框架中的其他基本制度,就应当对它进行悉心的架构并使它受到适当限制。此外,法院必须保证自身具备有效率的司法决策之必备功能。

界定司法之职能、确保其有效运作的观念上的主要规定见于宪法第3条之文本。该条把联邦司法权局限于判决"案件"和"争议"。在界定这些术语的过程中,各级法院发展出了常被称为可诉性的原则(*justiciability doctrines)。

有一套司法规则在很大程度上是保护司法独立于立法和行政机关的。尤其是在美国建国初期,国会和总统都有某种把联邦法院作为其提供咨询的助手之倾向。眼见司法之独立、威信和权威危如累卵,联邦最高法院的大法官们迅即确立了两条维持活力的原则。宪法第3条禁止根据该条设立的法院发布"咨询意见"(*advisory opinions)。此外,它要求司法判决具有"终局性",或者不被行政机关推翻。

其余宪法第3条之受案范围原则旨在确立合理的司法决策必要的功能。其中最重要的原则是诉权原则(*standing doctrine)。它要求,只有自身受到属于法院审判权范围内的损害的人才可以提起诉讼。这一要求保证获得一系列把问题集中在司法裁决的具体事实上。诉权原则要求具体的诉讼参与人促进把以对抗的方式提出问题作为启发法院决策的手段。控制诉讼之时限的无实际价值原则(*mootness doctrine)和成熟原则(*ripeness doctrine),服务于类似的目的。

宪法第3条之受案范围原则的第三个也是最后一个目的是司法自我约束。应对司法审查在实质民主的宪法秩序中是永久的甚至适当的不安定因素,联邦最高法院创造了政治问题原则(*political question doctrine)。尽管很有争议,这一原则反应了这样一个核心观念,即必须把某些宪法高度的问题视为授权政治部门来处理的,因而不是司法范围内的事。联邦最高法院还认为,诉权原则有一个明显的审慎维度。它被用来避免宪法第3条规定的法院决定更适宜由在政治上具有可靠性决策者决策的事项。

宪法第3条的全部受案范围原则的外延(如果不说其核心的话)都是模糊的。在美国司法史上,它们的定义与适用都发生过嬗变。在现代,以首席大法官厄尔·沃伦(Earl *Warren)为首的自信的联邦最高法院侵蚀了政治问题原则、诉权原则和未决原则,在其他国家机关对宪法问题漠不关心时,决定重大政治问题。

成为导火线的案件是"贝克诉卡尔案"(*Baker v. Carr)(1962)。该案判决,政治问题原则并不禁止受理对任免州议员提起的诉讼。它最终导致了"一人一票"原则(参见 Reapportionment Cases)。在"弗莱斯特诉科恩案"(*Flast v. Cohen)(1968)中,一个纳税人根据宪法第一修正案之确立宗教条款(the *First Amendment's Establishment Clause)起诉政府开支之合法性。该案的判决维持了其起诉资格,以便司法能够对宗教与国家的宪法界限进行有效的规制(参见 Religion)。

以伯格为首的和以伦奎斯特为首的联邦最高法院省去了此类裁决,至少是对案件的身份要素或争讼要素施加了新的严格要求。"卢汉诉野生动物保护者案"(Lujan v. Defenders of Wildlife)(1992)判决:那些有可能在未来到濒临灭绝的动物聚居地旅行的人并没有受到某种伤害,以保证他有合宪的诉权对1973年的《濒临灭绝动物法》的行政解释提出质疑,国会立法也不能在充分明确的伤害缺位的情形下规定诉权。"尼克松诉合众国案"(Nixon v. United States)(1993)拒绝裁决主张参议院适用的弹劾联邦法官的程序是违宪的请求,同时也说明政治问题原则还是留有余地的。

联邦主权豁免与公权 在根植于宪法第3条之文本的案件或者争议要素的背后,有两个基于分权原则的超文本的观念限制了根据宪法第3条设立的法院之角色。其一是主权豁免(*sovereign immunity)。这是一条传统的原则,它从英格兰移植到美国的土地上,认为未经主权者同意不得对其提起诉讼。在一系列可以追溯到"科恩诉弗吉尼亚州案"(*Cohens v. Virginia)(1821)的案件中,联邦最高法院确认,尽管宪法没有任何地方提及这一原则,尽管宪法第3条规定了以美国为一方当事人的案件的联邦管辖权,美国宪法却是以美国的主权豁免为前提的。

除主权豁免原则之外,形形色色的所谓公权案件也被认为是超越了宪法第3条意图的范围。众所周知,公权的概念是模糊不清、摇摆不定、无从捉摸的;它常被用来避免预先的分析。不过,历史上的核心例子却可以识别。它们包括:因在刑法之外强制行使政府权力引起的纠纷,如对被指控为走私物品的扣押;以及有权享受政府提供的福利的主张。尽管公权案件适宜于宪法第3条规定的法院管辖,人们却并不认为公权案件需要司法裁决,它们常被国会交给缺乏宪法第3条之裁决独立保障的决策者处理。这些非宪法第3条规定的裁决者包括行政机构、行政部门的官员,以及所谓由立法机构按议会立法设立的法院之有任期的、不享受宪法第3条忠于职守则任职终身的保障的法官。

国会对联邦管辖权的控制 尽管宪法第3条准许它界定联邦低级别法院之管辖权,并规定联邦最高法院之管辖权的例外,国会却通常是以不引起争议的方式行使其权力的。或许,根据实际需要制定的影响联邦最高法院之管辖权的最重大的制定法授予了联邦最高法院选择其要受审理的案件的权力。在美国建国之初,上诉的数量非常少,因此联邦最高法院可以审理它合法行使管辖权的所有案件。时至今日,上诉的数量如此巨大,联邦最高法院不能再这样运作,它一般选择审理它认为最有趣和最重要的案件(参见 Judicial Improvement and Access to Justice Act)。

围绕国会界定联邦法院管辖权的宪法第3条权力的最棘手的问题,涉及用这一权力使可以认为是违宪的行为不受联邦法院的司法审查。尽管旧时的联邦最高法院判例显示的是另外一回事,亨利·哈特教授在其以宪法制度的结构和精神为基础的著名评论中,却认为可以把宪法第3条规定的限制管辖权的权力作为废除宪法权利的依据是"荒谬绝伦的"。尽管学术界对此争论得热火朝天,在现代,国会实际通过具有此种目的或者效果的立法的例子如果说有,也是凤毛麟角的。

宪法第3条,联邦主义与州主权豁免 正如宪法起草者们深刻理解的,宪法第3条规定的联邦管辖权范围影响州的政治力量。其中最重要的问题得到了圆满的解决。在"马丁诉亨特租户案"(*Martin v. Hunter's Lessee)(1816)中,联邦最高法院认定:它有权审查包括州最高法院在内的州法院(*state courts)之判决。与《美国判例汇编》中的任何判例一样,马丁诉亨特租户案对确立美国之联邦主义(*federalism)的可行方案起了作用。大法官奥利弗·温德尔·霍姆斯(Oliver Wendell *Holmes)曾经评论到,如果没有联邦法院对国会制度的法律行使司法审查权,联邦共和国可能也会生存下来。但是,他说,如果缺乏联邦对州法律和行政行为之司法审查,它可能就不会存活下来。

尽管马丁诉亨特租户案确立了一种至关重要的联邦权力,州之司法权却受到1875年"默多克诉麦穆菲斯案"(*Murdock v. Memphis)之判决理由的广泛保护。该案的判决理由认为,联邦最高法院不得事后批评州法院对州法律之判决。默多克案与马丁诉亨特租户案结合,意味着州法院是州法律的最终解释者,而联邦最高法院则对涉及联邦法律的问题有最终发言权。

对宪法第3条规定的联邦法院与州政治当局之间的关系的协调还有一些按照传统"衡平裁量"观念确立的原则,这些法官创造的原则要求联邦审理法院对于特定类型的影响重要州利益的案件作出判决应当克制,至少应等到州法院依据州法律就相关案件宣布判决之时。规避原则(*abstention doctrines)受两类考虑推动。其一涉及州与联邦法官业务配置的效率;其二反映了由州法院划定可察觉的"司法激进主义"(*judicial activism)范围具有重大的政治利益。

不过,州主权豁免的传统原则仍然使宪法第3条规定的司法权之范围乌云密布。在早期的"奇泽姆诉佐治亚州案"(*Chisholm v. Georgia)(1793)中,联邦最高法院认定,如果另一州的公民在联邦法院提起诉讼时,宪法第3条就剥夺了各州的主权豁免。但奇泽姆案遭遇了反对意见的狂轰滥炸。这些反对意见最终被吸纳进措辞奇特的美国宪法第十一修正案(the *Eleventh Amendment to the Constitution of the United States)中。尽管明显旨在以某种方式使州不受联邦司法权之控制,宪法第十一修正案并未明确提及主权豁免,它在字面上也不含有对执行美国宪法和法律的联邦诉讼的障碍。

经过早期的狭义解释阶段之后,联邦最高法院在其1890年的"汉斯诉路易斯安那州案"(Hans v. Louisiana)的判决中裁定,宪法第十一修正案禁止公民在联邦法院未经许可而起诉州的所有诉讼,包括执行宪法的诉讼。但汉斯案之原则又被扬的单方诉讼案(Ex parte *Young)(1908)明显地进行了限制。该案认定,宪法第十一修正案不禁止对州之官员提起禁令(*injunctions)诉讼。由联邦最高法院在20世纪前90年所作出的判决似乎给人形成了这样一种印象:州主权豁免好像是一件历史的遗留物,有能力的诉求很容易战胜它。

从20世纪90年代开始,以伦奎斯特为首的联邦最高法院对于州豁免权问题又反咬住不放。在以"佛罗里达州的塞米诺族诉佛罗里达州案"[(Seminole Tribe of Florida v. Florida)(1996)]开场的一系列案件中,司法界的大多数声称,联邦法院也许不该对针对州提出的诉讼在未经联邦授权的情况下进行裁判,宪法商事条款并没有给予国会废除州主权豁免的权力。但是,2003年"内华达人力资源部诉希伯斯案"(Nevada Human Resources v. Hibbs)则明确表示,国会根据宪法第十四修正案第五款行使立法权时,可以废除州主权豁免。

立法设立的法院、行政机构和军事裁判所 虽然宪法第3条规定,"美国的司法权"应当授予如忠于职守则终身任职、并不得对其减薪的法官,这一限制却未得到严格解释。从军事法院(参见 Military Justice)以及早期对有任期的属地法官之任命开始,国会规定形形色色的案件——其中的大部分(而非全部)涉及公权——由非"宪法第3条规定的法官"的联邦裁判者审判。这一传统的但不无问题的做法随行政机构之蓬勃发展而具有新的重要性。很多这些行政机构都被授权既制定规则又作出裁决(参见 Administrative State)。

尽管难以与宪法第3条之措辞调和,在"克罗威尔诉本森案"(Crowell v. Benson)(1932)这一开拓性的判例中,行政裁决观念有了合理的法哲学基础。可以把克罗威尔案解读为:通过对行政机构之行为的上诉审查行使联邦司法权,对于把行政裁决与宪法第3条"美国的司法权"由任职终身的法官行使的规定相协调,是必要的和充足的。

奇怪的是,在1982年,联邦最高法院在"北部管道建设公司诉马拉索管道公司案"(Northern Pipeline Construction Co. v. Marathon Pipe Line Co.)中重新审视了行政裁决问题,似乎无视行政裁决在众多的制定法方案包围中的窘迫状况。尽管该案涉及的是非宪法第3条规定的破产法院之可以允许的权力这一较狭窄的问题,多数意见却涂以浓墨重彩。联邦最高法院在北部管道案和随后的案件中的明显倾向,是把可以许可的行政裁决局限于宪法第3条之显然是简单的文本规范——如果要赋予联邦司法权,就应当把它赋予给宪法第3条规定的法院——的一系列历史上已经界定了的例外上。联邦最高法院之立场的主要效果,是在公权案件——这一划分之古老而麻烦的血统已如上述——中,而通常不是在其他情况下,使行政裁决合法化。

针对"恐怖主义"的战争又将宪法第1条和第3条之间的关系带到了前沿。布什行政政府声称要求更宽泛的权力,以拘留公开叫嚣的非法好战分子,并要求运用军事法庭审判被怀疑是恐怖分子或协助恐怖分子者。而批评者则回应说,军事法庭通常只应当限于对军人的审判,这将使联邦宪法第3条的管辖权延伸到所有在战争圈之外的被拘禁者。2003年秋季,联邦最高法院拿到了一项就联邦法院是否有权对来源于关塔那摩湾(地中海—海湾)军事拘留中心的案件作出裁判问题的调卷令,但是,到2004年10月,仍没有就此案作出判决。

参考文献 Akhil Amar, "A Neo-Federalist View of Article Ⅲ: Separating the Two Tiers of Federal Jurisdiction," *Boston University law Review* 65 (1985): 205-272; Paul M. Bator, Daniel J. Meltzer, Paul J. Mishkkin, and David L. Shapiro, *Hart & Wechsler's The Federal Courts and the Federal System*, 3d ed.

(1988); Erwin Chemerinsky, *Federal Jurisdiction* (1989); Richard H. Fallon, Jr., "The Ideologies of Federal Courts Law," *Virginia Law review* 74 (1988): 1141-1251; Richard H. Fallon, Jr., "Of Legislative Courts, Administrative Agencies, and Article Ⅲ," *Harvard Law Review* 101 (1988): 915-999; Martin H. Redich, *Federal Jurisdiction: Tensions in the Allocation of Federal Judicial Power*, 2d ed (1990).

[Richard H. Fallon, Jr. 撰;李昌林译;许明月、潘林伟校]

阿什旺德诉田纳西河流域管理局案[Ashwander v. Tennessee Valley Authority, 297 U. S. 288 (1936)]①

1935年12月19至20日辩论,1936年2月17日以8比1的表决结果作出判决,休斯代表法院起草判决意见,布兰代斯持并存意见,麦克雷诺兹反对。一家公用事业公司的小额股东试图通过主张田纳西河流域管理局法违宪,宣布其董事会从田纳西河流域管理局购买电力的协议无效。联邦最高法院维持了该法,并认定国会有权为国防和促进州际贸易而修筑水坝。宪法第4条第3款授予联邦政府销售其合法取得的财产之权力,因此联邦政府有权销售电力这一副产品。

大法官路易斯·布兰代斯(Louis *Brandeis)认为,根本不应当提及宪法问题,因为该案仅涉及股东之间的内部争议。他坚持认为,联邦最高法院应当避免对立法之合宪性进行裁判,该案也因他所列举的指导规则——"阿什旺德规则"——而被人们铭记:(1)联邦最高法院在非对抗性的程序中不得决定立法的合宪性;(2)它不得预设宪法问题;(3)它不得形成比实际需要更宽泛的宪法规则;(4)如果有裁决案件的其他理由,就不得裁决合宪性问题;(5)除非起诉人受到制定法之损害,它不得认定制定法的有效性;(6)在人们享受了制定法之好处的情况下,不得宣布制定法无效;(7)联邦最高法院应当始终查明对制定法之合理解释是否能使它避免宪法问题。

[Paul Kens 撰;李昌林译;许明月校]

集会和结社自由[Assembly and Association, Cifizenship Freedom of]

"人民和平集会的权利"受《权利法案》(*Bill of Rights)第1条之明确保障,它经由宪法第十四修正案(the *Fourteenth Amendment)被合并成为各州之义务(参见 Incorporation Doctrine)。但无论是美

---

① 另请参见 Commerce Power; Judicial Review。

集会和结社自由[Assembly and Association, Cifizenship Freedom of]

国宪法还是各州的宪法都未明确提及结社权。然而,后者明显是前者派生的,并且(或者)是其组成部分;并且当司法界在20世纪,特别是"二战"(*World War Ⅱ)以后,开始发展和扩大宪法第一修正案(the *First Amendment)权利时,人们对于结社权是集会权之重要部分不容置疑。鉴于托克维尔在大约150年前尽管是使人迷糊但却是准确地承认,美国人有参加组织的癖好,不同权利的这种结合也就是一个自然的发展过程。这两种权利都不是"绝对权利"(参见First Amendment Absolutism),大量的诉讼不断到达美国的最高法院。对两种权利都给予了自由主义的解释,但由于它们都涉及表达性行为而不纯粹是言论,对这些权利的限制注定是必要的,就正如对它们的限制注定要引起争议一样(参见First Amendment Balancing; First Amendment Speech Tests)。

是故,在集会自由领域,国家的全部三个机关都对经由公路、示威、游行、在公园、私人住宅中或者附近、在公共和私人购物中心、罢工纠察和通讯业行使该权利的主张设定了界限。事实证明,这些界限是混乱的,因为几乎所有行使和平集会权的行为都包含"言论有加"(speech plus)——言论与行为之混合物的行使。结社权也面临类似的问题,尽管也许与集会权相较而言,它不那么明显地具备其"行为"症候。不过,组织之成员身份产生的问题,诸如为追求特定的私人的、公共的、政治的、社会的、经济的目标而加入到他人的行列这一基本权利,就经常被诉诸法院。基于种族(*race)、宗教(*religion)、性别(*gender)或者类似的人群特征而排除加入准私人性质的组织或者俱乐部,成了最近许多诉讼的主题。组织之"公共"和"私人"性质的界限在司法界的眼中越来越模糊不清(参见Private Discriminatory Associations)。少数具体表明联邦最高法院之立场的集会与结社案件强调了在划出可行的、持久的界限过程中特有的问题。

就和平集会权而言,联邦最高法院再三指出:宪法第一修正案并不像它延伸至"纯粹的言论"那样,"提供同类的权利"以延伸至行为[例如"考克斯诉路易斯安那案"(Cox v. Louisiana)(1965)(p.555)]。例如,和平罢工纠察无疑是集会权中重要的、受保护的权利。但是,对可能希望通过无视警戒线行使其平等的表达权者使用强制力的罢工纠察,或者侵犯被纠察者之财产权(*property rights)或完全与其"业务"无关的罢工纠察,或者有损于第二次联合抵制法律的罢工纠察,都不能享受特权[例如,比较"桑西尔诉亚拉巴马案"(Thomhill v. Alabama)(1940)与"吉伯尼诉帝国存储与冰冻公司案"(Giboney v. Empire Storage and Ice Co.)(1949);或者"联合食品雇员联盟诉朗根·瓦利案"(Amalgamated Food Employees Union v. Logan Valley)(1968)与"劳埃德公司诉坦纳案"(Lloyd Corporation v. Tanner)(1972)]。在"弗里斯比诉舒尔茨案"(Frisby v. Schultz)(1988)中,联邦最高法院裁决:当罢工纠察员聚集在单一的家庭中而非整个街道时,政府为保护房主的隐私权(*privacy),可以禁止此类罢工纠察。为防止堵塞人行道或者公路,可以要求公开的游行、示威获得许可["考克斯诉新罕布什尔州案"(*Cox v. New Hampshire)(1941)],并且,联邦最高法院对在州议会前示威["爱德华兹诉南卡罗来纳州案"(*Edwards v. South Carolina)(1963)]与在监舍内示威["阿德利诉佛罗里达州案"(Adderley v. Florida)(1966)]区别对待,维持前者而否定后者。

在结社领域,20世纪50年代和20世纪60年代的冷战时期见证了无数到达联邦最高法院的案件。很多案件涉及共产主义者或者其他被控为颠覆性的组织对结社自由的请求(参见Subversion)。尽管在意政府防止法定的颠覆活动之权力[例如"丹尼斯诉合众国案"(*Dennis v. United States)(1951)和"巴伦布莱特诉合众国案"(*Barenblatt v. United States)(1959)],联邦最高法院最终中肯地驳回了"结社有罪"原则,把注意力集中于个人而非集体的行为与责任[例如"耶茨诉合众国案"(*Yates v. United States)(1957)和"德格雷高戈诉新罕布什尔州案"(DeGregory v. New Hampshire)(1966)]。但在一系列涉及州议会调查组织对全国有色人种协进会(*NAACP)的骚扰的案件中,它阐明:自身既未卷入颠覆活动或者其他非法的或不适当的活动,又未显示出与此类活动有实质的联系的团体,其自由、秘密结社的权利有权受到保障[例如"美国有色人种协进会诉亚拉巴马州案"(*NAACP v. Alabama)(1958);"吉布森诉佛罗里达州立法调查委员会案"(Gibson v. Florida Legislative Investigation Committee)(1963)]。

在20世纪80年代,对于俱乐部和社团之排外惯例——在行使结社自由权时,这些惯例就会基于申请人之性别或者种族而歧视之——提起了形形色色的诉讼。在此,特别是在涉及相当大,并且是非排他性的组织的案件中[例如"罗伯茨诉合众国国际青年商会案"(*Roberts v. U.S. Jaycees)(1984)和"扶轮国际公司诉杜瓦蒂扶轮俱乐部案"(Board of Directors of Rotary International v. Rotary Club of Duarte)(1987)],或者在涉及超过一定规模的(纽约为400人)为会员和客人提供定时用餐服务,并让诸如雇员的非会员的人为会员支付会费的私人俱乐部的案件中["纽约州俱乐部协会诉纽约市案"(*New York State Club Association v. City of New York)(1988)],联邦最高法院发展了其连贯的维持禁止此类歧视的法律和法令的政策。

参考文献 M. Glenn Abernathy, *The Right of Assembly and Association*, 2d rev. ed. (1981); David Fellman, *The Constitutional Right of Association* (1963).

[Henry J. Abraham 撰;李昌林译;许明月校]

阿特金斯诉弗吉尼亚州案[Atkins v. Virginia, 536 U. S. 304 (2002)]

2002年2月20日辩论,2002年6月20日以6比3的表决结果作出判决,史蒂文斯代表法院起草判决意见,奥康纳、肯尼迪、苏特、金斯伯格、布雷耶持并存意见,伦奎斯特、斯卡利亚和托马斯反对。法庭上争论的焦点是:对有精神障碍的犯罪的执行是否是属于宪法第八修正案所禁止的"残忍的和不寻常的惩罚"(*cruel and unusual punishment)。联邦最高法院直接地推翻了"彭里诉利诺弗案"(Penry v. Lynaugh)(1989),认为该执行违反了宪法。自联邦最高法院判决彭里案以来,主要根据制定了禁止对有精神障碍罪犯执行州立法机关的数量以及这些立法的一贯坚持的方向,联邦最高法院判决对有精神障碍的罪犯的执行违反了现代社会的体面。除了违反了现代社会的体面的标准以外,联邦最高法院发现有精神障碍的罪犯的执行形成了对刑罚的滥用,因为它没有提高死刑的威慑力和实现法庭死刑判决的目的。联邦最高法院也确定该执行会增加不顾可能出现一些要求判处不太严重的刑罚的事实的情况下被判决死刑的危险。在反对意见方面,大法官斯卡利亚(*Scalia)指责联邦最高法院把其意见建立在成员的个人观点而不是对宪法第八修正案的恰当的解释和对目前社会态度的准确评价之上。大法官伦奎斯特(*Rehnquist)以一种较为独特的反对意见指出:联邦最高法院在决定什么是公共的可接受的刑罚时应当参考外国的法律、专业的和宗教组织的观点,以及民意测验。死刑的反对者把阿特金斯案看作是联邦最高法院对死刑的判决支持度下降的一个信号,其他人则强调说,联邦最高法院仅仅表现为降低坏的定罪的可能性以确保美国的死刑处罚的未来。

[Jennifer L. Culbert 撰;孙曙生译;许明月、潘林伟校]

褫夺公民权法案[Attainder, Bills of]

在16、17世纪,英国议会动用被称为褫夺公民权法案的法律,对被认定犯有煽动性罪行(如企图推翻政府)的人处以死刑。除死刑判决之外,褫夺公民权法案常伴随着"血统玷污",即被褫夺公权者的财产不得交由其继承人继承。如果适用的刑罚不是死刑,而是放逐、没收货物、剥夺选举权等,它就被称为处以超过普通法范围的刑罚的法案。这两种法案并不限于英格兰,在美国独立战争期间,对于被认定犯有不忠于美国革命罪行的人,很多州的议会都通过了褫夺公民权法案或者处以超过普通法范围的刑罚的法案。

美国宪法第1条第9款第3项禁止联邦政府通过褫夺公民权法案。宪法第1条第10款第1项对州施加同样的禁令。美国联邦最高法院在早期未经辩论作出裁决,这两项规定涵盖了处以超过普通法范围的刑罚的法案和严格意义上的褫夺公民权法案。虽然这一结论不是从宪法的用语中得来的,但是,只要考虑到禁令之目的,它就完全具有说服力。褫夺公民权法案和处以超过普通法范围的刑罚的法案都是不经审判即处以刑罚的立法法令。无论刑罚令是死刑还是轻于死刑的刑罚,这类立法都违反了深深根植于宪法框架之中的原则。宪法把司法权从立法权中分离出来(参见 Separation of Powers)。立法机构用于颁布一般的规则,它适用于所有的人或者某些阶层的人,赋予他们以权利或者为他们规定义务、禁令,剥夺其资格。司法部门的职责则在于,根据包含防止出错和滥用权力的规范的程序,认定特定的人是否享有法定权利,还是该承担法定义务、受法定禁令、剥夺资格之规制。褫夺公民权法案和处以超过普通法范围的刑罚的法案彻底与这些原则相抵触。它们处以刑罚,而无视用来保障事实认定之公平性的司法证明方法。褫夺公民权法案的历史也表明,它们的通过,常常是受民愤或者未经证实的怀疑推动。

在宪法有关褫夺公民权法案条款的上下文中,刑罚的观念未被法院局限于刑事司法系统适用的通常制裁方法,如死刑(*capital punishment)、监禁、惩罚性罚金和没收财产。褫夺公民权法案条款被扩大解释为包括剥夺民事权利或政治权利、免职、从事特定业务或者职业的立法禁令。法院认定褫夺公权之关键在于认定议会之目的是惩罚而不是基于合法的政治目的进行规制。

在传统上,大多数褫夺公民权法案都对受惩罚者指名道姓,有些时候,立法者也把刑罚适用于其成员可以轻易确定的团体。例如,一部联邦制定法规定,共产党员担任工会(*labor union)官员构成犯罪。该制定法之目的是通过把政治性罢工的危险降到最低程度,保护国民经济。联邦最高法院在"合众国诉布朗案"(United States v. Brown)(1965)中,宣布该制定法是褫夺公民权法案,因而无效。由于并非所有共产党员都有可能煽动政治性罢工,并且由于非共产党人的鼓动者也可能从事此类活动,因此应当由司法部门来认定特定人之活动是否造成应当监控的危险。联邦最高法院建议,国会可以有效地通过禁止预计要发起政治性罢工的人担任工会职务的一般规则,而不是把这些讨厌的特征放到特定的人,即共产党员头上(参见 Communism and Cold War)。

参考文献 Laurence H. Tribe, *American Constitutional Law*, 2d ed. (1988), pp.641-656.

[Edgar Bodenheimer 撰;李昌林译;许明月校]

奥斯汀诉合众国案[Austin v. United States,509 U.S. 602(993)]

1993年4月20日辩论,1993年6月28日以9比0的表决结果作出判决,布莱克蒙代表法院起草判决意见,斯卡利亚和肯尼迪持并存意见。通过民事罚款的使用来攫取在非法的毒品贸易中个人的财产是实施法律的最有力的武器之一。例如,在1985和1993年期间,各级政府共收缴了30多亿美元的现金和财物。尽管与犯罪活动紧密相连,如对非法毒品的之类的物的占有,民事罚款是针对某个个人的财产而提出的一项民事请求,而不是针对从事不法行为的个人。在这样的条件下,许多正当法律程序保障条款被延伸运用到嫌疑人或者没有适用该条款的已决犯身上。

没收问题挑起了新闻与媒体的大范围的不友好的关注,其中大部分都把关注的焦点集中于其财产被政府没收的无辜的财产所有者的身上,同样也关切这种刑罚是否与其犯罪相适应,更令人注意的是,一些案例中,短时间的毒品使用者和销售者失去了与其实施的犯罪远远不能成比例的房屋和有价值的财产。在这些诉讼中更暗含着这个问题:是否宪法第八修正案所禁止的过度的罚款与"残忍和非正常刑罚"(*cruel and unusual punishiment)应该适用于毒品案件中的民事没收,而不仅仅适用于刑事诉讼。积极的罚款政策的反对者论辩道:宪法第八修正案仅仅在刑事诉讼中适用,在任何案件中,民事没收仅仅是救济而非惩罚措施。早在20世纪90年代,一次非同寻常的批评者的联合得到了发展,没收的批评者,来自伊利诺斯州的保守的共和党议员亨利·海德(Henry *Hyde)、底特律的自由民主党党员约翰·科尼尔斯(John *Conyers)共同加入到美国公民自由联盟,该联盟要求对政府攫取财产的权力进行限制。

奥斯汀(Austin)案是罚款法律发展中的关键一案,理查德·莱尔·奥斯汀(Richard Lyle Austin)是来自南达科他州加勒森已决的贩卖可卡因的商人。在1990年,奥斯汀在州法院承认犯了持有可卡因并企图散布的罪行。不久,美国政府对奥斯汀的财产特别是他的价值3000美元的活动房屋、他的价值33000美元的自动移动售货亭起诉,奥斯汀声称对于他的犯罪性质而言,对他的财产的没收是超额的,他宣称宪法第八修正案禁止超额罚款。南达科他州联邦地区法院和第八巡回法庭的美国上诉法院支持政府的行动。但在案件的后期政府使用十分警惕的语言。政府声称它能够没收任何财产而不必考虑一个人的过去的犯罪记录或者被控罪行的范围。"政府的观点使我们陷入了困境。"巡回法庭回应道,"只要财产的所有者从事了一次毒品交易。其任何财产,不管它是流浪汉的小屋还是帝国大厦都可被政府没收"[964F.2d818(1992)]。上诉法院的非凡的怀疑几乎确定地解释了为什么联邦最高法院不顾司法部的强烈反对决定审理奥斯汀案。

大法官布莱克蒙(*Blackmun)的意见建立在历史的根基之上,旗帜鲜明地限制政府获得在非法的毒品贸易中使用的房屋和经营的业务。布莱克蒙总结道:宪法第八修正案的确允许在民事诉讼中使用没收财产的措施而不仅仅限于刑事诉讼。他继续说道:决定宪法第八修正案是否适用标准是没收是否构成了金钱惩罚。他拒绝承认政府的观点,即没收仅仅是一种救济而不是一种惩罚。然而,该标准的具体范围的界定则是低级别法院的份内之事,而不是联邦最高法院。因此,奥斯汀(Austin)案的大法官们拒绝就是否应考虑被告人的无辜提供具体的指导,并拒绝提供什么样的指南在决定宪法第八修正案是否被违反方面是适当的。大法官安东尼·斯卡利亚(Antonin *Scalia)的并存意见坚持认为,没收财产的超额的测量应该考虑被没收的财产与罪过二者之间的关系。大法官安东尼·M.肯尼迪(Anthony M.*Kennedy)也持并存意见,对布莱克蒙(Blackmun)就宪法第八修正案所作的历史性分析的严谨性提出了质疑。在同一审案期,大法官们在"合众国诉某宗土地案"(United States v. Parcel of Land)(1993)中认定,在刑事程序中获得的财产,其权利并不自动地归属于政府,这一次,大法官们形成了6票多数票。

尽管联邦最高法院在对政府获取财产的权力方面没有进行完全的限制,但奥斯汀(Austin)案无疑是宪法成长中的一个重要的里程碑。正如大法官们在"本尼斯诉密歇根州案"(Bennis v. Michigan)(1996)所叙明的,他们将继续接受执法实践的合宪性和支撑没收制度的政策智慧。同样,布莱克蒙在奥斯汀案中的意见无疑也是对作为政府反毒品战争中最强硬的也是最具争议的武器之一的没收手段的第一个最具意义的保护墙。

[Kermit L. Hall 撰;孙曙生译;潘林伟校]

车辆搜查[Automobile Searches]①

联邦最高法院认可三项允许警察无令状搜查车辆的独立原则。第一,自从"卡罗尔诉合众国案"

---

① 另请参见 Fourth Amendment;Search Warrant Rule,Exception to。

("Carroll v. U. S.")(1925)以来,只要有可能的理由相信车辆载有违禁品或者犯罪的证据,警察就可以无需令状便可进行车辆搜查,自从卡罗尔(Carroll)案以来,"车辆例外"已经被大大地扩展了。例如,在"加利福尼亚州诉卡尼案"(California v. Carney)(1985)中,联邦最高法院进一步认定:能够在公路上行驶的房车没有从车辆例外中排除,在"怀俄明州诉霍顿案"(Wyoming v. Houghton)(1999)中,联邦最高法院确认:警察也可以利用这种例外搜查旅客的行李(但不包括旅客自身)。

第二,联邦最高法院在"纽约诉贝尔顿案"(New York v. Belton)(1981)中坚持认为:警察在逮捕汽车房屋的居住者后可以在没有令状的前提下自动地搜查该车辆的旅客车厢,因为罪犯可能在被逮捕之前在汽车里藏匿了违禁品或武器。自从联邦最高法院在"阿特沃特诉赖格威塔市案"(Atwater v. City of Lago Vista)(2001)中确认警察可以逮捕轻微的交通违法案件的乘车者以来,为了实施对汽车进行"贝尔顿搜查"(Belton searches),目前警察有激励去逮捕轻微交通案件中的违法者。

"全面搜查"是允许警察实施无令状汽车搜查的第三个原则。在"科罗拉多州诉伯亭案"(Colorado v. Bertine)(1987)中,联邦最高法院认定警察可以以任何理由彻底地搜查已被合法扣押的车辆。联邦最高法院解释道:全面搜查从防止所有者车辆被盗用、防止警察被提起虚假盗窃诉讼、防止危险的物品被放入警察的财物的需要来看,是正当的。

综合来看,汽车搜查例外的扩大、贝尔顿搜查和全面搜查已经大大地削减了美国乘车者曾经在他们的汽车中所拥有的对隐私权的预期。

[David A Moran;Christine B. Harrington 撰;孙曙生译;潘林伟校]

Bb

巴杰,乔治·埃德蒙 [Badger, George Edmund]①

(1795年4月17日生于北卡罗来纳州新伯尔尼,1866年5月11日卒于北卡罗来纳州罗利城) 未被任命的美国联邦最高法院的大法官提名者。他曾就读耶鲁大学(1810—1813),与约翰·斯坦利(John Stanley)一起研究法律,并于1815年被批准进入北卡罗来纳州律师界。总统威廉·亨利·哈里森(William Henry Harrison)曾任命他为海军部长。巴杰继约翰·泰勒(John Tayler)后担任此职,并与其他内阁成员一道辞职以抗议泰勒反对创建国家银行。

从1846年到1854年,巴杰代表北卡罗来纳州进入美国参议院。他提倡最高法院备审案件目录和审理日程表的改革,并建议提高大法官工资。对爱德华·A.布拉德福德(Edward A. *Bradford)的任命未被履行之后,总统米勒德·菲尔莫尔(Millard *Fillmore)于1853年1月10日指命巴杰去联邦最高法院添补这一空缺。巴杰的住所不在联邦上诉法院第五巡回法院的范围内,这引起了亚拉马州、密西西比州和路易斯安那州参议员们的非议,因为他们更希望本区定居者作为候补人。在巴杰自己强烈拒绝任命的情况下,参议院于1853年2月11日以26票比25票的表决结果推迟任命。在南北战争爆发时,巴杰被选入北卡罗来纳州脱离会议(session conbention),经过一段犹豫之后表决了脱离(联邦)令。

[Elizabeth B. Monroe 撰;夏登峻译;许明月校]

不良倾向测试 [Bad Tendency Test]②

不良倾向测试是一种用于分析言论自由问题的测试,它源于英格兰普通法(*common law)中的诽谤(*libel),美国革命前由布莱克斯通(Blackstone)综合而成。这种测试通过语言引起非法行为的倾向来衡量言论的合法性。学者们经常攻击这种不良倾向测试是英国法律的残余,它不可能与联邦宪法第一修正案(the *First Amendment)调和。但是,各级联邦法院和州法院(*state court)通常把它用于限制表达自由,而不考虑联邦宪法第一修正案把言论与其他类别的未遂行为或犯罪行为区别开来的规定。

第一次世界大战(*World War I)之前的10年间,由大法官奥利弗·温德尔·霍姆斯(Oliver Wendell *Holmes)所作的两个联邦最高法院判决表明了这种不良倾向测试标准之运作。在"帕特森诉科罗拉多州案"(Patterson v. Colorado)(1907)中,维持了对一位编辑所作的蔑视法院罪判决,虽然该编辑确实没有机会证实真相以辩护,霍姆斯说,报纸对待决案中的司法行为进行批评,即便是准确的,也"有妨碍司法的倾向"(p.462)。在"福克斯诉华盛顿州案"(Fox v. Washington)(1915)中,一个州的法律规定出版"具有一种鼓励或煽动任何犯罪行为、暴力行为或破坏社会秩序的倾向"(p.275)的书面文件为轻罪,吸收了不良倾向测试标准。在代表联邦最高法院法官的一致表决结果撰写判决意见时,霍姆斯认为,一篇题为"裸体者和过分拘谨的人"的文章,它倡导抵制以反对任何裸体沐浴的反对者,"虽间接但清楚明白地"鼓励违反禁止有伤风化的暴露的法律(p.277)。霍姆斯强调,即使没有明确的制定法上的禁令,言论亦应因其不良倾向而受到惩罚。

在霍姆斯大法官之后,联邦最高法院在"间谍法"三部曲案件中继续适用不良倾向测试标准,普遍认为"间谍法"(*Espionage Act)三部曲案件开创了联邦宪法第一修正案现代传统。"间谍法"惩罚了导致军中违抗的行为和招募新兵的障碍的未遂犯罪。被告的律师辩护道,联邦宪法第一修正案对讨论政府政策的保护,禁止陪审团把有反战言论倾向的推断作为认定实行这些犯罪的犯罪意图的基础。遵循其在第一次世界大战前的意见,霍姆斯简要地驳斥了这种论点,但未充分论述。"如果行为(演说或传递文件)、行为的倾向与已完成的行为之意图相同",霍姆斯在"申克诉合众国案"(*Schenck v. United States)(1919)中写道:"我们感到没有理由说只有既遂行为才构成犯罪。"(p.52)在"弗罗威克诉合众国案"(Frohwerk v. United States)(1919)中,霍姆斯用隐喻表明了不良倾向测试标准,认为"星星之火,可以燎原"(p.209)。在"德布斯诉合众国案"(Debs v. United States)(1919)中,霍姆斯断定,即便当时措辞与犯罪之间的关系是间接和偶然的,陪审团也能够认定社会主义党近期的总统候选人德布斯的反战言论"具有妨碍招募新兵服役的自然倾向和合理可能性"(p.216)。霍姆斯又说,把语言的倾向作为发言人的意图之证据,是一条"十分确定的、具有明显理性的无需引经据典的"原则(p.216)。

在整个20世纪20年代,联邦最高法院的多数大法官继续使用不良倾向测试标准驳回联邦宪法第

---

① 另请参见 Nominees, Rejection of。
② 另请参见 Speech and the Press。

一修正案权利的主张。然而,大法官霍姆斯和路易斯·布兰代斯(Louis *Brandeis)在1919年秋的"艾布拉姆斯诉合众国案"(*Abrams v. United State)中以他们的异议开始,依靠霍姆斯在申克案中有时可以互换使用的"明显、即发的危险"(*clear and present danger)标准,把联邦宪法第一修正案标准解释为要求在语言与犯罪之间有更直接的联系,从而为言论自由提供了更大的保护的标准。霍姆斯和布兰代斯在他们频繁的异议中一再主张,不能因其间接的、遥远的或可能的倾向而合宪地惩罚言论。

通过1937年"赫恩登诉劳里案"(Herndon v. Lowry),联邦最高法院的多数派采纳了对明显、即发的危险标准的严格界定,摒弃了那种"模糊、不明确"的危险倾向标准,认为它是一种"法网",违反了联邦宪法第一修正案(pp. 256, 263)。四年之后,在"布里奇斯诉加利福尼亚州案"(Bridge v. California)的反对意见中,大法官费利克斯·法兰克福特(Felix *Frankfurters)指出,明显、即发的危险这一说法"本身就是对倾向而非对完成状况的描述,它与'合理可能性'之间的文字区别并不属于宪法的维度"(p. 235)。可笑的是,虽然与旧的不良倾向测试标准相比,赫恩登案和布里奇案之类的判例要求,言论与犯罪之间要有更为密切的关系,但后来对明显即发的危险的重述方式,特别是在"丹尼斯诉合众国案"(*Dennis v. United States)(1951)中维持对共产党领导人的定罪,淡化了刻不容缓的要求,而使得两种标准十分相似。

参考文献 David M. Rabban, The First Amendment in its Forgotten Years, *Yale Law Journal* 90 (January 1981):514-595.

[David M. Rabban 撰;夏登峻译;许明月校]

保释[Bail]①

一个人已经被逮捕并被指控犯有罪行时,在审判前不可避免地有一个间隔时间。保释涉及被告在此期间的自由权利。保释金包括金钱、财产的质押或"具结保证金书"(signature bond,指无需抵押财产、钱款,由被告人签署一份到庭保证书的保释)。被告如未出庭则要没收其保释金。提供金钱的人通常被称为保释人。

保释权已深深扎根于英国法律和实践之中。议会1689年颁布的《权利法案》要求保释金数额必须合理,并规定"不得要求高额保释金"。这一原则已被编入的美国联邦宪法第八修正案,该修正案规定"不得要求高额保释金"。大多数州宪法也禁止高额保释金。

保释金的目的是让刑事被告于审判前的一段时间内获得自由,而在同时要求足够的担保以确保刑事被告将亲身出庭受审或按指令受到惩处。主管法院或法官接受保释时将要求向国家缴纳特定金额,如果该刑事被告未按要求出庭,则此特定金额款将被没收。

刑事被告人在被捕后和审判前应被允许以保释获得自由的做法有着极为重要的理由。实行保释的基础是无罪推定。刑事案件的被告人在被判罪之前均被推定为无罪,正如同所有无辜的百姓不属于监狱一样。

再说,允准犯罪的刑事被告以保释得以自由不妨碍对辩护的准备。被告可保留自己的职业,并有可能维持家庭生活开支,支付律师费用。也有一个机会料理私人事务,同时亦可有一个与律师更好合作的机会。对候审羁押的多次研究表明超期羁押会大大增加定罪的机会。

对于联邦法院来说,要求保释的基本法律可在1966年和1984年的《保释改革法》和《联邦刑事诉讼法规》第46条中见到,每个州均有法规和法院判例汇编,这些均可界定州法院的保释权利(见"Federerism")。1966年《保释改革法》创立了有利于审前释放的推定。但是,1984年的改革法则反映了不同的优先考虑事项,它强调社会安全保护的需要,并授权法官拒绝那些对他人构成严重危险的人的保释。这就是众所周知的预防性拘留。1984年的改革法受到联邦最高法院在"合众国诉萨尔诺案"(United States v. Salerno)(1987)中的支持。联邦最高法院规定预防性拘留不是对危险的个人的惩罚,而是旨在防犯被告在保释期对公共安全带来的危害。

决定保释的法官或法庭必须考虑被指控犯罪的情况和性质、针对刑事被告的证据分量、家庭和社会关系、就业的稳定性、经济来源、个性特点和精神状态,以及在先前的庭审前的表现记录。更为重要的是估计逃出法院辖区的危险程度,法官必须对该刑事被告的社会关系作出评估。在判罪之后,被告通常有权上诉,但是在判罪之后的保释则不是权利问题,因为无罪推定已被推翻。

没收保释金并不意味着刑事被告可以免于对其争议中的罪行进行审判。保释的目的是保证审判时出庭,并服从法庭的判决,而不是容忍犯罪。

处理保释的法官或法庭必须行使较大的自由裁量权。除非有足够证据表明法官滥用权力,不能因复查审判而忽视法官的判决。法官通常是评定犯罪事实的最佳人选。

最近开始出现私人(private bail bondsmen)保释担保人,他们从被告那里收取10%的费用作为回报。他们具有特别权力捕获那些"弃保潜逃"并不

---

① 另请参见 Due Process, Procedural; Eighth Amendment。

按法庭要求出庭的人。由于人们普遍认为这可能成为导致腐败的源头,保释担保人制度在有些州已由法院运作的保释制度所替代。鉴于保释制度的唯一目的是保证被告出庭这一前提假设,对保释制度进行改革着重确保大多数的人会按要求出庭。被告只要有职业,又有密切的社会关系,只要未被指控犯有严重暴力犯罪,则可以保释金获得释放。替代手段是签署具结保证金书,并且不要求支付现金,但如果被告未出庭,则必须支付保释金。另外,如果法院认为有必要提供现金,则被告可向法院预付少量定金;大多数的预付定金一旦被告出庭即予归还。这使绝大多数群众均承担得起保释,并可消除私人保释担保人赚取利润的动机。20世纪60年代纽约市的电子录像研究所的工作是保释改革运动的催化剂。随着公众的注意力由被告权利向减少犯罪上转移,保释的改革速度开始放缓,但却从未停止。

[David Fellman 撰;夏登峻译;许明月校]

贝利诉德雷克塞尔家具公司案[Bailey v. Drexel Furniture Co.,259 U.S. 20 (1922)]①

1922年3月7至3月8日辩论,1922年3月15日以8比1的表决结果作出判决。塔夫脱代表法院提出判决意见,克拉克没有发表意见但不同意该案判决。紧接着1918年第一个联邦童工法遭到意外的失效后,国会寻求另一方法保护非独立生活的人和在工作场所受剥削的儿童。《童工税务法》再次以两院一致意见通过,并于1919年正式颁布,该法是以当代先例为依据,尤其是首席大法官爱德华·D.怀特(Edward D. *White)在"麦克雷诉合众国案"(McCray v. United States)(1904)中的意见而制定,怀特支持通过罚没性课税来制止类似的违法行为。

怀特在世时,最高法院确实没有在第一个童工税务案——"安瑟尔顿诉约翰斯通案"(Atherton v. Johnstone)中作出判决。怀特去世后,新任首席大法官威廉·H.伦奎斯特(William H *Rehnquist)聚集全体法官于贝利案以废除《童工税务法》。他的意见力求区别麦克雷案和最高法院已经判决的、使以管理为目的征税合法化的其他案件。他声称,符合宪法规定的、惩罚性管理措施涉及的"仅仅是暂时性的限制和管理",而该法征收的是罚金,罚金的"禁止和管理效果"是显而易见的。正如在"哈默诉达根哈特案"(*Hammer v. Dagenhart)(1918)中一样,最高法院在贝利案中察觉到国会已经越权并侵害了州的内部事务。

虽然塔夫脱的区分没有效力,但是唯一的异议坚持者——大法官约翰·H.克拉克(John H. *Clarke)没有对此提出质疑。随着"新政"(*New Deal)的来临,这种区分开始削弱,但国会此后主要依赖于商业权力(commerce *power)来保护社会和经济利益。

[Stephen B. Wood 撰;夏登峻译;许明月校]

贝克诉卡尔案[Baker v. Carr, 369 U. S. 186 (1962)]②

1961年4月19日至20日辩论,1961年5月1日重新辩论,1961年10月9日再辩论,1962年5月26日以6比2的表决结果作出判决。布伦南代表联邦最高法院起草判决意见,斯图尔特和克拉克持并存意见,法兰克福特和哈伦反对,惠特克未参加。首席大法官厄尔·沃伦(Earl *Warren)是著名的取消学校种族隔离案——"布朗诉教育理事会案"(*Brown v. Board of Education)(1954)中联邦最高法院判决意见的起草者,他称贝克诉卡尔案是其为联邦最高法院服务15年期间"最重要的判决",该案确定的(议员数目)分配改革是他任最高法院首席大法官期间最重要的成就。贝克诉卡尔案并未确立"一人一票原则",该原则是由"格雷诉桑德斯案"(*Gray v. Sanders)(1963)确立,并在"威斯伯里诉桑德斯案"(*Wesberry v. Sanders)(1964)和"雷诺兹诉西姆斯案"(*Reynolds v. Sims)中在有关国会和立法的议员选区确认。但是,在贝克诉卡尔案中,联邦法院愿意考虑城市利益,而此前不可能以此强制立法者对州立法机构进行重新分配,或把国会的席位重新划区以反映美国的城市化,或保证纠正来自国会或其相应的州法院的任何冤情。

沃伦可能夸大了该案的重要性,但它显然是一个划时代的案例,在该诉案结束之时,美国国家的政治地图已经重划了。尽管对于是否重新改组法定的议员选区仍在继续辩论,但事实上从农村向城市和城郊的转移已经明显地产生了重大政策后果,所以有人称为重新分配政治权力的革命。

"贝克诉卡尔案"起始于1959年田纳西州,当时不少来自孟菲斯、纳什维尔和诺克斯维尔的原告向纳什维尔的联邦地区法院提起诉讼,控告田纳西州的州政府秘书约瑟夫·科德尔·卡尔(Joseph Cordell Carr)和首席检察官乔治·麦坎莱斯(George Mccanless)。田纳西州宪法要求州议会在10年一次的人口调查之后在州的95个县之间按比例分配州议会成员的名额。然而,最近一次已经是1901年的事了,甚至给城市选民公正的席位份额都未成功。田纳西州法院同样无动于衷,并拒绝干预。

贝克案的原告指出联邦法院是提供任何救济承

---

① 另请参见 Family and Children; Labor; Police Power; Taxing and Spending Clause。

② 另请参见 Fair Representation; Justiciability; Political Quistions; Reapportionment Casses。

诺的唯一裁判所,他请求法院作出宣告性判决(*declaratory judgement),判决田纳西州众议院名额分配违宪,并发布一项防止州官员依据该法进行多次选举的禁令(*injunction),3名法官组成的地区法庭遵循确定的先例驳回起诉,理由是救济请求和其声称的法律上的过错均不属宪法第3条(the *Article Ⅲ)和实施此条的联邦法规授权联邦法院的司法审判权的范围。此外,地区法庭又称,即使法庭有此管辖权,而呈交给法庭的问题是不可裁判的,因为它们都是"政治问题",不适于司法调查和调解。

为向联邦最高法院直接提出诉讼,各个城市设立的团体纷纷向法院呈送法庭之友诉讼要点(*amicus briefs),其中,特别重要的是通过政府首席律师阿奇博尔德·考克斯(Archi-bald Cox)代表新就任的肯尼迪政府提出的诉求。汤姆·克拉克(Tom *Clark)作为大法官在他的并存意见中指明:贝克诉卡尔案是现代"最慎重的"最高法院判例之一。法院于1961年4月19日和20日听取了总共3个小时的口头辩论,又作了3次以上辩论,然后决定此案在1961年再次开庭时进行3小时的辩论。作为大法官的克拉克评述说,贝克案"已经被我们在会议上和单独地反复多次考虑过"(p.258)。

法庭于1962年3月26日宣布了对该案的判决,5条判决意见占163页。这些意见在当时都非常尖锐,比如大法官克拉克就表示,大法官费利克斯·法兰克福特(Felix *Frankfurter)的64页(对判决持)异议的特点是"连篇累牍,结论简单"。

大法官威廉·布伦南(William *Brennan)代表联邦最高法院发言,他谨慎地避免对该案的法律依据进行明确的讨论。绝大多数法官都觉得田纳西州的行为已经违宪,这一点没有什么可以怀疑的。但多数意见限于讨论有关管辖、诉权以及可诉性等议题。大法官布伦南对地区法院的管辖和不可诉性这两种依据进行了区分,认为在不可诉的情形下,诉因是不全面且不直接的。因此,最高法院的调查必然需要明确其所声称的职责是否可以由司法确定?这种职责的违反是否可以由司法来确定?以及这种权利是否可以由司法来保护?如果缺乏审判权,该案就不能继续审理了。

大法官布伦南很快得出结论:该案争点属于联邦法院的管辖范围,而且这些原告在权衡自己投票所代表的立场方面有充分的利害关系。难以判决决定的是目前出现的问题是否应由法院受理。在回顾政治问题的原理时[政治问题首先是由首席大法官罗杰·B.托尼(Roger B *Taney)在"卢瑟诉博登案"(*Luther v. Borden)(1849)中提出],大法官布伦南主张政治问题首先关系到分权问题(提出了在相互平等的国家政府部门之间的关系),因此要求司法遵从。相反,联邦主义问题(*Federalism)(此问题提出有关州的行为与联邦宪法的一致性)并不要求这类司法遵从。布伦南认为,"任何案件的焦点都会涉及政治问题,对于有关协调的政治部门问题的基础,可论证的合宪性评述是可以找到的,要么是由于缺乏司法上现有的和易操作的标准来解决它;要么是一种明确的非司法自由裁量权决定不用一种最初政策裁定的不可能性;或法院许诺单独解决而无需明确表示缺少尊重适当的政府部门协调的不可能性;或一种非常必要盲目追随已经作出的政治决议;或由各个部门在某一问题上发出多种多样公告的困扰潜在性"(p.217)。他也区分了诸如由卢瑟诉博登案所呈现出的一些问题——根据联邦政府保障条款(*Guarantee Clause)引起的问题,在这里缺乏司法上操作性的标准——与宪法"平等保护条款"(*Equal Protection Clause)所引起的问题,而在这里,其标准"已经得到很充分的发展并为公众所熟知"(p.226)。

对于持多数意见的人来说,最困难的障碍可能是"科尔格罗夫诉格林案"(*Colegrove v. Green)(1946)这一先例。在科尔格罗夫案中,法院已经拒绝强制伊利诺伊州立法机关纠正在州议会名额分配上的不公平状况:已经给予在美国境内的伊利诺伊最大选区和最小选区分配名额,一个选区比另一选区大9倍之多。科尔格罗夫案是3∶3∶1的表决结果作出的判决。大法官罗伯特·杰克逊(Robert *Jackson)作为纽伦堡战犯审判法庭上的美国的检察官未曾出席,当时也没有人顶替新近去世的首席大法官哈伦·F.斯通(Harlan F. *Stone)。大法官法兰克福特代表最高法院起草判决意见,但另外只有两个大法官持并存意见,他在判决中创制了一个短语"政治丛林"(*political thicket),此短语逐渐被认为是反对联邦法院干预政治问题的缩略警语,对于政治问题,他们既无授权又无管辖权进行判决。然而,大法官布伦南驳斥大法官法兰克福特作为"少数意见"的判决意见认为,7位现任法官中的4位在科尔格罗夫案中,已经认识到对于联邦法院来说,复审议员名额分配权已经不存在合宪性障碍了。

尽管在贝克案中联邦最高法院限制了其所坚持的管辖权问题,但它并未限制其在田纳西州案中当地立法机构未能遵守本州宪法的情况。大法官布伦南对此清楚地说明,任何没有按照以某种人口均等的方式在其选区重新分配议员名额的立法制度均处于违反平等保护条款的危险境地。这样他的意见实际上在合众国内成了重新分配议员名额的行为是否符合宪法的一种怀疑。大法官布伦南写道:"我们断定,起诉书对于否定平等保护的一些主张表明应受法院管辖合宪的诉因,据此,上诉人有权得到审理和判决。"(p.237)

大法官威廉·O.道格拉斯(William O. *Donglas),汤姆·克拉克和波特·斯图尔特(Potter

*Stewart）同意法庭判决意见并出了单独的并存意见（*concurrence）。对于大法官道格拉斯，问题并不复杂：它是一个案件的表决权，而且此表决权早已属于联邦法院保护的范畴。大法官克拉克与大法官哈伦一起表示反对，坚决主张判决应按照平等保护条款要求"投票人之间的数学均等"（在这一点上，大法官克拉克是一个蹩脚的预言家，很久以前这就成了占支配地位的标准）。更确切地说，大法官克拉克断定说，所有既存的判决均认为田纳西州的议员名额分配方案是一种"没有理性基础的狂热拼凑"（p.254）。他主张：除非联邦法院提供救济，否则对于那些他认为构成明显违反平等保护条款的情况就不可能有什么救济。

大法官斯图尔特认为联邦最高法院只是明确了三件事情：联邦法院对本案拥有管辖权；上诉人有权对田纳西州议员名额分配规定提起诉讼；议员名额重新分配是一项由法院管辖的问题。

对大法官法兰克福特来说，这是他从联邦法院引退之前的最后一项判决意见。他明显受到了其在科尔格罗夫案提出的意见中的偏差所困扰，受到其所谓的"法院在维护具有破坏性的新型司法权力要求方面所有的经历使法院受到的公众批评"的影响。（p.251）他重申了自己对于科尔格罗夫案的观点，认为联邦法院不应该介入"政治权力冲突，据此，大众与议员间的关系有时不正常但现在已经确定了"（p.267）。他预言联邦最高法院介入政治危机会削弱他们的权力基础。正如在科尔格罗夫案中那样，法兰克福特告诉那些受田纳西州立法机构侵害的人，救济"必须经历重新唤起大众的良心以在人民代表的良心中打上烙印"（p.270）。他坚决主张，联邦最高法院应当"在竞争的代表理论基础中作出选择——确切地说是在竞争的政治哲学理论之中作出选择"（p.300），这不是一个适合法官来解决的问题。他指出，在合众国的历史或宪法中，并没有把按人口比例分配议员名额奉为神圣的唯一标准，此标准也不应成为作出判决的合理标准。

大法官约翰·M.哈伦（John M.*Harlan）的反对意见触及了案件的事实内容，他坚决主张：即使联邦法院拥有管辖权——他并未考虑到本案——联邦宪法也没有规定州的立法机构也必须组织好以便公平地反映出每个投票人的心声。大法官哈伦说，如果田纳西州希望如此，那么联邦宪法中不存在任何妨碍田纳西州提供农村投票人比城市投票人更多比例的规定。此外，他警告说，当联邦法院试图决定按比例分配名额的政策是否符合宪法规定时，"大多数人没有考虑将来可能出现的后果"（p.339）。

在一份扩展的附录中，大法官哈伦证明了田纳西州按比例分配数学方法的"不合理的理性"。他认为，在田纳西州各县之间的选举力量悬殊，可能是因经济、政治和地理上原因的考虑。尽管主要是基于人口方面的考虑，但这样一个允许保持农村利益的决议符合宪法。

没过多久，其他各州就遇到了贝克案的问题。在一年之内，36个州都卷入了重新分配议员名额的诉讼。在随后的几年时间里，联邦最高法院圆满完成了重新分配议员名额的改革。对于能否找到一个合适的按比例分配的司法标准的问题上，大法官哈伦和法兰克福特被证明是一个不准确的预言家。法官很快地从"理性检测"——按比例分配计划依据它们是否具有任何理性根据来评估——中退却，而转向一个对于许多人来说似乎过分简单，却不失为数学上严格均等和易于操作的标准——一人一票（*one penson, one vote）。联邦最高法院在较短时间内得出结论，没有什么因素，也没有地理上的区域，更没有什么必要保持政府部门的原来模样。而是要联邦进行妥协，即一个议院将代表人口，而另一个政府部门如县级则应严格按相等人口划分才能满足合宪性标准。在严格要求平等性的议会地区和考虑其他适当因素的某些州立法地区进行区分的问题上，联邦最高法院在一系列的案件中均表现了从"地区间的实质性的均等"到"准确的数学上均等"的转移。

参考文献 Jack W. Peltason, *Federal Courts in the Political Process* (1955); Jack W. Peltason, *Fifty-Eight Lonely Men: Southern Federal Judges and School Desegregation* (1971); Jack W. Peltason, *Understanding the Constitution*, 12th ed. (1991).

［J. W. Peltason 撰；夏登峻译；许明月校］

巴基案判决[Bakke Decision]

参见 Regents of the University of California v. Bakke。

鲍德温，亨利[Baldwin, Henry]

［1780年1月14日出生于康涅狄格州纽黑文市；1844年4月21日卒于宾夕法尼亚州的费城；葬于宾夕法尼亚州米德维尔常青谷（Greandale）墓地］1830—1944年为大法官。出身于贵族世系。鲍德温于1797年获得耶鲁大学法学博士学位。此后，他在费城与亚历山大·J.达拉斯（Alexander J.*Dallas）一起获准执业。鲍德温去了俄亥俄州，但最后还是定居在匹兹堡，在那里他很快赢得社会和政治上的世俗声望。在整个宾州西部，他以其智慧、意志坚定和幽默感著称。

在其第一个妻子去世以后，他与萨莉·埃利奥特（Sally Ellicott）结婚，并在宾州克劳福德（Crawford）县安了第二个家，在那里于1816年他被选入美国众议院。作为一名联邦主义者，鲍得温经常和农村的杰斐逊共和党成员发生意见争执，健康问题

巴拉德诉合众国案[Ballard v. United States]

Henry Baldwin

迫使他于 1822 年辞职。但 6 年以后，他鼎力支持安德鲁·杰克逊(Andrew*Jackson)作为总统候选人。

随着大法官布什罗德·华盛顿(Bushrod*washington)于 1829 年逝世，杰克逊提名鲍德温去联邦最高法院任职，而没有考虑宾州首席大法官约翰·班尼斯特·吉布森(John Bannister Gibson)和费城的霍勒斯·宾尼(Horace Binney)。鲍德温当时只有两票异议而获得任命。

鲍德温关于合宪性问题的主要观点在他的 14 年任职期间始终如一。他支持州之间商业的畅通，维护各州的权利，将奴隶视为私人财产。当联邦权力与州自主权冲突时，鲍德温反对前者的扩张。他的立场首先坚定地体现在克兰的单方诉讼案(Crane, Ex parte)(1831)的异议之中，按此异议，他反对联邦法院在发布(高级别法院给低级别法院或官吏的)职务执行令状(*mandamus)方面管辖权的扩张。

在合宪性解释方面，鲍德温持温和意见，尽力避开极端自治的州主权(*state sovereignty)和扩张的联邦至上。1837 年，他出版了一本小册子《美国政府和宪法的性质以及起源概览》，其中介绍了"可能被认为是我对宪法的一些特有观点的全面解释"(p.1)，他写到，他属于"愿意采用宪法的那些人……按照实际，并愿意根据解释的规则去陈述宪法"(p.37)。他相信，以其运用政治的敏感性，联邦最高法院可以裁判一些处理权属于联邦政府以及属于州政府的争议。鲍德温在 1830 年和 1844 年之间的关键支持表决显示他是一位温和派，在处理公司案件、联邦和州的关系以及涉及奴隶等案件中，他支持北方的司法审判。

鲍德温粗暴的个人主义与马歇尔为首席大法官时期联邦最高法院高度的一致性背道而驰，这有助于打破这种一致性。比如，在 1831 年，他一共提出了 7 次反对意见，破坏了长期形成的联邦最高法院法官一致认同的规则。鲍德温在他的早年职业中友善可亲，很受人爱戴，但以后逐渐偏执，有时十分暴躁。他可能受到强迫症的痛苦，在他生命的最后几年里因经济问题病情恶化。最后于 1844 年死于瘫痪，身无分文。

[Robert G. Seddig 撰；夏登峻译；许明月校]

巴拉德诉合众国案[Ballard v. United States, 329 U.S. 187(1946)]①

1946 年 10 月 5 日辩论，1946 年 12 月 9 日以 5 比 4 的表决结果作出判决，道格拉斯代表联邦最高法院起草判决意见，杰克逊对判决结果持并存意见，法兰克福特、文森、杰克逊和伯顿反对。埃德娜·W. 巴拉德(Edra W. Ballard)因使用邮件诈骗而被判有罪，她以加利福尼亚州联邦法院有意排斥妇女参加陪审团为由而上诉。对她的指控源于她领导了"I Am"运动，该运动的教义中包括这样的一种宣传：她、她的儿子和他的丈夫在精神上均与圣·吉曼(Saint Genmain)相通，而巴拉德家族曾无数次地"施法显灵"。

当时的联邦法律要求联邦法院陪审团成员必须具备与州最高法院陪审团成员相同的条件。加利福尼亚州的法律确实规定妇女有资格承担陪审团职责，但作为该州一直以来的操作实践问题，加利福尼亚州法院确实没有通知妇女充当陪审员参审。在加利福尼亚州的联邦法院遵守了州法院的惯例。

联邦最高法院撤销了对巴拉德作出的有罪判决，理由是整个有关陪审团问题的联邦法律反映了这种设计：使陪审团真实地代表和反映了社会群体构成观念。因此，加利福尼亚州的法律规定妇女有资格成为陪审员，他们是"社会"的一部分，联邦的陪审团必须从中抽取出典型。在这些州里联邦法院陪审团成员全部为男性与立法方案不相吻合。尽管从技术上说本案是为了更好地解释国会法定授权的问题，但其中有关社区陪审团服务应当体现公正交叉的必要性论证却被用于后来的"泰勒诉路易斯安那州案"(*Taylor v. Louisiana)(1975)中，以解释联邦宪法第六修正案(the *Sixth Amendment)中用语"陪审团审理"(*trial by jury)的含义。

[Leslie Friedman Goldstein 撰；夏登峻译；许明月校]

---

① 另请参见 Gender。

巴柳诉佐治亚州案[Ballew v. Georgia, 435 U. S. 223(1978)]①

1977年11月1日辩论,1978年3月21日以9比0的表决结果作出判决,布莱克蒙代表联邦最高法院起草判决意见,史蒂文斯、怀特和鲍威尔持并存意见。依照州的法律,巴柳案由5人陪审团审理并被判轻罪。巴柳曾经呈交一份审前动议并列出12人(或者至少是6人)的陪审团名单,论证说明5人陪审团会剥夺宪法第六修正案和第十四修正案(the *Sixth and *Fourteenth Amendment)所赋予他的由陪审团审理的权利。巴柳被判处1年监禁和2000美元罚金,佐治亚州的法院驳回了巴柳的上诉,但联邦最高法院支持他的主张。

巴柳案是联邦最高法院关于州刑事陪审团适当规模的最近裁决。几个世纪以来,英美的陪审团一直是由12人组成,这是长期一致的做法。然而,"威廉斯诉佛罗里达州案"(*Williams v. Florida)(1970)导致这个问题相当的不确定性。威廉斯(Williams)坚持认为,6人组成的州的刑事陪审团是准许的,但并不表明这就是宪法规定的最小规模的陪审团。"科尔格罗夫诉巴廷案"(Colegrove v. Battin)(1973)因确定6人联邦民事陪审团而增加了这种不确定。联邦最高法院通过批准州刑事陪审团在"约翰逊诉路易斯安那州案"(*Johnson v. Louisiana)(1972)和"阿波达卡诉俄勒冈州案"(*Apodaca v. Oregon)(1972)中非一致同意的多数裁决而使问题更加复杂化。巴柳案确定陪审至少为6人,从而解决了这个问题。

大法官布莱克蒙(*Blackmun)的判决意见回顾了许多关于6人陪审团效力的经验研究,认为5人组成的刑事陪审团不可能实现宪法的目的和履行陪审团的职能。虽然这种主张与证据一致,却没有恪守证据内容。虽然大法官布莱克蒙宣布引用的这些研究已经提出了"一些有关将陪审团减少到6人以下是否合宪及明智的重大问题"(p. 232),但实际上,没有一个人对5人陪审团作过调查研究。相反,这些调查研究所表明的是:6人陪审团和12人陪审团不等效,而6人陪审团和12人陪审团等效却是威廉斯案基础和首要主张。如果联邦最高法院真正相信这一点的话,那它必然要推翻威廉斯案而不是重新肯定该案。

作为巴柳案及此案中援引案例的结果,现在6人陪审团已经运用于联邦民事案件和州法院的民刑事案件中。

[Peter W. Spevlich 撰;夏登峻译;许明月校]

奥古斯塔银行诉厄尔案[Bank of Augusta v. Earle, 38 U. S. 519(1839)]②

1839年1月30日至2月1日辩论,1839年3月9日以8比1的表决结果作出判决,托尼代表联邦最高法院起草判决意见,鲍德温持并存意见,麦金利持反对意见。这一案例标志着联邦最高法院第一次一州对另一州许可设立公司(*corporation)所享有的权限问题进行规制。在亚拉巴马州之外三家银行被授予特许,它们在亚拉巴马州买了汇票,出票人以其他州银行无权在亚拉巴马州做此交易为由,拒绝支付票据款项,三家银行因此起诉出票人。

银行认为,外州的公司具有在任何州从事商业活动的宪法权利,相反的裁定会使几百万美元的金融交易无效,也会造成当前经济萧条日趋恶化。而出票人则坚决主张,一个州可以将别州公司排斥在本州境内进行交易的范围之外,亚拉巴马州已经这样做了。

联邦最高法院采用了中庸立场,认为一个州可以排除其他州公司在本州从事商业活动,也可以规定合理条件方能从事此类交易,但这种排斥或条件必须清楚地说明。由于亚拉巴马州未明确禁止外州银行在本州从事汇票交易,联邦最高法院判决支持了银行的主张,并由此避免了基于相反的裁定而造成金融财政混乱。尽管联邦最高法院曾判定一个州不可通过对外州公司的管制对州际商业贸易设置不合理的负担,但本案确立的原则仍一直被认为是一项很好的原则。

[Robert M. Ireland 撰;夏登峻译;许明月校]

合众国银行诉德沃克斯案[Bank of the United States v. Deveaux, 5 Cranch, (9 U. S.) 61 (1809)]③

1809年2月10日和11日辩论,1809年3月15日以6比0的表决结果作出判决,马歇尔代表法院起草判决意见,利文斯顿未参加。宪法赋予联邦法院受理不同州公民之间的案件管辖权,这就是所谓的联邦法院的跨州管辖权(*diversity jurisdiction)。德沃克斯案涉及一家公司是否可以根据联邦法院管辖权在联邦法院起诉应诉,如果可以,那么公司的公民身份如何确定。合众国银行向联邦法院起诉佐治亚州税务官德沃克斯,要求返还银行因拒绝支付佐治亚税款而被其罚没的财产。德沃克斯主张联邦法院不具有管辖权,因为银行作为一个法人而不是公民,不适用公民身份(*citizenship)管辖权。或者州银行是公民,因其某些股东居住于佐治亚州而不存在跨州的问题。联邦最高法院认为,从联邦法院多样性管辖权角度来看,一个公司确实可以作为一州

---

① 另请参见 Trial by Jury。
② 另请参见 Capitalism; Private Corporation Charaters。
③ 另请参见 Judicial Power and Jurisdiction; Lower Federal Courts。

的"公民",但在本案中并不存在跨州管辖权的问题,因为公司的公民资格是由其股东的公民资格决定的,而且案中有些股东与被告居住在同一个州。此后,据报道马歇尔和法院的其他成员对此判决表示遗憾,因为它严格地限制了企业法人在联邦法院起诉和应诉的权利,同时由此而削弱了联邦司法权。但是德沃克斯案一直有效,直到被"路易斯威尔铁路公司诉勒葱案"(*Louisville Railroad Co. v. Letson)(1844)推翻为止。后者认为,一公司的"州籍"应该与其注册的州一致。

[Robert M. Ireland 撰;夏登峻译;许明月校]

破产立法 [Bankruptcy and Insolvency Legislation]①

当宪法的制定者们在第 1 条第 8 款中规定:国会被授权制定"全美国有关破产的统一法规",他们期望能够在区域间和国际农产品和制成品方面贸易为基础促进国家的经济。一部国家破产法对实现此目标十分重要。虽然有些州,主要在北方的一些州,已有它们自己的无力清偿债务制度和破产制度,但宪法却暗示国会在此领域具有专属管辖权。这个观点可以在第 1 条第 8 款中见到,它禁止州的法规损害合同之债,也不允许州法律涉及任何具有破产性质的内容。

早期的破产法 第一部国家破产法直到1800年以后才出台,但因杰斐逊民主共和党人不欢迎该法,以及该法有限的规制范围,所以该法在很短时间即被废除。1841年和1867年的破产法也面临同样的命运,这样为各个州保留或创立它们自己的无力偿还债务和破产的制度留下了一条道路。

但这些法律是否合宪呢? 为了给各个州提供一个可以遵循的指导方针,联邦法院花费了近40年的时间。有三个问题需要解决,这三个问题是:宪法是否赋予了国会在破产领域专有权? 如果没有,那么各州的法律可否解除债务并因此使合同之债弱化? 以及如果这种债务解除合宪的话,那么,它是否可适用于在其他州内订立合同引起的债务?

1819年以后,这些问题才引起联邦最高法院的注意,这表明贷款人和借款人一样通常对州的救济法没有争议,认为这些法规对双方都有利且有利于公共利益。在"斯特奇斯诉克劳宁谢尔德案"(*Sturges v. Crowninshield)中,首席大法官约翰·马歇尔(John*Marshall)代表联邦最高法院对1811年纽约州破产法进行了抨击,他指出,由于欠缺联邦破产法,各州可以创立它们自己的制度,但不能解除债务合同。第二天,联邦最高法院又在"麦克米兰诉麦克尼尔案"(McMillan v. McNeil)中推翻了路易斯安那州解除债务的法律,这是一个涉及在南卡罗来纳州的合同债务的案件。综合考虑,这两个判决使州政府感到迷惑且不确定。是否联邦最高法院有意将破产权授予各州但又拒绝授予其作为破产中核心权力的债务解除权? 或者联邦法院是否希望对法律通过之后签订的合同的解除(斯特奇斯案涉及的问题之一)以及州内当事人之间已签订的合同的解除(麦克米兰案中的中心问题)进行限制?

联邦最高法院最终在"奥格登诉桑德斯案"(*Ogden v. Saunders)(1827)中明确了州的主权,允许各州在没有国家法律的情况下创立它们自己的破产制度。只有对制定法通过后产生的贷款债务才能解除,该制定法使破产救济可能性成为债务合同的一个默示条款。但州际间的债务不得解除。

州主权的明确并未产生大量的破产立法。比如,直到1838年,马萨诸塞州都还没有有关债务解除的法规,罗得岛1756年就创立了通过请求和私人提案而实行破产的制度,可是1819年在斯特奇斯案判决后便抛弃那种制度,并且直到1896年都没有再涉及破产领域。

许多州不愿实施完全的救济法,原因主要有四方面:第一,立法者担忧破产法会影响贷款的积极性,鼓励债务人不顾后果和欺诈,从而会降低商业道德。第二,尽管有了奥格登案的判决,但仍有许多人主张州破产法违宪,并赞成颁布国家法律。第三,制定政策者发现很难制定出一部为债权人和债务人都能接受的法律,它要求一方面便于适用,同时也不给欺诈以可乘之机。立法者们也需要一部尽可能清偿债权人债权的法律。经验表明,破产财产管理人和律师常常侵食无力偿还债务的资产,几乎没有留下什么可供债权人分配的财产。第四,有些州回避合宪问题,例如在1819年、1837年和1857年金融风波期间,虽然知道会被法院废弃,但是为了给债务人和债权人都有喘息机会,还是颁布了延缓执行以及其他救济法规。

1898 年的制度 在重建(*Reconstruction)时期结束时,根据1867年的灾害性破产法的经验,主要的政治家、法律工作者、法官和商人达成共识,认为迫切需要一种切实可行的和永久性的国家救济制度。该制度直到1898年才出台,主要是因为由于起草立法过程中遇到了困难,即要使广泛的利益相关者都接受该法。最终出台的法律是每一个实体和程序问题上折中的反映,结果也存在相当严重的缺陷。该法律一直适用到20世纪70年代,主要是因为对根本的改革问题在政治上没有达成一致意见。实际上,该法给予债务人和债权人双方启动破产程序的权利,它排除了对欺诈性破产者适用破产救济,并允许各州保留特定的资产不得扣押。

1898年制度主要面临三方面的困难:首先,尽

---

① 另请参见 Capitalism; Contracts Clause。

管联邦最高法院颁布了法院指导规程,但对地区法院的管辖事实上却授权当局分设破产法院。那些编制不足的法院深受大量案件的重负,而且一些法官无能力处理如此复杂的法律事务(见 Lower Federal Courts)。其次,地区法院的法官由于职能的性质都是通才,而且既无时间又无专业技能提供严格监督。最后,破产管理官——后来称为法官,都是不拿薪金的,而以服务费来替代,这就影响到他们公正无私地处理问题。同样令人困扰的是,这些法官是行政和司法职能的结合。最终,当事人对他们的裁定不满而向曾经任命他们的那位地区法官上诉。这种运作的制度只有极少数人感到满意。

破产改革 国会通过法规弥补了某些缺陷,同时表示同情的联邦最高法院在诉讼规则上也反复作了修改,但整个制度需要彻底大修,这一点已经很明确。在1898年看来很符合商事交易需要的规则在20世纪60年代完全过时了。公众可以从一些公司破产的严重性中得到警示,诸如佩恩中心(Penn Central)在1970年破产,市政经济也普遍地濒临破产的景象,如20世纪70年代纽约市出现的金融危机。长期的公开辩论于《1978年破产改革法》确立时终于落下帷幕,该法确立了破产法院作为一个独立的司法实体,承担执行新法的任务。

新制度的推行显示出公共政策从18世纪的惩罚性原则向20世纪后期的重整原则(rehabilitative principles)的巨大转变。有许多例证,其中无力偿还债务的个人均处于如此危急困境,以致他们迫切需要解除他们身上过去债务的重负,而且无力偿还债务的公司如此被剥夺了资产,以致它们只得被关闭。然而,破产法院的主要任务是给个人提供喘息机会,在此时期可安排好各种事务,并且让失败的企业重组以便它们可正常经营,恢复支付能力。

还有几点值得重视:首先,新的破产法已被有些公司所利用,最为显著的是得克萨斯航空公司(Texas Air Corporation)利用其废除劳动合同。其次,宪法的破产条款中的一致性要求已经造成某些困难。在"铁路劳工执行协会诉吉本斯案"(Railway Labor Executives Association v. Gibbons)(1982)中,联邦最高法院裁定保护雇员权利的制定法不能用于处理个别的铁路问题。在地理上孤立隔绝的铁路案件中,由于所出现的一些问题不可能要求与其他案件保持一致,但在岩石岛市(Rock Island),如果要满足宪法规定的标准,清算必须并入处理相应的主要铁路破产所适用的法律来处理。

第三,就像20世纪中的高新技术一样,破产法出现了大量复杂问题,迫使法官必须通晓多门知识。比如,他们需要处理诸如宪法第五修正案、国际法、证据的规则以及创新的金融工具等多种问题。

第四,基于以上原因,许多有关破产法的争论都集中在法官任命的问题上。法官在"忠于职守"条件下就应当终身任职?或他们是否可被任命为地区或上诉法院法官?在这些极端的观点之间,国会投票表决了一个折中办法——总统任命的14年任期。联邦最高法院在"北部管道建设公司诉马拉索管道公司案"(Northern Pipeline v. Marathon pipe line)(1982)却废除了该项规定,明确宣告,这种法官任期违背了宪法第3条第1款的规定。

国会难以回应,直至1984年都没有达成一致意见。以后几次修正案使破产法官重新成为地区法院兼职法官,工作任职期不受限制。国会也限制使用破产程序来修正劳动合同或对个人的破产救济权利上强加某些限制。

最后,联邦最高法院在"格兰费南西拉 S. A. 诉诺德伯格案"[Granfinanciera, S. A. v. Nordberg (1989)中已接受了这个建议,按照宪法第七修正案(the *Seventh Amendment)],在破产诉讼程序中,被控告诈骗的当事方有权要求陪审团审理(*jury trial),但破产法院是否可受理这类案件,到目前为止还没有判定。

参考文献 Peter J. Coleman, *Debtors and creditors in America*; *Insolvency, Imprisonment for Debt, and Bankruptcy*, 1707-1900 (1974); Martin A. Frey, Warren L, McConnico, and Phyllis Hurley Frey, *An Introduction to Bankruptcy Law* (1990); Charles Warren, *Bankruptcy in United States History* (1935).

[Peter J. Coleman 撰;夏登峻译;许明月校]

律师资格[Bar Admission]

参见 Admission to Practice Before the Bar of the Court。

律师广告[Bar Advertising]①

在"贝茨诉亚利桑那州律师协会案"(*Bates v. State Bar of Arizona)(1977)中,联邦最高法院判决律师做广告属商业言论,应受宪法第一修正案(the *First Amendment)的保护,任何州不得禁止所有律师做广告,但联邦最高法院允许各个州根据具体情况设定所允准的界线。律师的管理者试图保留最大的控制权,而精明的律师不断地向这些努力发起挑战。这引起许多联邦最高法院的判决,各州可以禁止明显存有误导的广告,但只要能准确地表达信息,那就不属于潜在的误导性手段。各州可以禁止亲自揽客,但不得禁止向可能的客户邮寄私人信函。各州不可禁止提供法律咨询的报纸广告,但可以在风险代理酬金服务的广告中要求披露诉讼委托人必须支付不必要诉讼的成本。律师则可以在信笺上方印

---

① 另请参见 Commercial Speech。

出字样表明他们已经经全国审理辩护委员会（National Board of Trial Advocacy）（一个私人组织）核准。

尽管社会学的研究提供了基础，但律师广告的影响还是不清楚，如联邦贸易委员会之类的支持者主张，广告会降低价格、提高效率、增加接近正义［接近正义（access to justice）是意大利学者莫诺·卡佩莱蒂提出的司法救济概念。——校者注］的机会。然而，律师协会的领导者认为，那些被迫按照广告价格提供服务的律师会降低他们的工作质量。而联邦贸易委员会对律师广告的主要研究则停留在可疑的例证上，并且不考虑表明广告管制在降低费用上只有极小影响的各种迹象。

少数律师运用高价电视广告，但他们必须向许多并不需要法律服务的一般民众支付费用。大多数律师以较低的费用做"黄页电话指南"中的广告，许多律师做一些免费进行咨询的广告，这可以招揽一些担心高费用的顾客。很少有律师为了获得特定报酬而为自己不能胜任的特殊业务做广告。如果没有这类特种广告，价格未必可以降下来。此外，也可能有一些客户对降价持怀疑态度。关于律师广告的争论可能从不以回避或无需律师的方式来转移注意力，许多打出的低价广告可以由律师辅助人员、其他专业人员或顾客自助完成的。

[Steward Macaulay 撰；夏登峻译；许明月校]

最高法院的理发室［Barber Shop］

位于联邦最高法院大厦底楼，该店有单个的黑白理发椅和相关剪发设备。联邦最高法院雇用一名理发师，男性的法院职员可在此理发，但此店不对外服务。

[Francis Helminski 撰；夏登峻译；许明月校]

巴伯，菲利普·彭德尔顿［Barbour, Phillip Pendleton］

［1783 年 5 月 25 日生于弗吉尼亚州奥兰治县；1841 年 2 月 25 日卒于首府华盛顿；葬于奥兰治县弗拉斯卡提（Frascati）墓地］1836—1841 年任大法官。作为政治上活跃的弗吉尼亚种植园主托马斯·巴伯（Thomas Barbour）和颇具社会名望的玛丽·彭德尔顿·托马斯（Mary Pendleton Thomas）的儿子，巴伯因为坚持对宪法和对各州权利的严格解释以及坚持南部特殊主义而享有杰出的政治和司法职业生涯（参见 State Sovereignty and States' Rights）。

巴伯在当地受教育，并给弗吉尼亚律师当过学徒。不到一年之后即任律师助手，并于 1800 年开始在肯塔基从事律师职业。他于 1801 年回到弗吉尼亚，并进入威廉玛丽学院，随后在奥兰治县开始从事律师业务。巴伯以其智慧、血缘背景和流畅而力的

Phillip Pendleton Barbour

雄辩风格而著称，并在故乡和州法院中大放异彩。1804 年与一个当地的种植园主的女儿弗朗斯·约翰逊（Frances Johnson）结婚。

由于受到父亲和哥哥詹姆斯的政治生涯的鼓励，巴伯于 1812 年成功地获得弗吉尼亚州众议院的一个席位。在 1814 年詹姆斯被选入美国参议院而菲利普则赢得众议院的一个席位后，巴伯两兄弟——两个主张维护州权的共和主义者——便开始活跃在国家舞台上。

通过其在国会的 8 届任期（1814—1825 年和 1827—1830 年），巴伯成为一名恪守宪法解释的民主党人。他 1819 年对安德鲁·杰克逊（Andrew *Jackson）的忠诚捍卫和 1827 年对于涤除美国银行的政府代理机构残余方面所作的努力，使他赢得总统杰克逊的坚决支持，并于 1830 年获得东弗吉尼亚州地区法院的任命。他因反对马丁·范布伦（Martin Van Buren）的 1832 年的副总统提名而加强了自己与总统杰克逊的关系，使杰克逊总统撤销了对范布伦的常规提名而拯救了自己的职业生涯，最终保证了联邦最高法院大法官的提名。

自杰克逊的第一任期起，巴伯的联邦最高法院提名曾为宪政国家主义者所担忧，但他们的注意力在 1836 年受到因罗杰·托尼（Roger *Taney）作为首席大法官的同时提名而转移。1836 年 3 月，对巴伯——"这个弗吉尼亚民主的骄傲"［托马斯·里奇（Thomas Ritchie），《里士满的调查者》（Richmond Enquirer），1836 年 3 月 24 日］——的批准任命，为民主党人所欢迎，这些民主党人正渴望出现一个睿智而有限的联邦最高法院。但国家共和党人和辉格

党(校者注:Whig,辉格党是美国共和党的前身,也称为自由党)人对巴伯的任命都感到震惊。

巴伯在联邦最高法院短时任职期间,坚定地支持州主权,并在关键性案件——诸如"纽约州诉米尔恩案"(*New York v. Miln)(1837),"查尔斯河桥梁公司诉沃伦桥梁公司案"(*Charles River Bridge v. Warren Bridge)(1837),"布里斯科诉肯塔基银行案"(*Briscoe v. Bank of Kentucky)(1837),"霍姆斯诉詹尼森案"(*Holmes v. Jennison)(1840)——中支持州的立法权扩大。

巴伯写了12项判决意见,但他唯一重要的多数意见是针对"纽约州诉米尔恩案"的意见。此案在适用州的治安权(*police powers)、联邦政府调整商业的权力和单独寻求他们的罚金利益的权利之间以明确的选择呈现在联邦最高法院面前(参见 Federalism)。在米尔恩案判决中,巴伯写道:"州具有相同的、不可争辩的和不受限制的对人和物的管辖权,如果这些管辖权没有放弃或受到美国宪法的限制,那么,在其管辖的范围内,它就如同一个外国国家一样。据此,通过其相能够实现其目的的任何或各种立法行为,促进本州人民的平安、幸福和本州的繁荣,增进公共福利,这不仅仅是一种权利,而且也是各州必须承担的、庄严而神圣的义务和职责。"(p. 139)

在"霍姆斯诉詹尼森案"的著名判决并存意见中,巴伯扩大了他的论点,认为州对外国的关系并非由宪法界定,并且认为在没有立法的情况下,州长完全有权决定。

尽管丹尼尔·韦伯斯特(Daniel *Webster)并不赞成巴伯的司法主张和哲学观念,但他在1837年的一封信中对巴伯作了中肯而合理的评价:"我确实认为巴伯是诚实并有道德的,而且相当明智;但他如此恐惧或憎恨国家政府,又如此执着地强调州自主权,以致很难使他自愿行使宣布一个州的法律无效的权利。"(C. M. Wiltse et al. eds, The Papers of Daniel Webster, vol. 4,1980,p. 192)

巴伯于1841年2月25日突然去世,中止了极有可能影响深远的联邦最高法院任期。

参考文献 P. P. Cynn. "Philip Pendleton Barbour." in *John P. Branch Historical papers of Randolph-Macon College*, vol. 4(1913), pp. 67-77;Charles D. Lowery, *James Barbour, A Jeffersonian Republican* (1984).

[Gerard W. Gawalt 撰;夏登峻译;许明月校]

巴伦布莱特诉合众国案[Barenblatt v. United States,360 U. S. 109(1959)]①

1958年11月18日辩论,1959年6月8日以5比4的表决结果作出判决,哈伦代表联邦最高法院起草判决意见,布莱克、沃伦和道格拉斯表示反对,布伦南也表示反对。"沃特金斯诉合众国案"(*Watkins v. United States)(1957)限制国会委员会调查政治信仰和政治团体权力,巴伦布莱特案的判决表明了联邦最高法院的让步。沃特金斯案和类似的判决引起国会中的一致努力来抑制联邦最高法院的权力,虽然未获成功,但此举使多数人相信,在有些时候对所谓颠覆分子的人的权利的保护应更慎重。巴伦布莱特案维持了曾在众议院非美活动调查委员会前拒绝对信仰和在密执安大学共产党俱乐部的成员身份提供证据的证人判处藐视罪的判决。

联邦最高法院通过"权衡利益"(balancing of interests)驳回了巴伦布莱特的基于宪法第一修正案(the *First Amendment)的主张(参见 Tirst Amendment Balancing)。尽管涉及俱乐部的唯一证据是其成员举行理论研究的事实,但联邦最高法院仍然按国家的自我保护来界定政府的利益。同时,它处理第一修正案的权益方面,认为它基本与本案无特别关系。与沃特金斯案——在该案中,联邦最高法院认为问题的相关部分还不够十分清楚,即使在这两起案件中委员会的解释主要部分都相同——相反,联邦最高法院也发现众议院委员会已使其问题的相关部分十分清楚。虽然巴伦布莱特案从未被明确推翻,但此后联邦最高法院在基于宪法而撤销有关对在这类委员会面前不合作的证人的有罪判决方面,表现出更少的犹豫。

参考文献 Dean Alfange, Jr. "Congressional Investigations and the Fickle Count," *Univeirsity of Cincinnati Law Review* 30 (Spring 1961) 113-171.

[Dean Alfange, Jr. 撰;夏登峻译;许明月校]

巴恩斯诉格伦剧院股份公司[Barnes v. Glen Theatre, Inc., 111S. Ct. 2456(1991)]②

1991年1月8日辩论,1991年6月21日以5比4的表决结果作出判决,伦奎斯特代表联邦最高法院起草判决意见,怀特、马歇尔、布莱克蒙和史蒂文斯表示反对。在此案中,联邦最高法院确认并支持了印第安纳州关于禁止有意在公开场合暴露裸体的一项制定法;正如在本判例中所适用的那样,该法要求舞女在表演时需戴穿遮乳巾和遮羞布,被告为两个提供全裸舞蹈表演的南部湾(South Bend)机构。在"斯查德诉艾弗莱姆山自治区案"(Schad v. Borough of Mount Ephraim)(1981)中,联邦最高法院早已裁定有关酒吧(类)裸体跳舞问题是一种表达行为,应当受到第一修正案(the *First Amendment)的保护。但斯查德案的法令中涵盖了所有现场表

---

① 另请参见 Assembly and Association, Freedonm of; Communism and Cold War; Congressional Power of Investigation。

② 另请参见 Speech and the Press。

演,这比印第安纳的制定法规内容更特定,并且因适用到其他受保护的表达形式而范围更宽泛。印第安纳的制定法规禁止所有形式的公开裸露,不仅是现场表演。

联邦最高法院将印第安纳州的法律视为对言论意外影响在"时间、地点、方式"(*time, place, and manner)上的管理措施。如果这种规定满足在"合众国诉奥布赖恩案"(United States v. *O'Brien)(1968)中所确立的四部分标准,那么它是有效的,这一标准是:该规定是"政府符合宪法规定的权力范围内作出的;它促进一个重大的或实质性的政府利益;政府利益与禁止自由意思表达无关;对第一修正案保护的自由进行偶尔的实质性限制应小于该种利益的实质性提高。"(pp.376-377)

大法官威廉·伦奎斯特(William *Rehnquist)认定印第安纳州的法律符合这个标准。他最重要和最能引起争论的主张是这些措施"与禁止自由意思表达无关",因为"印第安纳州所针对的中心问题不是性感的舞蹈,而是公开裸体"(pp.2461,2463)。印第安纳州的制定法在适用范围方面考虑到了这一点。

大法官拜伦·怀特(Byron *White)所持的异议直接针对这个关键的争执点。因为舞蹈者的裸体本身就是其舞蹈的一个重要表达部分,"这不能说法规的禁止与表达行为无关"(p.2474)。

[Donald A. Downs 撰;夏登峻译;许明月校]

巴伦诉巴尔的摩案[Barron v. Baltimore,7 Pet. (32 U.S.) 243(1833)]①

1833年2月11日辩论,1833年以7比0的表决结果作出判决,马歇尔代表联邦最高法院起草判决意见。一名码头所有人因巴尔的摩河水分流致使其码头四周水位降低而造成的经济损失控告巴尔的摩市。他声称该市占用他的财产而没有给予赔偿(*just compensation),违反宪法第五修正案(the *Fifth Amendment)。这就提出了第五修正案是否可规范各州的问题。在调查《权利法案》(*Bill of Rights)的历史之后,首席大法官约翰·马歇尔(John *Marshall)断言,宪法前十个修正案只制约联邦政府,因此,要求美国人根据州的宪法来保护他们相应的公民自由和政治自由。这个意见标志着马歇尔已不再坚持其早期的国家主义,产生这种意见的推动因素是联邦最高法院构成的改变和州主权情感的增长。在"佩尔莫里诉新奥尔良州案"(Permoli v. New Orleans)(1845)中,联邦最高法院再度确认了巴伦案的观点。

随着1868年对第十四修正案(the *Fourteenth Amendment)的批准,《权利法案》对于州的适用又成了一个问题。联邦最高法院在"胡塔多诉加利福尼亚州案"(*Hurtado v. California)(1884)中,主张第十四修正案是对州权力的限制。直到20世纪,以"吉特洛诉纽约案"(*Gitlow v. New York)(1925)为开始,出现了宪法合并案例,巴伦案失去其权威的地位。现在,《权利法案》作出的所有允诺几乎均已作为对州的限制而并入宪法之中。

[David J. Bodenhamer 撰;夏登峻译;许明月校]

贝茨诉亚利桑那州律师协会案[Bates v. State Bar of Arizona,433 U.S. 350(1977)]②

1977年1月18日辩论,1977年6月27日以5比4的表决结果作出判决,布莱克蒙代表联邦最高法院起草判决意见;伯格、鲍威尔和伦奎斯特反对。在贝茨案中,联邦最高法院废除禁止律师做广告的州法律职业道德法。两位年轻的律师——约翰·贝茨(John Bates)和范奥斯廷(Van O'steen)试图通过在报纸上刊登广告表明他们提供"合理收费的法律服务"并列出一些收费标准来创立一种测试案件(*test case)。州律师协会主管委员会建议这两位律师暂停营业,亚利桑那州最高法院支持该决议,但将惩罚降低为官方谴责。

在联邦最高法院,原告抨击了亚利桑那州的判决,其理由有两点:此判决因创立贸易限制而违反《谢尔曼反垄断法》(*Sherman Antitrust Act),同时,它也因限制言论自由权利而违反宪法第一修正案(the *First Amendment)。联邦最高法院驳回了违反反托拉斯法的主张(*antitrust claim),但支持他们这种观点:第一修正案保护的言论自由权与对法律服务的公众消费者获取他们资料信息的权利一起,远远超过广告可能具有的在职业化方面的不利影响(参见 Commercial Speech)。但联邦最高法院此后在"欧拉里克诉俄亥俄州律师协会案"(Ohralik v. Ohio State Bar Association)(1978)中限制了第一修正案权利,该案中认可了禁止(律师)亲自招揽客户的政策。

贝茨案使律师业务的竞争更激烈,并使对中等或中下层的百姓提供日常法律服务的法律事务所趋于增多。在亚利桑那州的一项实验调查发现,贝茨案之后,法律服务的平均费用下降了。本案连同禁止律师协会提出费用一览表的"戈德法布诉弗吉尼亚州律师协会案"(*Goldfarb v. Virginia State Bar)(1975)一起,标志律师事务所自我管理时代的结束,这一点已经遭到美国律师界领导层的公开谴责。

[Rayman L. Solomon 撰;夏登峻译;许明月校]

---

① 另请参见 Incorporation Doctrine; State Constitution and Individual Rights; State Sovereignty and States' Rights。

② 另请参见 Bar Advertising。

巴特森诉肯塔基州案[Batson v. Kentucky, 476 U.S. 79(1986)]①

1985年12月12日辩论,1986年4月30日以7比2的表决结果作出判决。鲍威尔代表联邦最高法院起草判决意见,怀特、马歇尔、奥康纳,以及史蒂文斯同布伦南持并存意见,伯格和伦奎斯特反对。巴特森(Batson)是个黑人,曾因二级夜盗(second-degree burglary)和接收盗窃货物而被审,法官对可能的陪审员进行预先审查询问,并因某种原因免除其中的几个,其后允许起诉方和被告行使无因回避权(*peremptory challenge)——各提出了6名和9名,检察官排除了陪审团名单上所有的4名黑人。巴特森因此而提起诉讼,宣称免去所有的黑人陪审团成员违反其第六修正案和第十四修正案(the *Sixth and *Fourteenth Amendment)——吸收社区的典型人物构成陪审团的权利以及第十四修正案在法律面前受到平等保护(*equal protection of the laws)的权利。主审法官驳回该项请求,巴特森以两条主要罪状被判有罪。肯特基州最高法院驳回巴特森的上诉并维持原判,美国联邦最高法院撤销了判决。

联邦最高法院就检察官对无因(或绝对)回避的运用设置了实质性的限制,因而作出有利于巴特森的判决。部分推翻了"斯温诉亚拉巴马州案"(Swain v. Alabama)(1965)的先例,联邦最高法院将平等保护原则适用于无因回避的行使中。完全基于可行性考虑,该案将无因回避转变为有因回避,即使这种裁定关系到有争议的无因回避标准不如有因回避标准重要(但不明确)。同时在巴特森案中最高法院主张它没有"削弱(无因)回避普遍对于司法所作的贡献"(pp. 98-99),这一点完全不能令人信服。

巴特森案将种族检查适用于检察官的无因回避行为,针对并非是不考虑种族的法律而是对种族进行区划的法律。巴特森案的最终结果,甚至可能影响到对审判陪审团种族限额的事实上的应用,因为种族比例不均的无因回避现在可能被攻击为在宪法上是不适当的。由于没有成功的辩解作为标准,适用无因回避的可靠方式就只能按种族比例(以及)或社区比例来组成陪审团。

联邦最高法院没有区别陪审团名单的选择(这里代表性是主要问题)和陪审团的选择(这里公正性是首要的考虑)。最高法院也没有区分一般和特殊陪审团的适合性。一个人充任陪审员的一般适合程度(包括在陪审团名单之内)诚然不是一个种族问题。但是,一个人充任特定陪审团成员的适宜性很可能会涉及种族。不难想象如果一种罪行频繁发生于一个既定社会团体中,难免有人担心该社团的所有成员缺乏有关陪审员的公正性。在行使无因回避时,代理人的行为必然会受这种恐惧或担心的影响。否则,这些成员担任陪审员就可能会丧失陪审团公最基本的公正性。如果陪审团公正无私的事实无法得到确认,那么如何表现公正无私就成为一个特别重要的问题。所有这些,联邦法院均未认识到(p. 97)。

无因回避的应用非常典型地使陪审团的公正无私和陪审团代表性的目的之间发生冲突。直至巴特森案时止,这种冲突以有利于公正无私而得到解决,换言之,即联邦最高法院同意在没有解释、没有司法调查和没有法院控制的情况下,无因回避的本质在行使中得到体现。巴特森案推翻了斯旺案,但是以陪审团的选择可满足两个目的作为托词。只有大法官瑟古德·马歇尔(Thurgood *Marshall)坦率地承认他认为代表性比公正无私更重要,事实上是一种颠覆,即摒弃传统的无因回避。

巴特森案规则受到以下三方面限制:只适用于起诉;只适用于刑事审判;以及只适用于被排除的陪审员属于被告相同种族的回避。然而,在"艾德蒙森诉里斯维尔混凝土公司案"(*Edmonson v. Leesville Concrete)(1991)中,联邦最高法院认为民事案件中私诉当事人不能因为种族原因而排除预期陪审员。多数认为,在法院与陪审团选择程序之间有足够的影响以满足"州行为"(*State action)要求。然而,该案也没有明确将巴特森案原则扩大到民事案件的被告律师或刑事案件中的公设辩护人,艾德蒙森案的逻辑是,这种结果即使不是必然发生的也是可以预见的。在"鲍尔斯诉俄亥俄州案"(*Powers v. Ohio)(1991)中,联邦最高法院认为,如果黑人因种族原因而不适当地被排斥参与陪审团审判,那么被判有罪的白人被告有权获得重新审理。这样,现在看来在陪审团选择中任何种族的排斥都会被认为不符合宪法。另外,最高法院似乎有可能将扩大的巴特森案原则,运用于以性别为基础排斥陪审团的情况。

[Peter W. Sperlich 撰;夏登峻译;许明月校]

比尔德,查尔斯·奥斯汀[Beard, Charles Austin]②

(1874年11月27日出生于印第安纳州的骑士城附近;1948年9月1日卒于康涅狄格州纽黑文)宪法史学家和政治学家,是农场主和银行家威廉·比尔德(William Beard)的儿子。1904年,比尔德获得哥伦比亚大学哲学博士学位。以后他在该校历史系和公法系任职直到1917年,当时他辞职以抗议学校解雇几名批评美国卷入第一次世界大战的教职员。

比尔德是司法审查(*judicial review)和公法领

---

① 另请参见 Due Process, Substantive; Race and Racism; Trial by Jury。

② 另请参见 History, Court Uses of。

域最有成效的历史学家。在《联邦最高法院和宪法》(The Supreme Court and the Constitution)(1912)一书中,他毫不含糊地主张参加"费城会议"的代表已有意赋予大法官宣布国会法律违宪的权力。比尔德如同最激进的联邦最高法院的作家一样,拿起他的社会法理学(*sociological jurisprudence)的智慧之棒,并不把宪法视为神圣的启示,而把它看成是政治的信仰宣言。按照比尔德的说法,解释宪法的大法官必然易受自身情感和弱点的影响。1913 年,比尔德发表了他的最著名的作品——《宪法的经济解释》(An Econmic Interpretation of the Constitution),他在书中宣称宪法的制定者更多地被关心财产权所激励,而不是被政治学的原则或对社会公益的关怀而推动。虽然近代的学者已经批评比尔德的不完善的方法论和经济决定论,但他的著作仍在大学和公立学校中广为流传。

[Kermit L. Hall 撰;夏登峻译;许明月校]

贝尔·特瑞诉博拉斯案[Belle Terre v. Boraas,416 U. S. 1(1974)]①

1974 年 2 月 19 日和 20 日辩论,1974 年 4 月 1 日以 7 比 2 的表决结果作出判决,道格拉斯代表联邦最高法院起草判决意见,布伦南和马歇尔均反对。被上诉人在位于长岛的小村子贝尔·特瑞拥有一栋房屋,他们将其出租给 6 名不相关的大学生,此后以违反分区法令(*zoning Ordinance)而被传讯,该法令规定在一个家庭的住房中只能接纳传统的家庭单元居住,或安排不多于 2 个非相关人员团体居住,但客栈、供膳寄宿处、大学生联谊会和复合居住房屋均排除在法令之外。

该房屋的主人加上 3 个承租人提起质疑该法令的诉讼。他们权利要求的争点是此法令违反宪法赋予他们的隐私权(*privacy)。联邦最高法院驳回了这种主张,并维护了该法令。"在涉及家庭需要的土地规划中,院庭宽阔、人少、机动车受限的安静场所是符合要求的指导准则。"大法官威廉·O. 道格拉斯(William O. *Douglas)写道:"治安权并不只限于清除淫秽、恶臭和不健康的场所。"(p. 9)

大法官瑟古德·马歇尔(Thurgood* Marshall)对这些论据保持异议,并认为此法令使被上诉人第一修正案(the *First Amendment)的自由结社权和宪法上隐私权承担了不必要的义务。马歇尔主张该法侵犯了基本权利——理由是仅以理性标准检查并不足以支持此项法令。相反,他认为该法令"只有清晰地表明被上诉人所承担的义务是保护强制性而重要的政府利益所必需的,它才可能经得起违宪审查"(p. 18)。

[John. Anthony Maltese 撰;夏登峻译;许明月校]

本尼斯诉密歇根州案[Bennis v. Michigan,516 U. S. 442(1996)]

1995 年 11 月 29 日辩论,1996 年 3 月 4 日以 5 比 4 的表决结果作出判决,伦奎斯特起草多数意见,史蒂文斯和肯尼迪反对。

在"本尼斯诉密歇根州案"中,联邦最高法院认为,政府可以没收非法活动中使用的财产,即使该财产的合法所有人对其财产的非法使用情况并不知情。约翰·本尼斯曾于停放于底特律大街上的汽车内与一位妓女进行性交易,而被当场逮捕,理由是其行为违反了密歇根州的有关法律。根据该州一项消除公共侵扰的法律之规定,州政府没收了他的汽车。但该汽车是本尼斯与其妻子蒂娜·本尼斯(Tina Bennis)共有的财产,所以,蒂娜·本尼斯认为政府的行为是在没有适当补偿的情况下对其财产的占用,并因此而违反了正当程序条款(*due process)与占用条款(*Takings Clause)。她的主张并没有任何不对的地方,因为她认为政府是在没有向其进行适当补偿的情况下占用其私有财产(*private property)。

在 5 比 4 的表决结果中,虽然法官们的意见出现了前所未有的分歧,但联邦最高法院还是站在了州政府一边。首席大法官威廉·伦奎斯特(William *Rehnquist)代表联邦最高法院起草判决意见,并得到桑德拉·戴·奥康纳(Sandra Day *O'Connor)、安东尼·斯卡利亚(Antonia *Scalia)以及安东尼·金斯伯格(Antonin *Ginsburg)的赞同。首席大法官伦奎斯特的判决回顾了自 19 世纪的海事判决以来一个半世纪中有关没收决定的判决,并认为这些判决并不要求在政府的没收行为中有无辜所有人的抗辩存在。联邦最高法院还认为,即使有合法的所有人存在,政府也可以没收用于非法行为的财产;当政府没收非法活动中使用的财产时,既没有违反正当程序条款也没有违反有关的占用条款。

反对意见是以史蒂文斯为首的法官们提出来的,除他以外,还有戴维·苏特(David *Souter)与史蒂芬·布雷耶(Stephen *Breyer)。史蒂文斯认为,以前的判决认可政府有权没收违禁品以及犯罪活动中的财产,即便是这些财产的最后所有人是善意不知情的。但史蒂文斯同时也认为,对于碰巧与犯罪行为有关的财产,以前的判决从来没有认可政府有加以没收的权力,比方说本案中用于性交易的汽车;在这种情况下,如果对财产加以没收,对于无辜的所有人来说,是很不公平的。

"本尼斯诉密歇根州案"在很多方面都具有重要性。第一,该案认可了政府在没收财产中的广泛权力。在 20 世纪 80 年代和 90 年代,有关许可政府没收财产的法律有较大幅度的增长,有 200 多件联邦法

---

① 另请参见 Assembly and Association, Freedom of。

律以及无数的州法律为政府提供了这样的权力。在本尼斯案中,联邦最高法院否认了可能施加于政府的权力限制:无辜所有人的抗辩。因此,联邦最高法院认为,如果一项没收行为与涉嫌的犯罪行为之间没有相关性["合众国诉巴加卡杰恩案"(United States v. Bajakajian)(1998)],该没收行为即为违宪,即违反了联邦宪法第八修正案的过高罚金条款。

第二,法院在该案中所适用的方法也值得注意。在该案中,联邦最高法院完全依赖于历史性的实践做法以及先例判决,而对政府行为的公平性则不加以考虑。蒂娜·本尼斯仅仅因其丈夫违反法律召妓即失去汽车,联邦最高法院似乎并不为所动。

[Erwin Chemerinsky 撰;邵海译;潘林伟校]

本顿诉马里兰州案[Benton v. Maryland, 395 U. S. 784(1969)]①

1968年12月12日辩论,1969年3月24日再次辩论,1969年6月23日以7比2的表决结果作出判决,马歇尔代表联邦最高法院起草判决意见,哈伦和斯图尔特反对。本顿案中的问题是:是否第十四修正案(the *Fourteenth Amendment)的正当程序条款禁止州对某人实施双重治罪(*double jeopardy)。联邦最高法院早在30年前的"帕尔可诉康涅狄格州案"(*Palko v. Connecticut)(1937)中就已面对过完全相同的问题,当时的案件裁定第五修正案(the *Fifth Amendment)的同一罪名受两次审理的标准并不适用于各个州。帕尔可案没有采用并入原则(doctrine of incorporation),而是采用了下述理论,即第十四修正案的正当程序条款只可并入那些"固有的规则自由概念之中"(p.324)。

在本顿案中,联邦最高法院部分地推翻了帕尔可案的判决,坚持认为第十四修正案双重追诉的禁用适用于各个州。更重要的是,联邦最高法院拒绝了帕尔可案的观点——认为州可以否定刑事被告的权利,只要这种否定不冲击到普遍的正义感。取而代之的是联邦最高法院裁定各州必须扩大《权利法案》(*Bill of Rights)中的保障,这些保障对美国司法体制来说是基础性的。

关于禁止双重治罪的保障,联邦最高法院注意到它的渊源要追溯到判例法中所采纳的英国的普通法(*common law)。每个州在其宪法或普通法中均有某种禁止的形式。因此,禁止双重追诉的保障已在那些深深扎根于美国体制的权利当中,并且通过第十四修正案让各州均可适用。

[Daan Braveman 撰;夏登峻译;许明月校]

伯曼诉帕克案[Berman v. Parker, 348 U. S. 26(1954)]②

1954年10月19日辩论,1954年11月22日以9比0的表决结果作出一致判决。道格拉斯代表联邦最高法院起草判决意见。《华盛顿城市改造法》准许该市占用土地,并可出售给愿意按改造计划进行开发的私人开发者,该改造计划既包括根除贫民区也包括美化城市方案。一位土地所有人宣布反对该城市改造法,主要依据是,按第五修正案占用条款(*Takings Clause of the *Fifth Amendment),这种占用土地不是为了"公用"。该土地所有人没能证明出售给私人开发者的土地是为了美化之用而不是公共用途。联邦最高法院支持了该法规。

该判决在两方面具有重要意义:第一,它确立了美化是合法的公共目的,为此,政府可以规范和占用土地。该理论已经鼓励政府为了达到美化环境目的而加大干预力度。其次,伯尔曼案使用"公用"术语在占用条款中更加明确,这不意味着被占用的土地必须再给政府拥有或实际为公共使用。联邦最高法院看来支持国家征用权(*eminent domain)用于按照政府的权力推进政府能够追求达到的任何目的。随后的判例确认了伯尔曼案的广义理解。因此,"占用条款"中的"公用",意味着仅仅是公共目的。

[William B. Stoebuck 撰;夏登峻译;许明月校]

贝茨诉布雷迪案[Betts v. Brady, 316 U. S. 455(1942)]③

1942年4月13—14日辩论,1942年6月1日以6比3的表决结果作出判决,罗伯特代表法院起草判决意见,布莱克持不同意见。因抢劫被公诉之后,贝茨(Betts)要求审判庭指定一名律师帮助他辩护,遭到庭审法官拒绝。贝茨自行辩护,结果被判有罪。监禁期间,贝茨向法院呈递了人身保护状(*Habeas corpus)申请,又遭拒绝。于是,贝茨向联邦最高法院呈递了调卷令状(*certiorari petition)申请书。

法庭辩论中,贝茨辩称审判庭拒绝为非死刑的重罪犯指定律师违反了并入第十四修正案的第六修正案(the *Sixth Amendment)条款(见*Incorporation Doctrine)。在判决意见中,大法官欧文·J.罗伯茨(Owen J. *Roberts)驳斥了贝茨的辩护,认为大多数州并未要求法院指定律师来保证审判的公正,同时其案情也没这种必要。联邦最高法院将贝茨的情况与该院早期的一个判例——"鲍威尔诉亚拉巴马州案"(*Powell v. Alabama)(1932)的情况作了区分。该案中,年轻的美籍非洲人被告被指控犯有死罪,联邦最高法院认为指定律师对公正审判至

---

① 另请参见 Due Process, Procedural; Incorporation Doctrine。
② 另请参见 Property Rights; Public Use Doctrine。
③ 另请参见 Counsel, Right to; Due Process, Procedural。

关重要。

大法官威廉·O.道格拉斯(William O. *Douglas)和弗兰克·墨菲(Frank *Munphy)与大法官胡果·布莱克(Hugo *Black)一样,也持不同意见。布莱克强调如果贝茨是联邦刑事诉讼中的被告,他的申请就会被批准,因为在联邦刑事诉讼中,申请人有权依据《联邦宪法》获得程序上的保护,而且获得律师援助是刑事正当程序中被告的一项重要权利。

贝茨诉布雷迪案的判决最终被"吉迪恩诉温赖特"(*Gideon v. Wainwright)(1963)推翻,贝茨案中的少数派意见被联邦最高法院一致采纳。

[Susette M. Talarico 撰;夏登峻译;许明月校]

公立学校的《圣经》阅读课[Bible Reading in Public Schools]

参见 School Prayer and Bible Reading。

比克尔,亚历山大[Bickel, Alexander]①

(1924年12月17日生于罗马尼亚的布加勒斯特;1974年11月7日卒于康涅狄格州纽黑文市)学者和法学教授。1938年比克尔随其父母一道来到美国。他于1947年以优等生荣誉(Phi Beta Kappa)毕业于纽约城市学院,并以最高荣誉(Summa cum laude)毕业于哈佛大学法学院,1949年任《哈佛法律评论》编辑。在美国联邦最高法院1952年任届期间,比克尔已是大法官费利克斯·法兰克福特(Felix *Frankfurter)的书记员。后者对比克尔致力于研究宪法的司法限制有很大影响。比克尔帮助法兰克福特起草备忘录,该备忘录指令对"布朗诉教育理事会案"(*Brown v. Board of Education)(1954)进行重新辩论,以探求第十四修正案制定者们关于学校种族隔离及其司法救济的历史意图。该指令保障了联邦最高法院留出充分时间,以寻求共识。1953年8月,比克尔完成了对第十四修正案国会辩论的研究,认为其制定者使将来国会通过立法或司法措施消除学校种族隔离成为可能。这一备忘录为联邦最高法院对布朗案的判决奠定了基础,即不能支持学校的种族隔离。

从1956年直到去世,比克尔一直在耶鲁大学法学院任教,1966年成为像大法官肯特(Chancellor *Kent)那样的法律和法制史教授,1974年成为优秀教授。1975年他编辑了《大法官布兰代斯先生未公开的判决意见》(The Unpublished Opinions of Mr. Justics Brandeis)。布兰代斯(*Brandeis)起草的这11项判决意见强调司法自我约束(*judicial self-restrain),这也是比克尔本人对宪法最为信奉的信条。

司法制约这个主题在比克尔最具影响的著作——《危险最小的分支机构:政治学上的联邦最高法院》(The Least Dangerous Branch: The Supreme Court at the Bar of Politics)(1963)体现得最为有力。比克尔认为司法既不是对宪法词语的机械解释,也不是法官有意对自己价值观的声明;相反,司法应是阐明和适用持久价值观的一种原则性程序,这些价值观蕴涵在宪法中,但又不仅限于宪法的明确界定。比克尔还认为鉴别这些价值观既要求从历史上来理解,又要求作合宪性分析。法官不应确认无原则的立法,因为这会赋予那些法规合宪性。法官也不应因为法院缺乏强制执行的能力作出不能赢得公众支持的原则性判决。因此,法官必须按原则行事,但前提是他们的判决能被接受。在等待公众准备接受符合原则的判决时,联邦最高法院必须采取以下措施避免合宪性裁定:拒绝受理案件、运用管辖原理不作判决、依据法律的模糊性、法规的解释或其他对以后立法不构成宪法上障碍的理由作出判决。

比克尔的其他六部专著都不像《危险最小的分支机构》那样有影响。在《联邦最高法院与进步观念》(The Supreme Court and the Idea of Progress)(1970)一书中,比克尔抵制了激进主义与以沃伦为首的联邦最高法院的理论,抨击了以损害蕴涵在宪法和社会中的其他价值观来促进平等的做法。比克尔批评了激进大法官的信念,即"所谓的历史进步将使他们的事业有意义"(pp. 13-14),并指出所有后被证明是错误的(联邦最高法院的)理性判决在历史上几乎都是不能宽容的"(p. 11)。比克尔断言:"联邦最高法院最崇高的事业——废除学校种族隔离,以及其他最受欢迎的事业——重新分配议员名额,更不用说学校祈祷判例以及那些被认为对教区学校有所帮助的判例,均将会走向过时并在很大程度上被废弃。"(p. 178)

比克尔对司法制约的观点在1971年"五角大楼文件案"(Pentagon Papers Case of 1971)[另请参见"纽约时报公司诉合众国案"(*New York Times Co. v. United States)]一文中表达得同样鲜明。比克尔反对这样的观点,即对报纸刊登政府的分类文件的预先约束(*prior restraint)往往是违宪的。相反,他认为政府并没有反驳反对预先约束的重要前提,而且这种制约应依据国会立法,而不应依据政府的固有权力或行政职责。反对政府请求强制救济的六名大法官中有三名在他们的判决意见中融入了比克尔观点。

比克尔也是一位杂文家。他在《新共和国》、《纽约时报》以及其他报纸和杂志上刊登有关合宪问题和联邦最高法院判例方面的文章达100多篇。他常常有些独特的观点,比如:他对解除阿奇博尔德·考克斯(Archibald Cox)水门事件特别检察官职务的尼克松总统令(*Nixon's order)的辩护很受欢迎,

---

① 另请参见 Counstitutional Interpretation; History, Court Uses of; Least Dangerous Branch。

并影响了公众舆论以及法律界舆论的形成。

参考文献 John Moeller, "Alexander Bickel: Toward A Theory of Politics," *JouRnal of Politics* 47 (February 1985): 113-139.

[David Adamany 撰；夏登峻译；许明月校]

比奇洛诉弗吉尼亚州[Bigelow v. Virginia, 421 U.S. 809(1975)]①

1974年12月18日辩论,1975年6月16日以7比2的表决结果作出判决,布莱克蒙代表法院起草判决意见,伦奎斯特与怀特反对。1971年2月夏洛茨维尔(Charlottesville)市的《弗吉尼亚周刊》(Virginia Weekly)刊登了一则妇女展馆的广告,该馆系纽约市一家帮助妇女获得堕胎(* abortion)的营利机构。该周刊的编辑杰弗里•C.比奇洛(Jeffrey C. Bigelow)被指控违反弗吉尼亚州法规构成出版或鼓励或促成堕胎的轻罪。比奇洛辩称该法规违宪,侵害了他依第一修正案(the * First Amendment)所享有的出版自由权。但弗吉尼亚州法院宣布该法规是一项保护消费者的正当措施,依据联邦最高法院的判例,该法院判决比奇洛提起越宪的问题缺乏诉权,因为广告的"商业"性质使其不受第一修正案的保护。

1942年联邦最高法院认为,"商业言论"(* commercial speech)是不受保护的,因为它更像经济引诱而不像观念的表达["瓦伦丁诉克里斯琴森案"(Valentine v. Chrestenson)]。然而在随后的数十年里,第一修正案中自由权扩张,加上联邦最高法院近来也使堕胎成为宪法所保护的权利["罗诉韦德案"(* Roe v. Wade)(1973)]的事实,迫使大法官哈里•布莱克蒙(Harry * Blackmun)(罗案判决的起草人)和联邦最高法院重新考虑商业言论原理。因此,联邦最高法院裁定《周刊》的广告受第一修正案的保护,因为它传达了重要的公共利益方面的真实信息。

比奇洛案为联邦最高法院在第二年对商业言论提供正式的宪法保护的"弗吉尼亚州药物委员会诉弗吉尼亚州市民消费委员会案"(Virginia State Board of Pharmacy v. Virginia citizens Consumer Council)(1976)的判决奠定了基础。今天,商业言论已被认为是受"准保护"的一种表达。

[Donald A. Downs 撰；夏登峻译；许明月校]

《权利法案》[Bill of Rights]

一般认为,《权利法案》包括美国宪法前10个修正案,但人们通常一般认为只有前8个才是《权利法案》的内容。联邦宪法第九修正案和第十修正案(The * Ninth and * Tenth Amendment)对没有明确的权利以及宪法中没有赋予联邦政府的权力加以规定,这些权利和权力属于人民和各州。

《权利法案》的起源 《权利法案》只有413个单词,是在1787—1788年间就宪法的批准进行讨论时形成的。对于联邦宪法的反对者们来说,缺少权利法案是其可以提出的最好的批评。为了减少公众对联邦政府之专断行为的忧虑,联邦宪法的支持者们许诺如果宪法得以批准,将会有权利法案加于其中。这一许诺在批准宪法方面对一些重要的州产生了影响,如马萨诸塞州、马里兰州、新罕布什尔州、弗吉尼亚州以及纽约州。

詹姆斯•麦迪逊(James * Madison)在倡导宪法的批准方面发挥着主导作用,并在众议院的选举中获胜,这就保证了他能够实现其在宪法中增加民权保障的放言。在1789年6月8日,麦迪逊提出了几项修正案,这些修正案源于一些州宪法的权利宣言以及一些州在批准宪法时召开的会议。在1789年9月25日,参众两院都以2/3的多数提出了12项修正案并发往各州批准;但前面两个修正案没有得到批准,其中之一要求在众议院分配名额时采用固定的时间,另一个则禁止为国会议员在任期内长薪,直到为期两年的下一届选举。[在1992年,由于有3/4的多数州通过,第二项议案终于得到批准,并因此而成为联邦宪法第二十七修正案(the * Twenty-seven Amendment)。]在1791年12月15日,弗吉尼亚州成为批准十项修正案(组成权利法案的十项修正案)的十四个州中的第十一个州,这些修正案也是联邦宪法的组成部分。

《权利法案》的条款 第一修正案包括宗教、言论、出版、集会和请愿五个方面的实体性权利。第二修正案(the * Second Amendment)则是有关"公民持有和携带枪支的权利"。第三修正案(the * Third Amendment)禁止军队占用民房用于营地,这也是十个修正案中唯一没有在联邦法院成为诉讼对象的修正案。

下面五个修正案(第四至第八)涉及的都是程序性权利(见 Due Process,Procedural)。这一点是很明显的,比如:第四修正案(the * Fourth Amendment)禁止"非法搜查与扣押",详细规定了行政部门强制执行人员所应履行的义务,以及在许多情况下,听审并裁决因他们的行为所引发的申诉。第五修正案(the * Fifth Amendment)也是一项基本的程序性权利,即不得强迫任何人自证其罪(* self-incrimination)。第六修正案(the * Sixth Amendment)规定,被传讯诉讼的另一方有权知道被指控罪名的性质、获得有利与不利的证人以及"律师的援助"。第七修正案(the * Seventh Amendment)保证民事案件中接

---

① 另请参见 Speech and the Press。

受陪审团审判的权利,第八修正案(the *Eighth Amendment)则保护公民免受过酷的惩罚以及过高的罚金和保释金。

联邦宪法第九和第十修正案是比较一般的规定,没有明确规定公民个人与政府冲突时的权利保护问题,这些一般规定只涉及权力的结构性分离问题。第九修正案要求"本宪法中对特定权利的列举不应被解释为剥夺或限制了由人民保留的其他权利。"第十修正案规定:"未经本宪法授予合众国,也未以此对各州禁止的权力,分别由各州保留,或由人民保留。"这就势必在联邦法院出现大量的诉讼案件,过去是这样,将来还会是这样。如在1997年的"普林兹诉合众国案"(*Printz v. United States)中,一联邦法院要求地方官员先对准备购枪的顾客进行背景调查,联邦最高法院宣布该法部分无效。法院认为,根据联邦宪法第十修正案的规定,如果是各州政府享有的权力,联邦政府则无权就州或者地方官员的行为进行控制。

各州的运用 在《权利法案》中大约25项各种各样权利的第1条的开头都是:"国会不得制定关于下列事项的法律……"虽然,"国会"这个名词在其余8条中均未再次出现,但这8条的目的无疑在于抵制国家政府。当然,大多数州已批准了《权利法案》是可以理解的。不过,麦迪逊不久就相信,一旦《权利法案》成为国内的法律,它就应适用于防御来自其他各州和国家政府的侵害,这种争论会因财产性质、社区中的某种更具有自身利益的理由而反复。在"巴伦诉巴尔的摩案"(*Barron v. Baltimore)(1833)中,约翰·马歇尔(John *Marshall)代表法院提出了一致的判决意见,认为《权利法案》只适用于抵制国家政府而不是各州。

于1868年通过的第十四修正案(the *Fourteenth Amendment)提出了新的可能性。该修正案规定,"任何州都不能……在缺少正当的法律程序的情况下,剥夺公民的生命、自由或者财产"。自20世纪20年代开始,联邦最高法院发展了所谓的"并入原则"(*Incorporation Doctrine),运用这一原则,联邦最高法院用第十四修正案的正当程序条款吸收了权利法案的相关规定,并以此反对各州的不法行为。例如,联邦最高法院将第一修正案适用于言论自由["斯特姆伯格诉加利福尼亚州案"(*Stromberg v. California)]和新闻自由(*Near v. Minnesota);通过第十四修正案的相关规定,限制各州政府的权力,并保护公民的自由权利。从20世纪30年代到1969年,联邦最高法院通过第十四修正案,吸收了第一至第八修正案中的大多数具体权利保护规定。

胡果·L. 布莱克(Hugo L *Black)自1937年到1971年任联邦最高法院的大法官,在这期间,他发挥了重要的作用,对法院适用权利法案于各州的实践具有重大影响,并因此而确立了保护公民自由的全国性标准。在某种程度上说,布莱克法官是成功的。《权利法案》中规定的权利还有五项没有得到并入,虽然它们都具有相当的重要性。但具有讽刺意味同时也比较有趣的是,没有并入也是联邦最高法院自己的原因造成的,20世纪50年代和60年代的最高法院是由威廉·O. 道格拉斯(William O. *Douglas)领导的,之后则是威廉·布伦南(William *Brennan)与瑟古德·马歇尔(Thurgood *Marshall)。这期间的联邦最高法院采取的立场是由弗兰克·墨菲(Frank *Murphy)与威利·拉特利奇(Wiley *Rotledge)在1947年一起关键案件["亚当森诉加利福尼亚州案"(*Adamson v. California)]中所倡导的。法院认为,如果权利法案的措词并不足于达到其要求的"正义"水平,法院就可以从宪法的其他条款中寻求他途,甚至可以引至自然法——这就是一些人所称的"并入附加"(incorporation plus)条款。大法官布莱克嘲笑这项政策如同"上楼";大法官奥利弗·温德尔·霍姆斯(Oliver Wendell *Holmes)则将其称为"天空中的用心——无所不在"(brooding omnipresence in the sky)。这是对持自由意志论的、呆板的、拘泥于字面意思的亚拉巴马人的诅咒。如果此政策未被写入宪法,就不能被适用;但它如果未被理解,布莱克认为任何规定的字面指令都是绝对论者,特别是第一修正案中五个方面的权利,大法官本杰明·卡多佐(Benjamin *Cardozo)早已宣布这些权利"几乎是每另一种自由形式的法律渊源和不可或缺的条件"。

当胡果·布莱克于1937年就任联邦最高法院法官时,只有那些被列入大法官卡多佐的基本与非基本权利丁字尺——它创立于早一年的"帕尔可诉康涅狄格州案"(*Palko v. Conneticut)(1937)——范围之内的被认为是基本权利的权利才会按照其二分法分类被并入或不久将被并入。布莱克驾驭着联邦最高法院驶向成功的"选择并入",这种方式已逐步适用于50个州。

自1969年联邦宪法第五修正案双重治罪危险规定并入以来,联邦最高法院在2002—2003年没有并入新的内容。这些没有被并入的内容包括:(1)大陪审团的判决——第五修正案的一个部分;(2)第七修正案中规定的民事案件由陪审团审判;(3)第八修正案有关禁止过高罚金和过高保释金的规定;(4)第二修正案规定的携带枪支的权利;(5)第三修正案(the *Third Amendment)有关禁止占用民房用于军事营地的规定。在法院内外,人们普遍认为,联邦宪法规定的基本自由与权利,应该在全国范围内得到实现。

根据联邦宪法第7条有关最高条款(Supremacy Clause)的规定,各州法院在解释《权利法案》(或者一般意义上的联邦宪法)时,不能作出与联邦最高法院的解释相矛盾的解释。但自1969年以来,州法院已经在数百起案件中对它们自己的宪法作出比联邦宪法更自由的解释,并为自己州的公民提供了更大范围的保护。联邦最高法院认为,州法院的这些解释是可以接受的,因为权利扩大是完全以州宪法或者法律为基础的["密歇根诉朗案"(*Michigan v. Long, 1983)]。然而,各州无权对联邦宪法中确立的权利和自由加以限制或缩小。

两百年来的合意与纷争 美国于1991年举行了《权利法案》200周年纪念。在这之前,美国人一般认为,已经有了最低限度的全国性公民权利保障标准,这些标准产生于联邦最高法院确立的并入原则之中。

对全国范围内适用权利法案大多数条款的普遍赞同,一直也经常伴随着有关特定情况下特定权利的意义的争论。在21世纪初,美国人激烈讨论了各种不同的宪法权利,其中特别提及了因为新技术以及2001年"9·11"事件之后的"反恐战争"所引发的国家安全问题。在"吉洛诉合众国案"(Kyllo v. United States)(2001)中,联邦最高法院维护了第四修正案的效力,认为在没有搜查令的情况下不能使用摄像装置对私人住宅加以监控。但在"合众国诉美国图书馆协会案"(United States, et al. v. *American Library Association)(2003)中,法院确认了《儿童互联网保护法》(Children's Internet Protection Act)的效力,对联邦宪法第一修正案(the *First Amendment)的言论和新闻自由加以限制。该法要求接受公共资金的公共图书馆在其个人电脑中安装特定的软件,以禁止未成年人浏览色情网站。"查维斯诉马丁内斯案"(Chavez v. Martinez)(2003)是联邦最高法院接手的第一起源于"反恐战争"的案件,该案涉及恐怖嫌疑人的权利保护问题;法院的多数意见认为,在审讯嫌疑人之前没有向其宣读"米兰达权利告知"的内容并不构成第五修正案所确立的反对罪行自证的权利。

在持续不断的民权争议中,公众始终具有强烈的兴趣,这也表明《权利法案》的内容已经深入人心。

参考文献 Akhil Reed Amar, *The Bill of Rights: Creation and Reconstruction* (1998); Hugo Lafayette Black, *A Constitutional Faith* (1968); David J. Bodenhamer and James W. Ely, Jr., eds., *The Bill of Rights in Modern America after 200 Years* (1993); John J. Dinan, *Keeping the People's Liberties: Legislators, Citizens, and Judges as Guardians of Rights* (1998); Leonard W. Levy, *Origins of the Bill of Rights* (1998); Michael J. Perry, *We the People: The Fourteenth Amendment and the Supreme Court* (1999); Bernard Schwartz, *The Great Rights of Mankind: A History of the American Bill of Rights* (1992).

[Henry J. Abraham 撰;John J. Patrick 校;邵海译;潘林伟校]

布莱克,胡果·拉斐特[Black, Hugo Lafayette]①

[1886年2月27日生于亚拉巴马州的哈伦(Harlan);1971年9月25日卒于马里兰州拜瑟斯达市(Bethesda),葬于弗吉尼亚州阿林顿市阿林顿公墓]1937—1971年任大法官,布莱克出身低微,是亚拉巴马州克莱县乡下的一个零售店店主的儿子,对于他未来的职业生涯,家庭只能提供极少机会。他在亚拉巴马大学两年的大学法律课程和他作为伯明翰治安法院法官的短暂任职也同样使他信心不足,但是,他的智慧和他的十足决心——大部分继承于他母亲的品格——使布莱克能够克服背景带来的极大障碍。在20世纪20年代,他连续多届被选入参议院任职,并于1937年8月成为富兰克林·D.罗斯福(Frankin D. *Roosevelt)的第一个联邦最高法院被任命者。他在位34年,一直到1971年9月退休并在一周后逝世。

Hugo Lafayette Black

布莱克进入联邦最高法院与他的显赫成果一样颇具争议。他作为伯明翰的商业领导人,是人民民主党党员,他的客户包括工会、"布尔什维克",在臭名昭著的谋杀案审判中,他充任过辩护律师,他以种

———
① 另请参见 History of the Court: The Depression and the Rise of Legal Liberalism。

族和宗教歧视行为为由提起上诉,使他的当事人无罪释放,而且他在1923年加入了三K党。但1926年开始他首次参议院竞选时退出了三K党,并据说在以后几年里他加入了"无形帝国"(三K党活动早期别称——译者注),主要由于许多亚拉巴马陪审员都是该"帝国"成员,所以他在三K党的支持下赢得选举进入参议院,然而,直至20世纪30年代早期,他在政治上仍然受恩于该组织。另一方面,作为一个热心于"新政"的实践者,布莱克对特权的攻击以及支持每周工作30小时,甚至震惊了罗斯福总统。他组织实施参议院对政府与大企业勾结进行的严厉调查,后来被指责为对商业社会的粗暴干涉。

与布莱克职业生涯相伴的争议也紧随他进入了联邦最高法院。在他任命到法院不久之后,他的三K党身份就已经众所周知,这个新发现引起全国的激怒(见Nominations, Controversial)。考虑到布莱克20多年的与南方隔离主义者的复杂的瓜葛,一个团体诅咒1937年10月4日,他上任大法官的第一天,是"布莱克日子"(黑色的日子)。布莱克伪造的自由主义的表决记录,大大地减轻那些起初的质疑,但是有些公民自由意志论者对他的公仆资格绝不是十分满意的,而且对他代表联邦最高法院于1944年在"科里马修诉合众国案"(*Korematsu v. United States)所作的支持第二次世界大战(*World War Ⅱ)对日籍美国人的制裁判决感到特别愤怒。1967年报社采访中他发表辩词说,"日本人不算是真正的人类"。但这也不会减轻人们对这类事件的不满。

布莱克对他认为重要的观点非常的执着,经常敌视那些与他反对的大法官,特别是罗伯特·杰克逊(Robert *Jackson)和费利克斯·法兰克福特(Felix *Frankfurter)。在朱厄尔·里奇煤矿公司(Jewell Ridge Coal Company)和矿工工会案的审理中,虽然布莱克的前律师合伙人是该工会的律师,布莱克拒绝回避并尖锐地批评他的同僚。此后,杰克逊担任在纽伦堡审判纳粹战犯的美国检察官时,他相信布莱克会乘他不在之际,试图剥夺他取代哈伦·菲斯科·斯通(Harlan Fiske *Stone)作为首席大法官的机会,杰克逊发了一个1500字的著名的电报给国会控告布莱克的"充霸策略"(bullying tactics)和其他更坏之事。此事件以后,这两位大法官表面上恢复了友好关系,但杰克逊仍然保持对布莱克的不满,并认为布莱克反对他在联邦最高法院的中心地位(参见Jackson-Black Feud)。

另一方面,法兰克福特努力保持与这位狡猾的亚拉巴马人的友好关系。甚至在他从法院退休之后,还给布莱克写过一些奉承的信,并赞赏他拒绝将第一修正案(The *First Amendment)扩大到参与静坐抗议示威(*sit-in demonstrations)方面。法兰克福特的法学同盟者翰·M.哈伦Ⅱ(John M. *Harlan Ⅱ)与布莱克之间关系亲密,但法兰克福特的论文表明他经常与杰克逊、哈伦和其他人谈及不利于同事关系的谣言。与法兰克福特联系的那些人显然毫无禁忌的将布莱克称为"可鄙者"。

然而,布莱克不仅仅只是联邦最高法院最有争议的成员之一,他也是高智慧的领导者之一。他对司法的作用和宪法解释(*coustitutional interpretation)持实证主义态度,认为包括那些像他自己在内的投票式大法官等,都已经过时和不起作用了。在作为"新政"时期的参议员时,布莱克对联邦最高法院运用实体正当程序(*due process, substantive)和第十修正案(the *Tenth Amendment)的扩大解释对宪法原文作自由注释的做法感到震惊。他到任后决定限制法官自由裁量权的范围。他坚持的法律理念是,强调一种解释主义者对宪法意义的探讨,并且相信只有在文本和历史记录被证实无效时,合理、公正、社会功利的概念和有关的非解释主义者的思考才是适当的解释指南。布莱克的观点是:这两种情况极少出现,同时他显示出对限制法官固有的自由裁量权解释范畴的偏好(参见Interpretivism and Noninterpretivism)。

布莱克的实证主义法理学体现在他对一些是否合宪的特定问题的处理上。比如,他否定对控制州际贸易之合理性的司法审查权,主张宪法文本早已将商业权力(*commerce power)授予国会而不是法院。然而,他并不是总听从国会、总统或州当局。比如,他否定国会剥夺公民身份的权力,对于他来说,这问题很简单:宪法给予国会授予公民身份的权力,而没有授予剥夺公民身份的权力。当杜鲁门总统宣称,控制全国的钢铁厂以减小通货膨胀压力和战争威胁是行政权固有手段时,布莱克认为仅从宪法第13条就能十分清楚地看到行政权与立法权的区别。他的观点是,不是国家利益的考虑而是宪法和制定法文本规定了总统权力的范围和限制。

布莱克的实证主义因素大部分都明显地反映在他对重要的公民自由保证的解释中。这个拘泥于字面解释的人对第一修正案的解释是其法学思想的重要组成部分(参见First Amendment Absolutism)。该修正案的文字规定"国会不得制定法律"剥夺它保证的自由。对于布莱克——自封为"落后的农村人"——来说,这些话意味着要努力区分"言论"和"言论自由"。因此,他反对限制"淫秽"(*obscenity)、"诽谤"(*libel)和"颠覆性"的言论,以及明显即发的危险标准(*clear and present danger test)平衡(参见The First Amendment Balancing),同时还反对制约政府权力机构的其他非专制主义的措施。另外,他反对将该修正案扩延到"语言有加"(speech-plus)或"象征性语言"(symbolic speech)和其他形式,同时他承认对控制公共和私人财产的广泛的政府权力,否决该修正案允准人民不管在任何地方均可按其观点表达的言论自由观念，并在很大程度上只是支持有关公正和明确的语言表达的规定。

虽然布莱克对第一修正案的绝对主义清楚表明他是拘泥于字面意义主义者，但他将《权利法案》(*Bill of rights)与第十四修正案(the *Foucteenth Amendment)之间的关系以及正当程序视为一种独立的符合宪法保证的程序。这可以更好地表明当语言证明对合宪含义是一种难以捉摸的指导时，他是如何器重其历史意义，同时还表明他制约司法自由裁量权范围的立场。正如在"亚当森诉加利福尼亚州案"(*Adamson v. California)(1947)中他所持异议所充分表明的那样，他对第十四修正案适用的研究，使他确信修正案的制定者们打算把它的第一款以整体精神并入《权利法案》，这样使得这些珍贵的保障条款完全适用于各个州和国家政府(参见 Incorparation Doctrine)。虽然，在"钱伯斯诉佛罗里达州案"(Chambers v. Florida)(1940)和其他一些代表联邦最高法院判决意见的案件中，他似乎将正当程序与"公正"诉讼程序等同起来。但是，对于最早包含于英国《大宪章》的、政府依据"国内法"办事的要求，即剥夺一个人的生命、自由或财产的诉讼需要依据现行法律和诉讼程序的要求，他对该要求的无限保障含义进行了限制。通过处理他的整体合并理论和对正当程序的相对稳定的方法，他对第十四修正案的解释不仅与他对历史记录的理解相一致，而且还与限制司法自由裁量权相一致。

既不是平等保护(*equal protection)条款的语句，也不是其历史，而是该修正案其他潜在的无限制保障，才使布莱克有了他所偏爱的对该修正案的固定解释。但是，除了对于不公平分配代表权的政府机构以及特定的歧视性的刑事程序他要求给予了严格审查(*strict scrutiny)外，他将平等保护条款有意义作用(因而业将司法层面的作用范围)主要限制在权利保障的历史的种族背景范围内。比如，他反对人头税，或其他基于财富、出生身份的种种歧视，他和以沃伦为首的联邦最高法院的其他大法官们一起，对基于种族、肤色或出生地国而受歧视之事进行严格审查(参见 Poll Taxes)。

在布莱克大多数职业生涯期间，他的实证主义法理学把他带入"自由派的积极分子"(liberal-activist)的方向，但是，对于布莱克来说，宪法具有一个"顶点"，这也是它的"起点"。例如他认为第四修正案(the *Fourth Amendment)只是保证不受"不合理的"搜查与扣押，而且他不愿将对政府权力的大量限制视为十分有弹性的条款，这一点从他对有关证据排除规则(*exclusionary rule)上的犹豫不决就能得到明证。而且，他反对将该修正案对"身体、住所、文件与财产"的保护扩大到窃听上，特别是因为他感到不可能形成对窃听的搜查证，以满足它对被扣押之物所需要的"特别"描述。他也不愿使用延伸原则、实体正当程序、第九修正案(the *Ninth Amendment)或任何其他"自然法"(*natural law)技巧，去创立没有在宪法的文本或其框架中的意图所反映出的权利。例如，在有争议的"格里斯沃尔德诉康涅狄格州案"(*Griswold v. Connecticut)(1965)中，在大多数大法官都乐于支持婚姻上的隐私权(*privacy)时，布莱克则表示强烈地反对，他指责该修正案的程序并非司法上的创举，而是发生宪法性改变的适当媒介。他会上也坚持同一立场，反对以司法方式影响堕胎权(*abortion right)，在他死后，联邦最高法院接受了他的这一观点。

司法界和学术界的批评或许使布莱克的司法观点和宪政观点遭到比任何其他法学家更为系统的审查。在布莱克任期的最初几年里，查尔斯·费尔曼(Charles Fairman)、华莱士·门德尔森(Wallace Mendelson)以及其他费利克斯·法兰克福特(Felix Frankfurter)的支持者，经常抨击布莱克的"扩大"第一修正案的法理学和并入理论，以及他们所认为的他的那种拘泥于文字和历史意图的完全无用的方法。然而，在布莱克生命的最后 10 年，其投票和意见已逐步变成具有"保守的限制主义者"的倾向。他不仅仅在格里斯沃尔德案中表示反对，并拒绝将第四条修正案扩展到窃听上；在许多案例中他赞成扩大政府对于指示言论和财产使用方面的权力，强烈抵制除《权利法案》的特有规定外扩大诉讼程序保障，反对第一修正案适用购物中心和其他私人拥有的提供公共住宿的场所(学校教室相对较少)，而且对于以沃伦为首的联邦最高法院扩大对平等保护的解释持异议。这样的思想引起了其他学术群体的抨击，他们均反对布莱克在职业生涯中一贯重申的主张。

布莱克思想中的某些因素很明显是易于遭受抨击。但现代学者对他的并入理论更多的是支持而不是攻击，例如，他对第十四条修正案的采纳的刻板的解释肯定会受到公开的反对。他试图区分将受保护的言论与不受保护的与言论相关的行为，以及区分直接还是间接受第一修正案保护的自由。虽然联邦最高法院的大多数法官也已经作了这种区分，可能也是有缺陷的。但是，布莱克的文章和与他同时期的刊物上的文章都强有力的说明，他在长期职业生涯中对司法职能的概念和一些专门问题的研究两方面都是十分卓越的。布莱克发展一套虽然不完美但可适用的法理，它反映出可靠的语言和历史解释，以及考虑无限制的司法权的危险，这套法理打破了司法审查的必要性与多数主义者民主的平等强制性原则之间可接受的平衡。

参考文献 Howard Ball, *The Vision and the Dream of Hugo L. Black*; *An Examination of a Judicial*

Philosophy (1975); Gerald T. Dunne, *Hugo Black and the Judicial Revolution* (1977); Virginia Van der Veen Hamilton, *Hugo Black: The Alabama Years* (1977); Tinsley E. Yarbrough, *Mr. Justice Black and His Critics* (1988).

[Tinsley E. Yarbrough 撰；夏登峻译；许明月校]

布莱克,杰里迈亚·沙利文[Black, Jeremiah Sullivan]①

[1810年1月10日出生于宾夕法尼亚州斯托尼·克里克(Stony Creek)镇；1883年8月19日卒于约克市(York)]美国司法部长，未经认可的联邦最高法院的候选提名人，联邦最高法院判决发布人。布莱克师从昌西·福沃德(Chauncey Forward)攻读法律，并于1830年12月3日获准成为执业律师。1842年他被任命宾夕法尼亚州高等民事法院的主持法官，1851年布莱克被选进宾夕法尼亚州最高法院任首席大法官。1854年，他又再次被选入该州最高法院，他任法官时的主要贡献是对公司章程的解释。

1857年，总统詹姆斯·布坎南任命布莱克为美国首席检察官。他在任职期间，对与加利福尼亚州土地所有权有牵连的欺诈行为提起公诉，致使美国联邦最高法院推翻了许多地区法院的判决。布莱克始终如一地坚持执行有关贩卖奴隶和返还逃亡奴隶的联邦法律。他还帮助设立分管脱离(secession)的行政职务和联邦法律的执行。布坎南总统在任的晚期，布莱克短暂地担任过国务卿。1861年2月5日，布坎南提名布莱克填补联邦最高法院一名空缺，但参议院于2月21日否决了这一提名。

1861年和1864年之间，布莱克作为联邦最高法院判决发布人，准备整理备受尊敬的《布莱克判例汇编》(2卷本)。后来，他又重操私人律师职业，在"米利根单方诉讼案"(*Milligan, Ex parte)(1866)和"麦卡德尔单方诉讼案"(*McCardle, Ex parte)(1869)两起案件中，他为反对联邦政府违反公民权利而进行辩护。在受命调查1876年总统选举问题之前，布莱克曾做过塞缪尔·狄尔登(Samuel Tilden)的法律顾问。

[Elizabeth B. Monroe 撰；夏登峻译；许明月校]

黑色星期一[Black Monday]

1939年5月27日，"黑色星期一"这天，联邦最高法院发布了以9比0投票表决结果分别一致通过了3条撤销"新政"(*New Deal)复兴计划中一些关键条款的判决意见。更重要的是，这些判决意见明确标志了联邦最高法院开始攻击总统富兰克林·D.罗斯福(Franklin D. *Roosevelt)设想的、领导国家摆脱经济萧条的改革措施。在"路易斯威尔联合股份土地银行诉雷德福案"(Louisville Bank v. Radford)(1935)中，联邦最高法院宣布《弗雷泽-莱姆基法》(Frazir-Lemke Act)违宪，该法规定对破产的农场主给予抵押救济。在"汉弗莱遗嘱执行人诉合众国案"(*Humphrey's Executor v. United States)(1935)中，联邦最高法院否定了总统任意更换独立的行政管理机构人员的权力，这样阻碍了他使得这些机构与行政管理政策相一致的能力。这一天最具戏剧性和最有名的判例——"谢克特禽畜公司诉合众国案"(*Schechter Poultry Corp v. United States)(1935)中，该案也被称为病鸡案，联邦最高法院宣布《国家复兴(经济)计划法》(National Recovery Plan Act)违宪，并坚持认为国会不能对于一个行政管理机构授予这样的大权。它还认为谢克特公司的家禽生意是一个州内的而不是州际的商务，因此，不需依从联邦规定。这件事困扰了罗斯福总统，因为三位自由主义大法官——路易斯·D.布兰代斯(Louis D. *Brandeis)、本杰明·卡多佐(Benjamin Cardozo)和哈伦·菲斯科·斯通(Harlan Fiske *Stone)投票反对政府的工作。如果联邦最高法院对全部管理性问题实施该方法，那么将会使"新政"的成就付诸东流。第二天，罗斯福召开新闻发布会，会上他激烈地斥责联邦最高法院把国家置于"老牛拉破车式的州际商务定义中"。

"黑色星期一"产生了两个主要后果。首先，它迫使罗斯福总统放弃《国家复兴计划法》中各阶层合作的方法，并促使政府寻求更激进的改革措施，例如针对富人和商业进行的税收改革。其次，罗斯福开始策划攻击联邦最高法院，随着联邦最高法院1936年的进一步失败，产生了1937年的联邦最高法院人员布置计划(*Court-packing Plan)。尽管富兰克林·D.罗斯福改变提名联邦法官的方法失败了，但其颇有争议的建议最终使联邦最高法院转变了国会在调整州际商业权力范围上的立场，并认定"新政"计划符合宪法要求。

[Rayman L. Solomon 撰；夏登峻译；许明月校]

布莱克蒙,哈里·安德鲁[Blackmun, Harry Andrew]

(1908年11月12日出生于伊利诺伊州的纳什维尔镇；1999年3月4日死于弗吉尼亚州的阿林顿；葬于阿林顿国家公墓)1971任大法官，布莱克蒙成长于明尼苏达州圣保罗市，他父亲在那里拥有一个小货栈。他在哈佛学院受过教育，在那里主要攻读数学，并就读于哈佛大学法学院。他早年对医药方面感兴趣，这从其担任梅奥(Mayo)诊所法律顾

---

① 另请参见 Nominees, Rejection of; Reporters, Suprememe Court。

问可以看得出来。1959 年,德怀特·大卫·艾森豪威尔(Dwight D. Eisenhower)总统任命他去第八巡回上诉法院填补约翰·桑伯恩(John Sanborn)的空缺,布莱克蒙曾是他的书记官。

Harry Andrew Blackmun

在法官克莱门特·海恩斯沃思(Clement Haynsworth)和 G. 哈罗德·卡斯韦尔(G. Harrold Carswell)的提名被挫败后,布莱克蒙由理查德·尼克松(Richard Nixon)总统提名进入联邦最高法院。此时,他已是小有名声的联邦法官,同时,他在联邦最高法院能够显示出和自己的朋友首席大法官沃伦·E. 伯格(Warran E. *Burger)一样的价值,并在尼克松重新确定联邦最高法院方向为保守的意识形态中起到自己的作用。最初,布莱克蒙的表决是十分接近于伯格的——有些事伯格认为是理所当然的——他们有时很像"明尼苏达的李生子"。他文静而胆怯,也是一个慢笔作者,这些限制了他在联邦最高法院的影响力。然而,由于他非常自信,他把联邦最高法院趋向自由主义的残余从伯格身边去除,他在积极努力中坦率而明确地保持一种日益增强的保守主义,并使之成为联邦最高法院的中心。

布莱克蒙的早期观点反映出保守主义,支持法律的实施,全面遵从政府和社会研究机构的意见。后来,他开始对这些机构与普通大众相关的作用产生怀疑。20 世纪 80 年代中期,大法官布莱克蒙因为对公民自由权利主张给予很大的支持,所以就成为大法官威廉·J. 布伦南(William J. *Brennan)和瑟古德·马歇尔(Thurgood *Marshall)的经常投相同票的伙伴。甚至在刑事诉讼程序问题上,也表明了他的司法改革倾向,其最初的保守主义源于刑事诉讼程序改革并在此坚持了最长时间。他对联邦最高法院的搜查和扣押的主张提出异议,并且不赞同联邦最高法院仓促地坚持死刑判决,这样,他的表决就与他在"弗曼诉佐治亚州案"(*Furman v. Georgia)(1972)中对于死刑的早期声明"冷漠、厌恶,以及……憎恨"相一致,对他来说"违背了童年时期所受的教育和生命的经历"(p.405)。

布莱克蒙对联邦最高法院的法理学作出了许多重大贡献。他在国会是否可以通过商业条款对州或地方政府强加一些管制性要求的问题上起着主要作用,而且在"加西亚诉圣安东尼奥都市交通局案"(*Garcia v. San Antonio Metropolitan Transit Authority)(1985)中代表联邦最高法院起草判决意见,坚持地方政府也应遵守有关最低工资的规定,并说他们在国会的代表给各州和地区都提供了适当保护(参见 Commerce Power)。他也表示可以通过允准各州强行征收无歧视的、适当按比例分配的特许经营税和支持州制定的经济政策而成为各州的朋友。

他对司法联邦主义(*federalism)观点的改变,与他对有关公民自由权观点的改变是并行不悖的。起初,他不想让州法院提供大于联邦最高法院所提供的合宪性保护,同时,他对联邦法院适用人身保护状(*habeas corpus)来补救州被告的诉求持保留态度。然而,后来,布莱克蒙希望使人身保护更适用于强烈要求合宪性权利主张的人们,他还对《美国法典》第 42 编第 1983 节规定的重要联邦公民权利采取广义的解释。1984 年他在纽约大学法学院麦迪逊讲座任教时,坚决地主张联邦法院应积极地支持在第 1983 节中一些判例所维护的个人的联邦权利。

布莱克蒙对公民自由权的重要贡献涉及商业言论(*commercial speech)、外侨权利和堕胎(*abortion)。关于第一修正案(the *First Amendment)保护"商业言论",例如在律师做广告的问题上,他对于各州否认广告这种提供信息渠道的家长式统治地位持反对态度,而且主张消费者应拥有更多的而不是较少的信息。他站在侨民一边,对没有满足长期居民福利要求或阻挠获得公职(见 Alienage and Naturalization)表示不满。他的核心观点是反对各州拒绝外侨成为文官、公立学校教师、缓刑官等的权利;但是,他也同意发布禁令不准他们成为警官。

布莱克蒙最著名的贡献是有关堕胎的意见,特别是在"罗诉韦德案"(*Roe v. Wade)和"多易诉博尔顿案"(Doe v. Bolton)(1973)中代表联邦最高法院起草的判决意见。在这些案件中,大法官分别地废止了实施堕胎的刑事处罚,并就州是否及何时可以对某一妇女获得堕胎的自由进行限制问题确立了一个基本的三期评估方案。布莱克蒙有一种要让妇女获得堕胎权的强烈责任感,并且再次强烈反对联邦最高法院支持政府拒绝提供用于堕胎的医药基金。他这种强烈的责任感继续体现在联邦最高法院处理各州努力限制堕胎的许多案件中，在"韦伯斯特诉生殖健康服务部案"（*Webster v. Reproductive Health Services）(1989)中，他的异议更是显而易见。他抨击他的一些同仁想推翻罗诉韦德案，"在黑暗中投射出每个妇女的希望和幻想，使她们确信宪法保证她具有行使某种支配其特有的养育子女能力的权利"，由于政府可能再度不适当地干涉妇女的生活空间（pp. 3077-3078），这也会产生"不可避免的和残酷的后果"。

在布莱克蒙到联邦最高法院就职时，很少人会预料他会成为政府官员中重量级人物的代言人。他在联邦最高法院任职显示了这样的可能性和现实性，即在面临需要他坚持自己信念的情形时，法官可以改变自己的观点。布莱克蒙将仍然保留作为国家最有分歧问题——堕胎——的代表人物。尽管如此，最为突出的一点是，他是一位代表了温和主义并富有同情心的有思想的大法官。

[Stephen L. Wasby；夏登峻译；许明月校]

小布莱尔，约翰[Blair, John, Jr.]

（1732年生于弗吉尼亚州威廉斯堡市；1800年8月31日卒于威廉斯堡市；葬于该市Bruton Parish墓地）大法官（1789—1795年），约翰和玛丽·芒罗·布莱尔（John and Mary Munro. Blair）的儿子。约翰·布莱尔在1754年从威廉玛丽学院以优异成绩毕业后，又于1755—1756年在伦敦中殿律师学院攻读法律。1756年回到弗吉尼亚，并开始在威廉斯堡地方议会（General Court）从事法律实务。从1765—1770年他任职于移民议会（House of Burgesses），在该职位上，他于1765年反对帕特里克·亨利印花法决议，但在1769—1770年支持在经济上联合抵制对英国的进口。尽管在1770—1775年他只是州长政务会（Governor's Council）的一名书记官，但他却支持革命运动。1777年联合立法会议上他被选入新的州地方议会，并于1779年又被选为州法院的首席大法官。1780年立法机构选他为衡平法院首席大法官，他还在1779年5月设立的弗吉尼亚州第一上诉法院任职，在后一法院时，他和其他法官一起在"弗吉尼亚共同体诉卡顿等人案"（Commonwealth of Virginia v. Caton et al）(1782)（早期美国的某些州，如例如肯塔基、马里兰、马萨诸塞、宾夕法尼亚和弗吉尼亚等通常称为共同体（Commonwealth）——译者注）中宣布法院有权宣告立法机关的违宪法令无效，这是首次表述司法审查的案件。

或许是因为布莱克的杰出司法工作和对新宪法的支持（他作为一名州代表出席费城会议并批准新宪法），乔治·华盛顿总统于1789年9月24日提名他作为美国联邦最高法院最早的6名大法官之一，参议院两天后予以批准。大法官布莱尔最有影响的判决意见源于"奇泽姆诉佐治亚州案"（*Chisholm v. Georgia）(1793)，为了支持联邦最高法院的判决，他逐条陈述美国宪法第3条（*the Article Ⅲ）第2款授权州公民可以在联邦巡回法院起诉另一州的公民。在布莱尔的意见中，最有力的观点就是主张州作为一名原告需要在联邦法院出庭。他明确地写道，当两个州之间发生管辖争议时，其中一个必须作为被告，宪法第3条也将此争议授权联邦法院管辖（见Judicial Power and Jurisdiction），人们理解了这一点之后，就能认定佐治亚州的观点是错误的。佐治亚州拒绝在联邦最高法院出庭或接受其判决。国会随后提出建议，而且各州也批准宪法的第十一修正案（the *Eleventh Amendment），该修正案推翻了"奇泽姆案"。

John Blair, Jr.

当布莱尔是美国联邦巡回法院的成员（联邦最高法院大法官们所要求的，一直到南北战争以后）时，他参与形成了或许对他来说是最重要的一些判决意见。在"哈伊布恩案"（*Hayburn's Case）(1792)中，布莱尔和他的两位同仁[詹姆斯·威尔逊（James *Wilson）和理查德·彼得斯（Richard *Peters）]，都成为第一批认为国会的法案违宪的联邦法官，因为他们裁决联邦法规要求巡回法院作为退休金委员会违反了分权原则（*separation of powers doctrine）和司法独立精神。

布莱尔在任职期间还为联邦最高法院办了许多其他事务,有一些是他乐于去做的有关海事(*admiralty)和捕获法技术性规则研究。他后来因健康不佳于 1795 年 10 月 25 日辞去联邦最高法院的职务,退休后回到威廉斯堡。他的妻子琼·鲍尔弗(Jean Balfour)比他早 4 年去世。

[Robert M. Ireland 撰;夏登峻译;许明月校]

布莱克尼诉华盛顿州案[Blakely v. Washington, 542 U.S.(2004)]

2004 年 3 月 23 日辩论,2004 年 6 月 24 日以 5 比 4 的表决结果作出判决,斯卡利亚代表联邦最高法院起草判决意见,奥康纳、伦奎斯特、肯尼迪以及布雷耶反对。在该案中,请求人承认犯有绑架罪,根据华盛顿州的法律,诸如绑架这类重罪的最高刑罚为 10 年监禁。同时,另有有关刑期的规定则将这种犯罪的刑期限制在 53 个月以内,但是,如果存在法官认可的一些"例外"情况,则有权不按这个上限量刑。针对布莱克尼的反对,审理法院将其刑期定为 90 个月,理由是其犯罪行为存在预先设计的残忍性因素。由于审理法院加重刑期所依据的事实,既没有为请求人承认,也没有为陪审团裁定,因此,联邦最高法院认为,该量刑判决违反了联邦宪法第六修正案(the *Sixth Amendment)有关获得陪审团审判的权利的规定。

"阿普伦蒂诉新泽西州案"(Apprendi v. New Jersey)具有划时代的意义,根据该案的判决,除先期的有罪判决外,陪审团是任何支撑在法定最高限以上增加量刑之事实的裁断者。布莱克尼案提供了另一个界限明确的说明:"如果法官判定陪审团裁决不允许的刑罚,陪审团没有裁定确认所有的事实……此时,法官就超越了其适当的权限。"初审法院之所以犯错,是因为,它基于并没有因为请求人自愿放弃或陪审团裁定而确认的事实,另加了 3 年左右的监禁。从宪法的角度来看,这一判决结果侵犯了陪审团保留的权力。"正如选举权是确保人民对立法与行政部门的最终控制一样,陪审团审判的目的就是确保人民在司法领域的控制。"

以桑德拉·戴·奥康纳(Sandra Day *O'Connor)为首的法官所持的反对意见则完全拒绝这样的分析。任何最高刑以内的定刑判决必须在陪审团的裁定范围内。法院的多数意见不但没有改善刑事司法制度,反而使 20 多年以来协调量刑一致性和均衡性的量刑改革付诸东流。如果布莱克尼案实现了其逻辑的结果,就将会终结量刑指南,危及辩诉交易进程,异类而武断的处罚就有卷土重来的威胁,有罪判决后的诉讼也将会因闸门的打开而泛滥成灾,这些将迫使各州和国会制定对犯罪和刑罚规定过度琐碎的迷宫似刑法典。

美国与分级累进量刑的斗争贯穿着它的整个历史,总的来说,司法的"钟摆"已经从严格的量刑确定性制度安排摆向罪行相适应的模糊量刑制度安排。只有未来和更多的判例才会告诉我们,反对意见中提到的"接踵而至的严重问题"是否真的会不幸言中。

[George T. Anagnost 撰;邵海译;潘林伟校]

布拉奇福德,塞缪尔[Blatchford, Samuel]

(1820 年 3 月 9 日出生于纽约州的纽约市;1893 年 7 月 7 日卒于罗德岛的纽波特市;葬于纽约市布鲁克林的绿林公墓) 1882—1893 年任大法官,使人难忘的是塞缪尔·布拉奇福德的顽强精神和对专利(*Patent)和海事法(*admiralty Law)错综复杂问题的密切关注。在 19 世纪 90 年代初期,他是在联邦最高法院起关键作用的一位十分谦逊的温和派法官。他写出了一份重要的多数大法官判决意见,该判决意见记录了实体正当程序(*due process, substantive)的首次清楚的运用,但在两年之后,他也写出另一份多数大法官判决意见,却宣告联邦法官唯有在极少的情况下才能运用这一新的合宪性审查来监督州的法规。

Samuel Blatchford

布拉奇福德,理查德·M. 布拉奇福德(一名杰出的辉格党律师和议员)与朱莉娅·安·芒福德

(Julia Ann Mumford)的儿子,他13岁便进入哥伦比亚大学,1837年毕业时在班上获得了第一名。1942年加入他父亲颇有声望的曼哈顿律师事务所之前,他在州长威廉·H.西沃德(William H. Seward)的办公室研读法律并担任西沃德的私人秘书。1844年,塞缪尔与马萨诸塞州洛艾尔市的卡洛琳·阿普尔顿(Caroline Appleton)结婚之后,他搬到纽约州奥本市,在那里他加入了西沃德的律师事务所,并在几个州任有法律业务上的职位。1854年,他回到纽约市开办律师业务,不久被推荐去州最高法院任职,但他谢绝了。

布拉奇福德不仅以其做律师时的辛勤,而且以其从事海事判决和美国联邦第二巡回区审判庭的判例的出版发行工作的勤劳而建立了相当良好的信誉。安德鲁·约翰逊总统于1878年提名布拉奇福特任纽约南部地区的联邦地区法官,1878年海斯总统提升他到巡回法庭。当沃德·亨特(Ward Hunt)于1882年从联邦最高法院辞职时,总统切斯特·A.阿瑟(Chester A. Arthur)未能说服罗斯科·康克林(Roscoe *Conkling)(参议院已经确认),也未能说服佛蒙特州的参议员乔治·F.埃德蒙兹(George F. Edmunds)去接任这一职位。于是,阿瑟总统最后提名任命布拉奇福特,他很快被确认并于1882年4月13日到任。

在布拉奇福德的两个最有名的判决意见中,他主张把立法机关的规范性决议与授权代理机构或委员会的规范性决议进行宪法上的区分。在"芝加哥、米尔沃基与圣保罗铁路公司诉明尼苏达州案"(*Chicago, Milwaukee and St. Paul Railway Co. v. Minnesota)(1890)中,他所持的多数判决意见表明,宪法要求联邦最高法院废除明尼苏达州的一部法律,该法设立了一个对铁路收费是否"公平与合理"有最终发言权的独立委员会(见 Rule of Reason)。这个决议具有重大意义,因为它明显背离了早期联邦最高法院对国家经济调整的尊重,正如在"芒恩诉伊利诺伊州案"(*Munn v. Illinois)(1877)中一样,在此案中受到调整的商业被说成是"影响了公共利益"。在"巴德诉纽约州案"(*Budd v. New York)(1892)中,布拉奇福德再次代表有分歧的联邦最高法院起草判决意见。然而,此时,他的判决意见却是坚持国家有权调整商业,如谷仓,至少州立法机关本身可调整价格。

许多观察家认为,布拉奇福德所设想的区分并没有什么意义,而且肯定不会带来宪法方面的意义。部分由于人民党主义的兴起,严重的经济衰退,加上19世纪90年代早期沉重负担的环境,所以布拉奇福德发现并坚持一个有力的中心。这或许可以说明在布拉奇福德死后其所获得的有所保留的赞扬。西摩·D.汤普逊(Seymour D. Thompson),《美国法律评论》的一名坦率的编辑宣称,"老实说,比起当法官来,他更适合做判例汇编人"。在联邦最高法院的正式纪念仪式上,司法部长理查德·奥尔尼(Richard Olney)谈到布拉奇福德时说:"如果不是因为才华横溢的话,他就不会受到攻击。"

然而,在"康塞尔曼诉希契科克案"(*Counselman v. Hitchcock)(1892)中,布拉奇福德律师生涯练就的雄辩对于他后来参加的有关重要公民自由等权利的判决十分有益,这些判决扩大了联邦宪法第五修正案(the *Fifth Amendment)反对自证其罪的特权。他代表联邦最高法院提出全体一致的判决意见,强调联邦宪法第五修正案保护辩护人提供"任何刑事案件"中可以使用的证据,也包括在大陪审的公诉程序中。鉴于宪法权利保证的精神和原则,布拉奇福德的主张比联邦法律和州法律的规定直率得多。

尽管有律师和少数其他人拥护布拉奇福德有利于公民自由等权利行为,但他并没有引起公众的大量关注;他最值得关注的是其有条理的工作方法和有序、成功、平静的职业生涯。

参考文献 Aviam Soifer, "The Paradox of Paternalism and Laissey-Faire Constitutionalism: United States Supreme Court, 1888-1921," *Law and History Review* 5 (Spring, 1987): 249-279.

[Aviam Soifer 撰;夏登峻译;许明月校]

蓝法[Blue Laws]

参见 Sunday Closing Laws。

亚拉巴马州校董会诉加勒特案[Board of Trustees of Alabama v. Garrett]

参见 Tennesee v. Lane。

博尔纳诉弗罗里斯案[Boerne v. Flores, 521 U. S. 507(1997)]

1997年2月19日辩论,1997年6月25日以6比3的表决结果作出判决,肯尼迪代表联邦最高法院起草判决意见,斯卡利亚与史蒂文斯持并存意见,布雷耶、奥康纳以及苏特反对。国会于1993年通过了《宗教信仰自由恢复法》(Religious Freedom and Restoration Act,简称 RFRA),该法明确禁止各州政府控制用于宗教目的的土地。地方政府可以控制土地的使用,如果这种控制行为影响了土地的宗教使用,该法案就会对政府的控制行为加以严格审查(*strict scrutiny),这一原则来源于1963年的"舍伯特诉沃纳案"(Sherbert v. Verner),在1990年的"人力资源部就业局诉史密斯案"(Employment Div., Department of Human Resources v. Smith)中,联邦最高法院的判决再次明确了这一原则。同年,得克萨斯州的博尔纳市拒绝了一所具有西班牙教会风格的教堂进行修缮的要求。这一修缮计划将使教堂的80%得以更新,所以博尔纳市认为,修缮将改变教堂的外部结构,这是不容许的,大主教弗罗里斯也对政府的行为提出质疑。

在"博尔纳市诉弗罗里斯案"中,联邦最高法院认为,国会超越了权限,因此该项法律违宪。在把《宗教信仰自由恢复法》的要求适用于各州时,国会的权力依据是联邦宪法第十四修正案(the *Fourteenth Amendment);但法院认为,国会根据该修正案第5款的规定,对生命、自由以及财产加以保护的做法并不适当,因为国会的这种做法与分权原则(*separation of powers)以及联邦与州之间的权力平衡是相互矛盾的。联邦最高法院认为,《宗教信仰自由恢复法》试图对宪法性保护措施加以实质性的改变,而不是为了阻止各州的违宪行为。所以,《宗教信仰自由恢复法》是对各州的传统权力以及根据治安权力原则享有的规制权力的侵犯。

国会对此也作出了反应,在2000年通过了《宗教土地利用和法人化法》(Religious Land Use and Institutionalized Persons Act,简称RLUIPA),详细列举了不能对宗教财产加以影响的政府规制行为。但是,这一法律又引发了许多争议。一些批评者认为,《宗教土地利用和法人化法》跟前面的法律具有相同的命运,或者法院应该限制其适用,但在联邦地区上诉法院却没有多少案件来支持这一观点。在2003年的一起案件中["公民自由信仰者诉芝加哥案"(Civil Liberties for Urban Believers v. Chicago)],地区法院认为,即使教堂需要额外的花费才能在城市的地域内找到合适的场所,把教堂与非宗教的区域同等对待的做法满足了《宗教土地利用和制度化法》对地方政府的要求。

联邦地区法院的判决为《宗教土地利用和法人化法》提供了更为普遍的支持。《宗教土地利用和制度化法》是国会根据宪法的商业条款以及宪法第十四修正案的规定,对其立法权的合法运用,并没有违反第一修正案或者第五修正案(the *First or Fifth Amendment)的相关规定。

[David L. Callies 撰;邵海译;潘林伟校]

博林诉夏普案[Bolling v. Sharpe, 347 U. S. 497 (1954)]①

1952年12月11日辩论,1953年12月8—9日再次辩论;1954年5月17日以9比0的表决结果作出判决,沃伦代表联邦最高法院起草判决意见。首席大法官厄尔·沃伦(Earl *Warren)认为,正如联邦宪法第十四修正案(the *Fourteenth Amendment)的平等保护条款(*Equal protection clause)对各州的制约一样,联邦宪法第五修正案的正当程序条款无疑最大程度地禁止了联邦政府实施种族歧视。因在"布朗诉教育理事会案"(*Brown v. Board of Education)(1954)中主张各州不能以种族为依据在公立学校实行种族隔离,沃伦写道:为哥伦比亚特区设置"一种较轻的职责"——在联邦宪法第五修正案(the *Fifth Amendment)涵盖了国会的法案的情况下——是难以想象的(p. 500),但是许多学者却指责沃伦回避了这个问题。

[Dennis J. Hutchinson 撰;夏登峻译;许明月校]

博克,罗伯特·赫伦[Bork, Robert Heron]②

(1927年3月1日生于宾夕法尼亚州匹兹堡市)联邦受理上诉的法官,未被确认的联邦最高法院提名候选人。在一家私人律师实习所作出突出的工作表现之后,进入耶鲁大学法学院,并且曾任过政府首席律师(*solicitor general)(1973—1977年),博克于1982年由总统罗纳德·里根(Ronald *Reagan)提名任职于美国哥伦比亚特区上诉法院。1987年7月1日,里根提名他去联邦最高法院以填补刘易斯·鲍威尔(Lewis *Powell)退休后留下的空缺。经过不同寻常的长时间听证之后,参议院司法委员会(*Senate Judiciary Committee)以9比5的表决结果否决了这一提名;整个参议院于1987年10月23日以58比42的表决结果否决该提名。以后博克于1988年2月从上诉法院辞职,并在美国企业研究所任常驻学者。

对博克的提名激发了强烈的利益集团活动,包括前所未有的动员农业区反对该提名。博克的法律权威和他个人的尊严都是不容置疑的,而对于他保守的政治观点和法律观点,特别是有关隐私(*privacy)的宪法权利和联邦宪法第一修正案(the *First Amendment)的宪法权利的观点仍有争议。此外,广泛的政治因素也导致了他的失败:因"反伊朗丑闻"(Iran-Contra scandal)已经弱化里根政府,加上没有以博克的名义有效调动资源,民主党人控制了参议院,要对黑人选民的要求作出更多的回应,而黑人选民则普遍反对博克,因此,甚至南部的民主党人都没有支持这项提名。自由派认为这个空缺极为重要,因为大法官鲍威尔曾在许多公民权利和自由的判例中投出决定性的一票,同时也因为他支持"罗诉韦德案"(*Roe v. Wade)(1973)的判决。

[Susan M. Olson 撰;夏登峻译;许明月校]

---

① 另请参见 Education; Race and Racism。

② 另请参见 Nominations, Controversial; Nominees, Rejection of。

伯迪诺特,伊莱亚斯[Boudinot, Elias]

(1740年5月2日生于宾夕法尼亚州的费城;1821年10月24日卒于新泽西州的伯林顿市)律师和政治活动家。伯迪诺特,革命年代新泽西州杰出的政治家和国务活动家,他是第一个被允许进入联邦最高法院法庭的律师。作为胡格诺派世系成员(Huguenot descent),他于1760年被批准成为律师,并于1770年获得高级律师职称。许多年来他一直是普林斯顿大学的董事,他拥有许多公职和私务,和他同时代的人发现,他是一位脾气十分温和、忍让大度的人。

伯迪诺特作为一名保守的辉格党人很热心于新泽西的殖民政治,但后来他参加了一个记者委员会并逐渐接受革命的思想。1777年大陆会议任命他为囚犯的总委托人,他真心诚意充任这一职位,甚至贡献出自己的30 000美元对囚犯表示关怀。他与总统乔治·华盛顿有十分密切的政治和私人关系。

伯迪诺特1777年被选入大陆会议并一直任职到1784年,在他最后两年大陆会议任职期间,曾任该会议主席,并自1783年起担任外交大臣一职。他是与英国缔结1783年"和平条约"的签署人。

美国独立战争后,伯迪诺特成为联邦党人并帮助确保宪法在新泽西州获得批准。在众议院任职三个任期后,伯迪诺特又担任了美国造币厂厂长长达10年之久。1790年2月5日伯迪诺特又成为第一名美联邦最高法院法庭的成员,以后任美国圣经学会主席,他在生命的最后几年里一直研究宗教。

[Francis Helminski 撰;夏登峻译;许明月校]

鲍尔斯诉哈德威克案[Bowers v. Hardwick, 478 U. S. 186 (1986)][1]

1986年3月31日辩论,1986年6月30日以5比4的表决结果作出判决,怀特代表联邦最高法院起草判决意见,布莱克蒙和史蒂文斯反对。在本案中,联邦最高法院拒绝扩大宪法上规定的隐私权(*privacy)去保护在家中进行的经双方认同的同性鸡奸行为。以拜伦·怀特(Byron *White)为首的小范围的多数使本案不同于早些时候的隐私权判决,指出这些判决受到"家庭、婚姻、生育"等的限制——这些问题使同性活动已承受了"无关联"责任(p.191)。事实上,怀特认为在已决案件的范围应该受到限制。他进一步主张"不支持那种认为经双方同意的成人间任何类型的私人性行为不受州法律规制的立场"(p.191)。为这类行为的权利进行辩护,认为"它是'深深扎根于国家的历史和传统之中的根本权利'或者'无疑地包含在有序的自由的概念之中',充其量只不过是滑稽之事。"怀特写道(p.191)。他指出,在1963年前所有50个州均宣布过鸡奸为违法行为,而且有24个州和哥伦比亚特区

直到1986年仍继续这样做。接着,他没有接受哈德威克认为这类法规缺少合理根据的主张。

怀特也将哈德威克判例与"斯坦利诉佐治亚州案"(*Stanley v. Georgia)(1969)进行了区别,他指出,斯坦利案应该作为第一修正案(the *First Amendment)的案件来理解,但这与哈德威克引起的问题并没有什么关联。尽管斯坦利案保护个人不会因在私人家中拥有和展示淫秽材料而受检控,但怀特仍强调这并不表明对待其他非法行为仅仅因为事情是在家里发生的就要给予广泛的保护。

本案是因逮捕一名叫米歇尔·哈德威克的亚特兰大同性恋酒吧招待员而引起的,对他实施逮捕是因为在他自己卧室与另一男人进行口交。他们是被一名给哈德威克送传票的警官撞见的,因为哈德威克曾因在公开场合饮酒而受到处罚,但并没有缴纳罚金。该官员得到另一房客的允许而进入该房,该房客并不知道哈德威克是否在家。根据佐治亚州法律,鸡奸(它被定义为"涉及某人的性器官与另一人的嘴或肛门的性行为")是重刑罪,可被判处20年监禁。

虽然地区检察官并未提出公诉,但他并没有放弃指控。后来哈德威克在联邦法院提起了民事诉讼,控告该法律违宪,被告为佐治亚州首席检察官迈克尔·J. 鲍尔斯(Michael J. Bowers)。地区法院准允鲍尔斯撤销案件的请求,但第十一联邦巡回上诉法院推翻了该判决,其理由是佐治亚州法律侵犯了哈德威克的根本权利。联邦最高法院批准了鲍沃尔斯调卷令(Writ of *Certiorari)的请求。由于提交法院的请求仅仅涉及同性之间的鸡奸行为,因而本案并没有就佐治亚法律被适用于异性之间的鸡奸行为时的合宪性问题发表意见。

大法官刘易斯·鲍威尔(Lewis *Powell)的投票在本案中是决定性的一票。在会上他似乎同意提供第5张票表决赞成废除佐治亚州法规,但后来他改变了主意。鲍威尔认为,因鸡奸而判处监禁将会引起按惯例会废除该州立法的严重的第八修正案(the *Eighth Amendment)的问题,但哈德威克未曾被起诉。因此,鲍威尔不可能适用第八条修正案问题对待此案。显而易见他对于使用隐私权来废除该法规感到不安。1990年10月,鲍威尔告诉纽约大学法学院学生说,他"可能在最终的投票上犯了一个错误,不管如何,他坚持认为哈德威克案是一个'没有根据的案件',因为无一人受到起诉。"

如果鲍威尔未改变他表决的一票,大法官哈里·布莱克蒙(Harry *Blackmum)说不定已经写出了多数意见,而实际上却是怀特写出了多数意见,鲍威尔增加了一个措辞小心的并存意见,指出联邦最高

---

[1] 另请参见 Homosexuality。

法院不可能提出第八条修正案问题;而布莱克蒙则写了一个尖锐的异议。当判决宣布时,怀特和布莱克蒙都不同寻常地详细解释了自己对于判决的意见。

布莱克蒙强烈地批评这个多数判决意见,他指出,此案涉及的同性鸡奸行为与斯坦利诉佐治亚州案中观看淫秽电影相比,与基本权利之关系并不更为密切。相反,他最后说:"这个案子涉及'最广泛的也是被大多文明数人所看重的权利',也就是'可以不管不问的权利'。"(p.199)对是否佐治亚州法规触犯了第八修正案或第九修正案(the *Ninth Amendments)或联邦宪法第十四修正案(the *Fourteenth Amendment)的平等保护条款(*Equal Protection Clause)的问题,布莱克蒙也对大多数拒绝考虑的法官有意见。"联邦最高法院草率地得出了结论并作出判决,布莱克蒙总结说:"并没有尽量去作出一个有说服力的意见。"(pp.202-203)27年以后,联邦最高法院认同了布莱克蒙的反对意见,并在2003年的"劳伦斯诉得克萨斯州案"(*Lawrence v. Texas,2003)的审理中推翻了鲍尔斯案的判决。

[John Anthony Maltese 撰;夏登峻、潘林伟译;许明月校]

鲍舍诉西纳尔案[Bowsher v. Synar,478 U.S. 714(1986)]①

1986年4月23日辩论,1986年7月7日以7比2的表决结果作出判决,伯格(Burger)代表联邦最高法院起草判决意见,史蒂文斯(Stevens)和马歇尔(Marshall)持并存意见,怀特和布莱克蒙反对。在此判决中,联邦最高法院废除了《1985年平衡预算和紧急赤字控制法》的一项关键规定。该法规定应逐年削减联邦预算赤字。相反的规定却认为,如果国会不同意削减则应由总审计长作出详细说明。

合宪性的质疑是依据这样的事实:总审计长被视为立法部门官员,只有通过国会两院的联合决议方可免职,多数人认为预算明细的削减是一个行政职责,把这类职责归属于立法部门的官员是违反分权原则的。

在判决中持并存意见的大法官约翰·保罗·史蒂文斯(John Paul *Stevens)最后说,总审计长的职责在性质上应被看作是一种立法性的。他论证说,一种立法的行为不能仅由一个立法官员来决定,而必须由国会的两院来采取这一立法行为,并呈交总统批准或否决[见"移民与归化局诉查德案"(*Immigration and Naturalization Secviec v. Chadha)(1983)]。

多数意见最后认为,"立法行为"包括一般法律标准的采用,而一个"行政行为"则包括依照法规行事。这种分权的相继定义是形式主义的,正如大法官史蒂文斯的并存意见所表明的那样均会有不同解释制约。然而,鲍舍案强化了分权的观念,不管在一个多么复杂的政府时代做起来如何困难,都应给予它某些界限分明的含义。

[Thomas O. Sargentich 撰;夏登峻译;许明月校]

博伊德诉合众国案[Boyd v. United States,116 U.S. 616(1886)]

1885年12月11、14日辩论,1886年2月1日以9比0的表决结果作出判决,布拉德利(Bradley)代表联邦最高法院起草判决意见,米勒(Miller)持并存意见。博伊德案是联邦最高法院在联邦宪法第四、第五修正案(the *Fourth Amendment 和 *Fifth Amendment)之间的关系上给予扩大考虑的第一个判例,尽管以后的判决意见已限制了对这两个修正案的扩大解释,但博伊德案仍是保护隐私(*privacy)权的发展上标志性的案例。

本案关系到这样的一个指控:E.A.博伊德和桑兹进口厚玻璃板而未按1874年关税法要求交付关税。该法授权美国检察官可申请法院令要求博伊德家人提供玻璃板的发票单据。本案为一民事诉讼案,不涉及刑事责任。博伊德家人坚持主张根据禁止无理搜查和扣押的联邦宪法第四修正案和保护不得强制自证其罪(*self-incrimination)的联邦宪法第五修正案,强制的要求提供文件侵犯了他们的权利。

全体联邦最高法院大法官支持博伊德家人的论点,但有两名大法官例外,他们拒绝联邦宪法第四修正案的论点。代表联邦最高法院起草判决意见的大法官约瑟夫·P.布拉德利(Joseph P. *Bradlay)根据两个多世纪以来英美法制传统,支持他们的结论,即这两条宪法的修正案是保护个人隐私不受政府侵扰的,他反驳了认为该修正案只适用于刑事诉讼程序和有对财产实际侵犯的情形。因此,他总结说,该海关法规的一部分是违宪的,因为它授权强制性的提供文件。布拉德利还通过裁决将发票作为证据是违宪的做法预先适用了证据排除规则(*exclusionary rule)。

[Walter F. Pratt,Jr 撰;夏登峻译;许明月校]

美国童子军组织诉戴尔案[Boy Scouts v. Dale,530 U.S. 640(2000)]

2000年4月26日辩论,2000年6月28日以5对4的表决结果作出判决,伦奎斯特代表法院起草判决意见,史蒂文斯和苏特反对。

美国童子军组织(BSA)于1990年撤销了副团长及鹰级童子军(Eagle Scout)詹姆斯·戴尔的身份,理由是他们没有满足BSA的组织要求,即"禁止

---

① 另请参见 Separation of Powers。

组织的成员从事同性恋活动"。在浪达法律与教育基金会(Lambda Legal,是美国一家专门为同性恋提供法律和教育帮助的团体——译者注)的支持下,戴尔向新泽西州的法院提起了诉讼。

在"罗伯茨诉合众国国际青年商会案"(*Roberts v. United States Jaycees)(1984)以及"扶轮国际(原名扶轮社,是资产阶级专业人员或商人的国际性社团——译者注)诉杜瓦蒂扶轮俱乐部案"(Rotary International v. Rotary Club of Duarte)(1987)中,联邦最高法院认为,"为了参与联邦宪法第一修正案保护的活动,人们有权要求结社……这是个人自由得以实现的不可缺少的保障"(Roberts, p.618)。明确的结社自由还暗含如下权利,即对某一组织的政治、宗教以及文化信息加以控制的权利。

从这种意义上来说,结社的自由与非歧视的目的之间存在着紧张关系。有关的判例则试图在矛盾中寻求平衡——组织控制信息的权利与成员个人的权利或者成员不受歧视的权利。联邦最高法院在其先例判决中认为,如果不涉及思想压制,并且采取的是最少限制性的措施,各州的利益足以使其有权对某些结社自由加以限制。

在戴尔案中,法院以 5 比 4 的表决结果作出判决,认为强制要求 BSA 吸纳同性恋者(*homosexuals)入会将会改变童子军的主旨,破坏其根据联邦宪法第一修正案(the *First Amendment)享有的结社权。BSA 认为自己是一个私人组织,"同性恋的行为在道德上是不正确的",多数法官肯定 BSA 的这一主张。根据以前的先例判决——"赫尔利诉波士顿爱尔兰裔美国同性恋组织案"(*Hurley v. Irish-American GLB Group)(1995),不能要求 BSA 展示出其并不乐意表达的组织原则。法院认为,如果对"公共利益"这一术语作扩充解释,势必严重影响第一修正案的价值。

大法官约翰·保罗·史蒂文斯(John Paul *Stevens)在反对意见中认为,戴尔案中的身份要求不能被解释为 BSA 的言论,除非能够得出如下结论:同性恋者与社会其他成员非常不同,以至于他们的存在本身……应该单独受到第一修正案的保护(p.696)。

童子军案也是与同性恋者民权运动的发展有关的。在"鲍尔斯诉哈德威克案"(*Bowers v. Hardwick)(1986)中,联邦最高法院认为,隐私权保护不应该包含成年人自愿情况下在家时实施的鸡奸行为;但是,在"劳伦斯诉德卡斯案"(*Lawrence v. Dexas)(2003)中推翻了这一判决。在劳伦斯案中,法院似乎是在回应或认同公众不断增长的一定的宽容。

参考文献 Erin Ackerman and Joel B. Grossman, "Competing Constitutional Claims: Boy Scouts of America v. James Dale," in *Creating Constitutional Change: Clashes over Power and Liberty in the Supreme Court*, edited by Gregg D. Ivers and Kevin T. McGuire (2004); David McGowan, "Making Sense of Dale," *Constitutional Commentary* 18 (Spring 2001): 121-175.

[Samuel Walker 撰;邵海译;潘林伟校]

布拉德福德,爱德华·安东尼[Bradford, Edward Anthony]①

(1814 年生于康涅狄格州;1872 年 11 月 22 日卒于法国巴黎)未经确认的联邦最高法院大法官被提名人。布拉德福德毕业于耶鲁学院并在哈佛大学攻读法律。1836 年他迁居到路易斯安那州,并成为一名杰出的新奥尔良律师。

1852 年 8 月 16 日总统米德拉·菲尔莫尔提名布拉德福德去联邦最高法院填补因大法官约翰·麦金利(John *Mckinley)去世而留下的空缺。但参议院中的民主党多数未能在会议结束前对此提名进行表决。后来,菲尔莫尔提名乔治·E. 巴杰(George E. *Badger,来自北卡罗来纳州的美国参议员)和威廉·C. 米库(William C. *Micou)(新奥尔良州的检察官),虽然这一空缺要菲尔莫尔的继任者来任命。布拉德福德和米库不久便与路易斯安那的参议员朱达·P. 本杰明(Judah P. Benjamin)一起,都成了同一个律师事务所的合伙人,以后本杰明又担任了国家司法部长、作战部长和美国南部联盟的国务卿。

[Elizabeth B. Monroe 撰;夏登峻译;许明月校]

布拉德利,约瑟夫·P.[Bradley, Joseph P.]

(1813 年 3 月 14 日生于纽约州奥尔巴尼市;1892 年 1 月 22 日卒于首府华盛顿,葬于新泽西州纽瓦克市北部改革宗教会墓地)1870—1892 年任大法官,维持最低生活的农民所生的 11 个子女中的长子。布拉德利是自学成才的人物,职业生涯中通过艰苦工作和天赋才达到成功,在他 20 岁进入拉格斯学院(Rutgers College)之前大部分是靠自学,毕业以后攻读法律,并于 1839 年在新泽西州获准律师执业,那时还不到 26 岁。他很快在法学界占得一席之地并与新泽西州的首席大法官威廉·霍恩布洛尔(William *Hornblower)的女儿玛丽·霍恩布洛尔结婚。布拉德利专门为铁路方面提供法律服务,甚至成了备受腐败之苦的康登(Camden)与爱姆伯伊(Amboy)铁路线的法律总顾问,在此职位上他似乎保持了自己的廉洁。起初,布拉德利是一名自由党人,以后成了一名早期热心的共和党人。1870 年 1 月总统尤利西斯·S. 格兰特(Ulysses S. Grant)接到联邦最高法院即将废除《法定货币法》的提前信息,他很

---

① 另请参见 Nominees, Rejection of。

快活动,用两名被指定人填补两个空缺,并指望他们能使少数对此法的支持变成多数人支持。固执务实的布拉德利显然是合适人选之一,另一个则要轮到威廉·斯特朗(William *Strong)。到了联邦最高法院,这两位便尽职尽责地投票表决推翻年代久远的先例,同时支持《法定货币法》(参见 Legal Tender Cases)。

Joseph P. Bradley

1877 年布拉德利接受了在选举委员会任职这一吃力不讨好的任务,设立该委员会目的在于决定谁是有争议的 1876 年总统选举的获胜者。布拉德利被指派担任协调人的角色,以便平衡民主党人和共和党人之间的关系。虽然明显地双向推动,但他紧密团结他的同伙共和党人,并宣布拉瑟福德·B.海斯为总统当选人。正如支持海斯对南方的调和政策一样,布拉德利后来在众所周知的"民权系列案"(*Civil Rights Cases)(1883)中起草了联邦最高法院的判决意见,让《1875 年民权法》的关键条文无效。正如他自己所说的那样,他不想"在这块土地上再看见有关奴隶制(*slavery)的争吵",布拉德利宣布新的自由的黑人不再是"这些法规的特别受宠的人"(pp.24-25)。在一些涉及南部处于负债州的令人烦恼的案件中,这些案情使联邦最高法院从 1883 年至 1890 年一直很伤脑筋,布拉德利再次展示了他强有力地控制政治现实的才能和乐于采用的坦率语言以及易于理解的法律推理。尽管在"麦加希诉弗吉尼亚案"(McGahey v. Virginia)(1890)中,他领导联邦最高法院坚持弗吉尼亚州履行对其与债券持有人所订合同约定的义务,该合同根据在债券上获利的规定可补偿或抵消州的税收,他同时在"汉斯诉路易斯安那州案"(Hans v. Louisiana)(1890)中指导联邦最高法院支持一个州免于在联邦法院受到起诉的重要阐述。因此,最大程度地免除其他南部一些州的法律责任。汉斯案在联邦管辖权方面也是一个标志,他支持本州公民不得在联邦法院起诉其所在的州的观点。这一结果表面上看似乎是基于对宪法第 3 条(*Article Ⅲ)宪法授权的解释,正如从历史的角度解释第十一修正案(the *Eleventh Amendment)一样。按布拉德利的观点,1973 年"奇泽姆诉佐治亚州案"(*Chisholm v. Georgia)的判决创造了这种直接修正宪法以部分地弥补对宪法原来的理解的"令人震惊的"效果,在汉斯案中法院则完成了这一进程。

由于布拉德利在联邦宪法第十四修正案(the *Fourteenth Amendment)通过不久加入联邦最高法院,因而,他参与了许多涉及探索该修正案的含义的早期案件。在"屠宰场系列案件"(*Slaughterhouse Cases)中,他对判决持异议,他认为特权与豁免(*Privileges and Immunities)条款是为了保护经济企业免受州的不合理的干预,但对同时期对于女权主义者的权利保护请求却置若罔闻。当米拉·布拉德韦尔(Myra Bradwell)对伊利诺伊州排斥她从事法律职业时,布拉德利提出单独的并存意见反对她的权利主张[见"布拉德韦尔诉伊利诺伊州案"(*Bradwell v. Ilinois)(1873)]。他建议将维多利亚式的道德准则写入宪法,布拉德利宣告"造物主的法则"就是:妇女的命运应受限于作为"妻子和母亲的崇高而仁慈的职责"(p.141)(参见 Gender)。回到经济问题上来看,布拉德利对首席大法官莫里森·韦特(Morrison *Waite)在"农民系列案"(Granger Cases)(1877)代表联邦最高法院提出的判决的意见的形成发挥了重要的作用,在本案中,他明确的提出了"影响公共利益"财产的重要概念[见"芒恩诉伊利诺伊州案"(*Munn v. Illinois)(1877)]。

按照其同仁描述,他的晚年仍"充满活力",布拉德利以他乐于直面事实进行推理、严谨而冷静地判决而闻名遐迩。

参考文献 Charles Fairman, "*Mr. Justice Bradley*" in *Mr. Justice*, edited by Allison Dunham and Philip B. Kurland(1956).

[John V. Orth 撰;夏登峻译;许明月校]

布拉德韦尔诉伊利诺伊州案[Bradwell v. Illinois,83 U. S. 130(1873)]①

1873 年 1 月 18 日辩论,1873 年 4 月 15 日以 8

---

① 另请参见 Bar Admission;Gender。

比1的表决结果作出判决,米勒代表法院起草判决意见,布拉德利、菲尔德和斯韦恩持并存意见,蔡斯反对。迈拉·布拉德韦尔(Myra Bradwell)(1831—1894)与她的律师丈夫詹姆斯·B.布雷德韦尔一道攻读过法律,并一起创办并出版《芝加哥法律新闻》(Chicago Legal News),它是主要的中西部法律出版物。一部伊利诺伊州法规规定,凡品格良好的成年"人",经一定要求培训均可合格地获准律师执业。然而,伊利诺伊州最高法院因为布雷德韦尔是个女性,所以不批准她执业。布拉德维尔试图从联邦最高法院寻求错误审查令状,主张从事律师业务是一项联邦宪法第十四修正案(the *Fourteenth Amendment)所保护的特权之一。

联邦最高法院多数法官依据联邦联邦宪法第十四修正案的特权和豁免条款(*Privileges and Immunities)支持伊利诺伊州法院的行为,其理由是,在前两天审理的"屠宰场系列案"(*Slaughterhouse Cases)(1873)恰好第一次给出了对于本条修正案的(极为严格的)解释,按照这个解释,它并不包含从事专业性职业的权利。因此布拉德韦尔诉伊利诺伊州案确认了这个条款的严格解释观点,并在此后构成了联邦最高法院解决这类问题的特色。然而,这个判决最值得记住的是在大法官约瑟夫·P.布拉德利(Joseph P. *Bradley)的并存意见中的判决附带意见。他阐述如下:"女人最高的命运和任务就是履行作为妻子和母亲的崇高而仁慈的职责。这是造物主的法则。"(p.141)差不多快100年以后,联邦最高法院才开始运用联邦宪法第十四修正案的"平等保护"条款而不是"特权和豁免"条款["里德诉里德案"(*Reed v. Reed)(1971)]解决了类似问题。

[Nancy S. Erickson 撰;夏登峻译;许明月校]

布兰代斯,路易斯·德姆比茨[Brandeis, Louis Dembitz]

(1856年11月13日生于肯塔基州路易斯维尔市;1941年10月5日卒于首府华盛顿,葬于路易斯维尔大学法学院圆柱长廊)律师和大法官(1916—1939年)。出身于来自波希米亚的兴旺的移民家庭,路易斯·布兰代斯成长于小资产阶级德国文化氛围之中,并经常讨论时事。预料到1873年的经济不景气,布兰代斯的父亲阿道夫将他的批发谷物生意关闭,并带领全家花三年多时光在欧洲观光。在那个时期,路易斯在德累斯顿就读爱伦—实科式中学[Annen-realschule,德国、奥地利等国侧重于理工和现代语教学的学校——译者注]。而他并不喜欢过分严格的纪律,后来他说在那里他学会了严格的思考。1875年回到美国,他进了哈佛法学院,然后接受由该学院院长克里斯托弗·兰代尔所发起的重大判例研究改革教育。布兰代斯在法学院成绩优异,毕业后继续留校工作一年,然后和一位世交在圣路易斯市开始从事律师业务。

Louis D. Brandeis

由于孤独与不愉快,他一年后回到波士顿与他的一个法学院的朋友塞缪尔·沃伦(Samuel Warren)一起开了一个律师事务所。这个合伙企业很兴旺,并最终成了该城市较大的事务所之一。布兰代斯是适应工业革命要求新培养出的律师新秀之一,他的客户在采取行动之前均要向其咨询以保证他们的问题不会与法律相抵触。事实上布兰代斯作为一个律师对其客户生意的了解比其客户还多,因此他名声大振,并且在法庭上他也是一个为对方惧怕的律师。在19世纪90年代,那时美国大多律师年收入不足5000美元,而布兰代斯却赚得年收入50000多美元。

一种利他主义的特性驱使他参加了进步改革者的行列,以着眼于寻求改进艰苦的产业生活。他第一个在波斯顿开始向电车专营的腐败作斗争,以后转向保险公司,并想出储蓄银行人寿保险计划。布兰代斯是第一个做此工作而不收费的人,这个做法被许多同时代的人认为十分古怪。

1908年,在"马勒诉俄勒冈州案"(*Muller v. Oregon)中,布兰代斯为州法的妇女10小时工作日规定作辩护,并提出了"布兰代斯辩护要点"(*Brandeis Brief),这是那时称之为"社会学法学"法律改革者的示范。它仅仅花了两页讨论了法律判例,却花了一百多页详细阐述了妇女长时间工作对健康的影响。这一从立法的社会和经济效果角度对司法机关进行教育的努力成为以后为各种改革措施进行辩解的模范。

1905年在哈佛道德学会的一次演讲中,布兰代斯说出了他作为一个律师和改革者的人生哲学,以后此演讲以"法律中的机会"为题目被重印并广泛发行。其中他指责律师们常常过于支持大的企业而损害公众。法律应当改变"原来中立的位置,在富人与百姓之间,要准备抑制强势的一方",他指责"有法定资格或有才干的律师们最大程度地听任自己,成为大公司的帮凶。"他还号召其他律师要多为老百姓说话并保持独立,这种价值观使他在人格和职业生涯方面获得了比别人更高的评价。

1912 年布兰代斯已经得到"人民律师"的国家级荣誉,他帮助精心加工制作伍德罗·威尔逊(Woodlow Wilson)"新自由政纲"(New Freedom)(竞选纲领——译者注)的基本论点。布兰代斯认为集中是民主的对立面,并建议对于真正问题的解决并不是如西奥多·罗斯福(Theodore Roosevelt)所说的那样不应是垄断的规制,而应是竞争的规则,以使全部商业都可以在这个游戏领域公平竞争(参见 Capitalism)。1914 年,布兰代斯从事另一种对他来说是全新的改革——犹太复国主义,并在以后的 7 年领导了美国犹太复国主义者运动。

威尔逊总统原来考虑让布兰代斯任政府首席律师,但民主党的商务派很快扼杀了他的这一想法。布兰代斯理解政治,并不允许那帮人干预他与总统的密切关系。1916 年 1 月下旬,威尔逊提名布兰代斯去联邦最高法院接替约瑟夫·R. 拉马尔(Joseph R. *Lamar)的职务,这激发起一场持续 4 个月的确认战役,在这场战役中美国国内产业和律师界的保守势力进行了猛烈攻击,以致挫败了此次提名。威尔逊仍得到布兰代斯的支持,而且所有的改革团体都支持此项提名,最后参议院在 6 月批准了该提名。

从某种意义上来说,他在最高法院任职的 23 年是其 30 多年律师执业生涯的延续。他在 20 世纪联邦最高法院任职时展示出他自身是一个精明的法律工匠。然而,这位大律师必然要给法学家让步,而且大部分的时间都表明他主宰了他个人的信仰并因此明确了司法制约这一概念。

作为一名律师,布兰代斯试图指导法官了解改革背后的事实,即使常常遭到反对,他也对法官继续这样的业务实践。例如,在"布恩斯焙烤公司诉布赖恩案"(Burns Baking Co. v. Bryan)(1924)中,当联邦最高法院废除内布拉斯加法律确立的一个面包的标准重量时,布兰代斯收集证据以说明立法机关考虑这个措施为什么是必要的。他和他的书记官们费劲地贯彻他的意见,并说"这些意见现在有很大的说服力,我们所能做的是如何做使它更具有指导性。"一些朋友有时的希望,正如哈罗德·拉斯基(Harold Laski)所期望的一样,就是布兰代斯的判决意见读起来应与布兰代斯辩护要点有所区别。

布兰代斯持异议时会是一个强有力的律师,特别是对那些他偏袒的原因。但他也认为司法机关并无权事后批评立法机关,也不能因为法官不赞同立法者的基本哲学观就简单地废除法规。在经济萧条时期,俄克拉荷马州颁布了一项许可计划以批准冷冻公司进行地方垄断,联邦最高法院推翻了该法。人们可能指望布兰代斯会投票支持多数人意见,但他却反对,而且以强有力的辩护说服他的同仁允许一些州以不同的计划(不管是多么聪明或愚蠢)进行实验。他在"新州冰块公司诉利布曼案"(*New State Ice Co. v. Liebmann)(1932)中宣告:"如果我们愿意以理智来指导,那么我们必须让我们的思想勇敢。"在 20 世纪 30 年代,尽管布兰代斯私下也反对"新政"的许多做法,因为大政府会对大企业的民主构成威胁,但是在大多数情形他仍然投票支持"新政"立法。

虽然布兰代斯相信法官应该听从立法机关有关经济的政策,但是在政府的法规或政策影响个人自由时,他则采取不同的行动步骤。在第一次世界大战(*World War Ⅰ)后不久,联邦最高法院根据《1917 年反间谍法》(*Espionage Act of 1917)和《国家防止暴动法》听审了一系列涉及提起公诉的案件。在第一个案件——"申克诉合众国案"(*Schenck v. U.S.)(1919)中,奥利弗·温德尔·霍姆斯(Oliver Wendell *Holmes)根据"明显即发的危险标准"(*clear and present danger test)同意这类限制。尽管布兰代斯投票支持多数意见,但他感到不安,不久以后,他和霍姆斯开始反对。在第一个他写了反对的判决意见的案件——"谢弗诉合众国案"(Schaefer v. U.S)(1920)中,布兰代斯着手将霍姆斯标准变成宪法规则以保护言论,而不准许对它限制(参见 Speech and Press)。

在 1920 年的另一案件——"吉尔伯特诉明尼苏达州案"(Gilbert v. Minnesota)中,他也反对。布兰代斯在判决意见中建议受到联邦宪法第十四修正案保护的自由应在包括个人自由在内的财产权利之上,这是一名大法官第一次建议联邦宪法第十四修正案(the *Fourteenth Amendment)可以适用《权利法案》(*Bill of Rights)来反对各州。不到一两年的时间,联邦最高法院在"吉特洛诉纽约州案"(*Gitlow v. New York)(1925)中接受了有关言论自由的观念。通过并入(*Incorporation)的程序,联邦最高法院逐渐将此观点扩大至前八条修正案的大多数其他保护条款中。

然而,在他对言论自由的辩护中,布兰代斯大大超过塔夫脱和休斯主持的联邦最高法院时期的保守主义者,而且他在"惠特尼诉加利福尼亚州案"(*Whitney v. California)(1927)的并存判决意见中写了一个对自由表达最具有雄辩力的辩护。为我们赢得独立的人,他宣告:"相信按照你愿意的自由和按照你想的去说对于发现和扩大政治上的真理都是不可缺少的……勇敢而自立的人们,借助政府的程序满怀信心地适用自由和大胆论证的权力,紧迫危险不会被认为来自言论,除非所忧虑的邪恶事件如此迫近以致在得到充分讨论的机会之前就发生……在我的观点中,这就是宪法的命令。"(p.376)

尽管"隐私"(*privacy)这个词在宪法中没有,但布兰代斯很长时间以来一直相信隐私是最宝贵的权利之一。他和塞缪尔·沃伦（Samuel Warren）于1890年已就此问题写了一篇开拓性的法律评论文章，并在他对"奥姆斯特德诉合众国案"（*Olmstead v U.S.）（1928）的异议中又回到这个论题上。联邦最高法院早已支持非法窃听并不违反联邦宪法第四修正案（the *Fourth Amendment）的观点，而布兰代斯反对这种对隐私的侵犯。他郑重地说："为了对抗政府我们的宪法制定者授予了不干预的权利——最全面的权利，同时也是文明人认为最有价值的权利。"（p.478）最终，联邦最高法院在"格里斯沃尔德诉康涅狄格州案"（*Griswold v. Connecticut）（1965）中采纳了隐私是受宪法保护的权利的观念。

尽管布兰代斯和霍姆斯一样从此被称为反对者，但他写的528条判决意见中的454条都是代表联邦最高法院的。这些判决意见中，反对的意见大部分很短小并且很少塞进事实，因为他知道他必须修改他的文书以反映至少4名其他大法官的观点。但是布兰代斯了解在他反对的判决意见中精心阐述的价值，因为他在那里为将来奠定了基础。正如一次他对费利克斯·法兰克福特（Felix *Frankfurter）所说的："我的忠实信仰总有一天是伟大的。"

布兰代斯对联邦最高法院有着近乎神秘的忠实信仰，同时他也以制度的方式推翻它。他相信联邦最高法院以及在事实上联邦法院作为一个整体都应限制管辖权，因为在联邦司法系统内他们只解决那些真正超出州的范围的相关问题。大量的诉讼是在州法院（*state courts）出现的，同时，他反对"斯威夫特诉泰森案"（*Swift v. Tyson）（1842）的老规则，即允准联邦最高法院不顾州的制定法而偏袒联邦普通法（*federal common law）。这使得商业诉讼人将他们的案件转移到联邦法院，在那里他们可以避免许多州的商业限制。布兰代斯一直反对这种诉讼程序并最后在"伊利铁路公司诉汤普金斯案"（*Erie Railroad Co. v. Tompkins）（1938）中争取到联邦最高法院迫使联邦法院遵循州的规则并以此来减少当事人"挑选法院"的机会。

布兰代斯公开坚持司法行为的严格标准，并拒绝评述联邦最高法院的工作，或接受一个荣誉的学位。但是，最近的研究表明，在他一生的政治事务中他扮演了非凡积极的角色，常常以哈佛法学院代理教授费利克斯·法兰克福特的名义活动。特别是在"新政"时期（*New Deal），布兰代斯常与行政官员商量，甚至与总统富兰克林·D.罗斯福（Franklin D. *Roosevelt）商量。尽管没有证据说明他的庭外活动对他的司法行为有任何影响，但这种活动既违背他自己的司法制约规则，同时也超越了人们所能接受的联邦最高法院大法官的行事准则。

除此以外，布兰代斯的声誉在联邦最高法院的历史中作为伟大的法官之一是无可置疑的。他的言论自由和对隐私权的辩护均被以后的法官们所采纳并发展。他对司法自我约束（*judicial self-restraint）的辩护和对立法部门就经济政策的依从最后也会成功的，而且他活着时见到了联邦最高法院改变过去运用实体正当程序（*due process, substantive）来废除改革措施的做法。他运用事实和非法律材料了解法律对社会和经济学上的影响已经成家常之事。然而最重要的是他作为一名法官在界定和阐明法律含义以确定一个让全体人都能遵循的标准方面。

参考文献 Alpheus T. Mason, *Brandies: A Free Man's Life* (1946); Bruce A. Murphy, *The Brandeis/Frankfurter Connection* (1982); Philippa Strum, *Louis D. Brandeis: Justice for the People* (1984); Melvin I. Urofsky and David W. Levy, eds., *Letters of Louis D. Brandeis*, 5 vols. (1971-1978).

［Melvin I. Urofsky 撰；夏登峻译；许明月校］

布兰代斯辩护要点［Brandeis Brief］①

在"马勒诉俄勒冈州案"（*Muller v. Oregon）（1908）中，辩护人——路易斯·D.布兰代斯（Lauis D. *Brandeis），日后的知名律师和社会活动家，提出了一份冗长的辩护要点，支持俄勒冈州限制妇女在洗衣业和其他产业的每日最长工时的一项法规的合宪性。布兰代斯辩护要点导致法律分析和联邦最高法院的诉讼发生重大变化。

马勒案辩护要点只用2页表达对法律争点的讨论；而余下的110页则提供了长时间劳动对"妇女的健康、安全、道德和幸福"的有害影响的证据。这些证据均由布兰代斯的嫂子约瑟芬·戈德玛克（Josephine Goldmark）和国家消费者联合会几位她的同事共同摘选自医疗报告、心理学论文、统计汇编和各个不同立法单位以及公众委员会的总结。令人惊奇的是，在马勒案中代表多数人起草判决书的保守的达维·J.布鲁尔（David J. *Brewer），也赞赏地注意到这一辩护要点的贡献。

布兰代斯的辩护要点是前所未有的，布兰代斯用它说明俄勒冈州法规有一个合理的基础。在一些先前的判决，最著名的为"洛克纳诉纽约州案"（*Locher v. New York）（1905）中，保守的联邦最高法院大法官们仅仅是太过于随心所欲——正如布兰代斯和其他进步党人所抱怨的那样——而不能将他们所信仰的那些构成合理立法的东西变成现实。马勒案辩护要点的分析与进步党时代以事实为导向的社会法学（*sociological jurisprudence）相一致。这种分析迫使联邦最高法院考虑州的立法者在起草改革的法规时所运用的资料。

布兰代斯辩护要点的成功导致以后布兰代斯和

---

① 另请参见 Gender, Progressivism。

其他律师支持大范围的经济立法的不断努力。甚至代表反对激进的管制者利益的律师们也使用布兰代斯的方法去抨击这些管制。布兰代斯辩护要点的影响已远远超出了经济管制问题的范围,它已成为联邦最高法院诉讼的主要成果。

[John W. Johnson 撰;夏登峻译;许明月校]

布兰登堡诉俄亥俄州案[Brandenburg v. Ohio,395 U. S. 444(1969)]①

1969年2月27日辩论,1969年6月9日一致投票表决作出判决。"布兰登堡诉俄亥俄州案"的判决是在20世纪60年代联邦宪法第一修正案(the *First Amendment)对自由的含义进行了重大延伸的背景下作出的。它是联邦最高法院对律师们为非法行为辩护的言论的合宪性标准所经历的曲折的50年发展中的最后一个步骤。

克拉伦斯·布兰登堡(Clarence Brandenburg)因在播放三K党重整旗鼓电视时为种族冲突辩护,而违反一项俄亥俄州犯罪集团(*Criminal Syndicalism)立法被判有罪。该法规与以前在"惠特尼诉加利福尼亚州案"(*Whitney v. California)(1927)中得到联邦最高法院支持的一项法规相同。联邦最高法院制定了一种标准,该标准比在先前案例中运用过的"明显即发的危险"(*clear and present danger)标准对危险言论更具有重大保护意义。因此,惠特尼案被推翻。

如果言论具有鼓动或导致违法的"倾向"["申克诉合众国案"(*Schenck v. U. S., 1919)]或这种言论是扩大危险的政治运动的一部分["丹尼斯诉合众国案"(*Dennis v. U. S., 1951)],那么旧的明显即发的危险标准就会允许对该言论进行惩罚(参见 Communism and the Cold War)。然而按布兰登堡案的标准,只有当"这种观点支持直接煽动或激起紧迫的违法行为,而且很可能煽动或引起这类行为",才准许政府惩罚这种非法的言论(p.447)。

由于要求对即发的损害提出经验性证明,因此,按照这一标准,不适法的宣传通常都会受到保护,除非在特殊情形。然而,政府仍可惩罚那种非常明显的危险言论,这个标准也很明显比旧的"明显即发的危险标准"更为客观。布兰登堡案是现代自由言论原理的关键,它寻求给予政治上相关言论的保护,并在言论和行为之间加以区别对待。

[Donald A. Downs 撰;夏登峻译;许明月校]

布兰兹堡诉海斯案;涉及帕帕斯的对物(对事)诉讼案;合众国诉考德威尔案[Branzburg v. Hayes; In re Pappas; United States v. Caldwell,408 U. S. 665(1972)]②

1972年2月22、23日辩论,1972年6月29日以5比4的表决结果作出判决,怀特代表法院起草判决意见,斯图尔特、布伦南、马歇尔和道格拉斯反对。20世纪70年代早期,社会动乱局面引发了增加大陪审团对于从事调查的记者所收集的情报资料进行审查的要求,这些记者经常主张联邦宪法第一修正案(the *First Amendment)中保护资料源之机密性的特权。

《路易斯维尔信使报》(Louisville Courier-Journal)的保尔·布兰兹堡(Paul Branzburg)提议撤销肯塔基大陪审团的传票,该传票要求增加有关麻药制造毒品厂历史的资料。电视新闻工作者保罗·帕帕斯(Paul Pappas)拒绝回复马萨诸塞州大陪审团提出的有关布莱克·潘塞斯(Black Panthers)保险范围的问题。加州北部地区联邦大陪审团裁决《纽约时报》(New York Times)的记者伊尔·考德威尔(Earl Caldwell)蔑视法庭,因为他拒绝出庭回答有关布莱克·潘塞斯的问题。联邦上诉法院第九巡回法庭以后推翻了这一裁决。

联邦最高法院以明显分歧的表决结果,判决反对联邦宪法第一修正案给予报界的特权。大法官拜伦·怀特(Byron *White)依据普通法和判例法认为记者对大陪审团的责任与其他公民并没有什么不同。他说,大陪审团有权审查"每个人的证据"(p.688)。怀特得出结论认为只有立法机关可以确立增加对记者的证据免责特权保护。

大法官波特·斯图尔特(Potter *Stewart)本人反对,威廉·布伦南(William *Brennan)和瑟古德·马歇尔(Thurgood *Marshall)则坚持认为保护资料源的机密性是新闻采集的关键。因此斯图尔特也要求若在大陪审团前表明存在强制服从的利益则可从记者们那里获得特权保护的资料。大法官威廉·O.道格拉斯(William O. *Dauglas)也强烈地表示异议,并且强调公众获取信息十分重要。

布兰兹堡案引发了激烈的讨论和保护新闻保密权法运动(a movement for shield laws)。许多州增加了法规或适当修改这些法规,但保护新闻秘密者不可能说服国会通过一项全国性的特权保护法。差不多20年以后,在"科恩诉考尔斯传媒公司案"(*Cohen v. Cowles Media)(1991)中,怀特再次代表5票多数起草判决意见否决一种专有的新闻特权的主张。联邦最高法院认为,如果一个主张公众有获得信息权的编辑违反了一个记者对资料源保守机密的承诺,则联邦宪法第一修正案不保护这一报纸免受起诉。

[Carol E. Jenson 撰;夏登峻译;许明月校]

---

① 另请参见 First Amendment; Speech and the Press。
② 另请参见 Grand Juries; Speech and the Press。

布里德洛夫诉萨博尔斯案[Breedlove v. Suttles, 302 U.S. 277(1937)]①

1937年11月16、17日辩论,1937年12月6日以9比0的表决结果作出判决,巴特勒代表法院起草判决意见。此案涉及一白人男性公民提出的对佐治亚州人头税的反对,该公民声称佐治亚州人头税规定否定了其依照联邦宪法第十四修正案(the *Fourteenth Amendment)获得法律平等保护的权利和联邦宪法第十九修正案(the *Nineteenth Amendment)规定的不得因性别而在投票中受到歧视的权利。该法规要求在登记选举投票前除21岁以下和60岁以上者、盲人和未登记投票的女性可免除该义务外,均按每年1美元缴纳该税。联邦最高法院无异议地支持这项法规,而拒绝该男性公民的权利要求。因为注意到同等保护条款并不要求绝对平等,大法官皮尔斯·巴特勒(Pierce *Butler)断言该法规在某种程度上限制人头税是合理的。他解释说,因为许多人太穷无法支付,所以人头税不可能为一种普遍的税收。他进一步地说,妇女有权得到特别关照,允许州在对她们的庇护中区别对待。对联邦宪法第十九修正案的质疑不成立,因为它已在事实上使修正案对州的税收权给予了限制。

[Herman Belz 撰;夏登峻译;许明月校]

小布伦南,威廉·约瑟夫[Brennan, William Joseph, Jr.]②

(1906年4月25日生于新泽西州纽沃克市;1997年7月24日卒于弗吉尼亚州的阿林顿;葬于弗吉尼亚州的阿林顿国家公墓)1956—1990年任联邦最高法院大法官。布伦南在过去60年的宪法革命中起着非凡的作用。在20世纪50年代和60年代晚期有许多以沃伦为代表的联邦最高法院的标志性判例,布伦南随后在伯格和伦奎斯特主持联邦最高法院时因其对宪法提供广泛解释以提高个人自由和平等的水平而成为法院主要成员。一直到1990年退休,他仍继续从事在某些领域内合宪原理的有效扩充,而在其他的文件中则对那些他认为有损沃伦为首的联邦最高法院判例遗产的判决持有强烈的异议。布伦南的司法哲学仍富有争议,但他的支持者和批评者都赞成他应在国家的历史上被列为伟大的大法官之一。

布伦南,一位爱尔兰天主教民主党人,是由共和党人德怀特·D.艾森豪威尔(Dwight D. Eisenhower)总统于1956年再次总统竞选中期时提名任命去联邦最高法院的。尽管艾森豪威尔在以后一些年代视他对布伦南的选择为最大的错误之一,但布伦南的表现不应视为惊奇。布伦南的父母是19世纪90年代移民来到美国的,他是8个子女中的老二,成长在一个奋斗的中产阶级家庭,亲身体会了新泽西州

William Joseph Brennan, Jr.

社会动荡不安的纽沃克市的生活。根据他本人的叙述,在布伦南一生中最有影响的人是他的父亲——地方啤酒厂的一名机车驾驶员,以后他成为著名的劳工领导人和市政的改革者。老布伦南将他的积极活动的社会哲学传给了他的儿子,并帮助他不断进步。小威廉是宾夕法尼亚大学沃顿学院(Wharton School)优等成绩的毕业生,在哈佛法学院期间他的成绩在年级中名列前茅。在他父亲去世后,他靠奖学金和打零工完成了在哈佛的学业。

布伦南于20世纪30年代在很知名的新泽西律师事务所从事律师业务。第二次世界大战时,他参了军,充任战争部次长的劳务调解人(labor trouble shooter),并获得全国退伍军人协会的荣誉奖。战后,布伦南回到私人律师所,并成为20世纪40年代后期新泽西州法庭改革运动的领导人,从审判庭到州的最高法院,整个司法部门在3年时间内均得到进步。他为刑事被告的权利辩护,并在关于州问题的发言中直截了当地指出,麦卡锡时代与萨尔姆巫婆审判(Salem witch trials)相比,有过之而无不及(参见 Communism and Cold War)("萨尔姆巫婆案"为马萨诸塞州萨尔姆市1962年的一个错案,19名妇女被判绞刑,还有许多夫妇受迫害,最后在公众舆论影响下,经过调查,州议会宣布为错案——译者注)[参议员麦卡锡(McCarthy)在总统艾森豪威尔对布伦南的提名任命经参议院确认时,投了唯一的

---

① 另请参见 Equal Protection; Poll Taxes; Vote, Right to。

② 另请参见 State Constitutions and Individual Rights。

异议票]。

尽管布伦南资历较浅,但他很快成为联邦最高法院最有影响的成员之一。他在"库珀诉阿伦案"(*Cooper v. Aaron)(1958)中创立了联邦司法有力的重述,这是联邦最高法院对于南方取消种族隔离命令而发生的"群众性抵抗"的反映。在"贝克诉卡尔案"(*Baker v. Carr)(1962)中,他的判决意见打开了通向20世纪60年代和70年代的"议席重新分配革命"(*reapportionment revolution)和在法定的议员选区实行"一人一票"(*one person, one vote)规则的大门;首席大法官厄尔·沃伦(Earl *Warren)以后将该案作为他任职内最重要的判例来描述。而且,在"纽约时报公司诉沙利文案"(*New York Times v. Sullivan)(1964)中,布伦南引导联邦最高法院扩大联邦宪法第一和第十四修正案(the *First and *Fourteenth Amendment)对批评公职人员之权利的保护,严格限制诽谤案件以提倡"对公共问题的争论应坚持不受禁令约束、健全和广泛公开"的原则(p.270)。布伦南在许多其他领域重复了这种开拓性的行为——写下了突出的判决意见,比如限制效忠誓言及政府对色情读物等规制,承认广泛的结社自由,支持在公立学校约束祈祷,扩大人身保护状(*habeas corpus)和因违宪而导致的其他联邦司法救济的适用(参见 Assembly and Association, Freedom of)。

有以下几个要素可以说明布伦南在联邦最高法院的早期声望。他很快就参加了联邦最高法院的"自由"派,在大法官阿瑟·戈德堡(Arthur *Goldberg)1962年来联邦最高法院上任之后,这个"自由"派就控制了接受扩大个人权利和联邦权力主张的有效多数。与此同时,布伦南时常采取比他的"自由"派同仁更为谨慎的态度。诚然,法院法官的投票分析表明,他在沃伦领导的联邦最高法院中是古板守旧的,至少是最不轻易作出反对意见的。在处理相互冲突的利益时,布伦南比其他人更趋向避免采取绝对保护哪一利益的立场,而是采取平衡这些利益的立场。这种情况反过来又使他处于更有利的地位促成多数一致意见。

例如,布伦南在沙利文案中不接受大法官胡果·布莱克(Hugo* Black)、威廉·O. 道格拉斯(William O. *Douglas)和阿瑟·戈德堡的观点。他们认为根据联邦宪法第一修正案(the *First Amendment)对公职人员行为的批评应绝对豁免于诽谤诉讼,这种特权并且不会因存在表明批评人有"实际恶意"(*actual malice)的证据而被否定。他把实际恶意解释为"因为故意或过失而忽视了真实情况"。同样地,在"舍默伯诉加利福尼亚州案"(Schmerber v. California)(1966)中对首席大法官沃伦和大法官布莱克、道格拉斯以及阿贝·福塔斯(Abe *Fortas)等所持异议表示反对,认为联邦宪法第五修正案(the *FifthAmendment)反对自证其罪的特权只适用于"证明性的"或其他的"交流性的"证据,且这样并不禁止从有嫌疑的酒醉开车者身上强制抽血样。

布伦南决定性的地位也来自于人格魅力、谋略以及智慧突出。尽管他不屑于提及他作为一名"联盟的创建者"(coalition builder)的作用,但历史的记录显然是另一回事。正如首席大法官沃伦就布伦南所说的:"他是友好的,积极向上的,非凡的工作者和优秀的巨匠,他在法院和在会议室是一位具有统一思想影响力的法官。"[沃伦,《大法官布伦南先生》,《哈佛法学评论》第80期,1966年:1—2]布伦南已成为沃伦的最亲密的同仁,在庭会讨论案件和计划策略之前,这两位总要每周碰面协商。通常来说多数人汇兑一个经过精心细致分析的结论表示同意;在这些情况下沃伦总是反复找布伦南来确立一个联邦最高法院结论的决定性的框架。布伦南的判决意见是博学的,又是严密推理的;他显示出惊人的耐心和技巧去修改他的草稿以涵盖同仁们之意见,因此可以达到多数人一致判决意见。

联邦最高法院在20世纪60年代末进入70年代开始人员结构调整,布伦南也因自己的这些品质而获益。显然布伦南已发现自己更为经常地处于少数地位,但他仍继续在以伯格为首的联邦最高法院中起着重要的指导作用(尽管因健康状况下降而于1990年前退休,他在伦奎斯特为首的联邦最高法院时仍发挥了重要作用)。他起草了几条意见承认因市政、联邦、州以及地方官员违反联邦法律而获得广泛补救或救济。布伦南在联邦宪法第一修正案的领域内同样是很有影响的。在"埃尔罗德诉布恩斯案"(*Elrod v. Burns)(1976)和"拉坦诉伊利诺伊共和党案"(*Rutan v. Republican Party of Illinois)(1990)中,他的判决意见认为在侵犯政治结社的自由时很明显剥夺了保护的实施;"得克萨斯州诉约翰逊案"(*Texas v. Johnson)(1989)和"合众国诉爱奇曼案"(U. S. v. *Eichman)(1990)两案以同样地5比4的表决结果使规定污辱美国国旗行为构成犯罪的法律无效。后两个案件中的判决意见是布伦南的代表作,案件由里根总统任命的两位大法官参与。在约翰逊案中因强调"在特殊地方保留本国(美国)的国旗"而加重政治保护权利的语气:"我们不能以惩罚其亵渎行为去敬奉国旗,因为这种做法会冲淡怀有象征感性代表的自由。"(p.420)布伦南同样继续抨击偶尔多数反对他的有关严格分开国家和教会的观点(参见 Religion)。

或许布伦南在近些年来的最伟大的成就是在平等保护(*equal protection)领域。在"克雷格诉博伦案"(*Craig v. Boren)(1976)中,他成功地为增强以性别(*gender)为基础分类的司法选票复查而辩护,并且成为联邦最高法院对性别平等的最畅言无忌的支持者,公开支持审议中的平等权利修正案。在对旨在阻止过去种族和异教徒歧视的社会影响而采取积极行动方案(*Affirmative action)的合宪性的支持上他同样地起着主要的作用。

然而,布伦南常常是苛刻地提出异议,特别是在一些涉嫌有罪或被认定为有罪的案件中。他在联邦最高法院中的孤立最明显的体现在对死刑态度上,其中布伦南[与大法官瑟古德·马歇尔(Thurgood *Marshall)一道]相信,在一切情况下死刑都是为联邦宪法第八和第十四修正案(the *Eighth and *Fourteenth Amendment 所禁止的残忍和非正常刑罚(*cruel and unusual punishment)(参见 Capital Punishment)。他所持的异议谴责他所观察到的死刑的残酷,而死刑是通过专断来执行的,反对将其适用于少数民族、青年人和痴呆者。

布伦南的批评者认为他相对于其他法官来说,更能代表一种不受制约的冒充自己对几乎日常生活的每个方面都有最终控制权,并因此减少了公民通过代议民主制而自治的权利的联邦司法体系(参见 Judicial Self-restraint)。像威廉·布伦南这样的大法官们的论点常常以他们自己的政治偏好而不是宪法文本的语言或任何特定宪法规定的最初意图为基础行使权力。

在《南得克萨斯法律评论》(1986)中,布伦南评论道,这些观点"正如人道一样,只不过是傲慢被披上了一层外衣"。他坚持认为当被《权利法案》(*Bill of Rights)和重建(*Reconstruction)运动时代修正案修订后,宪法从根本上来说就是体现"每个人人类尊严至高无上性的闪耀景象"的文章;联邦最高法院的义务除了达到"暂时的政治上多数"外,就是保护超常的"价值"。由于这样做,联邦最高法院对宪法宽泛的措辞保护的解释和适用就必须不断发展。"当代的大法官们以我们唯一可能的方法研读宪法:作为 20 世纪的美国人……宪法的精神实质并未停留在它被涵盖在世界上可能已无生命并已离去的静止意义上,而是在它的伟大原则的适应性内去妥善处理目前的问题和现今的需要"(p. 433, pp. 435-438)。

这方面最突出的例子之一是在政府福利方面,布伦南适用这些原则偶尔会与赞同他其他观点的大法官们发生矛盾。联邦宪法第五和第十四修正案条文规定一个人的"财产"(*property)未经正当法律程序不能被剥夺。在 20 世纪,与政府的种种关系已经上升到绝不能按传统的"财产"来描述——如福利、补助金、免税、特许、转赠,以及其他公共形式的福利。布伦南在"戈德堡诉凯利案"(*Goldberg v. Kelly)(1970)中的判决意见中类推福利为"财产"以达到合宪性之目的,着手通过公正程序批准和取消政府福利来实现所谓"现代诉讼的正当程序革命",即使这类福利的本身并非宪法上所要求的。布伦南还写出另一出色的判决意见,认为这类福利不能以宪法权利行使的刑罚化的方式来管理;比如"夏皮罗诉汤普森案"(*Shapiro v. Thompson)(1969),首席大法官沃伦和大法官布莱克均反对,而布伦南坚持认为,规定以长期居住作为政府提供福利帮助的条件的法律违宪地使公民承担了州际迁徙权的责任。

布伦南的一种推进宪法发展的理论通过他抑制政府对个人"隐私"(*privacy)——宪法中任何地方都未提及的一个词——的干预的努力也可进一步得到说明。在"艾森斯塔德诉伯尔德案"(*Eisenstadt v. Baird)(1972)的判决意见中,他废除了一部规定为未婚妇女提供避孕用具的行为为犯罪的法规,强调未成文的"隐私权"保护"是否怀孕或生子女的决定"(p. 453)。他的推理提供给了联邦最高法院作为次年在"罗诉韦德案"(*Roe v. Wade)(1973)中抑制堕胎(*abortion)的基础。在法院的一些人支持日益增加的熟练警察调查技术,以致周期性地引起如乔治·奥威尔(George Orwell)在 1984 年的著作中所描述的极权主义技术社会产生的恐怖的判决之时,布伦南反对的意见仍强调隐私权。

作为一个强有力的联邦司法体制的主要辩护人——布伦南在任何情况下均极力主张其他人去进一步推动保护个人权利。在"卡曾巴赫诉摩根案"(*Katzenbach v. Morgan)(1966)中,他的判决意见就是根据联邦宪法第十四修正案第五款而承认广泛的国会权力以在法院判决所决定的界线外扩充宪法的保护。在"美国钢铁工人联合会诉韦伯案"(*United Steelworkers v. Weber)(1979)中,他支持在私有部门中实施自愿积极行动方案计划。同时由于布伦南日益察觉自己总是反对,他在 20 世纪 70 年代中期开始要求州法院(*state courts)采取比近来被解释的联邦宪法更为宽泛地解释它们自己州宪法的方式来"步入突破口"(step into breach)。由于不断的成功,在他的判决意见、论文和一些言论中,他都极力主张州法院应该"将自身推向为保护人民或我们的民族在自己的自由上免受政府干预而斗争的显著位置上"[布伦南,《州宪法和保护个人自由》,《哈佛法律评论》第 90 期(1977 年 1 月):pp. 489, 503]。对布伦南和他所处的变化的时代来说,这真是一个有讽刺意味的描述,布伦南原是一名州最高法院的大法官,作为一位联邦司法至上的缔造人在历史上巩固了他的地位,后来在其职业生涯晚期成为独立国家司法体制的一个主要的支持者。

参考文献 Hunter R. Clark, *Justice Brennan: The Great Conciliator* (1995). Hunter R. Clark, "In Memoriam: William J. Brennan, Jr.," *Harvard Law Review* 111 (November 1997): 1-50. Peter Irons, *Brennan vs. Rehnquist: The Battle for the Constitution* (1994). E. Joshua Rosenkranz and Bernard Schwartz, eds., *Reason and Passion: Justice Brennan's Enduring Influence* (1997). Bernard Schwartz, *Super Chief: Earl Warren and His Supreme Court—A Judicial Biography* (1983).

[Charles G. Curtis, Jr., Shirley S. Abrahamson 撰；夏登峻译；许明月校]

布鲁尔,戴维·约西亚[Brewer, David Josiah]

[1837年1月20日出生于亚洲米诺（现在的土耳其）的斯密尔纳；1910年3月28日卒于华盛顿特区；葬于堪萨斯州莱文沃思市蒙西亚墓地]1890—1910年联邦最高法院大法官。戴维·约西亚·布鲁尔出生于小亚细亚（土耳其）基督教公理会传教士家庭，在优越的环境中成长。布鲁尔先后进入威斯莱和耶鲁大学以及阿尔巴尼法学院，于19世纪50年代后期移居堪萨斯州开始他的职业生涯。在那里他任职于堪萨斯州最高法院（1870—1884年）和联邦第八巡回法院（1884—1889年）。1890年总统本杰明·哈里森（Benjamin Harrison）任命他为联邦最高法院大法官。布鲁尔有两次婚姻：第一次同佛蒙特州伯灵顿市的路易斯·R. 兰登（Louise R. Landon）于1861年结婚，在她去世后，又与华盛顿特区的艾玛·迈纳·莫特（Emma Miner Mctt）于1901年结婚。

David Josiah Brewer

现今，布鲁尔大部分情况已被人们遗忘，部分是因为他提出的许多观点与同时期的另外三位法律巨人类似——他的叔父斯蒂芬·J. 菲尔德（Stephen J. *Field）、约翰·马歇尔·哈伦（John Marshall* Harlan）和奥利弗·温德尔·霍姆斯（Oliver Wendell *Holmes）。不管怎样，正是这个布鲁尔与鲁弗斯·W. 佩卡姆（Rufus W. *Peckham）一道成为大法官集团的智囊领导人——主要是由民主党总统格罗佛·克利夫兰（Grover Cleveland）和共和党总统本杰明·哈里森（Benjamin Harrison）提名任命——在世纪之交统治着联邦最高法院。这个集团包括首席大法官梅尔维尔·W. 富勒（Melville W. *Fuller），他将布鲁尔描述为"他们全体当中最可爱的一员"。

布鲁尔的首要目的就是确认州对经济的有限干预思想。他惊奇于资本主义（*capitalism）创造的财富，并认为财富分配不平等具有不可避免性和正当性。

在有关德布斯案（*Debs）（1895）中，布鲁尔代表联邦最高法院起草了一致意见的判决书，维持一个针对1894年普尔曼罢工的禁令，理由是尤金·德布斯（Eugene Debs）和他的追随者们阻碍州际商业自由流动（参见Commerce Power）。在"里根诉农场主贷款与信托公司案"（Reagan v. Farmers'Loan and Trust Co.）（1894）中，布鲁尔将得克萨斯州铁路委员会限制铁路费率的规定宣告为无效，因为该规定使投资者得不到任何回报。之后他在"芒恩诉伊利诺伊州案"（*Munn v. Illinois）（1877）中作了限制，并显示了与其叔父菲尔德在哲学上的联系，最初他叔父在那个案件中持反对意见，并在保护财产权（*property rights）上态度非常坚定。

但是，布鲁尔并非因他致力于资本主义而全然盲目，在商业权力威胁到市场时，他并不反对运用国家权力。比如，在"北部证券公司诉合众国案"（*Northern securities v. United States）（1904）中，他投了决定性的一票支持西奥多·罗斯福总统取消当时的两个企业巨商詹姆斯·希尔（James Hill）和J. P. 摩根（J. P Morgan）的合并之努力。

此外，作为一个对市场以及市场必需的自由制度的坚定支持者，布鲁尔对于被剥夺了公民权的人本能地予以关注并为其提供证据。尽管在"洛克纳诉纽约州案"（*Lochner v. New York）（1908）中他参与了佩卡姆的判决意见，该案废除了一部确定面包师最长工时的法规，但在"马勒诉俄勒冈州案"（*Muller v. Oregon）（1908）中，他代表联邦最高法院起草一致意见的判决意见，支持一部对洗衣业的妇女工作作出相似规定的法规。布鲁尔就实体和程序两方面的根据激烈地反对给中国人的待遇。在"合众国诉辛塔克案"（United States v. Sing Tunk）（1904）和"合众国诉居托伊案"（United States v. Ju Toy）（1905）中，他对霍姆斯的判决持反对意见，该判决意见否决定居的中国人前去联邦法院试图要求公民身份（*citizenship）的权利主张，而且在"日本移民案"（Japanese Immigrant Cases）（1903）中对哈伦的判决也持反对意见，该判决意见削弱了日本侨民在驱逐出境的诉讼中要求正当程序的权利主张。在"冯月亭诉合众国案"(Fong Yue Ting v. United States)(1893)中，他仍持反对意见，此案中涉及依据《1892年吉瑞法》(Geary Act of 1892)的制度。布鲁尔申辩说："这个基督教主导的国家所颁布的法令，让孔子之邦的人民不禁要问，他们当初为何要派传教士来？为什么他们派传教士到这里来？"在1898年美西战争之后的几年，布鲁尔反对殖民主义的观点盛行全国。"通过武力推翻这个民族的任何部分再建立政府，"他说，"是为了开始我们在第二个世纪的第二个十五年的生活，我们将要依赖的原则与迄今为止的原则截然不同。"

和他同时代的大多数大法官一样，布鲁尔对于黑人的权利看法是复杂而矛盾的。在"伯里亚学院诉肯塔基州案"(Berea College v. Kentucky)(1908)中，他支持一个州的制定法禁止私立学校和专科学院提供全面的基础教育；在"霍奇斯诉合众国案"(Hodges v. United States)(1906)中，他裁定联邦政府无权起诉那帮迫使黑人在阿肯色州失业的白人(参见 Race and Racism)。伯里亚案的判决意见依据的是布鲁尔关于国家对公司、实体或一些靠国家帮助创立的机构进行干预的权力的整体性的观点；他考虑到如果肯塔基州法规被适用于个人，那会产生严重合宪性质疑。霍奇斯案的判决反映出各州和国家政府通过1883年的民权系列案(*Civil Rights Cases)已经实现了分权。在涉及投票歧视方面的"贾尔斯诉哈里斯案"(Giles v. Harris)(1903)的决定性判决中，布鲁尔和哈伦(Harlan)一道反对霍姆斯的判决意见，该判决意见承认联邦法院不能或不愿为针对非裔美国人展开的大量剥夺种族选举权继而横扫南部的计划提供救济措施(参见 Vote, Right to)。

布鲁尔的特别贡献是他对法官角色的界定，其中他提出建议并举例说明。他担心当前他所见到的普遍运动会对文明有所威胁，但与和他隐藏着相同感情的霍姆斯不同，布鲁尔认为，当历史展开时，法官仅仅是个观众。布鲁尔相信法官的责任是唤醒人民最高的理想，去引导而不是默许。他承认要中止群众不可避免的胜利，法官是无能为力的，但他仍坚信法官有义务去审理。布鲁尔曾说："达不到你们的理想而失望是一回事，故意置之不理则完全是另一回事。"

参考文献 Owen M. Fiss, "The Fuller Court", in History of the Supreme Court of the United States, vol. 8, Troubleed Beginning of the Hodern States, 1888-1910 (1993), vol. 2, pp. 816-823; Arnold M. Paul, Conservative Crisis and the Rule of Law, Attitudes of Bar and Bench, 1887-1895(1960).

[Owen M. Fiss 撰；夏登峻译；许明月校]

布雷耶，史蒂芬·G. [Breyer, Stephen G.]
1938年4月15日出生于旧金山，自1994年以来任联邦最高法院大法官。克林顿总统于1994年将其任命为联邦最高法院的大法官，以替代哈里·A. 布莱克蒙(Harry A. *Blackmun)，在这之前，他于第十巡回区法院任法官。曾就读于斯坦福大学(1959)和牛津大学(1961)，并于1964年从哈佛大学获得法学学位。首先担任大法官阿瑟·戈德堡(Arthur *Goldberg)的书记员，然后在专司反垄断的副司法部长办公室就职(1965—1967年)，在1973的水门事件调查中担任副特别检察官，于1974—1975年间任参议院司法委员会特别顾问，并于1985—1989年间任该委员会的首席顾问。之后，布雷尔成了美国量刑委员会(Sentencing Commission)的主要成员，该委员会曾制定出判决指南，目前仍适用于联邦法院。当然，这些都是布雷耶为哈佛大学作为一名法学教授追求其学术生涯时发生的事情，在哈佛大学，布雷耶专攻反垄断法(*antitrust law)、行政法、经济管制以及风险管理。

Stephen G. Breyer

法院的经历 由于其智识水平、充分的准备、对案件的强烈兴趣以及其对法律顾问工作的敬业精神，布雷耶于1980年开始在第一巡回区的联邦上诉法院任职，并于1990年成为第一巡回区法院的首席法官。布雷耶兴趣广泛、忠于职守，这一点是显而易见的，例如，由于波多黎各成了第一巡回区上诉法院的上诉管辖(*appellate jurisdiction)范围，他为了对波多黎各法律的西班牙渊源加以了解，就曾作出了很大的努力。在设计和建造可以俯瞰波士顿港的联邦法庭时，作为首席法官，布雷耶发挥了主导作用。在第一巡回区法院任职的15年间，由于其卓越的审判能力，他获得了极高的声誉，可与其前任(Calvert

Magrude)相比,其前任卡尔佛特·马格鲁德因其智识水平、公正、正直以及现实主义而闻名。

在放松管制这一领域,布雷耶也是执牛耳地位的思想家,但他也绝不是这一问题的空谈者。他于1982年出版了一本著作《管制及其改革》(Regulation and Its Reform),但该书主要论及的是有关管制的改革而不是对管制的放弃。作者在书中详细论述了在如下领域实施改革的必要性:管制影响报告、机构责任、立法与行政监督、信息收集以及成本收益分析。书中的许多建议都在20世纪80年代和90年代得到了总统和国会的认可和接受。由于其在行政法领域具有特殊专长,布雷耶在"迪肯森诉泽尔克案"(Dickenson v. Zurko)(1999)中代表法院提出判决意见就不足为奇了。该案是一起专利纠纷案件,涉及"实质证据"标准问题,即《联邦行政程序法》中规定的"实质程序"标准是否与联邦上诉法院在审理地区法院的上诉案件中所使用的"明显错误"标准是相同的。在审查联邦最高法院有关现代行政法的判决时,布雷耶认为,法院/政府机构的审查模式没有法院/法院的审查模式严格。既然国会明确授权法院可以对行政机构的事实认定作出司法审查(*judicial review),而不是像盖橡皮图章一样不假思索即予批准,因此,两种标准之间的区别是非常细微的,在实践中两者之间没有区别。总的来说,这就意味着,联邦行政程序法中的"实质证据"要求只是一个"合理标准",与法院审查行政机构的决定时所采用的标准并没有不同。

在有关联邦宪法第一修正案(the *First Amendment)与电子媒体之间关系的案件中,布雷耶的实用主义判决方法得到了充分地体现。在"丹佛地区教育通讯协会诉美国通讯委员会案"(Denver Area Educational Telecommunications Consortium, Inc. v. FCC)(1996)与"特纳广播公司诉美国通讯委员会案"(Turner Broadcasting System, Inc. v. FCC)(1997)中,布雷耶超越了人们就宪法第一修正案进行分析时所作的传统分类方法。相反,他列出了一个能够平衡各方当事人利益的方案,即听众、媒体运营商、程序设计员以及经销商的利益都能得到平衡。

大法官布雷耶最有争议的案件之一是"斯腾伯格诉卡哈特案"(Stenberg v. Carhart)(2000),在该案中,意见分歧不大的法院推翻了内布拉斯加州一项有关晚期流产的法律。该法律没有保护母亲的生命与健康的相关规定。布雷耶认为,法律的内容过于宽泛,即使是在早期阶段,也会威胁到使用普通手术的流产。具有里程碑意义的流产案件是"宾夕法尼亚州东南计划生育组织诉凯西案"(*Planned Parenthood of Southeastern Pennsylvania v. Casey)(1992),如果一项法律对母亲选择流产的权利构成了严重的阻碍,这样的法律就应该被禁止。由于认识到该案判决的争议性以及美国数百万人都认为生命始于怀孕,也没有考虑法院在这一问题上几乎一致的意见,布雷耶认为,"几十年以来,联邦最高法院一次又一次地认为,联邦宪法赋予进行选择的权利,并对这些权利加以基本的保护"(p.920)。

同样应该强调的是布雷耶在"得维塔丝告戴维斯案"(Zadvydas v. Davis)(2001)中的判决意见,该案涉及《1996年非法移民改革与移民责任法》(修正案)中的某些拘禁条款问题。根据该法的规定,如果外国人违反了移民归化服务的有关规定在逗留超过90天,当局就可以依法加以拘捕。由于法律没有对拘捕的持续期限加以限制,在某些情况下,这种拘捕可能是无期的——如果该外国人的原籍国拒绝让其归国或者不能对该外国人实施驱逐出境的措施。针对拘捕期限的不确定性,布雷耶认为,6个月的拘捕期超过了90天的限制,因此是违宪的,并违反了正当程序条款(*due process)。有一种假定认为这种不确定的拘捕期限是合理的,为了证明这种假定,政府必须证明对拘捕的撤销是非常可能的或者在有加重罪行的情况下继续拘捕是必要的。

对布雷耶的评价 在就任联邦最高法院后大法官的十年间,联邦最高法院的人员构成没有发生变化。在很多情况下,法院的表决结果都是5比4,而布雷耶在大多数案件中都是站在微弱少数的一边。所以,布雷耶在联邦最高法院的判决意见多数是反对意见,而不代表法院的意见。在这些案件中值得一提的是"合众国诉洛佩斯案"(United State v. *Lopez)(1995),60年以来该案首次重新提起国会依据宪法第1条而享有的商业管制权力问题。该案涉及《校区禁枪法》(Gun-Free School Zones Act),该法禁止在校园里以及校园周围一定范围持有枪支。法院的多数法官认为这不是商业问题,因此根据商业条款的规定,国会越权。大法官布雷耶在其反对意见中认为,"国会依然可以找到……校园内以及校园周围的暴力是一种商业活动,也是人的问题"(p.620);他还回顾了商业条款问题的历史发展过程,并追溯到新政(*New Deal)时期就州际商业活动所发生的争执。布雷耶的反对意见表明他意识到了宪法司法之历史的重要性。

在葆拉·琼斯与克林顿的案件中,布雷耶的实用主义方法也得到了充分的展示。在"克林顿诉琼斯案"(*Clinton v. Jones)(1997)中,法院的意见几乎一致,布雷耶持并存意见,判决在任总统并非自动享有民事案件的豁免权;并警告说,这样的诉讼将会"影响总统日常职责之履行"(p.724)。在"布什诉戈尔案"(*Bush v. Gore)(2002)中,布雷耶的反对意见非常有力,因其反对意见而使布什顺利进入白宫。布雷耶认为"法院介入这一案件是错误的"。回顾了1876年总统选举时的争议历史,布雷耶告诫法院和全国人民说,法院在"布什诉戈尔案"中的多数意见可能会削弱人们对司法过程的敬仰,"法院今天所做的一切,其实不应该做"(p.156)。布雷耶在这起值得记忆、意义深远的案件中所表达的反对意见,表明了他对联邦主义(*federalism)、国会、政治进程以及宪法的尊重。同时,这些反对意见也表现了他对司法权力之限制的理解。

在联邦最高法院就职的最初十年间,大法官布雷耶为他的司法理论建立了许多标准。除其实用主义立场外,他还在如下领域享有盛誉:对比较法的兴趣、对不同法律制度的宽容以及其他国家法律中的权利条款。在对个人权利案件进行判决时,一些法官乐于引用《权利法案》(*Bill of Rights)之外的基本权利文献,他也是其中之一。针对立法历史可否用于法律的分析之中这一争议,一些人认为可以将其视为一种重要的解释工具,布雷耶支持这一看法。对于联邦主义,布雷耶坚定地认为,国会与联邦政府应该在经济与环境管理方面发挥重要作用。虽然人们认为布雷耶是联邦最高法院的自由主义力量,他却是非空想的温和主义者。在判案过程中,他总是根据个案的特点而加以判决,因此基本上没有稳定的观点。

在联邦最高法院的法官中,布雷耶经常露面。在电视上经常都可能看到他,特别是在那些与司法制度与法院有关的节目中。他也出版了大量的非司法类作品。在公众争议较大的许多问题上,布雷耶经常发表演说,表达其看法,如反恐与人权之间的平衡协调问题以及根据判决指南而对刑事被告所作的最低刑期的强制性要求等。在将来,随着更多的科学与技术问题的出现,布雷耶肯定会在联邦最高法院不断发展的理论中发挥主要作用。

参考文献 Stephen Breyer, *Regulation and Its Reform* (1982); Stephen Breyer, *Breaking the Vicious Circle: Toward Effective Risk Regulation* (1993); Stephen Breyer, "Reforming Regualtion," *Tulane Law review* (1984); Stephen Breyer, "Our Democratic Constitution," *New York University Law Review* (2002); Walter E. Joyce, "The Early Constitutional Jurisprudence of Justice Stephen G. Breyer: A Study of the Justice's First Year on the United States Supreme Court," *Seton Hall Constitutional Law Journal* (1996).

[George Dargo 撰;邵海译;潘林伟校]

布里克修正案[Bricker Amendment]
参见 Constituional Amending Process。

诉讼要点[Briefs]①

诉讼要点是在上诉程序中一方当事人提出的对事实背景和法律争点的书面陈述。

律师主要通过书面的诉讼要点来说服联邦最高法院。例如,大法官奥利弗·温德尔·霍姆斯(Oliver Wendell *Holmes)是很少受到口头辩论影响的法官,相反他主要根据记录和诉讼要点作出裁决。这不足为奇,因为口头辩论是短暂而敏捷的,而诉讼要点则是长久永恒的。一个诉讼要点在法庭开庭之间、辩论前、后都可以参考。不管是在形成大法官对此案的最初印象中,还是在作成判决意见时回答有关当事方的见解问题的过程中,只有诉讼要点是代表当事人说话的。

律师并非一直都要向联邦最高法院提供诉讼要点。直到 1821 年联邦最高法院才规定所有当事人首先必须呈交书面诉讼要点:

以后,在当事人向联邦最高法院提交印成的诉讼要点或包括所有实质性的辩护材料,当事人所依据的事实、文件材料,以及旨在于辩论中提出的法律和事实两方面的要点的理由摘要之前,联邦最高法院将不会听审支持辩论的任何理由(19 U.S. [6 Wheat.] v, rule xxx, Feb. term 1821)。

半个世纪以后,关于诉讼要点的规定已被修订并扩展(《华莱士》第 14 卷第 11 章),而且在本世纪它已经历几次变动,但关键部分仍保留如下:(1) 案情的简要叙述以及有关问题的扼要阐明;(2) 理由,特别是有关所依据援引的理由(参见 Rule of the Court)。

现今联邦最高法院的规定强调诉讼要点应该是名符其实的简要:"诉讼要点必须是紧凑的……简明的,不能包含累赘的、无关的、不重要的、同时更不是恶意中伤的事。"(规则 24.6)这样规定并不是因为对律师式的冗文的抽象担心,而是体现经验的要求。20 世纪早期,当时对于诉讼要点没有专页限制,大法官约翰·H. 克拉克(John H. *Clarke)抱怨一份多达千页的诉讼要点。根据最近的规则 24.6 条,这类诉讼要点会"受到联邦最高法院的漠视和抨击"[例如:"霍夫曼诉普尔瑟案"(Huffman v. Pursue) (1974)]。

现今,有经验的律师会将其所需浓缩为不到 50 页。在 20 世纪 70 年代中期,大法官沃伦·伯格(Warren *Burger)提出 50 页为限的建议,并在 20 世纪 80 年代修订的规则中确立了这一页数限制。

呈交联邦最高法院的大多数诉讼要点均不是由在联邦最高法院有实务经验的律师所写,同时大法官与这种为首席大法官查尔斯·埃文斯·休斯(Charles Evans *Hughes)所痛恨的"冗长作品"进行斗争。每年在大量的案件中,律师在诉讼要点中反映出他们很少关注大法官认为可说服人的东西。总之,一般的书面争论是不充分的。

只是抱着将事实和法律一起写在纸上的态度

---

① 另请参见 Opinions, Assignment and Writing of, Oral Argument。

而着手编写诉讼要点,他们往往因想象和分析的紧密严格而失败。结果,诉讼要点总是经常让人不感兴趣,也无说服力。一份不适当诉讼要点会使当事方丧失良机。在1942年《美国律师协会杂志》上一篇论述上诉辩论文章中,大法官威利·B.拉特利奇(Wiley B. *Rutledge)劝告说:"让你的诉讼要点清楚、简明、诚实、均衡、论据有力、有说服力并令人有兴趣。最后,沉闷单调的诉讼可能是符合法律的。有趣的诉讼要点能够使法官意识到这一点。"(p.255)

一份没有重点的诉讼要点,即使背后有好的法律支撑也可能败诉的说法可能打击了一些人。然而,考虑到最高法院在时间上的巨大负荷,有效的诉讼要点要简明扼要地切中要点。

尽管有关诉讼要点的规则越来越具有与时俱进的特点,但对好的诉讼要点的质量要求却一直保持未变。19世纪初,大法官约瑟夫·斯托里(Joseph *Story)将这份"律师的善辩术"——无论是书面的还是口头的——描述为"简单、直接、有权威性……它排斥正式演讲和艺术的风格"(《约瑟夫·斯托里作品选》,1839年,pp.186-187,188)。

参考文献 A Garner, The Winning Brief (1999). Robert L. Stern and Eugene Gessman, Supreme Court Practice, 6th ed (1986). Frederick Bernays Wrener, Briefing and Arguing Federal Appeals, rev. ed. (1967), reissued (2001).

[Bryan A. Garnen 撰;夏登峻译;许明月校]

布里斯科诉肯塔基共同体银行案[Briscoe v. Bank of The Commonwealth of Kentucky, 36 U. S. 257(1837)]①

1837年1月28—2月1日辩论,1837年2月11日以6比1的表决结果作出判决,麦克莱恩代表法院起草判决意见,斯托里反对。随着1835年约翰·马歇尔(John *Marshall)的逝世,联邦最高法院的导向开始偏离国家主义的观点。"布里斯科诉肯塔基共同体银行案"反映了该法院新的首席大法官罗杰·B.托尼(Roger B. *Taney)第一个完全任期内金融和货币流通领域的这种变化。宪法第1条第10款禁止任何州发行信用券(bill of credit),但"信用券"的确切含义仍然不明确。在"克雷格诉密苏里州案"(*Craig v. Missouri)(1830)中,以马歇尔为首的联邦最高法院以4比3的表决结果认为根据宪法的禁令,州的计息贷款证明书是无效的。但是在布里斯科案中,联邦最高法院支持州特许银行发行流通票据,即使银行的股票、基金和利润均属州,其官员、经理也都由州立法机关任命时。联邦最高法院狭义地界定"信用券"为一种由州发行的、依靠州信用的、旨在发挥货币流通作用的票据。由于涉案票据是可以由银行而不由州本身收回的,因此它们不是宪法所指的"信用券"。通过确认州银行票据的合宪性,联邦最高法院完成了因总统安德鲁·杰克逊(Andrew *Jackson)拒绝再次特许美国第二银行资格而激起的金融革命,并为南北战争前各州更多地控制金融和货币流动打开了大门。

[George Dargo 撰;夏登峻译;许明月校]

布朗森诉金泽案[Bronson v. Kinzie, 42 U. S. 311(1843)]

无口头辩论即被提交,1843年2月23日以6比1的表决结果作出判决,托尼代表法院起草判决意见,麦克莱恩反对,斯托里和麦克莱恩未参加。布朗森案表明了联邦最高法院防止州立法侵害私人契约自由的决心。案件涉及两项1841年伊利诺伊州的制定法,该制定法限制抵押品抵押期满的拍卖,扩展了抵押人回赎抵押期满的抵押财产的权利。这些措施是有追溯效力的,适用于在这两法规通过之前所进行的抵押。在这些法规通过之前,约翰·H.金泽(John. H. Kinzie)已经将其财产抵押给了阿瑟·布朗森(Arthur Bronson)。布朗森意图取消此抵押的回赎权而不受立法的制约。

首席大法官罗杰·B.托尼(Roger B. *Taney)认为立法试图更改现行的抵押条款是一种对契约(合同)(*contract)之债的违宪的损害。托尼赞同一个州可以改变适用于过去和将来契约之履行的救济方式。然而,他强调这种改变不得在实质上损害债权人的权利。敞开来说,托尼赞成宪法契约条款(*Contract Clause)的作用:"无疑,是有重大而必要的目的而被采用作为宪法的一部分,它的目的在于保持契约(合同)的完整性,并保证在全国正确的执行"。(p.318)大法官约翰·麦克莱恩(John *McLean)持有异议,并指出这些法律仅仅修改了对合同执行提供的救济。

联邦最高法院长期坚持布朗森案确立的规则,使那些在调整救济方式的幌子下干预契约(合同)权利的州法无效。然而,这一判决意见已被"住房建筑与贷款协会诉布莱斯德尔案"(*Home Building and Loan Association v. Blaisdell)(1934)所取代,在此案中大法官裁定合同受制于州治安权(*police power)的合理行使。

[James W. Ely, Jr. 撰;夏登峻译;许明月校]

布朗,亨利·比林斯[Brown, Henry Billings]

[1836年3月2日出生于马萨诸塞州的南李(South Lee);1913年9月4日卒于纽约州的布朗克

---

① 另请参见 Capitalism。

斯镇;葬于密歇根州底特律市的榆林墓地]1890—1906年任联邦最高法院大法官。布朗是新英格兰一位富商的儿子,毕业于耶鲁大学,攻读法律,并在耶鲁和哈佛大学受过正规的法律教育。1859年移居密歇根州底特律的大湖港后,布朗主攻海事法专业。他与一个富裕的木材贸易商的女儿结了婚,岳父的一笔遗产使布朗的家庭经济得以独立。作为一名共和党人被提名到县巡回法院短期任职之后,他开始了成功的律师职业。布朗也教过法律,寻求国会提名没有成功,并偶尔发表些文章和演说。后来他作为一名美国律师助手在私人律师事务所供职,并于1875年被提名到密歇根州东部管区联邦地区法院任职。在法院,布朗以其海事判决意见而在全国闻名。本杰明·哈里森总统于1890年提名任命他去联邦最高法院任职,这正是布朗通过政治和社会活动所力求达到的目标。他在联邦最高法院供职一直到他视力衰退而被迫退休为止。

Henry Billings Brown

作为一位非常谦逊的大法官,布朗主张尽可能地保护财产权(*property right),而不愿扩大刑事诉讼程序保护和公民自由权。他在"洛克纳诉纽约州案"(*Lochner v. New York)(1905)联邦最高法院废除最长工时法规的判决中持并存意见,这表明他不愿支持严重干预商业的治安权(*police power)。作为一位社会达尔文主义者,他强调不管其后果对个人如何严厉,个人都应对经济决策和行为承担责任。然而,在"波洛克诉农场主贷款与信托公司案"(*Pollock v. Farmer's Loan & Trust Co.)(1895)中,他投票支持联邦所得税,表明在变化的社会条件下的一些灵活性。作为一名法官他运用机械法理学,同时严格地将先例以公式化的方式适用于事实。

作为一位通常十分谨慎小心的法律专家和一位有能力的大法官,布朗没有出众的司法哲学;很明显他已被人们淡忘,当回想到他时,会记起在"普勒西诉弗格森案"(*Plessy v. Ferguson)(1986)中,他因代表联邦最高法院起草判决意见而受毁谤,该案以7比1的表决结果作出判决,支持州法定的种族隔离铁路列车车厢。直到20世纪中期,普勒西案的隔离但公平原则(*separate but equal doctrine)一直为在美国歧视黑人提供着合宪性基础。

布朗,一位美国新英格兰商人特权阶层的儿子,属于社会精英。他对有关妇女、美籍非洲人、犹太人以及一些移民的判决意见现在看来似乎是令人反感的,即使在那个时代也不例外。正如布朗有一次兴奋地写道:"盎格鲁—萨克逊民族对于法律的遵从是与生俱来的。"虽然他是一位受到广泛赞扬的公正、正直的法官,但普勒西案也不可避免地使他的值得赞誉的职业黯然失色。尽管有些人认为普勒西案是布朗内心顽固的种族偏见之反映,但也有一些人认为:考虑到普勒西案之后几十年的观念上的种族歧视不过是当时社会时代思潮的反映,因此,只能说,布朗只是代表了那个时代的想法。

布朗的友好性格使他很受欢迎,他对相识者给予了个人的真挚友爱。他的日记暗示,他是一个可爱的、谦逊的、有雄心壮志的人,个性保守,常常消沉,无意于坚持艰苦的工作,并经常自我怀疑。

参考文献　Robert J. Glennon, Jr., "Justice Henry Billings Brown: Values in Tension," *University of Colorado Law Review* 44 (1973):553-604.

[Francis Helminsk 撰;夏登峻译;许明月校]

布朗印第安皇后宾馆[Brown's Indian Queen Hotel]①

位于宾夕法尼亚大街美国国会附近,自1820年开业以来,印第安皇后旅馆已成为华盛顿的最有声望的宾馆。这里,或邻近的一家供膳寄宿的公寓,是以马歇尔为首的联邦最高法院开庭期间大法官们居住之地,他们在促进一致意见的气氛中交谈和用餐。

[Maxwell Bloomfield 撰;夏登峻译;许明月校]

布朗诉教育理事会案[Brown v. Board of Education, 347 U. S. 483(1954)]②

1952年12月9日辩论,1953年12月8日再次辩论,1954年5月17日以9比0的表决结果作出一致判决,沃伦代表法院起草判决意见(布朗案Ⅰ);

---

① 另请参见 Collegiality。
② 另请参见 Race and Racism。

布朗诉教育理事会案[Brown v. Board of Education]

[349 U.S.249(1955)];1954年4月11—14日起就有关救济问题再次辩论,1955年5月31日以9比0的表决结果作出一致判决意见,沃伦代表法院起草判决意见(布朗案Ⅱ)。首席大法官厄尔·沃伦(Earl *Warren)用一份只有10页的行文活泼的、非技术性的、并出乎预料的一致同意的判决意见,在种族关系与立宪主义上触发了一场法律和社会的革命。"布朗案只是一个开端",亚历山大·M.比克尔(Alexander M. *Bickel)后来写道:"它不仅是美国社会结构的实质性变化的开端,而且也是联邦最高法院在如何解释宪法性质和预期变化的开端。"

背景 布朗案Ⅰ是针对实体权利而作出的判决,而布朗案Ⅱ则是针对法律的救济方法而作出的判决。这两项判决结束了20年前已经开始的由全国有色人种协进会(*National Association for the Advancement of Colored People)(NAACP)和它的法律武器——法律辩护和教育基金公司(*Legal Defense and Education Fund, Inc)——所发起的一场诉讼大战。自20世纪30年代中期开始,全国有色人种协进会首先在州提起诉讼,然后在联邦一级发出挑战,以宪法为依据反对歧视黑人的法律制度(the legal regime of Jim Crow)——州在公共设施和教育上设置的种族隔离制(参见 Segregation, De Jure)。其目的是废除黑人歧视制度,推动实质性的对美籍非洲人公共教育的改进。全国有色人种协进会面临的主要障碍就是"普勒西诉弗格森案"(*Plessy v. Ferguson)(1896)这一先例,此案中联邦最高法院以7比1的表决结果作出判决,认定州在公共设施方面强加的种族隔离制并非是"不合理的",因此这并不违反联邦宪法第十四修正案(the *Fourteenth Amendment)的平等保护条款(*Equal Protection Clause)。

全国有色人种协进会在策略上首先并不是与普勒西案面对面的交锋,而是寻求削弱它。当联邦最高法院宣布1938年密苏里州为美籍非洲法学大学生制订的外州学费计划无效时["密苏里州诉加拿大涉及盖恩斯的公益诉讼案"(*Missouri ex rel. Gaines v. Canada)],每个人都知道种族歧视法律的上层建筑是有弱点的。经联邦最高法院作出的一系列判决意见,主要涉及由全国有色人种协进会提起的诉讼案件,持续不断地瓦解着在交通运输和教育(*education)领域存在的黑人歧视法律。

最大的突破发生在1948年,当时美国司法部长首次在一桩种族案件中["谢利诉克雷默案"(*Shelly v. Kraemen)]签署了一个法庭之友诉讼要点(*amicus curiae brief),该案标志联邦政府对全国有色人种协进会策略的象征性支持。联邦最高法院认为,在此案中,种族性的限制性协约(*restrictive covenants)是违宪的,但是重大转折直到1950年才出现,此时,联邦最高法院宣布在研究生院["麦克劳瑞恩诉俄克拉荷马州高等教育校务委员会案"(*Mclaurin v. Oklahoma State Board of Regents)]和法学院["斯韦特诉佩因特案"(*Sweatt v. Painter)]的种族隔离制无效。联邦最高法院在这两个案件的判决意见中注意到由种族歧视引起的在公共设施上的不平等,第一次不赞成种族隔离所造成的"无形的"但真正的伤害——比如认为黑人无能力与白人同事交往,因而在以后会限制他们的教育。在联邦最高法院外不为人知的场合,许多大法官私下地于1950年得出结论,认为麦克劳瑞恩案和斯韦特案决定了黑人歧视制度和普勒西案本身的注定命运。

布朗案中的绊脚石是救济范围,这影响到10多个州和哥伦比亚特区以及那些地方的几百万儿童,在1950年的这些案件判决时这些影响还在发展之中。当布朗案首先于1952年辩论时,联邦最高法院内部不是在法律的实质问题上而是在如何救济和以什么速度进行救济制度改革上发生了分歧。1953年夏,为斯韦特案和麦克劳瑞恩案写判决意见,但对要求大规模地消除种族隔离持犹豫态度的首席大法官弗里德·文森(Fred *Vinson)突然去世了,法庭中争议的焦点也继续悬而未决。继任者厄尔·沃伦(Earl *Warren)劝服其同仁在一个判决意见中判决解决实体权利问题,在进行再次辩论之后再于第二个判决意见中解决救济问题。当时,沃伦的最大成功是使法院在投票表决和判决意见中都达成了一致意见;要做到这样,他不得不至少说服两位大法官:持并存意见的罗伯特·H.杰克逊(Robert H. *Jackson)和持反对意见的斯坦利·F.里德(Stanley F. *Reed)收回他们正准备发表的判决意见。联邦最高法院的最后协调一致的判决意见得到公众的赞许,并被认为是智慧的判决。

判决意见 沃伦后来在他的回忆录中透露,他以一种简洁的、并非指责控告式的,亦非技术性的风格书写布朗案的判决,所以能被常人所理解,甚至在公共印刷所广泛重印。在此判决意见中删节了所有的难题:历史上理解同等保护条款的证据(参见 History, Court Uses of)——根据这些证据,双方当事人曾被指令关注他们的再次辩论——在其中被视为是"非决定性的";普勒西案所主张的种族隔离不会造成伤害的观点已受到现代社会科学数据的驳斥(包括被引用在布朗案第十一评注(*Footnote 11)中的有极大争议的作品);普勒西案本身也没有被不折不扣地遵循("在公共教育领域,隔离但公平(*Separate but equal)原则并没有容身之地"(p.494))。沃伦试图表明,联邦最高法院在先前的判例中已日益削减了普勒西案的影响。并且,随着时间的推移,因为美籍非洲人在各个领域里的更加成功,同时也由于教育日益成为美国人生活的中心,普勒西案已经在很大程度上走向自毁。诚然,布朗案有意识地避免了对种族歧视其各种运用中的总体结构性问题进行追问,而把关注的焦点仅集中在种族隔离的教育以及这种教育对那些因种族而被隔离者所造成的伤害上。

如果说布朗案Ⅰ有明确的道德理由却无明确的理论基础的话,那么布朗案Ⅱ(晚一年作出判决)则两样都欠缺。有色人种协进会强烈要求立即取消种族隔离,或至少在一个限期内进行。各州声称这两种主张均不切实际。联邦最高法院的观点接近于各州的观点——但坚持取消种族隔离的进程很快就会开始,如果有色人种协进会的观点被公众接受,法院担心会发生敌意行为甚至暴力冲突。然而,这个判决意见的每句话都是模糊的,实际上是将难题又返回给法院,而在法院那里,案件已开始针对适当的取消种族隔离的救济这一问题以"十分审慎的速度"(*all deliberate speed)进行审理,这一短语不久就被认为会招致主张隔离者的负隅顽抗。联邦最高法院于1954年对实体权利达成了令人羡慕的一致意见,而在1955年有关救济这一关键问题上所形成的则只是一个含糊的、实际上是空洞的一致意见。

布朗案Ⅱ在各有关方面增加了大量的成本。数百万学生取消种族隔离计划的负担落在原告和全国有色人种协进会身上,他们都人员不足,且财源微薄,而且又是敌意行为的目标。大法官们暗地里曾经希望参加过布朗案全部辩论的司法部可以有力地支持原告,但总统艾森豪威尔长期回避这个问题,并只作出"服从本国的法律"的承诺。学校区域往往被夹在一部分具有改革意识并希望从事取消种族隔离工作的居民和大部分抵制改变并认为这会对其生活带来破坏的人之间的政治拉锯中。南部国会的领导人和地区的州长们特别公开宣告他们对这些判决的藐视。

联邦最高法院本身也象征性地受到某种程度的影响。如果布朗案Ⅰ是一个响亮的号角声,那么布朗案Ⅱ的矛盾心理不言而喻地减轻了第一次判决道义上的责任。由于受到尤其是国会的有组织的抵制,以及各地方的无组织抵制,联邦最高法院在布朗案Ⅱ案件以后的3年多时间里均采取回避态度,不听审其他有关种族隔离的案件。以后在"库珀诉阿伦案"(*Cooper v. Aaron)(1958)中,联邦最高法院就阿肯色州小石城1957—1958年的学校危机作出的判决中更多地强调联邦最高法院自己权力的重要性而非法律的实质平等保护(*equal protection)。

结果 在布朗案Ⅱ与"库珀诉阿伦案"之间的时间里,联邦最高法院拒绝听审涉及种族隔离和布朗案范围的其他案件,但它发布了一系列有争议的单纯基于对下属法院判决进行复审的要求而作出的法院意见(*per curiam)。联邦最高法院废除在州公园、海滩、浴房、高尔夫球场、甚至公共交通的种族隔离。最终的判决意见["盖尔诉布劳德案"(Gayle v. Browder)(1956)]也是备受讥讽,因为它有效地推翻了普勒西案——联邦最高法院发现在布朗案中无必要采取这个依法院命令甚至并不被允许的步骤,因此这个步骤是有争议的。法院裁决的不合理引起许多法律学者提出警告,联邦最高法院的行为更多是来自于信念而不是原则,并强烈要求法官们解释他们在这两件事上的所作所为。一是驳斥南部控诉的随意性;二是在非种族隔离的情形为将来可能涉及的种族问题提供指导。"博林诉夏普案"(*Bolling v. Sharpe)(1954)是来自哥伦比亚特区的布朗案的"姊妹"案,该案提供一个起码的符合需要的教条模式,但联邦最高法院避开了这一机会。

由于布朗案Ⅱ在救济方面以及在布朗案Ⅰ确定的原则基础方面没有太大的指导意义,因此联邦最高法院便处于需要通过后继的种族隔离案件对其进行解释的地位。在重新确认布朗案以反对1958年在小石城发生州长抵制行动以后,联邦最高法院在1968年的"格林诉纽肯特县学校理事会案"(*Green v. County School Board of New Kent County)中又转向有关原则和实体问题,它认为,依布朗案Ⅱ,并不是简单地要求废除州强制的种族隔离实践,而是对以前种族隔离的学校有效的取消种族隔离。在格林案之后,以种族平衡融合为目的巴士运送便是不可避免的了,联邦最高法院在"斯旺诉卡尔罗特-麦克伦伯格教育理事会案"(*Swann v. Charlotte Mecklenburg County Board of Education)(1971)中对此已作确认。

就某个层面来看,布朗案在很大程度上是没有效果的。到1964年,也就是距第一次判决10年之后,只有不到2%的前种族分离的学校地区取消了种族隔离制。因为布朗案要被适用于原本强制或法定的种族隔离区域之外,当地的抵制甚至更加强烈和持续。然而对于模棱两可的社会改革来说,布朗案的确是一个有力的刺激因素,这不管是在国会中或在联邦的一些法院里:在国会,布朗案的启迪促成《1964年民权法》(*Civil Rights Act of 1964)和《1965年投票权法》(*Voting Rights Act of 1965)更快的出台,在联邦法院本身,该判决意见大胆的道德希望和对正统的原则障碍的不容忍鼓励了一个时代的律师和活动家根据宪法解释的重点精神促进社会进步。因布朗案的激励,律师和法官将为联邦宪法第十四修正案的平等保护条款和正当程序条款(*Due Process Clause)(在诉讼程序和更具争议的实质意义两个方面)(见Due Process, Substantive)注入了新的活力。布朗案以后的10年里,联邦最高法院本身部分因经历布朗案而更加大胆地去扩大对刑事诉讼中州被告人的联邦保护,同时也使得联邦宪法第一修正案(the *First Amendment)先在州的层面随后在联邦政府层面免受批评。例如,"自由结社"的宪法原则,该原则系由联邦最高法院在"全国有色人种协进会诉亚拉巴马州案"(*NAACP v. Alabama)(1958)中创立,这是直接关系到学校取消种族隔离的原则:州的官员试图强制公开组织成员名单,部分目的是想阻止那些对取消种族隔离的学校提供支持的行为。

厄尔·沃伦在布朗案 I 中代表联邦最高法院起草的判决意见使得这种判决似乎不可避免,而现在正如沃伦在这一"姊妹"案中所说,相反的结果是难以想象的。然而,这一结果是包括有色人种协进会和1953年审期法院的内部各界批评战略长期进程的产物。在许多方面,布朗案的种子在20世纪30年代早期已被播种了,那时大法官面前堆有一个又一个案子,其中南方黑人刑事被告受到警察、法官和全部白人陪审团的迫害。种族歧视的明显真实性及其常规性的残酷性迫使联邦最高法院在有色人种协进会于第二次世界大战时期(*World War Ⅱ)策划全力迈进之前就开始了一步步剥开种族歧视真相的进程。美籍非洲人在战争时期的勇敢和哈里·杜鲁门总统使公民权利于1948年成为一个全国性的问题的意愿(在总统委员会、民主党大会以及在谢利诉克雷默案中都表现了这种意愿),均提供重要的象征性的国家支持,这些都有助于联邦最高法院实现从保护非洲裔美国人个体向保护非洲裔美国人整个阶层的转向,而且不可避免地成为一场社会运动。不管这一判例法产生的结果如何,布朗案件都会是宪法精神及宪法追求的价值的象征。

参考文献 Alexander M. Bickel, *The Least Dangerous Branch* (1962); Charles L. Black, Jr., "The Lawfulness of the Segregation Decisions," *Yale Law Journal* 69(1960): 421-430; Dennis J. Hutchinson, "Unanimity and Desegregation," *Georgetown Law Journal* 68(1979): 1-96; Richard Kluger, *Simple Justice*(1975); Philip B. Kurland, "*Brown v. Board of Education Was the Beginning*," *Washington University Law Quarterly* (1979) 309-405; Gerald Rosenberg, *The Hollow hope*(1990); Mark Tushnet, *The NAACP'S Legal Strategy Against Segregated Education*, 1925-1950 (1987).

[Dennis J. Hutchinson 撰;夏登峻译;许明月校]

布朗诉马里兰州案[Brown v. Maryland, 12 Wheat. (25 U. S.) 419(1827)]①

1827年2月28日和3月1日辩论,1827年3月12日以6比1的表决结果作出判决,马歇尔代表法院起草判决意见,汤普森反对。在布朗诉马里兰州案中,外国货物进口商反对要求所有销售这类商品者均需购买特许证的州法律,他们声称该项州法违反宪法第1条第10款禁止征收进口税的规定,同时也干预了联邦在州际和对外贸易方面的权力。首席大法官约翰·马歇尔(John *Marshall)支持这两点主张。他系统地阐明了"原始包装"原则,此原则支持州的税收权不得扩大到从海外进口领域,只要这些进口货物维持了原始的包装。只有当这些货物在州内与一般财产相融混之后,州才能将其按当地货物一样对待并销售,马歇尔认为对进口商征收的特许征税和对进口货物本身征的税难以区分。继马歇尔职位任首席大法官的罗杰·B.托尼(Roger B. *Taney)曾经作为马里兰的辩护人参与该案,后来他写道他相信此案的判决是正确的。

马歇尔暗示布朗案判决意见适用于国内从"姊妹"州进口货物,但在"伍德拉夫诉帕勒姆案"(*Woodruff v. Parham)(1869)中,联邦最高法院支持"原始包装"规则不适用州际贸易中流通的货物。1976年,联邦最高法院进一步淡化布朗原则,当时,在"米其林轮胎公司诉瓦吉斯案"(Michelin Tire Corporation v. Wages)中,法院判决州可以对存在仓库等待销售的外国进口货物征收以价值为基础的财产税。联邦最高法院声称,对外国进口货物免征统一的州财产税符合优惠待遇。

[Robert J. Steamer 撰;夏登峻译;许明月校]

布朗诉密西西比州案[Brown v. Mississippi, 297 U. S. 278(1936)]②

1936年1月10日辩论,1936年2月17日以9比0的表决结果作出判决,休斯代表法院起草判决意见。在布朗诉密西西比州案中,联邦最高法院推翻了对三名美籍非洲人(密西西比州佃农)因杀害一白人种植园主而作的有罪判决。在审判时,公诉方的主要证据是被告提交给警官们的几份认罪书。但是,在审理期间控方证人承认被告只是在警官的残暴鞭挞后才承认有罪。但这些认罪书仍然被采纳为证据;陪审团判定被告有罪,并判处绞刑;此有罪判决在上诉审中得到密西西比州最高法院的确认。

由于得到来自全国有色人种协进会(*National Association for the Advancement of Colored People)和国际种族合作委员会的财力支持,前密西西比州州长厄尔·勒鲁瓦·布鲁尔(Earl Leroy Brewer)将此有罪判决上诉至联邦最高法院,联邦最高法院根据联邦宪法第十四修正案(the *Fourteenth Amendment)的正当程序条款一致推翻了该案的定罪。尽管再次确认联邦宪法第五修正案(the *Fifth A-

---

① 另请参见 Commerce Power; Taxing and Spending Clause。

② 另请参见 Coerced Confessions; Due Process, Procedural。

mendment)的自证其罪条款(*Self-Incrimination Clause)不适用于各州,首席大法官查尔斯·埃文斯·休斯(Charles Evans *Hughes)认为,基于刑讯逼供而认罪的刑事定罪违反正当程序条款所指的公正审判的基本权利。布朗案开始了一系列涉及通过某些方法使刑事被告认罪的案件,并以米兰达诉亚利桑那州案(*Miranda v. Arizona)(1966)告终。

[Richard C. Cortner 撰;夏登峻译;许明月校]

布坎南诉瓦雷案[Buchanan v. Warley, 245 U. S. 60(1917)]①

1916年4月10—11日辩论,1917年11月5日以9比0的表决结果作出判决,戴代表法院起草判决意见。在此案中联邦最高法院认为肯塔基州路易斯维尔市要求居民依种族进行隔离的公告令具有合宪性,此公告于1914年颁布,该法令禁止黑人与白人在一个多数的房子为其他种族人居住的街区生活。一个旨在审查一类立法的案件随后可能出现在几个南方的州,而出售财产的合同也可以在白人卖主和黑人买主之间订立。但联邦最高法院却以一致判决意见宣布该法令违宪。

大法官威廉·R.戴(William R. Day)曾说《1866年民权法》和联邦宪法第十四修正案(the *Fourteenth Amendment)保证黑人无需只因肤色而受州法规的歧视并享有取得财产的权利。更概括地说,联邦最高法院质疑是否仅因买主是黑人就否决白人对其财产的处分权。尽管承认种族敌意是一个法律在某种程度上应该去否认的问题,大法官戴仍阐述道,"不能通过剥夺公民的宪法权利和特权"来解决问题(p.81)。戴最后说,该部法律侵犯了白人和黑人对其财产的处分权,并直接违反联邦宪法第十四修正案规定的非经正当法定程序,不得干涉财产权的禁令。联邦最高法院区分了"普勒西诉弗格森案"(*Plessy v. Ferguson)(1896)和"伯里亚学院诉肯塔基州案"(Berea College v. Kentucky)(1908)两案之不同,赞同联邦宪法第十四修正案根据隔离但公平规则而合理规定的权利。这个判决意见对隔离黑人的做法加以限制,并表明对财产权的保护应具有确保公民权利的效力。

[Herman Belz 撰;夏登峻译;许明月校]

巴克利诉瓦莱奥案[Buckley v. Valeo, 424 U. S. 1(1976)]②

1975年11月16日辩论,1976年1月30日就特别问题以不同的表决结果作出判决,判决意见未经签字,伯格、布莱克蒙、伦奎斯特、怀特和马歇尔在部分问题上持异议,史蒂文斯未参加。尽管联邦最高法院难得以实质性条款对国会立法作彻底改动,但它的确在本案中通过了对有关联邦选举运动法(FECA)(1971)的几项规定(1974年修订)以及1971年的税收法几条规定(1974年修订)作出的裁定而彻底改动了国会立法。正如法院意见(*per curiam)所指,8名参加审理的大法官的各有不同的多数意见对于候选人和试图阻止新竞选运动立法受1976年选举影响的人们所提出的各种质疑作了判决。

联邦最高法院废除了一项允许国会选择联邦选举委员会(FEC)获得多数选票的成员并授之管理和执行《联邦竞选法》(FECA)的权力法律规定。由于认为这种安排违反了只能授权委员会主席来任命这类官员的任命条款(Appointment Clause),联邦最高法院有力地告知国会重写一份联邦选举运动法(它很快地做了)以便保持联邦选举委员会的重要权力。这种权力本身是受到支持的,正如联邦选举运动法的详细通知和转述所要求的那样。

联邦最高法院就有关联邦宪法第一修正案(the *First Amendment)反对《联邦竞选法》(FECA)在联邦举行中对捐赠和费用开支进行限制的裁定更加复杂。法院支持几条捐赠限制条款(比如,每人在每次选举运动中最多可捐赠1000美元给国会的或总统的候选人),因为这些条款适用了适当的立法手段来反对因依赖大笔捐赠致候选人不能独立而引起的不良影响。另一方面,对费用开支的限制被废除了,因为对政治表现进行实质和直接的限制有违联邦宪法第一修正案。这样,联邦最高法院消除了国会的意图:国会不仅想对候选人费用的整体进行限制,而且还限制其他人与候选人开支费用的比例(除了直接捐赠给候选人的以外),另外,还限制候选人可从他们自己的和家庭的基金中开支多少。

这些最后限制的废除说明联邦最高法院在捐赠与费用开支之间区别对待。在选举运动中使用自己的几百万美元的财产的做法能有效取代从他人那里取得大量捐赠,这并不会收买或甚至看起来会收买候选人。然而,不富裕的反对者可能十分关注联邦最高法院赋予富有候选人从家中财富开支好几百万的自由,并视之为一种特别不公平的优势,因为依据法律,他们现在不能通过找到个别大的捐赠者如此随意地补偿。一个更大更重要的法律漏洞,限制个人和团体用于支助候选人的开支费用数额的规定,也由联邦最高法院废除了。这些开支费用需要的只是"独立"于候选人和候选人选举运动委员会,以便不受限制,而捐赠由于不用"独立"而应受限制。

与其对于国会私人选举运动财政之规定的含混回答正好相反,联邦最高法院完全支持对总统选举

---

① 另请参见 Housing Discrimination; Property Rights; Race and Racism; Segregation, De Jure。

② 另请参见 Elections; Financing Political Speech; Speech and the Press。

运动设立公共基金的新规定。这些规定包括为当事方进行总统提名会议活动设立的所得税查讫基金，为总统首要候选人（以较量为基础）设立的基金，以及为总统普选候选人设立的基金（以实际上提供充分基金为基础）。联邦最高法院认为这一类的基金是在国会的权力范围之内根据公共福利条款（*General Welfare Clause）支出，既不违反联邦宪法第一修正案，也不违反联邦宪法第五修正案（the *Fifth Amendment）的正当程序条款。后来发生问题了，因为分配基金的安排很可能是帮助主要的政党和他们的候选人，而不是帮助次要的政党、新兴党派或独立候选人。但联邦最高法院将这条法律解释为允准给小党派及其候选人以充分的机会获得（即使是较低水平的）公共基金。

法官造法的一个最后要素应值得注意。在支持公共基金时，联邦最高法院也曾裁定——正如国会已经做的——要求总统候选人必须以同意一项开支的上限来作为享受这类基金的条件之做法是符合宪法的正当性的。自愿接受的上限限制不会违反联邦最高法院对禁止费用开支上限的规定。因此，如果国会或州的立法机关试图为候选人或其他公务员固定开支上限，那么在规定上限的同时为其提供公共基金才符合宪法含义。然而，联邦最高法院在"联邦选举委员会诉全国保守政治行动委员会案"（Federal Election Commission v. National Conservative Political Action Committee）（1985）中作了很清楚的裁定，这类上限不得适用于资助已受公共基金支助的候选人的独立开支。

在 1976 以后的 20 多年里，如果案件涉及选举资金问题，联邦最高法院就会通过扩大或者解释巴克利案确定的范围而遵循该案的先例判决。因此，当联邦最高法院对《2002 年两党竞选改革法》（Bipartisan Campaign Reform Act of 2002）的合宪性问题进行裁决时，布利克森依然是恰当的先例判决。

［Leon D. Epstein 撰；夏登峻、邵海译；许明月校］

巴克诉贝尔案［Buck v. Bell, 274 U. S. 200 (1927)］①

1927 年 4 月 22 日辩论，1927 年 5 月 2 日以 8 比 1 的表决结果作出判决，霍姆斯代表联邦最高法院起草判决意见，巴特勒反对而无判决理由意见。在巴克诉贝尔案（Buck v. Bell）中，大法官奥利弗·温德尔·霍姆斯（Oliver Wendell *Holmes）用简练沉稳的词句天才般地表述自己的观点，而这也成为他日后被引用最多的表述。以 8 比 1 的表决结果作出的支持弗吉尼亚一项绝育法律的判决得到了霍姆斯的支持。霍姆斯不仅坚持了其长期坚持的允许州彻底清理其治安权的意向，而且以整个国家普遍抱有的偏见粉饰了他的意见。

本案是由进步主义时代（参见 Progressivism）弗吉尼亚的林奇堡（Lynchburg）市的癫痫病和心神衰弱症患者聚居点的警察总监阿伯特·普里迪（Albert Priddy）引起的。为了积极通过优生节育推进种族优化，普里迪在聚居点管理委员会的鼓励下实施绝育的做法。因为立法并未明确处罚绝育，所以 1918 年法院只是就普里迪的个人责任提出警告，于是停止了这项工作。

州财政预算问题与普里迪争取明确的立法的努力不谋而合。代表优生群体和普里迪的奥布里·斯特罗德（Aubrey Strode）通过 1924 年的州议会制定了一项法规，规定可以在节育以后释放那些反之会要求永久置于公共机构监管之下的个人。此法规概括规定了应遵循的程序，包括机构委员会的批准、指定法定监护人、听审以及向法院上诉。

卡里·巴克（Carrie Buck）也被牵扯进了 1924 年的一系列事情当中。作为一名强奸受害人，卡里不幸怀孕。与之生活到 18 岁的家庭将她押交给了聚居点。根据修订后的比奈－西蒙智商（Binet-Simon I. Q.）标准检验显示，她的智力年龄如同 9 岁。她的母亲埃玛（Emma）被发现具有不到 8 岁的智力年龄，也被禁闭在聚居点。卡里的女儿维维安（Vivian）在 1924 年 3 月 28 日出生后，普里迪建议卡里应实行绝育，因为她是个弱智者而且是个"道德罪犯"。结论是维维安从她母亲身上继承了相同的条件，而她母亲也是依次继承她的母亲，因此普里迪已有一个很好的标准案件。聚居点董事会接受了他的建议，并聘请了律师。斯特罗德代表聚居点，斯特罗德的朋友、前聚居点董事欧文·怀特赫德（Irving Whitehead）则代表卡里。

1924 年 11 月 18 日在县巡回法庭开庭审判，斯特罗德提交了 8 个证人证言和一份专家证据证明卡里心神衰弱的处理意见。巴克家庭被描述成南部"无能无知无用的反社会白人的一部分"，法院还听说维维安这个第三代也"不是一个十分正常的人"。

怀特赫德未召到证人对"专家"或有关导致卡里及她家人之状况的"主张"提出异议。他本可以对指控卡里缺乏理性的指控出质疑，但他只强调了卡里常去教堂且学校的成绩记录也相当正常。怀特赫德的辩护失败了，这是因为他想要失败，他寻求出现的结果与普里迪和斯特罗德寻求的一样。

现在命名为"巴克诉贝尔案"，是因为约翰·H. 贝尔（John H. Bell）在聚居点代替了普里迪。怀特赫德于 1925 年将此案上诉到联邦最高法院，斯特罗德的诉讼要点主张已提供了正当诉讼程序，州的治安权允许其官员保护和判决像卡里·巴克这类的人。怀特赫德反对，认为法律歧视那些被禁闭在一些慈善机

---

① 另请参见 Due Process, Procedual Power。

构的人,某个州不能以外科手术的方式剥夺这些人"身体完整性"(full bodily integrity)。他警告说:"如果允许这样做下去,新的阶层、甚至'各种族'本身都会被纳入法律进行控制,而且'最恶劣的暴行实践'就会在'医生的王国……以科学的名义开始'。"

霍姆斯在他的1927年5月的判决意见中驳回了这种平等保护的主张,认为法律"倾向于一种政策,它适用于所有被其划入线内的人,并试图在允许的范围内尽快地将(其他人)带入其所划的范围"(p.208)。由于接受优生的论点,他认为程序性的保障已经得到"审慎地"遵循。霍姆斯认为,"如一个民族或国家在战争时可以号召它的'优秀公民'为其献出生命,它也可以要求使社会精力衰减的人作出的牺牲,毕竟三代智残已经足够了"(p.207)。

联邦最高法院裁定之后,卡里于1927年10月做了绝育。许多州通过了相类似法规,而纳粹德国则更是把"清查"运动推向了顶峰。这个案例为对基于流行的科学观念而产生的理念需进行特别审慎的审查提供一个强有力辩护,特别是在地方层面。

参考文献 Paul A. Lombardo, "Three Generations, No Imbeciles; New Light on Buck v. Bell," *New York Law Review* 60 (April 1985): 30-62.

[Fred D. Ragan 撰;夏登峻译;许明月校]

巴德诉纽约州案[Budd v. New York, 143 U.S. 517(1892)]

1891年11月17、18日辩论,1892年2月29日以6比3的表决结果作出判决,布拉奇福德代表联邦最高法院起草判决意见,布鲁尔、菲尔德和布朗三人反对。"巴德诉纽约州案"是来自纽约上诉法院的一项上诉判决,"人民诉巴德案"(People v. Budd)(1889)支持一项规制粮仓费率的纽约州制定法合宪,同样的问题在"芒恩诉伊利诺伊州案"(*Munn v. Illinois)(1877)中也得到解决。保守派对芒恩案的批评认为,该案违背了实体正当程序(*due process, substantive)原则,因而应予以否定,自1877年以来这一问题已经越来越关键,保守派的这一批评最近通过大法官塞缪尔·布拉奇福德(Samuel *Blatchford)在芝加哥、米尔沃基与圣保罗铁路公司诉明尼苏达州案(*Chicago, Milwaukee ε St. Paul Railway Co. v. Minnesota)(1890)的多数判决意见而获得胜利。

但在巴德案中,大法官布拉奇福德再次确认芒恩案,支持调整粮仓费率作为影响公共利益的商业的合法性。对这类企业进行费率管制并没有违反第十四修正案关于正常程序的要求(the *Fourteenth Amendment)。因为管制性规定是被限定在纽约的属地管辖权范围内的,布拉奇福德发现它并未违反第1条第8款的商业条款(亦见 Commerce Power)。

所有这些对于大法官戴维·J.布鲁尔(Dvaid J. *Brewer)来说都是不能忍受的。布鲁尔反对,声称芒恩案的基本原则是"根本的谬误"(p.548)。并为他的响亮的放任自由的立宪主义(*laissey-faire constitutionalism)的成功欢欣鼓舞。布鲁尔写道:"父辈传下的政府理论对我来说是乏味的。"(p.551)尽管芒恩案和巴德案并没有被明确的推翻,但是,经过"新政"(*New Deal),其权威性已经大大衰减。

[William M. Wiecek 撰;夏登峻译;许明月校]

联邦最高法院的预算[Budget of the Court]①

联邦最高法院于1790年2月第一次集会时,它对联邦预算增加的负担无足轻重。当时只有6名大法官,首席大法官年薪4000美元,大法官3500美元。联邦最高法院没有永久性的总部机构,而是常在纽约市皇家交易大厦2楼房间集会,并且没有书记官或其他辅助人员。国会甚至连一个法律图书馆(law *library)都未提供。多年来,联邦最高法院随着其权力和案件负荷加大,工作范围也扩大了。自1935年起联邦最高法院有了一个永久的院址,以雄伟壮丽大理石的建筑物自华盛顿国会大厦横跨大街。现在它有9名大法官任职,他们得到大量法院公职人员的支持来实施他们职责。联邦最高法院的财政需要已有相应的增加,但它仍然是一个相对于其他联邦机构来说花费不多的机构。

提供给联邦最高法院的资金取决于国会,并且必须提交给立法机构一份年度预算请求。这个预算编制程序必须在财政年度之前一年开始,这样预算资金才可以请求得到。在每年春夏之间的几个月,联邦最高法院制定预算要求并核实无误。联邦最高法院首席执行官办公室主要通过该室预算主任监督预算制定程序。最终请求的金额必须经联邦最高法院的批准,并呈交管理预算局。联邦最高法院的预算要求连同其他联邦部门和机关的预算要求一起并入概算之中,由总统呈交给国会。可能是法院的权威高于其他机构的预算要求,法律明确禁止管理预算局对司法部门所要求提供资金的水平作出任何修改。

国会的法案始于冬末并常常延至夏季,司法部门的一些预算要求一开出就送至众(议院)、参(议院)两院拨款分委员会,该会对这些概算进行详尽审查。除联邦最高法院的概算外,还有5个其他司法部门[联邦巡回上诉法院(*Court of Appeal for the Federal Circuit)、国际贸易法院、地区法院、巡回上诉法院(*Circuit Courts of Appeals),美国联邦法院管理署]分别的概算。该分会在考虑联邦最高法院的

---

① 另请参见 Administration of Federal Courts; Bureaucratization of the Court。

财政需要时,由首席大法官授权的两名大法官和几名行政管理官员出席回答一些问题,并审定所要求提供资金的数额水平。在岁初预算法案通过之前,拨款委员会必须对该分会的介绍作全面审查并经两会批准,然后将该法案送交总统。

联邦最高法院在年度资金预算的要求方面总是非常成功的。在最近几十年,大法官们总是可以从国会获得所要求的95%。法院的预算分为两个大类。一是法官的薪水和费用开支,这一笔费用在2003 财政年度是 4546 万美元,其中法官与 427 名职员的薪水和福利占了总额的 75%;打印费、物资费、设备费以及其他费用占了 25%。二是法院的大楼和地面维护费用。国会在 2001 年向法院拨付了900 万美元用于维护法院的设施,而法院在 2002 年开始了扩建办公楼,并使大楼现代化。该工程预计将耗资 1.22 亿美元,为期五年。因此,国会于 2002年拨付了 5300 万美元用于大楼和地面,2003 年拨付了 4100 万美元。

1935 年以前,联邦最高法院的资金是通过司法部管理支配。然而,正是在那一年,联邦最高法院被授权自我管理预算拨款。联邦最高法院的执行官(marshal of the Court),作为主要财政官员,履行执行财政管理的责任。

[Thomas G. Walker 撰;夏登峻、邵海译;许明月校]

联邦最高法院的建筑[Buildings, Supreme Court]①

直到 1935 年 10 月联邦最高法院才搬进自己的大厦,而以前都是与其他的管理部门共用场地的。1790 年 2 月联邦最高法院举行的第一次开庭期是在纽约市皇家交易大楼 2 楼。国家立法机关用下面大拱顶房在上午时间作开会用,而联邦最高法院则在下午开会。由于 2 月和 8 月期间备审案件目录表上无案件,联邦最高法院只在少数天内开会处理日常行政事务,包括允准律师进入律师协会。由于附近有市场存在,因此,法官们专心办案就受到影响,尽管该市为减少路过的小型货车噪音对临近交易大楼的区域采取了隔离措施。

图一　纽约市皇家交易大楼

1790 年 12 月费城依照国会的一个法令已成为新的政府所在地。联邦最高法院找到在州议会大楼内的临时地址,在底楼占了一间房作为宾夕法尼亚州最高法院长期使用。作为一个法庭,除了冬季的火炉(立法机关拒绝提供),这个漂亮的乔治式房间是比较理想的。由于无案可审,联邦最高法院该年 2 月的开庭期仅仅两天就结束了。1791 年 10 月联邦最高法院就在一个永久性的新建大厦内再次聚会了。

位于州议会广场东侧的费城市政大厦给当地的法院和市政务各办公室提供房子,而对联邦司法部门则提供有限的区域。这以后的 9 年,联邦最高法院与市长庭院(Mayor's Court)分享了同一层的舒适的庭室。由于 1796 年发生工作时间上的冲突,大法官腾出而搬到楼上市议会厅的一些房间。相反,国会和总统则住进他们自己的大楼。

因为永久的国家首都正在波托马克河两岸建设之中,因此,司法部门这一块的建设工作并没有引起

---

① 另请参见 Chambers; Paintings in the Supreme Court Buildiong; Sculpture in the Supreme Court Building。

人们普遍对兴趣。在彼得·查尔斯·朗方特(Pirre Charles L'Enfant)华盛顿市的原规划中为联邦最高法院在国会和白宫之间保留了一块地址。但当 1800 年政府从费城搬来时，这里还未开始动工。最后国会答应联邦最高法院可使用国会底楼一个委员会的房间，该国会大厦此时仅有一翼已经竣工。

在这一很小且未修整的会议室，正如建筑师本杰明·拉特罗布(Benjamin Latrobe)所描述的那样，"小气的布置，十分不便"。从 1801 年至 1808 年，联邦最高法院均在那里集会。在那段时间里，它有时与地区和哥伦比亚特区巡回法庭分用场地，并忍受来自走廊外人群乱转的干扰的噪音。1808 年，国会大厦要进行大型维修和改造，参议院会议室在原楼层升高一层。

为了避免喧扰，联邦最高法院搬到另一通常提供给国会图书馆使用的会议室，1809 年它被搬到一家旅店附近。

当 1810 年 2 月开庭期大法官们重新集会时，他们占用了拉特罗布为其特别设计的一个新的会议室，位置正好在参议院会议室直接的正下方，现在成了国会的地下室。这个半弧形的庭室拥有一个引以为豪的漂亮的拱顶，支撑着上面的楼板（见图二）。联邦最高法院很少有时间享受周围的新环境。由于 1812 年的战争，英国军队侵入华盛顿，并于 1814 年夏焚毁了国会大楼，迫使联邦最高法院又一次寻求新的寄居地点。

图二　联邦最高法院老法庭

在回到临时性、阴暗的、尚未装修的国会山的庭室之前的两年中，大法官们都在国会山租用的房子中集会。最后，在 1819 年，他们又开始重新回到自己的庭室，在这里他们又待了将近 40 年。这种庭室有某些吸引人的地方，大法官坐在稍稍凸起的平台上的红木桌后，下面围绕着一圈栏杆，从那里走几个台阶就可以转到一个弧形访问者长廊。庭室仍然很小、潮湿，光线很弱，并且，大法官也同以前一样，不得不与一些低级别联邦法院分享这个空间。

到 19 世纪 50 年代后期，国会大厦又增加了两翼新的建筑，以容纳扩充过快的众参两院。这样，联邦最高法院就搬到原参议院会议室楼上。其底层庭室成了法律图书馆。1860 年地点的改变为联邦最高法院提供了一些急需的空间和一个其精心设计更令人印象深刻的法庭。现代的造访者多赞赏整修过的庭室之美，它装饰有棕色地毯，在大法官坐席的后面有一排绿色大理石圆柱，旁听席坐椅也有天鹅绒坐垫（见图三）。横过走廊，从前参议员用过的一些房间改成了法官、书记官、执法官、判例汇编人员的办公用房。1866 年国会又在底楼图书馆西边增加了一间舒适的大法官会议室。

尽管作了许多改善，但仍留有不少严重问题。大法官们必须穿过人群嘈杂的公共通道方可进出法庭；法院职工办公室太小，太拥挤，没有一些房间专为大法官单独使用。联邦最高法院图书馆空间太少，

图三 旧参议院会议厅

难以容纳不断增加的文档。鉴于这些无法解决问题的存在,首席大法官威廉·霍华德·塔夫脱(William Haward *Taft)开始有力的疏通游说,终于在1925年使联邦最高法院获得了确保其拥有独立支配的法院大楼的承诺。

国会对塔夫脱的创意给予支持,并批准了他建议的地址:连接国会图书馆并面朝国会大厦基地庭园的一块小地。塔夫脱作为建筑委员会的主席则进一步监督由卡斯·吉尔伯特(Cass* Gilbert)进行的建筑工艺和结构设计。当1935年联邦最高法院大厦完成时,这个白色大理石的圣殿,带有中央圆柱的门廊和和谐匹配的两侧后房,有效地象征着权力和司法部门的独立(参见 Architecture of the Supreme Court Building.)。

自那里开始,联邦最高法院的大楼一直没有变化,但2001年10月的一段时间里,在主审判庭发现了炭疽病,法官们必须疏散。再加上一个月以前纽约和华盛顿发生的恐怖袭击事件,法院的正常日程被打乱了,法官们把会议转移到不远处的 E. 巴雷特·普里特曼合众国法院大楼内(E. Barrett Prettyman United States Courthouse)举行。

参考文献 Catherine Hetos Skefos, "The Supreme Court Gets a Home," *Supreme Court Historical Society Yearbook* (1976), pp. 25-36; Charles Warren, *The Supreme Court in United States History*, 2 *vols.* (1922).

[Maxwell Bloomfield 撰;夏登峻译;许明月校]

邦廷诉俄勒冈州案[**Bunting v. Oregon**, 243 U. S. 426(1917)]①

1916年4月18日辩论,1916年6月12日再次辩论,1917年1月又一次辩论,1917年4月9日以5比3的表决结果作出判决。麦克纳代表联邦最高法院起草判决意见,怀特、范·德凡特和麦克雷诺兹反对,布兰代斯回避。一项1913年俄勒冈州法律确立所有工人10小时工作日制,无论男女,也无论是磨房、工厂、制造基地,均应按要求以超过原工资半倍标准支付加班工资。邦廷(Bunting)是纱厂的工头,他要求一个职工工作13小时但并未支付超工时费,因此被判违法。全国消费者联合会找到路易斯·布兰代斯(Louis *Brandeis)来维护这项法律,但是此案在提出辩论之前,他却被提名去联邦最高法院任职。费利克斯·法兰克福特(Felix *Frankfurter)接手了此案,并呈交一份长篇的"布兰代斯辩护要点"(*Brandeis Brief),用大量事实证明过长的工时有损工人们的健康。

联邦最高法院就这一问题分歧很大,主要因为有些大法官将超工时问题视为劳动报酬管制的问题,因而第一步就转向明确法律确定的最低工资率。此案不得不经过两次辩论。最后以勉强多数同意原工资标准加半倍加班工资的规定并不构成对工资的管制,而是目的在于阻止超工时工作的处罚。

在大法官约瑟夫·麦克纳(Joseph *Mckenna)

---

① 另请参见 Due Process, Substantive; Police Power。

的判决意见中指明联邦最高法院并不需要超出该法的立场,而应接受俄勒冈立法机关的判断,最多10小时是必要的或对保护职工的健康有益,事实是:法律并不适用所有工人,而只适用于在某些产业中的那些人,但这不构成违反正当程序条款的歧视。联邦最高法院的3名大法官反对,但无判决意见理由。

[Melvin I. Urofsky 撰;夏登峻译;许明月校]

联邦最高法院的体制化[Bureaucratization of the Court]

联邦最高法院由9名大法官组成。这些大法官在运用其个人的哲学、智慧和法学识对宪法进行有意义的、学院式的、精心细致的解释之余,并不可能有很多时间用于维持法院人事系统的运转。在联邦最高法院最先几十年的期间,这也是实际的情况。联邦最高法院以比较短的期间集会,而且它的备审案件目录均易于操作,生活中大法官们也均在同一寄宿处居住生活。他们可以处理自己的业务工作而无需得力助手。然而,官僚主义的逐步发展能在行政琐事和司法责任两方面为法官们提供帮助。最初,只是偶尔出现在某些非正式的业余活动上,并且通常由非官方的行政人员为联邦最高法院履行这些职责。现今,联邦最高法院不少于300名职员的官僚机构已经完全制度化和相当的职业化。

从历史上来看,联邦最高法院曾经由国会授权的4名主要行政官员支持工作:书记官、判决汇编人、执行官和图书馆长。每个人都是由联邦最高法院批准的,并主持一个配备了适当人员的办公室。第一个被任命的书记官是在1790年,他进入时联邦最高法院的历史才开始3天,连续好几年,他执行了全院所有的行政工作任务。他有一定的独立性,从存档费中支付其报酬,并允许同时从事其他职业。现在,书记官负责管理联邦最高法院的司法业务,这包括接收律师递交的全部文件,管理安排备审案件目录和日程,保存好法院的记录,监督联邦最高法院对律师的职业准许,指导律师遵守正确的法院程序(参见 Clerk,Office of the;Clerks of the Court)。

判决汇编人的职位是由国会于1817年授权任命,代替私人履行出版联邦最高法院判决意见的非正式事务并从销售活动中获得收益。现今的判决汇编人负责编辑、编写概要、印制出版和发行联邦最高法院判决意见(参见 Reporters,Supreme Court)。联邦最高法院的执行官(*marshal)是1867年由国会创始设立的。对联邦最高法院有保卫安全责任,同时执行法院的命令。以前,这些任务都是由哥伦比亚特区法院的执行官执行的。今天,执行官已有大量的任务,包括监督联邦最高法院的警力、维护法院的建筑物和地基、公开庭审时维护秩序以及管理联邦最高法院的财政事务。

1887年,图书馆长开始履行职责,在国会授权任命这一职位前,联邦最高法院图书馆起初由书记官掌管,后来由执行官掌管(参见 Library)。除了这些传统的行政办公室之外,联邦最高法院于1935年增加了一名公共信息员(*Public Information Officer),1972年又增加一名首席大法官行政助理(*administrative assitant to chief justice),1974年还增加了一名文史馆长(*curator)。

大法官们在司法任务中会得到法官助理(Law clerks)在个人办公室内协助工作。1882年,第一个法官助理是由大法官霍勒斯·格雷(Horace Gray)用自己的钱雇来的,当时国会拒绝支付费用雇用此助理。现在,每名大法官可雇用多至4名助理,首席大法官可雇用5名。这些助理可从新近国家一流法学院本科毕业生经在上诉法院任书记员后再行选择。他们一般工作1年,书记员评估调取复审案卷令(*certiorari)的申请,从事研究和准备初期的令状工作,草拟判决意见,评议一些法律论点,并完成大法官交给的其他的任务(参见 Clerks of the Justices)。

对于司法工作需要的其他协助,则由1937年设立的法律办公室提供,它作为联邦最高法院的机构顾问发挥作用。由首席大法官任命两名辩护律师负责,至少工作4年。该办公室为联邦最高法院有关的各类法律问题提供咨询,包括管辖和诉讼程序、初审(或原审)管辖案件(*original jurisdiction cases)以及一些影响联邦最高法院或个别大法官的特殊或紧急事务(参见 Legal Counsel,Office of)。

行政人员的增长一般都被认为是必要的,因为联邦最高法院的案件档案自1950年以来增加了3倍。但在另一方面,司法辅助人员的膨胀已经成为受到批评的主题。比如,法官助理被指责过分影响了联邦最高法院所作的判决意见,应否对此承担责任也是一个有争议的问题。另一个引起关注的问题是,大量法官助理的增加和法律办公室的出现,可能会使联邦最高法院从一个由9名审慎的法学家组成的委员会沦为一个独立但又互相牵制的律师事务所的类似机构。对某些批评家来说,这会影响联邦最高法院的独特性,并且会削弱其作为政治和法律机构的力量。

[Thomas G. Walker 撰;夏登峻译;许明月校]

联邦司法机关的体制化[Bureaucratization of the Federal Judiciary]①

根据《1789年的司法法》(*Judiciary Act of 1789)建立了联邦法院,创立了三级审判体系,并配

---

① 另请参见 Administration of Federal Courts;Courts of Appeals;Lower Federal Courts;Workload。

有6名联邦最高法院大法官和13名地区法院法官,过了几年,司法机关在全国都在增加扩大。1990年,94个地区法院和12个区域性巡回法院配置了743名法官,此外还有许多专门法院。联邦法院系统已成为一个年度预算超出17亿美元的复杂系统。这样的增长不可避免地会导致行政管理的官僚主义化。

然而,行政结构的发展是缓慢的。司法系统以分散行政权的操作分权方式运作。该系统内不存在司法部门行使行政的集权或制定政策权。司法部,行政部门的一个组成部分,履行了全国范围内的所有必要司法行政职能。

首席大法官威廉·霍华德·塔夫脱(William Howard *Taft)考虑到法院系统缺乏一体化,因此疏通国会设立一个简单机构帮助该司法系统进行通信联系、协调和制定政策。国会于1922年通过设立司法高级巡回法官会议来解决这一问题。该会议由首席大法官(*chief justice)任主席,另由每一巡回院的首席法官、国际贸易法院首席法官以及由每一巡回区选出一名地区法院法官组成。现在为众所周知的美国司法会议。它已变成司法系统中心政策制定机构,而且也是法院系统与国会的主要联系枢纽,此会议组织一般每年召开两次大会,其全年的职能是通过约25个委员会的系统来关注相关的特别行政问题以及政策问题。

针对司法系统与行政部门就法院执法问题的激烈政治斗争,国会于1939年创设美国法院司法行政办公室,赋予司法系统独立的司法行政权。该司法行政室自1990年起年度预算3400万美元,主要用于维持全国联邦法院系统办公运行以及管理上的必要工作支出。

1967年,国会又增设第三个全国性的司法行政机构——联邦司法中心。这个机构组织实施培训和研究,并为法院的发展作规划。它为新任命的法官和老法官主办学习班,在实施继续教育规划等方面均卓有成效,同时在改进司法行政工作的一些方法上的研究也颇有成果。

直到1984年司法系统的集权行政机制均集中于司法行政问题,由于刑事科刑差异增长而引起人们对量刑问题的关切,1984年国会遂设立美国量刑委员会,该委员会被授权公布强制性的量刑指南。这是司法行政官僚化中第一个机构,它就联邦法官现行科刑判决行使控制权。该委员会的合宪性效力在"密斯特里塔诉合众国案"(*Mistretta v. United States)(1989)中得到联邦最高法院的肯定。

尽管有这些司法行政单位集权的影响,低级别联邦法院仍保留其地方集权,司法独立的规范仍处于巩固地位。12个巡回法院中的各个法院均有权处理该巡回区的司法行政和政策问题。最初的判决实体是巡回审判委员会(Circuit Council)。它的成员由上诉法院和地区法院法官组成,该委员会在联邦巡回法院系统行使广泛的权力,并在问题扩大超出区域范围时,或在国会要求作出回复时可向司法会议作出建议。该委员会有权监督司法行为,并可在出现无资格或无能力或有纪律需要时采取适当措施。这些权力是联邦最高法院在"钱德勒诉司法委员会案"(Chandler v. The Judicial Council of the 10th Circuit)(1970)中授予的,并在后来的《1980年司法议事改革》中作为司法行为和纪律法固定下来。

诉讼的快速增加已经迫使增加设立低级别联邦法院的司法行政职位。自1971年起,每一巡回法院获得授权任命一名巡回执行的专业司法行政官,他在委员会的直接指导下管理巡回管辖区内的非司法业务。在上诉法院和地区一级的法院则设有辅助人员在司法业务的程序操作上予以协助,这包括法院书记官、执行官、治安官、任职律师、法官助理以及全体办事人员。司法行政机构中的这些扩展已经引起一些观察家的担心,进而提出反对一个过分官僚主义化的司法系统,这样一来法官就必须花费大量时间管理职员和案件,而影响履行他们更核心的司法职能。这种环境会导致司法系统越来越不受人为因素影响、不近人情,对程序的关注超过对正义和公平的重视。

参考文献 Peter Graham Fish, *The Politics of Federal Judicial Administration*(1973).

[Thomas G. Walker 撰;夏登峻译;许明月校]

伯格,沃伦·厄尔[Burger, Warren Earl]①

(1907年9月17日生于明尼苏达州。)1969—1986年联邦最高法院首席大法官。伯格,这位第15任首席大法官是靠自我奋斗成功的人。他有瑞士和德国的血统,身世平凡。在明尼苏达大学的2年以及圣保罗法学院(现在的威廉·米切尔法学院)的4年期间,伯格白天销售保险,晚上上课。1931年,他以优异学业成绩毕业于该法学院。

1931年到1953年,伯格在圣保罗与博耶森(Boyesen)、奥蒂斯(Otis)和法里西(Faricy)从事法律业务,最初处理公司、不动产以及遗嘱认证等法律实务问题。他也参加一些市民和政治活动,最出名的是作为明尼苏达州长哈罗德·史塔生(Harold Stassen)的总统竞选支持者。伯格作为史塔生1948年至1952年在共和党全国大会的议院议案负责人,在大会上赢得全国共和党领导人们的尊敬。当德怀特·艾森豪威尔于1953年担任总统之际,司法部长赫伯特·布朗纳尔(Herbert Brownell)提名伯格任部

---

① 另请参见 Chief Justice, Office of the; History of the Court; Rights Consciousness in Contemporary Society。

Warren Earl Burger

长助理负责民事索赔分部(后来的民事分部)。

1956年至1969年,伯格任职于哥伦比亚特区巡回上诉法院,该法院是美国最有影响的法院之一。作为巡回法官,他以其司法行政管理工作以及与公民自由意志者展开的天才般的但是不利于分部的论辩引起了全国从法院到律师界的注意。伯格在许多问题上保持公道、适度,他引导着法院反对刑事被告权的扩大以及精神病辩护的现代化,他更倾向于给警察、公诉和审判法官留有相当余地。

林登·约翰逊对大法官阿贝·福塔斯(Abe *Fortas)的首席提名未获通过之后,理查德·尼克松(Richard* Nixon)任命伯格为首席大法官便成为可能。此时,尼克松特别注意到福塔斯因被控不当占有财产而辞职后的职位空缺(1969年5月)。伯格之所以被选中,是因为他的司法经验,他对沃伦为首的联邦最高法院刑事诉讼程序决议的反对,他对司法的批评,以及他没有道德上的污点。

与期望的相反,在伯格任首席大法官期间,尽管改革的步调更加稳健,但联邦最高法院还是巩固了沃伦法院时期的大部分创举(诸如公民权利、重新分配议员名额),联邦最高法院承认新的权利并向司法审查开放了诸如性别歧视(*gender discrimination)、堕胎(*abortion)、积极行动方案(*affirmation action)以及福利权等问题。伯格为对这些议题最缺乏热情的大法官之一。但当联邦最高法院在刑事领域转变方向,减少诉讼当事人与联邦法院的接触时,他则站到斗争最前沿,并比沃伦为首的班子更为注重联邦主义(*federalism)的传统原则。

20世纪的首席大法官中,相对于厄尔·沃伦(Earl *Warren)或威廉·霍华德·塔夫脱(William Howard* Taft)来说,伯格在引导其他大法官赞同自己的法学结论方面不那么成功。他的同事小威廉·J. 布伦南(William J. *Brennan, Jr.)和威廉·伦奎斯特(William H.* Rehquist)对他们的同时代的大法官有较大的影响,小刘易斯·鲍威尔(Lewis *Powell, Jr.)则以另一方向,在宪法的法理方面颇具影响。伯格不能够利用联邦最高法院内他的同仁们,而是相对地处于沉闷的政治气氛之中,在他的大部分任职期缺少由一些老的或爱争执的大法官提出问题。在联邦最高法院内,他显得多于争执,少于调和。在他的任期内,泄密给新闻界的行为——很明显有些是他的同事的所为——暗示了对他领导的不满。他在组织大法官的会议方面似乎不成功,其个人表达的判决意见增加到1800年以来没有过的水平。除了哈伦·F. 斯通(Harlan F.* Stone)之外,伯格本人比起任何一个大法官都不愿意压住自己的异议去保持和谐。

作为法官,伯格并不属于第一流的,但是他的工作却比当时的批评家们所要求的标准要好得多,与他的大多同事相比,他的专业水平也没有明显的差距。伯格并不是那种自寻烦恼的人,但是对于法律是什么而进行的思考却十分清楚。他的判决意见一般总是简短、以事实为根据,坦率、明确。

伯格的最重要判决意见是有关分权原则(*separation of powers)的处理意见。他代表联邦最高法院在"合众国诉尼克松案"(United states v. *Nixon)(1974)中形成的一致判决意见,拒绝尼克松行政特权的主张,并命令他交出与助理的谈话记录以有助于刑事审判。但他也承认总统谈话内容具有的推定特权。总之,伯格对于分权原则的态度是形式主义的。强调各部门的分权以及各部门在其权力范围内具有至高无上的地位。在"移民与归化局诉查德哈案"(* Immigration and Naturalization Service v. Chadha)(1983)中,他写的判决意见使立法否决权(*legislative veto)归于无效。在"鲍舍诉西纳尔案"(*Bowsher v. Synar)(1986)中,他的最后判决意见认为,《格拉姆-鲁德曼-霍林斯法(Gramm-Rudman-Hollings)预算削减法》违宪,因为该法赋予总审计长行政职能,而总审计长可以被国会免职。

尽管伯格个人曾对媒体进行过批评,同时也对媒体的批评极度敏感,但是伯格还是撰写了许多重要的意见来支持联邦宪法第一修正案(the *First Amendment)。其中就"内布拉斯加出版协会诉斯图尔特案"(* Nebraska Press Association v. Stuart)(1976)而言,联邦最高法院认为免受先前制约的保护可指定在刑事终审审判中使用"言论箝制令"(gag orders),在"迈阿密赫先驱出版公司诉托米罗案"(* Miami Herald Publishing Co. v. Tornillo)(1974)中,认为佛罗里达州要求对政治候选人进行过攻击的报纸应为该候选人的反击提供免费空间的法规无效。然而,伯格却拒绝了这样一种观点:第一修正案保证报界接触信息源的权利比公众成员不得将信息源泄露给大陪审团或不受警方追索的权利范围宽广(参见 Speech and the Press)。

伯格对于以沃伦为首的联邦最高法院的民事权利传统绝不是对抗性的,但他在运用司法权力强制取消隔离时百倍谨慎。在"斯旺诉卡尔罗特-麦克伦伯格教育理事会案"(*Swann v. Charlotte-Mecklenburg Board of Education)(1971)中,他代表联邦最高法院一致意见指出,该案确认地区法院扩大出庭观众范围以及用校车送学生上学,达到全区种族组合的最大融合。在"鲍勃·琼斯大学诉合众国案"(Bob Jones University v. United States)(1983)中,伯格通过支持国内税务局有权拒绝对有种族歧视的私立学校,甚至教会办的学校免税而驳回里根总统的行政见解。另一方面,在"米利肯诉布拉德利案"(*Milliken v. Bradley)(1974)中,伯格代表意见有分歧的大法官们,认为即使底特律市学校系统是违宪地种族隔离,司法部门也无权命令安排取消隔离的计划,其中包括缺少证据证明地区间的种族隔离是不公正的操纵选区划分(*gerrymandering)的产物。即使对积极行动方案缺乏激情,伯格在"富利洛夫诉克卢茨尼克案"(*Fullilove v. Klutznick)(1980)中仍写出判决意见,支持国会有关要求在市政工程职业议案中预留10%的经费以奖励少数民族企业的权利。

首席大法官非司法方面的职务非常适于伯格的才能和气质,他可将巨大活力能量、顽强性以及有风险意识的参议性带入他的角色范畴。和塔夫脱(Taft)一样,伯格将自己的职位看成是一个能够推动司法改革的位置。也如同塔夫脱一样,他是一位保守的改革者,首先关注的是传统的限制高消费和拖延问题。伯格也把他的职务看成是一个"霸道讲坛"(bully pulpit),此处可以要求注意州法院(*state courts)的一些问题。他为法院管理学院、国家州法院中心做了大量的工作,也为布鲁金斯研究班等奠定了基础,这三个部门的领导人可以经常集会研讨司法改革问题。他抓紧工作,但在纠正程序的改革方面成功有限,而在加紧提高律师质量及在发展前景某些方面做了更多工作。

在伯格任期内,从复印机到计算机等新技术均在联邦最高法院各办公室配备,个人的业务活动得到了有效的检查,小规模的核心法律人员队伍已经形成。联邦最高法院的大法官们也已更多地接近学者和公众。伯格在说服国会方面不是很成功的,在创立临时国家上诉法院以减轻联邦最高法院的重负或增加联邦受理上诉能力方面同样未获成功(参见 Judicial Power and Jurisidiction)。尽管在这些方面以及有关职务礼仪方面花费大量时间对于伯格在联邦最高法院的领导权威会产生了负面的影响,没有人会否认他的工作深入细致,他的深谋远虑可与其任何前任比拟,他也受到其下属的爱戴。伯格十分

重视对公众进行联邦宪法教育的重要性,于是他在1986年从联邦最高法院退休以后,所有的时间都用于担任美国联邦宪法诞生两百年纪念委员会的主席。离开联邦最高法院后,伯格没有再从事任何司法工作。

参考文献 Vincent Blasi, ed., *The Burger Court: The Counter-Revolution That wasn't*(1983); Bernard Schwartz, *The Ascent of Pragmatism: The Burger Court in Action*(1990).

[Jeffrey B. Morris 撰;夏登峻译;许明月校]

伯尔,阿伦[Burr, Aaron]

(1756年2月6日生于新泽西州纽瓦克市;1836年9月14日卒于纽约)律师和政治家,1772年毕业于新泽西学院(后改为普林斯顿学院),伯尔师从塔平·里夫(Tapping Reeve)攻读法律。在革命战争时期,作为一名独立战争部队军官,他编了一篇十分感人的记录。战争以后,伯尔定居于纽约市并成为一名十分成功的律师和政治家。伯尔是一位精明的、机会主义的政治策略家,他创立纽约的杰斐逊共和党,并且使得纽约州在1800年承认该党——成就之一就是在与托马斯·杰斐逊(Thomas *Jefferson)角逐中获胜。他担任了一届副总统,在此期间他主持了对大法官塞缪尔·蔡斯(Summel *Chase)的弹劾审判(1805年)。在1804年与亚历山大·汉密尔顿(Alexander *Hamilton)决斗之后,汉密尔顿被杀死,伯尔面临政治破产。一支不为人知的俄亥俄河远征军最终以企图分裂将西部从美国分裂出去的叛逆罪将伯尔逮捕。"合众国诉伯尔案"(United States v. *Burr)由首席大法官约翰·马歇尔(John *Marshall)于1807年在巡回法庭主审。此案是马歇尔为首的联邦最高法院为维护司法独立而斗争的历史中的一个片断。尽管存在来自杰斐逊总统行政机构要求判罪的强大压力,马歇尔仍作了一个具有里程碑意义的判决意见。他狭义地解释宪法对叛国罪的界定,使陪审团别无选择,只有判决无罪。流放到欧洲4年之后,伯尔又回到纽约,恢复他的律师生涯。最后数年,女儿去世和长期的债务困扰了他的生活。

[Charles F. Hobson 撰;夏登峻译;许明月校]

伯顿,哈罗德·希茨[Burton, Harold Hitz]

(1888年6月22日生于马萨诸塞州牙买加平原;1964年10月28日卒于首府华盛顿;葬于俄亥俄州克里夫兰市高原公园墓地)1945—1958年的联邦最高法院大法官。

1954年10月开庭期,联邦最高法院助理们(*clerks)就他们愿意选出的一名在他们自己受审

伯顿诉威明顿泊车管理局案 [Burton v. Wilmington Parking Authority]

Harold Hitz Burton

时主持审理的大法官进行投票。在包括有厄尔·沃伦(Earl *Warren)、胡果·布莱克(Hugo *Black)、费利克斯·法兰克福特(Felix *Frankfurter)以及威廉·O.道格拉斯(William O. *Douglas)的这样一个法院选出此人,他们却压倒多数地选择了哈罗德·伯顿。他在联邦最高法院的供职主要致力于艰苦细致而深刻的起草能提出判决的法理意见工作,大多数意见的依据是严密的,并且尽可能向他的同事们寻求帮助。伯顿成长于波士顿,父亲是麻省理工学院的一个系主任,他则于1909年以最优异的学习成绩毕业于鲍登学院(Bowdoin College),在学校他对体育课特别积极。1912年他获得哈佛法学院学士学位,同年与塞尔玛·弗洛伦斯·史密斯(Selma Florence Smith)结婚,并迁家克利夫兰市,在那里从事律师事务。他在第一次世界大战中服役,升为上尉军衔,并获得过紫心勋章。

1929年,伯顿被选入俄亥俄州立法机关。在意图赢得俄亥俄西北地区美国地区法院的一个空缺任命失败之后,从1929年至1932年他担任克夫利兰市的首席军事司法官(chief legal official)。1935年他当选为克利夫兰市市长,而且两度连任。作为市长,他的主要成功是妥善处理大量的失业问题和不足的福利经费。1940年,伯顿轻易地赢得共和党的提名和美国参议院的大选。在参议院供职时,伯顿展示了适度保守以及特别谦逊的姿态。

1944年10月联邦最高法院开庭期结束之后,大法官欧文 J.罗伯茨(Owen J. *Roberts)宣布退休,给总统哈里·杜鲁门(民主党人)提供了第一个任命高级法官的机会。总统在巨大的压力下只好提名一个共和党人填补此空缺。由于总统富兰克林·D.罗斯福(Franklin D. *Roosevelt)只提名任命民主党人去联邦最高法院任职(但斯通提升为首席大法官是例外),杜鲁门总统选择伯顿不只是由于他本人对伯顿印象良好,而且俄亥俄的州长是民主党人,很可能提名一个他们自己党的成员去接替伯顿的参议员的位子。伯顿在一天之内就被确认提名任命;参议院司法委员会(*Senate Judiciary Committee)未作听证,参议院全体一致批准了此项提名。

在13次的开庭期中,大法官伯顿坚持在高度分歧的法联邦最高法院中保持中立立场。在种族隔离的案件上,他是一个倾向于对美籍非洲人扩大宪法保护的主要成员,而在其他案件上,他则更经常偏向于大法官法兰克福特所倡导的自我约束原则。例如,在公民自由和国家安全案件上,他常常表决支持政府当局抵制个人权利主张的权力(参见 The First Amendment;Speech and Press);在商贸案件上,他多数表决支持一种经济的保守势态,时常反对工会权力而倾向于狭义地解释反托拉斯法(*antitrust laws)。

1958年10月开庭期开始不久,帕金森病症迫使伯顿辞职,他的健康逐渐恶化,并于6年后去世。

参考文献 Mary Frances Berry,*Stability,security and Continuity:Mr. Justice Burdon and Decision Making in the Supreme Court*,1945-1958(1978).

[Eric A. Chiappinelli 撰;夏登峻译;许明月校]

伯顿诉威明顿泊车管理局案 [Burton v. Wilmington Parking Authority,365 U.S. 715(1961)] ①

1961年2月21、23日辩论,1961年4月17日以6比3的表决结果作出判决,克拉克代表联邦最高法院起草判决意见,哈伦、法兰克福特和惠特克反对。在本案中,通过权衡其对于当时民权(*Civil Rights)运动成功的关键意义,法院界定了联邦宪法第十四修正案(the *Fourteenth Amendment)中州行为的含义,处理了这个即使不能说逻辑上神秘莫测也是令人伤透脑筋的难题。一城市建有一个公共停车库,库内出租一块空间给餐厅。特拉华州的法规规定,餐厅并没有义务为接待会引起顾客众怒的人提供服务,一个被拒绝服务的非籍美国人主张该行为构成了违反第十四修正案的歧视,联邦最高法院以6比3的表决结果作出判决,认为州行为的程度足以构成对同等保护条款的否定。大法官汤姆·C.克拉克(Tom C. *Clark)代表多数意见强调,因为此事在州所有并运营的大楼中发生,所以应有责任阻止它。州在当时的情况下的不作为使它成为歧视

---

① 另请参见 Race and Racism;State Action。

事件的一部分成为歧视的一方,这便导致了其行为违法。这次判决对阐明州的行为问题仅仅起到了一点作用。大法官克拉克限制了这次判决范围和作为先例的价值,他指出,"要形成并适用一个对各州按照平等保护条款(*Equal protection Clause)应承担的责任进行识别的准确的公式,是一种不可能的任务",他同时还分析道:"只有通过转换事实和权衡案情,州对于私人行为的不明显的介入才能有助于理解它的真正意义。"但反对者则认为,该案应返回给州法院以按照餐馆行为依据以遵守的州法律对其支持餐馆的判决进行澄清。

[Herman Belz 撰;夏登峻译;许明月校]

布什诉戈尔案[Bush v. Gore, 531 U.S. 98 (2000)]

2000年12月11日辩论,2000年12月12日以5比4的表决结果作出判决,伦奎斯特代表联邦最高法院起草判决意见,斯卡利亚和托马斯持并存意见,金斯伯格与布雷耶赞同史蒂文斯的反对意见,苏特单独持反对意见;布雷耶、史蒂文斯与金斯伯格共同持反对意见;金斯伯格反对;史蒂文斯、苏特与布雷耶共同持反对意见;史蒂文斯、金斯伯格与苏特共同持反对意见。在联邦最高法院对两党之争进行裁决的所有案件中,布什诉戈尔案是最激烈的一起案件,五位保守的大法官对联邦宪法进行了创造性的解释,以解决2000年总统选举之争,并作出了对保守的总统候选人有利的判决。

对于副总统戈尔(民主党)与得克萨斯州的州长乔治·W.布什(共和党)之间的竞选,佛罗里达州的投票结果惊人的接近。由于只有几百票的差距,戈尔的竞选班子要求对四个民主党控制的县重新进行手工计票,并认为这样的话就可以发现机器计票时发生的误差。布什的竞选班子则采取了相反的策略,动员所有的政治资源和对共和党持同情态度的官员,阻止所有手工计票的企图。

在重新计票工作接近尾声时,佛罗里达州最高法院认为,依据该州的法律,可以在全州范围内重新进行手工计票,因为机器可能发生误差而影响总统的得票数,正是在这时,该案被提起。但是,联邦最高法院五位最保守的大法官在二十四小时内发出了紧急禁令,要求停止重新计票工作,斯卡利亚(*Scalia)出面解释说,重新计票已经对"布什和国家造成了不可挽回的损害,并对布什宣布的合法选举蒙上了一层阴影"。以史蒂文斯(*Stevens)为首的四位持反对意见的大法官也作出了回应,"对每张合法选票进行重新计算的做法不会构成无法挽回的损失"。

两天以后举行了口头辩论,并于第二天(12月12日)晚上作出了判决,五位大法官认为不能重新进行计票工作。他们认为,佛罗里达州的法定标准是"投票人的明确意图",而该州最高法院没有为确定合法选票提出更为具体的标准,这就意味着,相似的选票在该州的不同地方有不同的命运。这违反了联邦宪法第十四修正案(the *Fourteenth Amendment)的平等保护条款。对于宪法的这种创新性解释可能会对美国将来的选举产生积极影响,他们(几位大法官们)没有作出说明;这种解释如何适用于佛罗里达州原有的选票数(该州各县的投票和计票实践很不相同),他们也没有作出说明。相反,五位法官只是简单地说,"我们所考虑的只是目前的情况,因为选举中的平等保护问题一般来说都会引起许多复杂问题"。

因为该案很有可能发回佛罗里达州最高法院重审,并形成更为具体的计票标准,五位法官宣布说,他们认为佛罗里达州最高法院希望在12月12日之前解决所有争议,以使该州受益,因为联邦法律保障了各州的选举不受国会裁决。因为该案的判决是在12月12日的晚上作出的,五位法官利用了时间方面的限制,并认为这样的话,佛罗里达州进行重新计票就不可能了。

五位法官中有三位(首席大法官伦奎斯特、斯卡利亚和托马斯)在判决书中添上了并存意见,认为在该案的情况下,各州有关选举的立法不足以支持全州范围的重新计票工作;所以,佛罗里达州最高法院的判决违反了联邦宪法第2条的规定,根据该条规定,只有州立法机关才有权就总统选举的方式加以决定。

四位持反对意见的大法官分别提出了反对意见,认为联邦最高法院不应该涉足总统选举之争。布雷耶与苏特对平等保护的观点表示了某种程度的认同,但认为这类问题更应该由州(如果必要)或者国会解决。他们认为,最好是将该案发回佛罗里达州最高法院,并由其决定是否以更为清楚明白的重新计票标准对该州的选票进行计票。史蒂文斯与金斯伯格强调指出,佛罗里达州最高法院对该州有关选举法的解释是完全有理由的,联邦最高法院五位法官的判决与他们以前就平等保护和联邦主义问题的观点是相矛盾的。该案判决的直接结果是宣布布什为总统当选人,戈尔于第二天承认了选举的结果。联邦最高法院的五位法官坚持认为,法院的介入是"意外的责任";大法官史蒂文斯在该案中的判决意见广为流传,他悲叹道:这一次总统选举中真正输掉的是"全国对于法官作为中立的法治卫士的信心"。

参考文献 Howard Gillman, *The Votes that Counted: How the Courts Decided the 2000 Presidential Election* (2001).

[Howard Gillman 撰;邵海译;潘林伟校]

联邦最高法院的业务[Business of the Court]①

联邦最高法院的业务不是静态的,相反,它要记载广泛的社会经济和政治变化。联邦最高法院的业务在量和质的重大变化同样能推进辖区的改革和制度的变迁。现代联邦最高法院实际上对什么案件给予违宪审查并以书面意见作出判决享有完全的裁量权。联邦最高法院酌情裁量管辖权的扩大使其不仅可安排它的承担案件数量,还可安排好它的议事日程。其结果是,联邦最高法院不再主要关注争议本身的解决,甚至包括对低级别法院错误纠正,相反,它还可以就全国性的、重要的、涉及宪法的和制定法的解释问题进行处理。

联邦最高法院从其历史过程看,承担案件数和备审案件的目录均在增长。在其第一个10年中(1791—1800年),联邦最高法院业务量较少,只有不到100个案件。然而,备审案件目录到19世纪晚期却稳步上升,而且连续如此持续到20世纪。1920年只有565件案在备审案件目录表上,而到了1950年却增加到1300件,到1960年更超过了2300件,而在1970年则增加了4200多件。到1990年,联邦最高法院的案件备审目录上的案件竟达到了6000余件。到了2002年,增加到了9500件。

案件的增减在很大程度上反映了国会立法、政府管制的变更,以及广泛社会经济和政治倾向。虽然联邦最高法院本身的判决有时也引起备审案件目录上案件的增加。比如,有关贫民宪法上的权利的裁定主要归因于免费提起诉讼的增加或贫民诉讼(in forma Pauperis)上诉。联邦最高法院的裁定基本上使国会确立给予每一公民按贫穷宣誓可免交诉讼费提起诉讼的权利能够宪法化。自20世纪30年代和40年代以来,在联邦最高法院的备审案件目录已增加了更多数目的免费上诉案件。免费提起上诉案稳步地增加,从1935年的59件增至1960年的1000多件,20世纪80年代和90年代早期则占联邦最高法院备审案件的几乎一半。每年差不多超过2200件免费上诉案件,最大的类别是来自"监狱律师"和主张某种违宪或剥夺了权利的贫困犯人。在19世纪的上半叶,由于人口增长,土地扩大,联邦管制的不断发展,联邦最高法院的承担案件数量大幅度增加,南北战争和重建运动这两方面构成了法律冲突渊源;19世纪晚期业务兴旺又明显地增加了备审案件目录上的数字。同样重要的是国会大力扩大了所有联邦法院的管辖,特别是联邦法院在管辖公民权利、人身保护状(*habeas corpus)方面的上诉、由州法院判决的联邦法律问题,以及根据宪法或联邦立法所产生的金额在500美元以上的诉案的管辖权(见 Federal Question)。

到19世纪70年代,联邦最高法院出现了大量且不断增加的积压案件。作为回应,国会首次提出将各类案件的联邦司法管辖(不同州的公民之间的案件)请求金额提高到2000美元,在埃瓦茨法(Evarts Act)或1891年巡回上诉法庭法中,国会则通过创设巡回上诉法院(*Circuit Courts of Appeals)提供即时(不是持久的)救济(另请参见 Judiciary Act of 1891)。这些法院除某些民事案件和涉及死刑的或其他不名誉的犯罪案件外,对于大多数的上诉案件都被授予终审审判权。上诉法院(*Courts of Appeals)对海事、请求停止执行判决申诉、刑事公诉以及违反税收和专利法等方面的案件,一般均具有最后发言权。但是,埃瓦茨法通过规定诉讼文书送达令(*certiorari)而不是强制性的上诉权(mandatory right of *appeal)来保障通向联邦最高法院的渠道。因此,埃瓦茨法第一次授予联邦最高法院以某种酌情审查权——否决对案件进行审查的权利。

20世纪早期,联邦最高法院的备审案件目录又在增加,这部分是由于人口的进一步增加而引起的。此外,经济变革也带来了更多的破产案件(*bankruptcy cases),后来的第一次世界大战(*World War I)又带来了大量涉及战时契约的争端和针对政府的诉讼。然而,导致联邦最高法院塞满备审案件目录的大多措施均是扩大国会立法和行政管制的结果。国会因扩大政府和特别利益集团直接向联邦最高法院上诉的机会而直接增加了联邦最高法院的备审案件目录。直接和强制性审查扩展到诸如来自否决联邦刑事检控的对政府的上诉。根据反托拉斯和州际商业法和联邦雇主责任法(FELA)而对行政判决以及由联邦地区法院3法官法庭发出的禁令提出挑战的商行和个人,均被授予向联邦最高法院上诉的权利。

联邦最高法院又一次陷入无法阻止承担案件增加的困境。国会最初以逐渐消化的方式予以回应。通过在重要但又狭窄的领域(如根据联邦雇主责任法)取消强制上诉权来轻微地扩大联邦最高法院的酌情管辖权。接着,得益于由首席大法官威廉·H.塔夫脱发起的一场进一步减轻法院负担的运动,国会通过了"法官法案"(Judges' Bill)或《1925年司法法》(*Judiciary Act of 1925),从根本上确定了现代法院的管辖范围。该法以通过调卷令进行的对请求的酌情审查替换了许多强制性的上诉审查,从而使法院在大多数情况下可以自己确定日程安排,并只对具有全国重要性的案件作出判决。

在国会通过《1925年司法法》扩大联邦最高法院酌情处理的管辖权的同时,大法官们自己也拟出了确定哪些请求应当复审的非正式的"四人规则"(rule of four),据此,在其每周秘密会议讨论备审案件目录中的案件时,至少4名大法官必须一致同意某个案件值得听审口头辩论(*Oral arguments)并经

---

① 另请参见 Judicial Power and Jurisdiction;Workload。

联邦最高法院全体大法官充分考虑。大法官们由于必须审理强制性上诉,所以他们仍然继续感到负担沉重。因此,1928年联邦最高法院开始要求呈交管辖陈述时必须说明上诉的情况,出现的问题以及为何联邦最高法院允许复审。这种要求允许大法官们对上诉进行甄别,就像对诉讼文书送达令复审的案件一样。同时允许以简易审判方式审理上诉案,无需听取口头辩论,即可在每一案件中留下书面判决意见。

联邦最高法院的承担案件量在第二次世界大战(*World War Ⅱ)后仍大幅度增加。面对这种新的案件负荷危机,大法官们开始增加法律秘书的使用,以协助他们工作。大法官留用法律秘书开始于19世纪晚期,到第二次世界大战之前,大多数大法官都拥有一个由两名秘书组成的班子,但是,为应付第二次世界大战以后案件负荷的增加,配给大法官的法律秘书从2名增加到3名,直至4名。大法官们分出更多责任给法律秘书,让他们去甄别案件。1972年建立了所谓的"文书组"(*Cert Pool),参与大法官集体地向他们的法律秘书随机地分配案件,并要求其在每个案卷上作备忘录,就该案是否应当复审提出推荐意见。大法官和他们自己的法律秘书然后复查带备忘标记的案件,然后,由每一大法官决定那个案子应列入大法官周例会讨论的目录(*discuss list),只有少数被相信有价值值得考虑的案件才由大法官讨论。没有列入讨论名单的案件(该讨论案件名单首先由首席大法官准备好),将很快地被否决进行司法审查。

20世纪70年代,国会通过废除对强制性上诉复审案(特别是来自3名法官法庭的上诉案)的许多规定提供了进一步加强的补救办法,尽管向联邦最高法院提出的强制性复审上诉案件的数字在80年代已有下降,但大法官仍然力图争取国会废除大多数强制要求联邦最高法院审查涉及低级别联邦法院(*lower federal courts)和州法院的一些案件以及废止联邦和州法律案件的制定法。最后,国会在1988年通过了《司法改善与接近正义法》(*Judicial Improvements and access to Justice Act),这个立法实际消除了联邦最高法院所有的无酌情权的上诉管辖,联邦最高法院必须审查的只有涉及议员名额重新分配、公民权利法和选举权法、某些反托拉斯问题(*antitrust matters)以及总统选举运动基金方面的案件。

联邦最高法院现在运用其自由裁量权并对案件加以全面复审的只是其案件清单中的少数案件。在每年9000多起案件中,只有将近1%的案件会被复审,或者不到100起案件,而99%的案件都不会被复审。确实,与10年前相比,联邦最高法院复审的案件数量明显减少。联邦最高法院对自由裁量权的运用使法院受理的案件数量持续减少,特别是在全面复审的情况下更是如此。这种情况导致的结果是,低级别法院特别是上诉法院越来越成了最终的解决纠纷的地方。

联邦最高法院的业务在21世纪开始的时候在很多方面都与其在19世纪的业务有所不同。在19世纪,联邦最高法院无权设定自己的审判程序。在19世纪,联邦最高法院无权安排其自己的审案目录,此外,现在其业务也(或多或少)反映了20世纪以来的技术发展和社会经济变革。比如,在19世纪联邦最高法院的备审案件目录就不会包括由于电子监视的可能性和电脑数据库带来的隐私(*privacy)问题,也不会包括有关堕胎(*abortion)以及有机生命形式是否可申请专利等方面的争议(另请参见Patent)。但联邦最高法院也会处理19世纪的律师们非常熟悉的案件,如各州对水权的要求以及有关联邦权力的争议。

在联邦最高法院的第1—10个开庭期,进来的业务40%以上是属海事和捕获方面的案件。约50%是普通法(*Common Law)问题所引起的,剩下的10%是诸如衡平法的问题,其中包括一件遗嘱检验案件。在以约翰·马歇尔(John *Marsall)为首席大法官(1801—1835年)主持联邦最高法院之前,司法审查(*Judicial Reriew)是联邦最高法院的全部任务,只有少部分业务是因公共政策的重要问题提起的。

19世纪晚期,联邦最高法院的业务已逐渐变化,以适应美国经济和政治的发展。海事案件的数目减少到不足1882年的4%。几乎40%的联邦最高法院的裁决仍然是处理普通法上的争端或联邦法院的管辖或程序问题。然而,43%以上的业务涉及解释新近制定颁布的国会的制定法。不到4%的业务是属宪法的问题。19世纪晚期海事和普通法方面的诉讼下降而涉及制定法解释方面的案件相应增加,这反映了工业革命的影响,政府的管制越多,攻击对社会和经济关系进行管制的诉讼也就会越多(另请参见Administrative State)。

这一趋势在整个20世纪一直持续着。到2002年10月,进行了审查并以书面意见作出判决的案件中,有44%是涉及宪法问题的案件。沃伦法院(*Warren Court)(1954—1969年)以来,每年都有很大一部分的合宪性案件涉及刑事被告权利和平等保护(*equal protection)法的。与此相比,在19世纪晚期和20世纪早期,联邦最高法院的整个备审案件目录则包括了大量关系到经济自由、土地管制以及税务方面的案件(另请参见Contract Fredom of;Du Process,Substantive;Property)。

对于联邦政府,特别是首席政府律师(*Solicitor General),在决定联邦最高法院的业务上扮演一个较重要的角色,并不值得惊奇。1870年创立此职位或机构以来,首席政府律师负有甄别来自联邦政府各个部门所有方面的上诉和请求(除了州际商业委员会),并决定什么上诉或请求应由联邦最高法院受理的职责。政府的诉案现在估计是在联邦最高法院工作中最突出的。例如,从20世纪50年代中期一直到80年代,联邦最高法院每年平均有71%的政府案件被获准进行审查,而所有其他案件只有不到6%获得批准。此外,联邦最高法院获准了政府请求的90%以呈交法庭之友诉讼要点(* amicus briefs)的形式参与到其他案件之中。

有时联邦最高法院自己的判决也会使其审判量增加,如其有关穷人之宪法权利的判决就导致了未交诉讼费的案件大幅上升。国会曾赋予每个公民在未交诉讼费的情况下可以提起诉讼的权利,只要其立誓说明其确实贫穷,联邦最高法院的判决承认国会的做法符合宪法的规定。自20世纪30、40年代以来,由于认可未交诉讼费也可以提起诉讼,联邦最高法院的审判量大为增加:在1935年只有99起这样的案件,到1960年则有1000起,到20世纪80、90年代这样的案件则占了法院审判量的一半以上,到2002年则达到了审判量的3/4以上。这些案件中的大部分来自"监狱律师"和穷困犯人,他们主张其宪法权利受到侵犯或者剥夺。

依靠联邦最高法院的组织和指导,一些特殊利益集团通过提起涉及公共政策的重要问题也或多或少成功地影响了联邦最高法院的业务,如19世纪晚期商业组织或公司对政府管制的攻击;耶和华见证人组织(Jehovah's witnesses)20世纪30年代的宗教和言论自由权利主张;美国公民自由联盟(*American Civil Liberties Union)(ACLU)和全国有色人种协进会(*National Association' for the Advancement of Colored People)(NAACP)在20世纪50年代和60年代为消除种族歧视进行的斗争;此外还有20世纪70年代的女权组织、消费者和环境保护者团体,80年代的保守的公益律师事务所等。联邦最高法院依次的裁定可能进一步鼓励或劝阻这类利益集团的诉讼。比如美国公民自由联盟在以沃伦为首的联邦最高法院的最后一年(1969年)有90%上诉案胜诉;相反,在20世纪70年代中期,美国公民自由联盟胜诉率下降到50%以下,而且,像其他一些自由的公共利益法律实体一样,在把案件提交给以伯格为首(1969—1986年)和以伦奎斯特(1986—)为首的联邦最高法院时,它已经显得越来越勉强了。最近,联邦最高法院开始涉足高度政治化的问题,如竞选资金改革的问题以及2000年的总统选举之争。联邦最高法院的这些做法都可能使政治团体把最高法院作为其政治目的得以实现的有效途径。

从历史角度看,正如费利克斯·法兰克福特(Felix *Frankfurten)和詹姆斯·兰迪斯(James Landis)在他们的经典著作《联邦最高法院的业务》(1927)中所表明的那样,联邦最高法院因增加和改变其受理案件性质已经变成了一个宪法和制定法的裁判庭。用首席大法官塔夫脱的话说,"(现代)联邦最高法院的职能""不是补救一个具体的诉讼当事人的不当行为,因而其考虑的只是其判决会涉及一些原则、其适用具有普遍的公众和政府利益,并需要有最终的法院进行权威性宣明的那些案件"(塔夫脱,1925,p.2)。

联邦最高法院角色和业务数量的变化应归功于酌情管辖权的扩展和其他机构的变化。联邦最高法院现在可以从大量的备审案件目录上选择它想要选择的那些案件和问题进行审理了。这可使它能够参加到广泛的公共事务范围之中。尽管在其备审案件目录中半数以上涉及贫困人的权利立法和刑事诉讼的问题,但是,这些案件基本上没有哪件需要被批准审查;因宪法提起其他问题的案件则具有被选中的较高机会,就像那些涉及政府管制的案件和由首席政府律师提起的案件那样。现代联邦最高法院,不论其组织结构如何,只能选择和判决对政府和政治程序具有全国性重要意义的重大案件和争议。

参考文献 Samuel Estreicher and John Sexton, *Redefining the Supreme Court's Role*(1986);William P. Mclauchlan, *Federal Court Caseloads* (1984);David M. O'Brien, *Storm Center*:*The Supreme Court in American Politics*, 6th ed. (2002);William H. Rehnquist, *The Supreme Court*, 2d ed. (2001);Gerald Rosenberg, *The Hollow Hope*:*Can Courts Being about Social Change*? (1991); William Howard Taft, "The Jurisdiction of the Supreme Court under the Act of February 13,1925," *Yale Law Journal* 35(1925):1-12.

[David M. O'Brien 撰;Jonathan M. Cohen 校;夏登峻、邵海译;许明月校]

巴士运送[Busing]

参见 Desegregation Remedies。

新奥尔良文明屠宰协会诉克里森特城市禽畜卸放与屠宰公司案[Butchers' Benevolent Association of New Orleans v. Crescent City Livestock Landing and Slaughterhouse Co.]

参见 Laughterhouse Cases。

巴特勒,查尔斯·亨利[Butler, Charles Henry][1]

(1859年6月18日生于纽约城;1940年2月9日卒于首府华盛顿)1902—1916年的联邦最高法院

---

[1] 另请参见 Reporter,Supreme Court。

判决汇编人。巴特勒是前美国司法部长本杰明·F.巴特勒的孙子,他是普林斯顿大学1881级学生,毕业前即已离校,在其父的事务所研习法律之后,他于1898年被批准进入纽约律师界作为费尔邦克-赫舍尔(Fairbanks-Herschell)委员会的法律专家。该委员会确定阿拉斯加州与加拿大之间的边境。1902年,他成为联邦最高法院判决汇编人和判例汇编人,《美国判例汇编》的第187卷至第241卷均由他汇编成卷。巴特勒,这位联邦最高法院的判例汇编员,还作为代表参加过1907年的"海牙和平大会"。1916年他辞去判例汇编员职务,在首府华盛顿一律师事务所一直工作到他的晚年。

巴特勒写了一本名为《在联邦最高法院的一个世纪》(A Century at the bar of the Supreme Court of the United States)(1942)的著作,亲切地、轶事似的叙述了联邦最高法院的发展历程,他的写作很像报道文学,在作品中他描述他与大法官们的关系是如此愉快和相投,他有足够的薪水,他的判例汇编的职务既不是困难重重,也不辛苦。但最终他还是感到这项工作太单调,也不喜欢其地位相对低微,比如,他一次在会上将自己介绍为"联邦最高法院的首席速记员"。

普林斯顿大学于1912年授予巴特勒荣誉文科硕士学位,他还出版了几本涉及美国与西班牙及古巴之间关系和其他国际法方面问题的著作。

[Francis Helminski 撰;夏登峻译;许明月校]

巴特勒,皮尔斯[Butler,Pierce]

[1866年3月17日生于明尼苏达州派恩·本特城(Pine Bend);1939年11月16日卒于首府华盛顿;葬于明尼苏达州圣保罗市耶稣受难(Calvary)墓地]1923—1939年联邦最高法院大法官。在经历了比较活跃的职业生涯之后,他进入了联邦最高法院。他在明尼苏达农村长大,曾在一所只有一间房的小学校受过教育。后来,巴特勒毕业于卡尔顿学院并于1888年经考试合格获准在明尼苏达州执业。他暂时任职为帕姆西(Pamsey)县的州律师事务代理人,之后他创办了蓬勃发展的圣保罗市律师事务所。该事务所主要代理铁路案件,包括当地权贵詹姆斯·J.希尔(James J. Hill)等人物的案件。虽然巴特勒在几个反托拉斯(*antitrust)案件中担任特别检察官,但他的大部分工作均涉及保护铁路利益,抵制政府管制。在教育问题上他也扮演积极角色,在明尼苏达大学被称为"激进"教授们的顽强对手。

巴特勒于1923年升至联邦最高法院是有政治操纵和争议的(参见 Selection of Justices)。巴特勒是一位民主党人和天主教徒,他在法律上的保守主义也吸引了权威的共和党人,特别是首席大法官威廉·霍华德·塔夫脱(William Howard *Taft)和大

Pierce Butler

法官威利斯·范·德凡特(Willis *Van Devanter),后者也曾是一名铁路律师。在总统沃伦·G.哈丁(Warren G. Harding)(另一共和党人)选择巴特勒赴联邦最高法院任职后,这一提名也受到严格审查。明尼苏达州的参议员亨德里克·希普斯特德谴责道,巴特勒对大学教授学术自由(*academic freedom)的立场表明他"没有司法意识或态度";巴特勒家乡的报纸——《圣保罗快讯》(St. Paul Dispatch)反击道:"为什么是几个而不是100%的美国人都能成为联邦最高法院的法官?"天主教和商业集团支持巴特勒,而劳工和进步主义组织同样信心十足地反对他。然而,尽管经过长时间的争辩,只有8名参议员投票反对对其的确认。

这种争议跟随巴特勒进了联邦最高法院。塔夫脱认为他是基本宪法价值的忠实支持者,而且巴特勒雄辩地谈到保护个人自由的必要性。他写道:"对持续的、危险的犯罪无论充满着多大的憎恶也不能成为在法庭内侵犯哪怕是罪大恶极的罪犯的法定权利的借口。"在"奥姆斯特德诉合众国案"(*Olmstead v. United States)(1928)中,在值得记住的异议中,他谴责使用非法窃听。但在第一修正案(the *First Amendment)的一些案件中,巴特勒对自由的关注比起他对反对者的敌意来说似乎显得有些苍白。他在"尼尔诉明尼苏达州案"(*Near v. Minnesota)(1931)有名的反对意见中支持其家乡明尼苏达州的一项预先约束法(*prior restraint)的合宪性(参见 Speech and the Press)。

更典型的是,巴特勒招来了当时和后来的宪法学者对他反对福利国家措施的批评(参见 Administrative State)。例如,在多数涉及铁路和公用设施的案件中,巴特勒总是反对州的规定。20 世纪 30 年代,一些政治反对者将其列入"四骑士"的名录中,一个唱反调的四人团体曾试图发动一场针对富兰克林·D. 罗斯福(Franklin D. *Roosevelt)"新政"(*New Deal)的后卫战中。巴特勒在 20 世纪 30 年代对提交到联邦最高法院的每一项"新政"措施的合宪性都投反对票。皮尔斯·巴特勒一直到死都反对罗斯福,他在 73 岁那年去世,当时他仍是联邦最高法院大法官中的一员。

参考文献 David J. Danelski, *A Supreme Court Justice Is Appointed*(1964).

[Norman L. Rosenberg 撰;夏登峻译;许明月校]

合众国诉巴特勒案[Butler, United States v., 297 U.S. 1(1936)]①

1935 年 12 月 9—10 日辩论,1936 年 1 月 6 日以 6 比 3 的表决结果作出判决,罗伯茨代表联邦最高法院起草判决意见,斯通、布兰代斯和卡多佐反对。《1933 年农业调整法》代表了"新政"(*New Deal)的主要成就,通过限定生产,改善农业萧条状态,提高农地的价格。农民赞同减少种庄稼的土地面积,可以接收福利支付。这些支出基金来源于对相关商品的第一加工人征收一项税收。巴特勒,一位加工商却拒绝支付此税。上诉巡回法院支持巴特勒,政府则提出上诉。

在"合众国诉巴特勒案"中,联邦最高法院以 6 比 3 的表决结果作出判决,宣告此项税收违宪。大法官欧文·J. 罗伯茨(Owen J. *Roberts)代表多数判决意见,列奥纳德·利维(Leonard Levy)将此判决描述成"极度失当",对联邦最高法院在判决违宪问题的有限角色采取了一种初期解释。司法的职责是暂时"将被援引的宪法条款与受到质疑的法规比对,并决定后者是否与前者相一致"(p. 62)。这种对宪法解释(*constitutional interpretation)过程的过于简单说明通常被认为是不现实的。

然而,罗伯茨确实解决了有关国会征税权的长期存在的争议。宪法第 1 条第 8 款授权国会征收各种税款,"以支付债务并提供美国的共同防卫和公共福利费用……"詹姆斯·麦迪逊(James *Madison)认为,联邦宪法中的"公共福利"目的在其他地方的授权受到限制。相反,亚历山大·汉密尔顿(Alexander *Hamilton)则认为这些语言意味着一个独立的征税权和开支权,只要"公共福利"要求得到满足。罗伯茨因接受汉密尔顿的观点,从而决定加工税按照公共福利条款是具有正当性的。

但是,罗伯茨对于支出权的支持则与此无关,因为他即将该论点转换成一个全新问题。即使这种支出是为了国家,而不是地方福利,也是无足轻重的,因为该制定法的计划是调整和控制农业生产,这侵犯了各州保留的权力,所以按第十修正案(the *Tenth Amendment)应属无效。

大法官哈伦·F. 斯通(Harlan. F. *Stone)、路易斯·D. 布兰代斯(Louis D. *Brandeis)和本杰明·N. 卡多佐(Benjamin N. *Cardozo)都持有异议。斯通在严厉的反驳中称罗伯茨的裁决是"一个对宪法的歪曲解释"(p. 87)。但斯通的反对意见中最著名的语句是其对司法自大主义的警告:"法院并不是唯一的应当具有独立治理能力的政府分支部门……对于我们自己行使权力的唯一检查就是我们的自我约束意识"(p. 97),这些话都广泛地理解为对联邦最高法院宣告"新政"法规违宪的保守派们的一种反驳。

作为对其他"新政"计划的一种威胁,罗伯茨的判决意见不久就成了形同虚设的空文。《社会保障法》的税务规定在"斯图尔德机械公司诉戴维斯案"(*Steward Machine Co. v. Davis)(1937)中得到支持,而巴特勒案废除的农业纲要又被国会根据商业权力重新制定颁布,并在"马尔福德诉史密斯案"(*Mulford v. Smith)(1939)和"威卡德诉菲尔伯恩案"(*Wickard v. Filburn)(1942)中得到支持。

回过头来看,巴特勒案多数意见的积极贡献正如首席大法官沃伦·E. 伯格(Warren E. *Burger)在"富利洛夫诉克卢茨尼克案"(*Fullilove v. Klutznick)(1980)中所重述的那样,是这样的一个原则:即规定公共福利的权利"是立法机关授予的一项独立的权力,它区别于其他广泛的国会权力"(p. 247)。如果不是这样的话,罗伯茨所提出的判决意见便是毫无价值的。大法官费利克斯·法兰克福特(Felix *Frankfurter)在"国际机械师协会诉斯特里特案"(International Association of Machinists v. Street)(1961)中谈到了这件"受到严厉批评、甚至确实不可相信的合众国诉巴特勒案"(p. 807),这一判决的最持久特点是斯通的异议观点,他对司法自我约束的辩解在以后很多次被法院少数意见(不论是自由派还是保守派)所援用。在"夏皮罗诉汤普森案"(*Shapiro v. Thompson)(1969)中,大法官约翰·M. 哈伦(John M. *Harlan)援引巴特勒案惨败下场来警示他的同事说,案子在呈交联邦最高法院之时,总是"十分倾向于会被推定为效的"。(p. 675)。

[C. Herman Pritchett 撰;夏登峻译;许明月校]

巴兹诉伊科诺莫案[Butz v. Economou, 438 U.S. 478(1978)]

1977 年 11 月 7 日辩论,1978 年 6 月 29 日以 5

---

① 另请参见 General Welfare; Judicial Self-Restraint; Taxing and Spending Power。

比4的表决结果作出判决,怀特代表联邦最高法院起草判决意见,伦奎斯特代表少数部分持并存意见和部分反对。在成功地挫败由农业部长及下属的控告后,一位名叫伊科诺莫(Economou)的商人,请求这些官员赔偿3200万美元,指责他们因为他对农业部门的政策提出批评而对他提起诉讼。试图撤销诉讼的政府,按照"斯波尔丁诉威拉斯案"(Spalding v. Vilas)(1896)和"巴尔诉马特奥案"(Barr v. Matteo)(1959)两判例主张绝对豁免权,上诉法院推翻了地区法院的驳回诉讼的处理。

大法官怀特(*White)的谨慎判决意见驳回了绝对豁免权,并在某种程度上并非真诚地宣称,斯波尔丁案和巴尔案都没有允许在涉及主张一项宪法权利无效的情况下授予这类豁免。斯波尔丁案确立了高级联邦官员"执行法律所定的……职务"可免予起诉的普通法上的例外,即使其中存在涉及个人恩怨的断言亦会如此(p.495)。在巴尔案中,该案涉及一份由政府官员发表的错误百出的新闻稿,多数判决意见也是同样态度明确,但怀特注意到,这些案件处理的问题都是限于政府官员权限范围的问题,并不是有关违宪行为的危害问题。

怀特承认对所有免予起诉作出判决的价值,但同时主张豁免是如此偏离法治,以致必须采取谨慎措施。法官、检察官以及行政部门的其他处于类似法官地位的人需要豁免权。其他行政官员只能享受先期的判决已经扩展到国家官员的"有条件的诚信豁免权"(qualified good-faith immunity)。对单纯豁免权,只要相关官员适用没有恶意或不是明知非法而为之,并有理由相信这一作为是合法并合宪的。但是,如果该官员知道或应当知道自己在实施一种违宪的权利剥夺行为,则豁免权应受到控制。

伦奎斯特的少数判决意见认为,多数派标准会使官员暴露于过分的无根据的诉讼,因为精明的律师会毫无困难地按照宪法条款的要求而调整权利要求。在"哈洛诉费茨杰拉德案"(Harlow v. Fitzgerald)(1982)中,联邦最高法院驳回总统理查德·尼克松的绝对豁免权主张。但修改了伊科诺莫案标准,这是通过免去要求就有关决策人的主观态度、行为等类似方面进行听证的主观测试而实现的。被保留的标准——官员享有豁免权除非此权力在任何头脑清醒的决策者看来都是错误的——则有力地促进了对无根据的诉讼的简易程序判决。

[Samuel Krislov 撰;夏登峻译;许明月校]

伯恩斯,詹姆斯·弗朗西斯[Byrnes, James Francis]

(1879年5月2日生于南卡罗来纳州查尔斯顿市;1972年4月9日卒于南卡来纳哥伦比亚市;葬于哥伦比亚圣三一墓地)1941—1942年联邦最高法院大法官,自学成为南卡罗来纳州的律师,伯恩斯是詹姆斯·F. 伯恩斯(James F. Bynes)和伊丽莎白·E. 麦克斯维妮(Elisabeth E. Mcsweeney)(一位女服装师)的儿子,他曾就读于圣·帕特里克教区学校,在法院做速记员和判例汇编员,空余时间攻读法律。

James Francis Byrnes

吉米·伯恩斯("吉米"为詹姆斯的昵称)曾任过众议院民主党议员(1911—1925年),从1931年至1941年任美国参议院的参议员。伯恩斯是一位"新政"时期的南部关键的辩护士,特别是对幕后支持总统富兰克林·D. 罗斯福(*Roosevelt)政策的谈判更功不可没。他对于因为那个不算高明的最高法院法官扩充法案(*Court-Packing bill)而引发的后期的妥协所做的工作也得到了总统的赏识。伯恩斯劝告不要匆促投票表决这个法案,因为1937年的几项决议暴露了联邦最高法院新的联盟组合,加上大法官威利斯·范·德凡特(Willis*Van Devanter)的辞职,据说伯恩斯曾不解地问道:"你已赶上了火车,还为火车奔跑什么?"

1941年6月罗斯福总统提名任命伯恩斯填补因哈伦·菲斯科·斯通(Harlan Fiske*Stone)被任命为首席大法席后而留下的大法官空缺职位。伯恩斯在联邦最高法院他的一个开庭期只写了16次多数判决意见。他未写过并存意见和异议意见。他在联邦最高法院的短暂供职留给人们记忆的主要是在"爱德华兹诉加利福尼亚州案"(Edwards v. California)(1941)中的判决(意见),该判决废除了一项规定将穷人引入本州构成犯罪的加州法律。有5名多数支持他的判决意见,伯恩斯认为,加州的《反农业流动工人法》("anti-Okie"law)对于州际商业上是不可接受的负担。在伯恩斯的其他多数判决意见涉及的判决中,一个是限制船上罢工权的判决,一个是排除纽约牲畜运输人的罢工适用联邦反诈骗法规定的判决,还有一个则是涉及废除佐治亚州一项规定不履行劳动合同将构成刑事罪犯的法律的判决(另请参见 Labor)。

应总统罗斯福的要求,伯恩斯于1942年10月离开联邦最高法院担任负责经济稳定方面工作的主管。不到1年以后,他接受另一项总统任命,担任战争动员委员会主任。伯恩斯是一位有才能的行政领导人,十分胜任他的职务,已成为众所周知的"总统助理"。总统罗斯福去世不久,新任总统亨利·S.杜鲁门任命他的好友,前参议院同仁为国务卿。在杜鲁门的内阁2年之后,伯恩斯辞职回到南卡罗来纳。1951年他以压倒一切的优势当选为南卡罗来纳州州长,20世纪50年代,伯恩斯作为南部的一位州长,是种族间的稳健派。他支持在学校和公共设施中的种族隔离,但他成功地推进了取缔三K党的法案(另请参见 Separate but Equal Doctrine)。

很明显,伯恩斯作为立法者、行政领导人,都比他作为大法官要愉快得多,有成效得多。在南卡来纳州的许多著名的政治角色中:只有约翰·C.卡尔霍恩(John C. Calhoun)和斯特罗姆·瑟蒙德(Strom Thurmond)担任过像詹姆斯·F.伯恩斯那样多的重要的政府职位,或具有像他那样的在全国的重要影响。《一切尽在一生中》(All in One Lifetime),伯恩斯自传的这个书名对他来说是恰如其分的。

[John W. Johnson 撰;夏登峻译;许明月校]

Cc

考尔德诉布尔案[Calder v. Bull, 3 Dall. (3. U. S)386(1798)]①

1798年2月8日和13日辩论,1798年8月8日以4比0的表决结果作出判决,蔡斯、佩特森、艾尔戴尔和库欣发表了逐个意见(*seriatim opinion),埃尔斯沃思和威尔逊没有参加。"考尔德诉布尔案"是联邦最高法院作出的涉及对政府权力宪法限制的第一批判决之一。康涅狄格州立法机关颁布一项决议,授权在遗嘱检验案件审理中进行新的听审。考尔德家族(Calder)对此感到不满的继承人,认为它是溯及既往的事后法律,违反了宪法第1条第10款的禁止性规定。大法官威廉·佩特森(William *Paterson)、詹姆斯·艾尔戴尔(James *Iredell)和威廉·库欣(William *Cushing)认可了州立法机关的行为,理由是在独立之前,该州的立法机关实际上发挥着州最高上诉法院的功能,因此,它这样做仅仅是继续这些职责范围内的行为(当时,康涅狄格州尚未颁布自己的宪法)。

假设该立法机关的决议是宪法条款意义的溯及既往的"法律",塞缪尔·蔡斯(Samuel *Chase)、佩特森、艾尔戴尔均一致认为,此宪法条款仅适用于追溯刑罚(在制定法律时,对作出行为时是合法的行为创设刑事惩罚或对特定的违法行为提高惩罚的标准,并有溯及力地适用法律),因此,在民事争议中不能适用这一原则。此外,蔡斯和佩特森进一步基于文义解释的理由否定了考尔德的争辩。通过援引布莱克斯通的著作以及《联邦党人文集》(The *Federalist)和其他州宪法等资料,他们得出:"溯及既往"(ex post facto)这一表述是一个技术性的法律术语,在革命发生很早之前就已经采用,但仅适用于创设或提高刑事惩罚的法律,并且宪法的制定者必定是"在他们所知的范围内并在适当的意义上理解和使用这一术语的"(p. 397)。两位大法官均支持采用相近似的规定来解释这一条款,例如,一旦将"溯及既往"延伸以至于能覆盖民事立法,那么削弱宪法契约条款(*Contracts Clause)就是多余的。

在这些大法官中间,蔡斯提出并接着拒绝了主张康涅狄格州立法机关决议无效的另一个可能的理由,即"它与我们自由共和国政府的性质"不相容(p. 388)。通过一段冗长而漫无边际的话,蔡斯否认了"一个州立法机关可以权力无限",即便在没有宪法对其权力进行限制的情况下也是如此。通过追述洛克的言论,蔡斯坚持道:"最重要的第一原理社会契约论"决定了什么样的立法机构的行为可以被认为是"立法权的正当行使"(pp. 378-388)。他进而列举了一系列的不应当认为是合法的行为,尽管对它们并不存在明确的宪法限制,其中包括那些在技术、刑事意义上的"溯及既往的法律"以及"将A的财产拿来然后交给B的法律"(p. 388)。蔡斯避免在考尔德诉布尔案本身适用这些基本的原理,尽管他很希望表明大法官应当有权针对立法机关强制实施这些理论。他的理由是,当立法机关作出该行为之时,败诉的继承人对于财产享有的任何权利实际上还没有被赋予,因而,仍然要受到法律的干预。

艾尔戴尔似乎试图解释蔡斯的意见,主张"法院有权仅基于(法官)判断其违反自然正义的原则而宣布一项法律无效"(p. 399)。考虑到睿智的人不会赞同自然正义是绝对支配,艾尔戴尔并不认为法院基于这种理由确认一项立法无效仅仅表明一种不同的观点。他明确表示要限制司法审查在执行明示的对立法权限制时适用。

考尔德诉布尔案后来的命运一直是充满争议的。19世纪早期的批评主要集中在它将法律不溯及既往的原则仅仅限制在刑事立法领域。大法官威廉·约翰逊(William *Johnson)对1829年"萨特利诉马祖森案"(Satterlee v. Mathewson)的报告附加了一个长篇注释,其中有力地争辩道:考尔德案实际基于将康涅狄格州立法机关的行为定性为司法性质而非立法性质,并批评考尔德案的法官滥用法律权威。在现代,对该案存在着大量不同的解读。一些学者维护道:考尔德案是法院执行非书面的基本法对政府权力限制的"原初理解"的直接证据;而另一些学者则认为,该案反映了从社会契约和自然权利这些革命时代政治话语向后来的马歇尔法院文本主义(interpretivism)的转化。不论各种评论的本意如何,蔡斯的宪法原则超越宪法条文以及艾尔戴尔对于司法审查文本性质的执著,在有关联邦最高法院法理学的正当性争论中,仍扮演着重要的角色。

参考文献 Suzzanna Sherry, "The Founders' Unwritten Constitution", *University of Chicago Law Review* 54 (1987): 1127-1177.

[H. Jefferson Powell 撰;许明月译;张舫校]

---

① 另请参见 Ex Post Facto Laws;Higher Law; Judicial Review;Natural Law。

合众国诉加利福尼亚州案[California, United States v., 332 U.S. 19 (1947)]①

1947年3月13日和14日辩论,1947年6月23日以6比2的表决结果作出判决,布莱克(Black)代表法院起草判决意见,里德和法兰克福特反对,杰克逊未参加表决。合众国起诉加利福尼亚州,请求确认存于最低水位线与3英里线之间的水下浸没土地由联邦政府还是由州政府所有,或享有永久性的权利或权力。它涉及源于其天然气和石油存量的巨大的特许权和权利。在此之前,联邦政府一直没有主张其所有权,也没有否认它的存在,而是将沿岸浸没土地留给各州控制。

法院认为,联邦政府对于浸没土地享有完全的权力和支配权,大法官胡果·布莱克(Hugo Black)否决了州政府认为在获得独立时13个殖民地都曾分别获得了3英里地带的所有权的主张;联邦政府一直对沿海水域都拥有控制权,即便它选择不行使此项权力,或将其授权各州行使。

大法官费利克斯·法兰克福特(Felix Frankfurter)更严肃地对待州政府作为一个历史所有权人的主张。他指出,没有现存的证据表明宪法或批准宪法的各州希望使联邦政府获得对该海岸地带的控制权。

几年后,国会推翻了在此案和另外两个涉及海岸石油方面的判例中确立的规则,在《浸没土地法》(1953)(Submerged Lands Act)中不授予各州对海岸地带的所有权。

[Melvin I. Urofsky 撰;许明月译;张舫校]

加利福尼亚州诉阿策韦多案[California v. Acevedo,500 U. S. 565(1991)]②

1991年1月8日辩论,1991年5月30日以6比3的表决结果作出判决。布莱克蒙代表法院起草判决意见,斯卡利亚持并存意见,史蒂文斯反对。在1991年阿策韦多案判决以前,对搜查发现于机动车上的封闭容器存在两个不同的规则。在"合众国诉罗思案"(United States v. Ross)(1982)中,法院认为,如果警察有合理的理由为查处违禁品而对整个汽车进行搜查,而在搜查汽车的过程中发现了一个封闭容器,则他们可以打开该容器,而无需事先获得搜查该容器的搜查令。另一方面,在"阿肯色州诉桑德斯案"(Arkansas v. Sanders)(1979)中,大法官认为,如果仅仅对某个特定的封闭容器存在怀疑的正当理由,而该容器在汽车上出现纯属偶然,则警察必须在打开它之前获得搜查令。

在阿策韦多案中,法院取消了对桑德斯案中涉及的封闭容器的搜查令要求,并对所有汽车中发现的封闭容器采用了"一条明确规则"。法院的结论是:不论是搜查汽车过程中偶然发现了容器,还是搜查偶然放在车内的容器,二者并没有什么区别。

很多评论家预言,阿策韦多案的推理将被适用于(或扩展到)汽车之外的封闭容器。确实,在阿策韦多案中,大法官安东尼·斯卡利亚(Antonin Scalia)在并存意见中表明,只要它存在于住房之外,对封闭容器进行搜查的合法性就不应依赖于警察是否已经就此获得了搜查令。

[Yale Kamisar 撰;许明月译;张舫校]

法庭里的摄像机[Cameras in Courtrooms]③

在法庭上是否可以使用新闻摄像机的争议已经延续了70年,到2005年,50个州的法院都允许在法庭上使用某些种类的摄像机,其中的大多数都包括初审法院和上诉审法院。与此同时,也有迹象表明,在联邦法院也可能允许使用摄像机,最后还可能包括联邦最高法院。

近年来,公共政策和法律原则已经出现了更倾向于接受法庭里使用摄像机的发展趋势。紧随"布鲁诺·汉普特曼(Bruno Hauptmann)绑架、谋杀查尔斯·林德伯格(Charles Lindbergh)幼子案"高度影像曝光的审判之后,自19世纪30年代末开始,出现了对摄像机的普遍厌恶。受媒体对于审判过程干扰和煽动情感报道的震撼,美国律师协会在1937年建议取消一切法庭内的摄录像活动。此后,国会颁布了《联邦刑事程序规则》(Federal Rules of Criminal Procedure)第53号规则,禁止对联邦刑事案件进行摄像并报道。大多数州紧接着纷纷提出请求,到1962年,除了得克萨斯州和科罗拉多州以外,都禁止在法庭中摄录像。

在"伊斯特诉得克萨斯州案"(Estes v. Texas)(1965)中,联邦最高法院推翻了对"比利·索尔·伊斯特案"(Billy Sol Estes)的判决,认为在审判过程中摄录像干扰并侵犯了伊斯特的正当程序权利。5位大法官中占大多数的4位认为,电视直播审判,至少在当时的技术水平下,本质上是违宪的。第五位大法官则根据伊斯特案的特殊案情提出了少数派观点,没有认可对所有州审判的报道进行彻底禁止。在20世纪70年代,电视报道机构开始为更大地进入法院权进行游说。某些州通过实验性地进行电视报道对此作出回应,并采用司法指导以保护被告的利益。在"钱德勒诉佛罗里达州案"(Chandler v. Florida)(1981)中,联邦最高法院又重新面临摄像

---

① 另请参见 Environment;Property Rights;Public Lands;State Sovereignty and States' Rights;Tidelands Oil Controversy。
② 另请参见 Fourth Amendment;Search Warrant Rule;Exceptions to。
③ 另请参见 Due Precess, Procedural; Speech and the Press。

机问题,并一致支持钱德勒入室行窃案的判决,尽管钱德勒对其案件审理过程的某些电视报道表示过反对。首席大法官沃伦·伯格(Warren *Burger)——代表法院起草判决意见——认为,对于审判过程的报道问题,各州应当有权自由发展自己的程序,此案的电视报道在本质上没有违反正当程序。

虽然联邦最高法院拒绝明确认可对初审案件的电视节目转播,许多州却认为,这一判决表明,可以把州法院的审理活动向电视节目开放。致力于对庭审活动进行报道的电视节目1991年开播,到2003年已有7000万有线电视观众收看了这些节目。到2003年,50个州的法院都修改了以前的规定,并允许电视节目对庭审活动进行报道——试验性或者永久性地允许之。

从1990年到1994年,联邦法院针对这一问题(在法庭上使用摄像机)进行了实验,大多数参与这一实验的法院都说他们对扩大摄像机的使用范围表示赞成。在1996年,美国司法会议通过投票的方式让各巡回法院自行决定是否允许在上诉审的过程中使用摄像机,结果只有第二和第九巡回法院赞成。

虽然有53号规则的存在,一些联邦法院的初审法官偶尔会允许在庭审过程中使用摄像机。经过1998国会的投票表决,允许封闭形式的电视节目,其目的是让证人、受害人以及家庭成员们观看对蒂莫西·麦克维(Timothy McVeigh)的审判,该人曾参与俄克拉荷马城炸弹案,该审判曾从丹佛转移到俄克拉荷马城。另一件采用相似做法的案件是对萨卡里亚斯·穆萨维(Zacharias Moussaoui)的审理,该人是第一位被控涉嫌参与2001年9月11日的恐怖袭击的人。

布什总统在大陪审团所作的证词被制作成录像带,其中的大部分内容向媒体公开;对总统的弹劾听证也于1998—1999年间直播,在2001年针对微软公司的反垄断案的上诉审也是以直播的方式进行的。

多年以来,国会都在考虑制定"阳光庭审法"(Sunshine in the Courtroom Act),根据该计划,主审法院将可以自行决定是否允许庭审过程中的摄像行为,包括所有的联邦法院。反对使用摄像机的理由主要有:对审判活动的影响以及对法院产生额外的压力。然而,法庭管理员和社会科学家所作的研究表明,无法找到充分的证据以支持传统的观点——摄像机的使用会干涉司法程序的进行。

联邦最高法院不允许对其庭审活动进行摄像或者无线电广播。然而,到作者写作这篇文章时,联邦最高法院至少已经准许了四次电视报道,其中包括2000年的布什—戈尔选举案(参见 Bush v. Gore)、2003年密歇根大学平权案(参见 Grutter v. Bollinger 以及 Gratz v. Bollinger),以及长达四个小时的"麦肯-梵高尔德(McCain-Feingold)案",该案也于2003年进行审理。

[Lynn Mather 撰;S. L. Alexander 校;许明月、邵海译;张舫、潘林伟校]

竞选资金[Campaign Finance]

参见 Mcconnell v. Federal Election Commission。

坎贝尔,约翰·阿奇博尔德[Campbell, John Archibald]

(1811年6月24日出生于佐治亚州华盛顿;1889年3月12日卒于马里兰州的巴尔的摩;葬于巴尔的摩的格林山公墓)1853—1861年任联邦最高法院大法官。约翰·坎贝尔是一个富裕的、具有苏格兰—爱尔兰血统的富有政治热情的佐治亚地主和律师的儿子。秉承其家族的智慧,坎贝尔在11岁时便进入了佐治亚大学,并于3年后以最高的荣誉从该校毕业。其研习法律的生涯开始于1828年获准在佐治亚州执业。1830年迁移至阿拉巴马后,坎贝尔开始涉足政治,分别于1836年和1842年从蒙哥马利和莫比尔进入州立法机关服务。其法律职业也非常成功,他在美国联邦最高法院所作的辩论广受称道。

John Archibald Campbell

1852年7月19日民主党同僚阿拉巴马籍大法官约翰·麦金利(John *McKinley)的去世给坎贝尔本人进入联邦最高法院创造了机会。投机的辉格党总统米拉德·菲尔莫尔即便已经作出了三个提名,仍不能容忍民主党控制参议院。因此,该职位直到

1853年3月4日富兰克林·皮尔斯总统就职之前一直处于空缺状态。在一次前所未有的司法势力展示(及总统地位的削弱)中，联邦最高法院请求总统提名坎贝尔。在1853年3月25日,41岁的坎贝尔获得了参议院的一致认同。

尽管他是一个强调州权利的杰克逊派民主党员，坎贝尔在奴隶制(*slavery)问题上仍然是相当温和的。他要求不仅要尊重法院和参议院，而且要尊重公众，他的奉献、他的智慧和坚定不渝地对完美的追求，使他获得了难得的好名声。

在法院任职期间，坎贝尔经常发表有力而振振有词的反对意见。例如，在"道奇诉伍尔西案"(Dodge v. Woolsey)(1856)中，他反对法院在州特许公司方面扩大联邦的管辖权。他指出，州内的事务应当由州立法机关作出规定，因为这些事情才是本州公民更真实的声音。因此，联邦最高法院应当通过对宪法的严格解释进行司法制约(*judicial restrain)。

当19世纪50年代国家出现两极分化后，坎贝尔的地位开始越来越难以维继，其对于奴隶问题的温和姿态使他与南方派产生隔阂；而他在"德雷德·斯科特案"(Dred Scott)中为奴隶制辩解的言论又激怒了大部分的北方人。至1860年，坎贝尔发现自己作为一个温和派很难在不可调和的派系斗争夹缝中寻找自己的空间。他相信自由劳动将会逐步而和平地取代那种低效率的"特权制度"，因此，脱离联邦尽管是可能的，但无疑是不明智和不必要的。

尽管如此，当战争来临时阿拉巴马州宣布脱离联邦时，坎贝尔也于1861年4月26日从联邦最高法院辞职，为自己的家乡效忠，作为一名战争部副部长为联盟军服务，他希望通过某种方式能够带来和平。但是，在阿普马托克斯(Appomattox)战役之后，他被投入普拉斯基要塞监狱监禁了4个月。

在根据安德鲁·杰克逊总统的命令获得释放后，坎贝尔搬到新奥尔良州，在那里，他建立了繁荣的法律事业。他的法律技巧又多次把他带到联邦最高法院，在"屠宰场案"(*Slaughter-house)(1873)中，坎贝尔对联邦宪法第十四修正案正当程序条款维护州政府侵犯经济自由问题进行了巧妙的辩论。尽管他的辩词被以5比4的表决结果通过的判决所否定，但是，在20年后最高法院却更正了原来的判决。

[Leo Pfeffer 撰；许明月译；张舫校]

坎特威尔诉康涅狄格州案[Cantwell v. Connecticut,310 U.S.296(1940)]①

1940年3月29日辩论,1940年5月30日以9比0的表决结果作出判决。罗伯茨大法官代表法院起草判决意见。在"洛弗诉格里芬市案"(*Lovell v. City of Grifinn)(1938)中，联邦最高法院在没有对自由践行宗教的权利进行讨论的基础上维持了"耶和华目击者"的言论自由。但在坎特威尔诉康涅狄格州案件中，法院根据这一条款支持了"耶和华目击者"的一些行为。

坎特威尔案涉及一个挨家挨户询问居民是否愿意聆听一段录音或接受一本手册问题的处理。这两个材料都含有对天主教攻击的内容——而且这一活动是在天主教占优势的街区进行的，"耶和华目击者"因此以未获得公共福利秘书处所要求的批准为由而被判决有罪。

联邦最高法院判决宣告原审判决无效，并明确宣布了一项后来成为普遍规则的法律。某州可以就请求布施以及在大街上举行布施会的时间、地点和方式作出规定，但是，不能对它们全面禁止，宪法第一修正案(the *First Amendment)规定了信仰和行为两种自由。

[Tony Freyer 撰；许明月译；张舫校]

资本主义[Capitalism]

在资本主义经济体系中，生产性资产的很大一部分由私人所有，并且产品如何生产和分配是由市场而不是政府决定的。因此，资本主义暗示着一种涉及最低程度国家介入的经济规范体系。但尽管如此，即便是最纯粹的资本主义体系也会包含某些政府监管和干预。政府必须建立基础制度体系，如合同法，以便对劳动、市场的占有进行界定。政府还必须制定法律对"市场失灵"的情况进行矫正，或在无规则的市场不能充分有效运行时建立各项制度。最为重要的是，在任何民主政治体制中，大量的利益集团会连续不断地对各种级别的政府提出要求，以便通过法律使市场进程能够朝着有利于它们的方向倾斜。也许联邦最高法院最重要的功能就在于其作为资本主义的规制者就政府对于私的、市场驱动的决策进行适度干预的宪法限制进行界定。

"资本主义"这一用语在联邦最高法院的判决中并不经常出现。此外,1950年之前，在有关左翼集团攻击资本主义言论权利的第一修正案(the *First Amendment)案件中，几乎在所有提到资本主义的场合都带有一种蔑视。例如，在"合众国诉德布斯案"(United States v. Debs)(1919)中，被告攻击资本主义是战争的根源。不仅如此，大法官路易斯·D.布兰代斯(Louis D. *Brandeis)在其反对的判决意见中，论及资本主义得不到控制时的罪恶时，也偶尔有这种说法["里基特诉李案"(Liggett v. Lee),(1933)；"马普地板制造商协会诉合众国案"

---

① 另请参见 Assembly and Association, Freedom of; Religion; Speech and the Press; Time, Place, and Manner Rule。

(Maple flooring Manufacturers Association v. United States), (1925)]。

自19世纪开始,联邦最高法院在美国资本主义发展过程中仍然占有重要的地位。在19世纪的大部分时间里,其主要功能一直都是保护市场免于各种不同级别的政府管制侵袭。宪法制定者所预示的是这样一种体制,其中,美国的各种商品和服务配置主要决策应当由私人进行。第五修正案的契约条款(the *Contract Clause)、商业条款、正当程序条款以及公共占用条款(the *Taking Clause)便是这种任务的有力例证。通过对这些条款以及对其他宪法条款的解释,通过大量的联邦和州立法以及普通法规则(*common-law rules),联邦最高法院一方面维护了个人特权和市场独立性之间的平衡;另一方面也维护了主权权力对它的干预。

直到19世纪30年代,联邦最高法院主流的经济意识形态一直是古典政治经济学者的意识形态,他们同样拥有一个倾向于"无管制"市场的强烈偏好。其结果便是对于州和联邦管制的普遍司法敌视。19世纪30年代,经济学理论方面一项意义深远的革命随着联邦最高法院表现出对于市场较以前更少的信赖和对管制性干预更多的容忍发生了。

联邦最高法院与美国资本主义之间的历史联系通过多次涉及联邦和各州适度管制范围的争论,已经得到了发展。

承认商事公司并促进其发展 现代美国资本主义如果没有巨型、跨州的商事公司,并通过绵延整个19世纪的一系列联邦最高法院判决推动其发展,将是不可想象的。

联邦最高法院采用并扩展了普通法认为商事公司是一种"人",因而,对给予自然人的众多宪法保护它都同样享有的观念。首席大法官约翰·马歇尔(John *Marshall)曾经根据英国传统判例萨顿医院案(Sutton's Hospital)(1613)的观点,认为公司不能以自己的名义起诉和应诉;相反地,该诉讼必须分别以所有股东的名义进行。然而,马歇尔的观点却被其自己的法院在"合众国银行诉丹德里奇案"(Bank of United States v. Dandridge)(1827)中否定。自此以后,公司可以自由地在联邦法院起诉和应诉。同样,在"合众国银行诉德沃克斯案"(Bank of United States v. Deveaux)(1809)中,法院认为,公司不是宪法所指的"公民",仅能作为个人股东的集合来对待。按照联邦法院的管辖权分工,除非原告和被告来源于不同的州;否则,联邦法院对于一项争议就没有司法管辖权;因此,其结果便是除非争议中的每一股东都来源于与对方当事人不同的州;否则,这一要求就不能得到满足,联邦法院对此项争议也就不会有管辖权。在"路易斯威尔、辛辛那提与查尔斯顿铁路公司诉勒葱案"(Louisville, Cincinnati & Charleston Railroad Co. v. Letson)(1844)中,德沃克斯案确立的规则被推翻。在本案中,法院认为,一个公司应当被视为它于其中组建的州的公民。这一结论实质性地加强了对公司的联邦保护。根据勒葱案规则,更多涉及公司与本州外当事人之间的争议将能够为联邦法院审理。

在"圣克拉拉县诉南太平洋铁路公司案"(*Santa Clara County v. Southern Pacific Railroad)(1886)中,联邦最高法院在联邦宪法意义上承认了商事公司应视为一个"人"。尽管自由主义者攻击圣克拉拉案的判决显示了法院迎合大企业的偏好,该判决的重要性不应过分夸大。但实际上,圣克拉拉案创立了允许公司作为一个实体而不是以其股东作为众多个体以便公司能够主张其宪法请求的敏感机制。法院在圣克拉拉案及其后续案件中的基本理念是:公司仅仅是一种对其享有所有权的股东的联合,给予公司本身以宪法的权利比给予股东本人这些权利更为有效。在圣克拉拉案之后,个人股东仅在为了强制公司维护它自己权利而创设的股东派生诉讼中,才能主张公司的宪法请求。联邦最高法院在"道奇诉伍尔西案"(Dodge v. Woolsey)(1856)中肯定了这些诉讼的存在。

在19世纪后期,促进跨州商事公司发展的一个最重要的原则是逐步形成的州并没有排除"外国"公司——在不同州获得特许而设立的公司——在其境内进行业务的权力的观念。传统的观点是与此相反的。在"奥古斯塔银行诉厄尔案"(*Bank of Augusta v. Earle)(1839)中,联邦最高法院认为,一个州的公司可以在另一个州从事业务,但必须获得该州的许可并接受其管制。晚至1880年,联邦最高法院仍允许各州排除外州公司直接在其境内开展业务。但是在"韦尔顿诉密苏里州案"(Welton v. Missouri)(1876)中,法院认为宪法商事条款禁止各州排斥生产于其他州的产品。根据韦尔顿案,例如,一个在新泽西州组建的公司,如果没有获得纽约州的许可,就不能在纽约州建立工厂,但是,纽约州则没有排除新泽西公司生产产品的权力,如果该产品能够被纽约州自己的公司合法地销售。此外,法院也渐渐对各州排除外州公司在本州境内制造产品的权力进行限制;最终在"西部联盟电报公司诉堪萨斯州案"(Western Union Telegraph Co. v. Kansas)(1910)中认定,公司在其进行业务的州管辖范围内是一个"人",除非违反了该州的法律,否则不得被驱逐。

在19世纪,联邦最高法院常常卷入一些公司融资、公司责任的时效期间、公司根据其章程享有的权利范围等方面的事务。这类判例中大部分是不同法域的案件,根据普通法提起,但发生于联邦法院被授权发展其自己的普通法体系的时代。其结果是导致调整19世纪公司内部事务、其融资及其与外部者交易的大量联邦原则的产生。例如,在"索耶诉霍格案"(Sawyer v. Hoag)(1873)中,法院采用了信托基金原则,认为如果公司公开申明的解缴资本大于股东实际解缴的资本,则股东本人对于其差额要承担责任。这一原则的目的是为了保护债权人免遭"掺水"股之害。同样,法院经常要考虑公司的行为是否超越能力范围或公司章程授权的问题——对此一般采取一种比当时流行于各州的更狭窄的观点。例如,在"托马斯诉西泽西铁路案"(Thomas v. West Jersey Railroad)(1879)中,对两铁路公司中一家将自己所有的轨道出租给另一家公司的有效的联合,法院就没有认定超越公司能力。

联邦最高法院逐渐放松了防止公司进行章程中未授权业务的严格规则,特别是在额外业务对于公司授权的业务而言是"必要或便利"的时候,更是如此。例如,在"杰克逊维尔、麦珀特、帕布罗铁路与航运公司诉胡珀案"(Jacksonville, Mayport, Pablo Railway & Navigation Co. v. Hooper)(1896)中,法院便允许一铁路获得旅馆以便为铁路旅客提供住宿便利。其结果是,公司垂直合并的司法准可大量增加,以至这种现象成为世纪之交点缀大量公司发展的一种特征化景观。

为挑战公司合并而进行商事目的限制立法的一个出人意料的结果是竞争者之间的兼并在一般情况是合法的。例如,授权制造和分配石油的一家公司,如标准石油公司,会合法地获得与其处于竞争地位的炼油厂,因为这种获得将不涉及公司未授权的业务。但是,如果标准石油公司试图获得一家鞋厂,那么,这种获得便会面临其超出公司章程范围的挑战。作为一种结果,竞争者之间的合并——通常对竞争会造成最大损害的行为——在一般情况下是合法的,而"聚集"型合并则一般是违法的,受禁止的。因此,美国式合并政策渐渐不再作为一种公司法专属领域,而进入反托拉斯法(*antitrust law)的领域范围。

在"布里格斯诉斯波尔丁案"(Briggs v. Spaulding)(1891)中,法院采用了一项宽泛的"业务判断规则",据此,给予公司董事不受股东提出责任诉讼地作出决策的广泛权力,本案和其他案件的判决,有利于使美国商事公司的所有权与其管理分开,其最终的结果是一呼百应的更严密的规定。

在"新政"(the *New Deal)时代,联邦最高法院渐渐融合了更为严密的州和联邦商事公司规范。例如,在"联邦贸易委员会诉 F. R. 凯佩尔兄弟案"(Federal Trade Commission v. F. R. Keppel & Bros.)(1934)中,法院认为,联邦贸易委员会有权染指"不公平"的商事实践,即便此种商事实践并不是反托拉斯法中的反竞争实践。

在更晚近的时期,联邦最高法院对经济生活展示了在某些方面放松公司管制、使其回到市场的强烈倾向。例如,在包括"卡瑞拉诉合众国案"(Chiarella v. United States)(1980)和"巴斯克公司诉莱文森案"(Basic, Inc. v. Levinson)(1988)在内的多项判决中,都发展了这样一种观念:市场对于公司证券在通常情况下是有效的,因此,公司管理者没有特别的义务对公司证券的购买者和销售者提供信息,至少某些人通过购买和销售公司的证券会从有关公司违规行为的秘密信息中获得利润。此外,联邦最高法院在"德克斯诉证券交易委员会案"(Dirks v. Securities and Exchange Commission)(1983)中认为,这种交易会鼓励发现这种信息,这种交易对于某些不知晓信息的人来说可能是"不公平"的,但这一事实并不比此类交易使市场运行更为有效更重要。最近,在"丹佛中央银行诉丹佛第一州际银行案"(Central Bank of Denver v. First Interstae Bank of Denver)(1994)中,联邦最高法院极大地限制了公司里"次重要人物"的责任,如律师或者会计师,因为他们可能间接参与证券欺诈交易。

对于各法域管制性权力的司法限制 19 世纪的政治经济蕴涵着一种亲自由市场而反对管制的强烈的倾向。这种倾向不仅体现于实体法,而且也体现于各种不同的为限制国家管制权力而设计的程序性和司法性约束中。其中最为重要的、联邦最高法院惯常使用的、保护美国资本主义免于政治干预的机制便是将州的权力限制在一州范围内、而将联邦权力限制在明显的州际商事流动活动范围内的法律规则。

在"吉本斯诉奥格登案"(*Gibbons v. Ogden)(1824)中,联邦最高法院认定,宪法商事条款禁止州给予汽船公司在两州港口之间进行垄断经营(参见 Commerce Power)。吉本斯案限制了对于这类州际活动权利的范围。在"瓦巴施、圣路易斯和太平洋铁路公司诉伊利诺伊州案"(*Wabash, St. Louis & Pacific Railway Co. v. Illinois)(1886)中,联邦最高法院认定,如果铁路路道的任何部分伸出该州之外,则不得设置铁路交通的费率限制。而"彭诺耶诉奈弗案"(Pennoyer v. Neff)(1878)的判决则反映了州法院对位于本州之外的人不应享有过多的管辖权这样一种联邦最高法院的观念。

也许在整个 19 世纪,对于各州管制权力最有争议的限制是"斯威夫特诉泰森案"(*Swift v. Tyson)(1842)中确定的规则,对于联邦法院管辖的涉及不同州公民之间的争议案件,联邦法院的大法官不需要完全遵守州法律,而可以参考"一般的"普通法。大法官约瑟夫·斯托里在斯威夫特案中的下列提议非常明确:只有在其有一个事业者可以依赖的统一的规则体系时,跨州的市场才会有效运行。如果某一个州死守一种狭窄观念制定规则——例如,保护本州的债务人而损害外州的债权人,那么,商人们在跨州的交易中便会失去信心。尽管斯威夫特案仅涵盖了普通法规则,但后来的一些判决,如"沃森诉塔普利案"(Watson v. Tarpley)(1855),则将斯威夫特案确立的规则适用于州制定法。其结果是统一商事规则体系在联邦法院的形成,这远远早于通过综合性的联邦制定法对此类交易进行规制。

联邦最高法院还对各州将其实体法适用于发生于该州外的行为的权力进行了限制。例如,"艾杰耶尔诉路易斯安那州案"(*Allgeyer v. Louisiana)(1897)便实质性地瓦解了州对于外州保险公司的规制权力。同样,在"纽约寿险公司诉道奇案"(New York Life Insurance Co. v. Dodge)(1918)中,法官就限制了州对于同时在另一个不同的州履行的合同适用其唯一合同法的权力。然而,更为重要的是,一般普通法原则并不是管制性的,而是普遍适用的法律体,对此,法院要做的仅仅是去认识它们。因此,某个州可以将一般的普通法原则适用于跨州的交易,即便它不能通过制定法去这样做。正如联邦最高法院在"西部联盟电报公司诉堪萨斯州案"(Western Union Telegraph Co. v. Kansas)(1910)中所主张的那样。这种做法与法院所坚持的普通法如果恰当地使用,不仅不会干预市场反而会促进市场的一般立场是一致的。

19世纪联邦最高法院对于州管制的反感同样还表现在对于州行政机构的严格限制上。例如,在"芝加哥、米尔沃基与圣保罗铁路公司诉明尼苏达州案"(*Chicago, Milwaukee & St. Paul Railway Co. v. Minnesota)(1890)中,法院便对一项授予管制机构确定铁路费率的最终权限的州制定法给予了沉重的打击,仅在20世纪20年代,联邦最高法院才对州管制机关而不是法院和立法者对铁路费率制定问题表现出一定的容忍["威斯康星铁路委员诉芝加哥、伯灵顿及昆西铁路公司案"(Wisconsin Railroad Commission v. Chicago, Burlington & Quincy Railroad Co., 1922)]。

对联邦政府的管制性侵入联邦最高法院同样也持敌视的态度,并且将联邦政府对于明显具有跨州商事性质的交易权力限制在狭窄界定的范围。例如,在"合众国诉E. C. 奈特公司案"(United States v. *E. C. Knight Co.)(1895)中,法院认定,联邦反托拉斯法不能适用于跨州的制造商托拉斯,因为制造行为不应被认为是跨州商事活动的一部分。同样,在"哈默诉达根哈特案"(*Hammer v. Dagenhart)(1918)中,它重击了联邦童工法,因为劳动行为本身是在一个州内实施的,仅仅因为劳动生产的商品注定会驶进跨州的交易是不充分的。

"新政"标志着联邦最高法院在有关对州和联邦两个层面的规制管辖权力方面的哲学思想的剧烈变化。斯威夫特案判决被"伊利铁路公司诉汤普金斯案"(*Erie Railroad Co. v. Tompkins)(1938)推翻。在国际鞋案(International Shoe)(1945)中,法院极大地扩展了州法院对于外部者的管辖权范围。对于州对发生于其他地方的交易适用其实体法权力的限制,在"沃森诉雇主责任保险公司案"(Watson v. Employers Liability Assurance Corp.)(1954)中也被大大地放松。另一方面,在"全国劳动关系委员会诉琼斯与劳夫林钢铁公司案"(National Labor Relations Board v. Jones & Laughlin Steel Corp.)(1937)中,法官也极大地扩展了联邦对劳动关系进行规制的权力,只要雇主有任何实质性的跨州交易,便可以由联邦调整。1918年涉及童工的哈默案的判决(*labor decision),被法院在"合众国诉达比木材公司案"(United States v. *Darby)(1941)中明确地推翻。自从"威卡德诉菲尔伯恩案"(*Wickard v. Filburn)(1942)的法院判决以后,联邦对于管制的权力便扩展到高度地方化的、对于州际商事的"影响"似乎微不足道的一些活动。其结果之一(这并不值得庆幸)便是,许多活动现在同时要服从联邦和州的管制,并且,这两个层面并不必然采用相互一致的政策。

垄断:限制竞争的州权力 在美国资本主义历程中,垄断(Monopoly)一词具有两种不同的含义。在历史上,垄断是一种由主权者给予私人企业的排他的权利。后来,"垄断"逐步指反垄断法涉及的大公司。

除了前文所考虑的吉本斯案以外,对于垄断特许问题联邦最高法院最为重要的一笔便是"查尔斯河桥梁公司诉沃伦桥公司案"(*Charles River Bridge v. Warren Bridge)(1837)的著名判决。从严格的古典主义立场出发,首席大法官罗杰·B. 托尼认为,尽管州拥有授予商事公司垄断特权的权力,但是,此项权利不可以默示的方式授予,因此,桥梁公司不能获得禁止另一竞争性桥梁建造的禁令。除非该公司特许状中明确就此赋予了垄断特权。

在屠宰场系列案(*Slaughterhouse)(1873)中,甚至州拥有创设垄断特许的权力这一基本的原则也受到了挑战。在本案中,法院对于是否应当支持一项给予一家公司在新奥尔良经营公共屠宰场的排他的特权问题上产生了严重的分歧。特别是他们发现刚刚通过的宪法第十三、十四修正案并没有取消州创设垄断特许的权力。屠宰场系列案件中的特许权授予被普遍认为是一种最糟糕的特殊利益立法的产物,但是,它确实是一种处理因小型屠宰场处理动物废料时将其排入密西西比河而引起的突出公共健康难题的相当有价值的机制,因为密西西比河是新奥尔良州的重要饮用水供应来源。

契约自由:价格规制、保护性的劳工立法以及对产品质量的规制 古典政治经济学的基本信条是,如果从独立的角度来看合同的主题并不违法,人们应当能够自由地为其所需缔结合同。这种观念的一个版本已经明确写入了宪法,即宪法的契约条款,并成为19世纪前半叶美国资本主义制度最重要的保护工具。相当不同的契约自由的第二个版本虽尚未明确地写入宪法,但已经由联邦最高法院在20世纪初叶于实体正当程序原则中创设出来。

契约自由原则的这两个分支都反映了对于干预私人经济决策的立法的厌恶。"契约自由"是19世纪"公共选择理论"——一种关于为什么立法机关对于社会资源的配置相对于经济市场而言要低劣得多的理论——的对应物。这种敌视态度在联邦最高法院对于政治程序的立场中也可以看到。例如,其在"马歇尔诉巴尔的摩及俄亥俄铁路公司案"(Marshall v. Baltimore & Ohio Railroad Co.)(1853)的结论便是,立法机关受特殊利益的束缚,"其游说者将州政府置于富有的公司联合资本控制之下,从而产生了普遍的腐败"。这些"立法的投机者"将"孵化该同盟和每一个州的资本,并进而使腐败成为政治体系的一般环境"(pp. 334-335)。

宪法契约条款下契约自由　宪法契约条款禁止各州削弱已缔结契约之契约义务。但该条款从未被解释为可以适用于未来契约主题问题的调整;相反,它被用来防止各州改变已经在以前创设的契约条款。在马歇尔主持联邦最高法院期间,曾发展出两支有关宪法契约条款的法理。其中"私的"分支一般强调防止州对于私人当事人之间的既存契约进行干预,主要限制的是州制定、通过减轻债务人负担方面的立法权力。例如,在"斯特奇斯诉克劳宁谢尔德案"(*Sturges v. Crowninshield)(1819)中,联邦最高法院认为,州不得限制债权人通过债权人既存财产(未来工资除外)获得补偿。"奥格登诉桑德斯案"(*Ogden v. Saunders)(1827)的判决——对此首席大法官马歇尔并不赞同——认定州破产立法只能规定其适用于在该制定法通过以后而产生的债务。后来,联邦最高法院一直追随马歇尔时代形成的对先期缔结的协议给予严格的保护政策。例如,在"布朗森诉金泽案"(*Bronson v. Kinzie)(1843)中,联邦最高法院认为,州不能对取消回赎权的财产创设一种制定法上的回赎权,并将其适用于该制定法通过前创设的担保。在"格尔普克诉杜布奎案"(*Gelpcke v. Dubuque)(1864)中禁止了州宣告由作为本州城市之一的城市发行的市政债券无效的行为。直到"新政"时期,当宪法古典主义处于垂死呻吟之时,联邦最高法院才实质上从这一轨道上偏离。例如,在"住房建筑与贷款协会诉布莱斯德尔案"(*Home Building and Loan Association v. Blaisdell)(1934)中,法官维持了一项对按揭取消回赎权设置延付期的经济大萧条时期的立法。

宪法契约条款的另一法理分支——"公共的"分支——在传统上将州的权力限制在对自己的债务作出例外规定方面。在"弗莱彻诉佩克案"(*Fletcher v. Peck)(1810)的原判决中,联邦最高法院认定州不得宣告其前期已经作出的土地授予无效。在"达特茅斯学院诉伍德沃德案"(*Dartmouth College v. Woodward)(1819)中,法院将契约条款扩展到覆盖公司特许。自此以后,绝大部分在"公共的"方面的联邦最高法院判决都要考虑州的权力范围,以对前期授予的商事公司特许进行修正。宪法契约条款的法理上的"公共的"分支展示了联邦最高法院在契约自由分析方面的严重紧张状态。一方面,公司章程是一种契约,对于契约的神圣的信念不过是一种信条。另一方面,在19世纪早期,州一直被认为可以给予公司广泛范围的垄断特权。这是与传统政治经济学所谓单纯由市场本身决定事业者的命运的观念是格格不入的。现在的问题是,是否应当允许州根据某些条件作出例外的规定;据此市场的公正和平衡得到了恢复,但在这个规程中,又破坏了契约作为公司宪章的神圣。一般的回答是,即便契约自由也应当服从于保护市场这一更重大的利益。

在前面提到的查尔斯河桥梁公司案中,联邦最高法院认为,宪法契约条款确实要求在没有明确赋予垄断特权的公司特许状中应当有特许条款的暗示。从这一点出发,联邦最高法院一般给予州对其自己的公司以广泛的权力,例如,铁路委员会案(Railroad Commision Cases)(1886)就认为,允许铁路设置"合理"费率的公司特许状同样赋予州的机关决定什么样的费率是合理的。大约1850年以后,契约条款对于限制公司特权而言便不再是一种实质性的障碍。

实体正当程序和契约自由　宪法第十四修正案(the *Fourteenth Amendment)确立的实体正当程序原则是古典政治经济学独特的美国版本的产物。在英国,土地面积小,劳动难以控制,社会和经济流动性相当受限,古典主义的严格的市场偏好在1895年不得不对数量多得多的国家干预主义观念妥协。像约翰·斯图尔特·密尔(John Stuart Mill)、艾尔弗雷德·马歇尔都支持对社会财富进行某种程度的政府强制性的再分配。

但是,美国在购置路易斯安那(Louisiana Purchase,指美国1803年从法国手中取得对路易斯安那的控制权——译者注)后,便拥有富饶的未开发的土地,并同时经历了经济的快速增长和突然出现的由那些雄心勃勃的人而带来的人口的高速流动性。按照古典主义者的观点,每一个劳动者都能够相当容易地成为土地所有者和企业家——但从来也没有想到这些并不包含奴隶,甚至在很多州也不包括妇女。其结果,亚当·斯密的不受限制市场的历史权威在英国被修正后的很长一段时间里在美国却维持着这种地位。这种信念的宪法化便形成了实体的正当程序——一项于19世纪80年代在州法院中孕育并迅速传播到联邦最高法院的基本原则。联邦最高法院的大法官们也许并没有直接读过古典政治经济学家的著作,但是,他们对托马斯·M.库利(Thomas M. Cooley)的《论对于美国联盟各州立法权的宪法限制》(1868)一书也许相当熟悉,它对于实体正当程序作为一项宪法原则的认知基础进行了阐述。

实体正当程序,不同于契约自由原则,它不仅规范已经存在的契约的严肃性,而且调整人们签订各种契约的权利,正如罗斯科·庞德所指出的那样,这个时代已经不再是一个"干巴巴的拘泥于形式的"时代,而是一个伟大的充满着司法创造力的时代。例如,在涉及德布斯的对物诉讼(In re *Debs)(1895)中,法院就从行政机关享有保护州际商事活动不受劳动纠纷影响的原则这件新衣服上裁剪了一块下来,即便国会还没有通过授权行政机关实施这种行为的立法。而在涉及扬的单方诉讼案(*Young, Ex parte)(1908)中,大法官鲁弗斯·佩卡姆(Rufus Peckham)则主张,第十一修正案的主权豁免规定在某一私人当事人试图阻止州官员执行一项违宪的制定法时不能适用,因为此时该官员已经"被剥夺了其官方的和代表官方的身份"(p.160),在这个案件中,涉及的制定法被指责违反了契约自由的铁路费率管制方面的法律。

联邦最高法院实体正当程序方面最具争议的判例是"洛克纳诉纽约州案"(*Lochner v. New York)(1905),本案废止了一项限制面包师每天工作不得超过10小时或每星期工作不得超过60小时的规定。很明显,佩卡姆认为,该制定法剥夺了烤面包师与其雇主就他愿意工作多长时间签订合同的自由。通过相同的推理,法院废止了一些管制产品质量的制定法。例如,在"布恩斯焙烤公司诉布赖恩案"(Burns Baking v. Bryan)(1924)中,法院推翻了一项要求面包应达到标准重量的制定法;而在"威文诉帕尔默兄弟案"(Weaver v. Palmer Bros.)(1926)中,则抵制了一项规范床上用品质量的制定法。

实体正当程序分析的最经常的靶子之一就是费率管制问题。许多形式的费率管制是合法的,甚至在实体正当程序的高峰期,一个州也能够对公司在其章程规定其有权调整价格的情况下所制定的价格进行调整。章程本身就是一个契约,契约自由原则在这里是至高无上的。此外,在"芒恩诉伊利诺伊州案"(*Munn v. Illinois)(1877)这一重要的判例中(本案先于实体正当程序的年代),联邦最高法院将其对费率管制的权力扩张适用到非公司化的企业,"如果它们在影响公众利益的领域运营"。这些企业包括传统上已经被给予特许垄断经营保护的或享有征用权的企业,如船运航线、码头、公共承运人,以及芒恩案中的谷物仓储人。

在实体正当程序时代较晚的时期,联邦最高法院进一步明确了州并没有对费率进行调整的一般权力;此外,对于哪些属于影响公共利益的产业作出决定的特权属于法院,这一点在"泰森诉邦顿案"(*Tyson & Brother-United Theatre Ticket Offices v. Banton)(1927)中得到了充分的表现。也许,涉及价格管制的最著名的判例是"阿德金斯诉儿童医院案"(*Adkins v. Children's Hospital)(1923),本案推翻了华盛顿特区的一项仅仅适用于妇女的最低工资法,联邦最高法院借用古典政治经济学家的语言总结道,"所有人决定财产出售或者利用价格的权利是财产本身固有的属性",同时,在为劳动而收取的价格与雇主对它判断的价值之间,也存在一种应当"等值"的"道德的要求"(p.558)。

不断被认定影响公共利益的市场之一便是铁路运输业,联邦最高法院通常都支持州以及后来的联邦对铁路费率实施价格管制。但是,在"史密斯诉埃姆斯案"(Smyth v. Ames)(1898)中,它坚持这种管制必须为铁路提供其投资的合理回报。在今天看来,这一规则仍然是有效的:费率管制通常是允许的,但是,剥夺私人企业合理的竞争性利润的管制则是违宪的财产占用行为。

进步党时代的批评家喜欢将这一时代联邦最高法院的大多数人,特别是鲁弗斯·W.佩卡姆(Rufus W. *Peckham)、詹姆斯·C.麦克雷诺兹(James C. *McReynolds)、威利斯·范·德凡特(Willis *Van Devanter)、乔治·萨瑟兰(George *Sutherland)、皮尔斯·巴特勒(Pierce *Butler)、威廉·H.塔夫脱(William Howard *Taft)等大法官,描述为亲商而反劳工的平庸知识分子群体。但是这种观点既过低地估计了大法官的智慧,又过高地估计了他们对商业的偏爱。他们是古典主义者,寄希望于没有管制的市场。因此,他们对于亲商的管制性立法与有关工资和工时的立法给予了同等力度的谴责。激进的批评家以所有的管制都具有维护公共利益的性质为出发点,因而,将他们对于联邦最高法院的批评几乎毫无例外地集中于其在对待有关保护性的劳工立法问题上。然而,实际上,法院也废止了同样多的作为管制者被商人阶层中特殊利益集团"捕获"结果的立法(捕获,Capture,法经济学或制度经济学中经常使用的术语,指管制者与被管制者之间的关系颠倒,管制者处于被管制者支配的一种非正常状态。当出现这种状态时,管制者的行为通常会偏离其正常的轨道,而有利于被管制者中的特殊利益团体,这里指受特殊的商人阶层的影响而制定的有利于这些人的立法。——译者注)。例如,在"路易斯·K.李吉特公司诉鲍德里奇案"(Louis K. Liggett Co. v. Baldridge)(1928)中,联邦最高法院拒绝适用一项法律,因为该法要求药商必须申领执照,其主要目的是保护药商不受削减成本的竞争者与之竞争。在"新州冰块公司诉利布曼案"(New State Ice Co. v. Liebmann)(1932)中,它就推翻了一项规定进入制冰业必须以申请人说明了具有"必要性"和现有设施的供给能力不充分性为条件——很显然,这肯定是保护已经存在于特定产业的那些人免于竞争的另一种手段。

即便在实体正当程序的全盛时期,联邦最高法院也没有对所有的管制性立法都提出反对。一般而言,如果联邦最高法院察觉到没有管制的市场对普通社会产生了不受欢迎的影响,那么,(针对它的)这类立法便具有正当性。例如,在"穆勒诉俄勒冈州案"(Muller v. Oregon)(1908)中,法院就维持了一项与洛克纳案(Lochner)(1905)被否决的规定10小时工时类似的法令,但它只适用于妇女。在其著名的拥有大量社会科学数据支撑的布兰代斯诉讼要点(*Brandeis brief)中,路易斯·D.布兰代斯对联邦最高法院辩解道,妇女作为社会未来的孩子的哺育者具有特殊的地位,并且,在缔约程序中妇女通常不能相应地代表其自己的利益。联邦最高法院接受了这个男性中心主义的、家长式的辩护观念。同样,在"尤克里德村诉阿姆布勒物业公司案"(Villge of Euclid v. Ambler Realty Co.)(1926)中,联邦最高法院维持了一项综合性的涉及土地利用规划和分区的立法,主要是基于这样的观点:高密度和无规划的发展会通过增加交通、噪声、拥挤和对公共服务的需求而使社区的其他成员付出更高的代价。

仅仅在1937年一年,实体正当程序便走向没落,甚至比其开始还要快。这主要是因为罗斯福政府的法院人员布置计划(*court packing plan)以及欧文·J.罗伯茨(*Owen J. Roberts)在"西海岸旅馆公司诉帕里西案"(*West Coast Hotel Co. v. Parrish)中对最低工资立法这一主题改变了态度,该案推翻了阿德金斯案确立的规则。

然而,联邦最高法院最近的做法却受到指责,即人们认为,法院通过创造其他一些原则以限制管制权力,这样就使洛克纳案的要旨死灰复燃了。例如,在"佛罗里达州的塞米诺族诉佛罗里达州案"(*Seminole Tribe of Florida v. Florida)(1996)中,联邦最高法院扩大了各州免受联邦诉讼管辖的豁免权;大法官戴维·苏特(David *Souter)指责多数法官的意见,认为他们在对待管制权力时,适用了洛克纳案的敌视原则。他还在"奥尔登诉缅因州案"(Alden v. Maine)(1999)中重申了他的看法,因为法院在该案中认为州法院无权就有关工作环境与工资的问题进行规制。大法官史蒂芬·G.布雷耶(Stephen G. *Breyer)在"大学储蓄银行诉佛罗里达州高等教育预付教育费用委员会案"(College Savings Bank v. Florida Prepaid Postsecondary Education Expense Board)(1999)中也作了相似的指责,因为联邦最高法院在该案中认为,不能依据联邦禁止虚假广告的法律而对州的机构提起诉讼。毫无疑问,伦奎斯特时代的联邦最高法院试图削减联邦政府根据大量的宪法原则而享有的管制权力。

作为商业竞争管制者的联邦最高法院　联邦最高法院作为美国资本主义推进者的最重要的角色之一是因为它处在调整竞争过程的庞杂的制度体系顶端这一位置上。竞争要受到各州和联邦政府的法院和行政机构的调节。联邦最高法院在某种程度上可以凌驾于所有这些机构之上而俯察之(参见 Administrative State)。

在1890年《谢尔曼反托拉斯法》(Sherman Antitrust Act)通过之前,商业竞争主要通过有关限制贸易的普通法进行调整。联邦最高法院在这一领域的监督作用与其对其他普通法法律创制活动的监督没有什么差异。法院是联邦法律的最终裁判者,也是适用于各种公民身份案件的"一般"的普通法的最终裁判者。

在大多数情形下,联邦最高法院对于限制贸易方面的普通法的解释并不会偏离于一般接受的普通法。例如,在"俄勒冈州汽船航行公司诉温瑟尔案"(Oregon Steam Navigation Co. v. Winsor)(1873)中,法院维持了一项作为汽船航线出让交易一部分的为期10年的不竞争协议,其理由就是该协议是合理的,因为它:(1)附属于一项商业买卖;(2)限制在合理的期间内;(3)仅仅覆盖了该航线本身所服务的地理区域。但是,在"中央运输公司诉普尔曼豪华轿车公司案"(Central Transportation Co. v. Pullman's Palace Car Co.)(1890)中,联邦最高法院谴责了一项包含在为期99年的铁路卧铺车厢租约当中的不竞争盟约,因为在这里保护的时间不合理的过长。法院同样接受了一项普通法规则,完全容忍商业合并,甚至价格固定,只要价格固定者没有针对其他试图减低其价格的人采用强制和胁迫。但是,在"吉布斯诉联合气体公司案"(Gibbs v. Consolidated Gas Co.)(1889)中,它主张,对"公众必需品"——本案中的照明气——进行价格固定将构成违法,尽管在通常情况下一般商品的价格固定可能会受到契约自由的保护。

在1890年《谢尔曼反托拉斯法》通过以后,联邦最高法院对于固定价格行为的立场发生了明显的变化。在第一个实质性的反托拉斯案件——"合众国诉跨密苏里货运协会案"(United States v. Trans-Missouri Freight Association)(1897)中,它对铁路集团内部发生的一项固定价格和分摊运价的安排进行了谴责,联邦最高法院并没有被一些低级别法院接受的一种经济学的观点所说服,这种观点认为,铁路是一种网络产业,在这里,货物可以值得信赖地从一条线运送到另一条线,只要有一个共同的方案安排计划并确定费率。它同样也拒绝接受这样的观点,认为铁路是一种包含了一个非常高比例的固定成本的特殊产业,因而费率的竞争本质上是极为有害的——这种现象最终导致了联邦对费率实行管制。

在跨密苏里货运协会案以后,竞争者之间的价格固定在美国几乎是完全的违法,除非某个行业是属于联邦或某些情况下的州立法所排除的行业。在"洛伊诉劳勒案"(Loewe v. Lawlor)(1908)中,法院认定,劳动者之间签订的共同坚持要求获得一定工资的协议要受到谢尔曼法的约束,至少伴随有通过纠察或联合抵制之类的惯性实施时如此。在联邦最高法院的观念中,工会是另一种形式的卡特尔。洛伊案的结果是联邦劳工方面的禁令(*injunction)——一种破坏工联的方式——的增加,直到"新政"时期的劳动立法在很大程度上免除了谢尔曼法对工会的适用。新的立法大大增加了工会的交易势力,并通过联邦最高法院在"全国劳动关系委员会诉琼斯与劳夫林钢铁公司案"(National Labor Relation Board v. Jones & Laughlin Steel Corp.)(1937)中得到了维持。

联邦最高法院同样还运用反托拉斯法来发展一种严格按竞争原则而非公司结构形成的美国式的合并政策。在"阿狄斯顿管道与钢铁公司诉合众国案"(Addyston Pipe & Steel Co. v. United States)(1899)中,它批准了当时还是一般法官的威廉·霍华德·塔夫脱(William H. Taft)所在低级别法院的做法,如果价格固定行为仅仅附属于公司业务合并而形成一个单一企业的合并,那么,它就不应当像处罚仍然作为竞争者而独立存在于外部的企业实施的赤裸裸的固定价格行为那样严厉地对其进行处罚。但是,在"北部证券公司诉合众国案"(*Northern Securities Co. v. United States)(1904)中,联邦最高法院则谴责了一项两个跨大陆的铁路公司之间进行的减少了整个竞争的合并。在"合众国诉联合太平洋铁路公司案"(United States v. Union Pacific Railway Co.)(1912)中,它认为,联邦反托拉斯法可以处罚一种按照州公司法属于完全合法的合并。从这一观点来考虑竞争已经成为联邦合并政策的一个主流观念,州公司法已经在很大程度上成了第二位或不相关的了。在合并案件中,联邦最高法院主要关心的问题已经转变为保护消费者免受可能来源于垄断或共谋的高价格的问题了。

然而,在 1950 年,国会修订了反托拉斯法,以回应一个更为重要的担心:小企业将难以逃脱被迫参与同大企业的竞争的命运。其结果是在为期 20 年的时间中——从 1960 到 1980 年——联邦最高法院实际上在鼓励低级别法院处罚使合并以后的企业变得更有效率的合并,其理论基础是,这样的合并将会造成合并企业的竞争者利益的损害。只有在 20 世纪七八十年代,联邦最高法院才开始回转到更加明确的消费者取向的合并政策上来。

在以赤裸裸的价格固定行为为一端与单纯合并为另一端的两者之间存在着由各种业务联合和贸易实践组成的系列,他们有些可能同时包含了两方面的因素。从 1911 年"标准石油公司诉合众国案"(*Standard Oil v. United States)和"合众国诉美国烟草公司案"(United States v. American Tobacco Co.)开始,联邦最高法院开始流行一种运用"合理规则"(*rule of reason)去评价大量的这类商业实践的做法。合理规则要求法院对某一(限制性商业)实践的历史和发展、它对竞争可能产生的影响以及是否存在任何有效的理论基础进行考察。联邦最高法院后来在"马普地板制造商协会诉合众国案"(Maple Flooring Manufacturers Association v. United States)(1925)中使用了这一方法,对竞争者之间交换价格信息但没有确定特殊的价格的协议之类的事进行了准可。但是,在"东部各州零售木材经销商协会诉合众国案"(Eastern States Retail Lumber Dealers' Association v. United States)(1914)中,它却根据本身(违法)原则,对直接针对竞争者而实施的制造抵制的行为进行了处罚。

联邦最高法院对于产品应怎样进行分派的业务决策问题也涉足颇深。在"迈尔斯医生医药公司诉约翰·D.帕克父子公司案"(Dr. Miles Medical Co. v. John D. Park & Son Co.)(1911)中,法院制裁了维持转售价格的行为,即据此由供应商确定其商品被转售时的价格的协议。维持转售价格本身是违法的,这一规则直到今天仍然存在,尽管它已经被变得要服从大量例外,这些例外有些属于临时性的权宜之策,有些则成为永久性的例外,有些是国会确定的,也有些是联邦最高法院自己确定的。

对于非价格性限制,如制造商确定经销商可以转售商品的地域市场范围的条款,联邦最高法院的立场则更具有持续性。但是,在"大陆电视公司诉通用电话西尔韦尼亚公司案"(Continental TV, Inc. v. GTE Sylvania, Inc.)(1977)中,联邦最高法院判决,纵向的非价格限制应当由合理规则调整。根据这一规则,这种限制绝大部分都是合法的。

与早期的联邦最高法院相比,伦奎斯特时代的联邦最高法院在制定反垄断政策方面所发挥的作用并没有那么出色。一种解释是,20 世纪六七十年代是反垄断领域动荡不安的时代,原有的有利于小企业的原则让位于一套有利于低成本、高效率的产商的更为宽松的原则,其中的大部分规则于 1986 年威廉·H.伦奎斯特(William H. *Rehnquist)升任首席大法官之前便已确立。此外,在首席大法官伦奎斯特任职期间,联邦最高法院的待审案件表上的案件大幅减少,每年大约只相当于近期其他几任的联邦最高法院审理案件的一半左右,而反垄断方面的案件数量的下降甚至更严重。

伦奎斯特时代的联邦最高法院在反垄断方面并不是特别强烈,也很难为一些判决找到经济学依据。例如,在"伊斯特曼柯达公司诉图像技术服务部案"(Eastman Kodak Co. v. Image Technical Services)

(1992)中,法院支持了原告颇受疑问的主张:即一家只占市场份额23%的复印机制造商会成为特殊配件供应市场的垄断者,因为只要有人购买了该制造商的复印机,就必须购买其生产的配件。该案的结果导致了大量的垄断诉讼案件,所针对的其实并不是真正的垄断企业。与此形成鲜明对比的是"加利福尼亚州牙医协会诉联邦贸易委员会案"(California Dental Association v. Federal Trade Commission)(1999),法院在该案中赞成有关广告的限制性措施,因为这些广告可能有效地使该州的牙医把市场卡特尔化。这两个判决并行存在似乎有些令人难以置信,这表明:对最可能构成反垄断法上不法行为的卡特尔,法院的态度是温和的;而对于那些很可能不会产生反竞争效果的非垄断企业单方行为,法院却采取了过度进攻性的立场。

占用(Takings) 限制国家权力干预市场方面的宪法原则最近通过联邦最高法院而获得发展的是宪法第五修正案规定的对私人财产未经公平补偿不得占用的条款。法院第一次对州使用公共占用条款是在"芝加哥、伯灵顿及昆西铁路公司诉芝加哥市案"(Chicago, Burlington and Quincy Railroad Co. v. Chicago)(1897)中。在"宾夕法尼亚煤炭公司诉马洪案"(Pennsylvania Coal Co. v. Mahon)(1992)中,联邦最高法院,通过大法官奥利弗·温德尔·霍姆斯(Oliver Wendell *Holmes)的演说,推翻了一项要求地下煤矿的所有人应支撑地面的财产——即便采矿公司拥有一项现存的权利可以使地表塌陷——的州立法。从20世纪70年代开始,联邦最高法院就密切注意可能对私有财产的价值产生严重负面影响或强制私有财产的所有人接受有害的物体或人员进入的州或当地地方的管制性立法。

结论 在19世纪,管理美国资本主义无疑是联邦最高法院的主要活动。在这期间,联邦最高法院受到了古典政治经济学的深刻影响,这种倾向的表现便是联邦最高法院强烈地偏爱不受管制的市场。在20世纪,判决的混合成分发生了某种程度的改变,但是,俯察经济市场的管制仍然是联邦最高法院最重要的职责之一。作为资本主义的管制者,联邦最高法院经常是教条主义的,而且,当潜在的意识形态发生转变时,它经常会否定自己。但毋庸置疑的是,联邦最高法院对于经济一直施加了一种稳定化的影响,如果它屈从于政治权力的变幻无常,美国的经济就远不会如此充满活力。

参考文献 Lawrence M. Friedman, *A History of American Law*, 2d ed. (1985); Lawrence M. Friedman, *American Law in the Twentieth Century* (2002); Morton J. Horwitz, *The Transformation of American Law: 1780-1860* (1978); Morton J. Horwitz, *The Transformation of American Law, 1780-1860: the Crisis of Legal orthodoxy* (1992); Herbert Hovenkamp, *Enterprise and American Law, 1863-1937* (1991); J. Willard Hurst, *The Legitimacy of the Business Corporation in the Law of the United States, 1780-1971* (1970); William J. Novak, *The People's Welfare: Law and Regulation in Nineteenth Century America* (1996).

[Herbert Hovenkamp 撰;许明月译;张舫校]

死刑[Capital Punishment]①

死刑是对被判犯有特定类型的刑事犯罪者通过处死使之得到处罚。很多社会仍实施死刑,但是,到2003年,许多最发达的国家却废除了死刑判决。欧盟对此作出了要求,一些国际协定也对此持赞成态度。尽管死刑在美国某些州已经被宣布为不合法,但直到2003年,在美国38个州、联邦政府以及联邦军队里死刑仍是合法的。

死刑的英文"capital"直接来源于拉丁语的"capitalis",其意义就是"头"。综观整个人类社会的历史,斩首也许是最常见的一种处决方式。在美国,死刑判决执行的方式包括电死、毒气致死、绞死、枪决。考虑到上述方式的残忍性,注射致死剂量的药物成为目前最为普遍的方式。

从历史的角度解释联邦宪法,对于死刑的合法性是支持的。联邦宪法第八修正案(the *Eighth Amendment)——它通过第十四修正案而适用于各州——禁止施行残忍和非正常刑罚(*Cruel and Unusual Punishment),但是,最高法院的大多数判例从来没有将这一规定解释为禁止在所有情况下采用所有形式的死刑。从历史的角度来看,"残忍和非正常刑罚"通常意味着处罚与相关的危害行为严重的不对称、折磨以及延长垂死的痛苦时间。进而言之,联邦宪法第五和第十四修正案通过规定某个人的"生命不能未经正当程序……而被剥夺",含蓄地对死刑进行了认可。

然而,强调宪法准则进化特征的解释方法使得联邦最高法院能够处理与死刑相关的复杂的道德问题和经验问题。从"弗曼诉佐治亚州案"(Furman v. Georgia)(1972)——本案废止了所有没有制定法依据的死刑——开始,死刑的批评者就从多方面对它展开攻击;主要表现在以下方面:

首先,通过罪大恶极的方法——有意剥夺另一个人的生命——惩罚罪大恶极的行为,这本身就是伪善的。

其次,相关的研究并没有确定死刑是一种通用、有效的威慑手段。

第三,一旦执行了死刑,死刑惩罚的不可恢复性会阻止人们改正刑事司法体系对错误的人作出的判

---

① 另请参见 Race Discrimination and the Death Penalty。

决。从20世纪70年代中期以来,已经有100多个曾被排在死囚队列中的人由于无辜的原因而被解救出来,这表明,这个体系确实曾对无辜的人判了罪,并暗示,也可能正在对他们执行死刑。尽管联邦最高法院要求对这类案件要有更高的可信度,但立法者和行政长官则不断升级地超越宪法为防范这种错误而设置的最低限度的保护。当伊利诺伊州将13名无辜者列入死囚行列时,错误执行的危险使当时的州长乔治·勒安于2000年宣布延期执行,最终所有这些排在伊利诺伊州死囚队列中的人的死刑判决都于2003年减了刑,该州的立法机关随之颁布了改革立法。一场延期执行的运动在全国普遍展开,推进了研究委员会不仅高度重视该程序中可见的不可信性,而且也关心其武断性、歧视、死刑相对终身监禁的比较成本等问题。某些最高法院的大法官们已经以口头承诺的方式对这一系列考虑作出了回应。

第四,在法律和实践中,死刑执行与惩罚的报应理论是矛盾的。

第五,与受到死刑处罚者有关的数据表明,刑事法律制度并没有按照犯罪的严重程度来适当地适用刑罚。相反,它似乎对犯有死刑罪的人(经常为穷人)设置了一个随机选择的子集。控告时检控官的随意性以及灵活的认罪交易的实践从根本上确保了这种随机性。正如这种随机性所暗示的那样,并没有权威性的考虑使人们在作出死刑判决时避免强烈的种族主义倾向,然而,累计的数据颇有说服力地显示,死刑惩罚施加于危害白人的犯罪者比施加于危害黑人的犯罪者更多。

第六,作为一个群体,被假释的谋杀犯对他们曾犯过的罪行相对于其他大多数的重罪犯群体而言显示出相对较低的累犯率,并没有确切的证据表明死刑——相对于长期监禁而言——是一个非常有效的特殊威慑。被列入死刑行列的谋杀犯比那些被判处徒刑的人更可能实施过激的暴力犯罪。

· 在另一方面,社会学理论,至少从埃米尔·涂尔干(1858—1917年,法国实证主义的社会学家。——译者注)以来,都假设对于行为偏差设置绝对性的外部限制是群体认同和生存的必要构成。大法官奥利弗·温德尔·霍姆斯(Oliver Wendell *Holmes)在《普通法》(Common Law)(1881)一书中写道:"对一个严肃的法律体系的第一要求是,它应当与社区现实的情感与需求相对应,而不论是对的还是错的"(1938年版,p.41)。公众支持死刑的意见是强烈的,2003年为74%。然而,如果以绝对没有可能获得假释的终身监禁来取代死刑,则只有微弱多数(54%)赞成死刑。量刑陪审团越来越倾向于选择无假释的终身监禁,而不是死刑。从这个角度来看,对死刑的支持是呈下降趋势的。此外,支持死刑者还辩解说,现代社会模型中的相互作用性表明,为了强化当事人和平地协商解决冲突,需要有一些偶尔采取的非理性的和极端行动的威胁存在。最后,他们声称死刑相对于其他较轻的惩罚来说,准确的效果是不可能测定的,因为正当法律程序禁止对此实施受控的实验。

在"格雷格诉佐治亚州案"(Gregg v. Georgia)(1976)中,联邦最高法院的大多数在立法机关创设制定法标准对可能提出追加的与量刑有关证据的分立审判中量刑实体的自由裁量进行指导的情况下,维持了死刑判决。一个具有指南性的案件,"伍德森诉北卡罗来纳州案"(Woodson v. North Carolina),拒绝就所有极刑谋杀犯确立强制性死刑罚,它确立了宪法第八修正案的进化标准,社会体面要求个性化地考虑加重和减轻情节。"林诉亚利桑那州案"(*Ring v. Arizona)(2002),要求陪审团而不是法官对使某人构成死罪的加重情节,以及该情节的存在已被证明确凿无疑进行认定。

在弗曼(Furman)案之前,大多数执行死刑的案件都是谋杀罪,某些强奸罪,一部分绑架罪、间谍罪、叛国罪、劫机罪。在"科克尔诉佐治亚州案"(*Coker v. Georgia)(1977)中,联邦最高法院禁止对针对成年妇女的强奸案判处死刑。今天,几乎所有的死刑都是针对谋杀罪的。

考虑到社会体面进化的客观指数,对那些罪大恶极的犯罪分子,联邦最高法院保留了死刑:如既遂的杀人者。试图杀人的帮凶,试图杀人者,或重大的共谋性且对人的生命放任地漠不关心的重罪的主要参加者["森诉亚利桑那州案"(Tison v. Arizona, 1987)],但患有精神障碍症的人["阿特金斯诉弗吉尼亚州案"(*Atkins v. Virginia),(2002)]、精神病人["福特诉温赖特案"(*Ford v. Wainwright), (1986)],以及犯罪时未满16岁的人["汤普森诉俄克拉荷马州案"(Thompson v. Oklahoma)(1988)]不包括在内。

从1976年的格雷格案开始到2003年7月1日,共有882人在33个法域被执行死刑。其中有超过3/4的人处于梅生—迪克南北分界线(Mason-Dixon line)以南,主要是得克萨斯州311人,弗吉尼亚州89人。在20世纪90年代,死刑急剧增加,这也许部分源于1996年的《反恐怖主义及有效死刑法》(Effective Death Penalty Act)对联邦人身保护状(*habeas corpus)救济机制的回弹。到2003年年中,有3500多人处于死刑执行等待中:98%的人为男性,54%的人为少数民族。

2002年和2003年的重要案件判决表明[考虑到量刑委员无效率的协助,"威金斯诉史密斯案"(Wiggiins v. Smith)],联邦最高法院的大多数法官愿意对死刑政策和程序的发展实施更充分的控制,以前这些都在很大程度上由各州的立法、法院或最高执行官控制。因为许多州法官与其他相关人员都面临选举方面的挑战,因此,在未来死刑政策——包括可能带延缓措施——的形成方面,传统的政治程序似乎可能会发挥主要作用。

参考文献 Hugo Adam Bedau, ed. , *The Death Penalty in America* (1982;1997);Death Penalty Information Center, "Death Penalty Information Center Home Page." http://www.deathpenaltyinfo.org/.

[Lief H. Carter 撰;Margery M. Koosed 修订;许明月译;张舫校]

国会大厦中的联邦最高法院[Capitol, Supreme Court in the]

参见 Builings, Supreme Court。

卡多佐,本杰明·内森[Cardozo, Benjamin Nathan]

(1870年5月24日出生于纽约市;1938年7月9日卒于纽约的彻斯特港;葬于纽约长岛的塞浦里斯山公墓;1932—1938年任联邦最高法院大法官。)作为艾尔伯特·卡多佐(Albert Cardozo)和丽贝卡·华盛顿(Rebecca Washington)的儿子,本杰明·卡多佐出生在一个由受迫害的西班牙和葡萄牙犹太人于1654年在新阿姆斯特丹建立的公社里。州长彼得·斯图维森特(Peter Stuyvesant)试图驱逐他们,但遭到了荷兰西印度公司的反对。卡多佐的家族产生过很多杰出的爱国者,比如埃玛·拉撒路(Emma Lazarus),她的话曾被刻在自由女神像上。

卡多佐曾在哥伦比亚大学及法学院接受教育并在纽约市开业做律师。他从1914年开始成为纽约上诉法院的成员并于1926年开始担任首席大法官,直到1932年他被任命到联邦最高法院任职。

还是在纽约上诉法院的时候,卡多佐就成为美国广为人知的州普通法法官。他因为扩大了在侵权法领域承担法定义务人的范围而尤为著名。"麦克弗森诉别克案"(MacPherson v. Buick)(1916)成为产品责任的源头,而"奥特拉马尔斯公司诉洛奇案"(Ultramares Corporation v. Louche)(1931)同样扩展了过错规则以保护第三人利益。在合同法领域,卡多佐更多地致力于把公平理念渗入到模棱两可的合同中,而不是简单宣布合同无效使一方当事人陷入困境。他知道许多目的经常无法表达,事实上并未成形,因而必须经常进行推测。他用共同合作方式的推测代替单纯竞争方式的推测[见"雅各布与扬诉肯特案"(Jacob and Youngs v. Kent)(1921)]。

卡多佐得出这些结论的方法使他在一次统治美国法律思想的运动中成为公认的带头人。在上诉法院任职期间,他被邀请到耶鲁大学"斯图尔斯讲坛"(Storrs Lectures)举行演讲,这成为他有关正当司法判决程序的经典论述,他讲的题目是《司法程序的本质》(The Nature of the Judicial Process)(1921)。卡多佐以对实证主义法学全面的理解为基础,并用优美清晰的语言对他所描述的社会学法学进行了论证。他让法官和律师都以法律的目的和功能为指引来解释法律,而不是单纯的概念化或"形式化"。正如他在后来的"卡特诉卡特煤炭公司案"(*Carter v. Carter Coal Co.)(1936)中所写的那样,"宪法的某个重大原则不能因字面的综合表述来证实"(p. 327)。

对卡多佐到最高法院的任命是唯一以全体通过的方式向总统赫伯特·胡佛力陈的。但是卡多佐却从纽约法院的领导者转变为一位与多数意见相左的"异议者",他在华盛顿的大部分时间均是如此。像他的前任者奥利弗·温德尔·霍姆斯(Oliver Wendell *Holmes)一样,他加入到法官路易斯·D.布兰代斯(Louis D. *Brandeis)和哈伦·菲斯科·斯通(Harlan Fiske *Stone)的行列,坚持顺从国会和各州。就在卡多佐去世之前的1937年,他们开始在一系列案件中成功地对宪法进行了再次界定。他在"斯特尔特机械公司诉戴维斯案"(*Stewart Machine Co. v. Davis)(1937)和"赫尔夫林诉戴维斯案"(*Helvering v. Davis)(1937)中发表了意见,联邦最高法院修订了自己对联邦主义(*ferdieralism)本质的认识,支持依据财政收支条款的规定国会有权制定《社会保障法》。

之前的法律是以一组经过司法定义的权利和权力为基础的(参见 Separation of Powers)。对政府其

Benjamin Nathan Cardozo

他机构的遵从需要对宪法的每个方面重新进行思考。1937年以后权利和权力被认为是一致和重叠的。一致和重叠的权利和权力使一些边缘领域未得到界定。卡多佐成为用新的宪法性基本原则取代空缺的边缘领域的带头人。他对再次定义所作的最有纪念意义的贡献是在"帕尔可诉康涅狄格州案"(*Palko v. Connecticut)(1937)中,他的"有序的自由体制的本质"(p.325)方案,成为将大多数《权利法案》(*Bill of Rights)的内容并入(*incorporation)联邦宪法第十四修正案(the *Fourteenth Amendment)的基础,并最终使得这些条款适用于各州。在相关领域里,卡多佐在有关早期白人预选(*white primary)案之一的"尼克松诉康登案"(*Nixon v. Condon)(1932)中代表存在很大分歧的法院起草判决意见中写道,州不应赋予某个政党委员会权力不让少数民族的成员参加预选。

像霍姆斯和布兰代斯的意见一样,卡多佐的判决意见因为作者的权威和写作的清晰而常被引用。如今,在无数的由联邦最高法院成员所作的判决意见中,他以对公平的关注,对法律目的的强调以及在书中和判决中对政策和先例之间的庄严描述而被人铭记。

参考文献 Felix Frankfurter, "Mr. Justice Cardozo and Public Law", *Columbia Law Review* 39 (1939): 88-118, *Harvard Law Review* 52 (1939): 440-470, *Yale Law Journal* 48 (1939): 458-488; Warren A. Seavey, "Mr. Justice Cardozo and the Law of Torts", *Columbia Law Review* 39 (1939): 20-55, *Harvard Law Review* 52 (1939): 372-407, *Yale Law Journal* 48 (1939): 390-425.

[Stephen E. Gottlieb 撰;邓静译;许明月校]

合众国诉卡尔顿案[Carlton, United States v., 512 U. S. 26(1994)]

1994年2月28日辩论,1994年6月13日以6比2的表决结果作出判决,布莱克蒙代表法院起草判决意见,奥康纳与斯卡利亚(与托马斯一起)持并存意见。在该案中,合众国就遗产税问题对一位遗嘱执行人提起诉讼,根据联邦遗产税法中有关溯及力的规定,该遗产执行人应该承担相应的纳税义务。"溯及既往"(*ex post facto)法律原则为联邦宪法第1条第10款的规定所禁止,"考尔德诉布尔案"(*Calder v. Bull)(1798)认为,联邦宪法的禁令只在如下情况适用:对行为当时的合法行为加以溯及既往的追究或者对过去的错误行为加重处罚。在卡尔顿案中,联邦最高法院考虑了在民事税收立法中,溯及力在多大程度上是可以被允许的。

在1986年通过的遗产税法中有一个条款规定,如果雇主公司出售股份给雇员(ESOP),可以减轻遗产税。在1986年12月,卡尔顿代表继承人购买了公司股份,并因此而要求大额减税。在1987年12月,税法条款被修改,被继承人必须在死亡前即拥有股份。国内税务署溯及既往地适用该条款的规定,因而拒绝当事人的减税要求,并处以相应的遗产税责任。

哈里·布莱克蒙(Harry *Blackmun)法官代表法院起草判决书,并认为国会允许减税的初衷是要鼓励雇员拥有公司的股份,而不是让管理者通过购买股份然后再出售给雇员而享受减税的优惠。据此,该修正条款的目的是纠正以前立法中的"错误";如果执行以前的立法规定,国家将因"虚假交易"而遭受严重的税收损失。(p.32)布莱克蒙法官认定,该溯及既往的规定与正当程序条款是一致的,因为该条款的目的既不是不合法的也不是武断的,而且,该条款"只确立了一个适中的溯及期"。(p.32)

布莱克蒙法官还强调指出,在税收立法中,有限制的溯及效力是符合常规的,在实践中也是必要的;卡尔顿对原有条款的依赖并不足以违宪。税收立法不是一种承诺,纳税人在国内税收法案中并不享有既有权利。(p.33)

卡尔顿案的判决与联邦最高法院以前的判决在很大程度上是一致的,即正当程序条款(*Due Process Clause)的适用决定于"具有溯及力的条款是否太苛刻并因此可能违反宪法的限制性规定"["韦尔奇诉亨利案"(Welch v. Henry)(1938)(p.147)]。卡尔顿案也与以前一些许可溯及力的立法相一致["年金收益担保公司诉R. A.格雷及其公司案"(Pension Benefit Guaranty Corporation v. R. A. Gray & Co.)(1984)]。另一方面,联邦最高法院又认为,如果具有溯及力的法律责任为个人施加了严重的、无法预料的负担,则这样的法律责任是违宪的["东部企业公司诉阿普菲尔案"(*Eastern Enterprises v. Apfel)(1998)]。考虑到这些紧张关系,奥康纳法官的并存意见强调指出,"在某种程度上,政府在修改税法方面的利益必须让位于纳税人的利益"(pp.37-38)。

[Steven J. Eagle 撰;邵海译;潘林伟校]

卡洛伦案第四评注[Carolene Products Footnote]

参见 Footnote Four.

卡罗尔诉合众国案[Carroll v. United States, 267 U. S. 132(1925)]①

1923年12月4日辩论,1924年1月28日再次

---

① 另请参见 Search Warrant Rule, Exceptions to.

安排庭审日期,1924 年 3 月 14 日再次辩论,1925 年 3 月 2 日以 6 比 2 的表决结果作出判决;塔夫脱代表法院起草判决意见,麦克雷诺兹和萨瑟兰反对。乔治·卡罗尔(George Carroll)和约翰·柯罗(John Kiro)被指控用汽车运输酒类而违反了《沃尔斯特法》(Volstead Act)(又称《国家禁酒令》,National Prohibition)。联邦警察承认逮捕的时候没有跟随卡罗尔和柯尔罗,但当他们看到二人时,他们怀疑二人正在运输禁止的酒类并决定追赶。最高法院考虑了搜查小车这一能够产生证据的行为是否合宪的问题,并特别审了卡罗尔和柯罗所提出的既然没有根据搜查小车,那么随之而来的证据也应该从审判中排除这一请求。

法院驳回了他们的请求,并第一次认定搜查小车是逮捕要件中的例外。在对《国家禁酒法》立法历史的详细说明中,首席大法官威廉·H.塔夫脱(William H. *Taft)总结多数意见认为,国会试图将对私人住宅的搜查令与对汽车以及其他机动车辆的搜查令区别开来。而且,塔夫脱强调这个区分与联邦宪法第四修正案的保护和最高法院的其他判决相吻合,并提出,"搜查的权利和查封的有效性不以逮捕权为基础"(p.158)。

大法官詹姆斯·麦克雷诺兹(James C. *McReynolds)加入到大法官乔治·萨瑟兰(George *Sutherland)的行列持反对意见。他提出的理由是没有搜查令就没有充足的理由停止车辆,仅仅存在怀疑几乎不可能成立,并且《沃尔斯特法》并不是根据简单的怀疑而授权逮捕或查封。麦克雷诺兹特别提到如果没有明确的法律授权,那么就应该适用对重罪和轻罪没有搜查令而实施的逮捕进行区分的普通法传统。接着他总结道,"考虑查封的有效性应以逮捕的合法性为基础",支持卡罗尔认为他在联邦宪法第四(和第五)修正案(the *Fourth (and *Fifth) Amendment)中的权利受到了侵犯的辩论。

联邦最高法院一直坚持卡罗尔案中第一次提出的观点,认为尽管在汽车中的隐私权(*Privacy)有宪法上的保护,但移动性的特征使其获得较少保护,因而也免去了部分常规搜查的要求。虽然法院坚持对汽车适用比固定物体稍微宽松的保护,但后来法院的判决并没有把这个例外扩展到任何或所有可移动的容器上[参"合众国诉查德威克案"(United States v. Chadwick)(1977)]。

[Susette M. Talarico 撰;邓静译;许明月校]

卡斯韦尔,乔治·哈罗德[Carswell, George Harrold]①

(1919 年 12 月 22 日出生于佐治亚州的尔文顿;1992 年 7 月 31 日卒于佛罗里达州的塔拉哈西。)被否决的联邦最高法院大法官提名者。经过 5 年的个人开业律师和 5 年的联邦检察官生涯,卡斯韦尔于 1958 年被总统德怀特·艾森豪威尔任命到北佛罗里达州的联邦地区法院任职。1969 年,总统理查德·尼克松(Richard *Nixon)提拔他到第五巡回上诉法院任职。6 个月后,也就是 1970 年 1 月 19 日,在参议院否决了尼克松第一次提名的克莱蒙特·海恩斯华斯(Clement *Haynsworth)后,尼克松提名由卡斯韦尔填补亚贝·福塔斯(Abe *Fortas)辞职后在最高法院留下的空缺。参议院在 1970 年 4 月 8 日以 51 比 45 的表决结果同样否决了卡斯韦尔。两周后,卡斯韦尔从联邦法院辞职而在佛罗里达州共和党候选人预选会上竞选美国参议员。他在那次选举中失败后又回到塔拉哈西开业做律师。

对卡斯韦尔的任命根据政治和职业的理由都遭到了攻击。人们批评他在 1948 年竞选演讲中关于种族的言论,他在法院对待美国黑人的态度,以及他担任联邦检察官时对一个市政高尔夫球场不执行撤销种族隔离的行为提供帮助。著名的律师和法学教授批评他的审判记录,指出他当地区法官时撤案率在他所在的巡回区中是最高的。来自内布斯加的共和党参议员罗曼·鲁斯卡(Roman Hruska)时任此提名的议案负责人,但是他没有利用这一点帮助卡斯韦尔,就如"国会档案"所引述的那样,即使是平庸的人也"有权获得一点代表资格"。

[Susan M. Olson 撰;邓静译;许明月校]

卡特诉卡特煤炭公司案[Carter v. Carter Coal Co., 298 U.S. 238(1936)]②

1936 年 3 月 11 日和 12 日辩论,1936 年 3 月 18 日以 5 比 4 的表决结果作出判决;苏瑟兰代表法院起草判决意见,卡多佐、布兰代斯和斯通反对,休斯持部分反对意见。卡特案产生于一场纷乱的争论,这场争论是围绕总统富兰克林·D.罗斯福(Franklin D. *Roosevelt)力图抑制经济萧条时期惨重的财产损失的新政(*New Deal)而展开的。摆在法院面前的关键性问题涉及对联邦主义(*Federalism)形成的相互冲突的观点以及对州、联邦政府之间权力的正确分配。大多数新政的立法都有一个前提,那就是相信商业权力(*commerce power)授予国会广泛的权力以调整劳动关系、商业活动以及农业等。这个观点与最高法院大多数人接受的对商事权力的理解完全相反。卡特一案的判决被许多人看作是法院不听摆布的又一例证,最终导致了罗斯福不成功的最高法院人员布置计划(*court-packing plan)。

---

① 另请参见 Nominations, Controversial; Nominees, Rejection of。

② 另请参见 Delegation of Powers; State Sovereignty and States' Rights。

《1935年烟煤保护法》(Bituminous Coal Conservation Act of 1935)旨在阻止过度生产和恶性竞争。煤炭工人的工资如此之低，以至于出现劳工(*labor)动荡局面和罢工，有时会伴随着暴力在地区蔓延。该法创设了地方委员会来制定煤炭的最低价格，同时也为达成可接受的工资以及工时进行集体谈判的制度。国会依据法律的授权来规制州际商业。

大法官乔治·苏瑟兰(George *Sutherland)所代表的多数意见将煤炭开采对经济造成直接影响的列举放在一边。他还作出了对他来说是关键性的区分。尽管国会的动议可能是值得称赞的，但商业条款和联邦宪法第十修正案(the *Tenth Amendment)已明确地对州和联邦政府的恰当权限进行了界定。由于国会的权力已在宪法中严格地予以列出，因而它不能将权力转让给他人。苏瑟兰承认这样一个体系是烦琐的，但他论证道，维持州和联邦政府的权限对于宪法体系的完整性来说是至关重要的。总之，国会已经超越了它的宪法性权力范围。在一句令人怀旧的话中，他写道："每一个通向绝境的路程都开始于第一步；而中央政府朝着接管州政府权力的方向所迈出的第一步，其危险性在于，当到达路程终点时会发现州政府的权力遭到如此之剥夺，或者换句话说，如此减轻自己本应融合权力的责任以至于把这些权力分解得比国家版图上的地理划分还要细微。"(p.866)。苏瑟兰还对产品和商品作了区分。一旦货物进入了商业领域或者对商业产生了直接影响，国会就应该作出规定调整。由于他发现本案中的煤炭依然处于产品阶段对商业没有直接影响，因而只有州政府才能合乎宪法原则地对煤矿开采进行调整。

持反对意见的法官本杰明·卡多佐(Benjamin *Cardozo)对局势带有更多实用主义的认识。作为对多数意见直接或间接标准的回答，他指出"从形容词的意义上说，宪法的重大原则不受综合陈述的影响"(p.327)。

卡特一案代表着联邦宪法第十修正案和州政府权力的曙光。一年后，在"全国劳动关系委员会诉琼斯与劳夫林钢铁公司案"(*National Labor Relations Board v. Jones & Laughlin Steel Corp.)(1937)中，法院采纳了卡多佐的少数派意见。商业条款成为广泛重构国家和州政府关系的基础。

[Diane C. Maleson 撰；邓静译；许明月校]

案件与争议[Cases and Controversies]①

宪法的制定者在宪法第3条(*Article Ⅲ)第2款规定，联邦法院只对"案件"和"争议"享有司法管辖权。这两个词是很多法律对联邦法院权力加以重要限制的源泉。联邦法院只考虑在对抗式情形下提出的问题。他们不回答只是假设或抽象的问题，他们的权力被法律限制在因实现争议而引发的问题上。之所以有这个要件，一个被广泛引证的原因是确保案件的充分发展。当双方因实现争议而辩论时，允许各方进行充分陈述，法院会对照事实真相发生的背景考虑法律问题。

案件或争议要件的第二个方面与法院权力无关，却与他们判决某些类型案件的意愿有关。美国宪法制定者创建了包含三个独立分支的政府——立法、行政和司法——并且使每个分支在它各自的范围内享有支配权。因此联邦法院总是谨慎地处理卷入了各分支之间争议的案件中。立法或行政机构对法院判决的一次拒绝执行就是对公众在法院体制信心上的一次打击。所以联邦法院经常拒绝卷入所谓政治问题(*political question)案件，并引用案件或争议的范围来证明他们放弃该案的正确性。但是自"贝克诉卡尔案"(*Baker v. Carr)(1962)以后，政治问题学说不再禁止法院处理涉及联邦主义(*Federalism)问题的案子，例如，有关再分配或者涉及联邦宪法第十修正案范围的问题。

[James B. Stoneking 撰；邓静译；许明月校]

卡特伦，约翰[Catron, John]

(1786年出生于宾夕法尼亚州；1865年5月30日卒于田纳西州的诺希维尔；葬于诺希维尔的奥利夫特山公墓。)1837—1865年任大法官。尽管约翰·卡特伦出生的具体地点和时间无法确定，但很有可能是1786年出生于宾夕法尼亚州；当他还是孩子的时候，他们全家就迁到了弗吉尼亚州。卡特伦的父母是贫穷的德国移民，他早期的生活非常困苦，几乎没有接受什么正规教育。卡特伦在肯塔基州长大成人并于1807年在那里与玛丽·蔡尔德斯(Mary Childrees)结为夫妻。1812年他和他的妻子迁到田纳西州并把家安在坎伯兰山西边山麓的小丘。在1812年的战争中卡特伦在将军安德鲁·杰克逊(Andrew *Jackson)旗下服役。战争停止后，他又回到田纳西州以当律师谋生。对卡特伦接受的法学培训人们知道得不多，但1815年他又取得进入田纳西州律师界的资格。最初，卡特伦开办了一个综合性的私人律师事务所，尽管他还兼任一名检察官。他在1818年迁往纳什维尔(Nashville)，并很快成为戴维逊(Davidson)县律师界的领导人之一。1824年他被任命到最高级州法院——复审上诉法院工作，并在1831年提升为首席法官。

作为一名州法官，卡特伦在处理诸如他所反对的赌博和斗殴以及他所赞成的奴隶制(*Slavery)等

---

① 另请参见 Collusive Suits; Judicial Power and Jurisdiction; Judicial Review; Separation of Powers。

John Catron

问题上撰写了大量精彩的判决意见。当田纳西州的立法机关在 1834 年撤销了复审上诉法院后,卡特伦又回头从事他的律师行业。作为一名忠诚的杰克逊民主党的成员,卡特伦参与了马丁·范布伦 1836 年在田纳西州的总统竞选活动。在总统杰克逊执政的最后一天,作为回报,他任命卡特伦到联邦最高法院任职,1837 年 5 月 1 日卡特伦作为大法官宣誓就职。

在最高法院 28 年任期的整个过程中,卡特伦一直是州政府权力(参见 State Sovereignty and States' Rights)和奴隶制这个"特殊制度"的坚决捍卫者。卡特伦参加了法院具有里程碑意义的"库利诉费城港监委员会案"(*Cooley v. Board of Port Wardens)(1852)的审判,在该案中,法官们支持州政府有权管制州际商业的地方性事务。卡特伦也同意"斯科特诉桑福德案"(*Scott v. Sandford)(1857)的判决,在该案中法院否定了 1820 年制定的密苏里协约,该协约规定国会可在某些联邦区域禁止奴隶制。

与他对奴隶制和州政府权力的观点相反,卡特伦并不支持南部的分离。当最高法院在 1861 年春天结束了它的开庭期后,卡特伦又回到田纳西州,希望阻止该州脱离联邦。在南部脱离后,卡特伦仍然力图保住田纳西州的联邦法院,但最终被说服离开该州以免受到来自南部同盟当局的非难。但是卡特伦仍然继续在肯塔基州和密苏里州"巡回办案",在那里他通过拒绝颁发人身保护权令(*habeas corpus)配合军队对南部同盟平民支持者的拘留。

尽管卡特伦有着坚定的联合主义,但他反对最高法院在战利品系列案(*Prize Cases)(1863)中的判决,在该案中法院支持总统亚伯拉罕·林肯(Abraham *Lincoln)在战争一爆发就下达的对南部港口进行船运封锁的史无前例的命令。卡特伦在有生之年最终看到了联邦因为李将军的投降而得以维持。他于 1865 年 5 月 30 日在纳什维尔逝世,只留下他妻子一人在世。

[John M. Scheb Ⅱ 撰;邓静译;许明月校]

审查制度[Censorship]①

联邦最高法院认定审查制度是对言论自由的一种特别不能容忍的限制。审查制度这一词条可能包含了几乎任何对言论传播或内容的限制,但在最基本的意义上,它是指预先限制——为在发表言论前筛选或希望表达的发言内容而建立的政府体制。尽管联邦最高法院从未主张预先限制在本质上是违宪的,但它强调"供法院审查的任何一个对言论进行预先限制的方案都带有可能性很大的违宪效力推定"["班塔姆图书公司诉沙利文案"(Bantam Books, Inc. v. Sullivan)(1963)p.70]。

法院在"尼尔诉明尼苏达州案"(*Near v. Minnesota)(1931)中最先提及预先限制的宪法性问题。所涉及的是明尼苏达州法律允许法官对任何"恶意的、诽谤的和有损名誉的"报纸和期刊作为公害加以取缔(参见 Libel)。在《星期六新闻》(Saturday Press)这份报纸无端攻击公职人员腐败、懒惰以及与歹徒有过非法接触后,州法院宣布该报为公害。大多数资料看上去是反犹太的。州法院发布了一个命令,永久性禁止编辑们以《星期六新闻》的刊名或其他刊名"创作、编辑、出版、发行、拥有、销售或赠送任何恶意的、诽谤的或有毁名誉的报纸出版物"(p.706)。违反该命令将构成蔑视法院罪。

联邦最高法院以 5 比 4 的结果裁定该立法是一种违宪审查制度的形式。因为在一份被禁止的报纸再次发行前,编辑们必须符合法官认同的好的出版物的新特征。首席大法官查尔斯·埃文斯·休斯(Charles Evans *Hughes)代表多数意见总结道,预先限制只在非常情况下是符合宪法的,例如,如果在战争期间报纸想公布部队的位置。代表反对一方的皮尔斯·巴特勒(Pierce *Butler)法官提出明尼苏达州法律并不构成审查制度的典型形式,因为报纸在被查禁前已发行了 9 期。他指出该立法并"没有授权如许可者和审查者以前所执行的预先行政控制"(p.73)。

在接下来的案子里,由于许可者能够根据拟发言人言论的上下文作出决定,法院反对言论的行政许可。例如,在"洛弗诉格里芬市案"(*Lovell v.

---

① 另请参见 Fiest Amendment;Speech and the Press。

Griffin)(1938)中,法院否认了一项法令,依据该法令的要求,如果没有经过市政管理人员的允许就不能散发文字作品;另一方面,就是否允许或拒绝发放许可证,市政管理人员拥有绝对的权力。同样地,法院在"约瑟夫·伯斯泰因诉威尔逊案"(Joseph Burstyn Co. v. Wilson)(1951)中判定,纽约州规定的制度是违宪的,根据该制度,对被认定为"亵渎神明"的电影拒绝颁发演出许可证。法院也不允许邮政总局局长因为出版物不能充分推动公共利益和福利而取消《先生》(Esquire)杂志二级邮寄的特权["汉尼根诉《先生》杂志公司案"(Hannegan v. Esquire Co.)(1946)]。联邦最高法院还根据五角大楼文件案(Pentagon Papers)撤销了禁止报纸刊载泄漏给媒体的机密文件文章的禁令(*injunctions)["纽约时报公司诉合众国案"(*New York Times Co. v. United States)(1971)]。法院还认为法官不能禁止新闻工作者发表他们在公开法院获得的对刑事被告人存在潜在偏见的资料["内布拉斯加出版协会诉斯图尔特案"(*Nebraska Press Association v. Stuart)(1976)]。

另一方面,法院可能会允许把行政自由裁量权减到最低,只规范言论的时间、地点和表达方式(time, place and manner of expression)而不考虑它的内容,并且是以明晰而具体的标准来指导这项许可制度["考克斯诉新罕普什尔州案"(*Cox v. New Hampshire)(1941);"珀洛斯诉新罕普什尔州案"(Poulos v. New Hampshire)(1953)]。法院允许政府对色情电影进行审查,但条件是要遵循严格的程序,包括即时的司法审查(*judicial review)["弗里德曼诉马里兰州案"(Freedman v. Maryland)(1965)]。法院还授予公立小学和中学广泛的权力以审查学生出版物["哈泽尔伍德校区诉库尔梅尔案"(Hazelwood School District v. Kuhlmeier)(1988)]。同时它还得出结论,中央政府有广泛的权力要求众多的政府职员,即使在他们离开政府岗位甚至只涉及非机密性材料的情况下也要服从对他们的言论和写作进行审查的制度["斯奈普诉合众国案"(Snepp v. United States)(1980)]。此外,法院主张,凡违反法院的限制言论命令的人将因为蔑视法院而受到处罚,即使该限制有可能被判定为违宪["沃克诉伯明翰市案"(Walker v. City of Birmingham)(1967)]。

尼尔案的判决本身被援引来证明预先限制的合理,这遭到批评家的指责,他们认为,法院没有提供明晰的理论或标准来确定何种情况下预先约束是允许的。在五角大楼文件案中,对判决持正反意见的法官都用了尼尔一案来支持他们的观点———一些人提出预先限制可以被推定为违宪,但是另外一些人提出例外的情形可以证明预先限制的合理。而在1979 年,当联邦地区法院发出禁令禁止《进步主义者》(The Progressive)杂志发表一篇声言要解释怎样制造氢弹的文章时,法官总结出该文章与尼尔一案列出的例外情况的类型相似["合众国诉《进步主义者》杂志案"(United States v. The Progressive)](当类似的资料在其他报刊发表后禁令得以解除,政府也撤回了该案)。

最近几年,在预先限制的弊病是否被夸大的问题上引发了激烈的学术讨论,一些人认为,司法强制限制不及行政审查制度重要,使用预先限制比在事后严厉处罚言论能使言论自由适用得更好。他们宣称对严厉的事后惩罚的恐惧比高度集中、具有司法监督的预先限制更能对言论产生"令人胆颤的影响"。

联邦最高法院至今看上去并没有因为这些争论而发生动摇。它似乎仍然坚持认为,无论是行政官员还是法官强制的审查制度都被推定为违宪,并且是对言论自由进行限制的最糟糕的办法。

参考文献 "Near v. Minnesota, 50th Anniversary," *symposium in Minnesota Law Review* 66(1981):1-208; Martin H. Redish, "The Proper Role of the Prior Restraint Doctrine in First Amendement Theory," *Virginia Law Review* 70(1984):53-100.

[Robert E. Drechsel 撰;邓静译;许明月校]

中心席[Center Chair]

近来在新闻报业中使用的"中心席"一词指的是占据最高法院法官席中心位置的美国首席大法官。

[William M. Wiecek 撰;邓静译;许明月校]

意见确认[Certification]①

美国上诉法院(以及近来的联邦索赔法院)通过该程序能够提交给联邦最高法院要求就案件中有争议的法律问题作出有关约束力的指示。尽管在一些案件中律师曾试图启动确认程序未获得成功,但允许低级别法院请求最高法院确认有关的问题。而且,只有低级别法院持怀疑态度的法律问题而非事实问题才能够进行确认。因而这类案件只构成联邦最高法院承办案件数的很小一部分,最近几十年里平均每个开庭期只有一件。对该程序功能的一个罕有解释出现在 1963 年,第五巡回区上诉法院向联邦最高法院请求确认的问题是密西西比州的州长和副州长是否有权使用陪审团审判蔑视法院传票罪,因为他们企图阻止黑人詹姆斯·梅雷迪斯进入牛津的密西西比大学就读。在"合众国诉巴尼特案"(United States v. Barnett)(1964)中,法院判定对密西

① 另请参见 Courts of Appeals; Lower Federal Courts。

西比州的官员应适用简易审判程序（巡回法院在第二年更正了该判决，引用的是"情势变迁"）。1968年，联邦最高法院判定严重蔑视法院罪案件中的被告有权获得陪审团审判。

[Tinsley E. Yarbrough 撰；邓静译；许明月校]

调卷令状[Certiorari,Writ of]①

是案件提交给联邦最高法院的主要手段。请求最高法院复审的当事人向法院申请令状，如果得到允许，案件就会提交给最高法院处理。请求复审的一方被称为申请人(*petitioner)，另一方为应诉人。

像任何法院一样，联邦最高法院裁决一个案件必须有司法管辖权。它的管辖权是由宪法第 3 条(*Article Ⅲ)和国会立法决定的。国会授予法院的调卷令管辖权占了案件的绝大部分。除了使用调卷令状外，一件案子还有另外 4 种途径可到达联邦最高法院：初审管辖权(*original jurisdiction)、上诉(*appeal)、意见确认(*certification)或是特别令状。后两种方法很少用到。上诉和享有原审管辖权的案件在最高法院属于强制性审查，而批准调卷令状的裁定则是由法官单独行使自由裁量权。宪法第 3 条确认了联邦最高法院对哪些案件享有原审管辖权，国会也设立了可以上诉案件的类别。该术语可能有点令人费解，因为"上诉"一词通常一般是指将一个案子提交给上一级法院复审。但是从严格意义上讲，当一个案子"通过上诉"提交给联邦最高法院时，它指的是国会对该类案件委托复审。但是从 1988 年以来，大部分上诉案件的类别已被淘汰。因此，除了一般每年约有一两件享有原审管辖权的案件和一些其他特殊类型的案件外，现在大多数提交给最高法院的案件都采用调卷令状的形式。

法院并不总是在案件的选择上享有广泛的自由裁量权。1925 年以前，组成复审案件的大多数法院积案都是强制性的。但工作量如此大幅度增长以至于在 1925 年 2 月 13 日一项名为《法官法》的法律得以通过。首席大法官威廉·霍华德·塔夫脱(William Howard *Taft)是该项立法最积极的支持者。该项法律大大扩展了法院的调卷令状的管辖权，这意味着它的积案大部分可以自由处理。到 20 世纪 70 年代，调卷令状案件大约占了法院工作量的 90%。上诉大约占了法院积案的 10%，并一直持续到立法有效地剔除了上诉案件的大部分类别(参见 Judicial Improvements and Access to Justice Act)。但是即使在 1988 年以前，法院也经常通过"驳回"上诉而不给予它们充分的复审来动用计策应付它的上诉司法管辖权。

每年大约有 5000 件案子请求最高法院复审，但只有不到 5% 的案件可以得到调卷令状。如果一件案子没有得到令状，下级的判决维持不变，除非有例外情况，不再有另外的复审途径。就法律而言，没得到令状意味着特殊的案件也不能得到复审。它并不意味着法院相信案件在低级别法院得到了正确裁定，律师也不能引用令状的拒绝颁发作为法院对该问题所持立场的证据。但是一些观察家认为，拒绝颁发令状能被解释为包含更多含义，这当然有可能，虽然法院坚持否认这种观点。

法官们在关于"值得颁发令状"案件应具备什么条件的问题上有意模糊。《联邦最高法院规程》(Rules of the Supreme Court of the United States)第 10 条旨在提供标准，但功效甚微。

对调卷令状的审查不是一个权利问题，而是司法自由裁量权的问题，只有存在特殊而重大的理由时才能颁发令状。尽管无法控制也无法全面衡量法院的自由裁量权，下列通常要考虑原因特征。

只有一种例外，联邦最高法院在选择案件时究竟要发现什么方面，符合规范的调卷令状没有提供多少指导。总之，该规则几乎是一个同义反复：当法官认为案件重要时，案件就会重要得足以让法官复审。或者如法官法兰克·墨菲(Frank *Murphy)所指的那样，"调卷令状是一种恩赐"["韦德诉梅恩案"(Wade v. Mayn),1948,p. 680]。第 10 条规则中有个标准是："当联邦上诉巡回法院对某个问题有争议时"，这个标准对裁定一件案子是否被认定为"值得颁发令状"提供了帮助。尽管"巡回法院分歧"确实增加了案件复审的可能性，但它并不能保证复审。巡回法院存在分歧也不总是很明显。而且，法院在决定解决某个问题前经常更喜欢等待另外的上诉法院对该问题进行讨论。尽管如此，法官们还是把解决巡回法院的争议看作他们的首要职责之一。

决定判决什么是最高法院履行的最重要职能之一。考虑到向法院申请权利的困难，了解一件案子如何以及为什么被选中而另外一件案子被拒绝对于明确法院是如何运作以及申诉权如何到达法院是极其重要的。议事日程的安排具有规范和标准的含义。从某种程度上讲抛开司法管辖权和程序上的问题，议事日程的安排存在学术上的兴趣，对于政治科学家更是如此。他们把大部分研究聚集在试图确定增加复审可能性的因素上。尽管看上去有可靠的证据提出，如果上诉巡回法院确实存在争议；或者，如果合众国在案件中是原告一方；或者如果敦促令状颁发的友好意见书被提出，那么复审的可能性会增大，但结果是复杂的。同样地，这也表明法官对送达令的表决与他或她后来依据法律(即维持或撤销原判的裁定)的表决相关。尽管从研究中能得出这些见解，但要在特殊案件中预测送达令的颁发仍是非

---

① 另请参见 Judicial Power and Jurisdiction; Workload。

常困难的。

直到最近，人们才对调卷令状的程序有所了解。实际上，因为每个法官处理令状不同而存在 9 个独立的程序，但这些主要是根据两个基本的常规而发生的个体变化。在一些法官工作室里，法官和书记官完成了他们自己所有的调卷令状工作。书记官阅读请求并书写摘要给法官。书记官列出重要的问题，分析案件，并且对颁发令状或拒绝颁发令状提出建议。但是有 8 名法官是文书组（*cert pool）的成员。当申请书到达法院时，文书组的法官们被随机地进行分组。一名书记官向组里所有的法官工作室书写摘要。一收到共用摘要，书记官们接着就会为他们各自的法官在共用摘要上"作出标记"（注释）。每个法官阅读摘要并就如何表达令状这一问题作出临时性的决定。

在开会讨论之前，首席大法官宣布"讨论清单"（*discuss list）。这个清单包含了所有认为值得在会议上讨论的案件。任何一个法官都可以增加任何案件到这个名单上。没有出现在这个讨论名单上的案件——大概 70%——自然被拒绝颁发令状。在会议（*conference）上，大多数案件几乎没得到什么讨论。首席大法官宣布案件而法官们只是以资历顺序（*seniority）表决同意或拒绝该案。如果任何一名法官认为某个案件值得讨论，法官们就会以资历的顺序发言和表决。学者们曾一度认为表决是以相反的顺序进行，但即使曾经是这样，现在也已不是这样了。

如果有 4 名法官投票赞成，那么令状将得以颁发。这个"四人规则"（*rule of four）是一条得到长期持续发展并被法官们遵守的非正式规则。调卷令状的投票并不公开。一些法官会对令状投票进行记录并出现在他们的私人信件中，但法官们是如何投票的经常不大可能知晓。偶尔会有法官认为某个案件有必要公开指出拒绝颁发令状的异议。与之伴随的是列出为什么该案件会被选中的意见。但是一些法官不同意对令状投票的任何公开，并拒绝书写不颁发令状的意见。法官威廉·布伦南（William* Brennan）和瑟古德·马歇尔（Thurgood *Marshall）总是表示他们认为死刑（*capital punishment）是违宪的而会要求授予令状，除此之外，对拒绝颁发令状持有异议的并不多见。

参考文献 Gregory A. Caldeira and John R. Wright, "Organized Interests and Agenda Setting in the U. S. Supreme Court," *American Political Science Review* 82（December 1988）：1109-1127；H. W. Perry, Jr. , *Deciding to Decide*：*Agenda Setting in the United States Supreme Court*（1991）.

［H. W. Perry, Jr. 撰；邓静译；许明月校］

文书组［Cert Pool］

由于每个开庭期都有上千个调卷令状的申请需要办理，最高法院的法官们长期依靠他们的书记官来帮忙认定"值得颁发令状"的案子。从 1972 年开始，首席大法官沃伦·伯格（Warren *Burger）和法官布莱克蒙·怀特（Blackmun White）、哈里·布莱克蒙、莱维斯·鲍威尔（Lewis *Powell）以及威廉·H. 伦奎斯特（William H. Rehnquist）就开始集中他们书记官的智慧：一名书记官为所有参加的法官们书写一份"共用摘要"。当 1981 年法官桑德拉·戴·奥康纳（Sandra Day *O'Connor）进入法院时，文书组的人数增加到 6 个；尽管有法官安东尼·斯卡利亚（Antonin *Scalia）和安东尼·肯尼迪（Anthony *Kennedy）的加入，在 20 世纪 80 年代其余的时间里人数仍然保持在 6 个；当 1990 年法官戴维德·苏特（David *Souter）和 1991 年法官克拉伦斯·托马斯（Clarence *Thomas）进入到法院后人数增加到 8 个。

文书组的机制是明确的。首席大法官办公室（*chief justice chambers）的行政人员在参加的法官当中系统地分配每个会议名单上的案件。每个法官的书记官再将分配到法官工作室的案件在他们自己当中进行细分。由于文书组有 8 个法官而大多数工作室有 4 个书记官，一般一个书记官每星期会书写 4 份共用摘要。完成好的摘要交到行政人员那里，由行政人员检查技术上的错误并把它们分发到参加的法官当中。

共用摘要的格式有明确的规定。标题要写明案件并提供案件的基本信息（如低级别法院和法官）。第一部分提供案件的简短概要——经常只有一两句话。第二部分描述事实和低级别法院的判决。第三部分概述双方的辩论。第四部分分析案件并对辩论进行评述。第五部分提出解决问题的建议。摘要以可能有用的附加信息（如存在回应）、日期以及书写摘要的法官助理名称作为结束。在这个格式范围内又存在很大变化。一个复杂的案件可能需要 30 页的摘要；一个小案件可能只需要 2 页。

当一份共用摘要到达办公室时，法官自己的一名法官助理会对其进行复审。一般复审的书记官只是同意摘要的建议，但在一些案件中法官助理会检查原件，或者甚至单独为他或她自己的法官书写一份独立的摘要。

批评家反对文书组减少了审查每个案件的人数。但是支持者认为书写共用摘要的法官助理对每个分配的案件都是严格审查的。这一严格的审查比旧体制下采用的由 8 个人分别进行的 8 次草率的复审可能更好。

［Michael F. Sturley 撰；邓静译；许明月校］

小查菲,泽卡赖亚[Chafee,Zechariah,Jr.]①

(1885年12月7日出生于罗德岛的普罗维登斯;1957年2月8日卒于马萨诸塞州的剑桥。)教育家、律师、作家和公民自由意志论者。查菲是美国现代自由言论法之父。作为一个富足的新英格兰家族的成员,他在进入哈佛法学院之前曾在家族开办的钢铁企业里工作了3年。他潜心于社会法学,而且当他又转回教书时,他接替罗斯科·庞德(Roscoe *Pound)三年制的衡平法课程。庞德在针对诽谤(*libel)的禁令上的兴趣激起了查菲的兴趣,他在探究所有1916年以前有关该主题的联邦案件上表现突出,总结出自由言论法显然需要现代化。这种发展在1917年和1918年通过战争期间的反间谍和煽动叛乱的国会立法而得到加强(参见 Espionage Acts)。他们经常性地专横执法使得查菲相信理解联邦宪法第一修正案有关言论和出版条款的重要性,这是他1920年出版引起争议的《言论自由》的目的。他认为,即使在战争期间也应有健康的言论公开,只有在公共安全受到严重危害时,言论自由才能被剥夺。查菲推崇法官勒尼德·汉德(Learned *Hand)在1917年马斯案(Masses)中提及的观点,在该案中,汉德试图建立禁止言论的标准"既不存在实质上的公平性,也没有性质上的正当性或者合理性,而是会引起伤害行为的严重危险。"

掌权者很少有人像查菲一样对公开民主程序充满信心。因此,他批评奥利弗·温德尔·霍姆斯(Oliver Wendell Holmes)在"申克诉合众国案"(*Schenck v. United States)(1919)中开创的"明显即发的危险"(*clear and present danger)学说遭到了保守派领导人的批评。然而,查菲仍然坚持力图说服霍姆斯检测言论自由的真正标准应该是让言论能够在自由交流与竞争中被人接受。霍姆斯接受了查菲的观点,把它融进在"艾布拉姆斯诉合众国案"(*Abrams v. United States)(1919)的异议中,希望建立一项国家政策在鼓励对事实的调查的同时还维持社会和个人利益的平衡。

查菲对法院的限制性判决意见和不愿接受霍姆斯观点的行为进行了强烈抨击。这些批评使得保守的校友们试图将查菲赶出哈佛法学院,但是未获成功。

查菲后来与最高法院的关联既是外部的又是直接的。生活在20世纪20年代的年轻的公民自由意志者们拥抱他对联邦宪法第一修正案的观点。这不仅对艾布拉姆斯案,而且对"吉特路诉纽约案"(*Gitlow v. New York)(1925)和"惠特尼诉加利福尼亚州案"(*Whitney v. California)(1927)中霍姆斯和布兰代斯的异议都产生了自由化的影响。事实上,布兰代斯大量借用了查菲的《言论自由》书中的观点以准备他在惠特尼案中颇具影响力的并存意见,该意见包含了两位法官各自对最终的、最具言论保护性的对危险标准的不同重述。最终,在20世纪三、四十年代,法院多数意见运用该标准使规制传单分发和报纸蔑视法院罪的地方法规得以作废。同样地,查菲把1937年"德乔恩吉诉俄勒冈州案"(*DeJonge v. Oregon)的判决视为对集会自由保护的重要发展。作为美国律师协会权利法案委员会在那个案件中所提交辩护词的起草者之一,查菲后来运用该辩护词攻击泽西市(Jersey)市长弗兰克·黑格(Frank Hague)镇压反工会联合的行为[参见"黑格诉产业工会联合会案"(*Hague v. CIO)(1939)]。美国律师协会委员会在后来关于公民自由权的案件中都以法庭之友的身份加入,查菲是主要的文件起草者。他后来描述他在委员会的工作是"他所做过的最有趣和最有收获的事之一。"在他担任委员会的主席时,他全心投入到20世纪40年代涉及耶和华的见证人拒绝让他们的孩子参加强制性的敬旗仪式的案件。当委员会决定在"西弗吉尼亚州教育理事会诉巴尼特案"(*West Virginia State Board Educational v. Barnette)(1943)中请求对1940年的"迈纳斯维尔校区诉哥比提斯案"(*Minersville School District v. Gobitis)进行撤销时,查菲起草了辩护词。法院最终接受了辩护词的论证逻辑,撤销了早期判决对于敬礼仪式的支持。在对宗教自由和言论自由作出雄辩的同时,查菲对大法官罗伯特·杰克逊(Robert *Jackson)将优先自由观念(*preferred freedoms concept)和明显即发危险标准相结合的判决意见非常满意,以保护反对政府专制行为的个人。

1947年,在被任命到联合国新闻出版自由委员会工作后,查菲离开了律师协会委员会。他在委员会工作时逐渐使该组织像最高法院那样充当了言论自由战士的前沿角色。在他后半生里,查菲在人权领域进行了大量的讲学和写作。他1956年出版的《自由的祈祷》(The Blessings of Liberty)一书预见性地强调了经济不平等对市场化进程的危害,并呼吁消除对完全自由言论设置的任意性障碍。

[Paul L. Murphy 撰;邓静译;许明月校]

法官工作室[Chambers]②

最高法院在国会大厦或其他占据空间的地方举行会议时,国会没有为法官们提供私人办公室。他们在自己家中建立工作室,并只能收到中央对家具、书籍和维修费用的少量拨款。1886年国会许可每个法官可雇用一名秘书或法律书记官(*clerk),但只有在1919年它才对两种职位都提供了资金。

在1935年10月法院搬进了属于自己的楼房时,工作条件得到了改善。每个法官在主要楼层现

---

① 另请参见 First Amendment;Speech and the Press。
② 另请参见 Buildings,Supreme Court。

在占据着三间房的套间,在相邻的工作室之间有私人通道、会议室(*conference room)、罩衣室(*robing room)以及审判室。

[Maxwell Bloomfield 撰;邓静译;许明月校]

钱皮恩诉埃姆斯案[Champion v. Ames, 188 U. S. 321(1903)]①

1902年12月15日至16日辩论,1903年2月23日以5比4的表决结果作出判决;哈伦代表法院起草判决意见,富勒反对。本案又被称为彩票案。"钱皮恩诉埃姆斯案"引发了关于议会对州际商业活动的权力范围和与州治安权力对应的联邦权力等核心问题。这些核心问题对于进步主义者(*progressive)力图使中央权力与国家出现的需要相一致来讲是至关重要的。

钱皮恩对1895年制定的旨在抵制州际商业中的彩票交易的法律的合宪性问题提出质疑,他就是根据该法而被控告的。大多数人的焦点集中在两个问题上:彩票是否属于商业范畴以及联邦对州际商业享有的权力的范围。法官约翰·马歇尔·哈伦(John Marshall *Harlan)将彩票定义为具有真正价值之物,跨越了州界限的彩票交易确实属于州际商业。他用了大量篇幅定义商业权力以明确国会有权禁止一定的运输和满足扩张的需要,并判决彩票法案合宪。

少数派意见不同意权力的定义和范围。意见将彩票等同于合同和可转让票据,而不视为交易客体;否认彩票本质上具有危害性;并且认为中央治安权的行使违反了联邦宪法第十修正案(the *Tenth Amendment)。尽管有哈伦谨慎的语言,但支持者和反对者都将判决视为建立了事实上的中央权力,而且联邦的立法迅速增加。但是,由于对产品伤害的关注而规定了一个弹性措施,允许法院在进步主义运动减弱时缩减赔偿数额。

[Barbara C. Steidle 撰;邓静译;许明月校]

查普林斯基诉新罕布什尔州案[Chaplinsky v. New Hampshire, 315 U. S. 568(1942)]②

1942年2月5日辩论,1942年3月9日以9比0的表决结果作出判决;墨菲代表法院起草判决意见。由于向耶和华见证人散发宗教小册子,查普林斯基(Chaplinskey)引起了怀有敌意群众的注意。当市警察局长进行干预时,查普林斯基公开指摘他是"诈骗者"和"法西斯主义者",并称其他官员是"法西斯主义者的走狗"。

法院维持了对查普林斯基因为违反了不得在公共场合发表攻击性和嘲笑性言论或辱骂某人的州法规定支持所判的刑罚。

大法官弗兰克·墨菲提出了关于联邦宪法第一修正案(the First Amendment)的"两层理论"。某些"明确指明和严格限定"的言论类别不属于宪法保护的范围。因此,"猥亵淫秽的、亵渎的、诽谤的",以及(在该案中)侮辱性或"攻击性"言语在对真理的探寻中既不有助于思想的表达也不具有任何"社会价值"(pp. 571-572)。

这个两层论对于那些相信严格控制某些类别的言论(如色情描述、商业广告或者滥用侮辱性字句)并不违反联邦宪法第一修正案规定的人来讲具有重要意义。尽管法院坚持赞同查普林斯基一案对"攻击性语言"的立场,但后来的案件大大改变了它最初的、广泛的明确规定;诽谤性表达甚至对警察官员言语上的攻击都逐渐受到宪法的保护。查普林斯基案仍然是法院明确维持因对公共官员有"攻击性语言"而判刑的最后一例案件。

[Norman L. Rosenberg 撰;邓静译;许明月校]

查尔斯河桥梁公司诉沃伦桥梁公司案[Charles River Bridge v. Warren Bridge, 11 Pet. 36 U. S. ,420(1837)]③

1831年3月7日至11日辩论,1837年1月19日至26日再次辩论,1837年2月12日以4比3的表决结果作出判决;托尼代表法院起草判决意见,麦克莱恩、斯托里和汤普森反对。为了给公众提供从查理士城到波士顿更好的通道,马萨诸塞州的立法机关于1875年组建了查尔斯河桥梁股份公司,修建一座连接波士顿和它的北部内地并经过查理士城(Charlestown)的大桥,授权股东征收大桥通行费。1828年,立法机关又授权查理士城的商人们修建新的沃伦大桥并征收通行费直到他们收回投资,然后此大桥将返还给州政府并免费通行。

查尔斯河桥梁公司的股东们申请禁止令(*injunction)以阻止新桥的修建,认为沃伦桥梁公司的特许状同时违反了马萨诸塞州关于"生命、自由和财产"的宪法性保障和《美国联邦宪法》禁止州政府损害合同的合同条款。在马萨诸塞州的最高上诉法院确认拒绝颁发禁令后,查尔斯河桥梁公司的股东们又向联邦最高法院申请错误(*error)审查令状。1831年,联邦最高法院进行了辩论,但法官们对既得财产权利的保护存在分歧,而且由于法官的生病和空缺延迟了判决。1837年,该案在民主党任命者控制的法院上再次进行了辩论。

丹尼尔·韦伯斯特(Daniel *Webster)和沃伦·达顿(Warren Dutton)代表查尔斯河桥梁公司,依据的是合同条款和既得权利的论据。据此沃伦桥梁公

---

① 另请参见 Commerce Power;Police Power。
② 另请参见 Speech and the Press;Unprotected Speech。
③ 另请参见 Capitalism;Contracts Clause;Property Rights。

司的特许状因为实际上损害了查尔斯河桥梁公司股东在过桥费上的专有财产权,而这正是最初授权的本质所在,因而它违反了国家合同中对查尔斯河桥梁公司的股东们应负的义务。

代表沃伦桥梁公司股东的约翰·戴维斯(John Davis)和西蒙·格林立弗(Simon Greenleaf)辩论道查尔斯河桥梁公司没有被授予交通线路的专有权。当查尔斯河桥梁公司的股东们接受了他们特许状上的附加部分时,他们也就接受了政府有权进行类似的授权。对沃伦桥梁公司的授权是在立法机关权限范围内的。

首席大法官罗杰·B.托尼(Roger B. *Taney)为代表的多数派意见与法官约瑟夫·斯托里(Joseph *Story)为代表的反对意见代表了在法律原则、政府职责和经济发展问题上两种相反的观点——观点反映出他们不同的政党隶属。他们存在分歧的问题包括特许状的司法解释、政府权力及公共权力和个人权利的相对重要性。

托尼是安德鲁·杰克逊(Andrew *Jackson)新任命的民主党法官之一,他主张代表人民崇高权力的立法机关对查尔斯河桥梁公司的股东们授予了修建大桥和征收过桥费的特权。托尼论证了应该狭义解释立法机关的授权以保护公众利益。狭义的解释不承认交通线路上任何隐含的专有权;立法机关后来对类似许可状的授权没有损害股东们在通行费上的财产权。在托尼宣称"私有财产权利必须得到神圣保护"(p.548)的同时,他明确指出"所有政府的最终目标是推进社会的幸福和繁荣……假定政府会为了实现目标而削减已经创设的权力是不现实的"(p.547)。

持异议的斯托里大法官坚持认为查尔斯河桥梁公司的特许状是具有有效对价而授权的合同形式。股东们投资修建大桥增进了公共利益,而立法机关相应地授予了他们征收过桥费的权利。有效对价一旦被接受,法院就应该站在被授权者一方来解释公共合同。斯托里对桥梁特许状的广义解释意味着在交通线路上征收通行费存在专属授权。"如果政府打算借民众之力增进公共舒适性和便利性,……必须保证财产安全;……而且做法的成功也不是以剥夺大众的权力或者掠夺其利益为特征的"(p.608)。

代表大多数意见的判决表明对进步科技的需求将导致进步科技的迅速采用。判决提醒道,旧公司应"从它们的睡梦中醒来"(p.552),并呼吁法院保护既得财产权。由于担心对新企业上百万美元投资造成威胁,托尼以他自己的观点论证了创造性地摧毁旧财产使新企业繁荣的合理性。

参考文献 Stanley I. Kutler, *Privilege and Creative Destruction: The Charles River Bridge Case* (1971).

[Elizabeth B. Monroe 撰;邓静译;许明月校]

蔡斯,萨尔蒙·波特兰 [Chase, Salmon Portland]①

(1808年1月13日出生于新罕布什尔州的康沃尔,1873年5月7日卒于纽约州的纽约城,葬于辛辛那提的史柏尼丛林公墓。)1864—1873年任首席大法官。作为一名孤儿被抚养长大后,萨尔蒙·P.蔡斯从达特茅思大学毕业(1823)并接着在华盛顿州学习法律,1829年他开始在那里开业当律师。迁往辛辛那提后,蔡斯有过三次婚姻(1834—1846年),他的妻子都先他去世,他是6个孩子的父亲。他编纂了《俄亥俄州法规》(1835年),在法庭上为逃亡的奴隶和他们的教唆者辩护,担任过俄亥俄州的参议员(1849),接着又担任了州长(1855—1861年)。

Salmon Portland Chase

作为1850年《逃亡奴隶法》的早期共和党批评家和"国民自由"宪法主义的倡导者,蔡斯在1860年以准总统候选人的身份出现。提名和选举的结果是亚伯拉罕·林肯(Abraham *Lincoln)当选,蔡斯因而成了财政部长。他出色地制定了战时税收、美钞和银行法律,与所占领的南部地区进行商业往来,管理对包括奴隶在内的造反者所没收的财产,以及为奴隶难民进行教育、农业和工业实验。蔡斯对林肯和国会的影响体现于在战争期间的国家重建中解散军队,根据宪法修正案进行全国范围内的奴隶解放,以及到1865年早期赋予美国黑人平等的法律和政治权利。1864年,蔡斯接替罗杰·布鲁克·托尼(Roger B. *Taney)担任了首席大法官,他力图使总

① 另请参见 Chief Justice, Office of the。

统安德鲁·杰克逊或者大多数法官相信联邦宪法第十三修正案(the *Thirteenth Amendment)纳入《独立宣言》(*Declaration of Independence)和《权利法案》(*Bill of Rights)会不利于国家和州政府官员以及公民,但未获成功。他论证关于修正案创设了一种新的联邦主义(*federalism),这种联邦主义体现了法律和权利上的州际多样性,而不是州内、种族和性别之间的平等性,这也以失败告终(参见 Race and Racism)。

赞同他观点的共和党国会议员制定了1866年的《民权法》,规定由联邦代替有种族偏见的州法官对私人权利和公法这些问题进行处理。在马里兰州巡审期间,蔡斯在图尔纳(Turner)对物诉讼案(1867)中接受了以前是奴隶的原告所提出的请求,撤销与他以前的主人即现在的雇主所订立的劳务合同。在肯定《民权法》合宪性的同时,蔡斯判定联邦宪法第十三修正案没有给黑人公民在诉讼和提供证据方面充分的联邦权利,私人合同只有在政府许可的情况下存在,而特纳订立的私人合同,其条款劣于与白人学徒所订立的合同条款,使她陷于非自愿的劳役中。

在总统杰克逊的支持下,南部的白人对该类政策进行了抵制。在推翻否决权的同时,国会制定的各种军队重建法要求在南部各州重新加入联邦以前,代表两个种族的选民必须承认联邦宪法第十四和第十五修正案(the *Fourteenth and Fifteenth Amendments)。但是,尽管林肯任命了另外4名法官与蔡斯一起工作,首席大法官仍然不能在种族平等问题上形成多数意见。比如,在米利根单方诉讼案(Ex parte *Milligan)(1866)中,蔡斯和其他三名异议者反对国会应该设置军事法官的判决。在加兰(Ex parte Garland)单方诉讼案件和"卡明斯诉密苏里州案"(*Cumings v. Missouri)(1867)中,以5比4的表决结果对效忠宣誓的合宪性(*Test Oath)作出判决,使得联邦和州对公务员和特许专业人员规定的忠实要件像惩罚性的溯及既往(*ex post facto)的法律、剥夺公权法案、对总统赦免造反者的否决一样被归于无效。蔡斯和其他异议者坚持宣誓程序是正当的条件并对联邦法院的司法管辖权提出质疑。这些判决阻止了南部官场和政治领导的民主化进程,促使国会进行军队的重建。

尽管不是一直处于领导地位,但蔡斯在法官当中一直存有影响,该情形在密西西比州和佐治亚州请求联邦最高法院禁止军队重建中颇为明显。在"密西西比州诉约翰逊案"(*Mississippi v. Johnson)(1867)和"佐治亚州诉斯坦顿案"(Georgia v. Stanton)(1868)中,蔡斯以联邦最高法院的一致通过拒绝将禁令政治化。在麦克卡德尔(*McCardle)单方诉讼案件(1869)中,一名是种族主义者的密西西比州编辑因为煽动性的文章被军事当局逮捕,他依据

1867年的《人身保护权法》向联邦最高法院上诉,而该法重要的管辖权部分已被国会废止(参见 Judicial Power and Jurisidiction)。法院确认了国会权力高于其上诉管辖权(*appellate jurisdiction),但是蔡斯指出1867年法律同样没有触及法院在人身保护状(*habeas corpus)上独立的权力。在"得克萨斯州诉怀特案"(*Texas v. White)(1869)中,蔡斯重申了美国和各州是不可分的这一基本的共和党宪法性原则,判定国会而非联邦最高法院享有唯一的权力去确认州政府的行为。

1868年初,蔡斯出色地主持了对安德鲁·杰克逊的弹劾审判。一直有抱负的蔡斯却没能成功地成为总统提名者(参见 Extrajudicial Activities)。在法院上,他对他的法官同事们的影响开始动摇。他反对他们在"奥斯本诉尼克尔逊案"(Osborn v. Necholeson)(1873)中认定战前买卖奴隶合同有效,反对他们在"布拉德韦尔诉伊利诺伊州案"(*Bradwell v. Illinois)(1873)中拒绝一名有资格的白人妇女根据联邦宪法第十三和十四修正案所提出的开业当律师的请求,更重要的是,反对他们对屠宰场案(*Slaughterhouse)(1873)的判决。通过限制联邦宪法第十三修正案达到废除正式的"奴隶制度"(*slavery)以及消除特权与豁免条款(*Privileges or Immunities Clause)中的不合理的做法,借助联邦保护以便使黑人进入市场的事最后恰好被委托给了曾经压迫他们的白人州政府。尽管经常持有异议,蔡斯还是通过避开危险的政治对抗帮助"他的"联邦最高法院实施了充分的管治措施。

参考文献 Ferderick J. Blue, *Salmon P. Chase: A Life in Politics*(1987); David Donald, ed., *Inside Lincoln's Cabinet: The Civil War Diaries of Salmon P. Chase*(1954).

[Harold M. Hyman 撰;邓静译;许明月校]

蔡斯,塞缪尔[Chase,Samuel]

(1741年4月17日出生于马里兰州索美塞得郡,1811年6月19日卒于马里兰州的巴尔的摩;葬于巴尔的摩圣保罗公墓。)1796—1811年任大法官。塞缪尔·蔡斯是首席大法官约翰·马歇尔(John *Marshall)之前最出色的联邦最高法院大法官,而且从某种程度上讲,蔡斯比这位伟大的首席大法官本人还令人印象深刻。蔡斯签署过《独立宣言》(*Declaration of Independence),曾在革命战争代表大会工作过,并且在马里兰州法院和联邦司法机关里都是颇有名气的法官,而他今天被人记住却是因为他是唯一曾经被弹劾过的联邦最高法院的法官。他经常被大多数历史学家以仅仅是一个狂热的党徒而一笔带过。研究蔡斯的观点可以发现,在早期的共和国,他是最重要的政治和法律理论家之一,而且他

Samuel Chase

他被人最为广泛引用的最高法院判决意见是在"考尔德诉布尔案"(*Calder v. Bull)(1798)中对什么应该被当作《1789年联邦宪法》的自然法(*natural law)基础的探索。在那个案件中,他阐明了有一些宪法之上的原则限制了立法,无论这些原则是否被明确地记载在成文的基本法中。蔡斯只给出了两个例子证明他的观点:一是让一个人在他或她自己的案件中既担任法官又充当当事人;另一个例子是将A的财产给B而不给A任何补偿。但是他的工作却被认为是建立了现在被称为"实体(*due process)正当程序"的学说,联邦宪法第五及第十四修正案(the *Fifth or Fourteenth Amendment)中的正当程序条款所包含的对特定权利或自由进行保护的观点并没有在联邦宪法的其他地方出现,一般来说,权利或自由来自自然法理论中的一些概念。

这种近来被许多"自由"宪法理论的支持者们赞同的宪法研究方法,在我们历史上却一直被司法界的保守派反对,他们坚持"严格的解释"或"立法者本意"(*original intent)是对正确的宪法解释更为可靠的指引。但奇怪的是,蔡斯也是"严格解释主义"方法的奠基人之一。在"合众国诉沃勒尔案"(United States v. Worrall)(1798)这个巡回办案期间最著名的判决中,蔡斯成了18世纪晚期唯一拒绝"有关犯罪的联邦普通法"理论的联邦法官。该理论认为,作为自我防卫,联邦政府可以处罚如贿赂或煽动性诽谤(*seditious libel)这一类的犯罪,甚至在国会以特别立法的方式禁止这些特殊行为前都可以这样做(参见Federal Common Law)。蔡斯对该问题的观点最终被最高法院在19世纪早期确认。

在巡回办案期间,蔡斯还在他的判决中建立了司法审查(*judicial review)的原则以宣告国会违宪行为的无效,该原则后来在马歇尔对"马伯里诉麦迪逊案"(*Marbury v. Madison)(1803)的判决中颇为轰动地引起了全国性关注。据报道,在蔡斯对弗吉尼亚巡回审判期间,马歇尔曾充当了蔡斯讨论司法审查时的听众,并借用了蔡斯的某些语言(该语言本身可能借自于亚历山大·汉密尔顿(Alexander *Hamilton)的《联邦党人文集》(Federalist),第78号)在马伯里案中使用。

蔡斯是政治和司法上的保守者,并被杰斐逊的支持者所弹劾,原因在于他主持了几次刑事审判和诉讼程序,在审判中他试图实现亚当斯政府的目标即平息被认为是反叛者和虚伪的批评家们对政府所为的破坏性和危险性的攻击。他也曾不成功地试图让约翰·马歇尔相信某些杰斐逊党人侵犯公共权力的行为应该被裁决为违宪的和反动的。但是,引发他被弹劾的事件发生在杰斐逊执政早期,蔡斯向巴尔的摩大陪审团递交了一份控告书,批评杰斐逊党人对几个联邦法官资格的撤销以及他们在马里兰州立法机关的行为。蔡斯警告该行为违反了宪法对独立司法的保护,也违反了政治原则所坚持的法律不应受道德束缚,道德不应受宗教的束缚。蔡斯向大陪审团递交的这份控告书主要借鉴了埃德蒙·博克(Edmund Burkre)的哲学,蔡斯曾和他在去英格兰的途中度过了两个星期。控告书还警告说,轻率的民主支持杰斐逊所宣扬的"人权"正使国家陷入暴民统治的深渊。

杰斐逊和他的追随者们试图通过弹劾程序(*impeachment proceeding)使蔡斯保持沉默,而亚当斯联邦主义者中最好的律师立即支持蔡斯的辩护,同意免费为其工作。在1805年参议院对蔡斯的审判中,弹劾指控实际上表明的只是政治驱动下的恶意中伤。由于有支持他的杰斐逊主义者的投票,蔡斯的反对者们没能形成判定他有罪所需要的参议院的2/3多数,蔡斯被宣告无罪。约翰·马歇尔在审判中作用极其让人失望,拒绝对蔡斯作更多辩护,甚至还不顾建议他作为司法审查重要守护者的名望,或许国会应该成为对它自己行为合宪性的唯一裁决者。

历史学家们经常指出参议院对蔡斯免职的失败是司法独立的胜利,并创设了法官不能只因为在法官席上陈述了政治观点就被免职的先例。然而更确切地说,该弹劾程序应该被看作是建立了一项原则,即清楚地表达政治哲学观特别是与流行的杰斐逊党人的民主思潮存在差异的政治哲学观,对于像蔡斯这样的法官来说是危险的。蔡斯所面临的困难是他原本应尽力使约翰·马歇尔相信,他要寻求的是不同于"政治"但又高于"政治"的司法描绘,并能引出在宪法问题上有"客观"的答案这样一个合适的宪法假设。在我们这个时代,当该观点不能再维持,特别是当保守者们寻找有依据的宪法哲学来强调权利之上的义务时,蔡斯的博克信仰或许注定要闪亮重现。未来的学者们甚至会开始给予蔡斯应得的赏识,并把现在大多数只认为他是一个有着狂热党派观念的人提升到司法伟人祠的正确位置上,一个很可能与马歇尔处于同等水平的人。

参考文献 Robert Bork, *The Tempting of America: The Political Seduction of the Law* (1990); Stephen Presser, "The Original Misunderstanding: The English, the Americans and the Dialectic of Federalist Constitutional Jurisprudence," *Northwestern University Law Review* 84 (1989): 106-185.

[Stephen B. Presser 撰;邓静译;许明月校]

审查与平衡[Checks and Balances]
参见 Separation of Powers。

柴罗基系列案[Cherokee Cases]①
柴罗基系列案是 19 世纪 30 年代两个相伴随案件的集合名称,这两个案件分别是:"柴罗基族诉佐治亚州案"(Cherokee Nation v. Georgia)[5 Pet. (30 U. S.) 1 (1831)],1831 年 3 月 5 日辩论,1831 年 3 月 18 日以 4 比 2 的表决结果作出判决;马歇尔代表法院起草判决意见,约翰逊和鲍德温赞同,汤普森反对。"沃尔西斯特诉佐治亚州案"(Worcester v. Georgia)[6Pet. (31 U. S.) 515 (1832)],1832 年 2 月 20 日辩论,1832 年 3 月 3 日以 5 比 1 的表决结果作出判决;马歇尔代表法院起草判决意见,鲍德温反对。柴罗基案起因于佐治亚州企图对位于该州内受条约保护的柴罗基族的土地确认其管辖权。在"柴罗基族诉佐治亚州案"中,首席大法官约翰·马歇尔(John *Marshall)判决最高法院无管辖权审判柴罗基族提出禁止佐治亚州行为的请求。他将柴罗基族定义为一个"国内的、独立的民族",而非一个基于宪法第 3 条(Article Ⅲ)的目的,作为联邦政府行政区而存在的拥有主权的民族(p.2)。

法院在 1 年后的"沃尔西斯特诉佐治亚州案"中修改了柴罗基族案的判决。一个公理会的传教士因没有佐治亚州要求必备的柴罗基县居住证而被控告有罪。法院判决佐治亚州的法律无效,因为它们违反了条约,违反了宪法的契约条款(*Contract Clause)和商业条款(*Commerce Clause),并侵害了柴罗基族的主权。佐治亚州拒绝承认该审判。

马歇尔不再认为柴罗基族案对后面的判决有先例作用,尽管他并没有推翻该案。相反,他将"民主"的概念与"国内的"或"独立的"相对照而加以强调。他主张印第安族人是有权保留独立政治共同体的特殊人群。但是总统安德鲁·杰克逊(Andrew *Jackson)拒绝执行法院的判决并支持将柴罗基人迁往印第安地区。许多柴罗基人在这次大迁移中死亡,造成众所周知的"血泪之路"(Trail of Tears)。

[John R. Wunder 撰;邓静译;许明月校]

芝加哥、布尔灵顿及昆西铁路公司诉芝加哥市案[Chicago, Burlington & Quincy Railroad Company v. Chicago, 166 U. S. 226 (1897)]②
1896 年 11 月 6 日、9 日辩论,1897 年 3 月 1 日以 7 比 1 的表决结果作出判决;哈伦代表法院起草判决意见,布鲁尔反对,富勒未参加。

在该案中,法院一致主张当国家用私人财产作公共用途时,联邦宪法第十四修正案(the *Fourteenth Amendment)的正当程序条款应强制国家给予合理的赔偿(布鲁尔法官对这一意见表赞同而对判决的其他部分反对)。该案是因为不服伊利诺伊州最高法院确认陪审团所裁定的当街道穿过铁路轨道开通时应支付 1 美元赔偿额的判决而向最高法院上诉的,它是法院适用正当程序概念保护实体财产权利的一个最早的例子。它是正当程序对国家控制经济自由进行限制这一法院发展进程中重要的一步。尽管与放任自由的立宪主义学说相关,然而,"芝加哥、布尔灵顿及昆西铁路公司诉芝加哥市案"仍确立了一个不错的法则。该案作为"联邦宪法第十四修正案的正当程序条款应体现《权利法案》的特别保护"这一学说的早期典范而在同时期的宪法中占有一席之地。

在反对意见中,法官戴维德·J. 布鲁尔(David J. *Brewer)同意正当条款所规定的当私人财产被使用后国家应给予赔偿,但却认为陪审团对铁路公司的判决给出的只是名义上的而非合理的赔偿。

[Stephen A. Siegel 撰;邓静译;许明月校]

芝加哥,米尔沃基与圣保罗铁路公司诉明尼苏达州案[Chicago, Milwaukee & St. Paul Railway Co. v. Minnesota, 134 U. S. 418]③
1890 年 1 月 13 日、14 日辩论,1890 年 3 月 24 日以 6 比 3 的表决结果作出判决;布拉奇富德代表法院起草判决意见,米勒持相同意见,布拉德利、格雷和拉马尔反对。当法院在"芒恩诉伊利诺伊州案"(1877)中确认了控制铁路费率的立法权时,它也裁定了政府所规定的费率不受司法审查。该裁定适用的传统原则是法院可以确认宪法对政府机构间权力的分配,但不能监管这些权力的自由裁量。然而在芝加哥,"米尔沃基与圣保罗铁路公司诉明尼苏达州案"中,法院却宣布关于不允许对由州铁路和仓库委员会制定的费率进行司法审查的立法无效。这是法院采用现代方法对受规制的政府进行宪

---
① 另请参见 Judicial Power and Jurisdiction; Native Americans; Race and Racism; State Sovereignty and States'Rights。
② 另请参见 Due Process, Substantive; Just Compensation; Property Rights; Takings Clause。
③ 另请参见 Due Process, Substantive; Property Rights。

法调整的第一个案件。在法院模棱两可的意见中暗含的是当时行政法的基本教条:正当程序要求对行政机关的程序和决定进行司法审查来判定他们对宪法规则的忠实。法院特别确认了判定实用费率合理性的权力。法院从这个判决开始,不仅审查政府的某个特殊部门是否有权作出某项行为,而且审查行政人员作出行为程序的合理性和决定本身的合理性。

[Stephen A. Siegel 撰;邓静译;许明月校]

首席大法官职位[Chief Justice, Office of the]①

宪法第3条(*Article Ⅲ)创设了联邦最高法院,首席大法官的职位则由1789年司法法(*Judiciary Act of 1789)实际创设。但首席大法官职务的本质、功能和权限仍没得到界定。该职位在此后的发展不仅受到惯例和新增法规的影响,而且16位首席大法官每个人的个性和对其职务的领悟力都起了作用。

首席大法官是"平等者之中的第一人"(first among equals),其与其他大法官的形式差别包括薪水和人事上的不同,1995年开始,还出现了一个制服缝制方面的差异——即在威廉·H.伦奎斯特首席大法官罩衣两袖上点缀了四条金带。首席大法官作为有名无实的领导者,履行着传统司法功能:主持法院的公开性和封闭性的程式,偶尔,也主持总统弹劾案的审理。与法院相关的管理职责和处理公共关系的职责使得他们在管理整个联邦司法系统时承担了大量的义务。最后,该职位也为最广泛意义上的政治家提供了机会。

首席官员 首席大法官依照惯例最显著的义务是主持最高法院的审判,在早期,首席大法官还要在被分配到的巡审中担任巡回法官(参见 Circuit Courts of Appeals)。曾被作为一种繁重工作任务的巡回审理的遗迹,现在仍然保留了下来,如伦奎斯特就曾被分配到第四巡回法庭——传统上一直分配给首席大法官——以及哥伦比亚特区的地方巡回法庭和联邦巡回法庭。宪法第1条规定,在总统因弹劾而受审时,首席大法官将主持参议院弹劾程序,正像萨尔蒙·蔡斯(Salmon *Chase)和伦奎斯特所做的那样。联邦最高法院法官会议的开始和结束,作出声明,授予律师资格、对律师服装执行的标准和礼节都属于首席大法官的职权范围。而其中最为重要的是控制诉讼程序的进程。

闭庭后,首席大法官会就案件的选择和有争议的案件召开法院会议。尽管他的投票权只占1/9,但他名义上的职位为其领导地位提供了特殊机会。成功依赖于高效的工作和领导技能二者的结合。前者以职业和管理专业知识为特性,而后者的突显却需要有促进法院内部和谐的能力。查尔斯·埃文斯·休斯(Charles Evans *Hughes)和约翰·马歇尔(John *Marshal)以及厄尔·沃伦(Earl *Warren)都具有两方面的才能。而哈伦·菲斯克·斯通(Harlan Fisk *Stone)却在两方面都较次,威廉·霍华德·塔夫脱(William Howard *Taft)则可作为社会领导者的典范,而沃伦·伯格(Warren *Burger)则可与之匹敌,但他与弗里德里克·文森(Frederick *Vinson)一样,在主持法官会议方面的领导则是没有效率的。伦奎斯特的风格是结合运用视觉、艺术、忍性和社会技巧推进联邦最高法院的工作效率和友好的同事关系,大有约翰·马歇尔首席大法官的风范。

首席大法官在对需要完全复审的案件主持审查时对法院日程安排起着关键性的作用,根据其是否认为案件有发调卷令的价值,决定将该案列入"讨论清单",抑或"死名单"。首席大法官会对前面有争议的案件召开协商会,他列出问题的提纲,详细表述主要事实和法律并陈述他自己的结论。讨论的程序依照资历按由大到小的顺序进行,在休斯时期,表决以相反的顺序进行,该体系对首席大法官具有全局性的表决是有益的。每个法官按资历顺序发言和表决的"一步性程序"随之产生。

如果形成了大多数意见,首席大法官便享有对法院判决意见的撰写指派作者这一至关重要的权利。作为马歇尔因袭曼斯菲尔德勋爵(Lord Mansfield)风格的产物,全体一致的意见提高了制度的能见度和委派者的权威。指派的标准包括了行政、职业的以及战略上或政治上的考虑。因此,伦奎斯特总是在同僚中均衡地分配工作任务,他像塔夫脱、休斯,而不像伯格——利用其职务上的特权,将重要案件判决意见的撰写任务分配给自己。伟大的首席大法官,会运用其作为统领法学家的官员的领导能力,实质性地提升其所占据的首席大法官职位的威望和权威。

法院管理者和保护人 首席大法官承担法院的各种管理义务。与大法官和职员的日常交往是与其他具有深远重要性的事务穿插在一起的。梅尔维尔·富勒(Melville *Fuller)、塔夫脱、休斯和伯格都能较好地处理安抚法院伤残同事的问题。内部管理需要首席大法官与法院的行政系统和它的领导打交道:书记官(clerk)、执行官(marshal)、判决发布人、图书馆管理员和非法定官员。预算评估传统上是首席大法官的义务,由他指定的人向国会拨款委员会报告。首席大法官对管理最高法院建筑的兴趣程度也各不相同。塔夫脱和伯格都认为他们的任职在这一主题上是可以有所作为的。而伦奎斯特则不同。

---

① 另请参见 Extrajudicial Activities; Opinions, Assignment and Writign of。

首席大法官职位[Chief Justice, Office of the] 153

伯格就直接干预过人事事务并介入了影响联邦最高法院图书馆(*libary)和书记官管理的工作(参见 Clerks of the Justices)。首席大法官扩张的行政职能使得他的随从人员也随之增加,最为显著的是1972年增设的首席大法官行政助理(*administrative assistance to the chief justice),并使其成为联邦最高法院的任期很长的首席执行官和发言人。但是,在伦奎斯特任职期间,由于他对微观管理不如其前任那样感兴趣,对行政助理的聘任则改为2—3年,享受的待遇也较低。

首席大法官是联邦最高法院——有时也是对该法院的判决——对外的鼓吹者和维护者,正如伦奎斯特在"布什诉戈尔案"(Bush v. Gore)(2000)中否定政治问题时所做的那样。他们在并列的国家政府部门和公共机构面前强调的是本机构的利益。萨尔蒙·蔡斯(Salmon *Chase)和富勒成功地发动了立法运动,通过解除法官们的巡回(*circuit)义务以缓解法院战后急速增加的积案。塔夫脱大胆地发起了1925年司法法(Judiciary Act of 1925),赋予了法院对积案大量的控制权。尾随效仿的伯格却没能成功请求到在司法等级体系中设立新的一级——国家上诉法院。首席大法官威廉·H. 伦奎斯特在盼望已久的1988法案的通过上是起了作用的,该法案旨在通过进一步减少联邦最高法院强制性的上诉管辖权来改善其司法管理(参见 Judicial Improvements and Access to Justice Act)。

维护同事和法院的地位也属于首席大法官的职责范围,他们被期待在外交事务和工资平等问题上保护成员利益。对首席大法官授予的职责显然还包括维护司法独立。马歇尔在"马伯里诉麦迪逊案"[*Marbury v. Madison(1803)]中就运用了司法职能以达到这一目的。休斯充分利用了法院外评论,在对1937年"最高法院人员布置"计划(*"court-packing" plan)进行的公开辩驳中起先锋作用。沃伦在攻击法院暗中控制的宪法修正案的运动中采纳了一名政治评论家的策略。在为一般读者发行的《联邦最高法院》一书中,在他经常出版的公共演说词中,伦奎斯特总是赞美该机构两百多年的发展而取得的威信和权威,甚至其以似乎会对司法独立产生威胁的公众民主推进者的面目出现时的威望和权威。

第三机构领导 塔夫脱的首席大法官任期是首席大法官职位的一个分水岭。发给约翰·杰伊(John *Jay)和莫里森·威特(Morrison *Waite)的任命状均任命他们为"联邦最高法院首席大法官"。而在1888年得到委任的富勒却成为第一个"美国首席大法官",这个头衔被塔夫脱授予了重要的意义。1922年,塔夫脱的努力促成了美国司法会议(*Judicial Conference of the United States)诞生,该会议由低级别联邦法院(*lower federal court)的法官组成,并由首席大法官主持。塔夫脱将该会议看成是联邦司法行政走向统一、并在此基础上增强了法院能力的标志。休斯在位时,美国联邦法院管理署在1939年对该会议进行了扩大,针对受到行政威胁的司法独立,为司法机构筑起屏障。随着联邦司法中心的开设,在1967年遵照沃伦的吩咐又增加了研究和继续教育的功能。它的功能很好地符合了沃伦所希望的在不限制与低级别法院联系的情况下简化案件的流程(参见 Administration of Federal Courts)。

作为会议主席,首席大法官在不同等级的司法机构体系中名列榜首,并控制着一个可能将司法问题向行政问题转变的制度结构。他主持半年一次的大会,制作议事日程表,投票并创设或解散委员会。创设委员会和任命看重其地位和其所开展的交流活动的法官进入委员会,可以使首席大法官控制司法政策的制定,正如伯格和他的继任者所做的那样。为扩展执行委员会的角色,伦奎斯特于1987年便主持对委员会的结构进行了重新组织。但首席大法官的宏观控制并不是都能成功的。当伦奎斯特选择一项棘手的任务建议对州死刑获得联邦人身保护状进行限制时,会议就提出了反对,由于伦奎斯特仍然让会议向国会提交了该建议,因而在反对该原始建议的法官中就引起过一场"宫廷政变"。

首席大法官可通过司法会议管理署获得其他方面的权力。管理署的领导者通常由法院推选,但是法官们要服从首席大法官支持的候选人,因为对该机构进行监督指导的司法会议是由首席大法官主持的。但是,从伦奎斯特开始,通过制定法的修改,已赋予大法官按照其意愿,在征求联邦司法会议意见的情况下,自主任免其主任和副主任的权力。因此,管理署主任通常会反映首席大法官的行政观念。拉尔夫·L. 麦查姆(L. Ralph Mecham)(自1985年来一直任管理署主任)在进行分权以及将以前授予管理署的代理决策职责授予法院个体时,就是这样做的。作为联邦司法中心治理委员会的主席,首席大法官可以影响中心领导人的任命,授意作出报告,直至新委任法官参加中心的教育计划。

首席大法官对低级别法院的人事管理负有法定义务。1922年法案授权他可以指派认定的法官在各巡回区流动。随后的立法承认其对特殊陪审团和特殊法院的委任。该行政权的行使因为其具有对判决结果产生实质性影响的能力而备受非议,塔夫脱在禁酒期间提出的"干"地区(主张禁酒地区)法官向"湿"地区(反对禁酒地区)转移,以及伯格对涉外情报监管法院(Foreign Intelligence Surveillance Court)保守的任命就曾引起过较大非议。伦奎斯特曾经选任美国上诉法院独立分委员会的成员组成的三法官小组到哥伦比亚特区巡回法庭,但巡回法庭最终却任命肯内斯·斯塔尔(Kenneth W. Starr)去调查希拉里·克林顿(白水门事件)以及总统威廉·J.克林顿(莫尼卡·莱温斯基丑闻)。

1922年法案基本上改变了法院和国会的关系。此后,首席大法官向国会递交了经过司法会议通过的立法计划。但传送程序只是第一步。塔夫脱和休斯亲自在国会委员面前就改进会议措施进行了说明。随后会议委员会体系的发展降低了对首席大法官出席的要求,但并没有取消它。就像伯格在反对1978年破产法时所做的那样,塔夫脱和弗雷德里克·文森(Frederick *Vinson)也对立法者个体进行了大量的游说。在伦奎斯特时代,与国会联络的功能有了重大的发展。司法会议在1995年首次通过了其长期的计划,该计划确定了司法的中心价值与实现的目标,由此产生了通过司法会议和司法游说集体宣传的"节目清单式的司法活动",以反映伦奎斯特法院对联邦主义适度宪法管辖权的维护和对扩展的国家管辖权的怀疑立场——其中,最值得注意的是,它这种立场特别考虑了1994年反暴力侵犯妇女法["合众国诉莫里森案"(United States v. Morrison)(2000)]。

作为联邦司法明显的象征,首席大法官像社会活动家那样致力于公众支持司法立法的计划。各种组织同盟为他提供了大量机会。沃伦和伯格曾在国会联合会议做过"司法之国"的演讲,但收效甚微。但是,从1970年开始,美国律师协会年会则提供了一个替代性的讲坛。在这里和其他地方,伯格公开宣扬应当按照他对于联邦法院与各州机构之间的合理关系的观点,对州司法管理制度进行改革。因州法院全国中心的创建而推进的州司法体系的现代化将会进一步提高其公平协调公民权利与减少对联邦法院监督权的不必要的干涉关系的能力。伦奎斯特一直成功地驾驭着联邦最高法院的协调功能、司法会议的政治角色,其颇具报道价值的每年就联邦司法体系所作的年终报告更具有多重的目的,包括通过为提高法官的薪金和申请法官职位空缺而进行的舌战,通过批评协调机构对刑事量刑数据的收集,以及通过追问2000年司法教育改革法的合宪性,以提高联邦法院的地位及其号称的更为优越的文化,限制国会影响,扩展联邦管辖权的范围,维护对司法的社会支持度。

政治家 从一开始,联邦最高法院的成员充当的就是多面手式的公仆。为扮演好这个角色,首席大法官向法官们基本上传递的是其职位的可信性、权威、声望,作为法律最高象征的理性、正直和节制的结合,和对司法的献身精神。首席大法官高高在上的地位促使国会要强加给他们司法以外的义务。从约翰·杰伊到马歇尔,其间任这一职务者都在1790年授权的偿债基金委员会任职。该委员会的模式在1846年国会建立史密森学院和由罗杰·托尼领导的理事会期间一直存续。除了国际仲裁义务外,总统鼓励下培养起来的意志力能够解释首席大法官所作的司法权以外的行为。由于只受到不得任国会成员的宪法上的限制,杰伊和马歇尔都同时担任了首席大法官和国务卿,尽管任期不长。外交上的重要而特殊的使命也吸引了杰伊和奥利弗·艾尔斯华斯。从杰伊到伯格的其他人都充当了总统顾问。他们中的一些人对充满党派性的政策提出建议,这些建议甚至突破了道德界限,像文森在没收投资者所有的钢铁工厂合宪性这一问题上对总统哈利·杜鲁门提出的建议那样,文森后来在相关的"扬格斯通钢板与管道公司诉苏耶尔案"(*Youngstown Sheet and Tube Co. v. Sawyer)(1952)中对该问题作出了判决。现代的总统们都要求首席大法官领导总统委员会。沃伦就不愿意主持对约翰·肯尼迪总统刺杀事件的有争议的调查。很少有人将首席大法官职位看作是登上总统职位的奠基石。塞缪尔·蔡斯是唯一一个对总统之位怀有很大渴望的人。

两个多世纪后,首席大法官职位发生了很大变化。一旦大量在本质上为司法的东西被重要的具有政治家身份的义务所介入,首席大法官职位便开始变得以基本的行政功能为特征,这使首席大法官职位的在任者与大法官和所有其他的联邦法院法官明显区别开来。它是被赋予了多种权力手段的职位,在这里,司法问题能被转化为行政问题。凭借着出任这一职者的洞察力和技能,当代首席大法官职位可为实现重要的公共政策目标提供了资源。

参考文献 Peter G. Fish, *The Office of Chief Justice* (1984); David M. O'Brien, *Storm Center: The Supreme Court in American Politics*, 2d ed. (1990); Judith Resnik, "Trial as Error, Jurisdiction as Injury: Transforming the Meaning of Article Ⅲ", 113 *Harvard Law Review*, 925-1037 (February 2000); Robert J. Steamer, *Chief Justice: Leadership and Supreme Court* (1986).

[Peter G. Fish 撰;邓静、许明月译;许明月校]

童工[Child Labor]

参见 Hammer v. Dagenhart。

儿童[Children]

参见 Family and Children。

契莫尔诉加利福尼亚州案[Chimel v. California, 395 U.S. 752(1969)]①

1969年3月27日辩论,1969年6月23日以6比2(一票空缺)的表决结果作出判决;斯特尔特代

---

① 另请参见 Due Process, Procedural; Fourth Amendment; Search Warrant Rule, Exceptions to。

表法院起草判决意见,哈伦表示同意,怀特和布莱克反对。如果一个警察因为某项刑事犯罪合法逮捕了某人,他们能在多大范围内依附该逮捕作无证的搜查? 最高法院在经过大约60年的时间里采用了不同的方法对该问题作出了回答。这些回答经历了从只能逮捕被逮捕者本人到可以搜查被逮捕者及执行逮捕的整个场所的变化过程。契莫尔案采用了折中的方法,它成为法院对依据合法逮捕所作的无证搜查进行限制这一问题上的主要观点。

要了解契莫尔案,理解在此以前对"哈里斯诉合众国案"(Harris v. United States)(1947)和"合众国诉罗宾诺维茨案"(United States v. Rabinnowitz)(1950)所作的宣判是很重要的。哈里斯—拉宾诺维茨规则具有以下特征:(1) 可允许搜查的范围不限于个人或被逮捕者有可能毁灭证据或获得武器的区域,因而看上去包括了作出逮捕的整个场所;(2) 是否只有在场所内发现有可信理由的犯罪证据才允许作无证搜查,人们并未弄清;(3) 搜查根据所寻项目而在强度和时间长度上有所限制。

契莫尔案是为寻找盗窃物而对被告住宅进行无证搜查并随之在那儿逮捕了他。因为反对哈里斯案和罗宾诺威特案的判决,法院首先阐明可以搜查被逮捕者本人以夺取他身上的武器,以免他利用武器抵抗逮捕或逃跑,同时也是为了阻止他隐匿或毁灭证据。接着法院继续论证道:"被逮捕者为了攫取武器或作为证据的物品所能到达的区域当然必须根据相似的规则进行控制,枪放在被逮捕者面前的桌子上或抽屉里会像隐藏在被逮捕者衣服里一样对负责逮捕的警察构成威胁。因此有大量理由搜查被逮捕者本人和'属于他直接控制'的区域——即他可能获得武器或毁灭证据的区域"(p.763)。

契莫尔案的反对者们提供了以下理由以维护哈里斯—罗宾诺威特规则:(1) 无证逮捕一般得到支持情况与是否有时间取得逮捕证无关;(2) 之所以这样是因为要冒逃跑的风险而使取得逮捕证不可行;(3) 因而警察常常会在没有逮捕证或搜查令的情况下逮捕,而且逮捕本身引起的是"紧急情况",就好像警察离开去领取逮捕证,"那几乎一定具有这种可能性,那就是被逮捕者的共犯会在同一时间移走警察可能搜查到的物品"(p.774);(4) 因此,如果逮捕后警察有"正当理由相信可获得的物品在场所内"(p.773),应该允许他们在没有搜查令的情况下作出紧急搜查。

但是观察资料显示在大量案件中,逮捕并不是在需要立即行动以阻止逃跑的情况下作出的。契莫尔案的异议者们所指的"紧急情况"经常是在逮捕时没有搜查证的警察自己不必要制造的。这在契莫尔案的事实面前是显而易见的。可以使被告逮捕的盗窃行为在一个月前就发生了;警察知道在这段时间他没有逃跑而是继续在那个地区居住和工作。警察显然认为是没有紧急情况的,因为他们取得了逮捕证后还耽搁了几天才执行它;而对于为什么警察不能在同一时间取得搜查证也没有任何解释。

参考文献 Daavid E. Aaronson and Rangeley Wallace," A Reconsideration of the Fourth Amendmennt's Doctrine of Search Incident to Arrest", *Georgetown Law Journal* 64 (1975):53-84.

[Wayne R. LaFave 撰;邓静译;许明月校]

排华案[Chinese Exclusion Cases]①

排华案是联邦最高法院在19世纪80年代和90年代解决的一系列纠纷,包括"乔衡(音译,以下相同)诉合众国案"(Chew Heong v. United States)[112 U.S. 536(1884)],1884年10月30日辩论,1884年12月8日以7比2的表决结果作出判决,哈伦代表法院起草判决意见,菲尔德和布拉德利反对;"合众国诉君安伦案"(United States v. Jung Ah Lung)[124 U.S. 621(1888)],1888年1月9日辩论,1888年2月13日以6比3的表决结果作出判决,布拉奇富德代表法院起草判决意见,哈伦反对;"柴单平诉合众国案"(Chae Chan Ping v. United States)(也称为排华案)[130 U.S. 581(1889)],1889年3月28日辩论,1889年5月13日以9比0的表决结果作出判决,菲尔德代表法院起草判决意见;"冯月亭诉合众国案"(Fong Yue Ting v. United States);"王全诉合众国案"(Wong Quan v. United States);"李乔诉合众国案"(Lee Joe v. United States)[149 U.S. 698(1893)],1893年5月10日辩论,1893年5月15日以6比3的表决结果作出判决,格雷代表法院起草判决意见,布鲁尔、菲尔德和富勒反对。这些判决审查了国会旨在阻止华人移民的立法。

1882年,国会通过了禁止中国工人和矿工进入美国的一系列排华法的第一部。1884年修正案要求1882年前居住在美国的和离开美国但有返回打算的所有中国工人必须具有再进入登记证。6年后,《斯科特法案》(1888)成为法律。这部法律禁止已出国或计划将来旅游的中国人返回美国。超过2万的中国人陷入困境。《斯科特法》(Scott Act)却允许有合适证件的商人和教师返回。这个漏洞产生了"证件名称"产业,中国人通过它制造新的身份以返回。

国会通过了被称为《吉尔尼法》(Geary Act)(1892)的第二个排挤法。这部法律继续对中国工人进行限制,并增加了拒绝对提起人身保护状(*habeas corpus)诉讼的中国人进行保释以及要求所有的中国人具备身份证否则将面临驱逐出境的规

---

① 另请参见 Immigration。

定。《麦克里尔利法》(McCreary Act)(1893)进一步将工人定义为包括商人、洗衣店店主、矿工和渔夫。最后,1902年的排华法永久性地对所有中国移民者关上了大门。

中国政府、居住在美国的中国人和美籍华裔对这些反华法律的合宪性提出了异议。1884年,第一个到达联邦最高法院的案件是"乔衡诉合众国案"。在这个案件中,一名1880年居住在美国又在1881年离开的中国工人因为没有证件而在1884年被拒绝再次进入。在人身保护权诉讼中,法官史蒂芬·菲尔德(Stephen *Field)拒绝颁给他令状。上诉程序中法官约翰·哈伦(John *Harlan)主持了存在意见分歧的法院并撤销了菲尔德判决。哈伦判决乔衡遇到的是法律上的障碍,因为他在1882年法律制定前离开而在1884年修正案制定后返回。法官菲尔德和约瑟夫·布拉德利(Joseph *Bradley)反对。

1888年,联邦最高法院对"合众国诉君安伦案"进行了判决。被告是一名中国人,1882年以前是美国居民,并于1883年带着再进入证离开美国回到中国。当1885年君安伦打算返回美国时,他没有证件并被拒绝再进入。他起诉要求取得人身保护权状,该状后来发给了他。联邦最高法院又一次出现了不同意见,这次是由法官塞缪尔·布拉奇富德(Samuel *Blatchford)主持,支持了中国人对执行《1882年驱逐法》和1884年修正案的异议。政府争辩道,中国人通过人身保护令提出的异议不应该被允许。如果联邦最高法院接受了该观点,中国人的权利将会大大缩减。法官菲尔德又一次反对,但他多了追随者,包括法官哈伦。

"合众国诉君安伦案"后,国会通过了《斯科特法》,而最高法院立刻被要求在"柴单平诉合众国案"中对其解释。根据《斯科特法》,再进入证被取消。相反,却建立了对再进入的完全禁止。柴(Chae)是一名旧金山的中国工人,在《斯科特法》通过前但却是在1884年修正案制定后离开美国回到中国。尽管他有再进入证,他仍被禁止再进入并被拒绝颁给人身保护权令。最高法院在法官菲尔德书写的判决意见中一致判决《斯科特法》合宪。

中国人最后一次对驱逐法提出异议是在1893年。1892年,国会对历经了10年的《1882年驱逐法》进行补充,它增加了一个新的要件,即所有的中国工人必须具有居住证否则将面临驱逐。3名中国人后来因为没有居住证而被判定为有罪,他们进行了上诉。在1893年的案件中,联邦最高法院通过判定国会有权溯及既往地要求中国人拥有居住证和允许让没有证件的人驱逐而完成了对中国移民进入的禁止和对美国华人基本自由的限制。

在最初为保护中国人再进入美国提供了有限的支持判决后,最高法院最终听任疯狂反华年代的到来,并根据美国法律承认了对中国人基本权利的重大限制。

参考文献 Millton R. Konvitz, *The Asian and the Asiatic in American Law* (1946).

[John R. Wunder 撰;邓静译;许明月校]

奇泽姆诉佐治亚州案[Chisholm v. Georgia, 2 Dall. (2 U.S.) 419(1793)]①

1793年2月5日辩论,1793年2月18日以4比1的表决结果作出判决;杰伊、库欣、威尔逊和布莱尔分别发表了意见,艾尔戴尔反对。作为联邦最高法院判决的第一个大案,奇泽姆案表明了在联邦司法和州政府主权之间存在矛盾。原告是南卡罗莱纳州的公民并且是一位南卡罗莱纳州商人的遗嘱执行人,他为在独立战争期间由该州商人提供的服装价值而起诉佐治亚州,佐治亚州拒绝出庭,并要求作为一个拥有主权和独立的政府而从该案中获得豁免权。宪法[第3条(*Article Ⅲ)第3款]将联邦司法权扩展到可以审判"一个州和另一个州公民"之间的争议(参见 Cases and Controversies)。法院对佐治亚州进行了缺席判决。詹姆斯·威尔逊(James *Wilson)和约翰·杰伊(John *Jay)的观点是国家主义者观点的响亮宣告,认为主权存在于"为着联合目的"的美国人中间,因此在这个目的下佐治亚州"不是一个主权政府"(p.457)。奇泽姆案引起了老的反联邦主义者对"统一"的恐惧,却提升了成群结队地涌向联邦法院的债权人的希望。判决立刻产生的结果是国会采取行动最终导致了联邦宪法第十一修正案(the *Eleventh Amendment)(1798)的产生,它取消了联邦法院对外州或外国的公民对某个州政府提起诉讼的司法管辖权。这是第一个宪法修正案取代联邦最高法院判决的例子。

[Charles F. Hobson 撰;邓静译;许明月校]

奇索姆诉罗默尔案[Chisom v. Roemer, 111 S. Ct. 2354(1991)]②

1991年4月12日辩论,1991年6月20日以6比3的表决结果作出判决;史蒂文斯代表法院起草判决意见,斯卡利亚、伦奎斯特和肯尼迪反对。"休斯敦律师协会诉得克萨斯州检察长案"(Houston Lawyers' Association v. Attorney General of Texas) [111 S. Ct. 2376(1991)],1991年4月22日辩论,1991年6月20日以6比3的表决结果作出判决;史蒂文斯代表法院起草判决意见,斯卡利亚与后来加入的伦奎斯特和肯尼迪反对。1982年修正案对

---

① 另请参见 Federalism; Reversals of Court Decisions by Amendment; State Sovereignty and States' Rights。

② 另请参见 Vote, Right to。

1965 年投票权法（*Voting Rights Act of 1965）第 2 部分的修改明确了导致对投票权拒绝或剥夺的行为，即使不是因为歧视目的而发生，也都是违法的。修正案超越联邦宪法第十五修正案（the *Fifteenth Amendment）在"莫比尔诉博尔登案"（*Mobile v. Bolden）（1980）中只禁止投票中有目的的歧视这一保护而扩大了第 2 部分的保护范围。奇索姆案支持第 2 部分的"结果标准"适用于州法官的选举。

为了对路易斯安那州最高法院 7 名法官中的 2 名进行选举，黑人投票者占多数的奥尔良区与白人投票者占多数的其他 3 个选区合并为一个多成员选区。其他 5 名法官的选举在单一成员地区进行。奥尔良教区的黑人投票者提出多成员地区否定了他们的投票权，但问题是第 2 部分是否适用于法官选举。联邦最高法院认为，先于 1982 年修正案的第 2 部分应适用于司法选举，并在"克拉克诉罗默案"（Clark v. Roemer）（1991）中判定关于投票权的第 5 部分适用于法官的选举，这一部分要求某些州遵守中央当局批准的在投票程序上的变化。法院判定第 2 部分"代表"一词的使用并不表示国会只希望将第 2 部分限定于立法者和行政官员。休斯敦律师协会案主张第 2 部分适用于审判法官的选举。

[Theodore Eisenberg 撰；邓静译；许明月校]

乔特，约瑟夫·霍奇斯[Choate, Joseph Hodges]

（1832 年 1 月 24 日出生于马萨诸塞州的塞勒姆，1917 年 5 月 14 日卒于纽约州的纽约市。）律师和外交官。由于具有良好的法律职业传统，乔特不仅是一个很优秀的宣传家和诙谐的餐后演讲者。作为一个共和党的改革者，他在反对特威德集团和坦慕尼协会问题上都唤起了公众的支持。由于致力于公共事业，他是大都会艺术博物馆和美国自然历史博物馆的创立者并积极参与到慈善事业中。作为 1899—1905 年的驻英大使，他帮助开创了英美关系的新纪元。这些成就代表了他卓越的法律以外的职业生涯。

在 19 世纪 80 年代和 90 年代期间，乔特频繁地出现在联邦最高法院，他在"马格勒诉堪萨斯州案"（*Mugler v. Kansas）（1887）中反对政府禁酒，在"冯月亭诉合众国案"（Fong Yue Ting v. United States）（1893）中反对反华的立法（参见 Chinese Exclusion Cases）都未能成功，但他却在"纽约印第安人诉合众国案"（New York Indians v. United States）（1898）中为纽约印第安人的诉讼请求，在由中央政府提起的"合众国诉斯坦福案"（United States v. Stanford）（1896）中为利兰·斯坦福（Leland Stanford）的遗嘱受益人斯坦福大学的请求，成功地进行了辩护。他最精彩的胜诉辩论是在"波洛克诉农场主贷款与信托公司案"（*Pollock v. Fammers' Loan and Trust Co.）（1895）中，他对联邦 1894 年所得税的攻击："该法在它的目的和倾向上是共产主义的，而且在此进行辩护所依据的共产主义和社会主义，就像——我们称为——人民党的观点一样，而这在全世界的任何政治集会上都曾经宣讲过。"（p. 532）。

[John E. Semonche 撰；邓静译；许明月校]

教会与国家[Church and State]
参见 Religion。

巡回上诉法院[Circuit Courts of Appeals]①

国会在 1789 年司法法（*Judiciary Act of 1789）中建立了联邦巡回法院并将国家分成三个巡回区，每个巡回区包含几个州。巡回法院承担审判和上诉的职能，一直到 1869 年都是由联邦地区法院的法官和联邦最高法院巡回办案的法官充当职员。跋涉几个巡回区的艰辛使巡回办案陷入困境，19 世纪 40 年代停止了这种做法。地区法官们因而承担了执行地区和巡回区事务的职责，使得上诉的职责成为不可能。国会试图通过《1869 年司法法》（*Judiciary Act of 1869）在当时的 9 个巡回区中分别设立巡回法官职位来改变这种状况。

随着联邦法院管辖权的扩大，巡回区和地区法院的事务增多，巡回法官们主要参与审判工作。这给最高法院造成了压力，因为要么巡回区法院不能进行上诉审查，要么法官们自己审查自己的工作。国会尝试在 1891 年《埃瓦茨法》（Evarts Act）（参见 Judiciary Act of 1891）中加以矫正，该法建立了美国巡回上诉法院并将所有的上诉工作移交给了它们。但是国会的传统主义者们拒绝废除旧的巡回法院，它们在死刑案件、税收案件以及争议金额超过地区法院限制的各种案件上保留了原始的审判管辖权。国会日益认为巡回法院是不必要的，并在 1911 年法律中使地区法院成为唯一的联邦审判法院。1912 年 1 月 1 日巡回法院停止了存续。上诉巡回法院于 1948 年更名为上诉法院（*court of appeal）。

[Rayman L. Solomon 撰；邓静译；许明月校]

巡回办案[Circuit Riding]②

1789 年司法法（*Judiciary Act of 1789）要求最高法院的法官们也要担任巡回法院（*circuit court）的法官。法官们抱怨巡回办案造成了严重的身体上

---

① 另请参见 Judicial Power and Jurisdiction；Lower Federal Courts。

② 另请参见 Circutt Courts of Appeals。

的痛苦,并使他们的注意力从国家首都更重要的职责上移开。比如,南部的巡回区需要在一个公路很少的县城或者根本没有一条公路的某些地方途经大约1800英里,一年两次。如果国会任命单独的巡回区法官,早期的法官们甚至同意减少工资。但是国会相信巡回办案使法官们转变为共和国的教师,他们能将中央权力和国家政治观点带到偏远的小州。比如,通过在早期刑事案件中他们对陪审团的职责所作的指示,巡回办案的法官们给市民们强调的是遥远的国家政府的权力。巡回办案也使法官们接触到地方政治意见和法律实务。

国会为提高效率而于1801年取消了巡回办案,但一年后新的杰斐逊共和党人以多数票使该做法恢复,强令每个法官须和一名地区法院的法官一起主持巡回审判。但是渐渐地,交通的发展,国家首都事务的增多和南北战争(*Civil War)后美国民族主义的加强使得巡回审判已经落伍。国会在1869年司法法(*Judiciary Act of 1869)中建立了单独的巡回法院司法系统。尽管法官们一直保留着名义上的巡回办案的义务直到《1891年上诉巡回法院法》(Circuit Court of Appeals Act of 1891)的出台(参见 Judiciary Act of 1891),国会于1911年正式结束了该项制度。

[Kermit L. Hall 撰;邓静译;许明月校]

引用(令状)[Citation]①

这是一个在美国法律实践中有几种意思的单词。它可以指一个令状或命令,与传票相似,由法院发出,要求某人出庭。它还可以指最高法院引用意见的方式。从官方的判例汇编和两个非官方判例汇编引用意见的正确形式是:"布朗诉教育理事会案",347 U.S. 483,74 S. Ct. 686,98 L. Ed. 873(1954)。在先的数字分别指的是美国判例汇编,最高法院判例汇编和联邦最高法院判例汇编律师版的卷号,而后面的数字指的是判例开始的页数。

[William M. Wiecek 撰;邓静译;许明月校]

城市[Cities]

参见 Municipal Corporations。

公民身份[Citizenship]②

为了给公民身份作出定义,联邦最高法院不得不经常在宪法的"四角"之外去找寻。由于在法律制定者的正文中没有公民身份的定义,法院一直到南北战争(*Civil War)后才用从国际法和自然法(*Natural Law)中共同借鉴到的思想判决公民身份案件。战前最著名的界定公民身份范围的努力——"德雷德·斯科特诉桑福德案"(Dred *Scott v. Sandford)(1857)——最终为修改程序撤销最高法院的宪法性判决提供了一次少有的机会。自从

1868年联邦宪法第十四修正案(the *Fourteenth Amendment)定义了美国公民身份以来,法院判决更多关注的是保护公民身份免遭不公正的剥夺,而非详细描述美国公民身份的内容。

宪法提出了美国公民身份但没有对其定义。第1条要求参、众两院的议员必须是美国公民。第2条进一步规定总统必须在"宪法实施时"是美国公民或是"自然出生"的美国公民。第3条赋予联邦法院对案件的司法管辖权包括了公民案件。第4条规定"每个州的公民"都拥有"各州所有的公民特权和豁免权"。

然而什么使某人成为美国公民?立法者关于总统应该是"自然出生"公民的规定是出生地主义的隐含规则。根据这个古老的理论——该短语指的是"土地上的权利"——公民身份来源于出生地。这与血统主义或血统上的权利相反,根据该理论国籍来源于血统。以出生地为基础的公民身份是一种封建残余,与将政治合法化建立在同意基础上的自由理论的原则矛盾。但是与生俱来的公民身份权却具有几个实践上的优点:有助于分清财产权(*Property Right);促进移民(*immigration);避免管辖上的矛盾;并能减轻了战争期间大规模驱逐的恐惧。

直到出现奴隶制危机,出生地主义原则才成为宪法明确的一部分——而不管最高法院作出了怎样的判定。首席大法官罗杰·B.托尼(Roger B. *Taney)在"德雷德·斯科特诉桑福德案"中的意见否定了具有亚洲血统的人能够成为美国公民。联邦宪法第十四修正案推翻了该判决,宣称"所有在美国出生或入籍美国并受本国司法管辖的人都是美国公民和他们居住地所在州的公民。

联邦宪法第十四修正案在支持与生俱有公民身份权问题上并没有完全解决问题。比如,在"艾尔克诉威尔金斯案"(Elk v. Wilkins)(1884)中,最高法院判定出生在美国的土著美国人(*Native Americans)并不自动就是公民。作为部落的成员,他们并不完全"受中央政府的管辖"。但是国会后来撤销了威尔金斯案的判决结果。

"合众国诉王·克姆·阿克案"(United States v. *Wong Kim Ark)(1898)是19世纪后期歧视具有中国血统的人而提起的大量联邦最高法院案件中的一例,它从广义上解释了出生地主义。联邦宪法第十四修正案关于出生于美国领土范围内就具有公民身份的规定使王(Wong Kim Ark)成为公民,尽管他的父母没有正式入籍。

一经1868年的宪法修正案定义,公民身份便成为一个操作性的概念而在四个以上修正案中出现。

---

① 另请参见 Peporters, Supreme Court。

② 另请参见 Alienace and Naturalization; Equal Protection; Privileges and Immunities。

特别是因为不得基于种族(*race)(联邦宪法第十五修正案)、性别(*gender)(联邦宪法第十九修正案)、未缴纳成人人头税(*poll tax)(联邦宪法第二十四修正案)或年龄(联邦宪法第二十六修正案)而否认公民投票权。尽管联邦最高法院已经在许多案件中要求解释这些修正案,但是公民身份本身还没有成为这些争议的核心问题。

尽管在几个修正案中已经出现了公民身份,值得关注的是,联邦最高法院的工作明显限制了公民身份的范围。这是因为个人必须成为公民才能参加选举或在联邦任职,但是联邦宪法中的主要权利和自由并不仅仅涉及公民。正如整个《权利法案》(*Bill of Rights)就是适用于"人民"的——这包括公民和非公民。

最高法院对平等保护条款的解释似乎减少了公民身份的宪法性后果。从1971年开始,法院开始将"严格审查"(*strict scrutiny)适用到影响外国人的州法律上。根据该标准,该州必须证明依据公民身份作出区分的法律是为必需的政府利益而服务的。例如,在"格雷厄姆诉理查森案"(*Graham v. Richardson)(1971)中,法院判定各州不能只依据非公民的外国人身份而否定给他们的福利待遇。两年后在"休格曼诉杜格尔案"(Sugarman v. Dougall)(1973)中,法院设立了对"格雷厄姆诉理查森案"判决适用例外的重要类别,主张某些重要公共部门的工作可以只对本州公民保留。但是法院对格雷厄姆案的继续引用使得各州对公民身份作出的分类值得怀疑。

但是其他一些判决强调了公民身份特殊、有价值和受保护的地位。比如,"施奈德曼诉合众国案"(Schneiderman v. United States)(1943)处理的就是剥夺某人的国籍。施奈德曼(Schneiderman)在1927年成为美国公民。由于他从1924年开始成为共产党的成员并在入籍后积极担任党内领导职务,政府提出动议将他的公民身份免除。政府争辩道,施奈德曼的政治行为——尽管他从未被逮捕——表明他未遵守国会对入籍所要求的宪法性原则。在对施奈德曼的判决中,最高法院主张入籍的个人在没有最明确的合法理由下不能失去公民身份。对事实和法律的解释也要达到公民认可的具有合理可能性的程度。在"杜勒斯诉达勒德案"(*Trop v. Dulles)(1958)中,法院判定因出生而成为公民的人不能因为战争期间从军队里逃跑而被驱逐,从而确认了公民身份的重要性。首席大法官厄尔·沃伦(Earl*Warren)代表四人多数意见写道,公民身份的剥夺相当于联邦宪法第八修正案(the *Eighth Amendment)所禁止的残忍和非正常刑罚(*cruel and unusual punishment)。

最高法院的判决反映了宪法本身具有对公民身份双重标准的倾向。尽管它的地位相当于基本法律,宪法并没有对它创设的政治社会的成员明确地界定标准。尽管最高法院主张与生俱有公民身份并对公民身份的剥夺竖立了很高的障碍,但它所作的平等保护的判决却旨在强调宪法倾向于对与投票权和充任公职紧密结合的公民身份作狭义理解。

参考文献 Joseph H. Carens, "Who Belongs? Theoretical and Legal Questions about Birthright Citizenship in the United States," *University of Toronto Law Journal* 37(1987):413-443; Peter Schuck and Rogers Smith, *Citizenship Without Consent:Illegal Aliens in American Politics*(1985).

[Patrick J. Bruer 撰;邓静译;许明月校]

蒙特利市诉蒙特利市戴蒙特顿有限公司案
[City of Monterey v. Del Monte Dunes at Monterey, Ltd. ,526 U. S. 687(1999)]

1998年10月7日辩论,1999年5月22日以5比4的表决结果作出判决,肯尼迪代表法院起草判决意见,并陈述了五位法官中四位法官的一致意见,苏特、奥康纳、金斯伯格以及布雷耶部分反对。

由于蒙特利市不允许戴蒙特顿有限公司在加利福尼亚州的蒙特利市开发一片37.6英亩的土地,并对议定中的开发计划施加了更为严格的要求,同时,向该公司发了5次正式函,该公司根据美国法典第42编第1983节的规定提起诉讼。第1983节的部分内容允许当事人在被剥夺联邦性质的权利时寻求损害赔偿。戴蒙特顿公司称,蒙特利市剥夺了其两项权利:正当程序的权利(*due process of the law)与平等保护(*equal protection of the law)的权利,而且该市在没有偿付合理赔偿的情况下即占用(*taking)了公司的财产。

联邦地区法院在正当程序诉讼方面支持蒙特利市,并根据戴蒙特顿公司的占用赔偿请求,允许由陪审团(*jury)来决定相应的责任,并指示陪审团在如下情况下作出有利于戴蒙特顿公司的裁决:戴蒙特顿公司无法以任何在经济上合理的方式使用其财产或者蒙特利市对开发计划的否决并没有实质意义上的公共目的(p.700)。陪审团作出了有利于戴蒙特顿公司的裁决,要求蒙特利市赔偿145万美元,第九巡回区上诉法院对此予以肯定。

在该案中,联邦最高法院首次肯定了占用的金钱赔偿。更为重要的是,联邦最高法院认为,对依法进行的占用追究责任的问题在1983节的内容中已经被赋予陪审团。该案对政府官员也是一种警醒,即在处理财产时必须诚实信用。但联邦最高法院并没有明确如下问题,即实体正当程序与依法进行占用之间的关系。

[Randy T. Simmons 撰;邵海译;潘林伟校]

民法（成文法）[Civil Law]

"civil law"有两种不同的意思。在美国法律体系中使用的"civil law"指的是非刑法，例如，财产法、商法、行政法以及调整民事案件审判程序的规定。但是"civil law"也指区别于普通法（*common law）体系的法律，译作"成文法"，这也是该词在本文中的意思。

成文法是起源于罗马法（*Roman Law）的法律传统。成文法的传统在欧洲大陆得以发展并作为从15世纪到20世纪进行的欧洲扩张的副产品在全世界得以传播。以成文法为基础而建立法律体系的国家有法国、德国、意大利、西班牙、拉丁美洲的所有国家和日本。东欧的许多国家，包括苏联，在共产主义时代以前实行的是成文法法系司法制度，并且随着共产主义政治团体的瓦解，他们可能会回归到该传统上。尽管在成文法传统里每个国家的法律体系各不相同，但他们关系如此紧密以至于法律学者将它们称为单独的成文法系"家庭"成员。

成文法体系在法律的实体内容、法律运转的程序、法律术语、确认法律权力来源的方式、法律适用的制度构造以及法律职业的教育和结构上不同于普通法体系。

因此，例如，在普通法体系中，合同法要求承诺有对价，但对价在成文法体系中没有真正的对应物。在20世纪中期法律改革前的普通法体系中，卖方的保证必须表述在买卖合同中；它不能是默示的。但是在成文法体系中，买方总是能依据卖方的默示担保，即所卖货物具有买方推定的质量而获得赔偿。其他区别可在财产法、侵权法、家庭法和实体法的其他部分中找到。

成文法体系很大程度上依赖于私法的成文法典，例如，1804年的《法国民法典》（《拿破仑法典》）和1900年的《德国民法典》（即"B. G. B."），是法律权威性表述的主要来源。司法判决不及它们在普通法司法审判中重要。尽管建立了特别法律命题（Fr., jurisprudence constante）的一系列司法判决的确具有实质上的意义，但普通法遵循约束力的先例（Lat., stare decisis）规则并没有在传统成文法体系中得以确认。

由于后罗马时期成文法的发展是在中世纪意大利和法国的大学里而不是像英国在普通法法院里，成文法比普通法更多地给法律研究院院士和学者的著作赋予了权力，而普通法却继续强调实践中的法律，正如它在上诉法院一个接一个案件的书写判决中发展一样。

在美国和它的领土范围内，只有3个司法管辖区被认为属于成文法体系——路易斯安那州、波多黎各岛和关岛——但是由于普通法在这些管辖区的重大影响，它们实际上是成文法和普通法的"混合体系"。在最高法院对"伊利诉汤普金斯案"（*Eire v. Tompkins）(1938)的判决里，根据《1870年路易斯安那法典》，路易斯安那州的法院是对包括民法问题在内的案件的最终裁判者。类似地，波多黎各岛和关岛的法院也对成文法在这些管辖岛屿内的发展负有责任。

成文法对于美国联邦最高法院来讲通常是无关的。联邦最高法院的法官是美国普通法传统的产物，并且他们几乎没有例外地对成文法渊源或方法不熟悉。然而，随着国际私法的发展，欧共体和日本商业重要性的提高以及跨越国界与法律从业者和法律精英的接触增多，最高法院将不得不归从于成文法这个在现代世界传播最广和最具重要性的法律传统。

参考文献 John E. C. Brierly and Rene David, *Major Legal Systems in the World Today: An Introduction to the Competitive Study of Law*, 3d ed. (1985); John H. Merryman, *The Civil Law Tradition: An Introduction to the Legal Systems of Western Europe and Latin America* (1969).

[George Dango 撰；邓静译；许明月校]

公民自由[Civil Liberties]

参见 History of the Court; Rights Consciousness in Contemporary Society。

《1964年民权法》[Civil Rights Act of 1964]①

《1964年民权法》广泛而深远的目的是消除长久以来存在于美国社会的对少数民族方方面面的歧视。该法最重要的两条规定是第2条和第7条，分别规定了在公共膳宿和就业问题上对种族和其他群体性的歧视所应给予的联邦行政赔偿和司法赔偿。联邦最高法院参考该法广泛而深远的目的对其进行了解释，并且运用诸如扩大给予少数民族的保护范围的方法解决了适用该法引起的主要实体问题和赔偿问题。

法院根据第2条的意思对"公共膳宿的地点"进行了广泛定义，包括诸如"家庭饭店"["卡曾巴赫诉麦克朗案"（*Katzenbach v. McClung）(1964)]、娱乐场所["丹尼尔诉保罗案"（Daniel v. Paul）(1969)]和社区游泳池["泰弗曼诉惠顿—哈文休闲娱乐协会案"（Tillman v. Wheaton-Haven Recreation Association）(1973)]一类的设施，从而保证少数民族能充分享用公共设施。扩大解释的结果是任何人不能因为种族问题而被拒之于向公共整体开放的设施门外。

---

① 另请参见 Employment Discrimination; Race and Racism。

联邦最高法院同样对第7条进行了解释,目的在于为处于不同水平和所有雇主工厂的少数民族充分扩大其就业机会。更重要的是,法院判定第7条不仅包括故意的就业歧视,还包括对少数民族和其他受保护群体具有歧视效果的就业实践["格里格斯诉杜克电力公司案"(*Griggs v. Duke Power Co.)(1971)]。对种族性歧视影响,或者用法律短语讲,"种族性的全然不同的影响"(*disparate impact)的关注导致了许多与工作无关但会导致少数民族就业机会丧失的就业测试标准和其他要求无效(参见 Discriminatory Intent)。

联邦最高法院也支持使用具有司法强制性的积极雇用和晋升补偿来克服雇主过去的种族歧视对现在造成的影响["金属片工人国际协会第28地方分会诉公平就业机会委员会案"(*Local 28 Sheet Metal Workers International Association v. Equal Employment Opportunity Commission)(1986)]。然而,第703(b)条的规定保护"正当的安全制度"免受法院干涉,这些救济措施并不针对由于资历不够而发生的解雇行为,其目的是要维持少数民族能够获得雇用["消防员第1794地方工会诉斯托茨案"(Firefighters Local Union No. 1794 v. Stotts)(1984)]。积极就业和升迁救济措施在许多对大雇主提起的集团诉讼中都被强制要求,其结果是少数民族在这些雇主所雇用的劳动大军中能够公平享受工作岗位的份额。

与此同时,联邦最高法院认为,第7条并未禁止雇主在工作场所采取"自愿的、具有种族意识的努力去废除传统的种族隔离政策"["美国钢铁工人联合会诉韦伯斯特案"(*United Steelworkers v. Weber)(1971)。雇主可以采用雇用、训练和晋升计划给予少数种族一定的优惠以开放传统上对他们实行关闭的职业上的就业机会(参见 Affirmative Action)。

近年来,雇员提起的个体歧视诉讼案件越来越多,而集团诉讼案件则越来越少。随着20世纪80年代一系列的判决都在种族歧视的案件中作出了有利于雇主的判决,国会通过了《1991年民权法》,新的法律削弱了这些判决产生的效果,并对《1964年民权法》所提供的保护措施加以明确和扩充(参见 Civil Rights Act of 1991)。联邦最高法院对《1964年民权法》中相关条款的适用,一般来说对主张种族歧视损害赔偿请求的雇员更有利。例如,联邦最高法院认为,在一起"动机复杂"的案件中,雇员提出了间接证据,表明雇主的歧视行为带有明显动机,只有在雇主能够证明其采取行为时即使没有种族歧视的因素也会如此,他才可能免责[如"Desert Practice 股份公司诉考斯塔案"(Desert Practice v. Costa)(2003)]。

联邦最高法院对第7条的解释从其展示的图景来看,已经为少数民族和其他受保护群体寻求平等就业机会提供了非常重要的法律武器,并且在向他们提供在整个美国经济体系中获得公平的工作岗位份额方面,也迈出了很大的步伐。根据第7条的规定,雇员还可对工作场所中不被允许的歧视行为提出质疑。从总体上看,联邦最高法院对《1964年民权法》的解释使美国朝着彻底消灭长期成为美国生活显著特征并且无处不在的种族歧视问题的方向上前进了很多。

参考文献 Harold S. LEWIS, Jr. and Elizabeth J. Norman, Employment Discrimination Law (2001).

[Robert A. Sedler 撰;邓静、邵海译;许明月、潘林伟校]

《1991年民权法》[Civil Rights Act of 1991]①

1991年国会对《1964年民权法》(*Civil Rights of 1964)进行了修改,力图强化联邦民权法律,对就业歧视(*employment discrimination)案件中的损害赔偿作出规定,并明确1964年法涉及的"全然不同的影响"(*disparate impact)行为。在经过对民权问题几个月的政治性争论后,一个折中的方案赢得了国会两党的支持,总统乔治·布什于1991年11月21日将该法案签署为法律。

在很大程度上,国会在民权问题上的行动是对伦奎斯特法院近来企图减少联邦民权保护范围的回应。例如,在"瓦德谷包装公司诉安东尼奥案"(*Ward's Cove Packing Co. v. Atonio)(1989)中,法院主张提起就业歧视诉讼的原告需要证明特殊就业惯例的采用造成了其所攻击的"全然不同的影响"。如果原告完成了举证责任,那么雇主可以通过证明歧视惯例是"商业必需"而使之具有正当性。《1991年民权法》通过取消对故意歧视作辩护的"商业必需"这一请求而改变了该判决。而且,在"帕特森诉麦克莱恩信用合作社案"(*Patterson v. McLean Credit Union)(1989)中,法院通过对《1866年民权法》禁止签订合同中的歧视这一规定进行狭义解释,拒绝扩大对雇用工人受雇后遭受种族侵扰提起诉讼的法律保护。但是1991年的立法明确将1866年法律语言的含义扩大到包括该类行为。最后,尽管法院为那些希望对法院在"马丁诉威尔克斯案"(*Martin v. Wilks)(1989)的政策提起确认之诉的人给予了大范围的自由度,民权法还是缩减了提起该类诉讼的机会。简而言之,《1991年民权法》推翻了最高法院近来通过明确和扩大以前的立法来限制民权保护范围的打算。

[Timothy S. Huebner 撰;邓静译;许明月校]

---

① 另请参见 Race and Racism; Reversal of Court Decisions by Congress。

民权系列案

[**Civil Rights Cases**, 109 U. S. 3(1883)]①

1882年11月7日以辩护状的形式提交，1883年3月29日辩论，1883年10月15日以8比1的表决结果作出判决，布拉德利代表法院起草判决意见，哈伦反对。很少有判决能比民权系列案更好地解释最高法院早期对内战修正案(Civil War Amendment)作出狭义解释的倾向。在那些案例中，法院宣布《1875年民权法》中禁止客栈、公共运输工具和公共娱乐场所里的种族歧视是违宪的规定。判决提早结束了联邦保护美国黑人免受个人歧视的努力，并对国会在民权领域的立法能力提出了是否合宪的怀疑。该怀疑一直到《1964年民权法》(*Civil Rights Act of 1964)制定后才得以完全消除。

民权系列案提出了联邦宪法第十三和十四修正案(the *Thirteenth and *Fourteenth Amendment)两种有争议的观点。保守派的意见是狭义理解修正案：联邦宪法第十三修正案只是取消奴隶制(*slavery)；联邦宪法第十四修正案承认的是自由民的公民身份(*citizenship)和对国家歧视的救助措施。更激进一点的意见认为，修正案帮助确保的是自由民和其他人获得在英美法律文化里自由民所应享有的一切权利。而且修正案赋予了国家政府有权保护公民免受国家和个人对权利的剥夺。

以大法官约瑟夫·P.布拉德利(Joseph P. *Bradley)为代表的多数人意见拒绝对新的修正案作更激进的解释。他主张联邦宪法第十四修正案只是禁止国家对个人权利的剥夺，根据布拉德利的观点，《1875年民权法》是国会希望创设一部在种族歧视领域调整个人私行为的国内法典，却不会得到批准。他在判决附带意见中宣称即使是对投票、陪审团任职或者作为证人在国家法院出庭这类权利的个人干涉也不属于国会控制的范畴。遭遇该类干涉的个人应该向国家政府寻求救济。布拉德利还拒绝对联邦宪法第十三修正案批准国会通过1875年的立法进行争论，认为不让少数民族进入公共膳宿并不构成奴隶制的象征或奴隶制事件。以他的观点，对联邦宪法第十三修正案作这样广义的解释会使恢复自由的奴隶成为"对法律特别偏爱的人"。

作为美国南方人和以前是奴隶主的大法官约翰·马歇尔·哈伦(John Marshall *Harlan)在异议中拒绝大多数人对美国内战修正案所作的狭义解释。哈伦宣称判决依据的理由是"狭义的和人为的"，他争辩道，联邦宪法第十三修正案赋予的自由不仅仅是奴隶制的取消。它包含了来自于奴隶制废除的自由，包括所有的"奴隶制象征"(p.35)。

民权案件与实际上抹灭了联邦宪法第十四修正案特权与豁免(*Privilege and Immunity Clause)条款的重大意义的屠宰场系列案(*Slaughterhouse Cases)(1873)的判决，以及支持国会对保护黑人和其他人的宪法权利免受个人剥夺所作的努力的"合众国诉克鲁克香克案"(U.S v. Cruikshank)(1876)的判决一起，共同形成了联邦宪法第十四修正案的法哲学，它显然没有对个人提供如大多数宪法制定者预料的那样的更多保护。法院对联邦宪法第十四修正案保护条款的狭义理解对预示和促成南部和其他州实行大面积隔离这一时代来临的帮助达到何种程度尚有争议。但是最高法院对民权案件的判决大部分都命令撤销联邦政府对民权的实施。该撤销一直在"二战"后才得以废除。

1964年国会又通过立法禁止在公共膳宿上的歧视。颇具讽刺的是，布拉德利的意见对1964年法律的起草起了作用，该意见显然没有对宪法的商业条款是否为国会在该领域立法提供依据作出判定(参见 Commerce Power)。1964年法律对公共膳宿的规定依据的是商业条款。

参考文献 Eugene Gressman, "The Unhappy History of Civil Rights Legislation", *Michigan Review* 50(1952):1323-1358.

[Robert J. Cottrol 撰；邓静译；许明月校]

民权运动[Civil Rights Movement]②

美国人为种族平等进行的斗争几乎没有一个明确的时间界限。它显然包括弗雷德里克·道格拉斯(Frdeick Douglass)的名著，哈里特·图伯曼(Harriet Tubman)的勇气，萨朱尔·特鲁斯(Sojourner Truth)鼓舞人心的演讲，亚伯拉罕·林肯(Abraham Lincoln)迟疑的宣言，W. E. B. 杜波依斯(W. E. B. DuBois)的宣传，杰克·鲁滨逊(Jackie Robinson)的镇定精神，以及瑟古德·马歇尔(Thurgood Marshall)对"二战"后诉讼所作的努力。而且，用马丁·路德·金的语言讲，《独立宣言》(Declaration of Independence)总是代表了一种"目的而非事实的宣言"，因此对平等永无止境的探寻将测试一个国家是否为后代子孙尽了最大努力。

然而，将20世纪50年代中期到大约1970年这一段时期界定为美国民权斗争独特的分水岭并非不恰当。当女裁缝罗莎·帕克斯(Rosa Parks)在1955年12月1日拒绝踏入亚拉巴马州公交车的后部——因而导致了成功的蒙哥马汽车联合抵制时，15年的民权抗争由此产生并永远改变了美国社会的结构。帕克斯夫人解释说，她的拒绝体现的是"一种尊严，如果我移动了，我将无法面对我自己和我的同胞。"因联合抵制而成为突出人物的年轻牧师小马丁·路德·金相信民权运动是对"人与人敌

---

① 另请参见 Race and Racism。

② 另请参见 History of the Court; Rights Consciousness in Contemporary Society, Race and Racism。

对"的一次进攻。为了鼓励广泛的联合抵制、自由乘坐交通工具和为抗议隔离而举行的静坐,金强调公开违反不公正的法律并愿意接受惩罚的人表现出了"对法律最崇高敬意"。

很显然开始于南方内部并在国家随意传播的抗议运动对美国制度——特别是美国法律制度产生了重大影响。联邦最高法院——作为民权运动的拥护者、有力的发言人、保护人和产物——所发挥的作用构成了法院历史上最迷人的篇章之一。

它实质上开始于"布朗诉教育理事会案"(*Brown v. Board of Education)(1954)。从首席大法官厄尔·沃伦(Earl *Warren)任期开始传下去的判决确定了在"公共教育领域,隔离但是平等的原则不适用"(p.495)。沃伦为组建联合阵线推翻"普勒西诉弗格森案"(*Plessy v. Ferguson)的判决所作的辛劳而成功的努力肯定是他众多司法成就中最为重大的。按照沃伦自己对平等对待和公平机会的理解所拟的意见强调"仅因为种族而将相同年纪和相同条件的孩子隔开将使他们对自己在团体中的地位产生自卑感,这将会以一种不大可能被消除的方式影响他们的心智"(p.494)。即使布朗案是一个过时的案例,它的目的却是消除法律系统中由法院设置的对平等的障碍,因而是一个大胆的进步。

布朗案的判决对从1955年开始于穿越南部的示威运动是一个刺激。罗伯特·L.卡特是全国有色人种协进会(*National Association for the Advancement of Colored People)的前总法律顾问,他写道:隔离的判决改变了黑人的地位,他们不再是"寻求、请求、乞求像人类有充分资格的成员那样对待"的请愿者。相反,根据法律他们有权受到平等对待;宪法也作了差不多的承诺。因此,布朗案间接的结果是引人注目的。但是大部分工作——需要法院和民权运动积极参与者所做的——还摆在前面。

布朗案对单一公共学校系统的请求提出了大量实施问题。根据对"十分审慎的速度"(*all deliberate speed)所作的谨慎指责,法院的补救性判决即布朗案Ⅱ(1955)要求撤销实施隔离的学校。然而如果固执的地方学校官员有意缓慢执行,民权的抗议者们也无计可施。在20世纪60年代的整个10年里,最高法院面临着一系列对和平信念的侵犯、蔑视和破坏,这些和平信念产生于为种族平等而进行的抗争中。对这些坦率地讲可以被看作只是地方执法实践事务而不适合法院关心的案件,法院经常表现出一种强烈的焦虑。然而实际上,法官们反复地从审查的传统原则转向为具有重大历史意义的抗议运动提供保护。

例如,在"博因顿诉弗吉尼亚州案"(Boynton v. Virginia)(1960)中,最高法院撤销了对一个黑人法律学生因为拒绝离开饭店中供白人就餐的场所而被判的侵入罪,而这家由私人公司经营的饭店位于里士满铁路汽车总站。博因顿是根据弗吉尼亚州的侵权法而非任何公然的隔离规定而被逮捕的。他的律师在审判中未能根据《州际商业法》对定罪提出反对,该法规定在州际运输中的某些方面所为的歧视是非法的。尽管存在这些困难,法院还是判定根据《商业法》,总站和饭店位于汽车公司的位置,执行的是它的运输义务(参见 Commerce Power)。尽管低级别法院没有作出对事实的认定,最高法院还是判定"该案的证据显示出了本文提到的这样一种关系和情形"(p.461)。根据上诉审查的基本思想,法院可以要求《州际商业法》的辩护在审判中得以维持。

一年后,在"加尔纳诉路易斯安那州案"(Garner v. Louisiana)(1961)中,法院以全体一致的意见撤销了对16名黑人因拒绝离开"只供白人使用的"午餐柜台而被宣判的妨害和平罪。在查询了记录后,法官总结道,没有证据支持违反治安的请求——符合只在现场不能构成有效的侵犯这个可以被当作地方法律推论的规定。在"彼得森诉格林威尔市案"(Peterson v. Greenville)(1963)中,法官们根据只有个人歧视不会导致侵犯罪的理论撤销了另外一组静坐案件。在对"州行为"严重曲解的情况下,法院的结论是,凡是表明静坐不能被允许的由地方公共官员所作的颇能引起公众注意的言论应该根据联邦宪法第十四修正案条款被提起诉讼(参见 Sit-in Demonstrations)。

皮特逊案表明将宪法性命令适用到传统上认为只是个人行为的意愿在整个20世纪60年代一直持续。在"伯顿诉威明顿泊车管理局案"(*Burton v. Wilmington Parking Authority)(1961)中,法院将国家行为的概念扩展到包括私营饭店拒绝为黑人顾客服务。该案中的饭店坐落在由地方政府实体所有的车库旁,并签订了一个复杂的租赁协议允许泊车管理局从饭店的营业中获益。在"格里芬诉马里兰州案"(Griffin v. Maryland)(1964)中,撤销了对一家私人娱乐公园的侵扰罪,因为作出搜捕的公园雇员也是一名副警长。这个双重的身份使搜捕具有充分的公共性质而被认定为是州的行为,因而必须服从宪法性约束。在"鲁滨逊诉佛罗里达州案"(Robinson v. Florida)(1964)中,法官们在要求实行隔离厕所的一系列国家健康条例中发现有充分的公共强制性去推翻饭店业主个人的隔离制度。

模棱两可和过于宽泛的联邦宪法第一修正案原则也在这一时期被注入了新的活力。对大量因反对隔离而游行的定罪在"爱德华兹诉南卡罗来纳州案"(*Edwards v. South Canolina)(1963)中得以撤销。该案中,大学生们在国会大厦的场地上和平集会后被捕。法院裁定对治安法的违反按照解释是如此模糊以至于据此会承认剥夺联邦宪法第一修正案中受到保护的表达。在"考克斯诉路易斯安那州案"(Cox v. Louisiana)(1965)中法官们判定路易斯安那州阻碍公共通行的法规为不必要的宽泛而撤销了因举行和平示威而判坐牢21个月的刑罚。

为了换种方向扩大联邦宪法第一修正案的保护范围,最高法院在20世纪60年代中期也开始去触及直接保护民权运动的主要诉讼力量即全国有色人种协进会。在"全国有色人种协进会诉巴顿案"(*NAACP v. Button)(1963)中,弗吉尼亚州立法机关打算将全国有色人种协进会法律辩护和教育基金会的诉讼目的作为法律事务的引诱而认定为违法,法官们否定了该判决的效力。6个月后,在"吉布森诉佛罗里达州立法调查委员会案"(Gibson v. Florida Legislative Investigation Committee)(1963)中,法院保护了该组织本身没有被迫向州立法委员会披露其成员名单。

法院对民权运动的宽大处理也有例外。佛罗里达州A&M大学的32名学生因为在监狱周围的场地举行抗议而被捕,对他们的定罪在"阿德利诉佛罗里达州案"(Adderley v. Florida)(1966)中得到支持。而在"沃克诉伯明翰市案"(Walker v. City of Birmingham)(1967)中,法官们维持了对小马丁·路德·金和其他人因为游行违反了表面上违宪的法院秩序而被判的蔑视罪。在20世纪60年代晚期,很可能法院对民权示威运动者日益增长的交战变得没有了耐心。但确实在这10年的前期法院似乎不只是对独立出来的侵扰罪的事实部分作出判决。事实上,抗议者在联邦最高法院的案件中几乎都获得了胜诉。法官们近来不断干涉案件反映出一种关心,即民权运动不应因地方公诉而被消亡。

因此,联邦最高法院对20世纪60年代民权运动的成功作出了显著贡献是不容置辩的,例如,马丁·路德·金就承认法院将地方法律要求蒙哥马利的汽车实行隔离的规定判定为违宪使得作为他转折点的全社会联合抵制大大恢复了活力。然而,要从互惠的角度,说民权运动——经过了更长的历程——对最高法院的发展作了更重要的贡献,也并不太困难。

民权时代的一些宪法性优先权已经消失。例如,1960—1972年之间对国家行为理论的重大误解显著地被抛在了后面。1964、1965和1968年通过的颇有追求的民权和投票权法规消除了对非公共性歧视进行宪法性解释的必要(参见 Civil Rights Act of 1964;Voting Rights Act of 1965)。强制性司法管辖原则也作为一种紧急情况的消除而被否定,该原则的目的在于允许对不合宪的州法院程序实行重大中央干涉。然而,大部分现代宪法性法理仍深深植根于民权斗争的年代。如果最高法院为了帮助脆弱的民权自由运动而被迫放弃对其他政府决策制定者顺从的传统主义,那么影响将是长久和有益的。

布朗案和它的产物,包括联邦法院内外的,都对最高法院转变为保护民事和政治权利的有意义的机构提供了帮助。例如,包括国旗燃烧的诉讼就是从早期民权运动汲取力量的。1969年,因为一名美国黑人燃烧国旗以抗议对詹姆斯·梅雷迪斯开枪所定的罪在"斯特里特诉纽约州案"(Street v. New York)中被撤销。有关投票权的判例,如取消人头税使用的"哈珀诉弗吉尼亚州选举委员会案"(*Harper v. Virginia Board of Election)(1966)以及要求对政治地区进行种族平等组建的"戈米利恩诉莱特富特案"(*Gomillion v. Lightfoot)(1960),都产生了关于政治平等的重要法哲学。

但是这些变化与"纽约时报公司诉沙利文案"(*New York Times v. Sullivan)(1964)对美国言论自由的影响相比是微不足道的。在沙利文案中,最高法院撤销了判给亚拉巴马州蒙哥马利警察专员500 000美元损害赔偿金的诽谤罪判决。州法院裁定一群民权活动分子和纽约时报公司损害了专员的名誉并使他受到公众的蔑视。在1964年沙利文案判决前,被州法院认定为是诽谤的言论无一例外地被认为是在联邦宪法第一修正案的保护范围之外。认识到因为这样一个让人心寒的举措而给民主程序带来的巨大威胁,联邦最高法院在沙利文案中裁定对自由言论的保护需要对州法院的诽谤判决进行高度联邦司法监督。沙利文案判决公共官员不能从与公务员行为相关的诽谤谎言中获得赔偿,除非能证明存在"实际恶意"(*actual Malice)——即忽视事实的疏忽。

"纽约时报公司诉沙利文案"的判决是美国法律有关表达自由的重要部分。该判决经常被当作最高法院历史上最重要的有关言论自由的判决。沙利文案的原则不仅远远广于讨论中的公共事务所涉的范围,而且开始侵蚀联邦宪法第一修正案的绝对权威,由此产生的结果便是许多重要的言论形式被排除在联邦宪法第一修正案之外。沙利文案启动诉讼程序的结果是,不仅诽谤,而且商业言论、攻击性言论、污秽的言论、煽动性言论以及有关性的露骨言论都在过去的20年里得到了较多的保护(参见 Obscenity and Pornography)。

而布朗案本身的结果是什么呢?经过了又一个20年的历程,撤销隔离的判决放松了对大量以前没有包括在内的民事自由抗议的约束。没有布朗案对前面道路的清扫,它们是不可想象的。由于与"新政"(*New Deal)的斗争和法律现实主义的启示而在以前变得沉默的机构又有效地复活了。在沃伦时代,司法机关的复活主要是基于人人平等主义而完成的。在实质上扩大了民主参与性基础的同时,为了更充分地实现所有人尊严平等的目标,以沃伦为首的法院拂去了司法能动主义旧工具上的尘埃。其结果是在不小的程度上促进了视为保护个人自由免受大多数人侵扰为主要义务的制度的发展。

参考文献 Catherine A. Barnes, *Journey from Jim Crow* (1983); Derrick A. Bell, *Race, Racism and American Law* (1980); Robert L. Carter, "The Warren Court and Desegregation", *Michgan Law Review* 67 (1968): 237-248; Jack Greenberg, "The Supreme Court, Civil Rights, and Civil Dissonance", *Yale Law Journal* 77 (1968): 1520-1544; Martin Luther King, *Stride Towards Freedom* (1958).

[Gene R. Nichol 撰;邓静译;许明月校]

美国内战(南北战争)[Civil War]①

美国内战时期的宪政史将联邦最高法院的主要特征强调为是19世纪政治文化背景下政府的一个平行机构。由于战争象征着30年民主党统治的结束和长时期共和党掌权的开始,因此它标志着从以托尼为首的联邦最高法院州主权(*state sovereignty)论向以蔡斯为首的联邦最高法院宪政国家主义理论的转变。加速这些政治和法律理论趋势的变化过程着重体现于国会南部成员从联邦政府的退出和亚拉巴马州的约翰·A. 坎贝尔(John A. *Campbell)向最高法院的辞职。

在内战初期,最高法院成员人数的变化使得政治性再联盟产生的影响是,入主白宫的亚伯拉罕·林肯(Abraham *Lincoln)的事实比美国政治史上的其他重大选举更快地被宪法记载下来。战争引发的问题促使联邦最高法院以政治性机构为代价阻止了司法能动主义者的政策制定。军事危急引发的大多数宪法主要问题有待行政部门和国会解决,并促使法官对政府官员的态度比其他任何时候都顺从(参见 War)。

在总统亚伯拉罕·林肯执政之初,联邦最高法院有三个空缺。法官彼得·V. 丹尼尔(Peter V. *Daniel)卒于1860年,而总统詹姆斯·布坎南对民主党继任者的提名却在1861年2月受到参议院共和党人的阻拦。法官约翰·麦克莱恩(John *McLean)卒于1861年4月4日,而4月25日法官坎贝尔辞职。林肯分别在1862年1月、6月和10月对俄亥俄州的共和党人诺厄·H. 斯韦恩(Noah H. *Swayne)、爱荷华州的共和党人塞缪尔·F. 米勒(Samuel F. *Miller)和伊利诺伊州的共和党人也是州法官的戴维·戴维斯(David *Davis)进行了任命。当1863年国会建立第十巡回区(因而将联邦最高法院的规模增加到10名法官)时,林肯又任命了加利福尼亚州的斯蒂芬·J. 菲尔德(Stephen J. *Field)——这个民主党成员和热心的联邦主义者到法院任职。这些任命缔造了一个更具政治平衡性的法院,由6名战前民主党成员[塞缪尔·纳尔逊(Samuel *Nelson)、内森·克里福德(Nathan *Clifford)、詹姆斯·M. 韦恩(James M. *Wayne)、罗伯特·C. 格里尔(Robert C. *Grier)、约翰·卡特伦(John *Catron)和罗杰·B. 托尼(Roger B. *Taney)]和4名支持共和党执政的战争期间的被任命者组成。法院的这种组成一直延续到1864年10月首席大法官托尼逝世并被林肯在位时的财政部长萨蒙·P. 蔡斯(Salmon P. *Chase)所替代。

战争引发的宪法性问题因为它们的军事和政治性质并不适合司法解决。没收、解放、税收和财政政策、征兵(*conscription)以及叛国都属于这些问题。然而司法传统上对个人自由和财产权的关注为最高法院处理有关国内安全政策和战争期间具有法律性质的政治敏感性问题的有限权力提供了基础。

总统林肯在1861年4月中止人身保护状(*habeas corpus)特权反映的问题是政府对人民自由的侵犯,这完全有理由提交法院解决。行政机关和国会所规定的国家内部安全对最高法院认同的合宪性观点并无裨益。但是在政府的政策实施以前,首席大法官托尼力图通过使林肯中止人身保护状的行为无效来控制行政机构的行为。1861年5月在"梅里曼单方诉讼案"(Ex parte Merryman)中托尼对总统的行为提出了质疑。

约翰·梅里曼(John Merryman)是一名支持联盟的马里兰州的政党领导。他因为参与了破坏铁路桥梁的活动而在1861年5月由于林肯中止了人身保护状而被捕。他请求首席大法官,也是巴尔的摩巡回法院的主审法官托尼颁发人身保护状。托尼颁发了令状,但是收到令状的军队司令员却拒绝交出梅里曼。因此首席大法官又颁发了逮捕状命令逮捕军队司令员。他又一次遭到了拒绝。托尼作为联邦最高法院的首席大法官在法官办公室主持了开庭(而不是在巡回法院主持的开庭),并于1861年5月28日宣布梅里曼有权享受自由。在一个不寻常的动议里,他提交意见的内容是谴责梅里曼的逮捕是对公民自由专横且非法的剥夺(参见 Military Trials and Martial Law)。

托尼指出,军队拘留像梅里曼这样的公民是违宪的,因为只有国会有权中止人身保护状。他得出结论依据的事实是有权中止令状的规定出现在宪法第1条,调整的是立法机关的权力。在更广义的宪法性分析中,托尼将总统描述为只是一名负有忠实执行法律义务的行政官员。根据首席大法官的观点,这相当于一个宪法性义务,不是根据总统自己的权力或意愿去执行法律,而是通过执行"宪法赋予了相关义务的政府的平行机构已作出解释和判决的"法律,在行动上支持司法权。托尼将他的意见送给了林肯一份,而林肯在1861年7月4日对国会

---

① 另请参见 History of the Court: Establishment of the Union。

咨文中以他所负的忠诚执行法律的宪法性宣誓为基础，证明了他中止人身保护状行为的合理性。总统进一步论证道，宪法并没有明确写明谁能命令中止令状，而制定者的本意也不是让在紧急情况下要等到国会召集在一起了，才能通过中止人身保护状作出保护公共安全的行为。林肯在与托尼的斗争中获胜。

联邦最高法院在其他时候又会顺从政府的国内安全政策，甚至在行政行为超越了人身保护状中止时也是如此，比如，1864年的"瓦兰迪加姆单方诉讼案"（Exparte Vallandigham）。1863年4月，将军安布罗斯·伯恩赛德发布命令禁止他所指挥的地区出现任何同情敌人的宣言。他还宣布帮助敌人的人将根据军队权力受到审判。前民主党代表克莱门特·L.瓦兰迪加姆谴责该命令并请求对它进行抵制，他被军队委员会逮捕、审判并定罪。伯恩赛德判以监禁，而总统林肯将其变为越过南部联盟边界的驱逐。迁移到加拿大后，瓦兰迪加姆向俄亥俄州的联邦巡回法院申请人身保护状。但由于他不再受管辖，最高法院没有理由审查低级别法院对申请的驳回。因此，瓦兰迪加姆向最高法院申请了调卷令状（*certiorari）以直接审查军事委员会的判决。

由于首席大法官托尼没有参与该案，联邦最高法院驳回了调卷令状的申请。代表全体一致联邦最高法院意见的韦恩大法官主张，根据《1789年司法法》，联邦最高法院没有司法管辖权，因为军事委员会不是最高法院能够审查其判决的法院。他指出，宪法对法院初审管辖权（*original jurisdiction）的定性在某种程度上排除了对案件的审查。尽管对案件的处理得到政府的支持，但法院并没有触及如在围绕逮捕瓦兰迪加姆这样的情况下对公民进行军事审判的合宪性问题。

尽管一般都禁止判决对军队或与战争有关的政策产生影响，最高法院还是传达了一个明确纠纷法律性质的主要判决。这个问题出现在战利品系列案（*Prize Cases）(1863)中，该案的争议点是海军俘获开往总统林肯在1861年4月命令封锁的南部邦联港口的船只是否合法。如果国际法承认的国内战争存在，那么封锁是合法的而战利品也是正当的。如果行政机构下令封锁时战争不存在，战利品就是非法的。1863年3月，最高法院以5对4的表决结果判决封锁是合法的。根据大法官格里尔所代表的多数意见，1861年4月存在的国内战争能够证明运用封锁的合理性。格里尔写道，尽管战争是作为对联邦政府的叛乱而开始的并且没有正式的宣战，但它仍然是一场战争——一场国内战争。他提出内战是最高法院必须引起注意的事实。借助于宪法，他指出，尽管国会和行政部门都不能在国内宣布战争，但总统根据1795年和1807年法律有权召集民兵并运用军队力量镇压对合众国的反叛。格里尔指出，由作为指挥官的总统来决定在镇压叛乱中将反对者作为交战者是否正当（参见 Presidential Emergency Powers）。他进一步提出，联邦最高法院必须受总统决定的约束。格里尔总结道，封锁的宣布是国内战争存在的证据。

战利品系列案承认了广泛的行政权力以回应对合众国的军事攻击。联邦法院将脱离了联邦的州的人民当作反叛者和敌人，或者作为交战团体对待的判决具有更即时的现实重要性。但是法院并没承认或赋予行政权力不经立法机关的批准单方面宣战或无限地进行战争。

法官纳尔逊写了一个反对意见（*dissenting opinion），认同的有法官克里福德、卡特伦、托尼。纳尔逊争论道，林肯下令封锁时战争不存在，因为国会没有执行它宣布战争的独有权力。他写道，战争是否存在是一个不受重要事实和现实影响的法律问题。当国会于1861年7月13日授权行政机关宣布国家叛乱存在时，战争开始且封锁是合法的。在这个日期以前合众国所为的战争行为是总统林肯的"个人战争"。

在美国内战期间最高法院裁决了许多非军事问题。由墨西哥法规引发的加利福尼亚大陆纠纷是法院积案中最显著的一例，同样的还有处理合同、合伙、破产、高利贷、专利权和其他商业事务的案件。不少案件都显示出与宪法早期趋势的连续性，而不管法院成员人数的变化。

在"格尔普克诉杜布奎案"（*Gelpcke v. Dubuque）(1864)中，联邦最高法院推翻了爱荷华州高级别法院的判决，裁定城市拒绝支付为从未修建的铁路而发行的市政债券根据州宪法是合宪的。尽管没有明确表述，法院判决的有效基础似乎应该是宪法契约条款（*Contract Clause）。案件也表明了法院相信该条款能使商业的联邦普通法（*federal common law）成形，如"斯威夫特诉泰森案"（*Swift v. Tyson）(1842)。

联邦最高法院也对提起公民引起的公诉案——"商业银行诉税务委员案"（Bank of Commerce v. Commissioner of Taxes）(1863)作出判决以反对政府权力。在该案中法院认为纽约州对银行股票包括联邦政府债券的征税可例外地从州税收（state taxation）中免除。尽管国会在1862年通过了一个法律宣布股票、债券和其他美国证券免交州税，法院还是依据宪法性理由打击了州税。然而法院拒绝认定1862年《法定货币法》的合宪性。在"罗斯福诉迈耶案"（Roosevelt v. Meyer）(1863)中，法院不可思议地裁定它没有管辖权审查纽约州法院所作的支持《法定货币法》（Legal Tender Act）的判决。人们不清楚，这个在1872年被推翻的判决是否反映出法院不愿意处理国家货币政策中有争议的问题，或者说是一个对《1789年司法法》有缺陷的法律分析（参见

Legal Tender Cases。）

联邦最高法院 1864 年 12 月的开庭期标志着托尼时代的结束。当国会讨论并拒绝将前任首席大法官托尼的大理石半身像放置在国会大厦最高法院房间里的建议时，处于首席大法官蔡斯领导下的法院处理了一系列非法奴隶贸易的案件。1865 年 2 月，约翰·S. 罗克（John S. Rock）作为第一名允许进入最高法院律师席的美国黑人律师宣誓就职。这个事件意味着在重建（*reconstruction）时期的司法历史上作为主要宪法性问题的种族平等问题的出现，并很快吸引了法院的注意。

参考文献 David P. Currie, *The Constution in the Supreme Court: The First Hundred Years 1789-1888* (1985); David M. Silver, *Lincoln's Supreme Court* (1956); Carl B. Swisher, *History of the Supreme Court of the United States*, vol. 5, The Taney Period 1836-64 (1974). Charles Warren, *The Supreme Court in United States History*, 2 vols. (1926).

[Herman Belz 撰；邓静译；许明月校]

克拉克，汤姆·坎贝尔[Clark, Tom Campbell]

（1899 年 9 月 23 日生于得克萨斯州的达拉斯，1977 年 6 月 13 日卒于纽约州的纽约市，葬于达拉斯的威斯特兰德公墓公园。）1949—1967 年任大法官。汤姆·克拉克成长于得克萨斯州的达拉斯的一个律师之家。在第一次世界大战中充军后，克拉克 1921 年从得克萨斯大学毕业，1922 年毕业于得克萨斯大学法学院。他和他的弟弟在他父亲的法律事务所里工作了几年；之后，他被任命为达拉斯的民事地区检察官。

当克拉克在 1937 年作为专门助理加入到司法部时，他的工作地点也从得克萨斯转到了华盛顿。在"二战"期间他曾短暂地协调过美籍日本人的迁移；后来，他担任了反托拉斯庭和刑庭的领导。1945 年在富兰克林·D. 罗斯福（Franklin D. *Roosevelt）逝世后不久，总统哈里·杜鲁门任命他担任检察长。克拉克在司法部等级中不寻常的升迁得益于得克萨斯政客的鼓动以及他自己对哈里·杜鲁门在 1944 年竞选副总统候选人资格中的政治支持。

1949 年 7 月法官弗兰克·墨菲（Frank *Murphy）一去世，杜鲁门就任命汤姆·克拉克顶替他的位置。他的任命广受瞩目，但并没有得到如此广泛的赞同。来自媒体对其任人唯亲的攻击和民众自由组织对他热衷于国家安全的批评，这一切都使得他以 73 比 8 票的表决结果得以批准前国会持续了 3 年的讨论更加激烈。

克拉克在最高法院任职期间显著的地方表现在独立处世、担任关键的刑事审判和宗教案件（*religion cases）判决意见的作者，以及对改善后的司法

Tom Campbell Clark

行政日益增长的兴趣和涉入。在他任命后不久，他的政治独立就付诸实践；1952 年，他是在"扬格斯通钢板与管道公司诉苏耶尔案"（*Youngstown Sheet and Tube Co. v. Sawyer）(1952)中攻击总统杜鲁门在朝鲜战争中对国家钢厂没收的六个法官之一，引起了杜鲁门对他的嘲笑和挖苦。

他也显示出了意识形态的独立，在法院保守派和自由集团之间摇摆。尽管克拉克在忠诚和国家安全案件（loyalty and national security cases）中经常并积极站在政府一边[导致历史学家理查德·柯肯达（Richard Kirkendall）将他视为法院里无情的战争狂热者]，他仍然在指导性判例中作出了限制政府权力的判决。

在"马普诉俄亥俄州案"（*Mapp v. Ohio）(1961)中，克拉克作出了他最重要的一个判决意见：这个有争议的判决禁止在州刑事审判中使用通过不正当的搜查和扣押所取得的证据。这个排除规则（*exclusionary rule）今天仍然得以维持（参见 Fourth Amendment）。克拉克也在宗教案件中作出过先导性判决，包括"阿宾顿校区诉谢穆普案"（*Abington School District v. Schempp）(1963)，该案禁止在公共学校朗诵主祷文和阅读圣经；"合众国诉西格案"（U. S. v. Seeger）(1965)，这是一个越战时期的案件，扩大了年轻人依据宗教信仰获得良心抗拒者（*conscientious objector）身份的机会。在马普案和谢穆普案中，克拉克代表没有达成全体一致、存在高度分歧的法院书写了多数人意见。

克拉克于 1967 年从联邦最高法院退休，但他的退休并不是没有争议的，伴有政治阴谋的指责。当

林登・约翰逊(Lyndon Johnson)总统于1967年任命克拉克的儿子拉姆齐(Ramsey)为联邦总检察长时,克拉克立即从联邦最高法院退休,以表明可能存在利益纷争并强调了维护"公正的表象"之重要性。包括迈克尔・阿里斯(Michael Ariens)在内的一些法律学者批评指出,约翰逊总统对克拉克之子的任命是为了迫使克拉克从联邦最高法院的位置上退下来;总统的目的是想就此任命第一位非裔美国人(African-American) 瑟古德・马歇尔(Thurgood *Marshall)为联邦最高法院的法官。同时,曾为阿贝・福塔斯(Abe *Fortas)准备文件材料的政治学家阿克巴・科韦茨(Akiba Covitz)也指出,克拉克通过福塔斯向约翰逊总统达成了交易,即克拉克退休,约翰逊任命拉姆齐为联邦总检察长。

克拉克从联邦最高法院退休后的生活是充实的、与众不同的。他担任了一名高级法官并全面宣传司法改革。克拉克持续不断地从事写作与公共学说工作,并与一些法律机构合作倡导改善法庭程序、立法以及在职法律教育。在他的帮助下,建立了联邦司法中心并自1968年至1970年担任该中心的第一位主任。

克拉克的公共职业生涯持续了40多年,因他在最高法院的18年而显得精彩。尽管杜鲁门后来有点对他的提名后悔,但可以说,克拉克是其在联邦最高法院中任命的4个大法官中最为成功的一位。总之,无论在判决方面,还是在推进联邦司法制度方面,克拉克都留下了大量的遗产。

参考文献 Michael Ariens, "Supreme Court Justices: Tome Clark," http://www.michaelariens.com/ConLaw/justices/clark; Akiba Covitz, "Exhibit: letter to the Chief," *Legal Affairs* (January-February 2003), http://www.Legalaffairs.org/issues/January-February 2003; Richard Kirkendall, "Tom C. Clark", in *The Justices of the United States Supreme Court 1789-1969*, edited by Leon Friedman and Fred L. Israel, vol. 4 (1969), pp. 2665-2695; Alvin T. Warnock, *Associate Justice Tom C. Clark: Advocate of Judicial Reform* (Ph. D. diss., 1972).

[John Paul Ryan 撰;邓静、邵海译;许明月、潘林伟校]

克拉克蒸馏公司诉西马里兰铁路公司案 [Clark Distilling Co. v. Western Maryland Railway Co., 242 U. S. 311(1917)]①

1915年5月10日至11日辩论,1915年11月1日联邦最高法院作出再次辩论的指令,1916年11月8日至9日再次辩论,1917年1月8日以7比2的表决结果作出判决,怀特代表联邦最高法院起草判决意见,霍姆斯和范・德凡特反对。作为对反酒吧联盟对在面临州际酒类运输泛滥的情况下无法实施州禁酒令的抱怨之回应,国会在1913年2月颁布了《韦伯-肯尼奥(Webb-Kenyon)法》,禁止违反州法之规定而将酒运输到颁布有禁酒令的州。总统威廉・霍华德・塔夫脱(William Howard *Taft)依据联邦最高法院的一系列判决以违宪为由否决了《韦伯-肯尼奥法》,这些判决认为,商业条款要求公共承运人在送交收货人之前,受州际酒类运输法规的约束,而不受州法的约束。然而国会立刻推翻了塔夫脱的否决决定,还在不久使西弗吉尼亚得到了针对西马里兰铁路公司和亚当斯快递公司的禁令(*injunction),禁止将酒类运输到西弗吉尼亚,因该行为违反了该州对酒类生产、销售和拥有的禁止性规定。克拉克蒸馏公司起诉西马里兰铁路公司和亚当斯快递公司强迫承运人接受该州法律未明确禁止的用于个人使用的酒类的运输,于是仍将货物交付于西弗吉尼亚。

由于司法部拒绝辩护,反酒吧联盟总律师瓦尼・威尔勒(Wayne Wheeler)在最高法院为《韦伯-肯尼奥法》作了辩护。联邦最高法院认为,毋庸置疑的是政府对州际酒类商业活动的规制并不需要全面而统一地执行,但是将其延伸到禁止州际商业活动就会违反州法。1917年,在议会就是否采纳联邦宪法第十八修正案(the *Eighteenth Amendment)进行斗争的前夕,《韦伯-肯尼奥法》的生效为禁酒的强制力提供了支持。

[David E. Kyvig 撰;李慧译;许明月校]

克拉克,约翰・赫辛 [Clarke, John Hessin]

(1857年9月18日出生于俄亥俄州的新里斯本;1945年3月22日卒于加利福尼亚州的圣迭戈;葬于俄亥俄州的里斯本的里斯本公墓。)1916—1922年任大法官。约翰・赫辛・克拉克是约翰和梅莉沙・赫辛・克拉克,两个爱尔兰新教徒唯一的儿子。在参加地方学校学习并于1877年从西里瑟夫(Western Reserve)学院毕业后,克拉克随父研习法律,以优秀的成绩通过了俄亥俄州的律师考试,并于1878年在他的家乡开始律师执业。很快克拉克搬到了扬斯敦(Youngstown),在那里他作为一名出庭辩护律师赢得了很高的声望,并成为扬斯敦辩护者律师事务所的共有人之一。他从未结过婚。1897年他来到了克利夫兰,成了铁路公司和其他一些公司的法律顾问。克拉克加入了拥护克利夫兰市长汤姆・L.约翰逊(Tom L. Johnson)的改革派,但却与约翰逊在有关对铁路财产征税和其他影响到其客户的改革措施上发生了冲突。

---

① 另请参见 Commerce Power; State Sovereignty and States' Rights。

John Hessin Clarke

到1903年，克拉克已成了一名主流民主党的进步主义者，他曾两次谋求在美国参议院的席位，但都失败了。他倡导直接选举参议员、颁布城市家庭法、铁路市政所有，披露和竞选中的费用开支情况。1914年，克拉克受到革新民主党的支持第三次参加参议院的竞选，但却反而接受了伍德罗·威尔逊（Woodrow Wilson）将其作为俄亥俄州北部地区联邦地区法院法官的任命。当查尔斯·埃文思·休斯（Charles Evans *Hughes）因参加总统竞选而辞职后，1916年7月，克拉克的朋友牛顿·D.贝克（Newton D. Baker）帮助说服了威尔逊任命克拉克接替这一空缺担任联邦最高法院法官之职。

1916年，前总统威廉·霍华德·塔夫脱（William Howard *Taft）加入了保守派所办的攻击任命路易斯·D.布兰代斯（Louis D. *Brandeis）和克拉克（*Clarke）的报纸，并声称这两个人代表着新的威胁国家法律结构的宪法解释派。然而，当塔夫脱在1921年作为首席大法官加入布兰代斯和克拉克一派后，他们的关系又变得非常真诚。然而詹姆斯·麦克雷诺兹（James *McReynolds），一个众所周知的对布兰代斯满怀敌意的人，对克拉克如此厌恶以致加速了克拉克的辞职。麦克雷诺兹拒绝签署辞职许可表明他对克拉克离开的遗憾。

克拉克在法院任职期间一直以一个威尔逊进步主义者的身份投票并经常站在布兰代斯一边。然而在支持立法权方面他比布兰代斯走得更远。克拉克为"艾布拉姆斯诉合众国案"（*Abrams v. United States）(1919)写了多数判决意见，支持依《1918年反间谍法》（*Espionage Act of 1918）对6位煽动者宣告有罪并判处较长的监禁。在"哈默诉达根哈特案"（*Hammer v. Dagenhart）(1918)和"贝利诉德雷克塞尔家具公司案"（*Bailey v. Drexel Furniture Co.）(1922)中他持异议，并分别断言国会的权力是如此广泛足以可以依宪法之商业条款或依税收权对雇用童工现象进行规制。克拉克对已颁布法律的尊重扩展到各州的治安权（*police power）并加速了轰轰烈烈的联邦反托拉斯（*antitrust）的实施。

克拉克能被后人记住，主要是因为他从联邦最高法院的辞职（参见 Resignation and Retirement）。他在法院任职5个开庭期；在他65岁，就是1922年他宣布决定投身于促使美国加入国际联盟时，他的健康状况仍然非常好。1965年，阿瑟·戈德堡（Arthur *Goldberg）决定辞职后，克拉克发现他促进世界和平的愿望仅仅导致他自己相对来说更加默默无闻了。直到1927年，克拉克意识到美国将不会加入国际联盟后，他退出了公众生活，尽管1937年因富兰克林·德拉诺·罗斯福（Franklin D. *Roosevelt）的最高法院人员布置计划（*court packing plan）他曾短暂复出。

参考文献　David M. Levitan, "The Jurisprudence of Mr. Justice Clarke," *Miami Law Quarterly* 7 (December 1952): 44-72.

［Aviam Soifer 撰；李慧译；许明月校］

集团诉讼［Class Actions］

集团诉讼作为一种处理复杂的涉及众多当事人诉讼的方法是在20世纪发展起来的。它可以追溯到"防止滥诉诉状"（bill of peace），一种起源于17世纪英国衡平法院的程序。当同一纠纷的当事人人数众多而不易审理时或当所有的当事人在诉讼中分享的是相同利益时就可适用防止滥诉诉状。它允许由诉讼代表人参加案件审理，由此产生的判决结果对所有当事人都有约束力。这比分别审理每个案件更具效率，且与完全公正的衡平法目标更加一致（参见 Injunctions and Equitable Remendies）。

美国法院继续使用防止滥诉诉状。法官约瑟夫·斯托里（Joseph *Story）是防止滥诉诉状最雄辩的代言人。在他的《衡平法管辖权》（*Equity Jurisprudence*）(1836)和《衡平法诉讼程序》（*Equity Pleadings*）(1838)两本书中，斯托里写到，防止滥诉诉状的目的是加速案件的审结。普通法院只能对特定案件中原被告间的问题进行审理。而衡平法院则拥有"带所有的当事人到庭，……立刻对一般权利进行确认，……然后作出对所有当事人都有约束力的最后判决的权力"。防止滥诉诉状为争议的当事人人数众多的案件的解决提供了一个快速而有效的方法。

防止滥诉诉状和由之发展而来的集团诉讼的有

效性受到两个方面的限制。首先,该程序仅适用于衡平法上的案件。为弥补这个缺陷,1938年通过对《联邦民事诉讼规程》第23条的采用,将适用范围拓宽到了包括所有普通法和衡平法的案件。其次,在早期的联邦案件中,一些疑问显露了出来,如判决是否可以约束隐名的当事人。这些未确定的问题一直存在,直到1966年经修正的第23条明确规定隐名的当事人应受到判决之约束。

现代的诉讼规程定义了三种集团诉讼。第一种是指在单独的诉讼可能在两个方面对集团成员或被告产生不利影响时应使用集团诉讼。首先若逐件进行诉讼,被告则可能会有不一致的行为标准。其次复合诉讼可能会"损害或防碍"集团成员(经常是原告)保护他们的各种权益。第二种情况是在集团寻求颁发禁止令或寻求以某种形式宣告救济时适用。第三种则指当集团普遍存在的问题成为每个原告特殊问题的主流时,集团诉讼作为一种解决当事人间纠纷的方式应优于其他诉讼。仅对于第三种情况的集团诉讼,第23条才允许集团中单个成员选择退出集团诉讼,如果他们不希望受到集团诉讼之判决的约束的话。

今天,集团诉讼已是一件很普通的事,尤其是它已成了社会和经济改革的媒介。例如,许多重要的民事权利是通过集团诉讼才开始着手讨论的。集团诉讼也被用于加强对消费者的保护。它经常适用于反托拉斯案件(*antitrust cases)和用于与消费欺诈、定价和其他商业性滥用行为作斗争。它也广泛适用于大规模侵权案件(*tort cases),在这类案件中,一个被告导致多个原告受伤。达尔孔·谢尔德子宫避孕环案(Dalkon Shield)、橙剂案(Agent Orange)和石棉案(asbestos)就是明显的例子。

参考文献 Stephen Yeazell, *From Medieval Group Litigation to the Modern* Class Action (1987).

[James B. Stoneking 撰;李慧译;许明月校]

合众国诉克拉西克案[Classic, United States v. ,313U. S. 299(1941)]①

1941年4月7日辩论,1941年5月26日以5比3的表决结果作出判决,斯通代表法院起草判决意见,道格拉斯反对。在第二次世界大战(*World War Ⅱ)之前,联邦最高法院有两个判决都允许实行一党制的南方区的白人民主党人以否定基本投票权的形式剥夺黑人公民的特权。"纽伯里诉合众国案"(Newberry v. United States)(1921)中,联邦最高法院依据联邦宪法第1条第4款推断出国会对政党预选没有管理权。"格罗威诉汤森案"(*Grovey v. Townsend)(1935)中,联邦最高法院认为州的政党排斥非裔美国人参加其举行的会议的做法构成的是个人行为而不是州行为(*state action),因此不能适用联邦宪法第十四修正案(the *Fourteenth Amendment)和联邦宪法第十五修正案(the *Fifteenth Amendment)。

新成立的司法部民事权利司引用这个成功的标准案例确立了联邦可以对选举过程中的贿赂和歧视行为进行纠正的权力。政府控告路易斯安那州选举委员会故意改变和错误计算国会预选的投票总数的行为违反了联邦有关民权的制定法。

联邦最高法院批驳了纽伯里案,认为国会依联邦宪法第1条第4款之规定所拥有的管理"选举"的权力包括了当州法视州政党预选为联邦机构选拔候选人程序不可或缺的一部分时联邦所享有的对政党预选的管理权。法院也推论到,联邦宪法第1条第2款之规定保证了公民对国会预选享有的投票权(*vote)并保证了他们的投票被正确计算;而且此项权利保证不被个人行为和州行为所干涉。尽管没有提到格罗威案,但克拉西克案判决中的推论否定了格罗威案的原理,从而不可避免地决定了"史密斯诉奥尔赖特案"(*Smith v. Allwright)(1944)的判决结果,该案认为如果预选的目的既为了州的机构又为了联邦机构,那么该预选活动应受联邦民权法的管辖。

[Thomas E. Baker 撰;李慧译;许明月校]

明显、即发的危险标准[Clear and Present Danger Test]②

"明显、即发的危险"这个词最早出现在法官奥利弗·温德尔·霍姆斯(Oliver Wendell *Holmes)一次偶然的措辞中,后来成为判定言论是否应受联邦宪法第一修正案(the *First Amendment)保护的一个重要标准。霍姆斯在"申克诉合众国案"(*Schenck v. United States)中引入了这个短语,该案于1919年由联邦法院全体法官一致同意得出判决,对反对联邦宪法第一修正案对那些在第一次世界大战(*World War Ⅰ)中向正服兵役的人发放反战传单的社会主义党人宣告有罪的判决进行挑战的做法表示支持。在解释为什么被告因违反了《1917年反间谍法》(*Espionage Act)对妨碍新兵征召行为的禁止性规定而受宪法惩罚时,霍姆斯写道,"每个案件中的关键性问题都在于判断这些言论是否是在这种情况下发表且具有这样一种性质,即制造了明显、即发的危险,它会带来实质罪恶,因而国会有权阻止"(p.52)。依据他本人在以前的案件,包括涉及言论的案件中所适用的这个流行的不良倾向标准(*bad tendency test),霍姆斯推论出在战争环境下这些传单有阻止新兵征召的倾向。在"弗罗威克诉

---

① 另请参见 Race and Racism; White Primary。

② 另请参见 Speech and the Press。

合众国案"(Frohwerk v. United States)和"德布斯诉合众国案"(Debs v. United States)——两个也需要借助不良倾向标准而依《间谍法》对反战言论进行定罪的指南性判决中,霍姆斯没有提到明显、即发的危险标准。

尽管霍姆斯只在申克案中使用了"明显、即发危险"这个词,并在全部三条意见中都依靠了不良倾向标准,但小泽卡赖亚·查菲(Zechariah *Chafee, Jr.),哈佛大学一位年轻的教授,很快写了一篇法律评论文章,声称霍姆斯创制明显、即发的危险标准的意图是为了使"有不良倾向但未达到造成明显、即发的危险程度的言论不受到惩罚。"当法官霍姆斯和路易斯·布兰代斯(Louis *Brandeis)在战后"红色恐慌"期间对自由言论到底具有多大的价值的话题变得更加敏感时,他们发现用小查菲对申克案中明显、即发的危险标准的误解来表达他们已发展了的观点而又不用推翻先前的判决的做法十分有用。从"艾布拉姆斯诉合众国案"(*Abrams v. United States)(1919)中霍姆斯所持的反对意见到"惠特尼诉加利福尼亚州案"(*Whitney v. California)(1927)中布兰代斯的并存意见,霍姆斯与布兰代斯用各种方式详细阐述了明显、即发的危险的含义,以使该标准成为为异议者提供实质性保护的联邦宪法第一修正案的一个标准。最有意义的是,他们为明显、即发的危险标准引入了一个"立即"的要件要求,即异议者不会受到惩罚,除非该言论"即将"会导致一个违法行为发生。而且,在惠特尼案中,布兰代斯的并存意见也回应了"吉特洛诉纽约案"(*Gitlow v. New York)(1925)中多数人的主张,即不良倾向标准和明显、即发的危险仅仅适用于"那些制定法只禁止某些有实质罪恶危险的行为,而不会考虑语言表达本身的案件"(p.670)。布兰代斯在惠特尼案中坚持认为,一部本身将言论定义为犯罪的制定法,也应受制于根据明显、即发的危险标准所进行的司法审查(*judicial review)。

联邦最高法院的多数法官在20世纪20年代仍继续使用传统的不良倾向标准而没有参考明显、即发危险标准,直到30年代初,联邦最高法院才根据联邦宪法第一修正案之规定首次推翻了有罪宣告。从20世纪30年代末至20世纪50年代初,多数法院判决则根据经霍姆斯和布兰代斯发展了的明显、即发标准在广泛多样的领域中保护言论自由,法院也绝不会再在判决中使用明显、即发的危险标准来否决联邦宪法第一修正案的规定了。然而,在"冷战"进入高潮时,由于害怕共产党人的阴谋,联邦最高法院在"丹尼斯诉合众国案"(*Dennis v. United States)(1951)中取消了"立即"要件,并接受了法官勒尼德·汉德(Learned *Hand)重新对明显、即发的危险标准作的系统阐述:"因未必会发生而打了折扣的罪恶的严重性是否能证明这种对言论自由的侵犯为正当是依对言论自由的侵犯是否必然会避免危险的发生来判断"(p.510)。通过适用这个新的标准,联邦最高法院宣告了11个策划煽动暴力推翻政府的共产党领导人有罪(参见 Communism and Cold War)。

自丹尼斯案判决以来,在发展不同的理论来分析联邦宪法第一修正案激增问题的过程中,最高法院大多忽略了但未完全抛弃明显、即发的危险标准。1969年"布兰登堡诉俄亥俄州案"(*Brandenburg v. Ohio)的法院意见(*per curiam)中,明显、即发的危险标准可能再一次改头换面,因为该案推翻了依据一部禁止鼓吹集团犯罪(*criminal syndicalism)的州的制定法对"三K党"(Ku Klux Klan)领导人所作的有罪宣告。在先前判决理由的分析不充分又缺乏说服力的情况下,联邦最高法院宣布"宪法对言论自由和出版自由的保护不允许州禁止或不保护那些有主张使用暴力或主张违反法律的内容之言论,除非这种言论直接引起或产生危急的违法行为或可能引起或产生这种行为"。几位学者对这段话解释说,虽然这段话中没有出现"明显、即发的危险"这一术语,但它将来源于霍姆斯—布兰代斯观点的"即发要件"溶入了言论构成对违法行为煽动的新要求之中,联邦最高法院后来没有对布兰登堡案的判决进行详细阐述,而且不经常适用该判例,听任这段话的含义不明确,特别是在背景方面,而非在破坏性的主张方面。

参考文献 David M. Rabban, "The Emergence of Modern First Amendment Doctrine", *University of Chicago Law Review* 50 (Fall 1983): 1205-1355.

[David M. Rabban 撰;李慧译;许明月校]

书记官办公室[Clerk, Office of the]①

法院书记官(*Clerk of the Court)负责联邦最高法院的行政事务。书记官办公室依据1790年2月最高法院首次正式的规则而建立。至今,仅有19位书记官服务于联邦最高法院。

首任书记官,约翰·塔克尔(John Tucker)负责管理联邦最高法院的图书馆、法院、雇员、薪水和法官的寓所。现在的书记官,威廉·K. 苏特(William K. Suter)(1991—),管理联邦最高法院的信件和案件日程表;收取、记录、分发所有案件的申请和文件;告知律师有关联邦最高法院的规则和程序并监督全体人员。为协助书记官执行任务,1975年联邦最高法院安装了计算机系统。

[Martha Swann 撰;李慧译;许明月校]

---

① 另请参见 Bureaucratization of the Court; State of the Court, Nonjudicial。

法院书记官[Clerks of the Court]①

法院书记官,是最高法院的 5 个法定官员之一,负责每天联邦最高法院承办案件的行政管理。自 1790 年 2 月 2 日法院的第一部正式规则建立书记官以来,只有 19 人担任了该职。

第一任书记官,约翰·塔克尔(John Tucher)经联邦最高法院的首次会期选任,负责联邦最高法院的图书馆、法庭、雇员的管理,并负责收取法官们的薪水和为法官寻找地方寓所的工作。书记官早期的许多工作后来被法院判例汇编人(*reporter)、执行官(*marshal)接替,而且近来有更多的工作被首席大法官的行政助理(*administrative assistant to the chief justice)接替。

下列 19 个担任法院书记官职务的人中有 4 位任职时间超过 25 年:约翰·塔克尔(John Tucker)(1790—1791);塞缪尔·巴亚德(Samuel Bayard)(1791—1800);艾利亚斯·B. 卡德威尔(Elias B. Caldwell)(1800—1825);威廉·格里夫斯(William Griffith)(1826—1827);威廉·T. 卡罗尔(William T. Carroll)(1827—1863);D. W. 米德顿(D. W. Middleton)(1863—1880);J. H. 麦肯尼(J. H. McKenney)(1880—1913);詹姆斯·D. 马哈尔(James D. Maher)(1913—1921);威廉·R. 斯坦斯伯里(William R. Stansbury)(1921—1927);C. 艾尔莫·克罗普利(C. Elmore Cropley)(1927—1952);哈罗德·B. 威利(Harold B. Willey)(1952—1956);约翰·T. 费易(John T. Fey)(1956—1958);詹姆斯·R. 伯劳宁(James R. Browning)(1958—1961);约翰·F. 戴维斯(John F. Davis)(1961—1970);E. 罗伯特·西夫尔(E. Robert Seaver)(1970—1972);小迈克尔·罗达克(Michael Rodak, Jr.)(1972—1981);亚历山大·斯特瓦斯(Alexander Stevas)(1981—1985);小约瑟夫·F. 斯潘易尔(Joseph F. Spaniol, Jr.)(1985—1991);威廉·K. 苏特(William K. Suter)(1991—   )。

自第一任书记官被选任以来距今已有两个世纪之久,书记官的职责已广泛扩展到包括管理法院的信件和案件日程表;收取、记录和向法官分发所有案件中提交的一切申请、诉状、陈述和诉讼要点(*brief);收取所有的诉讼费;准备并保存指令一览表(*order list)和日志(包括法院所有的正式判决和命令);进行所有贫民诉讼上诉辩状(*in forma pauperis briefs)的准备工作;从低级别联邦法院(*lower federal court)获取已经确认的案件汇编;监督最高法院的律师(包括同意取消某律师出庭资格);为那些在遵守法院规则方面需要帮助的律师或当事人提供程序上的建议。

书记官经常与法院其他人员密切合作共同执行法院的事务。参加法院每月举行的例会并在行政助理的指导下讨论当前法院事务。书记官与执行官一起参加法院口头辩论开始前的正式开庭仪式。法官作出判决且法院的书面意见印刷出来之后,制作一份副本,由书记官保管并由判例汇编人进行汇编。当案例判决经法院宣告后,书记官室则通知信息发布员向新闻界分发每位法官新观点的副本。

目前由 25 个成员帮助书记官和他的助理,第一副书记官,处理不断增加的文案工作;准备法院案件日程表;审查、记录、整理所有新呈送来的复审案件。目前书记官室每年要处理超过 5100 个案件,其中只有 150 至 180 个案件被允许接受口头辩论。

尽管 1975 年安装的计算机系统有助于书记官工作的执行,但每一份申请和几千份上诉辩状仍必须手工呈送和处理。书记官操作一种文字处理和数据管理系统,它由比较先进的数据系统办公室设计和维护。法官的工作室中有一个独立的计算机网络系统为法官书写判决意见之用,它可以生成影像文件(参见 Computer Room)。

在开始的 100 年里,书记官室完全自我维持。书记官和其助手的薪水,以及所有运行开支都从办公室收取的诉讼费中支付。1800 年至 1883 年间,书记官的收入远高于法官。1883 年,国会要求法院对其资金严格负责。诉讼费、文件费和行政收费由书记官办公室收取并上交美国国库。现在法院全体人员的薪水和法院一切开支都由国会拨款。1988 年,书记官的工资重新规定为 75 000 美元。

[Martha Swann 撰;李慧译;许明月校]

大法官秘书[Clerks of the Justices]

大法官秘书是大法官的私人助理,也是最高法院所有协助人员中最重要的角色。法律秘书制度开始于 1882 年,当时法官霍勒斯·格雷(Horace *Gray)聘请了一名刚从哈佛大学法学院毕业的学生。当 1875 年格雷成为马萨诸塞州最高法院首席大法官后,他开始雇用秘书,并在联邦最高法院任职期间继续他的习惯,而当时他是自己支付给秘书薪水。1922 年岁出预算法允许每位法官雇用一位秘书,每年薪水最多不超过 3600 美元,1924 年国会将法律秘书这一职位规定为法院永久的职位。

格雷的兄弟,约翰·契普曼·格雷(John Chipman Gray),一位哈佛大学法学院教授,最初选了一些哈佛荣誉毕业生去法院与法官格雷及其继任者,奥利弗·温德尔·霍姆斯(Oliver Wendell *Holmes)一起工作了一年。当约翰·契普曼·格雷退休后,则由费利克斯·法兰克福特(Felix *Frankford)向霍姆斯提供哈佛毕业生。逐渐地,其他法官也采纳了这种做法。法官路易斯·D. 布兰

---

① 另请参见 Clerk, Office of the; Staff of the Court, Nonjudicial。

代斯(Louis D. *Brandes),像格雷一样,也聘请新近从哈佛法学院毕业的毕业生。法官哈伦·菲斯科·斯通(Harlan Fisk *Stone)从其母校,哥伦比亚大学法学院中选择秘书。

选择过程在 1900 年至 1945 年间有所变化。许多法官开始聘请位于华盛顿特区内的法学院的学生和新近毕业的毕业生,雇用期有时会很长。法官皮尔斯·巴特勒(Pierce *Butler)从 1923 年开始雇用同一位秘书直到 1939 年;法官欧文·J. 罗伯茨(Owen J. *Roberts)从 1930 年至 1945 年一直使用一位秘书。有时华盛顿特区律师事务所的年老律师也会被聘为法院秘书。司法部也偶尔从其年轻的职员中选择秘书,并承诺在他们法院任期结束后可返回司法部。

法官们经常留用其前任的法律秘书或雇用他们的朋友和其他法官的家属。当查尔斯·埃文思·休斯(Charles Evans *Hughes)接替了威廉·霍华德·塔夫脱(William Howard *Taft)的首席大法官之职后,他保留了塔夫脱的法律秘书和私人秘书。首席大法官梅尔维尔·韦斯顿·富勒(Melville W. *Fuller)的首任法律秘书,詹姆斯·S. 哈伦,1884 年至 1888 年在富勒开办的芝加哥律师事务所研读法律,就是法官约翰·马歇尔·哈伦(John Marshall *Harlan)的儿子。富勒也雇用了法官威廉·R. 戴(William R. *Day)的儿子斯蒂芬(Stephen)为秘书。戴的儿子中有两个都为其父亲担任秘书。哈伦的首任秘书是他的儿子,约翰·梅纳德·哈伦(John Maynard Harlan)。

一些法官希望他们的秘书在人生观上与他们一致并遵从他们的习惯。法官詹姆斯·克拉克·麦克雷诺兹(James C. *McReynold)常要求他的秘书是单身并且不能抽烟或嚼烟草。麦克雷诺兹强权的表示和令人不悦的习惯使他很难找到愿意为他工作的秘书。

随着法院承办案件数的增多,法律秘书的人数也得到相应增加。今天,每位法官可以有 7 位助理之多:4 位法律秘书、2 位文字秘书和 1 位送达人员。首席大法官威廉·哈布斯·伦奎斯特(William H. *Rehnquist)和法官约翰·保罗·史蒂文斯(John Paul *Stevens)通常只雇 3 位法律秘书。已退休的资深法官,像沃伦·伯格(Warren *Burger)和小刘易斯·F. 鲍威尔(Lewis F *Powell),只雇了 1 位文字秘书和 1 位由政府开支的法律秘书。

法官对其秘书的选择有绝对的控制权;每位法官通常每年收到 250 份至 350 份书面申请。然而多数法律秘书在法院只工作 1 年,许多法官将前一期的秘书视为"资深秘书"留用于法官室。直到 20 世纪 70 年代中期,妇女担任秘书才被视为正常:如 1970 年,只有 3 位女性在法院作秘书;而到 1986 年止,这个数字上升到了第 21 位。

多数秘书都曾在颇有声望的法学院读书(包括哈佛大学、耶鲁大学、斯坦福大学、纽约大学、弗吉尼亚大学和芝加哥大学),在最高年级毕业,并在低级别联邦法院(*lower federal court)担任了至少 1 年的法律秘书。一旦离开了法院,许多法律秘书就为大的全国性律师事务所服务。一些人去了司法部,经常在首席政府律师(*solicitor general)办公室工作。过去的有些秘书则成了法学院的教授。2/3 的前任秘书已成了法官,包括 3 位联邦最高法院法官:威廉·伦奎斯特曾是罗伯特·霍沃特·杰克逊(Robert H. *Jackson)的秘书;约翰·保罗·史蒂文斯(John Paul *Stevens)曾是小威利·B. 拉特利奇(Wiley B. *Rutledge)的秘书;拜伦·雷蒙德·怀特(Byrne R. *White)曾是弗里德·M. 文森(Fred M. *Vinson)的秘书。

秘书的职责包括为法官阅读、分析和准备备忘录(参见 Cert Pool)。在夏季末进入法院后,整个秋天他们负责在案件选择过程的两个阶段上协助法官。他们复审案件记录、归纳案件的法律问题,将所有呈送来的案件的基本信息进行分类,并对申请书内容作出摘要。在选择哪些案件可以进行复审时,法官们经常依赖秘书的摘要和推荐。在春季,法院作出判决后,秘书协助法官准备书面判决文书。

尽管法律秘书给法院提供了有价值的协助,但他们的行为仍未逃脱批评。每年法律秘书的流动导致法院缺乏制度上的连贯性。1973 年首席大法官伯格创建了最高法院法律顾问处(*legal counsel),以便为首席大法官和法院提供一种能保持秘书连续性的措施,这样,过去旋转门似的法律秘书系统就不复存在了。

无可否认,法律秘书的确对法院作出判决和书写判决文书的进程有影响,但是他们发挥作用的程度又正是局外人争议之所在。法官们经常称赞他们的秘书,但也会很快指出是法官们自己,而不是他们的秘书,对案件作出了判决。

秘书与其法官之间形成了亲密的私人关系。秘书们自然也应对机密信息保密。对法官的工作习惯、私人观点和对同等人的态度保守秘密是秘书一直以来受到尊敬的传统——至少直到 1979 年由伯布·伍德沃德(Bob Woodward)和斯科特·阿姆斯特朗(Scott Armstrong)写的《同胞》(The Brethren)一书出版之前还是这样的,这是基于对以前的法律秘书和其他法院人员的采访而写的一本有关法院的书。

因其职务关系,法律秘书独家拥有法院和法官的"内部"观点,也能接近判决意见的起草、内部备忘录和内部讨论等私人信息。虽然并未完备地规定秘书负有的言行谨慎的职责,但法官当然希望他们履行这个职责。暂且不管这些可能发生的问题,总之,没有法律秘书提供的有价值的协助,联邦最高法院很明显就不能完成它目前的工作量。

[Martha Swann 撰;李慧译;许明月校]

克里福德·内森[Clifford Nathan]

(1803年8月18日出生于新罕布什尔州的鲁姆里;1881年7月25日卒于缅因州的考尼西;葬于缅因州波特兰的常青公墓。)1858年至1881年任大法官。克里福德因其在"赫伯恩诉格里斯沃尔德案"(Hepburn v. Griswold)(1870)中所起的作用而被世人记住,该案判决宣告《法定货币法》违宪(参见 Legal Tender Cases)。但是,也应该承认他对法律技术学科的贡献。他编辑了一系列有影响力的判例汇编(引用他的名字),其中包括他的观点和其他联邦巡回法官的观点。

Nathan Clifford

克里福德所获教育是通过自学得来的,因此他所受的正规教育很有限。他师从乔西亚·昆西(Josiah Quincy),在这位新罕布什尔州著名律师的名下学习法律,并于1827年5月被批准进入新罕布什尔州律师界。不久以后,他迁至缅因州。1830年他被选入缅因州立法机关,并在那里工作了3个任期,每个任期2年,最后一个任期内他担任的是州议院发言人。随后他以民主党人身份在美国联邦众议院服务了2个任期。在暂停私人法律执业一段时间后,1846年,克里福德被总统詹姆斯·K.波尔克(James K. Polk)任命为美国联邦首席检察官。波尔克后来又任命他为美国驻墨西哥大使。在克里福德回到缅因州波特兰重新开始私人律师执业后,总统詹姆斯·布坎南提名他继任法官本杰明·罗宾斯·柯蒂斯(Benjamin R. *Curtis)在联邦最高法院中的职位。因他对南方的同情,该提名遭到了共和党人的反对,但是,参议院仍以26比23的表决结果勉强通过。

克里福德在任期中没有作出过有关宪法问题的重要判决意见。在巡回审判期间,他在"税务官诉戴案"(*Collector v. Day)(1871)中坚持认为联邦政府不能对州政府职员的薪金征税——这个判决后来得到了所有法院的肯定(参见 Tax Immunities)。他作出的有关宪法问题的最重要的判决体现在"贷款协会诉托普卡案"(Loan Association v. Topeka)(1874)中,该案中他写了大多数人都主张的意见,认为法院可不仅仅根据宪法的明确规定宣布国会颁布的制定法违宪(参见 Judicial Review)。

克里福德最富争议的观点是"约翰逊诉道案"(Johnson v. Dow)(1879),该案是有关路易斯安那州法院在联邦占领期间作出的反对军队司令侵占财产的一项缺席判决。在"内战"后,财产所有者基于路易斯安那州法院的判决向缅因州联邦法院起诉了这名前军队司令,当时的缅因州居民。在当时的联邦司法实践下,向最高法院提起上诉必须要求巡回法院(*circuit court)有2位法官的意见不一致。克里福德所写的判决意见支持路易斯安那州法院判决的有效性,而最高法院认为,当原判决作出时,路易斯安那州正处于军事占领状态并据此推翻了原判决(参见 Military Trials and Martial Law)。

克里福德的另一些判决涉及有关法律技术问题。他在"利昂诉加尔西兰案"(Leon v. Galceran)(1870)的判决中认为海事管辖权(*admiralty jurisdiction)不具有排他性,如果普通法(*common law)能够提供救济的话——这是个具有重大历史意义的判决,因为它有助于模糊普通法与海事法间的界限。他在"劳伦斯诉达纳案"(Lawrence v. Dana)(1869)中的判决意见也为著作权(*copyright)侵权法的出台作出了重要贡献。后来学者们毫不客气地将他的观点描述为"阴郁的"和"冗长乏味的",但在他的法律辩论中通常又是简明和有序的(参见 Opinions, Style of)。与他共事的法官们承认他具有渊博的学识和稳定的司法性情。

1877年,克里福德就职于专门为处理1876年总统选举中的纠纷而设的选举委员会。他精力充沛地为支持民主党候选人塞缪尔·提尔顿(Samul Tilden)奔走,但是选委会最后决定支持共和党候选人鲁瑟尔富德·B.海斯(Rutherford B. Hayes)(参见 Extrajudicial Activities)。1880年,克里福德不幸中风,当除他之外的每个人都清楚他不能再工作时,他仍想继续履行他的职责(参见 Disability of Justices)。克里福德于1881年逝世。

参考文献 Philip G. Clifford, *Nathan Clifford, Democrat* (1922).

[Erwin C. Surrency 撰；李慧译；许明月校]

克林顿诉琼斯案[Clinton v. Jones, 520 U.S. 681 (1997)]

1997年1月13日辩论，1997年5月27日以9比0的表决结果作出判决，史蒂文斯代表法院起草判决意见。该案涉及如下问题：克林顿总统是否能够在葆拉·科尔宾·琼斯(Paula Corbin Jones)——克林顿在阿肯色州当州长时的一位政府雇员——提起的性骚扰案中推迟程序。琼斯称，克林顿州长在1991时曾要求她到州长住宿的宾馆房间，并在自己的房间向其展示了他的隐私部位。在诉讼中，琼斯要求70万美元的损害赔偿，并称克林顿先生利用自己的权力侵犯了她的民事权利。克林顿总统的律师们认为，要到总统的任期届满，该案才可以审理；否则，该案的审理将扰乱总统履行职责。曾经审理过"尼克松诉菲茨杰拉德案"(Nixon v. Fitzgerald)(1982)的高等法院认为，针对总统权力范围内的行为而提起的民事诉讼，总统享有豁免权。

约翰·保罗·史蒂文斯法官持有冷静的观点，并以此否决了菲茨杰拉德案的先例判决，因为该案中总统的行为并不是职务上的而是非职务上的。史蒂文斯法官还认为，琼斯有权就其案件获得公正处理。联邦最高法院认为，该案中总统行为的大部分都与其职权有关，而其职权并没有赋予其免予民事诉讼程序的特权。史蒂文斯法官认为，位于阿肯色州的联邦地区法院法官苏珊·韦伯·怀特(Susan Weber Wright)在1994年推迟该案审理的做法是对联邦司法自由裁量权的滥用，因为怀特法官没有考虑到琼斯在该案中的利益。联邦最高法院以一致的意见否认了克林顿总统的辩解——总统的独特职责以及三权分立的理念限制联邦法院对行政部门加以干涉。

另外，只有三位总统因其就职前的行为而成了民事诉讼案件的被告。对西奥多·罗斯福(Theodore Roosevelt)以及哈里·S. 杜鲁门(Harry S. Truman)的诉讼被否决，针对约翰·F. 肯尼迪在1960年大选中的汽车事故案提起的诉讼最后以和解告终。

[Kermit L. Hall 撰；邵海译；潘林伟校]

被迫认罪[Coerced Confessions]①

犯罪嫌疑人的被迫认罪在法院审判中一般被视为不可采纳的证据，因为联邦宪法第五修正案(the *Fifth Amendment)规定犯罪嫌疑人有反对强迫自证其罪的特权。美国对这种保护的采用最初是以证据规则的形式，最后则规定在宪法修正案中，反映了国父们对使用拷问手段的憎恶。联邦最高法院在对美国大部分历史上作出有罪判决的案件进行回顾后，评论称这些判决都是通过联邦宪法第十四修正案(the *Fourteenth Amendment)正当程序保护中所写的被迫认罪手段获得(参见 Due Process, Procedural)。当联邦最高法院将联邦宪法第五修正案所规定的反对自证其罪特权予以具体运用时"马洛伊诉霍根案"(*Malloy v. Hogan)，被迫认罪则被认为是违反了《权利法案》(*Bill of Rights)的相关条款(参见 Incorporation Doctrine)。

在马洛伊案判决和在以沃伦为首的联邦最高法院"正当程序革命"中判决的其他案件之前，联邦最高法院在审查被迫认罪的主张时采取的是自愿标准。最早的该类案例之一是"布朗诉密西西比州案"(*Brown v. Mississippi)(1936)，该案中联邦最高法院推定犯罪嫌疑人的供认是非自愿的，因为被告受到了野蛮的对待。在该案中，一位执法官员进了布朗的家并将他带到谋杀被害人的那间房屋。在那里，布朗被吊在树上，但没有致死。然后又被绑在树上并被狠狠地抽打。几天后，布朗遭到逮捕并再一次被打直到他最后供认实施了谋杀罪行。联邦最高法院作出结论"证人的立场不能替代拷打和刑讯室中发生的行为"，并裁决肉体折磨的被迫认罪违反了联邦宪法第十四修正案的正当程序条款(pp. 285-286)。

自那时起，联邦最高法院不仅关注肉体强迫，同时认为延长讯问时间["阿施克拉夫特诉田纳西州案"(Ashcraft v. Tennessee)(1944)]、恐吓["林奴明诉伊利诺伊州案"(Lynumin v. Illinois)(1963)]和骗供["斯帕诺诉纽约州案"(Spano v. New York)(1959)]也构成可能使刑事供认归于无效的强迫情形。联邦最高法院也认为，拖延犯罪嫌疑人在司法官员前的露面也可能构成被迫认罪["麦克纳布诉合众国案"(McNabb v. United States)(1943)；"马洛里诉合众国案"(*Mallory v. United States)(1957)]，尽管所谓的"麦纳布—马洛里案"(McNabb-Mallory)规则仅仅适用于联邦法院且后来又因法院在"米兰达诉亚利桑那州案"(*Miranda v. Arizona)(1966)中的判决而变得不太重要。

在对自愿标准进行增补的努力下，联邦最高法院发展了另外一些措施以确保被告的供述是"自由且非强迫选择"的结果["卡罗姆布诉康涅狄格州案"(Culombe v. Connecticut)(1961) p.602]。最明显的是，联邦最高法院对获得律师辩护(*counsel)权的重视。在20世纪60年代的一系列法院判决中，联邦最高法院对自愿标准及其不确定的含糊性表示了不满，并用联邦宪法第五修正案和联邦宪法

————
① 另请参见 Self-incrimination。

第六修正案(the *Sixth Amendment)保护条款中的规定代替了那个标准。例如,在"梅西亚诉合众国案"(*Massiah v. U. S.)(1964)中,法院认为一个人一旦被正式起诉或一旦启动了对抗制诉讼程序,那他就享有获得律师辩护权,而在"埃斯可贝多诉伊利诺伊州案"(*Escobedo v. Illinois)(1964)中,联邦最高法院推论得出甚至在司法程序或对抗制诉讼程序开始之前就可以适用该项权利。在前述的"米兰达案"的判决中,联邦最高法院不仅裁决反对强迫自证其罪的权利适用于侦查讯问阶段,而且明确了被告在那些阶段有权获得律师辩护。

案件所追求的目标的差异构成了联邦最高法院作出这些判决的基础。法官裁决认为被迫认罪的证据之所以被排除,是因为它们构成了不可靠的证据,阻止了自由选择,或阻止了不应采取的侦查行为。这些相冲突的目标在一个给定的案件中并不一定都能实现。例如,在"阿施克拉夫特诉田纳西州案"中,占多数的6位法官明显没有因为其不可靠而拒绝被迫认罪的证据——证据表明被告在事实上应对这起犯罪负责——但正是因为这个,虽然36个小时的连续拷问构成了不可接受的侦查行为,招供证据却得到了承认。相似的是,在米兰达案中,联邦最高法院明确地回顾了刑事讯问中警察不当行为的历史,并表明法院意欲在告诫阶段对警察行为再增加一项要求。

因相互冲突的目标而产生的紧张状态在"亚利桑那州诉福明南特案"(*Arizona v. Fulminante)(1991)中得到了体现。占多数的5位法官,认为被迫认罪可被视为"无害的错误",刑事有罪宣告可以不因此而自动无效。站在多数人立场上,首席大法官威廉·H.伦奎斯特(William H. *Rehnquist)认为,因结构上的缺陷造成的对正当程序的侵犯与因单一审判错误而造成的对正当程序的侵犯二者是不同的。其他独立获得的供述证据可用于维持一项有罪判决,在这种案件中,被迫认罪被认定为是一种合理怀疑之外的无害的错误。最高法院在"福明南特案"中的判决推翻了1967年"查普曼诉加利福尼亚州案"(Chapman v. California)的判决,并改变联邦最高法院长期以来拒绝承认被迫认罪证据具有宪法有效性的做法,开始了某种新的实践。

[Susette M. Talarico 撰;李慧译;许明月校]

科恩诉弗吉尼亚州案[Cohens v. Virginia, 6 Wheat (19 U. S.)264(1821)]①

1821年2月13日辩论,1821年3月3日以6比0的表决结果作出判决,马歇尔代表联邦最高法院起草判决意见。菲利普·科恩(Philip Cohen)和曼德斯·科恩(Mendes Cohen)以国会对哥伦比亚特区的一项授权为依据,在弗吉尼亚州进行彩票发行。法院因其违反州法而宣告他们有罪,并禁止彩票的发行,科恩因此提出上诉。弗吉尼亚州认为,依据联邦宪法第十一修正案(the *Eleventh Amendment)最高法院不能审理这个案件,并且《1789年司法法》(*Judiciary Act of 1789)第25条也不能适用于该案。

科恩一案反映了包括弗吉尼亚州在内的几个州挑战约翰·马歇尔(John *Marshall)在"麦卡洛克诉马里兰州案"(*McCulloch v. Maryland)(1819)中的判决意见所作出的努力。马歇尔利用科恩案再次强调了联邦的司法管辖权,该案中一些值得信任的史学家对案件作了策划。他断言,《联邦宪法》赋予了联邦至高无上的地位,且联邦司法官是判断一项立法是否合宪的最终裁判者。尽管各州可以对其自己的法律进行解释,但正如《司法法》第25条规定的那样,任何联邦问题最终都必须由且只能由联邦法院解决。联邦宪法第十一修正案并未阻止联邦法院对合法的联邦问题作出正确判决,甚至被告是州时。

尽管马歇尔裁决弗吉尼亚州必须遵守的彩票发行法只适用于哥伦比亚特区,但是弗吉尼亚州的州权拥护者仍然摧毁了马歇尔的司法国家主义。

[Kermit L. Hall 撰;李慧译;许明月校]

科恩诉加利福尼亚州案[Cohen v. California, 403 U. S. 15(1971)]②

1971年2月22日辩论,1971年6月7日以5比4的表决结果作出判决,哈伦代表法院起草判决意见,布莱克蒙反对,伯格和布莱克也加入反对行列,怀特部分异议。1968年4月,保尔·罗伯特·科恩(Paul Robert Cohen)在洛杉矶法院穿了一件写有"狗日的征兵"(Fuck the Draft)字样的夹克。他遭到了逮捕并随后依据违反加利福尼亚州制定法有关禁止任何人"用攻击性的行为……扰乱和平"的规定被判有罪。最高法院不得不对科恩的言论是否具有可惩罚性作出决断,因为他符合联邦宪法第一修正案(the *First Amendment)中保护言论自由"例外"情形之一。

法院承认科恩的咒骂语是"粗俗的",但它认为其言论仍受联邦宪法第一修正案的保护。它既非"煽动"违法行为也非"猥亵"。它也不构成"挑起争端的言词"(个人滥用带侮辱性的字句),因为它没有针对可能产生报复性行动的那个人或针对不能避免成为该信息指称对象的某人。因此,只能依该州要求在公共场合维持谈话的文明礼貌的规定才能证明有罪宣告的正确。联邦最高法院拒绝承认州有如此广泛的权力,认为在粗俗与不粗俗的政治言论之

---

① 另请参见 Judicial Power and Jurisdiction。
② 另请参见 Speech and the Press;Unprotected Speech。

间没有客观的区分标准,而且言论中情绪化的方面通常与人的纯粹的认识能力相关。"这……通常是真的,"法官哈伦写到,"某人认为是粗俗的言论在另一人眼里往往是抒情诗……这通常取决于他们的情绪和认识能力"(pp.25-26)。

通过扩大对挑拨性和潜在的攻击性言论的宪法保护基础,科恩一案成为了标志性的判例。

[Donald A. Downs 撰;李慧译;许明月校]

科恩诉考尔斯传媒公司案[Cohen v. Cowles Media Co.,111 S. Ct. 2513(1991)]①

1991年3月27日辩论,1991年6月24日以5比4的表决结果作出判决,怀特代表法院起草判决意见,布莱克蒙和苏特反对。在1982年明尼苏达州州长竞选中,丹·科恩(Dan Cohen),一位共和党候选人的竞选顾问,在得到明尼阿波利斯(Minneapolis)报和圣保罗(St. Paul)报的记者承诺不公布科恩为消息来源的情况下,向记者透露了对民主党候选人具有损害性的消息。这两份报纸的编辑不顾记者的反对,打破了保守秘密的承诺,确认了科恩为消息提供者。科恩因此被解雇,于是他以欺诈性的虚假陈述表示和违约为由起诉了这两份报纸。

初审法院判给科恩20万美元的补偿性赔偿金和50万美元的惩罚性赔偿金。明尼苏达州上诉法院认为,科恩的欺诈诉求不成立,因此法院撤销了原判决中的惩罚性赔偿部分,只支持对违约的认定和补偿性赔偿金的判给。但是明尼苏达州最高法院撤销了判给的补偿性赔偿金,认为如果按合同法保守该秘密,就将侵犯新闻自由权,因为确认科恩为消息来源属于编辑的决定,而该决定受联邦宪法第一修正案(the *First Amendment)之保护。

联邦最高法院推翻了明尼苏达州最高法院的判决,认为联邦宪法第一修正案并未禁止明尼苏达州合同法适用于新闻界,它甚至会对新闻的收集和报道产生附带的影响。法官拜伦·怀特(Byran *White)写道,两家报纸有关联邦宪法第一修正案的主张"是没有宪法意义的",而合同法"要求作出某种承诺的人必须遵守其承诺"(p.2519)。联邦最高法院指示明尼苏达州最高法院重新确认是否科恩的诉讼请求可依口头契约原则获得支持或是否明尼苏达州宪法可被解释为保护新闻界而不支持科恩的诉讼请求。

大法官哈里·布莱克蒙(Harry *Blackmun)和戴维·苏特(David *Souter)反对,认为在不涉及强制保护的州利益时,联邦宪法第一修正案禁止在正当的政治言论中利用普通适用的法律来加重社会利益的负担。苏特个人认为,具有普适性的法律"可以限制联邦宪法第一修正案中的权利,就如这些法律也同样可以明确地指向言论本身一样有效"(p.2522)。

判决是极其有意义的。匿名的新闻源泉逐渐干涸。而且,对新闻记者提供的法律保护也因法院的立场而减少,保密承诺是一个合同法上的问题,而不属于联邦宪法第一修正案中对收集和报道新闻的豁免情形。

[Tim Gallimore 撰;李慧译;许明月校]

科克尔诉佐治亚州案[Coker v. Georgia,433 U. S. 584(1977)]②

1977年3月28日辩论,1977年6月29日以7比2的表决结果作出判决,怀特代表大多数起草判决意见,小布伦南和马歇尔持并存意见,小鲍威尔部分并存部分异议,伯格和伦奎斯特反对。在因谋杀、强奸、绑架、拐骗和严重侵犯他人身体罪被判服刑期间,科克尔从佐治亚州监狱逃脱,并在越狱途中持械抢劫,还强奸了一名妇女。他因这些罪行被宣告有罪并因强奸罪被判死刑。陪审团依据佐治亚州的两步审判程序和在"格雷格诉佐治亚州案"(*Gregg v. Georgia)(1976)中认可了成文法指导方针,裁决该案存在两个加重情节:原告原先的死罪罪行和再犯另一死罪,持械抢劫过程中又犯了强奸罪。佐治亚州最高法院对比复审并同意了该案的判决。但联邦最高法院撤销了原判决。

大法官沃伦·怀特(Warren *White)按多数意见认为联邦宪法第八修正案(the *Eighth Amendment)禁止对罪犯判处与其所犯罪行总体上不相符的残忍和非正常刑罚(*cruel and unusual punishment)。这种将疼痛和痛苦强加于人的刑罚是无目的且无用的。怀特注解到,佐治亚州是唯一一个对强奸成年妇女的罪犯处以死刑的州,佐治亚州的陪审团本身很少在强奸案中要求判处死刑。怀特反复强调,死刑,这种故意剥夺人的生命的刑罚,仅仅适用于一级谋杀罪。法官小刘易斯·鲍威尔(Lewis *Powell)持并存意见,他认为罪犯所犯罪行没有过度残忍的情节,被害人不会遭受严重或长久的伤害。

这种判决结果突显了格雷格案和"伍德森诉北卡罗来纳州案"(*Woodson v. North Carolina)(1976)中固有的紧张状态。如果文明性的标准要求更具个性化的判决,那么拒绝强制判决的这个原因就将使一些案件中陪审团的裁决有效,而这些裁定均关于某些有很长犯罪历史的人应被判处死刑。科克尔的犯罪记录正适合该案的这种裁决。

[Lief H. Carter 撰;李慧译;许明月校]

---

① 另请参见 Speech and the Press。
② 另请参见 Capital Punishment。

冷战[Cold War]

参见 Communism and Cold War。

科尔格罗夫诉格林案[Colegrove v. Green, 328 U. S. 549(1946)]①

1946年3月7日至8日辩论,1946年6月10日以4比3的表决结果作出判决,法兰克福特代表法院起草判决意见,布莱克反对,杰克逊未参加(斯通的去世留下一个空缺)。有选举资格的选民以缺少适当的协议和缺乏公平为由对国会在伊利诺伊州众议员选区的席位分配提出抗议。一个由3名法官进行合议的地区法院驳回了该案,法官费利克斯·法兰克福特(Felix *Frankfurter)、斯坦利·里德(Stanley *Reed)和哈罗德·伯顿(Harold *Burton)也肯定了法院的这种做法。这些法官使席位分配打上了政治问题的烙印,并可推论出确认伊利诺伊地区选举无效可能会比纠正选举结果带来更大的负面影响。这种政党的竞争应由州议会在国会的监督之下解决。法官小威利·B.拉特利奇(Wiley B. *Rutledge)赞同这个判决结果,极力说服道,在司法判决与迫近的选举之间这么短的时间里,要作出衡平救济是很困难的。大法官胡果·布莱克(Hugo *Black),连同威廉·道格拉斯(William *Douglas)和弗兰克·墨菲(Frank *Murphy)都坚信,自1901年以来,伊利诺伊地区席位重新分配的不断失败是对法律平等保护原则(* equal protection)和联邦宪法第1条对选举国会代表的投票权(*vote)的保护之否定。

由于大法官之间意见分歧的磨合和州议会一直不作反应以致对该案判决的淡化,法院在"贝克诉卡尔案"(*Baker v. Carr)(1962)中宣布依据联邦宪法第十四修正案(the *Fourteenth Amendment)之平等保护条款,议员席位分配问题是可诉的。这个案子为后来的判决要求各选区大体平等开创了先例。

[John R. Vile 撰;李慧译;许明月校]

科尔曼诉米勒案[Coleman v. Miller, 307 U. S. 433(1939)]②

1938年10月10日辩论,1939年4月17日至18日再次辩论,1939年6月5日以7比2的表决结果作出判决,休斯代表法院起草判决意见,巴特勒和麦克雷诺兹反对。法院面临以下3个问题:(1)堪萨斯州副州长在州参议院中能打破对他的限制以支持《童工修正案》的提议吗?(2)州议会可以批准一项它以前否决过的议案吗?(3)一个州可以在国会提出一项没有时间限制的修正案的议案直至13年后才批准它吗?对于第一个问题,大法官们的意见被"平等分开"(p.447),各持一半,因此该问题留给了堪萨斯州最高法院,州最高法院判决认可了副州长的参与权。通过引用国会宣布的联邦宪法第十四修正案(the *Fourteenth Amendment),法院认为,后两个问题属于政治问题,故应由国会解决。赞同这种意见的大法官胡果·布莱克(Hugo *Black)、欧文·罗伯茨(Owen J. *Roberts)、费利克斯·法兰克福特(Felix *Frankford)和威廉·道格拉斯(William *Douglas)认为,应将所有有关修正案的问题都交给国会。反对者们则引用"狄龙诉格罗斯案"(*Dillon v. Gloss)(1921)争辩,认为堪萨斯州议会对修正案的批准是不适时的。同类地,"钱德勒诉怀斯案"(Chandler v. Wise)提出了相似问题,按多数法官的意见,该案驳回了对肯塔基州州长的起诉,并宣布州长拥有州的最后批准权。

科尔曼案使修正法案的过程变得模糊并形成了有关联邦宪法第十四修正案的模糊先例。后来有关政治问题的判决限制了科尔曼案的适用范围。因此,在"爱达荷州诉弗里曼案"(Idaho v. Freeman)(1981)中,在国会延长了修正案最初的7年期限后,美国地区法院仍承认州议会取消已获批准的《平等权利修正案》提案的做法是正确的。

[John R. Vile 撰;李慧译;许明月校]

税务官诉戴案[Collector v. Day, 11 Wall. (78 U. S.)113(1871)]

1871年2月3日辩论,1871年4月3日以8比1的表决结果作出判决,纳尔逊代表法院起草判决意见,布拉德利反对。"科来克特诉戴案"是一系列涉及政府间税收豁免(* tax immunities)的案例之一,且它在首席大法官约翰·马歇尔(John *Marshall)对"麦卡洛克诉马里兰州案"(* Mcculloch v. Maryland)(1819)的判决意见的后部分中找到了其依据,该案裁定州不能对联邦政府的事务征税。根据这个推理,法院在"多宾斯诉伊利县案"(* Dobbins v. Erie County)(1842)中裁定州不能对联邦官员征收所得税。"科来克特诉戴案"与"多宾斯案"形成对等互惠,它裁定联邦政府不能对州的法官征收所得税。法官塞缪尔·纳尔逊(Samuel *Nelson)依据联邦宪法第十修正案(the *Tenth Amendment)和二重主权原理认为州政府和联邦政府彼此独立,各州可以保留主权的所有方面而不授权与联邦政府(参见 Dual Federalism)。接着他推论到,联邦政府不能对实质上属于州的事务征税。戴案的原理后来被"赫尔夫林诉戴维斯案"(Helvering

---

① 另请参见 Political Questions;Reapportionment Cases。
② 另请参见 Constitutional Amending Process;Judicial Power and Jurisdiction;Political Questions。

v. Gerhardt)(1938)淡化,最终在"格拉雷斯诉奥基夫案"(Graves v. O'Keefe)(1939)中被明确推翻。

[William M. Wiecek 撰;李慧译;许明月校]

权利共享[Collegiality]①

合议机构诸如最高法院合议庭的唯一结构特征就是其成员的正式权力的平等性。这里存在产生于合议结构的个人责任与进行集体判决所需要的合作之间的冲突。合作及由此产生的一致性会增加合议机构的权力和威信。首席大法官约翰·马歇尔(John *Marshall)在一幢膳宿楼中为法官们安排一切食宿以培养他们之间的交情,并使法院能得出一致判决意见以树立司法团结的形象(参见 Seriatim Opinions)。后来首席大法官又强调个人责任。现代的法官在合议结构下可以自由地展现其固有个性。

然而,有效的合议行为要求每位法官合作性地参与。权利共享并不强迫全体一致,但要求成员忠于合议庭和成员间文明相待。法官对法院所负义务则体现为较长的任期,在可能威胁体制完整性时进行一致判决以及内部矛盾的内部解决而不求助于外部的干预。同事关系有时可能因为攻击性判决意见而受到威胁,如安东尼·斯卡利亚(Antonin *Scalia)大法官在判决意见中直接地针对反对意见大法官的严厉指责的语言;也可能因为意见分歧的案件,如"布什诉科尔案"(*Bush v. Core)。大法官们通常声称不同的意见不会影响他们之间的友谊,对于相互尊重的法官能够维持朋友关系,并享受相互的共处快乐。法官们在意识形态路线上保持了真诚的联系,并在共同的价值观中发展了暖人的友谊。例如,鲁思·D. 金斯伯格(Ruth B. *Ginsburg)就讲到斯卡利亚大法官曾经拜访她,给了她一份反对意见的草稿,以便她能有时间作出回应。法院的各种实践不断提醒各位法官,他们有相互独立的地位、平等的权力和个人的尊严,例如由首席大法官梅尔维尔·W. 富勒(Melville W. *Fuller)发起的会前握手的习惯,提醒他们应直到每位法官都决定了他或她的投票后才对案件作出判决,以及应当进行正式的午餐、书信往来或在某些意义重大的私人场合赠送礼物(参见 Jackson-Black Feud)。

其他的结构特征和法院环境的改变也一直影响着权利共享的要件。法院保持小型的规模;因此专业技术好的首席大法官就能使当事人感到满意并使法院的作用得到和谐发挥。然而,联邦法院系统的发展与法院的行政化使首席大法官的注意力转移到了其他责任上(参见 Bureaucratization of the Federal Judiciary)。在19世纪法院法官任期还很短的时候,巡回审判的责任和内部责任的规定限制了法官之间达成协议。更长的法官任期和独立的办公大楼使法官更为接近。但相反的情况却是,繁重的工作量、个人拥有辅助职员和先进的办公技术使他们集中精力于个人作出判决而不是集体作出判决。在21世纪,当法院已成为一个权力性机构且法官在相对独立的环境下工作时,就需要采取不同的策略来解决存在于平等权力和集体责任之间的冲突。

[Paul J. Wahlbeck 撰;李慧译;许明月校]

共谋诉讼[Collusive Suits]②

联邦宪法第3条(*Article Ⅲ)限制了联邦法院对案件与争议(*cases and controversies)的管辖权。这个限制形成了未决的或提前诉讼案件(参见 Mootness)、政治问题(*political questions)以及原告的诉权(*standing)问题等事项享有管辖权的判例法体系。包含在管辖权系列问题的还有共谋诉讼或虚构诉讼——即没有相反利益的"友好的"当事人通过虚构一个测试案件(*test cases)来寻求获得某部制定法是否具有合宪性的意见而提起的诉讼。

自1850年开始,最高法院就坚决不赞成这类案件,并在"洛德诉维齐案"(Lord v. Veazie)中陈述道,共谋诉讼"是对法院的轻视,应受到严厉的谴责"(p.255)(参见 Contempt Power of the Court)。宪法要求必须存在"个人之间真实的、迫切的和重要的矛盾解决的需要"["芝加哥与格兰德大干道铁路公司诉威尔曼案"(Chicago and Grand Trunk Railway Co. v. Wellman)(1892, p. 345)]。尽管有这些限制,联邦最高法院的一些具有指导意义的合宪性判决仍开始承认共谋诉讼,包括"希尔顿诉合众国案"(*Hylton v. United States)(1796);"弗莱彻诉佩克案"(*Fletcher v. Peck)(1810),"所得税系列案"(1895)[参见"波洛克诉农场主贷款与信托公司案"(*Pollock v. Farmers' Loan and Trust Co.)],"卡特诉卡特煤炭公司案"(Carter v. Carter Coal Co.)(1936)。其中一些判例新带来的不幸结果证明了禁止共谋诉讼的明智。

在案件提交到联邦法院后,为阻止欺诈行为,确保对其他当事人公平和对所颁立法受到挑战的立法机关公平,以及阻止为进入联邦法院之目的而制造不同的管辖权行为的发生,联邦法院往往极其谨慎地对诉讼当事人的诉权进行复审。

[James B. Stoneking 撰;李慧译;许明月校]

礼让[Comity]③

礼让是一个管辖区通过执行另一个管辖区的法

---

① 另请参见 Chief Justice, Office of the; Workload。
② 另请参见 Judicial Power and Jurisdiction。
③ 另请参见 Federalism; Federal Questions。

律而给予对方的尊重。礼让是出于尊敬、尊重或友谊而给予，而不是出于义务。美国宪法中的礼让表现在两个方面。虽然在现代很少出现州际关系中礼让的失败，但这在历史上却是经常发生的重要事件。在现代社会中，礼让经常是涉及州法院没有对相同问题作出判决的情况下联邦法院有意（或无意）对州法进行管理的问题。

在"内战"以前，奴隶的地位问题使自由州遇到了极其令人烦恼的礼让问题。1830 年以前，路易斯安那州、肯塔基州、密西西比州和密苏里州的法院给予自由州以礼让并解放了生活或寄居在非蓄奴州的奴隶。在"共同体诉埃维斯案"（Commonwealth v. Aves）(1836) 中，马萨诸塞州最高司法法院释放了由一位游客带到马萨诸塞州的路易斯安那州的奴隶。在作出判决时，法院拒绝了有关马萨诸塞州应该给予路易斯安那州的奴隶法以礼让的争辩。在南北战争（*Civil War）前夕，北方边境的一些州的确允许主人带着其奴隶通过他们的管辖区并以此为礼让。相似的是，南方的一些州继续承认生活在北方的奴隶获得的自由身份（参见 Slavery）。

但是，反对礼让的趋势十分明显。在"斯特拉德诉格雷厄姆案"（Strader v. Graham）(1851) 和"德雷德·斯科特诉桑福德案"（Dred *Scott v. Sandford）(1857) 中，联邦最高法院裁决认为实行奴隶制度的州没有义务给予取得自由的州的自由奴隶法以礼让，但是联邦最高法院对北方的州是否有义务给予南方规范奴隶制的法律以礼让表示得很含糊。象征着对礼让的否认的案件是"米切尔诉威尔斯案"（Mitchell v. Wells）(1859)。在那个案子中，密西西比州最高法院拒绝承认一位被其主人带入俄亥俄州的奴隶获得自由，此前在俄亥俄其主人依法解放了她的人身。在"莱蒙诉人民案"（Lemmon v. The People）(1860) 中，纽约州最高法院支持了被一位旅行者带到纽约市的奴隶获得自由身份，而该旅行者仅仅是为了在纽约换船以直接到达路易斯安那州。

各州离婚法的差异也导致了对州际礼让的否认。尽管主张离婚的程序是所有其他的州都必须按宪法第 4 条"完全诚意与信任"（*Full Faith and Credit）之规定予以执行的一种"诉讼或司法程序"，但是各州仍然拒绝承认依据比本州的法律更宽松的州法律所认可的离婚（参见 Family and Children）。然而在大多数法域，州际礼让顺利地进行着。因此，各州作为一种互惠互利或礼让，经常允许访问者携带驾照从其他州驱车来到本州，承认其他州的婚姻（*marrige）和收养，并为本州的移居者或游客颁发执业许可证。

礼让概念也衍生了现代的规避原则（doctrine of *abstention），该原则发端于州法院和联邦法院平等负有实施《美国宪法》规定之义务的观念。法官桑德拉·戴·奥康纳（Sandra Day *O'Connor）在"布罗克特诉斯珀坎·阿卡狄斯公司案"（Brockett v. Spokane Arcades, Inc.）(1985) 中注解到："联邦最高法院很早就认识到对礼让和联邦主义的关注可能会要求禁止联邦法院对某些联邦宪法问题，即那些涉及需对包含其间的州法问题先行解释的案件作出判决……由于拿不准的某个州法问题必须在联邦宪法问题判决之前得到解决，那么联邦法院就不应该禁止'对该联邦问题作出判决'，直到州法院提出那个州法问题"（pp. 27-28）。

相似的是，依据礼让和联邦法律，最高法院一般会拒绝允许联邦法院介入州法院的未决案件，即使联邦法院并无不值得信任的干扰存在。正如"扬格诉哈里斯案"（*Younger v. Harris）(1971) 所说，礼让"是对州的作用的适当尊重，是对完整的国家由各独立的州政府联合而成这一事实的承认，也是对这一假定的一贯信任，即如果各州及其机构保留以独立的方式发挥其独立作用的自由，那么联邦政府将会运行得更好。可能由于缺乏一种更好、更清晰的描述方式，这段话通常被很多人说成'我们的联邦主义'，并且凡是了解使我们《联邦宪法》得以存在的论争具有深远意义的人一定会尊重那些忠于理想和忠于'我们的联邦主义'梦想的人"（p. 44）。

参考文献 Paul Finkelman, *An Imperfect Union: Slavery, Federalism, and Comity* (1981).

[Paul Finkelman 撰；李慧译；许明月校]

商业权力 [Commerce Power]

召开 1787 年制宪会议的一个强大动力是由联邦来控制整个国家的商业之迫切要求，因为许多州为保护本州商业企业而纷纷设立的州际贸易壁垒使这个国家的商业开始变得混乱起来。因此，围绕着是否采纳宪法第 1 条第 8 款第 3 项展开了一场小范围的讨论，该项条文授权国会"规范各州中涉及外国的商业，以及规范涉及印第安部落的商业"。与规范国内商业的规则不同，涉及印第安部落及外国商业的那些规则在这些年相对来说未引起重视。法院的判决事实上支持了所有涉及土著美国人（*Native Americans）的立法，包括禁止部落储备酒的买卖。相似的，国会对外国商业的管辖权被认为是完整的和排他的，包括有权建立关税，管理航海、航空、交通工具以及有权禁止进口和为反对不友好的外国而实施禁运。

然而，"规范各个州中……的商业"的这种措辞在 1789 年到 1950 年间引起了比宪法任何其他条款都更多的争论，最后该条款成为了国家权力唯一最重要的源泉。首席大法官约翰·马歇尔（John *Marshall）在"吉本斯诉奥格登案"（*Gibbons v. Ogden）(1924) 中为未来商业的发展建立了这个平台，当时最高法院对商业条款的最初解释中，他的判决以宽泛的语言认定纽约州授予蒸汽航海在其水域上的垄断地位的做法与一部联邦制定法相冲突。马歇尔主张,商业不是买卖,还有"贸易交流"且包括了航海(pp. 189-190)。而且联邦的权力,马歇尔说,"本身是完整的","承认其没有限制,而不是在宪法中所描述的那样"(pp. 196-197)。这个单词"……中",马歇尔继续说道,意味着"被混合"并且因此在这些州之间进行的商业不因州的边界而停止,而且"可能被纳入国内贸易的范畴"(p. 194)。尽管如此,马歇尔仍然承认州的自治权,宣布该条款不能适用于完全在一个州内进行的商业和"不会延伸至其他州或不会影响到其他州"的商业(p. 194)。因此他拒绝承认国家对一切国内商业拥有排他性权力。在"威尔森诉布莱克包德港湾湿地公司案"(*Wilson v. Blackbird Creek Marsh Co.)(1829)中,马歇尔保持了同样的宪法立场,他观察到,当商业条款处于"睡眠状态"而不支持联邦法律时,它就不会阻碍州对适航水路进行规范。

与州权力之冲突 联邦政府很少求助宪法商业条款作为国家规范商业事务的授权,直到《1887年州际商业法》和《1890年谢尔曼反托拉斯法》(*Sherman Antitrust Act of 1890)的通过。因此在采纳宪法的商业条款之后,经过漫长的一个世纪之久,诉至法院的案件中才开始提出州的经济调控法构成了对州际商业的违宪限制的主张。

在南北战争(*civil war)之前,为解决这种冲突所作的那些判决近于完全的混乱,直到1852年"库利诉费城港监委员会案"(*Cooley v. Port Wardens of Philadelphia)才形成了一种模式。该案中法院支持州对港口领航员的管理,并采纳了"选择性排斥"(*selective exclusiveness)原则。简言之,该原则是指如果商业的主要问题要求由国家统一管理,那么只有国会可以作出规范;然而,如果商业具有地方性质且国会没有对此立法,那么州则可以作出规范。尽管法院最后形成了一种固定模式以加强其判决——并且库利案从未被推翻过——但法官们很快意识到,该判决不能被自动适用。

联邦最高法院对库利案判决的适用经常引起国会采取行动。例如,当铁路工业尚处于发展的初期时,各州就开始通过颁布包括固定费率在内的各种调控措施来保护本州公共资源不被开发利用。在"派克诉芝加哥与西北铁路公司案"(Peik v. Chicago and Northwestern Railway Co.)中,最高法院就支持了威斯康星州法对州内作业的公共承运人实行固定费率。尽管州的这种规范可能会间接影响在该州之外的承运人,但是除非国会介入,各州仍有颁布这种规范的充分自由。在10年内,法院又推翻了它原来的立场,在"瓦巴施、圣路易斯和太平洋铁路公司诉伊利诺伊州案"(*Wabash, St. Louis & Pacific Railway Co. v. Illinois)(1886)中,法院认为,如果一段铁路属于州际铁路网络的一部分,那么州就不能对价格进行控制甚至当该段铁路处于该州边界之内。因此,整个铁路将不能为州所管理,除非国会有违法行为。随着1887年《州际商业法》的通过,法院从此就依此判决了。

在《谢尔曼反托拉斯法》颁布后提起的第一个案例,"合众国诉E. C. 奈特公司案"(United v. E. C. *Knight Co.)(1895)中,政府为打破该公司对糖类加工的垄断而控告美国糖类精炼公司跨州实施非法限制竞争行为。法院认为,事实真相是为外销到其他州而对商品进行加工的做法不会成为州际商业的一部分。然而在几年内,当"斯威夫特及其公司诉合众国案"(*Swift & Co. v. United States)(1905)中法官们一致作出在食用肉包装中安排固定费率的做法虽然是地方性行为,但实际上仍是对商业的一种限制的判决后,法官们就不再严格地对运输与加工进行区分了。法官奥利弗·温德尔·霍姆斯(Oliver Wendell *Holmes)代表法院起草的判决意见中宣布了"商流"(*stream of commerce)理论,强调为了食用肉的加工而将牛群从一个州运往另一个州和随后的将加工后的食用肉运往这个国家的其他地区的行为构成了一种"典型的,不变的重现过程",一种流或商流,因此地方性的价格固定行为对州际商业的影响并不是"偶然的、次要的、遥远的或仅具有可能性的事"(pp. 396-399)。到20世纪20年代末,法院依靠这个原理支持了国家对商业企业实施的不断增加的调控措施。

国家治安权 随着国家的扩张以及州的难题开始蔓延到其他州,国会因必须处理州不能再有效解决的事务而压力倍增。自宪法不允许国会以公共卫生、道德、安全或福利的名义进行立法以来,国会只能靠间接手段,靠可以与调控措施相关的特别授权来进行以上立法。正是宪法商业条款成了进行这种立法的主要媒介。在"钱皮恩诉埃姆斯案"(*Champion v. Ames)(1903)中,最高法院建立了一种新的理论以支持一部禁止彩票跨州发行的联邦制定法。直到此时,国会才有权以保证商业流通渠道不被阻塞为名来保护商业的自由流通,依这个新的理论,对商业有害或其本身是无害的,但在一般效果上有害的商品可能被禁止。

从彩票发行案可以看出,它相对于其他的国家治安权措施来说只迈出了小小的一步,例如1910年的《曼恩法》(*Mann Act of 1910)规定为不道德之目的将妇女运出州界的行为构成犯罪[1913年"霍克诉合众国案"(Hoke v. United States)],1915年的《反机动车辆盗窃法》规定故意驾驶偷来的机动车穿过一州边界的行为构成联邦犯罪[1925年"布罗克斯诉合众国案"(Brooks v. United States)]。通过对利用州际商业流通渠道实施不正当运输和从事犯罪活动的禁止,国会能够保护公众免受只靠单个州之力量不能制止的罪恶行为的侵害。但是在1918年,联邦最高法院又重新开始执著于弄清制造业和商业之间的区别了。为将雇用童工规定为违法,国会于1916年颁布了一部制定法,以禁止在州际商业中运输由小于14岁的儿童在工厂制造的或在矿山开采的产品。在"哈默诉达根哈特案"(*Hammer v. Dagenhart)(1918)中,法院宣称国会已超越其权限。国会对商品进行有害处理或对食品进行掺杂掺假及毒品买卖等行为作出禁止性规定都是允许的,但是如果禁止那些本身无害也未对商业造成阻碍的商品则是另一回事了。法院所宣称的雇用童工的罪恶指的是制造业而不是商业,在本质上是地方立法机关的权限范围,因此由国会来行使管辖权是不适当的。

"新政" 在达根哈特案判决后,国会连续15年抑制住没有对地方商业活动进行干预,但随着20世纪初期的30年间全国经济几近崩溃情形的出现以及后来致力于经济复苏的政府大选的进行,国会追寻着富兰克林·D.罗斯福(Franklin D. *Roosevelt)总统的脚步,使宪法的商业条款问题得以复兴。在颁布的一系列法律中,总统与国会试图带给混乱不堪的工业以秩序,但大多数法官仍然坚持商业和制造业之间有区别,坚持对商业有直接影响和间接影响的两种活动之间有区别。结果是许多早期的"新政"立法因被法院推翻而逐渐被遗忘。例如,1933年《国家工业复兴法》授权总统颁布包括对工资和工时进行规范的保护公平竞争的工业法典,而在"谢克特禽畜公司诉合众国案"(*Schechter Poultry Corp. v. United States)(1935)中,该法的这个条款却被宣布为违宪,其部分原因在于法典试图对州内商业进行管制。

在保守的联邦最高法院的判决中遭到几次失败后,总统罗斯福提出扩大法院规模的建议,流行称作"法院人员布置计划"(*court packing plan),该计划将通过增加总统所信任的能从政治上说服其他法官并寻找"新政"政策具有合宪性理由的法官的方式来减轻法院的保守主义倾向。虽然这个计划以失败告终,但该计划对司法完整性的干涉所造成的威胁已对司法界的传统观点产生了预期的影响,因为从1937年开始,多数法官抛弃了过去限制国家权力基于商业条款进行扩张的许多理论。

在一系列案例中,法院抛弃了在制造业和商业之间,直接影响和间接影响、直接责任和间接责任之间的一切旧有的区别。其中最有名的案子是"全国劳动关系委员会诉琼斯及劳夫林钢铁公司案"(*National Labor Relations Board v. Jones & Laughlin Steel Corp.)(1937),该案支持了1935年颁布的《国家劳资关系法》,这部法律对为州际贸易而从事商品生产的所有雇员所签订的集体劳动合同提供法律保护;"合众国诉达比木材公司案"(United States v. *Darby Lumber Co.)(1941)尤其推翻了"哈默诉达根哈特案"的判决以支持1938年颁布的《公平劳动标准法》,该法禁止州际贸易中支付给产业劳工的工资低于最低工资每小时40美分,并且保证一周最高工时为40小时;"威卡德诉菲尔伯恩案"(*Wickard v. Filburn)(1942)支持1938年《农业调整法》对可能影响州际商业的农业生产进行规范。

今天的商业权力 在其后的后"新政"时代50年间,国会利用商业条款作为宪法基础,将国家规范的势力扩大到国民生活的方方面面,而所有的行为都得到了联邦最高法院的认同。国家干预中最有意义的领域之一是种族歧视领域。在1964年国会颁布了禁止在国内的旅店、汽车旅馆、饭店、戏院和电影院进行种族歧视的《民权法》(*Civil Right Act),现在来看,该法是以宪法商业条款为基础而不是以联邦宪法第十四修正案(the *Fourteenth Amendment)为依据。在"亚特兰大中心旅馆诉合众国案"(*Heart of Atlanta Motel v. United States)(1914)和"卡曾巴赫诉麦克朗案"(*Katzenbach v. McClung)(1964)中,联邦最高法院裁决认为种族歧视会对州际贸易产生有害的影响,因此它是国会关注的合适目标。

40年来法院在"全国城市联盟诉尤塞里案"(*National League of Cities v. Usery)(1976)中首次推翻了基于商业条款而颁布的立法,法院裁决《1938年公平劳动标准法》的修正案中所要求的最低工资和最高工时不能延伸适用于州和地方政府的雇员。法院认为这种要求涉及国会对"州的主权属性"的侵扰(p. 845)。

在判决后不到10年时间里,"加西亚诉圣安东尼奥都市交通局案"(*Garcia v. San Antonio Metropolitan Transit Authority)(1985)就推翻"尤塞里案",并认为,《1938年公平劳动标准法》对各州具有约束力。从表面上看,"双重主权"的概念在使州权力最大化并使联邦的权力最小化方面不再为司法机关所认可。但该案并不如此。

在威廉·J.伦奎斯特(William J. *Rehnquist)于1986年成为首席大法官之后,联邦最高法院倾向于否认国会利用联邦宪法的商业条款对州主权加以干涉。在"合众国诉洛佩斯案"(United States v. Lopez)(1995)中,对这一问题有比较深入的探讨,在该案中,联邦最高法院宣布《校区禁枪法》(Gun-Free School Zones Act)无效,该法将距离学校一定范围内持枪视为联邦犯罪。在代表形成大多数的五位大法官发表的意见中,伦奎斯特对历史上源于商业条款的各种判例作了总结。他注意到,自1937年琼斯与劳夫林钢铁公司案以来,联邦最高法院一直遵守这样一个规则,即如果国会对商业活动或其他在"实质上影响"州际商业活动的行为的"渠道"或者"手段"加以规制,国会的规制就是符合宪法的。联邦最高法院据此认为,在学校周围持枪与州际商业活动之间没有明显的联系。自1936年以来,联邦最高法院第一次以国会越权为由宣布一项联邦法律无效。同时,在"合众国诉莫里森案"(United States v. *Morrison)(2000)中,大法官们以国会超越宪法商业条款的权力为由,宣布《反暴力伤害妇女法》(Violence Against Women Act)中的救济性条款违宪。

潜伏商业权力 约翰·马歇尔首先在"威尔森诉布莱克包德港湾湿地公司案"(*Wilson v. Blackbird Marsh Co.)(1829)中提到了这一用语,并在1852年的库利案中加以完善。潜伏的商业权力条款是指,商业条款没有相关立法支撑的独自存在,这种潜伏的商业条款,对各州的治安权(管制性的)和税收权具有重大的约束作用。潜伏的商业权力通过废除那些干涉各州间商业活动的州法律而鼓励建立全国性的市场。

从历史上看,如果没有国会的立法,各州有关商业活动的立法在何种情况下是符合宪法的,联邦最高法院的观点并不具有连续性。在"南太平洋公司诉亚利桑那州案"(Southern Pacific Co. v. Arizona)(1945)中,联邦最高法院宣布亚利桑那州的一项法律无效,因为该法禁止14人以上或者70节货车车箱的火车在该州境内运行。考虑到该州90%以上的客运和货运都具有州际商业活动的性质,公司会被迫承担额外的费用,联邦最高法院认为,该州的做法严重影响了商业活动的自由流通。而在几年以前的"南卡罗来纳州公路管理部门诉巴恩威尔兄弟案"(South Carolina State Highway Department v. Barnwell Brothers)(1938)中,联邦最高法院维持了南卡罗来纳州的一项禁止载重超过2万磅以及宽度超过90英尺的货车使用该州的公路进行运输的法律,认为在没有国会立法的情况下,该州可以保护其自行修建和维护的公路。

在沃伦法院时期(1953—1969),潜伏的商业权力没有得到充分的重视,但在首席大法官沃伦·伯格的任期(1969—1986),联邦最高法院在此方面审理了几个重要的案件。在"费城诉新泽西州案"(Philadelphia v. New Jersey)(1978)中,联邦最高法院认为新泽西州的一项法律无效,因为该法禁止进口液态和固体废旧物的做法过度限制了州际商业活动。然而,在"李维斯公司诉斯塔克案"(Reeves Inc. v. Stake)(1980)中,州的自治权原则占了上峰,南达科他州的一项法律承认该州居民在购买该州一家水泥厂的产品时有优先权,联邦最高法院对此予以认可;同时,法官们还在该案中把一个州作为市场参与者与市场规制者的角色加以了区分。

在"俄克拉荷马州税务委员会诉杰弗森运输公司案"(Oklahoma Tax Commission v. Jefferson Lines, Inc.)(1995)中,联邦最高法院目前在州征税权与潜伏的商业条款之间的关系方面立场得到了充分的体现。对于那些始于俄克拉荷马州而终于其他地方的公共汽车运输,俄克拉荷马州对汽车票的销售税征收了不加区分的税款,联邦最高法院予以认可。另一方面,在"C&A碳化物公司诉克拉克斯通城案"(C&A Carbone, Inc. v. Town of Clarkstown)(1994)中,一项地方法律禁止其他州的垃圾处理商进入该州而对该州自己的垃圾处理商予以垄断特权,联邦最高法院的法官们废除了该法。在"坎普斯·纽芬达/奥瓦通纳公司诉哈里森城案"(Camps Newfound/Owatonna, Inc. v. Town of Harrison)(1997)中,缅因州的一部法律对慈善组织在财产税方面的豁免权也扩大适用于其他非盈利但具有慈善性质的组织,但对非缅因州的其他居民却不适用,虽然他们也具有慈善的性质,联邦最高法院认为,依据潜伏的商业权力条款,该法是违宪的。不管把它看作联邦管制措施的一种积极的权力,还是把它看作对州治安权和征税权的一种消极的限制,宪法商业条款一直是并且还将继续是一种维持州权力与构成联邦体系的全国性权力有效平衡的重要宪法工具。

参考文献 Edward S. Corwin, *The Commerce Power Versus States Rights* (1936); Richard A. Epstein, "The Proper Scope of the Commerce Clause", *Virginia Law Review* 73 (1987): 1387-1455; Felix Frankfurter, *The Commerce Clause Under Marshall, Taney and Waite* (1937); Earl M. Maltz, *The Chief Justiceships of Warren Burger, 1969-1986* (2000); R. S. Myers, "The Burger Court and the Commerce Clause: An Evaluation of the Role of State Sovereignty", *Notre Dame Law Review* 60 (1985): 1056-1093.

[Robert J. Steamer 撰;李慧、邵海译;许明月、潘林伟校]

商业言论[Commercial Speech]

联邦最高法院已形成了联邦宪法第一修正案对商业广告保护的一个独立的层面。尽管从联邦最高法院的判决意见来看,对商业言论的保护总体上呈现出日益强化的趋势,但是,联邦最高法院也承认,商业言论并没有得到与其他受保护非商业言论同样水平的保护。

当联邦最高法院在"瓦伦丁诉克里斯琴森案"(Valentine v. Chrestensen)(1942)中第一次面对这一问题时,其对商业广告应受联邦宪法第一修正案保护观念的认识并不到位,本案中,联邦最高法院维持了纽约州的一项禁止在街头分发商品宣传单的法令。在大法官们明确地推翻1976年"弗吉尼亚州药物委员会诉弗吉尼亚州市民消费委员会案"(Virginia State Board of Pharmacy v. Virginia Citizens Consumer Council)之前,联邦最高法院并没有承认宪法第一修正案对于商业言论的保护。

在弗吉尼亚州药业案中,联邦最高法院判决,商业言论并不属于宪法第一修正案保护的范围。该案宣布一项禁止对处方药价格打广告的制定法无效,其理由是这种广告向依赖自由流动的商业信息的消费者来说传递了重要的信息。基于对消费者在知情的情况作出决策的权利的关注,在20世纪70年代,该法院授予商业言论大量的宪法第一修正案的保护。

这种观念也在"中央赫德森气电公司诉纽约公共服务委员会案"(Central Hudson Gas & Electric Corp. v. Public Service Commission of New York)(1980)中引导了法院,该案中法院确立了保护商业言论的一项新标准。在以实用为由而推翻一部禁止某种广告的制定法后,法院认为联邦宪法第一修正案之所以能适用于商业言论是基于广告的信息功能。作为该案结果的确定商业广告管制的合宪性问题的四要素标准是:(1)表达是否具有合法行为的性质,并不会产生误导;(2)所主张的政府利益是否是重大的;(3)是否该管制直接促进了政府利益的实现;(4)是否该限制没有超出实现政府利益所必要的程度。

但是,在20世纪80年代,联邦最高法院作出一系列的限制第一修正案在商业领域中适用的判决。在"波多黎各波萨达斯联谊会诉波多黎各旅游公司案"(Posadas de Puerto Rico Associates v. Tourism Co. of Puerto Rico)(1986)中,法院维持了波多黎各一项禁止就合法的卡西诺纸牌赌博作真实广告的法律。在"纽约州立大学受托人委员会诉福克斯案"(Board of Trustees of the State University of New York v. Fox)(1989)中,联邦最高法院继续维持了其对州立法机关的决策的尊重,法院不仅维持了大学方面对校园中商业广告的禁止,而且,宣称政府无需按照"最低约束手段"(the *least restrictive means)的要求对商业言论进行管制。最低约束手段标准是在中央赫德森案确立的四要素标准中的第四项要求,这种标准在平衡立法利益与作为实现这种利益手段的管制之间,被补充而成为"合理适度标准"(reasonable fit standard),法院声称,使用一个更为严格的标准与商业言论在宪法第一修正案中从属的地位是冲突的。

在20世纪90年代,联邦最高法院又转向对商业言论的更充分的保护。在"辛辛那提市诉发现网络公司案"(Cincinnati v. Discovery Network)(1993)中,联邦最高法院否决了一项城市法令,因为该法令基于美学和安全的原因而禁止发放广告小册子。法院认为,虽然该市有权维护城市的安全和整洁,但没有充分的证据表明该法令与其目的之间是相协调的。在"44酒商诉罗得岛案"(*44 Liquormart v. Rhode Island)(1996)中,对于过于宽泛地禁止商业言论的法律,联邦最高法院继续宣布其无效。在44酒商案中,罗得岛州的法律禁止对酒的价格进行广告宣传,这与联邦宪法第一修正案的规定是相悖的。联邦最高法院认为,该州无法证实其法律产生了预期的效果:酒的销量减少以及有效禁酒。对于价格广告,罗得岛州还有其他一些替代性的方法,这些方法的使用既可以降低饮酒量,又不会侵犯言论自由权,如提高税收或者教育宣传活动。

"44酒商案"所依据的原则在另外的案件中得到了重申,这些案件是"大新奥尔良广播协会股份有限公司诉合众国案"(Greater New Orleans Broadcasting Association, Inc. v. United States)(1999)、"罗瑞拉德烟草公司诉赖利案"(Lorillard Tobacco Co. v. Reilly)(2001)。前者是有关赌博的,而后者则是有关香烟广告的,这两起案件再次确认了如下原则:对合法活动所作的真实商业言论,应该受到政府规制活动的保护。然而,如果把这一原则与联邦宪法第一修正案的传统分析相比较,就可以发现商业言论受到了更少的保护。例如,根据联邦宪法第一修正案的传统分析,商业活动不需要具有合法性,也没有要求商业言论必须具有真实性、非误导性。此外,对于非商业言论案件而言,政府的利益必须是"强制性的"而不仅仅是"实质性的"。

考虑到联邦宪法第一修正案对商业言论的保护范围是非常有限的,对商业言论与非商业言论的认定就具有至关重要的作用。在2002年加利福尼亚州最高法院审理的"卡斯基诉耐克公司案"(Kasky v. Nike, Inc.)中,耐克公司为对其在海外的实施对有争议的劳动实践进行辩护,展开大规模的公共关系活动,这一做法受到了质疑。加利福尼亚州最高法院认为,耐克公司的公关材料(包括新闻发布会、向报社发送的材料)属于商业言论,因此应该受到该州消费者保护法的规制,即不能做错误的、误导性的广告宣传。加利福尼亚州最高法院同意受理该案的上诉,但联邦最高法院在2003年6月驳回了该案,而没有明确提及商业言论。对于如何完整地界定商业言论问题,仍然要拭目以待。

[Patrick M. Garry 撰;Soontae An 校;李慧、邵海译;许明月、潘林伟校]

公共承运人[Common Carriers]①

英国普通法传统上将公共运输企业描述为"公共承运人"——"公共行业"的一个亚类别。这种企业与普通企业的不同在于其服务能为一般公众所获得。而且,这些服务的质量和费用对社会生活和经济生活来说具有特殊意义。按照普通法(*common law),法院为公共承运人强加了三种特殊的义务:(1)他们有义务为所有请求他们提供服务的人服

---

① 另请参见 Interstate Commerce Commission。

务;(2) 禁止费率定价和运作中的不合理现象;(3) 对他们所适用的责任标准远比适用于一般商业法的标准更为严格。

在美国,联邦最高法院一直是有关承运人的法律义务和免责问题的最终裁判者,直到《州际商业法》(1887) 及其诸多修正案的出台才大量取代了法官造法在规范国家商业中的地位。在"新泽西汽船航运公司诉波士顿商业银行案"(New Jersey Steam Navigation Co. v. Merchants' Bank of Boston)(1848) 中,法院建立了一系列规则,例如陆路或水路承运人是否可在合同中约定因过失而致损可以排除对其适用严格责任。联邦最高法院也在"帕罗特诉威尔斯·法戈案"(Parrot v. Wells Fargo)(1872)中规定了"服务之义务"概念的范围,该案涉及危险货物的运输。另外,在一系列联邦运输法律法规颁布之后,联邦最高法院致力于对判断国会在多大程度上可以取代传统普通法,如在承运人过失等领域,进行制定法上的解释"亚当斯快递诉克罗宁格案"(Adams Express v. Croninger)(1912)]。

在"芒恩诉伊利诺伊州案"(*Munn v. Illinois)(1877)中,联邦最高法院将普通法上对普通企业与对公众负有特殊义务的公共企业的区别引入了宪法。芒恩案原则指出"影响公共利益"的企业与谷仓和铁路一样意义重大。因此,它们除了要受各州仅对"普通"企业作出的规制之外,还必须受制于公共规范对其费率和操作习惯的规制。在 60 多年的时间里,联邦最高法院适用这个原则对各州管制规范的有效性进行了复审。在"奈比亚诉纽约州案"(*Nebbia v. New York)(1934)中,联邦最高法院抛弃了芒恩案的模式而留给立法机关这样一个判决:是企业所作出的行为(而不是由于企业具有的公共性)保证有关费率和运作的规章制定权得以行使。

参考文献 Jurgen Basedow, "Common Carriers: Continuity and Disintegration in U. S. Transportation Law," *Transportation Law Journal* 13 (1983): 1-42, 16-188; Harry N. Scheiber, "The Road to Munn: Eminent Domain and the Concept of Public Purpose in the State Courts," *Perspectives in American History* 5 (1971): 327-402.

[Harry N. Scheiber 撰;李慧译;许明月校]

普通法[Common Law]

它是实施于英国皇家法院(王座法院、高等民事法院和理财法院)的判例法体系——这是与其他实施于不同法院的英国法律体系,诸如衡平法(参见 Injunctions And Equitable Remedies)、海事法(*admiralty)、教会法以及自治市法院与领地法院的习惯法等相比较而言的。威廉·布莱克斯通将普通法归为一般习惯法领域,正如一位皇家法官解释的那样,是法律的"活神谕"。"普通法"的措辞有时作为与"成文法"(民法)(*civil law)相对的法律类型使用,而后者是指以罗马法(*Roman law)为渊源并传下来的在欧陆国家(和受欧洲影响的国家)实行的以法典为基础的法系。

普通法在美国殖民地被接受,并在州和联邦的宪法革命之后被采纳为美国法律体系的基础。联邦最高法院是普通法法院(*common-law court)。然而,联邦最高法院早期认为,既不存在有关犯罪的联邦普通法(*federal common law)["合众国诉赫德森与古德温案"(United States v. *Hudson and Goodwin)(1812)],也不存在联邦民事普通法["惠顿诉彼得斯案"(Wheaton v. Peters)(1834)]。在美国司法实践中,普通法是两大法律体系之一(另一个是衡平法),现在它融入了联邦在内的所有管辖区采纳,并成为美国法律秩序的基础。

[William M. Wiecek 撰;李慧译;许明月校]

普通法法院[Common-Law Court]

联邦最高法院是一个在只包含有很少联邦普通法(*federal common law)的体系中运作的普通法法院。然而其所具有的普通法性质对于联邦最高法院作为宪法裁判者作用的发挥来说是很重要的。普通法(*common law)是一种不由立法机关而由法院和法官进行造法的法律体系。虽然经常被称为"不成文法",但这种措辞实际上仅指其在法的渊源上被假定为具有普遍性的习惯、公理或自然法(*natural law)。在普通法体系中,法律的要旨是在公布了的法院判例汇编中发现的。首先,法律只有通过对有关实际存在的纠纷进行诉讼的方式才能产生。其次,先例(*precedent)引导法院:如果前后案件的事实完全相同,那么一个案件必须按照它以前的案例进行判决。这就是遵循先例原则。但是后来的判决也可以改变先例所确立的法律。如果新的案例的事实是不同的,那么一个新的规则就会诞生。而且有时候,如果某个先例的判决依据明显是错误的,那么后来的法院也可以推翻先前的判决。

美国社会在宪法的起草时被注入了普通法思想。普通法起源于中世纪的英国皇家法院。到 1776 年为止,它在所有的英殖民地适用。革命的经历使美国人增加了对普通法的依恋,尤其接受了政府应受普通法原则之控制的理念。尽管宪法并未明确规定最高法院是普通法法院,但宪法第 3 条(*Article Ⅲ)划分了联邦法院对普通法、衡平法和海事法(*admiralty)的管辖权。1787 年费城会议否决了将会把联邦的管辖权限制于国会立法所涉事项的主张。因此,宪法含蓄地承认了最高法院是普通法法院,正如联邦宪法第七修正案(the *Seventh Amendment)在《权利法案》(*Bill of Rights)中所作的那样。

宪法留下了一个问题尚未解决，就是到底有没有联邦普通法的存在？最高法院在"合众国诉赫德森与古德温案"（United States v. *Hudson and Goodwin）(1812)中首次承认不存在有关犯罪的联邦普通法，后来又在"惠顿诉彼得斯案"（*Wheaton v. Peters）(1834)中承认也不存在联邦民事普通法。但是在"斯威夫特诉泰森案"（*Swift v. Tyson）(1842)中，法院允许低级别联邦法院（*lower federal court）依据"商事法理学的一般原则和原理"（p.19）对商事法律问题作出判决，这就打开了一般联邦普通法后来得以发展的大门。一个世纪以后，在"伊利铁路公司诉汤普金斯案"（*Erie Railroad v. Tompkins）(1938)中，法院通过宣告斯威夫特案违宪从而终止了联邦普通法的发展。[然而同时，法院又承认存在专门化的联邦普通法体系，例如，诸如以规范劳动关系的联邦成文法为基础形成的劳动法（*labor law）体系的司法发展。]今天，联邦法院一般必须以州的实体法，包括州的普通法为判案依据。

尽管缺少联邦普通法，联邦最高法院在解释宪法时依据的仍是普通法。例如，联邦最高法院拒绝为纠纷双方提供咨询意见（*advisory opinion），而是等待当事人向其提起诉讼。先例使联邦最高法院的司法审查（*judicial review）权得以形成；因为它，联邦最高法院的任何一个判决都是相似判例的先例。因此，如果一个州的法律被判违宪，那么其他州的所有相似的成文法都是违宪的，面对毫不妥协的南方对法院在"布朗诉教育理事会案"（*Brown v. Board of Education）(1954)中所作判决的抵抗，法院不得不在"库珀诉阿伦案"（*Cooper v. Aaron）(1958)中就此作出强调。

参考文献　Karl Llewellyn, *The Common-Law Tradition: Deciding Appeals* (1960).

[Richard F. Hamm 撰；李慧译；许明月校]

共产主义与冷战[Communism and Cold War]①

在美国与苏联之间的国际对抗形势最严峻的阶段，共产主义成了联邦最高法院关注的重心。"冷战"是由于第二次世界大战（*World War Ⅱ）以后美国不愿看到俄罗斯在中欧和东欧的优势地位而爆发的。至1947年，美国已将它自己拉入对苏联的遏制政策之中。由于美国的政策制定者将共产主义与苏联帝国主义等同，因此遏制战略的执行不仅包括围绕USSR建立军事防御体系，也包括努力减少欧洲国内共产党及后来向USSR提供经济援助的第三世界国家国内共产党的号召力。政府反共产主义领导人，如总统哈里·杜鲁门那辞藻华丽的语言唤起了这个国家对共产主义的关注。尽管美国共产主义者在数量上很少，而且对国家安全的威胁也很小，但是像诸如参议员约瑟夫·R.麦卡锡（Joseph R. McCarthy）一样的政治煽动家却残忍地利用了这个事实以致造成了红色恐慌事件。

反共产主义者的狂潮促使政府开始实施以打击谍报活动和颠覆（*subversion）政府行为为目的的各种措施。这些措施包括国会颁布的《1950年国内治安法》和《1954年共产党人控制法》，刑事起诉，将激进主义者驱逐出境，忠诚安全计划的发展，因对付共产党人的颠覆活动而组建的专门组织的官员之任命，忠诚宣誓要求，以及由几个国会委员会进行的随心所欲的调查，其中最恶名昭著的是国会反美行动委员会（简称HUAC）。其中许多政府行为使个人权利陷于危险，产生了一系列问题，这些问题后来都诉至了联邦最高法院。

在这一类型的案件中，文森主持下的联邦最高法院一般会支持受到挑战的政府行为。因此在"美国通信协会诉杜茨案"（*American Communications Association v. Douds）(1950)中，法院肯定了《塔夫脱—哈特莱法》（Taft-Hartley Act）中要求工会（*labor union）官员将工人否认自己是共产党成员的誓词进行归档的条文是合宪的。在"丹尼斯诉合众国案"（*Dennis v. United States）(1951)中，由于共产党领导人因违反《史密斯法》而犯罪，因此法院不认为《史密斯法》违反了联邦宪法第一修正案（the *First Amendment）之规定。

大约在1953年文森去世之时，国际紧张局势开始缓和。朝鲜战争以签署停战协定而结束。1955年，总统艾森豪威尔在日内瓦高层会议上会见了苏联的新领导人。在国内，反共产主义者的狂潮有所平息。政治气氛得以改变的标志就是1954年12月参议院对麦卡锡议员的谴责。

到了1956年，沃伦主持下的最高法院的判决中也开始反映出这个国家的新情况。在"彼得斯诉霍比案"（Peters v. Hobby）(1955)和"科勒诉扬案"（Cole v. Young）(1956)中，联邦最高法院使因忠诚安全计划被解雇的联邦雇员得以恢复其岗位。法院也推翻了对共产党领导人违反州的反扰乱治安的法律所给予的有罪判决，并否定要求共产党必须到颠覆活动控制委员会登记的命令。在"红色星期一"（1957年6月17日）那天，法院在"沃特金斯诉合众国案"（*Watkins v. United States）(1957)中推翻了对一位拒绝回答国会反美行动委员会所提问题的人判处藐视（*contempt）法院罪的裁决，并且在"斯维齐诉新罕布什尔州案"（Sweezy v. New Hampshire）(1957)中给州立法机关行使的调查活动强加以宪法的限制。在"瑟维斯诉杜勒斯案"（Service v. Dul-

———
① 另请参见 Assembly and Association, Freedom of; Speech and Press。

les)(1957)中,联邦最高法院令联邦政府使其所声称的安全危险回复正常,并在"耶茨诉合众国案"(*Yates v. United States)(1957)中推翻了依据《史密斯法》对加利福尼亚州共产党领导人所作的有罪判决。

这些判决激怒了国会的许多保守派成员,他们通过立法来发动攻势以使联邦最高法院的判决无效。参议员威廉·詹纳(William Jenner)提出了以剥夺联邦最高法院在五种忠诚和颠覆类型案件中的上诉管辖权的法案。他的建议以失败告终,相当部分的原因在于联邦最高法院不再坚持其在红色星期一那天所处的立场。在"巴伦布莱特诉合众国案"(*Barenblatt v. United States)(1959)和"厄普豪斯诉怀曼案"(Uphaus v. Wyman)(1959)中,联邦最高法院对相似的问题作出了与"沃特金斯诉合众国案"截然相反的判决,并且在"斯凯尔斯诉合众国案"(*Scales v. United States)(1961)中,联邦最高法院支持了依据《史密斯法》对共产党成员所作的有罪判决。法院态度之所以发生转变是因为法官费利克斯·法兰克福特(Felix *Frankford)和约翰·马歇尔·哈伦(John Marshall *Harlan)的立场从拥护公民自由转变到支持政府采取各种用以对付共产主义的行为。这种倒转被证明只是暂时的,因为在1962年法兰克福特退休以后,法院继续使许多冷战时代遗留下来的剩余的法律归于无效。

参考文献 Michal R. Belknap, Cold War Political Justice: The Smith Act, the Communist Party and American Civil Liberties (1977); David Cante, The Great Fear: The Anti-Communist Purge under Truman and Eisenhower (1978).

[Michal R. Belknap 撰;李慧译;许明月校]

共产党诉颠覆活动控制委员会案[Communist Party v. Subversive Activities Control Board, 367 U. S. 1(1961)]①

1960年10月12日辩论,1961年6月5日以5比4的表决结果作出判决,法兰克福特代表法院作出判决意见,沃伦、布莱克、道格拉斯和布伦南持反对意见。虽然杜鲁门总统否决了1950年《国内安全法令》,但该法最终还是成为臭名昭著的《麦卡伦法》(McCrran Act),该法令在美国通过强制登记的方式来发现共产党。该法令命令共产主义者组织在司法部长处进行登记。颠覆活动控制委员会被任命执行登记程序。被登记的组织要求披露它们的名字和它们基金的来源。被登记组织的成员遭受各种制裁,包括拒签护照和无权在国防工厂工作。

颠覆活动控制委员会很快确认美国共产党是一个共产主义活动组织并命令其去登记,共产党官员拒绝登记。经过了11年的诉讼,其中因为可能存在伪证,使记录存在污点,故联邦最高法院发回委员会重审过一次。法院最后在"共产党诉颠覆活动控制委员会案"中支持了登记条款。并且法院推迟了就该法的合宪性作出判决,直到它们被实际执行。

当最终拒绝给共产党成员签护照时,这个行动被认为是违宪性地侵犯了"阿普特克诉国务卿案"(*Aptheker v. Secretary of State)(1964)中确立的迁移权(*Right to Travel),在"艾伯森诉颠覆活动控制委员会案"(*Albertson v. Subversive Activities Control Board)中,法院裁决政党成员的强制登记违背了联邦宪法第五修正案,"合众国诉罗贝尔案"(United States v. Robel)(1966)取消了政党成员在国防工厂中工作的禁令。麦卡伦法中的其他条款仍然有效,并且成为许多辩论中的主题,但颠覆活动控制委员会在1973年由于没有固定的基金而终止。

[C. Herman Prichett 撰;范兴成译;许明月校]

强制到庭程序[Compulsory Process]②

根据普通法(*common law),进行诉讼的当事人和了解关于案件信息的其他人,在被命令其提供证据时,有义务提出并与法院合作。该义务通过法院强制证人和当事人出庭的固有权力(*inherent power)而得到加强。过去迫使其出庭的方法通常是传票(*Subpoena)。但如果需要,法院也可以发布逮捕状或扣押财产命令。法院有各种制裁方法迫使其出庭命令得到遵从,包括会导致罚款或监禁的蔑视法院罪。

联邦宪法第六修正案认为强制到庭程序是刑事诉讼程序中被控方的最基本的权力,它部分地规定,刑事诉讼的被控方有权通过获得强制到庭令获得有利于自己的证人,即要求法院强制有利于他的证人出现的权力。这个保障是联邦宪法第六修正案几个规定之一个,目的在于否认以前英国惯例不让被控犯有重罪或叛国罪的人在他的辩护中引进证人。在"华盛顿诉得克萨斯州案"(Washingtonv. Texas)(1968)中,联邦宪法第六修正案中的强制到庭程序的权利是通过联邦宪法第十四修正案中的正当程序条款制定来适用于各州的。

[Malcolm M. Feely 撰;范兴成译;许明月校]

共存权力[Concurrent Power]③

美国联邦主义(*federalism)是解决整个国家政府和国家各部分政府之间的分权问题的独特的方

---

① 另请参见 Assembly and Association, Freedom of; Communism and Cold War; Subersion。

② 另请参见 Incorporation Doctrine。

③ 另请参见 Judicial Power and Jurisdiction。

法。这一制度的核心是将联邦最高法院作为联邦与州关系的最后的公断人,而这是经过激烈斗争之后妥协的结果。作为公断人,联邦最高法院在许多场合界定了州议会和国会行使权力的范围和限制。约翰·麦克莱恩(John *McLean)法官在乘客系列案(Passenger Cases)(1849)中提供了一个标准的19世纪的联邦主义定义:"联邦政府和州政府具有共存权力对州人民征税,征税的对象可能是一样的,但征税的动机和征税的政策是不同的,而且权力是不同的、独立的"(p.283)。麦克莱恩倾向于限制州权力,认为纽约州对入境的外国乘客征税是违宪的,"管制涉外商业的权力是专属于国会的"。类似的,在"普里格诉宾夕法尼亚州案"(*Prigg v. Pennsylvania)(1842)中,逃亡奴隶条款(第4条第2款)也被界定为专属于联邦政府的职责,因为只有联邦政府才会涉及处理反煽动罪(参见 Fugitive Slaves)。州和联邦最高法院对大量的案件具有共存的管辖权,只要联邦宪法第3条(*Aticle Ⅲ)或国会的法律没有明确禁止各州行使管辖权,州就可以行使,联邦最高法院一直负有责任界定管辖权。

[John R. Schmidhauser 撰;范兴成译;许明月校]

并存意见[Concurring Opinions]①

并存意见是由同意案件的结果或判决但不同意该判决的逻辑或推理的法官写的意见,简言之,虽然持并存意见的法官接受判决结果,但对结果的解释则有不同于撰写判决书法官的独立意见。

并存意见可以澄清案件的结果并为判决结果提供更多的理由,当然它要阐明个别法官或几个法官的推论。这对于法官是有利的,并且它还为那些把单独的判决意见而不是多数人的判决意见作为先例(*precedent)的未来的当事人提供了更为明确的可预见性。如果多数意见不清楚或混乱,并存意见的存在也有助于法律理论的发展。然而,并存意见也可能减少多数意见的影响,并能导致多数意见的书写者调整多数意见去适应持并存意见法官的立场。

按传统,既然案件的结果对于他们是可以接受的,所以法官不愿意花费精力和时间作出并存意见。然而,近年来,经常出现和单独意见持并存意见的现象。在过去20年中,并存意见的数量以及多数意见与并存意见的比例都有较大的提升。尽管如此,现在这些数字在近几十年并未有提高。

在过去20年中已开始不断显露出来的潜在的问题是缺乏多数意见。这是并存意见走向极端的结果。因为持多数意见的人越来越倾向于持单独意见。这种判决意见的增加,导致缺乏明确的判例,并且与分述的判决意见缺乏明显的界限。法院作出分述的判决意见(*seriatim opinions)这一做法在1789年开始出现,但是,这一做法一直未占据统治地位。

[William McLauchlan 撰;范兴成译;许明月校]

指控[Condemnation]

参见 Inverse Condemnation。

会议[Conference, the]②

联邦最高法院大法官的内部会议。联邦最高法院每年的开庭期开始于10月份,大法官们每周在一起开两次会,审查对新案件的复审申请,普遍研讨判决摘要上的案例,并且办理各种联邦最高法院的事务。

在热烈的讨论声中,法官们集聚在联邦最高法院的陪审员会议室,在首席大法官约翰·马歇尔(John *Marshall)的画像下,握手之后,每个法官将围绕着一张长桌坐在事先安排好的位置上,坐在桌子一端的是首席大法官(*chief justice),资深的大法官坐另一端,其他法官坐在桌子两侧。一旦会议开始,在关闭着的门后面也不允许有书记官、秘书和访客。

近年来,会议安排在星期三下午,在此期间法官研讨口头辩论的是上星期一的四个案件。在一般情况下,联邦最高法院会议会在星期五再用一整天的时间来讨论在星期二和星期三争论的八个案例。然而,这个安排在整个历史中也一直在改变。在联邦最高法院早期,会议安排在晚上或周末,经常在住宿房内或恰好在华盛顿居住的法官共同居住的旅馆内。直到1955年,联邦最高法院都在星期六商议上周讨论的案件。

虽然议会的次数已经改变,但会议期间的基本议程则在相当长的时间内保持不变。首席大法官主持会议,用简短的时间考虑"讨论目录"(*discuss list)上的听审申请[调卷令(*certiorari)申请]。这个目录包括所有认为值得任何法官严肃处理的请求。如果四名法官同意复审一个案件,那么,将安排提交诉讼要点和口头辩论。首席大法官以陈述为什么根据其感觉这个申请值得考虑而发起对一个申请的讨论。然后,按在联邦最高法院法官的资历顺序,八名大法官可以评论。

在通常的会议期间,除了进行中的调卷令申请工作外,联邦最高法院在20世纪70年代还增加了一系列九月末期的全天会议。这些会议专门为了考虑在联邦最高法院夏季休假期间收集的调卷令申请。

---

① 另请参见 Plurality Opinions。
② 另请参见 Decision-making Dynamics。

会议室（The Conference Room）

随后讨论有关联邦最高法院判决摘要书的问题以及各种项目和期待法官注意的请求。首席大法官继续研讨前些天在联邦最高法院争论的案件。通常情况下，首席大法官通过事实的复审、历史的叙述和相关法律上的判例的提起来驾驭案件的讨论。按资历从高到低的顺序，由其他法官提出自己的见解。

在过去，新来的大法官在法院发言后开始投票，主要按大法官资历由下而上进行投票，据说是为了避免最高法院资深成员对职位低的同事的压力。比较起来，近年的实践揭示出每个法官最初的评论都带有个人单独投票的迹象，在许多情况下单独投票是不必要的。在每个法官说完后，在进行下一个案件前，首席大法官宣布投票记录。

虽然法官们警戒地保守他们会议的秘密，但这些会议的非正式记录仍保留着。然而，许多法官保存了总结讨论的个人笔记以助于对特定会议的回想。联邦最高法院在那些过去的会议公开时，通过把笔记打印出来能够重新勾画其总的要旨，这通常是在法官死后多年。研究者也可以通过离职的法官偶然的评论和法官发表的作品得到帮助。

这些司法材料似乎暗示会议的氛围有可能发生相当大的变化，这取决于主持会议的首席大法官的态度和风格、大法官的个性以及手边的案件的复杂性和情感内容。总体上，会议笔记揭示出法官们一般都和善而真诚。但在特定的有分歧的案件上不时有剧烈的交锋，这证明了首席大法官伦奎斯特把会议机制评估为相对脆弱的工具的正确性。

伦奎斯特明确表明他更喜欢像商务一样的会议，会议中每个法官按顺序发言而不被打断。在他的《联邦最高法院：过去和现在》（1987）一书中，首席大法官指出，"争论案件的讨论会的真正目的不是通过慷慨激昂的辩护说服同事们，而是通过听取每一个法官表达他们自己的见解去决定联邦最高法院大多数人的意见"（p.295）。

20世纪的其他首席大法官在他们进行联邦最高法院的管理工作期间，其风格则形成了鲜明的对比。例如，在20世纪30年代，对首席大法官哈伦·菲斯科·斯通可畏的记忆力、分析技能和管理才能的敬畏,使得他可以紧紧控制讨论并带领这群人在轻快的拍子中进行。然而,斯通手下的一些大法官抱怨斯通的风格使一些重要的交流不敢发挥。在1953年至1969年期间,首席大法官厄尔·沃伦要求全体一致意见的个人倾向和期望鼓动了议事日程条款的更松散的讨论。无论是哪样,通常发生在19世纪的不受限制的交换意见已经随现代法院面临的不断增加的案件负担而消失。

虽然会议在法院作决定过程中仍是一个决定性阶段,但在会议上充分讨论案件的有限机会使得会后的、非正式司法互动的重要性有所增加。一个法官对案件的思考,甚至他或她的投票,在随后的几周或几个月内都可能改变,与此同时,判决意见和备忘录将被起草,并且非正式讨论还会继续。在此期间,法官会磋商尚未公布的判决书意见各段如何措辞,或者对案件提出的法律问题提出新的解决方法的建议。总之,由会议而引起的对一些问题的考虑将通过各种非正式方式继续进行,直到法院公布了它的判决,而这通常要在几个月之后。

参考文献 David M. O'BRIEN, *Storm Center: The Supreme Court in American Politics* (1986); Bob Woodward and Scott Armstrong, *The brethren: Inside the Supreme Court* (1979).

[Robert J. Janosik 撰 范兴成译;许明月校]

被迫认罪[Confessions, Coerced]

参见 Coerced Confessions。

确认程序[Confirmation Process]

参见 Appointment and Removal Power; Nominations, Controversial; Selection of Justices; Senate Judiciary Committee。

利益冲突[Conflict of Interest]

参见 Extrajudicial Activities; Judicial Ethics。

国会成员的免受逮捕权[Congress, Arrest and Immunity of Members of]①

美国联邦宪法的制定者认识到保护国会成员免受专断逮捕是最基本的需要。宪法第1条第6款规定议员除叛国、重罪、违反治安外,对其他所有案件,在他们出席各自的议院开会期间有免受逮捕权,并且有来去自由的权利。该条款也扩展了议员们对于其议院的演讲或辩论可以免除在任何地方受质问的豁免。

现在,保护议员免受逮捕的法律条款规定实质上已作废了。该条款曾打算将其仅仅运用于民事诉讼中的逮捕——19世纪末期的实践中这是常见的,但是后来没有延续下来。该法律条款也没有保护议员在民事或刑事案件中的免受传票,在后一种情况下,这是因为议员在涉及叛国、重罪和违反治安罪时没有特权。

议员进行正当的立法活动享有免受法律诉讼的诉讼豁免权。在"格拉韦尔诉合众国案"(Gravel v. Uninted States)(1977)和"无名氏诉麦克米伦案"(Doe v. McMillan)(1973)中,联邦最高法院严格地限定这个活动(参见 Speech and Debate Clouse),排除了在国会大厅外公布损害名誉或国家安全的机密资料所应承担的责任的免责保护。在"合众国诉布鲁斯特案"(United States v. Brewster)(1972)中,法院判决这个条款没有为被指控受贿的议员提供保护,因为这个诉讼的主题是贿赂而不是贿赂想要促进的立法目标。

[Richard A. Baker 撰;范兴成译;许明月校]

国会成员的资格[Congress, Qualifications of Members of]

宪法规定取得国会议员资格的条件仅3个:有美利坚合众国公民身份,住在所代表的州内,达到最低的年龄限度。宪法的制定者要求众议院议员应具有公民资格7年以上,参议员则为9年以上,众议院成员必须至少25岁才能宣誓就职,而参议会成员则必须达到30岁。(与早期的解释相反,这两个机构现在都承认,一个人可以在达到规定的年龄或取得公民身份的时间前参加选举。)19世纪早期,也偶尔有几次选出的成员在达到要求的最低年龄前被承认。肯塔基的亨利·克莱于1860年在29岁零8个月进行参议员就职宣誓时,就公开告诉那些就其就职行动的合宪性提出问题的人"向他的选民提出这个问题"。

在美国内战期间,国会增加了另外一个成员资格条件。所有当选的成员都要求宣誓永远忠于合众国政府。有几个人在战后的几年中由于拒绝作出这种宣誓而被驱逐出国会(参见 Test Oaths)。第一次世界大战后,议院曾两次拒绝给予社会主义党人维克多·柏格席位,因为他不忠诚于合众国政府,但后来当联邦最高法院否决了他的间谍罪后又承认了他。最后在1969年,联邦最高法院在"鲍威尔诉麦科马克案"(*Powell v. McCormack)中裁决,宪法对成员资格的要求是唯一的要求,在鲍威尔案中,法院判决,虽然国会按照宪法有权判定成员是否具备资格条件,但国会必须在宪法规定的范围内行使这个权力。

[Richard A. Baker 撰;范兴成译;许明月校]

---

① 另请参见 Separation of Powers。

国会的调查权力 [Congressional Power of Investigation]

国会是立法机构，但它必须有能够获取信息的程序，此外，国会必须用有判断力的眼光留意那些实施国会颁布的法律的人和负责其拨出供专用的款项的人。国会的事务不是治理国家而是关注那些去治理的人正当地履行他们的职责。为了有效地履行立法职能，国会必须有调查的权力，尽管宪法就这一点没有明确规定，但法院毫无困难地推定，调查权是国会其他权力的必然结果，特别是考虑到第1条第8款第18项规定的默示权力。

在关于这个问题的最重要的判例，"麦格瑞因诉多尔蒂案"（McGrain v. Daugherty）（1927）中，威利斯·范·德凡特（Willis *Van Devanter）大法官特别提到在立法实践中通过调查获得需要的信息的权力"长期一直被看作具有立法行为的属性，在英国议会和美国独立前的殖民地立法机关中，调查权是倍受关注的。与此相似的观点已盛行并且在国会上下两院和大多数州立法机关中已施行。"

国会的调查权力尽管很宽，但必须受制于普遍接受的限度。在"吉恩诉合众国案"（Guinn v. United States）（1955）中，首席大法官厄尔·沃伦（Earl *Warren）指出："调查权不能用于询问与正确的立法目的无关的私人事务，并且这个权力不能延伸到禁止国会立法的领域。"他又说："调查权不得与任何法律实施的权力相混淆"，法律实施权是宪法赋予执行者和法院的权力（p. 155），沃伦强调最重要的是立法机关的调查权受制于《权利法案》（Bill of Rights）中对个人的保护，尤其是宪法第五修正案反对强迫的自证其罪（*self-incrimination）的限制。

这些关于立法机关调查权力明确表现的限制并没有初看上去那样有效。很明显，国会的某些权力，包括有权提出关于任何主题的宪法修正案，宽泛得几乎足以使其进行任何调查都具有正当性。此外，当国会批准一项调查时，法院应推测它是为立法目的而进行的调查，拒绝作证的证人可能会因为藐视法院而受到处罚，但国会成员根据宪法言论与争论条款（*Speech and Debate Clause）则可以不被追究责任（比如，诽谤）。

近年来，出现了对国会调查委员会的普遍批评，主要理由是，它们的目的并不完全是为立法提供信息，而是使个人蒙受向公众曝光（如涉及不忠的指控）。法院通常裁决调查使某些人向公众曝光是意外的情况，并不能使调查行为无效。

立法委员会的运行是基于对一个人名声的损害从技术上说并不是一种惩罚这一假设之上的，据此，对被控刑事犯罪被告人权利的绝大多数的宪法保障并不适用于那些被立法委员会调查的人。例如，双重治罪危险原则（*double jeopardy）就不适用于立法委员会的调查程序。因此，已由立法委员会就有关颠覆活动指控的调查表明清白的人，可能会因同一个控告而被进一步调查。针对立法调查委员会的其他指责主要在于其倾向于凭主观臆断认定是否有罪，以及在其调查时没有保护一些基本的权利，如获得律师辩护的权利和被调查人提前获知所受到的确切指控的权利等（参见 Due Process, Procepural）。然而，法院一贯注重保护免受强迫的自证其罪的特权。即使这项特权为免遭公众的非难以某种模糊的方式请求的，法院也应竭尽全力保护当事人免受强迫承认实施过某种刑事行为的权利。正如在"埃姆斯帕克诉合众国案"（Emspak v. United States）（1955）中那样。在"沃特金斯诉合众国案"（Watkins v. United States）（1957）中，法院裁定国会调查权应受到联邦宪法第一修正案（the *First Amendment）保证言论自由的限制。

参考文献 Alan Barth, *Government by Investigation*（1955）; Robert K. Carr, *The House Committee on Un-Amerizan Activities*（1952）; Will Maslow, "Fair Procedure in Cogressional Investigation: A Proposed Code," *Columbia Law Review* 54（1954）:839-892.

[David Fellman 撰；范兴成译；许明月校]

国会执行修正案的权力 [Congressional Power to Enforce Amendments]①

一旦获得批准，宪法修正条款就成为这个国家的法律，与原宪法中的条款具有相同的权威。正如原宪法文本中一些条款授予国会以权力那样，一些修正案也扩充了国会的权限。八个修正案都包括了具体的国会执行权力条款。

宪法第十三修正案（the *Thirteenth Amendment）到第十五修正案（the *Fifteenth Amendment）中的执行条款已经得到了高度的关注，考虑到"德雷德·斯科特诉桑福德案"（Dred *Scott v. Sandford）以来形成的传统和其他一些战前涉及非裔美国人权利的法院裁判，内战修正案的修正者担心司法机关在执行重建（Reconstruction）期间（1865—1877）所颁布的民事权利的法律方面也许会滞后。联邦最高法院在1875年民权系列案中证实了这样的担心，将禁止在公共住宿处所实施歧视的《1875年民权法》弃之不用（参见 Race and Racism; Segregation, De Jure）。法院将在联邦宪法第十四修正案项下的国会救济权限制在国家行为（*state action）的案件而不是单个个人行为的案件，这种对联邦宪法第十四修正案的限制性解读使得联邦最高法院增强了在屠宰场系列案（*Slaughterhouse Cases）

---

① 另请参见 Constitutional Amending Process, Nstitutional Amendments。

中联邦宪法第十四修正案的特权或豁免条款(*Privileges or Immunities)的狭义解释。因此,在20世纪60年代,当国会颁布民权法律时,如禁止公众住宿场所歧视的《1964年民权法》,它所依赖的只是州际商业条款项下的权力(参见 Commerce Power)。

然而,在20世纪60年代,新的注意力开始集中于美国内战修正案的执行条款。在《1965年投票权法》第4条,国会规定那些在美国说西班牙语的学校完成六年级学习的人可以免除州规定的读写能力的测试(参见 Vote, Right to)。虽然法院以前支持读写能力测试以回应对平等保护的挑战,但在"卡曾巴赫诉摩根案"(*Katzenbach v. Morgan)(1966)中,法院裁决国会根据联邦宪法第十四修正案第五款的规定有权禁止此类考试。小威廉·布伦南(William J. Brennan Jr.)大法官在为法院进行演说中将国会根据第五款而享受的权力比作按照必须与适当条款(Necessary and Proper Clause)规定而行使的权力。如果国会有合理的根据相信消除读写能力测试能促进平等保护(*equal protection),那么,国会就能制定这项法律。同样,在"南卡罗来纳州诉卡曾巴赫案"(*South Carolina v. Katzenbach)(1966)中,法院认可通过国会采取的补正机制——包括根据联邦宪法第十五修正案第2款规定,中止读写能力测试、联邦登记官的任命和禁止没有检察长批准而进行的新的州选举计划等。在同样的面纱下,"琼斯诉艾尔弗雷德·H.迈耶尔公司案"(*Jones v. Alfred H. Mayer Co.)(1968)执行了《1866年民权法》的规定,保护了非裔美国人不遭受歧视地购买财产的权利(参见 Housing Discrimination)。在"合众国诉格斯特案"(United States v. Guest)(1966)中,一些法官宁愿用联邦宪法第十四修正案第5款的规定去惩罚反对民权的共谋行为,而不论他们是否有国家行为的伴随。

法院通常承认国会根据执行条款有权进行宪法修正,甚至可以防范对已经被法院认识到的权利的侵犯。关于国会的权力范围,特别是通过运用它寻找事实这个独特的能力去确认和保护新的实体权利的权力范围,很少达成过一致意见。此外,没有任何案例曾经对宪法国会执行条款进行过具体明确的说明。"俄勒冈诉米切尔案"(*Oregon v. Mitchell)(1970)表明,联邦最高法院认为国会执行权力是受到限制的。约翰·马歇尔·哈伦(John M. *Harlen)大法官在"卡曾巴赫诉摩根案"中的不同意见(*Dissent)表达了他的忧虑,国会可能运用其执行权力去限制联邦宪法第十四修正案承诺的保障,但布伦南大法官认为,"联邦宪法第十四修正案第5款规定的国会权力被限制在采取措施执行修正案承诺保障的范围内,第五节规定国会无权限制、废止或减低这些承诺的保障"(p.657),这个逻辑曾被比喻为宪法的单向棘轮。

即使大法官布伦南的解释能被接受,大法官们也可能在国会执行法律上的影响有不同的看法。例如,提议通过司法限制强制公共汽车运送以获得民族平衡的法律可能被看作是对平等保护的扩大或限制,同样,争论曾集中于国会执行参议员杰西·赫尔曼提议的法案权限上,该法案通过宣称人的生命开始于怀孕并于此时开始便享有正当程序保护,以企图推翻"罗诉韦德案"(*Roe v. Wade)(1973)中法院的判决。而且,没有案例能明确地澄清国会执行条款的范围。

在"就业分部诉史密斯案"(Employment Division v. Smith)(1990)中,联邦最高法院认为,如果各州的法律对特定的宗教实践具有一般的适用性,就没有必要在此时要求各州证明存在强制性利益。在该案中,法院认可了一项州法律的效力,虽然该法禁止当地的土著人使用一种用于宗教仪式的仙人掌。国会于1993年通过了《宗教自由恢复法案》(Religious Freedom Restoration Act of 1993),该法案试图更好地实施联邦宪法第一修正案所确立的宗教自由践行条款(the *Free Exercise Clause);但联邦最高法院在博尔纳市诉弗罗里斯(City of Boerne v. Flores)(1997)中,认为国会超越了实施宪法和解释宪法的界限,因此宣布该法无效。安东尼·肯尼迪(Anthony *Kennedy)法官认为,国会根据联邦宪法第十四修正案第5款的规定享有的权力应该是救济性的而不是实体性的,如果联邦宪法要保持其至高无上的地位,国会就不能依据第5款的规定而对它重新加以解释;任何救济性的立法都必须与其所针对的问题相协调,这些立法所采用的救济措施也必须与最终要实现的目的保持一致。

参考文献 Jesse H. Choper, "Congressional Power to Expand Judicial Definitions of the Substantive Terms of the Civil War Amendments," *Minnesota Law Review* 67 (1982):299-341.

[John R. Vile 撰;范兴成、邵海译;许明月、潘林伟校]

国会规则[Congressional Rules]
参见 Political Questions。

康克林·罗斯科[Conkling, Roscoe]
康克林·罗斯科(1829年10月30日出生于纽约州奥尔巴尼;1888年4月18日葬于纽约州的纽约市。)律师和参议员,拒绝已获批准联邦最高法院大法官的被提名者。康克林在纽约州尤蒂卡市的斯潘塞—科南律师事务所学习法律,1950年成为纽约法院的一名成员。8年之后,他被当选为众议院议员,他在那儿工作直到1867年,1863—1865年期间除外，1866年他当选为参议员，通过明智地运用联邦的资助成为纽约州毋庸争辩的共和党领导人。1872年到1878年他又当选为参议员。

康克林和尤利西斯·格兰特总统的友谊使得格兰特提议任命他为联邦最高法院的首席大法官，以填补1873年11月萨蒙·蔡斯（Salmon P. *Chase）去世产生的空缺。康克林拒绝了这一提议。1881年，在纽约，为了控制联邦的资助，在同詹姆斯·加菲尔德总统进行激烈的争斗中，康克林失败了，两周后康克林辞去了参议员职务以表示抗议。加菲尔德去世后，彻斯特·阿瑟于1882年2月24日任命康克林为联邦最高法院的法官。参议院在1882年3月2日以39票对12票批准了这一任命。然而5天后，康克林正式拒绝了这一职位。《纽约时报》揭示的原因是，这一职位薪水太低，并且不会带来任何资助。

康克林来到曼哈顿并重新开始私人法律业务，在很短的时间内他建立了名声，据说也发了财，1888年4月18日卒于纽约州。

[Judith K. Schafer 撰；范兴成译；许明月校]

良心抗拒[Conscientious Objection]①

良心抗拒者出于伦理、道德或宗教的原则而拒绝参与战争（*war）。国会和联邦最高法院努力使那些信念与两个公共利益相协调，这两个公共利益是：一、国家政府建立军队的权力；二、联邦宪法第一修正案（the *First Amendment）禁止政教纠缠并保障宗教信仰自由。按照"合众国诉西格案"（United States v. Seeger）（1965）中联邦最高法院的裁决，这类联邦宪法第一修正案条款，由于"国内各种各样丰富的精神生活"，也"因为有250多个教派呈现于国内"（p.174）而获得了特殊的含义。当政府通过征兵建立军队或当征兵入伍的人经历了思想的变化并且反对参与战争时，良心抗拒问题便被提了出来。

《1917年征兵法》要求所有四肢健全的男性服役，但同时规定，任何"得到充分承认的教派或组织"，如果其信条是禁止"任何成员以任何方式参与战争"，则这些教派或组织的成员将被安排到非战斗员机构服务。征兵适龄者反对道，这个规定违反了禁止确立宗教条款，因为它排除了实际上的诚实信仰者——这些人可能并不是如"公谊会"（Society of Friends）那样历史悠久的著名反战主义教派的成员，并且侵犯了他们的宗教信仰自由，联邦最高法院间接地否认了在征兵法系列案（*Selective Draft Law Cases）（1918）中的两个方面的请求。

联邦最高法院重新调查了"合众国诉麦辛多西案"（United States v. MacIntosh）（1931）中的问题，认为宪法不能要求国会将良心抗拒者排除在服兵役范围之外。5个法官认为可以根据归化入籍的制定法推断，可以要求麦金托什声明其不合要求的当兵意愿。首席大法官查尔斯·埃文斯·休斯（Charles Evans *Hughes）持不同意见，认为法令并不要求申请当兵者宣誓，并且对宗教信仰的尊重和国家对良心抗拒者容忍的历史都忠告法院应作出有利于申请者的解释。

国会于1940年通过了选择性训练和服役法，它基于首席大法官休斯的分析，规定良心抗拒者免除兵役的原因包括，由于"信仰培养和信念"而正直地反对任何形式的战争之人，不管信念是否为已建立宗教的信条的一部分，1948年到1967年的法律草案进一步把信仰培养和信念限定在"与上帝有关的"信念范围内。

尽管法令变化了，但自第二次世界大战（*World War Ⅱ）以来，在征兵案例和产生于军队的其他案例中，联邦最高法院关于良心抗拒者的观点仍然保持不变。法院从来没有认可没有宪法权利而免除征兵登记或军事服役的观点，并且支持那些获得良心抗拒者地位的人可能被强迫去做替代性的民用服务的要求。然而，联邦最高法院继续宽泛地解释了法律规定的免除。

在"克莱诉合众国案"（Clay v. United States）（1971）中，联邦最高法院通过三个部分的测试标准评估良心抗拒者的申请：申请人的信仰是否是"宗教性的"？申请人是否反对任何形式的战争？他或她是否是诚实的（p.700）？一个有信仰基础的主张甚至可能包括这样的无神论的观点，就像在西格尔案中那样，登记者为了自己的缘故有信念献身于美德和高尚的品性，抛弃了"信仰上帝，但不是最广意义理解的上帝。"

在"吉勒特诉合众国案"（Gillette v. United States）（1971）中，联邦最高法院认为，对任何形式战争的反对排除了那些仅仅反对特定战争的人，即使反对战争在本质上是虔诚的，然而，一个反战者不必是完全的和平主义者，为自我防卫而去战斗者，并不是一个不合格的良心抗拒者，同样，愿意参与一个臆想的被超人所指导的神权战争的人，也是如此。联邦最高法院在"西库里拉诉合众国案"（Sicurella v. United States）（1955）中对此下了结论。

诚实的问题确实是令人烦恼的，因为负责实施良心抗拒者条款的官员对申请者经常是有敌意的，并且在申请者似乎不诚实的模糊主张后面，他们往往将其政治分歧隐藏。法院在"威特默诉合众国案"（Witmer v. United States）（1955）中要求尽力通过客观的、非推测性的证据来支持否认一个主张的不诚实性。

---

① 另请参见 Religion。

参考文献 Michael E. Tigar,"The Rights of Selective Service Registrants," in *The Rights of American*; edited by Norman Dorsen (1971). pp. 499-517.

[Michael. E. Tigar 撰；范兴成译；许明月校]

征兵[Conscription]①

征兵可以被简单地说成国家提高和维持武装力量的权力，虽然通常联系着政府的权威，但在整个美国革命期间，最初的美国人建立在临时的包括多州的基础上努力建立一个包括地方民兵部队的军队。大陆军由支付薪金的入伍者组成，但他们大部分由殖民地招募，也就是现在新建立的州，这些州保留了征兵和税收的权力，征兵和税收是不会授予给美国联邦政府议会的两个先决条件。军队大部分由自愿者组成。持续的期间从几周到近六个月不等。当数个州征兵时，可以雇用顶替者，而且常常如此。解决志愿士兵和职业常规军观念之间可能存在的冲突的要求[这与州主权(*state sovereignty)、税收和国家政府相关]在战争结束才消散，1784 年，除了 83 个保护军需的士兵外，国会解散了整个大陆军。

美国内战(*civil war)产生了大量的志愿军，但当清楚地认识到伤亡将十分惨重，预示着一个更大的冲突时，南方和北方都诉诸征兵。1862 年，美国南部联盟使得所有在 35 岁到 80 岁之间健康的白种男性服役 3 年，同时那些已经在军队的人无论服役期是否结束都被要求在冲突持续期间呆在军队。美国北方联盟也仿效南方，但征兵遇到了推托、反抗和在一些场合的暴动。在整个美国内战期间，征兵的合宪性问题从来没有交给联邦最高法院，因为亚伯拉罕·林肯(Abraham *Lincoln)总统暂时停止了人身保护状(*habeas corpus)的效力，因此阻塞了州法院(*state court)释放征兵反抗者和其他抗议者。

在第一次世界大战(*World War Ⅰ)期间，伍德罗·威尔逊(Woodrow Wilson)总统主要依赖征兵而不是志愿者提供军事服务的决策对征兵的必要性提出了法律上的挑战，使得有必要通过联邦最高法院的司法制裁来对此予以保证。首席大法官爱德华·怀特(Edward *White)代表全体法官支持征兵法案["艾弗尔等诉合众国案"(Arver et al. v. United States)(1918)]，并将州对民兵队伍的权力降到非常有限的程度，使之附属于联邦政府。因为"二战"(*World War Ⅱ)和朝鲜危机，军事力量大幅增强，但到 1968 年，伴随着越南战争(the *Vietnam War)的爆发，对于征兵的一致意见宣告瓦解。1973 年，征兵被排除，取而代之的是完全的志愿武装——产生于政治而不是军事考虑的决定。然而，国家征兵登记仍随时可以进行，并且征兵也随时可以实施，现在的做法导致的问题是支持与反对并存，而不是更早时代的对抗状态。

参考文献 John Whiteclay Chambers Ⅱ, *To Raise an Army: The Draft Comes to Modern America* (1987); Stephen M. Kohn, *Jailed for Peace: The History of American Draft Law Violators*, 1658-1985 (1986).

[Jonathan Lurie 撰；范兴成译；许明月校]

双方同意的裁决[Consent Decree]

通过双方当事人的协议而作成的法院的最后判决。协议裁决可终止诉讼，但仅仅约束双方当事人，而不能约束诉讼当事人之外的其他人。

[Williaw M. Wiecek 撰；范兴成译；许明月校]

修宪程序[Constitutional Amending Process]②

联邦宪法第 5 条规定了两种可选择的两步宪法修正程序。修正案可能被国会参众两院 2/3 多数提议或在 2/3 多数州立法机关的要求下，通过特别会议的召集而进行，然后，根据国会的具体安排，修正案要通过州立法机关 3/4 多数或通过特别的各州会议批准。尽管在美国历史上有成千上万的提议，但仅 33 条被国会批准，26 条被承认。到目前为止，还没有召集过提议修正案的特别会议，仅有 1 个修正案——联邦宪法第二十一修正案(the *Twenty-first)，它废止了联邦宪法第十八修正案(the *Eighteenth)所建立的国家禁酒令——曾经通过各州会议批准。修宪程序则四次——联邦宪法第十一(the *Eleventh)、十四(the Fourteenth)、十六(the *Sixteenth)、二十六修正案(the *Twenty-sixth)——被用于废止或修改法院的裁定(参见 Reversal of Court Delisions by Amendment)。

正式的修宪机制是"新世界"的创造，它是对成文宪法的合乎逻辑的补充，就成文宪法而言，宪法的完善不能简单地通过立法部门颁布。经历了革命后，早期的殖民者认识到对于提供和平的替代性选择措施的需要，因此，许多早期的州宪法提供了修宪机制，一些州将修宪权委托给立法机关，另一些州委托给特别会议，然而，美国《邦联条例》则要求各州的全体无异议，这个生硬的规定后来被 1787 年进行的修宪会议所回避。

修宪会议的代表一般都对必要的修宪机制一致意见，但他们对谁动议改变以及以何种多数通过却存在分歧。结果是这样的机制：授予国会以提起修正案的任务，而授予各州以批准它们的任务。万一国会证实对已察觉到的修宪需要没有引起反应时，这种替代性的会议机制就会被引入。詹姆

---

① 另请参见 War。
② 另请参见 Constitutional Amendments。

斯·麦迪逊(James *Madison)在《联邦党人文集》中为修宪程序辩护说,它是一种联邦机制,该机制可以"同等地防范:轻易地改变宪法,因为这样会导致宪法反复无常,以及改变宪法极其困难,这会导致宪法存在的错误永久不能纠正"(Rossiter ed.,1961,p.278)。

第5条包括两个刚性条款,第一个条款的目的是保护20年内进口奴隶的规定,这一条款已经没有效力(参见 Slavery)。第二个是限制性条款,未经其同意禁止剥夺州在参议院中的平等地位,本规定可能仍然有效。关于在宪法修正案的内容上是否有其他潜在的对宪法修正案实质问题的限制,在联邦宪法第十五至二十一修正案相关的问题上可能会显现出来,但法院拒绝了诸如国家禁令系列案(National Prohibition Cases)(1920)和"合众国诉斯普拉古案"(United States v. Sprague)中州主权(*state sovereignty)的辩解。近来,一些学者认为,联邦最高法院有权废止那些可能取消某种基本权利保障的修正案。但既然没有那样的修正案被正式通过,这个评论家相信可能把司法部门置于人民之上的理论,仍是未经检测的。

许多修正案被批准得相当快,平均两年半,但宪法没有具体规定时间限制。在"狄龙诉格罗斯案"(Dillon v. Gloss)(1921)中,法院裁决,批准应该迅速到足够表达同时期各州的一致意见。尽管法院已解决了这个问题和其他相关的问题[比如,在1798年"霍林沃斯诉弗吉尼亚州案"(Hollingsworth v. Virginia)中,法院判决总统的签署对于修正案不必要,在1920年,"霍克诉史密斯案"(Hawke v. Smith)中,法院判决州不能通过一般的公民复决同意而断言批准],但1939年"科尔曼诉米勒案"(Coleman v. Miller)的许多批评意见后来说明围绕修正案的问题是政治问题(political question),仅适合由立法机关解决。联邦宪法第二十到二十二修正案在其文本中包括了7年限制,对应地,被提议的平等权利修正案也在其授权性方案中进行了同样的限制。随着热烈讨论的推移,支持者通过另加39个月,延长了批准的最后期限。同时期全体意见概念,与限制审查宪法中简单措辞的更正式的模型相比,暗示了州可能取消悬而未决的修正案的批准,正如他们通常能批准他们以前拒绝的修正案一样,在"爱达荷州诉弗里曼案"(Idaho v. Freeman)(1981)中,一个美国地方法院批准了一个州试图取消平等权利的修正案(在该修正案被国会延长了最后期限之后),在批准联邦宪法第十四修正案过程中发生了同样的争论。虽然国会计算了取消批准修正案的州,但它们的投票对于批准是不必要的。允许州取消修正案可使取消修正案同批准它们一样,并且能更好地保证同时期的全体意见。这样的程序也给已有的严格程序加入了更大的不确定性。

关于修宪程序的许多问题主要集中在已不用的会议机制上,19世纪大多数的动议要求大会通过,而20世纪的动议大多是对单一问题的关心,像20世纪50年代的所得税限制(income tax)、20世纪60年代的议席重新分配(参见 Fair Representation)、学校中的祷告(参见 School Prater and Bible Reading)、巴士运送促进种族融合、联邦政府赤字限度或20世纪70年代和80年代的堕胎。在议员名额分配上扭转了法院态度的大会提议只因缺少一个州而失败,且预算平衡会议也无果而终。国会的审议事项已经提上了会议但从未通过,因此,留下了许多悬而未决的问题。

假如留给国会判断,两个广为人知的问题是修正案的申请多长时间仍有效,内容上怎样相似它们才为会议设定一个有效的动议,这些问题通过讨论一个会议能或不能限制在一个单一的问题上而变得复杂。专门会议的支持者通常认为它们能够限制,而反对者则认为不能限制,那些相信会议能限制的人倾向于依赖立法机关或司法控制或依赖会议成员宣誓;而那些认为会议不能限制的人都赞成会议将设立自己的议事日程。尽管广泛流传害怕"失控的"会议,但存在对这类意外事件的法律和政治的保障——包括要求后续的州批准,这一点是可以相信的。

近年来,已经提出宪法第五修正案的规定不是专有的以及修正案也可能被公民复决或其他方法所提议或采纳,然而,很少有证据证明宪法制定者在正式宪法修改方面还安排有潜在的其他方法。

能使修宪程序更容易或更民主的替代方法已经提议出来。尽管在改革时期许多修正条款被批准显示了这类修改常随社会、经济、政治的变化而发生,但在超过200年中仅有26个修正案被采用,更表明了目前程序的困难。

参考文献 Kris E. Palmer, ed., *Constitutional Amendments: 1789 to the Present* (2000); John R. Vile, *Encyclopedia of Constitutional Amendments, Proposed Amendments, and Amending Issues, 1789-2002*, 2d ed. (2003); John R. Vile, *Proposed Amendments to the U. S. Constitution, 1787-2001*, 3 vols. (2003).

[John R. Vile 撰;范兴成译;许明月校]

宪法修正案[Constitutional Amendments]①

已成为国家法律的26条修正案都已被国会参众两院2/3多数提议和州3/4多数批准。在一些诉讼中,一些修正案的拟定者将修正案直接对准联邦最高法院,然而在大多数案件中,修正案增加了法官

---

① 另请参见 Constitutional Amending Procerss。

的工作量(workload)。与高级别法院对修正案的解释放在一起,这些修正案成了反应宪法系统内社会、经济和政治变化的指示器。

最初的10个修正案已成为司法解释最变化无常的根源,其中前8条修正案保证个人自由权,第九和第十修正案则确保没有被托付联邦的权力仍然属于州和人民。10条修正案中没有一条改变新政府的结构,但前8条规定了法院在个人认为他们的权利受到侵犯时给予的救济。最初,联邦最高法院很少直接运用《权利法案》(*Bill of Right),因为这些规定仅仅是用来对付联邦政府的。事实上,在"巴伦诉巴尔的摩案"(*Barron v. Baltimore)(1833)中,法官也是那样裁决的,然而,在联邦宪法第十四修正案具体规定了各州不得剥夺任何人的"正当法律程序"之后,法院逐渐把《权利法案》中的规定当作正当程序条款含义的指南。曾经仅运用于联邦政府的保障逐渐被吸收或并入联邦宪法第十四修正案,并且运用于各州(参见 Incorporation Doctrine),因此,在"吉特洛诉纽约州案"(*Gitlow v. New York)中(1925),联邦最高法院裁决言论(*Speech)自由[以前仅由联邦宪法第一修正案(the *First Amendment Absolutism)承诺]现在也可能认为保护免受州的侵犯。法院后来审理了许多涉及此类争议问题的州的案件,这些争议如淫秽管制令、妨害治安法、律师广告(参见 Bar Advertisng)、纠察、戴手铐、烧国旗等。

19世纪联邦最高法院以其他方式参与了宪法修正案,联邦宪法第十一修正案建立的修宪机制作为一种推翻法院判决和限制司法权限方法的这个事实比它所做的更重要(参见 Reversals of Court Decisions by Amendment)。1798年该修正案被批准作为对"奇泽姆诉佐治亚州案"(Chisholm v. Georgia)的回应,该案在整个关于联邦宪法批准的争论中与北方联盟成员的解释相反,但与第3条的书面文字相符,法院受理了一个通过另一个州的公民为了债务支付而建立起来反对佐治亚州的诉讼案。该修正案被马歇尔法院作了狭窄的解释,在美国内战后,该修正被解释得更宽泛,后来又被解释得更为严格。

也许19世纪法院与修宪程序之间最值得注意的冲突是包括从奴隶制(*Slavery)直到美国准州(*Territories)的一些重大的宪法性争论。在"斯科特诉桑福德案"(*Scott v. Sandford)(1957)中,法院否认国会有权在这样的区域排除奴隶制,并进一步宣称黑人不是也不可能成为美国的市民,在"一战"(*World War Ⅰ)后正式通过的3个宪法修正案推翻了法院邪恶的判决。联邦宪法第十三修正案(the *Thirteenth Amendment)禁止非自愿的劳役,但惩罚犯罪除外;联邦宪法第十四修正案宣称"所有出生或归化于美国和受美国管辖的人都是美国的公民……",本款通过三段条文将公民身份(*citizenship)的特权与豁免(*Privileges and Immunities),以及针对国家行为的正当程序(*Due Process)与平等保护(*Equal protection)扩展到这类公民。

联邦宪法第十四修正案的保证条款与联邦制的关系是紧张的。一系列法院判决再一次显示出在修正宪法所引起的变化与司法解释所产生的变化之间的复杂关系。狭窄解释联邦宪法第十四修正案的案件包括屠宰场系列案(*Slaughterhouse Cases)(1873)——限制特权或豁免条款;民权系列案(*Civil Rights Cases)(1883)——限制对州行为(*state action)歧视的保护;普勒西诉弗格森案(*Plessy v. Ferguson)(1896)——批准条件平等下州颁布的隔离令(参见 Separate but Equal Doctrine)。特权或豁免条款被破坏得无法修补,而平等保护条款只是在"布朗诉教育理事会案"(*Brown v. Board of Education)(1954)法院推翻"普勒西案和贝克诉卡尔案"(*Baker v. Carr)(1962)为平等保护分析适用于立法机关的议席分配打开大门时,平等保护条款才在后来又获得了新生(参见 Reapportion Mentlases)。同样,正当程序条款——在19世纪末越来越多地适用于保护产业(法律上认为是"人")免受管制——在20世纪已经形成了一种机制,通过这一机制,《权利法案》中过去仅适用于国家政府的大多数保证现在也适用于州政府了。

联邦宪法三个"内战修正案"的最后一个,即第十五修正案,于1870年被批准,该条款的目的是防止基于肤色而剥夺公民的投票权。祖父条款(*Grandfather Clause)、成人人头税(*Poll Taxes)、读写能力测试以及白人预选(*White Primary)等的采用在20世纪下半叶有效地废弃了该修正案,然而,大约在这个时间,该修正案逐渐成为"史密斯诉奥尔赖特案"(*Smith v. Allwright)(1944)等类似案件——废止所有白人预选和其他条款——的基础(参见 Vote Right to)。

1913年到1920年批准的4条修正案是进步运动的成果,联邦宪法第十六修正案是第三个推翻联邦最高法院判决的修正案。当法院在"波洛克诉农场主贷款与信托公司案"(*Pollock v. Farmers' Loan & Trust Co.)(1895)中宣布一项所得税无效之后,修正案使该税合法化,该修正案为政府计划建立在坚实的经济基础上并使重新分配所得提供了有利环境。后者的可能性带有社会主义运动的弦外音,似乎比模糊的宪法性语言更多地激励了作出波洛克案的判决。规定直接选举参议员的联邦宪法第十七修正案(the *Seventeenth Amendment)没有挑起争论,但联邦宪法第十八修正案却挑起了更多的争论。然而,法官宁愿在国家禁酒案(National Prohibition Cases)(1920)和"合众国诉斯普拉古案"(United States v. Sprague)(1931)接受宪法性禁酒令并且允许在整个"一战"(World War Ⅰ)期间已生效的禁酒法的扩张。这个新的修正案产生了大量的重要案例,包括"卡罗尔诉合众国案"(Carroll v. United States)(1925)和"奥姆斯特德诉合众国案"(Olmstead v. United States)(1928),这两个案都与搜查和扣押有关(参见 Fourth Amendment)。这是唯一的曾经正式被废止的修正案——通过 1933 年各州会议(而不是像目前为止其他的修正案那样通过各州立法机关)所批准的联邦宪法第二十一修正案。联邦宪法第十八修正案由于它产生的广为流传的抵抗以及它对于有组织犯罪的推动,比起它更高尚的动机来,更加时常被人们想起。于 1932 年被批准的联邦宪法第十九修正案将投票权扩张赋予给妇女。该修正案已经处在鼓吹妇女参政的妇女运动之前多年,它标志着美国选举权的最大扩张。像早期禁酒修正案一样,联邦宪法第十九修正案在"莱塞诉加尼特案"(Leser v. Garnett)(1922)中被认为是修宪权力的正当行使。

在革新主义时代,并非凌驾于联邦最高法院判决之上的任何努力都是成功的。"哈默诉达根哈特案"(*Hammer v. Dagenhart)(1918)和"贝利诉德雷克塞尔家具公司案"(Bailey v. Drexel Furniture Co.)(1922)之类的案件,引发了有关童工修正案的提案,该提案试图宣告全国童工法违宪,但法院在"合众国诉达比木材公司案"(United States v. Darby Lumber Company)(1941)中的判决使该修正案没有成功。

法院也明显地努力试图确定宪法修正案的确切范围,这常通过对国会在修宪程序中拒绝去做的事行使司法权限而去完成。例如,联邦宪法第二十四修正案取消了联邦选举中的成人人头税,但在"哈珀诉弗吉尼亚州选举委员会案"(Harper v. Virginia State Board of Elections)(1966)中,联邦最高法院的判决是在州的水平上废止税收。在法院所愿意做的范围之外,国会和各州保留了扩大宪法保护的很大权力。在"俄勒冈诉米切尔案"(*Oregon v. Mitchell)(1990)中,国会宣布自己的立法仅能扩展选举权于国家选举,而不能是州和地方选举,联邦宪法第二十六修正案则将投票权扩展给 18 岁以上的人。

在 1992 年,国会通过了迟来的一项修正案,该修正案与国会涨薪有关,这一问题以前本来是作为《人权法案》的一个部分而存在的,但后来成了联邦宪法第二十七修正案(the *Twenty-seventh Amendment)的一个部分。近年来,有两个修正案提案都未获批准,这两个提案分别是禁止建立在性别基础上的歧视的平等权利修正案和授予哥伦比亚特区国会代表权的修正案。关于平等权利修正案的讨论特别有活力,尽管被国会提议原来在 7 年批准而有疑问地延长了 39 个月后,修正案仍然没有被批准。具讽刺意味的是,反对修正案的理由是在诸如"里德诉里德案"(*Reed v. Reed)(1971)和"弗罗蒂罗诉理查森案"(*Frontiero v. Richardson)(1973)中所表现出的、逐渐自由的法院判决使得修正案没有必要。在"罗诉韦德案"(*Roe v. Wade)(1973)中的自由堕胎判决也引起了对这样一个修正案可能被法院如何解释的关心(参见 Gender)。

司法机关能够通过解释改变宪法的理解,但法院要接受修正案检验检查,近年来,已经被提议的直接修改或推翻法院判决的修正案之中包括了有关州立法机关的议席分配、校内祈祷与诵经(*School Prayer and Bible Reading)、学校的巴士运送、堕胎和焚烧国旗等议案。尽管有时也会产生一些使它们的创作者们惊异的结果,但联邦宪法第十一、十四、十六、二十六修正案显示这样的尝试是能够成功的。尽管修正案作为大众意愿的权威表达,但与司法解释比较起来,它们仍可以说很难被采用;这个困难对法院施加了使宪法的解释适应变化的时代的压力。虽然明显的结构性变化只能通过修正案产生效果,但在法院上下关于司法解释的适当范围的争论表明,在宪法解释方面,正式的宪法修正和先导性的对宪法的司法解释之间的持续紧张和互动将会长期存在。

参考文献 Richard B. Bernstein and Jerome Agel, *Amending America*: *If We Love the Constitution So Much, Why Do We Keep Trying to Change It*? (1993); David E. Kyvig, *Explicit & Authentic Acts*: *Amending the U. S. Constitution, 1776-1995* (1996); John R. Vile, *Constitutional Change in the United States*: *A Comparative Study of the Role of Constitutional Amendments, Judicial Interpretations, and Legislative and Executive Actions* (1994); John R. Vile, *Encyclopedia of Constitutional Amendments, Proposed Amendments, and Amending Issues, 1789-2002*, 2d ed. (2003).

[John R. Vile 撰;范兴成译;许明月校]

宪法解释[Constitutional Interpretation]①

宪法解释既是解释美国宪法的程序,又是研究美国宪法的程序。后者主要是一个学术活动,而前者则是政府官员和私人律师以及普通公民每天都实践着的艺术。宪法解释就是确定宪法含义的过程。宪法的执行就是法官实施宪法的过程。法院没有广泛的权力以违宪为由推翻所有的政府行为。法官只能在存在符合规定条件的"案件或争议"时,宪法争议可裁决时,以及对宪法的违反是如此的明显以至于司法认定其无效具有充分的理由时,才可以行使司法审查(*judicial review)的权力。

作为法律的宪法 虽然人们会想当然地认为,

---

① 另请参见 Judicial Review。

合法解释美国宪法的方法与律师和法官解释法律文件的方法可能是相似的。这部分是因为美国宪法是一部成文宪法（实际上是第一部现代成文宪法）的结果。但实际上美国作出的最重要的改革不是成文文件本身，而是把国家的政治理论客观化为一个书面文件，并且使得国家统治的工具——宪法可以为人民所了解。因此，国家的统治与国家机构之间的区别是产生一部综合的成文宪法（其中规定了有限权力）的必要前提，这在18世纪以前的人们是不可想象的。通过这种方法，合众国把国家的权力置于法律之下，成文宪法使得按照惯常的法律模式解释宪法成为可能。但一个受限制的政府，置于更高的书面的法律约束之下，将不可避免地会产生一些影响国家合法权力的行使的法律推理和论证的方法。

一种理解原文解释文本的中心方法是考虑该文在其他法律文献中的作用。有些人可能说一部成文宪法像一个信托合同。它具体规定受托人可享有什么权力并赋予那些代理人以特定的权限，这个权限是由创立委托的委托方授权的，因为美国革命和《独立宣言》从各州的主权中分离出国家主权，并将权力赋予人民的手中。宪法系统中受托人（政府）与"委托者"（独立国）不是一致的，因此，受托人不能自由变更委托合同和改变它们自己权力的限制，从这个委托合同中必然能得出关于权力内容的决议。因此一部成文宪法不仅仅是一套规则，它也是一套创制规则的方法，像委托合同一样，如果解释的方法使那样的约束有必要，那么有统治权的文本将限制它所创设的代理人。当托马斯·杰斐逊（Thomas *Jefferson）写道"我们特有的确信是拥有了一部成文宪法"时，他意思是说在一个成文宪章中明白地规范能够保护免受政府篡取本属于人民的权力的行为，因为杰斐逊作为《独立宣言》的主要起草人，他相信州是主权国家权力的创造者，而不是其他方式，他坚持要求一部成文宪法和一部成文的《权利法案》(*Bill of Rights)。在《独立宣言》中出现的"不可剥夺的"这个短语，意味着人民不能让与，即出卖和交易他们的权利，因为那样做将致使人民更加不独立。

通过依赖书面文件去完善宪法理解，宪法的制定者将英裔美国人的法律论证的习惯和风格引入国家的政治。这决定了在美国宪法解释的创立，既然宪法是至高无上的法律，它的措辞必须受控制；因为它是一部综合性的法律，它将涉及每一个法律决议；既然它是一部成文法，它必须要解释，既给以最高的法律效力，又要在原文中不能明确预料的情形下运用它。因为它是法律，必须根据法律解释的普遍方法去完成。美国解释宪法的方法本应当不同，事实上，在其他社会，宪法的解释形成是不同的。然而，对于美国，这些方法是采取了普通法论证的形式，这些形式在起草和批准美国宪法时非常盛行。因此，

直到目前为止这些方法被用来解释行为、意愿、合同和期票，只要国家自己置于法律之下，普通法市俗学科所熟悉的方法也就成了宪法解释的方法。

宪法解释的方法　推理的方式和作出论证的方法决定了从法律的视角把宪法提议视为有效的方法。这些方法可能从不同的角度被分类或重新分类，但以下六种形式或宪法论证的方式被广泛接受：(1)历史的方法——依赖宪法制定者或批准者的意思（参见 Original Intent; History, Court Uses of)；(2)文本的方法——注意宪法中的词句的意思，因为它通常被今天同时代的美国人所解释；(3)结构的方法——从宪法规定的关系中推断结构规则；(4)教条的方法——运用前人产生的规则；(5)伦理的方法——从那些反映在美国宪法中的美国民族精神的伦理获得规则；(6)理性的方法——寻找平衡一个特定规则的成本与效益。一种方法是提议被当成真实的方法，为了更易于了解这些方法，让我们举些例子来尝试对每一种方法进行更正式的阐述。

历史方法　一个国家可能有效地执行一部将堕胎视为犯罪的法律吗？从历史的观点看，宪法的论据是：联邦宪法第十四修正案（the *Fourteenth Amendment）的正当程序条款的制定者和批准者想阻止那样的立法，因为这段时期的围绕批准宪法的争论显示了对保护以前被国家剥夺人们贬损的特权的关心；或者制定者和批准者不打算那样做，因为他们争论的主题是黑人而不是妇女，是选举而不是私人的亲密行为。我们也不能弄清关于迫使妇女生育的国家强制权力，他们的意图是什么，因为这些争论在主题问题上是宽泛的而在细节上是不完全的。依赖于这种解释方式的主题也可能理解如下的堕胎问题。联邦宪法案第十四修正案的制定者和批准者倾向于支持现有的禁止堕胎的国家法律吗？因为这些法规在争论中没有提到，因此它们会被默认吗？或者他们打算通过修正案而废止他们吗？他们的意图不清楚吗？因为制定者对保护免受国家侵扰的不断发展的标准作了普遍的参考，他们会废止那些法规吗？或者在批准时有关那些法规的书上关于反对堕胎的法律的历史记载仅仅是不清楚的吗？无论如何，合宪性的决议将建立在历史证据的基础上而制定，这些历史证据是关于宪法有关条款的制定者和批准者的意图。

通常历史的方法与文本论证的方法相混淆，因为历史论证的方法常常参考宪法的特定文体。然而，解释文本的历史的或"原初"的方法在关于推测一个特定的条款对批准者意味着什么中是值得注意的。这些方法寻求确定对于那些赋予它法律权威的人一个条款的最初意图是什么。首席大法官罗杰·布鲁克·托尼（Roger Brooke *Taney）(1857)为了确定一个奴隶是否能在联邦法院前通过不同的诉讼获得自由，在"斯科特诉桑福德案"（*Scott v. Sandford)中解释宪法第3条(*Article Ⅲ)跨州管辖权(*Diversity Jurisidiction)的范围时,他写道:

在那时(1787—1788),我们必须问,谁被认为是国家的公民,谁的权利和自由已被英国政府所强暴,以及谁宣布了独立。并且通过武力夺取政府的权力以保卫他们的权利……我们参考这些历史是为了显示出关于那个民族的固有的观点,那个时期的政治家的言行正是基于这个观点的(pp. 407-409)。

大法官安东尼·斯卡利亚(Antonin *Scalia)和克拉伦斯·托马斯(Clarence *Thomas)是目前法院中支持依据立法原意进行解释的主要代表。"当解释宪法规定的时候",托马斯在"麦金泰尔诉俄亥俄州选举委员会案"(McIntyre v. Ohio Elections Commission)(1995)中写道:"我们必须遵循它们的立法原意,因为宪法是一个书面文件(p. 359)。"大法官斯卡利亚在那一案件中主张,宪法保其立法原意,并且是"不变的"(p. 371)。然而,大法官斯卡利亚和托马斯在那一案件中就宪法的起草者是否意在保护匿名的小册子产生了争议。类似的争论还在当前的其他一些案件中发生。大法官约翰·保罗·史蒂文斯(John Paul *Stevens)在"美国Term Limits股份公司诉桑顿案"(U. S. Term Limits, Inc. v. Thornton)(1995)中得出结论,宪法起草者并没有意图允许州增加对宪法第1条中规定的国会成员增加任职限制。大法官托马斯在反对意见中持相反看法。

斯科特案说明了历史方法的局限性,虽然这一判决——拒绝给予奴隶当事人跨州管辖权并宣布"密苏里妥协"无效——导致许多宪法学者为之感到羞愧,但托尼的历史论证方法一点也没有错误。然而,制定者和批准者可能都没有想到,在每一个问题上他们当时的观点将会对以后每一个论证产生影响。更重要的是,这样的假设是过时的和武断的,即假设一个或两个世纪以前宪法制定者和批准者规定的特定法律条款会适用于他们不可预见到的领域,正如我们也不能成功地设想他们的情况一样。我们假定杰斐逊将反对当今联邦政府的侵扰及当今联邦政府的权力范围,因为他在其鼎盛时期非常猛烈地反对联邦党人的政策,但有一点却不明确,即是否会反对扩张联邦权力去根除奴隶制(*Slavery)的影响,这一他也反对但缺乏矫正信心的罪恶。

文本方法 在德雷德·斯科特案中的一个宪法性问题——谁是跨州管辖权中的公民(参见Citizenship)——为文本解释方法提供了一个例子。联邦宪法的文本规定"司法权力将延伸到不同州公民之间的……争议"(第3条第2款),对一般人而言,宪法的文本似乎宣称一个以前的奴隶能在联邦法院提起诉讼吗(因为"公民"一词在文本中按种族来使用是合适的)？或者文本似乎否定了司法权吗(因为文本中使用"公民"一词而不是"人"暗示了一种差别)？或者是语言太模糊不能说清是否在一个州的美国黑人和他以前的雇用者——另一个州的美国白人居民——之间的诉讼是"不同州公民之间的争议"吗？

然而,文本的方法不可避免的并不比立法原意的方法更先进。有时文本可能是一件紧身衣,将法官拘泥于一定的立场,而如果起草者已预见了以后的情况,可能会采取相反的立场。20世纪搭线窃听被联邦宪法第四修正案(the *Fourth Amendment)禁止了吗？该修正案仅仅保证人民在他的人身、住宅、身份证、社会影响等方面都是安全的,并反对不合理的搜查和扣押。威廉·霍华德·塔夫脱首席大法官在一个案件中对文本解释的方法进行了论证。该案中联邦政府执行禁令的官员通过窃听被告的电话交谈获得了控告信息。

该修正案显示出搜查的重要情况——人身、住宅、他的身份证件或他的社会影响。修正案不会禁止该案中所做的行为,因为这儿没有查封,证据通过听觉获得的,并且仅仅通过它而获得。修正案的规定不能被延伸和扩展[奥姆斯特德诉合众国案(*Olmstead v. United States)(1928), p.464]。

文本解释方法的论证与战前联邦最高法院的卓越人物胡果·布莱克及他经常宣称的宪法中规定有许多"绝对条款"联系在一起。布莱克引用联邦宪法第一修正案(The *First Amendment)规定的国会不得制定剥夺言论自由的法律这个条款作为解释宪法中的绝对条款的例子。因为如果他对普通公民解释这样一个条款,该条款将意味着任何法律都不能废除言论自由(参见Speech and the Press)。反对理由认为,这样的解释将实际上打击所有有关淫秽和色情(*Obscenity and Pornography)的法律和许多毁誉(*Defamation)、共谋和反煽动法规。布莱克仅仅对文本解释方法提出了异议,但没有更深入的论证。因此,文本解释的论点常常反对司法平衡标准,例如,该标准首先会承认一部限制言论自由的法律,但要求考虑管制的具体情况和必要性。

结构的方法 国会委员会为了获取总统的工作笔记和日记能够签发传票吗？主张结构方法的论证会认为,由宪法所规定的机构之间的关系将赋予这样一种权力,因为国会为了完成法定的职责必须有充分的信息;也可能会否定这样的权力,因为总统需要保持其决策的独立性,并保证其不受个人信息被公开所引发的民间争论的影响;或者模棱两可地说,在一些情况下,对公众信息的需要胜过对形成政策的行政程序的损害。最近的涉及结构方法的论辩体现在一系列分权案例中。其中包括"琼斯诉克林顿案"(Jones v. Clinton)(1997),该案允许总统在民事诉讼中作为被告。在"莫里森诉奥尔森案"(*Morrison v. Olson)(1988)中,支持了对一专案起诉人的任命,尽管她的地位比较模糊,既是一个行政官员,又负有司法部门的责任。更重要的是,"移民与归化局诉查德案"(*Immigration and Naturalization Service v. Chadha)(1983),该案废除了立法机关的否决权(*Veto Power)(参见 Separaiion of Powers)。

"麦卡洛克诉马里兰州案"(McCulloch v. Maryland)(1819)的第二部分,一个为宪法分析奠定主要基础的案件,几乎全部依赖于结构的方法。在决定马里兰州对于美国联邦特许银行的税收能否执行时,首席大法官约翰·马歇尔拒绝明确说明什么特定的文本支持他的观点,并且明确否定依赖于历史的论证方法,而宁愿陈述从联邦制的结构所做的推论的根本理由。他断言,如果一些州的官员由各州的选民选举出来,这些州可以对目前在各州的联邦政府代理机关征税并且由此对全国的选民征税,联邦结构便不可能得到维持。通过对联邦代理机关征税,各州能够直接操纵由联邦政府引起的选举——通过增加经济成本有效地组织一些选举——而不检查是否与受了影响的选民相符合,即使文本和围绕批准的争论不能明确宣告废弃它,宪法性结构也不会容许那样的行为。

结构论证法没有宪法文本或历史的论证法直观明显。用这种方式的论证经常遵循这样一个模式:第一,提出一个关于宪法结构无争议的陈述。第二,从这个结构中推论出他们之间的关系。第三,作出关于这个世界的某一事实的断言。最后,得出一个结论,即得出适用于案件的规则。

因此,在"普林兹诉合众国案"(Printz v. United States)中,大法官斯卡利亚就是否决官员应当实施联邦的手枪法问题进行了论述。他这样推论:(1)宪法建立了一个联邦体制,即一州和国家的官员相互独立的体制(结构)(参见 Feperatism);(2)如果联邦政府能控制州和地方政府官员的行为,我们将取消联邦体制(关系);(3)要求地方官员协助实施联邦法律将会有效地使这些官员成为联邦政府的代理人,并因此与联邦体制不相容(结论)。

理性的方法 一个州可以要求强制测试艾滋病病毒抗体吗?有人可能认为那是明智的,因为传染病只能用公共健康手段控制;或者认为那是不明智的,因为对于错误测试的人们所造成的痛苦,还因为强制测试压倒性多数的无病毒人群的成本大于寻找少部分受害者的好处;或者根据目前的事实允许那样的测试是否是明智的还不太清楚,因为测试的功效和传染病的范围受到未确定的争论的支配。这些问题从理性方法的观点提出了一个评价。

在20世纪前半叶,尽管理性的方法已经长时间成为了其他部门主要的宪法论证方法,宪法论证的理性的方法通常用于保护法院的政治地位。国家经济大萧条的紧要关头和世界战争为法院提供了把宪法学说的实际效果看作理论基础学说的要素的理由。在美国中西部农场最萧条的时期,就出现了这样的案例。明尼苏达州立法机关通过颁布了一部法令对于那些不能偿付债务的人规定延期偿付,免除取消抵押品赎回权。表面上,该法似乎支持了制定者害怕州立法机关将通过减轻债务人负担的法规而向国家信用市场妥协,并且似乎违反了宪法第1条的契约条款,该条款正是此类担心的产物。然而法院支持这个法规,认为明尼苏达州发生的紧急情况,为该州运用州保留的权力保护团体的利益提供了适当的机会。在"住房建筑与贷款协会诉布莱斯德尔案"(*Home Building and Loan Association v. Blaisdell)(1934)中,法院以5比4的表决结果,承认作为政治权宜之计的州行为的合理性,并表示了默认。

理性的方法并不局限于一个国家遭遇紧急事件上。理性方法的论证建立在事实基础上,就像事实在政治和经济的政策中的运用一样。从理性方法的观点看,在事实被考虑进去后,法律规则的适用来源于一种成本—效益的计算。既然存在不止一项的政策备选,因而,就应要求成本与效益的平衡。有时候,这种实用主义的方法存在的问题可能是保护特定的宪法权利的成本,以及可能需要放弃必要的宪法义务。大法官刘易斯·鲍威尔在"麦克莱斯基诉肯普案"(*McCleskey v. Kemp)(1987)中拒绝某主张时就采用了这种理性的方法。该主张认为,有关种族歧视方面的数据证据需要法院推翻佐治亚州在适用死刑时曾经采用的程序。针对麦克莱斯基的主张,法院的大多数法官宣布:

(麦克莱斯基的主张)的逻辑结果将会使作为我们整个刑事司法体系的基础的基本原则产生混乱。宪法第八修正案并不局限于死刑判决,而是适用于所有的刑罚。因此,如果我们接受麦克莱斯基的主张,种族歧视已经不能容忍地损害了死刑判决的公正,我们可能很快要面对有关其他形式的刑罚的类似主张。并且,他主张他所受的刑罚取决于不相关的种族因素,那么很快这一主张会被扩展适用于基于少数种族身份甚至性别等因素产生的不一致。类似的,因为麦克莱斯基将其被判死刑与受害人的种族因素联系起来,那么其他人可能会同样的将某些数据上的不一致与刑事诉讼程序中的其他角色的种族或性别因素联系起来,如辩护律师或法官。(麦克莱斯基曾引用一项研究提出被控谋杀白人而判死刑的可能性要比被控谋杀黑人而判死刑的可能性高出4.3倍。——译者注)

教条的方法 当法官宣布一项产生于解释宪法判例法的中立、普遍的原则应该适用(特定的先例与目前正在考虑的案件完全吻合)或不能适用(目前的案件没有见过的案件)或可能适用(这些案件是有分歧的,存在权威的竞争性先例)时,这些论点都是用教条的方式获得的。教条方法的论点不局限于发生在司法或行政案例法中的论证;也有一些来自其他制度的先例,比如早期的总统或国会的实践。

这种论证是普通法律推理的要素。法学院第一年法律课程都致力于对它的掌握,对宪法来说这也没有什么奇怪的。我们不妨把这样的问题看作一个例子:一个州能够在什么程度上按宪法给以教区学校经济援助,例如,假设教区学校没有在免费公共的学校汽车路线上,这些学校的学生由州给他们现金补助以提供他们公共交通费用,因为承担了否则会由教会成员承担的费用,该州会违反联邦宪法第一修正案的政教关系条款吗?一个法官遇到这样的案子,不是通过研究联邦宪法修正案的文本,而可能开始用相当普遍的措辞去陈述一条规则,但通过转向先例去寻找相似的案例提供权威的决定。在禁止确立宗教条款法学领域,大量的宪法学说在众多的案例中已经得到了发展。这些案例发展和运用的标准能被称为法律规则。在这点上,有些方面事实相似的案例是"泽尔曼诉西蒙斯-哈里斯案"(Zelman v. Simmons-Harris)(2002)。该案中维持了地方政府为就读私立学校及教区的与宗教相关的学校的儿童提供优惠购物券的权利。在该案中,联邦最高法院将优惠购物券的规定作为公共福利立法来对待,并提到,将公共资金提供给宗教性质的学校只是大量适学儿童的父母的私人选择的结果。大多数法官进一步推论道,优惠购物券对学生提供的帮助,与警察在教会学校附近的十字形走廊进行的对学生的保护,为了学校建筑而进行的防火,为了污水处理而连接建筑与人们去教区学校的公共干道以及人行道一样。

将这一标准用以说明这一问题,法官可能会写道:"泽尔曼案是能够与目前正在考虑的案件区分开的,因为泽尔曼案中的计划对所有学生提供了优惠购物券,而这儿仅给了一些学生(即教区的学生)一些现金补助,尽管毫无疑问,立法机关所追求的目的是一种世俗的目的,但这些补助作用实际上使得教区学校比世俗的学校对于学生的父母更具有吸引力,并且因此促进了宗教机构。因此,这个计划应被认为是违宪的。"

法官也可能这样写:"泽尔曼案也涉及教区学校的学生,也适用于这一案件。该案与上案一样,州计划既为学生也为家长提供资助,并且不像这一领域中的禁止州进行资助的案件那样——直接地资助与宗教有关的学校。其世俗的目的——为上不起学的儿童的父母多提供一个选择——是很明显的。就像学校午餐、公共健身设施和世俗的教科书一样,这儿提供的公共交通给予教区学校学生的利益与世俗学校学生获得的利益是等质的。"

在以上两种情形中,法官都运用了导源于相关案例法的规则,该规则对于双方当事人来说是中立的,即,它同等地运用于天主教徒、犹太教徒和无宗教信仰的原告,并且不随谁起诉或应诉而改变,这条规则是通用的,即,它可以适用于州给予宗教机构资助的所有情况,并且该规则不会局限于产生这一规则的原初案件的事实。

诉诸一般的原则不意味着这些案件不会被推翻,一个特定的先例可能因为与它所赖以作为依据的案件的具有说服力的解读存在不一致,或者与来源于完全不同的事实,但却在运行过程中逐渐侵入了这个领域的竞争性原则不相一致,都有可能被推翻。更为重要的是,教条方法并不局限于"遵循先例"(stare decisis)——严格地遵守以前判决的案例,因为美国式教条理论的一个前提性假设就是,联邦最高法院可以推翻先例(*precedent)。这似乎是从形态谱系——它将提供可选择的法律规则——以及宪法对于政府(包括它的司法部门)行为的至高无上性而得出的。当法院被说服一个特定的判例错误地解释了宪法时,法院被授权——实际上是有义务——去推翻它自己。大法官们在"劳伦斯诉得克萨斯州案"(*Lawrence v. Texas)(2003)中推翻了"鲍尔斯诉哈德威克案"(*Bowers v. Hardwick)(1986),其依据在于先前的维持反鸡奸的禁令是不合宪法的,并且已经被随后的司法和立法先例所削弱。与此相反,在"计划生育组织诉凯西案"(*Planned Parenthood v. Casey)(1992)中,法院的多数意见拒绝推翻"罗诉韦德案"(*Roe v. Wade)(1973),部分是因为罗案中的有关堕胎权并不坚实的基础已经被随后的司法判例和社会发展所加固。

伦理的方法 伦理论证方法显示了对在宪法中反映的美国民族精神的那些因素的吸引力。美国宪法体现的最基本的民族精神是限制政府权力的思想。该思想假定所有剩余的权力保留在私人领域,因此,当我们主张在对特定的私人或私人机构作出特定的判决时,一个特定的宪法结论是,它是美国民族精神所要求、允许或禁止的,此时,我们在用伦理方法争论。

伦理解释方法来源于最基本的宪法安排,通过这个安排,在美国体制中,权利被定义为超越政府权力强制之外的一种选择,这与一些欧州宪法从正面肯定地界定权利形成了鲜明的对照。

结构论证方法和伦理解释方法有一些相似之处,它们实质上都是一种被推定的论据集。像结构论证方法一样,伦理解释的论据不依赖于特定文本的解释,而是依赖于从文本表达出的整个安排中推论出的必然关系;结构论证方法从授予给政府的权力中推论出规则,相比较而言,伦理解释方法从没有授予给政府的权力中推论出规则。与伦理解释有关的最主要的错误是这样的推论:任何法规或行政行为如果产生了与美国民族精神中一些优先考虑的因素不相容的结果,那么,它就是违宪的。这样的假设与作为一种宪法形式的伦理解释方法等值,一般都具有伦理的和政治的论据。美国的宪法伦理大体上局限于没有授予给有限政府的权力的保留。

一个假设的例子显示了伦理学论证的基本形式。假设一个州法官对一个被判构成性犯罪的人提出,要么判处其30年监禁,要么其接受施以医药处理而使其阳萎的选择。被告接受了后面的选择,他被判处缓刑,但条件是在缓刑期他要保证通过系统地使用药物而致阳萎。如果缓刑期停止服用所开的药物,则他的缓刑将被取消。对他的缓刑条件而提出的宪法挑战可能采取这样的形式:

第一,联邦法院没有特别的宪法权力去实行优生学。事实上,每个人是否生孩子的决定权保留在其自己的手中,这个观念已深深地植根于美国人关于个人道德的完整性的信念中了,在宪法中也有多处对此有所体现。第二,优生计划并不是一种附属于任何配置给政府的明示权力的适当方法,因此联邦没有权力夺取这些不同的私人权力。第三,这些意味着否定了联邦政府也否定了州政府。第四,这个假设的判决将迫使这个人遵守致使他无资格生育的优生学计划。

美国民族精神中最关键的因素是保留每个人和每个家庭自由作出一定决定的自由,类似的观点在一些现实的案件中也存在,其中一个案件,州将成年人之间自愿地进行特定形式的性行为规定为应受刑罚处罚的行为[*劳伦斯诉得克萨斯州案*(*Lawrence v. Texas*)(2003)];禁止使用生育控制手段和堕胎[*格里斯沃尔德诉康涅狄格州案*(*Griswold v. Connecticut*)(1965),*罗诉韦德案*(*Roe v. Wade*)(1973)];一个州企图禁止学校教外语[*迈耶诉内布拉斯加州案*(*Meyer v. Nebraska*)(1923)];在另一案中,州通过了一部强制教育法,要求所有适龄儿童去上公立学校,这明显是禁止私人学校[*皮尔斯诉姐妹会案*(*Pierce v. Society of Sisters*)(1925)];又在一案中,排除自治村地方分区(*Zoning*)的法令被用来禁止外祖母与孙子住在一起[*穆尔诉东克利夫兰市案*(Moore v. Eastern Cleveland)(1977)];还有一案中,父母尝试终止脑子受严重损害的女儿的人工营养[*克鲁赞诉密苏里州健康部主任案*(Cruzan v. Director, Missouri Department of Health)(1990)];此外,在另一案件中,据传一个患有妄想症的人(但绝对无害)被限制在一个精神病区医院未治疗达25年[*奥康纳诉唐纳森案*(O'Connor v. Donaldson)(1975)],这些例子中任一个例子都可以说采用了伦理论证的形式。例如,劳伦斯诉得克萨斯州案的论证可能是这样建构的:(1)对性行为的规制并没有明示的宪法权力。(2)禁止自愿的成年人之间的特定性行为的法律不是与任何明示权力相联系的适当方法(例如管制商业或管制武装部队)。(3)有关性行为的决定留给个人。(4)禁止鸡奸行为的法律等同于强制规定了家庭生活以及性行为的形式。

学术和政治的理解 这个宪法解释的论证方法是由学者和评论家在法院和立法机关之外建立的宪法解释的领域。从20世纪中叶起,美国的宪法解释是在美国公众生活中呈现出的一个中心场所。种族隔离、堕胎、总统的任期及职权、法院的合法性等,都激发了这种解释方法。同时,宪法解释以它自己的正义已成为一个丰富的学术领域,吸引了旁系学科如历史、政治科学和哲学学者的注意。

回想起来,可以看到学术领域最重要的著作是查尔斯·布莱克的《宪法中的结构和关系》(*Structure and Relationship in Constitutional Law*)(1969)和亚历山大·比克尔(Alexander Bickle)《危险最小的分支》(*The Least Dangerous Branch*)(1962)(分支,Branch,指政府的分支部门,这里指司法机构——译者注)。布莱克卓越的研究成果分析出一种独特的论证形式,即结构的方法,并且为创造和评估那样的论证方法确立了标准。比克尔为理性的论证方法也做了同样的工作,它的家系可以追溯到路易斯·布兰代斯法官,它展现了相关司法技巧谱系。约翰·哈特·伊利(John Hart Ely)的《民主与不信任》(*Democracy and Distrust*)(1980)第一次就回答违反多数人意愿的对司法审查(*judicial review*)的反对的问题作出努力(其观点是:通过法院推翻一个立法机关决定等于推翻了民主的、大多数人的选择)。他把相关的论据分为两类:一种是解释的方法,即历史的方法、文本的方法、结构的方法。另一种是非解释的方法,如伦理的方法、理性的方法和教条的方法(参见 Interpretivism and Noninterpretivism)。保罗·布雷斯特(Poul Brest)在一系列重要文章和一本有影响的案例著作中论述了作为论证的解释,并分离出一些论证的范例形式。由菲利普·巴比特所著的《宪法的命运》(*Constitutional Fate*)(1982),确认并描述了这儿所描述的六种解释形式。巴比特认为不可能有论证的特权阶级,他坚持认为非大多数人的反对是完全无意义的,因为合法不是由大多数人所赋予的,而是通过跟随已接受的普通形式,这些形式的确不能在缺乏司法审查时运用。劳伦斯·特里布尔(Laurence Tribe)的《宪政选择》(*Constitutional Choices*)(1985)认为司法审查是必然发生的。在《黑、白、蓝》(*Red,White and Blue*)(1988)一书中,马克·图施纳特(Mark Tushnet)搜集了各种对范例式的反对,并且从理性的观点作了评估,宽松地与批评法律学习运动联系在一起。如此同时,宪法解释的问题已成为文学批评的前线,并受符号语言学的影响,特别是与解构学派相关的杰奎斯·德雷达(Jaques Derrida)、保罗·德·曼(Paul de Man)、米切尔·佛考特(Michel Foucault)等相关的理论,已在宪法解释领域感觉到了。

在法院之外,宪法解释也成为学术研究的重要领域。桑迪·莱文森(Sandy Levinson)和沃尔特·墨菲(Walter Murphy)对普通法上通常认为的观点——法院具有最终的决定宪法含义的权力——提出了挑战。刘易斯·费希尔(Louis Fisher)详细阐述了在进行宪法解释时法院需要与选举的官员之间进行交流。基思·惠廷顿(Keith Whittington)的《宪法解释》一书阐述了选举产生的官员是如何解决宪法问题的,这些问题几乎从来就没有由法院进行裁决。

在政治领域,注意力也集中在宪法解释的方法上。在"布朗诉马里兰州案"(Brown v. Maryland)(1954)中,令人振奋而方法上有问题的观点引起了如此详细的审查。可能在司法部门最有影响的勒尼德·汉德(Learned *Hand)法官,在其以权利法案(1958)为名而出版的演讲稿中,含蓄地批评了首席大法官厄尔·沃伦的观点。在这个争论中,违反大多数人意愿的反对又被重新激活,并且根据它开始了对宪法解释的正确方法的争论。20世纪60年代被人们议论纷纷的沃伦法院人权和刑事诉讼程序方面的判例使这场争论火上浇油。当联邦最高法院裁决涉及堕胎的"罗诉韦德案"(*Roe v. Wade)(1973)时,迸发了空前激烈的争论。这场争论是在讨论司法审查的合法性而不是讨论各种方法问题的氛围中形成的。到20世纪80年代,对方法的争论开始占主要地位。法院许多评论家积极附和、承认对立法机关和行政机关行为的司法检查对它们的合宪性有适当的作用;争论的焦点是在这些审查中所能运用的可接受的方法问题。

伦奎斯特法院判决的一系列限制联邦政府权力的案件["普林兹诉合众国案"(Printz v. United States)(1997),"合众国诉洛佩斯案"(*Lopez, United States v.)(1995)]、惩罚针对妇女的暴力的案件["合众国诉莫里森案"(United States v. Morrison)(2000)],以及采取积极行动计划的案件["阿达兰德建筑公司诉彭纳案"(Adarand Constructors, Inc. v. Pena)(1995)],为这些争论火上浇油。在21世纪的转折点上,自由主义者可能会不断主张政府的宪法权力应当作广义解释,而法院在宪法纠纷中应当遵从立法机关的判断。保守主义者则会强调司法审查权,以及对政府权力加以宪法限制。目前许多最重要的宪法解释方面的问题都几乎已经在法院之外展开了充分的讨论。这些问题包括是否在宣誓后就性行为事件撒谎构成可被弹劾的事件,以及是否总统对国外发起战争需要国会的批准才符合宪法。

立法原意的观点目前处于许多宪法争议的核心。埃德温·米塞(Edwin Meese),第二届里根政府的首席检察官,主张大法官的司法审查应限制在宪法"严格解释"的范围内。他和其他具有保守倾向的共和党人认为只有历史的方法、文本的方法和结构的方法才能为对制定法和某些实践的合宪性评价提供合法的基础。布伦南法官在其职业生涯中采取了更宽的视野,强调在司法审查时采用理性的和伦理的方法。这一方法为这样的司法判决,如"劳伦斯诉得克萨斯州案"(*Lawrence v. Texas)(2003)提供了基础。

在参议院就罗伯特·博克(Robert *Bork)提名到联邦最高法院进行听证的过程中,这种冲突就表现得再明显和激烈不过了(参见 Senate Tudiciary Lommettee)。对于一个法官怎样着手去发现法律,博克郑重地说,唯一合法的方法是"努力去识别……批准我们宪法及其各种修正案的那些人……的意图。"博克再三否认可以支持那些他所反对的有争议的法院判决的宪法推理方法是合法的。但他小心谨慎地回避将其作为一种政策而进行批评。他被参议院拒绝这件事可以看作是承认了判决的合理性不能通过严格的宪法解释来获得,正如博克所说。所有成功的联邦最高法院被提名者在了解了博克的听证会后至少会明白,在宪法解释的方法上应当采取开放的观点。

每种不同的论证形式可以用来解释一种意识形态,一套政治和实践的承诺,其价值具有内在的一致性,而在外表则与围绕其他方法而建立的对立的意识形态相区别。有些人认为,存在一种代表解释宪法的唯一合法途径的方法(比如,历史的方法),因为通过求助一些按照特定的解释方面的政治理论证明正当的资料(例如,能够证明国父们的意图的证据),它是可证实的。这导致一些评论者认为,论证的方法不过是一种工具性的、修辞性的技巧而已,它被用来服务于其作为其中一个辅助部分的政治意识形态。其他评论家则断言,方法是必须优先考虑的。以上两种情形,都将某些对宪法解释来说具有外部表面意义的标准被引入到判决中。

根据近来的一些观点,每个人都同意宪法是法律。因此,宪法不仅仅意味着某些特定人需要它的意思是什么。如果是那样,它就不是法律。问题是经常不清楚宪法究竟是什么意思,怎样去运用或解释它,而明智的人对它是什么意思又意见不同。一些人认为,宪法中的"平等保护"条款所作的保证应当有具备种族意识地积极行动(*affirmative)政策,以消除过去和现在歧视的影响(理性的论证方法);另外一些人则认为,实施积极行动的州恰恰违背同样的保证条款(文本的论证方法)。在一些困难的案子中,两个或更多的合法的解释方法将发生冲突,因为宪法自己并不知道指导怎样去解释——不能说出将用哪种方法,那些解释宪法的人,除注意各种合法的论证形式外,还必须注意其他一些事情。这意味着宪法的解释必将不可避免地要建立在宪法语词的表面原则上。那些原则必须被创造出来,而不是被发现出来,宪法并没有包括对它自己解释的说明。

这并不意味着宪法可以随意解释,宪法解释应当在其合理范围内。有时,诉诸宪法解释就只能承认一个答案。并且,有时宪法权威学者所想的和他们还没有说但很快就要产生的问题都能准确地被预测。而且，一些解释比另一些解释好，就意味着只有某些解释是与各种合法解释方法相符的。对于模糊条款的解释，有的方法会使法院的自由裁量权增加到不能忍受的程度（理性方法）；有的方法却可能会使政治上的弱势团体任由各州欺凌（结构的方法）；有的则会使自由变得更加脆弱（伦理的方法），还有的又可能对立法本意没有给予充分的尊重（历史的方法）。因此宪法解释不是不确定的，即使它并不总是产生统一的答案。

然而，在较好的解释中我们将如何选择呢？这样选择的法律基础是什么？为什么它是正当的呢？也许引入一个外在的标准去指导那样的选择——比如优先考虑自由或平等或效率，哪一条允许我们证明我们的判决有理——会牺牲它们的合法性，因为它要求一条不是通过论证的合法方式产生的规则。如果通过"好"的理由就是我们所说的合法的理由，实际上我们也许就不能为说明为什么要选择一个合法的结果而不选择另一些同样合法的不同的结果提供好的理由。无论如何，这是摆在宪法解释领域最重要的问题。

参考文献 Alexander Bickel, *The Least Dangerous Branch: The Supreme Court at the Bar of Politics* (1962); Charles Black, *Structure and Relationship in Constitutional Law* (1969); Philip Bobbitt, *Constitutional Fate* (1982); Philip Bobbitt, *Constitutional Interpretation* (1991); Paul Brest and Sanford Levinson, *Processes of Constitutional Decision-Making*, 4d ed. (2000); John Hart Ely, *Democracy and Distrust* (1980); Louis Fisher, *Constitutional Dialogues: Interpretation as Political Process* (1988); Learned Hand, *The Bill of Rights* (1958); Sanford Levinson, *Constitutional Faith* (1988); Walter F. Murphy, "Who Shall Interpret? The Quest of Ultimate Constitutional Interpreter," *Review of Politics* 48 (1986): 401-423; Keith E. Whittington, *Constitutional Construction: Divided Powers and Constitutional Meaning* (1999).

[Philip Bobbitt 撰；范兴成、林全玲译；许明月校]

立宪主义[Constitutionalism]

立宪主义是一种政治观念和行为体制，这个体制依赖于自由社会去寻求防止专政和保证个人的自由和权利。这个定义主要是从英国和美国的政治历史中推论出来的，与此匹配的是一个更形式主义的观点，这个观点认为，立宪主义与宪法相一致是政治的产物。这个定义的含义取决于宪法的含义，这个术语在西方政治观念中已被作了不同的解释。在整个美国解放期间，美国人认为宪法是永久不变的、有约束力的，是政治制度的至高无上的政治法律，虽然这个理论革新没有结束关于这个概念含义的所有争论，但它广泛地造成把立宪主义据此定义为限制政府的形式、原则和程序。

立宪主义提出一个长期的问题，这个问题就是如何建立有足够权力的政府去实现团体共同的目的，同时这样被构建和控制，对人民的压迫又能够避免。在没有一些方法确保统治者的统治的情况下，对于政府面临的这个问题有两个方法可以运用。一种方法是通过政党和政府机构的命令进行，从古至今，混合政体的思想——适当地平衡君主政体、贵族政体和民主政体制度与它们所代表的社会等级的关系——便是对这种有限政府的方式的证明。解决这个问题的第二种方法是通过法治。这个传统的历史的例子是认为自然法为评估政府法令提供了公正标准的罗马思想，而英国的实践——从自由大宪章（Magna Carta）开始——则是使君主权力服从于法律限制和保护其臣民自由和财产的普通法（*common law）规则。

虽然从分析的角度这是很清楚的，但是，这种立场在历史上是与为界定立宪主义提供基础的制度安排和实践联系在一起的。在现代政治科学中，一部宪法是一个具有法律效力的权威性的文本，它规定有限政府的结构和原则。宪法文本是规范性的，它规定政府将怎样组织，它可能追求的目标以及在追求那些目标中将运用的方法。在先现代的政治观念中，宪法有一个没有限制的内涵，它按照政治的排序和制度进化的轨迹最终获得了今天的形式。这种宪法观念被认为也有规范的一面，注意这一点是非常重要的。例如，英国作家伯林布罗克（Bolingbroke）爵士在18世纪初把英国宪法定义为"法律、制度和习惯的集合物，其源自于理性的某种不变的原则，指向某些固定的公益目标，它构成一个总的体系，据此，社会同意按照它来进行统治。"伯林布罗克说，"管理事务能明智、严格地遵从宪法的原则和目标并保持严格的一致性时"，这便是一个好的政府。

在罗马和中世纪时代，constitutio, constitutiones（宪法是从其翻译过来的）是指统治者和主权国家的法令、判决或法规（在拉丁语中，constituere意思是"使站立"或"固定、安排或创造"某物）。有人认为，罗马皇帝的法令从它们集体地限制国家行为的范围来理解，暗示了有限政府的思想。后来"宪法"一词在涉及政府为社会提供行为规则的意义范围内被"法令"（Statute）一词所替代。

在17世纪，宪法一词作为描述政体的结构或政府机构的安排的术语进入政治演说中，这个表达法与用来描述人体的构成时所表达的意思相似。虽然在19世纪，宪法这个词被提议用来翻译希腊语单词"politeia"，在这之前，politeia一词被译为政府、政体或政策。起源于亚里士多德的政治学传统并不需要运用"宪法"一词。

美国立宪主义的形式始于17世纪定居者的自愿团体在为了特定的目的授予一个人或一个公司集团以政府权力的皇家特许权下创立了殖民地之时。作为地方政府统治的依据，殖民者起草并采用了盟约、合同、联合、法令、基本规则和其他互相同意的手段，通过这些文件的协定，他们把自己建立成一个政治团体，规定它们的目的，肯定其生活方式的原则，具体规定公民的权利并组织政治机构。

在18世纪60年代到70年代的帝制冲突中，美国人获得了一种对什么是自由国家的宪法和宪法怎样保证自由的新理解。它们拒绝了宪法规定政体中政府秩序的观念，对英国政体进行批评的美国批评家认为，宪法是为了保护团体和个人自由而在人民中间建立的一个给政府强加有效限制的协议。如果英国议会是英国宪法的一个组成部分，并且通过它颁布的法令能改变基本法，那么他们认为英国没有一部真正的宪法。重要区别是虽然宪法授予了权力，但它不简单地等同于一个立法或统治的命令。1768年美国马萨诸塞州州议会指出现代美国立宪主义的方向，宣称："在所有自由的州，宪法是固定的，并且由于最高立法机关权力和权威来自于宪法，它不能越过宪法的约束，不能破坏自己的基础。"

在整个革命期间美国人自由的宪法，其独特点是它们的法律效力优越于立法机关颁布的法令和一般法律的其他渊源。早期，这种成文宪法的至高无上性很大程度上只是理论上的，而非实际上如此，当时，州立法机关常常不顾它们的规定而发布文件或行使权力。当公开的选举会议起草了它们并且人民批准了它们时，宪法便呈现出更大的权威性。马萨诸塞州1780年宪法和新罕布什尔州1784年宪法是使用这种方法的典范。在运用制宪会议方法中，联邦宪法的制定者把它确立为现代立宪主义的准则。

不同于明确表明于自然州中形成政治团体思想的州宪法，最初的联邦宪法并没有包括《权利法案》，它只有一个宣明国家基本原则和目标的简短的序言。事实上，《独立宣言》(*Declaration Of Independence)就是宪法的序言，因此，制定者起草了一份文件，该文件与其说是设立了美国联邦政府的契约性的说明，不如说是在构成美国联盟的各种不同的民族缔结的关于权力、义务、权利和责任的社会协定。反对国家侵害自由和财产，制定者强调对个人权利的保护而不是对道德和团体舆论的促进。

在18世纪80年代的政治背景下，创立者的宪法改革意味着创立积极的政府去填塞在《联邦条例》下的权力的真空。在西方政治思想的观点中，1787年宪法标志了现代立宪主义的产生，像选举权一样，作为一个把保护个人权利的立宪政治与人民的信念结合起来的政治原理。

立宪主义要求政府行为的基本规则应当公正不偏地得到维持，以反对政治冲动、利益、意识形态和野心。因此，值得注意的是，美国的创立者们规定要通过政府的政治部门以及司法部门共同来执行宪法。每个同协调部门负责界定或调整其职责和责任的宪法文件的运用和解释。

19世纪由总统安德鲁·杰克逊(Andrew Jackson)和亚伯拉罕·林肯(Abraham *Lincoln)主张的宪法性决策的分权原理从未有效地从美国政治传统中被否认或删除。这个原理在20世纪由于强调墨守法律进行宪法解释的立场而变得模糊，并最终通过授予司法机关对宪法性争议的最终解决权的司法审查(*judicial review)而使之制度化。在"马伯里诉麦迪逊案"(*Marbury v. Madison)(1803)中，首席大法官约翰·马歇尔(John *Marshall)主张对涉及个人权利的司法案件适用司法审查权(*judicial review)，而对涉及政治问题(*Political Questions)或公共政策问题的案件要坚持分权原理。然而，在后来的涉及联邦主义(*Federalism)和宪法契约条款(*Contract Clause)的案件中，马歇尔却采用了基于条文主义的方法，以普通法的规则解释宪法文本而作出的宪法性决策，据此，宪法成为以一种方式可以接受司法改编和修正的最高普通法，这种方式通过政府的政治部门模糊了司法特性和严格服从判决的政策问题之间的区别。宪法从基本政治原则改变成最高的一般法，结果是使司法权力显著扩张而进入公共政策制定领域。直到20世纪初，美国立宪主义主要被认为是法律学说和规则的体系，这个体系使法院在政府和政治中起了积极的作用。

20世纪美国的立宪主义仍然主要是司法意义上的，并且显现出越来越明确的政策倾向。有限政府的立宪主义，在自然权利原则和企业自由与财产的保护中成为了基础，这一直持续到1937年，首先在进步时期主张的更加社会性回应的法治的政治要求在"新政"(*New Deal)时期实现了。导致的问题对19世纪有限政府理论普遍提出质疑的结果，也是在社会和经济管理中政府能动主义的扩张。

从1937年到20世纪80年代，联邦最高法院在保证积极自由或提供作为个人自治和自我表达的基础的物质资助方面，通常支持政府能动主义。在一定程度上，针对政府(消极政府)的自由思想得到了坚持——就像法院将《权利法案》(*Bill of Rights)全国化而限制各州一样。在其他方面，联邦最高法院通过把公民权利转化为对于公共利益和权利的群体和阶层的请求，肯定了政府能动主义的传统。

在积极自由观念下政府的扩展提出了这样的问题，即宪法是限制政府的、约束政治的法律，还是证明政策决议合理的、由包括联邦最高法院在内的政府官员实施的抽象修辞的概念或符号，是宪法控制了政府，还是政府控制了宪法？

从18世纪到20世纪中叶，现代立宪主义中的基本要素是成文宪法基础上的有限政府原则。20

世纪后半叶,后现代立宪主义通过强调创造能动主义的政府去获得社会正义和积极自由而对这种观点提出了挑战。这两种立宪主义观念之间的冲突是在20世纪90年代开始的立宪政府的第三个世纪的美国政治的明显特征。

参考文献 Gerhard Casper, "Changing Concepts of Constitutionalism: 18th to 20th century", *Supreme Court Review* (1989):311-332; Donald S. Lutc, *The Origins of American Constitutionalism* (1988); Sylvia Snowiss, "From Fundamental Law to Supreme Law of the lard: A Reinterpretation of the Origins of Judicial Review", *Studies in American Political Development* I (1987):1-67; Gerald Stourzh, "Constitution: Changing Meamings of the Term from the Early Seventeenth to the late Eighteenth Century", in *Conceptual Change and the Constitution* edited by Therence Ball and T. G. A. Pocock (1988), pp.35-54.

[Herman Belz 撰;范兴成译;许明月校]

蔑视国会权力[Contempt Power of Congress]①

蔑视国会涉及国会对一个不尊重、违抗,或妨碍立法程序的行为予以惩罚的权力。虽然国会从1795年就开始行使这种权力,但宪法上并没有明确的授权。在涉及试图贿赂国会成员的"安迪森诉邓恩案"(Anderson v. Dunn)(1821)中,联邦最高法院认为,立法机关处罚蔑视行为的权力是"一个以人民的尊严名义专门组织的大会"固有的(p.228)。法院仅仅在问题被认为超越国会确认的范围时——这几乎是从来不会发生的,才会推翻国会的认定。

费时且没有明确范围的固有的处罚蔑视国会权力的程序,从1857年国会制定有关蔑视国会的法律,规定在有关低级别联邦法院(*lower federal court)设立规定刑罚的常规的刑事诉讼程序以来,一直是一项并不怎么受人欢迎的程序。现在,国会成员受贿是单独的刑事犯罪,而这个有关蔑视国会的立法主要是用来对付拒绝合作的证人的。

从1945年到1957年,国会反美行动委员会(Committee of Un-American Activity)举行了近230场公共听证会,并且传唤了3000多人,其中135人因为蔑视、拒绝作证或与委员会合作被传讯(参见Communism and Cold War)。在"巴伦布莱特诉合众国案"(*Barenblatt v. United States)(1959)中,国会反美行动委员会调查共产党内部行动的权力得到了支持。但联邦最高法院要求国会遵守宪法保护程序,包括禁止不合理的搜查、查封,获得一般要求的通知和听审的机会。联邦最高法院因此而防止了立法机关对蔑视行为的即决性的认定。

[Thomas E. Baker 撰;范兴成译;许明月校]

蔑视法院权力
[Contempt Power of the Courts]②

在法院内或法院外,蔑视法院是对法院命令不服从或不尊重法院权威。尽管宪法在这个问题上保持沉默,但起源于普通法(*common law)的固有的惩处蔑视的权力对于确保联邦法院能够强制执行它的判决和命令已经被认为是必要的。《1789年司法法》(*Judiciary Act of 1789)授予了联邦法院惩罚蔑视行为的权力,并且今天它们还通过制定法和法规一直保留了这项权力。

民事的蔑视是在民事案件中拒绝遵守命令。通常被认定构成蔑视行为的人会被处以监禁或递增地被罚款,或者两样都有,直到通过服从——例如,通过提供证据或出具一份文件——使蔑视得以消除。刑事的蔑视是不能开脱的行为,对此进行惩罚是为了维护法院的权威和尊严。一个犯有刑事蔑视罪的人可能按照法规会被控构成一项独立的罪,并单独地受审,或被即决性的认定,而不给予通常刑事被告享有的权利。

从程序上说,宪法的规定已限制了法官即决性地处理的权力,而要求正当程序保护(*due process),实体上,联邦宪法第一修正案(the *First Amendment)是对蔑视处罚权限的最重要的限制。例如,在"内布拉斯加出版协会诉斯图尔特案"(Nebraska Press Association v. Stuart)(1976)中,法院运用明显、即发的危险标准推翻了一项限制有关刑事被告的、在审判时公开的资料出版的"缄口令"(法院命令禁止在开庭前利用新闻媒介公开报道或评论案件进展的命令——译者注)。

参考文献 Mark Cuttiden and Leroy Philips, Jr., *Contempt of Court—The-Turn-of-the-Century of Lynching That Launched 100 Years of Federalism* (1999).

[Thomas E. Baker 撰;范兴成译;许明月校]

避孕[Contraception]③

联邦最高法院对界定获得和使用避孕药的宪法权利问题的介入在不久以前一直是有限的。但1927年法院维持了一项与避孕药有关的实践的合宪性。在"巴克诉贝尔案"(*Buck v. Bell)(1927)——一个涉及强迫在州精神病院对遗传性"精神不健康"的妇女实施优生学绝育的案件中,奥利弗·温德尔·霍姆斯(Oliver Wendell *Holmes)大法官(代表法院提出判决意见)发现她的权利并没

---

① 另请参见 Separation of Powers。
② 另请参见 Lower Federal Courts。
③ 另请参见 Due Process, Substantive; Family and Chicoren; Children; Privacy。

有受到侵害，而且绝育比让那些基因不好的人生育对整个世界更好一些。在"斯金纳诉俄克拉荷马州案"（Skinner v. Oklahoma）(1942)中，法院限制了强制绝育可允许的范围，推翻了俄克拉荷马州法律规定的以强制绝育作为对某种重犯犯罪的惩罚。法院认为，生育权是由宪法保护的基本自由。斯金纳案根据平等保护理由判决，并没有推翻"巴克诉贝尔案"，虽然与现在的私法法学相冲突，但巴克案从未被否定过。

法律限制销售和使用生育控制药物可以追溯到 1873 年国会通过的伤风败俗法令，该法令将通过邮件或在州际贸易中发送避孕药或有关避孕药的信息的行为视为犯罪，许多州通过了它们自己的限制出售或使用生育控制药的法规，在整个 20 世纪前半叶，联邦低级别法院和一些州法院（state court）狭隘地解释了关于医用控制药的禁令，因此，到 20 世纪 40 年代，在许多地区，由医学专业人员开出的避孕药处方被认为是合法的。然而，在康涅狄格州和马萨诸塞州，生育控制药的禁令仍保留着。这些法规使生育控制药诊所关闭了多年，妨碍了妇女使用有效生育控制药的方法。

有很多涉及生育控制令合宪性问题的案件提交联邦最高法院，但联邦最高法院以缺少诉权（*standing）为由不予受理，如"泰尔斯顿诉厄尔曼案"（Tileston v. Ullman）(1943)，或因涉及联邦问题（*federal question）而缺乏管辖权为由不予受理，如"加德纳诉马萨诸塞州案"（Gardner v. Massachusetts）(1938)。在"波诉厄尔曼案"（*Poe v. Ullman）(1961)中，法院拒绝审查挑战康涅狄格州法律的宣告性判决（*Declaratory Judgement）行为，因为它相信该法并没有强制执行。

当康涅狄格州计划生育部开设生育控制诊所后，这个诊所的行政领导者和医务领导者因为违反了州法律被逮捕，它们的有罪判决通过"格里斯沃尔德诉康涅狄格州案"（*Griswold v. Connecticut）(1965)而被上诉到联邦最高法院。法院否定了法律，认定已婚者有宪法所保护的运用避孕药的私权。这个婚姻隐私权比《权利法案》（*Bill of Rights）更老"（p.186），虽然在宪法中没有明确地提出，但它暗含了保护，因为它处在"由几个基本的宪法保证所创造的隐私区域中间"（p.485）。

格里斯沃尔德案的裁定集中在婚姻关系中的隐私权。在"艾森斯塔德诉伯尔德案"（*Eisenstadt v. Baird）(1972)中，运用生育控制的隐私权延伸适用于未婚的人。小威廉·布伦南（William J. *Brennan Jr.）大法官写道，"如果隐私权意味着任何事情的话，那么这就是，它是每个人——包括已婚或单身者——不受未经授权的政府侵扰诸如是否生孩子之类的如此影响一个人的权利"（p.453）。在 1977 年多数表决取消了分发避孕药给 16 岁以下未成年人的禁止令时，这个权利延伸运用于未成年人，因为未成年人和成年人一样有稳私权["凯里诉人口服务国际组织案"（*Carey v. Population Services International）(1977)]。

同样在凯里案中，法院推翻了仅允许药剂师颁发非处方的避孕药的纽约州法律，因为该制定法加重了决定是否生孩子的基本权利的负担，也没有服务于任何强制的州利益。它击倒了有关避孕药广告的制定法的所有禁令，因为禁止商业言论（*commercial speech）违反了联邦宪法第一修正案（the *First Amendment）。当它取消了关于主动邮寄避孕药广告的联邦禁令时，法院扩张了联邦宪法第一修正案对避孕药广告的保护：博尔杰诉扬斯药物产品公司案（Bolger v. Youngs Drug Product Corp.）(1983)。

在生育控制案件中发展起来的隐私权形成了联邦最高法院在"罗诉韦德案"（*Roe v. Wade）(1973)中判决妇女有权获得堕胎（*abortion）自由的基础。虽然法院最近在保护堕胎权问题上有点退却[例如："韦伯斯特诉生殖健康服务部案"（*Webster v. Reproductive Health Services）(1989)]，但获得和使用避孕药的权利仍然是牢固的，并且得到了宽广的保护。

参考文献 C. Thomas. *Dfenes*, *Law*, *Politics*; *and Birth Lontrol*.

[Mary C. Dudziat 撰；范兴成译；许明月校]

合同[Contract]

联邦最高法院对于合同法的影响是很小的，这在很大程度上归因于寻求维持各州作为单独立法当局的联邦体制内部形成的结构和立场（参见 Federalism）。联邦最高法院在其他商业法律领域起了重要的作用，如海事法（*admiralty law）和破产法（*bankrantcy law），因为这些法中有把责任分配给国家政府的宪法性条款。因此，合同法很少有例外地被认为是属于州的权限范围。

然而，宪法的一些部分确实附带地与合同法联系起来。而在这个领域，法院却产生了重要的影响，但是，这种影响更多的是对政府结构，而不是对合同法实质产生的影响。例如，因为宪法和国家法律是至高无上的（第 6 条第 2 款），对于以联邦政府作为一方当事人的采购合同争议，联邦最高法院是最终的裁判者。

另外两个与宪法有关的条款是宪法契约条款（*Contract Clause）(第 1 条第 10 款 C. 1. 1 项)和联邦宪法第五和第十四修正案（the *Fifth Amendment and *Fourteenth Amendment）中的正当程序条款（*Due Process,Substantive）。法院早期运用宪法契约条款防止州干涉合同义务的案件是"弗莱彻诉罗德岛案"(*Fletcher v. Rhode Island)(1810)和"达特茅斯学院诉伍德沃德案"(*Dartmouth College v. Woodward)(1819)。在两个案件中,法院都宣布州法律违宪,因为它们干涉了合同义务。在这个过程中,法院对"合同"给了一个如此宽泛的定义,以至在这个国家的大部分历史中,个人都有极大的订立合同的自由。仅在大萧条的压力下,在"住房建筑与货款协会诉布莱斯德尔案"(*Home Building and Loan Association v. Blaisdell)(1934)中,法院才有所退却,允许州修改合同,然后也仅仅宣布允许延期清偿按揭债权。

在"洛克纳诉纽约州案"(*Lochner v. New York)(1905)和"阿德金斯诉儿童医院案"(*Adkins v. Children's Hospital)(1923)中,通过联邦最高法院运用正当程序条款保护"合同自由",阻止了对诸如工资和工作时间之类的雇佣条件进行管制,在一些重要的领域排除了州的干预(参见 Contract, Fgreedom of)。然而,除了确保形成合同关系的个人行为具有宽广的空间以外,联邦最高法院对合同法原则问题同样也没有做什么。

联邦最高法院对于合同法无所作为的一个例外发生在19世纪下半叶期间。大体上,法院对商事法的影响在这半个世纪中随着"斯威夫特及其公司诉合众国案"(*Swift & Co. v. United States)(1842)而达到了高峰。本案的裁决认为,联邦最高法院可以按照一般的原则处理商法问题,而没有必要受制于案件发生地的州裁决。因此,在半个世纪左右的时间里,联邦最高法院对于统一的联邦普通法探索与产生于不断增长的商业经济的相似的利益不谋而合。最后证明,联邦最高法院不可能满足一个统一的国家法律的要求。

甚至在对合同法影响的顶峰时,法院也仅仅偶然倾向于审理一些大的问题,原因很简单,因为联邦最高法院是一个管辖权有限的法院。比较起来,州法院(*state court)则是具有普遍管辖权的法院,它们能够审查和判决任何案件(参见 Judicjal Power and Jurisdiction)。因此,到19世纪末,大量的机构开始在其他地方寻找统一性。根据同时代的观点,国会对于商业的权力也是有限的,通向统一的唯一道路是使每一个州的立法机关采用同样的法规。而且,在"伊利铁路公司诉汤普金斯案"(*Erie Railroad Co. v. Tompkins)(1938)中,当法院推翻了斯威夫特案时,法院自己从联邦普通法中逐渐退却,自伊利案后,法院通常都拒绝审查合同案,其对实体法极小影响的状态又继续延续了下去。

[Walter F. Pratt, Jr. 撰;范兴成译;许明月校]

合同自由[Contract, Freedom of]①

有时称为"合同自由"的术语是一个私法概念,该概念在实体正当程序的全盛时期引入到宪法学领域。这一术语,得益于鲁弗斯·佩卡姆(Rufus *Peckham)大法官在"洛克纳诉纽约州案"(*Lochner v. New York)(1905)中的运用,在斯蒂芬·菲尔德大法官之前已经流行了一代人的时间。这个学说认为,当事人能够签订合同并协商合同条款,不应当受州控制,除非是为了保护健康、福利和社会道德或阻止犯罪行为。

通过解读联邦宪法第五修正案和第十四修正案,黄金时代的法官将禁止在没有法律正当程序的情况下剥夺自由,或将财产的宪法规定扩展适用于雇佣合同,从而将合同自由条款纳入了宪法。在一系列的案件中,联邦最高法院宣称各州不能剥夺一个州的市民与其他州签订合同的权利["艾杰耶尔诉路易斯安那州案"(*Allgeyer v. Louisiana)(1897)],或剥夺为面包师安排较长工作时间的权利(洛克纳案)。此外,联邦政府也不能以工会成员资格为理由阻止雇主解除雇员["阿代尔诉合众国案"(*Adair v. United States)(1908)]。但法院在"马勒诉俄勒冈州案"(*Muller v. Oregon)(1908)和"邦廷诉俄勒冈州案"(Bunting v. Oregon)(1917)中,却从关于雇佣合同的立场中退却下来。但在20世纪20年代,法院的潮流观点又倾向于支持合同自由,其高潮标志是"阿德金斯诉儿童医院案"(*Adkins v. Children's Hospital)(1923),它推翻了哥伦比亚特区最低工资的规定。

合同自由学说使劳动价值的宪法外原理具体化。这个学说是放任自由主义法学最主要的部分。经济学自然法则中的司法信念——"古典"经济学家的自由市场观念,为合同自由提供了又一个基础。

总的说来,合同自由帮助了强有力的雇主。阿代尔案和洛克纳案的立场几乎没有政治党派行为或阶级偏见的一点暗示,但法官在工作场所充分认识到了这个原则的结果。虽然联邦法院通常服从国家的治安权(*police power),但从一开始,合同自由就是一个争议很大的学说。奥利弗·温德尔·霍姆斯(Oliver Wendell *Holmes)大法官在洛克纳案中指责大多数人关于"联邦宪法第十四修正案(the *Fourteenth Amendment)不能规定赫伯特·斯宾塞先生的社会静力学观点"(p.75)。西奥多·罗斯福在1912年竞选总统时,反复强调洛克纳案和阿代尔案,合同自由在20世纪30年代晚期大部分被抛弃,这是在经济问题上司法遵从立法这种宽泛的模式的一部分。

[Peter Charles Hoffer 撰;范兴成译;许明月校]

---

① 另请参见 Due Process, Substantive; Labor; Laissez-faire Constitution Lism; Police Power。

宪法契约条款[Contracts Clause]

宪法第1条第10款第1项规定"州不能……通过任何削弱合同义务的法律。"表面上,这是对州权力的绝对限制,该条款的含义在联邦最高法院的解释中已经发生了很大的变化。在这个国家的早期,宪法性契约条款占满了联邦最高法院的待决案件表,并且法院的解释约束了州行为(*state action),特别是寻求重新分配财富的行为。现代,法院几乎已忘记了这个条款,这是因为在经济问题上对州立法机关判断服从的结果。

宪法契约条款灵活地配合了宪法禁止通过溯及既往(*Ex Post Facto)的法律和褫夺公民权法。这些规定通过允许公民有公平的机会调整和计划他们自己的事务,确保了法律的普遍适用。

在制宪会议中,宪法契约条款是由马萨诸塞州代表鲁弗斯·金较晚引入会议议程的。金模仿了1787年西北法令(*Northwest Ordinance)中的一些相似条款,该条款已由联邦委员会于六周前正式通过。在会议期间和后来的批准争论期间,提出了该条款过度地约束了各州,在紧急时妨碍了他们的行为的反对意见。麦迪逊(*Madison)承认这个"不方便",但认为条款的"效用"超过了这些担心。宾夕法尼亚州的詹姆斯·威尔逊(James *Wilson)特别提到不可预见的情况仍然在立法权内,因为该条款仅禁止了"有溯及效力的妨碍"。

因为在宪法起草时,有更多的对减轻债务人债务的法律的关注。它有时暗示这个条款被不可思议地用来排除这类立法。然而,这个条款的一般用语和联邦最高法院早期对它的应用很容易反驳这个有限的特征描述。可能没有比马歇尔首席大法官更大的赞成者,他把这个条款广泛地运用于公众和私人合同。因此,在"弗莱彻诉佩克案"(*Fletcher v. Peck)(1810)中,马歇尔否定了佐治亚州取消以前公共用地让渡证书的权力,马歇尔认为,该款的保护是绝对的,因此即使先前的让渡因欺骗而受损害的主张也不足以证明损害有理。在"斯特奇斯诉克劳宁希尔德案"(*Sturges v. Crownninshield)(1819)中,马歇尔断然否定在破产(*bankruptcy)案件中为了清偿无力偿还的债务人的债务赞成废止合同的社会福利观点。在"达特茅斯学院诉伍德沃德案"(*Dartmouth College v. Woodward)(1819)中,马歇尔裁决一个公司的章程也可像废弃现存的条文那样,通过在章程或合同中增加额外的条款而使其削弱。然而,马歇尔扩充的这个条款的解释并不足以使联邦最高法院相信它而不顾宪法制定者的最初的理解并将它运用到将来运作的法律中去,法院在"奥格登诉桑德斯案"(*Ogden v. Saunders)(1827)中否定了这一解释。

尽管马歇尔时期紧紧坚持宪法的文本和历史,但这个条款对所有公众合同的运用都产生了困难。在"斯通诉密西西比州案"(*Stone v. Mississippi)(1880)中,这个问题暴露了出来。该案中州试图禁止在章程中规定经营彩票的公司进行彩票销售的行为。溯及既往地运用对公司章程的禁止令可能表面上与以前的解释的条款相冲突,但否定该州的彩票禁止令又将限制州对于健康、安全和社会道德方面的治安权(*police power)的行使。斯通主持的联邦最高法院通过阐释保留权力的原则——任何州不能通过契约转移治安权——而使这一左右为难的问题得到解决。由于19世纪的州治安仅仅限于健康、安全事务,而不包括现代的财富再分配,因此,斯通主持的最高法院的保留正好就构成了对马歇尔的宽泛解读该条款的一个校正。

然而,这个条款正悄然隐退。从美国内战(the *Civil War)到20世纪30年代,很少需要联邦最高法院依赖该条款去否定过于激进的州经济法令,因为这个目标根据实体正当程序(*due process, substantive)可以实现。然而,因为它拥有一个极弱的宪法血统,当它信奉的合同自由(freedom of *contract)政策不流行时,实体正当程序在整个大萧条期间也降低了它自己的重要性。

宪法性契约条款的式微常常与"住房建筑与贷款协会诉布莱斯德尔案"(*Home Building and Loan Association v. Blaisdell)(1934)联系在一起。在布莱斯德尔案中,联邦最高法院支持了明尼苏达州一项延长按揭违约赎回期限的法规。联邦最高法院的理由主要是实用主义的,从表面上看以经济紧急情况为名义,并且法律规定的这种按揭贷款的救济也带有临时的性质,但法院是"按照其整个过程的经验,而不是仅仅考虑其100年以前说的什么"(p. 443)来解释该条款的。联邦最高法院认为"公共需要"要求"各州保留合理的保护权应当被理解为存在于所有的合同"(p. 444)。联邦最高法院在紧接着的布莱斯德尔案的一系列案件中,试图阻止该条款的衰落,并没有发现普遍的紧急事件的存在。然而,一直扩展的治安权的概念最终对该条款从绝对禁止转化为可以通过合理的裁判加以平衡。

在"美国托拉斯诉新泽西州案"(United States Trust v. New Jersey)(1977)中,法院使对公共债券合同中的一个约定废除无效——以后,一些人考虑这个条款是否又重新获得像以前一样的重要地位。然而,在美国托拉斯案件中,运用的标准却与宪法的文本没有多少相似之处。哈里·布莱克蒙(Harry *Blackmun)在代表法院撰写的判决意见中认为,如果这样做对"服务于一个重要的公共目的是合理和必须的"(p. 25),那么,对契约的削弱就应当得到支持。奇怪的是,这种界定得并非很好的标准更多地被州用来削弱公共合同而不是私人合同。但尽管如此,宪法契约条款总是屈从于现代法院在经济问题上对州立法机关判断的服从,很少存在例外。在

"基斯顿生煤协会诉德贝奈迪克提斯案"(*Keystone Bituminous Coal Association v. DeBenedictis)(1987)中,约翰·保罗·史蒂文斯(John Paul *Stevens)大法官断言,"反对合同义务减弱的禁令不能仅仅从字面上来理解,这已成定论了"(p.502)。

[Douglas W. Kmiec 撰;范兴成译;许明月校]

库利,托马斯·麦金太尔[Cooley, Thomas Mcintyre]

[1824年1月6日出生于纽约州阿提卡(Attica)附近,1898年9月12日卒于密歇根州的安阿伯(Ann Arbor)]论文作家和法学家。库利对于密歇根大学及其法学系的成长来说是一个主要的人物。1864年当选为密歇根州高级法官,他很荣幸地在那里工作了20年。1887年,克利夫兰总统任命库利到新建立的州际商事委员会(*ICC)工作,虽然库利很遗憾没有被任命到联邦最高法院,但他并不爱好私人法律执业。

1868年,库利发表了有影响的论文《论依赖于美国联邦政府的各州立法权的法治局限性》。在那篇论文中,他对正当程序的讨论和他否认个人可以被专横地"剥夺特别是对他或他们'追求幸福'最主要的自由权"的观点,已经被认为是财产权(*property right)的司法保护的权威来源,又是合同自由原则的一个起源(参见 Contract, Freedom of)。

在库利作品中那样自由放任地解释失去了民主价值的坚持,如他在给密歇根高级别法院的意见中表示出来的一样。库利为19世纪晚期不断集中的公司权力所焦虑。与他的民主价值连接的对任何一种专横权力的怀疑使他成为对公司和立法机关之间勾结问题的摇摆不定的批评家。在州际商事委员会,他寻求公断铁路系统和联邦政府之间的关系,库利的保守倾向反映了他对工业化之前较简单的杰佛逊民主式的美国的一种怀旧之情。

[Alan R. Jones 撰;李慧译;许明月校]

库利诉费城港监委员会案[Cooley v. Board of Wardens of the Port of Philadelphia, 12 How (53 U. S.)299(1852)]①

1852年2月9日至11日辩论,1852年3月2日以6比2的表决结果作出判决,柯蒂斯代表法院起草判决意见,丹尼尔持并存意见,麦克莱恩和韦恩持有异议,麦金利没有参加。宾夕法尼亚制定法规定任何进出费城港的船只,如果其船长选择不雇佣当地的领航员,则应支付通常领航费用的1/2。这些费用被归入一个为救济体弱领航员和领航员的遗孀及孤儿的基金中。该项收费影响了流入费城的州际商业和国际商业,被作为一种阻碍国会行使该种商业的调控权的行为而受到挑战。

托尼主持下的联邦最高法院以前是不能解决在"纽约州诉米尔恩案"(*New York v. Miln)(1837)、许可系列案件(*License Cases)(1847)和乘客系列案(*Passenger Cases)(1849)中所提出的商业条款问题的,因为在这个时期所有的商业条款案件外表下所隐藏的奴隶制(*Slavery)和联邦主义(*Federalism)问题极其复杂。法院或者尽力逃避这些问题,或者也力图解决它们,但一直未形成一致的判决。在库利一案中,法院最终找到了解决商业条款纠纷的一致的方法。大法官本杰明·罗宾斯·柯蒂斯(Benjamin Robbins *Curtis)根据所管制的事项的性质而不是商业条款的本质来确定是否适用商业条款。例如,某些事项不管是范围还是其他方面都具有国内性,如领航法,因而不能受联邦商业条款的管制。尽管这种解决方法既没有得到州权利的狂热支持者如法官彼得·丹尼尔(Peter V. *Daniel)的支持,也没有得到国家主义者如法官约翰·麦克莱恩(John *McLean)和詹姆斯·穆尔·韦恩(James M. *Wayne)的支持,但它的实用性已被证明是持久的。"库利案"与"吉本斯诉奥格登案"(*Gibbons v. Ogden)(1824)都可列为19世纪最重要的商业条款案件之一。

[Donald M. Roper 撰;李慧译;许明月校]

合作联邦主义[Cooperative Federalism]②

合作联邦主义是一个未定型的宪法概念,它在"新政"(*New Deal)时期首次被用于指由国会提供资金并由各州实施的旨在建立全国统一调控制度的联邦援助计划。为了替换竞争的联邦分权制度的概念,合作联邦主义的提法就成为对在政策制定中以各州权利和自制程度的减少为代价从而增加联邦政府权利的中央集权制的一种委婉的提法。

自20世纪30年代以来,联邦最高法院给予了援助计划——合作联邦主义的基本形式——以广泛的宪法支持。在"加西亚诉圣安东尼奥都市交通局案"(*Garcia v. San Antonio Metropolitan Transit Authority)(1985)中,法院指出,联邦合作计划和该计划带给各州的大量金钱可作为证明州权利具有宪法重要性的证据。与加西亚案将联邦合作制度理解为一项集权原则一致,法院在"南卡罗来纳州诉贝克案"(South Carolina v. Baker)(1988)中取消了作为支持联邦分权制最后体现之一的从州和地方未经登记的合同中征收利息所得税的一项国会制度。这个判决结束了政府间税收免除(*Tax Immunities)这一古老规则,该规则长期以来意味着联邦权利和州权

---

① 另请参见 Commerce Power。
② 另请参见 Dual Federalism; Federalism。

利之间存在有限范围的互惠互利。

[Herman Belz 撰;李慧译;许明月校]

库珀诉阿伦案

[Cooper v. Aaron,358 U. S. 1(1958)]①

1958年8月28日至9月11日辩论,1958年9月12日以9比0的表决结果作出判决,沃伦代表法院起草判决意见。在"布朗诉教育理事会案"(*Brown v. Board of Education)(1954)中,法院一致判决公立学校中实施的种族隔离政策无效,并抛弃了在"普勒西诉弗格森案"(*Plessy v. Ferguson)(1896)中明确写明的隔离但公平原则(*Separate but Equal Doctrine)。在坚持认为在公共教育领域"隔离"绝不可能"公平"的同时,法院赋予联邦宪法第十四修正案(the *Fourteenth Amendment)的平等保护条款以新的含义。然而含糊的实施标准系统地陈述于布朗Ⅱ(*Brown Ⅱ)(1955)中,该案号召整个美国南方停止反抗行为。

与第一次布朗案的判决一样,在阿肯色州小石城,学校理事会于1957年9月始在中心高校拟定了一项旨在消除种族隔离的计划。在消除种族隔离计划开始实施的前一天,州长奥威尔·弗巴斯(Orval Faubus)宣布公开的骚动即将来临,于是命令阿肯色州国民警卫队封锁9个黑人学生的入口。连续3周,弗巴斯、德威特·艾森豪威尔总统、小石城学校理事会、城市黑人团体、全国有色人种协进会(*National Association for the Advancement of Colored People)、发狂的种族歧视主义者和地方的联邦地区法院都被卷入这场难分难解的对抗之中。当联邦地区法院裁决州长有关即将来临的混乱的主张没有事实根据之后,弗巴斯撤回了警卫队,但是当"小石城9人队"进入市中心时,一小撮煽动暴民情绪的人从外面对人群施以电击,强迫学生撤回。第二天,艾森豪威尔总统派遣空降预备部队执行联邦法院最初的消除种族隔离的命令。

在这个学年末,为了结束紧张状态,小石城的学校官员要求并最后得到了联邦地区法院同意延期两年半实施消除种族隔离计划的决定。全国有色人种协进会将此案——库珀诉阿伦案——上诉至联邦最高法院。

库珀案是执行布朗案的第一个有意义的法律实验。问题是:由于预计会发生种族动荡局面而善意地对消除种族隔离计划进行延期的做法是否会侵犯黑人学生的宪法权利;州长和州立法机关是否受联邦最高法院的判决之约束。在一个没有先例可参考的诉讼中,法院全体9位法官签署了相同意见。他们认为,首先,即使是出于善意和维护公共秩序利益的需要,延期消除种族隔离计划的做法将会侵犯黑人学生依据平等保护条款所享有的权利。因此,不能允许延期。第二,与他们受宣誓之约束必须遵守宪法一样,州长们和州立法机关根据宪法至上条款也必须遵守最高法院之判决。"任何州的立法、行政法或司法官员,"法院称,"都不能对抗宪法,除非他故意违反……其维护宪法的承诺"(p.18)。任何州长都无权取消联邦法院之判决。

然而,库珀案的判决一开始就助长了而不是阻止了南方的抵抗,甚至在戏剧性的派遣空降部队执行判决期间,艾森豪威尔也并未保护就其本人观点来说所反对的布朗案的判决,造成很明显的印象是,只有在极端的情况下他才会执行消除种族隔离的判决。然而,美国公众和法院都不会知道完全的真相。在9月份对动用国民警卫队阻止消除种族隔离的弗巴斯进行的审判中,司法部拒绝提供可确定地证明在危机之中司法部、学校官员、联邦法官和弗巴斯本人进行了一次秘密接触的证据,那次接触时协商以某种形式结束对抗状态,而该接触最终证明对州长具有政治上的好处。司法部私下甚至试图说服全国有色人种协进会代表9位黑人学生撤回诉讼,但失败了。

因此,尽管库珀案的判决中强调南方应停止反抗,联邦司法部实际上仍然单独面对了南方掀起的大规模的运动。直到静坐示威案件和小马丁·路德·金的非暴力民权运动(*Civil Rights Movement),连同肯尼迪总统和约翰逊总统的支持,才促进了《1964年民权法》(*Civil Rights of 1964)的通过。该部法律从其命名即可看出其认可了布朗案,并且该法律授予普通律师在有关学校消除种族隔离的诉讼中有直接介入调停权。最重要的是,第6条规定可扣除实行种族歧视政策的社会事业机构的联邦基金,因此,美国卫生、教育和福利部可以利用该规定以威胁扣留联邦学校基金的方式迫使联邦学校遵守消除种族隔离计划。

[Tony Freyer 撰;李慧译;许明月校]

版权[Copyright]

宪法授权国会"通过保护作者在有限期限内……对他们作品的……享有排他性权利……以促进科学的发展……。"虽然表述很长,但实质上就是讲的版权法。今天的版权法不仅保护大多数的文学作品、音乐作品和艺术作品的创作者,而且也给予建筑作品和计算机软件及数据库的创作者在一定期限内垄断使用其思想创作的巨大动力的产品的权利。

奠基性的判例是"惠顿诉彼得斯案"(*Wheaton v. Peters)(1834),在该案中联邦最高法院否认了联邦最高法院的判决汇编人对汇编具有所有权,并认

---

① 另请参见 Desegregation Remedies; Equal Protection; Interposition; Race and Racism。

为版权的存在主要是有益于公众而不是创作者。

有时,联邦最高法院在对新技术给予版权保护时会发生争议。例如"怀特-史密斯诉阿波罗案"(White-Smith v. Apollo)(1908)和"索尼诉环球城影视制作公司案"(Sony v. Universal City Studios)(1984)。大法官奥利弗·温德尔·霍姆斯(Oliver Wendell *Holmes)(在怀特—史密斯案中持并存意见)注意到,不对新技术给予保护的风险是"给予了版权比它本原意义和根据其被赋予的看似……需要的范围更少的保护"(p.19)。

一般来说,联邦最高法院在解释联邦宪法的版权条款(Copyright Clause)的时候表现出了明显的灵活性,例如,承认照片为"作品"["伯罗-贾尔斯平板画公司诉萨罗尼案"(Burrow-Giles Lithographic Co. v. Sarony)(1884)],公司也可以是作者["布雷斯坦诉唐纳森平板画公司案"(Bleistein v. Donaldson Lithographing Co.,1903)],并在不断延长版权的保护时间方面遵照国会的意愿["埃尔德雷德诉阿什克罗夫特案"(Eldred v. Ashcroft)(2003)]。

联邦最高法院有关版权问题的法律理论的发展,是为了促进一般福利和保护公共利益,如认可立法对版权授予的限制["惠顿诉彼得斯案"(*Wheaton v. Peters)],根据表达出来的内容而不是隐含的思想加以保护["贝克诉塞尔登案"(Baker v. Selden)(1880)],宣布版权人第一次出售其版权即不能控制将来的销售["巴布斯—梅里尔诉斯瑞思案"(Bobbs-Merrill v. Straus)(1908)],再次肯定宪法对作者身份的最低保护["费斯特出版公司诉乡村电话服务公司案"(*Feist Publications Inc. v. Rural Telephone Service Company, Inc.)(1991)],实施合理使用原则以确保后续作者对版权作品的合理使用["坎贝尔诉阿库夫—罗斯音乐案"(Campbell v. Acuff-Rose Music)(1994)]。

在21世纪,创作与出版作品的技术得到了飞速的发展,国会在保护版权人方面也承受了巨大的经济压力,联邦最高法院也必须面对版权的公共目的。

[Craig Joyce 撰;李慧、赵学刚译;许明月、林全玲校]

纠错令状[Coram Nobis]

(Coran Nobis 拉丁文意为"在我们之前")曾是一种向法院提出的文书,提醒法院注意该错误的事实将破坏已经作出的判决。在联邦司法实践中它已被《联邦民事诉讼规则》第60条第2款废除。

[William M. Wiecek 撰;李慧译;许明月校]

公司[Corporations]①

公司立法在传统上是州议会和州法院的权力范围,尽管宪法并未禁止联邦进入公司治理领域。直到近来,联邦最高法院才明确地成为仅次于州法院而对公司立法产生影响的力量,尤其是在特拉华州和纽约州。然而,早在第二次世界大战之前,最高法院的几个判例就已对美国的公司领域产生了重大的影响。自1950年以来,法院开始运用并逐渐扩大其对公司法的影响,其原因部分是由于证券规则对公司事务的影响,部分由于公司法中不断增加的国有化内容。

"达特茅斯学院诉伍德沃德案"(*Dartmouth College v. Woodward)(1819)开创了设立私人营利公司之先河,因为它视私人营利公司为州与企业家之间达成的契约,扩展了宪法契约条款(*Contract Clause)第1款和宪法公司条款第10款的保护。达特茅斯学院(Dartmouth College)为阻止州对公司章程的随意干涉,因此对投资者给予了一些保护。"查尔斯河桥梁公司诉沃伦桥梁公司案"(*Charles River Bridge v. Warren Bridge)(1837)有助于为达特茅斯学院案提供成文法上的衡平保护,因为首席大法官罗杰·B.托尼(Roger B. *Taney)坚决主张当发布公司章程时,可以保留修改公司章程的权利。托尼拒绝默示允许对章程的垄断,因此主张在投资者的需求和州调控权的需求之间维持一种创造性的平衡。在"麦卡洛克诉马里兰州案"(*McCulloch v. Maryland)(1819)中,首席大法官约翰·马歇尔(John *Marshall)赞成国会对组建公司之章程的干预权是国会默示权力之一,而该默示权力(*Implied powers)已由亚历山大·汉密尔顿(Alexander *Hamilton)在其1791年对设立第一个合众国银行法案的合宪性辩论中被确认下来。

在查尔斯河桥梁公司案判决后的一个世纪里,除了首席大法官莫里森·雷米克·韦特(Morrison Remick *Waite)在"圣克拉拉县诉南太平洋铁路公司案"(*Santa Clara County v. Southern Pacific Railroad)(1886)中对公司是否属于联邦宪法第十四修正案(the *Fourteenth Amendment)中平等保护(*Equal protection)条款含义下所称之"人"作了临时性声明外,最高法院就很少直接卷入公司法中了。联邦最高法院在1890年至1937年间所作的对实体的正当程序(*due process)和合同(*contract)自由的各种判决增强了公司处理雇员、工会、消费者和州议会间关系的能力。其他有关对法人实体提供宪法性保护的例子如"波士顿第一国家银行诉贝洛提案"(*First National Bank of Boston v. Bellotti)(1978),该案中,法院将联邦宪法第一修正案(the *First Amendment)的保护扩大到公司有政治言论自由。

"二战"以后,联邦各法律体系的膨胀已对公司产生了广泛的影响。由于联邦法院依据1934年《证券交易法》对涉及证券交易的案件具有专属管辖权,并且对几乎所有的联邦证券法规未作规定的事

---

① 另请参见 Capitalism;Private Corporation Charters。

项与州法院享有共同管辖权,所以,最高法院在公司法的证券规则领域有着不可估量的影响[例如,在 1980 年的"卡瑞拉诉合众国案"(Chiarella v. United States)(1980)中对内部人交易的界定]。在"J. I. 凯斯公司诉伯拉克案"(J. I. Case Co. v. Borak)(1964),一个代理人引诱案件中,最高法院创造了股东个人享有默示的诉讼权并扮演"个人首席检察官"的角色,极大地提高了联邦证券法规的可操作性。在一个破产案件,"泰勒诉标准电气公司案"(Taylor v. Standard Gas & Electric Co.)(1939)中,联邦最高法院发明了所谓的"深石原则"(Deep Rock doctrine),该原则使公司股东的债务请求权次于外部债权人的债务请求权。

规范各州的公司立法,尤其是特拉华州法律,受到了广泛批评,这导致了 20 世纪 60 年代和 70 年代对联邦公司法,包括成文法、行政法、普通法或以上三种结合立法的要求。由于最高法院在"圣达菲产业部门诉格林案"(Santa Fe Industries v. Green)(1977)中强调,不许通过证券交易委员会规则中第 10 条 b 项的第 5 小项有关禁止欺诈的规定来执行联邦对公司的立法,因此再次肯定了除证券规则以外,州立法在公司治理的一切方面居于首位。

尽管法院避开了对公司法的直接的职责,但是在涉及公司的权利和行使这些权利的人的案件中,法院还是极大地影响着公司立法的发展。

参考文献　Robert C. Clark, *Corpotate Law* (1986).

[William M. Wiecek 撰;李慧译;许明月校]

科里根诉巴克利案[Corrigan v. Buckley, 271 U. S. 323(1926)]①

1926 年 1 月 8 日辩论,1926 年 5 月 24 日以 9 比 0 的表决结果作出判决,桑福德代表法院起草判决意见。该案涉及 1921 年哥伦比亚特区白人财产所有者们所制定的阻止将财产卖给黑人公民的限制性协约(*Restrictive Covenants)。后来,一位白人所有者签订了一份将她的财产卖给黑人的合同,由此引发了一场是履行合同还是停止交易的诉讼。哥伦比亚特区联邦地区法院支持合约应该履行。联邦最高法院最后一致意见认为法院对该案没有管辖权不予受理,通过这种做法法院实际上肯定了这个判决结果。法官爱德华·特里·桑福德(Edward Terry *Sanford)使用了宪法上的论据来反对限制性协约,他表明联邦宪法第五修正案(the *Fifth Amendment)限制了联邦政府的权力而不是公民个人的权利;联邦宪法第十三修正案在除了涉及个人自由的事项外,不保护黑人的个人权利;联邦宪法第十四修正案特指州的行为,并不指个人的行为。法院观察到,当《1866 年民权法》赋予所有公民订立契约和获得财产的法律能力时,它就不禁止也不能使私人之间有关支配或处分其自有财产的行为无效。法官桑福德进一步否认限制性协约的司法强制执行与在缺乏法律正当程序(*Due Process)时也可以剥夺公民的自由和财产的政府行为是同等的,但他没有详细阐述。桑福德的陈述在以后的 20 年里被视为解决了种族协约的司法强制执行行为是否属于联邦宪法第十四修正案中的州行为的范畴这个问题。这个判决暂时关闭了在"布坎南诉瓦雷案"(*Buchanan v. Warley)(1917)中一度打开的通向取消种族隔离的大门。在"谢利诉克雷默案"(*Shelley v. Kraemer)(1948)中,法院认为这种协约在契约当事人之间是有效的,但是作为一种被联邦宪法第十四修正案平等保护条款所禁止的州行为,该协约在司法上并不具有可执行性。

[Herman Belz 撰;李慧译;许明月校]

科温,爱德华·塞缪尔[Corwin, Edward Samuel]②

(1878 年 1 月 19 日出生于密歇根州普利茅斯附近,1963 年 4 月 29 日卒于新泽西州的普林斯顿。)政治学家,美国宪法和历史方面的权威。1905 年科温于宾夕法尼亚大学获得哲学博士学位,并任职于普林斯顿大学的一个学院,在那里他协助组建了政治学系并一直教授法理学直到 1946 年。

科温是作为 20 世纪最早的以有关总统、宪法和联邦最高法院的学术评论家而出现的。与查尔斯·比尔德(Charles *Beard)一样,科温强调宪法的历史上的前后联系,并特别关注正当程序(*due process)、既得权利(*vested rights)、高级法律(*higher law)和司法审查。科温对这些内容持续的分析研究使他在"新政"(*New Deal)期间成为尖锐批评联邦最高法院的评论家,因为联邦最高法院在审判中推翻了几个重要的复兴立法。在他所著的《联邦最高法院的曙光》(*Twilight of the Supreme Court*)(1934)一书中,他支持"新政"政策所强调的在危机时期应加强总统和国会的权力的观点。虽然后来科温对法院的严厉批评有所缓和,但在其余生中他对司法权力仍持怀疑态度。他最有名的著作是《宪法,今天它意味着什么》(*The Constitution and What It Means Today*)(1920),该书现经他人修订更新,目前正交付印刷。此书向美国公众清楚介绍了联邦最高法院对宪法的司法解释,这是任何其他的单本著作都无法匹及的。通过其作品,科温不断强调一个基本主题:自由的发展依赖于政府。

[Kermit L. Hall 撰;李慧译;许明月校]

---

①　另请参见 Judicial Power and Jurisdiction; Race and Racism; State Action。

②　另请参见 History, Court Uses of; Judicial Review。

获得律师辩护权[Counsel, Right to]①

联邦宪法第六修正案规定"在所有刑事诉讼中,被告将……有权得到律师为其辩护的帮助。"对于美国历史发展的多数时期,这项规定确保了那些有条件负担律师费的人能够得到一名律师的协助。联邦最高法院对联邦宪法第六修正案的规定进行了扩大解释,首先是增加提供律师服务的要求,其次是具体规定可获得律师帮助的诉讼阶段。

联邦最高法院在"鲍威尔诉亚拉巴马州案"(*Powell v. Alabama)(1932)的判决中扩大了刑事案件中有权获得律师辩护的被告的种类,在该案的裁决中,法院认为,州死刑案件的被告有权获得法律援助。6年后,在"约翰逊诉泽尔布斯特案"(*Johnson v. Zerbst)中,法院裁决,联邦宪法第六修正案要求为联邦法院审判的所有重罪被告指定律师。在"贝茨诉布雷迪案"(*Betts v. Brady)中,联邦最高法院的立场发生了变化,并否决了由州法院为重罪被告指定律师的要求,该案中法院认为,在州的重罪案件中,是否为穷困的被告指定律师应取决于案件的具体情况。21年以后,最高法院最重要的判例之一"吉迪恩诉温赖特案"(*Gideon v. Wainwright)(1963)推翻了贝茨案。法院裁决认为,在州法院审理的重罪案件中,所有的被告都有权获得律师为其辩护。这种保证通过"阿杰辛格诉哈姆林案"(*Argersinger v. Hamlin)(1972)和"斯科特诉伊利诺伊州案"(Scott v. Illinois)(1979)又扩大适用于轻罪案件,虽然法院认为如果判监禁的可能性大,则轻罪法院可以不为被告指定律师,但案件中未作详细阐述。

与法院对穷困者指定律师的要求相关的是对在哪些刑事诉讼阶段才可以请求律师帮助的细节规定。联邦宪法第六修正案规定在刑事诉讼的所有阶段都可请求律师帮助。在20世纪的几个判例中,法院将此解释为包括传讯、审判和宣判阶段。具体地说,在以下阶段有获得律师的权利:身份确认阶段["合众国诉韦德案"(United States v. *Wade)(1967)],审前传讯阶段["汉密尔顿诉亚拉巴马州案"(Hamilton v. Alabama)(1961),初审阶段["科尔曼诉亚拉巴马州案"(Coleman v. Alabama)(1970)],审判阶段["吉迪恩诉温赖特案"(*Gideon v. Wainwright),"阿杰辛格诉哈姆林案"(*Argersinger v. Hamlin),"斯科特诉伊利诺伊州案"(Scott v. Illinois)],宣判阶段["曼帕诉莱伊案"(Mempa v. Rhay)(1967)],以及首次、自动上诉阶段["道格拉斯诉加利福尼亚州案"(Douglas v. California)(1963)]。但是,联邦最高法院在"罗思诉默菲特案"(Ross v. Moffit)(1974)中认为,第一次上诉以外的裁量性上诉中,被告没有获得律师帮助权。

联邦最高法院在著名的1966年"米兰达诉亚利桑那州案"(*Miranda v. Arizona)中确立的警察讯问阶段享有获得律师帮助权的判决依据源自于联邦宪法第五修正案反对自证其罪(*self-incrimination)之特权,而不是源自联邦宪法第六修正案的规定。与以前的扩张型做法相比,法院拒绝再将该权利扩大至大陪审团审判阶段["合众国诉曼杜加诺案"(United States v. Mandujano)(1976)],或者宣判有罪之后的程序中。后者包括在某种正当程序规范下运作的缓刑期间和假释执行期间["加格兰诉斯卡普里案"(Gagnon v. Scarpelli)(1973);"莫里西诉布鲁案"(Morrissey v. Brewer)(1972)]。

近来的判决开始考虑自己代表行为的合宪性问题["法瑞塔诉加利福尼亚州案"(Faretta v. California)(1975),法院在事实上接受了如下观点:"傻子"(fools)也会选择为自己辩护。然而,在"马丁尼兹诉加利福尼亚州最高法院案"(Martinez v. Court of California)(2000)中,联邦最高法院也承认,如果被告上诉,法瑞塔案的先例判决即不能被适用,因为"联邦宪法第六修正案并不适用于上诉程序"。

联邦最高法院在其他案件中也考虑了法律代理的质量问题。在"斯特里克兰诉华盛顿州案"(Strickland v. Washington)(1984)中,联邦最高法院就此点所表达的关键要点是:联邦宪法第六修正案所确立的律师辩护权可能因律师无能而无法实现。在此,被告必须能够证明律师的无能,而律师的无能又导致了案件的不利后果;如果没有律师的无能,被告可能被宣告无罪。正如2001年的"伯丁诉约翰逊案"(Burdline v. Johnson)——一个第五巡回法院审理的案件,其中上诉人称其律师在部分庭审过程中睡着了——所表明的那样,法院解释联邦最高法院在斯特里克兰案判决是困难重重的。然而,却没有迹象表明,联邦最高法院将对斯特里克兰案加以完善,例如,在2002年的"米肯诉泰勒案"(Micken v. Taylor)中,该法院表明,被告律师具有明显的利益冲突并不必然导致律师无能的结论,除非被告能够证明这一事实对律师的工作产生了负面的影响。在2003年的"马萨罗诉合众国案"(Massaro v. United States)中,联邦最高法院作出了某种程度上更为扩展的裁决,尽管它同时也作出了这样的结论:如果被告未能在直接的上诉中提出,他也可以在附属的程序中提出律师无能的主张。

尽管最高法院对联邦宪法第六修正案获得律师辩护权作了扩大性解释,但仍存在几个问题。法院对何为穷困者不能提供判断标准,也没有为获得公众援助而建立任何特别的制度。尽管法院在这些问题的解决上是空白的,但清楚的是,最高法院有关获得律师辩护权的诸判决为刑事诉讼提供了重要先例。律师的帮助,而不是任何其他的正当程序,唤起

---

① 另请参见 Due Process, Procedural; Sixth Amendent。

了普通美国公民对"公平游戏"的支持,表明在普通法国家的抗辩制中,律师具有重要的地位。

[Susette M. Talarico 撰;李慧、赵学刚译;许明月校]

康塞尔曼诉希契科克案[Counselman v. Hitchcock,142 U. S. 547(1892)]①

1891年12月9日至10日辩论,1892年1月11日以9比0的表决结果作出判决,布拉奇福德代表法院起草判决意见。在康塞尔曼案中,法院认为一部联邦制定法具有合宪性,该联邦法承认在司法程序中证人免于因其所提供的证据而受到刑事起诉。尽管有这部制定法的规定,查尔斯·康塞尔曼仍依联邦宪法第五修正案对反对自证其罪特权的规定,拒绝在联邦大陪审团之前回答某些提问。在因藐视法院(*Contempt of court)而遭到监禁后,康塞尔曼寻求法院的人身保护状(*Habeas Corpus)。法院支持了康塞尔曼对作证的拒绝。法院认为,反对自证其罪的特权不仅适用于刑事案件中的被告,而且适用于任何调查程序,包括大陪审团(*grand jury)诉讼程序。法院也认为,联邦有关免于刑事诉讼的制定法并没有强迫控诉人作证,因为它所保护的范围并不如反对自证其罪特权提供的保护范围宽。该部制定法虽然禁止在任何联邦诉讼程序中直接使用控诉者的证人证言,但它并未禁止利用其证人证言寻求对该证人不利的其他证据。

康塞尔曼案提醒我们,一部豁免性制定法要真正有效就必须为被迫作证的证人提供绝对周密的保护,保证证人证言中所涉及的证人所犯的任何罪行都不受起诉。然而,在"卡斯提加诉合众国案"(*Kastigar v. United states)(1972)中,法院认为这部豁免性制定法并不保护强迫作证的证人因独立于被迫提供的证言之外所获得的证据而被提起诉讼。

[Edgar Bodenheimer 撰;李慧译;许明月校]

法院抑制[Court Curbing]②

美国的政治体制体现了分权原则,根据此原则,三个不同部门被委以重叠(overlapping)的权力,每个部门都拥有詹姆斯·麦迪逊(James *Madison)在其所著《联邦党人文集》(the *Federalist)第51页所称的"它自己的意志……"。作为这种政治体制中可能是最弱的一个部门,由于没有普遍选举做支撑的基础,因此司法部门对来自其他两个部门的政治挑战可能显得更加脆弱。而且,由于具有宣告州和联邦立法违宪的权力,最高法院发现自己经常与其他两个部门或州发生冲突(参见 Judicial Review)。

这里有大量机制,通过这些机制联邦最高法院可能受到控制。最明显的例子是由国会提议并由各州批准的宪法修正案可以撤销或修改法院作出的不受欢迎的判决(参见 Reversal of Court Decisions by Amendment)。在这个国家历史早期,联邦宪法第十一修正案(the *Eleventh Amendment)(1795年批准)就推翻了"奇泽姆诉佐治亚州案"(*Chisholm v. Georgia)(1793)的法院判决,并且对联邦最高法院的管辖权作出了限制,虽然修正案的这个规定只适用于范围相对很窄的一部分案件———些由他州或他国公民对一州提起诉讼的案件。联邦宪法第十四修正案(the *Fourteenth Amendment)(1868年批准)修改了不得人心的"德雷德·斯科特(Dred *Scott)案"(1857)判决,将公民权的主体范围扩大到所有本国出生的美国人和入籍的美国人,而联邦宪法第十六修正案(the *Sixteenth Amendment)(1913年批准)推翻了法院在"波洛克诉农场主贷款与信托公司案"(*Pollock v. Farmers' Loan & Trust Co.)(1895)中的判决,允许征收国家所得税。接着联邦宪法第二十六修正案(the *Twenty-Sixth Amendment)(1971年批准)就通过将联邦和州的选举中享有投票权(the right to *vote)的年龄扩大到18岁来修改了联邦最高法院在"俄勒冈诉米切尔案"(*Oregon v. Mitchell)(1970)中的判决。

到今天,虽然这些修正案——可能除了第十一修正案——针对的只是一些特定的判决而不是针对联邦最高法院的权威,但是自19世纪20年代起,不断提出的修宪提议将会弱化司法权力,如要求法官通过选举上任并有固定的任期,要求经特别的司法投票才能使一部立法无效,或允许国会有凌驾于司法判决之上的权威。通过宪法修正案控制法院的主要障碍在于修正案获得批准极为困难。这可从为使宪法第二十六修正案获得批准而斗争的200多年美国宪法史中看出。

当然,在涉及成文法的案件中,国会不一定要以追随修正案路线的方式来反对法院的宪法解释。相应地,美国历史上有无数的例子,有关国会推翻这种司法解释、澄清它最初的意思或指出联邦最高法院解释的立法目的太窄从而扩大所述立法目的的例子。甚至在宪法解释案件中,联邦最高法院有时也更多地忙于与其他政治部门不断进行对话而不是坚持司法对宪法的最终解释权。

联邦最高法院并不能免除来自政治和制度的限制。虽然,联邦最高法院处于司法等级体系的最上层,低级别联邦法院(*lower federal court)和州法院(*state court)有时也会坚持自己的改革,如设执法官员和其他负责执行司法判决的职位(参见 Impact of Court Decisions)。许多联邦最高法院的法官相信

---

① 另请参见 Due Process, Procedural; Fifth Amendment Immunity; Self-Incrimination。

② 另请参见 Constitutional Amending Process; Constitutional Amendments; Political Process; Separation of Powers。

在民主共和制度中他们的角色要求他们必须顺从于立法决定和对司法的限制。而且，法官经总统提名、参议院同意后，再由总统任命（参见 Selection of Justices）。虽然许多总统发现要预测一位被任命的法官将会发挥何种作用是件难事，但是总统们还是意识到了他们对法官的选择会影响未来联邦最高法院的判案思想方向。

除了这些对司法部门的很成熟的限制之外，在其他机制上存在着更大的争议，通过这些机制，选举产生的部门可以控制联邦最高法院。宪法中任何一处都不会规定最高法院法官的人数，但国会可以增加法官的人数，并且因此给予了总统通过任命法官来影响法院判决的额外权力。然而，联邦最高法院法官人数的最后一次改变是在 1869 年。20 世纪最引人注意的"法院人员布置计划"的尝试——由于在任的每个法官年龄都已超过 70 岁，富兰克林·罗斯福在 1937 年提出增加法官以达到 15 个法官的计划——是对司法独立的攻击而遭到了来自国会的压倒性的强烈反对，以致再次提出改变法官人员的建议已不再可能（参见 Court-packing Plan）。

在这些控制法院的建议中，最富争议的是旨在利用立法来对联邦最高法院和/或其他联邦法院在某些主题或某种判决不得人心的案件上的管辖权作出限制（参见 Judicial Power and Jurisdiction）。这种可能性已在《美国联邦宪法》第 3 条（*Article Ⅲ）第 1 款的表述中得到暗示，该条款授予"一个州的最高法院及其低级别法院拥有国会可以不时通过立法进行制定或建立的"司法权力；宪法第 3 条第 2 款又授予联邦最高法院"既根据具有此种例外情形的法律和事实，又根据国会将要制定的此种法律规范"而享有上诉管辖权（*appellate jurisdiction）。在一个重建时期的案件——"麦卡德尔单方诉讼案"（*McCardle, Ex parte）(1869) 中，联邦最高法院通过对一个国会已撤销了法院管辖权的案件拒绝作出判决的方式认可了这种立法机关的行为。然而，在联邦宪法第 3 条的最初立法目的上仍存在争议，且麦卡德尔案中对国会可限制法院管辖权的案件范围规定得不明确，尤其是联邦最高法院在"合众国诉克莱因案"（United States v. Klein）(1872) 的判决中尤为不明确。在该案中，联邦最高法院否认立法机关有权对法院在申请人依赖总统的赦免（*pardon）这类案件上的管辖权作出限制。联邦最高法院认为，试图对证据规则作出规定是不合适的，因为证据规则不可避免地会在政府的协助下运作，而且证据规则本身是对总统豁免权的一种违宪侵扰。

一些学者认为，对司法管辖权的限制可能会破坏联邦宪法第 6 条中宣称的宪法的至上性，产生非法定的宪法解释，并且会否定诉讼的正当程序。至少，也必须对控制法院的行为作出限制，即禁止国会在法院上以差别对待求者为目的而改变管辖权。

联邦最高法院难得有没有敌对者的时候，纵观美国历史，控制法院的建议随处可见。在一项对以国会法案方式发起的法院控制运动的调查中，斯图尔特·纳格尔（Stuart Nagel）认为，有 4 个时期是相对成功的。虽然自纳格尔的调查以来再也没有人作出可比较的研究，但 20 世纪 70 年代末和 80 年代初又形成了另一个法院控制运动的时期。当法院被发现作出了有争议的或不受欢迎的判决时，法院控制运动就很明显地变得更加频繁。这种运动可能发生于党派纷争时期，此时期经常有强大的宗教作用基础。

最早的法院控制时期发生于 1802—1804 年间，它反映了新当选的民主共和主义的总统托马斯·杰斐逊（Thomas Jefferson）和占主导地位的联邦制拥护者间的矛盾。共和党人在 1801 年转让权力之前反对联邦派将司法部门并入新的公务员序列的企图。对此的争论产生了法院在"马伯里诉麦迪逊案"（*Marbury v. Madison）(1803) 中对司法审查权的著名宣告。杰斐逊代表的共和党人废止了 1801 年《司法法》（*Judiciary Act of 1801），该司法法增加了联邦法院的数量和管辖权。然而，在参议院证明塞缪尔·蔡斯（Samuel *Chase）法官有罪失败后——该法官因其在任时过度的联邦派党派行为而于 1804 年遭到国会的弹劾（*Impeachment）——对法院的攻击就有所减弱了。弹劾的失败使依靠这一手段来控制法院的策略受到阻碍。

下一轮的法院控制运动发生于 1823 年至 1831 年间。马歇尔主持下的联邦最高法院因主张在一些案件中享有管辖权而与州和地方利益形成了对立，这些案件是涉及来自州的上诉案件——例如"马丁诉亨特租户案"（*Martin v. Hunter's Lessee）(1816) 和"科恩诉弗吉尼亚州案"（*Cohens v. Virginia）(1821)——和因宣告州的经济调控法规无效而引起的上诉案件，最值得注意的就是"麦卡洛克诉马里兰州案"（*McCulloch v. Maryland）(1819)，该案中取消了马里兰州对合众国银行分支机构的征税。然而，修改或废止 1789 年《司法法》第 25 条的努力在 1831 年失败，而法院也从富有侵略性的国家主义中撤回，国家主义在整个 1824 年法院的判决中都有体现。

在 1857 年导致美国内战在 1869 年升级的臭名昭著的"德雷德·斯科特案"判决之后，法院遇到了反对其判决的力量，因为战争之后紧随的就是国会的重建计划（*Reconstruction）。联邦宪法第十四修正案推翻了德雷德·斯科特案，并为建立联邦与州的新型关系准备了一种方案。在"麦卡德尔单方诉讼案"中，法院拒绝与国会在管辖权上进行斗争以避免其名誉冒受损的危险。

1893—1897 年和 1922—1924 年间的控制运动以维护联邦司法在经济事务上的权力和合同自由（freedom of *contract）原则为特征。在早些时期，民粹主义者谴责法院在"波洛克诉农场主贷款与信托公司案"(*Pollock v. Farmers' Loan & Trust Co.)(1895)中的判决,因为该案禁止国会从未分配的收入中征税,并且该判决限制了《谢尔曼反托拉斯法》在"合众国诉 E. C. 奈特公司案"(United States v. *E. C. Knight Co.)(1895)中的适用。这些判决及其他的判决支持了放任自由经济学,成为"洛克纳诉纽约州案"(*Lochner v. New York)(1905)及随后案件的缩影,激起了由进步主义(*Progressive)发言人领导的对法院的第二轮攻击。这两个时期导致了罗斯福总统 1937 年的法院"人员布置计划"的出台,该计划旨在控制使"新政"(*New Deal)政策无效的司法权力。虽然罗斯福的努力失败了,但法院从此以后对包括经济事务在内的立法就只有最低限度的审查权,且法院的权力集中在了民事权利和公民自由问题上。

而这后来的问题也能引发矛盾,这已为 1955 年到 1957 年间的法院控制运动所证实。对"布朗诉教育理事会案"(1954)的反对引发了弹劾首席大法官厄尔·沃伦(Earl *Warren)的呼声(参见 Communism and Cold War; Subversion),因为该案推翻了"普勒西诉弗格森案"(*Plessy v. Ferguson)(1896),且命令废除用于虽处理种族关系的隔离但公平原则(*Separate But Equal Doctrine),并限制州和联邦国内安全法的适用范围。限制法院在国内安全方面的管辖权的法案,诸如"詹纳法案"(Jenner Bill)(以来自印第安纳州的参议员威廉·詹纳的名字命名),最后变得毫无价值,在这一领域法院内部的意见存有一些分歧。

在 20 世纪 70 年代和 80 年代,出现大量限制司法判决的尝试,这些司法判决都涉及公立学校(参见 Religion)诵读祈祷文 ["恩格尔诉瓦伊塔尔案"(*Engel v. Vitale)(1962)] 和诵读《圣经》["阿宾顿校区诉谢穆普案"(*Abington School District v. Schempp)(1963)],或与为达成种族融合而进行的巴士运送 ["斯旺诉卡尔罗特-麦克伦伯格教育理事会案"(*Swann v. Charlotte-Mecklenburg Board of Education)(1971) 和堕胎(*abortion)["罗诉韦德案"(*Roe v. Wade)(1973)] 有关。但成文法限制司法管辖权的尝试大多失败,正如一些宪法修正案的结局所示。同样,试图通过宣布巴士运送侵犯了平等保护原则或宣布生命开始于怀孕那一刻等方式,来行使国会依据联邦宪法第十四修正案获得的强制执行权的努力也失败了。

在整个美国历史上,联邦最高法院显现了其弹性,虽然有时它的判决会被修改或推翻,但它从不放弃其作为政府中一个同等的政治部门的权威。大法官须由政治部门任命和批准,且法院对其判决也要依靠这些政治部门来执行,因此法院不再存在于公众生活主流之外。为法官设计的高尚的行为和对薪金的保证使法院能独立于大多数的党派纷争之外。法院控制运动的威胁既显示了法院在美国政治体制中的重要地位,也不断提醒公众,法院权力需要受到限制。

参考文献 Louis Fisher, *Constitutional Dialogues* (1988); Edward Keynes with Randall K. Miller, *The Court vs. Congress* (1989); Walter F. Murphy, *Congress and the Court* (1962); Stuart S. Nagel, "Court-Curbing Periods in American History," *Vanderbilt Law Review* 18 (1965): 925-944.

[John R. Vile 撰;李慧译;许明月校]

法院人员布置计划 [Court-Packing Plan]

1937 年 2 月富兰克林·德拉诺·罗斯福(Franklin D. *Roosevelt)总统向国会递交了一项旨在改变联邦司法组织构成的法案。这项法案立即就被授以"法院人员布置计划"的名称,罗斯福总统可据此增加联邦最高法院法官的人数,并任命支持"新政"(*New Deal)政策立法具有合宪性的法官。法官扩充的斗争构成了罗斯福总统任期内的一段重要插曲和美国历史上司法部门与行政部门间最痛苦的冲突。在 20 世纪 20 年代,思想保守的法官占最高法院法官的多数,他们认为联邦调控经济的权力是有限的。在 1932 年竞选活动中,罗斯福当众指责法院中有太多的共和党人。他怕法官抵制对处理经济萧条来说是很必要的许多政策措施。

尽管在许多案件中法院都支持了改革立法,但是当法院公布了三个达成全体一致的取消"新政"复兴计划中关键性条款的判决意见时,总统震惊了,1935 年 5 月 27 日这天也被称为所谓的黑色星期一(*Black Monday)。在"路易斯威尔银行诉雷德福案"(Louisville Bank v. Radford)中,法院否定总统有替换独立调控机构的成员之权力,因此该判决妨碍了总统使这些机构按调控政策行事的权力(参见 Appointment and Removal Powers)。而且在"谢克特禽畜公司诉合众国案"(*Schechter Poultry Corp. v. United States)中,法院停止了《国家工业复兴法》的执行,认为国会不能将范围如此广泛的权力授予一个执行机构(参见 Delegation of Powers)。法院还认为谢克特公司人事的业务属于州内商业,因此不能受制于联邦商业权力(*commerce power)。罗斯福总统为难了,因为三个自由主义的法官——路易斯·D. 布兰代斯(Louis D. *Brandeis)、本杰明·内森·卡多佐(Benjamin N. *Cardozo)、哈伦·菲斯科·斯通(Harlan F. *Stone)——对政府投了反对票。如果法院将这种观点用在所有的有关经济调控问题的案件上,"新政"政策必将失去战斗力。在第二天的新闻发布会上,罗斯福公开谴责法院采取了"马车时代对州际商业的定义"。

1936年富兰克林·罗斯福避开了与法院的直接对抗,因为他不想在总统竞选那年给共和党人一个借题发挥的机会。但法院又宣布了更多的几项"新政"计划无效,包括《农业调整法》、《国家含沥青煤炭法》和一项受到普遍欢迎的《纽约最低工资法》["合众国诉巴特勒案"(United States v. *Butler)(1936);"卡特诉卡特煤炭公司案"(Carter v. Carter Coal Co.)(1936);"提帕尔多引起的莫尔黑德诉纽约案"(*Morehead v. New York ex rel Tipaldo)(1936)]。在这些案件中自由主义法官们通常持有异议,而且首席大法官查尔斯·埃文斯·休斯(Charles E. *Hughes)也经常与自由主义法官们持相同意见,留下法官欧文·罗伯茨(Owen *Roberts)不定其间。

随着选举上取得的压倒性胜利,罗斯福令首席检察官豪瑟尔·卡明斯(Houcer Cummings)提出一项计划,该计划要求法院大多数法官支持罗斯福调控计划的合宪性。他们之所以不选择修宪的方式是为了放慢进程并代之以起草一部法案,该法案针对当时最高法院的每个法官都已年过70岁的情况,计划针对每个达70岁的大法官增加一名法官,共增加6人,低级别法院法官人数也达到44个。富兰克林·罗斯福的理由是老一些的法官不能处理如此繁多的工作,而年轻的法官可以提高法院工作效率。

1937年2月5日,罗斯福宣布了法院人员布置计划,这无异于投放了一枚炸弹,一场政治风暴随之而起。共和党人、被组织起来的律师界领导人、南方民主党人和中庸的民主党人,以及新闻编辑都谴责了这项计划,甚至最高法院的自由主义的法官也站出来公开指责。然而,罗斯福仍然态度坚决,并在国会中拥有多数投票的支持。

然而在3月份,法院以5对4的多数支持了与以前被停止实施的法案几乎完全相同的《华盛顿最低工资法》["西海岸旅馆公司诉帕里西案"(*West Coast Hotel Co. v. Parrish)]并承认国家劳资关系委员会的合宪性["全国劳动关系委员会诉琼斯及劳夫林钢铁公司案"(National Labor Relations Board v. Jones & Laughlin Steel Corp.)(1937)]。法官欧文·罗伯茨立场的转变,被新闻记者称为"及时拯救了九个人的转变",毁灭了法院人员布置的立法,因为美国人民相信罗斯福不用干涉传统就可以实现他的目标。而且,法官威利斯·范·德凡特(Willis *Van Devanter)宣布他将退休,既便没有罗伯茨的支持,他也可以为罗斯福提供5张支持票。然而,这位总统不会放弃他的计划。但参议院领导人乔·鲁滨逊(Joe Robinson)的猝死打消了总统立法计划的任何希望。

罗斯福在立法之战上失败了,但他却赢了这场战争。他的改革后来得到联邦最高法院的支持。法院人员布置的争议是有意义的。它动摇了富兰克林·罗斯福建立的"新政"联盟,使他丧失了一些民主党人、许多中间阶级人士,也包括一些共和党人的支持。它预示着罗斯福发动的政治和经济改革的终结。它使美国人民更加理解到法律和政治应该分离,虽然联邦最高法院不能完全超脱于政治之外,但它一定不能变为政治机构。

参考文献 William E. Leuchtenburg, "The Origins of Franklin D. Roosevelt's 'Court-Packing' Plan," in The Supreme Court Review (1966) pp. 347-400; William E. Leuchtenburg, "Frankin D. Roosevelt's Supreme Court 'Packing' Plan," in Essays on the New Deal, edited by Harold M. Hollingsworth and William F. Holmes(1969), pp. 69-115.

[Rayman L. Solomon 撰;李慧译;许明月校]

联邦最高法院判决汇编人[Court Reporters]

参见 Reporters, Supreme Court。

上诉法院[Court of Appeals]

美国的上诉法院在联邦司法系统中属于中间一级的法院,它们受理对地区法院判决以及其他管理机构裁决的上诉,其作出的判决将受到联邦最高法院的审查。美国目前有12个具有一般管辖权的上诉法院,法院的管辖权涵盖了至少三个州,但哥伦比亚特区巡回法院是一个例外。联邦巡回上诉法院具有半专业化的特点,它负责审理所有的专利上诉案件,以及文职人员、老兵和其他向联邦政府提起财经请求的人所提起的上诉案件。上诉法院的所有法官都由总统提名,并经参议院批准。在这些法院中,大约共有180名法官,人数最多的是位于西海岸的第九巡回法院,有28位法官,人数最少的是第一巡回法院(管辖覆盖新英格兰州一部分,另加波多黎各),只有6位法官。这些法院中的资深法官(半退休的法官)——大约有100人,对于解决其案件负担也提供了巨大的帮助。对法官的提名很容易引起争议,因为被提名者往往面临着一些重要问题需要处理,而总统在决定提名对象时也往往选择那些持有特定理念的人。此外,还有一些专业化的上诉法院,如军事上诉法院(参见 Military Justice)以及老兵赔偿上诉法院。联邦情报监听复审法院(Federal Intelligence Surveillance Court of Review)的法官由联邦最高法院的首席大法官决定,他们以上诉法院法官的身份在此提供服务。

上诉法院对于地区法院的判决或者管理机构的决定具有强制性的司法管辖权,诉讼当事人对于地方法院或管制性机构对他所作的终审裁判,可以向其提起上诉,这是当事人的一种权利;但提出上诉的理由只能是程序错误或者适用法律错误。自

20世纪80年代以来，上诉法院受理的案件越来越多，审判负担加重；到20世纪90年代，上诉法院每年要处理5万件上诉案件，大多数案件都是由三位法官组成的审判庭加以审理的。但在较少的情况下，审判庭无法就案件的判决达成一致意见，这时整个法院就会重新审理该案，并作出判决。在提出上诉之后，双方当事人都要对案件进行简单的陈述，律师也可以在庭中提出口头意见。在对案件进行周密考虑之后，上诉法院会在几个月之后提出处理意见。自20世纪70年代开始，如果需要法律的适用非常简单，上诉法院就发布无先例效力的（初期阶段不公开的）裁决结果。现在，这种形式的裁决结果在联邦上诉法院所有的判决中占了4/5。对于一个上诉案件来说，可能的判决结果有：维持、部分或者全部撤销、取消低级别法院的判决，或者驳回上诉。法官们则可能提出多数意见，或者分别提出在推理方面一致但添加一些想法的并存意见或仅针对结论的并存意见，反对或者不同意多数意见。

1991年是上诉法院的百年纪念，1891年的《埃瓦茨法案》（Evarts Act of 1891）建立了现在的联邦上诉体系，这是律师和立法改革者30年的努力——改变原巡回上诉法院的复审程序——的结果（参见 Judiciary Act of 1891）。改革者试图以新创建的法院来分流上诉案件，为联邦最高法院减轻过重的负担。国会允许联邦最高法院以调卷令（*writ of certiorari）的方式——一种自由裁量性质的令状——决定其需要审查的案件。

在过去的100年里，联邦最高法院的调卷令管辖权因《1925年司法法》（*Judiciary Act of 1925）的颁布而有显著的扩大，1988年的一部立法几乎将其强制性管辖权完全废止（参见 Judicial Improvements and Access to Justice Act）。当联邦最高法院的自由裁量管辖权扩大以后，上诉法院的重要性也增加了。上诉法院审判量的增加以及联邦最高法院每期审判量的减少，意味着在其所审理的案件中，上诉法院的裁决，除了只有将近1%的案件以外，都是终局的。

另外，上诉法院还因其承办案件的重要性而获得名声。在开始的25年内，上诉法院审理的多是私法领域的上诉案件。多管辖权案件（不同州的公民间的诉讼）、破产案件、专利案件和海事诉讼案构成了它们的大部分工作。然而，由于联邦管制的扩张，第一次是在革新时期，然后是在"新政"（*New Deal）时期，最后是20世纪60年代和70年代期间，随着来源于联邦行政机构的上诉案件逐渐占据其受理案件的极大比例，法院的角色也发生了变化。上诉法院在政策制定中的重要性的增加也得益于联邦检控范围的扩大——尤其是那些有关公民权利、犯罪、毒品、诈骗和政治贿赂的诉讼，以及不断增加的对于不同形式的歧视行为提出的私人诉讼和涉外国人政治庇护的诉讼。1954年以后利用联邦法院来监督学校废除种族隔离以及诸如监狱、精神病院等方面的制度改革，加上诸如有关堕胎问题之类的争论，也增加了上诉法院的重要性。

参考文献 Jonathan M. Cohen, *Inside Appellate Courts: The Impact of Court Organization on Judicial Decision Making in the United States Courts of Appeals* (2002); Donald r. Songer, Reginald S. Sheehan, and Susan B. Haire, *Continuity and Change on the United States Courts of Appeals* (2002).

[Rayman L. Solomon 撰；李慧、赵学刚译；许明月校]

考克斯诉新罕布什尔州案
[**Cox v. New Hampshire**, 312 U.S. 569(1941)]①

1941年3月7日辩论，1941年3月31日以9比0的表决结果作出判决，休斯代表法院起草判决意见。自20世纪30年代始，耶和华见证人就抱怨各种警察法侵犯了他们的宗教自由，并开始检测这种方法。最初是成功的，在"考克斯诉新罕布什尔州案"中教派收到了温和的司法拒绝。曼彻斯特城市治安条例要求在公共街道举行的每一次游行或列队行进都需经过许可并付费。耶和华见证人未经许可或付费就以单行形式通过街道，并沿途张贴一个会议的广告。他们遭到了逮捕。考克斯（Cox）——他们的领导人——抗辩说，这些被告并没有游行。见证人们也称依联邦宪法第十四修正案（the *Fourteenth Amendment），曼彻斯特城市治安条例由于剥夺了他们的信仰自由、言论和出版自由以及集会自由，因而是无效的。他们认为，该条例授予了过度随意的许可权，而且条例是模糊和不明确的。

联邦最高法院一致支持曼彻斯特的这项治安措施，将它作为一项旨在提高街道安全有序使用而合理设计的治安（*police）条例。联邦最高法院使人们清楚地认识到法院将取得许可证的要求视为一项交通规范，并且要求保证申请颁发许可证的目的不是为传递信息或举行集会之用。

败诉对见证人的计划来说只是一种临时的倒退。考克斯提起了一系列诉讼，目的在于使政府获得颁布合理写明游行时间、地点和言论方式的条例的权力，只要这些条例不被用于妨碍言论自由或只有利于一些言论者而不利于另一些人。

[Paul L. Murphy 撰；李慧译；许明月校]

---

① 另请参见 Assembly and Association, Freedom of; Religion; Speech and the Press.

科伊尔诉史密斯案[Coyle v. Smith, 221 U. S. 559(1911)]①

1911年4月5日至6日辩论,1911年5月29日以7比2的表决结果作出判决,勒顿代表法院起草判决意见,麦克纳和霍姆斯持有异议但未说明理由。在一部允许俄克拉荷马建州的授权法中,国会规定古瑟林(Guthrie)作为临时州府直到1913年。依此规定,在1907年,俄克拉荷马州以与最初的州平等的地位进入美国联邦。3年后,俄克拉荷马州的立法机关建议将州的首府迁至俄克拉荷马城。当一场针对这种行为的诉讼被启动后,俄克拉荷马州法院支持了州立法机关的行为。

这里的问题是,依公认的国会享有的新州建制的自由裁量权,国会是否可以对其许可建立的新州附加一些条件。回到1787年《西北条例》(*Northwest Ordinance)的传统规定,联邦最高法院的大多数发现国会施加于俄克拉荷马州的限制是无效的,并支持州有权自行确立其州府所在地。国会允许新州建制的自由裁量权并不受制于司法审查(*judicial review),但是一旦国家立法机关建立了新的州,则新的州就被授予与原有的州相同的一切政府权力。尽管大多数法官没有在宪法条文中找到有关制止国会这种行为的强制性规定,但他们毫不犹豫地解读出宪法中含有的并未明示的州间平等的传统。

[John E. Semonche 撰;李慧译;许明月校]

克雷格诉博伦案[Craig v. Boren, 429 U. S. 190 (1976)]

1976年10月5日辩论,1976年12月20日以7比2的表决结果作出判决,小布伦南代表法院起草判决意见,布莱克蒙、小鲍威尔、史蒂文斯和斯图尔特持并存意见,伯格和伦奎斯特持有异议。联邦最高法院首次宣布以性别为基础的分类应受制于联邦宪法第十四修正案(the *Fourteenth Amendment)之平等保护条款所规定的严格审查(*strict scrutiny)程序,而不是理性基础审查或"一般审查"。正如法官小威廉·J. 布伦南所(William Joseph *Brennan, Jr.)陈述的那样,依区分性别的制定法必须满足这种宪法性标准,即它"必须符合重要的政府目标,必须与那些目标有实质上的联系"(p. 197)。这种标准与对如种族等"受怀疑"而进行的严格审查(*strict scrutiny)标准相比又少了几分严厉。而小布伦南声称(尽管在记载这段话之前联邦最高法院从未提到过)这其实就是自"里德诉里德案"(*Reed v. Reed)(1971)以来对是否属性别歧视的测试(1971—1976年这个时期正是国会与州成功致力于增加联邦和州宪法修正案中平等权利内容的时期)。

在克雷格案中,争议中的俄克拉荷马州法允许年龄在18岁至20岁的女性购买酒精含量为3.2%啤酒。而男性直到21岁才能购买啤酒。该法受到了两位未达规定年龄的男性,马克·沃克和柯蒂斯·克雷格的挑战,他们因一位女性啤酒卖主卡罗林·怀特纳(Carolyn Whitener)而联合在一起。当案件在最高法院辩论之时,两位男性已满21岁,因此该女性原告的诉权是决定性的(参见 Standing to Sue)。

俄克拉荷马州辩称,该法是对酒醉后驾车的一种预防措施,并提供一组统计数字显示被逮捕的18岁至20岁的男性比相同年龄的女性要多,其中2%的原因是因"酒醉"开车,18%是因"在酒精作用下开车",10%是因一般的醉酒。

小布伦南代表法院起草判决意见,认为尽管加强交通安全的目的的确体现了政府的重要利益,但俄克拉荷马州提供的统计数据证据并没有满足另一半标准:由州所划分的性别(*gender)界线并没有在"实质上"促进政府目标的实现。而且,小布伦南解释道,联邦宪法第二十一修正案(the *Twenty-first Amendment)并没有改变正确的平等保护(*equal protection)标准,由此否决了州提出的关于修正案所保护的额外立法权应使该制定法得以维持的辩护。

大法官哈里·A. 布莱克蒙(Harry A. *Blackmun)对判决的结果以及判决所依据的除关于联邦宪法第二十一修正案的讨论之外的所有理由都表示赞同。大法官小刘易斯·F. 鲍威尔(Lewis Frankling *Powell, Jr.)也给予赞同但表示他更主张以性别为基础的分类必须与立法目的保持"公平和实质性的联系"这一标准。大法官约翰·P. 史蒂文斯(John Paul *Stevens)赞同并建议,联邦最高法院应该适用各州都必须平等执行的规则,而不是依修正案中平等保护原则进行三种不同程度的审查。对他来说,平等的要求需要权衡政府利益的重要性,性别划分所能实现利益的程度以及性别划分令人不悦的程度。这一法律的确在一定程度上促进了交通安全,而且这是一项重要的目标,但他认为这一以性别为基础的法律的侵犯性超过了这两项考虑。

大法官波特·斯图尔特(Potter *Stewart)辩论道,使用于"里德诉里德案"中的理性标准仍然是性别歧视的最合适的标准,但是这部制定法却连最低的标准都不满足,而且该法又是违宪的。

大法官威廉·H. 伦奎斯特(William H. *Rehnquist)持有异议,他既反对新的审查方法的引入,也不支持本案男性原告的请求,因为男性并不需要来自联邦最高法院的特殊关照。他认为理性是很正确的标准,统计数据也很容易满足那种标准。首席大法官沃伦·E. 伯格(Warren Earl *Burger)基本同意

---

① 另请参见 Territories and New States。

伦奎斯特的异议,但他认为法院不应该受理此案,因为本案绝不能将起诉资格延伸至怀特纳(Whitener)女士,她仅是一位酒店老板。

[Leslie Friedman Goldstein 撰;李慧译;许明月校]

克雷格诉密苏里州案[Craig v. Missouri, 4 Pet. (29 U.S.)410(1830)]①

1830年3月2日至3日辩论,1830年3月12日以4比3的表决结果作出判决,马歇尔代表法院起草判决意见,约翰逊、汤普森和麦克莱恩持有异议。克雷格案证明了马歇尔联邦最高法院后期的角色转变。提出的问题是,密苏里州的一部制定法所认可的由该州发行的贷款凭证是否违反了宪法第1条第10款对信用证的禁止性规定。参议员托马斯·H.本顿(Thomas Hart Benton)是一位对司法国家主义的主要批评者,他极力主张联邦最高法院应支持该制定法为州主权的合法行使。他也认为该案诉至联邦最高法院所依据的《1789年司法法》(*Judicial Act of 1789)第25条是违宪的,国会为废止该条款而进行的辩论也增加了他的理由的说服力。

首席大法官约翰·马歇尔(John *Marshall)站在多数人一边,他根据其对联邦历史上禁止州拥有纸币的宪法条文的解读而废止了该州这部制定法。他也重申,依据《司法法》第25条所确立的法院的管辖权,正如他在"科恩诉弗吉尼亚州案"(*Cohens v. Virginia)(1821)中所主张的,法官在确立管辖权方面没有自由裁量权。大法官威廉·约翰逊(William *Johnson)、史密斯·汤普森(Smith *Thompson)、约翰·麦克莱恩(John *McLean)持有异议,他们认为这部制定法的措辞范围足够宽泛以致完全可以避开宪法的禁止性规定。

正好7年以后,异议者却在"布里斯科诉肯塔基共同体银行案"(*Briscoe v. Bank of the Commonwealth of Kentucky)(1837)中取得了胜利。当时联邦最高法院由首席大法官罗杰·B.托尼(Roger B. *Taney)主持,法院支持允许存在多样化的货币体系的观念,通过这种货币体系,州银行的票据就可作为流通媒介使用了。

[R. Kent Newmyer 撰;李慧译;许明月校]

克兰奇,威廉[Cranch, William]②

(1769年7月17日出生于马萨诸塞州的韦茅斯;1855年9月1日卒于哥伦比亚华盛顿特区。)1801—1815年间担任联邦最高法院第二任法院判例汇编人。正如其前任亚历山大·达拉斯(Alexander *Dallas)一样,克兰奇能成为判例汇编人是机遇多于预先准备。克兰奇是阿比盖尔·亚当斯(Abigail Adams)妹妹的儿子,搬到华盛顿作了一家土地投机联合企业的法律代理人,并因该联合企业的倒闭而破产。他地位显赫的叔叔——约翰·亚当斯总统帮助了他。克兰奇在1801年被任命为新建的哥伦比亚特区巡回法院助理法官(assistant judge),后又在1802年共和党人对"午夜法官"的清除运动中幸免,之后便在最高法院一直服务了54年,并于1805年成为巡回法院首席大法官(chief judge)。

与此同时,联邦最高法院从费城移至华盛顿,克兰奇也开始整理和编辑法院判决,对他来说,对金钱的渴望还不如希望为国家留下有用的先例(*precedent)的想法更能激励他。然而,法律汇编作为一种私人冒险行为仍然困难重重而无任何报酬。尽管法官们经常向克兰奇提供他们所持意见的注解,但法官和律师都报怨克兰奇所作的汇编缺乏准确性。而且,虽然每年汇编的案件数量以4倍速度增长,但许多都是与潜在消费者利益关系不大的海事案件。

由于负担着汇编的开支,克兰奇不断感到跟不上时间表的要求。1815年他离开了判例汇编这个职位,最后3卷的出版很迟,但首席大法官约翰·马歇尔(John *Marshall)将责任归咎于克兰奇的继任者——亨利·惠顿(Henry *Wheaton)。克兰奇仍然保持了"案件链条的……完整性",这个评价正好与一开始对首任汇编人达拉斯"对我们国家法理学的稳定有重要作用"的评价一致。

参考文献 Morris L. Cohen and Sharon Hamby O'Conner, *A Guide to the Early Reports of the Supreme Court of the United States* (1995), pp. 25-33. Craig Joyce, "The Rise of the Supreme Court Reporter: An Institutional Perspective on Marshall Court Ascendancy", *Michigan Law Review* 83 (1985); 1291-1391. Sandra Day O'Conner, *The Majesty of the Law: Reflections of a Supreme Court Justice*, edited by Craig Joyce (2003), chapter 4, "The Supreme Court Reports," pp. 24-30.

[Graig Joyce 撰;李慧译;许明月校]

创世论[Creation Science]

参见 Evolution and Creation Science。

犯罪集团法[Criminal Syndicalism Laws]③

犯罪集团法是规范保卫、鼓吹或建立使用犯罪手段、暴力、破坏或其他非法手段进行犯罪以致改变政府的形式、产业所有权或控制权的有组织的犯罪行为的法律规范的总称。在1917年至1920年间,有20个州颁布了这类法律。它们的目标都是指向

---

① 另请参见 Capitalism。
② 另请参见 Reporters, Supreme Court。
③ 另请参见 Subversion。

一种激进的劳动组织,所谓的"世界产业工人"。自世界产业工人组织在西方壮大以来,犯罪集团法也首先在那些地方出现。最早出现的是1917年爱达荷州的制定法。一些州,诸如加利福尼亚州,在第一次世界大战(*World War Ⅰ)红色恐慌事件之后,起诉了一批极端的犯罪集团(*Criminal Syndicalism),在20世纪30年代的劳工(*labor)纠纷中,一些州也依据这些制定法提起了诉讼,后来这些制定法都废弃不用了。

在"惠特尼诉加利福尼亚州案"(*Whitney v. California)(1927)中,联邦最高法院支持了犯罪集团法的合宪性。大法官路易斯·布兰代斯(Louis *Brandies)抨击了大多数人所持有的认为传统所表述的"明显、即发的危险"(*Clear and Present Danger)是对言论自由的保护的立场(参见 Speech and the Press)。联邦最高法院首先推翻了"菲斯科诉堪萨斯州案"(Fiske v. Kansas)(1927)中的犯罪集团规则。在影响更广的"德乔恩吉诉俄勒冈州案"(*Dejonge v. Oregon)的判决中,大法官们认为一个州对参加由犯罪集团组织所主办的和平会议的人进行惩罚的做法违反了联邦宪法第一修正案(the *First Amendment)。最后,在"布兰登堡诉俄亥俄州案"(*Brandenburg v. Ohio)(1969)中,联邦最高法院废止了俄亥俄州的犯罪集团法,否决了惠特尼案的判决,并以联邦宪法第一修正案对惩罚宣扬暴力或非法行为的言论的行为进行限制。

[Michal R. Belknap 撰;李慧译;许明月校]

克里滕登,约翰·乔丹[Crittenden, John Jordan]

(1787年9月10日出生于肯塔基州的凡尔塞附近;1863年7月26日卒于肯塔基州的法兰克福。)律师,政治家,未获批准的联邦最高法院大法官提名候选人。在上大学之前,克里滕登就读于肯塔基的一所学校,后来与乔治·毕普(George Bibb)一起选择了法律专业并于1806年毕业于威廉玛丽(William and Mary)学院,1807年,他被获准进入肯塔基律师界。1812年,选民推举他进入州议会;1817年被选进美国参议院,直到1819年红色恐慌事件迫使他回到肯塔基州。

1824年以后,克里滕登成为亨利·克莱(Henry Clay)与约翰·昆西·亚当斯(John Quincy *Adams)的忠实拥护者;而后者使他在1927年成为肯塔基州美国地区检察官。在安德鲁·杰克逊(Andrew *Jackson)的大选前夕,亚当斯将克里滕登提名为联邦最高法院的大法官,但是参议院拒绝考虑其任命。1841年总统威廉·亨利·哈里森任命他为司法部长。他尽其所能帮助美国避免了在麦克劳德(McLeod)审判期间与英国发生战争,但却在约翰·泰勒(John *Tyler)总统上台后辞去了职务。1842年以后,他以独立党身份成为参议院中的一员,并在后来米勒德·菲尔莫尔(Millard Fillmore)总统执政期间担任司法部长。1853年,他重返参议院。在那里,克里滕登公开谴责了非工会主义和詹姆斯·C. 布坎南(James C. *Buchanan)总统在《勒康普顿宪章》(Lecompton Constitution)中的立场,但他也反对完全废止黑奴制度的极端观点,而主张捍卫1820年《密苏里妥协协议》中的成果。1858年克里滕登帮助建立了合宪的工会,并在后来反对发布《解放(黑奴)宣言》。

[Sandra F. VanBurkleo 撰;李慧译;许明月校]

克罗斯比诉国家对外贸易委员会案[Crosby v. National Foreign Trade Council, 530 U. S. 363]

2000年3月22日辩论,2000年6月19日以9比0的表决结果作出判决,苏特(David *Souter)代表法院起草判决意见,斯卡利亚和托马斯持并存意见。克罗斯比称,马萨诸塞州的一项法律禁止美国公司与缅甸从事商业活动,而联邦法律具有优先性。马萨诸塞州实施该项法律的目的是想抗议缅甸的人权记录,三个月以后,国会实施制裁。同时,国会还授权总统可以加重或者减轻制裁,并指示总统寻求多边策略,以使缅甸民主化。

联邦最高法院认为,马萨诸塞州的法律阻碍了联邦法律目的的实现,所以,即使联邦法律中没有明确的优先条款,联邦法律也具有优先性。同时,联邦最高法院还认为,马萨诸塞州的法律具有严厉性,这与国会授权总统可能加重或者减轻制裁的目的是相悖的。此外,州法应该适用于国会立法不涉及的当事人或者行为。最后,马萨诸塞州的法律使在缅甸实现民主的多边策略受阻。联邦最高法院认为,没有明确的免除条款并不代表对州法的授权。

联邦最高法院以狭义解释的方法对克罗斯比案作出了判决,并回避了如下重要问题,即联邦宪法对各州可能影响外交事务或者对外商事活动的行为所施加的限制。联邦最高法院在该案中的做法——即使没有明确的立法规定,也可以认可联邦法律的优先性,表明在外交事务中,联邦的权力具有优先性。

[Brannon P. Denning 撰;赵学刚译;潘林伟校]

克罗狗单方诉讼案[Crow Dog, ex parte, 109 U. S. 557(1883)]①

1883年11月20日辩论,1883年12月17日以9比0的表决结果作出判决,马修斯(Matthews)代表法院起草判决意见。克罗狗(Crow Dog),一个北美

---

① 另请参见 Native Americans。

布鲁勒苏族(Brule Sioux)印第安人,经达科他地区法院审判、定罪并以谋杀另一名为"斑点尾"的苏族(Sioux)印第安人为由判处了死刑。他寻求联邦最高法院颁发人身保护状(*Habeas Corpus),并认为本案应适用部落法而非联邦法,因为属地法院对在印第安人的土地上发生的一个印第安人对另一个印第安人所犯的罪行没有管辖权(参见 Territories and New States)。

苏族部落法规定作为对谋杀罪行的处罚,克罗狗必须赡养斑点尾生前所抚养的所有亲属,但不能判处死刑。克罗狗则主张他既不受制于达科他地方的刑法,也不受美国联邦刑法的管辖。而合众国认为,联邦刑法对印第安人领土的管辖权已根据《1868年苏族条约》(Sioux Treaty of 1868)之规定而获得,该条约解释于相关的普通联邦印第安成文法中。

联邦最高法院坚持认为达科他属地法院对该案没有管辖权。克罗狗与其他印第安人的关系应完全受制于布鲁勒苏族的部落法,且克罗狗只服从于部落法的强制执行权威。联邦最高法院将部落对部落成员的排他管辖权看作是保留下来的部落主权之一,具主权属性,尽管条约显示苏族受制于美国联邦法律。

克罗狗案的判决并未否定国会享有对印第案人事务的立法权,或有权减缩印第安人自治政府的自治范围。但是联邦最高法院宣布由于国会并没有以任何明显的方式行使这些权力,因此国会没有限制印第安人自治权的意图。联邦最高法院陈述道,部落保留"自治[和]在其自己成员中维护秩序与和平"(p.568)的权力。除非该权力被立法明确限制或部落屈服于联邦,否则印第安部落保留对印第安人事务的排他司法管辖权。因此在今天,多数的部落存在自己的部落法院体系。除《印第安民事权利法》(1968)强制适用的范围外,这些部落法院的组织机构及诉讼程序都由部落自行决定(参见 Indian Bill of Rights)。

克罗狗案的判决激起了19世纪试图将印第安人纳入美国生活主流的改革者们的系列活动。这些同化者们的一个目标就是使适用于印第安人的法律变得与适用于所有其他公民的法律相同,并使印第安人自己的"未开化的"法律和风俗失去法律效力。克罗狗犯谋杀罪却未被执行死刑的事实使他们和他们在国会中的支持者万分震惊。国会在1885年3月3日对《拨款法》作了增补,这部专门针对印第安人称为"恶性犯罪法"的法律具体授权联邦法院对7种犯罪拥有管辖权。因此,在接下来的2年中,在反对克罗狗案的反抗声中,国会颁布了一个新的立法,规定一个印第安人在印第安人的土地上谋杀另一个印第安人的行为是联邦管辖的犯罪。今天,修正后的《印第安人恶性犯罪法》列举了14项罪行。

尽管立法一直致力于推翻克罗狗案明确的判决,但克罗狗案仍是处理土著人事务的一个主要的先例。克罗狗案肯定了约约和成文法应以有利于维护部落自治和财产权利的方式进行解释(参见 Treaties and Treaty Power)。条约和成文法的表述中如有怀疑和含糊的地方,一律以有利于印第安人的利益解释,联邦颁布的印第安法律也以有利于实现印第安人保护的目标为宗旨自由地解释。克罗狗案树立了一种观念,即联邦对部落自治的保护绝不依赖任何特殊的部落社会结构或特殊政治组织。

克罗狗案阐明了一个基本的宪法原则,那就是联邦法律并不优先取得对部落的管辖权,除非国会取得部落管辖权的意图十分明显。国会将部落纳入普遍适用于个人、组织、法人或合伙的法律范围之内的目的必须非常明确,因为印第安人部落的地位十分特殊。今天,明确写在克罗狗案中的部落自治的广泛概念仍然是现代印第安法律的一个基础的宪法性指导。

[Rennard J. Strickland 撰;李慧译;许明月校]

残忍和非正常刑罚[Cruel and Unusual Punishment]

在美利坚合众国独立后的近一个世纪里,对残忍和非正常刑罚予以禁止的联邦宪法第八修正案(the *Eighth Amendment)实质上是形同虚设的规定。最高法院承认诸如在木桩上用火烧、钉死在十字架上或车裂等折磨和惩罚性暴行是残忍和非正常的["威尔克森诉犹他州案"(Wilkerson v. Utah)(1879)]。但联邦最高法院却不承认实际上为制定法允许的其他形式的刑罚——绞死、枪决、电刑——也是残忍和非正常的["克姆勒对物(对事)诉讼案"(In re Kemmler)(1890)]。法院的判断似乎是依1791年《权利法案》(*Bill of Rights)颁布之时一种刑罚是否被认为是残忍和非正常的标准来划分的。

在1910年"威姆斯诉合众国案"(*Weems v. United States)中,联邦最高法院宣布一部渊源于西班牙法律的地方制定法无效,该法对故意在公共记录中为虚假记载的行为强迫设置了 cadena temporal 刑罚——带着镣铐监禁12至20年。因为这种刑罚与所犯罪行极不相称,因此联邦最高法院裁决对该行为实施该刑罚是残忍且非正常的。依据对联邦宪法第八修正案的狭义历史解释,法院奉行"(一个)重要的原则必须比导致该原则产生的损害行为具有更广泛的适用性"(p.373)。然而在对该条款进行更深入的解读后发现,其所隐含的标准仍然是含糊的。近来,联邦最高法院认为因强奸["科克尔诉佐治亚州案"(*Coker v. Georgia)(1977)]和绑架["埃伯哈特诉佐治亚州案"(Eberheart v. Georgia)(1977)]而判死刑是残忍和非正常的,因为"总体上说罪刑不相符"。1958年,法院在一裁决中认为,驱逐出境是对一个犯罪者"享有权利的权利"的剥夺,它正好侵犯了宪法修正案的这个条款["特罗普诉杜勒斯案"(*Trop v. Dulles)]。法院说,刑罚必须与该条款中"人类核心尊严的基本观念"相符合(p. 100)。在法院首次运用该条款使一个州的刑法失效的案件中,法院废除了制定法对吸毒成瘾犯罪采取监禁的刑罚措施的做法["鲁滨逊诉加利福尼亚州案"(*Robinson v. California)(1962)]。

死刑(*capital punishment)是否属残忍且非正常的刑罚这个问题直到1972年才开始探讨。在["弗曼诉佐治亚州案"(*Furman v. Georgia)]中,法官意见不一的上诉法院认为,对谋杀和强奸罪实施死刑的典型做法运用得过于"随心所欲"和"异想天开",以致达到了残忍和非正常的程度。然而,4年以后,在36个州新颁布了有关可以处以死刑的犯罪的制定法之后,联邦最高法院宣布这些死刑不是残忍和非正常的刑罚["格雷格诉佐治亚州案"(*Gregg v. Georgia),"普罗菲特诉佛罗里达州案"(Proffitt v. Florida),"居里克诉得克萨斯州案"(Jurek v. Texas)(1976)]。法院不仅受到大众支持死刑的态度的影响,还受到新颁布的制定法所包含的刑罚选择(选择死刑还是监禁)理性化的指导方针的影响。然而法院的确也认为,对谋杀罪强制适用死刑的规定是残忍的和非正常的,因为这种做法为寻求避免死刑适用上的随意性而牺牲了依"不同情况"进行不同判决的可能["伍德森诉北卡罗来纳州案"(*Woodson v. North Carolina)(1976)]。因此,当一个罪犯因谋杀罪而被判无期徒刑并在服役过程中又犯谋杀罪时,他也可以不适用死刑["萨姆纳诉舒曼案"(Sumner v. Shuman)(1987)]。

联邦最高法院仍然要决定对于非杀人的犯罪——如叛国和间谍罪——适用死刑是否也属残忍和非正常的刑罚。立法对传统的身体惩罚的废止已引起了各判决对身体惩罚是否具有合宪性的激烈辩论。

参考文献 Larry C. Berkson, *The Concept of Cruel and Unusual Punishment*(1975).

[H. A. Bedan 撰;李慧译;许明月校]

合众国诉克鲁克香克案[Cruikshank, United States v. ,92 U. S. 542(1876)]①

1875年3月30日至31日和4月30日辩论,1876年3月27日以9比0的表决结果作出判决,怀特代表法院起草判决意见,克里福德持并存意见。"路易斯安那重建"时的一个白人武装团体因对州长选举有争议而杀害100多个黑人的事件发生之后不久,"克鲁克香克案"也发生了。卷入1873年科尔法克斯(Colfax)大屠杀的3位白人因违反1870年

《执行法》(Enforcement Act of 1870)第6条禁止阴谋剥夺任何公民的宪法性权利的规定而被判有罪。被定罪的被告基于控诉书的错误而提起上诉。

处理该案的联邦最高法院正处于对国会扩展联邦权力表示极大关注的时期。在强调了联邦的公民权利与州的公民权利的不同之后,联邦最高法院裁定起诉书是有缺陷的,因为起诉书中并没有提出联邦公民权没有得到保护(参见Citizenship)。联邦宪法第一修正案(the *First Amendment)和联邦宪法第二修正案规定的集会权(参见Assembly and Association, Freedom of)和持有武器权只保护公民免受国会的妨碍。联邦宪法第十四修正案(the *Fourteenth Amendment)中规定的正当程序(*due process)权和平等保护(equal protection)权限制的是各州而不是公民个人的行为(参见State Action)。最后,对投票权的妨碍不是一个可诉的行为,因为起诉书中并没有指出被告的行为是由受害人的种族因素而激起的。

法院得出结论认为,对科尔法克斯大屠杀中所犯罪行进行惩罚的权力在各州。不幸的是,南方各州对这种犯罪提起公诉的可能性很小。因此,"克鲁克香克案"的判决激起了"南方重建"中的暴力反抗行为,并体现了国家在重建案中的退避态度,该案是体现联邦最高法院这一态度的几个判决之一。

[Lucy E. Salyer 撰;李慧译;许明月校]

克鲁赞诉密苏里州健康部主任案[Cruzan v. Director, Missouri Department of Health, 497 U. S. 261(1990)]

1989年12月6日辩论,1990年6月25日以5比4的表决结果作出判决,伦奎斯特代表法院起草判决意见,布伦南、马歇尔、布莱克蒙和史蒂文斯反对。1990年6月,联邦最高法院第一次表明了临死的病人所具有的宪法利益,该案涉及南茜·克鲁赞(Nancy Cruzan),一位在一次机动车事故之后陷于长期无意识状态的妇女的命运。在这次事故中,她受了几处脑伤。她的父母代表其女儿的利益寻求司法支持,从而结束用人造食物维持南茜生命的做法。南茜以前做过非正式的口头宣示,表示她将不希望维持长期的生命状态。然而,密苏里州最高法院裁决没有充分的证据,表明现在处于无行为能力状态的病人以前所作出的意见。在缺乏对病人的意志提供"清楚而有说服力"的证据的情况下,密苏里州法院拒绝承认法定监护人有放弃维持生命的医学治疗措施的权利。该父母上诉到了联邦最高法院,主张南茜拒绝不想要的医学治疗措施的宪法权利受到了侵犯。

---

① 另请参见 Race and Racism; Reconstruction; Vote, Right to。

联邦最高法院以5比4的表决结果,拒绝了这个挑战。首席大法官威廉·伦奎斯特(William *Rehnquist)按多数人观点裁决认为,州不仅可以从无行为能力病人的利益出发限制其作出死亡的决定,如果病人先前表达过这种意见的话,州还可以要求必须提供清楚的证据证明病人有这种愿望。大多数法官宣称,为了保护病人不受潜在的虐待,这种谨慎是合理的。密苏里州正是合法地关注主体的"生命质量"而依无行为能力病人之利益作出了判决。法院怀疑家庭成员——在无行为能力人先前未作出清楚的表述的情况下——能够正确作出病人想到的决定。

尽管联邦最高法院拒绝了宪法的挑战,但"克鲁赞案"的判决包含了对发展病人享有在自然死亡过程中决定是否需要医疗干涉这一权利的鼓励。多数法官都情愿推论得出具有完全行为能力的病人享有拒绝生命维持的医学治疗的宪法性基本自由权利,而且法院不会在人造食物与其他形式的医疗技术之间区分任何的不同。同样地,也不会在一个面临不可避免的迫近死亡的病人和一个生命可以维持数年的病人之间作任何区分。最后,法院开始对病人先前的表述甚至是在他失去行为能力之后作出的表述都给以充分认可。这就鼓励了人们对后来失去行为能力之时的医学治疗预先作出指导。

在1997年,联邦最高法院对终结生命的判决所具有的宪法相关性再一次予以考虑。在"华盛顿诉格卢克斯伯格案"(*Washington v. Glucksberg) (1997)中,首席大法官伦奎斯特承认了"克鲁赞案"所隐含的理由,即一个具有完全行为能力的人可以决定是否继续治疗,这是他的宪法权利。与此同时,联邦最高法院却否认了另外一项以宪法为基础的要求:一位忍受痛苦的、即将死亡的人在控制其死亡的方式和时限方面具有广泛的权利。

克鲁赞一案的判决并没有使在多数州流行的有关无行为能力病人的政策陷入混乱。大多数州允许法定监护人代表无行为能力病人之利益甚至在没有清楚先前表述的情况下作出是否进行医疗的决定——包括对维持生命的医疗干涉的拒绝。一些州认可了"代替判断"标准,该标准允许考虑病人所作的非正式的宣告和其他有关病人的偏向的指示。一些州还允许法定监护人获得对生命维持医疗措施的撤销,如果该决定有利于病人的"最大利益"的话。"最大利益"的判断包括了对病人先前非正式宣告的考虑。"克鲁赞案"使人们清楚地认识到宪法不能阻止各州继续使用这种标准。

参考文献 Norman L. Cnator,"Twenty-Five Years after Quinlan A Review of the Jurisprudence of Death and Dying,"*Journal of Law,Medical & Ethics* 29 (2001):182-196.

[Norman L. Cantor 撰;李慧、赵学刚译;许明月校]

卡明斯诉密苏里州案[Cummings v. Missouri, 71 U.S. 277(1867)]①

1866年3月15日、16日、19日和20日辩论, 1867年1月14日以5比4的表决结果作出判决, 菲尔德代表法院起草判决意见,米勒反对。"加兰单方诉讼案"(Ex parte Garland) [71 U.S. 333 (1867)],1866年3月13日至15日辩论,1867年1月14日以5比4的表决结果作出判决,菲尔德代表法院起草判决意见,米勒反对。这些案例对美国内战(*Civil War)时期建立的能够溯及既往的忠诚宣誓所具有的合宪性提出了挑战。卡明斯案涉及密苏里州的一个法令,该法令要求各种行业的人都发誓不对叛乱给予援助或表示同情;加兰案则涉及一个联邦的法令,该法令强迫在联邦法院执业的律师发誓他们不会支持美国南部联盟。

两个案例皆以5比4的表决结果判决,大法官斯蒂芬·J. 菲尔德(Stephen J. *Field)在判决意见中说道,虽然这些法令并未规定有罚金或监禁等刑罚措施,但这些法律本身就是惩罚的措施,因为它们能阻止前述的反叛者从事这些职业。因此他认为,这些法律侵犯了宪法中有关禁止颁布褫夺公民权法案(*Bill of Attainder)和禁止颁布溯及既往的法律(*Ex Post Facto Law)的规定。它们是剥夺财产与公民权的法案,菲尔德解释说,因为它们使一个特定的阶层未经审判就受到刑事处罚;它们就是溯及既往的法律,因为当它们对构成犯罪的行为施以附加的刑罚时,又对不是犯罪的行为给予了刑罚处罚。大法官塞缪尔·米勒(Samuel F. *Miller)在法院站到了4位共和国党人一边,否认这些措施加了刑罚,因此否认它们是剥夺财产和公民权的法案和溯及既往的法律。他主张,它们是保证各个行业的从业者具备从业资格的法律——包括道德上的品质——最基本的是服务公众的品质。

法院至今也没有推翻过这些案例的判决,并且在"合众国诉布朗案"(United States v. Brown) (1965)中,法院依据这些判决废止了一部有关不许共和党人担任工会职员的联邦法律。

[Donald G. Nieman 撰;李慧译;许明月校]

卡明诉里士满县教育理事会案[Cumming v. Richmond County Board of Education, 175 U.S. 528(1899)]②

1899年10月30日辩论,1899年12月18日以9比0的表决结果作出判决,哈伦代表法院起草判决意见。在"普勒西诉弗格森案"(*Plessy v.

---

① 另请参见 Test Oaths。
② 另请参见 Education; Equal Protection; Race and Racism; Segregation, De Jure。

Ferguson)判决之后的3年里,联邦最高法院拒绝执行"隔离但公平"原则中的"公平"部分。卡明案——法院对学校里的种族歧视的首次判决,从未被明确推翻过,也没有任何人对为什么法院——尤其是过去主张种族平等的法官约翰·马歇尔·哈伦(John Marshall *Harlan)——得出卡明案并不是"一个清楚而明显地轻视权利的案件"的结论作出满意的解释(p.545)。

迫于黑人选民的施压及面对州法对"隔离但公平"原则的明确规定,佐治亚州奥古斯塔教育理事会于1879年在本州建立了第一所对非裔美国人开放的公共高等学校。威尔(Ware)中学一直很兴隆,直到1897年,据说那时在一位黑人私立学校校长的建议下,教育理事会关闭了威尔中学,声称对于黑人基础教育来说金钱是必要的。黑人父母向法院提起了诉讼。

由于州法已经规定得很清楚,因此地方法官恩诺克·卡拉威(Enoch Callaway)认为,该法院对宪法性诉讼没有管辖权。卡拉威的禁令被佐治亚州最高法院法官托马斯·J.西蒙斯(Thomas J. Simmons)推翻,而且几乎没有说明为什么推翻。在进而的上诉中,前众议员和参议员乔治·埃德蒙兹(George F. Edmunds)争辩道,如果教育理事会支持设立专为白人开办的高中,那么依据联邦宪法第十四修正案(the *Fourteenth Amendment)的平等保护条款至少也应要求它为黑人提供一所高中。

没有任何一个低级别法院的判决引用了该意见,而且大多数低级别法院反对这种观点,法官哈伦宣布原告必须能够证明教育理事会作出其决定完全是"因为种族而敌视有色人种"这一原因(pp.544-545),这是一个几近不可能的标准。所幸的是,多数法官在后来的案件中忽略了这个意见。

[J. Morgan Kousser 撰;李慧译;许明月校]

最高法院文史室[Curator, Office of the]
联邦最高法院的首席大法官在1973年建立了文史室,以记录和保存最高法院的历史和重要纪事。文史室广泛收集了历史性的和同时代的藏品,如照片、印刷品、影片、录像以及手稿和与法院及大法官有关的值得记载的重要纪事。其收藏包括大法官的肖像、半身像,法院的装饰性艺术品以及历史性的陈设,这些收藏构成了文史室工作人员进行展示的基础。

文史室的职员对范围极广的主题与联邦最高法院有关的各种档案文献一直进行着研究,并对来源于社会公众、学术团体和法官的大容量的信息需求作出回应。此外,文史室还经常通过为编辑、出版者和制片人提供说明资料,协助外界出版文献和记录影片。

到法院来的参观者会从文史室人员在审判室中举行的每小时一次的讲解中受益。受联邦机构资助的国际参观者,还可以参加由文史室与行政助理办公室联合举行的"游览介绍项目",现在一楼,供游客观看的电影不间断地播放。文史室全年都招聘见习人员协助导游和文史室的其他项目工作。在2002年,文史室发起了一项自愿讲解员计划,以帮助法庭讲座、游览,并为问讯处配备人员。文史官不是法院编制上的职员,到现在为止,共有三位文史官掌管该职:凯瑟琳·赫托斯·斯克佛斯(1973—1976);盖尔·加罗威(1976—2002);凯瑟琳·E.菲兹(2002至今)。文史室的全体人员还包括:一个副文史官、一个收藏品管理人、一个观光者项目协调人、一个项目规划助理、一个摄影师和一个人事助理。

[Gail Galloway 撰;Catherine E. Fitts 校;李慧、赵学刚译;许明月校]

柯蒂斯,本杰明·罗宾斯[Curtis, Benjamin Robbins]
(1809年11月4日出生于马萨诸塞州的水城,1874年9月15日卒于罗得岛州的新港;葬于马萨诸塞州剑桥的奥本公墓。)1851年至1857年间任大法官。柯蒂斯是马萨诸塞州一位船长的儿子,当他还是个孩子时,父亲就在一次航海中丧生了。柯蒂斯1829年毕业于哈佛大学,1832年又在哈佛大学法学院完成了研究生学业。之后不久,他便在波士顿开始律师执业并成为政治上的独立党员。在当时的国务卿丹尼尔·韦伯斯特的举荐下,1851年总统米勒德·菲尔莫尔将柯蒂斯任命到联邦最高法院。

在法院期间,柯蒂斯因参与了两件重要的案件而著名。一个案件是"库利诉费城港监委员会案"(*Cooley v. Board of Wardens of the Port of Philadelphia)(1852),在该案中他确立了选择性排斥原则(*Selective Exclusiveness)(参见 Commerce Power)。在这个商业条款案中,柯蒂斯代表法院起草判决意见并裁决认为,如果立法的目的在于制定统一的国家规范,那么立法权就应无一例外地留给国会;但是如果不要求统一的国家规范,那么各州就具有颁布其自己的法规的宪法自由,除非国会对此立法。

柯蒂斯的另一个重要观点是在"德雷德·斯科特诉桑福德案"(Dred *Scott v. Sandford)(1857)中所持的异议。柯蒂斯拒绝接受首席大法官罗杰·B.托尼(Roger B. *Taney)代表法院起草的判决意见中的观点,该判决依据事实证明在联邦宪法颁布之时,北方和南方的几个州中都有非裔美国公民的存在(参见 Race and Racism)。柯蒂斯争辩道,在宪法中没有规定联邦公民身份(*Citizenship)的条款,各州必须通过赋予州的公民身份来自动创造联邦公

Benjamin Robbins Curtis

民身份。由此,尽管斯科特的祖先是非洲人,但他属于宪法第3条(*Article Ⅲ)含义中的公民。

关于国会对几个联邦地区奴隶制(*slavery)的控制,柯蒂斯引用了不下于14个独立的案例,在这些案例中,国会制定的有关这些区域奴隶制的立法在《密苏里妥协协议》之前。因此他得出结论,通过已解决的实际问题可知,国会有权颁布妥协协议,斯科特(Scott)在这些区域中拥有的受国会立法管辖的住宅使他成为一个自由的人。

斯科特案的判决所产生的仇恨使柯蒂斯与他的同事之间的关系如此紧张以致他最后辞去了职务。他重新回到了波士顿法律界,并于美国内战之后,在联邦最高法院为几件重大的案件进行了辩护。

然而,他在法律上最大的贡献是在他作为杰克逊·安德鲁总统弹劾审判的辩护律师之一时作出的。在那个案件中——并且可能与最高立法者的立法意图相反——柯蒂斯说服了参议院相信一个观点,即对总统的弹劾是专属于司法的一个程序而不是一个政治程序,是对总统的一次信任审判而不是一次信任投票。

柯蒂斯去世时享年64岁;曾有过三次婚姻,是12个孩子的父亲。他在联邦最高法院任职时有一个愿望,希望成为一个伟大的法官。如果他能更长地任职,很难说他是否可以实现这个愿望。但是在今天看来,库利规则成为这个国度的法律,而斯科特案不是。

参考文献 Richard H. Leach, *Benjamin R. Curtis: Case Study of a Supreme Court Justice* (Ph. D. diss., Princeton University, 1951).

[Richard Y. Funston 撰;李慧译;许明月校]

合众国诉柯蒂斯—赖特出口公司案[Curtiss-Wright Export Corp., United States v., 299 U. S. 304 (1936)]①

1936年11月19日至20日辩论,1936年12月21日以7比1的表决结果作出判决,萨瑟兰代表法院起草判决意见,麦克雷诺兹反对,斯通没有参加。联邦政府外交事务管辖权主要源自于基于宪法历史和结构的推理,而不是源自精确的宪法条文。在柯蒂斯—赖特案中,联邦最高法院就是依据这种推理得出的结论,不仅外交事务管辖权应作为一个整体授予国家政府,而且美国总统在外交事务领域无需经国会授权就可以拥有全权代表权。

经过参众两院的联合决议,国会授权总统有权对运往南美洲查科(Chaco)地区发生战争的国家的武器实施禁运。总统富兰克林·罗斯福(Franklin *Roosevelt)根据该决议而行动,宣布了这个武器禁运令。当柯蒂斯—赖特出口公司(Curtiss-Wright Export Corp.)被控违反了禁运令时,该公司以禁运令和宣告皆无效的理由为自己辩护,认为国会不适当地授予了行政机构以立法权,因为国会将本质上应由立法来决定的事项交给总统"未受束缚的自由裁量权"来行使。

联邦最高法院裁决认为,联合决议及总统的行为并不属于违宪授予宪法未列举的权力,因为有关内部事务的国家权力和外部事务的国家权力有着"基本的不同"。联邦最高法院用于解释这个裁决的正式声明中的关键性语言成为拥有广泛权力的行政机构声称对外交事务有着固有的总统权力的基础(参见 Inherent Powers)。

大法官乔治·萨瑟兰(George *Sutherland)认为,外交事务管辖权并不依赖宪法明确地授权。由于革命的成功,作为事实上成为国家的基本要素之一的外交事务权立即从大不列颠转移到了联合殖民地手上。尽管许多学者反对法官萨瑟兰依据历史上的理由进行的"权力跨越"分析,但外交事务权只存在于联邦政府的观点仍得到了普遍认同。

由于联邦最高法院判决和提出的建议假定国家权力与行政权在外交事务的管辖上相同,这就产生了一个争议得更为激烈的问题。有种观点认为,如果主权属于联邦政府,那么处理外交事务的权力必须属于行政机关。因而,不是宪法第2条中行政权

---

① 另请参见 Delegation of Powers; Foreign Affairs and Foreign Policy。

的普遍赋予,而是由于没有明确的授权才成为总统获得处理外交事务权力的必要前提。

尽管围绕这个问题有争议,柯蒂斯—赖特一案的判决仍是联邦最高法院最有影响力的判决之一。大多数涉及行政部门与立法部门冲突的案件都包含了联邦最高法院拒绝审理的政治问题(*Political Questions)。因此,柯蒂斯—赖特案的总括性表述被不断引用于支持行政部门请求在没有国会对外交事务授权的情况下有行使外交事务权的案件中,尤其是当司法没有介入对那些条文含义进行解释时。

联邦最高法院对总统作为"全权"代表的描述经常被引用作为对行政部门外交事务创始权的认可,导致美国国会被迫面对这一既成事实。柯蒂斯—赖特案的判决意见被引用于支持总统有权与外国政府签订行政协定而无需国会批准,支持总统在国家安全和其他事务中,以及在越南战争(*Vietnam War)期间行政机构的许多行动中享有行政特权的请求。柯蒂斯—赖特案也被引用于攻击1973年《战争权法》(*War Powers Act)的合宪性,要求承认总统在某些情况下即使没有国会的授权也可以撤回被束缚于国外的战斗部队。

联邦最高法院没有承认大法官萨瑟兰总括性语言中所暗含的全部行政权力,国会的授权对于许多行政行为的合法化可能是必需的。例如,在"里甘诉沃尔德案"(Regan v. Wald)(1984)中,联邦最高法院在引用柯蒂斯—赖特案以支持总统限制赴古巴旅游的法令的合宪性时很明显依据的是该法令有国会的授权。另一方面,在"联邦能源执行部门诉艾尔贡青SNG公司案"(Federal Energy Administration v. Algonquin SNG, Inc.)(1976)中,联邦最高法院使总统限制石油进口的法令得以生效就是基于国会立法对授予行政部门明显不受限制的立法权的广义表述。

[Harold G. Maier 撰;李慧译;许明月校]

库欣,凯莱布[Cushing, Caleb]①

(1800年1月17日出生于马萨诸塞州的索尔兹伯里,1879年1月2日卒于马萨诸塞州的新伯里港。)律师,司法部长,外交官,未获批准的联邦最高法院首席大法官提名候选人。库欣进入哈佛大学法学院学习并成为马萨诸塞州律师界的一员。1834年,他作为独立党员被选进国会,并服务了4个任期。虽然库欣反对奴隶制(*Slavery),但他相信维持联邦的统一比废除奴隶制更重要。当他站在总统约翰·泰勒(John *Tyler)一边反对亨利·克莱(Henry Clay)时,他开始与独立党疏远。1843年,参议院再次否决了泰勒提名库欣任财政部长的要求。他在党派同盟上的转变——1841年从独立党员转为民主党员并在1861年从民主党员转为共和党员——可以作为其致力于联邦事业的解释,虽然有许多人将他视为政治上善变的人。

1844年泰勒派库欣到中国就一项重要的商务合同进行谈判。1852年,富兰克林·皮尔斯总统任命其为司法部长。库欣将该职务的职责扩大到处理赦免、引渡、司法任命和原来由国务院管理的事务。库欣是第一位在任时坚持全职工作而放弃个人法律业务的司法部长。

1874年1月9日总统尤利西斯·S.格兰特(Ulysses S. Grant)提名库欣为联邦最高法院首席大法官。他的年龄和政治记录对他不利。当很明显库欣不会获得批准时,格兰特应库欣的要求,于1月14日撤回了他的提名。拉党结派的那些人之所以这样做,其目的在于,使这个国家损失一位诚实、法学知识渊博并献身于联邦事业的首席大法官。

在1874年到1877年间担任驻西班牙大使之后,库欣退休并隐居于新伯里港,1879年1月2日卒于该地。

[Judith K. Schafer 撰;李慧译;许明月校]

库欣,威廉[Cushing, William]

(1732年3月1日出生于马萨诸塞州的斯图尔特;1810年9月13日卒于斯图尔特;葬于位于斯图尔特的家庭墓地。)1789年至1810年间任大法官。库欣的祖父和父亲均为马萨诸塞州高级别法院法官,库欣于1751年拿到了哈佛大学文科学士学位,并于1753年获得耶鲁大学文科硕士学位,1754年在哈佛大学获得同样的学位。在随著名的波士顿律师杰里迈亚·格瑞德雷(Jeremiah Gridley)研读法律之后,经过格瑞德雷的推荐,1755年他成为波士顿律师界的一员。尽管1758年获准成为高级别法院的律师,但他执业的开头几年仍十分艰难。虽然他与父母一起生活在斯图尔特,但他挣的钱还不足以维持生计,于是1760年他搬到了这个北方边疆小村保纳尔(Pownalborough,现在叫缅因德累斯顿),作为这个新建的林肯县内唯一的律师,他被任命为治安法官和遗嘱检验法官。当其父亲1772年从高级别法院退休后便安排儿子接替其大法官的职务。1774年库欣与汉娜·菲利普斯(Hannah Phillips)结婚。

迫于殖民地和英王室间矛盾的不断升级,库欣不得不宣布他忠诚于爱国者的目标,作为一位由皇家任命的法官,库欣被继续留在了1775年10月革命者会议改组过的法院中。在1780年起草《马萨诸塞州宪法》的会议中,他是斯图尔特的代表。作为首席大法官(1777年他接任了约翰·亚当斯),他主持了"共同体诉詹尼森案"(Commonwealth v. Jennison)(1783),这使该州在事实上废除了奴隶

---

① 另请参见 Nominees, Rejection of。

库欣,威廉[Cushing, William]　229

William Cushing

制,库欣在 1787 年审判了沙伊(Shay)起义的领导人。作为一位宪法的坚定倡导者,在他担任州议会副主席期间,议会于 1788 年 2 月勉强批准了宪法文件。

作为乔治·华盛顿(*George Washington)总统任命的首届大法官,威廉·库欣在联邦最高法院任职 21 年。年龄的增长和不断恶化的身体,连同巡回(*circuit)办案的艰苦,都抽取着他的力量以至于他只写了 19 份判决意见。这些判决中最重要的有"奇泽姆诉佐治亚州案"(*Chisholm v. Georgia) (1793),该案中他赞成多数意见,认为一个州可以被另一个州的公民起诉(参见 Eleventh Amendment);"韦尔诉希尔顿案"(*Ware v. Hylton) (1796),该案中他写道,条约具有与宪法同等的强制力,因此条约不能为州法所侵犯;"考尔德诉布尔案"(*Calder v. Bull)(1798),一份只有两句话的判决意见体现了他对简洁甚至是过于简单的偏好,该案中他赞同宪法禁止刑事案件但不是民事案件适用溯及既往的法律(*Ex Post Facto Law)的规定。1795 年 1 月,在参议院对约翰·拉特利奇(John *Rutledge)担任首席大法官的提名否决后,该机构接受了华盛顿总统对由库欣担任该职的举荐。在拿到委任状一个星期后,库欣由于健康原因辞去了这一任命。他继续在工作岗位上担任大法官一职直到去世,这就是这位由华盛顿最早任命的首席大法官的生命历程。

参考文献　The Documentary History of the Supreme Court of the United States, 1789-1800, vol. 1 (1985), pp. 28-29, 101-103.

[David R. Warrington 撰;李慧译;许明月校]

Dd

达拉斯,亚历山大·詹姆斯[Dallas, Alexander James]①

(1759年6月21日生于牙买加金斯顿;1817年1月16日卒于宾夕法尼亚州费城。)首任联邦最高法院判例汇编者(1791—1800年)。达拉斯的判例汇篇生涯完全是一个企业家式的冒险,在1791年联邦最高法院搬到费城之前,他已经在期刊上和一册单行本上出版了州的判例汇编。因此《达拉斯判例汇编》第一卷(即现在的《美国判例汇编》第一卷)不包括联邦最高法院的案例。随后又出版了3卷,记录了联邦最高法院从1791年8月到1800年8月搬离费城前夕的这段时间的诉讼活动的情况。

我们非常感激达拉斯让我们认识到联邦最高法院判例汇编的必要性,而且,从理论上讲让法官、律师和公民能够获得这个国家刚诞生时的联邦最高法院的判决。若没有他的汇编,联邦最高法院的判决就只能通过信件、口头上的流传和报纸上不时的报道才能知晓。

然而达拉斯却在完成自己所选择的工作上留下了迟延、花费大、遗漏和准确性值得怀疑的印迹。公正地讲,他面临着难以克服的障碍。因为缺乏政府的财政资助,他不得不作出有选择性的汇编,同时也反映出购买者不愿意购买更为完整的判例汇编。另外,由于联邦最高法院没有对书面判决作出要求,再加之达拉斯在实践中不可能不断地参加诉讼,他常常只能依靠他人的记录。

结果是没有规则可循的。《达拉斯汇编》第二卷所记载的联邦最高法院对"奇泽姆诉佐治亚州案"(*Chisholm v. Georgia)(1793)的最后判决与该卷的出版时间相隔五年。《达拉斯汇编》第四卷的出版已是达拉斯作判例汇编者退休后7年的事了。购买者抱怨它们的价格。联邦最高法院第一个十年的裁决只有一半被汇编了,并且包括1796年"韦尔诉希尔顿案"(*Ware v. Hylton)在内的许多案件的记录显然包括了一些不是由法官所做的事情。

达拉斯留下的东西比他发现的东西多。但是把他的期望和他所取得的成就作一比较,他和联邦最高法院都感到失望。"我几乎没发现有人支持我的汇编",在结束他的判例汇编者生涯时,他写道:"我决定收回所有的汇编,把它们献给议会大厦里的老鼠。"

[Craig Joyce 撰;曾文革译;许明月校]

达姆斯与穆尔诉里甘案[Dames & Moore v. Regan, 453 U.S. 654(1981)]②

1981年6月24日辩论,1981年7月2日以9比0的表决结果作出判决。伦奎斯特代表法院起草判决意见,史蒂文斯部分支持,鲍威尔部分持并存意见部分反对。该裁决支持吉米·卡特总统在1981年1月采取一定的行动,来解决美国驻伊朗德黑兰大使馆人员在1979年被抓作人质而产生的争端。为了保证人质的释放,美国同意终止在美国法院审理的涉及美国国民对伊朗提出诉讼请求的案件,并宣布终止由美国法院确立的附系于伊朗人财产上的各种无效扣押,同时将对伊朗的诉讼请求从美国法院移交给新设的仲裁庭。这些协议通过行政命令得到了贯彻。

联邦最高法院支持总统的未经法律授权的挑战行为。联邦最高法院认为:《国际经济紧急权力法》(IEEPA)授权总统宣布扣押无效并移交伊朗的财产。它也批准了在美国法院所提出诉讼请求的中止,即使没有特定的法律条款授权这一步骤。这样做,联邦最高法院依赖来自相关立法的干涉——在行政请求解决的实践中形成的国会默认的历史以及对过去裁决所确认的广泛的行政权的依赖。

这个判决受到批评,因为它授予总统太大的权力以致对总统权产生质疑,特别是这一判决依赖于并不直接处理具体事实的法规的干预以及行政活动中的立法默许。无论怎样,这一判决对于承认在外交关系方面的广泛的总统权力具有重要意义。

[Thomas O. Sargentich 撰;曾文革译;许明月校]

丹伯里·哈特尔斯案[Danbury Hatters' Case]

参见 Loewe v. Lawlor。

丹尼尔,彼得·维维安[Daniel, Peter Vivian]③

(1784年4月24日生于弗吉尼亚州斯坦福县;1860年5月31日卒于弗吉尼亚州里士满;葬于里士满好莱坞公墓。)1841—1860年任大法官。在美国飞速变化的繁荣时期,丹尼尔是杰斐逊式的共和主义、土地改革主义和严格解释主义的人格化,他花

---

① 另请参见 Reporters, Supreme Court。
② 另请参见 Foreign Affairs and Foreign Policy; Presidential Emergency Powers。
③ 另请参见 State Sovereignty and States' Right。

了其在美国联邦最高法院任大法官18年的大部分时间反对他的同事们的多数派的意见。

Peter Vivian Daniel

他生于弗吉尼亚州一个显赫的家族,在里士满定居下来与前司法部长和司法部创立之父埃德蒙德·伦道夫(Edmund Randolph)一起学习法律不久以后,丹尼尔入读新泽西大学。在1808年加入弗吉尼亚律师协会两年后,丹尼尔迎娶兰道尔的女儿露西(Lucy)。1809年他从斯坦福县被选入弗吉尼亚州议会。三年后,他受到提拔,议会让他进入顾问团——州长的咨询机构,在23年任期的大部分时间他任副州长。

作为一个律师,他在里士满小有成就。他在政治上积极,加入了里士满俱乐部,并通过该团体组织和领导了老殖民地杰克逊式的民主党。认识到他对政党的忠诚和对反银行之战的支持,安德鲁·杰克逊(Andrew *Jackson)在1836年任命他为东弗吉尼亚巡回区法院法官。

1841年2月,当大法官菲利普·P. 巴伯(Philip P. *Barbour)忽然去世后,即将卸任的总统马丁·范布伦立即抓住机会提名他的朋友丹尼尔为联邦最高法院法官。尽管辉格党的参议员们极力阻挠这一动议,丹尼尔仍在1841年3月2—3日的午夜得到任命。

他的入选与其说是因为他的法律能力或司法成就,不如说是因为他的政治忠诚。1841年12月丹尼尔进入联邦最高法院。他一贯地反对银行、公司和其他任何形式的经济合并。他极力维护州的权力,主张限制联邦政府权力,维护奴隶制并仇视北方的一切东西。作为一个大法官,他一贯反对联邦立法和司法权力的扩张,并反对贸易条款下的联邦例外原则[参见 Commerce Power;License Cases(1847);Passenger Cases(1849)]。

由于害怕公司权力的日益增大,丹尼尔认为公司这类特许实体只是拟制的人,因此联邦法院不能授予他们像公民一样的各种权力(参见 Standing to Sue)。在"密西西比种植园主银行诉夏普案"(Planters Bank of Mississippi v. Sharp)(1848)中,他表达了措辞激烈的反对意见:他反对把宪法契约条款(*contract clause)适用到公司特许状中,他认为契约是靠各州治安权(*police power)加以保证的。

在"威斯特河大桥公司诉迪克斯案"(West River Bridge Co. v. Dix)(1849)中,以丹尼尔为首的多数意见认为在征用权原则下,为了维护公共利益,州必须拥有没收公司和非公司任何财产的权力。他也支持"德雷德·斯科特诉桑福德案"(Dred *Scott v. Sandford)(1857)的多数意见,在该案件中他赞成释放黑奴,因为他们生来就是财产,而不是公司。

尽管丹尼尔受过严格的法律训练,但由于他与他那个时代法律和宪法的发展明显的不一致,他注定了要谨慎地用灵活但极端的观点来证明他的立场,正是这一立场最终让他在美国宪法中没有留下什么痕迹。

参考文献 John P. Frank, *Justice Daniel Dissenting:A Bibiliography of Peter V. Daniel* (1784-1860)(1964).

[E. Lee Shepard 撰;曾文革译;许明月校]

合众国诉达比木材公司案
[Darby Lumber Co., United States v., 312 U. S. 100(1941)]①

1940年12月19—20日辩论,同年2月3日以9比0的表决结果作出判决,斯通代表法院起草判决意见。《公平劳工标准法》(即通称的《工资与工作时间法》)1938年正式通过,是"新政"立法最后一个主要的法案,该法规定了为了贸易而生产产品的产业所有雇员的最低工资和最长工作时间,并规定违反工资和工作时间标准的行为不合法。该法适用于从事贸易和为贸易目的而生产产品的所有雇员。

宪法授权国会规范各州之间的贸易。在经典案例"吉本斯诉奥格登案"(Gibbons v. Ogden)中(1824),联邦最高法院对联邦的商业权力(*commerce power)作了广泛的解释,而且贸易立法已成为国会关注的焦点。在20世纪初,国家开始把商业条

---

① 另请参见 Labor。

款作为国家治安权（*police power）来使用的探索。在"钱皮恩诉埃姆斯案"（Champion v. Ames）（1903）中，一项禁止州际之间运输彩票的法案得到了维护。1906年的《纯净食品和药品法》禁止通过州际贸易把不纯净的食品和药品推销到州里去。在1913年"霍克诉合众国案"（Hoke v. United States）中，法院支持禁止州际贸易中以卖淫和色情为目的的运输妇女的《曼恩法》（1913）。

这个为达到社会福利目的而关闭商业渠道的技术后来被议会适用到1916年的联邦《童工法》中。该法禁止在州际贸易中出于商业运行的目的而在恶劣的运输条件下运输14岁以下的童工。在1918年著名的"哈默诉达根哈特案"（*Hammer v. Dagenhart）（1918）中，联邦最高法院要求停止使用这一商业权力，多数法官主张《童工法》违宪，因为它违反了宪法第十修正案（the *Tenth Amendment）授予的州所保留的权力。联邦最高法院的辩论是基于双重联邦主义（*dual federalism）的观念，宪法所授予联邦政府的权力不受州所保留的权力的限制。哈默案的判决中有价值的异议是，法官奥利弗·W.霍姆斯（Oliver Wendell *Holmes）所持的反对观点，他认为国会对宪法所赋予的特别权力加以运用，是因为它本身仅可能具有间接影响，而不会导致违宪（p. 277）。

在"合众国诉达比木材公司案"中，当联邦最高法院面对《公平劳工标准法》时，该法得到了一致的维持。因为国会在通过该法时已实现了在跨州货物转移方面的毋庸置疑的权力，所以除了"哈默诉达根哈特案"的判决外，几乎就没有必要讨论它是否合宪的问题了。在大法官哈伦·F.斯通（Harlan F. *Stone）为法院所作的记录中，他不得不排除那个障碍。发人深思的是："法官霍姆斯的异议是有力和经典的，斯通写道，"哈默尔诉达根哈特案的判决是对原则的背离的结论是不可避免的，这些原则包括在该案判决前后对商业条款的解释以及其作为一个先例供后来长期研究的重要性。它应当并且现已被驳回"（pp. 115-116）。

虽然《公平工资和劳动时间法》的合宪性为达比案所确认，但是与该法有关的问题却依然存在，因为该法并未使议会在商业上的全部权力生效。况且，它对那些从事"商业活动"和"为了商业目的而进行生产"的雇员是适用的。其结果是，对于某个具体的雇员是否适用于这一法律却十分模糊。值得关注的争论出现在联邦法律对州雇员的适用性。在"马里兰诉沃茨案"（Maryland v. Wirtz）（1968）中，联邦最高法院拒绝了把该法的标准强加于违背州主权的州雇员身上的主张。但是8年后，联邦最高法院却接受了该主张。在"全国城市联盟诉尤塞里案"（*National League of Cities v. Usery）（1976）中，联邦最高法院以5比4的结果驳回了威尔兹的主张，重新确立了"哈默诉达根哈特案"的主张，并且认为为州和市的雇员所设立的工资和劳动时间标准违宪。于是，尤塞里案9年后在"加西亚诉圣安东尼奥都市交通局案"（*Garcia v. San Antonio Metropolitan Transit Authority）（1985）中被撤销。

［C. Herman Pritchett 撰；曾文革译；许明月校］

达特茅斯学院诉伍德沃德案［Dartmouth College v. Woodward, 4 Wheat.（17 U. S.）518（1819）］①

1818年3月10—12日辩论，1819年2月2日以5比1的表决结果作出判决。马歇尔代表法院起草判决意见，华盛顿和斯托里各自持并存意见。杜瓦尔表示不同意，但没有提出自己的意见。1816年，新罕布什尔州新当选的杰斐逊共和党州长威廉·普拉默尔（William Plumer）和共和党人占支配地位的立法机构决定通过革除他们认为的在学校受托人之间自我存续的联邦主义集团以改造达特茅斯学院，并通过政治程序任命新的受托人来加以代替。他们进而制定法律改变了1769年的皇家特许状。依该状创立了该学院，并把它由一个机构变为一个"大学"。而且他们改变了内部控制程序，并把外部的、公众的约束施加于学校的管理中。学院现有的受托人决定质询这个行为的合宪性。

当这个案件1818年在美国联邦最高法院辩论时，以丹尼尔·韦伯斯特（Daniel *Webster）为首的律师们将辩论引入宪法契约条款（*Contract Clause）（即第1条第10款）的意思和影响中。他们主张新罕布什尔州立法机构在修订学院最初的特许状时通过了一部分"削弱契约义务"的法律。韦伯斯特认为州立法机构实际上已经"剥夺了一个人的……权利、财产和选举权"并把它们给予了别人（p.558）。他主张，宪法契约条款应作为一个合宪的屏障介入到州的类似活动中去。

首席大法官约翰·马歇尔（John *Marshall）以他特有的敏捷方式作出了回应。尽管法院以前曾对牵涉到宪法契约条款的案件作出过判决，但马歇尔却第一次将宪法契约条款的保护扩展到公司特许状中。因为学院坚持认为它只受宪法的保护，而不受州立法的约束，马歇尔不得不分析宪法契约条款和学院法律地位之间的关系。他发现学院许可状是个合同，在该许可状下的学院是一个私立的而不是公立的团体。这最后一点十分重要，因为新罕布什尔州法院认为学院是公立的而不是私立的实体，因而它要受到州权力的规制。如果学校被认为是私立的，那么州就不能干涉学院的既得权利（*vested right），特别是获得、管理或控制其财产的权利，因为

---

① 另请参见 Private Corporation Charters；Property Rights。

根据马歇尔的观点,宪法契约条款针对的是影响私有财产的行为。宪法契约条款阻止州削弱学院和州之间最初的合同义务(就像最初英皇授予土地的殖民地政府的继承人一样)。当一个许可状或一个组建公司的行为被认为是州和私人之间的一个合同时,它就不受立法机构的干预。只有大法官的约瑟夫·斯托里(Joseph *Story)的并存意见修正了马歇尔广泛的观点,斯托里认为,州立法机关能保留一定的特权,即通过包括公司特许状中的"保留"条款来允许立法机关改变或修改特许状。

通过将宪法契约条款解释为保护公司特许状不受州干预的一种方式,马歇尔在州权威方面派生了一个重要的宪法限制。因此,各种形式的私人经济和社会活动将得到不受法律政策约束的安全。于是马歇尔通过违宪制裁来鼓励相对不受法律约束的、私立的、自治的经济行为人作为自由经济的主要参与者出现,并且通过提高自身的利益而服务联邦。

参考文献 G. Edward White, *History of the Supreme Court of the United States*, vols. 3-4. The Marshall Court and Cultureal Change, 1815-1835(1988).

[Alfred S. Konefsky 撰;曾文革译;许明月校]

戴维斯,戴维[Davis, David]

(1815年3月9日生于马里兰姆萨斯弗拉斯雷克;1886年1月26日卒于伊利诺伊州布鲁明顿;葬于布鲁明常青公墓。)1862—1877年任大法官。作为一个内科医生和种植园主的儿子,戴维斯于1815年生于马里兰州东海岸。当他还是个孩子的时候,他在纽阿克(New Ark)学院待了两年,在那里他阅读用拉丁文写的《西塞罗》和《贺拉斯》。12岁时,戴维斯进入俄亥俄州的凯恩学院(Kenyon)。毕业后他在马萨诸塞州宁洛克斯县的亨利·W.毕晓普(Henry W. Bishop)律师事务所学习法律并作了两年的秘书。正是在那儿他遇见了他的第一任妻子莎拉·伍德拉夫·沃克尔(Sarah Woodruff Walker),他们于1838年结婚(莎拉卒于1879年)。为了发展他的职业生涯,1835年戴维斯进入纽黑文法学院,该学院与耶鲁法学院有松散的联系。戴维斯在纽黑文的学习不到一年时间。

后来,戴维斯前往西部并于1835年在伊利诺伊的帕根县开办了一家律师事务所。不久他的朋友杰西·W.费尔劝说他购买了其在伊利诺伊布鲁明顿的律师业务,1836年秋他搬到了布鲁明顿并在那儿度过了他的剩余时间。就在这段时期,戴维斯遇到了伊利诺伊的另一个律师亚伯拉罕·林肯(Abraham *Lincoln),与林肯的友谊和政治上的交往极大地影响了他的生活和职业。

戴维斯对政治有着永久的兴趣,并在1840年竞选州参议员,但没有成功。1844年,作为辉格党人

David Davis

参加竞选,戴维斯在伊利诺伊州议会获得了一个席位。三年后,他被选入伊利诺伊州制宪委员会,在那儿他支持司法改革。1848被选为巡回区法官,他一直任伊利诺伊州法官直到1862年他进入联邦最高法院。

在19世纪40年代末50年代初,戴维斯和林肯是伊利诺伊州巡回法庭成员,这个法庭在该州中部的几个县开庭。当戴维斯积极支持林肯,1854年竞选美国参议员时,他们的关系变得更加密切。在1860年林肯获得共和党总统候选人提名时,戴维斯是不知疲倦的竞选组织者。1862年,林肯任命戴维斯为联邦最高法院法官。

在他的任期内,戴维斯为米利根单方诉讼案(*Milligan, Ex parte)中发表的多数派意见最为有名。在米利根案中,联邦最高法院认为,一个人为了支持南方联盟而从事准军事行动而被军事审判和判决的行为是违法的,部分原因是因为米利根行动的发生地印第安纳不在战争现场,因此,应由民事法庭来审理该案。戴维斯为联邦最高法院的判决而骄傲,因为判决没有默认行政和立法机构的利益。

1877年戴维斯从联邦最高法院退休,并在参议院里任了一届议员,1881年到1883年他任参议院临时议长。作为林肯忠诚的朋友和值得信赖的顾问,戴维斯是个勤奋务实的和独立的律师和法官。他个人的重要性不仅表现在米利根案中他认真起草

的法律意见中,而且可能更多地表现在对林肯当选总统的贡献上。

参考文献 Wilard L. King, *Lincoln's Manager David Divis*(1960).

[Gregory Leyh 撰;曾文革译;许明月校]

戴维斯,约翰·钱德勒·班克罗夫特[Davis, John Chandler Bancroft]①

(1822年12月29日生于马萨诸塞州活塞斯特;1907年12月29日卒于华盛顿哥伦比亚特区。)外交官,法律史学家,最高法院判例汇编者(1883—1902年)。在作为最高法院判例汇编人前,他在很多职业上都取得了巨大的成功。作为马萨诸塞州州长约翰·戴维斯(John Davis)的儿子,他进入哈佛学习,却在1840年辍学了。直到1847年他才终于获得了文学学士学位。在学习法律后,他于1849年成为美国驻伦敦公使馆的秘书,曾扮演了代办的角色。他在从事法律实务的同时也是伦敦《时报》驻美国的记者。由于健康的原因,他于1862年放弃了法律事业。身体康复后,他于1868年进入纽约州议会继续他的职业生涯。不久尤利西斯·S.格兰特总统任命他为助理国务卿,他在这个职位上一直任职到1871年。谢职后他成了英美联合高级委员会的美方秘书,该委员会为解决公海上共同犯罪问题建立了一套诉讼机制。在日内瓦仲裁法庭产生前他就准备了美国的判例,后来他在大不列颠与葡萄牙关于非洲财产的争议中成了仲裁员。1874年他成为驻德大使,1877年他被任命为行政法院法官。

在1883年至1902年间,作为联邦最高法院的判例汇编人,戴维斯完成了他为公众服务的使命。他主编了《美国判例汇篇》第108卷至186卷。他对法院书记官办公室的材料进行了历史的分类。戴维斯写了多部外交和历史方面的著作,1887年哥伦比亚大学授予他名誉法学博士学位。

[Faancis Helminski 撰;曾文革译;许明月校]

戴维斯,约翰·威廉[Davis, John William]

(1873年4月13日生于西弗吉尼亚州的克拉克斯堡;1955年3月24日卒于南卡罗来纳州的查尔斯顿。)1913—1918年任律师和首席政府律师;1910—1913年任国会议员;1918—1921年任派驻圣詹姆斯(St. James)法院的代表;1924年被提名为民主党总统候选人。戴维斯是位卓越的上诉法官。在他在威尔逊政府中做美国首席政府律师(*Solicitor General)的5年间和在他作为华尔街戴维斯、波尔克·沃德威尔、桑德兰德和开恩德尔律师事务所领导的30年间,他比当时任何一位律师在联邦最高法院里辩论的案件都多。总体上说,戴维斯的法律观

念是传统的。他笃信遵循先例原则(*Precedent)、州的权利(参见State Sovereignty and States'Rights)和严格的结构主义,并且,他认为,财产权(*Property Rights)和人的自由是密不可分的。1934年他成了反"新政"(*New Deal)自由联盟的创建者之一,他在联邦最高法院的半数意见都是抨击"新政"的。1952年作为"扬格斯通钢板与管道公司诉苏耶尔案"(*Youngstown Sheet and Tube Co. v. Sawyer)中代表钢铁产业的律师,戴维斯质询杜鲁门政府占用钢铁产业产品的合宪性,并取得了成功。在具有划时代意义的"布朗诉教育理事会案"(*Brown v. Board of Education)(1954)中,他捍卫学校的种族隔离政策,但却失败了。在口头辩论中他宣称:"在某些时候在某些地方,每个原则(比如说种族隔离)也有打盹的时候。"

作为一个不失风趣而又学识渊博的人,戴维斯受到律师协会的敬重。他优雅而安祥的风度几乎感染了他所结识的每个人。

参考文献 William H. Harbaugh, *Lawyer's Lawyer:the Life of John W. Davis*(1973).

[William H. Harbaugh 撰;曾文革译;许明月校]

戴维斯诉班德尔莫案[Davis v. Bandemer, 478 U. S. 109(1986)]②

1985年10月7日辩论,1986年6月30日结案。以6比3的表决结果支持其可诉性,怀特代表法院起草判决意见,奥康纳、伯格和伦奎斯特持反对意见。以7比2的表决结果反对其适用法律的依据,怀特代表法院起草判决书,鲍威尔和史蒂文斯持反对意见。在该案中,民主党人反对共和党人为了政党利益而划分印第安纳州立法机构选区的界限,并由此产生了两个核心问题:为政治利益而操纵选区划分是可诉的吗?(参见"可诉性"),如果是可诉的话,那么,印第安纳州选区的划分违背了宪法的平等保护条款吗?在这一复杂的选区划分问题上,联邦最高法院以6比3赞同第一个问题而以7比2反对第二个问题。大法官拜伦·R.怀特(Byron R. *White)、威廉·布伦南(William *Brennan)、瑟古德·马歇尔(Thurgood *Marshall)和哈里·A.布莱克蒙(Harry A. *Blackmun)写下了他们支持两种结果的多数派意见。刘易斯·鲍威尔(Lewis *Powell.)、约翰·保罗·史蒂文斯(John Paul *Stevens)支持地方法院对这两个问题都作出了肯定回应的判决。剩下的三位法官桑德拉·戴·奥康纳(Sandra Day *O'Connor)、沃伦·伯格(Warren

---

① 另请参见 Reporters,Supreme Court。
② 另请参见 Fair Representation;Gerrymandering。

*Burger)和威廉·伦奎斯特(William *Rehnquist)主张撤销低级别法院判决,因为该判决宣布印第安纳州选区划分无效,而低级别法院判决的依据是出于政治目的而操纵选区划分的诉讼不具有可诉性。

多数派意见认为,为了政治利益而操纵选区划分应受到司法检查,但只有在多数派选民的意愿遭到连续挫败或少数派选民缺乏公平的选举机会而影响到这一政治程序时才能进行司法审查(p. 133)。没有证据证明上述观点,因为10年来印第安纳州不顾投票倾向而于1981年重新划分选区并没有把反对党置于一个似乎永久性少数的地位。

"戴维斯诉班德尔莫案"引起了广泛的关注。具有讽刺意味的是,法院友好人士意见书被共和党全国委员会存档,以支持印第安纳的民主党,并且被加利福尼亚州的民主党议会代表团存档以支持共和党重新划分选区——以上两个例子都反映了来自印第安纳州外的关注。1990年人口普查后,人们希望对一些立法机关和议会选区重新划分能上诉到联邦最高法院以适用1986年的判决指南。

[Gordon E. Baker 撰;曾文革译;许明月校]

戴维斯诉比森案[Davis v. Beason, 133 U. S. 330 (1890)]①

1889年12月9—10日辩论,1890年2月3日以9比0的表决结果作出判决。菲尔德代表法院起草判决意见。"戴维斯诉比森案"从狭义上解释了宗教自由的行使,但该解释前后矛盾。爱达荷州制定了一部地方性法律,该法拒绝给那些提倡和实践多夫多妻制的人或属于这种婚姻形式组织的人选举权。塞缪尔·B. 戴维斯(Samuel B. Davis)和许多非一夫一妻制的摩门教徒,在1888年的选举中未能参加投票,就提起诉讼。爱达荷州仅把对这些人选举权的剥夺作为一个政治问题(*political question)。在上诉中,联邦最高法院支持该法,因为立法机关在自己的权限范围内有权设立选民的资格。大法官们认为宗教是个信仰问题,宗教信仰受宪法保护,但多夫多妻行为却在宪法第一修正案(the *First Amendment)的权限之外。然后联邦最高法院界定多夫多妻制是一行为而不是宗教信仰。把爱达荷州的法律作为一种抨击重婚制的工具,斯蒂芬·J. 菲尔德(Stephen J. *Field)认为:"任何犯罪行为不能因其为某种宗教所认可而变得合理"(p. 345)。对美国社会来说,保护一夫一妻制家庭单位比保护多夫多妻制信仰者的宗教自由更重要。"宗教"的定义仅对一人关于与造物主关系的观点和他们所担负的义务具有指导作用。

[Paul L. Murphy 撰;曾文革译;许明月校]

戴,威廉·鲁弗斯[Day, William Rufus]

(1849年4月17日生于俄亥俄州那维拉;1923年7月9日卒于密歇根州马恩那克岛;葬于俄亥俄州堪顿西草坪公墓。)1903—1922年任大法官。战后俄亥俄州共和党政治的环境铸就了戴的成长。戴曾在密歇根大学接受教育并在该大学的法学院学习了一年。在成为联邦最高法院法官前,他扮演了一系列角色:俄亥俄州堪顿的出庭辩护律师、威廉·麦金利(William *McKinley)总统的私人密友、1898年任美国国务卿、1899年至1903年间任美国第六巡回区上诉法院法官。麦金利总统遇刺后,西奥多·罗斯福总统任命戴为最高法院法官以表明其对共和党中俄亥俄派的支持。

William Rufus Day

在联邦最高法院19年的职业生涯中,与奥利弗·温德尔·霍姆斯(Oliver Wendell *Holmes)和路易斯·D. 布兰代斯(Louis D. *Brandeis)等卓越的法官相比,戴并不光彩夺目。然而他却在联邦最高法院的自由派集团和保守派集团间扮演了一个重要的角色,该角色让他良好的社交技巧很受用。

在戴任期内,联邦最高法院所面临的主要宪法问题:一是根据宪法商业条款联邦所拥有的权力与联邦反托拉斯(*antitrust)政策之间的关系问题(参见 Commerce Power);二是根据宪法第十修正案(the *Tenth Amendment),州治安权(*police power)的权

---

① 另请参见 Religion;Vote, Right to。

限范围问题。人们常常认为戴是一个州权力的倡导者。一方面,他承认了州进行革新实验的广泛的权力;另一方面,他根据宪法商业条款对联邦权力作了缩小解释(参见 State Sovereignty and States' Rights)。这一解释最初的基础是他在"哈默诉达根哈特案"(*Hammer v. Dagenhart)(1918)中所发表的里程碑式的意见,该意见认为,《1916年联邦童工法》违宪。戴对商业的定义排除了制造业产成品本身的不妥当性,但哈默案的影响持续到1941年并让戴的其他法律意见失去了光芒。他在其他案中,支持联邦对州际不洁食品、药品和饮料贸易进行管制,并支持对托拉斯行为和垄断行为提起诉讼,这实际上授予了联邦潜在的权力限制贸易。戴完全支持依据1890年《谢尔曼反托拉斯法》(*Sherman Antitrust Law)使用联邦权力。例如在"合众国诉联合太平洋铁路公司案"(United States v. Union Pacific Railway Co.)(1912)中,他积极支持联邦行使治安权,反对铁路、钢铁、木材公司和信托投资公司的合并。

然而,戴更倾向于州的管制而不是联邦管制。他对州的治安权(*police power)进行了自由宽泛的解释,使州可以制定适用于工厂和铁路的法律和安全要求。他在1905年的"洛克纳诉纽约州案"(*Lochner v. New York)和1915年的"科皮奇诉堪萨斯州案"(Coppage v. Kansas)中著名的两个异议,说明他相信州提高公共福利的利益先于个人的合同自由和劳动的权利(参见 Freedom of Contract)。在1920年的"格林诉弗雷泽尔案"(Green v. Frazier)中,戴支持进步主义(*Progressive),该革新认可州课税以创建州立的公共设施。然而他却限制州种族歧视的权力。戴推翻了一个排斥非裔美国人城市居民分区制(*zoning)的法令和一个要求铁路公司提供隔离车厢的州法律(参见 Race and Racism)。

戴由19世纪自由主义的自由放任意识形态转变为20世纪接受福利国家的观念,他最终成为了一个温和的自由主义者,支持政府规范经济和阻止邪恶的权力。

[Alice Fleetwood Bartee 撰;曾文革译;许明月校]

死案名单[Dead List]

参见 Discuss List。

死刑[Death Penalty]

参见 Capital Punishment; Race Discrimination and the Death Penalty。

德布斯对物(对事)诉讼案[Debs, in re, 158 U. S. 564(1895)]①

1985年3月25—26日辩论,1895年5月27日以9比0的表决结果作出判决。布鲁尔代表法院起草判决意见。通过拒绝授予美国铁路工会主席尤金·德布斯人身保护状(*Habeas Corpus),联邦最高法院批准使用针对罢工工会的禁令。在19世纪90年代的萧条中,仍在支付红利的普尔曼公司削减工人工资使工人完全陷入了饥饿中。工人开始罢工并迅速被吸纳入新组建的美国铁路工会。工会坚持抵制铁路使用普尔公司车厢的策略。工会成员拒绝在火车上安装这种车厢,如果他们被铁路公司解雇的话,那么公司所有的工会成员都将罢工。这项计划是对由芝加哥26家铁路公司组成的总经理协会的直接挑战。加入该协会的公司宣称他们的合同要求他们使用普尔曼公司的车厢,于是他们解雇了那些拒绝使用普尔曼公司车厢的列车员,于是引起了中西部乃至全国范围内的罢工。协会认为罢工正在妨碍州际间的商业和邮政,因此要求联邦紧急干预。司法部部长理查德·奥尔尼(Richard *Olney)因为惧怕大规模的罢工会引起暴力,因此支持协会的要求。当时他想把这件事交给军队处理,因此奥尔尼最初没采取什么措施。他设立了五千多个特别代理人来维持秩序,准备对工会领导人提起刑事诉讼,并在联邦巡回区法院(*circuit court)寻求禁止干预铁路事务的禁令。毫不奇怪的是这些诉讼和禁止罢工的行为引起了骚乱。为了镇压被危言耸听的新闻界所夸大了的暴力,政府派出了军队。

联邦巡回区法院认为,罢工是一种限制州际贸易的联合而授予完全的禁令。这个命令适用于领导罢工的工会领导人、与他们有联系的工会领导人和与之有联系的任何人。该命令要求这些个体通过说服雇员等方式停止给铁路设置障碍,以不防害邮件运输和州际贸易。在德布斯作为刑事犯罪嫌疑人被捕的一周内,他和同僚们又因违背禁令藐视法院再次被捕。在他们关在监狱里的时候,罢工停止了,新工会解散了。尽管刑事审判罪名不成立,但藐视法院的指控使德布斯坐了6个月牢,他通过人身保护状向联邦最高法院寻求释放,辩称他在衡平法院里依照刑法受审,并因此剥夺了他由陪审团审判(*trial)的宪法权利。

大法官戴维·J. 布鲁尔(David J. *Brewer)拒绝德布斯的抗辩获得了联邦最高法院全体一致的同意。为了避免把他的判决建立在共谋阻碍贸易的狭隘基础之上,他把其裁定置于广泛的原则之上。布鲁尔认为美国政府具有充分的主权属性,即使这些权利是通过列举的方式表现出来的。这些权利能消除贸易和邮政障碍,无论是通过军事力量还是通过联邦法院衡平权力的上诉。他把工会的行为视为妨害公众的行为,这种妨害行为就像受衡平法管辖权

---

① 另请参见 Commerce Power; Injunctions and Equitable Remedies; Labor; Lower Federal Courts。

管辖的个人妨害行为一样。德布斯违反刑法的行为并没有妨害衡平信念。这些行为也威胁到受衡平管辖权保护的铁路公司的财产权(the *property rights)。因此，不管在犯罪方面发生了什么，仍能适用衡平法。为了维护法院在衡平程序中的权威，联邦最高法院需要权力来惩罚藐视(*contempt)法院的犯罪。因此，布鲁尔法官否认了德布斯剥夺由陪审团审判的权利的说法。布鲁尔法官认为，在解决劳动争议方面，联邦审判的使用比军队介入更好，它不是用强制力而是用法律规则来解决潜在的暴民暴动问题。在随后的30年里，面临劳资纠纷的公司倾向于将纠纷交付于联邦法院解决，普尔曼(Pullman)禁令成为其他许多案件的范本。直到"新政"(*New Deal)时期，这样的劳动禁令才逐渐消失。

[Richard F. Hamm 撰；曾文革译；许明月校]

判决作出机制[Decision-making Dynamics]①

在联邦最高法院内，就正如在其他机构内一样，个体在正式规划、非正式惯例和行为规范的母体范围内相互作用，联邦最高法院的内部机制受到法官们的意识形态、司法角色的观念及其他交叉因素的影响。非正式的惯例和规范是这些因素中最重要的部分，因为几乎没有正式的规则告诉法官如何处理二者关系。

意识形态对法官们的结论有着明显的影响，特别是在那些意见不一致的案件中，但它并不是影响法院判决的唯一因素。法官之间的友谊超越了意识形态的界线，这种友谊多半是由于个性而不是由于政治。更重要的是法官对联邦最高法院在美国政府体系中扮演的角色常常观念一致，而这个观念导致在判决的复审和案件的真正判决中意见极大的一致。

尽管首席大法官(*chief justice)从技术上讲仅是平等投票权中的第一人，但却在联邦最高法院的决策动力中扮演了重要角色，特别是在帮助法院平稳而协调地运行方面。"首席"大法官可以极其重要——像厄尔·沃伦(Earl *Warren)，人们便给他取了个"超级首席大法官"的绰号，而像哈伦·F.斯通(Halan Fiske *Stone)，或许还包括沃伦·伯格(Warren *Burger)，作为法院的工作领导者和社交领导者的首席大法官却缺乏组织或者影响最高法院机制的能力。

取得授予或否决再审判决的过程经历了某些变化。现在由于复印技术让所有法官都能得到同样的调卷令(writ of *certiorari)的文本，首席大法官在这些案件中的地位降低了。决定是否接受案件复审的相关程序却几乎没发生变化。过去，在他们评议案件后，法官们以与他们职位相反的顺序投票，也就是说，在按资历顺序主持评议后，资历最浅的法官先投票。现在他们常常实行正常投票。在评议后，要任命一个人(如果首席大法官是多数派的话就由他任命)来记录法院的意见，然后意见记录人分发草拟的同意或评论意见。当法官们传阅并存意见(*concurring opinions)或异议(*dissents)时，他们会说服记录法官写下法院的意见以改变先前的意见，投票也随之而改变。所有法官都参与这一过程。从该程序中产生了一个不同的机制。州法院也使用这一程序，在州法院对案件进行口头辩论之前，案件要指定给一个法官。

联邦最高法院的动力对法院作出判决和在一个"法院意见"上取得一致的能力有至关重要的影响。只要因多数派未经推理而达成一个多元化意见的结果，法院就会产生严重的分离，法官们就不能对低级别法院和给当事人提供咨询的律师提供方向。当公众把法院视为一个严重分离的法院时，它的合法性会遭到质疑；当然，如果法院总是以5比4的结局结案的话，就很难维持法官发现法律而不是制定法律的观念。而且法官们相互间在观点上和法庭外讲演中的尖锐批评也在很大程度上证明了联邦最高法院的成员也是人，这些批评也会玷污法院的体面。

[Stephen L. Wasby 撰；曾文革译；许明月校]

《独立宣言》[Declaration of Independence]②

在《独立宣言》中的一段著名文字中，托马斯·杰斐逊(Thomas *Jefferson)尽力把证明独立战争合理的美国宪法理论要点与共和党人的革命性政府理论精要糅合在一起。"所有的人生而平等"，他们享有"不可剥夺的权利"(被托马斯·哈布斯和威廉姆·布莱克斯通所批驳的观点认为，当人类离开自然状态时就放弃了他们的自然权利)。这些权利包括"生命权、自由权和追求幸福的权利"(它从字面上丰富和发展了约翰·洛克的生命、自由和财产三合一理论)，政府的存在是为了保护这些权利，政府是建立在被统治者合议基础上的[契约说(the compact theory)]。当政府违背这一目的时，人们保留"改变或取消"政府的权利，并可以组建新的政府来保障人民的"安全和幸福"[公共福利说(the commonwealth theory)]。总体上讲，这些观念对人民主权作了一个全面的阐述。

《独立宣言》余下的部分由对英王乔治三世的30项罪行的指控组成，这些罪行有些是违宪的，有些是违法的，有些仅违背了政策。指控省略了杰斐逊草案中所谴责的奴隶贸易罪，但南卡罗来纳州和佐治亚州的代表却坚持奴隶贸易，他们认为美国自治政府和不可剥夺的权力会只保留白人的特权。

---

① 另请参见 Clerks of the Justices。
② 另请参见 Natural Law。

依据第二届大陆会议的决定,《独立宣言》由杰斐逊起草,并由约翰·亚当斯、本杰明·富兰克林、罗杰尔·谢尔曼和罗伯特·列文斯顿组成的委员会少量参与。它于 1776 年 7 月 4 日被国会批准。杰斐逊本人对他工作的独创性极为谦虚,他认为虽然没有咨询其他人而由自己执笔,但《独立宣言》在政治思维方式上并无创新之处。在这一点上,他是正确的,《独立宣言》的基本理论派生于洛克的思想并且反映了已演变了一个半世纪的英国辉格党的理论。尽管杰斐逊文字优雅、措辞恰当的《独立宣言》让使用生硬的律师式对句和三联对句的《弗吉尼亚州权利法案》黯然失色,但乔治·梅森早在 1776 年 1 月 12 日的《弗吉尼亚州权利法案》中就提出了杰斐逊思想中的多数要义。

《独立宣言》的宪法和法律地位出奇地模棱两可。约翰·汉可克(John Hancock)(在他任第二届大陆会议主席期间)和詹姆斯·麦迪逊(James *Madison)都认为如此,用麦迪逊的话来说:"这是州联盟的基本法"。为了反映这一观点,国会把它置于《美国法典》之首,而置于《美利坚组织法》开端部分之下。联邦最高法院并不经常给予它法律约束力,例如,在"英格利斯诉船员温暖港湾受托人案"(Inglis v. Trustees of Sailors' Snug Harbors)(1830)中解决外侨的法律地位问题就是这样。然而,律师们通常不喜欢把《独立宣言》作为美国组织法的一部分,甚至不喜欢给予它受到严格限制的宪法序言的地位,而联邦最高法院只在特殊情况下才那样做。像丹尼尔·韦伯斯特(Daniel *Webster)一样的保守派否认存在一个被宪法所认可的革命权,20 世纪在这一问题上发表意见的州最高法院已经采纳了韦伯斯特的观点。改革派,如南北战争前主张废除奴隶制度的人,坚持认为《独立宣言》是宪法秩序的一部份,而包括约翰·C. 卡尔霍恩(John C. Calhoun)在内的反对派则贬低它的权威性和有效性。宪法第十三和第十四修正案(the *Thirteenth and *Fourteenth Amendment)的通过缓和了该问题的紧迫性,上述修正案将平等、自由和公民权的概念运用到宪法内容的运行中。

尽管如此,《独立宣言》确信无疑的是美国政府原则的基本表述。亚伯拉罕·林肯(Abraham *Lincoln)在联邦的最大危机中使用了它的权威性,而且今天它仍然保持着宪法秩序基础的地位。

参考文献 Carl Becker, *The Declaration of Independence* (1922).

[William M. Wiecek 撰;曾文革译;许明月校]

宣告性判决[Declaratory Judgments]①

在法庭进行诉讼的当事人常常寻求积极的救济,如金钱赔偿的授予或给予一个禁令。然而现代法庭也给予消极的救济,只通过宣告性判决的方式来确定当事人之间的法律关系。

传统上对司法程序进行限制的观点,限制法院采用积极的救济。而且"威林诉芝加哥观众协会案"(Willing v. Chicago Auditorium Association)(1928)暗示了限制法院作出宣告性救济的特别障碍,在于宪法限制联邦司法权只能对"案件和争议"(*cases and contraversy)作出判决。但对宣告性救济的实际需求是存在的:争议还没充分展开以致可以提起积极救济或者受害人没有选择寻求积极救济。例如,合同的一方当事人想确定某一行为是否正当或违背合同。20 世纪 30 年代,联邦最高法院改变了它以前的方向,鼓励并支持议会颁布了 1934 年的《联邦宣告性判决法》(Federal Declaratory Judgment Act of 1934)。

因此,现在联邦可在其自由裁量权范围内,对已经"成熟",即不再是抽象的问题而已成为实际的争议,从而使法院对其有管辖权的案件作出权利确认性救济。虽然州法院(*state court)对于宣告性救济的限制可能更为严格或宽容,但大多数州都遵循联邦的方式。

[Kevin M. Clemont 撰;曾文革译;许明月校]

毁誉[Defamation]

参见 Libel。

防御性否决[Defensive Denials]

防御性否决是与授予抑或否决签发调卷令(*certiorari)相关的一种联邦最高法院的实践。防御性否决由认为低级别法院(*lower court)可能有错误,但同时又相信联邦最高法院的大多数可能不会撤销这些低级别法院的判决的法官作出投票。法官对签发调卷令投否决票,是为了防御低级别法院的错误判决被联邦最高法院确认并使其成为联邦最高法院自己的先例判决的可能性。

评论家们认为,尽管通过防御性否决对请求司法审查(*review)的案件进行投票只占很小的部分,但它最为典型地发生于意识形态考虑极为突出的案件子集中。然而,一些案件是如此重要,即使法官们对案件的结果不确定,甚至他们也相信自己的观点不会占上风,他们还是会通过投票要求对这类案件进行司法审查。

一般来说,在法院处于从由一种主流的法律观念统治转向由另一种主流的法律观念统治的时期,防御性否决是极为重要的。如果联邦最高法院的意识形态并未受到挑战,防御性否决就是不必要的,因

---

① 另请参见 Decision-making Dynamics; Injunctions and Equitable Remedy。

为此时其产生的结果往往并不是不确定的。转型期的情况则不相同,持有旧法律观的法官们很可能会纠正低级别法院的错误判决,但不确定他们是否会取得成功;持新法律观的法官们对于授予司法审查的结果将会是什么也同样不确定。其结果是,双方都可能对司法审查投否决票。

在伯格(*Burger)和伦奎斯特(*Rehnquist)时代的联邦最高法院逐步取代沃伦(*Warren)时代的联邦最高法院时,防御性否决就是一种非常重要的司法策略。沃伦法院时代的留任法官们会对以前他们会希望联邦最高法院加以审查的低级别法院的判决投票反对司法审查。伦奎斯特时代后期的联邦最高在调卷令方面的资料比较少,但有迹象表明,防御性否决已经变得较少了。

参考文献 H. W. Perry, *Deciding to Decide: Agenda Setting in the United States Supreme Court* (1994).

[Mark V. Tushnet 撰;赵学刚译;潘林伟校]

德乔恩吉诉俄勒冈州案[DeJonge v. Oregon, 229 U. S. 335(1937)]①

1936年12月9日辩论,1937年1月4日以8比0的表决结果作出判决。休斯代表法院起草判决意见,斯通没有参加。联邦最高法院推翻了对戴尔克·德乔恩吉(Dirk DeJonge)的定罪。根据俄勒冈州犯罪集团法(*criminal syndicalism law),他被指控帮助共产党组织的在波特兰举行的集会,该集会是为了抗议警察对罢工码头工人的射击和对工人们的家庭和办公楼的突然搜查。虽然德乔恩和其他组织者与共产党有联系,但是参加集会的共产党人不超过15%。一个演讲者谈到了青年共产党联盟,并且德乔恩企图出售一些共产党的刊物,但是却无人倡导集团犯罪和违法行为,整个集会完全在有序中进行。但是指控德乔恩吉犯罪的最大证据是在其他地方发现的共产党的宣传品,这些宣传品试图使共产党所推动的集团犯罪得到确认。俄勒冈州最高法院认为,根据法律规定一个人可能完全无辜也可仅仅因为参加共产党所召集的集会而被定罪。在推翻俄勒冈法院的判决中,首席大法官查尔斯·埃文斯·休斯(Charles Evans *Hughes)宣称:"为了合法讨论目的而进行的和平集合不能被定为犯罪。"(p.365)俄勒冈州集团犯罪法剥夺了德乔恩吉由宪法第十四修正案即"正当程序"条款所保证的言论自由和和平集会的权利。

[Michal R. Belknap 撰;曾文革译;许明月校]

授权[Delegation of Powers]

英美法系(盎格鲁-美利坚法系)中一个常被提及的论点是授予的权力不能被再授权。在联邦最高法院的案件中,据称不得再授权原则派生于宪法,尽管不可否认的是它并无宪法内容上的基础。通常授权无效的论点可以通过分权(*separation of powers)理论而获得解释,也就是说禁止将特定完整的权力授予给一个或另一个完整的管理部门。事实上,对于如何分配权力,几乎没有具体的宪法性规定。然而,在国家的三个分支部门中却有制约和平衡的规定。分权会导致特定部门内特定权力的垄断。制约和平衡禁止这种垄断而且事实上总是要求两个部门共同加入以保证管理行为有效。因此,没有总统的批准,立法机关不能通过法律;或者如果总统行使否决权,参众两院2/3的总投票数可以撤销总统的否决,除非在立法机构通过法律界定的限度内,否则,司法部门不能通过判决;除非通过立法机构和根据立法机构规定的条件拨款,任何人不得开支财政。

联邦最高法院坚持限制分权的概念,而不像1780年马萨诸塞州宪法所规定的那样。在这个司法所确认的分权原则中提到了被授予的权力不能由一个部门转向另一部门。如在1892年"菲尔德诉克拉克案"(Field v. Clark)之类的案件中,这个问题通常涉及立法权转由行政部门授权的问题。但该原则也适用于其他部门。议会权力经常被管理体制的另一个部门分享或授权,但是,正如根据大多数的宪法原则,这个问题并非是行政部门是否正在实行任何一项立法权,而是行政部分是否实行了太多的立法权。"多少才为太多"——是一个考验法官能力的问题。

值得注意的是,联邦最高法院为所谓的无效授权原则所作的微弱贡献是,它曾在它的历史上仅有一次以此为基础认定立法违宪。在20世纪30年代中期,当法院迅速地使"新政"(*New Deal)法规丧失效力时,在1935年的"巴拿马炼油公司诉瑞安案"(*Panama Refining Co. v. Ryan)、"谢克特禽畜公司诉合众国案"(*Schechter Poultry Corp. v. United States)和1936年的"卡特诉卡特煤炭公司案"(*Carter v. Carter Coal Co.)(1936)三个案件中,联邦最高法院认定议会对立法权的授权作了不当的规定。但这些"新政"时期的案例的裁决不是基于分权的理论的,因为,正如在卡特案中多数派所说的那样,这种授权是"以它最可恶的形式进行的授权,因为它甚至并不授权一个官员或官方主体,而是授予私人,而且在同一行业中的私人利益可能与他人的利益相反,因此可以推断这一授权不能引起任何人的兴趣"(p.311)。

在美国的司法史上,立法权的无效授权概念的

---

① 另请参见 Assembly and Association, Freedon of; First Amendment; Speech and the Press。

出现像凤凰涅磐一样,从一个时代到另一个时代剧烈地燃烧,化为灰烬,然后重生。这一概念被认为在1944年的"亚库斯诉合众国案"(*Yakus v. United States)中得到了最后处理。该案中,议会授予价格管理局第二次世界大战中固定价格的权力,除了要求所定价格是"公平和衡平"的以外,对这一权力并没有规定指导性标准。尽管受到无效授权原则的质询,这一法规却得到了维持,无效授权原则在那一代人中被再次而不严肃地提出来。在1936年的"合众国诉柯蒂斯-赖特出口公司案"(United States v. *Curtiss-Wright Export Corp.)中,联邦最高法院已认定"无效授权原则"在国外事务中比国内法律运用得少。

每个不可缺少的管理部门都具有制定某种规则、执行并裁决的权力。因为不存在完全纯粹的分权制度,授权问题可能在三个部门中的任何一个部门出现。因此,当宪法给予议会弹劾(*impeachment)政府官员的专属权力时,它把对这些官员的犯罪指控留给法律执行部门,也就是说给行政部门保留了指控这些官员犯罪的权力。当一个因为行为不轨而受到怀疑的官员处在一个具有充分影响力的位置上,为了保证指控在公平和无歧视的程序中进行而不让该行政机关插手有时被认为是必要的。议会为这种情况指定了特别的检察官。无效授予权力的问题再次出现。特别检察官是行政部门的官员,因此在此种情况下,总统能被免于起诉吗?这个问题是在20世纪70年代初的水门事件中出现的,但并未得到司法解决。15年后,在1988年的由伊朗门事件引起的"莫里森诉奥尔森案"(*Morrison v. Olson)中,联邦最高法院主张特别检察官的安排是个有效的权力授予。

因此,在莫里森案中,无效授权原则再次出现,只是再次被拒绝采纳。虽然反对是为了给任命特别检察官授权,除非有"充分的理由出现",总统不能撤特别检察官的职,若撤职的话,特别检察官通常由司法部长接替——监督程序和随后的行政权的授权就会得到认可。在随后的一年中,当总统所授命的人通过颁布犯罪案件的刑罚指南来代替先前执行的司法权力时,一个挑战出现了:"无效授权"的陈规再次被发现是不充分的["密斯特里塔诉合众国案"(*Mistretta v. United States)(1989)]。

最近,联邦最高法院在"惠特曼诉美国货运协会案"(Whitman v. American Trucking Associations, Inc.)(2001)中再次涉及这一问题,联邦最高法院的法官们则再次重申了其不授权的立场,并在该案中作出了对环境保护署有利的判决。在代表意见一致的法院起草判决意见时,安东尼·斯卡利亚(Antonin *Scalia)法官态度强硬,认为只有国会有权对不符合宪法的授权加以完善。联邦最高法院还认为,只有法院(而不是国会或者行政机构)有权决定某一授权是否合宪。在美国货运协会案中,联邦最高法院坚持温和地适用非授权原则,这与其在过去70多年间的做法是一致的。该案的判决对于威廉·H. 伦奎斯特(William H *Rehnquist)来说是一次明显的转变,因为在20世纪80年代伦奎斯特曾两次要求严格适用非授权原则(the non-delegation doctrine)。

考虑到目前的趋势——行政权力的扩大,以及联邦最高法院在美国货运协会案中的一致意见,似乎有这样一种可能:非授权将会只在名义上存在。然而,联邦最高法院最后的行为却表明法官们更愿意赋予行政机关不受拘束的裁断权而不是立法权。无效授权被视为一个宪法问题。但它更可能被用作一个法制建设的标准而不是一个宪法有效性的标准。它给司法工具库中增加了一个设备,以使国家的立法更加接近最高法院的偏好,几乎并没有作为判决的规则来使用。

参考文献 Amee B. Bergin, "Does Application of the APA's 'Committed to Agency Discretion' Exception Violate the Non-delegation Doctrine?" *Boston College Environmental Affairs Law Review* 28 (2001).

[Philip B. Kurland 撰;Kermit L. Hall 修订;曾文革、赵学刚译;许明月校]

德利马诉比德韦尔案[DeLima v. Bidwell]

参见 Insular Cases。

丹尼斯诉合众国案[Dennis v. United States, 341 U. S. 494(1951)][1]

1950年12月4日辩论,1951年6月4日以6比2的表决结果作出判决,文森代表法院起草判决意见,布莱克和道格拉斯持反对意见,克拉克没有参加。在丹尼斯案中,联邦最高法院确认11位共产党领导人因违背《史密斯法》(Smith Act)而有罪。在这一诉讼程序中,联邦最高法院显然修改了所谓"明显、即发的危险标准"(*clear and present danger test)。丹尼斯案所涉及的法律条款认为下列行为是犯罪行为:教唆或劝诱暴力推翻美国的任何一级政府,以及建立组织从事这种教唆或劝诱或共谋教唆劝诱及组织暴力推翻美国任何一级政府。尽管制定《史密斯法》的目的是为了对付共产党,因为共产党组织与苏联紧密联系,而且因为第二次世界大战(World War Ⅱ)中美国和苏联是盟国,几年来美国政府对使用新的法律对付共产党一直持克制态度。然而在20世纪40年代末期苏美关系却恶化了。哈

---

[1] 另请参见 Communism and Cold War; First Amendment Speech Tests; Speech and the Press。

里·杜鲁门总统作为一个民主党人寻求公众支持其反苏的外交政策,该政策认为与苏联的冲突是共产主义和自由主义的斗争,而民主党人却指责他忽视了来自国内共产主义的威胁。在强大的政治压力下,杜鲁门政权力图证明它对共产主义并不是温和的,于是,司法部的律师们在1948年7月20日指控共产党全国委员会的成员违反了《史密斯法》中的共谋条款。

联邦地方法院法官哈罗德·梅迪那(Harold Medina)1949年的审判把反对共产主义者的行为推向了歇斯底里的地步,最终判处所有的11名被告有罪。这场混乱的、长达九个月的诉讼过程充满了司法偏见,这种偏见本身不仅在控诉和辩护的模糊策略中得到证明,而且在采用和排除可疑的裁定中也得到了证明。被判有罪的共产党人把对他们的指控上诉到第二巡回区上诉法院,但该上诉法院却全体一致地确认了这些指控。勒尼德·汉德(Learned *Hand)法官的意见断然否认了辩护方对法官和陪审团不公正、控方对检举证人的使用不当及梅迪那在法庭中行为不端的攻击,它也否认了共产党人提出的关于《史密斯法》违宪的观点。

联邦最高法院仅在该问题上批准了调卷令(*certiorari)。因此,法官们对于在审判中发生的事情并无完整的记录,而且也没有认识到他们对起诉的证据几乎没有印象。即使认识到这些,对公民自由条款很少抱同情态度的首席大法官弗里德·文森(Fred *Vinson)仍可能投票支持上述判决。他认为,政府应避免受到共产主义的危害,并且,他还认为,政府也不敢坐等共产党人为推翻政府而做好叛乱的准备。"明显、即发的危险标准"禁止惩罚演讲,除非该演讲构成了一个严重的、实质性犯罪的现实威胁。于是,文森对这一原则提出了一个修改了的版本(即现在为人所知的"严重的可能的危险"原则)。汉德法官曾详尽地阐述过这一原则。"在每个案件中",文森写道,法院"必须考虑因它的不可能性而降低罪恶的严重性是否证明对言论自由的干预是正当的,而这种干预对避免危险来说是必需的"(p.510)。这一原则对言论自由所提供的保护远不及"明显、即发的危险标准"所提供的保护。

只有其他三位法官同意文森的观点。由于不能接受首席大法官对"明显、即发的危险标准"所做的一切,法官罗伯特·杰克逊(Robert *Jackson)坚持认为对诸如共产主义之类的行为不能适用共谋,但这些指控会得到维持,因为被告犯有共谋推翻政府的罪行。法官费利克斯·法兰克福特(Felix *Frankfurter)也同意该意见,出于对司法自我约束原则(*judiciary self-restraint)的尊重,他忍住了对《史密斯法》的厌恶。在本案中法官布莱克(*Black)和威廉·O.道格拉斯(William O. *Douglas)都坚决不同意文森的观点。

司法部将丹尼斯案理解为全面进攻共产党的授权。随后,1957年法院在"耶茨诉合众国案"(*Yates v. United States)的裁定使这一进攻受挫。但耶茨案既没主张《史密斯法》违宪,也没推翻1951年的判决。尽管丹尼斯案与最近的许多判决不一致,但法院从来没有否定其"严重的可能的危险"原则。

参考文献 Michal R. Belknap, *Cold War Political Justice: The Smith Act, the Communist Party and American Civil Liberties*(1977).

[Michal R. Belknap 撰;曾文革译;许明月校]

解除种族隔离的救济
[**Desegregation Remedies**]①

1955年,"布朗诉教育理事会案Ⅱ"(*Brown v. Board of Education Ⅱ)中主张解除种族隔离应以"十分审慎的速度"进行。最初南方的法院和学校理事会仅把布朗案理解为要求解除以种族为基础来决定孩子们应上哪些学校(参见 Segregation, De Jure)。这种把它描述为"解除种族隔离而不是种族融合"的解释与联邦最高法院的观点有某些冲突,联邦最高法院认为学校理事会有时间可能够预见的行政方面或其他方面的困难作出反应。

在布朗案之后,立即有许多解除种族隔离的方法被一些学校理事会所采用。这些方法包括"自由选择"计划和"一年一级"计划。在"自由选择"计划中,父母们选择自己孩子要上的学校,可预见的结果是白人父母首先选择白人学校,而黑人父母基于关心孩子的安全通常首先选择黑人学校;在"一年一级"计划中,学校在某个年级中解除种族隔离,这种解除可以从一年级开始,也可以从12年级开始。此外,南方的一些立法机关进行了"大规模抵制"运动,这一运动没有作出任何努力来遵循布朗诉教育理事会案的判决,而且禁止各地方理事会这样做。

1968年联邦最高法院在"格林诉纽肯特县学校理事会案"(*Green v. County School Board of New Kent County)中使"自由选择计划"失去效力。该案中联邦最高法院认为,学校理事会应该采纳那些"现在真正实际有效的"(p.438)解除种族隔离的计划。大多数城市校区和许多农村学校的学生寄宿的种族隔离变得十分明显,以至于单是在私立学校中建立相邻的学校仍不能消除种族差异(参见 Segregation, De Facto)。1971年最高法院在"斯旺诉卡尔罗特-麦克伦伯格教育理事会案"(*Swann v. Charlotte-Mecklenburg Board of Education)中支持地方法院法官要求孩子们上离家很远的学校以在该地区的

---

① 另请参见 Race and Racism。

所有学校中达到种族大致平衡的命令。

但该巴士运送救济在白人和某些黑人中极不流行,特别是因为在许多情况下使用校车的黑人孩子比白人孩子多,而且因为很多学校即使在采取巴士运送后仍保持着各族的区分。然而,在南方的农村地区由于学校融合的发展而变得很普遍,而且,对巴士运送救济的抵制实际上比对解除种族隔离本身的抵制更为软弱。但在北方解除种族隔离的诉讼成为20世纪70年代的首要问题。随着对巴士运送救济的抵制,同时发生了对解除种族隔离的抵制,理查德·尼克松(Richard *Nixon)总统和斯皮诺·阿格纽(Spiro Agnew)副总统反对法院的意见在某种程度也鼓励对解除种族隔离的抵制。

在20世纪70年代到80年代,联邦最高法院在解除种族隔离救济方面无所作为,它关注明确要求能够解除种族隔离的北方地区的情况,以及明确那些被认为已做了足够事情来进一步解除种族隔离责任的地区的情况。在"米利肯诉布拉德利案"(Milliken v. Bradley)(1977)中,联邦最高法院主张联邦法院能够发出诸如把救济性阅读计划作为解除种族隔离一部分的教育改进命令。1990年联邦最高法院主张他们能够禁止各州对增加税收以给这些改进提供财政支持设置障碍["密苏里州诉詹金斯案"(Missouri v. Jenkins)(1990)]。

联邦最高法院在20世纪90年代一系列案件中所作的判决,都表明法院有正当的理由不再监督解除种族隔离的问题——"俄克拉荷马市教育理事会诉道尔案"(*Oklahoma City Board of Education v. Dowell)(1991);"弗里曼诉皮茨案"(*Freeman v. Pitts)(1992);"密苏里州诉詹金斯案"(*Missouri v. Jenkins)(1995)。一些低级别法院据此认为,联邦最高法院就有关积极行动所作的判决使校区不再能够采取一些有利于解除种族隔离的计划。从实践来看,联邦法院到2000年的时候已经停止了实施解除种族隔离的努力。

参考文献　J. Harvie Wilkinson, *From Brown to Bakke:The Supreme Court and School Integration*,1954-1978(1979).

[Mark V. Tushnet 撰;曾文革译;许明月校]

被拘留者案件[Detainee Cases]

2004年4月28日辩论,同年6月28日作出判决。"哈蒙迪待诉拉姆斯菲尔德案"(Hamdi et al. v. Rumsfeld)(2004)[124 S. Ct. 2633(2004)],以6比3的表决结果作出判决,奥康纳代表多数意见,苏特与金斯伯格部分持并存意见,部分不同意,斯卡利亚、史蒂文斯与托马斯反对。"拉苏尔等诉布什案"(Rasul et al. v. Bush)(2004),以6比3的表决结果作出判决,史蒂文斯代表法院起草判决意见,肯尼迪持并存意见,斯卡利亚、伦奎斯特与托马斯反对;"拉姆斯菲尔德诉帕迪拉案"(Rumsfeld v. Padilla)(2004),以5比4的表决结果作出判决,伦奎斯特代表法院起草判决意见,肯尼迪与奥康纳持并存意见,史蒂文斯、苏特、金斯伯格与布雷耶反对。

这三起案件都是由美国政府拘留的个人提起的,针对美国总统享有何种权力以拘押这些所谓的敌方战斗人员,联邦最高法院提出了最为权威的看法。在2001年9月11日,本拉登"基地"组织(al Qaeda)劫持了四架商业飞机,其目的是以这些飞机去袭击美国的目标,如纽约市的市贸中心与华盛顿特区的国防部,约有3000人在这些恐怖袭击中丧生。一周以后,国会通过了一项决议:反恐军事授权决议(简称 AUMF),根据该决议的规定,总统有权"针对那些策划、授权、资助恐怖袭击,或者窝藏这类恐怖组织与个人的国家、组织以及个人,使用各种必要和适当的军事力量",其目的是"阻止这些国家、组织或者个人针对美国实施诸如此类的恐怖袭击"。在实施这一决议的过程中(最具争议),美国政府在阿富汗和伊拉克的军事行动中拘捕了大量的涉嫌恐怖主义的人;在美国国内,作为布什政府"反恐战争"的一部分,也有大量的人被拘捕。

美国政府拒绝把许多这样的被捕人员称为"战犯"(战犯受到日内瓦公约的保护,如在敌对行为结束时将被送回自己的国家),这些人也不被称为普通的刑事罪犯(普通的刑事罪犯受到《权利法案》(*Bill of Rights)中各种程序性条款的保护)。相反,美国政府认为这些人是"敌方战斗人员"(enemy combatants),因为他们"在反对美国及其盟国的企图中要么本身就是一员,要么提供帮助"。两位美国公民(哈蒙迪与帕迪拉)、两位澳大利亚人以及12位科威特人分别针对美国政府提出了三份独立的诉讼,称美国政府对他们的扣押违反了正当程序(*due process)条款。他们特别指出,作为"敌方战斗人员",他们从未被控有什么过错、从未被允许咨询律师、从未受到法庭或者其他裁判机构的审判。

三起案件中最重要的一件是"哈蒙迪待诉拉姆斯菲尔德案",该案涉及这一问题,即美国军方是否有权无限期地扣押一位美国公民,这位美国公民是在2001年的阿富汗战争中为阿富汗效力并参战而被捕的。因为哈蒙迪是在敌方战区被捕的,军方没有举行任何事实调查或者有关证据方面的听证,这就使他没有机会反驳美国政府对他的指控。在哈蒙迪案中,美国政府的行为在如下方面得到了法院的支持:联邦最高法院的多数法官都认为,国会确实通过了反恐军事授权决议,并授权作为三军总司令的总统拘捕作为"敌方战斗人员"的美国公民。联邦政府的行为并不是没有先例的,法官们特别提到了第二次世界大战期间的"奎因单方诉讼案"(Ex Parte *Quirin)(1942),拘捕的目的是想阻止这些被捕的人员(包括至少一名美国公民)重返战场,并继续对抗美国。对这类人员的任何拘捕行为都只是"战争中的一项重要事件"而已。

同时,联邦最高法院有六名法官投票否决了低级别法院的判决:可以在没有更多事实调查的情况下,对哈蒙迪加以拘捕。在代表四位法官起草判决意见时,桑德拉·戴·奥康纳(Sandra Day *O'Connor)认为,《反恐军事授权决议》或者联邦宪法都没有授权可以为了审讯的目的而在没有司法审查(*judicial review)的情况下实施无限期的或者永久性的拘捕。奥康纳认为,"对于国家的公民来说,战争状态并不是一张空白支票"。哈蒙迪因此有权知道其被划了"敌方战斗人员"的事实根据,并有权在中立的截断者那里反驳美国政府的事实主张。

另外两起案件则提出了更多技术性的法律问题。在拉苏尔案中,有 14 名外国人被关押在古巴的关塔那摩监狱,这些人也提出其羁押违宪的主张。美国政府辩称,美国的法院对这些指控没有司法管辖权,因为这些外国人是在国外被拘捕的,并关押在国外的军事基地。在代表法院提出判决意见时,约翰·保罗·史蒂文斯(John Paul *Stevens)指出,美国对关塔那摩监狱有完整的管辖权,所以,被关押在这里的外国人跟美国公民一样,可以要求联邦法院对他们的诉讼请求加以审理。在帕迪拉案中,一位美国公民被关押在南卡罗来纳州的查尔斯顿监狱,帕拉迪向纽约的法院提起诉讼,因为他曾在那里被认为是"9·11"恐怖袭击"重要证人"(material witness)。联邦最高法院认为,帕迪拉需要再次向南卡罗来纳州的联邦巡回区法院提起救济要求,因为他曾在那里被拘捕。

紧随"9·11"之后的最初的恐怖主义案件是由联邦最高法院审理的,但有许多问题并未得到解决。特别是法官们无法就哈蒙迪等人可以得到的法律救济程序达成一致意见。在无法达成多数意见的情况下,奥康纳的意见必然使联邦地区法院形成"调查事实真相的程序,但这是谨慎的、渐进的"。更为重要的是,联邦最高法院已经涉足了伊拉克的阿布格莱布(Abu Ghraib)监狱虐囚案,这些措施的合法性问题还需要拭目以待。

[David A. Yalof 撰;赵学刚译;潘林伟校]

法官意见[Dictum]
参见 Obiter Dictum。

死亡权[Die, Right to]
有关生与死的医疗决定,特别是那些将导致死亡的决定,自 1990 年以来,曾有三起案件出现在联邦最高法院。"华盛顿诉格卢克斯伯格案"(*Washington v. Glucksberg)(1997)与"瓦卡诉奎尔案"(*Vacco v. Quill)(1997)没有承认有行为能力的晚期病人终止治疗以结束生命为其宪法权利。在这两起案件中,原告对州法提出质疑,因为州法禁止医生为这样的病人开出能够致死的药。在第三起案件中,即"克鲁赞诉密苏里州健康部主任案"(*Cruzan v. Director, Missouri Department of Health)(1990)中,一位处于永久性植物人状态的病人依靠机械维持生命,对于自己的治疗,没有能力作出决定。联邦最高法院认为,没有"明显的、让人信服的"证据表明,该病人如果处于有行为能力状态,会自行作出决定终止自己的治疗。

对于一些法官来说,一个人对其生命的权利是受到宪法自由权的保障的,是最重要也是最属于隐私的,各州不应对此加以干预。有关死亡时间的决定跟避孕(*contraception)和堕胎(*abortion)的决定一样,都具有相似的性质。而对于另外一些法官来说,宪法自由权并未如此宽泛,他们倾向于把自由跟传统的美国法律实践相联系——死亡的权利与传统的法律权利是不一样的。

联邦最高法院确实在某些情况下承认了病人有权终止延长其生命的治疗。然而,大多数法官都认为这种权利只是传统权利的部分——拒绝不想要的对身体的侵扰,包括不想要的医疗,而不是一项独立的宪法权利,也不能为宪法干预个人的生死决定提供合法性基础。持这种观点的法官们可能认为,各州不能禁止医生在必要的时候为正在忍受着严重的、无法控制的疼痛的病人开大剂量的止痛药——甚至是能致死的剂量。

参考文献 Ronald Dworkin, *Life's Dominion: An Argument about Abortion, Euthanasia, and Individual Freedom* (1993); Albert R. Jonsen, *The Birth of Bioethics* (1998); Leon R. Kass, *Life, Liberty and the Defense of Dignity: The Challenge for Bioethics* (2002); Cass R. Sunstein, *One Case at a Time: Judicial Minimalism on the Supreme Court* (1999).

[Sheldon Gelman 撰;赵学刚译;潘林伟校]

狄龙诉格罗斯案[Dillon v. Gloss, 256 U. S. 368 (1921)]①

1921 年 3 月 22 日辩论,同年 5 月 16 日以 9 比 0 的表决结果作出判决,范·德凡特代表法院起草判决意见。该案涉及因运输白酒而违反《沃尔斯蒂德法》(Volstead Act)的定罪问题。狄龙案提出了两个问题。第一,他对要求在七年之内正式批准宪法第十八修正案(the *Eighteenth Amendment)的规定提出了质询。第二,他认为控告他的法律是在国务

---
① 另请参见 Constitutional Amending Process。

卿宣告宪法第十八修正案一年之后（也就是说在他被捕后）才生效，而不是批准该修正案一年后生效。对于第一个问题，威利斯·V. 德凡特(Willis *Van Devanter)法官认为国会能够制定一个合理的最后期限以便批准是"充分一致的……以在相对同一时期的所有条款中反映人民的意志"(p. 375)。在第二个问题上，最高法院裁决修正案的完成时间而不是它的公布时间适用该案。

宪法第十八修正案(the *Eighteenth Amendment)第一次在它的内容范围中制定了最后期限。当平等权利修正案提交表决时，最后期限被置于国会后来提出的一个引起争议动议而形成的一个附加授权决议中。修正案内容中的最后期限大概是自然生效的。没有区分内部和外部的最后期限，"狄龙诉格罗斯案"裁决认为批准必须是同时发生的，而且要留给国会加以判断。1939年的"科尔曼诉米勒案"(*Coleman v. Miller)通过宣告批准问题是一个国会决议的政治问题(*political question)而对狄龙案作了加强和扩展。

[John R. Vile 撰；曾文革译；许明月校]

法官的无行为能力 [Disability of Justices]

根据联邦宪法第3条第1款(*Art. Ⅲ, sec. 1)的规定，只要法官在任职期间"尽忠职守"，一般并不认为，可以通过弹劾(*impeachment)而罢免身体或精神存在障碍的法官。同时，联邦最高法院的法官也不受针对诸如总统(第二十五修正案)以及低级别联邦法院法官而设置的联邦宪法相关条款约束。在早期或者内战前的联邦最高法院，法官旷工，如果不是由于其繁重的巡回审判(*circuit riding)任务而加重的话，大多与这种无行为能力的状态有关。但在内战前，法院承办的案件数量少，首席大法官约翰·马歇尔(John *Marshall)在联邦最高法院的支配地位，以及法官的多数投票制度，减轻了法官无行为能力对法院的影响。即使当亨利·鲍德温(Henry *Baldwin)在任期内精神错乱达14年之久，情况也如此。但是，在1869年创立单独的巡回区法官以前，无行为能力的法官对巡回区法院的影响是十分严重的(参见 Judiciary Act of 1869)。

1811年，法官因无行为能力经常缺席而导致联邦最高法院不能达到法定人数，引起了法官们提前结束了他们的任期。在1834年三个具有里程碑意义的案件中可能出现3比2的分裂局面，为了取得多数票，马歇尔还是让患癌症卧床不起的威廉·约翰森(William *Johnson)法官和80多岁耳聋的加布里埃尔·杜瓦尔(Gabriel *Duvall)法官继续留任。推迟审理案件的策略则被其他首席大法官采用，正如在不同意见在大法官中势均力敌的情况下，托尼对于无行为能力的约翰·麦金利(John *McKinley)的处理，以及伯格对于患中风的威廉·O. 道格拉斯(William O. *Douglas)的处理那样。但如果一个法官被确认要对案件进行口头辩论(*oral arguments)，而后来他因无行为能力而不能出席，那么，法官通过同事代理而不出庭进行投票是允许的。威廉·H. 伦奎斯特(William H. *Rehnquist)在2004年因甲状腺癌几个月都不能到法院，他在该审期中基本上是在家里参与法院的工作：阅读简报、对口头辩论拟定草稿，并对案件投票。

通过首席大法官将简单的案件分配给无能力法官或根本不分配，是另一种策略，前者如首席大法官(the *chief justice)威廉·H. 塔夫脱(William H. *Taft)对出现精神错乱的约瑟夫·麦肯纳(Joseph *McKenna)大法官的处理，后者如他对于完全瘫痪的皮特尼的处理，以及伯格对于道格拉斯的处理。在道格拉斯身体和精神均无能时，伯格法院还在法官的投票出现平均结果时，忽略他的会议投票。拜伦·怀特(Byron *White)对这一策略表示反对，认为这样的做法违反了联邦宪法第3条的"忠于职守"条款：剥夺了患精神病的法官之司法权力(*judicial power)，并使法官的人数在没有立法授权的情况被减至8人。

无行为能力法官的机能障碍会直接削弱最高法院的工作。麦克纳的坏脾气，亨利·鲍德温(Henry *Baldwin)的暴怒以及老迈的斯蒂芬·J. 菲尔德(Stephen J. *Field)被夸张了的易怒状态都困扰着联邦最高法院。无行为能力的法官可能会使法官的投票出现错乱，瑟古德·马歇尔(Thurgood *Marshall)身体状况恶化时，其所写的判决意见即与投票结果相矛盾，克里福德法官与麦克纳法官均有相似情况；也可能出现法院的投票结果也与以前的司法记录不一致，如几乎失明的法官亨利·比林斯·布朗(Henry B. *Brown)在"洛克纳诉纽约州案"(*Lochner v. New York)(1905)中所做的那样，或者会成为背叛本宗派者称为其宗派成员的目标，如罗伯特·格里尔(Robert *Grier)在1870年"赫伯恩诉格里斯沃尔德案"(Hepburn v. Griswold)中声称《法定货币法》(参见 Legal Tender Cases)无效时那样。查尔斯·惠特克(Charles *Whittaker)法官因精神问题而不能胜任工作，让为寻求投票多数票的费利克斯·法兰克福特(Felix *Frankfurter)法官实现了其目标。

无行为能力法官坚持他们的职位或基于经济利益的考虑，如威廉·库欣(William *Cushing)，或基于家庭成员对社会地位的追求，如尤利西斯和塞缪尔·蔡斯(Samuel *Chase)，或基于对总统的政治反感(总统会因他们退职而提名新的法官)，如杜瓦尔、克里福德、沃德、亨特、塔夫脱和道格拉斯，他们都不会放弃他们的职位。

南北战争时联邦最高法院四位法官的境况值得人们的同情，不断增加的案件量也引起了国会的注意。人们对年迈的首席大法官罗杰·托尼身体虚弱的情况仍记忆犹新，这导致了国会在1868年（托尼去世4年后）的立法。授权无行为能力的首席大法官把权力和职责移交给资深大法官，次年又通过了鼓励适时和自愿辞职的最高法院养老金法案。特别是针对罗伯特·C. 格里尔（Robert C. Grier），1869年法案同意那些已满70岁并至少在最高法院工作了10年的法官辞职后仍可领取法官的薪俸。1937年国会将这一选择权扩展到退休而不是辞职（*resignation）：在法官退休的情况下，允许保留法官的司法职务和薪俸，该薪俸受"布思诉合众国案"（*Booth v. United States）中所确定的宪法补偿条款的保护。在1944年，退休后的薪俸增加制度适用于已退休后的法官，但这一制度在1989年受到了限制。国会于1954年降低了退休的年龄要求：退休时年满65岁且在最高法院工作15年，后来，国会又于1984年建立了一个恰当而有弹性的年龄—服务时间表。

有了1869年法案的平衡措施，联邦最高法院即可采取统一的行动（通常由首席大法官发起），基于此，法院说服了格瑞尔·菲尔德、麦克纳和霍姆斯（Oliver W. *Holmes）等接受国会的上述馈赠。但是该法却将那些没达到必要的年龄和任职期限的无行为能力法官排除在外。对一些特殊情况，国会很快就对不具备条件的无能力法官发布了特别法案：如亨特（1882年）、威廉·穆迪（1910年）和皮特尼（1922年）。直到1939年，国会才颁布一般性的立法，对于身体无行为能力的法官，不管年龄多大，都能在退休后获得相应的待遇：即工作不超过10年的法官获得薪金的一半，而工作超过10年的法官获得金额薪金。根据这一条款，61岁的查尔斯·惠特克（Charles *Whittaker）法官于1962年退休，是适用这一法案的第一名法官，因为他在联邦最高法院工作5年后，即被证明为永远不具有行为能力。

身体的虚弱以及能够获得退休待遇的资格极大地增加了法官离职的可能性，而同事的影响和媒体关于健康行为的宣传加速了这种事情的发生。但是，对于联邦最高法院的大法官来说，任命司法委员会中的资深法官出任新法官对于无行为能力的大法官而言，已经没有什么压力了，但低级别法院的法官却仍需要面对这样的压力。联邦最高法院的法官无行为能力问题，因为没有明确的宪法修正案加以规定，各种措施的实施都会面临公平正义的疑虑，也可能面临违宪的问题。

参考文献 David H. Atkinson, *Leaving the Bench: Supreme Court Justices at the End* (1999); Atremus Wars, *Deciding to Leave: The Politics of Retirement from the United States Supreme Court* (2003).

[Peter G. Fish 撰；曾文革、赵学刚译；许明月校]

歧视意图[Discriminatory Intent]①

在1976年的"华盛顿诉戴维斯案"（*Washington v. Davis）(1976)中，联邦最高法院主张政府行为只有存在伤害受不利影响团体的意图时，才会违反宪法平等保护条款（*Equal protection clause）。在"马萨诸塞州人事管理员诉菲尼案"（Personnel Administrator of Massachusetts v. Feeney）(1979)中，联邦最高法院认为当政府采取这种行为是"由于"或者是"没有完全忽略"其可能的歧视效果时，这种意图便客观存在。这些案件否认了这样一种观点，这种观点认为平等保护条款要求政府对于会对少数派产生全然不同负面影响的行为持克制态度。法院多数派认为一个全然不同影响的标准要求政府在处理普通社会问题的政策上要进行实质性修改——考虑到美国社会性质的政策必然会对少数派团体带来歧视效果。此外，"意图"的观点完全符合宪法的"平等保护条款"的观念，宪法平等保护条款的目的是消除偏见行为，偏见通常被认为是种意愿，也就是说一个把伤害强加给他人的意图。然而因为立法来源于各种各样的动机或来自一些成员有歧视意图而另一些成员无歧视意图的政治联盟的决定，所以认定歧视意图是困难的。联邦最高法院认为，当政策不带歧视的理由微弱时，有关意图的表述才会显得特别突出。在"阿林顿·海特诉都市房产开发公司案"（*Arlington Heights v. Metropolitan Housing Development Corp.）(1977)中，人们认识到歧视意图和歧视影响的区别是微弱的，尤其是当歧视影响伴随着政府纳入挑战性政策而背离其通常做法的证据时，它才能给歧视意图提供证明。

[Mark V. Tushnet 撰；曾文革译；许明月校]

评议案件清单[Discuss List]

联邦最高法院控制其案件承办数的主要行政手段。该名单也是首席大法官（*chief justice）影响最高法院议程的诸多小方法之一。对法官来说，每年有太多案子需要加以考虑和判决。联邦最高法院有大量的机制来选择它所希望审理的案件。这些机制中的一部分是由联邦法律授权的，另一些是法院内部制定的。当案件数量的增加超过了法官们讨论低级别法院判决的每个请求的能力时，作为法院内部机制之一的评议案件清单就出现了。

最高法院最先遵循首席大法官提出的"死案名单"（dead list）惯例——在被拒绝复审前列出不值得讨论的案件的名单。然而第二次世界大战（World War Ⅱ）后，法院转向了一个更加严格限制的惯例。现在首席大法官散发一个他认为值得讨论案件的"评议案件清单"。每个法官都可以在这一名单上

---

① 另请参见 Housing Discrimination; Race and Racism。

加一个案件。提交到法院的每个案件仍在每个法官办公室进行审查,但是仅那些评议案件清单上的案件才在法院的例行会议上讨论。大致30%提交申请的案件上了讨论名单。剩下的复审要求将被拒绝,不作进一步的审议。

[Walter F. Pratt, Jr. 撰;曾文革译;许明月校]

歧视影响[Disparate Impact]①

《1964年民权法》(*Civil Rights Act of 1964)第七编禁止雇佣中有明显的和故意的歧视。在"格里格斯诉杜克电力公司案"(*Griggs v. Duke Power Co.)(1971)中,联邦最高法院认为,该法"不仅禁止明显的歧视而且禁止形式上公平但实际操作中具有的歧视"(p.850)。"瓦德谷包装公司诉安东尼奥案"(*Ward's Cove Packing Co. v. Atonio)(1989)对上述观点作了修正和限制,要求雇员有义务证明一个表面上中立的雇佣在实践中具有歧视性效果。如果雇主能够为该实践提供有效的职业上的正当理由的证据时,那么雇员就有义务出示,"其不具有相似的不良效果,也能为雇主的合法利益服务"[参见"阿尔贝马勒纸公司诉穆迪案"(*Albemarle Paper Company v. Moody)(1975)](p.425)。

在雇佣问题之外,只有当全然不同的影响(例如实际上的学校种族隔离或被证明了投票选区划分中的种族歧视)被表明是故意的时候,它才违背宪法。然而《投票法》(1982年作了修正)第2条却允许无需表明倾向的歧视之诉。

[Joel B. Crossman 撰;曾文革译;许明月校]

歧视待遇[Disparate Treatment]②

就业中的歧视待遇指的是基于某些群体相对薄弱需要特别保护的特性进行有意的歧视。联邦法律禁止基于种族、肤色、宗教信仰、性别、国籍、年龄以及残疾等状况给予歧视待遇。然而,在特定情况下允许雇主歧视对待,这些情况包括,雇主是根据有效的积极行动(*Affirmative Action,即纠正以前存在的歧视惯例的行为)计划作出的,或者雇主能够证明基于宗教信仰、性别、国籍或者年龄的区别对待是特殊商业或企业的正常运作所需要的合理的职业资格的需要。歧视待遇不同于歧视影响(*disparate impact),后者指的是中立的雇佣行为对一些受保护的群体具有歧视性影响。

[Elaine J. Grant 撰;曾文革、林全玲译;许明月校]

异议[Dissent]③

严格地说,异议是指对案件结果和联邦最高法院对相关当事人的处理存在异议。例如,如果联邦最高法院确认低级别联邦法院(*lower federal court)的判决,那么不同意就是对确认判决的异议。但是不同意的法官不仅不同意多数派的法律推理,而且该法官也不同意对当事人的处理。联邦最高法院通过多数原则裁决案件,不同意多数派法官的意见不具有法律强制力。不过不同意是最高法院判决中通常和重要的特征。

当一个法官不同意时,那么这个法官将几乎总是写下一个不同意意见或加入一个集体的异议意见。该意见为不同意案件的判决结果给出了一个理论基础。异议意见与并存意见(*concurring opinion)应该是有区别的,后者同意案件结果,但在某种程度上对案件的结果表达了一个与多数派意见不同的理论基础。

异议与并存意见之间的区别并不具有普遍适用性。安东尼·斯卡利亚(Antonia *Scalia)法官于1994年在《联邦最高法院的历史日志》(the Journal of Supreme Court History)上撰文指出,如果一项意见与联邦最高法院的推理不一致,该项意见就应该被归类为不同意,即使起草判决意见的法官"刚好与多数法官的意见一致"亦是如此。斯卡利亚解释说,这一区分方法的合理性在于,联邦最高法院的判决之所以重要,是因为"判决所依赖的理由,而不是法院所宣布的判决结果"(p.33)。

实践中出现了一些复杂情况,例如法官也许会不同意案件结果的一部分。例如,如果最高法院推翻对两个刑事被告的定罪,不同意者也许会认为只应推翻其中的一个定罪。一个反映部分不同意的意见常被贴上"部分持并存意见,部分不同意"的标签,然而在这一方面和其他方面,即使给法官们的意见贴上了标签,他们也不是完全一致的。

异议的功能 不同意在法庭内外都能发挥多重功能。表示不同意的法官有时是希望能够影响法院的判决结果。一般来说,联邦最高法院会坚持自己的先例(*precedents),但也经常会推翻先例判决;同时,联邦最高法院也经常在相关案件中修改先例判决。持不同意见的法官们希望能够对法院将来的判决施加重要的影响,然而,要确定法院立场的转变是否反映了以前的不同意见所产生的影响则是比较困难的。大法官胡果·布莱克(Hugo *Black)曾在"贝茨诉布雷迪案"(*Betts v. Brady)(1942)中表示了不同意见,认为穷困的州刑事被告并不是通常都能享有获得免费律师服务的权利。21年之后,"布莱克在吉迪恩诉温赖特案"(*Gideon v. Wainwright)(1963)中,代表联邦最高法院起草判决意见,推翻了内茨案的先例判决,但可能主要是因为联

---

① 另请参见 Employment Discrimination;Race and Racism。

② 另请参见 Employment Discrimination。

③ 另请参见 Opinions;Assignment and Writing of。

邦最高法院组成人员的变化以及社会条件的变化，而不是因为布莱克在1942年的不同意见。

正如斯卡利亚所指出的，一项异议有助于改进法院的多数意见。"虽然这一事实从来没有引起关注，不同意见经常会使多数法官重新考虑他们的观点，废除容易受到攻击的观点，限制已经得到宣布的法律原则"（p.41）。甚至不同意见还可对起草法院判决意见的法官产生一种激励机制，激励他在多数意见中接受来自法院其他成员的合理的建议（p.41）。

在联邦最高法院外，异议意见可能会有实质性的影响。通过对法院的判决投怀疑票，异议的法官希望以此来影响低级别法院对判决作出反应的方式。此外，不同意还可以鼓励国会采取行动限制或推翻这一判决（参见 Reversals of Court Decission by Congress）。

斯卡利亚还发现了另外一项功能：异议在促进法律文化的进步方面具有非常重要的作用。他写道：不同意见的存在使联邦最高法院成了法律论争的场所，并使联邦最高法院判例汇编不仅仅记录经过推理的判决结果，还要记录美国法律哲学发展的历史（p.40）。

异议的盛行 在联邦最高法院的大部分历史中，异议是不常见的。根据埃尔伯特·布劳斯坦和罗伊·莫斯基的在《联邦最高法院的前100名大法官》（1978）一书中的统计数据，1942年审期，是联邦最高法院第一次异议判决意见占到法院判决1/3比例的审期。

今天，不同意见的投票和不同意见已经成为联邦最高法院工作中的一种正常现象。通常法院判决中仅有不到一半的判决能够获得一致的意见。在最近的审期中，每期仅有大约80个案件会得到充分的考虑，但是，不同意见的数量一般都维持在50—80个，有时，不同意见的法官联合提出同一个意见，有时，他们则提出复合的不同意见。

从较早的时代开始，发生这一变化的原因就是多重的。其中之一是法院在决定哪个案件应该审理方面，并没有获得明确的权力，这种情况一直持续到1891年，更没有获得其直到1925年才在审判进程方面获得的像现在这样的几乎完整的控制权（见 Judiciary Law of 1925）。这些司法变化允许联邦最高法院剔除在联邦最高法院诉讼的大多数简单案件，这也是那些倾向于达成完全一致判决意见的案件——由于这个原因，会制造产生较高的不同意比率的潜在可能性。今天，联邦最高法院受理的案件一般都是涉及宪法和制定法解释难题的案件，从不同视角审视这些问题的大法官，很可能会得出不同的结论。

过去的时间同样也带来了有关异议标准方面的变化。强有力地控制了联邦最高法院的首席大法官约翰·马歇尔（John *Marshall）（1803—1835年任职）帮助在全体一致的利益方面建立了一个压制异议的传统。该传统直到20世纪的头几十年仍保持着强大的生命力。事实上，即使那些以其异议而出名的大法官如奥利弗·温德尔·霍姆斯（Oliver Wendell *Holmes）（1902—1932年任职）和路易斯·D.布兰代斯（Louis D. *Brandeis）（1915—1939年任职）也只是偶尔投异议票。

最近由罗伯特·珀斯特（Robert Post）进行的一项研究（2001年）展现了异议在威廉·霍华德·塔夫脱（William Howard *Taft）首席大法官主持联邦最高法院期间（1921—1930年）所扮演的角色。珀斯特的研究表明，在塔夫脱主持联邦最高法院期间，对公开的判决意见，全体一致同意的比率远远高于在口头辩论以后立即进行会议投票时的比率。经过一个接一个的案件，大法官们会默许他们持续与大多数意见不同的案件，布兰代斯曾经经典地评论道："我不同意你对法律的解释，但是，我会闭嘴"；同样，大法官爱德华·特里·桑福德（Edward Terry *Sanford）也曾写道："遗憾，我不能同意，但是，不要期待我会表示异议"。

现代的实践则与此大相径庭。大法官通常都会感到公开地对法院判决表达不同意见是极为正常的。

根据托马斯·沃克尔（Thomas Walker）、李·埃普斯坦（Lee Epstein）和威廉·戴克森（William Dixon）1988年一文的说法，联邦最高法院对于不同意见规范性传统的改变，与1941年哈伦·菲斯科·斯通（Harlan F. *Stone）法官升任首席大法官有极大的关系。作为一个一般的大法官，斯通对首席大法官查尔斯·埃文斯·休斯（Charles E. *Hughes）（1930—1941年任职）强有力的领导感到不耐烦，休斯对达到全体一致的判决意见具有极大的偏好。作为首席大法官，斯通极能容忍不同意见并且他本身比任何前任首席大法官都更多地提出了不同意见。他的同事作为对此的呼应也逐渐提出他们自己的异议意见（而且也持并存意见）。异议的全面增长富有戏剧性，在斯通任首席大法官的5个任期内，法官们对判决提出异议的比例大约是前5个任期的3倍。

尽管斯通作为首席大法官的任期相对较短，然而作为其领导才能标志的对不同意的接受却有永恒的效果。在他的继任者弗雷德·M.文森（Fred M. *Vinson）（1946—1953年任职）的领导下，历史地看，不同意也保持了非常高的比例，此后异议的比例一直保持着远高于1941年以前最高法院历史上的水平。

异议的影响 传统的限制不同意的规范反映了一个信念，该信念认为不同意可能会带来不良影响，并且这一信念从未消失过。最重要的是，对一致性的背离通常被认为会降低附着于联邦最高法院判决之上的权威，而且这种缺乏权威性产生的实际影响是增加不遵从判决的可能性。即使在一个频繁发生不同意的时代，至少某些法官似乎同意上述观点，并且在特定环境下该观点能影响他们的行为。首席大法官厄尔·沃伦（Earl *Warren）在1954年的"布朗诉教育理事会案"（*Brown v. Board of Education）中花了大量时间和许多技巧才达到一个完全一致的判决，主要因为他赞同他的一些同事的信念，该信念认为法院内部的分裂会刺激人们抵制要求南方公立学校废除种族隔离的判决。而首席大法官沃伦·伯格也放弃了他所倾向于对行政特权的观点，以便在"合众国诉尼克松案"（United States v. *Nixon）(1974)中能够确保形成一致的判决意见。

批评判决的法官经常用异议来支撑他们的立场，这一事实支持了人们的不同意会鼓励不遵从法院判决的信念。而且联邦最高法院内部异议会降低判决权威似乎是合乎逻辑的。但对法院判决上的不同意的影响并未建立在经验的基础上，部分是因为很难以衡量这种影响。如果不同意确实影响了对法院判决的反应，那么它的影响似乎是微不足道的；政策偏好和对判决作出反映的那些人的私利可能是更加重要的因缘。值得回忆的是联邦最高法院在布朗案中的全体一致并不足以证明其能阻止南方腹地的大多数人不遵守该裁决，因为南方的官员有强烈的理由反对废除种族隔离。

异议也会产生积极的效果。正如大法官斯卡利亚所说的那样："分别写出意见的体制会提高法院的评判"，因为此时，它将公众的目光集中在个体的位置上，大法官的法律观点"并非是人为地向其一致而是客观直接地展现给世人"（p.42）。从这个角度来看，公众对于作为一种合理的社会决策工具的联邦最高法院的信任实际上会增强。

即使能证明异议会对法院产生消极影响，然而不同意的比例似乎不可能降低。经常发生的不同意以及为其意见的正当性进行的辩解已成为联邦最高法院固有的特征，而且法官们发现要回到早期不同意成为例外的时代是非常困难的。

参考文献 Maurice Kelman, "The Forked Path of Dissent," in *The Supreme Court Review 1985*, edited by Philip B. Kurland, Gerhard Casper, and Dennis J. Hutchinson (1986), pp. 227-298; Robert Post, "The Supreme Court Opinion as Institutional Practice: Dissent, Legal Scholarship, and Decision-making in the Taft Court," *Minnesota Law Review* 85 (2001): 1267-1390; Antonin Scalia, "The Dissenting Opinion," *Journal of Supreme Court History* (1994), pp. 33-34; Thomas G. Walker, Lee Epstein, and William J. Dixon, "On the Mysterious Decline of Consensual Norms in the United States Supreme Court," *Journal of Politics* 50 (1988): 361-389.

[Lawrence Baum 撰；Arthur Helman 修订；曾文革、赵学刚译；许明月校]

跨州管辖权[Diversity Jurisdiction]①

如果争议的双方为来自不同州的公民，则依据跨州管辖权允许联邦法院审理涉及州法律的案件。公司（*corporation）被认为是它所注册的州和主要营业地的州的公民。不彻底的跨州性案件，是指许多原告或被告中的一名或多名，并不是来自其他州的公民的案件，这种案件不能由联邦法院审理。在州法院起诉的案件，外州的被告可以申请将该案件由联邦法院来审理，但是，如果这一案件管辖权的转移受到挑战，则联邦法院必须裁决是否将案件继续由州法院审理。诉讼当事人若要由联邦法院来审理其案件，必须同时达到国会所确定的"争议金额数量"标准的要求。这一涉案金额如今已发生了重大变化，1989年时，只有涉案金额大于5万美元方可提交到联邦法院，现在是7.5万美元，但普遍认为达到这一标准并不难。对跨州的支持者，为继续维持跨州管辖权的重要地位提了三条正当理由。首先，联邦法院的介入可以让某一州的诉讼当事人免受本地法官和陪审团的歧视。其次，一些诉讼当事人认为，联邦法院高于州法院（*state court），允许联邦法院的介入，能够保证司法公正的最高质量（参见 Lower Federal Court）。最后，跨州管辖权促进了国内经济的发展（参见 Capitalism）。例如，19世纪联邦法院就顺应潮流地制定了统一商法，该法刺激了州法律认为风险不确定或难以把握的商业领域的投资。

跨州管辖权的反对者认为，上述观点现在都是无关紧要的。各州司法人员的职业化已经减少了偏狭并提高了司法公正。在"伊利铁路公司诉汤普金斯案"（*Erie Railroad Co. v. Tompkins）(1938)中，联邦最高法院要求联邦法院在跨州管辖权案件中适用州法律的判决终止了联邦法院促进统一经济发展的能力。一般认为，"伊利铁路公司诉汤普金斯案"使得联邦法院可以基于州法及州法院的裁决对跨州管辖权案件进行裁决，但州可以改变它们的法律，因此使得联邦法院的裁决没有拘束力。州法院的法官也会感觉受到歧视，似乎他们并不如联邦法院的法官那样有能力，从而可以裁决有关他们自己法律的案件。并且，跨州管辖权不必要地使联邦被审案件目录表充满了过多涉及州法律的案件，进而降低了联邦法官解决重大联邦问题的能力（参见 Business of the Court）。尽管1978年众议院通过了一项废除跨州管辖权的法律，但废除跨州管辖权的努力仍没有获得广泛的支持。然而，管辖案件涉讼金额的提高可能代表了废除派和支持联邦法院具有广泛的司法管辖选择权的派别之间的妥协。

[Eric W. Rise 撰；Stephen L. Wasby 修订；曾文革、林全玲译；许明月校]

---

① 另请参见 Judicial Power and Jurisdication。

多宾斯诉伊利县案[Dobbins v. Erie County, 16 Pet. (41 U.S.) 435 (1842)]①

1842年2月14日进行辩论,1842年3月4日以9比0的表决结果作出判决。韦恩代表法院起草判决意见。在多宾斯案中,驻扎在宾夕法尼亚州的美国缉私巡逻舰舰长对州向他的职务收入征税的合法性提出置疑。联邦最高法院一致同意,撤销宾夕法尼亚州最高法院认为课税合法的判决,联邦最高法院认为"现在摆在我们面前的州征税的违宪性可能是安全地利用了合宪性方式的干预——尽管它不是唯一的原因——这种合宪性的方式是美国政府为了行使其征收各种税收和规制商业的权利而制定的"(p.449)(参见 Taxing and Spending Clause; Commerce Power)。多宾斯案给州政府不能对联邦执行宪法权利而使用的合法课税原则给出了经典的公式。联邦最高法院在"格拉雷斯诉纽约案"(Graves v. New York)(1939)中的判决则彻底推翻了上述原则。

在联邦最高法院19世纪的一系列判例中,多宾斯案是一个重要案子,这些判决始于首席大法官约翰·马歇尔在"麦卡洛克诉马里兰州案"(*McCulloch v. Maryland)(1819)的观点,该观点阐释了政府部门间广泛的免除原则。该原则主张联邦和州政府享有一定程度的税收和管理权利的互惠免除。自20世纪30年代中叶,联邦最高法院对它的范围作了严格的限制后,多宾斯案这一先例不再是好的原则。

[Robert A. Williams 撰;曾文革译;许明月校]

道奇诉伍尔西案[Dodge v. Woolsey, 18 How. (59 U.S.) 331 (1856)]②

1856年2月6日辩论,1856年4月8日以6比3的表决结果作出判决。韦恩代表法院起草判决意见,坎贝尔、卡特伦和丹尼尔不同意判决。1845年俄亥俄立法机关制定了一个总的银行法,该法授权特许银行以它们年利润的6%向州交税以替代州征收的任何税收。1851年俄亥俄州采用新的州宪法,该宪法有效地废除了1845年法律所规定的税收免除(*tax immunity)条款。1853年,立法机关将银行的税收提高到超出1845年法律所作的规定。约翰·W.沃尔斯(John W. Woolsey),作为一个康涅狄格州的公民和克里伍兰德银行股票的持有人寻求联邦巡回区法院的禁令(*injunction)以阻止俄亥俄州卡亚荷格(Cuyahoga)县财务主管乔治·C.道奇(George C. Dodge)向银行征税,沃尔斯声称该税收违宪且侵犯了合同义务。"合同"规定了州与1845年法律所特许的任何公司的关系。

联邦最高法院支持禁令主张,因为1845年法律中的税收条款设立了州的合同义务,而该义务受到了1851年州宪法和1853年法律的侵害。大法官约翰·A.坎贝尔(John A. *Campbell)写下了不同意见。在意见书中他斥责公司的傲慢,而且认为联邦最高法院违反宪法,侵犯了主权州的权力。企图与伍尔西案相区别,法院在随后的判决中严格限制了伍尔西案中的主张,该主张认为只有被包含在具体公司的许可状中而不是在一般的法律中,税收免除才有效。

[Robert M. Ireland 撰;曾文革译;许明月校]

多兰诉泰格市案[Dolan v. City of Tigard, 512 U.S. 374]

1994年3月23日辩论,1994年6月24日以5比4的表决结果作出判决,伦奎斯特代表法院起草判决意见,史蒂文斯、苏特不同意判决。法院的政治与意识形态趋势在过去的十年间都开始转向右翼,其对土地所有者的利益保护也如此。在1987年的"诺兰诉加利福尼亚滨海委员会案"(*Nollan v. California Coastal Commission)(1987)中,法官们认为,市政当局必须提出其发放建筑许可证的条件与预定的开发项目之间具有某种联系。在诺兰案中,问题还没有那么突出,但在多兰案中问题就突出起来了,其判决结果对土地所有者来说是有利的。

佛罗伦斯·多兰在俄勒冈州的泰格市拥有一处店铺,供应电和铅材料。多兰的生意不错,所以计划在其所有的土地上扩张店铺的规模,这将占用一条已有的碎石路。帝加德市城市规划委员会同意多兰的生意扩张计划,但附有两个条件:第一,多兰必须将其位于法诺·克里克(Fanno Creek)的洪泛平地(flood plain)划为市政区域,目的是改善排水系统并使洪灾的可能性最小化,因为与以前的碎石路相比,沥青铺成的路面不利于雨水的渗透;第二,城市规划委员会还要求多兰将其毗连洪泛区的一片土地划为市政区域,以用于铺设人行道和自行车道,这样就可以缓解多兰的店铺扩张而可能在中央商务区域造成交通拥挤。

对上述两个要求,多兰都予以拒绝,因为她认为这些建议与她的店铺扩张之间没有联系,根据联邦宪法第五修正案(the *Fifth Amendment),这也是在没有补偿的情况下对其财产的占用。但作为初审法院的土地使用申诉委员会以及俄勒冈州最高法院都作出了有利帝加德市的判决。

联邦最高法院的判决结果表明,法官之间就土地使用规划的性质与范围问题存在着较大的意见分歧。对于分区和市政当局规制土地使用的权力,法官们没有涉及,但这些的确在土地使用问题出现时

---

① 另请参见 Tax Immunities。
② 另请参见 Capitalism and Contract Clause。

会改变土地所有者与政府之间的关系。

首席大法官威廉·伦奎斯特(William *Rehnquist)在代表法官起草判决意见时,引用了联邦宪法第五修正案的规定,并认为其占用条款(*Takings Clause)是联邦宪法第一或者第四修正案(the *First Amendment or *Fourth Amendment)所确立的《权利法案》(*Bill of Rights)的一部分内容,所以占用条款不属于无关紧要的事情(p.392)。在伦奎斯特看来,政府在许可建筑或者扩张建筑的时候,不能把公共使用权作为附属条件,除非政府能够证明这一要求与土地开发项目所造成的损害之间具有"大致相关性"(Rough Proportionality)(p.391)。大多数法官都认为,政府担心在法诺·克里克出现洪灾以及由于店铺扩张而可能导致交通拥挤,这是合理的;但政府没有非常正确地预测到可能的后果。

在作出这样的判决时,伦奎斯特还采用了另外一种标准,即对必然联系(一种合理的联系)的证明——在规划中的土地使用要求与其可能产生的影响之间的关系。伦奎斯特认为,对这种关系的证明应该由政府而不是土地使用人来承担。伦奎斯特还特别注意到了政府把人行道与自行车道算作"公共设施"这一做法,因为这种要求意味着多兰不仅丧失对其财产的使用,她也无权干涉其他进入者。多数法官认为,根据联邦宪法第五修正案的规定,这样的行为无异于占用,但没有支付适当的补偿。与诺兰案一样,多数法官认为,政府必须证明,对土地开发利用所施加的任何限制条件都"在实质上有利于"政府的合法目标,而目标的确立对地方政府来说,必须以个人化利益为基础而不是以普遍的利益为基础。

但是,以约翰·保罗·史蒂文斯(John Paul *Stevens)和戴维·H.苏特(David H. *Souter)为首的持反对意见的法官们认为,应该由土地的发展商来证明政府的行为是无根据的。否则,政府对土地使用加以规制的动机将都是值得怀疑的。史蒂文斯与苏特认为,多数法官的意见与联邦最高法院以前的审判是相矛盾的;在以前,法院认可政府享有广泛的权力以规制土地的使用。史蒂文斯坚持认为,法院没有考虑到多兰女士将因贡献土地而获得的好处,如因土地成为公共用地而免除其可能的侵权责任、不需要维护土地以及不需要支付税收等。

多兰案引出的难题在于,在把城市生活的问题(如洪水、交通拥挤等)与商业开发中的私人利益相平衡时的困难。联邦最高法院的判决使地方政府承担了新的负担,与此同时,政府肯定会要求开发商提供成本更高的信息并请相关顾问人员来解释这些信息。可以相信,开发过程的成本将会升高,地方政府将会以一般的分区限制而不是针对某一块土地的要求来规制土地的使用,因为这样的分区限制措施具有立法上的效力;与准司法程序的规制机构(如土地规划委员会)相比,分区限制措施更不易受到质疑。

[Kermit L. Hall 撰;赵学刚译;潘林伟校]

多姆布罗斯基诉普费斯特案[Dombrowski v. Pfister, 380 U.S. 499(1965)]①

1965年1月25日进行辩论,1965年4月26日以5比2的表决结果作出判决,布伦南代表法院起草判决意见,哈伦不同意判决并得到克拉克的附议,布莱克和斯图尔特没有参加。作为南方学校联合会教育基金会官员的多姆布罗斯基要求用禁令(*Injunction)禁止路易斯安那州州长、法律执行官员和非美活动州立法联合委员会主席的威胁和迫害行为,这些行为是根据该州的几个反颠覆法的规定而对多姆布罗斯基(Dombrowski)的组织进行的。多姆布罗斯基认为这些州法违背了宪法的第一修正案(the *First Amendment),而且让他和他的民权同事受到不断的骚扰,这些骚扰包括没有迫害倾向的逮捕和对内部文件的没收。

三个法官组成的联邦法院驳回了多姆布罗斯基的申诉,他们认为他没有说明必要的不可弥补的损害并且认为这是一个属于援引"节制原则"的案件,该原则允许州法院制定符合联邦宪法的法律。

联邦最高法院撤销了联邦法院的判决。法官威廉·J.布伦南(William J. *Brennan)认为,上述法律违背了宪法第一修正案。而且他认为不断的迫害威胁、没收文件和骚扰完全损害了言论自由,因此,为联邦最高法院的干预提供了正当理由。在这些情况下,禁令的救济,作为一个反对在州刑事指控方面联邦法院干预的总原则的例外显然是恰当的。法官约翰·哈伦(John *Harlan)不同意,他认为即使在这些情况下允许联邦法院的干预也是对礼让原则(principle of *comity)极大的和毫无保证的背离,并且它威胁着联邦制度的完整性。

被民权律师认为是传统的不干涉原则漏洞的多姆布罗斯基案引发了寻求联邦法院保护以不受州指控的诉讼洪流。然而,这个漏洞被证明只是暂时的,在"扬格诉哈里斯案"(*Younger v. Harris)(1971)中,联邦最高法院基本上堵住了这一漏洞。

[Charles H. Sheldon 撰;曾文革译;许明月校]

双重治罪危险[Double Jeopardy]

宪法第五修正案双重治罪危险条款阐述道:"任何人不因同一违法行为受到两次危及生命和肢

---

① 另请参见 Abstention Doctrine;Civil Rights Movement;Judicial Power and Jurisdiction;Lower Federal Courts。

体的审判的危险。这一原则植根于古希腊和罗马法,是西方文明中最古老的原则。然而,这一原则却是《权利法案》(*Bill of Rights)中理解得最少的原则之一,而且联邦最高法院几乎没有努力来消除它的混乱。"

自"本顿诉马里兰州案"(Benton v. Maryland)(1969)后,联邦最高法院判决的双重治罪危险案件更微乎其微,在该案中最高法院认为宪法第五修正案(the *Fifth Amendment)的双重治罪危险与宪法第十四修正案(the *Fourteenth Amendment)是有联系的,而且它不仅适用于联邦也适用于各州(参见 Incorporation Doctrine)。

作为一个总的主张,双重治罪危险条款不仅适用于刑事案件而且包含了三个独立的宪法保护。首先它保护无罪开释后不因同一违法行为而再次受到刑事指控;其次,它保护宣判后不再因同一违法行为而受到继续的指控;最后,它保护不因同一违法行为而受到多重处罚。

这些总陈述的简洁性掩盖了它们适用中真正的混乱。正如门罗·麦凯伊(Monroe McKay)法官所说,诸如"无罪开释"、"多重处罚"和"同一违法行为"等术语引起"法官间的最激烈的不同意见"(麦凯伊,1983,pp. 1-2)。联邦最高法院在给上述术语定义时,一直存在斗争。

在决定新的指控是否因"同一违法行为"而提起时困难出现了。当同一犯罪行为或交易违反了两个独立的法律时,这一问题就随之而显现。在1990年的"格雷迪诉科宾案"(Grady v. Corbin)中,联邦最高法院认为在那种情况下关键的讯问应该集中到企图证明第二个指控所针对的行为上,而不是集中到用来证明该行为的证据上。例如,若某人发生车祸并被指控酒后驾车,那么,在州倾向于用酒后驾车的指控来证明杀人指控的情况下,这个人就不能因同一事故而被指控过失杀人。另一方面,若州用别的行为(如驾驶过快)来证明杀人指控时,杀人的指控就不会遇到障碍。联邦最高法院也制定了相当复杂的规则来解决一个被告是否已经有"两次被审判的危险"的问题。该保护条款仅适用"双重治罪危险已出现"的情况中,在一个由一个法官而不是陪审团(trial by *jury)审判的情况下,第一个证人宣誓作证后,双重治罪危险就出现了。最后,只要被告进行辩护且法院同意辩护时,在由陪审团审判的情况下,一旦陪审团被召集,双重治罪危险就出现了。

然而,对于上述主张有一些例外情况。如果第一个指控是因为误判且被告同意该误判或有"明显的必要"改判时,后来的指控是允许的。例如,因为诉状包含一个可能改变认定基础的瑕疵而宣告误判时,人们就会发现明显的必要。

同样,如果判决因上诉而被撤销,新的指控是允许的。然而,如果被告后来被重新定罪,第二次审判可能会加重惩罚。原告不能对陪审团的非罪正式裁决提起上诉,并且该裁决能防止再一次的上诉。若是法官而非陪审团裁决案件时,规则就更为复杂。总之,法官的驳回诉讼或无罪开释禁止因同一违法行为而再被指控。然而如果被告出于阻止指控原因而要求驳回诉讼,那么原告可以上诉。若驳回诉讼的请求被推翻,被告会再受到指控。

最后,双重治罪危险不能阻止独立的主权者因同一罪行而再次受到指控。在"希思诉亚拉巴马州案"(Heath v. Alabama)(1985)中,联邦最高法院认为,联邦法院的指控不受州先前基于同一违法行为指控的限制。

评论者认为,围绕着双重治罪危险的持续不断的混乱是由于最高法院不能清楚有效地表达该条款所体现的准确价值。它至少体现了五条不同的价值:(1)阻止政府利用它的优势资源来伤害无辜的被告;(2)维护陪审团正式裁决的统一性;(3)保护被告人在最后裁决中的利益;(4)在对个人的指控中限制公诉人过分的自由裁量权;(5)阻止实施未经立法授权的量刑。只有当联邦最高法院认识到,"双重治罪危险条款"中的价值时,才会形成一个关于双重治罪危险的协调的、合理的态度。

参考文献 Monroe McKay, "Double Jeopardy: Are the Pieces the Puzzle?" *Washburn Journal* 23 (1983):1-23.

[Daan Braveman 撰;曾文革译;许明月校]

道格拉斯,威廉·奥维尔[Douglas, William Orville]①

(1898年10月16日生于明尼苏达州梅因;1980年1月19日卒于华盛顿特区;葬于弗吉尼亚州阿林顿市阿林顿国家公墓。)1939—1975年任大法官,生于极度贫困的家庭中,青年时因小儿麻痹症致残,道格拉斯在大学和法院里都非常认真,很快成为了一个杰出的法学家,并被任命为证券交易委员会的第三任主席,后被任命为大法官,他比联邦最高法院历史上的任何一位大法官任职时间都长。作为一位性格暴躁喜欢户外活动的人,特别是作为一个晚年喜欢藐视惯例的个人主义者,道格拉斯在联邦最高法院内外都成了个人自由的代言人。与他同时代的胡果·L. 布莱克(Hugo L. *Black)、费利克斯·法兰克福特(Felix *Frankfurter)或小威廉·J. 布伦南(William J. *Brennan)不同,道格拉斯退休后几乎没留下理论遗产,但却被作为一个具有激情的和愤怒得维护宪法价值观的象征而为人们所铭记

---

① 另请参见 History of the Court; The Depression and the Rise of Legal Liberalism and Rights Consciousness in Contemporary Society。

道格拉斯,威廉·奥维尔[Douglas, William Orville]

(参见 Judicial Activism)。

William Orville Douglas

早期职业生涯 道格拉斯生于明尼苏达,但他童年的大部分时间却是在华盛顿亚卡马(Yakima)及其附近度过的。他父亲是一位长老会牧师,在道格拉斯六岁时就去世了,几乎没给他的家庭留下什么遗产。为了治疗小儿麻痹症,道格拉斯在卡什卡兹山脚下的丘陵里孤独地长途步行,后来有报道说这不仅是他全身心投入到寂寞中的原因,而且也是他一生喜欢户外活动的原因。他在惠特曼学院(Whitman College)刻苦学习,由于贫穷,他在帐篷里住了一个学期。1920 年从惠特曼毕业后,他教了两年书,如他后来有些美化了的回忆中所说,"他跳上货车到了东部"进入哥伦比亚法学院,尽管他几乎作全职助教和做了很多杂务,他却几乎以班上第一名的成绩完成了他的学业。

他希望成为大法官哈伦·菲斯科·斯通(Harlan F. *Stone)的书记员,该职位通常是给予哥伦比亚法学院的尖子毕业生的,当另一名毕业生被选中后,道格拉斯不情愿地从事他后来所宣称憎恨的华尔街律师事务所的工作。在名克拉瓦斯·斯韦因和穆尔律师事务所工作两年后,他离开华尔街去教书,先在哥伦比亚法学院(1927—1927 年)。后来,哥伦比亚因选新系主任而产生了教职工的裂痕,他到了耶鲁大学(1929—1934 年),成为耶鲁大学最年轻的主讲教授之一。他擅长包括代理、破产和重组在内的公司法。尽管道格拉斯从来没有亲自参与美国的法律现实主义(*legal realist)运动(该运动后来在哥伦比亚和耶鲁盛极一时),他仍受到该运动主要领导人的极大影响。他终于认识到法律原则不是自发的,而是操纵社会善良或邪恶的工具。像其他几位卓越的法学家一样,道格拉斯总是没有闲暇,他到了华盛顿在"新政"班子中工作,并很快成为证交会的成员(1936 年),后任主席(1937 年)。在证交会他竭力要求改革,并对纽约证券交易所干涉证交会运作的行为作了斗争。他总是与罗斯福政权内部及其圈子里的人保持着亲密的友谊——像他所说的那样,他们都热衷于玩扑克,特别是他与内政部长哈罗尔德·艾克斯(Harold Ickes)保持着亲密的友谊。

联邦最高法院的任职 1939 年 2 月当任大法官的路易斯·D.布兰代斯(Louis D. *Brandeis)退休后,富兰克林·D.罗斯福(Franklin D. *Roosevelt)曾明确表示他希望任命一名西部人来接替,但实际上他主张任命道格拉斯。道格拉斯作为一名来自耶鲁的东部人而作为可能人选被人提起过。当他的朋友特别是吉罗米·弗兰克(Jerome Frank)和托马斯·科科南(Thomas Corcoran)联合西部的政治力量求得支持时,道格拉斯却私下求助于内部有影响的政客。后来,正当他的机会上升时,他对"新政"的忠诚受到了怀疑,因此他发表了激烈的演讲谴责财政团体并进一步确认了他"新政主义"改革家的标志。一周内,罗斯福让其接替布兰代斯的位置,1939 年 4 月 4 日以 62 比 4 的结果批准了对他的任命(四个持反对意见者认为他是华尔街极端保守主义的工具)。当时他 41 岁,他是联邦最高法院历史上所任命的大法官中第二年轻的,是 128 年来最年轻的。只有约瑟夫·斯托里(Joseph *Story)比他年轻,因为斯托里在 32 岁时被任命为大法官。

道格拉斯所进入的联邦最高法院不仅在人事上而且在观念上都处于交替时期。因为布莱克、斯坦利·F.里德(Stanley F. *Reed)和法兰克福特都是 1937 年任命的,因此道格拉斯和任期届满留任的斯通一道提出了坚决支持"新政"的看法。在后来的两年中,罗斯福任命的三个大法官加进来,法院强化了 1937 年后关于维护正处于诉讼中的"新政"计划的司法审查制度。布莱克和道格拉斯在其为支持或扩大解释后期"新政"立法所提供的辩护中,尤其是在劳动法(*labor law)和市场控制领域的辩护中扮演了中心角色。

尽管道格拉斯后期以个人自由主义者出名,但他第二次世界大战中最重要而又持久的工作仍是对商业管制的关注。他至今仍不能动摇的最伟大的成就体现在"联邦动力委员会诉霍普天然气公司案"(FPC v. Hope Natural Gas)(1944)和"合众国诉美孚-瓦库姆石油公司案"(United States v. Socony-Vacuum Oil Co.)(1940)的判决。前者建立了定价机构进行重新审查的标准,而后者认为固定价格行为本身(per se)是非法的,而无需进一步质询该活动的合理性。尽管道格拉斯没有使用"本身违法"(per se test)这个词语,但他却牢固地建立了它的权威,并永远地改变了对固定价格行为的反托拉斯分析。道格拉斯最普遍的影响可能体现在他对破产法（*bankruptcy law）的实施中，在这一领域他提出了很多权威的意见。在商业案件中，道格拉斯把他的司法哲学解释为受他前任观点的影响，而且他的许多观点源自于布兰代斯的观点和非司法作品。在他的晚年生活中，他也把他的思想根源归于索尔斯坦·凡伯伦（Thorstein Veblen）甚至溯及到一个有影响力的预科学校的教师，但完全成型的理论观点全部是他自己的。

第二次世界大战中，法院的自由主义成员尤其是布莱克和道格拉斯陷入了互相冲突的象征中：一方面在日益黑暗的时代寻求保护公民自由；另一方面他们也希望支持任命他们的总统的竞选。最初这两位大法官都支持旗礼法［"迈纳斯维尔校区诉哥比提斯案"（*Minersville School District v. Gobitis）（1940），很快他们又公开反悔［"琼斯诉欧佩里卡案"（Jones v. Opelika）（1942）］，而且热情地加入"西弗吉尼亚州教育理事会诉巴尼特案"（*West Virginia v. Barnette）中要求撤销第一次的判决。两人都反对对叛国法作严格的限制性的解释，而且"克拉默诉合众国案"（Cramer v. United States）（1945）记录了道格拉斯沙文主义式的异议意见。但二人都支持在战时把日本人驱逐出西海岸行为的合宪性，布莱克代表法院提出上述意见，而道格拉斯持并存意见，尽管有证据表明道格拉斯几乎犹豫到最后时刻才投了赞成票［"科里马修诉合众国案"（*Korematsu v. United States）（1994）］。

战后，布莱克和道格拉斯重新找回了他们的声音，并开始写下一个又一个意见以支持公民自由之诉，特别是言论自由之诉。当时，道格拉斯支持联邦最高法院的最具有争议的意见是"特米涅罗诉芝加哥案"（*Terminiello v. Chicago）（1949），该案撤销了演讲者因侮辱一个敌对的暴民的有罪判决。然而他写道，"立法机构、法院或支配的政治团体和社团会使人们产生的观念标准化"（p.5）。在"丹尼斯诉合众国案"（*Dennis v. United States）中，布莱克和道格拉斯表现出了激烈的异议，1951年的判决维护了美国共产党成员共谋教唆和倡导推翻政府的有罪裁定。

在大多数案件中，道格拉斯写下判决意见或默默投赞成票以支持布莱克提出并发展了的理论。道格拉斯代表法院提出的最出名的公民自由观点是在"格里斯沃尔德诉康涅狄格州案"（*Griswold v. Connecticut）（1965），在该案中，他确认了来源于被美国宪法第一、三、四、五、九修正案（the *First，*Third，*Fourth，*Fifth，and *Ninth Amendment）奉为神圣的"边缘"权利的宪法隐私权（*privacy）。虽然事实上该理论主要应归功于布伦南大法官，但人们认同了道格拉斯的方法，其方法显示出他的宪法观念是模糊的而不是坚定不移的，对于这一点批评者作出了不友好的评价。

布莱克不同意格里斯沃尔德的判决，而且两年后他又不同意"哈珀诉弗吉尼亚州选举委员会案"（*Harper v. Virginia State Board of Elections）的判决，在后一案件中道格拉斯代表法院起草判决意见使成人人头税（*poll tax）无效。在布莱克在联邦最高法院任期最后10年（1961—1971年）的大部分时间里，这两位以前的盟友处于敌对阵营，因为布莱克尽力限制他的理论原则而道格拉斯尽力将他的观点延伸到其逻辑结论上。在同一时期，道格拉斯的分析习惯因其在税收案中突出表现的偏见或仅因其草率而受到更尖锐的学术攻击。作为一个反叛者，道格拉斯似乎曾喜欢这种批评，而且他的这种态度似乎惹怒了对手——例如他引用瓦尔特·惠特曼（Walt Whitman）和瓦尔克·林德斯（Vachel Lindsay）在"帕帕克里斯图诉杰克逊维尔市案"（Papachristou v. Jacksonville）（1927）的言论来装饰自己的观点或申明他最极端的见解，如声称树木也有提请诉讼的合法地位［"瑟尔拉俱乐部诉莫顿案"（Sierra Club v. Morton）（1972），异议］，关于道格拉斯的记录特别是自20世纪60年代中叶以来的记录都显示出他常常看似随意的见解，即使是在他明显关心的领域里也是如此。最令人惊讶的例子是，连使禁止游荡罪条例无效的帕帕克里斯图案的判决者也写了支持保持传统生活方式的分区制（*Zoning）条例［"贝尔·特瑞诉博拉斯案"（*Belle Terre v. Boraas）（1974）］。在道格拉斯职业生涯结束时，很多批评指责他过于频繁地获取审判中的中心地位，他在罗森伯格（Rosenberg）死刑案最后一刻的立场作出了这种最令人讨厌的事情。

道格拉斯在罗森伯格案中的动机受到了怀疑，但他在20世纪50年代早期个人风格的剧烈变化却是明确无疑的，当时他与结婚29年的妻子离婚，而且他开始了每年的环游地球远行，他会把自己的旅程写成大众读物。他又结过三次婚，最后一次是在他66岁时与一个22岁的女人结了婚。他令人震惊的私生活、与众不同的观点和个性化的意识形态在1970年4月导致众议院少数派领袖杰拉尔德·福特要求弹劾（*impeachment）他。道格拉斯暂时克制着自己的恶作剧，他开始了激烈的反击，8个月后，众议院司法委员会拒绝了对他的指控。逃脱弹劾后，道格拉斯又恢复了原样。

1974年12月31日，道格拉斯得了衰竭性中风。他的身体局部瘫痪并永久性地不能恢复全部能力。他在该届最高法院余下的大部分时间里经常缺席，尽管他在随后的任期内回到了法院，但精力却大不如前。1975年11月12日他向福特总统提交了退休信，他比历史上任何一位大法官任职都长（至少比任何一位法官都长两年多）。

遗产 不像布莱克和法兰克福特那样留下了丰

富的理论遗产,也不像布伦南那样创造性地规定了原则的灵活性,道格拉斯作为大法官而留下的学术遗产是微不足道的。在他任职期间,道格拉斯以平淡的口才支撑当时的判决理由,而现在看来受时代的限制,就正如他卷册繁多的日常写作——30多本书和100多篇文章——一样是不会流传下去的。

道格拉斯的历史重要性似乎在于他作为个人主义典型的象征和他对削弱权力的提倡。然而,这一象征由于他自我矛盾的复杂性而蒙上了阴影:他的档案中充满了矛盾,这也表现在性格上和观点上(这位伟大的人道主义者因虐待工作人员和沉湎于自吹而臭名昭著)。人际关系紧张可能部分是由于他在法院的暴躁,这种暴躁并没有限制他巨大的能量。1944年他似乎是合理的副总统候选人;1948年他疯狂、不顾一切地竞选民主党总统候选人提名。他全国性的政治抱负最终于1948年破灭后,他把大部分时间投入到非司法领域的追求中,其目标是争取对法律问题和非法律问题——特别是环境问题感兴趣的广大群众。

道格拉斯在专业人员和外行人员面前都让自己成为英雄,而且甚至有时似乎培养自己成为这样一个角色。他希望人们能够记住他对人、宪法和环境保护的忠诚。最令他感动的是他永远的纪念物——威廉·道格拉斯国家公园,它是以沿着C&O运河的国会邸园命名的,那是华盛顿州最受人喜欢的步行小径。

参考文献 Vernon L. Countryman, *The Judicial Record of Justice William O. Douglas* (1974); William O. Douglas, *Go East*, 1939-1975 (1980); James F. Simon, *Independent Journey* (1980); Melvin I. Urofsky, ed., *the Douglas Letters* (1987).

[Dennis J. Hutchinson 撰;曾文革译;许明月校]

唐斯诉比德韦尔案[Downes v. Bidwell]

参见 Insular Cases。

征兵[Draft]

参见 Conscription。

德雷德·斯科特案[Dred Scott Case]

参见 Scott v. Sandford。

双重联邦主义[Dual Federalism]①

双重联邦主义是来自于这样一个观点,该观点认为,宪法是由主权州和主权州的人民为了给予新的全国政府一系列详细列举权力的有限目标而制定的契约。如果州不授予这些权力,它自己便享有作为一个有主权的政治实体的各种权限。各州与全国政府是平等的,因为在各州自己的权力范围内——在他们所保留权力的行使方面——正如全国政府在其权力范围内一样,各州的权力完全是至高无上的。在联邦成立时期和现在,许多人都认为宪法第十修正案(the *Tenth Amendment)是这一观点的表述。另外一些人则否认此种看法,他们认为,特别是在1868年采用宪法第十四修正案(the *Fourteenth Amendment)以后,他们这种理解实际上是对联邦至高无上权力的贬低。

即使是像亚历山大·汉密尔顿(Alexander *Hamilton)和约翰·马歇尔(John *Marshall)那样的宪法国家主义者也愿意口头上承认各州在自己权力范围内拥有主权的观念。但他们从不接受州与联邦的这一契约可以解除,或州有保护本州人民不受联邦干预的权力以及彻底脱离联邦的权力。双重联邦主义对南方的奴隶制具有重大的利益,而且托尼(Taney)主持的联邦最高法院的判决在大多数情况下实现了他们的愿望(参见 Slavery)。

尽管有美国内战(*Civil War)的成果以及战后通过了一系列的宪法修正案,但联邦最高法院仍旧把以双重联邦主义为基础的原则作为推翻联邦管制立法的工具,如在"哈默诉达根哈特"(*Hammer v. Dagenhart)的童工案(1918)中就是这样,在该案中最高法院维护州所保留权力的神圣性(另请参见 Labor)。

然而随着"新政"(*New Deal)宪法革命,特别是扩大联邦商业权力观点的发展,双重联邦主义终于不再是联邦最高法院的法理根据。第二次世界大战后,第十修正案作为限制国会管理权在属于州权利范围内的唯一一次运用是在"全国城市联盟诉尤塞里案"(*National League of Cities v. Usery)(1976),但该案关于工资和工作时间立法的裁决在"加西亚诉圣安东尼奥都市交通局案"(*Garcia v. San Antonio Metropolitan Transit Authority)(1985)中被推翻。

[Harry N. Scheiber 撰;曾文革译;许明月校]

程序的正当程序[Due Process, Procedural]

正当程序的理论来源于《大宪章》(1215年),这是一部贵族限制英王权力的自由大宪章。经过几年以后,其中的短语"有关土地的法律"(law of the land)转变成了"法律的正当程序"(due process of law),这术语在1692年被写进了马萨诸塞州制定法。宪法第五修正案(the *Fifth Amendment)(1791年被批准)规定联邦政府在"没有正当的程序下"不能剥夺任何人的生命、自由和财产。同样的语言作

---

① 另请参见 Federalism; State Action; State Sovereignty and States' Rights。

为对州的限制也被写进了"第十四修正案"(the *Fourteenth Amendment)里(1868年被批准)。

正当程序原则的中心目标是为了确保当政府对个人设置责任时程序公正。此原则是为了阻止政府的专断，避免非法的剥夺，允许公民知道对他们的指控，并对此作出反应，增强对公务行为合法性的意识。

程序的正当程序没有完全阻止政府作出剥夺公民权利的行为。实体的正当程序的理论对行政权力作出了实质性的限制，然而程序的正当程序单单关注到政府作出行为的方式。在"伦敦人诉丹佛案"(Londoner v. Denver)(1908)、"铋-金属投资公司诉州平等化委员会案"(Bi-Metallic Investment Co. v. State Board of Equalization)(1915)出现了这个差别。联系起来说，这些案件对政府基于一个案子的事实对个人作出了一个权利剥夺——此时会引发对程序的正当程序的要求，与一项影响不确定多数人的宽泛的规则——此时不会引起这种要求，进行了区分。在前面的案子中，政府必须提供对通知和听证的程序保护，正如联邦最高法院在"兰尼斯诉奥尔丁案"(Grannis v. Ordean)(1914)认定的一样，法律正当程序基本的要求是给予一个被听审的机会(p.394)。

政府对某个人财产的剥夺就将涉及正当程序问题。"财产"(*Property)包括土地和动产，具有普通法(*common law)上的意义。在20世纪70年代，法院明确了新财产概念，它包括政府提供的利益、许可具有价值的法律地位(例如公务员的法律地位)，这些是个人所依赖的，能被称作制定法上与规定有关的或是契约性的权利。一种制定法的利益，比如福利["戈德堡诉凯利案"(*Goldberg v. Kelly)(1970)]，一个驾驶员的许可证["贝尔诉伯森案"(Bell v. Burson)(1971)]，已过任期的教授想被继续雇用的愿望["校务委员会诉罗思案"(Board of Regents v. Roth)(1972)]，公务员免于被任意解雇的法律地位["阿内特诉肯尼迪案"(Arnett v. Kennedy)]，这些都是所称"新的财产"(new property)利益的例子。在罗思案中联邦最高法院主张仅仅是希望或对一些财产利益的单边期望是不充分的。

术语"自由"有它自身的历史。在第十四修正案中，"自由"被认为是《权利法案》(*Bill of Rights)的主要保护对象。自由也同样有其他独立的意义，比方说，在刑事方面。基本的免于监禁的自由，如一个正在假释中的假释犯的利益["莫里西诉布鲁案"(Morrissey v. Brewer)(1972)]，就是自由的利益。自由在民事方面包括隐私(*privacy)中的个人利益，这些个人利益是在一系列关于实体的正当程序案件中，特别是"罗诉韦德案"(*Roe v. Wade)(1973)中被承认的，在涉及程序主张的民事案件中，一些利益被认定是"自由"利益——比如父母身份方面的利益["拉斯特尔诉社会服务部案"(Lassiter v. Department of Social Services)(1981)]或是一个小学生免于肉体方面惩罚方面的利益["英格拉哈姆诉赖特案"(Ingraham v. Wright)(1977)]。

联邦最高法院在"克利夫兰教育理事会诉罗德密尔案"(Cleveland Board of Education v. Loudermill)(1985)中区别了程序在什么程度上才是"正当"或非正当的问题上引用了正当程序的原则。一个法院要权衡在附加程序中个人利益的程度，还有它的价值和成本。在"马修斯诉迪亚兹案"(Mathews v. Diaz)(1976)中，在终止伤残补助费案件中终止后的证据出示听审是充分的正当程序。马修斯案给了法院许多余地。有时候，一个审理方式要相对充分，听审是必要的。在其他时候，法院则仅规定基本的通知和发言的机会。

联邦法院所面临的许多关于正当程序的案子涉及监狱、学校、社会、保障、公务员雇用以及其他领域的案子，这证明了法律的这个领域的不断集中化和围绕它而产生不曾减少的争议。不断增势地两种相反的观点占据了统治地位：一种是个人参与模式，强调尊严价值和更完善的程序；另一种是机制化模式，强调有效的和值得花费地作出决定。这种矛盾可能会持续地存在。

[Thomas O. Sargentich 撰；曾文革译；许明月校]

实体正当程序[Due Process, Substantive]①

实体正当程序的宪法原则可追溯到英国人非以书面方式记载于宪法中的基本理念，发展成为现代宪法对隐私(*privacy)的保护。虽然它的前身包括了共和政府和个人的民权(*civil right)的基本理念，但是我们的实体正当程序观念是建立在1873年"屠宰场系列案"(*Slaughterhouse Cases)中大法官史蒂芬·J. 菲尔德(Stephen J. *Field)的异议之上。第十四修正案(the *Fourteenth Amendment)阻止了路易斯安那州的法律授予一单独屠宰场的垄断地位。在修正案正当程序条款的文本语言后面，菲尔德读出了不可剥夺的个人自由权利：

很显然，在这些问题当中必须规定以合法方法追求合法雇用的权利，除了平等地影响所有人之外，没有其他限制……，在全国范围内，在合法的生活追求中，权利的平等可以免于所有的贬低和不公正的法令，它是美国公民特有的权利(pp.97,109-110)。

自由劳动思想 共和党获得胜利之后，其自由劳动者思想中包含了菲尔德的异议。在内战(*civil war)前，他曾经是一位具有先导作用的共和党法学家和法官；战后，他把平等的思想带入宪法观念之中。在"屠宰场系列案"(Slaughterhouse Cases)和

---

① 另请参见 Capitalism；Fundamental Rights。

"芒恩诉伊利诺伊州案"(*Munn v. Illinois)(1877)发表的异议中,他坚守他个人的自由劳动者思想。他曾承认:当规制是为了公益需要的时候,比如对在芒恩的谷物仓库公司,州有权对公众企业的经济活动加以规制。但规制不应使公众企业和私营企业的发展面临困难;菲尔德在芒恩案中写道:"它可以使干预合法有效,至少在他的生意一般程度上是有益的时候,是应该这样做的。"

虽然在实体正当程序的学术成就中,它不是个重大主题,相反地,此程序主要关注作为财产保护的原则,但很显然,菲尔德关心的是对自由劳动思想的保护。具有讽刺意味的是,菲尔德在南北战争前的共和观念比起它们在重建(*Reconstruction)时期来更好地适应了美国的繁荣时代。他关于正当程序条款的观点于19世纪80年代后期到90年代之间在几乎整个重建时期的最高法院赢得了一席之地。菲尔德对大公司从来没有像对戴维·J. 布鲁尔(David J. *Brewer)和鲁弗斯·W. 佩卡姆(Rufus W. *Peckham)新加入的法院成员那么有好感,但他的企业自由的理想在19世纪后期成为法院的正统思想。菲尔德同时在"屠户联盟诉新月城公司案"(Butchers' Union Co. v. Crescent City Co.)(1884)中直接依据"屠宰场系列案"的并存意见,表达了这种说法:"个人追求合法交易或雇佣的自由是一个普通权利,这是道德准则,……没有它社会是不可能的,它是某些固有权利的(一种),这些权利是所有行为的基础。""只有依靠它们,"菲尔德写道,"才能使实体有权得以维持。"(p. 756)

对联邦最高法院来说,实体性正当程序就像一个楔子一样防止各州剥夺契约自由(freedom of *contract)和企业自由。实体的正当程序呈现了自己的生命力,但它的核心留给人们的并不是一个合乎宪法的印象,而是一个被一只友善的、看不见的手操纵的自由市场的良好社会的印象。但是,等级立法削弱了机会平等。太多州的干预误导和破坏了那种自然关系,而这种关系使美国成了经济上的巨人。人们可能有充分的事实依据说,契约自由理论形成了实体的正当程序并使之一直充满活力,正像实体的正当程序对于契约自由的正当性所作的贡献一样。

通过用一个实体的正当程序标准来控制各州,联邦最高法院扩大了它的司法管辖(参见 Judicial Power and Jurisdiction)。从潜在的方面说,对于健康、福利、道德标准或治安权(*police power)等问题,每一个州制定法都要符合要求。许多法律是没有按照要求进行的,但实体性正当程序审查认定下,无论何时制定法不合宪,肯定会发生轰动。在"艾杰耶尔诉路易斯安那州案"(*Allgeyer v. Louisiana)(1897)中,法院要求所有与路易斯安那居民做生意的公司付费给本州。在"洛克纳诉纽约州案"(*Lochner v. New York)(1905)中,法院裁定一部最长工作时间的制定法不符合宪法。在"阿代尔诉合众国案"(*Adair v. United States)(1908)中法院决定一部联邦法律无效,原因是它阻碍了州之间的公共承运人(*common carrier workers)的解雇,因为公共承运人是各种协会的成员。在"科皮奇诉堪萨斯州案"(Coppage v. Kansas)(1915)中,法院使一部禁止黄狗合同(*yellow dog contract)的法律失效,在"阿德金斯诉儿童医院案"(*Adkins v. Children's Hospital)(1923)中,联邦最高法院取消了哥伦比亚地区雇用委员会的最低工资决定权。基于实体的正当程序原则,法院废除了对非公共产业的价格制定权和对非公共企业的营业许可权;解除了对教德语教师和教区学校教师在他们的行业中维持生计的障碍(参见 First Amendment)。

合理性标准 在上述案件中,联邦最高法院都自问:州的经济立法是否合理也即这些经济立法是否合乎州干预经济的合法目的。首席大法官莫里森·韦特(Morrison *Waite)在芒恩案中运用有关公营和私营企业的区别,试图对合理性标准作出解释,正如在洛克纳案中,法院对涉及面包师傅健康的证据进行判断时一样。在这些实体正当程序的案件中,完全一贯服从国会和州立法机构里由普选产生的代表,这种做法是不合大众口味的,不过,在这类案件中,寻找一个适当且适应性强的合理性测试方法——建立一个合理性规则——却使法院非常苦恼。

同时,著名的支持实体正当程序进步主义的批评家詹姆士·塞耶(Thayer)、路易斯·D. 布兰代斯(Louis *Brandies)、罗斯科·庞德以及西奥多·罗斯福(Theodore Roosevelt)指责联邦最高法院建立了一个"超级立法机构"(参见 Progressivism),支持"新政"(*New Deal)计划的新一代改革者也提出了同样的批评,且更加尖锐。联邦最高法院也有支持改革者,包括首席大法官查尔斯·E. 休斯(Charles E. *Hughes)和大法官欧文·罗伯茨(Owen *Roberts),哈伦·菲斯科·斯通(Harlan F. *Stone),本杰明·N. 卡多佐(Benjamin N. *Cardozo)。他们认识到国营企业和私营企业、个体劳动(*labor)之间的界线在管理(*administration)层面已日渐模糊,承认立法机构比最高法院有更强的能力发现事实,衡量事实。他们开始引导法院,从实体正当程序的合同自由形式走出来。

在"奈比亚诉纽约州案"(*Nebbia v. New York)(1934)中,罗伯茨代表了法院起草判决意见。他说,纽约州授权政府稳定牛奶价格而成立委员会本身是一项具有合理性的健康和福利措施,只能就州立法是否合理,是否是任意制定的,以及是否符合立法的目的等问题提出质疑。自由市场无力进行自我调节以满足社会的需要。对商品价格而言,没有什么可以使我们放弃从公众利益角度出发对价格进行调节。

"西海岸旅馆公司诉帕里西案"(*West Coast Hotel Co. v. Parrish)(1937)处理的是关于最低工资的法律。这类法律是联邦最高法院按实体正当程序审查的第二大对象。法院分歧很大,大多数赞成严格按实体正当程序处理,承认了华盛顿州有关妇女最低工资法的合宪性。首席大法官休斯这样写道:"宪法中并未规定合同自由。"自由主义支持者极力鼓吹自由市场理想,而休斯所指的是菲尔德的劳动者自由理论不再会影响法院的大多数法官。他并未针对实体正当程序本身的原则,而是深藏于实体正当程序较早的经济理论中对合同自由的信奉,正如休斯所写的那样,(通过正当程序条款)社会保障的自由是社会组织结构的自由,这需要法律保障人们的健康、安全、道德以及财富不受威胁(p. 391)。州能够保护工人阶级的自由。这些工人阶级在谈判中处于不平等的地位,对不合理的工资待遇显得相对无力反抗。州既保障自由也会妨碍自由。这一观点与菲尔德的相对,与美国战前的自由力理论相比,更适合于"新政",继西海岸旅馆公司案后,有关经济正当程序的观点还未完全成形,其光辉便被掩盖了。

如果联邦最高法院不必花大量精力处理经济正当程序的案件,那么,在新的环境下,实体正当程序对州政府和市政府法规的质疑将会越来越多。近来,尽管联邦最高法院大多顺从州政府制定的经济法规,但如果州的法律对某些群体造成歧视,立法者也不会加以采纳。当某一群体由于种族、性别或其他可能的原因而遭受法律歧视时,当某一群体的私人生活受到州法律的不当侵犯时,法庭就不会对这些法规置之不理(参见 Suspect Classifications)。

对种族隔离的质疑 尤为重要的是,对州经济法规的顺从态度不能放宽至对州政府某些权力的限制,如在候选人预选会上的投票权(*vote),州主办的教育、公众设施或用人制度采用种族隔离(参见 Segregation, De Jure)。这些判决在重构了个体世界的同时,也重构了公共空间,结束了广为流传的种族隔离模式。"布朗诉教育理事会案"(*Brown v. Board of Education)(1954)的批评者指出,采用被广泛使用的语言进行教学不能在宪法中找到文字体现,正如经济正当程序一样,它只能依赖法官外在的、个人的、社会的公正信仰,假设布朗案的各个法官具有完全不同的地区、政治及教育背景,由于个人价值观的不同,他们也就不可能达成一致意见。但批评者在这方面却是正确的,布朗案及相类似的案件却深刻反映了在宪法文本背后的种种愿望。

隐私 从20世纪60年代开始,一类新的"社会的"实体正当程序诉讼问题引起联邦最高法院的注意。这些问题可追根溯源至我们社会对表现于外的个人主义的日渐关注,关心建立与别人不同的家庭和个性化的生活的权利。这类新的社会实体正当程序所依靠的就是近年明确提出的个人选择的自由和隐私权(*privacy)。在"格里斯沃尔德诉康涅狄格州案"(*Griswold v. Connecticut)(1965)中,法官在《权利法案》(the *Bill of Rights)的边缘地带找到了隐私权的规定,并以第十四修正案(the *Fourteenth Amendment)的正当程序条款的形式要求各州遵照执行。在个人生活的私人空间进行选择的自由承认了"罗诉韦德案"(*Roe v. Wade)(1973)中堕胎(*abortion)的合法性,但却不能使同性恋者及通奸的人免于起诉(参见 Homosexuality)。这种自由允许警察违反私闯民宅的规定,但否认了州政府有收集、积累有关药物处方的信息的权力,也不准州政府及地方政府毫无理由地解雇自己的职员。在这类案件中,法院所采取的顺从态度说明合同自由的原则依然很好地存在。这是因为政府人事负责人与被解雇的职员之间在谈判桌上实力悬殊。尤其表现在,职员不能强迫雇佣者告诉他解雇的理由。

尽管在首席大法官威廉·H. 伦奎斯特(William H. *Rehnquist)的领导下联邦最高法院从早期的社会正当程序退出,但实体正当程序仍然保持着其灵活性以适应宪法,且以适应正在变化的社会多数人的需要。为了与平等保护条款(*Equal Protection Clause)相协调,对限制个人选择的州法律提出正当程序质疑将会不断地出现在联邦最高法院面前。

参考文献 Lawrence Friedman, *the Republic of Choice, Law, Authority, and Culture* (1990); Herbert Hovenkamp, "The Political Economy of Substantive Due Process", *Stanford law Review* 40 (1988):379-447; William E. Nelson, *The Fourteenth Amendment* (1988); Michael J. Phillips, "Another Look at Economic Substantive due process", *Wisconsin Law Review* (1987):265-324.

[Peter Charles Hoffer 撰;曾文革译;许明月校]

正当程序革命[Due Process Revolution]

参见 History of the Court; Rights Consciousness in Contemporary Society; Warren, Earl.

邓肯诉卡哈纳莫库案[Duncan v. Kahanamoku, 327 U. S. 304(1946)]①

1945年12月7日开始辩论,1946年2月25日以6比2的表决结果作出判决,布莱克代表法院起草判决意见,墨菲、斯通赞成,伯顿和法兰克福特反对,杰克逊弃权。邓肯案常让人联想到涉及日本的那些例外案件,如"海拉巴亚斯诉合众国案"(Hirabayashi v. United States)(1943),"科里马修诉

---

① 另请参见 Military Trials and Martial Law。

合众国案"(*Korematsu v. United States)(1944)、"涉及恩多的单方诉讼案"(Ex parte Endo)(1944)。因为这起案件涉及战时在军事权力统治下,对基本的民主权利的限制。

1941年12月7日,日本海军偷袭了珍珠港,夏威夷州州长、约瑟夫·B.波英德克斯特(Joseph B. Poindexter),根据《1900年领土基本法》的授权,暂时停止了人身保护状(*Habeas Corpus),将夏威夷置于军事法律之下并将民众的管理权和司法权交给了美陆军上将沃尔特·C.索特(Walter C. Short)。第三天,索特上将建立了军事法庭,授权处理违反联邦和地方法的公民,以及违反他建立的军事政府命令的公民。他还关闭了所有民事法庭。这段军事统治体系于1944年10月结束。

在军事法庭审判的两名公民的上诉案中,大法官胡果·布莱克认为,基本法对军事法的授权不包括将民事法庭移入军事法庭的权力。布莱克从英美历史上找到许多证据证明民事优先于军事。但他小心地避开了由于军事政府出现而引起的宪法问题,并将他自己的解释置于合乎宪法范围之内。

[William M. Wiecek 撰;曾文革译;许明月校]

邓肯诉路易斯安那州案 [Duncan v. Louisiana, 391 U. S. 145(1968)]①

1968年1月17日开庭审理,同年以7比2的表决结果作出判决,怀特代表法院起草判决意见,布莱克、道格拉斯和福塔斯同时反对,后来,哈伦和斯图尔特也反对。邓肯案没有陪审团参加,邓肯被判有轻微殴打人罪,被科以6天的监禁和150美元罚金。这种犯罪最重可科以2年监禁和300美元罚金。邓肯案未被许可由陪审团参加审判,因为路易斯安那州宪法规定陪审团只参加重大的案子或是可能科以监禁及繁重劳动的案子。邓肯上诉到联邦最高法院,他主张"虽然最高法院还没有把《权利法案》(*Bill of Rights)的那部分合并在第十四修正案(the *Fourteenth Amendment),但第六修正案(the *Sixth Amendment)赋予了陪审团参加审理的权利"。

根据多数意见,不管这种权利是否在宪法范围内,这种有选择性合并的标准是"基本的"。在先前的案子中,基本的权利是指,没有了它这种文明体系是不可想象的。不管怎样,在新的并获得普遍认同的标准下,如果历史表明,《权利法案》中的程序性权利是"有秩序的自由的英美体系"中不可缺少的一部分,那么它就被视为是基本的。

拜伦·R.怀特(Byron R. *White)大法官认为,陪审团参加审理的权利有着长久的历史,继而,被全部合并到第十四修正案正当程序条款,然后适用于各州。邓肯的信念被改变了。最高院也否决了路易斯安那州的请求。认为没有陪审团参加的审理是轻微的犯罪。多数意见承认一些轻微的罪行不需要陪审团参加,但这些轻微的犯罪界定不明。胡果·L.布莱克(Hugo L.*Black)大法官与威廉·O.道格拉斯(William O.*Douglas)否认了"亚当森诉加利福尼亚州案"(*Adamson v. California)(1947)中所持异议的正确性。阿贝·福塔斯(Abe *Fortas)大法官持并存意见,但对将联邦最高法院模式强加到州身上表示了很大的疑问。约翰·哈伦(John *Harlan)与波特·斯图尔特(Potter *Stewart)大法官持异议(*dissent),约翰·哈伦担心州的特别权力会有更多的损失。

[Charles H. Sheldon 撰;曾文革译;许明月校]

杜普雷克斯印刷公司诉狄尔林案 [Duplex Printing Co. v. Deering, 254 U. S. 443 1921]②

1920年1月22日审理,1921年1月3日以6比3的多数通过判决。皮特尼代表法院起草判决意见,布兰代斯、霍姆斯和克拉克反对。为了满足公众日益高涨的压力,控制"内战"后发展起来的史无前例的经济势力集中的现象,国会通过了1890年《谢尔曼反托拉斯法》(*Sherman Antitrust Law)(1890)。该法禁止州际商业中的"非法限制和垄断"及为此目的的联合。很快,联邦法官开始依据该法采取措施,压制工人联合的努力,并否认工会传统上享有的自助武器。为了通过禁令对抗政府,国会通过了《1914年克莱顿法》(Clayton Act of 1914),限制以实施反托拉斯法来反对工会组织的企图。

联邦最高法院在狄尔林案中解决了这一问题,以六位法官多数通过的裁决认为,《1914年克莱顿法》没有排除实施诸如次要抵制活动之类的不法行为的工会。马伦·皮特尼(Mahlon *Pitney)大法官认为,机器行业工会的强制行为构成了"阻止和损害"(p.472)原告州际贸易的非法联合。作为异议者代表,路易斯·D.布兰代斯(Louis D.*Brandeis)认为,多数法官忽视了法律和现实:"联邦最高法院的禁令取消了国会'明确'要合法化的工会形式的集体行动"(p.486)。

在十多年中,多数法官对国家反托拉斯法的狭隘解释迫使法院实施禁令,以阻止工人们组织起来争取自身利益的努力。随着大萧条带来的观念的巨大转变,国会通过了1932年《诺里斯-拉瓜迪亚法》(Norris-LaCuardia Act),使工会不受反托拉斯法禁令的限制,并且,联邦最高法院也确认了这一重要的"罗斯福新政"(*New Deal)立法。

[Stephen B. Wood 撰;曾文革译;许明月校]

---

① 另请参见 Due Process, Procedural; Incorporation Doctrine; Trial by Jury。
② 另请参见 Antitrust Law; Labor。

杜瓦尔,加布里埃尔[Duvall,Gabriel]

(1752年12月6日出生于马里兰州乔治王子县,1844年3月6日卒于马里兰州乔治王子县,葬于马里兰州乔治王子县的格兰代尔家族地)1811—1835年出任大法官。虽然杜瓦尔出任大法官有近二十五年,但他是联邦最高法院最为不重要的大法官之一。杜瓦尔出生于马里兰州富裕的法国新教家族,受过良好教育,学习过法律,并在1778年获得律师资格。他于1787年7月24日与玛丽·布莱斯(Mary Bryce)结婚,在前妻去世三年后的1795年5月5日,他与简·吉本(Jane Gibbon)结婚,后者卒于1834年。

杜瓦尔强烈支持独立运动并在美国独立后的四分之一世纪里在州担任重要职务。1787年他被选举为费城宪法大会的代表,但不知道什么原因,他拒绝担任该职务。1796年他成为马里兰州普通法院法官。在18世纪90年代,他也是托马斯·杰斐逊(Thomas *Jefferson)的支持者,在国会工作并帮助组织1800年的民主党共和党全国大选。1802年杰斐逊任命他为美国联邦财政审计官。

1811年詹姆斯·麦迪逊(James *Madison)总统任命杜瓦尔为联邦最高法院大法官,以代替同样来自马里兰州的塞缪尔·蔡斯(Samuel *Chase)大法官。

在他的宪法性的判决中,杜瓦尔支持约翰·马歇尔(John *Marshall)和约瑟夫·斯托里(Joseph *Story)大法官,在"奥格登诉桑德斯案"(*Ogden v. Saunders)(1872)中甚至支持与他持不同意见的大法官。杜瓦尔唯一没有支持约翰·马歇尔大法官的重要案件是"达特茅斯学院诉伍德沃德案"(Dartmouth College v. Woodward)(1819),但是他的理由不得而知;法院记录只是表明他不同意,但没有发表意见。然而,他确实在很多关于商业法和海商法的案件中执笔撰写了颇有见地的判决。

杜瓦尔有强烈的反奴隶制倾向(另请参见 Slavery)。他在"米玛女王及其子女诉赫伯恩案"(Mima Queen and Child v. Hepburn)(1813)中持不同意见,该案排除了在一宗两个黑人宣称他们是自由人的案件中适用的传来证据。杜瓦尔认为:"与继承关系或与土地界相关的争议案相比,基于自由问题的案件中准许传来证据更有理由。应当普遍承认,自由权利远比财产权利重要"(pp.298-299)。

到了老年,杜瓦尔身体多病并且失去了听力,一定程度上成为联邦最高法院的老朽。尽管如此,他把辞职推迟了将近十年,直到安德鲁·杰克逊(Andrew *Jackson)总统任命同样来自马里兰州的罗杰·托尼(Roger B. *Taney)接替约翰·马歇尔大法官的意图明朗之后(参见 Disability of Justices)。

参考文献 Irving, Dillard, Gabriel Duvall, *In the Justices of the United States Supreme Court* (1780-1969), edited by Leon Friedman and Fred L. Israel, vol.1 (1969), pp.419-429.

[Richard E.Ellis 撰;曾文革译;许明月校]

Ee

东部企业公司诉阿普菲尔案[Eastern Enterprises v. Apfel,524 U.S. 498（1994）]

1994年3月4日辩论,1994年6月25日以5比4的表决结果作出判决,奥康纳代表法院的多数意见起草判决意见,肯尼迪对判决结果持并存意见,并部分反对,史蒂文斯、布雷耶反对。在东部企业公司案中,法院考虑了如下问题:一项法律对以前的雇主征收具有溯及力的税款,以支持一项煤炭企业的退休和健康基金的做法是否合宪;同时,该项法律的适用是否应该以联邦宪法第五修正案(the *Fifth Amendment)的占用条款(*Takings Clause)或者正当程序条款(*Due Process Clause)为基础。多数法官认为,根据占用条款的要求,该法是违宪的。反对意见则以正当程序条款为依据,认为该法是合宪的。安东尼·肯尼迪(Anthony *Kennedy)投了决定性的一票,认为该法是违宪的,但他以正当程序条款为依据而站到了反对意见一边。

大法官桑德拉·戴·奥康纳(Sandra Day *O'Connor)认为,《煤炭业退休人员健康保险法》(Coal Industry Retiree Health Benefit Act)对资金问题提出了一种可以理解的解决办法。但她接着说:"如果这种解决办法以雇主以前的行为为基础,而只让部分雇主承担过重的负担,并与雇主的义务和造成的损害不相匹配,政府的行为就涉及占用条款所包含的基本的公平原则(*fundamental principles of fairness)。"(p. 537)大法官约翰·保罗·史蒂文斯(John Paul *Stevens)的反对意见从另一个角度强调了该法是合理的,该法也可能预见到了"双方当事人的意思,即雇主为矿工提供终身健康保险"(p. 551)。

大法官肯尼迪赞同多数意见,认为该法是"专断的"。但他也强调指出,该法的合宪性问题"似乎是国会的合法性问题",而不是赔偿的可能性问题……更恰当的宪法分析应该以正当程序原则为依据(p. 545)。他认为,联邦最高法院以前有关占用的判例涉及政府侵占特定财产利益的问题,而不是施加了进行赔偿的一般义务(pp. 542-545)。

[Steven J. Eagle 撰;赵学刚译;潘林伟校]

合众国诉 E. C. 奈特公司案[E. C. Knight Co., United States v.,156 U. S. 1（1895）]①

1894年10月24日辩论,1895年1月21日以8比1的表决结果作出判决,富勒代表法院起草判决意见,哈伦反对。在1892年早期,美国糖业提炼公司,其前身是糖业托拉斯,收购了它最主要竞争对手的全部股份,从而使得公司牢牢控制了全美糖业的提炼生产。联邦政府很快依据新近颁布的《谢尔曼反托拉斯法》(*Sherman Antitrust Act)(1890)提出了异议。

在对这一行为的最初裁判中,联邦最高法院维持了低级别法院作出的不予受理的判决。首席法官梅尔维尔·W. 富勒(Melville W. *Fuller)宣称关键的问题在于生产的垄断能否被谢尔曼法所禁止。他强调每个州的权力在于保护该州的公民的生命、健康、财产和道德。他还指出这种权力包括对该州内的事实上的所有垄断进行管制。在富勒看来,宪法授予了国会管理州际商业活动的专有权,而那些不属于州际商业活动和国外商业活动的,则受到州治安权(*police power)的管辖。

联邦最高法院承认控制一种产品生产的能力同时会涉及对该产品以后在州际商业活动中的销售的控制。法院进一步认为,通过联营来控制生产可能导致对州际贸易的抑制。然而,联邦最高法院称这对国会的管理来说是一个并不充分的依据,因为这些对州际贸易并不具有直接的影响,而是间接的或偶然的。联邦最高法院坚持认为,生产和商业之间有着显著的区别,并且厂商为了将其产品销售到其他州的意图并没有给国会的商业权力的行使提供任何依据。联邦最高法院宣称,如果对州际商业活动的间接影响能够证明联邦政府对生产业抛售股票和收购提炼厂的质疑有理的话,那么只要还有厂商打算进行州际销售,国会就应该放弃对生产业及"人类工业的每一个分支"(p. 14)的事务进行管理的权力。同时这些州在自己的境内对这些问题的治安权也应同时被否决。联邦最高法院称国会按照"易决原则"制定了《谢尔曼法》,而联邦政府的诉讼超越了该法的范围。

法官约翰·M. 哈伦(John Marshall *Harlan)对此持有异议。他认为,《谢尔曼法》在本质上能够实现像该案所质疑的那种联合。哈伦宣称那种占主导地位的联合有目的和能力去控制生产和成品在州际商业活动中的销售价格,因而这种联合可以被认为是对州际商业活动有直接影响。相应地,哈伦认为国会应该努力清除这些联合,因为它们包含有对州际贸易不合理的抑制。在哈伦看来,如果国会不授权处理这些颇具威胁性的联合,那么美国人将会处

---

① 参见 Antitrust; Commmerce Power。

于一种不受保护的状态,因为各个州并不具备足够的能力去有效地控制他们。

学者们对联邦最高法院作出的判决的根据和影响持不同意见。例如,有些学者认为这种判决主要是联邦最高法院中大多数政治保守的人害怕联邦政府权力扩散的结果。近年来,另一种逐渐占主导型的观点是,联邦最高法院的大多数实际上是试图使各州对本州内的公司的运行保留大量的权限,以最终期待州利用这些权力有效地阻止垄断性联合,尽管这种期待是极不易实现的。

一些人坚持认为,联邦最高法院的判决为始于19世纪90年代的大合并浪潮铺平了道路,这种浪潮极大地提升了美国经济的集中程度。然而在奈特案审定之后不久,联邦最高法院坚持支持了《谢尔曼法》在其他系列重要案件中的使用。原则地说,联邦最高法院对于联邦政府商业权力范围的有限性观念,尤其是其直接—间接影响的判断标准,直到20世纪30年代晚期都具有效力,但此后,这种观念最终被倾向于更大规模扩张联邦权力的联邦最高法院所拒绝。

参考文献 Charles W. McCurdy, "The Knight Sugar Decision of 1895 and The Modernization of American Corporation Law, 1869-1903" Business History Review 53(1979):304-342.

[James May 撰;杨沛川译;许明月校]

教育[Education]①

第一个义务教育法于1852年在马萨诸塞州制定。随后一个世纪的公共初级教育和中级教育几乎全部由各个州的法律和宪法规定来调整。尽管联邦政府的作用在初级教育和中级教育方面一直随着时间的推延而日益增强,但是在高等教育方面,它远没有取得显赫的地位。从历史上看很少教育争议会最终形成诉讼,即便有,也通常由州的法院根据相对狭窄的理由解决了。联邦最高法院对有关公共学校的诉讼很少涉略,仅在联邦最高法院于1954年作出了"布朗诉教育理事会案"(*Brown v. Board of Education)的重大判决后才得到了加速发展。

义务教育及社会化

通过"皮尔斯诉姐妹会案"(*Pierce v. Society of Sisters)(1925)、"迈耶诉内布拉斯加州案"(*Meyer v. Nebraska)(1923)和"法林顿诉托库施格案"(Farrington v. Tokushige)(1927),现代教育的宪法制度得以建立起来。在皮尔斯案中,联邦最高法院坚持认为,在宪法上不能要求所有的学龄儿童的父母必须把他们的后代送进公立学校接受教育。尽管承认义务教育法的合法性,但基于实在的法律上的正当程序(*due process)和父母拥有的对他们子女进行抚育的自然权利,联邦最高法院认为可供选择的私立学校不能被废除。皮尔斯案从来没有被法院废除,尽管一些评论者认为在今天依赖宪法第一修正案(the *First Amendment)更具说服力。他们指出,州对初级和中等教育的垄断会面临着对年轻人灌输特定信念的危险,这会逐渐削弱公民表达和表述他们自己观点的能力。"皮尔斯妥协"(Pierce compromise)的观点则认为,政府应当允许父母选择私立学校,但并未要求政府为这种就学支付额外的费用。

迈耶案和法林顿案使皮尔斯案的观点更加清楚,在这些案例中,联邦最高法院认为政府不能以将私立学校除了名分以外完全转化为公立学校这样一种侵权的方式对私立教育进行管制。政府必须许可私立学校在决定课程方面有合理程度的自由。

联邦最高法院对于所有孩子都可以入读公立学校或者合理规范的私立学校的建议只认可了一个例外。在"威斯康星州诉约德案"(*Wisconsin v. Yoder)(1972)中,联邦最高法院认为,要求所有16岁以下的孩子接受公立或私立学校教育的威斯康星州法律在适用于安曼教派的父母和孩子时,违反了宪法第一修正案的自由信仰宗教(另请参见 Religion)。安曼教派教徒认为,公立中学教育引导他们的孩子接触的现代价值观念与他们的宗教信仰是对立的。为平衡自由信仰宗教的请求权与政府为所有公民(*citizenship)安排孩子的教育、培养其经济上的自给自足能力、根除愚昧无知方面的利益冲突,联邦最高法院认为,为达到政府的目标,受教育至14岁(或八年级)就已经足够了。

让我们结合考虑一下主张对政府在使公立和私立学校的孩子社会化方面所起的作用应进行限制的观点的案例。关于私立学校,联邦最高法院认为,除非基金有明确的世俗的用途——其主要的作用不是促进宗教的发展,同时也没有过分牵涉教会和政府之间的关系,否则政府对教区学校资助就违背了宪法第一修正案(the *First Amendment)中的禁止确立宗教条款["莱蒙诉库尔兹曼案"(*Lemon v. Kurtzman)(1971);"公共教育与宗教自由委员会诉尼奎斯特案"(Committee for Public Education & Religious Liberty v. Nyquist)(1973)]。尽管父母有在私立学校寻求进行宗教劝导的宪法上的权利,但如果政府在这方面提供财政资助则违反了宪法上确立宗教(establishment of religion)的禁令。

对为教区学校获得资金来源渠道而由州作出的各种努力适用宪法禁止确立宗教条款是存在混乱和无序的。例如,在"沃尔曼诉瓦尔特案"(Wolman v. Walter)(1977)中,联邦最高法院不赞成为郊区的交通和购买教育物资的贷款提供公共基金,尽管法院先前已赞成为公交费用和课本贷款提供基金["埃

---

① 另请参见 Fundamental Rights;Police Power。

文森诉埃维因镇教育理事会案"(*Everson v. Board of Education)(1947);"教育理事会诉艾廉案"(Board of Education v. Allen)(1968)]。在"公共教育与宗教自由委员会诉里甘案"(Committee for Public Education Religious Liberty v. Regan)(1980)中,联邦最高法院允许政府给私立学校提供补贴用于特定的世俗的计划,然而在"米勒诉艾伦案"(Mueller v. Allen)(1983)中,威廉·H. 伦奎斯特(William H. *Rehnquist)大法官则提议,尽管有伦奎斯特案的判决,但给公立学校和私立学校孩子们的父母的福利(对学费、交通和课本费用的税收减除)并不是不允许促进宗教的发展。

在公立学校方面,联邦最高法院认为,公立学校试图灌输学生信仰宗教是违宪的,虽然老师可以在涉及历史和社会背景时讲授宗教知识,但不允许学校祈祷(*school prayer)和各种形式的静默时刻["阿宾顿校区诉谢穆普案"(*Abington School District v. Schempp)(1963);"华莱士诉杰弗里案"(*Wallace v. Jaffree)(1985)]。政府不能要求讲授神创论或开设神创论和进化论二者兼有的课程["爱普尔森诉阿肯色州案"(Epperson v. Arkansas)(1968);"爱德华兹诉阿圭拉德案"(Edwards v. Aguillard)(1987)]。在这一背景下,确立宗教条款构成了公立学校传递宗教知识给学生的主要限制。相反地,低级别法院曾认为,课程和教科书强调世俗的价值观并不会构成违宪的确立宗教,或违反宗教自由践行条款["史密斯诉教育理事会案"(Smith v. Board of School Commissioners)(1987);"莫泽特诉霍金斯郡教育理事会案"(Mozert v. Hawkins County Board of Education)(1987)]。

学生的权利 在联邦最高法院的大量案例中,大部分是根据宪法第一修正案中的言论条款判决的,且与公立学校社会化的宪法性限制的问题有关。最早的案例是"西弗吉尼亚州教育理事会诉巴尼特案"(*West Virginia Board of Education v. Barnette)(1943),在这个案件中,联邦最高法院认为,学生不能被强迫向国旗敬礼和声明他们并不坚信的信仰。公立学校的职员有教育学生履行公民应尽的义务和进行政治文化的合法权益["阿姆巴克诉诺威克案"(Ambach v. Norwick)(1979)]。但巴尼特案限制了达到这些目标的手段和方法。

在1969年,作为对越战抗议时期维护学生的公民权主张的回应,联邦最高法院在"廷克诉德斯·莫因斯独立社区学校校区案"(*Tinker v. Des Moines School District)(1969)中认为,"政府运行的学校不能成为被极权主义包围的领域"(p.511)。只要学校当局不能合理地预测将会导致学校活动受到"客观实在的破坏"(p.513),学生就可以参加在校园发表言论的活动。但学生发表言论的权利受到政府履行其教育职能的正当利益的限制。

廷克案标准不适用于粗俗的或攻击性的言论["贝瑟尔校区诉弗雷泽案"(Bethel School District v. Fraser)(1986)]。尽管该标准保护学生的个人言论,但不保护他们在课程活动中的言论,例如,在他们为作为课程一部分的学校报纸上所写的文章["哈泽伍德校区诉库尔梅尔案"(Hazelwood School District v. Kuhlmeier)(1988)]。廷克案标准也不适用于学校自身的言论表达行为。例如,大部分法官以进行诚信教育为由热切主张对学校图书馆的书籍进行处理,包括致力于减少庸俗的或淫秽的书刊,如果学校的目的在于给学生强加官方的正统观念或意识形态,那么学校似乎就不能这样做["教育理事会诉比科案"(Board of Education v. Pico)(1982)]。

正当程序保护 联邦最高法院给被勒令退学或被开除的学生提供了正当程序保护(即听证),并且认为宪法第四修正案(the *Fourth Amendment)限制了学校管理机构收集学生违规证据的手段和方法["格罗斯诉洛佩斯案"(Gross v. Lopez)(1975);"新泽西州诉T. L. O. 案"(New Jersey v. T. L. O.)(1985)]。然而,正当的程序保护倾向于对纪律性制裁的适用,而非对诸如评定成绩等级的学校规定的适用["评议员委员会诉霍罗威茨"(Board of Curators v. Horowitz)(1979);"密歇根大学校务委员诉尤因案"(Regents of University of Michigan v. Ewing)(1985)](参见 Due Process, Procedural)。

机会均等 在"布朗诉教育理事会案"(1954)中,宪法第十四修正案(the *Fourteenth Amendment)中的平等保护(*Equal Protection)条款被解释为禁止故意按人种分配学生到被隔离的公立学校(另请参见 Segregationo, De Jure; Separate but Equal),一旦发现这样的歧视,就有义务采取确定的措施来消除这种歧视的迹象和建立一种归一的学校体系["格林诉纽肯特县学校理事会案"(*Green v. County School Board of New Kent County)(1968)]。如果学校孩子在学校邻近的住宿分配——导致持续的种族隔离——如果涉嫌受事先的歧视行为影响,那么就是不能允许的["斯旺诉卡尔罗特-麦克伦伯格教育理事会案"(*Swann v. Charlotte-Mecklenburg Board of Education)(1971)]。除非区际之间存在违反的证据,否则废止种族歧视的补救措施只能施行于曾有涉于推行种族歧视的校区,并且大城市采取补救办法是不被允许的["米利肯诉布拉德利案"(*Milliken v. Bradley)(1974)]。典型的补救办法是寻求使各地区学校实现种族平衡。各区必须诚信地在法令可能被废除之前的合理时期内遵守废止种族歧视法律["俄克拉荷马市教育理事会诉道尔案"(*Oklahoma City Board of Education v. Dowell)(1991)]。

联邦最高法院对平等保护条款的解释是,学校管理机构有义务提供理由以证明其性别歧视行为的必要性["密西西比女子大学诉霍根案"(*Mississippi University for Women v. Hogan)(1982)]。这一宪法的立场为1972年的教育修正法案的第四章所支持,这一章对公立学校内的许多性别歧视形式作了相关规定。

在"圣安东尼奥独立校区诉罗德里格斯案"(*San Antonio Independent School District v. Rodriguez)(1973)中,联邦最高法院认为在平等保护条款下教育并不是根本的利益,同时认为,基于学生入学的校区的富有程度而实施的区别对待并不构成一种可察觉的歧视分类。由于各学校的当地财产课税基数各不相同,导致每个学生的支出不等,对各州的这种针对学校的财政计划,法院应予以支持。然而,如果学校基于一个人绝对无能力负担支付学费而作出否认其有接受所有教育机会的决定,那么就违反了机会平等原则["普莱勒诉无名氏案"(*Plyler v. Doe)(1982)]。

参考文献 Tyell van Geel, *The Courts And American Education Law* (1987). Richard Kluger, *Simple Justice* (1977), Mark G. Yudof, *When Government Speaks* (1983). Mark G. Yudof, David L. Kirp, and Betsy Levin, *Educational Policy And The Law*, 3rd. ed. (1992).

[Mark G. Yudof 撰;杨沛川译;许明月校]

爱德华兹诉加利福尼亚州案[Edwards v. California,314 U. S.160(1941)]①

1941年4月28日辩论,1941年10月24日再次辩论,同年11月24日以9比0的表决结果作出判决。伯恩斯代表法院起草判决意见,道格拉斯和杰克逊持并存意见。联邦法院早就确认了迁徙的宪法性权利,尽管该项权利的来源仍然是模糊的。联邦最高法院在"爱德华兹诉加利福尼亚州案"中支持了这一原则,即便这使其来源更加模糊。

在爱德华兹案中,联邦最高法院根据宪法第1条第8款中的商业条款废止了加利福尼亚州的一部法律,即众所周知的"农夫迁移法"(Okie Law)(参见Commerce Power)。这部法律禁止带领任何贫困的非加州籍居民进入加州。联邦最高法院认为,根据该商业条款的内容,人的移动属于商业活动的组成部分。联邦最高法院在其判决的附带意见中陈述,它不能接受对于穷人来说针对他们的法律歧视是正当的这种千篇一律的判断。法官罗伯特·杰克逊(Robert *Jackson)在并存意见中强调,联邦最高法院应当坚持,州际迁徙是美国公民(*citizenship)的一项特权,"农夫迁移法"违反了宪法第十四修正案(the *Fourteenth Amendment)的特权(*privileges)与豁免权条款。杰克逊法官指出,任何州都不能以人的财富地位来限制其作为美国公民享有权利的资格。

爱德华兹案的影响是双重的。第一,它巩固了迁徙权的宪法性地位;第二,向后来的法院判决预示了歧视穷人的立法是无效的。

[Patrick M, Garry 撰;杨沛川译;许明月校]

爱德华兹诉南卡罗来纳州案[Edwards v. South Carolina,372 U. S. 229(1963)]②

1962年12月13日辩论,1963年1月25日以8比1的表决结果作出判决,斯图尔特代表法院起草判决意见,克拉克反对。爱德华兹案是一个关于"时间、地点和方法"的案件(*time, place, and manner)。在本案中联邦最高法院推翻了关于民权示威者的刑事定罪,并确定了联邦宪法第十四修正案(the *Fourteenth Amendment)的正当程序条款原则,该原则并入了联邦宪法第一修正案(the *First Amendment)的规定,即州政府不得将不受欢迎的观点和平等表达行为认定为犯罪。

大约有200个非洲裔的美国中学生和大学生15个为一组从南卡罗来纳州哥伦比亚的一所教堂步行至州议会大厦的空地(这个地区在通常情况下是对公众开放的)。示威者造访这个传统的公众论坛场所的目的是反对对黑人的歧视以及呼吁废除那些产生不平等待遇的法律。36个执法警官在示威者到达时在场执勤。他们告知了学生们在现场和平示威的权利。在大半个小时里示威者有秩序的穿过该场地,他们举着表达其作为黑人的骄傲和反对种族隔离(*segregation)的标语牌。与此同时有200到300个好奇但没有敌意的旁观者聚集在议会大厦的外围。在整个示威过程中警方都在进行保护,并足以应付任何可预见的可能发生的混乱局面。

但是,警方告知学生们如果他们在15分钟内不散去即将被逮捕。学生们则开始高唱爱国、宗教歌曲。15分钟后学生们被逮捕,南卡罗来纳州高等法院认为他们的行为在普通法上构成对和平的破坏。

[Harold J. Speath 撰;武全译;许明月校]

合众国诉爱奇曼案[Eichman, United States v., 496 U. S. 310(1990)]

1990年5月14日辩论,1990年6月11日以5比4的结果作出判决,布伦南代表法院起草判决意见,伦奎斯特、怀特、史蒂文斯和奥康纳反对。"合众国诉爱奇曼案"包含了两个合众国的合并诉讼案件,在这些案件中被上诉人被诉在公众场合焚烧美国国旗,因为这种行为违反了1989年的《国旗保护

---

① 另请参见 Indigency;Travel;Right to。
② 另请参见 Assmbly and Association, Freedom of; Race and Recism; Speech and the Press。

法》。这个法律禁止对任何美国国旗进行故意损毁、丑化、污损、焚烧或者踩踏。但有两个地方法院根据联邦最高法院在"得克萨斯州诉约翰逊案"(*Texas v. Johnson)(1989)的判决,认定这个法律是违宪的。约翰逊案表明得克萨斯州的以禁止"行为人在明知其行为将严重的冒犯某人或者更多人"(p.400)的方式下,故意侮辱受人崇敬的事物的制定法规定是违反宪法的。然而得克萨斯州已经适用了这个制定法——1984年在达拉斯,有人在对共和党全国大会的抗议过程中焚烧了美国国旗。事实上,国会通过这个国旗保护法的目的就在于给予联邦最高法院机会去重新考虑它在约翰逊案中的判决。

在约翰逊案中,威廉·布伦南法官(William *Brennan)认为得克萨斯州的制定法是无效的,因为得克萨斯州以把国旗作为国家象征来保护国旗的权利,是完全与该州对于针对国旗的某种行为所传达出来的信息的不认同相联系的。因为"只有在一个人对国旗所做的行为表达某种信息时"(pp.12-13),该法律才会发生作用。这个州诉讼的根据违背了联邦宪法第一修正案(the *First Amendment)的中心原则,即对政治演讲不得仅仅因为其内容而给予删节,即使其内容是有争议的。得克萨斯州的法律超越了纯粹的"时间、地点和方法"的规则(*time, place, and manner),这个规则本质上仅仅直接指向表达行为的"附带结果",比如过分的噪音或者不安全的行为,而不是其要表达的信息。因而联邦最高法院适用了最严格的标准而不是比较宽松的标准审查这个法律["合众国诉奥布赖恩案"(U.S. v. *O'Brien)(1968)]。

但是在爱奇曼案中,政府主张《国旗保护法》不只是直接指向无礼的表达行为,而且也指向所有类型的对国旗进行的错误处置行为。法律并没有指出错误行为"无礼"的形式,就如同得克萨斯州的法律所做的那样。因此,政府主张这个法律不应该隶属于最严格的宪法审查范围。

联邦最高法院的不同意见是:"尽管国旗保护法不包含对确切的禁止性行为的范围的基本限定,但它明确了政府所声称的权利是'与抑制自由表达有关的'"(p.2408)。布伦南法官暗示,法院中的多数派将解释哪些行为在本质上是法律所指的宪法所认为的侮辱国旗的行为形式,这个法律不可避免地与政府不赞成信息的表达方式相连。

在异议方面,约翰·P.史蒂文斯法官(John Paul *Stevens)主张《国旗保护法》和其他相类似的法律与联邦宪法第一修正案是相互协调的。第一,它们给予抗议者更多的表达他们思想的方法的选择,所以对于自由言论(*speech)的影响是最小限度的。第二,它们对于言论的特别内容的关注比多数派所宣称的更为中立。"国旗是自由、平等和宽容思想的独特象征……因此这种信息的传达(通过国旗)不应被我们所不认同,除非表达这样的不认同对于所共享的思想的竞争性表达来说是最好的。"

爱奇曼案重申了法院对于保护极具煽动性的表达行为的承诺。

[Donald A. Downs 撰;武全译;许明月校]

联邦宪法第十八修正案[Eighteenth Amendment]①

这是宪法修正案中唯一一个颁布之后很快就被废止的修正案。联邦宪法第十八修正案禁止"在合众国及其管辖下的一切领土内酿造、出售和运送作为饮料的致醉酒类;禁止此类酒类输入或输出合众国及其管辖下的一切领土。"对酒的禁令使联邦宪法第十八修正案成为了全国性的禁酒令。该修正案于1917年12月在两院以两党中的大多数即超过2/3的多数赞成而通过,到1919年1月16日已经有34个州批准了该修正案,并于1920年1月17日开始生效。经历了10年的争论后,以同样的一边倒的表决结果被1933年12月5日生效的联邦宪法第二十一修正案(the *Twenty-first Amendment)推翻。

全国性的禁酒令是一个世纪里全国范围内的禁酒运动的产物。19世纪自愿的戒酒运动极大地降低了美国酒的消费量,此后,战前的禁酒运动倡导者开始寻求法律对酒的禁止以扩大戒酒的成果。在19世纪50年代12个州暂时通过了禁酒的法律。而从19世纪80年代到第一次世界大战(*World War Ⅰ)地方性的法律以及州范围内的禁酒令开始扩展。在这个胜利的鼓舞下,一些相信从禁酒活动中可以得到利益的教会联合组织、女权组织、社会和政治改革家以及商人们开始呼吁寻求一个整体的、看起来是永久的全国性解决方案,即宪法禁令。

参议员们必须在7年之内批准此禁令,他们不愿意投票通过禁酒的宪法修正案,但又不敢投票反对,他们估计这个改革会很艰难地批准,但这被证明是一个错误:44个州的立法机构在13个月内就批准了这个禁令。到1922年除罗得岛外所有的州都批准了该禁令。1919年俄亥俄州的一个全民投票一度推翻了该禁令,但该行动被联邦最高法院在"霍克诉史密斯案"(Hawke v. Smith)(1920)中认定为无效。可是该事件已经表明该修正案缺乏公众的支持。

反对者还指出了修正案的另一个特色规定,即虽然给予酒精生产业一年的延缓时间才生效,但是禁酒令还是破坏了先前的制酒行业中合法的生产者、分销商和零售商的利益,而制酒产业是美国的第七大产业。此前在宪法发展的两个世纪里,只有联邦宪法第十三修正案(the *Thirteenth Amendment),

---

① 另请参见 Constitutional Amendments。

即废奴(*slavery)法案曾经对财产权利产生过更大的影响。

联邦宪法第十八修正案表明州和联邦政府已经使用了共存权力(*concurrent power)来施行禁令。1919年国会不顾伍德罗·威尔逊总统的反对采纳了沃尔斯特法(the Volstead Act),即禁酒法,向联邦政府授权禁酒,并将酒类产品定义为任何酒精含量超过5%的可令人致醉的饮料。同时这个禁令对啤酒和葡萄酒的限制是无法预料和广受争议的。在全国禁酒系列案(National Prohibition Cases)(1920)中,联邦最高法院很快否决了各种对这一宪法修正案的异议。此后联邦最高法院还寻求各种方法来执行这个法令,如在"合众国诉兰扎案"(United States v. Lanza)(1922)中,扩张适用共存权力(*concurrent power),在"卡罗尔诉合众国案"(*Carroll v. United States)(1925)中支持对机动车进行无证搜查,在"兰伯特诉叶鲁雷案"(Lambert v. Yellowley)(1926)中限制医用酒精的处方,在"奥姆斯特德诉合众国案"(*Olmstead v. United States)(1928)中同意使用窃听方式监督电话。但是公众对禁酒令的反对和有组织的抗议活动一直在不断增长,到1933年联邦宪法第二十一修正案废止了禁酒令,正如赫伯特·胡佛总统曾经说过的,禁酒令是"一个有着高尚目的的实验"。

参考文献 Jack S. Blocker, Jr., American Temperance Movements: Cycles of Reform (1989).

[David E. Kyvig 撰;武全译;许明月校]

联邦宪法第八修正案[Eighth Amendment]①

该修正案在1791年作为《权利法案》(the *Bill of Right)的一部分被通过。该法案的语言灵感来源于英国的《权利法案》(1689)。该修正案声明:不得要求过多的保释金,不得处以过重的罚金,不得施加残酷和非正常的惩罚(*cruel and unusual punishment)。这三个条款为刑事判决中所可能处以的刑罚设置了联邦宪法上的限制。

联邦最高法院还没有具体解释过所谓"过高的罚金",只是宣布这个标准的判断由低级的法院来决定。除非所收取的罚金的"数量达到足以剥夺所有的财产,且未经过法定的正当程序"时联邦最高法院才予以判决["瓦特斯-皮尔斯石油公司诉得克萨斯州案"(Waters-Pierce Oil Co. v. Texas)(No. 1, 1909, p. 86)]。

关于"过高的保释金",联邦最高法院认为保释金的收取,一方面不得超过被告的支付能力;另一方面必须足以保证该被告出席随后的审判["斯塔克诉伯耶勒案"(Stack v. Boyle)(1951)]。近来联邦最高法院支持制定法授权法官在确信被捕者对确定的某人构成危险时,即使该被捕的人未曾有过任何刑事犯罪时,也可以不要求缴纳保释金而直接监禁被捕者["合众国诉萨尔诺案"(United States v. Salerno)(1987)]。

关于禁止"残忍和非正常的刑罚"的条文是迄今为止由联邦宪法第八修正案所规定的三个条文中最为重要的一个。从"威姆斯诉合众国案"(Weems v. U.S)(1910)开始,联邦最高法院在此条文允许范围内,使用了几种不同的刑罚方式,其中包括对于特定的非谋杀案件,甚至是实施"强制"的谋杀处以死刑(*capital punishments)。

[H. A. Bedau 撰;武全译;许明月校]

艾森斯塔德诉伯尔德案[Eisenstadt v. Baird, 405 U.S. 438 (1972)]②

1971年11月17日至18日辩论,1972年3月22日以6比1的结果作出判决,布伦南代表法院起草判决意见,伯格反对,鲍威尔和伦奎斯特未参加。该案件扩张了在"格里斯沃尔德诉康涅狄格州案"(*Griswold v. Connecticut)(1965)中已经表明的私权范围。格里斯沃尔德案废止了康涅狄格州的关于禁止已婚夫妇使用避孕药具(*contraceptives)的法令(参见 Marriage)。艾森斯塔德案认为马萨诸塞州禁止向未婚个人分发避孕药具的法令是同样不允许的,"如果私权意味着一切的话,"威廉·布伦南法官写道,"这是每个个人的权利,不论是已婚还是未婚,都不应受到政府对于诸如是否生孩子或为人父等基本问题的干预。"(p.453)

马萨诸塞州的法律认为任何向未婚的人分发避孕药具的行为都构成犯罪,法律只允许向已婚的夫妇以及注册医师和药剂师分发避孕药具。联邦最高法院认为这个对已婚和未婚的人的区别待遇同样违背了联邦宪法第十四修正案(the *Fourteenth Amendment)中的平等保护条款(the *Equal Protection Clause),因而这个法律不是一个合法的健康措施,因为该法律包含区别对待的内容,且范围过于宽泛,而其他法律已经规范了非安全药品的分发。

问题在于威廉·伯尔德的行为是在波士顿大学的一个关于生育控制和人口过剩的演讲后向一个妇女分发了爱莫科避孕泡沫(Emko Vaginal Foam),但是伯尔德不是一个经过授权的避孕药具分发者。法官拜伦·怀特(Byron *White)持并存意见,提出如果伯尔德没有分发需要处方的避孕药膏,那么合法的健康权利将会提升。大法官沃伦·伯格(Warren *Bugrger)表示事实上合法的健康权利已经存在了。

[John Anthony Maltese 撰;武全译;许明月校]

---

① 另请参见 Constitutional Amendments。
② 另请参见 Privacy。

选举[Elections]①

美国的政治体制是一种代议制的民主制度。如此政府运作进程需要时间相对固定的区间,在这个区间里人民可以选择他们的政治决策的代表人。选举构成了这种机制,通过选举机制,政府被赋予了政治责任以实现人民的意愿。这种选举权为公众参与到政治的决策当中提供了一个手段,从而也使政府政治决策的权力和实行强制的力量合法化。因为离开选举权,其他一切权利都是虚幻的,仅仅是那些控制政府权力的人们的附属物。

从宪法的措辞上看,宪法仅仅规定国会的成员由普选产生。联邦宪法的第1条第2款规定,众议院的成员由各州自己的人民选出。1913年批准的联邦宪法第十七修正案(the *Seventeenth Amendment)规定了相似的参议员选举方法。其他联邦宪法修正案整体上扩张了这种政治活动的范围。联邦宪法第十五修正案(the *Fifteenth Amendment)禁止各州以种族、肤色和曾经为奴隶为由破坏公民的选举权。联邦宪法第十九修正案(the *Nineteenth Amendment)禁止在选举资格上的性别歧视,第二十四修正案(the *Twenty-fourth Amendment)禁止各州在州的公职人员选举中强加"成人人头税或其他税收"的条件(参见 Poll Tax)。联邦宪法第二十六修正案(the *Twenty-sixth Amendment)授权所有满18岁的适龄公民选举权。作为一个宪法问题,总统虽然不是由全民选举,而是由各州的选举团来选举产生的,但是根据宪法第2条第1款的规定,各州的选举团的人数与各州的参议员和众议员的人数在总数上是平等的,且都是基于各州的法律来选举的。

在现代,代表人数的重新分配问题和联邦宪法第十四修正案的压力几乎导致所有选举问题的宪法化(参见 Reapportionment Cases)。到20世纪60年代,法院不愿再参与到代表人数的分配的政治任务中了。这是因为20世纪的前半叶出现了人口成分的巨大变化,成为人口从乡村到城市迁移的一个缩影,代表人数的分配的平等结果事实上已经成为一个非司法性的"政治问题"(*political question),这个问题带来的政治上的不妥协导致了在不同地区选民人数上的不可矫正的、严重的不均衡性。其影响极大的淡化了城市市民选举权的压力,而使得国家的少数种族和民族在居民中比例增长的问题凸现出来。

在"贝克诉卡尔案"(*Baker v. Carr)(1962)中——大法官厄尔·沃伦将其列为其任期内作出最重要判决的案件之———联邦最高法院认为宪法第十四修正案具有可诉性(*justiciable),从而抨击了立法上的代表人数分配不公问题。但仅仅两年之后在"雷诺兹诉西姆斯案"(*Reynolds v. Sims)(1964)中,联邦最高法院表明了公民在宪法第十四修正案规定下的对某个"基本权利"(*fundamental right)所拥有的选举权,并采纳了以"一人一票"为标准的宪法性的代表人数的分配方案(参见 One Person, One Vote)。许多批评家宣称联邦最高法院在贝克案中的选择推翻了其在雷诺兹案中的判决,而后者仅仅允许多数原则的选举,因而此前的选择将成为一个不合理的政治理论。他们认为"麦迪逊主义的民主政治"不像是多数主义的民主政治,而是基于利益的政治——根据外来压力的强烈程度而讨价还价的复杂的集团政治,这些外来压力包括了各种议会外团体的游说压力、各政党支持者的影响、少数派团体的权利。为了不陷入这个政治泥沼,联邦最高法院选择了一个简单的以人数为标准的程序,这个程序仅仅比冷冰冰的统计数字稍强。因为代议制是密切的以人口数为基础的,除非一个正统的州政府客观上需要其他的东西。

一人一票的原则、在不同地区数字上的平等程度以及各州可以依法偏离数字平等原则的政策,掩盖了早期的代表人数议席重新分配系列案件所遗留下的立法机关的选举方式模糊的问题。联邦最高法院确已表明它的平等人口原则适用于两党制下的各州两院立法机关["马里兰州公平代表委员会诉塔维斯案"(Maryland Committee for Fair Representation v. Tawes)(1964)],它还将依法偏离公平人数的标准留给各州自己决定["卢卡斯诉第四十四届科罗拉多国民大会案"(Lucas v. Forty-Fourth Colorado General Assembly)(1964)]。一些人沮丧地认为联邦最高法院对多数主义和宪法上参议院的形式的调整是违反宪法的。但是,在雷诺兹案中,联邦最高法院拒绝了联邦的立法类推,联邦最高法院强调一旦各州已经拥有完全的主权,其下级区划如县和城市就不能再拥有这个权力。

在一段时间内,对于各地方政府的数字平等的比例一直是不清晰的。后来,在"埃弗里诉米德兰县案"(Avery v. Midland County)(1968),以及"哈德利诉少年学院校区案"(Hadley v. Junior College District)(1970)中,联邦最高法院越来越清晰地将其在雷诺兹案中提出的原则延伸到了所有选举中——不论是联邦的选举、州的选举还是地方的选举——只要这种选举的结果是所谓的"政府根据公众的选举来决定和挑选人员以行使政府的职责"的选举(p.56)。联邦最高法院一直拒绝区别"立法机关"的选举和"行政"官员的选举中人数分配原则不同的目的。但是,哈德利案是排除在它所坚持的公务员的选举方法外的,因为联邦最高法院所指的公务员是那些"其职责是……远离于一般的政府活动并且……对不同集团产生不同的影响的"政府工作

---

① 另请参见 Fair Repreentation; Political Parties; Political Process; Vote, Right to。

人员(p.56)。哈德利案之后,在联邦最高法院对这种专门的地方政府行政机构的选举的处理中仅仅出现了两次例外,这两个案件都涉及水源地区的选举。联邦最高法院认为,这两个选区的选举活动产生了"非常不均衡"的影响,即导致该地区的土地所有者放弃了雷诺兹案中确定的选举原则。尽管联邦最高法院在两个案件的第一个即"萨耶尔地产公司诉图拉里湖盆地储水区案"(Salyer Land Co. v. Tulare Lake Basin Water Storage District)(1973)中所作出的判决可能是公正的,因为在该案中设立选区首要目的是为沿河的盆地地区提供用于农业生产的水源的获取、储藏和分配。但是在第二个案件中,联邦最高法院的目的就不是明显的合适了,因为在"鲍尔诉詹姆斯案"(Ball v. James)(1981)中,有水源的选区同时还为该州成千上万的居民供应电力,这对于土地所有者和非土地所有者是同样的。

即使在适用一人一票原则的地区,联邦最高法院仍然必须考虑一个代表人数分配方法能多大程度的背离数字平等原则而不违背宪法的规定。雷诺兹案强调了各州都有责任作出诚实和善意的努力来构建各个选区,使其"在可行的前提下最接近于平等人口原则"(p.577)。这种区域划分的公平标准已经在涉及各州国会成员人数分配的区域划分中被坚定地贯彻了。比如在"柯克帕特里克诉普赖斯勒案"(*Kirkpatrick v. Preisler)(1969)中,联邦最高法院否决了一个最大的选区和最小的选区的代表人数差额低于6%的区域划分方案。除非这种偏差是不可避免的,这样微小的偏离才是允许的,而不管他们是否为达到绝对公平的目标而付出真诚努力。

柯克帕特里克案的判决并没有区分清楚州立法机关的选区和国会的选区的区别。但是,从"马汉诉豪厄尔案"(*Mahan v. Howel)(1973)开始,联邦最高法院已经表明在州立法机关的人数分配上存在相当的偏差。比如在"布朗诉汤姆森案"(Brown v. Thomson)(1983)中,各区人口的偏差上升到了10%,仍被认为是法律允许的范围内,而不需要州政府的特别声明。当保存下级行政区划的目标是合理的时候,即使这种偏差超过10%也是可以被执行的。因为国会的选举基本上不会受到州范围内的个别县的立法机关选举的影响,所以县和其他下级行政区划可能被认为与国会选举的选区没有关系,但对州的立法者的活动则是另外一种情况了。因此各州就有了更为合理的理由期望在县和其他下级行政区划中保留对州立法机关的投票团体,并期望保证小县的代表以确保他们的立法投入而不管如何用独特的方法去影响他们。

由立法机关产生的选区虽然符合联邦宪法第十四修正案的数字平等标准,但是如果这些选区的划分看起来减弱了某一种族、某一少数派或者一个特殊的政治团体的投票效力,损害了平等保护原则(*equal protection),也要受到抨击。在代表人数分配的实践中,有两个问题经常被质疑。第一,代表人数分配计划中有时规定特定地区的居民可以选出一个以上的代表。这样的所谓人数众多的或者是较大的选区的划分可能是遵守了平等人口规则的,但是却产生了将某个少数派团体排除或者湮没的结果。因为以"胜者得到一切"为特色的绝大多数选举使得某个多数派团体可以从人数较多的选区赢得所有代表的选举,但是如果将这个选区划分为几个单独的选区后,那些少数派团体就能获得多数票而选出自己的代表。所以这种人数较多的选区的划分的决定结果在政治上消灭了少数派的声音。第二,代表人数的分配方案往往是操纵选区划分(*gerrymandering)之上的——选区的划分也就是对相互认同的集团的投票者的投票能力的划分。某个多数派团体可能会通过在一个或几个选区对少数派团体的投票者进行不均衡的编组,剥夺或者减弱其投票能力,从而降低少数派团体在这些地区的影响力。

尽管联邦最高法院已经认识到了在选举实践中少数派人群地位的危机,但是它在"惠特科姆诉查维斯案"(Whitcomb v. Chavis)(1971)中,仍然拒绝承认人数较多的选区在本质是违反宪法的。然而在两年之后的"怀特诉里杰斯特案"(White v. Regester)(1973)中,法官们却支持了地方法院撤销两个人数较多的选区的决定。联邦最高法院认为,通过历史的和现在的证据,原告已经充分证明了非洲裔和墨西哥裔的美国人被不公平的排斥在政治生活之外。剩下的模糊之处是,如果在没有证明歧视意图存在的情况下,一个关于投票能力被削弱的诉求能否通过联邦宪法第十四和十五修正案获得胜诉。1980年,"莫比尔诉博尔登案"(*Mobile v. Bolden)解决了这个疑问,那就是根据《1965年投票权法》(the *Voting Rights Act)第2条的要求,联邦最高法院认为诉讼需要提供存在歧视意图的确切证据。

国会很快注意到,在"博尔登案"中对证据的要求可能会严重地阻碍投票权法在防止选举权的种族歧视上所发挥的作用,因而国会修改了该法中的第2条并以压倒性结果重新构建了证据标准。修改后的法律规定原告只需要证明选举的结果剥夺了其参与政治活动的平等机会,并使其无法选举其所选择的候选人。在"索恩伯勒诉金勒斯案"(Thornburg v. Gingles)(1986)中,联邦最高法院以投票法第2条的修改解释为此类诉讼的判决提出了一个详细的司法标准。少数派的投票人必须证明代表人数分配方案"降低或者取消了他们选举他们所喜爱的候选人的能力"(p.48)。原告通过展示"多数派的团体投票通常……能够击败那些由政治上具有凝聚力的,地理上为岛民的少数派团体所支持的候选人"(p.49)即可为其诉求提供证据。这个标准要求法院找到明显的种族团体投票的存在,并且这种情况的存在已经使少数派团体在选举他们所喜欢的代表时处于"实质的困难"之中。虽然对歧视意图的证明不再被要求,但是对于证据问题的命令仍然是复杂的。在最近的"奇索姆诉罗默尔案"(*Chisom v. Roemer)(1991)中,联邦最高法院认定投票权法的规定也适用于州司法机关的选举。

在贝克以后,一种要保护少数民族和种族免于立法上的歧视,并且确保他们能在我们的立法会大厅出席、发言的需求,已经带来了司法对于许多选举程序的介入。对于民族的历史来说这种关注是应当的。但是联邦最高法院在那些由政治和意识形态集团所提起的投票能力被抑制的诉求面前,并没有表现出平等的意愿。最初,联邦最高法院把政治化的政党操纵选区划分仅仅看成一个简单的政治策略问题。联邦最高法院认为,即使在其他的可接受的平等化选区划分方案下,任何立法上的多数派依旧会选择能创造机会维持其多数派地位的人选。因此,联邦最高法院对参与到这个由政党操纵的选区划分中去表现并无热情,因为这样的选区划分会迫使法官们在相互竞争的政党之间判定在立法机关内什么才是"恰当平衡"。

而且如果一个占统治地位的政党能够划分出立法机关的选区,并用以削弱少数党派代表的选举,那么人们就会因为他们自己的政治信仰和所处的社会团体不同,而降低自身投票的能力。因而在此基础上产生的立法机关不可能在不违反平等保护和社团自由的前提下,合法的得到授权或者代表他人的利益,所以这种抑制选举权效力的方法也就很难维持。

在"戴维斯诉班德尔莫案"(*Davis v. Bandemer)(1986)中,联邦最高法院认识到了矛盾所在,并判决根据平等保护条款(the *Equal Protection Clause)对于政党操纵选区划分诉求是合理的。但是多数派团体是不会认同法院在判决这些诉求时所提出的标准的。然而从大多数在联邦最高法院失败的诉求来看,一个政党仅仅在一次或两次选举中失利,也还不足以构成对选区划分的合宪性的攻击。

如同贝克一样,班德尔莫案仅仅是使法院开始听取对于政党操纵选区划分的不合理提出的诉求。但是在贝克背后的一人一票原则在雷诺兹案中很快地明晰起来。在班德尔莫案的复议中并没有出现比较简单的标准,因而也没有给低级别法院提供指导。但是有一点是清楚的:法院变得更加深入地参与到这个政治活动中,因为选举活动正变得更加彻底的宪法化,因而选举也就成为了全国性的问题。

参考文献 Walter L. Carpeneti, "Legislative Apportionment: Multimember Districts and Fair Representation," *University of Pennsylvania Law Review* 120 (1972): 666-700; Armand Derfner, "Racial Discrimination and the Right to Vote," *Vanderbilt Law Review* 26 (1973): 523-584; "Development in the Law-Elections," note in *Harvard Law Review* 88 (1975): 1111-1339; Ward E. Y. Elliott, *The Rise of Guardian Democracy: The Supreme Court's Role in Voting Right Disputes, 1845-1969* (1975).

[Stanley Lngber 撰;赵学刚译;许明月校]

联邦宪法第十一修正案 [Eleventh Amendment]①

联邦宪法第十一修正案是仅有的两个明确废止联邦最高法院判决的修正案之一——另一个是联邦宪法第十六修正案(the *Sixteenth Amendment)(参见 Reverdals of Courtd Ecisios by Amendment)。第十一修正案推翻了"奇泽姆诉佐治亚州案"(*Chisholm v. Georgia)(1793)的判决,在该案中联邦最高法院认为一州的公民有权在联邦最高法院对他州提起原审诉讼,人们也对此表示担心,因为这可能会使那些在经济上具有毁灭性的案件可以被提起,以要求各州支付革命战争债务。

虽然只有短短的 43 个词,但联邦宪法第十一修正案已经被证明是对那些精心设计的审判规则的授权。尽管该修正案的效力明显是对宪法的修正,但在"汉斯诉路易斯安那州案"(Hans v. Louisiana)(1890)中,联邦最高法院将其解释为一种重述而非对原有理解的修改。联邦宪法第十一修正案在宪法上重新界定了州的主权豁免(*sovereign immunity),并已经被用来矫正那些远远超越实际语言的判决。联邦宪法第十一修正案剥夺了联邦法院对两种原告提起的对州诉讼的审理权力,即"其他州公民"和"他国公民或隶属于他国的人"。尽管该修正案(及其附属的关于州的豁免权的条文)只涉及"法律和衡平"上的诉讼,它还是在"纽约州单方诉讼案"(Ex parte New York)中(1921)被适用于海事审判(*admiralty jurisdiction)的诉讼中。在联邦法院审判的陆上案件"汉斯诉路易斯安那州案"(Hans v. Louisiana)中,联邦最高法院扩展了该修正案,认为公民不得在联邦法院起诉他自己的州。最后在"摩纳哥诉密西西比州案"(Monaco v. Mississippi)(1943)中,联邦最高法院剥夺了联邦法院处理外国对一个州提起的诉讼的审判权。在佛罗里达州的"塞米诺族诉佛罗里达州案"(*Seminole Tribe of Florida v. Florida)(1996)中,法院认为,上述限制也适用于美国的土著部落(*Native American tribes)提起的诉讼。在"奥尔登诉缅因州案"(Alden v. Maine)(1999)中,联邦最高法院认为,国会不能授权在州法院提起对

---

① 另请参见 Constitutional Amendments; Judicial Power and Jursdiction。

该州的私人诉讼;在"联邦海事委员会诉南卡罗来纳州港务局案"(Federal Maritime Commission v. South Carolina Ports Authority)(2002)中,联邦最高法院更进一步禁止在行政机构提起针对各州的程序性要求。

在"奥尔登诉缅因州案"(Alden v. Maine)(1999)以及其他最近的相关案件中,联邦最高法院都提到了主权豁免原则,并认为这一宽泛的原则"不是来源于联邦宪法第十一修正案,而是来源于联邦宪法本身的结构"(p.728);法院还认为,联邦宪法第十一修正案确立的豁免只是称谓上的方便而已,事实上,该豁免既不来自也不受限于联邦宪法第十一修正案(p.713)。在这些具有相关性的案件以及学者的评论中,最引人注目的反对意见认为,联邦宪法第十一修正案的目的只是推翻"奇斯姆诉佐治亚州案"(*Chisolm v. Georgia)的判决而已,因为该案允许根据联邦宪法第3条所确立的跨州管辖权原则而在联邦法院提出"公民个人与各州之间的诉讼"。根据这一观点,联邦宪法第十一修正案不会禁止就联邦问题(*federal questions)提出针对各州的诉讼。

由于对联邦法院审判权力的限制可能威胁到那些重要的全民目标,联邦宪法第十一修正案以及州的主权豁免都属于那些重要的例外情况。另外,一州的诉讼豁免也不及于州的下级行政区划,如县、镇或者是政府授权的地方。联邦法院对由合众国或者代表自身利益的州提起的针对一州的诉讼是开放的。各州可以搁置这个修正案而同意参加诉讼——这种情况不再遵行一般的规则,即诉讼双方不得在法庭上协商判决结果。而且,国会可以在联邦第十四和第十五修正案(the *Fourteenth and *Fifteenth Amendment)的规定下,完全依据强制权理由提起对州的诉讼。佛罗里达州的"塞米诺族诉佛罗里达州案"(*Seminole Tribe of Florida v. Florida)(1996)是一起具有里程碑意义的案件,联邦最高法院在该案中认为,国会不能以其他任何权力为基础放弃主权豁免(从狭义上来说,不能以任何早于联邦宪法第十一修正案为基础的权力);该案推翻了"宾夕法尼亚州诉联合天然气公司案"(Pennsylvania v. Union Gas Co.)(1989)确立的先例判决,因为此案认为国会以商业条款为基础可以放弃主权豁免。国会以联邦宪法第十四修正案第5款规定为基础而享有的放弃豁免的权力要以司法审查为前提。通过扩张其在"博尔纳市诉弗罗里斯案"(City of *Boerne v. Flores)(1997)的判决——以第5款为基础而通过的法律不能违背联邦宪法的规定,联邦最高法院因此发现一系列的法律(如专利侵权、年龄歧视、残疾人歧视等)都超越了国会根据第5款享有的权力范围,因此,这些法律不能为针对州政府的诉讼提供法律基础。

"扬的单方诉讼案"(Ex parte *Young)(1908)是针对州主权豁免的最后限制,对于州的豁免权的最重要作用是限制那些针对州的官员的诉讼的可能性,因为这种诉讼的结果往往导致对州本身的诉讼。这个联邦宪法第十一修正案的例外被批准,即当一个州参与到违宪诉讼时。但是困难仍然存在:在针对州的官员的诉讼中,对于错误行政行为的赔偿是由州的财政支付的,但这仍被该修正案所禁止["埃德尔曼诉乔丹案"(*Edelman v. Jordan)(1974)]。

自1996年森密诺尔部落5比4的投票结果开始,多数意见(认为主权豁免与其说是对各州财产的保护不如说是对各州尊严的维护)之间就产生了分歧,少数意见则从更为狭义的角度解释联邦宪法第十一修正案。

参考文献 John V. Orth, *The Judicial Power of United States: The Eleventh Amendment in American History* (1987);"Federalism After Alden", Symposium, *Rutgers Law Review* 31 (2000):63 [to 831];"State Sovereign Immunity And The Eleventh Amendment", Symposium, *Nortre Dame Law Review* 75 (2000):817-1182.

[John V. Orth 撰;Susan A. Bandes 修订,赵学刚、武全译;许明月、潘林伟校]

埃尔夫布兰德诉拉塞尔案[Elfbrandt v. Russell, 384, U. S. 11 (1966)]①

1966年2月24日辩论,1966年4月18日以5比4的表决结果作出判决,道格拉斯代表法院起草判决意见,怀特、克拉克、哈伦和斯图尔特反对。本案的问题是在亚利桑那州雇员们所进行的忠诚宣誓的合宪性。一个立法注释的解释认为,比如共产党或其他旨在暴力推翻州政府的组织成员的忠诚誓言是一种故意侵害。因为这种侵害会迫使雇员们被解雇或者是因违背诺言而被告发。一个学校的教员认为她无法理解该注释的内容,因为该法律并未提供听证的机会。但是该州的联邦最高法院仍坚持维护该法律。在调卷令(*certiorari)中,联邦最高法院要求州最高法院根据"巴格特诉布利特案"(Baggett v. Bullitt)(1964)重新审理。其后亚利桑那州最高法院仍然维持该法律,联邦最高法院再次下发了调卷令。

联邦最高法院认为该立法解释可能被用来非难那些有着合法或非法目的的团体的成员,甚至是那些并不同意非法目的的成员。联邦最高法院的结论是,该立法解释侵犯了由联邦宪法第一和第十四修正案(the *First and *Fourteenth Amendment)对结社

---

① 另请参见 Assembly and Association, Freedom of。

自由所作出的保证。无论是作为公民还是一个公共事业的雇员,只要他没有一个组织的非法目标,也没有参加到该组织的非法活动中,他对社会就是没有威胁的。在先前的"威曼诉厄普德格拉夫案"(Wieman v. Updegraff)(1952)和"加纳诉公共事务委员会案"(Garner v. Board of Public Works)(1951)中,联邦最高法院认为只有当雇员们明知所参加的组织的非法目的时,才应根据忠诚誓言条款受到惩罚;在埃尔夫布兰德案中,联邦最高法院对此又增加了一个条件,即该雇员必须有明确的意图来实现这个非法的目标。

[Milton R. Konvitz 撰;武全译;许明月校]

埃尔斯沃思,奥利弗[Ellsworth, Oliver]

(1745 年 4 月 29 日生于康涅狄格州的温莎;1807 年 11 月 26 日卒于温莎;葬于温莎的旧公墓)1796 年到 1800 年任联邦法院大法官。奥利弗·埃尔斯沃思生于一个杰出的、社交广泛的康涅狄格家庭,父亲为大卫·埃尔斯沃思上尉,母亲为吉麦玛·里维特。奥利弗·埃尔斯沃思开始就读于耶鲁大学,后在普林斯顿完成学业并于 1766 年毕业。他最初准备作牧师,后来转向法律,于 1771 年成为执业律师。他很快成为新英格兰最有名的律师,并获得了极大的声望。奥利弗·埃尔斯沃思于 1771 年和阿尔盖尔·沃考特结婚。进入政界后奥利弗·埃尔斯沃思大力支持独立运动,其后在 1776 年他主持了一系列地方政府工作,并为 1776 年和 1783 年的大陆会议工作。在这个时期,奥利弗·埃尔斯沃思是上诉法院的成员——该法院复议来自各州海事法院的判决。他帮助推翻了宾夕法尼亚州吉迪恩·奥姆斯特德案(Gideon Olmstead)的判决以及不列颠单桅帆船的诉讼,后者最终导致了十分重要的"合众国诉彼得斯案"(United States v. Peters)(1809)。1785 年奥利弗·埃尔斯沃思成为康涅狄格州最高法院的一名法官。

埃尔斯沃思在 1787 年的联邦大会上极力支持建立强有力的中央政府的动议。这个时期,在他的努力下较大的州和较小的州达成了共识,即所谓的伟大和解。这个和解计划在全国范围内建立两院制的立法机构。其中下院的代表人数根据各州的人口比例确定,而上院则由各州派两名代表构成。

埃尔斯沃思曾当选为美国第一届参议院的议员。他支持亚历山大·汉密尔顿总统(Alexander *Hamilton)的财政政策和各种超越英国的政策。埃尔斯沃思还是《1789 年司法法》(the *Judiciary Act of 1789)的主要作者,该法使模糊的联邦宪法第 3 条(*Article Ⅲ)的规定得以实现(参见 Judicial Power and Jurisdiction)。

1796 年乔治·华盛顿总统任命奥利弗·埃尔

Oliver Ellsworth

斯沃思为联邦最高法院的大法官。在超过 3 年的任职期间里,埃尔斯沃思并没有对联邦最高法院的发展产生太大的影响。疾病限制了他的活动,其后在担任大法官期间他还接受了一个外交任命,这更加制约了他在联邦最高法院的工作。奥利弗·埃尔斯沃思乐于扩张联邦法院的权力,还对各种诉求衡平的普通法程序以及海事案件的程序作了延伸。作为一个大法官,埃尔斯沃思非常疲倦,他已经不能提出联邦法院下发的法院意见,作出判决,甚至不能整合联邦最高法院的各个法官作出的分述的判决意见。奥利弗·埃尔斯沃思已不再胜任大法官的职务。

在国外执行与法国秘密海战的外交任务结束时,奥利弗·埃尔斯沃思以健康为由辞去了大法官的职务。

参考文献 William G. Brown, *The Life of Oliver Ellsworth* (1905); Julius Goebel, Jr., *History of the Supreme Court of the United States*, vol. 1, Antecedents and Beginnings to 1801 (1971).

[Richard E. Ellis 撰;武全译;许明月校]

埃尔罗德诉布恩斯案[Elrod v. Burns, 427 U. S. 347 (1976)]①

1976 年辩论,1976 年 6 月 28 日以 5 对 3 的表

---

① 另请参见 Assembly and Association, Freedom of; Political Parties。

决结果作出判决，布伦南代表法院起草判决意见，斯图尔特和布莱克蒙持并存意见，伯格、鲍威尔和伦奎斯特反对，史蒂文斯未参加。持有两种意见的五位联邦最高法院法官根据联邦宪法第一修正案(the *First Amendment)的规定，给历史悠久的政党支持活动设置了障碍。在伊利诺伊州的库克县，一个新当选的民主党县长解雇了由前共和党县长委任的非民间事业中的共和党雇员。联邦最高法院肯定了法院要求该禁令解除的判决(参见 Injunctions and Equitable Remedies)。尽管这些雇员得不到民间事业法的保护，尽管他们不处在政治决策的位置，尽管他们能令人满意的完成其职责，但是仅仅因为对于民主党来说他们是由共和党委任的，他们即被解雇了。联邦最高法院宣称，在这种情况下对雇员的遣散，严重的损害了由宪法第一修正案保护的政治信仰自由和社团自由。另一个更受争议的问题是，联邦最高法院还认为这样的限制并不是出于任何对民主程序的保护的考虑。政府能够以更少的限制而不是通过遣散支持者，实现它所宣称的主要目标。

威廉·布伦南法官(William *Brennan)的多元性意见(*plurality opinion)看起来是对政党的支持体系提出了广泛的挑战，以至于对政府雇用其支持者的合法性也受到了怀疑。波特·斯图尔特法官(Potter *Stewart)和哈里·布莱克蒙法官(Harry *Blackmun)不愿参与到这个挑战中，因而只在涉及那些解雇令人不信任的非政治决策雇员的违宪问题上达成共识。在异议方面，刘易斯·鲍威尔法官(Lewis *Powell)强烈的维护政党支持体系。鲍威尔说，这个体系对于保护州的利益所作的贡献非常大，甚至于超过了联邦宪法第一修正案所规定的权利负担的作用。

在"布兰提诉芬克尔案"(Branti v. Finkel)(1980)中，埃尔罗德案的原则被扩展到保护那些作为共和党公开支持者的雇员不被以后的作为民主党公开支持者的雇员所解雇。10 年之后，联邦最高法院运用在埃尔罗德案和布兰提案中所确立的原则废止了其在"拉坦诉伊利诺伊共和党案"(*Rutan v. Republican Party of Illinois)(1990)中关于政党支持者的晋升、调职、复职的判决。

[Leon D. Epstein 撰；武全译；许明月校]

征用权[Eminent Domain]

征用权是政府强迫不动产或私有财产的所有者将其财产或者财产上的某些权利转移给政府的权力。长期以来征用权都被认为是联邦和各州政府的一种固有权力。各州政府已经将该权力授予了其下级行政区划，如县和镇。联邦及各州政府也已经将该权力扩展到了经营公用事业的私有公司，如铁路和公用事业的公司。

在美国独立前的几个世纪里，英国国会已经在公共事业中实施了征用权。美国的殖民政府也使用了这个权力，不过大都是在铺路和架桥的工程中。联邦宪法的第五修正案(the *Fifth Amendment)中的占用条款(*Takings Clause)给实施征用权设置了宪法的限制，即必须付给公平补偿(*just compensation)。联邦最高法院在"巴伦诉巴尔的摩案"(*Barron v. Baltimore)(1833)中决定《权利法案》(*Bill of Rights)只适用于联邦政府。但是在"芝加哥、伯灵顿及昆西铁路公司诉芝加哥市案"(*Chicago, Burlington & Quincy Railroad v. Chicago)(1897)中，联邦最高法院根据宪法第十四修正案(the *Fourteenth Amendment)判决宪法第五修正案的公平补偿需要一个正当程序(*due process)的保证。另外，各州的宪法也都有相似的规定。

征用权强迫所有者将其财产卖给政府用于公共事业。根据宪法，所有者将获得其财产的市场价为补偿。因此，财产的所有者作为一个整体对公共事业的完成作出了让步。

[William B. Stoebuck 撰；武全译；许明月校]

就业歧视[Employment Discrimination]①

在民权运动(the *civil right movement)和肯尼迪总统遇刺事件的影响下，全国性的消除就业歧视的运动始于 1964 年通过的一个内容广泛的《民权法》(*Civil Rights Act of 1964)，该法案的第 7 条禁止就业歧视。此前，对于工作场所中的种族和性别歧视问题，几乎没有法律加以系统的规范。

根据第 7 条的规定，雇主和工会都不能因种族、肤色、宗教信仰、性别以及国籍而实施歧视；并以此为基础建立了一个名为就业机会均等委员会(Equal Employment Opportunities Commission, EEOC)的机构，该机构有权帮助个人依法寻求歧视救济。然而，该委员会的权力是有限的，在多数诉讼案中只扮演次要的角色。

联邦最高法院在实践中塑造了第 7 条的含义。在"格里格斯诉杜克电力公司案"(*Griggs v. Duke Power Co.)(1971)中，联邦最高法院发展了全然不同影响(*disparate-impact)理论。据此，雇主要在依据第 7 条的诉讼中获胜，必须承担繁重的举证负担，证明雇主的行为基于种族或者其他法律所禁止的歧视性动机。在格里格斯案中，雇主所要求的身体检查与考试对于黑人申请者与雇员来说都是障碍，因为黑人在种族隔离学校所受到的教育是非常糟糕的。联邦最高法院认为，雇员胜诉的条件是其能够证明雇主的要求在事实上不合理地排斥了黑人申请者和雇员，并且雇主无法证明这些要求在经营上是

---

① 另请参见 Equal Protection; Gender; Race and Racism。

必要的。就业机会均等委员会也颁布了指南,以确定这些身体检查要求是否是适当的,这些措施有助于消除具有歧视影响的身体检查要求。国会在1991年修正了第7条的规定,其目的是使全然不同影响(*disparate-impact)的理论法律化。

第7条还适用于性别歧视的场合。大多数性别歧视的案件都包含有性骚扰的成分。性骚扰在如下情况是可诉的:雇主有形的就业利益被性骚扰影响,以及雇主没有采取措施纠正不利的工作条件。在某些情况下,雇员针对另一位同性雇员的性骚扰诉讼也是可行的。虽然一些州和地方政府对性别倾向的歧视是禁止的,第7条却没有对此加以禁止。

国会于1967年增补了一项法律以禁止年龄歧视,即《雇佣年龄歧视法》(the *Age Discrimination in Employment Act, ADEA),其目的是对老年雇员所面临的歧视问题加以规制。《雇佣年龄歧视法》于1990年被另一部法律《老年雇员利益保护法》(the Older Workers Benefit Protection Act, OWBPA)修正,该法涉及如下问题:自愿提前退休的激励计划,裁员对老年雇员的影响,如何以年龄为基础计算雇员福利和退休金(在这些情况下,雇员可能享有随年龄增长而增加的额外福利,如人寿保险),雇员放弃《雇佣年龄歧视法》保障的权利需要遵守的程序(特别是当雇员同意接受额外的福利作为其提前退休或者终止就业的前提条件)。《雇佣年龄歧视法》允许雇主在特定情况下对雇员的年龄加以考虑,如对飞行员的年龄就有法定的要求,这就是所谓的"诚信岗位资格"(BFOQ),可以作为性别歧视的抗辩。但是,对于全然不同影响理论是否适用于年龄歧视案件的问题,联邦最高法院却没有加以确定,虽然这一理论在根据第7条提起的诉讼中十分重要。

国会于1990年通过了《美国残疾人法》(the *American with Disabilities Act, ADA),该法要求雇主为有残障的雇员提供适当的设施,其前提是提供这些设施没有给雇主施加"不适当的困难"。这可能需要雇主更改工作分配与工作计划,并提供适当的设施以方便残障人员的工作。《美国残疾人法》的效力因联邦最高法院的一些判决而受到了影响,因为这些判决对"残障"的解释是狭义的,如"萨顿诉美国航空公司案"(Sutton v. United States Airlines, Inc.)(1999)。此外,在"受托人委员会诉加勒特案"(Board of Trustees v. Garret)(2001)中,联邦最高法院的法官们认为,联邦宪法第十一修正案禁止将《美国残疾人法》适用于针对各州提出的请求。

雇主经常会通过积极行动计划以达到在工厂中增加少数民族的人数,有时,会与代表该雇员的工会合作实施这一计划。在"美国钢铁工人联合会诉韦伯案"(*United Steelworkers of America v. Weber)(1979)中,联邦最高法院根据第7条的规定认可了这种做法,但这种程序必须是为矫正歧视的社会状态,而且是暂时的,对少数民族雇员的发展没有过分的限制。该判决肯定了国会鼓励私人努力实现第7条的目标政策。

对公共事业雇员的积极行动计划和那些处于司法监督之下的程序,会导致对州的诉讼,因此也带来了宪法上的更多的限制。在这种情况下,联邦最高法院将不支持对少数民族雇员的优惠待遇,除非在此之前就存在对这些雇员的歧视,而且这种积极行动能够减轻对这些雇员先前所受到的歧视。同时联邦最高法院也不会以无辜的非少数民族的雇员为代价,而同意以积极行动减轻对少数民族雇员的歧视。某些总统已经发布了行政命令,要求对政府雇员和联邦合同的签订者实施积极行动计划。

联邦最高法院在1976年支持在私人企业的就业中适用《民权法》的判决引发了该法三次重构。根据这几个法案的诉讼有其特殊的程序,而且提供了惩罚性赔偿的可能。但是,联邦最高法院实质上切断了这几个法案在这方面的发展。在"帕特森诉麦克莱恩信用合作社案"(*Patterson v. Mclean Credit Union)(1989)中,联邦最高法院判决一个关于工厂中的种族攻击不在这几个法律的规定范围之内,即不在《1981年民权法》第42编的内容规定范围内。联邦最高法院解释的原因是,尽管这一节的内容禁止在合同中设置或执行种族歧视,但它不适用于在随后雇佣关系中的行为。

不少雇主会以雇佣条件的形式要求雇员针对歧视提出的请求应通过仲裁解决,而不诉诸法院。联邦最高法院曾在"巡回城市商店股份有限公司诉亚当斯案"(Circuit City Stores Inc. v. Adams)(2001)中,支持了这种要求。但这种实践会如何扩展,以及雇员是否能够有效地在仲裁过程中对其制定法上的权利进行维护,仍然要拭目以待。

参考文献 Barbara Schlei and Paul Grossman, *Employment Discrimination*, 2d ed. (1983).

[Robert J. Rabin 撰;赵学刚、武全译;许明月、潘林伟校]

恩格尔诉瓦伊塔尔案[Engel v. Vitale, 370 U. S. 421(1962)]①

1962年4月3日辩论,1962年6月25日以7比1的结果作出判决,布莱克代表法院起草判决意见,道格拉斯持并存意见,斯图尔特反对,怀特没有参与。联邦最高法院第一次面对由政府资助的在公立学校内进行祷告活动的合宪性问题。在"埃文森诉埃维因镇教育理事会案"(*Everson v. Board of

---

① 另请参见 Religion。

Education of Ewing Township)(1947),麦科勒姆引起的"伊利诺伊州诉教育理事会案"(*Illinois ex rel. McCollum v. Board of Education)(1948)和"左拉奇诉克卢森案"(*Zorach v. Clauson)(1952)中,联邦最高法院坚持联邦宪法第一修正案的禁止确立宗教条款,即在教堂和国家之间应该有一条"分隔之墙"。但是,这个墙需要多高并没有明确规定。在埃文森案和左拉奇案中,联邦最高法院许可了在公共事业设施中进行的宗教活动,但在麦科勒姆案中联邦最高法院又禁止这样做。另外,在这个期间联邦最高法院还拒绝审理"多里默斯诉教育理事会案"(Doremus v. Board of Education)(1952)——一个关于在公立学校里诵读圣经的合宪性问题所引起的诉讼。9年之后,在"恩格尔诉瓦伊塔尔案"(*Engel v. Vitale)(1962)中,联邦最高法院遇到了相似的问题。

该案不仅使联邦最高法院因法律优先权问题陷于混乱,它也包含了当代宪法诉讼的一个标志性问题:实质的利益集团的出现。美国公民自由联盟(the *American Civil Union)就推翻了联邦最高法院自埃文森案后所划定的分离界限,而加入了这个以10个公立学校为一方的诉讼,该诉讼要求判决一个州授权的祈祷者的宗教活动是违宪的——该祈祷者说,"万能的主啊,我们知道我们因你而独立,我们祈求你祝福我们、我们的父母、我们的教师和我们的国家"。美国伦理协会、美国犹太委员会[由犹太国际服务组织(B'nai B'rith)的反诽谤联盟参加]和美国犹太教会议(由民族社区关系顾问参加)给联邦最高法院发去了法庭之友诉讼要点(*amicus curiae briefs),以支持美国自由联盟(参见 Amicus Brief)。

本案的本质在于,分离主义者的争论集中于这样一个问题:任何州支持的宗教活动,无论是直接的还是间接的,都违反了宪法。为了支持这种观点,这些诉讼的当事人提供了法律上的先例和历史上的宗教条款,这些话都出自托马斯·杰斐逊总统(Thomas *Jefferson)("墙"的比喻就是他最先使用的)和詹姆斯·麦迪逊总统(James *Madison),尤其是后者的《对宗教评价的纪念与抗议》(The Memorial And Remonstrance Against Religious Assessment)。

尽管分离主义者有大量的支持者,他们还不是唯一参与到恩格尔案中的有组织的诉讼当事人。参与到与学校董事会的口头争论的还有波特·R.钱德勒——一个经常被称为"主教的律师"的人,原因是他与纽约大主教教区的密切关系。钱德勒以自己代表该地区的学生的利益为由而参加到该诉讼中。表面上和法庭之友诉讼要点一样,纽约的州政府和20个州的全体律师都支持祈祷者。实际上,他们支持祈祷者的原因在于这个活动不会引起关于禁止确立宗教条款的问题,还能降低费用,且这种活动也不是强制的,更不会花费公众的钱。

持多数派意见的胡果·布莱克法官(Hugo *Black)支持分离主义者。他认为利用公立学校去鼓励祈祷活动是"完全与禁止确立宗教条款相违背的行为"(p.424)。他引用英国和美国的历史来支持他的判断,他说,还没有先例能得出结论去支持在公立学校中的祈祷活动。但是作为一个补充,他说宪法并没有要求所有的宗教价值都要从公众的生活中清除掉,而只是不能在学校中进行这种活动。

波特·斯图尔特(Potter *Stewart)法官是唯一反对的法官,他指责多数派的意见是对联邦宪法第一修正案的禁止建立国教条款的误解。他得出两个结论:政府不能强迫一个人的宗教信仰——根据卓越的宗教自由践行条款;禁止确立宗教条款仅仅禁止政府建立官办的教堂。尽管他的意见对于法院的其他法官毫无说服力,但是他的第二个结论还是在威廉·伦奎斯特大法官(William *Rehnquist)在其对"华莱士诉杰弗里案"(* Wallace v. Jaffree)(1985)的异议中得到了应用。

[Joseph F. Kobylka 撰;武全译;许明月校]

权利资格[Entitlements]
参见 Property Rights。

环境[Environment]①

直到20世纪60年代晚期,美国对私有财产的控制还是依靠各州古老的普通法(*common law)理论。妨害侵权(*torts of nuisance)以及很小程度的非法侵入都是普通法上重要的侵权救济措施。只有在减轻公共妨害的情况下,才对环境污染加以广泛的控制,如"佐治亚州诉田纳西州铜矿公司案"(Georgia v. Tennessee Copper Co.)(1907)。

20世纪60年代晚期至70年代早期,公众对环境问题的关注日益增加,加之传统的法律在处理生态问题时表现的无能为力,导致了国会集中对空气、水、土地、自然资源以及物种的保护问题颁布了大量的法律,这些法律既包括综合性的,也包括专门性的联邦制定法。联邦最高法院主要通过按照宪法和行政法原则处理其合法性、含义、适用以及法律救济等问题,对这些环境法律的塑造发挥了重要的作用。

商业条款 在20世纪60年代晚期之前,国会几乎没有考虑建立国家自然保护区以及适用于各州的环境标准问题。联邦立法也仅仅是基于国会的特别授权才成为可能,各州政府所拥有的对州际商业贸易的控制权力也不足以成为全国范围内环境控制的基础。联邦最高法院就新政(*New Deal)之后的商业条款作出的判决,从总体上确认了国会规制商业活动的权力,谴责了联邦宪法第十修正案(the

---

① 另请参见 Property Rights。

*Tenth Amendment)是对联邦管制机构的独立的限制观念。这些判决为国会在20世纪60年代晚期和70年代早期广泛的立法作了铺垫。

联邦宪法的商业条款禁止各州颁布法律妨碍州际商业活动。联邦最高法院也曾多次解释商业条款的内容,使各州对来源于其他州的垃圾加以规制的行为无效;表面上歧视州际商业活动的限制措施本身即是违法的,即使这些措施的出台是基于对环境保护的考虑,如"费城诉新泽西州案"(Philadelphia v. New Jersey)(1978)。即使是表面上不具有歧视性的限制性措施也要受到评估,以确定其追求的地方利益是否超过了其对州际商业活动的压力,以及是否有更好的替代性措施可用。

在"宾夕法尼亚州诉联合天然气公司案"(Pennsylvania v. Union Gas Co.)(1989)中,联邦最高法院认为,国会有权根据商业条款的授权而使各州放弃诉讼豁免权(*state's sovereign immunity)。但是,在佛罗里达州的"塞米诺族诉佛罗里达州案"(*Seminole Tribe of Florida v. Florida)(1996)中,联邦最高法院推翻了联合天然气公司案,认为国会无权根据商业条款的授权使各州放弃豁免权。因此,各州现在可以根据联邦宪法第十一修正案(the *Eleventh Amendment)的规定不承担《全面性环境应变补偿及责任法》(CERCLA)所产生的回应成本(非常基金)。但联邦宪法第十一修正案所确立的豁免权并不适用于各县市。

占用条款 对地方和联邦政府建立此类法律的限制是出于宪法第五修正案(the *Fifth Amendment)的规定,即"私有财产未得公平补偿(*just compensation)不得被占用"(the *Taking Clause)。现在,联邦最高法院接受了在传统政府治安权的范围内对财产的使用设置更为广泛的限制的做法。这些方法不属于政府占用,因而也不需要赔偿。只要考虑到了管制的内容对所有者的影响,所有者即使仅仅保留了对其财产的一些合理的使用,也不是对宪法的违背,更不需要支付费用["佩恩中心运输公司诉纽约市案"(*Penn Central Transportation Co. v. New York)(1978)]。联邦最高法院认为,这样的财产所有者仅仅需要承担保护环境的义务,并可以分享政府的权益["阿金斯诉蒂布伦市案"(Agins v. City of Tibouron)(1980)]。

在"路卡斯诉南卡罗来纳州海岸委员会案"(Lucas v. South Carolina Coastal Council)(1992)中,法院认为,因为一项法规剥夺了财产所有人对其财产"所有经济上可行的使用权",如果在所有人取得土地的时候即有相关的妨害法和财产法对该土地的使用加以禁止,则该项法规本身即构成第五和第十四修正案(the Fifth and *Fourteenth Amendment)确立的占用。同时,联邦最高法院认为,不能仅仅因为所有人是在一项法规生效之后才取得财产,就可以阻止其要求占用补偿["珀拉佐诉罗德岛案"(Palazzolo v. Rhode Island)(2001)]。

联邦宪法第十修正案的排他性原则 直到20世纪90年代早期,联邦宪法第十修正案(the *Tenth Amendment)保留给各州的权力不属于联邦政府,但有这么一种可能(虽然不怎么可能),即限制国会通过联邦环境法律的权力。联邦最高法院以前的判决总是认可国会有权要求各州遵守联邦政府制定的规范标准,但两起案件使这一趋势停止了。在"纽约诉合众国案"(New York v. United States)(1991)与"普林兹诉合众国案"(*Printz v. United States)(1997)中,联邦最高法院认为,国会没有在实施联邦规范的时候侵占各州的权力。然而,根据开支条款赋予国会的权力,国会可以引导各州遵守联邦政府的法律规范,而各州则可能得到资金帮助。

联邦优先权 根据宪法,联邦法律优于且排除任何与之相矛盾的州或地方法律。联邦最高法院根据这个联邦优先权理论宣布,与联邦综合性环境法和管制冲突的州和地方法律是无效的["布尔班克诉洛克希德航空集散站案"(Burbank v. Lockheed Air Terminal)(1973)]。但是,许多联邦环境法包含了特别的"非优先权"的规定,这些规定授权各州补充实施联邦法律。联邦最高法院缩小解释了这个规定,并且经常限制各州在已经存在联邦综合性法律和管制的领域适用州成文法和州普通法["埃克森公司诉亨特案"(Exxon Corp. v. Hunt)(1986);"国际纸公司诉奎勒特案"(International Paper Co. v. Ouillette)(1987)]。

起诉权 起诉权在实践中具有非常明显的重要性,因为许多环境诉讼案件都是由关心公共利益的群体或者非政府组织提起的,提起这些诉讼的目的只是为了实现环境法律所确立的公共权利。根据联邦宪法第3条的规定,法院有权处理"案件与争议",但没有明确的"公益诉讼"(actio popularis)授权,因为在公益诉讼中,原告并未遭受人身损害,只是为了维护公共利益而提起诉讼。到了20世纪70年代早期,联邦最高法院的立场发生了一些变化。法院认为,虽然仅仅主张对争议的标的具有利益而不能证明受到损害,并不能赋予当事人起诉权(*standing);但对环境以及美的利益受到侵害是可以审理的["斯尔拉俱乐部诉莫顿案"(Sierra Club v. Morton)(1972)]。在"合众国诉挑战管制机构程序之学生案"(United States v. Students Challenging Regulatory Agency Procedure)(1973)中,联邦最高法院扩张解释了这些规定,允许当事人对那些和被诉行为只有薄弱的原因链条关系的伤害提出诉讼。到20世纪90年代,联邦最高法院加强了起诉资格的要求,并强调需要具有"事实上的损害"。

对于联邦法律赋予公民就环境法规的实施提起诉讼这一问题,联邦最高法院的做法前后并不一致。

在"卢汉诉国家野生动物保护同盟案"（Lujan v. National Wildlife Federation）(1990)以及"卢汉诉野生动物保护者案"（Lujan v. Defenders of Wildlife）(1992)中，联邦最高法院否决了在自然保护区域休闲娱乐或者计划去某些特定物种面临灭绝的国家去旅游者享有诉权。在"地球之友公司诉莱德劳环境服务（TOC）公司案"（Friends of the Earth, Inc. v. Laidlaw Environmental Services）(2000)中，联邦最高法院认为，如果滥用根据《清洁水法》而颁发的许可证，作为公民的原告可以要求损害赔偿。虽然原告无法证明被告违反许可证的行为给环境造成了事实上的损害，原告对美和娱乐的要求使其享有诉权。联邦最高法院还认为，国会有权创制要求取得罚金的起诉（此项罚金由起诉人与官方均分），在这些诉讼中，公民可以代表国家提起诉讼并要求损害赔偿（虽然在这种案件中原告获得赔偿），以使国家遭受的损害获得补偿["佛蒙特自然资源机构诉合众国案"（Vermont Agency of Natural Resources v. United States）(2000)]。

救济 如果一项法律被违反，是否颁发禁令以制止这种行为，联邦最高法院的判决是不一致的，也许这可以通过观察联邦最高法院如何解释该法的目的而得到最好的说明。在"田纳西流域管理局诉希尔案"（TVA v. Hill）(1978)中，联邦最高法院曾颁发禁令，阻止修建水坝，虽然已经花费了几百万美元，因为根据《濒危物种法》（ESA）保护的一种小鱼将因该水坝的修建而灭绝。法院认为，对濒危物种的保护是 EAS 的立法目的，不能因为平等或者经济的考虑而受到削弱。相反，在"温伯格诉罗默·巴尔西罗案"（Weinberger v. Romero-Barcelo）(1982)中，海军没有根据《清洁水法》（CWA）的规定获得许可证，但联邦最高法院拒绝颁发禁令，是给海军时间让其设法获得许可证。温伯格案所确立的原则在"阿莫可石油公司诉赌城案"（Amoco Petroleum Co. v. City of Gamble）(1987)中得以延续，在该案中，当事人违反了相关法规的程序性要求，而没有造成实际的环境损害。

政府行为的司法审查 新政时期的国会设立了许多新的联邦机构，并以开放立法的方式赋予它们广泛的权力。虽然联邦最高法院可能确保这些机构在行使职权的时候不超越权限，但权限的规定是非常宽泛的，这些机构因此享有广泛的自由裁量权，这就产生了专断的威胁。联邦最高法院曾宣布《国家工业复兴法》（National Industrial Recovery Act）无效，因为该法在违背宪法的情况下赋予行政机构以立法权["谢克特禽畜公司诉合众国案"（*Schechter Poultry Corp. v. United States）(1935)]。但以非授权原则为依据而宣布联邦法规无效的做法以后再也没有在联邦最高法院发生过。

在"惠特曼诉美国货车运输协会案"（Whitman v. American Trucking Association, Inc.）(2001)中，哥伦比亚特区上诉法院认为，环境保护署（EPA）制定臭氧标准的行为违反了非授权原则，但联邦最高法院却推翻了巡回法院的判决，认为国会事实上已经为限制 EPA 的自由裁量权而提出了"可理解的原则"。

1946 年颁布了《行政程序法》（Administrative Procedure Act）之后，联邦最高法院所面对的问题是：在审查国会赋予行政机构的权力时，应采用何种标准。早期的判决表明，联邦最高法院在审查政府的行为时采用的"严格"的标准["保护奥沃顿公园公民诉沃尔普案"（Citizens to Preserve Overton Park v. Volpe）(1971)]。后来，联邦最高法院对这种审查加以限制，承认政府机构享有广泛的自由裁量权。根据"谢弗龙美国公司诉自然资源防护委员会案"（Chevron U.S.A., Inc. v. Natural Resources Defense Council, Inc.）(1984)确立的原则，法院在解释一项法规时，只应该就国会是否直接涉及了当前的问题加以判断。如果法院发现国会对当前的问题有明确的意见，就应该以这一意见为准。如果法律中对当前的问题未提及或者用语模糊，进一步的司法审查权仅限于该行政机构对法律的解释是否合理。

在"北库克县固体废物局诉合众国工程师军团案"（Solid Waste Agency of Northern Cook County v. United States Army Corps of Engineers）(2001)中，联邦最高法院处理了如下问题：军团对《清洁水法》之适用范围的解释是否适当，即该法是否适用于孤立的、非可航的州际间供候鸟栖息的沼泽地。在否决军团对法规的解释时，联邦最高法院认为，《清洁水法》明确规定军团有权在"可航水域"对相关活动进行规制。同时，联邦最高法院否决了军团的如下要求：行政机构应该遵从"谢弗龙美国公司诉自然资源保护委员会案"（Chevron U.S.A., Inc. v. Natural Resources Defense Council, Inc.）(1984)的判决。法院的理由是，对法规解释的实施将严重影响各州对土地和水的使用权。在惠特曼案中，联邦最高法院认为，除非有明确的授权，环境保护署在制定新的标准时不应该考虑实施的成本问题。

结论 在将近十年的时间里(1970—1980 年)，有关控制污染与保护自然资源的环境立法受到了普遍的欢迎，联邦最高法院也对这些法规作出了扩大解释。自 20 世纪 90 年代早期开始，联邦最高法院对宪法限制措施更趋敏感，更为严格地解释有关的环境保护法，在审查机构的决定时也施加了限制。然而，这些判决更具有实用性而不是理论上的独断专行，法院在多大程度上引导着环境保护法的发展还需要拭目以待。

参考文献 Bradley C. Karkkainen, "Plain Meaning: Justice Scalia's Jurisprudence of Strict Statutory Construction," *Harvard Journal of Law and Public Policy* 17 (1994): 401-477; William H. Rodgers, *Environmental Law*, 2d ed. (1994; exp. Ed., 1999); Richard B. Stewart, "A New Generation of Environmental Regulation," *Capital University Law Review* 29 (2001): 21-182.

[Martin H. Belsky 撰；Lakshman D. Guruswamy 修订；赵学刚译；潘林伟校]

平等保护 [Equal Protection]①

1868 年通过的宪法第十四修正案的平等保护条款，表明了内战结束后胜利的共和党势力试图将对新解放的奴隶的某些平等权利保护纳入宪法规定的愿望。1868 年关于平等保护问题的讨论并没有明确区分由正当程序条款、特权豁免条款及平等保护条款所提供保护之间的区别。平等关注的焦点是非裔美国黑人的权利，但是平等条款的起草者故意将它起草为对所有人的平等权利提供保护。最初几年，这个条款意味着给非裔美国黑人提供平等权利保护，但不久修正案的通过，最一般称谓"人"的使用产生的最重要的结果是确保公司的权利不受州立法机关的侵害["圣克拉拉县诉南太平洋铁路公司案"(*Santa Clara County v. Southern Pacific Railroad Co.)(1886)]。

按其中的用语，平等保护条款只包含州政府的行为。在作为取消种族隔离案之一的"博林诉夏普案"(*Bolling v. Sharp)(1954)中，此案涉及哥伦比亚特区的学校，法院认为国会区别对待违背了联邦宪法第五修正案的正当程序条款，一般来讲，联邦最高法院在对待国会的行为上采取平等对待的同一标准，同其对待州行为一样。

19 世纪 60 年代盛行的平等观念在民事、政治和社会权利方面是有区别的，一个原因是第十四修正案的通过保证了《1866 年民权法》不被废除，该法保护民事权利的平等要求被理解为保护拥有自己财产权利和签订契约权利以及作为出庭作证保护应享有的权利。与民事权利相关的平等保护意味着在私的经济生活所涉及的法律关系中的地位平等，同时也拥有加强其地位的权利。与政治权利相关的平等保护起初颇有争论，许多平等民事权利的支持者反对给予非裔美国黑人以平等的选举权，第十五修正案的通过曾一度在很大程度上忽视了涉及任何政治权利的平等问题，但对平等社会权利的关注一直延续到 20 世纪。社会权利起源于公民之间非经济性人际关系，而且在 1868 年达成一致意见，联邦政府不应该试图保证此领域的平等。

19 世纪末，随着对非裔美国黑人的某些平等权利保护关注程度的降低，民事、政治和社会权利之间的区别日渐模糊，联邦最高法院曾认定明确拒绝给予非裔美国黑人以参与陪审团的权利的法令违背了宪法关于平等权利的承诺["斯特劳德诉西弗吉尼亚州案"(*Strauder v. West Virginia)(1880)]，并且认为行政管理人员实施某个并没有明确指明针对某个种族的法律时，如果强制性地仅仅认定某个少数种族不具有资格，那么，就是违宪的["伊克·吴诉霍普金斯案"(*Yick Wo v. Houpins)(1886)]。然而，联邦最高法院狭义地解释了联邦民事权利法令，并认为根据第十四修正案第五款国会没有权利颁布基于种族歧视而在公共设施设立禁区的法案，因为按联邦最高法院的观点，那是要求社会权利平等的努力[民权系列案(*Civil Rights Cases)(1883)]。当联邦最高法院确认某个要求铁路当局按种族对乘客加以隔离的法令时["普勒西诉弗格森案"(*Plessy v. Ferguson)(1886)]，它实际上放弃了宪法所规定的对非裔美国黑人平等权利保护上的努力。因为根据 1868 年所使用的条款，这个法令拒绝给予非裔美国黑人以平等的权利按照铁路部门所愿意提供的非区别对待的条款达成协议。

直到 20 世纪 40 年代，平等保护条款几乎没有用于使立法机关的立法无效，偶尔用于对各州进行商业规制的能力进行限制。由于纳粹德国种族主义政策以及种族歧视和"二战"期间联合力量所捍卫的价值观的不相容性，促使平等保护条款重新恢复活力。联邦最高法院建议在适用宪法条款处理对那些"分立的、隔离的少数种族"["卡洛伦案"第四评注(*Footnote Four, United States v. Carolene Products)(1938)]认定无能力资格的案件时应特别谨慎。战争期间在对美籍日本人的拘留问题上，它指出，影响少数种族的分类必须接受"严格的审查"["科里马修诉合众国案"(*Korematsu v. United Statess)(1944)]，对日本人的重新安置措施这样做了，这是现代社会里政府种族歧视行为的唯一的例子。最终促使平等保护条款恢复活力的因素是联邦最高法院宣布一个法令的无效，此法令要求对暴力惯犯进行绝育而此规定不对白领犯罪实施。假如分类影响到基本利益的话，它必须经受严格的审查["斯金纳诉俄克拉荷马州案"(*Skinner v. Oklahoma)(1942)]。

在 20 世纪 60 年代，联邦最高法院否决了许多制定法，这些制定法都要求设置运用于种族隔离的公共设施，并且，开始探索前十年就已经开始发展的这个基本原则所暗含的更为宽泛的内涵。"夏皮罗诉汤普森案"(Shapiro v. Thompson)(1969)——联邦最高法院宣告要求公共援助的接受者在他们成为合格的受援助者之前必须在这个州居住满一年的法律规定无效——似乎暗示联邦最高法院将会把贫困

---

① 另请参见 Fourteenth Amendment; Race and Racism。

作为一种应接受严格审查的分类(参见 Indigency)。在沃伦·伯格大法官主持下联邦最高法院从这些案例中撤回了那些广泛的建议并最终认为只要这些案件涉及在联邦宪法中阐明的传统的少数种族和其基本利益,那么对其审查就是合适的。

一般来讲,当政府为达到某些社会目标时,会对不同的社会集团区别对待。由此,平等待遇的问题就产生了。通常来讲,并非所有弱势群体成员都会促成政府所竭力防范的社会危害,而一部分强势群体的成员却会促成这种危害。因此,此种分类既可能出现"过度包含性"也可能出现"不完全包含性"。平等保护法的问题就是明确指出在社会目标与某种环境下可允许的分类这两者之间存在何种程度的非一致性。

平等保护法可以从两方面进行描述。一方面,法院对下面两种制定法进行了区分,一类制定法本身使用了种族的或其他"可疑的"分类术语;另一类法令是虽无种族性的术语,却对少数民族产生"全然不同的"(*disparate impact)影响。假如法令使用了种族的术语,它们必须通过"严格的审查"。这就意味着立法机关必须试图促使某些极端重要的社会目标,而且,对种族范畴的使用对于这种社会目标的实现几乎是必不可少的。社会目标与分类的适应度是极其对应的。相反,如果该制定法没有使用涉及种族的术语从而实现了"表面上的中立",那么它在现实中产生巨大影响的事实并不会必然导致严格的审查,只有当对少数民族的不公平影响是立法机关故意而为时,法院才会要求严格的审查;否则,法令就会简单地被认为使用了一种为完成立法机关以为重要的社会目标而确立的合理的分类方法。

对平等保护法的另外一种表述是对"严格审查"和"合理关系"之间的差异进行严格的区分,在此观点上,联邦最高法院确认了几种类型的分类:有些分类,比如关于种族的分类要求与社会目标的适合度极其高,故而需严格之审查;而其他分类,如那些基于政府行为涉及公民偿付服务的能力或参与私有经济的某些方面,此类方面的社会立法和经济立法只需在服务社会大目标的前提下,理性地使用分类表述即可。在这种分类中,其与社会目标的适合度可能很低。立法机关可以管理那些并没有造成其竭力防范的危害的民众,而对那些造成危害的民众的管理却又是失败的。法院建议,那些要求"严格审查权"的群体,应该是那些"孤立且分散的少数种族"。他们在历史上经受过过度的不公正歧视,不能将自己摆脱"少数种族"的范畴,他们是偏见的对象,不能通过立法程序保护其自身利益。

然而,还有需要对其进行"中度审查"的第三种群体分类。正如该群体所表述的那样,中度审查的原则性方式是多种多样的,典型的情形是基于"性别"(*gender)分类,但是,联邦最高法院有时对涉及外国人和婚外生儿童的案件也使用强化的或中度的审查(参见 Alienage and Naturalization)。适度审查典型的意思是联邦最高法院会以某种程度的怀疑的态度看待那些使用性别或类似标准进行分类以实现某种重要的社会目标的诉求,但它并不要求异乎寻常高水平的证明,而此种证明是它在严格的审查中所要求的。运用中度审查,法院判决护士学校的性别隔离["密西西比女子大学诉霍根案"(*Mississippi University for Woman v. Hogan)(1982)],以及弗吉尼亚州的一所军校仅对男性开展某些特色课程的训练的做法违宪["合众国诉弗吉利亚州案"(United States v. Virginia (1996))],但它维持了这样一个要求:只有男性可以登记应征,至少在根据战争义务法女性没有资格的情形下是可以的["罗斯克诉戈德堡案"(*Rostker v. Goldberg)(1981)]。

分析家们运用其基本教义的解释来分析联邦法院判决时常会碰到的困难,例如联邦最高法院明确克制要求对智力迟钝者歧视事件的严格的或适度的审查,但却仍然认定一个住居团体为智力迟钝者建造集中居住区的做法是违宪的["克利本市诉克利本生活中心案"(City of Cleburne v. Cleburne Living Centre)(1985)]。法官瑟古德·马歇尔曾批评联邦最高法院自称对平等保护的分析使用了严格的分类,但其中只有一些"可疑的"分类或是在宪法的其他地方已经明确规定的基本权利(*fundamental rights)才得到了特殊的保护。此外,他指出法院一直在根据考虑了"程度"问题的敏感的积分变化而调整其所需要的正当性的标准,这些程度方面的问题包括:受影响的利益有多重要,利益是否受到宪法的特殊保护,利益所涉及的团体与历史上受不公正歧视的团体有多少相似之处。大法官约翰·保罗·史蒂文斯(John Paul *Stevens)则根据其"只有一个平等保护条款"的观点,提出了一种类似方法的建议["克雷格诉博伦案"(*Craig v. Boren)(1976)]。

评论者普遍认为,马歇尔和史蒂文斯的分析使联邦最高法院事实上的运作更理性,并指出,采用比其目前采用的更为灵活的方法处理多种多样的分类问题是适当的。一些判决已经表明,联邦最高法院对所谓的"分层"方法的热衷已经有所缓和。在"罗默诉埃文斯案"(*Romer v. Evans)(1996)中,联邦最高法院通过运用理性基础审查,没有认定性倾向是一种可疑的分类,并宣布科罗拉多州的一项立法动议无效,因为该动议不承认男女同性恋者享有该州反歧视法所确定的"受保护地位"。尽管如此,在"格鲁特诉博林杰案"(*Grutter v. Bollinger)(2003)中,联邦最高法院采用了严格审查的方法,但认可了一项积极行动(*affirmative action)计划,这就表明,与通常认识相反,严格审查并不总是"严格在理论,而命运在现实"。

但是，虽然有这样一些判决和学术上的批评意见，联邦最高法院似乎仍然会坚持采用体现于"分层"理论中的重口头而轻实际形式表述。

参考文献 Michael Kent Curtis, *No State Shall Abridge: The Fourteenth Amendment and the Bill of Rights* (1986); Gerald Gunther, "Foreword: In Search of Evolving Doctrine on a Changing Court: A Model for a Newer Equal Protection," *Harvard Law Review* 86 (1972): 1-48; Kenneth W. Simons, "Overinclusion and Underinclusion: A New Model," *UCLA Law Review* 36 (1989):447-528.

［Mark V. Tushnet 撰；孙曙生、赵学刚译；许明月、潘林伟校］

衡平救济［Equitable Remedies］

参见 Injunctions and Equitable Remedies。

伊利铁路公司诉汤普金斯案［Erie Railroad Co. v. Tompkins, 304, U.S. 64 (1938)］①

1938年1月31日辩论，1938年4月25日以8对0的表决结果作出判决，布兰代斯代表法院起草判决意见，巴特勒、麦克雷诺兹和里德持并存意见，卡多佐未参加。《1789年司法法》(the *Judiciary Act of 1789) 规定，"各个州的法律应当被认为是联邦法院按普通法在审判中确立的规则。"（第34条）该规定也就是当今社会所熟知的《判决规则法》(Rules of Decision Act)。它要求联邦法院在审理各方当事人为不同州的公民之案件（此类案件只有联邦法院有管辖权）时，遵循州的实体法，但它没有限定州法的渊源。在"斯威夫特诉泰森案"(*Swift v. Tyson)(1842)中，法官约瑟夫·斯托里(Joseph *Story)解释"各州的法律"包括制定法和不动产法律，但不包括"合同和其他具有商业性质的法律文件(instruments)"。对于这些州法，联邦法院可以根据"一般原则和商法的一般原理"进行解释"(p.19)。斯托里因此在商法领域引进了一般的联邦普通法。他的解释使原本含糊不清之事更加模糊。

作为一个单独的案件，斯威夫特案不会对联邦体系进行严重的歪曲。但内战(*Civil War)以后，联邦普通法经历了似乎是无止境的扩张，超越了斯威夫特案所涵盖的商法领域，并扩展到市政债券、民事诉讼程序、公司(*corporation)、侵权(*torts)、不动产以及雇工赔偿问题。同时，联邦法院的权力急剧膨胀，且联邦法院不断运用实体的正当程序(*due process, substantive)和契约自由（参见 Contract, Freedom of）理论来废除联邦和各州对经济的管制。保守主义者对这些实体法上的进展及与之相随的联邦法院在多样管辖权(*diversity jurisdiction)上的扩张而高声叫好，因为这对于保护东部投资者在西部、南部各州的利益有着重要的意义。然而革新主义者谴责联邦法院被大的公司利用来规避州的管制政策（参见 Progressivism）。一个臭名昭著的例子是1928年的"黑白出租车案"(the Black & White Taxicab Case)中，那时联邦法院运用从斯威夫特派生出的"一般法"使一家公司规避了国家反垄断法的处理，由于对联邦司法权的这种运行方式不满，革新主义者决定修改斯威夫特案。

伊利案为他们提供了机会，该案推翻了斯威夫特案，法官路易斯·D. 布兰代斯(Louis D. *Brandeis)在代表法院作出判决意见时宣称："联邦普通法是不存在的。"(p.78)他认为斯威夫特案与制定判决规则的立法目的相矛盾。在法律史上一次独特的诉讼中，布兰代斯作出了一项决定，认为斯威夫特案侵犯了州根据宪法第十修正案所有的权利，其行为是违宪的。

但伊利案并没有消除联邦普通法这一概念的影响，就在布兰代斯作出斯威夫特案判决的同一天，布兰代斯也承认联邦普通法这一特定体系的存在。并且伊利案也没有解决斯威夫特案的模糊不清之处。自1938年以来，法院就试图制定一系列指导方针来达到"伊利案的双重目的：阻止择地行诉和避免法律的不公平实施。"["汉纳诉普拉莫尔案"(Hanna v. Plummer)(1963)](p.468)。法官威廉·J. 布伦南(Williliam J. *Brennan)提出了一项平衡州与联邦政策利益关系的建议["伯德诉布卢·里奇乡村电力合作公司案"(Byrd v. Blue Ridge Rural Electric Cooperative, Inc.)(1958)]。而首席大法官厄尔·沃伦(Earl *Warren)在汉纳案中试图寻找一种途径避免联邦民事诉讼程序规则受到州法之凌驾，即通过追根溯源的方法把法律有效的根源归结到某一制定法：1934年有效法律法(the Rules Enabling Act of 1934)，或最终归于宪法本身（即判断一项法律是否有效，看其是否符合1934年有效法律法，或宪法，而不是看其是州法还是联邦法。——校者注)。只要法院要继续对美国的司法联邦主义给出界定，由斯威夫特案和伊利案引起的争辩就将继续下去。

参考文献 John H. Ely, "The Irrepressible Myth of Erie," *Harvard Law Review* 87 (1974): 693-740.

［Williliam M. Wiecek 撰；孙曙生译；许明月校］

厄恩斯特，莫里斯·利奥波德［Ernst, Morris Leopold］②

[1888年8月23日生于亚拉巴马州联合镇(Uniontown);1976年5月21日卒于纽约]律师及作

---

① 另请参见 Federal Common Law; Federalism; Judicial Power and Jurisdiction。

② 另请参见 Speech and the Press。

家,厄恩斯特作为一名实践经验非常丰富的律师,是反对新闻审查制度的斗士,多重自由的提倡者,联邦最高法院宪法第一修正案案件中成功的诉讼当事人。作为美国公民自由联盟(*ACLU)总顾问,在1929年至1954年任职期间,领导了此实体的诉讼事务。1933年他在著名的"尤利西斯案"(Ulysses Case)中取得了胜利,在联邦地方法院进入了公众的视线。他为詹姆斯·乔伊斯(James Joyce)小说所作的辩护引发了反审查制度的轩然大波,而且引导公众在支持色情文学正常销售方面取得了胜利。在1940年,他在联邦地方法院对泽涅狄格州生育控制法进行了首次法律上的挑战。在"波诉厄尔曼案"(Poe v. Ullman)(1961)和"格里斯沃尔德诉康涅狄格州案"(*Griswold v. Connecticut)(1965)中,此法最终被联邦最高法院废除。

作为全美报业协会的辩护律师,在此案中,他首次协助法院维护了国家劳动关系委员会的宪法体制,从而建立了新闻从业人员结社的权利,他在"黑格诉工业组织协会案"(*Hague v. CIO)(1939)中,指导运用法律策略,对泽西市市长弗兰克·黑格(Frank Hague)对宪法第一修正案的否定尤其对集会自由的否定行为作了禁止。他强硬的反共态度引导他支持1948年那个并不成功的蒙达特-尼克松(Mundt-Nixon)法案,此法案与他在对付共产分子采取的强硬揭发策略不谋而合。

[Paul L. Murphy 撰;孙曙生译;许明月校]

错误审查令状[Error, Writ of.]①

在普通法(*common law)里,错误审查令状是上诉法院发给低级别法院的,要求后者将案件的记录材料发出以复查所称的法律错误(不包括事实)。审查被限制在出现于记录材料中的表面错误。20世纪以前,错误审查令状多出现于联邦最高法院的管辖权中,尽管早在1789年司法中就已经作为审查涉及联邦问题的州法院判决的程序性手段而得以确立。错误审查令状的功能已经被1916年和1928年联邦的立法分别转移给调卷令和上诉程序。此种令状在今天的联邦司法运作实践中已被废除。

[William M. Wiecek 撰;孙曙生译;许明月校]

埃斯可贝多诉伊利诺伊州案[Escobedo v. Illinois, 378 U. S. 438(1964)]②

1964年6月22日以5比4的表决结果作出判决,戈德堡代表法院起草判决意见,哈伦、斯图尔特、怀特和克拉克表示反对。当丹尼·埃斯可贝多,一个谋杀嫌疑犯,被押进警察局并送入审讯室时,他反复要求同其委托的律师进行交谈,他的律师迅速抵达警察局而且反复要求会见他的当事人。尽管律师和当事人反复向警察当局提出请求,但警方拒绝他

们的会见,警察也忘记告知埃斯可贝多有保持沉默的权利,对其打了致命一枪的指控,他作了一些辩解并承认了罪行。

尽管他在对抗性的程序开始前已经接受了讯问[请对比"梅西亚诉合众国案"(*Massiah v. United States)(1964)],联邦最高法院还是抛弃了其供述,由于阿瑟·戈德堡(Arthur*Goldberg)大法官的像手风琴一样(accordion-like)的判决意见仅仅代表了微弱多数,故而产生大量混乱。在某些方面,其观点似乎认为,某个人获得律师辩护的权利在其成为主要的嫌疑人或从调查阶段转向控告阶段并开始把焦点集中在此人身上时便会触发(因为这样解读其判决意见会削弱警察的审问,因而,使法院和律师界的不少人都感到震惊)。但是,在其他地方,这种观点又似乎将法院对案件的认定限制于埃斯可贝多供述之前的特定事实。

两年后,埃斯可贝多案就被同样有争议的"米兰达诉亚利桑那州案"(*Miranda v. Arizona)推入幕后。米兰达案将"首要犯罪嫌疑人"或"聚焦点"的标准转变为"监管审查"的标准,从埃斯可贝多案获得律师辩护权的理论基础转变为反对自证其罪之特权的理论基础。因此,尽管米兰达案中维持了那些从埃斯可贝多案中引发出来的有利于嫌疑犯权利的要素,但它在很大程度上改变了此案的基本原理。

[Yale Kamisar 撰;孙曙生译;许明月校]

间谍法[Espionage Acts]③

间谍法禁止的不仅仅是间谍行为,而且还包括其他行为,也包括一些特定种类的表达方式。因此,在联邦最高法院关于宪法第一修正案的诉讼中,此类法令常常引起争议,国会在第一次世界大战期间首次通过此类法律,其中涉及间谍及外国机构的颠覆活动。1917年7月15日的间谍法是涉及多方面的措施,它不仅对未经授权获取、接受、交换国防信息的行为进行处罚,而且包含如何处理在美国港口内的外国船只、出口武器的查获、护照、搜查令甚至政府公章伪造等问题。一旦美国处于战争状态,下列情况均属于其管制规范范围:欲打乱美军事行为或助美之敌军的胜利而制造或传播虚假信息者;在军队中引起或试图引起违抗军令或叛乱者,在征召兵员上故意设置障碍者,传递所有违抗该法令之书面材料者。

随后几年,国会在间谍法(Espionage Act)的一项修正案中进一步加强了对表达的控制,1940年,

---

① 另请参见 Appellate Jurisdiction。
② 另请参见 Due Process, Procedural。
③ 另请参见 Communism and Cold War; Subversion。

国会再次修订该法令,加大了触犯该法令条款的刑罚力度,朝鲜战争中,该法令又授权没收不合法的武器出口,1954年的间谍及阴谋破坏法又禁止以损害美国以帮助敌国为目的的国防情报之传送以及对军事物资的破坏。

此法令只有一小部分条款经联邦最高法院审核,在"戈林因诉合众国案"(Gorin v. United States)(1941)中,联邦最高法院认定,政府无需证明被告的行为已经使对方国家受益而使美国受到损失,就可以以其向外国传送国防情报为由判其有罪。20世纪50年代早期,审判原子弹间谍朱丽叶斯(Julius)和埃瑟尔·罗森伯格(Ethel Rosenberg)一案就数次提交到联邦最高法院。涉及间谍法主旨的唯一一项判例即"罗森伯格诉合众国案"(*Rosenberg v. United States)(1953),该判决认定间谍法令中的死刑条款不能被1946年的原子能法所替代(参见Capital Punishment)。

大多数联邦最高法院所做的与间谍法有关的判决极少与限制言论有关,大部分判决反映了由于美国参加"一战"后日益扩大的对激进分子及异己分子的镇压。联邦政府运用之前的1917年法和煽动暴乱修正案来对付德裔美国人、社会主义者、世界劳工联合会成员及俄国布尔什维克革命支持者。当邮政总监根据此法来从邮政系统中驱逐在米尔沃基的社会主义的领导人时,联邦最高法院在"社会民主党出版公司诉伯利森案"(Social Democratic Publishing Co. v. Burleson)(1921)中则判决他根据邮政权可以如此行为。

联邦最高法院对涉及政府根据间谍法而获得的1050个刑事判决中的若干个进行了复审。对此,联邦最高法院确认其全部有效。尽管事实上,起初的间谍法及煽动暴乱修正案中的条款都明显违背了宪法第一修正案,但法官坚持驳回对此二项法律及其运用方面涉及宪法关系的抨击。在最著名的"申克诉合众国案"(*Schenck v. United States)(1919)中,大法官奥利弗·温德尔·霍姆斯(Oliver Wendell *Holmes)系统地阐述了"明显、即发的危险"的检测标准,如果言论会造成实质危害的明显和急切的威胁,那么此种言论应受到惩罚,不仅如此,霍姆斯还断言,一小撮费城的社会主义者散发传单鼓动大家保护自身宪法权利,这种行为也触犯了间谍法令,因而构成犯罪。他宣称许多在和平时期可发表的言论在国家处于战争状态时不享有宪法保护。

但在"二战"期间,对异己分子之镇压大为减少,联邦公诉人很少运用间谍法令中的那些条款来限制言论,因而联邦最高法院几乎没有受理过此类案件。在"哈策尔诉合众国案"(Hartzel v. United States)(1944)中,一个罕有的罪名被推翻,其理由是,控告方不能证明被告意欲从事法规所禁止之事,且他的行为构成了明显、即发的危险。自"二战"后,联邦最高法院的判决中没有此类型的间谍法案件。

参考文献 Zechariah Chafee, Jr., *Free Speech in the United States*(1941).

[Michal R. Belknap 撰;孙曙生译;许明月校]

确立宗教条款[Establishment Clause]

参见 Religion。

尤克里德诉阿姆布勒物业公司案[Euclid v. Ambler Realty Co., 272 U. S. 365(1926)]①

1926年1月27日辩论,1926年10月12日再度辩论,1926年11月22日以6对3的表决结果作出判决,萨瑟兰大法官代表法院起草判决意见,范·德凡特、麦克雷诺兹及巴特勒表示反对。在20世纪头25年,许多城镇,包括俄亥俄州的尤克里德都采用详尽的分区制(*zoning)体系,对这种分区法令人们基于多种不同的宪法理由对其提出挑战,州法院(*state court)对于其合宪性问题也表示出不同的看法。尤克里德村委会所颁布的分区令是引人注目的,因为对其有效性提起的诉讼一直达到联邦最高法院。在"尤克里德诉阿姆布勒物业公司案"中,法官断定区分制是治安权(*police power)在宪法上的运用,因此为此种土地使用的规制在事实上的广泛运用奠定了基础。

1922年,尤克里德村坐落在克利夫兰市政区的一个人口不足万人的社区,且处于城市扩张的区域内,村委会颁布了内容广泛的分区令,将市镇区分为使用区、领区及高度区。上述区域相互交错,因此在社区内每块土地的开发都限制于其使用范围内,使用限制——作为此法令有争议性的特点——在本质上是会累积的。作为极个别的例外,单个家庭居所是在限制最严格的区域(u-1)里的被允许建造的唯一建筑。在其他五个使用区(u-2至u-6)区域,其利用渐次加强。事实上,在管制最松散的区域(u-6),所有对土地的居住使用,商业转换及制造场地的使用都是允许的。

阿姆布勒物业公司(Ambler Realty Co.)在尤克里德拥有一大片未经开发的土地。表面上,此公司拥有68英亩可投资的土地,并计划将其卖掉用于工业开发。此地产的相当部分位于u-6区域并可用于工业用途。其余部分位于u-2及u-3区域,因而就受到相当的限制,在价值上就大打折扣。

阿姆布勒物业公司上诉至联邦地区法院,从正当程序(*due process)、平等保护(*equal protection)、占用(*taking)等角度对尤克里德(Euclid)分

---

① 另请参见 Property Rights。

区令的有效性提出质疑。法院支持土地所有者,认定其财产未经公平补偿(*just compensation)即被占用,并授予一条禁令(*injunction),禁止村委会加强此法令的执行。

联邦最高法院撤销了低级别法院的判决,维持了分区制符合宪法,是管理私有土地使用的一种方式。法院最初解释分区制只有作为治安权的行使而维护公共福利时,才具有正当性。联邦最高法院将焦点放在尤克里德法令的禁止性条文上,尤其是其对某些特定居民区对建立商业企业及公寓区的排除,并在这些限制与公共健康、安全和城市居民的一般福利之间确立了合理的关系。法院强调,分区制法令在"大的范围"上是受支持的,但法院也承认分区制法令在运用于特定领域时有违宪的可能性。

"尤克里德案"判决为分区制奠定了法律基础。一段时间内,全国各地的地方政府都采用此种土地使用规范体系,当然此体系的使用在运作过程中有多种变化。正如在"尤克里德案"中所预测的一样,土地所有者很快就对特定领域中分区制法令的运用加以抨击。"尤克里德案"后不久,另一相似案件又提交至联邦最高法院。在1928年的"奈克托诉剑桥城案"(Nectow v. City of Cambridge)中,联邦最高法院作出了支持土地所有者的判决,称分区制法令在某些领域中的运用极大地降低了土地的价值,且没有给公共财富带来收益。

详尽的分区制是符合宪法的,这得到了确认。分区制法令在整体上是有效的,但在实际运用中又可能是违宪的。联邦最高法院本质上已经从分区制问题中撤出,而将随后分区制上的纠纷甩给了州法院。但自1970年后,联邦最高法院又重新开始考虑这个问题,作出了一系列有关土地使用管理技术方面的判决。尽管如此,法院并没有显示重新考虑其标志性的"尤克里德案"判决的倾向。

参考文献 Daniel R. Mandelker, *Land Use Law* zd ed. (1998; supp., 1991).

[Jon W. Bruce 撰;孙曙生译;许明月校]

埃文斯诉阿布尼案[Evans v. Abney, 396 U.S 435 (1970)]①

1969年11月12—13日辩论,1970年1月29日以6比2的表决结果作出判决。布莱克代表法院作出判决意见,道格拉斯及布伦南反对,马歇尔缺席。埃文斯案是联邦最高法院作出的一系列涉及具有种族歧视性的土地使用契约及其他由私人起草的有种族歧视意图的土地使用限制的案件之一。埃文斯一案是关于佐治亚州梅肯市的一个公园只对白人居民开放的案件,此公园的限令是1911年公园的捐赠者所规定的。在"埃文斯诉纽顿案"(Evans v. Newton)(1966)中,法院判决市政当局只对白人开放公园的行为违背了平等保护条款。根据此要求,佐治亚州法院判决,考虑到捐赠者明显的种族歧视,处理捐赠者愿的合适的方法是将其财产返还其继承人。

在"埃文斯诉阿布尼案"中,法院则支持了这一法令,即便这产生了对黑人关闭公园的效果。佐治亚州法院依据种族中立、普遍接受的遗嘱解释原则作出了判决。依据这些解释原则,捐献者的遗嘱得到了最好的执行,没取消其种族限制,而是关闭了此公园。法院说明此行为的效果,不具有种族歧视性,因为白人和黑人都失去了进入此公园土地的机会。

作出此判决时,法院将其与在其里程碑式的"谢利诉克雷默案"(*Shelley v. Kraemer)(1948)中的判决区分开来,在那个案件中,联邦最高法院判决州法院如执行私人创设的有种族的歧视的土地使用契约,即违反了平等保护条款。

[Eric T. Freyfogle 撰;孙曙生译;许明月校]

埃文森诉埃维因镇教育理事会案[Everson v. Board of Education of Ewing Township, 330U. S (1947)]②

1946年11月20日辩论,1947年2月10日以5比4的表决结果作出判决,布莱克代表法院作出判决意见,杰克逊、法兰克福特、拉特利奇及伯顿反对。埃文森案涉及新泽西州的一项法令,此法令授权教育理事会对包括去天主教教区的学校的孩子们的父母补贴其往返学校的费用。当地居民及纳税人埃文森认定此措施违背了宪法禁止确立宗教条款。

第一次读到它,似乎会看到所有的联邦最高法院成员都支持埃文森,法官胡果·布莱克(Hugo *Black)代表联邦最高法院宣判:在早期殖民阶段,美国人相信个人的宗教自由最好从政府那儿获得,而政府无权对任何宗教征税或给予支持和资助。1785—1786年期间,托马斯·杰斐逊(Thomas *Jefferson)和詹姆斯·麦迪逊(James *Madison)领导了一场成功的斗争以反对一项旨在资助弗吉尼亚已建教会的税收。此项斗争的主体部分是麦迪逊的伟大的演讲《对宗教评价的纪念与抗议》(The Memorial And Remonstrance Against Religious Assessment)。在此演讲中,麦迪逊争论道:真正的宗教是不需要法律支持的;任何人,无论其是否信仰宗教,都无义务为任何宗教机构纳税;社会的最佳利益要求人们的思想是完全自由的;国家确立宗教的必然结果是严酷的迫害。这导致此税收的废弃及杰斐逊著名的弗吉尼亚宗教自由法案的颁布。

在这一点上,布莱克法官在对违宪事件的判定

---

① 另请参见 Equal Protection;Inheritance and Iliegitimacy;Property Rights;Race and Racism;Restrictive Covenants。

② 另请参见 Education;Religion。

上作出了无可驳辩的决定。但对他来说,当然还有那四位法官,最终的结果是反对。他说道,我们不能认同新泽西的法令,因为它达到了权力的边缘,因为宗教因素而剥夺了公民的部分利益。第一修正案要求联邦各州在其与宗教信仰者和非宗教信仰者的关系上需保持中立。当然联邦各州也不能与之为敌。联邦各州既不得妨碍也不得偏袒宗教。州政府不应向教区学校捐款。政府不能支持宗教。本案涉及的法律法规,只不过是帮助父母安全快捷地将其孩子送至法律正式认可的学校,这不考虑宗教因素,只是普遍性的项目。新泽西没有在任何程度上破坏政教的关系,因此,此法令是符合宪法的。

尽管法院中的少数派——威利·拉特利奇(Wiley *Rutledge)、费利克斯·法兰克福特(Felix *Frankfurter),罗伯特·H.杰克逊(Robert H. *Jackson)和哈罗德·伯顿(Harold *Burton)诸法官也同意布莱克法官所表述的基本前提,但他们不同意的是该法令不能运用在埃文森案中的观点。

埃文森案保持了一项好的法律。但更重要的是,该案认定第一修正案中的禁止确立宗教条款可依据第十四修正案(the *Fourteenth Amendment)加以运用,同时它也为禁止确立宗教条款的阐述提供了一个标准,此案中观点的精髓,曾经而且现在依然在整体或局部地产生作用,它确定了一项原则:不管是州政府抑或是联邦政府,都不能支持某种宗教。

[Leo Pfeffer 撰;孙曙生译;许明月校]

进化与创世论[Evolution and Creation Science]

进化这个术语是用来描述地球及其物种长期渐进发展的理论。创造主义(Creationism)和创世论(Creation science)这两个术语在法律上和一般讨论中,都是用来确定与"进化"相反的一种理论:此理论认为在《创世纪》中所宣称的特定的时间中地球被创造出来,物种是短期迅速创造出来的,且不会从低到高地进化。在这两个创世版本之间的争论所隐含的是《圣经》和启示作为人类知识来源的地位问题。

在19世纪,很多人致力于进化论和基督教传统观点的和解,而在20世纪诉讼成了辩论的特殊论坛。此类诉讼尤其集中在公立学校的教育(*Education)上。第一个最著名的事例是20世纪20年代的斯科普斯审判(Scopes trial),也就是人们熟知的"猴子审判"。一名田纳西州的教授因在公立学校教授进化论违反了一项州法令而被控有罪。此案的辩护人是辩护律师克拉伦斯·达罗(Clarence Darrow),特别公诉人是威廉·J.布赖恩(William Jennings Bryan)。这场戏剧性的审判——"斯科普斯诉州案"(Scopes v. State)(1926)——中的上诉判决更令人难忘,那个判决确定禁止教授进化论的法令是符合宪法的。

下一段时期法律事件的特点是不确定性。联邦最高法院大法官费利克斯·法兰克福特(Felix *Frankfurter)在1943年中的"西弗吉尼亚州教育理事会诉巴尼特案"(*West Virginia Board of Education v. Barnette)(1943)中表示反对,他质疑道:联邦最高法院是否应确定某些限制以防止各州检查学校的教学课程。法兰克福特强调了人们通常所说的司法自我约束的观点(参见 Judicial Self-restraint)。他阅读了大量案件,认为相互极端对立的信仰,不同的宗教和哲学感受是很有必要的结合体。"有宗教意识的父母可能因自己的子女对《圣经》中创世论的记叙产生质疑而受到冒犯。"法兰克福特写道:"而另外的州的父母可能因禁止教授与圣经相违背的生物学而受到冒犯。"(p.659)

联邦最高法院参与了这场诉讼上的论战,以直接检验某个州运用第一修正案(the *First Amendent)处理创世论与进化论的关系是否合乎宪法。1968年的"爱普尔森诉阿肯色州案"(Epperson v. Arkansas)(1968)中,联邦最高法院认定阿肯色州的一项禁止在公立学校教授进化论的法令因与第一修正案中禁止确立宗教条款(*Religion)相矛盾而无效。联邦最高法院的理论是公立学校的教育不能依任何宗教派别的教义或禁令而运作,在"爱德华兹诉阿圭拉德案"(Edwards v. Aguillard)(1987)中,联邦最高法院判决路易斯安那州的创世说法案无效,此法案禁止公立学校讲授进化论,除非在确立宗教理念时以创造科学为指导,这条规则坚持这样一个观点,即法令无明确的宗教目的和对进化论持怀疑的观点,在其反对意见中,大法官安东尼·斯卡利亚(Antonia *Scalia)争辩道,路易斯安那州的法案仅具有一种世俗的目的,即对学术自由的保护。

关于创造性科学争论中产生的问题与任何涉及宗教信仰和公共秩序的问题一样复杂,持创世论观点的人看来,引起争论的是在表面的中立教育背后"隐藏的课程"问题,表面的中立教育可能会具有扰乱特定价值和意识形态的倾向。现代科学教育倾向于强调建立在人的理性和经验基础上的真理价值,这会诋毁那些从所谓启示中得到的真理。从反对创造主义者的观点看,争论关注的是理性和非理性,历史上科学与宗教之间的斗争和宗教团体支配公众言论的力量。

参考文献 Stephen Carter, "Evolutionism, Creationism and Treating Religion as a Hobby," *Duke Law Journal* 6 (1987); Laurie Godfrey, ed., *Scientists Confront Creationism* (1983).

[Carol Weisbrod 撰;孙曙生译;许明月校]

排除规则[Exclusionary Rule]

这个名称通常指称这样的规则:政府通过侵犯

被告人的宪法权利而获得的证据不可以用来作为对他提起控诉的证据。被告可以通过在审判前提出"克服动议"(Motion to Suppress)请求法官作出此种证据不可使用于判决从而达到阻止政府使用此种证据对其进行起诉的目的。只要证据的取得侵犯了被告人的宪法权利,实物证据、供述、现场勘验皆可排除。排除规则这个词语通常指禁用那些警察通过违反宪法第四修正案而获得实物证据。该条规定被告人有不受不合理的搜查与扣押的权利。伯格和伦奎斯特法院实质上已缩减了排除规则实际作为一个规则进行操作的限度。这种缩减反映了对这个规则的特点和目的上根本的重新定义。

排除原则的来源 联邦宪法第十四修正案的起草者们没有想到要把排除原则作为违宪审查的一种救济措施,因为他们认为治安官员的不当行为不是政府违法行为。相反,官员的不当行为只是一种人身侵犯行为,应该通过民事诉讼寻求救济。然而,治安官员在19世纪被赋予任意的拘捕权和搜查权,以前那种关于治安官员不当行为的观点就越来越不实际了,对于不当拘捕和搜查的行为,以民事侵权为由通过诉讼要求损害赔偿的做法是无效率的。

排除规则创立于"威克斯诉合众国案"(*Weeks v. United States)(1914),在该案中,联邦最高法院第一次得出这样的结论:联邦治安官对于家中藏有非法彩票的居民居所的无证搜查违反了宪法第四修正案,由于治安官的搜查是违宪的,因此,联邦最高法院裁定,对于一个联邦法院来说,在威克斯被控非法邮寄彩票时,接受该彩票作为该案的证据同样是违宪的。法官威廉·戴(William *Day)代表全体一致的法院得出结论:初审法院在审判被告人时允许使用这些证据材料剥夺了被告的宪法权利,初审法院无权允许在审判中使用通过违宪方式获得的证据。

通过威克斯案,法院填补了法律上关于搜查与扣押的几乎空白的记录,像《权利法案》(*Bill of Rights)的其他条款一样,宪法第四修正案没有讲清楚它所宣称的权利如被侵犯的结果。在威克斯案之前,对被告的宪法第四修正案权利的侵犯是无妨碍的,所以一个被告没有理由挑战警察搜查的合宪性。因而,法院没有机会弄清楚宪法第四修正案的标准,而且关于搜查的法律长期未变,只有当排除规则确立时,法院才有机会宣告宪法第四修正案关于搜查的标准。

威克斯案的观点没有详细地解释排除规则的理论基础。阅读那时的形式主义法理学文章,特别是"博伊德诉合众国案"(*Boyd v. United States)(1886)中所反映的联邦最高法院判决——排除规则起源于宪法关于有限政府的概念。威克斯案断定执法官员超越宪法权力的搜查应该被认为是无拘束力和无效的,并且相应地亦应得到这样的对待。假如政府没有权力扣押证据,那么法院——政府的另一分支,也没有权力在审判中使用该证据。为了保持威克斯案的自然属性,排除规则几十年来一直是联邦法院在针对违宪扣押证据的运用中所坚持的规则。大法官奥利弗·温德尔·霍姆斯(Oliver Wendell *Holmes)在"西尔韦索恩木材公司诉合众国案"(Silverthorne Lumber Co. v. United States)(1920)中写道,排除规则的要点是违宪扣押的证据"绝对不能使用"(p.392)。威克斯案后这些年来对排除规则唯一有实质性的限制是由联邦低级别法院所发展的"诉权"的要求。禁止被告对没有侵犯他个人隐私的搜查提出疑义(例如,被告通常不能提出对别人房屋进行搜查是否合宪性问题,即使那个搜查所获得的证据会支持对其的指控)。

对于州程序的扩展 在威克斯案时代,《权利法案》(*Bill of Rights)被解释为只适用于联邦政府。威克斯案明确指出它的规则不适用于州警察的搜查,威克斯案后的多年里,许多州法院都在考虑是否创设州自己的排除规则。一些州这样做了,更多的州没有这样做。各州在关于这个规则的争论中表达的观点与威克斯案本身争论的观点如出一辙。这个规则的批评者说,该规则并不能服务于什么目的——证据的禁用并没有惩罚那些出于故意而违法的警察;相反,因为罪犯的释放,此法令的运作对社会来说会产生巨大的耗费。正如大法官卡多佐(当时的纽约州法官)所指出的那样:"因为警察的错误而使罪犯获得自由["人民诉德佛里案"(People v. Defore)(1926)]"。规则的批评者建议,对这种恣意的搜查采取其他可选择的救济方式——如请求损害赔偿的诉讼或对违纪的警察给予行政制裁——会比这个规则更有成效。规则的支持者对这两种方法的可行性和功效提出质疑,指出该规则是实施宪法第四条修正案所保护的公民隐私权的唯一可行办法。

当联邦最高法院开始解释在州事案件中宪法第十四修正案的正当程序条款对被告人保护何种程度时,对威克斯案的规则是否适用于各州的讨论又重新开始。在"沃尔夫诉科罗拉多州案"(*Wolf v. Colorado)(1949)中,大法官费利克斯·法兰克福特(Felix *Frankfurter)在代表5比4的微弱多数作出的判决意见中主张:尽管正当程序的概念包括对不受某些专断的政府搜查的一定程度的保护,但这种保护的程度不如宪法第四修正案来得广泛,所以,他得出的结论是并不要求各州适用威克斯案规则;而且他们可以通过采用各种不同的任一救济方式来解决警察恣意搜查的问题。

沃尔夫案后,"银盘原则"(*Silver Platter Doctrine)允许由州执法人员收集的证据在联邦法院使用,即便这种证据的获得违反了宪法第四修正案的标准。10年后,在"埃尔金斯诉合众国案"(Elkins v. United States)(1960)中,法官波特·斯图尔特

(Potter Stewart)在多数意见中声称,宪法第四和第十四修正案对公民被不合理搜查的保护是等效的。因而,沃尔夫案拒绝在联邦各州推行排除规则的法理基础不复存在。就在接下来的一个开庭期,在"马普诉俄亥俄州案"(Mapp v. Ohio)(1961)中,5名法官表决各州应适用排除规则,法官汤姆·克拉克(Tom Clark)的多数意见反复重申威克斯案的地位,这个规则是宪法第四修正案赋序被告权利的一部分,但他同时也指出:各州所以需要这个规则是因为沃尔夫案后10年中各州没有发展起富有意义的对恣意的搜查的救济方法。

马普案把此规则应用于各州的起诉中,使宪法第四修正案对被告人的保护比起在联邦起诉中的白领犯罪或偷税犯罪的保护程度高而且具有多样性,也许基于此原因,比起威克斯案来,马普案产生了更加广泛的政治争论,特别是,马普案因其对警察加以限制而受到警察当局和政客们的抨击。

威慑作用(Deterrence Rational) 对马普案争论的焦点更多地集中在这个规则的实际效果上。规则的支持者如耶尔·卡密萨(Yale Kamisar)教授认为,此规则最终引起警察部门开始对警察进行搜查标准的训练。规则的批评者如达林·奥卡斯(Dallin Oaks)教授反驳道:这个规则并不能影响到警察的行为,因为证据的禁用并没有惩罚到违规的警察。他们同时争辩道,这条规则并不是宪法所要求的,而只是法官制造的工具性的政策,目标是制裁未来的那些警察的不正当行为,因为批评者相信,作为威慑的工具这个规则是失败的。他们认为应尽快抛弃这个原则,对违宪搜查的行为采取另外途径的救济。因此,为人所知的排除规则的制裁理论使该规则受到攻击、限制以至要废除它,这是自相矛盾的。

当理查德·尼克松(Richard Nixon)总统提名四名法官——包括沃伦·伯格(Warren Burger)——担任联邦法院的大法官时,威慑作用变得重要起来,该规则的公开批评者倾向于执法利益。在"合众国诉卡兰德拉案"(United States v. Calandra)(1974)中,联邦最高法院重新定义了该规则的目的,代替了使威克斯案规则成为原则的先前阻遏理论。法官刘易斯·鲍威尔(Lewis Powell)代表六名法官的多数意见否定了排除规则是违宪搜查牺牲品的被告的宪法性权利。他说,该规则仅是预防性措施而不是宪法性规则。鲍威尔宣称,当搜查结束时,以违宪搜查方式违反宪法第四修正案的行为已经彻底地完成了。在以后的审判中对违宪所获得的证据的承认也不会"产生危害新的宪法第四修正案的错误"(p. 354);相反,鲍威尔宣称:"这个规则的主要目的是威慑未来的警察的非法行为。"(p. 347)

鲍威尔在卡兰德拉案中的意见也说明了该规则的主要目的是威慑,对于在特别场合是否使用该规则应该比较应用该规则的"威慑利益"和应用该规则的社会成本加以衡量。在卡兰德拉案中,联邦最高法院决定大陪审团诉讼中的证据不适用排除规则,因为在此情况下,该规则的适用将不会产生任何富有意义的增强威慑的效果。

尽管卡兰德拉案仅限制了该规则的适用,但普遍认为,"成本和利益"方法的采用迫使联邦最高法院基于其在一般情况下不能产生阻遏的效果而废止排除规则。其结果是,具有说服力的经验数据表明该规则作为威慑工具的效果是达不到的。在1976年的"斯通诉鲍威尔案"(Stone v. Powell)和"合众国诉贾尼斯案"(United States v. Janis)的两个判决中,法院以推测代替了未获取的数据,并宣称从今以后当证据从总体上从检控案中被排除掉时,应假定该规则作为一种威慑工具是有效的,但同时该规则在其他情形下是否会产生巨大的"增强的阻遏效果"也是令人怀疑的[参见"斯通诉鲍威尔案"(Stone v. Poewell)](p. 493)。

尽管法院没有完全废除该规则的适用(没有可供选择的执行搜查标准出现,这也许是最关键的)。这种依据规则阻遏效果的方法允许法院极大地削减该规则的适用范围。法院通过援引"成本和利益的分析",承认违宪扣押的证据在民事案件和驱逐国境案听证中及大陪审团诉讼中使用。也允许违宪获得的证据可以在审判中自由地针对被告人证词中的异议使用(这样可以有效地阻止被告人因成功拥有禁用证据而免于举证)。它也限制了通过联邦的人身保护状主体诉讼对各州法院搜查判决的审查。同时,低级别法院通过援引"成本和利益"的逻辑承认违宪扣押的证据在判决、鉴定或撤销言词证据的听证——刑事诉讼中最普遍程序之一中使用。

例外(Exceptions) 伯格法院和伦奎斯特法院也设置了一些新的例外情形来对这一规定的事实予以限制。这些例外规定允许公诉人在使用违宪取得的证据时不受限制,即便这些证据在审判中将会占主要地位。其中一个例外公布于"尼克斯诉威廉斯案"(Nix v. Williams)(1984):只要能假设警方即使没有违宪搜查也"不可避免地发现"那些证据,那么就允许使用违宪取得的证据(p. 441)。法院还在"合众国诉利昂案"(United States v. Leon)(1984)中创设了另一个例外(通常被不太准确地称为"一个诚意例外")。它允许使用依据违宪签发的搜查令进行搜查来获得证据。法院认为,有瑕疵的搜查令是签发它的司法行政官的错误,而不应怪罪于执行它的警官,所以查禁那些证据并不会影响警方的行为。同样的规定也出现在"伊利诺伊州诉克罗尔案"(Illinois v. Krull)(1987)中,警方依照违宪法令进行搜查得到的证据被允许使用。另一个例外是"亚利桑那州诉埃文斯案"(Arizona v. Evans)(1995)所创立的,该案允许使用警察因错误的法律记录而获取的证据。

现在采用的排除法则是威克斯案中相关内容的缩影。令人感到颇具讽刺意味的是,"威慑作用"已经允许了这么多的违宪取得的证据的使用,以至于作为威慑手段的排除规则,其效能在很大程度上已经消失。当然,违宪取得的证据经常为政府所利用。这也表明排除法则的成本比我们通常想象的要少得多。在"利昂案"中讨论过的托马斯·戴维斯于1983年所作的一项研究估计,在所有的重罪拘捕中(包括初审和上诉),仅有0.6%—2.35%是由于排除法则的运用而最终未被逮捕的。这种事件出现的比例在毒品及其他财产犯罪中某种程度上要高一些,但在暴力犯罪中则明显要低。由此看来,参与者意识形态方面的追求和其对目前该规则在刑事审判体系中发挥的效果的评价,都同样加剧着针对排除规则而展开的持续争论。

参考文献 Thomas Y. Davies, "A Hard Look at What We Know (and Still Need to Learn) About the 'Cost' of the Exclusionary Rule," *American Bar Foundation Research Journal* (1983): 611-690; Yale Kamisar, "Does (Did) (Should) the Exclusionary Rule Rest on a 'Principled Basis' Rather than an 'Empirical Proposition'?" *Creighton Law Review* 16 (1983): 565-566; Dallin H. Oaks, "Studying the Exclusionary Rule in Search and Seizure," *The University of Chicago Law Review* 37 (1970): 665-757; Potter Stewart, "The Road to Mapp v. Ohio and Beyond: The Origins, Development and Future of the Exclusionary Rule in Search and Seizure Cases," *Columbia University Law Review* 83 (1983): 1365-1404.

[Thomas y. Davies 撰;孙曙生、李刚译;许明月校]

行政协定[Executive Agreements]①

依据宪法规定,和其他国家签订的条约需要参议院2/3的成员一致通过。只有国会同意那些协议或契约,立法者们才能同国家行政司法力量一起设置有约束力的国际义务。

宪法文本中并没有提及行政协定是总统才可以作出的选择。它们在美国的外交关系中无处不在,有时还颇受争议,以至于需要区分不同形式。大多数协议是得到法律或条约以及国会的联合决议授权的。例如,1993—1994年北美贸易协定就是由国会的联合决议批准的。如果问题的解决在国会的权力范围内,联邦最高法院会承认其对立法权的代表并得到参议院的默认。

行政协定最早起源于邮政关系,现在它涵盖了诸如著作权、外国援助和贸易在内的众多复杂领域。大多数关于协定的争议都根源于总统作为国家谈判代表和军队总司令所享有的独立权力。1817年詹姆斯·门罗总统签发了一个限制大湖(the Great Lakes)军备的协定,这项策略起初主要是用作暂时的微观部署,后来成为重大外交政策的一个指导原则。例如,休战协定就结束了美西战争和第一次世界大战,而庚子赔款协议(Boxer Protocols)和其他一些协定就承认了美国在华的一些特殊利益。

总统富兰克林·D. 罗斯福(Franklin D. Roosevelt)将行政协定转变成为外交关系的主要手段。他批准了李维诺夫(Litvinov)协定,该协定在1933年承认了苏联,并在1940年达成了关于驱逐舰基地的交易协议。在"二战"期间,罗斯福和杜鲁门还与盟国在开罗、雅尔塔、波茨坦达成协议,并且由此影响了全球大部分国家。战后联盟和全球化经济催生了成千上万行政协定,仅仅里根政府时期,其数目就超过了2800个。

战争时期总司令签订的军事协定曾引发了一些基本问题。转移军队和财宝的秘密协议,如雅尔塔协定和柬埔寨协定,又容易形成敌对阵势。宪法对协定的制约集中在国内,并把专有行政协定限制在恰当范围。联邦最高法院从未将行政协定同国际法等同视之,但"合众国诉贝尔蒙特案"(United States v. Belmont)(1937)和"合众国诉平克案"(United States v. Pink)(1940)则认为,议会不应授权或同意批准行政协定。联邦最高法院认为,李维诺夫协定是国家最高权威的体现,是总统认可外国政府的权力,是国家在国际关系处理中"唯一机构"所享有的"温和的、默示权力"(implied power)["合众国诉平克案"(United States v. Pink, p. 229)]。所以,总统无需咨询传统上作为州利益监护人的参议院就可以推翻相互冲突的州法律。但是,行政协定是否可以像条约那样取代现存的联邦法律,这目前还值得怀疑,但并非是悬而未决的。

所谓"范围"问题是宪法对行政协定的主题范围是否进行了限制。基于宪法制定者对涉外事务的监督进行了权力分享的设计这一前提认识,批评家们指责,用行政协定而不是用条约制定重大政策,只不过是换个方式逃避宪法的控制;另一方面,考虑到处理涉外事务快速性、保密性和集中决策的需要,更不用提国际联盟暴露出的那些由于协商带来的困难和延误,因而,辩护者认为,行政协定对于现代治国策略来讲至关重要。

政治实践往往在很大程度上决定着这些事物的解决。事关外交事务,法官们通常会尊重政治机关的相关意见["达姆斯与穆尔诉里甘案"(Dames & Moore v. Regan)(1981)]。1954年,一次要求国会将行政协定视作国际法来贯彻实施的尝试宣告失

---

① 另请参见 Foreign Affairs and Foreign Policy; Treaties and Treaty Power。

败。那时，作为才提出的布里克尔（Bricker）修正案的替补方案，最终以一票之差未被通过（参见 Constitutional Amendment Process）。协议中所涉及的全部内容、条约和协定恰当使用的标准不明，议会可以通过立法撤销国内条约的实现，所有这些都是影响最终结果的因素。在"里德诉科弗特案"（Reid v. Covert）(1957)中，联邦最高法院的最后判决宣布一项允许由美国人组成的海外军事法院对平民进行刑事审判的行政协定无效。大法官胡果·布莱克（Huge *Black）在多元意见（*plurality）中作出了如下经常被引用的经典论述：所有的协定都必须服从宪法和《权利法案》。

在越南战争（the *Vietnam War）中，和西班牙军事基地签署的秘密协定也在20世纪70年代引发了一些旨在限制行政协定的尝试。凯斯法（The Case Act）(1972)就要求国务卿将任何不是以条约形式出现的国际协定移送至国会，但是这一法律一直被阻碍实施。总统尼克松、福特和卡特都曾就关于南越和西奈裁军问题签署协定。它们被称为"安排"或"记录"，但都没有向国会报告。反伊朗（Iran-contra）丑闻也显示出这样做的危险性。行政协定是总统急剧膨胀的权力的最有力的例证，它提醒着人们：宪政发展过程中同样存在着形式决定于功能的问题。

参考文献 Louis Fisher, *Constitutional Conflicts between Congress and the President*, 4th ed., (1997); Louis Henkin, *Foreign Affairs and the United States Constitution*, 2d ed. (1996).

[J. Woodford Howard. Jr. 撰；李刚译；许明月校]

行政豁免[Executive Immunity]①

宪法没有赋予总统任何免受其他部门对之提起法律诉讼的权利。国会能够十分幸运的享受这样的保护，但是这样的保护，根据言论与争论条款（*Speech and Debate Clause），是被严格限制在立法职能方面的。然而，我们又常常假设总统同时享有免受法院、国会控制的部分保护。如果总统有义务去证明行政部门每个有争议的行为在法律上都是正当的话，他们就得服从一个想象中立的协调部门难以忍受的控制和监察，并且要承受其为使这些行动产生有效的效果而采取的各种阻却措施所带来的巨大负担。如果对总统提出刑事诉讼，甚至还会出现一些观念上的问题：万一总统要自我赦免（*pardon）或使自己免受地方刑事控诉，这将怎么办？这样的可能性导致一些权威认为，对总统的弹劾必须发生在对总统提出控告的刑事司法程序之前。

总统们普遍主张对自己绝对的豁免。这也就意味着，除了弹劾以外，总统可以对法律程序全然不顾。早期出现的大多数豁免案中，总统在其中充当着目击证人或潜在的目击证人的角色。这样的角色对另一方来讲，通常都不是至关重要的。所以，在"马伯里诉麦迪逊案"（*Marbary v. Madison）(1803)中，无论是总统托马斯·杰斐逊（Thomas *Jefferson），还是国务卿詹姆斯·麦迪逊（James *Madison）（名义上的被告）都没有出席庭审甚至没有委派律师。在1806年阿伦·伯尔（Aaron *Burr）的叛国案审理中，主审法官约翰·马歇尔就允许杰斐逊以书面形式回答所有问题。

总统豁免权的经典范例是"密西西比州诉约翰逊案"（*Mississippi v. Johnson）(1867)。在该案审理中，联邦最高法院拒绝对要求对总统执行一项制定法发出禁令的请求进行听审。该判决用犀利的语言抨击法官对总统权力的监督，认为那是"荒诞、过度的奢侈"，这种严厉的措辞，通常被认为是对司法这个方面的权力的否定，尽管在总统是否可以被强制执行其职务中少量的行政职责问题上，判决意见中明显有所保留（p.499）。无论如何，"密西西比州诉约翰逊案"中的表述被罗尔·伯杰（Raoul Berger）一类的总统权力批评家理解为仅仅是对法官自我牺牲的申辩，而非对总统权力予以宪法的限制。

纵观美国的历史，总统早已同议会以及法院达成和解。因此，无论是对豁免权的倡议还是对"法律面前人人平等"这一与之相对的准则的支持，都可能成为先例。关键是看对同一时间他们理解得有多精确。总统亚伯拉罕·林肯（Abraham *Lincoln）和总统西奥多尔·罗斯福曾自告奋勇的列席国会调查委员会的会议，而尤利西斯·S.格兰特（Ulysses S. Grant）总统则在调查中为委员会提供证言（见Congressional Power of Investgation）。同样的，应国会传唤，约翰·泰勒（John *Tyler）和约翰·昆西·亚当斯（John Quincy Adams）总统都曾出庭作证或提交过证言。不过前总统哈里·S.杜鲁门（Harry S. Truman）对于国会反美行动委员会（the House Un-American Activities Committee）的传票视若无睹。

无论是在职的或前任的内阁成员，还是其他一些高级官员，他们与国会相关委员会的合作一直是很自然的；而国会相关委员会的委员们通常也会根据需要调整他们的方案。尽管那些总统委任的高级官员有资格在民事纠纷处理中享有豁免权，但联邦最高法院照例仍对他们提起控诉，就像在"巴兹诉伊科诺莫案"（Butz v. Economou）(1978)中那样。

法院对前任总统和那些在位的主要官员都是十分谨慎的，联邦最高法院一直很强调维护法治——法院的特权就是"解释法律是什么"，然而，从前面提到的马伯里案到布尔案，再到"密西西比诉约翰逊案"都可以看出，法官们实际上常常接受名义上的顺

---

① 另请参见 Inherent Powers; Separation Ospowers。

从，而宪法权威们则将法院的这种调和理解为是一种在公权力上很少或没有力量可以凌驾于总统的立场。

在"合众国诉尼克松案"(United States v. Nixon)(1974)中，情况就大不一样了。总统理查德·尼克松(Richard *Nixon)被怀疑对有人非法闯入民主党总部一事知情不报，并涉嫌对包庇犯罪嫌疑人一事隐瞒(实际上，尼克松是一个未被起诉的同谋者，之所以没有被公开指证，也没有被起诉，是基于对起诉现任总统的担心)。尼克松拥有的对话录音带有可能解决问题，公诉人只要足够的仔细就可以鉴定对话。在这种情况下，总统豁免权已处于最小的限度。但是，因为没有对尼克松启动刑事诉讼程序，刑事指控中总统答辩可能性并没有得到明确地界定，而总统的行政特权(executive privilege)的性质和界限却相当的清晰，这就决定了该案必然会产生那样的结果。

有关总统豁免的主要论点在"尼克松诉菲茨杰拉德案"(Nixon v. Fitzgerald)(1982)中曾有所体现。该案在首席大法官沃伦·伯格(Warren *Burger)的主导下以5比4的微弱多数的表决结果作出判决，其中还包括两个并存意见。大多意见认为，总统作为个体不能因为辞退一名联邦雇员就被起诉，即使按起诉所言，辞退那名雇员也是对其国会调查委员会"告密"的惩罚。总统职责的特殊重要性要求在处理外围事务时(p. 755)有权作出决定而不受私人诉讼的纠缠。基于对宪法上的以及功能上的考虑，法官刘易斯·鲍威尔(Lewis* Powell)为代表的大多数人在国会是否能定义并对行政豁免划定界限的问题上有所保留。而伯格派则认为，存在为绝对的豁免权扫除宪法障碍的基础。

有四个持不同意见者认为这一判决使总统得以不受法律规则的束缚。这一观点遭到鲍威尔和伯格的驳斥，他们指出，其他种类的刑事和民事程序仍然是开放的。反对者同时也认为法院在"巴兹诉伊科诺莫案"中对于其他行政部门的雇员没有坚持同样的豁免资格标准。这个标准在与之类似的"哈洛诉费茨杰拉德案"(Harlow v. Fitzgerald)中以8比1的投票被肯定。如果能够在大多数情况下保证相对豁免，而仅仅在非常情况下实行绝对豁免来保护官员利益，那么对于总统为什么就不能适用同样的条件呢？

很明显，就像伯格在哈罗案中论述的一样，多数意见认为，对于总统、内阁成员、总统幕僚应在"宪法上一视同仁"的对待，这是非常错误的(p. 828)。实际上，伯格认为，总统的助手——作为总统的工具——应该比内阁成员有权利得到更多的宪法保护。国会的助手也是如此。

1997年，当总统比尔·克林顿被指控的性丑闻争议喧嚣尘上时，联邦最高法院全体一致地拒绝在任的总统有权取消或延迟对他的民事诉讼，因为该诉讼与其行政特权没有任何关系。在"琼斯诉克林顿案"(Jone v. Clinton)[520 U.S. 681(1997)]中，一个阿肯色州的政府雇员琼斯声称克林顿在任州长时曾对其提出粗俗的性要求，并且她因为对此表示拒绝而受到惩罚，为此她要求获得赔偿。以约翰·保罗·史蒂文斯(John Paul *Stevens)为代表的大多数法官们注意到，以前只有3个在任总统曾经面临诉讼，指出受理该案不会对未来行政工作增加过重负担的可能性不大，而且相信法院会协调总统的日程及需要。

大法官斯蒂芬·布雷耶(Stephen *Breyer)的并存意见表明，时间及相应的协调措施应当体现于宪法之中，不能只存在于美国的众多法官的思想中。然而，他认为总统根本就没有什么内在的豁免权，并且在这一案件中，更没有特别的理由可以豁免。

在随后的程序中，具有讽刺意味的是，法官虽然相当宽容，但总统对于录像带的误导性处理，被专案起诉官肯尼斯·斯塔尔(Kenneth W. Starr)所利用，并促使其挑起了对克林顿的弹劾程序。许多——如果不是大多数的话——评论者都认为，琼斯案的判决在政治上是相当幼稚的，这可能会促进更多具有政治色彩的诉讼。

尽管琼斯案的判决意见中也存在一些笼统的表述，但仍然没有就是否可以对在任总统提起刑事诉讼的问题作出回答。当然，刑事控诉可能会在很大程度上影响总统执行他或她的职责。尽管阿伦·伯尔(Aaron Burr)和斯皮诺·阿格纽(Spiro Agnew)在担任副总统时曾经受到刑事指控(伯尔是因为杀死了亚历山大·汉密尔顿，而阿格纽则因为在担任马里兰州州长时收受贿赂)，但从实际来看，副总统并不是关键的职位，而且，副总统也不像总统那样，代表了政府的一个分支。

[Samuel Krislov 撰；李刚、林全玲译；许明月校]

行政特权[Executive Privilege]①

直到大约1960年，"行政特权"仍然被理解为"保留信息而由总统享有的自由裁量权"或诸如此类的表述。由于宪法原文中并没有对行政特权这一由总统建立在分权(*separation of powers)观念上的权力予以支持，许多批评家，例如前副国务卿乔治·波尔和法史学家如罗尔·伯杰(Raoul Berger)就将之誉为"宪法的神话"。尽管很难看出行政特权为何同总统的免职权、国会的调查权(the *congressional power of investigation)不同，然而，自乔治·华盛顿执政以来，这个权力一直遭到驳斥。由于宪法条款叙述较少，相关的原则就只能从诉讼判例与惯例中体现。

---

① 另请参见 Appointment and Removal Power; Foreign Affairs and Foreign Policy。

最近几十年里,有关行政特权的争议时有发生,而总统保留信息的裁量权常常与其在诉讼方面的权利即行政豁免(*executive immunity)相互混合。在现实生活中,这更是无法分清。从理论上讲,这两种行政特权的主张都会影响到同法院及立法机关的关系,然而,当国会的例行调查使行政特权的问题首当其冲时,对公诉的行政干预往往会将问题停留在司法层面并力求将之最小化。实际上,直到20世纪,所有的冲突才通过互相协调予以解决。但是在最近几年里,法官已逐渐成为最后的决定者。当然,绝大多数事情仍然是通过权衡时局的实用政治学解决的。

主张行政特权的许多情形下存在着主要的动力。最初,行政机关垄断着对案件的信息,所以很容易滥用其特权。当出现了持续不断的争议时,行政机关的优势地位即开始衰退。公众认为行政机关的黑暗行为被掩盖。随着告密者和信息本身的逐步累积,要求政府公开信息的政策倾向开始明朗起来。总统在关键问题上开始让步,并把要求公开的信息加以公开,但似乎从一开始就缺乏诚意。与此同时,斗争的结果对国会来说似乎是付出极大的代价而获得的胜利,对法院来说则是以公众对政治机构丧失信心为代价的。清楚认识到这段历史并在政治上作出调适,双方都试图寻找一些合理的结果。

在行政特权的表述后面还隐藏着几个核心概念。首先,总统们坚持认为他们需要从幕僚手中得到机密的、直言不讳的建议,而过于轻率地向公众公布这些建议会破坏这些关键关系。这一需要早在1803年"马伯里诉麦迪逊案"(*Marbury v. Madison)中,就被大法官约翰·马歇尔肯定,并且议会和法院开始逐渐正视这一问题并就此谨慎协商。当前任总统和他们的幕僚们离任后写回忆录时,似乎都会尽量回避对绝对特权的承认。其次,总统时常会以基于国家利益的原因主张行政特权。他们坚持认为军事和外交方面的秘密是不应该被泄露的。法院和国会都开始让德高望重的法官和议员使用有限的一些例如照相机之类的技术,对秘密材料进行检查。当然,这些行为也是受到一些限制的。再次,行政特权的主张有时也是因为实际的需要。例如,有时间谍或者提供信息的人,其身份是需要受到保护的。这类实例在历史上也曾有过:当华盛顿总统对众议院隐瞒了有关"杰伊条约"(Jay Treaty)的时候,国会领袖詹姆斯·麦迪逊(Jams *Madison)就认为对关于瘟疫信息的延迟的披露可能会损害国家利益。

自从艾森豪威尔当政以来,总统一直反复要求拥有绝对的特权。但是,在法院,它们却遭到了近乎一致的反对。然而,有条件的优先权还是被确定下来了。无论是从政治角度还是法律角度来讲,行政部门都需要同其他分支的职责协调一致,而这些部门又常常需要获得信息。

十分极端的是,这类需要在对总统幕僚的确认过程中也开始滋生。参议院有权否定总统的提名,这就使得总统不得不在某种程度上与之共享信息。而如果参议院坚持,哪怕是最机密的内容也不得对之有所保留。当一个国会议员(议会授权)提出获取信息的诉求时,法院会依据其裁判权,制定调查的条件。一般而言,法院是遵从行政命令的。即便是涉及总统理查德·尼克松(Richard *Nixon)的那个案子,法院也承认行政保留是正确的这一假设,并将举证责任赋予对此不服的一方。在刑事案件中,法院一般会支持行政主张,但是如果被告有合理的理由显示那些机密材料会极大地影响到案件审理,那么法院就会敦促政府在保密和放弃诉讼中作出选择。如果公务员成为刑事案件的被告,那么对机密的保密显然是岌岌可危了。在"合众国诉尼克松案"(United State v. *Nixon)(1974)和"尼克松诉总务执行官案"(*Nixon v. Administrator of General Services)(1977)中,法院就必须权衡公布机密的利弊,但是,显然官员对涉及同僚的机密没有最后决定权,在关乎自己时也是如此。即便法院仍拥有最后的决定权,普通民事案件中的信息披露仍然是行政特权最常被提出的情况。

[Samuel Krislov 撰;李刚、赵学刚译;许明月校]

救济穷竭[Exhaustion of Remedies]

救济穷竭是一项司法原则,它常常要求当事人在向联邦法院提起诉讼前先寻求别的救济方法。例如,一个州的犯罪嫌疑人在没有用尽州的所有救济方法前通常不会获得联邦法院的人身保护状(*habeas corpus)。相似地,如果原告还没有用尽行政救济方法,联邦法院通常会拒绝给予司法救济。

联邦法院在"罗亚尔单方诉讼案"(Royall, Ex parte)(1886)确认了人身保护状的原则,1948年国会将此编订在司法法第2254节b项。从那时起,联邦法院主要关注罪犯怎样才符合救济穷竭的要求,即其是否应该向州法院(*state court)提起诉讼和州法院是否会驳回诉讼请求。

在最典型的含有行政因素的案件"迈尔斯诉伯利恒造船公司案"(Myers v. Bethlehem Shipbuilding)(1938)中,联邦法院对这件没满足救济穷竭原则的案件作出了判决。此外,联邦法院还受理了许多没满足这项原则要求的案件。例如,在"帕齐诉校务委员会案"(Patsy v. Board of Regents)(1982)中,联邦法院认为,这项原则不适用于联邦的民权诉讼案件。在"马修斯诉埃尔德里奇案"(Mathews v. Eldridge)中,联邦法院认为,原告不需要满足救济穷竭原则,因为这样会导致他们的诉讼请求不充分。事实上,有如此多的例外,并且案件又如此难以满足这项原则的要求,以至于在行政救济穷竭问题上,连最练达地遵循这项原则的人也会感到茫然而不知所措。

在人身保护状案件中,联邦法院解释说,救济穷竭原则是基于礼让的观念,这些考虑和对回避原则所产生情况的考虑相似。在行政诉讼中,这项原则与终审原则和成熟原则密切相连。

[Michael F. Sturley 撰;姚家峰译;许明月校]

单方诉讼[Ex parte]

(拉丁文,"为……利益")该短语通常指不预先通知对方当事人或者对方当事人不参加听审的诉讼。当该短语用作一个案件的标题时[如"涉及扬的非诉案"(ex parte *Young)(1908)],表明诉讼是为了标题所指之人的利益而进行的。

[William M. Wiecek 撰;姚家峰译;许明月校]

溯及既往的法律[Ex Post Facto Laws]

指法律把一项在行为时还不是犯罪的行为作为犯罪来惩罚。宪法第 1 条第 10 款第 1 项禁止州通过任何溯及既往的法律;第 1 条第 9 款第 3 项同样禁止联邦政府通过这样的法律。联邦最高法院起先认定这些禁止性条款只适用于刑法领域而不适用于民事领域。虽然如此,民事领域内溯及既往的法律在一定条件下也会违反宪法契约条款或正当程序条款(*Contract or *Due Process Clauses)。禁止溯及既往的法律的禁令只是对立法权力的限制,不适用于法官判决对法律的改变。

除了禁止制定惩罚行为时还不是犯罪的法律,溯及既往条款也使那些没有造成新的危害,却加重罪行严重性的法律无效。此外,溯及地加重惩罚的法律也违反了这项条款。修改证据规则从而更容易地判处被告有罪的法律也是宪法禁止的。

[Edgar Bodenheimer 撰;姚家峰译;许明月校]

私人引起的公诉[Ex rel.]

(拉丁文,ex relatione,"和……联系")当这个短语出现于案件的标题时,它表明虽然案件是以州检察长的名义起诉的,但案件是在和诉讼主题密切相关的私人当事人一方的要求下提起的。

[William M. Wiecek 撰;姚家峰译;许明月校]

司法外活动[Extrajudicial Activities]①

自从联邦最高法院成立以来,大法官在法院的日常职责之外参加其他活动一直是一个颇有争议的问题。这种司法外活动大致有两大类:一种围绕着极具学术性且涉及公共利益的事务而展开,这与国内和国际方面的可接受程度有关,显然不属于法院的日常职责事务;第二种是在法律圈子外也不会引起多大的兴趣,多涉及法院日常职责事务之外的私人事务的活动。这些公共的或私人的司法外活动常常会导致两种截然不同的结果——批评或赞扬。但两种活动都是轮番攻击的目标。简单说来,任何职责外的事务都要花费思想和精力,而这些本应投入到法院事务的重任之中。在 20 世纪,很多法院的成员都对此提出了批评,而首席大法官威廉·H. 伦奎斯特(William Howard Taft)和哈伦·菲斯科·斯通(*Harlan Fiske *Stone)则曾对此加以强调。

在 1787 年的制宪会议上,对司法外活动的合理性和合法性进行了零星的辩论。对于那些未来的反对司法外活动人来说,制宪会议曾否决了一项旨在让司法系统分享总统对法案的否决权(*veto power)的议案,这明确反映了制宪者的意愿。但通过对制宪会议关于司法外活动的态度的严格考证,我们会发现制宪会议对这个问题有相当大的灵活性。詹姆斯·麦迪逊(James *Madison)曾提议设立一个修订委员会来复查国会通过的法案,其成员包括总统和一定数量的国家司法系统人员。麦迪逊的支持者认为立法应该从司法能力中受益。相反地,一些反对者认为,法官不应参加政策的制定,因为他们缺乏公共政策事务的知识。另外一些反对者反对正式的司法介入,认为那样会演变成对总统否决权的行使,但他们支持一些特别的司法外活动,因为法官的才能和法律能力对其他机构是有益的。

1789 年宪法正式通过后不久,国会和总统就分派或推荐了一些司法外任务给联邦最高法院的法官们。联邦最高法院的最初 10 年是司法外活动理论和实践都很兴盛的时期。在理论上,分权(*separation of powers)原则为其提供了明确的界定。但在实践上,尽管 1792 年"哈伊布恩案件"(*Hayburn's Case)提供了多种不同解释,初期的法官们仍无法在这个问题上作出明确的决定。国会指定联邦巡回法院的法官们作为革命战争中伤员养老金问题的评估员。因此在《1789 年司法法》(*Judiciary Act of 1789)中就没有独立的巡回法官。各联邦地区法官和联邦最高法院的大法官就承担了巡回法院的职责(参见 Circuit Riding)。法令要求巡回法官不仅要审查那些在革命战争中确认其服兵役的文件,还要确定伤员的伤残程度,这些责任不是普通意义上的司法事务。这些检查结果要上报战争部长,由他复查巡回法官的决定并将其上报给国会,由国会决定是否接受。三个联邦巡回法院法官随后上交公文信件拒绝去完成此项任务,他们注意到:此类任务的非法律性使这些任务交付给巡回法官缺乏宪法基础,并且对法官工作结果进行复查后的决定权掌握在非司法领域内阁官员的手中。这次拒绝的基础是该要求

---

① 另请参见 Judicial Ethics。

违反了分权原则。

尽管有此次的拒绝,但早期的法官们仍参加了许多总统或国会请求参加的司法外活动,这些活动超出了判决案件与争议(*cases or controversies)的范围。1790年的一项法律就要求法官经过调查,对那些非有意违反关税而获罪从而遭到罚款或没收财产的人的申诉确认处罚是否有效或免除。又如拒绝养老金的程序,法官按法令规定要将其上报给内阁官员,这位官员就是财政部部长。1790年的另一项法律要求法官评估海员上交的船只安全申请书,法官们要指定海洋专家去检查船只,然后以其报告为基础,来决定船只是否适合于所要进行的航行。1795年的一项法令将决定外国人是否满足了国会确立的移民入籍标准的任务交给了法官(参见Alieange and Naturalization)。

对这些任务的接受并没有扩展到对所有总统和国会分派任务的接受。总统向大法官咨询始于乔治·华盛顿(George *Washington)时期,并且已经延续了两个世纪。华盛顿时期的两个例子就说明了这一问题的复杂性。时至今日,向大法官咨询联邦司法系统方面的问题仍然是平衡分权,不使其出现问题的方法。同样,1790年华盛顿对联邦司法系统的咨询却轻易地招致了批评,被认为会在相关联的两级法院上"危害司法中立"。相反地,当华盛顿要求大法官们在国际法事务上设立一个永久顾问时却遭到了拒绝,理由有多方面,首要的原因是分权原则。同时,这样会使以后的大法官都要承担这一职责,并且会把咨询意见(*advisory opinion)带入司法职责事务中,这也是考虑的因素。有些大法官没有任何保留就接受一些职务也清楚地出现在早期时候,首席大法官约翰·杰伊(*John Jay)和奥利弗·埃尔斯沃思(Oliver *Ellsworth)都接受了一些外交使命,这些事务不仅和法官的职责不相干,而且使他们,尤其是前者,卷入了激烈的政治论战中。

从联邦最高法院最初的10年开始,大法官们即应召担任联邦最高法院的大量的特定公共职务。其中最引人注目和最具争议的就是上边提到的大法官加伊和埃尔斯沃思担负的外交事务。横渡大西洋的艰苦,外交使命的艰辛极大地损伤了埃尔斯沃思的健康,并导致他退休。国会还指派加伊担任处理沉船财物的特派员和美国铸币的检查员。他所担任的职务都是断断续续的,这说明其法律职责依然是首要的。

首席大法官约翰·马歇尔(John *Marshall)名义上担任了这些先前已确立的官方职务,但没有担任新的职务。美国内战(*Civil War)前,只有3位大法官参加了公共事务,大法官亨利·鲍德温(Henry *Baldwin)参加了安德鲁·杰克逊(Andrew *Jackson)将军和米诺尔印地安人战斗的调查。内战前夕,大法官塞缪尔·纳尔逊(Samuel *Nelson)和约翰·A.坎贝尔(John Archibald *Campbell)参加了为防止战争爆发而对南部联盟进行的调解。

内战后,司法外的公共职务变得更加繁多。1871年,总统尤利西斯·S.格兰特任命纳尔逊作为日内瓦特使,将英国和南部联盟建立和修复关系的行为提交仲裁。1876年,由5名联邦最高法院大法官组成的选举委员会将海耶斯和蒂尔登(Tilden)之间的总统竞选限定在党派范围之内,但并没有提高联邦最高法院的声誉。大法官斯蒂芬·J.菲尔德(Stephen J. *Field)是加利福尼亚州法律编订委员会的成员。19世纪后半期首席大法官梅尔维尔·富勒(Melville W. *Fuller)和大法官戴维·布鲁尔(David J. *Brewer)在委内瑞拉和英属圭亚那之间的边界纠纷中担任仲裁员。大法官约翰·马歇尔·哈伦(John Marshall *Harlan)在富尔·塞尔案(Fur Seal)中担任仲裁者。1911年,大法官查尔斯·E.休斯(Charles Evans *Hughes)在建立二级邮政费用委员会中任职。20世纪20年代,大法官威廉·戴(William R. *Day)在美德战争索赔委员会里任职。1930年,首席大法官休斯在为解决危地马拉和洪都拉斯之间边界纠纷而设立的特别法庭中担任主席。威利斯·范·德凡特(Willis *Van Devanter)在英美两国关于没收"孤独者"号船的争端中担任仲裁者。大法官欧文·J.罗伯茨(Owen J. *Roberts)在墨西哥的索赔委员会里任职,并在第二次世界大战中参与对珍珠港备战事务的调查。战后,罗伯特·H.杰克逊(Robert H. *Jackson)大法官被哈里·杜鲁门总统任命为纽伦堡战争审判庭的检察官。林登·B.约翰逊总统也曾说服大法官厄尔·沃伦(Earl *Warren)主持约翰·F.肯尼迪总统被刺杀事件的调查。至今为止,首席大法官所参加的长期的非法官事务的活动包括主持国家艺术走廊监事委员会以及作为史密森学会(Smithsonian)董事会的主席。

与这种由议会或总统指派参加的非司法活动相对照的是,大量的公众和私人活动是法官以私人的身份参加的。这包括了为总统,或偶尔为议会提供建议,以及毫无保留的为游说议员所做的努力。而且大多数这类活动都不为公众所知,因此未激起公众的批评。但是,也有几例此类活动被公众所知后,引起了党派人事和专业人事的关注。19世纪早期的此类活动包括大法官约瑟夫·斯托里(Joseph *Story)就义务军全国化问题与麦迪逊总统所作的交流,大法官威廉·约翰逊(William *Johnson)为提高加利弗尼亚南部的查尔斯顿港口防御工事而作的游说努力,以及大法官托马斯·托德(Thomas *Todd)为议会的战争鹰派所作的咨询工作。为了推动公正的法律的制定,约瑟夫·斯托里与议会中的执行官员以及议会成员进行了广泛的接触,这其中包括司法部部长威廉·皮克尼(William Pinkney)和丹尼尔·韦伯斯特(Daniel *Webster)。偶尔,约瑟夫·斯托里还会向这些人提供法律条例的草本。其他的许多大法官也私下为总统和议会成员提供建议与咨询。其中一些如约翰·马歇尔从事向报纸写匿名的政治信件。通常，给总统提建议都是不为公众所知的，但是，约翰·卡特伦(John *Catron)法官为詹姆斯·布坎南(James Buchanan)总统在关于德雷德·斯科特案(Dred *Scott)结果所做的建议却一度成为公开的政治事件，同样如此的还有阿贝·福塔斯(Abe *Fortas's)在越战、底特律骚乱及其他国内问题上为林登·B.约翰逊总统所提供的建议。

有几位大法官还在联邦最高法院任职的时候就参加了总统提名的竞选。19世纪中，大法官约翰·麦克莱恩(John *McLean)和首席大法官萨蒙·P.蔡斯(Salmon P. *Chase)都曾参加总统提名的竞选，但是他们都失败了。唯一一位赢得提名的大法官是查尔斯·埃文斯·休斯，但他在总统大选中落选，之后回到法院成为了首席大法官。然而，当他了解到那些首席大法官必须遵守的行为规范后，在还没上任前就辞职了。在许多情况下，大法官会尽力影响新成员的选取。他们或者直接向总统推荐，或者会继续在法院中占据一席，直到他们政党的总统上任或者他们的意识倾向成为主流。共和党的首席大法官厄尔·沃伦的辞职形式，也就是这样公开地拖延到约翰逊总统选择其继位者时才辞职，引起保守党人和共和党人的强烈反对。因为从某种程度上来说，当共和党人希望获得1968年大选胜利的时候，沃伦为反对派的总统提供了选择其继位者的机会。因此约翰逊总统提名的阿贝·福塔斯大法官成为现代以来最广泛的一次关于重新检讨法官参与司法外活动的中心。上文提到的阿贝·福塔斯大法官为总统作的咨询，他在为法学院学术会议讲课后所收取的15 000美元费用，以及他参与执行的雕像艺术的提议，都使他成为提名者的希望落空。随后，他与被指控的金融家路易斯·W.沃尔夫森(Louis W. Wolfson)所控制的私人基金的财务关系被揭露出来，这致使他辞去了在联邦最高法院的职务(参见Fortas Resignation)。

福塔斯与沃尔夫森在财务上的关系被揭露使法官参与司法外活动的另一面被突显出来，并且这一面通常都很少被大众媒体所注意到。这包括法官的个人财务问题，或者说是通过多种渠道赚钱的问题。例如，约瑟夫·斯托里在哈佛法学院教书，同时还是塞伦的银行官员；大法官塞缪尔·布拉奇福德(Samuel *Blatchford)编辑和出售他于19世纪在联邦巡回法院所做的审判集锦。

在现代大法官所参与的众多而谨慎的司法外活动中，最有趣的例子之一是大法官路易斯·布兰代斯(Louis *Brandeis)所参与的司法外活动。布兰代斯在20多年中，一直致力于指导对美国的国内政策进行大量革新，并且促使美国的外交政策支持犹太人的复国运动。许多传记作家都一致认为，布兰代斯通过一个代理人——未来的大法官费利克斯·法兰克福特(Felix *Frankfurter)而参与的大量活动严重违背了两人公开颂扬的大法官行为规范。布兰代斯私下为法兰克福特提供了近二十年的资金资助，从而便于影响美国的国内外政策，当中的一些事件偶尔还会在联邦法院最有可能参与的领域进行影响。

法官参与的司法外的活动，无论是私人自愿参与还是受议会或总统指派，主要会引起两个问题。第一个问题根据环境的不同分为利益的冲突和违背原则。如果某个法官被卷入一个真实或者潜在的利益冲突中，他可能会违背法官的行为规范行事而被更换(*recuse)，还可能被律师质问而被迫辞职，虽然这种情况很少。违背原则通常在当权力分化问题内在化以后出现。在19世纪和20世纪早期，由于一些大法官像斯蒂芬·J.菲尔德一样与有权势的集团领袖关系密切，潜在利益冲突，或者说是潜在偏见的出现引起了公众的注意。而具有对种族(*race)、民族、宗教(*religion)以及性别(*gender)带有歧视色彩的私人俱乐部成员的资格问题则成为了近期人们关注的焦点。

如前面所提到的，当联邦最高法院的总工作量不断上升后，第二个问题在20世纪越来越受到关注。首席大法官爱德华·D.怀特(Edward D. *White)、伦奎斯特和斯通都曾对大法官参与司法外活动后如何完成联邦最高法院如此巨大工作量的问题表示了深深的担忧。

参考文献 Walter J. Cibes, Jr. "*Extrajudicial Activities of the United States Supreme Court, 1790-1960*" (Ph. D. Diss., Princeton University, 1975); Alpheus Thomasmason, "Proprieties," in Harlan Fiske Stone, *Pillar of the Law* (1956), pp. 698-772; Brucesllen Murphy, *The Brandeis-Frankfurter Connection* (1982); Russel Wheeler, "Extrajudicial Activities of the Early Supreme Court," in *1973 Supreme Court Review*, pp. 123-158.

[John R. Schmidhauser 撰；姚家峰译；许明月校]

Ff

费尔法克斯的地产受遗赠人诉亨特的地产承租人案[Fairfax's Devisee v. Hunter's Lessee, 7 Cranch(11 U.S.) 603 (1813)]①

1812年2月27—28日辩论,1813年3月15日以3比1的表决结果作出判决,其中斯托里代表大多数法官作出判决意见,约翰逊(Johnson)表示反对,马歇尔(Marshall)、华盛顿(Washington)和托德(Todd)未参加。费尔法克斯的地产受遗赠人案揭开了弗吉尼亚州法官和美国联邦最高法院冲突的序幕。这种冲突在"马丁诉亨特租户案"(*Martin v. Hunter's Lessee)(1816)中达到了顶峰。费尔法克斯的地产受遗赠人案不仅涉及美国独立战争时期没收亲英分子财产的政治敏感问题,而且涉及依据1794年签订的不受欢迎的杰伊条约(Jay Treaty)中美国应承担的条约义务问题,以及依据美国1789年制定的司法法(*Judicial Act of 1789)第25条美国联邦最高法院对美国州最高法院判决的复审权限问题。弗吉尼亚州最高上诉法院坚持认为,位于北奈克(Northern Neck)的地产权是依据弗吉尼亚州的法律由州没收取得的。而在依据错误审查令状(writ of *error)进行的复审中,约瑟夫·斯托里(Joseph *Story)代表了他和仅有的另外两位法官作出判决,他们几乎否定了弗吉尼亚州的没收行为,支持了亲英分子对地产的权利。案件发回后,弗吉尼亚州最高上诉法院拒不执行联邦最高法院的指令,该法院认为,司法法第25条违反宪法,斯潘塞·罗恩(Spencer Roane)法官斥责了联邦政府这种集权化倾向,正是在这种背景下才发生了"马丁诉亨特租户案"。

[William M. Wiecek 撰;刘小雅译;田晓玲校]

公平原则[Fairness Doctrine]

参见 Speech and the Press。

公正代表[Fair Representation]②

公正代表是首席大法官厄尔·沃伦(Earl *Warren)针对费利克斯·法兰克福特(Felix *Frankfurter)法官的观点提出的,法兰克福特认为法院应当远离重新分配议席(*reapportionment)的"政治丛林"(*political thicket)。这个短语源自"雷诺兹诉西姆斯案"(Reynolds v. Sims),在该案中,沃伦断言"公平有效的代表所有公民"是"立法机关议员名额分配的基本目标"(pp. 565-566)。

虽然政体中的公正有效代表制度["加夫尼诉卡明斯案"(Gaffney v. Cummings)(1973)]是宪法追求的目标,但它究竟包括什么却并非显而易见,实际上这一点正是制宪会议辩论的焦点问题。

在"雷诺兹诉西姆斯案"(Reynolds v. Sims)中,法院确立了人口是"处理立法机关议员名额分配争议的判断标准"(p. 567)。虽然这个简单的标准由于忽略了代表制度的许多其他合理依据而受到相当多的批评,即使法院也坚持认为数目上的平等只会导致代表制度的不公正和无效,但法院还是坚持把人口作为判断代表名额分配的合理性和有效性的唯一标准。然而,后来法院又补充了这个标准,坚持认为即使选区居民人数相等,但为了种族利益而操纵选区划分(*gerrymandering)也是违宪的。稍后,法院又宣布基于党派利益操纵选区划分违宪(可法院至今都不能准确地定义什么是"基于党派利益操纵选区划分")。

因此,是否公正有效地代表民众成为了那些主张司法监督某代表制度是否有效的人所采用的简洁标准,而对司法干预这种有争议的复杂事情持有疑虑的人士自然反对法院介入这种"政治丛林"。

[J. W. Peltason 撰;Grant Hayden 修订;刘小雅译;林全玲校]

公平价值原则[Fair Value Rule]

在"史密斯诉埃姆斯案中"(*Smyth v. Ames)(1898),联邦最高法院把公平价值原则作为宪法原则予以采纳,旨在保护受国家管制的行业免受征用定价的侵害。根据该原则,任何一个公用事业公司在被征用时都有权获得一个公平对价,这一对价必须相当于投资于该公共服务业的公平价值。公平价值是指该公司资产的现值。公平价值原则在理论上规定了竞争市场等价返还原则。但是,在实践中这一原则难以操作,因为它要求法院对该公用事业公司的现资产进行复杂的评估。公平价值原则最终于1944年被联邦最高法院放弃。

[James W. Ely, Jr. 撰;刘小雅译;田晓玲校]

家庭和孩子[Family and Children]

波特·斯图尔特(Potter *Stewart)法官在"帕勒姆诉J. R.案"(Parham v. J. R.)(1979)中宣称"家庭争议是法院必须面对的棘手问题之一,这些家庭

---

① 另请参见 Judicial Power and Jurisdiction。
② 另请参见 Vote, Right to。

争议经常牵扯到一些严重的政策性问题,而这些政策问题又貌似宪法问题"(pp.624-625)。斯图尔特的判决意见揭示了伴随联邦最高法院对美国家庭生活的进一步介入而产生的越来越紧张的局势。法院面对的家事案件使联邦和州法规都面临来自家庭各成员诉讼的挑战,这些家庭成员包括夫妻、父母、子女等。这些家庭争议不仅促使联邦最高法院的法官们制定了更加复杂的法律原则来调整家庭法律关系,而且迫使他们对家庭成员的责任和作用作出界定。他们的判决显示出他们广泛的涉入家庭领域,也表明他们在如何调整家庭关系方面产生了严重分歧。结果,家事案件就成了联邦最高法院需要解决的案件中最有争议的案件。

但情况也并非总是如此。历史上,美国联邦最高法院多数情况下避免过多介入家庭纠纷。根据19世纪联邦主义(*Federalism)的概念,州对于家庭法有首要的责任。结婚(*marriage)、离婚、子女抚养、继承(*inheritance)和其他家庭争议的法规制定工作均属于各州的职权范围。联邦最高法院在大量的判决中确认了州司法机关对家事案件的管辖权,其中最著名的就是"梅纳德诉希尔案"(Maynard v. Hill)(1888)。联邦最高法院主要的一个贡献在于解决礼让(*comity)问题,即它确定了一个州有责任在关于婚姻和孩子监护的纠纷中适用另一州的法律规定。大体上,联邦最高法院的大法官们鼓励各州之间彼此信任(*full faith and credit)对方的家庭法。另外,联邦最高法院还卷入了一些特殊问题的争论之中,如在反对一夫多妻的斗争中,大法官们拒绝遵从犹他州允许一夫多妻的婚姻法。总之,联邦最高法院对州家庭法的支持使得美国各地方、各地区的家庭法存在天壤之别。从禁止异族通婚的规定到非婚生子女的继承权都存在很大差别。

在20世纪,各州继续负责规制家庭生活,但联邦最高法院扮演着更为重要的监督角色,这集中体现在系列家庭法准则的制定上。联邦司法介入家庭纠纷主要起始于19世纪30年代发生的一系列父母权利纠纷案件。在"迈耶诉内布拉斯加州案"(*Meyer v. Nebraska)(1923)和"皮尔斯诉姐妹会案"(*Pierce v. Society of Sisters)(1925)中,联邦最高法院坚持认为父母有权决定孩子的受教育(*education)事宜。这些判决宣称家庭存在于一个宪法保护下的私人社会王国,从而确认了父母的权威。"普林斯诉马萨诸塞州案"(Prince v. Massachusetts)(1944)增强了联邦最高法院不干预家庭生活的承诺,该案判决宣称:存在一个家庭生活的王国,没有实质上合法公正的理由,国家无权干预私人家庭生活。这个"合法公正理由"的认定标准几经变迁,联邦最高法院最终通过国家法律授予家庭以自治权,并将此视为宪法第十四修正案(the *Fourteenth Amendment)所保证的对自由的保护。第二次世界大战以后,这种宪法保护成了联邦最高法院进一步干预家庭生活的基础。

一系列相互关联的事态发展促使联邦最高法院付诸行动。美国家庭发生了空前的大变化:离婚率疯狂攀升;越来越多的妇女成为永久的劳动生力军;避孕(*contraception)和堕胎(*abortion)已成为可以获得的家庭限制实践;其他形态的类似家庭的组合,如寄养家庭和同性恋(*homosexual)组合冲击着现存的家庭观念。诸如此类的许多变化改变了家庭生活,家庭争议和家庭诉讼也日见增多。的确,就像在过去那些社会秩序不安定的岁月里一样,社会生活的变化使家庭成了争论的战场。只是与以往不同的是,联邦政府尤其是联邦最高法院也成了战争的一个主要阵地。随着诸如社会保障、对抚养孩子家庭援助项目的出台,联邦政府在家庭生活中所扮演角色的地位大大提高。公民权利革命引发了人们对国家家庭政策的忧虑,家庭成员也因此形成了新的权利意识观念。同样,隐私权(the right to *privacy)意识的膨胀导致人们主张对怀孕和子女抚养问题应实行家庭自治。结果,19世纪美国家庭法产生的令各州法院(*state courts)大为头痛的种种紧张局势,到了20世纪,也开始在联邦最高法院出现,使联邦最高法院也倍受折磨。

20世纪60年代起,联邦最高法院创设的家庭法准则涉猎范围愈加广泛。随着联邦最高法院审查家庭事件范围的扩大,家庭信念、家庭责任的概念越来越清楚,大法官们的分歧也越来越明显。是服从各州家庭法还是扩大个人权利?联邦最高法院的法官们在这个问题上意见经常不统一。联邦最高法院家庭法司法实践的广度和限制性规定都表明联邦最高法院在美国人的家庭生活中扮演着全新的角色。几乎在家庭生活的每个领域,联邦最高法院都作出了新的裁定,这些裁定在很大程度上改变了家庭成员之间以及家庭成员与国家之间的权力平衡结构。同时,大法官们也在围绕这些变化应有的程度和伦理价值而斗争。对以下四个争论的焦点问题的判决可以说明斗争的结果,这四个焦点问题是:父母和子女的关系问题、非婚生子女问题、家庭隐私问题和家庭概念问题。

联邦最高法院重新定义了父母和子女的法律关系。它不仅重新构建了父母和孩子之间权利的平衡,而且构建了在社会化的过程中州与父母对孩子管理权的平衡。而且这些判例也表明了家庭法中的一个早已存在的问题,即法院到底应该支持家庭成员的个体权利还是应该支持家庭作为一个整体的权利。家庭成员的诉求和家庭权利的竞合引发了这些棘手问题。在对这些棘手问题的处理上,联邦最高法院在部分情况下继续支持父母的权利。在"威斯康星州诉约德案"(*Wisconsin v. Yoder)(1972)中,联邦最高法院支持了安曼教派(Amish)父母违反义务教育法让孩子辍学的行为。然而,这是历史上第一次孩子的权利受到宪法的保护,无论是父母还是国家侵犯了他们的权利,他们都可以寻求宪法保护。"高尔特对物(对事)诉讼案"(In re *Gault)(1967)进一步扩大了未成年人的权利。联邦最高法院赋予那些到未成年人法庭起诉的未成年人诉讼程序上的权利,如聘请律师的权利(the right to *counsel),宣称未成年人享有和成年人相似的权利。未成年人的权利在诸如"廷克诉德斯·莫因斯独立社区学校校区案"(*Tinker v. Des Moines Independent Community School District)(1969)中进一步扩张,在本案中,法院给予学生政治权利,因为法院认为学生并未将所有权利都遗忘在"校舍门口"(p.506)。同时,法院裁定,未成年人可以不依赖父母独自决定堕胎事宜,在受虐待和忽视时他们也可以独立寻求保护。然而,法院拒绝赋予未成年人和成年人一样广泛的权利。父母对自己的后代依然享有相当大的权力。在帕勒姆案中,法院支持了父母的权利请求,同意他们把孩子托付给精神卫生中心,主审大法官沃伦·伯格(Warren *Burger)用那种在审理家庭纠纷案件中经常使用的语言说:"历史上我们的法律已经反映出西方文明的家庭概念:在家庭这个单位中,父母对未成年的孩子享有广泛的权力"(p.602)。总之,法院根据宪法正当程序(*Due Process)和平等保护条款(*Equal Protection Clause)创设了一系列新的受法律保护的家庭权利,从而重新平衡了父母、孩子和国家相互之间的权利和义务。

联邦最高法院也用相似的方法解决了由来已久的非婚生子女问题,那就是赋予这些倒霉的非婚生子女和他们的生身父母以新的权利。很久以来,英美法都通过拒绝赋予非婚生子女充分的家庭权利来保护婚姻家庭。挑战这种保护婚姻的方式的人士认为这种法律是不公正的,并且在非婚生子女日益增多的年代,会引发孩子抚养方面的难题。从"利维诉路易斯安那州案"(Levy v. Louisiana)(1968)开始,联邦最高法院引用平等保护原则,创造了一系列新的适用于全国范围的调整非婚生子女的法律规则。在利维案中,法官推翻了否定非婚生子女拥有和婚生子女同等权利的法律,使之在获取母亲非正常死亡的赔偿金的诉讼中胜诉。在联邦最高法院家庭法的判例中,利维案在个人权利保护方面显然有着重要的影响。在其他一些判例中,法院加强了对非婚生子女继承权和抚养权的保护。在另一个同样经典的判例——"斯坦利诉伊利诺伊州案"(Stanley v. Illinois)(1972)中,法院扩大了对未婚生父亲的保护范围,在国家有关机构因不称职父母之诉把孩子从这些被诉的父亲身边带走之前,赋予这些未婚父亲听证的权利。随后的一些判例进一步扩大了对未婚父亲权利的保护。但是,无论是未婚父亲还是非婚生子女都没有赢得和婚生子女及其父亲同等的权利。法律通过限制非婚生子女和他们的父母的权利,使长期以来存在的法律对婚姻道德的维护这一传统保留了下来,尽管对其进行了一定的限制(另请参见 Inheritance and Illegitimacy)。

另一方面,联邦最高法院大大扩展了家庭隐私权这一概念的外延。虽然长期以来一直有一系列判例支持个人有自主决定结婚和生育的权利,但是也有些州总是认为这些权利与本州的婚姻家庭法冲突。在"格里斯沃尔德诉康涅狄格州案"(*Griswold v. Connecticut)(1965)中,联邦最高法院通过赋予个人婚姻隐私权以宪法保护,基本上改变了上述州立法干预个人结婚、生育自主权的状况。出生控制禁令废除后,联邦最高法院作出了一连串的判决从各个方面保护个人的私人决定免受各州的干预。联邦最高法院规定,各州不得剥夺个人结婚和生育的权利,也不得限制他们采用避孕措施和流产。和从前一样,虽然有了诸多新的规定,但家庭这个私人王国还是免不了受到各州立法的干预。通过废除19世纪中叶以来的州法,联邦最高法院排除了州对个人私权的干涉。这些判例不仅反映了当时家庭法老生常谈的一些问题——性别(*gender)问题、胎儿和妇女权利问题以及州禁止公共基金资助流产的法律规定问题,也显示出家庭自主权方面的案件是多么容易引起争议,有些家庭法方面的争议甚至会把联邦最高法院推向一个政治旋涡。

最后,联邦最高法院不得不通过宪法对家庭的概念作出界定。新的家庭形式、联邦政策和法律原则引发了一场关于到底什么样的家庭才应当受到宪法保护的大争论。数年来,联邦最高法院作出了一系列保护家庭隐私权的声明。这一点在"穆尔诉东克利夫兰市案"(Moore v. City of East Cleveland)(1977)中得到了充分体现。在"穆尔诉东克利夫兰市案"中,联邦最高法院不顾地方的分区令(*Zoning)限制家庭规模的规定,坚持赋予那些有血亲关系的家庭成员居住在一起的权利。下面的案件同样表明了这一点。在"贝尔·特瑞诉博拉斯案"(*Belle Terre v. Boraas)(1974)中,法院批准了一部限制无血亲关系住在一起的人的数量的分区法律。联邦最高法院拒绝将没有血亲关系仅仅是同住在一起的大学生视为家庭。联邦最高法院还有一些关于家庭案件的判决限制收养家庭的权利,这些判例也拒绝将同性恋组合和同居视为家庭形式。在这些例中,联邦最高法院一再重申联邦和州对"传统"的血亲家庭作出的法律承诺,在首先保护血亲家庭的同时,联邦最高法院非常反感赋予其他形式的家庭法律保护。联邦最高法院的这种等级和道德的承诺反映在一些关于非婚生子女、未婚父亲和贫穷妇女寻求公共基金资助流产的判例中。长期主宰美国各州的婚姻法规和婚姻司法判决的两套婚姻法律体系——一套是解放中产阶级、上流社会以及处于传统家庭组合之人的法规,另一套对社会下层、受抚养者和文化弱势团体进行压制的法规——也出现在联邦婚姻家庭法律体系里。

到20世纪90年代,联邦最高法院制定了大量的调整家庭生活方面的规则。联邦最高法院关于家庭法方面的判例也是形形色色,从宗教到性别平等各种纠纷都有涉及。这些激烈的争议不仅引起法官们富有启发意义的言论,也在公众中引发了激烈的争论。虽然联邦最高法院的家庭法方面的规则并不具有一贯性,有时甚至相互矛盾,但是这些规则奠定了美国家庭法的宪法和法律基础,并且为美国家庭获得宪法保护作出了贡献。更重要的,联邦最高法院已经成为美国家庭法律政策的主要来源地。联邦最高法院的判决从各个方面塑造着美国人从生到死的家庭生活。

参考文献 Robert A. Burt, "The Constitution of the Family," *Supreme Court Review* (1979), pp. 329-395; Michael Grossberg, *Governing the Hearth, Law and the Family in Nineteenth Century America* (1985); Robert H. Mnoonkin et al., *In the Interests of Children, Advocacy, Law Reform, and Public Policy* (1985); Eva Rubin, *The Supreme Court and the American Family* (1986).

[Michael Grossberg 撰;赵学刚译;田晓玲校]

费伊诉诺亚案[Fay v. Noia, 372 U.S. 391 (1963)]①

1963年1月7—8日辩论,法院以6比3的表决结果作出判决。布伦南代表法院起草判决意见,哈伦、克拉克和斯图尔特表示反对。美国联邦主义(*federalism)的中心问题是联邦政府和州政府的关系问题。在美国的刑事司法中,联邦政府和州政府的相互牵制就充分说明了这一点。被州法院(*state courts)判处有罪的人可以向联邦法院申请人身保护状(*habeas corpus)就是这样一个例子。

自从《1789年司法法》(*Judicial Act of 1789)以来,所有的联邦法院都被授权向联邦囚犯签发人身保护状。然而,直到《1867年司法法》正式实施后,那些指控侵犯了联邦权利的州囚犯才真正和联邦囚犯一样获得联邦人身保护状(*habeas corpus)的保护。

"费伊诉诺亚案"就是一个典型的州囚犯通过联邦人身保护状程序扩大自身权利的范例。诺亚在纽约法院被判谋杀重罪。问题在于诺亚因没有在上诉期内到州上诉法院上诉,而不能获得州法院的救济时,是否应当得到人身保护状的救济?关于本案的争议点是诺亚的两个同伙在被强迫之下作出的供词是否应当被法院采信。根据联邦最高法院的解释,美国宪法第十四修正案(the *Fourteenth Amendment)正当程序条款禁止任何州法院采用胁迫供词。

美国纽约州南区联邦法院拒绝了诺亚使用人身保护状救济程序,原因是只有在申请人身保护状的人用尽了州内救济手段以后,才可以申请使用人身保护状救济程序。联邦上诉法院推翻了纽约南区法院的判决,认为在这种"特殊情况"下,不必拘泥于纽约州的上诉程序规定。联邦上诉法院还坚持认为,人身保护状救济程序启动后,诺亚已经不可能再寻求州上诉法院的救济。州法院也承认诺亚的供词是被胁迫之下作出的,尽管如此,他们仍认为诺亚没有在法定的上诉期内到州上诉法院上诉。

联邦最高法院同意联邦上诉法院的意见。联邦最高法院审理此案的多数法官拒绝适用这样的规则:州程序缺省可以构成一项充分而独立的阻止由联邦最高法院对原审裁判进行审查的正当理由。它认为,与直接审查有关的规则不应当扩展用以限制有关人身保护状的法律授予联邦法院的权力。换句话说,鉴于人身保护状的特别重要性,虽然诺亚没有及时到州上诉法院进行上诉,但这并不意味着他放弃了寻求联邦救济的权利。

威廉·布伦南(William *Brennan)大法官认为,没有什么比保证寻求人身保护状的权利不受侵害更为重要的了,而人身保护状的根本原理就是,"在一个文明社会里,政府必须保证被羁押人的司法救济权……"(p.402)。

在这个判例中,还有一个重要的程序问题。大量的司法判例和联邦立法表明,一个州的羁押犯在被州审判法院判决有罪后,必须用尽本州的救济手段,才有权寻求联邦的令状救济。通常情况下,州犯人必须到州上诉法院进行上诉后,才可以寻求联邦令状的救济。而到州上诉法院上诉通常意味着州最高法院审理此案。在"达尔诉伯福德案"(Darr v. Burford)(1950)中,联邦最高法院认为直到被告在联邦最高法院通过申请调卷令(writ of *certiorari)以确保能够获得州最高法院对案件进行复审的时候为止,才算用尽州的救济手段。当然,联邦最高法院拒绝了90%的调卷令申请,而且从未说明做此决定的原因。在"费伊诉诺亚案"中,联邦最高法院放弃了其在达尔案中的立场,认为向联邦最高法院递交调卷令申请不是"州内救济"。大法官们谴责了达尔案规则是毫无必要的诉讼负担,因为大部分调卷令申请不仅阻碍了联邦最高法院的司法进程,而且也是一种没有必要的时间浪费。

参考文献 David Fellman, *The Defendant's Rights Today* (1976), chap.5.

[David Fellman 撰;赵学刚译;田晓玲校]

---

① 另请参见 Due Process, Procedual; Exhaustion of Remedies。

联邦普通法[Federal Common Law]①

当联邦成文宪法或制定法解决不了判例中遇见的特殊问题时,联邦法官要么决定适用州法律,要么通过判例创设新的联邦普通法,这些普通法规则适用于联邦和州的各级法院,在国会用成文法规则将其替代之前,这些判例法规则始终有效。在"斯威夫特诉泰森案"(*Swift v. Tyson)(1842)中,联邦最高法院就制定了一项联邦商法。

有时候法官们像在弥补制定法的不足或填补其空白时一样,往往会创造联邦普通法来解决一些特定的问题["克利尔菲尔德信托公司诉合众国案"(Clearfield Trust Co. v. United States)(1943)]。有时候联邦最高法院通过立法解释引导法官们在许多领域内创造出联邦规则。例如,联邦最高法院就曾通过解释宪法第3条(*Article Ⅲ)授予了法院对海事(*admiralty)海商案件的管辖权,从而赋予法院创造联邦海商法律体系的权力。

关键问题是如何保障法官在不违反宪法或国会其他立法的意图下造法。到目前为止,这种保障机制需受限于司法的自我约束(*judicial self-restraint)。法官只有在重大的联邦利益需要时,才会制定联邦普通法。虽然这种无限度的法官造法方式令人不安,但是,目前还没有其他可行的方式替代它。因为如果法官们不制定这些联邦规则,就可以适用州法。所以,法官在发展普通法方面严守司法的自我约束,对于一个维持健全的联邦主义(*federalism)具有很大的作用。

由于在"伊利铁路公司诉汤普金斯案"(*Erie Railroad v. Tompkins)(1938)中,有人提出一个颇为著名的论断,即"根本没有什么通行于全国的联邦普通法"(p.78)。所以,联邦普通法经常遭到误解。但是,无论如何,联邦普通法作为我们相同的案件作出相同判决的审判传统的重要组成部分,可以使司法机关公平地解决一些难以预料的问题。正因为如此,联邦普通法的作用一点没有减弱的迹象。

[Martha A. Field 撰;刘小雅译;田晓玲校]

联邦主义[Federalism]

伍德罗·威尔逊在1911年曾经说过,在美国的联邦体制下,联邦和各州之间的权力实现恰当平衡不是"任何一代人就可以解决的问题。"随着社会以及经济状况的变化,选民们迫切要求解决的问题也不相同,而且不同时代的主流政治价值趋向也可能迥然相异,威尔逊宣称,这就要求下一代人应将联邦与州之间的关系看成是一个"新问题",重新进行全面的考察与评估。

但是,联邦最高法院很少明确承认要考虑这类实用主义观点的基础,尽管据此可以划定联邦和州权利的边界,从而区分对联邦权力的限制以及州权力的恰当范围。正相反,甚至在联邦最高法院法官们违背新的学理基础或者在关于法律和政策的最重要的问题上偏离原有的立场时,也总是巧辩地认为,他们是以宪法条文和宪法精神为依据的。他们已经探索了规则的连贯性,因为法官必须要这样做,甚至在他们明显是根据既有的成规来改变一些行之有效的法律规则时也是如此振振有词。他们并不试图将联邦问题当作威尔逊所极力主张的"新问题",而是将其看成是一种古老的而且有着一套永恒不变的解决模式的问题。

联邦最高法院作出的对联邦主义有影响的案件判决常常能够满足维持联邦与各州之间平衡这一强烈的实际需要,以求联邦政府有效地运转——或者可以说,在面临高度危机时甚至可以使联邦政府得以存续。1790年,首席大法官约翰·杰伊(John *Jay)在对陪审团进行指引时对联邦司法体制在这方面的重要角色进行了阐述:如果新宪法要有效而且公正地实施,重要的是"预防联邦与州在管辖权问题上产生冲突,让二者相辅相成而非相互仇视;唯此,才能保障二者既有效独立又相互有效结合"。

在美国历史的某些时期,联邦最高法院对宪法层面的联邦主义的发展提供了强有力的智力指导——或者是通过改革的方式支持政策的革新和改变,或者是通过保守的方式为那些利用联邦主义作为屏障反对变革的政治团体提供重要的理论支持。在其余的时期,联邦最高法院则对此保持缄默,把涉及联邦主义和确定联邦与州权限的争议与在此之前提起的其他类型的问题相区分。

当联邦最高法院对联邦主义问题进行裁决时,它对于宪法和法律条款中的问题形成解决方案具有独一无二的最终权威;当这真的发生时,联邦最高法院的大法官也可能会使已有争议的政治局势更加紧张[因此,在一个独特的场合,即联邦最高法院裁决"斯科特案"(Dred *Scott case)时,它便对宪法层面的联邦主义采取了一种极端的态度,毫无必要地跳入了一个当代最具争议也最具爆炸性的政治问题旋涡,结果成了其最广为人知的"自取其害"]。此外,与我们还记得这个例子一样,我们也还得记得联邦最高法院无法让安德鲁·杰克逊(Andrew *Jackson)总统执行其在"武斯特诉佐治亚州案"(*Worcester v. Georgia)(1832)中作出的判决条款,联邦最高法院对一些有争议的问题作出"权威的"宪法判决是一回事,但是让这些判决得到广泛的认可,或者说行政机关或州甚至以完全遵守这项判决来作为回应是另外一回事。正因为如此,在美国历史上,联邦最高法院作为"联邦体系公断人"的

---

① 另请参见 Common Law; Judicial Power and Jurisdiction。

角色常常是引起理论领域激烈争论的根源,当然有时也是引发美国历史上政治闹剧的源泉。

战前时代 从美国建国到美国内战(*Civil War),联邦最高法院在论及联邦问题时总是受到种种特殊压力的影响。压力之一来自美国独立战争遗产中关于对集权的不信任问题。美国独立战争本身就是为了美国的独立而战;自治、共和以及天赋人权自始都在有关解放的讨论中,即从伦敦的集权、专制统治下解放出来。美国这段遭遇集权的经历强烈影响着整个南北战争的政治意识。因此,当联邦政府举行的宪法演讲中出现"合并"字眼时,就留下了强有力的而且令人困扰的印象。尽管提出了这些担心,但是为了使美国在对外关系中受到尊重和维护美国国内的稳定,美国又必须寻求强有力的中央政权,这也可以说是美国独立战争的另一个遗产。

联邦最高法院面临的第二个压力来自签署争议这部分遗产的模糊性。因为起草者已经提议就宪法进行了广泛的辩论,因此各方的共识是:联邦政府应该是权力有限的政府——之所以有限,是因为这些"列举"的权力是由人民在各州批准宪法的过程中授予联邦政府的。然而,这些权力在多大程度上认可了作为联邦组成部分的各州享有的"主权";在多大程度上保证了各州享有不受中央政权侵犯的司法管辖权(参见 Concurrent Power)却无共识。联邦最高法院即使在历史上最具国家主义倾向的时候,也不能轻易远离这类遗产的模糊性。联邦最高法院也没有解决各州是以"州本身"还是各州的"人民"集体作为联邦政府权力的最终源泉这一争论。

第三个方面的压力是联盟分裂或瓦解的危险——不满联盟的各州企图脱离联盟并宣布有权作为宪法实体而享有独立的主权——直到内战(*Civil War)爆发,这一问题都很严重(参见 Nullification)。

第四个方面的压力来自当时联邦最高法院面临的政治环境,州是明显具有法定资格的政治单位——作为事实问题——履行了大量的政府职能,而要在以后继续有效地履行这些职能显然需要更集中的主权和政府。也就是说,在高度分权的联邦主义体制下,这样做几乎不会对共和制构成威胁,此时联邦政府仅在相对较小的领域内实施排他性的或最重要的主权。因此,只要联邦最高法院试图拒绝或削弱州权力,它就可能被指责违背实用主义观点的要求。

最后是南方的奴隶制(*slavery)问题。所有涉及联邦主义的问题以及联邦政府应有的角色都要受州政府控制的奴隶制问题将来的原则和政策的影响。正如当时所有的政治问题都受奴隶制问题的影响一样,宪法的各个方面也不例外。在战前,不管是主张"州权利"(*states' rights)还是主张"联合",都不能摆脱种族关系问题和奴隶制的存续问题。

在最初40年——可以预见在一个国家的新建时期,尤其是面临着英国的威胁(这一威胁在1812年的战争中变成了现实)以及拥护州的顽固势力企图分裂联邦政府的威胁时——联邦最高法院的一系列判决对新生的联邦政府权力的司法基础给予的支持是极为重要的。最重要的是,这些判决从各个方面确定了新的联邦政府的司法基础。可以肯定地说,即使在坚持国家主义立场的马歇尔法院时期,联邦最高法院对各州的要求也作出了适当地让步。如在"合众国诉赫德森与古德温案"(United States v. *Hudson and Goodwin)(1812)中,联邦最高法院的判决认为,联邦司法权对犯罪行为没有普通法(*common law)上的管辖权;联邦司法权对犯罪的管辖受到法律的约束(参见 Federal Common Law)。联邦最高法院也将裁决流传了下来,这些裁决确保了各州法院有权对本州的宪法和法律进行解释,也可以在如下领域使普通法的原则永远有效:不动产、财产权、非法侵害以及侵权(*torts)——联邦最高法院的这一立场在"埃尔门多夫诉泰勒案"(Elmendorf v. Taylor)(1825)中得到了进一步加强。

在马歇尔法院时期热衷于对宪法进行宽泛的国家主义解释时,联邦最高法院甚至倾向于支持"双重联邦主义"(*due federalism),这一观点为后来的州权利者所主张。所以,在"科恩诉弗吉尼亚州案"(*Cohens v. Virginia)(1821)中,联邦最高法院作出了一个极具国家主义倾向的判决,就连马歇尔本人也承认"这些州……是国家的组成部分——在一些事务上它们具有主权,在一些事务上它们又具有隶属性"(p. 412)。在接下来的"吉本斯诉奥登案"(*Gibbons v. Ogden)(1824)中,马歇尔将国家权力广泛运用于商业领域,并明确表示各州的治安权(*police power)因为包含主权因素"没有授予给联邦政府"(p. 203)。在"威尔森诉布莱克包德港湾湿地公司案"(*Willson v. Blackbird Creek Marsh Co.)(1829)中,他又对这一观点进行了拓展:即基本的原则已经变成众所周知的潜在的商业权力。与此相似,马歇尔法院在"韦斯顿诉查尔斯顿案"(*Weston v. Charleston)(1829)中,确立了一个长期具有生命力的理论原则,各州政府机关不受联邦征税权力的管辖[恰好与"麦卡洛克诉马里兰州案"(*McCulloch v. Maryland)(1819)的判决结果相反,各州也不能对联邦机构征税]。

就各州在国家中的地位问题,还有一个最重要的"分权"判决,即"巴伦诉巴尔的摩案"(*Barron v. Baltimore)(1833),在该案中联邦最高法院认为,《权利法案》修正案从来都没有打算控制州政府。这束缚了联邦法院的手脚;直到内战以后,主要通过适用联邦宪法第十四修正案(the *Fourteenth Amendment),联邦最高法院才能真正利用联邦司法权对联邦宪法前8个修正案授予个人或集体的免受各州政府威胁的自由权利提供保护。

最初 40 年里,相比支持联邦权力的观点,上述判决以及其他判决使得支持改变州主权范围的观点苍白无力。联邦最高法院旨在引领国家主义以及对宪法中以列举方式授予联邦政府权力条款进行扩大解释的潮流。对国会和联邦最高法院自身广泛自由裁量权力进行扩大的条款包括联邦法律至上条款、商业条款以及契约条款(*Contract Clause)。马歇尔在"科恩诉弗吉尼亚州案"(*Cohens v. Virginia)(1821)中认为,"任何政府都不应该在组织上存在这样的缺陷,以致自身不能相容,法律实施无法得到保障"(p. 387)。马歇尔暗示,当州法院擅自判定一个国会法案的合宪性时,联邦最高法院乐意行使其"司法审查权"。在"麦卡洛克诉马里兰州案"(*McCulloch v. Maryland)(1819)中,联邦最高法院适用了最高条款击垮了马里兰对合众国银行征税的企图,并毫不吝惜地表明其要扩大对法案享有的权力的意图。"联邦政府",马歇尔写道,"虽然权力有限,但它具有最高权威……它是全体人民的政府,其权力由全体人民授予;它代表全体人民并以全体人民的名义作出行为"(p. 404)。

"全体人民"的政府这一权威观点也适用于在商事和契约领域所作的判决,在这些判决中联邦最高法院大胆地运用其司法权力对州立法进行审查,因此约束和限制了各州的行为。从此,联邦最高法院适用这些宪法条款以保护划拨土地的受领人以及其他州立法所确定的财产权利,如"弗莱彻诉佩克案"(*Fletcher v. Peck)(1810);对公司特许经营权的无形财产予以一揽子契约条款的保护,如"达特默斯学院诉伍德沃德案"(*Dartmouth College v. Woodward)(1819)。为确保内水的航运自由以及商业物资流动的自由国内市场[至少正式确认是在"吉本斯诉奥格登案"(Gibbons v. Ogden)],联邦最高法院给予国家的商业和投资利益及国家主义的权利主张,而在"巴伦诉巴尔的摩案"(Barron v. Baltimore)中它拒绝将此权利扩大到民权和自由领域。

双重联邦主义与托尼主持的法院　　在南北战争开始前的后半段,即从 1836 年到内战爆发,当罗杰·B. 托尼(Roger B. *Taney)任首席大法官时,联邦最高法院明显改变了它对美国联邦主义司法属性的立场。托尼法院转向支持"双重联邦主义",其理论根据是州政府和联邦政府在权力方面是平等的——它们在各自的范围内运作,并在自己的范围内享有自治权。"查尔斯河桥梁公司诉沃伦桥梁公司案"(*Charles River Bridge v. Warren Bridge)(1837)中,联邦最高法院新上任的多数法官认为,州政府享有广泛的自由裁量权以推进和保护公众对抗公司的权利主张(参见 Private Corporation Charters)。法院认为,不能对任何特许经营权进行扩大解释,也不能据此在对抗管制和新竞争方面依照宪法契约条款提供广泛的保护。联邦最高法院此时是要确保各州能够依据宪法"保留给州的权利"以便有力地保有治安权——即"各州有权制定和改进州内政策,这对各州的繁荣和稳定至关重要"(p. 552)。

通过对"威斯特河大桥公司诉迪克斯案"(*West River Bridge v. Dix)(1848)的裁决,联邦最高法院进一步缩小了宪法契约条款对各州行为的限制,即当各州运用其征用权征用财产,对占用(*taking)以及对该项财产原所有人的补偿问题应由各州自己的机构来解决;各联邦法院不能对此予以干预。在该案及以后的征用权案件中,联邦最高法院都倾向于不对各州政府进行司法监督["米尔斯诉圣克莱尔郡案"(Mills v. St. Clair County)(1850)]。

从"纽约州诉米尔恩案"(*New York v. Miln)(1837)开始,到"库利诉费城港监委员会案"(*Cooley v. Board of Wardens)(1852)时止的一系列商业条款案,的确同样削弱了马歇尔时代联邦最高法院支持的国家主义理论的另一重要原则。联邦最高法院在库利案的判决中认为,商业领域的某些调整对象只需要"独立的统一的规则",但对其他的调整对象"却命令式的要求多种规则,只有这样才能满足当地航运的需要"(p. 318)。在米尔恩案的判决中,联邦最高法院认为,"在州权力的管辖范围内,其权力是完整的、绝对的、排他的",并明确地指明各州在其权力范围内具有"不可剥夺的、不受限制的司法管辖权"(p. 138)。在"乘客系列案"(*Passenger Cases)(1849)中,虽然法官们发生了意见分歧,但多数意见支持当时国家和州之间平等的理论,他们重申州的权力来自于核心主权,而不是国会的宽容。

这些判决反映并策略性地加强了杰克逊时代(Jacksonian-era)的政治立场,即坚持州主权,并对联邦政府在政策制定方面的角色划定更严格的边界。然而,联邦最高法院就联邦主义的新观点也栩栩如生地反映了杰克逊总统的困惑,即如何调和实行奴隶制的南部各州的需要——尤其是怎样才能把他们的"特殊制度"安全地限定在"不可侵犯的主权范围内",从而确保奴隶制永存。一方面,在直接涉及奴隶制问题的案件中,马歇尔和托尼时代的联邦最高法院都没有作出判决,以明确限制或间接质疑由奴隶主控制奴隶。另一方面,德雷德·斯科特案(*Dred Scott)的判决(联邦最高法院的历史上第二次推翻国会立法的案件)中,托尼法院试图将保护范围扩展于奴隶制和实行奴隶制各州的利益,这是徒劳的。托尼以及他的同事们极力维护州主权(*state sovereignty)和双重联邦主义的立场,他们在依据 1850 年逃亡奴隶法提起的一系列案件中,支持以绝对的国会权力限制被告在程序上享有的权利。此外,随着 19 世纪 50 年代地方性的危机持续显现,联邦最高法院在"艾布尔曼诉布思案"(*Ableman v. Booth)(1859)以及其他的案件中拒绝了北方各州州立法机关、法院和官员干预逃亡奴隶法实施的努力,其依据是当个人位于州的领域内时,无论其肤色如何,也无论其是否处于奴役状态,一个人的法律地位排他性地属于各州的管辖范围。

除了奴隶制,托尼时代的联邦最高法院在法律与政策领域支持国家主义理论,但它仅仅是削弱了各州在分权体制下所享有的权力的边沿。联邦最高法院所做的一个符合国家主义理论的变化就是扩大了它的海事管辖权。在"吉尼斯船长诉菲茨休案"(*Genesee Chief v. Fitzhugh)(1852)中,联邦最高法院支持国会把司法管辖权扩大并超出英国的先例以及联邦最高法院已承认的更早的判决,以便将所有主要的可航水域都被包括在司法管辖权之内。在"斯威夫特诉泰森案"(*Swift v. Tyson)(1842)中,联邦最高法院也以某种方式扩大了国家权力的范围,以求统一适用于商业案件的原则。托尼时代的联邦最高法院还对"居住于不同州的公民"下一个宽泛的定义,以便于各联邦法院对涉及居住于不同州的公司(*corporations)的案件进行审理(参见 Louisville, C. & C. R. Co. v. Letson, 1844)。有些时候,联邦最高法院针对公司活动的判决是模棱两可的,特别是"奥古斯塔银行诉厄尔案"(*Bank of Augusta v. Earle)(1839)的判决,联邦最高法院在该案中认为,根据礼让原则(*comity)可以推定,"外来的"(即州外的)公司可以在本州从事商业活动,除非该州明令禁止。

当1861年桑特尔堡(Fort Sumter)的枪声一响,联邦最高法院所关心的州际友好原则等让位于这样一些重大的宪法问题:各州有要求脱离联邦的权力吗?宪法能够提出什么样的保护措施以维持国内现有的奴隶制,而这在西方世界看来是奴隶制的最后一块阵地吗?需要在多大范围内发动武装部队来保卫联邦并中止民权?这些问题最终不再由博学的法官而由战场上的陆海空三军来决定。

战后时代 如果说联邦最高法院曾遇到了伍德罗·威尔逊(Woodrow Wilson)所称的联邦与各州关系的"新问题",那应该是在内战期间以及战后的重建(*Reconstruction)时期。在"得克萨斯州诉怀特案"(*Texas v. White)(1869)中,蔡斯法院作出了著名的判决意见:"宪法的所有条款在保护我们坚不可摧的联盟,而坚不可摧的联盟是由牢不可破的各州组成的"(p.725),蔡斯法院非常支持这种激进共和党的联邦主义观点。这也宣示了州权利者曾经支持的联邦联盟"契约理论"的消亡——"契约理论"认为,州成为州的最终源泉来自于联邦政府的权力,而不是由人民组成的国家整体。占统治地位的国家主义的联邦主义观点已经授予亚伯拉罕·林肯(Abraham *Lincoln)总统在内战期间调度军队的权力以及广泛的战时紧急权力;同样,现在它将利用宪法的权威性在战后对南部各州实施军事占领以及政府重建(参见 Presidential Emergency Powers)。

虽然联盟不可分性已经得到解决,在战后以及20世纪的前30年里,又有一些新的重大问题还需要联邦最高法院进一步解决。在众多问题中,比较重要的有国家的工业化问题以及新公司组织形式的出现,这种新型的公司形式是20世纪初发达资本主义的原型(参见 History of the Court: Reconstruction; Federalism, and Economic Rights)。由于受到新技术以及加速发展的经济对比较陈旧的领域和部门的生产方式的冲击产生的持续影响,如果没有强大的中央权力,就不可能对庞大的国民经济进行有效的管理——如果这就是选民和他们的统治者所期望的话。然而,联邦宪法允许多大程度的中央集权,以及各州政府在多大程度上要受到联邦宪法的约束,这些问题都很重要。联邦最高法院对战后联邦宪法修正案——特别是联邦宪法第十四修正案(the *Fourteenth Amendment)的反应,对国家和联邦体系的前途是很重要的,很多该修正案的制定者都希望该修正案引起联邦与州之间的关系发生重大转变。

正如马歇尔时代的联邦最高法院利用契约条款、商业权力条款以及最高条款来限制各州的自治权力一样,19世纪晚期联邦最高法院创立了一系列扩张联邦权力及限制州权力的原则。这时,商业权力原则依然非常重要,例如,1877年联邦最高法院认为一项州法律无效,因为该法在调整新出现的电报产业方面与国会的调整相冲突[在"彭萨古拉电报公司诉西部电报联合公司案"(Pensacola Telegraph Co. v. Western Union)(1877)]。联邦最高法院直截了当地认为,联邦政府"在其权限范围内,可以就其管辖范围内的任何事项作出管理。它为整个国家立法,并不受各州界限的约束"(p.10)。19世纪80年代联邦最高法院否决了州一项侵害州际运营活动的铁路运输费用规定,这也使国会"潜在的商业权力"具有了新的含义:即使没有全国性的立法,也不能容忍各州损害州际商业行为。毫无疑问,这种立场为国会介入重大的立法活动保留了动力,如1887年的州际商事法(参见 Interstate Commerce Commission)。

一旦国会有了某一立法领域,联邦最高法院就可能以法律解释的方式确定国会在整个领域的"优先"立法权——据此把各州超越宪法标准的立法排除在外。在19世纪90年代,由于国会的正式立法权得到扩张,它就开始在下面这些领域进行了广泛的立法:彩票、酒类买卖以及违反州法的商业体育比赛。1906年的清洁食品药品法(*Pure Food and Drug Act of 1906)表明联邦干预在性质上发生了根本的变化,因为该法的实施依赖于政治官僚机构的大量工作人员进行的检查。

战后的联邦最高法院依靠早期联邦商事普通法的原理发展了适用范围更广的"一般法理",它使得那些支持拒绝清偿公债的州法院的判决被推翻。法官们对这些新原则的适用很快就超过了原有的基础。到了1900年,由于逐步接受了斯蒂芬·菲尔德(Stephen *Field)法官关注财产的理论,并依赖托马斯·库利(Thomas *Cooley)和其他一些保守主义法官的理论,联邦最高法院发展了全面的"默示限制"理论并以各种不同的方式表达出来。具有讽刺意味的是,其中的一个理论,即"受公众利益影响的商业"产生自"芒恩诉伊利诺伊州案"(*Munn v. Illinois)(1877),在该案中联邦最高法院支持各州强有力的干涉行为。但是过了一段时间,"一般商业行为"(联邦最高法院认为这样的行为不受控制)和"受影响的商业行为"之间的区别使得许多企业都不受州权力的控制。

"合同自由"原则是对州权力进行限制的第二个主要的理论原则,它在1905年的"洛克纳诉纽约州案"(*Lochner v. New York)中得到了充分体现(参见 Contract, Freedom of)。第三个原则是限制各州征税权使用的"公共目的"概念;这与联邦最高法院限制联邦征税权力的保守转向是有联系的(参见 Due Process, Substantive)。此外,联邦最高法院还在劳动纠纷领域支持联邦审判法院保证公平就业的权力,特别是在受到州行政官员、州立法或者行业协会的不当干预时。

当然,联邦最高法院在这些领域的激进主义态度本身即是对集权的行使,这又会深刻地影响到联邦体系的平衡(参见 Judicial Activism)。但这并不是说,联邦最高法院就一直反对各州的权力或者持续不断地支持国会所寻求的联邦权力。例如,联邦最高法院在许多方面还是支持各州享有广泛的自主权力,如通过行使征用权以开发它们的自然资源;将水法适用于各航线;甚至可以采取诸如公共卫生方面的各种强制措施。在这类判决中,联邦最高法院还拒绝将激进的联邦司法审查制度扩展到下述领域:各州经济发展中的主要问题以及各州在公共卫生和福利方面所要实现的新目标(实际上,各州高等法院在适用"正当程序"和既得权利原则以推翻该州立法方面比联邦法官表现得更为积极)。同样,联邦最高法院拒绝将联邦在刑事司法领域的程序保障范围进行扩大,以致各州和地方权力机构在警察、法庭和监狱方面享有广泛的自治权力(参见 Due Process, Procedural)。只有在财产占用(*taking)方面,联邦最高法院摆脱了"巴伦诉巴尔的摩案"(Barron v. Baltimore)的约束,并于1897年作出裁定,联邦宪法第十四修正案"合并"了联邦宪法第五修正案(the *Fifth Amendment)的宪法占用条款,该条款保障所有权人在征用的情形以及某些案件中存在的过度宽泛的管制的情形受正当程序保护。

在国会权力的范围方面,联邦最高法院开始对违反宪法的联邦立法进行严格审查。它在1879年推翻了国会一部保护商标的法律,1883年使得《民权法》几乎不起任何作用。在接下来的10年里,联邦最高法院限制了《谢尔曼反托拉斯法》(the *Sherman Antitrust Act)的适用范围,它认为对制造业的管制没有得到商事条款的授权,这就使其执行效力大为下降;在"波洛克诉农场主贷款与信托公司案"(*Pollock v. Farmers' Loan & Trust Co.)(1895)中,联邦最高法院认为一部联邦所得税法违宪。

联邦最高法院这种保守主义的做法在1918年的"哈默诉达根哈特案"(*Hammer v. Dagenhart)中达到了极点,该案推翻了一部由国会制定的法律,因为该法禁止使用童工生产的产品进入州际商业领域。这一判决表明,联邦最高法院持保守主义观点的多数法官在重塑"双重联邦主义"方面获得了胜利。大多数法官坚持认为,联邦宪法列举式的授权应该按字面意思来进行解释——并与根据联邦宪法第十修正案(the *Tenth Amendment)保留给各州的权力进行比较——他们还对宪法原则进行了解释:"没有明确授予联邦政府的权力被保留,……各州调整纯粹内部事务的权力是固有权力,并从来没有授权给联邦政府"(pp. 275-276),这一观点肯定是约翰·C.卡尔霍恩(John C. Calhoun)乐意接受的。当然,最后还是要由联邦最高法院通过一件一件的案件,并根据其性质来决定"纯粹内部事务"的范围,然后各州才在这些"内部事务"方面享有排他性的权力,这也要对国会进行适当的授权。

"新政"时期的联邦最高法院 意见分歧较大并且内部相互敌对的联邦最高法院在面临经济大萧条和早期的"新政"(*New Deal)立法时,其潜在的旨在削弱联邦政府的保守主义原则在紧急情况下充分显露了出来,至少在短期内是如此。在"合众国诉巴特勒案"(United States v. *Butler)(1936)中,联邦最高法院根据联邦宪法第十修正案和双重联邦主义的原则,推翻了"新政"的农业控制措施,并再次重申了达根哈特案所确立的授权原则并极力主张"各州保留权力"的神圣性。与此相似,保守主义的多数法官还运用现在看来狭隘而又严格的商业权力观点认为,跟农业一样,采矿业和制造业并不属于"商业"的范畴,所以也不受联邦权力的调整。在"谢克特禽畜公司诉合众国案"(*Schechter Poultry v. U.S.)(1935)中,联邦最高法院推翻了早期"新政"的一项重要基础——《国家工业复兴法》,它称其为异端邪说,并认为商业条款应该被解释为"所有可能对州际商业产生间接影响的企业和交易行为"。他们认为,这样一种理论可能会使联邦权力"进入人们所有的行为";在这种情况下,"各州对其内部事务的权力就只能依赖于联邦政府的容许"

(p.546)。

在1935—1936年间摧毁了"新政"的经济计划之后,联邦最高法院受到了来自白宫的反击,政治交锋也接踵而至,因为富兰克林·D.罗斯福(Franklin D. *Roosevelt)总统转而实施"填塞"法院的做法,以便结束富兰克林·D.罗斯福解释为"死手"的论调,从而实施人民广泛支持而且急需的经济计划(参见 Court-packing Plan)。然而,在这场与联邦最高法院斗争的政治闹剧中,政府有些忽视了联邦最高法院发出的复杂信号。就州权力(与议会的权力相对应)来说,联邦最高法院早在1934年的两起判决中就已经暗示:宪法原则可能发生巨大改变。因此,在"奈比亚诉纽约州案"(*Nebbia v. New York)中,联邦最高法院放弃了自1877年以来适用的一般商业与"受公众利益影响"的商业的区分。这就动摇了正当程序的重要理论依据之一,也扩大了各州的活动范围。在"住房建筑与贷款协会诉布莱斯德尔案"(*Home Building and Loan Association v. Blaisdell)(1934)中,联邦最高法院的多数意见支持延期偿付抵押的州决定,而以紧急情况为由抛弃了宪法契约条款对各州的限制这一理论传统。

因为罗斯福总统可以任命支持"新政"的法官,联邦最高法院所引发的变化原则上可以被称为"宪法革命",并于1941年基本完成。这场"革命"与宪法上的联邦主义的基本原则相关。例如,商业条款不再被看成是对议会权力的限制,这种观点在联邦最高法院对"威卡德诉菲尔伯恩案"(Wickard v. Filburn)(1942)的判决中完全得到了证实,该案实际上宣布了联邦在经济管制上完全享有国家主权。联邦最高法院在"美国电力与照明公司诉证券交易委员会案"(American Power & Light v. SEC)(1946)中重申了这一立场,并宣称商业权是"国家的经济需要,要求它有多广泛它就有多广泛"(p. 104)。与此相似,在"合众国诉达比公司案"(U. S. v. *Darby)(1941)中,作为限制联邦权力标志的联邦宪法第十修正案不再被认为是公认的真理,只不过是"宣言性质"的条款,所以其并没有限制效力(p. 124)。

随着国会对各州以前所享有的排他性权力的逐步占有,联邦政府所扮演的角色也在20世纪30年代发生了变化:各州与联邦之间原有的平衡关系被彻底打破了,宪法革命只是一种比较正式的说法而已。开始于1935年的社会保障计划,是全国范围内的社会"权利"(*entitlement)计划的开端——这也是当代国家福利体制的基石。农业成了由联邦进行管制的部门;瓦格纳法案使劳工关系在全国得到了统一;在美国历史上国会第一次对普通劳动者的工资和工时进行了立法。所有这些措施都被联邦最高法院认为是合宪而给予了支持。除此之外,国会还在诸如通信、交通和金融等重要部门获得了进行管制的优先权。社会救济、就业、医疗和其他"新政"时期的社会计划等,这一切最终实现了在议程安排、财务和管理决策方面高度的中央集权。

总的来说,此时的联邦政府已经成为单一制而非真正意义上的联邦,因为现在对联邦政府几乎没有明显的宪法限制了。联邦最高法院就国会开支和征税权力所作的判决,再加上新的商事条款所确立的原则,使联邦治安权变得十分宽泛了。但需要明确的是,各州还是宪法实体和政治实体;在"伊利铁路公司诉汤普金斯案"(*Erie Railroad Co. v. Tompkins)(1938)中,联邦最高法院断然拒绝了联邦商事普通法(*common law)。然而,各州自治权力的范围和重要性(与联邦政府相对应的权力)已经被极大地削弱了。后来,州政府也得到了繁荣,但是由于推行行政改革、职能扩张和提高效率,与以前相比,联邦政府在许多政策领域更有活力而且在提供服务方面更有效率。因此,后期州权利的复苏也没有能改变政府向集权方向发展的基本取向,这也是新政时期留下来的最大的遗产。"二战"动员时期,对经济和劳动力进行统一管制的需要进一步巩固和强化了这种新秩序。

沃伦主持的法院的遗产 自"新政"以来,联邦最高法院所作出的许多,或者说大多数非常重要的——在政治上也是最具争议的——判决意味着联邦与州之间的平衡是十分重大的问题。所有这些判决的主题都与对联邦宪法第十四修正案适用范围的反思有关。重要的是,在以"布朗诉教育理事会案"(*Brown v. Board of Education)(1954)为中心的一系列废止种族歧视的案件中,沃伦法院把公立学校——传统上只包括地方的大多数政府机构——置于严格的司法审查之中;在种族隔离问题上,长期以来各州因隔离但公平原则(*separate but equal doctrine)的存在而免受联邦政府的控制,现在联邦最高法院把这一原则视为对法律的误导而加以批驳。

联邦最高法院一直遵循其在布朗案中所确立的主要原则,并主张以"极为审慎的速度"废除种族歧视,因此在将案件发回低级别法院的同时,联邦最高法院还要求低级别法院根据"地区学校的不同问题"实施布朗案所确立的原则。这给了各州及地方学校当局较大的自由;联邦最高法院显然以为会得到他们的合作,然而,事实恰好相反。面临警察以及民族主义分子的暴力行为的南方各州政府对此予以抵制。要废止种族隔离,不仅需要派遣联邦军队和法警到学校的操场或大学的校园,就如阿肯色州的小石城以及其他地方曾经发生的那样;废除种族隔离的过程还要求联邦法院持续不断地监督学校理事会的政策和活动。联邦地区法院法官所扮演的新角色——这样的情况以前只在监督铁路破产时发生过一次——已被固定在"机构改革"功能这一模式上。由于议会立法以及联邦最高法院的判决将联邦宪法第十四修正案的适用范围扩张到了所有存在歧视的州政府或地方政府的做法，这就意味着拘留所与监狱、法律实施官员、选举官员甚至各州司法机构都受到了联邦法院不同程度的监督以及日复一日的指令。

在20世纪60年代的议席重新分配系列案（*Reapportionment Cases）中，联邦最高法院扩大了平等保护原则以便创立一系列的新的宪法规则，从而结束了农村地区在代表方面长期以来形成的明显不平等现象。在"贝克诉卡尔案"（*Baker v. Carr)(1962)中，联邦最高法院推翻了以下观点：各州在确定立法机关代表方面的组织和程序属于不受联邦法院管辖的一个"政治问题"（*political question），但约翰·M.哈伦（John M. *Harlan）和费利克斯·法兰克福特（Felix *Frankfurter）两位法官对此表示反对。同样，有关议席重新分配系列案判决的实施，必然要求联邦地区法院的法官监督相关的立法过程并批准对选区的划分。

通过这些案件以及对宪法解释进行的其他修订，沃伦法院将联邦政府的权力扩展到了原来属于州的神圣不可侵犯的权力范围。在这个过程中最重要的是，联邦最高法院通过认定20世纪60年代的民权法案合宪[如"亚特兰大中心旅馆诉合众国案"（*Heart of Atlanta Motel v. United States)(1964)]来实现的，即使案件中涉及私人行为或私人之间的关系，而不是应当受宪法第十四修正案规范的"州行为"。这一倾向还体现在其他领域的判决中，如教会与国家的关系（*church and state）、学术自由（*academic freedom）、新闻审查以及其他有关联邦宪法第一修正案（*First Amendment）问题的判决。在"南卡罗来纳州诉卡曾巴赫案"（*South Carolina v. Katzenbach)(1966)中，大法官们支持了1965年投票权法（*Voting Act）将大量自由裁量权转移给联邦司法部部长，以发现"选举中种族歧视的不良影响"。联邦最高法院还依据1983条款诉讼大大扩展了联邦最高法院受理的民权案件的范围，这招致了保守的法官和政客的持续批评，他们力图使州和州法院不受联邦法院的审查。

尽管伯格时代的联邦最高法院在某些方面采取了更为保守的态度，如在州功能的机构控制方面，在对州的刑事案件的司法审查方面，在其他有关管辖权纠纷问题上等——但在许多基本问题上却遵循并扩展了上述原则。因此在20世纪70年代和80年代，联邦最高法院都支持了国会的反歧视法律，对州和私部门的实践采取了强化的审查标准，联邦最高法院还把联邦宪法第十四修正案应用于儿童生育与怀孕领域、性别歧视（*gender-discrimination）的惯例以及劳动力市场上的年龄歧视案件中。在这些法律领域，联邦最高法院或者对州施加了新的确定性的要求，或者扩展了宪法对州法管制个人行为的限制。

所有这些判决都招致了对法院的批评。联邦最高法院在"格里斯沃尔德诉康涅狄格州案"（*Griswold v. Connecticut)(1965)中，推翻了一部禁止分发避孕器具的州法律，这个判决引发了较为强烈的政治反应；沃伦法院时代的判决还对法律的执行实践增加了新限制，并扩展了宪法第四修正案（*Fourth Amendment）所保障的权利范围，这甚至招致了州首席大法官会议的谴责。在"罗诉韦德案"（*Roe v. Wade)(1973)中，伯格法院的大多数法官甚至没有对联邦主义的价值表示认同就裁决妇女有堕胎权（*abortion），这就引发了最为强烈的政治反应。另一方面，在"罗德里格斯诉得克萨斯州案"（Rodriguez v. Texas)(1973)中，伯格法院没有支持根据宪法第十四修正案提出的对地方政府不平等地资助学校提起的诉讼，相比以前废除种族歧视案件中的保障学校公平的判决，该案被认为是很大的倒退，同时也引发持自由主义观点的大多数法官的强烈抗议。伯格时代的联邦最高法院其他方面的判决也有所倒退，使得一些更早的案件不能自由地从州法院起诉到联邦最高法院。

此外，联邦最高法院自20世纪40年代到90年代中期在"合并"权利法案方面形成的一系列判决表明，联邦最高法院接受了国会的授权以便在新的民事权利法律中对特定类型的歧视进行定义，而这些是包含在联邦宪法第十四修正案的文意中的，同时联邦最高法院从新政时期起已明确承认国会对与"商业"有关的事务享有广泛的规制权，几十年来一直得到沿用，这也被看成是美国涉及联邦主义方面法律转换的基础。

伦奎斯特主持的法院与"联邦主义的复苏"
伦奎斯特法院结束了这种摇摆不定的状态，以致到了20世纪90年代晚期，日渐保守的法院使得涉及联邦主义方面的宪法规则发生了重大变化。在变化的过程中，联邦最高法院不仅创造了一些新的规则，而且利用了一些早就弃之不用的宪法规则。事实上，一些被重新起用的规则根植于双重联邦主义的传统，其不仅在新政时期起重要作用，在美国历史的前期甚至还起到维护奴隶制和黑人法的作用。

具有讽刺意味的是，这一重大原则性倒退的基调最早却是大法官胡果·布莱克（Hugo *Black）唱响的，他在很多涉及宪法问题中的观点常为"州权利"的保守主义者所痛恨。在涉及联邦法院干涉州法院的诉讼程序的"扬格诉哈里斯案"（*Younger v. Harris)(1971)中，他大胆地宣布，"我们的联邦主义"规则意味着，"如果各州以及它们的机构能够以它们各自的方式自由履行职责，联邦政府的运行就会更加良好"(p.44)。当某州的被告以公民权利受到侵犯为由在联邦法院寻求救济时，布莱克继续说道，"必须适当尊重该州的权利，同时也要注意这样一个事实，即整个国家是由分散的州政府组成的联盟"(p.44)。随后几年里,联邦最高法院经常在判决中利用上述理由,并从程序上缩小从州法院上诉到联邦最高法院的案件的理由,从而削弱了沃伦法院确立的原则的作用。

对伯格主持的法院的双重联邦主义的新一轮抨击的另一个先兆出现在1976年的"尤塞里诉全国城市联盟案"(Usery v. National League of Cities)中,联邦最高法院以5比4的多数意见判决国会的一部法律无效,该法将工资和工时限制适用于州和地方政府的官员。这也标志着自20世纪30年代以来,联邦最高法院首次根据商业条款推翻一部国会立法。尤塞里案中被推翻的立法显然是与经济关系相关的;这一判决甚至还把第十修正案从坟墓中拖了出来。"州作为州",多数意见认为,必须免予受到这类联邦权力的侵犯。然而,联邦最高法院并没有继续适用尤塞里案阐述的源于宪法第十修正案的"固有权利"(*inherent powers)、"传统功能"概念,而是放弃了这种冒险转而复苏双重联邦主义:在"加西亚诉圣安东尼奥都市交通局案"(*Garcia v. San Antonio Transit Authority)(1985)中,大法官哈里·安德鲁·布莱克蒙(Harry A. *Blackmun)转变了立场,因而形成了一个新的5比4的表决结果,布莱克蒙宣称州利益的"政治保障"是结构性的,在那个意义上说也就是整个政治进程的组成部分已经受到足够的保护(p.565)。然而,大法官伦奎斯特(*Rehnquist)在加西亚案中的反对意见也值得关注,他提到将来一旦任命新法官很可能会重新认识这个争议。实际上,这一案件将会被重新审查,尽管伦奎斯特作为首席大法官领导的"联邦主义的复兴"可能主要依据的是其他理论,而不是简单地适用联邦宪法第十修正案。

在1992年到2003年期间,联邦最高法院的大法官伦奎斯特、桑德拉·戴·奥康纳(Sandra Day *O'Connor)、安东尼·斯卡利亚(Antonin *Scalia)、克拉伦斯·托马斯(Clarence *Thomas)和安东尼·肯尼迪(Anthony *Kennedy)组成的"双重联邦主义集团"宣布了四个限制联邦权力的基本原则。第一个原则体现在1992年的判决["纽约州诉合众国案"(New York v. United States)]中,该判决认为,国会不能通过强迫州官员"制订和实施联邦的管制计划",并据此"征用"他们,这是不合宪的。在"普林兹诉合众国案"(Printz v. United States)(1997)中,联邦最高法院进一步确认了这个新的反征用禁令,并裁决国会要求地方官员对枪支购买者的背景进行调查是"根本不符合我们双重主权的宪法体制的"(p.935)。

"主权"这一主题在第二个被修订的原则中具有了更重要的地位,这一原则明确以联邦宪法第十一修正案(*Eleventh Amendment)为基础,并在佛罗里达州的"塞米诺族诉佛罗里达州案"(*Seminole Tribe of Florida v. Florida)(1996)中得到了阐释。该案中,5个大法官组成的联盟不承认国会有权对在联邦法院对州提起的诉讼进行授权。这一判决直接推翻了联邦最高法院在"宾夕法尼亚州诉联合燃气公司案"(Pennsylvania v. Union Gas Co.)(1989)中的立场,在该案中,联邦最高法院宣布依据商业权力进行的规制可以不受宪法第十一修正案的限制。塞米诺族案中的大多数法官甚至撒了一个更大的网,宣称18世纪时在英国适用的普通法规则是州主权豁免的理论依据。

联邦最高法院对联邦宪法第十一修正案的含义的创造性扩张适用,明显超越了联邦宪法第十一修正案的字面意思所表达的内容,大法官肯尼迪在"奥尔登诉缅因州案"(Alden v. Maine)(1998)中代表大多数法官起草判决意见时也承认了这一点。在奥尔登案中,联邦最高法院又是以5比4的表决结果推翻了一部全国性的就业公平标准法,该法允许州政府的雇员在州没有按该法的规定支付延长工作时间报酬时在本州的法院对州政府提起诉讼。肯尼迪的判决援用了"剩余权力和神圣的主权"这些概念(p.715),并以维护州的尊严作为判决理由。就宪法条文本身而言,肯尼迪没有理会所谓"无历史记载的自由主义的观点"(p.730),而认为从未授权对第十一修正案的文义进行这么宽泛的解释。"州独立的主权"(p.757)这一巧妙的措辞与战前双重联邦主义的语调颇为一致。这也表明,尽管联邦最高法院保守的大多数法官不断地呼吁遵从"立法本意"(*original intent),并以雄辩的语言反对宽泛地解释商业条款,但实际上他们正不断扩展自己的新宪政联邦主义的适用范围。正如大法官戴维·苏特(David *Souter)在奥尔登案的反对意见中所抱怨的那样,多数法官所创造的不仅是州主权豁免原则,这种观点来自一个非权威人士,他宣称州主权豁免原则既是联邦结构的"基础",也是"暗含在州本身中的",而且多数法官还进一步宣布这种豁免是不可变更的,尽管这种观点完全没有考虑近一个世纪以来存在的与此相反的法律原则。

第三个基本的宪法修订是伦奎斯特法院的大多数法官为限制国会在商业权力案件中的出现而创设的。商业条款为新联邦主义的设计师们提出了一个特别的问题,这是因为半个世纪以来联邦最高法院一直遵从国会立法(除了很短的尤塞里案时期),所以国会几乎享有不受限制的治安权,只要国会认为某活动会"对商业产生实质影响","为了联邦的利益"就可以对其进行管制。而且在20世纪60年代的具有里程碑意义的民权案件["卡曾巴赫诉麦克朗案"(*Katzenbach v. McClung)和"卡曾巴赫诉摩根案"(*Katzenbach v. Morgan)]中,沃伦法院又巩固了这一原则,在这两个案件中,沃伦法院通过扩展商业权力的范围,维持了旨在禁止种族歧视的法律的效力。

伦奎斯特法院放弃了已有的尊重国会依据商业权力进行管制立法的惯例。在"合众国诉洛佩斯案"(United States v. *Lopez)(1995)中,联邦最高法院宣布1990年的一部联邦法律无效,因为该法禁止在校区内持枪。洛佩斯案的大多数法官不承认在学校周围进行的枪支控制与商业有关。联邦最高法院认为,该种类型的管制传统上是州和地方政府的功能,不应受到联邦干涉。需要注意的是,联邦最高法院还就立法过程中的适当性进行了裁判,并宣称立法资料中没有充分的证据表明商业受到了严重的影响。在不同意这一判决的评论家看来,该案中的大多数法官要求立法资料达到一个审判法院的证据标准简直是胡搅蛮缠,但是正如这些评论家所称,对立法机关的不同立法程序提这种要求是不适当的。

联邦最高法院不仅要审查法律的内容,而且要审查立法过程,这一原则在"合众国诉莫里森案"(United States v. *Morrison)(2000)中得以强调。5个保守的大法官再次获胜,推翻了反妇女暴力法(Violence against Women Act),这个联邦法律赋予妇女在因性别歧视受到各种形式的暴力侵害时请求获得民事赔偿的权利。国会曾经举行了大量的听证会,获取了大量的统计资料,听取了大量的法律意见,甚至接受首席大法官伦奎斯特的建议对犯罪行为进行了分类。此外,大多数州的司法部长都对这一立法表示了支持。然而,联邦最高法院的大多数法官认为该法的立法资料是不充分的,他们还嘲笑商业条款对这一法案的效力。伦奎斯特主张,必须清晰地划分州和联邦的功能,对"州际商业的总的影响"(如国会宣称的性别歧视引发的暴力)的证据并不能为剥夺州历来在刑事法律方面享有的优先处理权提供正当理由。联邦最高法院的判决甚至援用了臭名昭著的1883年民权案件,在该案中重建后的法院通过限制民权法的适用范围去除了那个时代民权法的精华。

第四个支持伦奎斯特法院的修正主义的新原则的第一次出现是在"博尔纳市诉弗罗里斯案"(City of Boerne v. Flores)(1997)中。该案涉及的是国会根据联邦宪法第十四修正案享有的界定实体权力的范围问题。联邦最高法院的大多数法官承认国会"实施"联邦宪法第十四修正案的权力是不可质疑的(根据该修正案第5款)。然而,同时他们又宣称,根据联邦宪法第十四修正案的第1款,联邦最高法院就国会享有哪些实体权利有最终的决定权。讨论中的立法意在禁止州或地方政府对宗教活动强加以"负担",然而联邦最高法院认定该法超越了联邦宪法第十四修正案的范围,因而扰乱了"联邦的平衡"(p.536),所以判定该法违宪。联邦最高法院在该案中还宣布了一个新的判断法律是否合宪的标准,即联邦的制定法必须满足"一致性和比例性"的要求(p.520)。

在随后的案件中,5比4表决结果中的大多数法官,一方面将新的规则融入立法过程以及联邦宪法第十四修正案规定的权力中,另一方面也将其融入联邦宪法第十一修正案的修订性理解中。这些判决使得私人不能根据两部重要的法律对州提起诉讼:《反就业年龄歧视法》["金梅尔诉佛罗里达州教务理事会案"(Kimel v. Florida Board of Regents)(2000)]和《残疾人保护法》["亚拉巴马州校董会诉加勒特案"(Board of Trustees of the University of Alabama v. Garrett)(2001)]。大法官奥康纳在金梅尔案中重申,根据宪法第十四修正案国会没有权力"确定某行为是否违宪"。她写道:"最终有权确定第十四修正案的实体权利范围的是司法机关。"(p.81)

这些判决的影响只是提高了司法审查(*judicial review)的地位,这段时期保守的司法激进集团为了"联邦主义的价值",利用法院的权威与国会展开了斗争。现在分权问题被推到了与联邦主义的法律相对抗的前列。自由主义的少数反对者在涉及联邦主义的案件中不时抱怨道,联邦最高法院依据权力法案和联邦宪法第十四修正案努力扩张自己在捍卫或推进个人和团体自由方面的宪法角色是恰当的,但是为"适当的联邦平衡"而进行的分权的确是不适当的——他们坚持认为,这个问题应该由政治进程而不是司法判决来决定。

现代联邦主义规则中的反向潮流 尽管伦奎斯特法院的判决重构了联邦主义的法律,还有一些反潮流的原则值得一提。或许最重要的是联邦最高法院没有抛弃一个长期存在的原则,即国会依据开支条款具有管制权。因此,当国会因某种目的向州拨付资金时,它可能会附带规定一些它认为合适的"管制"性条件,而不需要考虑那些直接限制管制立法的原则。或许联邦最高法院也没有抛弃这一基本原则,即州高等法院对本州宪法的解释具有最高权威,但联邦权利受到侵犯时除外;因此,"独立的充分的州宪法依据"仍然是潜在的限制州司法权力的工具。

此外,联邦最高法院中的"新联邦主义集团"并不是在所有的联邦主义案件中都持有相同的观点。在许多重要法律领域的判决中表现尤其明显。首先,联邦最高法院在"罗默诉埃文斯案"(*Romer v. Evans)(1998)中的判决让世人大为惊异,在该案中,大法官安东尼·肯尼迪(Anthony *Kennedy)代表6比3的大多数法官推翻了科罗拉多州宪法的一个修正案,该修正案禁止地方政府制定旨在保护同性恋免遭歧视的地方法规。在随后一个对国民生活具有重要意义的案件——斯卡利亚在其不同意见中宣称,这是同性恋在"文化战争"中获得的一次胜利——在"劳伦斯诉得克萨斯案"(*Lawrence v.

Texas)(2003)的判决中,联邦最高法院推翻了先前在"鲍尔斯诉哈德威克案"(*Bowers v. Hardwick)(1986)中作出的判决理由,明确宣布州的一部"反鸡奸行为法"违宪,该法禁止成年人之间的自愿的性行为。

更令人吃惊的是,伦奎斯特在"内华达州人力资源部诉霍布斯案"(Nevada Department of Human Resources v. Hobbs)(2002)中改变立场成为"自由主义"的大多数,并判决国会制定的要求雇主为雇工因家庭原因规定假期的立法合宪。考虑到历史上有关性别角色的陋习以及女性在工作中受到的不平等待遇,联邦最高法院裁决,国会在商业条款和联邦宪法第十四修正案规定的权限内,有权对与性别相关的雇佣条件进行规制。在"巴克利诉美国宪法基金会案"(*Buckley v. American Constitutional Law Foundation)(1999)中,联邦最高法院抛弃了极端的维护州权利的立场,而维护了联邦宪法第一修正案保障的政治言论和行为自由权,当时一个州试图废止这些权利。巴克利案的判决推翻了科罗拉多州的一部法律,该法力图规制请愿过程并限制其他州公民参加本州的选举活动。在反对意见中,伦奎斯特抗议长期以来建立的原则和"历史上形成的"惯例"仅是州关注的问题",不能以司法活动这样的方式推翻(p. 231)。联邦最高法院在"萨恩斯诉罗案"(Saenz v. Roe)(1999)中采取了同样的国家主义的立场,伦奎斯特和托马斯一起又表示异议。在萨恩斯案中,联邦最高法院的大多数法官裁决,加利福尼亚州违反了1787年宪法中的特权与豁免条款(*Privileges and Immunities Clause)[第2节第4条,该条款自"1873年屠宰场系列案"(*Slaughterhouse Cases)后很少为法院所引用]以及联邦宪法第十四修正案,在该案中,加利福尼亚州给予刚迁到本州来的居民的福利待遇低于已经在本州居住1年以上的居民的待遇。

最后,有意思的是,联邦最高法院一方面利用新的联邦主义规则限制国会的管制权,另一方面也支持联邦行政权力强力介入诸如为堕胎辩护、对天生体弱的新生儿的强制性救助等事项——传统上这些事项属于州的管辖范围,现在则变成了国家主义政坛的"社会日程表"中的显著内容。21世纪联邦最高法院参与的最受指责的事件是保守联盟介入了2000年总统选举时的佛罗里达州的选票计数。在该案中,联邦最高法院一方面拒绝就州和地方选举官员规定的不利于民主党提名人艾·戈尔而偏向于乔治·布什的选举规则进行裁判,另一方面也没有尊重州本身的宪法程序,驳回了佛罗里达州最高法院对选票重新计数的要求。

结论 从历史上看,与联邦主义相伴的政治理念在不同的时期为不同的群体以同样的热情所援用,如马歇尔时代的国家主义者和南北战争前那些反对州权利的人,内战期间激进的共和党人和洛克纳案时代实体的正当程序支持者。在当代,一方面有革新主义者和自由主义者,另一方面也有保守的实用主义者。这些政治理念包括:政府对所有选民负责的思想;鼓励兴趣、观点和政策的多样化发展;最重要的是支持人的尊严和自由。联邦最高法院对联邦主义原则的历次阐述和修订,反映了政治理念市场中的基本价值的竞争是如何在宪法秩序中得以体现的。它们也表明了这些价值理念是如何实现的,如对个人尊严的追求有些时候需要运用国家标准,并且限制州的特权,削弱"双重联邦主义"(*dual federalism)的价值。然而,正如在文章的开始所提到的,联邦最高法院必然要关心政府的效率问题——也就是使政府符合宪政联邦主义的要求,使得政府能够适应社会和经济发展的要求,能够妥善处理战争与和平时期的紧急情况,在全国这一广泛的宪政文化背景下不断更新政治理想。在美国社会的治理中,维持这样的状态,让联邦作为"各州的国家"而运行,这在联邦最高法院的历史上具有核心的重要性。

参考文献 Jesse H. Choper, *Judicial Review and the National Political Process: A Functional Reconsideration of the Role of the Supreme Court* (1982); Philip P. Frickey and Steven S. Smith, "Judicial Review, the Congressional Process, and the Federalism Cases," *Yale Law Journal* (2002):1707-1756. Kermit L. Hall, ed., *Federalism: A Nation of States—Major Historical Interpretations* (1987); Harold M. Hyman, *A More Perfect Union: The Impact of the Civil War and Reconstruction on the Constitution* (1973); Paul L. Murphy, *The Constitution in Crisis Times, 1918-1969* (1972); Robert Post, "The Supreme Court, 2002 Term: Foreword: Fashioning the Legal Constitution: Culture, Courts and Law," *Harvard Law Review* 117 (2003): 4-112. Harry N. Scheiber, "Federalism and Legal Process: Historical and Contemporary Analysis of the American System," *Law and Society Review* 10 (1980): 663-672; Harry N. Scheiber, Redesigning the Architecture of Federalism—An American Tradition," *Yale Law and Policy Review/Yale Journal of Regulation*, Symposium Issue (1996):227-296. Harry N. Scheiber and Malcolm M. Feeley, eds., *Power Divided: Essays on the Theory and Practice of Federalism* (1988); Bernard Schwartz, *From Confederation to Nation: The American Constitution, 1837-1877* (1973).

[Harry N. Scheiber 撰;赵学刚、邵海、刘晓雅译;胡智强、胡海容校]

《联邦党人文集》[Federalist, The]①

美国最著名的政治论文集。《联邦党人文集》已经在法律学界获得了一个特殊的地位。最初以"帕伯里斯"(Publius)为笔名所写,85 篇文章都发表在 1787 年 11 月 27 日到 1788 年 5 月 28 日期间的纽约市的报纸上。早期的文章被大量地重印,整套丛书也分别于 1788 年 3 月和 5 月以两卷的形式出版。亚历山大·汉密尔顿(Alexander *Hamilton)和詹姆斯·麦迪逊(James *Madison)是主要作者,同时约翰·杰伊(John *Jay)也写了其中的 5 篇。

《联邦党人文集》的出版是为了劝说纽约人民选举参加即将召开的州议会代表,这些代表将批准提议中的宪法。帕伯里斯努力说明并证明宪法条款的正确性,并且对像《权利法案》(bill of *rights)这样的其他规定为什么被省略做了解释。帕伯里斯认为,美国人民很少有这样的机会来创建他们自己的政府形式,即通过理性和选择而不是依靠规定以前宪法的机遇或武力。帕伯里斯指出,宪法创建了一个十分强大但是却受到制衡机制约束的共和制政府形式,旨在证明联邦的必要性以及邦联条例(Articles of Confederation)的不足。这种(共和)政府将维护自由和财产(*property)并且恢复美国在对外交往中的尊严。

尽管纽约州议会成员的代表中有 2/3 反对未经修改的宪法,但是帕伯里斯提供了从其他政治作家和演说家那里所获得支持的原始材料。在对特定的反联邦主义的争论作出回应的同时,《联邦党人文集》也提出了一个新宪法原则的统一概念构思。这个哲学上的支撑,以历史、近代的经验和推理为基础,说明了为什么这一共和政府能够存在下去,而许多其他的政府却以失败告终。

为了对来源于孟德斯鸠(Montesquieu)的固有信仰——共和政体只能在很小的同族人口区域里存在——进行反驳,麦迪逊在第 10 篇文章中指出,共和政体能够在有各派别持续竞争的大区域里获得最好的发展。偶尔,各派别为了某些具体的政策而结合在一起,但这些结合只能短暂地存在。通过这些派别的持续斗争,多数派和少数派的自由都将被保留下来。得以扩大的共和政体通过扩大从代表中选出的能胜任的人的数量,会提供更好的领导。

联邦政府的 3 个分支机构将被独立开来,并相互进行监督。尽管不是完全独立,每个机构的存在都被赋予充分的抵御其他机构行为的权力。此外,当任何机构超越宪法赋予的权力时,其他的机构能够作出控制(权力)滥用的行为。

帕伯里斯还认为,新宪法将权力在联邦政府和州政府之间进行分配,保障了自由。这个新的美国式的联邦主义不仅确立了权力范围,还为每一级政府赋予适当的权力。帕伯里斯坚持认为,宪法创建了一个有限权力的联邦中央政府,国会和总统的权力都被具体化了。而其他所有的权力都以默示的方式留给了各州或人民。如果代表违反了他们的义务,人民将通过宪法保障下经常性的、自由的选举方式替换掉他们。如果总统或联邦法官违反职责,国会能够弹劾(他们)或根据有罪判决将他们免职。

《联邦党人文集》一出现,就在美国法学界中拥有了令人尊敬的地位。学者、律师和法官已将它视为权威。帕伯里斯也经常得到推崇,即使人们对于有关宪法批准方面的争议内容还没有理解。有关当时这场争论的内容表明:帕伯里斯有时会被他们的反对者击败;帕伯里斯的观点有时也不同于汉密尔顿和麦迪逊在制宪会议上所提出的观点;大部分美国人和各州参加会议批准宪法的代表们都不同意《联邦党人文集》的观点。然而,从宪法体制下的政府成立之初,美国人民已经将《联邦党人文集》作为理解宪法制定者的意图最权威的资源。

参考文献 Jacob E. Cooke, ed., *The Federalist* (1961); John P. Kaminski and Richard Leffler, eds., *The Response to the Federalist* (1990).

[John P. Kaminski 撰;杜昱译;邵海校]

联邦法官中心[Federal Justice Center]

参见 Administration of Federal Courts。

联邦海事委员会诉南卡罗来纳州港务局案[Federal Maritime Commission v. South Carolina Ports Authority, 535 U.S. 743 (2002)]

2002 年 2 月 25 日辩论,2002 年 5 月 28 日以 5 比 4 的表决结果作出判决,托马斯代表联邦最高法院起草判决意见,史蒂文斯、苏特、布雷耶和金斯伯格表示反对。

一部联邦法律禁止航海站的经营者歧视对待其使用者。联邦海事委员会被授权执行这部法律。一家公司主张南卡罗来纳州港务局歧视性地拒绝给游览船提供停泊位,并起诉到了联邦海事委员会。该委员会拒绝接受南卡罗来纳州提出的州所享有的主权豁免(sovereign immunity)使其免受联邦行政机构程序约束的主张。联邦最高法院则认为,只要该州不愿意接受管辖,州所享有的主权豁免就禁止联邦机构裁决私人对州提起的诉讼。

宪法第十一修正案(the Eleventh Amendment)的条文限制的仅仅是联邦的"司法权"(Judicial Power),而联邦行政机构行使的是行政权力。但是,大多数观点明确承认联邦最高法院以前的判决已经使修正案的这种限制不起作用。联邦最高法院当前利用州主权豁免原则作为根本的理论基础,该原则主要适用于私人在联邦法院或州法院提起的以其所

---

① 另请参见 Federalism; Separation of Power。

在州或其他州为被告的诉讼。鉴于过去那些毫无根据的判决文本,将州的主权豁免扩展于行政程序自然是可以预料的。

对联邦最高法院这一判决最引人注目的反对意见,不是修正案的文本,而是该判决的理论基础。联邦最高法院曾提出,州的豁免权不能适用于联邦对州提起的诉讼,而只适用于私人对州提起的诉讼。这是因为对不愿意接受管辖的州所提起的诉讼是经选举产生的官员在履行其政治责任。这一原则同样适用于联邦行政机构所发动的程序,这些官员是总统授权产生的,他们有义务接受国会的监督。

[Adrian Vermeule 撰;林全玲译;胡海容校]

联邦问题[Federal Questions]①

宪法第 3 条(*Article Ⅲ)第 2 款赋予联邦法院有权裁决"本宪法、合众国法律和合众国已订的及将订的条约之下发生的一切涉及普通法及衡平法的案件"。一部国会通过的法律也用相似的规定将司法管辖权授予联邦法院。因此,这样的司法管辖权作为联邦问题的管辖权开始为人知晓。而司法解释又对下列问题予以了澄清:(1)某些纠纷涉及的唯一法律问题是州法律中的一项法律,可以由联邦法院根据联邦问题管辖权予以审理;(2)其核心问题涉及有争论的联邦法律的某些纠纷,不能由联邦法院根据法规授权审理。因此,联邦问题的构成不是完全清楚的。

在 1787 年宪法通过后的第一个 25 年里,国家权力的支持者们有时会争辩说,"联邦法律"包括各州的所有法律。这种争论如果被接受了,将会使所有各州现在排他性的主管范围内的普通法(*common-law)案件,例如,侵权(*tort)、合同(*contract)和财产权(*property)问题,在联邦法院都具有可诉性(参见 Federal Common Law)。似乎采用上述观点的联邦法院就有关刑法问题所作的分散性裁决在 1812 年"合众国诉赫德森与古德温案"(United States v. *Hudson and Goodwin)中都被联邦最高法院彻底否定了。

然而,在 1824 年的"奥斯本诉合众国银行案"(*Osborn v. Bank of the United States)及其后续案例中,联邦最高法院对宪法用语作出了宽泛的解释。在针对联邦特许实体(银行)所提起的诉讼中,尽管其中只包括合同法上的普通争议而没有联邦法中的争议,联邦最高法院基于强烈的联邦利益而承认了联邦问题管辖权。由于一些州坚持反对国家银行并且想对其课以高额税收以使其不能继续存在,银行将会合理地得出结论:在上述的这些州中,只有联邦法院能够提供一个公平的诉讼。

1824 年的上述裁决是基于国会的法律——《联邦银行宪章》作出的。除了从 1801 年到 1802 年这段短暂的时间外,直到 1875 年都没有法律将联邦问题管辖权一般地授予国家法院,基本上仍停留在书面上的《1875 年司法法》(the *Judicial Act of 1875)仍然没有像"在……下发生的"这样的宪法性用语那样广泛地(对上述问题)进行解释。例如,联邦最高法院在"梅瑞尔·道医药品公司诉汤普森案"(Merrell Dow Pharmaceuticals v. Thompson)(1986)中使这样一个问题变得清楚了,即只有最重要的联邦利益才能使得像奥斯本案——在州立法条款中包含联邦利益——根据法律的规定构成一个联邦问题。现在的联邦最高法院认为,根据大量的联邦审判摘要和蕴涵于宪法中的联邦主义(*federalism)原则,州法院(*state courts)通常受理的是由州立法创设诉因的案件。

即使"有争议的联邦法律问题"是至关重大的,联邦最高法院仍然规定只有重要的或"根本性的"联邦争议才能依法构成联邦问题。甚至,在"特许税收委员会诉建筑业劳动者假日信托组织案"(Franchise Tax Board v. Construction Laborers Vacation Trust)(1983)这样一个长期存在但有争论的判决中,(法院)也再次肯定了根本性的联邦问题必须在原告具有充分理由进行控告的诉讼中才能出现。也就是说,联邦问题不仅必须要由原告提起,而且必须是属于原告案件的一个争议。这一规则看上去似乎与联邦问题管辖权的宪法原因毫不相关,但是它具有将真正重要的联邦争议排除于联邦法院之外的潜在性,尤其是在原告已经在州法院起诉而被告希望提起一个联邦问题争议,从而将案件移交到联邦法院的情况下尤为明显。

有关联邦问题的法律也已经得到了广泛的解释。最突出的例子是,有关州法的争议同其他在正常情况下被排除在联邦司法管辖权之外的争议,能够通过将这些争议附加到由相同事实提起的与根本性联邦争议沾边的案件上的方式,根据"未决裁判权"的规定将案件移交到联邦法院。为什么宪法用语"案件"不包括由被告提起的重大联邦问题争议,却包括原告提起的重大联邦问题争议?许多人都发现要理解这个问题很困难。

参考文献 Paul M. Bator et al., *Hart and Wechsler's The Federal Courts and The Federal System*, 3rd ed. (1988).

[Wythe Holt 撰;杜昱译;邵海校]

联邦民事程序规则[Federal Rules of Civil Procedure]

参见 Due Process, Procedural。

---

① 另请参见 Judicial Power and Jurisdiction。

联邦刑事程序规则[Federal Rules of Criminal Procedure]

参见 Due Process, Procedural。

联邦侵权赔偿请求法[Federal Tort Claims Act]

"国王不会犯错误"是从英国带到美国的一句法律格言。它反映了主权豁免(*sovereign immunity)的构想。在美国,行政或政府豁免权的观点,被解释到法律当中并且为新国家的法学理论所吸收。一个人不能起诉州及其下属部门或者联邦政府,除非他得到可以在法院提起诉讼的特许。很明显,对于那些被政府机构侵害了利益的公民来说,这样的规定会导致不公正和不平等。

国会于1946年通过了《联邦侵权赔偿请求法》(FTCA),该法和《立法机关改组法》的第6条,都试图减少主权豁免原则的负面影响。此外,主权豁免原则的目的还在于其可以阻止国会议员将私下的救济办法推荐给那些由于政府过失而受侵害的当事人。在这项原则中,政府普遍赞同因民事侵权行为而在联邦法院被起诉。这项原则要求联邦地区法院的法官在"根据行为或过失发生地的法律,联邦政府对财产损失、伤害或死亡负有赔偿责任"的情况下,在没有陪审团陪审时,对这样的案件作出判决。然而,该原则增加了原告在侵权行为(*tort action)诉讼中的举证责任,它也包含了对政府责任的13项例外规定。

1953年在"戴尔海特诉合众国案"(Dalehite v. United States)中,联邦最高法院以一种特别的方式解释了"自由裁量作用"的例外规定,并有效地排除了大多数重大的针对政府的侵权诉讼。在1950年的"斐瑞斯诉合众国案"(Feres v. U. S.)(1950)中,法官们又创立了另一个联邦侵权赔偿请求法的例外规定。他们认为,一个人在军队服役期间受到侵害,不能根据联邦侵权赔偿请求法(FTCA)来起诉政府。有了这样一些案例,再加上国会很少或根本就没有对法律的解释作出反应,对于那些由于联邦雇员的过失行为而受损害的当事人来说,联邦侵权赔偿请求法已经不是一个主要的救济手段了。

[Howard Ball 撰;杜昱译;邵海校]

费纳诉纽约州案[Feiner v. New York, 340 U. S. 315 (1951)]①

1950年10月17日辩论,1951年1月15日以6比3的表决结果作出判决,文森代表法院起草判决意见,法兰克福特表示赞同,布莱克、道格拉斯和明顿反对。1949年3月8日的晚上,大学生欧文·费纳(Irving Feiner)在纽约州锡拉丘兹市(Syracuse)的一个街道拐角处,站在木箱上对着不同种族的七八十人左右的人群高谈阔论,他痛斥哈里·杜鲁门(Harry Truman)总统以及军队和地方官员,号召黑人拿起武器为平等的权利而斗争。人群开始变得混乱,一些人支持他,另一些人反对他,还有1个人威胁要使用暴力。1名警察曾3次要求费纳从箱子上下来。当费纳拒绝后,警察逮捕了他,理由是他违反了纽约州的法律规定——使用攻击性、威胁性、侮辱性和辱骂性的语言意图破坏和平的行为将构成犯罪。费纳认为,对他的逮捕和审判侵犯了联邦宪法第一修正案(the *First Amendment)赋予他的言论自由权利,但联邦最高法院持不同观点。首席大法官弗雷德·文森(Fred *Vinson)认为,在公共安全面临明显、即发的危险(*clear and present danger)时,为了维持秩序所进行的逮捕是必要的,所以对费纳的逮捕是合宪的。胡果·布莱克(Hugo *Black)则表示强烈反对,他认为费纳被关进监狱是由于他所表达的关于公众利益的观点是不受欢迎的。"费纳诉纽约州案"表明了文森法官在言论自由案例中所持的保守、亲政府观点。

[Michael R. Belknap 撰;杜昱译;邵海校]

费斯特出版公司诉乡村电话服务公司案[Feist Publication, Inc. v. Rural Telephone Service Company, Inc., 499 U. S. 340(1991)]

1991年1月9日辩论,1991年3月27日以9比0的表决结果作出判决,奥康纳代表法院起草判决意见,布莱克表示赞同。乡村电话服务公司出版了地方性的白皮电话号码簿,费斯特出版公司则把乡村电话服务公司的电话号码清单编进了与乡村电话服务公司的服务区域相重叠的区域的电话号码簿里。乡村电话服务公司主张版权(*copyright)受到侵犯,联邦最高法院则判决其版权无效。

费斯特案的重要性在于它重申了版权作为保护原作者的法律的历史性特征,并对后来另类的版权主张予以拒绝,即版权(*copyright)不保护那些"勤劳收集"(或"满头大汗")而完成的作品或其中的一部分。总之,"版权只奖赏原创性而不是努力"(p. 1297)。

联邦最高法院是根据宪法中的版权条款作出这样的判决的,该宪法条款授权国会仅赋予创造性作品的"作者本人"以排他性权利;同时,该判决也以联邦最高法院以前的判例为依据,包括"哈珀与罗出版公司诉全国关系企业案"(Harper & Row v. Nation Enterprises)(1985),该案再次强调了以前的判决,即没有人能够主张对事实或其他非创造性事项的作者身份。此外,联邦最高法院认定,当前的《版权法》无法对乡村电话服务公司号码簿这样的编辑

---

① 另请参见 Speech and the Press。

作品提供保护,而编辑者在挑选或改编已有材料或其他资料时的编辑工作是具有原创性的。

费斯特案对于电话号码簿之外的从某些计算机数据库到判例汇编和法规汇编的页码这类所谓低层次作者的作品版权保护的影响是巨大的。国会在上述情形中是否能以立法方式对非版权进行保护,例如通过商业条款,我们将拭目以待(参见 Commerce Power)。但是,费斯特案对公众领域(对抗没有授权的未来版权所有者)谨慎的保护,至少使国会和法院要对此要求进行更为细致的考虑。

[Craig Joyce 撰;杜昱译;邵海校]

妇女投票权[Female Suffrage]

参见 Nineteenth Amendment。

菲尔德,斯蒂芬·约翰逊[Field, Stephen Johnson]

(1816年11月4日生于康涅狄格州的哈达姆;1899年4月9日卒于华盛顿州,葬于华盛顿州的罗克克里克公墓)1863年至1897年任大法官。菲尔德在9个孩子中排行第6,母亲萨波米特·迪金森(Submit Dickinson)是新英格兰清教徒大家族的一个后裔,父亲大卫·达德利·菲尔德(David Dudley Field)是一名严厉的公理会牧师,他将他的孩子们也都培养成为了虔诚的清教徒。当斯蒂芬还是个婴儿时,他们一家搬到了马萨诸塞州的斯托克布里奇(Stockbridge)。在13岁时他和姐姐被送到了土耳其,他的姐夫是一名传教士。他在希腊群岛漂泊了几年并在雅典居住,这些经历大大开拓了他的视野。17岁时他考入了威廉姆斯学院(Williams College),在那里他深受马克·霍普金森(Mark Hopkins)教学的影响,并于1837年以班里第一名的成绩毕业。之后,他在哥哥大卫·D. 菲尔德(David Dudley Field)在纽约的事务所里学习法律。那时,他的哥哥将很快成为美国一名顶尖律师,斯蒂芬跟随哥哥从事律师工作一直到1848年。斯蒂芬还跟随他的父亲及其他家人在欧洲旅行了1年。直到那时,他还没有显示出后来那种卓越的领导水平。

在1849年的淘金热期间,对兴奋刺激的渴望使他旅行到了加利福尼亚州。他并没有寻找金子,而是很快投入到法律实践和政治活动中,他在马里斯韦勒(Marysville)的身份相当于一名市长兼法官。通过不动产的投机买卖和收取酬金,他变得富有了。菲尔德在那个小社会的动荡岁月里表现出了独特的、具有争议的性格,他的敌人对他的敌视态度甚至一直伴随着他到联邦最高法院。1850年他被选为加利福尼亚州的立法官员,并在1851年州立法机关通过民事和刑事法律的过程中,作出了主要的贡献,这些法律后来被西部各州广泛效仿。他的任期只有

Stephen Johnson Field

1年,因为他在1851年州参议院竞选中失败。于是他将注意力完全集中到律师业务中,并很快成为该州一名顶尖律师,1857年他被选入州最高法院。

在州最高法院的6年中,菲尔德取得了令人羡慕、声名远播至州外的荣誉。然而,在政治生活和个人生活方面,菲尔德却不停地树敌。尽管如此,当国会设立第十个联邦最高法院的席位时,菲尔德是理所当然的候选人。他不但是一名受尊敬的律师和法官,而且还是一个坚定的联邦主义者(尽管他是一名民主党成员)。从政治方面和法律方面来说,这次任命被认为对加利福尼亚州是大有裨益的,因为这次任命可能是帮助新成立的州与联邦拉近关系的接合剂,同时它也给联邦最高法院提供了一名通晓加利福尼亚采矿法和土地法独特特征的成员。菲尔德于1863年12月在联邦最高法院任职。

菲尔德任职时期的联邦最高法院被认为是历史上最强大的法院之一。从来没有4人组合在能力上胜过菲尔德、塞缪尔·F. 米勒(Samuel F. *Miller)、约瑟夫·P. 布拉德利(Joseph P. *Bradley)和约翰·M. 哈伦(John Marshall *Harlan)。他们每一个人都是倔强的、固执己见的,并在才识方面是不可一世的,然而这种形势也导致了高水准的分歧和异议。在菲尔德任职期间,没有一个大的案子不是经过激烈的争执才作出判决的,这种情况极大地降低了联邦最高法院的判决作为先例(*precedents)的价值。而且事实上,那届联邦最高法院的大部分判决在后来都被推翻或者被修改了。

作为法官,菲尔德的法学哲理被认为是其不可剥夺的权利理想的一个附属物,所以对他来说,宪法

没有必要对权利加以明确规定。换句话说,他是坚定的、以结果为导向的人:如果他认为权利主张是不可剥夺的,他将为此在宪法中找到一个依据——通常是在依据联邦宪法第十四修正案(the *Fourteenth Amendment)的州案例中去寻找依据。他的观点因此也被教条式的推断所羁绊,因而在许多案件中这些推断不能被任何宪法条款所支持。

在 19 世纪 70 年代到 80 年代之间,菲尔德渐渐地开始确信:财产权(right of *property)是由联邦宪法第十四修正案(the *Fourteenth Amendment)中的正当程序条款所保护而免受各州干预的不可剥夺的权利。由于这一理论所关注的是实体权利(尤其是拥有和使用财产的权利)而不是程序,所以它是以"实体的正当程序"而为人所知的。当约翰·A.坎贝尔(John A. *Campbell)在屠宰场系列案(*Slaughterhouse Cases)中使用这一理论为路易斯安那州的屠夫们辩论时,菲尔德可能第一次想到了这一理论。在上述案件中,菲尔德在他的异议中使用了这一理论,并且在"芒恩诉伊利诺伊州案"(*Munn v. Illinois)(1877)的异议中扩充了它。在"芒恩诉伊利诺伊州案"中,他认为伊利诺伊州不能调整使用谷仓的价格。在以上两个案件中,菲尔德的辩论都具有强烈的自然法(*natural law)特点,大部分法官在一定程度上对此表示赞同;但是在联邦最高法院的大多数人接受实体的正当程序这一原则之前,加利福尼亚人不得不为此斗争长达 20 年之久,并且联邦最高法院从来没有将这一理论运用到菲尔德可能希望的程度(参见 Due Process, Substantive)。

菲尔德因此成为联邦最高法院将自由放任列入宪法运动的领导者——这场运动在"史密斯诉埃姆斯案"(*Smyth v. Ames)(1898)中哈伦的观点,"洛克纳诉纽约州案"(*Lochner v. New York)(1905)中鲁弗斯·佩卡姆(Rufus *Peckham)的观点以及塔夫脱法院在 20 世纪 20 年代作出的许多判决中达到了顶峰(参见 Laissez-fair Constitutiionalism)。由于菲尔德不同意为急速成长的大公司提供如此的保护,所以他继续试图建立抵抗联邦行为的屏障。一个众人皆知的例子是他在"波洛克诉农场主贷款与信托公司案"(*Pollock v. Farmers' Loan & Trust Co.)(1895)中持赞同观点,在这个案件中他坦白地表明,他担心联邦所得税(*income tax)会成为共产主义的第一个举动。他还参与了旨在限制联邦政府解散垄断的权力以及旨在限制州际商事委员会规定铁路费率的权力,前者如"合众国诉 E. C. 奈特公司案"(United States v. *E. C. Knight Co.)(1895),后者如"辛辛那提、新奥尔良与得克萨斯太平洋铁路诉州际商业委员会案"(Cincinnati, New Orleans & Texas Pacific Railway v. ICC)(1896)。他运用各种辩论方式反对州政府对铁路的管制,如"斯通诉威斯康星州案"(Stone v. Wisconsin)(1876),尽管他在这类案件中经常处于少数地位。在这些案件中他的观点一直缺少宪法依据,他只能提出一些劝告性的意见,如私人财产永远是受保护的,也就是说,财产权是不可剥夺的权利。

就像大多数法官一样,菲尔德在投票保护私人企业的记录中不是完全保持一致的。很明显,他经常根据普通法中"雇员自伤"(fellow servant)的原则去判定企业——尤其是铁路(企业)——对受伤或死亡的工人负赔偿之责。这也是他经常与联邦最高法院大多数意见相抵触的一个例子,如"巴尔的摩与俄亥俄铁路公司诉鲍案"(Baltimore & Ohio Railroad v. Baugh)(1893)。

在涉及联邦政府发行纸币的合宪性问题的法定货币系列案(*Legal Tender Cases)中,辩论的双方都自由地使用了经济学和金融方面的理论。菲尔德尽力证明金、银作为流通物的使用是不可剥夺的权利,因此不存在宪法权力来强迫美国人接受纸币作为法定货币,如"劳克斯诉李案"(Knox v. Lee)(1871)。然而由 5 名法官构成的多数意见一致裁决法律有效,从而推翻了早期的判决。在 1884 年的"朱利亚德诉格林曼案"(Juilliard v. Greenman)中,菲尔德重申了相同的抗辩理由,但这一次他是处于少数地位的。

菲尔德在加利福尼亚最高法院任职时,以及后来作为一名联邦巡回法院法官时,他将权利不可剥夺的观点应用于那些被加利福尼亚州法律所歧视的中国人身上。这使他在"黄金州"(the Golden State)中成为政治上不受欢迎的人,可能这种情况也使他慢慢放弃了反对歧视华人的州或地方立法的"极端"观点,如"巴尔比尔诉康诺利案"(Barbier v. Connolly)(1885)。在涉及华人的案件中,关于他的记录显示出大量的不一致性,对这种情况他甚至懒得解释或承认。

尽管联邦宪法第十四修正案具有明显的保护美籍非洲后裔免受各州歧视的目的,但菲尔德没有表现出任何对该条款施加影响的倾向。他甚至以不同意的观点主张修正案不能保证美籍非洲后裔担任陪审员的权利,如"弗吉尼亚州单方诉讼案"(Ex parte Virginia)(1880)。在通常的案件中,联邦最高法院的多数法官拒绝适用该修正案来保护美籍非洲后裔的权利,菲尔德只与大多数法官立场相同,而不发表任何意见。他所主张的不可剥夺的权利又在哪里呢?民权系列案则表明这项原则的主要困难在于它的定义。在菲尔德审理的案件中,他认为,根据法律规定,私有财产权比平等保护权更具有不可剥夺性。每一位法官不得不根据自己的判断来定义"权利"一词,而在这一过程中宪法不会发生作用。

当菲尔德从联邦最高法院辞职之后,他并没有在政治领域隐退,这真实地反映了他的信仰。他作为选举委员会的民主党成员,该委员会决定了1876年的海斯-狄尔登(Hayes-Tilden)总统选举之争。当海斯被宣布为获胜者时,菲尔德通过拒绝陪同其他法官参加就职典礼而进一步表明了他的异议。在他的兄弟们的力劝下,这位加利福尼亚人在1880年的总统选举中多多少少地成为公开的候选人,但是在加利福尼亚州树立的新旧敌对者的反对使得他在提名会议上遭到惨败。然而他作为加利福尼亚州政治风暴的中心人物的地位仍然持续了几年。1888年,当莫里森·韦特(Morrison *Waite)死后,他也很明显地希望克利夫兰总统能够任命他担任联邦最高法院的首席大法官,因为他是唯一在任的民主党成员,并且他还认为克利夫兰欠了他一些政治债务。然而克利夫兰却任命了一个局外人——梅尔维尔·富勒(Melville *Fuller),所以菲尔德永远都不会宽恕这位总统(参见 Extrajudicial Activities)。

在加利福尼亚州,导致戴维·S.特里(David S. *Terry)被副警长马歇尔·戴维·尼格尔(Marshall David Neagle)杀害的事件非常复杂以至于无法概括出来。尼格尔之所以枪杀特里,很明显是要保护菲尔德的生命。在这个提交到联邦最高法院的著名案例中,尼格尔的行为由于遵守了他对联邦政府所负的职责而得到支持——"尼格尔对物(对事)诉讼案"(In re *Neagle)(1890)。不管是从法律、政治还是个人方面来说,这都是菲尔德可能成为矛盾中心的又一例证。

因为菲尔德想要在联邦最高法院任职更长时间从而超过由约翰·马歇尔(John *Marshall)保持的任职33年的记录,所以,即使当哈伦法官在其他法官的坚持下委婉地要求菲尔德辞职时,他也拒绝接受。在19世纪90年代这段时间里,菲尔德所做的法院工作越来越少,到他卸任时,他对于其他同事来说已是毫无实际价值了。致使他决定不提早辞职的一个因素是他对克利夫兰和哈里森两位总统的极端厌恶;他不想让他们任何一位来任命他的继任者。在1897年辞职后,他逐渐变得虚弱无力,并开始信仰他一生中都极度忽视的宗教。1899年,他死于一次突发的疾病。

毫无疑问,菲尔德是联邦宪法第十四修正案理论发展的主要贡献者,尤其是正当程序条款的发展。如果他将该修正案的规定用于别的用途,这种用途既不是修正案制定者们的意图,也不是修正案本身的词语所要求的,他至少会与他所处的时代以及工业社会的实际需求相协调一致。事实上,后来不同意菲尔德私有财产权主张的更具自由主义倾向的联邦最高法院都没有接受实体的正当程序这一观点。但是,在发展非经济领域不可剥夺的权利时,如用来证明堕胎(*abortion)权的个人隐私权(*privacy),这些法院往往又认为这一原则是非常有用的。他的批评家们在试图对各种不可剥夺的权利进行定义时,仍然使用菲尔德在解释宪法时所使用的自然法方法,或许天国中的菲尔德能在此找到一些具有讽刺意义的满足感。又有谁能说出究竟是菲尔德还是威廉·O.道格拉斯(William O. *Douglas)选择了真正不可剥夺的权利?

参考文献 Howard Jay Graham,"Justice Field and the Fourteenth Amendment," *Yale Law Journal* 52 (September 1943): 851-889; Robert Green McCloskey, *American Conservatism in the Age of Enterprise* (1951), chap. 4; Carl Brent Swisher, Stephen J. Field, *Craftsman of the Law* (1930); G. Edward White, *The American Judicial Tradition* (1976), chap. 4.

[Loren P. Beth 撰;杜昱译;邵海校]

联邦宪法第十五修正案[Fifteenth Amendment]①

于1870年得到批准的联邦宪法第十五修正案的制定者们意图通过该修正案给予大多数黑人男性公民以政治权利。实际上,美籍非洲后裔在北部的几个州参加投票的历史已经将近一百年了。独立战争结束以后,一些自由的黑人需要面对财产资格以及其他受限制的投票权资格问题。随着这些要求被逐渐地抛弃,黑人并没能获得更广泛的选举权利,因为白人不相信他们,并且民主党的政客不希望黑人参加投票以支持他们的对手(共和党)。因此在北部各州,黑人丧失了与白人同等的投票权。例如,1846年纽约州根据新颁布的宪法仍然为黑人保留了财产资格要求,但取消了对白人的财产要求。

1865年美国内战(*Civil War)结束的时候,奴隶制(*slavery)基本上被废除了。黑人的投票权则成了有争议的问题。1867年3月,第39届国会根据《第一军事重建法》(the First Military Reconstruction Act)的规定,把赋予男性黑人投票权作为南部10个州重新加入联邦的条件。但在其他曾是奴隶制州的地方,由民主党人控制的州政府否决了黑人的公民权利。唯一例外的是在共和党控制下的田纳西州。在北部的大部分州中,尤其是多数黑人聚居的靠近南部的地方,黑人不能投票选举并且白人拒绝改变现状。然而黑人可以在新英格兰(康涅狄格州除外)和中西部的4个州中参加投票。

促成联邦宪法第十五修正案的原因在于1868年的大选。尽管共和党总统候选人尤利西斯·S.格兰特(Ulysses S. Grant)在选举人投票中获得了73%的票数,但在公众投票中他仅获得了52%的票

———————
① 另请参见 Constitutional Amendments; Race and Racism; Reconstruction; Vote, Right to。

数。如果没有南部黑人投票者的参加,格兰特将在公众投票中失败(尽管在选举人投票中的情况并非如此)。经过一个州接一个州的投票,格兰特和共和党险胜,但民主党在国会中也获得了席位。在 1868 年的南部地区,白人民主党为了阻止黑人共和党成员参加投票而诉诸暴力和威胁。南部地区黑人公民权利的剥夺、北部各州公民投票中的失利以及在很多场选举中的险胜使得共和党人确信,在民主党在新一届国会和州议会中占据势力之前,必须通过第 40 届国会有所作为。

早在 1869 年,共和党议员就坚信赋予成年黑人男子投票权,以对抗复兴中的民主党是十分必要的。两年以前,政治的需要迫使国会通过联邦法律认可了南部地区的投票权;现在,国会发现,通过宪法修正案的方式授予美籍非洲后裔在北部地区和更多的州拥有投票权是十分迫切的。国会中的共和党人也希望能够将平等权和司法公正的规定向前推进。这一理想主义的动机再次加强了这次修正案的务实性。此外,共和党人还有另外一个重要的目标——他们在寻求不可撤销的宪法修正案,通过在投票权实践中禁止种族歧视来保护南部地区黑人的投票权。尽管共和党议员们在这些目标上达成了共识,但在具体构建联邦宪法第十五修正案时他们出现了分歧,并且他们也对修正案通过的可能性心存疑虑。他们没有要求废除各州投票中的文化水平、财产和出生地标准的要求,他们也没有保证黑人担任政府官员,因为他们认为,这种长期性的改革在政治领域是不可能实现的。因此,该修正案更多地反映了温和的、重实际的共和党人有限的务实本质,而不是激进的共和党人的理想主义观点。

1869 年至 1870 年早期,为获得修正案的批准所进行的斗争反映了党系之争:共和党支持修正案而民主党则反对。为获得修正案的批准所进行的斗争在北方的南部地区最为激烈,因为在那里党派划分最为接近,并且新闻界和政治官员们都将潜在的美籍非洲后裔投票人视为是权力的平衡力量。尽管共和党控制了大部分州的立法机关,但是为批准该修正案所进行的斗争仍是剧烈的,并且结果直到最后才变得确定。但是,来自于国家政党的压力、国会和总统的干预、勤奋的工作以及良好的时机都得到了回报,修正案终于在 1870 年 3 月 30 日正式得到批准。由于军事重建已经在南方使投票权成为现实,并且一些北方州允许黑人投票,所以修正案的实际影响是在 17 个北方的州和边境各州开展投票选举。

共和党将联邦宪法第十五修正案视为是重建的最大收获。北部地区的黑人永久性地获得了投票权。但在 19 世纪 70 年代以及后来,南北边界各州的黑人逐渐被武力和欺诈剥夺了投票权。19 世纪 70 年代及后来的 30 年里,由于重建政策的退却所带来的推动力使得南方的黑人也丧失了投票权。与此同时,北方的白人对于南方获得解放的人民的命运也是无动于衷。作为联邦宪法第十五修正案的最终保证者,联邦政府没有能够在投票箱和法庭上强制实施投票权。伴随着南方的镇压、北方的冷漠以及华盛顿政府的无所作为,联邦宪法第十五修正案没有得以施行。

从宪法意义和实践的重要性方面来说,联邦宪法第十五修正案不如联邦宪法第十四修正案(the *Fourteenth Amendment)那么出色。联邦法院经常狭义地解释联邦宪法第十五修正案。在"合众国诉里斯案"(United States v. *Reese)(1876)中,联邦最高法院使得州和地方选举脱离了联邦选举强制力的限制;在"威廉斯诉密西西比州案"(*Williams v. Mississippi)(1876)中,文化水平测试以及成人人头税(*poll taxes)被用来阻止黑人的投票权。在"詹姆斯诉鲍曼案"(James v. Bowman)(1903)中,联邦宪法第十五修正案达到了它的最低点,因为联邦最高法院否决了联邦权力机关根据修正案对那些用贿赂方式阻止肯塔基州黑人参加国会选举的非官方人员所提起的控诉,从而削弱了该修正案的效力。甚至在后来,当奥利弗·温德尔·霍姆斯(Oliver Wendell *Holmes)法官在"尼克松诉赫恩登案"(*Nixon v. Herndon)(1927)中判定民主党的白人预选(*white primary)无效,他的认定也是基于联邦宪法第十四修正案而不是联邦宪法第十五修正案。

然而,在"史密斯诉奥尔赖特案"(*Smith v. Allwright)(1944)中,联邦最高法院以联邦宪法第十五修正案而不是联邦宪法第十四修正案为基础达到了与尼克松案相同的结果,从而给联邦宪法第十五修正案的空白处赋予了新的内容。尽管作为第二次重建的合宪性基础,联邦宪法第十四修正案仍然是最重要的,但是联邦最高法院不再将联邦宪法第十五修正案看作是一种具有历史意义的新奇事物以及与宪法毫无关系的事物。国会在 1965 年通过投票权法(the *Voting Rights Act of 1965),通过刺激南部黑人的投票权从而使得南方的政治局面得以彻底改变。因此,第二次重建的最持久的收获应归功于第一次重建中通过的联邦宪法第十五修正案的合宪性支撑。在经过了近一个世纪以后,联邦宪法第十五修正案又一次发挥了作用。

参考文献 Ward, E. Y. Elliott, *The Rise of Guardian Democracy*:*The Supreme Court's Role in Voting Rights Disputes*, 1845-1969 (1974); William Gillette, *The Right to Vote*:*Politics and the Passage of the Fifteenth Amendment* (1969); William Gillette, *Retreat from Reconstruction*, 1869-1879 (1979).

[William Gillette 撰;杜昱译;邵海校]

联邦宪法第五修正案[Fifth Amendment]

于1791年作为《权利法案》(*Bill of Rights)的组成部分而获得正式通过,联邦宪法第五修正案中包含了一定数量的保护公民个人对抗政府权威的重要条款。这些保障条款中有许多是用来控制刑事犯罪控诉程序的。因此,联邦宪法第五修正案要求:在没有大陪审团(*grand jury)出席或者参加控诉的情况下,"任何人不受死罪或其他重罪的惩罚"。联邦宪法第五修正案还禁止以同一罪名将一个人起诉两次(参见Double Jeopardy),同时还禁止在刑事案件中迫使当事人"作出对自己不利的证词"。

除了这些用来防止滥用刑法的保障措施之外,联邦宪法第五修正案还规定,"非经法律的正当程序"任何人不能被"剥夺生命、自由和财产"。源于大宪章(Magna Carta)的正当程序条款要求政府官员遵循已建立的程序,从而将程序限制应用于政府权力的实际运行中(参见Due Process, Procedural)。一些评论家还主张,正当程序条款应该超出程序规则,将实体的限制运用到政府权力的不合理使用方面。

对宪法和人权宣言的制定者们来说,财产权(*property rights)是与人身自由紧密相连的。为了强调财产所有权与自由的区别,联邦宪法第五修正案宣称,"没有适当的补偿,私人财产同样也不能基于公共用途而被占用"。宪法占用条款(the *Takings Clause)主要是限制政府的征用权(*eminent domain),因为政府可以凭借这种征用权夺取私人的财产。因此,联邦宪法第五修正案不仅保护公民使其免受任意处罚,还保护个人财产不被随意没收。

几乎所有各州的宪法中都包括了联邦宪法第五修正案的相似规定(参见State Constitutiions and Individual Rights)。所以,长期以来,联邦宪法第五修正案不能在各州适用,而联邦最高法院在"芝加哥、伯灵顿及昆西铁路公司诉芝加哥市案"(*Chicago, Burlington & Quincy Railroad Co. v. Chicago)(1897)中判定,公平补偿(*just compensation)的要求是联邦宪法第十四修正案(the *Fourteenth Amendment)保障的正当程序中的重要因素。这样,联邦宪法第五修正案中一些重要的刑事诉讼条款就能在州诉讼中生效了。在"马洛伊诉霍根案"(*Malloy v. Hogan)(1964)中,法官们认为,反对自证其罪(*self-incrimination)的权利是正当程序条款的组成部分,并且适用于各州。同样的,联邦最高法院在"本顿诉马里兰案"(Benton v. Maryland)(1969)中,也把禁止双重诉讼的规定加进了该修正案。

反对自证其罪 尽管上面提到的所有权利都由联邦宪法第五修正案保护,但该修正案经常被视为是反对自证其罪的同义词。当我们提到一个人"援引联邦宪法第五修正案"时,这是对他主张自证其罪抗辩权的简洁说法。尽管根据宪法的内容,此项抗辩权仅适用于"刑事案件",但是从一开始,这项权利就被用于在下面情况下禁止强行取得证词——那些证词可能引起一场刑事诉讼或者可能被用于要求当事人回答问话的刑事诉讼中。

为了解释为什么反对自证其罪的权利是基本法律的重要组成部分,人们作出了许多努力。联邦最高法院在"特文宁诉新泽西州案"(*Twining v. New Jersey)(1908)中指出,设计反对自证其罪权利的目的是用来保护无辜以及用来进一步追查真相。在苏尔特引起的"特汉诉合众国案"(Tehan v. United States ex rel. Shott)(1966)中,联邦最高法院解释说,"反对自证其罪背后的目的……是为了保留司法系统的统一性,在这一司法系统中如果控方不能'承担全部举证责任',罪犯是不能被审判的"(pp. 415-416)。这项权利的基本作用很可能是一种保护作用,即保护当事人对抗刑讯逼供以及各种包括生理、心理恐吓和俗称为"严刑逼供"(the third degree)的司法实践。事实上,反对罪刑自证是在塑造更加文明的社会而进行的斗争中的一个里程碑。

20世纪有两个重要的判决使有关对抗不正当警察行为的保护措施——反对自证其罪得以实现。在"麦克纳布诉合众国案"(McNabb v. United States)(1943)中,联邦最高法院裁定,如果犯罪嫌疑人被捕以后经过了"不必要的迟延"而没有及时审讯,当事人的供述不能作为证据在审判中采用。在"米兰达诉亚利桑那州案"(*Miranda v. Arizona)(1966)中,联邦最高法院判定,除非在讯问之前,当事人被"告知他有保持沉默的权利;他所作的任何陈述将被用来证明对他的指控;他有自己要求或由法院指定律师的权利",否则,他在羁押期间所作的陈述不能作为证据并在诉讼中采用(pp. 444-445)。尽管被告可能放弃上述权利,但这种放弃行为必须是出于自愿并且是自己知晓的。此外,如果当事人"以任何方式在诉讼程序的任何阶段表示希望在接受讯问之前咨询律师",就不能对他进行任何讯问(p. 445)。

米兰达案件发生后两年,国会制定了《美国法典》第18编第3501节,它规定所有自愿的承认都是允许的,即使被告没有被告知。在"迪克森诉合众国案"(Dickerson v. United States)中,联邦最高法院裁决,"米兰达规则作为联邦最高法院作出的一个符合宪法的判决,不能被国会的立法所推翻,我们自己也不愿意推翻它。"后来,联邦最高法院进一步解释道,米兰达规则已经包含于警察日常的工作实践中,因此,米兰达规则已经成为国家文化的一部分(p. 443)。因此,米兰达规则一直有效。

一些限制开始被加诸于宪法第五修正案所规定的权利上。1970年,国会在《美国法典》第18编第6002节中规定了"使用豁免"。使用豁免只是保护当事人对抗强迫证据的使用,以及对抗从强迫证据中诱导而来的任何证据的使用。如诉讼是依据使用豁免被授予之前获得的对起诉者有用的独立证据提起的,或者是与当事人被要求提供的证据完全独立的证据提起的,当事人不能阻止该诉讼。这部法律的合宪性在"卡斯提加诉合众国案"(*Kastigar v. United States)(1972)中得到了确认。

另外一个限制产生于"查维斯诉马丁内斯案"(Chaves v. Martinez)(2003)。该案的疑问是,如果一个警察以强迫的方式获取证据是否违反了正当程序,暂不考虑这一证据随后是否被用于审判的问题。在这个案件中,嫌疑犯在治疗枪伤时被讯问,而且没有获得米兰达告知。该嫌疑犯没有被提起诉讼,他的回答也没有被用于任何不利于他的刑事诉讼程序。法院的法官宣称:"我们一直允许以强迫的方式获取犯罪证据,只要这些证词(或者依据这些证词获得的证据)不会在任何刑事诉讼程序中用于反对提供证词者。"

第五修正案中的占用条款 第五修正案中的最后一句话,"不给予公平赔偿,私有财产不得充作公用",这被称作占用条款。财产所有人应当获得赔偿,如果他们的财产所有权被转移给了州或财产被政府侵占。特别是自"劳里托诉读稿机曼哈顿有线电视公司案"(*Loretto v. Telepromater Manhattan CATV Corp)(1982)以来,所有权转移或者侵占相当容易解释。该案中一个有线电视公司因占用了私人不到1平方米的土地而不得不给予补偿,尽管政府已经授权有线电视公司如此做。

联邦最高法院还宣称政府使财产的使用环境不适宜或者占用部分财产的价值也构成占用,这被称为管制性占用。早期涉及管制性占用的案例是"尤克里德诉阿姆布勒物业公司案"(*Euclid v. Ambler Realty Co.)(1926)。该案中,分区即使减损了所有者财产的潜在使用价值,但分区被认为是为了公共利益并且是适当的控制混乱的方式。"佩恩中心运输公司诉纽约市案"(*Penn Central Transportation Co. v. New York City)(1978)中,纽约市限制佩恩中心运输公司在纽约市的火车站上面建一个50层的办公楼。联邦最高法院认为纽约市的拒绝不构成管制占用。联邦最高法院宣称:过去的有关占用的判决已经形成了判断一项管制政策是否构成占用的标准。该判断标准包括管理行为对于原告的经济影响,该管理行为对于明显的、已形成的合理预期所造成的妨碍程度以及政府行为的性质(p.124)。

1987年,里根政府签发了一道行政命令,要求审查所有新的联邦规定是否构成管制性占用。同年联邦最高法院判定两个案件构成管制性占用。在"格兰代尔第一英国福音路德教教堂诉洛杉矶县案"(*First English Evangelical Lutheran Church of Glendale v. County of Los Angeles)(1987)中,联邦最高法院裁定,即使给财产所有人带来损失的规定是不合宪的,所有人也有权要求行政机构给予补偿。在"诺兰诉加利福尼亚滨海委员会案"(*Nollan v. California Coastal Commission)(1987)中,联邦最高法院要求新建设的建筑与拟减轻的状况要有联系。因此,政府不能强加不合理或无关的规定。但是,在什么情况下财产可以被占用这一问题,仍然没有解决。

在"卢卡斯诉南卡罗来纳滨海委员会案"(*Lucas v. Carolina Coastal Commission)(1992)中,卢卡斯在南卡罗来纳州的海岛上购买了两块滨海的土地。后来立法机关制定了《南卡来罗纳州滨海管理法》,该法禁止卢卡斯在土地上修建建筑。卢卡斯诉称该法使得他的财产变得没有任何价值,因此要求赔偿。联邦最高法院提出,土地使用管制法剥夺了所有人对财产享有的"所有经济上的有益价值",就其本身而言便违反了占用条款。因此,卢卡斯案确立了狭义的定义——"剥夺所有经济上的有益价值"——构成本身违法的管制占用。

上述定义被应用于"蒙特利市诉蒙特利市戴蒙特顿有限公司案"(*City of Monterey v. Del Monte Dunes at Monterey, Ltd.)(1994)中。该案中,蒙特利市拒绝同意19块土地中的任何一块发展成37.6英亩的产业用地,这被认为是剥夺了财产的所有经济上可以利用的价值。这一定义也是拒绝向土地所有人因对其湿地部分管制占用给予赔偿的理由之一["帕拉泽拉诉罗得岛"(Palazzolo v. Rhode Island)(2001)]。法院承认所有人损失了湿地的经济价值,但是因为他还有200 000美元的价值存在于其高处的土地上,因此这一规定并不能构成本身违法的占用。然而,这个案件被发回要求依据"佩恩中心运输公司诉纽约市案"的判断标准重新审理。

评价 联邦宪法第五修正案已经生效长达200年了,但由它引起的争议仍在继续,特别是在最需要进行人权保护时更是强调。反对自证其罪的权利起到了很好的作用,代表了美国宪法文化中一个基本的道德价值。在保护个人对抗各州的集体权力中,它长期起着核心作用,并被视为我们对基本人权予以关注的一个重要标志。占用条款是保护个人对抗州的集体权力的另一标志。然而,占用条款的适用范围并没有像反对自证其罪的权利一样广泛。事实上,占用条款的司法价值或标志性价值一直没有像权利法案中的其他条款一样被人们关注。首席大法官伦奎斯特(Rehnquist)在"诺兰诉特格德市案"(*Nolan v. City of Tigard)(1994)的判决中写道:"联邦宪法第五修正案中的占用条款与第一修正案、第四修正案都是权利法案的组成部分,但不知道什么原因使得它并没有取得与它们同等的地位。"但是,由于联邦最高法院的法官们并没有给予占用条款与权利法案中的其他条款以同样的关注,所以占用条款仍然"地位颇低"。

参考文献 Steven J. Eagle, *Regulatoty Takings*, 2d ed. (2001). Richard A. Epstein, *Takings: Private Property and the Power of Eminet Domain*, reprint (1989). William A. Fischel, *Regulatory Takings: Law, Economics, and Politics* (1998). Leonard W. Levy, *Origins of the Fifth Amendment: The Right Against Self-Incrimination* (1999).

[Erwin N. Griswold 撰;Randy T. Simmons 修订;杜昱、林全玲译;邵海、胡海容校]

联邦宪法第五修正案豁免[Fifth Amendment Immunity]①

联邦宪法第五修正案保障"任何人都不会在刑事案件中被强迫作出对自己不利的证词"。反对自证其罪(*self-incrimination)的权利,有时被称为重大权利(the Great Right),源于对 16 世纪英国教会和皇家法院(尤其是星法庭)盘问式司法实践的反对。到 17 世纪末,普通法(*common law)中已经确立了这样的原则:没有人会控告自己或者回答关于他的行为的讯问。许多早期的州宪法(*state constitution)中包含了这一程序保障,19 世纪时,州法院(*state courts)将这种保障扩展为既包括在法庭内也包括在法庭外所获得的供认。

"合众国诉伯尔案"(United States v. Burr) (1807)是一件早期的联邦巡回审理案件——其中包含了很多联邦宪法第五修正案组成部分的普通法权利要求:公民个人必须能够主张权利;法院将判断此项主张的有效性;答辩则必须能直接归罪,或者与能够归罪的证据有重要的联系。在"博伊德诉合众国案"(*Boyd v. United States) (1886)和"康塞尔曼诉希契科克案"(*Counselman v. Hitchcock) (1892)中,联邦最高法院将这项权利扩展到所有的刑事案件中,以及那些证词可能引起刑事诉讼的民事案件。

自"马洛伊诉霍根案"(Malloy v. Hogan) (1964)以来,联邦标准就一直支配着这项权利,因为在该案中,联邦最高法院将反对自证其罪的权利并入了联邦宪法第十四修正案(the *Fourteenth Amendment)中的正当程序条款(*Due Process Clause)(参见 Incorporation Doctrine)。"米兰达诉亚利桑那州案"(Miranda v. Arizona) (1966)要求司法人员必须以清晰、不含糊的语言告知犯罪嫌疑人其依据联邦宪法第五修正案所享有的沉默权。然而,这项权利也不是绝对的:对于强制性的指纹、身体检查、声音录制、犯罪的重新认定或者醉酒检测以及其他事件,它不提供保护;当被告自愿代表自己作证时,它也不能适用;并且它可以基于交易豁免或使用豁免而被推翻,如"卡斯提加诉合众国案"(*Kastigar v. United States) (1972)。

[David J. Bodenhamer 撰;杜昱译;邵海校]

攻击性言论[Fighting Words]

参见 Chaplinsky v. New Hampshire;Unprotected Speech。

判决的终局性[Finality of Decision]②

根据法律(《美国法典》第 28 编第 1257 节)的规定,联邦最高法院有权审核"由州最高法院作出的最终判决或命令"。第 1257 节规定了联邦最高法院司法审查的三种情况:一项联邦法律的效力存在争议;某一州的法律被认为与联邦法律相冲突;某项权利要求根据某一联邦法律提出。这种管辖权的依据在于联邦问题(*federal question)——涉及联邦法律的重要纠纷。

宪法没有明确授权联邦最高法院对州法院(*state courts)所作的判决进行审查。今天,这种权力被认为是理所应当的,以往却并不总是如此。正如查尔斯·艾伦·赖特(Charles Alan Wright)在《联邦法院》中所作的解释那样,"对于一个主权范围内的法院来说,具有凌驾于其他主权范围内法院之上的上诉管辖权是不寻常的现象,但联邦主义本身(或者当宪法获得通过时)就是一个不寻常的系统;联邦法律至上(Supreme Clause)条款则是凌驾于州法院裁判之上的上诉管辖权所赖以存在的充分基础"(p.782)。

《1789 年司法法》(the *Judiciary Act of 1789) 第 25 条授权联邦最高法院审查州法院的判决,只要这些判决使联邦法律或条约无效,或者不支持联邦法律规定的权利。在 1790 年到 1815 年间,联邦最高法院对 17 件来自州法院的判决进行了审查。当弗吉尼亚上诉法院认为司法法第 25 条违宪,并拒绝服从联邦最高法院的命令时,联邦最高法院的审查权受到了直接的挑战。约瑟夫·斯托里(Joseph *Story)法官在对"马丁诉亨特租户案"(Martin v. Hunter's Lessee) (1816)中的著名判决对弗吉尼亚州法院进行了反驳。没有参加那个判决的首席大法官约翰·马歇尔(John *Marshall),在"科恩诉弗吉尼亚州案"(*Cohens v. Virginia) (1821)中再次强调了第 25 条的合宪性和联邦最高法院审查州法院判决的权威性。首席大法官罗杰·B. 托尼(Roger B. *Taney)在"艾布尔曼诉布思案"(*Ableman v. Booth) (1859)中断然驳斥了针对这一正统权力最严重的一次挑战,这是内战前作出的对《逃亡奴隶法》

---

① 另请参见 Fifth Amendment。
② 另请参见 Federalism。

予以支持的一个颇受关注的判决（参见 Fugitive Slave）。

要满足第1257节所规定的条件，一个州法院的判决要具有"终局性"，必须以两种方式作出。首先，这一判决必须是程序上不受州的任何高级别法院审查的。判决不一定要由州的最高法院作出，而仅仅是由"可以作出判决的最高级别的州法院"作出。例如，在"汤普森诉路易斯威尔市案"（Thompson v. Louisville）（1960）中，由于在州法院中没有进一步审查的可能性，所以联邦最高法院审查了由肯塔基州路易斯维尔的治安法庭所作出的判决。

其次，在"卡特林诉合众国案"（Catlin v. United States）（1945）中，联邦最高法院对最终判决下了定义：如果该判决"结束了诉讼的实质问题，并且法院接下来只要实施该判决就可以了"（p.233），它就具有终局性。这一终局性依赖于对联邦法律和《美国法典》第1257节的解释，并且联邦最高法院还创出了一种实用方法，并依据这种方法对具有终局性的判决进行了归类["考克斯广播公司诉科恩案"（Cox Broadcasting Corp. v. Cohn）（1975）]。另一个涉及管辖权的立法（《美国法典》第1254节第28条）并不要求联邦上诉法院（*courts of appeals）作出最终判决，这样在特定的情况下，联邦最高法院可以在低级别联邦法院作出判决前进行司法审查，正如"合众国诉尼克松案"（United States v. *Nixon）（1974）一样。

终局性的要求还可能满足其他的目的。在"北达科他州药业委员会诉辛德拉药店案"（North Dakota State Board of Pharmacy v. Snyder's Drug Stores, Inc.）（1973）中，威廉·O.道格拉斯（William O. *Douglas）法官对这些目的进行了强调："（1）它避免了对州法院判决的零碎审查；（2）如果根据《联邦宪法》第3条的规定，不存在真正的'案件'或'争议'，它可避免对此提出建议性的观点；（参见 Cases and Controversies）（3）限制联邦对州法院就联邦宪法问题所作判决进行审查，可以使联邦最少地介入州事务"（p.159）。

因此，终局性的要求不仅仅是一个技术上的抽象概念，还是一个以司法效力和联邦主义的重要原则为基础的要求。基于联邦主义的考虑，其观点则恰恰相反：礼让（*comity）的重要性表明联邦最高法院应该就终局性确立较高的要求，以体现对具有主权的州法院的尊重；然而，联邦最高法院在保持联邦法律的统一性和最高权威方面也必然要发挥特殊的作用。所以，联邦最高法院就有必要在州司法权和联邦最高权威之间进行必要的协调。

参考文献 Robert L. Stern, Eugene Gressman, and Stephen M. Shapiro, *Supreme Court Practice*, 8th ed.（2002）；Charles Alan Wright and Mary Kay Kane,

Law of Federal Courts, 6th ed.（1983）.

[Thomas E. Baker 撰；杜昱、林全玲译；邵海、胡海容校]

筹资性政治言论[Financing Political Speech]

1907年以前，当国会第一次禁止公司对政治运动捐资时，联邦并没有就政治捐资或花费的数目及来源进行限制。尽管后来国会在随后的50年里增加了很多相应的规定，但这些规定漏洞百出，基本上都没有得到实施。

筹资运动方面第一次有意义的改革是1971年《联邦选举运动法》（the Federal Election Campaign Act）的颁布，其中包含了有效的信息披露要求。1972年总统选举后发生的"水门事件"激发了进一步改革政府道德的需要，包括严格限制政治筹资及花费，1974年修正案随之制定。

在"巴克利诉瓦莱奥案"（*Buckley v. Valeo）（1976）中，联邦最高法院审查了1974年修正案中所包含的广泛的改革措施的合宪性。在详尽的法院意见（*per curiam opinion）中，联邦最高法院否决了那种认为筹资运动主要是行为而不属于言论的主张，并且承认对有政治目的的捐款和开支的限制必然会使言论减少，尤其是在信息畅通的时代。联邦最高法院还进一步否决了政府所宣称的筹资运动发挥的平衡政治影响的作用对政府所具有的意义，因为这不足以作为限制的基础。联邦最高法院提出，试图使某些人沉默从而增强其他人的相对力量的观点，是"不符合联邦宪法第一修正案的（p.48）"。然而，联邦最高法院指出，可能损失的言论自由利益可以通过防止政府腐败所带来的巨大政府利益来弥补。最终的结果是联邦最高法院支持了以下规定：要求披露选举运动的捐款和开支的规定；对捐款进行限制的规定；以及对总统选举中公众补贴的规定。但联邦最高法院认为，以下三个方面的限制违反了联邦宪法第一修正案（the *First Amendment），所以是不合法的。这三个方面包括：对选举运动总开支的限制；对候选人自己开支的限制；投票支持者自己开支的限制。

重要的是，联邦最高法院在巴克利案中提出，为了避免政治性言论受到打击等类似问题发生，只有独立的开支中包含明确的支持或击败的词语，如"投票赞成"、"投票反对"、"支持"或"反对"等，1971年《联邦选举运动法》中有关信息披露的规定才适用。同样，政党只要不利用捐资去支持或反对特定的候选人获得联邦职位，也可以接受捐资。由于大多数州允许公司或个人进行政治捐资，这使得政党可以不受联邦选举运动法的限制，从而获得大量捐资。这些资金被称为软钱（soft money）。到20世纪90年代末期，政党和其他团体不仅利用软钱支持候选人竞选州的职位,还利用软钱在联邦选举中进行了大量排斥异己的活动。此外,还利用软钱支付支持或攻击竞选联邦职位的特定候选人的政治观点的竞选活动,但是这些活动都不明确表明支持或反对候选人。

为回应软钱的滥用,国会制定了 2002 年《两党竞选改革法》(Bipartisan Campaign Reform Act),该法对大量的政治活动规定了新的限制。该法禁止国内政党、政党的领导和联邦官员接受或者筹集哪怕是不受联邦法律限制的资金。该法对州和地方的党派支出违反联邦法律的限制所筹集的资金规定了新的限制。在任何联邦选举中,候选人只能按照既定的安排出现在投票现场。社会团体、协会,如美国公民自由联盟(*American Civil Liberties Union),也被禁止在选举前 60 日明确提到候选人的名字进行宣传,除非其费用是由少量的个人捐资委托一个政府选举委员会(political action committee)支付的。

不久,许多个人、政党等依据联邦宪法第一修正案对《两党竞选改革法》的合宪性提出了挑战。2003 年 12 月 10 日,联邦最高法院对这样一个案件进行了审理,即"麦康奈尔诉联邦选举委员会"(*McConnell v. Federal Election Commission)。在该案中,联邦最高法院支持了该法的大部分规定。尽管联邦最高法院试图适用巴克利案,但事实上,联邦最高法院还是以 5 比 4 的多数作出判决,更倾向于遵从国会立法,而不是延续以往的做法。并且联邦最高法院继续提到抑制"腐败"或"腐败的表象"等对政府利益如此重要,因此可以超越宪法第一修正案所保护的言论自由。但由于用语如此宽泛,使得所谓政府利益根本没有什么意义。事实上,联邦最高法院不断地提到互相冲突的"宪法价值",在提到保护选举过程的公正性时,做了简单的界定,明显地表现出了对公平利益的维护,这一观点已为巴克利案明确拒绝。因此,这个判决不仅推翻了巴克利案中已为人们所接受的观点,而且开启了倾向于尽量支持已有立法的进程。事实上,该案中大多数法官所支持的判决明确地表明新的立法应当遵守。

然而,这一立法能否成功地阻止资金流向政治领域,或者能否削弱特定利益集团的影响则是另外一个问题。尽管通过了《两党竞选改革法》,2004 年选举仍然花费了 4 亿美元,并且大部分资金的筹集是违反上述立法的。

参考文献 Annelise Anderson, ed. *Political Money*: *Selected Writings on Campaign Finance Reform* (2000); Lillian R. BeVier, "McConnell v. FEC: Not Senator Buchley's First Amendment," *Election Law Journal* 3 (2004) 124-146; Richard Briffault, "McConnell v. FEC and the Transformation of Campaign Finance Law," *Election Law Journal* 3 (2004) 147-176; Bradley A. Smith, *Unfree Speech*: *The Folly of Campaign Finance Reform* (2001).

[Marlene A. Nicholson 撰; Bradley 修订; 杜昱、林全玲译; 邵海、胡海容校]

联邦宪法第一修正案[First Amendment]①

联邦宪法第一修正案不仅是防止政府对言论和出版(*speech and the press)、集会自由进行干预的宪法保障,是政教分离的保障,同时也是美国基本规范和文化象征之一。联邦宪法第一修正案更多地反映了美国人的重要品格,是美国自由的基石。它为所有的美国公民所知晓和珍视,人们或许不能准确地背诵联邦宪法第一修正案中的句子,但他们理解这一条款的灵魂。

全国化 联邦宪法第一修正案是第一届国会为应对反联邦党人的担心(联邦宪法没有充分地保护个人权利免受联邦的侵害)而通过的。联邦宪法第一修正案很快就在各州得到批准,1791 年,与其他 9 个保护个人权利的修正案共同成为宪法的一部分。如联邦宪法第一修正案所宣示的,它只限制联邦的权力,这为联邦最高法院在 19 世纪前半期的判决所确认。在联邦政府相对衰弱的时期,国会很少制定侵犯个人权利的立法,也几乎没有什么案件是依据联邦宪法第一修正案提起的,这一现象一直持续到 20 世纪。为限制州权力,几乎所有的州宪法都包含了类似联邦宪法第一修正案的内容,因此州法院(*state court)是这些基本自由的主要保护者。

直到 20 世纪 20 年代,联邦最高法院才开始主张,由于联邦宪法第十四修正案(the *Fourteenth Amendment)禁止州侵犯个人权利,所以州也应当受联邦宪法第一修正案的约束。尽管联邦宪法第一修正案所保障的自由并不比州宪法规定得宽泛,甚至比有的州明确规定的权利还要少些,但《权利法案》(*Bill of Rights)全国化的重要意义在于使联邦司法体系成为各州应当授予其公民多少权利的最终裁决者。联邦最高法院对联邦宪法第一修正案及权利法案其他条款的解释通常比州法院对州宪法中的类似条款的解释要宽泛一些。尽管到 20 世纪末期,自由民权者发现,有时州法院比联邦最高法院更体察民情。

言论自由 第一次世界大战期间(World War I),旨在消弭与美国政府不一致观点的联邦立法出台,这使得联邦最高法院开始确立一系列有关联邦宪法第一修正案所保护的自由规则。尽管联邦最高法院依据上述立法支持了对政治激进分子的定罪,但当霍姆斯与路易斯·D. 布兰代斯(Louis D. *Brandeis)法官在"艾布拉姆斯诉合众国案"(*

---

① 另请参见 Speech and the Press。

Abrams v. United States)(1919)中对一项判决持反对意见时,现代言论自由原则也就从此产生了[该判决支持对抗议伍德罗·威尔逊(Woodrow Wilson)总统将美国军队派往俄罗斯对付布尔什维克党的几个社会主义者有罪的认定]。在霍姆斯这一令人激动的判决中,他雄辩地主张,一个自由的社会必须允许寻求真理。

保障自由的人民检验真理的这种需要根植于西方文化的经典著作之中,如约翰·弥尔顿(John Milton)的《论出版自由》(Aeropagitica)和 约翰·斯图尔特·密尔(John Stuart Mill)的《论自由》(On Liberty)。与此相类似的观点是言论自由对于一个政府的民主体制至关重要。有关言论自由的另外一个理论依据是言论自由反映了一个社会对个人自由以及个人自治这一价值的追求。

在对侵犯言论自由的法律实施日渐严格地审查后,联邦最高法院在"布兰登堡诉俄亥俄州案"(*Brandenburg v. Ohio)(1969)中确立了如下原则:政府只能限制那些可能导致即发的不法行为的言论。因而,联邦宪法第一修正案甚至可以保护那些煽动推翻政府或不法行为的言论。

然而,政府可能会为维护公共秩序和公共行政机关更好地履行职能,而对发表言论的时间、地点和方式(*time, place and manner)规定一些合理的限制。但是,各州在规定这些限制时,不能根据言论的内容而有所歧视,因为,这些限制可能会使得州对某些言论予以优待。只有极少数的言论是属于可以例外处理的一类,尤其是淫秽(*Obscenity)和进攻性的语言,因为这一类言论可能会引发公共骚乱。即使对于这一类言论,联邦最高法院也逐渐扩展了司法审查的范围。例如,对于质询者,通常都不允许政府以制造暴力和混乱威胁为由而"否决"其言论自由;相反,政府有义务保护而不是阻止有可能会引发争议者。

同样,联邦最高法院也逐渐将宪法第一修正案的保护范围扩展于商业言论(*Commercial Speech),尽管商业言论受到的保护仍然要比政治言论少。在特定情况下,州可能会对错误的或引发误解的或可能涉及非法行为的商业言论予以禁止。

从20世纪60年代以来,联邦最高法院也开始保护象征性语言(symbolic speech),即虽然没有明确的语言,但包含一定的政治观点的行为。例如,联邦最高法院在"得克萨斯州诉约翰逊案"(*Texas v. Johnson)(1989)和"合众国诉爱奇曼案"(United States v. *Eichman)(1990)中推翻了联邦和州的禁止焚烧美国国旗的立法。

近几年来,有关限制煽动仇视的言论(*hate speech)的立法不断地对联邦宪法第一修正案的保护范围提出挑战。支持这类立法的人主张,令人讨厌的、具有直接歧视女性或者不同种类的少数群体倾向的言论,不仅不能促进联邦宪法第一修正案所促进的价值,还可能引发暴力、歧视以及干扰上述受害者的表达自由。在"罗伯特·A. 维克特诉圣保罗市案"(*R. A. V. v. St. Paul)(1992)中,联邦最高法院主张,地区法令依据种族、肤色、信仰、宗教或性别不同来判定可能引发暴力并需要禁止的言论,这种规定是不合宪的,因为这种立法实际上是对言论内容的歧视。低级别法院也经常因为同样的理由推翻类似的立法。然而,在"阿普伦蒂诉新泽西案"(Apprendi v. New Jersey)(2000)中,联邦最高法院维持了一部法律,该法允许州延长因为种族原因激起的殴打行为的刑期。

出版自由 司法机构确信自由的媒体对于民主政体至为重要,这使得司法机构假定任何限制收集或公布新闻的法律无效。联邦最高法院在"尼尔诉明尼苏达州案"(*Near v. Minnesota)(1931)和"纽约时报公司诉合众国案"(New York Times Co. v. United States)(1971)中,明确了政府不能发布针对出版自由的预先约束,而只在国家安全面临即将到来的威胁时才可例外。尽管新闻界仍然面临诽谤(*libel)诉讼,自"纽约时报公司诉沙利文案"(New York Times Co. v. Sullivan)(1964)开始,联邦最高法院已经在一系列案件中对有关诽谤的立法进行了合宪性审查。总的来说,政府官员或公众人物不能对没有故意或轻率作为的新闻媒体的失实报道提起诽谤诉讼。在涉及个人和公众利益的案件中,州只有在新闻媒体疏忽的情况下才可以要求其承担责任。

宗教 宗教自由和禁止确立宗教,与言论和出版自由一样,有利于保障思想的自由传播,促进充满高度多样性社会的多元化,防止政府专制。尽管联邦宪法第一修正案明确禁止对宗教的直接支持,但政府与宗教不可避免的联系使得不可能建立彻底的"隔离墙",并且过于拘泥地理解隔离还会触犯宗教自由践行条款。

在裁决宗教条款纠纷时,联邦最高法院在"莱蒙诉库尔兹曼案"(*Lemon v. Kurtzman)(1971)中主张,政府行为必须具有非宗教的目的,其主要效果既不能鼓励也不能限制宗教发展,并且不能鼓励与宗教的过多纠缠。近些年来,联邦最高法院修改了莱蒙案标准,在需要考虑的因素中增加了"是否一部法律构成认可或反对宗教,以及是否政府鼓励人们支持或参与宗教活动"。

尽管政府显然不能支持任何一种宗教,但当政府行为事实上"辅助"宗教时,问题就产生了。某些支持,譬如警卫和防火保护方面的帮助明显是允许的。其他形式的帮助则容易引发纠纷。政府对附属于教区的学校的支持一直是引发争议的紧张地带。在解决有争议的学校优惠购物券纠纷时,联邦最高法院在"泽尔曼诉西蒙斯-哈里斯案"(*Zelman v.

Simmons-Harris)(2002)中,支持了俄亥俄州的一项计划,该计划用政府资金对贫穷的学生就读私立学校或教区学校提供支持。近些年来,有些大法官建议联邦最高法院应当以更加中立的态度来满足宗教组织的需求,而不是在政府与宗教之间维持严格的隔离墙。

在裁决有关自由践行条款纠纷时,联邦最高法院主张政府不能对宗教强加重大的负担,除非政府能证明其做法存在更为重大的政府利益,并且政府已尽了最大努力来减少宗教的负担。然而,近些年来,联邦最高法院裁决这么严格的审查标准(*strict scrutiny)不适用于全国适用的法律。尽管国会在1993年的《宗教自由恢复法》(Religious Freedom Restoration Act)中恢复了严格审查标准,联邦最高法院还是在"博尔纳市诉弗罗里斯案"(City of Boerne v. Flores)(1997)中裁决其至少在非联邦案件中无效。

政教分离的思想在美国社会一直是一个有效的并且有争议的原则。由于害怕政府卷入宗教事件而引起分裂,联邦最高法院通常都在维持高度的宗教自由的同时,维持较为严格的政教分离。

参考文献 Lee C. Bollinger and Geoffrey R. Stone, eds, *Eternally Vigilant: Free Speech in the Modern Era* (2002).

[Lee C. Bollinger 撰;William G. Ross 修订;杜昱、林全玲译;邵海、胡海容校]

联邦宪法第一修正案绝对论[First Amendment Absolutism]

在几种试图从宪法和法律上恰当利用联邦宪法第一修正案(the *First Amendment)的五重保障——教会和政府的分离、宗教(*religion)的践行、言论(*speech)和新闻自由、和平集会(*peaceful assembly)的自由以及要求政府改正冤情的请求权——的努力中,"绝对主义"的宗教信仰自由权利主张是最广泛和最剧烈的。与胡果·L.布莱克(Hugo L. *Black)的绝对主义立场紧密相连的观点,要求对不允许个人和社会权利进行"平衡"的联邦宪法第一修正案的权利条款加以解释(参见 First Amendment Balancing),但它却坚持联邦宪法第一修正案明确规定的保障措施就内容和本身而言是绝对的,试图阻止其实施的政府行为不能对其进行侵犯。

正如布莱克一遍又一遍强调的那样,联邦宪法第一修正案要求"国会不能制定任何法律……对言论或者新闻自由予以剥夺",这句话意味着无论是国会还是州政府都无权制定"剥夺"上述权利的任何法律。对于那些经常以"但是,法官先生"开始的异议,布莱克一贯文雅的反应是"没有但是"。他会从口袋里拿出他所钟爱的价值十美分的宪法复印本,然后要求提问者阅读联邦宪法第一修正案的句子。当提问者读到短语"没有任何法律"时,布莱克将会说一声"谢谢"并且评论道:出现分歧的语言要求对所涉及的宝贵的宪法保障措施作出绝对主义的解释——如果涉及言论本身,就不能对它施以任何限制。

为了能符合绝对保护的条件,被主张的联邦宪法第一修正案权利必须是"演讲"、"新闻"、"和平集会"或者是真正的"宗教"。如果行为不是上述之一,它就不能被赋予绝对权利并因此应当受制于可以被允许的政府规则。布莱克和他的追随者们试图划出一条有争议的分界线,因此引起了批评者们的齐声反对。例如,"演讲"和"新闻"意味着绝对性权利,但是"行为"却不能享有绝对性权利。后者因此能够被划在正当程序(*due process)的限制范围内,受到政府行为的控制。因此,当言论和出版物——包括被其他人认为是诽谤、中伤或淫秽的陈述(不管其是被听见还是被看见),在绝对权利论者眼中是免受政府干预时,而"行为"却不能受到相似的保护。

在布莱克眼里,公开的游行示威、某些公共集会以及毁损国旗的行为应该受到控制——"斯特里特诉纽约州案"(Street v. New York)(1969),这一观点现在仍然被一些法官沿用。对于一些法官而言,焚烧国旗属于言论自由,如"得克萨斯州诉约翰逊案"(*Texas v. Johnson)(1989)和"合众国诉爱奇曼案"(United States v. *Eichman)(1990)。但是对于另外一些人(布莱克当然也包括在内)来说,这种行为是失去法律保护的行为。布莱克和他的支持者们认为,在立法机关大厅门前进行和平示威是一种联邦宪法第一修正案所保障的权利——"爱德华兹诉南卡罗来纳州案"(*Edwards v. South Carolina)(1963);但是他们拒绝承认那些在监狱门前——"阿德利诉佛罗里达州案"(Adderly v. Florida)(1966),以及在拥挤的街道上——"考克斯诉路易斯安那州案"(Cox v. Louisiana)(1965)进行示威是联邦宪法第一修正案所保护的权利,因为在那些地方,法律和法令要求当局进行正当的限制。

在布莱克看来,侮辱和诽谤(*libel)方面的法律从表面上看是完全不合宪的,因为这些法律禁止言论和写作的自由。同样的道理也主导着电影的播放和书籍的印刷:对于联邦宪法第一修正案绝对主义论者来说,审查制度(*censorship)是与联邦宪法第一修正案的保障措施不协调的。然而,在公共学校佩戴黑色肩章以抗议越南战争(*Vietnam War)这样的明示行为——"廷克诉德斯·莫因斯独立社区学校校区案"(*Tinker v. Des Moines School District)(1969),以及一个年轻人在法庭上身穿饰有反征兵法辱骂性语言的皮夹克这种行为——"科恩诉加利福尼亚州案"(*Cohen v. California)(1971),以布莱克的观点看来,都应当受到规则或者禁令的控制(参见 Nonverbal Expression)。

尽管联邦宪法第一修正案绝对论仍然被法学家和专家所支持,同时现代联邦最高法院的自由法学理论对大多数形式的意思表示的保护已经达到了"近乎绝对主义",但是这项规则本身并没有得到大多数人的支持。由于它看似简单实则具有欺骗性,以及它在允许个人自由方面是有争议的慷慨,从而使得绝对主义有必要服从于个人与社会之间权利和责任的平衡关系。

参考文献 Henry J. Abraham, *Freedom and the Court: Civil Rights and Liberties in the United States*, 5th ed. (1988).

[Henry J. Abraham 撰;杜昱译;邵海校]

联邦宪法第一修正案的平衡[First Amendment Balancing]①

虽然联邦宪法第一修正案(the *First Amendment)提供了明确的保障,联邦宪法第十四修正案则暗示了这种保障,联邦宪法第一修正案用语所表达的五项基本权利仍然没有被视为是绝对的,尽管胡果·布莱克(Hugo *Black)法官对此予以了热情主张(参见 First Amendment Absolutism)。因此,个人权利和社会权利之间的"平衡"似乎是一个合乎逻辑的妥协,即在那些不能忍受政府对联邦宪法第一修正案权利进行控制的人和那些以国家安全(*national security)或法律和命令为根据并主张对此权利进行严格控制的人之间的妥协。在通常情况下,司法部门总是试图在受保护的宪法权利和被允许的政府调整之间划出一个可行的界限。

如果一个人没有完全拒绝政府权力的调整,联邦宪法第一修正案所要实现的平衡都是明显必要的。由于许多以联邦宪法第一修正案为根据的请求权都具有内在的矛盾性和多重性,因此,决定一个合宪和合法的明显界限是很困难的,如自由信仰宗教的权利可能导致对教徒的孩子提供医疗帮助被拒绝,政府则负有保护他们生命的责任,司法机关应该在什么地方画出明确的界限——"宾夕法尼亚州诉科尼利厄斯案"(Commonwealth of Pennsylvania v. Cornelius)(1956);在教会与政府分离这个总是具有争议的领域(禁止确立宗教条款),路易斯安那州为了平衡公共学校教学中的"进化论",可否要求"创造论"的教学内容——"爱德华兹诉阿圭拉德案"(Edwards v. Aguillard)(1987,参见 Evolution and Creation Science);如果可以的话,法官可以在什么范围内对新闻媒体强制施行"限制言论自由"的法令,尤其是限制审判前的新闻采访——"内布拉斯加出版协会诉斯图尔特案"(*Nebraska Press Association v. Stuart)(1976,参见 Pretrial Publicity and

the Gag Rule);佐治亚州是否可以禁止对一名强奸案受害人的名字予以出版或公开,因为她的父母对于名字不小心被公开援引了隐私权(*privacy)条款要求补偿——"考克斯广播公司诉科恩案"(Cox Broadcasting Corp. v. Cohn)(1975)。司法机关在上述案例中实现了个人和政府权利义务关系的"平衡"——除了最后一个案例,司法机关在其他几起案例中,对个人的请求权是有所倾斜的。

对布莱克法官这样的"绝对主义论者"来说,"平衡"是令人厌恶的。他认为,"平衡"只会局限于联邦宪法第一修正案的字面意义中。对他而言,正如他去世之前3年所著的《宪法忠诚》(Constitutional Faith)中所写的,"只有在法律针对行为或法律间接影响言论的时候,才能适用'平衡'的方法;在我看来,一部直接限制言论和政治信仰的法律永远都不应该在平衡过程中得到保留"(p.61)。在涉及冷战高潮时期立法机关的调查案例中,即"巴伦布莱特诉合众国案"(*Barenblatt v. United States)(1959)中,布莱克对于诉讼争议直截了当地表达了他的反对意见。劳埃德·巴伦布莱特(Lloyd Barenblatt)是瓦萨大学的一位教师,他拒绝回答反美活动委员会(the House Un-American Activities Committee)对他提出的某些问题。由于拒绝回答,他受到了审判和罚款并且被判入狱6个月。约翰·M.哈伦(John M. Harlan)对法院5比4的表决结果进行了说明,判决认为该委员会有权对言论自由和结社的联邦宪法第一修正案权利进行干预,并得出结论认为,"在个人和政府利益之间的平衡关系处于紧要关头时,为了保护后者,这种平衡关系必须被打破"(p.134,参见 Assembly and Association, Freedom of)。布莱克法官以一种难以接受的反对意见予以辩论,他认为根据争议的实际情况适用联邦最高法院的平衡标准就应该以联邦宪法第一修正案的规定为根据,"国会不能通过任何法律来减少言论、新闻、集会和请愿的自由,除非国会和联邦最高法院能得出一致的结论,即在平衡政府权力和个人权利时,废除这些自由的政府利益大于个人实施这些自由的利益"(p.143)。

毫无疑问,司法职能包括了继续实施平衡的需要。政府利益向联邦宪法第一修正案的"自由"或"保守"解释倾斜到何种程度取决于价值判断。

参考文献 Henry J. Abraham, *Freedom and the Court*, 5th ed. (1988).

[Henry J. Abraham 撰;杜昱译;邵海校]

---

① 另请参见 Speech and the Press。

联邦宪法第一修正案言论测试标准[First Amendment Speech Tests]①

存在于个人和社会权利义务之间的所有司法界限都涉及一个"平衡"的程度问题（参见 First Amendment Balancing）。但是，根据"平衡"的一般观点，可以归纳出许多标准来进行平衡。这些标准直到第一次世界大战(*World War Ⅰ)结束后才被联邦最高法院表达清楚；直到那时，几乎没有关于言论自由的诉讼被提交到联邦最高法院。由于没有将"平衡"本身视为具体的标准，因此许多言论标准就可能被确定下来。严格按照年代的顺序，它们分别是：(1)"明显、即发的危险"标准；(2)"不良倾向"标准；(3)"公共与私人言论"标准；(4)"附加紧急性的明显、即发的危险"标准。最后一个标准现在被广泛地看做是主导联邦最高法院的原则。

明显、即发的危险(*clear and present danger)原则是由奥里弗·温德尔·霍姆斯(Oliver Wendell *Holmes)法官创立的，他还得到了来自勒尼德·汉德(Learned *Hand)的协助以及路易斯·D. 布兰代斯(Louis D. *Brandeis)法官的大力支持。这一原则由"霍姆斯在申克诉合众国案"(*Schenck v. United States)(1919)中首先提出，该案起因于申克的行为，并建立了一些阻止政府战时行为的措施。根据1917年间谍法(the *Espionage Act of 1917)的规定，申克被判有罪，他以联邦宪法第一修正案(*First Amendment)规定的言论自由权利为依据提起上诉。霍姆斯代表联邦最高法院提出意见认为，在通常情况下，被告的行为是受到宪法保护的，但是每一个行为的性质都取决于该行为所处的环境。霍姆斯还补充道："对言论自由最严格的保护措施也不会保护一个在剧院故意大呼失火从而引起混乱的人……在每个案件中，需要考虑的问题是，是否所用的词语具有这样一种性质，即有引发实质的邪恶的明显、即发的危险，从而使国会有权加以阻止"(p. 52)。

但是6年后，在"吉特洛诉纽约案"(*Gitlow v. New York)(1925)中，通过采用"将蛇杀死在卵中"——即不良倾向标准(*bad tendency test)而修改了该规则。1902年纽约州犯罪性制造混乱法(New York State Criminal Anarchy Act)禁止各种颠覆活动，包括以推翻纽约州政府为目的而进行的"提倡、建议或者教育"活动。吉特洛印刷并分发了一本名为《左翼宣言》(Left Wing Manifesto)的小册子，并因违反了州法律而被判有罪。在霍姆斯和布兰代斯的强烈反对下，爱德华·T. 桑福德(Edward T. *Sanford)法官代表联邦最高法院提出判决意见，认为"一个单独的火花可能点燃一场大火"，因此该州应该"在威胁产生的早期予以镇压"(p. 669)。

在"丹尼斯诉合众国案"(*Dennis v. United States)(1951)中，11名共产党的高层人员被一个低级别联邦法院根据1940年的《史密斯法》(the *Smith Act of 1940)予以审判并作出有罪判决。尽管他主张运用明显、即发的危险标准，但支持这一判决的首席大法官弗雷德里克·M. 文森(Fred M. *Vinson)却采用了这一原则来确定"有害行为的严重性是否会由于它的不可能性而降低"，并以此来判断政府对"言论自由"作出的限制是否适当(p. 510)。这就更加倾向于不良行为标准，并引起了胡果·布莱克(Hugo *Black)和威廉·O. 道格拉斯(William O. *Douglas)两位法官的强烈反对。

"公共与私人言论"标准主要是由哲学家、教育家亚历山大·迈克约翰(Alexander Meiklejohn)在1925年至1950年间提出的。对于迈克约翰而言，"公共"言论包括任何有关公共政策以及公众官员的言论，并有权在自治、自由、民主的社会中根据联邦宪法第一修正案和联邦宪法第十四修正案(the *Fourteenth Amendment)的特权或豁免条款(*Privileges or Immunities Clause)受到绝对的保护。一个典型的例子就是主张以暴力方式改变现有政府形式的言论。另一方面，有关公民个人自身的、私人事务的"私人"言论应该受到调整或限制，但是只能根据联邦宪法第五修正案和联邦宪法第十四修正案(the *Fifth and Fourteenth Amendment)的正当程序(*due process)进行。迈克约翰所举的例子中有一个是视觉艺术的领域，这或许有点令人吃惊。

第四个标准是"附加紧急性的明显、即发的危险"标准。这一标准早在1927年就由布兰代斯和霍姆斯(对布兰代斯持赞同观点)在惠特尼诉加利福尼亚州案(*Whitney v. California)中提出，并于大约四十年后在"布兰登堡诉俄亥俄州案"(*Brandenburg v. Ohio)(1969)中成了联邦最高法院适用的原则。根据这一标准，联邦最高法院澄清了观点，即仅有抽象鼓吹使用武力或实施违法行为，其在宪法或法律上是不可以受惩罚的，"除非上述主张会直接刺激或造成一触即发的非法行为或很可能造成非法行为"(p. 444)。

参考文献　Alexander Meiklejohn, *Free Speech and Its Relation to Self-Government*(1948).

[Henry J. Abraham 撰；杜昱译；邵海校]

格兰代尔第一英国福音路德教教堂诉洛杉矶县案[First English Evangelical Lutheran Church of Glendale v. County of Los Angeles, 482 U. S. 304（1987）]②

1987年1月14日辩论，1987年6月9日以6比3的表决结果作出判决，伦奎斯特代表法院起草

---

① 另请参见 Speech and the Press。
② 另请参见 Takings Clause。

判决意见,史蒂文斯反对。第一路德教案的判决是联邦最高法院的一个标志性判决——对土地的管制就等同于对土地的占用,即使政府的管理被法院撤销,土地所有人也应该得到赔偿。第一英国福音路德教教堂所拥有的建筑物在一次洪水中被冲毁了,洪水过后县政府通过了新的法令,禁止在包括教堂土地在内的所有被洪水冲过的平地上修建新建筑。加利福尼亚州的法院裁定,教堂不能以主张所有权为由而要求得到赔偿,除非:(1)此法令被宣布为非法占有;(2)该县决定不撤销此法令。联邦最高法院实际上推翻了州法院判决的第2条理由。联邦最高法院的法官们主张,对于有失公正的法令而言,宣布无效或撤销并不是充分的救济手段。此外,地方政府必须就法令撤销之前对财产权的过度干预进行赔偿(参见 Just Compensation)。

尽管联邦最高法院认为,对财产的暂时占用应该进行赔偿,但该判决不能解释土地使用管制过程中何时发生占用行为,而且联邦最高法院也没有明确规定赔偿应该如何计算。联邦最高法院认为,"获得建筑许可的一般性延迟,分区法令、变迁以及其他相似的改变,不发生财产的占用问题"(p.321)。约翰·P. 史蒂文斯(John Paul Stevens)法官持有异议,他认为,这一裁定会不适当地阻止地方土地使用的管理,因为管理者面对不确定的责任,会停止合法的土地使用计划。在案件被发回重审之后,低级别法院作出判决,认为有关被洪水冲毁的平地的法令没有引起占用财产的行为。

[Eric T. Freyfogle 撰;杜昱译;邵海校]

十月的第一个星期一[First Monday in October]

国会在 1916 年决定将联邦最高法院会议从 1873 年就固定下来的十月第二个星期一提前到第一个星期一(从 1917 年开始)。这一举措是由法官詹姆斯·C. 麦克雷诺兹(James C. *McReynolds)计划的,意图增强联邦最高法院处理日益增多的案件的能力。

十月的第一个星期一是庄严仪式的时刻。由首席大法官(*chief justice)在正午开始这一程序的做法一直持续到 1961 年,此后把这一时间改为上午 10 点。首先向已经退休和逝世的同事和法院官员致敬,新法官则对他们的审判进行宣誓,首席政府律师(*solicitors general)也要出席仪式,律师被允许进入法院的审判庭。行政人员和立法人员的出席象征着对法律的忠诚,如 1962 年,在密西西比州爆发种族危机时,总统约翰·F. 肯尼迪(John F. Kennedy)和副总统林登·B. 约翰逊(Lyndon B. Johnson)也参加了这一仪式。其他特别具有象征意义的第一个星期一是第一个黑人青年服务员(black page,在集会仪式或法庭上从事服务的青年)的出席(1954)、第一个黑人法官的出席(1967)以及第一个女法官的出席(1981)。

在这个简短的仪式过程中,基本上不会有正式的审判事务,只呈报巡回法院的案件分配以及各种动议引发的争论。最重要的事件是有关对调卷令(*certiorari)的申请进行处理的(*certiorari petitions)指令列表(*orders list)的公开。当费利克斯·法兰克福特(Felix *Frankfurter)法官在"库珀诉阿伦案"(Cooper v. Aaron)(1958)中提出赞同意见时,民事权利的诉讼使得平静的第一个星期一仪式发生了动摇。1964 年的这一天,联邦最高法院听取了新《民权法》(Civil Rights Act)中有关公共设施的辩论。第一个星期一仪式的传统由于其政治特征而曾名存实亡,这种状况从 1917 年一直持续到第二次世界大战(*World War Ⅱ)。在这期间,仪式被改成了到白宫的游览。

[Peter G. Fish 撰;杜昱译;邵海校]

波士顿第一国家银行诉贝洛提案[First National Bank of Boston v. Bellotti, 435 U. S. 765 (1978)]①

1977 年 11 月 9 日辩论,1978 年 4 月 26 日以 5 比 4 的表决结果作出判决,鲍威尔代表法院起草判决意见,伯格持并存意见,怀特、马歇尔和伦奎斯特反对。联邦最高法院的多数意见撤销了马萨诸塞州最高法院的判决,并认为该州的一部法律不符合宪法,因为该法禁止公司在影响收入所得税(*income tax)的全民表决结果方面进行的开支。这种公司开支与公民言论自由权利的开支一样,都受联邦宪法第一修正案(the *First Amendment)的保护。"巴克利诉瓦莱奥案"(*Buckley v. Valeo)(1976)已经建立了阻止立法机关限制选举运动费用的保障措施,除此以外,联邦最高法院通过本案又增加了另一个宪法限制(参见 Financing Political Speech)。

根据选民意见,银行和其他公司跟公民个人一样,可以就宣传或反对公共政策而自由开支。然而,如同联邦和许多州法律所作的禁止规定一样,宪法也禁止它们将资金用于竞选官员身上。这也表明,公司还禁止将资金用于选举运动中的独立候选人——"奥斯汀诉密歇根商会案"(Austin v. Michigan Chamber of Commerce)(1990)。

在贝洛提案中,联邦最高法院坚持认为,此案与巴克利案的区别在于对候选人的开支和对竞选的捐赠。开支有权受到宪法的保护,但这种保护却没有

---

① 另请参见 Elections;Political Process;Speech and the Press。

提供给被认为是贿赂官员的数量较大的竞选捐赠。贝洛提案将开支的保护延伸到公司资金的开支是十分重要的。拜伦·怀特(Byron *White)和威廉·伦奎斯特(William *Rehnquist)两位法官表达了强烈的反对意见,他们各自独立地反驳了这一判决结果,并一致认为,各州应该有权决定公司在竞选开支方面的潜在危害。

[Leon D. Epstein 撰;杜昱译;邵海校]

财政与货币权[Fiscal and Monetary Powers]

联邦宪法第1条第8款授权国会"规定并征收税金、捐税、关税和其他赋税,用以偿付国债并为合众国的共同防御和全民福利提供经费"。同时,依据该条其他条款的规定,不能对出口征收关税;依据各州人口分摊直接税;所有的关税、进口税以及消费税应该在全国统一。

在1895年以前,联邦最高法院的判例表明,只有不动产税和人头税是需要分摊的直接税。在"波洛克诉农场主贷款与信托公司案"(*Pollock v. Farmers' Loan & Trust Co.)(1895)中,联邦最高法院认为,《1894年所得税法》(the Income Tax Act of 1894)的规定是没有分摊的直接税,因为它对来自不动产和个人财产的收入征税。这一观点赋予国会无需分摊即可征收所得税(*income taxes)的权力,从而最终促使1913年联邦宪法第十六修正案(the *Sixteenth Amendment)通过。

在20世纪,国会征税权的问题集中体现在税收的调整影响方面。联邦最高法院把某些特定税种归为调整性的税收,并认为在征税权之外还要求具有宪法依据。联邦最高法院在例如"麦克雷诉合众国案"(*McCray v. United States)(1904)这样的案例中认为,如果对不赞同行为的冲击仅仅来自于征税的数量,就没有必要将联邦税收视为一个调整手段,这暗示了其不愿对国会的动议予以审查。当税收是由违反征税行为的新标准而引起的时候,联邦最高法院宣布其他法律是具有调整性质的,正如在"贝利诉德雷克塞尔家具公司案"(*Bailey v. Drexel Furniture Co.)(1922)中的判决那样。由于联邦最高法院自从20世纪30年代开始就对联邦税收调整权力的范围作了扩展解释,因此对税收的分类作为一个调整措施已经不如以前那样具有实践的重要性了。然而,联邦最高法院在"马凯蒂诉合众国案"(Marchetti v. United States)(1968)以及相似案例中指出,如果一项税收措施违反了宪法的禁止令,如联邦宪法第五修正案(the *Fifth Amendment)反对自证其罪(*self-incrimination)的权利,那么它可能是违宪的。

国会依据联邦宪法第1条第8款开支的权力限制所引起的争论,集中体现在公共福利条款的含义和宪法对各州授权的合法性方面。联邦最高法院在"合众国诉巴特勒案"(United States v. *Butler)(1936)中解决了前一个问题。在此案中,联邦最高法院赞同亚历山大·汉密尔顿(Alexander *Hamilton)的观点,即开支条款就国会的开支权力授予额外的实体性权力,只有一个限制条件,即开支的目的是为了国家的公共福利(*general welfare),而不是仅仅用于地方利益。在符合该条所规定的条件时,联邦最高法院支持联邦对各州的授权,条件是该州具有促进联邦调整目标的能力,而不管这一调整目标是否能由国会直接完成,如"南达科他州诉多尔案"(South Dakota v. Dole)(1987)等案件。对国会授权的主要限制是这一权力不能被用作诱导各州实施违宪行为,如对公民实施令人反感的歧视行为。

联邦宪法第1条第8款授权国会借贷资金、制造钱币并调整其价值。联邦宪法在下述领域既没有明确授权也没有明确反对:建立全国性的银行系统;发行可用于对联邦政府进行偿债支付的信用纸币;通过使信用纸币成为法定货币的方式使其能支付所有的公共和私人债务并控制纸币的价值。到了20世纪30年代,联邦最高法院认定,上述这些行为是默示权力(*implied powers)的范畴。例如,联邦最高法院在"麦卡洛克诉马里兰州案"(*McCulloch v. Maryland)(1819)中,支持国会特许设立国家银行的默示权力,并且各州在宪法上不能对这样的特许机构征税。在法定货币系列案(*Legal Tender Cases)(1871)中,联邦最高法院认为,国会有权发放联邦国库券作为法定货币。在黄金条款系列案件(*Gold Clause Cases)(1935)中,联邦最高法院通过判定私人合同中的"黄金条款"(要求交易中以黄金支付)无效从而支持国会有权控制货币的价值。

参考文献 John E. Nowak, Ronald D. Rotunda and J. Nelson Young, *Treatise on Constitutional Law: Substance and Procedure* (1986), pp. 340-366; Laurence H. Tribe, *American Constitutional Law*, 2d ed. (1988), pp. 318-323.

[James May 撰;杜昱译;邵海校]

焚烧国旗[Flag Burning]

参见 Eichman, United States v.; Symbolic Speech; Texas v. Johnson。

弗莱斯特诉科恩案[Flast v. Cohen, 392 U.S. 83(1968)]①

1968年3月12日辩论,1968年6月以8比1

---

① 另请参见 Standing to Sue。

的表决结果作出判决,沃伦代表法院起草判决意见,道格拉斯、斯图尔特和福塔斯分别提出并存意见,哈伦持异议。一些纳税人起诉要求禁止将联邦政府资金用于教区学校的非宗教科目教学,他们认为这一开支是违宪的。某一联邦法院根据"弗罗辛厄姆诉梅隆案"(*Frothingham v. Mellon)(1923),认为这些纳税人没有诉权,但联邦最高法院推翻了这一判决,并裁定纳税人在特定的条件下可以在联邦法院提起诉讼对联邦开支提出质疑。

首席大法官厄尔·沃伦(Earl*Warren)没有接受下面这一主张,即弗罗辛厄姆案表明根据宪法纳税人绝对没有诉权。相反,他指出弗罗辛厄姆案提出了联邦法官在决定是否受理这种诉讼时应考虑的因素。如果上诉人是符合引起司法审判权条件的合适当事人,纳税人诉讼就是允许的。是否具备诉权由两部分标准来衡量:第一,纳税人只能对国会根据第1条第8款的宪法征税与开支条款(*Taxing and Spending Clause)行使权力行为的合宪性提出质疑,但不能对国会依据明确列举的权力所作出的"偶然性"开支提出质疑。第二,纳税人必须表明受到质疑的立法是因某一具体的对国会征税与开支权力的符合宪法的限制所禁止,而不仅仅是由一个对这项权力的概括限制(所禁止),如联邦宪法第十修正案(the*Tenth Amendment)。

弗莱斯特案满足上述两个条件。它根据宪法征税与开支条款对一项开支提出质疑,指控它违反了第一修正案(the*First Amendment)的确立宗教和宗教自由践行条款。弗罗辛厄姆案满足第一个条件,但不符合第二个条件。它对1921年的生育法提出质疑,而这部法律是根据宪法征税与开支条款制定的。但它只主张这部法律违反了国会概括的立法权、第五修正案(the*Fifth Amendment)的正当程序条款(*Due Process Clause)以及第十修正案。因此在弗莱斯特案中,联邦最高法院将其与弗罗辛厄姆案进行了区别,并没有推翻弗罗辛厄姆案。

威廉·奥维尔·道格拉斯(William Oliver *Douglas)大法官极力主张扩展"私人总检察长"起诉的自由(从而使得更广泛的纳税人可以进入法院起诉),他主张弗罗辛厄姆案即使不与弗莱斯特案的法律原则相背,也与其法律精神不一致,因此应当被推翻。哈伦·约翰·马歇尔(John Marshall *Harlan)法官表示异议,尽管他承认弗罗辛厄姆案的判决过于严格,并应当予以修改,但他认为弗莱斯特案偏离(法律精神)太远且将为法院滥用权力损害司法功能大开方便之门。

弗莱斯特案是沃伦法院中要求增加公众进入联邦法院(的机会)并使他们更容易为公共法律诉讼所接受的自由积极主义哲学的中心。但是上述诉讼中的判决究竟要在多大程度上废除传统上受理这些诉讼的限制仍是不清楚的。沃伦没有对"宪法是否包含其他对征税和开支权力的具体限制"这一问题作出详细说明(p.105)。但是弗莱斯特案被广泛地看做是邀请起诉人在联邦法院寻求对他们受到宪法保护的损害予以救济,而不必说明他们所遭受的符合"传统要求的个人伤害或损失"。随后,纳税人针对越南战争(*Vietnam War)合法性提出质疑的大量诉讼案件如洪水般涌来。

"合众国诉理查森案"(United States v. *Richardson)(1974)和"瓦利·佛吉·克里斯提安学院诉政教分离美国人联合会案"(Valley Forge Christian College v. Americans United for Separation of Church and State)(1982)中,更加保守的伯格法院(以伯格命名)再次对纳税人诉讼(至少是对不符合弗莱斯特案的广泛标准的诉讼案件)关闭了大门。在后一个案件中,威廉·哈布斯·伦奎斯特(William Hubbs *Rehnquist)法官坚决反对弗莱斯特案哲学:"弗莱斯特案中默示了这样的哲学,即联邦法院的职责在于纠正违反宪法的错误,'案件与争议'(宪法第3条所要求)是解决这一问题的最便利的工具,同时也可能是需要抛弃的最讨厌的东西……这种哲学在我们的宪法体制中没有地位"(p.489)。

[Joel B. Grossman 撰;杜昱译;林全玲校]

弗莱彻诉佩克案[Fletcher v. Peck, 6 Cranch (10 U. S.)87(1810)]

1810年2月15日辩论,1810年3月16日以4比1的表决结果作出判决,马歇尔代表法院起草判决意见,约翰逊部分地表示异议,库欣和蔡斯未参加。在"弗莱彻诉佩克案"中,联邦最高法院援引宪法中的契约条款(*Contract Clause)作为统一全国司法的一个工具。1794年,在臭名昭著的涉及几乎所有佐治亚州立法机关成员的贿赂发生后,两名联邦参议员、许多州和联邦的法官[包括联邦最高法院的詹姆斯·威尔逊(James*Wilson)]、佐治亚州的立法机关授权在亚祖河地区(原属于亚拉巴马州和密西西比州)的35 000 000亩土地以每亩1.5美分的价格卖给了4家土地开发公司。收受贿赂的立法官员在公民投票中被击败后,在1796年新的立法机关撤销了在亚祖河的授权,宣布因这项授权取得的所有财产权利是无效的。然而,购买者已根据1794年法律将数百万亩土地卖光了。土地二级市场买卖中的购买者之一,弗莱彻·罗伯特对卖方——佩克·约翰提起了共谋诉讼,因为他违反了产权担保(即买卖交易中担保产权无瑕疵),其最终目的在于使立法机关撤销授权的行为无效。

弗莱彻诉佩克案使首席法官约翰·马歇尔(John*Marshall)陷入困境。他不得不判决支持最初的立法授权(即因被贿赂而腐败的立法者作出的授权),从而使那些根据州的授权而取得土地的投资者得到重新保证，同时使后来的无瑕疵的立法机关作出的撤销行为无效。他小心翼翼地将案件向前推进。马歇尔说，摆在法院面前的唯一问题是产权：为了对政治腐败予以救济，公民应当求助于公民投票，而不是法院。马歇尔对腐败问题避而不谈，并灵巧地将问题转向了宪法问题。立法机关能够根据腐败的授权对土地的善意投资者剥夺权利吗？马歇尔说，每一个购买者都已经取得"法律上的产权，他是无辜的，无论其他人犯了什么罪，衡平法都不应当让他受到惩罚。如果这一原则被推翻，那么所有的产权都是不安全的，人与人之间的相互关系将受到严重阻碍"(pp. 133-134)。

马歇尔裁定这一撤销行为减免了根据宪法契约条款所应有的合法契约义务，因而是违宪的。同样重要的是，他将契约条款保护的权利与自然法(*natural law)原则中的既得权利(*vested rights)紧密联系起来。当一个协议是"属于契约性质的协议，并且当基于此项契约取得了绝对权利时，法律并不能剥夺这些权利"(p. 134)。他得出结论：对于"根据我们自由制度的普遍原则或者联邦宪法的具体规定"(p. 139)，州的立法机关不能制定法律损害或干预基于善意而取得的土地所有权。

"弗莱彻诉佩克案"引起了公众，尤其是那些支持州权力者的强烈抗议。他们指控法院迎合投机者，并且给处于前沿的立法机关穿上了紧身衣。马歇尔的观点实际上支持了土地投机者，并且使那些无道德原则的投资者同西部土地的善意购买者一样受到保护。但是马歇尔认为维护契约权利与义务对于自治的美国来说是非常重要的。因此弗莱彻案遗留下来的问题是十分复杂的：它是马歇尔为保护财产权和契约免受立法机关干预的法律的运动的一个标志，也是对政治与法律需要分离的一个较早的阐述，同时还是在资金缺乏时期司法对投资者需求予以保护的一个证据。此外，它还反映了法院在维护宪法保障的契约权和财产权(*Property Rights)的安全方面所作出的努力。

参考文献 C. Peter Magrath, *Yazoo: Law and Politics in the New Republic*(1966).

[Sandra F. VanBurkleo 撰；杜昱译；林全玲校]

弗莱彻诉罗德岛案[Fletcher v. Rhode Island]

参见 License Cases。

佛罗里达诉博斯蒂克案[Florida v. Bostick, 501 U.S. 429(1991)]①

1991 年 2 月 26 日辩论，1991 年 6 月 18 日以 6 对 3 的表决结果作出判决，奥康纳代表法院起草判决意见，马歇尔表示反对。联邦第四修正案(the *Fourth Amendment)中所称的"扣押"是什么呢？警察的行为并不需要总是"合理的"，实际上，联邦第四修正案根本并未规定，除非他们的行为被认为是"搜查"或"扣押"。在这个案件中，涉及一种正在兴起的反毒品的治安战术，这个战术被称做"管理公共汽车"(任意地出现在一个公共汽车乘客面前叫他出示身份证明并且要求同意准许搜查他的包裹)，法院对什么行为属于"扣押"持一种狭义的观点。

警察登上了博斯蒂克所乘的一辆州际公共汽车，要他出示身份证明并对他进行讯问。博斯蒂克事后声称那是一起非法的"扣押"，因为一个有理智的人在那样的环境下不会感到有离开的自由，而且，他没有做任何引起怀疑的举动。博斯蒂克主张，非法的扣押玷污了并且使他随后作出的"同意"搜查他的包裹的意思表示无效(在搜查中发现了可卡因)。

佛罗里达州最高法院表示赞同，它没有考虑发现可卡因这一事实，并禁止使用登上公共汽车战术。但是美国联邦最高法院认为，州法院简单的禁止警察采取上述管理公共汽车的反毒品战术是错误的。

美国联邦最高法院注意到博斯蒂克的活动受到了独立于警察之外的因素的限制，即他是公共汽车上的乘客(如果他那时离开公共汽车，博斯蒂克将进退两难并有失去他锁在包裹间里的包裹的危险)。法院指出在那样的情况下，调查的关键不在于一个理智的人是否会感到有离开的自由，而在于他或她是否会感到有自由"终止不幸的遭遇"或者"忽视警察的存在"(p. 2387)。尽管美国联邦最高法院因为这一问题需进一步调查，而将这个案件发回州法院。但是，它明显地表明，根据联邦第四修正案的含义，博斯蒂克没有被"逮捕"。

[Yale Kamisar 撰；江华译；林全玲校]

布朗案第十一评注[Footnote Eleven(of Brown v. Board of Education)]②

1954 年联邦最高法院在"布朗诉教育理事会案"(*Brown v. Board of Education)中认定，公共学校中的种族隔离侵犯了联邦第十四修正案(the *Fourteenth Amendment)中的平等保护条款(*Equal Protection Clause)。这个结论建立在两个前提基础之上：(1)实施了隔离制度的学校之间本身是不平等的；(2)种族隔离使少数种族学生产生了自卑感，这对他们的心智与情感造成了伤害。法院为了支持后一个前提，在布朗案第十一评注(p. 495)中，引用了著名的精神病学者、心理学家、社会学家和人类学

---

① 另请参见 Search Warrant Rule, Exception to。

② 另请参见 Race and Racism; Separate but Equal; Social Science。

者描述隔离制度有害于社会和心理的影响的著作。

  布朗案判决的批评者抱怨联邦最高法院的法官们依据了社会科学中并不精确的数据形成宪法原则。一些批评者虽同意裁定隔离制度非法,但是指出引用的非法律材料并不能给那么重要的一个宪法原则提供坚实的基础。对法院这一方法的支持者则指出:这个判决不仅仅依赖于社会科学的材料,而且那些材料在帮助法院解决社会问题方面实际上是至关重要的。在布朗案中,联邦最高法院认识到社会科学能够提供关于种族隔离问题的信息,并且它利用那些信息作出了一个很有见地的判决。

  [Jeffrey M. shaman 撰;江华译;林全玲校]

卡洛伦案第四评注 [Footnote Four (of United States v. Carolene Products Co.), 304 U. S. 144 (1938)]①

  卡洛伦产品案于1938年4月6日辩论,1938年4月25日作出判决,斯通代表自己起草判决意见,休斯、布兰代斯、罗伯茨、卡多佐和里德没有参加,麦克雷诺兹持异议,巴特勒单独持并存意见,布莱克没有附议斯通包括评注的那部分观点(因此只有4个法官同意评注)。

  在联邦最高法院的历史中,也许最著名的评注出现在若没有这一评注可能会被遗忘了的案例之中。在卡洛伦产品案中,法院利用合宪性假定支持国会通过一个控制商业的法律。著名的卡洛沦第四评注包含下面三个段落:

  当立法表面上看起来就属于宪法明确禁止的内容,合宪性假定的适用将很少。例如,最开始的10个联邦宪法修正案中的法令被认为是明确的,当它们包含于联邦宪法第十四修正案中时同样被认为是明确的……

  对于那些限制了通常可以撤销不合适的法律的政治程序的立法,应比大多数其他立法受到更为严格的根据联邦宪法第十四修正案的一般禁止规定进行的司法审查……

  也没有必要审查针对特定宗教、国家或少数种族的立法是否给予同样的关注,那些针对分散的或孤立的少数民族的偏见是否为一个特定条件,只要立法倾向于缩减通常用来保护少数人的那些政治程序的运作,法院就要给予相应的更严格的司法审查……

  (pp. 152-153)

  卡洛伦产品案评注提出对不同类型的立法应采用不同程度的司法审查。它出现在联邦最高法院放弃它以前的捍卫商业和雇主的经济权利的司法激进主义(*judicial activism)立场一年之后。特别是在那些案件中,联邦最高法院曾经严格地审查影响财产权(*property rights)的立法,判断它是否服务于合法的公共目的以及它本身的条款是否合理。1937年后,法院转而作出遵从国会和州立法机关的政策判断的姿态。它假定那些法律的合宪性,并且拒绝考虑他们是否慎虑、必要和合适。哈伦·F. 斯通(Harlan Fiske *Stone)大法官在其评注中谨慎地指出,可能不应总是那么严格地适用合宪性假定。

  评注的三个段落的每一段都为不那么严格地适用合宪性假定提供一个可能的正当理由。第一段表明当有异议的立法显示出违反一个确定的宪法性禁令时,这个推测有可能被削弱。最初脚注没有包括这一段,它是在首席大法官查尔斯·E. 休斯(Charles Evans *Hughes)的指导下加进去的,显然是用来解释法院在"西海岸旅馆公司诉帕里西案"(*West Coast Hotel Co. v. Parrish)(1937)和"尼尔诉明尼苏达州案"(*Near v. Minnesota)(1931)中观点明显的前后不一致。前案利用合宪性假定是为了支持限制契约自由(*freedom of contract)的立法,因为合同自由没有明确规定在宪法中。而在后案中,联邦最高法院拒绝适用合宪性假定,因为法律剥夺了第一修正案(the *First Amendment)所保护的出版自由。这个段落的不利之处在于,除非宪法性禁令是绝对的,宪法所保护的权利可能在特定的情况下被剥夺,并且这个段落没有解释为什么是法院而不是立法机关作出政策判断何时具备剥夺权利的正当理由。

  第二和第三段落最初是由斯通的书记员路易斯·拉斯客(Louis Lusky)作出的,它们回避了这一难题。它们确定在民主化过程受阻时,法院不需要遵从排除了特定群体的有瑕疵的程序而得出的立法判断。第二段暗示着对于限制了有效参与政治程序的立法,比如限制投票权、限制表达政治观点的权利、限制组建政治组织或者限制集会的立法(参见 Assembly and Association, Freedom of; Vote, Right to),进行更为严格的审查可能是合适的。合宪性假定的理论基础在于,法院没必要也不应当考察立法是否明智或合乎需要,因为恶法可以通过政治程序被废除,但若受到法律不利影响的个人或团体没有途径参与那些政治程序,合宪性假定的应用就失去了合理性。

  第三段提出,由于同样的原因,合宪性假定适用于那些影响"分散的孤立的少数派"(主流社会所仇恨或害怕的没有权力的集团)的法律是不适当的。因为对特定宗教、国家或少数民族的偏见会曲解政治程序并扭曲它的功能,故若法律针对了那些少数派,可能要求对其进行更加严格的司法审查。显然,那时存在许多立法,特别是在州级,反映出大多数对

---

  ① 另请参见 Bill of Rights; Fundamental Rights; Incorporation Doctrine; Preferred Freedoms Doctrine; Strict Scrutiny。

少数人的歧视,如对非洲裔美国人、亚洲人(例如,法律阻止亚洲裔的侨民拥有土地或追求确定的占有)和人数较少的宗教团体(如耶和华见证人)。这些团体的成员,正是因为他们是强烈歧视的牺牲者,而不能利用政治程序保护他们自己。第三段反映出一个认识,即公正的但形式上合宪性推测的适用,可能会导致听任这些团体受到褊狭的大多数派的支配,并且它为保护无权力少数派的未来的司法激进主义提供了一个理论基础。认识到对那些团体需要给予特别的司法保护是这篇评注的最伟大的力量和它保持生命力的首要原因。

[Dean Alfange Jr. 撰;江华译;林全玲校]

合众国诉福代斯案[Fordice, United States v., 505 U.S. 717(1992)]

1991年11月13日辩论,1992年6月26日以全票作出判决,怀特代表联邦最高法院起草判决意见。奥康纳和托马斯持并存意见,斯卡利亚对判决结果部分表示同意,部分反对。联邦最高法院在"布朗诉教育委员会案"及后续各案的判决中改变了公共教育中存在的歧视问题。在第一布朗案中,联邦最高法院主张,不同种族的学生就读于不同的学校是不公平的。在第二布朗案中,则进一步宣称公共学校有义务改变这种隔离的体制。虽然在初高中层次,废除种族隔离的运动有了缓慢的进展,"隔离但公平"(*separate and equal)的观念在大学里却没有改变。密西西比州的公共大学体制建立于1848年,这一体系一直只接受白人学生,直到1871年才设立了一所大学接受非裔美国人。1950年时,密西西比州设立了5所接受白人学生的大学,3所接受非裔美国学生的大学。

到20世纪80年代中期,密西西比州的大学体系仍然主要是隔离的。密西西比州的大学宣称,他们已经用善意、种族中立的政策和程序代替了以前歧视性的惯例。然而,仍然只有1%的非裔美国学生就读密西西比州传统上白人学生就读的学校。于是,以密西西比州的州长以及州的其他政府机构及官员为被告的集体诉讼提交给联邦最高法院。联邦最高法院的法官裁决,只是采取种族中立的政策并不能满足履行废除其隔离体制义务的要求。在对8所公立大学的入学条件、课程设置以及管理方式进行分析后,联邦最高法院认为,现有政策是以前隔离时期政策的延续,这会进一步促进歧视性后果的发展。

联邦最高法院的大多数法官强调,州有义务证明他已经废除了以前的种族隔离体制。然而,大法官安东尼·斯卡利亚则对在高等教育层面将举证责任分配给州表示反对。

[Anna Lisa Garcia 撰;林全玲译;胡海容校]

涉外事务与对外政策[Foreign Affairs and Foreign Policy]①

在联邦政府的3个部门中,司法部门在涉外事务与对外政策的问题上拥有最少的话语权。当宪法赋予联邦最高法院法官审理涉及外国大使的案件和实施作为国家最高法律的条约(*treaties)时,联邦最高法院并没有制定重要的对外政策,而且常常遵从国会和总统对涉外事务的处理。事实上,随着国家发展成为超级大国,法院更多的是保障中央和行政权力的集中而不是限制它们。虽然宪法控制对外政策的制定者,但是他们在涉外事务的权力来源比国内事务更宽,限制更少。"合众国诉柯蒂斯-赖特出口公司案"(United States v. *Curtiss-Wright Export Corp.)(1936)的著名判决提出了两个具有影响力的原则。首先,对外主权来自于国家而不是宪法,其次,引用国会议员约翰·马歇尔的一句名言——总统"作为联邦政府在国际关系领域唯一的机构,拥有需谨慎行使的充分专属的权力……"(p.320)。尽管柯蒂斯-赖特案有其历史的缺陷,但该案暗示外交权力并非由各州所让渡,并且提出了一个现代盛行的原则——在外交领域,除了宪法明确禁止的事情,总统与国会拥有几乎不受限制的自由裁量权。该案也加强了在对外政策方面日益高涨的要求实施行政霸权的主张。

联邦最高法院一贯拥护联邦政府在涉外事务中所具有的垄断权。在对外关系上联邦主义(*Federalism)是无关紧要的,州的界线消失了。从1783年与不列颠签订的最初的和平条约,到1933年美国对苏联的承认,再到1981年吉米·卡特总统转移伊朗人的财产,没有条约或行政协议因侵犯州保有的权力或私人财产被废除。一个早期的环境案例(*environment case),"密苏里州诉荷兰案"(*Missouri v. Holland)(1920),对联邦保护候鸟提出质疑,该案重新确定联邦有广泛的默示权力(*implied powers)在国内贯彻条约。甚至行政协定(*executive agreements)也优先于州的法律。

分权原则(*Separation of Powers)最大限度地限制了法院本身,一般来说,大多数对外政策都不属于司法审查(*judicial review)的范围。首要的理论基础是模糊的政治问题原则(*political question doctrine):法院不能审理按法律、功能或理性应归属于政府部门的问题。领土界线、政府的承认、敌对的终结、条约的废除及越南战争(*Vietnam War)的合法性都是常常引发争议的司法不能涉足的领域。司法机构对立法部门的过多授权(*delegation of powers)也只设置了最低限度的障碍。

---

① 另请参见 Inherent Powers; National Security; Presidential Emergency Powers; War Powers。

个人权利的案件吸引了更多的司法审查。为解除第二次世界大战(*World War Ⅱ)后对没有束缚的行政权力的恐惧,在"里德诉科弗特案"(Reid v. Covert)(1957)中断言,至少《权利法案》(*Bill of Rights)中的一些保护措施使美国控制之下的公民受到庇护。法院裁决联邦宪法第五和第六修正案(the *Fifth and *Sixth Amendments)禁止了对伴随海外服役人员而来的平民家眷因和平年代的犯罪进行军事审判(参见 Military Trials and Martal Law),美国公民也不能被赶出国门["阿弗罗伊姆诉腊斯克案"(Afroyim v. Rusk)(1967)]。尽管联邦最高法院支持对前中央情报局代理人迁移禁令和美国人迁移到古巴的禁令,公民仍享有迁移(*travel)外国的宪法性权利["肯特诉杜勒斯案"(*Kent v. Dulles)(1958)]。

此后,宪法时断时续地坚持上述原则。控制对外政策制定者的主要因素是政治,而不是司法。为了使国内法适应国际生活的现实,联邦最高法院积极促进而不是限制政府逐渐成长为世界事务中由行政领导统治的中央集权的国家。然而,不足的地方是国内事务与国外事务的基本区分日渐模糊。"二战"后的几个总统就提出,总统固有的在保护国家安全方面的涉外行政特权使其也可以在国内享有某些特权。颇有争议的剥夺俘房以及参加恐怖战争的公民的基本人权事件就是重要例证。

具有讽刺意味的是,联邦最高法院在国外的影响主要来自于其作为国内宪法性法院在促进经济一体化、执行联邦主义和保护个人权利方面的努力。自从第二次世界大战后,许多国家及国家联合体采纳了美国模式,即书面合同——《权利法案》,通过司法审查维持分权原则,尤其是推动人权进步。

参考文献 Edward S. Corwin, *The President: Office and Powers* (1957); Louis Fisher, *Constitutional Conflicts between Congress and the President*, 4th ed. (1997); Louis Henkin, *Foreign Affairs and the United States Constitution*, 2d ed. (1996); Gordon Silverstein, *Imbalance Powers* (1997).

[J. Woodford Howard Jr 撰;江华、林全玲译;林全玲、胡海容校]

福塔斯,阿贝[Fortas, Abe]

(1910年6月19日生于田纳西州的孟菲斯;1982年4月5日卒于华盛顿特区,死后火化)1965年至1969年任联邦最高法院大法官。作为一名犹太移民的儿子,福塔斯获得了西南学院和耶鲁大学法学院的奖学金。福塔斯在法律现实主义的全盛时期到了纽黑文,他将法律看做一种社会控制的工具并且成为瑟曼·阿诺德(Thurman Arnold)和威廉·奥维尔·道格拉斯(William O. *Douglas)的学徒。

福塔斯曾担任《耶鲁法律期刊》的主编,并以全班第二的好成绩于1933年毕业。

Abe Fortas

福塔斯主张实行"新政",并且参加到农业调整局中工作。1935年,他与卡罗琳·阿吉尔(Carolyn Agger)结婚。随后这对夫妇移居到纽黑文,以便她到耶鲁大学法学院学习。福塔斯在那儿教书并且经常往返于华盛顿,与道格拉斯共同在证券交易委员会工作,一直到阿吉尔毕业。在1939年,福塔斯加入到内务部并且成为该部门性情暴躁的部长哈罗德·伊克斯(Harold Ickes)身边不可缺少的人物。作为一个部长的下属,第二次世界大战期间福塔斯支持土地改革,反对在夏威夷施行婚姻法,并且与对日裔美国人的拘留作斗争。批评者们质疑他的策略,但很少有人怀疑他的功效。

与其他主张新政者相比,福塔斯认识到自己的专长在于说明政府的规定在战争结束时可以表明其是有利的。福塔斯与瑟曼·阿诺德和保罗·波特(Paul Porter)在华盛顿组建了一家律师事务所,并且开始代表新政者曾经攻击过的社团的利益。然而,很少有律师在战后的"红色恐怖"中比福塔斯更谨慎地保护公民的自由权。他为欧文·拉铁摩尔(Owen Lattimore)和其他的麦卡锡主义的牺牲者辩护。后来,他为两个著名的公益案件作了成功辩护:"德拉姆诉合众国案"(Durham v. United States)(1954)和"吉迪恩诉温赖特案"(*Gideon v. Wainwright)(1963)。第一个案件对精神失常重新进行了定义,第二个案件确立了在州的所有重罪案件中,犯罪嫌疑人有获得律师辩护的权利。作为一名才华横溢的法律战略家,福塔斯是一名伟大的法庭辩护人,并且被认为是"律师的律师"。虽然是阿诺德、福塔斯和波特律师事务所的主任合伙人,但福塔斯的许多同事不喜欢他,因为感觉他太冷漠。但他使这个律师事务所成为华盛顿最成功的律师事务所之一,并且,到 1964 年,这个事务所的年收入已接近 175 000 美元。

那时他已经成为林登·约翰逊总统最信任的顾问之一。吵闹粗鲁的政客和喜欢室内音乐的安静的律师能走到一起,让人感觉有些奇怪。但福塔斯在约翰逊 1948 年的参议员预选中为他进行了成功的辩护,并且后来还多次证明他的忠诚。为了回报他的朋友,约翰逊在 1965 年策划让阿瑟·戈德堡(Arthur *Goldbergs)退出联邦最高法院并任命福塔斯填补空缺。福塔斯最初犹豫不决,他和他的妻子阿吉尔(后来加入了他的律师事务所)都害怕收入会减少,并且律师事务所也需要他。但是福塔斯想要这个工作,并且约翰逊坚持他接受。

作为一名联邦最高法院法官,福塔斯与沃伦法院的大多数法官一起致力于扩展公民自由和公民权利。他的两个最重要的观点都涉及儿童:在"高尔特对物(对事)诉讼案"(In Re *Gault)(1967)将以前保留给成年人的许多正当程序保护扩展到少年犯身上,并且在"廷克诉德姆·莫因斯独立社区学校校区案"(*Tinker v. Des Moines Independent Community School District)(1969)中,福塔斯坚持认为学生们进行非破坏性的抗议,如以戴着黑色臂章到校的方式表达他们对越南战争(*Vietnam War)的反对是他们的权利。在他的支持下,联邦最高法院在"米兰达诉亚利桑那州案"(*Miranda v. Arizona)(1966)中作出判决,支持《1965 年投票权法》(*Voting Rights Act of 1965),使成人人头税(*Poll Tax)无效,并且坚持立法对直接税按照人口重新分配。他与法院的多数派一起反对大企业并且在"合众国诉阿诺德、施温及其公司案"(United States v. Arnold, Schwinn and Company)(1967)中,写下了沃伦主持的联邦最高法院时期最激进的反托拉斯的法律观点之一。但是,与大多数人不同,福塔斯轻视出版自由并且在"泰姆公司诉希尔案"(*Time Inc. v. Hill)(1967)中持异议,拒绝将附属于联邦宪法第一修正案(the *First Amendment)中的自由通过隐私权(right to *privacy)进行保护。福塔斯擅长做构思巧妙的法律意见,例如在"爱普尔森诉阿肯色州案"(Epperson v. Arkansas)(1968)的判决中,他推翻了一个州的禁止讲授进化论的法律。然而,他的判决意见更多地体现了他对社会政策的关注,而不是简单地遵循法律先例。他倾向于把正当程序条款(*Due Process Clause)解释为是对公平的明显的保障,这触怒了胡果·布莱克(*Hugo Black),但是,他的大多数同事们则支持他的激进主义。

但是,像布莱克一样,他的同事们因福塔斯不断地接近总统感到失望。因为他无休止的远离法院而且不能抵制约翰逊的请求,福塔斯逐渐卷入引起不和的纠纷中,由此影响了他朋友的总统职位。他强烈地提倡美国人干涉越南并且建议约翰逊总统派军队到发生骚乱的底特律(参见 Extrajudicial Activities)。

当首席大法官厄尔·沃伦(Earl *Warren)于 1968 年辞职时,约翰逊提名福塔斯就任这个职位。参议员们利用福塔斯的资格确认听证会这一机会声称沃伦主持的联邦最高法院对个人权利的保护帮助了罪犯并破坏了国家。尽管福塔斯低调处理他与约翰逊总统的关系并特别提到联邦最高法院法官曾经长期为总统提供建议,反对者们还指控福塔斯违反了"分权原则"(*separation of powers)。约翰逊宣称他将不会争取连任,但这对福塔斯没有什么帮助。这一任命早已注定不会成功。由于福塔斯对自己的薪水不满意,在美利坚大学教了一门暑期课程,并接受了他的朋友和以前的客户保罗·波特提供的 15 000 美元,许多人认为这种做法是不恰当的。共和党党员们和保守的南部民主党员们发起了阻止议案通过的行动,在福塔斯的要求下,任命被撤回。

一年以后,当《生活》杂志揭露福塔斯曾经接受了他以前的客户领导下的慈善基金因其服务支付的酬金时,他的财金交易行为受到了重新审查。福塔斯从联邦最高法院不光彩地引退了(参见 Fortas Resignation)。当他以前所在的律师事务所拒绝接纳他回去时,他开了一家小的律师事务所,在那儿他又建立了一种将公司法与慈善工作相结合的欣欣向荣的执业方式。他的确没有时间或性情成为一名伟大的法官,但他是一名伟大的律师。

参考文献　Laura Kalman, *Abe Fortas* (1990); Bruce Murphy, *Fortas: The Rise and Ruin of Supreme Court Justice* (1988).

[Laura kalman 撰;江华译;林全玲校]

福塔斯辞职[Fortas Resignation]①

1969 年 5 月 5 日,《生活》杂志披露,在 1966 年,阿贝·福塔斯(Abe *Fortas)大法官曾经因担任他以前的客户路易斯·沃尔夫森(Louis wolfson)领导的慈善基金的法律顾问而收受了 2 万美元的礼金,在沃尔夫森两次受到控告后,他退还了礼金。文章暗示福塔斯可能曾经给沃尔夫森提供了法律建议,并且注意到沃尔夫森在重要的地方略去了福塔斯的名字。

---

① 另请参见 Resignation and Retirement。

在接下来具有戏剧性的日子里，福塔斯发表了一份令人迷惑的声明，它不能使任何人满意。媒体追逼他，自由主义者们抛弃他。尼克松当局希望他的位置为保守派人员占有，策划迫使他离开法官席。在福塔斯于5月14辞职之后不久，公众了解到他虽然确实还了《生活》杂志文章提到的钱，但那个基金最初除同意每年付给福塔斯2万美元作为生活费用外，还付相同数量的金钱给他的妻子以便他死后能养活她。

法官们经常通过为基金董事会服务收取酬金的方法来弥补薪金的不足，同时福塔斯的确没有给沃尔夫森法律建议或寻求给他特惠的待遇。但是福塔斯与沃尔夫森的关系看起来值得怀疑，并且美国律师协会声称它违背了司法道德标准的规定，即一个法官的行为必须远离不正当行为的出现。福塔斯的行为导致协会修正司法道德标准，试图通过要求法官们对其收入公开的报告，以防止他们接受外界活动的收入。

[Laura kalman 撰；江华译；林全玲校]

44 酒商诉罗得岛案 [44 Liquormart v. Rhode Island, 517 U.S. 484(1996)]

1995年11月1日辩论，1996年5月13日以9比0的表决结果作出判决，史蒂文斯代表法院起草判决意见。肯尼迪、苏特、金斯伯格、托马斯、斯卡利亚、奥康纳、布雷耶和伦奎斯特对判决理由分别持有不同的观点。44酒商案是1995年到1996年最重要的言论自由案，但由于该案涉及的是言论中的广告，而不是世人所关注的政治和宗教领域，所以该案的影响也是有限的(参见 Commercial Speech)。

该案源于罗得岛1956年的一部法律，其他10个州也有类似的立法。该法律禁止酒价在报纸及其他大众媒体做宣传，甚至禁止使用"卖"这个字。该法还禁止邻近州的包含酒广告的出版物或宣传材料流入罗得岛。到20世纪90年代初期，随着克林顿总统以及其他消费者组织在限制使用烟、高脂肪食物、过量饮酒等方面的努力，该法的作用越来越大。

历史上商业言论(*commercial speech)比政治言论受到的保护少。1976年，联邦最高法院的大法官在"弗吉尼亚州药物委员会诉弗吉尼亚州市民消费委员会案"(Virginia State Board of Pharmacy v. Virginia Citizens Consumer Council)中提到，自由的市场经济需要信息的自由流动，因此真实的、没有引人误解的宣传应当受到联邦宪法第一修正案的保护。联邦最高法院在"中央赫德森气电公司诉纽约公共服务委员会案"(Central Hudson Gas & Electric Corp. v. Public Service Commission of New York)(1980)中重申了这一原则。该案对广告确立了四个方面的标准，其中着重强调了广告的真实性与合法性。当然，商业言论从来就没有受到与政治言论、文艺言论同等的保护。

商业言论的这种不确定的受保护状态在低级别联邦法院对罗得岛案的判决上明显体现出来。在罗得岛的联邦地区法院最先审理了44酒商案，并宣布该法违宪。但联邦地区法院的上诉法院推翻了这一判决，并裁决支持罗得岛。上诉法院提到，对价格的宣传最终会增加销量，促进酒精的消费，并且联邦宪法第二十一修正案(the *Twenty-first Amendment)也为这一禁令的有效性提供了支持。

罗得岛的辩护律师在联邦最高法院主张，迫使消费者只有到商店后才知道酒的价格，可能会使酒的价格抬高，并最终限制酒的消费量。限制酒价宣传的权力显然是在州的警察权范围内的。而且，这可能会减少酒后驾车的现象。然而，罗得岛所提供的多个方面的经济分析都是不确定的。

44个酒商的律师在利用中央赫德森气电公司案的先例时，进行了反向论证。他们提到，既然州允许销售酒，州就不能再论证酒是如此危险以致不能自由进行广告宣传。

高级别法院支持了这些酒商，推翻了这一禁令。大法官约翰·保罗·史蒂文斯主张，州的法律没有如此广泛的权力来禁止真实的、不引人误解的信息传播。大法官安东尼·M.肯尼迪(Anthony M. *Kennedy)、克拉伦斯·托马斯(Clarence *Thomas)和鲁思·巴德·金斯伯格(Ruth Bader *Ginsburg)也同意这一观点，尽管他们都起草了独立的并存意见，指出罗得岛不能证明维持酒的高价与低消费量对州所具有的重大利益。尽管联邦宪法第二十一修正案(the *Twenty-one Amendment)规定了禁止违反当地法律运送或输入致醉酒品，并且允许州对酒实施管制，但这并不能得出联邦宪法第一修正案(the *First Amendment)的言论自由保障就不存在了。大法官托马斯在他的并存意见中主张，商业言论应当受到更好的保护，并且政府永远都不能使公民不知道其所拥有的选择权。大法官安东尼·斯卡利亚(Antonin *Scalia)同意应当废止这部法律，但他有不同的判决理由。在斯卡利亚看来，无论是宪法第一修正案还是第十四修正案(the *Fourteenth Amendment)都没有商业言论这一概念。他提醒其他法官，不要陷入解释的泥坑以及单纯的确认以前的判例。

其他大法官——桑德拉·戴·奥康纳(Sandra Day *O'Connor)、威廉·H.伦奎斯特(William H. *Rehnquist)、斯蒂芬·G.布雷耶(Stephen G. *Breyer)和戴维·H.苏特(David H. *Souter)认为，尽管该禁令应当被推翻，但联邦最高法院所采用的理论依据过于狭窄。奥康纳大法官提到，州可以采用其他手段来禁酒，如提高税收和确立最低价等。

尽管44酒商案的判决引起了国内的关注，但该案的影响仅局限于价格广告——商业言论的一个特定的种类。尽管如此,联邦和州的政府官员一直成功地做到了使烟与酒的广告远离儿童。

[Kermit L. Hall 撰;林全玲译;胡海容校]

四骑士[Four Horsemen]

这个短语在20世纪30年代中期用来描述皮尔斯·巴特勒(Piece *Butler)、威利斯·范·德凡特(Willis* Van Devanter)、乔治·萨瑟兰(George *Sutherland)和詹姆斯·麦克雷诺兹(James* McReynolds)4名联邦最高法院法官,他们一致反对"新政"(*New Deal)的经济和社会立法。这个短语为这些法官的批评者所引用,它激起了人们对《启示录》中的传奇的四骑士的联想。

[James w. Ely. Jr 撰;江华译;林全玲校]

联邦宪法第十四修正案[Fourteenth Amendment]①

随着美国内战(*Civil War)的结束和联邦第十三修正案(the *Thirteenth Amendment)(1865年颁布)对奴隶制度(*slavery)的废除,美国南部联盟各州寻求重新加入联邦政府和国会。根据宪法第1条第2款,在计算代表权时,一个奴隶曾当作3/5人。由于奴隶制的废除,南部各州希望在众议院中相应地增加他们的代表。联盟赢得了战争,担心会失去和平。

重建 在1865年到1866年,南部各州和各地颁布《黑人法典》来规制刚获自由的奴隶的身份和行为。这一法典剥夺了黑人应有的许多已赋予白人的基本权利,包括拥有财产的充分权利,在白人是当事人的案件中向法院提供证据的权利,签订合同(*contracts)的权利,迁移权(*travel)以及布道、集会和携带武器的权利。对共和党人来说,《黑人法典》只不过是南部对个人权利进行损害的另一新招。在战争以前,南部各州曾经为了保护奴隶制度而禁止一些基本的权利,包括言论与出版自由(freedom of *speech and press)。尽管联邦最高法院曾经在"巴伦诉巴尔的摩案"(*Barron v. Baltimore)(1833)中裁定,《权利法案》的保护性规定并不限制这些州,许多共和党人仍然认为州的官员们有义务尊重这些规定。法院在"德雷德·斯科特诉桑福德案"(*Scott v. Sandford)(1857)中曾认为,黑人包括自由黑人都不属于宪法中所称的公民,因此没有宪法中所规定的权利和特权。共和党人也拒绝认同德雷德·斯科特案,并且认为新获自由的奴隶应是公民,并应享有公民所有的各种权利(参见Citizenship)。

联邦宪法第十四修正案于1866年由国会审议并于1868年在各州颁布。它表现出共和政府的决心,即南部各州如果不作出额外的承诺,联邦和国会将不重新接纳他们。第1款规定,凡出生于合众国的人,皆为合众国及其所居州的公民(因此与德雷德·斯科特相反),并且禁止各州剥夺合众国公民的特权(*privileges)或豁免权(*immunities)和剥夺人们所享有正当的法律程序(*due process)或法律的平等保护(*equal protection)的权利。第2款拟减少某些州的代表,只要该州使部分男性人口失去投票权(*vote),这是一个保护黑人投票权的间接尝试。其他条款保护联邦战争债,禁止偿付美国南部同盟的债,并且禁止那些曾经宣誓支持宪法却又从事了反叛活动的人执政。第5款授权国会"通过正确的立法去实施"前面各条款。

早期的解释 有关联邦宪法第十四修正案的第一个主要的解释受到了屠宰场系列案(*Slaughterhouse Cases)(1873)的影响。在这些案件中,法院认为基本的民事权利,如公民的自由仍然在州法律的控制之下。法院将修正案中所指的美国公民的特权和豁免权限制为很窄的权利,如保护公海和进出国家首都的权利。屠宰场系列案件大量地减少了修正案反对州对自由的侵犯提供的保护。大多数法官对修正案作出狭义的解释的一个原因是他们害怕更加宽泛的理解会威胁到州政府的基本功能,联邦的司法活动以及对联邦成文法的实施将会取代大量的州法律(参见Federalism)。

与修正案的一些构建者所期望的相反,联邦最高法院认为它不会推翻巴伦诉巴尔的摩案来要求州和地方政府去尊重《权利法案》(*Bills of Rights)所提供的保护。法院同时认为,由于修正案规定"任何州不应当"剥夺它所保护的人们的权利,国会立法保护黑人和拥护共和政体者免受三K党的侵犯超出了联邦政府的权力。在民权系列案(*Civil Rights Cases)(1883)中,法院取消了《1875年民权法》关于保护平等使用公共场所的条款。它认为修正案只涉及国家行为(*state action),不涉及纯私人行为。

在"普勒西诉弗格森案"(*Plessy v. Ferguson)(1896)中,法院认为,州允许的在火车车厢的种族隔离没有侵犯修正案的平等保护条款(参见Segregation, De Jure)。在1908年它支持了要求在私立大学进行种族隔离的州法规["伯里亚学院诉肯塔基州案"(Berea College v. Kentucky)]。只有约翰·马歇尔·哈伦(John Marlan *Harlan)大法官一人写下了不同意(*dissents)法院支持州强制隔离的雄辩的判决意见。法院在"布拉德韦尔诉伊利诺伊州案"(*Bradwell v. Illinois)(1873)和"迈纳诉哈珀

---

① 另请参见 Race and Fracism; Reconstruction; Speech and the Press。

瑟特案"(*Minor v. Happersett)(1875)中分别指出,修正案没有相应地保护妇女从事法律执业和投票的权利(参见 Gender)。

尽管法院对修正案采取了狭义的理解,它仍逐渐扩展到对法人和财产权(*property interests)进行保护。1886年法院宣称,就联邦宪法第十四修正案的目的来说,法人就是一个人["圣克拉拉县诉南太平洋铁路公司案"(Santa Clarea Country v. Southern Pacific Railroad Co.)(1886)]。到1897年,它开始将修正案理解为保护合同自由(freedom of *contract),在"艾杰耶尔诉路易斯安那州案"(*Allgeyer v. Louisiana)中,认定州法规限制跨州保险公司的行为违反了正当程序。在"洛克纳诉纽约州案"(*Lochner v. New York)(1905)中,它认定限制银行业者1周工作60小时的法律侵犯了修正案正当程序条款(*Due Process Clause)保护的合同自由。

保护自由 在1937年的宪法危机(参见 Court-paking Plan)之后,法院不再作出推翻经济管制立法的判决。但在修正案不再积极地对经济利益进行保护的同时,它开始对其他自由利益给予更多的保护。这导致《权利法案》扩大适用于州。自第二次世界大战(*World War Ⅱ)后,平等保护条款(*Equal Protection Clause)得以明确确立,法院对种族歧视进行了越来越严格(*strict)(往往是致命的)审查。在"布朗诉教育理事会案"(*Brown v. Board of Education)(1954)中,法院认定隔离教育(*education)没有给予少数民族在学校的孩子法律上的平等保护。

在"雷诺兹诉西姆斯案"(*Reynolds v. Sims)(1964)中,法院认定州选区分配的不公也违背了平等保护条款(参见 Reapportionment Cases)。其他的不公平对待,如歧视外国人,也遭受到了严格的司法审查和打击(参见 Alienge and Natvraliiation)。在限制基础权利(*fundamental rights)的州立法受到严格的司法审查的同时,经济管制立法通常只受到更加宽松的司法审查,这种审查只要求法院为立法寻找一些合理的目的,而这经常能够做到。对性别歧视和私生子女的歧视的审查没有对种族歧视审查那么严格,但比对经济管制立法的审查要严格。

通过宽泛的解释州行为,法院把很多以前认定的私人行为纳入联邦宪法第十四修正案的保护范围。在"谢利诉克雷默案"(*Shelley v. Kraemer)(1948)中,法院认定强制执行具有种族歧视的住房限制性协约(*Restrictive Covenants)为非法(参见 Housing Discrimina Tion)。在"合众国诉格斯特案"(United States v. *Guest)(1966)中,6名法官在正式声明中显示:根据联邦宪法第十四修正案,国会有权规制因种族歧视激发的私人暴力。

联邦宪法第十四修正案扩展的另外一个领域是把《权利法案》应用于州。早在1908年,在"特文宁诉新泽西州案"(*Twining v. New Jersey)(1908)中,法院表明《权利法案》的一些保障可以通过正当程序条款对各州进行限制。在"吉特洛诉纽约案"(*Gitlow v. New York)(1925)中,法院开始将对言论、出版、集会、信仰和获得律师辩护的权利保障适用到各州。适用于各州的保障应是那些法院认为对有序的自由必不可少的东西["帕尔可诉康涅狄格州案"(*Palko v. Connecticut)(1937)]。法院的多数派认为,《权利法案》里的许多权利,例如,陪审团的审理(*trial by jury)和免受自证其罪的特权(*self-incrimination),并不能满足那个要求。《权利法案》(*Bill of Rights)合并适用于州的进程在沃伦法院时期得到加速发展。到1969年,大多数《权利法案》的保障被合并进而构成了对州权力的限制。

除了将《权利法案》应用于各州外,法院发现其他的基本权利,尽管宪法没有明确规定,根据正当程序条款仍应保护。这些包括隐私权(right to *privacy)、支持已婚夫妇使用节育手段的权利["格里斯沃尔德诉康涅狄格州案"(*Griswold v. Connecti-cut)(1965)]和妇女获得堕胎(*abortion)的权利["罗诉韦德案"(*Roe v. Wade)(1973)]。堕胎裁决遭受到了严厉的政治攻击(参见 Contraception),最近法院曾质疑这些隐私判决的理论基础。在"鲍尔斯诉哈德威克案"(*Bowers v. Hardwick)(1986)中,法院认为,根据州同性恋法律,隐私权利并不保护成年人自愿进行的同性恋行为免受起诉(参见 Homosexuality)。这个判决批评以前的隐私案例"几乎没有或根本没有宪法文本的支持",并且暗示它们的合法性是值得怀疑的(p.191)。

到1968年,沃伦法院的裁决,特别是在刑事程序领域的裁决,激起了政治上的批评。理查德·尼克松(Richard *Nixons)总统任命的法官和随后罗纳德·里根(Ronald *Reagan)和乔治·布什总统任命的法官对自由的保护持有一种更狭隘的观点,特别是那些影响刑事被告权利的观点。于是联邦宪法第十四修正案仍然是争议的中心,并且正如它的大部分历史一样,它将继续反映和促成美国社会的变化。

参考文献 Michael Kent Cartis, *No state shall Abridge*: *The Fourteenth Amendment and the Bill of Rights* (1986);William E. Nelsom, *The Fourteenth Amendment*: *From Political Principle to Judicial Doctrine* (1988); Laurence H. Tribe, *American Constitutional Law*, 2d ed. (1988).

[Michael kent curtis 撰;江华译;林全玲校]

联邦宪法第四修正案[Fourth Amendment]①

在调查犯罪时,警察可能会拘留或逮捕人,搜身以及搜查武器、犯罪证据或者违禁品,如不合法的药品。其他政府官员,从行政管理人员到校长都要进行大量的行政调查。联邦宪法第四修正案就是对政府的逮捕、搜查以及行政调查的主要法律限制。联邦宪法第四修正案主要通过排除规则(*exclusionary rule)来执行,排除规则禁止以违反第四修正案的要求所获得的文件或资料作为证据使用。20世纪的很长一段时期,联邦最高法院似乎要把第四修正案作为限制政府干涉公民自由与隐私的工具,但20世纪70年代以来的判决排除了这种可能性,联邦宪法第四修正案所提供的保护已相当有限。

历史 大革命以前的"通用许可证"(general warrant)的合法性争议引发了联邦宪法第四修正案的产生。"通用许可证"就是法官签发的命令,该命令允许一个官员逮捕一个人或搜查一个地方以获取证据或违禁品。然而,由于通用许可证并不限定逮捕哪个人以及搜查哪个地方,这就给了治安警察广泛的自由裁量权。由于具有极大自由裁量权的逮捕和搜查与普通法的规定不一致,18世纪60年代,英国法院宣布这种许可证不合法。然而,1767年国会重新授权殖民地即美国的海关官员使用一种通用的许可证——协助令状(the writ of assistance)。然而,美国殖民地法院拒绝签发此种令状,并且有时候宣布这种令状无效。美国独立时,几个州在州的人权宣言中包含了反对通用许可证的禁令。后来,联邦宪法第四修正案也就被包含在联邦权利法案中,禁止国会授予通用许可证。

由于多方面的原因,直到1886年"博伊德诉合众国案"(*Boyd v. United States)发生时,美国联邦最高法院才开始对联邦宪法第四修正案进行解释。联邦最高法院的法官们解释道,修正案中所提到的免受不合理的搜查与扣押的权利对政府的搜查提出了"合理"这一标准,并在此基础上推翻了一部法律。1914年"威克斯诉合众国案"(*Weeks v. United States)(1914)判决宣布前,几乎没有任何因搜查引发的诉讼。在威克斯案的判决中,法院主张,联邦在没有搜查证的情况下搜查房屋触犯了联邦宪法第四修正案,而且通过这种方式扣押的材料是不合宪的,不能在法律程序中作为证据——这就是著名的证据排除规则。因为证据排除使得被告有动力对搜查提出异议,涉及搜查的诉讼在威克斯案后剧增。20世纪早期,联邦最高法院在对低级别法院的有关警察搜查所得证据可采性问题的判决进行复审的过程中,完善了现代搜查与扣押法的主要内容。

第四修正案的合理标准 在20世纪,联邦最高法院的法官不断对第四修正案进行解释,确立了"合理"这一标准限制政府的侵犯。尽管历史上也有很多人认为宪法第四修正案的文本具有这样的含义,但现在看来第四修正案事实上只是意在禁止通用的许可证。相反,宪法第五修正案才旨在调整刑事控诉程序,并且对于无许可证的逮捕或搜查,普通法上的标准——作为正当程序的组成部分——比"合理"标准更为贴切。然而,这两个修正案的本意在19世纪时已不存在,因为法院放宽了普通法的标准,从而使得新成立的警察部门可以在迅速城市化的社会中维持秩序。

现代合理标准必然涉及要在个人自由和隐私权利与政府有效实施法律的利益之间进行权衡。当然,随着法官个人的精神追求和社会关注点的变化,这种权衡也会变化。在20世纪早期,联邦最高法院刚开始适用宪法第四修正案时,它只将第四修正案适用于联邦官员的搜查与逮捕行为。并且,法官们尤其关注的是保护商业信息。法官们认为合理标准的含义是指,警察在对个人财产进行搜查之前没有取得搜查证是不合理的。依据搜查证进行的搜查被认为是合理的,这种观点假定治安法官不太可能允许没有正当理由的侵犯。

根据联邦宪法第四修正案的措辞,许可证必须同时伴有一个宣誓,表明该搜查存在"相当理由"(*probable cause),并且必须明确指明被搜查的地点和被逮捕的人。按照传统,"相当理由"指的是,要求治安法官签发许可证的人必须宣誓表明依据其所掌握的事实,必须能使一个谨慎的人相信这个将要被逮捕的人确实犯罪了(获取逮捕证时),或者将可能在被搜查的地方获得犯罪证据或违禁品(获取搜查证时)。如果一个搜查证表明了要被搜查的建筑物的地点并且表明了违禁品或可能获取的证据的一般性质,则通常是满足要求的。

然而,许可证的要求从来都不是绝对的。即使根据普通法,治安官员有时也可以无证逮捕,并且搜查该被逮捕的人。只要有理由怀疑该被捕的人身上带有武器,或者可能持有被捕所依据的犯罪证据。并且,在禁酒时期,联邦最高法院的法官们在"卡罗尔诉合众国案"(*Carroll v. United States)中裁决,因为车辆在警察申请许可证时可能会开走,这种紧急情况使得警察在没有搜查证的情况下对车辆实施彻底的搜查是合理的。当然警察还应当有相当理由认为车上有违禁品。

在20世纪四五十年代,搜捕证的要求被削减,法官们对联邦宪法第四修正案提出了与此相竞争的一般性的合理解释。在有些案件,如"合众国诉罗宾诺维茨案"(United States v. *Rabinowitz)(1950)中,法院甚至允许警察在执行逮捕后对整个居民区进行无证搜查。尽管有的法官开始主张将联邦宪法第四修正案以及除外条款通过联邦宪法第十四修正

---

① 另请参见 Search Warrant Rule, Exceptions to。

案(the *Fourteenth Amendment)的并入条款(*Incorporation Doctrine)适用于州,但大部分法官拒绝这么做,因此联邦宪法第四修正案仅适用于联邦的搜查。

沃伦主持的法院时期 在20世纪60年代,沃伦法院(*Warren court)在几个方面激起与扩展了联邦宪法第四修正案的保护范围。最重要的是,在1961年的"马普诉俄亥俄州案"(*Mapp v. Ohio)中,联邦最高法院将联邦宪法第四修正案合并到联邦宪法第十四修正案,从而使得原来不受联邦宪法第四修正案约束的州的搜查行为要受到排除规则的约束。同时,沃伦法院恢复了以前对搜查许可证的重视。因此,在"卡茨诉合众国案"(*Katz v. United States)(1967)中,当联邦最高法院的法官将联邦宪法第四修正案的保护范围由财产扩展到私人的电话谈话内容时,他们要求警察先获取窃听许可证。然而,到20世纪60年代,治安法官经常会依据警察从不能确认的人那儿听来的消息签发搜查许可证。沃伦法院试图通过裁决充实许可证的要求,在"斯皮内利诉合众国案"(Spinelli v. United States)中,法院主张,警察必须告知治安法官提供情报人的确切情况,并且信息的使用必须具有相当理由。

另外,为防止警察在街上随便令停并搜查(*stop and frisk)行人,沃伦法院在"特里诉俄亥俄州案"(*Terry v. Ohio)(1968)中裁决联邦宪法第四修正案适用于令停并搜查行为,但法院同时说明如果警察有合理怀疑——一个比相当理由稍低的标准——则是有效的。

转向重视法律的执行 在1968年总统选举时,理查德·尼克松总统(Richard *Nixon)针对沃伦法院有关刑事诉讼程序的判决提出反对。在他第一个任期内,尼克松任命了几个对沃伦法院裁决持反对态度的联邦最高法院大法官,包括首席大法官沃伦·伯格(Warren *Burger)和大法官威廉·伦奎斯特(William *Rehnquist)(他后来成为首席大法官)。自20世纪70年代早期以来,伯格和伦奎斯特法院的大多数法官更重视法律的执行而不是公民个人自由和隐私的保护。尽管那些法院并没有推翻沃伦法院的大部分判决,但他们对第四修正案的执行创造了很多限制和例外,这大大削弱了联邦宪法第四修正案的保护力度。

诉权要求 威克斯案后不久,低级别联邦法院(lower *federal court)创造了"诉权"要求(*standing requirement),即除非一项搜查侵犯了被告自己的财产,否则他不能对警察获取的证据的可采性提出质疑。联邦最高法院随后默许了这一规则。根据这一标准,警察可以有意地侵犯A的隐私权来获取对B不利的证据,因为B不能对针对A的搜查提出异议["合众国诉佩恩案"(United States v. Payner)(1980)]。因此,伯格法院裁决在汽车上的乘客不能对汽车的搜查提出异议["拉卡斯诉伊利诺伊州案"(Rakas v. Illinois)(1970)],然而,客人通常仍然可以对在其居住地的搜查提出异议["明尼苏达州诉卡特案"(Minnesota v. Carter)(1998)]。

保护的范围 并非警察与个人的所有接触都涉及搜查或扣押。如果一个警察只是在公共领域接近他或她并向其问问题,那么该人并没有被扣押。只有当一个理性的人感到自己不能自由地走自己的路时["佛罗里达诉博斯蒂克案"(*Florida v. Bostick)(1991)],扣押才存在。同样,警察的调查行为只有在侵入了一个人对其隐私的合理预期范围时才构成搜查。然而,隐私的预期范围不能包括公开领域——外面的领域而不是房子的庭院["奥利弗诉合众国案"(Oliver v. United States)(1984)]。并且,如果一个人主动公开信息或者他自己没有做到充分保密,则不受联邦宪法第四修正案的保护。因此,联邦宪法第四修正案不保护银行的记录,因为这些信息已经暴露给了银行["合众国诉米勒案"(United States v. Miller)(1976)]。此外,扔在外面待收集的垃圾也不受保护["加利福尼亚州诉格林伍德案"(California v. Greenwood)(1988)]。同样,如果在围起的院子里种植的大麻可以在直升飞机上看到,隐私权也就不存在了,并且调查被认为是"普通的观察"["佛罗里达州诉赖利案"(Florida v. Riley)(1989)]。相类似的是,利用经训练探测毒品的警犬寻找毒品并不是搜查,所以政府不必为使用警犬申请许可证["合众国诉普莱斯案"(United States v. Place)(1983)]。并且,正如其他宪法性权利,联邦宪法第四修正案所授予的权利也可以放弃,只要一个人同意接受搜查。法官并不要求警察在获取被搜查人的同意或询问其是否同意被搜查之前存在怀疑["施奈克洛斯诉巴斯塔曼特案"(Schneckloth v. Bustamonte)(1973)]。大量的搜查是根据同意(*consent)来进行的。

标准 联邦最高法院仍然要求警察在进入公民的住处前获得许可证,除非存在紧急的情况或者居民已经同意["佩顿诉纽约州案"(*Payton v. New York)(1980)]。并且,法院也限制对居住宅实施监控["凯洛诉合众国案"(Kyllo v. United States)(2001)]。然而,目前的情况是除涉及搜查居民住所之外,几乎很少使用许可证。

在1983年的"伊利诺伊州诉盖茨案"(Illinois v. Gates)中,法官们将"相当理由"标准改为通过对所有情况的判断分析表明将获得的信息可以证明犯罪具有"当然的可能性"。法官们通过放宽标准,使得警察可以更容易获得许可证,也使得警察比根据卡罗尔案规则更容易为无证逮捕或对车辆的无证搜查找到合理理由。

根据特里案的合理怀疑标准,警察现在也具有更大的授权来临时扣押人["亚拉巴马州诉怀特案"

(Alabama v. White)(1990)]。特里案标准还授权警察在合理怀疑某人具有危险的情况下对其进行搜身以查获武器,并且警察还可以在同样的基础下搜查车辆以查获武器["密歇根州诉朗案"(Michigan v. Long)(1983)],同样,警察在因搜查某危险分子而合法进入其居住的房屋后,还可以对其房屋进行保护性搜查["马里兰州诉布伊案"(*Maryland v. Buie)(1990)]。如果警察在这样的搜身或搜查中发现犯罪证据或违禁品,可以合法地扣押这些物品。

此外,警察自动有权搜查因犯罪而被捕的人["合众国诉鲁滨逊案"(United States v. Robinson)(1973)],并且可以自动搜查一个被捕的人所在车厢的乘客["贝尔顿诉纽约州案"(*Belton v. New York)(1981)]。附属于逮捕权的搜查具有特别重要的意义,因为宪法第四修正案并没有限制保护性逮捕,哪怕是对最无关紧要的交通肇事行为言["阿特沃特诉赖格威塔市案"(Atwater v. City of Lago Vista)(2001)]。警察之所以获得授权逮捕违反交通规则的人,目的在于调查其他犯罪["威瑞诉合众国案"(Whren v. United States)(1996)]。因此,在交通工具上几乎没有任何对隐私权的保护,并且警察在执行法律时经常可以绕过拘留、逮捕以及搜查的要求,而只是紧追车辆,直到其违反交通规则。此外,警察可以搜查被捕的人的随身财产或者被扣押的车上的财产["佛罗里达州诉韦尔案"(Florida v. Wells)(1990)]。

排除规则 除了放宽搜查和逮捕的标准,伯格法院和伦奎斯特法院还限制了排除规则的使用。在1974年"合众国诉卡兰德拉案"(United States v. Calandra)中,联邦最高法院推翻了认为证据排除是不合宪的搜查行为的受害者所享有的宪法权利的观点,并将排除规则重新解释为阻止警察以后的不法行为的规则。由于对排除规则持批判态度的人认为,排除规则在阻止警察不法行为方面并不有效,所以排除规则的这种解释似乎是要废除这一规则。然而,联邦最高法院的法官并没有走得那么远。相反,随后的判决限制公诉者将以违宪的方式获得的证据在刑事审判中作为主要证据(case-in-chief)使用,但是允许将这种证据用于其他目的。例如,公诉者可以将非法获得的证据用于推翻被告所作的对自己有利的抗辩["合众国诉黑文斯案"(United States v. Havens)(1980)]。此外,联邦最高法院的法官们还创造了多个例外规定,这些例外规定允许公诉人在使用违宪取得的证据时不受限制,即便这些证据在审判中将会占主要地位。例如,大法官在"合众国诉利昂案"(United States v. *Leon)(1984)的裁决中指出,依据非法签发的许可证所获取的证据几乎总是可以接受的,这被称为善意错误例外规则。因为有瑕疵的搜查证是签发它的治安法官的错误造成的,而不是警方造成的。这样,搜查证的合法性问题通常不再起作用。然而,法院一直没有确立警察本身在无证搜查的情况下错误使用法律的例外情况。联邦最高法院还确立了不可避免例外规则,该规则允许以违宪的方式获得证据作为证据使用。不可避免规则是指,即使警察没有以违宪的方式来搜集证据,也可能会以合法方式获得的证据在刑事诉讼程序中使用["默里诉合众国案"(Murray v. United States)(1988)]。总的来看,排除规则的这些限制严重地限制了联邦宪法第四修正案的实施,并且以违宪方式获得的证据很少被排除出重罪的公诉程序。

而且,对警察的违宪侵扰行为的替代救济是极为有限的。只要警察没有实施虐待行为,合格官员豁免权规则通常会保护警察免予民事赔偿,即使其实施了非法逮捕或搜查行为["安迪森诉克赖顿案"(Anderson v. Creighton)(1987)]。同样,大法官一般也不会允许使用禁令反对警察的残暴行为["洛杉矶诉莱昂斯案"(Los Angeles v. Lyons)(1983)]。因此,政府侵犯联邦宪法第四修正案的行为经常实际上是不需要承担法律后果的。

"特殊需要"的搜查 除了警察,政府官员或雇主因为某些原因(当然不是执行刑法)也可能会实施一些搜查或行政调查。这样的搜查通常也要受第四修正案的约束,这些搜查是否合理通常要根据特定情况的"特殊需要"来判断。例如,是否是为了有效实施管理性立法,保障公众安全,或者维持学校秩序等。这些搜查通常不需要"相当理由",并且在某些情况下,只要存在特殊需要不存在怀疑也可以实施随意的搜查。例如,车辆检查站检查司机是否喝酒了["密歇根警察局诉西茨案"(Michigan Department of State Police v. Sitz)(1990)],或学校检查学生是否吸毒["教育理事会诉厄尔斯案"(Board of Education v. Earls)(2002)]。

结论 由于联邦最高法院最近30年的判决放宽了对搜查的标准,削弱了对第四修正案的执行力度,所以联邦宪法第四修正案现在只能对个人自由与隐私提供很少的保护。并且联邦最高法院似乎并不会在不久的将来提高宪法第四修正案的保障程度。相反,2001年9月11日恐怖袭击以来,遏制恐怖活动的努力可能会导致已有的保障受到进一步的削弱。例如,反恐怖主义的立法已经放松了对窃听的限制,并且允许一些新奇的搜查形式,比如"秘密窥视"许可证允许警察进入并秘密搜查某居所,并且事后不需要告知居民。联邦最高法院尚未对这些行为是否违反宪法第四修正案作出评判。

参考文献 Thomas Y. Davies, "Recovering the Original Fourth Amendment," *Michigan Law Review* 98 (1999):547-750; Thomas Y. Davies, "The Fictional Character of Law-and-Order Originalism," *Wake Forest Law Review* 37(2002):239-437; Joshua Dressler, Understanding Criminal Procedure, 3rd ed. (2002); Wayne R Lafave, Search and Seizure: A Treatise on the Fourth Amendment 3rd ed (1996); Jacob Landynski, Search and Seizure and the Supreme Court(1966).

[Thomas Y. Davies 撰;Jacob Landynski 修订;林全玲译;胡海容校]

联邦宪法缔造者[Framers of the Constitution]

参见 History of the Court:Establishment of the Union; Original Intent。

法兰克福特,费利克斯[Frankfurter,Felix]

(1882 年 11 月 15 日生于维也纳;1894 年移民到美国;1965 年 2 月 21 日卒于华盛顿特区,葬于马萨诸塞州剑桥的奥贝恩山公墓) 1939 年到 1962 年任联邦最高法院大法官。费利克斯·法兰克福特身材矮小,年轻时长得瘦削结实。在他被委派到联邦最高法院前后,他对自由事业有着无穷无尽的热情,并且拥有充沛的政治精力。他是他那个年代最具有争议的大法官。尽管他拒绝与任何政党同盟,并且是在民主党和共和党两者管理之下工作,但他的政治活动显然是进步的。路易斯·布兰代斯(Louis * Brandeis)大法官,这个法兰克福特教授曾给予过研究和其他方面帮助的人,称法兰克福特是美国最值得赞扬的律师。尽管,或者也许因为这个赞美,法兰克福特被保守派人士和社团发言人看作是一个危险的激进分子而对其感到害怕。在法院任职期间,法兰克福特遵循司法的自我约束,混合着对大众选举出的政府的行政和立法部门的遵从,并且推论出很多少数种族权利,这使一些学者指责法兰克福特在许多问题上时常改变立场。法兰克福特感到悲哀的是,作为一名法官不能将他的个人偏好写进法律之中,尽管法兰克福特高声疾呼反对他的一些同事那样做(参见 Judicial Activism)。尽管法兰克福特被参议员帕特里克·麦卡伦(Patrick Mccarran)指控为共产主义者们的朋友,他在战争时期与和平年代里都是一名爱国者。

这个令人难懂的男人的本性在于追求理性。法兰克福特是第一个也是最重要的有犹太法学专家风格的教师。他愉快地接受复杂的事务,玩味真理,把思考问题当作娱乐,并且对于复杂的事物有独到的见解。他把历史、比较的观点引入法律,并且重视法律的"姊妹"——纪律。在哈佛大学法学院的课上和法院的内室里,他作了论证充分的演讲。教师的工作是演说,不是保持沉默。因此他的许多深思的令人讨厌的并存与异议意见以及他在集会的演讲,使他的同事们有时感到愤恨。他将联邦最高法院比作低级别法院和国会的导师。法官的意见是法院系统内对话的一部分。像一位好的教师一样,法院必

Felix Frankfurter

须在案例中作出选择,寻求那些最能证明它的观点的东西,仅仅审理那些能成熟地作出裁决和它的当事人遭受了现实的损害而法院能够补救的案件。

法兰克福特在法院工作的时期是他人生最光辉的顶点。他总是认为自己从一个不会说英语的 12 岁的移民少年在这个世界成长为联邦最高法院大法官是通过智力上的投入取得的,并且他的观点有许多现实的支撑。他对知识的渴求、早熟和勤奋,使他在纽约城市大学和哈佛大学法学院学习期间就引人注目。在那里他以全班第一名的成绩毕业。他是一名有才气的学者、演说家和公共服务领域里的谈判家。不管是作为纽约南部地区联邦律师的助手查获社团罪犯,还是在 1916—1918 年这个危险的年代作为伍德罗·威尔逊总统在劳动方面解决麻烦问题的能手,法兰克福特证明智力能够解决实际问题并且可以使世界成为一个更加公平的地方。他从 1913 年到 1939 年在哈佛大学法学院做教授,他喜欢哈佛大学法学院,因为这儿是世界上最人人平等的地方,实际上是一个天才和知识分子的上流社会。在法学院长达四分之一个世纪的工作期间里,他成了两届政府公务员的朋友和导师。在教室,在兰代尔(Langdell)大厅的走道上和他自己的家里,他都对热爱法律和在政府工作的学生谆谆教诲。再也没有更好的良师、益友或同盟者了,不管他的朋友的身份有多高或多低,都牢固地树立了这个观点。他的法律助手,其中许多成了杰出的政府官员或进入了学术领域,他们怀着亲爱和敬畏的心情回忆起这位大法官对充满智慧的演讲和对新观点的挚爱。有时不仅是为了应用,而只是为了纯粹的消遣。

在他的文集中,他承认他拉拢持有他赞成观点

的人的技巧。这些具有潜在价值的人际关系,是辛勤培育和忠诚维护的结果,而不是邪恶和愤世嫉俗的。相反,他曾坦诚地寻求良师并且转过来,他培育和举荐了许多年轻的律师和法律学者。可以说,他是现代良师的楷模。在他职业生涯的早期,对亨利·L.斯廷森(Henry L Stimson)颇为敬慕,法兰克福特钦佩他对公众激情的中立、个人的勇气和工作习惯。法兰克福特也很喜欢奥利弗·温德尔·霍姆斯大法官,这名年轻人对知识的偏好同他一样贪心。并且,他也很敬重路易斯·布兰代斯大法官,而另一名联邦最高法院大法官认为布兰代斯的社会是非之心需要受到强有力的正确观念的武装。布兰代斯支付了法兰克福特家中的医疗费,而法兰克福特自20世纪20年代到30年代为这个大法官提供研究和政治上的支持。法兰克福特也敬重富兰克林·德拉诺·罗斯福(Franklin Delano *Roosevelt),这使得他成为总统最信任和最热心的顾问之一。法兰克福特,这位将行政法介绍到美国法学院的教授,利用他与罗斯福的关系使很多他以前的学生,一群热衷于表现自己的人,参与到了"新政"(*New Deal)当中。法兰克福特本人也继续为罗斯福提供建议。甚至在他被任命到法院后,法兰克福特仍不时造访白宫。

法兰克福特之所以热衷于法庭内外的导师角色,是因为他认为国家政策必须建立在政治领导人对各种利益的合理权衡之上。他在有关联邦宪法第一修正案和第十四修正案(the *First and *Fourteenth Amendment)案例中的观点就是建立在精确的平衡之上。法兰克福特根据团体的利益,而不是按照个人权利来构思权利主张——这里他脱离了罗斯科·庞德(Roscoe *Pound)的早期著作的影响,这个著作吸引他到哈佛大学法学院的学术机构工作。他从不拘泥于形式,不拘泥于宪法和成文法的文本,对以前的司法判例更是如此。他就像平衡利益集团的主张和政府代言人的主张一样,平衡许多法律的渊源。法兰克福特将法院之外的因素纳入考虑范围。例如,他支持了"科里马修诉合众国案"(Korematsu v. United States)(1944)的判决,并在"西弗吉亚州教育理事会诉巴尼特案"(*West Virginia States Board of Education v. Barnette)(1943)中支持向国旗行礼的要求,因为美国正在与一个可怕的敌人进行着一场战争,根据任何一种合理的解释,政府的主张必须优于个人权利,除非这些个人权利对于共和国的立宪政体非常重要。

法兰克福特坚持认为,宪法是建立在基本概念历史演进的基础之上,并不是依赖于一些"有序自由"的抽象和僵硬的设置,它的术语具有多重含义,由此法官在每个案例中必须对其加以识别并应用。因而,他不愿意追随胡果·布莱克(Hugo *Black)大法官的理论,即根据联邦宪法第十四修正案,《权利法案》(*Bill of Rights)应大规模合并(*incorporation)适用于州。不但布莱克的理论违背了法兰克福特对宪法修正案的历史起源的理解,而且法兰克福特怀疑布莱克的理论是一个冠冕堂皇地追求政治目标的手段。

并非法兰克福特到了法院以后就不关心政治,事实正相反。法兰克福特相信政治程序是法律演进的一个至关重要的部分,因此法院应该服从选举产生的立法团体的政策。他个人通过媒介和邮件进行政治活动,法兰克福特也认为高等法院必须就宪法的问题教育公众,引导舆论。尽管他的观点经常遵从于以前选举出的州法院、立法机关和国会作出的裁决,他总是要解释为什么要遵从。他从不隐蔽或回避那种遵从后面的政策考虑。在20世纪一二十年代,他把法律教育从谆谆教诲一系列公式化的东西转变为开放地研究公共价值,从这个意义上讲,他是一个"进步的实用主义者"。他致力于对立法的遵从,这是他早期法律体系的一部分,这可能是受霍姆斯和布兰代斯的理论的影响。

法兰克福特在"马普诉俄亥俄州案"(*Mapp v. Ohio)(1961)和"贝克诉卡尔案"(*Baker v. Carr)(1962)的不同意见中表达了对调和联邦主义(*Federalism)的赞同,这是体现他对普遍选举的议会遵从态度的一部分。被唤醒的广大市民能够做到法院不愿冒险做的事情,而法院不能随便涉入政治问题(*political questions),以免浪费其珍贵的有限的政治影响(参见Judicial Self-restraint)。

在法官席上,法兰克福特是一名难以应付的对手和一名令人生厌的盟友。他曾经试图使大多数人拥护他的立场。这体现了他过去20年政治组织努力工作的方向。通过与像胡果·布莱克、威廉·O.道格拉斯(William O. *Douglas)、弗兰克·墨菲(Frank *Murphy)和威利·拉特利奇(Wiley *Rutledge)这些年轻进步的大法官的接触,法兰克福特发现他逐渐背离了法庭的自由一派。这种背离部分是由于法兰克福特在旗礼案中的赞成政府的态度,这个态度在他的整个任期得到保持。而当法院界或律师界的完整性受到政府威胁时,法兰克福特加入到了他的自由主义的同道们之中。这导致接受法兰克福特作品观点的人与在哈佛大学法学院他的学生们之间形成差别,哈佛大学法学院的亨利·哈特(Henry Hart)和艾伯特·萨克斯(Albert Sacks)在著作中提出的"程序正义"(process jurisprudence)的观点,实际上是法兰克福特的灵感的结晶。它的基本原则在于程序对法院提供了一种合理的、平衡的、自我实现的系统的限制。法院不能拯救世界,但当政府威胁到审判程序本身的时候,它们也不会袖手旁观。没有实际意义原则、案件成熟性原则、诉权原则、对宪法性问题的再次审查——尽量避免过多触及宪法问题的理论基础——这些布兰代斯发起而法兰克福特推广的东西,就属于这种法理学。

在法庭上,没有谁比法兰克福特更注重法律上的技巧了。他从不忘记他的出身,他从多远的地方来,并且因此从不失去对他的公职的尊重。这可能最能解释法兰克福特为什么私下里如此评价道格拉斯,他认为他很有才气但却是懒惰的人。而对布莱克,法兰克福特悲叹他献身于抽象的原则和致力于修正政治机关的结论。法兰克福特在法庭上最强有力的盟友是像罗伯特·H. 杰克逊(Robert H. *Jackson)和约翰·M. 哈伦(John M. *Harlan)这样的精于法律技术的人。法兰克福特晚年与布莱克取得了一致,在他们看来,在法官席上和在个人生活中,两个人都重新找到了他们最初的亲密关系。

例如,两个人都相信,废除种族隔离是合宪的,并且必将到来(参见 Berown v. Boabd of Education)。两人都为立即废除种族隔离的实际结果感到担心。两人都以一种合法的方式为允许地方废除种族差别待遇的法律的形成进行幕后工作。因此,他们加入了反对法定的住房隔离、反对政治优先权以及反对学校和其他公共设施中的种族歧视的行列。

在他去世以前,法兰克福特请求在他死时有人为他诵读犹太祈祷文。这是哀悼祈祷文,没有提及死,只赞颂上帝的光辉和公正。法兰克福特解释说,他作为一个犹太人出生,希望像一个犹太人一样死去。尽管在成年期不信仰传统的宗教,但他来自一个东正教的家庭——实际上他的父亲曾在维也纳作为一名犹太的法学博士接受培训——并且在法兰克福特讲英语以前他讲依地语和希伯来语。在他的职业生涯中,他是一名犹太复国主义者和反对犹太教诉讼的支持者。

犹太教法典的犹太法学专家的法理学,讲义务,不讲权利。这个犹太人被任命作大法官,慈爱,并且与上帝谦逊地同行。理解这些和许多其他 Mitzvot (上帝的法律)的方法是学习——研究法律。法兰克福特对义务的信仰,一个人对另一个人的、政府对个人的、个人对政府的义务,都是犹太法的一部分。程序正义是义务的一种哲理。

法兰克福特也持有一些引起很多争议的观点。例如,在"迈纳斯维尔校区诉歌比提斯案"(*Minersvile School Distrct v. Gobitis)(1940)中,他支持暂停基督教徒的公共学校,因为他们不愿向国旗敬礼,而他们声称这个行为侵犯了他们自由践行宗教(*religion)活动的权利。并且他在"埃文森诉埃维因镇教育理事会案"(*Everson v. Board of Education of Ewing Township)(1947)中持反对意见,在这个案件中,法院的大多数支持一个州法律允许国家州基金承担宗教教育损失。法兰克福特的这些观点都符合义务的观点。没有人有权根据法律享受特别的优待、特别的免税或特别的救济。法兰克福特就工会罢工活动的观点和在"库珀诉阿伦案"(*Cooper v. Aaron)(1958)中的并存意见再次表明了这一主题:法律的义务领先并创造了权利。

如果我们承认,这个犹太法学专家对法律的忠贞深深埋进了法兰克福特的潜意识里,他的生活和职业就不会由于矛盾而显得引人注目。他为义务的伟大原则而忠实地劳作。他将公共服务和爱国之情奉献给了这块养育他的土地,给予他信任让他教书的学校,允许他就任高职的公民。在他一生中,他将法律教学、研究和生活的义务作为一种荣誉,并且这个原则在他生命的最后一刻得到升华。他后来得了使其衰弱的中风,并在3年后去世了,留下了他的妻子马里恩·A. 登曼(Marion A. Denman)。

参考文献 Leonavd Baker, *Brandeis and Frankfurter*, *A Dual Biograpiny* (1984); Bruce Allen Murphy, *The Brandeis/Frankfurter Connection* (1982); Michael E. Parrish, *Felix Franlefurter and His Times*: *The Reform Years* (1982); James F. Simon, *The Antagonists*: *Hugo Black, Felix Frankfurter, and Civil Libeities in Modern America* (1989); Aark Silverman, *Constitutional Faiths*: *Felix Frankfurter*, *Hugo Black*, *and the Process of Judicial Decision Making* (1984).

[Peter Charles Hoffer 撰;江华译;林全玲校]

弗兰克诉曼格姆案[Frank v. Mangum, 237U. S. 309(1915)]

1915年2月25至26日辩论,1915年4月19日以7比2的表决结果作出判决,皮特尼代表法院起草判决意见,霍姆斯表示反对。在当时最具有轰动性的一个谋杀案件中,利奥·弗兰克(Leo Frank),一个亚特兰大的国家铅笔厂的所有者,被控告杀害了一名13岁的女雇员。由于法官审判的失误,弗兰克被宣告有罪并被判处死刑。当判决被退回时,围绕法庭的暴力气氛导致审讯的法官要求被告和他的律师不必出庭。当陪审团的成员投票时,他们的声音被外面群众令人振奋的声音给淹没了。

经过无数次申请的失败和州的上诉失败之后,弗兰克的律师们在联邦区法院寻求人身保护状(*habeas corpus)。由于区法院拒绝给予令状,案件起诉到联邦最高法院。律师提出群聚民众的恐吓剥夺了弗兰克对法律的正当程序(*Due Process)的适用。马伦·皮特尼(Mahlon *Pitney)大法官支持多数,认为所有审判的不当行为在乔治亚州的上诉程序纠正了,但是奥里弗·温德尔·霍姆斯(Oliver Wendell *Holmes)大法官持有不同意见,谴责这个审判和对陪审团的恐吓。

尽管联邦最高法院在这段时间里自由地使用联邦宪法第十四修正案(the *Fourteenth Amendment)的正当程序条款对州处理财产权的行为进行了监督,它不愿对州刑事诉讼程序寻求相似的联邦监督权力。这种不情愿直到在"穆尔诉登普西案"(*Moore v. Dempsey)(1923)才消失,但这对于挽救奥·法兰克来说实在太晚了,他在佐治亚州勇敢的州长将其减刑为终身监禁后不久被处以私刑。

[John E. Semonche 撰;江华译;林全玲校]

言论自由[Freedom of Speech]
参见后面部分的术语。

宗教自由践行条款[Free Exercise Clause]
参见 Religion。

弗里曼诉皮茨案[Freeman v. Pitts, 503 U. S. 467(1992)]①

1991年10月7日辩论,1992年3月31日以8比0的表决结果作出判决,伦奎斯特代表联邦最高法院起草判决意见,斯卡利亚持并存意见,苏特持并存意见,布莱克蒙、史蒂文斯与奥康纳持相同的并存意见,托马斯没有参加。这个案件是自第二布朗案以来考验联邦最高法院对公共学校废除种族隔离的态度的一系列案件之一。"格林诉纽肯特县学校理事会案"(Green v. County School Board of New Kent County)(1968)分析了判断一个原来实施种族隔离的学校是否成功地废除了种族隔离(或是否达到了一体化的状态)的考量因素,从而可以据此减轻法院规定的补救计划中的义务。在弗里曼案中,联邦最高法院考虑了地区法院是否可以部分放弃对学区工作的审查,即对学区已经实现了一体化的方面不予审查,而对其他方面加以审查。鉴于已经采取相应的补救措施,德卡伯学区请求撤回待决的废除种族隔离诉讼。地区法院认为,该学区依据格林案的标准——学生作业、学生的运送、硬件设备和课外活动——已经实现了一体化,但是该学区在两个完全有能力控制的领域的工作情况却不令人满意:教师的分配与教学资源的分配。在推翻上诉法院的判决时,联邦最高法院同意法院有权力在实现了一体化的领域不加以司法审查和控制,而在不符合要求的领域保留审查。

尽管在弗里曼案中同意了地区法院的考量因素,即黑人学生是否持续接受了比白人学生差的教育——这是格林案没有提及的因素——更重要的是该判决强调了联邦最高法院将重建学校体系的重任加诸州和地方的倾向。这体现在随后废除种族隔离的案件中,例如,"贝尔克诉卡尔罗特-麦克伦伯格教育理事会案" (Belk v. Charlotte-Mecklenburg Board of Education)(2001),"密苏里州诉詹金斯案" (Missouri v. Jenkins)(1995)。

[Rhonda v. Magee Andrews 撰;林全玲译;胡海容校]

弗罗因德,厄恩斯特[Freund, Ernst]

(1864年1月30日生于纽约州纽约市;1932年10月20日卒于伊利诺伊州芝加哥市)教育家、律师、作家和社会改革家。弗罗因德,一个德国移民的儿子,被人称为"美国行政法之父"。他通过他具有高度影响的论文《治安权:公共政策和宪法权利》(Police Power: Public Policy and Constitutional Rights)(1904)和他扩张演讲自由的强有力的观点影响了联邦最高法院。在柏林和海德堡接受大学教育之后,他在纽约从事法律工作,并且成为哥伦比亚大学行政法和市政公司的教授,在那里他也获得了政治学博士学位。迁移到芝加哥大学以后,他在1903年加入到该法学院的教师队伍,并且成绩卓越地使学校为社会服务奠定了基础。他讲授社会法的课程,并呼吁建立一门立法的科学。这激励了后来的学者们。他致力于使法律的制定不落后于人们之间的关系的工作给学者们留下深刻的印象,他们将他视为社会学法学(*sociological jurisprudence)的一个杰出的先行者。确实,路易斯·布兰代斯(Louis *Brandeis)在1934年的著作中声称,弗罗因德和罗斯科·庞德(Roscoe Pound)是那场运动的奠基者。

他的《治安权》(Police Power)面世后立即引起了法院和律师界的关注,并且联邦最高法院曾引用了其关于联邦宪法第十四修正案(the *Fourteenth Amendment)限制立法权的论证。在这篇论文中,弗罗因德将治安权(*police power)界定为政府通过限制和规制财产的使用以促进公共福利的权力。他同时也阐明需要限制和规制的条件。这些特别包括防止犯罪的和平与安全、公共安全和健康、公共秩序和舒适以及公共道德。他也顾及到对弱势群体的控制,力求保护他们免于被欺诈和利用。他提出政府不应将特别的负担强加于个人或法人,但也不应赋予特权或独占权。立法上要给予不平等待遇必须具备因社会特征的不同而形成的合法的社会地位差异的正当基础。

在革新主义时代,弗罗因德是言论自由的卫道士。基于法律形式主义忽视了现实世界的条件,他把对言论自由的合法的实体正当程序抗辩与大量的宪法自由主义主张的实体正当程序辩护相区别(参见 Progressivism)。对他而言,联邦宪法第十四修正案正当程序条款使法院有权力保护"个人的基本权利",其中包括个人与他人建立法律关系的自由和以任何方式感染公众的观点和情绪的自由。他强调联邦宪法第一修正案(the *First Amendment)的任务是保证讨论公共事务的大量的自由(包括追求艺术、文学和科学的自由)。言论具有明显的社会功效(参见 Speech and the Press)。例如,他尤其认为法

---

① 另请参见 Desegregation of Remedies。

院在"德布斯诉合众国案"(Debs v. United States)(1919)中的判决显然是对过激言论的专横限制,这种做法不仅缺乏逻辑也是十分危险的,这样一个观点导致奥里弗·温德尔·霍姆斯(Oliver Wendell *Holmes)大法官在"艾布拉姆斯诉合众国案"(*Abrams v. United States)(1919)中持有异议,修正他的立场,而采取更类似于弗罗因德对联邦宪法第一修正案的观点。

在后来的岁月里,弗罗因德为美国律师协会准备了起草立法的指南,这一指南后来得到广泛的运用。他还在《超越个人和财产的行政权力》(Administrative Powers over Persons and Property)(1928)中,对膨胀的政府权力发出警告。并且由于认识到公共利益的至高无上的地位,他主张法律规制应当将对个人权利的尊重与强调财产的社会义务结合起来。作为一名精益求精、勤于探索和涉猎广泛的学者(他的许多小册子涉猎的范围从英国历史、行政法和劳动法到移民和私生子),他持有的法律现实主义观点强调要以经验为根据进行工作,并且认为社会研究的目的在于使法律能反映人的需求。

[Panul L. Murphy 撰;江华译;林全玲校]

弗罗蒂罗诉理查森案[Frontiero v. Richardson, 411 U.S. 677(1973)]①

1973年1月17日辩论,1973年5月14日以8比1的表决结果作出判决。布伦南代表大多数起草判决意见,鲍威尔、伯格、布莱克蒙和斯图尔特持并存意见,伦奎斯特持异议。这个案例对某联邦法律的合宪性提出了挑战,这个法律将工资的一部分以一种特别的房屋津贴和特别的医疗福利的形式授予美国从事"穿着制服服役"的每个已婚男性。然而,一名在军队服役的已婚女性只有在她能证明她支付了超过她丈夫一半的生活费用时才能领到补充的工资。这个诉讼是由莎伦·弗罗蒂罗提起的,她是一名空军中尉,她支付了不到她丈夫生活费用的一半。她根据包含在联邦宪法第五修正案(the* Fifth Amendment)正当程序条款中的平等保护(*equal protection)观念提起诉讼。

弗罗蒂罗的律师提出,尽管可能存在差别待遇的一些理由,但不能充分地支持这个法律,因为性别的差别像种族的差别一样应当被看做是具有违宪"嫌疑",并且只有政府证明有"强有力的"理由时,它才能得以确认。这个论证理由在两年前的"里德诉里德案"(*Reed v. Reed)(1971)中曾经提出过。但法院忽视了它,转而利用合理基础测试推翻了这个法令。在弗罗蒂罗案中,大法官们发掘并仔细研究了里德案。

威廉·布伦南(William *Brerrnans)大法官代表大多数法官,提出里德案的结果根据合理基础测试没有任何意义。在那个案例中,法律宁愿男性而不是女性成为不动产管理者,这是有一些原因的。因为在1971年男性比女性更熟悉商界。布伦南坚持认为,里德案的结果暗示着性别分类,像种族区别一样,是具有违宪嫌疑的,并因此需要严格的审查,这种审查需要证明性别分类"对获得一个强有力的政府利益来说是必需的"。他们认为这一测试因下面四个方面的原因而具备合理性:(1)性别就是像种族一样是生来的"不可改变的"偶然事件,它一般来说与法规的目的毫无关系;(2)像种族一样,它在美国长期以来是不公平的差别对待的基础;(3)像种族一样它具有高度明显的特性;(4)国会通过提出平等权利修正案(E.R.A.)并且送到各州以获取承认,认可了性别分类是"根本不公平的"(p.687)或是"具有违宪嫌疑的"(p.688)的观点。为表示对"政府同等的部门"的尊重,因此建议将性别当作具有违宪嫌疑的分类。

刘易斯·鲍威尔(Lewis *Powell)大法官认同这个分类不合宪,但相反地提出,对政府的其他部门和对宪法修正程序的尊重将耽搁使性别成为一个具有违宪嫌疑的分类。因为E.R.A.的遭遇即明确说明了这一点(作出这个裁决的时候,所需38个州中的30个州批准了E.R.A.,而此后6年一直保持在最初那7年里承认的水平)。鲍威尔提醒法院,在没有对这个问题进行严格审查的情况下,里德案就推翻了性别歧视,并且他坚持认为里德案的标准也将"充分地"支持弗罗蒂罗的起诉。斯图尔特的独立的并存意见回避了所有这些问题,并且仅仅作了一句话的评论,他认为该案中被起诉的法律产生一种"招人厌恶的歧视",因此里德案是不合宪的。

威廉·伦奎斯特(William *Rehnquists)大法官的异议仅仅以地区法院法官的理由为依据,这名地区法院法官采用了合理基础测试。他指出之所以不需要已婚服役男性书面证明他们是妻子的经济靠山,是因为在众多案件中,只有极少数的男性不符合这一标准。里夫斯(Rives)法官在一个评注中提及里德案时也采用了合理基础测试。

因此,尽管法院支持弗罗蒂罗的主张并且以8比1的投票使这个法律无效,但并没有形成确立性别作为一种违宪嫌疑分类(*Suspect Classifications)的多数派,直到"克雷格诉博伦案"(*Craig v. Boren)(1976)出现,联邦法院才再次准确地阐述了这个问题。在这个案件中大法官们采纳了一种在严格审查和合理基础测试之间的测试标准,即大家所知的"强化的"或"中间的"审查。

[Leslie Friedman Goldstein 撰;江华译;林全玲校]

---

① 另请参见 Gender;Intermediate Scrutiny;Strict Scrutiny。

弗罗辛厄姆诉梅隆案[Frothingham v. Mellon, 262 U. S. 447(1923)]①

1923 年 5 月 3 日至 4 日与"马萨诸塞州诉梅隆案"(Massachusetts v. Mellon)一起辩论,1923 年 6 月 4 日以 9 比 0 的表决结果作出判决,萨瑟兰(Sutherland)代表法院起草判决意见。弗罗辛厄姆和马萨诸塞州对美国财政部部长提起诉讼,主张宣告 1921 年的联邦产妇法无效。根据这个法律,联邦政府为了"促进产妇和婴儿的福利和卫生"而将基金捐助给各州。参与的州应当遵守联邦法律并且也应当拨付与联邦相同的款项用于该事业。

马萨诸塞州声称,这个联邦计划违反了联邦宪法第十修正案(the *Tenth Amendment)赋予州所保留的权力。弗罗辛厄姆提出,通过联邦拨款来进行的计划未经法律的正当程序(*Due Process)夺走了她的财产。法院没有对这两个实体请求作出说明,只是以缺乏管辖权(*jurisdiction)为由驳回了诉讼。弗罗辛厄姆的案例取决于她是否具有在法院起诉要求对这个法律进行审查的资格。对此,她只是说她是一个联邦纳税者。法院推论她在任何联邦拨款中的法定利益是间接的,因此她没有诉权。它规定,要获得诉权,一个纳税者不但必须提出这个法律是无效的主张,而且必须证明她遭受了直接伤害。而就这一问题没有案件或争议(*cases and controversies)。这个反对纳税者诉权的规定直到"弗莱斯特诉科恩案"(*Flast v. Cohen)(1968)才得到修改。

[Paul kens 撰;江华译;林全玲校]

逃犯[Fugitives from Justice]

邦联条例第 4 条规定了根据逃犯逃离之州的"州长的要求"对逃犯进行引渡的程序。宪法第 4 条第 2 款几乎包含了相同的规定。这个条款包含了州对州的直接的引渡程序,但是在弗吉尼亚州和宾夕法尼亚州之间发生争议后,国会在 1793 年通过了统一的《引渡和逃亡奴隶法》(*fugitive slave law),它为引渡案件规定了程序。

除非请求引渡犯人的书面文件不符合要求或该人被指控为政治犯,引渡通常是可以实现的。在美国内战(*Civil War)以前,南方统治者们拒绝引渡被指控绑架自由黑人并使之成为奴隶的人,北方统治者拒绝引渡被指控为帮助奴隶从南方逃走的人。这导致许多南方的州(弗吉尼亚州、佐治亚州、密苏里州和肯塔基州)与北方的州(宾夕法尼亚州、缅因州、纽约州、伊利诺伊州和俄亥俄州)之间发生争议。在"肯塔基州诉丹尼森案"(*Kentucky v. Dennison)(1861)中,联邦最高法院规定联邦政府没有权力去迫使一名州长引渡一个逃犯。

当代对引渡的拒绝常常是由政治推动的。在 1950 年,密歇根州的州长 G. 门嫩·威廉斯(G. Mennen Williams)拒绝引渡 1 名"斯考特伯罗男孩",他是从一个亚拉巴马州监狱中逃出来的。在 20 世纪 70 年代,加利福尼亚州的州长小埃德蒙·G. 布朗(Edmund G. Brown Jr.)拒绝引渡南达科他州通缉的 1 名美国印地安活动分子。在"波多黎各诉布兰斯塔德案"(Puerto Rico v. Branstad)(1987)中,联邦最高法院推翻了"丹尼森案"(Kentucky v. Dennison),规定州长们在引渡案件中没有处理权。这就破坏了自 1787 年就已存在的联邦主义(*federalism)的一个基本原则。

[Paul Finkelman 撰;江华译;林全玲校]

逃亡奴隶[Fugitive Slaves]②

在殖民地的美国,不同司法管辖区域之间并不经常返还逃亡的奴隶,尽管在这个问题上存在个别协议,例如 1643 年的新英格兰联盟。在"萨默塞特诉斯图尔特案"(Somerset v. Stewart)(1772)中,王座法庭的法院规定,任何来到英格兰的奴隶,不管是他的主人自愿释放的,还是逃跑来的,都可以主张他的自由,因为英格兰没有支持建立奴隶制度(*slavery)的法律。在美国独立战争期间,一些新独立的州开始废除奴隶制的时候,这个先例成为美国普通法(*common law)的一部分。1780 年宾夕法尼亚州的逐渐解放奴隶法准许取回逃亡奴隶,其他州通过了相似的法律。但是,南部联盟的条例没有规定各州有义务返还逃亡奴隶。1787 年的西北法令(*Northwest Ordinance)禁止在西北领域内实行奴隶制度,但是也提出逃亡奴隶"可以被合法地收回并且让与对他或她的劳动和服务提出权利要求的人"。

直到在 1787 年的宪法条约中,南卡罗来纳州的皮尔斯·巴特勒(Pierce *Butler)才提出了一个条款,要求"逃亡奴隶和仆人应可以像罪犯一样移交"。第二天,在没有任何深入讨论或记载异议的情况下,代表们采纳了这一所谓逃亡奴隶条款,提出逃亡者不能被他们逃亡的州所解放,而是应"根据有权接受他们服务或劳动的一方当事人的请求进行移交"。立法者似乎是打算通过州和地方政府或通过个人的行为使这个条款得到执行。因为这个条款规定在第 4 条,而属于该条的其他条款都是处理州际关系的条款。

在 1793 年的逃亡奴隶法中,国会规定了返还逃亡者的程序。该法律允许主人们或他们的代理人捕获逃亡者并带他们到任何州或联邦的治安法官前,

---

① 另请参见 Federalsm;Standing to Sue;State Sovereignty and States's Rights。

② 另请参见 Comity;Fugitives from Justice;State Sovereignty and States' Rights。

以获取一份"迁移证书",并且接着将该逃亡者带回该奴隶负有服务义务的州。这个法律对那些干涉施行程序的人进行罚款并且赋予主人对那些故意帮助逃亡奴隶的人请求损害赔偿的权利。

在19世纪30年代以前,许多北方的州通过个人自由法律,以保护它们的自由黑人免于被诱拐或错误抓捕。这些法律也为州提供使善意的逃亡者返还的便利程序。北方的州在保护它们的自由黑人免于被绑架和遵从返还逃亡奴隶的宪法义务二者之间取得平衡。直到1842年,这些州法律和联邦法律的合宪性都仍然值得怀疑。但是,在"杰克诉马丁案"(Jack v. Martin)(1835)中,纽约联邦最高法院声称联邦法律是不合宪的,但仍将逃亡奴隶归还他的主人,因为法院认为纽约州有义务执行第4条中的逃亡奴隶条款。一年以后,在一个未公布的判决意见中,新泽西州的首席大法官约瑟夫·霍恩布洛尔(Joseph Hornblower)声称,1793年的联邦法律是不合宪法的,并且宣布争议所涉及的那个黑人是自由的。

在"普里格诉宾夕尼亚州案"(*Prigg v. Pennsylvania)(1842)中,美国联邦最高法院的约瑟夫·斯托里大法官认为1793年的那个法律是合宪的,而州的个人自由法律干涉了返还奴隶程序,因而是不合宪法的。斯托里将逃亡奴隶条款确定为宪法被各州采纳所必须的一个"基础的条款",尽管斯托里知道历史并非如此(p.541)。斯托里激励州的官员们继续执行1793年的这个法律,但是他声称他们不会被迫那么做。许多州很快通过新的个人自由法律,禁止他们的官员根据该联邦法律采取行动。

在"琼斯诉冯·赞特案"(*Jones v. Van Zandt)(1847)中,联邦最高法院支持了对1793年法律的一种特别严厉的解释。该案是涉及确定一个逃亡奴隶价值的民事诉讼。该案中的奴隶们曾经从肯塔基州逃亡到俄亥俄州,在那里范·赞特提供他的四轮马车让他们乘坐。范·赞特的律师萨蒙·P.蔡斯(Salmon P. *Chase)和威廉·H.苏厄德(William H. Seward)提出,在俄亥俄州所有的人被推定为是自由人,因而范·赞特没有理由知道他所运送的是逃亡奴隶。但是这个主张并没有成功。

作为1850年《密苏里妥协协议》的一部分,国会修改了1793年的逃亡奴隶法,制定了更加专断的返还程序和更加严厉的处罚措施。根据这个法律,被控告的逃亡者将不能以他们自己的名义作证或要求陪审团进行审理(*trial by jury)。为应对州拒绝参与返还程序,1850年这个法律任命联邦委员们到国家的每个县执行这个法律。如果他们判断他们面前的黑人不是一个奴隶,他们将收到5美元;但是如果他们支持认领人,他们将收到10美元。当哈丽雅特·比彻·斯托(Harriet Beecher Stowe)颇受欢迎的攻击奴隶制的小说《汤姆叔叔的小屋》(1852)出版后,公众反对这个法律的呼声逐渐增强。

1850年这个法律导致很多地区发生骚乱,非法夺回与再度捕获行为,在马萨诸塞州的波斯顿、纽约州的西那库斯、宾夕法尼亚州的克里斯丁亚那、俄亥俄州的奥伯林(Oberlin)、威斯康星州的拉辛和其他一些地方都有发生。联邦对解救者提起的诉讼常常失败。在克里斯,在一群逃亡者同可能要捕捉他们的人进行战斗并杀死了一个奴隶主后,超过48人被指控犯有叛逆罪。当美国联邦最高法院大法官罗伯特·格里尔(Roberrt *Grier)在巡回审判中,在"合众国诉汉韦案"(United States v. Hanway)(1851)中规定,反对逃亡奴隶法不构成叛逆罪之后,这些被告得以释放。当这些事件发生后,在北方许多地区这个法令成为一张无用的白纸。在威斯康星州的拉辛的解救奴隶事件引发的"艾布尔曼诉布思案"(*Ableman v. Booth)(1859)中,联邦最高法院肯定了1850年法律的合宪性和联邦法院的最高权威。

和平地执行1850年法律在有些地区是可能的,特别是沿着俄亥俄河流域和麦森-迪克逊(Mason-Dixon)一线。而有一些返还需要出动联邦力量和动用军队。根据1850年法令,在1850年至1861年之间超过九百多名逃亡者被返还。但是,南方人估计,有多达一万的奴隶在那个时期逃跑了。

最后,逃亡奴隶条款和执行它的两个法律都无助于保护南方的财产,反而引起了区域的对抗情绪。南方人认为北方不愿意执行他的宪法义务。北方人认为南方意图强迫他们成为奴隶捕捉者,并且在这个过程中,破坏了国家中公民的自由。

参考文献 Poul Finkelman, "Prigg v. Pennsylvania and Northern State courts: Anti-slarery Use of a Pro-slavery Decision," *Civil War History* 24 (March 1979): 5-35; Paul Finkelman, *An Imperfect Union: Slavery, Federalism, and Comity* (1981); Thomas D. Morris, *Free Men All: The Personal Liberty Laws of the North, 1780-1861* (1974).

[Paul Finkelman 撰;江华译;林全玲校]

富勒,梅尔维尔·韦斯顿[Fuller, Melville Weston]①

(1833年2月11日生于缅因州的奥古斯塔,1910年7月4日卒于缅因州的索伦多,葬于伊诺伊州芝加哥格林兰公墓)1888—1910年任联邦最高法院首席大法官。富勒出生于一个传统的新英格兰家庭,他在律师们的环绕下成长。由于他的父母离婚,他在他的外祖父家里长大,他的外祖父是缅因州最高司法庭的首席大法官。在他1853年从波顿

---

① 参见 Extrajudicial Activities。

(Bowdoon)大学毕业后,富勒在他叔叔的律师事务所里担任学徒并很快进入了哈佛大学法学院。这段经历使他成为受过较好的法律学术训练的第一流的首席大法官。1855 年他加入缅因州法院律师协会,但很快他离开了这个州,明显地是由于对浪漫向往的失望。富勒在芝加哥定居以后,开展了相当成功的律师业务。他于 1858 年结婚,但他的妻子 6 年后就去逝了。作为一名活跃的民主党人,他热心地支持斯蒂芬·道格拉斯反对亚伯拉罕·林肯(Abraham *Lincoln)。在 1861 年,富勒为伊利诺伊州宪法会议服务,并且有一段时期(1863 年至 1864 年)在州众议院工作。尽管在国内战争期间富勒与同情南方的北方人的圈子里的人接近,富勒从来没有主动地背叛。在 1866 年他娶了玛丽·埃伦·库尔巴赫(Mary Ellen Coolbaugh),在商业领域获得很大的发展,因为他新岳父主管芝加哥最大的银行,因此他远离了政治领域,并且投身于其日益发展的律师业务。

Melville Weston Fuller

富勒很快成为一名杰出的律师,他主要处理上诉案件,特别是商业案件,他不时地在美国联邦最高法院出庭。当 1888 年 3 月莫里森·韦特(Morrison *Waite)首席大法官去世时,格罗弗·克利夫兰总统决定任命一个伊利诺伊州人,以利于民主党在 11 月选举中有更好的机会获胜。当这位总统的第一个选择对象拒绝了这个任命时,克利夫兰很快转向了富勒,富勒和他在支持节约开支和反对保护关税上持有相同观点。

在法庭上,富勒显示出他是一位开朗的同僚和有能力的行政领导而非一名司法领导者,他在法理学上的贫乏的储备对他来说很是不够(参见 Chief Justice, Office of the)。由于他自己拥有颇多财产,所以在普通人看来,富勒是他们的财产保护人。他的最著名的观点是在巡回审判的"波洛克诉农场主贷款与信托公司案"(*Pollock v. Farmers Loan & Trust Co)(1895)中代表法院所作的判决。这一判决以所得税(*income tax)不是直接税而否决了联邦所得税的征收,因为直接税必须能分配给各州人民(参见 Property Rights)。他的这一判决理由是值得怀疑的。其结果最终被联邦宪法第十六修正案(the *Sixteenth Amendment)推翻。在所得税案发生的同一时期,富勒在"合众国诉 E. C. 奈特公司案"(United States v. *E. C. Knight Co)(1895)中代表大多数法官写了判决意见。该案是根据《谢尔曼反托拉斯法》(*Sherman Antitrust Law)对糖业垄断提起的诉讼。为判决支持垄断,富勒认为为销售而进行的生产不是商业,他这一可疑的解释受到后来判决的侵蚀。商法领域,是富勒的专长,他在"莱西诉哈丁案"(Leisy v. Hardin)(1890)中引导法院接受他的"最初包装"原则的叙述,他认为进口货物仍然在最初的包装里,不适用州的法令。这一原则在莱西案中的适用,使爱阿华州的禁止法令的一个关键部分无效。这个原则继续保留了下来,但它的具体应用范围受到了削弱,因此立法不再对跨州的液体方式运输提供保护。在"拉尔对物(对事)诉讼案"(In Re Rahrer)(1891)中,富勒写出他的观点以支持那个法律的合宪性。

富勒认为联邦宪法第十四修正案(the *Fourteenth Amendment)"没有起到引起革命性的变化"的作用,因此他能舒适地主持一个对种族不公平漠不关心的法院。在其他公民权利问题上,他的观点令人难以把握,他在"合众国诉王·金·阿克案"(United States v. *Wong Kim Ark)(1898)中持异议,认为出生在美国的中国移民的孩子是美国公民。而他又在一个海岛系列案(*Insular Cases)"唐斯诉比德韦尔案"(Downes v. Bidwell)中(1901)持有异议,认为宪法不能适用于新取得的岛屿。在劳动权利方面,富勒的观点仍然是难以预测的,他在丹伯里帽商案,即"洛伊诉劳勒案"(*Loewe v. Lawlor)(1908)中作出判决,认为谢尔曼反垄断法应适用于工会,尽管他一贯限制"雇员自伤规则"(fellow servant),而该原则使得雇主对许多雇员的伤害不承担责任(参见 Labor)。

富勒在公众的关注下,打破司法常规,于 1897 年接受了委内瑞拉边界委员会的任命,并且从 1900 年开始一直在海牙常设仲裁院工作。

参考文献 Willard L. King, *Mellville Weston*

Fuller (1950); James W. Ely, Jr., *The Chief Justiceship of Melville W. Fuller, 1880-1910* (1995).

[John V. Orth 撰；江华译；林全玲校]

完全诚意和信任[Full Faith and Credit]①

宪法第4条第1款规定:"各州对于他州公共法令、记录与司法程序,应给予完全的诚意与信任。国会得制定一般法律,用以规定这种法令、记录和司法程序如何证明以及具有何等效力。"这一条款通过把一些州的制度设计相互联系起来实现国家的统一。

这个条款最初仅仅旨在规定公共记录包括判决,能够作为证据被其他州采纳,还是旨在规定那些记录具有确定的法律效力,是有争议的。立宪会议没有解决这个问题。但是国会很快通过立法阐明这个问题。在1790年,它颁布了一个法律规定,立法机关决议的方式和州诉讼程序的记录应当具有最终的法律效力。此外,国会规定:"美国的每个法院都应赋予前述的记录和司法程序完全的诚意和信任,如同上述记录和司法程序是根据本州的法律和惯例作出的一样。"在1804年,国会颁布了另外一部法律,要求给予美国准州地区的记录和司法程序以完全的诚意和信任。

联邦最高法院在"米尔斯诉杜尔伊案"(Mills v. Duryee)(1813)和"汉普敦诉麦康奈尔案"(Hampton v. McConnell)(1818)中认为,一名法官在一个州或准州作出的判决在其他的州或准州具有最终的法律效力。但法院在原来的州必须拥有司法权,且必须满足正当程序的要求。同时,原来的审判必须具有权威性,而且必须是终审判决。当在其他州存在不一致的判决时,最后时间规则确定最新的判决获得完全的诚意和信任。

宪法条款并未具体地表明联邦法院对州法院的判决或州法院对联邦法院判决的态度。但是联邦最高法院在"斯托尔诉哥特莱布案"(Stoll v. Gottleib)(1938)和"圣约翰诉威斯康星雇佣关系委员会案"(St. John v. Wisconsin Employment Relations Board)(1951)中认为,联邦法院必须对州法院的判决赋予完全的诚意和信任,反过来也是一样。

法院根据完全诚意和信任条款对判决的承认与判决的执行二者之间进行了区别。判决执行的方式必须根据被请求执行的州的法律来作出决定。而且,完全的诚意和信任条款不适用于外国的判决,外国的判决的承认根据礼让(*comity)规则来确定。"希尔顿诉古约特案"(Hilton v. Guyot)(1895)。

这个条款不但涉及判决和记录,而且包括公共法令或法规。但是1790年的法令,仅仅涉及判决和记录,大概是因为当一个州将被迫采用另一个州的法律的时候,建立统一的规则是很困难的。在1948年,国会修订《美国法典》的第28章,它包括了完全的诚意和信任的立法,要求完全的诚意与信任不仅要赋予记录和判决,也要赋予法令。这个条款的确切范围仍然是值得疑问的,因为法院没有明确地解释它。

[Thomas O. Sargentich 撰；江华译；林全玲校]

富利洛夫诉克卢茨尼克案
[Fullilove v. Klutznick, 448 U.S. 448(1980)]②

1979年11月27日辩论,1980年7月2日以6比3的表决结果作出判决,伯格代表法院起草判决意见,马歇尔、布伦南、布莱克蒙持并存意见,斯图尔特、伦奎斯特、史蒂文斯表示反对。在1977年的公共工作雇佣法中,国会为少数民族商业企业(MBES)保留了10%的份额。这是自1866年的《解放奴隶管理局法》(Freedman Bureau Act)颁布后包含种族分类的联邦法律。

一个非少数种族的承包商集团针对这一MBE条款提起诉讼,他们认为这个条款违反了在"博林诉夏普案"(Bolling v. Sharpe)(1954)中所确认的联邦宪法第五修正案(the *Fifth Amendment)正当程序条款的"平等保护条款"。联邦地区法院没有受理这个诉讼,并且第二巡回审判的上诉法院确认了低级别法院的行为。

联邦最高法院的6个大法官投票支持"留出"一定比例的做法,尽管他们的理由存在巨大的差异。一个由伯格(*Burger)、鲍威尔(*Powell)和怀特(*White)组成的多数派遵从了国会通过第1条的"开支和商业条款"和联邦宪法修正案第十四修正案(the *Fourteenth Amendment)的执行条款(第5款)授予特定种族的特殊地位。国会不需要"以一个完全地'色盲'的方式行为"(p.482),并且留出行为是"是进一步推动政府参与纠正影响少数民族立约者的合法的必要的手段"(p.515)。首席大法官沃伦·伯格承认政府的论点,即国会是以它应有的谨慎并根据他们的知识作出的判断,尽管在留出这个问题上没有举行特定的立法听证会或立法讨论。1977年法令的通过不是没有原因的,国会为MBES斗争了许多年,它的成员对建筑工业中的不平等的实践已经很熟悉了。阻碍司法行为的证据和可裁决性的规则限制并不适用于国会。国会可以主动立法以根除社会邪恶,而在法院必须在对行为的违宪性或违法性提出质疑的案件出现时才可有所作为。此外,这不是一个不可变的定量,它在持续时间上是短暂的,在范围上是有限制的,并且在执行上是有选择性的。

由马歇尔(*Marshall)、布伦南(*Brennan)和布

---

① 另请参见 Federdlism。
② 另请参见 Affirmative Action; Equal Protection; Race and Racism。

莱克蒙(*Blackmun)组成的第二个多数派,采用了由布伦南在"加州大学校务委员诉巴基案"(*Regents of the University of California v. Bakke)(1978)中发展起来的理论原则。因为留出比例并没有使特定个人或团体具有种族优越的地位,"严格的平等保护审查"标准适用于招人怨恨的种族差别是不恰当的。但是,即使是出于良好意向的计划也可能将不公平的负担强加于无辜的第三方,因此对该计划的司法审查还是应比"传统的平等保护审查"更严格。在法官看来,留出条款经得起这种强化的检查(参见 Intermediate Scrtiny)。

三个持异议者没有被说服。在波特·斯图尔特(Potter *Stewart)和威廉·伦奎斯特(William *Rehnquist)看来,MBE 的留出份额是对"普勒西诉弗格森案"(*Plessy v. Ferguson)(1896)中的"以种族为基础"优于以"以出生为基础"的原则的回归(p. 531)。政府对种族分类的赞同——尽管这些分类被用来推动有益的事业而不是用于引人怨恨的目的——会使包括种族在内的引起社会分裂的信念长期存在下去。不能因充分的权力被赋予国会而高兴,斯图尔特和伦奎斯特认为,"如果一个法律是违宪的,其违宪程序不会因它是国会制定的而降低"。在他们看来,只有按照公正程序确定具体的受害者和致害者,才具备"提供有意识的种族救济"所必需的冷静的"客观性"和"适应性"(p. 527)。这种救济才符合宪法所要求的严格的种族中立态度。

约翰·保罗·史蒂文斯(John Paul *Stevens)的异议强调 MBE 条款的制定没有经过听证程序并且也没有针对这一歧视性实践的判决。他怀疑这个计划能否"以一种公平的操作方式"分配补偿(p. 539)。事实往往是补偿并不能分配给那些处于最不利地位的成员。他还质疑是否非黑人少数种族也能够或应当受到特殊的保护。根据他的判断,由于他们并没有遭受歧视的历史,因此没有受到特殊保护的正当理由。

富利洛夫案的影响是重大的。这一判决鼓励了国家、州和地方的少数种族留出份额计划。例如,1982 年的高速公路改良工事法和 1983 年的国际安全和开发协会授权法即属国家一级的计划。但是,州和地方的立法却经不起司法审查。在"里士满诉 J. A. 克罗森公司案"(*Richmond v. J. A. Croson Co)(1989)中,法院认为,国会授予的对有色人种有意识的特别优待的分配计划并不能由其他政府实体采取。

参考文献 Drews. Days Ⅲ,"Fullilove,"*Yale Law Journal* 96 (*January* 1987):453-485.

[Timothy J. Oneill 撰;江华译;林全玲校]

基础正当原则[Fundamental Fairness Doctrine]

参见 Due Process, Procedvral。

基础权利[Fundamental Rights]

由于个人自由处于美国宪法体系的核心,美国法律所保护的权利比其他任何国家都多。因此,并不是所有的权利都受到了平等的"关爱",各种权利之间存在着一定的等级次序。美国人认为最重要的一些自由被称为基础权利。

联邦最高法院的大法官将基础权利界定为那些没有它们自由和公正就不会存在的东西。他们是构成有序自由这一概念必不可少的自由,人类本性所固有的因而不可剥夺的自由["帕尔可诉康涅狄格州案"(*Palko v. Connencticut)(1937)]。由此,如果这些权利与政府的权力或其他不那么重要的自由权相冲突,这些基础权利应当优先。

被认为符合基础权利定义的特定的权利在不同的历史时期并不相同。例如,美国的第一个世纪里,合同自由(*freedom of contract)和财产权(*Property)被认为是基础的权利。但是,随着经济性的实体正当程序(*Due Process, Substantive)的衰落,这些财产权失去了它们的优先性。在 20 世纪,个人自由登上基础权利的地位。通过有选择的合并,联邦最高法院认定,除了几个仅有的例外,《权利法案》(*Bill of Rights)规定的权利符合基础权利的定义,并受宪法保护免受州和地方政府以及联邦政府的侵害。最近几年,隐私权(*privacy)和保护反对各种形式的歧视的权利逐渐被看做是基础性的权利。

[Thomas G. Walker 撰;江华译;林全玲校]

弗曼诉佐治亚州案[Furman v. Georgia, 408 U. S. 238(1972)]①

1972 年 1 月 17 日辩论,1972 年 6 月 29 日以 5 比 4 的表决结果作出判决。斯图尔特、怀特、道格拉斯、布伦南和马歇尔分别提出并存意见,伯格、布莱克蒙、鲍威尔和伦奎斯特都表示异议,但理由各异。联邦最高法院第一次根据联邦宪法第八修正案(the *Eighth Amendment)的残忍和非正常刑罚条款(*Cruel and Unusual Punishment)推翻了死刑。佐治亚州的一个陪审团曾判定弗曼犯了谋杀罪,并且佐治亚州和得克萨斯州的陪审团已宣告其他两名上诉人(petitioner)犯有强奸罪。3 个陪审团在其裁量权没有受到任何确定的指引或限制的情况下作出了死刑判决。联邦最高法院以前在"麦加塔诉加利福尼亚州案"(McGautha v. California)(1971)中认为那样的指引是不必要的。所有 3 名上诉人都是非裔美国人。3 个大法官代表多数派作出判决,认为陪审团对那些被判处死刑的人运用了很随意的程序,并且这种任意行为是残忍和非正常的。两名法官认为死刑判决本身违反了宪法。

---
① 另请参见 Capital Punishment。

威廉·O.道格拉斯（William O *Douglas）大法官更为明确地指出,死刑不合理地强加到了穷人和社会弱势群体身上,他事实上将平等保护(*equal protection)价值与联邦宪法第八修正案相提并论。波特·斯图尔特（Potter *Stewart）大法官认为,立法机关没有规定强制性的死刑,再加上死刑的适用和执行很少,在实际上使死刑如遭受雷击一样残忍和非正常。怀特坚持认为,由于死刑适用很少,因此不能作为预防犯罪的工具,并且也不能满足惩罚犯罪的社会需要。在怀特看来,死刑的社会不合理性使得它残忍和非正常。

威廉·布伦南（William *Brennan）和瑟古德·马歇尔（Thurgood *Marshall）大法官都得出结论认为,死刑本身是残忍和非正常的。布伦南断定死刑降低了人类尊严,专横而严厉,因此是不必要的。马歇尔对这个刑罚的攻击最为直接,断定它是极端的,不必要的,并且冒犯了同时代的价值。

持异议者们提出,法院不应当对立法就死刑适用性和有效性的判断提出质疑。他们也指出民意测验显示普通大众支持这个刑罚。

弗曼案使在 39 个州已批准的那些死刑全部停止了执行。超过 600 个人在那时排队等候死刑的到来。弗曼案看起来创造了联邦宪法第八修正案的三个选择:法律谨慎地界定可判处死刑的罪行、对陪审团裁决的自由裁量权进行统一的指导和立刻废止。在这几项中,立刻废止的可能性最小,因为大法官们中的大多数承认死刑对于遏制犯罪的动机很有效,并且仅有两人谴责死刑本身。但是,像生和死本身一样,这个法律发展的道路是不可预见的。

在"格雷格诉佐治亚州案"（*Gregg v. Georgia）(1976)中,联邦最高法院倾向于采取有指导的陪审团自由裁量形式,尽管这种指导并不能系统地减少任意性。就像格雷格案所描述的那样,陪审团是在一个主张惩罚的时代参与对死刑案件的审理,并在每个案件中考虑案件特有的加重和减轻情节。这种倾向有效地推翻了弗曼案中所持的观点,因为陪审团即使在制定法的指导下运作,也要对案件的特殊情节进行考虑,这个程序不可避免地使判决不一致,但是法院不再认为这种不一致是不合宪的。

[Lief H. carter 撰；江华译；林全玲校]

Gg

缄口规则[Gag Rule]

参见 Federal Pubilicity and the Gag Rule。

加西亚诉圣安东尼奥都市交通局案[Garcia v. San Antonio Metropolitan Transit Authority, 469 U. S. 528(1985)][①]

1984年3月19日辩论,1984年10月1日重新辩论,1985年2月19日以5比4的表决结果作出判决。布莱克蒙代表法院起草判决意见,他与小布伦南、怀特、马歇尔以及史蒂文斯的观点一致,鲍威尔与伯格、伦奎斯特以及奥康纳表示反对,伦奎斯特提出一个单独的异议,鲍威尔和伦奎斯特一起提出一个单独的异议。

加西亚案推翻了联邦最高法院1976年在"全国城市联盟诉尤塞里案"(*National League of Cities v. Usery)中的判决。那一判决曾限制国会"应像各州本身一样"管理各州。加西亚案几乎废除了以联邦主义为基础的宪法商业条款(*commercial clause)对国会权力的所有限制。

加西亚案涉及把《公平劳动标准法》(the Fair Labor Standard Act)中的最高工作时间和最低工资的条款运用到城市所有和城市经营的公共运输系统的问题。"全国城市联盟诉尤塞里案"建立起的规则,法院在"霍德尔诉弗吉尼亚表层采矿与垦殖协会案"(Hodel v. Virginia Surface Mining and Reclamation Association)(1981)中对其进行了总结,在该规则指导下,只有符合四个检验标准时,国会才能管理各州或它们的政治下属部门的经济行为。第一,公布的制定法必须"像各州本身一样"管理各州。第二,制定法必须表明"州主权(*state sovereignty)有不容置疑的性质"这一事实。第三,这样的规则必须"不能直接削弱"各州"在传统政府起作用的领域进行整体控制"的力量。最后,"联邦利益"的本质必须在实际上足以"保证各州服从"(p. 264)。尽管对这些检验标准的含义已进行了许多阐述,但在加西亚案时代,并没有对它划出明显的界限。

从表面上看,加西亚案似乎提出了这样的问题,即控制地方交通系统是否构成"全国城市联盟诉尤塞里案"中所指的州"传统的"或"必要的"功能,联邦规范该系统是否构成对州主权的干涉。在以前的案例中,联邦法院主张,向救护车司机颁发执照,经营城市机场,抛弃固体废物,这些根据"全国城市联盟诉尤塞里案"规则都受到联邦法的保护。然而,规范公共路段上的交通,设置利于精神健康的设施以及为老年人和残疾人提供户内家务服务,这些并未受到保护。加西亚案并没有对上述问题作出解答,哈里·布莱克蒙法官(Harry *Blackmun)没有接受并且一并推翻了"全国城市联盟诉尤塞里案"的判决。

从布莱克蒙的法庭意见中可以看出,他对法院没有将本案与"全国城市联盟诉尤塞里案"作出有意义的、清楚的区分表示失望。他宣称,先例中所提出的区分是"十分难以捉摸的",这样的区分是"不实际的"、"引人误解的",经不起"合理地、客观地"检验,并且对传统政府功能的强调实际上是极其不公平地歧视州活动,不具创新性并是反传统的。

布莱克蒙拒绝了所有保护各州利益的尝试,主张在联邦体制下,保护各州的利益不是法院的职责,而是政府其他机构的职责,尤其是国会的职责。他写道:"联邦政府本身的结构建立在与各州的利益相脱离的基础上"(p. 551)。"缔造者选择采用联邦体制,在联邦体制中,联邦对各州的特别限制主要是在于全国政府本身的运转之中,而不是分散的对联邦主权所辖范围的限制"(p. 552)。布莱克蒙还特别提到了各州在参议院中的代表权,并且提到了许多维护各州利益的联邦法律。

四位法官表示反对。在他们的论述中,反对者对布莱克蒙的联邦政府可以充分代表州的利益的论断提出了质疑。刘易斯·鲍威尔(Lewis *Powell)写道,"尽管国会的成员是从各州选举产生的","但是一旦上任他们就成为联邦政府的官员"(pp. 564-565)。反对者指出联邦宪法第十七修正案的重要意义,在于规定了议员的直接选举,并且援引了"马伯里诉麦迪逊案"(*Marbury v. Madison)的观点,以司法至上的原则来反击大多数人主张的法院不能对国会管理诸州的权力起任何监督作用的论断。

更为突出的是,反对者暗示加西亚案本身在某一日也会被推翻,威廉·伦奎斯特(William *Rehnquist)法官以简短而沉痛的异议表达了对现在被否决的"全国城市联盟诉尤塞里案"原则的信心,"(全国城市联盟诉尤塞里案确定的原则)将……很快得到该法院大多数法官的支持"(p. 580)。"现今法院看到了联邦主义斗争的序幕,并且听到了退却的信号"。奥康纳补充说,"我与伦奎斯特法官的观点一致,法院不久将重新承担起它的宪法责任"(pp. 580,589)。

[William Lasser 撰;陈丽丹译;林全玲校]

---

① 另请参见 Commerce Power; Federalism。

涉及高尔特的诉讼案 [Gault, In re, 387 U.S. 1 (1967)]①

1966年12月6日辩论;1967年5月15日以8比1的表决结果作出判决,福塔斯代表法院起草判决意见,布莱克和怀特表示同意,哈伦部分同意部分反对,斯图尔特表示反对。从20世纪初开始直到1960年,青少年司法制度的理论假设就从进步主义(*Progressives)的改革思想体系中获得启发。"国家父母"(parens patriae)这一原则为国家干预青少年的生活提供了正当性基础。"国家父母"原则是对任性的或者如果不对其提供保护可能会陷入困境的孩子的幸福提供一种保护性的、父母亲般的关心的原则。这一方法使对抗式的成年人诉讼程序与为青少年创建的灵活的不正规的诉讼程序之间形成了全国范围内的制度性差异。还为所涉行为如果是成年人实施将构成犯罪的青少年制定了单独的法典和矫正性的替代惩罚方式。

随着青少年不当行为的增多和人们逐渐认识到青少年司法制度没有给社会和青少年带来更多的益处,人们开始对这一制度的理论假设提出质疑,这也引起了学者和政府官员的注意。伴随着最高法院要对联邦和州的刑事司法程序进行史无前例的改革这一重要决定的出台,青少年司法制度也要受到宪法正当程序条款的严格审查看来将是必然的。

法院首次在"肯特诉合众国案"(Kent v. United States)(1966)中表明了其对这一领域的关注,法院以5比4的表决结果作出判决,拒绝以肯特案属于青少年诉讼案件而仓促地放弃对该案的审理,从而使得他可能被当作成年人而受到审判。大多数法官利用这一案件来表明青少年——在非正式的青少年诉讼程序中遭受监禁,并且不能受到宪法赋予成年人的正当程序的保护——可能遭受"两种诉讼程序中最坏的情况"(p. 556)。一年后,阿贝·福塔斯(*Abe Fortas)法官大胆地发展了这一观点,他在高尔特案中的观点攻击了整个青少年司法制度,仅有波特·斯图尔特(Potter *Stewart)法官不赞同这一案件的法律依据。

15岁的杰拉尔德·高尔特因为给邻居打骚扰电话,被作为"违法的孩子"由青少年法庭进行了裁决,交付亚利桑那州工业学校拘押,并一直到其成年(最多为6年)。当时他正因另一起青少年不法行为而处于观察期。如果高尔特被视为成年人而受到审判,对他最严厉的惩罚将是50元的罚款,或者2个月的监禁。高尔特案的特别之处在于除了对高尔特进行了严厉的惩罚之外,亚利桑那州的法律根本没为他提供"正当程序"——在对他进行审问之前没有官方通知(他在不法行为发生后的一星期内被收监),没有告知他在受审时有要求律师在场的权利,高尔特毫无机会来对抗或者交叉询问那位埋怨打骚扰电话的妇女,并且没有给予他反自证其罪的保护。他承认打过骚乱电话这一可疑的供词是证明他不法行为的基本依据。

福塔斯以此为契机,对作为青少年审判的指导原则"国家父母"的合理性提出明确地质疑,然后他依照联邦宪法第十四修正案(the *Fourteenth Amendment)的正当程序条款(*Due Process Clause)巧拟了一个详细的判决,把许多(但不是全部)成年人刑事诉讼中被告的权利,扩展到在青少年诉讼程序中被剥夺自由的违法少年。这包括充分及时的被控诉和审问通知,告知在审判中获得律师帮助的权利,有权对抗与交叉询问目击证人和免受自证其罪的保护。福塔斯法官强烈主张扩展这些保护措施将不会从根本上影响青少年审判程序独特的简略性和灵活性。

法院的多数意见引起了法院内外的争议,胡果·布莱克(Hugo *Black)法官和约翰·M.哈伦(John M. *Harlan)法官趁机利用本案继续讨论"正当程序"在适用于各州时应采取的恰当解释——在后来的青少年司法案件关于温希普的诉讼案(In re *Winship)(1970)中,这一讨论变得更加激烈。斯图尔特法官的反对意见,主要是基于他认为多数意见可能使青少年审判程序与成年人刑事审判程序相一致,因而导致20世纪初进步主义者所曾反对过的情况。

该案及其对青少年司法问题的实际影响引起了相当大的争议(特别是由于该判决的影响,使得审判注重遵循程序并把律师辩护制度引入该系统),尽管高尔特案仍然是青少年审判程序中具有重要意义的案件。批评家们批评这一审判是1960年扩大了的"正当程序革命"的一部分,谴责沃伦法院的大多数法官太热衷于通过诉讼程序救济的功效来完成刑事司法的实体改革。特别是对高尔特案,批评家们批评其过分强调正当程序,一方面,导致转移了人们对通过完善这一制度为违法行为提供适当的救济方式这一更加重要的实体问题的注意力;另一方面,增加了已经负担过重的青少年审判法院处理案件的困难。

参考文献 John R. Sutton, *Stubborn Children: Controlling Delinquency in the United States*, 1640-1981 (1988); Stanto Wheeler and Leonard S. Cottrell, Jr, *Juvenile Delinquency: Its Prevention and Control* (1966).

[Albert R. Mathenv 撰;陈丽丹译;林全玲校]

男女同性恋问题 [Gay And Lesbian Issues]

参见 Homosexuality。

---

① 另请参见 Due Process, Pretrial; Juvenile Justice。

盖尔诉美国本田汽车公司案[Geier v. American Honda Motor Co., 529 U. S. 861(2000)]

1999年12月7日辩论,2000年5月22日以5比4的表决结果作出判决,布雷耶代表联邦最高法院起草判决意见,史蒂文斯表示异议。默示优先规则表明,如果州的法律与联邦法律不一致,或阻碍了联邦法律立法目的的实现,则联邦法律优先于州的法律。联邦最高法院在盖尔案中指出,发生于州的针对汽车生产商的侵权(*tort)诉讼阻碍了联邦法律的"安全"目的的实现。因此,依据州法律的侵权诉讼就要被取代。

原告依据州法就在汽车碰撞中的伤害向被告美国本田汽车公司提出赔偿,因为原告宣称她的本田汽车没有安装安全气囊这种被动安全装置。这种汽车生产时,联邦法律并没有要求安装安全气囊,而是允许生产商在大量的被动安全装置中选择。联邦最高法院在推翻州的判决时提到,州对这种所谓侵权的救济可能会确立一个强制性标准——安装安全气囊,这将阻碍联邦法律目的的实现,因为联邦立法的目的只是通过不断引入新的被动安全装置获得"安全"。

联邦最高法院暗示,即使联邦法律含有优先于州的某一特定立法的条款,但没有规定优先于州的侵权法,一般的优先规则在特定情况下也仍然使得联邦法优先于州的侵权法,例如,州法违背了联邦法或阻碍了联邦法的实施。联邦最高法院甚至暗示,即使联邦法中有条款看上去是承认普通法(*common law)的优先性时,联邦法仍然具有优先性。这个判决引发了在州侵权法与联邦涉及"安全"方面的立法不一致时,联邦法与州法哪个优先这一问题的讨论,虽然传统上维护人民的安全是州法所关注的领域。

[Susan Raeker-Jordan 撰;林全玲译;胡海容校]

格尔普克诉杜布奎案[Gelpcke v. Dubuque, 1Wall. (68 U. S.) 175 (1864)]①

1863年12月15日辩论,1864年1月11日以8比1的表决结果作出判决,斯韦恩代表法院起草判决意见,米勒持异议,托尼没有参加。在国内战争(*Civil War)之前,北方城市在铁路运输上的竞争使它们草率地发行了很多债券,随之导致很多违约和拒付债务的问题。在衣阿华州杜布奎市(Dubuque Iowa),创办者发行债券的总额超过了州宪法规定的债务最高限额。具有改革精神的州最高法院改变了早期的法律,维持了这些债券的有效性。债券持有人向美国联邦最高法院提起上诉,主张根据"斯威夫特诉泰森案"(*Swift v. Tyson)(1842),联邦最高法院可以在州最高法院的判例不一致的情况下解释州的宪法。在"莱芬韦尔诉沃伦案"(Leffingwell v. Warren)(1862)中,联邦最高法院声明有义务根据州最高法院最新的判决来解释州宪法。

然而,在"格尔普克诉杜布奎案"中,厄·斯韦恩(Noah *Swayne)法官拒绝了衣阿华州最高法院的最新解释。他断言,联邦的法官们不受州法院(*state courts)变动的约束,并写道"我们并不能因为州法院已经建立起祭坛并决定了祭品,而牺牲真理、公平和法律"(pp. 206-207)。塞缪尔·弗里曼·米勒(Samuel Freeman *Miller)法官(衣阿华州人)表示反对,他认为仅有州法官才有最终的决定州宪法和州法律含义的权力。

投资家、法律作者和法律学者都对格尔普克案的判决给予了赞扬。批评家们谴责说,这将加深联邦法官与经选举产生的州法官之间的敌意,以致阻碍城市的发展。格尔普克案表现出对州司法主权的轻视,同时它也是追求实体的正当程序(*due precess)的先驱。

[Harold M. Hyman;陈丽丹译;林全玲校]

性别[Gender]

早在1776年3月31日,阿比盖尔·亚当斯(Abigail Adams)写信给她参加第二届大陆会议的丈夫约翰,催促他"更加关注女性,要比前人做得更加慷慨和有益"(Butterfield et al.,1975,p. 217)。亚当斯对她丈夫的建议对美国联邦的文件或宪法几乎都没起到作用。直到1920年,联邦宪法才增加了第十九修正案,为妇女规定了最基本的公民权(*citizenship)——选举权。20世纪90年代,尽管妇女团体为确保给予妇女平等权利保障的修正案获得批准进行了长期一致的努力,宪法仍对妇女进行相对于男性的歧视,给予她们较少的保护。

联邦最高法院看起来经常处于时代的前列,或者至少公众意见(*public opinion),在扩展少数人的权利方面是这样看的。但这并不包括赋予妇女权利的案例。相反,从总体上来讲,联邦最高法院在处理关于妇女的问题时往往落于社会的大多数和现实。

殖民地时期到内战修正案时期 在殖民地时期,选举权大多数由地方习惯或风俗决定。但极少有关于妇女进行选举的记录,虽然确实存在这一现象,尤其对大地主们来说。然而一旦各州开始起草成文宪法,女性的选举权就凭空蒸发了。在从性别中立、以拥有财产作为选举的必需条件到一律只有男性才能进行选举的逐步转换过程中,妇女们也被排除了。对男性选举权的强调进一步促成了成文法的出台,这些法律把阿比盖尔·亚当斯所谴责的赋予妇女二等公民权的许多做法以成文法的方式确定

———
① 另请参见 Capitalism;Judicial Power and Jurisdiction。

下来。

然而,妇女们并不是刚刚意识到她们低下的法律地位的。1848年,在纽约的塞内加福尔斯(Seneca Falls)举行了妇女权利会议,这迈出了促进实现女性平等获得宪法保护的重要的第一步。8年前,即1840年,两名美国废奴运动的妇女积极分子到伦敦参加国际反对奴隶制度团体的年会。一番漫长而艰辛的旅途之后,伊丽莎白·卡迪·斯坦顿(Elizabeth Cady Stanton)和柳克丽霞·莫特(Lucretia Mott)仅因她们是女性而不准坐在发言席上。当被迫坐在楼厅的后面时,她们不禁想到她们的地位与努力争取自由的奴隶之间的相似之处(参见 Slavery)。她们决定为讨论妇女的二等公民地位而召开一次会议,但是反奴隶制度运动和她们自己生活中的事情使她们直到1848年才发出了召开塞内加福尔斯会议的提议。

在塞内加福尔斯会议及随后在纽约罗彻斯特召开的会议上,形成了一系列决议和一份意向宣言,号召扩展妇女在各个领域的权利。两份文件都反映了对当时的道德戒律、离婚和刑事法律以及对妇女获得教育,参加教堂活动,从事医药、法律、政治工作的有限机会的不满。虽然这些文件在当今的性别歧视法律领域继续起着主要作用,但是为争取妇女权利的塞内加福尔斯会议及后来会议的参加者们都没有认识到宪法是妇女权利的潜在来源。虽然这样,争取妇女权利的积极分子们最终确实认识到了通过修改宪法来获得选举权(the right to *vote)的必要。

在妇女们继续促使国家法律改善她们低下的法律地位的同时,她们也继续参加废奴运动。在美国内战(*Civil War)期间,大多数争取妇女权利的积极分子关注战争力量和废除奴隶制度。许多出席了塞内加福尔斯会议的妇女以及后来争取妇女权利的积极分子加入了妇女平等权利协会(AERA)。该协会致力于废除奴隶制度和争取妇女选举权。妇女平等权利协会的成员认识到奴隶制度与妇女权利的争议是相互联系的,相信当选举权扩展给新解放的奴隶时,她们也能有权选举。

然而,妇女平等权利协会不久就放弃了争取女性选举权的目标,并且对提交审议的联邦宪法第十四修正案(the *Fourteenth Amendment)表示了支持。当协会大多数成员一致认为"现在是解放奴隶的时代",争取妇女权利的主要积极分子,包括斯坦顿(Stanton)和苏珊·安东尼(Susan B. Anthony)被激怒了。她们对提交审议的联邦宪法修正案文本尤其愤怒,该文第一次把"男性"的字眼写入宪法。虽然宪法第2条曾用"他"指代总统,但用"男性"这一字眼来限制选举权确实激怒了许多妇女。斯坦顿和安东尼认为,妇女不仅不应该放弃争取获得与自由的奴隶同样的权利的努力,她们更应该关注于这一修正案文件的出台使得有必要通过一个补充修正案来赋予妇女的选举权。她们的这一看法是非常正确的。联邦宪法第十四修正案通过后不久,宪法又增加了第十五修正案(the *Fifteenth Amendment)赋予那些以前没有选举资格的男性非裔美国人选举权。尽管她们曾竭力把性别这一字眼增加到修正案中,使之与种族、肤色或者以前在选举中列举对奴役者的不正当限制选举权的情形相并列,但是她们的努力失败了。妇女们又一次被告知应当首先赋予黑人权利。

受联邦宪法第十五修正案通过的影响以及妇女平等权利协会的支持,安东尼和斯坦顿在1869年成立了全国妇女选举协会(NWSA),由于该协会提出了激进的改革家庭法和改革男女服装的要求,并且该协会还获得了一名拥护自由恋爱的人维多利亚·伍德哈尔(Victoria Woodhull)的支持,这使许多人嘲笑他们居然通过联邦宪法修正案(*constitutional amendment)这一保守的方式来获取"选举权"。

选举权诉讼 由于全国妇女选举协会提倡的改革比较具有争议性,这对该组织及其目标的公众形象造成了损害。1869年,为增强该协会的目标的可信度,同时为缩短获得一个全国选举修正案而需要的长期斗争,弗朗西斯·迈纳(Francis Minor),作为一名律师以及妇女选举协会一名优秀成员的丈夫,提出了他的观点,即妇女作为公民,享有联邦宪法第十四修正案条文授予的选举权利。迈纳认为全国妇女选举协会可以以求助法院的形式来获得对该组织有利的公众支持。1871年,维多利亚·伍德哈尔出席了国会,督促国会根据联邦宪法第十四修正案通过可行的立法给予妇女选举权,从而为恢复国力提供动力。

迈纳和苏珊·安东尼(Susan B. Anthony)一起,很快利用了伍德哈尔的建议所激起的热情。迈纳极力主张,把审查是否具备选举资格的案件提交法院,从而决定是否需额外的立法。很多法律专家和法官已经公开同意迈纳的主张。然而众议院否定伍德哈尔提出的制定可操作性立法的要求,因为如果宪法已经授予了选举权,那么这项权利就可以在法院受到保护,而不需要进一步的立法来确立。更重要的是,新上任的首席大法官塞谬尔·P.蔡斯(Salmon P. *Chase)建议妇女根据宪法的规定来判断是否宪法的条款已赋予了她们选举权。

尽管有蔡斯的鼓励,但从联邦最高法院提到妇女时的措辞可以看出,法院已经接受女性的地位是受限制的这一观点。例如,在"斯科特诉桑福德案"(*Scott v. Sandford)(1857)中,首席大法官托尼表明"妇女和未成年人组成的政治团体没有选举权"(p.422)。全国妇女选举协会没有理睬这些令人泄气的言论,又提起几个测试案件(*test cases),希望其中至少有一个案件能由联邦最高法院审理,这种做法在某种程度上是适当的。唯一由联邦最高法院审理的是"迈纳诉哈珀瑟特案"(*Minor v. Happersett)(1875),该案由迈纳夫妇作为共同原告,因为已婚妇女没有权利以她们自己的名义进行诉讼。

对全国妇女选举协会来说不幸的是,在其能够就迈纳案向联邦最高法院上诉之前,法院依联邦宪法第十四修正案审判了另一起性别歧视案件。"布拉德韦尔诉伊利诺伊州案"(*Bradwell v. Illinois)(1873)对伊利诺伊州最高法院因麦罗·布拉德韦尔是女性而拒绝其从事法律执业提出质疑。布拉德韦尔的律师依据特权和豁免(*privileges and immunity)的修正案条款提出她的权利主张。因为布拉德韦尔的律师了解选举测试案件的结果,所以在辩论中他没有主张妇女根据这一法律规定享有选举权的观念。他仔细地区别了从事某一特定职业的权利与选举权(the right to *vote),使法院注意到并不是所有的妇女都赞同联邦宪法第十四修正案的内涵和外延。尽管布拉德韦尔认真地使他的当事人与全国妇女选举协会的策略脱离关系,而法院却以 8 比 1 的表决结果拒绝了他的申请。

关于布拉德韦尔案,大多数法官认为——联邦最高法院关于性别问题争议的第一个声明——建立在两个基础上。第一,因为布拉德韦尔作为伊利诺伊州的一个公民提起诉讼,所以宪法第 2 条第 4 款的特权和豁免条款不适用于布拉德韦尔,而只适用于涉及联邦公民的案件。第二,由于在州从事律师业务的权利不是联邦公民的特权和豁免权之一,所以宪法第十四修正案并没有规定那项权利。

然而对妇女权利造成极大的损害的是约瑟夫·P. 布拉德利(Joseph P. *Bradley)法官的并存意见。该意见常被认为是颁布"造物主的神圣法律"。他代表自己和另外两名法官发表这一意见。布拉德利观察到"男人与女人各自的生活领域和命运有很大的区别",并且坚决主张"女性相当多天生的脆弱和敏感很明显地使她们不适应民事生活的场合……'女人最高的命运和任务就是履行作为妻子和母亲的崇高而仁慈的职责,这是造物主的法则'"(p.141)。

两年后,在"迈纳诉哈珀瑟特案"中,法院又一次拒绝扩展妇女权利的要求。法院没有采用这一主张,即法院有权把联邦宪法第十四修正案的选举权理解为公民身份的天生特权和豁免权。新上任的首席大法官莫里森·R. 韦特(Morrion R. *Waite)代表全体法官提出,宪法并未制止各州"只对男性持有信任"(p.178)。尽管如此,法院仍表明妇女是"人",并且是联邦宪法第十四修正案中所指的"公民"。

这一时代所有由最高法院审理的性别歧视案件都只涉及联邦宪法第十四修正案的特权和豁免条款,而不是正当程序和平等保护条款(*Equal Protection Clause)。在布拉德韦尔案件后不久辩论和审判的屠宰场系列案(*Slaughterhouse Cases)(1873)中,最高法院慎重地审查了联邦宪法第十四修正案。除了限制特权和豁免条款的宪法意义外,最高法院推断出平等保护条款"明显是适用于'奴隶'的一个规定,因此应确立一个典型的案件使其可以适用于其他人"(p.81)。虽然联邦宪法第十四修正案在 19 世纪 20 年代初作为妇女争取权利的潜在工具再次发挥作用,但是在 19 世纪末,妇女们通过最高法院审理的性别歧视案件并未获得令人满意的审判结果。然而正当妇女在各州通过的已婚妇女财产法案的文件中争取了更多家庭(*family)领域的权利,并且开始尝试争取进入学校接受高等教育权利之时,法院残酷地作出联邦宪法第十四修正案平等保护条款的基本目的是保护美国黑人(指美国男性黑人)不受歧视的解释,并且关于妇女在社会中的适当角色,法院坚决主张传统观念。

保护妇女的诉讼 虽然屠宰场系列案件未为妇女从事法律工作或选举提供一个有用的先例判决,然而法院的观点为司法采用非常广泛的国家治安权(*police power)颁布法律,保护公众的健康、福利、安全和道德打下了基础。这个观点在后来的几个案件中都被接受。然而在"马格勒诉堪萨斯州案"(*Mugler v. Kansas)(1887)中,法院在维持禁酒法的有效性同时,以布拉德利和斯蒂芬·菲尔德(Stephen *Field)法官对屠宰场系列案的反对意见为基础,宣布准备对此类立法存在的合理性进行检查。根据约翰·马歇尔·哈伦(John Marshall *Harlan)法官的观点,涉及"公众道德、公众健康和公共安全"的州法律公布之时,法院应"看到问题的实质",以至于不被"小小的借口欺骗"(p.661)。10 年后,在"艾杰尔诉路易斯安那州案"(*Allgeyer v. Louisiana)(1897)中,法院第一次在实体的正当程序(*Due Precess)的基础上废止了州的制定法,并且在"洛克纳诉纽约州案"(*Lochner v. New York)(1905)中,法院以同样的理由废止了规范面包师劳动时间的法律。

直到那时,法院才在判断立法的有效性时,注重法律的实体内容。法院关于联邦宪法第十四修正案的正当程序的早期理解只要求立法以一种程序公平的方式通过,即使立法可能产生专断和歧视性的影响(参见 Due Process, Procedual)。然而在洛克纳案中,除非州颁布的有争议法律根据"常识"是合理的,否则该法律将失效。这样,法院否决了纽约州提出的面包师最多工作时间 10 小时法律足以合理地保证他们健康的主张,反而认为它不合理地干涉了联邦宪法第十四修正案保护的雇主与雇员的合同自由(*freedom of contract),并且没有"一般常识"为纽约州的行为提供正当根据(参见 Due Process, Substantive)。

不能低估常识在决定法院对性别争议案件的处理结果的重要性。在很多情况下,"一般常识"代替了个别法官的个人观点。因为布拉德利"造物主的法则"的观点已经使问题十分清楚,个人观点可能很容易导致对妇女权利的限制。

在20世纪早期,对妇女健康、福利和品德的关注,导致积极分子,特别是与日益兴起的选举运动相关的积极分子,竭力要求州法律提高职业妇女的地位(参见 Police Power)。很多妇女已经开始走入剩余劳动力(*labor)的行列,其中大多数人只能在不符合标准的工作环境中从事低工资的工作,直到1911年,纽约市三角形仿男式衬衫工厂(Triangle Shirtwaist)失火,其中有许多年轻女工丧生,这种情况才引起重视。然而在此之前,为提高妇女和儿童的工作条件已经做了大量的工作。并且,19世纪90年代初期,或者为免除市民的忧虑或者为平息他们精神上的愤怒,每年的选举会议都要求为提高妇女工作者的工作条件进行变革。

全国消费者协会(NCL)是当时最为关注变革的组织,它再次要求法院对性别争议进行处理。通过全国消费者协会遍布全国的工作人员和大量会员的工作,18个州规定了妇女夜间工作的最高工作时间限制和其他限制。因此,该组织的领导者迅速认识到使联邦最高法院重审"马勒诉俄勒冈州案"(*Muller v. Oregon)(1908)会对他们具有重要的意义,该案件曾质疑俄勒冈州法律禁止女工每天劳动10小时以上的合宪性(马勒,一位小洗衣店的店主,因为违反该法律而被判定有罪)。当马勒案被受理并进行重新审判和口头辩论时,全国消费者协会马上开始行动。该组织的总秘书立即要求路易斯·德姆比茨·布兰代斯(Louis D. *Brandeis)代理这个案件,他是该组织一个积极分子的姐夫,当时已是一位很有名气的律师。布兰代斯接受了这个案件并提出一个条件——他对该案件具有独立的支配权。俄勒冈州很高兴地接受了这一条件,这样就同意了全国消费者协会代表该州在法庭上出席。

州法院(*state courts)作出的大量涉及保护妇女立法的判决,以及联邦最高法院最近在洛克纳案中的判决,使布兰代斯十分清楚地认识到,要想取得成功,只有提供能够说服法院认为妇女一天劳动10个小时以上的危害,使得她们比洛克纳案中的面包师更应当受到保护的信息或一般常识,以及证明在洛克纳案中提出的合同自由原则对于妇女是不适用的,妇女是该原则适用的例外。布兰代斯和全国消费者协会没有对联邦最高法院根据实体的正当程序作出的那一判决的正当性提出质疑。

应布兰代斯的要求,全国消费者协会的调查者收集了大量信息,这些信息表明,长时间工作对妇女的健康和道德有相当不利的影响,同时对她们的孩子包括未出生的孩子的健康和幸福也有不利影响。

布兰代斯强调了女人与男人的不同之处和国家立法的合理性。实际上,他的辩护意见只有3页是严格意义上的法律论述,另外110多页是他从欧洲关于长时间劳动对妇女健康及其生育能力的负面影响的著作中摘抄的大量社会学数据。由布兰代斯提供的这些资料与洛克纳案中代表纽约州提出的资料并不是完全不同的(除了在数量上),然而法院似乎被布兰代斯辩护要点(*Brandeis Briefs)的内容深深说服了。

法官一致认为俄勒冈州法律是有效的,并且得出结论:"妇女的身体结构和母亲职能的行使她们在生存斗争中处于不利位置"(p. 211)。这样的处境意味着国家应通过适当的立法来保护妇女健康。马勒案立即产生了影响,不管是否涉及马勒案所讨论的最多10小时工作时间,法院都开始承认对妇女的其他保护性立法的合宪性。这样,各种行业的8小时最高工作时间法、无条件禁止妇女夜间工作法律和妇女最低工资法律都根据马勒案的基本原则得到确认。

全国消费者协会保护妇女免受无耻雇主剥削的努力,在联邦最高法院审理的几个其他案件中得到了支持,但是后来在20世纪20年代初期又遇到了麻烦。在"斯特托勒诉欧哈拉案"(Stettler v. O'hara)(1917)中,低级别法院作出的支持俄勒冈妇女最低工资法的判决被上诉到联邦最高法院。由于主张政府不应过多干涉合同自由的势力担心支持其他保护性法律的判决的出台,最终将打开政府不当干预的闸门。所以,斯特托勒案的律师主张政府不能干涉雇主与雇员之间的劳动协议。因为联邦宪法第十四修正案禁止政府不依据法律的正当程序否定任何人的自由,因此他们主张合同自由(*freedom of contract)是受联邦宪法第十四修正案保护的。正如洛克纳案判决所证明的那样,法院曾支持这一主张。

以法院已经广泛讨论过的有关妇女以及男女身体上的、社会的和法律的差异为依据,布兰代斯针对另一个州的案件提起了上诉,并提出了与马勒案中相类似的观点——论证了一份维持生计的最低工资对妇女健康、福利和品德的重要性。然而,在法院对该案作出判决之前,法院的职位出现空缺,而布兰代斯被任命来填补这个职位。1917年对斯特托勒案进行重新辩论时,由于布兰代斯不能参加审判,法院以4比4的表决结果维持了低级别法院的判决。

全国消费者协会提起的下一个案件"邦廷诉俄勒冈州案"(*Bunting v. Oregon)(1917),引起了广泛的关注。费利克斯·法兰克福特(Felix *Frankfurter)是布兰代斯亲自挑选的全国消费者协会的律师接班人,他使用了布兰代斯在马勒案和斯特托勒案中所运用的相同的论据。法院以5比3的表决结果作出的判决扩展了马勒案的判决(布兰代斯再次没有参加审判),支持俄勒冈州法律为所有工厂和制造厂的工人规定最高工作时间。

虽然全国消费者协会在这两个案件中胜诉,但是它没有预料到选举权运动对保护性法律在后来的诉讼所产生的影响。20世纪早期,妇女们聚集到一起,为了通过、批准联邦宪法第十九修正案而四处游说。联邦宪法第十九修正案通过后,她们又为获得其他权益进行努力。全国妇女党(NWP),代表处于选举权运动前列的特别激进的妇女们,提出在宪法中增加平等权利修正案。这使得进步分子和全国消费者协会会员极为恐慌,因为平等权利修正案可能会使得他们通过艰辛游说而颁布的保护性法律立即失效。

"阿德金斯诉儿童医院案"(*Adkins v. Children's Hospital)(1923)在法院审理之时,全国妇女党已做好了准备。阿德金斯案涉及华盛顿哥伦比亚特区妇女最低工资法律的合宪性。全国妇女党提出法院友好人士(*amicus curiae)的观点督促法院根据联邦宪法第十九修正案作出男女处于真正的平等地位的判决。公众开始对关于妇女的平等权利和保护性立法进行讨论。这一讨论在法院内外直到现在都在进行。

在阿德金斯案中,法院以5比4的表决结果认定妇女最低工资法律是违宪的。这样,洛克纳案的原则得以重生。大多数旁观者认为洛克纳案判决已被"邦廷诉俄勒冈州案"默示推翻。法院并不愿推翻马勒案,而只是将该案与其进行了区分,因为马勒案只包括最高工作时间问题而不包括工资问题。尽管如此,法官们清楚地相信联邦宪法第十九修正案为妇女提供了比选举权更多的权利。为表明妇女们解放了的地位,法院毫无疑问至少在一定程度上回应了全国妇女党提出的超平等言论。

与马勒案不同,阿德金斯案只以微弱的大多数获得通过。但它仍然作为一个有效的法律而存在,并且到1937年还是涉及妇女最低工资法的合同自由原则的有力保护手段(虽然法院仍维护州最高工作时间条款)。在"西海岸旅馆公司诉帕里西案"(*West Coast Hotel v. Parrish)(1937)中,法院放弃了对实体的正当程序的保护,明确推翻了阿德金斯案,并且维持了华盛顿妇女最低工资法律。在"合众国诉达比木材公司案"(United States v. *Darby Lumber Co.)(1941)中,法院承认了为全体工人规定最高工作时间和最低工资的联邦公平劳动标准法案的效力(参见Commerce Power)。通过该案,法院完全取消了实体的正当程序(以及同样有害和过度狭隘的根据商业条款国会所拥有的权力)。法院在对实体的正当程序进行最后的打击时,似乎表现出避免把女性与男性进行区别这一需要。

虽然法院宣布要将男女平等作为可能的管制目标,但显然并不是这样。大多数州继续禁止和限制妇女从事夜间工作,并且当妇女单独的最低工资不再有效时,雇主们把许多妇女安排在比男人工资低的职位上的现象继续存在。

直到1948年有关妇女权利的新案件才起诉到最高法院。全国消费者协会得到了他们想要的东西,而曾主张选举权的妇女团体联盟大部分解体了。妇女们被迫支援战争力量,并在战争结束后重返家园——充当她们妻子和母亲的传统角色。这样,只有很少的团体在为妇女权利而斗争,无论是通过立法的方式,还是通过诉讼的方式。全国妇女党继续为获得平等权利而斗争,并且实际上在1923年以后,每次国会开会期间都获得了提出一个权利修正案草案的权利。但是20世纪70年代以前,全国妇女党没有选择通过诉讼的方式争取权利。

扩大权利的新尝试 在"高萨特诉克利里案"(Goesaert v. Cleary)(1948)和"霍伊特诉佛罗里达州案"(*Hoyt v. Florida)(1961)中,法院又明确表示根据联邦宪法第十四修正案或宪法的其他部分,妇女并没有被授予额外的权利。虽然联邦宪法第十四修正案是反对州歧视的一个保护性誓约,但是多年来,法院对根据它的规定提出的权利主张适用了一种双层分析法。基于种族或民族血统的基础进行的分类被认为是具有违宪嫌疑的分类(*Suspect Classifications),因此应当受到严格审查(*strict scrunity)这一严厉的测试标准的审查。因此,除非政府表明这样的分类对于实现极其重要的国家利益是必要的,并且实现这些目标没有其他限制更少的替代方式,否则这样的分类都是无效的。相比之下,当法院适用普通审查这一较不严格的层次时,国家只须为其行为提供一个唯一可信的或合理的根据。直到1976年,所有其他合法分类一直适用普通审查。

直到1971年,法院才把最低限度合理性的测试标准适用于涉及歧视妇女的案件之中。例如,在高萨特案中,法院维持了一部法律,该法禁止妇女从酒吧后台分配酒水,除非她是酒吧店主的妻子或女儿。这样,马勒案后40年,法院通过保护国家妇女在社会和"道德"问题方面所具有的特殊利益,再次为给予妇女不同待遇提供了正当基础。根据合理性测试标准,需要证明的只是法律的一些合理的根据。

在霍伊特案件中,联邦最高法院以传统的性别角色作为它维持佛罗里达州制定法的充分理由,该制定法要求男人作为陪审员,而妇女只能充当为陪审团提供服务的志愿者(参见Trial by Jury)。当霍伊特被全部由男性组成的陪审团认定她拿棒球拍杀死她的丈夫,因而被判定犯有二级谋杀罪时,她辩驳判决侵犯了她的法定平等保护权和联邦宪法第六修正案(the *Sixth Amendment)中由与她同等地位的成员组成的陪审团审判的权利。联邦最高法院对此持有异议,认为佛罗里达州法律没有武断地和制度性地排斥妇女。约翰·M.哈伦法官总结道:尽管妇女从过去的限制和保护中解放出来具有重要的意义,并且她们已涉足了许多以前认为留存给男人的社会生活许多领域,女人还是被看作是家庭生活的中心。

在近期妇女运动的影响下,关于什么构成对妇女合理的区别对待的司法观点才发生变化。1966年,全国妇女组织(*National Organization for Women)(NOW)建立。不久后,相当多的其他妇女团体成立。这些团体大部分继续号召通过宪法平等权利修正案(ERA)。在那个阵线开展有重要意义的游说活动时,一些团体知悉了全国有色人种协进会通过司法形式为美国黑人获得更多权利取得成功,并且该组织开始探究创制可行的诉讼策略,为联邦宪法第十四修正案寻找更加广泛的解释。虽然先前在法庭上的诉讼结果并不令人满意,但是一些人认为时代已经发生变化,可以使全体法官(或部分法官)认识到以性别为基础对妇女进行不同对待是违宪的。许多人认为妇女的地位和变革的氛围使即使一个保守的法院也会肯定地认为做一些重要的变革是必要的。

美国公民自由联盟(*American Civil Liberties Union)(ACLU)在宪法权利和自由的扩展中长期起主要作用,其制定了一个综合的计划,力求显示出性别是一种具有违宪嫌疑分类的地位。第一个案件是"里德诉里德案"(*Reed v. Reed)(1971),鲁思·金斯伯格(Ruth Ginsburg)是美国公民自由联盟的一个成员,她在联邦最高法院为这一案件进行了辩护。她力图通过宪法解释扩展妇女权利的热情与兴趣,致使美国公民自由联盟设立了妇女权利促进项目(Women's Rights Project)。

在里德案的争议中,爱达荷州一部成文法的合宪性受到质疑,该成文法更偏向于让男性而不是同样合格的女性充当无遗嘱被继承人的财产管理人。于是,全国商业和职业妇女联盟、妇女公平行动团体都提出法庭之友诉讼要点(*amicus curiae briefs),督促法院解释联邦宪法第十四修正案,禁止根据性别歧视妇女。印第安纳州民主党议员伯斯·贝赫(Birth Bayh)完成了诉讼要点的一部分,他是宪法平等权利修正案的主要起草人,在诉讼要点中他尽量向法院报告妇女所遭受的明显的法律不平等现象,并指出这些不平等至少有一部分归根于法院本身持续地拒绝扩大平等保护条款的适用范围来反对性别歧视。例如,高萨特案和霍伊特案的司法判决容许各州在最低限度合理的基础上歧视妇女,这使妇女权利积极分子十分清楚地认识到,如果妇女要根据宪法享有充分的公民权,进行宪法的修改是十分必要的,但是里德案是具有决定性的第一步。

首席大法官沃伦·伯格(Warren *Burger),在里德案中代表全体一致的法庭,他相信爱达荷州法律规定了"基于性别给予了申请者……不同的待遇……根据平等保护条款确立了一个应受到严格审查的分类"(p. 75)。根据这些简单文字,联邦最高法院第一次推断,以性别为基础的一些区分应当受到根据联邦宪法第十四修正案进行的某种程度的审查。但是什么样的原则呢? 伯格提到了"罗耶斯特·瓜诺公司诉弗吉尼亚州案"(Royster Guano Co. v. Virginia)(1920),根据他的看法,测试标准就是指是否这些差别待遇是"合理的,不专断的",并建立在"与立法目标有一个合理实质联系的差异之上,以致相同情况下所有的人都享有同样的待遇"(p. 76)。随后,法院裁决减少遗嘱法官工作负担的目的并不能为该以性别区分为基础法律提供正当基础。实际上,根据以上观点,这是"由平等保护法律条款所禁止的一种专断的立法"(p. 76)。

这个重大的突破鼓舞了妇女权利积极分子,也鼓励了妇女权利促进会(WRP)通过一个重要的案例确立一个测试标准,从而给性别歧视一个重大打击。全国有色人种促进委员会(NAACP)法律辩护基金(*Legal defense fund)和教育基金曾在"布朗诉教育理事会案"(*Brown v. Board of Education)(1954)中成功地给对黑人的歧视行为以重大打击。妇女权利促进会的律师们抓住机会协助亚拉巴马州南部扶贫法律中心向最高法院提起另一起重大的歧视性案件——"弗罗蒂罗诉理查森案"(*Frontiero v. Richardson)(1973)。弗罗蒂罗案争论的是一个联邦制定法的合宪性。为了计算津贴和额外的补助,该联邦制定法要求部队的女性成员证明她们需要支付她们扶养的丈夫50%以上的生活费,而男人不需要证明他们为妻子支付这些赡养费。

法院以8比1的表决结果推翻了这一赋予部队的男性成员比女性成员获得更多利益的法律。而更重要的是,尽管只有4位法官组成的大多数开始同意要把性别作为具有违宪嫌疑的分类,从而在司法审查中应适用严格审查标准。另外4位法官虽一致表示该制定法违反了平等保护条款,但他们不同意把性别作为违宪嫌疑的分类。实际上,3位法官特别表示宪法平等权利修正案尚未获得批准,因此法院具有延迟进行解释的合理理由——通过政治程序运作来指导司法解释。

3年后,在"克雷格诉博伦案"(*Craig v. Boren)(1976)中,威廉·约瑟夫·布伦南(William Joseph *Brennan)法官作为弗罗蒂罗案大多数意见的起草者,系统地阐述了一个不同的标准,即众所周知的"中级"审查(*intermediate scrutiny)或"强化"审查,并主张把这一标准适用于性别歧视案件。该案件对俄克拉荷马州的一个法律提出质疑,该法律禁止把3.2%度的啤酒出售给21岁以下的男性和18岁以下的女性。在判断是否这种建立在性别之上的差别违反了平等保护条款时,布伦南写道,"基于性别的分类一定要具有重要的政府利益,并且一定要与政府利益的实现密切相关"(p.197)。他也特别指出了有两种政府利益不能作为性别歧视的合理理由:行政管理便利和"女性的传统角色"都不再是符合宪法的性别分类的充分理由。联邦最高法院终于摆脱了马勒案、雷伊德案和高萨特案中的许多旧观念,特别表示"关于妇女只能在家庭而不能在经济界和思想领域扮演角色,这一逐渐过时的错误观念"已没有一席之地(pp.198-199)。与此一脉相承,在"马萨诸塞州人事管理员诉菲尼案"(*Personnel Administrator v. Feeney)(1979)中,联邦最高法院甚至继续对这一标准进行了解释,它提到,任何一部公开或不公开地歧视妇女的立法都应当有特别具有说服力的理由(p.273)。然而,在菲尼案中,联邦最高法院得出结论,对退伍军人的优待歧视的对象是非军人而不是妇女。

后来,这一新的中级审查标准的运用使很多的歧视性惯例无效,其中包括一些社会救济、福利、工人的赔偿计划、赡养费法、法定成年法和陪审员豁免等。但这并不意味旧传统对法院不产生影响。例如,在"罗斯克诉戈德堡案"(*Rostker v. Goldberg)(1981)中,军事征兵服役法中新起草的登记要求把妇女排除出去(参见 Conscription),法院认为由于这一后果是国会关于服役的限制造成的,因此具备充分的合理性。法院中大多数法官接受了政府的观点,国会立法的形式以及配备具有战斗力的军队的需要,满足中级审查标准要求的充分重要性和正当性。同时,在"迈克尔·M.诉所诺马县高等法院案"(*Michael M. v. Superior Court of Sonoma County)(1981)中,法院认定加利福尼亚州制定的强奸法仅适用于男性,并没有违反平等保护条款。威廉·霍布斯·伦奎斯特(William Hobbs *Rehnquist)法官提到,州关注未成年孕妇这一对州具有重大利益的问题,这就为该法提供了正当理由。很显然,伦奎斯特根本就没有运用中度审查标准。

1981年后期联邦最高法院接纳了第一位女性成员桑德拉·戴·奥康纳(Sandra Day *O'Connor),不久另一起根据联邦宪法第十四修正案提起的以性别为基础的诉讼就提交到她和其他法官面前。"密西西比女子大学诉霍根案"(*Mississippi University for Women v. Hogan)(1982)涉及州的一项限制女性只能在一所州立护士学校就读的政策。奥康纳代表构成大多数的5位法官起草判决意见,表明如果法律的目的在于"排除或保护某一性别的成员,因为她们被认为有天生的缺陷或者天生的低能,那么这目的本身就是非法的"(p.725)。正如当时一个评论家特别指出"她甚至超出了布伦南法官"。例如,奥康纳不仅在评注中暗示法院最好把性别作为具有违宪嫌疑的分类对待,而且她还引用菲尼案的观点,"州没有提供极有说服力的理由来维持这种区别对待"(p.724)。

奥康纳在霍根案中的激进观点又被法院的4位法官所接受,很明显他们支持对以性别为基础的分类采取某种严格审查标准的观点。然而,在威廉·伦奎斯特被提升为首席大法官,安东尼·斯卡利亚(Antonin *Scalia)、安东尼·肯尼迪(Anthony *Kennedy)被任命为大法官,以及戴维·苏特(David *Souter)法官被共和党的总统任命为大法官后,支持扩展妇女权利的人将此作为一个信号,即法院不再会对以性别为基础区别对待严格审查(*strict scrutiny)的做法袖手旁观。因此,当鲁思·巴德·金斯伯格(Ruth Bader *Ginsburg)和斯蒂芬·布雷耶(Stephen Breyer)被民主党总统比尔·克林顿任命为大法官后,支持女权运动者又受到了振奋。

1994年,大法官金斯伯格上任不久,"詹姆斯·E.鲍曼诉亚拉巴马州案"作出了判决。詹姆斯·E.鲍曼要求对低级别法院的一个判决进行司法审查,因为该判决没有支持他的请求,他认为根据无因回避规则排除男性组成陪审团违反了联邦宪法第十四修正案。大法官哈里·布莱克蒙(Harry *Blackmun)代表联邦最高法院起草判决意见,他得出结论,州并不能提供极为有说服力的理由来证明以性别为基础的无因回避原则的正当性。联邦最高法院宣布,以性别为基础选择陪审员的陋习应当禁止。

到20世纪90年代末期,联邦最高法院大法官中的微弱多数重新阐释了克雷格案中的中度审查标准,这样州若要证明以性别为基础的分类的法律或惯例具有合法性,不再是表明"对州具有重要的利益",而应表明"存在极为具有说服力的正当理由"。在"合众国诉弗吉尼亚州案"(United States v. Virginia)(1996)中,该案是针对弗吉尼亚州只能由男性组成弗吉尼亚军事协会的做法提起的诉讼,大法官金斯伯格代表5人组成的大多数运用"极为具有说服力的理由"这一标准,裁决州对弗吉尼亚军事委员会的支持违宪。有人称,金斯伯格运用这种标准的方式,使得这一标准几乎与严格的审查标准没什么不同(Brake,1997,p.35)。大法官伦奎斯特的并存意见对大多数法官对这一标准的运用表示支持。以性别为基础的分类究竟应使用什么样的标准来审查似乎比克雷格案的标准更不确定。性别歧视案审查标准的这种不确定状态贯穿整个历史,并且联邦最高法院的法官们也不断试图明确其标准的内容。

同样,根据极为具有说服力的标准,联邦最高法院支持了一项受质疑的做法符合宪法。在2001年的"尼古恩诉移民归化局案"(Nguyen v. INS)中,一部联邦法律规定子女获得公民权的要求因父亲或母亲是否是美国公民而有所不同。联邦最高法院的5位成员认定该法并没有违反平等保护条款。然而,大法官奥康纳、苏特、金斯伯格、布雷耶对此表示异议。在他们激烈的反对意见中,他们认为,INS 并没有表明这种以性别为基础的分类存在极为具有说服力的正当理由。

认识到即使中级审查标准也具有脆弱的本质,再加上法院对标准的适用也不一致,妇女权利团体再次谋求宪法平等权修正案的通过。1972 年国会通过了这一修正案,并交由各州批准。然而,到 1982 年,平等权利修正案的支持者也没有使得该修正案在 3/4 的州获得批准。大多数人认为平等权利修正案是妇女依据宪法获得平等权利的保障,但他们对成功的希望不是特别乐观,尽管国会议员继续在每年都将该修正案列入会议议程。

联邦最高法院从来都没有走在争取女性获得完全的平等权运动的前列。不过,联邦最高法院的判决显然促成了反对明显的性别歧视高潮的到来。然而,由于法院变得越来越保守,提交到法院的歧视案件的表现形式也日益复杂,因此除非发生其他的社会变化,否则宪法保护妇女的范围不会扩展。例如,由于妇女在伊拉克战争中担当了积极的战斗角色,这促使法院反对军事和征兵服役法案的歧视性规定,而以前,法院则可能会支持这种歧视性规定。

此外,必须要提到的是,每年越来越少涉及性别歧视的宪法案件被提交法院,可能因为妇女权利团体正花费她们的时间和金钱来抵制"罗诉韦德案"(*Roe v. Wade)(1973),并坚持堕胎(*abortion)的合法性。大多数此类"简单"案件已可以由低级别法院作出判决,并且低级别法院至少都公平地适用了中级审查标准。这样,现在联邦最高法院选择受理的大多数性别歧视案件是根据民权法第七编或教育修正案第九编提起的就业或教育歧视案。例如,"约翰逊控股公司诉国际工联案"(Johnson Controls, Inc. v. International Union)(1990),该案涉及一家公司的一项胎儿保护政策,该政策要求在特定危险行业中的妇女以绝育为就业条件。法院一致认定公司的政策不能构成民权法第七编所允许的善意的就业资格限制。同样,在"戴维斯诉门罗郡教育理事会案"(Davis v. Monroe County Board of Education)中,联邦最高法院认为,教育理事会应当对学校的性骚扰负责,如果故意的不作为则违反了第九编的规定。

参考文献 Deboran Brake, "Reflections on the VMI Decision," *American University Journal of Gender and the Law* (1997), pp. 35-42; L. H. Butterfield et al. eds. *The Book of Abigal and John* (1975); Ellen Carol DuBois, *Feminism and Suffrage*: *The Emergence of an Independent Women's Movement in America 1848-1869* (1978); Sara M. Evans, *Born for Liberey*: *A History of Wowen in America* (1989); Susan M. Hartmann, *From Margin to Mainstream*, *American Women and Politics Since 1960* (1989); Herman Hillkay, *Sex-based Discrimination*: *Text*, *Cases and Materials*, 4d ed. (1996); Naomi B. Lynn, ed. *Women*, *Politics and the Constitution* (1990); Karen o'Conner, *Women's Organization's Use of the Courts* (1980); Wendy Williams. "Sex Discrimination: Closing the Law's Gender Gap", *in the Buger Years*, edited by Herman Schwartz (1987) pp. 109-124.

[Karen O'Conner 撰;陈丽丹、林全玲译;林全玲、胡海容校]

公共福利[General Welfare][1]

国会根据宪法第 1 条第 8 款拥有"偿付国债并为合众国的共同防御和普遍福利提供经费"的权力。这个宪法征税与开支条款(*Taxing and Spending Clause)的含义早在 1792 年就引起争议。其中一种解释认为该条款授予国会广泛的权力为公众利益立法。然而这一观点与宪法的有限性不一致。第二种观点,由亚历山大·汉密尔顿(Hamilton *Alexander)提出,他认为国会为普遍福利进行宪法征税与开支的权力是国会其他权力之外的一个独立的权力。第三种观点,以托马斯·杰斐逊(Thomas *Jefferson)和詹姆斯·麦迪逊(James *Madison)为代表,他们认为这个词语仅是对其特定权力总结性的或概括性的一般描述,并没有给予国会额外的权力。

直到 1936 年的"合众国诉巴特勒案"(United States v. *Butler),最高法院才有机会解释这个条款。制定 1933 年《农业调整法》后,欧文·罗伯茨(Owen *Roberts)法官代表大多数法官撰说,支持汉密尔顿的观点,认为宪法征税与开支条款实际上是对国会的一个独立的授权。法院可以自己裁定一个特别税收或者开支是否是为了国家的普遍福利。然而,罗伯特认为该条款限制国会处理涉及"全国的,而不是地方"福利的问题。不管怎样,由巴特勒案提出的限制仍是不明确的,因为法院基于其他理由推翻了这一有争议的制定法。

不管怎样,根据商业条款扩展的国会权力已使这一问题变得没有任何意义,因为实际上国会的权力已涉及几乎所有"公共福利"所涉及的范围。

[William Lasser 撰;陈丽丹译;林全玲校]

吉尼斯船长诉菲茨休案[Genesee Chief v. Fitzhugh, 12 How (53 U. S.) 443(1852)][2]

1852 年 1 月 2 日、5 日、6 日辩论,1852 年 2 月 20 日以 8 比 1 的表决结果作出判决。托尼代表法

---

① 另请参见 Commercial Power。
② 另请参见 Admiralty and Maritime Law。

院起草判决意见,丹尼尔表示反对。在吉尼斯案中,联邦最高法院扩展了联邦对海事的管辖权,其中包括可通航的淡水湖和江河。最高法院在 1825 年的托马斯·杰斐逊案的判决中采取了传统的英国规则,限定海事管辖权的范围为涨潮水域。然而国会为促进内河贸易,于 1845 年颁布了一部法律,将联邦法院的管辖权扩展到大湖区的一些案件。最高法院通过罗杰·布鲁克·托尼(Roger Brooke *Taney)首席大法官的意见,维持了 1845 年的法律,并且推翻了它早期的判决。托尼重点强调这一英国规则不适用于拥有通航河流和湖泊网的美国。他推断海事管辖权依赖于"水域的通航特征,而不是退潮和涨潮"(p.457)。彼得·丹尼尔(Peter *Daniel)法官表示反对,他认为联邦海事管辖权是由宪法被批准时的英国惯例决定的。

吉尼斯船长案的判决明显鼓励了商业和航海事业。最高法院通过拒绝潮水原则,允许国会通过统一的海事原则规范内陆湖泊和江河的航运。此外,法院的判决表明了法院力图使法律原则适应新出现的技术。蒸汽船的发明使内河航行发生了革命性的变化,并且致使潮水规则作废。

[James W. Ely. Jr 撰;陈丽丹译;林全玲校]

操纵选区划分 [Gerrymandering]①

马萨诸塞州长埃尔布里奇·格里(Elbridge Gerry)于 1812 年划分了一个形状如"蝾螈"(一种动物名,英文为 salamander)的选区,gerrymandering (操纵选区划分)即得名于此。操纵选区划分,是指根据某人、某政党或团体的竞选优势和劣势划分选区的做法。因此,从这一意义上来说,任何一个被候选人占有全部选票的选区都具有操纵选区划分之嫌(美国的选举中只要候选人在一个选区中过半数,则该选区的全部选票都归属于该候选人——译者注),但是这一术语通常只用于明显歧视和通过外在因素形成的区域。通常的控制某一团体有效选票的手段是"分开"与"合并",即将一个团体分散到几个选区中,或者将他们合并到一个独立的安全的选区——该选区中凡是超过 51% 以上的选票都是浪费的。最不浪费的情况是在把这一团体合并进来后,还是刚好得到过半数的支持票。联邦最高法院已经在两个案件中察觉并推翻了这种操纵选区划分的行为——"戈米利恩诉莱特富特案"(*Gomillion v. Lightfoot)(1960) 与"肖诉雷诺案"(Shaw v. Reno)(1993)。在戈米利恩案中,亚拉巴马州的塔斯基吉市曾拟订了一个"粗陋的、二十八面的图形",这几乎使所有的黑人都不能在本市投票,而使本市的所有白人投票者都在该区域内。联邦最高法院废除了这个新的分界。法院这一判决为"贝克诉卡尔案"(*Baker v. Carr)(1962)开辟了道路,并且开始

要求遵循"一人一票"这个新的宪法"基本原则"的局面,并为之进行了几十年的斗争(参见 Reapportionment Cases)。大法官费利克斯·法兰克福特(Felix *Frankfurter)在贝克案中表示异议,并警告道,该原则是一块沼泽地,比较复杂又有政治色彩,因此难以通过简单的、明确的、客观的标准来实施它。这一反对意见被称为"标准问题"。法院积极地适用这一原则来平衡各地区的人口,这使得本来可能并不会操纵选区划分的代议机构在每次选举后重新划分选区,但联邦最高法院对是否推翻这种行为十分谨慎。四个重要案件——"赖特诉洛克菲勒案"(Wright v. Rockefeller)(1964)、"威廉斯堡犹太人联合组织诉凯里案"(*United Jewish Organizations of Williamsburgh v. Carey)(1977)、"戴维斯诉班德尔莫案"(*Davis v. Bandemer)(1986) 和"巴德姆诉欧共体案"(Badham v. Eu)(1988) 都反映了法院谨慎的态度。赖特案和犹太人联合组织案都涉及基于种族因素而进行的选区划分,聚集纽约的美裔非洲人和波多黎各人被合并成了"种族自治市镇"。如果把附近区域的占少数地位的选民划为一个区,那么他们将不止在一个区域占据大多数。

在赖特案中,非洲裔美国人原告想通过分散居住从而为黑人获得更多有效的选举权;然而在行政部门任职的黑人赞同被告的观点,认为拥有一个强有力的安全的黑人席位比两个脆弱的边缘的席位要好。法院也拒绝干涉这种明显的种族操纵选区划分,认为并没有显示出种族歧视。在犹太人联合组织案中,美国的司法部长命令州通过肢解犹太人哈西德派区域,从而确保白人在两个新选区中占多数。犹太当事人反对这种明确的种族限额,他们认为这浪费了他们的投票权。但是法院判决这个限额没有构成对犹太人的歧视。如同赖特案,歧视的特征是很明显的,但是对其进行解释的规则并不确定(参见 Race and Racism)。

戴维斯案和巴德姆案都是以党派为基础进行的选区划分案件。通过操纵选区划分,每次投票中"执政"党都同"在野"党一样为自己获得半数的席位。尽管审理戴维斯案的法院宣布"过分操纵选区划分将持续降低投票者……对政治程序的影响"(p.132),这将违反平等保护条款(*Equal Protection Clause),但是法院没有裁决民主党对印第安纳州的压制,是对宪法的违反。尽管巴德姆案涉及几次连续的选举,并且选区的划分过多地肯定了民主党、在职者的利益,导致几乎所有选区都没有改变对执政党的支持,但法院拒绝受理该案。

一般来说,自由主义者常常支持对种族为基础的操纵选区划分进行纠正的积极行动(*affirmative

---

① 另请参见 Elections; Fair Representation。

action),然而保守主义者或者以这将会把团体权利置于个人权利之上而予以反对,或者以上文提到的"标准问题"而反对联邦的干涉。人们对以种族为基础的操纵选区划分的行为极为关注,而对党派为基础的操纵选区行为极为冷漠。通常,自由主义者会在原则上赢得胜利,但在实践中不能保证实施。在"莫比尔市诉博尔登案"(*City of Mobile v. Bolden)(1980)中,联邦最高法院拒绝推翻一个涉及多种族的选区,该选区的划分具有稀释该市黑人投票权的效果,但缺乏如此做的明显意图。自由主义者被激怒了,于是在1982年修订了《1965年选举法》(*Voting Right Act of 1965)的第二节,禁止任何可能导致拒绝或剥夺某公民投票权的程序规则,这被称为"结果标准"。这个修正案大大扩展了该法的适用范围,从以前只适用于个人的简单的选举权纠纷到包括了其代表的复杂的团体权利纠纷。自由主义者推动了对种族操纵选区划分行为进行纠正的大规模的积极行动,并付出了相当多的努力。通过强迫黑人共和党人居住到一个选区中浪费其选票,使得共和党自1994年在众议院失去了支持。联邦最高法院的反应则是,推翻了肖案中的明显的对种族操纵选区进行纠正的过分的积极行动,但维持了其他积极行动的效力,同时没有推翻赖特案的判决。联邦最高法院的这种处理方法从某种意义上说与保守主义者相一致,但比国会中的保守主义者付出的成本要小得多。大法官桑德拉·戴·奥康纳(Sandra Day *O'Connor)指出,对议席重新分配来说,出席会议具有重要的意义。尽管有了肖案的判决,"标准问题"仍然没有解决,以种族为基础进行合并以操纵选区划分的行为仍然存在,同时反对及维护这种行为的诉讼也看上去不会休止。

有人批评正是由于党徒和在职者对操纵选区划分者的保护导致了众议院议员、州议员观点两极分化且人员很少得到调整,而且这种状况一直没有发生变化。此外,他们还很少根据公众的意见作出变化而依然稳坐席位。加利福尼亚州的情况为我们了解操纵选区划分、对操纵选区行为进行控制以及控制的效果等问题提供了一个极端的例子。由于不满于议员的谨慎与对社会变化的过慢反应,加利福尼亚州的选民们不断地提出变革方案(如时间限制和选举程序改革)来控制操纵选区划分行为。变革方案往往比较难以形成,但加利福尼亚州人却发现它们比改进了的、精心策划的操纵选区划分的立法反而反应更快。

参考文献 Ward Elliott, *The Rise of Guardian Democracy* (1975); Samuel Issacharoff, Pamela Karlan, and Richard Plides, eds, *The Law of Democracy: Legal Structure of the Political Process* (2002), chap. 9, 10; David Lubin, *The Paradox of Representation: Racial Gerrymandering and Minority Interests in Congress* (1997); Anthony Peacock, ed., *Affirmative Action and Representation: Shaw v. Reno and the Future of Voting Rights* (1997); Abigail Thernstrom, *Whose Votes Count? Affirmative Action and Minority Voting Rights* (1987).

[Ward E. Y. Elliot 撰;林全玲译;胡海容校]

格尔兹诉罗伯特·韦尔奇公司案[Gertz v. Robert Welch, Inc., 418 U.S. 323(1974)]①

1973年11月14日辩论,1974年7月25日以5比4的表决结果作出判决。鲍威尔代表法院起草判决意见,布莱克蒙同意,伯格、道格拉斯、布伦南和怀特持异议。格尔兹诉罗伯特·韦尔奇公司案于1969年起诉到法院。当时约翰·伯斯社区(John Birch Society)的一本公共读物——《美国人观点》(American Opinions)杂志,攻击了律师埃尔默·格尔兹,他当时正在代理一个案件,该案件当事人要求过去曾犯有二级谋杀罪的警察给予其民事赔偿。杂志错误地宣称他在该谋杀审判中陷害了警察,因此他有了犯罪记录,并且声称他是一个"列宁主义者"和"一个社会主义先锋"。格尔兹以自己受诽谤而提起诉讼。

1964年,最高法院在"纽约时报公司诉沙利文案"(*New York Times Co. v Sullivan)中认为作为公众官员的原告,不能因诽谤而获取赔偿,除非他们能证明诽谤是因"'事实上的恶意'而公开散布——即知道是错误的或不管错误与否而不视后果"(pp.279-280)。不幸的是,纽约时报案的结果使事实上恶意这一变革性规则的应用范围相当不确定。法院在格尔兹案中的观点力图通过确立一个在今后十年都会稳定的原则来解决这种不确定性。

联邦最高法院认为,联邦宪法第一修正案(the *First Amendment)要求公众人物和公共官员证明存在实际恶意(*Actual Malice),但是其他被诽谤(*libel)的原告,如埃尔默·格尔兹这样当事人只需要证明有某种程度上的"过失"就行了。格尔兹也认为,尽管该法特别主张精神痛苦是可赔偿的"事实上"的损害,但是在缺乏事实上的恶意时,联邦宪法第一修正案拒绝给予惩罚性和推定性损害赔偿。

格尔兹案的一个缺陷就是没有解释在解决所有涉及私人当事人的案件时,为什么宪法优先于普通法(*common law)中的诽谤原则。在"邓恩与布拉德斯特里特诉格林莫斯建筑商公司案"(Dun & Bradstreet v. Greenmoss Builders)(1985)中,法院开始拒绝格尔兹规则的适用,致使这一规则只适用于

———————
① 另请参见 Freedom and Speech。

涉及私人当事人，又关涉"公众关注"事务的诽谤案件。

[Rober C. Post 撰；陈丽丹译；林全玲校]

吉本斯诉奥格登案[Gibbons v. Ogden, 9 wheat (22 U.S.), 1 (1824)]

1824年2月4日到9日辩论，1824年3月2日以6比0的表决结果作出判决。马歇尔代表法院起草判决意见，约翰逊持并存意见。宪法获得批准后，过了35年最高法院才判决了一起涉及授权国会管理州际贸易和涉外贸易的案件（宪法第1条第8款）。在"吉本斯诉奥格登案"（Gibbons v. Ogden）（1824）中，首席法官约翰·马歇尔（John *Marshall）的判决表明了传统的国家主义的观点。许多年后，这一判决成为国会扩展权力的根据，从而使国会可以处理管理全国经济过程中遇到的新问题。法官们和律师们通过对它进行分析来解释美国联邦体制下国家和各州之间的权力划分（参见 Federalism）。

该案例出现于蒸汽船时代早期。1807年，最成功的发明家之一，罗伯特·富尔顿（Robert Fulton）发明了一种专门以蒸汽为动力的船艇，他按照纽约法规定的速度，使船艇沿哈德逊上游航行，并且由此取得了汽船在国家水域航行的垄断权。有野心的无执照经营者对该垄断表示质疑，导致了激烈的诉讼。一系列的案件涉及阿伦·奥格登（Aaron Ogden）和托马斯·吉本斯。阿伦·奥格登拥有一个联邦授权的富尔顿－利文斯敦区域（Fulton-Livingston）的执照，托马斯·吉本斯拥有一个联邦海岸航行执照，并且可以在新泽西与曼哈顿之间进行竞争性的航行。纽约法院多次支持垄断而反对这一领域的竞争["利文斯顿诉范·伊根案"（Livingston v. Van Ingen）（1812），"吉本斯诉奥格登案"（*Gibbons v. Ogden）（1820）]。直到1824年，该争议才上诉到美国联邦最高法院。

丹尼尔·韦伯斯特（Daniel *Webster）为吉本斯案作出主要的论断，他就州和国家管理商业的分权问题列出了几种宪法解释：（1）专属国家的权力；（2）州和国家共同拥有完全的权力（参见 Concurrent Power）；（3）对于可由州与国家共有权力，州的权力不能涉及商业的"高级部门"；（4）国家制定法相对于与之相反的州的制定法有最高效力。在为第一种解释的观点进行辩护时，韦伯斯特广泛地解释了商业，并且提醒避免与当地法律相冲突的纠纷。吉本斯案的一个律师，托马斯·埃米特（Thomas Emmet）认为，过去许多州际事务通常都是由各州来立法，因此州应该对州际商业拥有管理权。

除威廉·约翰逊（William *Johnson）提出并存意见外，其他法官都与马歇尔的意见一致。马歇尔支持国家对商业有专属权的观点。他广泛地界定了商业，认为它不仅包括商品交换，还包括人和诸如气艇的物体的交换。然而马歇尔没有基于专属权的观点对该案进行裁判。可能是因为这么宽泛地解释联邦权力可能会引起州尤其是拥有奴隶的州对联邦权力的担心（参见 Slavery）。但是，南卡罗来纳州的约翰逊法官采用了那个观点，他在这个问题上是热心的国家主义者，在对法律的阐述中，马歇尔认为吉本斯获得的联邦执照使纽约对垄断的承认无效。他意识到国会与州间的法律冲突，但却选择了一个适用范围最小的策略，并且避免作出一个更为复杂的判决。

律师们和法官们在后来的25年里在其他几个案件对这个问题进行了进一步地探索，并且最后达成一个折中的模式，那就是承认对于州际商业，各州在某些领域与国家都有管理权。在"库利诉费城港监委员会案"（*Cooley v. Board of Wardens）（1852）中，托尼法院判决一些商业领域需要一个统一的规则和全国的统一性，然而其他商业领域容许州在一定程度有所作为。库利案提出的概括的模式对于许多具体的领域没有作出明确的界定（参见 Selective Esclusiveness）。

在法院比较保守的时期，法院对国家和州的管理权都充满了敌意。例如，19世纪后期，州对铁路的规制和国家的反托拉斯改革因法院对商业条款的狭义和歪曲的解读而受到阻碍。即使有吉本斯案这个应遵从的先例，司法否定主义还是持续到20世纪30年代。1937年宪法改革后，法院对汽船案件作出了不同的解读，承认了几乎不受限制的联邦权力，不管该权力是为调整经济，还是像马歇尔年代一样为鼓励经济增长。法院对商业权力（*commercial power）的新的利用方式，显著地保护民权（*Civil Rights）的现象都出现了。同时，法院给予了州立法广泛的管辖区域，毫无疑问地比首席法官马歇尔所赞同的领域要广泛得多。

参考文献 Maurice & Baxter, *The Steamboat Monopoly: Gibbon v. Ogden* 1824(1972).

[Maurice G. Baxter 撰；陈丽丹译；林全玲校]

吉迪恩诉温赖特案[Gideon v. Wainwright, 372 U.S 335(1963)]①

1963年1月15日辩论，1963年3月18日以9比0的表决结果作出判决，布莱克代表法院起草判决意见，布拉克和哈伦持并存意见。克拉伦斯·厄尔·吉迪恩（Clarence Earl Gideon）被控告故意破坏和进入游泳池从事违法行为，根据佛罗里达州法律犯有重罪。因为没有足够的资金，吉迪恩请求法院

---

① 另请参见 Counsel, Right to; Sixth Amendment。

为他指定一个律师，佛罗里达州的初级法院拒绝了这一请求。吉迪恩自己做了"如人们可以预见到的外行人所能做的"辩护[参见"吉本斯诉奥格登案"(Gibbons v. Ogden)]，陪审团作出了有罪判决。吉迪恩在佛罗里达州最高法院提出一项人身保护状(*habeas corpus)要求，声称他受联邦宪法保护的权利因初审法院拒绝为他指定律师而被剥夺，佛罗里达州最高法院拒绝了这一请求，吉迪恩以贫民诉讼(*in forma pauperis)的名义向美国联邦最高法院提起上诉。

法院任命阿贝·福塔斯(Abe *Fortas)，这一后来成为法官的优秀律师来为吉迪恩辩护，并且就是否应推翻"贝茨诉布雷迪案"(*Betts v. Brady)(1942)的结果进行阐述。贝茨案主张，在州法院(*state courts)，联邦宪法第十四修正案(the *Fourteenth Amendment)正当程序条款只要求为特殊环境中的贫困者指定律师。然而自从1950年"奎克萨尔诉密歇根州案"(Quicksal v. Michigan)后，法院一直没有主张根据贝茨规则拒绝为贫穷被告指定律师。法院正寻找机会来推翻贝茨规则，而吉迪恩案提供了这个机会。

法院全体一致推翻了贝茨规则，并且主张根据联邦宪法第十四修正案，联邦宪法第六修正案同样适用于各州。因此应为在州刑事法院中被告犯有严重罪行的贫穷的被告指定律师进行辩护。在再审中，由指定的律师代理他进行了诉讼，律师提出了新的辩护证据并对控诉证据提出了质疑，一个新组成的陪审团宣告吉迪恩无罪。

胡果·布莱克(Hugo *Black)法官代表大多数法官推翻了贝茨规则，主张法院将"恢复到……旧的先例，我们相信它们比新的更健全"(参见Sex)。在"鲍威尔诉亚拉巴马州案"(*Powell v. Alabama)(1932)中，法院主张一名在州法院被控犯有死刑并且不能为自己辩护的被告，根据正当程序(*due process)应为他指定律师。法院注明"如果没有获得律师辩护的权利，则由法院审理的权利将毫无益处"(p.68)。在"约翰诉泽尔布斯特案"(*Johnson v. Zerbst)(1938)中，法院宣布在联邦刑事案件中被告有要求指定律师的权利。到1942年，35个州要求同死刑案件一样，在严重的非死刑案件中为贫穷的当事人指定律师。实际上，在吉迪恩案中，22个州提出了一个法庭之友诉讼要点(*Amicus Brief)，催促推翻贝茨规则，只有包括佛罗里达州在内的3个州仍坚持适用贝茨规则。

吉迪恩规则被普遍解释为仅适用于重罪案件。但是在"阿杰辛格诉哈姆林案"(*Argersinger v. Hamilin)(1972)中，法院扩展了指定律师的权利，其可适用于可能被判为监禁的违法的被告。在与吉迪恩案同一天判决的"道格拉斯诉加利福尼亚州案"(Douglas v. California)中，法院认为平等保护(*equal protection)法律条款赋予的首要权利是请求指定律师的权利。在后来几年中，吉迪恩规则产生两类案件。一类案件涉及联邦宪法第六修正案获得律师辩护的权利，以及在刑事司法程序哪一阶段必须为被告指定律师。另一类案件认为获得律师辩护的权利包含获得有效辩护的权利，并试图确立判断这一权利被剥夺的标准。

当今，大多数城市和一些州都拥有公众辩护律师，他们为刑事案件中的穷人担任律师。在其他地区，初级法院法官指定私人律师代理贫困的被告。1984年，司法调查部门作出统计报告，国家2/3的人口由公众辩护人提供帮助。尽管在诉讼中，没有律师的被告更明显倾向于被判定有罪，但是各种调查结果表明，一名被告被判定有罪的几率与由公众辩护人代理还是由私人律师代理并没有多大关系。"吉迪恩案与马普诉俄亥俄州案"(*Mapp v. Ohio)(1961)代表了法院"正当程序改革"的开始，这导致了宪法对州刑事程序的监控，并且使说服法院同意将正当程序扩展到民事和准司法程序的运动获得了部分的成功。

参考文献 Anthony Lewis, *Gideon s Trumpt* (1964).

[Susan E. Lawrence 撰；陈丽丹译；林全玲校]

吉尔伯特，卡斯[Gilbert，Cass]①

[1969年11月24日生于俄亥俄州的赞斯维尔(Zanesville)，1934年5月19日卒于英格兰的布洛肯赫斯特(Brockenhurst)。]美国最高法院大楼的建筑师。吉尔伯特在明尼苏达州的保罗街长大，在马萨诸塞州工程学院学习1年的建筑学。在纽约市为斯坦福·怀特担任一段时间助手后，吉尔伯特设计了市政大楼和贸易大楼、教堂、住宅、铁路车站、桥梁以及明尼苏达州、西弗吉尼亚州和阿肯色州的州议会大厦。世纪之交时期，他设计的最有名的工程是美国海关大楼、联邦法院大楼和伍尔沃斯大楼，这些建筑都建在纽约市。伍尔沃斯大楼有66层，1913年建成之际，它是世界上最高的建筑，并且这一纪录维持了几乎20年。他还设计了财政部附属建筑，位于华盛顿哥伦比亚特区的联邦商业部建筑以及底特律和路易斯安那州的公共图书馆。他于1934年在英国去世，当时联邦最高法院的建筑正在修建之中，该工程在他的儿子小卡斯·吉尔伯特的监督之下完工。

老吉尔伯特是一个传统主义者，他从不参与20世纪初在建筑界享有盛名的实用建筑者的运动。他的折中的建筑风格，特别像联邦最高法院建筑这样

---

① 另请参见 Architecture of the Supreme Court。

的公共建筑，集优美的稳定性、庄严感与它们的重要性相匹配的较大规模于一身。虽然现在一些建筑批判家认为他的工程并不动人，也无独创性，但在他那个年代，他备受尊敬，被普遍认为是美国最有才干的建筑师之一。

[Francis Hetminski 撰；陈丽丹译；林全玲校]

金斯伯格，道格拉斯·霍华德 [Ginsburg, Douglas Howard]①

金斯伯格，道格拉斯·霍华德（1946年5月25日出生于芝加哥）是联邦上诉法院法官和未确认的美国联邦最高法院提名候选人。他曾在哈佛大学担任8年的法律教授，在里根政府司法部门及管理与财政办公室任职1年。此后，1986年由罗纳德·里根（Ronald *Reagan）总统任命到哥伦比亚特区联邦上诉法院任职。不到一年，1987年10月29日，里根任命金斯伯格到最高法院就任退休的小刘易斯·鲍威尔（Lewis *Powell）的职位。在此之前，众议院否决了对罗伯特·博克（Robert *Bork）的提名。1987年11月7日，在正式将任命提交参议院之前，金斯伯格拒绝接受对他的提名，返回到他就职的哥伦比亚特区上诉法院。

金斯伯格的提名发生在由博克提名被拒绝所引发的剧烈的意识形态冲突之后。保守的共和党人击败了中间分子，金斯伯格很快被提名，甚至连例行的背景检查都没有完成。不久有人提出他在政府工作期间曾对政府财政利益造成损害，并且他对自己的法院工作经验作出了虚假陈述。随着这一情况的披露，保守党人的支持率迅速降低，后来金斯伯格承认他在哈佛大学法学院做教授时曾吸过大麻。

[Susan M. Olson 撰；陈丽丹译；林全玲校]

金斯伯格，鲁思·巴德 [Ginsburg, Ruth Bader]

（1933年3月15日出生于纽约州布鲁克林市，1993年就任联邦最高法院大法官）比尔·克林顿1993年任命鲁思·巴德·金斯伯格为联邦最高法院大法官。她是联邦最高法院第二位女性大法官。金斯伯格以优异的成绩毕业于康奈尔大学获学士学位，在康奈尔大学结识并嫁给了她的丈夫——马丁·D. 金斯伯格。随后，金斯伯格就读于哈佛大学法学院，不久又转学到了哥伦比亚大学法学院，1959年毕业于哥伦比亚大学。求学期间，她曾担任哥伦比亚法律评论的编辑，而且成绩名列前茅。从法学院毕业时，纽约市律师事务所拒绝接受她，于是她便做了联邦最高法院大法官费利克斯·法兰克福特（Felix *Frankfurter）的助手。她还曾在联邦地区法院做过助手。随后，她进入哥伦比亚大学担任助理研究员，不久成为国际程序研究所的主任。后来，她又到了拉格斯大学（Rutgers University）任教，不久成为了哥伦比亚大学法学院历史上唯一的女教授。在她担任教授时，她还在美国及其他国家的许多法学院担任客座教授。

Ruth Bader Ginsburg

妇女权利的倡导者 金斯伯格一生积极参加了大量争取民权和自由的运动，参加了大量妇女权利团体。例如，她协助创办了美国公民自由联盟中的妇女权利促进会。在她担任妇女权利促进会的负责人时，她仔细地设计诉讼策略，向联邦最高法院提起了一系列测试案件（*test cases），以求说服法院对涉及性别（*gender）的歧视案件在适用宪法第十四修正案（the *Fourteenth Amendment）的平等保护条款（*Equal Protection Clause）时运用严格审查（*Strict Scrutiny）标准。金斯伯格多次担任涉及性别歧视案件的辩护律师，在联邦最高法院出庭。其中包括"里德诉里德案"（*Reed v. Reed）（1971），该案第一次使联邦最高法院通过解释宪法第十四修正案禁止了多种形式的性别歧视。她还代表妇女权利促进会在"弗罗蒂罗诉理查森案"（*Frontiero v. Richardson）（1973）中出具了法庭之友诉讼要点（*amicus curiae brief），她甚至还以法庭之友的身份出庭辩论，敦促法院裁决性别应如种族一样适用严格审查。尽管她没有能够劝说法院将以性别为基础的分类适用严格审查标准，但是她提交到联邦最高法院的6个案件，胜诉了5个，并且改变了法院对性别为基础的案件的态度。作为妇女权利促进会中的法律策略起草者，她不断地要求法院放弃以前案件中所采用的性别角色这一陈旧观点。金斯伯格为上

---

① 另请参见 Nominees, Rejection of。

诉者、被上诉者甚至请愿者的身份出具了9份涉及性别歧视案件的法庭之友诉讼要点,并在其他案件中协助起草了15份法庭之友诉讼要点。

金斯伯格在积极地力图说服法院对性别为基础的分类适用严格的审查标准的同时,还与别人合著了第一本重要的有关性别歧视的案例集——《测试、案例及有关性别歧视的资料》(Test, Cases, and Materials on Sex-based Discrimination)。这本书成为其他许多法学教授教育新一代律师如何使得法院改变对女性不利的歧视性惯例的基础看法。

就任大法官 1980年,民主党总统吉米·卡特力图获得民主党的提名再次竞选总统,然而他遭到了妇女团体的强烈反对。金斯伯格在学术方面的名望以及她作为妇女权利的倡导者的身份使得她成为卡特总统拟任命法官的最优人选。卡特总统任命她担任哥伦比亚巡回上诉法院的法官,该法院是美国政治思想冲突最为剧烈的法院。

尽管有的共和党参议员鉴于她的自由主义的观点对她的上任表示担忧,但大法官金斯伯格就任后的表现,使很多人感到惊讶。她时常与联邦最高法院中由共和党提名的保守的法官持相同的见解。这些法官包括后来被否决的联邦最高法院的被提名者罗伯特·博克(Robert *Bork)和道格拉斯·金斯伯格(Douglas* Ginsburg),以及安东尼·斯卡利亚(Antonin *Scalia)——他最终被里根总统任命为联邦最高法院大法官。

金斯伯格在联邦上诉法院时期,一直坚持中立的态度,因此大法官拜伦·怀特(Byron* White)退休后,克林顿总统把她作为一位适当的人选。尽管克林顿起先考虑了其他几个大法官,但金斯伯格的丈夫、她以前的许多助手以及同事都游说克林顿任命她作为联邦最高法院的第二位女法官。作为25年来唯一被民主党总统任命到联邦最高法院的大法官,美国律师协会众口一词的高度评价使她成为一个没有争议的极受欢迎的被任命者。由于她曾批评联邦最高法院在"罗诉韦德案"(*Roe v. Wade)(1973)中以个人自由而不是宪法第十四修正案反对性别歧视的平等保护条款作为理论依据,也有人对她表示怀疑。尽管如此,她还是被参议院以96比3的表决结果批准为联邦最高法院的第107位大法官。她的批准程序是近二十年来最快的一次。只有美国生命联合组织、家庭研究委员会、维护生命组织以及保守的基督教徒出席参议院司法委员会抗议金斯伯格的任命。

在金斯伯格担任法官的整个职业生涯中,一直坚持平等的理念。与某些司法激进主义分子(*Judicial Activists)不同,金斯伯格认为政府机关的三个部门应当相互协作来获得平等的权利,即使这样做可能会比司法机关作出独立的结论要慢一些。这甚至与她作为妇女权利倡导者的立场相违背。她还批评"罗诉韦德案"的判决,她认为法院的步子迈得太大了,尽管她对法院的判决结果表示赞同。同样,她还赞同国会推翻"戈德曼诉辩护秘书案"(Goldman v. Secretary of Defence)的判决,该案是她在联邦上诉法院时作出的,该判决不允许犹太教工作人员上班时戴圆顶小帽(犹太男子在祷告、学习、吃饭等时戴的圆顶小帽)。她还提到,美国宪法是美国国会的宪法,在宣布给法院之前,首先需要在国会宣讲。

在法院期间,金斯伯格对案情的细节极为谨慎,并且她对法律的适用非常注重可行性,这反映了她在民事诉讼程序方面受到的良好训练。她尽量避免涉入有关法律条文含义的争论,然而大法官斯卡利亚——她的好朋友却经常与自己观点不同的法官展开争论。例如,她没有参加有关亚历山大·汉密尔顿(Alexander *Hamilton)和詹姆斯·麦迪逊(James* Madison)观点是否确立了联邦最高法院对枪支管制以及布雷迪法案(brady bill)的合宪性问题的处理的讨论。她在表示反对意见时,措辞缓和,而且在整个任期内作出的反对意见比一般的法官都少。不像伦奎斯特法院的其他法官,她尽量不对其他法官的法律推理进行攻击。她这种中庸的态度还体现在她时常强调议会才是政府的立法机关所具有的重要意义。

在联邦最高法院2002年整个工作期内,金斯伯格起草了80个判决意见。1/3以上的判决是全体一致通过的,没有引发任何争议。经常与她观点不一致的法官是威廉·H. 伦奎斯特(William H. *Rehnquist)、安东尼·斯卡利亚(Antonin* Scalia)、克拉伦斯·托马斯(Clarence *Thomas)。经常与她观点一致的是约翰·保罗·史蒂文斯(John Paul* Stevens)、戴维·H. 苏特(David H. *Souter)、斯蒂芬·G. 布雷耶(Stephen G.* Breyer)。有趣的是,虽然她倾向于与布雷耶观点一致(布雷耶是联邦最高法院除她之外唯一的一个民主党的提名者),她也经常与苏特的观点一致。她经常起草民事诉讼领域的判决,并且被认为是法院在该领域的专家。实际上,她以前在大学讲授的也是这个领域。她在性别歧视领域也具有重要地位,事实上她创立了这一领域的法律规则,以前是作为妇女权利的倡导者,后来则是作为大法官的身份。

只有在性别歧视领域,大法官金斯伯格才以改革者的热情引领法院前进。也许到目前为止,她最著名的判决也就是在"合众国诉弗吉尼亚军事委员会案"(United States v. Virginia Military Academy)(1996)中的判决。这个案件在联邦法院已经审理了好多年,起因于州支持一个军事委员会拒绝接受妇女,因为他们认为妇女不能忍受极度紧张的军营生活。金斯伯格代表法院的大多数对性别歧视案件适用了"极具说服力"的审查标准,但被人怀疑适用的是严格审查标准。发生于里德案25年之后的弗吉尼亚军事委员会案,使得金斯伯格可以重提里德案——该案中,金斯伯格曾以律师身份参与了联邦最高法院的审理过程,该案产生了一个具有标志性的判决,并创造出了适用于性别歧视案的"极具说服力的正当理由"标准。她对性别角色这一旧观念的不满情绪在该案中明显地表现出来:概括地说大多数女人不合适不能成为拒绝给予所有女人机会的正当理由(p.515)。不像其他曾在重要案件中以律师身份起过重要作用的法官那样,金斯伯格的判决更为引人注目的是她的谦逊。她根本没有提到自己,甚至连自己在性别歧视案件适用的法律原则的发展中所起的作用也没有提到。

大法官金斯伯格并没有力图影响联邦最高法院的司法,可能她本来就不想这么做。她是联邦最高法院中两个最信奉自由的法官之一,但并不是以前意义上的自由法官,如威廉·布伦南(William *Brenna)。尽管她作为民权运动的律师所起的作用甚至可以和瑟古德·马歇尔(Thurgood *Marshall)相媲美,但金斯伯格的司法哲学不允许她在联邦最高法院过于明显的暴露自己自由主义的立场,即使在她表示异议时。尽管根据伦奎斯特法院的标准,她可以被称作自由主义的法官,但总的来说,她是一个司法中立主义者,除了那些涉及性别歧视的领域,她甚至将女性生育权包含在这一领域。

参考文献 Ruth Bader Ginsburg, "Sexual Equality and the Constitution," *Tulane Law Review* (1978): pp. 451-475; Melanie K. Morris, "Ruth Bader Ginsburg and Gender Equality: A Reassessment of Her Contribution," *Cardozo Women's Law Journal* (2002): pp. 1-25; Karen O'Connor, *Women's Organization' Use of the Courts* (1980); Karen O'Connor and Barbara Palmer, "Ginsburg, Breyer, and the Clinton Legacy," *Judicature* (March-April 2001): pp. 262-273; Laura Krugman Ray, "Justice Ginsburg and the Middle Way," *Brooklyn Law Review* (2003): pp. 629-682; Christopher Smith, et al., "The First Term Performance of Justice Ruth Bader Ginsberg," *Judicatue* (September-October 1994): pp. 74-80.

[Karen O'Conner 撰;林全玲译;胡海容校]

吉特洛诉纽约案[Gitlow v. New York, 268 U.S. 652(1925)]①

1923年4月12日辩论,1923年11月23日重新辩论。1925年6月8日以7比2的表决结果作出判决,桑福德代表法院起草判决意见,霍姆斯和布兰代斯表示反对。影响重大的吉特洛案标志着联邦宪法第一修正案被"并入",成为对各州进行限制的开始。这一"并入"过程导致有关公民自由的现代法律发生了重大变化,为被各州剥夺了公民基础权利(*fundamental rights)的公民提供了一项联邦的救济。这一有选择的并入过程在随后的50年里一直持续。然而,极具讽刺意味的是,法院拒绝了吉特洛的自由言论要求。此时法院的判决大部分是教条的。

本杰明·吉特洛(Benjamin Gitlow)是社会主义党左翼成员。他因违反了1902年的《纽约刑事制造混乱法》(Criminal Anarchy Law),而被指控犯有鼓励暴力推翻政府罪。特别是,在1902年的红色恐怖期间,他写作、出版和分发了一万六千册名叫《左翼宣言》(Left-wing Manifesto)的小册子,极力主张以罢工和"阶级斗争……任何形式"建立社会主义,他因此而被捕。他也被控告为"邪恶的败类和恶毒的人","怀有恶意的和动乱的倾向",尽量去"激发不满与不足"。对他的审讯中,著名的律师克拉伦斯·达罗(Clarence Darrow)提出《左翼宣言》只提倡抽象路线,因此属于言论自由的范围。然而纽约法院判决共产主义分子必须为他们的抽象构想潜在危险负责,并且认定他们有罪。

最高法院利用此案明确了言论自由概念的范围,并将联邦宪法第一修正案对言论和出版的保护扩大到各州。吉特洛的辩护状是由杰出的美国公民自由联盟(*ACLU)律师沃尔特·海尔普林因·波拉克(Walter H. *Pollak)提出的,他很有说服力地主张,表达自由是不受州侵犯的权利。他坚信,联邦宪法第十四修正案(the *Fourteenth Amendment)所使用的对自由的权威性定义以及与表达自由相关的"自由结社"的默示含义,是表达自由成立的基础。法院受到了这一观点的影响。爱德华·特里·桑福德(Edward T. *Sanford)法官代表大多数法官表示赞同:"为了当前的目标,我们可以并且应当承认言论自由和出版自由……是同联邦宪法第十四修正案正当程序条款所保护的免受各州损害的基本人权与自由"(p.666)。虽然如此,他维持了纽约州的法律的效力,支持判定吉特洛有罪。桑福德写道,一个州可以惩罚危害有组织的政府基础的言论和威胁以非法手段推翻政府的言论(p.667)。然而吉特洛的小册子,虽然没有直接造成不法行为,它可以被看成是将来某个时候可以忽然引发"横扫一切的破坏性的大火"的"革命的火花"(p.669)。

奥利弗·温德尔·霍姆斯(Oliver *Wendell Holmes)法官提出了一个有名的异议,路易斯·德姆比茨·布兰代斯(Louis D. *Brandeis)法官对此表示同意。霍姆斯不同意大多数法官判决与行动相脱离的言语应受处罚。他宣布"表达观点与狭义的鼓动之间的唯一区别是讲演者对结果的热情程度不一

---

① 另请参见 Incorporation Doctrine;Speech and the Press。

样。雄辩的言论可能会激起理性的火花,但是无论如何就提交到我们面前的这一冗长的言论来说,不可能会立即引发一场大火"(p.673)。他的观点提倡对行动而不是表达施以处罚。20世纪60年代,在明显、即发的危险(*clear and present)原则下,最高法院吸收了这个观点。

吉特洛案的判决开始了对联邦宪法第一修正案的"并入"。然而直到"斯特姆伯格诉加利福尼亚州案"(*Stromberg v. California)(1931)时,法院才真正地在联邦宪法第一修正案的言论自由的基础上判决一个州的法律不合宪。

[Paul L. Murphy 撰;陈丽丹译;林全玲校]

戈德堡,阿瑟·约瑟夫[Goldberg, Arthur Joseph]

Arthur Joseph Goldberg

(1908年8月8日生于芝加哥,1990年1月19日卒于华盛顿哥伦比亚特区,葬于阿林顿国家墓地)1962—1965年,担任大法官。戈德堡的父母是俄国移民,他是8个孩子中最小的一个,在芝加哥长大和接受教育,1929年在西北大学法学院以优异的成绩毕业。1931年,娶桃乐茜·库尔干(Dorothy Kurgans)为妻。除了1942年到1944年服过军役,到1948年,戈德堡一直在芝加哥做劳动法方面的律师,当时他成为联邦钢铁工人和工业联盟会的一名总法律顾问。戈德堡对AFL-CIO 1955年的合并起了主要作用。并且被认为是20世纪50年代最优秀的劳动仲裁者。约翰·F.肯尼迪总统于1961年任命他为劳动部部长,当1962年费利克斯·法兰克福特(Felix *Frankfurter)法官从法院辞职时,肯尼迪任命他接替这个"犹太人的位置",因为他知道戈德堡不会令他失望。

戈德堡在法院任职期间工作成绩显著,特别是考虑到任期短暂这个因素。法兰克福特与戈德堡的观点存在很大的分歧,因为法兰克福特坚持司法的自我约束(参见 Judicial Self-restraint),而戈德堡则认为法院应保护被政治程序所排除的"永久的少数派"。这样由4名法官组成的少数派转换成为5个人组成的多数派,并且戈德堡的谈判技巧经常使他们团结起来。通过这一方法,他要求通过对国家适用严格审查原则来平衡国家权力与个人权利和自由。

戈德堡最有名的观点体现在他代表法院在"埃斯可贝多诉伊利诺伊州案"(*Escobedo v. Illinois)(1964)中作出的判决和在"格里斯沃尔德诉康涅狄格州案"(*Grisword v. Connecticut)(1965)中他提出的并存意见中。埃斯可贝多案是采用"米兰达诉亚利桑那州案"(*Miranda v. Arizona)(1966)原则的一个重要步骤,该案判决被告在他的律师缺席时有权保持沉默。在戈德堡案中,法院判决康涅狄格州反出生控制法(anti-birth control law)无效,并且在缺乏侵犯具体宪法条款的情况下,戈德堡坚持婚姻隐私权(*privacy)是由联邦宪法第五修正案(the *Fifth Amendment)保护的一项基础权利(*fundamental rights)。然而法院对埃斯可贝多案的判决在"柯比诉伊利诺伊州案"(Kirby v. Illinois)(1972)中大部分被推翻。"罗诉韦德案"(*Roe v. Wade)遵循了格里斯沃尔德案的判决,其中包括戈德堡的并存意见。

戈德堡在"吉布森诉佛罗里达州立法调查委员会案"(Gibson v. Florida Legislative Investigation Committee)(1963)中的判决也是很著名的(参见 Assembly and Association, Freedom of)。他提出只有在佛罗里达州具有"说服力的州利益"时,才能侵害结社权,并且在"阿普特克诉国务卿案"(*Aptheker v. Secretary of State)(1964)中,因为出国旅游是一项由联邦宪法第五修正案所保护的自由,所以立法在规定吊销护照时必须谨慎。至少他的两个反对意见取得了重要结果。他在"合众国诉巴尼特案"(United States v. Barnett)(1964)中的反对意见有助于减少联邦法官过多运用藐视法院罪(*contempt)进行惩罚,并且他在"鲁道夫诉亚拉巴马州案"(Rudolph v. Alabama)(1963)中,对法院拒绝对一个被判处死刑(*capital)的被告的强奸案发出调卷令(writ of *certiorari)表示抗议,引发了是否应废除死刑的宪法大讨论。

1965年夏,林登·约翰逊(Lyndon Johnson)总统采取策略使戈德堡法官离职,为阿贝·福塔斯(Abe *Fortas)提供了一个空缺。戈德堡被任命为联合国的代表,后来他发现这个职位并不令人满意,便于1968年辞职。1970年他竞选纽约市长,竞选丑闻对他的名誉造成了损害。但是在他从法院离开后的24年里,他继续进行的保护人权行为最为人们所怀念。

参考文献 Stephen J. Friedman, "Arthur J. Goldberg", *in the Justices of the United States Supreme Court*, 1789-1960, edited by Leon Friedman and Fred L. Ismel Vol.4 (1969).

[Bonald M. Roper 撰;陈丽丹译;林全玲校]

戈德堡诉凯利案[Goldberg v. Kelly, 397 U.S. (1970)]

1969年10月13日辩论,1970年5月23日以6比3的表决结果作出判决,布伦南代表法院起草判决意见,布莱克、伯格和斯图尔特表示反对。纽约市福利支付终止的程序需要提前7天给予通知,并且给予福利接受者以书面形式递交抗议声明的权利。然而,在救济金终止之前没有举行提供证据的听证会。法院主张根据联邦宪法第十四修正案(the *Fourteenth Amendment)程序的正当程序(*Due Process,Procedual),在救济金终止前应为福利接受者提供一个证据听证会。

给予递交书面声明的权利或在终止给予福利后提供证据听证会,并没有满足正当程序的要求。终止前的听证会并不需要具备司法或准司法的性质,但是必须为福利接受人提供一个对抗和交叉询问证人的机会。如果提出要求还可以聘请律师,提供其在公正的裁决者面前提供口头证据的机会。裁决者必须仅在法律原则和听证会上所引用的证据的基础上作出结论。

虽然国家需要谨慎使用财政和行政资源以防浪费,但是不间断地接受公共帮助的领受者的利益超过了国家的利益,这种公共帮助不仅是一种慈善行为,也是提高普遍福利(*general welfare)的手段。国家在提供普遍福利方面的利益与提供具备领取救济金的人不间断的救济方面的利益是同样重要的。法院宣布救济金"对具备领受它的资格人来说是一项制定法的授权"(p.262)。由此,法院将该项"法定授权"融入受正当程序条款保护的财产权(*property right)之中。

[Miton R. Konvitz 撰;陈丽丹译;林全玲校]

黄金条款系列案件(1935)[Gold Clause Cases (1935)]①

黄金条款系列案是"新政"时期三个相关案件的通用的名字:"诺曼诉巴尔的摩与俄亥俄铁路公司案"(Norman v. Baltimore & Ohio Railroad Co.)[294 U.S. 240],"诺茨诉合众国案"(Nortz v. United States)[294 U.S. 317]和"佩里诉合众国案"(Perry v. United States)[294 U.S. 330]。这三个案件都于1935年1月8日至11日辩论,1935年2月18日以5比4的表决结果作出判决,休斯代表法院起草判决意见,麦克雷诺兹在每个案件中都表示反对。作为经济大危机复苏期间保存黄金储备的"新政"计划的一部分,1933年国会废除了私人与公共合同中规定的以黄金进行支付的条款。因而,这样的债务可以由贬值的货币来支付。在这三个案件中,债权人对该行为提出质疑,认为其构成对合同(*contract)义务的违背且未经正当程序(*Due Process)剥夺了他们的财产权。

首席法官查尔斯·埃文斯·休斯(Charles Evans *Hughes)代表全体法官支持国会拥有规范金融系统的权力,他判决私人合同中的黄金条款只不过是用金钱支付的规定。休斯进一步推断,在金融系统中,国会具有撤销那些与宪法权威相冲突的私人合同的权力。就政府合同中的黄金条款来说,休斯认为国会不合宪地减少了它自己的义务。但他却裁决债权人仅能因为违约获得名义性赔偿,并且因而不能在法院提出索赔主张。詹姆斯·克拉克·麦雷诺兹(James C. *McReynolds)法官表达了强烈的反对意见,主张国会的行为意味着财产没收并造成财政混乱,他即席宣布:"这简直等同于尼禄王朝最残暴的时期。"

虽然联邦最高法院事实上许可国会损害已存在的合同,但是黄金条款案件重申了国会对金融系统的广泛的权力。此外,就实际情况来看,黄金条款的实施可能对衰落的全国经济产生了有害的影响。

[James W. Ely Jr 撰;陈丽丹译;林全玲校]

戈德法布诉弗吉尼亚州律师协会案[Goldfarb v. Virginia State Bar, 421 U.S. 773(1975)]

1975年3月25日辩论,1975年6月16日以8比0的表决结果作出判决,伯格代表法院起草判决意见,鲍威尔没有参加。

戈德法布一家需要聘请律师做一个房地产所有权调查,但是他们找不到收费较低的律师,因为弗吉尼亚的费尔法克斯市的律师协会公布了一个最低收费标准,该规定由弗吉尼亚律师界负责执行。他们主张那个费用一览表构成了固定价格行为,违反了《谢尔曼反托拉斯法》(*Sherman Antitrust Act)的第1条。

最高法院认定律师协会的行为构成了一个典型价格固定的案件。费用一览表建立了一个严格的最低价格,每个律师与当事人进行联系时,没有哪个律师会索价更少。并且,由于弗吉尼亚州的律师界公布的职业道德意见对违反规定的律师给予自律性惩罚。此外,只有弗吉尼亚州的执业律师才能合法地

---

① 另请参见 Constracts Clause。

检测一项所有权,消费者别无选择,因此只能根据该规定付费。

法院也主张,因为在费尔法克斯购买房屋费用的一部分来自于弗吉尼亚州之外,所以这对各州间的贸易有充分的影响,致使这一行为归入谢尔曼法管辖的范围内(参见 Commrce Power)。法院否定了这一主张,即国会从未意图把"需要专业知识的行业"归入谢尔曼法第1条所指的"交易或贸易"中。此外,法院认为这一反竞争行为不能作为"国家行为"而获得《谢尔曼法》的豁免。

戈德法布认为最低费用一览表侵犯了《联邦反托拉斯法》(*antitrust law),使法律服务机构不能展开价格上的竞争。也许法院判决最为直接的影响是促进了很多低成本的合法咨询团体的发展,主要是一些处理遗嘱和离婚这些较为平常的事务的团体。

[Bech M. Henschen 撰;陈丽丹译;林全玲校]

戈德华特诉卡特案[Goldwater v. Carter, 444 U. S. 996(1979)]①

1979年12月13日以6比3的表决结果作出判决(授予调卷令,撤销并且以不受理控诉人的要求为目的驳回案件),伦奎斯特、伯格、斯图尔特、鲍威尔、史蒂文斯和马歇尔持并存意见,布伦南、怀特和布莱克蒙持异议。巴里·戈德华特参议员和国会的其他成员对吉米·卡特总统未经磋商或获得议会的事前同意而终止与中国台湾地区的共同防御条约提出质疑。宪法第2条第2款规定只要有2/3以上的议员同意,总统有缔结条约的权利。然而宪法并未说明一个条约被废止的程序问题。

最高法院简单地驳回了一个上诉法院(*court of appeal)的判决,该判决认为总统有未经国会许可而终止条约的权力。威廉·伦奎斯特(William *Rehnquist)法官、沃伦·伯格(Warren *Burger)首席大法官、波特·斯图尔特(Potter *Stewart)法官以及约翰·保罗·史蒂文斯(John *Paul Stevens)法官的并存意见认为,因为涉及"国家处理对外关系的总统权力……特别是涉及如果受到外国政府侵犯时,给予其军事帮助的条约义务"(pp. 1002-1004),所以这一问题是不具备可诉性的政治问题。法院"用来解决政府平等部门之间的争议,每一个政府部门都拥有保护和主张其利益的资源,而这些资源是法院之外的私人诉讼当事人所不具备的"(p. 1004)。刘易斯·鲍威尔(Lewis *Powell)法官单独提出并存意见,认为因为国会还没与总统就协议问题形成对抗,司法审判的时机还不成熟(参见 Ripeness and Immediacy)。

威廉·布伦南(William *Brenna)法官表示反对,他主张当法院审查是否一个特定部门已"被宪法赋予政治决定权时"(p. 1007),政治问题原则并不适用。他说道,这是一个宪法问题,属于法院擅长处理的领域。布伦南根据这一案件自身的条件主张,因为废除"台湾防御条约"与总统承认中国大陆政府的决定相关,并且因为总统自身有承认外国政府的权力,所以总统有废除这个条约的权力。

[Joel B. Crossman 撰;陈丽丹译;林全玲校]

戈米利恩诉莱特富特案[Gomillion v. Lightfoot, 364 U. S. 339(1960)]②

1960年10月18日至19日辩论,1960年11月14日以9比0的表决结果作出判决,法兰克福特代表法院起草判决意见,道格拉斯和惠特克持并存意见。黑人选民指控一个亚拉巴马州的法律改变了塔斯基吉市的边界,以至于把除四五个黑人选民之外的所有黑人选民划出塔斯基吉市,而没有减少任何白人选民的数量,因而这个法律是不合宪的。联邦地区法院没有支持这个诉讼请求,第五巡回上诉法院维持原判。联邦最高法院全体一致推翻了这一判决。

联邦最高法院于1960年推翻具有明显的以种族为基础的歧视性判决,是很正常的。有趣的是,费利克斯·法兰克福特(Flelix *Frankfurter)法官不得不寻找一个方法来避免适用他在"科尔格罗夫诉格林案"(*Colegrove v. Green)(1946)的判决,即涉及议席分配的问题是不具有可诉性的"政治问题"(*political questions),因此这个问题处于联邦司法管辖范围之外。法兰克福特强烈地感觉到联邦法院不应该涉足议席重新分配的冲突之中,但是他同样强烈地反对种族歧视。为了协调这两个价值,他以联邦宪法第十五修正案(the *Fifteenth Amendment)而不是第十四修正案(the *Fourteenth Amendment)为基础作出戈米利恩案的判决。他写道,"在科尔格罗夫案中的控诉者只埋怨他们投票权的稀释是许多年来立法机关不作为的结果。现在权利申请者抱怨立法确认计划剥夺了他们的投票权……当法规挑选出一个易于被隔离的少数种族的一部分给予歧视性待遇时,就违反了联邦宪决第十五修正案……此外,这些因素将这个争议从所谓的'政治'领域中摆脱出来,进入传统的宪法诉讼领域"(pp. 346, 347)。

威廉·奥维尔·道格拉斯(William O. *Douglas)法官和查尔斯·惠特克(Charles *Whittaker)法官分别在并存意见中指出,应当以违反联邦宪法第十四修正案为由撤销亚拉巴马州的行为。

戈米利恩案是联邦法院受理不公正选区划分(*gerrymandering)案的开始,这个开端反映了法兰克福特关于法院应远离议席重新分配争议的观点并

---

① 另请参见 Foreign Affairs and Foreign Policy; Political Questions; Treaties and Treaty Power。

② 另请参见 Race and Racism; Vote, Right to。

没有削弱,但是它确实激励了城市中的利益主体继续要求联邦法院给予救济。戈米利恩案后几天,法院在"贝克诉卡尔案"(*Baker v. Carr)(1962)中表明法院对议席重新分配系列案可能是有管辖权的,该案直接提出议席重新分配系列案(*reapportionment)的可诉性(*justiciability)问题。

[J. W. Peltason 撰;Grant Hayden 修订;陈丽丹译;林全玲校]

冈珀斯诉巴克炉灶厨具公司案[Gompers v. Buck's Stove & Range Co., 221 U. S 418(1911)]①

1911年1月27日和30日辩论,1911年15日以9比0的表决结果作出判决,拉马尔代表法院起草判决意见。当巴克炉灶公司的工人罢工时,美国劳动联盟组织了一场联合抵制(*boycott)该公司的产品行动。针对联合抵制行动,制造商获得一条禁令,工会拟针对此禁令提起上诉。在此之前,公司声称他们违反禁令把公司的名称与"不公平"、"我们不光顾"并列在报纸《美国联邦主义者》(The American Federationist)上,认为根据先前的判例援引(*citation),塞缪尔·冈珀斯和两个其他的工会领袖的行为构成了刑事藐视(*contempt)。被告对先前这个判例提起上诉,声称他们在报纸上印刷的是受联邦宪法第一修正案(the *First Amendment)保护的言论(*speech),这一论断被法院彻底忽略了。虽然约瑟夫·拉马尔(Joseph *Lamar)法官利用专业技巧推翻了刑事藐视的先前判例,他的观点却清楚地表明,在雇佣者与劳动者的冲突中,法院总是站在雇佣者一方。拉马尔引用了一个又一个肯定性案例来证明,法院不支持任何损害财产权(*property)的行为,包括言论。

[Melvin J. Urofsky 撰;陈丽丹译;林全玲校]

善意例外[Good Faith Exception]

参见 Leon, United States v.。

好消息俱乐部诉米尔福德中心学校案[Good News Club, Inc. v. Milford Central School, 533 U. S. 98(2001)]

2001年2月28日辩论,2001年6月11日以6比3的表决结果作出判决,托马斯代表联邦最高法院起草判决意见,斯卡利亚与布雷耶持并存意见,史蒂文斯、苏特和金斯伯格表示异议。纽约米尔福德的一个学校校区制定了一个"社区公用"政策,授权学校附近的社区在不上课的时候利用学校的教室,授权使用的目的一般包括:"在教育、学习或文艺方面进行指导、召开联谊会、娱乐性会议","以及其他属于社区福利的目的"(p. 102)。该案中的校区拒绝好消息俱乐部(一个私人的宗教性质的组织)因"唱歌、听取圣经教导以及背诵圣经"使用学校的设备,理由是上述活动等同于宗教活动,而"社区公用政策禁止将学校的设备用于宗教目的"(p. 103)。

在好消息俱乐部案中,联邦最高法院利用中立的观点和"公共论坛原则"(*public-forum doctrine)来解决这个涉及有关宗教表达和对公共财产的使用的纠纷。大法官克拉伦斯·托马斯(Clarence *Thomas)代表法院中的大多数主张,不允许将从宗教立场发表的言论排除出本已受限的公共论坛。通过创造受限制的公共论坛这一概念,法院裁决该校区不能以观点为基础限制其进入公共论坛。在联邦最高法院看来,以好消息俱乐部的活动等同于宗教教化的理由将其排除出去,实际上构成观点歧视。也就是将属于社区福利的宗教用途排除出去了,而这只是因为其具有宗教的性质。

好消息俱乐部案反映了联邦最高法院在依据言论自由条款处理宗教表达案件时面临的困境:法院是否能够在具有宗教性质的言论和宗教教化之间划出明确的界限?大法官约翰·保罗·史蒂文斯(John Paul *Stevens)在反对意见中承认,联邦最高法院的言论自由原则一方面保护具有宗教性质的言论,即只是从宗教的立场对某一主题发表的言论(p. 130),然而另一方面根据禁止确立宗教条款(the *Establishment Clause),又必须禁止等同于宗教教化的言论。

[Richard W. Garnett 撰;林全玲译;胡海容校]

格雷厄姆诉理查森案[Graham v. Richardson, 403 U. S. 365(1971)]②

1971年3月22日辩论,1971年6月14日以9比0的表决结果作出判决,布莱克蒙代表法院起草判决意见,哈伦持并存意见。最高法院审理的这个案件确定了外籍身份同种族一样,根据联邦宪法第十四修正案(the *Fourteenth Amendment)是违宪嫌疑的分类,法院论述这是因为外国人是分散的政治上无权的少数派。因此,政府基于外籍身份的分类应受到严格审查(*strict scrutiny)。为了通过宪法的检验,它们必须与政府的具有说服力的利益紧密相关。

在这个案件中,亚利桑那州法律规定只有美国公民或者在美国范围内居住一定年限的人才有条件领取福利救济金,这一规定不能通过上述测试标准,因而违反了平等保护条款。该州认为在分配有限的公共资源时,优惠本地居民具有特定的公共利益,因此该法是正当的。

---

① 另请参见 Labor。
② 另请参见 Alienage and Naturalization;Equal Protection;Suspect Classifications。

联邦最高法院没有接受本地居民的要求,为它的判决提供了另外一个根据:宪法授予联邦政府权力承认外国人并批准他们在美国居住的条件。州法律使外国人不具备与本地人同样的资格,像在格雷厄姆案中一样,与联邦政策相冲突,并且因此违反了最高条款(supremacy clause)。

格雷厄姆案之后的判决,如"福利诉坎奈列案"(Foley v. Connelie)(1978)和"阿姆巴克诉诺威克案"(Ambach v. Norwick)(1979),暗示了依据最高条款而不是平等保护条款被审查时,以外籍身份为基础的联邦分类比州的分类可以要求较少的检查。法院也认为对医疗护理这种必要服务设施的拒绝比其他项目的障碍需要进行更为严格的审查。但是法院在"马修斯诉迪亚兹案"(Mathews v. Diaz)(1976)中确实主张在医疗补充保险计划中无永久居住权的外国人没有资格。

[Harold J. Spaeth 撰;陈丽丹译;林全玲校]

祖父条款[Grandfather Clause]①

祖父条款指使目前权力拥有者,有时甚至包括他们的后代不受新的法律的规制来判断其是否具备享受权利资格的规定。具体来说,这一名词使1867年具备投票权资格的人,以及他们的后代在进行投票选举时不受南方6州在19世纪末20世纪初规定的文化水平和财产等要求的限制。这一规避联邦宪法第十五修正案(the *Fifteenth Amendment)的规定,明显具有种族主义倾向,它实际上来源于保留黑人现有投票权的一个法律。祖父条款的祖父(前身)是1818年康涅狄格州的一个法律,它虽然允许现在有投票权的黑人继续保持这一权利,但剥夺了所有美洲黑人在将来进行投票(*vote)的权利。1857年,马萨诸塞州在马铃薯饥荒期间为反对爱尔兰移民大量入境开展了一场排外主义运动,为公民权设立了一项文化水平测试,但是对已经进行公民权登记的任何人则免除测试。

南卡罗莱纳州一名杰出律师小爱德华·麦克拉迪(Edward McCrady Jr.)在1879年出版的一个广泛流传的小册子中,建议南方各州模仿马萨诸塞州的文化水平测试和1857年声明,以确保不识字的老年白人拥有投票权。他清晰地推理,如果1857年的声明在马萨诸塞州是合法的,那么1879年在南卡罗莱纳州也应是合法的。南方其他各州,除了规定了麦克拉迪的种族主义因素外,还把血统因素也作为剥夺投票权的因素或者对血统因素进行变更,允许不识字的退役军人,包括美国南部邦联者和他们的儿子、孙子都有投票权。在"吉恩诉合众国案"(*Guinn v. United States)(1915)中,最高法院最终废除了俄克拉荷马州的祖父条款,认为其违反了联邦宪法第十五修正案。

[J. Morgan Kousser 撰;陈丽丹译;林全玲校]

大陪审团[Grand Juries]②

美国大陪审团起源于英格兰法,它最初的表现形态似乎出现在10世纪末。当时,起领导作用的市民被传唤到法院,报告在他们的社区里出现了什么样的犯罪行为。一个更加直接的先例是1166年参加审讯的克拉伦斯陪审团,它由亨利二世在每个社区建立,是由12个忠实守法的男性组成的控诉团体。据记载,当时一群爵士将陪审团的管辖区域内所有已犯的罪行(或传言已犯的罪行)轮流向巡视的皇家官员(法官)报告,因此参加调查的陪审团的报告成为开始刑事诉讼程序的关键文件。当陪审团审判(*trial by jury)代替了宣誓(oath-taking)、武斗(battle)和神明裁判(ordeal)时(在1215年第四届拉特兰会议之后),陪审员首先是从调查陪审团成员中挑选出的。

到14世纪中期,大陪审团和小陪审团(*petit juries)开始分立。现代形式的大陪审团始于1368年,当时爱德华三世任命24个男子到英格兰各郡的审讯和控诉机构任职。又经过300年[1681年的考里奇案(colledge)和沙夫茨伯里案(shaftesburg)],大陪审团才具有它今天的功能:保护市民免受未授权的恶意的和政治上的控诉,这也是它的基本价值和正当性基础。

大陪审团作为英格兰法的一部分传到美国殖民地,随着与宗主国冲突的加深,殖民地利用了陪审团的保护性作用,例如,拒绝认可由王室提起的控诉。最著名的例子是1735年的曾格案(Zenger),美国人承认陪审团作为一个反抗性部门,作为一个革命组织团体和作为一个民主自治的武器发挥作用。美国联邦宪法第五修正案(the *Fifth Amendment)通过规定:"非经大陪审团提出报告或起诉,任何人不受死罪或其他重罪的惩罚",这反映了殖民地对大陪审团的尊敬。

美国最高法院在"伍德诉佐治亚州案"(Wood v. Georgia)(1962)中表明大陪审团经常被看作是使无辜的人免受仓促的、恶意的和难以忍受的迫害的主要保护手段,它在控诉者与被诉者之间发挥不可衡量的功能……来判断一项指控是基于理性提起的还是基于某个人的恶意提起,或者是一种具有威吓力的权力的宣示(p.390)。

在"合众国诉卡兰德拉案"(United States v. Calandra)(1974)中,法院也宣布了大陪审团的特别权力和广泛的诉讼程序方面的权力。在"合众国诉普罗克特与甘波公司案"(United States v. Procter & Gamble Co.)(1958)中,法院同意大陪审团的活动是秘密的。在"霍罗威茨对物(对事)诉

① 另请参见 Race and Racism。
② 另请参见 Fifth Amendment Immunity。

讼案"(In re Horowitz)(1973)中,法院宣布大陪审团有强制目击证人出庭、提供口头证言和记录结果的广泛的权力。在"布兰兹布恩诉海斯案"(*Branzburg v. Hayes)(1972)中,法院指出对于提供信息的新闻记者,大陪团也可对其发出传票(*Subpoena)要求其出庭作证。

由大陪审团审讯的人几乎没有程序上的权利。公诉人没有义务提供开脱罪责的证据,并且目击证人也没有权利这样做。被告不能对抗和交叉询问原告,关于免于自证其罪(*self-incrimination)的权利没有义务给予提醒["合众国诉王案"(United States v. Wong)(1977)],不需要指出受到刑事指控的可能性["合众国诉华盛顿案"(United States v. Washington)(1977)]。可以违背证人的意愿赋予其豁免权,这可能是"和解"豁免权(trasactional immunity)["布朗诉沃克案"(Brown v. Walker)(1896)],但是它更有可能是相当危险地"使用"豁免权(use immunity)["卡斯提加诉合众国案"(*Kastigar v. United States)(1972)]。免受双重治罪危险(*double jeoardy)的保护不适用大陪审团诉讼程序。它可能会审查传来证据,并不适用证据排除规则(*exclusionary rules)["合众国诉卡兰德拉案"(United States v. Calandra)]。虽然目击证人可以为请教咨询而要求离开法庭,但他没有权利在大陪审团面前接受律师的建议["合众国诉曼杜加诺案"(United States v. Mandujano)(1976)]。有趣的是,法院没有将由大陪审团审问的方式扩展适用于州["胡塔多诉加利福尼亚州案"(*Hurtado v. California(1884)]。现在有一小半州采用大陪审团的审判方式,大多数州通过地方治安法官进行初步审讯的方式提起诉讼。

参加大陪审团服务的合格条件一般包括公民身份(*citizenship)、读写英文的能力、心智健全、最低年龄和居民要求。大多数联邦大陪审团的规模为23人。16名就构成法定人数,而其中12人必须一致同意提起一个控诉,服务期间一般是3个月到18个月,但是可以延长。1968年联邦陪审员挑选和服务法要求,允许当事人交叉随机挑选大陪审员,并不应考虑种族、肤色、宗教、性别、民族起源或者经济地位这些因素。

参考文献 LeRoy Clark, *The Grand Jury* (1972); Marvin E. Frankel and Gary P. Naftails, *The Grand Jury: An Institution on Trial* (1977); Richard D. Younger, *The People's Panel: The Story of the Grand Jury* (1963).

[Peter W. Sperlich 撰;陈丽丹译;林全玲校]

农民系列案[Granger Cases]

参见 Chicago, Burlington & Quincyrailroad Co. v. Chicago; Munn v. Illiniis.

格拉茨诉博林杰案[Gratz v. Bollinger]

参见 Grutter v. Bollinger and Gratz v. Bollinger.

奥基夫引起的格拉雷斯诉纽约州案[Graves v. New York ex rel. O'keefe, 306 U. S. 466 (1939)]①

1939年3月27日以7比2的表决结果作出判决,斯通代表法院起草判决意见,休斯和法兰克福特持并存意见,巴特勒和麦克雷诺兹表示反对。在此案前,1871年"税务官诉戴案"(Collector v. Day)的判决已确认,州雇员明确拥有对联邦税收的豁免权;联邦雇员明确拥有对州税收的豁免权。这一豁免权在著名的所得税系列案中得到强化[参见"波洛克诉农场主贷款与信托公司案"(*Pollock v. Farmers' loan & Trust Co.)(1895)]。在该案中,法院主张所得税是以收入来源为基础的一种税目。

纽约市对在联邦家庭贷款协会(the Federal Home Owner Loan Corporation)工作的纽约居民征收所得税,他们付了税并且随后以政府间的税收豁免权为依据提起控诉。法院主张,宪法中没有任何内容规定了这样的豁免权,国会的任何法律也没有专门对联邦雇员授予豁免权。因此,法院作出结论:联邦雇员的薪水应当向州交税。

哈伦·菲斯科·斯通(Harlan Fiske *Stone)法官主张明确地推翻"税务官诉戴案"(Collector v. Day)和其他案件,这些案件除了支持所得税构成以收入来源为基础的税收这一原则之外,还支持豁免权。

1年后,国会颁布了公共部门薪水税收法(the Public Salary Tax Act),特别针对州的雇员扩大联邦所得税的征收,同样也准许对联邦雇员征收州税,其实根据这个案件中的判决结果,这样的赞同已经没有必要了。

[Melvin I. Urotsky 撰;陈丽丹译;林全玲校]

格雷,霍勒斯[Gray, Horace]

格雷,霍勒斯[1828年3月24日生于马萨诸塞州的波士顿,1902年9月15日卒于马萨诸塞州的内汉(Nahant),葬于马萨诸塞州剑桥市的奥本山峰公墓]1882年至1902年间担任大法官。在家庭经济状况暂时恶化的激励下,格雷到哈佛大学研究法律,并于1851年到马萨诸塞州法院工作。1853年至1861年,他作为最高审判法院的判决记录发布人受到瞩目。1864年,格雷成为在马萨诸塞州最高法院任职的最年轻的成员,9年后,他成为该法院的首席法官。

格雷是一个非常奇异的实干家和法律学者。他

---

① 另请参见 Tax Immunity.

格雷诉桑德斯案[Gray v. Sanders]

Horace Gray

的做事风格刻板并从不妥协,并且他会毫不犹豫地指导律师们的举止和着装。格雷在马萨诸塞州法院任用了哈佛大学法学院的学生路易斯·德姆比茨·布兰代斯(Louis Dembitz *Brandeis)作为他的临时法律助手(布兰代斯是由他同父异母兄弟约翰·奇波曼·格雷推荐的,1879年至1881年,他在这个岗位任职)。到了美国联邦最高法院,格雷仍坚持这种做法,并且这一做法后来成为美国司法的惯例。

马萨诸塞州的乔治·F.豪尔议员是格雷的老同学,他宣布对格雷在最高法院任职表示赞同,而这个提名有这么多的支持,以至于格雷的候选人地位看起来是不可动摇的。詹姆斯·加菲尔德(James Garfield)总统在实行任命之前逝世了,他的接班人切斯特·A.阿瑟(Chester A. Arthur)对格雷进行正式的任命。在华盛顿,格雷获得极大的发展并已完成了婚姻大事。1889年6月4日,他与逝世不久的同僚斯坦利·马修斯的女儿简·马修斯结为伉俪。

1882年初,格雷所在的联邦最高法院正处于转变时期,法院正由坚定的联邦体制保卫者转变成为积极地在宪法中寻求扩大国家权力新领域(参见Federalism)。格雷颇受称赞的国家主义观点体现在他在"朱利亚德诉格林曼案"(Juilliard v. Greenman)(1884)和"冯月亭诉合众国案"(Fong Yue Ting v. United States)(1893)中的观点。在这些案件中他认为国会的权力,特别是其关于发行纸币和处理居住在国内的外国人的权力没有受到宪法限制。然而,尽管他不愿持有异议,他还是反对法院把实体的正当程序(*due process, substantive)作为对州(*state)行为的限制,反对法院寻找规避联邦宪法第十一修正案(the *Eleventh Amendment)的限制的途径,并且认为法院主张的商业条款侵犯了州治安权。当国会通过法律允许各州禁止装运酒类到他们的管辖区时,格雷看到他的异议意见中有一条得到了支持。

在格雷起中心作用的所有判决中,最著名的是"合众国诉王·金·阿克案"(United States v. *Wong Kim Ark)(1898)。国会曾宣布中国人没有资格归化,但是他们在美国出生的孩子是美国公民。格雷利用英美普通法作为指导,解释联邦宪法第十四修正案(the *Fourteenth Amendment)的规定,无论申请人的种族和民族血统是什么,他们一出生就享有公民身份(*citizenship)。

格雷花费了很多时间来构建的严肃、有持久影响力的观点,后来成为具有学术价值的历史性的文件。格雷晚年,精力和工作能力都逐渐消退了。当由于中风使他半身不遂之后,只要一有新的接班人,格雷就要辞职了。但格雷在对奥利弗·温德尔·霍姆斯(Oliver Wendell *Holmes)的任命被确认之前就去世了,霍姆斯当时拥有与格雷20年前时同样的司法地位。

参考文献 Elbridge B. Davis and Harold A. Davis, "Mr. Justice Gray: Some Aspect of His Judicial Career", *American Bar Association Journal* 41 (May, 1995) pp. 421-424, 468-471.

[John E. Semonche 撰;陈丽丹译;林全玲校]

格雷诉桑德斯案[Gray v. Sanders, 372 U.S. 368(1963)]①

1963年1月17日辩论,1963年3月18日以8比1的表决结果作出判决。道格拉斯代表法院起草判决意见,斯图尔特和克拉克持并存意见,哈伦表示异议。"格雷诉桑德斯案"涉及选举权的不平等问题,是"贝克诉卡尔案"(*Baker v. Carr)(1962)与1964年议席重新分配系列案(*reapportionment cases)之间的法理上的阶石。

格雷案对佐治亚州的选举体系提出质疑,该体系要求农村地区在选举州或国会的官员时,要先进行一个初步的普选,相比城市来讲,这严重增加了他们的负担。赢得普选的候选人可能,并且时常失去当选的机会。曾有几个案件上诉到最高法院,对这一佐治亚州制定法提出质疑,但都没有成功。"贝克诉卡尔案"的判决引发了新的挑战。

联邦最高法院运用联邦宪法第十四修正案(the

---

① 另请参见 Fair Representation; Vote, Right to。

*Fourteenth Amendment)的平等保护条款(*Equal protection Clause),支持联邦地区法院废除佐治亚的这套选举体系,但是没有接受该低级别法院建议的与选举总统类似的一套选举体系,因为法院认为其"不适用"。

联邦最高法院宣布"格雷诉桑德斯案"是一个投票权案,而不是议席重新分配问题——而这正是波特·斯图尔特(Potter *Stewart)法官和汤姆·C. 克拉克(Tom Campbell *Clark)法官的并存观点中强调的问题。然而威廉·O. 道格拉斯(William O. *Douglas)法官代表法院推断:"从《独立宣言》到林肯的葛底斯堡演讲,联邦宪法第十五(the *Fifteenth Amendment)、十七(the *Seventeenth Amendment)、十九修正案(the *Nineteenth Amendment)中政治平等的内容只意味一件事——一人一票"(p.381)。从后来的几个议席重新分配系列案件来看,他的这一观点是正确的。

持反对意见的约翰·M. 哈伦(John Marshal *Harlan)法官认为,记录不能充分证明对完全触及联邦司法权与州立法权之间的界限的事务有不公正影响。在哈伦看来,格雷案似乎是禁止司法进入"政治丛林"(*political thicket)的一步(p.402)。

[Gordon E. Baker 撰;陈丽丹译;林全玲校]

格林伯格,杰克[Greenberg,Jack]

(1924年12月22日出生于纽约的布鲁克林)律师。格林伯格1949年加入全国有色人种协进会(*National Association for the Advancement of Colored People)法律辩护基金会(*Legal Defense Fund)担任一名事务律师,并于1961年担任主任律师,当时瑟古德·马歇尔(Thurgood *Marshall)被任命为第二巡回上诉法院的法官。法律辩护基金会的一些支持者反对提升格林伯格,而主张罗伯特·卡特应该担任主任律师。卡特是1945年就加入全国有色人种协进会的一名美国黑人。在南方腹地各州进行废除种族歧视判决的执行时期,格林伯格指导了法律辩护基金会的工作,协调了该团体开展的废除死刑运动(参见 Capital Punishment),并且根据《1964年民权法》(*Civil Rights Act of 1964)第七编提起了反对就业歧视的诉讼。他于1984年从法律辩护基金会退休,到哥伦比亚大学法学院担任教授,后来担任哥伦比亚大学法学院院长。

[Mark V. Tushnet 撰;陈丽丹译;林全玲校]

格林诉比德尔案[Green v. Biddle, 8 Wheat (21 U. S.) 1(1823)]①

1821年2月16日辩论,1821年3月5日以6比0的表决结果作出判决,斯托里代表法院起草判决意见,华盛顿缺席。1821年3月12日申请重新审判,1822年3月8日至11日重新辩论,1823年2月27日以4比0的表决结果重新作出判决,华盛顿代表法院作出判决意见,约翰逊持并存意见,利文斯顿、托德和马歇尔缺席。"格林诉比德尔案"的判决是法院于"弗莱彻诉佩克案"(Fletcher v. Peck)(1810)后最重要的扩展契约条款适用范围的案件。法院力图使契约条款不仅适用于私人合同,还包括公共合同。这一案件涉及的是1792年弗吉尼亚—肯塔基盟约(compact)。

该合同规定肯塔基州土地所有权的效力将"由现存法律决定",即弗吉尼亚州的法律决定。然而肯塔基州颁布了一系列占有请求法(Occupying Claimant Law),规定本地的居民如果被非本地居民的所有权人驱逐,他们可以就土地的改良和庄稼损失获得赔偿。弗吉尼亚州的约翰·格林针对一个肯塔基居民从联邦巡回法院上诉到最高法院,要求法院对1812年本地居民索赔法律与1792年弗吉尼亚—肯塔基盟约有效性作出判决。约瑟夫·斯托里(Joseph *Story)法官在1821年提出一个观点,主张本地居民索赔法律是不合宪的,其违反了宪法第1条第10款,即契约条款(Contract Clause),并且与同一款的协约条款(Compacts Clause)也不一致。

斯托里的观点遭到肯塔基州两名有权威的议员——亨利·克雷和理查德·约翰逊——所领导的政治反对风暴。面对这种抵制,斯托里收回这一意见,并由其在1823年的另一观点所替代。他代表3名法官提出这一新意见。其中布什罗德·华盛顿(Bushrod *Washington)法官表示赞成,威廉·约翰逊(William *Johnson)法官持并存意见[首席大法官约翰·马歇尔(John *Mashall)缺席,布罗克霍尔斯特·利文斯顿(Brockholst *Livingston)得了重病,托马斯·托德(Thomas *Todd)身体欠佳]。华盛顿的观点认为弗吉尼亚—肯塔基盟约是一个合同,因此根据契约条款是不应受侵犯的,但是它受到肯塔基州制定法的损害。肯塔基州又一次猛烈地抵制并且继续推行其土地索赔法,并且国会对法院权威的挑战也没有减弱。

[Sandra F. VanBurkleo 撰;陈丽丹译;林全玲校]

格林诉新肯特郡学校理事会案[Green v. County School Board of New Kent County, 391 U. S. 430(1968)]②

1968年4月3日辩论,1968年5月27日以9比0的表决结果作出判决,布伦南代表法院起草判决意见。格林案被法院认定为是一个确定"第二布朗诉教育理事会案"(*Brown v. Board of Education

---

① 另请参见 Contracts Clause。
② 另请参见 Education;Race and Racism。

Ⅱ)(1955)中规定的学校废除种族隔离(*desegregation)的救济适当范围的标志性案件,格林案是界定或重新界定第一布朗案中明文昭示的实体权利内容的"分水岭"。

4个州的学校存在种族隔离制度,弗吉尼亚州是其中之一。这一种族歧视的学校系统的合宪性受到了挑战,主要体现在以"第一布朗诉教育理事会案"为典型案例的诉讼中。第二布朗案后10年,弗吉尼亚州制定了州学生分配法,并在全州范围内毫无诚意地执行布朗案的判决,实质上州学生分配法阻碍了废除种族歧视。1965年由于面临失去联邦救济的危险,该法律被废弃,并且新肯特郡学校理事会采取了一项"自由选择方案",实质上允许学生在两个学校——从前全部是黑人的沃特金斯学校或者全部是白人的新肯特学校——中进行选择。实施这个计划后3年,没有白人选择到沃特金斯学校就读,仅有115个黑人去了新肯特学校,85%的黑人仍进入沃特金斯学校。诉讼当事人,黑人学校的孩子们认为,"自由选择计划"实际上保持了以前由州法律规定的种族双重学校系统。

小威廉·布伦南(William J. *Brennan)法官代表法院指出,该案的关键在于是否"自由选择方案"与第二布朗案一致。布伦南比较谨慎地表明,"我们并不主张'自由选择'方案本身是不合宪的……但是在废除种族歧视的双重系统中,'自由选择'的方案本身并不是目的"(pp.439-440)。法院认为,恰当的目的应是,这个方案"现实快速地使学校体系转变成一个不是'白人'和'黑人'的学校,而仅仅是学校"(p.442)。

法院判决背后的合理依据包含大量的因素,不仅包括初级法院在格林案中认定的事实,还有联邦调查中确认的一些因素使"自由选择"不可能发挥作用——担心选择改换学校会招来敌意和报复、公共官员和私人团体的不正当影响、贫穷的附属影响以及学校之间不平等配套设施。因为上述事实,法院推断选择自由选择计划似乎不能完成第二布朗案提出的废除双重系统的要求。

格林案是第二布朗案后判决的十分重大的学校案件。通过狭义的解释两个布朗案,以前国家允许的存在种族隔离的学校可以通过改变法律规定的不同种族学生的就读比例,履行他们的宪法义务。实际上,在一个短暂的时期内,曾提起布朗案和布朗案以前的一些歧视案件的全国有色人种协进会(*National Association for the Advancement of Colored People)(NAACP)也曾催促它的地方会员,在第二布朗案后寻求"自由选择方案"的出台。

面对南方对废除种族歧视的"大规模地抵抗",以及面对白人先是迅速地转到私立学校就读,后又从黑人家庭居住的地区彻底离开这些情况,全国有色人种协进会改变了它的策略,要求获得新的救济类型,并且最终在格林案中被批准。这样布朗案的矛头被改变为直接针对双重系统的影响而不是针对它的基础。因此,由于该案的影响,要判断学校是否符合布朗案的要求,至少在过去国家允许隔离的学校里,需要看学校不同种族学生人员比例。随着白人迅速转到其他学校这一情况的增多,只有用校车接送黑人学生才能实现格林案的目的。全国有色人种协进会的律师在格林案的口头辩论中作出让步,所以新的救济方式要求各州和法院认可布朗案实际上谴责的——以种族为基础的就读人数安排。尽管不是很明显,格林案还是把在学校废除种族隔离的重点从教育机会平等转移到学校就读人数的协调上。

[Dennis J. Hutchinson 撰;陈丽丹译;林全玲校]

格雷格诉佐治亚州案[Gregg v. Georgia, 428 U.S. 153(1976)]

1976年3月31日辩论,1976年8月2日以7比2的表决结果作出判决,斯图尔特宣布了判决意见,鲍威尔和史蒂文斯同意,怀特、伯格、伦奎斯特和布莱克蒙持并存意见,布伦南和马歇尔反对。在来自佛罗里达州和得克萨斯州的两个同类案件中,联邦最高法院重新确认了"弗曼诉佐治亚州案"(*Furman v. Georgia)(1972)所提出的死刑(*capital punishment)的合宪性问题。格雷格案中的法官们支持了对法官和陪审团适用死刑时进行指导的制定法。法院否定了死刑本身不合宪的主张,但是强烈暗示规定强制死刑的制定法将违反联邦宪法第八修正案中禁止残忍和非正常刑罚(*cruel and unusual punishment)的规定。同一天判决的"伍德森诉北卡罗来纳州案"(*Woodson v. North Carolina)(1976),明确宣布强制性的死刑不合法。

格雷格曾有两次武装抢劫和两次谋杀的罪行,佐治亚州死刑法为陪审团作出死刑判决提供了可遵循的指导方针。法律要求陪审团排除合理怀疑并以书面方式明确说明至少存在以下具体的加重的情形中的一种时,才可以适用死刑。加重的情形包括:(1)被告在公众领域对不止一人造成巨大的死亡危险;(2)被告谋杀案中的主犯或其代理人;(3)被告因一个重罪先前已被定罪;(4)被告从监禁中逃跑;(5)被告杀害消防员或者杀害正在行使职务行为的刑事司法系统官员。佐治亚州最高法院以前也曾取消了一种加重情节,即"大量严重攻击性的刑事犯罪前科",理由是该情节不够清楚和客观。

佐治亚州法律也要求法官考虑一些减刑的情形,如犯罪者年少、与警局合作以及犯罪时的情绪状态等原因。并且规定由佐治亚州最高法院强制复审死刑判决,主要考虑:(1)判决是否受到激愤、偏见或者其他武断因素的影响;(2)是否有支持加重情况的证据;(3)与相似的案件或被告相比,处罚是否过度或不平衡。

格雷格案的审判法官建议陪审团可以对每起犯罪推荐使用死刑或者终身监禁,并且可以自由判断是否有加重或减轻刑罚的情形。特别是,他指导陪审团,除非他们排除合理怀疑认定谋杀者至少存在以下三种情形中的一种,否则不能适用死刑。这三种情形指:同时从事了其他应判处死刑的犯罪行为、为了获得被害人的财产而进行的谋杀或者从事了极度凶恶的罪行。陪审团认为存在前面两种加重情形,于是在该案中适用了死刑。同时,佐治亚州最高法院审查认为,对杀人犯的判决没有产生于偏见或其他武断的因素,并且与罪行相比没有过度。但是其以佐治亚州很少对武装抢劫适用死刑为由,推翻了这一死刑判决。

波特·斯图尔特(Potter *Stewart)代表最高法院宣布联邦宪法第八修正案包含了"人格尊严的基本内容"。他认为死刑本身不是残酷的和不寻常的。联邦宪法第五(the *Fifth Amendment)和第十四修正案(the *Fourteenth Amendment)的正当程序条款暗示了这一点。更重要的是,保护人格尊严与预防、惩罚犯罪的目的是一致的。根据斯图尔特的观点,考虑到人格尊严标准的不断变化,当惩罚与罪行的严重程度相当(不武断)并且不是肆意地造成对人的伤害时,它是合宪的。立法机关不需要证明死刑具有预防犯罪的功能,也不需要选择最不严厉的刑罚。这样,对死刑的立法选择即包含了合理性的假设。斯图尔特也强调,宪法的认可和公众的接受强化了死刑的合法性,因此报复功能是立法应当考虑的一个有效的因素。

在斯图尔特看来,佐治亚州的法律有效地防止了武断的和不相称的死刑判决:(1)因为双层诉讼程序(bifurcated procedure)使得可以对与死刑有关的证据进行充分地调查;(2)因为审判团体必须作出具体的事实调查来证明死刑判决的合理性;(3)州最高法院对被判为死刑的被告复审也保证了被判死刑的人之间具备可比性和相似性。斯图尔特没有支持原告的主张,原告提出控诉人的自由裁量、辩诉交易(*plea bargaining)和执行宽大会导致相似性复审过程中无法发现的随意性,这会使死刑判决变得武断,从而违反了联邦宪法第八修正案。斯图尔特也同意佐治亚州要求审判团体在作出判决前,对范围更广的证据和主张进行审查。

拜伦·怀特(Byron *White)法官与沃伦·伯格(Warren *Burger)和威廉·伦奎斯特(William *Rehnquist)法官认为,格雷格不能证明佐治亚州最高法院在此案中没有确保他不受到歧视性的、反常的和肆意的死刑判决的伤害。他也不能证明佐治亚州最高法院不能在所有的案件中充分做到保护犯罪嫌疑人。怀特也坚持合理的判断因素,例如,有证据的证明力、陪审团在实际上适用死刑的可能性等,决定了控诉人是否主张对被告适用死刑。因此,有限的控诉人的自由裁量并不会使得死刑极其专横,从而违宪。

对格雷格案多数法官意见的批判主要集中在,大多数法官的观点没能令人信服地把他们刚开始提出的联邦宪法第八修正案中"人格尊严"这一基本概念,与判断是否判处死刑时应考虑广泛因素这一结论联系起来。换句话讲,如果人格尊严是判断处罚是否残酷和不寻常的独立道德标准,那么大多数人就把联邦宪法修正案曲解为判断是否应判处死刑的加重或减轻情节(p.405)。

最高法院没能做到这一点,其对起草死刑法的立法尝试在以下几个方面几乎没作出什么指导,即:(1)选择加刑或减刑情节的标准;(2)一旦存在上述情节,审判团体应有的裁量权的幅度;(3)审判团体怎样在实践中判断某一确定的情节(法律规定的加重或减轻情节)是否存在。确实,不解决这些问题,很难明白上诉法院在强制复审中怎样判断是否具备了相似性的要求,除非它通过总的统计进行比较。这种比较可能会违反由陪审团决定是否存在减刑情形的规定。通过法律明确界定个别情况适用强制死刑,表面上将更加有效地实现罪罚平衡,但是在"伍德森诉北卡罗来纳州案"中,法院推翻了强制死刑,因为强制死刑使法院不能考虑是否存在减轻的情节。

同样,很难使多数法官主张的独立人格尊严标准与他们主张的死刑所具有的预防与惩罚的功能相一致。刑罚学上的证据不支持以下主张,即死刑可以有效地预防犯罪,并且因为惩罚太接近于报复,因此不能毫无疑问地认为它可以促进人格尊严。然而,多数法官没有在合理的或者在人格尊严的基础上为预防或惩罚功能给予强有力的辩护。同样,因控诉人的自由选择、辩诉交易和执行宽大而产生的明显的任意性倾向,使得迫切需要注意人格尊严的维护,但是多数意见没有认真思考就略过了这个难题。总而言之,格雷格案没有对实践中如何限制其所谴责的专断性明确规定条件和程序。威廉·布伦南(William *Brennan)法官和瑟古德·马歇尔(Thurgood *Marshall)法官在反对意见中提到了这些方面。

参考文献 Hugo Adams Bedau, ed., *The Death Penalty in America* (1982); Welsh S. White, *The Death Penalty in the Eighties: An Examination of the Modern System of Capital Punishment* (1987).

[Lief H. Carter 撰;陈丽丹译;林全玲校]

格里尔,罗伯特·库珀[Grier, Robert Cooper]

[1794年3月5日生于宾夕法尼亚州的坎伯兰县;1870年9月25日卒于宾夕法尼亚州的费城;葬于宾夕法尼亚州的柏勒夕威德(BalaCynwyd)的西桂树山公墓]1846年至1870年间担任大法官。他是艾萨克·格里尔(Rev. Isaac Grier)和伊丽莎白·库珀(Elizabeth Copper)的长子,他共有10个弟弟妹妹。格里尔最初在宾夕法尼亚州的里卡明县(Lycoming),后来又去了诺森伯兰郡。在那里,他的父亲种田、布道,并且在学校教书。他在儿童时代由长老会的父亲管教,后来在迪金森(Dickinson)学院上了大学三年级,并于1812年毕业。1815年格里尔的父亲去世后,21岁的他担任起管理他父亲的学校的重任并开始学习法律。为了赡养他的母亲并为10个弟弟妹妹提供受教育的机会,格里尔于1817年加入宾夕法尼亚州律师协会,并在布鲁斯特堡和丹维尔执业。1829年,他娶了富有的伊莎贝拉·罗斯(Isabella Rose)。

Robert Cooper Grier

1833年,格里尔被任命为埃勒根尼县(Allegheny)地区法院的法官。这个任命在某种程度上是一个政治的偶然事件,同样,他被提升为州最高法院法官也是偶然的。"宾夕法尼亚州法官"亨利·鲍德温(Henry Baldwin)于1844年逝世,约翰·泰勒(John *Tyler)和詹姆斯·K.波尔克(James K. Polk)总统不能找到一个合适的接班人,直到波尔克总统任命了没有争议(并且几乎无名的)格里尔。

格里尔在法院的23年生涯中都处于中立立场。在许可系列案(*License Cases)(1847)中,他支持各州的治安权(*police power),甚至支持州干涉州际贸易(p.406),但是在涉及两州对船东征税的乘客系列案(*passenger cases)(1849)中他划分了界限。"库利诉费城港监委员会案"(*Cooley v. Board of Wardens)(1852)判决中的最终结论,即众所周知的"选择性排斥"(*selective exclusive),得到了格里尔的赞许(参见Commerce Power)。

在"马歇尔诉巴尔的摩与俄亥俄州铁路公司案"(Marshall v. Baltimore and Ohio Railroad)(1853)中,格里尔支持法院对涉及公司的对不同州(国)籍当事人之间诉讼的管辖权(*diversity of citizenship)案件有管辖权,但是裁决这个合同违反公共利益:因为议院之外的游说者们是"由腐败官员组成的紧密团体"(p.335)。他通常支持各州的权利,这在"伍德拉夫诉特拉普纳尔案"(Woodruff v. Trapnall)(1850)和"韦林诉克拉克案"(Waring v. Clarke)(1847)中都有显著体现。

在奴隶制系列案(*slavery cases)中,格里尔与法院的南方分子观点一致。1847年在逃亡奴隶系列案(*fugitive slave cases)中,他对陪审团提供的指示激怒了匹兹堡的废奴主张者。在"穆尔诉伊利诺伊州案"(Moore v. Illinois)(1852)中,他为帮助逃跑的人遭受双重治罪危险(*double jeopardy)而寻求宪法的帮助。但是因为用武力来抵制《叛国逃亡奴隶法》并不等同于发动战争,所以格里尔拒绝认为这种行为构成叛国罪。

在"德雷德·斯科特诉桑福德案"(Dred *Scott v. Sandford)(1857)中,格里尔起到了一定的作用。最初,格里尔希望回避黑人公民身份权(*citizenship)的问题,但是联邦法院之间不能形成一致意见。考虑到法院的投票不能太过于分散,约翰·卡特伦(John *Catron)法官请求詹姆斯·布坎南总统游说格里尔,格里尔表示他将全力支持首席法官罗杰·托尼(Roger *Taney)的观点,并且暗示了判决的方向。布坎南在1857年3月4日就职典礼的演讲中提及这个案件,两天后当这个判决宣布时,北部的批评家愤怒地指出托尼(*Taney)向总统泄露了秘密。虽然格里尔是真正的罪魁祸首。

虽然格里尔被大家认为是一个亲南方的北方人,他仍是一个忠诚的联邦主义者。在巡回法院审理"合众国诉威廉·史密斯案"(United States v. William Smith)(1861)时,格里尔告知陪审团联邦政府还没有被法律承认,在战利品系列案(*Prize Cases)(1863)中重申了这一观点,这维护了亚伯拉罕·林肯(Abraham *Lincoln)总统的封锁和战争政策。格里尔在其他领域获得更少的支持(p.406)。他对所得税(*income tax)的有效性进行质疑,在巡回法院中反对对报社的没收,并且狭义地解释了纸币的使用领域。

格里尔反对激进的重建(*Reconstruction),在

"米利根单方诉讼案"(Ex parte, *Milligan)(1866)中,他支持戴维·戴维斯法官(David *Davis)的极端观点,并且把表决结果泄露给了司法部长奥维尔·布朗宁。他投票反对"卡明斯诉密苏里州案"(*Cummings v. Missouri)(1867)和"加兰单方诉讼案"(Ex parte *Garland)(1867)中的测试宣誓,并且反对"麦卡德尔单方诉讼案"(Ex parte, *McCardle)(1869)判决的延迟,认为这会为国会改变法院的管辖权提供时间(参见 Judicial Power and Jurisdiction)。在"得克萨斯州诉怀特案"(*Texas v. White)(1869)中,他有力地论证了被征服的得克萨斯州共和政府在政治上并不是一个独立政府。

1867年之后,格里尔的健康状况严重下降。在对法定货币系列案(*Legal Tender Cases)(1870—1871)讨论的会议中,他已不能集中精力思考和投票。斯蒂芬·F.菲尔德(Stephen Johnson *Field)法官领导一个代表团催促格里尔退休,格里尔同意了。

喜好钓鳟鱼的格里尔是一个高大健康的人。他具有双重性格,一会儿是一个天生粗俗的人——不文雅和粗鲁;一会儿又是一个喜欢希腊文与拉丁文的高水平作家。

参考文献 Don E. Fehrenbacher, *The Dred Scott Case: Its Significance in American Law and Politics* (1978); David M. Silver, *Lincoln's Supreme Court* (1957)。

[Michael B. Dougan 撰;陈丽丹译;林全玲校]

格里芬诉加利福尼亚州案[Griffin v. California, 380 U.S. 609(1965)]

1965年3月9日辩论,1965年4月28日以7比2的表决结果作出判决,道格拉斯代表法院起草判决意见,斯图尔特和怀特表示反对。联邦宪法第五修正案(the *Fifth Amendment)反对自证其罪(*self-incrimination)的权利可以限制联邦政府的行为,该权利通过联邦宪法第十四修正案(the *Fourteenth Amendment)正当程序条款(*Due Process Clause)平等适用于各州。本案的争议焦点是,当一个州允许控诉人和法官对被告在刑事诉讼程序中未能提供证据作出不利的评论时,是否侵犯了上述权利。最高法院确信的确如此。因为控诉人和法官的不利陈述使陪审员忽视了被告享有的宪法授予的无罪推定的权利,所以被告为拒绝陈述付出代价。即使一个清白的或诚实的人也可以有许多原因(胆怯是其中之一)不承担为自己进行辩护的角色。然而,毫无疑问,这一特权也同样保护了有罪之人。

联邦最高法院表示,允许法官和陪审员从被告的沉默中作出有罪的推论是纠问式刑事诉讼程序的遗留规则。因为美国司法系统是控辩式的,所以联邦宪法第五和第十四修正案必须保证禁止控诉人和法官对被告不能提供证据作不利评论,当然也不允许陪审团从被告的沉默中作出不利的推论,即使在缺少这种评论的情况下也不允许。但是正如法院所说的:"当法院对处于不利证据中的被告的沉默严肃对待,这就是另一回事了"(原文 p. 407)(p. 614)。格里芬案推翻了"亚当森诉加利福尼亚州案"(*Adamson v. California)(1947)。

[Donald P. Kommers 撰;陈丽丹译;林全玲校]

格里芬诉爱德华王子县学校理事会案[Griffin v. County School Board of Prince Edward County, 337 U.S. 218(1964)]①

1964年3月30日辩论,1964年5月25日以9比0的表决结果作出判决,布莱克代表法院起草判决意见,克拉克和哈伦持并存意见。尽管"第二布朗诉教育理事会案"(*Brown v. Board of Education Ⅱ)(1955)要求取消公立学校的种族安排,弗吉尼亚州爱德华王子县的教育理事会仍依照州法律关闭了公立学校,并且为白人私立学校提供学费补助金和税收贷款。胡果·布莱克(Hugo *Black)法官代表联邦最高法院忍无可忍地摒弃了为这一政策而进行的似乎合理的程序性辩护,并且宣布:"十分审慎的速度(*deliberate speed)已经不存在了"(p. 234),地区法院被授权监督这些补助金和救济金的进一步使用,以至于法院可以监督该理事会收税与拨款的权力,甚至可以命令公立学校重新开放。针对最后一点,汤姆·克拉克(Tom *Clark)和约翰·M.哈伦(John M. *Harlan)法官"不赞同",但并没作出解释——自布朗案以后,联邦最高法院第一次在涉及废除种族歧视和联邦宪法第十四修正案(the *Fourteenth Amendment)的诉讼中有不同意见,哪怕只是部分的异议。

更关键的是,法院明确地反对不执行第二布朗案判决的策略。格里芬案后,受本案影响的学校或者选择废除种族隔离的双重种族系统,或者默许白人到私立院校就读。

[Dennis J. Hutchinson 撰;陈丽丹译;林全玲校]

格里格斯诉杜克电力公司案[Griggs v. Duke Power Co., 401 U.S. 424(1971)]②

1970年12月14日辩论,1971年3月8日以8比0的表决结果作出判决,伯格代表法院起草判决意见,布伦南没有参加审判。格里格斯案被认为是

---

① 另请参见 All Deliberate Speed; Desegregation Remedies; Race and Racism。

② 另请参见 Race and Racism。

据1964年《民权法》第七编而制定的《就业歧视法》(*employment discrimination)发展过程中具有十分重要意义的一个案件。它对工作歧视问题产生了深远的影响。

地区法院发现,《民权法》第七编生效之前,北卡洛来纳的德雷珀公司在其工厂里雇佣工人和安排工作岗位时,以种族为基础进行歧视。公司的长期惯例是雇佣黑人到全部是黑人工作的工种,这一工种所获的最高工资低于全部由白人工作的工种的最低工资。在种族歧视的部门里能否获得晋升机会也取决于种族。1965年7月2日,《民权法》第七编生效时,公司出台了一项新政策,规定凡申请到传统白人阶层的工种工作的人,包括那些想从其他部门调动的人,除了满足高中教育的条件之外,还要求在两项才能测试中取得可被接受的成绩。地区法院认为早期的惯例是《民权法》第七编"所不及"的,并且新标准并没有故意进行歧视。

联邦最高法院否定了这个政策并主张支持黑人原告。这一系列的措施具有就业歧视的本质,并且《民权法》第七编意在废除这样的歧视。这样,该法废除了维护白人雇主从黑人那里获得利益的手段。根据法院的观点,如果表面看来中立策略的使用会保持歧视在过去形成的影响,则是不合法的。

法院进一步认为,是否存在歧视的意图并不重要,关键在于结果是否是歧视性的。确定是否雇用雇员或对雇员进行升职的标准必须与工作有关,并且需符合平等就业机会委员会制定的指导方针。

最后,法院主张尽管一项惯例的意图是中立的,但如果对法律保护的团体造成全然不同的影响(*disparate impact),则该惯例是无效的。格里格斯案的"全然不同的影响"概念建立在法院对《民权法》第七编第702条(a)(2)的理解之上,并且已经成功地运用于许多案件。虽然第七编法律已经持续向前发展,并且举证责任已转移给原告,但是,格里格斯案的根本原则仍然是有效的。

在"瓦德谷包装公司诉安东尼奥案"(*Ward's Cove Packing Co. v. Atonio)(1989)中,法院以5比4的表决结果作出判决,修改了涉及第七编全然不同影响的案件中确定歧视的标准。在格里格斯案确立的标准下,雇主如证明由他的行为引发的全然不同影响是因工作需要造成的就可以免责。在瓦德谷包装公司案所要求的标准下,举证责任总是归属原告。在"普华永道诉霍普金斯案"(Price Waterhouse v. Hopkins)(1989)中,法院转移了举证责任,认为主张受到全然不同待遇的原告必须提出直接的证据来证明就业实践中实质上采取了不合法的标准。《1991年民权法》(*Civil Rights Act of 1991)又一次转移了举证责任。

[Herbert Hill 撰;陈丽丹译;林全玲校]

格里斯沃尔德诉康涅狄格州案[Griswold v. Connecticut, 381 U.S. 479(1965)]①

1965年3月29日辩论,1965年6月7日以7比2的表决结果作出判决,道格拉斯代表法院起草判决意见,戈德堡、哈伦和怀特持并存意见,布莱克和斯图尔特持异议。格里斯沃尔德是美国宪法史上一个奇特而重要的案件。它涉及一个"非常糊涂的法律"(如波特·斯图尔特法官所称),并且很难通过宪法对该法律提出反对,这由同意大多数法官意见的并存观点所证明。这些判决意见不仅使格里斯沃尔德案成为1965年间一个十分重要的判决,而且引起了对宪法的一般特征和某一具体权利的争论,该争论持续了几十年。

争议的变迁 1879年康涅狄格州制定法规定任何人使用任何药品、物品和用具避孕都是违法行为。该制定法以前曾引起两次诉讼,在"泰尔斯顿诉厄尔曼案"(Tileston v. Ullman)中,最高法院认为原告缺乏诉权(*standing),在"波诉厄尔曼案"(Poe v. Ullman)中,因为原告还没有提起诉讼,所以法院认为这个争议还不成熟(参见 Ripeness and Immediacy)。

然而直到1965年,法院才决定对该制定法的合宪性问题作出判断。当时康涅狄格州计划生育组织(Planned Parenthood League)的两名成员提起一项诉讼。该组织的行政和医学领导者因为为已婚人士提出关于避孕手段、工具和医学上的建议,被认定为违反了该法(参见 Contraception)。康涅狄格州错误审查法院确认了这一判决。

上诉时,联邦最高法院以7比2的表决结果推翻了该判决。大多数法官决定:(1)上诉者有资格提起与其有职业关系的人们的宪法权利的诉讼;(2)由于该制定法违反了宪法保护的已婚人士的"隐私权",所以它是无效的。

默示的权利:新的实体的正当程序? 格里斯沃尔德案中大多数法官的主张在很大程度上都建立在1937年后的宪法理论之上。法院保护基本的宪法权利,并且通过联邦宪法第十四修正案(the *Fourteenth Amendment)这一传统模式来反对各州的侵害(即以第十四修正案合并《权利法案》的规定,并推及适用于州的模式),并且法院对规范"基本人身权利"的法律比规范经济关系的法律规定了更加严格的审查标准(参见 Due Process, Substantive)。法院更有争议的举措是将这一逻辑适用于基本权利——这里指隐私权——同样没明确地规定在《权利法案》(*Bill of Rights)之中的权利,这也是史无前例的。法院以前曾确认一些不成文的权利,例如,教孩子学习一门外语["迈耶诉内布拉斯加州

---

① 另请参见 Abortion;Privacy。

案"(*Meyer v. Nebraska)(1923)],送孩子到私立学校["皮尔斯诉姐妹会案"(*Pierce v. Society of Sisters)(1925)],生育["斯金纳诉俄克拉荷马州案"(*Skinner v. Oklahoma)(1942)],抵制一定的人身侵害["罗沁诉加利福尼亚州案"(*Rochin v. California)(1952)],和出国旅游["阿普特克诉国务卿案"(*Apthcker v. Secretary of State)(1964)]。并且法院不遗余力地为赋予这些未列举的权利拥有充分的合宪地位的实践提供正当的理由,这使格里斯沃尔德案成为一个标志性的案件。

在这一点上法官的分歧很大。实际上,支持大多数意见的法官提出了四种论证这些未列举的权利为基本权利的理由。威廉·奥维尔·道格拉斯(William Orville *Douglas)法官代表全体法官中的5位撰述,提到了《权利法案》(*Bill of Rights)中所蓄含或附属的其他未明确列出的权利。他的名言"明确规定的权利……之外有一个模糊的区域,由这些明确规定的权利的散射形成,它们有助于赋予这些明确规定的权利以生命和血肉"(p.484)。正如法官早先发现的,联邦宪法第一修正案(the *First Amendment)规定的言论自由权蓄含了"结社自由权"这一项扩展的权利,并且他推论到,联邦宪法第一、第三(*Third)、第四(*Fourth)、第五(*Fifth)和第九(*Ninth)修正案也暗含了"隐私权领域",这一推论是该案中确认一般隐私权的基础。

阿瑟·戈德堡(Arthur *Goldberg)法官与厄尔·沃伦(Earl *Warren)首席法官及威廉·布伦南(William *Brennan)法官一起,为论证隐私权的正当基础采取了一种更加广泛的方法。虽然戈德堡承认道格拉斯关于模糊区域和散射物这一理论价值,可是他进一步表明,"这一理念也保护那些基本的人身权利,并且不受《权利法案》语言的限制"。戈德堡承认,联邦宪法第十四修正案(*Fourteenth Amendment)可能没有合并以前的八个联邦宪法修正案。然而"联邦宪法第九修正案特定语言和历史"为司法合并"其他深植于我们的传统与良心,以至于在我们宪法遗产中被认为是基本的"权利提供了有力的支持(p.487)。

相反,约翰·M.哈兰(John M. *Harlan)和拜伦·怀特(Byron *White)法官提出了切断联邦宪法第十四修正案与《权利法案》之间的联系的观点。哈伦否定了并入原则(*incorporation doctrine),认为其是对司法自由裁量进行的长期的无效的或毫无根据的审查。同时,批评道格拉斯的"模糊区域"原理对将来的权利发展造成过多限制。然而他确认了遵循正当程序和自由的义务。并且正当程序及"……以其自身为根据"的自由,仅受法院的历史和文化价值的约束。根据这个原理,康涅狄格州制定法违反了"内在于有序自由之中"(ordered liberty)的基本价值(p.500)。怀特法官类似地把他的理论建立在对联邦宪法第十四修正案正当程序保障的扩大解释的基础上,但是他把注意力集中在严格审查原则上,而法院正是在这类案件中通过严格审查原则来平衡个人基本权利与具有强制性的国家利益。

胡果·布莱克(Hugo *Black)和波特·斯图尔特(Potter *Stewart)法官的反对意见像大多数法官那样,同样地表现出对康涅狄格州制定法的轻视。然而,他们都否认州法律侵犯了任何基本的宪法权利。他们认为,这样一个权利——无论是源于道格拉斯和戈德堡的"暗含的权利"的理论,还是哈伦和怀特的"自然公正"的观点——缺少明确的宪法授权并且代表了威胁美国政府体系的司法权力的任意行使(参见 Judicial Self-restraint)。布莱克指出,"使用任何这样广泛的不受约束的司法权将导致法院成员要经常开会",这实质是"权力向法院的巨大转移,是不合宪的……这对法院不利,对国家更不利"(p.520)。

学者们对法院成员的不同意见展开了更加详细地论述。特别是许多对判决的批评家详细分析了布莱克的指责,即大多数法官只是提出了新的、没有根据的"实体的正当程序"(*due process,substantive)原则的翻版。批评家们问道,为什么最高法院法官在个人权利事务上对立法者和社会施加他个人的偏好,不如在经济关系事务上那么危险? 如果过去的洛克纳案(*Lochner v. New York)逻辑是错误的,那为什么新形式的"洛克纳案"没有犯同样的错误? 而且,为什么法官比其他人更有资格决定一种权利形式? 另外,是否"法治政府"的合法性在这个领域所受到无限制的、任意的司法决策的削弱并不比其他领域少?

维护大多数法官意见的人提出的主张比法官的论证还要广泛。一些支持者从过去的司法实践、理论逻辑和宪法文件中找到了判决的坚实基础。确实,道格拉斯和戈德堡都明确拒绝遵循实体的正当程序的传统要求。道格拉斯写道,"我们并不是处在高于立法之上的位置来判定涉及经济问题、商业事务或社会状况的法律的合理性和适当性。"相反,这一"直接作用于夫妻之间的亲密关系"有争议的法律一直受到宪法的保护(p.482)。

然而支持大多数法官意见的其他人确认,哈伦和怀特法官都泰然自若地否定了文本具有对司法行为进行形式主义限制的误解(原文 p.409)。他们主张法律解释总是具有随意性,并且文本对法官的限制远不如文化和政治势力那么重要。而且,许多学者均积极为法官保护个人权利热情辩护,认为这不仅属于其权力范围,而且从功能上讲,对于维护我们现代社会的自由也是必要的。这一论断足以迫使9个大法官,包括斯图尔特在内,到1973年时均承认法院应当赋予联邦宪法第十四修正案中的正当程序条款具有超越《权利法案》的实质性内容,尽管对于法院怎样及何时行使这一权力,还有很多区别(即法院应当可以通过联邦宪法第十四修正案中的正当程序条款合并《权利法案》中的内容,从而使其可以扩展适用于州,更好地保护个人权利——校者注)。

隐私权:后来的判例法和理论争议 对未列举权利的宪法基础的争论和这项权利所保护的实践与关系范围的讨论始终存在着。实际上,在格罗斯沃尔德案中,大多数法官对隐私权正当性的界定远甚于对其内容和适用范围的界定。并且当法院认识到隐私权的保护已经深刻存在于美国社会和基本法律之中时,传统却只为判断现代社会关系中的隐私权的独立范围提供了一个笼统的指导。因此,概念一致性的问题始终围绕该原则是并不奇怪的。

批评家们质问是否"隐私权"逻辑已经扩展到所有的社会关系——包括向未婚人士销售避孕用具["凯里诉人口服务国际组织案"(Carey v. Population Services International)(1977)],同性恋(*homosexuality)之间的关系["鲍尔斯诉哈德威克案"(*Bowers v. Hardwick)(1986)],妇女堕胎的选择["罗诉韦德案"(*Roe v. Wade)(1973)]。例如,限制销售和分发避孕用具的法规确实侵犯了隐私权吗? 是限制销售的法规损害了隐私权,还是因该法规把出售避孕用具当作教唆进行限制,因而是不合宪的? 在"博尔杰诉扬斯药品公司案"(Bolger v. Youngs Drug Product Corp.)(1983)中,限制销售的法规被认为损害了言论自由。

而且,隐私权原则日益受到政治上的保守分子和左翼分子的批判。一方面,自从"罗诉韦德案"以来,由于隐私权逐渐适用于流产案件,这引起了保守分子的愤怒。他们指责司法权力的扩张以及由其带来的对他们宣称的不道德的个人行为的保护。具有讽刺意味的是,保守分子因隐私权原则限制了国家干预个人生活而对其否定。

另一方面,隐私权原则受到了左翼分子的攻击,他们指责这一原则是对自由的片面以及落伍的理解。左翼分子谴责格里斯沃尔德案的判决只保护处于传统婚姻关系中的人们的避孕隐私权。在几年后的"艾森斯塔德诉伯尔德案"(*Eisenstadt v. Baird)(1972)中,对避孕的保护扩展到未婚人士,但是法院再次拒绝对同性恋关系进行保护,这揭示出隐私权只是对传统形式的性关系进行保护(鲍尔斯案)。并且,虽然隐私权原则有利于限制国家不适当的干预亲密的有关性关系的领域,但是它也使国家怠于扮演一些正面的角色。如教育市民,再如设立必要的基金,使人们可以行使计划生育以及接受堕胎的权利。因此,一些批评家主张有必要以更加肯定的表明自治的概念来代替隐私权原则,因为自主权利的概念与平等和授权的目标更加一致。

遗产(legacy) 隐私权原则因此指向了法院力图通过变化的社会需要、价值和利益解决的不朽问题,尽管法院采用了一直用来保护相反社会关系的传统法律。格里斯沃尔德案确认的隐私权原则仍然有效。但是很明显,在堕胎问题上,即隐私权原则最重要的适用领域,法院的具有局限性的裁决使该原则面临着挑战。

参考文献 Rhonda Copelon, "Beyond the Liberal Idea of Privacy: Toward A Positive Right of Automony," in *Judging the Constitution Critical Essays on Judicial Lawmaking*, edited by Michael W. McCann and Gerald L. Houseman, (1989), pp. 287-316; Allan Dionisopolous and Craig Ducat, eds., *The Right to Privacy: Essays and cases* (1976); Louis Henken, "Privacy and Automony," *Columbia Law Review* 74 (1974): 1410-1433; Symposium on the Griswold Case and the Right of Privacy, *Michigan Law Review* 64 (1965):197-282.

[Michael W. McCann 撰;陈丽丹译;林全玲校]

格罗斯简诉美国出版公司案[Grosjean v. American Press Co., 297 U.S. 233(1936)]①

1936年1月14日辩论,1936年2月10日以9比0的表决结果作出判决,萨瑟兰代表法院起草判决意见。法院全体一致废除了广告销售业务的一项特许税(相当于销售收入的2%)。特许税从1934年由路易斯安那州向所有每星期发行量超过两万份以上的报纸征收。该税款被以侵犯了出版自由和违反了平等保护(*equal protection)而受到挑战。律师评注该州163种报纸中只有13种报纸具有课税的足够发行量,13种报纸中有12种积极反对休伊·朗(Huey Long)政府,因为是在他的授意下才制定这一税法的。

法院仅考虑了报社提出的出版自由受到侵犯这一请求。它把特许税和18世纪议会向报纸和广告业征收的"知识税"相提并论,其目的不是提高收入,而是降低报纸的发行量,这样限制了公众介入对王权的批判。路易斯安那州法律具有相似的动机,这对法院作出这样的结论有直接决定性的作用。因为这项税收对出版自由怀有敌意,所以它被认定为是不合宪的。它仅适用于"报业中一个精选的团体"(p.251),并且该税收是一个"深思熟虑的和有计划的策略,用来限制有关公众事务的信息发布"(p.250)。

格罗斯简案后1年,法院确认报社不能免除无歧视性一般税收的义务。在"吉拉吉诉穆尔案"

---

① 另请参见 First Amendment;Speech and the Press;Taxing and Spending Power。

(Giragi v. Moore)(1937)中,法院对于这样一种免税主张拒绝受理。法院后来明确地宣布,报社应接受所有无歧视的经济管制,包括税收在内["明尼阿波利斯明星与论坛公司诉明尼苏达州税收委员会案"(Minneapolis Star & Tribune Co. v. Minnesota Commissioner of Revenue)(1983)]。

[Dean Alfange, Jr. 撰;陈丽丹译;林全玲校]

高夫城市学院诉贝尔案[Grove City College v. Bell, 465 U.S. 555(1984)]①

1983年11月29日辩论,1984年2月28日以6比3的表决结果作出判决,怀特代表法院起草判决意见,鲍威尔部分赞同部分反对,布伦南、马歇尔和史蒂文斯部分赞同部分反对。在这个案件中,法院裁决1972年教育修正案的第11条禁止接受联邦基金的学院和大学有性别歧视现象。虽然高夫城市学院的一个原则是不接受其他的联邦基金,但是该学院允许接受联邦政府基本教育机会补助金的学生入学,这足以使该学院受到教育修正案第11条的限制。但教育修正案第11条——对联邦基金的剥夺——仅限定于歧视性项目,而不适用于学校的任何其他项目。这样,根据法院的判决,尽管专门的歧视性项目不能受到联邦基金的资助,但歧视妇女的大学仍可以继续接受联邦基金。

高夫城市学院案很快引起了很大的反响。民事权利团体和妇女团体对这个判决很愤怒,许多国会成员也是如此,他们把这个案件看成是里根政府对民权保护不力的一个重要例子。高夫城市学校案最初由卡特政府的司法部门提起。它主张高夫城市学院案不符合教育修正法案第11条的规定,因为只有学校的所有计划都不具有歧视性,才具备获得联邦基金资助的条件。然而,当该案上诉到联邦最高法院时,里根政府的司法部门退缩了,转而极力主张有限的削减基金。

1987年尽管罗纳德·里根(Ronald *Reagan)行使了否决权,国会还是颁布了《民权恢复法》(Civil Rights Restoration Act),推翻了高夫城市学院案的判决。法院明确说明教育修正法案第11条适用于所有学院或大学,只要该机构的任何一个部门曾接受了联邦的援助。这样,即使只证明了一所大学在一个项目中有歧视性内容,那么这所大学所有的联邦基金都处于危险之中。

[Karen O'Connor 撰;陈丽丹译;林全玲校]

格罗夫斯诉斯劳特案[Groves v. Slaughter, 15 Pet (40 U.S.) 449 (1841)]

1840年2月12日、13日、15日至18日辩论,1841年3月10日以5比2的表决结果作出判决,汤普森作出了法院的判决意见,但是只代表他自己和韦恩,托尼、麦克莱恩和鲍德温只对结果表示赞同,麦金利和斯里里表示反对,卡特伦因病缺席,巴伯刚刚去世。"格罗夫斯诉斯劳特案"涉及奴隶制度(*slavery)、各州之间的奴隶贸易、联邦商业权力(*Commerce Power)和州治安权之间关系产生的重要问题。1832年密西西比州的宪法修正案禁止把奴隶运到该州进行销售,但是并没有颁布法律来实施这个禁令。买方根据这一规定违约,而卖方主张州宪法的禁止规定与联邦商业权力相冲突,所以是无效的。

史密斯·汤普森(Smith *Thompson)法官通过主张宪法的禁止规定并不能自我执行,回避了这一宪法争议。但是约翰·麦克莱恩(John *McLean)法官的并存意见包含了秘密废奴主义者的观点。这引起首席法官罗杰·布鲁克·托尼(Roger B. *Taney)和亨利·鲍德温(Henry *Baldwin)法官以赞成奴隶制的观点反驳了麦克莱恩的并存意见(参见 Obiter Dictum)。托尼和鲍德温都主张由州对奴隶制度进行控制,美国黑人不享有任何联邦权利。法院无力前后一致地表达自己的观点甚至无力回避州际贸易和奴隶制度所牵涉的宪法问题,表明了法官之间的分歧,这反过来反映了整个国家因奴隶制度产生的分歧。

[William M. Wiecek 撰;陈丽丹译;林全玲校]

格罗威诉汤森案[Grovey v. Townsend, 295 U.S. 45(1935)]②

1935年3月11日辩论,1935年4月1日以9比0的表决结果作出判决,罗伯特代表法院起草判决意见。1923年,得克萨斯州禁止黑人参与该州民主党的预选,但是在"尼克松诉赫恩登案"(*Nixon v. Herndon)(1927)中,联邦最高法院判决这违反了联邦宪法第十四修正案(the *Fourteenth Amendment)的平等保护条款(*Equal Protection Clause)。随后,得克萨斯州法律允许民主党执行委员会禁止黑人在党的预选会上行使投票权。在"尼克松诉康登案"(*Nixon v. Condon)(1932)中,法院判决禁止黑人参与民主党预选会仍然是不被允许的州行为(*state action),因为民主党的执行委员会是产生立法机构成员的部门。甚至在法院对格罗威案作出判决之前,得克萨斯民主党人已为保护全是白人的预选制度采取了一些对策。1932年5月,得克萨斯民主党会议规定民主党员只能是白人。休斯顿的一位黑人居民,R.R.格罗威起诉郡的办事员拒绝向他提供民主党预选选票。欧文·罗伯茨(Ow-

---

① 另请参见 Education; Gender。
② 另请参见 Equal Protectin; Race and Racism; Vote, Right to; White Primary。

en *Roberts)法官判决,排除黑人参与民主党预选的民主党决议并不是州行为,因为该党是一个由其成员自愿组成的组织,他们只是行使了排斥黑人的私人权利。尽管罗伯特承认州可以通过一系列方式来管理预选事务,包括在预选结束后,要求把密封的投票箱交给郡的办事员,他还是作出了这一判决。因为不是州行为,罗伯特裁决,州立法机关没有给予任何鼓励,而只是政党会议允许的,因此白人预选是合宪的。在后来的"史密斯诉奥尔赖特案"(*Smith v. Allwright)(1944)中,这一主张被明确推翻。

[Paul Finkelman 撰;陈丽丹译;林全玲校]

格鲁特诉博林杰案和格拉茨诉博林杰案
[Grutter v. Bollinger and Gratz v. Bollinger, 539 U.S. _ 2003]

格鲁特案于2003年4月1日辩论,2003年6月23日以5比4的表决结果作出判决;奥康纳代表联邦最高法院起草判决意见,史蒂文斯、苏特、金斯伯格、布雷耶与奥康纳持相同意见,斯卡利亚和托马斯部分同意多数观点,金斯伯格和布雷耶持并存意见,斯卡利亚与托马斯的并存意见得到对方的部分赞同和部分反对,伦奎斯特的异议得到斯卡利亚、肯尼迪和托马斯的赞同,肯尼迪另有异议观点。格拉茨案于2003年4月1日辩论,2003年6月23日以6比3的表决结果作出判决,伦奎斯特代表联邦最高法院起草判决意见,奥康纳、斯卡利亚、肯尼迪和托马斯与伦奎斯特持相同意见,奥康纳与布雷耶持相同的并存意见,托马斯持并存意见,布雷耶持并存意见,史蒂文斯与苏特持相同的反对意见,金斯伯格与苏特持反对意见,金斯伯格、苏特与布雷耶持反对意见。

自巴基案以来,联邦最高法院首次在这两个案件中重新审查了联邦宪法第十四修正案的平等保护条款是否允许以及在多大程度上允许公立学校在入学条件中规定种族因素的问题。在格鲁特案中,联邦最高法院对密歇根大学法学院的入学条件进行了审查。在格拉茨案中,则对密歇根大学的本科计划中的入学条件进行了审查。

这两个入学规定都有使种族不同的学生获得入学资格的目的,因此内容中都要考虑申请者的种族因素。然而,这两个规定的不同之处在于如何把种族因素包含在入学条件中。法学院的规定要求综合考虑每个申请者的个人情况,如本科阶段的平均成绩,法学院入学考试成绩,申请者个人的陈述,推荐信的内容以及申请者陈述将如何安排自己的人生以及在法学院生活的小文章。这些因素不仅可以指导学校的审查入学者判断申请者是否存在严重的学术问题而影响毕业,而且可以衡量申请者可能会对社会作出多大的贡献。这一规定明显的目的是通过不同种族的学生一起学习,丰富每个人的学习生活,从而使得法学院的课堂生活整体优于部分之和。因此,尤其要注意接收历史上被歧视的种族的学生,如非裔美国人,西班牙语系的人以及美国土著人,因为如果不特别关注这些种族的学生则可能实际进入学校的这些种族的学生不会很多,从而达不到其本来的目的。对这些种族的学生来说,只有达到一定的数量,才能真正对法学院的多样化发展发挥其独特的作用。

在本科阶段,公立大学的入学规定则力图通过要求这些小的种族的申请者的入学比例占总人数的20%来增加就学人数。该规定通过1/5的比例来保障就读人数,同时对其他种族则规定了更高的入学比例。

在格鲁特案中,通过适用严格的审查标准(strict scrutiny),联邦最高法院批准了法学院的做法。首先,法院认为,学校的学生分别来自于多个种族,对于教育的多样化具有重要的意义,而维护学校这一特点对州来说具有重要的利益。法院接着论证,法学院的入学条件就是为了实现这一目的,并且对于申请者的种族因素,学校没有规定数量限制而是考虑到了申请者的个人特点。大法官桑德拉·戴·奥康纳(Sandra Day *O'Connor)在代表法院阐释她的观点时表示:法学院的入学条件充分考虑了每个人独特的整体情况;考虑了每个申请者可能对教育环境的多样化起到的作用。

然而,在格拉茨案中联邦最高法院得出了相反的结论。如格鲁特案所称,教育的多样化对州来说具有重要的利益,但法院认为公立大学的本科入学规定并不是为了实现这个目的,因为规定申请者要占到其所代表少数种族人数的20%,并没有考虑到申请者个人的情况。相反,本科入学规定使得种族这一因素对于每个可能符合条件的申请者来说至关重要。

只有大法官奥康纳和史蒂文斯·布雷耶对这两个案件的判决都表示同意。他们都认为,这两个入学规定的区别在于,本科入学规定没有考虑"申请者个人的有意义的因素"。联邦最高法院的4位大法官,首席大法官威廉·伦奎斯特(William *Rehnquist)、大法官安东尼·斯卡利亚(Antonin *Scalia)、克拉伦斯·托马斯(Clarence *Thomas)和安东尼·肯尼迪(*Anthony Kennedy),则主张这两个入学规定都违宪。伦奎斯特和肯尼迪认为,任何一个规定都没有促进种族多样化的目的,首席大法官伦奎斯特更将法学院的入学规定描述为"根据种族确定入学比例所做的伪装"。斯卡利亚和托马斯则主张,平等保护条款禁止在入学条件中考虑种族因素。在格鲁特案中,对于学校曾主张的"由多种族学生组成的整体对教育所具有重要的利益",如"促进跨种族的理解"、"使得学生为日益多样化的工作和社会做好准备"以及"做一个好公民"等,斯卡利亚认为这是人生哲理而非法学教育的内容。托马斯更进一步论证,实际上学校所关注的真正的利益不是"虚构的少数种族学生入学所带来的附属的多样化利益",而是学校的名望。因为,学校的入学标准实际上一般来说分配给黑人和其他小种族的名额很少。托马斯还引用弗雷德里克·道格拉斯的话来说,大学的入学计划中的名额分配所包含的种族歧视是种族优先之无法避免的产物。

联邦最高法院的两位大法官,约翰·保罗·史蒂文斯(John Paul *Stevens)和戴维·苏特(David *Souter)则主张驳回格拉茨案。因为,该案缺乏适当的原告。只有大法官鲁思·巴德·金斯伯格(Ruth Bader *Ginsburg)主张这两个入学规定都符合宪法,尽管她也认为格拉茨案缺乏适当的原告。金斯伯格与布雷耶对格拉茨案的判决表示反对,他们批评法院中的大多数继续对所有官方的以种族为基础的分类适用同样的平等保护标准,而没有考虑这种分类是排除还是包含少数种族。考虑到历史上存在的种族歧视及其实际影响,她主张如果这种意识是良性的,如果它没有不当的限制别人的机会,或者过分的干涉曾被优先对待的群体的合法期待,那么种族意识可能是合宪的。

在这些案件中,尽管联邦最高法院支持了学校的入学条件考虑种族因素,它在格鲁特案的判决中还宣称"我们希望25年后,将不再需要种族优先来获得我们今天允许的利益"。斯卡利亚和托马斯同意确实还需要一段时间,但一般没有人会这么随意地说需要25年。金斯伯格以及布雷耶同意考虑种族因素的入学计划必须有一个"适当的最终目的",但警告道,25年后的目标只是一个"希望",而不是"确定的预言"。

[Alison E. Grossman 撰;林全玲译;胡海容校]

宪法保障条款[Guarantee Clause]①

宪法第4条第4款写道:"美国将保证联邦中的每一个州采取共和政体。"因为立法者们担心贵族政治和暴民政治对代议政府造成威胁,所以他们通过把这些字句置入宪法之中,来维持各州保持共和的理念和制度。

联邦最高法院最初对保证条款的大多数解释都起源于多尔判乱,其中托马斯·多尔(Tomas Dorr)和他的追随者们对已成立的罗德岛政府的合法性提出质疑。在"卢瑟诉博登案"(*Luther v. Border)(1849)中,首席法官罗杰·布鲁克·托尼(Roger B. *Taney)主张,评定一个州政府是否具有合法性或共和特征的权力在于国会而不是法院。他认为这样的问题在本质上是"政治的"并且因此不属于法院管辖的领域(参见 Political Question)。托尼在卢瑟案中不愿主张法院权力的倾向影响了下个世纪宪法保证条款的合法发展。例如,在重建(*Reconstruction)时期,国会中的共和党人根据对这一条款的解释,承认了国会决定重建条款内容的权力。

直到20世纪60年代的议席重新分配争议,宪法保证条款才出现于宪法的讨论中(参见 Reappointment Cases)。在"贝克诉卡尔案"(*Baker v. Carr)(1962)中,重新分配的赞成者们强烈主张法院有通过宣布议席分配不公无效来保证各州有一个共和政府。然而,联邦最高法院撤销了对保证条款的重新解释,并且相反地,判决重新分配违反了平等保护条款(*Equal Protection Clause)。尽管法官们没有推翻托尼的判决,即保证条款案件是不具有可诉性的政治问题,但是法院仍然减少了受理根据政治问题原则将没有管辖权的案件。

[William M. Wiecek 和 Tmothy S. Huebner 撰;陈丽丹译;林全玲校]

合众国诉格斯特案[Guest, United States v., 383 U.S. 745(1966)]②

1965年11月9日辩论,1966年3月28日以9比0的表决结果作出判决,斯图尔特代表法院起草判决意见,克拉克持并存意见,哈伦和布伦南部分赞同部分反对。"合众国诉普赖斯案"(United States v. Price)[383 U.S. 787(1966)],同格斯特案同一天辩论和审判,也以9比0的表决结果作出判决,福塔斯代表法院起草判决意见。这些案件由与现代民权运动(*Civil Rights M)有关的暴力事件引起。格斯特案源于三K党式的对莱缪尔·佩恩(Lemuel Penn)的谋杀案,莱缪尔·佩恩是华盛顿哥伦比亚特区的一名美国黑人,在格鲁吉亚任教。普赖斯案源于密西西比州奈舍伯(Neshoba)郡的三起涉及民权的工人被谋杀案。法院在判决中,对两个重建时代的民权制定法进行广泛的理解———一个是禁止谋划、干涉由宪法和联邦法律所"保证"的权利的侵犯,另一个是处罚在法律掩饰之下对美国法律"保证或保护"的权利进行的侵犯。并且,格斯特案接着否定了民权系列案(*Civil Rights Cases)(1883)中的法律原则,即国会实施联邦宪法第十四修正案(the *Fourteenth Amendment)的权力仅扩展到州行为,而非私人行为。

联邦地区法官在普赖斯案中驳回了对18个被告的控诉中的多项主张,阿贝·福塔斯(Abe *Fortas)法官推翻了这个判决,他推断,重建时期的第一个制定法的保护范围除了包括传统的国家公民身份(*citizenship)外,最为重要的是,它还涉及联邦宪法第十四修正案所保护的权利。并且他进一步主张,公民依照当地警局要求行事,可以以其违反了

---

① 另请参见 Judicial Power and Jurisdiction。
② 另请参见 Race and Racism;State Action。

其他制定法中的"在法律掩饰下"的规定而进行审判。在格斯特案中,波特·斯图尔特(Potter *Stewart)法官推翻了不支持针对 6 名被告提出的控诉的决定,其中有两名被告已经被州法院判定在莱缪尔·佩恩谋杀案中有罪。斯图尔特法官支持了诉状中的一条控诉,即对州际旅行的干涉是对国家公民权的侵犯。尽管诉状中的另一条指控——警局的错误报告是与被告共谋威胁美国黑人不得利用公共资源的部分表现——斯图尔特没有对民权系列案中确立的先例提出质疑,就确认了该条控诉。然而有 3 位法官持不同的观点,他们在独立的观点中主张国会有权处理私人对联邦宪法第十四修正案所保护权利的侵犯。

[Tinsley E. Yarbrough 撰;陈丽丹译;林全玲校]

吉恩诉合众国案[Guinn v. United States, 239 U.S. 347(1915)] ①

1913 年 10 月 17 日辩论,1915 年 6 月 21 日以 8 比 0 的表决结果作出判决。怀特代表法院起草判决意见,麦克雷诺兹没有参加。为了使贫困和没有文化的白人接受对行使选举权规定的文化的和财产方面的限制条件,19 世纪末 20 世纪初,南方的民主党人在他们的投票权限制法中都规定了规避条款。其中最为敏感的是"祖父条款"(*grandfather clause),该条款允许在联邦宪法第十五修正案(the *Fifteenth Amendment)被批准之前,即 1867 年之前已具备选举资格的人和他们的合法后代都可以登记选举。对此,南方上层的一些代表表示反对,因为"祖父条款"明显意在规避宪法,或者是因为他们期望同剥夺黑人选举权一样,剥夺下层白人的选举权。

相应地,南方传统 5 州中的限制者们对根据"祖父条款"判断是否具备选举资格的时间进行了限制,其中路易斯安那州从 1898 年才开始。然而,1910 年 9 月,俄克拉荷马州通过一项文化水平测试,并规定了永久的"祖父条款"。共和党人担心如果缺乏美国黑人的支持会导致政治上的不利,于是共和党人联邦地区司法部长,约翰·埃默里(John Emory),根据 1870 年的三 K 法案对 2 名选举官员提出刑事控告。该州的民主党提供了抗辩律师。当威廉·霍华德·塔夫脱(William Howard *Taft)总统 1912 年决定他需要美国黑人代表的选票从而在共和党会议上赢得提名连任时,司法部门才受理了这个彻头彻尾的政治案件。

在"威廉斯诉密西西比州案"(*Williams v. Mississippi)(1898)中,最高法院拒绝废除密西西比州臭名昭著的歧视性的选举权障碍,因为美国黑人的当事人科尼利厄斯·J.琼斯(Cornelius J. Jones)律师只提供了密西西比州宪法会议代表的歧视性意图的证据。在"贾尔斯诉哈里斯案"(Giles v. Harris)(1908)中,威尔福德·H.史密斯(Wilford H. Smith)律师出示了歧视后果和歧视意图的证据,经"开明的"奥利弗·温德尔·霍姆斯法官同意,法院宣布所有的事件是一个"政治问题"(*political question)。然而,在吉恩案和两个类似案件中,法院既没有收到歧视后果证据,也没有收到歧视意图证据,并回避了先例,吸收了路易斯安那州长大的首席大法官爱德华·道格拉斯·怀特(Edward D. *White)的观点,宣布该制定法明显地违反了联邦宪法第十五修正案。

联邦最高法院以这种形式判决该案有两个原因。第一,吉恩案没有实际影响。在所有非南部邦联的州中,"祖父条款"已经失效,并且俄克拉荷马州继续实行歧视并没有引起进一步的法律诉讼。第二,"祖父条款"只是一个象征性的使人为难的事物,甚至 1898 年路易斯安那州宪法会议的主席也把它称为是"荒谬的"。吉恩案的判决既不是不可避免,也不是特别激进的。

[J. Morgan Kousser 撰;陈丽丹译;林全玲校]

最高法院健身房[Gymnasium]

最高法院健身房是一间光线好,低天花板,含有一个正规蓝球场地的白色房间。因为其位于最高法院大楼的顶楼,所以有时它被称为"陆地上的最高场地"。这块场地里有锻炼设施,最初,这里曾拟用于图书馆扩建,但是在 20 世纪 40 年代转为今用。一个带有淋浴的单独更衣室与它相邻,根据规定法院的男女工作人员应于不同的时间使用健身房。因为位于正下方的法庭可以听到这里的运球声,所以在法院开会期间,禁止举行篮球赛。

[Francis Helminski 撰;陈丽丹译;林全玲校]

---

① 另请参见 Race and Racism;Vote, Right to。

Hh

人身保护状[Habeas Corpus]

人身保护"大令状"(Great Writ)的目的是,对于任何形式的人身自由丧失,法官都可以对其合法性进行调查。拘押或人身自由丧失可能发生于各级政府,并且有各种不同的表现形式:根据某项法院判决被监禁于某监狱或教养所;逮捕后被拘留在警察局;羁押于精神病院;在武装部队服役;根据检疫条例的规定而被拘留;或者受到私人权威的限制,如发生于夫妻之间或未成年人监护的情形。

人身保护状具有一些重要的特性。首先,因为不受非法限制的人身自由权永远都不会失效,因此,不存在可对获得它进行限制的法律。即使某人没有受到保障地去获得它,也不能禁止其在以后申请令状(*writ)。这意味着,一般意义上的法院既判案件(*res judicata)终局性理论不适用于人身保护令。在最近的判决中,联邦最高法院已经明确表明其反对就该令状进行多次请求。此外,与其他法律行为不同的是,亲友也可以代表无法为自己的利益进行请求的人申请该令状。首席大法官萨蒙·P. 蔡斯(Salmon P. *Chase)称之为"宪法中最重要的人权",并在"叶尔格单方诉讼案"(Ex parte Yerger)(1868)中把它描绘为"对人身自由的最好的和唯一充分的保护"(p.95)。

"大令状"的历史根源现在还不清楚,但人们通常认为其来源于1215年英王签署的《大宪章》(Magna Carta, 1215)第39条。在中世纪,人身保护状具有多种用途。例如,它可以强制某人出庭作证。作为对抗王权(即政府)的一种救济措施,它的适用始于15世纪末。正如现今通常所理解的那样,该令状的基本内容是由议会在1679年通过的《人身权保护令》(*Habeas Corpus)中加以规定的。因为美国当时是英国的殖民地,该令状作为普通法(*common law)的一个组成部分也是可以适用的。美国独立之后,人身保护状在早期的多数州宪法(*state constitution)中得到了保证。联邦宪法第1条第9款禁止冻结该令状的适用,"除非发生叛乱或外敌入侵,为维护公共安全的需要才可以对其予以冻结"。第一届国会颁布的第一部法律是《1789年司法法》(*Judiciary Act of 1789),该法授权各联邦法院"为调查羁押原因之目的而颁发人身保护状"。现在几乎所有的州都有相似的法律。

该令状要求对拘押负有责任的人(如典狱长或监狱看守)立即将诉愿人(即身体或人身)带到法庭,这样就可以让法官决定其拘押行为的合法性。联邦或州的人身保护状均没有对构成非法拘押的行为进行界定,它们仅规定法官进行调查的程序。但是,正如小威廉·J. 布伦南(William J. *Brennan)法官在"费伊诉诺亚案"(*Fay v. Noia)(1963)中所指出的那样:

尽管"大令状"在形式上只是一种简单的程序模式,但它的发展历史却与人身自由基本权利的成长有着紧密的联系,因为一直以来,其功能就是向社会所不能容忍的任何人身自由限制提供迅速而又有效的救济。在文明社会里,其根本原则要求政府必须对于涉及人身监禁的司法系统承担责任:如果监禁不能被证明符合法律的基本要求,该被监禁的人有权被立即释放(pp. 401—402)。

在历史上,该令状主要涉及的是司法管辖权方面的事项,但立法机关和法院逐渐扩大了它的适用范围。

1867年,国会颁布了一部人身保护状法,依据该法授权,在任何人因侵犯联邦权利——即宪法、国会颁布的制定法或其他条约所保障的权利,而被剥夺或限制人身自由,都可以被授予人身保护状。联邦宪法第十四修正案(the *Fourteenth Amendment)的正当程序条款(*Due Process Clause)被认为是对公正审判权利的保障,并为适用该令状提供了非常广泛的根据。一名州管辖权下的囚徒在穷尽其州法所提供的所有救济措施之前,没有资格申请联邦法官颁发人身保护状。与此相似,武装部队的服役人员在穷尽联邦军事法院系统所提供的救济措施之前,不可以在联邦法院提起人身保护诉讼(参见 Exhaustion of Remedies)。

亚伯拉罕·林肯(Abraham *Lincoln)总统在内战(*civil war)之初中止了人身保护状,但首席大法官罗杰·B. 托尼(Roger B. *Taney)提出抗议,并认为只有国会才可以这样做,如"梅里曼单方诉讼案"(Ex parte Merryman)(1861)。然而,国会很快就使总统的冻结具有了有效性。由于法律的约束力,后来在1871年至1905年间的历届总统都很少对该令状实施冻结。然而,1941年在夏威夷实施了没有法律授权的总统冻结,在"邓肯诉卡哈纳莫库案"(*Duncan v. Kahanamoku)(1946)中,它被联邦最高法院判决为非法。

联邦法院向州囚徒颁发人身保护状,已经受到许多州当局的憎恨。也许这也成为了联邦最高法院在"斯通诉鲍威尔案"(*Stone v. Powell)(1976)中以6比3的表决结果作出了如下判决的理由:如果一位州囚徒有机会完全而又公正地在州法院(*state courts)提起违反联邦宪法第四修正案(the *Fourth Amendment)之涉及搜查、扣押的诉讼请求,并且其关于非法搜查与扣押证据的辩解也能在审判中得以主张,那么该囚徒就无权得到联邦法院人身保护的关注。联邦最高法院的多数法官认为,如果问题已经由州法院解决,又由联邦法院来重新审查,其对警察非法行为可能的威慑效果是比不上其对刑事司法制度所产生的损害的。而布伦南法官持不同的意见,他认为这项判决是在实质上挫伤联邦人身保护状管辖权元气的前兆(p.503)。以后的判决似乎未证明这种可怕预言的合理性。

参考文献 David Fellman, *The Defendant's Rights Today* (1976).

[David Fellman 撰;邓瑞平译;邵海校]

黑格诉工业组织协会案[Hague v. Congress of Industrial Organizations, 307 U. S. 496(1939)]①

1939年2月27、28日辩论,1939年6月5日以5比2的表决结果作出判决,罗伯茨代表法院起草判决意见,斯通和休斯意见一致,麦克雷诺兹和巴特勒反对,法兰克福特和道格拉斯没有参与投票。各州试图管制公共集会的问题第一次在"黑格诉工业组织协会案"中提交联邦最高法院进行审理。该案涉及泽西城(美国新泽西州东北部的海港城市——校者注)一项市政法令的合宪性问题。依据该项法令的要求,在街道、公园和其他公共场所进行公共集会、散发印刷品必须得到"公共安全部门领导"的允许。"我就是法律"的弗兰克·黑格市长曾在反对工会活动时对该法令予以特别适用。在美国公民自由联盟(*American Civil Liberties Union)的支持下,寻求到了一项禁令(*injunction),反对黑格市长从制度上否定联邦宪法第一修正案(the *First Amendment)所保障的权利。这项禁令要求该市停止驱逐工会组织者、停止干预集会和文字品的散发。

联邦最高法院的多数观点主张该项法令违宪,但法官们在分析与推理方面各不相同的意见。欧文·罗伯茨(Owen *Roberts)法官代表联邦最高法院,把街道、公园之类的受联邦宪法第一修正案保护的公共场所界定为公民特权、豁免、权利与自由的组成部分。持相同意见的斯通法官认为,该法令侵犯了联邦宪法第四修正案之正当程序条款(*Due Process Clause)所保证的美国公民的和平集会权。

该项裁决在开放诸如街道、公园之类的公共区域让人们就任何思想观点进行自由公开地讨论方面具有重要意义。联邦最高法院同时裁决,人们对上述公共区域的享用,政府可以加以调控,但不得因当局不喜欢这些思想或观念而武断地加以否定或剥夺。该裁决被证明是对劳工运动的一次恩典,并且是对地方官员的武断与专横进行限制的一次深得人心的裁决。

[Paul L. Murphy 撰;邓瑞平译;邵海校]

霍尔诉德克尔案[Hall v. Decuir, 95 U. S. 485 (1878)]②

1877年4月17日辩论,1878年1月14日以9比0的表决结果作出判决,韦特代表法院起草判决意见,克里福德持一致意见。在"霍尔诉德克尔案"中,一位名叫约瑟芬·德克尔(Josephine DeCuir)的黑人妇女在路易斯安那州新奥尔良至贺米塔兹(Hermitage)的航程中被拒绝进入为白人保留的汽船特等客舱,路易斯安那州最高法院判决向这位妇女赔偿路易斯安那州一项法律所允许的赔偿数额,联邦最高法院推翻了路易斯安那州最高法院的这项判决。联邦最高法院的观点以首席大法官莫里森·R.韦特(Morrison R. *Waite)为代表,认为该法加重了州际商业负担,因为本案中的蒸汽船还要在路易斯安那州和密西西比州之间航行。韦特认为,该法调整州际商业活动,且这是国会专属管辖权范围的事。在没有国会参与的情况下,相关州不得要求从事州际商业活动的承运人对仅仅发生在州际范围内的短程旅行提供完善、综合的便利设施。但是,对于国会是否曾试图通过不作为的方式允许各州在对州内活动行使治安权(*police power)进行管理中对部分州际商业活动享有管制权力,韦特没有加以考虑。这项权力后来在"施里夫波特费率系列案"(*Shreveport Rate Cases)(1914)中得到了认可。

内森·克里福德(Nathan *Clifford)法官所持的一致观点表明了联邦最高法院对保护种族习惯的关注。它包括了一项后来的"隔离但公平原则"(*separate but equal doctrine)。联邦最高法院在"路易斯威尔、新奥尔良和得克萨斯铁路公司诉密西西比州案"(*Louisville, New Orleans & Texas Railway Co. v. Mississippi)(1890)中前后矛盾地认为,要求在州内商业活动中进行隔离的一项法律并没有与国会的商业权力相抵触。只是到了第二次世界大战(*World War Ⅱ)以后,联邦最高法院才认识到这些判决的不合逻辑性,并借助霍尔案的先例宣布强制州内隔离的州立法无效,原因在于它影响了州际商业活动的进行。

[Robert J. Cottrol 撰;邓瑞平译;邵海校]

汉密尔顿,亚历山大[Hamilton, Alexander]③

汉密尔顿,亚历山大(1757年1月11日生于不列颠西印度群岛尼维斯岛,1804年7月12日卒于纽约州纽约市)是律师和政治家。尽管他最为人所知的是作为第一任财政部长的成就,但他最有意义

---

① 另请参见 Assembly and Association, Freedom of; Labor; Speech and the Press。
② 另请参见 Commerce Power; Race and Racism。
③ 另请参见 Constitutional Interpretation。

的贡献还是宪法的建立与解释。他与詹姆斯·麦迪逊（James *Madison）、约翰·迪金森（John Dickinson）一道，将 1786 年安纳波利斯（Annapolis）商事公约成功地运用于 1787 年召开的制宪会议。他作为纽约代表出席了会议，并签署最终文本。著名的《联邦党人文集》(*Federalist Papers）一半以上是他撰写的，其中包括那些分析联邦司法系统的论文。在第 78 号文中，他系统地阐述了司法审查（*judicial review）的最终正当性。1788 年，他还成功地领导了在纽约州批准宪法的运动。

早在 1791 年，乔治·华盛顿（George *Washington）总统征求汉密尔顿对美利坚合众国银行议案的意见时，汉密尔顿以一种经典的、对宪法的广义解释发表了自己的看法："如果其目的被明确地包括在任何具体权力内，而且所采取的措施与目的之间具有十分明显的相互关系，并且不受联邦宪法任何特别条款所禁止，那么可以安全地认为它处在国家权威的范围内"（麦克唐纳，1979，p. 207）。在首席大法官约翰·马歇尔（John *Marshall）的整个任职期间，这一原理在联邦最高法院都占优势地位。实际上，马歇尔对"麦卡洛克诉马里兰州案"（*McCulloch v. Maryland）(1819）的判决也反映了汉密尔顿的逻辑和观点。

1795 年他从财政部卸任后，又重新开始了个人律师执业活动，后来承办了联邦最高法院审理的一个重要案件。弗吉尼亚人反对将 1794 年联邦运输税作为一种不按人口比例征收的直接税，虽然联邦宪法第 1 条第 2 款对此已有明确规定。汉密尔顿应司法部长威廉·布拉德福（William Bradford）的要求，在本案中为政府进行辩护，并说服联邦最高法院接受这一观点：运输税作为一种特种商品销售税，需要在所有州统一施行。联邦最高法院依据一项国会法令的合宪性进行裁决的第一个案件是"希尔顿诉合众国案"(*Hylton v. United States）(1796）。

在那一年，汉密尔顿发表了一篇建议性的法律意见，影响了另一重要判决。佐治亚州立法机关取消其亚祖河（密西比河支流之一——校者注）土地划拨以后，投资者向汉密尔顿咨询法律意见。汉密尔顿认为宪法契约条款（*Contract Clause）应该适用于州与个人之间及个人相互之间所订立的合同（*contracts）。既然土地划拨被写进了合同，佐治亚州的废除行为是不符合宪法的。当"弗莱彻诉佩克案"(*Fletcher v. Peck）(1804）在联邦最高法院进行审理的时候，联邦最高法院接受了汉密尔顿的理论。

在汉密尔顿后来承办的众多案件中，有一个案件是在纽约州最高法院进行审理的，该案对言论自由的发展具有重大作用。按照普通法（*common law）的一般原理，在煽动性诽谤（*seditious libel）案件中，事实不得作为一项抗辩理由。在"克罗斯威尔诉人民案"(Croswell v. People）(1810）中，汉密尔顿认为，事实应当作为一项抗辩理由。虽然他最终输掉了这个案件，但却动摇了那些听他进行论证的州立法会成员。他们很快就将他的思想制定为法律，为"自由与负责任的出版"理念确立了法律基础（参见 Speech and the Press）。

参考文献 Forrest McDonald, *Alexander Hamilton*（1979）.

[Forrest McDonald 撰；邓瑞平译；邵海校]

哈默诉达根哈特案[Hammer v. Dagenhart, 247 U. S. 251（1918）]①

1918 年 4 月 15—16 日辩论，1918 年 6 月 3 日以 5 比 4 的表决结果作出判决，戴代表联邦最高法院作出判决意见，霍姆斯、麦克纳、布兰代斯和克拉克反对。当进步主义运动（参见 Progressivism）在 20 世纪初形成联合时，国会不断利用商业权力（*commerce power）和征税与开支权力（*taxing and spending powers）增强治安权（*police power），颁布管理性立法来改善那些被认为是全国性头等大事的社会问题。在这些社会问题中，最重要的是对那些在外工作的儿童的关注。他们是未成年人，常常受到剥削，却几乎无力改善自己的工作条件。州立法不可能有效地建立起全国性标准，当这一点逐渐变得十分明显时，改革者们转向了国会，寻求废除使用未成年劳工的联邦立法。1916 年（这年被认为是革新运动的最高峰），众议院和参议院以绝大多数票通过了《凯汀-欧文童工法》(Keating-Owen Child Labor Act），该法利用商业权力阻止未成年人制造的商品在州与州之间进行交易。

由于联邦最高法院反复地宣布有关国家治安权的法律是合法有效的，特别是在一些表面上看来具有决定意义的判决中更是如此，如："钱皮恩诉埃姆斯案"(*Champion v. Ames）(1903）、"海珀里特禽蛋公司诉合众国案"(Hipolite Egg Co. v. United States）(1911）和"霍克诉合众国案"(Hoke v. United States）(1913），所以人们都期望联邦最高法院能在"哈默诉达根哈特案"(*Hammer v. Dagenhart）(1918）的判决中建立起这项判例基础。早期的判决似乎是要建立起这样一项原则，即国会可以利用其在商事活动中的权力来禁止那些作为全国性福利的州际运输。霍克案表明，国会有权"通过立法控制整个州际商业领域"(p. 320）。

然而，在具有严重分歧的法官意见中，5 位法官的多数意见却重新依据在 20 世纪初就已经受到批判的理由认为其不合宪。大法官威廉·R.戴（Wil-

---

① 另请参见 Labor; State Regulation of Commerce。

liam Rufus *Day)的观点以"合众国诉 E. C. 奈特公司案"(United States v. *E. C. Knight Co.)(1895)所阐明的制造业与商业的区别为基础:国会的"权力就是去控制商业活动的运作方法,但这又违背了既定的对商业活动加以禁止的权利"(pp. 269-270)。他谴责《凯汀-欧文童工法》,认为该法对各州的内部事务进行调整,而此种权利的行使并无宪法依据。虽然戴承认未成年劳工需要保护,同时他又认为国会有破坏联邦主义(*federalism)之嫌。他指出:如果不阻止国会,"最终的结果将会是所有商业自由将由此走向终结……如果这样,我们的政府系统实际上也将被破坏"(p. 276)。这种担心(the grand peur)具有放任自由的立宪主义(constitutional *laissez faire)理论特点,所以现在大多数人又重新接受了这种观点。

大法官奥利弗·W. 霍姆斯(Oliver Wendell *Holmes)以不同寻常的激情发表自己的看法,从而提出了联邦最高法院历史上最为著名的少数意见之一,对于很多人将"他们个人的判断强加于政策与伦理问题上"(p.280),他也予以严厉谴责。霍姆斯曾写道:"我应该想到,如果我们在不属于伦理范畴的地方强行引入我们的伦理概念,这显然是一种支持合众国无所不在地行使其权力的情形"(p. 280)。对霍姆斯而言,有一个逻辑前提是不可质疑的:国会的禁止性规定只有在某一州企图违法地将其商品运入全国性商业领域时才具有适用性。他认为"管理意味着某种程度的禁止"(p. 277),他还通过"韦泽银行诉菲诺案"(*Veazie Bank v. Fenno)(1869)详述了宪法发展的界限问题。在该案中,联邦最高法院对凯汀-欧文法中具有上述性质的全国适用的条文予以认可。他还断言,"调整商业的权力和其他宪法权力不得减少或受到限制",原因是这些权力会产生"间接影响"。

其他的多数意见却蔑视民主意愿,霍姆斯对此非常反感,他的这种反感也反映了当时这个国家到处可见的惊愕。随后,国会很快颁布第二部联邦童工法,使用征税的方式将凯汀-欧文法中的相似管理标准适用于对使用童工的制造商的限制(参见 Taxing and Spending Clause)。尽管联邦最高法院在"贝利诉德雷克塞尔家具公司案"(*Bailey v. Drexel Furniture Co.)(1922)中推翻了该法的这项规定,但20年后特别是1937年的宪法革命以后,这种少数意见被证明是正确的。在"合众国诉达比木材公司案"(United States v. *Darby Lumber Co.)(1941)中,全体法官意见一致采纳了并且实际上已经超出了哈伦·F. 斯通(Harlan Fiske *Stone)法官所称的霍姆斯"强有力且现在仍然经典的反对意见"所体现的宪法原则(p. 115)。

参考文献 Stephen B. Wood, *Constitutional Politics in the Progressive Era* (1968).

[Stephen B. Wood 撰;邓瑞平译;邵海校]

汉德,比林斯·勒尼德[Hand, Billings Learned]

(1872年1月27日生于纽约州的奥尔巴尼,1961年8月18日卒于纽约州的纽约市)联邦法官。汉德是20世纪任职于联邦法院的法官中任期最长的法官之一。当威廉·H. 塔夫脱(William Howard *Taft)总统寻求改进联邦法院法官任职的时候,根据查尔斯·伯林厄姆的推荐,于1909年任命汉德担任位于纽约的联邦地区法院的法官。1924年,卡尔文·柯立芝提升汉德担任联邦第二巡回区上诉法院(*Court of Appeals)的法官。汉德从1939年起即担任该院首席法官,直到1952年他名义上退休,但是他作为一位资深法官继续担当重任,直到他1961年逝世。

汉德本来有两次可以任职于联邦最高法院的机会。20世纪20年代,每当联邦最高法院出现职位空缺时,他都被认为是非常适合的人选,但当时的首席大法官塔夫脱仍然对他怀恨在心,从而阻止了对他的任命,原因是汉德曾在1912年支持过西奥多·罗斯福的布尔·穆斯党(Bull Moose)(该党是为支持西奥多·罗斯福竞选总统而成立的。——校者注)。后来在20世纪40年代初,费利克斯·法兰克福特(Felix *Frankfurter)不停地暗中活动想使汉德获得任命,但富兰克林·德拉诺·罗斯福(Franklin D. *Roosevelt)想任用一些年轻人,并且他也不喜欢法兰克福特那些笨手笨脚的策略。

因为当时几乎没有宪法案件提交第二巡回区法院,因而汉德获得的名誉很少依赖于宪法,更多的是私法案件和制定法解释案件。在这些案件中,他为表述的清晰性和司法人员的技能设置了较高的标准。他的言论在后来关于司法激进主义(*judicial activism)的讨论和宪法自由的扩张中也是非常重要的。

与他的好友费利克斯·法兰克福特一样,汉德也相信法官所起的作用是有限的,这是他与詹姆斯·布拉德利·塞耶(James Bradley *Thayer)在哈佛大学法学院(他于1896年从该校毕业)的学习中总结出来的一种观点。他后来说,塞耶(Thayer)和其他人使他认识到,一个律师或一位法官所能得到的最高满意度来自于他知道他的工作应该以一种精细而又娴熟的方式来完成。汉德没有将司法限制视为是对责任的放弃,也没有将其视为是一种没有进取心的表现。客观地说,法官有重要的工作要做:探索法律的基础性问题、创制适合于时代发展要求的法律规则。但是复杂的政策问题应当由专门的立法机关来解决(参见 Judicial Self-restraint)。

汉德不断表现对胡果·布莱克(Hugo *Black)和威廉·奥维尔·道格拉斯(William O. *Douglas)领导下的联邦最高法院激进主义派别的不满,并于1958年在哈佛的霍姆斯讲座中对法官扩大《权利法案》(*Bill of Rights)含义的做法表示质疑。几年以前,他就对"洛克纳诉纽约州案"(*Lochner v. New York)(1905)中多数意见形成的判决进行过攻击,原因是该判决强制性地用保守的个人价值替代立法愿望,现在他将同样的推理运用于沃伦法院(Warren Court)。跟法兰克福特一样,汉德相信,《权利法案》保护的范围及其可强制执行性应当由立法机关来解决。

汉德坚信言论自由,并于1917年在"马西斯出版公司诉帕滕案"(Masses Publishing Co. v. Patten)中表明了一个高度争议的观点。在该案中,他认为,联邦宪法第一修正案(the *First Amendment)对没有非法行为动机的言论都予以保护。当联邦最高法院发出第一份战时言论案件的裁决时,霍姆斯在"申克诉合众国案"(*Schenck v. United States)(1919)中所采用的所谓明显、即发的危险标准(*clear and present danger test)远远落后于汉德所确立的标准。汉德批评霍姆斯的标准太模糊不清,并推测联邦最高法院事实上已经默示地否决了马西斯案的评判准则。

这就解释了汉德为什么会在"合众国诉丹尼斯案"(United States v. *Dennis)(1950)中对11名共产主义者领导人作出有罪判决的原因,虽然汉德一生都信仰言论自由。在该案中,明显、即发的危险标准被打了折扣,允许政府对阴谋教唆推翻政府的人提起公诉,这是与马西斯案所采用的标准相差甚远的。但汉德在本案中却实实在在地把自己当作一名法官——遵循先例(*precedent)并服从由选举产生的立法机关;在私下,他仍然遵从马西斯案的标准。联邦最高法院最终摈弃了申克案和丹尼斯案的先例,并在"布兰登堡诉俄亥俄州案"(*Brandenburg v. Ohio)(1969)中采纳了许多在评论家看来基本上是勒尼德·汉德所确立的方法。

参考文献 Kathryn Griffith, *Judge Learned Hand and the Role of the Federal Judiciary* (1973); Gerald Gunther, *Learned Hand: The Man and the Judge*.

[Melvin I. Urofsky 撰;邓瑞平译;邵海校]

哈伦,约翰·马歇尔[Harlan, John Marshall]①

(1833年6月1日生于肯塔基州波利县,1911年10月14日卒于华盛顿特区,葬于华盛顿特区罗克·克瑞克公墓。)1877—1911年任大法官。在位于南北边境上的特权圈子里长大,哈伦和来自弗吉尼亚州并与他同名的首席大法官有许多共同之处。出身于农奴主家庭,他本人就是一位奴隶主,他非常熟悉南方的"特殊制度"。哈伦坚定地信仰宪法,他还研究法律和政府制度以保护南北联盟,而对社会差异不予以考虑。然而,哈伦将马歇尔的传统带入了一个非常不同的世界。首席大法官梅尔维尔·富勒(Melville *Fuller)与哈伦几乎是同时代人,哈伦跟随他长达23年。在这23年中,他不得不面对南北联盟即将破裂时所提出的问题:对奴隶的解放和对北方胜利成果予以巩固的宪法修正案。

John Marshall Harlan

早期生涯 哈伦的父亲是一位忠实的自由党(共和党的前身——校者注)成员,亨利·克莱(Henry Clay)的亲密朋友,是一位成功的律师和民选政治家,先后担任过美利坚众国国会议员、肯塔基州州务卿、州立法委员会委员和州司法部长。哈伦在肯塔基丹维尔(Danville)中央学院完成学业后,在特兰西瓦尼亚大学及他父亲的律师事务所学习法律。1853年获准进入肯塔基律师协会后,他似乎已经注定将会以他父亲的生涯作为自己的未来,成为一名辉格党(Whig)律师政治家,但是克莱和丹尼尔·韦伯斯特(Daniel *Webster)去世的前一年,该党失去了在动荡时代进步的领导地位。由于辉格党试图尝试具有蛊惑性的本土主义并希望哈伦成为一无所知党的成员(19世纪50年代期间,美国的一个强烈反对新近移民和罗马天主教政党的成员——校

---

① 另请参见 Due Process, Substantive; Judicial Review; Race and Racism。

者注),这个党派最后消亡了,但其在1858年为年轻的哈伦赢来了他一生中的第一个县法官职位。多年来他一直作为积极的一无所知党成员在活动,积累并记录了大量关于种族主义者和各州权力的言论,这些东西后来都使它们的作者陷入困境。

1861年的分裂危机(指南方11州企图脱离联邦——校者注)显示出了哈伦真实的一面:站在联盟的北方。他在美利坚合众国军队中被授予陆军中校之职后,迅速组建了一支由自愿者组成的步兵连。1863年老哈伦突然去世,已是上校的哈伦不得不辞去军中职务,接管了他父亲未完成的事业。但具有特色的是,这位年轻的退伍军人立即迷上了政治,成为一名宪政联邦主义者(即辉格党的新党),后来又被选举为州司法部长。在南北战争结束时,联邦主义者作为一股政治力量消失了,哈伦又与共和党走到了一起。在他的职业生涯中,这种变动也在他与本杰明·布里斯托(Benjamin Bristow)的律师合伙关系中得到了反映,不久他成为格兰特(Grant,美国南北战争时北军总司令,第18任美国总统——校者注)政府的财政大臣。尽管他作出了最大努力(他曾两次竞争州长),但肯塔基州共和党未获得成功。然而非常幸运的是,他于1876年带领肯塔基州共和党代表团出席了该党的全国代表大会,当时他及时转向卢瑟福·B.海斯(Rutherford B. Hayes;美国第十九任总统——校者注),确保了这次会议的最终结果。在经历总统竞选和选举委员会复审之后,海斯获胜。这位新总统迅速着手处理未完成的事业,指定了一个包括哈伦在内的五人委员会,就路易斯安那州两个相互对抗的州政府中哪一个合法作出报告。该委员会与总统结束重建(*Reconstruction)的政策保持一致,提出的建议对民主党是有利的。尽管同一选举委员会已经证明支持海斯的选举者是合格的,但它同时也证明了该州共和党候选人合格。在就职典礼上,海斯总统获得了因戴维·戴维斯(David *Davis)法官突然辞职而造成的联邦最高法院职位空缺(显然是为了避免在选举委员会任职,参见Extrajudicial Activities)。与他的和解政策相一致,海斯决定任命一名南方人来补充这个空缺。时年44岁的哈伦由于具有令人赞叹的资格和政治经历,成为当然的人选。

任职联邦最高法院 尽管他在联邦最高法院的任职时间非常长,几乎与马歇尔的任期一样长,并且他经常有详细的著述,但他的名声在他去世后34年里似乎不可能超过他的同事约瑟夫·P.布拉德利(Joseph P. *Bradley)、斯蒂芬·约翰逊·菲尔德(Stephen J. *Field)和塞缪尔·弗里曼·米勒(Samuel F. *Miller)等法官,甚至还不及并无显赫名声的首席大法官富勒(Fuller)。在保护私有财产方面,如果说他与金钱时代的其他法官们有什么区别的话,就是他更加积极,尤其是在反对州或市赖债方面他表现得特别严厉(参见Property)。能使他关注、尊重后代的,不是他所具有的传统观念,而是他以某种形式阐述的不同意见(参见Dissent)。因此,哈伦在任何事情上都与多数人的意见十分不同,包括民权、正当程序(*due process)、联邦所得税、反托拉斯法(*antitrust law)等,他的同事嘲讽地说他患有"持不同意见症"。对许多人而言,他似乎只是"一个偏执性例外",这是费利克斯·法兰克福特(Felix *Frankfurter)法官在"亚当森诉加利福尼亚州案"(*Adamson v. California)(1947)(p.62)中对哈伦的称法。但是由于他的反对意见的重要方面在他去世若干年后得到了大多数人的赞同,而成为多数意见,他后来也被视为20世纪的一股"自由之源"。

确保哈伦近代声誉的,也许是他对于刚刚获得自由的美国黑人的民权要求的立场,而这种立场来自以前的奴隶主和一无所知党成员。哈伦注意到了所有的讥讽,乐意地用首席大法官罗杰·托尼(Roger *Taney)曾经在"斯科特诉桑福德案"(Dred *Scott v. Sandford)(1857)中阐述联邦最高法院意见的那支笔和那个墨水瓶在《民权系列案》(Civil Rights Cases)(1883)中阐述了他那激烈的反对意见。在多数人都反对《1875年民权法》的重要条款时,哈伦坚持认为,在公共住宿区实行隔离是"奴隶制的一种象征",对此国会可以按宪法程序根据联邦宪法第十三修正案(the *Thirteenth Amendment)之执行条款宣布其为非法。他自己对法律加以解释的方法与多数人晦涩的解读是完全相反的:"不是本法的文字而是它的内在意义创制了法律;法律的文字部分构成它的形体;法律的意义与动机则是其灵魂"(p.26)。联邦最高法院在重建后不愿承认对身为奴隶的人的民权予以保护的国家权力,而联邦最高法院在内战前"对奴隶制和逃亡奴隶之主人的权利予以保护"则充满热情,哈伦对此进行了谴责性地对比(p.53)。在臭名昭著的"普勒西诉弗格森案"(*Plessy v. Ferguson)(1896)中,极力维护歧视的黑人法(Jim Crow Law),哈伦再次与其他人意见分歧。他粉碎了隔离但公平(*separate but equal)对待美国黑人的观点,极力主张联邦最高法院采取"人尽皆知"的司法通告:"要实现的这件事,以给白人和黑人平等住宿为幌子,而实现强迫后者不与人交往的目的"(p.557)。近代的黑人民权运动与"布朗诉教育理事会案"(*Brown v. Board of Education)(1954)有着联系,该案推翻了普勒西案的判决,哈伦的反对意见也被认为是一种在过去比联邦最高法院多数人意见更可敬的意见。

在身后证明他正确的另一领域里——联邦宪法第十四修正案(the *Fourteenth Amendment),哈伦的反对意见再次为未来指明了出路。在"胡塔多诉加利福尼亚州案"(*Hurtado v. California)(1884)

(p. 541)中,多数人一致裁决认为,该宪法修正案的确保护人们不受州行为侵犯,但它并不必然像《权利法案》(*Bill of Rights)所作的详细规定那样保护人们不受联邦行为侵犯。哈伦还是坚持他的观点,即在全国性宪法的框架内,"法律正当程序"不会根据各州的权力含有某一层意思,而根据联邦政府的权力又含有另外一层意思,如"胡塔多诉加利福尼亚州案"(*Hurtado v. California)(1884)(p. 541)。在20世纪20年代开始时还是分散的案例,在50、60年代有了一种稳定的发展趋向,出现了所谓的并入理论(*incorporation theory),即联邦宪法第十四修正案将《权利法案》的大多数内容吸收了,而后又逐步地成为法律(参见 State Action)。

另一方面即联邦所得税的问题,哈伦的论证所依据的是联邦宪法修正案,而不是如他在"波洛克诉农场主贷款与信托公司案"(*Pollock v. Farmers' Loan & Trust Co.)(1895)中180度大转弯似的反对意见。该案使联邦所得税无效,而依据则并不明确,即宪法反对不按人口比例征收直接税。哈伦指责多数意见企图推翻先例并企图参与司法立法活动。他再次指出了该案的现实性,并讽刺性地认为,"该判决现在的实际影响将是给某种类型的财产权利赋予一种偏袒和特权地位"(p. 685)。哈伦去世后两年,即1913年,联邦宪法第十六修正案(the *Sixteenth Amendment)就推翻了波洛克案的判决。

但哈伦的预见力绝不是一贯正确的。他对限制司法自由裁量权的简单解决办法,将他过早地带入到并入理论,导致哈伦在"标准石油公司诉合众国案"(Standard Oil Co. v. United Slates)(1911)中拒绝将大多数人对合理规则(*rule of reason)的理解运用于《谢尔曼反托拉斯法》(*Sherman Antitrust Act)。他在"合众国诉美国烟草公司案"(*United States v. American Tobacco Co.)(1911)中所发表的他一生中最后一次判决意见中将这种学说(即将合理规则运用于《谢尔曼法》)谴责为窃取美国国会职能的做法。正是这种关于"托拉斯破产"热点问题的观点,使他在同代人中享有很高的声誉。关于实质性正当程序问题——宪法可以在多大范围内对政府管制经济的权力进行限制——哈伦是无法预见的。在"史密斯诉埃姆斯案"(*Smyth v. Ames)(1898)中,哈伦阐述了联邦最高法院的观点,推翻了内布拉斯加州的一项固定铁路费率的法律。该法基于这样的理由规定了铁路运费:不允许公司根据自己财产的"公平价值"获得"公平回报",这违反了联邦宪法第十四修正案的正当程序条款。无论是有意还是无意,该案的效果是将所有州铁路委员会的工作置于法院监督之下。与此相反,"洛克纳诉纽约州案"(*Lochner v. New York)(1905)中宣告纽约限制面包师一天8小时工作制的立法无效。在该案中,哈伦反对,而奥利弗·W. 霍姆斯(Oliver Wendell *Holmes)更加有力的论断则使这种反对意见相形见绌。还有,"阿代尔诉合众国案"(*Adair v. United States)(1908)认为一项联邦法律无效,因为该法律禁止在州际铁路上签订"黄狗"合同(以不加入工会为条件的雇佣契约。——校者注)。在该案中,哈伦代表多数起草了判决意见,而霍姆斯则作了非常有名的反对意见。哈伦的解释不切实际:"雇主与雇员具有平等的权利,阻挠该项平等的任何立法都是对合同自由的任意干涉,在自由的领土内,没有任何政府能够合法地认为这种干涉是合理的"(p. 175)(参见 Labor;Contract, Freedom of)。

特性与遗产 诸如上述最后一个类型的案件,导致霍姆斯否定了哈伦"在分析或归纳方面"的闪光之处。霍姆斯认为,"他有一把强有力的老虎钳,这种老虎钳的钳夹相互间不可能达到比两英寸更近的地步"。甚至在有关种族关系方面,哈伦的预见性观点也仅能达到如此之远。正是他在普勒西案中的著名反对意见包含了这种绝对性的看法:"我们的宪法是不带有色彩的,既不知道也不容忍在公民中划分不同的阶级"(p. 559),这是一种与现代积极行动方案不相符的理论。

哈伦严厉地指出了许多司法判决的真实后果,他因在其反对意见中包括了一些无关的问题而受到同时代的形式主义法学家的批判。他对自己作出的判决充满信心,经常面临违反司法礼仪的风险:他在所得税案件中解释他的反对意见时,用拳头砸桌子,并用手指在首席大法官菲尔德面前划来划去。有一次,查尔斯·E. 休斯(Charles Evans *Hughes)向法兰克福特说,他曾经听到过更糟糕的事:在布拉德利与哈伦共事的日子里,这两位法官甚至相互以拳脚相加。哈伦的一位亲密朋友戴维·J. 布鲁尔(David J. Brewer)法官描述了哈伦这种自信的根源:"他一方面热衷于宪法,另一方面热衷于《圣经》,在对司法与公正之完美信仰中得到安全与幸福。"在哈伦任职纪念会上,司法部长乔治·W. 威克沙姆(George W. Wickersham)坦率地承认,"他可以领导但不可能跟随……他不具有谈判者所应有的禀性"。一种更柔和的性情可能会使他较少地处于少数人(尽管这是不可能的)的地位,因为他具有更强意志力的同僚。更可能的是,他那刚强的性格能使他坚持通常唯一的反对意见,用现实主义的手法表现出他那个时代的某种本质。

哈伦积极参与司法活动的同时,还从1889年开始,在哥伦比亚大学(Columbian University)(现在的乔治·华盛顿大学)教授宪法,直到他去世。1893年,他还在白令海仲裁庭任职,该仲裁庭的职能是解决美利坚合众国与大英帝国有关捕猎阿拉斯加海豹的争端。哈伦于1856年与玛尔维娜·F. 尚克林(Malvina F. Shanklin)结婚,共生有6个子女;他的孙子约翰·M.哈伦Ⅱ(John Marshall *Harlan Ⅱ)也是联邦最高法院的一名法官。

参考文献 Henry J. Abraham, "John Marshall Harlan: A Justice Neglected," *Virginia Law Review* 41 (1955): pp. 871-891; Floyd Barzilia Clark, *The Constitutional Doctrines of Justice Harlan* (1915); Alan F. Westin, "Mr. Justice Harlan," in *Mr. Justice*, edited by Allison Dunham and Philip B. Kurland, rev. ed. (1964); G. Edward White, *The American Judicial Tradition: Profiles of Leading American Judges* (1976), chap. 6, "John Marshall Harlan I: The Precursor".

[John V. Orth 撰;邓瑞平译;邵海校]

哈伦,约翰·马歇尔Ⅱ [Harlan, John Marshall, Ⅱ]

[1899年5月20日生于伊里诺伊州芝加哥市,1971年12月29日卒于哥伦比亚特区华盛顿市,葬于康涅狄格州威斯顿以马利教(Emmanuel Episcopal)公墓] 1955—1971年任大法官。他喜欢被称为约翰·M.哈伦,是为了将自己与他更著名的祖父约翰·M.哈伦 I(John Marshall *Harlan I)法官相区别。他出生并成长于贵族家庭,尽管他的父亲约翰·梅纳德·哈伦(John Maynard Harlan)时常会面临经济困难,但他父亲通常能勇敢正视。他父亲是一位好争论、性格鲜明的律师,同时还是共和党政治改革家、芝加哥市参议员以及该市一位不成功的市长候选人,他谴责该市有轨电车企业及其对当地官员的控制。然而,竞选失败所受的挫折及随之而来的对老哈伦法律执业的紧张压力,使他对城市有轨电车企业采取了温和手段,并成为他们在利益保留权方面的顾问。

当事人提供的财政保证和整个家族完美的社会关系,使哈伦家族处于芝加哥社会的中心。但少年时的哈伦很少生活在芝加哥。早年,他在一所加拿大寄宿学校学习,整个家庭在老法官哈伦的魁北克避暑寓所度过了无数夏季。在加拿大,哈伦的学业和体育非常优秀。在纽约普莱西德湖学校(Lake Placid School)经过最后一年的预科教育后,他进入普林斯顿大学学习,成为1920级的学生。他在普林斯顿成绩优异,并在那里担任学生报纸的主席,然后因获得罗氏奖学金(Rhodes Scholarship)而去牛津大学学习。

当哈伦从英格兰返回时,在鲁特-克拉克-巴克纳-豪兰(Root, Clark, Buckner & Howland)律师事务所获得了一个职位,该律师事务所是纽约市最有声誉的律师事务所之一。该律师事务所首席诉讼律师埃默里·巴克纳(Emory Buckner)很快成为青年哈伦的导师,并对他的职业生涯具有极其重要的影

John Marshall Harlan Ⅱ

响。巴克纳首先认为,哈伦应该到纽约法学院学习,因为他在牛津大学对法理学的学习基本上不能满足他适应美国的法律业务。哈伦在纽约法学院以一年的时间完成了两年的学习计划并于1924年获准进入律师业。在巴克纳的严厉监督下,哈伦磨炼了诉讼律师的各种技能,细心准备和小心关注各种细节——在同代人眼中他是"律师中的律师"。这位年长的律师巴克纳还为他的青年助手提供了首次从事公职的经验。当巴克纳于1925年成为纽约南区的地方检察官时,哈伦和其他有前途的青年律师——"巴克纳的童子军"(这是媒体对他们的叫法)——也加入到了他的职员队伍中。哈伦不久就成了他导师的首席助理,积极地执行禁酒法。20世纪20年代后期,巴克纳担任州司法部长之职,对纽约自治地区之一的昆斯区的行政首脑因自治政府贪污受贿提起公诉,哈伦再次成为这位年长律师的高级助理。到了他成年生活的早期阶段,他已经成为所在律师事务所中仅次于巴克纳的主要庭审律师。

20世纪30年代,巴克纳的健康状况开始恶化,哈伦逐渐执掌鲁特·克拉克律师事务所诉讼队伍的领导职务。在他主要负责的第一个重要案件中,他成功地为纽约一位古怪的百万富翁埃拉·温德尔(Ella Wendel)之继承人继承遗产进行辩护,排除了两千多条遗产主张。到了30年代末,他已经成为许多重要公司客户的首席律师。一位州法官对任命有争议的英国哲学家伯特兰·罗素(Bertrand Russell)担任纽约城市学院教授予以否决,在对该法院判决的一次不成功的上诉中,哈伦曾代表该学院理事会进行诉讼。

到了第二次世界大战爆发之际,哈伦已超过了在军队服役的通常年龄,但他还是十分渴望在这场

战争中发挥作用。当他有机会领导位于英格兰的"空军"战斗分析部门时,他迫不及待地接受了这项使命。哈伦的队伍——由各种不同类型的科学家和技能丰富的律师组成——向军事当局提供了大量的建议,改进了第8轰炸指挥部的作战记录,把过去空战5%的成功攻击率,提高到了超过65%。在他的任职即将结束时,他还任职于计划战后占领德国的一个委员会。

战争结束后,他回到了先前的律师事务所,担任大量公司客户的法律顾问。到了20世纪50年代早期,他被认为是全国反托拉斯(*antitrust)及相关诉讼最杰出的一位诉讼律师。例如,在一桩漫长的芝加哥庭审案中,他成功地为杜邦兄弟及其具有共同利益的其他当事人进行辩护,阻止因被告控制通用汽车公司和联合橡胶公司而提出的反托拉斯指控。

然而,甚至还在该案庭审法官作出判决之前,哈伦的职业生涯就已经确定了一个新的、永久性的方向。虽然在共和党政治中并非特别活跃,哈伦在许多"大佬党"(GOP,美国共和党的别称)竞选活动中获得了诸项职位。更重要的是,他在纽约的朋友圈还包括州长托马斯·E.杜威(Thomas E. Dewey),哈伦曾短期担任过纽约反犯罪委员会的首席顾问。他的纽约朋友还包括州长的亲密助手赫伯特·布劳内尔(Herbert Brownell)。当布劳内尔担任总统艾森豪威尔的司法部长时,美国联邦第二巡回上诉法院(*Court of Appeals)有一职位空缺,布劳内尔将这一职位提供给了哈伦,哈伦接受了这一职位。哈伦的公职世家不仅有他的祖父,还有他的一位叔父和一位婶娘。叔父曾任州际商务委员会委员,婶娘曾担任过几位共和党总统夫人的秘书。

哈伦在第二巡回法院的任期非常短,他所办的案件大都限于税务和其他普通问题。一个著名的例外案件是"合众国诉费林案"(United States v. Flynn)(1954)。在该案中,由3位法官组成审判庭,通过哈伦宣判,判决12名共产党人因违反《史密斯法》(the* Smith Act)而有罪。在该案中,哈伦对明显、即发的危险标准(*clear and present danger test)所作的解释对政府太过顺从,以至于使批评家想到了古代英国法律所规定的推定叛国罪。

当然,这类判决没有玷污艾森豪威尔执政时期这位法官的名誉。布劳内尔向哈伦提议担任该巡回法院法官之职,并指出在这个较低级的法院任职可以使他这位朋友先期获得一些司法经验,艾森豪威尔政府在任命厄尔·沃伦(Earl *Warren)担任首席法官之后一直坚持认为,联邦最高法院提名候选人应该具有这种司法经验。当另一位纽约人罗伯特·H.杰克逊(Robert H. *Jackson)法官在1954年10月去世时,哈伦即成为布劳内尔的候选人,这也就不足为奇了。这项任命的确认在参议院被耽误了

5个月,因为种族隔离主义者和其他保守主义分子利用这次机会对联邦最高法院和任命哈伦担任大西洋联盟理事会成员资格发起攻击。批评者将联邦最高法院和这项任命谴责为"一个世界总裁"的组织,并认为其威胁到美国的主权。但是这项任命毫无疑义地在参议院获得通过,表决结果是71票赞成,11票反对,14票弃权。

哈伦担任这项职务后,立即加入到费利克斯·法兰克福特(Felix *Frankfurter)领导的遏制主义者投票集团。哈伦在几年前经巴克纳介绍见过法兰克福特(巴克纳是法兰克福特一位最亲密的朋友)。哈伦还发展了一门法学理论,这门理论与法兰克福特的法理学理论极其相似。哈伦的一个基本思想是这样的一种信念:行政程序、联邦主义(*federalism)和分权(*separation of powers)原则最终比具体的宪法保证更能有效地保护个人自由,并且在自由社会里后者的司法推定必须适当关注前者的重要性,这是一种必然的结论。当然,哈伦对"消极价值"的关注并不意味着他一成不变地反对民权主张。他在"全国有色人种协进会诉亚拉巴马州案"(*NAACP v. Alabama)(1958)中代表联邦最高法院提出判决,第一次包括了联邦宪法第一和第十四修正案(the *First and *Fourteenth Amendment)保证条款所规定的结社自由(参见Assembly and Association, Freedom of)。他在"波诉厄尔曼案"(Poe v. Ullman)(1961)中的反对意见体现了对隐私权(*privacy)的保护,这比多数人早了4年。在他任期的最后阶段,他在"科恩诉加利福尼亚州案"(*Cohen v. California)(1971)中代表联邦最高法院发表意见,否决了政府净化民众语言中粗俗用语的权力。虽然对于政府的国家安全主张,他表现出了极端的服从,如他在五角大楼文件案(Pentagon Papers Case)——"纽约时报诉合众国案"(*New York Times Co. v. United States)(1971)中的反对意见所证明的那样,但是他在"耶茨诉合众国案"(*Yates v. United States)(1957)及"斯凯尔斯诉合众国案"(*Scales v. United States)(1961)中对《史密斯法》所作的推论性解释,却使得对颠覆分子拥护人及其成员的成功公诉成为一项极度困难的工作。然而,他的投票模式反映了他对政府权力的服从,特别是对州当局主张的服从。例如,在"巴伦布莱特诉合众国案"(*Barenblatt v. United States)(1959)及相关案件中,他否决了胡果·布莱克(Hugo *Black)法官对联邦宪法第一修正案的绝对主义推论,而体现出了对该修正案目标的一种平衡方法,这是一种对政府广泛的活动范围进行调整的方法。更有甚者,在刑事程序方面,他否决了米兰达案(*Miranda)对警察讯问的限制,同时也否决了将联邦宪法第四修正案(the *Fourth Amendment)的排除规则(*exclusionary rule)适用于州案件的先例判决。

哈伦还因不断参考先例(*precedent)而成为一名普通法(*common-law)法学家。一旦能够辨明一项先例,他就会很自然地利用这一优势。例如,在议席重新分配领域,对他而言,一人一票(*one person, one vote)的投票原则似乎都与早期的判例不同(参见 Reapportionment Cases)。然而,在 1957 年之后,联邦最高法院未能将多数人对淫秽的界定集中起来,意味着在那个难以处理的领域不存在任何具有约束力的先例,这能使哈伦继续采纳他的观点:联邦政府对猥亵语言的控制措施应当界定在一个比较狭窄的范围,而赋予各州广泛的权力(参见 Obscenity and Pornography)。然而,一般说来,哈伦还是会谨慎地赞成那些事实上他并不同意的先例。

哈伦很注意法官通过其解释功能发挥创造性的作用。但是他相信,对规避(*abstention)原则和相关理论的坚持,是限制司法权力的恰当手段而不是试图在通常情况下无法从字面上和历史上探求本意的范围内限制法官(参见 Self-restraint)。按照相似的思路,他赞同在解释宪法时应与争议案件的事实密切结合从而作出狭义解释,并因此对其可能扩大适用的情形予以限制。他在"格里芬诉伊利诺伊州案"(Griffin v. Illinois)(1956)中拒绝沿袭联邦最高法院的下述主张:贫穷的被告在对其有罪判决的上诉中有权免费获得庭审记录或与之相当的援助。他拒绝的主要理由是他注意到了这类判决的潜在影响。受相似考虑的启发,他反对一人一票原则,犹如他反对沃伦主持的联邦最高法院对平等保护(*equal protection)保证的扩大解释和将《权利法案》(*Bill of Rights)并入联邦宪法第十四修正案(参见 Incorporation Doctrine)。虽然其时正当程序条款所进行的灵活而具有发展性的概念解释,可能被用来无限扩大宪法权利的范围,但那样,正如在法学理论上与之持不同观点的布莱克法官所主张的,按哈伦的观点,模糊的保证通常与一种狭义的含义相符,人们应当将其严格地限定于特定案件的案情(参见 Due Process, Substantive)。例如,他在"博迪诉康涅狄格州案"(Boddie v. Connecticut)(1971)中援引正当程序条款推翻了关于贫穷者寻求提起离婚诉讼的登记费要求。然而他的观点是非常清楚的:各州拥有赋予离婚的权力,从而使这项判决扩展适用于其他民事诉讼成为不可能。

最后,哈伦是"韦克斯勒理念"的重要支持者。法学教授赫伯特·韦克斯勒(Herbert Wechsler)持这种理念,其观点是:司法判决必须真正地具有原则性,必须建立在分析和推理的基础之上,这种分析和推理要超越具体案件的即时效果。像韦克斯勒(Wechsler)那样,哈伦确信司法判决应当以"中立"原则为基础,而不是求助于"正义"或社会效用。他特别认为,联邦最高法院应当避免偏向特殊集团和特殊原因的偏袒主义现象。例如,他在普林斯顿大学时的论文,同时也否决了他于 1956 年 10 月 10 日就"胡德诉受托人委员会案"(Hood v. Board of Trustees)(一起学校反对种族隔离的案件)留给同事的便笺中的主张。在便笺中,他坚决主张联邦最高法院应当遵从传统的限制,将其权力限制在与这些案件相同的范围内:"正如低级别法院反对歧视当地有色人种那样……其判决已经支持了他们。"在以后的岁月,哈伦继续敦促他的同事避免扩大对任何集团基于任何理由进行的特殊保护,这仅仅是出于一种善意,同时又是对"正义"的目光短浅的一种渴望。

在那些仅模糊地意识到哈伦的贡献的人中,他不幸被认为是费利克斯·法兰克福特(Felix *Frankfurter)的影子。但是与法兰克福特本人相比,哈伦更善辩、更稳定、更学术,并且是自我约束主义富有成效的拥护者。法兰克福特于 1962 年离开联邦最高法院,当时正处于沃伦法院历史上"自由行动主义者"最昌盛时期的开始。所以,公平而论,沃伦主持联邦最高法院时代,最重要的批评家应当是哈伦而非法兰克福特。

参考文献 Norman Dorsen, "The Second Mr. Justice Harlan: A Constitutional Conservative," *New York University Law Review* 44 (April 1969): 249-271; "Mr. Justice Harlan: A Symposium," *Harvard Law Review* 85 (December 1971): 369-391; David L. Shapiro, ed., *The Evolution of a Judicial Philosophy* (1969); J. Harvie Wilkinson Ⅲ, "Justice John M. Harlan and the Values of Federalism," *Virginia Law Review* 57 (October 1971): 1185-1221; Tinsley E. Yarbrough, *John Marshall Harlan: Great Dissenter of the Warren Court* (1992).

[Tinsley E. Yarbrough 撰;邓瑞平译;邵海校]

哈珀诉弗吉尼亚州选举委员会案[Harper v. Virginia State Board of Elections, 383 U. S. 663 (1966)]①

1966 年 1 月 25、26 日辩论,1966 年 3 月 24 日以 6 比 3 的表决结果作出判决,道格拉斯代表法院起草判决意见,布莱克、哈伦和斯图尔特反对。联邦宪法第二十四修正案(the *Twenty-fourth Amendment)(1964)禁止将成人人头税作为国家选举中投票的条件。哈珀对弗吉尼亚州每年征收 1.5 美元的成人人头税作为州选举投票的先决条件提出异议。由 3 名法官组成审判庭的美国地区法院遵循"布里德洛夫诉萨博尔斯案"(*Breedlove v. Suttles)(1937)的先例判决,驳回了哈珀的诉讼请求。

---

① 另请参见 Poll Taxes; Vote, Right to。

在上诉进程中,联邦最高法院部分推翻了布里德洛夫案的先例,并主张,限制投票权的收费或征税条件违反了联邦宪法的规定。威廉·O.道格拉斯(William O. *Douglas)法官代表多数意见书撰写判决意见,认为政治选举权是一项基础权利(*fundamental rights),不得因缺乏财富或经济地位而被否定。这类标准构成了令人厌恶的歧视,违反了联邦宪法第十四修正案(the *Fourteenth Amendment)的平等保护条款(*Equal Protection Clause)。他还认为,缺乏财产或贫穷可能被视为要求严格审查(*strict scrutiny)的具有违宪嫌疑的分类(*suspect classification)。哈珀案扩大了"雷诺兹诉西姆斯案"(*Reynolds v. Sims)(1964)所确立的原则,即所有投票者必须具有参与州选举的平等机会。

反对者们认为,弗吉尼亚州成人人头税存有一个合理的基础,且各州在宪法范围内享有广泛的灵活性以确立投票者的合格条件。支持者和反对者都认为,财产条件和成人人头税是宪法框架的组成部分。

哈珀案的影响是有限的。当时只有三个州(亚拉巴马州、得克萨斯州和密西西比州)将成人人头税用作投票的一项条件。道格拉斯的主张即财产被视为一种违宪嫌疑的分类,被"丹德里奇诉威廉斯案"(Dandridge v. Williams)(1970)和"圣安东尼奥独立校区诉罗德里格斯案"(*San Antonio Independent School District v. Rodriguez)(1973)所否决。

[Steven Puro 撰;邓瑞平译;邵海校]

哈里森,罗伯特·H[Harrison, Robert H.]

(1745 年生于马里兰州的查尔斯县,1790 年 4 月 20 日卒于查尔斯县)律师、法官。理查德(Richard)与多萝西·汉森·哈里森(Dorothy Hanson Harrison)的大儿子,人们很少知道哈里森的早年生活和法律教育状况。他在弗吉尼亚州的亚历山大开始从事律师业务,并在那里取得了成功。在他众多的当事人中包括乔治·华盛顿(George *Washington),并与他建立了亲密和持久的友谊。在独立战争中,他担任华盛顿的秘书,于 1781 年 3 月辞职后接受任命,担任马里兰州普通法院首席法官之职,他担任这一职位直到去世。

也许因为哈里森对友谊的忠诚以及他在马里兰法律圈子中的良好声誉,华盛顿总统于 1789 年 9 月 24 日任命他担任 6 位联邦最高法院法官中的一员,并在两天后得到参议院的批准。由于他身体欠佳,哈里森对该任命予以拒绝,但华盛顿劝他重新考虑并接受这一职位,于是他在 1790 年 1 月 14 日开始了他去纽约的旅程。一周后突然生病,迫使他终止了旅程,并毅然拒绝了该项任命。他还拒绝了马里兰衡平法院首席法官的任命。

哈里森担任马里兰普通法院首席大法官的档案没有记载有关他作为首席大法官可能做的任何事情。他任职期间的案例记录仅仅涉及有关不动产法或其他问题的狭窄内容,这些内容与联邦最高法院的重要事务没有任何关系。

[Robert M. Ireland 撰;邓瑞平译;邵海校]

哈里斯诉麦克雷案[Harris v. McRae, 448 U. S. 297 (1980)]①

1980 年 4 月 21 日辩论;1980 年 6 月 30 日以 5 比 4 的表决结果作出判决,斯图尔特代表法院起草判决意见,布伦南、马歇尔和布莱克蒙和史蒂文斯反对。哈里斯案确认了海德修正案(Hyde Amendment)的合宪性,该修正案是这样一项法律:禁止使用联邦医疗基金堕胎,但母亲的生命处于危险中以及被强暴或乱伦受孕的情形除外。联邦最高法院主张,"罗诉韦德案"(*Roe v. Wade)(1973)所确立的选择堕胎的权利没有要求政府对那项选择予以补贴。根据该法院的主张,罗案意味着,政府不得对这项选择设置障碍。联邦最高法院认为,贫穷妇女没有政府援助而无力购买医疗服务(包括堕胎),并不是政府制造的障碍。反对者们认为,政府有条件地给予资助的行为本身就给妇女选择堕胎带来了负担。

哈里斯案的批评者们主张,政府所拒绝支付堕胎费用的唯一原因是,它相信堕胎是不道德的,这样的信念在"罗诉韦德案"中并不是政府行为的基础。批评者们还认为,这项判决认可了获得堕胎的双重制度。拥护者们则认为,堕胎不属于上述那些情形,在我们的社会里是鲜见的,政府有责任在我们的社会里减轻市场经济因财富分配不公所产生的负担。

[Mark V. Tushnet 撰;邓瑞平译;邵海校]

哈里斯诉纽约州案[Harris v. New York, 401 U. S. 222 (1971)]②

1970 年 12 月 17 日辩论;1971 年 2 月 24 日以 5 比 4 的表决结果作出判决,伯格代表法院起草判决意见,布伦南赞成,道格拉斯、马歇尔反对,布莱克也反对但未发表观点。在理查德·尼克松(Richard *Nixon)总统决定任命沃伦·伯格(Warren *Burger)和哈里·布莱克蒙(Harry *Blackmun)担任联邦最高法院法官之后,哈里斯案是对"米兰达诉亚利桑那州案"(*Miranda v. Arizona, 1966)进行限制的第一案。在庭审中,哈里斯为他自己辩护,否认将一个装有海洛因的袋子卖给一位秘密代理人。

---

① 另请参见 Abortion;Gender;Indigency;Privacy。
② 另请参见 Miranda Warnings。

然而在没有给哈里斯发出米兰达权利告知的情况下其就被警察拘押,而在警察拘押期间,他作出了不同的陈述。为了审查其陈述的可信性,检控人员严密地审问了他在警察讯问期间的回答。在上诉中,哈里斯的律师主张,米兰达案禁止提及如下情形的回答:"被告所作的仅仅旨在为自己开脱罪责的陈述通常在庭审中用来审查他的口供……这些陈述即使在文字意义上是可归罪的,但没有充分的警告和有效的弃权证书,可以不予使用……"(p.477)

联邦最高法院对米兰达案所确立的证据排除规则进行了限制,将其限于在检控重要案件中呈递的证据,允许使用未经警告但为了审查目的所作的回答(如果被告选择作证)。伯格所写的判决认为,虽然米兰达案可以被解释为禁止把在没有律师的情况下取得的陈述用于任何目的,然而这类解释其本身并不合逻辑,因此也就没有约束力。他主张,米兰达案并不是这样一种许可:使用伪证而没有任何因与先前陈述不一致而可能受挫的风险。

[Bradley C. Canon 撰;邓瑞平译;邵海校]

仇视性言论 [Hate Speech]

联邦最高法院对仇视性言论给予了充分的保护,这在全世界的法院中都是独一无二的。仇视性的言论通常是指辱骂的、侮辱的、威胁的与骚扰性的言论,这些言论至少会导致厌恶和歧视,严重的可能引发暴力行为和致命行为。联邦最高法院的法官们一致认为,仅仅因为某一言论或行为不适宜或具有冒犯性就对其进行惩罚的法规是不符合宪法的。只有对所有形式的言论都加以保护,公众才会放心地开展不受限制的、激烈的、广泛的讨论。

然而,仍然有许多美国人以确定适当言论标准的方式来限制仇视性言论。在20世纪80年代到90年代期间,许多大学校园规定了一些言论标准来保护历史上受歧视的群体。为了支持他们的这一立场,他们引用了大法官弗兰克·墨菲(Frank *Murphy)在"查普林斯基诉新罕布什尔州案"(*Chaplinsky v. New Hampshire)(1942)中阐述的攻击性言论原则。墨菲将攻击性言论界定为,既没有表达思想,也没有促进寻找真理的社会价值,并可能会导致即发的暴力反应的言论。

除了查普林斯基案确立的例外原则,联邦最高法院对其他可能会被认为是仇视性言论给予了保护。在"布兰登堡诉俄亥俄州案"(*Brandenburg v. Ohio)(1969)的法院意见(*per curiam)中,法院支持了三K党公开号召非裔美国人、犹太人分裂美国的言论,尽管这一言论明确煽动使用暴力。大法官主张,除非这一言论的目的在于引发暴力,并且很有可能会立即引发这样的结果,否则就要受联邦宪法第一修正案(the *First Amendment)的保护。法院在判决中提到:"宪法保障言论自由与出版自由并没有允许州禁止或鼓励使用暴力的行为或违反法律的行为,除非这种行为的目的在于引发或促进即将发生的不法行为,并且很可能会导致这种行为发生。"

布兰登堡案确立的标准已经证明基本上是难以达到的。例如,在著名的1978年的"斯科克村诉美国全国社会主义党案"(Village of Skokie v. National Socialist Party of America)(1978)中,大法官拒绝向联邦第七巡回上诉法院签发调卷令(writs of *certiorari),实际上允许了纳粹分子在住满了"二战"幸存者的社区街道上游行。并且法院在"R. A. V.诉圣保罗市案"(R. A. V. v. City of St. Paul)(1992)中,宣布一部反歧视法令无效,根据这一法令,几个十几岁的孩子因在非裔美国人家的草坪上焚烧了一个十字架被认定为有罪。大法官安东尼·斯卡利亚在该案中提到,圣保罗市禁止人们对不喜欢的事物表示自己的观点,是违反宪法第一修正案的。并且,在实际运作中,这一法令甚至超出了对内容的歧视,而是对观点的歧视(p.391)。

然而联邦最高法院还没有专门对校园的言论标准进行裁判,R. A. V.的先例表明,大法官们不太可能会改变低级别法院推翻这些规定的判决。

参考文献 Floyd Abrams, "Hate Speech: The Present Implications of a Historical Dilemma," *in Between Speech and Silence: Hate Speech, Pornography and the New South Africa* by Jane Duncan (1996) available at http://fxi. org. za/books/chap7. htm. Samuel Walker, *Hate Speech: The History of an American Controversy* (1994).

[Kermit L. Hall 撰;林全玲译;胡海容校]

夏威夷房屋管理局诉米德基夫案 [Hawaii Housing Authority v. Midkiff, 467 U. S. 229 (1984)]①

1984年3月26日辩论;1984年5月30日以8比0的表决结果作出判决,奥康纳代表法院起草判决意见,马歇尔没有参加投票。米德基夫案标志着联邦最高法院对政府征用私人财产所应具备的条件作出了最重要的解释:政府对私人财产的任何征用必须是为了联邦宪法第五修正案(the *Fifth Amendment)所规定的"公共用途"。本案涉及对夏威夷一项法律的质疑,该法试图降低土地拥有的垄断程度,因为在该州土地垄断长期与土地财产联系在一起。这项受指控的法律授予独立家庭住房的承租

---
① 另请参见 Property Rights; Public Use Doctrine; Takings Clause。

人有权援引政府的国家征用权(*eminent domain)购买他们所租用的财产,即使土地所有人予以反对。抗议者们主张,这样的征收不是一项为了公共用途的征收,因为该项财产一旦被州征收,就迅速转移给了承租人。

在米德基夫案中,联邦最高法院在事实上排除了将公共用途作为对政府何时能征收财产的限制。联邦最高法院主张,公共用途是存在的,即使是在该项财产立即转移到了私人手中并且从未被公共当局使用过的情况下,也存在公共用途。只要征收行为与某种可预料的公共目的有着合理的关系,该项条件即被满足;重要的在于征收的目的,而不是财产的用途。联邦最高法院认为,这意味着,征收权力在广义上等同于治安权(*police power)。联邦最高法院还主张,对立法机关就某项征用是否具有公共目的而作出的决定,各法院应当服从,除非该项征用决定没有合理根据。

[Eric T. Freyfogle 撰;邓瑞平译;邵海校]

哈伊布恩案件 [Hayburn's Case, 2 Dall. (2 U.S.) 409 (1792)]①

哈伊布恩案件是提出司法审查(*judicial review)和可诉性(*justiciability)问题比较早且模棱两可的先例。1792 年,国会颁布法律,要求美国各巡回法院审理独立战争中老兵所提出的残疾老兵津贴案件,并以书面形式向国防部长证实其判决。当时联邦最高法院 6 位法官中有 5 位担任 3 个巡回法院(*circuit courts)的法官,即:杰伊(*Jay)、库欣(*Cushing)、威尔逊(*Wilson)、布莱尔(*Blair)和艾尔戴尔(*Iredell),他们以书面形式向乔治·华盛顿(*George Washington)总统提交了他们的观点,拒绝从事该项职能。所有的法官都认为,该项法律把非司法职责强加给法院,违反了分权(*separation of powers)原则。所有的法官都反对国防部长(行政部门的一位官员)在修改或拒绝尊重法院报告方面的默示权力(*implied powers)。其中有两封信反对国会拒绝采取适当措施支持联邦最高法院的判决。国会在下一届会议时修改了这项请求程序,以避免宪法难题。尽管哈伊布恩案存在许多模糊之处,但该案被视为联邦法院有权主张国会颁布的法律违宪并对其拒绝执行的一项早期论断。该案还涉及可诉性(*justiciability)问题,因为它关注司法决定的最终效力。

[William M. Wiecek;邓瑞平译;邵海校]

小海恩斯沃思,克莱门特·弗曼 [Haynsworth, Clement Furman, Jr.]②

(1912 年 10 月 30 日生于南卡罗来纳州的格林维尔;1989 年 11 月 22 日卒于格林维尔)联邦上诉审法官,曾拒绝联邦最高法院法官的任命。小海恩斯沃思在南卡罗来纳州从事 20 多年的私人律师业务后,于 1957 年被艾森豪威尔(Eisenhower)总统任命为美国第四巡回上诉法院法官,1964 年成为该院的首席法官。1969 年 8 月 18 日,理查德·尼克松(Richard *Nixon)总统任命他接替因阿贝·福塔斯(Abe *Fortas)辞职所产生的联邦最高法院的职位空缺。在参议院司法委员会(*Senate Judiciary Committee),经过长达 8 天的听证会和 10 比 7 的表决结果通过了对他的任命。但是在 1969 年 11 月 21 日的全体参议员会议上,又以 55 比 45 的表决结果否决了对他的任命。海恩斯沃思返回上诉法院并于 1981 年之后在那里成为资深法官,一直到 1989 年去世。

在对其任命的辩论中,海恩斯沃思因在两件案子中的投票而受到谴责,这两案涉及公司的附属机构,在这些附属机构中他拥有股份,并且在此期间他还购买了一家涉案公司的股票。强调福塔斯道德不检点的参议员们觉得有义务采取严厉的谴责。然而对许多参议员而言,基于意识形态的原因,道德谴责掩盖了对他的反对。全国有色人种协进会(*NAACP)和美国劳工联合会和产业组织联合会(AFL-CIO)反对海恩斯沃思,是因为他没有充分支持民权和劳动纠纷的诉讼当事人。而且此次任命的争议发生于这样一种背景,即自由保守势力对众议院议员杰拉尔德·福特(Gerald Ford)关于弹劾联邦最高法院威廉·O.道格拉斯(William O. *Douglas)法官的提议占上风,并且尼克松政府试图放慢在南方的学校解除种族隔离。

[Susan M. Olson 撰;邓瑞平译;邵海校]

人头费系列案
[Head Money Cases, 112 U.S. 580 (1885)]

1884 年 11 月 19、20 日辩论;1885 年 12 月 8 日以 9 对 0 的表决结果作出判决,米勒代表法院起草判决意见。该案的起因是国会试图在 1882 年《移民法》(Immigration Act of 1882)中对移民(*immigration)施以更大的控制。在这之前,都是由各州对移民的进入实施管制。尽管各州试图在允许移民进入方面享有自由,但对贫穷移民所产生的潜在财政负担的关注迅速使各大港口对船长征收人头费或保证金,以便为贫穷移民建立一个基金。在乘客系列案(*Passenger Cases)(1849)和"亨德森诉纽约市长案"(Henderson v. Mayor of New York)(1876)中,联邦最高法院推翻了这类法规,认为它们侵害了联邦

---

① 另请参见 Judicial Power and Jurisdiction。

② 另请参见 Nominations, Controversial; Nominees, Rejection of。

的商业权力(*commerce powers)。为了减轻各州的财政负担,国会在 1882 年法案中规定了联邦人头费,每位移民 50 美分,并将该费用用于各州资助贫穷移民。

货主们也对这项联邦人头费的合宪性提出了质疑,主要理由是,这项费用没有在全国范围内统一实施,也没有用于提高国家的国防和公共福利(*general welfare)。联邦最高法院驳回了这种主张,并重申其早期判决,即移民是对外商业的一种形式,国会对其拥有充分的权力。人头费仅仅是"商业管理的一个部分"(p. 595),而不是行使征税权(*taxing power)。所征收的款项与政府在管理移民方面的合法利益是密切相关的。人头费案件有助于加强联邦对移民的管理,并有助于扩大国会在履行其宪法权力中扩大征税的权力。

[Lucy E. Salyer 撰;邓瑞平译;邵海校]

批注[Headnotes]

批注是位于法院判决开端的要点或摘要。它确认案件的主要事实和法院观点,并给出可以查阅具体观点的页码。现在联邦最高法院的判例汇编人(*reporter, supreme court)一般都会在案件向公众公布之日发表判决要点,以通过这种方法提高案件解释和汇编的准确性。但是在"合众国诉底特律木材公司案"(United States v. Detroit Timber and Lumber Company)(1905) 和"伯班克诉厄恩斯特案"(Burbank v. Ernst)(1914)这两起案件中,联邦最高法院已经肯定,判决要点不具有任何独立的法律效力或法律地位。因此在底特律木材案中,联邦最高法院将判决要点作为"书记员在审查庭审记录方面为工作方便所进行的简单工作"(p. 337)。关于此案及其判决要点的评论在联邦最高法院发布的条状书面判决意见(*slip opinions)第 1 页顶部的注释里。判例的商业出版商有时则在判决中加上他们自己所作的判决要点,以阐明主要法律观点。像判决的书记员所准备的要点那样,这些要点也没有任何独立的法律权威性。

[John R. Vile 撰;邓瑞平译;邵海校]

亚特兰大中心旅馆诉合众国案[Heart of Atlanta Motel v. United States, 379 U. S. 241 (1964)]①

1964 年 10 月 5 日辩论;1964 年 12 月 14 日以 9 比 0 的表决结果作出判决,克拉克代表法院起草判决意见,布莱克、道格拉斯和戈德堡赞成。亚特兰大中心旅馆案是《1964 年民权法》(*Civil Rights Act of 1964)公共设施条款(第 2 编)的一次主要宪法检验,也是对国会依据商业条款拥有广泛权力一次重要的再确认。亚特兰大一家汽车旅馆的所有人拒绝按《民权法》的要求向黑人提供服务,而他的旅馆几乎全部是向州际旅行者提供服务。他主张国会已经超出了其商业条款的授权而管理私人经营,还主张依照联邦宪法第五修正案(the *Fifth Amendment)正当程序条款和联邦宪法第十三修正案(the *Thirteenth Amendment)的规定,该法是无效的。

由 3 位法官组成的美国地区法院维持第二章的规定,并永远禁止该汽车旅馆因种族原因实施歧视行为。联邦最高法院毫无疑义地维持原判。汤姆·克拉克(Tom *Clark)法官援引"吉本斯诉奥格登案"(*Gibbons v. Ogden)(1824)的先例判决和其他一系列认为国会依据商业条款有充分权力进行管理的案例,主张国会管理州际之间的商业和影响商业的州内活动,是国会以立法方法反对不道德行为的"全国性治安权"(national *police power)的组成部分。

国会以商业条款作为该法的基本权力依据,因为按当时的解释,民权系列案(*Civil Rights Cases)(1883)禁止国会针对私人所有的旅馆、饭店实施联邦宪法第十四修正案(the *Fourteenth Amendment)。但是威廉·O. 道格拉斯(William O. *Douglas)和阿瑟·戈德堡(Arthur *Goldberg)法官认为,该法还是可以按联邦宪法第十四修正案第五款的规定予以维持。

"卡曾巴赫诉麦克朗案"(*Katzenbach v. McClung)(1964)是确定该法案是否适用于小规模、州内的餐馆的另一起同类案件。联邦最高法院在该案中判决:即使该家餐馆的顾客是当地人,但他们通过州际商业活动采购了许多食品和其他供应品,所以该法仍然适用。这两个案件连在一起为国会的民权立法提供了主要动力。

[Steven Puro 撰;邓瑞平译;邵海校]

强化的审查[Heightened Scrutiny]

参见 Intermediate Scrutiny。

赫尔夫林诉戴维斯案[Helvering v. Davis, 301 U. S. 619 (1937)]②

1937 年 5 月 5 日辩论;1937 年 5 月 24 日以 7 比 2 的表决结果作出判决,卡多佐代表法院起草判决意见,巴特勒和麦克雷诺兹反对。在本案中,联邦最高法院维护了 1935 年《社会保障法》(Social Security Act of 1953)所规定的老年人利益条款。本杰明·卡多佐(Benjamin *Cardozo)法官代表多数意见所作出的判决对联邦征税与支出权力采取了一种扩大观点。他在判决中写到:《社会保障法》中的老年

---

① 另请参见 Commerce Powers;Race and Racism。
② 另请参见 Taxing and Spending Clause。

人利益条款符合联邦宪法第1条第8款的规定。

联邦宪法第十修正案(the *Tenth Amendment)禁止国会为了某种目的使用传统上保留给各州的征税与开支权力来提高税收。针对这种主张,卡多佐法官指出,《社会保障法》是在没有联邦的协同努力就不可能解决"全国性灾害"(p.641)的情况下出台的。卡多佐认为,如果有的州建立了这些计划而另外的州没有建立,贫穷者就会涌向建立了这些计划的州,犹如工业会涌向不征收新工薪税的那些州一样。

就在联邦最高法院作出赫尔夫林案判决的前几天,威利斯·范·德凡特(Willis Van *Devanter)法官宣布退休。在经过4年多焦急的等待后,富兰克林·罗斯福(Franklin *Roosevelt)总统终于有机会对联邦最高法院法官进行了任命。这样的良好形势与欧文·罗伯茨(Owen *Roberts)法官新的投票态度相结合,意味着受到激烈批评的法院人员布置计划(*court-packing plan)不再必要了。正如南卡罗来纳州的议员詹姆斯·F.伯恩斯(James F. Byrnes)所提出的质疑那样,"既然你已经赶上了火车,为什么还要追赶呢?"

[John W. Johnson 撰;邓瑞平译;邵海校]

赫伯恩诉格里斯沃尔德案[Hepburn v. Griswold]

参见 Legal Tender Cases。

高级法[Higher Law]①

在联邦最高法院的整个历史中,"高级法"的概念在有关限制政府权力的争议中一直发挥着作用。"高级法"被理解为一种限制政府或为制定(即书面形式的)法提供标准的非书面法律。这种法律对18世纪后期的美国人而言是一种既熟悉又相当复杂的思想。美国人继承了英国的法律传统,产生了这样一种观念,即理想的"古代宪法"或普通法(*common law)传统对主权者的特权,也许对议会的立法权要设定限制。爱德华·科克爵士(Sir Edward Coke)曾在博纳姆案(Dr. Bonham's Case)中作出了著名的论断:特别是当一项制定法脱离特定的背景时,如果该法"与普通法上的权利与理性相背……那么普通法将对其进行控制,并宣布其无效"。这一论断认为存在着"高级法",其在法庭中具有最高的权威(p.118a)。在殖民地后期和独立战争时期,对"高级法"最普遍形式的争论涉及对各种不同形式不成文"权利"的行使,这类权利被认为是神定的、产生于英国法传统或者是"自然法"。《独立宣言》(*Declaration of Independence)和许多州早期的权利法案继续主张产生于"高级法"渊源的权利之存在,而且早期各州的司法观点经常提到这类渊源。

在联邦最高法院早期的几十年里,法官偶尔也会参考"高级法"思想。对"高级法"作用所进行的唯一的一次广泛讨论发生于1798年的"考尔德诉布尔案"(*Calder v. Bull)(1798)中。在该案中,塞缪尔·蔡斯(Samuel *Chase)法官即使是在没有明确的宪法限制的情况下,也明确否认"州立法机构的无限权力"。"我们自由的共和党人政府里的根本原则"或产生于"社会契约"的根本原则,特别是保护私人安全和财产的那些重要原则,会"对明显、公然的滥用立法权力予以否认",即使没有禁止那种权力滥用的任何书面规定(pp.387-388)。但是,在同一案件中,詹姆斯·艾尔戴尔(James *Iredell)否决了法院仅仅因为某项制定法违反了法官的"自然正义"意识而宣布该法无效的权力。蔡斯和艾尔戴尔的观点预示了有关"高级法"的争论在联邦最高法院的未来发展。联邦最高法院最终接受了艾尔戴尔对直接援引"高级法"来推翻立法的批评意见。到了1835年首席大法官约翰·马歇尔(John *Marshall)去世之时,联邦最高法院几乎已经完全放弃了直接援引"高级法"的做法。

在联邦最高法院的观点看来,"高级法"在修辞学上的让位并没有导致"高级法"争论的终结。在政治上,"高级法"活跃了起来:当制定法显得不利时,反奴隶制行动主义者及其对手、州财产(*property)管理的反对者、州扩大妇女财产权的反对者都发现"高级法"非常有用。威廉·H.苏厄德(William H. Seward)参议员对1850年南北和解方案确认的奴隶制(*slavery)地理范围扩张发起攻击,而对宪法制裁这项和解方案的论点不予理会,并以这种观点进行反击:国会更受"高级法"的约束而不是宪法的约束,这种"高级法"禁止与奴隶制进行合作。"高级法"之修辞学对苏厄德和奴隶制捍卫者的可用性证明了其这个名词术语的优势与劣势——它没有任何明确的含义。

在18世纪有关"高级法"的种种争论在联邦最高法院的判决中保存了下来,并存在争议。一个世纪以前,联邦最高法院基于含蓄的"高级法"保护财产和合同自由(freedom of *contract),但它这样做是在解释联邦宪法第五、第十四修正案(the *Fifth and *Fourteenth Amendments)正当程序条款的一个法律理论问题。最近,联邦最高法院的隐私(*privacy)权判决(也是正当程序的解释)提到了"高级法"早期拥护者的主张,这些主张认为,不管宪法的禁止性规定如何,各法院应当宣告明显不公正的法律无效。毫无疑问,实体的正当程序(*due process, substantive)仍然是存在争论的;但其对"高级法"观念的继承将继续影响联邦最高法院的判决,这也是同样明

---

① 另请参见 Judicial Review;Natural Law。

确的。

参考文献 Edward S. Corwin, *The "Higher Law" Background of American Constitutional Law* (1955); Leslie F. Goldstein, "Popular Sovereignty, the Origins of Judicial Review, and the Revival of Unwritten Law," *Journal of Politics* 48 (1986): 51-71.

[H. Jefferson Powell 撰；邓瑞平译；邵海校]

海拉巴亚斯诉合众国案[Hirabayashi v. United States, 320 U.S. 81 (1943)]①

1943年5月10日辩论；1943年6月21日以9比0的表决结果作出判决。斯通代表法院起草判决意见，道格拉斯和墨菲分别发表观点但结果一致；拉特利奇单独发表了与联邦最高法院一致的观点。在第二次世界大战之初，官方明确表示要关注在西海岸的近112000名日裔美国人。在西部防卫指挥部约翰·L.德威特(John L. DeWitt)将军的敦促下，富兰克林·D.罗斯福(Franklin D. *Roosevelt)总统于1942年2月19日签署了第9066号行政令，授权国防部长建立"军事区域"，而普通市民则可被排除在该区域之外(参见 Subversion)。3月18日，罗斯福基于拘禁西海岸所有日裔美国人的目的，建立了战时强制疏散局。国会则通过立法以执行这些行政命令。

德威特将军后来对西海岸日裔美国人从下午8点到早上6点强制实施宵禁，禁止日裔美国人离开他的防卫管辖区，然后禁止日裔美国人留在他的防卫管辖区内。他们既不得离开他们的家，也不得呆在家里，而必须向市民管制中心或集中中心报告。然后日裔美国人从这些中心被疏散到"强制疏散集中营"，多数人在那里呆到1945年。

戈登·海拉巴亚斯(Gordon Hirabayashi)是一位具有日本血统、在美国出生的公民，华盛顿大学的大四学生，他故意违反宵禁命令并不向市民管制中心报告。他认为，如果他服从宵禁和隔离命令，"他就会放弃他作为一位美国公民的权利"(p.81)。法院判决对他指控的两项罪状成立，合并判处他有期徒刑3个月。在上诉过程中，联邦最高法院因他违反宵禁命令裁决维持原判，由于是合并判处刑罚，所以法院对向集中中心报告这一命令的合宪性拒绝予以考虑。

首席大法官哈伦·F.斯通(Harlan F. *Stone)代表联邦最高法院发表意见，认为国会和总统基于"成功作战的权力"可以强制实施宵禁，这是符合宪法的(p.93)(参见 Presidential Emergency Powers)。但是，最大的问题是，作为一个群体的日裔美国人是否可以被单独实施宵禁。

斯通作出了解释：日本移民不符合美国公民身份(*citizenship)的要求；按照日本法律，日本移民在美国出生的子女被认为是日本公民；国家的"社会、经济与政治状况在很大程度上阻碍了他们被同化为白人人口的一个部分"(p.96)。他指出，大量日裔美国人的子女已经"被送到日语学校"，并且"人们普遍相信，其中的某些学校是传播日本民族主义的根源……"(p.97)斯通还认为，"在他们与白人之间几乎不存在什么社会交流"(p.98)。

斯通认为："国会和行政当局可以合理地得出这样的结论：上述这些条件会鼓励这个群体的成员继续附属于日本和日本机构；那些有义务保卫国防的人在决定间谍活动和战时破坏活动之危险性质与范围时，可以考虑这些因素"(pp.98-99)。联邦最高法院对下述"军事或国会意见"以没有依据为由予以驳回："在那个群体中有相当多的不忠诚成员，其数量和力量均无法准确、快速地确定"(p.99)。

斯通赞同"种族歧视在绝大多数情况下不相关"的看法，但认为："国会和行政当局在处理战争风险的问题时，可以考虑与我们的国防保卫措施有关的那些因素……那些因素事实上可以将具有某一血统的公民与具有其他血统的公民相区别"(p.100)。在维持宵禁的判决中，斯通特别声明，本法院没有考虑是否允许采取更严厉的措施。

尽管是一项全体一致的判决，但是威廉·O.道格拉斯(William O. *Douglas)、威利·拉特利奇(Wiley *Rutledge)和弗兰克·墨菲(Frank *Murphy)法官提出了他们支持该判决的条件，并寻求将该判决限定在狭窄的范围内。墨菲的赞同意见读起来像是不同意(*dissent)意见。他意识到，这是联邦最高法院第一次"基于种族或血统的偶然事件而对美利坚合众国公民的个人自由进行实质性限制"。墨菲相信，这种拘禁产生了如下忧虑："与德国和欧洲其他地方对待犹太种族成员的做法相似"，已经达到了"宪法权力的边缘"(p.111)。

参考文献 Roger Daniels, *Concentration Camps, North American* (1981); Roger Daniels, *The Decision to Relocate the Japanese-Americans* (1986); Peter Irons, *Justice At War* (1983).

[Paul Finkelman 撰；邓瑞平译；邵海校]

法院对历史的运用[History, Court Uses of]②

对联邦最高法院运用历史决定有关宪法和法律的案件提出批评在法律著述中是司空见惯的，这种责备是可以理解的。联邦最高法院曾从相同的历史资料得出相互矛盾的结论，并将其提升至法律真理的高度。尽管在联邦最高法院历史方法与使用上的

---

① 另请参见 Race and Racism; World War Ⅱ。

② 另请参见 Constitutional Interpretation; Interpretivism and Noninterpretivism。

问题充满争议,但它自己也继续参考历史资料来解决法律问题。法院对历史的这种参考是比较杂乱的,有时寻求并找到了一个决定性的答案,有时似乎找到了但没有真正找出一个决定性的答案,有时甚至似乎没有去寻求答案,或者虽然寻找但没有找到一个有历史依据的答案。联邦最高法院运用历史总是一种手段性的,与历史学家所讲述的故事并不一致。

谁的历史? 联邦最高法院在参考历史时所面临的困难和争议已经被"住房建筑与贷款协会诉布莱斯德尔案"(*Home Building & Loan Association v. Blaisdell)(1934)所证实。该案提出的问题是,明尼苏达州立法规定,在房屋所有人已丧失抵押回赎权的情况下,赋予其临时性延期履行的权利,以求在经济大萧条时期保全所有人的财产。但这与宪法禁止各州侵害合同(*contracts)的禁令(*injunction)是否一致呢?乔治·萨瑟兰(George *Sutherland)法官运用传统意义上的主要和次要历史资源提出了不同意见,使该案的判决能令人信服(原文 431 页),即这项规定(宪法禁令)的目的是防止各州在困难时期给债务人以救济。他认为,"一项宪法规定不会承认两种明显对立的解释"(pp. 448-449)。它(宪法)在100多年以前所具有的含义,在1934年仍然是那种含义:州法违反了宪法的禁令条款。首席大法官查尔斯·E.休斯(Charles Evans *Hughes)代表5位法官的多数意见起草判决意见,没有直接驳斥萨瑟兰的历史分析,而是认为这种历史分析在很大程度上与本案并不相关:

坚持该项规定……(在一个世纪以前)所具有的含义对我们的时代仍意味着相同含义,这并不会给本案带来解决方案……它的目的是要保障如下的狭义概念,即首席法官马歇尔曾公开表明的著名警告——"我们必须永远记住,它是一部我们正在对其进行阐释的宪法……一部试图持续数个时代的宪法……以适应人类事务的不同要求"(pp. 442-443)。

多数法官在联邦最高法院自身的历史编纂中,以及在"麦卡洛克诉马里兰州案"(McCulloch v. Maryland)(1819)中找到了进行驳斥的充分理由。

任何一位已经完成宪法基本课程的五年级法律学生,几乎都能立即揭穿这种产生预期效果的表面花招。引述麦卡洛克案至少在事实上是不恰当的。首席法官约翰·马歇尔(John *Marshall)的注解表明了国会能依照其明确的权力进行管理;而"住房建筑与贷款协会诉布莱斯德尔案"所涉及的是州权力规避宪法限制的问题。

然而休斯和萨瑟兰两人都从各自的立场出发来解释历史和宪法,在他们的结论中,提出的问题远多于回答的问题,如:谁的历史有价值?宪法的制定者们本来希望大萧条时期的联邦最高法院在面临大规模丧失回赎权的威胁中做些什么?他们希望让未来的联邦最高法院受他们的观点约束吗?何种正规理论会要求以后的联邦最高法院受到如此约束,即使我们推测宪法的制定者们希望审理布莱斯德尔案的联邦最高法院受到约束?所有这些问题使联邦最高法院与历史学家在运用历史方面存在着不同之处。

文本权威与司法创造力 尽管联邦最高法院的努力具有可争议的性质,但在某种程度上它必须运用历史的方法。无论是给某一制定法下注解,还是解释宪法,联邦最高法院通常都必须表明其致力于文本权威。欧文·罗伯茨(Owen Roberts)法官在"合众国诉巴特勒案"(United States v. *Butler)(1936)中撰写判决,将文本的权威提升到了超出其逻辑限制的范围。罗伯茨采取了一种在总体上不同于休斯法官的分析方法,他解释道:如果认为一项制定法超出了立法权,联邦最高法院唯一的职责就是"援引宪法中的相关条款与受到指控的制定法相比较,并决定后者(制定法)是否与前者(宪法)相符"(p.62)。罗伯茨的观点反映了对司法角色极其严格的、非历史的和最终难以辩护的描述。纯粹授权国会征税和开支(参见 Taxing and Spending Clause)的宪法语言不可能决定巴特勒案中的问题(事实上罗伯茨本人在阐述其观点的过程中运用了历史资料)。然而,联邦最高法院必须认定它自己是普遍接受的文本可信赖的解释者,特别是当它打破文本并利用历史资料来支持它的解释时更是如此。对其自身与文本约束不一致的任何描述,都将使联邦最高法院受到指控——它已经成为威胁大多数人意愿的"超级立法机构"。公众对联邦最高法院的信任和宪法理论发展的持续性,要求联邦最高法院将其判决根植于法律文本和制定者们的声明中。

联邦最高法院不可能逃避批评性的指责,至少部分是如此,原因是由以下两种相互影响的过程所产生的副作用:一方面,对文本权威的需要和自主文本观念之间的相互联系;另一方面,联邦最高法院在宪法理论发展内部的持续性作用。实际上这两种过程一起保证了批评性审查的连续性。

包括最初权威(学者对最初权威宣誓保持忠诚)的自主性历史文本的观念与好的历史是相矛盾的。历史学家 R.G.柯林伍德(R. G. Collingwood)在他的论文《历史性创造力》中指出,真理不是文本所说的那样。这位历史学家以如下方式经常性地审查文本的可信度:这种过程大部分都依赖特殊的经历、推论和对历史的篡改。历史学家的创造是个性化的,其创造性必然要求对本来就具有任意性的学术辩论承担个人责任。

通过比较的方式来思考司法系统在文本权威和自主性的交叉点所受到的限制。除了需要承认在对高级权威的忠诚方面所作的努力外,还要在政治上使法官们不因以历史学家必须承认的方式作出判决而承担个人责任。法官则不能简单认为司法判决是以推论性的创造力为基础的,因为局限于这样的区别是一种嘲弄。尽管历史学家以无可辩驳的理由相对自由地抛弃权威,但法官甚至很少提出这类前提问题:宪法的制定者们对文本概念赋予了何种权威?如果它冒险去提这个问题,并避开历史的传统权威,犹如在布莱斯德尔案中那样,结果必然是有争议的。如果我们纯粹描述性地认为,法官们在政治上和制度上被禁止承认任意性宪法解释,但在事实上,他们又必须亲自选择值得在联邦最高法院进行诉讼的案件结果,法官们将被谴责为篡位者或伪君子。

作为历史缔造者的法官 与历史学家相比较,法官在更大程度上是历史玩家。历史学家们的确要影响法官们的素材,这就是柯林伍德所阐述的交叉审定(即"推定性历史")观点。联邦最高法院超出了单纯重构历史的范围,它不仅尊重历史还会立即影响它所受理的诉讼的结果和它所解释的宪法。联邦最高法院通过其判决和形成的先例,按它所决定的历史来创造历史。联邦最高法院忠诚于文本自治性表明了它是历史复制者:它经常转述已被广泛接受的历史智慧,但它不可避免地要在创造它所转述的智慧中扮演一个积极性、创造性的角色。

历史学家与法官之间的其他区别有助于对经常都徒有其表的司法历史加以评述。如果说历史学家可以选择能引起人们好奇心的问题,法官们的问题就没有选择的乐趣了。这一事实仅意味着法官即使是在缺乏时间与资源的情况下,也不可避免地要作出裁判。历史学家往往细微而又怀疑地表述历史,法官则不能像历史学家那样,他必须寻找到简单的事实,至少对立即处理的问题是如此。尽管法官在选择和界定调卷令(*certiorari)所涉及的问题、描述构成该问题的主要事实方面享有自由裁量权,但他们不得避开所要解决的问题。

进一步说,法官缺乏世俗存在的支持,而世俗存在却产生出历史学家的结论。历史学家的错误很快就可以得到纠正。即使没有因他或她的错误激发而出现同仁,历史学家的创造是暂时的:"已经成定论的事实"仅在其他历史学家突发奇想而重新研究之前处于固定状态。尽管从理论上说,联邦最高法院有权在任何时候自由地重新审理已经得到解决的问题,但遵循先例原则(the doctrine of *precedent)和社会政治力量(诸如需要规划和保持制度的稳定性)都将对其进行限制。罗伯特·H.杰克逊(Robert *Jackson)法官在"布朗诉艾伦案"(Brown v. Allen)(1953)中写道:"我们是最终决定者,并不是因为我们一贯正确;但是仅仅因为我们是最终决定者,所以我们一贯正确"(p.540)。

联邦最高法院所处的环境和地位导致批评总是会存在。不管联邦最高法院如何运用历史,它总是参与解释过程,在这一过程中它试图将自己界定为中立者。但是联邦最高法院所有对历史的运用都是在一个大的体系内进行的,在这里有各种相互矛盾的需要。如果以上这种评论是正确的,我们最好的希望则是正直和诚实——在阐释法官职责的价值中去体现司法公正(原文432页)。

参考文献 Theodore Y. Blumoff, "The Third Best Choice: An Essay of Law and History," *Hastings Law Journal* 41 (1990): 537-576; Robert F. Nagel, "The Formulaic Constitution," *Michigan Law Review* 84 (1985): 165-212; Michael J. Perry, "The Authority of Text, Tradition, and Reason: A Theory of Constitutional Interpretation," *Southern California Law Review* 58 (1985): 551-602.

[Theodore Y. Blumoff 撰;邓瑞平译;邵海校]

联邦最高法院的历史[History of the Court]

[本部分内容包括了联邦最高法院从其最初创立到现在的历史发展过程。按年代顺序分为如下四个阶段:联盟的建立(1789—1865);重建、联邦主义和经济权利(1866—1920);法律自由主义的衰落与复兴(1921—1954);当代社会的权利意识(1955—2005)。每部分都论述了在特定历史时期联邦最高法院随着社会生活的变化而发展的情况。]

联盟的建立

1787年制宪会议召开时,代表们对于筹建中的联邦政府是否应该包括一个全国性的法院系统或联邦最高法院仍然不明朗。所有的代表都认为,与在邦联法律下运作的政府相比,如果建立一个全国性的政府,并赋予其一定的立法权,同时全国性的法律由法院系统来执行,这样的政府将会更为有效。但是,那些拥护各州自行行使权力并对联邦政府行使全国性权力表示怀疑的代表们却认为,现有的各州法院(*state courts)完全能胜任执行全国性法律的责任。另一方面,以詹姆斯·麦迪逊(James *Madison)为代表的联邦主义者则设想建立一个全国性的司法系统,使之不仅能执行全国性的法律,而且能监督各州的司法系统。

司法权的创立 制宪会议的与会代表们就以上分歧在联邦宪法第3条(*Article Ⅲ)中以下面几种方式达成了一致:设立联邦最高法院,授予其原审以及上诉管辖权,但同时又以国会选择制定的"例外"、"条例"加以限制;制宪会议允许但未强制设立低级别联邦法院(*lower federal courts);制度的设计者们以九类权限来解释、界定"美国的司法权",同时也为行为妥当的联邦法官的任期予以保护,并对不减少其应得的报酬提供保障(参见 Judicial Power and Jurisdiction)。

第一届国会在1789年通过的《司法法》(*Judiciary Act of 1789)中推出了依据宪法第 3 条制定的框架性授权条款,创立了由 6 名法官组成的联邦最高法院及三级联邦法院结构。国会还在各州设立地区法院、巡回法院,地区法院由一个地区法院法官和两个联邦最高法院的巡回法官组成,都具有原审和上诉管辖权(*original and *appellate jurisdiction)(参见 Circuit Riding)。这一法案中备受称颂的第 25 条规定,国会授予联邦最高法院受理上诉案件的权力以解决州法院诉讼中所提出的联邦问题(*federal questions),由此创立了一个对国家权力予以保障的有力制度,这同时也成为一个争论焦点,直到内战结束该争论才得以解决。

在建立后的最初 10 年里,联邦最高法院得不到大多数美国人的尊重——国会完全忽略其存在,以致连办公室也没有为其提供,而首席大法官(*chief justiceship)的席位更是久久不能得到任命。但在这种前途渺茫的气氛中,新生的联邦最高法院着手建立持续发挥重要性的先例制度。它开始明确联邦司法权的轮廓以求能够正本清源——针对分权原则(*separation of powers)以及联邦主义(*federalism)的问题。

联邦最高法院在建立之初所面临的重大任务之一是明确联邦法院的司法功能。在"哈伊布恩案"(*Hayburn's Case)(1792)中,在要求政府委员解决退伍老兵养老金纠纷时,不同的联邦法官都拒绝依正式司法权作出判决。首席大法官约翰·杰伊(John *Jay),在巡回法院中向国会建议,行政部门"应当合乎宪法地向司法机关转移适当的职责"(p.410)。1793 年,当乔治·华盛顿(George *Washington)总统向联邦最高法院咨询 1778 年《法美条约》的相关解释时,法院通过杰伊表明其拒绝提供咨询意见(*advisory opinions)的立场。在 8 月 8 日给华盛顿总统的信中,杰伊提到"联邦宪法对政府的 3 个部门划出了界限",并建议总统采纳"司法最终裁决"的说法。最终,在 1796 年,法院含蓄地提出了司法审查(*judicial review)权的要求,即能宣布一项国会通过的法案违宪的权力。在"希尔顿诉合众国案"(*Hylton v. United States)中,3 位法官一致认为,联邦运输税收不是宪法第 1 条第 9 款所规定的"直接税",由此隐晦地取得了对合宪性问题予以审查的权力。

当联邦最高法院针对国会和总统体现出其应有的作用时,它也企图将其权力向各州延伸。但正如"奇泽姆诉佐治亚州案"(*Chisholm v. Georgia)表明的那样,在多番努力下所产生的混乱也对联邦最高法院敲响了警钟,联邦制度的问题比分权的问题要麻烦得多。联邦宪法赋予联邦最高法院管辖"一个州与他州公民之间"纠纷的权力,因此,当南卡罗来纳州的公民将佐治亚州推上联邦最高法院法庭(该州为一方当事人)而启动初审程序,并要求其承担在独立战争期间所订立的货物供应合同所规定的责任时,联邦最高法院的司法管辖权就显得无可厚非了。但是,这也涉及了一些非常复杂的问题,如在战争期间州政府没收财物、拒付债务等;同时,这也与联邦主义者曾经承诺州政府不得在未经其(各州)同意的情况下被起诉相矛盾。随即,取消这一司法管辖权的联邦宪法第十一修正案(the *Eleventh Amendment)被提请并获得通过。这也向联邦最高法院提出了警告:各州将反对联邦的司法管辖权,以求保护自己的利益。

如果各州势力的代言人由此认为联邦最高法院从此会胆怯、逃避,他们很快就会非常失望。在"韦尔诉希尔顿案"(*Ware v. Hylton)(1796)中,法官们又碰到了棘手的州政府赖债的情况,他们最终废弃了 1777 年佐治亚州的一项与 1783 年"巴黎条约"相冲突的立法,该法允许刚刚取得独立的该州公民取消其对英国债权人的债务。塞缪尔·蔡斯(Samual *Chase)法官代表法院书写的判决载明,不仅该法与依条约所负担的义务相悖,而且暗示,即便不考虑条约,也不符合"高级法"(*higher-law)效率优先的原则。虽然有许多批评意见,瓦尔案的最终结果并未被修正案所推翻,但各州却认为其固有权力受到侵犯而对联邦最高法院表现出了明显的敌意(参见 State Sovereignty and States' Rights)。

早期的联邦最高法院就开始寻求司法审查权的理论基础。威廉·佩特森(William *Paterson)法官在巡回法院审理"范·霍恩租户诉多兰斯案"(Van Horne's Lessee v. Dorrance)(1795)时主张,州的立法权从属于"社会契约原则或者宪法"(p.312)。在"考尔德诉布尔案"(*Calder v. Bull)(1798)中,他和他的同事又回到了这一问题上。该上诉案的诉讼请求源于康涅狄格州的一项法律废止了遗嘱认证而认可对其进行复审。联邦最高法院拒绝以溯及既往(*ex past facto)为由宣告该法无效,但蔡斯则在总结性的声明中主张"我们的自由共和政府中的重要原则"可以宣告某一州的法律无效,即使该州宪法中没有任何具体原则对该法律加以禁止时也是如此(p.388)(参见 Obiter Dictum)。詹姆斯·艾尔戴尔(James *Iredell)法官反对依据自然法(*natural law)进行判决,认为"依据自然法进行规范缺乏稳定的标准",并且在主张州立法违宪时也无法为法官提供合法的和广为接受的标准(p.399)。

从一个国家主义者的角度来看,1789 年的《司法法》在很多方面都有缺陷。它仅仅考虑了宪法授权下联邦问题(*federal question)司法化的一小部分,并且让法官们背上了沉重的巡回审案的负担,在这些法官中,有些年事已高、身体羸弱。他们不应该老是从首都出发往复奔波千余公里去进行巡回审理,而应该有更重要的事情需要他们去做。在 1800

年的选举中失败之后,联邦主义者们决定将其政治意识形态植根于各级联邦法院中,并使1801年《司法》(*Judiciary Act of 1801)得以通过。该法充分考虑了联邦问题司法化,把对联邦问题管辖权授予法院,并扩展了跨州管辖权(*diversity jurisdiction)和案件移送管辖权(*removal jurisdiction)的适用范围。通过这一法案,新设立了6个全部由联邦法院法官组成的巡回法院,在消除往返奔波负担的同时极大地加强了联邦法院的司法权。受杰斐逊思想影响的共和党人对这次危急关头的夺权(eleventh-hour power grab)很愤怒,所以,该法不到一年便被废止了。首席大法官约翰·马歇尔则在"斯图尔特诉莱尔德案"(*Stuard v. Laird)(1803)中对撤销该法表示了谨慎的支持。

马歇尔时代的联邦最高法院 虽然联邦最高法院在最初10年的工作中成绩卓著,但还没有真正稳固司法权在美国政府中的地位,这一工作是由首席大法官约翰·马歇尔(John *Marshall)完成的,他从1801年被任命直到1835年去世,一直担任联邦最高法院的首席大法官。马歇尔时代可以分为两个时期:第一时期从其就任到1824年止,是扩充宪法解释时期,马歇尔及其同僚大胆地提升了联邦最高法院和联邦司法权的地位与力量。第二个时期是1824年之后的10年,相比之下是一个收缩、妥协的时期。

法院权力的扩张(1801—1824) 为了确保联邦最高法院在联邦政府内的三角构架中与国会和总统享有平等的地位,马歇尔需要建立司法审查(*judicial review)权:可以判定国会或行政部门的行为是否违宪。亚历山大·汉密尔顿(Alexander *Hamilton)在《联邦党人文集》(The *Federalist)第78篇中便主张联邦法院享有这一权力,但美国的立法机关却并未在新世纪(指19世纪——校者注)来临前认可这一权力。

马歇尔广泛引用这一篇文章,并依此在"马伯里诉麦迪逊案"(*Marbury v. Madison)(1803)中重新确立了司法审查权。马歇尔指责国务卿麦迪逊拒绝发放治安官委任状给马伯里,这一方面以一种巧妙的方式批判了托马斯·杰斐逊(Thomas *Jefferson)政府;另一方面也让联邦最高法院免受政治攻击。马歇尔坚持认为,联邦最高法院无法满足马伯里获得训令令状(writ of *mandamus)的诉讼请求,因为《1789年司法法》所赋予法院的权力缺乏宪法依据。

马歇尔进一步确认了上述结果,他认为,当联邦最高法院判定一部法律是否违宪时,它所能判定的仅仅是法律和宪法两者中哪一个具有支配权。这一结论隐含了一个重要的假定,即宪法也是法律,同样为法院所支配。但这样一来使得马伯里案变得更为含混不清:当实施司法审查权的时候,法院是在监督其他部门行为的合宪性,还是像法院通常所作的那样仅仅是诉诸法律解决纷争?这种含混一直持续到现在。马歇尔也曾建议区分"行政"责任和"政治"或自由裁量权,法院对前者有强制权,而没有对后者的强制权。这种建议在20世纪产生了极为重大的影响(参见Political Questions)。

马歇尔对权力的主张中所隐含的政治问题并没有难住杰斐逊总统,仅仅是加强了他有成见的怀疑:自从他当选总统以来,一个联邦主义者控制的司法系统可能会剥夺被他认为是"1800年革命"所带来的共和党的胜利,废止1801年《司法法》仅仅是其中一个回应;另一个更为强烈的回应则是威胁要对令他感到憎恶的联邦法官们予以弹劾(*impeachment)。杰斐逊所领导的共和党人开始对联邦司法系统进行政治攻击,首先是控告地区法院法官约翰·皮克林(John Pickering),上议院在对他的审理中发现他精神不正常。随后,共和党又控告联邦最高法院的塞缪尔·蔡斯(Samuel *Chase)法官,认为他以不可理解的热情和严谨越权执行《1789年煽动罪法》(*Sedition Act of 1798)。在后来的一些大陪审团(*grand jury)审理的控告案中,蔡斯作了关于"暴民政治"的演讲,激烈而又反民主义,以现在的标准看来,这或许是不太合适的。但是,杰斐逊的支持者们没能在上议院中得到2/3的多数票而宣告蔡斯有罪,反而使司法部门获得了专门的豁免权,以对抗执政党以政治手段打压对手。

1807年,杰斐逊总统在他以前的副总统阿伦·伯尔(Aaron *Burr)的背叛案中遭受了更大的失败。1806年,伯尔神秘地武装远征俄亥俄河的动机仍然不很清楚。但是,当杰斐逊以控告伯尔叛国而急切地要报复他的政敌时,却被时任弗吉尼亚巡回区法院的首席法官马歇尔挫败。在"合众国诉伯尔案"(United States v. Burr)(1807)中,马歇尔在解释联邦宪法第3条所规定的叛国罪的条文时提高了其构成条件,从而阻止出于政治目的提起叛国诉讼,也打破了杰斐逊总统将"推定叛国"的学说引入美国法律的企图。

马歇尔主持下的联邦最高法院对美国经济的发展产生了巨大的影响。在"弗莱彻诉佩克案"(*Fletcher v. Peck)(1810)中,马歇尔对联邦宪法第1条的契约条款(*Contracts Clause of Article Ⅰ)作了扩大解释,该条款为法院监督立法规则提供了学说基础。弗莱彻案涉及了一项土地转让,但佐治亚州随后认为这一项土地转让因涉嫌贿赂而对其予以废止。马歇尔将最初的转让解释为一项契约(*contract),使得契约条款得以适用,而佐治亚州便成为契约的一方当事人;该条规定也适用于业已履行的契约。尽管无法知道立法者最初的立法原意是否也是这样,但可以肯定的是,弗莱彻案是将联邦宪法的契约条款用来废止州立法效力的一系列案件的开始。

马歇尔在"达特茅斯学院诉伍德沃德案"(*Dartmouth College v. Woodward)(1819)中扩大解释了这一条款以保护公司章程免受各州废止或更改。在"特里特诉泰勒案"(Terrett v. Taylor)(1815)中,约瑟夫·斯托里(Joseph *Story)法官创设了美国法律中的一个重要概念——私人公司(private *corporation)。19世纪以前,公司主要作为公共企业的形式而存在,如市政当局、慈善组织、交通设施(公路、桥梁、渡口)、商贸公司等。纯粹的私有、营利性企业是以其他组织形式经营的,如合伙制。但是由于工业革命的到来,公司的发展需要一种新型的法律,既允许企业家筹措资本,也可免除合伙制形式下企业家所面对的双重风险,即:个人对企业债务承担无限责任以及因合伙人死亡或退伙使得企业终止。公司制则可以规避这些风险,但投资者需要得到保障,立法机关不会随便改变他们的公司章程而损害他们的利益。斯托里法官曾试图在特罗特案中提供这一保证,但直到"考尔德诉布尔案"(*Calder v. Bull)才依据含混的高级法优先的原则取得这一效果。

在"达特茅斯学院诉伍德沃德案"中,马歇尔转而以更为确定的宪法条款即契约条款作基础来对公司进行保护,他坚决主张以契约条款禁止各州变更其与投资者之间的"合同",即公司章程。达特茅斯学院案的判决促进了美国公司资本主义(*capitalism)的发展而受到欢迎,甚至是夸张的欢迎。而这一案件对于马歇尔来说也具有非同寻常的意义,他将卡德尔案中确立的高级法律的概念彻底地从联邦最高法院的审判规程中抛弃了。从该案开始,法院只依据明确的宪法条文对案件进行审理。这种做法使联邦最高法院扩展其对立法监督的作用有了坚定而合法的基础。

银行作为一种不同的公司形式,在"麦卡洛克诉马里兰案"(*McCulloch v. Maryland)(1819)中成了马歇尔时代联邦最高法院所作的最有影响力的判决之一的裁决对象。在该案中,马歇尔再次依据汉密尔顿最初提出的观点并将其提升到宪法条文的高度。当1791年国会首次为一家美国银行颁发特许经营证时,华盛顿总统便征求内阁的意见以确定国会是否有宪法上的授权依据。国务卿托马斯·杰斐逊认为国会没有这个权力,并第一次表明,在宪法问题的争论上,严格解释是最佳选择。而时任财政部长的汉密尔顿则自信地认为,宪法第1条中对其他特别权力的规定已经暗含了对国会的授权,如有关组建武装力量的授权,便暗含了以宪法没有明文禁止的方式来为军队支付薪水和管理经费的权力。

后来,当国会在1816年向第二家美国银行颁发特许经营证时,南方和西方的各州表示出了明显的不满,认为银行的成立会以欺诈和投机的金融行为来限制其管辖区域内资本的积累。相应的,他们要求要么禁止该银行在其管辖区域内经营,要么对其课以重税。在银行因马里兰州的税收而将其告上联邦最高法院时,又一次引起了杰斐逊和汉密尔顿在1791年的争论。在麦卡洛克案中,马歇尔采纳了汉密尔顿的意见,认为尽管没有宪法的特别授权,国会仍有权力授予银行特许经营权。马歇尔认为,宪法第1条"必要和适当"的规定,使国会有足够的空间实现其权力。但是,他又坚持认为,国会是在借口实现自己的权力而滥用立法权(参见 Implied Powers)。

马歇尔还认为,各州对联邦政府的执行部门征税是违宪的,因为"征税权同时也包含了取消权"(p.431)。这一观点将各州制定管制制度的权力置于联邦法院的监管之下,受到了弗吉尼亚州行政和司法领导人的强烈指责。在麦迪逊这样富有思想性的观察者看来,这表明南北两方在宪法理论上的分歧越来越大。

1787年宪法只不过是一系列妥协协议,最基本的就是联邦的性质问题。一种观点认为,全国性政府获得的应该是受到限制的、经过授权的权力,而各州享有除此之外的其他主权性权力,这一观点后来分别由杰斐逊和麦迪逊在1798年的弗吉尼亚案和1799年的肯塔基案中加以阐述,其理论基础则是联邦宪法第十修正案(the *Tenth Amendment)。与之相对应的观点则认为,"联邦政府的权力虽然受到限制,但在其效力范围内仍有至高的地位"(p.451),这是由马歇尔在麦卡洛克案中加以表述的,其理论基础则源于联邦宪法第6条的最高条款。

除麦卡洛克案以外,以上两种对立观点的冲突至少还在"马丁诉亨特租户案"(*Martin v. Hunter's Lessee)(1816)以及"科恩诉弗吉尼亚州案"(*Cohens v. Virginia)(1821)中得到了体现。除法庭辩论外,马歇尔和弗吉尼亚州最高法院首席法官斯潘塞·罗恩(Spencer Roane)还在报上以匿名形式辩论,争论的焦点就是关于宪法中对联邦制度含混不清的暗示。在马丁案中,斯托里法官认为,1789年《司法法》第25条是符合联邦宪法的,因而各州最高法院的判决可以上诉到联邦最高法院。由于这个案子涉及弗吉尼亚州北部的土地,并且是从罗恩法官所在的法院提起上诉的,弗吉尼亚人对最高法院斯托里法官的推理以及《司法法》第25条表示出极大的不满。3年后的麦卡洛克案和该案中联邦权力至上的主张更加激起了他们的愤怒,因此,当马歇尔在科恩案中再次肯定斯托里法官强烈的国家主义倾向时,弗吉尼亚人便在1798—1799年为维护州的主权而奋起反击,要求废除《司法法》第25条的适用,或者通过修宪而让法院的权力从属于州的权力。

"吉本斯诉奥格登案"(*Gibbons v. Ogden)(1824)是马歇尔时代联邦最高法院权力扩张时代其所经办的最后一个涉及国家权力纷争的案子。马歇尔依据对联邦海岸特许证法的扩张解释而废止了纽约州有关赋予州际船运航线垄断经营权的一项立法。其观点的理论基础是联邦宪法第1条的商业条款，在此案中，该条款获得了最早且非常宽泛的解释。吉本斯案是联邦根据宪法商业条款制定规章的权力扩张的开端，而该商业条款从1937年起便成为联邦最高法院受理涉及联邦的诉讼依据(参见Commerce Power)。

除了暗含的联邦主义倾向以外，吉本斯案和州法院的先例，如："利文斯顿诉范·伊根案"(Livingston v. Van Ingen)(1812)，还反映了对美国经济发展前景的争论。一方是垄断的支持者，如纽约的首席大法官肯特(后来又有斯托里法官)，相信法律应当以特许专营和垄断鼓励投资者将其风险资金投入经济发展。而另外的法官，如纽约州衡平法院的首席法官约翰·兰辛(John Lansing)则认为，竞争和没有垄断是经济发展最好的保证。虽然吉本斯案的判决结果打击了垄断，但马歇尔并未真正承认后一种观点。

马歇尔法院的退缩(1824—1835) 即使是在马歇尔对宪法进行扩张解释的时期，他仍然很关注政治现实对法院权力范围的限制。例如，他与威廉·约翰逊(William *Johnson)法官在"合众国诉赫德森与古德温案"(United States v. *Hudson and Goodwin)(1812)中的观点是一致的，即否认联邦法院对刑事案件在事实上的管辖权，这也是对这一敏感问题的谨慎反应。与这一观点相适应，联邦最高法院在"惠顿诉彼得斯案"(*Wheaton v. Peters)(1834)中也认为没有普遍适用的联邦普通法(*federal common law)。但是1812年战后，大量的案件迫使马歇尔对涉及联邦司法权的问题采取了更为保守的态度。1819年爆发的经济萧条和密苏里大论战，在实行奴隶制的各州中引发了一系列的危机。南方各州在弗吉尼亚和肯塔基案中的主张及他们对联邦司法的敌意，迫使马歇尔在他任职的最后几年对各州作出了让步。

19世纪20年代，对破产的立法是联邦最高法院倾向保守的一个例子。依据联邦宪法第1条的授权，国会有权进行有关破产(*bankruptcy)的立法，禁止各州妨碍合同义务的履行。当要在"斯特奇斯诉克劳宁谢尔德案"(*Sturges v. Crowninshield)(1819)中适用这些条款的规定时，马歇尔却认为，破产条款并没有暗示独占性的联邦权力，也就是说，它并没有禁止各州颁布破产法，但宪法契约条款却禁止将有关破产的法律适用于在其通过之前便已经存在的合同。这就留下了一个问题：各州的破产法能否适用于在其颁布之后的债务合同？在"奥格登诉桑德斯案"(*Ogden v. Saunders)(1827)中，联邦最高法院认为，此种破产法对于后来签订的合同适用时对合同债务并没有造成损害，这是对州权力必要的让步。马歇尔对此提出了异议，但这几乎是他34年职业生涯中唯一的一次反对。

在他任职的最后10年里情况一直都是这样。由于一直想要废除该法第25条，马歇尔谨慎地向他的政敌作了一次又一次妥协。在吉本斯案后仅5年，在"威尔森诉布莱克包德港湾湿地公司案"(*Willson v. Blackbird Creek Marsh Co.)(1829)中，马歇尔便认为，即便干扰了州际间的商贸航线，州立法授权在通航水路上筑坝也并非无效。当马歇尔在作着小心翼翼地退让时，政治报复使他意识到了联邦最高法院权力的有限性。"柴罗基系列案"(*Cherokee Cases)——"柴罗基族诉佐治亚州案"(Cherokee Nation v. Georgia)(1831)和"武斯特诉佐治亚州案"(Worcester v. Georgia)(1832)表明，当各州得到联邦政府内其他行政部门的同情和支持时，联邦最高法院就会处于无助的孤立之中。因为佐治亚州的白人对土著美国人(*Native Americans)充满仇恨并贪婪地掠夺他们的土地，马歇尔曾试图对这些土著人予以保护，但最终没有任何效果。安德鲁·杰克逊(Andrew Jackson)总统曾经有点显得虚伪地说过下面的话——"首席大法官作出他的判决，现在就让他去执行吧。"但是，总统的话却从另一个方面体现了汉密尔顿的智慧，他在《联邦党人文集》第78篇中提出，法院需要其他行政部门的支持，因为它的手中既不掌握武装力量也不掌握国库。马歇尔对州权力最大的一次妥协是在"巴伦诉巴尔的摩案"(*Barron v. Baltimore)(1833)中确认了《权利法案》(*Bill of Rights)仅是对联邦政府的限制，而不及于各州。

托尼时代的联邦最高法院 长期以来，历史学家一直不相信其他同时代的人对托尼的评价，不认为罗杰·B.托尼(Roger B. *Taney)就任首席大法官是联邦最高法院价值取向和发展方向发生革命性变化的标志。现代学者则强调马歇尔和托尼之间的连续性：他们都致力于限制政府的权力以确保个人自由；都重视联邦及州政府对权力效率的需求，以避免因统治力量薄弱所产生的弊端；都重视资本主义制度所提供的机会，并以法律的力量保障这些机会的实现；都不希望以动荡的方式扰乱社会秩序；都主张扩张适用联邦司法权。但毫无疑问，1837年的联邦最高法院与1801年的联邦最高法院是不同的。其中一点是，它由9名法官组成，其中5名是由安德鲁·杰克逊(Andrew *Jackson)总统任命的民主党成员：托尼、约翰·麦克莱恩(John *McLean)、亨利·鲍德温(Henry *Baldwin)、詹姆斯·M.韦恩(James M. *Wayne)、菲利普·P.巴伯(Philip P. *Barbour)。包括托尼在内的4名成员来自于保有奴隶制的州，仅有迈克林被怀疑可能有反奴隶制的倾向。包括斯托里、詹姆斯·肯特和反约翰逊主义的自由党媒体在内的保守主义者，从托尼任内初期的三个主要主张中预感到联邦最高法院及首席大法官将迎来新的革命。

"查尔斯河桥梁公司诉沃伦桥梁公司案"(*Charles River Bridge v. Warren Bridge)(1837)是最具影响力的。该案体现了一系列值得关注的重大宪法问题,包括:各州控制经济发展的立法权,垄断在美国经济生活中的地位,技术革新对法律的影响,以及联邦最高法院在监督各州公共政策方面的作用。马萨诸塞州特许一家桥梁公司征收通行费,但并未赋予其在查尔斯河上进行运输的独占地位。约30年后,随着波士顿与北方地区运输量的增加,州政府授权另建了一座免费的桥,由此冲击了前者的利益。先前的公司认为其特许经营证暗含了垄断的权力,而新建的免费大桥破坏了其既得权利(*vested rights)。

托尼代表联邦最高法院否认了该项主张,其依据则是马歇尔7年前在"普罗瓦登斯银行诉比林斯案"(*Providence Bank v. Billing)(1830)中所采用的理由。在达特茅斯学院案中确定的宪法范围内,马歇尔和托尼都认为,诸如免税或垄断性建桥一类的特别权力不能以隐含的方式曲解为公司章程的内容(参见 State Taxation)。只要愿意,州立法可以对这些事项授予特权,但必须以明确的方式进行。托尼还认为,对过时的工业技术予以保护的任何其他规定都会阻碍资源的优化配置。斯托里对此表示反对,他认为,托尼的工具主义观点的后果必定会因不可预期性而损害投资者的积极性。而在吉本斯案中便已激烈争论过的经济发展模式,联邦最高法院却以不很明确的态度认可了竞争,而没有认可垄断。

托尼在司法领域的政治才能 托尼最大的贡献是在涉及联邦司法权管辖范围的一系列案件中建立的。这让同时期的保守主义批评家们感到非常吃惊,因为他们只知道托尼是1832年杰克逊银行案中代为宣布否决意见的审判人员。时任司法部长的托尼认为,联邦最高法院就宪法问题作出的判决意见对其他政府部门没有约束力,这些政府部门享有解决宪法问题的同等权力[后来,这一观点得到了几位总统的肯定,特别是亚伯拉罕·林肯(Abraham *Lincoln),他对联邦最高法院的某些判决是持否认态度的]。

在整个27年的任职期间,托尼一直试图在各州制定规章的权力与联邦法院司法权力之间建立一种平衡,并使二者同时得以加强。在"奥古斯塔银行诉厄尔案"(*Augusta Bank v. Earle)(1839)中,他早期的判决意见表现出了他的司法政治才能。该案关注的焦点是,公司是否可以在对其进行特别授权的州以外的任何其他州从事经营活动。托尼对此持肯定的态度,只要该州同意其存在,除非该州明确表明其拒绝接纳外来公司。这样,托尼就避免了由联邦法院对公司予以保护,既可以减少各州对公司和法院的憎恶,又可以避免由联邦对州际间企业增加

不必要的限制。

在"路易斯威尔铁路公司诉勒葱案"(*Louisville Railroad v. Letson)(1844)中,联邦最高法院废弃了源于"合众国银行诉德沃克斯案"(*Bank of United States v. Deveaux)(1809)所确认的一项不受欢迎的司法规则。该规则主张,基于不同的目的,如果在联邦法院进行诉讼,作为一方主体的全体股东必须不同于另一方,这将公司作为一方当事人在联邦法院进行诉讼的情况排除在外。随着州际商业活动的日益扩张,对联邦司法的这种限制抑制了州际间的商业发展。在勒葱案中,法院认为,基于不同的目的,公司只在其所在州才被视为该州的公民,从而否定了德沃案的判决。新判决扩张了联邦法院的司法管辖权,并为公司寻求避开敌对环境下的州法院打开了方便之门。

托尼在"卢瑟诉博登案"(*Luther v. Borden)(1849)中将有关政治问题精神加以扩张,这是他最有活力的评判之一。这一问题源于1842年罗德岛叛乱,"卢瑟诉博登案"又将联邦法院是否可以在实施联邦宪法第4条中发挥作用的问题提了出来,该条规定授权联邦政府"保证每个州的政府都是共和政体"(参见 Buarantee Clause)。托尼认为答案是否定的,宪法授权国会或者总统来解决这些政治问题。直到今天,解决政治问题原则仍然是对联邦司法管辖权最重要的监督方式之一,这反映了托尼法学理论中最具创造性的精神。

托尼领导下的联邦最高法院对州权力表现出的有害实践进行毫不犹豫的打击,这在托尼任期内的最后一次重大案件["格尔普克诉杜布奎案"(*Gelpcke v. Dubuque)(1864)]的判决中得到了体现。这个案子的起因是州外的公债持有人发现州政府拒绝履行公共债务。当他们认为州法院剥夺了投资者获得联邦宪法保护的权利时,联邦最高法院没有受到州最高法院对州宪法条款解释的约束。

托尼领导下的联邦最高法院最为显著的特点,同时也是其与前任法院相区别的特点之一,是其对技术进步带给法律的冲击所具有的高度敏感性。查尔斯河桥梁公司案就是一个例子,联邦最高法院在"威斯特河大桥公司诉迪克斯案"(*West River Bridge v. Dix)(1848)中认可了征用权(*eminent domain)和通过公平补偿(*just compensation)各州能够废止大桥经营权的说法,更体现了这种敏感性。在"吉尼斯船长诉菲茨休案"(*Genesse Chief v. Fitzhugh)(1852)中,联邦最高法院推翻了马歇尔时期关于联邦司法海事管辖权(*admiralty jurisdiction)只及于潮水线的先例。虽然这一早期的裁决以英国的海事规则为依据,但其不适合美国的地理布局,因为美国有被托尼称为"内陆海"的庞大的河流和湖泊系统。托尼便以适航性作为联邦海事管辖权的依据,这使联邦法院的管辖权包括了整个内陆

航运。这些判决都反映了蒸汽机这一新技术对法律的影响。联邦法院的权力扩展也促进了铁路运输的发展,吉尼斯船长案就是对蒸汽机运输产生影响的一个反映。

依据商业条款的判决 与工业技术革新相伴而来的是州际间贸易的发展,这一发展反过来又将联邦法院如何激励和监督全国性市场的问题提了出来。"斯威夫特诉泰森案"(* Swift v. Tyson)(1842)虽然比较棘手,却为联邦法院扩大对经济活动的监督,从而扩大其权力范围提供了契机。1789年《司法法》第34条使州立法在联邦法院审理的各种案件中成了判决规则。斯威夫特案所提出的一个问题就是,州法律是否包括了由判决而引出的法律,即由各州法院发展出的普通法(* common law)。斯托里代表法院的一致意见认为,在商法案件中不包括这些法律,并认为联邦法院可以自由选用基于"普遍规则和商事法理论"的实体规则(p.2)。斯托里希望以此促成全国性商事法律的建立,而由联邦法院来寻找和表述其实体内容。在随后的一个世纪里,直到路易斯·D. 布兰代斯(Louis D. * Brandeis)法官在"伊利铁路公司诉汤普金斯案"(* Erie Railroad v. Tompkins)(1938)中以违宪为由而对其予以废除为止,斯威夫特案都是联邦司法权不断扩张的基础。

有关商事条款的案件与托尼在其他领域所表现出来的创造性和政治才能相比有明显的不同。战前的商事案子往往都表现为失败和混乱,只有一次例外。法院的妥协最初开始于托尼在第一任期间审理的"纽约市长诉米尔恩案"(Mayor of * New York v. Miln)(1837),该案认为,要求船长提供船载移民的信息资料,以拒绝有病和精神不正常的外国人入境的州法律是有效的。巴伯(Barbour)法官则认为,州的权力基于其"专有的"治安权力,在其主权范围内,州可以就健康、安全、福利和公民的道德制定规范。巴伯法官认为,各州拥有全部的治安权(* police power)以调整有关各州健康、安全、福利和道德的事务。但这一判决意见只是回避而没有解决当治安权力与国会制定的州际贸易规则相冲突时如何解决的问题。因此,当在"许可系列案"(* License Cases)(1837)和"乘客系列案"(* Passenger Cases)(1849)中出现相同问题时,法院就表现得无能为力。对前一个案子法官们提出了九种意见,对后一个案子则提出了八种意见,这是理论混乱和随意动摇的显著标志。

奴隶制问题 上述意见动摇背后隐藏的真正原因是奴隶制(* slavery)问题。托尼领导下的来自南方的法官们害怕认可联邦法院过大的贸易管辖权会威胁到奴隶制的存在,特别是州际间的奴隶交易。当代的历史学家认为,来自南方的法官们之所以这样做,是因为他们认为州际奴隶贸易可以使保留奴隶制的州获得活力,并且奴隶制会在原有的州及新加盟的州里长期存在,但这一观点缺乏证据。实际上,南方人注意的是另一个问题,即世界范围内的废除奴隶制的运动以及这一运动引发的奴隶制的内在安全。因此,当有人建议国会应该有结束奴隶制的权力,即使是以一种间接或温和的方式来进行时,他们对此也感到非常愤怒。大多数适用商事条款的案件所提供的也就是这样一种可能性。

但是,在"库利诉费城港监委员会案"(* Cooley v. Board of Wardens)(1852)中,通过对这一问题的再次解释,并暂时使自己从废除奴隶制的纠缠中摆脱出来,联邦最高法院在这一领域获得了突破。库利案中涉及的引航费由费城征收,此举被指责为影响了州际及对外贸易的正常进行。本杰明·R. 柯蒂斯(Benjamin R. * Curtis)法官认为,该引航费的征收是合法的,因为它对基于当地固有的规则——用各州的商事规则(* state regulation of commerce)和基于国会权力范围的全国性规则产生的费用进行了区分。虽然这一认定方式有些含混,但库利案却为后来州与国会间分配商事立法权力打下了基础(参见 Selective Exclusiveness)。

奴隶制被证明是宪政的毒瘤。最初,制宪者联合起来以直接或间接的方式来维护奴隶制,并在宪法中写入了10个条文,但他们同时也认为,除了国际奴隶贸易这一特殊形式外,联邦政府是没有义务来确保奴隶制的。马歇尔时代的联邦最高法院意识到了卷入奴隶制纷争的危险并且可能是不会有什么收获的,因此极力回避在此问题上作出会产生重大影响的判决。托尼和他的几位同僚们则不仅较之于他们的前任缺乏应有的谨慎,而且还试图对法律施加影响来保护奴隶制,并对所有威胁奴隶制安全和发展的东西加以取缔,其结果是联邦最高法院给整个国家带来了巨大的灾难。

1830年后,关于奴隶制的冲突更加激烈,正如托克维尔(Alexis De Tocqueville)所预言的那样,美国所有的政治纷争迟早都会通过法院来解决,争论的双方开始对簿公堂——在州和联邦法院进行诉讼——以解决这一特殊体制所引发的法律问题。最初诉诸联邦最高法院的焦点问题是"普里格诉宾夕法尼亚州案"(* Prigg v. Pennsylvania)(1842)所引发的逃亡奴隶(* fugitive slaves)和个人自由的法律问题。对普里格案的意见非常不统一,甚至直到今天,学者们仍然对该案的真正目的争论不休,或许正如代表联邦最高法院出具判决书的斯托里所说的那样,往往是错误的主张导致了法院作出最后的判决。普里格案的结果是宣布现行的州法律无效,这些法律被认为是违反了1793年针对逮捕和引渡逃亡奴隶而制定的联邦《逃亡奴隶法》(Fugitive Slave Act)。然而,在采纳了斯托里法官的判决意见后,北方各州却利用法律中一个小漏洞,很快制定了新的个人自由法以规避在普里格案中受到的限制。这些判决中的缺陷是普遍禁止利用各州的行政官员和行政设施去抓捕逃亡奴隶。

关于逃亡奴隶的问题在"琼斯诉冯·赞特案"(*Jones v. Van Zandt)(1847)中又以不同的形式被诉诸法庭,一位来自新罕布什尔州的民主党法官利瓦伊·伍德伯里(Levi *Woodbury)认可了《逃亡奴隶法案》的合宪性,并赞成对帮助释放奴隶的人处以民事惩罚的规定。伍德伯里将宪法中的奴隶制条款称赞为"神圣的妥协协议"。同时,他也不认可反对奴隶制的意见,因为这些意见认为,法官应当基于实证的立场拒绝执行非道德的法律,而法官是应该宣誓效忠现有的法律,却不能因为这些法律违背了自己的道德观,就置其于不顾。

随着1850年《妥协协议》和1854年《堪萨斯—内布拉斯加法案》的实施,关于奴隶制的争论进入了最后的白热化阶段。在奴隶制危机中,寻求立法上支持的激进政治反应最终还是使一些人选择了司法解决。托尼渴望在其中发挥作用。由密苏里巡回法院审理的"德雷德·斯科特诉桑福德案"(Dred *Scott v. Sandford)(1857)是一起久而不决的有关人身自由的案件,该案最后上诉到了联邦最高法院。该案最初的判决认定非裔美国人斯科特、他的妻子及两个女儿在密苏里州是奴隶,尽管被他们的主人带到了自由州,该州根据1787年《西北法令》(Northwest Ordinace)的规定废除了奴隶制。在案件到达联邦最高法院时,斯科特案已经上升到了政治的高度,因为该案提出了国会对奴隶制进行规范的权力范围问题。托尼不仅听取了双方的意见,还征求了联邦最高法院内绝大多数法官的意见,最后对这一问题作出了终审判决,并以为对于奴隶制的全部争论将会因此而停止。全部9名法官都对该案阐明了自己的意见,但托尼的意见得到了采纳;麦克莱恩和柯蒂斯则表示反对。

托尼是由一个具有深远实质意义的程序问题开始的:一个非洲人的后代,不论是奴隶还是自由人,能否成为依据联邦宪法第3条所规定的多法域的司法管辖授权而成为"公民"?如果答案是否定的,斯科特的诉讼请求就不能由联邦法院管辖而应该予以驳回(参见 Citizenship)。但托尼对所有奴隶制问题作出的处理都很冒失,他没有就此结束这一争议;他继续由其对"公民"含义的讨论进行推理,并以毫无历史依据的结论说明黑人从来就没有从政治上被认可为国家的成员(虽然他不情愿地承认,一个被误导的州可能将他们纳入公民的范围)。他的名誉被他所发表的如下意见而毁于一旦:黑人是低劣的阶层,不管是在社会还是在政治关系中,根本不配和白人交往;正是如此,他们不享有白人所享有的受尊敬的权利(p.407)。

随后,托尼继续思考美国准州内国会对奴隶制的权力。如果国会无权对奴隶制加以制止,即便其声称要废除奴隶制。跟斯科特一样,即使一个奴隶被带入自由州,也不能获得自由。而且,托尼认为国会没有那样的权力,因此废除了共和党宣言中的核心部分。在说理并不充分的三点理由中,托尼认可了由约翰·C.卡尔霍恩(John C. Calhoun)及其追随者们于1837年发展的极端合宪性观点:国会不仅不能在这些区域废除奴隶制,还不得不保护并促进其发展。托尼还建议通过联邦宪法第五修正案(the *Fifth Amendment)的正当程序条款(*due process)来保护奴隶主在那些区域的权利。很多人认为,这是实体的正当程序的突然到来,但这在托尼即兴引用的简短例子中比他所期望的还有更充分的表现。同时,以国会不能授权州政府废除奴隶制为由,托尼没有充分根据就否认了民主党北方派"人民主权"口号的合宪性(参见 Territories and New States)。

斯科特案的判决引发了一场政治风暴,对他的所作所为给联邦最高法院的声誉与合宪性判决的程序带来的破坏,托尼仍然保持顽固的冷漠。两年后,在"艾布尔曼诉布思案"(*Ableman v. Booth)(1859)中,托尼坚持1850年《逃亡奴隶法》的合宪性。他谴责威斯康星州最高法院违背该法并置联邦最高法院的要求于不顾,释放了一名废除奴隶制的支持者。"莱蒙诉人民案"(Lemmon v. The People)(1860)从纽约上诉法院到了联邦最高法院,这为联邦最高法院在实行自由制度的州强制实行奴隶制提供了契机,正如在其他区域强制实行奴隶制一样(林肯曾在1858年预计过这种可能性),但随之而来的战争使这种可能性化为了泡影。

在内战(*civil war)期间,联邦最高法院仅仅发挥了外围的辅助作用,这倒不是因为人们对斯科特案的反应,而是因为当美国全国处于战争(*war)状态时,法院在解决重大的公共政策问题上的作用通常会减弱。同样的情况也发生在第一次世界大战(*World War Ⅰ)和第二次世界大战(*World War Ⅱ)时期。但是,联邦最高法院却以5比4的判决结果确定了"战利品系列案"(*Prize Cases)(1863)中林肯对分裂主义的作出的反应。除此以外,战时联邦最高法院的作用表现出了很大的局限性,因为当时重大的宪法问题都是用大炮来解决的。但是很少有人能够预计到,战争结束后司法权力的膨胀会像马歇尔任期的最初20年一样剧烈。

参考文献 William R. Castro, *The Supreme Court in the Early Republic*: *The Chief Justiceships of John Jay and Oliver Ellsworth* (1995). David P. Currie, *The Constitution in the Supreme Court*: *the First Hundred Years*, *1789-1888* (1985); Don E. Fehrenbacher, *The Dred Scott Case*: *Its Significance in American Law and Politics* (1978); Julius Goebel, Jr., *History of the Supreme Court of United States*, vol.1, Antecedents and Beginnings to 1801（1971）；Charles G. Haines, The Role of the Supreme Court in American Government and Politics, 1789-1835（1944）；George L. Haskins and Herbert A. Johnson, History of the Supreme Court of the United States, vol.2, Foundations of Power: John Marshall, 1801-1815（1981）；Harold M. Hyman and William M. Weicek, Equal Justice Under Law: Constitution Development 1835-1874（1982）. Peter Karsten, Heart versus Head: Judge-made Law in Nineteenth-century America（1997）. R. Kent Newmyer, Supreme Court Justice Joseph Story: Statesman of the Old Republic（1985）；R. Kent Newmyer, John Marshall and the Age of the Supreme Court（2001）. Carl B. Swisher, History of the Supreme Court of the United States, vol.5, The Taney Period, 1836-1864（1974）；Charles Warren, The Supreme Court in United States History, rev. ed.（1931）；G. Edward White. History of the Supreme Court of the United States, vols. 3-4, The Marshall Court and Cultural Change. 1815-1835（1988）.

[William M. Wiecek 撰；李剑译；邵海校]

重建、联邦主义和经济权利

从1789年到1865年，联邦最高法院的工作中心是建立自己的宪法权威，确定联邦政府的权力范围以及界定联邦政府与州政府之间的关系。1865年内战（*civil war）结束，联邦最高法院解释宪法的权威地位已经被广为接受。此外，战争本身也确立了联邦政府的全国性地位并对其权力范围进行了明显的界定。但是，由于联邦最高法院曾经支持奴隶制，特别是"德雷德·斯科特诉桑福德案"（Dred *Scott v. Sandford）（1857）的灾难性判决，已经削弱了联邦最高法院的权威（参见 Slavery）。执政的共和党人也非常可能对联邦最高法院审查国家立法的权力进行挑战。与此同时，内战和战后重建（*Reconstruction）也引发了联邦系统内潜在的革命性变化。最后，在内战后的几十年中，现代工业的崛起带动了社会、经济的巨大变革，这使得联邦最高法院的工作重点转向了财产权（*property rights）和政府管制的合宪性问题上。

重建 内战后，美国面临如何重建联邦和南方各州的难题。虽然北方民主党在亚伯拉罕·林肯（Abraham *Lincoln）的继任安德鲁·约翰逊（Andrew Johnson）总统的支持下，极力反对共和党，共和党还是能够维持联邦政府的控制权。共和党人坚定地要保护刚废除奴隶制的各州的权利及南方联邦主义白人的权利。同时，极力主张脑筋转不过来的南部联邦的支持者不能重新控制南方。但是这些承诺必须与普通民众的愿望相协调，如加快恢复联邦、对悔过自新的叛乱分子进行宽大处理以及维持联邦系统的平衡。

在恢复南方各州与联邦的正常关系之前，共和党决定建立一个可靠的程序以保证这些目标的实现。最后，国会于1867年通过了《重建法》（Reconstruction Act），宣布经过约翰逊授权建立的政府为临时政府，由军事当局进行管理，直到由宪法会议，然后再通过选举建立的新政府得到国会的认可为止。

这些决定引发了复杂的宪法问题，即在战争结束后南方各州和南方各州人民的地位应该如何解决的问题。南方的白人、北方的民主党人和约翰逊总统都深信共和党会剥夺南方各州的权利，并违宪地建立军事政府。当北方的民主党人和约翰逊在这场政治争斗中失败时，南方的白人上诉到了联邦最高法院。

他们有一些获胜的希望，因为在"米利根单方诉讼案"（Ex parte *Milligan）（1866）中，5名法官认为，只有在因外敌入侵或发生政变而导致法院关闭时，国会才可以宣布人身保护状暂时无效以及授权军事审判（*military trials）。此外，在"卡明斯诉密苏里州案"（*Cummings v. Missouri）（1867）和"加兰单方诉讼案"（Ex parte Garland）（1867）中，法官以5比4的表决结果表达了他们对共和党制定的程序的厌恶，认为效忠宣誓（*test oath）并不能禁止以前的叛乱分子从事他们的职业。"宣誓"法仅仅适用于诸如律师、牧师等有影响力的行业。"宣誓"法仅仅是诸如律师、牧师等有影响力的行业通过王室的许可测试所必经的程序而已。

这些判决导致了对法院的指责，认为其又在继续其赞成奴隶制度的老路。在国会中居于领导地位的共和党企图剥夺联邦最高法院审查全国性法律的权力，或者要求其必须以2/3的多数才能认定联邦法律违宪。但在"密西西比州诉约翰逊案"（*Mississippi v. Johnson）（1867）和"佐治亚州诉斯坦顿案"（Georgia v. Stanton）（1868）中，法院拒绝了约翰逊组织的州政府所提出的限制总统和他的作战部长执行《重建法》的要求（参见 Judicial Review）。

在"麦卡德尔单方诉讼案"（Ex parte *McCardle）（1869）中，南方人对《重建法》所规定的军事审判和重建法本身的合宪性提出了挑战，联邦最高法院则再一次表现出了司法谨慎。虽然有几名法官想快速判决，但绝大多数法官对此表示拒绝，这就使国会在案件已经被提请诉讼时能够废除这一法律规定。随后，联邦最高法院认为，即便在案件处于悬而未决的状态中，废除法律规定的行为也已经破坏了其司法管辖权。

联邦最高法院的谨慎使得其对法律解释保持中立的道德权威得以恢复。对于绝大多数共和党人来说,虽然他们有忧虑,却并不想将联邦最高法院作为一个机构来进行攻击。相反,他们承认联邦最高法院是执行他们的施政纲要的重要手段,可以对公民权利和政治权利进行联邦保护。

共和党人的计划 共和党人的重建计划有两个方面。

一是准备对南方各州进行改造,让州政府能够对公民的权利提供平等的保护(*equal protection)。共和党人拒绝了激进的要求,如对财产进行再分配、接管教育以及把州降格为由国会进行直接管辖的属地,让黑人通过《重建法》和1870年批准的联邦宪法第十五修正案(the *Fifteenth Amendment)获得基本的选举权(the right to *vote)。共和党人相信,如果被赋予了政治权利,南方的黑人会以选票作为交换来寻求对自己权利的保护。

二是通过全国性的法律和宪法修正案以禁止各州剥夺公民的基本权利并保证他们获得平等的保护。《1866年民权法》所确定的公民包括了所有土著美国人(*Native Americans),但仍由部落政府进行领导且不纳税的土著美国人除外(参见Citizenship)。它宣布每一位公民都享有与白人公民相同的基本权利(在法律中列出的权利),任何法律、条例、规定或习惯都不得加以剥夺。《1875年民权法》对存在于宾馆、交通工具、娱乐场所的歧视加以禁止。1866年批准的联邦宪法第十三修正案(the *Thirteenth Amendment)废除了奴隶制。1868年联邦宪法第十四修正案宣布所有在美国出生并在其管辖区域内的人都能在联邦最高法院进行诉讼。该宪法修正案还禁止各州剥夺美国公民的特权(*privileges)或豁免权;禁止非经正当程序(*due process)剥夺任何公民的生命、自由或财产;禁止否定任何人受法律平等保护的权利。前面提到的联邦宪法第十五修正案禁止各州和美国政府在选举中存在种族歧视。每一次宪法修正案都授权国会制定出适当的法律加以实施,而共和党人则在这些修正案获得批准后立即进行了相应的立法。

潜藏在这些法律和修正案背后的是联邦系统内剧烈的变化。保护公民普通权利的首要责任一直以来都是由各州承担,对于战前宪法中有关防止各州对公民自由加以侵害的规定,联邦政府无权予以实施。如果各州能够自觉遵从新法律和宪法修正案的要求,平等保护各项权利,联邦系统内的实际变化就会很小。但如果它们拒绝,国会就不得不亲自加以实施。若是这样的话,联邦政府将会通过法律,强迫各州承担它们的宪法义务,或者直接由自己代行职责,这都会在联邦内部造成革命性的变革。因此,共和党人在重建计划的第一个方面取得越大的成功,在第二个方面即联邦主义所经受的实际影响越不会那么激进。

联邦宪法第十四和第十五修正案的形式也表明了共和党人所期待的法院角色。共和党人所构建的联邦宪法第1条第10款对州政府削弱合同责任(obligation of *contracts)、规范州际间及对外贸易以及其他事项的权利进行了限制,这些限制在战前都是由联邦法院积极实施的。同时,联邦宪法第6条也授权各州法院对这些限制予以实施。

此外,在一系列的立法中,1875年的《案件移送管辖法》(*Removal Act of 1875)达到了顶峰。根据共和党人的授权,当事各方在其联邦权利不能在州法院(*state courts)得到保障时可以将案件移转到联邦法院。实际上,1875年法律所确立的授权是指从宪法、法律、条约中引出的任何案件,这就第一次使低级别联邦法院就所有这一类型的案件获得了一审管辖权。

共和党人不希望进行更多的全国性立法,因为执行太多的全国法律会威胁到联邦系统内的平衡,这是作为政策制定者的共和党人所不愿看到的,也不愿付出政治代价的事。但是,当黑人通过投票选举让共和党人获得南方大多数州政府的控制权时,大部分南方白人便拒绝承认其合法性。他们以恐怖行为和暴力进行反抗。而当南方的共和党政府不能保护自己的公民时,共和党人领导的国会以及尤利西斯·S.格兰特总统(Ulysses S. Grant)便不得不以直接立法的形式来对他们进行保护。

国会通过法律认定破坏美国宪法及法律所保护的权利的行为都是非法的。共和党人最初的立法针对在州的授权下进行活动的人,但最后不得不直接面对公民个人的恐怖行为。1871年《反暴力法》——通常被称为《三K党法》(Ku Klux Klan Act)——授权总统格兰特可以暂时冻结有关人身保护的特权以及动用军队镇压暴乱(三K党是美国内战后在南部形成的秘密组织,采用恐怖手段重申白人的至高权利——校者注)。在整个选举期间,应州政府、将军以及地方检察官的要求,格兰特经常动用联邦军队维护治安。

1870年以后,共和党人的立法使得酝酿已久的联邦制度改革在内战修正案中得以实现。一位很有影响的共和党少数派领导人坚持认为,这些法律已经超越了修正案的授权,并认为它们只针对州行为(*state action)。民主党甚至对它们的含义作了更狭窄的解释。19世纪70年代中期,很多北方人在共和党人对联邦政府控制权的斗争中发生分歧。结果,共和党人结束了他们对南方事务的巨大影响力,反而让南方的民主党人以暴力和欺诈恢复了其对州政府的控制权。

双重联邦制 内战修正案授予联邦政府保护公民权利和政治权利,联邦法院最初似乎对这一授权有宽泛的解释权。然而,在案件到达联邦最高法院后,很多美国人开始担心对权利保护的全国性努力会削弱联邦系统。在"布莱鲁诉合众国案"(Blyew v. United States)(1872)中,联邦最高法院第一次审理了涉及《重建法》的案件。法院的判决表明其对宪法性法律的制定可能会彻底改变联邦体系的担心。布莱鲁和他的同伙在肯塔基州的联邦法院被判定谋杀黑人。本来肯塔基州法院已经对他们定罪,但联邦法院执行官将他们从州法院移交到联邦地区法院审理,因为肯塔基州不允许非当事人的黑人在案件中作证。法院判定,只有州和被告才是刑事案件中的当事人,因此肯塔基州对布莱鲁的诉讼并未引起任何与《民权法》有关的问题。法官们认为,国会并未指明联邦法院因为案件的一方当事人认为某一位黑人证人可能会提供证据,就对此类案件享有管辖权。

这一考虑反映了19世纪大多数美国人对联邦主义(*federalism)的理解。他们相信,州与联邦司法管辖权是有一定界限的,而在特定的领域,州的权力还有优先性。普通刑法的实施、制定有关健康与安全的法规以及规范当地市民的日常关系都在州的权限范围内。虽然大多数联邦最高法院的法官在内战后都与共和党关系密切,但他们坚持传统上的理解,即学者所谓的双重联邦主义(*dual federalism)。在诸如"得克萨斯州诉怀特案"(*Texas v. White)(1869)等案中,法官们主张联邦和各州政府都有平等的自主权,并在各自的领域内有优先权,谁也不从属于谁。在"税务官诉戴案"(*Collector v. Day)(1871)中,联邦最高法院认为,即便有明确的授权,联邦宪法也以隐含的形式限制联邦政府对州司法管辖的领域进行立法。

像其他共和党人一样,大多数的法官同样坚持各州有责任不侵害公民的自由及进行种族歧视。但布莱鲁案使人产生幻觉,联邦政府很可能以执行政策代替州法律的实施——在该案中则是以联邦有关谋杀案的刑事诉讼程序取代州谋杀案刑事诉讼程序。内战修正案的实施条款赋予国会权力很宽的适用范围,所有为实施该法的立法都是适当的。根据"麦卡洛克诉马里兰州案"(*Mcculloch v. Maryland)(1819)中已经确立的规则,一些"明确地适合"于实现宪法目的的法律便是"合适的"以及合宪的。

直接与联邦宪法第十四修正案含义相关的第一次争论被诉诸联邦最高法院,使这一问题尤显突出。这一修正案根本没有包括黑人的权利,而在"屠宰场系列案"(*Slaughterhouse Cases)(1873)中,路易斯安那州的屠夫们认为,一项调整动物屠宰的卫生立法剥夺了他们作为公民而自由进行职业活动的权利。没有什么能比这些案件更好地向法官们展示联邦宪法第十四修正案所具有的深远的影响力。即使法官们认为上述立法是州治安权(*police power)的合理使用,它也会促进以后根据联邦宪法第十四修正案挑战普通的州法律。大多数法官认为,这会让联邦最高法院成为"所有州立法的终身审查员",一旦有人认为这些立法侵犯了其民事权利(p.78)。

为了避免这一结果,大多数法官都对联邦宪法第十四修正案的特权与豁免条款进行了曲解。该修正案仅仅禁止各州剥夺作为美国公民的特权和豁免,而将其与作为各州公民所享有的特权与豁免相区别。像选择职业、签订契约、处分财产等一般性权利是和州公民资格相联系的,并不属于联邦宪法第十四修正案的调整范围。法官们在解释该修正案时采用了一种他们自己也不想用的方法,这实际上就避免了共和党人在通过联邦宪法第十四修正案时并未明确的一个结果。这一结果毫无疑问会使特权和豁免条款失去对公民自由的保护。

屠宰场系列案的判决并没有明确什么是"美国公民的特权和豁免"。一些联邦执法官员则认为,他们必须把《权利法案》(*Bill of Rights)中明确规定的特权包括进去,因为这些特权是美国人民与联邦政府关系的中所应该具有的。在"胡塔多诉加利福尼亚州案"(*Hurtado v. California)(1884)中,联邦最高法院在解释联邦宪法修正案的正当程序条款时所采用的方法,明确排除了其对《权利法案》所规定的自由权利的保护。

在以犯罪行为剥夺他人宪法权利的刑事案件中涉及了联邦刑事追诉权,法官们对维护联邦体系表示出了相似的担心。他们认同了第9巡回法院针对加利福尼亚州和内华达州歧视华人的立法所做的努力。同时,法官们还坚决维护其享有的全国性权力,即有权审判任何州行政官员——甚至是违反了联邦宪法第十四、十五修正案或有关选举的法律的法官;反驳那些认为对各州官员进行起诉违反了双重联邦主义基本原则的观点。根据双重联邦主义的要求,联邦政府和各州政府权力平等并且相互没有从属关系。当诉讼当事人在审判中不能获得平等的权利时,法官们便否认了对双重联邦主义者的反对,认为依据国会的授权,可以将案件从州移送(*removal of cases)到联邦法院审理。但是,在联邦政府准备起诉公民个人违反州法律时,法院又划清了管辖权限。由联邦来代替各州实施应该由各州实施的普通法律,这对联邦体系而言是一个极大的威胁。

法院限制重建改革 在许多案件中,法官们都试图找到一种办法,既能维持联邦体系,又能保留国家权力以对昔日奴隶的基本公民权利和政治权利予以保护。为了维护传统的联邦体系,联邦最高法院认为,联邦宪法第十四修正案涉及州行为条款,这在"民权系列案"(*Civil Rights Cases)(1883)中得到了充分的说明。法官们认为,该宪法修正案没有授权联邦政府对权利进行直接保护,而只能在各州对权利予以剥夺的时候才能进行干预。联邦最高法院主张,只有州积极的行为才属于修正案的调整范围。并非针对州行为的联邦宪法第十三修正案授权国会对自由权利进行保护,但只有基本权利才受其保护。虽然如此,联邦宪法第十五修正案赋予人们积极的并不受种族歧视的投票权;国会则保障该种权利不受任何人的侵犯,而不管其是否是以州权力为侵犯的幌子。最后,联邦体系本身自然隐含了这样的意思:国会对联邦选举(federal *elections)有绝对权力,它可以通过任何旨在保护联邦完整的法律。

所有这些都表明,要对公民权利和政治权利提供更为广泛的保护,但实际的判决却极大地削弱了共和党人的重建计划。具有讽刺意味的是,共和党人以这样一种方式来避免制定有关重建的法律,其目的是要保护黑人不受歧视。为此,法院宣告《实施法》的部分条款违宪,因为这些条款没有规定个人不会被起诉,除非他们以种族和曾经做过奴隶为由对他人权利予以剥夺。同时,法院还发现,诉讼请求也没能说明种族因素。在当时的政治环境下,这些判决被认为是对南方人暴力的认同以及对重建计划的不满。

同样,民权系列案一方面认为国会依据联邦宪法第十三修正案能对基本权利予以保护;另一方面又认为《1875年民权法》是违宪的。当时的观察家们自然会注意到其对州行为条款以及认可种族歧视的明确态度,而对国会权力的保留则不是那么明显。

最终,在1890年,国会差一点儿就通过了一部严厉的新法律以保证联邦宪法第十五修正案的实施,联邦最高法院的新任法官们则采取了具有明显种族主义的宪法立场。在"普勒西诉弗格森案"(*Plessy v. Ferguson)(1896)中,联邦最高法院认为,不仅要法律合宪,而且还要保证其实施,因此支持各州所要求的在政府和其他公共设施领域进行种族隔离的主张。虽然隔离但公平的做法符合联邦宪法第十四修正案的公平保护条款,但联邦最高法院几十年以来都忽略了隔离但公平原则(*separate but equal)所谓的公平,这一原则也从未适用于对私营企业进行调整的法律。在"詹姆斯诉鲍曼案"(James v. Bowman)(1903)中,法院将州行为条款适用于联邦宪法第十五修正案(参见 Segregation, De Jure)。

总的来说,联邦最高法院在维护联邦体系和国家权力以保护权利的努力被证明是失败的,历史学家和学者们对此大加指责,但他们也经常不能认识到这些努力所达到的程度。从1910年开始,联邦最高法院开始缓慢地对明显违反内战修正案的州立法进行规范,而直到20世纪中期,才把19世纪90年代和20世纪初期那些被扭曲的判决纠正过来。

联邦主义和经济变化 美国从其成立开始就是一个商业化的国家。宪法的设计和实施者都相信,商业上的成功需要更为强大的中央政府。但从内战结束到20世纪的开始10年,商业活动经历了急剧的膨胀和根本的变化。蒸汽机在海洋和陆地运输领域的运用引起了交通业的革命,并产生了一个全国性的、在某种程度上甚至是国际性的市场。

美国的农产品一直大量出口,但现在却遇到了来自新开放的欧洲和亚洲农业的竞争。很多农作物价格降低使得农民的经济压力增大,特别是农业债务最重的西部和南部地区。本地的制造业虽然因关税而避免了国际竞争,但却无法免除来自全国各地的竞争。为了能从价格战中寻得一条生路,各个公司便在增加产量的同时努力降低生产成本,而工业技术在制造业中的应用使这两个目标都得以实现。新的工业技术的运用不仅提高了每个工人的产量,还简化了工作,这就使薪水低廉的非熟练工和半熟练工能够替代熟练工。

这时,大规模的工业企业开始取代小生产者。1900年大约有1100万人从事制造、采矿、建筑和交通运输业,另有300万人从事金融和贸易,超过农业(*agriculture)从业人员近300万。

经济国有化使联邦政府在促进和规范经济活动中发挥了更大的作用。国会建立关税壁垒以保护美国工业在本土市场上不受国际竞争的冲击,并建立国家银行系统以控制货币的流通和发行;对修建铁路和运河、改善港口、建设乡村公路和驿站以及经营国际轮船公司予以补贴。在1887年,国会设立州际商事委员会(*Interstate Commerce Commission)以规范铁路运输,在1890年又通过《谢尔曼反托拉斯法》以防止经济力量过于集中;顶住压力率先在劳动关系领域(*labor relations)对政府工作人员实施8小时工作制。接下来,国会又慢慢地开始行使全国性的治安权力以规制州际间以及国际间的商业活动,对不需要的外国商品禁止进口以及通过邮件和州际贸易的形式流通。上述有些行为因为超越了宪法对联邦政府的授权而在法庭上受到了攻击。

州的管制 经济和社会的变化同样也对州政府造成了压力,他们不得不面对不断增长的城市人口和不同群体的利益要求,并处理由经济变迁所带来的问题。像联邦政府一样,州政府对发展美国交通运输业和工业的要求也作出了回应,但在一个更单一的社会中(指各州——校者注),自由市场似乎就能够提供足够的规则,个人可以通过自由订立契约来实现自己的利益。反奴隶制运动的胜利赋予美国黑人和白人一样的保护自己利益的权利,就是一个具体的体现。

就像经济的变化使效率问题变得令人怀疑一样,反奴隶制斗争的热潮又使大多数美国人更热衷于这一新的体制。传统市场是建立在契约双方平等基础上的,而商业的发展却破坏了这一平等。许多人反对通过政府立法干预来保护农民、工人和其他人免受经济变化的破坏性影响,或者保护一般的消费者免受实力不断增强的生产及运输公司的侵害,因为这些干预带有"阶级立法"的性质——借助政府的权力通过牺牲他人的利益去维护社会中某一个人或某一阶级的利益。南方的工人、农民、黑人和北方城市中的移民对这种立法的强烈要求使很多美国人感到震惊,他们同时也预感到了在社会财富再分配中的"社会主义倾向"或者"均分土地"的要求。他们坚持认为,政府没有权力对社会财富进行再分配,自由市场已经足够公正,政府不能干涉,必须遵循"自由放任"的原则——即政治经济学家所称的"放任主义"。

此外,当全国性的公司特别是铁路和保险公司被东北的金融股份所控制时,南部和西部的人便发现财富在国内被不公平地、强制性地从一个地区转移到其他地区,而高额的利润和税收更青睐东部的而非当地的商人。一些州的管制则试图将这些"外来"力量控制在当地,以防止其弊端。反过来,被规范的公司所有人和经理又开始抱怨当地政策的歧视。

尽管如此,州政府仍然经常对管制要求作出回应。在农民和小商人的要求下,许多州通过了《农庄法》(以农人协进会或格兰其农民协会命名)。依据这些法律成立了委员会来对铁路和谷类仓库业务以及价格进行规范;建立安全机构来规范矿场和其他危险产业的工作环境;禁止订立以公司临时债券支付的契约;限定最长工作时间;禁止一些工种雇佣妇女和童工;在劳动者开始成立组织时,一些州禁止签订以受雇员工不加入工会为条件的雇佣合同。

在立法活动中遭受失败以后,商人们常常转向法院——最后是联邦最高法院——去寻求利益保护,他们认为这些法律侵害了他们受宪法保护的自由权利,不公平地压制了来自州外的公司,或者损害了州际间的贸易。法院不得不涉及制定现代规章的州在联邦体系中的地位问题,不仅仅要判定宪法允许政府做什么,还要判定什么样的政府有宪法授权这样做。

调整联邦主义的宪法原则以适应现代经济的问题被证明是相当困难的。法院不遗余力地要维护传统的联邦体系,因此,法院对各地方政府为了自己的利益歧视外来经济的做法非常敏感。同样,法官们也意识到了相互矛盾的地方管制对于全国商业的沉重经济负担。

当西部和南部的州及当地政府试图逃避为了资助铁路建设所发行的债券利息时,或者在公司不履行债务的情况下想逃避担保责任时,法院作出了明确的规定。这一问题出现在19世纪60年代到70年代的经济萧条时期,很多铁路公司无法完成它们的线路建设或者破产。如果各州拒付债务成功的话,东部和外国的债券持有人无疑会成为输家。当地政府辩称,很多债券是有担保的或者是以欺骗的方式发行的。州法院判定铁路债券的担保无效,因为其发行没有宪法上的授权。但从"格尔普克诉杜布奎案"(*Gelpcke v. Dubuque)(1864)开始的一系列案件中,法院保护了州外的投资者,认为拒付债务侵害了宪法的契约条款。

同样,法院还保护来自州外公司的代理人不被收取特别税收和歧视性许可证费用。"韦尔顿诉密苏里州案"(Welton v. Missouri)(1876)和"罗宾斯诉谢尔比郡塔克辛地区案"(Robbins v. Taxing District of Shelby Country)(1887)是比较关键的案件。前者推翻了销售来自州外的商品需要许可证的法律,后者则推翻了所有巡回销售商都必须有许可证的法律。同样,法院还否定了对州际间商业活动征收运输税的做法。

联邦法院也对1875年《案件移送管辖法》持积极的观点,准许差不多任何来自州外的公司以受到歧视为由将案件从州法院移送到联邦法院。同时,来自州外的公司越来越喜欢利用新的法律把案件交由联邦法院而非州法院进行审理。所有这些都导致联邦最高法院及其他联邦法院受理的案件明显增加,并最终迫使国会依据1891年《上诉巡回法院法》(参见 Judiciary Act of 1891)重新构建联邦司法制度。这一法律使联邦上诉巡回法院(*circuit courts of appeals)成为很多地区的终审法院,而仅仅服从于联邦最高法院的调卷令(writ of *certiorari)。

然而,法官们也极力维护各州在其领域内管理商事活动的权力。例如,在保罗诉弗吉尼亚州案(*Paul v. Virginia)(1869)中,他们认为,保险业涉及各州内部而不是州际间的商业活动。随后他们又再次肯定各州能够禁止在其他任何地方成立的公司在其州内从事商业活动这一旧的规定,维护各州受到质疑的征税权。同时,虽然其被认为是侵害了国会调整州际商业活动的权力(*commerce power)而受到了质询,法院还是认可各州的禁酒令。

法院最初维持各州管理州际铁路运输的努力。在"芒恩诉伊利诺伊州案"(*Munn v. Illinois)(1877)中,法院认可各州对其铁路委员会授予了影响深远的权力。但是,法院又在19世纪80年代认为这一授权不符合全国铁路系统的发展要求。它开始推翻各州已经实施于州际间运输公司的各种有关健康、安全和民事权利的法律。在"瓦巴施、圣路易斯和太平洋铁路公司诉伊利诺伊州案"(*Wabash St. Louis & Pacific Railway v. Illinois)(1886)中,法院限制州权力普遍及于铁路,这就促进了1887年州际商事委员会的建立。

联邦最高法院和联邦管制 当联邦政府行使其宪法权力来管理应该属于各州治安权范围内的事项时,法院如果要维护各州对管制的权力,就会使自己陷入麻烦。最严重的问题是,联邦宪法第十修正案(the *Tenth Amendment)是否排除了联邦政府利用诸如管理州际商事活动的宪法权力来对未经宪法授权的事项进行管理,因为该修正案把所有未授予联邦政府的权力都授予了各州及其人民。这种分权原则是双重联邦制的核心,意味着州政权和全国政权之间有一条界限,而这一界限是联邦政府所不能逾越的。因此,联邦最高法院很快就在"合众国诉德威特案"(United States v. DeWitt)(1869)中作出判决,认为禁止在煤油中掺杂具有危险性的石油精的一项全国性法律违宪。法院认为只有各州才有通过这样的安全管制的权力。

法院对双重联邦制的立场最清楚也是最有争议的表述是在"合众国诉 E. C. 奈特公司案"(United States v. *E. C. Knight Co.)(1895)中,当时联邦政府依据《谢尔曼反托拉斯法》提起诉讼,要求将控制了美国市场90%精炼糖份额的一家制糖公司进行分解。法院认为,谢尔曼法仅适用于贸易领域,而不适用于制造业;否则,该法便会破坏各州规范当地商事活动的排他性权力。

然而,法院却支持国会利用邮政和商业方面的权力(*postal and commerce powers)来对良好的行为准则进行鼓励,可能是由于它认为国会这样做对各州的管制有好处而不是与之竞争。因此,在"杰克逊单方诉讼案"(Ex parte Jackson)(1878)中,法院认可《康斯托克法》(Comstock Act)(1873),该法禁止邮寄黄色书刊。在"钱皮恩诉埃姆斯案"(*Champion v. Ames)(1903)中,联邦最高法院认可了一项禁止通过州际贸易发售彩票的法律。

财产权 当法官们忙于联邦主义及经济问题时,他们还不得不去把握什么样的财产是宪法在一般意义上限制政府进行管理的财产。长期以来,法院都对这样的财产权利予以保护。在共和党执政的前期,法官们都认为法律有时会毫无理由地剥夺个人的既得权利(*vested rights),即完整的财产权利和不依任何突发事件而改变的财产权利。例如,政府不能简单地没收财产。特别麻烦的是,州法律似乎认可将一项财产权利从一个人转移到另一个人,或者从一群人转移到另一群人。19世纪40年代,各州法院认为这样的立法侵害了州宪法赋予的权利,即任何人的财产只能依照"本国法"或"正当法律程序"才能被剥夺。这一观点在当时非常普遍。

与此同时,财产的范围也在迅速扩大。最初的财产指的是物质性的东西,现在的"财产"则扩大到能作商业用途的东西。因此,政府限制财产的使用以及财产的收益都属于对财产的占用(*takings)。这一财产新概念的确立,使指控政府侵犯既得权利的案件迅速增加。然而,在内战之前,法院很少判定侵害财产权的政府管理活动违宪。各州为了健康、安全和社区道德可以动用治安权来规范财产权,虽然受到质疑,法院还是认为其没有以不正当的程序剥夺公民的财产。

在"斯科特诉桑福德案"(*Scott v. Sandford)(1857)中,联邦最高法院已经表明了其对"法律正当程序"相似的理解。然而,根据"巴伦诉巴尔的摩案"(*Barron v. Baltimore)(1833)的判决,写入了《权利法案》的宪法正当程序条款只限制联邦政府,而不包括各州政府。因此,虽然在州立法被认为侵害了契约义务的时候,上述限制可以确保财产权利,但在内战前,案件不能上诉到联邦最高法院去推翻那些没有正当程序就对财产权利予以剥夺的州立法。

包括正当程序条款和保护公民特权与豁免的条款在内的联邦宪法第十四修正案的通过似乎对联邦最高法院管辖权的缺陷予以了弥补。一方面是要求政府加强职能以对付经济的变化;另一方面也要对没有正当程序就对财产权利加以剥夺就是阶级立法的抨击进行回应。在这种情况下,该修正案得以通过。诉讼当事人很快便以违反联邦宪法第十四修正案为由,对各种各样的法律提出质疑。

由于害怕打破联邦体系的传统平衡,联邦最高法院最初在屠宰场系列案中拒绝援引联邦宪法第十四修正案来限制州权力。但是,判决中的四个不同意见也鼓励进一步的尝试。几乎是与此同时,各铁路公司也协商一致要推翻《农庄法》,他们认为州铁路委员会为了货主的利益而制定的最高费率标准等于是对他们财产的占用。经历了又一次分歧后,联邦最高法院仍拒绝对此进行干预。在"芒恩诉伊利诺伊州案"(*Munn v. Illinois)(1877)中,法官们认为,诸如旅馆、纺织厂、商店以及铁路这样的行业,一直都受"公共利益的影响",所以其应该服从政府的管理。

但是,由经济调整所引发的冲突在19世纪80年代至90年代期间变得更为激烈,并不时有罢工和暴力活动发生。人民党及其支持者们则要求政府对新工业系统下的不平等进行补偿,并以此获得了广泛的支持。1896年总统选举期间,民主党打算进行激进的改革,通过通货膨胀的方式,以东北部城市中的金融利益为代价来帮助南部和西部的债务人。

这些方案对保守的宪法自由概念形成了冲击,对于政府能在多大范围内调整财产权利的问题,联邦最高法院面临着前所未有的巨大压力。即便是在19世纪70年代到80年代期间,在肯定各州经济调整权的同时,法院也对没收财产的法律是否违宪的问题持明显的保守态度。最后,在人民党力量增强时,法官们就更加相信,联邦最高法院必须抵抗来自激进立法的威胁,而对财产权予以保护。在1890年明尼苏达州税率案——"芝加哥、米尔沃基与圣保罗铁路公司诉明尼苏达州案"(*Chicago, Milwaukee & St. Paul Railway Co. v. Minnesota)中,法院判定一项铁路委员会制定的法律违宪,因为它没有规定对税率是否合理可以进行司法审查。不合理的低税率应当是无效和违宪的。法官们以一种不很明显的方式使法院承担了决定什么样的税率为合理的责任(参见 Rule of Reason)。在"里根诉农场主贷款与信托公司案"(Reagan v. Farmers' Loan & Trust Co.)(1894)和"史密斯诉埃姆斯案"(*Smyth v. Ames)(1898)中,法院最终判定由州征收的特别税率违宪。从此,货主们就经常对有关税率的判决提起上诉,法院通常都将这些判决推翻。

联邦最高法院同样也限制新的联邦州际商事委员会的权力。在19世纪90年代的一系列判决中,联邦最高法院否定法律在创建该委员会的同时便已经授予其制定税率的权力;联邦最高法院还对州际商事委员会进行调查的权力予以限制。在"波洛克诉农场主贷款与信托公司案"(*Pollock v. Farmers Loan & Trust Co.)(1895)中,判定国会无权开设所得税(*income tax)。这一判决表面上只对宪法语言的技术细节进行处理,但实际上却认为税收只适用于超过特定收入的人群。这也再度引起对阶级立法的关注。通过这项判决,联邦最高法院逐渐接受了这一观点,即宪法中的不同条文结合了自由放任主义的道德和经济原则,政府不能干预自由市场对经济财富和分权原则。限制政府反垄断权力的"E. C. 奈特公司案"(E. C. Knight Case)的判决对其予以了确认。同时,联邦最高法院支持政府对影响州际间贸易和邮件传递的罢工进行平息的权力。虽然法官们限制《谢尔曼反托拉斯法》只能适用于商业领域,但认可其适用于工会活动(参见 Antitrust)。

只要有迹象表明,州行使治安权的管制行为侵犯了财产权,联邦最高法院就要对其进行详细审查。在"艾杰耶尔诉路易斯安那州案"(*Allgeyer v. Louisiana)(1897)中,联邦最高法院认为,个人订立契约的自由是政府非经正当程序所不能侵害的。这就可能使任何对价格、工资、工作环境及其他任何经济关系进行限制的管制制度都面临无效的危险。在经典的"洛克纳诉纽约州案"(*Lochner v. New York)(1905)中,联邦最高法院适用"合同自由"原则推翻了限制面包师工作10小时的一项法律。法院认可干涉合同自由(freedom of *contract)的范围仅限于实现健康、安全和道德这些公共利益,否则,不论以多么公平的方式实施,法律的实质仍是违背法律正当程序的——这被一位法律学者称为"实体的正当程序"。1908年,在"阿代尔诉合众国案"(*Adair v. United States)中,法院判定一项联邦法律违宪,因为该法对州际运输公司要求员工承诺不加入工会组织才能被雇佣的做法予以禁止。

这些案件表明,大量的对于工作环境的规定所引起的案件将诉诸州和联邦法院。由于一项法律是作为合乎宪法的治理规范得以通过,法院就应该满足普遍福利(*general welfare)的要求而不是特定优势群体的经济利益。各州法院和联邦法院都热衷于"放任自由的立宪主义"(*laissez-fair constitutionalism)——包括正当程序条款、约契条款(*Contracts Clause)、税收条款以及宪法中构成放任自由规则的其他部分。

进步主义 联邦最高法院因其对法律服务为普遍福利所作出的狭义理解而备受批评。社会改革者、农民和劳动团体、经济学家以及大量学者和知识分子都主张,现代工业的复杂性需要政府在更广大的范围内进行调整以有利于普遍福利。他们要求建立一个"为普遍福利的政府",而不是一个"放任自由的政府"。他们主张,判断什么是一般利益应当由各州立法机关和国会作出民主决定。联邦最高法院应当在司法的自我约束(*judicial self-restraint)原则下运作,只应该宣布那些明显违反宪法条文的法律为违宪。联邦最高法院必须清楚地了解法律的社会目的,并根据这些目的判决案件,而不必纠缠于形式主义法律推理以致忽视了现实。奥利弗·温德尔·霍姆斯(Oliver Wendell *Holmes)是这些观点在联邦最高法院的代言人,在洛克纳诉纽约州案中,他整理出了一个著名而又精辟的反对意见。

在20世纪开始的10年,即所谓的进步年代,这些观点风靡全国。各州立法机关和国会通过了大量的法律来保护消费者免受危险产品的伤害,反对不道德的行为,控制商业活动,改善工作环境,在商家、劳动者和消费者之间尽量创造更为公平的经济力量(参见 Progressivism)。

不少进步主义者都建议要限制各州和联邦法官的权力,但是法官们却逐步认识到进步主义的立法也是为了公共福利,并经常支持它们应对来自宪法的质疑。在"钱皮恩诉埃姆斯案"(*Champion v. Ames)和"麦克雷诉合众国案"(*McCray v. United States)(1904)中,联邦最高法院支持联邦政府管辖权的扩大,并明确认可了联邦治安权的适用。法官们认为,规范州际贸易并征税是不受限制的、绝对的国家权力。通过规范州际贸易的流通、完全禁止不受欢迎的商品进行运输或者征收高税率的税收以限制不受欢迎的产品,国家权力可以保障共同的健康和安全。这些法律带有治安管制的特征,传统上属于各州司法管辖权的范围,但作为对州际贸易的规范,其与宪法是一致的。因此,联邦最高法院似乎抛弃了双重联邦制的关键部分。相应的,联邦政府为了其他的普遍福利也对州际贸易进行了大量的管制。

与此同时,联邦最高法院还抛弃了其曾对《谢尔曼反托拉斯法》所作的狭隘解释,允许对当地商业在卫生和安全方面进行联邦监管,并认可政府对州际运输公司在雇佣员工的各个方面进行调整的权力。

受路易斯·D. 布兰代斯在"马勒诉俄勒冈州案"(*Muller v. Oregon)(1908)中提交的法律建议的影响,法官们对立法所要实现的普遍福利作了扩张性理解(参见 Brandeis Brief)。在该案中,法院对妇女在公共洗衣房最长工作时间的立法规定予以支持,并认为普遍福利的实现有赖于法律对各种情况的考虑,如危险或有损健康的职业以及像妇女和儿童这样受伤害的工人(参见 Ggender)。联邦最高法院同样认可工人补偿方面的法律,这些法律要求雇主设立基金,保护工人免受意外事件所引起的不良经济后果。总的来说,联邦最高法院接受了大量妨碍"契约自由"的法律。

第一次世界大战(*World War I)期间,联邦最高法院在判决中认可国会对经济活动进行普遍的控制,其进步主义的立场达到了顶峰。联邦最高法院认为,价格和租金控制以及其他严格的战时经济管制措施是与国防相关联的公共福利(参见 War)。

大多数美国人都认为战争结束后应该回到"常态",联邦最高法院也从进步主义中退了回来。在"哈默诉达根哈特案"(*Hammer v. Dagenhart)(1918)和"贝利诉德雷克塞尔家具公司案"(*Bailey v. Drexel Furniture Company)(1922)中,法院再次认可了双重联邦制对州际贸易及税收的限制,并认为二者都不能用于制止使用童工。对于不从事交通运输的公司在雇用员工方面进行限制,应是各州的司法管辖权,而不是联邦司法管辖权。因而,在"阿德金斯诉儿童医院案"(*Adkins v. Children's Hospital)(1923)中,联邦最高法院认为,制定妇女最低工资标准的做法干涉了契约自由,所以不符合普遍福利的要求。这样看来,联邦最高法院似乎已经恢复双重联邦制和放任自由的宪政体制。这种混乱的结果一直持续到宪政危机爆发,联邦最高法院将这些原则适用于"新政"(*New Deal)后才得以解决。

参考文献 Michael Les Benedict, "Preserving Federalism: Reconstruction and the Waite Court," *Supreme Court Review* (1978): 39-79; Michael Les Benedict, "Laissez Faire and Liberty: A Re-Evaluation of the Meaning and Origins of Laissez-Faire Constitutionalism," *Law and History Review* 3 (1985): 283-331; Loren P. Beth, *The Development of the American Constitution, 1877-1917* (1971); Charles Fairman, *History of the Supreme Court of United States*, vols. 6-7, *Reconstruction and Reunion, 1864-1888* (1971, 1987); Robert J. Kaczorowski, *The Politics of Judicial Interpretation: The Federal Courts, Department of Jusitice and Civil Rights, 1866-1876* (1985); Stanley I. Kutler, *Judicial Power and Reconstruction Politics* (1968); John J. Semonche, *Charting the Future: The Supreme Court Responds to a Changing Society, 1890-1920* (1978); William F. Swindler, *Court and Constitution in the Twentieth Century: The Old Legality, 1889-1932* (1969).

[Michael Les Benedict 撰;李剑译;邵海校]

经济危机与法律自由主义的兴起

重商精神伴着美国进入了20世纪20年代。自由竞争制度能为美国人提供人类历史上最高的生活水平,绝大多数美国人不愿意做任何威胁到这一制度之事。在这10年中,美国最高法院大多数保守的法官对危胁到财产权(*Property rights)的真实或假想的危胁极为敏感,并很少关注个人的自由权利。然而,在随后的30年中,联邦最高法院关注的重点却完全转向了。并且到1954年时,财产权问题在法院备审案件目录上退回到一个相对不重要的位置上。而司法机关在扩展对所有美国公民的人身和自由的宪法保护方面却起了领先作用。

在经济飞速发展的时代,各州和国会通过了改善工业生活中最为残酷一面的保护性立法,而联邦最高法院则对这些法律表示了支持,这确实很让人吃惊(参见 Progressivism)。尽管在著名的"洛克纳诉纽约州案"(*Lochoner v. New York)(1905)中,法院以5比4的表决结果取消了一个州关于工作时间的立法,但相比法院对保护性立法给予的大量支持性判决,该案确实只是一个特例。

塔夫脱时期的法院 尽管任命了自由党人路易斯·D.布兰代斯(Louis D. *Brandeis)和约翰·H.克拉克(John H. *Clarke)为法官,然而,到第一次世界大战(*World War I)接近尾声时,法院却流行起一种明显的保守的调子,这种保守的论调体现在第一例童工案即1918年"哈默诉达根哈特案"(*Hammer v. Dagenhart)(1918)中。随着1921年威廉·霍华德·塔夫脱(William Howard *Taft)被任命为联邦最高法院首席大法官(*chief justice),这种保守的倾向变得更加明显。

在塔夫脱占据联邦最高法院中心席(*center chair)的10年里,联邦最高法院是个值得研究的矛盾体。一方面,法院采取不妥协的重商立场并坚定地反对州政府管制经济;在另一方面,它对个人自由权利表现出了明显的关注。

重商判决 就法院的人员组成而言,它的重商倾向是根本不令人吃惊的。塔夫脱坚信财产权神圣不可侵犯,并认为最高法院应该在维持那些保护这些神圣权利的宪法制度方面起主要的作用。塔夫脱与詹姆斯·克拉克·麦克雷诺兹(James C. *McReynolds)结成了坚固的同盟,这个准反动分子是前司法部长,他的反托拉斯(*antitrust)情绪让伍德罗·威尔逊总统错误地认为麦克雷诺兹是一个进步分子。塔夫脱利用他与哈丁政府的政治影响,任命了乔治·萨瑟兰(George *Sutherland)、皮尔斯·巴特勒(Pierce *Butler)和爱德华·桑福德(Edward *Sanford)为联邦最高法院的大法官。这些大法官与塔夫脱任首席大法官时任命的两个大法官威利斯·范·德凡特(Willis *Van Devanter)及马伦·皮特尼(Mahlon *Pitney)一起,组成了一个绰绰有余的大多数来取消那些试图管制商业的立法。只有大法官奥利弗·温德尔·霍姆斯(Oliver Wendell *Holmes)和布兰代斯反对这种观点。克拉克大法官在1922年从联邦最高法院辞职去从事国际联盟的工作。

20世纪20年代的社会环境非常有利于商业,以至于卡尔文·柯立芝总统会说"美国的事业是商业"。在战后的10年中商业得到了极大地发展,商业的发展极大地提高了美国人民的生活水平。直到1928年赫伯特·胡佛竞选总统时,胡佛自信地预言贫穷将很快从美国人民生活中消失。任凭商业自然发展,自由的市场经济会做好其余一切(参见Capitalism)。

法院中这些保守的大多数法官都有这种观点。这种观点导致在"联邦贸易委员会诉柯蒂斯出版公司案"(Federal Trade Commission v. Curtis Publishing Co.)(1923)中削弱了联邦贸易委员会的权力。在该案中麦克雷诺兹法官取消了联邦贸易委员会对事实的调查权并且认定法院有权对证据进行重新再审查。这样企业可以通过宣称联邦贸易委员会没有正当的认定证据而使这个机构在几年内都陷入讼累之中。在"西南贝尔电话公司诉密苏里公共服务委员会案"(Southwestern Bell Telephone Co. v. Public Service Commission of Missouri)(1923)中,法院用类似的手法束缚了州规则制定机构的手脚。

法院的反劳工偏见持续了30多年,甚至到20世纪20年代仍未减退。尽管劳工领导们认为他们已经在1914年的克莱顿(Clayton)反托拉斯法中赢得了重大胜利。该法的第6条规定劳动(*labor)不是商品,或商业的一部分,因此反托拉斯法(*antitrust laws)不能妨碍工会追求正当的目的。该法第20条直接对广泛适用的反工会的禁令作出正面的答复,"除非是在为防止对财产或财产权利不可弥补的损失的情况下",否则禁止联邦法院在劳工争端中颁发禁令(*injunctions)。

尽管该法有明确的保护劳工的立法取向,塔夫脱法院还是找到了一个对付该法的办法。在"杜普雷克斯印刷公司诉狄尔林案"(*Duplex Printing Press Co. v. Deering)(1921)中,皮特尼法官解释这一法律不适用于附属的联合,并且主张禁令不仅可以用来反对劳工争议的直接当事人,还可以用以禁止任何试图帮助工会的人。在这一判决作出前不久,在"托拉斯诉科里根案"(*Truax v. Corrigan)(1921)中,法院废除了一个州制定的反禁令法规。这两个判决被一些学者称为"双重联邦主义"(*dual federaism)的象征,在这个盲区内,州和联邦当局都无法起作用。其结果是,州法院和联邦法院在劳工争端诉讼中连续颁发禁令,好像从未颁布克莱顿反托拉斯法一样,并且这种状况一直持续到1932年国会通过诺提斯·拉瓜迪亚(the Nortis-LaGuardia)反托拉斯法时才得以结束。因为那时的经济大萧条已经损害到了商业利益。

保护性立法在塔夫脱法院也没有得到很好的支持。在第一例童工案中,法院认为国会不能根据商业条款保护童工。在该案之后,国会运用征税权,又通过了一部法案。在那时,国会还认为其征税权几乎是没有任何限制的(参见Commerce Power)。不过,在"贝利诉德雷克塞尔家具公司案"(*Bailey v. Drexel Furniture Co.)(1922)中,法院以国会不能用其征税权来达成商业条款所禁止的目的为由取消了第二部童工法(参见Taxing and Spending Clauses)。

但是在这个时代(即塔夫脱法院时代),集中体现法院重商态度的判决,是"阿德金斯诉儿童医院案"(*Adkins v. Children's Hospital)(1923)的判决,该判决甚至招致一些保守人士的反对。在取消哥伦比亚特区一项规定妇女最低工资的法规时,萨瑟兰法官重申了洛克纳案原则,并重新确认了经济生活中合同自由原则的至高无上性。那时美国人根据法院的判决已认为州和联邦政府可以通过治安权(*police power)保护妇女,这些判决可以追溯到"马勒诉俄勒冈州案"(*Muller v. Oregon)(1908)的判决。然而,萨瑟兰认为联邦宪法第十九修正案(the *Nineteenth Amendment)已经使妇女获得解放,因此妇女不再需要特别保护(参见Gender)。这种观点对甚至几乎不能被认为是自由主义者的塔夫脱来说都难以接受。塔夫脱发表了他少有的不同意见,他认为国会有权通过这样的立法,以致涉及这类立法的智慧时,法院不应该用他们的意见加以干涉。

在阿德金案之后,最高法院发现大约140部州立法违宪。这些违宪法规大多数都是因为侵犯了联邦宪法第十四修正案(the *Fourteenth Amendment)的正当程序条款(*Due Process Clause)所赋予的财产权和缔约权。即使已有一系列明确支持规范性立法的先例,联邦最高法院仍以一种重商的态度对其进行重新解释。因此在"沃尔夫包装公司诉产业关系法院案"(*Wolff packing Co. v. Court of Industrial Relations)(1923)中,塔夫脱通过采取"政府只能对影响到公众利益的商业进行保护"的限制性解释,取消了一个州的涉及劳动关系的尝试性立法。但事实上没有企业会适合于这种分类,该结论在"泰森诉邦顿案"(*Tyson v. Banton)(1927)和"莱布尼克诉麦克布赖德案"(Ribnik v. McBride)(1928)中得到强化。在该案中,最高法院无视州政府的决定,使州对职工的就职条件和职业介绍所的控制无效,法院认为这两者都与公众利益无关。

通过上面的介绍,不难理解在这10年中制造商联合会为什么在决议中称赞联邦最高法院是我们的纸面宪法"不可缺少的解释者"和防止财产免受"暴民的喧嚣"滋扰的保护者。只要国家继续繁荣,似乎保护商业就不会出错,并且尽管有来自霍姆斯法官和布兰戴斯法官的有力的反对,联邦最高法院将坚持政府不能干预商业。

公民自由 有人可能认为,法院如此压倒一切地重商和反劳工,如果不是对公民权利和公民自由充满敌意,至少是漠不关心的。有一些案例可以论证这一观点,比如说声名狼藉的"巴克诉贝尔案"(*Buck v. Bell)(1927),在该案中霍姆斯以"三代低能儿已经足够"(p.207)为理由,支持一个州立义务绝育法。联邦最高法院在战后很少关注人们的言论自由权(*speech),战后10年在"奥姆斯特德诉合众国案"(*Olmstead v. United States)(1928)中甚至支持政府通过窃听设备进行调查。然而情况并不总是如此。广阔的社会中传统与现代的碰撞在联邦最高法院内也有体现,法院在20世纪的20年代,也向着保护公民权利和公民自由的现代法学迈出了第一步。

虽然在20世纪20年代改革者们只获得了很少的胜利,但是,通过像威斯康星州的参议员罗伯特·M.拉福莱特(Robert M. La. Fellette)、纽约州的参议员罗伯特·瓦格纳(Robert Wagner)和劳工改革者弗洛伦斯·凯利(Florence Kelley)等人的努力,这种改革的精神在国会和各州仍然充满活力。法律改革的精神至少在学术上来说,远远没有死亡。耶鲁大学和哥伦比亚大学的法律学者建立起了"法律现实主义"的基础,这将在未来的岁月里使法律思想得到彻底革新。

霍姆斯在1881年关于普通法的洛厄尔演讲中暗示所有的非法律因素对法律的影响比抽象逻辑对法律的影响还要大。在20世纪早期,"社会学法学"(*sociological jurisprudence)的倡导者用这种洞察力使法院把经济和社会的因素纳入考虑之中。最著名的例子是布兰戴斯法官为俄勒冈州的工作时间法作提交的辩护要点(参见 Brandeis Brief)。

法律现实主义甚至走得更远,他们认为法律不是固定不变的,而是随着日新月异的社会环境的变化而不断地处于变化之中。除此之外,正如卡尔·卢埃林(Karl Llewellyn)和其他人所主张的一样:人们必须关注法律实际上是怎样形成的,而不是法律规则是什么。而这往往涉及一个更广泛的社会的、经济的,甚至心理学的因素的变化。法官不是去"发现"法律;他们创制法律,并且法院应当在使法律跟上时代的步伐方面作出有创造性的回应。

法律现实主义者在法院找到一些同盟者,例如,勒尼德·汉德(Learned *Hand)和本杰明·N.卡多佐(Benjamin N. *Cardozo),但是在联邦最高法院,他们特别关注布兰戴斯。尽管我们经常谈到"霍姆斯或布兰戴斯"的反对意见,但霍姆斯主要是以他的才智、风格以及以简练有力的警句归纳总结的能力见长,而布兰戴斯却往往给出长篇幅的反对意见。

在其反对意见中,他提供了对法律的分析,特别是一些与该法有关的可能会影响到未来的法理学发展的事实和背景的分析。

布兰戴斯在扩展公民权利和公民自由方面起着领先作用。例如,在"吉尔伯特诉明尼苏达州案"(Gilbert v. Minnesota)(1920)这一言论自由案中,他在其不同意见(*dissent)中第一次提出联邦宪法第十四修正案所保护的自由可能不仅包括公民自由也包括财产权。他的这一观点使大法官麦克雷诺兹于"迈耶诉内布拉斯加案"(*Meyer v. Nebraska)(1923)中取消一个禁止在小学中教外国语言的州立法时起了作用。麦克雷诺兹宣称,自由,远远不只人身的自由,它还包括"那些长久以来为普通法所公认的自由人有序地追求幸福所必需的特权"(p.399)(参见 Education)。

两年之后,麦克雷诺兹在"皮尔斯诉姐妹会案"(*Pierce v. Society of the Sisters)(1925)中,又代表全体意见一致的法庭,取消了一项三K党提起的俄勒冈州立法,该法规有明显迫害天主教学校破产的企图。他认定教育自己孩子的权利是联邦宪法第十四修正案所保护的另一项自由。这一判决导致美国公民自由联合会(*American Civil Liberties Unions)以侵犯公民言论自由为由对纽约州无政府状态法提出抗议。

在"巴伦诉巴尔的摩案"(*Barron v. Baltimore)(1983)中,法院认定《权利法案》只适用于联邦政府而不适用于各州。布兰戴斯认为,美国联邦宪法第十四修正案以某种方式把前八个修正案"合并",因此它们不但能够适用于联邦政府也能够适用于各州政府。这一观点在"吉特洛诉纽约州案"(*Gitlow v. New York)(1925)中发挥了作用。尽管法院是以7比2的大多数支持纽约州的这项法规,桑福德大法官特别提到"为现实的目的,我们可以确认言论自由和出版自由——是受联邦宪法第一修正案(the *First Amendment)保护不受国会剥夺的权利——是受联邦宪法第十四修正案正当程序条款保护免受各州损害的基本的人权"(p.666)。几年以后,人们才完全体会到这一判决理由的全部影响,并且它还引发了一场重大的关于联邦宪法第十四修正案(the *Fourteenth Amendment)与其他权利的合并程度,这一法学上的争论(参见 Incorporation Doctrine)。

然而,塔夫脱法院开始对传统上留给各州自由裁量的刑法领域内的权利进行"全国化"。在"穆尔诉登普西案"(*Moore v. Dempsey)(1923)中,霍姆斯作出裁决:联邦法院应该受理5个被阿肯色州法院判决犯一级谋杀罪的非裔美国人的上诉,因为在该原审判中持续的暴民的暴力威胁使得该审判程序有污点。在声名狼藉的"斯科特伯罗系列案"(Scottsboro Cases)和"鲍威尔诉亚拉巴马州案"(*Powell v. Alabama)(1932)中,萨瑟兰大法官明确地将联邦宪法第五修正案(the *Fifth Amendment)中的公正审判权适用于各州(参见 Trial by Jury)。

塔夫脱法院的判决并非都推进了公民权利或公民自由的发展。在"科里根诉巴克利案"(*Corrigan v. Buckley)(1926)中,法官们全体一致地拒绝宣布种族限制性协约(*restrictive covenants)违反正当程序并应当予以废除。法官们还很少关注其他种族,并支持了州和联邦对亚洲人和其他外国人的大量的限制。例如,法院在"合众国诉施维默案"(United States v. Schwimmer)中维持了因申请者持不抵抗主义观点而不授予其公民权的判决。

尽管联邦最高法院扩展了联邦宪法第一修正案的适用范围,大多数法官对言论自由的实际保护还只是微不足道的。在这10年中最为有名的案例——"惠特尼诉加利福尼亚州案"(*Whitney v. California)(1927)中,绝大多数法官认定根据加利福尼亚犯罪集团法(*Criminal Sydicalism Act),安尼塔·惠特尼(Anita Whitney)犯有协助在该州成立共产党之罪。虽然布兰代斯原则上同意了该案的判决结果,但是他的观点仍然是法院的成员所写下的对言论自由的最强有力的辩护,第一次提出言论自由是共和国积极公民身份(*citizenship)的一项必然要求。

在"奥姆斯特德诉合众国案"(*Olmstead v. United States)中,布兰代斯在其反对意见中主张联邦宪法是保护隐私权(right to *privacy)的。首席大法官塔夫脱代表绝大多数法官提出,由于没有实际上现场地侵入私人住宅,窃听就没有违反联邦宪法第四修正案(the *Fourth Amendment)。对此,霍姆斯得出了一个简短的不同的意见,霍姆斯认为窃听是一项"肮脏的交易"。普遍认为比较保守的巴特勒法官则给出一个更长的充分的学理上的分析。然而,布兰代斯以其不同的意见唤起了联邦宪法第四修正案的精神,他认为这种精神保护着美国人民的权利不受侵犯,是"最全面的权利和文明人所最珍惜的权利"(p.478)。尽管1934年国会禁止在联邦法院使用窃听设备,但窃听仍然是在法律上允许的。直到"伯杰诉纽约州案"(Berger v. New York)(1967),联邦最高法院才推翻奥姆斯特德案的原则采用布兰代斯的观点。两年前即1965年,在"格里斯沃尔德诉康涅狄格州案"(*Griswold v. Connecticut)(1965)中,联邦最高法院已确认隐私权为一项受宪法保护的权利。

休斯时期的法院 塔夫脱时期联邦最高法院为后人留下的记录大多混杂不清,尽管它在结合《权利法案》和建立起全国性的标准方面的犹豫不决的第一步为20世纪伟大的法学发展开创了道路。但是塔夫脱法院所暗含的——国家重商的态度——在1929年底发生了转变。当查尔斯·埃文斯·休斯继塔夫脱之任担任首席大法官时,休斯和他的法院所面对的是由经济衰退以及富兰克林·D.罗斯福(Franklin D. *Roosevelt)对经济所采取的"新政"(*New deal)所产生的种种新的挑战。

休斯法院保留了一个4位保守的法官组成的牢固的集团——麦克雷诺兹、威利斯·范·德凡特、萨瑟兰和巴特勒——他们反对政府干预经济的任何举措。而一个由自由主义者组成的更小的集团则认为,为了应付危机要给州和联邦政府更多的余地,这一个小集团由布兰代斯、哈伦·F. 斯通(Harlan Fiske *Stone)和备受尊敬的在1932年继霍姆斯任的本杰明·N. 卡多佐3位组成。处在两个集团之中的是休斯和大法官欧文·约瑟夫斯·罗伯茨(Owen J. *Roberts)。他们是由赫伯特·胡佛在1930年任命的大法官。这两人中的任何一人加入保守的"四骑士"集团,都会形成法院中的大多数,从而足以推翻革新的立法。

受到责难的"新政" 在"新州冰块公司诉利布曼案"(*New State Ice Co. v. Liebmann)(1932)中,州对经济进行管制的这一做法被诉诸法院。俄克拉荷马州为稳定冰块市场,要求新进入市场的公司有适当的资质证明。法院多数法官认为,由于该法超过了州的立法权限范围,而且他们否认冰块制造业影响到公共利益,因而判定取消该法。布兰代斯法官的反对意见由于以下几个原因而著名。首先,他不辞辛劳地探讨了该州通过该法的多种经济原因。其次,他号召他的同僚实行司法的自我约束并且不要把他们的观点代替依正当程序选举产生的立法者的行动。最后,他以最令人信服的雄辩的方式,证明了联邦主义(*federalism)的本质和在面对压倒一切的全国性的危机发生时让每一个州作为社会实验基地的好处。

旁观者认为这个意见可能获得了大多数人的支持,因为在这之后不久,最高法院的确维护了两部旨在改善经济大萧条的不良影响的州立法。它在"住房建筑与贷款协会诉布莱斯德尔案"(*Home Building and Loan Association and Loan Association v. Blaisdell)(1934)中维护了明尼苏达州的按揭延期履行法,在"奈比诉纽约州案"(*Nebbia v. New York)(1934)中维护了纽约州的定价法规。这些都是以5比4的微弱多数达成的判决。这对"新政"来说并不是好预兆,因为"新政"并不像以前的任何改革运动一样,它试图驾驭和革新经济。罗斯福总统把经济大萧条比作战争,并提议用激剧的和富于创新精神的立法来应付危机。如果不考虑新经济是否确实能缓减经济萧条这个问题,也可以说保守主义者是在激烈地反对政府干预经济的举措,特别是反对那些帮助劳工和其他下层社会人们的努力。美国人民坚决地支持"新政",这可以从1936年的选举中看出来。他们赞同罗斯福的哲学:即确实到了必须采取某些措施的时候了,并且如果这条路不通,应该另谋他法。"新政"从某种意义上说可以视为法律现实主义的立法的模拟,只是其重点不是放在抽象理论上而是放在事实上,即看这一计划能否有效。

实用主义使法院的保守集团受到了极大的惊吓,于是联邦最高法院在 1935 年一个接一个地取消了州的立法。它在"巴拿马炼油公司诉瑞安案"(*Panama Refining Co. v. Ryan)中废除了国家复兴法的石油管理条款,在"铁路退休委员会诉艾尔顿铁路案"(Railroad Retirement Board v. Alton Railroad)中废除了受到高度赞扬的 1934 年《铁路退休法》。1935 年 5 月 27 日的黑色星期一(*Black Monday),联邦法院在"谢克特禽畜公司诉合众国案"(*Schechter Poultry Corp. v. United States)中废除了《国家工业复兴法》;在"路易斯威尔联合股份土地银行诉雷德福案"(Louisville Joint Stock Land Bank v. Radford)中,取消了弗拉泽—莱蒙克(The Frazier-Lemke)抵押法,并且在汉弗莱的"遗嘱执行人诉合众国案"(*Humphrey's Executor v. United States)中极大地限制了总统对独立的管理性委员会成员的免职权(参见 Appoitment and Removal Power)。随后不久,联邦最高法院在 1936 年提帕尔多引起的"莫尔黑德诉纽约案"(*Morehead v. New York ex rel. Tipaldo)(1936)中废除了纽约州的最低工资示范法。在 1936 年"合众国诉巴特勒案"(United State v. *Butler)(1936)中,取消了农业调整法。并且在"卡特诉卡特煤炭公司案"(*Carter v. Carterand)(1936)中废除了戈菲—辛迪加煤炭法(Gufey-snyder Coal Act)。

并非以上所有的这些判决都是以 5 比 4 的微弱多数作出的判决。在有些案件中,首席大法官休斯与保守主义者一起得出一个 6 比 3 的表决结果。在有些案件中,比如涉及国家复兴法的案件时,甚至连自由主义者都认为该法规起草得如此糟糕,导致他们也投票废除它。而政府也的确赢了几场官司。联邦最高法院以微弱多数在黄金条款案件(*Gold Clause Cases)中支持了政府对黄金标准的废除,也在 1936 年"阿什旺德诉田纳西河流域管理局案"(*Ashwander v. Tennessee Valley Authority)(1936)中确认了田纳西河流域管理局的做法。

法院人员布置计划 虽然取得了少有的几场胜利,政府当局仍感到不能使其改革措施通过法院的认可。罗斯福在 1936 年总统竞选中获得巨大胜利后,他就拉开了法院人员布置计划(*court-packing plan)的序幕。该计划拟在高等法院增加 6 名法官,在初级法院增加 44 名法官。尽管罗斯福宣称他只想减少法院的积案,但是这个计划的透明度决定了该计划的命运。联邦最高法院的首席大法官休斯与大法官布兰代斯和威利斯·范·德凡特一起给参议院司法委员会(*Senate Judiciary Committee)写了一封信,在信中休斯不承认联邦最高法院没有按时完成工作。法官的增加不会使法院的工作更有效率,只会引起迟延,因为"更多法官审案,更多的法官交换意见,更多的法官讨论,就需要说服更多的法官和更多的法官作出判决。"

保守主义者反对这个计划,许多自由主义者和温和派也反对这个计划,他们认为这个计划是对司法独立的损害。再者,如果一个自由主义总统能够对法院的人员配置进行改变,那么以后保守党总统也能够那样做。经过数月的争论,参议院最终在 1939 年 7 月 28 日投票否决了这个计划。

然而,到总统可能都已经认为他输掉了这场战斗时,他却赢得了整场战争。就在法院人员布置计划之战进行过程中,法院对"西海岸旅馆公司诉帕里西案"(*West Coast Hotel Co. v. Parrish)(1937)作出了判决。在这个与"莫尔黑德诉纽约案"几乎具有相同情况的案件中,联邦最高法院维护了华盛顿州最低工资法。这次罗伯茨法官带头投票维护该法,带头动摇并宣称"一针及时省九针"。事实上,该案在罗斯福总统的国会咨文提出前已经作出了审理和判决,但并没有宣判。罗伯茨,一个恪守狭义的法官裁判权的人,从来不对他的投票作出解释。但他的文集明显地显示出,在先前的案件中律师没要求推翻阿德金斯案所确定的原则,因此,他感觉到应遵循阿德金斯案的原则对莫尔黑德案进行裁决。在后一个案件中,律师要求最高法院对阿德金斯案所确定的原则进行复议。罗伯茨对其进行了重新思考,发现需要推翻以前的原则,便在西海岸旅馆案中投票推翻了这个先例。

在西海岸旅馆案之后,联邦最高法院维护了每一个被诉诸法院的新政举措。再者,随着大法官威利斯·范·德凡特的退休,罗斯福现在有机会做他之前就想做的事——任命支持"新政"的人。在 1938 年他任命了胡果·布莱克(Hugo *Black)和斯坦利·里德(Stanley *Reed)为法官。在 1939 年,费利克斯·法兰克福特(Felix *Frankfurter)和威廉·O. 道格拉斯(William O. *Douglas)加入了法官队伍。并在以后的几年中,弗兰克·墨菲(Frank *Murphy)、罗伯特·H. 杰克逊(Robert H. *Jackson)以及威利·拉特利奇(Wiley *Rutledge)也加入了法官队伍。与联邦最高法院保守的"四骑士"所提倡的束缚和限制解释联邦的权力相反,罗斯福法院采取了更为扩张的观点来对待商业和税收权(*taxing power)。到联邦最高法院判决"威卡德诉菲尔伯恩案"(*Wickard v. Filburn)(1942)时,法院将商业条款解释为"所有影响商业的行为",从而使得几乎任何活动都可以纳入。

人们也许会把法院人员布置之战视为联邦最高法院审议事项改变的一个标志。在 1940 年以前,大部分的案件及围绕案件的辩论都涉及经济问题——

平衡私人的财产权利和由立法所确定的公共福利之间的关系。随着 1937 年以后法院的转型,经济的因素在法院审理案件中所起的作用日益减小。正如布兰戴斯所极力主张的一样:既然立法机关有立法权,法官就应该遵守由选举组成的立法机构的智慧结晶,而不应该用他们自己的观点对立法者的政策和观点进行干预。尽管法院仍然审理经济案,但是法院已经建立起遵从立法规定的原则:只要可以提出哪怕一个合理的立法政策的基础,该经济立法都应维持。

法院也对州立法表现出了更大的容忍,恢复了 19 世纪的"库利诉费城港监委员会案"(*Cooley v. Board of Wardens)(1852)中确定的原则,即只要联邦政府没有宣称属于其商业权的管辖范围,州政府就可以行使其权利(参见 Selective Exciusiveness)。并且,又一次遵从了布兰代斯的主张,联邦法院应尽可能遵守当地的法律。联邦法院在"伊利铁路公司诉汤普金斯案"(*Erie Railroad Co. v. Tompkins)(1938)中至少可以说是暂时地背离了联邦普通法(*federal common law)的原则。在第二次世界大战(*World War Ⅱ)前夕,最高法院以平稳的姿势迈向一条新路,一条将构成法院在 20 世纪余下时间里的主要审判内容之路,那就是:弄清楚联邦宪法对个人权利和个人自由提供了多大的保护。

并入原则 当然,权利问题从来没有完全地脱离法院的审判内容。但是从 20 世纪 20 年代初,随着权利结合的观念的兴起,权利保护问题呈现出新的紧迫性。从 20 世纪 30 年代后期开始,越来越多的探究宪法权利范围的案件被诉诸于联邦最高法院,引发了法院历史上一个重大的法学争论。

1937 年,联邦最高法院审理了"帕尔可诉康涅狄格州案"(*Palko v. Connecticut),该案被告受到一个州的刑事指控。该被告主张联邦宪法第十四修正案将联邦宪法第五修正案中确保的避免双重治罪危险(*double jeopardy)的规定适用于州。大法官卡多佐说联邦宪法第十四修正案并没有提出一个"选择性的结合"理论。他说:联邦宪法第十四修正案的确把联邦宪法第一修正案中的所有规定并入了其中,因为表达的自由对于自由的其他形式来说是"始源,不可缺少的条件"(p.327)[在"尼尔诉明尼苏达州案"(*Near v. Minnesota)(1931)中出版自由条款已被并入]。但对于联邦宪法的第二至第八修正案,法院应该只适用那些"重要性不同的自由中的根本性的自由",并且该自由必须深深地植根于美国传统以至于被认为是最基本的自由(p.325)。

第二次世界大战 在下一个 10 年中,曾在帕尔可案中投多数意见票的大法官布莱克对选择性并入的观点变得越来越不安,因为他认为,选择性的并入留给法官太多的自由裁量权。在 10 年之后,他终于得出了他所寻求的结论。在"亚当森诉加利福尼亚州案"(*Adamson v. California)(1947)中,他在其反对意见中提出"完全结合"的观点。布莱克说,联邦宪法前八个修正案所保障的权利不仅应该适用于联邦政府,也应该适用于州。

大法官法兰克福特是布莱克的观点的主要反对者,也是选择性结合的主要支持者。法兰克福特也赞成司法遵从立法规定的原则。法兰克福特在 20 世纪 40 年代和 50 年代早期对联邦最高法院产生了很大的影响,但是随着法院的工作重心从经济案件转移到个人自由上,他的不干预理念开始导致他的一些同事对个人自由保护的不力。

旗礼案 第二次世界大战早期的几件宗教案(*religion)引起了关于向旗帜行礼的正式争议。耶和华见证人(Jehovah's Witnesses)提起一系列诉讼,指控很多规则虽然没有具体地针对他们,但是却影响到他们自由地践行宗教信仰。这些案件中最出名的是旗礼案,该案表明联邦最高法院的法官开始认识到,对于涉及公民权利的案件需要司法积极干预,而不能向对经济立法那样采取不干预的态度。

在第一个旗礼案——"迈纳斯维尔校区诉哥比提斯案"(*Minersville School Disrtict v. Gobitis)(1940)中,法兰克福特代表大多数法官(8 比 1)指出,因为要求学生向旗帜行礼对于灌输爱国主义具有重要意义,因此即使对宗教信仰造成相对轻微的侵犯,也是正当的。他声称低级别法院在这些问题上应该遵从立法机构的英明决策。

只有大法官斯通持反对意见。但是随着耶和华见证人的不满的报告逐步出现,以及最高法院对涉及耶和华见证人宗教信仰的其他几个案件的审判,几个法官改变了他们的观点。并且在"西弗吉尼亚州教育理事会诉巴尼特案"(*West Virginia State Board of Education v. Barnette)(1943)中,联邦最高法院宣布各州不能再强迫人们遵守仪式,这侵犯了联邦宪法第一修正案所赋予的权利。

在美日本人的拘禁问题 旗礼案是在美国处于第二次世界大战过程中出现的。罗斯福政府和联邦最高法院似乎都决意不像在第一次世界大战中一样侵犯公民的自由权利。在战争(*war)期间,法院在绝大多数案件的审理上都维护了公民的自由权利。唯一的例外是日本人拘禁案,该案被认为是 20 世纪联邦最高法院历史上最大的污点。

"珍珠港"事件之后,西海岸反日的恐惧使得罗斯福政府下令所有的在美日本人的后裔,无论是第一代移居美国的日本人,还是美国出生的第二代日本移民,都迁入敌侨拘禁营。军部也对在美日本人(包括日籍和美籍日本人)规定了一个戒严期和一些制度,使得在美日本人只要离开美国西海岸即是违法。

在联邦最高法院内部,法官之间关于拘禁的合宪性的争论也非常激烈。但是他们也意识到,废除一项最高统帅说对于战争至关重要的行政计划这一问题的重要性。由罗斯福任命继任的首席大法官斯通(他继1941年退休的休斯之任),设法说服了持反对意见的法官,主张出于对战争的考虑,应配合该计划的实施。因此在"海拉巴亚斯诉合众国案"(*Hirabayashi v. United States)(1943)中,尽管大法官墨菲、道格拉斯以及拉特利奇的并存观点实际上构成反对的意见,联邦最高法院还是以全体一致的表决结果判决维持该戒严令。

在1944年"科里马修诉合众国案"(*Korematsu v. United States)(1944)中,多数人赞成维持监禁,但却没有提及把某一个民族挑出来区别对待是否违反平等保护条款(*Equal Protection Clause)这一中心问题。大法官布莱克在这个问题上搪塞了过去,而是集中于总统战争权(*war powers)的论述。这次,大法官墨菲、罗伯茨和杰克逊结成强有力的反对意见,直言不讳地说在美日本人被单列出来是因为他们的民族的原因。到战争的局势有所转机时,在当年的秋天,联邦最高法院决议释放一位在美日本妇女,她在1944年私人动议的公诉中牢牢地树立起了对美国忠诚的形象(参见 Race and Racism)。

自从那以后,拘禁计划和最高法院对其的包容受到了普遍的谴责。可能要求法官置身于控制着全国其余所有人的战争激情之外是太难了。但是有讽刺意味的是斯通著名的卡洛伦案第四评注(*footnote four of the Carolene Product)——它要求在涉及种族案时需要"更严格的司法审查",然而他在海拉巴亚斯案的意见中虽然从总体上来说谴责歧视,但最终却对歧视予以支持。

结果表明,斯通不是首席大法官的理想人选。在任大法官的16年中,斯通作为一个优秀的法学家和自由主义者赢得了良好的声誉。根据法兰克福特的建议,罗斯福总统把共和党人斯通提升为首席大法官以表明战时团结一致的姿态。斯通的不幸在于领导了一个美国历史上最好争执的法庭。法兰克福特法官力图以其知识、才干控制或者说影响其他同事,但他受到了大法官胡果·布莱克和威廉·O.道格拉斯的双重抵制。他们之间矛盾的缩影体现在双方观点的对立上。法兰克福特赞成司法的自我约束和最低纲领,而胡果·布莱克和威廉·O.道格拉斯坚持司法激进主义(*judicial activism)和个人权利的扩张。弗兰克·墨菲可能是曾担任法官的人当中最主张自由主义的人之一,而更为保守的欧文·罗伯茨和罗伯特·杰克逊则倾向于支持法兰克福特的观点。因此,到1943年海拉巴亚斯案为止,最高法院作出的大多数判决都有多种意见。

文森时期的法院 首席大法官斯通在1946年4月死于脑溢血。弗雷德·文森(Fred *Vinson)接替了他的职位。在文森就任之前,人员配备不齐的最高法院驳回了不少州对立法机构代表名额分配不当提出的第一批挑战(参见 Fair Representation)。由于大法官杰克逊在纽伦堡参与审案,大法官法兰克福特在"科尔格罗夫诉格林案"(*Colegrove v. Green)(1946)中代表4比3的大多数法官,裁定立法机构代表名额的分配是一个政治问题(*political question),因而是不可诉的。并且法兰克福特警告法院要避免成为他所称的"政治丛林"(*political thicket)的一部分,他把由于立法机构代表名额分配不当所产生的任何不平等当作联邦制不可避免的成本。大法官布莱克与大法官道格拉斯和墨菲一起,预见到了沃伦法院时期的哲学,并认为如此明显地违反平等保护(*equal protection)原则的行为一定能够由法院进行处理——并且司法机关也有义务如此做(另请参见 Reapportionment Cases)。该案集中反映了法院中法官的不同哲学观点。

首席大法官文森只主持了7年最高法院的工作,然而在这7年之中,联邦最高法院经历了意义深远的转型。尽管联邦最高法院在1954年之后才开始受理学校反种族隔离案,但是为争得公民权利的司法争端在战后已异军突起。联邦最高法院同时也不得不处理涉及国内安全的问题的案件以及这类计划对言论自由施加影响的案件。少数种族日益增长的诉讼的愿望也迫使法院审查"并入原则"的适用范围。

冷战时期 虽然说苏联在第二次世界大战中曾是美国的同盟,随着1946年冷战序幕的拉开,对共产主义的各种旧的恐惧又复活了(参见 Communism and Cold War)。间谍的出现、共产主义者对东欧和中国的占领以及右倾的蛊惑人心的政客,迫使杜鲁门政府实施一个大规模的忠诚计划(参见 Subversion)。司法部长发布了涉嫌支持共产主义组织的名单。与此同时,国会启动了一系列的委员听证会,该活动以参议员约瑟夫·麦卡锡在国务院和军队中调查被指控为共产主义者的人时,达到了高潮。

这些方案都引起了有关言论自由和结社自由的问题。尽管大法官法兰克福特本人憎恶麦卡锡主义(反共和迫害进步人士的主张——译者注)和整个红色恐怖的气氛,但由于法兰克福特司法自我约束的主张在这些年中达到了顶峰,所以使得法院无力保护那些联邦宪法第一修正案中所赋予的权利。

政府根据1940年的《史密斯法》(*Smith Act)对美国共产党的12个领导人提起诉讼,并指控他们犯有阴谋唆使和协助武力推翻政府和参加一个阴谋推翻政府的组织罪。这项指控背离了已经接受的原则,那就是,一个人只能因为其言行对社会有明显、即发的危险(*clear and present danger)而受到指控。陪审团认定这12个人有罪,在上诉案中高级别法院维持了"丹尼斯诉合众国案"(*Dennis v. United States)(1951)的原判。首席大法官文森代表大多数人提出判决意见,该意见解释了"明显、即发的危险"标准,以便政府对任何它认为是有潜在破坏性的原则采取行动。只有布莱克和道格拉斯持反对意见,他们指出这些判决代表着对思想的迫害,因此威胁到了整个思想自由的信念。又一次,联邦最高法院像大众一样陷入了歇斯底里,并且运用司法不干预的理念回避解决某些关键问题。直到20世纪50年代中期,参议员麦卡锡的权力衰落之后,法院才开始对言论自由问题采取一个肯定的观点。

反共战争——这次有关朝鲜的"政治行动"案件也导致了涉及分权原则(*separation of powers)的一个重要判决。在1952年4月,为防止钢铁工人罢工,哈里·S.杜鲁门行使了他作为最高统帅的权利,没收了国内所有的钢铁厂。钢铁公司诉称,虽然政府有权没收他们的工厂,但只有国会有权批准没收,总统没有权力采取这一行动。

尽管大多数评论者认为,全部由罗斯福和杜鲁门任命的人组成的法院会驳回这样的申诉。但事实上法庭在"扬格斯通钢板与管道公司诉苏耶尔案"(*Youngstown Sheet & Tube Co. v. Sawyer)(1952)中以6比3的表决结果否定了总统的做法。大法官布莱克赞成多数意见,直接地否定总统这样行动的权力,认为无论是根据宪法的明文规定,还是依据最高统帅行动的默示权力,总统都没有权力这么做,他需要国会的明确的授权。该判决代表着1933年开始上升的行政权遭受的一个挫败(参见 Presidcential Emergency Pewers)。

涉及《权利法案》的案件 文森法院也处理了涉及公民自由问题的案件以及确定《权利法案》(*Bill of Rights)应该在多大范围内适用于各州的案件。尽管大法官卡多佐说联邦宪法第一修正案都应该被合并,联邦最高法院还是回避了解释宗教条款。而且在战争期间对耶和华见证人一案是根据言论自由作出的判决而不是根据宗教条款作出的判决。联邦最高法院在"埃文森诉教育理事会案"(*Everson v. Board of Education)(1947)中明确地把禁止确立宗教条款延伸适用至州。在一种奇怪的观点中,大法官布莱克先提出有一堵高耸的墙把宗教和政治分离之后他又支持新泽西州要求学区对那些把孩子送入教区学校的父母补偿交通费的法规。4位大法官对此持反对意见,他们反对的不是布莱克的推理,而是其推理的结果,此案形成了法院文献中最具文学色彩的一道风景线,也就是大法官杰克逊的评论。他说这个案例让人自然而然想起了一个最恰当的先例,也就是,在拜伦文集中朱丽叶"悄悄说的'我永远不会同意'——同意"(p.19)。布莱克最终采取了绝对主义立场,并且他后来的投票反对任何政教不分。

然而,文森法院仍然在涉及联邦宪法第一修正案裁决问题上摸索前进。它在涉及宗教教导时间(*released time)的两个案例中给出了令人迷惑不解的指引,两个案例都涉及在上课的时间内接受宗教教导的问题。在麦科勒姆引起的"伊利诺伊州诉教育理事会案"(*Illinois ex rel. McCollum v. Board of Education)(1948)中禁止牧师到学校利用上课时间进行宗教教育。对这一判决的不满的声音致使法院在审理"左拉奇诉克卢森案"(*Zorach v. Clauson)(1952)时有某种程度的退缩,大法官道格拉斯——后来在联邦宪法第一修正案问题上持绝对主义的立场——评论道,"我们是宗教的人,我们的宗教机构预先假设了上帝的存在"。因此他支持了学生在上课期间离开学校去接受课余的宗教教导的计划。

文森法院也开始探讨根据联邦宪法第四、五、六修正案(the *Fourth *Fifth and *Sixth Amendments)赋予被告的权利是否应适用于州。获得律师辩护权(the right to *counsel)是在"鲍威尔诉亚拉巴马州案"(*Powell v. Alabama)(1932)中确立的可适用于整个联邦的被告的权利之一。但是10年之后,法院在审理"贝茨诉布拉迪案"(*Bett v. Brady)(1942)时,拒绝把这一权利推广适用于未判死刑案件的被告人。然而,大多数法官认为,法院应该遵循相同案件相同判决的原则进行判决,而且如果不给予被告以获得律师辩护权,就剥夺了被告接受公平审判的权利。在文森法院期间,大法官法兰克福特设法使多数意见保持赞同贝茨案得出的原则,但是几乎在每个案件中法院都找到了一些特殊情况确保给被告提供一个律师。直到"吉迪恩诉温赖特案"(*Gideon v. Wainwright)(1963),法院才最终把联邦宪法第六修正案所规定的权利延伸适用于未判死刑的案件上。

尽管在"沃尔夫诉科罗拉多州案"(*Wolf v. Colorado)(1949)中,大法官法兰克福特将联邦宪法第四修正案中在涉及搜查和扣押时对公民的保护性规定适用于州,但他也成功地阻止了法院把证据排除规则(*exclusionary rule)适用于州。从1919年开始,联邦法院就拒绝承认违反联邦宪法第四修正案而获取的证据,该规定是为了确保警察在调查取证中不违反宪法。在沃尔夫案中持反对意见的人认为,如果没有这样一个预防措施,州警察就不会谨慎获取逮捕令以及满足搜查的要求。这种预言被证实是正确的,法院最终在"马普诉俄亥俄州案"(*Mapp v. Ohio)(1961)中把证据的排除规则扩张适用于各州。

民权 毫无疑问,战后发生的最重要的司法斗争是涉及美国黑人争取公民权利的斗争。在重建修正案(*Reconstruction amendment)中所允诺的平等特别是平等保护条款长时间都没有兑现。在"普勒西诉弗格森案"(*Plessy v. Ferguson)(1896)中,法院认可了种族隔离,实行所谓的"隔离但公平"原则(*separate of but equal doctrine)。平等保护条款本身被废而不用,被霍姆斯嘲笑为宪法争论中的"最后一招"。

联邦最高法院在盖恩斯引起的"密苏里州诉加拿大案"(*Missouri ex rel. Gaines v. Canada)(1938)中采取了它犹豫不决的第一步措施。在该案中首席大法官休斯让南方震惊地宣布,如果南方各州要想保留采取种族隔离的学校制度,就必须让这些学校平等(参见 Segregation, De Jure)。同年,大法官斯通在他的卡洛伦案第四评注中要求加强对种族歧视的审查。大法官道格拉斯在"斯金纳诉俄克拉荷马州案"(*Skinner v. Oklahoma)(1942)中使平等保护条款得以复活。但是毋庸置疑的是,战争中黑人士兵的贡献以及杜鲁门总统对参战种族各民族歧视的废除给民权运动(*civil rights)注入了不可阻挡的活力。

1948年,有关限制性协约(*restrictive covenants)的两个案件诉诸了法院,该协约禁止黑人在白人聚居区居住。在"谢利诉克雷默案"(*Shelley v. Kraemer)中,法院裁定在州法院(*state courts)达成的限制性协约不能实施,因为实施种族歧视的协议会构成联邦宪法第四修正案所禁止的州行为。在另一个同类案件——"赫德诉霍奇案"(Hurd v. Hodge)中,首席大法官文森把同样的规则适用于哥伦比亚特区。在"塞普尔诉俄克拉荷马州校务委员会案"(Sipuel v. Board of Regents of the University of Oklahoma)(1948)中,联邦最高法院要求俄克拉荷马州为被一个州法律学校拒绝招收的埃达·塞普尔(ada sipuel)提供一个同等的法律教育。几年以后,俄克拉荷马州又试图规避这些规则。在俄克拉荷马州的一个学校在研究生教学中招收了一个黑人学生之后,把他安排在教室外听课,并在图书馆和餐厅给他设置了单独的桌椅。在"麦克劳瑞恩诉俄克拉荷马州(高等教育)校务委员案"(*McLaurin v. Oklahoma State Regents for Higher Education)(1950)中,文森代表全体一致的法院,认定这种做法违反了平等保护条款的规定。虽然法院没有明确表示任何推翻普勒西案的判决的意图,但是在麦克劳瑞恩和其他案件中,暗示它对隔离但公平主义日益增长的不满。例如,在"斯韦特诉佩因特案"(*Sweatt v. Painter)(1950)中,法院认为一个得克萨斯黑人法律学校在资质上就不能与得克萨斯大学相比,并且第一次暗示隔离在实际不可能公平。

在1952年,在5件涉及公立学校中种族隔离的案件中,法院颁发了调卷令(writ of *certiorari)。首席大法官文森在这些案件判决之前去世了。案件就由他的继任者——由德·怀特·艾森豪威尔在1953年任命的厄尔·沃伦(Earl *Warren)来宣布被证明是20世纪美国最重要的判决——"布朗诉教育理事会案"(*Brown v. Broad of Education)(1954)的判决。最近的研究表明,尽管有些早期记载说法院在废除种族歧视问题上分歧严重,但事实上几乎所有的大法官都准备推翻普勒西案的判决。问题在于如何完成这一目的,沃伦通过把判决和执行分开的方法解决了这一问题。

布朗案在许多方面代表着前30年中判决的许多案件的逻辑至高点。虽然塔夫脱时期和休斯时期的联邦最高法院主要地集中于经济问题,但已经开始了对现代社会中公民权利问题的探讨。沃伦进入法院时,经济问题与平等问题相比,已经居于次要的地位。尽管在"阿德金斯诉儿童医院案"(*Adkins v. Children's Hospital)(1923)中,保守主义者嘲笑费利克斯·法兰克福特提交的为最低工资法辩护法律理由书与司法调查无关,但判决布朗案的法官却采取了全国有色人种协进会(*National Association for the Advancement of Colored People)提交的使黑人学生遭受感情上的伤害的种族隔离证据。

法院的评论家在20世纪20年代和30年代要求法官应受限制并且应遵从立法机构制定的政策。大法官法兰克福特把这种观念带到了法院,但是到1953年时,这种主张已让位于法院在决定宪法保护个人权利的范围方面应起领先作用的主张。在20世纪20年代,法律现实主义者主张法官不仅应该考虑社会的态度而且应该有意识地把这些态度纳入作判决时的考虑因素之中。存有上述主张的法律现实主义者可能会对法院这些年发生的变化表示欣慰(参见 Judicial Activism)。

参考文献 Leonard Baker, *Back to Back*: *The Duel between FDR and the Supreme Court* (1967); Michal R. Belknap, *Cold War Political Justice*: *The Smith Act, and American Civil Liberties* (1977); Richard C. Corner, *The Supreme Court and the Second Bill of Rights* (1981); Richard Kluger, *Simple Justice*: *The Constitution in Crisis Times, 1918-1969* (1972); William E. Nelson, *The Fourteenth Amendment*: *From Political Principle to Judicial Doctrine* (1988); C. Herman Pritchett, *Civil Liberties and the Vinson Court* (1954); G. Edward White, *The American Judicial Tradition*, rev. ed (1988).

[Melvin l. urofsky 撰;熊莉君译;林全玲校]

现代社会中权利意识的觉醒

在20世纪的后半期,美国人已经具有强烈的权利意识。关于怎样获得权利和保护权利,人们谈论得很多。社会普遍认为,应该通过法律来维护公民的这些权利,特别是通过联邦最高法院的判决。尽管司法裁决只是新的"权利意识"发展中的一个因素,评论家却认为,在过去几十年中是法院的判决导致了诉讼爆炸和"法律泛滥"——即过多的法律。

是否我们过多地求助于律师,法院也作出了过多的判决呢？事实依然是：最高法院对权利意识的觉醒具有关键作用。

权利意识觉醒 大众向别人特别是向政府主张权利的意识的觉醒,就是我们所说的"权利意识觉醒"。人们一定会意识到他们拥有政府及其他公民都不能剥夺的权利。但人们可能从广义的角度来表达他们对权利的信仰,误解权利所应有的内涵,高估权利的范围。然而即使公众中有的人不知道他们权利的准确内涵和范围,也更乐意于寻求对他们的权利的承认和扩张以及维护他们应有的权利。

联邦最高法院通过扩展或限制权利引导了大众权利意识觉醒的前进方向,并可能会激起人们对其权利多少的估计。不管大众是否理解了联邦最高法院发出的信息,低级别联邦法院(*lower federal courts)都很可能接受联邦最高法院鼓励其在权利主张问题上给予更多支持的指引。因此,低级别法院也在"权利觉醒"中发挥作用。

对权利的关注可能是宽泛的,也可能针对某一具体的问题。所涉及的权利可能非常的不同,例如反对被迫自证其罪的权利(参见 Self-incrimination)。人们对另一项具体权利——获得律师辩护权(the right to *counsel)的信赖,使一个已被判决的重罪犯——克拉伦斯·吉迪恩(Clarence *Gideon)进行了上诉。在这一上诉中,即"吉迪恩诉温赖特案"(*Gideon v. Wainwright)(1963)中,联邦最高法院系统地阐述了穷人在重罪审判中获得律师辩护的不可剥夺的权利。一项普遍的权利可能远远超过它最初所确定的适用范围,例如隐私权(the right to *privacy),联邦最高法院是在涉及避孕的"格里斯沃尔德诉康涅狄格州案"(*Griswold v. Connecticut)(1965)中首次对其进行阐述的,这是决定罗伯特·博克(Robert *Bork)法官不能提升到联邦最高法院的一个重要因素。但现在,隐私权已经在涉及妇女有权选择堕胎的案件["罗诉韦德案"(*Roe v. Wade)(1973)]和根据州同性恋行为法自愿进行同性恋行为的成年人有权免受逮捕和起诉的案件中,发挥了重要的作用["鲍尔斯诉哈德威克案"(*Bowers v. Hardwick)(1986),"劳伦斯诉得克萨斯州案"(Lawrence v. Dexas)(2003)](另请参见 Homosexuality)。

另一项普遍的权利是受到平等对待的权利。因为如此多的权利是与程序相联系的,包括人们的生命、自由、财产的获得或剥夺都与这些程序息息相关。因此,法律正当程序权是人们最为关注的权利。事实上,尽管由于裁决法官对立法机关尤其是监狱的管理人员的遵从,使正当程序权为后来的裁决所修改,但是,"正当程序革命",包括要求法院在裁定是否终止福利待遇之前["戈德堡诉凯利案"(*Goldberg v. Kelly)(1970)]和在裁定因纪律原因开除学生或迫其休学之前["高斯诉络佩兹案"(Goss v. Lopez)(1975)]必须举行听证会的规定,让人们变得越来越愿意对行政机构的处理提出质疑和要求加强保护,以防止官员滥用权力。

正当程序权是联邦最高法院系统地提出来的一系列权利。另外两项权利是由联邦宪法第一修正案(the *First Amendement)规定的：表达自由权包括言论出版自由(freedom of *speech)、请愿自由(freedom to *petition)和集会与结社自由(right to *assembly and association)的必然权利；以及与宗教(*religion)相关的权利,特别是践行自己宗教活动的自由和不被强迫信仰其他宗教(或"国教")的自由。刑事被告的权利构成了另外一个权利群,这包括审判前的权利,例如免受不正当搜查和不得强迫其向警察自证其罪的权利；审判中的权利,比如获得律师辩护的权利和由经正当程序选择的陪审团进行迅速的、公开审判的权利(right to *speedy, public trial)(参见 Tral by Jury)。还有公民身份权(*citizenship)的权利群,例如选举权(the right to *vote)和期待政府不分种族、性别、信仰和民族平等对待的权利。

人们能够区分宪法中明确规定的权利,比如言论自由、出版自由和践行宗教信仰的自由,与由联邦最高法院所确认或创造出来的"新的"或引申出来的权利。后一类权利,如结社权和隐私权。结社权是从联邦宪法第一修正案中规定的言论自由中推导出来的,隐私权则最早衍生自《权利法案》(*Bill of Rights)明确列举的权利的"边缘性"规定和联邦宪法第九修正案(the *Ninth Amendment)(该修正案存在着不可列举的权利),但是现在是以联邦宪法第十四修正案(the *Fourteenth Amendments)中的正当程序条款为基础。

个人权利与团体权利 我们已经对这两组权利中的某些权利进行了多年的争论。言论自由和宗教自由问题在整个国家的历史上一直都占据着显著地位。关于奴隶制度(*slavery)的争议导致了南北战争(*Civil War)的爆发,而种族平等问题又在20世纪中期列到了国家议事日程的前列,使人们不仅关注个人权利而且更加关注团体的权利(参见 Race and Rasim)。

对工会(*labor union)权利的关注使人们注意到了宪法所规定的结社权,但是直到20世纪五六十年代民权运动(*civil right of movement)兴起之前,人们仍然倾向于从个人的角度来看待权利。直到法院里程碑式的裁定授权在学校和公共设施中不论种族一律平等对待之后,人们在考虑对种族隔离(*segregation)和种族歧视的补偿需要时(是否这些补偿可以看作种族平等意识的觉醒),才更多地集中在把个人视为团体的一员,从而集中在团体权利的保护上。人们关注的重心从个人权利到团体权利的转移,部分体现了人们开始从把权利视为防御政府的工具到把权利视为改变社会关系的一个途径。从此以后,人们开始注重强调更大的平等——"结果上的平等",而不仅是强调"法律上的平等"或"机会平等"。

民权意识的觉醒从美国黑人扩展到其他团体——妇女、在美国的拉丁人、残疾人、男同性恋和女同性恋——同时也增加了所涉及的团体本身的权利。随着人们认识到种族主义和性别主义的制度性的因素存在,即种族歧视不仅是针对个人的公然的歧视性的行为而且还包括某些看似"中性"的对某些类人起着歧视性作用的制度,人们更加关注团体权利。当某一具体种族或性别团体的人意识到他们共同的特征或背景时,如"权利意识的启蒙"团体在妇女运动中所起的作用一样,这时离引起这个团体内(例如,其他妇女)或团体之外的人的觉醒就只有一小步了。同样,如果社会福利领取者把他们的经济状况视为由他们共同所处的社会结构状况引起的话,他们就更有可能意识到他们的权利并主张这些权利(像福利权利保障组织所做的一样),而不是把他们的贫穷归咎于个人的失败。

联邦最高法院使这种对团体的关注难以维持。特别是在最近几年,法院通过采用"犯罪者视角"加强了对个人主义的强调。这种观点认为在认定某人对侵犯某项个人权利负责之前,该人(或组织)必须被认定为蓄意采取这样一个侵犯行为。这样的例子能够在就业歧视案(*employment discrimination)["华盛顿诉戴维斯案"(*Washington v. Davis)(1976)]和投票权案["莫比尔诉博尔登案"(*Mobil v. Bolden)(1980)]中找到。鉴于那些被歧视团体中的人所面临的制度性的或文化上的种种不利条件,在种族歧视案件中采用"受害者视角"不仅有利于更及时地对种族歧视或性别歧视进行补偿,而且有利于加强团体权利意识。

追求权利 权利意识觉醒经常表现为追求那些应该存在的权利的行动。尽管最近几年人们不时地通过呼吁改变立法和采取其他类型的政治激进主义来追求权利,但诉讼是人们更为经常采用的谋求宣示权利和有效保障权利的手段。联邦最高法院对权利的支持性判决为诉讼手段的有效性提供了佐证,这些判决在促进权利意识的同时,也增强了诉讼意识。

为争取联邦最高法院更多地注意权利应该得到保障这一主张,这些团体长期以诉讼的形式把他们的权利提上法院的审判日程,他们这些努力时常获得有利的结果。美国公民自由联盟(ACLU)经常提起有关表达自由和宗教与政府之间关系的案件以及刑事诉讼程序问题。全国有色人种协进会(NAACP)、法律辩护基金会(LDF)和其他基于法律辩护基金会而组成的团体,例如,在美墨西哥人法律辩护基金会,对法院施压要求废除种族隔离制以及在住房(*house)、教育(*education)、工作(*jobs)和投票权(*voting)方面的歧视。法律辩护基金会领导了在死刑问题上与法院的斗争(参见 Captial Punishment)。妇女运动中的类似组织则集中在堕胎权和生育权问题的斗争上。保守主义者也组织了类似的诉讼组织来宣扬他们的权利观。诉讼量的增加和人们更加注重通过诉讼来追求某些权利,提高了联邦最高法院在权利保护问题上的领导能力。因为论述充分的扩张现行权利原则界限的法律辩论已呈现在法官面前。有了这一武器,再加上他们判决的自由裁量权,大法官们巧妙地作出了支持权利所必需的司法判决。

联邦最高法院的作用 1953 年,厄尔·沃伦(Earl *Warren)成为首席大法官。很难判断他上任以后联邦最高法院作出的保护权利的判决是增长的权利意识引起的,还是先就存在暗含的社会权利意识推动的结果。一般认为厄尔·沃伦法院引导了大众的权利意识,并推动了权利意识超越其原来的范围。说法院创造了权利意识暗含着采取了上述观点。但不可忽视的是:沃伦法院也必须对那些已经关注权利的人对法院提出的请求作出回应。

人们肯定能够找到事例来证明是法院引导了权利发展的方向,而不是单纯的跟随它。在 1954 年"布朗诉教育理事会案"(*Brown v. Board of Education)之前的研究生教育案——例如"斯韦特诉佩因特案"(*Sweatt v. Painter)(1950)中,联邦最高法院就给全国有色人种协进会发出信号:对隔离但公平(*separate and equal)的公然挑战是正当的。布朗案的诉讼一定是对那个信号作出的回应。沃伦法院的刑事程序案也提供了法院的步伐比诉讼参与人所追求的更大的例子——事实上,这些案件绝大多数不是由团体提起以追求更多的权利,而是由只想推翻那些刑事判决的被告的辩护律师提起的。"马普诉俄亥俄州案"(*Mapp v. Ohio)(1961),证据排除规则案(*exclusionary-rule case)被作为淫秽案件(*obscenity case)诉诸法院,但是法院却把它转变成为对州适用排除规则的一个途径。

当法院的裁决确认先前已经承认的权利或承认新的权利,尤其是那些代表名额不足的少数人的权利时,法院可以说是实现了它在美国民主中的一个作用——通过维护少数人的权利反对多数主义者的暴政。然而,对权利问题法院还起到了其他的作用,尽管在某种程度上来说是受到了更多限制的作用。其中一个作用就是确认合法性的作用。如法院在《1964 年民权法》(*Civil Rights Act of 1964)["亚特兰大中心旅馆诉合众国案"(*Heart of Atlanta Motel v. United States)(1964)]中以及《1965 年投票权法》(*Voting Rights Act)["南卡罗来纳州诉卡曾巴赫案"(*South Carolina v. Katzenbach(1966)]中所做的。在这些案件中,法院维护了国会的行为,并且大致阐明了法院对国会在公民权利方面领导权的维护。

后来法院也确认了为谋取和保护权利的其他努力的合法性。例如,在"布朗诉教育理事会案"后,它废除了南方想通过州要求全国有色人种协进会透露其成员名单的方式["全国有色人种协进会诉亚拉巴马州案"(*NAACP v. Alabama)(1956)]和通过对该组织资助诉讼进行控告等方式,来控制该组织。因为全国有色人种协进会建议人们追求宪法所赋予的平等对待的权利["全国有色人种协进会诉巴顿案"(*NAACP v. Button)(1963)]。法院对民权重建(Reconstruction)时代法的重新启用[例如,像在"合众国诉格斯特案"(United States v. *Guest)(1966)、"合众国诉普赖斯案"(United States v. *Price)(1966)和"琼斯诉艾尔弗雷德·H. 迈耶尔公司案"(Jones v. Alfred H. Mayer Co)(1968)中一样],也为公民对剥夺其权利的行为进行起诉创造了有利条件。

人们很容易找到案例佐证法官对权利诉讼的处理实际上反映了社会所关注的重大问题。如托克维尔(Alexis de Tocqueville)所评论的一样,鉴于美国人有倾向把绝大多数社会问题、经济问题乃至政治问题都转化为法律问题,法院关注的焦点当然会反映社会所关注的内容。从19世纪后期开始,经济增长的要求催生了"合同自由"原则,那就是经济不受政府干预的自由,包括与雇员的关系不受政府干预的自由。这确立了整个20世纪30年代中期法院工作的重心(参见 Coniract, Freedon of)。

第二次世界大战(*World War Ⅱ)以后,一群新的精英主张,政府应具有促进经济和增进福利的功能,并且为了在与"共产主义"(*communism)的较量中显示"民主"的优点,把权利问题的关注转化为诸如言论自由等问题。尽管在社会精英所关注的这一问题上,联邦最高法院所能容许的言论自由远远不是不受限制的。如"布朗诉教育理事会案",虽然被描绘为激进时期法院引导公共舆论的一个例子,但是它只是法官赋予先前存在的社会运动以权威并回应政治精英关注的另外一个例子而已。比普通的人民大众更富有自由精神的社会精英,意识到在第二次世界大战与纳粹意识形态的斗争之后,仍然采取种族隔离教育是不合时宜的,而且使美国在战后与苏联的竞争中"看起来很坏"。因此布朗案不仅是法院解决美国黑人学生的困境和提高全国人民反种族歧视的意识的努力,而且也是一个"冷战的命令"。

沃伦法院,在把其注意力转向权利保护的过程中,对自由权利给予了更多的保护。其中包括言论自由、出版自由、政教分离、少数民族的平等权利、刑事被告的权利,最近又采纳了性别平等权(*gender equality)。然而,在巴里·戈德华特(Barry Goldwater),乔治·华莱士和理查德·尼克松(Richard *Nixon)在他们的"法律与秩序"的总统竞选中攻击沃伦法院的刑事诉讼程序的判决之后,自由权利的审判日程被一个更为保守的审判日程所代替。这个保守的审判日程包括以下几部分:反对继续给予学校废除种族歧视的救济(*desegregation remedies),比如巴士运送、反对堕胎、支持"白人的权利"和反对"积极行动"(*affirmative action)、重新确认财产权(*rights of property)、非经公平补偿(*just compensation)不得剥夺、更多地关注有宗教信仰的人的权利,以及在刑事案件中,更加注重法律实施的影响和刑事受害人的利益,并且赞成死刑。伯格法院关于这个审判日程的判决既反映了新任命的公共舆论的法官的观点,也反映了法官对公共舆论的回应可能会使法院远离自由主义者所倡导的对权利的保护,而只是对多数人的立法表示遵从。我们可以从一些判决中看出这一点。比如法院20世纪70年代早期限制刑事被告的权利的判决和在20世纪80年代晚期针对不满的白人男性或女性申诉积极行动计划造成"逆向歧视",甚至白人被解雇的结果而作出的判决[参见"威甘特诉教育理事会案"(Wygant v. Board of Education)(1986)]。

法院对权利的关注 现代的权利意识可以直接追溯到第二次世界大战后期,但是事实上它有着更悠久的历史。它更早的历史植根于19世纪晚期商业利益团体追求不受政府管制的一系列权利的运动之中。战后权利意识觉醒的序曲是在第二次世界大战期间,法院与耶和华见证人主张传播他们的宗教文化和拒绝行膜礼的权利之战,以及对法院支持在美日本人重新安置的判决的消极对抗["科里马修诉合众国案"(*Korematus v. United States)(1944)]。法院近年来对权利给予关注的起源体现在1938年卡洛伦案中大法官的哈伦·斯通(Harlan *Stone)的卡洛伦案第四评注(*Footnote Four of Carolene Product),表明法院将会对影响到人们政治权利和孤立的少数人的权利的法规进行更严格的审查(*strict scrutiny)。

冷战开始之后,沃伦法院不仅对权利主张给予了更大的关注,而且最终使得在更广的范围内具有更高比例的人可以行使这些权利。20世纪60年代早期,随着"学校祈祷案"(*school-prayer cases)和一人一票(*one person, one vote)议席重新分配系列案(*reapportionment cases)的判决的出现,导致刑事程序全国化的法院"革命"到来了。在这次革命中,联邦宪法的第四、五、六和第八修正案(the *Fourth、*Fifth、*Sixth and *Eighth Amendment)的特殊保护被扩展适用于州的刑事被告,并且增加了保护刑事被告的正当程序。这一革命,以取缔州法院在审判刑事案件时采纳非正当途径获取的证据为开端["马普诉俄亥俄州案"(*Mapp v. Ohio)(1961)],并在"吉迪恩诉温赖特案"(*Giden v. Wainwright)(1963),"埃斯可贝多诉伊利诺伊州案"(*Escobedo v. Illinois)(1964)和"米兰达诉亚利桑那州案"(*Miranda v. Arizona)(1966)以及"邓肯诉路易斯安那州案"(*Duncan v. Louisiana)(1968)中得到发展。在1963年"吉迪恩诉温赖特案"中,法院要求在重罪审判中为穷人指派辩护律师,在1964年和1966年的上述两案中,法院保护被告在审判中免受不正当的干预而被迫自认其罪。在1968年"邓肯诉路易斯安那州案"中,把由陪审团进行审判的权利扩展适用于州。这一系列判决的影响是特别明显的:不管单独哪一个判决有什么样的影响,它们累积的影响加强了人们权利意识。可以肯定的说,马普案本身影响了人们的权利意识,但是法院几年中作出的一系列判决对于权利意识的增强则产生了更为巨大的影响。

伯格法院继续把其审判日程的很大一部分用于权利案件,并开始支持一些新的权利主张,包括妇女权利(含堕胎权),因为违反纪律受到惩戒的犯人的权利,精神病人因为无意识的行为而不应承担民事责任的权利。与人们期待的相反,伯格法院没有直接地推翻哪怕受到最多批评的沃伦法院的刑事诉讼程序案——米兰达案和马普案的判决。但是,大多数法官却拒绝适用那些判决,并拒绝在其他领域扩展这些判决,比如说在涉及社会福利受益人问题时。

伯格法院对权利的保护力度一点也不大于沃伦法院之前的法院。只要人们承认,向伯格法院提出权利请求比向那些在其之前的法院提出更困难时,这一点就显得特别明显。一般的诉讼请求,比如《权利法案》中规定的刑事程序是否应该适用于州法院,都已得到了沃伦法院的回答。继续的权利主张,若远远超出了沃伦法院判决的主张,则不太可能得到支持。然而,由于伯格法院是在沃伦法院的先例的基础内行事,因此伯格法院对权利的保护要比沃伦法院之前的法院显得慷慨。

现代联邦最高法院对权利的持续关注,很容易使得人们认为法院总是对权利问题给予相当的重视。然而,从历史上和新的保守的大多数目前的动向来看,很明显,只有在这个世纪中,联邦最高法院才把注意力投向了公民自由和公民权利。

法院会发出需要对权利给予更多关注的信号,也可能会传达一个相反的信息,因此法院明显地忽视对权利进行保护的情况也应该引起我们的注意。在第二次世界大战早期,爱国主义使法院最初支持将学童行旗礼的义务凌驾于少数人宗教信仰自由的权利之上["迈纳斯维尔校区诉哥伦比提斯案"(*Minersville School District v. Gobitis)(1940)],虽然后来联邦最高法院很快改变了这一观点["西弗吉尼亚州教育理事会诉巴尼特案"(*West Virgin-

ia Board of Education v. Barnette)(1943)]。对战争成败的顾虑,使法院在审理1943年"海拉巴亚斯诉合众国案"(*Hirabayashi v. U. S.)(戒严期)和1944年科里马修案(重新安置)中维护政府行为时,忽视了对西海岸在美日本人的自由进行限制的背后所隐含的种族主义动机。20世纪40年代和50年代对政府中存在共产主义者的担心,致使法院在对政府职员的忠诚受到质疑或被认为有安全隐患时忽视了对其正当程序权的保护,并且对共产主义者的言论自由权的保护也采取了日益冷漠的态度。法院最初在极大程度上维持了忠诚安全计划,并支持了对阴谋教唆推翻政府的判决["丹尼斯诉合众国案"(*Dennis v. United States)(1951)]。尽管50年代中期,法院开始批评反共的某些做法,实质在于国会对法院的攻击使得法院对这个问题有所改变。然而很多这样的判决最终还是得到了修改或被推翻。在80年代晚期,出于对毒品及类似东西的顾虑使法院减少了在刑事案件中进行搜查或逮捕时对权利进行保护以及在雇佣情况下对隐私权的关注。

法院对权利意识的影响 19世纪50年代和60年代早期,法院是公民获取公民权利的唯一途径。沃伦法院的行为,在布朗案中以废除公共教育中的种族隔离制度为开始,把权利摆上了国家法律和政治的日程,并且从此以后权利问题一直占据国家法律和政治的日程。然而,布朗本身是不足以形成广泛的权利意识的。沃伦法院在很多领域的案件中不同一般地高度支持对权利的主张才使当代权利意识具体化。然而即使沃伦法院没有作出很多涉及种族关系(*race relations)的判决,布朗案也会对少数种族的权利意识的觉醒产生很大的作用。这是因为布朗案放弃了在"普勒西诉弗格森"(*Plessy v. Ferguson)(1986)中创制的种族隔离合法的准则——"隔离但公平"原则,让人们要求法律赋予他们的平等机会并主张废除教育中的种族隔离。尽管法院在开始时要求废除种族隔离要"以十分审慎的速度"进行,人们要求废除教育中的种族隔离权利还是发生了["布朗诉教育理事会案Ⅱ"(*Brown v. Board of Education Ⅱ)(1955)]。直到1968年,法院才从强制执行废除学校种族隔离案中脱身。此时法院只受理极少的受到极度抵抗的学校种族隔离案件。

尽管法院的确通过受理很多案件和驳回很多指控,为饭店和图书馆内静坐示威提供了支持(参见Sit-in Demonstrations)。但由于法院回避宣布新的重大原则,因此法院在公共设施方面没有起到多少领导作用。相反,国会对静坐示威的回应是在《1964年民权法》中通过了公共设施条款(第二编)——法院随之在亚特兰大中心汽车旅馆案中维护了该条款。同样地,在"史密斯诉奥尔赖特案"(*Smith v. Allwright)(1944)中取消白人预选(*white primary)

之后,法院没有直接促进反对种族歧视的选举权主张。还是国会通过了新的重要的立法,这是对1965年发生的从塞尔玛到蒙哥马利的亚拉巴马的公民权利游行这一重大事件作出的回应。再次,法院又充当了确认合法地位的角色。它在1966年"南卡罗来纳州诉卡曾巴赫案"中确认国会制定这类立法的权利。在国会通过了《1964年民权法》和《1965年投票权法》之后,法院又参与了这一争论——但不是作为领衔主演,尽管它也很重要,如在"琼斯诉迈耶尔案"中恢复了重建时代的《民权法》(*Reconstruction-era civil rights laws),使之作为公民个人反对住房歧视的有力武器。

在布朗案的影响下,南方腹地发生了小范围的直接的废除种族隔离活动,而且它是直到其他部门行动起来之后才采取的行动,反映了人们所经常注意到的"发生作用的法律"与"书面的法律"的差异。虽然大部分是法院促进了采取更直接的公民权利行动派权利意识的觉醒,但他们也走上街头示威,因为他们很多人意识到,通过诉讼获取权利需要太长的时间。而种族歧视不公正的观念为人们普遍接受比法院的一个具体的判决对于反对种族歧视更有效。由于一个较保守的法院最近的退缩导致一些人得出一种不同的解释——法院仍然在与奴隶制的遗毒作斗争,而且正在使我们的状况倒退到布朗案发生之前的状况,并且少数种族经济状况也变得更糟,而不是更好。

受到反作用的权利 有时,由法院的判决赋予权利的受益人的权利意识,来自于他人对这些判决的反对之消极的反作用。如果法院的一项支持权利请求的判决被那些早先侵犯这些权利的人欣然遵守,得到这项权利的人的权利意识可能就不如那些损害他的权利的阻碍继续存在的人的权利意识强烈。冲突是变化的动力。源于布朗案的权利意识可能部分地是由于南方对废除学校种族隔离的大规模的抵制的结果。同样,共同努力争取法院作出多个判决,推翻学校祈祷令比起如果学校官员立即制止在上课时背祈祷词来所产生的权利意识更强。法律执行机构对马普案和米兰达案的判决是激烈的,甚至近乎于有疯狂的反应——如在电影和媒体中所反映的一样——比只有一个缓和的甚至有点不满的反应,更能够让该机构内外的人们清楚地知道该判决的存在。

对被称为"相冲突的权利"的权利意识也可能是由于法院的行为引起的。法院对种族关系案和堕胎案的处理提供了这方面的例子。积极行动计划和对种族歧视进行补偿的司法强制意见被认定为违反了《1964年民权法》第六编和第七编的规定,导致了白人男性的不满,因为他们认为本应属于他们的职位或升迁的机会却被少数民族的人或妇女占取了。这种不满再加上对限额的一个更普遍的恐慌,反过来导致了白人要求在工作中平等对待的"权利"的意识的增加和反对"逆向歧视"的诉讼案件的增加,例如,"加州大学校务委员诉巴基案"(*Regents of University of California v. Bakke)(1978)以及反对积极行动的案件["格鲁特诉博林杰案"(Grutter v. Bollinger)]。因此,当法院在1989年作出判决对其自身以前作出的对工作歧视的判决进行限制时[例如,"瓦德谷包装公司诉安东尼奥案"(*Wards Cove Packing Co. v. Atonio)(1989)],重新兴起的少数种族团体的"权利意识",使得另外的民权法规得以通过,并推翻了那些判决(参见 Civil Righs Act of 1991)。

在罗诉韦德案之前,由于限制性法规中已明确规定反对堕胎,因此那些反对堕胎的人不需要很激进。当罗案的判决废除了这些法律时,这就永远地改变了权利的分配情况,就像布朗案对种族平等的影响一样。罗案导致那些反对堕胎的人开展了"生命权"运动并使那些反对平等权利修正案的人震惊。远在"赞成堕胎"因素有效地组织起来之前,罗案之后的每个取消限制堕胎的判决都进一步地激起了反堕胎行为。当"韦伯斯特诉生殖健康服务部案"(*Webster v. Reproductive Health Services)(1989)和"霍奇森诉明尼苏达州案"(*Hodgson v. Minnesota)(1990)看起来要支持各州对堕胎权采取更多的限制时,它激起了支持妇女堕胎的力量去引导政治行为来避免这种限制。这表明不仅保护权利的裁定可以促进权利意识,看起来似乎要撤销这些权利的裁定也会促进权利意识。同样地,在"高夫城市学院诉贝尔案"(*Grove City College v. Bell)(1984)中,法院禁止了把联邦法院反种族歧视的裁定适用于领取联邦救济金的人,引起了对必须通过这一机制实施权利的重新考虑,最终导致了国会颁布公民权利复兴法。公众对于取消现存权利的威胁,比对拒绝承认新权利的反应可能更为消极(参见 Reversal of Court Decisions by Congress)。

权利意识、行为和结果 权利意识可能会导致以诉讼或立法方式主张权利,但它不一定会引起直接的行动,可能是因为没有实施这些权利的明显的需要。那些清楚地意识到学校中的种族隔离因而也清楚地意识到平等的受教育权问题的人,经常把学校种族隔离视为一个不需要在北方实行的南方问题。因此,人们很少把注意力放在由于规则或习惯所产生的事实上的种族隔离上,包括由此引起的教育的不平等和根据学校的种族构成给予不平等的拨款。当运用布朗案的裁决来反对北方学校中的种族隔离时,对"平等受教育权"的关注被替换为反对比较有效地废除种族隔离或废除种族隔离的措施。如反对巴士运送。甚至许多自由主义的民主党人也是如此。联邦最高法院要求证明种族歧视是基于种族蓄意的歧视,这为那些反对把反种族隔离更深入推进的人提供了必要的("中立")的法律工具(参见 Discriminatory Intent)。

如果正式的支持民权运动只是象征性的,它们带来多少改变呢?立法中规定的权利的存在可能使很多没有受到歧视的人认为种族歧视已经结束。这部分说明了一个普遍的问题,即无论法律是否有意要成为象征性的,最终也只能如此。因为认为法律会被行政机关有效地执行,并且毫无怨言地遵守,只是一个错误的假设。制定法和司法判决只能自己执行的观念,也有利于解释为什么由布朗案引发的权利意识一开始并没有引起少数种族人积极地提起诉讼。全国有色人种协进会不断地在各个行政区提起诉讼属于例外。当人们意识到布朗案的裁决没有被执行,这就成为人们抗议的一个理由,这表明权利意识的产生和源于权利意识的行动之间可能有迟延。如果像布朗案这样里程碑式的裁决成为人们更广泛的权利意识的一部分,人们会努力把它变为现实的可能性就越大。事实上,与其说布朗案对废除学校种族隔离本身具有很大作用,不如说它给了美国黑人更多的动力为权利而战,包括废除学校种族隔离的权利或者其他公民权利。

诉讼与权利 成功的诉讼被广泛地效仿。它经常激励更多的诉讼来扩展这些已经获胜的权利以及确保这些权利的实现。然而,通过联邦最高法院来实现对权利的追求,可能获得的结果是有限的。有的裁决并不是有利于所主张的期待的权利,甚至可能损害那些被认为已经赢得的权利。再者,如果不同团体所追求的权利相互冲突,一个团体的胜利可能就意味着另一个团体的失败。例如,那些寻求对色情文学进行禁止的人认为色情文学危及妇女——一个直接来自妇女权利意识的观点,可能发现他们自己与更传统的强烈反对任何限制表达自由的自由主义者有矛盾。同样有疑问的问题在于,是否只有为世人关注较多的法律上的形式上的权利才可能是决定性的权利。评论家指出,在美国的黑人或拉丁人与白人所享有的同等形式上的平等权,不能为犹太人聚居区和西班牙人聚居区提供平等的教育,甚至可能会分散人们追求有效教育和经济福利的注意力。一种观点认为,形式上的法律权利的取得能够有效地纠正社会的和经济的不平等的观点,可能在实际上会致使接受和默认这些社会的和经济的不平等,甚至缓解实际的社会改革的努力。

认为权利只有通过法院才可以得以实现的观点可能会阻碍获得这些权利的政治动员,这是我们可以称之为"权利迷宫"的一个结果。"权利迷宫"指:既然存在法院宣告的权利,法院就将会宣告权利,这些权利将会比较容易地得到实施。然而这种观念的3个组成部分都是值得怀疑的。那些上街游行的激进主义者就曾对全国有色人种协进会对诉讼的依赖提出这样的批评:过分依赖法院,与随之而来的执行的困难,分散了必要的对政治(选举的或者立法的)战略和行动的注意力。在公民自由和公民权利这个活动圈之外的有些利益集团,已经谨慎地运用立法和诉讼结合起来的方法来实现他们的权利,而不是仅仅或者高度依赖于诉讼。例如,他们用法院的案例引起公众对他们事业的注意并筹集资金,他们通过诉讼获得重要的信息,然后用这些信息去激发立法活动。

导致对诉讼的依赖的另一个重要原因是由于律师的关键作用。当人们意识到诉讼是实现权利的关键手段时,律师——大多是白人和男性——就经常负责进行具体的诉讼活动。他们负责确定问题的性质和确定案件的特别因素。律师在诉讼中的关键作用导致很难提高其他人的权利意识。当人们的权利意识提高了,并诉诸于诉讼来实现其权利时,他们可能会把团体的其他成员或激进主义者摆在一个相对并不重要的位置上。在有的团体内部——比如那些为精神上患有疾病的人追求更多权利的团体——权利意识是一个被用于构建一种团体感的工具,这样就会造成律师与团体成员之间的关系非常紧张。团体成员希望保持对"他们运动"的控制而不让自己——在他们观点看来——变成律师的玩物。并且即使法院不愿提倡团体所追求的权利,该团体内的有效的行动所获得的成就也应比联邦最高法院作出的否定性的全国适用的判例好。因此权利意识就可能从法院转向,特别是从联邦最高法院转向,因为诉讼被认为是一个可能自败的战略。

联邦最高法院,特别是沃伦时期,表明它可以激励起广泛的权利意识。然而联邦最高法院也能够产生限制权利的判例。无论它的方向是什么,法院对权利意识的产生都起着作用。因为确权裁定可能会鼓励对权利的追求,而当否定裁决作出时,对法院裁决的反对可能会促进其他权利的发展。尽管如此,我们一定要注意不能过高估计联邦最高法院对权利意识的作用,一系列的因素限制着这种作用的发挥,其中包括人们对他们处境的判断和他们所认为的法院裁决会被按常例执行的程度。

参考文献 Kristin Burniller, *The Civil Rights Society*: *The social construction of Viction* (1988); Alan David Freeman, "Legitimizing Racial Discrimination Through Antdiscrimination law: A Critical Review f Supreme Court Doctrine," *Minnesota Law Review* 62 (1978): 1049-1119; Michsael W. McCann, *Rights at Work*: *Pay Equity Reform and the Politics of Legal Mobilization* (1994). Stuart A. Scheingold, *The Political of Rights*: *Lawyer, Public Policy, and Political Change* (1974). Stephen L. Wasbly, *Race Relations Litigation in an Age of Complexity* (1995).

[Stephen L. Wasby 撰;熊莉君译;林全玲校]

豪尔,埃比尼泽·罗克伍德[Hoar, Ebenezer Rockwood]①

(1816年2月21日生于马萨诸塞州的康科德;1895年1月31日卒于康科德。法学家,司法部长)国会议员,曾获最高法院大法官提名。他是罗杰·谢尔曼的孙子,豪尔1835年毕业于哈佛大学法学院。在从事法律工作5年之后,他赢得马萨诸塞州参议员的议席。在竞选中,他表达了强烈的反奴隶制的信念。

在1849年他被任命为马萨诸塞州普通法院的法官。在1855年他辞去了该职位又重新开始了他的私人法律工作。1859年,他成为马萨诸塞州最高法院的法官。1869年他离开法院成为尤利西斯·S.格兰特[格兰特,1822—1885,美国第十八任总统(1869—1877),南北战争时期联邦总司令——译者注]政府的司法部长。在国会决定为联邦巡回法院增加9个新的法官名额时,豪尔坚持这些职位应该由诚实而有能力的人担任,这招致了很多国会参议员的憎恨(参见 Judiciary Act of 1869),因为他们认为这些职位为政治避难提供了机会。1869年12月15日,格兰特总统提名豪尔为最高法院法官。确认他的法官资格的激烈斗争轰轰烈烈地持续了整整7周。参议院在1870年2月3日以33比24的表决否定了对他的提名。他高水平的职业水准、拒绝参与政党政治和对文官制度的提倡融入了他对国家、对正义毫不妥协的忠诚的追求之中。

当格兰特认为任命一位来自南方的人来担任司法部长对政治更有利时,豪尔就在格兰特的要求下于1870年辞去了司法部长的职务。他担任了一届国会议员(1873—1875)之后,重新开始他的私人法律工作并从公众生活中退出。豪尔于1895年1月31日逝世。

[Judith K. Schafer 撰;熊莉君译;林全玲校]

霍奇森诉明尼苏达州案[Hodgson v. Minnesota, 110 S. Ct. ,2926(1990)]②

1989年11月29日辩论;1990年6月25日分别以5比4的表决结果对两个问题作出判决,史蒂文斯宣布了法官对第一个问题的判决意见,与史蒂文斯持相同意见的有布伦南、马歇尔、布莱克蒙和奥康纳,持反对意见的有伦奎斯特、怀特、斯卡利亚和肯尼迪。在关于第二个问题的结果上,奥康纳与伦奎斯特、怀特、斯卡利亚、肯尼迪持并存意见。霍奇森案是法院在判决了"韦伯斯特诉生育健康服务部案"(*Webster v. Reproductive Health Services)(1989)之后所面对的第一个与堕胎有关的案件。霍奇森案表明对堕胎权的更多实质性的限制是宪法允许的。霍奇森案涉及一项制定法要求未成年人在堕胎之前通知其双方父母,但是未成年人如果经法院认定其已经成熟或堕胎不通知其父母符合未成年人的最大利益,亦可以不通知其父母。

联邦最高法院的多数意见认定,通知双亲的规定是违宪的,这种观点认为,通知双亲并不是确保父母适当地干涉子女堕胎决定的合理方式。因为在很多家庭中未成年人是不与父母双方同住的,并且通常不同住的一方会对未成年人的身体造成伤害。持反对意见的人认为,立法机构应当能够考虑到大多数家庭的情况而作出恰当的行为。在绝大多数家庭中,通知父母双亲会得到更好的建议。

法院的多数意见还认为,允许未成年人援引司法"捷径"来代替对父母的通知是合宪的,因为这对那些被确认通知父母是不恰当的案件来说是"一个快捷有效的方法"。持反对意见者反对要求未成年人向法官透露隐密的个人资料。并且先例表明(未成年人)要求堕胎的许可几乎从未遭到否定。然而,为获得许可,按部就班的听证会所导致的迟延和在农村地区找到能进行必要调查的法官的困难,都增加了未成年人作出决定的负担。

霍奇森案是大法官桑德拉·D.奥康纳(Sandra Day *O'connor)投票支持对堕胎进行限制违宪的第一个案件。然而,通知双亲的要求是非常异常的,而且霍奇森案本身的法律意义可能也是很有限的。

[Mark. V. Tushnet 撰;熊莉君译;林全玲校]

霍尔登诉哈迪案[Holden v. Hardy, 169 U. S. 366(1898)]③

1897年10月21日辩论;1898年2月28日以6比2的表决结果作出判决,布朗代表法院提出判决意见,布鲁尔和佩卡姆持反对意见,菲尔德退休。阿尔伯特·F.霍尔登为了对他违反一项犹他州法律规定——禁止矿区每天工作超过8小时——的指控提出异议,他申请了人身保护程序(*habeas corpus proceeding)来对抗哈维·哈迪警官。霍尔登主张该法剥夺了他与雇工缔结合同的自由,也违反了联邦宪法第十四修正案特权与豁免(*privileges or immunities)、正当程序、平等保护(*equal protection)三项规定。联邦最高法院驳回了霍尔登的这些诉讼理由,把它们都只视为简单的争议。

大法官亨利·B.布朗(Henry Billings *Brown)承认契约自由的重要性。然而,他强调缔约自由要受到州治安权(*police power)对该州公民的健康、安全和公民道德进行保护的限制。在他看来,宪法第十四修正案并不想严重地限制各州在保护公民权

---

① 另请参见 Nominees, Rejection of。
② 另请参见 Abortion;Privacy。
③ 另请参见 Contract, Freedom of; Due Proces, Substantive; Labor。

利方面的进展,因为法律"在某种程度上来讲是一门进步的科学"(p.385)。被这种意义深远的宣言所掩饰的是布朗作出的重要判决意见。那就是立法机关基于矿业工作危险而形成的判断应当受到尊重。尽管该观点承认州的权利,但这一观点的真正寓意在于表明最高法院有权评判任何管制性法律的合理性(参见 Rule of Reason)。当法院继续在"洛克纳诉纽约州案"(*Lochner v. New York)(1905)中取消了一个规定面包工人的工作时间的法规时,这一点就变得显而易见了。因此,尽管它明显地支持州立法上的尝试,但是霍尔登事实上却预示了一个对经济立法进行有力司法监督时期的到来。

[Walter F. Pratt 撰;熊莉君译;林全玲校]

霍尔德诉霍尔案[Holder v. Hall, 512 U. S. 874 (1994)]

1993年10月4日辩论;1994年6月30日以5比4的表决结果作出判决,肯尼迪起草并宣布法院的判决意见,奥康纳与托马斯持并存意见,布莱克蒙、史蒂文斯、苏特和金斯伯格持异议。佐治亚州布莱克利县的黑人选民向法院提起诉讼,认为该县政府的委员会由一人组成的形式,违反了1965年选举法的第二节,该节禁止所有基于种族因素剥夺选举权的"标准、惯例或程序"。原告们诉称他们的选举权被稀释了,因为如果这个委员会由从独立选区选出的5人组成,则黑人选民肯定可以在某一选区形成多数优势(从而可能选出1个黑人代表进入委员会),而这是佐治亚州的法律所允许的。在当前这种制度下,在整个县选一个代表,则黑人选民支持的人不可能当选。联邦最高法院拒绝了原告的诉讼请求,5人组成的大多数法官对这一判决提出了三种不同的判决理由。

大法官安东尼·肯尼迪(Anthony *Kennedy)与首席大法官威廉·伦奎斯特(William *Rehnquist)以及大法官桑德拉·戴·奥康纳(Sandra Day *O'Connor)认为,根据选举法第二节以投票权稀释为由对委员会的人数提出挑战,是没有说服力的。法院没有"合理的替代性惯例"用来作为标准衡量单数结构的委员会是否合适(p.880)。肯尼迪和伦奎斯特还否认了这样一项规则,即根据选举法第五节规定的变动需要得到联邦事先批准的惯例,必须也要为第二节所规定。大法官奥康纳在并存意见中对此表示反对。她认为选举法第二节与第五节具有相同的适用范围,并因此得出结论,根据第五节的先例,原告的请求涉及第二节所规定的"标准、惯例或程序"。尽管如此,她还是同意判决结果,原因只在于缺乏可以运用的标准。

霍尔德案经常会因大法官克拉伦斯·托马斯(Clarence *Thomas)的意见而被提起。托马斯与安东尼·斯卡利亚(Antonin *Scalia)都对判决结果表示同意,但号召法院在选举权的法律原则方面作出重大调整。托马斯指出,法院在进行司法裁决时对选举法第二节作出上述解释是错误的,这实际上是法院裁决政治理论问题。如果法院支持了这个单数委员会则可能会增强种族的紧张局势。他提出就选举法第二节而言,法院的先例将该节适用于选举权稀释案件是错误的;第二节应当只保护个体的选举者有机会投票,而不涉及少数群体影响选举结果的权利。

持反对意见的大法官对托马斯的并存意见极为不满。大法官亨利·布莱克蒙(Harry *Blackmun)代表四个持不同意见的大法官,主张历史和先例都支持宽泛地理解选举法第二节,以消除选举过程中的种族歧视,实现其救济目的。布莱克蒙还认为,将5人的委员会作为合理的标准来衡量是否存在选举权稀释情况并不存在什么困难。大法官约翰·保罗·史蒂文斯(John Paul *Stevens)在代表这4位大法官作出的单独意见中,认为托马斯对第二节作出的狭义解释是"激进的重新解释",违背了遵循先例原则。

[Laura Krugman Ray 撰;林全玲译;胡海容校]

判决结果[Holding]①

判决结果是判决意见中对法律的阐述,它对就提交到法院的案件中所存在的法律问题作出决定来说是必要的。它与"判决附言"(obiter dictum)相对,"判决附言"是对判决中不特别重要观点的阐述,对得出案件的结果也不是必需的。

[William M. Wiecek 撰;熊莉君译;林全玲校]

霍姆斯,奥利弗·温德尔[Holmes, Oliver Wendell]

(1841年3月8日生于马萨诸塞州的波士顿;1935年3月6日卒于华盛顿哥伦比亚特区;葬于弗吉尼亚州阿林顿的阿林顿国家公墓)1902—1932年任大法官。霍姆斯出生于波士顿一个中产阶级家庭。霍姆斯是以他父亲的名字命名的。他的父亲是一位内科医生兼文人,以在哈佛大学医学院举办关于解剖学的讲座和给大众讲文学方面的讲座的收入来补充他在波士顿一个小诊所中行医所得的微薄收入。老霍姆斯是一个天生的健谈者和一个有激情的诗人。在1856年,就是他的儿子刚进入大学的那一年,霍姆斯医生为《大西洋月刊》(the Atlantic Monthly)写了一系列的小品文和诗词,并结集为:《早餐桌上的霸主》(The Autocrat of the Breakfast Table)。他

---

① 参见 Obiter Dictum。

霍姆斯,奥利弗·温德尔[Holmes, Oliver Wendell]

的作品在英国和美国非常流行。像他的父亲一样,小霍姆斯也很健谈,有一点好斗,掌握了诗的韵律的窍门,富有想象力。

Oliver Wendell Holmes

老霍姆斯夫人,婚前名为艾米莉娅·李·杰克逊(Amelia Lee Jackson),她是波士顿一个显赫的律师兼法官——查尔斯·杰克逊的女儿。她结婚很晚并在婚后把全身心都放在了她的丈夫和3个孩子身上,对于她来说,这位未来的联邦最高法院的大法官才是第一位的。霍姆斯——瘦高个子,瘦削下巴更像他的母亲,而不像他那矮个儿、圆脸的父亲,并且他深受母亲的影响。他是母亲最宠爱的人,这使霍姆斯获得了坚强的自信。他也从母亲那里学到了一种强烈的责任感,并继承了母亲的那种与别人建立起坚固的、温暖的充满感情的友谊的天赋。与责任感相伴的是对存在事实的完全认同,他坚持敏锐地对除了那些显而易见的不证自明的事物之外的一切事物的怀疑态度,但对生活中存在的一切毫无异议地接受,这一点让人难以明白。

教育影响　霍姆斯曾接受过私立学校的教育,也曾就读于哈佛大学,但是影响他的精神发展的因素主要发生在课堂之外。他早年就通过对在达尔文进化论之前的托马斯·马尔萨斯[Thomas Malthus,(1766—1834),英国经济学家、牧师和教授,因1798年发表《人口论》而著名——译者注]的理论和德国的浪漫主义的信仰形成了自己的信仰。在后来的生活中,霍姆斯说他年轻时心目中的伟大人物是约翰·拉斯金[John Ruskin(1819—1900),英国作家、评论家和社会改革家——译者注]、托马斯·卡莱尔[Thomas Carlyle(1795—1881),英国作家,生于苏格兰——译者注]、拉尔夫·沃尔多·埃默森[Ralph Waldo Emerson(1803—1882),英国伟大的散文作家,哲学家和诗人。——译者注],而不是他的父亲。霍姆斯从爱默生与其他经常造访他父亲的一些人的谈话中吸取的知识可能与他从阅读中吸取的知识一样多。并且爱默生把他哲学上探究的"激动"传给了霍姆斯,这部分是通过鼓励他进行独立的挑战性的思考的方式实现的。

在他的本科论文中,霍姆斯宣布对于责任需要一种"理性"的解释,需要用科学的东西来代替宗教,以一种进化的眼光来看待宗教。他追求对历史和哲学进行"科学的"解释。

霍姆斯年轻时代所受到的另一大影响是横扫了整个美国和英国的复苏的武士精神,它部分地是来自艾尔弗雷德(Alfred)、洛德·坦尼森(Lord Tennyson)和塞尔·沃尔特·斯科特(Sir Walter Scott)等人的诗歌和小说。这使他和同时代的许多人一样,得到了为之贡献一生的高贵的理想和行为方式。武士精神是他所追求的责任准则——并且最后他认为已经找到科学的正当理由。

早期的职业生涯　霍姆斯1861年6月参军加入联邦军队,之后不久,美国国内战争爆发了。他被任命为中尉并在马萨诸塞州第二十团志愿军步兵部队服役2年,参加了鲍尔半岛(Ball's Bluff)战斗和安提塔姆之战。在这两年中,他3次受伤,有两次几乎是致命伤,并患过痢疾,他心力憔悴、极不情愿地承认他没有多少指挥才能。在1863年到1864年的那个冬天,霍姆斯接受了第六团的霍雷肖·赖特(Horatio Wright)将军的副官的职位,后来给约翰·塞奇威克(John Sedgwick)当副官。在那个相对轻闲的冬天,他开始在后来毁掉的笔记本上进行哲学写作。在写作中,他把他的战斗经历写成了沉浸在相互敌对的国家、种族的冲突之中的和受武士精神所支配的、唯物主义的进化的哲学。

在威尔德内斯(Wilderness)战斗和围攻维克斯堡(Vicksburg)战斗期间,他还在部队服役。但是后来,他精疲力尽地告诉自己,他的责任在于追求他的哲学,因此他在战争结束之前回到了在波士顿的家。

霍姆斯上过哈佛大学法学院,在1866年夏天,为了完成学业,他来到英国和欧洲大陆。他在伦敦上流社会暂露头角,被邀请到很多人家中做客,并且建立了很多持久的友谊。其中最重要的友谊之一就是与莱斯利·斯蒂芬[Leslie Stephen(1832—1904),英国评论家、哲学家——译者注]的友谊。斯蒂芬极大地增强了霍姆斯对理性主义的哲学、进化论和绅士风度的兴趣。在他整个一生中,霍姆斯只要可能,都会在夏季社交季节回到英国去,并且在他回到英国期间,都与英国朋友保持充满活力的广泛的联系。

霍姆斯一回到波士顿,就成了一名律师事务所的学徒,并在1867年当上了律师。在很短时期后,他放弃了律师生涯,并尝试一个独立学者的生涯:编辑詹姆斯肯特的第二十版《美国法律评述》(Commentaries on American Law)(1873年出版),为新成立的《美国法律评论》写摘要和评论,偶尔也写写诗。他后来思想的素材就是在这几年中形成的,但是他没有把这些素材整理成系统的形式。

在1872年,他与儿时的一个朋友——范妮·迪克斯威尔结婚,并进入一个法律事务所工作。在律师事务所中沙特克(Shattuck)、霍姆斯以及芒罗(Munroe)几个人在商事和海事方面有很多的业务。由于范妮·霍姆斯在婚后不久患上了严重的风湿热,因此霍姆斯在这之后的几年中全身心地照顾他的妻子并开展他的法律工作。他们没有孩子。

学术生涯 在他的空余时间里,霍姆斯逐渐地转向了学术工作,并从1876年的《现代法的原始观念》(Primitive Notions in Modern Law)开始,写了一系列的论文,这些论文对普通法(*common law)进行了系统的分析。他有些仓促地写出这一系列的文章,并把这些论文于1880年11月和12月在波士顿举行洛厄尔(Lowell)讲座。这些论文后来结集为《普通法》(common law),在1881年霍姆斯40岁生日前几天出版。

《普通法》经常被认为是美国法律学术界最伟大的著作,成为社会学法学(*sociological jurisprudence)和现实主义法学的基本文献。而且该书对美国和英国的侵权法和合同法都有很大的影响。它标志着对法官行为,以实际经验为根据的研究的开始,并为霍姆斯后来在联邦最高法院的工作奠定了基础。

通过12年的法律工作,霍姆斯得出:法官是先判决案件再寻找判决理由。法官判决所依据的基础,部分是他"感觉到的他们时代的必要性",部分是遵循先例或根据纯粹的逻辑推理,两者的分量基本是相同的。不管有意还是无意,法官们总会表达出他们所属的阶级的愿望。因此,法律既是工具也是自然选择的结果。如果法律仅仅是一个实现某些实质性目的的工具,似乎要遵循法律只关注其外界行为的准则。但是霍姆斯认为,他能够察觉到在普通法的发展过程中,有一个倾向于完全依赖行为的"外部标准",而不是主观的心理状态或个人的应受谴责之处。

霍姆斯曾像前人一样,辛勤地试图去弄清纠缠不清的行为规则的含义。然而,在1880年他似乎已经发现了一个新的组织原则。霍姆斯意识到每一个案件中的问题,主要是判断是否应让诉讼当事人承担责任。模糊的组织原则这时变得清晰:当违反合同规则并产生了一个一般人都能够预见的损害,就应该让违反合同规则的人承担赔偿责任。是损害,而不是违反合同本身是法律规制的主要着眼点。法律正是建立在避免不公正的伤害的原则之上的(就是这种洞察力使后来对法律的经济分析成为可能)。

在《普通法》中,霍姆斯认为,法律应从更久远的起源向着从某种意义上仍无意识的"外部标准"演进,而且法律还会继续向着作为实现某一个社会目的的有意识的工具演进。霍姆斯的书本身,可推测地是其向着自知的进化过程迈出的重要一步。

在马萨诸塞州法院的法官生涯 在《普通法》问世之后,霍姆斯在哈佛法学院执教一学期后接受了作为马萨诸塞最高上诉法院法官的任命,在这个法院他任职20年,在1899年成了首席大法官。

霍姆斯在马萨诸塞最高法院写了一千多份判决意见,大多数判决意见决定普通法的问题或者参照普通法解释成文法法规,这也使他对《普通法》的论题进行了深入的研究。霍姆斯一般避免写关于宪法性案件的判决意见,但是当迫不得已要他表明自己的观点时,他几乎毫无例外地表达遵从立法机构的观点。他那个时期的观点和书信都阐明了他把这种遵从建立在英国宪法原则——立法机构有无限权力的基础上的。在美国这一原则受到了限制,但仅限于成文宪法对立法机构权力的明确限制。这是托马斯·麦金尔太·库利(Thomas M. *Cooley)著名的论文《论宪法限制》(Constitutional Limitations)的推理。霍姆斯经常阅读该文,并将其用于教学,根据霍姆斯的法学理论,必然会推论出该论文的观点。

在19世纪90年代,霍姆斯对他的理论体系进行了最后一个重要的增补。在1894年出版的《特权、恶意和蓄意》(Privilege, Malice, and Intent)一书中,霍姆斯讨论了诋毁和诽谤案中责任的确定,他指出,该类案件责任的确定,至少部分地是以被告的心理状态——实际恶意(*actual malice)为基础,而不是以可预见的伤害这一外部标准为基础的。在这类案件中,霍姆斯认为,普通法对可能造成侵害的言论授予特权,就像赋予符合事实的言论以特权一样,是以倾向于保护言论自由这一社会政策为基础的。但是如果恶意地利用这种特权,这种特权就会被取消。霍姆斯坚持认为,避免不合理的伤害这一总的政策是特权的基础,也是对实际恶意的防御。这种观点是与《普通法》相应的宗旨相一致的。他后来把这种理论融入了对联邦宪法第一修正案(*the First Amendment)的评论之中。在1896年,他运用该理论作出了一个反对意见。在这个意见中,他认为特权应当扩展到工会和平地进行组织活动和纠察活动中,只要这些活动不是恶意地进行的。

霍姆斯强烈地暗示,在英国和美国的案件中,工会举行罢工和进行联合抵制的权利已经被否认,法官典型地被阶级的偏见所左右了。他有力地论证了法官的责任是公正地判案,哪怕判决结果看起来对他那个阶级的利益有威胁的。

这一论证似乎与他持有的"法官只是社会中占

主导地位的力量的工具"这一理论相一致,但是他从未充分解释这与他所坚持的达尔文主义的观点之间似乎存在的矛盾。

在联邦最高法院的任职 1902年8月11日,西奥多·罗斯福总统提名霍姆斯到美国联邦最高法院任职。他于1902年12月8日就职,并似乎因此进入了他的全盛时期。在经过了35年,从最为贫乏的材料、不重要的争论和卑鄙险恶的犯罪中提炼哲学原则的努力后,他第一次对国家生活和国家政策等问题表明自己的观点。以新的自信,他对自己的观点的表述成了一种带有明显的个人标志的艺术品,虽然他的观点往往难于理解以及经常由于过短和模糊而受到批评,但是,这些观点却经常赢得一种独特的美感和力量。

霍姆斯在联邦最高法院任职30年,历经4位首席大法官。由于他的长寿和处理委派给他的案件的才能,他代表法院作出了873个法院判决意见书,这比其他任何法官作的法院判决意见书都多。

按照比例来说,他的不同意(*dissents)意见比许多法官都少,但是由于这些不同意意见论证特别强有力也写得很好,因此这些观点最为著名。他的一些不同意意见,特别是关于实质性正当程序案(*due process, substantive)和自由言论案(*speech cases)的不同意意见,现在已被确立为先例。

在那些年,法院认为自己有权依据普通法的一般原则判案。尽管霍姆斯在阐释这种一般原则方面作出的努力比其他任何人都多,但是他怀疑是否存在一个"天空中隐隐约约的无所不在的东西",并且坚持法院必须依据规定实际司法权限的法律判案。他的观点为他死后审理的"伊利铁路诉汤普金案"(*Erie Railroad v. Tompkins)(1938)奠定了基础,该案认定不应适用一般的联邦普通法。

在涉及成文法的解释时,法院还不能参照"立法的历史",因此霍姆斯对成文法的解释就谨慎地限制在成文法本身的范围内。在法律术语词意不清时,他就参照普通法,根据该词在普通法中约定俗成的意思来解释该词的意思,而且认为国会也是在这层意思上使用该词的。

反托拉斯案 因此,在一系列著名的不同意见中,霍姆斯坚持认为《谢尔曼反托拉斯法》(*Sherman Antitrust Act),通过其清楚的语言表明,并不阻止以前的竞争者合并。因为根据普通法,这种合并并不是"为限制商业进行的合并"。基于类似的理由他认为,谢尔曼法不禁止维持零售价格协议或禁止组建商业联合会,在该联合会中,可以交流价格和生产信息。在这些观点中,霍姆斯坚持认为,大多数(法官)凭推断把自己未表达出来的经济观点加入了对成文法的理解之中。霍姆斯费尽苦心地揭示这些"只可意会不可言传的上述各点",并且在此过程中他以简练的形式表达了他的经济学观点。

霍姆斯认为,《谢尔曼反托拉斯法》是一部"极愚蠢的制定法",他在一封信中说道:"该法意图使每个人都进行斗争而且禁止任何人成功。"霍姆斯不同意法院认为维持零售价格协议违反了谢尔曼法的观点,他说法院多数意见所采取的明显的政策出发点是错误的:一个产业中部分的内部竞争对价格的影响是微乎其微的,相应的对他们适用谢尔曼法的出发点都是错误的。类似的,在支持工会开展组织活动和举行罢工的权利时,他坚持认为,工会只能以牺牲其他工人为代价才能获得更高的工资(另请参见 Antitrust))。

这些观点的基础是他经常表达的一种观点:"商流"——他明显地把它当成了像国民生产总值似的东西,它在某一时期内是固定的,并且任何增加都会很快地被人口的增长所吸收。他进一步认为,被富有的资本家收回的用于他们自己消费的部分与总量比起来是微不足道的(参见 Capitalism)。如果社会的所有财富必然地要被社会成员的大多数所消费,这似乎遵循着一个铁的逻辑:为获得国民生产的更大份额,是工人相互之间的竞争而不是与资本家竞争,因而价格反映的不是成本或竞争(关系),而是反映消费者愿意给任何一种商品的产品份额,因此,经济改革的建议、财富的再分配、竞争的改善对他来说似乎都是同样错误的。他坚持提高生活状况的唯一希望在于,优生学和人口控制——"把生命掌握在手中"——他在"巴克诉贝尔案"(*Buck v. Bell)的意见中冷酷严峻地表达出该观点,该观点支持弗吉尼亚州的义务绝育法。

宪法性案件 霍姆斯最重要的观点涉及宪法性法律。霍姆斯认为,宪法也应该根据普通法进行解释。宪法的一般术语——言论自由、法律的正当程序——都是根据体现在普通法中的"相对的基本权利的基本原则"进行解释的(参见 Fundamental Rights)。由于法律是变化的,因此宪法术语的意思也在发展变化。像他所写的一样,"一个词语不是清澈的或半透明的、不变的,而是一个活的思想的外壳"。基本权利是从历史角度来看待的,从这一视角看:普选权是最近才产生的权利,而财产权也决不是固定不变和永恒的。

对霍姆斯来说,宪法对基本权利的保障是围绕着诉讼程序中的公正而进行的。他反对州际商事委员会(*Interstate Commerce Commission)不受限制的调查权,因为它有可能迫使(被调查者)自证其罪(*self-incrimination)。在私刑暴民参加审判的情况下,在美国黑人和犹太人在南方受到审判时,他拒绝接受一个空洞的形式的程序。他坚持联邦法院有通过人身保护状(*habeas corpus)对州的审判程序进行干预的权利。他写过关于限制法院不经审判而当场即时处罚藐视法院(*contempt)行为的权力的意见。但是在一个私刑暴民藐视法院的人身保护状

(*habeas corpus)时,他成功地进行了刑事藐视法院罪审判——联邦最高法院有史以来进行的唯一的刑事审判["合众国诉希普案"(United States v. Shipp)(1906)]。

在涉及宪法的实体性保障时,霍姆斯更遵从各州和政府其他部门的意见。在他代表法院提出的第一个判决意见书:法院关于1902年"奥蒂斯诉帕尔克案"(Otis v. Parker)的判决意见书中,他欣然接受了"实体正当程序"原则,但明显地限制了该原则的适用范围。实体正当程序是这样一种原则:它使联邦宪法第五和第十四修正案(the *Fifth and *Fourteenth Amendment)所延伸的正当程序原则不仅只确保法院在审案时给予当事人一个公正的审判。他认为立法也应满足某些最低的要求,但法院却没有清楚地界定这些要求是什么。在奥蒂斯案中,霍姆斯把它们定性为普通法中"相关权利的基本原则"。随后几年里,他解释了这些基本原则,主要是指《权利法案》(*Bill of Rights)中记载的基本权利,霍姆斯称之为"从英国土壤中移植过来的"不断进化的制度["冈珀斯诉合众国案"(Gompers v. United States)(1914),p.610]。

尽管"实体正当程序"一词受到了置疑,但霍姆斯的观点和他的少数意见包含了现代的观点:联邦宪法第十四修正案中的正当程序保障应当与《权利法案》合并,并使得它可以适用于各州(参见Incorporation Doctrine)。霍姆斯没有对这些权利进行扩展。他是成长于一个投票权(*right to vote)还仅限于有产阶级男性的世界,而且他关于国家权力的观点是在南北战争期间形成的。虽然他几乎把他的一生都献给了废奴事业,也像他那个时代的任何公众人物一样几乎没有种族偏见,但是他也不断地回避任何保护在美黑人的投票权的行为。在"贝利诉亚拉巴马州案"(*Bailey v. Alabama)(1911)和"合众国诉雷诺兹案"(*United States v. Reynolds)(1914)中,他持有与法院判决相反的意见。法院的判决认为:南方制定法规定农场工人违反合同的行为是一种犯罪行为,这实际上是一种以当奴工偿债的形式(*peonage)。他认为窃听不属于联邦宪法第四修正案(the *Fourth Amendment)禁止的不合理的搜查和扣押,并且他明确地反对基于联邦宪法第四和第五修正案规定而衍生的隐私权(*privacy)。

如果说霍姆斯对民权(*civil rights)采取的是一个窄的视角,他在财产权(*rights of property)方面同样采取了对其进行限制的态度。他认为财产权是由立法机构创制的,可以被随意地大量地取消,通常唯一的问题是在政府破坏某种形式的财产时要不要给予补偿。他在"宾夕法尼亚煤炭公司诉马洪案"(*Pennsylvania Coal Co. of Mahon)(1922)的意见中给出了什么时候应该进行这种赔偿的现代解释。

在"洛克纳诉纽约州案"(*Lochner v. New York)(1905)中的少数意见可能是他最著名的观点。霍姆斯赞成纽约州立法机构颁布的一部旨在限制面包店工人每天工作10小时以上的法律。霍姆斯说,法院的多数法官认为,这部法律违反了正当程序而取消它时,是把他们的观点建立在不能清楚表达的"重大前提"即一般的经济理论之上,而该理论并不是权利的基本原则。"联邦宪法第十四修正案的确没有规定赫伯特·斯宾塞先生的《社会静力学》",这是霍姆斯的著名评论(p.75)。这个不同意见经常被援引,好像它对整个实体正当程序的方法提出了批评,但是像其他人注意到的一样,霍姆斯说的仅仅是经济原则不是法律的基本原则。

自由言论案 在霍姆斯所有的意见中,最重要的和最有争议的是涉及联邦宪法第一修正案的言论自由保障的案件中的意见。在第一次世界大战(*World War Ⅰ)中,联邦政府对成千上万的反对或抵制全民动员的人们提起了诉讼。诉诸于法院的第一批案件涉及散发故意阻挠征兵的言论和传单从而被政府认为违反《间谍法》的案件。在第一个这样的案件["申克诉合众国案"(*Schenck v. United States)(1919)]中,霍姆斯在代表法院作出全体意见一致的判决意见书中说,国会有权禁止有干扰征兵的危险的言论和出版。言论自由不是绝对的:一个人可能会因为在戏院里谎报火情引起恐慌而受到合法的惩罚。由于国会能够使阻挠征兵的行为被认定为犯罪行为,因此它也可以惩罚会导致有明显、即发的危险(*clear and present danger)结果的言论。霍姆斯后来适用这一标准确认了一系列的对阻挠征兵的判决,包括确认了社会主义党(socialist)总统候选人——尤金·德布斯(Eugene Debs)因为一场对战争和征兵进行批评的演讲而受到的判决。

霍姆斯在申克案中的观点在那时受到广泛的认可,但是联邦最高法院除非是在确认对当事人提出的指控时,它从来不适用明显、即发的危险标准,并且它逐渐地成了提出指控的人经常主张的理由。现代评论者批评申克案没有给予言论足够多的保护。

然而,霍姆斯本人激烈地反对对他的观点进行断章取义的运用,因此在1919年判决第二批案件中他持反对意见。在霍姆斯看来,在第二批案件中似乎政府扩大了它的起诉范围,甚至包括了持不同政见者和抵制征兵的人,而且这些被告是因为他们的社会主义和无政府主义信念被判罪,而不是因为任何故意或可能伤害到战争的行为被判罪。在这批案件中第一个审判的案件——"艾布拉姆斯诉合众国案"(*Abrams v. United States)(1919)中,霍姆斯重申了他在1894年的文章《特权、恶意和蓄意》中清楚表述的明显、即发的危险审查标准。艾布拉姆斯案中的被告从一个服装厂的窗户向下扔传单,霍姆斯说该案既没有通过可预见性的外部标准也没有通过实际意图的审查,来认定被告的行为对战争努力形成一个明显、即发的危险。

霍姆斯继续对这种观点进行论述。他指出宪法之所以对诚实的表达观点赋予特权是因为其没有明显、即发的危险。他指出,对"没有明显、即发的危险"的符合事实的观点的表达赋予特权,是不是真理,"要看其能否在社会中被接受,并且只有这样的真理才是我们的愿望(在法律上)安全地实现的唯一基础"(p.630)。政见的不同是允许的,正是那些不同观点挑战和考验了美国社会在竞争过程中形成的曾被谨慎保护的原则。

霍姆斯留给后人的文化遗产　霍姆斯关于宪法的意见与他对美国制度的理解共同不断地演变。他的这些观点都是从自身的经验和从普通法的研究中形成的。霍姆斯认为,英语系国家的法律是和平进化的一个产物。根据法律,人们用法院公平的审判这一解决纠纷的方式代替了原始社会中激烈的斗争这一方式。在美国的联邦制——这种试验的精品中,各州为法律上的实验和政治经济上的实验提供了"独立的空间"。只要这些实验是依照公平的规则进行裁决的,这些实验就是可以忍受的。即使是社会主义的试验也不会被法律的基本原则排除在外。霍姆斯也不相信任何宗教或道德的戒律是基本的。

霍姆斯认为,生活是团体之间不断的冲突——国家之间、种族之间、阶级之间——代表着重要的原则冲突,即在一个资源有限的社会中为生存而斗争。宪法只要求国内的斗争是公平与和平的。法官的任务就是对争议的双方进行公平的裁决。政治观点是通过市场竞争自然形成的,而不是军队和警察强加的。

霍姆斯对于法官作用的观点不断发生变化,随着年龄的增长,这一点变得越来越明显。他的达尔文主义、准科学制度要求法官最终为他们自己阶级或国家的生存服务。然而,在霍姆斯描述的具有武士精神的法律制度中,法官必须抛开个人的信念和观点公平地判决案件,哪怕是那将意味着现存秩序的死亡。

霍姆斯对于责任的献身精神,对人类未来而不是目前秩序的忠诚,明显地是建立在对渐进的法律制度之外的某种东西的信念之上。这是与霍姆斯的理论体系不相协调的,事实上似乎是与他的理论体系相矛盾的。随着他越来越老,霍姆斯的责任感逐渐地占据了支配地位,以致于他的观点似乎是出于责任本身而非个人的声音。

1931年夏天,他的健康状况衰退了,并在1932年1月12日向赫伯特·胡佛总统递交了辞职书。他因患肺炎,于1935年3月6日凌晨在华盛顿特区的家中逝世。

参考文献　Alexander M. Bickel and Benno C. Schmidt, Jr., *The Judiciary and Responsible Government, 1910-1921* (1984); George A. Bruce, *The Twentieth Regiment of Massachusetts Volunteer lnfantry, 1861-1865* (1906); Oliver Wendell Holmes, Jr., "Privilege, Malice, and Intent," *Harvard Law Review* 8 (1894): 1-14. Mark DeWolfe Howe, ed, *Touched with Fire: Civil War Letters and Diary of Oliver Wendell Holmes, Jr., 1861-1864* (1946); Mark DeWolfe Howe, *Justice Oliver Wendell Holmes: The Shaping Yeas, 1841-1870* (1957); Mark DeWolfe Howe, comp., *The Occasionnal Speeches of Justice Oliver Wendell Holmes* (1962); Mark DeWolfe Howe, *Justice Oliver Wendell Holmes: The Proving Years, 1870-1882* (1963); Max Lerner, *The Mind Faith of Justice Holmes: His Speeches, Essays, Letters and Judicial Opinions* (1943); Sheldon. M. Novick, *The Life of Oliver Wendell Holmes* (1989).

[Sheldon M. Novick 撰;熊莉君译;林全玲校]

霍姆斯诉詹尼森案[Holmes v. Jennison, 4 Pet. (39U. S.)540(1840)][①]

1840年1月24、25日辩论;1840年5月4日以4比4的表决结果作出驳回上诉的决定,托尼代表自己及斯托里、麦克莱恩和韦恩提交判决意见。持反对意见的有:汤普森、鲍德温、巴伯和卡特伦,麦金利缺席。塞拉斯·H. 詹尼森——佛蒙特州的州长,下令逮捕乔治·霍姆斯——一个魁北克的居民,并将他移送回加拿大接受谋杀审判,尽管美国没有与加拿大签订引渡条款。佛蒙特州最高法院拒绝签发人身保护状(* habeas corpus)。由于在这个问题上的分歧是4比4,美国联邦最高法院以没有管辖权为由驳回了该案的上诉(参见 Judicial Power and Jurisdiction)。

首席大法官罗杰·布鲁克·托尼(Roger B. * Taney)确认了联邦最高法院的管辖权和联邦政府专属的管理外交关系的权力。由于这种权力的专属性,托尼推理道:一个州的州长无权把逃亡者交给一个外国政府。4个大法官持反对意见认为,联邦最高法院对州法院拒发人身保护状的行为没有管辖权。然而,大法官史密斯·汤普森(Smith Thompson)在他的意见中暗示詹尼森州长无权命令霍姆斯的引渡。因为开会审理案件的8个法官中的5个都否定詹尼森的这种权力,且美国联邦最高法院因为受4比4的表决结果的约束,拒绝对该案行使管辖权,佛蒙特州最高法院下命令释放了霍姆斯。托尼赞成联邦政府对外交

---

① 另请参见 Foreign Affairs and Foreign Policy; Fugitives Form Justice。

关系的专属管辖权代表了该案最值得注意和最具影响力的观点。像约瑟夫·斯托里(Joseph *Story)这种国家主义者极为赞成托尼的推理,然而像詹姆士·布坎南等州权力主义者却指责这一推理。

[Robert M. Ireland 撰;熊莉君译;林全玲校]

房屋修建及贷款委员会诉布莱斯德尔案
[Home Building and Loan Association v. Blaisdell, 290 U. S. 398(1934)]

1933 年 11 月 8—9 日辩论;1934 年 6 月 8 日以 5 比 4 的表决结果作出判决,休斯代表法院作出判决意见,萨瑟兰、巴特勒、麦克雷诺兹和范·德凡特持反对意见。联邦最高法院对房屋修建及贷款协会诉布莱斯德尔案作出的判决很重要,不仅是因为它支持了在大萧条时期通过的一个重要的州立法,而且因为它表明该法院对经济危机应作出什么样的恰当反应这一问题上存在尖锐的分歧。

争论中的这项立法是 1933 年明尼苏达州抵押延缓偿还期法(Mortgage Moratorium Law)。该法授权明尼苏达州法院,在处于困境中的债务人的请求下,"在紧急状态持续的情况下和无论怎样都要在 1935 年 5 月 1 日之前,考虑不要取消抵押赎回权。"该法是由于一个特别关注面临着抵押物赎回权将被取消的农民的疾苦的立法机构通过的。

具体的案件是由布莱斯德尔夫妇的请求引起的。该夫妇以一座房屋和一小块土地作抵押从房屋修建及贷款委员会获得了贷款,他们希望避免取消抵押物赎回权以及延展他们的抵押物赎回期限。明州一个区法院支持了布莱斯德尔夫妇的请求,其前提是每月分期付款必须及时地给付。明州最高法院确认了这一判决。贷款协会上诉到美国最高法院,坚持认为延期法是与宪法第 1 条第 10 款的契约条款(*Contracts Clause),以及联邦宪法第十四修正案(the *Fourth Amendment)中规定的正当程序是与(*due process)平等保护条款(*equal protection clauses)相冲突的。契约条款这一诉讼理由证明是极其重要的。贷款协会坚持主张该条款的语言——"任何州都不能加入到任何……损害合同之债的法律……"禁止明尼苏达州改变布莱斯德尔与贷款协会之间的合同关系。

首席大法官查尔斯·埃文斯·休斯(Charles Evans *Hughes)和大法官欧文·J. 罗伯茨(Owen J. *Roberts)与自由主义者一起,以 5 比 4 的表决结果裁决延期法是合宪的。休斯作成多数判决意见。他提出参考意见说,"虽然紧急状况不能创造权力,但是紧急状况给权力的行使提供了机会"(p. 426)。该案被称为自"查尔斯河桥梁公司诉沃伦桥梁公司案"(*Charles River Bridge v. Warren Bridge)(1837)以来涉及契约条款的最重要的案件。休斯在该案中指出,契约条款不是绝对的,州经常有权保护其公民维持生存必不可少的重大利益的权力。休斯找到一个"日益增长的正确评价……个人权利与公共福利之间的平衡所必需的判决基础"。该首席大法官总结道:"问题不再仅仅是一方与另一方缔约的问题,而是运用适当的方法保护各方利益所赖以依存的经济结构的问题"(p. 442)。

对于 4 位保守的反对者来说,大法官乔治·萨瑟兰(George *Sutherland)认为,对契约条款应作字面解释,他拒绝承认紧急状况能够证明明尼苏达州授权对合同进行修改是正当的。当萨瑟兰预言,如果联邦最高法院让明尼苏达州延期法成立的话,那将会是对契约神圣的更大侵犯的预兆。并且,如果契约条款如此解释的话,萨瑟兰痛惜地说,对立法特权的所有宪法限制都可能崩溃。重要的是,萨瑟兰挑起对宪法的挑战。在这之后的 3 年里,这 4 位骑士多次阻挠国家和州克服经济危机的努力。

[John W. Johnson 撰;熊莉君译;林全玲校]

同性恋[Homosexuality]①

联邦最高法院是通过扩大宪法规定的隐私权(*privacy)保护范围来保护某些性自由的。它在"格里斯沃尔德诉康涅狄格州案"(*Griswold v. Connecticut)(1965)和"艾森斯塔德诉伯尔德案"(*Eisenstadt v. Baird)(1972)中确认了使用避孕用具的个人权利,并在"罗诉韦德案"(*Roe v. Wade)(1973)中支持妇女享有决定是否终止妊娠的权利。然而,起初法院拒绝通过扩大解释隐私权用以保护成年人在自己家中自愿进行的同性恋行为。如在"鲍尔斯诉哈德威克案"(*Bowers v. Hardwick)(1986)中,联邦最高法院的大多数法官(以 5 比 4 的表决结果)支持了佐治亚州的一部法律,该法认为同性之间和异性之间的鸡奸都是应受刑法处罚的行为。在那时,24 个州与哥伦比亚区特区都宣布鸡奸不合法。在大法官拜伦·怀特(Byron *White)代表法院所作的多数意见中,他指出隐私权没有赋予广泛的性自由权利,性是局限在婚姻、家庭和生育之内的。而同性恋行为与这些问题都没有联系。在措辞激烈的反对意见中,大法官哈里·布莱克蒙(Harry *Blackmun)指出大多数法官就无关的问题进行了裁判。该案所涉及的权利并不是"同性之间进行鸡奸行为的基本权利"(如法院中的大多数所主张的),而是关于"最广泛的权利和最为现代人所珍视的权利",即"不要干涉私人生活的权利"["奥姆斯特德诉合众国案"(Olmstead v. United States)(1928)]。

20 世纪 90 年代,联邦最高法院借助联邦宪法

---

① 另请参见 Discriminatory Intent。

第十四修正案(the *Fourteenth Amendment)的平等保护条款(the *Equal Protection Clause)给予同性恋一定程度的保护。联邦最高法院没有承认同性恋是一种具有违宪嫌疑的分类(*suspect classification)。相反,联邦最高法院在"罗默诉埃文斯案"中(*Romer v. Evans)(1996)中利用合理依据标准推翻了科罗拉多州宪法的第二修正案。该修正案是选举积极分子因不满该市的一部法令而倡导制定的,该法令禁止在住房、就业、教育、公共服务、医疗和福利服务以及其他交易和活动中根据性取向进行歧视对待。第二修正案则规定,禁止州政府的任何部门以任何行为保护"男同性恋、女同性恋及双性恋者"因其性取向、行为、关系等所取得的社会地位。在罗默案中,大法官安东尼·肯尼迪(Anthony *Kennedy)代表6比3的多数意见称,第二修正案除了表达了"对相关群体的敌意之外,并没有说明什么",最后得出结论,该修正案"所禁止的行为与州的合法利益缺乏合理的联系"(517 U.S. 620 at 632)。

然而,在"美国童子军组织诉戴尔案"(*Boy Scouts of American v. Dale)(2000)中,联邦最高法院以5比4的表决结果推翻了州最高法院的判决,该判决宣布童子军组织(一个私人的非营利组织),因戴尔(一个成年助理童子兵团长)宣称自己因为同性恋而被拒绝接受其为该组织成员的行为,违反了新泽西州的公共服务法——(该法禁止根据某些特性包括性取向予以歧视对待)。首席大法官威廉·H.伦奎斯特(William H. *Rehnquist)裁决,如果强迫童子军组织接受戴尔就违反了联邦宪法第一修正案(the First *Amendment)所保护的结社自由。5年前,联邦最高法院在"赫尔利诉波士顿爱尔兰裔美国同性恋组织案"(*Hurley v. Irish-American GLB Group)(1995)中全体一致作出判决,利用马萨诸塞州的公共服务法要求游行的组织者允许同性恋组织的成员参加游行,这样可能会侵犯组织者根据联邦宪法第一修正案所享有的决定游行所拟表达思想的自由。

在"劳伦斯诉得克萨斯案"(*Lawrence v. Texas)(2003)中,联邦最高法院推翻了"鲍尔斯诉哈德威克案"(*Bowers v. Hardwick)(1986)的判决,明确承认隐私权保护成年人之间的自愿的同性恋行为。引发争议的得克萨斯州的这一法律规定,同性恋人之间的鸡奸行为是应受刑法处罚的。不同的是,鲍尔斯案中的佐治亚州的法律规定不仅适用于同性恋人,还适用于异性恋人。因此,联邦最高法院可能会维持鲍尔斯案中的佐治亚州的法律,并简单地裁决得克萨斯州的法律因单单惩罚同性恋人之间的鸡奸行为而违反了宪法中的平等保护条款。这就是大法官桑德拉·戴·奥康纳(Sandra Day *O'Connor)在并存意见中提到的。大法官肯尼迪在代表法院的大多数作出的判决意见中承认,平等保护是一个站得住脚的理由,但是他主张法院应当更进一步,并重新考虑鲍尔斯案的判决理由。他提到,要解决劳伦斯案,首先要判断当事人作为成年人是否可以根据联邦宪法第十四修正案的正当程序条款,在行使自己的权利时自由地参与私人活动。他与其他4位大法官都承认,他们是有权这么做的,因此,"得克萨斯州的法律并没有为侵犯私人的生活提供正当理由"。通过这一推理,5人组成的大多数法官明确地推翻了鲍尔斯案,宣称"鲍尔斯案在判决时就是不正确的,现在仍然不正确"(539 U.S. 558 at 578)。奥康纳也在并存意见中支持推翻得克萨斯州的法律,因此共有6票主张推翻这一法律。

但劳伦斯案中的大多数法官作出的判决并没有阐明对同性恋婚姻以及禁止同性恋者入伍的规定将如何处理。以前针对禁止同性恋者入伍提起的所有诉讼都在联邦法院中败诉了,尽管联邦最高法院本身并没有就该争议作出裁决。甚至在劳伦斯案之前,许多人认为国会通过的《1996年军婚法》——该法允许州可以对在其他州缔结的同性婚姻不予承认——违反了宪法中的完全诚意和信任(*Full Faith and Credit)条款。

同性婚姻的纠纷于2003年开始出现。马萨诸塞州的最高法院以4比3的表决结果在"古德里奇诉公共健康机构案"(Goodridge v. Department of Public Health)(440 Mass. 309)中判定,仅仅因为一个人将要嫁的人与其性别一致,就剥夺民事婚姻给他的保护、利益和义务是违反马萨诸塞州宪法的。尽管2004年11月联邦最高法院拒绝受理一个针对马萨诸塞州的另一部允许同性恋者举行婚礼的法律提起的诉讼,这一纠纷很可能还是要提交到联邦最高法院——尤其是在一对同性夫妻(其所在州承认同性婚姻)迁移到其他州,并且要求在该州获得承认时更是如此。

参考文献 Jean L. Cohen, *Regulating Intimacy: A New Legal* (2002). Andrew Koppelman, *The Gay Rights Question in Contemporary American Law* (2002). Arthur S. Leonard, ed., *Homosexuality And The Constitution* (1997).

[John Anthony Maltese 撰;林全玲译;胡海容校]

本田汽车公司诉奥伯格案[Honda Motor Co. v. Oberg, 512 U.S. 415(1994)]

1994年4月20日辩论;1994年6月24日作出判决,史蒂文斯代表法院起草判决意见,斯卡利亚持并存意见,金斯伯格和伦奎斯特表示异议。1910年的俄勒冈州宪法修正案规定:"不能重新审查陪审团认定的事实……除非法院可以肯定地说这一裁决没有证据支持"。俄勒冈州法院认为,与联邦和其他州的法律相反,该规定禁止对任何过度的惩罚性赔偿进行重新审查。奥伯格案中存在的问题在于这一规定是否违反了联邦宪法第十四修正案中的正当程序条款(*Due Process Clause)。联邦最高法院最终认定该规定违反了正当程序条款。

反对意见主张,尽管联邦最高法院确实在"平安互助寿险公司诉哈斯里普案"(Pacific Mutual Life Insurance Company v. Haslip)(1991)和"TXO生产公司诉资源公司联盟案"(TXO Production Corp. v. Alliance Recourses Corp.)(1993)中对惩罚性赔偿规定了一些外部限制,但俄勒冈州的其他程序规定,包括清楚和有说服力的证据以及要求法官对陪审团进行包含特定实体内容的指导等规定,足以使其满足正当程序的要求。然而,法院中的大多数法官认为,这些程序规定并不能防止陪审团作出过度的惩罚性赔偿裁决。比如,陪审团可能没有遵从指导,并作出不合法的、充满偏见的或武断的裁决(p.433)。

如上述引文所反映的,联邦最高法院在惩罚性赔偿方面的法律原则(参见 Punitive Damages)背后的主要动力是对失控的惩罚性赔偿的担心。联邦最高法院引用了鲁斯塔德(Rustad)1992年的一项调查结果,该调查表明,法官认为10%以上的案件规定的赔偿金过重了。自奥伯格案后,不少有关陪审团作出的惩罚性赔偿的实证调查文件都表明了联邦最高法院的担心,即陪审团在确定惩罚性赔偿方面确实存在困难。但也有一些相反的观点。奥伯格案是联邦最高法院对惩罚性赔偿在程序和实体方面进行限制的几个案件之一。该案的判决为后续几个案件所遵循。这些案件包括:"北美宝马汽车公司诉戈尔案"(BMW of North American, Inc. v. Gore)(1996)、"库珀公司诉莱瑟曼工具集团案"(Cooper Industries, Inc. v. Leatherman Tool Group)(2001)和"州农场互助汽车公司诉坎贝尔案"(State Farm Mut. Auto. Ins. Co. v. Campbell)(2003)。

参考文献 Theodore Eisenberg, Neil LaFountain, Brian Ostrom, David Rottman, and Martin T. Wells, "Juries, Judges, and Punitive Damage: An Empirical Study," *Cornell Law Review* 87(2002): 743-780. Michael Rustad, "In Defence of Punitive Damages in Products Liablity: Testing Tort Anecdotes with Empirical Data," *Iowa Law Review* 78(1992): 1-84. Cass R. Sunstein, Reid Hastie, John W. Payne, David A. Schkade, and W. Kip Viscusi, *Punitive Damages: Beyond Dogma.* (2002).

[Joseph Sanders 撰;林全玲译;胡海容校]

霍恩布洛尔,威廉·巴特勒[Hornblower, William Butler]①

[1851年5月13日生于新泽西州的佩特森;于1914年6月16日卒于康涅狄格州的李奇菲尔德(Litchfield)]合伙律师和拒绝联邦最高法院任职提名者。霍恩布洛尔1875年从哥伦比亚大学法学院毕业之后,就与他人在纽约市合伙开办律师事务所。在1893年9月19日,格罗弗·克利夫兰总统提名他补联邦最高法院的一个缺。在1年前,霍恩布洛尔作为纽约市律师协会委员会的成员,对一桩非法选举案进行了调查,致使伊萨·H.梅纳德在竞选纽约州上诉法院的席位中失败。梅纳德的同盟兼朋友,纽约州的上议员戴维·B.希通过领导了一场运动,挫败了对霍恩布洛尔的提名从而对霍恩布洛尔进行了报复。这一提名在1894年1月15日以30比24的表决结果而被拒绝。1895年联邦最高法院又出现另一个空缺时,克利夫兰又一次考虑让霍恩布洛尔担任此职位,但是由于担任联邦最高法院法官所要承受的经济上的损失,霍恩布洛尔拒绝了这一提议。

1914年3月30日霍恩布洛尔就任纽约州上诉法院法官之职,但是一周之后因病辞职。他在辞职后不久就去世了。

[Judith K. Schafer 撰;熊莉君译;林全玲校]

住房歧视[Housing Discrimination]

住房歧视是最恶毒的和最难处理的歧视形式之一。它表现为适格的公民由于他们的民族(*race)、种族、性别(*gender)、宗教(*religion)、婚姻状况或者残疾等原因在购房或租房时遭到拒绝。最初,联邦最高法院禁止住房歧视的努力是零星的。随着民权运动(*civil rights movement)的扩展以及行政部门和国会与歧视作斗争行动的开展,联邦最高法院与住房歧视展开了持续的斗争。然而法院的努力主要集中在故意的歧视性意图(*discriminatory intent),以及从表面上看来具有歧视性的行为上,而且一般来说不废除那些只造成一种歧视性影响的行为。

法院结束住房种族隔离的最早的正面贡献体现在"布坎南诉瓦雷案"(*Buchanan v. Warley)(1917)中。在该案中,法院第一次将联邦宪法第十四修正案(the *Fourteenth Amendment)适用于住房歧视案,取消了一项要求街区在住房问题上实行种族隔离的法令。

在1926年,法院对"科里根诉巴克利案"(*Corrigan v. Buckley)(1926)的判决,似乎承认限制性协约(*restrictive covenants)的合宪性,这些限制性协约事实上是限制把不动产转让给一定的种族、宗教或民族团体的成员。然而,在1948年"谢利诉克雷默案"(*Shelley v. Kraemer)中,法院裁定司法强制执行限制性协约构成了联邦宪法第十四修正案所禁止的歧视性的州行为。在一个同类的案件

---

① 另请参见 Nominees, Rejection of。

"赫德诉霍奇案"(Hurd v. Hodge)(1948)中,法院依据1866年《权利法案》得出了一个类似的结论。"巴罗斯诉杰克逊案"(Barrows v. Jackson)(1953)是对限制性协约的最后一击,在该案中法院禁止对违反限制性协约造成的损害进行补偿。这样,到1953年,法院取消了限制性协约的法律强制性。

在20世纪50年代和60年代的大部分时间里,联邦最高法院尽量不审理住房歧视案。在1967年,当联邦最高法院认定以全民公决的形式通过的、禁止州以任何行为阻止房屋买卖或租赁中的住房歧视的加利福尼亚宪法修正案违宪时,联邦最高法院又开始对住房歧视给予关注。在"莱特曼诉穆尔克案"(Reitman v. Mulkey)(1967)中,法院认定由于加州法律禁止住房歧视,而该修正案则把州牵涉入私人的种族歧视中,因而违反了联邦宪法第十四修正案(the *Fourteenth Amendment)。类似的,在"亨特诉艾瑞克森案"(Hunter v. Erickson)(1969)中,联邦最高法院取消了一项对俄亥俄州的阿克伦市规定的修正案,该修正案阻止一个平等的住房法令的实施。

当国会最终行动起来,是在《1968年民权法》第八编禁止住房歧视时,联邦最高法院支持了这一努力。在"琼斯诉艾尔弗雷德·H.迈耶尔公司案"(*Jones v. Alfred H. Mayer Co.)(1968)中,法院对禁止住房歧视的法律进行了扩张解释。被上诉人因为琼斯的丈夫是黑人就拒绝把房屋卖给琼斯一家。法院裁定《1866年民权法》禁止各种种族歧视,包括公开的和私下的住房歧视。法院通过另一个扩张解释——对《1968年民权法》的第八编的规定进行扩张性解释,把反住房歧视进行到底。在"特拉菲坎特诉都市寿险公司案"(Trafficante v. Metropolitan Life Insurance Co.)(1972)中维持了一项长期有效的规定,允许目前居住在一幢大的综合公寓中的房客代表少数人的利益起诉(参见Standing)。联邦最高法院也支持了一个自治市及其4位居民提起诉讼的资格和反歧视的主张,该4位居民声称当地的房地产经纪人正在通过种族隔离破坏在"格拉德斯通诉贝尔伍德村案"(Gladstone v. Village of Bellwood)(1979)中确立的种族融合。

联邦最高法院已经对那些支持住房歧视的表面上非歧视性的分区制(*zoning)的主张变得更加谨慎。在"华斯诉瑟尔德姆案"(Warth v. Seldm)(1975)中,联邦最高法院否定了诉讼多方的诉权,他们主张,在纽约州的罗彻斯特郊区实行分区制计划,导致低收入的各种族不能联合起来进行房屋建设。在"阿林顿·海特诉都市房产开发公司案"(*Arlington Heights v. Metropolitan Housing Development Corp.)(1977)中,法院认定分区制使低成本的各种族联合的房屋建设成为不可能。在"詹姆斯诉瓦提尔拉案"(James v. Valtierra)(1971)和"伊斯特雷克市诉城市森林企业公司案"(City of Eastlake v. Forest City Enterprises, Inc.)(1976)中,法院分别支持了州要求全民公决对住房工程的补助和分区变化,尽管这些行为的歧视性影响被确认。

联邦最高法院判决了一系列涉及社区试图将某类人排除在社区范围外的案件。例如,在"贝尔·特瑞诉博拉斯案"(*Belle Terre v. Boraas)(1974)中,法院支持一个限定核心家庭入住的地方法规,驳回了一群与该社区有联系的学生根据联邦宪法第一、十四修正案(the *First and Fourteenth Amendment)提出的置疑。然而,在3年之后"穆尔诉东克利夫兰市案"(Moore v. City of East Cleveland)(1977)中,法院取消了一个禁止祖母与孙子同住的类似法规。在"克利本市诉克利本生活中心案"(City of Cleburne v. Clebune Living Center)(1985)中,联邦最高法院取消了一个自治市意图禁止为智障者提供集体住宿的法规。

但是,住房歧视并没有因为法院的行为而根除。在1985年2月开展的一次全国范围内的调查表明,在住着近100万居民的国民住宅中,存在着大量的种族隔离现象。美国公民权利委员会注意到,20世纪70年代,随着白人大量迁居郊区,住房种族隔离似乎恶化了,因为黑人没有钱去郊区住,或者受到积极的排斥不能到郊区住。然而部分原因可能应归结为行政机构实施现行法律的失败,司法手段的效果往往是微乎其微的。联邦最高法院的判决对住房歧视这一现状几乎没产生什么可以觉察得到的变化。

参考文献 Robert G. Schwenm, *HousingDiscrimination Law*. (1983;supp. 1986) Clement E. Vose, *Caucasians Only*(1967).

[Gerald N. Rosenberg 撰;熊莉君译;林全玲校]

休斯顿,查尔斯·汉密尔顿[Houston, Charles Hamilton]

(1895年9月3日生于华盛顿哥伦比亚特区;1950年4月22日卒于华盛顿哥伦比亚特区,律师、教育家。)休斯顿上过阿默斯特大学和哈佛大学法学院,在1921年他成为《哈佛法学评论》的第一位美国黑人成员。1924年,他进入了他父亲的法律事务所和霍华德法学院,并从1929年至1935年一直任该法学院的学术主任。作为学术主任,他把霍华德法学院从一位传统的非全日制的学校转变为一个以公民权利法为重心的全日制的学校。休斯顿鼓励他的许多学生,包括瑟古德·马歇尔(Thurgood *Marshall),将其事业的大部分都投入到公民权利法上。休斯顿也密切地配合全国有色人种协进会(*National Association for the Advancement of Colored People)的工作,并在1935年以其法律顾问的身份加入了其工作人员的队伍。最初,休斯顿是从美国公共事业基金中获得特殊津贴作为报酬的,该基金同意支持那些打算对教育、交通运输和选举中的种族隔离提起诉讼的律师。休斯顿把主要精力集中在大学中的种族隔离问题上,并在"盖恩斯引起的密苏里州诉加拿大案"(*Missouri ex rel Gaines v. Canada)(1938)中,取得了这场斗争中的第一个重要案件的胜利。在1939年由于患病和家庭责任的驱使,休斯顿辞去了他在全国有色人种协进会中的职务,回到华盛顿。但作为该机构的顾问仍然很活跃,而且他的法律事务中包括了很多公民权利方面的工作。他对于工会把美国黑人排除在外的谴责,说服了联邦最高法院采纳了这样一个规则:工会应负有对所有工人"平等代表的义务",即使工会不吸纳这些工人为其成员["斯蒂尔诉路易斯威尔与纳什威尔铁路公司案"(Steele v. Louisville & Nashville Railroad Co.)(1944)]。

[Mark V. Tushne 撰;熊莉君译;林全玲校]

休斯顿、东西得克萨斯铁路公司诉合众国案[Houston, East and West Texas Railway Co. v. United States]

参见 Shevepoh Race Cases。

霍华德,本杰明·丘[Howard, Benjamin Chew]①

(1791年11月5日生于马里兰州的巴尔的摩县;1872年3月6日卒于马里兰州巴尔的摩。)1843—1861年任最高法院判决汇编人。作为被任命的判决汇编人之一,霍华德一直在法院工作到南北战争(*Civil War)爆发。霍华德出版了美国最高法院霍华德判例汇编的第1—24卷(即《美国最高法院判例汇编》第42—65卷)。霍华德的父亲,约翰·伊格尔·霍华德曾是美国独立战争时期的一名军官。他的外祖父,本杰明·丘,在独立战争之前,是宾夕法尼亚州复审上诉法院的院长。霍华德在普林斯顿大学于1809年获得了文学学士学位,于1812年获得文学硕士学位。他后来的法律学习被1812年的战争打断了,在这场战争中,他组织队伍参加了对英国的战斗。他在1816年左右成为马里兰州的律师。霍华德作为一个民主党人,在不同的时候,分别为巴尔的摩市政会和马里兰州立法机构的两院工作。他连任了四届国会议员,从1835年到1839年主持外交事务委员会的工作。

霍华德与首席大法官罗杰·托尼(Roger *Taney)的长期交往,使他在1843年得到了最高法院判决汇编人的职位。尽管在他的前任理查德·彼得斯(Richard *Peters)解雇之前,没有什么表明他想得到那份工作或者他密谋想要得到那个职位。霍华德的报告被誉为清晰、全面,写得很好,尽管有一次大法官彼得·V.丹尼尔(Peter V. *Daniel)准确地指出在反对意见之前漏掉了他的名字。

在1861年2月任战时和平会议的代表之后,霍华德任期尚未届满时便于1861年辞职,并以民主党候选人的身份参加了马里兰州的州长竞选,但没有成功。在1869年,普林斯顿大学授予他法学博士学位。

[Francis Helminski 撰;熊莉君译;林全玲校]

霍伊特诉佛罗里达州案[Hoyt v. Florida, 368 U. S. 57(1961)]②

1961年10月19日辩论;1961年3月12日以9比0的表决结果作出判决,哈伦代表法院作出判决意见,沃伦、布莱克和道格拉斯持并存意见。霍伊特因其丈夫与他人私通,夫妻发生争执,争执中用一个棒球拍打死了她的丈夫。她曾主动提出原谅她丈夫的行为,并带他回家,但是他的拒绝引来了这场杀身之祸。她申辩"暂时地丧失理智"(参见 Insanity Defence),并被一个全由男性组成的陪审团判定犯有二级谋杀罪。

佛罗里达州法律规定女性不能担任陪审员,除非特别地要求女性加入到陪审团成员名单中。由于人们没做这方面的努力,法律自然地产生出男女比例不协调的陪审团,这就导致了很多全是由男性组成的陪审团的产生(在佛罗里达州有地方陪审团成员资格的名单上有10 000人,只有10位女性)。霍伊特主张这个法律否定了她受法律平等保护(*equal protection)的权利,因为女性陪审员在评判她暂时地丧失理智时会比男性陪审员更能理解她。

联邦最高法院的多数法官拒绝她的主张,因为他们认为,免除佛罗里达州妇女的陪审义务不是武断的。相反,它合理的体现了社区观念,因为妇女的社会功能就是在家中为家庭生活服务。而持有不同判决理由的法官则指出,佛罗里达州应当竭诚努力使那些愿意担任陪审员的女人担任陪审员。但两组人都忽略了适用"巴拉德诉合众国案"(*Ballard v. U. S.)(1946)中得出的原则,即要使陪审员能够代表整个社区,妇女就应该能够担任陪审员。霍伊特案的裁决被"泰勒诉路易斯安那州案"(*Taylor v. Louisiana)(1975)有效的推翻。

[Leslie Friedman Goldstein 撰;熊莉君译;林全玲校]

合众国诉赫德森与古德温案[Hudson & Goodwin, United States v., 7 Cranch (11 U. S.) 32 (1812)]③

没有经过口头辩论就上交到联邦最高法院,

---

① 另请参见 Reporters, Supreme Court。
② 另请参见 Gender;Trial by Jury。
③ 另请参见 Federal Common Law。

1812年3月14日或2月13日以不详的表决结果作出判决。在本案中，联邦最高法院通过承认联邦普通法的犯罪的存在结束了一场长达10年之久的共和党与联邦主义者之间的争论。这一判决至今仍被认为是良法。

赫德森和共同被告乔治·古德温，在1806年和1807年，因为普通法上的煽动性诽谤(*seditious libel)和发表了一篇说托马斯·杰斐逊总统(Thomas *Jeffferson)曾与拿破仑·波拿巴通谋的报道，被控告到了联邦法院。联邦法院一段时间以来一直认定构成普通法上的犯罪，但是共和党——在1800年第一次赢得了国会的多数议席和总统职位——长期坚持认为，联邦法院没有宪法授予的创制和强制执行普通法上的犯罪的权力。关于普通法上的犯罪问题争论的根源在于共和党与联邦主义者之间最根本的分歧：共和党总的否定联邦政府的任何部门有宪法所没有明确授予的权力。

到1812年，当赫德森案上诉到联邦最高法院时，共和党提名的人组成了多数。联邦最高法院驳回了对被告的指控，裁定任何联邦法院都不能行使对刑事案件的普通法上的管辖权。多数意见是依据共和党的原则——联邦法院只能行使宪法和国会所授予的权力，没有剩余权力——作出的，由大法官威廉·约翰逊(William *Johnson)写成的。没有不同意见的记载，但是有可能首席大法官约翰·马歇尔(John *Marshall)与大法官布什罗德·华盛顿(Bushrod *Washington)和约瑟夫·斯托里(Joseph *Story)持反对意见。

[Suzanna Sherry 撰；熊莉君译；林全玲校]

赫德森诉帕尔默案[Hudson v. Palmer, 468 U. S. 517(1984)]①

1983年12月7日辩论；1984年7月3日以5比4的表决结果作出判决，伯格代表法院提出判决意见，奥康纳持并存意见，史蒂文斯与布伦南、马歇尔和布莱克蒙一起，部分赞同多数意见，部分持反对意见。在本案中，联邦最高法院认定同狱犯人在他们的牢房中不享有联邦宪法第四修正案(the *Fourth Amendment)规定的免受不正当搜查的隐私权(*privacy)。帕尔默是位于弗吉尼亚布兰德改造中心的一名监狱囚犯。赫德森是该中心的一名警官，与另外一名改造中心的警官一起对帕尔默的抽屉和牢房进行了一次彻底的搜查。这两位官员在垃圾筒里发现了一个被撕烂的枕套，因此帕尔默被指控破坏国家财产(罪)。帕尔默根据《1983年民权法》(《美国法典》第42编)提起诉讼，声称赫德森进行搜查只是为了折磨他，而且进一步指出赫德森在搜查中违反了联邦宪法第十四修正案(the *Fourteenth Amendment)的正当程序保护，也破坏了他的一些非违禁品。

首席大法官沃伦·伯格(Warren *Burger)代表多数意见作出判决意见。多数意见认为，根据"卡茨诉合众国案"(*Katz v. United States)(1967)的判例，囚犯在牢房中没有对隐私权的合理期待权，因此不适用联邦宪法第四修正案中的免受不正当搜查和扣押的保护。法院也根据"帕拉特诉泰勒案"(Parratt v. Taylor)(1981)的判例驳回了赫德森的正当程序主张，法院裁定州的职员疏忽地剥夺了囚犯的财产，只要在剥夺后，州能给予一个有意义的同质救济补偿，就不违反正当程序条款。

[Daryl R. Fair 撰；熊莉君译；林全玲校]

休斯，查尔斯·埃文斯[Hughes, Charles Evans]

(1862年4月11日生于纽约的格伦福尔斯；1948年8月27日卒于马萨诸塞州的科德角；葬于纽约州纽约市的伍德罗恩公墓。)1910—1916年任大法官，1930—1941年任首席大法官。据说没有人会背后称赞查尔斯·埃文斯·休斯，并称他为查理(查理为查尔斯的昵称)。严谨、勤奋、虔诚的休斯以其智慧和正直诚实而著名，而不是以其乐天好饮而闻名。

Charles Evans Hughes

休斯的父亲，戴维·查尔斯·休斯从威尔士移民来到美国并成为了一名传教士。他是卫理公会教徒，后来皈依了基督教的浸礼教，并与一位施洗礼神父的女儿——玛丽·康纳利结婚。康纳利一家是德

———————
① 另请参见 Due Process, Procedural; Sesrchearrant Rule, Exceptions to。

休斯,查尔斯·埃文斯[Hughes, Charles Evans]   445

国后裔,在美国独立战争之前就已经来到了美国。戴维和玛丽·休斯共同致力于他们的宗教信仰和培养他们唯一的宝贝儿子——查尔斯。查尔斯大部分的时间在家里接受宠爱他的父母的教育,这使得查尔斯成为了一个早慧的孩子。当他3岁时,他就开始阅读,并学习了几种语言。到9岁时,他就能够背诵经典名著。在他的一生中,他都以其聪慧和极强的记忆力而著名。各种学校接纳这个"小大人"的尝试都以失败告终,学校的单调或者疾病使得他又回到家中自学。他的父母为人谦和,并遗传给查尔斯谦逊、热爱教育、努力工作以及崇敬宗教等美德。

早期的职业生涯 休斯在14岁时进入了麦迪逊大学(现在的科内盖特大学),并在后来转移到布朗大学。他在哥伦比亚法学院以第一名的成绩毕业,并轻而易举地以高分通过了纽约州的律师考试。1884年,即他22岁时,他取得了律师资格。他在张伯伦、卡特和豪恩布罗尔的法律事务所工作,在该所中早期他是作为不付工资的职员工作的。沃尔特·S.卡特,该所的高级合伙者,具有为如雨后春笋般涌现出的纽约优秀的合伙律师事务所选拔法律天才的能力。休斯通过与卡特的合作,获得了需要的经济报酬。他也遇到了他一生中的至爱——卡特的女儿——安东尼特,并与她结婚。

休斯成为了一名合伙人,但是过度劳累和很差的健康状况很快迫使他离开律师事务所到康奈尔法学院教书。在教书的智力激励的环境下,以及在与安东尼特及他们的两个幼子的幸福的家庭生活中,他感到非常惬意。经济上的压力以及他岳父的信使他产生的负疚感,促使他结束了在康奈尔的田园般的生活。休斯重操旧业,发了一笔小财,作为一个合伙律师事务所的主任赢得了很大的声誉。

在那个收集并揭发名人的丑闻和全国解散托拉斯的年代,休斯在调查纽约天然气行业中的腐败情况时,作为审慎的领导者所起的作用,使他成为全国知名的人物。他的独立、勤奋以及他在复杂的经济纠葛中理清价格评定和价格欺诈的能力,使他在新闻界和公众中赢得很高的声誉。他接下来又承担了调查保险行业的腐败的任务。作为一个思想独立的共和党人的声望,使他在1906年当选纽约州长。尽管公司的利益包括了他以前客户的利益和他竞选的支持者的利益,但是休斯仍然在他担任纽约州长的两届任期中表现出了很大的独立性,支持创建具有很大管理权限的公共事业委员会对公司行为进行管理。

任大法官的职业生涯 威廉·霍华德·塔夫脱(President William Howard *Taft)总统提名休斯任联邦最高法院大法官没有引发争议。休斯曾与令人敬畏的奥利弗·温德尔·霍姆斯(Oliver Wendell *Holmes)同任一届大法官,并与他发展了精神上同志般的友谊,尽管他们在观点上时常产生分歧。在"贝利诉亚拉巴马州案"(Bailey v. Alabama)(1911)

中,休斯赞成多数意见:宣布一部州法规违宪,因为该法规强制执行劳役赔偿制度(*peonage)。而霍姆斯持反对意见。本案反映了保守的改革者——休斯与不感情用事的立法特权的捍卫者——霍姆斯之间的意识形态的冲突。休斯虽然是一个保守主义者,但更可能用法院的权力进行温和的社会改革。在"弗兰克许曼格姆案"(*Frank v. Mangum)(1915)中,霍姆斯和休斯共同持反对意见,谴责对一名犹太人的"私刑"审判,这位犹太人被控在一次反犹太暴民的活动中谋杀了一个南方妇女。休斯和霍姆斯都无法忍受目无法纪。

作为一名大法官,休斯在任期间的法院面临着越来越多的对经济立法的挑战。休斯投票支持国会调整商业的权力,并在"科皮奇诉堪萨斯州案"(Coppage v. Kansas)(1915)中持不同意见,该案禁止亲劳工的堪萨斯州立法机构废除雇员与雇主之间签订的"黄狗合同"(*yellow dog contract)。休斯以一个改革者的形象开始他的职业生涯,经常拒绝雇主所谓保护劳工的立法干涉了合同(*contract)自由的理由(参见Due Process, Substantive; Labor)。

休斯在全国的声望让他毅然决定参加以深受欢迎的现任总统伍德罗·威尔逊为对手的总统竞选。休斯被提名为共和党总统候选人,并在1916年6月10日辞去最高法院大法官,开始了他未成功的竞选。选举结束后,他很快重操私人律师业务并积极地参与那期间的公民事务。

从1921年至1925年,休斯在沃伦·G.哈丁总统和卡尔文·柯立芝总统任下出任国务卿。他强烈要求美国加入国际联盟,倡导国际裁军,促进国际法庭的发展,支持国际上各种避免新的世界大战的努力。在1925年由于过度操劳,他辞去了在内阁的职务,重新开始了他的私人业务。在1930年赫伯特·胡佛总统任命他为最高法院首席大法官之前,他主要在国际法庭工作。

任首席大法官的职业生涯 休斯领导的法院可能是继首席大法官约翰·马歇尔(John *Marshall)之后法院历史上最重要的时期。在休斯任期内是以经济大萧条和缓慢的经济复苏,以及富兰克林·D.罗斯福(Franklin D. *Roosevelt)试图通过法院人员布置计划(*court-packing plan)迫使法院支持他的施政政策为特征的。即使在伟大的大法官霍姆斯的健康状况不佳、意志坚强的自由主义者路易斯·布兰代斯(Louis *Brandeis)与顽固的保守主义者同任一届法官时,休斯也管理好了法院。据说休斯有使困难重重的法院减少争议提高效率的交际技巧。

实际上,休斯是一个温和的、能干的行动主义者。用他自己的话说,是宪法使他如此的。休斯支持公民的自由权利,通常投票支持自由言论权,例如,在"斯特姆伯格诉加利福尼亚州案"(*Stromberg v. California)(1931)和"赫恩登诉劳里案"(Herndon

v. Lowry)(1937)中,休斯也维护了恶名昭著的"斯科特伯罗系列案"中被告的权利,在该案中一些美国黑人青年被以模棱两可的强奸罪判处死刑[参见"鲍威尔诉亚拉巴马州案"(*Powell v. Alabama)(1932)]。当有种族歧视的可能时,休斯采取现实主义的态度看待事实。作为一个真正信仰法律程序的人,他对他那个时期在刑事司法体制中广泛存在的残暴的种族歧视行为感到万分愤怒。在"布朗诉密西西比州案"(*Brown v. Mississippi)(1936)中,当局通过折磨美国黑人被告获得了招供,休斯对这类案件的回应是愤怒地宣告其无效(参见 Race and Racism)。

当"新政"(*New Deal)立法被诉诸法院时,休斯又一次以一个思想独立的温和的改革者的形象进行表决。在"谢克特禽畜公司诉合众国案"(*Schechter Poultry Co. v. United States)(1935)中,他反对复兴法囊括了太多的权力,尽管在其他情况下,如他在"房屋建筑与贷款协会诉布莱斯德尔案"(*Home Building &Loan Association v. Blaisdell)(1934)中,曾支持州和联邦管理的权力。罗斯福对法院一再拒绝用于应付经济危机的立法变得灰心。在1936年以压倒多数的选票再次当选总统之后,罗期福提出一个议案——法院人员布置计划(*court-packing plan)——增加联邦最高法院的法官人数。在罗斯福的计划宣布之后,联邦最高法院就在"西海岸旅馆公司诉帕里西案"(*West Coast Hotel Co. v. Parrish)(1937)中宣布了亲政府的判决。由休斯作出代表多数的判决意见,并在"全国劳动关系委员会诉琼斯与劳夫林钢铁公司案"(*National Labor Relation Board v. Jones & Laughlin Steel Corp)(1937)中,维持了全国劳动关系法。

尽管他对政府经济法规给予过支持,现在仍有些人认为休斯是向罗斯福的威胁屈服了。休斯声称他在进行法律分析时的考虑因素并没有变。罗斯福撤回了他有争议的计划。

休斯决定在他的能力没有衰退之前退休,因此他在1941年7月1日辞职。在他退休后的岁月中,他享受着与家人共度幸福生活,并整理了他的职业生涯记录,这对历史学家来说是极为有益的。他于1948年逝世。

参考文献 Samuel Hendel, *Charles Evans Hughes and the Supreme Court*(1951);Merlo Pussey, *Charles Evans Hughes*,2 vols.(1951).

[Mari j. Matsuda 撰;熊莉君译;林全玲校]

汉弗莱遗嘱执行人诉合众国案[Humphrey's Executor v. United States, 295 U.S. 602(1935)]①

1935年5月1日辩论;1935年5月27日以9比0的表决结果作出判决,萨瑟兰代表法院提出判决意见。在1933年,富兰克林·D. 罗斯福(Franklin D.*Roosevelt)撤销了联邦贸易委员会中一个保守的成员——威廉·E. 汉弗莱的职务。汉弗莱对他的免职向美国权利申诉法院提起异议之诉,该诉讼是由他的遗产执行人在他死后提起的。

在"迈尔斯诉合众国案"(*Myers v. United States)中,首席大法官威廉·霍华德·塔夫脱(William Howard *Taft)确认了总统对一个邮递员的撤职,并在判决附言(*obiter dictum)中说总统的任免权甚至可以延伸至对独立的管理委员会成员的任免权。但是在汉弗莱遗嘱执行人案中,大法官乔治·萨瑟兰(George *Sutherland)支持全体意见一致的法庭,认为总统只能根据一定的原因而撤销一个委员的职务,并且无限制的撤销权违反了分权原则(*separation of powers)。萨瑟兰通过声称一个委员不同于一个邮递员,不是一个行政官员,而是一个具有部分立法权和部分司法权的官员,从而把迈尔斯案与汉弗莱遗嘱执行案相区别。

萨瑟兰的观点把委员们从政治报复的恐惧中解放了出来而受到赞扬,但也受到了谴责。因为他否认委员是行政机构的成员,妨碍了总统实施连贯的经济计划以及不能表明罗斯福有理由相信自己是遵循先例而行事的。因为汉弗莱案暗示着罗斯福有意要违反宪法,因此它比同一天判决的"谢克特禽畜公司诉合众国案"(*Schechter Poultry Corp. v. U.S.)得出的重要裁决更让罗斯福气愤。罗斯福决定用某些方法来控制法院,那就是他那注定要失败的1937年法院人员布置计划(*court-packing plan)。与其他对"新政"(*New Deal)不友好的判决不同,汉弗莱遗嘱执行案的判决没有被推翻,而且它的原则在"威纳诉合众国案"(Wiener v. United States)(1958)中还得到了扩张。

[Willianm E. Leuchtenburg 撰;熊莉君译;林全玲校]

亨特,沃德[Hunt, Ward]

(1810年6月14日生于纽约州尤蒂卡;1886年3月24日卒于华盛顿哥伦比亚特区;葬于尤蒂卡福雷斯特希尔公墓。)1873—1882年任大法官。他是蒙哥马利·亨特与伊丽沙白·斯汀汉姆的儿子。亨特上过汉密尔顿大学,后来又在联合大学(Union College)上学,并于1829年毕业。在从利奇菲尔德法学院(Litchfield Law School)毕业之后,他于1831年在纽约州取得了律师资格,并与希拉姆·迪莱罗法官合伙开办律师事务所。

在1838年在纽约州议会任职一届之后,于1844年当选为尤蒂卡市市长,并且帮助在纽约州组

---

① 另请参见 Appointment and Removal Power。

Ward Hunt

建共和党。然而,他的抱负却在法律方面。

在经过了几次未成功的努力之后,他终于在1865年当选为纽约州上诉法院的法官,继迪莱罗法官之任。在塞缪尔·霍尔和罗斯科·康克林(Roscoe *Conkling)的支持下,亨特被尤利西斯·S.格兰特认为是继联邦最高法院大法官塞缪尔·纳尔逊(Samuel *Nelson)之任的理想人选。亨特在1872年底被提名为联邦最高法院大法官,并在一周内得到了批准。

亨特在高级别法院任职时,只作出了几个有名的判决,并且没有确立任何司法原则。他习惯性地与他的同事一起反对扩张黑人权利的主张。但一个有名的例外情况发生在"合众国诉里斯案"(United Stated v. *Reese)(1876)中,亨特在该案中作出了他少有的一个不同意见。代表大多数法官作出判决的首席大法官莫里森·R.韦特(Morrison R. *Waite),对联邦宪法第十五修正案(the *Fifteenth Amendment)中规定的投票权作了一个限制性解释。然而,亨特认为:"宪法第十五修正案保护所有公民在所有选举中的最宽泛的投票权,各州也与联邦一样。"在这个案件中,大多数法官拒绝支持联邦干预州的个别官员在自己的权限范围内不允许黑人投票的行为。亨特认为,这种个人行为等同于州行为(*state action),因此应当受到联邦的规制。亨特提到,依据联邦宪法第十五修正案的规定,"州行为包括依据州的权威进行的所有行为"。

里斯案中大多数法官作出的判决反映了联邦力图协调南北方矛盾的努力。这不可避免地将导致联邦放弃对自由人的民权(*Civil Right)保护。经过这个案件以后,亨特指出,多数意见对奴隶制(*slavery)问题的强有力的修正案得出了一个"无力的结论"。在亨特任期的后半段时间,他在"合众国诉克鲁克香克案"(United States v. *Cruikshank)(1876)中,进一步默示承认了执行法(Enforcement Act)在保护民权上力量的微弱。

不幸的是,亨特对非裔美国人选举权的短暂关注并没有扩及妇女。1873年,他主持了联邦巡回法院审理的苏珊·B.安东尼的案件。该案中,苏珊·B.安东尼根据联邦宪法第十四修正案(the *Fourteenth Amendment)的规定要求获得投票权。她希望在纽约参加1872年的总统选举,尽管州宪法规定只有男子有投票权。安东尼主张州否认了她根据联邦宪法第十四修正案中保障所有公民的"特权和豁免"(*privileges and immunities)规则所享有的权利。亨特直接地驳回了她的请求,并在他的判决意见中区分了州公民的权利和联邦公民的权利。他遵循了"屠宰场系列案"(*Slaughterhouse Cases)(1873)中的推理判定,这种规定尽管不公平但属于州的绝对主权范围。亨特引导陪审团对安东尼作出了有罪认定,并罚了她100美元。尽管这个判决没有执行,但也没有向联邦最高法院提起上诉。

总的来说,亨特在身体健康的时候是一个工作认真的大法官,他在联邦最高法院任期内(1873—1882)也是一个有能力的大法官,但似乎他对同事以及宪法的发展没有产生什么明显的影响。他的判决意见,虽然不是才华横溢,却也论述得很清楚并进行了深入的研究。他总是与韦特法院的大多数法官一起支持公债持有者的权利要求、支持州在传统的治安权(*police power)范围内的立法以及支持州要求联邦对其免税的主张等。在他的一个判决中,他宣布市政融资建立的铁路属于州的机构,因此同样免予征税。几年后,他在"彭萨古拉电报公司诉西部联盟电报公司案"(Pensacola Telegraph Co. v. Western Union Telegraph Co.)(1877)中,对大多数法官的判决表示异议。大多数法官认为,州不能干涉根据联邦法修建的电话线路。然而,亨特认为,联邦的权限只能延伸到公共领域的土地上。

在1877年,日益衰退的健康状况让亨特错过了很多案件的审理,他在1878年12月法院休庭期的一个月之后,被致残性的中风所击倒。然而,他拒绝辞职。由于他在法院任期不满10年因此不能得到养老金,所以他推迟了辞职的时间。因为他以前的同事——大法官戴维·B.戴维斯(David B. *Davis),当时是来自伊利诺伊州的参议员,为亨特提出了一个特殊退休法案,就在该法案通过那一天,亨特辞去了在法院的工作(1882年1月27日)。

在1971年进行的一次调查中,亨特被学者们评为联邦最高法院大法官中的一个"普通"的大法官。亨特可能是普通的,但并非不重要的。在他就任联邦法院大法官期间,政治上一直忠诚于格兰特的任命。他写了149件案子的法院判决意见,写了4个不同意见书,在18个案件中持不同意意见,但没有起草不同意见书。亨特经历了两次婚姻。第一次于1837年与来自塞勒姆的玛丽·安·萨维吉在纽约举行的婚礼,他们生了两个孩子。第二次是在1853年与来自奥尔巴尼的玛丽娅·泰勒结的婚。瘫痪性的中风影响了他的右半身的行动,直到1886年3月24日在华盛顿逝世时,他一直都没有恢复。

参考文献 Stanley Kutler, "Ward Hunt,": in *Justices of the Untied Stated Supreme Court*, 1789-1969, edited by Loeon Friedman and Fried Israel, vol. 1 (1969), pp. 1221-1229. Stanley Kutler, "Ward Hunt," in *Encyclopedia of the American Constitution*, edited by Leonard W. Levy, Kenneth L. Karst, and Dennis J. Mahoney, vol. 1(1986), p.941.

[Marian C. McKenna 撰;李明、林全玲译;林全玲、胡海容校]

赫尔利诉波士顿爱尔兰裔美国人同性恋组织案[Hurley v. Irish-American GLB Group of Boston, Inc., 515 U. S. 557 (1995)]

1995年4月25日辩论;1995年6月19日以9比0的表决结果作出判决,苏特代表全体一致的法院起草判决意见。赫尔利案涉及的纠纷在于"波士顿圣帕特里克日"(Boston St. Patrick's Day)游行的组织者是否可以禁止男同性恋者、女同性恋者、双性恋者携带表明自己性取向的旗帜参加游行。

"波士顿圣帕特里克日"游行是南波士顿一个传统习俗,由爱尔兰裔美国人中的中产阶级和工人阶级的家庭(大约3.8万人)联合在一起,一年举行一次。游行的组织者是南波士顿退伍军人委员会,一个私人的非营利性组织。游行也是用来庆祝"大撤退日"(Evacuation Day),这个日子是用来纪念逼退英国军队的一场战争。1992年纽约的同性恋权利组织想在波士顿参加大游行,于是波士顿爱尔兰裔美国人同性恋组织为支持纽约的同性恋组织,便要求参加"波士顿圣帕特里克日"游行。遭到南波士顿退伍军人委员会的领导者赫尔利拒绝后,爱尔兰裔美国人同性恋组织便向马萨诸塞州法院提起了诉讼。马萨诸塞州法律禁止歧视在就业、住房以及其他涉及公共设施、娱乐等领域的同性恋者。马萨诸塞州最高法院认为,游行涉及公共设施,因此退伍军人委员会不能拒绝爱尔兰裔美国人同性恋组织参加游行。

马萨诸塞州法院的判决促使赫尔利取消了1994年的游行,并宣称这是该组织拒绝接受法院判决的方式。1995年的游行仍然取消了,但在3月17日却举行了一场针对法院判决的"抗议游行"。抗议游行结束后一个月,这个案件起诉到了联邦最高法院。

在全体一致的判决中,法院认定,要求游行的组织者允许爱尔兰裔美国人同性恋组织携带旗帜参加游行违反了游行组织者根据宪法第一修正案(the *First Amendment)所享有的言论自由权。大法官戴维·苏特(David *Souter)论证道,游行是言论的一种形式,这是一种交流思想的活动,而不是公共设施,拒绝使用公共设施才会构成歧视。并且联邦最高法院提到,游行的组织者并没有排除同性恋者,并没有规定游行者的性取向问题。相反,退伍军人委员会反对的是爱尔兰裔美国人同性恋组织携带他们自己的旗帜参加游行。在法院看来,禁止爱尔兰裔美国人同性恋组织作为一个组织参加游行,相当于"一个讲话人选择自己讲话的内容","言论自由的重要表现,也包括一个人选择不说什么的自由"(p.573)。马萨诸塞州宽泛地界定公共设施,导致对言论自由的侵犯。

爱尔兰裔美国人同性恋组织如果能够证明该市政府参与组织了游行,或许能够再胜诉。苏特提到,该市政府曾组织这一游行,直到1947年才授权该私人组织主持。尽管爱尔兰裔美国人同性恋组织曾论及游行仍然与市政府的官方行为有联系,因此该组织的决定等同于州行为(*state action),但这一主张并未被州法院采纳。

[Erin Ackerman 撰;林全玲译;胡海容校]

胡塔多诉加利福尼亚州案[Hurtado v. California, 110 U. S. 516 (1884)]①

1884年1月22—23日辩论;1884年3月3日以8比1的表决结果进行判决,休斯代表法院起草判决意见,哈伦持异议。该案涉及加利福尼亚宪法中的一个条款。该条款授权地方司法行政官对某些资料进行了审查之后,不须以大陪审团(*grand jury)作出对某人犯罪的控告书,即可以对重刑罪提起公诉。该案根据地方司法部长提供的资料,认定被告犯有谋杀罪并被判处死刑。被告在上诉中认为,在死刑案件中凭资料起诉的程序违反了联邦宪法第十四修正案(the *Fourth Amendment)的正当程序条款(*Due Process Clause),他主张这一条款应与联邦宪法第五修正案(the *Fifth Amendment)中规定在联邦死刑案中由大陪审团提起公诉的规定联合适用,因此它对各州也有约束力(参见 Capital Punishment)。联邦最高法院拒绝采纳被告的上诉理由,裁定联邦宪法第十四修正案中的正当程序条款在逻辑上不能包括联邦宪法第五修正案中规定的具体的程序保障。

---

① 参见 Incorporation Doctrine。

被告提出申辩,认为正当程序就意味着那些在美洲殖民地建立起来之前,在英国的普通法和制定法中已经确定下来的程序和模式,除非与美国的殖民地的情况不相适合的,都应适用于美国。他主张在死刑案中适用书面程序是没有得到英格兰或殖民地的法律的授权的。法院未采纳这种主张,认定其他程序可能也是符合正当程序的。法院所采纳的标准是任何法律程序,无论是经过长期的运用而得到认可的,还是新设计的,只要保证了根植于美国政体中的自由和公平的基本原则,就必须视为构成了正当程序。在法院的判决意见中,加利福尼亚州程序并没有违反这些原则。

[Edgar Bodenheimer 撰;熊莉君译;林全玲校]

赫斯特勒杂志诉法尔威尔案[Hustler Magazine v. Falwell, 485 U.S. 46(1988)]①

1987年12月2日辩论;1988年2月24日以8比0的表决结果作出判决,伦奎斯特代表法院起草判决意见,怀特持并存意见,肯尼迪没有参加。在赫斯特勒杂志的一篇模仿滑稽作品中,著名的原教旨主义者(相信《圣经》所记载的传统的基督教信仰,反对较为近代的教义的人——校者注)传教士瑞维尔瑞恩德·杰瑞·法尔威尔被描述成了一个与他母亲在屋外厕所中有乱伦行为的醉鬼。

美国联邦地区法院的陪审团赞成弗吉尼亚区法院的判决,认定这篇模仿滑稽作品不是诽谤性的,因为理智的读者不会把它看作是法尔威尔文章中所描述之事的真实的断言。但是,陪审团判决针对一项单独的诉讼请求中所提出的对"蓄意造成感情沮丧的痛苦",判了20万美元的赔偿。因为这一诉因不要求存在对事实的错误的陈述。

联邦最高法院推翻了陪审团的判决,并认定公众人物或者官员不能因出版物所引起的蓄意的感情伤害获得补偿,除非该出版物包含了一个以实际恶意(*actual malice)(知道是虚假事实或忽视了是事实或虚妄)而作出的虚假陈述。文章中的材料可能令人难以容忍,并且也可能是有意要引起严重的精神损害,但这两者都不足以推翻联邦宪法第一修正案(the *First Amendment)的规定。联邦最高法院评注说,对公众人物的恶意批评是美国传统讽刺作品和滑稽作品的一部分,如果公众人物能够让讽刺作家引起精神沮丧的任何时候都起诉讽刺作家的话,这个言论自由的传统就会受到削弱。

[Rodney A. Smolla 撰;熊莉君译;林全玲校]

哈钦森诉普罗克斯迈尔案[Hutchinson v. Proxmire, 443 U.S. 111(1979)]②

1979年4月17日辩论;1979年6月26日以7比1的表决结果作出判决,伯格代表法院起草判决意见,斯图尔特部分地持赞同意见,部分地持不同意见,布伦南持异议。本案探究了宪法的言论与争论条款(第1条第6款)对国会议员所提供的保护范围。除此之外,法院还再次涉及在诽谤诉讼中"公众人物"的判断标准问题。

该案集中在参议员威廉·普罗克斯迈尔代表联邦机构授予的"金羊毛奖"上,他认为这一支出是浪费。该奖是授予为罗纳德·哈钦森博士的研究提供资金的几个联邦机构。罗纳德·哈钦森是一位心理学家,他通过在猴子身上实验来开发一种对"侵略性"进行判断的客观标准。普罗克斯迈尔在参议院宣布了这个奖项,并在他的新闻发布会上、新闻信札、媒体采访和其他情况下提到这个奖项。哈钦森声称承受了"精神上的巨大痛苦",并以毁坏名誉对普罗克斯迈尔提起诉讼,认为他的名誉被毁,他的合同关系受到了干涉,以及隐私(*privacy)受到了侵犯。

联邦最高法院对根据言论与争论条款而受特权保护的立法活动进行了狭义的理解。特权不应扩展到新闻信札、新闻发布会和其他一些对于参议员的评议所必需的活动中。这些活动不应该归入参议院的告知功能,因为它们涉及的是个人成员的言行,而不是参议院集体的活动。再进一步说,哈钦森不是"公众人物",却被普罗克斯迈尔的行为投入了公共的注目之中——这也不是他个人所欲求的。因而,该案遵循了《纽约时报》诉沙利文案(*New York Times v. Sullivan)(1964)的判例,在哈钦森案中采取了比实际恶意(*actual malice)更低的证据标准。大法官威廉·布伦南(Willian *Brennan)对狭义解释有特权的立法活动观点表示异议。他争辩道,立法议员对政府支出的评论,无论是哪种形式,都是受言论与争论条款保护的。

[Elliot E. Slotnick 撰;熊莉君译;林全玲校]

希尔顿诉合众国案[Hylton v. United States, 3 Dall.(3U.S.)171(1796)]③

1796年2月23—25日辩论;1796年3月8日以3比0的表决结果作出判决,艾尔戴尔·佩特森和蔡斯3人持分述的判决意见。

在1794年,国会对载客车辆征收运费税。美国政府在弗吉尼亚州的联邦巡回法院对丹尼尔·希尔顿未缴其应缴的税提起了诉讼。希尔顿主张这一税收是联邦宪法第1条第8款所指的"直接税",而该条款禁止国会不根据各州的人口进行分配而征收直接税。这一争辩引起了敏感的新政府的国会征税权

---

① 另请参见 Bibel; Speech and the Press。
② 另请参见 Speech and Debate Clause。
③ 另请参见 Taxing and Spending Clause。

问题。巡回法院在这个问题上产生了分歧,但是希尔顿为了通过上诉到联邦最高法院测试该税收的合法性,承认判决(承认承担纳税义务)。审理该案的 3 位法官——塞缪尔·蔡斯(Samuel*Chase)、威廉·佩特森(William*Paterson)和詹姆斯·艾尔戴尔(James *Iredell)——全体意见一致地认为运费税不是直接税,因此,不受第 1 条禁止。直到 1895 年的所得税系列案(*Income Tax Cases)(1895)为止,联邦最高法院关于税收问题的这一判决意见都是有法律约束力的[参见"波洛克诉农场主贷款与信托公司案"(*Pollock v. Farmers Loan & Trust Co.)]。希尔顿案也是重要的,因为它含蓄地引出了联邦最高法院的司法审查权(*judicial review)问题。虽然审判希尔顿案的法官们没有直接提及这一问题,但是联邦最高法院的大法官们似乎认为他们有权取消国会违宪的行为。然而,大法官蔡斯宣布,如果联邦最高法院的确有此权力,那么他只有在"非常清楚"的案件中才会行使这项权力(p.175)。直到首席大法官约翰·马歇尔(John *Marshall)在"马伯里诉麦迪逊案"(*Marbury v. Madison)(1803)中公开发表法院的判决意见,联邦最高法院才最终解释了它依据宪法而享有的司法审查权。

[George Dargo 撰;熊莉君译;林全玲校]

I i

贫民诉讼[IFP]

参见 In Forma Pauperis。

非婚生子女[Illegitimacy]

参见 Inheritance and Illegitimacy。

麦科勒姆引起的伊利诺伊州诉教育理事会案[Illinois ex. rel. McCollum v. Board of Education, 333 U. S. 203(1948)]

1947年12月8日辩论,1948年3月8日以8比1的表决结果作出判决,布莱克代表法院起草判决意见,里德表示反对。麦科勒姆引起的"伊利诺伊州诉教育理事会案"是联邦最高法院有关联邦宪法第一修正案(the *First Amendment)部分的早期判例之一,而该修正案禁止确立宗教(establishment of *religion)。法院作出判决:公立学校不得允许传教士在校内提供宗教教导。多数意见及并存意见都属于严格的分离派,认为在国家与宗教活动之间应该存在着一堵高墙。

伊利诺伊州学校委员会允许学生每周接受30或45分钟的宗教教育,包括新教、天主教或犹太教。教授者不接受任何公共基金,但要经过学校管理者的批准。对于那些父母没有要求接受宗教教导的学生可以去校园的其他地方,但是那些已登记的要求接受宗教教导的学生则必须参加。

在"埃文森诉教育理事会案"(*Everson v. Board of Education)(1947)中,胡果·布莱克(Hugo *Black)法官代表法院所提出的意见适用禁止确立宗教条款(the Establishment Clause)来反对政府机构,他并在麦科勒姆案中再次代表法院提出判决意见,赞同宽泛的分离派的指导原则。他认为,这一校区计划显然构成不为法律允许的对宗教的公共资助。费利克斯·法兰克福特(Felix *Frankfurter)法官与其他4位法官的并存意见,则强调社会上一直存在着反对在公立学校将宗教教导与世俗教育相混合的趋势,并特别提到:几乎有两百万名学生包含在一种或其他种类的"宗教教导时间"(*released time)计划中。里德(*Reed)法官的异议则认为:应更狭义地解释确立宗教条款,从而允许国家对宗教提供这种附属的资助。法院关于这方面的下一个判例,即"左拉奇诉克卢森案"(*Zorach v. Clause)(1952)严格地限制了麦科勒姆案对"宗教教导时间"计划的实际影响。

[Kent Greenwalt 撰;李明译;林全玲校]

移民[Immigration]

在近代历史上,最大的国际人口流动是流向美国的,自19世纪初以来已有5000万人口流入了美国。在界定联邦政府与移民事务的关系方面,联邦最高法院起到了重要的作用,其判例奠定了现代移民管理体系的法律基础。

南北战争以前,联邦政府几乎不去管理移民事务。拥有较大港口的沿岸各州,如马萨诸塞州、纽约州、宾夕法尼亚州及马里兰州设立了一些机构来监管和处理日益增长的移民入境问题。比如,纽约州通过了一些法律,这些法律要求船长报告其乘客的姓名、职业、出生地、年龄、状况等,并要求船主为他们每人支付一小笔人头税。沿岸各州设立了移民委员会来执行这些新法律,该委员会主要由业余的志愿者担任。这些州的立法者希望通过这些措施减少潜在的穷人、患病者及精神错乱者的入境和其他需要监管的情况。

在"纽约州诉米尔恩案"(*New York v. Miln)(1837)中,纽约州的法律受到了挑战。该案被告是一位船主,他抗辩说,纽约州的法律阻碍了州际及涉外贸易。但是,联邦最高法院仍支持这些州合法行使治安权(*police power)的法律。菲利普·P.巴伯(Philip P. *Barbour)法官论述到:

一州为了防止赤贫者、流浪汉及可能的罪犯所引发的道德瘟疫而制定预防措施,为了防止自然瘟疫一样是适当和有必要的。这些自然瘟疫可能产生于腐败的或受感染的进口商品,或产生于一艘轮船,该船船员可能是在传染病威胁之下劳动的(pp. 142-143)。

这一结论确认了各州政府有权为入境移民制定标准,并拒绝那些不符合这些标准的移民入境(参见 State Sovereignty and States Rights)。由于南方各州坚持有完全的权力去控制自由的或成为奴隶的黑人、主张废奴主义者及反对奴隶制度的宣传者的入境(参见 Slavery),这一突如其来的问题使得控制移民的问题复杂化了。

十多年以后,联邦最高法院在乘客系列案(*Passenger Cases)(1849)的判决中改变了立场。法院判定:对移民进行征税的州法律侵犯了宪法第1条第8款赋予国会的管理与外国进行的贸易的权力(参见 Commerce Power;State Taxation)。这一判决将自由人的移民置于国会的专有权限之下,其例外情形是州权力范围内的健康与安全问题。

1875年,联邦最高法院在这一判例上更进了一步。在"亨德森诉纽约市长案"(Henderson v. Mayor

of New York)(1876)中,法院认定:沿海各州的所有移民法都是违宪的,因为它们侵占了已授予国会的管理涉外贸易的专有权力。作为对亨德森案的回应,各州撤除了移民委员会及港口机构。安置外国人使其适应新的生活环境及遣返不合法律资格者的全部责任就落到了民间的慈善机构之上了。慈善机构的工作人员不堪移民的增多给其造成的极大的压力,便请求国会让联邦政府来承担管理入境的职责(到19世纪80年代,每年有超过50万的移民在美国港口被遣返)。

在19世纪80年代,国会首次将移民事务置于联邦政府的直接管辖之下。再也不能依靠志愿者或非正式程序来管理这股强大的社会力量了。1891年,国会在财政部中首次设立了管理移民事务的联邦管理机构。后来,国会又改善和加强了对移民的控制。联邦最高法院的立场,即管理移民的、专有的宪法性权力是属于国会的,这使得一些根据越来越严格的入境标准来限制移民法规的出台成为可能,这使自由和无限制的移民时期到20世纪早期便告终结。

[Reed Ueda 撰;李明译;林全玲校]

移民与归化局诉查德哈案[Immigration and Naturalization Service v. Chadha., 462 U. S. 919 (1983)]

1982年2月22日辩论,1982年12月7日再次辩论;1983年6月23日以7比2的表决结果作出判决。伯格代表法院起草判决意见,鲍威尔持并存意见,怀特与伦奎斯特表示反对。查德哈出生于肯尼亚,父母是印度人,持有英国护照。在20世纪60年代中期,他来到美国学习。当他的留学签证期满时,无论是英国还是肯尼亚都不允许其返回,因此他申请在美国的永久居住权。经过长期的听证程序,移民与归化局(INS)批准了他的居留申请。接着,美国联邦众议院在两年以后投票"否决"了移民与归化局的这一决定,查德哈面临着被驱逐出境的窘境。

立法否决权(*legislative veto)是一个简单的概念,最初由国会在20世纪30年代发明,是国会对于已授予总统的、重组行政部门机构的权力保留一些控制的方法。在人们对"越南战争"和"水门丑闻"醒觉之后,立法否决权作为一种控制总统滥用权力的工具而变得尤为引人注目(参见Delegation of Power)。

同时,以下事实也变得显而易见:立法否决权也许是一种以国会权力控制行政管理的方式。到20世纪70年代中期,掀起一股执行前10年间通过的所有保护环境、保护消费者和其他社会性法律的大潮,华盛顿的政府机构为此纷纷出台管理办法。立法否决权为国会成员回应受制于这些管理办法的强大工商业利益的抱怨提供了一种途径。经过长期而艰难的斗争才使这些法律通过来实现其目标的公益组织又面临着失去一个又一个管理办法的前景。艾伦·莫里森(Alan Morrison)是保护消费者行动主义者拉尔夫·纳德(Ralph Nader)的首席诉讼人,他抓住这一机会,借用查德哈案击败了立法否决权。

卡特和里根政府司法部的律师都参与了此案件,他们代表移民与归化局,支持莫里森,反对立法否决权的合宪性。国会被迫参加诉讼为其立法否决权的合宪性进行辩护。查德哈这个小案子就变成了两大巨人之战:国会对总统。

首席大法官沃伦·伯格(Warren *Burger)起草了法院的评判。伯格指出:对于联邦政府立法权的运用,宪法规定了"一套独一无二的、精心制作并经全面考虑的程序"(p.951)。"清楚明确的宪法条款限定和解释了国会和行政部门在立法程序方面各自的职责"(p.945)。国会任何一院所采取的行动,不论是性质还是结果都包含有可被恰当地看作是立法性的事项,这些行动必须与宪法所设立的立法程序相一致,即,在参众两院通过并提交给总统(p.952)。他继续解释了法院的意思。"在性质或结果方面有立法性"的行为包括任何"改变法定权利、义务以及人们之间关系的目的与效果"的行为,即使是在"立法机构之外的部门"的行为(p.952)。立法否决权代表着国会一院或两院违反宪法为立法所设定的"逐步的、审慎的和商讨性的程序"(p.959),因而是违宪的。

法院在查德哈案中所突然而有效地推翻的国会立法比其以前整个历史上所推翻的总和还多。根据刘易斯·鲍威尔(Lewis *Powells)的意见,此案件应根据更狭义的理由来判决,即应权衡立法否决权的效用与其对其他部门权限造成的潜在的侵害。鲍威尔辩论道:当国会断定一个特定的人不符合在本国永久居住的法定标准时,它已经承担了一种司法职责,这违反了分权原则(*separation of powers)。根据鲍威尔的意见,这才是本案所提出的唯一争议,也是本案所应当判决的唯一争议。

拜伦·怀特(Byron *White)法官持强烈异议,他为立法否决权辩护道:"即使(立法否决权)不是一种必不可少的,也是一种很重要的政治发明,它使总统和国会能解决主要的宪法性政策分歧,确保了各独立的法定机构的职责,并保留了国会对于立法的控制"(p.972)。怀特批评大多数法官只是僵化地适用宪法的立法程序,忽视了现代行政国家中的现实情况,即很多"法"是在宪法条款明文规定的程序之外由未经选举的官员制定的,因此是"不负责任的"(p.974)。

现在就断定查德哈案预示着联邦最高法院有严格适用宪法的规定来规制部门间权力争斗的意图,还为时过早。1986年,"鲍舍诉西纳尔案"(*Bowsher v. Synar)对格拉姆-鲁德曼-霍林斯削减赤字法(Gramm-Rudman-Hollings deficit reduction law)提出了挑战,它提供了一些法院或许将循此方向继续下去的证据。但是更近一些时候的两个判例,即在1988年对特别检察官法(special prosecutor law)提出挑战的"莫里森诉奥尔森案"(Monison v. Olson)和在1989年对判刑委员会法(sentencing commission law)提出挑战的"密斯特里塔诉联邦政府案"(*Mistretta v. U.S),则预示着联邦最高法院严格遵循分权要求的立场已有所改变。

参考文献 Barbara Hinkson Craig Chadha, *The Story of an Epic Constitutional Struggle* (1988); Louis Fisher, "Judicial Misjudgments About the Lawmaking Process: The Legis-lative Veto Case," *Public Administration Review*, Special Issue (November 1985): 705-711.

[Barbara Craig 撰;李明译;林全玲校]

豁免[Immunity]

参见 Congress, Arrest and Immunity of Members of; Executive Immunity; Fifty from Civil Damages; Privileges and Immunities。

法院判决的影响[Impact of Court Decision]①

联邦最高法院的判决潜在地影响了很多人,并且实际上也有着相当大的效果。联邦最高法院拥有影响力的程度无论是直接的还是间接的,短期的还是长期的,都体现了其在美国政治体系中的重要性(参见 Political Process)。当人们自觉地使其行为与联邦最高法院判例所确定的指导原则保持一致时,遵从的程度就体现了那些受潜在影响的人对联邦最高法院的合法性的认同。同样,人们也有不遵从的行为,他们拒绝遵守联邦最高法院裁判或规避这些裁判——在技术上遵守而回避其精神或原则——即表明公众不愿意接受法院的判决,法院对此是负有责任的。

"影响"和"遵从"这两个术语都是理论上的概念,尽管它们都指向法院所要实现之事项的重要方面。但是,举例来讲,除非人们了解一个判例,否则"遵从"就无从谈起,它显示出人们如何了解司法判例的重要性。有时,信赖法院的人会尽量去做那些他们相信法院最终要求他们去做的事,这就是预期遵从。"影响"则比"遵从"宽泛得多。它既包括强制为特定行为之判例的影响,又包括允许性判例的影响;后者并不要求采用某一特定的政策,比如,允许自由选用六人制而不是传统的十二人制的陪审团(参见 Trial by Jury)。而且既有单个判例的影响,又有一系列判例所产生的影响。在一系列的判例中,法院不断增强其初始判决,正如其在承认堕胎权(*abortion)之后对重复作出的判决予以保护一样。

法院产生影响既可以通过以充分的意见发布一个判例来实现,也可以通过拒绝审查案件来实现——即以不作为的方式实现。在法院的影响中存在着许多起作用的因素:一是那些被影响者的自身利益;二是舆论及现行政策的状况;三是官员执行法院判例的努力程度。

自国家成立之日起,联邦最高法院就在塑造着美国人的生活,例如,首席大法官约翰·马歇尔(John *Marshall)的判例就对建立一个强大的中央政府和国民经济起了重要的作用。稍晚,法院又在"斯科特诉桑福德案"(*Scott v. Sandford)(1857)促进了种族隔离,并在"普勒西诉弗格森案"(*Plessy v. Ferguson)(1896)中帮助巩固了种族隔离(见 Race and Racism)。法院的判决对于许多人都有潜在的影响。法院的判决有时能够执行:校园祷告停止了,对犯罪嫌疑人的权利也受到了更加谨慎的保护。但有时也有不遵从的情况发生:校园祷告继续发生,非法搜查也没有减少。一些判例受到欢迎,人们便乐于执行;但许多其他判例的执行则受到漠视。尤其当我们不考虑这些具有争议性的问题,如校园祷告、搜查及查封等,就会发现法院的判例得到了很大程度的遵从。然而,反抗也会推翻法院的判例,最为明显的情况是使宪法本身作出修改。如废除奴隶制(*slavery)[(联邦宪法第十三修正案)(the *Thirteenth Amendment)],允许征收所得税(*income tax)[(联邦宪法第十六修正案)(the *Sixteenth Amendment)]及给予18岁者选举权[(联邦宪法第二十六修正案)(the* Twenty-sixth Amendment)](参见 Constitutional Amendment)。在法院解释了一部成文法后,立法者常常重新起草法律以保持其原先的意图。因此,作为政策制定者,法院是不具有最终解释权的,只有在所有其他人都发言之后,法院才有发言权。法律才会是法院所解释的那样。

法院判决的影响范围很广——对于国会来说,国会的内部运作及其选区范围常受到法院的影响,并且其许多立法结果也常被法院宣布为无效。对于总统的职权,法院判决的影响一般是承认总统行为的合法性,尤其是在战争(*war)时期及与涉外事务(*foreign affairs)相关时。对于各州,法院判例则常有最大的影响,因为法院更乐于对抗州法而不是国家法律。法院判例的影响还及于经济、舆论、公民自由及公民权利等。

影响并不仅仅意味着法院宣告判决,其他人给予回应。人民对判决的回应通过两种方式反映到法院。一种是法院对环境的认知,另一种是通过人民提起诉讼对这些回应进行质疑,这使得联邦最高法

---

① 另请参见 Separation of Powers。

院与其他政治角色之间产生了持续性的对话。明显的例子就是在法院作出判决规制堕胎之后，法院针对这一事项又作出了一系列的判决。反抗法院判决的行为，比如限制堕胎的努力，可被看作是非法的——因为我们应当将联邦最高法院的判例作为"国家之法律"而遵守。然而，如果联邦最高法院对那些受其判决影响的事项有一点敏感的话，反抗和其所产生的大量新案件将帮助法院了解其判例的效果。同样可以肯定的是：法院的正当性将提高其判例得到遵从的程度。

[Stephen L. Wasby 撰；李明译；林全玲校]

弹劾[Impeachment]

弹劾是一种程序，如果总统、副总统以及联邦政府的所有文职官员，包括联邦法院的法官犯有"叛国罪、受贿罪或其他重罪或轻罪"时，通过该程序可以使其免职。弹劾议案或有关行为不端的控告由众议院起草并要经多数投票通过；聆讯必须在参议院举行并须经 2/3 以上多数通过方可判罪。宪法也规定，弹劾案中的定罪仅包括免职和取消将来的任职资格，这并不妨碍有罪的当事人在普通的法院审判中根据法律承担进一步的责任。最后，总统下令赦免(*pardon)的权力也不适用于弹劾的情况。

弹劾在英国被广泛用于监督具有较高职位的腐败官员，而在美国它却变成了使低级别联邦法院的法官免职的主要手段。然而，主要的例外是对塞缪尔·蔡斯(Samuel *Chase)、安德鲁·杰克逊(Andrew *Jackson)总统和比尔·克林顿总统的弹劾。依照英国的传统，国会并不会经常起诉并审理皇室的高级官员，包括法官，但一旦认定为他们有罪，往往会判其死刑。宪法制定者借来了这一形式，主要是用以监督总统，但没有采用其后者。从一开始，在将宪法中的弹劾条款扩展适用于联邦官员时，就被视为包括了联邦司法机关的成员。

由于宪法只是简单地规定了弹劾程序，这遗留了很多问题以待探讨。也许最重要的是，什么行为构成"重罪或轻罪"。尽管有的评论者认为，可以导致弹劾程序的行为必须是犯罪行为，国会议员杰拉尔德·福特(Gerald Ford)则主张，只要国会认为可以提起就行。比较适中的观点和惯例认为，引起弹劾程序的行为往往是导致严重地滥用职权或违反了公众的信任。其他问题包括弹劾程序是否适用于官员履行职务之外的不当行为，联邦法院是否可以对弹劾程序认定的犯罪进行司法审查。还有一个问题是：是否适用于总统的弹劾程序与适用于法官的弹劾程序有同样的标准。对于最后一个问题，大多数专家及惯例认为，至少低级别联邦法院的法官应当比行政首脑更容易免职。

大法官蔡斯是唯一的被启用弹劾程序的联邦最高法院法官，由于最终他被认定为无罪，使得这一弹劾程序的政治色彩没那么浓厚。蔡斯是美国独立战争那一代人中重要而有争议的人物。他是《独立宣言》(*Declaration of Independence)的签名者之一，他好斗、易怒、好胜且专横。1796 年乔治·华盛顿(George *Washington)总统任命其为联邦最高法院法官。蔡斯具有一流的法律思维，而且他是前约翰·马歇尔(John *Marshall)法院的最重要的成员之一。然而，他很快脱颖而出，作为一个极端的联邦主义者，他积极执行《反煽动法》(*Sedition Acts)；而该法律是在约翰·亚当斯(John Adams)当政期间通过的，允许对共和党的编辑与政客提起诉讼，尤其表现在托马斯·库珀(Thomas Cooper)、约翰·弗赖斯(John Fries)及詹姆斯·T. 卡伦德(James T. Callender)案件中。

然而，蔡斯的司法行为并不很恰当，针对他所提起的弹劾程序也备受指责。1800 年选举时，共和党人托马斯·杰斐逊成为总统，他所在的共和党人获得了对国会两院的控制权，只剩下司法权还保留在联邦党人手中。杰斐逊本人起初并没有想与司法机构展开斗争，但一些激进的共和党人，如弗吉尼亚州的约翰·伦道夫(John Randolph)如此做了。这位新总统最终支持了对联邦党人约翰·皮克林(John Pickering)——新罕布什尔州地区法院的一位法官的弹劾程序。约翰·皮克林不仅神经错乱还酗酒，但可以肯定没有参与任何故意犯罪或滥用职权。约翰·皮克林成为历史上第一位被弹劾、定罪并免职的联邦法官。因为共和党的大多数人认为，英国和美洲殖民地的先例创制的弹劾程序可以作为使政敌免职的手段。

就在约翰·皮克林被定罪的同一天，伦道夫(Randolph)正在众议院中游说对蔡斯启动弹劾程序。起初，杰斐逊还支持利用弹劾程序反对蔡斯利用职务之便维护党派利益的一贯做法。但是，当他看出如果蔡斯被定罪，伦道夫及其拥护者将会对联邦最高法院中其他联邦主义成员如法炮制，包括威廉·佩特森(William *Paterson)和约翰·马歇尔。因此，杰斐逊不再支持这种努力。在审判过程中，蔡斯和他的资深律师们进行了强有力的辩护，而伦道夫则并非经过训练的律师，在诉讼中更是相形见绌。并且在最后投票时由于杰斐逊拒绝执行党派纪律，并主张认定蔡斯有罪可能会削弱分权(*separation of power)理论，这使得过于热心的共和党人没能获得定罪所必需的三分之二多数票。

蔡斯案的审判结果支持了那些较为温和的共和党人的观点，他们认为弹劾程序的起因或是因为犯罪，或是因为滥用职权，而不应该是因为支持某党派。这种观点流行至今。尽管有低级别联邦法院(*lower federal court)的法官被弹劾、定罪及免职的情况，但这仅发生在十分明确的案件中。对于联邦最高法院的成员来说,弹劾的威胁已主要是名义上的。自杰斐逊以后,所有的总统和国会的大多数成员一般都认为弹劾程序太过麻烦,且有党派性而避之不用。

诚然,某些个人甚或团体偶尔还会因联邦最高法院特定法官采纳了有争议或不受欢迎的观点而请求对其提起弹劾。关于这种态度的最广为人知的表现可能要数针对首席大法官厄尔·沃伦(Earl *Warren)所进行的弹劾运动了。这场运动由约翰·伯奇(John Birch)社团在20世纪60年代初发起,分发了宣传册并竖立了大量的告示板,但这对于法官的行为没有产生任何令人满意的影响。如杰拉尔德·福特(Gerald Ford),一个在社会活动中很保守的国会议员,在110名众议员支持下,于1970年提出了一项议案,请求对威廉·奥维尔·道格拉斯(William O. *Douglas)法官提起弹劾。

尽管首席大法官萨蒙·波特兰·蔡斯(Salmon P. *Chase)主持了参议院对总统约翰逊的审理,并且首席大法官威廉·伦奎斯特(William *Rehnquist)主持了总统克林顿的审理,但联邦最高法院本身并没有广泛地涉入弹劾的议题。法官经常是在讨论其他争议——如要求陪审团审理(*trial by jury)的权利或赦免权(*pardon)的范围时,才附带提及弹劾程序。

参考文献　Raoul Berger, Impeachment: "The Constitution Problem" (1973). Michael J. Gerardt, "The Federal Impeachment Process: A Constitutional and Historical Analysis" (1996).

[Richard E. Ellis 撰;Martin S. Flaherty 修订;李明、林全玲译;林全玲、胡海容校]

默示权力[Implied Powers]

宪法的一个基本原则就是:国会不得采取任何未经宪法授权的行动。而国会权力的最明显的来源就是《宪法》第1条第8款中对特定权力的列举。默示权力原则允许国会行使那些由上述特定授权所默示的权力。

默示权力原则的正当性在文本上的正当化基础体现于宪法第1条第8款第18项,它规定,国会有权制定所有为其(已列举的)权力之执行所必需的和合适的法律。这个"必需和合适条款"的范围在18世纪晚期和19世纪初是一个激烈争论的议题。托马斯·杰斐逊(Thomas *Jefferson)争辩说,该条款仅授予国会以下权力:制定那些对于行使所列举之权力绝对必要的措施。相反,亚历山大·汉密尔顿(Alexander *Hamilton)则主张,该条款授权国会采取任何与特定列举之主题有本质联系的措施。首席大法官约翰·马歇尔(John *Marshall)在"麦卡洛克诉马里兰州案"(*McCulloch v. Maryland)(1819)中解决了这一争议。在该案中,联邦最高法院判定国会有权为一家银行颁发特许状,其明显采纳了汉密尔顿的观点:"只要其目的合法,只要其处于宪法规定的范围之内,并且所有恰当的、显然为了该目的而作出调整的、没有禁止的方式只要与宪法的文字和精神一致都是符合宪法的"(p.421)。这样,默示权力的原则就作为联邦权力的一个重要来源得以牢固地确立下来。

[Earl M. Maltz 撰;李明译;林全玲校]

扣留权[Impoundment Powers]①

托马斯·杰斐逊(Thomas *Jefferson)在1803年向国会报告,由于"事件向和平转化",他并没有花费数目为5万美元的炮舰拨款。从这一适度的起点出发,理查德·尼克松(Richard *Nixon)于1973年主张一种对于扣留基金的"绝对明确"的宪法权力。

杰斐逊的先例很少被适用,但在第二次世界大战(*World War Ⅱ)以后,哈里·S.杜鲁门、德怀特·D.艾森豪威尔以及约翰·F.肯尼迪用它来控制国防开支和抵制利益集团在国会合力通过的立法。林登·约翰逊总统将扣留权建立在"拨款决议本身并不构成花费的授权"这一司法部长的主张之上。但是尼克松总统扩大了扣留权的运用,特别是在执行其本人的政策计划方面。国会则习惯发出友好的默许信号。当尼克松否决对于1972年联邦水污染法作出修正时,国会推翻了他的否决,但尼克松宣布他依然不会花费这笔资金。这一国会借以满足其特定的选民需要、赋予总统自由裁量权的传统模式成了一个纯粹的宪法性冲突。议院曾认为尼克松的扣留行为是一种可弹劾的违法行为,但这种观点后来被作为权力的"暂时性的摩擦"而放弃(参见 Impeachment)。更现实地说,国会本身就曾是一个共谋者。在1974年预算与扣留法中,国会曾试图阻止扣留权,但最终又一次证明其并不愿意主张自己的权力。

低级别法院两次否定了尼克松针对国会计划的花费运用自由裁量权的企图。在"特雷恩诉纽约市案"(Train v. City of New York)(1975)中,联邦最高法院认定:总统无权收回国会在1972年洁水法中规定的基金。法院判决国会已批准了对被污水污染的植物所进行的公益开支,但是该判决是通过对国会的成文法进行解释的方式作出的判决,回避了运用宪法作出判决。然而,在这个判决中包含了某些根本性的宪法性原则,包括国会有决定开支的权力、总统有执行法律的义务以及法院有对总统的行为进行强制监督的权力。

[Stanley I. Kutler 撰;李明译;林全玲校]

---

①　另请参见 Inherent Power。

不公开审理[In Camera]

不公开审理是指在法官的私人办公室或没有观众的法庭中进行的审理,其目的在于保守隐私、机密或秘密(camera,拉丁语,"法官私人办公室")。

[William M. Wiecek 撰;李明译;林全玲校]

所得税[Income Tax]①

联邦所得税的问题引发了贯穿整个 19 世纪的激烈争论,其中 19 世纪 90 年代争论最为激烈。这场争论直到 1913 年联邦宪法第十六修正案(the *Sixteenth Amendment)通过后才结束。

联邦所得税引发了两方面的宪法性争议。首先,联邦最高法院需认定所得税是"直接税"还是"间接税",从而判断其合宪性问题。这种区分是极关键的,因为宪法规定,直接税必须在各州间"按人口比例"分摊。如果所得税被认为是直接税,它将是违宪的,因为它不能进行分摊。其次,即使所得税被认为是间接税,它仍需"统一",并且必须满足一些其他的宪法性条件。后一个要求应解释为地理学意义上的统一,而非要求不同收入水平的不同个体适用统一的税收标准。

联邦最高法院在"斯普林格诉合众国案"(*Springer v. United States)(1881)中支持国内战争(*Civil War)所得税的征收,法院认定这种税是间接税,并不需要分摊。审理该案的法院遵循了 1796 年的一个先例,即"希尔顿诉合众国案"(*Hylton v. United States),该案曾因运输税无法分摊的事实确定地宣布其为一种间接税,从而支持了对运输税的征收。詹姆斯·艾尔戴尔(James *Iredell)法官相信:"除了那些能被分摊的以外,宪法不会将任何税种看作是直接税"(p.181)。在斯普林格案中,法院认定,宪法所认定的仅有的直接税是"人头税……和不动产税"(p.586)。

1895 年,所得税争端再次被提出,这一次是在政治极端紧张的时期。在平民主义运动中,保守派将税收议题当作一个具有极大道德意义的问题来利用。"我们在您面前所指责的国会法案在其目的和趋势上是共产主义的",在"波洛克诉农场主贷款与信托公司案"(*Pollock v. Farmers Loan &Trust Co)(1895)(p.537)中,约瑟夫·乔特(Joseph *Choate)面对联邦最高法院的法官如是辩论。乔特告诉法官们,否定这种税收的斗争一旦失败,将会危及"建立所有文明政府所依赖的基石"(p.534)。在波洛克案中,法院在 1895 年 4 月所作的第一次判决在关键议题上形成了僵局,在所得税本质上是不是直接税及是否因此违宪的问题上,法官们的表决结果为 4 比 4[豪厄尔·杰克逊(Howell *Jackson)法官因病未参与表决]。

接着,法院进行了另一轮审判,两星期后以 5 比 4 的表决结果否定了这种税收,理由是,所得税在本质上是直接税。令人惊奇的是,杰克逊在少数派中,这意味着在波洛克案首次判决中投票支持所得税的 4 位法官之一改变了选择。该判决的政治后果的意义非常重大。它激励了民主党中的保守派,为保守派随后在 1896 年政党提名大会上接管该党提供了关键性的力量。

所得税是不是直接税,有关这方面的混乱甚至在波洛克案之后仍在继续。在"弗林特诉斯通案"(Flint v. Stone)(1911)中,法院把公司所得税作为对以公司形式从事商业的特权所征收的间接税来支持。最后,在 1913 年,各州批准了联邦宪法第十六修正案,明确授予国会以下权力,即征收所得税,不管其所得的来源为何,不用在各州间分摊,并且与任何人口统计或计数无关。

剩下的只有一些技术性问题了,例如,关于在联邦宪法第十六修正案中"所得"的定义问题。当然,联邦税收权仍要受其他一些宪法性要求的限制,包括正当程序(*due process)、平等保护(*equal protection)以及其他保证。

[William Lasser 撰;李明译;林全玲校]

所得税案[Income Tax Cases]

参见 Pollock v. Farmers Loan & Trust Co。

并入原则[Incorporation Doctrine]②

按照并入原则,根据联邦宪法第十四修正案(the *Fourteenth Amendment)的正当程序条款(*Due Process Clause),美国联邦最高法院确认,大多数——但不是所有——联邦《权利法案》中的保护性规定,应不仅可以用来限制联邦政府,也应限制州和地方政府。各州要尊重言论(*speech)、出版、宗教(*religion)自由及多数其他的规定。然而,各州并未被要求在民事案件中提供陪审团审判或由大陪审团(*grand jury)提起控告(参见 Second Amendment; Third Amendment)。

被"并入"的规定是否应像其适用于联邦政府那样适用于各州呢?这一问题已成为一个司法争议的主题。通常,上述规定在每一个案件中会得到同样的执行。就第一修正案(the *First Amendment)来说,从历史和该法案的功能来说,在联邦层面上几乎是绝对禁止违反这一修正案的行为[比如,关于煽动叛乱或淫秽(*obscenity)的法律]。但这一主张至今未能在法院中占据主导地位。

并入原则具有充满不同寻常的激烈争议的历史。直到 1866 年,规则仍是:联邦《权利法案》中的

---

① 另请参见 Taxing Ang Spending Clause。
② 另请参见 Federalism; State Action。

规定只对联邦政府有约束力,对州政府则没有;而该规则是由联邦最高法院于 1833 年在"巴伦诉巴尔的摩案"(*Barron v. Baltimore)中确立的。

从 19 世纪 30 年代到美国内战(*Civil War)时期,南方各州都将批评奴隶制(*slavery)的言论与出版视为一种犯罪行为。许多共和党领导人认为,这些法律侵犯了联邦宪法第一修正案及其他条款所保护的美国的公民权利。国内战争之后到联邦宪法第十四修正案通过之前,共和党人埋怨说:南方各州在否定美国黑人、共和党人和忠于北方的公民言论与出版自由、正当程序及服兵役的基本权利。

联邦宪法第十四修正案赋予所有出生于美国的人以公民资格,并规定:各州均不得剥夺公民的特权(*privilege)或豁免权,不得拒绝对任何人适用正当程序或平等保护(*equal protection)的权利(参见 Citizenship)。几名该修正案的起草者建议美国公民的特权或豁免权应包括《权利法案》中的权利。在 1866 年,没有任何参议员或众议员在这一观点上明确反对他们,并且许多人还建议修正案应保护美国公民的宪法性权利。然而,大多数国会议员并未针对这种观点进行论述,而有些人发表的评论看起来则并不支持将《权利法案》适用于州。

在"屠宰场系列案"(*Slaughterhouse Cases)(1873)中,法院曾考虑过路易斯安那是否能对牲畜屠宰授予专营权的问题。多数法官持肯定态度,并在程序上使特权与豁免权条款丧失了重要意义。以后的判决则确认了《权利法案》中一个又一个的规定对各州不具有约束力。后来,首先是私有财产(*private property)非经合理补偿(*just compensation)不得取作公用(*public use)的规定["芝加哥、伯灵顿及昆西铁路公司诉芝加哥市案"(Chicago, Burlington & Quincy Railroad Company v. Chicago)(1897)]。然后是言论与出版的自由["吉特洛诉纽约案"(*Gitlow v. New York)(1925)]被解释为可对各州产生约束力。

这样,联邦最高法院开始选择性地合并一些《权利法案》中的特定规定,以作为对各州的限制。1937 年,在"帕尔可诉康涅狄格州案"(*Palko v. Connecticut)中,联邦最高法院不顾联邦宪法第十四修正案第 1 款的规定,认为《权利法案》中的一些非常基本的特权与豁免权,根据正当程序条款,各州必须予以尊重。而对于其他不太重要的特权与豁免权,各州可置之不顾。

此后,在 1947 年"亚当森诉加利福尼亚州案"(*Adamson v. California)中,胡果·布莱克(Hugo *Black)法官代表 4 位持否定意见的法官发表评论,他争辩道:联邦宪法第十四修正案要求各州尊重《权利法案》所规定的所有特定权利。尽管其观点没有被普遍接受,法院后来仍推翻了许多以前的案件(包括帕尔可案),并将《权利法案》几乎所有的

规定均适用于各州。

在 20 世纪 80 年代,当时的司法部长埃德温·米斯(Edwin Meese)与其他人一起批判了并入原则,认为其与宪法起草者的意图不符。但至今为止,这些攻击仍未奏效。

参考文献 Michael Kent Curtis, *No state Shall Abridge*: *The Fourteenth Amendment and the Bill of Rights*(1986);William Nelson,*The Fourteenth Amendment*: *From Political Principal to Judicial Doctrine*(1988).

[Michael Kent Curtis 撰;李明译;林全玲校]

独立与充分的州理由原则[Independent and Adequate State Grounds Doctrine]①

联邦最高法院在"默多克诉麦穆非斯案"(*Murdock v. Memphis)(1875)中首次宣布了独立与充分的州理由原则。它后来在"福克斯影片公司诉马勒案"(Fox Film Corp. v. Muller)(1935)中简明地陈述了该原则的理由:"已确立的规则是:在州法院的判决[已根据美国联邦法典第 28 章第 1257 节(现行版本为《1789 年司法法》第 25 节),而被上诉到美国联邦最高法院]时,可能适用两种法,其中一种是联邦法,另一种则为非联邦法。如果非联邦法独立于联邦法,并且有充分理由可以支持该判决时,我们的管辖权无效"(p. 210)。这一规则的基础理论很明白,但在适用上很困难。假定现有一个案件,根据第 1257 节规定从州最高法院处被上诉,其具有两种判决的基础,一是联邦法律的解释,另一个则是州法律的解释。如果美国联邦最高法院在联邦裁判中错误地否定了原判,州法院(*states court)对于发回的案件仍将基于州法律而重新肯定原有的判决。在这种情况下,美国联邦最高法院的行为实际上只是一种咨询性质的意见(*advisory opinions),这将无视路易斯·D.布兰代斯(Louis D.*Brandeis)法官在"阿什旺德诉田纳西河流域管理局案"(*Ashwander v. T. V. A.)(1936)中所作出的警告,而对一个宪法性的议题规定一个多余的规则,这将浪费两个法院的时间,并且将对州司法造成不必要的烦扰。近来,该原则在州法院(*states court)裁决个人权利争议问题上具有重要作用。

[William M. Wiecek 撰;李明译;林全玲校]

《印第安人权利法案(1968)》[Indian Bill of Rights(1968)]②

印第安公民权利法案,一般称为《印第安人权

---

① 另请参见 State Consttutions and Individual Rights。
② 另请参见 Native Americans。

利法案》，是作为1968年公民权利法第二章而被采纳的。其最重要的条款通过将联邦《权利法案》(*Bill of Rights)的一部分适用于印第安部落，进而以限制部落主权的方式来限制部落政府的权力。

在"塔尔顿诉梅斯案"(*Talton v. Mayes)(1896)中，联邦最高法院确认：印第安部落政府并不受联邦宪法及《权利法案》对联邦和州政府所施加之限制的约束。《印第安人权利法案》采用了源自美国联邦《权利法案》及联邦宪法之其他部分的十项限制。它们包括：言论(*speech)、出版、集会(*assembly)、请愿及宗教自由(*religion)；不受非法搜查与查封的保障——要求必须具有搜查令(*search warrant)；禁止双重治罪危险(*double jeopardy)；禁止自证其罪(*self-incrimination)、过多的保释金(*bail)与罚款、禁止残忍和非正常的刑罚(*cruel and unusual punishment)；禁止不经公平补偿(*just compensation)而取得私有财产；稍做修改的联邦宪法第六修正案(the *Sixth Amendment)中关于刑事诉讼程序的保护；正当程序(*Due Process)和平等保护条款(*equal protection clause)；剥夺公民权(*bills of attainder)和溯及既往的法律禁令(*ex post facto)；以及刑事审判中六人陪审团的保障(见Trial by Jury)。国会审慎省略了一些特定的要求，以免造成对部落主权过多的干涉。这些要求如：采用共和政体的权利(参见Guarantee Clause)、确立宗教的禁令(religious establishment)、对于贫穷的刑事被告进行免费的律师辩护(*counsel)的要求；在民事案件中有陪审团审判的权利(参见Civil Law)以及特权与豁免条款(*privileges and immunities clause)。

在"圣克拉拉印第安村诉马丁内斯案"(*Santa Clara Pueblo v. Martines)(1978)中，联邦最高法院支持国会施行《印第安人权利法案》的权力，但确认联邦在部落监管中的执行权仅限于给予部落里受监禁的人人身保护状(*habeas corpus)。联邦最高法院认为，国会无权限制部落免于起诉，该法案不能直接适用于部落。因此，《印第安人权利法案》主要在部落法院中实施。

[Rennard J. Strickland 撰；李明译；林全玲校]

无助者[Indigency]①

在20世纪50年代到60年代之间，沃伦法院开始对许多美国下层社会的权利进行大规模的扩张，这些下层社会包括在人种和民族方面的少数派。法院适用联邦宪法第十四修正案(the *Fourteenth Amendment)中的平等保护(*equal protection)条款，对那些针对"分立和孤立的少数派"或通过"违宪嫌疑的分类"(*suspect classifications)而造成歧视的法规进行"严格审查"(*strict scrutiny)。这些法规体现了州本身的利益，而不仅仅是建立在理性的基础上。对于这些"使已处于不利地位者更加不利"的法律更严格的审查，使许多学者推测，联邦最高法院可能会很快将其保护扩展到无助者之上。与在种族方面的少数派一样，无助者在政治体系中也似乎遭受着不均衡的伤害，他们在这个政治体系中缺乏影响立法者的力量。因此，他们也可能以被认为是"分立和孤立的少数派"，有资格受到更多的司法保护。

在许多案件中，联邦最高法院都似乎正向这一方向前进。在"吉迪恩诉温赖特案"(*Gideon v. Wainwright)(1963)中，联邦最高法院确认，在重罪起诉中，无助的刑事被告根据宪法有权获得由州指定的律师的帮助。在"格里芬诉伊利诺伊州案"(Griffin v. Illinois)(1956)中，联邦最高法院认定这种被告有权为上诉目的而免费获得审判副本(参见Counsel, Right to)。在"夏皮罗诉汤普森案"(*Shapiro v. Thompson)(1969)中，联邦最高法院扫除了一些由州所设立的获得福利利益的障碍。它确认，宪法所保护的州际迁移权禁止各州对享受福利的资格强加以长期居住的要件(参见Travel, Right to)。在"哈珀诉弗吉尼亚州选举委员会案"(*Harper v. Virginia tates Board of Elections)中，联邦最高法院宣布剥夺穷人选举权的州人头税(*poll taxes)无效。然而，所有这些案件涉及的都是被联邦最高法院认定为"根本的"权利(比如选举权)，因此法院并未给出以下问题的答案：对剥夺无助者非根本性权利的法律是否应当进行严格的审查？

1970年，联邦最高法院将这一问题划上了句号。在"丹德里奇诉威廉斯案"(Dandridge v. Williams)(1970)中，原告对一部州法律提出了挑战，该法律规定：随着家庭中出生的儿童的增多，福利支付的增长幅度将越来越小，超过了4个儿童以后将不再会有额外的增长。联邦最高法院拒绝对该法进行严格审查，并且认定其为节约州财政资源的合理途径。自此，联邦最高法院坚定地确立了其立场——贫穷本身并不能成为一种违宪嫌疑分类。联邦最高法院支持那些依据各区域的财富状况而在各校区间形成巨大的财政差别的法律["圣安东尼奥独立校区诉罗德里格斯案"(*San Antonio Independent School District v. Rodriguez)(1973)]，支持那些否定为堕胎的无助妇女提供公共基金的法律["哈里斯诉麦克雷案"(*Harris v. McRae)(1980)]；支持州在一次上诉之后不为无助被告继续提供律师的做法["罗思诉默菲特案"(Ross v. Morfit)(1974)]。所有这些法律都仅受最低程度的审查，并都被确认为与合法的州利益合理相关。没有任何更严格的审查

---

① 另请参见 Fundamental Rights。

得到了实施(参见 Intermediate Scrutiny)。

然而,联邦最高法院对于两种情况下穷人的境遇仍保持着一定程度的敏感。首先,当涉及根本性的权利时,法院对那些剥夺穷人这些权利的政策仍可能会进行更严格的审查。例如,在"博迪诉康涅狄格州案"(Boddie v. Connecticut)(1971)中,法院宣布不得收取离婚的起诉费;在"扎布洛茨基诉里德海尔案"(Zablocki v. Redhail)(1978)中,法院推翻了一条法律,该法律限制有子女者只能与那些能够表明这些孩子将不会成为州的财政负担的父母再婚。上述两个案件均涉及婚姻(*marriage)这一根本的权利。

联邦最高法院还指出,在支持那些会产生或维持下层阶级永远处于较低地位的法律时应小心。在"普莱勒诉无名氏案"(*Plyler v. Doe)(1982)中,法院宣告一部得克萨斯州的法律无效,该法律禁止外国的非法移民的孩子进入免费的公立学校读书。尽管法院既没有找到违宪嫌疑分类(*suspect classification),也没有找到一项根本的权利——因此应适用最低限度的审查——该法律被认为是破坏了平等保护原则而被推翻。由威廉·J.布伦南(William J. *Brennan)起草的多数意见指出:该法律"加强了"下层阶级"对于永久的等级地位的恐惧"(pp. 218-219)。然而,普莱勒案原则能否继续存在仍是个未知数。普莱勒案是以5比4的微弱多数作出判决的,并且结案后多数派中的3位法官业已退休。其继任者对于普莱勒案原则尚未发表任何意见。

总之,对于那些针对以财富为基础进行分类或加重穷人负担的法律所提出的宪法性挑战,法院一般反应冷淡。

[Suzanna Sherry 撰;李明译;林全玲校]

贫民诉讼[In Forma Pauperis]①

由付不起诉讼费用的当事人向联邦最高法院提起的诉讼(*Appeals)即贫民诉讼。在20世纪30年代,联邦最高法院开始大量收到贫民诉讼。在1988年,联邦最高法院所收到的所有案件中有一半以上是由贫穷的被告所提起的诉讼。在20世纪80年代初,联邦最高法院开始要求贫穷的诉讼者提供表明其无法支付法院费用的文书。尽管有4名法官反对,联邦最高法院还是开始否定没有首先确定调卷令(*certiorari)之申请是否值得详细审查,就开始贫民诉讼的动议。

多数贫民诉讼是由刑事被告提起的。当法院同意审查联邦被告所提出的贫民诉讼时,它通常是借以解决巡回审判法院间的冲突或者解决一个制定法上的争议。另一方面,被准予审查的贫穷被告所提出的针对州的诉讼,常常是州法院没有对宪法规定的权利给予保护。不管这些请求的本质如何,所有贫民诉讼被准予审查的机会都比付费诉讼的机会要小得多。在联邦最高法院1988年度开庭期,与付费诉讼10%的被准予审查率相比,贫民诉讼则仅有约1%被准予审查。

[Karen J. Maschke 撰;李明译;林全玲校]

固有权力[Inherent Powers]②

固有权力与两种权力相区别,一种是宪法或法律所明确规定的权力,另一种是政府或政府官员基于主权之特性或基于在许可的范围内通过宪法语言解释所实际拥有的权力。

在美国宪法体系中,固有权力的存在一直是一个有争议的问题。那些反对固有权力之观念的人争辩道:政府及其官员的权力源自宪法,而宪法条款包含着人们所希望授予的所有权力。在"扬格斯通钢板与管道公司诉苏耶尔案"(*Youngstown Sheet and Tube Co. v. Sawyer)(1952)中,胡果·布莱克(Hugo *Black)法官代表法院所提出的意见中持以下立场:"总统的权力,如果存在的话……必须源自国会法律或是宪法本身"(p. 585)。用联邦宪法第十修正案(the *Tenth Amendment)的语言表达,任何未经宪法授予的权力"分别归属于各州或是归属于人民"。

赞成固有权力的论辩通常是代表总统提出的。该权力或者来自于宪法第1、2两条授权条款的语句,或来自于作为武装部队总司令和作为主要负责维护法律与秩序之官员的首席行政官的职责,或者来自于作为一个主权国家之首脑的总统的地位。

鉴于第2条中的相关条款仅仅说明"行政权"授予总统,第1条中的授权条款给予国会宪法中所授予的所有立法权。在钢铁抵押案中,政府首席律师(the *solicitor general)在联邦最高法院所作的辩论中宣称:"该条款[即第2条中的授权条款]包含了对于政府能够施行的所有行政权的授予。"(p.640)。第2条紧接着又详细规定了总统的某些责任,但这并不意味着已列举穷尽。行政权的支持者们坚持认为,授权条款的差异表明了立宪者的意图,即行政权与立法权不同,它是不可列举的。

亚伯拉罕·林肯(Abraham *Lincoln)以总统对军队的指挥权作为解释其在美国内战(*Civil War)开始时行为的部分理由。作为宣誓要保卫宪法的武装部队总司令,林肯说道,其行为"无论是否严格合法,都是根据大众要求与公共必需而冒险的。"他暗示着,了解大众要求与公共必需并设法满足,是总统的职责。

---

① 另请参见 Paid Docket。
② 另请参见 Foreign Affairs and Foreign Policy; Separation of Powers; War Powers。

在1776年宣告独立后,美利坚合众国即成为一个主权国家,其政府也根据国际法享有一个独立国家所应有的权力并承担其应有的责任。在1789年,新修订的联邦宪法成为"这片土地上的最高法律"。该宪法将某些权力分别赋予国会、总统和联邦最高法院。然而,它并没有规定这一主权实体的代表机关,也没有意图阻止联邦政府作出维持这一地位的行为。

这一论据的经典是乔治·萨瑟兰(George *Sutherland)法官在"联邦政府诉柯蒂斯—赖特出口公司案"(United States v. *Curtiss-Wright Corp)(1936)中的意见。萨瑟兰坚持认为,在外部事务和内部事务方面,联邦政府的权力是有区别的。他写道,在内部事务方面,其权力"在联邦宪法中被明确列举"。联邦宪法将很多本来属于州的,但在宪法的起草者看来应属于联邦的立法权赋予了联邦(p.316)。但"由于各州……从未拥有过国际性权力",因此这些权力必然是源自其他途径。萨瑟兰认为,作为从大不列颠独立出去的结果,各殖民地以美利坚合众国的名义、以集体的和共同的资格获得了这些权力(p.316)。他认为,在本质上这些权力属于总统,而总统拥有其获取信息的秘密途径,也可以在紧急情况下独自守密并采取行动。

萨瑟兰总结道:因此,当宪法在外交关系领域特别授权给其他部门时[正如其授权国会宣战或规定经参议院同意方可签订条约(*treaties)时一样],其仅仅规定了一个例外。作为一个原则,行政机关"在外交关系方面是联邦政府的唯一机关",并且对其权力必须进行扩张的解释(p.320)。反对固有权力的争辩则通过否认内部事务与外部事务间的差别来回应,指出总统应当无差别地关注法律是否被忠实地遵守。

联邦最高法院一般会尽力在宪法中为政府行为寻找依据,但其也不愿坚持对宪法中授予行政权的条款进行狭义解释,尤其是在外交关系领域。在"达姆斯与穆尔诉里甘案"(*Dames & Moore v. Regan)中,威廉·伦奎斯特(William *Rehnquist)法官代表观点一致的法院提出意见,他指出,吉米·卡特总统在消除与伊朗的人质危机中所采取的行动超出了法律的范围。然而,"正如在这种情况下,当对于各种主张的安排已被确定为是解决重大外交政策纠纷必不可少的事件时……并且,正如这种情况,当我们可以确定国会默许了总统的行动时,我们也不会认为总统无权安排这些主张"(p.688)。联邦最高法院似乎确认了总统拥有固有权力,但这些权力是以政府部门的相互作用为条件的。

"反恐怖主义战争"引起了一种新的主张:即总统具有固有权力和义务来保护国家安全。自从2001年9月11日恐怖袭击以来,美国公民亚瑟·艾瑟姆·哈姆迪(Yasser Esam Hamdi)在与阿富汗的一场战争中被俘虏。在2003年7月弗吉尼亚州的里士满联邦上诉法院裁决,乔治·布什可以拒绝哈姆迪聘请律师,并把他作为敌人派来的奸细对待。这个案件很有可能会被起诉到联邦最高法院。

[Donald L. Robinson 撰;李明译;林全玲校]

遗产及非婚生子女[Inheritance and Illegitimacy]①

法律所界定的那些非婚生子女,长期以来一直面临着获得完全的家庭成员资格的障碍。对那些出生于依法组成的家庭之外的人来说,受限的遗产继承一直是最主要的法定惩罚。对于财产意识较强的普通律师而言,由于对家庭遗产和资源的共同利益,遗产使家庭内部关系变得紧密。否定私生子的遗产继承权则表明一种阻止婚外生育并提倡组织合法家庭的意图。近年来,联邦最高法院也更多地参与解决这些争议,剥夺对遗产的继承仍旧是对那些不幸子女的最严厉的法律惩罚。

一直以来,私生子女问题与大多数家庭政策一样,属于各州管辖。并且也是以传统的英国法为基础。没有父母的儿童被认定为非婚生子女,英国法没有给予私生子女作为家庭成员所能取得的权利。婚生子女有权使用姓,能够继承遗产,有权获得食物与教育(*education)。与之相比,非婚生子女不能继承父母或其他亲属的遗产,也无权使用姓,甚至无权享受父母一方的保护、监护和扶养。从1785年托马斯·杰斐逊(Thomas *Jefferson)具有创造性的弗吉尼亚州立法开始,美国法律首先科以母亲、接着又科以父亲一些保护、监护权以及扶养义务,以此减轻了对于私生子女的惩罚。在扶养这些儿童的努力之外,通过立法来终止因父母的错误而惩罚子女,并通过支持这些私生子女来保护纳税人的权利,这些变化得到了广泛认同并改变了私生子女的地位。但是继承问题与其他变化相比仍更受限制,并且仍然是在私生子女法律方面诉讼最多的问题之一。在大多数州,非婚生子女都获得了继承其生母财产的权利。但各州法律在这些子女能否继承其母亲的其他亲属的遗产方面存在分歧。大多数州法仍禁止要求继承父亲的遗产。对于非婚生子女遗产继承权的反对导致形成了一个自相矛盾的法典与一系列矛盾的判例,这反映了一种长期存在的恐惧,即害怕非婚生子女的继承权会逐渐损害父亲的财产权及家庭本身。

联邦最高法院对这些争议的解决方法吸取了州的经验。在"史蒂文森继承人诉沙利文案"(Stevenson's Heirs v. Sullivan)(1820)中,最高法院将具有开创意义的弗吉尼亚州法解释为具有以下含义:非

---

① 另请参见 Family and Children; Property Rights。

婚生子女不得继承其兄弟姐妹的财产,并且母亲不得对其非婚生子女的遗产主张权利。从这一判例开始,法官们一直不愿给予非婚生子女继承权。在1968年以后,司法沉默的态度开始涌现。法院在一系列具有转折意义的案件中运用平等保护条款反对对于非婚生子女的法律限制。比如,"利维诉路易斯安那州案"(Levy v. Louisiana)(1968),该判例赋予非婚生子女因其母亲的非正常死亡获得赔偿的权利。又如"斯坦利诉伊利诺伊州案"(Stanley v. Illinois)(1972),该判例给非婚生子女的父亲增加了新的监护权。在一个愈加重视非婚生子女的时代,这些及其他一些判例认定许多加于这些子女的合法惩罚是不公平的、违宪的,它们通过限制儿童要求扶养的权利而损害了儿童的利益。但在"拉宾诉文森特案"(Labine v. Vincent)(1971)中,法院拒绝对继承问题提出异议。该法院以5比4的多数维持了各州限制继承权的行为,并且拒绝了以下主张,即非婚生子女是一种具有违宪嫌疑的分类(*suspect classification),因而不应作为一种分类措施。在其代表多数观点提出的书面意见中,胡果·布莱克(Hugo *Black)法官承认了各州对婚生与非婚生子女进行区分及对那些非婚生子女给予剥夺继承权惩罚以促进依法确认之家庭的权利。

这样,遗产继承依然是对非婚生子女的合法权利之改革的外部限制。这表明了该古老法律分类的持久的政策魅力。在关于美国家庭法应当用于促进个人权利还是保护合法家庭的长期争论中,持续的对非婚生子女的限制就是一个答案。与各州法院在这一问题上的态度一样,联邦最高法院对于限制非婚生子女继承权的合宪确认表明了一个早已存在的判断:即鉴于大多数人认为社会更应该保护家庭,非婚生子女的利益应该牺牲。

参考文献　Michael Grossberg, *Governing the Health, Law and the Family in Nineteenth Century American* (1985).

[Michael Grossberg 撰;李明译;林全玲校]

禁令与衡平法救济[Injunctions and Equitable Remedies]①

在14世纪,英国拥有两套相互区别且有些竞争的法院系统,一般称为"普通法法院"和"衡平法法院"。普通法法院的特征是其对于普通法(*common law)的发展、对于陪审团制度的运用(参见 Trial Byjury)、对普通法诉状与令状体系(*writ system)的依赖及其在解决法律纠纷之途径方面具有严格的形式要求。衡平法法院则采取一种更加灵活的方式来审理案件,并提供多种救济方式。在普通法法院进行诉讼的当事人只能对人身伤害和财产损失要求金钱给付作为赔偿。与之相反,在衡平法法院诉讼的当事人则可以在一系列的强制救济措施中进行选择,包括要求或禁止某行为的禁令、要求合同的继续履行的强制履行令,或命令分割共有财产等的禁令。上述及其他的衡平法救济提供了普通法法院所缺乏的灵活性。

美国的法院系统从其英国传统中汲取了大量经验。立宪者的一项主要任务就是界定新的联邦法院的"司法权"。他们仅仅写明,该权力应"及于普通法及衡平法上的所有案件",因此授权联邦法院提供英国衡平法法院所形成的所有救济方式。在整个殖民地时期,各州衡平法的发展都受到了挑战,但在大革命时期之后,所有的州都组建了衡平法法院,或者单独存在,或者与普通法法院合并(参见 State Courts)。

在过去的一个世纪中,联邦法院积极运用衡平救济以强制适用联邦法律而不是各州法律。然而在以前,衡平法对于司法联邦主义(*judicial federalism)来说并不重要,其中有两方面的原因:首先,联邦宪法第十一修正案(the *Eleventh Amemdment)规定,联邦法院不得管辖其他国家或民族所提起的"任何普通法或衡平法上的诉讼"。其次,几乎不存在可以适用的联邦法律。宪法中几乎没有条款可以直接适用于各州。此外,在具有标志性的"巴伦诉巴尔的摩案"(*Barron v. Baltimore)中,首席大法官约翰·马歇尔(John *Marshall)确认:《权利法案》(*Bills of Rights)不得适用于各州。因此,在美国历史上的第一个世纪仅有几个州制定法被联邦法院所推翻。

州豁免权的衰落　批准联邦宪法第十四修正案(the *Fourteenth Amemdment)之后,州的豁免权发生了剧烈的变化。在美国内战(*Civil War)之后,经济增长与工业发展十分迅速,在这一时期,联邦法院频繁运用联邦宪法第十四修正案的正当程序条款来推翻意图压制经济增长的州法律。然而,克服各州宪法性的受诉豁免权是十分必要的(参见 Dueprocess, Substantive)。

"涉及扬的单方诉讼案"(Ex parte *Young)(1908)为联邦最高法院提供了一个改变各州依据联邦宪法第十一修正案所取得的受诉豁免权之范围的机会。1907年,明尼苏达州立法机关颁布了一部法律,降低了某些州内铁路的价格。铁路部门认为该法律剥夺了其财产,违反了正当程序条款,并且要求联邦法院发布禁令来阻止该法的实施。其中一名指定的应诉人是明尼苏达州司法部长爱德华·扬。联邦法院签发了临时禁令,并且当扬仍然试图在明尼苏达州法院施行该法律时,他因公然藐视而遭受

---

① 另请参见 Judicial Power and Jurisdiction; Lower Federal Courts。

到传讯。联邦最高法院确认,联邦宪法第十一修正案并不禁止对于扬的诉讼。鲁弗斯·佩卡姆(Rufus *Peckham)法官代表 8 比 1 的多数派认为,如果一名州官员试图执行一部违宪的法律,他将"被剥夺官员……的角色",并且以个人名义承担责任(p. 160)。这是一个完全——并且双重——不合逻辑的观点。首先,根据民权系列案(*Civil Rights Cases)(1883)所宣布的州行为(*state action)原则,联邦宪法第十四修正案所规定的联邦权力仅及于"州权力机关所为之行为",而不及于个人行为。因此,如果州司法部长以个人身份执行命令,则禁令将不能禁止州权力的行使。其次,除非已决案件已确认一部法律的善恶,否则是无法知道其是否违宪的。因此"扬"案的结论是:提起诉讼仅需要主张一部法律的违宪性,而不用顾及州豁免权。然而,尽管存在这些自相矛盾之处,"扬"案的判决目前仍是联邦司法监督各州立法的必备武器。

在"扬"案之后对于州立法的大多数宪法性审查,目标均是经济改革法律。立法者制定这类法律主要是为了在各方面改善产业工人的命运:限制工时、工作环境的改善、最低工资、禁止童工,等等(参见 Labor)。联邦法官经常禁止此类法律,以致政治改良主义者要求减少联邦的衡平权力。有几个州已部分地完成了这一目标,其中有 1934 年"约翰逊法"——它禁止联邦对州有关公用事业价格的法律发布禁令、1934 年的"税收禁令法"以及联邦立法机关作出的只有 3 名法官组成的陪审团方可签发针对州公务员的禁令的规定。

扩大禁令的使用 然而,这些发展很快就缓慢下来。在"吉特洛诉纽约州案"(*Gitlow v. New York)(1925)中,联邦最高法院首次确定《权利法案》(*Bill of Rights)可适用于各州。最高法院总结道:言论自由(*speech)是"自由"的一种方式,而根据联邦宪法第十四修正案的正当程序条款,"自由"受到保护,各州不得侵害。吉特洛案宣告了宪法性法律的新时代。在其后的 30 年中,最高法院选择性地将《权利法案》用于反对州的不法行为。随着这一扩大的宪法实用主义,禁令得到了更广泛的运用(参见 Incorporation Doctrine)。

有两个例子可以表明禁令已经被用作实施联邦所保护的权利及约束州权力之工具的程度。第一个案例涉及立法机关的议席分配问题。"贝克诉卡尔案"(*Baker v. Carr)(1962)涉及一个对州立法机关议席分配不公平的异议。贝克案明确地推翻了以下先例,即议席分配不公案件是不可由法院裁判的政治问题(*political questions);并且该案断定:如果州选区没有公平地划分,则法律的平等保护(*equal protection)就被否定了。

两年以后,在"雷诺兹诉西姆斯案"(*Reynolds v. Sims)(1964)中,联邦最高法院考虑了可适用于议席分配案件之救济的种类。雷诺兹案表明:低级别法院应依据衡平原则来确定合适的救济。如果发现违反了平等保护,联邦法官会继续谨慎地为该州提供一个改正缺陷的机会。如果一项恰当的议席分配未能得到及时执行,联邦法院有权禁止根据该州有缺陷的议席分配计划所进行的进一步选举。此外,联邦法官有权自己制订临时的议席分配计划,并实际执行以对该行为进行补救(参见 Reapportonment Cases)。

另一个运用联邦禁令的例子可以在学校废除种族隔离的案件中找到。在"布朗诉教育理事会案 I"(*Brown v. Board of Education I)(1954)这一具有标志性的案件中,联邦最高法院判定:分别为白人学生和黑人学生设立分离的公立学校违反了平等保护原则。在该案的后续部分,即"布朗诉教育理事会案 II"(*Brown v. Board of Education II)(1955)中,联邦最高法院清楚地表明:布朗案的目标是"以十分审慎的速度"(*all deliberate speed)消除双重学校体制(p. 301)。为了达到这一目标,特别指令联邦法院运用历史上著名的衡平原则,并设计合适的衡平救济措施。低级别法院也首次获得授权重新划定校区界线,并且在一些案件中甚至可以不顾市、县或其他政治界线。这些法院还获得授权发布有关校区间巴士运送的命令以确保完全废除种族隔离制度(参见 Desegregation Remedies)。

这些议席分配及废除种族歧视的案件具有代表性,但并非全部。目前,联邦禁令是巩固宪法性个人权利的必不可少的工具。为了完成这一目的,联邦法院依仗的是权威性与灵活性,这两个词能概括所有衡平救济的特征。

刑事案件 与联邦禁令在民事案件中的广泛运用相反,在刑事案件中联邦法官受到限制要谨慎运用衡平救济,甚至在刑事指控侵犯了联邦保护的权利时也是如此。在"扬格诉哈里斯案"(*Younger v. Harris)(1971)中,一被告被指控违反了加利福尼亚州法律,该法律认定某些形式的政治性演说为犯罪。该案被告向一联邦法院请求并获得了一项禁令。该案一上诉到联邦最高法院,胡果·布莱克(Hugo *Black)法官就发现,该禁令的签发是不适当的。他确信,衡平原则要求联邦不得干预各州的刑事案件,而且禁令的运用不尊重美国联邦体制中的州权力。

衡平救济可用于防止无法补救的伤害,这一直是衡平法的基本原则之一。扬格案表明,如果一个刑事案件已在一个州法院开始审理,被告就可以在那里彻底解决其宪法性权利主张。只要该州已提供了一个在实体与程序上都很公平的针对刑事指控的抗辩机会,禁令一般是没有必要的。布莱克法官还确信,为不侵扰各州在法律范围内的活动,司法的自我约束(*judicial restraint)是必要的。在州与联邦权力之间所进行的适当的责任划分被布莱克称为

"我们的联邦主义",这种划分在美国历史上起到了重要的作用,必须予以保留。因此,除了在个别情况下,扬格案阻止了在刑事案件中运用禁令来对抗各州的做法(参见 Abstention Doctrine)。

扬格案中的做法与民事案件中的潮流相反。衡平救济在历史上曾被积极地用于对抗各州,而扬格案及随后的一些案件则禁止联邦法院对州刑事司法系统给予衡平救济。这并没有对于联邦体制及某些法律缺陷造成破坏性的影响。相反,它是美国法律体系中的固有部分,代表了两种相冲突的目标间的交叉点。联邦法院有义务实施联邦法律,但同时也应尊重州法院系统的独立性。扬格案代表着一种在上述两种利益间选取一个适当的均衡点的努力。

参考文献 Peter C. Hoffer, *The Law's Conscience: Equitable Constitutionalism in America* (1990); William H. Holdsworth, *A History of English Law*, 7th ed. (1956); Laurence H. Tribe, *American Constitutional Law*, 2d ed. (1986).

[James B. Stoneking 撰;李明译;林全玲校]

对人诉讼管辖[In Personam Jurisdiction]①

联邦最高法院一贯认为,法院要取得对诉讼的管辖,根据联邦宪法第五(the *Fifth Amendment)及第十四修正案(the *Fourteenth Amendment)的正当程序条款(*due process clause)的要求,其必须对于被告人有管辖权,并且对于诉讼的标的物有管辖权。在"彭诺耶诉奈弗案"(*Pennoyer v. Neff)这一早期案件中,斯蒂芬·J. 菲尔德(Stephen J. Field)坚持了源自联邦宪法第十修正案(the *Tenth Amendment)的两条基本原则:"每个州对于其领域内的人和物都拥有专属管辖权和主权"及"任一州均不得对其领域外的人或财产行使直接管辖权与权力"(p.722)。其中第一个原则确认了对于实际存在于一州领域内的人的所谓"标签服务",它已在"伯纳姆诉高级别法院案"(Burnham v. Superior Court)(1990)中全面得以重申。

通信及运输的革命,随之而起的州际市场的扩展以及美国经济中公司的卓越表现,很快使菲尔德之立场的理由变得不充分。在"国际鞋公司诉华盛顿州案"(International Shoe Co. v. Washington)(1945)中,联邦最高法院认为,对人诉讼管辖仅需一个人与一州有最小的联系,使得诉讼的进行不触犯"关于公平竞争及实质公正的传统观念"(p.316),从而使该概念现代化。各州很快利用这一新标准颁布了"长臂"法律,将其法院之管辖权延伸到那些存在必需的最小联系的州外当事人之上,这种联系是根据在该州有影响的契约或侵权活动来界定的。在"伯格·金公司诉卢德泽维茨案"(Burger King Corp. v. Rudziewicz)(1985)中,联邦最高法院确认了根据上述法律所行使的管辖权。

[William M. Wiecek 撰;李明译;林全玲校]

对物(对事)诉讼[In Re]

对物(对事)诉讼(拉丁语,就……而论),是一个短语,用于代表缺乏形式上的对方当事人的案件。它指的是作为诉讼主体的物(res,拉丁语,物),比如不动产或实物。

[William M. Wiecek 撰;李明译;林全玲校]

对物(对事)诉讼管辖[In Rem Jurisdiction]②

对物(对事)诉讼管辖是指联邦和州法院(*stats courts)所主张的三种管辖权之一,其余两种是对人诉讼(*in personam)管辖和准对物(对事)诉讼管辖。传统上将对物(对事)诉讼管辖理解为管辖权是向位于法院管辖范围内的物(即实物和不动产)所作的延伸,而且这一概念在"彭诺耶诉奈弗案"(Pennoyer v. Neff)(1878)这一经典案例中得到了解释。然而,正如马萨诸塞州首席大法官奥利弗·温德尔·霍姆斯(Oliver Wendell *Holmes)所指出的那样,所有诉讼实际上都是针对人的。对物(对事)诉讼管辖与准对物(对事)诉讼管辖的区别在于:对前者来说,物(res,拉丁语,物)本身被认为是诉讼标的;而对于后者,物(res)仅具有附属性,是为了满足涉及其他物之诉讼的可能判决而存在的。

在20世纪,由于无形财产(intangible *property)——比如信托——之重要性的加强,以及财产的流动性——这导致了有关财产所在地的令人迷惑的和抽象的问题,关于对物(对事)诉讼管辖和准对物(对事)诉讼管辖的主张变得复杂起来。针对这种复杂性,联邦最高法院在"夏特尔诉赫特纳案"(Shatter v. Heitner)(1977)中确定:关于对物(对事)诉讼管辖和准对物(对事)诉讼管辖的主张必须与"国际鞋公司诉华盛顿州案"(International Shoe Co. v. Washington)(1945)中有关对人诉讼管辖的主张一样,满足同样的正当程序要求,即被告必须与法院之管辖有最小联系。

[William M. Wiecek 撰;李明译;林全玲校]

精神错乱辩护[Insanity Defense]

精神错乱辩护是在评定刑事责任时一个主要的允许考虑精神失常状态的法律原则。这一抗辩的根源可回溯到基督诞生之前的希腊。从中世纪的英国开始,在英语系国家中就存在着因"精神失常"而给予宽恕的案件的书面记载。在美利坚合众国,精神

---

① 另请参见 Judicial Power and Jurisdiction; State Courts。
② 参见 Due Process, Procedural。

错乱辩护一直被接受为刑法原则的一部分。但是，该种辩护一直存在争议，因为它使那些犯了极可憎之罪的人逃脱了刑罚(尽管那些被宣告无罪的人通常仍会在医院中被收押一个不确定的期限)。

联邦最高法院在这一领域一直行事谨慎，其将大部分注意力直接关注于检验精神错乱的适当规则之上。在现代，"精神错乱"被界定为一种智力的损伤，它或者妨碍了一个人理解他或她的行为之错误的能力("认知性"分支)，或者妨碍了其控制行为的能力("意志性"分支)。在"莱安德诉俄勒冈州案"(Leiand v. Oregon)(1952)中，联邦最高法院指出：如果一州选择了这种抗辩，则联邦宪法并不要求运用比历史上莫纳盾规则(M'Naghten)(由英国上议院在1843年所制订的检验标准，仅关注"认识性"损伤)更宽泛的检验方式。联邦最高法院指出，若当时的认知状态既定，那么"意志性"辩解在宪法上是没有必要的。其后的两个联邦最高法院判例尽管没有与精神错乱辩护直接相关，但也支持了莱安德案这方面的判决。在"鲁滨逊诉加利福尼亚州案"(*Robinson v. California)(1962)中，法官认为：联邦宪法第八修正案[该修正案禁止残忍和非正常惩罚(*cruel and unusual punishment)]禁止仅仅由于吸食海洛因上瘾而惩罚某人。在"鲍威尔诉得克萨斯州案"(Powell v. Texas)(1968)中，最高法院的5名成员将这一立场解释为："对于喝酒有着无法抵御之渴望的、积习难改的酒鬼，是不应当仅仅因其喝酒或醉酒而予以惩罚的"(p.549)。但是，主审鲍威尔案的法官多数还认为，在公众场合醉酒是可以受到惩罚的。因此，与之相似，尽管一州不能因为精神疾病(假定这一条件是"无法避免的")惩罚某人，同时鲁滨逊案或鲍威尔案又并不禁止各州惩罚有精神疾病的犯罪者。

联邦最高法院没有将精神错乱抗辩作为判断刑事责任的一个必要方面，这一事实的进一步证据体现在其对有关该抗辩的举证责任的处理方式上。莱安德案还确认，各州可以要求被告承担排除合理怀疑地证明精神错乱的责任。近20年以后，联邦最高法院在"温希普对物(对事)诉讼案"(In re *Winship)(1970)中开始讨论莱安德案中的这个问题，并认为：控诉方应排除合理怀疑地证明"每一个事实，只要该事实对于构成(被告)所被指控之犯罪证据十分必要"(p.364)。但是在"里韦拉诉特拉华州案"(Rivera v. Delaware)(1976)中，联邦最高法院以该案涉及联邦问题(*federal question)而缺乏管辖权为由，驳回了一个有罪判决的上诉(*appeal)，并在其指示中要求被告根据优势证据原则证明其精神错乱。此外，至少有5个州的法院用另外的规则取代了精神错乱辩护。这一替代规则是，只有在极少的情况下即被告故意犯罪的情况下才考虑被告存在精神障碍方面的证据问题。甚至对那些存在严重的精神疾病的人也是如此。尽管法院倾向于对精神错乱辩护施加严格的限制(这些限制在本质上等同于取消了这一辩护理由)，但法院对这些法律的态度并不总是一致的。一方面，联邦最高法院在"里韦拉诉特拉华州案"(Rivera v. Delaware)(1976)中，以该案涉及联邦问题(*federal question)而缺乏管辖权为由，驳回了一个有罪判决的上诉(*appeal)，并在指示中要求被告根据优势证据原则证明其精神错乱。同时在"温希普对物(对事)诉讼案"(In re *Winship)(1970)中提出：控诉方应排除合理怀疑地证明"每一个事实，只要该事实对于构成(被告)所被指控之犯罪证据十分必要"(p.364)。另一方面，在"埃格尔夫诉蒙塔纳案"(Egelhoff v. Montana)(1996)中，联邦最高法院支持判决理由的主要依据在于当州取消这一过时的"醉酒"抗辩时，并没有违反正当程序条款。当然，如上文所提到的，由于精神错乱辩护作为一个有效的法律原则源远流长，如果将取消精神错乱这一辩护理由是否合宪的案件提交到联邦最高法院，还是会影响裁判。

参考文献 Gary I. Melton, *Psychological Evaluations for the Courts*; *A Handbook for Mental Health Professionals and Lawyers*, 2d. ed. (1997), ch.8.

[Christopher Slobogin 撰；李明、林全玲译；林全玲、胡海容校]

破产状态立法[Insolvency Legislation]

参见 Bankruptcy and Insolvency Legislation。

海岛系列案[Insular Cases]

海岛系列案是一组在1901年到1904年间发生的涉及联邦宪法及《权利法案》(*Bill of Rights)之海外领土适用的14个判例的总称(参见 Territories and New States)。这些案件产生于美国依据结束西班牙一美国战争(1898)的条约获得海岛领土之后。这场战争及对外国领土的争夺表明了美国成为世界强国的决心，这在1900年的总统大选上赢得了公众压倒多数的支持。由于联邦最高法院最终决定顺应民意，通过海岛系列案把政治纠纷转变为联邦宪法上的条文。

在联邦最高法院的辩论背后存在两种针锋相对的立场。一种观点主要源自种族主义的动机，认为新领土上的人们不适合成为公民——该结论否定了海岛成为新州的可能性，并将使海岛人民永久维持准州居民的地位(参见 Citizenship; Race and Racism)。另一种观点属于古老的传统，认为所有的领土都能最终成为州。

海岛系列案提出了宪法性法律及制定法制定过程中存在的三个问题：(1)国家政府是否有权通过条约获得准州属地；(2)这些属地是否适用特定的

法律;(3)是否合众国一获得某属地,《权利法案》就自动适用于该属地。在"德利马诉比德韦尔案"(DeLima v. Bidwell)(1901)中,联邦最高法院确认,国家有权获取属地,并对获取(acquisition)属地的悠久历史给予了支持。

联邦最高法院还考虑了是否能对往来航运于波多黎各和美利坚合众国间的货物征税。对于进口至美利坚合众国的货物而言,联邦最高法院通过援用海运关税法(Dingley Tariff Act)(1897)中的语言而回避了这一宪法性的问题,该法规定:对于"从外国进口的所有商品"均可征税。在德利马案中,亨利·比林斯·布朗(Henry Billings *Brown)法官代表最高法院提出书面意见,认为波多黎各通过条约,一旦割让给美国就不再是"外国"了。因此,该法不适用于波多黎各。

然而联邦最高法院无法回避有关出口至波多黎各的货物的宪法性问题。只要合众国军事统治到了那里,就可以根据国会的战争权对出口货物征税[杜利诉合众国案(Dooley v. United States)(1901)]。然而,一旦特殊的军事权力终止,任何征收关税的行为似乎都是违宪的,因为联邦宪法要求税收"在美利坚合众国,全国应是统一的"(第1条第8款)。在"杜尼斯诉比德韦尔案"(*Dewns v. Bidwell)(1901)中,布朗法官反复强调波多黎各并不是"外国",但他又推理认为它也不是"合众国"的一部分,"合众国"一词只意味着各州本身。爱德华·道格拉斯·怀特(Edward D. *White)法官与其他3名法官都同意其意见,但反对布朗将其纳入宪法的限制,认为将其纳入宪法会在世界事务中过于限制国家的权力。怀特法官总结道:只有在国会立法将领土"并入"美利坚合众国之后,宪法性的限制才适用于该领土。首席大法官梅尔维尔·韦斯顿·富勒(Melville W. *Fuller)反对怀特法官在"外国"和"并入"之间进行划分,他推理认为:一旦领土归于国家主权之下,它即成为"合众国"的一部分。

以后有关《权利法案》的案件,显示出一种由布朗的观点向怀特的观点转移的趋势,而怀特的观点仍是现在的主流观点。布朗法官则继续在联邦宪法本身寻找适度的限制。比如,在"夏威夷诉曼基奇案"(Hawaii v. Mankichi)(1903)中,他认为,在没有国会立法的情况下,只有那些"本质上是根本"的权利才可以适用于准州(p.218)。怀特法官也同意以下结论,即并不要求通过大陪审团或陪审团的一致同意而提出控告。但是他又一次认定:由于国会尚未将夏威夷并入合众国,因此《权利法案》的任何部分均不应得到适用。

在"多尔诉合众国案"(Dorr v. United States)(1904)中,联邦最高法院的多数法官最终接受了并入原则。威廉·鲁弗斯·戴(William R. *Day)法官指出,菲律宾民众并不适合陪审团审判,并且国会不需要授予他们这一权利,除非国会选择合并菲律宾群岛。

这些案件提出了很多的理由和牵强的推理。其明显的意义在于:法官希望给予总统和国会在世界事务方面最大可能的自由。许多人认为这一观点反映了选举的结果,因为在1900年的大选中,选民们激烈地反对民主党关于拒绝获取海外领土的号召。但这些案件除了表明最高法院的政治见解外还说明了更多的东西,当"并入"(*incorporation)和"基础权利"(*fundamental rights)再次成为具有可行性的措词时,它们还预示着以后关于《权利法案》是否适用于各州的争论。因此,联邦最高法院的意见代表了有关《权利法案》之适用范围的具有尝试性的早期论据。有关《权利法案》的适用范围的斗争持续了近半个世纪。

参考文献　James E Kerr, *The Insular Cases: The Role of the Judiciary in American Expansionism* (1982).

[Walter F. Pratt Jr. 撰;李明译;林全玲校]

平等与保险费率
[Insurance Rates, Equality and]①

保险业是一个价值数十亿美元,保障着美国人的生活、健康、家庭及财产,对抗各种风险,比如伤害、疾病及死亡的产业。投保人定期支付所谓的"保险费"给保险人。当一个承保范围内的事件——住院,被盗,火灾,汽车事故发生时,被保险人向保险公司提出索赔申请。在对申请进行审查后,如果保险公司确认其保险单适用于该情况,就会支付给被保险人保险金。个人可以购买私人保单(大多数财产保险通过这种方式购买)或者他们可以是归属于某个集体的生命、健康,以及退休的保险计划范围内,通常通过他们的雇主来购买。集体计划可以由雇主和雇员共同缴费形成。

保险业归政府管理,大多数归州政府管理,但其是私营企业。因此,由保险人来确定保险费与保险赔偿金的数额。正因为如此,产生了平等的问题。集体保险计划不允许对个人风险进行精密评估,因此,风险小的人总是补助了风险大的人:比如,有两个亲眷的雇员为健康保险所支付的保险金实际上与有7个亲眷的雇员一样多。

私人保单通常是在对购买保单的个人所表明的风险及投保财产所存在之风险进行评估的基础上确定保险费。比如,年青的单身男子通常比其他的汽车拥有者支付更高的汽车保险费,因为他们代

---

① 另请参见 Gender; Race and Racism。

着人群中最经常卷入汽车事故的那部分人。禁保区制度曾一度盛行,该制度拒绝承保处于公司认为不安全的特定地区的财产。在上述特定地区主要居住的是美国黑人或拉丁美洲人时,禁保区制度会导致种族歧视的嫌疑(参见 House Discrimination)。退休保险计划经常存在性别歧视。由于女性一般比男性寿命长,保险人预期女性在退休和死亡之间的期间会更长,这使得其将为女性被保险人支付比男性被保险人更多的保险金。公司制订了两种方法来处理这一预期费用:其一是要求女性支付更高的保险费,其二是支付女性较低的保险赔偿。

通过统计上的精确地概括为基础区别对待属于该群体中的个体,这种做法公平吗?法院对这一问题的回答是要根据受影响的群体而定。联邦最高法院认为根据年龄进行区别对待是可以的。宾夕法尼亚州的一个案件支持了对年轻的单身男性规定更高汽车保险费率的做法,认定其并不违反平等保护(*equal protection)原则。由于公众对于禁保区制度之种族歧视含义的愈加重视,该制度也变得越来越少见。性别歧视曾是几个诉讼案件及努力的主题,但至今尚未有联邦立法加以禁止。

美国联邦最高法院从未规定过歧视性保险法律本身是违宪的,它也没有必要去涉及这一问题,因为《1964 年民权法》(*Civil Rights Act of 1964)的第七编已禁止雇佣中的性别歧视。因此,已有两个案件认定性别歧视非法并不令人奇怪,可能会令人奇怪的是,上述判决既不是法院一致通过的,也不能溯及既往。

"洛杉矶水电部门诉曼哈特案"(Los Angeles Department of Water and Power v. Manhart)(1978)确认要求女性支付更高保险费的集体保险计划无效,而"亚利桑那管理委员会诉诺里斯案"(Arizona Governing Committee v. Norris)(1983)则确认向女性支付较低保险赔偿的集体保险计划无效。由于在曼哈特案中被宣告无效的养老保险计划所设立的基金部分是雇员缴纳的,因此一个男性雇员得到的金钱将比一个工资相同的女性要高。首席大法官沃伦·伯格(Warren *Burger)、威廉·哈布斯·伦奎斯特(William H. *Rehnquist)法官赞同该城市为这一计划所作的辩解:寿命是区别对待男性与女性工人的一个正当理由。然而,其余 7 位法官则均不同意。约翰·保罗·史蒂文斯(John Paul *Stevens)法官写道:"即使是对一个群体的真实概括"也不能成为将"个体作为一个种族、宗教、性别或民族群体的简单组成部分"而对待的政策之正当理由(p.708)。

在诺里斯案中,持异议者又增加了一个(哈里·布莱克蒙),但并不是因为使女性在工作时支付更高的保费与支付女性更低的保险赔偿这两者之间存在很大的差异。相反,哈里·布莱克蒙(Harry *Blackman)法官之所以加入伯格和伦奎斯特法官这些持异议者的行列,是因为亚利桑那州与洛杉矶不同,它允许其退休人员用州基金来购买私人保险。然而,大多数法官仍坚持,该州只是"提供了大量的歧视性利益,而不是一种单独的歧视性利益,这并没有为该案提供任何与曼哈特案相区别的基础"(p.708)。

参考文献 Judith A. Baer, *Equality under the Constitution*: *Reclaiming the Fourteenth Amendment* (1991); Claire Sherman Thomas, *Sex Discrimination and the Law*(1982).

[Judith A. Baer 撰;李明译;林全玲校]

政府间税收豁免[Intergovernmental Tax Immunity]

参见 Tax Immunities。

中级审查[Intermediate Scrutiny]①

中级审查是根据平等保护条款所确立的一种标准,联邦法院用它来评价政府以性别(参见 Gender)和非婚生为基础的(参见 Inheritance and Illegitimacy)政府行为的合宪性。该审查又被称为"加强审查"或"半嫌疑审查"。该标准要求政府行为应与一项"重要的"政府利益有"实质"联系。正因为如此,它不同于联邦最高法院所制定的、用于确定政府根据平等保护条款所进行的分类是否符合宪法的其他两种标准:严格审查和最低程度审查。严格审查适用于审查管理种族及州处理与外国人关系的事项,最低程度审查则适用于社会及经济的分类,以及以年龄、性别倾向、身体及精神障碍为基础进行的分类。其中后者仅要求政府行为与一项"合法的"政府利益"合理"相关;而严格审查则要求政府行为与一项"具有说服力的"政府利益"密切"相关。

有正式记载的中级审查始于 1976 年联邦最高法院在"克雷格诉博伦案"(*Craig v. Boren)中的判决。它对于其他两种审查标准的补充使得其界定更加复杂,因为它要求法院区分合理的、实质的以及密切的关系,并且确定涉及的政府利益的大小。

[Harold J. Spaeth 撰;李明译;林全玲校]

法院判决的国际影响[International Impact of Court Decisions]

"马伯里诉麦迪逊案"(*Marbury v. Madison)(1803)主张在一个独立的司法体制下,法院拥有解释宪法的固有权力。直到 20 世纪,司法审查权(judicial review)都是美国宪政体制的独特风格。美国司法机关在行使司法审查权方面的卓越表现,使得

---

① 另请参见 Equal Protection。

许多从第二次世界大战(World War Ⅱ)的废墟里建立的新国家在新宪法中明确规定了法院的司法审查权。到20世纪末,几乎世界上所有的宪政民主国家都采取了司法审查制度,尽管形式各样。在对美国的司法审查传统有了清楚的了解后,许多国家将司法审查权授予了专门的宪法法院。但是许多普通法国家,遵循了美国的模式,授予了所有法官裁决宪法纠纷的权力,只不过低级别法院的判决还要受最高上诉法院审查。这些最著名的宪法法庭,除了美国联邦最高法院外,还包括德国、意大利、匈牙利和南非的宪法法院,此外还有加拿大、印度、澳大利亚和日本的最高上诉法院。

起初,作为一项新的制度,这些国家的法院在解释宪法时,基本上没有可以引用的先例。很自然,许多国家的法官会转向美国的司法实践寻求确立他们国家制度的指导,如阿哈伦·巴拉卡(Aharon Barak)——以色列最高法院的法官在2003年所说:"我们国外的法官都要看一下美国法院的发展情况,以此作为我们灵感的来源。"在加拿大、澳大利亚、印度、南非以及其他国家高级别法院的宪法判例中都有对美国司法先例的引用,尤其在言论、出版、集会和刑事诉讼程序领域。"纽约时报公司诉沙利文案"(*New York Times Co. v. Sullivan)(1964)的判决——言论自由领域的判决——就是一个例证,该案几乎引起了所有国家的法院的关注。即使外国法院不引用这些判决,也会经常利用从美国判例法中借来的术语。他们还经常借用一些有关自由的谚语,这些谚语可以在一些大法官如路易斯·D.布兰代斯(Louis D. *Brandeis)、奥里弗·温德尔·霍姆斯(Oliver Wendell *Holmes)、厄尔·沃伦(Earl *Warren)、威廉·布伦南(William *Brerrnans)等的反对意见中找到。法官的独立和法官对司法审查权的行使成为全世界宪政体制下司法体系的典范。

然而,联邦最高法院对国外宪法的影响是极其有限的。在过去的时间里,外国的高级别法院也形成了他们自己的重要先例,尤其在权力和自由领域。有时甚至与美国联邦最高法院相反或者走在了美国的前面。其他国家法院在界定自由、民主和人格尊严时,会利用或模仿美国对权利的阐述,但经常会采用不同的表达方式。如同音乐家调谱一样,这些法院根据他们自己的政治文化或宪法文本选择了适合他们的语言。

以南非和匈牙利的宪法法院为例,在对美国联邦最高法院在"格雷格诉佐治亚州案"(*Gregg v. Georgia)(1976)以及相关案件中的推理进行了分析或者说争论后,提出死刑这一不人道的刑罚手段违反了维护人格尊严的基本原则[欧洲人权法院在"泽林诉大不列颠联合王国案"(Soering v. United Kingdom)(1989)中,对弗吉尼亚州的死刑现象进行分析后得出了类似的结论]。同样,许多外国法院包括欧洲人权法院在同性恋案件中拒绝遵循"鲍尔斯诉哈德威克案"(*Bowers v. Hardwick)(1986)的判决。但在2003年,当"劳伦斯诉得克萨斯州案"(*Lawrence v. Texas)(2003)中推翻了鲍尔斯案时,安东尼·肯尼迪(Anthony *Kennedy)在代表法院的大多数法官起草判决意见时,引用了欧洲人权法院的好几个判决,用以支持他的观点——对同性恋行为进行刑事处罚是不合宪的。肯尼迪引用欧洲法院判决的行为招致了大法官安东尼·斯卡利亚(Antonin *Scalia)和首席大法官威廉·伦奎斯特(William *Rehnquist)的严厉批评,他们认为,这些判决与美国宪法的解释没有任何关系。尽管还是有大法官在涉及死刑、平等保护和联邦主义的几个案件中引用了外国法院的宪法判例,但总体来说,联邦最高法院还是尽力将自己与不断趋向一致的全球性宪政法律相隔离。Claire L'Heureuz-Dube——他曾任过加拿大最高法院的大法官,很遗憾地评价美国联邦最高法院未能与世界上其他国家的法院进行对话。

鉴于加拿大最高法院在解释1982年权利和自由宪章时过分依赖美国,Claire L'Heureuz-Dube的评价显得特别有趣。当然,这两个国家在宪法法理方面的趋同性显然要远远多于相异性,因为该领域通常涉及具有普适性的价值理念。另外,在加拿大最高法院继续研究美国的相似案例的同时,它仍然在某些领域拒绝遵循美国的判例,比如在涉及诽谤性言论、淫秽(*obscenity)、积极行动(*Affirmative Action)、议席重新分配和政教关系等领域。这一点是颇为令人钦佩的。加拿大的判决没有体现出美国联邦宪法第一修正案和平等保护法理中所具有的明显的个人主义特色。如加拿大法院在"里贾纳诉肯司特案"(Regina v. Keegstra)(1990)——该案涉及禁止令人讨厌的言论的法律的效力问题——中所提到的:"很显然,本案与美国案件的相似性使得我们可以采用美国的先例,但是两个国家的差异性又要求加拿大法院作出与美国法院不同的判决。"

参考文献 Tim Koopmans, *Courts and Political Institutions: A Comparative View* (2003). Gerard V. La Forest, "The Use of American Precedents in Canadian Courts", *Maine Law Review* 46 (1994):211-220. Alexander Somerk, "The Deadweight of Formulae: What Might Have Been the Second Germanization of American Equal Protection Review", *University of Pennsylvania in Journal of Constitution Law* 1 (1998):284-324.

[Donald P. Kommers 撰;林全玲译;胡海容校]

国际工联诉约翰逊控制公司案[International Union v. Johnson Controls, Inc., 111 S. Ct 1196 (1991)]①

1990年10月10日辩论,1991年3月20日以9比0的表决结果作出判决,布莱克蒙代表法院起草判决意见。怀特、伦奎斯特和肯尼迪均部分赞同并同意判决,斯卡利亚对判决结果表示同意。在这一具有标志性的性别歧视案件中,几个团体和女雇员们根据《1964年民权法》(*Civil Rights Act of 1964)第七编——后被1978年反怀孕歧视法修正提起了集团诉讼(*class action)。该诉讼挑战了约翰逊公司的"胎儿保护规定",这家电池生产公司自1982年以来一直禁止育龄妇女从事涉及接触铅的高薪工作。

联邦最高法院推翻了地区法院和上诉法院有利于公司的判决,认定胎儿保护规定看上去并不中立,因为:尽管有证据表明接触铅也会破坏男性的生殖系统,但该规定并没有像适用于女性那样适用于男性。因为这是一种给予"全然不同的待遇"(*disparate treatment)的政策,所以至多可以根据《民权法》第七编将其作为一种善意的职业资格(BFOQ)来解释。然而,联邦最高法院确认除非怀孕的职员与其他职员在完成工作的能力上有所区别,否则怀孕的职员必须受到和其他职员相同的待遇。而该案中不存在这种不胜任工作的表象,因此不能适用善意的职业资格这一例外原则。该公司的主要考虑并不是女性职员能否胜任,而是接触铅是否会伤害其尚未怀上的胎儿。联邦最高法院认为,不管其有多重要,胎儿的健康对于电池制造的事务来说并不是基本的东西,因此不能作为一种善意的职业资格。联邦最高法院还反对该公司的以下主张,即其采取该政策是害怕承担侵权责任(*tort liability)。拜伦·怀特(Byron *White)法官、首席大法官威廉·伦奎斯特(William *Rehnquist)以及安东尼·肯尼迪(Anthony *Kennedy)法官均同意约翰逊公司的政策是歧视性的,但不赞成将善意的职业资格抗辩解释得如此狭窄,以至于其永远不能作为一项为保护胎儿而对特定性别政策的实施理由。

[Joel B. Grossman 撰;李明译;林全玲校]

州的干预[Interposition]②

州的干预是指各州有权行使权力以保护其市民不受联邦政府违宪措施的影响。1798年,弗吉尼亚州提出了州的干预以抵制反煽动罪法(*Sedition Act)。在19世纪30年代,南卡罗来纳州主张其有权废除联邦关税,但在安德鲁·杰克逊(Andrew *Jackson)总统的军事武力威胁下,该州撤回了这一主张。后来,约翰·卡尔·霍恩(John C. Calhoun)议员为州的干预进行辩护,以阻止含有废除奴隶制度宣传的信件在南方传递。

在19世纪50年代,许多北方人为了阻止1850年逃亡奴隶法的施行(参见 Fugitive Slaves),以个人自由法及法院诉讼的形式极力主张州的干预。1854年,威斯康星州最高法院宣布1850年逃亡奴隶法违宪,并将废奴主义者谢尔曼·布思(Sherman Booth)从联邦监狱中释放。在"艾布尔曼诉布思案"(*Ableman v. Booth)(1859)中,首席大法官罗杰·布鲁克·托尼(Roger B. *Taney)在推翻这一判决时宣称:"这种命题在美利坚合众国的法学领域还是个新命题",而联邦最高法院拥有对联邦宪法的最终解释权(p.514)。分裂是州的干预的最引人注意的形式,而亚伯拉罕·林肯(Abraham *Lincoln)总统则以同样引人注目和有力的形式给予了回应。

在"布朗诉教育理事会案"(*Brown v. Board of Education)(1954)之后,南方的一些州以"大规模抵制"——州的干预的一种方式——来反对学校取消种族隔离制度。在涉及阿肯色州小石城地区学校取消种族隔离的"库珀诉阿伦案"(*Cooper v. Aaron)(1958)中,联邦法院援引"艾布尔曼诉布思案"再次确认了以下原则,即联邦最高法院拥有联邦宪法的最终解释权。现在,州的干预仅仅是宪法理论中的一个遗迹,它消亡于美国内战(*Civil War)时期,但在20世纪50和60年代曾因顽固的种族隔离主义者的存在而短暂且无益地死灰复燃了一阵。

[Paul Finkelman 撰;李明译;林全玲校]

文本主义和非文本主义[Interpretivism and Noninterpretivism]③

文本主义和非文本主义的区别是当代关于宪法所规定的司法权(*judicial power)之本质和范围的讨论的核心。联邦最高法院是必须受联邦宪法的文本及文本所隐含之意图的约束呢,还是其可以超越该文件的"四个边角"来确认它的含义?关于文本主义和非文本主义的讨论与宪法和法律解释中立法者本意(*original intent)所起的作用密切相关。

文本和非文本主义不应当和更传统的严格的法律释义与自由的法律释义之间的区别相混淆。严格的和自由的法律释义均是"文本解释"的形式,其区别仅仅在于应如何解释联邦宪法是自由的,还是严格的?另一方面,非文本主义的观点则提出了以下问题,即是否应当受其文本及文本后隐含的意思之约束来解释宪法?

例如,极端的非文本主义者,如迈克尔·佩蒂(Michael Petty)和罗纳德·德沃金(Ronald Dwer-

---

① 参见 Gendeer。
② 参见 Nullification; State Sovereignty and States Rights。
③ 另请参见 Constitutional Interpertation。

kin)认为:对于法官来说,将现代的正义概念注入联邦宪法不仅是适当的,而且还是必要的。问题在于与其说联邦宪法的意思是什么,不如说其意思应该是什么。非文本主义的目标是使联邦宪法成为一部在道德上进化的文件,既与文本严格的说法无关,又与文本后隐含的立法者意图和含义无关。

批评者则攻击道:这种观点将成文联邦宪法贬低成为司法见解,而在一部除非正式修订否则将保持不变的联邦成文宪法之下,文本主义才是唯一的正当途径。最严格意义上的文本主义者争辩认为:不仅文字意义上的文本,而且文本后隐含的立法者意图都支配着每一个司法裁决。相对中庸的文本主义者则主张,与其说是要受到文本的限制,不如说是立法者的本意更具有指导作用。因此,正如罗伯特·博克(Robert *Bork)所指出的那样:尽管禁止非法搜查和扣押的联邦宪法第四修正案(the *Fourth Amendment)的制定者在意识中不可能有电子窃听的概念,但该禁令仍符合逻辑地延伸到了这一领域。

事实上,大多数法官处于极端的文本主义和非文本主义这两极之间,对交付其处理的案件和纠纷通过寻求一些实用主义的立场来加以解决。

[Gary L. McDowell 撰;李明译;林全玲校]

州际商事委员会[Interstate Commerce Commission]①

尽管联邦宪法(第1条第8款)授予国会管理州际商业的权力,国会却一直忽视对铁路的管理,直到1887年其通过了州际商事法案(ICA),建立起了州际商事委员会(ICC)为止。在这一联邦法律通过之前,各州都单独设立了铁路委员会,其中一些委员会对铁路价格进行管制以消除猖獗的歧视现象。联邦最高法院规定:州立法机关可以在没有联邦立法时管理州际铁路。其又在"芒恩诉伊利诺伊州案"(*Munn v. Illinois)(1877)中宣布,各州对于价格的管理是合宪的。然而,各州的管理使得价格变得更加混乱无序,因而联邦最高法院在"瓦巴施、圣路易斯和太平洋铁路公司诉伊利诺伊州案"(*Wabash, St. Louis and Pacific Railway Co. v. Illinois)(1886)中最终确认:州际运输费只能由国会管理。

尽管联邦最高法院事实上承认了州际商事委员会的效力,但其保留了对铁路价格的监督权。1890年,联邦最高法院宣布:正当程序要求州际商事委员会对于价格的规定应受司法审查的约束。在"史密斯诉埃姆斯案"(*Smyth v. Ames)(1898)中,联邦最高法院判决:宪法授予铁路因其财产而得到公平回报的权利(参见 Due Process, Substantive)。联邦最高法院还否认了州际商事委员会的绝对定价权。甚至在赞同州际商事委员会时,联邦最高法院也经常限制该机构的权力。在"合众国诉跨密苏里货运协会案"(United States v. Trans-Missouri Freight Association)(1897)中,联邦最高法院判决认定,铁路公司间的价格与载重量协议限制了贸易,违反了《谢尔曼反托拉斯法》(*Sherman Antitrust Act),而不是违反了州际商事法的反同业联盟条款。在"州际商事委员会诉亚拉巴马中部铁路公司案"(Interstate Commerce Commission v. Alabama Midland Railway Company)(1897)中,联邦最高法院还终结了州际商事委员会对滥用铁路货物搬运里程的禁止权。

在革新主义时代,联邦最高法院顺应时代要求,促进了州际商事委员会成为一个有权力的管理机构(参见 Progressivism)。在《赫伯恩法》(Hepburn)(1906)中授予州际商事委员会定价权之后,联邦最高法院拒绝对价格实施广泛的司法审查(*Judicial Review),这使反对价格管理的人很失望。考虑到定价是一种行政职能,所以联邦最高法院只是确认州际商事委员会有权定价,而不需考虑其是否合理地行使了该权力。在"明尼苏达州费率系列案"(Minnesota Rate Cases)(1913)中,联邦最高法院允许州际商事委员对歧视州际商业的州内价格进行管理,从而将州际商事委员会置于州立法机构和委员会制定的有冲突的法律与规则之上。在"戴顿-古斯·克瑞克里克铁路公司诉合众国案"(Dayton-Goose Creek Railway Company v. United States)(1924)中,联邦最高法院的判决仍然反映了进步精神,极力主张州际商事委员会应在建立适宜的铁路系统的过程中发挥积极和创造性的作用,并同意应将铁路公司"比以前更彻底地"置于州际商事委员会的"监护和控制之下"(p.478)。

但是当州际商事委员会拒绝起领导作用时,联邦最高法院并未显示出忧虑。它甚至还反对州际商事委员会偶尔作出的具有创造性的尝试。1931年,州际商事委员会禁止债券持有人在铁路重组计划中进行诈骗,但联邦最高法院阻止了其这一难得的努力。1933年,其又推翻了州际商事委员会的唯一一个命令——命令一铁路修建延长线路。由于州际商事委员会在20世纪20年代没能协调好运输,该机构在20世纪30年代与40年代大萧条时期及战争期间大多被忽视。

在第二次世界大战之后,州际商事委员会一直没有处理好国家的运输问题。到20世纪60年代为止,联邦最高法院一直试图阐明州际商事委员会模糊但又极重要的最低费率(minimum rate)政策,该政策决定了在相互竞争的地点之间,是由铁路、卡车还是驳船来载货。州际商事委员会试图保留现有的关系,避免破坏性的联运竞争。然而,联邦最高法院

---

① 参见 Administrative State; Commerce Power。

强制州际商事委员会允许更广泛的竞争,甚至在价格不能完全补偿分配成本(distributed cost),但至少可以补偿支出成本(out-of-pocket cost)时也是如此。后来,联邦最高法院坚持价格必须以完全的分配成本为基础,并以此来保护运输采取低成本运营模式。联邦最高法院在使得州际商事委员会转向保护非掠夺性的联运竞争,并不断将州际商事委员会推向采取更加理性的价格机制之后,在20世纪七八十年代就一直对其保持了一种不管不问的态度。而在此时期,国家则任由州际商事委员会的萎缩,并转向采用合并和解除管制这两剂良方以解决国家运输方面的不景气。尽管1985年管理办公室以及预算部门曾建议国会取消州际商事委员会,该建议一直拖到1995年的最后一天,并以他们的屈服而告终。

参考文献 Ari Hoogenboom and Olive Hoogenboom, *A Histroy of the ICC: From Panacea to Polliative* (1976).

[Ari Hoogenboom 撰;李明译;林全玲校]

州际协约[Interstate Compacts]

受主权国家所拥有之签订条约权的影响,联邦宪法(第1条第10款)允许各州经国会同意后与另一州签订协定或协约。从1789年到1920年,各州签订了36个州际协约,主要处理边界及领土割让问题。随后30年中签订了65个协约,内容包括环境保护、自然资源的利用、犯罪控制、运输、公共管理、烟草生产及各种超越州边界的地方性议题。自20世纪50年代起,通过各州的固定的委员会及州政府委员会的努力,州际合作开始制度化。而上述机构研究的是可能需要通过州际协约来处理的、经严密构思的技术问题。在20世纪30年代,许多联邦主义(*federalism)学者希望通过州际合作和统一州立法代替中央政府制订统一政策,但这一希望未能实现。尽管如此,州际协约依然是各州在日益中央集权的政体下维持对某些地方性议题的控制及保留少量权力的一种方式。

有关这方面最重要的联邦最高法院的判例就是"弗吉尼亚州诉田纳西州案"(*Virginia v. Tennessee)(1893)。联邦最高法院确认:对于没有增加各州政治权力和侵害国家政府主权倾向的协定来说,国会的同意并不是必要的。

[Herman J. Belz 撰;李明译;林全玲校]

回复控告[Inverse Condemnation]

回复控告是诉因的一种,在政府实体涉嫌未进行任何正式的征用(*eminent domain)程序而直接占用财产时,财产所有者可提起这种诉讼。该诉讼的依据是联邦宪法第五修正案(the *Fifth Amendment)的公平补偿条款,它宣布:私人财产未经公平补偿,不得取作公用。在"芝加哥、伯灵顿及昆西铁路公司诉芝加哥市案"(*Chicago, Burlington & Quincy Railroad Co. v. Chicago)(1897)中,联邦最高法院确认:根据联邦宪法第十四修正案(the *Fourteenth Amendment)的正当程序条款(Due Process Clause)(参见 Due Process, Substantive),"取作公共使用(*public use)的财产必须得到公平补偿"这一宪法性要求既适用于各州,也适用于联邦政府。

回复控告诉讼的提起还可基于州宪法所包含的公平补偿条款。很多州(*state)的宪法性条款与联邦宪法的公平补偿条款相同,然而有的州甚至给予了更有力的保护,不仅要求在占用财产时进行补偿,而且在财产仅仅因政府行为而"受损坏"时也可要求补偿。

即使没有相关立法授权进行回复控告诉讼,财产所有人也可依宪法授权提起诉讼,而事实上国会和几个州已立法规定了这种诉讼的具体程序。

在过去的四十年里,回复控告诉讼的性质与发生频率都有了巨大的变化,而且业已成为许多争论的焦点。州和联邦对财产的日益扩张的管制占用活动使得人们更加关注如何减少管制活动的负面影响。20世纪60年代,在"回复控告"一词开始出现时,它一般指对于政府公共事业计划所导致的对土地的实体性侵害,比如大量的政府公共工程对土地所造成的侵害的补偿。然而,在20世纪60年代,许多杰出的土地使用专家极力主张公平补偿条款应更广义的解释,以支持那些因苛刻的管制而受损害的人在其财产未受实体损失时提起的"恢复"或"回复"控告。在20世纪70年代,许多回复控告诉讼开始提出这类主张。

这些持续的进展激起了很多学者的讨论。同时,联邦最高法院在对于土地使用管制领域保持长期缄默之后,终于在20世纪70年代一系列案件中对这一争议进行了裁判。然而,联邦最高法院最近的意见仍未彻底阐明对回复控告诉讼进行补偿的标准。

原告要得到补偿,就必须证明被"占用"的"财产"被用于"公共用途"(参见 Taking Clause)。联邦最高法院对于其中的第三个因素进行了很宽泛的解释。无论联邦政府还是州政府都不能仅仅为了某一个体的私人利益而将另一个体的私人财产交给该个体。在上述情况下,公平补偿条款将不会得到适用,因为并未发生任何有效的占用。然而,在这种情况下,除了衡平救济之外,财产所有者还可以违反正当程序对其造成了损失为由,根据"合众国法典"第42章1983节提起诉讼,以取得金钱赔偿。

不存在公共用途的情况极为罕见。只要政府欲促进公共卫生、安全或普遍福利(参见 Police Power），几乎任何一项政府行为都会符合这一标准。在"伯曼诉帕克案"（*Berman v. Parker）（1954）中，联邦最高法院宣布：可以占用产权明晰的商业财产并再次出售给私人开发商，从而实施重新开发城区的公共计划（因为城区的房屋不符合标准）。更近一些时候，在"夏威夷房屋管理局诉米德基夫案"（*Hawaii Housing Authority v. Midkiff）（1984）中，联邦最高法院对一项州立法表示赞同，该立法规定了对于居民的不动产进行补偿后经过征用转让给财产承租人的做法。联邦最高法院总结道：这一立法并不仅仅是为了承租人的私人利益，它是对夏威夷岛上土地求大于供这一可察觉的恶性情况所引发的社会和经济问题而作出的理性回应。

除了不动产以外，回复控告诉讼还可以用于对其他形式之财产的占用行为提出挑战。比如，联邦最高法院业已确定，无形财产可以成为被占用的财产，比如对于卫生与安全数据的商业秘密权["拉克尔肖斯诉蒙萨特公司案"（Ruckelshaus v. Monsanto Co.）（1984）]。

然而这一原则最不清楚的并不是什么构成"公共用途"，也不是如何界定相关"财产"，而是以什么样的标准证明"占用"确实存在。在很多情况下，政府行为都可以看作一项占用。例如，除了对财产的正式使用外，在政府权力实质上侵犯或破坏性地侵扰了原告的财产权时，也可以认定发生了占用。根据以上理由认定政府行为构成占用的最突出的例子是，政府行为造成相邻土地上的洪水或频繁低空飞越的飞机对于原告土地用途的巨大损害。

然而，最棘手的问题与"管制性占用"相关。在其代表联邦最高法院所提出的、有关"宾夕法尼亚煤炭公司诉马洪案"（*Pennsylvania Coal Co. v. Mahon）（1922）的重要意见中，奥利弗·温德尔·霍姆斯（Oliver Wendell *Holmes）法官承认，政府机构拥有使用财产且不补偿相关所有人的实际上的治安权。但是，他也注意到了，通过占用程序所进行的财产正式占用与运用治安权有时会造成的对私人财产价值的严重损害之间的本质相似。因此，霍姆斯法官宣布，当管理行为所导致的价值减少"达到一定程度时，在绝大多数情况下——如果不是所有的情况的话——必然要有征用程序或补偿的实施以支持该行为"（p. 413）。这样，霍姆斯法官就扩大了"占用"的传统定义。他还陈述道，一言以蔽之，"如果管理行为走得太远，它将被确认为占用"（p. 415）。霍姆斯法官在宾夕法尼亚煤炭公司案中的意见对无须赔偿的管理行为与需要给予公平补偿的管理行为进行了区分（这些管理行为影响过于巨大），这开创了法官和学者在这方面的研究先河。

联邦最高法院多次强调：是否给予占用赔偿必须根据公平补偿条款的基本目标来确定，"即防止政府强制某些人独自承担公共负担，而该负担根据公平和公正的原则是应当由公众作为一个整体来承担的"[（Armstrong v. United States）（1960）（p. 49）]。然而，联邦最高法院没有确定根据公平原则判断何时发生了可赔偿的占用的标准。

某些类型的政府行为通常被认定为占用。例如，联邦最高法院将所有的永久自然侵害都认定为特别严重的侵权。因此，它宣布：由政府或由经授权的第三方所进行的任何永久性的实体性侵占都构成占用，而不管其中是否包含实际的公共利益或对所有权人的经济影响["劳里托诉读稿机曼哈顿有线电视公司案"（Loretto v. Teleprompter Manhattan CATV Crop）（1982）]。联邦最高法院在"阿金斯诉蒂布伦市案"（Agins v. City of Tiburon）（1980）中宣布："管制行为，例如，分区制（*zoning）的法令没有在实质上提高正当的州利益……或否定了所有权者在土地上的所有经济价值时"，该法令的实施就"构成了一项占用"（p. 260）。联邦最高法院利用"阿金斯诉蒂布伦市案"的标准在"卢卡斯诉南卡罗来纳滨海委员会案"（*Lucas v. South Carolina Coastal Commission)（1992）中主张，一项管制措施确定地剥夺了土地所有人的所有经济价值时构成占用，需要给予公平补偿。

在既没有涉及确定的实体侵犯也没有管制性剥夺了土地上的所有经济价值的情况下，是否构成占用的分析需要遵循联邦最高法院在"佩恩中心运输公司诉纽约市案"（Penn Central Transportation Co. v. City of New York）（1978）中所宣布的另一标准。即"综合分析管理行为对于原告的经济影响、管理行为对于明显的、已形成的合理预期所造成的妨碍程度、政府行为的性质等因素"。["帕拉泽拉诉罗得岛案"（Palazzola v. Rhode）（2001），p. 617]。根据这一多因素的分析方法，联邦最高法院、低级别联邦法院（*lower federal courts）以及各州法院（*state courts）一般并不愿意以不包含任何实体侵害的管制行为为基础来确认一项可赔偿的"占用"。因为，所有权人并没有被剥夺相关土地的经济上的所有可能用途。

司法机关在分析某一行为是否构成占用时非常关注如何有效地激励政府行为。其出发点在于政府的管制行为不断受到限制可能会使公共利益受到损害。然而只是政府宣称其行为是保护重要的公共利益的必要手段或减轻原告"令人讨厌的"或"有害的"利用其财产的必要手段，则并不具有决定性的作用。例如，在"卢卡斯诉南卡罗来纳滨海委员会案"（*Lucas v. Carolina Coastal Commission）（1992）中，联邦最高法院认为，州只有在管制手段中强加的限制"存在于所有权本身，内含于州的财产法的背后的基本原则中，或者这种侵犯早已存在于财产之上"时，才可以不必对被剥夺了所有经济价值的土地所有者进行公平补偿。

另外一类特殊的纠纷开始不断出现。这类纠纷的产生通常是因为在土地所有人为进行某一扩展计划需要政府的许可时,政府部门在作出许可的同时要求其将一部分土地交付公用并不给予补偿。联邦最高法院宣布,政府在给予许可的同时附加一定的条件在满足两个要求的情况下是符合宪法的。即"第一,这一条件与州的合法利益必须存在必要的联系;第二,被充作公用的土地与其扩展计划所带来的影响应大体相当"["多兰诉泰格市案"(Dolan v. City of Tigard)(1994), pp. 386,391]。在这个案件中,土地所有人需要政府批准她将其零售店扩张一倍,并重新铺一下零售店的停车场。该市在作出批准的同时,要求土地所有人捐出位于洪水区的滩涂地的一块土地以增强排水系统的功效,并要求她捐出与该地相邻并平行的一块地作为人行道或自行车道。联邦最高法院认为该市的行为因违宪而无效。联邦最高法院认为,该市附加的条件确实与州的合法公共利益有关——控制洪水泛滥与便利交通。但是,该市不能证明被要求捐献的土地与土地所有者的发展计划之间存在必要的合理联系。最近的判例法则不仅关注认定需要作出赔偿的占用的实体标准,还关注与其相关的程序问题。这些问题包括,应在何时对政府的占用行为提起诉讼,以及谁可以提起这种诉讼。

在"威廉森县地区委员会诉约翰逊市汉密尔顿银行案"(Williamson County Regional Commission v. Hamilton Bank of Johnson City)(1985)中,联邦最高法院认定,不能在适用土地使用管制的法律行为成熟之前,就其适用提起诉讼。案件成熟性(*Ripeness)条件要求"政府已经对争议中的财产进行了管制,并形成了最终的决定"。这样一个最终决定有助于辨析政府行为是否在事实上剥夺了土地所有人的财产上的所有经济利益,或者是否使土地所有人已经有投资积累支持的合理预期不能实现["帕拉泽拉诉罗得岛案"(Palazzola v. Rhode)(2001), p. 618]。然而,要构成一个最终的管制决定,并不需要土地所有人一遍遍地提交发展计划来请求管制者批准,从而决定是否还有其他类似的计划可能会被批准。

就谁可以提起管制占用诉讼问题,联邦最高法院在"帕拉泽拉诉罗得岛案"中宣称,某人在某一块土地受到涉嫌管制性占用(而不是明确的侵权或实体的侵犯)后买受了该土地,这一事实不能排除新的土地所有人因管制占用受到公平补偿。这种情况使得诉讼成熟的要求不能也不可能由原来的所有人提起["帕拉泽拉诉罗得岛案"(Palazzola v. Rhode)(2001), p.628]。

尽管联邦最高法院称管制占用案件中的责任判断一般需要特别的事实调查["太浩—西雅拉保护委员会诉太浩地区规划局案"(*Tahoe Sierra Preservation Council, Inc. v. Tahoe Regional Planning Agency)(2002), p.43],需要对政府行为的目的和经济效果进行综合的事实判断["蒙特利市诉蒙特利市戴蒙特顿有限公司案"(City of Monterey v. Del Monte Dunes at Monterey, Ltd.)(1999), p.720],但现在联邦最高法院又开始界定法院和陪审团在普通的回复诉讼中分别应起的作用。在"蒙特利市诉市内的戴尔·蒙特·顿有限公司案"中,该市的武断的行为违反了其土地使用法令与政策,占用了某土地所有人的土地,并拒绝给予公平补偿。该案的土地所有人要求陪审团审理。法院认为,土地所有人根据《美国法典》第42编第1983节提起诉讼要求获得赔偿时,有权要求陪审团审理。

在刚刚过去的20年里,有关回复诉讼的评论和判例法集中于在发现占用后如何给予救济问题。

在"格兰代尔第一英国福音路德教教堂诉洛杉矶县案"(*First English Evangelical Lutheran Church of Glendale v. County of Los Angeles)(1987)中,联邦最高法院对这一问题进行了论述。在该案中,一个临时性的控制洪水法令禁止在原告的土地上盖建筑物。联邦最高法院发现依据加利福尼亚法院的判决,没有必要确认是否真正发生了占用。因为该法院认为,在该行为被认定为占用之前,不存在需要回复的利益。即使原告被剥夺了财产的所有经济用途,也不需要给予赔偿。鉴于已有判例认定对私有财产的临时性占用应当给予赔偿,联邦最高法院认为,临时的管制占用也类似地应当给予金钱赔偿。此外,联邦最高法院的大多数法官还不辞辛苦地将应给予赔偿的临时占用与建筑许可"及类似措施"(p.321)所导致的正常延误进行了区分。

在太浩—西雅拉保护委员会诉太浩地区规划局案(*Tahoe Sierra Preservation Council v. Tahoe Regional Planning Agency)(2002)中,法院又对临时占有进行了阐述。联邦最高法院拒绝认定政府临时性地剥夺了所有人对土地的所有经济价值的行为本身构成需要给予赔偿的占用。联邦最高法院也拒绝确立一个新的规则,将某一类型的限制认定为应当给予赔偿的占用。比如将那些实质上剥夺了土地的所有经济价值达最低期间以上(比如1年)的土地使用限制。联邦最高法院认为,临时性管制占用应当根据"佩恩中心运输公司诉纽约市案"中确立的更为灵活的原则来进行判断。

联邦最高法院解释道,将构成占用的行为进行类型化的规则可能会使政府难以行使"长期以来被认为是合理行使治安权的许多惯例"(p.59),并可能刺激司法机关不加详尽阐述就快速地作出判决。联邦最高法院提到,土地使用规划者已达成共识,使土地使用者在一定时期内不能使用其土地,是促进发展的有效手段,这最终会使整个地区如塔霍湖盆地受益。政府行为究竟何时构成"占用"?这一议题仍然是相当多的学术界和司法界人士争论的一个主题。尽管许多主要争议已经被阐明了,政府对财产的许多不当干预也已经被类型化为应当给予赔偿的占用了,其他的政府行为究竟哪些可以通过回复诉讼获得公平补偿仍然有待澄清。

参考文献 Robert Brauneis, "The Foundation of Our Regulatory Takings Jurisprudence: The Myth and Meaning of Justice Holmes's Opinion in *Pennsulvania Coal v. Mahon*," *Yale Law Journal* 106 (1996):613-702. Erwin Chemerinsky, *Constitutional Law: Principles and Policies*, 2d ed. (2002), pp.621-633. Frank I. Michelman, Property, Utility and Fairness: "Commentaries on the Ethical Foundations of 'Just Compensation' law," *Harvard Law Review* 80 (1967):1165-1258. Ronald D. Rotunda and John E. Nowak, *Treatise on Constitutional Law: Substance and Procedure*, 3d ed. (1999), pp.700-748. Laurence H. Tribe, *American Constitution law*, 2d ed, (1988), pp. 587-604; 3d. ed. (2000), pp. 1354-1357.

[James May 撰;李明、林全玲译;林全玲、胡海容校]

艾尔戴尔,詹姆斯[Iredell, James]

(1751年10月5日出生于英国的刘易斯,1799年10月20日卒于北卡罗来纳州的艾登(Edenton),葬于北卡罗来纳州国立塞缪尔·约翰斯顿私人墓地。)1790—1799年任大法官。詹姆斯·艾尔戴尔是弗朗西斯(Francis)和玛格丽特·麦卡洛克·艾尔戴尔(Margaret McCulloch Iredell)之子,在英国长大。由于父亲的疾病和随之而来的贫困,艾尔戴尔在1768年渡海到了北加利福尼亚,成为艾登皇家海关的审计官,这一职位是其母亲的有钱的亲戚替他买的。他的职务使其有时间在塞缪尔·约翰斯顿(Samuel Johnston)的指导下学习法律,1773年7月18日,他与塞缪尔·约翰斯顿的妹妹汉纳(Hannah)结婚。他在1770年12月开始从事律师业务,并且在任命到美国联邦最高法院之前,他一直从事这一职业。在那一时期,他还在各种不同的公共职位上服务过,包括艾登港口的收税员(1774—1776),北卡罗来纳州高等法院的法官(1777—1778),北加利福尼亚的司法部长(1779—1781)。他热情地支持革命运动。

乔治·华盛顿(George *Washington)总统为艾尔戴尔在寻求对联邦宪法的批准活动中表现出的雄辩的口才与旺盛的精力所打动,并且希望北加利福尼亚在联邦政府中占有突出位置,便于1790年2月8日提名艾尔戴尔为联邦最高法院法官,两天后参议院一致批准了这一提名。尽管艾尔戴尔在为新联邦宪法辩论时表现出了强烈的国家主义,但是他在联邦最高法院中最引人注目的观点还是体现在其为州权力辩护的反对意见中(参见 State Sovereignty and State's Rights)。当他赞同多数意见时——这种情况经常发生——他赞同的原因也与其同事毫不相干。艾尔戴尔法官在"奇泽姆诉佐治亚州案"(*Chisholm v. Georgia)(1793)中持反对意见,该判例确认:根据联邦宪法第3条(*Article Ⅲ)第2款,未经州同意,可以在联邦法院对该州提起诉讼。艾尔戴尔的反对意见认为,英国普通法(*common law)对这一问题有约束力,而该法律并未赋予公民在未经一州同意的情况下起诉该州的权利。其反对意见的最后一句明确地预示,一场反对的风暴将对多数法官所作的这一判决作出反应,并将使该判决最终失效。

James Iredell

由于艾尔戴尔是曾经审理过"韦尔诉希尔顿案"(*Ware v. Hylton)(1976)的巡回法院的成员之一,因此他没有参加该案的再审,该判例确认:1783年与大不列颠签署的条约使得弗吉尼亚州没收一位英国债权人之债权的做法无效。然而,他确实宣读了其在巡回法院中所作的意见,该意见认为,与大不列颠所签订的条约不能溯及既往地适用于1777年发生的对债权的没收。其在"考尔德诉布尔案"(*Calder v. Bull)(1798)中的意见赞同了联邦最高法院的以下判决:溯及既往条款(*Ex Post Facto Clause)只适用于刑事案件。该意见是支持司法自我约束(*judicial self-restraint)的最早和最雄辩的陈述之一。艾尔戴尔法官对"希尔顿诉合众国案"(*Hylton v. United States)(1796)的意见赞同了联邦最高法院对联邦运输税的支持,在其意见中包括了对于"直接税"这一短语的非常简洁而实用的定义。

联邦法院巡回办案的繁重工作使艾尔戴尔身体不堪重负,于 1799 年过世(参见 Circuit Riding)。如果他能够活得再长久一些,并且能够在约翰·马歇尔(John *Marshall)时期继续任职于联邦最高法院,那么其杰出的法律思想、主张州权力的联邦主义(*federalism)和持异议(*dissent)的嗜好可能会毁掉首席大法官追求全体一致的裁决和宪法国家主义的运动。

[Robert M. Ireland 撰;李明译;林全玲校]

J j

杰克逊,安德鲁[Jackson, Andrew]①

（1767年5月15日生于南加利福尼亚州的Waxhaw；1845年6月8日卒于田纳西州的纳什威尔附近。）1829—1837年任美国总统。在其两届任期内，安德鲁·杰克逊总统任命了联邦最高法院的6位法官，这一数目超过了除乔治·华盛顿（George *Washington）、威廉·霍华德·塔夫脱（William Howard *Taft）及富兰克林·德拉诺·罗斯福（Franklin D. *Roosevelt）外的其他历届总统。在其选择联邦最高法院法官的过程中，尽管杰克逊考虑了诸如地理位置和公共服务等传统标准，但他也考虑了由此能够获得的政治收益。在任命来自俄亥俄州的约翰·麦克莱恩（John *McLean）时，杰克逊以联邦最高法院的一个职位作为回报，使其承诺不去角逐总统职位，而其正是一位在西部广受欢迎而又经验丰富的总统职位竞争者。杰克逊由此去掉了一个潜在的竞争者。杰克逊在对其他法官的任命中同样考虑了政治因素。他于1830年任命的宾夕法尼亚州州议员亨利·鲍德温（Henry *Baldwin），曾在1828年的大选中帮助杰克逊在该州获胜。詹姆斯·穆尔·韦恩（James M. *Wayne, 1835）、菲利普·彭德尔顿·巴伯（Philip P. *Barbour, 1836），以及约翰·卡特伦（John *Catron, 1837）都曾为总统提供过有价值的政治帮助。然而，杰克逊对马里兰州的罗杰·布鲁克·托尼的任命引发的争议最大。托尼作为财政部长，在杰克逊第二次竞选合众国总统时扮演了关键的角色。议会里的辉格党成员和不满的民主党成员们在1835年阻挠了对托尼的第一次任命。然而，杰克逊拒绝进行再次任命。因此当首席大法官约翰·马歇尔（John *Marshall）于1835年7月6日逝世后，总统拥有了两个职位可供其任命。11月间，他任命弗吉尼亚州的民主党成员菲利普·P.巴伯——他强烈拥护州权力——代替加布里埃尔·杜瓦尔（Gabriel *Duvall）的职位，并任命托尼取代马歇尔的位置。参议院在经过仅3个月的争论后就批准了这项任命。

杰克逊任命的人直到南北战争时期一直控制着美国宪法的发展。而且一些史学家甚至认为这些人的行为，特别是托尼在斯科特案（Dred *Scott）（1857）中的表现，导致了战争的来临。正如他所任命的大多数法官一样，杰克逊对联邦最高法院和宪法的观点融合了州权力和国家主义。他讲究实际，尽管有些过分自信。当联邦最高法院工作有效时，他就提出自己的批评意见，而当其无效时，则不置评价。他决心利用自己的人员来决定这个国家的命运，而不被其他大政府的分支所阻碍。杰克逊利用对法官的任命将其政治观点施加给联邦最高法院，不过他也认为，作为人民利益的守护者，他必须按照自己的理解来解释宪法。在1832年开始的第二届任期内，他拒绝重新对美国第二银行给予特许，主张对宪法作严格解释并坚持在宪法解释中采用部门理论。他认为政府的每一部门都有权利和责任独立于其他部门来解释宪法。没有哪一位前任总统甚至包括托马斯·杰斐逊（Thomas *Jefferson），在这个问题上走得如此之远，他甚至宣称联邦最高法院的意见可以被忽视。

然而，杰克逊对联邦最高法院的敌意是有限制的。据说他在联邦最高法院对"武斯特诉佐治亚州案"（Worcester v. Georgia）（1832）作出判决之后曾宣称："约翰·马歇尔已经作出了他的判决，那就让他去执行它吧"（参见 Cherokee Cases）。杰克逊并未发表这样的言论（尽管他并未采取任何行动阻止佐治亚州拒不服从联邦最高法院判决的行为），而且他也从未提出过总统具有忽视法院判决的特权。他仅仅要求政府的各部门在宪法解释的问题上保持平等。

参考文献 Henry J. Abraham, *Justices and Presidents*: *A Political History of Appointments to the Supreme Court*, 2d ed,(1985).

[Kermit Li Hall 撰；常洁译；林全玲校]

杰克逊,豪厄尔·埃德蒙兹[Jackson, Howell Edmonds]

（1832年4月8日生于田纳西州的帕里斯市；1895年8月8日卒于田纳西州的纳什威尔市；葬于纳什威尔的珍珠山公墓。）1893年至1895年任大法官。作为第一个供职于联邦最高法院的土生土长的田纳西州人，少年时代的豪厄尔·埃德蒙兹·杰克逊是一个认真的孩子和一名优秀的学生。他18岁时毕业于西田纳西大学。在当了几年学徒并在坎伯兰大学的法律学院学习1年后，杰克逊开始了他的法律生涯。1858年他在孟菲斯组建了名为卡瑞和杰克逊的合伙律师事务所。然而由于田纳西州在1861年脱离了联邦，这个合伙只存在了短暂的一段时间。虽然他个人反对独立，杰克逊仍然接受了南部联盟政府的一个职位。内战之后，杰克逊回到孟

---

① 参见 Selection of Justices; Judicial Power and Jurisdiction.

菲斯与 B. M. 埃斯蒂斯（B. M. Estes）成立合伙继续他的法律工作。1874 年他迁往田纳西州的杰克逊市，并在那儿创建律师事务所，并经常出入于田纳西州最高法院。

Howell Edmonds Jackson

尽管在内战前是一名辉格党成员，杰克逊还是加入了民主党，并于 1875 年得到了西田纳西州临时裁判法庭的法官职位。两年后当这个法庭被取消时，杰克逊试图争取到田纳西州最高法院的职位，但未成功。他随即将精力移至州立法机关，并于 1880 年被选入州众议院。在几个月内，杰克逊成功地进入了联邦参议院。

在华盛顿，杰克逊作为一名辛勤工作的议会成员而受到尊敬。对他的司法前途更为重要的是，杰克逊与格罗夫·克利夫兰总统以及与共和党参议员本杰明·哈里森之间建立了亲密的友谊，后者 1889 年成功地接替克利夫兰就任总统。1887 年间，杰克逊应克利夫兰总统的请求离开参议院到合众国第六巡回审判区上诉法院（United States *Court of Appeals for the Sixth Circuit）就职。7 年之后，尽管党派不同，哈里森总统仍任命杰克逊为联邦最高法院法官。参议院没有异议地通过了对他的任命。

豪厄尔·杰克逊于 1893 年 3 月 4 日在联邦最高法院就职。由于身体状况欠佳，他在联邦最高法院的任期只有两年半，并且疾病也阻止了他参与许多重要的法律判决。然而他仍审理了"波洛克诉农场主贷款与信托公司案"（*Pollock v. Farmers' Loan and Trust Company）（1895）。在此案中，尽管杰克逊表示了强烈的反对，联邦最高法院（5 比 4）仍判决一部联邦所得税法违宪。在杰克逊看来，联邦最高法院在波洛克案中的决定是"对国会的宪法权利最具灾难性的打击"（p.704）。国会在 1913 年联邦宪法第十六修正案（the *Sixteenth Amendment）获得批准后，重新获得了征收个人所得税的权力。

1895 年的暮春时节，当在联邦最高法院的工作告一段落时，身染重疾的杰克逊大法官回到了他位于纳什威尔郊外的家乡西米德（West Meade）。他于 1895 年 8 月 8 日在那里离开了人世。

[John M. Scheb II 撰；常洁译；林全玲校]

杰克逊，罗伯特·霍沃特［Jackson, Robert Houghwout］

［1892 年 2 月 13 日生于宾夕法尼亚州的斯布瑞克里克（Spring Creek）；1954 年 10 月 9 日卒于华盛顿哥伦比亚特区；葬于纽约州詹姆斯敦的枫树公墓］1941—1954 年任大法官。杰克逊出生于宾夕法尼亚州，5 岁那年，他随全家迁往纽约州的福鲁伯格（Frewsburg）；杰克逊的父亲在那儿拥有并经营着一家旅馆和一家马房。1910 年高中毕业后，杰克逊到位于詹姆斯敦的弗兰克·莫特的法律事务所做律师助理，此人是民主党的重要人物。杰克逊在奥尔巴尼法律学院学习了 1 年（1911 年），后又回到了莫特的事务所继续做律师助理。他于 1913 年的 11 月通过了律师资格考试。所以，他是最后一名通过在一家事务所工作并"揣摩法律"而非通过取得法学院学位而获得参加律师考试资格的联邦最高法院法官。在后来的 20 年里，杰克逊开展了日益兴旺、报酬丰厚且涉猎广泛的律师业务。他于 1916 年 4 月 24 日与艾琳·戈哈德（Aileen Gerhard）结为夫妻。

在从事法律工作之前，杰克逊已经以一名民主党州代表的身份，即一名共和党势力区域内的民主党成员，开始涉足政坛。伍德罗·威尔逊在 1912 年的大选中获胜后，杰克逊开始与富兰克林·德拉诺·罗斯福（Frankin D. *Roosevelt）紧密合作，之后又担任海军部长助理，掌握了联邦委任权。在罗斯福 1928 至 1932 年担任州长期间，杰克逊重新以一名非正式顾问的身份出现。他为罗斯福 1932 年的总统竞选而奔走于整个纽约州，之后作为国内税务署的首席顾问于 1934 年 2 月前往华盛顿。在担任了财政部及司法部的各种法律职位后，罗斯福在 1938 年任命他为政府首席律师（*solicitor general）。

杰克逊在 1952 年曾说道，他担任政府首席律师的这段任期是他公务生涯中最快乐的一段日子。联邦诉讼以一种有序的步骤进行，而杰克逊也向联邦最高法院提出了许多重要的问题。在杰克逊被委以政府首席律师一职时，罗斯福曾和他讨论过，是让他进入内阁担任司法部长还是任职于联邦最高法院更

杰克逊,罗伯特·霍沃特[Jackson, Robert Houghwout]

Robert Houghwout Jackson

加合适。不过他们二人最后认为由弗兰克·墨菲(Frank *Murphy)担任司法部长更为妥当。1940年初,罗斯福把墨菲从司法部调到联邦最高法院任职,而杰克逊以司法部长的身份进入顾问团。杰克逊担任司法部长的任期事后看来是很短暂的。

罗斯福在1941年6月任命杰克逊到联邦最高法院任职。罗斯福又一次提出让杰克逊出任更高的职位——首席大法官,但后来却又决定提拔哈伦·F. 斯通(Harlan F. *Stone)。与许多观察家预料的相反,到联邦最高法院任职后,杰克逊并未与新政拥护者例如威廉·O. 道格拉斯(William O. *Douglas)联合,相反,他采取了强硬的国家主义立场并赞成司法自我约束(*judicial self-restraint)原则。在作为大法官的任期内,杰克逊的审判宗旨及投票行为与温和的保守派大法官费利克斯·法兰克福特(Felix *Frankfurter)保持了一致。

在对"新政"(*New Deal)的存亡十分关键的联邦制问题上,杰克逊坚持国家权力优于州权力的立场(参见 Federalism)。例如,在"爱德华兹诉加利福尼亚州案"(*Edwards v. California)(1941)中,联邦最高法院援引了联邦的商业权力(*commerce power)来反对加利福尼亚州的移民法("Okie Law")。杰克逊认为,进入任何一个州的权利是美国公民权(*citizenship)中的一项"特权"。"假如国家公民权的含义不包括这一内容,它就是毫无意义的"(p. 183)。在"威卡德诉菲尔伯恩案"(*Wickard v. Filburn)(1942)中,杰克逊代表联邦最高法院作出判决意见,支持了1938年的《农业调整法》,并因此消除了双重联邦主义(*dual federalism)最后的障碍。

杰克逊对联邦宪法第一修正案中所蕴含的价值之重要性有敏锐的认识。例如在"西弗吉尼亚州教育理事会诉巴尼特案"(*West Virginia Board of Education v. Barnette)(1943)中,他代表多数法官撰写判决以反对强制向国旗行礼的规定。他写道:"假如有一颗恒星存在于我们的宪法星座之上,那就是没有一名官员,无论他的职位高低,能够规定什么是存在于政治、国家主义、宗教或任何其他有争议问题之中的正确观点"(p. 642)。此类观点更多地体现在"合众国诉巴拉德案"(United States v. *Ballard)(1944)中,在此案中,他不同意一项为打击非传统宗教而以邮件诈骗罪为由作出的有罪判决:"我将驳回起诉,并将结束此类对他人信仰进行司法审判的事件"(p. 95)。

在第二次世界大战期间,特别是在纽伦堡审判之后,杰克逊开始根据需要平衡自由与公共秩序之间的关系。在"特米涅罗诉芝加哥市案"(*Terminiello v. Chicago)(1949)中,法庭推翻了以破坏和平为由而作出的一项有罪判决,杰克逊责备多数法官事实上秉持了一个"教条"的观点,而该观点可能将《人权法案》改变成一个自杀的盟约"(p. 37)。尽管可能对联邦宪法第一修正案构成威胁,在诸如"丹尼斯诉合众国案"(*Dennis v. United States)(1951)和"美国通讯协会诉杜茨案"(*American Communications Association v. Douds)(1950)这样的案件中,杰克逊仍然支持了联邦针对国内共产主义问题采取的各项措施。

1945年5月,杜鲁门总统请求杰克逊在对纳粹战犯的起诉中担任美国的首席法律顾问。他在纽伦堡遇到了许多困难,不过他仍和其他人一起收集了许多针对被告的富有说服力的证据。

杰克逊在1946年秋季回到了联邦最高法院。在这期间,首席大法官斯通已经去世了。由于斯通的过世,有关其继任者的流言飞语在华盛顿四处传播。杰克逊和大法官胡果·布莱克(Hugo *Black)的名字频繁出现在人们的议论之中。他们二人的同盟者都动员起来以反对对方。最后,布莱克和杰克逊都威胁说,如果总统提名对方任首席大法官,他们将辞职。这场高层的公开争执困扰了布莱克、杰克逊及联邦最高法院(参见 Jackson-Black Feud)。杜鲁门总统最终选择了弗雷德·文森(Fred *Vinson)任首席大法官。

在1953年任期即将结束时,一场严重的心脏病击倒了杰克逊。尽管如此,他仍参与了"布朗诉教育理事会案"(*Brown v. Board of Education)(1954)的审理。1954年秋天,任期开始时,他继续就任,但不久后就辞世了。

参考文献 Eugene Gerhart, *America's Advocate: Robert H. Jackson* (1958); Alfred E. Kelly, "Jackson, Robert Houghwout." *Dictionary of American Biography: Supplement Five, 1951-1955*, edited by John A. Garraty (1977); Glendon Schubert, *Dispassionate Justice: A Synthesis of the Judicial Opinions of Robert H. Jackson* (1969).

[Gregory A. Caldeira 撰；常洁译；林全玲校]

杰克逊—布莱克之争[Jackson-Black Feud]①

联邦最高法院作为法律最终裁定人这一特殊地位的形成，至少部分依赖于它所具有的公正无私的公众形象。然而在1946年首席大法官哈伦·F.斯通(Harlan F. *Stone)去世之后，大法官胡果·L.布莱克(Hugo L. *Black)和罗伯特·H.杰克逊(Robert H. *Jackson)之间一场激烈的争执却使这种形象大打折扣。

这场争执溯源于富兰克林·D.罗斯福总统(Franklin D. *Roosevelt)任命的自由主义法官们对司法自我约束限度的争论，尤其是由对1938年《公平劳动标准法》(FLSA)的不同解释。作为一项后来最受争议的新政措施之一，该项法案为那些生产州际商品的雇员们建立了最低工资收入及最高工时的联邦控制措施。

在"合众国诉达比木材公司案"(United States v. *Darby Lumber Co.)(1941)中，联邦最高法院一致支持了《公平劳动标准法》的规定。然而到了1944年，罗斯福任命的自由主义法官们却在该法是否应该适用于矿工们在矿井"工作地点"之间往返的地下旅程这个问题上产生了严重的分歧。战时劳动委员会已经批准的工资和工时合同同意雇主不予支付"从入口到工作地点"期间的工资。假如联邦最高法院突然决定站在矿工的利益上解释《公平劳动标准法》，则涉及数以百万计的罚金及律师费。

联邦最高法院对该法争论的解决最终却成了一个是否有审判资格的问题。根据传统，在特定的案例中，一般都是联邦最高法院大法官自己决定，是否存在使其不具备对某个案件审判资格的利益冲突。在当时全国煤矿大罢工的背景下，政府想争取煤矿工业，而战时劳动委员会又在拖延谈判，这时联邦最高法院再审了"杰威尔·里奇煤炭公司诉美国矿业工人联合会地方第6167分会案"(Jewell Ridge Coal Corporation v. Local No. 6167, United Mine Workers of America)(1945)。再审是直接针对"从入口到工作地点"期间的工资问题提出的。整个联邦最高法院平均分成了两派，因此布莱克的投票将具有决定意义。工会组织的律师是克伦顿·哈里斯(Crompton Harris)，而他又是布莱克20年前的律师事务所的一个合伙人。在讨论中，杰克逊强烈主张由于该名律师的出现，应当取消布莱克的审判资格。而这名阿拉巴马人却拒绝退出审判。更令杰克逊烦恼的是——大多数法官在开始的时候都准备支持雇主们的利益，而首席大法官斯通已经决定由杰克逊撰写法庭意见。但斯坦利·里德(*Stanley Reed)却站到了对立的一派，使得整个案件都在布莱克的掌握之中。因此，最后弗兰克·墨菲(Frank *Murphy)撰写了法庭意见，而这份意见完全按照矿工们的利益解释了《公平劳动标准法》。

杰克逊代表4名反对者写了一份意见书，断章取义地引用了布莱克于参议院讨论《公平劳动标准法》期间所做的一份内容说明中的观点，而这一观点似乎与"杰威尔·里奇案"的判决相冲突。布莱克被激怒了。由于布莱克同哈里斯的联系，杰威尔·里奇公司向联邦最高法院请求重审此案。联邦最高法院驳回了他们的请求，不过杰克逊仍然确信布莱克的行为有失公正。不久，国会颁布了一项法律，完全改变了联邦最高法院的决定，由此维护了杰克逊和其他反对者的政治观点。然而杰克逊对布莱克的怒气却没有因此而减少。

杰威尔·里奇公司的重审请求导致了关于联邦最高法院公正性问题的公开讨论。不过因审判资格问题所导致的杰克逊与布莱克之间的紧张关系在联邦最高法院内部仍是秘而不宣的，这种状况一直持续到第二年斯通去世时。杜鲁门总统提名弗雷德里克·M.文森(Frederick M. *Vinson)——一个忠实的朋友和经验丰富的政治家——担任首席大法官(*chief justice)。当时杰克逊正作为首席起诉人参加对纽伦堡战犯的审理。在国会讨论对文森的提名期间，布莱克暂时履行了首席大法官的职责。杰克逊对这个消息的反应是在纽伦堡发表了一篇刻薄的公开声明，否认他自己对首席大法官(*chief justice)职位有任何兴趣。而且，他还披露了杰威尔·里奇之争，并公开了他与布莱克之间的矛盾。

杰克逊披露该事件的部分原因在于大法官费利克斯·法兰克福特(Felix *Frankfurter)的暗示(这一暗示并没有建立在事实基础上)，据他称，布莱克曾影响了杜鲁门总统，以阻挠其对杰克逊任首席大法官的提名，其目的可能是为了他自己得到这一职位。罗斯福总统在1941年任命杰克逊担任大法官时已经明确表示将来首席大法官职位空缺时，他将成为首要的候选人。当杰克逊在纽伦堡发表的愤怒的声明成为头条新闻时，杜鲁门总统宣称"联邦最高法院已经给它自己造成了麻烦"。当参议院确定了对文森的提名后，杜鲁门总统表现出了对文森的充分信心，他认为他具有"绝妙的调解意见相左者的能力"。即使如此，当杰克逊从纽伦堡返回时，布

---

① 另请参见 Extrajudicial Activities; Recuse。

莱克与其和解了,相对的平静再度体现出联邦最高法院内部协商办案的特征。杰克逊—布莱克之争表明私人关系的紧张程度,会影响联邦最高法院对重要问题的态度,它也表明联邦最高法院代表着公平的公众形象也常常是脆弱的。

参考文献 Tony Freyer, *Hugo L. Black and the Dilemma of American Liberalism*(1990).

[Tony Freyer 撰;常洁译;林全玲校]

杰克逊诉都市爱迪生公司案[Jackson v. Metropolitan Edison Co., 419 U.S. 345(1974)]

1974年10月15日辩论,1974年12月23日以6比3的表决结果作出判决,大法官伦奎斯特代表法院起草判决意见。道格拉斯、布伦南和马歇尔表示反对。在都市爱迪生公司案中,联邦最高法院确立了什么情况下私人行为具备足够的公众性从而应当受到限制政府行为的宪法条款的约束。该案由宾夕法尼亚州约克市一居民提出,她认为,都市爱迪生公司——由私人拥有的一家公用事业公司——在没有给予充分通知及听证机会的情况下终止供电服务的行为,侵犯了她的正当程序权利。联邦最高法院没有采纳都市爱迪生公司的观点,该观点认为,这家公用事业公司是一家私人实体,因此不受仅适用于国家行为的正当程序条款的约束(参见 Due Process, Procedural)。

联邦最高法院花费数年时间也没能成功地建立一种行之有效的标准,以判断什么情况下私人行为具备了足够的公共性质,或者足以被视为公共管理行为,而使其成为正当程序条款所指的国家行为。原告在都市爱迪生案中指出,国家授权的不完全垄断、高度的国家规制,以及其作为公用事业的根本性质,都证明了公用事业公司具有国家性质。然而法院认为,这一证据对于将公用事业的行为视作国家行为(*state action)并不充分。

都市爱迪生案在国家行为问题上的判断是合适的,尽管它也只是在这一问题上提供了混乱导向的众多判决中的一个。该判决对于公用事业的实际作用已经被立法部门的法令所改变。

[Eric T. Freyfogle 撰;常洁译;林全玲校]

日本人重新安置[Japanese Relocation]

参见 Hirabayashi v. United States; Korematsu v. United States; World War Ⅱ。

杰伊,约翰[Jay, John]

[1745年12月12日生于纽约市;1829年5月17日卒于纽约州西切斯特县(Westchester)的贝德福德(Bedford);葬于纽约州拉伊的杰伊家族墓地。]

1789—1795年任首席大法官。约翰·杰伊是彼德和玛丽·杰伊的幼子,一直接受私人教育直至被国立大学(哥伦比亚大学)录取,1764年他从该大学毕业。他跟随本杰明·凯萨姆(Benjamin Kissam)律师学习法律,4年后,他成为纽约律师协会的一名成员。他的法律生涯一帆风顺。1744年,他和纽约州州长威廉·利文斯顿(William Livingston)的女儿莎拉·范·布鲁·利文斯顿(Sarah Van Brugh Livingston)结婚。

John Jay

美国革命改变了杰伊的经历。作为纽约通讯委员会的一名成员①,他参加了第一次和第二次大陆会议。当殖民军向起义军逼近时,杰伊反对与英国人作战。他参与拟定了橄榄枝请愿书,并认真考虑移民国外。然而,在《独立宣言》正式通过后,他矛盾的心理消失了。1776年,杰伊帮助起草了纽约州宪法,然而他的参与有些迟疑,直到1779年他才担任了州首席大法官。1778年后,国家事务占据了杰伊日程表上的大部分时间。1778年后期,纽约州人民再次选举他为议员,在国会里他被选为议长。不到1年,他又成为派驻西班牙的全权公使,并于

---

① 1772—1774年,各殖民地普遍成立通讯委员会,领导抗英斗争。——校者注

1782年担任谈判代表,在巴黎与英国议定和平条约。

当杰伊在1784年7月返回纽约时,他作为外交家的前途应是光明的。然而,当他面对出任不列颠和法国任大使的机会时,他却没有接受,而仍钟情于法律工作。几星期后,杰伊被国会选派为外务部部长,在这个职位上他一直干到1789年。他很早以前就对联盟的软弱状况表示担心,而当时这种担心更重了。1784至1785年间,他积极提倡建立一个强制性的、分权的联邦政府,联邦政府应具备强有力的行政机关、司法机关和国会以确保经济稳定增长。他对将要建立一个强有力的联邦政府的发展趋势极为满意。杰伊在创作完3篇《联邦党人文集》(the *Federalist)中的论文后,受疾病困扰而没有继续下去。1789年,他愉快地接受乔治·华盛顿总统(George *Washington)的任命,担任了首席大法官(*chief justice)。

当联邦最高法院在纽约证券交易所集会时,杰伊希望它固有而排他的司法权能够被用来确保联邦法律的无上权威,并促使各州遵从各项重要义务,如在和平条约中规定的战争债务(参见 Treaties and Treaty Power)。然而他彻底失望了,因为杰伊领导的联邦最高法院缺乏合法性。反联邦主义者对联邦法院体系的反对仍有影响力,法官们巡回办案(*circuit-riding)的职责在腐蚀着法官的道德准则。

但是,杰伊的贡献仍是有目共睹的。1792年在纽约巡回法庭审理哈伯恩案时,他依据国会一项法律的规定,判定联邦法院无权对无资格领取养老金者的诉求作出裁判,有力地维护了分权(*separation of powers)的观念。他创造性地利用大陪审团参与的案件教育公民逐步服从联邦的统治。曾经有两次,杰伊利用联邦司法权既维护了巴黎条约,也在与欧洲关系中维护了美国的主权。他在巡回法庭里提出的对"韦尔诉希尔顿案"(*Ware v. Hylton)(1796)的不同意见,为联邦最高法院在1796年对同案件的上诉审理中坚持遵守条约的规定铺平了道路;在"格拉斯诉贝齐号帆船案"(Glass v. The Sloop Betsy)(1794)中,杰伊法庭判决法国不得使用其驻美领事馆作为捕获法院①。

杰伊最终得出结论,认为联邦最高法院对国内的统一及外交事务并没有起到积极的作用。联邦最高法院在"奇泽姆诉佐治亚州案"(*Chisholm v. Georgia)(1793)中作出了否决该州提出的主权豁免(*sovereign immunity)要求的判决,当佐治亚州对此提出挑战以及联邦宪法第十一修正案(the *Eleventh Amendment)交由国会讨论时,杰伊放弃了他联邦法官的席位。1794年,当他仍是首席大法官时,他作为特命全权公使乘船前往英格兰,调解美国与英国在未偿债务、没收亲英分子财产及新大陆贸易权等问题上的紧张关系。杰伊条约建立了联合委员会以解决各种经济争端,并授予英国贸易特许权,将清偿拖欠债务的责任移交给国会。虽然该条约受到了强烈的反对,参议院仍在1795年批准了该条约。

由于被缺席选举为纽约市的市长,杰伊在1795年辞去了首席大法官的职务。当1800年约翰·亚当斯(John Adams)总统请求他重新担任首席大法官时,他以联邦最高法院缺乏"活力、影响力和尊严"为由拒绝了。他再也无法坚守杰斐逊式的美利坚之梦了。1801年,他退休后回到了位于纽约州韦斯科特县的农场,并且不顾糟糕的健康状况,将接下来的四分之一个世纪的生命都投入了圣公会教堂及反奴隶制的事业之中。

参考文献 Richard Morris, *John Jay, Nation and Court*(1967); Sandra VanBurkleo, Honour, Justice and Interest: John Jay's Republican Politics and Statesmanship on the Federal Bench, *Journal of the Early Republic* 4(Fall 1984): 239-274.

[Sandra F. VanBurkleo 撰;常洁译;林全玲校]

特里萨·拜布尔引起的詹姆斯·E. 鲍曼诉亚拉巴马州案[J. E. B. v. Alabama ex rel T. B., 511 U. S. 127(1994)]

1993年11月2日辩论,1994年4月19日以6比3的表决结果作出判决,布莱克蒙代表联邦最高法院起草判决意见,肯尼迪和奥康纳同意意见,伦奎斯特和斯卡利亚表示异议。著名的威廉·肯尼迪·史密斯案和罗迪·金案这两个刑事案件使美国人开始极端注意使用和自己相似的人组成陪审团进行审理的权利,特别是在陪审团的组成人员具有某一特定性别或种族倾向时更是如此。联邦最高法院在具有代表性的"巴特森诉肯塔基州案"(*Batson v. Kentucky)(1986)中主张,根据联邦宪法第十四修正案(the *Fourteenth Amendment)的平等保护条款(Equal Protection),公诉人不能仅仅根据种族因素行使无因回避(*peremptory)权排除潜在的可能成为陪审员的人。在"艾德蒙森诉里斯维尔混凝土公司案"(*Edmonson v. Leesville Concrete)(1991)中,联邦最高法院将"巴特森诉肯塔基州案"的原则延伸到民事审判中。然而,在特里萨·拜布尔提起的"詹姆斯·E. 鲍曼诉亚拉巴马州案"中,联邦最高法院根本就没有利用"巴特森诉肯塔基州案"中的平等保护原则来判断依据种族因素作出的无因回避决定的合法性问题。1991年,特里萨·拜布尔——

---

① 捕获法院:依照国际法审理战时发生的海上捕获案件并宣告没收捕获物的国内法院。——《元照英美法词典》校者注

菲利普·雷特·鲍曼·拜布尔的母亲，在阿拉巴马州的斯科特伯罗市对詹姆斯·E.鲍曼提起遗弃诉讼(paternity action)(斯科特伯罗市，自然就是当年臭名昭著的"斯科特伯罗案"发生的地点。在"斯科特伯罗案"中，7个非裔美国青年因为在货运火车上强奸了两个美国妇女而被全部由白人组成的陪审团判处死刑)。在这一遗弃诉讼中，阿拉巴马州的公诉人行使了9次无因回避权(他最多可以行使10次)将男性陪审员排除了出去，结果就是整个陪审团由12位女性组成。公诉人之所以这么做，是因为他认为女性会比男性在处理遗弃案方面更为严厉。被告显然也意识到了这个问题，于是也行使了其无因回避权排除了相同数量的女性陪审员。然而，当清一色女性组成的陪审团认定鲍曼有罪时，他的律师仍然立即提起上诉，主张联邦最高法院在巴特森案中的判决已经禁止依据性别因素行使无因回避权。阿拉巴马州上诉法院没有接受这一观点，并维持了审判法院的裁决，同时要求鲍曼将自己未成年时的抚养费赔偿给他的母亲。

然而，大法官哈里·布莱克蒙(Harry *Blackmun)代表联邦最高法院推翻了这一裁决，他直言不讳地利用了巴特森案中反对依据种族因素排除潜在陪审员的推理。布莱克蒙在判决中提道："性别本身就可以作为排除潜在的陪审员的主要因素这一结论，是没有根据的(p.138)。""依据男性与女性能力上的相对差异这一不公平的陈旧的观点来排除潜在的陪审员，是不合法的"(p.131)。布莱克蒙最终得出结论："我们认为，不管是在刑事还是民事诉讼程序中，潜在的陪审员与诉讼当事人一样也要在陪审员的选择程序中受到平等保护，并免受根植并反映于州机关的传统偏见的影响"(p.128)。法院并没有禁止行使无因回避权，只是提到在行使这一权力时，不能将性别作为歧视的因素。大法官桑德拉·戴·奥康纳(Sandra Day *O'Connor)在并存意见中对此表示同意，但她认为这一规则应该只适用于州，而不适用于被告方。大法官安东尼·肯尼迪(Anthony *Kennedy)也在并存意见中对此表示同意，但他认为平等保护只能用于保护个人的权利而不能保护群体的权利。按照肯尼迪的观点，一位陪审员在陪审团中并不是作为某一性别或种族的代表，而是作为一个独立的公民。

首席大法官威廉·伦奎斯特(William *Rehnquist)在异议中主张，将巴特森案的判决扩展适用于性别歧视案是不合适的，也是不明智的。以种族为基础的分类，应当受到"严格的审查"；而以性别为基础的分类，只是受到"加强的审查"。在伦奎斯特看来，种族而不是性别更为第十四修正案所关注，因此以性别为基础行使无因回避权是可以允许的。大法官安东尼·斯卡利亚(Antonin *Scalia)对大多数法官的意见作出了更为激烈的攻击，称该

案判决只是"政治上正确，却远离了案件纠纷的实际"，他还讽刺道："该案说明了我们大法官们在涉及性别方面的问题上是如此紧跟时代潮流，具有如此正确的思维，这是非常令人振奋的(p.156)。"最重要的是，斯卡利亚得出结论，联邦最高法院的判决具有从整体上废除无因回避权的威胁。

尽管这一判决具有使无因回避服从第十四修正案的平等保护条款的倾向，无因回避在法院以后的业务领域中仍然占据重要的地位。

[Kermit L. Hall 撰；林全玲译；胡海容校]

杰斐逊，托马斯[Jefferson, Thomas]①

(1743年4月13日生于沙德威尔——现在是美国北卡罗来纳州中部的阿尔伯马尔；1826年7月4日卒于弗吉尼亚州的蒙蒂塞洛。)政治家，1801—1809任美利坚合众国总统。托马斯·杰斐逊对联邦最高法院及美国宪政的发展进程都产生了深远的影响。作为政治领袖和总统，他关于法官的作用及联邦体制的思想，与亚历山大·汉密尔顿(Alexander *Hamilton)、约翰·马歇尔(John *Marshall)及约瑟夫·斯托里(Joseph *Story)等人有重大的差异，他们更强调注重促进国家的统一与全国的一致。

杰斐逊和詹姆斯·麦迪逊(James *Madison)一起制订了1798—1799年的肯塔基和弗吉尼亚决议案，这些决议案拥护宪法契约理论，并且否认联邦最高法院有权单独决定国会通过的法案是否合宪。杰斐逊认为，联邦最高法院是宪法的一个创造物，而如果再赋予其司法审查(*judicial review)的权力，将使"它拥有对自己权力的自由裁定权而不是让宪法成为其权力的标准"。他认为，当联邦政府擅自拥有了某项并非由宪法赋予的权力时，每一个州作为宪法契约的成员，都有权宣布该项法律是违宪的(参见 State Sovereignty and States'Rights)。他也认为，联邦政府的任何一个部门都有平等的权利解决宪法性问题。

作为总统，杰斐逊必须与那些行为良好期间被任命的联邦最高法院法官及联邦低级别法院(*lower federal court)的联邦党人法官们打交道。他并不支持他自己的党派中某些激进分子的观点，这些人希望修改宪法以取消联邦司法权，并且希望对联邦宪法第1条、第2条、第3条的弹劾条款作扩大解释，以便能够以政治原因撤换法官(参见 Impeachment)。不过他也反对联邦主义者试图扩大国家法院权力，并使这些法院政治化的做法。他提出废除1801年司法法(*Judiciary Act of 1801)，该法增加了联邦法官的数量，并扩大了巡回法院的管辖区域和

---

① 另请参见 History of the Court: Establishment of the Union。

司法权。杰斐逊对联邦最高法院在"马伯里诉麦迪逊案"(*Marbury v. Madiaon)(1803)中的判决也没有过激反应,尽管他认为首席大法官马歇尔的谴责令人不愉快。此外,他对该判决没有在意,还因为他有自己的想法,毕竟联邦最高法院还没有命令行政机关交付委任状。尽管马歇尔代表联邦最高法院宣称有权解释宪法,但他并未明确宣称这种权力是排他的或最终的。杰斐逊帮助启动了1803年对约翰·皮克林(John Pickering)的弹劾程序,并在幕后为定其有罪而工作,此人是个酗酒成性且十分愚蠢的地方法院法官。不过他没有支持对大法官塞缪尔·蔡斯(Samuel *Chase)的弹劾程序,而此人最终于1805年辞去了法官职务。在以叛国罪审理阿伦·伯尔(Aaron Burr)(1806)时,杰斐逊拒绝遵从马歇尔的传票出庭作证,却接受了伯尔的辞呈。

1809年退休之后,杰斐逊更加直接地批评马歇尔及联邦最高法院。他反对诸如"马丁诉亨特租户案"(*Martin v. Hunter's Lessee)(1816)、"麦卡洛克诉马里兰州案"(McCulloch v. Maryland)(1819)和"科恩诉加利福尼亚州案"(*Cohens v. Virginia)(1821)等案中的国家主义判决。他鼓励斯宾塞·罗恩(Spencer Roane)和约翰·泰勒(John Taylor)公开批评联邦最高法院。在私人信件中,杰斐逊提出了许多有关联邦最高法院权力的重要问题。联邦最高法院能够宣布它是各州与联邦政府间冲突的最终裁决者吗?毕竟这一权力并没有由联邦宪法明确地赋予它。联邦最高法院能够为自己擅取这一权力吗?联邦最高法院与人民意愿之间的关系是什么?特别是那些法官只是从所谓行为良好的人中任命的(而不是选举产生的——译者注)。联邦最高法院应当对其辩论保密并通过宣布无异议的判决隐藏其内部分歧吗?联邦最高法院是联邦政府与各州之间冲突的公正裁决人吗?或者它只是联邦政府的一个部门并且法官们的薪水也是由政府支付的?

这些问题没那么容易回答,尽管在今天,我们已逐步接受了在宪法问题上司法至上的观点。因此,杰斐逊对联邦最高法院的批评在整个美国历史上产生了共鸣,并且成为了诸如安德鲁·杰克逊(Andrew *Jakcson)、富兰克林·罗斯福(Franklin *Roosevelt)等总统及其他法院批评者观点的理论基础,他们都试图限制法院判决的效力(参见 Judicial Self-restraint)。

参考文献 Richard Ellis, *Jefferson Crisis*: *Court and Politics of the Young Republican* (1971).

[Richard Ellis 撰;常洁译;林全玲校]

詹纳—巴特勒法案[Jenner-Butler Bill]①

这是由第57届国会中的右翼参议员提出的几项措施之一,目的在于反击联邦最高法院有关保护被指控从事颠覆活动的人员之宪法权利的判决(参见 Subversion)。该法案的一项规定恢复了国会委员会充分的调查权,这一权力在1957年"沃特金斯诉合众国案"(*Watkins v. United States)的判决中已受到联邦最高法院的限制(参见 Congressional Power of Investigation)。该法案的另一部分恢复了州煽动罪法(*state sedition laws)充分的强制力,而这也曾在"宾夕法尼亚州诉尔逊案"(*Pennsylvania v. Nelson)(1956)中受到限制。第三项规定恢复了《史密斯法》(*Smith Act),该法将鼓吹颠覆政府的言论视为非法。这一法规(《史密斯法》)曾由联邦最高法院在"耶茨诉合众国案"(*Yates v. United States)(1957)中作出了狭义解释。

然而,《詹纳—巴特勒法案》提出的最重大的一个宪法问题是,它主张国会的权力在联邦最高法院的上诉管辖权之上。这一法案详细列出了五个领域,在这些领域内联邦最高法院的控制权已经受到保守立法者的挑战,而且该法案还将阻止联邦最高法院以后受理并审判这类案件。值得讨论的是,对这一权力的宪法依据可在联邦宪法第3条(*Article Ⅲ)第2款以及南北战争后"麦卡德尔单方诉讼案"(Ex parte *McCardle)(1869)的判决中找到。

任何此类对联邦最高法院上诉管辖权的限制,都将对联邦最高法院的独立地位构成严重的挑战,而参议院并不愿意使联邦最高法院的上诉管辖权受到国会的控制。1958年8月20日,在参议院多数派领导人林登·约翰逊(Lyndon Johnson)机敏的处理下,该法案所有的条款以49比41的表决结果被否决。

[C. Herman Pritchett 撰;常洁译;林全玲校]

约翰逊,托马斯[Johnson, Thomas]

(1732年11月4日生于马里兰州的卡尔弗特县;1819年10月26日卒于马里兰州的弗雷德里克;葬于弗雷德里克的橄榄山峰公墓。)1791—1793年任联邦最高法院大法官。作为托马斯和多卡斯·塞奇威克·约翰逊(Dorcas Sedgwick Johnson)的儿子,小托马斯·约翰逊在家接受了基础教育,之后在地方法院担任书记员,并跟随律师斯蒂芬·博德利(Stephen Bordley)做助理。约翰逊于1760年加入弗雷德里克县和巴尔的摩的律师协会。6年后,他迎娶了安·詹宁斯(Ann Jennings)。在29岁时,他被选入州议会。约翰逊出席了1774年的马里兰会议及第一届和第二届大陆会议,1775年6月,他提名乔治·华盛顿(George *Washington)担任美国武装力量最高司令官的职位。8月间返回安那波里斯

---

① 另请参见 Appellate Jurisdiction; Communism and Cold War; Reversals of Court Decisions by Congress。

后,他协助起草了一份权利的宣言《马里兰州自由人联盟》。

Thomas Johnson

人们对约翰逊的精明及令人难忘的学识的赞誉甚于对其领导能力的评价。他错过了在费城签署《独立宣言》(*Declaration of Independence)的机会,不过他支持了1776年7月6日的《马里兰州代表宣言》,并帮助拟定了该州宪法。1777年初,在约翰逊刚刚应召州民兵组织担任第一准将后不久,他被选为马里兰州州长。他于1777年3月21日举行了就职典礼。在为期1年的任期之后,他回到了州议会任职。在那里,他支持通过了联邦条例。在巴黎和约通过之后,约翰逊和华盛顿组建了 Potomack 公司以扩大内河贸易。约翰逊在1786年至1788年就职于到了州议会。在1788年的表决大会期间,他督促马里兰州人参加新联邦。

之后,约翰逊试图远离公众,转而从事商业投资活动,但他并没能过上这种隐居生活。在1790年4月到1791年10月间,作为马里兰州参事会(美国早期历史上代行有限司法权的州议会——译者注)首席法官,他就职于联邦城市组建委员会,任主席,该组织被授权为即将成立的哥伦比亚特区购买土地并修建政府建筑物。1791年8月5日,华盛顿临时任命约翰逊代替约翰·拉特利奇(John *Rutledge)就任美国联邦最高法院大法官。尽管对巡回办案(*circuit riding)非常担心,他仍接受了这一任命。参议院于1791年11月7日批准了华盛顿在国会休会期间的这项任命,约翰逊于1792年8月6日宣誓就任该职务。

在巡回办案中,约翰逊审理了"韦尔诉希尔顿案"(*Ware v. Hylton)(1796),该诉讼涉及革命期间战争债务的问题。几乎同时,他起草了联邦最高法院在"佐治亚州诉布雷斯富德案"(Georgia v. Brailsford)(1792)中的第一份意见,这一诉讼在衡平法上考查了各州没收亲英分子财产的权利(参见 State Sovereignty and States' Rights)。多数法官同意佐治亚州要求颁布一份永久禁令(*injunction)的提议,用以对抗布雷斯富德的主张。而约翰逊和大法官威廉·库欣(William *Cushing)却认为,法律并未支持联邦法院给予禁令的决定,因为法律的救济措施还没有被用尽。

日益衰退的健康状况促使约翰逊于1793年1月16日辞职并离开了联邦最高法院。退休后,约翰逊积极参与弗雷德里克(Frederick)县的政治活动及教堂事务。华盛顿于1799年12月去世时,他的这位老朋友在弗雷德里克发表了一次深情的葬礼演讲。尽管约翰逊病了很久,但他神志一直很清楚。他在睡梦中死于玫瑰山宅邸。在他去世前数日,他告诉亲人,他最大的希望就是"与华盛顿相会在天堂"。

参考文献 Edward S. Delaplaine: *Life of Thomas Jefferson*, 1927; Maeva Marcus and James R. Perry, eds., *Documentary History of the Supreme Court of the United States*, 1789-1800, vol.1, (1985).

[Sandra F. VanBurkleo 撰;常洁译;林全玲校]

约翰逊,威廉[Johnson, William]

(1771年12月27日生于南卡罗来纳州的圣詹姆斯顾斯克里克教区(St. James Goose Creek Parish)的查尔斯顿附近;1834年8月4日卒于纽约州的布鲁克林;葬于南卡罗来纳州查尔斯顿的菲利普墓地。)1805至1833年任大法官。威廉·约翰逊是铁匠威廉·约翰逊和萨拉·南丁格尔·约翰逊(Sarah Nightingale Johnson)的儿子。他在查尔斯顿进入初级中学学习,1790年在普林斯顿毕业,之后跟随查尔斯·平克尼(Charles C. Pinckney)做律师助理,并于1793年加入律师协会。他22岁时,被选入州议会。1794年3月,他与出身名门的萨拉·贝内特(Sarah Bennett)结婚。约翰逊在议会的三届任期内,加入了信奉杰斐逊思想的共和党人阵营,担任了议会的出纳,并于1798年成为议会发言人。1799年12月,议会提升约翰逊到宪法法院任职。3年后,托马斯·杰斐逊(Thomas *Jefferson)总统任命他到联邦最高法院工作。

年仅32岁的约翰逊引发了很多争论。1807年,他利用首席大法官约翰·马歇尔(John *Marshall)在"马伯里诉麦迪逊案"(*Marbury v. Madison)中的反杰斐逊(anti-*Jeffersonian)思想,来

William Johnson

反对联邦最高法院在以叛国罪审理阿伦·伯尔（Aaron Burr）的两名同谋发出的训令（*mandamus）。他的这一做法激怒了共和党成员。1年后，在约翰逊的第一份主要的巡回法院意见中，他否认总统有权以拒绝执行行政机关禁运政策为由撤去查尔斯顿港（Charleston）海关征收员的职务。之后不久，司法部长凯撒·罗德尼（Caesar Rodney）告诉杰斐逊，这名卡罗来纳州人已经受到"最高法院坏风气"的影响。

不过罗德尼的判断为时过早。1812年后，约翰逊在"合众国诉赫德森与古德温案"（U.S. v. *Hudson and Goodwin）(1812)，与约瑟夫·斯托里（Joseph *Story）进行了持久的争执，他拒绝将联邦司法管辖权扩大到刑事案件。斯托里写了一份尖锐的反对意见，并且在巡回法庭上完全无视"合众国诉赫德森与古德温案"的存在（参见 Judicial Power and Jurisdiction; Federal Common Law）。在"拉姆齐诉艾里格里案"（Ramsay v. Allegre）(1827)及其他案件中，约翰逊拒绝在没有宪法修正案的前提下，将海事管辖权（*admiralty）适用于内陆水域的做法。他对团体权力也持一种怀疑的观点。在巡回法院审理"合众国银行诉德沃克斯案"（*Bank of the United States v. Deveaux）(1809)时，约翰逊拒绝承认银行有权在联邦法院提起诉讼。在"麦卡洛克诉马里兰州案"（*McCulloch v. Maryland）(1819)和"奥斯波恩诉合众国银行案"（Osborn v. Bank of the United States）(1824)中，他同意了允许创立联邦银行的一项弹性条款。不过，在奥斯波恩案中，他仍然攻击了马歇尔将特权与豁免（*privileges and immunity）授予拟制的人。

尽管约翰逊反对滥用行政自由裁量权，他仍赞同在国会权力建设性地补充了州立法权时，对其作广义解释。他因此对"马丁诉亨特租户案"（*Martin v. Hunter's Lessee）(1816)和"柴罗基族诉佐治亚州案"（Cherokee Nation v. Georgia）(1831)的判决都表示赞同（参见 Cherokee Cases）。同时他不承认詹姆士·门罗（James Monroe）总统1822年对坎伯兰公路法案的否决，并且在其对"吉本斯诉奥格登案"（Gibbons v. Ogden opinion）(1824)表示赞同的一份独立意见中，表明了他谨慎的国家主义以及自由贸易的观点。

作为一个蓄奴主义者，约翰逊既反对对非洲黑人的非人道，也反对废除奴隶制度（参见 Slavery）。在1822到1824年间，他谴责了南卡罗来纳州反联邦的观点，拒绝对奴隶起义者丹麦·维奇（Denmark Vesey）适用正当程序条款（*due process），这使他在家乡的声誉受到了损害。在"艾尔基森诉德列瑟林案"（Elkison v. Deliesseline）(1823)的巡回法院意见中，他使南卡罗来纳州的黑人船员法无效（*nullification），这一法案禁止自由的非洲裔美国贸易者进入该州港口。不久，他又反对州拒绝接受关税法（*nullification the Tariff of Abominations）。

在合同纠纷（*contract disputes）问题上，约翰逊在反联邦制度与赞成联邦制度中找到了合适的界限。因为马歇尔已经开始改变他在合同问题上的观点以吸纳最高法院内存在的不同意见，约翰逊在"达特茅斯学院诉伍德沃德案"（*Dartmouth College v. Woodward）(1819)及"斯特奇斯诉克劳宁谢尔德案"（*Sturges v. Crowninshield）(1819)中都同意了多数意见的观点。不过1823年他在联邦最高法院的一个判决上打破了沉默，该判决利用宪法契约条款（*Contract Clause）反对州一般救济权力的实施。约翰逊勉强同意了布什罗德·华盛顿（Bushrod *Washington）在"格林诉伍德沃德案"（*Green v. Woodward）(1823)中宣布肯塔基州的占有主张法（Occupying Claimant Laws）无效的观点。不过他的并存意见（*concurring opinion）并非针对联邦法律条款，而是针对对于肯塔基州宪法所保护的财产权（*property rights）的剥夺，以及拒绝在联邦法院当事人有要求陪审团审理（*trial by jury）的权利。他还谴责了联邦最高法院利用联邦法律支持投资者而限制立法机关的做法。在"奥格登诉桑德斯案"（*Ogden v. Saunders）(1827)中，约翰逊反对过分支持"有钱的人"的观点体现在他的一个独立意见上。在这一判决中他支持州禁止债权人不断提出债权请求（参见 Bankruptcy and Insolvency Legislation）。然而，在同一案件中，他也通过免除债务人对本州之外债权人的义务作出规定,从而促进了企业的发展。

在他就职于联邦法院的 29 年间,约翰逊起草了 112 份多数意见,21 份同意意见,34 份反对意见及 5 份独立意见。只有马歇尔和斯托里曾撰写过比他多的法庭意见。他经常被诋毁——既因其对立法机关的支持而被联邦主义者诋毁,也因其对行政权力扩张的批评和其激进的州权力理论而被杰斐逊主义者诋毁。约翰逊确实是一尊自由的大炮。他将写作法庭意见视作试验的机会。他曾直率地承认自己性格急躁,并且很容易被那些非司法活动所吸引——其中包括了土地投机买卖。和纳撒尼尔·格林(Nathaniel Greene)撰写了两卷本的生物学。

然而,约翰逊仍给我们留下很多有价值的东西。1819 年后,他经历了一次原则性的重大变化,他放弃了从政治理论和自然法(*natural law)中获取抽象的判决,转而寻求适用范围有一个轴心的系统的法理学,它并能够包容各种性质不同的平等的观念而不必将平等理解为单纯的相对性。他因此成了首席大法官罗杰·托尼(Roger *Taney)的"双重联邦主义"和经济实用主义观点的未有记载的先驱。约翰逊的死出乎人们意料。1834 年 7 月,他前往纽约做了一个上颚手术,在痛苦的手术后不久,他便因"虚脱"去世了。

参考文献 Donald G. Morgan, *Justice William Johnson, the First Dissenter: The Career and Constitutional Philosophy of a Jeffersonian Judge* (1954).

[Sandra F. VanBurkleo 撰;常洁译;林全玲校]

约翰逊与格雷厄姆租户诉麦克尹托西案[Johnson and Graham's Lessee v. McIntosh, 8 Wheat. (21 U.S.) 543(1823)]

1823 年 2 月 17 日辩论,1823 年 3 月 10 日以全体一致的表决结果作出判决。马歇尔代表法院起草判决意见。这是联邦最高法院审理的第一个确定土著美国人(*Native Americans)与合众国法律关系的案例。

该案例始于 1775 年,当时皮安克绍(Piankeshaws)将位于伊利诺伊州境内的土地转让给了一群投机商,其中包括威廉·约翰逊。然而,弗吉尼亚州却在 1783 年将它在伊利诺伊州的权利转让给了联邦政府,以将这些土地划归为公共保留地。

1818 年,威廉·麦克尹托西从美国政府处购买了 11560 英亩伊利诺伊州的土地,而这正是约翰逊所购土地的一部分。乔舒亚·约翰逊(Joshua Johnson)和他的儿子托马斯·J.格雷厄姆对这块土地主张权利,并且对麦克尹托西提起了收回不动产的诉讼。在低级别法院败诉后,约翰逊和格雷厄姆提出上诉。

联邦最高法院一致作出有利于麦克尹托西的判决并由首席大法官约翰·马歇尔(John *Marshall)起草判决意见。马歇尔认为先占原则赋予欧洲国家对新大陆土地绝对的权利。一旦建国后,土著美国人只有层次较低的可以被取消的占有权。马歇尔还认为美国政府是通过大不列颠的征服获得土著美国人土地的所有权。他错误地宣布征服者对财产的权利不适用于土著美国人,因为印第安人是"野蛮的未开化的流浪民族"(p.590)。

由此,像威廉·约翰逊这样的印第安人不能向个人转让土地,也不能向除美国外的其他国家转让土地。联邦最高法院随后的一些判决逐渐改变了麦克伊托西案,但是这一判决尚未被明确推翻。

[John R. Wunder 撰;常洁译;林全玲校]

约翰逊诉德格瑞迪案[Johnson v. De Grandy, 512 U.S. 997(1994)]

1993 年 10 月 4 日辩论,1994 年 6 月 30 日以 7 比 2 的表决结果作出判决,苏特代表法院起草判决意见,奥康纳与肯尼迪持并存意见,托马斯与斯卡利亚持异议。

"约翰逊诉德格瑞迪案"是继肖诉雷诺案(*Shaw v. Reno)(1993)以后联邦最高法院审理的第一个选举权案件。西班牙和非洲籍的选民组成的团体因佛罗里达州在 1990 年人口普查后重新划分迈阿密的戴德县选区的行为,对德格瑞迪提起了诉讼。原告主张,重新划分选区的计划分散了少数选民的力量因而违反了 1965 年《选举法》的第二节。然而,这个计划符合比例合理性规则,因为戴德县在多数—少数民族选区中确立的比例大致等于达到投票年龄的少数民族人口的比例。

原告特别提出,议会一方面把某些少数种族选民划到一个选区,另一方面又把聚集在一起的少数种族选民分散到许多选区。如果议会没有通过这种方式削弱少数种族选民的选举权,则可能会划分出更多的少数种族选民占优势的选区。联邦地区法院认定佛罗里达州未能划分出尽可能多的少数种族占优势的选区,因而违反了《选举法》第二节。作为回应,联邦最高法院在该案中重申了"特定情况下的依据总数来判断的标准",并认定原告的证据不足以证明选举权稀释,因为这一计划在戴德县为少数种族群体提供了大体相当比例的选举权。大法官克拉伦斯·托马斯(Clarence *Thomas)和安东尼·斯卡利亚(Antonin *Scalia)以选举权分配计划并不受第二节规制为由表示异议。

德格瑞迪案又一次表明了选区划分更是艺术而不是科学,并强调选举权是否被侵犯并不总是通过证明某些背景资料就可以认定的。尽管联邦最高法院的分析没有保护德格瑞迪案中的少数种族原告,但该案中泛泛的攻击在后来的案件如"伊斯利诉克罗默特案"(Easley v. Cromartie)(2001)中保护了少数种族选民的利益。

[Henry L. Chambers, Jr. 撰;林全玲译;胡海容校]

约翰逊诉路易斯安那州案[Johnson v. Louisiana, 400 U.S.356(1972)]①

1971年3月1日辩论,1972年1月10日再次辩论,1972年5月22日以5比4的表决结果作出判决。怀特代表法院起草判决意见,布莱克蒙和鲍威尔持并存意见,道格拉斯、布伦南、马歇尔和斯图尔特表示反对。约翰逊案以及与它相似的"阿波达卡诉俄勒冈州案"(*Apodaca v. Oregon)(1972)中的问题,主要关于联邦宪法第十四修正案(the *Fourteenth Amendment)的正当程序和平等保护条款是否要求各州在审理刑事案件中,如同联邦法院那样遵守陪审团(*jury)全体一致通过的原则。而这一问题在"邓肯诉路易斯安那州案"(*Duncan v. Louisiana)(1968)中就没有得到解决。本案中陪审团以9比3的表决结果认定约翰逊犯有抢劫罪。由于对约翰逊的审理在邓肯案作出判决前即已开始,该案并不能溯及既往地被采用,因此在这案件中并不能适用联邦宪法第六修正案(the *Sixth Amendment)的保护条款。

约翰逊认为他没有被适用正当程序,因为一个并非完全一致的裁决意味着认定犯罪所必需的排除合理怀疑的标准还没有达到。3名陪审员不同意裁决的事实表明了他们的怀疑,而9名陪审员中的大多数人并不能在存有合理的怀疑的情况下,毫无疑虑的投票同意有罪判决。

大法官拜伦·怀特(Byron *White)回应道,主张陪审团的大多数成员没有仔细考虑反对派法官的意见,不过是一种没有证据支持的猜想。合理怀疑并不能仅仅因为3名法官的反对而不能排除。"[那个]事实仍然存在,"怀特写道,"9名法官——陪审团的多数派成员——都被证据说服而确认其有罪"(p.362)。3名法官的怀疑并不足以责难陪审团的决定。

由于路易斯安那州要求12人陪审团在审理死刑案件以及5人陪审团在审理其他严重犯罪时都需全体一致通过判决,约翰逊还认为,在他的案件中未获一致同意的判决是对法律平等保护(*equal protection)原则的违反。然而联邦最高法院却不认为陪审团成员数目根据不同案件作出不同区分存在不公平之处。因为立法上要求确信案件已排除合理怀疑的法官数目随犯罪的严重性程度与惩罚的严厉性程度的增加而增加是合理的。

几名持反对意见的法官认为,联邦宪法第六修正案的全体一致规则,应当被并入联邦宪法第十四修正案。相应的,他们声称这是一个基本的正当程序的权利。

[Charles H. Sheldon 撰;常洁译;林全玲校]

约翰逊诉圣·克拉拉县案[Johnson v. Santa Clara County, 480 U.S. 616(1987)]②

1986年11月12日辩论,1987年3月25日以6比3的表决结果作出判决。布伦南代表法院起草判决意见,奥康纳和史蒂文斯持并存意见,怀特、斯卡里亚和伦奎斯特表示反对。在此案中,联邦最高法院第一次确认了根据《1964年民权法》(*Civil Rights Act of 1964)第七编的规定,以性别为基础的自愿的积极行动(*affirmative action)具有合法性。在"美国钢铁工人联合会诉韦伯案"(*United Steelworkers of America v. Weber)(1979)中,联邦最高法院认为第七编并不禁止自愿的以种族意识为基础的积极行动,只要这对于"消除传统上存在种族歧视的工作部门中明显的种族不平衡"(p.209)是必需的。在"约翰逊诉圣·克拉拉县案"中,联邦最高法院将这一观念扩大至包括自愿的以性别意识为基础的积极行动,只要这对于消除"'在传统上存在性别歧视的工作部门中',反映了妇女被忽视的明显不公正现象"来说是必需的。

1978年,圣·克拉拉县(位于弗吉尼亚州境内)的运输厅采用了一个临时的积极行动计划,以求在传统上存在性别歧视的工作部门中提升合格的申请者时,充分考虑其性别和种族因素,而过去在这些部门中妇女和少数种族成员常常被忽视。该机构承认,尽管妇女占据了该地区36.4%的劳动力市场,但她们只占了本部门劳动力的22.4%,并且集中于那些传统雇佣女性的部门:76%的妇女在该机构的办公室任办事员,而却没有人任熟练的技术工人。这个积极行动计划没有为少数种族成员和妇女拨出特定数量的工作,但建立了年度目标作为雇佣和提升劳动者的指导方针,以便获得一个"可统计和衡量的年度改良措施",最终使得"劳动力的组成反映少数民族种族和妇女在劳动力市场的比例"(pp. 621-622)。

1979年,该运输厅宣布公路调度员的职位有个空缺。在包括公路调度员的职位在内的238个熟练技术部门的工作岗位中,还没有雇佣过一名妇女。该机构没有雇佣经测评合格的男性雇员约翰逊,并将这份工作给了一名女性申请者乔伊斯(Joyce),她也是通过了测评的合格人选,不过面试成绩稍微低于前者。两人都同样胜任这份工作。

---

① 另请参见 Due Process, Procedural; Trial by Jury。
② 另请参见 Employment Discrimination。

联邦最高法院维持了上诉法院(*Court of Appeals)对第九巡回法院的判决,并认为根据第七编的规定,积极行动计划在准许该机构弥补男性和女性在熟练技术工作部门中的失衡现象方面是恰当的。这个计划建立了灵活的提升目标而非僵硬不变的定额,并将性别(*gender)视作多个考虑因素之一,这要求妇女要与其他合格申请者一道为提升而竞争。联邦最高法院指出因这一计划授权该机构在合格的申请人中挑选任何一人,因此约翰逊并没有绝对资格被提升。联邦最高法院得出结论认为,这一计划"就申请者而言并未确立一个合法的固定不变的期望"(p.638)。联邦最高法院还认为,这一计划是一个旨在获得一个平衡的劳动力市场的临时措施,并不意在取得固定的性别或种族平衡,也不想完全剥夺男性雇员获得提升的机会。联邦最高法院认为,这样的一个计划通过鼓励消除性别歧视的自发的努力,将推动第七编立法目的的实现。

大多数法官将他们对此问题的解释限制在第七编所禁止的范围之内,而没有阐明制定法标准与宪法标准间的关系。大法官桑德拉·戴·奥康纳(Sandra Day *O'Connor)单独提出意见,认为宪法标准和制定法标准是一样的。持完全相反意见的大法官安东尼·斯卡利亚(Antonin *Scalia)认为,这一判决是一个"无法无天的扩张",它企图改变社会标准而不仅仅是一个消除歧视的判决。他还提出韦伯案应当被推翻。

约翰逊案是第一个联邦最高法院根据第七编规定,确认为消除社会歧视的影响而采取自愿积极行动合法的案例。约翰逊案也承认了韦伯案中已确立的自愿积极行动具备合法性这一原则,并将其适用于针对性别歧视以及公共部门雇佣劳动者根据《民权法》第七编提出的各项权利要求。

[Herbert Hill 撰;常洁译;林全玲校]

约翰逊诉泽尔布斯特案[Johnson v. Zerbst, 304 U.S. 458(1938)]①

1938年4月4日辩论,1938年5月23日以6比2的表决结果作出判决。布莱克代表法院起草判决意见,里德持并存意见,巴特勒和麦克雷诺兹表示反对,卡多佐没有参与判决。约翰逊被联邦法院确认犯有严重的占有、使用和转让伪钞罪。在审讯时,他因贫困无力聘请一名律师为其辩护。在被关押期间,他向联邦地方法院申请人身保护状,他提出自己根据联邦宪法第六修正案享有的获得辩护人辩护的权利被剥夺了。地方法院对他的请求不予支持,上诉法院维持了这一决定。

联邦最高法院认为,根据联邦宪法第六修正案,若被告没有得到辩护人的帮助,或没有明确记录表明他在神志清楚时自愿地放弃了接受辩护的权利,

联邦法院无权剥夺被告的自由或生命。在实践中,联邦最高法院要求为所有的联邦犯罪案件中贫困的被告人指定辩护人。在此6年前的"鲍威尔诉亚拉巴马州案"(*Powell v. Alabama)(1932)中,联邦最高法院已经发布了对各州法院进行限制的判决,判决指出根据联邦宪法第十四修正案(the *Fourteenth Amendment)的正当程序条款(*Due Process Clause),州法院应在被告可能被判处死刑或没有能力为自己辩护时,为其指定辩护人。被告于州法院获得律师辩护的权利在随后的"吉迪恩诉温赖特案"(*Gideon v. Wainwright)(1963)和"阿杰辛格诉哈姆林案"(*Argersinger v. Hamlin)(1972)中得以扩张。

[Susan E. Lawrence 撰;常洁译;林全玲校]

联合反法西斯难民委员会诉麦格拉思案[Joint Anti-Fascist Refugee Committee v. McGrath,341 U.S. 123(1951)]②

1950年10月11日辩论,1951年4月30日以5比3的表决结果作出判决。伯顿代表法院起草判决意见,文森、里德和明顿表示反对,克拉克没有参与。联邦最高法院于冷战时期对国内共产主义保持极度警惕的情况下宣布这一判决是非常令人惊讶的。该判决根据普通法(*common law)和宪法,反对杜鲁门将那些组织列入司法部长名单上。那份名单是根据1948年3月20日由哈里·S.杜鲁门发布的第9835号总统令编制,包括了78个涉嫌颠覆国家的组织,这些组织被分成了六类。司法部长将某一组织列上名单前未举行听证会,也没有给予这些团体上诉或提出司法审查(*judicial review)的权利。官员和公民个人广泛地利用这一名单嘲笑、恐吓和排斥激进分子和其他持不同政见者。联合反法西斯难民委员会、美苏友谊全国委员会和国际工人组织这三个团体反对被视作不忠于国家,并向法院起诉要求将他们的名字从名单上取消。某联邦地方法院对他们的请求不予支持,上诉法院维持了这一判决。联邦最高法院推翻了上述判决,认为没给这3个组织提供听证机会即将其列入名单侵犯了他们的宪法权利。因为多数派的5名法官每人都提出了自己的意见,因此法院的这份判决缺乏内在的统一性。

[Michal R. Belknap 撰;常洁译;林全玲校]

支持三位大法官签发调卷令的投票["Join Three"]

在三位大法官同意对某一诉讼请求签发调卷令

---

① 另请参见 Counsel, Right;Sixth Amendment。
② 另请参见 Assembly and Association, Freedom of; Communsim and Cold War。

(*certiorari),而第四位大法官作出支持三位大法官签发调卷令的投票时则意味着可以签发,反之则视为拒绝签发。根据联邦最高法院的"四人规则"(Rule of Four),在四位大法官同意受理其上诉案时,法院可以行使管辖权。甚至可能不足四位大法官投票受理这个案件,也可能会签发调卷令。但这种情况往往是因为某一大法官被说服并转而投了支持票,也可能是因为一个或几个法官投了"支持三位大法官签发调卷令的投票"。有的大法官很少或从不投这种票,然而有的法官则经常投这种票。

"支持三位大法官签发调卷令的投票"的确切起源已经无从知道,但这一惯例显然最早出现于伯格法院(*Burger Court)。"支持三位大法官签发调卷令的投票"具有多种用途。许多"支持三位大法官签发调卷令的投票"只是对案件比较犹豫的法官投出的模糊的支持票。在其他情况下,这种投票是用来支持实现团体意志,以调解与少数大法官之间的矛盾。这种情况通常是发生在预见到某一大法官会在拒绝签发调卷令时表达对案件的反对意见(dissent)。然而,第四张支持票并不是总是会得到的,许多上诉请求在联邦最高法院只获得三张支持票而不能获得调卷令。20世纪80年代大约有12%的申请联邦最高法院签发调卷令的案件没有获得四张支持票,而只能进行口头辩论(*oral argument)。"支持三位大法官签发调卷令的投票"削弱了"四人规则"的限制,并且很有可能正是因为它的存在,促成了20世纪70到80年代联邦最高法院案件的激增。随着一些倾向于投支持票的大法官退休,以及其他一些原因,到首席大法官威廉·伦奎斯特(William *Rehnquist)法院时代,案件数量又大大减少了。

参考文献 David M. O'Brien, "Join-3 Votee, the Rule of Four, the Cert. Pool, and the Supreme Court's Shrinking Plenary Docket," *Journal of Law and Politics* 13 (1997):779-808.

[Patrick D. Schmidt 撰;林全玲译;胡海容校]

琼斯诉艾尔弗雷德·H. 迈耶尔公司案
[Jones v. Alfred H. Mayer Co., 392 U. S. 409 (1968)]①

1968年4月1日、2日辩论,1968年6月17日以7比2的表决结果作出判决,斯图尔特代表法院起草判决意见,哈伦和怀特表示反对。这一案例根据联邦宪法第十三修正案(the *Thirteenth Amendment)确立了议会有权力通过立法反对私人的种族歧视。该案例由此限制了1983年的民权系列案(Civil Rights Cases)中的观点,即议会无权触及私人的种族歧视行为,并由此对新时期的民权立法产生了重要的影响。

琼斯起诉的原因是,该私人被告因为他是黑人而拒绝向他出售一幢房屋。他依据《1866年民权法》一项仍然生效的条款(现在是《美国法典》第42编第1982节)提出诉讼,该条款授予所有公民平等的购买财产的权利。第1982节明确的宣布限制黑人拥有和出租财产的权力的19世纪南方各州黑人法典失效。琼斯案中涉及的问题在于是否该法律也可用于私人的个别的歧视行为。大法官波特·斯图尔特(Potter *Stewart)代表法院作出的判决意见中提出了对第1982节的文本内容和立法历史的分析,他认为第1982节适用私人行为。他的这一分析受到了质疑。大法官约翰·马歇尔·哈伦(John M. *Harlan)的反对意见表明,联邦最高法院对第1982节的解释,使得美国联邦法典成为一部适用广泛的公平住房法,并且该解释还是在国会通过了包含更为详细内容的公平住房法即《1968年民权法》后仅数月宣布的。

国会是否可以根据联邦宪法第十四修正案(the *Fourteenth Amendment)制定法律来禁止私人种族歧视的权力并不明确,这可以通过"合众国诉格斯特案"(United States v. Guest)(1966)中大量混乱的观点中看出来。琼斯案依据联邦宪法第十三修正案解释国会的权利,而没有援引联邦宪法第十四修正案。因此琼斯案为联邦反种族歧视立法提供了一个新的强有力的基础。在民权系列案中,联邦最高法院已经表明,根据第十三修正案,国会不但能够出台法律反对奴隶制(*slavery)本身,也能够借此反对所有奴隶制的象征或与奴隶制相关的事件。不过他对那些奴隶制的象征或与奴隶制相关的事件作了狭义的解释,并对国会对其进行解释的权力作了狭义解释。他使只禁止公共供给歧视的《1875年民权法》无效。并宣称该案势必将有关反奴隶制的争论发展到争取禁止在公共供给方面的所有私人的歧视行为。在琼斯案中,联邦最高法院更广泛地解释了国会在确定什么样的社会情形可被视作奴隶制的象征或与奴隶制有关的事件上的权力,并主张将第1982节适用于私人行为。

琼斯案为后来"鲁尼恩诉麦克拉里案"(*Runyon v. McCrary)(1976)中的判决理由——《美国法典》第42编第1981节(第1982节的姊妹条款)——建立了基础,该案中触及合同中的私人歧视。琼斯案和鲁尼恩案的判决导致了第1981节和第1982节这两条涵盖了绝大多数合同和财产关系的含义广泛的联邦反歧视条款的内容。琼斯案的理论依据在鲁尼恩案中也受到了质疑。当时大法官怀特(*White)、伦奎斯特(*Rehnquish)和史蒂文斯

---

① 另请参见 Housing Discrimination; Property Rights; Race and Race Racism。

(*Stevens)都表明了对其正确性的怀疑,并且 13 年后在"帕特森诉麦克莱恩信用合作社案"(*Patterson v. McLean Credit Union)(1989)中其又受到了质疑。当帕特森案出现时,罗纳德·里根总统(Ronald *Reagan)任命的联邦最高法院的法官,不肯接受民权诉讼的新观点。在帕特森案中,联邦最高法院基于它自己的提议,以非同寻常的方式命令各方当事人,对案件进行重新辩论,并提出了一个任何一方当事人都未提出的问题——鲁尼恩案的裁决是否正确。在重新辩论后,联邦最高法院对帕特森案的观点没有改变,但巧妙地绕开了它的限制。帕特森案严格限制了鲁尼恩案和第 1981 节的适用,因为法院认为它仅仅保护最初的合同决定,而不保护后合同行为。就像这种限制性解释一方面可归因于对鲁尼恩案本身的怀疑一样,另一方面也可能是对琼斯案持续的不满所导致。

不论联邦最高法院的法官们对琼斯案和鲁尼恩案有着怎样的怀疑,国会从未修改过琼斯案对 1982 节的广义解释以及鲁尼恩案对 1981 节的解释。国会对联邦最高法院最重要的回应就是通过了《1991 年民权法》(*Civil Rights Act of 1991),这一法案通过对 1981 节的解释,使其调整对象包括了后合同行为,从而推翻了帕特森案的判决。

参考文献 Charles Fairman, *History of the Supreme Court of the United States vol.* 6, *Reconstruction and Reunion, 1864-1888; Part One*(1971).

[Theodore Eisenberg 撰;常洁译;林全玲校]

琼斯诉冯·赞特案[Jones v. Van Zandt, 5 How.(46U.S.)215(1847)] ①

1847 年 2 月 1 日提交书面讨论,1847 年 3 月 5 日以全体一致的表决结果作出判决,伍德伯里代表法院起草判决意见。琼斯诉冯·赞特案是废奴论者,对 1793 年逃亡奴隶法的合宪性第一次提出直接的法律上的挑战。1 名地下铁路(指反蓄奴组织帮助黑人逃亡到非蓄奴州或加拿大去的秘密组织——译者注)的运输员,因为隐匿逃亡奴隶的行为而被迫承担民事责任。萨蒙·波特兰·蔡斯(Salmon P. *Chase)从事其私人律师业务时,提出意见认为这一立法是不合宪的,理由如下:(1) 联邦政府无权支持奴隶制(*slavery);(2) 奴隶制与《独立宣言》(*Declaration of Independence)相矛盾也与"天赋人权"相抵触;(3) 这一立法违反了《权利法案》(*Bill of Rights)中各种的规定,其中包括联邦宪法第五修正案(the *Fifth Amendment)的正当程序条款(*Due Process Clause);(4) 联邦宪法第 4 条第 2 款的逃亡奴隶条款仅仅是一个州际间的契约,并未赋予国会强制执行力。

大法官利瓦伊·伍德伯里(Levi *Woodbury)代表法院起草判决意见驳斥这些观点。他声称奴隶制的合法性是一个应交由各州来解决的政治问题(*political question),而且逃亡奴隶条款是宪法中的"神圣的妥协之一"(p.231)。伍德伯里接着阐述道,无论 1 名法官对奴隶制的道德或观念是什么,他都负有责任拥护宪法和他能找到的所有法律,并且不能够因为它们与道德义务相冲突而拒绝执行它们。正如大法官约瑟夫·斯托里(Joseph *Story)先于他在"普里格诉宾夕法尼亚州案"(*Prigg v. Pennsylvania)(1842)所做的那样,伍德伯里赞同 1793 年这部立法的合宪性。琼斯案因此成为战前联邦最高法院赞成奴隶制的判决之一。

[William M. Wiecek 撰;常洁译;林全玲校]

司法激进主义[Judicial Activism]②

司法激进主义是主张法官超越他们特定的权力并致力于创造法律而不仅仅是解释法律的一种批评观点。与这种观点相对的是司法保守主义的理念,这种理念建议法官们避免通过他们的判决和命令影响公共政策。

司法激进主义并非任何特定思想体系或政治观点的囚犯,它既可以是保守的,也可以是自由的。美国历史上很长一段时期都以保守的司法激进主义为特征,其表现就是联邦最高法院不愿允许各州或国会制定调整社会或经济事务的立法。尤其是那些调整童工(*child labor)、工人工作时间等问题的法律,往往被法院以违反宪法中的商业条款(*Commerce Clause)或契约条款(*Contracts Clause),或是联邦宪法第十四修正案(the *Fourteenth Amendment)的正当程序条款创造出的"合同自由"的司法学说为由,而被宣布无效(参见 Freedom of Contract)。最著名的保守司法激进主义例子就是"洛克纳诉纽约州案"(*Lochner v. New York)(1905)。在此案中,联邦最高法院以违反了根据宪法第十四修正案的实体正当程序(*due process)学说的一部分"合同自由"为由,而判定纽约州调整面包师工作时间的法律无效。

近年来,联邦最高法院才开始因其奉行自由的司法激进主义而受到批评。随着沃伦法院时期的到来,以及该法院争取国民自由而带来的革命,可以说这种说法是事实。但这种批评由伯格法院时期一直持续到伦奎斯特法院时期。批评意见认为,以扩大"权利"这一多数法官可接受的名义,联邦最高法院正在通过无视正当程序及平等保护条款(*Equal Protection Clause)的原意曲解宪法,以得到其想要的

---

① 另请参见 Fugitive Slaves。

② 另请参见 Constitutional Interpretation; Judicial Self-restraint。

结果(参见 Original Intent)。可能关于自由激进主义最著名的案例就是"罗诉韦德案"(*Roe v. Wade)(1973),在此案中联邦最高法院撤销反对堕胎法的理由在于它违反了法院先前承认的第十四修正案正当程序条款中内含的"隐私权"(*right to privacy)。

自由激进主义或保守激进主义的奉行者们的共同点在于他们宁愿抛弃宪法的字面意思(*interpretivism),而追求那些联邦最高法院认为是公正、恰当或理智的行为方向。不论这是雇主们为其雇员提供任何他们认为合适的工作条件的权利,还是一名妇女堕胎的权利,至少在他们的对手看来是这样。在上述两种情况下,司法激进主义的批评者们认为,根据宪法这些判决应当交由各州的立法机关决定。

司法激进主义和司法保守主义间的区别与文本主义和非文本主义之间的区别紧密相关,并与法官们为宪法的旧词句注入新含义的行为是不是恰当相关。

很多总统尽管思想各异,如富兰克林·德拉诺·罗斯福(Flanklin D. *Roosevelt)、理查德·尼克松(Richard M. *Nixon)及罗纳德·里根(Ronald *Reagan),但他们都反对司法激进主义。

参考文献 Raoul Berger, *Government by Judiciary* (1977); Alexander M. Bickel, *The Least Dangerous Branch* (1962).

[Gary McDowell 撰;常洁译;林全玲校]

美国司法会议[Judicial Conference of the United States]

参见 Administration of Federal Court。

司法伦理[Judicial Ethics]①

司法伦理的规则关系到司法行为的三个方面。第一,法官作为法官应有的行为;第二,在什么情况下法官应当避免参与审理案件,也就是回避(*recusal)问题;第三,法官的非司法活动的恰当范围。这些控制着司法伦理的规则和原则,来源于习惯或传统、正当程序的宪法保证(参见 Due Process, Procedural)、国会通过的各种制定法以及司法系统采用的各种自律规则。一般而言,联邦最高法院的法官也受那些控制低级别联邦法院(*lower federal courts)和州法院(*state courts)法官的司法伦理原则的约束。

这些基本原则规定在法官行为法典中,该法由美国律师协会起草,并在 1972 年公布。尽管法官行为法典并不能控制联邦最高法院,然而它的规定却反映了习惯法和普通法(*common law)的内容,并实际上适用于联邦最高法院的法官们。

根据这些原则,法官在执行公务时应当认真留心听取各方当事人提出的主张,保持诚实的心态,他并应礼貌地对待诉讼当事人、律师及法官同事。

另一个基本原则要求法官不参与审理其个人牵涉其中、涉及其经济利益或其公正性有理由受到怀疑的案件。这一回避标准规定在一联邦法规中并适用于联邦最高法院法官及其他联邦法院法官。在"里杰伯格诉健康服务采购公司案"(Liljeberg v. Health Services Acquisition Corp.)(1988)中,联邦最高法院认为,1 名联邦地方法官在他作为 1 家医院的受托人时,由于他可能从其判决中获得间接利益,在这种情况下,他应当提出自己不具有在此案中的审判资格。

一些宪法性的判决也确定法官不应当参与他具有直接利益的案件。在"埃特纳寿险公司诉拉沃伊案"(Aetna Life Insurance Co. v. Lavoie)(1986)中,联邦最高法院判定,一个州最高法院法官在一个待决案件中作为一方当事人时,他若参与一桩与该案涉及相同法律问题的另一案件的审理,则其行为违反了联邦第十四修正案(the *Fourteenth Amendment)的正当程序条款。这一原则也同样适用于联邦最高法院的法官。直接利益包括某种经济利益、以前曾在此案中担任律师或其他诉讼参与人,以及与诉讼当事人有紧密亲戚关系的人。法规中更进一步要求,当联邦法官与案件的任何联系合理的显示出可能存在偏见时,该法官都应当回避。

至于法官的非司法行为,这一人尽皆知的原则从 1970 年以来变得更加严格。在早些年,联邦最高法院的各成员在幕后参与各种政府事务和公共事务。例如,首席大法官威廉·霍华德·塔夫脱(Willian Howard *Taft)曾积极地介入许多有争议的问题,而不仅限于那些影响联邦法院系统的问题。大法官费利克斯·法兰克福特(Felix *Frankfurter)为富兰克林·罗斯福总统(Franklin *Roosevelt)提供建议,并经常与他的朋友迪安·艾奇逊(Dean Acheson)讨论州事务。首席大法官厄尔·沃伦(Earl *Warren)是调查暗杀约翰·肯尼迪总统事件委员会的主席,而大法官阿贝·福塔斯(Abe *Fortas)一直是林登·约翰逊(Lyndon Johnson)总统的心腹朋友。诸如这样的活动现在被认为是不恰当的。联邦最高法院的大法官们可以就涉及普遍利益的法律问题作演讲或参与讨论,或者就影响联邦法院的事件发表看法。在其他情形下,他们应将自己的非司法活动限制在纯粹的私人事务中。

联邦最高法院法官的司法伦理的独特之处,不在于控制他们行为的那些原则的实质内容,而在于这些原则的施行方式。其他法院法官的行为可能受高一级法院的监督,而联邦最高法院法官行为的恰

---

① 另请参见 Extrajudicial Activities; Jackson-black Feud。

当性,几乎完全靠自律。当然,公众的批评对于使法官行为符合司法伦理要求具有积极的影响。大法官福塔斯引咎辞职,在很大程度上是他审理案件时接受一名私人委托人报酬的事件被公之于众的结果(参见 Fortas Resignation)。

唯一一份法官针对自己行为恰当性的书面意见,是由大法官威廉·伦奎斯特(Willian * Rehnquist)在"莱尔德诉塔特姆案"(Laird v. Tatum)(1972)中作出的。在进入联邦最高法院任职前,大法官伦奎斯特在司法部工作期间,负责导致莱尔德案诉讼发生的工作。大法官伦奎斯特认为自己能够恰当参与最高法院判决过程的理由充分这一问题遭到严重质疑,他被任命为首席大法官也受到了质疑。不过总体而言,事实证明自律是有效的。

参考文献 John Leubsdorf, "*Theories of Judging and Judicial Disqualification*," New York University Law Review 62(1987):237-292.

[Geoffrey C. Hazard, Jr. 撰;常洁译;林全玲校]

民事损害赔偿的司法豁免[Judicial Immunity from Civil Damages]①

法官对因其公务行为造成的民事损害赔偿享有豁免权,起源于 16 世纪早期,并在普通法(* common law)和美国判例中得以很好的确立。美国联邦最高法院在"兰德尔诉布里格姆案"(Randall v. Brigham)(1869)中判决,个人不能对因法官的司法行为而对其提出诉讼,哪怕这些行为可能是有害的或是应受谴责的。3 年后,在"布拉德利诉费西尔案"(Bradley v. Fisher)(1872)中,联邦最高法院宣布,豁免是一个"最重要"的"普遍"原则(p.347)。

联邦最高法院在布拉德利案中的判决豁免了恶意和贪污的行为,除非这些行为是在"所有管辖权明显不具备"的情况下作出的(p.351)。法院采用这一解释的原因在于法官对他们管辖权的判断是非常困难的事情,因此,裁判权应当被作广义的解释,以免法官们承担不公平的责任。"斯顿普诉斯帕克曼案"(Stump v. Sparkman)(1978)这个现代案例真实地表明了现代司法豁免的范围。斯顿普认为 1 名拥有普通裁判权的州法院法官,在没有通知那名未成年人本人,并且也没有得到监护人授权的情况下,应 1 位母亲的申请在其使 15 岁的女儿不孕的申请书上签名的行为,是一种司法行为,尽管这一申请并未收到备审案件的编号,也没有在书记员办公室被编入档案,还被证实是一个单方诉讼(* Ex parte)程序。尽管联邦最高法院多数成员承认没有任何一个州的法律或先例确认法官的行为合法,不过他们也认为没有任何印第安纳州的成文法或判例法禁止豁免法官这一明显错误的行为。斯顿普也重申一个早期的判决意见即司法豁免可适用于民事权利的诉讼之中。在此案中,那名被告知自己做了阑尾炎手术的未成年人,却在婚后得知自己不能怀孕,这才发现她被做了绝育手术。

然而在"普利亚姆诉艾廉案"(Pulliam v. Alien)(1984)中,联邦最高法院判决,司法豁免既不适用于司法官员们在法定权限内的行为违反将来颁布的禁令而应给予的赔偿,也不适用于依据民事权利律师费偿还诉所应赔偿的律师费。1 名弗吉尼亚州的治安法庭法官曾以语言污秽和在公共场合醉酒的罪名拘捕了两个人——一个被关押 14 天,另一个则被关押 4 次,每次持续 2 到 6 天,原因在于两人没有在被捕后寄出保释金,而以上述罪名他们并不会被判刑。这两人对该名法官提出了法律诉讼,并成功得到了联邦法院的判决,即 1 名法官对不应要求被处以徒刑的罪犯交付保释金的行为是不合法的。一道禁止继续此类行为的禁令也颁布了。为此该法院还支付给他们数千美元用于补偿诉讼费及律师费。

州首席法官会议,全美司法会议及美国律师协会力图说服国会推翻普利亚姆案的判决,并恢复充分的司法豁免权。但在整个 20 世纪 80 年代,他们都没有成功。美国公民自由联盟(* American Civil Liberties Union)和法律辩护基金(* Legal Defense Fund)一直反对上述这些努力。

[Harold I. Spaeth 撰;常洁译;林全玲校]

《司法改善与申诉法》[Judicial Improvements and Access to Justice Act]②

该法于 1988 年颁布,其主要规定使联邦法院有管辖权的不同法域公民权(diversity citizenship jurisdiction)案件的涉案数额标准由 10 万美元增加至 50 万美元。这一规定是那些寻求废除不同法域管辖权的观点与那些宁愿维持现状的观点妥协的结果。其中一个补充规定,禁止原告指定非本州居民担任死者、未成年人及无行为能力人的代理人。这样的代理人只能由被代理人所在州的居民担任。

废除论者认为,废除联邦法院的不同法域管辖权可能是减少急速增加的联邦备审案件的途径。他们提出,宪法起草者对于州法院(* state courts)会对非本州的诉讼当事人持有偏见的担心,已被证明是多余的。废除论者还认为原告择地行诉不应该选择到联邦法院,因为许多争议常常与侵权(* tort)、合同(* contract)和商业交易有关,而在这些方面恰恰州法院法官而非联邦法院法官才是专家,这些争议当然应该在州法院得到解决。那些支持保留不同法域管辖权的人认为,地方观点仍然影响着州法院,提

---

① 另请参见 Sovereign Immunity。

② 另请参见 Diversity Jurisdiction;Judicial Power and Jurisdiction。

供诉讼当事人以法院选择权才能更好地实现公正。

这部法律是否将减少联邦案件的数量仍是一个在争论的问题。除非发生争议的财产是一个确定的数额,否则在以书面方式起诉时,有经验的人在几乎所有案件起草的诉状中都应当能够提供超过50万美元的损害赔偿额。

[Harold J. Spaeth 撰;常洁译;林全玲校]

司法权力与管辖权[Judicial Power and Jurisdiction]

大法官勒尼德·汉德(Learned *Hand)在1942年发表的一次著名演讲中说:"宪法首先是一种分配政治权力的工具。"在任何政治体系中,司法权力这一解释和实施法律的权力,都是一种政治权力。美国的经验以最强有力的组织形式证实了这一普遍的主张。除了将法律的普遍原则应用于特定的案例外,美国法官对形成根本的公共政策甚至政权结构承担了主要的责任。汉德演讲的主题"独立的法院系统对文明的贡献",仅仅是一个并不为过的夸张。

宪法的起草者在宪法第 3 条(*Article Ⅲ)中授予了联邦法院"合众国的司法权",这使得联邦法院行使这一政府权力成为可能。该条规定了司法的功能,并界定了司法权的外部界限——裁决案件的权力——国会能够对联邦最高法院和低级别联邦法院(*lower federal courts)进行授权,这些构成了联邦司法体制的核心。然而对宪法起草者而言,宪法第 3 条的重要目的不仅是限权而且是授权:保证新建立的法院体系,在适当的限制下,具有与国会立法权力相当的审判权力。宪法起草者们并不想让联邦法院替代州法院(*state courts)的作用,并且宪法还确立了联邦法官行使权力的限制,可见其主要目的在于建立一套执行新联邦政府法律的法院系统。

从三个方面分析"美国司法权力",将有助于理解确定联邦法院管辖权的法律原则的发展和法院在政治体系中的作用。所有这三个方面的观点都已包含在宪法的文本之中。第一,"司法权利"这一说法表明这是授予法院的权利,而不是授予政府其他机构的权力。第二,这一说法表明这一权利是联邦的权力,而不是各州拥有的权力。第三,该权力是一种由宪法分配的统治权力,是那些以美国名义实施的影响甚至有时控制根本政策的权力。简而言之,它是一种政治权力。

法官的权力 历史学家们争论,也许宪法的起草者们也没有预料到法院会行使司法审查权(*judicial review)——也就是判断法律或其他政府行为是否合宪的权力。然而,毋庸置疑,这些起草者们决心确保联邦司法系统独立于行政部门和立法部门。宪法因此保证,法官们只要"洁身自好"就能始终保有其职务(即终身),并确保他们的薪金不会减少。

联邦最高法院曾经在首席大法官约翰·马歇尔(John *Marshall)的领导下,坚定地确立了其司法审查的权力,这种相对于其他部门的独立性被视为美国式法治的一个必要条件。在现代社会,这种独立性使联邦最高法院在"布朗诉教育理事会案"(*Brown v. Board of Education)(1954,1955)中作出了一个大胆的判决。在此案中,整个南部地区的联邦法官们不顾恶意的政治攻击,执行了在公立学校废除种族隔离的合宪规定(另请参见 Dedegation Remedies)。

在 1787 年的制宪会议上,代表们就对建立联邦最高法院的必要性达成了共识。国家需要联邦法院来裁决那些各州之间可能发生的冲突。而且,有了联邦法院,联邦政府的法律可不必利用州政府作为中介即可直接适用于人民。人民需要联邦最高法院来保持联邦法律的统一性和最高权威。

然而,在宪法是否应当创设低级别联邦法院的问题上,代表们产生了分歧。他们达成妥协,将决定权留给了国会。宪法第 3 条将司法权授予"最高法院以及由国会可以随时创设低级别法院。"1789 年第一届国会召开时,通过了第一部司法法,建立了联邦审判法院的体系。该法授予联邦最高法院对其他联邦法院民事案件判决的上诉管辖权(*appellate jurisdiction),以及对州法院根据联邦法律所作判决的上诉管辖权(参见 Judiciary Act of 1789)。今天大多数的评论者都承认国会拥有取消所有的低级别联邦法院的权利,但没人能想出若没有法院执行政府的法律,政府将怎样完成其管理职能。美国的司法权业已成为现代政治一个基本的部分,用费利克斯·法兰克福特(Felix *Frankfurter)的话来讲,联邦法院已成为这个国家"维护每一项由宪法、法律及美国缔结的条约所授之权利的首要和强有力的保障"(Frankfurther and Landis,1927,p.65)。

在界定司法权力上,宪法规定了 9 种可由联邦法院审理的案件和争议(*cases and controversies)。这些案件和争议可被分为两种主要的类型:一种根据当事人来确定,而另一种根据待决事项来确定。以当事人划分的类型包括一方当事人是合众国的争议,或不同的州之间的争议,或不同州的公民之间的争议——跨州管辖权(*diversity of citizenship jurisdiction)。以待决事项划分的类型,包括了依据宪法、联邦法律或条约["联邦问题(*federal question jurisdiction)"管辖权]产生的案件,以及依据海事与海商法(*admiralty and maritime)产生的案件。

在这些限制内,国会可以行使自由裁量权在联邦法院之间分配管辖权。虽然宪法第 3 条明确授予了联邦最高法院原审和上诉审管辖权(*appellate jurisdiction),国会仍然有权规定,对于某些纠纷,低级别联邦法院可以与联邦最高法院共同行使管辖权,并且可以规定联邦最高法院上诉管辖权的例外情形。联邦宪法第3条和第1条,通过规定所有的低级别联邦法院及法庭相对联邦最高法院而言都是"下级的",从而限制了国会的权力。

这种宪法架构提供了扩大或限制联邦法院的管辖权的两种基本途径。首先,在宪法的限制之内,国会可以通过立法增加或减少法院的管辖权。其次,联邦最高法院本身可以对宪法第3条关于司法权力的规定,给出一个广义的或限制性的解释。因为司法权力是一种政治权力,所以联邦最高法院和国会根据观念中的公共政策扩充或限制联邦法院的管辖权,是不足为奇的。联邦最高法院在遵循宪法起草者所设想的——司法权力与联邦法律共同扩展——这一原则时,在保护联邦权利应当以解释宪法还是国会立法为基础这一问题上产生了争议。

在制定宪法之初,包括现在一样,宣布一部法律违宪并因此拒绝实施该法律的权力,并不必然是赋予法官的权力。然而,当马歇尔法院在"马伯里诉麦迪逊案"(*Marbury v. Madison)(1803)中宣称其具有这种权力时,政治上的主要反对意见不是集中于司法审查的原则,而是集中于马歇尔对其他部门权力的觊觎。杰斐逊的追随者认为,他们从联邦最高法院的观点中看出了一种试图将司法权扩张至那些本应属于行政部门决断的领域的野心。马歇尔本人实际上并未表现出任何这样的野心,并通过一系列的司法审查创造出了一项在今天被称作"政治问题(*political question)"的原则。该原则的本质在于,一些问题之所以在法院的管辖之外,是因为它们属于行政管辖的范围,也即总统或国会管辖的范围。政治问题原则的文本依据是宪法第3条的规定。据此,只有"案件和争议"才是司法权力管辖的范围。在法院看来,宪法已经将政治问题产生的争议交由非司法部门最终裁决。

在20世纪划归于政治问题的领域从某种意义上已经消失了。不过"政治问题"原则在诸如涉外事务(*foreign affairs)、弹劾(*impeachment)以及国会对修宪程序(*Constitutional Amending Process)的控制等领域,仍具有重要的影响。事实上对联邦法院管辖权限制更多的是联邦最高法院根据宪法第3条中的"案件和争议"得出的原则:诉权(*standing)原则,案件成熟性(*ripeness)原则以及无实际价值(*mootness)原则。联邦最高法院通常指出,所有这些原则都是为了保证法院只裁决符合下列条件的争议:争议的解决必须影响到参诉之人本身的权利,争议的大致轮廓已经由具体事实和现实的争议所明确。联邦法院无权作出咨询意见(*advisory opinions),即法院只能在裁决案件时对某一法律的合宪性问题作出评价。具体的事实和现实的损害表明法院对"(法院受理的)争议"的理解,诉权原则、案件成熟性原则和无实际价值原则提高了审判的效率。这些限制旨在使司法机关只裁决权利真正受到影响的当事人之间的争议,而这是法院运用司法审查权力时特别重要的一个限制。

学者对法官确立的这些规则在限制联邦法院,尤其是联邦最高法院方面的作用表示怀疑。每年,联邦最高法院都根据成千上万的调卷令(*certiorari)申请,选择其中75个左右的案件进行听审。联邦最高法院这一选择符合条件的"争议"的权力,使得联邦最高法院可以积极地推行对宪法的理解,而不只是被动地裁决纠纷。现代联邦最高法院的实践,从某一意义上说与以前为司法审查提供正当依据的模式有了差异。在马伯里案的判决中,马歇尔从论证法院的职责在于依据法律裁决案件的观点这一角度,为司法审查权进行了辩护。他指出联邦最高法院对立法的合宪性进行审查,并非由于它拥有广泛的职权去监督国会的立法行为,而是因为宪法是更高级的法律——这一法律与法院正在审理的案件中所涉及的法律产生了冲突。马歇尔通过将法院的宪法解释权与审判权联系起来,将司法审查权与法院裁决案件的职责联系起来,确立了司法审查权的合法性。随着大多数联邦低级别法院具有了大量确定的案件管辖范围,并且由于联邦低级别法院必须就当事人提交到法院的纠纷进行裁决,联邦最高法院裁决案件的作用大大减弱,联邦最高法院处理更多的是依据其自由裁量权选择的案件。

案件成熟性原则与无实际价值原则在某种意义上是案件受理时间选择的问题。某一联邦法院会以缺乏成熟性为由驳回一桩案件,这时当事人的利益冲突还没有发展至使案件具有充分的具体事实,以致法院能够了解各方争夺的利益或出现的法律问题。正如案件成熟性原则的内涵所表明的,一旦后来发生的事实使争议更加明确,这样一个案件可能最终被认为适于审理。当案件纠纷已过去——必须被驳回——当案件的判决不能影响当事人利益时,就相当于争议不再符合宪法第3条中的"案件或争议"的要求。

在限制联邦法院管辖权方面比案件成熟性原则和无实际价值原则更为重要的,是涉及法院受理的案件和争议需满足要求的另一主要原则,即诉权原则。这一原则所关注的不是案件的受理时间选择问题,而是寻求司法救济的当事人的资格问题。一般来讲,只有某人因政府官员的行为遭受了个人伤害时,他本人才有权起诉指控官员的行为是非法的。一般而言,即使被控政府行为是违宪的,但只要该行为只是对其他人造成损害,或待决的非法行为仅仅是对其他人法律权利的侵害,这时原告并不能符合"诉权"原则的要求。根据联邦最高法院目前对该原则的解释,不能仅仅因为政府行为违反宪法,就可以对政府提起诉讼,在这种情况下,基于"概括损害"所提起的诉讼中,该当事人并没有受到具体的损害。即使国会议员也没有诉权以立法过程违反宪法为由提起诉讼,因为他们不能证明任何个人的具体的损害[" 雷恩斯诉伯德案"(Raines v. Byrd)(1997)]

尽管联邦最高法院将司法谨慎态度与根据宪法第3条得出的这些要求进行了区别,所有这些原则仍然是由法官们所创造的。并且,联邦最高法院还清楚地表明国会在确定其管辖权的问题上同样也起着作用。例如,在1934年的宣告性判决法(Declaratory Judgement Act)中,国会允许许多以前可能无法满足案件成熟性原则要求的案件在联邦法院进行诉讼。联邦最高法院赞同这部立法,但将该法限制适用于这样的案件——即使案件纠纷没有充分展开,但可能会产生具体的事实足以使法院了解所争议的法律问题。近些年来,国会制定了一系列法律承认当事人在监督和强制行政机关遵守限制州的行政行为的法律方面具有利益。从1946年的行政程序法开始,并在随后的一些法律中,允许个人提起公民诉讼来确保环境保护法的实施,或代表联邦政府提起诉讼。联邦最高法院承认了国会在扩展公民权利、允许公民更多地参与政府管制活动方面的进展。依据这些法律提起的诉讼,允许法院对政府行为的合法性进行裁决,使得我们回想起了杰斐逊党人对马伯里案的抗议,这会侵犯行政部门在实施法律方面的自由裁量权,从而违反了宪法的分权原则(*separation of powers)。

同样,法官还根据需要不断地扩展个人的诉权,从而使得个人可以维护联邦最高法院认为重要的特定宪法权利。在厄尔·沃伦大法官(Earl *Warren)任首席大法官期间(1953—1969),联邦最高法院在民权、公平对待罪犯、言论自由和议席分配等领域扩展了对个人权利的解释。这些变化带来了诉讼的扩展,判断原告是否具备提起新的诉讼的资格——诉权问题的分析因素也发生了变化。例如,依据旧的诉权原则,需要考虑原告是否在主张一项受法律保护的利益,而在诉讼尚未开始时就要求那些主张新权利的人证明这一点是很困难的。到20世纪70年代初期,联邦最高法院开始强调诉权原则的基础是"存在事实上的损害"。这一观点将诉权问题与法律是否已承认原告准备主张保护的权利相分离,这对于寻求扩大宪法权利范围的律师们而言是很有利的。

在20世纪70年代,联邦最高法院也开始放松严格的无实际价值原则的壁垒。现以一个由部分学生代表所有该校区域内非洲裔美国孩子的利益而提起的废除校园内种族隔离制度的集团诉讼为例进行说明。由于该案中列明的原告已经从该学校毕业,按照传统的理论,本案将变得没有实际价值。不过,联邦最高法院认为这样的一桩案例并非没有实际价值,只要它继续呈现出学校当局和原告一方的某些成员间依然存在争议。此外,联邦最高法院认为,假如案件中待决的政府行为可能重复发生,如果驳回该案件可能会使其逃过司法审查——鉴于整个诉讼阶段包括上诉需要的时间——该案件就不会被驳回,否则其将因无实际价值而遭驳回。在此理论支持下,在"罗诉韦德案"(*Roe v. Wade)(1973)中,原告被允许继续进行诉讼,即使在联邦最高法院审理其案件时,她已经有了自己的孩子。

随着这些管辖权原则方面的发展,出现了艾布拉姆·蔡斯(Abram Chayes)所称"公益诉讼"。传统的普通法(*common law)法律诉讼模式包括1名原告和1名被告,原告本人提起诉讼,而两方当事人控制着案件的进展。当事人的争议涉及建立在过去事实基础上的法律义务,救济请求与原告本人的特定权利紧密契合,并且案件以一次独立的审判和一份独立的判决而告终。然而,假如一群原告起诉一个政府机构——比如一个学校管理委员会或是州立医院、监狱的管理者,这一法律诉讼很可能与普通法模型不同。代表公共利益的律师可能会提起这样的法律诉讼,并出外寻找一些原告。根据允许其他当事人介入诉讼的自由规则,争议可能会变成多边诉讼,正如在废除学校种族隔离制度的案件中,那些反对用巴士运送学生(busing)的父母们介入而作为当事人的案件。原告可能会寻求将改变一个制度结构的救济措施。在法院初步判决案件后,法院可能要对正在进行的制度结构改革进行长期的监督。例如,一家医院改进其对待精神病人的措施即为制度改革的适例。在此期间内,法院可能会进行更多的听证和事实调查,例如,借此判断一家学校的管理委员会是否正在为废除种族隔离制度作出充分的努力。这一整个过程具有"立法的"甚或"行政的"特色。以其名义提起诉讼的特定当事人的利益看起来成为次要的了。

最近的一些变化在某种程度上限制了公共诉讼模式的发展。国会开始制定法律缩减联邦法院监督州的权利,并且联邦最高法院也在废除学校种族歧视案中更为谨慎地限制自己的作用。首席大法官威廉·伦奎斯特(William H. *Rehnquist)还领导联邦最高法院维持了沃伦法院时期在宪法基本问题上形成的原则。伦奎斯特还在重塑诉权原则、限制案件起诉到联邦最高法院方面起了很重要的作用。这些实体与管辖权方面的发展限制了联邦法官在政府的某些运作过程中的作用——与此相关的一个结果是,从1969年到20世纪90年代中期理查德·尼克松总统(Richard *Nixon)、罗纳德·里根总统(Ronald *Reagan)及乔治·布什总统(George *Bush)只任命了一位联邦最高法院的大法官,而比尔·克林顿总统任命了两位。在其他领域,联邦最高法院将一些新的政治问题纳入了司法体系的管辖范围。如2000年联邦最高法院还对总统选举过程中出现的纠纷作出了一个有争议的裁决[布什诉戈尔案

(*Bush v. Gore)(2000)]。

联邦法院管辖权与联邦政府权力 宪法的起草者曾希望,拥有最终的解释与实施联邦法律权力的司法体系将会对联邦政府的权力提供支持。但是,美国历史上却出现过联邦最高法院以维护州权力的名义削弱联邦政府权力的时期,尤其是在著名的新政时期(*New Deal),甚至在伦奎斯特法院时期(1986年至今),联邦最高法院还以维护联邦主义的名义,通过利用一些新的和重新起用一些旧的原则限制国会的立法权。不过这时这些行为对联邦政府的权力已经基本没有什么大的威胁了。

这种模式很早以前就已确立。马歇尔法官(1801—1835)时期,不管从哪个方面来看,都是国内扩张时期。人们越过阿巴拉契亚山脉进入美洲大陆的心脏地带,统一的国民经济正在确立的过程中。对这一过程而言,没有哪一个政府部门比联邦法院系统更为重要。联邦最高法院对广泛的国会立法权的扩张进行了肯定,国会的这些权力不仅包括制定实体法律的权力,还包括设立并授予联邦低级别法院管辖权的权力。联邦最高法院在"奥斯本诉合众国银行案"(*Osborn v. Bank of the United States)(1824)中的判决在当时受到了普遍的称赞。但当时该案判决被认为是使一个不受欢迎的联邦机构免受地方政府的侵犯提供了一种抗辩理由。这一判决的现代重要意义却不在于此。在该案中,联邦最高法院彻底地、宽泛地解释了国会在联邦问题案件中授予联邦法院管辖权的权力。1875年之前,国会曾在半个世纪里拒绝接受联邦最高法院的请求,授予联邦法院一个宽泛的"联邦问题"管辖权。与此相类似,直到19世纪晚期,国会都不愿通过实体法确认联邦最高法院对其规制州际贸易活动的权力所作的广义解释(参见 Commercial Power)。

尽管国会不愿意扩大联邦政府的权力,联邦最高法院在19世纪前半期所做的工作仍为缔造一个统一国家作出了很大的贡献。它依据实体法律和联邦法院管辖权所作的判决,促进了这一目的的实现。联邦最高法院热情地保护成长中的国民经济,反对那些抑制企业发展、约束州与州之间贸易活动的地方性规章。它取消州和地方立法的理论基础主要是商业条款和契约条款(*Contracts Clause)。当然每一项对宪法的解释都增加到了联邦法律体系之中。因为国会还没有在低级别联邦法院确立一项普遍的涉及联邦问题的管辖权,所以只有联邦最高法院本身才能审理许多涉及州法律的宪法案件。在第一部司法法(the Judicial Act of 1789)中,国会已经授予联邦最高法院具有对州最高法院涉及联邦法律的争议所作判决的上诉管辖权,并且联邦最高法院也在"马丁诉亨特租户案"(*Martin v. Hunter's Lessee)(1816)中承认了这一管辖权授权的合法性。

在整个19世纪早期,有损道德观念的奴隶制度(*slavery)受到了包括宪法理论在内许多理论的保护而未被消灭。尽管如此,某些这样的理论仍然在起作用。如双重联邦主义原则(*dual federalism),该原则认为全国政府和各州享有各自的主权范围,奴隶制很大程度上是归于各州主权范围的问题。作为一个通用的宪法理论,双重联邦主义直到"新政"(*New Deal)时期仍存在,不过在南北战争(*Civil War)时期,它已不再适用于奴隶制度。人们在重建时期(*Reconstruction)采用了3部宪法修正案和4部主要民权法。这些立法承认平等的公民身份,要求释放奴隶、建立联邦机构推行公民的权利。此外,议会的两部法律,《1867年人身保护状法》和《1875年司法法》扩大了联邦法院的管辖权,对现代社会具有非常重大的意义(参见 Removal Act of 1875)。

1867年的立法授权联邦巡回法院对因违反宪法而处于监禁中的人授予人身保护状(*habeas corpus)。该法的直接目的是保护联邦官员和他们的家人在北方军占领南部各州期间,不受南部各州地方官员的骚扰。此外,其目的还在于释放此前一直被非法拘禁的奴隶。这部法律已修改过多次,根据现行的法律,该法已扩大适用至依普通犯罪程序被关押的各州的囚犯。今天,该法允许联邦法院授予令状,释放任何因违反联邦宪法而被州当局关押的人。从20世纪20年代到70年代,联邦最高法院逐渐扩大了联邦宪法第十四修正案(the *Fourteenth Amendments)的正当程序条款在州刑事诉讼中的作用(参见 Procedual Due Process)。在这一问题上,联邦实体法的发展和联邦法院管辖权相互促进。许多联邦最高法院的判决根据联邦人身保护状的程序,主张各州应当遵循更多更新的正当程序要求。由于州应当遵循的正当程序的实体要求增加了,所以许多被州关押的囚犯提出获得人身保护令状的要求。

《1875年司法法》确立了联邦法院有关联邦问题的管辖权,其限制只在于争议的数额必须达到一定的标准。这一法定管辖权几乎完全保留下来,不过不再有任何争议数额的限制。因此以联邦宪法或联邦法律为依据提起诉讼的原告,都有权选择首先在联邦法院起诉。现在,低级别联邦法院的大部分案件都是依据联邦宪法和联邦法律提起的。

另一实体法方面的发展增加了地方一级的联邦法院的管辖权。这一时期联邦地方法院管辖权的核心在于其审判不同州公民权案件(用宪法第3条的语言表述,就是"在不同州的公民间"发生的争议)的权力。在"斯威夫特诉泰森案"(*Swift v. Tyson)(1842)中,联邦最高法院认为,在该案中联邦法院应当适用一般的普通法原则,也即联邦普通法(*federal common law)。这一观点的作者——大法官约瑟夫·斯托里(Joseph *Story)当然希望,在联邦法院的领导下,形成调整合同和其他商业交易行为的全国统一的法律体系,由此促进全国范围内的商业活动的自由发展。但这种安排也有其问题:它导致律师们进行"择地行诉",根据州和联邦实体法律的适用结果,哪对当事人更为有利,便到哪个法院起诉。联邦最高法院直到1938年才开始抛弃这一联邦普通法体系,在"伊利铁路公司诉汤普金斯案"(*Erie Railroad v. Tompkins)中,联邦最高法院指出联邦地方法院在审理不同州公民之间的纠纷时,必须适用该法院所在州的普通法。尽管该案经常被称为"维护了州法院在州法的发展过程中的作用",以及反映了"联邦法院认识到它们的主要作用是解释和实施联邦法",但近来有学者称,伊利铁路公司案反映了人们对联邦法院在实施跨州管辖权的过程中扮演的法官造法角色进行持续性批评的胜利。伊利铁路公司案中确立的原则阻止了联邦法官行使跨州管辖权时凭借造法来管制劳动争议、个人伤害案件以及合同纠纷(联邦法律中明确规定其管制的除外),同时也确保了立法权在联邦和州两套体系中的优先地位。

伊利铁路公司诉汤普金斯案中对联邦法院作用的界定被接受后,许多人主张废除或严格限制不同州公民身份管辖权——跨州管辖权。这场运动在20世纪70年代和80年代取得一定进展后,执业律师已经开始对此表示反对。因为对跨州管辖权的限制会导致律师无法择的诉讼。近来,许多公司也开始为保留和扩展跨州管辖权而四处游说,特别是有关集团诉讼的请求也参与了进来。为此已经制定了两个法律,一部是1999年的《Y2K集团诉讼法》(Y2K Class Action legislation),另一部是2002年的《多方当事人多诉讼地管辖权法》(Multiparty, Multiforum Trial Act)。这两部法都允许案件基于最低限度的跨州(如只有几个当事人来自不同州)移交给联邦法院来解决集团纠纷。由于将案件移交联邦法院以及合并诉讼具有诉讼程序上的优势,并且联邦法院一般不愿支持这种集团诉讼,因此对公司当事人来说,联邦法院显然是一个很好的诉讼地。因而,可能还会制定进一步扩展最低限度跨州性集团诉讼的立法。

20世纪初期,联邦最高法院开始取消数量巨大的调整经济活动的州立法;其依据是宪法第十四修正案的正当程序条款,即现在的实体正当程序(*Due Process, Substantive)标准。由于联邦宪法第十一修正案(the *Eleventh Amendment)曾被解释为可豁免州政府的很多行为在联邦法院进行诉讼,因此这一严重的管辖权限制阻碍了联邦审判法院贯彻这些正当程序要求。为此,联邦最高法院在涉及杨的单方诉讼案(Ex parte *Young)(1908)中认为,一名行为不合宪的州官员已经不具备官员的特征,所以一桩禁止其非法行为的诉讼并非对州提起的诉讼(参见 Injunctions and Equitable Remedies)。从一方面来看,这一判决是形式对实质的胜利;不过在现代社会,它为联邦法官们提供了管辖的基础,即禁止州官员们以各种方式违反联邦宪法的规定。严格执行联邦宪法第十一修正案的豁免规定,就会使联邦法院系统实施宪法的权力受到严厉限制。某人异想天开的设想,可能就是另一人对法治的理解。

1932年当选的富兰克林·德拉诺·罗斯福总统(Franklin D. *Roosevelt)提出了一种新的政治观点,要求赋予联邦政府强有力的权力。他的"新政"立法计划自然会与联邦最高法院对联邦宪法第五修正案(the *Fifth Amendment)商业条款和正当程序条款的限制性解释相背离。在几年里,好几部主要的"新政"立法都遭到了联邦最高法院的坚决拒绝,人们已开始希望采取某种措施限制联邦最高法院的管辖权。然而相反,罗斯福总统请求国会授权将联邦最高法院的人数最多增加到15名。尽管法院人员布置计划(*court-packing plan)在参议院未获通过,但联邦最高法院也已开始支持"新政"的立法。同样,所有主张限制联邦最高法院管辖权的言论也因此平息了。经济危机和第二次世界大战的作用共同导致政治权力大规模地由各州政府转向联邦政府,而联邦法院也保留了充分的管辖权以确保权力转移的实现(参见 Federalism)。

管辖权与政治偏好 在"新政"时期,联邦最高法院在政治体系中的地位常常引发慷慨激昂的争论,有时甚至充满了火药味。在那时,没有人怀疑司法权力是政治权力。联邦最高法院的批评者响应了大法官奥利弗·温德尔·霍姆斯(Oliver Wendell *Holmes)在"洛克纳诉纽约州案"(*Lochner v. New York)(1905)中著名的反对意见,称"9个老头"仅仅是将他们对自由经济的偏好写进了宪法的两个正当程序条款中(参见 Laissez-Faere Constitutionalism)。到20世纪50年代,沃伦法院的批评者们开始抱怨新一代的法官正将他们对其他类型的自由权的偏好以及种族平等的偏好写入宪法。20世纪50年代中期"布朗诉教育理事会案"的判决,不仅成为民权(*Civil Rights)运动的导火索,该案也促进了一个新时代的到来。在这个时代,联邦法院系统,特别是联邦最高法院,为保护外来者、持不同政见者、社会地位低下者群体、穷人,换句话说,为保护与"9个老头"完全不同的选民们承担了新的责任。近些年来,联邦最高法院开始限制沃伦法院时期确立的一些法律原则,并且随着保护联邦体制中州权力的一些新原则的确立,评论者们又开始为这种保守的司法激进的复苏表示担心。

当然,联邦法院要对基本宪法权利提供保护,该法院必须对案件有管辖权。当一部与宪法有冲突的州法律在州法院得到执行时(例如,通过刑事诉讼程序),对此表示同情的联邦最高法院可以在受理上诉时审查这一宪法问题。然而在一些案件中,根据诸如政治问题原则或诉权原则这样的管辖权限制,可能会使人们很难向任何联邦法院主张有争议的宪法权利。如选票分配问题就是如此。直到20世纪60年代,沃伦法院才显著地扩展了基本权利的范围,并扩大了联邦法院的管辖权以保护这些权利。

在一次人口普查之后,也就是应当划分新的选区界限时,每一个州的立法机关都有意于维护多数派政党的利益。这一目的可能使立法机关提出建议不对立法区域的边界作任何变动,让分区的情况与最近一次人口普查前的情形保持一致,甚至同其50年前的情形保持一致。直到1962年,在联邦最高法院占主导地位的观点仍是政治问题原则(以及有争议的诉权原则),这注定了任何质疑某州选区划分体系违宪的诉讼都要以失败而告终。联邦最高法院认为,这些权利要求是根据宪法第4条的规定——应保证每个州采取共和政体形式——提起的,并且联邦最高法院早已申明,这些纠纷属于政治领域内的问题(参见 Gurantee Clause)。例如,国会可能拒绝接受一名根据不完善的选区划分体系选出的伊利诺伊州的代表,但是联邦法院无权纠正这些不公正的事情。

然而在"贝克诉卡尔案"(*Baker v. Carr)(1962)中,联邦最高法院放弃了这一理论,并且认为这种不公平的选区划分行为是应当受联邦法院管辖的事项。两年后,在"雷诺兹诉西姆斯案"(*Reynolds v. Sims)(1964)中,联邦最高法院确立了按照选区人口平均分配选票的基本准则:如无特殊理由不得背离平等原则,该准则意味着一人一票(*one person, one vote)。这些议席重新分配系列案(*reapportionment cases)是司法管辖权和法院的根本政策相互联系的最佳例证之一。

沃伦法院在刑事审判领域对新的联邦宪法权利的承认,主要表现为选择性地将《权利法案》并入(*incorporation)第十四修正案中的正当程序条款。采用这一原则意味着许多的保护措施不仅在联邦政府可以适用,而且在州政府也是如此,其中包括反对自证其罪的权利(*self-incrimination),由陪审团进行审判(*trial by jury)以及获得律师辩护的权利(the right to *counsel)。很快,许多被刑事审判体系拘捕的人主张联邦宪法保护的案件有了显著地增加。这种权利要求提交联邦法院传统方式是寻求联邦最高法院的上诉审查。不过联邦最高法院每年只能够审判其中大约75件案件。因此,不难想象联邦最高法院无法对州法院保护这些新确认的权利的行为提供有效的监督,尤其是在南方公平地保护这些新权利,还需要克服黑人法的一些残存影响。

联邦最高法院解决这一问题的办法是,允许当事人在完成全部州刑事诉讼程序后,在联邦地区法院进行诉讼以寻求联邦的保护。联邦最高法院是在解释现代《人身保护状法》——由1807年《人身保护状法》发展而来——时发现这一解决办法的。在"费伊诉诺亚案"(*Fay v. Noia)(1963)中,联邦最高法院认为,即使一个州的囚犯在州法院没能以恰当的方式提出依据联邦宪法所能提出的权利请求,也可以授予联邦人身保护权救济措施。只要这一失误是律师的错误导致的结果,而不是被告有意识选择的结果。自此,寻求人身保护救济的申请极大地增加了。州法官的不满情绪高涨,他们不得不看到州最高法院确认了的有罪判决,却能被一个单独的联邦地方法官的判决所推翻。

沃伦法院的许多富有政治争议的判决,再加上伯格法院(1969—1986)的一些判决,已经招致了国会严重的不满,国会开始努力限制联邦最高法院的管辖权、低级别联邦法院的管辖权或同时限制两者的管辖权。通常情况下这一类型的议案都是取消法院对某些特定实体领域的管辖权,有的甚至要求法院作出特定的判决结果。很多议案力图使众多领域的问题免受联邦法院管辖,其中包括巴士运送、选区分配、颠覆性活动、学校的祈祷行为以及堕胎问题等。几十年间,法学家们不断地讨论着这种对联邦法院管辖权进行限制的行为是否合宪,其中最直白的观点是制定一部普通法律改变宪法的规定。然而,直到现在,这样的议案一直没有成为法律。因为,许多国会议员投票支持法院系统的独立,正如他们在罗斯福力图改组联邦最高法院时做的一样。

尽管如此,国会提案的部分实体目标,仍然在没有限制联邦法院管辖权的前提下实现了。正如在20世纪40年代,"新政"立法的合宪性在宪法没有做任何修改的情形下也得到了确认一样。在上述两种情况下,联邦最高法院本身已发生了重要的原则性变化,如同新上任的总统已经任命了与其观点相似的法官。

最近几十年,更加保守的伯格和伦奎斯特等的法官已成功地限制了联邦法院给予州囚犯人身保护状救济。联邦最高法院首先在"斯通诉鲍威尔案"(*Stone v. Powell)(1976)中,拒绝给予申请者人身保护状救济,尽管这些申请者们声称他们所在的州法院作出的有罪判决受到了那些由违宪搜查和扣押获得的证据的影响。后来,联邦最高法院在一系列案件中,推翻了"费伊诉诺亚案"(*Fay v. Noia)(1963)的判决,只将其适用于策略性判决、审判程序中出现的疏忽以及上诉程序中律师所犯的严重错误。根据现在的原则,刑事诉讼中的被告必须忍受他们的律师的失误,除非那些失误使得法院得出结论剥夺了被告的辩护权。最后,在"帝格诉莱恩案"(Teague v. Lane)(1989)中,联邦最高法院驳回了一个人身保护令申请,该申请力图将宪法中已经确立的一个原则扩展适用于一个新领域。

这些案件说明,联邦最高法院的大多数法官利用大量的管辖权规则将许多依据宪法和联邦法律提起的诉讼拦在了联邦法院的大门之外。另一有效手段是"衡平限制"原则,它限制联邦法院针对州法院的刑事诉讼程序(有时也包括民事诉讼)中的不当行为发出禁令救济,有时那些州的诉讼程序甚至是依据违反宪法的州法作出的(参见 Abstention Doctrine)。这样的原则本来可以使州法官对许多依据联邦法律提起的诉讼作出的判决在某种程度上受到联邦法院的监督。

联邦最高法院还赋予州主权(*sovereignty)更为广泛的新的意义,在一系列案件中裁决国会没有权力强迫州应诉并给予金钱赔偿从而实施其法律,这些法律通常包括环境保护法、知识产权法,这些法律的目的应是管制联邦经济。尽管联邦最高法院起初依据第十一修正案对国会权力在许多领域进行了限制[佛罗里达州的"塞米诺族诉佛罗里达州案"(*Seminole Tribe of Florida v. Florida)(1996)],联邦最高法院近期的判决坦白承认,联邦宪法第十一修正案基本上不能限制国会权力["奥尔登诉缅因州案"(Alden v. Maine)(1999)]。在联邦主义的名义下,这些极有争议的判决,明确地限制了私人依据联邦商法反对州的不法行为,除非在禁令或宣示性诉讼程序中。这些判决与同时期的那些限制国会商业权力范围的判决相类似,与国会制定合作联邦主义的计划的方式相类似。

尽管国会制定了相当多的法律,授权当事人对州提起诉讼,近些年来国会还制定了一些法律支持与扩展联邦最高法院所形成的限制其本身管辖权的原则,并制定了限制联邦低级别法院管辖权的法律。在 1996 年的《反恐怖主义与有效实施死刑法》(Antiterrorism and Effective Death Penalty Act)中,国会规定和扩展了联邦最高法院在判决中所形成的对给予联邦人身保护状救济手段的限制,并且国会在立法时似乎同时具有废除联邦低级别法院的宪法解释权的目的。在 1995 年的《监狱诉讼程序改革法》(Prison Litigation Reform Act)中,国会大幅度地限制了联邦法院在监督州监狱中的不法行为方面的作用,并制定了限制提起这一诉讼的规定。这些限制使得囚犯提起诉讼的数量少了 40%。类似的限制性规定也缩减了联邦法院监督行政机关扣留或驱逐移民的权力。为应对类似 2001 年 9 月 11 日的恐怖袭击事件,国会以及总统乔治·W. 布什强化了行政机关扣留与讯问可能与恐怖组织有联系的移民的权力,再加上 2001 年《合众国爱国者法》(U.S.A Patriot Act)的颁布,这都使得更多的限制性规定成为了法律。

这些新的立法和行政动议,包括总统布什于 2001 年 11 月设立军事法庭的命令,以及在古巴扣押敌方战士的行为,将会检验出司法自治的界限以及国会控制联邦法院管辖权的界限究竟为何。到目前为止,联邦最高法院还是比较谨慎地行使它的权力。联邦最高法院没有明确表明这些限制法院管辖权的立法的合宪性问题,而是尽量回避了这些问题。根据这一原则,在可能的情况下,联邦最高法院主要通过将联邦法律解释为没有对管辖权施加限制而回避其合宪性问题。只有在国会作出非常明确的表述时,联邦最高法院才不得不审查其合宪性问题。由于缺乏明确的表述,使得国会限制联邦最高法院的上诉管辖权的努力破产["费克尔诉托宾案"(Felker v. Turpin)(1996)],同样是因为缺乏明确的表述,使得法院在"移民与归化局诉圣西尔案"(INS v. St. Cyr)(2001)中得出结论,国会并没有要在移民案件中限制司法审查。许多学者预见到联邦法院会利用"明确的表述"规则,使得布什军事法庭的命令中的暗示的规定无效。依据这一命令设立了宪法第 3 条规定之外的全部由军人组成的军事法庭,对针对非美国公民所从事的非法恐怖主义活动提起的诉讼请求进行审判,并且声称排除司法审查。但是排除司法审查将会引发如何界定国会的权力以及行政机关拒不执行人身保护令等重要问题。

今天比以前任何时期,更加明显地表明宪法起草者在谋求联邦法院独立、保证其远离政党政治方面是如此的明智。然而大规模地将保护联邦宪法权利的责任从联邦法院转移到联邦行政部门的官员和通过选举产生的州法院法官身上则不是那么明智了(参见 State Constitution and Individual Rights)。然而,国会的一些议员已经开始启动限制联邦法院管辖权的日程,这可能会剥夺联邦法院在诸如同性婚姻、在公众场合表达宗教信仰等事项上的管辖权。今天,如同过去甚至将来一样,对司法管辖权的分配——特别是从坚持政治独立的法院手中收回管辖权——是一种政治权力的运用。

参考文献 Jack Bass, *Unlikely Heroes: The Dramatic Story of the Southern Judges Who Translated the Supreme Court's Brown Decision into a Revolution for Equality* (1981). Abram Chayes, "The Supreme Court, 1981 Term-Foreword: Public Law Litigation and the Burger Court," *Harvard Law Review* 96(1982): 4-60. Richard H. Fallon, Jr., Daniel J. Meltzer, and David L. Shapiro, eds. *Hart and Wechsler's The Federal Courts and the Federal System*, 5d ed. (2003). Malcolm M. Feeley and Edward L. Rubin, *Judicial Policy Making and the Modern State: How the Courts Reformed American's Prisons* (1998). Felix Frankfurter and James M. Landis, *The Business of the Supreme Court: A Study in the Federal Judicial System* (1927). Learned Hand, *The Spirit of Liberty*, edited by Irving Dilliard (1952). Richard A. Posner, *The Federal Courts: Challenges and Reform* (1996). Edward A. Purcell, Jr., *Brandeis and the Progressive Constitution:*

Erie , the Judicial Power , and the Politics of the Federal Courts in Twentieth-Century America (2000).

[Kenneth L. Karst 撰；常洁、林全玲译；林全玲、胡海容校]

司法审查[Judicial Review]①

司法审查是一种与联邦最高法院紧密相连，在宪法中没有特别提及的权力。首席大法官约翰·马歇尔(John * Marshall)在"马伯里诉麦迪逊案"(* Marbury v. Madison)(1803)中宣告了该权力所倚靠的主要原则，"它的确是司法部门表明法律是什么的一种职责和责任"(p. 177)。通过司法审查，联邦最高法院非常有力地维护了它决定联邦宪法含义的权力。

联邦最高法院审查法律的权力在两个方面延伸发展。第一个方面涉及由其他联邦政府部门作出的决定。这些案件包括由行政部门作出的行为：例如，理查德·尼克松总统(Richard * Nixon)不交出录有白宫内争议的录音带的决定，由国会通过的立法，又例如禁止路易斯安那州的北方地区实行奴隶制(* slavery)的《密苏里妥协协议》(Missouri Compromise)。司法审查也表明了联邦法院对涉及联邦问题的州法律和州司法判决的权威。不论是否涉及联邦或州事务，司法审查的实践都表明其不断扩张的特性并引发了持续的争议。司法审查因为联邦法院对各州法院的优越性以及联邦最高法院对其他联邦政府部门的优越性的确立而得到强化。美国内战(* Civil War)后，联邦政府的权力得到集中，这成为确立司法审查权的基石之一。而同时，司法审查权的确立也使联邦政府的权力得以集中。大法官瑟古德·马歇尔(Thurgood * Marshall)在1987年纪念宪法颁布两百周年的庆祝会上发表观点称，联邦宪法没有经受住内战的洗礼，但却在战争之后重生了。自从19世纪晚期开始，权力已开始逐步集中于联邦最高法院，这种现象不会被建立这一国家的那代人所接受。现在法官们不但拥有固定的审判场所，不再承担起巡回办案(* circuit-riding)的责任，而且那使联邦政府其他分支的行为和各州的行为服从于司法检查的权力，也被广泛地接受了。因此，司法审查是一个有活力的制度，它随着联邦对全国权力的扩展而扩展。

起源 学者们认为司法审查的起源可追溯至博纳姆案(Bonham's Case)(1610)。英国高等民事法庭的爱德华·科克(Sir Edward Coke)爵士说："当议会的一项法案有违一般正义和人类理性或是不得人心的、也不可能执行时，普通法将有权限制它，并裁定这样的行为无效"(p. 118a)。科克相信普通的法律人具有"对法律理性的感知力"，并且将这种能力提升至与国王和议会几乎平等的地位。根据科克的观点，解释法律所要求的特殊的知识，将法律置于政治之上。

在1761年，美国第一个意义深远的博纳姆案的详尽的判决意见出现了。在波士顿的协助令状案(Writs of Assistance Case)中，詹姆斯·奥蒂斯(James Otis)提出，英国官员根据普通法则(自然法)应无权使用没有明确搜查目标的搜查许可证。奥蒂斯将他对议会基础性法律的质疑，建立在博纳姆案的判决、英国宪法以及"自然公正"的原则之上。约翰·亚当斯(John Adams)随之采纳了这一观点，以便通过向一部高于议会制订法的自然法上诉，而保护美国人的权利。尽管殖民法院并不接受这样激进的主张，这些权利要求仍然使司法审查的理念成为美国宪政的一个重要特征(参见 Fundamental Rights)。

在大革命后，宪法的起草者经过讨论，最终放弃了司法审查的一个方面——司法否决权。尽管他们既关注联邦政府统一的权力，也关注联邦政府对各州的权威，这些起草者们只是批准了宪法第6条的最高条款(Supremacy Clause)以解决后一问题，而让前一问题在随后的时间里自然发展。他们放弃了在弗吉尼亚计划中提出的司法所应具有的明确的超越国会的权力。例如，詹姆斯·麦迪逊(James * Madison)曾重申基础性法律的权威，但他却拒绝承认法院系统有超越政府其他部门的权威。建国者中著名的领导人以及后来的联邦最高法院法官、宾夕法尼亚州的詹姆斯·威尔逊(James * Wilson)，康涅狄格州的奥利弗·埃尔斯沃思(Oliver * Ellsworth)和弗吉尼亚州的约翰·马歇尔，在他们的州批准宪法会议上认为，中央政府应当受司法审查的限制。

在《联邦党人文集》(The * Federalist)中，亚历山大·汉密尔顿(Alexander * Hamilton)承认了司法审查的理念，并且为它提供了一个最有力的思想基础。汉密尔顿写道："不论谁，只要留心考了了权力机构的不同组成部分，他就必须承认，在一个彼此分立的政府中，法院系统，从其功能的本质来看，它将一直是对宪法政治权利最小的一种危险……法院系统……对兵权或国库没有影响；不会控制利润或社会财富；并且不会主动作出任何决议。它可以被确切地描述为既没有力量(force)也没有企图(will)，而仅仅有判断力(judgement)"(No. 78)。因为存有这种确信，汉密尔顿坚决维护司法审查的实施。

自从美国的立宪政府发端以来，司法审查遵循汉密尔顿的思想——法官具有特殊的能力和责任阐释宪法的含义——而不断发展。在18世纪80年

---

① 另请参见 Impact of Court Decisions; Implied Powers; Judicial Power and Jurisdiction; Judicial Restraint。

代,州法院(*state courts)企图主张法院具有超越其他政治机构的权力,但这些企图或是根本没有人理会,或是受到立法机关的指责,并且常常与撤去法官职务的威胁一起提出。北卡罗来纳州的理查德·多布斯·斯佩特(Richand Dobbs Spaight)质疑道:"假如法院可以审查立法机关,谁又来审查法院呢?"就像全国的法院系统(在形成时期)即在18世纪晚期也曾引起激烈的争论一样,司法审查的惯例正在形成时期。

联邦最高法院的法官詹姆斯·艾尔戴尔(James *Iredell),在他对"考尔德诉布尔案"(*Calder v. Bull)(1798)的独立的判决意见中,发展了司法审查的一个制度基础。他在制宪会议期间曾支持司法审查。他反对联邦最高法院作出的基于法律的本质而违宪的基础性判决。相反,艾尔戴尔提出,使一部由"联盟的立法机关或任何一个联盟成员的立法机关"制定的法律无效的唯一基础,是它在一桩"清楚且紧急的案件"中,违反了成文宪法的规定(p. 399)。

托马斯·杰斐逊(Thomas *Jefferson)领导的共和党曾质疑联邦主义者对法院系统的控制。杰斐逊在1804年写给阿比盖尔·亚当斯(Abigail Adams)的一封信中曾就此问题预言道:"联邦制度将法院系统地位置于行政部门和立法机关之上,并使这一受宠的部门具有政治特征和政治影响力……将可能以法院系统的地位下降及失去其作用而告终。"杰斐逊的预言在多个方面被证明是错误的。

早期的判决 后来成为首席大法官的约翰·马歇尔在1788年弗吉尼亚州批准宪法会议上坚持认为:"假如国会制定的法律没有任何列举出来的权力为其提供正当的根据,这将被法官视作对他们所保卫的联邦宪法的一种破坏……他们将宣布该法律无效。"马歇尔在"马伯里诉麦迪逊"(Marbury v. Madison)(1803)这一经典案例中为这些话提供了实践意义。在此案中,他牢固地确立了现代司法审查原则的渊源。马歇尔自己促成了马伯里案中一系列事件的最终形成。在1801年被任命到联邦最高法院前不久,作为国务卿的马歇尔没能将哥伦比亚特区治安法官的委任状成功地交付给忠实的联邦主义者威廉姆·马伯里。马伯里要求由新当选总统托马斯·杰斐逊任命的詹姆斯·麦迪逊国务卿发布对其的任命。麦迪逊拒绝了,马伯里于是直接起诉到了联邦最高法院。他提出根据《1789年司法法》(the *Judiciary Act of 1789)第13条,联邦最高法院拥有其固有的管辖权发布训令令状(writs of *mandamus)。马伯里要求被联邦主义者控制的联邦最高法院命令奉行杰斐逊主义、被共和党控制的行政部门移交他的职位。

马伯里案使得法官们不得不陷入政治斗争之中。他们很清楚在更多激进的共和党分子决心要除去联邦最高法院权力的时候,发布一个有违杰斐逊政府意见的训令令状,会激起怎样的狂怒之情。最好的结果,总统会简单命令麦迪逊不理会联邦最高法院。最坏的结果,他可能会利用其个人威望为国会中其党派的激进分子已经着手的工作提供支持,以大规模地限制联邦最高法院的权力。

马歇尔意识到了这些非常情况。他意见的第一部分在既得权利原则(*vested rights doctrine)的基础上维护了马伯里案的权利要求,既得权利原则由大革命时期天赋人权哲学思想发展而来,这种哲学思想认为某些特定的权利是如此重要,因此它们是不受政府限制的。联邦最高法院有责任维护基本的法律,因此它不得不保护这些权利。马歇尔区别了政治权利和其他权利,主张司法活动不应关注前者,其理由是对政治权利的保护属于对此负有责任的政府部门。马歇尔说,联邦最高法院由人民主权的源泉之中获得了自己的权力,不过它只能在解决涉及基本性法律而非政治问题的争议中,运用这一权力。

马歇尔在其意见的前一半中所给予马伯里的,他又在后一半中将其夺走。尽管一份训令令状是适宜的,联邦最高法院却不能发布它。首席大法官通过对《1789年司法法》第13条以及宪法第3条(*Article III)含义紧扣原文的理解,得出了这一结论。国会可能削弱联邦最高法院原本具有的管辖权,不过国会不会增加这一权力——如第13条中所规定的那样——因为宪法第3条早已经充分确立了联邦最高法院的管辖权。马歇尔担心联邦最高法院管辖权的扩大,会将法官们抛进政府部门本身也不能解决的政治争论之中。他的这一论述使人回忆起18世纪80年代州法院履行司法审查职责的情况。他认为这种介入,将阻止联邦最高法院完成首要的、他认为是部门理论所要求的作为法律机关的职责。

由于司法审查权的确立,法官们可能不会执行一项不合宪的立法。通过他在马伯里案中的观点,马歇尔同时限制和扩大了联邦最高法院的权力,较少的权力变得更为充分。首席大法官接受了对司法审查范围的内在限制,不过他大胆地宣称联邦最高法院有责任宣示宪法的含义是什么。

马伯里案是在艰难的政治背景下发生的一个难以解决的宪法案例。马歇尔的意见是防御性的,它通过将联邦最高法院的作用局限于明确的法律领域,反对其涉入政治问题,而寻求保证联邦最高法院在政治压力下的自由。马歇尔没有行使现代意义上的"司法审查"这个词所包含的司法自由裁量权。解释法律与创立法律并非同义。马伯里没有接受到他的任命,不过马歇尔利用这一机会宣布了司法审查的基本内容。

尽管一些19世纪州法院的判决没有要求比马伯里案中更多的司法权力,后来大多数司法审查的例子仍行使了范围更广的司法权力。马歇尔涉及州立法合宪性问题的判决,比马伯里案的判决引发了更多的争议。在1810年至1824年间一系列的主要判决中,马歇尔借助自然法(*natural law)、宪法契约条款(the *Contract Clause)和商业权力(*Commerce Power),以及其他种种理论,来宣告州立法无效。与此同时限制联邦宪法第十一修正案(the *Eleventh Amendment)的适用范围。在"弗莱彻诉佩克案"(*Fletcher v. Peck)(1810)中,马歇尔根据由考尔德案(Calder)得出的关于自然法的系统陈述,以及宪法第1条第10款的契约条款,撤销了一项涉及不动产权利(*real property)的州立法。

不过9年后,在"达特茅斯学院诉伍德沃德案"(*Dartmouth College v. Wooward)中,马歇尔放弃了他在弗莱彻案理论中所使用的自然法的依据,而单独依据宪法契约条款挫败了某个州修改公司(*Corporation)章程的企图。达特茅斯学院案的判决被视作美国私人的营利性公司出现并成为法律上的主体的重要的一步(参见 Private Corporation Charters)。

在"新泽西诉威尔逊案"(New Jersey v. Wilson)(1812)中,马歇尔限制了一个州取消法定税收免除权的权力,这是一项格外有争议的权力,因为它非常地接近州主权(参见 State Soverighty and States' Rights)。他在"麦卡洛克诉马里兰州案"(*McCulloch v. Maryland)(1819)中,将司法权力扩展到州税收问题上,发表了他最伟大和最具影响力的一份法庭意见,认为一个州不能向美国银行或任何其他联邦政府的部门征税。麦卡洛克案招致了一场暴风雨般的论战,而其中大多数来自弗吉尼亚州,不过这并没有阻碍马歇尔限制联邦宪法第十一修正案在"奥斯本诉合众国银行案"(*Osborn v. Bank of the United States)(1824)中的适用,以借此禁止俄亥俄州违反麦卡洛克案的判决向美国银行的一个分支机构征税。

最引起弗吉尼亚人反对的判决涉及联邦最高法院对州最高法院而非对州立法的一项权力的主张。在"马丁诉亨特租户案"(*Martin v. Hunter's Lessee)(1816)中,接替马歇尔的大法官约瑟夫·斯托里(Joseph *Story)在其撰写的法庭意见里,不得不为他自己在该诉讼内容中的个人利益而辩护,并主张合众国联邦最高法院对各州在美国独立战争期间没收亲英分子财产这一敏感政治问题的权力。尽管有弗吉尼亚州上诉法院首席法官斯潘塞·罗恩(Spencer Roane)的激烈反对,他宣布马丁案的判决是对州主权致命的打击,马歇尔仍然在"科恩诉弗吉尼亚州案"(*Cohens v. Virginia)(1821)中,利用宪法第6条的最高条款(Supremacy Clause),再次推翻了弗吉尼亚州的判决。

"吉本斯诉奥格登案"(*Gibbons v. Ogden)(1824)为联邦最高法院提供了它的第一个良机解释宪法第1条第8款的商业条款,马歇尔曾借助这一条款取消了一个州对河流运输业的垄断。尽管宪法契约条款在整个19世纪,始终是联邦最高法院规制州立法最强有力的武器,商业条款却是20世纪联邦立法权力的根本源泉,马歇尔对其的广义的解释也使其成为了联邦调整经济的广泛的权力的基础。

托马斯·杰斐逊总统为对马歇尔在马伯里案中的意见进行回应,在1807年制定了"一个联邦起诉系统指令",试图以叛逆罪对阿伦·伯尔(Aaron Burr)起诉。杰斐逊反对引用马伯里案的判决,并提出应"拒绝承认该判决为法律"。他进一步认为"政府的三个重要部门应当是平行的,并彼此独立"。杰斐逊相信,政府的每一部门都有权自己判断它所面对的事情是否合宪,并反对联邦最高法院的判断优于其他部门的主张。他的努力是为了废除1801年司法法(the *Judiciary Act of 1801),而且第一个司法弹劾案(*impeachments)支持了"平行机构"的原则,由此联邦政府的每一部门都可以自己解释宪法。

宾夕法尼亚州的"埃金诉劳布案"(Eakin v. Raub)(1825)体现了州首席法官约翰·吉布森对马伯里案的批评。他在该案中的不同意见被视为美国早期历史上对立法机关至高地位的最佳说明。该案例涉及了宾夕法尼亚州州法院中的司法审查问题,不过也提出了在马伯里案中出现的联邦权力问题。吉布森认为"假如法院将探究包括法规形式在内的任何东西,它的权力的界限在哪里呢?"他接着反对道:"法院系统处于最高的等级,并且从未表现出与其他部门是平行的,尽管它被宣称如此"(p. 330)。吉布森对宪法的解读使其评论道,"假如某件事情打算将法院系统当作一个额外的障碍,它肯定会被欺骗"(p. 331)。对吉布森来说,成文的宪法对公众来讲是容易理解的,并且公众有能力领会立法机关对法律条文的说明,而这提供了对过度政府行为最终的扼制。

尽管联邦最高法院就州立法问题采取了激进的态度,联邦最高法院审查联邦立法的权力在马伯里案后仍沉寂了半个世纪。首席大法官罗杰·布鲁克·托尼在"斯科特诉桑福德案"(*Scott v. Sandford)(1857)中,通过宣布1820年的《密苏里妥协协议》无效,而重申了这一权力。该法是一部联邦法律,禁止奴隶制扩散至密苏里州以北的购买的路易斯安那州的领土。即使没有因联邦最高法院的将其权力扩展到敏感的政治问题所引致的纠纷,托尼的观点在北部地区也并不十分受欢迎。然而不论北部地区的政治领导人对斯科特案的判决和其起草者的指责有多么强烈,北部地区对托尼这一判决的争论所引发的激烈的政治反应,并没有酿成一场制度性的、对联邦最高法院的持续攻击。而后来在其观点中,托尼也声称限制奴隶制违反了联邦宪法第五修正案(*the Fifth Amendment)的正当程序条款。不过他并没有在这一问题上展开论述,斯科特案的判决很快被其他的判决推翻了,因此下代人才真正意识到这一法官意见的潜在的影响。

亚伯拉罕·林肯(Abraham *Lincoln)总统的第一次就职演讲(1861)表明了在19世纪中期对由法院对宪法作最终裁决这一权力的持续地抵制。在这篇演讲中,林肯试图向南方各州保证,他们将继续被法律而非命令所统治。他就有关担任他的职务所涉及的法律的论述,包括了把他作为宪法解释者角色的论述。"我今天宣誓就职,没有任何心意的保留,也没有任何通过过分苛刻的标准解释宪法和法律的目的。"林肯将其分析建立在联盟永存的观念之上,做了一篇关于宪法本质和宪法解释问题的专题论文。联盟已经成立了,宪法的目的是塑造出一个更完善的联盟。林肯承认联邦最高法院的判决对涉及的当事人具有约束力,同时认为所有其他的联邦部门在"所有相似的案件中,也应给予它们高度的重视和充分的考虑"。不过他也坚持认为:"一旦这些法律被修改,不管是通过当事人之间进行的通常的诉讼,还是个人的诉讼,人民将不再是他们自己事务的决定者。从某种意义上说,这将导致整个政府要受控于卓越的法庭。"林肯再次重申了广泛的人民主权的结论,直至今天,这还继续影响着司法审查的含义。

实践的出现(Practice Emerges) 19世纪晚期的联邦最高法院认识到了对联邦立法和州立法进行司法审查的充分潜力。马歇尔曾主张这一做法,不过在1824年后,最高法院对州立法的审查遭到强烈的政治攻击,致使司法审查的适用范围受到了限制。托尼对州权力的尊重避免了那一冲突,不过他寻求推翻联邦法律的权力在斯科特案中被证明是失败的。然而联邦最高法院在南北战争后没有形成良好的判决记录,也没有形成很多扩展司法审查权的创造性判决的先例。由此,联邦最高法院对实体的正当程序(*due process,substantive)原则和合同自由(freedom of *contract)原则的创造,是战前法官所采取的观点中颇具创造性的观点。

联邦最高法院的一个5名法官的多数意见,在1873年的"屠宰场系列案"(the *Slaughterhouse Cases)中,依据传统的治安权(*police power)观念,支持州的管理性权力(在本案中,是对新奥尔良市屠宰业垄断行为的许可)。尽管联邦最高法院在仅仅4年后的"芒恩诉伊利诺伊州案"(Munn v. Illinois)(1877)中,再次有力地重申了治安权观念的作用,大法官斯蒂芬·约翰逊·菲尔德(Stephen J. *Field)和约瑟夫·P.布拉德利(Joseph P. *Bradley)在屠宰场系列案中的不同意见,仍奠定了实体的正当程序在20年间取得绝对性胜利的基础。他们都坚持任何人都有权缔结合同(包括雇佣和商业关系,例如,屠宰业),并且这种权利受联邦宪法的保护。菲尔德认为联邦宪法第十四修正案(the *Fourteenth Amendment)的特权与豁免条款(*Privileges or Immunities Clause)中规定了这种权利,布拉德利则认为那一修正案的正当程序条款中规定了这一权利。布拉德利的观点在19世纪90年代占了上风。在"芝加哥、米尔沃基与圣保罗铁路公司诉明尼苏达州案"(*Chicago, Milwaukee, and St. Paul Railway Co. Minnesota)(1890)中,这一观点只是初露端倪,接着在"艾杰耶尔诉路易斯安那州案"(*Allgeyer v. Louisiana)(1897)中占了上风,此案中正当程序条款保护商业合同免受立法机关的规制。

这一趋势在"新政"前有两次达到了高潮,第一次是在"洛克纳诉纽约州案"(*Lochner v. New York)(1905),此案中联邦最高法院以5比4的表决结果判决废除纽约州一项禁止面包师每周工作超过60小时的立法。接着在战后的"阿德金斯诉儿童医院案"(*Adkins v. Children' Hospital)(1923)中,当时联邦最高法院再次以5比4的表决结果,废除了一个州对妇女的最低工资立法。在这两个主要判决中,多数法官在宪法第十四修正案的正当程序条款中找到了对州立法机关的实体限制。联邦最高法院在"阿代尔诉合众国案"(*Adair v. United States)(1908)中对联邦立法权力得出了类似的结论,该结果部分的依赖于第五修正案的正当程序条款。另外一些限制联邦调整经济权力的判决,更多地将其论证基础建立在联邦主义概念之上,而非实体正当程序之上。这些案例中的主要例子是有关童工的两个判决:"哈默诉达根哈特案"(*Hammer v. Dagenhart)(1918)(利用了商业条款)和"贝利诉德雷克赛尔家具公司案"(*Bailey v. Drexel Furniture)(1922)(利用了税收条款)。

然而联邦最高法院在其实体正当程序方法上,并未保持前后一致,因为较之它废除的立法,它确认了更多的州和联邦的立法。承认经济管制法的判决中主要的例子包括"霍尔登诉哈迪案"(*Holden v. Hardy)(1898),该案支持了一个犹他州对采矿业和冶炼工业中的男性的最高工作时间法;"马勒诉俄勒冈州案"(*Muller v. Oregon)(1908),该案支持了一项对妇女的最高工作时间法;以及各种根据商业和税收条款维持联邦权力的判决。第一次世界大战(*World War Ⅰ)对这些判决起了短暂的促进作用,特别是那些涉及联邦权力的案件。由此,到20世纪30年代,对州和联邦的立法权力的行使,联邦最高法院已经创造出两方面不一致的判例,一类确认它,而另一类则抵制它。

这种冲突在"新政"时期达到了高潮。在1934年至1937年间,联邦最高法院在诸如"住房建筑与贷款协会诉布莱斯德尔案"(*Home Building and

Loan Association v. Blasdell)(1934),"奈比亚诉纽约州案"(*Debbie v. New York)(1934)(州权力)和"阿什西旺德诉田纳西山谷当局案"(*Ash wander v. TVA)(1936)(联邦权力)等主要案例中,首次接受了州和联邦为应付大萧条时期经济危机的立法尝试。不过实体正当程序的思想倾向很快占了上风,在一系列震惊罗斯福政府的判决中,联邦最高法院取消了联邦立法机关的立法动议[例如,"谢克特禽畜公司诉合众国案"(*Schechter Poultyry v. United States)(1935),涉及全国复兴法;"合众国诉巴特勒案"(United States v. *Butler)(1936),涉及农业调整法],以及州立法:提帕尔多引起的"莫尔黑德诉纽约案"(*Morehead v. New York ex rel. Tipaldo)(1936),涉及州最低工资法。到 1937 年,联邦最高法院一个 5 名法官的多数意见看起来已经接受了臭名昭著的洛克纳案和阿德金斯案的判例,为努力挫败所有应付大萧条的立法努力。

富兰克林·德拉诺·罗斯福总统(Franklin D. *Roosevelt)以法院人员布置计划(*court-packing plan)作为回应,企图以由其任命的、更加同情激进主义立法计划的法官,扩充联邦最高法院和低级别联邦法院(*lower federal courts)。尽管他的这一努力失败了,然而他赢得了一场更大的战争,即迫使联邦最高法院推翻有关实体正当程序的判例,而回到屠宰场系列案的不同意见上去。联邦最高法院现在从导致洛克纳案判决及其后续案件判决的形式主义的思想中解脱出来,自由地开始了一个充满司法激进主义精神的新时期。

尽管联邦最高法院就经济调整问题放弃了实体正当程序,但其思想并没有消失,联邦最高法院也没有放弃激进主义的态度。相反地,它将其重心转移至从经济事务到公民自由和公民权利的立法权力问题上。大法官哈伦·菲斯科·斯通(Harlan Fiske *Stone)隐晦地阐明了这一新的方向,他在"合众国诉卡洛伦案第四评注"(*Footnote Four of United States v. Carolene Products Co.)(1938)中声称联邦最高法院现在将审查三类问题:"法律从表面上看起来即违反了宪法明确的禁止条件时,例如,违反了那些最初的十个宪法修正案";"法律限制那些通常可以用来撤销不合法的法律的政治程序的运作的情况"以及"直接针对特定的宗教……或国民……或少数种族的法律"(p.153)。联邦最高法院毫不耽搁地将这一日程付诸实施。

两个体现现代法院成长历程特征的重大贡献,是接受了对经济进行调整的规则和使公民自由为全国人民所享有。随着法院所关注内容的转移,如那些使全国劳工关系委员会合法化的案例,以及支持社会保障机构的社会福利的判决,强化了联邦行政机关的权力。由此而产生的对公民自由的保护是一个衍生的结果,代表了一个新的领域,以法学专家的话来讲,是一个"进步的观念"。

"布朗诉教育理事会案"(*Brown v. Board of Education)(1954)中废除种族隔离制度的判决,有关刑事诉讼的判决,如"马普诉俄亥俄州案"(Mapp v. Ohio)(1961)中的判决,以及"罗诉韦德案"(*Roe v. Wade)(1973)中有关堕胎(*abortion)的判决,集中体现了最近一个时期的司法激进主义(*judicial activism)。布朗案大胆地重申了平等思想,这是美国人拒绝种族歧视的结果。在罗案中,适用于堕胎问题的平等标准,适应了妇女们在社会中日益增长的作用。所有这些判决促进了联邦最高法院权威的制度化和联邦对州法律的权力,以促成平等对待之政治理念的实现。

然而"新政"时期的法院人员布置计划促成了联邦最高法院在司法审查权的运用上的一次主要改变,而"合众国诉尼克松案"(United States v. *Nixon)(1974)也确立了联邦最高法院反对政府其他分支机构的权力。在这一判决中,联邦最高法院命令总统交出政治上对其不利的材料,而该判决是用以解决国会与总统间形成地引人注目的对抗局面。该判决涉及的政治因素扩大了联邦最高法院在美国政治生活中的权威,因为大法官们命令总统违背他个人的利益行事,而总统服从了。人们广泛地认为,这一判决将整个国家从行政的专横中拯救出来,而它也被认为是对最高法院在宪法问题上担任"最终裁决者"这一权威的宣言。

现代实践 20 世纪中期的司法审查强化了联邦最高法院在宪法解释问题上对联邦政府行政部门、立法部门及各州的权威。这一权力来自于法官们在解释宪法上的专门知识,以及联邦最高法院对法律的无上权威。法律的语言是重要的,因为它们构成美国国家的各种共同体承认的各种规定。在宪法法律中,依据约翰·马歇尔的观点,司法审查具有专业化的功能,且在表面上是非政治的实践活动。今天那些在法院辩论的法律人,以及那些坐在辩护席上的法律人已经形成了一种独特的谈论法官的权力的方式,这种权力已经到了这样的程度,以至一些旁观者认为,宪法就是"法官说它是什么"。

在宪法颁布两百周年之际,美国人已开始接受司法审查的观念,与此同时,从其开始即存在的争论仍在继续着。首席政府律师肯尼思·W.斯达(Kenneth W. Starr)评论道:"由于宪法具有根本大法的地位",美国的制度将"包括司法审查的权力。"同时,法官们需要一种权力提高其在当今的地位,以使之远远超过他们以前曾有的地位。首席大法席威廉·霍布斯·伦奎斯特特别提到:"我们必须认识到我们的工作并不比我们的前任需要更加准确无误。"他指出:"树在这幢大楼前所作的声明——法律下的公平司法,表明了一种追求,而非一种制度。"

最近，最高法院已经将其注意力由公民自由转向分权原则(*separation of powers)，这一领域将法官的权威建立在创立者的期望和宪法的哲学框架基础上。政治问题原则(*political question doctrine)对法官权力的侵蚀和与最近不断出现的主张，即法官不应仅仅是审判席后的政治家共存者，这导致了一些具有政治内容的判决。甚至当联邦最高法院企图确立其法律权力的界线时，法官们仍在继续扩大司法审查的基础。

关于政治问题，现代联邦最高法院的发展已经离开了传统的法律形式，而与支持非正式和等级制度的法院制度联系起来。对宪法的国家权威更多的是建立在联邦最高法院掌握国家法院体系的身份之上，而非任何特殊的法律才能之上。政治问题原则是一种转移对一个问题或判决的责任到另一个政府部门的手段，通常是转移给国会。在20世纪60年代，在"贝克诉卡尔案"(*Baker v. Carr)(1962)这一重新分配议席案中，法官们涉入了仅存的一个曾因政治问题原则而使其没有管辖权的领域。按照一些学者的观点，成为政治问题仅仅是因为法官们拒绝判决它们(参见 Reappoinment Cases)。

正如由戴维斯诉班德尔莫(*Davis v. Bandemer)(1986)这样一个操纵选区划分的政治案件(*gerrymandering case)所显示的，联邦最高法院继续在那一领域前进。尽管联邦最高法院没有裁决政治上操纵选区划分的行为是歧视性的，然而其明显地表明法官们可能会很快作出这样一个判决。因此，几乎没有什么将法官与政治程序的其他角色区别开来的实体问题。

然而其他案例，例如"韦伯斯特诉生殖健康服务部案"(*Webster v. Reproductive Health Services)(1989)，显示了对司法审查进行限制的新迹象。在司法权力问题上，由大法官安东尼·斯卡利亚(Antonin *Scalia)提出的反对意见清楚地描述了联邦最高法院保护自己不陷入政治斗争的需要。"当今的案件的结果并不能表明法院作为司法的政治家的胜利，除非它像政治家那样，不必扩展联邦最高法院在某个领域自我授予的主权，此领域与法院的职责并没有什么关系，因为对这些问题的解决是政治的而非司法的"(p.532)。

联邦最高法院任职的提名听证，明显地表明在司法审查问题上法律和政治之间不可避免的紧张关系。1981年举行的对桑德拉·戴·奥康纳(Sandra Day *O'Connor)的提名听证，参议院企图诱使被提名者说出对堕胎问题的看法。她陈述道，是事实、法律和宪法原则而非她个人的观点引导她作出判决。对被提名者罗伯特·博克(Robert *Bork)广泛的提问，表明了政治因素存在于司法权力的运用中。在回答关于其较关注的案件的问题时，一般指有关司法审查的案件，博克提出了一种"立法者本意"(*original intent)的学说，而这肯定了宪法条文在引导一名法官时的重要性。他未被批准的部分原因是由于未能在此问题上说服参议院。

当前就联邦最高法院运用司法审查的合法性的讨论，仅仅是对于维护宪法所必须的历史性对话的一个最近的阶段。联邦最高法院将继续运用司法审查权，宪法秩序也是这样要求的。在此意义上，由联邦最高法院和司法审查的历史所得出的经验教训与宪法起草者们的意图无关。是否行使司法审查权以及司法审查范围的确定，都与宪法起草者的意图无关。相反，过去以另外的方式证明了现在。美国人一定会而且也将继续讨论司法审查的合法性，不过他们应当知道这种对话丰富了他们在宪政制度上有特色的尝试。美国人从未认为司法审查是当然的，并且他们也不能够这样认为。

参考文献 Alexander Bickel, *The Supreme Court and the Idea of Progress* (1970); John Brigham, *The Cult of the Court* (1987); Edward S. Corwin, *The "Higher Law" Backgrounds of American Constitutional Law* (1928); Richard E. Ellis, *The Jeffersonian Crisis: Courts and Politics in the Young Republic* (1971); Louis Fisher, *Constitutional Structures* (1990); Kermit L. Hall, *The Supreme Court and Judicial Review in American History* (1985); Catharine MacKinnon, *Toward a Feminist Theory of the State* (1989); Walter Murphy, William Harris, and James Fleming, *American Constitutional Interpretation* (1986); Elliot E. Slotnick,"The Place of Judicial Review in the American Tradition," *Judicature* (1987):68-79.

[John Brigham 撰；常洁译；林全玲校]

司法自我约束原则[Judicial Self-Restraint]①

司法的自我约束与联邦最高法院司法审查权的行使关系最为密切，它涵盖了几个相互联系的观念，这些观念促使联邦最高法院依据分权(*separation of power)和共和政府的原则限制其权力的运用。依据第一个原则，联邦最高法院应当通过依据已有的法律裁决具体的案件与纠纷，从而将自己的权力与立法机关以及行政机关的权力相区分。也就是说，如果争议没有实际损害需由司法判决来救济[诉权原则(*standing)]，当事人之间的冲突是可能的而非实际存在的[成熟性(*ripeness)]，冲突已经过去[无实际价值(*mootness)]，或者没有在对抗程序中提出一个真正的案件，即仅仅给出一个关于法律问题的意见[咨询意见(*advisory opinions)]，联邦最高法院就不应当受理。联邦最高法院也不应当解

---

① 另请参见 Judicial Review。

决这样的争议,如果该争议宪法中没有可执行的司法标准供采用,或是该事件已经由宪法交付给另一政府部门解决[政治问题(*political questions)],弹劾是后者最明显的例子。

同样,依据共和政府的理念,除非司法职能要求时,联邦最高法院应当避免限制其他权力。依据这一理念,大法官路易斯·德姆比茨·布兰代斯(Louis D. *Brandeis)在著名的"阿什西旺德诉田纳西山谷当局案"(*Ashwander v. TVA)(1936)的并存意见中列出了几个标准:"联邦最高法院不能在有必要裁决法律的合宪性问题之前,预先处理这一问题。……联邦最高法院对一部法律的解释,不能比它应适用的那些确切事实所要求的更广泛……联邦最高法院不要审查法律的合宪性问题……如果有其他可以据以对案件进行处理的理由……当一部国会立法的合宪性受到质疑时,甚至假如该立法存在严重的违宪嫌疑时,联邦最高法院首先应当确定是否可以通过合理的解释来避免这一问题"(pp.346-348)。

除了这些具有专业性的原则,分权和民主政府还使得司法的自我约束这一术语具有了一些更为普通的含义。孟德斯鸠经常被引用的名言,法官应当是"仅仅宣读法律条文的喉舌,无生命之物,既不能控制其权威也不能控制其生命力",可能是最广泛使用的司法的自我约束的含义。它强调了法官们不应当将他们自己关于权利的观点与法律的规定混淆,将一些新的观点规定为法律是立法机关的职责而非司法机关的职责。一般来说,强调司法机关应忠实于立法机关,实质上是与"宪法的真实含义就是它最初的含义"这一观点是相一致的。宪法领域一直存在依据"立法本意"来解释宪法的传统观点,但现在这一观点受到了很多观点的冲击。如果不评价这些观点的是与非,很显然,如果一个人以充满诚意的态度来分析宪法,并将自己的观念与宪法相区分,如此形成的对宪法含义的认识并不一定是立法者本意。基于这一原因,可能是司法的自我约束这一概念掩盖了宪法含义的争论中最关键的问题。

或许司法的自我约束原则最直接的含义就是对共和政府原则的"服从"。这一原则表明,议员和总统只是在其就职宣誓的约束下制定他们认为符合宪法的法律。进一步说,由于大多数宪法的条款都有一个合理的解释范围,因此理性的人在这一范围内可能形成不同的理解。因此,当法官认为一部法律在这一合理解释范围内时,就会服从议会对其法律的合宪性的评价。只有当议会犯了"明显的错误"时,法官才会宣布其无效。对法院"服从"共和政府原则的另一种理解认为,从长期来看,某一规则只有为人民和议员所支持,并使他们能够理解自己遵守这些原则应承担什么义务时,这样的规则才是稳定的、符合宪法的规则。正如詹姆斯·布拉德利·泰勒(James Bradley *Thayer)教授在1901年所说,过多求助于司法审查以及司法审查的随意运用,会"弱化人民的政治能力,并使人们缺乏政治责任感"。

尽管所有这些司法自我约束的含义都涉及如何界定司法的职责以及司法服从共和政府原则的内容,它们仍然有巨大的分歧,特别是那些"立法本意"和"服从"这两种观点。例如,就"罗沁诉加利福尼亚州案"(*Rochin v. California)(1952)来说,在此案中,警察通过殴打罗沁,并违背其意愿令医生给其洗胃的方式,获得了其拥有吗啡的证据。视司法限制为"服从"的提倡者——大法官费利克斯·法兰克福特(Felix *Frankfurter)代表联邦最高法院认为,此案中的证据不能被采纳。他承认,尽管接受了这一证据,将不会违反宪法的具体规定,但是它将公然地违反一份早先的法庭意见中曾提到的"如此扎根于传统和我们的人民的意识之中以致被认为是根本"的原则,或是违反可简洁地称之为"有序自由"(ordered liberty)的原则(p. 169)。视司法限制为"立法者本意"的强有力的倡导者大法官胡果·拉斐特·布莱克(Hugo L. *Black)尖锐地批评多数派的推理是"模糊不清"的,缺乏充分的理由宣告州行为无效,并最终会对《权利法案》(*Bill of Rights)本身构成威胁(p. 175)。他在宪法第五修正案(the *Fifth Amendment)规定的"没有人……应当被强迫去做不利于自己的证人"中找到了更有力的理论依据。尽管对多数人而言,将证据和呕吐物等同看待,并将这一结果归结于立法者本意,并不太容易做到。

在罗沁案中,"服从"和"立法者本意"的拥护者们,虽然在论证上产生了分歧,然而取得了一致的结论;在另外的案件中,如"格里斯沃尔德诉康涅狄格州案"(*Griswold v. Connecticut)(1965)中,他们的结论也产生了分歧。该案件是针对康涅狄格州一部禁止已婚夫妻采取避孕手段的法律提起的,但实际上该法基本上没有实施。大法官布莱克不赞同多数派的判决,该判决宣布该法无效。他认为,"我珍视其他人的隐私如同珍视自己的隐私,但我仍然不得不承认政府有权取消它,除非这种行为被宪法的一些具体规定所禁止"(p.510)。相反,大法官约翰·马歇尔·哈伦(John M. *Harlan),虽然认为限制是"服从",却对这一结果表示赞同。他承认宪法中没有涵盖这一问题的任何具体规定,但仍然摆出一个"服从"的态度,并承认州有广泛的权力决定其公民的道德问题。然而由于该法适用于已婚夫妇,他认为该法违反了有序自由(ordered liberty)的原则。"服从论"和"立法者本意论"都对"罗诉韦德案"(*Roe v. Wade)——20世纪最为激进的案件之一——中确认的堕胎权表示反对。

一般人可能会认为,司法的自我约束和它的反面——司法激进主义,经常会分别与政治上的保守主义和自由主义相联系。但实际上它们并没有内在的联系。"司法的自我约束"这一概念首次用于大法官哈伦·菲斯科·斯通在合众国诉巴特勒案(United States v. *Butler)(1936)的反对意见中。在该案中,他指责多数派是因为政见的不同而宣布"新政"(*New Deal)立法无效。自此,人们在反对联邦最高法院以前曾适用了大约两代人的"绝对保护财产、限制保护平民及革新性立法的保守法律原则"时,尤其是反对"洛克纳诉纽约州案"(*Lochner v. New York)(1905)这一确立"合同自由原则"的判决时,通常指责联邦最高法院"没有做到司法的自我约束"或"司法激进"。在沃伦法官和伯格法官时代,人们在反对一系列反映政治自由主义的判决——如种族关系、刑事诉讼程序、宗教自由、性别的分类、言论自由、选举权以及现在被称为隐私权领域的判决时,也经常指责法院"司法激进"。尽管这一自由主义的传统一直持续到伦奎斯特法官,如在"罗默诉埃文斯案"(*Romer v. Evans)(1996)和"劳伦斯诉得克萨斯州案"(*Lawrence v. Texas)(2003)中承认了同性恋者的权利,在"合众国诉弗吉尼亚州案"(United States v. *Virginia)(1996)中,宣布性别为基础的分类无效。更多的情况下,伦奎斯特法官经常被指责为"过于保守的司法激进",尤其是在联邦主义原则方面。在"合众国诉洛佩斯案"(United States v. *Lopez)(1995)中,联邦最高法院自新政以来,第一次宣布国会立法无效。法院认为,在学校附近持有枪支本质上并不具有商业属性,因此国会超越了其管制州际商业的权力。联邦最高法院以联邦体制为基础,依据州主权扩张了自己的权威["普林兹诉合众国案"(Printz v. United States)(1997)]。法院还在"佛罗里达州的塞米诺族诉佛罗里达州案"(*Seminole Tribe of Florida v. Florida)(1996)中使主权豁免原则得以重生,并发展了主权豁免原则。并且,当然,对联邦最高法院在"布什诉戈尔案"(*Bush v. Gore)中"保守激进"的批评已是家喻户晓了。

尽管司法的自我约束的一般意义只是反映在实际个案中当事方的利益得失中,但与司法的自我约束相联系的一系列观点,是深深根植于宪法的法理之中的。如支持司法的自我约束的观点所暗示,司法的自我约束明显的是一个赞扬的用语,而司法激进主义则是一个批评的用语。评论家们试图将更多的否定评价加诸于司法的自我约束之上,尤其是在"司法服从"这一方面,比如将其称之为"司法胆怯"或"司法被动主义"。然而这些阐释性用语并没有用于一些宪法性演说中,更加证明了司法的自我约束的观念已植根于宪法的基本原则之中。

参考文献 Alexander Bickel, *The Least Dangerous Branch: The Supreme Court at the Bar of Politics* (1962); Robert H. Bork, *The Tempting of America:* *The Political Seduction of the Law* (1990); Ronald D. Workin, *Law's Empire* (1986). Keith E. Whittington, *Constitutional Interpretation: Texual Meaning, Original Intent, and Judicial Review* (1999).

[Stanley C. Brubaker 撰;常洁、林全玲译;林全玲、胡海容校]

《1789年司法法》[Judiciary Act of 1789]①

宪法的起草者们规定新的全国政府应当被分成三个部分,第三部分应当是一个法院系统。而法院在以前的邦联政府中并不存在。然而,宪法只大概勾勒出了新的司法系统的轮廓,而没有像对立法机关和行政机关那样,作明确的详细规定和限制。因此,第一届国会不得不通过创造法院组织,使宪法的规定得以实现。

《1789年司法法》被视作国会制定的最重要的法律之一。较之普通的立法更类似于根本性的法律(像宪法修正案)。考虑到新政府力量的薄弱,以及法院系统在很多方面所具有的极端的政治敏感性,这是一项艰巨的任务。国会在其漫长的整个第一届任期内,一直在努力解决这些问题。而这部最终于1789年秋季出台的法律,被许多人视作一个合理的临时的妥协。然而,归功于敏锐的政治远见、艰苦的努力和幸运之神的眷顾,由那部法律所确立的全国法院系统的大多数重要特征,都得以保持至今。

结构 这部法律最持久的特征,也是最令同时代人惊讶的方面,即一个三层等级制度的法院系统结构。在该结构底部的是地方法院,每一法院有一名独任的地方法官,除弗吉尼亚州和马萨诸塞州有两个外,每州都只有一个这种地方法院(弗吉尼亚州偏远的肯塔基行政区要求有它自己的法院作为加入联盟的条件,而马萨诸塞州的缅因地区,也有一个法院)。在这一等级结构顶端的是联邦最高法院,由5名大法官和1名首席大法官(*chief justice)构成。在两者之间是3个巡回法院,即南部巡回法院(当时由南卡罗来纳州和佐治亚州组成;北卡罗来纳州于1790年参加联盟后划入这一区域),东部巡回法院(包括纽约州、康涅狄格州、马萨诸塞州和新罕布什尔州,罗德岛和佛蒙特州在它们参加联盟后,分别于1790年和1791年划入该区域),以及中部巡回法院(包括弗吉尼亚州、马里兰州、宾夕法尼亚州、特拉华州和新泽西州)。为了减轻国家和贫穷当事人的费用,巡回法院并不配备自己的法官。相反,每一名地方法官当巡回法院在其所在州召集时,即出任巡回法院法官,而两名流动的联邦最高法院法官在3个巡回法院一年两次的开庭期内加入他

---

① 另请参见 Judicial Power and Jurisdiction; Lower Federal Courts。

们。由于巡回法院具有广泛的审判管辖权,其中包括最敏感和最有争议的联邦案件类型,因此其判决会由最受尊敬的联邦法官作出,以避免导致过多的昂贵的上诉发生(巡回法院现在被认为是上诉法院(*Courts of Appeal),是单独受理上诉的,并且配备有它们自己的法官,不过三层等级的安排仍然存在)。

联邦法院的等级结构和数量在1789年使绝大多数美国人非常惊讶。当时所有的法院都是审判法院。没有法院只局限于对由低级别法院判决后又提出上诉的法律问题的审理,并且"上诉"可能意味着由更多法官组成法庭进行的新审判。然而,反对批准宪法的人曾担心,由陪审团进行的"受理上诉的"审判(或仅仅是联邦最高法院没有陪审团的审判)可能推翻由一个当地的陪审团所查明了的事实。为了减轻这些顾虑并由此减少与新中央集权政府的敌对,司法法禁止联邦最高法院重新审查案件事实,借此限制联邦最高法院只审理法律问题,并相应给予它对低级别联邦法院在法律问题上的控制。今天,所有州和联邦受理上诉的法院都遵循着这一模式,不过这种模式在1789年却是一个非凡的创新。

假如美国人在1788年曾作过民意调查,绝大多数人可能会预见到很多属于联邦司法管辖权的案件,将会在各州州最高法院里进行(参见 State Court)。许多美国人希望联邦法院只由解决海商事务的散布在各海港间法官(*admiralty judges)组成的法院,和一个单独的受理上诉的联邦最高法院组成。这样一个计划会降低法院的费用,同时减轻州法官和地方的宪法反对者对联邦法院将侵吞地方法院管辖权的担忧。弗吉尼亚州的参议员理查德·亨利·李(Richard Henry Lee)和其他人一起,在第一届国会里支持这一模式,不过由康涅狄格州参议员(以及其后的首席大法官)奥利弗·埃尔斯沃思(Oliver *Ellsworth)领导的国家主义者击退了他们的挑战。他们寻求一个高度明晰的法院系统,使得非常重要的案件能由全国性的法官审理(而不是由易受到反国家强大压力的州法官来审理),从而使国民拥有一个威严且强有力的新的全国政府,而不是弱小的、相距遥远且不受信任的全国政府。

第二个可供选择的模式也被第一届国会摒弃。这一体系被称为巡回审判(nisiprius),它模仿了现在仍存在于英格兰、马萨诸塞州和纽约州的法院体系。它需要一个庞大的联邦最高法院,以2或3人一组外出审理各处发生的联邦案件,然后定期回到首都以小组解决困难的法律问题。这一体系中将不会有其他的联邦法院。假如李的计划或后一计划被采纳,我们的司法前景(并且可能我们的宪法历史),将与它现在的状况有非常大的差别。

管辖权 在1787—1789年间蔓延的关于联邦法院可能侵吞州法院管辖权的担心,是不无道理的。宪法用非常概括、范围广泛且含混的语言规定了联邦司法系统能够运用的管辖权。宪法第3条(*Article Ⅲ)第2款在相关部分宣称:合众国的司法权力,应当作用于所有的案件,这些案件根据宪法、联邦法律或条约而产生;并作用于不同州的公民之间……和某一州的公民与外国公民或臣民间(此处被加以强调)发生的争议。

导致詹姆斯·麦迪逊(James *Madison)和其他人要求建立一个全国法院系统的政治性争议,首先是州法院在18世纪80年代的萧条时期拒绝执行普通债务合同(*contracts)。对英国人的憎恨使得数以千计的美国人没有全部或部分偿还与英国商人在革命前缔结合同时所欠的债务,并且在血腥的8年抗战前夕法院关闭时,仍然不偿还这些债务。尽管在与大不列颠的和平条约中有禁止性规定,州立法机关继续通过有关关闭法院和减免债务的法案,使得对英国人的债务很难或根本不可能得到偿还。他们同时也通过延期偿还的法律和允许减轻债务的法定清偿法,使美国人对本国债权人的义务也得以延期或减轻。多数债权人是投机商人,还有一些是居住在债务人所在州之外的债务人的亲戚。许多州法院并不阻止由经济上饱受压力的多数人传递的反对债权人的信息,同时执行上述立法,并在一些情况下使合同产生无效的效果。

宪法中的几条规定能够使涉及这些债务的普通合同案件在联邦法院审理:这些案件可能是不同州的公民间或本国公民与外国人间发生的争议;它们可能涉及一项违背和平条约的立法,及依据这项立法而产生的争议;或者它们可能涉及对宪法第1条第10款禁止性规定的违反及依据该宪法条文而产生的争议,该条款反对各州"制造除了金币或银币之外的清偿债务的支付工具。"或是通过"法律减少合同义务"因此而引发的纠纷。许多宪法反对者不希望这些案件的管辖权从州法院被带走。宪法反对者们还认为宪法界定联邦管辖权的语言,范围过于广泛和含混笼统。宪法起草者们大力加强全国政府力量的公开目的,预示了要将许多其他普通案件归入联邦法院的管辖范围。这有时可能会导致一些令人担忧的情况。因为对于不同州公民间发生的数额较小的普通案件来说,由于普通的被告可能因贫穷及其他原因而缺席,或无法带其证人经遥远的旅途在联邦法院出庭,而听任本州之外的原告获胜。修订宪法的运动,得到了那些反对宪法者的强有力的支持,他们希望借此严格限制联邦法院管辖权。这导致1791年《权利法案》(*Bill of Rights)的通过(尽管在《权利法案》中没有任何一项规定是为了实现这一目的的)。

在《1789年司法法》中,国会对依宪法充分广义的理解而可能分配给联邦法院的管辖权进行了限制,这部分地减轻了宪法反对者们的担忧。最不易产生争议的管辖权类型——海事案件、轻微刑事犯罪案件、税收征收案件——被归入一人法官的地方法院审理。

更富有争议性的是涉及两个或多个州公民("州际"诉讼)和那些涉及当事人一方为1名美国公民而另一方为外国人("涉外"诉讼)的案件(参见 Diversity Jurisdiction)。尽管债务合同纠纷是确立这些案件的主要原因,但宪法第3条中没有禁止许多其他类型的诉讼依据它们直接在联邦法院进行。3名法官,其中两人是联邦最高法院的成员,会在巡回法院审理这些案件,以确保诉讼当事人得到更加富有理智和谨慎地审理。国会对涉外案件和州际案件,强加了一个绝对的500美元的争议数额限制,这在1789年是一个大数目,以使少于那一数目的诉讼中涉及的被告可以不被本州之外的或外国国籍的被告起诉至联邦法院。此外,涉外案件(*alienage suits)和州际案件的管辖权转由联邦与州共同拥有,赋予原告对州法院和联邦法院选择权。假如原告选择了州法院,并且被告在诉讼一开始已决定不将案件移交至联邦法院,那么该案件将继续由州法院审理。由于在涉外案件和州际案件中,不允许由州法院上诉至联邦法院(这样的限制保存至今,尽管现在争议数额的限制是5万美元)。此外,2000美元的争议数额限制,适用于到最高法院上诉的涉外案件和州际案件,以减少贫穷的被告甚至更进一步两次负担昂贵出庭费用的可能性。

最有争议的一类管辖权是对依据宪法、条约或合众国法律"联邦问题"(*federal question)诉讼"产生"的案件的管辖。今天,我们拥有广泛的联邦立法,这些立法产生了许多联邦问题诉讼。然而这样的立法在1789年并不存在。现代的读者很难理解在宪法反对者的脑海中何以会产生对这样一个开放性管辖权的担忧。难道"合众国的法律"包括了所有州的法律?各州对其本州事务的哪些管理权可能会被联邦与某一外国势力所签订条约中的协定夺去呢?

另一方面,宪法赞同者们将这视作最重要的一类联邦管辖权。他们相信法院能够运用它击退对新生宪法的攻击。《1789年司法法》中最显著的限制是将审判联邦问题诉讼的权力交至州法院。在州最高法院作出最终的判决后,只有向联邦最高法院提出上诉,才可能使一个联邦问题实际上由联邦法院审理(除了1801年至1802年间的一个短暂的小插曲,联邦法院直到1875年才获得对联邦问题普遍的审判管辖权)。

《1789年司法法》作出的巧妙限制,成功地阻止了任何企图通过宪法修正案来对司法管辖权进行限制的努力。新政府的支持者们忿忿不平地抱怨着这些限制和联邦最高法院法官们被迫进行的有损尊严而且十分艰苦的巡回办案(*circuit riding)义务,并且计划进行一些恰当的法律上的改变。他们最终在《1801年司法法》(*Judiciary Act of 1801)中做到了这些,这是一部著名的"午夜法官法",不过托马斯·杰斐逊(Thomas *Jefferson)及共和党人执政后所做的第一件事就是在1802年取消这部新法。由于《1789年司法法》为美国的司法体系设计了永久的蓝图,因此获得了崇高的地位。

参考文献 Julius Goebel, Jr., *History of the Supreme Court of the United States*, vol. 1, *Antecedents and Beginnings to 1801* (1971); Wythe Holt, "'To Establish Justice': Politics, The Judiciary Act of 1789, and the Invention of the Federal Courts," *Duke Law Journal* (December 1989): 1421-1531; Wilfred J. Ritz, *Rewriting the History of the Judiciary Act of 1789: Exposing Myths, Challenging Premises, and Using New Evidence* (1990); Charles Warren, "New Light on the History of the Federal Judiciary Act of 1789," *Harvard Law Review* 37 (November 1923): 49-132.

[Wythe Holt 撰;常洁译;林全玲校]

《1801—1802年司法法》[Judiciary Acts of 1801 and 1802]①

对宪法的批准招致了联邦司法系统与全国政府的其他部门以及与各州之间关系的讨论和冲突。1799年,联邦主义者开始努力扩大由《1789年司法法》(*Judiciary Act)创制的全国法院的组织体系和其管辖权。在信奉杰斐逊主义的共和党人随着1800年选举获胜,在取得其职位之前,联邦主义者占据的国会通过了《1801年司法法》。

该法案响应了发出抱怨的联邦最高法院法官们,以及那些追求一个更为集中的全国政府的人的要求。它废除了现存的巡回法院并因此免除了联邦最高法院法官们担任巡回法官的职责(参见 Circuit Riding)。它将联邦最高法院法官的人数从6人减少到5人,并创制了6个新的巡回法院,还因此授予即将离职的亚当斯政府以权力任命16名巡回法官,即所谓的午夜法官。联邦管辖权的范围也急剧地扩大了。1801年立法给予巡回法院在1789年立法中曾被取消的联邦问题管辖权(*federal question jurisdiction)。它拓宽了州际管辖权并扩大了转移管辖权。该法案将联邦管辖权扩展至所有质疑州拥有的土地所有权的案件,而不论争议的土地价值有多少;它还给予了巡回法院对依据《1800年破产法》产生

---

① 另请参见 Circuit Courts of Appeal; Judicial Power and Jurisdiction。

的诉讼专属的管辖权(参见 Bankruptcy and Insolvency Legislation)。这些规定促进国家统一的潜力沉重地打击了各州的权力(参见 State Sovereignty and States' Rights)。由于联邦党人坚决支持该法且新任命的法官都是联邦主义者,共和党人一开始控制国会即要求废除该法。但即将离职的国会还是为哥伦比亚特区创设了新的治安法官。1801 年 12 月,其中还未实际收到任命书的 4 人力求联邦最高法院根据其原审管辖权发出训令令状(*mandamus),直接要求国务卿詹姆斯·麦迪逊(*James *Madison)递交他们的任命书,由此产生了"马伯里诉麦迪逊"(*Marbury v. Madison)(1803)这一划时代的判决。

1802 年发生的关于废除 1801 年法律的广泛的国会讨论,产生了许多宪法争议。联邦主义者主张取消新的联邦法院构成对法院系统独立性的侵害,因而是违宪的。共和党人反对说,既然宪法授予国会建立法院的权力,国会就有权取消它们。联邦主义者断定假如废除议案获得通过,联邦最高法院会宣布它违宪。他们坚持认为由联邦最高法院对国会法律进行司法审查(*judicial review)是合法的。共和党人不同意法院系统可以控制政府的其他部门,每一部门都可以按照它以为恰当的方式自由地解释宪法。共和党人声称,对国会法律最终的控制者是人民大众自己,他们通过选举或联邦的立法者,而不是通过任命具有良好品行的法官来实现这种控制。于 1802 年 3 月 8 日通过的废除法恢复了早先的司法体系。由于在联邦最高法院 1802 年 6 月的开庭期法院可能会如同马伯里案一样对废除法的合宪性进行审查,国会也制定了 1802 年司法法,该法推迟联邦最高法院下一开庭期至 1803 年 2 月。这样,被免职的巡回法官为保留他们的职位所做的努力最终是毫无成效的。

尽管废除了《1801 年司法法》并通过了《1802 年的司法法》,联邦法院系统并没有发生根本性的改变。宪法授予的对联邦问题案件的充分的管辖权直到 1875 年才得以实现(参见 Removal Act of 1875)。包含在 1801—1802 年讨论之中的意义深远的宪法问题,由联邦最高法院在"马伯里案"和"斯图尔特诉莱尔德案"(*Stuart v. Laird)(1803)中解决了,联邦最高法院认为 1802 年的废除法是合宪的。不过关于在一个民主社会中实行司法审查制度的合法性的讨论,一直持续到现代。

参考文献 Richard E. Ellis, *The Jeffersonian Crisis: Courts and Politics in the New Republic* (1974); Kathryn Turner, "Federalist Policy and the Judiciary Act of 1801"; *William and Mary Quarterly* 22(*January*1965):3-32.

[Kathryn Preyer 撰;常洁译;林全玲校]

《1837 年司法法》[Judiciary Act of 1837]

密西西比河领域的 9 个州在 1802 年加入联邦后,极力要求在联邦最高法院有其代表。东部地区的国会成员,担心联邦最高法院变得机构臃肿和态度激进,只支持逐一任命的方式而忽视西部地区的利益。巡回办案(*Circuit riding)变得更加繁重麻烦。例如,大法官托马斯·托德(Thomas *Todd),1 年之内不得不在俄亥俄州首府哥伦布、肯塔基州首府法兰克佛、田纳西州的纳什威尔诺克斯威尔,以及哥伦比亚特区等地巡回 2600 英里,托德巡回办案的责任造成了他身体状况的衰退。在其他一些西部州,地方法院法官充任巡回法官,他们强迫诉讼当事人花费额外的时间和费用直接向联邦最高法院上诉。西部地区的人们也要求在宪法事务上具有更大的决定权,特别是在马歇尔法院通过支持合众国第二银行["麦卡洛克诉马里兰州案"(*McCulloch v. Maryland)(1819)]打击了他们的利益,并使肯塔基州的《占有主张和维持法》(Occupying Claimant and Stay law)无效之后["格林诉马里兰案"(*Green v. Maryland)(1823)]。

到了 1837 年,西部地区在国会有了足够的投票权对这一问题施加压力。《1837 年司法法》增加了两名法官人数(达到了 9 人),并安排了新的巡回法院,其中为密西西比河领域设置了 3 个。俄亥俄州、伊利诺伊州、密歇根州和印第安纳州构成了第七个巡回法院的管辖区域;肯塔基州、田纳西州和密苏里州组成了第八个;亚拉巴马州、路易斯安那州、密西西比州和阿肯色州成为第九个。两个新的法官职位给了田纳西州的约翰·卡特伦(John *Catron)和亚拉巴马州的约翰·麦金利(John *McKinley)。密西西比河域各州在 1837 年已占据了 9 个法官席位中的 4 个——卡特伦、麦金利、约翰·麦克莱恩(John *Mclean)和詹姆斯·韦恩(James *Wayne)。

[Kermit L. Hall 撰;常洁译;林全玲校]

《1866 年司法法》[Judiciary Act of 1866]

这部立法确定了法官数目为 7 人,使当时的 10 人减少了 3 人。国会最初确定的法院规模为 6 人,1807 年将其增至 7 人,1837 年为 9 人,并在 1863 年确定为 10 人。当众议员、司法委员会的共和党主席,爱荷华州的詹姆斯·威尔逊(James Wilson)介绍《1866 年司法法》内容时,他提出减少一人以使联邦最高法院的法官总数达到 9 人,由此创设奇数的法官人数,使联邦最高法院更利于操作。然而参议院却敦促将人员缩减至 7 人,国会最终同意了这一方案。1866 年立法有效阻止了安德鲁·约翰逊总统进行任何任命,尽管他签署这部立法,表明他即使不公开支持,也至少默许了这一措施。此外,首席大法官萨尔·波特兰·蔡斯(Salmon P. *Chase)在法官人数减少后,曾极力劝说国会增加剩下的法官的薪酬,但他的这一努力没有什么成效。当大法官詹姆斯·穆尔·韦恩(James Moore *Wayne)去世后,联邦最高法院的人数在1867年降至8人。不过《1869年司法法》(*Judiciary Act of 1869)通过后,法官人数重新增加至9人。从那以后,联邦最高法院一直保持9个法官。1860年立法保留了当时存在的九个巡回法院的安排,不过将南部巡回法院的数目由3个减至两个。

[Kermit L. Hall 撰;常洁译;林全玲校]

《1869年司法法》[Judiciary Act of 1869]

这部法律对联邦司法体系进行了根本性的变革。自从18世纪90年代以后,法官们不断要求终止巡回办案(*circuit riding),并建立一个独立的巡回法院体系。1801年国会已同意了这些要求,但那一措施在1年后又被废除(参见 Judicial Act of 1801—1802)。到19世纪60年代,这一改革变得非常紧迫,部分原因是由于南北战争(*Civil War)使联邦最高法院的事务显著增加,另一原因是任命到偏远的巡回法院的法官们不能完成他们的职责。

类似《1866年司法法》(*Judiciary Act of 1866),《1869年司法法》也常被误解为共和党人对联邦最高法院的攻击。然而相反,有证据表明,对法院效率的关心与对政治的关心共同促成了这部法律的出台。1869年立法永久地确定了联邦最高法院的规模为9人,较之1866年立法确定的人数增加了两人。国会提出了一个9人的独立的巡回法院体系,它拥有与联邦最高法院法官在巡回法院任职时所运用的同样的权力与管辖权。一个巡回法院可以由这些法官中的任何一个或几个地方法官,联合或单独掌管。1869年立法仍然要求法官们参加每一地区的巡回法院,不过他们只需每两年巡回审判一次。最后,这一立法还通过使那些任职10年且达到70岁的法官们能以全额薪酬退休,从而改善了长期存在的法官过度衰老的状况。

[Kermit L. Hall 撰;常洁译;林全玲校]

《1875年司法法》[Judiciary Act of 1875]

参见 Removal Act of 1875。

《1891年司法法》[Judiciary Act of 1891]①

通过创设中间层级的联邦上诉法院,这部法律作出了自1789年以来对联邦司法系统第一次永久且重大的改变。《1789年司法法》(*Judiciary Act of 1789)创设了联邦审判法院,将其称为地方和巡回法院。除了授予巡回法院受限制的上诉管辖权(*appellate jurisdiction)外,合众国最高法院是唯一的联邦上诉法院。除了他们在联邦最高法院的职责

外,大法官们还要承担艰巨的巡回办案(*circuit riding)的任务。联邦最高法院的法官应当通过巡回办案而与人民保持联系的观念,在19世纪的大部分时间里在政治上都很流行。尽管1869年将其减轻(参见 Judiciary Act of 1869),但巡回办案的责任一直存在,直到《1891年司法法》才将其免除。

由于国家的扩张和其司法事务的增加,国会在1848年已考虑减轻联邦最高法院不断增加的上诉负担。对州权力的关注以及不断扩大的联邦司法系统的威胁,使这一想法被彻底放弃,不过在南北战争(*Civil War)后它又被再次提及(参见 State Sovereignty and States' Rights)。低级别联邦法院(*lower federal courts)的原审管辖权和移送管辖权(*original and removal jurisdiction)的增加和由国家快速实现工业化导致的诉讼数量的激增,以及一个造法运动的开始,都造成了联邦最高法院工作量(*workload)的加大。这些现象在提交联邦最高法院审查的案件数目中得到了反映:1860年开庭期,310件案件;1870年开庭期,636件案件;1889年开庭期,1212件案件;而1890年开庭期,1816件案件。对联邦与州司法冲突的担心,最终被增加的案件负担和对法律共同体几近一致的观点所战胜。

《1891年司法法》确立了9个上诉法院,并委任了新法官。《1891年司法法》将上诉法院与地方法院合并而没有将旧的巡回法院与地方法院合并,尽管其有限的上诉管辖权现在已被取消,但是通过为每一个巡回法院提供一个额外的法官职位,保留、甚至加强了其作用。20年后,在1911年,它们最终被取消了,而其工作转由地方法院承担,由此设立了一个单一等级的联邦审判法院。

1948年,新的上诉巡回法院(*Circuit Courts of Appeal)被重命名为上诉法院(*Courts of Appeal),每个法院配备了3名法官,其中两人出席即达到开庭的法定人数。他们的判决在跨州管辖权案件(*diversity cases)中是最终的裁决,这类案件是指那些当事人来自不同州的诉讼,以及那些涉及联邦专利(*patent)、税收和海事法律(*admiralty laws)的诉讼。在这些领域,上诉巡回法院能够采取与联邦最高法院不一致的观点。国会希望联邦最高法院待审案件中相当大的一部分将转移至新的上诉法院。尽管未决案件没有被移至新的上诉机构,但联邦最高法院新案件的目录仍发生了显著的变化:1891年开庭期,397件案件;1892年开庭期,275件案件。

联邦最高法院的待审案件目录内容大量地减少了,不过很多案件的上诉审判权仍然属于联邦最高法院,包括那些涉及一千美元以上金额的案件。甚至当巡回法院判决是终审判决时,联邦最高法院仍

---

① 另请参见 Judicial Power and Jurisdiction。

有权自由决定审查这类判决。此外,地方法院和旧的巡回法院的管辖权在下列领域得以扩展或维持:管辖权问题、战利品系列案件、处以死刑或剥夺公民权的有罪判决案件,以及涉及宪法问题的案件。最后,在州最高法院审理的案件向联邦最高法院上诉的权利也保留了下来。直到国会通过了《1925年司法法》(*Judiciary Act of 1925),联邦最高法院才对其待审案件目录获得了实质的控制权。

自1891年开始,上诉法院的管辖权才被改变,而上诉法院的数目也由最初的9个变为11个,不过由1891年立法确立的基本结构仍然是现代联邦司法体系的特征。

参考文献 Edwin C. Surrency, *History of the Federal Courts* (1987).

[John E. Semonche 撰;常洁译;林全玲校]

《1925年司法法》[Judiciary Act of 1925]

第一次世界大战(*World War Ⅰ)带来了案件数量的激增,这导致了"法官法案"即众所周知的《1925年司法法》的出台。该法通过赋予联邦最高法院选择案件的权力以实现缩减联邦最高法院的待审案件数量从而与其判案能力相适应。首席大法官威廉·霍华德·塔夫脱(William Howard *Taft)倡导将这一措施视作一项提高行政效率的改革。不过1925年立法也带来了显著的实体后果。其中包括联邦最高法院的功能及其与当事人的关系发生了根本的变化,增强了与国会及联邦低级别法院在体制上的分立,提升了联邦上诉法院的权力和地位,使得大约98%的案件可以在上诉法院终审,此外,如塔夫脱所指出的,确立了全国性的联邦司法系统在联邦体系中至高无上的地位。

该法通过错误审查令状(writs of *error)和上诉令(writs of *appeal),缩小了联邦最高法院的强制管辖权,通过调卷令(writs of *certiorari),扩大了联邦最高法院的任意管辖权。这些变化对转移广泛的最终审查责任给联邦上诉法院产生了影响。该提议是由联邦最高法院委员会作出的,并获得了8位大法官的支持,只有布兰代斯表示反对。该委员会由塔夫脱在1921年继任首席大法官职位(*chief justiceship)后重新组建。该委员会由大法官威廉·戴(William *Day)[后由乔治·萨瑟兰(George *Sutherland)继任]、詹姆斯·麦克雷诺兹(James *McReynolds)和主席威利斯·冯·德凡特(Willis *Van Devanter)组成,威利斯·冯·德凡特起草了这部法律。首席大法官自1922年起即开始为国会法案进行积极的游说活动,塔夫脱调动了美国律师协会的支持,并与其同事一道,使其通过了国会司法委员会的审查。

最初的这部法案几乎使得联邦最高法院对联邦上诉法院作出的所有判决都不必审查,只保留了其审查州法院(*state courts)就联邦问题(*federal questions)作出的判决。国家主义者冲动的想法是反对那些所有不利于联邦权力的州立法,特别是有关私人财产权的立法。一份参议院的修正案更改了这一措施以顺应双重联邦主义原则(*dual federalism tenets)。依法案规定,联邦法院只需要对州法院(*state courts)否定联邦法律或条约合宪的判决进行强制性的上诉审查,并对联邦上诉法院否认州法律合宪的判决进行强制性上诉审查。不过这部法律保留了联邦最高法院自由决定发布调卷令对州法院承认联邦法律合宪性的判决进行审查的权力,以及对那些承认或否认涉嫌违反联邦宪法、法律或条约的州政府行为合宪的判决进行审查。直到1937年,上诉法院支持联邦法律或宣告联邦法律无效的判决,以及上诉法院基于联邦法承认州政府行为合法的判决,联邦最高法院都可发布调卷令对其进行审查。尽管仍然会有一些案件从上诉法院流向联邦最高法院,但1925年法律大大减少了联邦最高法院必须审查的案件,其中大部分是来自于上诉法院的案件,例外的情况是来自于联邦地方法院的案件。联邦最高法院残存的强制性管辖权受简明判决策略和立法限制的双重影响下有所缩减,到1988年《司法改进与促进司法正义法》(Judicial Improvement and Access to Justice Act)出台时,几乎全部取消了。

1925年法律很快就削减了联邦最高法院积存的案件,并大大减少了需要作出详尽判决的上诉案件的数量与比例。联邦最高法院在审理案件时使得这些案件成为将司法政策转变为法律的工具。并且1930年后,联邦最高法院逐步形成许多不一致的判决意见。在1925年法律的影响下,联邦最高法院由一个主要纠正普通私人诉讼中出现的错误的裁判所,成为一个解决全国重大公共政策问题的宪法机构。

联邦最高法院选择案件的程序此后成了作出判决过程中一个重要的步骤,以致申请调卷令的案件从1926年586件(117件获得调卷令)的平均水平,膨胀至2001年开庭期的9195件(88件获得调卷令)。获准调卷令的申请大幅度降低的原因在于伦奎斯特法官主持的法院的选择案件过程发生了变化。联邦最高法院发布调卷令的标准,公布在法院起草判决的规则中[Rule 10 (2003)],再如,辛勒顿诉国际税收委员会案(Singleton v. Commissioner of Internal Revenue)(1978)的判决中也有阐释。调卷令状根据"四人规则"(*rule of four),必须有4名法官投票肯定一个"确实有价值的"上诉来发布,尽管投票的总人数远远大于4人。对是否签发调卷令申请进行投票是以秘密会议的形式进行。每个人的投票反映了法官对是否签发调卷令持有不同的考虑因素,体现了法官对签发调卷令标准的认识、法官对法院或外部的政治机构作用的认识。

由于只受联邦最高法院间歇性的和选择性的审查,这使得上诉法院几乎成为独立的司法权力的中心。它们不断扩张的地位促使其于1939年从联邦法院行政一体化的管理中,依法独立出来。

20世纪70年代,曾有人主张取消联邦最高法院选择案件这一颇有声誉的繁重的任务,将其改变为一个"全国上诉法院"。这种主张遭到了强烈的反对。提出这一主张的理论基础在于,联邦最高法院自由选择案件的职能使其可以自由控制拟审理的案件,因此这可能会使联邦最高法院制定和改变宪法。根据1925年的法律,联邦最高法院将行使"意志"(will),而不是裁判(judgment),这对司法审查(*judicial review)的经典理论基础形成了挑战。

参考文献 Edward A. Harnerr, "Questioning Certiorari: Some Reflections Seventy-Five Years after the Jadge's Bill", *Columbia Law Review* 100 (2000): 1643. H. W. Perry, *Deciding to decide: Agenda Setting in the United States Supreme Court* (1991). Robert Post, "The Supreme Court Opinion as Institutional Practice: Dissent, Legal Scholarship and Decision-making in the Taft Court," *Minnesota Law Review* 85 (2001): 1267.

[Peter G. Fish 撰;常洁、林全玲译;林全玲、胡海容校]

陪审团[Juries]

参见 Trial by Jury。

管辖权[Jurisdiction]

参见 Appellate Jurisdiction; Diversity Jurisdiction; Judicial Power and Jurisdiction。

公平补偿[Just Compensation]①

政府运用征用权(*eminent domain)征用财产(*property)时,必须支付该财产的所有权人一定数目的金钱。该项支付即为"公平补偿"。宪法第五修正案(the *Fifth Amendment)的占用条款(*Takings Clause)限制了征用权的行使。这些限制中最重要的就是"公平补偿"必须被给付给那些被征用财产的人。大多数州宪法使用了相似的语言。据说这是美国早期政府一种惯例性的做法,即当私人财产因公共目的被征用时应给予补偿。同样的做法可以追溯到15世纪早期的英格兰。

公平补偿意味着应给付所有权人被迫转移给政府的财物的公平的市场价值。这一数目由法院确定。公平市场价值是在公开市场的预期买卖中,自愿的买主会付给自愿的卖主的一笔钱财。这一数额是观念中的事物,依据所有权人和专家估价提供的证据来确定。最近的出售价格是证明其价值的有力的证据。在一些案例中,所有权人会因分离造成的损害而得到额外的补偿。这发生在只有一块土地的部分被征用但征用那一部分使得剩余部分价值减损的时候。同样,在一些案例中,当征用方案将为所有权人带来特殊利益时,那些抵消利益的价值可以从补偿额中扣除。

[William B. Stoebuck 撰;常洁译;林全玲校]

法官人数[Justices, Number of]

宪法没有具体规定联邦最高法院的人数规模。因此,各种管理上和政治上的考虑决定了不同的法官数目。《1789年司法法》(*Judiciary Act of 1789)将联邦最高法院与对低级别联邦法院(*lower federal courts)的控制联系起来。它创设了3个巡回法院(*circuit courts),每一家巡回法院由两名联邦最高法院法官和当地的地方法官掌管,因此,一个6人的联邦最高法院就成为必要的。尽管自1793年起,巡回法院只需要1名单独的法官,法院规模仍保持在6人,直到国会于1801年使法官们不再到巡回法院任职,并削减联邦最高法院席位至5人(参见 Judicial Act of 1801—1802)。杰斐逊主义者对《1801年司法法》的不满,导致它于1802年被废除,并恢复了与巡回法院相关的6人法院规模。

此后,当国会意识到国家向西部扩张及法院案件量增多的危机,并建立了额外的巡回法院时,随之增加了联邦最高法院的法官:1807年为7人;1837年为8人和9人;1863年为10人(参见 Judiciary Act of 1837)。

政治上的影响使法官增至10人,以保证多数人赞成亚伯拉罕·林肯总统(Abraham *Lincoln)的战争政策,但是对安德鲁·约翰逊总统(Andrew Johnson)重建计划(*Reconstruction program)的反对,以及对庞大的法官人数的不满,造成了1866年立法缩小法院规模至7人。这一措施有效地剥夺了总统可以任命的空缺职位(参见 Judiciary Act of 1866)的权力。国会在《1869年司法法》(*Judiciary Act of 1869)中确定法官席位为9个,这为当时由8名法官组成的法院创造了一个空缺的职位,而巡回法院的数目则由《1866年司法法》确定。尽管富兰克林·D. 罗斯福总统(Franklin D. *Roosevelt)在1937年的最高法院法官扩充计划中有扩张法官数目的倾向,但联邦最高法院法官人数仍保持在9人。

[Peter G. Fish 撰;常洁译;林全玲校]

---

① 另请参见 Public Use Doctrine。

可诉性[Justiciability]①

联邦宪法第3条(*Article Ⅲ)第2款规定了对案件和争议(*cases and controversies)的联邦管辖权的类型。这使得联邦最高法院认为,联邦法院只对"可诉性的"争议有管辖权,即那些"适于司法判决"的争议——"埃特纳寿险公司诉霍沃斯案"(Aetna Life Insurance Co. v. Haworth)(1937)(p.240)。在埃特纳案中,首席大法官查尔斯·埃文斯·休斯(Charles Evans *Hughes)将可诉性争议与仅仅是假设的争议或没有实际价值的争议区别开来。他强调必须有"一个真实且有价值的争议,适合于通过一份确定性判决来进行特殊的救济"(p.241)。可诉性是一个覆盖几个相关原则或问题的概念的集合,其中包括诉权(*standing)原则、无实际价值原则(*mootness)和案件的成熟性(*ripeness)原则。它禁止审理向联邦法院提出的咨询意见,而且直到1934年的《宣告性判决法》(Declaratory judgment act)(在埃特纳寿险公司案中得以确认)颁布,也禁止其作出宣告性判决(*declaratory judgments)。它排除了联邦对串通诉讼(*collusive suits)和政治问题(*political questions)的管辖权。

对于可诉性概念的理解,导致了对议席重新分配系列案中的"贝克诉卡尔案"(*Baker v. Carr)(1962)的争议。大法官威廉·J.布伦南(William J. *Brennan)代表大多数法官认为,政治问题原则上在联邦系统内受到分权(*separation of powers)原则的制约,它并不是一个禁止联邦法院有对涉及全国政府政治结构的诉讼管辖权的联邦主义(*federalism)原则。因此,质疑不公平分配议席的诉讼不受可诉性要求或政治问题原则的禁止。大法官费利克斯·法兰克福特(Felix *Frankfurter)在其反对意见中坚持重新分配议席诉讼从性质上来说具有不可诉性。

[William M. Wiecek 撰;常洁译;林全玲校]

青少年司法问题[Juvenile Justice]②

这一概念在19世纪末期被提出,当时芝加哥建立了一个单独的青少年法庭,而罗德岛、马萨诸塞州和印第安纳州开始运用"国家监护人"(parens patriae)这一普通法(*common law)原则,授权它们的立法机关保护儿童免受他们自己和其父母的伤害。在此之前,未到法定年龄的大多数儿童绝对受制于其父母的权威。由此产生的是家长式统治的体系,反映了支持改良主义的中产阶级的思想。对受指控犯罪的人和有犯罪记录的人提供的保护措施,由"儿童挽救"法官们所取代,他们根据有过失的和违法的未成年人的需要来草拟其判决。

联邦最高法院在肯特诉合众国案(Kent v. United States)(1966)中的判决使该体系制度化。联邦最高法院判决青少年法庭不能放弃它们的管辖权,并且授权,对于那些青少年法庭放弃管辖权的案件,如果未成年人有机会接触相关记录,则可以不经听证对其适用成年人起诉程序。如果没有这些保护措施,"孩子"(这里指1名16岁且已认罪的强奸犯或抢劫犯)可能会接受"两个最坏的结果:他既不能得到提供给成年人的保护措施,也不能得到为孩子们指定提供的非常周到的关心和使人悔悟的处理"(p.556)。

1年以后,在划时代的高尔特对物(对事)诉讼案(In re *Gault)(1967)中,联邦最高法院认为青少年法庭必须提供《权利法案》(Bill of Rights)赋予成年人的基本的程序上的保护,包括在受指控前获得及时的提前通知的权利、聘用或指定辩护律师(*counsel)的权利、要求证人出庭并交叉询问证人的权利、禁止自证其罪(*self-incrimination)和保持沉默的权利。该观点也否认了青少年法庭行为的前提基础:未成年人诉讼程序从本质上是民事的,并且未成年人的权利受到了作为父母代替者的法官的充分保护。

其后的判决认为,若未成年人实施了如果由成年人实施将可能构成犯罪的行为,并因该行为受到指控时,该指控必须符合成年人的证明标准——"排除合理怀疑",而不是保护程度较低的民事案件中的标准——"优势证据标准"["温希普对物(对事)诉讼案"(In re *Winship)(1970)];由陪案团审理的权利不适用于青少年犯罪程序["麦基沃诉宾夕法尼亚州案"(*McKeiver v. Pennsylvania)(1971)];并且当发现有青少年又犯新罪的"严重危险"时,法律许可超过17天的审判前拘留不违反正当程序(*due process)["沙尔诉马丁案"(Schall v. Martin)(1984)]。

在"桑洛斯基诉克拉默案"(Sanlosky v. Kramer)(1982)中,联邦最高法院判决只有出示了"清楚且有说服力的"证据时,父母权利才可以被终止。传统的优势证据标准并未充分保护父母们照顾、监管和对待他们孩子的基本的权利。

在那些与孩子的权利对立的判决中,联邦最高法院认为父母可以将自己的孩子交付给精神病院,由此剥夺他们的自由,而不需一个事前的、审讯式的正式听证["帕勒姆诉J.R.案"(Parham v. J.R.)(1979)]。多数人辩解道,法律已经"认识到天然的感情纽带使得父母为了他们孩子的最大利益而采取行动"(p.602)。由于不存在这种"感情纽带",县社会服务机构未能保护孩子们免受其父母虐待,并不侵犯他们的宪法权利——"德山尼诉温内贝戈郡社

---

① 另请参见 Judicial Power and Jurisdiction;Reapportionment Cases。

② 另请参见 Due Process,Procedual。

会服务部案"(DeShaney v. Winnebago County Department of Social Services)(1989),在本案中,严重的脑部伤害,使得1名孩子反应迟钝且被送往专门机构治疗。尽管政府不能够不经法律的正当程序剥夺人们的生命/自由或财产,然而宪法没有"强加一个肯定的义务给国家,以确保那些利益不会通过其他方式被损害"(p.259)。在本案中,能够指责社会服务机构的"是当可疑的情形令他们应扮演一个更积极的角色时,他们袖手旁观并且什么也没做"(p.263)。

高尔特案和随后的一些案件产生了一个墨守成规的已合法化的体系,它在很大程度内取代了曾在20世纪前80年盛行的家长式权威主义。体现尊重宪法授权的程序的对抗制诉讼程序和证明标准被青少年法庭的法官的协商取代,青少年法庭的法官认为他们会为了孩子们的最大利益而努力。这种具体案件具体处理的方式使他们有了不受限制的自由裁量权,这导致具有相似情形的孩子受到的处理有时会有非常大的差异。

后高尔特体系更多关注如何对误入歧途孩子进行惩罚和预防孩子犯罪,而不是考虑怎么对待孩子,这一点与以前的体系不同。更早以前,有暴力倾向的青少年没有被送上犯罪法庭,而和逃学、不得体的举止和不孝顺等无礼行为一样,由社区的儿童专家来解决。处于两个极端中间,青少年法庭的诉讼程序相比成年人诉讼程序来说,对犯罪当事人表现出了更为温情和帮助的态度。

[Harold J. Spaeth 撰;常洁译;林全玲校]

K k

合众国诉卡加马案[Kagama, United States v., 118 U.S. 375(1886)]①

1886年3月2日辩论,1886年5月10日以9比0的表决结果作出判决,米勒代表法院起草判决意见。针对联邦刑事制定法可变通适用于印第安人是否合宪的问题,卡加马案适用了首席法官约翰·马歇尔(John *Marshall)已在"武斯特诉佐治亚州案"(Worcester v. Georgia)(1832)中明确阐述的处理印第安事务的主要原则。联邦最高法院支持了该法及其适用(参见 Cherokee Cases)。

在克罗狗单方诉讼案(Ex parte *Crow Dog)(1883)中,联邦最高法院已经裁定,印第安地区印第安人的犯罪行为适用部落法而不是联邦法。作为响应,国会颁布了"重罪法"作为1885年印第安拨款法的组成部分,该法拓展了联邦法院对7种犯罪行为享有管辖权,包括在印第安地区印第安人针对其他人所犯的谋杀和过失杀人。联邦最高法院在合众国诉卡加马案运用了"武斯特诉佐治亚州案"的判决,它一致认为,对印第安人的保护构成了国家义务,由此准许国会对印第安保留地享有立法权。在判决附言(*obiter dictum)中,法官塞缪尔·弗里曼·米勒(Samuel F. *Miller)的补充意见认为,州法院(*state courts)对在印第安人保留地内的印第安人的犯罪行为没有管辖权,因为联邦权力优于州权力。他还补充说,各州在历史上就曾是印第安人"最致命的敌人"(p.384)。

联邦最高法院依据马歇尔关于普通法(*common law)监护关系的类推解释了联邦对印第安事务的管辖权问题。但是联邦和印第安人的关系并不源于普通法,而是来自于联邦宪法对联邦政府管辖印第安事务的授权。尽管这种权力是广泛的,但印第安人在处理与联邦政府关系时仍可要求宪法保护。联邦最高法院继续认可了"武斯特诉佐治亚州案"关于在印第安部落中实行自治的原则。

[Rennard J. Strickland 撰;岳志军译;邵海校]

卡斯提加诉合众国案[Kastigar v. United States, 406 U.S. 441(1972)]②

1972年1月11日辩论,1972年5月22日以5比2的表决结果作出判决,鲍威尔代表法院起草判决意见,道格拉斯和马歇尔反对,布伦南和伦奎斯特未出席。在"卡斯提加诉合众国案"中,联邦最高法院首次直接面对这样的问题:是否可以在授予其使用豁免的情况下,强迫证人在大陪审团(*grand jury)面前作证。1970年,国会在联邦豁免法中以交易豁免(transactional immunity)代替了使用豁免。使用豁免可以防止政府在后来的刑事起诉中使用从这种强制作证中获得的证据或任何信息对抗该证人。但使用豁免不如交易豁免适用范围广泛,因为交易豁免禁止对该证人就与被迫作证相关的任何违法行为提出控告。卡斯提加认为联邦宪法第五修正案(the *Fifth Amendment)反对自证其罪(*self-incrimination)的免责特权禁止依据使用豁免许可而强迫作证,但对交易豁免至少有所要求。

联邦最高法院否决了该主张,它首次指出,强迫证人在法院或大陪审团之前作证的权利已得到牢固的确立,而且对政府的高效运转而言是必不可少的。然而,这种权力并不是绝对的,它要受到联邦宪法第五修正案反对自证其罪条款的限制。联邦宪法第五修正案保护一个人不受强迫作证,以防止在以后的刑事诉讼中用来反对该证人自己。联邦最高法院认为,使用豁免与联邦宪法第五修正案是相协调的,因为它确保强迫作证不会用于对其提出的指控。在后来的刑事诉讼中,政府负有一项确定的义务,就是证明其所利用的证据完全来自于强迫作证以外。因此,使用豁免消除了该证据将用于反对该证人自己的危险,因而也不会违反反对自证其罪的免责特权条款。

[Daan Braveman 撰;岳志军译;邵海校]

卡曾巴赫诉麦克朗案[Katzenbach v. McClung, 379 U.S. 294(1964)]③

1964年10月5日辩论,1964年12月14日以9比0的表决结果作出判决,克拉克代表法院起草判决意见,布莱克、道格拉斯以及戈德堡分别提出了并存意见。在这一裁定中,联邦最高法院对宪法赋予国会管理州际商业活动的权力进行了最宽泛的解释(参见 Commerce Power)。联邦最高法院认为,商业条款授权国会对奥利烧烤店(Ollie's Barbecue)带有种族歧视的座位安排进行管制。奥利烧烤店是当地的一家小餐馆,它的各种食品在当地销售并为当地的一些常客服务。联邦最高法院认为,该歧视要受到国会商业权力的约束,因为奥利烧烤店从当地供货商处购买的某些食品来自于州外。

---

① 另请参见 Native Americans。
② 另请参见 Due Process, Procedural。
③ 另请参见 Race and Racism。

联邦最高法院认为,国会在认定地方行为连同其他类似地方行为会对州际商业活动产生实质影响时只需表明其具有"合理的基础"即可。最高法院认定,国会已经合理地断定当地餐馆的种族歧视行为会减少当地餐馆提供的食品数量,从而减少其在与供货商的州际商业活动中购买的食品数量。联邦最高法院进而表明,国会可能已经合理推定,当这种做法盛行时,当地餐馆的种族歧视行为将会阻碍个人和行业通过州际商业活动而安排进入盛行这种实践的区域。

联邦最高法院明确地承认了这种被弱化了的与州际商业活动的联系,并由此依据联邦宪法商业条款在此方面分配给国会广泛的立法权力,因为种族歧视需要一个全国性的立法解决方案。但是在法院的判决意见中,并没有将联邦最高法院对国会商业权力进行的宽泛解释仅限适用于种族歧视案件。因此,"卡曾巴赫诉麦克朗案"意味着一种授权,即在能够合理地推定某些地方行为会对州际商业活动产生经济影响的情况下,国会可以行使毫无限制的权力来管制任何地方行为。

[Thomas R. McCoy 撰;岳志军译;邵海校]

卡曾巴赫诉摩根案[Katzenbach v. Morgan, 384 U. S. 641(1966)]

1966年4月18日辩论,1966年6月13日以7比2的表决结果作出判决,布伦南代表法院起草判决意见,哈伦和斯图尔特反对。多数派支持《1965年投票权法》(the *Voting Rights Act of 1965)的这一条款,即:在任何已经官方认可的波多黎各学校里成功完成6年学业的人都不会因其不具有读写英语的能力而被拒绝享有投票权。在1959年,联邦最高法院已经确认各州设定公平合理的读写能力测试的主权权力。然而,作为卡曾巴赫诉摩根案的多数派代表,法官威廉·布伦南(William *Brennan)认为,早期的判例并不是相对于司法权力而存在的国会权力实现联邦宪法第十四修正案(the *Fourteenth Amendment)平等保护(*equal protection)条款的标准。布伦南认为,国会制定法律只需具备合理理由即可;而且国会可能已经合理地认为涉讼的规定有助于消除在获得公共服务中的歧视待遇。然而,法官约翰·M.哈伦(John M. *Harlan)提出反对意见认为,联邦最高法院已经裁定读写能力测试没有违反宪法,而且虽然国会在选择执行平等保护条款的方式上有着广泛的自由裁量权,但其实体范围与其他宪法保护条款一样,最终都将成为法院的问题,而不是立法机关的问题。哈伦总结道,如果国会可以拓展联邦最高法院对宪法权利进行的解释,它也可以限制此类条款的内容。

[Tinsley E. Yarbrough 撰;岳志军译;邵海校]

卡茨诉合众国案[Katz v. United States, 389 U. S. 347(1967)]

1967年10月17日辩论,1967年12月18日以7比1的表决结果作出判决,斯图尔特代表法院起草判决意见,哈伦和怀特提出了并存意见,布莱克反对,马歇尔未出席。卡茨诉合众国案明显改变了下述方法,即:法院在依据联邦宪法第四修正案(the *Fourth Amendment)的规定来判定某项警务行为是否构成修正案搜查令和相当理由(*probable cause)条款中的"搜查行为"时必须采用的方法。卡茨诉合众国案之前,有关判定方法的解释性案例是"奥姆斯特德诉合众国案"(*Olmstead v. United States)(1928),联邦最高法院在该案中认为,对政府当局而言,在某条电话线上安装窃听器从而偷听被告的电话交谈并不构成一项搜查行为。正如联邦最高法院后来在"西尔韦曼诉合众国案"(Silverman v. United States)(1961)中指出的那样,要构成联邦宪法第四修正案规定的搜查,警方必须已经实际侵入"一块受宪法保护的区域"(p. 682)。"卡茨诉合众国案"用"合理的预期隐私标准"(*privacy test)替代了"西尔韦曼诉合众国案"确定的标准。

在对卡茨利用电话传播赌博信息的行为进行的审理过程中,政府提出有关卡茨电话交谈结尾部分的证据,该电话被一名联邦官员听见,该官员早就已经在卡茨经常使用的公用电话的外面装上了电子录音设备。低级别联邦法院裁定认为,该行为不是搜查行为,因为电话亭的屏障并没有被实质性侵入。联邦最高法院撤销了原判决,认为"政府电子窃听和录制上诉人的谈话已经侵犯了他在使用该公用电话时所合理信赖的隐私,因而构成了联邦宪法第四修正案规定的'搜查和扣押'"(p. 512)。这一主张在法官约翰·M.哈伦(John M. *Harlan)提出的并存意见中得到了详尽的阐述,它后来成为了低级别联邦法院的裁判依据,联邦最高法院本身也将其用来确定卡茨案中"搜查和扣押"的含义。哈伦认为,"必须符合两个重要件:其一,他已经表现出了对隐私在事实上的(主观上的)预期;其二,该种预期被社会认为是'合理的'"(p. 516)。

哈伦论述的第一方面不应该作为对联邦宪法第四修正案保护对象进行阐释的内容。这是因为,政府可以轻易地通过法令或者系统性的行为来限制公众的期望,使公众对隐私的期望不复存在。哈伦后来对此也表示认同,他在"合众国诉怀特案"(United States v. White)(1971)中发表意见认为,按照卡茨案来分析必须"超出搜查主观期望的范围"(p. 786)。联邦最高法院近来几乎没有提到这个观点,尽管该表述本身就是立法关注的理由。作为例证的案件是"加利福尼亚州诉西拉罗案"(California v. Ciraolo)(1986),该案的判决认为,对大麻植物进行的空中观察并不构成搜查,在那儿人人都明白被告的 10 英尺高的硬木围墙不可能产生一个主观上的隐私预期,因为"警察站在卡车或双层巴士的顶部"即可看到围墙内的大麻植物(p. 211)。因此,一个人很难通过卡茨案的第一道障碍,除非他/她已经采取种种措施以针对其可以想象到的所有审查努力。

至于哈伦论述的第二层意思,他在怀特案中强调认为:"那些严重危及审查含义的各种侵入方式正是联邦宪法第四修正案首要关注之所在",这些侵入方式即是搜查(p. 1143)。但是,联邦最高法院并没以这种方式解释卡茨案,这在下述两个案件中得到了明确。第一,"合众国诉米勒案"(United States v. Miller)(1976),该案裁定一个人对其资金交易的银行记录不享有合理的隐私主张,因为这些单据"只包含客户自愿传输给银行的信息并且银行职员是通过一般的业务途径了解到这些信息的"(p.442)。第二,西奥罗案(Ciraolo),该案裁定警方从飞机上俯察该庭院并不构成一项搜查行为,因为"任何人从该空间飞过时俯首一看都会看到这些官员所看到的景象"(pp. 213-214)。就像法官瑟古德·马歇尔(Thurgood Marshall)在"史密斯诉马里兰州案"(Smith v. Maryland)(1979)中提出的反对意见指出的那样,法院已经不再认同这样的观点:"隐私不是一种绝对的商品,可以为人绝对所有或者全然没有"(p. 749)。

参考文献 Wayne R. LaFave, "The Forgotten Motto of Obsta Principles in Fourth Amendment Jurisprudence," *Arizona Law Review* 28(1986): 291-310.

[Wayne R. LaFave 撰;岳志军译;邵海校]

斯托克斯引起的肯德尔诉合众国案[Kendall v. United States ex rel. Stokes, 12 Pet. (37 U. S.) 524(1838)]①

1838 年 2 月 13 日、19—24 日、26—27 日辩论,1838 年 3 月 12 日以 9 比 0 的表决结果作出判决,汤普森代表法院起草判决意见。该案的发生是因为新近任命的邮政总办阿莫斯·肯德尔(Amos Kendall)拒不遵守联邦上诉法院哥伦比亚特区巡回法庭发布的指令,他拒绝履行其前任同斯托克顿(Stockton)和斯托克斯(Stokes)公司签订的合同。肯德尔受总统安德鲁·杰克逊(Andrew *Jackson)的任命改革邮政局,他以该合同受政治倾向的影响(这一点有可能是事实)为由而拒绝承认。这一争端被提交到国会,后者就通过一项法律要求肯德尔遵从政府首席律师维吉尔·梅克西(Virgil Maxcy,他是原告的朋友)的建议。肯德尔再次拒绝,他认为国会的法律是违反宪法的,因为它侵犯了行政权力。问题就被提到了联邦最高法院。

此案判决意见完全一致,由法官史密斯·汤普森(Smith *Thompson)执笔。该裁决不利于肯德尔,它认为:(1) 并不是行政部门的每一名官员都由总统单独控制;(2) 国会可以分配职责给这些官员;(3) 这些职责可以依据联邦上诉法院巡回审判庭签发的训令令状(writ of *mandamus)强制执行。此案非常重要,因为它解决了行政部门和国会之间的冲突;与此同时,它也确立了在解决这类争端时的地位。它明确了联邦上诉法院巡回审判庭发布令状的权限。

[R. Kent Newmyer 撰;岳志军译;邵海校]

肯尼迪,安东尼·麦克劳德[Kennedy, Anthony McLeod]

(1936 年 7 月 23 日出生于加利福尼亚州萨克拉门托市。)1988 年至今任大法官。法官安东尼·麦克劳德的父母,即安东尼和格拉迪丝·肯尼迪(Gladys Kennedy)信奉罗马天主教,他们属于中产阶级,在经济上比较宽裕。他在斯坦福大学和伦敦经济学院接受了大学教育。1958 年肯尼迪在斯坦福大学获得了文学学士学位(B. A.),其后他又进入哈佛大学法学院学习。1961 年他以优异的成绩获得了学位,并成了圣弗朗西斯科伦·马里·约翰·布里奇斯(Thelen, Marrin, John, Bridges)律师事务所的合伙人。后来他回到萨克拉门托(Sacramento)开业,成了埃文斯·J. 肯尼迪(Evans Jackson Kennedy)律师事务所的合伙人。在 1965 年,肯尼迪开创了一项与太平洋大学麦克乔治法学院的长期而又密切的合作。从 1965 年起,他一直在该校教授宪法课程,直到 1988 年他被选任到联邦最高法院任职。

在肯尼迪于圣弗朗西斯科和萨克拉门托执业期间,他是一名能干的具有保守主义倾向的共和党律师。并且像他父亲一样,是一名共和党成员。他父亲去世后,肯尼迪逐渐更加积极地进行政治活动,他扩大自己从政的朋友圈子,影响他的一些客户,让他们为保守党的事业慷慨捐赠。同时,他也是一名说客,与作为加里福尼亚区律师协会说客的爱德·米斯(Ed Meese)成为亲密的朋友。他与米斯的友谊和合作一直持续到 1966 年罗纳德·里根(Ronald Reagan)当上州长之后。随后,在 1973 年,米斯要求肯尼迪帮助里根起草关于削减州开支的第一议案,肯尼迪为了使议案得以通过在全州进行宣传。后来尽管议案没有通过,但是里根非常感激肯尼迪的努力,于是把他推荐给总统杰拉尔德·福特(Gerald Ford)担任联邦上诉法院(*Court of Appeals)第九巡回审判庭的法官。在他从事法律执业 13 年之后,在 1975 年 5 月 3 日,肯尼迪宣誓就任法官。在 1975 到 1988 年担任最高法院大法官之前,法官肯尼迪拟写

---

① 另请参见 Lower Federal Courts; Separation of Powers.

肯尼迪,安东尼·麦克劳德[Kennedy, Anthony McLeod]

Anthony McLeod Kennedy

了400多个判决意见。当参议院司法委员会(*Senate Judiciary Committee)在为他的升职资格确认而举行听证会时,这些判决作为他在分权原则(*separation of powers)、少数种族以及性别歧视(*gender discrimination)等领域观点的表现而被详细审查。

尽管作为一名能干的律师或者巡回法院法官,他有一份可靠的职业,安东尼·M.肯尼迪(Anthony M. Kennedy)被总统罗纳德·里根(Ronald *Reagan)成功地任命为联邦最高法院法官以接替大法官刘易斯·鲍威尔(Lewis *Powell)退休后留下的职位空缺,但是这一任命却因为罗伯特·赫伦·博克(Robert H. *Bork)和道格拉斯·金斯伯格(Douglas *Ginsburg)都对该职位的任命加以拒绝而黯然失色。博克和肯尼迪之间的比较使得参议院后来对任职资格的讨论活跃起来。肯尼迪受到了美国律师协会(*American Bar Association)联邦司法委员会常务委员会的高度评价——由于他的正直诚实、法官的气质以及专业能力,他完全能够胜任。在前述比较中,该委员会中有4名成员投票反对博克,认为他"不够资格",因为博克"对宪法原则持有某种极端的看法"。

起初,肯尼迪在促进联邦最高法院保守的大多数法官之间的相互联合方面起了很大的作用。从1988年到1989年开庭期结束的时候,他在90%的案件中投票支持了首席大法官威廉·伦奎斯特(William *Rehnquist),并在89%的案件中投票支持了法官安东尼·斯卡利亚(Antonin *Scalia)。然而

这并不能使我们对肯尼迪以后的法官工作模式形成明确的预期。肯尼迪通常被认为是一个温和的保守派。同大法官桑德拉·戴·奥康纳(Sandra Day *O' Connor)一样,肯尼迪的投票也摇摆不定,通常它会支持保守派人士,如伦奎斯特(Rehnquist)、斯卡利亚(Scalia)、克拉伦斯·托马斯(Clarence *Thomas),可是他偶尔也会支持中间派或自由派大法官,例如,斯蒂芬·G.布鲁尔(Stephen G. *Breyer)、鲁思·巴德·金斯伯格(Ruth Bader *Ginsburg),约翰·保罗·史蒂文斯(John *Paul Stevens)、戴维·苏特(David *Souter)。

肯尼迪从通常情况下伦奎斯特的可信赖的支持者向偶尔会摇摆不定的转变,其原因是复杂的。作为法官的最初4年里,肯尼迪不遗余力地支持占多数的保守派。从斯卡利亚、肯尼迪、苏特到托马斯连续的任命,在首席大法官来看,好像保守派是不可战胜的主流。而且首席大法官伦奎斯特任命肯尼迪撰写了大量的多数派观点,有些甚至是重要案件的意见,这对于一名新来的法官来说是不常见的。这种信任总的来说,源于肯尼迪早年作为法官的经历。一些人称他为"伦奎斯特的副手"。

然而,1992年伦奎斯特、斯卡利亚和托马斯3人试图在"计划生育组织诉凯西案"(Planned Parenthood v. Casey)中否决"罗诉韦德案"(*Roe v. Wade)的判决,却遭到了肯尼迪、奥康纳和苏特的反对。他们认为要打破先例"应该有特别的原因,至少是先前的案子判决错误"。尽管保守派之间并不总是存在分歧,但是该案却足以使以前这一保守的联合体开始出现分裂。肯尼迪、奥康纳和苏特经常在民权、刑事审判和财产权(*Property right)案件中支持他们的保守派同僚。

伦奎斯特首席大法官长期以来都反对杰斐逊派的观点,即第一修正案(the *First Amendment)需要在"宗教和国家之间建立起隔离墙"。他在早期的案件中,曾指出这是"建立在错误的历史上的一个误导性的比喻"。在"李诉韦斯曼案"(Lee v. Weisman)中,奥康纳和肯尼迪在反对坚持在公立学校的毕业祈祷时由具有宗教派别的牧师或学生领导祈祷者通过麦克风对学生进行引导方面发挥了关键作用。然而,在肯尼迪成为法院的一员之后,在涉及大多数重要和具有争议的案件时,奥康纳和肯尼迪的观点既没有什么价值,也不具有独立性。"布什诉戈尔案"(*Bush v. Gore)决定了2000年总统的人选。这时法院意见分歧严重,也引起了国内党派的分裂。奥康纳和肯尼迪之外的所有法官表明了自己在这一重要事件上的强硬立场,还有几个法官作出了自己独立的判决意见。奥康纳和肯尼迪则安静地支持保守的多数派。

在法院之外公共政策的立场方面也反映了肯尼迪的司法角色,或许这其中最重要的是肯尼迪2003

年8月份在美国律师协会(American Bar Association)所作的演讲,他号召放弃对某些联邦犯罪规定最低刑期。

在乔治·W.布什第一个任期内,检察长约翰·阿什克罗夫特(John Ashcroft)的司法监督指示引发的重要的宪法问题值得一提。这一监督指示涉嫌侵犯联邦最高法院法官及其他依据宪法第3条(*Article Ⅲ)建立的法院中的法官的独立性。在2003年7月,阿什克罗夫特命令美国检察官谨慎监督联邦法官是否对犯罪的判刑比15年刑期联邦判决指南更加宽容。联邦的公诉人被鼓励立即向司法部报告任何前项行为。阿什克罗夫特总结说:"司法部拥有一个神圣的义务,那就是保证与犯罪宣判有关的法律能够被忠实地、公平地、始终如一地被执行。"

在阿什克罗夫特的指示之前,肯尼迪法官曾支持严厉惩罚犯罪的立法并同意用判刑指南来规范可能会作出的惩罚手段并尽量做到前后一致。他曾经与保守派大多数一起,投票赞同加利福尼亚州对于重罪犯人实施的"三击出局"("three strikes and you are out")的立法,但是他对阿什克罗夫特7月28日的指示反映如此迅速,表明他已经认真地考虑了这些问题和与其相关的问题。

在2003年8月初,肯尼迪在美国律师协会发表演讲,说道:"我们的司法资源被浪费了,我们的惩罚太严厉了,我们的判决太长……我认为,联邦强制性规定最低刑期限制既无必要,又不明智。在太多案件中,依据最低刑期限制得出的判决都是不明智和不公平的。"尽管这样的法律已经得到支持,肯尼迪建议美国律师协会成员说服国会废除强制性最低刑期法。正如他所说:"法院可能会允许法律规定长的刑期,但是这并不意味着长的刑期就明智或公平。"肯尼迪也力劝美国律师协会成员重新认识州和联邦的犯罪赦免体系,认为"赦免程序稍后会表现出其道德力量。我们的赦免次数不够频繁……一个信任和尊崇法律和习惯的民族不会以国家的仁慈为耻。"他谈到有大量的人们在"高墙"背后,其中40%是黑人,"眼不见心不烦不是将超过两千万美国人关进监狱而我们可以置身事外的借口。"

与以前只附和保守派的观点相反,肯尼迪大法官已经在司法和公共政策方面形成了许多独立的观点,但是,他的独立非常有限并且无法对其形成预期。肯尼迪法官在其以后的法官生涯中更加温和,但是在佛罗里达州选举问题上,他支持了斯卡利亚和伦奎斯特。

参考文献 Anne Gearson, "SC Justice Kennedy Says Prison Terms Too Long," summary of Kennedy's address to the American Bar Association, *Ventura* (California) *Star* (10 Aug. 2003), p. A4. Jerry Goldman, "Anthony Kennedy," OYEZ Project of Northwestern University (2001). Jerry Goldman, "Anthony Kennedy," *Supreme Court Historical Society* (2003). Jerry Goldman, "Justice Anthony Kennedy," in *Supreme Court Justices* (2003). "Kennedy Discussed Sentencing, Foundation of Freedom," *The Third Branch* 35, no. 9 (September 2003).

[John R. Schmidhauser 撰;岳志军、王红丽译;邵海、林全玲校]

肯塔基州诉丹尼森案[Kentucky v. Dennison, 24 How. (65 U.S.) 66 (1861)]①

1861年2月20日辩论,1861年3月14日以8比0的表决结果作出判决,托尼代表法院起草判决意见。在1859年,俄亥俄州的自由黑人威利斯·拉果(Willis Lago)帮助一个名叫夏洛特(Charlotte)的肯塔基州奴隶逃到了俄亥俄州。肯塔基州裁定拉果犯了盗窃罪,该州州长伯里亚·马戈菲(Beriah Magoffin)要求俄亥俄州州长萨蒙·P.蔡斯(Salmon P. *Chase)引渡拉果。蔡斯本人是废奴主义的倡导者,他认为拉果并没有实施俄亥俄州法律规定的犯罪,因此他拒绝引渡拉果。马戈菲一直到1860年蔡斯离任,并对新任州长威廉·丹尼森(William Dennison)重新提出了引渡要求,而后者也予以拒绝。后来马戈菲试图寻求训令令状(writ of *mandamus)来强制丹尼森执行。马戈菲依据联邦最高法院对两州争端的初审管辖权(*original jurisdiction)起诉到美国联邦最高法院。

该案使首席大法官罗杰·B.托尼(Roger B. *Taney)面对一个重大的两难选择。托尼是个极端的蓄奴主义者,极度敌视北方,并且企图以有利于南方的条款来解决有关奴隶制的所有宪法问题。但是随着分离迹象的出现,托尼不愿意裁定作为联邦政府分支的联邦最高法院有权强制各州州长执行。在对俄亥俄州两位州长不执行联邦宪法引渡刑事犯的合作条款进行惩罚后,托尼裁定联邦最高法院无权强制各州执行其宪法义务。这个裁定一直适用到1987年,在那一年它被"波多黎各诉布拉斯塔德案"(Puerto Rico v. Branstad)(1987)的裁定推翻。

[Paul Finkelman 撰;岳志军译;邵海校]

---

① 另请参见 Fugitive Slaves; Judicial Power and Jurisdiction; Slavery; State Sovereignty and States' Rights。

肯特诉杜勒斯[Kent v. Dulles, 357 U.S. 116 (1958)]

1958年4月10日辩论,1958年6月16日以5比4的表决结果作出判决,道格拉斯代表法院起草判决意见,克拉克、伯顿、哈伦以及惠特克4人反对。国务院依据1948年实行的对共产党人及其支持者或者那些出国旅游可能危害美国利益的人们拒绝签发护照的政策,拒绝签发护照给洛克威尔·肯特(Rockwell Kent)。肯特认为这种行为剥夺了他依据联邦宪法第一修正案(the *First Amendment)享有的权利并侵犯了他的迁移权。以法官威廉·O.道格拉斯(William O. *Douglas)为代表的多数派承认迁移权(the right to *travel)是联邦宪法第五修正案(the *Fifth Amendment)正当程序条款(*Due Process Clause)所保护的自由权利。然而,多数派基于下述法定原因作出了有利于肯特的判决,他们认为国会并没有授权国务卿因为公民的信仰或团体而扣留他们护照的权力。反对派认为,1952年的《移民与国籍法》应当被解释为国务卿在签发护照时有着宽泛的自由裁量权。

本案的决定性的直接影响为共产党员身份不再是护照申请的考查因素。肯特以及其他同样对国务院提出上述质疑的申请人立即就拿到了护照。更为广泛的法律影响是,多数派的意见确认了迁移权(到国外)并摧毁了行使该权利的种种篱障。这至今仍是一项良法。

这一裁决受到了一些人的批评,因为它没有彻底解决联邦宪法第一修正案的问题,并且避免了对该行为的合宪性进行判定。然而,一个相对狭窄的裁决对于保住费利克斯·法兰克福特(Felix *Frankfurter)法官那张投向多数派的关键的第五票来说是必要的。

[Sheldon Goldman 撰;岳志军译;邵海校]

克尔诉加利福尼亚州案[Ker v. California, 374 U.S. 23 (1963)]①

1962年12月11日辩论,1963年6月10日以5比4的表决结果作出判决,克拉克代表法院起草判决意见,哈伦持并存意见,布伦南反对,沃伦、道格拉斯、戈德堡和布伦南部分反对。当联邦最高法院在"马普诉俄亥俄州案"(Mapp v. Ohio)(1961)中裁定,通过联邦宪法第十四修正案(the *Fourteenth Amendment)来强制各州执行联邦宪法第四修正案(the *Fourth Amendment)的证据排除规则(the *exclusionary rule)时,并没有明确联邦关于搜查和扣押的标准在何种程度上适用于各州。一个涉及乔治和黛安娜·克尔(Diane Ker)之间的大麻交易的案件解决了这个问题。在审查判决的过程中,有8名法官一致认为各州应当坚持联邦的标准。第9名法官约翰·M.哈伦(John M. *Harlan)认为,各州应当以更富有弹性的基本公平概念来判断。然而,在将该原则具体运用到大麻交易案时,前述8人的合意就崩溃了。有4名法官认为,加利福尼亚当局没有申请搜查令而利用万能钥匙进入克尔的房间并查获了那些使其被定罪的大麻,这种行为符合"相当理由"(*probable reason)和合理性的联邦标准。法官哈伦只是对确认该裁定提出了并存意见。持反对意见的4名法官认为,逮捕以及后来对赃物的扣押是违法的,因为按他们的观点,不告而入他人的房间是不合法的。

克尔案保留了证据排除规则中相当重要的内容。联邦宪法第四修正案的合理性标准通过联邦宪法第十四修正案而适用于各州的这项原则现在仍然是应当适用的法律。但在本案中,联邦最高法院裁定当局在没有搜查令的情况下不告而入他人房间的行为是有效的,这一裁定与联邦最高法院后来作出的诸多裁定不一致,如"佩顿诉纽约州案"(*Payton v. New York)(1980)的判决。

[Sheldon Goldman 撰;岳志军译;邵海校]

凯斯诉丹佛市第一校区案[Keyes v. Denver School District No.1, 413 U.S. 189 (1973)]②

1972年10月12日辩论,1973年6月21日以7比1的表决结果作出判决,布伦南代表法院起草判决意见,伯格对判决结果表示同意但未发表判决理由,道格拉斯作了单独陈述,鲍威尔对裁决部分表示反对,部分提出了并存意见。伦奎斯特反对,怀特未出席。在非南方地区发生的首起消除种族隔离案得到了法官们的充分思考,联邦最高法院认为,一个"按人种和种族"隔离部分市区的学区会造成这样一个可辩驳的推断,即该学区各处都存在同样的种族隔离并非是"偶然的"。并且联邦最高法院也暗示,依据"斯旺诉卡尔罗特—麦克伦伯格教育理事会案"(Swann v. Charlotte-Mecklenburg)(1971)的判决,进行大规模的全学区范围的救济并不是不恰当的(p.208)。

尽管该判决意见在语气上不甚明确,而且是以推定和进一步程式构建的形式表述的,但是凯斯案却被整个学区(如果学区之间没有必要)广泛而又明确地看作是消除美国北方各学区种族隔离的一盏绿灯。虽然鲍威尔也曾建议对斯旺一类的交通法令设定限制和统一的标准,但法官威廉·O.道格拉斯(William O. *Douglas)和刘易斯·鲍威尔(Lewis *Powell)在各自的独立意见中都敦促消除在学校种

---

① 另请参见 Search Warrant Rule, Exceptions to。
② 另请参见 Desegregation Remedies; Race and Racism; Segregation, De Facto。

族隔离案件理论和实际上的种族隔离,尽管鲍威尔也建议对斯旺一类的交通运输水平设定限制并统一标准。

法官威廉·伦奎斯特(William *Rehnquist)持反对意见,反对多数派利用证据性推断将"格林诉新肯特郡学校理事会案"(*Green v. County School Board)(1968)的裁决延用到北方学校,并进一步指出,"布朗诉教育理事会案"(*Brown v. Board of Education)(1954,1955)要求的是消除种族标准,而不是格林案所裁定的在公立学校内达到规定的种族平衡。凯斯案隐约地发出了格林案裁决对美国北方实质上存在的种族隔离仍然适用的信号,它同时表明,联邦最高法院对这一问题仍存在着日趋明显的分歧。

[Dennis J. Hutchinson 撰;岳志军译;邵海校]

克伊西安诉校务委员会案[Keyishian v. Board of Regents, 385 U.S. 589 (1967)]①

1966年11月17日辩论,1967年1月23日以5比4的表决结果作出判决,布伦南代表法院起草判决意见,克拉克、哈伦、斯图尔特和怀特反对。联邦最高法院在本案中宣布,纽约州颁布的法律和行政规章违反了宪法,因为这些法律和行政规章旨在防止州立教育机构雇用"搞颠覆阴谋的"教师和教授,并且一旦发现他们有"叛国或煽动"行为就立即开除。纽约州校务委员会列出了一个"搞颠覆阴谋"组织的名单,其中包括共产党。并且,只要是共产党员,就可作为充分的理由对其开除公职。最初还规定了宣誓的要求,后来被教育理事会废除了。

联邦最高法院认为,因为"叛国或煽动"行为和"支持"暴力行为就被剥夺公权是违反宪法的,因为其具有模糊性(即没有明确规定要求什么、禁止什么):教师并不能预测有关抽象原则的描述是否被禁止或者仅仅是煽动言论就足以被开除。纽约州这一计划本身的复杂性更加凸显了其模糊的缺点。联邦最高法院还认为,这些法律是违反宪法的,因为它们并不要求被开除的教师主观上具有推进被禁止组织的非法目标的明确意图,因而显得过于空泛。这一裁定的重要性在于它否定了各州对公共职位附加必须放弃宪法权利的条件的做法,这些宪法权利如同学术自由(*academic freedom)一样,不能被直接的国家行为(*state action)所剥夺。

[Milton R. Konvitz 撰;岳志军译;邵海校]

基斯顿生煤协会诉德贝奈迪克提斯案[Keystone Bituminous Coal Association v. DeBenedictis, 480 U.S. 470 (1987)]②

1986年11月10日辩论,1987年3月9日以5比4的表决结果作出判决,史蒂文斯代表法院起草判决意见,伦奎斯特反对。在此案中,法官们的意见并不一致,但联邦最高法院支持了宾夕法尼亚州颁布的煤矿沉降法,驳回了主张该法会产生不支付公平补偿(*just compensation)就征收私人财产的后果的相关诉求。这部受到质疑的法律禁止开采那些会对地表结构产生沉降性破坏的地下煤矿,并且它强制要求各个煤炭公司都必须保留至少一半的煤在受保护的地表下以支撑地表结构。联邦最高法院认为,该法是该州治安权(*police power)的有效行使,并指出该法实质上增进了公众在健康、安全以及社会福利等方面的利益,而且这并没有使得煤矿公司不能获利。

联邦最高法院在此案中判定该州是否征收了财产时,一如既往地拒绝将财产群划分为具体部分的做法。联邦最高法院拒绝承认保留下来以支撑地表结构的少量煤矿是该法事实上不予赔偿而加以征收获得的独立的财产利益。

"基斯顿生煤协会诉德贝奈迪克提斯案"相当重要,因为该案的事实实际上与"宾夕法尼亚煤炭公司诉马洪案"(*Pennsylvania Coal v. Mahon)(1922)的事实相同,马洪案是征收财产判例法史上的一个里程碑。在马洪案中,州法律禁止所有权人对那种一旦开采就会产生地表下沉的地下煤矿进行开采。在马洪案中,联邦最高法院因为征收而否决了该制定法,认为该法服务于私人利益,并且否定了煤炭公司对该地下煤矿以任何经济上可行的方式进行利用。在"基斯顿生煤协会诉德贝奈迪克提斯案"中,联邦最高法院认识到地表下沉造成损害的公共性,联邦最高法院认为,该新法旨在促进公共利益而不是私人利益,而地表下沉是对公众的一种侵扰。

[Eric T. Freyfogle 撰;岳志军译;邵海校]

基德诉皮尔逊案[Kidd v. Pearson, 128 U.S. 1 (1888)]

1888年4月4日辩论,1888年10月22日以8比0的表决结果作出判决,拉马尔代表法院起草判决意见,伍兹因病未出席。爱荷华州的一部法律禁止该州的造酒商把酒运向州外。这一措施被某州质疑为违反了联邦宪法有关州际商业条款的规定(参见 Commerce Power)。联邦最高法院认为,该法律并没有侵犯联邦的商业权力,并且这完全是属于州主权范围内的一个小小的治安权(*police power)规定,至少当酒这种公认的有害物成为主题时,基德诉

---

① 另请参见 Communism and Coldwar; Education; First Amendment; Speech and the Press。

② 另请参见 Eminent Domain; Property Rights; Taking Clasue。

皮尔逊案表明了法院支持各州行使主权的意愿。

本案真正的重要性在于它对"商业"的界定。联邦最高法院提出了商业和制造业之间的区别，认为产品未完成之前商业活动尚未发生。但是如果国会依据宪法商业条款享有的权力并不包括生产，联邦管制适用在制造业、农业(*agricultural)以及采掘业就是违反宪法的。多年来，联邦最高法院逐渐地舍弃了这个裁定，从而拓宽了联邦管制的适用范围而相应缩小了州权力的范围。

然而，仅就上述爱荷华州酒法的确切观点来看，基德诉皮尔逊案判例在今天并不是一项良好的法律。从某种程度上说，国会渴望行使其依据宪法商业条款赋予的权力，这会削弱或使州的酒法无效。

[Loren P. Beth 撰；岳志军译；邵海校]

基尔波恩诉汤普森案[Kilbourn v. Thompson, 103 U. S. 168(1881)]①

以9比0的表决结果作出判决，米勒代表法院起草判决意见。众议院于1876年任命了一个特别委员会，审查在华盛顿特区一家不动产合伙企业的交易行为。该委员会要求哈里特·基尔波恩(Hallett Kilbourn)出庭作证。他拒绝回答问题并拒绝提交记录。该委员会裁定基尔波恩犯有蔑视国会罪，并指令予以监禁(参见 Contempt Power)。基尔波恩对该委员会成员以及法警约翰·汤普森(John Thompson)提起错误监禁之诉，后者对基尔波恩予以羁押。

审案法院的裁决有利于汤普森，但是联邦最高法院撤销了原判。法官们略过了国会参、众两院是否有权对蔑视行为加以惩罚的问题，这个问题后来被予以了肯定的回答。国会认为该蔑视令无效，因为它的作出旨在达到不合宪法的目标。国会只能为了收集受到蔑视的未来立法的相关信息才可以展开调查。争论的诉讼涉及该不动产合伙企业欠某些团体，包括合众国的债务问题。联邦最高法院认为，这不是一个立法问题而是一个司法问题。在此情况下，国会调查个人的私人事务就超出了其权限范围。因此，国会没有权力要求基尔波恩作证。然而，联邦最高法院后来还是认同了国会享有更广泛的调查权，允许国会对私人事务进行有限的调查。

[Edgar Bodenheimer 撰；岳志军译；邵海校]

金，爱德华[King, Edward]②

(1794年1月31日生于费城；1873年5月8日卒于费城。)未获批准的联邦最高法院大法官被提名者。爱德华·金与查尔斯·乔塞(Charles Chauncey)一起研习法律并于1816年获得宾夕法尼亚州律师资格。作为一名积极的民主党党员，他在1824年担任宾夕法尼亚州孤儿审判庭的书记员并于1825年被任命为费城中级民事诉讼法院(Court of Common Pleas)的首席法官。

1844年6月5日，总统约翰·泰勒(John *Tyler)提名爱德华·金为联邦最高法院法官以填补联邦上诉法院第三巡回审判庭存在的空缺。1844年6月15日参议院以29比18的表决结果推迟了对该提名的考虑。泰勒在1844年2月4日再次任命爱德华·金，参议院则在1845年1月23日又一次推迟了对该项任命的考虑。泰勒在1845年2月7日撤回了对爱德华·金的提名而任命同样来自宾夕法尼亚州的约翰·M.里德(John M. *Read)。对爱德华·金和里德的提名都遭到了失败，因为泰勒得不到自由党(现在共和党的前身)和民主党中任何一方的支持。

在爱德华·金任费城中级法院的首席法官时，常常因作出支持衡平法管辖权的裁决而被提及。爱德华·金在1852年退休，并于同年被任命进入了宾夕法尼亚州刑法典修订委员会。

[Elizabeth B. Monroe 撰；岳志军译；邵海校]

克洛普弗尔诉北卡罗来纳州案[Klopfer v. North Carolina, 386 U. S. 213(1967)]③

1966年12月8日辩论，1967年3月13日以6比3的表决结果作出判决，沃伦代表法院起草判决意见，哈伦、斯图尔特反对。按照本案中受到质疑的"中止诉讼"法，检察官无需向法院提出理由即可无限期地中止诉讼。在本案一审判决中，被告克洛普弗尔没被判定有罪，检察官决定再次提起公诉但又无限期地中止了诉讼，被告受此阻挠于是要求进行审判或者驳回案件。然而事情仍旧毫无进展，克洛普弗尔就以他被剥夺了联邦宪法第六修正案(the *Six Amendment)规定的获得迅速审理(*speedy trial)的权利为由，对该法律和检察官的决定提出了质疑。

联邦最高法院接受了克洛普弗尔的论据并以适用于联邦政府的同样标准将联邦宪法第六修正案确保及时审判的相关条款扩展适用于各州，同时联邦最高法院还就联邦宪法第六修正案规定的确保及时审判的权利作出了第一个重要的解释。联邦最高法院认为，该权利"与其他受到联邦宪法第六修正案保护的权利一样同属于基本权利"，而且可以追溯到"我们接受的英国法律遗产的根基"(p. 223)。联邦最高法院进而裁定，虽然被告既未被羁押也未在行动上受到限制，但是"公开控诉带来的焦虑和担忧"以及可能遭受的公众蔑视，同样也是对他应受

---

① 另请参见 Congressional Power of Investigation。
② 另请参见 Nominees, Rejection of。
③ 另请参见 Due Process, Procedural。

到及时审判权利的一种侵犯(p.222)。尽管有了这份长篇大论,联邦最高法院在以后的案件,如巴克诉文哥案(Barker v. Wingo)(1972)中,却采用了一种平衡标准来解释该权利,而且总是维持这类检控。

[Malcolm M. Feeley 撰;岳志军译;邵海校]

内布尔,欧内斯特[Knaebel, Ernest]①

(1872年6月14日出生于纽约州的曼哈塞特;1947年2月19日卒于马萨诸塞州的西巴克斯佛德)1916—1944年任判决汇编者。内布尔分别于1894年、1896年和1897年从耶鲁大学获得了文学学士、法学学士和法学硕士学位。他持有新墨西哥州和纽约州律师资格,并从1897到1899年在纽约市的谢尔曼和斯特林律师事务所执业。在1898年他搬到科罗拉多州,并和他的父亲在丹佛市合伙执业。后来他成了联邦政府的一名律师,负责对西部的公共土地侵权案件提起公诉,从1902年到1907年他在科罗拉多州成了一名联邦助理检察官。

1907年内布尔来到华盛顿出任司法部部长的特别助理。他在司法部工作直到1911年出任助理部长。他组建并指导司法部公共土地部门,并指挥涉及公共土地和印第安人土地的诉讼。基于这种身份,他曾在联邦最高法院就多个案件进行过辩论。在1916年他继任查尔斯·亨利·巴特勒(Charles Henry *Butler)成为联邦最高法院的判例汇编人,最终编辑了美国判例汇编(*United States Reports)的242—321卷。巴特勒曾说,内布尔此前还不知道这个职位是空缺的,并且他对这个任命感到吃惊。在内布尔的任内,汇编人办公室的设置得到了制定法的认可,并且从此开始,美国判例汇编的印刷和销售都由政府独立实施。内布尔在1944年因健康原因而退休。

[Francis Helminski 撰;岳志军译;邵海校]

诺克斯诉李案[Knox v. Lee]

参见 Legal Tender Cases。

朝鲜战争[Korean War]

参见 War; Youngstwon Sheet & Tube Co. v. Sawyer。

科里马修诉合众国案[Korematsu v. United States,323 U.S. 214(1944)]②

1944年10月11、12日辩论,1944年12月18日以6比3的表决结果作出判决,布莱克代表法院起草判决意见,法兰克福特提出并存意见,罗伯茨、墨菲和杰克逊反对。弗雷德·科里马修,一名美籍日裔人,在圣弗朗西斯科海湾地区长大。由于健康原因他未被征召入伍,但是他得到了一份军工企业内的工作。在1942年5月当美国开始拘禁日侨时,科里马修有着一份良好的工作和一个非日裔的女朋友。为免遭禁闭,科里马修搬到了附近的一个市镇,更改了自己的名字、作了整容手术并且声称自己是美国籍墨西哥人。科里马修忽视了美国军方禁止美籍日裔人居留在加利福尼亚州海岸或者搬离原居所的命令。就像法官罗伯特·H.杰克逊(Robert H. *Jackson)在其提出的反对意见中指出的那样,科里马修是"由于一般而言并非犯罪的行为而被判有罪。而该行为的所有的构成要素只是:他是美国公民;他居住在他的出生地附近;他一直在那儿生活"(p.243)。法官欧文·J.罗伯茨(Owen J. *Roberts)也持反对意见,认为他唯一的合法途径是进入日本人重新安置中心,那儿"是监狱的委婉说法而已"。面临着"不能在自己的家里居留,也不得自由离开自己的居所"这样一种两难选择,并且不愿意受到拘禁,科里马修事实上"什么事也不能做"(p.230)。他后来被逮捕、定罪、并被判处5年监禁,获得假释后立即就被拘禁在犹他州的托帕兹。

科里马修案常常被援引来支持大法官胡果·布莱克(Hugo *Black)的观点:"所有对某一种族的民事权利加以剥夺的法律限制都会立即遭受怀疑"并且"应当受到最严格的审查"(p.216)。值得注意的是,这个案件是联邦最高法院对种族限制适用"严格审查标准"并且又支持了该限制性法律的唯一案例(参见 Strict Scrutiny)。

就像在"海拉巴亚斯诉合众国案"(*Hirabayashi v. U.S.)(1943)中一样,联邦最高法院的多数派法官并没有对军方声称美籍日裔人威胁着西海岸的军事安全的主张提出质疑(参见 National Security)。法官布莱克完全接受了"军事当局的判断,即要将忠诚的人们和不忠诚的人们立即区分开来是不可能的……"。布莱克认为,这种"临时性的排斥整个群体"是以军方的判断为依据的(p.219)。

布莱克忽视了这个事实,即几乎所有的美籍日裔人进入集会中心后就被用船运到了收容营,他认为"如果上诉人离开禁止居留区域并到集合中心去,那么我们就不可能认为事实上或者法律上……(这)导致了上诉人被拘押在安置中心"(p.219)。因为科里马修被起诉滞留在管制区域并且没有向集合中心报告,布莱克并没有审查军方强迫人们进入集合中心的合宪性问题。布莱克认为,"当集合中心的指令适用于或者可能适用于上诉人时,应当有足够的时间来判定上诉人竭力提出的重大合宪性问题……"(p.220)。换句话讲,科里马修只能在其实

---

① 另请参见 Reports, Supreme Court。
② 另请参见 Race and Racism; World War Ⅱ。

际上进入收容营之后才能提起有关禁闭的合宪性诉讼。

布莱克愤慨地否决了反对者的主张,反对者们认为拘留是种族主义的,而"集合中心"则是"集中营"。布莱克认为,"科里马修被排除出军事区不是因为受到了对他本人或者他的种族的敌视,而是因为我们正在和日本人交战,因为合法的军事当局害怕日本人侵入我们的西部海岸"以及因为军事当局认为"军情紧急"需要"所有的美籍日裔人都暂时离开西海岸"(p.223)。布莱克没有解释为什么仅仅隔离"美籍日裔人"不是种族主义。

法官罗伯茨、墨菲和杰克逊持反对意见,他们把本案中的驱逐令和向集合中心报告的命令与海拉巴亚斯诉合众国案中当局颁布的宵禁令区别开来。罗伯茨指出,"这两个相互冲突的命令,一个要求他原地不动而另一个则要求他离开,结果就是军事当局设计的一个圈套,其真实目的在于将他关进集中营"(p.232)。

法官弗兰克·墨菲(Frank *Murphy)指出,"主要基于可疑的种族和社会学理由的收容是合理的,这一点通常在军事当局的专业技能之外"(pp.236-237),他对布莱克盲目支持军方的专业技能提出质疑。墨菲发现,没有证据表明美籍日裔人有破坏和间谍行为,他认为该拘禁是基于"错误的信息、半真实性的报道以及多年来被那些带有种族和经济偏见的人们对付美籍日裔人的种种含沙射影——这些人正是驱逐运动最积极的拥护者"(p.239)(参见 Subversion)。墨菲认为,对美籍日裔人要像"对待美籍德国人和美籍意大利人一样",通过"调查和听审从而区分忠诚和不忠诚"的方式来个别处理。他指出,第一份驱逐令直到"珍珠港事件过了将近有四个月"才签发,并且"'这些带有破坏性的'人们中的最后一个人也是直到将近十一个月后才被逐走"(p.241)。最后,墨菲总结了这些削弱军方诉求必要性的"无所事事以及过分的深思熟虑",并对"这一种族主义合法化的做法"持反对意见(pp.241-242)。

法官杰克逊认为,军方有权逮捕公民并且这种行为今后可以再次发生。他甚至不愿意论证"法院应该努力介入执行任务的军队行为"(p.248)。但是,他害怕"维持这个命令的司法解释与其说是对自由本身的微妙一击,倒不如说是在张扬这个命令本身"。他认为,"一旦司法意见使得这个命令合理化以表明其符合宪法,或者合理说明宪法以表明宪法认可这种命令,那么法院就违反了在刑事诉讼程序中的反种族歧视原则和迁徙美国公民的原则"。他认为,这个先例今后就像"填满了子弹的枪一样,任何当局都可以抓之在手并随时根据紧急需要提出一个貌似合理的主张"(pp.245-246)。杰克逊为了维护宪法体制的完整而竭力鼓动撤销原判。

参考文献　Roger Daniels, *Concentration Camps, North America* (1981); Roger Daniels, *The Decision to Relocate the Japanese-Americans* (1986); Peter Irons, *Justice At War* (1983).

[Paul Finkelman 撰;岳志军译;邵海校]

孔兹诉纽约州案[Kunz v. New York, 340 U. S. 290(1951)]

1950年10月17日辩论,1951年1月15日以8比1的表决结果作出判决,文森代表法院起草判决意见,布莱克和法兰克福特仅对判决结果表示同意,杰克逊反对。孔兹诉纽约州案有助于确立:政府对言论的限制必须加以精确地剪裁,以确保它不会不合理地限制受到联邦宪法第一修正案(the *First Amendment)保护的言论自由。联邦最高法院在"孔兹诉纽约州案"中认为,那些赋予政府官员广泛裁量权以事先限制有关宗教事务言论的法律是一种无效的预先约束(*prior restraint),违反了联邦宪法第一修正案。联邦最高法院撤销了1948年对浸礼会牧师卡尔·J.孔兹(Carl J. Kunz)作出的有罪裁定,该裁定认为孔兹违反了纽约市的一项法令,该法令禁止未经警察局长同意而在公共街道上进行宗教服务。虽然这项法令并没有具体表明拒绝许可的理由,但是孔兹在1947年和1948年没有得到许可,而在之前他曾得到过许可,但却被控"谩骂攻击"基督教和犹太教。特别会议法院上诉部和纽约上诉法院也认为孔兹违反了该法令并支持了该裁定。联邦最高法院认为,纽约州的法令过于宽泛,因为它并没有规定一个政府官员用来决定谁应该获得许可并对宗教事务发表意见的标准。大法官罗伯特·杰克逊(Robert *Jackson)认为,孔兹已经使用了不受联邦宪法第一修正案保护的"挑衅性语言"(参见 Unprotected Speech)。同时他还批评联邦最高法院推翻了其在费纳诉纽约州案(*Feiner v. New York)(1951)中作出的许可方案,即允许地方官员享有自由裁量权以决定逮捕那些正在发表煽动性言论的演讲者(参见 Speech and the Press)。

[Bill F. Chamberlin 撰;岳志军译;邵海校]

L*l*

劳工[Labor]

自19世纪晚期开始,联邦最高法院一直是美国人生活中工会地位的最终主宰者。在这个世纪的冲突与协调中,联邦最高法院是劳工历史上的一个重要角色,但是,或许劳工对联邦最高法院历史的影响更为重大。劳工组织与联邦最高法院之间,从来都是一种混乱的关系。罗斯福新政(*New Deal)以前,劳工问题到达联邦最高法院主要通过两个途径:通过禁令(*injunctions)对劳工关系进行司法管制和通过联邦最高法院依据联邦宪法第十四修正案(the *Fourteenth Amendment)的正当程序条款对改革立法的审查(参见Due Process, Substantive)。经济大萧条的危机以及罗斯福新政的改革联盟(劳工在这里扮演了一个关键角色),迫使联邦最高法院在其美国政治经济概念中为工联主义寻找空间。有一段时期,联邦最高法院似乎要为罢工或联合抵制提供一些宪法性保护措施,但是,工人们传统形式的抗议和相互支持很快失去了联邦最高法院曾准备赋予的宪法保护。

对阶级性改革的敌视 从19世纪80年代到20世纪20年代,各州和联邦上诉法院的法官们是国家产业关系政策的主要设计者。在19世纪90年代,联邦最高法院审查了最高工时方面的法律和其他一些保护劳工的法律,以决定它们是否违反了联邦宪法的契约自由原则。在"霍尔登诉哈迪案"(*Holden v. Hardy)(1898)中,联邦最高法院支持了一部限制矿工工时的犹他州法律。然而,在"洛克纳诉纽约州案"(*Lochner v. New York)(1905)中——这一时代也因该案的判决而拥有了一个新名称——联邦最高法院撤销了一项对纽约州面包工人最高工时的限制。后来在"马勒诉俄勒冈案"(*Muller v. Oregon)(1908)中,转而又支持一部规定妇女最高工时的法律。总而言之,在这40年中,联邦最高法院撤销了大约200部法规,却只认同了大约100部法规,这就使各州治安权(*police powers)的准确界限显得不明确。但是,有一点却十分清楚:尽管立法机关可能保护劳工中的"独立"和"自愿"群体,但是更多的以阶级为基础的改革措施将不会通过宪法的审查。在"科皮奇诉堪萨斯州案"(Coppage v. Kansas)(1915)中,联邦最高法院认为,政府不能对源自"一些人拥有工业财产而另一些人不拥有的事实"所引起的不平等进行调和(p.17)。联邦最高法院对以阶级为基础的改革目标所持的敌对态度对全国劳工运动政治特征的形成起了很大的作用,并鼓动了20世纪早期大多数工会主义者接受反国家主义或与塞缪尔·冈珀斯(Samuel Gompers)相关的"唯意志论"思想。具有讽刺意味的是,劳工们的主要政治观点却与联邦最高法院自身放任自由的立宪主义(*laissez-faire constitutionalism)理念下的工会形式极具相似性。出于同样的原因,联邦最高法院对妇女与儿童工时法规的欢迎态度促成并认可了工人阶级内部以性别(*gender)为标准的分化。在支持统一工时法的同时,劳工运动又逐步支持专为那些通过集体自助也"不能照顾自己"的不能独立生活的群体单独制订工时法。

反劳工禁令 由于主要的工会组织摈弃了旨在支持"私营"经济领域中进行自助的广泛立法目标,联邦最高法院就在该领域整治工人活动方面扮演了一个日益积极的角色。每十年间劳工禁令的数量都成倍增长;在1880年到1930年间,联邦和各州法院(*state courts)发布了大约4300项反罢工法令。第一部禁令颁布于1877年铁路工人罢工时期,这一由几个联邦地区法院共同签发的法令规定,破产的铁路公司应该进行破产接管。当地官员与州官员不愿镇压罢工而引起了铁路公司的骚乱,联邦法官们对此很不满,于是决定自行处理这些问题,他们命令他们的执法官组成自愿执法队或要求联邦军队来镇压罢工。在19世纪90年代接下来的铁路工人大罢工运动中,联邦法院进而禁止针对那些没有实施破产管理的铁路公司进行罢工和抵制。为了获得权威性,各法院主要依据新的州际商事法(*Interstate Commerce Act)(1887)以及《谢尔曼反托拉斯法》(*Sherman Antitrust Act)(1890)。

1895年,联邦最高法院对联邦衡平法上的权力扩张作出了评判。这次是由于一场大规模的针对普曼公司制造和所有的铁路机车的全国性抵制活动。美国铁路工会主席尤金·德布斯(Eugene Debs)领导了这次抵制运动,该抵制受到了艾勒金尼县(Alleghenies)以西几乎每个大城市联邦法院的谴责。当联邦军队使用格林机关枪(初期的机关枪)来实施禁令时,工人们便将法庭的禁令称为"格林机关枪禁令"。在德布斯对物(对事)诉讼案(In re *Debs)(1895)中,联邦最高法院一致支持该禁令,并认定德布斯及其他罢工领导人犯有藐视法院罪;法院以大胆的方式认可了工业冲突中衡平救济的新用法。

到德布斯案判决的时候,反对罢工的禁令在许多铁路之外的工业部门得到了使用。司法激进主义(*judicial activism)扩张的一个关键原因是劳工们日益增长的抵制活动。通过组织全国性工会组织或整个工人阶级队伍来抵制某一个雇主，与普通的由工资引起的罢工相比，这种抵制使工会拥有更多的权力，并与法官们所持的个人主义倾向产生了更大的摩擦。这些抵制活动也使联邦最高法院在接下来的一些重要案件中采用了禁令。1908 年，在"洛伊诉劳勒案"(*Loewe v. Lawlor)即"丹伯里·汉特斯案"中，与大多数低级别联邦法院(*lower federal courts)一道，联邦最高法院将谢尔曼法适用于工人联合体，这就回答了德布斯案所公开遗留下的一个问题；联邦最高法院还判决，不论是依据谢尔曼法还是依据普通法(*common law)，被告汉特斯工会对一家"不公正"雇主的产品进行抵制的宣传都是非法的。"冈珀斯诉巴克炉灶厨具公司案"(*Gompers v. Buck's Stove & Range Co.)(1911)是一起反对冈珀斯以及其他全国性劳工联盟官员蔑视法院的案件，因为他们无视审案法院的禁令，宣传另一起消费者抵制运动。尽管联邦最高法院驳回了蔑视法院的诉讼，但它也推翻了冈珀斯关于联邦宪法第一修正案(the *First Amendment)保护该类反对活动的诉讼主张。

"洛伊诉劳勒案"以及巴克炉灶厨具公司案在劳工联盟求助和游说国会方面起到了非常重要的作用，其目的是要通过立法方式来取消有关劳工的禁令。经年累月的游说终于在 1914 年《克莱顿法》(Clayton Act)中有了结果，该法案似乎要阻止联邦法院对和平游行示威以及其他任何与罢工或抵制相关的交流活动进行禁止。冈珀斯将该法案称为劳工的"基本宪法"，但是低等联邦法院用一种抵触且没有任何改变的方法来解释（或许是故意）该法案的反禁令条款中模棱两可的语言。1921 年，联邦最高法院宣布，该法案的关键条款仅仅是将早已存在的有关禁令的普通法法典化而已——"杜普雷克斯印刷公司诉狄尔林案"(*Duplex Printing Press Co. v. Deering)；在接下来的 10 年里，又有大量的罢工被禁令解散，国会又一次考虑这一问题。

新政撤销 在这个时期，劳工组织发动了反对"政府禁令"的大规模抗议，而且越来越多的政治精英人物认为这一具有镇压性的、法官制造的游戏规则必须改变。这种观点与大萧条时期大范围的商业活动合法性以及共和党的地位的下降相结合，促成了 1932 年《诺里斯—拉瓜迪亚法》(Norris-LaGuardia Act)的颁布。与早期的《克莱顿法》相比，《诺里斯—拉瓜迪亚法》是一部有着较少模糊性，而更适合律师操作的反禁令法律，它通过程序性的障碍和程序性的保护措施来限制劳工禁令。它完美地表达了美国劳工联合会就法院在劳工关系中应有作用的看法：法院几乎应当不存在。而当时，法院也好像是这么认为的。

从 20 世纪 30 年代开始，联邦法院确认并拓展了《诺里斯—拉瓜迪亚法》对罢工和抵制活动的保护，即这些罢工和抵制活动在禁令和要求损害赔偿的民事诉讼面前都能免责。具有讽刺意义的是，尽管联邦最高法院在"劳夫诉 E. G. 辛纳及其公司案"(Lauft v. E. G. Shinner and Co.)(1938)中维持了该法，而且低级别联邦法院也颁布了它们对法案的扩展解释，国会和罗斯福(Franklin D. *Roosevelt)政府还是反对将自愿主义作为政府产业关系政策的基础，并且又颁行了一系列行政法规对其进行控制。

20 世纪 30 年代的劳工法为联邦最高法院戏剧性的改变提供了舞台，而日益增长的工会运动则极大地促使联邦最高法院抛弃其自由放任的立宪主义。最初，联邦最高法院好像要决心捍卫旧的制度。在"谢克特禽畜公司诉合众国案"(*Schechter Poultry Corp. v. United States)(1935)中，联邦最高法院推翻了罗斯福政府新的联邦劳工关系政策——《国家工业复兴法》(the National Industrial Recovery Act)，并将其视为违宪的立法和没有"商业条款"根据的联邦权力的扩张，因为它涉及某些州内商业活动中的工作条件（参见 Commerce Power）。同时，联邦最高法院还在 1936 年发现一部规定妇女最低工资的纽约州法律是对契约自由的一种没有宪法依据的干涉["提帕尔多引起的莫尔黑德诉纽约案"(*Morehead v. New York ex rel. Tipaldo)]。

然而，1936 年秋天，罗斯福再次当选总统。1937 年初，他提出了法院人员布置计划(*court-packing plan)。这年春天，在具有重大影响的两个案件中，联邦最高法院实际上改变了以前的立场。联邦最高法院在"西海岸旅馆公司诉帕里西案"(*West Coast Hotel Co. v. Parrish)的判决中指出，"宪法并没有规定合同自由"(p. 391)，并认可了一部规定妇女最低工资的法律的合宪性，而该法与不到一年之前被其推翻的纽约州法律并无二致。在"全国劳动关系委员会诉琼斯与劳夫林钢铁公司案"(*National Labor Relations Board v. Jones & Laughlin Steel Corp.)中，法院又赞成《全国劳动关系法》(National Labor Relations Act, NLRA)，该法赋予私营工业企业中的工人加入工会的权利，雇主则有与其雇员代表相互谈判的义务。仅仅在谢克特案判决后的两个月，罗斯福于 1935 年签署了该法案，而雇主们则依据谢克特案及早期的判决来对该法予以反对，因为他们认为该法是违宪的。这些判例使得雇主的律师们可以在低级别联邦法院与新成立的全国劳动关系委员会纠缠长达两年之久，直到联邦最高法院承认全国劳动关系法委员会的合法性为止。

琼斯与劳夫林案是新宪法体系的基础，该宪法体系依据"商业条款"的规定拓展了联邦权力并确认政府享有广泛的调整经济的权力。联邦最高法院明确承认：权力的不对称性使单个雇员在处理与雇主的关系时显得无助，所以它赞成为衡平利益的目的而进行干涉。但是,琼斯与劳夫林案的判决对工会法律地位的认识并不是很明确,这就产生了可能影响后来判决的紧张状态。一方面,联邦最高法院认可了工人们组织工会的"基础权利";另一方面,联邦最高法院也认为工会和集体谈判对"产业和平"起着非常重要的作用(p.33、p.42)。如果该权利是基础权利,劳工们的新权利就是不可侵犯的(虽然有争议),但是这些权利可以被调整以适应促进产业和平的目的。

然而,工人享有结社的基本权利这一原则并不能简单地把它看成构成了一个应该对工会活动进行联邦司法保护的平台。在20世纪30年代和40年代早期,工会组织的活动和各州的镇压之间的冲突引发了联邦最高法院针对联邦宪法第一修正案所作判决的标志性变化,联邦最高法院开始将该宪法权利向言论自由延伸以促成工会组织活动。

在"黑格诉工业组织协会案"(*Hague v. Congress of Industrial Organizations)(1939)中,联邦最高法院第一次认可将联邦宪法第一修正案的适用作为禁止政府镇压言论自由的武器,而不是阻止刑事起诉的保障。当工业组织协会的组织者们于1937年抵达新泽西州的泽西城,并要求工人们行使《全国劳动关系法》(NLRA)所赋予的权利时,该城当局却拒绝承认他们举行集会或散发传单的权利,并将他们逮捕继而又驱逐出了该市。工业组织协会的律师们则指控这是对该修正案所赋予权利的剥夺,并对该禁令提出司法救济的要求以反对市长弗兰克·黑格(Frank Hague)。联邦最高法院的判决对于劳工组织是非常有利的,因为它将劳工组织的活动置于宪法保护的范围之内。

联邦最高法院很快就将关于言论与集会(*speech and association)的宪法性保护拓展到了最传统的劳工表示不满的形式——(工会组织的)罢工纠察线。在"桑西尔诉亚拉巴马州案"(*Thornhill v. Alabama)(1940)中,联邦最高法院推翻了一部适用范围过宽的反纠察法令,因为它认为,对劳工问题的自由讨论是影响"现代工业社会的命运"的"公共政府程序"不可分割的组成部分(p.103)。联邦最高法院在桑西尔案中对公众存在于罢工这种公开表达方式中的宪法第一修正案所保障的权益给予了特别的关注,强调了其在琼斯与劳夫林案中的早期推理。值得注意的是,联邦最高法院并没有停滞于罢工者们表达不满的权利。相反,它还根据产业领域已经颁布的公共规范认可了为劳工权利提供联邦保护的正当性。作为一个手段,这种对劳工组织中公共利益的确认是一把双刃剑,它意味着州当局既要对工人的自由予以保护,又要对工会活动进行规范和限制。

劳工损失基础 尽管联邦最高法院支持《全国劳动关系法》(NLRA),它还是要逐步缩小该法案保护工会活动的核心条款的适用范围。在1939年"全国劳动关系委员会诉范斯提尔冶金公司案"(National Labor Relations Board v. Fansteel Metallurgical Corp.)中,联邦最高法院作出了具有里程碑意义的裁定,该委员会要求恢复雇用静坐罢工之后被解雇的工人,联邦最高法院则对此予以拒绝。该判决引出了一种后来被委员会所采纳的程序,据此,当工会活动过于激烈而成为谈判进程中有力的斗争手段或者谈判的障碍时,其将不能得到保护。静坐罢工的保护被剥夺30年后,尽管有《诺里斯—拉瓜迪亚法》明确要求,联邦最高法院在"伯伊斯市场公司诉零售商克拉克地方770号案"(Boys Market, Inc. v. Retail Clerks' Local 770)(1970)中,又使各联邦法院回到了禁止罢工活动违反契约性不罢工声明的和平罢工与设置纠察线的事务中。联邦最高法院认为,联邦政策已从"对新生的劳工运动的保护转向了对劳资谈判的鼓励"(p.251)——从基础权利(*fundamental rights)理论向实用权利理论的转变。

随着联邦最高法院对赋予劳工权利公共目的而不是劳工基本权利本身的日益重视,它允许对工人的法律权利重新设定,但同时也支持各州对工会内部事务进行干预。这些裁决削弱了黑格案和桑西尔案所确立的原则。随着1947年《塔夫脱—哈特莱法》(Taft-Hartley Act)的颁布,联邦最高法院面临着一系列对劳工运动的新法律自由予以限制的措施。《塔夫脱—哈特莱法》严格限制了工人们选举自己代表的权利,并要求工会官员保证不是共产党人,否则他们的工会将得不到联邦保护(参见Communism and Cold War)。联邦最高法院在"美国通讯协会诉杜茨案"(*American Communications Association, CIO v. Douds)(1950)中,对这一要求予以了肯定。联邦最高法院承认《塔夫脱—哈特莱法》约束了合法政治自由的实现,但是,联邦最高法院通过琼斯与劳夫林案的推论方法得出了其逻辑结论。联邦最高法院之所以作出这样的判决,是因为《全国劳动关系法》的根据在于"自由贸易"所体现的公共利益,国会则可以通过立法来反对在工会中处于领导地位的共产党人对"该公共利益"构成威胁(p.387、p.400)。

在另一条具有同等重要性的裁判路径中,联邦最高法院则支持《塔夫脱—哈特莱法》对工会纠察活动的限制,这些纠察活动要求消费者或普通工人向雇主施压以迫使该雇主停止与卷入劳工纠纷的另一雇主进行商业往来。这种对"从属活动"禁止的目的在于控制由罢工所引起的混乱状态的扩展。在桑西尔案中所确立的先例逐步缩小了对劳工言论自由的保护,联邦最高法院又在"电力工人诉国家劳动关系委员会案"(Electrical Workers v. National Labor Relations Board)(1951)中依照这些先例,判决上述法律所设定的限制对言论自由权利的剥夺并没有违宪。仅仅几年之后，在"货车驾驶员地方695号分会诉沃格特案"（Teamsters, Local 695 v. Vogt, Inc.）（1957）中，联邦最高法院认为，这些案件使各州有"合宪地禁止和平纠察"的特权（p.293）。于是，联邦最高法院在20世纪50年代晚期进一步确认，融洽的劳工关系中所体现的公共利益优先于工人们从联邦宪法第一修正案中所获得的权利。联邦最高法院又一次对劳工禁令表示了支持，就像它在塞缪尔·冈珀斯时代的做法一样。

20世纪60年代，美国黑人的律师们依据通过有组织的劳工而获得胜诉的先例敦促联邦最高法院拓展联邦宪法第一修正案和联邦立法对公民权利（*Civil Rights）的保护范围。然而，在那个时候，法律基础已经移向了工联运动。1982年，在联邦最高法院明确裁定劳工示威是严格规范的主要对象之后的60年，法院在"全国有色人种协进会诉克莱伯姆五金制品公司案"（National Association for the Advancement of Colored People v. Clairborne Hardware Co.）中判决，联邦宪法第一修正案保护由民权团体组织的旨在抵制白人商人的和平示威。引证桑西尔案作为支持，联邦最高法院对从属性的劳工示威与受保护的公民权利主张进行了谨慎的区别。具有讽刺意义的是，在联邦最高法院认为国会有权对就业、公共设施以及其他领域的公民权利予以保护的20年后，工联运动又开始要求撤销《全国劳动关系法》，而正是该法案促成了"新政"时期的法律改革并为《1964年民权法》（*Civil Rights Act of 1964）铺平了宪法上的道路。联邦最高法院的审判历史中永远都有工会运动的痕迹。然而，当劳工们的法律抗争使其他公民的权利保护得到改善时，工会组织里的工人们自己的权利却又得不到充分的保护（参见Capitalism；Contract, Freedom of）。

参考文献 James B. Atleson, *Values and Assumption in American Labor Law*（1983）. John R. Commons, *Legal Foundations of Capitalism*（1924）; Williams E. Forbath, *Law and the Shaping of the American Labor Movement*（1991）; Christopher L. Tomlins, *The State and the Unions*（1985）.

[William E. Forbath 和 Craig Becker 撰；王煜宇 译；邵海校]

放任自由的立宪主义［Laissez-Faire Constitutionalism］①

"放任自由的立宪主义"指的是一种思想态度，它表现了从美国内战（*Civil War）到"新政"（*New Deal）期间联邦最高法院一些法官的思想特征。这种思想反映了古典自由经济学的特点：赞成由市场来控制经济，偏好企业自由以及与之相伴而来的对政府管制经济的反对；在社会生活中主张达尔文主义，即提倡社会生存领域中的竞争并在经济领域采取适者生存的原则；以形式主义的方法来审视法院的判决，喜欢抽象概念和形式逻辑；传统的美国价值观、个人主义、机会均等，对限制竞争的反对，对于由移民、工业化、城市化以及有组织的劳工斗争所引发的社会不稳定感到恐惧。

斯蒂芬·J. 菲尔德（Stephen J. *Field）法官和约瑟夫·P. 布拉德利（Joseph P. *Bradley）法官在屠宰场系列案（*Slaughter Cases）（1873）中的反对意见，是联邦最高法院放任自由的立宪主义价值观的第一次明确表现。这些价值观产生了实体的正当程序原则，该原则在"芝加哥、米尔沃基与圣保罗铁路公司诉明尼苏达州案"（*Chicago, Milwaukee & St. Paul Railway Co. v. Minnesota）（1890）中，第一次赢得了大多数法官的青睐；并且，由这些价值观发展而来的合同自由（freedom of contract）原则也在"艾杰耶尔诉路易斯安那州案"（Allgeyer v. Louisiana）（1897）中取得了它的第一次胜利。在首席大法官梅尔维尔·W. 富勒（Melville W. *Fuller）、爱德华·D. 怀特（Edward D. *White）和威廉·霍华德·塔夫脱（William Howard *Taft）执掌法院期间（1888—1930），联邦最高法院常常接受这些价值观，并产生了像所得税案（Income Tax Cases）——"波洛克诉农场主贷款与信托公司案"（*Pollock v. Farmers' Loan & Trust Co.）（1895）和"普勒西诉弗格森案"（*Plessy v. Ferguson）（1896）这样一些体现放任自由的立宪主义的范例。与传统的联邦主义（*federalism）思想相结合，这一理念引发了一系列限制联邦规范权力的判决，包括："合众国诉E. C. 奈特公司案"（United States v. *E. C. Knight Co.）（1895）以及"童工案"（Child Labor Cases）——"哈默诉达根哈特案"（*Hammer v. Dagenhart）（1918）与"贝利诉德雷克塞尔家具公司案"（Bailey v. Drexel Furniture Co.）（1922）。放任自由的立宪主义对有组织的劳工表现出了毫不掩饰的敌意，这导致了"德布斯对物（事）诉讼案"（Debs, In re）（1895）和"洛伊诉劳勒案"（*Loewe v. Lawlor）（1908）的判决。在"洛克纳诉纽约州案"（*Lochner v. New York）（1905）和"阿德金斯诉儿童医院案"（*Adkins v. Children's Hospital）（1923）中，联邦最高法院法官们心目中放任自由的立宪主义发挥到了极致。包括纽约州、伊利诺伊州、宾夕法尼亚州和马萨诸塞州等在工业领域处于领先地位的各州法院在内的很多州法院都接受了放任自由的逻辑，并产生了保守主义审判原则，如在"雅各布对物（对事）诉讼案"（In re Jacobs）（纽约州，1885）和"艾夫斯诉南布法罗铁路

---

① 另请参见 History of the Court: Reconstruction, Federalism, and Economic Rights.

公司案"(Ives v. South Buffalo Railway Co.)(纽约州,1911)的判决结果(参见 States Courts)。

但是,这一思想从来就饱受批评家们的指责,奥利弗·温德尔·霍姆斯(Oliver Wendell *Holmes)法官是联邦最高法院中最早对其进行批判的人,他在洛克纳案(Lochner)中的反对意见旗帜鲜明地反驳了这一思想。后来在个人执业的实践中,律师布兰代斯通过"布兰代斯辩护要点"(*Brandeis Brief)对放任自由的立宪主义原则发起了致命一击:在"马勒诉俄勒冈案"(*Muller v. Oregon)(1908)中,因为该辩护要点的说服力而得到了多数法官的承认;但是在阿德金斯案(Adkins)中,该辩护要点又遭到多数法官的反对。在法庭之外,像哈佛大学法学院罗斯科·庞德(Roscoe Pound)这样的学术批评家,以及1912年布尔·穆斯(Bull Moose)运动中西奥多·罗斯福(Theodore Roosevelt)这样的政治领袖都对这一原则的后果加以谴责。而且,该思想仅仅是时断时续地处于支配地位;像在马勒案(Muller)和霍尔登诉哈迪案(Holden v. Hardy)(1898)中,联邦最高法院也对大多数管制性法律持支持态度。

放任自由的立宪主义在第一次世界大战之后得到了复兴,并支配着塔夫脱时期的联邦最高法院。但在罗斯福新政时期其支配力出现了短暂的衰退,又使联邦最高法院保留了一些联邦和州的管制性立法。但是,它的影响力在1936年和1937年又得到了强有力的恢复,这就产生了反对管制的立法最后的伟大判决,具体案例包括"卡特诉卡特煤炭公司案"(*Carter v. Carter Coal Co.)(1936)以及"提帕尔多引起的莫尔黑德诉纽约案"(*Morehead v. New York ex rel. Tipaldo)(1936)。1937年的宪法改革将该思想完全清除,联邦最高法院则系统地否定了它的理论前提和由它所产生的先例判决(参见 Court-Packing Plan)。

在伯格(Burger)和伦奎斯特(Rehnquist)执掌联邦最高法院期间,现代的批评家们有时则可以发现自由主义在这里的复兴。但是,世纪之交的联邦最高法院与当代的联邦最高法院相比,不同之处远远多于相似之处。当现代的保守主义者们赞成民主多数派的权力时,放任自由的立宪主义却对民主有着极度的怀疑,正如克里斯托弗·泰德曼(Christopher Tiedeman)这样一些最早的学术辩论者们在其著述中所证明的那样。此外,现代司法保守主义者们对先辈们价值观的继承并不是很多。其实,要接受鲁弗斯·佩卡姆(Rufus *Peckham)法官所极力称赞的社会达尔文主义(Darwinism)中那些并不成熟的东西是非常困难的。近一个世纪的实践减轻了人们对工会组织以及移民潮的内心恐惧。赞成由市场来控制经济以及由契约带来的私人自治而不是由立法来对公共秩序进行规范,这与过去的历史有很大的连续性。

参考文献 William M. Wiecek, *The Lost World of Classical Legal Thought*:*Law and Ideology in America*, *1886-1937*(1998).

[William M. Wiecek 撰;王煜宇译;邵海校]

拉马尔,约瑟夫·拉克尔[Lamar, Joseph Rucker]

[1857年10月14日生于佐治亚州的拉克斯(Ruckerscille);1916年1月2日卒于华盛顿特区;葬于佐治亚州奥古斯塔沙山公墓]1911—1916年任大法官。约瑟夫·拉克尔·拉马尔继承了其家族中喜欢涉入民事务的传统。在他们各自社区的社会精英中,拉马尔家族和拉克尔家族都因为公共领导地位而享有盛誉。事实上,两家的父辈都在19世纪赢得过显赫的地位。米拉波·拉马尔(Mirabeau Lamar)曾担任过初生的得克萨斯共和国的总统(1838—1841),而 L. Q. C. 拉马尔当过国会议员、内务部部长和美国联邦最高法院大法官(1888—1893)。不管是作为一名律师还是州最高法院以及联邦最高法院一名能干的法官,约瑟夫·拉克尔·拉马尔都可谓将其祖先的遗志发扬光大。

Joseph Rucker Lamar

在社会富足的情况下,年轻的拉马尔享受到了优越的文化和教育条件。沐浴着南方贵族的传统礼仪,拉马尔发扬了贵族的价值观,这些价值观影响了拉马尔一生的个人生活和职业生涯。他进入了佐治亚大学并于1877年毕业于西弗吉尼亚州的贝瑟尼学院(Bethany College)。

拉马尔在佐治亚立法机关工作的时间很短暂，因为他一生的社会贡献以及他的个人兴趣都来自法律领域而不是政治领域。他在华盛顿·李大学（Washington and Lee University）学习了一个学期的法律，在1878年取得佐治亚州律师资格之前，又做了半年的助理律师。他的法律才能受到了广泛认可，这使他能被任命为负责起草佐治亚州法典修订案的三个委员中的一个。拉马尔独自起草了民事法律卷，该部分在1895年州立法委员会得以通过。作为一名法律史学专业的学生，他还撰写了几部享有盛誉的关于佐治亚州法律发展史的专著。他在1903年被任命为州最高法院法官，在任职两年之后，又回去从事他的个人执业工作。他常常为公司主要是铁路运输公司做代理，偶尔还到联邦最高法院为案件辩护。

拉马尔于1910年获得联邦最高法院法官的提名着实让这位佐治亚州律师大吃一惊，因为他一年前才在奥古斯塔市（美国佐治亚州东部一城市——校者注）与前来度假的塔夫脱总统（William Howard Taft）见过面。参议院迅速一致地通过了这一任命，拉马尔便开始在联邦最高法院任职，而当时的联邦最高法院除了要处理一般性事务外，还要面对诸如州际商务、州与联邦的治安权力以及行政法令这样的问题。

总的来说，拉马尔在任期内没有什么很特别的表现。在一个高度一致的联邦最高法院中，他总是跟着多数派一起投票。但他的一些观点却扩大了行政官员的行政裁量权，这是很值得注意的。例如，在"合众国诉格里莫德案"（United States v. Grimaud）（1911）中，有指控称1891年的《森林保护法》将立法权授予农业部长的做法是违法的，拉马尔支持该法的合宪性。这一标志性判决允许行政官员在适用法律时行使自由裁量权以填补法律的空白。在"合众国诉中西部石油公司案"（United States v. Midwest Oil Company）（1915）中，拉马尔又扩大了总统的权力，使总统在未经国会授权的情况下就可以将用于公用事业的土地收回。

拉马尔还曾经在一个司法外职位上有过杰出的表现。1914年，他儿时的朋友，伍德罗·威尔逊（Woodrow Wilson）总统派拉马尔去参加阿根廷、巴西和智利会议中关于墨西哥问题的敏感外交谈判。拉马尔以他在公共事务中一贯的温和性格圆满地完成了这次谈判任务。

参考文献 Clarinda Pendleton Lamar, *The Life of Joseph Rucker Lamar* (1926).

[John W. Winkle Ⅲ 撰；王煜宇译；邵海校]

拉马尔, 卢修斯·昆塔斯·辛辛纳图斯[Lamar, Lucius Quintus Cincinnatus]

[1825年9月17日生于佐治亚州的伊顿（Eaton）；1893年1月23日卒于佐治亚州的梅肯市；葬于密西西比州牛津市的圣彼得公墓] 1888—1893年任大法官。很少有美国人像L. Q. C. 拉马尔那样，在一生中经历范围如此广泛、如此繁多的公务生涯。在19世纪的后半期，他先后任职于联邦政府的三个职能部门：先是作为参众两院的一名议员，随后又担任了内政部长，最后还成为了美国联邦最高法院的大法官。

Lucius Quintus Cincinnatus Lamar

出生于佐治亚州中部的种植园贵族家庭，拉马尔继承了一种强调传统、宗教信仰以及礼仪的贵族精神。这些价值观尤其影响了他在担任公职期间的决策。法律和政治主宰了他的一生。随着时间的推移，拉马尔也在逐步地学习、讲授、撰写、实施以及解释法律。此外，作为密西西比大学的法学教授，他率先将案例教学法引入法学教育当中。他在政治方面的影响则主要来自于他的岳父奥古斯塔斯·朗斯特里特（Augustus Longstreet），一位大学校长和公然的分离主义者。拉马尔起草了密西西比州脱离联邦的法令，并于南北战争一触即发之际辞去在国会的职务。然而，多年之后，这个拉马尔却以其感人至深的统一请求打动了国会，并为他赢得了"伟大的和平缔造者"的声誉。他在1874年马萨诸塞州参议员查尔斯·萨姆纳（Charles Sumner）去世时所作的颂词被约翰·F. 肯尼迪（John F. Kennedy）编入《勇敢人物志》一书中。

1887年，克利夫兰总统（Grover Cleveland）提名这位能干的内政部长填补由威廉·B. 伍兹（William

B.＊Woods)大法官的去世而引起的联邦最高法院的人员空缺。但是,参议院的批准却来得不那么容易。反对者们以缺乏法律经验和年龄过大为理由攻击拉马尔,这些观点都掩盖了共和党成员的政治立场。以微弱多数(42 比 38)的表决结果,拉马尔成为自他的表兄约翰·阿奇博尔德·坎贝尔(John A. ＊Campbell)(1853)之后登上联邦最高法院法官席位的第一位南方人,也是自斯蒂芬·约翰逊·菲尔德(Stephen J. ＊Field)(1862)之后的第一位民主党人。

当时的联邦最高法院要面对的是诸如州际商务活动以及各州对商业活动进行规范时出现的紧急状况,而拉马尔始终扮演了一个谦和的角色。他通常都会与首席大法官梅尔维尔·韦斯顿·富勒(Melville W. Fuller)所领导的多数派站在一起。直到后来健康状况恶化使他的工作受到了限制,对于分配给他的案件,拉马尔都写出了公正的判决意见书。然而,他所受理的绝大多数案件都是涉及专利权、土地所有权争议、抵押物赎回权的取消、人身伤害诉讼以及市政债券之类无重大影响的案件。

在涉及国家主权范围的三个案件中,拉马尔提出了著名的反对意见,这或许是他的司法哲学中最突出的表现。在"芝加哥、米尔沃基与圣保罗铁路公司诉明尼苏达州案"(＊Chicago, Milwaukee, and St. Paul Railway Company v. Minnesota)(1890)这一标志性案件中(该案宣告了一个司法激进主义时代的到来),拉马尔加入了一个坚决的反对阵营,该反对意见认为应当由立法机关而不是各法院来决定公共政策的合理性(参见 Judicial Self-Restraint)。几个月之后,在尼格尔对物(对事)诉讼案(In re ＊Neagle)(1890)中,拉马尔对行政权力的扩张提出了质疑,这也是某些学者所认为的他最杰出的观点。他解释道:如果没有明确的法律授权,一位为了保护联邦法官而杀死暗杀者的美国联邦法院执法官不能认为他是在执行公务。而在"菲尔德诉克拉克案"(Field v. Clark)(1982)中,拉马尔又对国会将立法权部分授予总统并使其可以征收任意关税的做法提出了质疑(参见 Delegation of Powers)。除此之外,拉马尔在其他所有案件中都遵循着其被政治生涯陶冶出来的价值观。

参考文献 James B. Murphy, L. Q. C. Lamar, *Pragmatic Patriot* (1973).

[John W. Winkle Ⅲ撰;王煜宇译;邵海校]

土地授予[Land Grants]①

自从欧洲人在美洲大陆定居以来,土地就成了财富的主要部分。历届政府都取得了对土地的所有权并将大部分土地分配给私人以作定居与生存发展之用。在早期的案例中,联邦最高法院承认,作为美国政治经济制度组成部分的土地是受宪法保护的私人财产权。在"弗莱彻诉佩克案"(＊Fletcher v. Peck)(1810)中,联邦最高法院认为,联邦宪法的契约条款(第 10 条第 1 款第 1 项)保护各州的土地权授予免受立法机关的撤销。在后来的案例中,联邦最高法院也认为土地在联邦政府转移给私人以后,就已经成了私人财产。

联邦宪法的财产条款授权国会可以将联邦政府所有的土地进行"分配"。国会则依据这一条款将大部分联邦土地出售或授予给各州、公司和个人。而许多授予都是为了支持教育事业、铁路运输以及其他的公益事业。

联邦最高法院一直认为,分配公共土地的权力应该属于国会,而不是各法院。通常情况下,联邦最高法院都会将国会对土地的分配作有利于政府的解释。但是,当土地受让人不能履行土地授予状规定的条件而使政府试图收回土地时,联邦最高法院又倾向于对该条件进行严格的解释,并坚持认为政府应该遵循适当的回收程序。

[Bruce A. Campbell 撰;王煜宇译;邵海校]

合众国诉兰扎案[Lanza, United States v., 260 U. S 377(1922)]②

1922 年 11 月 23 日辩论,1922 年 12 月 11 日以 9 比 0 的表决结果作出判决,塔夫脱代表法院起草判决意见。因为违反华盛顿州的法律私自制造、运输和持有酒类饮料,维托·兰扎被判有罪并处以罚金。后来,他又被控违反联邦禁酒法——《沃尔斯特法》(Volstead Act),而所用的证据与在州进行控诉所用的证据是相同的。联邦地区法院依据禁止双重治罪原则(＊double jeopardy)将第二次起诉驳回,而司法部则提起上诉。在肯定对兰扎进行第二次起诉的基础上,联邦最高法院一致认为,州和联邦政府在惩罚危害治安与尊严的犯罪时,享有独立的权力。对于酒类控制来说,各州拥有原审管辖权。当联邦宪法第十八修正案(the ＊Eighteenth Amendment)将禁酒作为一项国家政策时,它的"共同实施权"条款保留了各州在不与联邦法规冲突的情况下,继续独立实施管辖权的权利。联邦宪法第五修正案(the ＊Fifth Amendment)仅禁止联邦政府的重复程序,因而并不适用于上述情况。既然各州要么在联邦宪法第十八修正案通过之前就已经有了禁酒法,要么在其生效之后不久即行颁布了禁酒法,兰扎案的判决就意味着该禁令的违反者几乎每犯一罪就要受到两次惩罚。尽管塔夫脱时期的联邦最高法院在这一判

---

① 另请参见 Propety Rights; Public Lands。
② 另请参见 Police Power; State Sovereignty and States' Rights。

决和其他判决中,明确地想要支持新的联邦宪法第十八修正案,但是公众却认为该禁令实施会限制传统的自由权利。

[David E. Kycig 撰;王煜宇译;邵海校]

拉斯特诉北汉普敦县选举委员会案[Lassiter v. Northampton County Board of Elections,360 U. S. 45(1959)]①

1959年5月18—19日辩论,1959年7月8日以9比0的表决结果作出判决,道格拉斯代表法院起草判决意见。拉斯特案是对投票权进行联邦保护的历史上一个重要案例。联邦最高法院驳回了一位黑人公民对其所在州识字考试的起诉,并认为各州有广泛的决定选举人资格的权力。因为该识字考试适用于所有种族的选举人,所以联邦最高法院不能得出结论认为该考试是用来推动种族歧视的。

拉斯特案必须在评价《1965年投票权法》(*Voting Rights Act of 1965)的基础上加以论述。该法临时取消了将识字考试和其他考试作为投票先决条件的规定。在"南卡罗来纳州诉卡曾巴赫案"(*South Carolina v. Katzenbach)(1966)中,联邦最高法院将该案与拉斯特案进行了区别,因为大多数受《1965年投票权法》先决条件管辖的州从其建立到后来的管理都在实行种族歧视。在"卡曾巴赫诉摩根案"(*Katzenbach v. Morgan)(1966)中,纽约州就该法能否适用于那些在非英语教学的美国学校念完六年小学的人进行审查。该法也因此而给予了许多移民到纽约州的前波多黎各居民以投票权。

如果联邦最高法院坚持其在拉斯特案中所用的方法,只要其认为该测试要求对不说英语的族裔产生了歧视,它就应该推翻这种文字能力的要求。但是法庭没有提出拉斯特案那样的疑问,即通过审判程序能否发现这种对英语能力的要求违宪。联邦宪法第十四修正案第5款只规定:为了执行联邦宪法第十四修正案的平等保护条款,法律必须是适当的。而这种适当性应该由国会来作出决定。因为这些受到质疑的条款的目的是要保障纽约州波多黎各人的非歧视性待遇,所以其对于执行联邦宪法第十四修正案(the *Fourteenth Amendment)来说是适当的。后来对投票权法所作的修改都禁止将文字能力考试作为投票的先决条件。

[Theodore Eisenberg 撰;王煜宇译;邵海校]

劳伦斯诉得克萨斯州案[Lawrence v. Texas, 539 U. S. 558(2003)]

2003年3月26日辩论,2003年6月26日以5比1比3的表决结果作出判决,奥康纳持并存意见,肯尼迪代表法院起草判决意见,斯卡利亚起草了主要的反对意见,托马斯起草了一个独立的、简短的反对意见。

该案中,联邦最高法院推翻了得克萨斯州的一部法律,该法规定同性之间进行亲密的性行为构成犯罪。通过该案,联邦最高法院将隐私权这一联邦权利扩展到了同性恋者之间,并明确推翻了"鲍尔斯诉哈德威克案"(*Bowers v. Hardwick)(1986)的判决,该案中,联邦最高法院拒绝支持同性恋者基于正当程序条款(*Due Process)对一部认定自愿的成年人私下里的鸡奸行为构成犯罪的州法提起的诉讼。

大多数法官的判决驳斥了鲍尔斯案中宣称的传统观点——美国传统上就禁止同性性行为,并引用其他国家的废除歧视同性性行为的判决(如英国1967年和欧洲人权法院1981年的类似判决)作为证据,表明西方对同性性行为的观点已经发生变化。大法官安东尼·M. 肯尼迪(Anthony M. *Kennedy)还提到,联邦最高法院在"宾夕法尼亚州东南计划生育部门诉凯西案"(Planned Parenthood of Southeastern Pennsylvania v. Casey)(1992)和"罗默诉埃文斯案"(*Romer v. Evans)(1996)中的判决,已经削弱了鲍尔斯案作为有拘束力的先例的力量。

大法官桑德拉·戴·奥康纳并没有与其他法官一起推翻鲍尔斯案,相反,她的并存意见主张,得克萨斯州的法律只禁止同性而没有禁止异性之间的鸡奸行为,说明州对同性恋行为给予了道德上的否定评价。但该法只以道德上的否定评价作为基础,就达不到宪法第十四修正案(the *Fourteenth Amendment)中的平等保护条款(*Equal Protection)所要求的最低限度合理性的要求。

大法官安东尼·斯卡利亚(Antonin *Scalia)在其反对意见中提到,联邦最高法院通过正常的民主手段宣扬了同性恋行为,尽管他主张他并不反对同性恋,也不反对任何的类似团体。然而,他叹息道:"联邦最高法院在文化战争中有所偏袒。"

大法官克拉伦斯·托马斯(Clarence *Thomas)在其反对意见中称,得克萨斯州的这一法律确实"非同寻常得荒唐",如果他是得克萨斯州议会中的一员,他肯定会投票否决这一法律。然而,由于宪法中并没有"概括的隐私权",因此,作为法官他没有权力宣布这部法律无效。

州的反鸡奸法经常被认为体现了对同性恋的一种敌意。劳伦斯案推翻这一立法,可能会导致同性恋者提起的扩展民权(*Civil Right)的诉讼大幅度增加。

[Daniel Pinello 撰;林全玲译;王红丽校]

---

① 另请参见 Equal Protection; Race and Racism; Vote, Right to。

律师版[Lawyers' Edition]

律师版是《美国联邦最高法院判例汇编律师版》的通称,它是由律师合作出版公司出版的联邦最高法院判例的一个非官方系列。1882年开始首次发行,重印了之前联邦最高法院所有的判例,包括许多官方从未报道过的判决,如《美国判例汇编》(*United States Reports)第131卷和第154卷附录中的判例。其后发行的卷本也保留了一些以前没有公开报道的判例。这些卷本的编号方法与官方卷本不同,在第100卷之后又重新开始新的编号。这一版本对官方的《美国判例汇编》提供了交叉引注。

该版本的特点包括:精选案例中的律师辩论总结以及在对每一卷本中的一些重要案例加以注释。现在,这些内容都在每一卷后面的附录里。自律师版第2辑第32卷之后,卷本后面的补充材料保存了该卷本的更新注释,其目的主要是总结相关案例的引证汇编以及在该卷本送到出版社之后由法官作出的修正。

每两周发行一次的预样,虽然与正式发行的版本一样也包括目前的判决,但没有注释。

[Morris L. Cohen 撰;王煜宇译;邵海校]

危险最小的分支部门[Least Dangerous Branch]①

在《联邦党人文集》(The *Federalist)第78篇,亚历山大·汉密尔顿(Alexander *Hamilton)预言,司法部门应当总是联邦政府中的"危险性最小的部门",因为司法部门"对军队和财政都没有影响力"而且"既没有力量也没有意志,而仅仅只有裁判"。如果汉密尔顿的读者们认为他的意思是说联邦最高法院将永远不能成为美国政府的一支力量,那么由于在首席大法官约翰·马歇尔(John *Marshall)执掌联邦最高法院时期联邦最高法院的崛起,他们将很快得出另外的结论。但是,就联邦最高法院的脆弱性来说,汉密尔顿是正确的。总统控制着联邦最高法院大法官们的任命权,而法院也正如汉密尔顿所说,"最终依赖于行政力量的帮助——即使是对其判决的有效性来说亦是如此"。国会在联邦最高法院的原审管辖权(*original jurisdiction)之外控制了一切,而且它还经常仅仅通过立法就可以废止法院的判决。普通民众则可以通过宪法修正案来抵制联邦最高法院以及推翻其不受欢迎的判决(参见 Constitutional Amending Process)。因此,为了能够有效运作,联邦最高法院必须使自己与民主进程相互协调。它最成功的时候是在它进行原则性判决的时候,这也是联邦最高法院最能做到的。作为一个司法机构,它的特殊职能要求它去做的就仅仅是这些。它与选举政治的差异、它深思熟虑的传统以及它听审和阐发意见时的理性环境——所有这些因素形成了一种公正的宪法性的展示,而其他政府部门则不可能有这样的展示。

[R. Kent Newmyer 撰;王煜宇译;邵海校]

最低约束手段标准[Least Restrictive Means Test]②

在考虑政府对其限制言论权力的行使是否适当时,并不只考虑其目的,限制言论的方式也是同样重要的。半个多世纪以来,联邦最高法院一直认为,只要存在可选择的方法,政府就必须选择那些禁止言论时危害最小的方法。

这一原则起源于禁止发放传单以及其他印刷资料的城市法。这些法律达到了众口称赞的目的——即为了保持街道和人行道没有垃圾、干净卫生。但是,法官们却发现,他们实现这一目的的方式却往往超出了保证卫生所必须的手段。他们在"施奈德诉州案"(Schneider v. State)(1939)中指出,"还有明显的禁止乱扔杂物的其他方法,如对那些确实在街道上乱扔纸张的人予以惩罚"(p. 162)。

关于这一原则的效力,其另一个表现是"普罗库内尔诉马丁内斯案"(Procunier v. Martinerz)(1974),联邦最高法院在该案中重新审查了对狱中通信的限制:"对联邦宪法第一修正案(the *First Amendment)所规定的自由进行限制决不能超出对州的特定利益进行保护所必须的限度。所以,尽管一项限制……对某种重要的或实质利益是有益的……但如果其适用范围过宽的话,仍然可能是无效的"(pp. 413-414)。

近年来,即使是在政府的管制利益无可质疑的情况下,这一原则也得到了肯定。现在,如果要支持这一原则,仅仅简单地提出一种建议的、限制性较小的方法并不能说明政府已经做到了其需要做的一切。法院越来越多地取消对言论或出版的限制,因为公共机构并没有排除还有对言论自由损害更少的可能的替代方法。

然而,在20世纪80年代和90年代,联邦最高法院却开始限制最低约束手段标准的适用范围和效力。但在商业言论(*commercial speech)领域,即使对其界定并不总是前后一致,这一标准还是适用的;关于广告限制的裁定也一贯坚持多余的言论不禁止的原则。对于仅仅规范言论的时间、地点、方式(*time, place, and manner)而不涉及言论内容的中立法律,在"沃得诉洛克种族歧视案"(Ward v. Rock against Racism)(1989)判决作出后,是否仍然受这一最低约束手段标准审查已有疑问。然而在政府规

---

① 另请参见 Judicial Powers and Jurisdiction; Separation of Powers。

② 另请参见 Speech and the Press。

范保护性言论的内容时,它仍然必须证明那些危害更小的限制言论自由的手段不能保障实现政府宣称的管制利益。如果政府不能提供一些危害更小的限制言论自由的手段,那么法院仍然可以认为存在这样的手段,并且以此来判定法规无效。

[Robert M. O'Neil 撰;王煜宇、王红丽译;邵海、林全玲校]

李诉韦斯曼案[Lee v. Weisman, 505 U. S. 577 (1992)]

1991年11月辩论,1992年6月24日以5比4的表决结果作出判决,肯尼迪代表法院起草判决意见。布莱克蒙、苏特、史蒂文斯、奥康纳持并存意见,斯卡利亚、伦奎斯特、怀特和托马斯反对。"李诉韦斯曼案"的判决是1991年到1992年度联邦最高法院最重要的判决,涉及争论不休的关于宗教在美国生活中的作用问题。

该案涉及罗得岛州普洛威顿斯市内森·毕晓普中学在毕业典礼上邀请牧师做祷告的惯例。在这个案件中,1989年犹太学生黛博拉·韦斯曼和她父亲丹尼尔起诉了学校,因为她参加的典礼上有一名犹太传教士作了祈祷和祝福。这名传教士简单祈祷的内容是感谢上帝让美国享有自由,并且希望上帝祝福学校的教师、学生以及管理人员。韦斯曼父女认为,这一行为实际上使学校变成了教堂,他们的观点得到了美国公民自由联盟(*American Civil Liberties Union)的支持。

普洛威顿斯联邦地区法院与合众国在波士顿的巡回法院的上诉法院认为牧师们的行为是违宪的。他们是依据"莱蒙诉库尔兹曼案"(*Lemon v. Kurtzman)(1971)的裁决进行判断的。在该判决中法官们为判断政府赞助的宗教活动是否违反宪法的禁止确立宗教条款(*establishment clause)而建立了所谓的"三条标准"法。根据这一备受争议的标准,一项惯例要符合宪法的规定,必须具有非宗教的目的,不能从根本上宣扬或禁止宗教,必须避免政府与宗教的过多纠缠。乔治·W.布什政府极力主张法院肯定普洛威顿斯市学校的惯例,推翻莱蒙诉库尔兹曼案的裁决和它确立的标准。

法官安东尼·M.肯尼迪(Anthony M. *Kennedy)代表法院的判决意见绕过莱蒙案以及以此建立新的审查标准问题。牧师在公立学校的行为很显然是违反了禁止确立宗教条款,因此韦斯曼案可以直接裁决,而不需要参照法院其他类似的先例。同时,肯尼迪还进一步说明,否认普洛威顿斯市中学中牧师行为的判决不适用于涉及成年人的案件。肯尼迪也坚称联邦宪法第一修正案(the *First Amendment)的禁止确立宗教条款在20世纪同在最初确立的18世纪一样重要。他写道,如果人们遭受了政府赞助的宗教活动的侵害,则政府本身就没有完成保卫和尊重一个自由的公民所具有的神圣不可侵犯的良知和信仰的责任。

法官安东尼·斯卡利亚(Antonin *Scalia)对此观点表示不满,并且进行了嘲讽。他指责大多数法官担心青少年的精神状况是没有必要的,实际上他们很可能简单地把牧师的行为忽略掉。更重要的是这样一个被接受了的惯例把人们自动召集到一起,这是一个政府和学校董事会都应该提倡的一种行为。

[Kermit L. Hall 撰;王红丽译;林全玲校]

最高法院法律顾问处[Legal Counsel, Office of]

最高法院法律顾问处创建于1972年,是联邦最高法院行政结构中一个非法定单位。该顾问处的两位律师履行繁多的职责,包括初步研究、分析以及为非普通令状和请求原审管辖权的申请提出建议。这一机构还是法院的总顾问处,它将应首席大法官(*chief justice)的要求而承办一些特殊的事项,也可能间或帮助个别法官完成他们的巡回审判工作。不同于那些从事临时性事务的大法官秘书(*clerks),这一机构的两名律师要为法院的日常运作提供连续的和有经验的服务。

[John W. Winkle III 与 Martha Swann 撰;王煜宇译;邵海校]

法律辩护基金[Legal Defense Fund]①

全国有色人种协进会(*National Association for the Advancement of Colored People, NAACP)创立于1909年,是为了改善美国黑人的地位而致力于(国会的)院外游说活动、政治教育以及法律诉讼的组织。在其早期,全国有色人种协进会仅有少量带薪的工作人员,并且还要招募新成员、出版公报和一份杂志并游说政府官员。全国有色人种协进会依靠志愿律师对种族隔离提起诉讼,其中最引人注目的是"布坎南诉瓦雷案"(*Buchanan v. Warley)(1917),该案推翻了居住隔离的政令(参见 Segregation, de Jure)。

20世纪20年代,全国有色人种协进会接受了一项自由基金的捐款援助,开始着手对种族隔离进行更为系统的抗争。在一名年轻的白人律师内森·马葛德(Nathan Margold)对住房隔离(参见 Housing Discrimination)和公立教育(public *education)隔离制订了反对隔离的理论要点之后,全国有色人种协进会雇用了哈佛大学法学院的院长查尔斯·汉密尔

---

① 另请参见 Civil Rights Movement; Race and Racism。

顿·休斯顿(Charles Hamilton *Houston),他是该组织的第一位全职法律事务人员。为了迫使南方的大学允许美国黑人进入它们的研究生院和职业学院,并使公立学校中黑人和白人教师的工资持平,休斯顿开始了法律诉讼。这一运动在盖恩斯引起的"密苏里州诉加拿大案"(*Missouri ex rel. Gaines v. Canada)(1938)中第一次取得了胜利。根据该案的判决,各州或者必须允许美国黑人进入职业学院,或者创立分设的职业学院,而创立这样的学院通常都是非常昂贵的。

为了保证全国有色人种协进会在继续进行院外游说活动的同时,还能得到免税捐款以支持其法律和教育事业,1939年创立了独立运作的法律辩护基金(LDF)。休斯顿又聘请瑟古德·马歇尔(*Thurgood Marshall)做其助手,而马歇尔则于1939年开始担任该法律辩护基金的理事。从1945年到1954年,法律辩护基金对教育的隔离发起了的长期攻势,首先通过联邦最高法院的一个判决扩展了盖恩斯案(Gaines)的判决结果:以几乎不可能的重建方式使被隔离的职业教育设施保持与白人的教育设施相当["斯韦特诉佩因特案"(*Sweatt v. Painter)(1950)]。在此期间,直到20世纪60年代,该法律机构的规模都不大,很少超过七名律师。

在斯韦特案成功之后,法律辩护基金便将其注意力转向初级教育和中级教育中的种族隔离,开始了一系列的诉讼活动并最终导致1954年废除种族隔离制度的判决:"布朗诉教育理事会案以及博林诉夏普案"(*Brown v. Board of Education; Bolling v. Sharp)。在布朗案之后大约10年间,该法律辩护基金致力于保护其自身以反对南方立法机构试图制止其运作的努力(例如,指控其曾试图强制学校董事会遵循废除隔离制度的判决,并在招揽客户的过程中有违背职业道德的行为)。1963年,联邦最高法院在"全国有色人种协进会诉巴顿案"(*NAACP v. Button)中认为,法律辩护基金支持诉讼的活动受联邦宪法第一修正案(the *First Amendment)的保护。

1954年,全国有色人种协进会和法律辩护基金的董事会完全独立,从此这两个组织进一步正式分离。尽管如此,两个组织在这一时期的绝大多数时间里共用一个办公室,并保持了密切的工作关系。但是,到了1956年,由于个性不协调以及在怎样实现废除种族隔离的问题上发生了分歧,两个组织之间的关系变得紧张起来。最终,全国有色人种协进会扩展了由罗伯特·卡特(Robert Carter)领导的工作队伍,并在北方进行废除种族隔离的诉讼,而法律辩护基金则致力于在南方实现废除种族隔离制度。

为了接受联邦法官的任命,瑟古德·马歇尔于1961年离开了法律辩护基金的董事会,接替他的职位的是杰克·格林贝格(Jack *Greenberg)。20世纪60年代,法律辩护基金为在静坐示威(*sit-in demonstrations)中被起诉的美国黑人提供了法律援助。《1964年民权法》(*Civil Rights Act of 1964)颁布之后,法律辩护基金开展了一场宏大的旨在消除就业(*employment)歧视的诉讼运动。由于死刑执行的方法可能构成对美国黑人的歧视,出于此种考虑,法律辩护基金又对死刑(*capital punishment)提出了质疑。死刑运动在"弗曼诉佐治亚州案"(*Furman v. Georgia)(1972)中取得了短暂的胜利,并在对强奸罪实施死刑的问题上取得了一个更长期的胜利——这曾经对美国黑人有着特别的利害关系["科克尔诉佐治亚州案"(*Coker v. Georgia)(1977)],但尽管如此,联邦最高法院组成人员的变化最终还是使死刑得到了恢复(参见 Race Discrimination and the Death Penalty)。

参考文献 Richard Kluger, *Simple Justice* (1975); Mark Tushnet, *The NAACP's Legal Strategy against Segregated Education, 1925-1950* (1987).

[Mark V. Tushnet 撰;王煜宇译;邵海校]

法律现实主义[Legal Realism]

参见 History of the Court: the Depression and the Rise of Legal Liberalism。

法定货币系列案[Legal Tender Cases]①

法定货币系列案是19世纪70年代三个案例的总称,它们分别是:"赫伯恩诉格里斯沃尔德案"(Hepburn v. Griswold)[75 U.S. 603(1870)],1869年12月10日辩论,1870年2月7日以4比3的表决结果作出判决,蔡斯代表法院起草判决意见,米勒反对;"劳克斯诉李案"(Knox v. Lee)以及"帕克诉戴维斯案"(Parker v. Davis)[79 U.S. 457(1871)],1871年2月23日和1871年4月18日辩论,1871年5月1日以5比4的表决结果作出判决,斯通代表法院起草判决意见,蔡斯、克里福德以及菲尔德反对。法定货币系列案代表了这样一种主张,即认为合众国可以强制债权人收受纸币以作为对债务的偿付。这些案例还提出了另外一个问题,即对于未知的紧急状况来说,联邦宪法的适用是应该遵循其最初的含义还是可以允许司法自由裁量(参见 Original Intent)。这些案例也表明,不论联邦最高法院的判决与宪法是多么抵触,结果却往往是不可改变的,即它往往不受司法否决、立法撤销以及可能的正式宪法修正案的约束(参见 Constitutional Amending Process)。

---

① 另请参见 Contract Clause; Judicial Review; Judicial Power and Jurisdiction。

时任财政部长并于后来担任首席大法官的萨蒙·P. 蔡斯(Salmon P. *Chase)通过发行不能兑换(即不能兑换金币)的纸币来援助内战(*civil war)的决定引起了这场法定货币争议。这些纸币作为美钞而广为人知。货币的大量后续交易——借款、贷款和投资都以纸币进行,而不是以金币来进行,尽管当时金币仍是法定货币。为了保证对美钞的接受,又在国会提议,应当让美钞成为支付债务及税款的法定货币。这就意味着,若债务人支付纸币,债权人就要被迫接受,或失去债务利息甚至整个债权。蔡斯勉强对这一发展表示支持,而国会则于1862年颁布了《法定货币法》(Legal Tender Act of 1862)。但是,美元很快就遭到贬值。

在历史上,法定货币曾是一种不能兑换的支付工具,这贬低了纸币的价值。联邦宪法的制定者们也清楚地表明了他们试图将这种纸币从美国社会中废止的立场。首席大法官约翰·马歇尔(John *Marshall)痛斥法定货币的行为就反映了这一观点。1862年的《法定货币法》被看作是一种临时性的权宜之计。

从战争以及借贷权力中派生而来的默示权力原则(doctrine of *implied powers),在国会中得到反复引用,并由此证明美钞作为法定货币的地位。法定货币法的有效性在"赫伯恩诉格里斯沃尔德案"(Hepburn v. Griswold)中受到了质疑。首席大法官蔡斯在三位同僚的支持下,又回到了其最初的"不满"状态并推翻了该法。在代表联邦最高法院的陈述中,蔡斯指出,该法适用于在其颁行之前就已成立的合同时是违宪的。他由此得出结论认为,该法违反了联邦宪法第五修正案(the *Fifth Amendment)的正当程序条款(*Due Process Clause),削弱了合同义务的履行,这是与宪法精神相悖的。

蔡斯的判决存在两个方面的问题。首先,针对本身就不确定的宪法"精神"提出的请求具有绝对的主观性,特别是当联邦最高法院的多数、国会以及总统发现这一精神与现行政策并无矛盾时尤为如此。其次,赫伯恩案(Hepburn)是在法官人数不够的情况下进行判决的。1863年,法院规模曾一度扩充到10名法官,但是由于部分地区的紧张局势以及重建政策的影响,联邦最高法院的法官数就在7人(1866)到9人(1869)之间上下波动(参见Judiciary Act of 1866; Judiciary Act of 1869)。因此,赫伯恩案是以4比3的微弱多数得出判决的。在审案讨论会(decisional *conference)与进入正式审理期间,德高望重的法官罗伯特·C. 格里尔(Robert C. *Grier)的请辞使当时空缺的法官人数由一个上升到了两个。

格兰特总统即时指派了两名共和党的中坚分子,以使法院重新恢复到9人。新法庭几乎立即听取了关于法定货币合宪性的重新辩论。格兰特的举动引起了争议,但是,他的这一行为似乎并不是要有意对法院进行重组。法定货币法案已成为一个政党路线问题,而实际上债务人的明显反应早就注定了赫伯恩案的结果,因为他们害怕由纸币借入的债务将来要用金币来归还。

在"诺克斯诉李案"(Knox v. Lee)中,威廉·斯特朗(William *Strong)法官所作判决的前几句话已表明该法已经不可能被推翻这一事实。该案涉及《法定货币法》通过之后所达成的债务合同。斯特朗指出,这些溯及既往(*ex post facto)的合同债务占了国家所负债务的较大部分。他同时注意到,如果联邦最高法院认定这种溯及既往的做法无效,那么所有法官都将认为该法无效。因此,联邦最高法院最终以5比4的表决结果推翻了赫伯恩案的判决,并确定了《法定货币法》的合宪性。尽管联邦最高法院在这些法定货币系列案中支持国会对货币的控制权,其在政治独立和判决的一致性方面的声誉却受到了一些损害。

[Gerald T. Dunne 撰;王煜宇译;邵海校]

立法机构的选区划分[Legislative Districting]

宪法要求议会代表按照人口数选举产生,但是州的立法机构可以不受宪法模式的约束,不仅按照人口,而且也按照地域大小、特殊的利益和区县等行政区域等各因素划分选区。1962年,法院抛弃其传统的禁入"政治丛林"(*Political thicket)规则,并在"贝克诉卡尔案"(*Baker v. Carr)判决选民可以根据平等保护条款来质疑立法权的分配。两年后,在"雷诺兹诉西姆斯案"(Reynolds v. Sims)中,法院确立了一人一票的原则,使立法权由乡村转移到城镇。最近,尖端的计算机技术的出现,通过采用不同的人口统计学的方法,可能形成许多新的利益群体。与选举权人投票选举代表不同,代表们可以选择他们的支持者。这个过程是公开的并且是带有政治性的,但是根据平等保护条款(*Equal Protection Clause),却产生了严重的问题。

首先,这使得法官们不得不卷入监督重新划分选区的行为。在"戴维斯诉班德尔莫案"(*Davis v. Banderme)(1986)中,联邦最高法院裁决,尽管共和党主导下制定的议员分配名额法律可能会产生歧视民主党的后果,但是,仅仅代表权不成比例并没有从根本上削减民主党的选举优势。当然,考虑到在这样的案件中能够找到可以操作的司法标准,并且可以将这一标准适用于类似的案件中,法院还判决对政党操纵选区划分(*Gerrymandering)提出的请求具有可诉性(*justiciable)。

其次,立法权的重新划定也会使法庭面临这样的问题,即依据《1965年投票权法》(*Voting Rights Act of 1965)和1982年的修正案,立法机构是否可以建立"安全"的选区,保证选出非洲裔美国人的代表。最初,法官们是赞成的。"威廉斯堡犹太人联合组织诉凯里案"(*United Jewish Organizations of Williamsburgh v. Carey)(1977)中,他们认为一个州依据各种族的居住区的界限重新划分选区,以求符合《投票权法》要求的做法是合宪的。在"索恩伯勒诉金勒斯案"(Thornburg v. Gingles)中,法官威廉·布伦南(William J. *Brennan)随后补充道,这种以种族为基础划分选区的做法能够促进综合的民主政治的发展,使得一个人的投票与另一个人投票同等重要。

然而,伦奎斯特法院对上述观点则提出了挑战。在严密划分的选区中,法院推翻了[首先在"肖诉雷诺案"(*Shaw v. Reno)(1993);而后,又在"肖诉亨特案"(Shaw v. Hunt)(1996)]两个提议,即在北卡罗来纳州建立两个以黑人为主导的选区,但是法院认为这些选区缺少紧密性和团结性。接着,在"佐治亚州诉阿什克罗夫特案"(Georgia v. Ashcroft)(2003)中,联邦最高法院借大法官桑德拉·戴·奥康纳(Sandra Day *O'Connor)之口,支持了一个州参议院关于在众多选区减少少数种族人口的计划。法院总结到,那些少数种族"影响的"选区(在这些选区,少数种族人数在所有达到投票年龄的人中并不占多数,但是却足够的多,以至于应当考虑确保他们的利益)并没有违反《投票权法》;在少数种族占多数的选区(在这些地区,少数种族人数达到投票年龄的人口总数的大部分)没有必要再最大化少数种族的代表权。

法院这些深奥的判决提醒我们,法院重新划分选区的这一"政治丛林"的漫长之旅尚未走到最精彩之处。"公平代表权",无论在界定方面,还是在对其的保障方面,仍然难以捉摸。

参考文献 Gary W. Cox and Jonathan N. Katz, *Elbridge Gerry's Salamander: The Electoral Consequences of the Reapportionment Revolution* (2002). Carol Swain, *Black Faces, Black Interests: The Representation of African Americans in Congress* (1998).

[Kermit L. Hall 撰;王红丽译;林全玲校]

立法—行政协定 [Legislative-Executive Agreements]

条约曾经是国际承诺的主要工具,如今条约已经被立法—行政协定所取代。与条约需要三分之二的绝大多数参议员同意不同,协定只需要众议院和参议院多数通过即可。

立法—行政协定的产生,最早可以追溯到18世纪90年代,那时协定是用来获取国外贷款偿还"革命战争"所欠债务、建立国际邮政协议。协定的使用范围成几何数增长,在1789年到1839年间,协定仅适用于30%的国际承诺,而1939年到1999年间,这一数字达到94%。最近,美国最重要的国际协议,包括《1994年北美自由贸易协定》(the 1994 North America Free Trade Agreement)(NAFTA)和建立世界贸易组织的协议,都是通过协定而不是条约确定的。

促成这一变化的因素包括:1919年第一次世界大战后参议院否决了《凡尔赛条约》的尴尬,在冷战(the Cold War)阴影下立法者更倾向于在安全政策方面遵从行政机关的愿望,以及日益增长的复杂的贸易政策需要更快和更加具有弹性的应对措施,而这是正式的条约所不能具备的。此外,协定不仅能够避免少数的参议员妨碍通过广受欢迎的政策,而且,将众议院纳入这个程序,也能够使为其实施服务的执行性立法和规定得以通过。

有些学者认为,条约是国家使自己承担国际义务的唯一合宪的有效途径,而另一些则认为,立法—行政协议中所体现的更加广泛的民主过程给予了它们更大的权力,大多数人则支持法定协议与条约之间的相互变通。

既然国会和总统已形成一致意见,联邦最高法院一般不愿去干涉对外政策。从"菲尔德诉克拉克案"(Field v. Clark)(1982)开始,联邦最高法院始终支持协定的合宪性。是否反对协定而追求条约,法院认为,这个选择应留给总统和国会去斟酌。

参考文献 Bruce Ackerman and David Golove, "Is NAFTA Constitutional," *Harvard Law Review* 108 (1995). Congressional Research Service, *Treaties and Other International Agreements: The Role of the United States Senate*, S Prt 106-71, 106th Congress, 2nd Session (January 2001). Louis Fisher, *The Politics of Shared Power: Congress and the Executive* (1998). Louis Henkin, *Foreign Affairs and the US Constitution* (1996). Loch K. Johnson, *The Making of International Agreements: Congress Confronts the Executive* (1984). Gordon Silverstein, *Imbalance of Powers: Constitutional Interpretation and the Making of American Foreign Policy* (1996). Laurence H. Tribe, "Taking Text and Structure Seriously: Reflection on Free-Form Method in Constitutional Interpretation," *Harvard Law Review* 108 (1995).

[Gordon Silverstein 撰;王红丽译;林全玲校]

立法者诉权 [Legislative Standing]①

立法者诉权是诉权原则的下属概念,指的是国会议员向法院起诉行政官员和行政机构的能力。一

---

① 另请参见 Justiciability; Separateion of Powers。

方面,作为与行政管理者相对存在的国家立法者能够通过诉讼达至公众目的、表达自己的观点;另一方面,法院则不愿意为不满的国会议员制造使之诉诸司法系统的激励,而更愿意其作为人民选举的代表通过政治程序解决问题。

在"雷恩斯诉伯德案"(Raines v. Byrd)(1997)中,联邦最高法院明确了对诉权的限制,它认为国会的成员没有权利对择项否决法(the Line Item Veto Act)是否合宪提出诉讼。随后这部法律在"克林顿诉纽约州案"中被裁决违宪,并且,其他的原告被认为有诉权。

诉权要求反映了司法机构对于什么是"案件和争议"的理解,对此,美国司法机构根据联邦宪法第3条(*Article Ⅲ of the Constitution)进行了拓展。关键的条件是原告必须提出事实上由被告引起的特定化的伤害。例如,若原告受到的侵害是一个其他公民也曾普遍受到的,侵害不是特定化的,因而,原告也不具有诉权["施勒辛格诉停止战争预备役军人委员会案"(Schlesinger v. Reservists Committee to Stop the War)(1974)]。

在"雷恩斯诉伯德案"中,法院强调诉讼请求必须证明原告在其提到的纠纷中有"个人利益"和特定的伤害,这就意味着"这个伤害必须以个人的、个体的形式影响到原告。"这个要求在"鲍威尔诉麦科马克案"(*Powell v. McCormack)(1969)中得以体现,法院允许国会议员就他的免职问题以及其因此而减少的收入问题提起诉讼。然而,雷恩斯案的诉讼请求与该案是根本不同的。首先,国会成员不会被单独给予不公平的待遇。他们所提到立法权限的减少对每个国会成员的影响都是一样的。并且,他们没有控诉私人权利的减少,而只是控诉政治权力的减少。

雷恩斯案中持多数意见的大法官还将其与"科尔曼诉米勒案"(Coleman v. Miller)进行了区分,在"科尔曼诉米勒案"中,法院判决支持了主张制度性损害的州议员的诉权。该案中,议员的投票本已足以否决一部提案,但他们的投票被认为无效导致法律生效。而在雷恩斯案中,议员们的投票是有效的,只不过是他们失败了。总之,原告缺少诉权,因为作为他们个人没有受到侵害,而他们所称的机构利益完全是抽象的、分散的。通过如此界定立法机关诉权的法律,联邦最高法院已明确表明不会轻易接受议员个人提起的诉讼。

[Thomas O. Sargentich 撰;王红丽译;林全玲校]

立法否决权[Legislative Veto]①

1932年国会和赫伯特·胡佛(Herbert Hoover)政府在划分立法权的过程中达成了一项新的方案。双方通过谈判产生了一部新的法律,依据该法的规定,总统有权改组政府;同时,如果参众两院都不批准总统改组政府的做法,国会就可以使总统的做法无效。在接下来的半个世纪里,国会在200多部法律中都规定了这样的立法否决权。

在"移民与归化局诉查德哈案"(*Immigration and Naturalization Service v. Chadha,)(1983)中,联邦最高法院认为,国会的做法侵犯了分权原则。因为国会中的一院并没有宪法权限来否决移民与归化局作出的许可一位签证已到期的外国学生继续留在美国的决定。更进一步说,国会有权制定法律,但无权参与法律的实施。"国会必须遵守其已经作出的授权,除非该授权已通过立法程序加以更改或废止"(pp.954-955)。联邦最高法院还认为,所有的立法否决权都侵犯了递交条款(Presentment Clause)(联邦宪法第1条第7款),参众两院之一的否决权则侵犯了两院制的要求(联邦宪法第1条第1款和第7款)。

尽管存在查德哈案的裁定,国会和后来的历届联邦政府还是继续谨慎地遵从着立法潜规则:行政机关在采取某些特定行动之前,必须得到国会和参议院拨款委员会的书面同意。作为国会授予其更大的自由裁量权的代价,行政机关也很乐意接受国会的事后控制。

[Richard Allan Baker 撰;邵海译;林全玲校]

莱蒙案标准[Lemon Test]②

莱蒙案标准是联邦最高法院在审理涉及禁止确立宗教条款纠纷——如州对教会学校的帮助、宗教展览会的公共财政支持以及校内祈祷(*school prayers)与诵经引起的纠纷时,适用的一项三叉头标准,该标准来源于由首席大法官伯格(*Burger)在"莱蒙诉库尔兹曼案"(*Lemon v. Kurtzman)(1971)中代表多数意见所提出的判决意见。根据莱蒙案标准的要求,如果一部法律不侵犯禁止确立宗教条款的规定,它就必须满足以下几个条件:(1)它必须是出于非宗教的世俗目的;(2)它的主要原则或主要作用既不能促进也不能限制宗教的发展;(3)它没有鼓励对宗教的过度纠缠。莱蒙案标准的结构现在受到了联邦最高法院法官们持续不断的攻击。首席大法官威廉·伦奎斯特(William *Rehnquist)曾对该标准历史和宪法的有效性提出过质疑,其中最引人注目的是他在"华莱士诉杰弗里案"(*Wallace v. Jaffree)(1985)这一涉及学校祈祷的案件中所提出的长篇巨幅的反对意见。

学者们对莱蒙案标准有着不同的看法。对一些人来说,对它的适用前后不一致、没有原则,太容易

---

① 另请参见 Separation of Powers。
② 另请参见 First Amendment;Religion。

被滥用。另外一些人则认为,它二分得过于绝对、过于严格(对世俗与宗教、鼓励宗教信仰与排斥宗教信仰、过度纠缠与可以接受的纠缠等),以至于难以据此对现代复杂的宗教—国家关系的性质,作出公正的判断。还有一些人认为,该标准破坏了宗教自治的价值,特别是对涉及公共背景的问题更是如此。正如"林奇诉唐纳利案"(*Lynch v. Donnelly)(1984)那样,联邦最高法院在该案的判决中允许在一项公共资助的节日展示活动中将耶稣降生所(原文为"crèche",托儿所,但这里指节日庆祝活动的艺术化的展示耶稣降生的模拟的小房屋,参见林奇诉唐纳利案——译者)设在圣诞宗教派别标志较少的环境中。他们认为,莱蒙案标准在这里的适用微弱地侵犯了禁止确立宗教条款所确立的原则,因为它允许主要的宗教把自己的信仰强加于非信徒。

学者们对莱蒙案标准(或一般的标准)作为司法选择指南的重要性也有不同的看法。伦纳德·利维(Leonard Levy)是一位主要的批评家,他认为这一标准给司法判决披上了一层客观化的外衣,而事实上,司法判决是主观的。利维认为,还没有证据表明,莱蒙案标准会引导法院作出一项判决,而在没有该标准的情况下,则不会作出这样的判决。他还认为,"与宗教过度纠缠"本身就容易产生误解,因为"过度"本身就是相对的,自然就不可能有一个固定的、客观的含义(Levy,1986,p.129)。

利维还进一步认为,这一标准对联邦最高法院几乎没有实质的约束力。在同一案件中适用这一标准,不同的法官可能得出不同的结论——在大多数案件中,约翰·保罗·史蒂文斯(John Paul *Stevens)、威廉·布伦南(William *Brennan)以及瑟古德·马歇尔(Thurgood *Marshall)大法官都倾向于裁定某行为侵犯了禁止确立宗教条款;而威廉·伦奎斯特(William *Rehnquist)、拜伦·怀特(Byron *White)、沃伦·伯格(Warren *Burger)和安东尼·肯尼迪(Anthony *Kennedy),则认为没有侵犯禁止确立宗教条款。利维认为,只有在立场上处于中立的法官,如刘易斯·鲍威尔(Lewis *Powell)、波特·斯图尔特(Potter *Stewart)和哈里·布莱克蒙(Harry *Blackmun)才会以这一标准为其宪法选择的依据。桑德拉·戴·奥康纳(Sandra Day *O'Connor)法官虽然反对莱蒙案标准,但在一系列宗教案例中总是摇摆不定。

法官们长期以来所坚持的基本价值(个人权利)和制度规范(政治原则),都因利维对该标准的分析而变得失色了,因为他们是以联邦宪法第一修正案为依据来对国家—宗教关系作出裁决的。与将莱蒙案标准视为严格保证政策要求的工具的观点不同,罗纳德·卡恩(Ronald Kahn)则认为,所有的法官,甚至是中立的法官,都是在运用莱蒙案标准实施一种在很大程度上受动机驱使的、具有高度竞争性的带有意识形态倾向的法理学,他们在运用自己的原则来作出宪法选择。与利维不同的是,卡恩(Kahn)认为,莱蒙案标准给法官们提供了重要的基准或界限,以确定一部法律或习惯是否侵犯了政治原则和权利原则,而这两项原则是联邦宪法第一修正案宗教条款的核心。所以,卡恩认为,该标准增加了联邦最高法院判决的一致性,加强其自我控制。

学者们和联邦最高法院的几名法官尝试用强制标准(Coercion)来代替莱蒙案标准,这个标准强调限制政府压制人们自由践行宗教活动的自由的重要性。卡恩认为,强制标准将会废除"三叉头"莱蒙案阐释禁止确立宗教条款(Establishment Clause)的原则,该标准基于重要制度准则:"政府必须不得鼓励宗教,并与宗教过多纠缠",同时也考虑了其所暗含的限制对于宗教问题的政治分歧。但是,最近的具有标志性意义的校园祈祷案和学校优惠购物券案表明,莱蒙案仍旧是禁止确立宗教条款(*Establishment Clause)的核心。

参考文献 Ronald Kahn, "Polity and Rights Values in Conflict: The Burger Court, Ideological Interests, and the Separation of Church and State," *Studies in American Political Development*: *An Annual* 3 (1989): 279-293; Leonard W. Levy, *The Establishment Clause*: *Religion and the First Amendment* (1986).

[Ronald Kahn 撰;邵海、王红丽译;林全玲校]

莱蒙诉库尔兹曼案[Lemon v. Kurtzman, 403 U. S. 602 (1971)]①

1971年3月3日辩论,1971年6月28日以7比0的表决结果作出判决,布伦南和怀特部分赞同部分反对,马歇尔没有参与投票。在该案中,联邦最高法院审查了罗得岛州1969年《工资补助法》(Salary Supplement Act)以及宾夕法尼亚州《非公立初等和中等教育法》(Non-Public Elementary and Secondary Education Act)的合宪性。两部法律都允许由州直接向教区及其他非公立学校中讲授非宗教课程的老师支付工资。

该案的问题是,这两部法律是否违反了联邦宪法第一修正案的宗教条款。这些宗教条款禁止法律"尊重"确立宗教或限制宗教的自由践行。联邦最高法院在该案中建立了所谓的"莱蒙案标准",首席大法官伯格(*Burger)称之为"联邦最高法院多年以来逐步发展起来的一个标准"(p.642),以根据联邦宪法禁止确立宗教条款的规定来对法律的合宪性进行考察。在现有要求法律应该是为了世俗的非宗

---

① 另请参见 Lemon Test; Religion。

教目的[《阿宾顿校区诉谢穆普案》(*Abington School District v. Schempp)(1963)]、其主要作用应既不鼓励也不限制宗教的发展[《教育理事会诉艾廉案》(Board of Education v. Allen)(1968)]之外,莱蒙案标准又增加了新的涉及"过度纠缠"要求。

联邦最高法院认定,两部法律违反了"过度纠缠"这方面的要求。联邦最高法院最关心的是,与非宗教的书籍不一样,教区学校里的老师可能会在教授非宗教课程的过程中,不适当地涉及信仰和道德问题;而各州为避免这种情况的发生,不断进行监督的做法也会产生"国家与宗教的过度纠缠"(p.619)。伯格还隐约提到了托马斯·杰斐逊(Thomas *Jefferson)的著名比喻:"国家和宗教之间有一堵隔离墙",联邦最高法院过去也经常采用这种方式来解释禁止确立宗教条款的含义。伯格认为,这种关系"远远不止是一堵隔离墙",它是一道"模糊的、朦胧的、可根据某一特定的关系的所有情况而发生变化的障碍"(p.614)。

为了确保教会和国家的分离,各州就不得不对宗教学校进行包括旁听和视察在内的全面、持续的监督。联邦最高法院还发现,这些法律会促进形成一种更加广泛的新的纠缠不清的情况——引起支持和反对为宗教教育提供帮助的两种政治观点纷争的潜在可能性。虽然联邦最高法院也认为,因宗教问题形成的具有很多分歧的政治观点是联邦宪法第一修正案所要阻止的重大邪恶之一,但这还是没有使出现政治分歧的担心成为这一标准的第四个要求。

尽管曾有法官试图用强制标准——这个标准强调限制政府压制人们自由践行宗教活动的自由——来代替莱蒙案标准,并且力图放弃莱蒙案标准中的"过度纠缠"规则。但是,这一标准并没有在诸如《李诉韦斯曼案》(*Lee v. Weisman)(1992)、《圣达菲独立校区诉多伊案》(Santa Fe Independent School District v. Doe)(2000)之类的著名案件中适用。李案是涉及校内祈祷(*school prayer)的案件,该案中,法院裁定在中学毕业典礼上祈祷违法;在圣达菲独立校区案中,法院裁定禁止中学学生投票决定是否在足球比赛时进行"祈祷",并禁止其选择领导他们祈祷的人。在《泽尔曼诉西蒙斯-哈里斯案》(*Zelman v. Simmons-Harris)(2002)中,联邦最高法院允许学校对贫穷的学生实施优惠购物券计划,可见,莱蒙案标准的所有因素对大多数法官来说仍然很重要。

[Ronald Kahn 撰;邵海、王红丽译;林全玲校]

合众国诉利昂案[Leon, United States v., 468 U.S. 897(1984)]①

1984年1月17日辩论,1984年7月5日以6比3的表决结果作出判决,怀特代表法院起草判决意见,布莱克蒙赞同,布伦南、马歇尔和史蒂文斯反对。在利昂案中,联邦最高法院听审了有关是否应在联邦宪法第四修正案(the *Fourth Amendment)排除规则(*exclusionary rule)外对善意的(good-faith)警察错误创设宽泛的例外规定的争辩。联邦最高法院确实创设了该例外规定,据此,即使是以违反宪法规定的方式进行搜查所获取的证据,在刑事诉讼过程中也能不受任何限制的使用。虽然该例外规定通常都被认为是"善意的例外",但与曾经被提出的宽泛的例外相比,利昂案的例外实际上范围受到更多的限制,而且建立在不同的理论基础之上。

"善意例外"的想法来自于对排除规则的批评者,他们声称,许多不合宪的搜查往往是由于警察对于易于混淆的搜查规则所犯的"诚实"错误而引起的。通过适用《合众国诉卡兰德拉案》(United States v. Calandra)(1974)所采用的排除规则阻止手段的理论基础,这些批评者争辩道:阻止使用警察因"诚实的"错误而以违宪方式获得的证据并不能很好地发挥作用,因为警察不会因此被阻止而于将来不再以违宪方式进行搜查。所以,批评者们认为,只要警察善意地相信搜查是合宪的,尽管存在错误,其因此而收集的证据也应当允许其在刑事审判中采用。

排除规则的维护者们则反对采用例外规定,其理由是,作为实施联邦宪法第四修正案权利和维护法院的完整性的原则,以违反宪法规定的方式获取的证据应该被阻止。他们还对善意错误是许多违法搜查的主要原因这一说法表示了怀疑,并认为,没有理由相信,仅仅因为警察曾经发生过错误,禁止采用这样的证据就会更难以阻止警察将来的不法行为。规则的维护者们同样还提出了这样的问题:各法院是否可以值得信赖地在错误与故意进行违反宪法的搜查之间进行区分,其结果必然会引起这样的担心:"善意"错误例外将会如此的宽泛,以至于在实践中它会有效地终止联邦宪法第四修正案搜查标准的实施。

虽然拜伦·怀特(Byron *White)法官所提出的多数意见明显受到了宽泛的"善意例外"提议的影响,但利昂案所确立的例外规定无论是在范围上还是在原理上都更为有限。就其范围来说,利昂案的例外规定被明确限定在警察持有搜查证(该搜查证后来被认定无效)的情况。然而,大多数警察搜查都没有搜查证。这样,利昂案的例外规定在实践中就不一定能影响证据的采用;特别是,甚至在利昂案之前,搜查证也很少被认定为无效。

就利昂案的原理来说,怀特没有从一般意义上讨论警察的"善意",而是从一个比较窄的角度认可

---

① 另请参见 Exclusionary Rule; Fourth Amenedment; Search Warranty Rule, Exceptions to。

了这一例外规定,即不能要求警察去猜测法官发布搜查证的决定的有效性。他声称,排除规则只适用于警察的不当行为而不适用于法官的错误;所以,该规则就不能适用于基于无效的搜查证进行搜查获取的证据,因为该错误是法官而不是警察所犯的。由于利昂案规则的狭窄性,它是否能够作为适用于违宪无证搜查的广泛善意例外的先例判决就值得怀疑。但是,利昂案仍可以说是一个重要的进步,因为它第一次允许在刑事诉讼领域(包括检察官主诉的案件)无限制地采用以违反联邦宪法第四修正案的方式收集的证据。此外,该案判决至少含蓄地表明了其拥护这样的建议:没有必要对违反联邦宪法第四修正案行为的受害人提供索赔和救济。

小威廉·J. 布伦南(William J. *Brennan)和瑟古德·马歇尔(Thurgood *Marshall)两位大法官在该案中持异议,拒绝了多数意见所采用的方法。违反宪法规定所收集的证据自然应该被禁止才符合宪法的要求,而不需要考虑其可能的负面效果。因此,引起违法的原因在法律上是不相关的。

[Thomas Y. Davies 撰;邵海译;林全玲校]

LexisNexis 数据库 [LexisNexis]

该数据库是由米德数据中心(Mead Data Central)公司于1973年创建并面向全国的法律检索服务系统。它包含了联邦最高法院自1790年到现在的所有判决全文。联邦最高法院现在的判决在宣判以后都是以电子传输的方式立即送到该检索系统,所以通过 LexisNexis 数据库可以检索联邦最高法院当天的判决。这些判决也可以通过 LexisNexis 数据库的综合联邦图书馆(GENFED)在一个名叫 USLED 的文档下进行查询。

用户也可以通过连接因特网的任何计算机进入 LexisNexis 数据库。通过布尔(Boolean)连接,以关键词、短语和单词组合等方式进行搜索,用户可以查询判决的引文或全文并且可以打印。也可以通过搜索谢泼德(Shepard)引文或另一个在线引文查询系统——美国法律周刊(*United States Law Week)进行查找,该周刊提供全面的联邦最高法院新闻和会议记录,并可以在综合联邦图书馆名叫 USLW 的文档下进行查找。

LexisNexis 数据库和它的竞争对手*WestLaw 数据库,都因能提供联邦最高法院判决的快速查询,而被全国范围的律师、法官和学者广泛使用。

[Morris L. Cohen 撰;邵海译;林全玲校]

诽谤 [Libel]①

有关诽谤的法律有一个久远而又扑朔迷离的历史。各个时代的法学文献都包含有抱怨诽谤法缺乏理性、繁杂无章、唯利是图的内容。联邦最高法院在

"《纽约时报》诉沙利文案"(*New York Times v. Sullivan)(1964)中,开始直接卷入涉及诽谤的法律问题,并扩大了这种混乱。

从一开始,诽谤法野心勃勃的调整范围就会招致很多问题。根据一项普遍引用的定义,普通法中的诽谤包括"可能使某人受到公众的仇恨、羞辱、反感、排斥、降格,或者在思维正常的人眼里对某人产生了不好的想法,或者剥夺某人的自信心以及在社会中进行友好交往的权利"的所有书面交流方式["基姆尔勒诉纽约案"(Kimmerle v. New York, N.Y.)(1933)]。根据诽谤法可以提起民事侵权赔偿诉讼和刑事诉讼,与诽谤相关但使用不多的另一个概念是造谣(slander),它指以口头方式诋毁他人名誉。

从理论上说,有关诽谤的法律使原告获得了对抗诽谤者的竞技场。普通法的程序允许因名誉受到侵犯的原告以提起诉讼的方式要求赔偿。一旦证明某一出版物用于交流并且构成诽谤,普通法就认为其对名誉造成了损害。此时,法院就会要求被告通过提出其诽谤具有某种正当性来"证明他们无辜"。证明所说的是事实,是最普通的抗辩理由,特别是在民事诉讼中;但是,即使针对诽谤性的错误传言,法院也逐步认可了许多"免责特权"。

这些普通法意义上的免责特权是基于对以下判断的承认:如果严格适用有关诽谤的法律,就可能严重阻碍公众的讨论。"合理评论"是最普通的一个免责特权:被告可以就公众普遍感兴趣的内容发表诽谤性的观点,如艺术作品的质量问题以及政治人物的资格问题。但它并不包括对诽谤事实的错误陈述,原告可以通过证明被告的公开行为具有"恶意",因而超出其免责特权范围,来击败合理评论和其他"有条件的"抗辩。

在19世纪,一些州法院还在一些政治性诽谤案中,认可了更为广泛的抗辩权利,虽然这种权利还是有条件的。根据该"少数规则"的要求,如果被告对官员和政治候选人公共行为的批评是非恶意的诽谤性错误陈述,他们就可以避免承担严格的责任。这一规则的支持者们认为,市民社会对腐败问题的了解以及言论自由的普通利益要大于单个政治家的名誉要求。

然而,到1964年时,大多数州都对这些附条件的特权的范围进行了限制。在19世纪早期,一些州甚至通过要求原告证明公开的诽谤性事实"有着好的动机并且是为了正当的目的"而对事实抗辩进行限制。更为典型的是,法院还要求被告(包括出版社的成员)证明诽谤性政治声明的真实性。就合理评论权来说,对于诋毁性政治谣传附条件的免责特

---

① 另请参见 Speech and the Press。

权也可能因提出"恶意"的证据而挫败,这种"恶意"通常被界定为有不良动机或对被诽谤者的仇视。人们认为,较为宽泛的特权不仅可能会威胁到个人的名誉,还会使善良的人不能进入或继续留在公众生活领域。简而言之,对"好"人名誉的严格保护同时就是对公众利益的维护。

虽然理论的探讨总是会涉及这类普遍的、公共价值的考虑,但纵观美国历史,却很难就诽谤法的实际作用进行评价。由于名誉侵权诉讼所要求的时间和费用问题没有得到解决,因而,在大部分情况下,原告就只能是较富裕的人或政治人物。虽然这些法律向原告作了倾斜,他们还是抱怨说,从技术层面来说,占主流地位的政治文化背景所激励的谩骂比倒霉的诽谤法还要多。除了一些特定的时间、地点以外,陪审员们似乎对被告——特别是报纸出版者——更同情。同样,出版业利益集团也总是在抱怨诽谤法过于严格,他们争辩说,即便偶尔发生的诉讼(也有少量的刑事诉讼)也在减弱公众讨论的批评性。

虽然抱怨很多,要对此作出根本性的改变还是很困难的。法律界的精英们的确在19世纪末和20世纪初,在反对某些州对诽谤性政治谣言案件适用"少数原则"的同时,对这些法律原则进行了一些限制。但是,更严格的原则通常并不能使诽谤成为一种可以普遍借助的社会约束。在1947年,著名的自由意志论者泽卡赖亚·查菲(Zechariah Chafee)在研究了诽谤法的日常作用之后认为,虽然看起来不是很好,有关诽谤的法律在实践中却运行良好。150年以来,联邦最高法院也采取了相似的立场。根据"查普林斯基诉新罕布什尔州等案"(*Chaplinsky v. New Hampshire, 1942)的判决,诽谤法很少(如果有的话)引起过联邦宪法第一修正案所关心的问题。

在"《纽约时报》诉沙利文案"(New York Times v. Sullivan)中,联邦最高法院将诽谤法宪法化。该案源于民权之争并且包含了一项根据亚拉巴马州普通法的原则而作出的涉及50万美元的判决。沙利文案明确表明了南方分裂主义者集团是如何以诽谤法来限制政治观点的表达的。除此之外,20世纪60年代迎来了众多的诽谤侵权判决,比历来的判决都还要多。诽谤法的批评者们认为,昂贵的诉讼和判决可能会使记者们尽量避免有争议的问题并对其出版物进行自我审查,从而阻碍公众讨论的进程。所以,包括胡果·L.布莱克(Hugo L. *Black)和威廉·O.道格拉斯(William O. *Douglas)在内的自由主义论者,就曾敦促结束针对政治人物以及涉及普遍公众利益的诽谤诉讼。

以威廉·布伦南(William *Brennan)为首的联邦最高法院的多数对诽谤法作了全面但并不彻底的改变。沙利文案和后续的一些案件都带来了一些重大的变化:第一,联邦最高法院认为,联邦宪法第一修正案的要求推翻了多数规则中诽谤性政治谣言的严格责任。当政治家们提起诉讼时,被告享有一项新的抗辩权利,该权利只有在有实际恶意(*actual malice)的情况下才能被否决。第二,这种新的恶意标准与传统普通法意义上的不良意图是有区别的。此处的恶意,指的是明知错误或因"粗心大意而不顾"陈述的准确性而进行公开的情形。第三,沙利文案不仅要求原告证明宪法上的恶意,而且还要对该问题提供"明显、有说服力的"证据。此外,为了保证沙利文案所确立的标准得以实施,联邦最高法院还主张,其有权对政治性诽谤案进行包括事实基础在内的各个方面审查,其理论依据是,法官,而不是陪审员,才能最好地保护言论自由的价值。

沙利文案以后的判决——虽然是由充满着被人们归入新保守派的联邦最高法院作出的——则引进了一些其他的改革。在将事实上的恶意标准简单适用于涉及一般公众利益的诉讼["罗森布劳姆诉麦特罗传媒公司案"(Rosenbloom v. Metromedia)(1971)之后,联邦最高法院采用了更加复杂的程序——把宪法保护的程度与诽谤诉讼不同类型的原告的地位联系起来进行考察。这样,在"格尔兹诉韦尔奇案"(*Gertz v. Welch)(1974)之后,官员和公共人物至少在诽谤诉讼中起诉媒体时,应该满足沙利文案所确立的标准。当然,如果某一个州认为适当,纯粹的个人原告也可以根据不那么严格的原则而获得胜诉,只要他能够证明诽谤他的被告的行为存在某种程度上的过错,如疏忽。除此之外,联邦最高法院还认为,纯粹的"观点"与对"事实"的诽谤性陈述不一样,因为前者肯定会享有免责特权。

由此引起的这种复杂让很多人都不满意。同时,面临被形容为如洪水般泛滥的诉讼——特别是由政治精英到大众文化领域的名人提起的诉讼——媒体主管部门帮助建立了作为信息交换中心的诽谤防卫资源中心以随时监测法律诉讼和立法变化。即便没有这样的组织,媒体的批评者们也会遇到这样的抱怨:诽谤法的改革已将官员和普通民众投入任由不负责任的报刊杂志摆布的境地。

与此同时,对新原则进行评论以及对这些原则的简化提出建议则变成了一种"小屋产业"。统计表明,在1973年至1983年间,诽谤法方面共有718件诉讼案件和将近450篇法律评论文章。一些学术研究结果表明:在后沙利文案时代,诽谤诉讼案件不但没有减少反而有少量的增加;一般都是被告在诉讼中最终胜诉;同时,诉讼费用和胜诉后所获得的损害赔偿金也在持续上涨。虽然大量的文献资料都表明,诽谤法宪法化有助于保护联邦宪法第一修正案的价值,但无论是法学者们,还是有直接利益关系的当事者们,都不能就如何最好地清理诽谤法的混乱状况达成一致意见。

参考文献 Ranald Bezanson, Gilbert Cranberg, and John Soloski, *Libel Law and The Press*: *Myth and Reality* (1987); Norman L. Rosenberg, *Protecting the Best Men*: *And Interpretive History of the Law of Libel* (1986); Rodney Smolla, *Suing the Press for Libel*: *The Media & Power* (1986).

[Norman L. Rosenberg 撰；邵海译；林全玲校]

联邦最高法院图书馆[Library]

联邦最高法院图书馆至今已发展成为拥有大量的、能够满足最复杂的法学研究需要的资料馆藏的图书馆。该图书馆是根据1832年的一部法律建立的，目的是要使国会图书馆的书籍与其他部门的书籍分开，并为联邦最高法院的法官们建立一个法律图书馆。根据该法的规定，法官们可以制定发布该图书馆的使用规则。在1832年，该图书馆的藏书为2011册。

联邦最高法院的图书馆馆长亨利·德弗里斯特·克拉克(Herry Defforest Clarke)在1887年3月获得任命。一个世纪后的该图书馆的现任管理者则管理着一个拥有50万册书籍并拥有连接数据库和现代图书馆先进技术的机构。其藏书量与一个比较大的法学图书馆的藏书差不多，其综合覆盖范围包括了全国以及每个州的主要法学资料。

联邦最高法院图书馆的馆长是由首席大法官任命的，其有权挑选助手，并购买联邦最高法院自己以及它的律师团(bar of the court)所需要的书籍、小册子、期刊和缩影胶片。该图书馆对联邦最高法院、联邦最高法院律师团、国会成员以及联邦政府检察官开放。该馆藏书不属于流通书籍（不能借），但大法官和大法官法律工作小组成员除外。

1935年，联邦最高法院有了自己的一幢大楼，也有了独立的图书馆。主要的收藏位于法院大楼的三楼。馆长也对供大法官们使用的二楼独立图书馆、在法官房间内的有关资料、数据收藏品，以及附近瑟古德·马歇尔大楼(Thurgood Marshall Building)中的15000平方米的图书馆负责。位于三楼的图书馆有两个房间：阅览室中有在线目录，流通和查阅区，这是图书馆存放其主要收藏品的地方。另外一间有档案和简报。它收集了联邦最高法院1832年（当时首次要求书面简报形式）以来最全面的档案和简报。

[Roy M. Mersky 撰；邵海、王红丽译；林全玲校]

许可系列案[License Cases]

["瑟洛诉马萨诸塞州案"、"弗莱彻诉罗德岛州案"和"皮尔斯诉新罕布什尔州案"(Thurlow v. Massachusetts); (Fletcher v. Rhode Island); (Peirce v. New Hampshire)][5 How. (46) U.S.]504 (1847)]

1847年1月12日、14日、15日、20日、21日辩论，1847年5月6日以9比0的表决结果作出判决，托尼、麦克莱恩、卡特伦、丹尼尔、伍德伯里和格里尔作出了独立的意见。确立联邦政府调整州际商业活动和对外商业活动的权力是1787年宪法的一个主要目的。马歇尔时代的联邦最高法院维护了广泛的联邦权力以调整州际商业活动，虽然这一权力受到了州治安权的约束。各地区商业企业确保地方立法保护它们的利益，但这是以牺牲其他州的企业利益为代价的。与此同时，1830年以后反奴隶制运动的兴起，也使各州对奴隶制的控制成了南北战争前夕最容易引起争论的一个问题。

许可系列案件涉及马萨诸塞州、罗得岛州和新罕布什尔州有关对进入该州的酒精饮料征税或进行管制的法律的合法性问题。这些法律对当地的零售商予以照顾。该案的问题是，这些法律侵犯了联邦对州际商业活动的控制，还是其治安权的正当行使。联邦最高法院一致同意维护各州的权力。6位法官提出了9种意见，然而，这些意见表明，奴隶制问题（由律师在罗德岛案中提出）使得大法官们在处理这一结果的原因方面不能达成一致意见。

许可系列案件的判决形成了托尼时代联邦最高法院被称为"选择性排斥"(*selective exclusiveness)原则的妥协政策的构架，直到"新政"(*New Deal)时期联邦权力取代州权力为止，这一原则都影响着商业权力(*commerce power)的运用。

[Tony Freyer 撰；邵海译；林全玲校]

林肯，亚伯拉罕[Lincoln, Abraham]①

(1809年2月12日生于开曼群岛的哈丁县；1865年4月15日卒于华盛顿特区) 律师、国会议员和美国总统(1861—1865)。

作为一个处于分裂状态下国家的新任总统，亚伯拉罕·林肯希望能与国会进行广泛的合作。当时，这一计划虽然是可行的，但由于脱离联盟的各州代表的退出，共和党阵线在规模上缩小了，其最为有力也是最有经验的议员代表也在减少。但联邦最高法院中来自南方的法官中，只有来自亚拉巴马州的约翰·A.坎贝尔(John A. *Campbell)于1860年辞职。正如林肯所担心的那样，来自马里兰州的首席大法官罗杰·托尼(Roger B. *Taney)所领导的联邦最高法院对战争持有敌对态度。他在梅里曼单方诉讼案(Ex parte Merryman)(1861)的巡回审判意见中，谴责林肯对有嫌疑的背叛者实行"任意拘捕"的做法侵犯了只有国会才能享有的宣布和发动战争的权力。托尼认为，林肯拒绝执行其决议的做法对立宪政府来说是一次致命的打击。然而，跟其他律师

---

① 另请参见 Civil War; Race and Racism。

一样,林肯认为梅里曼案的判决违反了托尼自己在"卢瑟诉博登案"(*Luther v. Borden)(1849)中确立的政治问题原则(该原则要求司法自我约束)。依据该原则的要求,在民事纠纷领域,由选举产生的机关有责任作出基本的政治选择。

梅里曼案的判决不能使联邦最高法院的其他法官和低级别联邦法官信服。通过强调联盟所面临的危险以及散布法学学者们作出的结论——该结论认为以前的危机也引发了类似的国家战争权(*war powers)的运用,林肯化解了联邦最高法院的反战势力。林肯还相信,联邦宪法对战争与和平都是适用的。北方的大多数律师也接受了林肯的观点,即错误的司法判决——如"斯科特诉桑福德案"(*Scott v. Sandford)(1857)和"梅里曼案"的判决,是可能通过政治程序加以改变的。

林肯时代联邦最高法院的性质 当战争还在无情地进行的时候,联邦最高法院的组成人员发生了变化。坎贝尔于1860年辞职,彼得·丹尼尔(Peter *Daniel)于1860年、约翰·麦克莱恩(John *McLean)于1861年、托尼于1864年逝世。这使林肯能够在联邦最高法院任命共和党法官,如来自俄亥俄州的厄·H.斯韦恩(Noah H. *Swayne)、来自伊利诺伊州的戴维·戴维斯(David *Davis)、来自爱荷华州的塞缪尔·米勒(Samuel *Miller)以及来自加利福尼亚州并反对脱离联邦的民主党人斯蒂芬·J.菲尔德(Stephen J. *Field)。林肯还任命废奴主义者,来自俄亥俄州的老兵萨蒙·P.蔡斯(Salmon P. *Chase)出任联邦最高法院的首席大法官。蔡斯从1861年开始就一直担任财政部长,并且工作成效显著。林肯认为,联邦最高法院法官的这种任命是与内战政策和战后的长期目标相一致的。

林肯对1862年的《司法改组法》(Judicial Reorganization Act)和1863年的《人身保护状法》(Habeas Corpus Act)之类的制定法是支持的,这些法律扩大了联邦法院的司法管辖权并增加了巡回法院、法官以及审判员的数量。当然,这些做法增加了联邦最高法院从最高端战时管制方面作出反政府的判决和判决意见的可能性。

林肯希望部门之间协调的想法在其执政早期就非常明显。与此同时,怨声载道的托尼经常会侵犯司法的正当性,因为他经常提出没有先例判决的意见,认为行政法令和其他有关奴隶解放、征兵以及各州重建(*reconstruction)的法律违反宪法。林肯则命令联邦检察官避免提起有关这些政策的诉讼案件,但他却不能阻止受害人或其他反对者提起这样的诉讼。他的这种冒险行为最终是有收获的,因为法官们也在强调共同的宪法责任并尽量避免冲突,至少在战争进行过程中是这样的。

有关战争的诉讼 虽然托尼反对,联邦最高法院仍有微弱多数的大法官在整个战争期间都在维持总统法令和其他法律的合宪性。例如,詹姆斯·穆尔·韦恩(James M. *Wayne)法官在史蒂文斯单方诉讼案(Ex parte Stevens)(1861)中的判决意见就明确地拒绝了梅里曼案的先例。在该案中,一位联盟的战士响应林肯的号召当了90天的志愿兵,之后又根据总统的命令把服役期延长到三年,国会后来认为该总统法令是合法的。联邦最高法院则维持了总统和国会的做法。

一年以后,联邦最高法院审理了战利品系列案(*Prize Cases)(1863)。这就对林肯1861年和1863年下令海军封锁南部的港口公告提出了挑战,它提出了一个技术性的问题——内战是从什么时候开始的,以及关于内战合法性的基本问题。原告认为不存在战争只存在叛乱。封锁只在正式的国际性战争中才是适当的,同时,也只有国会才有权宣布这样的封锁决定。他们认为,军事需要不能超越宪法的宣战和实施战争的条款。该案回应了史蒂文斯单方诉讼案(Stevens)的判决观点,认为即使封锁是适当的,很明显,像其他行政主动行为一样,在得到了国会的认可之前对反叛者的财产进行扣押也是违法的。政府的检察官们则以宪法规定对于内外防务的适当性、过分形式主义的原则对于现存危机的不适当性,以及涉及政治问题的先例卢瑟案(Luther)而进行辩护。联邦最高法院以5比4的微弱多数维持了政府的做法,罗伯特·C.格里尔(Robert C. *Grier)法官认为,战争的存在是一个事实,南部联盟的人从法律上说应该是敌人,他们的财产应该被没收。以塞缪尔·纳尔逊(Samuel *Nelson)为代表的少数法官则坚持认为,只有当国会批准时,林肯的法令才是合法的。

联邦最高法院的法官们也在瓦兰迪加姆单方诉讼案(Ex parte Vallandigham)(1864)中避免了宪法冲突,该案提出了军事拘捕和平民审判的问题。瓦兰迪加姆是前俄亥俄州的民主党议员,他在俄亥俄州鼓动反对战争的活动。安布罗斯·伯恩赛德(Ambrose Burnside)将军在1863年使他受到了叛国罪的指控。一个军事法庭作出判决,对瓦兰迪加姆实行监禁,直到战争结束。为了避免制造一个殉教者,林肯把他的刑罚改为流放回南部联盟,瓦兰迪加姆从那里溜回了俄亥俄州并重新进行反战政治活动。林肯则要求联邦检察官和军队对他不予理会。瓦兰迪加姆申请联邦最高法院作出裁定,使以前对他的拘捕和审判无效。韦恩法官的判决意见非常简洁并回避了根本的问题,即该案是民事还是军事审判问题,而认定联邦最高法院对于来自军事法庭的上诉没有管辖权(参见 Military Trials and Martial Law)。联邦最高法院的多数法官还在"罗斯福诉迈耶案"(Roosevelt v. Meyer)(1863)中,以管辖权为由拒绝审理上诉,明确支持了授权在战时发行纸币的法律。联邦最高法院通过谨慎的判决,通过避免向诸如征兵、没收和解放奴隶之类的行政命令提出挑战,它既行使了司法审查(*judicial review)权,又避免了与总统和国会的对抗。

激进的战时联邦最高法院 上述这一切并不是说战时的联邦最高法院是无所作为的。相反,在州公共政策与州最高法院的判决方面,大法官们却建立了前所未有的权威。"格尔普克诉杜布奎案"(*Gelpcke v. Dubuque)(1864)就是一起典型的案件。爱荷华州拖欠了为铁路线、站而发行的债券。历届爱荷华州最高法院就债券的合法性以及该州拒绝清偿的做法作出的判决是前后矛盾的。债券持有人上诉到低级别联邦法院(*lower federal courts),根据法律和习惯,这些法院要尊重该州最高法院对该州法律所作的先例判决。但是,对于这些混合的、相互矛盾的州判决,哪个具有优先性,联邦法官则缺乏指南。在爱荷华州的联邦法官维持了拒绝清偿行为的合法性以后,债券持有人就上诉至联邦最高法院。在不久前的1862年,联邦最高法院就在"莱芬韦尔诉沃伦案"(Leffingwell v. Warren)中认为,这应当受州最高法院最近作出的解释州法律的判决控制。但是,在格尔普克案中,斯韦恩法官则回溯到一个较早时期的裁定,据此,一份有效的合同不能因为后来的州法律或州最高法院的判决而被认定为无效。格尔普克案增加了投资者对州债券稳定性的信心,也增加了投资者对联邦法院监督州选法官的信心,这些州选法官当然会屈从于选举人的狭隘利益。联邦最高法院的判决汇编人约翰·W.华莱士(John W.*Wallace)称赞大法官们的做法是施加了"较高的道德义务……于明显企图侵犯这些义务的整个群体上"(1 Wall. xiv)。

林肯对联邦最高法院这种合作态度表示欢迎。1862年和1864年的选举表明,包括士兵在内的北方公众都认为,林肯政府和联邦最高法院在维护宪政和法律。而共和党的国会议员有些时候则会提出反对战争的观点。然而,他们和林肯对联邦最高法在德雷德·斯科特案(Dred Scott)和梅里曼案(Merryman)之后可信任性的复苏都不是欢迎。与此相适应,国会也从来没有把批评转为对联邦最高法院的限制,而这种限制会否定它评价公共政策,保护私人权利的充分作用。

奴隶解放、公民身份和重建 事实上,林肯在使他的一项最敏感的战争命令——1863年12月8日发布的对南部联盟各州进行政治性重建的法令合法化时,依赖了联邦最高法院。在这部法令里,林肯对联邦体制进行了改造,规定了受到影响的各州重新加入联邦的标准以及采用过渡性管制,包括新宪法中废除奴隶制的规定以及各州选举人的重新确定。但是,林肯也担心联邦最高法院会推翻其重建法令,这种可能性促使共和党在联邦宪法第十三修正案(the *Thirteenth Amendment)中进一步确定了奴隶解放的要求。林肯则积极支持该修正案,因为他认为,该修正案对阿波马托克斯(美国弗吉尼亚州中南部一城镇,位于林奇伯格东部。1865年4月9日南部联邦将军罗伯特·E.李在阿波马托克斯县城向联邦军尤利西斯·S.格兰特将军投降,美国南北战争就此结束——译者注)之后的联邦最高法院以及重新获得统一的国家来说都是适当的指导方针。

林肯认为,联邦宪法对各种目的来说都是适当的。他良好的教育背景以及促进种族友谊的天性,使得他当上总统以后,必须正视已经改良的、重新获得统一的国家所面对的需要。在1862年,他要求司法部长埃德温·贝茨(Edwin Bates)细化附属于国家公民身份(*citizenship)的相关权利。贝茨的答复是建立在布什罗德·华盛顿(Bushrod *Washington)法官于1823年在"科菲尔德诉科里尔案"(Corfield v. Coryell)巡回审判意见基础上的。他强调了迁徙自由,当时没有任何奴隶享有的一项权利。在1862年和1862年法令颁布之后,林肯所确立的公民权利范围不断扩大;他要求军队在征兵时吸收黑人,特别是不久前仍然是奴隶的黑人。

1863年下半年在宾夕法尼亚州葛底斯堡的演说中,林肯把《独立宣言》(*Declaration of Independence)与联邦宪法联系起来进行考虑。与此同时,林肯政府在其提出的立法建议中也体现了平等主义的思想,如《宅地法》、《莫里法》以及《司法法》。联邦法律把自由明确地界定为一系列国家权利,包括进一步扩大的财产权利(特别是土地)、识字(教育)以及因公共和个人原因侵犯权利时的法律救济。林肯首先于1863年发出号召,要求被占领的南部各州使废除奴隶的做法宪法化并为其黑人居民提供教育机会。后来,林肯于1865年把这种想法扩大到所有各州。根据《宅地法》的规定,有大量的土地被卖给小佃农(包括北方联盟的退伍军人,其中很多是黑人),林肯在作报告时对此非常满意。在1865年4月,战争即将取得全面胜利,新一轮总统选举也即将进行,林肯又重新解释了他的目标:保障识字的黑人和黑人老兵的投票权;各州对所有孩子(白人和黑人)提供教育。

战后时期和约翰逊政府 林肯对联邦宪法第十三修正案的设想对他的战后目标非常重要。废除奴隶制对他是有帮助的,国会则可以实现联邦宪法所规定的权利,这些权利与来自州公民身份的权利是平行的而不是要取代后者。林肯认为,联邦主义允许存在州际间的差异,但各州的法律和习惯中不应该存在种族歧视。

然而,与林肯有着相同美好愿望的人们,如首席大法官蔡斯,却无法让林肯的继任总统安德鲁·约翰逊(Andrew Johnson)相信,联邦宪法第十三修正案包含了公民权利和政治权利,并把联邦权力扩大到个人和公共违法行为之上。安德鲁没有任命联邦最高法院的大法官,但他在许多低级别联邦法院、法院办公室以及南部各州的整个司法系统都任命了法官或其他官员,这些法官主要是白人,多数是被赦免的南部联盟的白人。虽然 1865 年之后的联邦最高法院还是由林肯任命的法官占支配地位,但林肯认为州法保障的无种族区分的平等是联邦权利的一个组成部分,对于这个观点,大多数法官也只是部分赞同。联邦最高法院开始逐步放弃其在战时的紧张感以及强化国家目标的做法。

在特赦宣誓案(Test Oaths)(参见 Test Oaths)和 1866—1867 年间的米利根单方诉讼案(Ex parte *Milligan)中,联邦最高法院逐渐采取了一些与以前很不一致的观点,尽管蔡斯明确地表示反对。屠宰场系列案(*Slaughterhouse Cases)(1873)的判决认为,联邦宪法第十三修正案只能适用于禁止正式的废除奴隶制度。因此,个人违法行为的受害者,包括州权力当局纵容的违法行为受害者,几乎无法得到联邦救济。在关键的 1873 年作出的另一个倒退性判决——"奥斯本诉尼科尔森案"(Osborn v. Nicholson)判决中,联邦最高法院使一项战前出卖奴隶的合同有效。另一起案件,"布拉德韦尔诉伊利诺伊州案"(*Bradwell v. Illinois)则排除了符合条件的妇女根据联邦宪法第十三和第十四修正案(the *Fourteenth Amendment)的规定,从事由各州许可的职业。尽管如此,内战时期的联邦最高法院还是确立了阻止彻底回到种族主义时代的永久性的宪法防护墙。

参考文献　Herman Belz, *Emancipation and Equal Rights: Politics and Constitutionalism in the Civil War Era* (1978); Harold M. Hyman and William M. Wiecek, *Equal Justice under Law: Constitutional Development, 1835-1875* (1982); James G. Randall, *Constitutional Problems under Lincoln*, rev. ed. (1951); David M. Silver, *Lincoln's Supreme Court* (1956).

[Harold M. Hyman 撰;邵海译;林全玲校]

林肯,利瓦伊[Lincoln, Levi]

(1749 年 5 月 15 日生于马萨诸塞州的兴海姆镇;1820 年 4 月 14 日卒于马萨诸塞州的伍斯特市)律师、政治官员和司法部长。利瓦伊·林肯的父亲是伊诺克·林肯(Enoch Lincoln),母亲是雷切尔·费里·林肯(Rachel Fearing Lincoln)。他 1772 年从哈佛学院毕业以后就开始在纽伯里波特(美国马萨诸塞东北部城市,位于劳伦斯州东北偏东的梅里马克河口——译者注)和北安普敦学习法律。在内战期间有过短暂的从军史,之后他在伍斯特市开始了成功的律师和政治生涯,这使他能够被选入州立法机关然后再到国会。托马斯·杰斐逊(Thomas *Jefferson)总统于 1801 年 3 月 5 日任命他为司法部长。在 1804 年 12 月辞职以后,他把他的余生奉献给了马萨诸塞州的公共事业并担任该州副州长;在 1808 年当了短暂的州长,就结束了其任期。

凯莱布·库欣(William *Cushing)法官去世后留下了一个空缺职位,托马斯·杰斐逊强烈要求在联邦最高法院安排一位最为信任的共和党人,当时的詹姆斯·麦迪逊(James *Madison)总统就在 1810 年 11 月为利瓦伊提供了一个大法官职位。但利瓦伊以健康状况恶化和视力不好为由,推辞了该任命。然而,麦迪逊总统于 1811 年 1 月 2 日将他的名字提交到了参议院,参议院第二天就批准了对利瓦伊的任命。利瓦伊再次拒绝接受对他的任命,约瑟夫·斯托里(Joseph *Story)就填补了这一职位空缺。如果是由利瓦伊而不是斯托里来担任这一职位,联邦最高法院的历史可能会被改写,因为后来发现斯托里是一个联邦主义的同情者。

[Robert M. Ireland 撰;邵海译;林全玲校]

林德,亨利·柯蒂斯[Lind, Henry Curtis]

(1921 年 10 月 12 日生于罗得岛州的克兰斯敦市)1979—1987 年任联邦最高法院判决汇编人。林德于 1943 年从普林斯顿大学获得文学学士学位。在"二战"期间,他开始了他的军旅生涯并在后来的反间谍部队和军事情报部队继续服役。1949 年从哈佛大学法学院毕业以后,就开始在罗得岛州从事律师业务直到 1957 年。

从 1957 年到 1973 年,林德都在纽约州罗彻斯特市的律师合伙出版公司担任各种编辑工作。他的职责包括:编辑美国最高法院判例汇编律师版(*Lawyers Edition of the U. S. *Supreme Court Reports)和美国最高法院文摘。1973 年,林德成为联邦最高法院的判决汇编人助理。在担任最高法院判决汇编人助理期间,林德为联邦最高法院准备了最新的手册,并协助选择了一个电脑化的打印系统以方便提出联邦最高法院的判决初稿以及判例汇编的校样,取代了以前所用的铅字打印系统。

在担任判决汇编人助理期间,林德编辑或合作编辑了美国最高法院判例汇编 440—479 卷。1982 年,他创立了司法判决汇编人协会,该协会由北美地区上诉法院的判决汇编人组成。在林德退休时,首席大法官威廉·H. 伦奎斯特(William H. *Rehnquist)对他特别赞扬,认为他的编辑工作"虽然不是令人羡慕的工作",但"林德先生在工作中取得了很大的成功"。

退休以后,林德担任《芝加哥大学法律引文手册》的顾问,成为《司法判决写作手册》(1991)编辑委员会的一个成员,该委员会由美国律师协会赞助。与此同时,他还承担了律师合作公司以及联邦最高法院的兼职编辑工作。

[Francis Helminski 撰;邵海译;林全玲校]

文化水平测试[Literacy Tests]

参见 Fifteenth Amendment; Vote, Right to。

利文斯顿,亨利·布罗克霍斯特[Livingston, Henry Brockholst]

（1757年11月25日生于纽约市；1823年3月18日卒于华盛顿特区；葬于纽约三神教堂墓地）1807—1823年任大法官。虽然出生于纽约市,利文斯顿却在新泽西州长大,因为他的父亲在那里当州长。他的父亲名叫威廉·利文斯顿,母亲名叫苏姗娜（法国人）。年轻的利文斯顿与詹姆斯·麦迪逊（James *Madison）一起在新泽西学院（普林斯顿）上学。作为一个爱国者,他被任命为大陆军的一个指挥官,在斯凯勒（Schuyler）、圣克莱尔（St. Claire）以及阿诺德（Arnold）将军手下工作。后来他到了西班牙做了妹夫约翰·杰伊（John Jay）的私人秘书,但他经常与妹夫发生争吵。1782年,他被英军抓获,又被有条件地释放,后来他就开始学习法律。

Henry Brockholst Livingston

当利文斯顿在纽约从事律师工作的时候,他把名字中的"亨利"去掉了,以避免与其他一些亲戚弄混了。他积极参与政治活动,并在州议会中连续任职三届。他于1789年作了第一次独立日演讲,当时乔治·华盛顿（George *Washington）还出席了该演讲。后来他还以阿奎林·林勃·查普斯（Aquiline Nimble-Chops）为名出版了《民主：一部史诗》（Democracy: An Epic Poem）。

利文斯顿所从事的法律活动非常广泛。在与"克里曼特"（Clermont）一方的诉讼中,他代表封建土地所有者的利益（manor）并起到领导作用；在涉及没收亲英派财产的"拉特格斯诉沃丁顿案"（Rutgers v. Waddington）(1784)中,他向亚历山大·汉密尔顿（Alexander *Hamilton）提供了帮助。到1791年的时候,他成了一位著名的反联邦主义者,并帮助杰斐逊在纽约州1800年的选举中获得胜利。作为回报,利文斯顿于1802年被任命为纽约州最高法院的助理法官。

在4年时间里,利文斯顿书写了149份判决文书,并在著名的"皮尔逊诉波斯特案"（Peirson v. Post）中获得了很高的司法声誉。在"帕尔默诉穆利甘案"（Palmer v. Mulligan）(1805)中,利文斯顿作出判决,支持以牺牲农业利益为前提的商业用水。虽然他的商业化判决支持了新兴的资本主义,利文斯顿还是坚持传统的观点,认为言论的真实性以及言论的善意与是否构成煽动性的诽谤是没有关系的。在一起很少出现的宪法案例中——"希契科诉艾肯案"（Hitchcock v. Aicken）(1803)——他运用完全诚意和信任（*Full Faith and Credit）条款维持了另外一个州的判决；后来,他又在"米尔斯诉杜尔伊案"（Mills v. Duryee）(1813)中对这种立场予以确认。除此之外,利文斯顿还在复审委员会（Council of Revision）任职,并否决了一项议案,因为该议案允许不经当事人同意就改变公司章程。

在1804年,利文斯顿就属于联邦最高法院法官人选之一,但一直到1807年他才被任命。有些人希望他在联邦最高法院成为反对首席大法官约翰·马歇尔（John *Marshall）的中坚力量,但他们最后都很失望；利文斯顿很快就转向了年轻时的联邦主义立场。由于受到马歇尔的影响,16年间他只提出了36次多数意见、8次反对意见和6次赞同意见。虽然他曾代表法院绝大多数作出了一个巡回法院判决意见,支持纽约州的破产法律["亚当斯诉斯托里案"（Adams v. Storey）(1817)],他还是很不情愿地接受法院否认该法溯及力的做法["斯特奇斯诉克劳宁谢尔德案"（*Sturges v. Crowninshield）(1819)]。约瑟夫·斯托里（Joseph *Story）法官的私人信件表明了他与马歇尔的冲突。在一次巡回审判的案件中["合众国诉霍克西案"（United States v. Hoxie）(1808)],他采取了更为独立的立场,对叛国罪进行了严格的界定,从而把向敌人运送一橡皮船木材的做法排除在叛国罪之外。

在约瑟夫·斯托里（Joseph *Story）就任联邦最

高法院之前,利文斯顿是非官方认可的商法专家,其在战利品法律方面也有着丰富的经验。斯托里及后来的其他法官都对他的判决作出了高度评价。

有两项涉嫌违反司法伦理准则的行为涉及利文斯顿(参见 Judicial Ethics)。在"弗莱彻诉佩克案"(*Fletcher v. Peck)(1810)中,他把法院拟作出的判决结果告诉了约翰·昆西·亚当斯(John Quincy *Adams)。据说在"达特茅斯学院案"(*Dartmouth College Case)(1819)中,他也受到来自以前的同事、时任校长的肯特(Kent)所施加的司法外影响;并在案件尚处于审判过程中时,接受了普林斯顿大学和哈佛大学的名誉学位。

虽然总是生活在马歇尔的阴影之下,利文斯顿还是表现出了很强的个人魅力。他在1785年躲过了一次暗杀企图,并在一次决斗中杀死了一个人。由于他积极呼吁建立自由的公立学校,利文斯顿曾在哥伦比亚大学做过财务主管和董事。1823年,他的去世标志着马歇尔对联邦最高法院的绝对控制开始逐步结束。

后来,"二战"的自由之舟以利文斯顿命名。他的两个远房的表亲成为总统:他们是1989年当选总统的乔治·H. W. 布什和2001年当选总统的乔治·W. 布什。

参考文献 Gerald T. Dunne, "Brockholst Livingston," in The Justices of the United States Supreme Court, 1789-1969, edited by Leon Friedman and Fred L. Israel, vol. 1(1969), pp. 387-398; Charles Warren, The Supreme Court in United States History, 2 vols. (1928).

[Michael B. Dougan 撰;邵海译;林全玲校]

洛克纳诉纽约州案[Lochner v. New York, 198 U. S. 45(1905)]①

1905年2月23—24日辩论,1905年4月17日以5比4的表决结果作出判决。佩卡姆代表法院起草判决意见,哈伦和霍姆斯反对。1905年,联邦最高法院废除了一项纽约州的立法,该法将面包房工人的劳动时间限制在每天10小时或每周60小时。在20世纪初,一个熟练的面包师每周工作时间超过100小时的情况是很普遍的。在城市中,面包房通常位于廉租公寓的地下室。长时间暴露于面粉颗粒之中,以及地下室中潮湿、极热和极冷的环境被认为对工人的健康不利。由于这种不卫生的环境既影响面包的生产又影响工人的健康,该州就于1895年颁布了有关卫生条件的法规,同时改善了工作环境、减少了工厂普遍采用的劳动时间。

拥护规定较短工时之法律的人数十年来一直争辩认为:这种立法对于提高公民权、改善家庭生活及维护健康和安全来说是必要的。对于那些无法要求公正的劳动条件的工人来说,规定较短工时的法律通常被看作是一种保障公平的方式。反对者则以社会进化论和自由经济理论为其论据,对他们来说,这种立法代表了政府对市场的不当干预。

在19世纪末,纽约的政治环境并不利于那些管制工商业的法律。州政府由具有商业取向的共和党政治机器所把持,其领导人是托马斯·科利尔·帕拉特(Thomas Collier Platt)。大城市则由民主党政治机器所控制,比如坦慕尼厅(Tammany Hall)。最有可能支持这些法律的劳工组织也仅仅只代表了劳动力的一小部分。只有在其他改革者也有兴趣时,面包业的州管制才会成为可能。记者爱德华·马歇尔(Edward Marshall)在1894年廉租公寓委员会服务时,观察到了纽约面包店的恶劣情况。以其在《纽约评论》(New York Press)上发表的一篇评论文章为起点,马歇尔领导了一场整理该行业并改善劳动条件的运动。马歇尔可以使主流的城市改革者们相信,面包行业所存在的问题是与租房改革和社会改革普遍联系在一起的。与此同时,面包师联盟一位乐观的领导者——亨利·魏斯曼(Henry Weismann)抓住了这一时机,领导其联盟支持该项法律。而马歇尔与城市主流改革者间的联系则为以立法程序通过有关面包店的法律提供了必需的影响力。在他们的支持下,有关面包店的法律被立法两院一致通过,并且在1895年5月2日得到了州长的签署。

因新法律的颁布而利益受损害最大的人是面包店雇主或"老板"。这些人是面包制造业小店铺的所有者。绝大多数店铺只雇用了不到5名工人,所赚取的利润也很少。约瑟夫·洛克纳在纽约的尤蒂卡市(Utica)拥有一家这种类型的店铺。1902年,他因允许一名雇工一周内工作超过60小时而被罚款50美元。洛克纳将这一决定诉至纽约州最高法院的上诉庭,结果以3比2的表决结果败诉;接着,他又上诉至纽约上诉法院,又以4比3的表决结果败诉。具有讽刺意味的是,原劳工组织领导者亨利·魏斯曼开始帮他的忙。在魏斯曼离开面包师联盟之后,他自己开了两家面包店,并成为一名活跃的面包师雇主协会(Master Bakers' Association)的成员。他也研究法律,并在弗兰克·哈维·菲尔德(Frank Harvey Field)律师的帮助下,将洛克纳的案件上诉到了美国联邦最高法院。

洛克纳声称,面包店铺法未经正当的法律程序就使其不能享受生活、自由和财产,这违反了联邦宪法第十四修正案(the *Fourteenth Amendment)的规定。正当程序最初只是一种通过正当的司法程序来实施法律的保证措施,但在19世纪末,这一概念被彻底改变。根据所谓的"实体的正当程序"理论,法

---

① 另请参见 Due Process, Substantive。

院具有审查法律内容及其实施方式的权力。在19世纪80年代晚期,该理论被成功地用于否决州试图管制铁路的努力。但是,它也带有更宽泛的含义,据此,联邦最高法院可以废弃与联邦宪法所保护之权利相抵触的任何类型的州经济立法或改革立法。

洛克纳案件的争议在于,被认为受纽约州规定的工时上限所侵害的权利是否属于"契约自由"(参见 Contract, Freedom of)。这并不是一种联邦宪法所明确规定的权利。相反,它与实体的正当程序一样,是通过对联邦宪法第十四修正案进行司法解释而产生的。在屠宰场系列案(*Slaughterhouse Cases)(1873)中,斯蒂芬·菲尔德(Stephen *Field)法官在其不同意见中首次提出以下思想,即正当程序条款所保护的自由包括"从事一般贸易和职业的权利"。随着后来判例对这种思想的扩充,它变成了一种手段,使拥护实体的正当程序的人所预期的司法监督能够适用于那些调整劳资关系的法律。一些法律被废止,比如要求工资必须以现金而不是公司凭证形式支付以及矿工工资计算标准的法律。到19世纪80年代,该原则——契约自由原则——已被各州法院用来表明以下论断,即:联邦宪法保护公民缔结任何合同的权利而不受不合理的政府干预。但对于该理论,联邦最高法院只在"艾杰耶尔诉路易斯安那州案"(*Allgeyer v. Louisiana)(1897)适用过一次。

为艾杰耶尔案提出判决意见的鲁弗斯·佩卡姆(Rufus *Peckham)法官也为洛克纳案提出了判决意见。他作出以下判决,即纽约州试图规定面包师之劳动时间的做法无可避免地妨碍了雇主与雇工间缔约的权利。通过这一判决,他将缔约自由的理论更坚定地确立在宪法性法律中。佩卡姆确信,联邦宪法第十四修正案所保护的权利包括购买和出卖劳动力的权利。因此,"除非出现排除该权利的情况",任何妨碍该权利的法律都是无效的。

合同自由虽然得到了承认,但它并不是绝对的。其所提供的保护不得不与州权力的合法运用相均衡,而这一权力被称为州治安权(*police powers)。顾名思义,这一词语仅仅被用于区分州政府和联邦政府的职能。但是,在19世纪后期,它的意义转变为对州权力一种不明确的限制——将州权力限制在其自身的权限范围之内。当其被广义地解释为增加普遍福利的职责时,治安权能适用于几乎任何类型的法律。但是,当佩卡姆法官作出洛克纳一案的判决时,其意识中只有狭义的治安权概念。对他而言,只有那些目的在于保护公共道德、卫生、安全、和平以及良好秩序的立法才代表州治安权的合法行使。

在洛克纳案中,这一问题发生了变化,即面包店铺法对于保护公共卫生和面包师的健康来说是否是必不可少的。在"霍尔登诉哈迪案"(*Holden v. Hardy)(1898)中,联邦最高法院支持矿区和冶炼厂工人一日8小时工作制,而那些地方显然很危险。但是,主张面包制造是一种不利于健康的行业则并不那么令人相信。改革者们断言,在面包房中长时间的劳动会产生致病的可能性——工人会患呼吸系统疾病,比如"肺病"。佩卡姆法官则完全反对这种思想。他认为,面包制造从来不被认为是一种不利于健康的行业,这是一种"普遍认识";带着这一审判认知,他得出结论:面包店铺法并非治安权的正当行使,因此是违宪的。

约翰·马歇尔·哈伦(John Marshall *Harlan)法官反对,他认为,大多数人是从错误的假设开始推理的。哈伦相信,以宪法为根据来质疑一部法律的有效性时,应该存在一个有利于立法者作决定的假设。用他的话来说就是:立法机关颁布的法律应当得到实施,"除非它们清楚地、明显地并且无可置疑地违反了基本宪法"(p.68)。哈伦并未否认合同自由理论应当适用于这一情况,他也没有否认对工人健康与安全的考虑将是面包店铺法唯一的立法理由。哈伦仅仅比佩卡姆和多数人更愿意承认存在着支持那一主张的根据。该案依然存在辩论的空间,这一事实原本就可以终止所有认为该法律违宪的论点。对于行业中卫生条件之主张的权衡只是一个立法裁量的问题。

奥利弗·温德尔·霍姆斯(Oliver Wendell *Holmes)法官与哈伦的立场相近,他认为:州法律应当得以遵守,除非每个有理性的人都认为该法律会侵犯美国法律和传统的基本原则(参见 Fundamental Rights)。但是,霍姆斯在其著名的反对意见中还批评了多数法官扩张缔约自由理论及其对于治安权的狭义理解。意识到这些理论反映了社会进化论和自由经济的理论,霍姆斯法官直接攻击了该判例的基本假设。他写道:"宪法并非是为一个特定的经济理论所设计的,它是为观点根本不同的人民制定的"(p.74)。对霍姆斯来说,这种观点是危险的,因为它未经授权向联邦宪法注入了一种新的基本权利。

佩卡姆法官认为,他的意见并未在面包制造业的卫生问题上用联邦最高法院的判决来代替立法机关的判断。但许多观察家则认为,这恰恰正是佩卡姆所做的事情。面包店铺法是经州立法机关全体一致通过的,190名代表投票赞成对工时进行限制。甚至原来对洛克纳案件进行过判决的12位上诉法院法官之中也有7位投票支持该法律。批评家们认为,联邦最高法院对于该行业并无专业的认识,在确定该行业是否不利于健康方面,联邦最高法院与州立法机关相比也并无优势可言。并且,尽管对于面包制造不利于健康这一事实并非无可置疑,但是在联邦最高法院之前已有充分的统计数据对该论点进行支持。

立法权的篡位和佩卡姆法官判决明显的主观性

将该案置于公众注目的焦点。1910年,当西奥多·罗斯福总统指责司法机关为必需的社会改革竖立了难以逾越的障碍时,其矛头直指洛克纳案(参见 Judicial Activism)。批评家们发现以下事实很令人沮丧:一位被任命的法官就能够推翻公众选举出来的立法者们所采纳的改革。在其后30年中,洛克纳案一直象征着司法权的滥用。

关于洛克纳案,其具体结果并不是最重要的。它是一个倒退,但并不是对减少工时运动的致命打击。到了1912年,集体交涉使纽约面包师联盟得到了10小时工作制。在"马勒诉俄勒冈州案"(*Muller v. Oregon)(1908)中,联邦最高法院支持对于妇女工作时间的限制;在"邦廷诉俄勒冈州案"(*Bunting v. Oregon)(1917)中,联邦最高法院将10小时工作制的恩惠不仅给了绝大多数行业的妇女和儿童,还给了成年男子(参见 Gender)。

洛克纳案中大多数法官所采纳的基本理论则具有更深远的意义。它使联邦最高法院成为各种州管理立法的监督者。在1905和1937年之间,联邦最高法院在"西海岸旅馆诉帕里西案"(*West Coast Hotel v. Parrish)(1937)中抛弃这一理论时,已有无数的、洛克纳案之后的改革社会和经济条件的尝试受到挑战,依据就是洛克纳案的先例判决。这些州立法中的多数得到了支持,但是联邦最高法院也否决了一些州立法,比如最低工资法、童工法、有关银行、保险、运输行业的法律等。很多改革的法律被宣布无效,以至于那一阶段的宪法史一般被称为"洛克纳时代"。

有人认为,在洛克纳案中,联邦最高法院所犯的错误是参与了政策制定而不是法律解释。正如霍姆斯所指出的那样,它还包含着一种损害所有其他人的政府职责理论。而司法构造本身就已经使该理论植根于这个国家的基本法律之中了。由于这些原因,该案至今依然是没有限制的司法激进主义的象征。

参考文献 Felix Frankfurter, "Hours of Labor and Realism in Constitutional Law," *Harvard Law Review* 23 (1916):353;Paul Kens, *Judicial Power and Reform Politics: The Anatomy of Lochner v. New York* (1990);Bernard H. Siegan, "Rehabilitating Lochner," *San Diego Law Review* 22 (1985):453;Cass R. Sunstein, "Lochner's Legacy," *Columbia Law Review* 87(1987):873.

[Paul Kens 撰;李明译;邵海校]

洛克诉戴维案[Locke v. Davey, 540 U. S. 712 (2004)]

2003年12月2日辩论,2004年2月25日以7比2的表决结果作出判决,伦奎斯特代表法院起草判决意见,斯卡利亚和托马斯持反对意见。华盛顿州为具有天赋的学生建立了二级奖学金项目。为了与宪法规定的公共资金不得用于支持宗教指导的要求相一致,因此这项奖学金不适用于那些攻读神学学位的学生。戴维是享受这一奖学金的学生,被一所附属于教堂的私立学院录取。当他拒绝保证不攻读信仰性的神学学位时,他的奖学金被撤让。在这一措辞谨慎的判决中,联邦最高法院认定,将信仰性的神学学位排除于本应纳入其中的奖学金计划,并不违反宗教自由践行条款(Free Exercise Clause)。

大法官奥里弗·温德尔·霍姆斯(Oliver Wendell *Holmes)认为,对立法的司法审查(*judicial review)应该允许在"机器的联结点"(the joints of the machine)的某些活动。在"洛克诉戴维案"中,这个比喻多次在联邦最高法院分析禁止确立宗教条款(*Establishment)和宗教自由践行条款(Free Exercise Clause)之间的"联结点活动"被援用。正如法官伦奎斯特所注意到的那样:"有一些州的行为是禁止确立宗教条款所允许的,但不是宗教自由践行条款所要求的。"在这个框架下,奖学金的设置应该包括那些进行宗教研究的学位,但是相反的,如果一个州没有提供这样的奖学金也没有违反宗教自由践行条款。从历史的角度而言,这条法令同其他州禁止将税收用于支持牧师业的早期宪法规定是一致的。并且,这条法令也没有任何反对宗教的意图。在权衡两者的利益时,应该说不资助信仰性宗教研究对于州来说利益比较大,而不能获得奖学金对于学生而言仅是一种微小的负担。

在"鲁库米—巴巴鲁—阿耶公司教堂诉海利案"(Church of Lukumi Babalu Aye, Inc. v. Hialeah)(1993)中,法院采用"严格审查"(*strict scrutiny)标准否定了表面中立的法令,这条法令规定某些具有宗教意义的动物作为祭品是非法的。法院否决了戴维企图建立以该案为基础的"推定违宪"("presumptive unconstitutionality")理论。这一华盛顿州的法令没有对宗教活动采用刑事或民事的制裁。由于言论自由论坛问题并不存在,所以法院否决了戴维关于排除奖学金违反了"罗森伯格诉弗吉尼亚州立大学案"(Rosenberger v. University of Virginia)(1995)中确认的言论自由权的请求。

在其反对意见中,安东尼·斯卡利亚(Antonin *Scalia)和克拉伦斯·托马斯(Clarence *Thomas)大法官以同样的视角但是相反的方向进行了分析。如果公共利益通常能够获得,那么某一种利益因为宗教问题被停止给予,那就违反了宗教自由践行条款(Free Exercise Clause)。戴维所寻求的仅仅是一种公平的待遇,一种可以在他选择的研究课程上继续获得奖学金的权利。就多数人的历史分析而言,这也是有漏洞的。州的早期禁令仅仅是用来禁止倾向性的资金支持。最后,支持排除获得奖学金也并没有显示出存在什么政府利益;给予少量神学学生奖学金对每个纳税人来说，支出是微不足道的；也没有哪个获得州支持的宗教是通过允许财政资助建立的，排除神学学生获得奖学金对于维持政府的中立性来说并不必要。"洛克诉戴维案"表明，法院对禁止确立宗教条款（*Establishment Clause）的分析应该转向考虑每一案件的具体事实和情形。

[George T. Anagnost 撰；王红丽译；林全玲校]

洛伊诉劳勒案[Loewe v. Lawlor, 208 U. S. 274(1908)]①

1907年12月4—5日辩论，1908年2月3日以9比0的表决结果作出判决，富勒代表法院起草判决意见。洛伊诉劳勒案，一般被称为丹伯里·哈特尔斯案（Danbury Hatters' Case），是由美国劳工联盟为促成联盟所发起的第二次联合抵制，而该联盟在此纠纷中并无任何直接利益。洛伊是一位雇主，他对北美帽业联盟的个体成员提起了三倍赔偿诉讼，其中包括常驻的联盟代理——马丁·劳勒（Martin Lawlor）。该联盟否认自己是《谢尔曼反托拉斯法》（*Sherman Antitrust Act）所界定的联合体。

代表意见一致的联邦最高法院首席大法官梅尔维尔·W. 富勒坚持认为，每一种限制交易的联合体都是非法的。富勒认为，《谢尔曼反托拉斯法》要求联邦最高法院将联盟的行为作为一个整体来考虑，而不管其特定行为是否是州内性质的。富勒否认了以下说法，即：国会的意图是通过该法律将联盟排除在外。因此他主张，根据该法第七编的规定，联盟的个体成员也可以承担赔偿责任。

从联盟的角度来看，"洛伊案"与"合众国诉 E. C. 奈特公司案"（United States v. *E. C. Knight Co.）(1895)形成了令人难堪的对比：后者将全国性食糖托拉斯的地方行为排除在谢尔曼法禁止的范围之外，而前者则将该法的范围扩展到类似的联盟行为之上。这使得洛伊案成为联邦最高法院劳动判例中最具威胁性的一个案例，因为它将使联盟面对解散和赔偿诉讼的恐惧。因此，联盟开始转入政治领域，以寻求美国国会的立法例外。1914年克莱顿法没有规定明确的例外，但是在20世纪30年代，随着劳资关系情况的变化，联盟最终得到了解脱。

[Barbara C. Steidle 撰；李明译；邵海校]

洛恩·沃尔夫诉希契科克案[Lone Wolf v. Hitchcock, 187 U. S. 553(1903)]②

1902年7月23日辩论，1903年1月5日以9比0的表决结果作出判决，怀特代表法院起草判决意见。在洛恩·沃尔夫案中，联邦最高法院承认，国会对有关印第安人的事务拥有近乎绝对的权力，并且实际上已经排除了司法权的监督。这一判例标志着"柴罗基系列案"（*Cherokee Cases）(1831—1832)所确立的原则发生了明确的改变，而后者强调的是固有的部落主权和土地权利。洛恩·沃尔夫案允许合众国以履行联邦托管职责为由占用部落的土地和资源。

洛恩·沃尔夫案的目的是阻止国会对一个部落土地分配协议的批准，其理由是该分配没有获得所必需的3/4部落成年男子的同意，因此违反了1867年签订的一项条约（参见 Treaties and Treaty Power）。爱德华·D. 怀特（Edward D. *White）法官反对这一主张，他否认该协议侵犯了部落成员的财产权或使他们不能享有法律上的正当程序。与当时限制印第安部落主权的流行观点相一致，怀特认为，国会对印第安人的财产拥有完全的权力，"原因在于国会对其利益实施了监护人的职责"（p. 565）。他确信国会的这一权力属于政治范畴，不应由司法部门进行审查。根据这一判例，只要其针对"受监护人"的行为是"完全诚信"的，合众国就可以单方面废除与印第安部落签订的条约（p. 566）。

直到最近，洛恩·沃尔夫案所确立的原则依然代表了一种不受审查的国会权力和实际上并无标准的托管权，它使部落在与合众国发生纠纷时不可能获得司法保护。近期的发展可能意味着国会对印第安部落的权力有了更狭义的观点，以及对该权力某种程度的宪法制约。在1979年，一位联邦法官称洛恩·沃尔夫案为"印第安人的德雷德·斯科特案"。但与该案不同的是，洛恩·沃尔夫案仍然没有被政治事件或司法判例所推翻。

参考文献 Blue Clark, *Lone Wolf v. Hitchock: Treaty Rights and Indian Law at the End of the Nineteenth Century* (1999).

[Jill Norgren 撰；李明译；邵海校]

合众国诉洛佩斯案[Lopez, United States v., 514U. S. 549(1995)]

1994年11月8日辩论，1995年4月26日以5比4的表决结果作出判决，伦奎斯特代表法院起草判决意见，肯尼迪、奥康纳、托马斯持并存意见；史蒂文斯、苏特、布鲁尔、金斯伯格持反对意见。1990年国会制定《枪械免入校园区域法》（Gun-Free School Zones Act），规定在校区持有枪械违法。国会依靠宪法中的商业条款（*Commerce Clause）的权威来证明这一立法的正确性，用它来作为阻止趋于上升趋势的校园枪击事件。

1992年小阿方索·洛佩斯是得克萨斯州圣安东尼奥市安迪生中学的四年级学生。由于一次匿名

---

① 另请参见 Antitrust; Labor。
② 另请参见 Judicial Power and Jurisdiction; Native Americans; Property Rights。

举报,学校领导发现洛佩斯携带一把38毫米口径的手枪和5发子弹。联邦大陪审团随后对洛佩斯提起诉讼,但是当时又倾向于撤销这一诉讼,因为联邦政府无权对公立学校立法。通过法官审判(bench trial),联邦地区法院判决洛佩斯有罪,判他6个月监禁和两年的监督释放(supervized release)。洛佩斯上诉到联邦第五巡回上诉法院,法院推翻了先前的判决,并且判定根据国会商业权力制定的《枪械免入校园区域法》无效。

洛佩斯案件涉及另外一个问题,那就是如何确定国会管治街头犯罪的范围,因为这一领域传统上就由各州控制。自从20世纪30年代新政以来,联邦最高法院就已经接受国会根据联邦商业条款拥有很宽的权力实际控制美国生活的各个方面状况。并且,俄克拉荷马州联邦政府办公大楼爆炸,尽管发生在《枪械免入校园区域法》之后,仍然导致了一种政治环境,据此,克林顿政府和国会两党认为,联邦政府必须同内部恐怖分子及他们的武器作斗争。

这个案件吸引了不同利益团体的相当多的关注。例如国家教育协会(the National Education Association)同克林顿政府与各种反枪团体一同宣称学校处理涉枪犯罪具有困难。在政府方面,首席政府律师德鲁·S. 戴斯(Drew S. Days)认为处理枪炮的法令不同于其他的法令,因为它以占有为目的而不是交易。因而,戴斯也认为在校园暴力、枪支与州际间的贸易有密切的关系。政府认为,持有枪支经常被作为毒品文化的一部分通过国内贸易进行传播。政府还主张,在这种情况下,国会只是力图修补州法而不是用联邦法代替州法,因为国会没有必要证明枪支管制运动与州际商业以及枪支免入校园的规定之间的关系,并且国会除此之外没有其他办法。

国内枪支协会、全国州立法机构会议、加图研究会(the Cato Institute)和律师与消费者团体发动起侵权改革运动反对这一立法。他们主张,尽管减少校园持枪暴力应当支持,但国会没有说明禁枪令与单纯的持有枪支之间的关系。由于国会不能说明持有枪支与州际商业之间的关系,国会首先就没有理由禁止在校园内持有枪支。无论如何,这种立法应当属于州和地方这一层次,这显然超越了国会管制公立学校的权力。这些团体还对联邦在地方犯罪方面日益增长的权限对州主权和个人自由的侵犯表示了担忧。

联邦最高法院内部尽管分歧严重,但仍然确认了第五巡回法院的判决,并推翻了这一法律。首席大法官代表大多数法官作出的判决是自20世纪30年代以来法院以维护州权力为基础认为国会行为违宪的少有的几个判决之一。伦奎斯特认为,《枪械免入校园法》远远超出了国会的商业权力。依据联邦政府在该案中所提出的理论,伦奎斯特提到,确实很难看出联邦权力应该受到什么限制,即使在实施刑法和教育这样的传统上属于州的主权范围的领域。但是,如果我们要承认政府的主张,那么对于国会没有权力去管制的个人实施的任何行为的处置,我们都将会困难重重(p. 564)。针对伦奎斯特的观点,大法官克拉伦斯·托马斯增加了一个措词强烈的并存意见,他提到了一段有关商业权力的保守的历史,当时联邦最高法院曾允许国会活动几乎不受"任何审查"。

该案中持反对意见的大法官主张,国会历史上就有权这么做,买卖、占有枪械内含于商业活动中。大法官斯蒂芬·G. 布雷耶(Stephen G. *Breyer)在其反对意见中提到,他很不能理解大多数法官为什么能接受国会有权使一些管制物品、酒、石棉等禁入校园,却不承认国会管制枪械的权力。这些持反对意见的大法官同时指责:这一判决会使大法官们倒退到实体正当程序时代,并且以那些民选的政治官员观点取代法院的观点。

洛佩斯案的判决反映了共和党总统罗纳德·里根和乔治·H. W. 布什带给法院的重大变化。这一判决在当时被普遍认为是联邦最高法院中保守的大法官为攻击大量的联邦社会政策吹响的号角。然而,或许最重要的是,这一判决承认了高级别法院在支持州主权方面的强烈的利益,这一新的发展变化已成为伦奎斯特法院的一个重要特点。

[Kermit L. Hall 撰;王红丽译;林全玲校]

彩票案[Lottery Cases]
参见 Champion v. Ames。

弗朗西斯引起的路易斯安那州诉利斯威伯案[Louisiana ex rel. Francis v. Resweber,329 U. S. 459(1947)]①

1946年11月18日辩论,1947年1月13日以5比4的表决结果作出判决,里德代表法院起草判决意见,伯顿反对。安德鲁·托马斯是路易斯安那州马丁斯维尔市的一个白人吸毒者,很明显是被15岁的黑人威利·弗朗西斯所谋杀。几乎没有得到法院指定的律师帮助,利斯威伯很快被认定为有罪,并被判决在电椅上执行死刑。但是5月3日当利斯威伯坐在电椅上时,电椅出了故障,2分钟的电击并没有使他丧命(或者使他残疾)。通过电话联系,主管者将行刑日期定在第二周。

但根据同狱犯人父亲的请求,律师将该案上诉至联邦最高法院。他们主张,对利斯威伯再次行刑将构成双重治罪(*double jeopardy),并且更重要的

---

① 另请参见 Capital Punishment; Race Discrimination and the Death Penalty。

是构成了联邦宪法第八修正案(the *Eighth Amendment)所禁止的残忍和非正常刑罚(*cruel and unusual punishment)。但联邦最高法院的法官却拒绝阻止对利斯威伯的第二次行刑。费利克斯·法兰克福特(Felix *Frankfurter)法官在该案中还是投了赞同票,虽然他一贯反对死刑。

要求重新审理和要求仁慈对待的申请没有取得成功,从上次电椅出故障后,经过了一年零六天,利斯威伯再次坐到了电椅上,这次它(电椅)起作用了。

[Michael L. Radelet 撰;林全玲译;邵海校]

路易斯威尔,新奥尔良和得克萨斯铁路公司诉密西西比州案 [Louisville, New Orleans and Texas Railway Co. v. Mississippi, 133 U. S. 587 (1890)]

1890年1月10日辩论,1890年3月3日以7比2的表决结果作出判决,布鲁尔代表法院起草判决意见,哈伦反对。联邦最高法院承认了密西西比州一部法律的合宪性,该法律要求铁路公司为白人和黑人提供"隔离但公平的设施"。铁路公司认为,这一法律是违宪的,因为它对州际商业的影响违反了联邦宪法商业条款的规定(参见 Ccommerce Power)。与20世纪成熟的观点不同,该案没有涉及联邦宪法第十四修正案(the *Fourteenth Amendment)。

密西西比州的这一法律对州际商业的影响看起来与"霍尔诉德克尔案"(*Hall v. DeCuir)(1878)中被宣布违宪的路易斯安那州的一部法律相同。这两部法律都将种族作为对待乘客的标准。路易斯安那州的法律要求车辆上的所有部分都开放给乘客,并不须考虑乘客的种族。密西西比州的法律要求基于种族的区分要变为提供"公平的"设施。尽管这两部法律存在着明显的相同,联邦最高法院还是支持了密西西比州的法律。

这两个判决的内在不统一体现了联邦最高法院在19世纪末界定联邦主义(*federalism)方面的探索。联邦最高法院曾缩小了内战修正案(Civil War Amendments)的适用范围,因此联邦政府在保护个人权利方面几乎没有起到什么作用。现在,通过解释商业条款,联邦最高法院继续努力以保持州在这一领域的重要作用。因此,戴维·约西亚·布鲁尔(David J. *Brewer)法官完全接受了密西西比州最高法院的观点,即这一法律只适用于州内的商业领域。法院认为,要求铁路公司增加额外的一节车厢并没有对州际商业造成很大的负担。约翰·马歇尔·哈伦(John *Marshall Harlan)法官持反对意见,因为他认为这一州法导致了对州商业不合宪的管制。

[Walrer F. Pratt, Jr. 撰;林全玲译;邵海校]

路易斯威尔铁路公司诉勒葱案 [Louisville Railroad Co. v. Letson, 2 How. (43 U. S.) 497 (1844)]①

1843年2月20日辩论,1843年3月7日以5比0的表决结果作出判决,韦恩代表法院起草判决意见,丹尼尔、麦金利、托尼没有参加,汤普森已经去世了。勒葱是纽约州的居民,依据联邦巡回法院对不同州的公民案件的管辖权,在联邦巡回法院起诉,认为在南加利福尼亚州登记的路易斯威尔铁路公司违约。铁路公司主张联邦巡回法院没有管辖权,因为联邦最高法院在"合众国银行诉德沃克斯案"(*Bank of the United States v. Deveaux)(1809)中曾经裁决,在涉及跨州管辖权(*diversity jurisdiction)时,依据股东的公民身份确定公司的公民身份。铁路公司认为,根本不存在"不同州"的问题,因为公司的很多股东是纽约州的公民。

在要求高级别法院为推翻错误原判而发出的再审令(writ of *error)中,联邦最高法院推翻了德沃克斯案的判决,并主张在涉及跨州管辖权的场合,公司在哪个州进行登记,即是哪个州的公民。因此,由于公司可能是一个单个州的公民而不是其股东所在州的公民,所以勒葱案增加了公司在联邦法院基于跨州管辖权起诉或被诉的机会,并增强了联邦的司法权力。在随后的20年里,各公司有时抵制有时支持联邦法院的管辖权,但是内战以后很多公司发现联邦法院比州法院(*state courts)更愿意对这些案件进行管辖。1958年,国会作出规定,公司应当被认为是其主要业务所在州的公民,限制了公司基于跨州管辖权起诉或被诉的权利。

[Robert M. Ireland 撰;林全玲译;邵海校]

洛弗诉格里芬市案 [Lovell v. City of Griffin, 303 U. S. 444(1938)]②

1938年2月4日辩论,1938年3月28日以8比0的表决结果作出判决,胡果代表法院起草判决意见,卡多佐没有参加。尽管联邦最高法院在1925年"吉特洛诉纽约案"(*Gitlow v. New York)(1925)中,即暗示联邦宪法第一修正案(the *First Amendment)的保护可以通过联邦宪法第十四修正案(the *Fourteenth Amendment)适用于州,但直到1947年"埃文森诉埃维因镇教育理事会案"(*Everson v. Board of Education of Ewing Township)(1947),才将禁止确立宗教条款和宗教自由条款适用于州。在这期间,联邦最高法院运用了它现在有时也会使用的技巧,即把宗教案件(*religion cases)当作言论自由案件来处理。"洛弗诉格里芬案"

---

① 另请参见 Judicial Power and Jurisdiction。
② 另请参见 Speech and the Press。

(Lovell v. Griffin)就是这种处理方法的一个例证。

埃尔玛·洛弗是耶和华见证会的成员,她拒绝遵守该市要求散发或出卖传单、杂志、小册子或手抄本必须获得城市管理人员的书面同意的法令。她认为是耶和华要求她做这项工作的,并且遵守法律将导致她违背耶和华的戒律。

联邦最高法院没有从宗教的角度处理这个案件,并且甚至根本没有提到耶和华见证会这个名字。相反,它认为这个法令因为违反了出版自由,所以是无效的。联邦最高法院称,出版自由并不仅限于报纸和期刊,它当然应包括小册子和传单。这一法令也不会因为其只限制散发而不限制发表就可以保留,因此流通自由与发表自由同样重要。

[Leo Pfeffer 撰;林全玲译;邵海校]

合众国诉洛维特案[Lovett, United States v., 328 U.S. 303(1946)]①

1946年5月3日和6日辩论,1946年6月3日以8比0的表决结果作出判决,布莱克代表法院起草判决意见,法兰克福特和里德持并存意见,杰克逊没有参加。联邦宪法第1条有关禁止剥夺公民权利的法案经常被宽泛地解释以禁止国会或州的立法机关通过任何有关未经司法审判和缺乏程序保护的情况下而对特定个人实施惩罚的法律。从历史上看,英国经历以及革命以后对它的滥用使得这种立法安排已经不受欢迎。从作用上来讲,这一特殊的立法反映了大众对溯及既往的法律的不信任,并侵犯了分权原则(*separation of powers)。

洛维特案的判决产生于冷战时期和净化后的麦卡锡时代(McCarthy-era)。国会制定了一项法律,规定不应拨出任何资金作为洛维特和其他两个指名的、被认为不忠诚的联邦雇员的工资。联邦最高法院认为,这一立法实际上是剥夺公民权的法律。

联邦最高法院到现在为止只推翻了其他三个剥夺公民权的法律:其中一个是要求神职人员宣誓他们未协助过南部联盟的州法;一个是国会法案,将类似的宣誓作为在联邦法院任职的条件;另一个联邦法律规定共产党员在工会(*labor union)里担任职务将构成犯罪。

罗伯特·莫尔斯·洛维特(Robert Morss Lovett)在他的自传《我们的一生》(All Our Years)(1948)中声称:"除了我们的案件以外,另外三个案件也有重要的历史意义",并且将案件产生结果之时描述为"政府克服憎恨"的时刻(pp. 308-309)。这一判决还进一步禁止国会试图在法律中指名道姓地惩罚人民的做法。

[Thomas E. Baker 撰;林全玲译;邵海校]

洛文诉弗吉尼亚州案[Loving v. Virginia, 388 U.S. 1(1967)]②

1967年4月10日辩论,1967年6月12日以9比0的表决结果作出判决,沃伦代表法院起草判决意见,斯图尔特持并存意见。在"斐斯诉亚拉巴马州案"(Pace v. Alabama)(1883)中,联邦最高法院支持了亚拉巴马州的一项法律,该法对不同种族的人之间的私通行为规定了比同种族的人之间私通更为严厉的惩罚。联邦最高法院宣称,由于对私通的两个人的惩罚是平等的,因此没有侵犯联邦宪法第十四修正案(the *Fourteenth Amendment)的平等保护条款(*Equal Protection Clause)。这就是大家所知的"平等歧视"或"适用平等"例外。

后来的案件,如"谢利诉克雷默案"(*Shelley v. Kraemer)(1948),拒绝适用这一判决,然而,很明显它与"布朗诉教育理事会案"(*Brown v. Board of Education)(1954)中明确阐明的种族非歧视原则是不一致的。但是,联邦最高法院不愿意正式对这一敏感问题发表看法,因为它已经意识到,如果紧随布朗案便立刻禁止反对种族之间通婚的法律,这样只会加深南方反抗的怒潮["奈姆诉奈姆案"(Naim v. Naim)(1955)]。洛文案最终推翻了这一原则。

洛文,一个娶了黑人妇女的白人男士,对根据弗吉尼亚州反对异族通婚法对他的指控提出了挑战,该法禁止并惩罚异族之间通婚。弗吉尼亚州是那时采取这种立法的16个南方州之一。在过去的15年里,14个州推翻了禁止种族间通婚的法律。首席大法官厄尔·沃伦(Earl *Warren)代表全体一致的联邦最高法院,宣布这一法律无效,因为其中的种族歧视做法违反了联邦宪法第十四修正案的平等保护条款所禁止的不公平的种族分类。沃伦宣称,"根据宪法,是否与异种族人结婚的自由,归属于个人,各州不得侵犯这一权利"(p. 12)。在劳伦斯诉得克萨斯州案(Lawrence v. Texas)(2003)中,大法官安东尼·肯尼迪(Anthony *Kennedy)在代表法院提出的多数意见中就州确立一项特定的道德标准,而后对违反该标准设定刑事处罚的能力作出了裁定。他声称,一个州所统治的大多数传统上将某种习惯视为不道德这一事实并不能成为支持一项禁止该习惯的法律的充分的理由;不论是历史,还是传统,都不能使禁止不同种族通婚的法律免受来自宪法的攻击。

[Steven Puro 撰;林全玲译;邵海校]

---

① 另请参见 Communism and Cold War。
② 另请参见 Marriage; Race and Racism。

低级别联邦法院[Lower Federal Courts]①

联邦法院的体系最初是《1789年司法法》(the *Judiciary Act of 1789)确立的,从19世纪末以来基本上没发生什么变化:一系列的初审法院(一审法院)形成了法院结构这一金字塔的基础,在其上面是中间的上诉法院(*courts of appeal),最顶端是美国联邦最高法院。

联邦系统的初审法院是联邦地区法院。这些法院有权审理所有宪法允许联邦法院解决的案件。重大的一个例外是针对合众国提起的财政案件,如某些税收案件、进口货物的关税案件以及其他一些初期由联邦管制委员会(Federal Regulatory Commission)处理的案件。专门的初审法院负责处理这些争议。

然而,国会并没有授权联邦地区法院审理那些质疑州政府行为是否合宪的"联邦"问题(*federal questions)案件。直到内战时期,地区法院才具有概括的权力处理涉及宪法、国会立法、美国签订的条约的案件——尽管这些法律文件与州法律或州宪法规定可能存在冲突。内战(*civil war)以前,由州法院处理这些涉及州法与联邦法相冲突的案件,并允许没有参诉的当事人到联邦最高法院上诉(*appeal)。

每个州的管辖区域内至少有一个联邦地区法院,任何一个地区法院的地域管辖范围都不超出一个州的管辖区域。唯一的例外是怀俄明州的联邦地区法院,其管辖区域包括了爱达荷州和蒙大拿州在黄石国家公园的地区。除了在50个州和哥伦比亚特区的90个地区法院,国会还为美国的准州地区(*territories),如关岛、波多黎各、北马里亚纳群岛、维尔京群岛设立了另外4个地区法院。

其中3个州有4个地区法院(纽约州、加利福尼亚州、得克萨斯州),另外9个州——其中6个在南方,有3个地区法院。相反,相对人口众多的州,如马萨诸塞州、康涅狄格州、新泽西州、明尼苏达州、亚利桑那州、俄勒冈州只有1个地区法院。地区法院以它们所在州的名字命名,如果该州不止1个地区法院则再加以方位的描述:如北、南、东、西和中心或中间。

联邦地区法院大约有600名联邦法官,他们是由总统在参议院同意的情况下任命的。地方治安法官负责协助这些联邦法官,他们负责审前程序以及审理轻罪,担任破产案件中的鉴定人。后一角色现在被称为破产法官。地区法院法官每8年任命一次地方治安法官,而巡回法院法官每14年任命一次破产法官。

与上诉法院和联邦最高法院不同,地区法院只由1个法官审理案件。20世纪初,国会要求地区法院在审理某些案件时必须由3个法官组成的法庭进行审理,1个是来自地方法院的法官,另外两个是来自上诉法院的法官。由3个法官组成法庭审理的案件类型逐渐扩展,因此到20世纪70年代中期,几乎所有主张民事权利受侵犯的案件都是由3个法官组成的法庭审理。然而,国会随后限制了3人法庭的运用,结果到1990年时,3人法庭这种审理案件的方式几乎不存在了。

与联邦地区法院相同,而与联邦最高法院不同,联邦上诉法院必须审理管辖范围内的所有案件。作为联邦法院体系中的中级上诉法院,它们负责对联邦地区法院案件的上诉和对联邦管制委员会所作出的处理而提起的上诉。

合众国和其尚未成为州的地区共分成11个以数字排序的上诉巡回法院,另外还有哥伦比亚特区上诉法院。除了哥伦比亚特区只对本特区的地区法院和联邦管制部门的许多决定有管辖权外,其他上诉巡回法院的管辖范围都涉及某一地区的几个州。第一、第二、第三上诉巡回法院在东部,第四、第五、第十一上诉巡回法院在南部地区。1981年以前,第十一上诉巡回法院的管辖区域属于第五上诉巡回法院管辖区域的一部分。1981年,国会将第五上诉巡回法院的管辖区域分成了两部分。第六上诉巡回法院管辖中西部和南部的混合区域,第七上诉巡回法院包含北美三大湖所在的州。剩下的三个则位于密西西比河流域。

国会在这些上诉巡回法院设立了150个法官席位。任何一个法院至少有6名法官,最多的法院有26名法官。上诉巡回法院法官的人数反映了这一法院受理的案件量。3个法官组成一个法庭审理案件。有时,一个巡回法院的所有法官可能会一起审理意见异常不统一或非常重要的案件。"老"法官(即半退休的法官)和临时指定到巡回法院任职的地区法院法官协助巡回法院法官工作。

另外还有大量的专门上诉法院:海关和专利上诉法院(参见Patent)、1982年被改名的联邦巡回区上诉法院、国际贸易法院(即以前的海关法院)以及军事上诉法院(参见Military Court)。尽管这些法院的判决对那些直接受影响的人来说非常重要,但它们很少具有足够导致联邦最高法院审查的全国性或政策性价值。

[Harold J. Spaeth 撰,林全玲译;邵海校]

卢卡斯诉南卡罗来纳州滨海委员会案[Lucas v. South Caroliae Coastal Council, 505 U.S. 1003 (1992)]

1992年3月2日辩论,1992年6月29日以6比2的表决结果作出判决。斯卡利亚代表法院起草判决意见,肯尼迪对判决持并存意见,布莱克蒙和史蒂文斯表示反对。苏特提出意见,调卷令未经深思就签发了。戴维·H.卢卡斯在1986年以975000美

---

① 另请参见 Judicial Power and Jurisdiction。

元买了两处海滨住宅用地。两年后,出台了一部新的海滨管理法,禁止建造海滨住宅。州的审判法院认为这些海滨地已经被剥夺了所有价值,因此该法律的实施,等同于占用。这个裁决后来被宣布无效,因为南卡罗来纳州最高法院否决了占用(*taking)请求,该法院主张卢卡斯必须接受立法机关的决定,即海滨管理法是用来保护州的海滩的。

安东尼·斯卡利亚(Antonin *Scalia)大法官回顾了奥利弗·温德尔·霍姆斯(Oliver Wendell *Holmes)法官在"宾夕法尼亚煤炭公司诉马洪案"(Pennsylvania Coal Co. v. Mahon)(1922)中采用的立场,即如果一个法令走得"太远",就会构成应当赔偿的占用。他也回顾了"佩恩中心运输公司诉纽约市案"(*Penn Central Transportation Co. v. New York)(1978)中法院采用"特别的事实上的需求"标准而作的判决。斯卡利亚表明,像"劳里托诉读稿机曼哈顿有线电视公司案"(Loretto v. Teleprompter Manhattan CATV Crop)(1982)那样,因为存在永久性侵占土地的行为,或像"阿金斯诉蒂布伦市案"(Agins v. City of Tibouron)(1980)那样,某法规剥夺了土地上的所有经济利益,都会构成占用。

卢卡斯案确认了基于"从土地所有人的视角所有收益性利用被剥夺实际上等于征用"这一事实的阿金斯案规则(p.1017)。那些所谓"让土地保持自然状态"的强制性管制使"私人财产在减少严重的公害的托词下而被纳入某种形式的公共服务的危险性正不断提高"。并且,任何关于土地的管制都不可避免地影响到其财产价值,这一事实使得政府剥夺土地所有人经济性、收益性利用时很少会不遇到强烈的反应。该判决意见也注意到,如果剥夺土地所有的经济性、收益性利用的管制"存在于……州财产法和妨碍法的背景原则已经置于土地所有权之上限制之中",补偿实际上并没有必要(p.1029)。

"左派"人士批评卢卡斯案支持了传统上的分区而削弱了权利的保护。右派人士则批评卢卡斯案没有对被拿走的"相关包裹"界定清楚,因此,在声称土地所有人拥有该"包裹"其他部分价值的同时,却允许政府在某个小的领域拿走其所有的价值。

法院严格地限制了卢卡斯案规则,裁定它不能适用在18英亩土地上建一座房子的情形,如"帕拉佐罗诉罗德岛案"(Palazzolo v. Rhode Island)(2001);也不能适用于开发计划并没有被永久禁止,而只是被延期的情形,如"太浩—西雅拉保护委员会诉太浩地区规划当局案"(Tahoe Sierra Preservation Council v. Tahoe Regional Planning Agency)(2002)。越来越多的管制正以其体现了对环境有益的、长期有效的"背景原则"而为它们的存在进行辩护。

[Steven J. Eagle 撰;王红丽译;林全玲校]

卢汉诉野生动物保护者案[Lujan v. Defenders of Wildlife,504 U. S. 555(1992)]

1991年12月3日辩论,1992年6月12日以7比2的表决结果作出判决。斯卡利亚代表法院起草判决意见,肯尼迪、苏特对判决持部分并存意见,史蒂文斯对判决持并存意见,布莱克蒙和奥康纳表示反对。卢汉案的判决指出,该环境问题中的原告没有提起诉讼的资格。安东尼·斯卡利亚(Antonin *Scalia)法官说明他的诉权理论是分权原则(*separation of powers)的组成元素之一。鱼类及野生动物部门和全国海洋渔业部门废除了一部联合法规,该法规要求如果某联邦机构在国外的行为影响到濒危物种,应与上述任一部门协调行动。野生动物保护组织认为废除该法规违反了濒危动物保护法,因此根据该法的起诉条款对这些机构提起了诉讼。该条款授予"任何人"可以对违反该法的任何机构或个人提起诉讼。

以前的案件中已经确立:诉权规则来源于宪法第3条(*Article Ⅲ)的限制,即法院只审理"案件或争议"(*cases and controversies)。拥有起诉权的要求之一为原告必须证明他受到侵害或将要受到侵害。法院认为,虽然"国会授予所有人抽象的、自足的、非工具性的"权利"来监督行政机关遵守法律规定的程序",但是这并没有创设一种侵犯它就会构成诉权规则所要求的"实际损害"的"权利"。市民起诉条款并不足以使得原告具有起诉权。在对这一结论进行解释时,法院指出,宪法只赋予总统"保证法律忠实履行"的职责,如果国会仅仅为了让行政机构遵守这一法律而通过立法创设一种可以在司法上强制执行的权利,那么,它就僭越了总统的职责,并且是违反分权原则的。

卢汉案是众多严格解释起诉权要求的案件之一,这使得原告在联邦法院起诉更加困难。最近,随着史蒂芬·G.布鲁尔(Stephen G. *Breyer)、鲁斯·巴德·金斯伯格(Ruth Bader *Ginsburg)大法官的就任,联邦最高法院在"联邦选举委员会诉埃金斯案"(Federal Election Commission v. Akins)(1998)和"地球之友公司诉莱德劳环境服务公司案"(Friends of the Earth v. Laidlaw)(2000)中,适用诉权原则的要求则比较自由。

[Willan Fuck 撰;王红丽译;林全玲校]

勒顿,霍勒斯·哈蒙[Lurton, Horace Harmon]

(1844年2月26日生于肯塔基州的纽波特,1914年7月12日卒于新泽西州的大西洋城,葬于田纳西州的克拉克斯维尔城的格林伍德墓地。)1910—1914年任大法官。生于肯塔基州北部地区的霍勒斯·哈蒙·勒顿,在儿时便跟随父母来到了田纳西州的克拉克斯维尔,从那以后他就把这个城镇当作自己的家乡。他的父亲是一个虔诚的医生，后来成了新教徒主教教会的牧师。他曾就读于芝加哥道格拉斯大学，后来内战爆发了，他的大学生活被迫中断。十几岁的勒顿后来成了一个热心支持南部联盟的士兵，他曾因身体不合格而退伍，并曾从北方囚禁战犯的露营地逃脱，并重新入伍。在袭击俄亥俄州时，他在约翰·亨特·摩尔根（John Hunt Morgan）将军手下任职，勒顿又被抓了，这次据说是在其母亲的请求下，由亚伯拉罕·林肯（Abraham *Lincoln）总统给予了假释。战争结束后，这个年轻的退伍军人进入哥伦比亚大学法学院，并于1867年毕业。同年与玛丽·弗朗西丝·欧文（Mary Frances Owen）结婚，勒顿取得了田纳西州的律师资格，并在克拉克斯维尔定居。除了1875年到1878年在州衡平法院担任首席大法官外，直到1886年他都在此从事律师职业。1886年他作为民主党的代表被选举到田纳西州的最高法院，52岁的勒顿开始了他的司法生涯，他的后半生一直都在从事这一工作。

Horace Harmon Lurton

1893年1月，他成了田纳西州的首席大法官，但几个月后就辞职了。因为格罗夫·克利夫兰（Grover Cleveland）总统任命他到位于辛辛那提的合众国第六上诉巡回法院担任法官。在联邦法院，勒顿与当时的首席法官威廉·霍华德·塔夫脱（William Howard *Taft）成了亲密的朋友。除了积极地从事司法事务外，从1898年起，勒顿还抽出时间在范德堡（Vanderbilt）大学教授法律，并且从1905起开始担任该大学法学院的院长。1909年12月，塔夫脱总统任命他这个朋友到联邦最高法院。65岁的勒顿是曾被任命到联邦最高法院年龄最大的人，由于他是一个民主党人和支持邦联的退伍军人，所以任命他为联邦最高法院的大法官，对于一个共和党的总统来说，确实是一件比较令人吃惊的事。

在他被任命到联邦最高法院之后不久，勒顿在马里兰和弗吉尼亚的律师协会的一个会议上作了一次演讲。他演讲的主题是"法治的政府还是人治的政府？"，这是一个比较普通的保守司法观的重述，主张避免对宪法自由解释、为促进社会的进步而造法，侵犯州的权利，其中还掺杂了本土人对外国移民的恐惧（参见 Judicial Review；Federalism）。在他短短的任职期间，他作为大法官的观点一直都符合这一公开的声明，尽管后来他的行为确实表明他对适度的进步改革给予容忍。在他去世的时候，甚至他的颂扬者都承认，他没有作出"轰动的或令人吃惊的判决"。也许他最大的贡献是起草了1912年《联邦衡平规则》（the Federal Equity Rule of 1912），这一规则直到1938年取消联邦衡平法院时才失效。

在共和党人占优势的时代，占据联邦最高法院席位的克利夫兰民主党人勒顿证明了党派之间存在共同的基础。由于勒顿忠诚地信奉小城镇式制度的合理性，因此他也属于阻挠了必要改革进程的一代法官，这主要是因为他无比的忠诚和正直。

参考文献 James F. Jr., "Horace Harmon Lurton," in *The Justices of the United States Supreme Court, 1789-1969*, edited by leon Friedman and Fred L. Israel, vol. 3 (1969), pp. 1847-1863.

[John V. Orth 撰；林全玲译；邵海校]

卢瑟诉博登案[Luther v. Borden, How. (48 U. S.) 1 (1849)]①

1848年1月24日到28日辩论，1849年2月3日以8比1的表决结果作出判决，托尼代表法院起草判决意见，伍德伯里同意部分判决，反对另一部分。宪法规定联邦政府应当保证各州实行共和政体（联邦宪法第4条第4款），但是没有明确规定在多大程度上由公众参与州政府是维持共和特征所必需的，也没有规定联邦政府的哪一个部门，如果有的话，负责执行这一保障。直到19世纪40年代，这一不明确的规定仍然不具有任何实际意义。在联邦体系中，每个州都如有公民权的公民所希望的那样，在选举资格、议席重新分配以及税收负担方面是共和式的。但是1842年的杜尔反抗运动暗示宪法的保障条款（*Guarantee Clause）应为被剥夺选举权的罗德岛公民提供救济，当时罗德岛的政府官员忽视改革主义者所主张的对过时的州宪法进行民主化改革的要求。

尽管最初在工业革命之时，罗德岛就是美国各州的成员，但是，它一直遭受着来自于1663年皇室大宪章这一极端落后的宪政秩序的控制，该宪章在罗德岛一直以州宪法的形式存在。不合理的议席重新分配将主要的政治权力留给了郊区，这更加严厉地剥夺了市区居民的公民权。市区居民主要由政治

---

① 另请参见 Political Questions。

避难的美国北方人以及最近移民过来在罗德岛的城市中纺织业工作的人组成。这形成了杰克逊民主党执政期间特有的政治景象。

杜尔反抗运动是选举权改革家们对现有州政府在剥夺公民权和不合理的议席重新分配方案方面给予的救济感到失望之后促成的。他们引用了《独立宣言》(*Declaration of Independence)中的原则，并试图"改变或推翻"压迫人民的政府（用他们的话来说），并"建立一个新的政府"。

改革家们召集了一次不合法的制宪会议，起草了一部新宪法，主要是为了改善剥夺公民权利和不合理议席重新分配状况，提交公众批准，并根据这些文件进行选举。现存的政府也提出了一份宪法草案，结果没有获得通过，但是它拒绝交出权力。于是，在1842年的几个月里，对立的两个政府都在为政府的合法性和执掌州政府的职位而斗争。

现任的州长和立法者宣布了战争法，他们受到了约翰·泰勒(John *Tyler)的公开鼓励，他允诺只要有暴力发生，联邦军队将给予支持。州法官认定，改革者的州长托马斯·威尔逊·杜尔(Thomas Wilson Dorr)犯有叛国罪。联邦最高法院拒绝受理杜尔于1845年请求获得人身保护状(*Habeas corpus)的上诉["杜尔单方诉讼案"(Ex parte Dorr)]。因为联邦的令状不能干涉州的宪法。

杜尔的拥护者马丁·卢瑟针对一个民兵卢瑟·博登提起了诉讼，该民兵根据军事法的授权进入并搜查了卢瑟的家。丹尼尔·韦伯斯特(Daniel *Webster)支持了博登和州的观点，认为罗德岛的形势不能适用宪法的保障条款。卢瑟的律师主张州的专制宪政安排，使通过公平与和平的民主程序解决困境成为不可能。罗德岛民众因此行使了内在于人民主权观念中的基本权利，即推翻压迫人民的政府。

"卢瑟诉博登案"提出了有关美国宪政秩序的基本问题：联邦最高法院是最适当的界定共和制实质内容的部门吗？如果和平地寻求宪政改变的努力失败了，美国人民就没有权利采取革命性的暴力手段吗？对于共和制的政府来说，什么是最根本的？

联邦最高法院由首席大法官罗杰·塔尼(Roger B. *Taney)表明了态度。但他回避了这些困难的问题。他阐述了"政治问题"原则，将解决特定宪法问题的责任推给了立法机关和行政机关。"每个州的主权都属于该州的人民"，他得出结论——但这只是一个空洞的承认，至于他们如何以及在杜尔反抗运动中他们是否已行使这一权利，是"一个需要由政治权力来加以解决的政治问题"。

参考文献 George M. Dennison, *The Dorr War*: *Republicanism on Trial*, 1831-1861(1976).

[Harold M. Hyman 撰；林全玲译；邵海校]

林奇诉唐纳利案[Lynch v. Donnelly, 465 U.S. 668(1984)]①

1983年10月4日辩论，1984年5月5日以5比4的表决结果作出判决，伯格代表法院起草判决意见，奥康纳持并存意见，布莱克蒙、布伦南、马歇尔和史蒂文斯反对。罗得岛的波塔基特城拥有圣诞节的展览品并且每年都在市中心的商业区进行展示。这些展览品包括圣诞老人的房子、圣诞树、经过裁剪并具有象征意义的动物、彩灯以及与实物同样大小的耶稣降生所。原告是波塔基特城的居民，宣称耶稣降生所或"托儿所"的出现表明官方对基督教的支持，这违反了禁止确立宗教条款。

联邦最高法院由5人组成的大多数法官没有支持对此提出的宪法性攻击。联邦最高法院没有接受这一主张，即：展示耶稣降生所的目的或主要效果在于使该城接受与圣诞节相关的基督教信仰。鉴于这一展览是在全国性公众节日的环境下进行的，大多数法官认为，耶稣降生所的展示具有合法的非宗教目的，即象征性地刻画圣诞节的由来。相反，5年以后，在"艾勒金尼县诉美国公民自由联合会案"(*Allegheny County v. American Civil Liberties Union)(1989)中，联邦最高法院作出裁决，认为在公共建筑中展示没有其他节日装饰品的耶稣降生所，违反了禁止确立宗教条款。

大法官桑德拉·戴·奥康纳(Sandra Day O'Connor)投出了关键的第五票，写下了独立的并存意见。她拒绝了对禁止确立宗教条款的传统推理，并且提出应考虑政府是否有意或意识到自己是在支持宗教。"林奇诉唐纳利案"(Lynch v. Donnelly)(1984)提出的这一立场，看来是获得了艾勒金尼县案中大多数法官的支持，至少在有争议的宗教象征展示领域是如此。

"林奇诉唐纳利案"大致表明了政教分离程度上的弱化，但它却为宗教调和找到了宪法授权依据。

[Stanley Ingber 撰；林全玲译；邵海校]

---

① 另请参见 Religion。

Mm

麦迪逊,詹姆斯[Madison,James]

（1751年3月16日生于弗吉尼亚州康威港，1836年6月28日卒于弗吉尼亚州蒙特皮利）"宪法之父"，与亚历山大·汉密尔顿（Alexander *Hamilton）和约翰逊·杰伊（John *Jay）合著《联邦党人文集》（The *Federalist），《权利法案》的设计者。于1801—1809年任国务卿，1809—1817年间担任美国总统。

在麦迪逊的整个职业生涯里，他始终坚持认为，在防止联邦和州立法机构失度方面，联邦最高法院是一个重要机构。作为一个宪法改革的支持者，18世纪80年代，麦迪逊在《美国政治体系的缺陷》一书中分析了联邦制度的不足。在该书中，麦迪逊认为，州立法层面上最大的问题在于多数派系。并提出了相应的解决方案：组成一个全国性的修订委员会并拥有对联邦和州法案的否决权。但是，在随后的制宪会议中，并没有成立这样的组织。最终，麦迪逊在《联邦党人文集》第39号文中还是接受了这样的观点：联邦最高法院是联邦政府中执行宪法和联邦立法对州立法机关中的多数派系、州司法官员和行政机构有关约束的最适合的机构。

麦迪逊终生坚持上述思想。1819年，首席大法官马歇尔对"麦卡洛克诉马里兰州"（*McCulloch v. Maryland）一案作出了判决后。包括前总统托马斯·杰弗逊和上诉法院法官斯宾瑟·罗恩（Spencer Roane）在内的弗吉尼亚州的共和党人，就由联邦最高法院对联邦政府与各州之间的权力和职责分配作出决定的问题，对联邦最高法院的权威提出了挑战。在后来给杰弗逊的一封信中，麦迪逊认为宪法的缔造者们希望联邦最高法院才是决定联邦与各州间权力划分的"宪定机构"。同样，麦迪逊对罗恩法官也坚持：联邦政府有权审查和撤销各州法院关于宪法问题的判决。

麦迪逊早期一直支持联邦最高法院有权对各州行政机构进行审查，例如，在1809年，麦迪逊就拒绝了宾夕法尼亚州州长西蒙·斯奈德（Simon Snyder）提出的、希望其支持反对联邦最高法院在"合众国诉皮特斯案"（United States v. Peters）中作出的判决的要求，对于该判决，他告诉州长，他有义务执行。

同样，从起草宪法时起，麦迪逊就曾把联邦最高法院设想为可以防止联邦立法权限扩张的机构。在制宪会议中由埃德蒙多·伦道夫（Edmund Randolph）州长提议的"弗吉亚计划"引发的宪法改革中，麦迪逊认为修订委员会有权审查并"否决"联邦和各州的立法。在《联邦党人文集》第39号文中，麦迪逊详细阐述了自己这样的观点：在联邦立法与宪法冲突的情况下，应存在一些对抗机制，其中包括联邦司法审查（*judicial review），尽管没有明确指出。

在1798年通过《外国人与煽动叛乱法》（Alien and *Sedition Acts）后，麦迪逊却转而支持通过各州立法而不是联邦最高法院，以保护公民免受其所认为的不合宪的行使联邦立法权所造成的侵害。这种思想在1798年的《弗吉尼亚决议》中有含糊的表达，两年后，麦迪逊又起草了对此进行澄清的决议。在这些决议中，麦迪逊强调，虽然联邦最高法院有权解释宪法，各州至少也可以要求国会重新审查他们认为不公平或违宪的立法，具有同样诉求的各州还可以联名要求国会通过宪法修正案（*constitutional amendment），同时各州立法机构可以向国会提出宪法修正案。在麦迪逊看来，这些措施只是对司法审查的替代性做法，并不是完全取而代之。

但是，在麦迪逊的有生之年，联邦最高法院只否决了一项联邦立法。在1803年的"马伯里诉麦迪逊案"（Marbury v. Madisom）中，杰斐逊总统强烈抨击了联邦最高法院的判决，而麦迪逊本人却未作出多评论。"马伯里诉麦迪逊"一案的判决与此前深入人心的观点相一致，即联邦政府的各个部门都有责任防止来自其他部门的干预。1819年，麦迪逊毫不犹疑地接受了更为宽泛的有关司法审查和联邦最高法院角色的定义。但麦迪逊还是对马歇尔首席大法官在"麦卡洛克诉马里兰州"（*McCulloch v. Maryland）一案的判决颇有微词，理由是，他认为马歇尔对联邦立法权力的解释过于宽泛。不过，麦迪逊还是认为，联邦最高法院有权决定司法审查权力的内容。

麦迪逊退休前对首席大法官马歇尔所作的判决虽然存在一定程度的分歧，但是并没有影响他与其他弗吉尼亚人的私人关系。然而，这确实促使麦迪逊任命了更加具有"共和党倾向"的人进入联邦最高法院并独立于首席大法官。就此而言，麦迪逊并没有取得很大的成功，如1810年库欣（*Cushing）大法官去世，麦迪逊对其继任者的前三次提名均告失败，最后提名了来自马萨诸塞州的约瑟夫·斯托里（Joseph *Story）作为大法官才获得参议院通过。而作为19世纪最伟大的大法官的斯托里却并没有就麦迪逊所追求的两件事中的任何一件，对马歇尔提出挑战。斯托里支持马歇尔对联邦立法权的宽泛解释，并且，他对马歇尔所主张的联邦最高法院只应当有一个判决意见，而不是麦迪逊所喜爱的分述判决意见（*seriatim opinions）表示附和。就此而言，麦迪逊经历了与其对联邦最高法院作出的其他任命相同的失望。同样，来自马里兰州的加百利·杜瓦尔（Gabriel *Duvall）在马歇尔于联邦最高法院的整个任期内也一直支持他。

麦迪逊在总统任期期满后，尽管一直支持联邦最高法院作为宪法的最后守护者，但私下里的确不时地批评过其弗吉尼亚同僚作出的判决。特别是，在"麦卡洛克诉马里兰州"（*McCulloch v. Maryland）一案中，尽管麦迪逊认为联邦最高法院有责任采取行动，但他还是反对首席大法官马歇尔对联邦立法权力作宽泛解释的判决。1823 年，在一封给杰斐逊总统的信中，麦迪逊说，"我从未背离过自己在《联邦党人文集》第 39 号文中的思想"。

19 世纪 30 年代，麦迪逊立场坚定地反对来自其家乡和整个南方的取消联邦法律的主张。他认为，在自己 50 年前就已开始致力于其建设的法律体系中，无论是取消联邦法律，还是脱离联邦，都是违反宪法的。

参考文献 William T. Hutchinson, et. al., eds. *The Papers of James Madison* (1962-). Ralph Ketcham, *James Madison: A Biography* (1971). Jack N. Rakove, *James Madison and the Creation of the American Republic* (1990). Charles Warren, *The Supreme Court in United States History*, 2 vols. (1992).

[Robert A. Rutland 撰；Steven R. Boyd 修订；潘林伟译；邵海校]

磁性学校[Magnet Schools]

参见 Desegregation Remedies。

马洛里诉合众国案[Mallory v. United States, 354 U. S. 449(1957)]①

1957 年 4 月 1 日辩论，1957 年 6 月 24 日以 9 比 0 的表决结果作出判决，法兰克福特代表联邦最高法院起草判决意见。尽管联邦最高法院推翻各州作出的有罪判决的权力限于实施联邦宪法第十四修正案（the *Fourteenth Amendment）的正当程序条款，但当联邦刑事司法机关违反正当程序的规定时，联邦最高法院可以制定证据规则来行使其"监督权"。最有名的表现就是麦克纳布—马洛里规则（McNabb-Mallory Rule）。

在"麦克纳布诉合众国案"（McNabb v. United States）(1943)中，联邦最高法院行使了其监督权并认为，嫌疑犯被非法拘留时（即被认定违反联邦有关立即将被捕人送交负有职责的治安官的规定）所作的陈述在联邦法院审判时必须排除其适用，不论该供述是否属于自愿作出。尽管本规则受到执法官员和国会议员的严厉批评，但还是在"马洛里诉合众国案"（Mallory v. United States）(1957)中重新得到确认。费利克斯·法兰克福特法官（Felix *Frankfurter）（麦克纳布案意见的创始人）代表联邦最高法院陈述观点，认为警察在逮捕疑犯前应当具备相当理由（*probable cause），警察不能任意逮捕疑犯，在对其进行讯问后再确定指控对象。该案判决引起了极度不满，尤其是国会。

马洛里规则为"自愿"招供标准提供了另一个选择，但仅限于在联邦法院审理的案件。尽管如此，很多人担心（也有人希望），沃伦法院（Warren Court）将来会基于联邦宪法第十四修正案的正当程序条款而将本规则强加给各州法院。但联邦最高法院从未这样做，相反，它日益强调获得律师辩护权和反对自证其罪（*self-incrimination）的特权，从而通过不同的路径解决了招供问题。这些尝试在著名的"米兰达诉亚利桑那州案"（*Miranda v. Arizona）(1966)中达到了顶峰。

因为麦克纳布—马洛里规则并不是宪法原则而只是联邦最高法院监督权的实施，所以它易于被国会修改或废除。1968 年，国会在经过多次努力后，最终通过立法削弱了该规则。

[Yale Kamisar 撰；李绍保译；邵海校]

马洛伊诉霍根案[Malloy v. Hogan, 378 U. S. 1 (1964)]②

1964 年 3 月 5 日辩论，1964 年 6 月 15 日以 5 比 4 的表决结果作出判决，布伦南代表联邦最高法院起草判决意见，哈伦、克拉克、斯图尔特和怀特反对。马洛伊因参加非法赌博活动而被判有罪。康涅狄格州高等法院判决其监禁 1 年，但 90 天后，他的刑期中止，被改判缓刑 2 年。缓刑期间，在该州对赌博和其他犯罪活动的调查中他被传唤去作证。他引用联邦宪法第五修正案中有关反对自证其罪的规定，拒绝回答他早先被捕和判刑的问题，结果，他被判藐视法庭罪而被监禁，直至他愿意交待有关问题。州法院（*state courts）否决了被告人依据联邦宪法请求人身保护状（*habeas corpus）后，联邦最高法院同意重新审理该案。

联邦宪法第五修正案规定："任何人在刑事案件中都不得被迫自证其罪"。该权利最初被用来保护个人对抗联邦政府。数十年来，联邦最高法院拒绝将此规定适用于各州。联邦最高法院长期坚持该观点，认为联邦宪法第十四修正案（the *Fourteenth Amendment）的正当程序条款在约束各州时只限于

---

① 另请参见 Coerced Confessions; Counsel, Right to; Due Process, Procedural.

② 另请参见 Fifth Amendment; Incorporation Codtrine; Self-Incrimination.

基本正当(*fundamental fairness)的要求——避免残酷和专横的程序;该正当程序条款要求各州公正合理地审判疑犯,而并没有赋予其时代和传统认同的特权。

马洛伊案的意义在于联邦最高法院突然拒绝这一较为古老的观点,7名法官认为,通过联邦宪法第十四修正案,各州现在的确受到联邦宪法第五修正案有关反对自证其罪权利的约束。因此,马洛伊案有力地推翻了"特文宁诉新泽西州案"(*Twining v. New Jersey)(1908)和"亚当森诉加利福尼亚州案"(*Adamson v. California)(1947)的判决,这两起案件的判决似乎直到1961年才通过"科恩诉赫尔利案"(Cohen v. Hurley)得以加强。在这些案件中,检察官对被告不能在州诉讼中作证的评述得以继续有效发挥作用。联邦最高法院不愿要求各州遵守其从联邦宪法第五修正案的特权条款中推导出的苛刻的"无可奉告"规则。但是,马洛伊案之后,如果有人援用该特权,那么所有适用于联邦诉讼的联邦宪法第五修正案标准也适用于各州。

联邦最高法院日益坚定地要求推翻各州采用不当方法以得到供述进而作出有罪判决的做法,预示着将来联邦宪法第五修正案的自证其罪条款与联邦宪法第十四修正案会合并。联邦最高法院认为,现在应该承认"美国的刑事诉讼制度是控告式的,而非审问式的,联邦宪法第五修正案所确定的特权是其根本依据"(p. 7)。联邦最高法院因此维护证人的沉默权。除非有人自愿作证,否则,确定有罪的整个举证责任都将由政府承担。

法官约翰·M. 哈伦(John M. *Halan)和汤姆·克拉克(Tom *Clark)则对此表示反对,他们反对联邦最高法院裁决各州受联邦宪法第五修正案自证其罪条款的约束,他们宁可坚持特文宁案(Twining)和亚当森案(Adamson)的基本原理,据此,各州法院的诉讼活动应该由联邦宪法第十四修正案正当程序条款所包含的正义原则加以解决,不受此前由《权利法案》(*Bill of Rights)确定的特定权利和保护措施的约束。他们认为,正当程序条款本身是一个严格的审判标准,其意义可能且应该源于文明社会中普遍认同的、不断演进的礼仪观念。他们认为这种区别对待的方法,即允许各州在解决地方法律实施方面采取灵活措施,有助于"我们的联邦刑事法律制度有效运作"(p. 27)。

法官拜伦·怀特(Byron *White)和波特·斯图尔特(Potter *Stewart)赞同多数意见中关于联邦宪法第十四修正案体现了对抗自证其罪的观点。然而,他们对本案持异议,因为他们认为本案的事实并不能保证该权利的运用。考虑到问题的焦点和问题的性质,他们认为在本案中被告不存在自证其罪的危险。

[Donald P. Kommers 撰;李绍保译;邵海校]

执行令状(履行职责令状,训令状)[Mandamus, Writ of]

执行令和禁令(*prohibition)及调卷令(*certiorari, writ of)一样,是英国普通法(*common law)中的特殊令状。执行令状由王室法院直接发给某些官员、市政当局或低级别法院,要求其履行法定的、不可自由裁量的职责。由于执行(Mandamus)具有特殊性,所以只有在穷尽其他救济措施后才能适用。

在"马伯里诉麦迪逊案"(*Marbury v. Madison)(1803)中,首席大法官约翰·马歇尔(John Marshall)认为,国会授权最高法院在初审管辖权(*original jurisdiction)案中发布执行令状,超越了其宪法权力。联邦宪法并没有规定这样的授权。不过,马歇尔指出,执行令可以用来支持联邦最高法院的上诉管辖权(*appellate jurisdiction),根据联邦宪法的规定,这须由国会批准。

当代联邦最高法院在司法实践中很少运用执行令状。在纠正审判错误方面,它不能代替上诉(*appeals);当存在审判中的自由裁量权时,它也是无法适用的。只有低级别法院、公务员和市政机关的行政性行为才由执行令调控。一般而言,执行令只用来对抗联邦官员或法院,不过,为了获取上诉管辖权,联邦最高法院可以向各州最高法院发布执行令状。

[Herbert A. Johnson 撰;李绍保译;邵海校]

曼恩法[Mann Act]①

20世纪早期的进步主义(*Progressivism)使大量立法得以通过,以提高美国的道德水准。1910年的《曼恩法》就是这样一部法律,它也被称为"禁止贩卖白人奴隶法"。这部法律是在发生了大量犯罪集团贩卖妇女事件后通过的,尽管对这些事件的宣传有些夸大。

根据《曼恩法》,"为了卖淫及淫逸或其他不道德的目的,或者旨在引诱、教唆或强迫妇女"从事不道德的活动而跨州或在对外贸易中运输或帮助运输妇女的行为应定为重罪。该法有一条款表明进步党对排外主义的喜好,它授权移民官员收集、保存有关为了非道德目的而介绍"外国妇女"卖淫的信息。妓院的所有者若能提供有关外国妓女的信息,就能免受该法的指控。

《曼恩法》在"霍克诉合众国案"(Hoke v. U. S.)(1913)中被联邦最高法院裁定合宪。依据该法,上诉人因诱使两名新奥尔良妓女到得克萨斯州的博蒙特从事交易活动而被定罪。大法官约瑟夫·麦克纳(Joseph *McKenna)代表意见一致的联邦最高法院书写判决意见,否认了卖淫应由各州进行管制的观点,而赞同《曼恩法》起草者的意见,即跨州

---

① 另请参见 Gender; Police Power。

卖淫属于联邦商业权力的范围。

[John W. Johnson 撰；李绍保译；邵海校]

马普诉俄亥俄州案[Mapp v. Ohio, 367 U. S. 643（1961）]①

1961年3月29日辩论，1961年6月19日以5比3的表决结果作出判决，克拉克代表联邦最高法院起草判决意见，布莱克和道格拉斯持并存意见赞同，哈伦、法兰克福特和惠特克反对，斯图尔特单独提出法律意见。马普案使联邦宪法第四修正案保护措施并入联邦宪法第四修正案的正当程序条款成为定局。它要求各州官员在进行搜查时须遵守联邦宪法第四修正案所确定的标准，同时也将联邦宪法第四修正案的证据排除规则扩充适用至在各州法院进行的诉讼。

在"沃尔夫诉科罗拉多州案"(*Wolf v. Colorado)(1949)中，联邦最高法院对联邦宪法第十四修正案(the *Fourteenth Amendment)正当程序条款提供的保护措施进行了意见一致的阐述，认定其确实禁止了州警察的"任意侵入"。不过，对这种保护的确切范围进行界定时，联邦最高法院内部发生了5对4的意见分歧。4名大法官认为，联邦宪法第十四修正案体现了第四修正案的所有保护措施，因而要求各州官员遵守联邦宪法第四修正案所确定的标准。大法官费利克斯·法兰克福特(Felix *Frankfurter)所代表的多数意见却并不认为如此。尽管他认为正当程序包含"联邦宪法第四修正案的核心"，他还是不愿阐述可以适用于搜查中正当程序保护措施的确切范围(p.27)。不过，他确实得出了这样的结论，即在"威克斯诉合众国案"(*Weeks v. Unitd States)(1914)中所产生的联邦宪法第四修正案排除规则并不必在州法院的诉讼中适用[对排除规则的表决结果是6对3；大法官胡果·布莱克(Hugo *Black)赞成多数意见，因为他认为联邦宪法第四修正案并没有要求排除]。

11年后，沃尔夫案拒绝将排除规则适用于各州的观点在"埃尔金斯合众国案"(Elkins v. United States)(1960)中被削弱。在埃尔金斯案中，5比4的多数意见认定，正当程序条款确定的有关搜查的保护措施与联邦宪法第四修正案的保护措施等同（大法官波特·斯图尔特所代表的多数意见认为沃尔夫案已经得出了这一结论；法兰克福特表示异议，认为并非如此）。不过，因为埃尔金斯案本身并不是州诉讼案，它并没有就推翻沃尔夫案拒绝将排除规则适用于各州提供帮助。然而，次年的马普案却带来了这种契机。

7名警察闯入多利·马普(Dolly Mapp)在俄亥俄州克利夫兰城的家中进行搜查。警察宣称他们有搜查令但并未出示。他们说，有知情人举报，因最近一起爆炸案而被通缉的案犯藏匿在马普的家里，另外还有赌博工具藏在那里。事实上，警方经过一番搜查后并未达到目的，但他们发现了所谓的几本淫秽书籍及一些照片。马普也因持有淫秽读物被判监禁。在定罪时，俄亥俄州最高法院裁定，尽管搜查是"非法"的，但根据沃尔夫案，允许承认该证据的有效性。

在联邦最高法院，马普的律师主要就淫秽问题(*obscenity issue)对该案进行了陈述和辩论。同时，美国公民自由联盟(*American Civil Liberties Union, ACLU)也提出了法院之友诉讼要点，认为州警察滥用权力对马普的家进行搜查的事实为重新思考沃尔夫案提供了契机。而联邦最高法院的5名大法官则抓住了这一机会。

不过，马普案的投票表决并不像1年前的埃尔金斯案那样简单。大法官汤姆·克拉克(Tom *Clark)代表联邦最高法院书写判决意见，而他恰恰不同意埃尔金斯案的判决。克拉克采取了不同寻常的态度——在马普案之前，几起案件的投票表决使得沃尔夫案的判决结果成为必然，他同时希望"严格遵守沃尔夫案的精神也许会为其终结带来必要的转机"(p.139)——正如他于1954年在"欧文诉加利福尼亚州案"(Irvine v. California)(1954)中所作的判决一样。另一方面，大法官斯图尔特，这位埃尔金斯案(Elkins)判决意见的书写者(后来他认为埃尔金斯案使得排除规则适用于各州不可避免)，在马普案中拒绝支持法院的意见，因为排除规则问题未经严格陈述和辩论(在口头辩论中，马普的律师已经说明他并不是请求法院推翻沃尔夫案)。

结果，在马普案中，大法官布莱克的投票起了决定性作用。布莱克坚持提倡"并入"，但他对排除规则的观点本身却是与众不同的——在沃尔夫案中，他单独就联邦宪法第四修正案是否规定了威克斯案的排除规则提出了质疑；在马普案中，他独自认为该排除规则只是联邦宪法第四和第五修正案(the *Fifth Amendment)的共同要求。结果，法院的意见只代表了4名法官有关排除规则基础的观点，而非5名法官有关该规则适用于各州的多数观点。因此，尽管排除规则的扩充适用明显会产生政治争论，但多数法官却明显对司法艺术缺少足够的注意。

大法官克拉克就威克斯案的规则扩大适用于各州提出了"原则性"和实效性的理由。尽管克拉克曾称该规则为"威慑性预防措施"，但其意见总体上符合威克斯案所体现的基本原理。他认为该规则由联邦宪法第四修正案所规定，并强调，如果没有该规则，联邦宪法第四修正案的作用将会被削弱，按照大法官奥利弗·温德尔·霍姆斯(Oliver Wendell

---

① 另请参见 Exclusionary Rule; Fourth Amendment。

Holmes)的话说,它就会变成"一纸空文"(p.648)。克拉克特别提到了时任大法官的卡多佐(Cardozo)对排除规则的抱怨,即"罪犯将会获得自由,因为警察已经犯了错误"。克拉克则如是回应:"如果必须的话,罪犯应获得自由,但给予他自由的应该是法律"(p.659)。

克拉克还认为,沃尔夫案中注重实效的政策考虑被证明是错误的。他指出,不适用排除规则的各州并没有制定有效的可替代方法来处理警察的不正当搜查问题。事实上,在沃尔夫案之后,已有几个州的最高法院采用了州的排除规则,包括加利福尼亚州最高法院在"人民诉卡恩案"(People v. Cahan)(1955)中所作的特别有影响的判决结果。

3名在马普案中持异议的法官(他们在埃尔金斯案中也均持异议)仍然反对并入原则(*incorporation doctrine),且主要基于该原因,他们也反对将威克斯案所确立的排除规则扩大适用于各州的"独立自主的审判制度"。

[Thomas Y. Davies 撰;李绍保译;邵海校]

马伯里诉麦迪逊案[Marbury v. Madison, 1 Cranch(5 U.S.)137(1803)]①

1803年2月11日辩论,1803年2月24日以5比0的表决结果作出判决,马歇尔代表联邦最高法院起草判决意见。马伯里案在联邦最高法院将已引人注目的司法审查的原则(doctrine of *judicial review)适用于国会所制定的法律方面是第一案。威廉·马伯里在拥护联邦制的约翰·亚当斯总统任职后期被任命为哥伦比亚地区的治安法官。和很多其他被任命为联邦法官的联邦党人一样,马伯里也成为"午夜法官",因而要受到即将上任的共和党人总统托马斯·杰斐逊(Thomas *Jefferson)政府的政治诘难。新任国务卿詹姆斯·麦迪逊(James *Madison)就职时,马伯里的任命状已经签署并封好,但仍然没有发出。麦迪逊拒绝授予马伯里该项任命,马伯里则请求联邦最高法院行使其原审管辖权(*original jurisdiction),向麦迪逊发布履行职责令(*mandamus),令其授予自己该项任命。

国会改变了联邦最高法院法官的任期,从而使马伯里案直到1803年2月才能进行审理。其间,由联邦党人发起制定的《1801年司法法》(the Judicial Act of 1801)被废除,依据该法任命的巡回法官亦被解职(参见 Judiciary Acts of 1801 and 1802)。"斯图尔特诉拉尔德案"(Stuart v. Laird)(1803)对解散巡回法院法官的做法提出了质疑,该案在马伯里案判决时进行了辩论。大法官威廉·佩特森(Willian *Paterson)坚持认为,该解职行为符合宪法。新选举产生的各州和联邦立法机关由共和党人控制,他们都在考虑对联邦党人法官动用弹劾(*impeach-ment)程序。共和党人,包括杰斐逊本人,都认为联邦党人在选举中失利以后试图通过司法权力挫败杰斐逊的立法规划,马伯里案则加重了这种紧张的政治气氛。在亚当斯总统任期的最后几个月中,首席大法官约翰·马歇尔(John *Marshall)已经得到任命,因而他本人实际上也成了一名"午夜法官"(具有讽刺意味的是,马歇尔当时也是即将离任的联邦党人国务卿,他可能由于疏忽,没有将该任命状授予马伯里)。

马歇尔在代表联邦最高法院所作的判决中坚持认为,马伯里有权获得该任命,麦迪逊拒绝授予是错误的。履行职责令状是普通法中恰当的救济方式,但问题是,依据联邦宪法第3条(*Article Ⅲ)赋予联邦最高法院原审管辖权(*original jurisdiction)却不能确定是否有效。为了解决这一问题,马歇尔必须将联邦宪法第3条的规定与《1789年司法法》第13条进行对照,因为国会通过该条的规定授权使用履行职责令状。马歇尔发现该部法律与联邦宪法冲突,进而认为遵守宪法乃"司法职责的根本所在"(p.178)。他总结道,"联邦宪法以特殊方式确立和加强所有成文宪法所具备的根本原则,即违反宪法的法律无效,法院及其他机关均应受宪法的约束"(p.180)。

由于缺乏确认性救济,马伯里案判决就自动执行了,该判决作为以马歇尔所说的武断地剥夺马伯里的财产权(*property rights)的形式出现的政府"自我约束"的例子,而备受关注。马歇尔的法律意见似乎也提倡对杰斐逊及其下属所拥有的那些权利予以尊重,它给州及联邦司法机关提供了有力的武器,以保护个体权利免受国会多数议员行为的侵害。就在这时,弗吉尼亚州法官斯潘塞·罗恩(Spencer Roane)和审理"埃金诉劳布案"(Eakin v. Raub)(1825)的宾夕法尼亚州法官约翰·班尼斯特·吉布森(John Bannister Gibson)在报上撰文批评马歇尔的法律意见(宾夕法尼亚州,1825)。批评者们当时(和现在一样)坚持认为司法机关无权审查立法机关的立法效力。这种思想加上其本人对马歇尔的憎恶,促使杰斐逊总统鼓动众议员在1803年夏对大法官塞缪尔·蔡斯(Samuel *Chase)动用了弹劾程序。

马伯里案并不是阐明司法审查原则的第一案。在各州法院(*state courts)和低级别联邦法院(*lower courts)已经存在先例,法官们拒绝适用他们认为违反州或联邦宪法规定的法律。马歇尔的判决意见是联邦最高法院对该项原则的首次陈述。马歇尔阐述了司法审查活动的普遍原理,并运用有限政府、成文宪法和法治理论来证明其正当性。美国

---

① 另请参见 Judicial Power and Jurisdiction; Judicial Review。

建国初期的律师,其中包括最著名的马萨诸塞州协助令状系列案(Writs of Assistance Case in Massachusetts)(1761)辩论的詹姆斯·奥蒂斯(James Otis),都利用爱德华·科克爵士在博纳姆案(Bonham's Case)(1610)中的论述,即违反习惯和正当理由的议会立法无效。在《联邦党人文集》第78篇(1788)中,亚历山大·汉密尔顿(Alexander *Hamilton)辩称,有限政府理论要求法院有权"宣布违反宪法旨意的所有法律无效",而马伯里案中马歇尔的判决意见则较多地反映了汉密尔顿的推论(参见 Federalist, the)。

马歇尔同时也强调法官的职责在于将法律适用于他们所审理的案件。从逻辑上说,这就意味着公民的生命、自由和财产权利有赖于对立法活动所进行的司法审查。

马伯里案是美国宪法发展过程中司法审查的典范,它具体体现了所谓"并列部门"的司法审查制度。在联邦体制中,更为普遍的司法审查形式包括对各州的法律和审判裁决,以及它们与联邦宪法相冲突而违反联邦宪法第6条最高条款的程度进行审查。各州法律服从于联邦宪法被爱德华·S.科温(Edward S. *Corwin)教授称为"宪法的精髓",若无此,整个联邦大厦就会摇摇欲坠。

马歇尔认为,联邦宪法只授予联邦政府有限的权力,根据联邦宪法第十修正案(the *Tenth Amendment),所有其他的政治权力和主权由各州或人民保留。因此,至少在美国内战(*civil War)前,有限政府理论最有力地界定了联邦政府的权力。在马伯里案中,马歇尔扩充解释宪法,认为虽然联邦宪法第3条没有明确规定国会有权发布履行职责令,但根据扩大的解释,国会应该有发布履行职责令的权力。但矛盾的是,实施司法审查权本身并不是根据任何宪法的明确规定或国会立法授予的——以判决确认一种权利,却又否认另一种权利。

直到1857年,联邦最高法院才又一次行使作为"并列部门"的司法审查权。当时联邦最高法院在"德雷德·斯科特诉桑福德案"(Dred *Scott v. Sandford)中判定1820年《密苏里妥协协议》违宪。1868年以后,由于联邦政府的功能扩大以及美国公民身份(American *citizenship)的产生,加上联邦宪法第十四修正案(the *Fourteenth Amendment)所具有的附随权利,对各州法律和判决的司法审查在联邦最高法院的判决中更为常见。德雷德·斯科特案彻底摧毁了就奴隶制扩展问题(*slavery's expansion)所达成的政治妥协。该案还涉及联邦管辖权问题——多样化的公民身份是否将有关奴隶自由的诉讼管辖权授予低级别联邦法院。与反奴隶制的政治家们极力主张道德和自然法(*natural law)原则以支持废除或限制奴隶制的联邦权力一样,首席大法官罗·B.塔尼(Roger B. *Taney)也援引这种效力比宪法"更高的法律",试图保护奴隶主对奴隶的财产权。直至1900年,以联邦最高法院为首的联邦司法机关推演出正当程序(*due process)原则,以限制各州和联邦调控经济实体的立法权,这就要求采用比马伯里案更为宽泛的司法审查的概念。

联邦最高法院在"库珀诉阿伦案"(*Cooper v. Aaron)(1958)中的判决标志着司法审查权扩展的高潮。联邦最高法院援引马伯里案的判决,并认为"联邦司法机关在解释宪法方面享有最高权力,(自马伯里案以来)该原则一直是我们这个宪政体制永恒不变和不可或缺的特征"(p.18)。但联邦最高法院却在"库珀诉阿伦案"中忽视了这样的事实,即总统可以基于联邦宪法的规定而否决立法——安德鲁·杰克逊(Andrew *Jackson)总统于1830年否决《梅斯维尔公路法》就是一例,而且每当涉及重要的国内外政策问题时,首席大法官马歇尔总是小心翼翼地服从于政治机构——国会和总统。

尽管马伯里案的意义曾被夸大,但该案的判决结果仍然是美国宪法史上基石性的司法意见之一。该案正确地评价了对立法活动进行宪法制约时司法机关所起的作用;它规定了法律应当服从宪法审查的原理;它要求法官遵守宪法规定,并承认所有联邦法院的有限管辖权。

参考文献 Robert L. Clinton, *Marbury v. Madison and Judicial Review* (1989); Edward S. Corwin, *John Marshall and the Constitution: A Chronicle of the Supreme Court* (1921); Charles Grove Haines, *The American Doctrine of Judicial Supremacy*, 2d ed. (1959); George L. Haskins and Herbert A. Johnson, *History of the Supreme Court of the United States*, vol. 2, *Foundations of Power: John Marshall, 1801-15* (1981).

[Herbert A. Johnson 撰;李绍保译;邵海校]

海商法[Maritime Law]

参见 Admiralty and Maritime Law。

结婚[Marriage]

联邦最高法院已经认定各州有权规定结婚的大部分条件。20世纪前,最有争议的问题是礼让(*comity)问题。联邦最高法院一般认为,各州应该承认在其他州缔结的婚姻是合法的。不过,在"雷诺兹诉合众国案"(*Reynolds v. United States)(1879)中,大法官们拒绝承认一夫多妻制受到联邦宪法第一修正案(the *First Amendment)的保护,联邦最高法院开始创设有关婚姻权利的国家标准。

自20世纪60年代开始,联邦最高法院通过保护公民个人的结婚权利而严格限制各州对结婚的规制。

大法官威廉·O.道格拉斯（William O. *Douglas）在"格里斯沃尔德诉康涅狄格州案"(*Grissworld v. Connecticut)(1965)的法官附带意见中宣称，婚姻关系是一种"崇高"而"神圣"的关系，各州如果没有确凿的理由不得侵犯婚姻的隐私(*privacy)。在"洛文诉弗吉尼亚州案"(*Loving v. Virginia)(1967)中，联邦最高法院确认结婚是一项基本权利，因而宣布各州禁止不同种族之间通婚的做法无效。"扎布洛茨基诉里德海尔案"(Zablocki v. Redhail)(1978)使得威斯康星州的一部法律无效，因为该法禁止没有按照法院的判决支付子女扶养费的非监护父母再婚。上述案件都对限制结婚权的做法进行了挑战，因为这些权利是受到联邦宪法第十四修正案(the *Fourteenth Amendment)所明确保护的权利。不过，各州大多数有关结婚的规定都通过了司法审查。

个人选择与州的规定之间的紧张仍然笼罩着法律的这一领域。联邦最高法院最近拒绝承认同性恋（参见 Homesexuality）或其他同居安排的婚姻地位及相关的个人权利，因为联邦最高法院认为，这种非传统结合并不能像婚姻那样服务于相同的社会目的。21世纪伊始，同性婚姻的问题成为家庭关系法律中最具争议的部分。2003年，马萨诸塞州的判决认定此类婚姻的合法性直接违反了联邦及州法律所认定的关于婚姻是男女结合的界定，这些冲突还重新提出了有关各州家庭法自治的界限和家庭关系礼让义务之类的基本问题。这些问题都有待联邦最高法院解决。

[Michael Grossberg 撰；李绍保、潘林伟译；邵海校]

马歇尔，约翰[Marshall, John]①

[1755年9月24日生于弗吉尼亚州的吉曼敦（现在称米达兰），1835年7月6日卒于宾夕法尼亚州的费城，葬于弗吉尼亚州里士满的新公墓] 1801—1835年任首席大法官。约翰·马歇尔深受公众爱戴，他是"伟大的首席大法官"、美国宪法的最杰出代表。正如奥利弗·温德尔·霍姆斯（Oliver Wendell Holmes）于1901年所述，他的"伟大之处"，部分在于他"存在"于联邦最高法院历史上的成型时期。但马歇尔保守的国家主义思想极好地迎合了这个时期的要求，正如他的个性和法学天赋使他完全胜任首席大法官的职责一样。

约翰·亚当斯（John Adams）总统于1801年1月20日任命马歇尔为联邦最高法院首席大法官，以拯救宪法，使其免遭以杰斐逊为首的共和党人的破坏。战争年代铸就了马歇尔良好的职业观念，并通过其家庭及地位反映出来。他出生于弗吉尼亚州西北边陲的福奎亚县，并在那里长大。他的父母共有15个孩子，他为长子。边陲生活使马歇尔养成了平

John Marshall

易近人而民主的品行，而这种品行又受到他所属的特权阶级保守的价值观念的中和。1783年，马歇尔与贝齐·安布勒（Betsy Ambler）结为伉俪，这更进一步巩固了他在上流社会的地位，并有助于他步入政坛和法学界。他们总共生有10个孩子，其中6个活到成年。

由于父亲的影响及自己在独立战争中的经历，他强烈地热爱联盟，并将这种情感注入他的法学理念之中。年轻时的马歇尔只受过两年的正规教育。除此之外，他的父亲教会他初等数学，推荐他阅读布莱克斯通的《英国法律评论》(1765)，使他更加喜爱英国文学；也许最为重要的，是让他跟上了战争前夕弗吉尼亚州政治发展的步伐。战争开始后，马歇尔和他的父亲是首批应征入伍者。他先后在卡尔佩帕民兵部队和大陆军担任军官，参加过大桥、布兰迪温、吉曼敦和蒙默思战役。在福吉峡谷度过的冬天使他终生憎恨各州的地方主义和无能的全国性政府。他在担任军法会议的副理事官期间，结识了乔治·华盛顿（George *Washington）将军的几名参谋，

---

① 另请参见 Judicial Power and Jurisdiction; Judicial Review。

这些人后来都成为国家联盟的拥护者。马歇尔强烈的爱国情结和对华盛顿的崇拜，从他所著的《乔治·华盛顿的生平》(1805—1807)一书中可见一斑。

1780年，在短暂地参加了威廉-玛丽学院举办的乔治·威思(George Wythe，美国《独立宣言》的签署人之一，据说是美国第一个法学教授——译者注)法学讲座之后，马歇尔重新开始了他的法学研究。在又接受了一点正规训练后，他就开始从事法律实务工作，先是在福奎亚县，后来又到了里士满，在那里，他和他的妻子及家人住在一起。作为律师和法官，他不大重视学术。不过，作为法学巨匠所应具备的那些基本素质都在他身上有完美的结合：大度、沉稳、思维敏捷、敏锐的分析能力以及逻辑上近乎雄辩的散文风格。他很快在竞争激烈的里士满律师界占据鳌头，专门代理非刑事上诉案件。他代理的主要是英国债务案，除此之外，他也代理过大量的在各州及联邦法院进行审理的普通法和衡平法案件。他在联邦最高法院代理的唯一案件是"韦尔诉希尔顿案"(*Ware v. Hylton)(1796)，结果他败诉，而具有讽刺意味的是，他是在为州的权利辩护。

在弗吉尼亚州，只要是国家主义者，就会成为联邦党人，马歇尔两者兼备。在弗吉尼亚州政务会(1782—1784)和该州参议院(1782，1784—1785，1787—1788，1795)的任职经历，使他像詹姆斯·麦迪逊(James *Madison)一样确信，州议员是狭隘的和不够格的。作为一名国家主义者，他在1788年召开的弗吉尼亚州批准大会(指对1787年联邦宪法的批准——校者注)上首次露面，并为联邦司法权力大声疾呼；作为一位杰出的联邦党人，他积极捍卫华盛顿的外交政策和亚历山大·汉密尔顿(Alexander *Hamilton)的国内计划。公认的能力、良好的关系及对本党所做的贡献使他最终有机会出任司法部长、驻法大使和联邦最高法院的大法官。由于经济原因，他放弃了这些机会，但却同意在一个所谓的XYZ驻法使团任职，并因自己的国家主义立场、外交技能，以及给约翰·亚当斯总统书面文件的有效性而脱颖而出。他接受华盛顿的要求，同意在国会任职(1799—1800)，并成为亚当斯总统温和联邦主义的主要代言人。他在出任过短暂而高效率的国务卿后，于1801年3月5日担任联邦最高法院首席大法官。

出任首席大法官后，他立即着手通过统一联邦最高法院而强化其地位——这项本来复杂的工作因为托马斯·杰斐逊总统及其控制国会的党派施加压力反而变得较为顺利。他最重要的改革措施是说服他的同僚放弃不同的意见，因而使得联邦最高法院有可能以一个声音说话。马歇尔经常在重要的宪法性问题上代表联邦最高法院提出意见，直觉告诉他，联邦最高法院的作用就是赋予在当时尚未接受过宪法教育的人民以基本权利并教育他们。他这些著名的法律意见成了大量的宪法性文件，文字优雅、富于雄辩而又具有权威性，并植根于享有主权的人民所制定的联邦成文宪法所确立的共和原则。

作为联邦最高法院的代言人，他的最初成就是"马伯里诉麦迪逊案"(*Marbury v. Madison)(1803)，该案是对国会立法进行司法审查的公开论战的开端。马歇尔代表意见一致的联邦最高法院裁决《1789年司法法》(*Judiciary Act of 1789)第13条无效，因为它在没有联邦宪法第3条(*Article Ⅲ)授权的情况下，擅自扩大原审管辖权。与人们对此判决的通常观点不同，马歇尔并没有明确宣称联邦最高法院享有对联邦宪法唯一和最终的解释权。事实上，直至"德雷德·斯科特诉桑福德案"(*Dred Scott v. Sandford)(1857)，联邦最高法院才否决了又一项国会立法。到了19世纪晚期，联邦最高法院才将马伯里案的判决作为对司法审查(*judicial review)的明确论述而加以引用。不过，马歇尔的确成功地废除过一项国会立法，并在此过程中奠定了司法权力在成文宪法中至高无上的地位。他给杰斐逊总统讲述法治问题时，含蓄地提出了联邦最高法院是神圣的共和原则的特殊卫士。考虑到联邦最高法院在政治上的脆弱性，马伯里案是一次巨大而又适时的成功。但司法审查作为联邦最高法院解释宪法的权力，其真正意义只有在诸如"麦卡洛克诉马里兰州"(*McCulloch v. Maryland)(1819)之类的案件中才变得清晰，在该案中，马歇尔对有争议的联邦法律予以了支持。

如果说麦卡洛克案是马歇尔运用司法审查权的最好例证，那么"科恩诉弗吉尼亚州案"(*Cohens v. Virginia)(1821)就是他对司法审查权最详尽的辩护。科恩案的起因是联邦最高法院依据《1789年司法法》第25条的规定受理上诉案件，而弗吉尼亚州对此权力提出了质疑。该条规定赋予联邦最高法院对各州法院(*state courts)裁决的联邦问题进行审查的权力。马歇尔依据基本原则从逻辑上论证了联邦宪法的最高地位，以及联邦最高法院受理上诉案件的权力是不可分离的。他裁决联邦宪法第十一修正案(the *Eleventh Amendment)并不妨碍联邦最高法院的上诉管辖权，从而进一步将该修正案限定为州权力对司法权力的约束(参见 State Soverighty and States' Rights)。科恩案的重要性可从以下事实中得到体现，最初支持该判决的约翰·C.卡尔霍恩(John C. Calhoun)在直接批驳马歇尔观点的过程中发展了自己的无效理论。

贯穿马歇尔宪法意见的另一主题是对既得权利(*vested rights)的处理。作为土地开发商，他直接认识到了洛克原则，即财产和个人自由是联系在一起的。在州政府任职的经历使他懂得这两者面临的最大威胁是各州的立法。"弗莱彻诉佩克案"(*Fletcher v. Peck)(1810)给了他解决这一问题的机会。佐治亚州立法机关于1796年通过一项法律,依据该法的规定,以前颁布的将该州土地出卖给私人开发商的法律将要被废除,该案涉及的问题是该法是否违反了联邦宪法第10条第1款关于禁止各州通过法律减轻合同义务的规定(参见 Contracts Clause)。佐治亚州支持这一废除行为,因为最初的土地出让是在利诱和欺诈的情况下作出的——而事实就是如此。但是,如果各州能够废除自己的出让行为,无辜的买方就会丧失自己的财产,土地市场就会产生广泛的不安全性。对于马歇尔来说,要进行裁决既要依据宪法又要依据政策,因为已经有证据表明了这样的事实,即按照立法者的本意,联邦宪法第10条第1款的规定只适用于私人合同,而不适用于州本身是一方当事人的公共合同。在裁决佐治亚州该项废除合同的法律无效时——州法律被第一次裁定违反宪法——马歇尔选择适用了保护财产权和市场稳定的方案。他还超越宪法的字面意义而选择了符合时代要求的洛克(Lockean)精神。

在弗莱彻案中,马歇尔将宪法契约条款作为保护财产权以对抗州行为的宪法屏障;在"达特茅斯学院诉伍德沃德案"(*Dartmouth College v. Woodward)(1819)中,他否决了一系列的保护措施。1816年,新罕布什尔州改变了对达特茅斯学院的特许状,实际上使这所私立学院变成一所州立大学,这就涉及宪法契约条款是否禁止这样的行为这一问题。马歇尔作出裁决,该州发出的特许状和州出让土地一样,在联邦宪法第10条第1款的意义上都是合同,一个州不能随便改变特许状的条款,除非如大法官约瑟夫·斯托里(Joseph *Story)在其赞同意见中指出的那样,该州在特许状中保留了这样的权利。该判决不仅保障了美国的私立教育,而且创造了一个稳定的投资环境,从而促进了商业公司的发展。公司(*corporations)曾因其公共职能而得以合法化,同时也因此受到州的控制,现在则成了联邦宪法所保护的私人实体。

但是,这位首席大法官试图通过宪法契约条款来禁止州破产立法的努力却没有取得那么大的成功。还有一些宪法问题没有得到解决,如依据联邦宪法第8条第1款的授权,通过统一的破产法律的联邦权力是否自动禁止各州进行相似的立法;以及如果各州有这样的立法权力,它是否只有适用于预期合同时才有效。在首次面对该问题的"斯特奇斯诉克劳宁谢尔德案"(*Sturges v. Crowninshield)(1819)中,马歇尔否决了一部溯及既往合同的纽约破产法,但并没有解决排他性和预期合同问题。在"奥格登诉桑德斯案"(*Ogden v. Saunders)(1827)中,联邦最高法院支持一部调整预期合同的州破产法时,马歇尔表示强烈的反对,完全否认预期与溯及既往的区别。学者们总结认为,在斯特奇斯案(Sturges)中,法官们的意见严重不一致,马歇尔则适当改变了自己的意见以避免公开的分歧。

马歇尔关于法律与资本主义(*capitalism)关系的思想形成于这样的时代——农业与商业占统治地位,大规模的制造业处于初步形成时期,经济循环周期尚未可知。然而,在"麦卡洛克诉马里兰州案"(Mcculloch v. Maryland)(1819)和"吉本斯诉奥格登案"(*Gibbons v. Ogden)(1824)中,他对创设全国市场的探究表明,他的法律和经济学观点是进步的。前者解释了默示权力,以支持创设合众国第二银行的国会立法;后者对联邦商业条款进行了广义解释,以禁止各州通过法律干涉跨州运输和商品的自由流动(参见 Commerce Power)。在弗莱彻案和达特茅斯案中,马歇尔试图为土地投资和公司证券创造稳定的环境,从这方面来说,他的这些意见表明马歇尔的法学理论中有着企业家的眼光。杰斐逊等人指责他篡改了联邦宪法,不过马歇尔所遵循的即使不是宪法制定者们所确立的字面意义,也没有违背其立法精神。

马歇尔判决中最关键也是最有争议的问题是联邦主义(*federalism)及联邦最高法院试图弄清联邦宪法没有明确划分的各州和联邦政府的界线。除了马伯里案之外,他所有的主要宪法意见都直接或间接地涉及这一问题,且都在约束州权力:在科恩案中,他废除了各州对宪法案件的终审权;在弗莱彻案和达特茅斯案中,禁止各州立法机关否决自己的土地出让和特许状;在麦卡洛克案中,禁止各州向联邦批准成立的公司征税;在吉本斯案中,禁止各州干预跨州贸易。马歇尔在约束州权力的过程中创设了大量的议会权力。因此,在麦卡洛克案中,他对联邦宪法第8条第1款的"必要和适当"条款进行阐述,以便确立默示权力规则。在吉本斯案(Gibbons)中,他通过对宪法商业条款的广义界定,确立了国会在其明文规定的权力范围内享有至高无上的地位这一原则(尽管他不再主张只要对国会授权就会排除各州的相应行为)。这些意见不仅解决了当前的宪法问题,而且否定了正在形成中的州主权政治学说。在这里,马歇尔强调联邦党人所坚持的观点,并认为,享有主权的是人民而不是各州;人民建立了一个永久的并拥有所有必要权力的国家;人民还授权联邦最高法院来维护这些权力。

因为在19世纪和20世纪,马歇尔的判决意见经常被引用来说明联邦权力的正当性,所以他就很容易被南部各州权力批评者们指控为顽固的联合主义者。评价马歇尔的法学理论时,必须牢记联邦规制各州已有百年历史。国会的确在税收、金融、公共土地和国内发展方面进行立法,马歇尔的意见也认同国会在这些领域进行立法,但是,在他所处的时代却几乎没这样的立法。以马歇尔时代的政府行为作标准来考察,马歇尔关于国家权力的理论主张主要是为了回应各州的权力激进派,激进派们认为他们在1787年对国家权力的妥协是不明智的并企图取消这些妥协。

马歇尔的宪法意见总的看来与他大量参考的《联邦党人文集》一样,是对联邦宪法的全面解释(参见 Federalist, the)。不过,与《联邦党人文集》不同的是,马歇尔的意见主要是针对土地法律的。它们具有说服力,因为它们有效地借鉴了革命史和立国者们的政治理论,以及被广为接受的各种法律渊源:自然法(*natural law)、国际公法和英国普通法(*common law)。马歇尔的法律意见,语言规范、逻辑性强、富于雄辩而又极具权威,这正适合联邦最高法院创设先例而非遵循先例的要求。

因为马歇尔的宪法意见看起来很权威,所以很容易过高地估计其实际影响。事实上,它们并不是总能控制诉讼结果,有时甚至连诉讼中的各方当事人也不能控制。马歇尔作出的一些合同判决并没有得到执行,如"新泽西州诉威尔逊案"(New Jersey v. Wilson)(1812)。在佐治亚州印第安人案件中的那些法律意见,由于反对者得到了总统的支持而遭到坚决抵制。不过,更让马歇尔担心和沮丧的是,1823年后的新任法官们将州权力思想带到了联邦最高法院。面对不断上升的州权力思潮,马歇尔感到内外交困,最后不得不放弃他的原则偏好。例如,在"威尔森诉布莱克包德港湾湿地公司案"(*Willson v. Backbird Creek Marsh Co.)(1829)中,马歇尔不再坚持吉本斯案所确立的由议会权力调控跨州贸易的观点。在"普罗瓦登斯银行诉比林斯案"(*Providence Bank v. Billings)(1830)中,他放弃了达特茅斯案确立的精神实质(即便不是其字面意义),并裁决州向公司征税的权力不能因特许状的推断性结论而受到限制,但必须加以明确规定。还有大量的证据表明,当查尔斯河桥梁案(*Charles River Bridge Case)(1837)于1831年进行首次辩论时,马歇尔对默示特许权表示了反对。

马歇尔有时也能态度坚定,如他在"克雷格诉密苏里州案"(*Craig v. Missouri)(1830)中的法律意见,就从传统的国家主义精神出发,宣布密苏里州的一部间接使州纸币合法化的法律无效。在"柴罗基族诉佐治亚州案"(Cherokee Nation v. Georgia)(1831)和"武斯特诉佐治亚州案"(Worcester v. Georgia)(1832)(参见 Cherokee Cases)中,他反对州权力和杰克逊总统所倡导的民主而支持印第安人。不过,在这里,正如其他一些合同案那样,联邦最高法院的反对者们胜利了。具有讽刺意味的是,马歇尔最后的宪法意见是"巴伦诉巴尔的摩案"(*Barron v. Baltimore)(1833),该案判决《权利法案》(*Bill of Rights)只适用于联邦政府,从而将对公民自由的控制权让予各州。

但是,这位首席大法官对奴隶制(*slavery)问题的立场却不得而知,因为没有人就该制度向他提出法律异议。作为美国殖民协会的一名官员,他赞成逐步解放奴隶的战略。但他对1829—1830年弗吉尼亚州宪法会议上亲奴隶制派的支持、作为小奴隶主的自身经历,以及1825年后愿意向州权力派作出实际妥协都表明,他本不愿通过审判而动摇该制度。不过,他赋于国会的广泛权力可能会动摇该制度,南方的评论家们已经看到了这一点。

马歇尔总是想从根本上对首席大法官这一职位作出明确的界定(参见 Chief Justice, Office of),但他本人在这一位置上所扮演的角色却在随着情势的变化而变化。他在联邦最高法院最有优势的时期是从1801年至1811年。从1811年至1823年是联邦最高法院最稳固而且最富有成效的时期,在这一时期,马歇尔越来越多地与其他几位很有独立见解的同僚分享权力,如约瑟夫·斯托里和威廉·约翰逊(William *Johnson)等,有时甚至放弃自己的原则偏好以维护团结。在最后10年任职于联邦最高法院期间,他进一步使自己的领导风格变得温和起来,以适应新的时代,以及代表这一时代的新任法官们。不过,他从未放弃自己作为法院领导者的职位,甚至在1831年他染病以后。但使他最为苦恼的是,他不能消除联邦最高法院存在的"变革精神"。他直至死时都担心,联邦最高法院及联邦宪法会不复存在。他非常谦逊,从未想到自己会成为当代联邦宪法的象征和他所热爱的联邦最高法院的化身。

参考文献 Albert J. Beveridge, *The Life of John Marshall*, 4 vols. (1916-1919); Robert K. Faulkner, *The Jurisprudence of John Marshall* (1968); George L. Haskins and Herbert A. Johnson, *History of the Supreme Court of the United States*, vol. 2, *Foundations of Power: John Marshall, 1810-15* (1981); Charles F. Hobson, ed., *The Papers of John Marshall*, 6 vols. (1974-); G. Edward White, "John Marshall and the Genesis of the Tradition," In his *The American Judicial Tradition* (1976); G. Edward White, *History of the Supreme Court of the United States*, vols. 3-4, *The Marshall Court and Cultural Change, 1815-35* (1988).

[Kent Newmver 撰;李绍保译;邵海校]

马歇尔,瑟古德[Marshall, Thurgood]

(1908年7月2日生于马里兰州巴尔的摩,1993年1月24日卒于华盛顿哥伦比亚特区,葬于阿林顿国家公墓)1967—1991年出任联邦最高法院大法官。马歇尔的祖父是一名奴隶,父亲是一名餐车服务员,母亲是一名教师。他是联邦最高法院历史上第一位美国黑人大法官。1930年,他从林肯大学获得文学学士学位,后来进入霍华德大学法学院,师从时任院长的查尔斯·汉密尔顿·休斯顿

马歇尔,瑟古德[Marshall, Thurgood] 569

(Charles Hamilton *Houston),而这位院长因将霍华德大学变成民权诉讼的研究基地而备受赞誉。

Thurgood Marshall

马歇尔于1933年以全班最优秀的成绩从霍华德大学毕业后,休斯顿就招募他来协助由全国有色人种协进会(*National Association for the Advancement of Colored People, NAACP)发起的民权运动。他全身心地投入工作,先当该协会的特别法律顾问,后又担任该协会法律辩护与教育基金会(*Legal Defense and Education Fund)的主席。在这个过程中,他还针对教育(*education)、住房、交通、选举和刑事诉讼方面存在的种族歧视问题筹划了好的诉讼策略。最终,马歇尔在联邦最高法院实现了29次成功的诉讼,其中包括很多具有里程碑性质的案件,诸如"史密斯诉奥尔赖特案"(*Smith v. Allwright)(1944)、"谢利诉克雷默案"(Shelley v. Kraemer)(1948)以及"布朗诉教育理事会案"(*Brown v. Board of Education)(1954)。在这些案件中,联邦最高法院最终裁定隔离但公平原则(doctrine of *separate but equal)本质上具有不平等性和违宪性。

1961年,约翰·F.肯尼迪(John F. Kennedy)总统提名马歇尔担任美国第二巡回区上诉法院的法官。经过与南部参议员的长期斗争之后,马歇尔最后得以被任命。在巡回法院的4年任期内,马歇尔代表联邦最高法院书写了几次判决,其中一次将双重治罪危险条款(*Double Jeopardy Clause)适用于各州,联邦最高法院后来在"本顿诉马里兰州案"(*Benton v. Maryland)(1969)中又采用了该观点,并由马歇尔代表联邦最高法院起草判决意见。1965年,林登·约翰逊(Lyndon Johnson)总统任命马歇尔为美国第一任黑人首席政府律师(*solicitor general)。

两年后,约翰逊任命马歇尔为联邦最高法院大法官,以填补汤姆·C.克拉克(Tom C. *Clark)留下的空缺。在长期的任职时间里,马歇尔代表联邦最高法院作出过很多有价值的裁决,且涉及的领域广泛,包括联邦管辖权、联邦先占权、反托拉斯以及土著美国人的权利。不过,马歇尔最有意义的贡献还是在宪法领域,激烈的异议以及权威的多数意见都使他声名显赫。

在最有名的有关联邦宪法第一修正案的案件中,马歇尔所写的判决意见包括:"斯坦利诉佐治亚州案"(*Stanley v. Georgia)(1969),该案认为个人有权在其家里拥有淫秽物品;"芝加哥警察部门诉莫斯利案"(Police Department of Chicago v. Mosley)(1972),该案确立了一条重要原则,即政府不能以宪法为根据支持某些类型的言论而反对其他类型的言论;"林马尔克联合公司诉威灵伯勒镇区案"(Linmark Associates, Inc. v. Township of Willingboro)(1977),该案裁定,根据宪法的规定,市政当局不能仅仅因为其担心该标志的使用会有助于"房地产欺诈"和"白人逃离"而禁止使用写有"出售"字样的标志。

马歇尔在平等保护(*equal protection)问题方面的贡献主要源于其所持的不同意见。在"丹德里奇诉威廉斯案"(Dandridge v. Williams)(1970)和"圣安东尼奥独立校区诉罗德里格斯案"(*San Antonio Independent School District v. Rodriguez)(1973)中,他对双重平衡保护分析机制的僵化进行了批评。在这种分析机制中,基于种族和其他可疑类别而进行的分类须经"严格审查"(*strict scrutiny),而所有其他的分类则仅需要是"理性的"即可。马歇尔提出一个更为灵活的"滑动标尺"理论,法院会依据这一理论审查该群体的原始状态、它已经受到歧视的程度,以及受到立法影响的利益的重要性。尽管联邦最高法院并没有采用马歇尔的理论,但他不断的批评似乎已经促使联邦最高法院变得更加灵活。

此外,马歇尔关于积极行动(*affirmative action)的观点充满激情而具有重要意义。1986年,在给第二巡回上诉法院的回复中,马歇尔敦促美国要面对这样的现实:"每个社区里每天都有人为美国历史上的不公平付出代价。反对积极行动的观点是……喜欢让那些代价停留在原地。我们关于公平的基本认识,特别是它体现于法律规定的平等保护的保障时,要求我们为寻求合适分担那些代价付出不懈努力,最终把歧视的后遗症连根除去。否则,我们必须承认不平等的后果一直伴随左右,这个负担将由那些最没有能力偿付的人承担。"

马歇尔的思想在"加州大学校务委员诉巴基案"(*Regents of the University of California v. Bakke)(1978)中影响了联邦最高法院的大多数。最近,这种思想在 2003 年的"格鲁特尔诉博林杰案"(*Crutter v. Bollinger)中再次起到了同样的作用。在该案中,法院认为,为了实现学生构成的多样性目的,宪法允许高等教育机构在有限范围内考虑种族因素。

最令马歇尔苦恼的问题可能是死刑(*capital punishment)问题。自联邦最高法院在"格雷格诉佐治亚州案"(*Gregg v. Georgia)(1976)中对修改后的死刑法律予以确认开始,马歇尔便在每一死刑案,包括联邦最高法院驳回调卷令(*certiorari, writ of)请求的死刑案件中,一直坚持提出不同意见的习惯。

马歇尔的生活阅历使他确信,他的同僚总是知道"谁家的牛被打伤了"。一直以来,他都毫无保留地公开自己的观点。1989 年,举国上下正在热烈庆祝联邦宪法诞生 200 周年时,马歇尔指出,联邦宪法由于承认奴隶制,所以它从一开始就有缺陷。他于 1987 年在《哈佛法律评论》中撰文写到,联邦宪法现在所受到的赞誉不属于其最初的制定者,而是"属于拒绝承认'自由'、'正义'以及'平等'这样一些过时的概念并对它们加以改进的人们。联邦宪法的非凡之处并不在于它的诞生,而在于其生命力"(p.5)。

参考文献 Richard A. Kluger, *Simple Justice* (1976); Thurgood Marshall, "Reflections, on the Bicentennial of the United States Constitution," *Harvard Law Review* 101(1987): 1-5. "A Tribute to Justice Marshall," *symposium in Harvard Blackletter Journal* 6 (1989): 1-140.

[Susan Low Bloch 撰;李绍保、潘林伟译;邵海校]

马歇尔塑像[Marshall Statue]①

1882 年,美国国会委托著名雕塑家威廉·韦特莫尔·斯托里(William Wetmore Story)雕绘一尊约翰·马歇尔(John *Marshall)的纪念像。斯托里将这位中世纪的首席大法官雕绘成联邦宪法权威解释者的形象:巨大的青铜体雕像,身着法袍,一手紧握联邦宪法,另一手伸开,形态慈善,极具感染力。在雕像的大理石底座上,斯托里用两个象征性的横楣来赞颂民族主义的宪法传统。马歇尔雕像于 1884 年在国会大厦西面揭幕,1982 年迁至联邦最高法院大厦的一楼安放。

[Maxwell Bloomfield 撰;李绍保译;邵海校]

马歇尔诉巴洛公司案[Marshall v. Barlow's Inc.,436 U.S.307(1978)]

1978 年 1 月 9 日辩论,1978 年 5 月 23 日以 5 比 3 的表决结果作出判决,怀特代表联邦最高法院起草判决意见,布莱克蒙、史蒂文斯和伦奎斯特反对,布伦南弃权。本案涉及《职业安全与卫生法》(OSHA)中一项规定的合宪性问题,该规定允许无检查证的检查人员进入生产场所对安全隐患,以及是否违反《职业安全与卫生法》进行检查。联邦最高法院裁定该规定违反了联邦宪法第四修正案(the *Fourth Amendment)。

该案的问题在于是否必须有检查证。联邦最高法院在先已裁定,无论是对已经取得许可证的酿酒者的生产场所还是对已经获得许可的枪支交易商的库房进行检查,都无需检查证。本案与这些较早的案例不同,因为每个案件都涉及严密规制的产业,因此,联邦最高法院最后裁定,按照《职业安全与卫生法》的要求而具备检查证并不会"给检查系统或法院增加严重负担"(p.316)。

至于取得检查证的理由,联邦最高法院在巴洛公司案(Barlow)中遵循了"卡马拉诉市政法院案"(Camara v. Municipal Court)(1967)的规则,认为如果当局能够证明预期的检查符合"合理的立法或行政标准"(p.538),则传统的相当理由(*probable cause)就是不必要的。因此,联邦最高法院在巴洛公司案中最后裁定,如果能够"表明其是根据中立的信息来执行本法并按照一般的行政方案来对特定的行业进行检查",则该检查证就是有效的,因为它可以有效防止雇主的任意选择。

[Wayne R. LaFave 撰;李绍保译;邵海校]

联邦最高法院执行官[Marshals of the Court]②

美国的执行官制度开始于《1789 年司法法》(*Judiciary Act of 1789),乔治·华盛顿(George *Washington)总统依据该法任命了首批 13 名执行官。执行官在联邦审判中保护法官和其他参与人,还可能送交令状、实施逮捕,以及执行法院判决和联邦法律。执行官协助征税,结果导致威士忌叛乱;抓捕逃亡奴隶(*fugitive slaves),但在美国内战(*civil war)后又保护自由奴的权利;在西部边陲执行法律;在禁酒时期对酒予以查封;护卫争取自由的示威者,以及保护入校学习的美国黑人学生。但是,诸如巴特·马斯特森(Bat Masterson)、多克·霍利德(Doc Holliday)、怀亚特·厄普(Wyatt Earp)和怀尔德·比尔·希科克(Wild Bill Hickok)等边陲执行官和助

---

① 另请参见 Sculpture in the Supreme Court Building.
② 另请参见 Staff of the Court, Nonjudicial.

理们的功绩常使人误会他们的日常职责,而事实上他们的一些职能已经由联邦经济情报局和联邦调查局等更为专业的机构承担。现在,执行官的职责包括运送联邦囚犯和执行证人保护计划。

联邦最高法院在尼格尔对物(对事)诉讼案(In re *Neagle)(1890)中作出判决,释放在保护大法官斯蒂芬·菲尔德(Stephen *Field)时杀死一名男子的执行官,从而授予执行官广泛的权力。联邦最高法院援引宪法第2条第3款的规定,依据该条规定,总统享有广泛的权力,以"保证法律被忠实地执行"——即便执行官没有保护大法官的法定权力。

总统经过参议院批准后任命联邦最高法院的执行官,任期4年。司法部长对执行官进行监管,这样就使执行官有可能拒绝执行法院判决。今天,美国94个司法管辖区各自都有1名执行官,并且总共有大约2100名职业助理执行官。

自1867年以来,联邦最高法院共有10名执行官。2001年,帕梅拉·托金(Pamela Talkin)成为联邦最高法院第一位女性执行官。除了维持法庭秩序之外,托金还负责联邦最高法院350名雇员的薪水管理和安全维护工作。

[John R. Vile 撰;李绍保、潘林伟译;邵海校]

戒严法[Martial Law]

参见 Military Trials and Martial Law。

马丁,卢瑟[Martin, Luther]

(1748年2月20日生于新泽西州比斯卡特威,1826年7月10日卒于纽约州纽约市)律师和政治家。他出身低微,于1766年毕业于新泽西大学(后来的普林斯顿大学)。掌握法律后,他在马里兰州和弗吉尼亚州的东海岸从事律师业务活动,成就斐然。1778年,他被任命为州司法部长,任职40年(其间有间断)。作为1787年联邦会议的代表,他对各个小州的利益予以支持,并反对联邦拥有广泛的权力。他支持司法审查(*judicial review),其建议后来成为联邦宪法中的最高条款,但他当时并未想到要使它成为实现国家最高权威的机器。由于马丁并不满意这次会议的结果,他就在批准宪法的论辩中直言不讳地反对联邦宪法。

除了在联邦宪法制定过程中的作用外,马丁主要是在大量的值得称道的司法案件中担任律师而为人所铭记。1801年到1813年间,他频繁露面于联邦最高法院,主要为海事(*admiralty)、捕获的船只,以及海上保险等案件辩论,还有著名的宪法案件——"弗莱彻诉佩克案"(*Fletecher v. Peck)(1810)。他的杰出表现之一就是在1805年弹劾案中担任大法官塞缪尔·蔡斯(Samual *Chase)的法律顾问。两年以后,在里士满联邦巡回法院由首席大法官约翰·马歇尔(John *Marshall)审理的叛国案中,马丁成功地协助阿伦·伯尔(Aaron *Burr)进行了辩护。马丁最后一次露面是在1819年的一起较大案件中,他当时作为马里兰州的司法部长,在"麦卡洛克诉马里兰州案"(*McCulloch v. Maryland)(1819)中代表该州进行诉讼。在长达3天的辩论中,马丁否认国会有权授予公司特权,并坚持认为,如果承认国会有此权力,则各州就保留对联邦批准成立的公司进行征税的权力。在这次辩论后不久,马丁中风致残,这使他余年孤独无助。1823年,阿伦·伯尔接纳了他,他们生活在一起,直至3年后马丁去世。

作为一个受人敬畏的律师,马丁以自己的法律学识而著称。尽管他经常酗酒并且不修边幅,但他还是能使自己在同行中保持多年的权威地位(虽然他无法了清他所负的债务)。他的辩护特点之一就是能在辩护中注入自己的个人情感及党派情感。这在伯尔案中尤其明显,马丁在该案中将为委托人的辩护变成了对杰斐逊政府的指控。

[Charles F. Hobson 撰;李绍保译;邵海校]

马丁诉亨特租户案[Martin v. Hunter's Lessee, 1 Wheat. (14 U.S.)304(1816)]①

1816年3月12日辩论,1816年3月20日以6比0的表决结果作出判决,斯托里代表联邦最高法院起草判决意见,马歇尔弃权。本案涉及《1789年司法法》(*Judiciary Act of 1789)第25条的合宪性问题,该法第25条授权联邦最高法院对各州最高法院(highest **state courts)的最终判决进行审查,其条件是,该判决涉及联邦法律或条约,或者当州法律或普通法规则在与联邦宪法相冲突的情况下得到了确认。有好几个州,特别是弗吉尼亚州,谴责该法第25条授权联邦司法机关侵占州权力的做法违反了联邦宪法。州权利辩护者们认为联邦是依赖各州间的契约而存在的,各州未授予中央政府有限的、明确的权力(参见 State Soverignty and States' Rights)。

在美国独立战争期间,弗吉尼亚州制定法律,征收亲英派的财产。因此,作为亲英者的托马斯·洛德·费尔法克斯(Thomas Lord Fairfax)虽将其在北部莱克的财产赠与一名英国人,但由于征收法,该财产已转入私人之手。费尔法克斯的财产利益对弗吉尼亚州的立法提出了挑战,因该法与弗吉尼亚州根据《巴黎条约》(the Treaty of Paris)(1783)和《杰伊条约》(Jay's Treaty)(1794)应承担的义务相冲突,这两个条约都保护亲英分子的财产。在"费尔法克斯的地产受遗赠人诉亨特的地产承租人案"(*Fairfax's

---

① 另请参见 Judicial Power and Jurisdiction; Judicial Review。

Devisee v. Hunter's Lessee)(1813)中,大法官约瑟夫·斯托里(Joseph *Story)支持费尔法克斯的利益要求(作为法律顾问的首席大法官约翰·马歇尔因为有特殊利益和在先参与而回避)。针对联邦最高法院的批评本来就很激烈,斯托里的判决更是火上浇油。州权力的倡导者们,诸如斯潘塞·罗恩(Spencer Roane)和托马斯·里奇(Thomas Ritchie)则声称斯托里将州降格成了缺乏真正主权的行政管理单位。弗吉尼亚州司法机关拒绝作出支持费尔法克斯的判决,有力地否认了《1789年司法法》第25条的有效性。弗吉尼亚州的法官们表示,他们没有义务服从联邦最高法院。

弗吉尼亚州的不妥协使联邦最高法院在"马丁诉亨特租户案"(Martin v. Hunter's Lessee)中再次产生了分歧。马歇尔再次回避,尽管他在幕后起了很重要的作用。这位首席大法官制作了"错误审查令状"(writ of *error),将本案移送联邦最高法院,同时与约瑟夫·斯托里广泛协商,而斯托里则再次代表联邦最高法院提出了判决意见。

斯托里的判决书是他任职于联邦最高法院34年中最为重要的一次判决。在该判决书中,他指责弗吉尼亚州没有遵守联邦最高法院先前的判决。斯托里拒绝接受契约理论,以及弗吉尼亚州的主张——它与合众国主权平等。斯托里认为,美国人民创设了国家,并把国家司法权力单独赋予联邦法院。斯托里赞同《1789年司法法》第25条的规定,并认为,联邦宪法的解释权应该属于最高司法权力机构,即联邦最高法院。他还指出,联邦政府拥有一定的"默示权力"(implied *powers)。3年后,在"麦卡洛克诉马里兰州案"(*McCulloch v. Maryland)(1819)中,马歇尔在支持合众国银行时采纳了这一主张。

在联邦司法至上的发展史中,斯托里的判决意见具有里程碑性质的作用。与马歇尔相比,斯托里甚至认为联邦司法权力高于各州。如果没有斯托里的判决,联邦宪法的宪法至上条款就会丧失自己的很多特点,因为各州不一定使他们的法律遵守联邦宪法的标准。

参考文献 G. Edward White, *History of the Supreme Court of the United States*, vols. 3-4, *The Marshall Court and Cultural Change, 1815-35*(1988).

[Kermit L. Hall 撰;李绍保译;邵海校]

马丁诉莫特案[Martin v. Mott, 12 Wheat. (25 U.S.)19(1827)]①

1827年1月17日辩论,1827年2月2日以7比0的表决结果作出判决,斯托里代表联邦最高法院起草判决意见。

在1812年战争期间,由于英国入侵的紧迫危险,詹姆斯·麦迪逊(James *Madison)总统下令部分州出动军队。总统的依据是1795年颁布的《强制执行法》(the Enforcement Act of 1795),该法是在1795年西部宾夕法尼亚州的威士忌叛乱后不久由国会制定的。为了执行总统的命令,纽约州的州长丹尼尔·汤普金斯(Daniel Tompkins)命令民兵部队在纽约市集合。雅各·莫特(Jacob Mott)是一名私人民兵部队的战士,他拒不遵守命令。军事法院因此对他罚款96美元,莫特也拒不缴纳。合众国的执行官(*marshal)马丁没收了莫特的财产,为此,莫特提起民事诉讼,要求恢复他的财产权。纽约州法院判决莫特胜诉。马丁不服并上诉至联邦最高法院。联邦最高法院一致推翻了州法院(the *state courts)的判决,这是一次界定总统军事权力范围的标志性判决。大法官约瑟夫·斯托里(Joseph *Story)认为,由于总统采取行动是遵循第1条第8款规定的国会权力(出动军队,以及规定动用的军种),作为最高长官的总统拥有绝对的权力,以决定是否存在他必须行使法定权力的紧急状态。马丁诉莫特案是支持亚伯拉罕·林肯总统在美国内战(*civil war)早期采取决定性行动的重要判例。该案赋予总统作为最高长官的权力,且是一系列明确界定行政权力的案例中最早的判例。

[George Dargo 撰;李绍保译;邵海校]

马里兰州诉克莱格案[Maryland v. Craig, 479 U.S. 836 (1990)]②

1990年4月18日辩论,1990年6月27日以5比4的表决结果作出判决,奥康纳代表联邦最高法院起草判决意见,斯卡利亚、布伦南、马歇尔和史蒂文斯反对。克莱格在审判后被判虐待儿童罪,在审判中,受害人通过单向闭路电视作证,这种程序是得到州法律认可的。法官、陪审团和被告留在法庭,在被告不在场的情况下,对受害儿童进行了检查和询问。在上诉中,州上诉法院支持克莱格的观点,并对适用法律的合宪性和适用的程序提出疑问。在给联邦最高法院的调卷令(*certiorari)申请中,克莱格辩称,联邦宪法第六修正案(the *Sixth Amendment)并不认可单向闭路电视证词,因为这种做法剥夺了她与原告对质的机会。

大法官桑德拉·戴·奥康纳(Sandra Day *O'Connor)代表联邦最高法院作出判决,认为马里兰州的法律并没有违反联邦宪法第六修正案的质证条款,因为它的主要目的在这一新程序中已经实现。这些目的包括:努力确保证据可靠、询问证人的机会、宣誓不作伪证,以及在作证过程中观察证人的行

---

① 另请参见 Presidential Emergency Powers。
② 另请参见 Due Process, Procedural。

为举止。尽管奥康纳承认在刑事诉讼中面对面对质的重要性,但她认为这并不是刑事诉讼程序中不可替代的因素,尤其是该州的目的是要保护儿童证人,并使其不因与被告直接对质而受到伤害。所以,奥康纳坚持认为,面对面对质并不是绝对的权利,尽管联邦最高法院在"科伊诉爱荷华州案"(Coy v. Iowa)(1988)中已经判决,"质证条款保证被告与出庭证人面对面对质"(p.1016)。

大法官安东尼·斯卡利亚(Antonia *Scalia)持异议,他认为,大多数法官明显没有无条件地保证联邦宪法的实施。他指责联邦最高法院忽视宪法条款的明文规定,而以"当前受欢迎的公共政策"取而代之(p.3172)。斯卡利亚承认,社会很可能会支持儿童受害者而赞同使用单向闭路电视证词,他甚至暗示,这样的程序并非一定不公平。但他还是强调认为,该程序并没有得到联邦宪法的认可。他说,实现联邦宪法第六修正案质证条款所固有的目标而采用的程序并不能弥补不遵守联邦宪法明文规定的保护条款所带来的损失。

克莱格案的判决所引起的争论不会很快罢休。在"爱达荷州诉赖特案"(Idaho v. Wright)(1990)这样一件类似的案件中,联邦最高法院也以5比4的表决结果作出判决认为,由医生对声称受到性虐待的受害儿童自述进行的说明并不可靠,因而也不可采信,除非该说明属于禁止采纳证据规则固有的例外情况或者通过展示"具体可靠的保证措施"而得以证实。

[Susette M. Talarico 撰;李绍保译;邵海校]

马萨诸塞州诉梅隆案[Massachusetts v. Mellon, 262 U.S. 447(1923)]①

1923年5月3日和4日辩论,1923年6月4日以9比0的表决结果作出判决,萨瑟兰代表联邦最高法院起草判决意见。1921年,国会通过《谢波德—唐纳法》(Sheppard-Towner Act),该法规定应由联邦授权发展各州的母婴保健规划。国会已于1911年通过其第一个授权规划,即《威克斯法》(Weeks Act),以鼓励各州制定森林防火规划,但一直没有受到来自宪法的质疑,直到马萨诸塞州在一起原诉中抨击《生育法》(Maternity Act),指控该法及其授权导致各州放弃由自己保留的主权,且税负也由其公民不平等地承担。联邦最高法院将本案连同"弗罗辛厄姆诉梅隆案"(*Frothingham v. Mellon)一并审理,后者是一起纳税人诉讼案件,它对将税收用于该规划提出了质疑。

大法官乔治·萨瑟兰(George *Sutherland)代表联邦最高法院作出判决,法官一致认为,进行这样的授权并没有强迫各州采取什么行为或放弃任何权利,除非各州自愿选择参与该规划。他也没有发现任何州权力受到审判权限内的行为的威胁,若无具体的问题,联邦最高法院"无权就国会立法的合宪性进行抽象的判决"(p.485)。他认为,除了由各州居民承担的税负之外,并没有其他什么负担,而各州的居民也是合众国的公民,他们必须适当承担联邦税负(参见 Taxing and Spending Clause)。联邦最高法院裁决,各州不能以国父(parens patriae)的角色来制定审判程序,以使其公民免受联邦法律的管辖,这或许是最重要的。

[Melvin I. Urofsky 撰;李绍保译;邵海校]

梅西亚诉合众国案[Massiah v. United States, 377 U.S. 201(1964)]②

1964年3月3日辩论,1964年5月18日以6比3的表决结果作出判决,斯图尔特代表联邦最高法院起草判决意见,怀特反对。梅西亚案是在联邦最高法院加速进行"美国刑事诉讼程序改革"的时候作出判决的,当时沃伦任首席大法官。根据梅西亚案的判决,抗辩审判程序开始后(通过自诉,如梅西亚案;或者通过通知、预审或提审),联邦宪法第六修正案(the *Sixth Amendment)保证被告有权委托律师担任其本人和政府之间的"中间人"。因此,一旦抗辩程序开始,政府就不能绕过被告的律师而故意引诱被告本人作出陈述。

联邦最高法院在"布鲁尔诉威廉斯案"(Brewer v. Williams)(1977)和"合众国诉亨利案"(United States v. Henry)(1980)中恢复甚至扩大适用了梅西亚案的原则,当时伯格任首席大法官。结果,该原则比在沃伦任联邦最高法院首席大法官时更有效力。

温斯顿·梅西亚(Winston Massiah)被指控违反联邦麻醉剂管理规定后,聘请律师作无罪辩护并获保释。杰西·科尔森(Jesse Colson)是共同被告,也不服罪,并获保释。他邀请梅西亚在自己的车里讨论这件未决案。梅西亚并不知道杰西·科尔森已经成了政府的密探,并在车内偷放一台无线电传送器。结果,梅西亚和科尔森的谈话被传送给了附近的一名联邦特工。正如他们所期望的那样,梅西亚作了一些有罪陈述。

梅西亚案与典型的招供案大相径庭。梅西亚既不处于"拘禁中",也没有受到"警察讯问",这就与"招供"一词通常所具有的含义不同。的确,梅西亚认为他只是在和一个朋友或犯罪同伙谈话。不过,联邦最高法院6比3的多数意见认为,不可能在审判中将被告的陈述用于对抗他本人。本案的关键特

---

① 另请参见 State Soverignty and States' Rights;Tenth Amendment。

② 另请参见 Coerced Confession;Due Process, Procedural。

征在于,对抗被告的抗辩程序开始后,被告有权获取律师的帮助,政府故意避开律师而诱使被告作有罪陈述。这种行为违反了联邦宪法第六修正案关于被告有获得律师辩护权的规定(参见 Counsel, Right to)。

政府则辩称,有理由认为梅西亚是一个大规模精心组织的毒品犯罪集团的成员,因此,联邦代理人员完全有理由对他及其同伙继续进行调查,尽管他已经受到起诉。联邦最高法院则这样回答,即使警察在合法调查其他犯罪时获取了有关梅西亚的陈述,被告本人的"有关对他未决指控"的有罪陈述也不能在审理这些指控时作为证据加以使用。另一方面,当获取有关新罪的证据时,联邦宪法第六修正案关于获得律师辩护的权利并不适用于该新的证据,这样的证据可以采信,即使对被告的其他指控当时仍悬而未决。这种方法在"缅因州诉莫尔顿案"(Maine v. Moulton)(1985)中得到再次肯定。

尽管梅西亚案的原则受到了"米兰达诉亚利桑那州案"(*Miranda v. Arizona)(1966)的冲击,且经常与该案的判决精神相混淆,但它仍然是一个独特的规则,并在很多重要方面弥补了米兰达案的不足。米兰达案判决的根据在于对抗强迫自证其罪的权利,当狱警对疑犯进行讯问时,必须具备"米兰达权利告知"(*Miranda warnings)程序(该程序现在已经广为人知),因为沃伦时代的联邦最高法院认为,这样的讯问本身就具有强制性。梅西亚案的判决基础在于疑犯有获取律师辩护的权利。它的适用并不取决于警察讯问的条件,而取决于当政府试图使个人作有罪陈述时,对抗该个人的刑事程序是否已经达到联邦宪法第六修正案有关获得律师辩护权的程度。

"监狱密探"这一做法使梅西亚案和米兰达案之间的区别更加突出,当时有政府的秘密人员与疑犯关在同一监舍,该政府人员受到指使去引诱疑犯承认自己涉嫌犯罪并因此被监禁。米兰达案并不适用于此,因为当囚犯与他认为的同狱犯人自由交谈时,狱警讯问所产生的内在强制性并不存在。所谓的强制性应该取决于疑犯自己的看法。因此,除非疑犯认识到他在和政府人员交谈,政府利用其他方式引诱疑犯招供并不构成米兰达案意义上的"警察讯问"。

然而,正如联邦最高法院在"合众国诉亨利案"(United States v. Herry)(1980)中裁决的那样,如果对抗疑犯的抗辩程序已经开始,梅西亚案的原则就禁止政府采用这样的策略。但是,在该案中,政府的秘密人员并非完全被动地采取行动;相反,他促成了与被指控的罪犯进行谈话。不过,联邦最高法院允许政府在疑犯的监舍里安置一名完全"被动的聆听者",并采信其获取的疑犯陈述,尽管对抗疑犯的抗辩程序已经开始。然而,"主动"和"被动"的政府人员间的界线,即引诱疑犯作有罪陈述和仅作为聆听者之间的界线,是很难区分清楚的。

参考文献　Yale Kamisar, *Police Interrogation and Confessions* (1980); Welsh White, "Interrogation without Questions: *Rhode Island v. Innis* and *United States v. Henry*," *Michigan Law Review* 78 (August 1980): 1209-1251.

[Yale Kamisar 撰;李绍保译;邵海校]

马森诉纽约客杂志有限公司案[Masson v. New Yorker Magazine, Inc., 501 U. S. 496 (1991)]①

1991年1月14日辩论,1991年6月20日以7比2的表决结果作出判决,肯尼迪代表联邦最高法院起草判决意见,怀特和斯卡利亚部分反对。在本案中,联邦最高法院不得不首次对一个不寻常的问题作出裁决:记者"有意改变"被采访者的言词时受联邦宪法第一修正案(the *First Amendment)保护的程度。记者珍妮特·马尔科姆被认为是以诽谤的方式改变了一位精神病医生的言词。联邦最高法院认为,6段话中有1段误引了杰弗里·马森医生的话,将他描述为"聪明的舞男"。地区法院作出判决,在所有存在争议的改变方面都支持纽约人杂志有限公司。联邦第九巡回上诉法院适用"实体真实"标准,裁决支持纽约人杂志有限公司从而维持原判。这些改变受到联邦宪法第一修正案的保护,只要它们是对实际陈述的"合理解释"。联邦最高法院则撤销了该判决。

依据《纽约时报》诉沙利文案"(*New York Times v. Sullivan)(1964)确立的第一修正案通行标准,有关公众人物的诽谤性言论不可诉,除非它们是在"明知虚假"或"不顾"事实的情况下作出的(p.510)。大法官安东尼·肯尼迪(Anthony *Kennedy)承认改变引语会损害名誉,继而拒绝采纳马森所认为的除了语法或句法上变化之外的任何改变都构成明知虚假,因为他认为这种"技术上的区分"是"不切实际的"(p.515)。他还拒绝采纳联邦上诉法院确立的标准,因为这种标准提倡新闻业不承担责任。

相反,联邦最高法院裁决,在"导致个人陈述的意思在实质上发生改变"(p.517)的情况下,故意改变即构成明知虚假。适用这一标准,法院的多数意见都认为,大部分有争议的引语给陪审团带来的是有关真实或虚假的事实问题,并将本案发回重审。

大法官拜伦·怀特(Byron *White)持部分异

---

① 另请参见 Libel; Speech and the Press。

议，他赞同撤销原判，认为多数意见所确立的标准是在支持不承担责任。在他看来，"不论如何界定该词（"改变"）"，马尔科姆的改变都构成虚假（p.526）。

[Donald A. Downs 撰；李绍保译；邵海校]

产假[Maternity Leave]

参见 Pregnancy, Disability, and Maternity Leaves。

马修斯，托马斯·斯坦利[Matthews, Thomas Stanley]

（1824年7月21日生于俄亥俄州的辛辛那提市，1889年3月22日卒于哥伦比亚特区华盛顿，葬于辛辛那提市春树林公墓）1881—1889年任大法官。托马斯·斯坦利·马修斯是家中的长子，其父托马斯·约翰逊·马修斯（Thomas Johnson Matthews）是肯塔基州莱克星顿的西尔维尼亚大学（Sylvania University）的数学和自然史教授，母亲名叫伊莎贝拉·布朗（Isabella Brown）。他更喜欢别人称他斯坦利，长大后就去掉了自己的名字。马修斯在大学三年级时进入凯尼恩学院学习，于1840年毕业。他读了两年法律，然后迁至田纳西州的莫里县，在那里，他开始从事律师工作，并编辑一家报纸。1844年，他和玛丽·安·布莱克（Mary Ann Black）结婚，妻子去世后，他又于1885年娶了华盛顿哥伦比亚特区的玛丽·西克（Mary Theaker）为妻。

Thomas Stanley Matthews

马修斯最初由罗斯福·B.海斯（Rutherford B. Hayes）总统于1881年1月26日提名担任联邦最高法院大法官，以代替即将卸任的大法官厄·H.斯韦恩（Noah H. *Swayne）。海斯总统也是俄亥俄州人，且是马修斯的终生朋友和政治同僚。他遇见马修斯的时候，他们俩人都还是凯尼恩学院的学生。内战期间，马修斯在海斯麾下的俄亥俄州第23志愿步兵团服役。在1876年激烈的总统选举中，马修斯在路易斯安那州的选举委员会质询会上辩论，支持海斯的共和党候选人，反对蒂尔登领导的民主党。

马修斯遇到较为激烈的反对，且参议院对其提名并未表决。海斯总统的后任，即总统詹姆斯·A.加菲尔德（也是俄亥俄州人）于1881年3月14日再次提名马修斯之后，对他的任命于1881年5月12日以24比23的表决结果得以批准。对马修斯的提名之所以遭到反对，原因主要在于他为了铁路部门和公司的利益而担任过法律顾问工作，以及他勉强参与过几次政治论战。其中有一件事，显然遭到了反对者们的歪曲，就是他在1859年担任俄亥俄州南方地区的司法部长期间（1858—1861），控告一名报社记者帮助两名逃亡奴隶（*fugitive slaves）逃跑。一些批评者提出，马修斯虽然曾经信奉废奴主义，却因政治目的而出卖良心。在这之前，该案的阴影曾使马修斯在1876年申请国会席位时失利，尽管他于次年赢得了一个参议院的席位（1877—1879）。

大法官马修斯（Matthews）在位只有7年零10个月，然而在这期间，他提出了很有价值的232项判决意见和5项反对意见。马修斯是一名现实主义者而非空想理论家。他的两项最著名的判决直到一个多世纪后仍作为先例而不被动摇，它们分别是"胡塔多诉加利福尼亚州案"（*Hurtado v. California）（1884）和"伊克·吴诉霍普金斯案"（*Yick Wo v. Hopkins）（1886）。这两项判决说明马修斯对宪法进行了先进而又务实的研究。

在胡塔多案中，马修斯拒绝采纳这样的观点——联邦宪法第五和第十四修正案（the *Fifth and *Fourteenth Amendments）关于"法律的正当程序"（*due process of law）的规定要求各州在指控重罪时得请求大陪审团的控告或报告。胡塔多的律师认为，大陪审团指控是英国普通法（*common law）的一个古老规定，马修斯反对这种观点，认为这"会把法律除其年代之外的所有品质都予以剥夺，并使之不能再进步和发展"（p.529）。马修斯并不是很注重正当程序的形式规定，他认为如果在对被告进行指控时给予其公正合法的通知和足够的时间准备辩护，那就达到了正当程序保护的目的。

马修斯对伊克·吴案的判决意见是战后重建（*Reconstruction）时期较少见的一种维护少数人权利的法律意见，且是现实主义法学的一个奇迹。他超越了对公共洗衣店的经营活动进行规范的圣弗兰西斯科(旧金山)条例的中性语言,结果发现其违反了联邦宪法第十四修正案的平等保护条款,因为该条例以不同的方式来对抗办洗衣店的中国人。他的经典论述一直是整个20世纪在保护公民权利方面各种有影响的案例的基础:"尽管从表面上看,法律本身是公平、公正的,然而,如果公共机关以邪恶的眼光和不平等的方法对其加以运用和实施,这实际上就会在处于类似情况中的人们之间造成不公平和非法的歧视、影响享受权利的物质条件,以及对平等、正义的剥夺,这些仍然属于联邦宪法禁止之列"(pp.373-374)。

参考文献 Charles T. Greve, "Stanley Matthews," in *Great American Lawyers: A History of the Legal Profession in America*, edited by William Draper Lewis, vol.7 (1909), pp.393-427.

[N. E. H. Hull 撰;李绍保译;邵海校]

马克斯韦尔诉道案[Maxwell v. Dow, 176 U. S. 581(1900)]

1899年12月4日辩论,1900年2月26日以8比1的表决结果作出判决,佩卡姆代表联邦最高法院起草判决意见,哈伦反对。查尔斯·L.马克斯韦尔对他犯有抢劫罪的判决提出异议,其理由有两个:第一,没有用大陪审团(*grand jury)提出的控诉开始诉讼程序;第二,由8人而非12人组成的陪审团进行审理。按照马克斯韦尔的看法,这两点违反了他应该享有的、并受联邦宪法第五和第十四修正案(the *Fith and *Fourteenth Amendments)保护的特权和豁免(*privileges and immunity)。他还认为,8人陪审团作出的有罪判决违反了联邦宪法第十四修正案所保障的正当程序(*due process)。

大法官鲁弗斯·W.佩卡姆(Rufu W. *Peckham)粗暴地驳回了马克斯韦尔的观点,支持该有罪判决,并指出问题已经在先前的判例中得到解决。根据这一主张,联邦最高法院继续缩小权利和豁免条款的适用范围,使得在屠宰场系列案(*Slautherhouse Cases)(1873)中首创的这一程序的适用范围最小化。他认为,依赖于内战前的"科菲尔德诉科里尔案"(Corfield v. Coryell)(1823,宾夕法尼亚)而采用的任何方法都会"通过国会控制州政府而约束和弱化州政府",从而违反"我们的制度所具有的结构和精神"(p.590)。因此,联邦最高法院认为,各州仍然是大多数权利的主要保护者。

大法官约翰·马歇尔·哈伦(John Marshall *Harlan)的异议是对陪审团的一种赞颂。他强调,《权利法案》(*Bill of Rights)在最低程度上确认了联邦宪法第十四修正案所保护的权利和豁免。哈伦因此得出结论,各州不能回避联邦宪法第六修正案(the *Sixth Amendment)所保障的应该由12人陪审团进行的审理(*trial by trial)。他就有关正当程序得出的这种结论,预示着"二战"后联邦最高法院在逐渐将《权利法案》并入(*incorporation)联邦宪法第十四修正案。

[Walter F. Pratt, Jr. 撰;李绍保译;邵海校]

麦卡德尔单方诉讼案[McCardle, Ex parte, 74 U. S. 506(1869)]①

1868年3月2—4日和9日辩论,1869年4月12日以8比0的表决结果作出判决,蔡斯代表联邦最高法院起草判决意见,韦恩已经去世。麦卡德尔单方诉讼案是重建时期联邦最高法院和国会之间关系经常出现紧张的产物,它提出了一些事关联邦最高法院与国会关系的基本问题,即国会是否能够运用自己的权力控制联邦最高法院的上诉管辖权(*appellate jurisdiction)以约束审判独立。

1867年晚期,负责实施密西西比州重建(*reconstruction)的部队军官逮捕了勒威廉·麦卡德尔——韦克斯堡的一名编辑,并指控他发表诽谤性社论而引起暴乱。他们依据《重建法》(Reconstruction Act of 1867)的授权,下令军事委员会对麦卡德尔进行审判。这名编辑对政府的行为提出质疑并认为"米利根单方诉讼案"(Ex parte *Milligan)(1866)已经排除了在有民事法院的情况下对公民进行军事审判的做法,因此,重建法是违宪的(参见 Military Trials and Martial Law)。他依据1867年的《人身保护状法》(Habeas Corpus Act)向合众国巡回法院寻求救济,该法要求联邦法院在涉及侵犯公民宪法权利的案件中发布人身保护状(*habeas corpus)。当该院驳回他的请求时,麦卡德尔援引《人身保护状法》有关允许联邦最高法院对人身保护上诉案进行审理的规定,在联邦最高法院提出了质疑《重建法》的合宪性这一政治上具有爆炸性的问题。

国会中的共和党领导人担心联邦最高法院会废除该法,从而破坏本党的重建计划。因此,1868年3月,在联邦最高法院审理后判决前,国会对《人身保护状法》有关可以向联邦最高法院上诉的规定予以废除,从而取消了联邦最高法院的管辖权。尽管大法官罗伯特·C.格里尔(Rober C. *Grier)和斯蒂芬·J.菲尔德(Stephen J. *Field)希望在国会实施上述废除行为之前对该案作出判决,但大多数法官不同意这种做法。由于联邦最高法院的任期即将届满,大法官们同意将该案留待下一任解决。

联邦最高法院最后屈服于国会,没有通过对《重建法》的判决,并以缺乏管辖权为由将该案驳回。首席大法官萨蒙·P.蔡斯(Salmon P. *Chase)指出,联邦宪法规定,联邦最高法院行使其上诉管辖

---
① 另请参见 Judicial Powers and Jurisdiction。

权,"必须依据国会的规定,除非国会另有规定。"他继续指出,国会拥有对联邦最高法院的上诉管辖权作出例外规定的明确权力,因而,不论国会的动因如何,1868年的废除措施都是符合宪法的。因此,联邦最高法院无权审理麦卡德尔上诉案,必须将该案驳回。

尽管麦卡德尔案有时被认为是反映重建时期联邦最高法院苟安懒散的一个例子,但该案实际上表明其已经开始振兴。蔡斯在总结他的意见时直截了当地指出,尽管国会废除了麦卡德尔所依据的《人身保护状法》的相关规定,但这并没有影响联邦最高法院依据其他法律所享有的管辖权。他其实是在闪烁其词地指向《1789年司法法》(*Judiciary Act of 1789),该法授权联邦最高法院对那些被联邦机关拘留的人发布人身保护状。几个月后,在"叶尔格单方诉讼案"(Ex parte Yerger)(1869)中,联邦最高法院同意对一名密西西比州公民根据《1789年司法法》对《重建法》的异议案进行审理,该公民被指控谋杀一名军官,因而被拘留以接受军事法院的审判。尽管联邦最高法院并未作出判决,但它愿意对该案进行管辖表明它已不再畏惧。

麦卡德尔案从未被联邦最高法院否定过,却被一些机关加以阐述用来表明国会对联邦最高法院的管辖权拥有无限的控制权。的确,一些政客还运用该案支持立法以禁止联邦最高法院就诸如学校祈祷和用车接送学生等有争议的问题作出不受欢迎的判决。相反,还有一些人则认为,该案不应该认为是在允许国会通过运用自己的权力控制联邦最高法院的管辖权来保护政府的政策,使其免受司法审查(*judicial review)。他们指出,因为《1789年司法法》规定的途径仍可适用,所以在麦卡德尔案中,联邦最高法院并不承认国会有权剥夺联邦法院对与《重建法》有关的异议案进行审理的权力。此外,他们指出,在"合众国诉克莱因案"(U.S. v. Klein)(1872)中,联邦最高法院限制了国会的权力,认为它不能通过限制联邦最高法院的管辖权进而控制特定案件的判决结果。

参考文献 Charles Fairman, *History of the Supreme Court of the United States*. Vol. 6, *Reconstruction and Reunion*, 1868-88. Part I (1971).

[Donald G. Nieman 撰;李绍保译;邵海校]

麦卡伦法[McCarran Act]①

正式名称是1950年《国内安全法》,《麦卡伦法》反映了美国对共产主义颠覆活动的极度恐惧。该议案尽管遭到总统哈里·杜鲁门(Harry Truman)的坚决否决,但仍得以通过。它旨在揭开共产党及其领导人物的神秘面纱。该法第一章创设了颠覆活动控制委员会,它有权要求受共产党控制的组织向司法部长登记备案,并公布其官员和成员的姓名、收入来源及开支情况。某些被指定的组织还必须在由"共产党组织"传播或发起的所有出版物和大众广播节目中予以标明。它们的成员不得使用护照,不得受雇于联邦政府、工会和国防部门。该法还禁止与共产党关系密切的外国移民进入美国。

第二章授权总统在遇到外敌入侵、暴乱或战争的情况下宣布"国家安全紧急状态",在此期间,司法部长在没有"正当程序"(*due process)的情况下也可以下令拘留任何可疑的间谍或破坏者。他的命令会受到由9人组成的拘留审查委员会的审查,对该委员会的裁定,可以上诉到联邦法院。

尽管国会拨款设立了"拘留中心",但《麦卡伦法》有关紧急拘留的规定从未适用过,并于1971年被废除。后来的司法部长们试图依据该法第一章对共产党组织实行强制登记,但他们的努力最终都被联邦法院的一系列裁决所挫败,尤其是在"艾伯森诉颠覆活动控制会案"(*Albertson v. SACB)(1965)中达到顶峰。

[Jerold L. Simmons 撰;李绍保译;邵海校]

麦克莱斯基诉肯普案[McCleskey v. Kemp, 481 U.S. 279(1987)]②

1986年10月15日辩论,1987年4月22日以5比4的表决结果作出判决,鲍威尔代表联邦最高法院起草判决意见,布伦南反对,并得到马歇尔、布莱克蒙和史蒂文斯的支持,布莱克蒙的反对则得到马歇尔、史蒂文斯的支持,史蒂文斯的反对得到布莱克蒙的支持。沃伦·麦克莱斯基是一名黑人,他因1978年谋杀亚特兰大市一名白人警察而被判死刑。在上诉过程中,法律辩护基金(*Legal Defense Fund)的律师认为佐治亚州的死刑法律带有种族歧视性质,理由是违反了联邦宪法第八和第十四修正案(the *Eighth and *Fourteenth Amendments)。

麦克莱斯基的请求依据是戴维·巴尔达斯(David Baldus)教授对佐治亚州死刑所进行的深入研究。该研究对20世纪70年代以来佐治亚州2000多起谋杀案进行了考察,并对大约230个变项进行了分析,因为根据这些变项可以预知将来的死刑判决。巴尔达斯教授发现,在其他因素相同的情况下,被控谋杀白人而判死刑的可能性要比被控谋杀黑人而判死刑的可能性高出4.3倍。

以大法官刘易斯·鲍威尔(Lewis *Powell)为代表的多数意见否决了麦克莱斯基的请求。他认为巴尔达斯的研究资料应该呈送立法机构,而不是法院。

---

① 另请参见 Communism and Cold War; Subversion.

② 另请参见 Capital Punishment; Race Discrimination and the Death Penalty.

麦克莱斯基若要依据联邦宪法第十四修正案的平等保护条款(*Equal Protection Clause)而胜诉,就必须证明佐治亚州立法机关和这一具体案件的裁决者们都带有种族歧视的目的。鲍威尔说,麦克莱斯基也不能依据联邦宪法第八修正案的残忍(*Cruel)和非正常刑罚条款而胜诉,因为巴尔达斯研究中所反映的对待谋杀案的差异并不违反"演进的文明标准"。

持异议的大法官们则主要依据联邦宪法第八修正案,他们认为,证明违宪只需证明有种族歧视的重大可能,而无需明确证明它已经实际存在。

4年后,联邦最高法院在"麦克莱斯基诉桑特案"(*McCleskey v. Zant)(1991)中驳回了麦克莱斯基再次提出的人身保护状(*habeas corpus)请求。在1994年出版的传记中,鲍威尔大法官说,如果自己有一个案件想改变投票的话,那这个案件就是"麦克莱斯基诉肯普案"。

[Michael L. Radelet 撰;李绍保、潘林伟译;邵海校]

麦克莱斯基诉桑特案[McCleskey v. Zant, 499 U. S. 467(1991)]①

1990年10月30日辩论,1991年4月16日以6比3的表决结果作出判决,肯尼迪代表联邦最高法院起草判决意见,马歇尔、布莱克蒙和史蒂文斯反对。在"麦克莱斯基诉肯普案"(*McCleskey v. Kemp)(1987)中,麦克莱斯基对他因谋杀被判死刑第一次提出了质疑,而联邦最高法院驳回了他的请求。4年后,他再次提出人身保护状的请求,并称,在他接受审判之前,佐治亚州不适当地诱使他在没有律师帮助的情况下作出有罪陈述(参见 Counsel, Right to),他的这些陈述(与其他囚犯的谈话)在审判时被用来对抗他本人。联邦最高法院的判决驳回了他的请求,并对"滥用保护令"的标准进行阐述,大大地减小了死刑案中人身保护状救济的可能性。

在先前申请保护令状中故意放弃的请求而在后来的申请令状中包含了这一请求明显构成滥用令状,这和由于不可原谅的疏忽而遗漏请求的情形相同。为了避免这种情形,在第二次及后来的请求中,被告必须说明原因,也就是说,他必须证明他较早时未能提出请求是由于他无法控制的原因导致的。他还必须证明,他所指控的错误还导致了事实上的偏见。这种"原因和偏见"标准还有唯一的例外情况,即他的请求表明了根本性的错误并使请求人在无罪的情况下被判有罪。

麦克莱斯基认为其在第一次请求人身保护状之后,佐治亚州就开始引诱他作出有害陈述,但联邦最高法院认为,对案件的审理应该能使他知道,他应立即提出自己的请求。麦克莱斯基也没有证明他所宣称的违法行为导致了对无罪的被告作出有罪判决。因此,他提出的救济请求被驳回。麦克莱斯基于1991年9月25日被执行死刑。

[Michael L. Radelet 撰;李绍保译;邵海校]

麦康奈尔诉联邦选举委员会案[McConnell v. Federal Election Commission, 540 U. S. 93(2003)]

2003年9月8日辩论,2003年12月10日以5比4的投票结果作出判决;史蒂文斯和奥康纳起草判决意见的第一、二部分,得到苏特、金斯伯格及布雷耶的支持;伦奎斯特起草第三、四部分,全部或部分得到了奥康纳、斯卡利亚、肯尼迪、金斯伯格、布雷耶和托马斯的支持;布雷耶起草第五部分,得到了史蒂文斯、奥康纳、苏特及金斯伯格的支持。斯卡利亚、肯尼迪、伦奎斯特、托马斯、史蒂文斯、金斯伯格及布雷耶在许多方面存在不同意见。

长达298页的判决意见使人们不太容易领会判决的相关内容,但判决却支持了2002年制定的《两院竞选活动改革法》(Bicameral Campaign Reform Act,简称 BCRA)的两项重要规定:控制"软钱"和管制"问题宣传"。

有关全国性竞选资助法争论的历史演进已经众所周知,企业捐助已经在20世纪初受到了管制,第二次世界大战后,团体捐助也受到了控制。在"巴克利诉瓦莱奥案"(Buckley v. Valeo)中,联邦最高法院审查了1974年联邦选举活动法的修正案,特别是涉及政治活动委员会现金流向的部分。联邦最高法院首席大法官赞成控制捐助,但同时根据"联邦宪法第一修正案的相关规定,取消了对候选人和个人支出的限制"。联邦最高法院认为,BCRA 的第一部分旨在把全国性政党从"软钱"事务中隔离开。为了驳回上诉人关于第一修正案、联邦主义和平等保护目标的诉求,联邦最高法院推理得出了两个重要结论:(1)捐献限制对自由言论和结社仅有边缘性的约束;(2)对于选举程序依据 BCRA 而进行的管制的审查,并不适用严格审查标准,而仅仅适用不甚严格的"紧密拉近"(closely drawn)标准。对于联邦最高法院的大多数而言,国会所作的证明金钱交易在立法进程安排、被选官员的接触,以及社会性立法的不能通过等方面的影响的证据,符合"紧密拉近"标准的要求。这些证据征服了大法官安东尼•肯尼迪的不同意见,他认为,只有作为交易条件的腐败行为才应受到管制。BCRA(通过所谓的勒维修正案而适格)因而可以涉及州委员会有关投票人登记、身份识别,以及逃避投票机制和一般选举效果等方面的问题。

BCRA 的第二部分用"选举联络"(electioneering communications)这个新词来对巴克利一案作出法定

---

① 另请参见 Capital Punishment; Habeas Corpus。

而非宪定的解释,以区分明确提倡(投票支持某人)与"问题宣传"(某人有隐性犯罪的嫌疑)。政治联络的实质是具有立法方面的利害关系,而不只是一些富有鼓动性的言词。联邦最高法院赞成在费用和时间方面对选举联络作出限制。

BCRA 的第三部分和第四部分:(1) 修改了 1934 年《通信法》(Communications Act) 的相关规定,即要求广播公司在初选前 40 天及一般性选举前 60 天在相同的频率为各适格候选人提供"最低单位费用"的时段;(2) 规定了价格涨幅和按期增加的政治捐献控制金额;(3) 规定富豪条款,允许因竞选对手个人基金支出增加而交叉增加捐款。本案上诉人声称,这些规定会削弱其在未来选举中的竞争能力,但这种挑战因为其缺乏诉权而被驳回。为防止可能出现的"导管引起的腐败"(corruption by conduit),BCRA 第 318 条禁止未成年人捐款。但由于政府方面未能提供足够的证据证明可能出现滥用,故这一规定基于联邦宪法第一修正案的原因无效。

BCRA 的第四部分修改了《通信法》的规定,要求广播公司保留竞选人要求进行政治宣传的记录,联邦最高法院对此予以支持。因为该项规定与联邦通信委员会(FCC)已有的记录保留规则是一致的,任何由此引起的问题都属于联邦通信委员会规则制定和规则执行的权力范围。

持反对意见者声称,联邦最高法院的大多数在不适用严格审查标准并维持第一修正案的质疑方面是错误的。对此,联邦最高法院大法官安东尼·斯卡利亚举出了据说可以证明《两院竞选活动改革法》的正当性的三点谬误:(1) 金钱不是演说(它是);(2) 集合金钱也不是演说(通过结社,它是);(3) 企业的演说将会因此减少(不会的)。此外,国会没有必要哀叹高额的竞选费用。在 2000 年的大选中,以"硬金"(hard money)和软金形式花费的金钱为 24 亿美元。但与美国人花在电影上的 78 亿美元和用于化妆品及香水上的 188 亿美元相比,这一数字就显得苍白多了。斯卡利亚大法官写到,"如果我们的民主因为太高的花费而淹死的话,那是因为它不能游泳。"

在对第一、二部分分析作出的总结中,联邦最高法院认为,《两院竞选活动改革法》不会是有关全国性选举活动的最后一项法律。

[George T. Anagnost 撰;潘林伟译;邵海校]

麦克雷诉合众国案[McCray v. United States, 195 U. S. 27(1904)]

1903 年 12 月 2 日辩论,1904 年 5 月 31 日以 6 比 3 的表决结果作出判决,怀特代表联邦最高法院起草判决意见,富勒、佩卡姆和布朗反对。1886 年,国会基于征税权通过立法活动对人造黄油的生产进行管制(参见 Taxing and Spending Clause)。该法旨在防止生产假冒伪劣产品,同时也反映了工业领域中的竞争状况。麦克雷被罚 50 美元,因为他违反该法的规定转售人工黄油并适用了针对未加色黄油的较低税率。在这项具有重大意义的违宪异议中,他认为该罚款行为不适当地行使征税权是为了调控而非收益的目的,它违反了联邦宪法第五修正案的正当程序(*due process)条款和占用(*taking of property)条款,违反了各州根据联邦宪法第十修正案(the *Tenth Amendment)所享有的调控商业的权利(参见 State Sovereignty and States' Rights)。

大法官爱德华·D. 怀特(Edward D. *White)强烈反对司法干预国会权力,尤其是在消费税并没有违宪法对征税权明确限制的情况下更是如此。联邦宪法第五和第十修正案也没有使最初授予的征税权无效。国会为防止欺诈而对产品分类征税并没有违反正当程序条款的规定。由于征税对人造黄油的生产存在潜在的消极影响,怀特援引"麦卡洛克诉马里兰州案"(*McCulloch v. Maryland)(1819)的判决,拒绝裁定该征税违宪。联邦最高法院对增加财政收入以外的目的而进行的征税予以支持,同时也保留了对滥用征税权的调查权。

麦克雷案将征税权确立为行使联邦治安权(*police power)的又一个基础。征税权在 20 世纪 20 年代受到限制,不过,它作为公共福利(*general welfare)立法的基础,得到罗斯福新政的再次肯定。

[Barbara C. Steidle 撰;李绍保译;邵海校]

麦卡洛克诉马里兰州案[McCulloch v. Maryland,4 Wheat. (17 U. S.)316(1819)]①

1819 年 2 月 22 日至 3 月 3 日辩论,1819 年 3 月 6 日以 7 比 0 的表决结果作出判决,马歇尔代表联邦最高法院起草判决意见。麦卡洛克案是首席大法官约翰·马歇尔(John *Marshall)最重要和最富雄辩的判决之一。它确定了联邦宪法"必要和适当条款"的意义及联邦政府和各州之间的权力划分。该案涉及的具体问题包括国会合并联邦第二银行的权力和各州对联邦政府的机构进行征税的权力。

背景 自从亚历山大·汉密尔顿(Alexander *Hamilton)于 1791 年建议设立联邦第一银行以来,国会批准设立公司(*corpoeration)的权力的合宪性一直都是争论的根源。国会中的詹姆斯·麦迪逊(James *Madison)和乔治·华盛顿总统(George *Washington)的内阁成员托马斯·杰斐逊(Thomas *Jefferson)都反对没有联邦宪法授权的这一措施。但是,国会和华盛顿总统支持汉密尔顿,他通过对联

---

① 另请参见 Commerce Power; Implied Powers; Judicial Review。

邦宪法的扩充解释使得该措施合法化了,这样国会就批准设立了合众国第一银行,经营期为20年。1811年,杰斐逊共和党统治的国会主要基于宪法考虑,拒绝批准该银行续期,第一银行悄然终止。不过,在5年的通货膨胀期和伴随1812年战争的经济混乱之后,仍然受杰斐逊共和党控制的国会则改变了立法,于1816年批准设立了合众国第二银行。尽管如此,很多共和党人仍然反对设立该银行。他们认为设立该银行违宪,并否认其经济上的必要性。包括俄亥俄州、肯塔基州、宾夕法尼亚州、马里兰州、北卡罗来纳州和佐治亚州在内的好几个州,都通过法律对该银行的分支机构征税。一部1818年马里兰州法律规定对在该州开办的"未经立法机关批准的"所有银行征税。第二银行巴尔的摩支行以其出纳员詹姆斯·麦卡洛克为首,拒绝纳税。巴尔的摩县法院支持州法律。该判决很快得到马里兰州上诉法院的维持,根据"错误审查令状"(writ of *error),该案后又上诉至联邦最高法院。联邦最高法院宣布马里兰州的征税违宪而无效。

联邦最高法院的意见 马歇尔在代表联邦最高法院提出的法律意见中,第一次考虑到这样的问题,即"国会有权批准设立银行吗?"(p.401)。为了回答这一问题,他考察了联盟的起源和性质。联邦宪法服从于人民,并由特别选举的大会批准。因此,"政府直接来自于人民,并以人民的名义加以委任和建立"(p.403)。马歇尔据此提出了一种国家主义理论,以取代杰斐逊共和党人在1798—1799年肯塔基州和弗吉尼亚州决议中提出的联邦本源理论,该理论认为联邦政府是各州间契约的产物,并且只享有特别授予的有限权力(参见 State Sovereignty and States' Rights)。马歇尔则明确而又坚定地认为,"联邦政府……绝对而真正地是人民的政府。它从形式及实质上都源于人民。它的权力由人民授予,直接适用于人民,并代表人民的利益"(pp.404-405)。

像前任汉密尔顿一样,马歇尔采取扩充解释联邦宪法的方法使国会设立合众国第二银行的权力合法化。马歇尔认可联邦政府拥有明确列举的权力,但其只能行使被授予的这些权力。同时,他又补充说,毫无疑问,"联邦政府,尽管其权力有限,但在其权力范围内是至高无上的"(p.405)。他说,尽管批准设立公司的权力没有被明确列举,但联邦宪法也没有对此加以排除,这包括联邦宪法第十修正案。与《联盟章程》的在先规定不同,该修正案并没有"明确"一词,因而它承认"附带或默示权力"。马歇尔进而认为,联邦政府并不是根据复杂的法律准则而确立起来的,这种法律准则太过详尽,对于应付紧急情况徒劳无益。相反,联邦宪法对联邦政府的结构和权力只规定一个大体轮廓,其中,仅指明联邦政府最重要的目标,而它的其他权力则"根据这些目标本身的性质演绎而来"(p.407)。最后,他认为,"我们决不可忘记,它是一部我们正在加以阐释的宪法"(p.407)。

从以上有关联邦宪法的本源和性质的前提出发,马歇尔着手使创设合众国银行的行为合法化。联邦宪法已经授予联邦政府一些具体的权力:课征税收(参见 Taxing and Spending Clause)、贷款、调控商业、宣布和指挥战争(参见 War Powers),以及建立陆海军。这位首席大法官认为,正是出于对国家利益的最好考虑,国会才应该采取手段去行使这些被授予的权力。合众国银行在贯彻国家的财政政策方面是方便、有效而又基本的工具。由于联邦宪法已经授权国会"制定行使前述权力所必要的和适当的所有法律",因而,有关合众国银行的授权是符合宪法的。

马歇尔详细论述了扩充解释联邦政府权力的必要性。他拒绝接受主张州权力的杰斐逊共和党人所信奉的对联邦宪法应进行严格解释的观点,因为这种解释将使得联邦宪法难以实施。马歇尔认为,"必要和适当条款"已经包含在国会权力之中,而不是包含在对其进行限制的规定之中,它旨在扩大而不是降低国会行使有明确授权的能力。马歇尔宣称:

假如目的合法,并在联邦宪法的许可范围内,那么,所有不被禁止的手段都符合宪法,只要它们是适当的,并明确适应于该目的,而又符合宪法的形式和精神(p.421)。

马歇尔接下来论及了这样的问题,即"马里兰州在不违反联邦宪法的情况下是否可以"对合众国银行的分支机构征税(p.425)。依据联邦宪法第6条的最高条款(*Supremacy Clause),联邦宪法和法律是至高无上的,所以它们的效力高于各州的法律。各州的征税权虽然极其重要,但仍要服从联邦宪法,各州不能向其主权所不包含的主体征税。马歇尔指出,"征税的权力包含着毁灭的力量"(p.431)。如果各州有权向该银行征税,它也可以向联邦政府的其他机构征税:邮政、造币、专利、海关和联邦法院。如果这样,各州就能挫败由人民制定联邦宪法时所决定的"政府的所有目的"(p.432)。马歇尔说,"这并不是美国人民的初衷。他们并不打算让他们的政府依赖于各州"(p.432)。

影响及反应 该案判决是有争议的,与银行反对者的矛盾仍然不可调和。他们认为,该银行从主要方面来说并不是联邦政府的机构,而是一个营利组织,同时也履行政府的一些服务职能。合众国第二银行约35000000美元的资金转化为股本,80%的股份(大量的红利支付给这些股份)控制在私人之手,董事会4/5的成员都是由股东任命的。

该判决的批评者们也斥责马歇尔坚决赞同扩充解释联邦政府权力的做法。弗吉尼亚州大多数州权力的拥护者们都对该银行的合宪性表示怀疑,但 1816 年他们接受了有必要恢复财政稳定性的观点。与其他几个州的银行反对者们不同,弗吉尼亚州地方政府的拥护者们从未打算向银行征税而使之不能生存。他们感到不安的不是法院赞同该银行的合宪性,而是法院通过扩充解释联邦宪法而使其合法化。托马斯·杰斐逊私下鼓励公众反对该判决。约翰·泰勒(John Taylor)出版了一部重要专著《法律解释的句法分析》(Construction Construed)(1820),批评该判决。弗吉尼亚州的法学家斯潘赛·罗恩(Spencer Roane)和威廉·布罗肯伯勒(William Brockenbrough)在《里士满探索者》(Richmond Enquirer)上撰写一系列文章,批评联邦最高法院裁决所产生的广泛影响。马歇尔则在报上发表了很多匿名文章回应罗恩,以支持自己的做法。

该判决的批评者还包括詹姆斯·麦迪逊(James Madison)总统(1809—1817 在任),他曾经签署设立合众国第二银行的法案,使之成为法律。在 19 世纪 20 年代,他对联邦最高法院的大多数国家主义性质的裁决普遍表示支持。尽管如此,他还是认为"该案并不需要建立与其判决紧密相连的一般而又抽象的原则"。麦迪逊认为马歇尔判决的真正危险是"它有意通过对国会权力的列举,高度认可了似乎突破了界限的扩展宪法的范围,以立法的自由裁量替代了手段和目的之间的固定联系,而对于前者,并没有设置实际的限制"。在其他方面,该判决似乎赞同有利于国内发展的联邦规划。这个规划不仅包括道路、水路和桥梁的建设,还包括全国性的各种教育、科学和文学制度方面的建立和完善。杰斐逊和麦迪逊基于政策考虑,都支持这一规划,但认为由此产生的管辖权问题相当复杂而有争议,只有通过宪法修正案加以澄清。在"麦卡洛克诉马里兰州案"的判决中,马歇尔使联邦最高法院得到激进的国家主义者的支持,如亨利·克莱(Henry Clay)、约翰·C. 卡尔豪(John C. Calhoun)和约翰·昆西·亚当斯(John Quincy *Adams),他们认为宪法修正案并无必要,因为国会已经有权制定这样的规划。

"麦卡洛克诉马里兰州案"(McCulloch v. Maryland)(1819)中银行的胜诉为时短暂。1828 年,由于安德鲁·杰克逊(Andrew *Jackson)当选总统,作为政治运动的州权力要求取得了胜利。杰克逊拒绝承认麦卡洛克案的约束力,并对该银行抱有挥之不去的愤恨,正因为如此,他于 1832 年基于宪法原因否决了一项重新批准设立合众国银行的法案。在一系列的其他否决案中,杰克逊也彻底消除了对有关国内发展的联邦规划所抱有的任何幻想。尽管如此,马歇尔关于联邦的本源和性质的观点,以及他对"必要和适当条款"的扩充解释最终都将取得更大的胜利。内战(*civil war)结束了杰克逊的统治,也动摇了各州的权利,随后的宪法改革使得美国朝着强烈的国家主义方向发展。20 世纪,"麦卡洛克诉马里兰州案"很快成为联邦政府广泛干预经济活动、"新政"(*New Deal)和福利国家,以及各种其他社会、科学和教育计划的事实上无可争议的宪法性基础。

参考文献 Gerald Gunther, ed., *John Marshall's Defense of McCulloch v. Maryland* (1969); Bray Hammond, *Banks and Politics in America from the Revolution to the Civil War* (1957); Harold J. Plous and Gordon E. Baker, "McCulloch v. Maryland: Right Principle, Wrong Case," *Stanford Law Review* 9 (1957): 710-739; G. Edward White, *History of the Supreme Court of the United States*, vols. 3-4, *The Marshall Court and Cultural Change, 1815-35* (1988).

[Richard E. Ellis 撰;李绍保译;邵海校]

麦基沃诉宾夕法尼亚州案[McKeiver v. Pennsylvania,403 U. S. 528(1971)]①

1970 年 12 月 9—10 日辩论,1971 年 6 月 21 日以 6 比 3 的表决结果作出判决,布莱克蒙代表联邦最高法院起草判决意见,怀特和哈伦持单独的并存意见,布伦南部分赞同部分反对,道格拉斯、布莱克和马歇尔反对。当联邦最高法院在高尔特对物(对事)诉讼案(In re *Gault)(1967)中适用针对州青少年诉讼的刑事正当程序(*due process)保证条款进行判决时,联邦宪法第六修正案(the *Sixth Amendment)获取陪审团审理的权力还没有"并入"联邦宪法第十四修正案(the *Fourteenth Amendment)(参见 Incorporation Doctrine)。"邓肯诉路易斯安那州案"(*Duncan v. Louisiana)(1968)使成年刑事被告得到了这种权利,但青少年被告是否也享有该权利的问题却悬而未决。麦基沃案以及北卡罗莱纳州和宾夕法尼亚州的好几个涉及青少年诉讼的案件都对该问题持否定态度。

大法官哈里·布莱克蒙(Harry *Blackmun),代表 4 名大法官的多数提出法律意见,对高尔特案和前任法官审理的温希普对物(对事)诉讼案(In re *Winship)(1970)进行了狭义上的解释,认为它们只确立一个"基本公平"的标准来界定青少年诉讼中的正当程序。因此,应该对青少年诉讼中获得陪审团审理的重要性与其对青少年审判独具的非正式性和灵活性所产生的影响进行比较。布莱克蒙于是推断高尔特案和温希普案适用正当程序保证条款的主要目的在于提高青少年诉讼中事实审查的准确性。对邓肯案(Duncan)同样狭义的解释使布莱克蒙得出结论认为,陪审团审理的主要目的是防止政

---

① 另请参见 Juvenile Justice; Trial by Jury。

府干预审判，而不是确保准确地查明事实。因此，陪审团介入青少年审判将使其更具对抗性，不一定会提高其查明事实的准确性，从而也将从根本上混淆该审判的性质。尽管受到不断的批评，布莱克蒙对先例判决的狭义解释仍然很有说服力。各州有权在青少年案件中规定陪审团制度，但没有一个州这样做过。

[Albert R. Matheny 撰；李绍保译；邵海校]

麦克纳，约瑟夫[McKenna, Joseph]

（1843 年 8 月 10 日生于宾夕法尼亚州费城，1926 年 11 月 21 日卒于华盛顿哥伦比亚特区，葬于华盛顿特区的珍珠山公墓）法学家，1898—1925 年任大法官。约瑟夫·麦克纳的父亲约翰·麦克纳是一名爱尔兰移民面包师，母亲名叫玛丽·约翰逊。他出身贫寒，后来却登上联邦最高法院的宝座，这是霍雷肖·阿尔杰（美国作家，其作品为鼓舞人心的历险小说。——校者注）式神话的生动体现。他的祖先于 1848 年因饥荒移居费城。1855 年，他的父亲举家迁至加利福尼亚州的本尼什市，在这里随后的几年中，他的命运逐步得到改善。在教区学校里接受教育的约瑟夫，最初打算当一名天主教士，后来却转向研究法律。1865 年获得加利福尼亚州律师资格以后，他在索莱罗县从事律师工作，担任过两任地方检察官（1866—1870）和一届州立法机关议员（1875—1876）。1869 年，他和来自旧金山的阿曼达·F. 鲍妮曼结婚，生有一个儿子和三个女儿。

Joseph McKenna

和那个时代的许多人一样，麦克纳将法律职业作为通向政治生涯的梯石，同时，他把目标投向了全国范围。在经历了一系列挫折后，作为来自加利福尼亚州第三区的共和党代表，他于 1885 年当选为美国众议员，任期 4 年（1885—1892）。在任期间，他充分展示了自己的才华，成为一名坚定的共和党人。他为铁路巨头利兰·斯坦福（Leland Standford）向国会提出了私人议案，支持延展加利福尼亚的土地状。他向人们表明自己擅长为自己代表的选区选民争取更多的地方建设经费，其中包括为旧金山争取到 40 万美元的资金用于海湾和港口建设。

1892 年 3 月 28 日他辞去国会的职位，经他的朋友，时任加利福尼亚州参议员利兰·斯坦福（Leland Standford）的支持，总统本杰明·哈里森（Benjamin Harrison）任命他为第九巡回区上诉法院的法官。1896 年，在获得大选的绝对胜利后，威廉·麦金利（William McKinley）当选总统，麦克纳曾与其在国会共事，通过总统任命，他成为司法部长，并得到了西部地区代表的认可。担任该职务几个月后，麦克纳于 1897 年 12 月 16 日被麦金利提名为联邦最高法院的大法官，以替补大法官斯蒂芬·菲尔德（Stephen *Field）。

由于受到与斯坦福铁路系统长期不和的、作为竞争对手的太平洋铁路系统的强烈反对，参议院对麦克纳任命的批准耽搁了 5 周。最终于 1898 年 1 月 21 日在没有正常清点人数的情况下投票批准了对他的任命，麦克纳于同月走马上任，在麦金利任总统的 4 年半时间里，他仅仅向联邦最高法院作了一次提名，但是，选择长期的朋友和以往的同僚出任大法官这一职务，对他以及其他人来说，是一件特别值得高兴的事。

斯坦福一直是麦克纳的支持者，有一次在联邦最高法院，麦克纳通过判决阻止了州和地方试图实施的铁路费率和终端设施使用管制，维护了斯坦福铁路，尤其是其实力雄厚的南太平洋公司的利益。但是，在很短的时间内，甚至铁路公司本身也准备并愿意接受某种程度的联邦管制，以保护它们免受毁灭性费率战和相互冲突的各州法律的侵害。就此而言，麦克纳后来撰写了大量的判决意见，支持州际贸易委员会收集事实证据和决定费率的法定权力。

麦克纳任大法官近 27 年，历经 3 位首席大法官，其任期是联邦最高法院大法官中最长的之一。麦克纳在位期间提出的法律意见有 633 项，但并存意见只占很小部分，在早年，这些案件中很大一部分是冗长、极为复杂、并与大量已经形成的先例铆钉在一起的案件。他任职于联邦最高法院判决某些重要案件的时期，也代表多数人提出过一些判决意见，这些判决都具有深远而重要的意义。随着时间的推移，他克服了对冗长的偏好，并对大法官的职责有了更好的领悟。但是，他从没有形成让人们可以感觉到贯穿始终的法律哲学风范,并且,从总体而言,在联邦最高法院的历史上也没有不同寻常的表现。

麦克纳的判决强化了《州际商业法》(Interstate Commerce Act)(1887)的效力,同时也扩展了新创设的联邦治安权(*police power)。这些判决坚定地支持了议会通过商业条款来管制经济和社会生活中出现的新问题。如果说他早期对铁路费率管制的立场与他后来反对成立州际贸易委员会的观点是矛盾的话,这一点也只是进一步表明,他作出判决时存在某种特定的、奇怪的紧张,因而导致其常常作出相互冲突的认定。

在"海珀里特禽蛋公司诉合众国案"(Hipolite Egg Co. v. U. S.)(1911)中,麦克纳代表意见一致的法院撰写判决意见,维持了《纯净食物和药品法》(1906)的效力;在更早的1903年的一个案件——"钱皮恩诉埃姆斯案"(Champion v. Ames)(1903)中,他与联邦最高法院的大多数一道,在判决意见中通过排除州际贸易中被认为是有害的一些商品(在本案中为彩票,但后来,又覆盖了酒类商品、药品,以及白奴贸易),从而奠定了国家治安权的基础。这两个裁决,他运用对联邦商业权力(*commerce power)的宽泛解释,让人感到他在追求较为一致的判决逻辑,在海珀里特案中,他裁定,尽管国会不能直接防止劣质食品的加工,但是它可以禁止此类商品在州际商业中运输。

1913年,通过维持《曼恩法》(Mann Act)(1910),联邦最高法院对于正在成长的联邦治安权立法体系给予了进一步的支持,该法禁止为了不道德的目的(即所谓的白奴贸易)在州际进行妇女的运送,而不论是为了商业目的还是其他目的。在"霍克诉合众国案"(Hoke v. U. S.)(1913)中,麦克纳写到:"如果跨州运输工具能够从彩票交易的道德败坏、淫秽文学的改造,以及不纯净的食物、药品、患病的人畜泛滥中驱除的话,那么,同样的工具也能从对妇女和(更为持续地)(年轻)女孩……卖淫的制度性诱惑和奴役中驱除。"

1920年,麦克纳代表多数意见对"合众国诉美国钢铁公司案"(United States v. U. S. Steel Corporation)作出判决,认为《谢尔曼法》(1890)并不禁止单纯对相关产业的市场支配状态。最后的表决意见是5比3,联邦最高法院认为,如果没有明显的证据表明有相反结论,企业的行为就被认为是"合理的"。也就是说,美国钢铁公司公开的市场独占是"合理的"。这一判决发展了"合理原则"。在"哈默诉达根哈特案"(*Hammer v. Dagenhart)中,麦克纳保持了其连续性,参与了奥利弗·温德尔·霍姆斯(Oliver Wendell Holmes)、路易斯·布兰代斯(Louis *Brandies)和约翰·克拉克(John *Clarke)大法官提出的反对意见,其中对双重联邦主义教条进行了猛烈的抨击。支持双重联邦主义者们认为,《权利法案》修正案第10条,创设了双重的主权体系,其中,州和联邦两方面的权力是分立的,并且在各自的范围内均神圣不可侵犯。这几个不同意见者对逻辑、历史以及打工的儿童置之不理,坚持在管制童工劳动问题上扩大联邦权力。但是,联邦最高法院的大多数却维护了州的权力,尽管在早期案件中,他们都维护了联邦的治安权。

在其他案件中,麦克纳向人们表明自己不太支持各州对契约自由的限制。所以,在1905年的"洛克纳诉纽约州案"(*Lochner v. New York)和1923年的"阿德金斯诉儿童医院案"(*Adkins v. Children's Hospital)中,麦克纳都同意了多数人的意见。麦克纳后期的某些判决以重实用性、强调常识的运用和逻辑性以及更为明快的表达而著称。如果忽略其在作出决定糟糕的预见力的话,总的说来,麦克纳在联邦最高法院的表现是令人尊敬的。

随着年龄的增长,麦克纳的思维反应变得迟钝。在其法官生涯的鼎盛时期,其法理学被融入了强烈的国家主义、道德活力和严谨的推理。不甘向不断增长的年龄低头,他在联邦最高法院的时间超过了他应任职的时间,他的同僚们都清楚麦克纳每况愈下的能力,在1924年11月,私下推迟了对某些麦克纳的表决可能会起关键性作用的案件的判决。在受到首席大法官威廉·霍华德·塔夫脱(William Howard *Taft)明显的示意后,麦克纳最终于1925年1月辞职。患病几个月后,他于1926年11月21日逝世。在他的葬礼上,其他大法官均为其扶柩送葬。

参考文献 Brother Matthew McDevitt, *Joseph McKenna*: *Associate Justice of the United States* (1946);James F. Watts, "Joseph McKenna," in *The Justices of the U. S. Supreme Court*, *1789-1969*, edited by Leon Friedman and Fred Israel, vol. 2 (1969), pp. 1719-1736.

[Marian C. McKenna 撰;李绍保、潘林伟译;邵海校]

麦金利,约翰[McKinley, John]

(1780年5月1日生于弗吉尼亚州的卡尔佩帕县,1852年7月19日卒于肯塔基州的莱克星顿,葬于肯塔基州路易斯维尔市洞山公墓)1837—1852年任联邦最高法院大法官。麦金利出生后不久,他的全家就从弗吉尼亚州迁至肯塔基州,在那里,他学习法律并于1800年获取肯塔基州律师资格。在定居亚拉巴马州亨特斯维尔前,他在法兰克福市和路易斯维尔市从事律师工作。

1822年,他在亚拉巴马州议会赢得一个席位,之后,他又于1826年当选联邦参议院议员。他当初追随亨利·克莱(Henry Clay),但当这样做使他在亚拉巴马州政治上难以立足时,他转而投向安德

John McKinley

鲁·杰克逊(Andrew *Jackson)的阵营。他在参议院任职时主要关心的是为移民提供更廉价的土地、为各种债务人提供破产救济,以及各州的权利。1830年,麦金利试图连任参议员,不过未能成功,但他赢得了后来的选举,包括 1837 年当选新一届参议员,而这一次他婉言谢绝,以接受总统马丁·范·布伦(Martin Van Buren)的任命,到联邦最高法院任大法官。

麦金利任职于联邦最高法院直至 1852 年,但他在职业生涯中经常缺席联邦最高法院会议;并很少触及当时的主要法律问题。在位 15 年,他只代表联邦最高法院写了 20 个判决意见及作出两个并存意见。所以评论家和史学家们认为他的工作缺乏任何法律意义。

麦金利在"斯塔银行诉厄尔案"(*Bank of Augusta v. Earle)(1839)中的异议最为著名。在该案中,他坚持认为,亚拉巴马州作为一个享有主权的州可以对获得授权在本州设立的公司的商业活动进行限制。他认为合众国是主权州的联盟,拒绝接受州与州之间法律礼让的观点(参见 State Sovereignty and States' Rights)。大法官约瑟夫·斯托里(Joseph *Story)和其他希望确立联邦经济的另外一些人占了上风,麦金利只身一人持异议。

麦金利还在另外 3 个案件中为州权力辩护。在"格罗夫斯诉斯拉夫特案"(Groves v. Slaughter)(1841)中,他持异议,并得到斯托里的支持。他坚持认为,密西西比州对输入奴隶的一项宪法性限制是有效的。在"波拉德诉黑根案"(Pollard v. Hagan)(1845)中,他代表联邦最高法院的多数法官提出法律文书,认为淹没的土地属于州所有,而不属于联邦政府。

在任职于联邦最高法院期间,他强烈抱怨自己必须履行的大量巡回办案义务。他的巡回区,即第九巡回区最大,包括亚拉巴马、路易斯安那和密西西比州的部分地区及整个阿肯色州。多年来,有一些地区他一直没有去过。麦金利于 1838 年和 1842 年请求国会免除该项义务,并讲述了巡回办案(*circuit riding)的困难和经费开支问题,以及黄热病的威胁。不过,巡回办案义务并没有免除,而且,他经常缺席招致了公众及其他巡回法官对他的不满。

麦金利任职联邦最高法院期间,利用华盛顿和第九巡回区之间的水路运输之便,住在肯塔基州路易斯维尔市。他余年身体欠佳,很少参与联邦最高法院的工作。

[R. Michael McRevnolds 撰;李绍保译;邵海校]

麦克劳瑞恩诉俄克拉荷马州高等教育委员案 [McLaurin v. Oklahoma State Regents for Higher Education, 339 U. S. 637(1950)] ①

1950 年 4 月 3—4 日辩论,1950 年 6 月 5 日以 9 比 0 的表决结果作出判决,文森代表联邦最高法院起草判决意见。"麦克劳瑞恩案"与"斯韦特诉佩因特案"(*Sweatt v. Painter)(1950)是一对孪生案例,后者以难得的方式界定了研究生教育中隔离但公平的原则。乔治·W. 麦克劳瑞恩是俄克拉荷马州的一名黑人公民,他希望获得教育学博士学位,于是申请进入位于诺曼的俄克拉荷马白人大学读研究生。最初,他由于种族原因未获批准,后来联邦地区法院裁定准许。但由于俄克拉荷马州的法律规定研究生教育必须"实行种族分离",麦克劳瑞恩发现自己为种族分离主义所包围:在课堂上,他坐在"黑人专用"的单独一排;在图书馆、食堂,他孤桌而坐学习和就餐。麦克劳瑞恩又向地区法院求助,请求废除这些做法,并最终上诉到联邦最高法院。本案与斯韦特案同时辩论和判决,在斯韦特案中,申请人霍曼·斯韦特请求准许进入得克萨斯大学白人法学院学习。

在简短而明了的判决中,首席大法官弗雷德·文森(Fred *Vinson)裁决不得再对麦克劳瑞恩进行隔离。文森认为,这些做法剥夺了麦克劳瑞恩依据联邦宪法第十四修正案(the *Fourteenth Amendment)的规定享有"平等受法律保护的人身权"(p. 642)。文森在判决书中写到,麦克劳瑞恩"必须与其他种族的学生……接受同样的待遇"(p. 642)。

[Augustus M. Burns III 撰;李绍保译;邵海校]

---

① 另请参见 Education; Race and Racism; Segregation, de Jure; Separate But Equal Doctrine。

麦克莱恩,约翰[McLean, John]

(1785年3月11日生于新泽西州莫里斯县,1861年4月4日卒于俄亥俄州辛辛那提市,葬于辛辛那提市春树林公墓)1830—1861年任联邦最高法院大法官。麦克莱恩是乌尔斯特曼·弗格斯·麦克莱恩(Ulsterman Fergus McLean)和索菲亚·布莱克福德(Sophia Blackford)的儿子,曾用名Mclain。麦克莱恩是在边远地区长大的,后于1797年定居俄亥俄州沃伦县。尽管所受的教育很不正规,但麦克莱恩后来于1804年在辛辛那提市与约翰·S.盖诺(John S. Gano)和阿瑟·圣克莱尔(Arthur St. Clair)一起学习法律。他取得律师资格后,在俄亥俄州的莱本伦创办了一家民主党报纸,并于1811年担任辛辛那提市联邦土地局的稽查员。

John McLean

1812年,他被推选为联邦众议院的战争鹰派议员,1814年再次当选,并为詹姆斯·门罗(James Monroe)竞选总统积极工作。他回到俄亥俄州,任职于该州最高法院,直到1822年门罗总统任命他为土地总局的专员。1823年,他当上邮政部长,目睹了西进线路的急剧扩张及土地总局被提升为政府内阁的全过程。麦克莱恩仍在总统约翰·昆西·亚当斯(John Quincy *Adams)手下任职。

尽管麦克莱恩是约翰·C.卡尔霍恩(John C. Calhoun)的早期支持者,但他机智地讨好安德鲁·杰克逊(Andrew *Jackson)而又使亚当斯无法找到理由解雇他。杰克逊于1828年竞选总统成功后,给予麦克莱恩的回报就是任命他为联邦最高法院的大法官。

麦克莱恩在位30年里因献媚总统而以"联邦最高法院的政客"著称,他相继讨好过杰克逊民主党、反杰克逊民主党、反共济会派、辉格党、自由土地党及共和党(参见 Extrajudicial Activities)。麦克莱恩并不认为他的追求中有什么不明智之处,或者作为一个虔诚的卫理公会派教徒,也没有看到政治与宗教之间有什么冲突。他没有参与由于卫理公会派地区分会的原因而引起的"史密斯诉斯沃姆斯特德案"(Smith v. Swormstedt)(1853),但赞同斯蒂芬·基尔德(Stephen Girard)可以依法禁止传教士进入他的学院——"维达尔等人诉费城案"(Vidal et al v. Philadelphia)(1844)。

麦克莱恩开始他的法官生涯时就是一个国家主义者,在"柴罗基族诉佐治亚州案"(Cherokee Nation v. Georgia)(1831)和"武斯特诉佐治亚州案"(Worcester v. Georgia)(1832)中支持马歇尔(参见 Cherokee Cases)。他支持州银行业,在"克雷格诉密苏里州案"(*Craig v. Missouri)(1830)中持异议,并使法院相信,各州银行发行的银行票据并不是"布里斯科诉肯塔基共同体银行案"(*Briscoe v. Commonwealth Bank of Kentucky)(1837)中所涉及的信用票据。另一次维护州权力是在"多尔单方诉讼案"(Ex parte Dorr)(1845)中,法院拒绝为罗德岛多尔判乱的被捕领袖发布人身保护状。麦克莱恩希望成为首席大法官,但他的亲印第安人判决,以及反对佩吉·伊顿(Peggy Eaton)的立场使他与杰克逊的友好关系中断。

州权力的商业问题让麦克莱恩感到困扰。他支持"纽约州诉米尔恩案"(*New York v. Miln)(1837)、许可系列案件(*License Cases)(1847)及乘客系列案(*Passenger Cases)(1849)的裁决,但他拒绝接受"库利诉城港监案"(*Cooley v. Board of Wardens)(1852)中确定的"选择性独占"原则。他的排他性联邦权力的主张使得大法官柯蒂斯(Curtis)将麦克莱恩和韦恩称为"法官队伍中最突出的联邦主义者"。麦克莱恩在"俄亥俄州银行皮夸分行诉努普案"(Piqua Branch of State Bank of Ohio v. Knoop)(1854)中的判决明显具有联邦主义色彩,在该案中,他保护银行所获授权不受州的限制。但是,麦克莱恩在"惠顿诉彼得斯案"(*Copyright in Wheaton v. Peter)(1834)中否决了制定一部有关版权的联邦普通法的主张。

麦克莱恩谢绝了约翰·泰勒(John *Tyler)总统提名他担任陆军部长的好意,开始投向辉格党,后又投向自由土地党。他对奴隶制(*slavery)的憎恨根深蒂固,在1848年的一封公开信中,他宣称奴隶制只应该在法律确定的地方存在。在"普里格诉宾夕法尼亚州案"(*Prigg v. Pennsylvania)(1842)中,他的意见被多数意见推翻,联邦最高法院允许在自由州对涉嫌逃亡的奴隶予以抓捕,但麦克莱恩在"琼斯诉冯·赞特案"(*Jones v. Van Zandt)(1847)中否决了律师威廉·H. 西沃德(William H. Seward)关于"高级法"允许人们窝藏逃亡奴隶的主张。

麦克莱恩因仓促作出德雷德·斯科特案(Dred Scott)的判决而受到的指责也许是不公正的[参见"斯科特诉桑福德案"(Scott v. Sandford)(1857)]。在大法官麦克莱恩和本杰明·R. 柯蒂斯(Benjamin R. *Curtis)宣布欲对大法官塞缪尔·纳尔逊(Samual *Nelson)所提出的"初期干预判决"提起异议后,大多数法官改变了主意并同意解决有争议的问题。麦克莱恩的异议读起来很好,尽管在论证及观点上大法官柯蒂斯的异议胜过一筹。

尽管麦克莱恩年事已高,但本案使他可能成为总统职位的竞争者。1860年,在宪法联盟会议上他被提名竞选总统。在共和党会议第一次投票中,他获得12张选票。1861年初,他的健康状况恶化,当年4月4日死于辛辛那提市。

麦克莱恩不断追求总统职位使得当代及历史上对他的评价都带有偏见。1848年,参议员亨利·S. 福特(Henry S. Foote)指控麦克莱恩违反了司法伦理(*judicial ethics),但几乎没有什么可表明麦克莱恩的判决受到了不公正因素的影响。麦克莱恩对美国历史的最大贡献也许就是迫使首席大法官罗杰·B. 托尼(Roger B. *Taney)承受联邦最高法院最严重的"自我创伤"。

参考文献 Don E Fehrenbacher, *The Dred Scott Case*: *Its Significance in American Law And Politics* (1978); Frank Otto Gatel, "John McLean," in *The Justices of the United States Supreme Court, 1789-1969*, edited by Leon Friedman and Fred L. Israel, vol. 1 (1969), pp. 535-570.

[Michael B. Dougan 撰;李绍保译;邵海校]

麦克雷诺兹,詹姆斯·克拉克[McReynolds, James Clark]①

(1862年2月3日生于肯塔基州的艾尔克顿,1946年8月24日卒于华盛顿哥伦比亚特区,葬于艾尔克顿公墓)1914—1941年任联邦最高法院大法官。其父是一位著名的外科医生。麦克雷诺兹曾就读于范德堡大学,毕业时作为1882级的毕业生代表在告别会上致词。尽管他早期学习的是自然科学,但他对法律和政治产生了浓厚的兴趣,因此,他又到弗吉尼亚大学学习法律。在弗吉尼亚州,麦克雷诺兹深受约翰·B. 迈纳(John B. Minor)教授的影响。这位教授品行严厉,思想极端保守。麦克雷诺兹于1884年从弗吉尼亚大学法律系毕业。

麦克雷诺兹担任联邦参议员(后来为联邦最高法院大法官)豪厄尔·E. 杰克逊(Howell E. *Jackson)短暂的私人秘书后,在纳什维尔从事律师

James Clark McReynolds

工作。作为律师,尤其是作为商业顾问,麦克雷诺兹在短短几年中就声名卓著。1900年,他被任命为范德堡大学商法、保险专业和公司专业的教授。

麦克雷诺兹首次涉足政治生活是在1886年,当时,他在共和党的大力支持下,作为一名"民主党的精英"竞选国会席位,但未成功。尽管他属于民主党派,还是于1903年被总统西奥多·罗斯福任命为司法部长助理。4年后,麦克雷诺兹离开司法部并在纽约与他人合伙创办了一家很有声望的律师事务所。1913年,伍德罗·威尔逊(Woodrow Wilson)总统任命他为司法部长。次年,威尔逊总统提名他接替联邦最高法院大法官霍勒斯·勒顿(Horace *Lurton)的职位。

作为联邦最高法院的大法官,麦克雷诺兹是一名坚定的保守主义者,他参与了很多宪法性判决,特别是在有关联邦宪法第一修正案(the *First Amendment)、少数民族的公民权利,以及被告的权利方面的判决,对法律和公共政策都产生了深刻的影响。尤其重要的是,麦克雷诺兹反对政府不断扩大调控社会和经济的权力,认为联邦宪法明确规定国家应该采用自由资本主义政策(参见 Laissez-Faire Constitutionalism)。

麦克雷诺兹最为著名的成就可能就是他曾是四

---

① 另请参见 History of the Court; The Depression and the Rise of Legal Liberalism。

骑士之一,另有大法官乔治·萨瑟兰(George *Sutherland)、威利斯·范·德凡特(Willis Van *Devanter)和皮尔斯·巴特勒(Pierce *Butler)。之所以被这样称呼,是因为他们作为一个整体一贯投票反对"新政"立法,如《1933年国家工业复兴法》——"谢克特禽畜公司诉合众国案"(*Schechter Poultry Corporation v. United States)(1935)、《1933年农业调整法》——"合众国诉巴特勒案"(United States v. *Butler)(1936),以及《1935年煤炭法》——"卡特诉卡特煤炭公司案"(*Carter v. Carter Coal Co.)(1936)。

早在1937年之前,四骑士就得到联邦最高法院内反对"新政"立法的其他温和派成员的支持。1937年,属于温和派的首席大法官查尔斯·埃文斯·休斯(Charles Evans *Hughes)和法官欧文·罗伯茨(Owen *Roberts)突然改变立场,加入联邦最高法院里由大法官路易斯·布兰代斯(Louis Brandeis)、本杰明·卡多佐(Benjamin *Cardozo)和哈伦·斯通(Harlan F. *Stone)所组成的自由派,形成了亲"新政"的多数派。在这次"宪法革命"之后直至他于1941年退休,麦克雷诺兹在联邦最高法院一直持反对意见,他反对他所认为的联邦政府违宪行使权力的行为。例如,在"斯图尔德机械公司诉戴维斯案"(*Steward Machine Co. v. Davis)(1937)中,麦克雷诺兹反对联邦最高法院支持《社会保障法》的判决,并说,"我未能在联邦宪法中找到任何根据,以使联邦政府成为合众国公共慈善事业的最大施赈者"(p.603)。

麦克雷诺兹作为一个普通人,也经常表现得粗鲁、缺乏耐心并喜欢挖苦别人。他痛恨烟草,并不允许别人在他面前抽烟。他对妇女,尤其是对女律师的态度同样令人不能忍受。也许他最不令人喜欢的特点之一就是他彻底的反犹太主义,这使他不能对犹太人布兰代斯和卡多佐以礼相待。不过,麦克雷诺兹对在联邦最高法院工作的侍从态度和蔼,尤其同情儿童。1941年德国轰炸英国,他对33名受害儿童慷慨资助,也许最能说明他对儿童的慈善之心了。

尽管麦克雷诺兹喜爱儿童,但他终身未娶。1941年退休后,他仍住在华盛顿,直至死于肺炎。他将自己的全部财产捐给了慈善事业。

[John M. Scheb II 撰;李绍保译;邵海校]

麦特罗广播公司诉联邦通信委员会案[Metro Broadcasting v. Federal Communications Commission, 497 U. S. 547(1990)]①

1999年3月28日辩论,1990年6月27日以5比4的表决结果作出判决,布伦南代表联邦最高法院起草判决意见,奥康纳、肯尼迪、斯卡利亚和伦奎斯特反对。在对国会制定有利于美国黑人和其他少数民族的政策的权力予以批准时,联邦最高法院赞同旨在增加少数民族广播许可证所有权的两项联邦积极行动(*affirmative action)方案。有争议的主要问题之一是,联邦通信委员会希望促进节目多样化的方案是否符合广播所有权一体化的政策。大多数意见认为,国会和联邦通信委员会的调查结果证明,通过扩大所有者中未被充分代表的群体数量极有可能会促进多样化的发展。联邦通信委员会提及的具体群体有,"黑人、西班牙裔人、美国爱斯基摩人、阿努爱特人、美国印第安人和具有亚美血统的人"。

大多数意见认为,国会的调查结果很有说服力,不仅因为它们具有权威性,而且因为立法机关的行为代表普遍的国家利益;联邦最高法院的意见也考虑到有关积极行动产生的历史背景。而反对意见则怀疑立法意图表述的充分性,并对该假设提出疑问,即单个的少数民族电台所有者会以不同于非少数民族所有者的方式组织节目。

除了支持争议中的两项积极行动方案外,该判决意义重大,因为它遵从了"富利洛夫诉克卢茨尼克案"(*Fullilove v. Klutznick)(1980)的先例,否决了"里士满诉 J. A. 克罗森公司案"(*Richmond v. J. A. Croson Co)(1989)所确立的相反结论,并宣称,联邦政府比各州和地方政府拥有更大的权力来规定授予许可证和其他特权方面的积极行动。根据这一意见,联邦最高法院第一次支持了一种积极行动方案,它不是对过去或现在非法歧视的救济措施,而是将来改进政策的一种手段。

[Herbert Hill 撰;李绍保译;邵海校]

迈耶诉内布拉斯加州案[Meyer v. Nebraska, 262 U. S. 390(1923)]②

1923年2月3日辩论,1923年6月4日以7比2的表决结果作出判决,麦克雷诺兹代表联邦最高法院起草判决意见,霍姆斯反对并得到萨瑟兰的支持。联邦最高法院早在1923年就承认公民有权处理自己的生活,当时,联邦最高法院废除内布拉斯加州的一部法律,因为该法禁止对未过八年级的儿童进行除英语以外的现代语言教学。迈耶在一所教区学校任教,并使用德文圣经故事作为阅读课文。联邦最高法院将问题界定为这部1919年的法律是否侵犯了联邦宪法第十四修正案(the *Fourteenth Amendment)正当程序条款所保护的自由。7位大法官认为答案是肯定的。大法官奥利弗·W.霍姆斯(Oliver W. Holmes)基于对司法约束力的认识而持异议,主张合众国的所有公民应该说相同的语言,并

---

① 另请参见 Race and Racism。
② 另请参见 Education。

认为内布拉斯加州的"试验"是合理的,其并没有侵犯联邦宪法第十四修正案所规定的自由权利。麦克雷诺兹代表联邦最高法院认为,联邦宪法规定的"这种自由"表示个体有权"签约、从事……普通职业、获取有用的知识、结婚、成家育子、凭自己的良知而信奉上帝以及自由人普遍享有的有序追求幸福的基本权利"(p.399)。这种观点表明已经产生了实体的正当程序(*due process,substantive)这一新的理论分支。

尽管迈耶案40年来因原则模糊而受到冷落,但它作为宪法隐私权(*privacy)的重要判例,于20世纪60年代再次受到关注。

[Paul L. Murphy 撰;李绍保译;邵海校]

迈阿密先驱报出版公司诉托尼罗案[Miami Herald Publishing Co. v. Tornillo,418 U. S. 241(1974)]①

1974年4月17日辩论,1974年6月25日以9比0的表决结果作出判决,伯格代表联邦最高法院起草判决意见,布伦南、伦奎斯特和怀特赞同。在本案中,联邦最高法院着手解决佛罗里达州的一部法律是否违反了联邦宪法第一修正案(the *First Amendment)所规定的新闻自由保证条款,这部法律规定政治候选人有权获得同等的版面来回应报纸对他个人品行或公务行为的攻击。

1972年,迈阿密先驱报出版公司两次发表评论,批评帕特·托尼罗(Pat Tornillo),他是一名当地教师联合会的负责人和该州众议院的候选人。为了回应报纸的批评,他依据佛罗里达州1913年有关"回应权"的法律,要求先驱报公司将他对评论的回应全部加以发表。报纸拒绝了他的要求,托尼罗于是提起诉讼。巡回法院宣布该法律违宪,在之后的上诉审中,佛罗里达州最高法院在"迈阿密先驱报出版公司诉托尼罗案"(Miami Herald Publishing Co. v. Tornillo)(1973)中撤销了原判,认为"回应权"法律促进了"社会广泛关注的信息向公众自由流通"(p.82)。

在联邦最高法院所进行的上诉审判中,大法官们撤销了州法院的判决,认为州法律明显违反联邦宪法第一修正案关于新闻自由保证条款的规定。首席大法官沃伦·伯格(Warrern *Burger)这样写道,"报纸登载材料的选择、就有关报纸版面大小和内容的限制所作的决定以及对公务问题和公务人员的处理——不管其是否公平——均对编辑构成控制和评判"(p.258)。联邦最高法院认为,政府对这一关键过程的规制违反了新闻自由的宪法保证。联邦最高法院否认了该法的效力,并适用以"美联社诉合众国案"(Associated Press v. United States)(1945)首开先例的先例判决,这些判决都否认政府强行介入报纸的权力。但联邦最高法院对支持新闻广播中"回应权"规则的先例判决却未予重视,尤其是联邦最高法院在"红狮广播公司诉联邦通讯委员会案"(*Red Lion Broadcasting Co. v. Federal Communications Commission)(1969)中的判决意见。

[Timothy S. Huebner 撰;李绍保译;邵海校]

迈克尔·M.诉所诺马县高等法院案[Michael M. v. Superior Court of Sonoma County,450U. S. 464(1981)]

1980年11月4日辩论,1981年3月23日以5比4的表决结果作出判决,伦奎斯特代表包括伯格、斯图尔特和鲍威尔在内的多数提出判决意见;斯图尔特持并存意见,布莱克蒙只赞同判决结果;布伦南(与怀特和马歇尔一起)和史蒂文斯反对。本案对加利福尼亚州有关强奸幼女罪的法律提出平等保护(*equal protection)的质疑。依据该法,当两个年龄在14至17岁之间的异性未成年人从事性交行为时,男方犯有强奸幼女罪,女方则不构成犯罪。加利福尼亚州最高法院适用严格审查(*strict scrutiny)标准,最后仍然赞成该法。

联邦最高法院的多数意见赞同适用"克雷格诉博伦案"(*Craig v. Boren)(1976)确立的中级审查(*intermediate scrutiny)标准,并赞成该法。多数意见认为,预防十几岁的未成年女孩怀孕是政府的工作重点。这些工作受到该法的"很大促进",因为男女双方在有关怀孕的责任承担方面处境不同(尤其是没有"平等的"法律后果)。此外,多数意见接受加利福尼亚州提出的有说服力的观点,即在性别上中立的有关强奸幼女罪的法律会难以实施,因为应受处罚的双方都害怕告发犯罪行为。大法官波特·斯图尔特(Potter *Stewart)表示赞同,他认为,如上所述,在双方处境不同的情况下,法律可以合理区别对待性别差异。

大法官哈里·布莱克蒙(Harry *Blackmun)决定性的第五票赞同克雷格案中多数意见的推理过程,但他对联邦最高法院的多数意见以前拒绝过规定堕胎(*abortions)的医疗补助方案而漠视孕妇表示不满。他补充提供了该案庭审证据的大段摘录,这些摘录似乎表明该案涉及了一起暴力性的、难以证明的强奸。

异议意见也适用了克雷格案的判决,但发现该法不符合本案的标准。大法官威廉·J.布伦南(William J. *Brennan)认为,加利福尼亚州并没有证明该州的法律比性别中立的法律对阻止未成年人怀孕更具有威慑力。大法官约翰·保罗·史蒂文斯(John Paul *Stevens)建议,法律可以惩罚性侵犯的

---

① 另请参见 Libel Reply, Right of; Speech and the Press.

一方或更有意愿的一方,若双方都同样愿意而只惩罚一方,则有失理性。

[Leslie Friedman Goldstein 撰;李绍保译;邵海校]

密歇根州警察局诉西茨案[Michigan Department of State Police v. Sitz, 496 U. S. 444 (1990)]①

1990年2月27日辩论,1990年6月14日以6比3的表决结果作出判决,伦奎斯特代表联邦最高法院起草判决意见,布莱克蒙持并存意见,布伦南、马歇尔和史蒂文斯反对。密歇根制定一项高速公路自律性检查站规划,并附备有关检查站的经营、地点选择和透明度的具体方案。在首次实施该规划的过程中,州警察从126部车辆中逮获了两名酒后开车的人。在该规划继续实施之前,密歇根州一群持照的司机提起诉讼,理由是该检查站的操作违反联邦宪法第四修正案(the *Fourth Amendment),因为它已经构成了无证和不合理的搜查和扣押行为。这些司机在低等法院胜诉,根据州法院的裁决,尽管该州在控制酒后开车方面的本意合法,但检查站的规划实际上构成了对个人自由的侵犯。

联邦最高法院撤销了州法院的判决,并认为州法院错误理解了"合众国诉马丁内斯—富尔特案"(United States v. Martinerz-Fuerte)(1976)——在边境对违法过境的外国人实施行政搜查——"布朗诉得克萨斯州案"(Brown v. Texas)(1979)——规定合法停车后查验。首席大法官威廉·伦奎斯特赞同低等法院和州法院的观点,认为密歇根州在制止醉酒开车方面实际上存在合法的考虑。

不过,低等法院错误适用了行政检查中产生的"担忧标准"。就联邦宪法第四修正案的目的而言,需要考虑的并不是害怕遭到扣留的醉酒司机的"担忧和惊异",而是受到行政检查的守法司机的惊恐。因此,大多数意见裁决该自律性检查站规划符合联邦宪法第四修正案的保证条款。

[Melvin I. Urofsky 撰;李绍保译;邵海校]

密歇根州诉朗案[Michigan v. Long, 463 U. S. 1032(1983)]②

1983年2月23日辩论,1983年7月6日以6比3的表决结果作出判决,奥康纳代表联邦最高法院起草判决意见,布莱克蒙赞同,布伦南、马歇尔和史蒂文斯反对。联邦最高法院新形成的"独立和充分的州法院理由原则"(*independent and adequate state grounds)源于密歇根州最高法院的一起案例,该案裁定联邦宪法第四修正案(the *Fourth Amendment)和州宪法的相应条款都禁止搜查机动车辆。对于哪一宪法条款构成其裁决的基础,州法院的裁决是模糊不清的,朗案也是如此。联邦最高法院在朗案中提出了一种州依赖联邦法律的新假设,认为当州法院的判决"明确表明其主要依据的是联邦法律,或者与联邦法律密切相关,以及任何州判决的可能理由的充分性和独立性在判决的表面上并不明确"时(pp. 1040-1041),将推定该州法院依据的是联邦法律。只有当州法院的意见或判决"明确表明","联邦案例仅用作参考,其本身对州法院已经作出的判决结果并没有强制作用",以及判决的依据是"真正单独、充分、独立的"州法律理由时,联邦最高法院才不会对该判决进行直接审查(p. 1041)。

朗案的判决已经引起了大量的争论。有人认为,该判决使得联邦最高法院能够对有争议的解释联邦宪法的州判决进行审查,从而维护了联邦法律的完整性和统一性;避免了发布咨询意见(*advisory opinions)的可能;放弃联邦最高法院对州法院判决所采用的"特别"处理而显示了对州法院独立性的尊重;以及给州法院提供发展州法律的机会。另有人认为,朗案反映了联邦最高法院反对个人权利的扩张,并认为,假定管辖权只适用于州法院确权的案件,而不适用州法院驳回权利请求的案件。

[Shirley S. Abrahamson 和 Charles G. Curtis, Jr. 撰;李绍保译;邵海校]

米库,威廉·查特菲尔德[Micou, William Chatfield]③

(生于1806年,1854年卒于路易斯安那州新奥尔良市)曾被提名为联邦最高法院的大法官,最后未获批准。米库是新奥尔良市一名杰出的律师。1853年2月24日,辉格党总统米勒德·菲尔莫尔(Millard Fillmore)提名米库填补大法官约翰·麦金利(John *McKinley)去世后联邦最高法院的空缺。菲尔莫尔曾经提名爱德华·A. 布拉德福德(Edward A. *Bradford)——新奥尔良市的一名律师,以及来自北卡罗来纳州的参议员乔治·E. 巴杰(George E. *Badger)担任该职,但均未成功。提名巴杰失败后,菲尔莫尔提名来自路易斯安那州新当选的辉格党参议员朱达·P. 本杰明(Judah P. Benjamin)担任该职。本杰明婉言谢绝,但引荐他的同伴米库担任该职。不过,参议院中的民主党多数没有批准这一任命。一个月内,新任民主党总统富兰克林·皮尔斯(Franklin *Pierce)任命了约翰·A. 坎贝尔(John A. *Campbell)。

[Elizabeth B. Monroe 撰;李绍保译;邵海校]

---

① 另请参见 Search Warrant Rule, Exceptions to。
② 另请参见 State Constitution and Individual Rights; State Courts。
③ 另请参见 Nominees, Rejection of。

午夜法官 [Midnight Judges]

参见 Judiciary Acts of 1801 and 1802。

军事司法 [Military Justice] ①

军事司法是适用于武装部队人员的有关法律政策、程序和惩罚的制度。美国军事司法的国会规则大量借鉴了英国陆军法规，并于 1775 年首次通过。尽管在历史上不同时期作过一些较小的修改，但从 1775 年至 1951 年，美国军事司法的实施在实质上一直未变。军事司法原则是为军事背景而不是由普通法官裁判的地方法院的管理而设定，它们的目的在于迅速执行、实效性，以及能得到严格的适用。此外，与普通司法不同，军事司法与军事纪律有着紧密的联系。

管理军事司法的职责主要由国会承担，其中一项职权就是依据联邦宪法第 1 条制定有关管理武装部队的规则。不过，作为三军总司令的总统也能在这一领域发挥应有的作用。一般而言，这两种宪法权力相互补充而不会相互冲突。国会已经制定了军事司法的一般规则，其全面修改的最新版本是 1950 年通过的《军事司法统一法典》(UCMJ)，而更为具体的规定则是《军事法院指南》，它通常以总统的名义发布。

1950 年以前，陆海军各自有一套独立的军事司法制度。适用于所有军种的单一军事司法制度是 1948 年武装部队统一化的必然逻辑结果。该法于 1948—1949 年由国防部长詹姆斯·福里斯特尔 (James Forrestal) 的办公室起草，并于 1950 年由总统哈里·S. 杜鲁门 (Harry S. Truman) 签署《军事司法统一法典》(Uniform Code of Military Justice, UCMJ)，使之成为法律。尽管该法典广泛运用联邦证据规则，但它仍是一个独立的法学学科的基础，甚至有其自身的覆盖全国的汇编体系。尽管军事司法程序与普通刑事法律在很多方面相似，但仍有一些重要的区别。与通常的设想相反，在有些情况下，军事司法比普通司法更关注被告的权利。

统一法典规定了审前调查制度，这比普通刑事法律常用的大陪审团 (*grand jury) 诉讼程序要公平得多。军事司法也规定了委托律师 (*counsel) 及禁止强迫自证其罪 (*self-incrimination)，这比联邦最高法院要早得多。另一方面，长期以来，军事司法因其自身的特点——指挥官的作用，也有被滥用的可能。不过，如今，指挥官的权力比 1950 年以前受到了更多的限制。但是，指挥官仍然有权选择军事法庭的组成人员 (所谓 "召集权")，这一程序与普通刑事审判有很大的区别。尽管指挥官必须批准判决，但他或她不可增加——而能减轻——法庭作出的惩罚。审判法官、审判顾问 (相当于普通法庭中的原告)、辩护律师的任命均不依赖于指挥官。因为军事政策要求指挥官对其指挥负责，军事司法授予指挥官在启动审判程序以及批准或否决判决结果方面享有绝对的发言权也就不足为怪了，当然无罪判决除外。

正式的军事司法设有三种军事法庭：简易军事法庭、特别军事法庭和最高军事法庭。统一法典还规定了一种非正式和不严格的惩戒程序，即非司法惩罚。这种程序在海军中更被称为 "上尉的桅杆"，它通常由指挥官独自操作。该法典在武装部队内部确立了广泛的上诉审查制度：各军种都有自己的审查法院，在它们之上是联邦军事上诉法院，它由 5 名法官组成，这 5 名法官选自非军职人员，由总统任命，任期 15 年。联邦最高法院可以审查不服军事上诉法院判决的一些上诉案，但就多数情况而言，军事司法及其法院不受普通司法及其法院的干预。

参考文献 Joseph W. Bishop, Jr., *Justice under Fire* (1974). Robinson O. Everett, *Military Justice in the Armed forces of the United States* (1956).

[Jonathan Lurie 撰；李绍保译；邵海校]

军事审判与军事法 [Military Trials and Martial Law] ②

尽管这两种法律程序在概念上经常联系在一起，但事实上它们各自独立，并存在很大的不同。军事审判，通常被称为军法审判，是在军事机构而非普通机构控制下进行的司法程序。军事法则更难界定，可以将其简单地描述为指挥官的意志。

在美国法律史上，军事法庭是最古老的联邦法庭。它们的运行规则由大陆会议于 1775 年制定，这个时间是《独立宣言》(*Declaration of Independence) 发表的前一年和联邦宪法颁布的前 12 年。历史上，联邦最高法院一直拒绝受理军事审判的上诉 (*appeals) 案件，并很少有例外。联邦最高法院在 "戴恩斯诉胡佛案" (Dynes v. Hoover) (1858) 中阐述了这种观点的理论基础，法院在该案中裁决，如果军事审判得到正式授权并合法地行使管辖权，则其判决不能由普遍法院加以改变。联邦最高法院结论的根据是联邦宪法第 1 条，该条明确授权国会制定规则和法规，以管理武装力量，包括军事审判。通常被认为，这种权力独立于联邦宪法第 3 条 (*Article III) 所授予的司法权力 (*judicial power)。此外，联邦宪法第五修正案 (the *Fifth Amendment) 明确排除了军事法院适用大陪审团程序。

军事法院实际上不受普通法院的监管，这种独立性使得当事人很难就不适当的裁决寻求救济。他

---

① 另请参见 Military Trials and Martial Law。
② 另请参见 Military Justice。

们通过一些方法,例如,对军事法院的原审管辖权提出异议,从而间接地抨击军事司法程序。联邦最高法院只是在很少的情况下赞同这种策略,并在"米利根单方诉讼案"(Ex parte *Milligan)(1866)中裁决,如果普通法院已经设立,并不在战区,且这些居民在政府的控制下,军事法院不可以对平民进行审判。在"奥卡拉汉诉帕克案"(O'Callahan v. Parker)(1969)中,联邦最高法院存在意见分歧并裁决,为使军事审判合法化,被告受审的犯罪行为必须"与职务有关",也就是说,它必须与军人的职责直接相关。然而,不到20年后,该院宣布奥卡拉汉案的判决无效,并采用职务身份作为军事审判的标准。最近几年,联邦最高法院已经明确表示,军事上诉程序将是军事审判中当事人可以获得的主要的而且经常是唯一的路径。

美国法学学者很难对军事法进行界定。比"指挥官的意志"稍加优雅的界定可能就是军事法只是采取一切措施,以在一定区域内保护政府权力,使之免遭敌人侵犯。就美国而言,军事法是极少的例外。它假定正常的政府运行出现故障,并总被看成是从严格意义上临时替代公共法律和管理。军事法的强制推行并没有具体宪法条款的授权,且军事法通常是在危机期间强制实施的,所以,联邦最高法院尽力避免将自己置于与军事法相冲突的境地。

米利根案似乎是联邦最高法院这种趋势的一个例外。事实上,该案涉及的是一个平民,而不是军人,且该案的判决是在内战(*civil war)结束后很长时间才宣布,当时,该判决的执行不可能对战争产生什么不利影响。的确,较早时候的"瓦兰迪加姆单方诉讼案"(Ex parte Vallandigham)(1864)也涉及非常相似的问题,联邦最高法院拒绝介入。这种倾向在第二次世界大战(*World War Ⅱ)中再次得到反映,当时,对于将美籍日本人拘留进集中营的军事行为而引起的案件,联邦最高法院拒绝予以受理。因此,从某种程度上说,军事法和军事审判程序的司法容忍度很难与传统的美国公民权利观念相协调。历史上,"军事必要性"的要求,尤其是在战争期间提出的这种要求,一直是、并将可能继续是联邦最高法院判决的制约性因素。

参考文献 Charles A. Shanor and Timothy P. Terrell, *Military Law* (1980).

[Jonathan Lurie 撰;李绍保译;邵海校]

米尔可维奇诉洛兰杂志公司案[Milkovich v. Lorain Journal Co. ,497 U. S. 1 (1990)]

1990年4月24日辩论,1990年6月21日以7比2的表决结果作出判决,伦奎斯特代表联邦最高法院起草判决意见,布伦南与马歇尔反对。本案表明了20世纪晚期诽谤法的复杂性。1975年,一名中学教练起诉一名体育专栏作者,因为他说,在对一起运动会后的争吵进行调查的过程中,该教练撒谎。本案在俄亥俄州法院辗转反复将近15年,最终,洛兰杂志通过一纸简易判决获得胜诉。理由是,在体育专栏上发表意见受宪法的保护。

联邦最高法院推翻该判决,并将该案发回重审。按照首席大法官威廉·伦奎斯特(William *Rehnquist)的观点,一些法院,如俄亥俄州的法院错误地认为"格尔兹诉韦尔克案"(*Gertz v. Welch)(1974)为所有称为"意见"的诽谤性言论创设了特别的联邦宪法第一修正案(the *First Amendment)保护措施。伦奎斯特认为,格尔兹案并没有使这种基于宪法的辩解合法化。如果含有诽谤性的言论,且其正误能够得到证明,则甚至连官员都可以就这样的专栏提起有关诽谤的诉讼(*libel suit)。当然,原告仍然要面对其他案例中提出的各种严格的宪法保护措施,伦奎斯特因此在米尔可维奇案中重述了诽谤案中常见的基于宪法的辩解。

大法官威廉·布伦南(William *Brennan)也否认发表"意见"的单独权利,但不赞同体育专栏表明了真实观点这样的裁决;它只是发表作者对教练行为的"推测",并不表明事实,因而受到宪法的保护。

[Norman L. Rosenberg 撰;李绍保译;邵海校]

米勒,塞缪尔·弗里曼[Miller, Samuel Freeman]

(1816年4月5日生于肯塔基州里士满,1890年10月13日卒于华盛顿哥伦比亚特区,葬于爱荷华州科尔库卡市的奥克兰公墓)1862—1890年任联邦最高法院大法官。塞缪尔·米勒于1862年受总统亚伯拉罕·林肯的任命,担任联邦最高法院大法官,他协助制定了内战修正案,尤其是联邦宪法第十四修正案的解释。作为屠宰场系列案(*Slaughterhouse Cases)(1873)中联邦最高法院多数意见的作者,大法官米勒就有关联邦宪法第十四修正案(the *Fourteenth Amendment)发展了一种适度保守的法学观点,这是内战前中西部反奴隶制政策的结果。他任职于联邦最高法院直至1890年去世。

米勒的父亲是一名农场主,名叫弗雷德里克·米勒(Frederick Miller),母亲名叫帕特茜·弗里曼(Patsy Freeman)。这位后来的大法官最初学医,并于1838年获得特兰西法尼亚大学医学学位。1839年,他与露西·巴尔林格(Lucy Ballinger)结婚,巴尔林格于1854年去世后,他又于1857年娶了伊丽莎白·温特尔·里维斯(Elizabeth Winter Reeves)。米勒从医长达10年,并自学法律。他于1847年获得律师资格。米勒积极参与内战前的政治活动,早年就支持反奴隶制的辉格党候选人。当19世纪40年

Samuel Freeman Miller

代后期肯塔基州亲奴隶制情绪上涨时,米勒迁至爱荷华州,因为该州更易接受他的解放论观点(*slavery)。米勒积极参与爱荷华州共和党的政治活动,并支持林肯于 1860 年竞选总统。后来,林肯于 1862 年 7 月任命米勒为联邦最高法院大法官。

米勒早期的投票表明他强烈支持联邦。在内战(*civil war)期间,大法官米勒投票支持林肯就中止人身保护状(*habeas corpus)和由军事法院审判平民的决策。内战后,就要求前南部联盟的支持者在就职时宣誓效忠的规定,米勒投票赞成其合宪性。

米勒通过对联邦宪法第十四修正案的解释从而对联邦最高法院的宪法理论产生了最持久的影响。作为屠宰场系列案中多数意见的作者,米勒对保护个人权利免遭州剥夺的该修正案"特权与豁免"(*privileges or immunities)条款的效力进行了限制。在该意见中,米勒表达了这样的观点,即联邦宪法第十四修正案旨在为前奴隶获取与白人平等的法律地位提供一种方法,而不是扩大一般民众的自由。

正如 19 世纪 70—80 年代联邦最高法院的大多意见一样,米勒在解释联邦宪法第十四修正案方面采取的是中间路线。他认为该修正案旨在禁止各州所倡导的种族歧视,但他同时拒绝承认该修正案的其他保证条款。米勒投票赞成"合众国诉克鲁克香克"(United States v. *Cruikshank)(1876)和"民权系列案"(*Civil Rights Cases)(1883)中的多数意见,以削弱联邦政府依据联邦宪法第十四修正案反对非公开歧视的企图。米勒稍加广泛地考察了联邦宪法第十五修正案(the *Fifteenth Amendment),在

"涉及亚伯勒的单方诉讼案"(Ex parte *Yarbrough)(1884)中代表意见一致的法院得出结论,认为该修正案授权国会保护黑人的投票权免受非公开干涉。

与其关于联邦宪法第十四修正案的限制性观点相一致,米勒赞同各州在规制商业活动时享有广泛的权利。他还认为有必要广泛运用宪法商业条款,以达到联邦规制的统一,这种观点反映在他对"瓦巴施诉伊利诺伊州案"(*Wabash v. Illinois)(1886)的判决意见中,该案判决伊利诺伊州有关费率歧视的法律干扰了跨州商业活动(参见 Commerce Power)。

米勒任职于联邦最高法院期间并未完全放弃政治活动。他和大法官内森·克里福德(Nathan *Clifford)、斯蒂芬·J. 菲尔德(Stephen J. *Field)、厄·斯韦恩(Noah *Swayne)及约瑟夫·布拉德利(Joseph *Bradley)一起都是属于选举委员会的成员,该委员会在有争议的海斯—蒂尔登选举中负责选票统计工作(参见 Extrajudicial Activities)。总统尤利西斯·格兰特(Ulysses Grant)在任命莫里森·R. 韦特(Morrison R. *Waite)为首席大法官之前曾考虑提升米勒(Miller)担任该职务。19 世纪 80 年代,米勒被一些共和党领袖视为可能的总统候选人。大法官米勒任职于联邦最高法院期间,他的法学思想的特征表现为要富有实效地保护他所认为必要的政府权力。

参考文献　Charles Fairman, *Mr. Justice Miller and the Supreme Court*: *1862-1890* (1939).

[Robert J. Cottrol 撰;李绍保译;邵海校]

米勒诉加利福尼亚州案[Miller v. California, 413 U. S. 15(1973)],巴黎成人剧院诉斯拉顿案[Paris Adult Theatre v. Slaton, 413 U. S. 49(1973)]①

1972 年 1 月 18—19 日和 11 月 7 日辩论,1972 年 10 月 19 日辩论,两案均于 1973 年 6 月 21 日以 5 对 4 的表决结果作出判决,伯格代表联邦最高法院起草判决意见,道格拉斯、布伦南、斯图尔特和马歇尔持异议。米勒诉加利福尼亚案阐明了淫秽标准,该标准解决了有关认定联邦宪法第一修正案(the *First Amendment)所保护的所谓淫秽作品的难题,"罗思诉合众国案"(*Roth v. United States)(1957)首次对此予以认定。首席大法官沃伦·伯格(Warren *Burger)代表的多数意见认为淫秽作品必须具备以下条件:"(1)如果一般人运用当时的社区标准,认为该作品在总体上会引起淫欲;(2)作品以明显淫秽的方式描述可适用的州法律明确界定的性行

---

① 另请参见 Obscenity and Pornography。

为;(3) 作品总体上缺乏严格的文学、艺术、政治或科学价值"(p.25)。伯格接着说,依据该标准,"没有人会因为出售或展示淫秽物品而受到指控,除非这些作品描述了'赤裸裸的'性行为"(p.27)。

米勒案最有价值的贡献之一就是对衡量"淫秽性"的当代社区标准进行了地域上的区分。伯格认为,淫欲和明显淫秽性根据宪法可以依照地方标准而不是国家标准来加以衡量。很多人当时都认为淫秽的定义及淫秽法律的调整范围在不同的地方会有很大的变化。随后的案例表明对米勒案的这种解释是不正确的。

联邦最高法院首先指出,在认定淫欲或明显淫秽性方面的地方变化范围要比想象的狭隘得多。在"詹金斯诉佐治亚州案"(Jenkins v. George)(1974)中,大法官威廉·H.伦奎斯特(William H. *Rehnquist)认为,根据联邦宪法第一修正案,不论佐治亚州法院的观点及佐治亚州地方标准如何,电影所展示的"性知识"不可能引起性欲或具有明显淫秽性。这就在地方标准方面确立了相当狭隘的可变化范围。此外,在"史密斯诉合众国案"(Smith v. United States)(1977)和"波普诉伊利诺伊州案"(Pope v. Illinois)(1987)中,联邦最高法院规定,米勒案标准的第3条,即缺乏严格的文学、艺术、政治或科学价值,不应以国家标准来进行衡量。一件作品若依国家标准具有文学、艺术、政治或科学价值,则其依宪法不可能具有淫秽性,不论它是否引起性欲或具有明显的淫秽性,也不管小于国家的地方所制定的标准是如何规定的。

米勒案仍然存在争议主要有两个原因:一方面,对于所有有关淫秽性的规定符合联邦宪法第一修正案的程度仍然存在怀疑;另一方面,米勒案所认定的因素对于向妇女施暴或贬低妇女的问题可能并不适用。女权主义者抨击色情文学导致对妇女施暴,这就为有关废除反色情文学的法令提供了背景,如第七巡回上诉法院在"美国书商协会诉赫德纳特案"(American Booksellers Association, Inc. v. Hudnut)(1985)中就废除了一项这样的法令(参见 Gender)。

"巴黎成人剧院诉斯拉顿案"(Paris Adult Theatre v. Slaton)(1973)是米勒案的孪生案,该案再次肯定了罗思案的判决——淫秽性不属于联邦宪法第一修正案的调整范围。这样,对淫秽问题的规制就可能只受"最低理性标准"的检验,联邦最高法院用此标准对淫秽问题进行规制而不是限制具体的宪法权利。对罗思案的再次肯定令人惊讶,部分原因在于,1957 年以来的隐私权(*privacy)发展表明,各州对成年人的自愿性行为进行干预,包括干预观看高度性暴露的电影,都会受到宪法的质疑。但是,首席大法官伯格在"巴黎成人剧院诉斯拉顿案"中所代表的多数意见否决了该观点,并开始将"格里斯沃尔德诉康涅狄格州案"(*Griswold v. Connecticut)(1965)和"罗诉韦德案"(*Roe v. Wade)(1973)等案件中认定的隐私保护措施限制在涉及婚姻(*marriage)、家庭(*family)和生育的问题上。作为罗思案中多数意见的作者,大法官威廉·J.布伦南(William J. *Brennan)在本案中持异议,他坚持认为,自 1957 年以来,联邦最高法院未能提出切实可行的淫秽标准,这使得整个计划都混沌不清,而这种混沌不清又使人们无法获得受联邦宪法第一修正案明确保护的非淫秽性作品。不过,这里所谈的两个案例中的多数意见再次表明,不论规制道德问题和个人性行为在哲学意义上的可行性如何,赞成进行一些规制的观点至少是合理、可行的,足以使其需要获得基本理性标准的最低程度的审查。

参考文献 Frederick Schauer, "Speech and 'Speech'-Obscenity and 'Obscenity': An Exercise in the Interpretation of Constitutional Language," *Georgetown Law Journal* 67 (1979): 899-933.

[Frederick Schauer 撰;李绍保译;邵海校]

米勒诉约翰逊案[Miller v. Johnson, 515 U. S. 900(1995)]

1995 年 4 月 19 日辩论,1995 年 6 月 29 日以 5 比 4 的投票结果作出判决,肯尼迪代表联邦最高法院起草判决意见,奥康纳同意,史蒂文斯和金斯伯格反对。在本案中,联邦最高法院重申并试图阐明其在涉及操纵选区划分(*gerrymanders)合宪性的 1993 年"肖诉雷诺案"(Shaw v. Reno)中的先例判决。

根据 1990 年的人口普查,佐治亚州有 27% 是黑人,该州有 11 个议会名额。根据 1965 年的《选举权法》(Voting Rights Act)第 5 条,司法部拒绝批准立法机构提出的前两个重新分区的方案,理由是其中每个选区中只有两个黑人占多数的居住区。佐治亚州随后制定了一份重新分区方案,使在 20 世纪 90 年代选区含有 3 个黑人占多数的居住区。来自其他黑人多数选区的 5 个白人居民对重新修订的方案的合宪性问题提出挑战,认为它是一个带有种族倾向的选区划分。

联邦最高法院认定,由原告承担操纵选区划分案件的证明责任,以证明在将选民划归特定地区的决定中,种族是一个"有重要影响的因素"。选区的形成,这也是肖案中调查的焦点,因而被降格到属于证据性问题的地位。在本案中,原告承担了举证责任,主要通过提供证据证明佐治亚州立法机构之所以采用修订后的分区方案,仅仅是因为司法部对于第三个黑人多数选区的坚持。因此,按照平等保护条款(*Equal Protection Clause),该方案应接受严格审查(*strict scrutiny),同时,由于《选举权利法》并没有要求必须有第三个黑人占多数选区,因而,该方案被认定违宪。

持反对意见的大法官们重申了其认为肖案判决是错误的观点。并且质疑,将日常的选区重新划分的决定提交司法审查的方式以适用联邦最高法院含糊不清的标准,继续这样做是否明智。肖案和米勒案对于20世纪90年代创设的诸多"多数—少数"选区,都产生了一种将其置于宪法危机境地的效果。

[Grant M. Hayden 撰;潘林伟译;邵海校]

米利根单方诉讼案[Milligan, Ex parte, 71 U.S. 2(1866)]①

1866年3月5—13日辩论,1866年4月3日以9比0的表决结果作出判决,1866年12月17日宣布法律意见,戴维斯(Davis)起草判决意见,蔡斯(Chase)持并存意见,并得到米勒(Miller)、斯韦恩(Swayne)和韦恩(Wayne)的支持。"米利根案"(Milligan, Ex parte)(1866)源于内战(*civil war)期间北方对公民自由的限制,它给联邦最高法院提出了涉及军事管制平民和战时政府紧急权的基本问题。

1864年底,印第安纳州的合众国军官逮捕了兰丁·P.米利根(Lambdin P. Milligan)和其他几名杰出的反战民主党人,指控他们阴谋夺取联邦军火库的武器,并企图解救被关押在北方几个集中营的南部联盟囚犯。因为印第安纳州并不在军事管制区,所以被告因谋反可以在联邦法院接受审判。不过,军官们对印第安纳州陪审员的可靠性表示怀疑,因而选择由军事委员会来对被告进行审判。法庭裁决米利根和另外两名被告有罪,并判他们绞刑。米利根向印第安纳州波利期市的联邦巡回法院提出异议,该院两名法官不予支持,并将案件发送到联邦最高法院。

尽管联邦最高法院于1866年4月宣判,但直到12月份才宣布法律意见。所有9名法官均认为军事法院缺乏管辖权,米利根和其他两名囚犯必须予以释放。不过,在判决的理由上,法官之间存在严重分歧。

大法官戴维·戴维斯(David *Davis)代表联邦最高法院起草判决意见,他强调,在紧急时期,联邦宪法的效力并未被中止,同时他明确地指出,联邦宪法是"一部代表统治者和人民利益的法律,在战争与和平时期同样适用"(pp.120-121)。因此,他得出结论认为,如果普通法院仍然存在,就不许对平民进行军事审判——它违反了由大陪审团(*grand jury)提起控告并由公正的陪审团进行公开审判的宪法保障条款(参见Trial By Jury)。尽管审判米利根的法院是由行政机构设立的,但戴维斯主张,只要设立了普通法院,总统和国会都不能授权军事委员会审判平民。

首席大法官萨蒙·P.蔡斯(Salmon P. *Chase)和另外3名大法官持并存意见,都认为应该释放米利根。不过,蔡斯将自己的结论建立在法定理由之上,认为1863年的《人身保护状法》(该法规定,军方拘捕的平民如果没有受到大陪审团的控告,则应当予以释放)旨在保证平民接受普通法院的审判。此外,蔡斯不同意戴维斯的主张,因为戴维斯认为,如果普通法院仍在履行职能,国会就不能授权对平民进行军事审判。蔡斯认为,国会可以依据战争权力制定进行战争所必要的法律。如果国会认为普通法院不能惩治谋反罪,则其可以授权军方对被告进行审判。

联邦最高法院的法律意见存在争论。到1866年底宣布法律意见的时候,反对南方美国黑人的暴力行为在不断地高涨,大多数共和党人认为军事法院基本上能够保障奴隶的安全。因此,当总统安德鲁·约翰逊(Andrew Johnson)利用米利根案的判决结果证明在被占领州削弱军事权力的正当性时,共和党人就对联邦最高法院予以痛斥。此外,戴维斯的意见使得很多共和党人担心联邦最高法院会宣布1867年《重建法》违宪,因为该法授权在发生叛乱的各州对平民进行军事审判。

20世纪,很多评论者认为米利根案是宪法发展的一个里程碑,联邦最高法院并没有废除该案。不过,有些评论者对米利根案提出批评,他们认为,在开设普通法院时就绝对禁止实施军事法,这会不适当地限制政府保护国家安全的能力。联邦最高法院本身并没有总是遵守米利根案。"邓肯诉卡哈纳莫库案"(*Duncan v. Kahanamoku)(1946)对第二次世界大战(*World War Ⅱ)期间在夏威夷实施军事法提出异议,在该案中,联邦最高法院判决政府败诉。不过,大多数法官的判决依据是调控夏威夷的国会立法而不是米利根案所确立的宪法原则。此外,在默许"二战"期间政府拘捕美籍日本人方面,联邦最高法院并没有对米利根案提出的政府在紧急状态下的权力进行限制。

参考文献 Harold M. Hyman and William M. Wiecek, *Equal Justice under Law*; *Constitutional Development, 1835-1875* (1982).

[Donald G. Nieman 撰;李绍保译;邵海校]

米利肯诉布拉德利案[Milliken v. Bradley, 418 U.S. 717(1974)]②

1974年2月27日辩论,1974年7月25日以5

---

① 另请参见 Habeas Corpus; Military Trials and Martial Law; War Powers。

② 另请参见 Desegregation Remedies; Education; Race and Racism; Segregation, de Facto; Segregation, de Jure。

比4的表决结果作出判决,伯格代表联邦最高法院起草判决意见,斯图尔特并存意见,道格拉斯、怀特、马歇尔和布伦南反对。在"里士满学校理事会诉州教育理事会案"(School Board of Richmond v. State Board of Education)(1973)中,大法官刘易斯·鲍威尔(Lewis *Powell)未出席,分歧双方人数相等的联邦最高法院未能判决地区法院能否规定三个校区合并以消除其中一个校区的种族歧视。一年以后,在"米利肯诉布拉德利案"(Miliken v. Bradley)(1974)中,意见激烈分歧的联邦最高法院以5比4的表决结果判决一个种族歧视的校区并入到另一个非种族歧视的校区之内,其种族歧视的习惯并不能保证得以消除。因此,尽管联邦最高法院仅仅于13个月前在"凯斯诉丹佛市第一校区案"(*Keyes v. School District No. 1)(1973)中将"格林诉县理事会案"(*Green v. County Board)(1968)所确立的取消种族歧视的做法毫无保留地扩大适用于北方,但其还是在违法的校区提供了补救措施。这是自"布朗诉教育理事会案"(*Brown v. Board of Education)(1954)以来,甚至在该案以前,联邦最高法院第一次拒绝批准全国有色人种协进会(*National Association for the Advancement of Colored People, NAACP)所提出的承认种族歧视补救措施的要求,该协会当时已经建立了诉讼策略,以抨击20世纪30年代中期开办的黑人学校的合宪性。

底特律校区当时是全国第五大校区,占地140平方英里。1970年提起诉讼时,该区在校人数约290000,其中65%为黑人,35%为白人——由于白人大量涌向市郊地区,黑人居住区的黑人学生比例急剧增长。而在城市地区,黑人学生和白人学生的比例分别为19%和81%。地区法院裁决底特律校区存在种族歧视行为,并得出结论认为,要达到格林案所确定的建立统一学校制度的唯一方法就是派车接送学生,这种方法将周围的一些郊区也纳入其中。上诉法院维持该判决,担心不这样做会"废弃'布朗诉教育理事会案'(Brown v. Board of Education)(1954)",并且会恢复"普勒西诉弗格森案"(*Plessy v. Ferguson)(1896)所确立的"隔离但公平原则"(*separate but equal doctrine)(p.249)。

首席大法官伯格(*Burger)代表勉强的多数起草判决意见,他曾提出"斯旺诉卡尔罗特—麦克伦伯格教育理事会案"(*Swann v. Charlotte-Mechlenburg County Board of Education)(1971)的法律意见,并基于违宪和相应的补救措施之间相符而维持低级别法院的判决。他对米利肯案中问题的论述表明了该案的结果:"如果没有发现其他被包括其中的校区没有在其区内采用统一的学校制度,如果没有人主张或发现受影响的校区确定其界线的目的是要促成种族歧视,如果没有发现被包括其中的校区从事的行为对其他区内的种族歧视产生影响,则(联邦法院可以)将适用于多地区、范围广的补救方法用来解决单一地区法律上的隔离问题"(p.721)。

由于郊区并没有违法或从事有助于违法的行为,逻辑上它们不可能成为补救的范围,除非"宪法权利本身急剧扩大,而且这种扩大并没有得到宪法原则或先例的支持"(p.747)。这位首席大法官也许是正确的,但困难的是,有关取消种族歧视案件的本质本来在一开始就可能已经作过同样的论述。

异议者同样表达了上诉法院的担心,但毫无作用。大法官瑟古德·马歇尔(Thurgood *Marshall)曾在布朗案Ⅰ和Ⅱ中代表全国有色人种协进会(NAACP)作辩解,他严厉批评联邦最高法院是在倒退,以响应"可以理解的公众心态,即在执行联邦宪法的公正司法保证方面,我们已经取得很大的成功"(p.814)。

如同2年零2个月前开始时一样,逐渐采用补救措施来执行布朗案Ⅰ最后又突然终止。随后的案例很好地调整了识别违宪的根据,并补充了辅助性救济措施,不过,"米利肯诉布拉德利案"(Milliken v. Bradley)通过否认所谓的区际救济措施,确立了宪法救济措施新的外延。

参考文献 J. Harvie Wilkinson, *From Brown to Bakke*(1979)。

[Dennis J. Hutchinson 撰;李绍保译;邵海校]

迈纳斯维尔校区诉哥比提斯案[Minersville School District v. Gobitis,310 U.S. 586(1940)]

1940年4月25日辩论,1940年6月3日以8比1的表决结果作出判决,法兰克福特代表联邦最高法院起草判决意见,斯通反对。该案是首宗国旗敬礼案,它反映了"二战"前罗斯福时期的联邦最高法院仍然对联邦宪法第一修正案(the *First Amendment)的宗教条款进行限制(参见 Religion)。联邦最高法院裁决,如果拒绝参加向美国国旗敬礼和宣誓效忠的日常仪式,耶和华见证会会员的孩子可以被开除出公立学校,尽管向国旗敬礼或宣誓违反了孩子只信仰上帝而非其他偶像的宗教信仰要求。

大法官费利克斯·法兰克福特(Felix *Frankfurter)代表多数提出,只有当社会迫切需要时,联邦宪法的宗教信仰自由条款才可以被否决,这一点已经得到公认。但是要认为宗教信仰的自由不受限制,就不符合美国历史。

法兰克福特说,国家统一是国家安全的基础。的确,国旗是一种信仰,我们靠很多信仰生存。因此,向国旗敬礼依据宪法可以成为学校教育计划的一个组成部分,且可以是强制性义务。这种义务不得请求豁免,因为这样会削弱该仪式的效果。

尽管只有大法官哈伦·F.斯通(Harlan F. *Stone)持异议,但该案判决在3年后的"西弗吉尼亚州教育理事会诉巴尼特案"(*West Virginia State Board of Education v. Barnette)中被撤销,主要依据是其违反了言论自由的要求。

[Leo Pfeffer 撰;李绍保译;邵海校]

明尼苏达州费率案[Minnesota Rate Cases]

参见 Interstate Commerce Commission。

明尼苏达孪生兄弟[Minnesota Twins]

记者将这个主力棒球联队的名字用来指称首席大法官沃伦·E.伯格(Warren E. *Burger)和大法官哈里·A.布莱克蒙(Harry A. *Blackmun),他们均由总理查德·M.尼克松(Richard M. *Nixon)在相隔不到一年的时间内任命。两位法官既是朋友,也都是明尼苏达州人。

[William M. Wiecek 撰;李绍保译;邵海校]

迈纳诉哈珀瑟特案[Minor v. Happersett, 21 Wall.(88U.S.)162(1875)]①

1875年2月9日辩论,1875年3月9日以9比0的表决结果作出判决,怀特代表联邦最高法院起草判决意见。联邦最高法院裁决,各州可以依据宪法禁止妇女投票,尽管她可以援引联邦宪法第十四修正案(the *Fourteenth Amendment)所规定的公民身份(*citizenship)和特权与豁免(*privileges and immunities)条款,即保障条款(第4条第4款)、联邦宪法第五修正案(the *Fifth Amendment)的正当程序(*due process)条款,以及对剥夺(*attainder)财产与公民权法予以对抗的禁令(第9条第1款)。值得注意的是,如果根据现代的眼光审视,联邦宪法第十四修正案的平等保护和正当程序条款并不在上述之列。

本案之所以重要,是因为它接近当代对联邦宪法第十四修正案立法者本意(*original intent)的解释。本案之所以受到关注,是因为它从狭义上将公民身份界定为"让人知道是一国的成员,而别无其他"(p.166),以及坚决一致地否认将联邦宪法第十四修正案作为联邦选举权或联邦限制各州控制公民权的渊源。否则,联邦宪法第十四修正案第2款及以后的第十五、第十九、第二十四和第二十六修正案(the *Fifteenth, *Nineteenth, *Twenty-Fourth, and *Twenty-Sixth Amendments)都不必要。联邦最高法院宣布,"当然,如果法院能够考虑任何已解决的问题,该案就是这一问题……联邦宪法授予公民身份时并不一定授予选举权"(p.177)。这种解释在"雷诺兹诉西姆斯案"(*Reynolds v. Sims)(1964)和"哈珀诉弗吉尼亚州选举委员会案"(*Harper v. Virginia State Board of Elections)(1966)中被废弃。

[Ward E. Y. Elliott 撰;李绍保译;邵海校]

明顿,谢尔曼[Minton, Sherman]

(1890年10月20日生于印第安纳州的乔治城,1965年4月9日卒于印第安纳州的新奥尔巴尼市,葬于新奥尔巴尼市的圣三公墓)1949—1956年任大法官。杜鲁门(Truman)总统于1949年9月15日提名明顿为大法官以填补威利·B.拉特利奇(Wiley B. Rutledge)去世后留下的职位空缺。杜鲁门和明顿在参议院任职时已是朋友。在对明顿提名的听证会上,参议院司法委员会(*Senate Judiciary Committee)要求明顿向他们发表声明,但明顿拒绝了,因为他认为要求一位在任的法官——当时他在第七巡回区上诉法院就职——发表声明的做法是不恰当的。该委员会接受了明顿的反对并对他的提名表示赞成(9比2的表决结果),而没有要求他发表陈述。当时力量比较强大的共和党人试图将对明顿的提名再次提交该委员会进行审议,但未能成功,于是,明顿的任命便在1949年10月4日很容易地以48比16的表决结果获得批准。

Sherman Minton

明顿是约翰·埃文·明顿和艾玛·利维斯(Emma Lyvers)夫妇的儿子。在印第安纳大学以优异的成绩毕业后,明顿在耶鲁大学法学院上了1年研究生课程。由于他以前在法学院的同学,时任州长的保罗·V.麦克路特(Paul V. McNutt)的提名,明顿以政府顾问的身份开始了在印第安纳州的政治生涯。由于坚决支持"新政"(*New Deal),明顿于1943年成功地进入参议院。当他的另一位法学院

---

① 另请参见 Gender; Vote, Right to。

同学,印第安纳州的共和党人温德尔·L.威尔克(Wendell L. Wilkie)在 1940 年的总统竞选中在该州大获全胜后,随即把明顿的共和党对手带入参议院,明顿结束了在参议院的生涯(1935—1941)。明顿在 1941 年失败后,富兰克林·D.罗斯福(Franklin D. *Roosevelt)总统任命他为协调军事力量的顾问。此后一年,总统又任命他到美国第七巡回上诉法院就职。

在参议院任职时,明顿竭力支持富兰克林·罗斯福总统为抑制经济大萧条的不良后果而采取的一切立法创新措施,包括罗斯福总统为联邦最高法院的人员布置计划(参见 Court-Packing Plan)。明顿关于联邦最高法院作用的观点是在"新政"时期形成的,他坚决认为,司法机关应该允许行政部门和立法部门尽可能自由地制定政策和计划,司法部门尽量不去干扰。在"新政"时期,当总统和国会试图建立行政机构及社会福利计划以帮助失业者反对联邦最高法院的保守立场时,明顿表现出自由主义者的倾向。在"二战"后的"冷战"时期,反共产主义的高潮使政府对言论自由和结社活动进行镇压,这时,明顿依然坚定地支持政府的政策,这使他变得保守(参见 Communism and Cold War)。实际上,明顿始终如一地坚持他对司法部门与政府其他部门相互关系的看法,只不过情况发生了变化。在 1952 年的"阿德勒诉教育理事会案"(Adler v. Board of Education)中,明顿代表联邦最高法院起草判决意见,支持纽约一项禁止破坏分子在公立学校任教的法律;在"卡尔森诉兰登案"(Carlson v. Landon)中,他赞同大多数法官的意见,即如果司法部长认为外国共产主义分子危及国家安全,就可以在其未获保释的情况下进行扣留;在同一年的"扬格斯通钢板与管道公司诉苏耶尔案"(*Youngstwown Sheet and Tube Co. v. Sawyer)中,他的同僚们认为,杜鲁门总统对钢铁工业的查封无效,明顿是唯一的反对者(参见 Presidential Emergency Powers)。

明顿法官患有严重的贫血症,他长期受此折磨,而且腿部血液循环不良。由于健康问题,他于 1956 年 10 月 15 日从联邦最高法院退休。

参考文献 Catherine A. Barnes, *Men of the Supreme Court: Profiles of the Justices* (1978), pp. 111-113.

[N. E. H. Hull 撰;张伊明译;邵海校]

米兰达诉亚利桑那州案[Miranda v. Arizona, 384 U. S. 436(1966)]

1966 年 2 月 28 日辩论,1966 年 6 月 13 日以 5 比 4 的表决结果作出判决,沃伦代表法院起草判决意见,克拉克(Clark)、哈伦(Harlan)、怀特(White)及斯图尔特(Stewart)反对。1966 年 6 月 13 日,沃伦领导下的联邦最高法院对美国刑事诉讼程序的改革达到了高峰(或者在某些人看来是走到了低谷)。那一天,法院宣布了对米兰达一案的判决,该案是美国历史上最著名、所受谴责最激烈的涉及自认其罪的案件。对某些人而言,米兰达案表明法律制度决心给哪怕是最卑劣的刑事嫌疑犯以尊严和尊重。但对另一些人尤其是把犯罪率的上升归咎为法官软弱的人来说,该案成为他们进行攻击的目标。

背景 在米兰达案(Miranda)判决之前,各州的刑事案件是否承认自证其罪是由正当程序中的"自愿"或"综合环境"标准决定的。根据这一方法,法院要逐案确定自证其罪者的意志是受"强制"或"压迫"还是"自愿"。但是很快就发现,这些称谓并非被用来作为评析案件的工具,而仅仅是结论。当某一法院认为对嫌疑犯的待遇从整个看来不太坏(如尽管警察曾施加了相当大的压力或进行了一些诱供,但他们也给了嫌疑犯三明治并允许他在晚上正常休息)时,则认为由此而来的自证其罪是"自愿"的。另一方面,如果法院认为警察的方式攻击性太强并且过于严厉(当嫌疑人很年轻,所受教育不多或智力低下时会考虑这些因素),则认为这种供认是"非自愿"或"受逼迫"的(参见 Coerced Confessions)。

"自愿"标准的模糊性和不可预测性,由低级别法院来实施(或操作)这个标准会使供认有效是否合宪仍存疑虑,联邦最高法院由于工作量太大以至于 1 年难以审查一两例来自各州的供认案,这些情况使越来越多的法官开始寻求一种更有意义、更便于操作的方法。米兰达案把这些努力推到了高潮。

案件事实 欧内斯特·米兰达(Ernesto Miranda)是一个 23 岁的穷小子,没有受完 9 年教育,在家中被捕后直接被带到亚利桑那州凤凰城的警察局。在那儿,经过一位绑架强奸案受害者的辨认后,他被带到"审讯室"就犯罪情况接受讯问。起初,米兰达坚持他是无辜的,但两个小时的讯问后,警察带着一份书面认罪书从审讯室走了出来。对他进行审判时,这份书面认罪书被认定为证据,米兰达被认定犯有绑架罪及强奸罪。

有一个情况是不清楚的,即米兰达是否被告知他所说的话将被用来对他进行指控。但是警察也承认,在讯问前及讯问中,米兰达均未被告知他在回答问题前有权获得律师帮助或在审讯期间请律师到场,这一点将在诉讼中被证明对控方来说是致命的(参见 Counsel, Right to)。

如果按照"自愿"标准,米兰达的供认显然可以被接受。与以前案件中警察所使用的造成"非自愿"或"受逼迫"的方法相比,对他的讯问要温和得多。但是从米兰达口中获得供认时的环境并不符合联邦最高法院在本案中宣布的新的宪法标准。

美国历史上有关供认的法律中值得注意的一点

是，直到20世纪60年代中期，反对自证其罪（*self-incrimination）[联邦宪法第五修正案（the *Fifth Amendment）规定任何人不得"被迫……自证其罪"]的基本权利才适用于审讯程序或处于监督状态下的警察审问。

造成这种情况的一个原因是，1964年之前，这一基本权利被认为不适用于各州，而且到那时，已经形成了大量的有关"非自愿"或"受逼迫"供认的法律（参见 Incorporation Doctrine）。此外，更为重要的是，在米兰达案之前的普遍观点认为，"强迫"某人证明自己犯罪意味着法律强制。由于一个嫌疑人既不能因虚假证明而受伪证之威胁，也不能因拒绝作证而受蔑视之威胁，按照这种观点就不能认为一个受"强迫"的人是上述基本权利中所指的"控告自己的证人"——即使在这种情况下，这个人可能相信或因警察引导而相信存在着因"拒绝合作"而产生法定的或法律没有规定的制裁。既然警察没有合法的权力要求嫌疑人回答他们的问题（但在米兰达之前，警察不需要告诉他这一点），也就没有法律义务专门来对这一基本权利适用于何种情况作出回答。

尽管这一推理似乎很勉强，但它在很长时间颇具影响力，可能是因为人们普遍认为，在告知嫌疑人其权利的情况下进行讯问是执行法律所必需的。此外，一般人也无法看见警察讯问时的情形，这就使人们对发生在审讯室里的事情还感到满意。

但是在米兰达案前夕，也有理由认为自证其罪条款最终将适用于警察机关。"马洛伊诉霍根案"（*Malloy v. Hogan）(1964) 并不涉及供认，法院不但认为反对自证其罪的基本权利完全适用于各州，而且在附带意见（参见 Obiter Dictum）中表明，在各州或联邦法院，供认必须受联邦宪法第五修正案中基本人权条款的制约。供认规则和基本权利在马洛伊案中纠缠在一起——在米兰达案中则将其融为一体。

判决 米兰达案的判决包括三部分：

1. 联邦宪法第五修正案中的基本权利条款在法院的诉讼程序及其他正式程序之外都可适用，其作用是要保护公民在所有情况下均不受强迫而证明自己有罪。因此，该基本权利条款适用于执法人员在"羁押审讯"时所实施的非正式强迫。"羁押审讯"指在一个人处于羁押状态下由警察进行的讯问。

2. "一个人从处于所熟悉的环境到受到警察的羁押，被对抗性的力量包围并面对警察以标准讯问方式所进行的劝说，此时除了被迫开口外没有别的选择"(p.461)。因为羁押讯问的环境"表明了它特有的威胁"，这与基本权利条款的规定是不一致的，"除非采用充分的保护措施以解除羁押环境下固有的强迫性"，否则在这种环境下从任何人那里得来的陈述都不能用于法庭审理(pp.457-458)。

3. 宪法没有为解除羁押审讯而要求坚守任何特别的制度。但是，除非政府部门采取其他有效程序去获得可以接受的陈述，否则嫌疑人在接受羁押审讯前必须得到现在人们都知道的四重米兰达权利告知（*Miranda warning）（详见下文），并且必须在接受任何讯问前有效放弃其权利。

按照米兰达案的判决，告知嫌疑人他有权保持沉默及他所说的一切可能被用来对他进行指控，并不足以保证嫌疑人在沉默和讲话之间进行选择的权利在整个讯问过程中都不受拘束。因此，必须将嫌疑人的权利告知其律师，无论是聘请的还是（如果他很贫穷）指定的律师。

尽管米兰达案的判决中所说的提示不要求以确切的方式给出——的确，在整个判决中也没有以准确的方式对其作出叙述——但提示中必须含有下面四层含义：(1) 你有权保持沉默；(2) 你所说的一切都可能在法庭审讯时作为证词来对自己进行指控；(3) 在接受讯问前你有权寻求律师帮助，也有权要求在被审讯时有律师在场；(4) 如果你无力聘请律师但是愿意聘请的话，法庭将在审讯前为你指派律师。

米兰达案由于严重偏向犯罪嫌疑人而受到普遍指责。但是，正如法院最近在"莫兰诉布尔比恩案"（Moran v. Burbine）(1986)中所指出的那样，该判决"在充分保护被告的利益和社会利益两者之间体现了一种巧妙的平衡"(p.433)。

米兰达案不要求处于羁押中的嫌疑人首先向律师咨询或使律师在场以求其对宪法权利的放弃有效。这一判决的缺陷（有些人则认为其为该判决的可取之处）在于，它允许嫌疑人在面对来自警察羁押的压力时未得到律师的指导也可以"放弃"自己的权利。这种放弃，至少在理论上必须是"明知"且"自愿"的。

米兰达案确定的原则允许警察无需提示便可进行"一般现场讯问"。它还允许警察在嫌疑人的家中或办公室进行调查，而无需告知其权利，只要这种讯问不限制此人终止会谈的自由。

此外，米兰达一案使警察可以以"自愿"陈述而进行审讯及其他工作，即便该"自愿者"已处于羁押状态，并且既不知道也未被告知其权利。单独"羁押"情况下不能要求米兰达提示。警察的羁押和讯问两者相互作用给嫌疑人造成的冲击使"羁押下的警察讯问"变得如此具有破坏性而且需要"足够的保护措施"——"伊利诺伊州诉珀金斯案"（Illinois v. Perkins）(1990)。

即便是在需要提示及弃权证书（waiver of rights）的情况下，米兰达案也允许警察在没有公正的见证人在场及未经录音对讯问程序加以记录的情况下进行提示或得到弃权证书（这一情况在录音记录很方便的情况下很常见）。

无论是良心的发现还是人们消除提示的不利影响的愿望,也无论警察屡屡抱怨或暗中破坏这种提示,几乎所有的经验主义研究都表明:自米兰达案作出判决以来的20多年,受到羁押的嫌疑人作出自证其罪陈述的情况依然很多。如果在适当的时候要求对警察的提示及嫌疑人的反应进行录音记录,可能情况就并非如此了。几乎毫无疑问,如果在米兰达案中要求嫌疑人在作出弃权证书前首先向律师咨询或让律师在场,就不会发生这样的情况。

米兰达案之后 米兰达案的支持者们认为本案受到"密歇根州诉塔克案"(Michigan v. Tucker)(1974)的威胁。在该案中,威廉·伦奎斯特(William *Rehnquist)法官表述了法院的意见。他认为"不是米兰达提示自身的权利受到宪法的保护",而是那些为"维护"或为反对自证其罪这一权利"提供实际援助"的预防性规则才受宪法保护(p.444)。10年后,首先是"纽约州诉夸尔斯案"(New York v. Quarles)(1984)承认米兰达提示对"公共安全"例外;接着,"俄勒冈州诉艾尔斯塔德案"(Oregon v. Elstad)(1985)表明,起诉时可引申适用对米兰达案的违反行为,法院反复强调塔克案(Tucker)对米兰达案的思考方式。夸尔斯案和厄尔斯塔案都强调出于"逼迫"或"强迫"而得来的陈述和只是因为违反了米兰达案中预防性规则而得来的陈述之间的区别。

由于联邦最高法院对各州的刑事审判活动没有监督权,如果违反米兰达案并不违宪,那么沃伦法院从何处取得要求各州施行新供认原则的权力呢?如果以违反米兰达案的方式取得供认不违反自证其罪条款(除非"事实上受到逼迫"),那么为什么不允许各州承认所有的供认并非实际强制的后果?由此塔克案及其由此而来的其他案件可能已为最终推翻米兰达案做好了准备。

但是,如果法院真的推翻米兰达案则会令人震惊。法院很清楚米兰达案适用的范围相当有限——事实上,许多评论家都坚决认为它不会走得太远。法院同样知道,许多研究表明这一判决对法律实施并没有显著的不利后果。尽管他们起初表示忧虑,但警察似乎对米兰达案适应得很好。在此情况下,法院也似乎愿意与一个已成为美国文化一部分的案件"共存",尤其当法院依然认为它是致力于在警察讯问和保护嫌疑人不遭受警察压力两者之间寻求平衡时更是如此。

对米兰达案件的重新肯定 在2000年发生的"迪克森诉合众国案"(Dickerson v. United States)中,联邦最高法院否决了以联邦立法废除米兰达原则,并在联邦案件中重新恢复适用米兰达案件前适用的"自愿性"和"环境整体性"标准,作为对供述的可接受性进行认定的依据的企图。代表联邦最高法院7比2的多数,首席大法官伦奎斯特明确指出,"米兰达案判决是一项宪法判决",因而,也是一项"效力上不能由议会法律推翻的判决"(p.432)。

联邦最高法院自己也没有看到推翻米兰达案的充分理由。"米兰达案已经体现于美国日常的警察实践中,以至于米兰达权利告知已经成为美国国家文化的一部分。当后续的案件毁弃了先例的理论基础时,我们才能说先例被推翻了,而实际上我们并不相信对米兰达案件的判决发生过这种情况;如果说有什么的话,可以说,通过重新确认该判决的核心规则——未受警告的陈述通常不能在刑事控诉程序中作为证据使用,我们后续的案件确实减少了米兰达案件规则对于正当法律执行的影响。"(pp.443-444)。

对于激励沃伦法院的批评者们相信,总有一天联邦最高法院会推翻米兰达案的那些案件,如塔克案、夸尔斯案和埃尔斯特德案,又有什么说法呢?奇怪的是,虽然上述案件审理所依据的前提是米兰达案的判决是不合宪的,但是,迪克森案的审理法院却并没有说出什么否定的话。原因可能就是因为这些案件所描述的米兰达规则适用例外情况,将只能存留于适合它们的地方。

在一个有关迪克森案意义的学术会议上,向会议提交论文的11名刑事程序法学专家形成了强烈的认同:迪克森案的多数意见是一个妥协的意见,其目的在于对米兰达案件持续的效力这个狭窄的问题,能够取得最大限度的大多数意见。同样的共识还表现在:迪克森案所重新确认的并不是1966年背景下表达出来的原则,而是包含了从1966年开始其所获得的"适时冻结"的(不断确立的)所有限制和例外在内的米兰达案原则。

参考文献 Liva Baker, *Miranda*: *Crime*, *Law and Politics*(1983); Gerald Caplan, "Questioning Miranda," *Vanderbilt Law Review* 38(November 1985): 1417-1476; Yale Kamisar, *Police Interrogation and Confessions*(1980). Stephen Schulhofer, "Reconsidering Miranda," *University of Chicago Law Review* 54 (Spring 1987):435-461.

[Yale Kamisar 撰;张伊明、潘林伟译;邵海校]

米兰达权利告知[Miranda Warnings]

沃伦法院在其最著名的判决之一——"米兰达诉亚利桑那州案"(*Miranda v. Arizona)(1966)的判决中,要求警察在审讯前必须告知犯罪嫌疑人所具有的宪法权利。这称之为米兰达权利告知,它包括四点:(1)保持沉默的权利;(2)所说一切可被用来作为控诉该嫌疑人证据的提示;(3)请求律师(*counsel)帮助的权利;(4)对贫穷者将为其指定律师的提示。

米兰达权利告知适用于嫌疑人处于警察羁押和

讯问之时。在米兰达案之后的判决中，法院强调羁押是指行动自由受警察严格限制。这可能发生在某人家中[如"奥罗茨科诉得克萨斯州案"（Orozco v. Texas）(1969)]；或因不相关罪行而被监禁在狱中[如"马西斯诉合众国案"（Mathis v. United States）(1968)]。但是对公共安全的考虑是这一要求的例外，如同法院在"纽约州诉夸尔斯案"（New York v. Quarles）(1984)中所强调的那样，本案中法院判决，紧急情况（如官员们的即时保护）并不需要米兰达权利告知，即使这些情形可以被认为是审讯。嫌疑人自愿到警察局则不享有获得米兰达告知的权利，除非被逮捕；因日常性交通违例而被警察招呼停车的驾驶员也不享有获得米兰达告知的权利["加利福尼亚州诉贝赫勒案"（California v. Beheler）(1983)；"博克莫诉马卡提案"（Berkemer v. MaCarty）(1983)]。

根据米兰达案，在警察合理地期待嫌疑人将提供犯罪的任何情形时，讯问便开始[如"罗德岛州诉英尼斯案"（Rhode Island v. Innis）(1980)]。尽管大部分讯问是由执法人员进行的，一些精神病的诊断（如当其关系到承受审判的能力时）也是具有讯问性质的["埃伊特尔诉史密斯案"（Estelle v. Smith）(1981)]。但是，大陪审团诉讼程序不包括在内[如"合众国诉王案"（United States v. Wong）(1977)]。在大陪审团诉讼中，证人可以主张联邦宪法第五修正案（the *Fifth Amendment）关于反对自证其罪（*self-incrimination）的基本权利，但他们不需要以米兰达案确立的方式被告知这些权利。有些初级法院以其他的方式把米兰达告知适用于大陪审团诉讼，但是大多数都没有遵从"合众国诉狄奥里西奥案"（U.S. v. Dionisio）(1973)的先例判决。在该案中，法院认为，根据联邦宪法第四修正案（the *Fourth Amendment）的规定，大陪审团的传票并不是一种不合理的调查及扣押，因此，也并非第五修正案中规定的羁押。

与讯问的范围有关的是以比较巧妙的方式引导犯罪嫌疑人交待犯罪情况。1977年联邦最高法院认为，警察在嫌疑人在场时的互相评论可以用来引出犯罪证据[如"布鲁尔诉威廉斯案"（Brewer v. William）(1977)]。但是，在该案的判决中，法院更多地是依据联邦宪法第六修正案（the *Sixth Amendment）中获得律师保护权利而非第五修正案中的反对自证其罪权利。有几个州在有关布鲁尔案的法庭之友诉讼要点（*amicus briefs）中，明确要求法院推翻米兰达案的判决。同样的问题在1987年的一个案件中也产生了。在该案中，法院对一对涉嫌谋杀儿子的夫妇之间的谈话录音予以认可。其中丈夫被告知米兰达权利，但该案中是由妻子开始该谈话的["亚利桑那州诉莫罗案"（Arizona v. Mauro）(1987)]。

与讯问的策略有关的另一问题是以非自愿的体检方式取得证据的可接受性。在"舍默伯诉加利福尼亚州案"（Schmerber v. California）(1966)中，法院区别对待受联邦宪法第五修正案保护的证人证据和不受其保护的物证，由此认可了非自愿的血型化验可以作为证据。

同样，联邦最高法院还曾考虑了不完全的权利告知在多大程度上违反了米兰达所确立的标准的问题。在"密歇根州诉塔克案"（Michigan v. Tucker）(1974)中，虽然警察未能告知嫌疑人如果他无力聘请律师可以为他指定，法院对此案作出的有罪判决还是予以支持。这种不要求警察以明白的方式告知嫌疑人权利的做法在其他判决中也得到了支持。在"达克沃思诉伊根案"（Duckworth v. Eagan）(1989)中，警察表明他们无法提供律师但确实向被告保证当他进行诉讼时将会为他指定律师，法院对警察在这种情况下取得的供认也予以认可。尽管伊根认为这种权利告知不符合联邦最高法院在"加利福尼亚州诉普里索克案"（California v. Prysock）(1981)中的先例判决，但法院认为米兰达权利告知并没有一种确切的形式，而且警察没有义务为被告提供"随叫随到"的律师。

在米兰达案中，法院承认刑事犯罪的被告可以放弃他们的权利并告诉警察。但被告自愿提供信息的警察判断问题则仍然存在。例如，在1994年"戴维斯诉合众国案"（Davis v. United States）的判决中，联邦最高法院认为，当嫌疑人提出"能否见律师"之类要求时，不构成米兰达权利告知适用情形中的委托要求。此外，在一系列的案件中法院已经作出判决：书面弃权的形式并不是关键的要求[如"北卡罗来纳州诉巴特勒案"（North Carolina v. Butler）(1979)]；权利告知后不能以嫌疑人没有提出诉求而就此推定其弃权[如"塔格诉路易斯安那州案"（Tague v. Louisiana）(1980)]；在调查时不必告知嫌疑人所犯的具体罪行[如"科罗拉多州诉斯普林案"（Colorado v. Spring）(1987)]；权利告知后的弃权不因权利告知前的供认而无效[如"俄勒冈州艾尔斯塔德案"（Oregon v. Elstad）(1985)]，以及为了符合宪法要求，嫌疑人必须知道权利放弃后的一切后果[如"莫兰诉布尔比恩案"（Moran v. Burbine）(1986)]。

联邦最高法院还就导致嫌疑人供述及对米兰达告知放弃无效的条件问题作出了裁决。例如，对警察作出供述的被告患精神病，在没有强制的情况下，并不能使其作出的供述无效["科罗拉多州诉康纳利案"，(Colorado v. Connelly)(1986)]，但因受伤正在接受治疗及处于极度痛苦之中而在医院作出的供述则应当排除["比彻诉阿拉巴马州案"（Beecher v. Alabama）(1972)；"明瑟诉亚利桑那州案"（Mincey v. Arizona）(1978)]。法院的弃权标准如此原则，以至于嫌疑人如果在没有律师的情况下明确表示拒绝提供书面陈述也将被认为放弃了米兰达权利["康涅狄格州诉巴瑞特案"（Connecticut v. Barrett）（1987）]。

在2004年开庭期，联邦最高法院考虑了把米兰达权利告知应用于青少年案件的问题。在"亚伯勒·沃登诉阿尔瓦拉多案"（Yarborough Warden v. Alvarado）中，涉及关键利益的问题就是在审理中使用洛杉矶警察通过两小时交谈而从卷入一起抢劫和谋杀案的17岁孩子那里获得的证词的使用问题。在审讯中，阿尔瓦拉多提出停止交谈，其理由是，没有宣布米兰达权利告知，对这一请求检控中并没有提出质疑。一审法院和州地方上诉法院援引"汤普森诉基奥恩案"（Thompson v. Keohane）认为，被告于谈话时并没有处于羁押状态。第九巡回上诉法院审理"阿尔瓦拉多诉希克曼案"（Alvarado v. Hickman）时却推翻了上述判决，考虑了羁押标准的适用问题，并要求对阿尔瓦拉多的年轻和缺乏经验给予特别注意。联邦最高法院最后改变了第九巡回区上诉法院的判决，裁定得出：从米兰达规则的目的来看，阿尔瓦拉多并非处于羁押状态，初审法院适用的羁押标准并不是不合理的。

与米兰达案的持续有效性有关的另外一个重要问题是对违反权利告知要求而得到的信息的间接使用问题。1971年的伯格法院认为，当被告为自己辩护时，违反米兰达权利告知的方式而得来的陈述可以用来质疑其可信性。"哈里斯诉纽约州案"（*Harris v. New York）（1971）的这一判决被认为以"开后门"的方式修改了1966年著名的先例判决。尽管如此，联邦最高法院一直维持了其1966年作出的著名的判决以及其采用的权利告知要求的合宪性，2000年的迪克森案就是一个充分的说明。在本案中，联邦最高法院驳回了第四巡回法院的裁定，该裁定面对公认的警察未宣布米兰达告知的情形却维持了一个自愿供述的可接受性。在该判决中，联邦最高法院强调，尽管有其他的看法，"（米兰达）告知已经成为我们国家文化的一部分。"

[Susette M. Talarico 撰；张伊明译；邵海校]

密西西比女子大学诉霍根案[Mississippi University for Women v. Hogan, 458 U. S. 718 (1982)]①

1982年3月22日辩论，1982年7月1日以5比4的表决结果作出判决，奥康纳代表联邦最高法院起草判决意见，伯格、布莱克蒙、鲍威尔以及伦奎斯特反对。霍根是密西西比州的一位男性居民，他认为公立的密西西比州女子大学护士学校只接收女性的政策违反了平等保护（*equal protection）原则而对此提出疑问。桑德拉·戴·奥康纳（Sandra Day *O'Connor）法官在她代表联邦最高法院所作的第一份判决中适用了"克雷格诉博伦案"（*Craig v. Boren）（1976）所确立的中级审查（*intermediate scrutiny）标准。由于事关"重大利益"，密西西比州宣布这一政策是对歧视女性的一种补偿。奥康纳法官认为，把男性排斥在护士学校之外于弥补女性所面临的歧视性障碍毫无用处。而且，该州未能表明此项政策充分推进了其所宣称的目标，因此男性应被允许作为旁听者上课。

首席大法官沃伦·伯格（Warren *Burger）所表述的反对意见大体上与刘易斯·鲍威尔（Lewis *Powell）法官相同，但他强调这一裁定只适用于护士学校。哈里·布莱克蒙（Harry *Blackmun）法官认为，霍根可以选择该州其他地方男女同校的护士学校，为女性提供一所全女性的学校是很有价值的。而且，尽管这一裁定只适用于护士学校，但不可避免，这一推论将被适用到其他单一性别的学校。

鲍威尔和威廉·伦奎斯特（William *Rehnquist）法官认为，实际上，法院是在禁止该州设立女子大学。他以女性在单性别大学的教育利益为中心对布莱克蒙所主张的教育选择权作了详细说明，并且宣称由于这并非性别歧视，所以克雷格案中的标准是不恰当的，但他同时又认为，克雷格案确立的标准是令人满意的。反对者进一步认为，这将导致由政府支持的女子大学的消灭，而且确实也是如此。

[Leslie Friedman Goldstein 撰；张伊明译；邵海校]

密西西比州诉约翰逊案[Mississippi v. Johnson, 71 U. S. 475 (1867)]②

1867年4月12日辩论，1867年4月15日以9比0的表决结果作出判决，蔡斯代表联邦最高法院起草判决意见。1867年3月国会就约翰逊总统的否决权颁布了一项军事重建法。依据该法的规定，由总统任命的军事司令官在南部联邦尚未复归的十个州内享有行政权力，并且要求这些州接受允许以前的奴隶拥有选举权的新宪法。密西西比州向联邦最高法院提出动议申请，对该法的合宪性表示质疑，并请求总统不予执行。尽管约翰逊总统极为反对重建法，但他认为密西西比州的行为是对总统权力的威胁，因而要求司法部长对该动议表示反对。

首席大法官塞缪尔·P.蔡斯（Salmon P. *Chase）代表了法院的一致意见，他认为司法部门无权禁止总统执行一项所谓的不合宪法的法律。蔡

---

① 另请参见 Education；Genger。

② 另请参见 Judicial Power and Jurisdictions；Reconstruction。

斯承认,在"马伯里诉麦迪逊案"(*Marbury v. Madison)(1803)中法院认为它有权命令行政官员履行其法定义务。但他在判决中认为,这只能适用于政府成员的职责,它与自由裁量权无关;不适用于涉及广泛的自由裁量权和运用政治判断的行政职责。蔡斯认为,总统独特的地位使他拥有执行法律的宪法责任。法院不能限制他履行这一责任,尽管他履行这一职责的行为要受到法院的质询。

这一判决并非司法软弱的表现。相反,它基于一种公认的信念:司法机关命令行政机关执行一项法律是对分权的威胁。

[Donald G. Nieman 撰;张伊明译;邵海校]

盖恩斯引起的密苏里州诉加拿大案[Missouri ex rel. Gaines v. Canada, 305 U. S. 337(1938)] ①

1938年11月9日辩论,1938年12月12日以6比2的表决结果作出判决,休斯代表联邦最高法院起草判决意见,麦克雷诺兹和巴特勒一起反对,卡多佐此前已经去世。

1930年,全国有色人种协进会(*National Association for the Advancement of Colored People)发动了一次运动,对在公共教育机构实行种族隔离的隔离但公平原则(*separate but equal principle)提出挑战,本案则为这次运动提供了初期的根据。劳埃德·L.盖恩斯(Lloyd L. Gaines)是一个美国黑人居民,想进入没有设置黑人设施的密苏里州白人法学院学习。不出所料,密苏里大学以人种为由拒绝了盖恩斯的申请,州法院(*state courts)对此拒绝表示支持。于是,盖恩斯的律师查尔斯·H.休斯顿(Charles H. *Houston)企图从美国联邦最高法院得到训令(*mandamus),并据此要求白人法学院准许盖恩斯入学,联邦最高法院颁发了调卷令(writ of *certiorari)。

首席大法官查尔斯·埃文斯·休斯(Charles Evans *Hughes)代表多数意见,认为该州以向盖恩斯提供学费使其到其他州的学校就读的做法不符合联邦宪法第十四修正案(the *Fourteenth Amendment)所要求的平等保护条款,并要求该州允许盖恩斯使用白人设施。休斯还认为,密苏里州在州立林肯大学为黑人设立一所法学院的意图不符合隔离但公平原则标准。

由此,盖恩斯案成为全国有色人种协进会推翻隔离但公平原则运动中的重要事件。尽管法院未能否定种族隔离(*segregation),但该案意味着需要对这一原则进行评价。至于盖恩斯,他则从未进入过法学院。在法院作出判决后不久,他便消失了,再也没有人知道他的消息。

[Augustus M. Burns Ⅲ 撰;张伊明译;邵海校]

密苏里州诉荷兰案[Missouri v. Holland, 252 U. S. 416(1920)]

1920年3月2日辩论,1920年4月19日以7比2的表决结果作出判决,霍姆斯起草判决意见,范·德凡特和皮特尼反对。密苏里州试图禁止合众国的狩猎监督官执行联邦政府按照1918年的《候鸟条约法》(the Migratory Bird Treaty Act)而实施的管制,理由是该管制干涉了联邦宪法第十修正案保留给各州的权力,因而不合宪(参见 State Sovereignty and States' Rights)。《候鸟条约法》是为了履行美国与加拿大之间一项保护候鸟条约所确定的义务而通过的(参见 Treaties and Treaty Powers)。密苏里州对初级法院认为该法规合宪的判决提起上诉。联邦政府早期一项有关候鸟捕获的法律没有按照国际条约的要求获得通过,初级法院认为该法不合宪法,因为鸟类属拥有主权的各州所有,因此按联邦宪法第十修正案免受联邦的管制。

奥利弗·温德尔·霍姆斯(Oliver Wendell *Holmes)法官认为,本案中联邦政府制定的立法是联邦政府行使权力的一种"必要且适当"的方式,根据宪法第1条第8款是有效的,因为联邦政府有权履行条约义务。

联邦最高法院认为,既然条约有效,根据联邦宪法第6条的规定,条约就在全国具有最高效力,因而有优先于各州的权力。霍姆斯在判决中写道,之所以如此是因为候鸟是不考虑国家边界的,因此是可以通过与其他国家签订的协议来管制的。即使美国各州可以有效地对其进行调整,法院也认为宪法中没有禁止联邦政府以签订条约的方式处理"有关国家利益的重要问题……只能通过与其他主权国家的一致行动来予以保护"(p.435)。

霍姆斯的阐释被认为是借国际条约来创设新的联邦权力的自助方法,因而受到批评。对这一原则可能会广泛适用的担心促使民众支持1953年的"布里克修正案"(Bricker Amendment)。该修正案试图修正宪法并规定"条约只有通过立法才能作为合众国的国内法而有效,国内法在没有条约的时候具有法律效力"。1957年,联邦最高法院对"里德诉科弗特案"(Reid v. Covert)的判决使人们的担心减轻了许多,它在该案中认为美国和其他国家之间的军事协议不能以随军普通侍从是在外驻守边疆并受军事法院管辖为由而剥夺他们选择陪审团审判的权利。以"密苏里州诉荷兰案"(Missouri v. Holland)(1920)为例,法院在判决书中写道:"人民和各州已经授权联邦政府在有效范围内签订条约,联邦宪法第十修正案对此并不构成障碍"(p.18)。

现在看来,荷兰案的判决已经很落后于时代要

---

① 另请参见 Race and Racism。

求了,因为现在国家管理有关州际事务及对外贸易的权力已经大大扩张。但是该案仍然具有重要意义。首先,该判决是宪法解释"灵活"方法的经典叙述,主要强调历史习惯而非立法者的本来意图(参见 Original Intent)。其次,即使本案的争论焦点是有关条约权的范围问题而非条约的最高效力问题,但其原理支持了后来法院所作出的联邦管理协议高于州法律的判决,如"合众国诉贝尔蒙特案"(United States v. Belmont)(1937)及"合众国诉平克案"(United States v. Pink)(1942)。

最后,霍姆斯对国际事务必然产生联邦权力这一观点的强调支持了以后的判决,其中法院的判决认为,只要各州的法律干涉联邦政府处理涉外事务(*foreign affairs)的行为,州的法律可能没有优先性,甚至被联邦普通法(*federal common law)所取代。

[Harold G. Maier 撰;张伊明译;邵海校]

密苏里州诉詹金斯案[Missouri v. Jenkins, 495 U. S. 33 (1990)]①

1989年10月30日辩论,1990年4月18日一致同意通过判决。怀特代表联邦最高法院作出判决,肯尼迪、伦奎斯特、奥康纳及斯卡利亚持并存意见。作为对密苏里州堪萨斯城学区内的种族隔离的救济措施,地方法院命令实施"磁力学校"计划,以吸引那些郊区孩子重新回到市区学校就读——该学校内配有天文馆、25亩的种植区、联合国模型、艺廊等设施,其总投入超过5亿美元。该项花费由州政府提供75%,余下的25%由地方自行解决。但是地方配套资金的比例超出了州法律允许的范围,故地方法院命令征收双倍的地方财产税。

尽管拒绝对该项计划进行审查,但联邦最高法院一致反对联邦地方法院直接命令提高财产税的做法。通过按公平和礼让(*comity)原则进行推理,因此避免了对此案作出宪法性认定,拜伦·怀特(Byron *White)大法官和其他4人一致同意了一项间接的补救方案——取消州法的税收限制,允许各地根据需要提高未来的税收。但安东尼·肯尼迪(Anthony *Kennedy)和其他3名大法官认为这是在无中生有,应当认定联邦最高法院不得直接或间接设置地方税。

时隔5年之后,该案又回到了高级别法院。这一次,法官认定,密苏里州的联邦地方法院要求该州为堪萨斯城废除种族歧视示范学校支付经费的命令是不当的。

[Thomas E. Baker 撰;潘林伟译;邵海校]

密苏里州诉詹金斯案[Missouri v. Jenkins, 515 U. S. 70 (1995)]

1995年1月11日辩论,1995年6月12日以5比4的投票结果作出判决,伦奎斯特大法官代表联邦最高法院起草判决意见。其中奥康纳、斯卡利亚、肯尼迪及托马斯持分立的并存意见,苏特、史蒂文斯、金斯伯格和布雷耶反对。

在前面出现的密苏里州诉詹金斯案(1990)中,大法官们不同意联邦地方法院试图提高州、地方财产税以为法院命令实施的消除种族隔离计划付费的做法,但对此仅作了有限的考虑。这一次,联邦最高法院对据称是"史上最雄心勃勃且代价昂贵的消除种族隔离计划"(p.78)的细节进行了审查。该项计划旨在吸引非少数民族学生和教师,希望他们能够自愿地从郊区回到堪萨斯城市内的学校,即对所谓的"白人迁徙"问题作出补救。因为其对宪法的违反——学校当局不合法的种族隔离——限于堪萨斯城校区,联邦最高法院的大多数维护了该计划的目的,并试图创设一种超越地方法院司法权力的区际的救济方案。根据"米利肯诉布拉德利案"(Milliken v. Bradley)(1974)的判决,当且仅当存在区际的种族隔离时,这项区际弥补措施才是必要的。

反对者却认为,联邦最高法院的大多数没有提供宽泛的裁量权,没有听取已经和那些解除学校种族隔离案件打了几十年交道的地方法院法官的意见。他们强烈要求对于试图解决因根深蒂固而长期持续的种族隔离问题的创造性的新措施应当给予更多的尊重。否则,联邦司法系统在公立学校再度出现种族隔离时,就只能会袖手旁观。

[Thomas E. Baker 撰;潘林伟译;邵海校]

密斯特里塔诉合众国案[Mistretta v. United States, 488 U. S. 361 (1989)]②

1988年10月5日辩论,1989年1月18日以8比1的表决结果作出判决,布莱克蒙起草判决意见,斯卡利亚反对。一直以来,联邦法官在对已服罪的罪犯科处刑期方面有相当大的自由裁量权。国会则认为定罪量刑更多地需要一致性,并于1984年通过了《量刑改革法》(Sentencing Reform Act of 1984),设立美国判刑委员会并赋予其为各种联邦罪行进行分类的权力。该委员会是司法部门中的一个独立体,由7名成员组成,由总统任免。其中至少3名成员必须是联邦法官,由总统从美国司法大会推荐的六名法官中选出。

由于其对司法自治形成的制度性挑战,加上对委员会成员任免作出的特别规定,这就必然引起分权(*separation of powers)的问题。但是,在密斯特

---

① 参见 Desegregation Remedies; Injunctions and Equitable Remedies; Lower Federal Courts; Segegation, de Facto。

② 另请参见 Appointment and Removal Power。

里塔案(Mistretta)中，联邦最高法院全面支持该法。哈里·A. 布莱克蒙(Harry A. *Blackmun)认为将委员会设置于司法部门内部并未违反分权原则(p. 412)，尽管他承认该委员会"在组织和职权方面是一个不寻常的混合物"。该委员会并不是法庭也不受司法机关控制。要求三位联邦法官与非法官一同为委员会工作并不影响司法部门的完整性或独立性。赋予总统对委员会成员予以免职的权力对宪法第3条(*Article Ⅲ)所规定的法官任期或报酬也无任何影响。量刑规则的开发"基本上是一项中立的任务"，司法参与是"特别适合"的(p. 407)。

安东尼·斯卡利亚(Antonin *Scalia)法官表示反对，他对该委员会的合宪性提出质疑。他认为，允许联邦法官在行政部门制定政策违反了《宪法》第3条(*Article Ⅲ)的规定。

[C. Herman Pritchett 撰；张伊明译；邵海校]

莫比尔诉博尔登案[Mobile v. Bolden, 446 U. S. 55(1980)]①

1979年3月19日辩论，1979年10月29日再次辩论，1980年4月22日以6比3的表决结果作出判决，斯图尔特起草判决意见，布莱克蒙对结果持并存意见，史蒂文斯对判决持并存意见，布伦南、怀特和马歇尔反对。该案是代表亚拉巴马州莫比尔地区的黑人居民提起的诉讼。他们认为，全部白人的莫比尔市委员会的随机选举削弱了黑人的选举分量，这违反了《1965年投票权法》(*Voting Rights of 1965)第2条以及联邦宪法第十四、十五修正案(the *Fourteenth and *Fifteenth Amendments)的规定。从1911年该委员会成立开始，从来没有黑人在该5人委员会中就职的情况，地区法院判决认为其不合宪法，上诉法院予以确认。在联邦最高法院对该案进行审理时，合众国站在黑人一方。

多数意见所关注的焦点是根据联邦宪法第十四、十五修正案而对种族歧视诉求进行识别所必要的标准，按此标准，州的行为表面上应当是种族中立的。在对联邦宪法第十五修正案作了考察并审查了众多投票权案例后，法院拒绝了歧视性结果标准，认为需要证明歧视性目的。同样，联邦最高法院以"华盛顿诉戴维斯案"(*Washington v. Davis) (1976)、"阿林顿·海特诉都市房产开发公司案" (*Arlington Heights v. Metropolitan Housing Development Corp.) (1977) 和"马萨诸塞州人事管理员诉菲尼案"(*Personnel Administrator v. Feeney) (1979)为基础，认为按照联邦宪法第十四修正案的规定，需要有歧视意图(*discriminatory intent)的证明。将这一歧视意图标准应用到莫比尔案中，联邦最高法院认为不存在违宪性的问题。莫比尔的黑人公民可以毫无阻碍地进行登记和投票(*vote)，不存在阻止黑人参与选举的官方阻碍。最后，联邦最高法院对联邦宪法第十四修正案要求或确定按比例选举的说法予以了强烈的批评。

瑟古德·马歇尔(Thurgood *Marshall)法官发表了冗长且愤怒的反对意见，他认为联邦最高法院是使种族歧视制度永垂不朽的帮凶。他认为，寻求歧视意图没有必要，从而为歧视性的结果认定进行辩护。

对这一判决的批评仍然认为，法院所主张的歧视意图认定太麻烦了。莫比尔案引发了一场反抗风暴。国会在1982年关于投票权法的适用范围中把修改后的结果认定纳入到该法中。

[Gerald N. Rosenberg 撰；张伊明译；邵海校]

默祷时刻[Moment of Silence]

参见 Religion; School Prayer and Bible Reading。

莫内尔诉社会服务部案[Monell v. Department of Social Services, 436 U. S. 658(1978)]②

1977年11月2日辩论，1978年6月6日以7比2的表决结果作出判决，布伦南起草判决意见，鲍威尔和史蒂文斯持并存意见，伦奎斯特反对并得到伯格的支持。在莫内尔案中，联邦最高法院判决纽约市政府必须为其一项要求怀孕的女性市政工作人员进行并非医学上需要的离职而承担责任。它推翻了"芒罗诉帕普案"(Monroe v. Pape) (1961)已达17年之久的先例判决，该判决认为根据《美国法典》第42编第1983节的规定，地方政府免于被起诉。莫内尔案使民事权利的原告可因地方政府违宪而向其要求金钱赔偿。

尽管推翻了门罗案的判决，但法院对地方政府承担责任的情形作了限制。它认为不能仅仅因为市政当局雇用了侵犯原告权利的人就强加责任给市政当局，即所谓的"被告上级"(respondent superior)责任。相反，市政当局的责任要依能否发现所引起的违法来源于"官方政策"而定。如同在后来的案件中所形成的那样，"官方政策"标准要求该政策必须是由拥有最终决策权的人所制定的错误政策。例如，仅仅存在警察恶劣的不当行为并不构成市政当局的责任。

按照侵权法(*tort law)的普遍原则，法院否定了"被告上级"责任推理，这一做法是有问题的。它以国会拒绝对1983节进行修订的建议为基础，该修正案建议让市政当局对私人的不当行为承担责任。但是，它没有提出市政当局是否应当对其雇员的不

---

① 另请参见 Race and Racism; State Action。

② 另请参见 Gender; Pregnancy, Disability, and Maternity Leaves; Sovereign Immunity。

当行为承担责任的问题。

[Theodore Eisenberg 撰;张伊明译;邵海校]

货币权[Monetary Powers]

参见 Fiscal and Monetary Powers。

独占[Monopoly]

参见 Antitrust。

蒙特利市诉戴蒙特顿有限公司案[Monterey v. Del Monte Dunes]

参见"蒙特利市诉蒙特利市戴蒙特顿有限公司案"[City of Monterey v. Del Monte Dunes at Monterey, Ltd]。

穆迪,威廉·亨利[Moody, William Henry]

(1853年12月23日生于马萨诸塞州的纽伯里市,1917年7月2日卒于马萨诸塞州哈佛希尔,葬于马萨诸塞州纽伯里波特公墓)1906年至1910年任大法官。出生于亨利·L(Henry L.)和梅丽莎(爱默生)·穆迪[Melissa A. (Emerson) Moody]家这样一个有着两百多年历史的家族,威廉表现出一种来自其清教徒祖先的强烈责任感和正直的道德观。穆迪1872年从菲利普斯·安杜佛学院(Phillips Andover Academy)毕业,并于1876年从哈佛学院(Harvard College)取得历史学学士学位。穆迪只在法学院呆了4个月便开始在波士顿从事法律实习。他跟随律师兼作家小理查德·H.达纳(Richard H. Dana, Jr.)学习了18个月。尽管学习很短暂,但穆迪因在口试中給主考官留下了极为出色的印象而获准成为律师。

在迁往艾塞克斯县并成为律师事务所合伙人后,穆迪成为哈佛希尔(Haverhill)学校委员会的成员及一名政府法律顾问(1888—1889),同时还是城市水资源委员会的成员。1890年,他被选为马萨诸塞州伊斯顿地区的地方检察官。以这种资格,他在莉齐·博登谋杀案(Lizzie Borden)诉讼中起到了比较卓越但却并不成功的作用。穆迪于1895年以共和党人的身份入选国会,随后又三次入选。

1895年,西奥多·罗斯福(Theodore Roosevelt)第一次遇见穆迪,并很快对这位同样拥有健康体魄、广泛兴趣以及进取观点的共和党人表示欣赏。1902年,罗斯福任命穆迪为海军部部长。

1904年,菲兰德·C.诺克斯(Philander C. Knox)辞职,罗斯福选择穆迪担任司法部长。他因严格按《谢尔曼反托拉斯法》(*Sherman Antitrust Act)进行调查而闻名,尤其是在"斯威夫特及其公司诉合众国案"(*Swift and Co. v. United States)(1905)中的表现。在该案中,穆迪亲自辩论,穆迪还以美国黑人劳

William Henry Moody

役偿债制度(*peonage)为例,向联邦最高法院提起了控告一名田纳西州警长藐视法院的诉讼,因为这位警长同意对一名黑人强奸嫌疑犯处以私刑。

1906年,罗斯福提名穆迪顶替即将退休的亨利·比林斯·布朗(Henry B. *Brown)法官。尽管有些担心穆迪(Moody)的反托拉斯(*antitrust)态度有些极端,但参议院还是很快批准了对他的任命。穆迪的司法生涯前景辉煌,但却于1908年结束了,因为他患上了一种有可能致残的风湿病。穆迪在哈佛希尔的家中与妹妹一起安享晚年,他的妹妹和他一样,终身未婚。1910年,国会通过立法为他增加了特别退休补助,之后穆迪辞职。

穆迪在联邦最高法院总共写过67次判决意见,其中5次表示反对。他最重要的反对意见是在雇主责任系列案(Employers' Liability Cases)(1908)中,穆迪在表决时对通过立法保护各州商业贸易中雇工的利益表示支持,这表明了他对政府权力扩大的态度。穆迪最著名的判决意见是在"特文宁诉新泽西州案"(*Twining v. New Jersey)(1908)中,他拒绝将反对自证其罪(*self-incrimination)的基本权利适用于各州。尽管该案的判决已被推翻,但特文宁案仍被认为是法律推理的典范,也是服从联邦主义(*federalism)的典范。

参考文献 Frederick B. Wiener, "The Life and Judicial Career of William Herry Moody," (Thesis, Harvard Law School)(1930).

[John R. Vile 撰;张伊明译;邵海校]

穆尔,艾尔弗雷德[Moore, Alfred]

(1755年5月21日生于北卡罗来纳州的新汉诺威县,1810年10月15日卒于北卡罗来纳州的布雷登县,葬于北卡罗来纳州老不伦瑞克的圣菲利普公墓)1799—1804年任大法官。艾尔弗雷德出身显赫,其父亲是莫里斯·穆尔(Maurice Moore),北卡罗莱纳州的三名殖民地法官之一。艾尔弗雷德在波士顿接受早期教育,后来他返回家里在父亲的指导下学习法律,并于1775年成为律师。作为独立运动的坚定拥护者,他曾在北卡罗来纳军团服役而且功勋卓著。战争时期,他的个人损失惨重,父兄叔伯被杀,农场家园被毁。战后他成为律师界的领导人物,并进入当地政界,与苏珊娜·伊格尔斯(Suzanne Eagles)成婚。1782年,他在北卡罗来纳州议会任职并被选为首席检察官,在这一职位上他工作了将近9年。

Alfred Moore

在"贝亚德诉辛格尔顿案"(Bayard v. Singleton)(1787)中,正是这一职位使他站在了州这一边。该案涉及北卡罗来纳州一项关于没收从本州逃走的亲英分子财产的法律。尽管穆尔最终的胜利是从法律意义上来讲的,但该案之所以重要是因为他对司法审查(*judicial review)原则作了最早、最充分的讨论。

在18世纪80年代,穆尔依然支持建立强有力的中央政府,1788年他在北卡罗来纳州承认联邦宪法的过程中起了重要作用。在随后的10年中他继续从事法律工作,同时在州及国家政治活动中也很活跃。1788年12月,北卡罗来纳州议会选举他到该州的高等法院任职;在不到1年的时间里,约翰·亚当斯(John Adams)总统就任命他到联邦最高法院取代同样来自北卡罗来纳州的詹姆斯·艾尔戴尔(James *Iredell)。

穆尔在联邦最高法院任职时留下记录的判决意见只有一项:"巴斯诉廷恩案"(Bas v. Tingy)(1800)。他在判决中认为,法国在1798年和1799年未经宣布的海战中是敌对国家。穆尔在判决意见中极力强调1799年的一部法律,根据该法律的规定,已被法国掳获的美国商船如果在96小时之内再次被捕获,该捕获者得因该船获救而得到该船及船上货物价值之一半。在"马伯里诉麦迪逊案"(*Marbury v. Madison)(1803)中,尽管他是法庭成员之一,但他没有参与判决;对"斯图尔特诉莱尔德案"(*Stuart v. Laird)(1803),他则表示默认。穆尔的经历在美国司法史上几乎没有激起任何波澜。由于健康原因,穆尔1804年从联邦最高法院辞职返回故里,他在那儿帮助建立了北卡罗来纳大学。

参考文献 Leon Friedman, "Alfred Moore," in *The Justices of the United States Supreme Court, 1789-1969*, edited by Leon Friedman and Fred L. Israel, vol. 1 (1969), pp. 269-279.

[Richard E. Ellis 撰;张伊明译;邵海校]

穆尔诉登普西案[Moore v. Dempsey, 261 U. S. 86(1923)]①

1923年1月9日辩论,1923年2月19日以6比2的表决结果作出判决,霍姆斯起草判决意见,麦克雷诺兹和萨瑟兰反对,克拉克没有参与。穆尔案起因于1919年秋天阿肯色州菲利普斯县的一场种族冲突,在这场冲突中有200多名黑人和5名白人丧生。事故之后,6名黑人因谋杀白人而被判死刑,这些黑人曾向联邦法院提出人身保护状(*habeas corpus)的要求,认为对他们的审判是由暴徒控制的,而且那些证人都是被逼迫而作出反对他们的证词,但是联邦地区法院对此不予受理。

全国有色人种协进会(*National Association for the Advancement of Colored People)支持他们进行上诉,联邦最高法院撤销了地区法院的判决并要求举行一次人身保护的听证会。奥利弗·温德尔·霍姆斯(Oliver Wendell *Holmes)法官代表联邦最高法院发言,他认为由暴徒控制的审判违反了联邦宪法第十四修正案(the *Fourteenth Amendment)的正当程序(*due process)条款。而且,联邦地区法院面对人身保护的申请时应该对由暴徒控制的审判进行审

---

① 另请参见 Due Process, Procedural; Race and Racism; Sixth Amendment。

查，并命令释放在此审判中被判刑的被告。詹姆斯·麦克雷诺兹（James *McReynolds）法官和乔治·萨瑟兰（George *Sutherland）法官表示反对，他们认为，联邦最高法院的判决将导致联邦法院对州刑事审判的不当干预。

"穆尔诉登普西案"标志着联邦最高法院对各州刑事审判进行严格审查的开始，并放宽了使用联邦人身保护状的范围，以打击各州违反联邦宪法权利而进行的判刑。

[Richard C. Cortner 撰；张伊明译；邵海校]

穆斯旅店诉艾尔维斯案[Moose Lodge v. Irvis, 407 U.S. 163(1972)]①

1972年2月28日辩论，1972年6月12日以6比3的表决结果作出判决，伦奎斯特起草判决意见，道格拉斯、布伦南和马歇尔反对。艾尔维斯是一名美国黑人，他在宾夕法尼亚州的首府哈利斯堡的莫斯旅店被拒绝作为客人接待。宾夕法尼亚州酒业管理委员会给莫斯旅店颁发了一张作为非公开俱乐部销售酒类的执照，艾尔维斯认为，宾夕法尼亚州卷入该旅馆的种族歧视的有关做法构成违反了联邦宪法第十四修正案（the *Fourteenth Amendment）平等保护条款（*Equal Protection Clause）的歧视性州行为。艾尔维斯在联邦法院对该酒业管理委员会和莫斯旅店提起的诉讼中获胜，法院发出禁令，要求：只要它在迎客策略中继续存在种族歧视行为，酒业管理委员会将吊销这家旅馆的卖酒执照。

联邦最高法院则推翻了此案，它认为主张宾夕法尼亚州与该旅馆种族歧视方针有关并违反了平等保护条款的理由并不充分。威廉·伦奎斯特（William *Rehnquist）法官指出，联邦最高法院曾在民权系列案（*Civil Rights Cases）(1883)中判决认为，平等保护条款禁止的只是由州行为支持的种族歧视行为。根据州政府行为原则，由私人或并非官方同意而引起的种族歧视行为并不属于平等保护条款所禁止的情况。联邦最高法院认为，单纯发给该旅馆卖酒执照和由该州对酒类贸易进行管理不构成平等保护条款中所指的具有种族歧视的官方支持，这种种族歧视是由这家旅馆实施的，因为它的经营方针具有歧视性。

联邦最高法院还附带将此案与早期的"伯顿诉威明顿泊车管理局案"（*Burton v. Wilmington Parking Authority）(1961)的判决作了比较。在伯顿案中，联邦最高法院认为，平等保护条款的适用于一家私营旅馆中的种族歧视，这家旅馆的经营场所是从一家由特拉华州威明顿市所有并资助的停车场所租借的。联邦最高法院指出，莫斯旅店案的情形与伯顿案不同，因为莫斯旅店所在的场所和经营均由这家旅馆而非任何政府机构所有。此外，联邦最高法院还认为，卖酒执照本身并不能形成该州和这家旅馆之间"互相依赖"的关系；而伯顿案中餐馆和停车场所管理机构之间的关系却具有这样的特点。宾夕法尼亚州的法律要求领取卖酒执照者必须遵守他们自己的章程和地方法规。当艾尔维斯被拒绝作为客人而向其提供服务时，莫斯旅店的章程只是禁止接受美国黑人为成员。令人不解的是，当诉讼还在进行时，这家旅馆修改了其章程，同样禁止将美国黑人作为客人予以款待。伦奎斯特认为，这就使艾尔维斯有权得到禁令，禁止酒业管理委员会要求持执照者遵守自己的章程，而不是取消执照本身。但是，由于酒业管理委员会根本没有执行其制定的规章，法院的这一让步便毫无意义。只要该州无意执行其规定，那么这家旅馆作为一个私人团体就有权拒绝为它想拒绝的任何人提供服务。

威廉·O. 道格拉斯（William O. *Douglas）得到瑟古德·马歇尔（Thurgood *Marshall）的支持，认为只为一家在成员资格和接待客人方面带有种族歧视的私人旅馆发放执照并不足以说明这家旅馆的歧视违反宪法。但是，道格拉斯指出，宾夕法尼亚州的卖酒执照受配额制度约束，而且对哈利斯堡的配额几十年来一直都很充足。由此，宾夕法尼亚州对卖酒执照执法方面的不足使黑人享受酒类的途径受到限制，因为只有在私人团体为庆祝每周的重大时刻时才能饮酒。道格拉斯认为，该州以这种方式使卖酒执照在实际管理方面倾向于支持种族歧视。

威廉·J. 布伦南（William J. *Brennan）法官也得到马歇尔的支持，认为宾夕法尼亚州的酒业管理制度与莫斯旅店的种族歧视方针如此互相缠绕，表明宾夕法尼亚州是在支持种族歧视并因此违反了平等保护条款。

莫斯旅店案标志着州行为原则膨胀的结束，这一原则在"谢利诉克雷默案"（*Shelley v. Kraemer）(1948)中确立，被伯顿案（Burton）及后来60年代的"静坐"案所承继，使非公开的种族歧视受到联邦宪法第十四修正案的禁止。

[Richard C. Cortner 撰；张伊明译；邵海校]

无实际价值[Mootness]②

无实际价值是由联邦宪法第3条（*Article Ⅲ）限制联邦法院管辖"案件"和"争议"而引起的几个问题之一。本应诉讼解决的问题已经通过某种方式得到处理，因而使原告处于无现实请求的状态，这就是所谓的无实际价值问题。例如，在一个典型的无实际价值案例——"德弗尼斯诉奥德加德案"（Defunis v. Odegaard）(1974)中，原告抗议华盛顿大学法

---

① 另请参见 Race and Racism; State Action。
② 另请参见 Cases and Controversies; Justiciability。

学院的入学手续不承认他(一名白人男性)的平等保护(*equal protection)权。在诉讼过程中,他被该校接收,并且在他毕业前不久,他的案子被列入提交辩论的备审案件目录。法院的表决结果为 5 比 4,多数意见认为,当他的权利得以满足时该案将无实际价值,因而不受理此案。

无实际价值的主要例外情况是那些"能够重复但却在逃避审查"的案件,如"南太平洋终点公司诉州际商业委员会案"(Southern Pacific Terminal Co. v. Interstate Commerce Commission)(1911, p.515)。有关政府限制堕胎的做法是否合宪的案件也适用这一例外。在这些诉讼中,孕妇对州政府限制其堕胎的质疑当然会使其怀孕持续到该问题得以解决前[见"罗诉韦德案"(*Roe v. Wade)(1973)]。

[William M. Wiecek 撰;张伊明译;邵海校]

提帕尔多引起的莫尔黑德诉纽约案[Morehead v. New York ex rel. Tipaldo, 298 U. S. 587(1936)]①

1936 年 4 月 28 日至 29 日辩论,1936 年 6 月 1 日以 5 比 4 的表决结果作出判决,巴特勒起草判决意见,休斯、斯通、布兰代斯和卡多佐反对。联邦最高法院对莫尔黑德案(Morehead)的判决可能是其在 1935—1936 年间最不受好评的判决,在该案中,法院以勉强多数宣布纽约州一部为妇女和儿童规定了最低工资的法律无效。

皮尔斯·巴特勒(Pierce *Butler)代表该 5 人的多数意见发言,认为为工资而签订合同的权利是"由联邦宪法第十四修正案(the *Fourteenth Amendment)中的正当程序条款所保护的自由权之一部分"(p.610)。他进一步说,州政府不应该得到干涉任何劳工合同的许可。巴特勒法官在该案中得到其他 3 位保守法官的支持——詹姆斯·麦克雷诺兹(James *McReynolds)、乔治·萨瑟兰(George *Sutherland)和威利斯·范·德凡特(Willis Van *Devanter),另外还有理想主义者欧文·J. 罗伯茨(Owen J. *Roberts)法官的支持。

巴特勒认为,州政府无权就最低工资进行立法——即使是在令人痛苦的经济大萧条时期也是如此。面对巴特勒这一毫不掩饰的观点,反对者之一的哈伦·菲斯科·斯通(Harlan Fiske *Stone)法官批评这些人以自己的"个人经济偏好"来处理事情(p.587),而且他认为,"如果对那些由于经济需求,为获得比维持其生存所必需的还要少的报酬而提供劳务的人谈论契约自由,这简直太有讽刺意味了"(p.632)。

344 家报纸中除了 10 家以外全部发表社论攻击莫尔黑德案的判决。共和党甚至在其 1936 年的施政纲领中拒绝这一判决。联邦最高法院的遭遇就如同其在"西海岸旅馆公司诉帕里西案"(*West Coast Hotel v. Parrish)(1937)中所遇到的那样。

[John W. Johnson 撰;张伊明译;邵海校]

摩根诉弗吉尼亚州案[Morgan v. Virginia, 328 U. S. 373(1946)]②

1946 年 3 月 27 日辩论,1946 年 6 月 3 日以 7 比 1 的表决结果作出判决,里德起草判决意见,拉特利奇、布莱克和法兰克福特赞同,伯顿反对,杰克逊未参与。"二战"以后,由全国有色人种协进会(*National Association for the Advancement of Colored People)向美国联邦最高法院就民事权利起诉的案子多如群星,"摩根诉弗吉尼亚州案"为其中之一,它对美国南部的种族隔离方式提出质疑。艾琳·摩根(Irene Morgan)是一名黑人妇女,她在弗吉尼亚的格洛斯特县登上了开往马里兰州巴尔的摩一辆往返于各州间的长途汽车。按照弗吉尼亚州法律的要求,司机要求她坐在车尾,但摩根对此予以拒绝。她在弗吉尼亚州被扣留,判处行为不当并被罚款 10 美元。弗吉尼亚州最高法院对此处罚予以确认。

检查官威廉·H. 黑斯蒂(William H. Hastie)和瑟古德·马歇尔(Thurgood *Marshall)向美国联邦最高法院提起上诉,认为弗吉尼亚州在州际运输工具上要求种族隔离的法律为州际商业的发展强加了不合理的负担。马歇尔和黑斯蒂以"霍尔诉德克尔案"(*Hall v. DeCuir)(1878)为例(在该案中,法官认为路易斯安那州的一部法律无效,因为该法禁止在州际交通中进行种族隔离),要求联邦最高法院推翻弗吉尼亚州法院的判决并宣布其法律无效。斯坦利·里德(Stanley *Reed)法官在判决中认为,这一主张具有说服力,因而撤销了弗吉尼亚州的法律。实际上,南部各州一直在公交车上实行种族隔离,虽然州际公共运输中的这一做法在法律上是不允许的。

[Augustus M. Burns Ⅲ 撰;张伊明译;邵海校]

莫里森诉奥尔森案[Morrison v. Olson, 487 U. S. 654(1988)]③

1988 年 4 月 26 日辩论,1988 年 6 月 29 日以 7 比 1 的表决结果作出判决,伦奎斯特代表联邦最高法院起草判决意见,斯卡利亚反对,肯尼迪未参与。对于要求设立一名独立检察官对联邦高级行政官员可能的刑事违法行为进行调查的一项法律,联邦最高法院在其判决中对此予以支持。独立检察官法律

---

① 另请参见 Contract, Freedom of; Labor; Police Power。
② 另请参见 Segregation, de Facto; Segregation, de Jure; Race and Racism。
③ 另请参见 Appointment and Removal Power。

制度是由水门事件引起的。在"水门事件"中,包括司法部长在内的尼克松政府(*Nixon administration)高级官员,卷入了一起具有政治目的的盗窃案,该案于1972年总统选举前发生于华盛顿特区水门大厦内的办公室。

1978年通过的《政府部门道德准则法案》(Ethics of Government Act)第6条规定,独立检察官由特别法院根据司法部长的申请进行任命,由司法部长请求任命的独立检察官比普通的联邦检察官有更大的独立性,尤其是司法部长不能随意对其予以免职,除非有合法原因存在。

联邦最高法院认为,独立检察官是在《联邦宪法》"任命"条款(第2条第2款)下由法院任命的"低级别官员"。法院还认为,对免职的限制并非不允许限制行政权力。这一判决表明,联邦最高法院试图重新接受行政官员免职的立法限制,如同它在"汉弗莱遗嘱执行人诉合众国案"(*Humphrey's Executor v. United States)(1935)中的做法一样。

联邦最高法院考虑到了没有对法律原则进行抽象解释时立法改革的实际结果。鉴于此,无论是与"移民与归化局诉查德哈案"(*Immigration and Naturalization Service v. Chadha)(1983)还是与"鲍舍诉西纳尔案"(*Bowsher v. Synar)(1986)相比,莫里森案在对待分权(*separation of powers)的问题上形式主义的色彩都更淡一些。

尽管就独立检察官立法而言本案判决存在判决的权威性,但议会决定在威廉·J.克林顿总统任期结束后,不再继续扩展适用该法。对于独立检察官广泛的权力而引起的争论使许多人对水门事件时期的这项制度进行了重新思考。

[Thomas O. Sargentich 撰;张伊明、潘林伟译;邵海校]

合众国诉莫里森案[Morrison, United States v., 529 U. S. 598(2000)]

2000年1月11日辩论,2000年5月15日以5比4的表决结果作出判决,伦奎斯特和托马斯代表联邦最高法院起草判决意见,苏特和布雷耶反对。

1994年制定通过的《反对针对妇女的暴力法》(Violence Against Women Act,简称VAWA)是国会对针对妇女的暴力的流行状况、对于国家的影响,以及州保护妇女免于此类犯罪的不力等问题进行长达4年的听证而产生的成果。通过引用表明其对国民经济有重大影响,以及州司法系统存在偏见的具体证据,国会按照商业条款和联邦宪法第十四修正案(the *Fourteenth Amendment)第5款的规定,动用权力制定了反妇女暴力法民事权利救济条款(第3981条)。民事权利救济条款使性暴力犯罪的受害者可以向州或联邦法院提起诉讼,要求施害人给予补偿性或惩罚性的赔偿,或获得宣告性或禁令性救济,并可主张律师费。

克里斯蒂·布朗兹卡拉(Christy Bronzkala)就是运用民事权利救济条款维护权利的一个受害者之一。在被安东尼奥·莫里森和詹姆斯·克劳福德在维吉尼亚工艺学校的宿舍内轮奸后,布朗兹卡拉根据学校的性骚扰政策提出诉请。当学校未能给予公平的救济或相应补救措施后,布朗兹卡拉向联邦最高法院提起了针对侵害人的诉讼。

确认了第四巡回法院的判决后,联邦最高法院仅就VAWA的民事权利救济条款作出了违宪的裁定。联邦最高法院比较了1995年"合众国诉洛佩斯案"(United States v. *Lopez)(1995)的同类因素后,大部分法官认为对妇女的暴力侵害具有非经济性,属于国会立法权管辖范围之外。威廉·H.伦奎斯特(*Rehnquist)大法官指出,性暴力侵害行为属于地方事务,联邦立法不宜作出规定。同时,联邦最高法院的大多数还解释道:联邦宪法第十四修正案第5款仅适用于州,因此,针对私人的立法超越了国会依据第5款享有的执行权力。

持反对意见的大法官认为,根据商业条款,国会享有制定民事权利救济条款的充分权力。参照国会收集的"如山的数据",联邦最高法院认定,就有关性暴力侵害影响州际商业的问题,国会已取得充分的支撑。此外,不同意者还辩解说,通过拒绝国会的调查以及将焦点放在该行为的非经济性上,联邦最高法院的大多数无视先例的存在,并以自己的判断取代了国会的判断。对此,在其分述的不同意见中,布雷耶(*Breyer)大法官认为,要形成要求对规范的行为的经济性和非经济性进行区分的规则是不具有操作性的。

在平衡州与联邦权力的长期持续的斗争中,莫里森案扮演了重要的角色。对照洛佩斯案件的判决,莫里森案的判决标志着联邦最高法院对商业条款的解释的重大变化,从罗斯福新政(*New Deal)开始后,联邦最高法院就一直拒绝国会对影响州际商业的行为所作的认定。与限制国会根据商业条款享有的权力一样,本案的判决再次限制了联邦宪法第十四修正案第5款在民权层面的运用。

[Mica Mckinney 撰;潘林伟译;邵海校]

马格勒诉堪萨斯州案[Mugler v. Kansas, 123 U. S. 623(1887)][1]

1887年10月11日辩论,1887年12月5日以8比1的表决结果作出判决,哈伦代表联邦最高法院起草判决意见,菲尔德部分持并存意见,部分反对。"马格勒诉堪萨斯州案"使联邦最高法院在承认联

---

[1] 另请参见 Due Process, Substantive。

邦宪法第十四修正案（the *Fourteenth Amendment）所规定的经济正当程序方面前进了一大步。堪萨斯州的立法机关根据该州宪法中的新规定颁布了一项禁止无执照制造或销售酒类的法律，彼得·马格勒（Peter Mugler）却在此之后仍然酿造啤酒。该州以违反法令为由对马格勒处以罚款并进行监禁，而且没收了他的啤酒厂以及存货。在向联邦最高法院上诉时，马格勒认为治安权（*police power）并未广泛到可以禁止其为私人消费或为销往堪萨斯州以外的地方而酿酒，因此该州的法律是以非法程序剥夺马格勒的财产。但是堪萨斯州的官员却以他们针对马格勒的行为是为了维护人们的身心健康而有效行使治安权为由进行辩护。

根据各州的治安权，联邦最高法院赞成这一禁止性立法。但是约翰·马歇尔·哈伦（John Marshall *Harlan）法官认为，法院应该仔细审查各州制定法律之目的，以确认这一法律是否与受治安权保护的健康、安全或道德有真正的联系。斯蒂芬·菲尔德（Stephen *Field）法官表示反对，他认为，没收财产和禁止啤酒外销违反了正当程序条款。综合考虑哈伦法官的判决和菲尔德的反对意见，有助于理解法院1890年后为什么会接受菲尔德更为广泛的财产权（*property rights）理论。

[Toney Freyer 撰；张伊明译；邵海校]

马尔福德诉史密斯案[Mulford v. Smith, 307 U.S. 38(1939)]①

1939年3月8日辩论，1939年4月17日以7比2的表决结果作出判决，罗伯茨代表联邦最高法院起草判决意见，巴特勒和麦克雷诺兹反对。该案是有关一项对《第二农业调整法》（Second Agriculture Adjustment Act）(1938)是否合宪的质疑，在判决这一重要的联邦法律合宪的过程中，联邦最高法院认为，它在1936年对"合众国诉巴特勒案"（United States v. *Butler）的判决（该判决撤销了1933年最初的《农业调整法》）是错误的。在巴特勒案中代表联邦最高法院多数法官起草判决意见的是欧文·罗伯茨（Owen *Roberts）法官，也正是他代表联邦最高法院对"马尔福德诉史密斯案"作出判决。

这两部农业调整法的目的都在于国会试图提高由于经济大萧条所导致的极低农产品价格。在巴特勒案中，罗伯茨代表6人多数意见认为，《农业调整法》中的农产品加工税提供国家财政收入以保证农业补助及土地限制，这是不符合宪法的，因为它侵犯了各州管理农业（*agriculture）的权利。

但在马尔福德案（Mulford）中，罗伯茨和法院的多数意见却赞成根据《第二农业调整法》设立对烟草制品的定额。罗伯茨在该案判决中认为，国会根据联邦宪法第1条的规定，有权"在各州之间……管理商业"，这为按照《第二农业调整法》对农业市场作出限制提供了充分的理由。由此，罗伯茨在1939年承认了他在1936年拒绝承认的观点：农业问题事关全国，需要国家立法予以重视。

[John W. Johnson 撰；张伊明译；邵海校]

马勒诉俄勒冈州案[Muller v. Oregon, 208 U.S. 412(1908)]②

1908年1月15日辩论，1908年2月24日以9比0的表决结果作出判决，布鲁尔代表联邦最高法院起草判决意见。1903年2月，俄勒冈州为受雇于工厂和洗衣店的女工制定了一天最多工作十个小时的规定。这一法律与其他州在革新（*Progressive）时期制定的法律大同小异，形成了一股改革的力量以改善工业化过程的苛刻形象。联邦最高法院曾在"霍尔登诉哈迪案"（*Holden v. Hardy）(1898)中对犹他州一项针对矿工的类似法律表示支持，但在"洛克纳诉纽约州案"（*Lochner v. New York）(1905)中又以纽约州为面包店工人规定10小时的工作时限违反了合同自由（freedom of *contract）的要求而撤销该法。

判决后不久，俄勒冈州波特兰市柯尔特·马勒（Curt Muller）洗衣店的工头乔·黑斯尔巴克（Joe Haselbock）却在1905年9月4日要求埃尔默·戈奇（Elmer Gotcher）太太工作10小时以上。两周以后，地方法院判决马勒违反了该州10小时工作时间的法律并对他罚款10美元。马勒对洛克纳一案很熟悉，因此以该处罚行为不当而提起上诉。俄勒冈州最高法院在1906年认为这一法律符合宪法，第二年联邦最高法院同意审理此案。

在该州检察长的许可下，全国消费者协会支持路易斯·D. 布兰代斯（Louis D. *Brandeis）在联邦最高法院的法庭上为此法律进行辩护。布兰代斯决定采用一种创新的但又完全以高等法院以前的判决为基础的策略。

在考查是否为保护性立法的各种案件中，联邦最高法院一直赞成各州旨在保护公民健康、安全和福利的治安权（*police power）。在洛克纳一案中，鲁弗斯·W. 佩卡姆（Rufus W. *Peckham）法官代表多数意见认为治安权的立法目标与面包店10个小时工作时间的法律规定之间不存在任何联系；在洛克纳案中，约翰·马歇尔·哈伦（John Marshall *Harlan）法官的反对意见表明：如果能够找到合理的根据证明这些有关工作时间的法律有道理，那么这种法律就经得起司法审查。

---

① 另请参见 Commerce Power; Tenth Amendment。
② 另请参见 Due Process, Substantive; Gender; State Regulation of Commerce。

布兰代斯在消费者联盟成员弗洛伦斯·凯利（Florence Kelly）和约瑟芬·戈德马克（Josephine Goldmark）两人的帮助下开始收集证据以证明妇女的健康与长时间工作之间确有关系。这两位女性收集了以前与此问题有关的每一份医学报告和政府报告，布兰代斯将这些材料编成一份辩护摘要。

他只用两页便概括了以前的法律先例，并没有试图去推翻洛克纳案的判决，而是使用了其中的观点：与健康、安全和福利直接相关的考虑能够证明某个州通过限制工作时间来限制契约自由是有道理的。在接下来的 15 页中，他引用其他各州及外国的法律来证明并非只有俄勒冈州认为长时间的工作危及妇女健康。该摘要的第二部分包括 95 页对美国和欧洲的工厂报告及医学报告的引述，提供了大量可以利用的数据以证明长时间的工作对妇女健康有害。

在法庭上被评论者称为专业辩论的过程中，布兰代斯采取了同一策略，认为如果法官承认该法律和保护妇女健康的合法利益之间有关系，那么这一法律应该被支持。

这一策略非常成功，戴维·J. 布鲁尔（David J. *Brewer）法官代表联邦最高法院发言，他不但支持这一法律，而且还特别提到布兰代斯及他提交的"极为丰富"的数据资料。联邦最高法院承认，"女性的身体结构及生育功能使她们在为生存而奋斗的过程中处于不利地位"，而且，由于健康的母亲是健康后代的根本，因此，女性的身心健康必须成为公共利益及公共保护的一部分（p.421）。

布鲁尔指出马勒案的判决在任何方面均未削弱洛克纳案的判决意见，尽管当时许多人认为法院已经私下里（sub silentio）推翻了此案。但是到了 20 世纪 20 年代，保守主义的多数意见使洛克纳案及其合同自由原则得以再生。

马勒案是使联邦最高法院认识到立法创新的社会条件和经济条件的一个例子。布兰代斯为社会现实创立了新的法律辩论途径："布兰代斯辩护要点"（*Brandeis brief）将成为倡导法律创新及对某社会现状——如"布朗诉教育理事会案"（*Brown v. Board of Education）(1954)中的种族隔离进行攻击的准则。

参考文献 Alpheus T. Mason, "The Case of the Overwored Laundress," in *Quarrels that Have Shaped the Constitution*, edited by John Garraty (1975), pp. 176-190; Nancy Woloch, *Muller v. Oregon: A Brief History with Documents* (1996).

[Melvin l. Urofsky 撰；张伊明译；邵海校]

市政公司[Municipal Corporations]①

有关城市的看法，一直有两种传统但相互矛盾的态度共存于美国人的思想中。一种观点认为，城市是令人恐惧的地方。它们是丑恶、犯罪及形成疏远关系的主要场所；它们经常将自己的地方利益凌驾于州和国家的整体利益之上；它们还常常容许有地位的多数人对少数人的利益造成威胁。因此，詹姆斯·麦迪逊（James *Madison）在《联邦党人文集》(The *Federalist) 第十篇中认为，地方民主是"一片骚乱和争议的景象……与个人安全和财产权利绝不相容。"他认为，只有"扩大"国家政治权力的"范围"才能消除地方主义对自由造成的威胁。

但是，另一方面，城市同时也被认为是人类生命力的来源和行使自由的载体。集中居住在城市的人们充分发挥了他们的创造能力与革新能力；城市的方针政策成为社会经济改革试验的基地，以便为农村人谋福利；地方政府和选民之间的关系非常密切并能够允许大众参与政府决策。托克维尔（Tocqueville）在《论美国的民主》(Democracy in America)(1835)一书中认为，"自由民族的力量存在于地方社区。地方组织对于自由就像初级学校对于科学一样；人类所到之处自由无不存在，它们教会人们如何享有并使用它"。

美国市政公司（描述城市所采用的法律形式的术语）的法律地位体现了这两种相互矛盾的态度，但是城市的负面形象居主导地位。对城市生活、城市中的地方主义及城市中弱肉强食现象的担心导致了对地方政府权力的大量限制。其中最重要的一点，是城市不能仅仅因为城市居民赞同而采取某一政策，城市只能行使由州赋予他们的权力，这种权力的范围按照惯例已经过严格的解释。自从 19 世纪末以来，许多试图超越这种权力进行限制性解释的城市已被赋予全面的权力，按照"地方自治"宪章进行地方自治。但是即便是地方自治的城市，其权力也是有限的。地方自治城市通常只能对当地范围内的事务进行立法，而且现在只属于地方考虑的事情越来越少。地方自治城市通常还被禁止在某些方面的立法，如颁布私法或民法（*civil law）。

不但城市的行为应该按照州所授予的权力进行，而且只要州或联邦政府作出决定，这种行为就将被修正或推翻。长期以来，城市一直在寻求联邦宪法的保护，禁止州及联邦政府行使权力推翻城市政策。但是在 1907 年，联邦最高法院在对"亨特诉匹兹堡案"（Hunter v. Pittsburgh）的判决中坚决否定了这种企图。

市政公司在政治上是各州的下属部门，它们是为了行使各州认为可以委托给它们的政府权力而设立的适当机构……因此，州政府可以修改或收回所有这种权力，可以无偿征收这种财产据为己有，或者

---

① 另请参见 Police Power; Takings Clause。

将这种权力授予其他机构；可以扩大或缩减其版图，将其全部或部分与其他市政公司联合；可以撤销其宪章并终止该公司……在所有这些方面，州具有最高权力，而且其立法机构根据该州宪法可以依照自己的意愿配合其行动，而不受联邦宪法任何规定的限制（pp. 178-179）。

这种广泛的由州和联邦控制城市的权力已经在各方面影响了城市的积极性。就州而言，最重要的是由州对城市提高财政收入的能力加以限制。城市只能征收许可范围内的税收，而且这些税还要遵守各州确立的限制性要求。在城市的借贷和利润创收活动方面也加以严格限制。此外，城市其他方面大量的政策，从防止无家可归到控制人口的努力，一度都因州相反的决策而得不到实施。由于对州的立法权没有有效的宪法制约——或者很少——城市无论是对其不同意的州政策还是对各州企图花费城市财力的命令都无权反抗。

最近几年，城市和州一样，受到一系列联邦控制的影响。20 世纪 70 年代以来，对联邦有关贿赂、邮政欺诈和勒索的扩大解释使城市和州的官员都有可能受到联邦政府的刑事追诉，甚至不能适用于各州的法律也已经在城市适用。城市不同于各州，它们要受《联邦反托拉斯法》（*antitrust laws）的约束。尽管联邦宪法第十四修正案（the *Fourteenth Amendment）中禁止政府滥用权力的规定同样适用于城市和各州，但城市和州有所不同，它不能根据联邦宪法第十一修正案（the *Eleventh Amendment）享受免于起诉的豁免权。而且，根据《美国法典》（U. S. Code）第 42 编第 1983 节的规定，它要因违反联邦宪法而承担赔偿责任（参见 Sovereign Immunity）。

尽管对城市权力的限制几乎无处不在，但近年来联邦最高法院常常赞扬"地方管理"的价值，在"圣安东尼奥独立校区诉罗德里格斯案"（*San Antonio Independent School District v. Rodriguez）（1973）中，面对以平等保护（*equal protection）的要求而对学校资助制度（这一制度依靠地区财政使大量金钱用于教育）提出的质疑，法院认为，由地方资助教育制度是有道理的，因为政府对教育的管理具有重要意义。法院还认为，"地方管理不但对继续给予学校以政府支持很关键，而且站在教育的立场来看，它同样具有重要意义"（p. 49）。在"米利肯诉布拉德利案"（*Milliken v. Bradley）（1974）中，法院不允许地区之间在底特律的学校体系中实行种族隔离制度而采取的补救办法，它再次强调郊区学校自治权的重要性，认为"在公共教育中，没有比由地方政府来管理学校更深的传统了"（p. 741）（参见 Segregation, de Facto）。同样，联邦最高法院拒绝废止由地方政府单独实施的分区制法令（*zoning ordinances），尽管这些法令影响了中低层收入者找到合适的住房；联邦最高法院认为，分区制法令只有当其带有种族歧视的目的时才是违反宪法的，如"阿林顿·海特诉都市房产开发公司案"（Village of *Arlington Heights v. Metropolitan Housing Development Corp）（1977）（另请参见 Housing Discrimination）。

法院对地方自治权的维护还表现在支持城市保持自己特色的案件中。因此城市有了很大的余地去制定法律禁止没有亲属关系的成年人一起住在单独的房屋里。联邦最高法院在"贝尔·特瑞村诉博拉斯案"（Village of *Belle Terre v. Boraas）（1974）中认为，"治安权"足可用来对城市区划作出设计，使家庭观、青年观、静静的祈福和清新的空气把这一区域变成人民的乐园（p. 9）。同样一种态度也允许城市利用分区制集中或分散"成人"电影院及书店。法院在"雷顿市诉娱乐剧院案"（City of Renton v. Playtime Theatres）（1986）中表明，"城市在维护人民生活质量方面的努力，值得人们致以崇高的敬意"（p. 50）。

联邦最高法院在控制种族隔离、学校资助、排他性的城市分区及社区特色等方面维护地方管理，但当城市要求不受州或联邦政府管理的地方自治权时，它又以同样的理由予以拒绝，对此有很多解释。有位评论家认为，联邦最高法院和州的立法机关一样，在这些案子中支持地方自治权：边远市区试图保护其家庭观念不受与中心城市相联系的那些问题的影响，但是，它却允许严格控制中心城市的管理权。另一位评论家认为，联邦最高法院维护地方自治权的案件和使城市服从州和联邦管理的法律原则是为了保护私人财产权（*property rights）。对边远市区自治权的支持是保护私人财产所有者利益的一种方式，否定城市对私营企业的管理是另一个问题。

对于地方自治的不同态度还有第三种解释。法官和我们中的大部分人一样，对城市权力的态度是矛盾的。他们在城市中看到了太多他们所担心的东西，也看到了太多他们所希望看到的东西。但是，所担心的和所希望的东西似乎是永远纠缠不清的。也许，法律意识上对城市权力不同态度的解释存在于对城市的主要观点之中：城市既体现了我们对未来美国民主的担心，也体现了我们对它的希望。

参考文献 David J. Barron, "Reclaiming Home Rule", *Havard Law Review* 116 (2003): 2255-2386; Richard Briffault, "Our Localism," *Columbia Law Review* 90 (1990): 1-115, 346-454; Gerald E. Frug, *City Making: Building Communities without Building Walls* (1990); Joan Williams, "The Constitutional Vulnerability of American Local Government: The Politics of City Status in American Law," *Wisconsin Law Review* (1986): 83-153.

［Gerald E. Frug 撰；张伊明译；邵海校］

芒恩诉伊利诺伊州案[Munn v. Illinois, 94 U. S. 113(1877)]

1876年1月14日、18日辩论,1877年3月1日以7比2的表决结果作出判决,韦特代表联邦最高法院起草判决意见,菲尔德与斯特朗反对。"芒恩诉伊利诺伊州案"和相关农民系列案(Granger Cases)一起形成了一个有历史意义的判决,该判决对各州运用治安权(*police power)通过立法管理私营企业是否合宪进行了考查。随着19世纪末工业剧变时期的到来,该案给近代颁布的联邦宪法第十四修正案(the *Fourteenth Amendment)带来了生命力。

1875年,伊利诺伊州立法机关在同情农民的代表们的控制下颁布了一项法律,该法律对本州10万人以上的城市从事谷仓电梯经营者向其客户收取的费用进行限制。当时,只有芝加哥人口超过10万,由此,该法律只能在伊利诺伊州的一个城市——芝加哥适用,当地的农民对经营者乱收费并欺骗他们叫苦不迭。经营者则认为伊利诺伊州的法律是对国会商业权力(*commerce power)的侵犯,因而其不合宪法;而且,该法律违反了联邦宪法第十四修正案中旨在禁止任何州以非法程序剥夺公民财产的正当程序条款(*Due Process Clause)。

首席大法官莫里森·R. 韦特(Morrison R. *Waite)代表多数意见为农民一方辩护。他支持伊利诺伊州的法律,认为这样的法律显然在伊利诺伊州的治安权范围之内。韦特从英国普通法中追溯管制性规则的起源,指出"当一项私有财产对公共利益产生影响时",它就不再是纯粹意义上的私有财产了(p.126)。他在19世纪美国有关桥梁、航空运输、铁路及适航水路的判例中继续为其判决寻找理由。韦特指出,当一个人将其"财产投入使用(这种使用中公众皆有利益存在)"时,他实际上给了公众某种使用利益,并且就他所创造的利益而言,他必须服从公众为了共同利益而进行的管理"(p.126)。

韦特接着问道,案件事实是否能够证明立法机关的法定行为有道理——他对这一问题作了肯定回答:"我们必须承认,如果能够使这一法律合法化的事实存在,那么当该法律经过讨论并得以通过时,这些事实便确实存在"(p.132)。而且,判断此处所行使的立法权是否是一种合乎宪法的法定权力是司法机关的特有职能(参见 Judicial Review)。如此看来,立法权的行使就是一个政治问题(*political question)。"为了反对立法机关滥用权力,人民必须诉诸投票表决,而非法院"(p.134)—— 这是韦特对19世纪司法限制的经典论述。最后,韦特强调,伊利诺伊州的法律对各州商业贸易的影响是临时的,如果国会不对其进行干预,它就是一项站得住脚的地方立法。

斯蒂芬·J. 菲尔德(Stephen J. *Field)法官发表了强烈的反对意见,威廉·斯特朗(William *Strong)法官对此表示赞同。菲尔德认为伊利诺伊州的法律是不为宪法所允许的,他还为后来的所谓实体的正当程序(*due process, substantive)进行辩护。菲尔德在私人权利和公共权力之间作了清楚的划分,将他的反对意见部分建立在联邦宪法第十四修正案的正当程序条款之上。菲尔德不同意这样的看法:私人所有者通过使用其私人财产从事谷物仓库的经营就具备了公众利益的性质。菲尔德在其著名的一段文章中警告大家:"如果这听起来也像法律的话,那么一个州内所有的财产和商业都将由本州立法机关任意摆布"(p.140),这一所谓财产权是如此的微弱,显然不应受联邦宪法第十四修正案的财产保障条款的保护(参见 Property)。

在为实体的正当程序——体现于宪法中不能由代表机关剥夺的特别权利——进行辩护时,表示反对的菲尔德认为,随着时间的流逝,联邦最高法院的多数意见终会被接受。虽然,菲尔德没有反对政府对经营活动的所有管制,尤其是对大公司的管制,但是他试图把州的治安权限制在作为对商业进行管制的工具上。另外,他的主张预示了联邦司法机关将在各州经济生活中将扮演更加积极的干涉主义者的角色——这预示着联邦法院在一系列政策问题中所扮演的现代角色。

[Angustus M. Burns Ⅲ 撰;张伊明译;邵海校]

默多克诉麦穆非斯案[Murdock v. Memphis, 20 Wall. (87 U. S.)590(1875)]①

1873年1月21日及4月2日辩论,1875年1月11日以5比3的表决结果作出判决,米勒代表联邦最高法院起草判决意见,布拉德利、克里福德和斯韦恩反对,韦特未参与。1798年《司法法》(*Judiciary Act of 1789)第25条规定,如果对州法院(*state courts)有关联邦问题(*federal question)案件作出的判决不服,有权向联邦最高法院上诉,而不允许就有关州的法律问题要求联邦最高法院审查。这一规定建立了司法联邦主义(*federalism)的一条基本原则:是州法院而非联邦最高法院对州宪法和法律的解释有终审权。1867年对该法第25条重新修订时,国会遗漏了其中的限制性条款。"默多克诉麦穆非斯案"提出了这样的问题:国会是否因此而使联邦最高法院对有关州法律的争议具有上诉管辖权(*appellate jurisdiction)?如果有,那么这种对联邦主义壁垒的违反是否符合宪法?

塞缪尔·F. 米勒(Samuel F. *Miller)对第一个问题作了否定回答,因此无需涉及第二个问题。米勒对国会1867年修订司法法时的模糊态度表示不解,他认为联邦体系中具有如此深远影响的修订至

---

① 另请参见 Judicial Power and Jurisdiction。

少需要国会对其决心表明态度。米勒在判决中写道,如此一个"对美国法院的独立性来说……在根本上有风险的重大政策变化",不能从国会的沉默中予以推断(p.630)。这样,"默多克诉麦穆菲斯案"确立了美国司法联邦主义的现代基础地位。

[William M. Wiecek 撰;张伊明译;邵海校]

默多克诉宾夕法尼亚州案[Murdock v. Pennsylvania,319 U. S. 105(1943)]①

1943年3月10日至11日辩论,1943年5月3日以5比4的表决结果作出判决,道格拉斯代表联邦最高法院起草判决意见,里德、法兰克福特、杰克逊和罗伯茨反对。默多克案的判决是"二战"后由于联邦宪法第一修正案(the *First Amendment)中宗教自由(freedom of *religion)原则迅速而颇有争议的发展所引起的一系列案件之一。威廉·O.道格拉斯(William O. *Douglas)代表联邦最高法院中的多数意见发言,他强调,言论、出版、宗教信仰自由在宪法中具有"优先地位"(p.115)。

"洛弗诉格里芬市案"(*Lovell v. City of Griffin)(1938)是第一起所谓的"耶和华见证人"案件,它在判决中取消了一项允许沿街卖送宗教书籍的法令,为规范宗教交流确立了具体的指导方针。在此后的一系列判决中,联邦最高法院认为,要求派送宗教小册子的许可和在取得政府官员事先同意后为宗教用途征募资金的法令均无效。

在默多克案中,法官否定了该市在法令中要求耶和华见证人和其他宗教信仰者支付许可税的申请。道格拉斯认为,许可税"首先限制了宪法中的出版和宗教自由,而且不可避免地会控制其行使"(p.114)。斯坦利·里德(Stanley *Reed)法官表示反对,他认为所有地可以就宗教文献的销售征收合理且不带歧视性的税收。

[William M. Wiecek 撰;张伊明译;邵海校]

墨菲,弗兰克[Murphy, Frank]

(1890年4月13日生于密歇根州桑德比奇,1949年7月19日卒于密歇根州的底特律,葬于哈勃比奇的洛克·法尔斯公墓)1940—1949年任大法官。弗兰克·墨菲是"新政"(*New Deal)时期的政治家和自由意志论法官,他出身于一个中等的爱尔兰天主教家庭,住在休伦湖旁边的一座小城镇。他的父亲(一名律师),尤其是母亲使他充满理想主义、雄心大志和宗教信仰。他于密歇根大学获得法学学位,第一次世界大战时任美国驻法军队中的上尉,由此在底特律留下影响。他是一位私人律师,助理检察官(1921—1922),瑞科德法院中的自由主义法官,还是一位支持救助失业人员运动的市长(1930—1933)。

Frank Murphy

在经济大萧条时期,他以富兰克林·D.罗斯福(Franklin D. *Roosevelt)总统麾下一名激进的改革者和陆军中尉的身份而逐渐出名。他是菲律宾群岛上最后一位州长将军和第一位高级政府专员(1933—1936)。担任密歇根州州长时,他成功地化解了通用汽车公司和其他工厂的大罢工,并没有造成人员伤亡,这是大批量生产型工厂的工会组织中一次关键性的转变。再选失败后,他一直担任检察官(1939),直到被选去代替皮尔斯·巴特勒(Pierce *Butler)在联邦最高法院的"天主教徒席位"。由于这是罗斯福总统的第五项任命和多数意见的任命,这位来自中西部州的民主党成员很快获得批准,尽管许多律师、法官包括墨菲本人都认为他并不适合这一职位。

人们对他作为一个法官的记述是混乱的。既非法律学者也非专业人员,人们批评他在他自己所称的"天主教大讲坛"上重心灵胜于头脑,重结果胜于法律推理,重助理胜于努力工作,重个人表演胜于团队合作。他的力量在于对人权问题的实践经验、精神鼓舞、同情和投入。他强烈支持1937年后的法律革命,罗斯福时期的法院在此次革命中批准政府享有管理经济事务的巨大权力,并开始注意保护个人及政治上处于弱势地位的人享有实质权利。尽管是其他人领导了这次转变,但墨菲代表多数意见就有

---

① 另请参见 Preferred Freedoms Doctrine。

关劳动法(*labor law)写下了重要的判决意见,尤其是在"桑西尔诉亚拉巴马州案"(*Thornhill v. Alabama)(1940)中,他认为和平集会是一种言论自由的形式。相比较而言,他在"查普林斯基诉新罕布什尔州案"(*Chaplinsky v. New Hampshire)(1942)的判决意见中则禁止挑起争端的话语和下流猥亵的行为。有关驱逐出境的问题在国内引起了分裂,他在这一争论中为法院辩护——"施奈德曼诉合众国案"(Schneiderman v. United States)(1943);在有关为根据上班时间给付工资的争论中代表联邦最高法院发言——"杰威尔·里奇煤炭公司诉美国矿业工人联合会地方第6167分会案"(Jewell Ridge v. Local No. 6167, U. M. W. A.)(1945)。最令人难以忘记的是他在日本人重新安置中反对"种族主义的合法化"时强有力的反对意见——"科里马修诉合众国案"(*Korematsu v. United States)(1944);在亚马西塔对物(对事)诉讼案(In re Yamashita)(1946)、州案件[如"亚当森诉加利福尼亚州案"(*Adamson v. California)(1947)]和搜查没收案[如"沃尔夫诉科罗拉多州案"(*Wolf v. Colorado)(1949)]中,赞成运用刑事程序中的高标准。

他是一个复杂而自我崇拜的单身汉,作为一个牧师般的法官,他的支持者来自黑人、外国人、犯罪分子、反对者、耶和华见证人、美国本土人、女人、工人和其他外来人。他使人们想起这样一句话:"性情中的墨菲"。墨菲在"法尔波诉合众国案"(*Falbo v. United States)(1944)中写道:"当法律为保护那些似乎不得人心的公民免受歧视和迫害而抛弃其形式上的观念及无常的情绪时,它知道没有比这更美好的事情了"(p.561)。帮助穷人及促进经济大萧条时期的工业和平是他的主要成就;他有关公民自由权的观点也常常被法院后来的判决所支持。

参考文献 Sidney Fine, *Frank Murphy*, 3 vols. (1975-1984);J. Woodford Howard, Jr. , *Mr. Justice: A Political Biography* (1968).

[J. Woodford Howard, Jr. 撰;张伊明译;邵海校]

墨菲诉纽约滨海委员会案[Murphy v. Waterfront Commission of New York, 378 U. S. 52 (1964)]①

1964年3月5日辩论,1964年6月15日以9比0的表决结果作出判决,戈德堡代表联邦最高法院起草判决意见。摆在联邦最高法院面前的主要问题是,在豁免法律的约束下,某个州是否可以迫使证人回答那些根据联邦法律其回答可能证明有罪的问题。"马洛伊诉霍根案"(*Malloy v. Hogan)(1964)于同日进行审理,等待着联邦最高法院的答复。联邦最高法院在马洛伊案中首次认为,联邦宪法第五修正案中反自证其罪的规定是通过联邦宪法第十四修正案(the *Fourteenth Amendment)的正当程序条款(*Due Process Clause)而适用于各州的(参见Incorporation Doctrine)。

各州受联邦宪法第五修正案中自证其罪条款的约束,在确立这一原则之后,联邦最高法院在墨菲案中继续认为由某一政府通过强迫而得来的有罪证据不得被另一政府使用。这样,联邦检察官不得利用任何由州强迫得来的有罪证据。"费尔德曼诉合众国案"(Feldman v. United States)(1944)作出了与此相违的判决因而被推翻。

当然,反对自证其罪并非是绝对的。法官在有效指引的过程中可能要求出示有罪证据。使证人免于使用或引用这种证据是得到它的一种方式,但是这种免除在联邦最高法院看来必须和反对自证其罪的基本权利一样明白概括。如果存在被告的证据或其结果将被用来控诉他的任何可能,即便是被其他管辖范围内的检察官所使用,这种诉讼在宪法上也是无效的,除非它是以前述强迫所得的证据完全无关的证据为基础的,这就是所谓的"使用"豁免。

使用豁免在"卡斯提加诉合众国案"(*Kastigar v. United States)(1972)中也是一个争议,因为它似乎并不能绝对保证证人不会因为下述原因而被起诉:该证人可能与某种情况或行为有着刑事牵连,并因此而被迫作证。"交易豁免",卡斯提加认为,比使用豁免宽泛得多,几乎相当于赦免。法院在卡斯提加案(Kastigar)中认为,这样做便超越了反对自证其罪的要求。对反对自证其罪这一基本权利而言,使用豁免已经足够,而且它和这一基本权利具有同一范围,因为它使证人和原告实际上处于同一地位,似乎是证人要求这一基本权利。

[Donald P. Kommers 撰;张伊明译;邵海校]

默里租户诉霍伯肯土地改良公司案[Murray's Lessee v. Hoboken Land & Improvement Co., 18 How(59 U. S.)272(1856)]

1856年1月30日、31日,2月1日、4日辩论,1856年2月19日以9比0的表决结果作出判决,柯蒂斯代表联邦最高法院起草判决意见。本杰明·R. 柯蒂斯(Benjamin R. *Curtis)法官的判决意见使联邦最高法院第一次开始分析联邦宪法第五修正案(the *Fifth Amendment)中的正当程序条款(*Due Process Clause)。臭名昭著的塞缪尔·斯沃尔特(Samuel Swartwout)盗用了150万美元税款用于购买土地。财政部发出财产扣押令(一种非司法程序)以使这一土地买卖无效并追回资金。斯沃尔特和土地销售方以这一程序违反了正当程序及分权(*separation of powers)原则为由对此提出质疑。

---

① 另请参见 Fifth Amendment;Self-Incrimination。

柯蒂斯代表联邦最高法院的一致意见,认为联邦政府可以采用非司法程序收回被盗用的资金,并支持这一程序合乎宪法。他认为,联邦宪法第五修正案中的正当程序条款等同于在大宪章39条中第一次出现的"在全国范围内有效的法律"(p.276)。他对正当程序条款的解释——该条款是对政府立法权、司法权和行政权的限制,而且不能被解释为国会可以使任何程序成为"法律的正当程序"——是以正当程序在传统程序法上的概念为基础的,但其中隐约包含了在实体法上的解释(p.276)。纽约州上诉法院同时期在"威纳哈莫尔诉人民案"(Wynehamer v. People)(1856),默里租户案(Murray's Lessee)的判决中间接地预示了19世纪末期实体法上的程序正当原则。但是,首席大法官罗杰·B.托尼(Roger B. *Taney)在他对德雷德·斯科特案(Dred *Scott)依据正当程序条款进行判决的判决附言中(参见Obiter Dictum)却忽略了这两方面的意见,柯蒂斯的判决意见被证明是这一原则后来发展演变的雏形。

[Thomas C. Mackey 撰;张伊明译;邵海校]

马斯克拉特诉合众国案[Muskrat v. United States,219 U.S. 346(1911)]①

1910年11月30日至12月2日辩论,1911年1月23日以7比0的表决结果作出判决,戴代表联邦最高法院起草判决意见,范·德凡特和拉马尔未参与。1907年3月1日,国会通过一项法律规定柴罗基族的印第安人,包括戴维·马斯克拉(David Maskrat),可以在联邦申诉法院起诉合众国,可以向联邦最高法院上诉,以判定国会以前就柴罗基族人所有的土地所作出的规定是否符合宪法。国会还指令司法部长在诉讼中代表合众国,规定可以代表柴罗基族人起诉的律师应该由财政部支付费用。

当案子到联邦最高法院时,很明显,按照联邦宪法第3条(*Article Ⅲ)的规定,美国法院包括联邦最高法院的司法权只能审理诉至法院并要求判决的案件和争议。法院指出,联邦宪法第3条所要求的案件和争议几乎在合众国建立之初就被认为是联邦法院行使司法权(*judicial power)的限制。它认为,国会1907年的法律创造了一次友好起诉,当事人双方之间在法律上没有任何对立的利益冲突,而这种冲突对于一个真正的案件或争议来说是必需的。由此,马斯克拉特案按照宪法第3条的规定就不在法院的法定管辖权之内,因此不被受理。"马斯克拉特诉合众国案"仍然是案件和争议要件对联邦司法权进行限制的一个经典例子。

[Richard C. Cortner 撰;张伊明译;邵海校]

迈尔斯诉合众国案[Myers v. United States,272 U.S. 52(1926)]②

1924年12月5日辩论,1925年4月13日至14日再次辩论,1926年10月25日以6比3的表决结果作出判决,塔夫脱代表联邦最高法院起草判决意见,霍姆斯、麦克雷诺兹,布兰代斯表示反对。当威廉·霍华德·塔夫脱(William Howard *Taft)任总统时,他认为宪法严格限制了行政首长的权力。但是,在他任首席大法官(*chief justice)时,他就总统权力所撰写的文章在联邦最高法院的历史上是最主要最广泛的文章之一。迈尔斯案中,一位被伍德罗·威尔逊(Woodrow Wilson)总统草草免职的邮政局长起诉要求支付应付而未付的薪金,对该案的判决是联邦最高法院判例汇编中最长的判决之一。根据授权法案的规定,该官员在四年的任期内只有在参议院的建议和同意下方可被免职;国会有权对总统解除自己任命的下级官员的职权作出限制,未支付的薪水能否收回要依法院对国会这种权力的解释而定。

尽管国会显然在自己的职权内可以设立邮政局、任命邮局员工并为其支付报酬,但塔夫脱代表联邦最高法院认为,这一法律侵犯了行政权力。在1789年国会有关国务卿职责的争论中,塔夫脱认为,总统本来就有权解除其所任命的政府官员而且是不需要条件的,这种理解符合法律的规定。塔夫脱接受这一法律上的理解是因为他赞同这一结论背后的合理性。既然总统对法律是否得以如实执行负有最后责任,那么他必须享有解除部下的充分权力。塔夫脱又补充说,行政权的解释应该有利于分权(*separation of powers);宪法就人员任免要求参议院的建议和同意不能被暗中扩大。法官是因为品行良好而被任命,除此之外,总统应该享有充分的解除职务的自主裁量权。他认为,之所以如此是因为行政机关和立法机关之间的政治区别能好地防止总统不履行其执行法律的宪法职责。

反对者轻而易举地指出了塔夫脱判决意见中的缺陷。詹姆斯·麦克雷诺兹(James *McReynolds)法官在他那冗长而又详实的反对意见中讽刺塔夫脱所谓的解雇政府官员的固有行政权力。麦克雷诺兹认为,既然宪法赋予国会而不是总统来任命和解雇次级政府官员,就没有必要授予总统更广泛的权力来任命下级官员,因为这样就剥夺了国会对解职予以限制的权力。

路易斯·D.布兰代斯(Louis D. *Brandeis)在他的反对意见中认为,在处理有关下级政府官员的

---

① 另请参见 Native Americans。
② 另请参见 Appointment and Removal Power; Inherent Powers。

问题时,总统必须在国会职权的约束下行事,而且总统只享有授权法案所规定的权力。由于受到已有体制的约束,国会只是在美国内战之后才提出解除政府职员这一问题。但是布兰代斯发现内战之前也没有什么东西与固有的惯例相矛盾。面对塔夫脱对权力原则的极端解释,布兰代斯强调政府机关彼此之间相互制衡的重要性。他认为,国会不仅可以而且必须对政府职员予以保护,并保证政府免于受到专横行政行为的侵犯。

迈尔斯一案引起了太多争论。如果一个国家的行政机关激增,总统不受限制的任免权就会对国会的决策职能造成威胁(参见 Administrative State)。在"汉弗莱遗嘱执行人诉合众国案"(Humphrey's Executor v. United States)(1935)中,联邦最高法院一致否认了塔夫脱过于激烈的言论,判决国会应该保证执行准立法权及或准司法权的政府官员不被行政机关自主解职。但是,对严格履行行政职能的官员来讲,迈尔斯案仍有借鉴意义。

参考文献 Louis Fisher, *Constitutional Conflicts between Congress and The President* (1985).

[John E. Semonche 撰;张伊明译;邵海校]

N n

小纳布里特,詹姆斯·M [Nabrit, James M., Jr.]

(1919年9月4日出生于佐治亚州的亚特兰大)律师、教育家。从西北大学法学院毕业,詹姆斯·纳布里特迁居得克萨斯州的休斯敦。在那儿,他在有关石油和天然气争议的案件中出任土著美国人(*Native Americans)的律师,并且成为不动产方面的执业律师。他也积极从事民权实践,是针对白人预选(*white primary)提起诉讼的主要律师之一。在移居华盛顿执教霍华德法学院后,纳布里特作为一名民权律师仍然活跃。他帮助发展了挑战种族性限制性协约(*restrictive covenants)合宪性的法学理论,参加了"斯韦特诉佩因特案"(*Sweatt v. Painter)(1950)的庭审。"纳布里特是博林诉夏普案"(*Bolling v. Sharpe)(1954)的主要辩护人,反对哥伦比亚特区的学校种族隔离,并且在联邦最高法院就此案辩护。在1960—1969年间,他担任霍华德大学的校长,直至退休。

[Mark V. Tushne 撰;杨力峰译;许明月校]

全国有色人种协进会 [National Association for the Advancement of Colored People]①

以缩写 NAACP 为人们所熟知,是美国最大的民权组织。全国有色人种协进会于1909年成立,在随后的20年间,它参与了大量扩大非洲裔美国人权利的联邦最高法院审理的案件。它在"吉恩诉合众国案"(*Guinn v. United States)(1915)中,提出一份法庭之友诉讼要点(*amicus brief),该案推翻利用"祖父条款"(*Grandfather Clause)剥夺黑人选举权的做法。它在"布坎南诉瓦雷案"(*Buchanan v. Warley)(1917)中成功地挑战了居住隔离法令。在"穆尔诉登普西案"(*Moore v. Dempsey)(1923)中,联邦最高法院认可了该协进会关于联邦法院可以介入保护在暴民控制的州接受审判的被告诉讼权利的主张。

然而,全国有色人种协进会在1931年从国际劳动保护组织(International Labor Defense)手中夺取斯考特伯罗系列案(*Scottsboro Cases)控制权的失败,暴露出该组织缺乏全面的诉讼策略。1934年,该组织任命霍华德法学院院长、查尔斯·汉密尔顿·休斯顿(Charles Hamilton *Houston)作为它的第一位专职律师。休斯顿主张以统一的方法解决与歧视、种族隔离和种族暴力相关的不同问题。1939年,全国有色人种协进会法律辩护基金(Legal Defense Fund,简称 LDF)的成立进一步增强了该组织形成能独立生存的宪法诉讼策略的能力。该组织大多数著名的胜诉,是通过法律辩护基金获得的,如"布朗诉教育理事会案"(*Brown v. Board of Education)(1954)。但全国有色人种协进会仍保留着自己的法律班底,继续进行诉讼,特别是通过它的州会议协调体制和地方分支机构体制。

全国有色人种协进会也试图通过政治行为影响联邦最高法院。1930年,该组织在挫败任命约翰·约翰斯顿·帕克(John Johnston *Parker)为联邦最高法院大法官中发挥了关键性作用,该组织发现帕克在1920年北卡罗来纳州州长竞选期间曾经批评非洲裔美国人的政治参与。后来,全国有色人种协进会曾因为对民权所持的立场,反对对克莱门特·海恩斯沃思(Clement *Haynsworth)、哈罗德·卡斯韦尔(Harrold *Carswell)、罗伯特·博克(Robert *Bork)和克拉伦斯·托马斯(Clarence *Thomas)的任命。

[Eric W. Rise 撰;杨立峰译;许明月校]

帕特森引起的全国有色人种协进会诉亚拉巴马州案 [National Association for the Advancement of Colored People v. Alabama ex rel. Patterson, 357 U.S. 449(1958)]②

1958年1月15—16日辩论,1958年6月30日以9比0的表决结果作出判决,其中,哈伦代表联邦最高法院起草判决意见。在本案中,联邦最高法院确认了作为联邦宪法第一修正案(the *First Amendment)一个完整部分的结社自由权,尽管第一修正案的措辞未明确指明结社。

本案产生的背景是全国有色人种协进会(*National Association for the Advancement of Colored People)未遵守亚拉巴马州社团登记法,亚拉巴马州认为该组织的诸多行为(如组织公共汽车联合抵制,支持学生寻求取消州立大学的种族隔离)对该州公民造成了无法补救的伤害,故对该组织提起诉讼欲将其驱逐出该州,而全国有色人种协进会不顾这一切继续运作。亚拉巴马州初审法院试图获得全国有色人种协进会的大量文件,该组织迟延了一段时间之后提供了除成员名单以外的法院所需的所有文

---

① 另请参见 Legal Defense Fund。
② 另请参见 Assembly and Association, Citizenship, Freedom of; Race and Racism。

件,该组织坚持认为提供成员名单将威胁其组织的完整性,公开其成员姓名将导致经济和雇佣方面的报复、骚扰、暴力,并增加该组织成员结社自由和表达自由方面的类似负担。一名初审法官判决全国有色人种协进会藐视法院,并处以100 000美元罚金。

联邦最高法院判决全国有色人种协进会可以主张其成员的宪法权利作为对其藐视法院指控的抗辩。在这种情况下,要求个别成员自告奋勇主张他们的结社权利,实际上是否认他们享有结社自由。联邦最高法院进一步裁定,成员名单与成员追求他们的合法私人权益及自由结社的权利密切相关,因此成员名单应当受到宪法保护。强制披露成员名单将在全国有色人种协进会享有联邦宪法第一修正案规定的结社自由上增加不正当的负担。亚拉巴马州未能证明公开成员名单产生的利益足以超过全国有色人种协进会根据宪法拒绝公开成员名单造成的损失。联邦最高法院推翻了亚拉巴马法院作出的藐视法院,并处以罚金的判决。

[Elliot E. Slotnick 撰;杨力峰译;许明月校]

全国有色人种协进会诉巴顿案[National Association for the Advancement of Colored People v. Button,371 U. S. 415(1963)]①

1961年11月8日辩论,1962年10月9日再次辩论,1963年1月14日以5比1比3的表决结果作出判决,其中,布伦南代表联邦最高法院起草判决意见,怀特部分持并存意见同意、部分反对,哈伦、克拉克和斯图尔特反对。该案发生的背景是弗吉尼亚州"禁止挑拨诉讼"法,该法对各民权组织[如全国有色人种协进会(*NAACP)]及它们的律师通过资助诉讼,利用法院消灭种族歧视的做法构成挑战。根据这部法律,在此类诉讼中,代表无"金钱利益"的组织的律师将被取消律师资格。

联邦最高法院认为,针对其律师挑拨诉讼非法招徕生意的主张,全国有色人种协进会可以以成员的权利提出抗辩。而且,全国有色人种协进会在挑战种族歧视的诉讼中提供律师的努力,受联邦宪法第一修正案(the *First Amendment)和联邦宪法第十四修正案(the *Fourteenth Amendment)保护。约翰·马歇尔·哈伦(John M. *Harlan)大法官表示反对,他认为,与其他团体行为(如结社、讨论和宣传)不同,诉讼主要是行为而非表达。因此,它应受到合理的州法的限制。然而,多数人不同意这种看法,他们认为资助诉讼可能是一些集团表达成员的不满,寻求救济的唯一方式。这样的集团诉讼受联邦宪法第一修正案的保护,实际上,如本案系争的那些法令构成"抑制寻求有利于黑人权利的最终诉讼制度的讨论的最严重的危险"(pp. 416-417)。巴顿案的判决是一个里程碑式的裁决,它裁定维持了利益集团将司法程序的利用作为其政治活动主要构成的做法。

[Elliot E. Slotnick 撰;杨力峰译;许明月校]

全国劳动关系委员会诉琼斯与劳夫林钢铁公司案[National Labor Relations Board v. Jones & Laughlin Steel Corp. ,301 U. S. 1(1937)]②

1937年2月10—11日辩论,1937年4月12日以5比4的表决结果作出判决,其中,休斯代表联邦最高法院起草判决意见,范·德凡特、麦克雷诺兹和巴特勒反对。琼斯与劳夫林钢铁公司案(the Jones & Laughlin)是1937年4月12日判决的5个案件之一,它确认了全国劳动关系法(NLRA)的合宪性,被视为"新政"(*New Deal)宪政危机的重要转折点,国会1935年通过的全国劳动关系法,保证工人们不仅可以在从事州际贸易的工商企业中,而且可以在其活动影响州际贸易的工商企业中组织工会的权利,并且禁止雇主因为雇员的工会会员身份或参与工会活动而解雇或歧视他们。

人们通常认为,全国劳动关系法是富兰克林·德拉诺·罗斯福(Franklin Delano *Roosevelt)总统"新政"时期国会最激进的立法,全国劳动关系法在通过时,其合宪性就受到怀疑。在以前的判例中,联邦最高法院一直认为合同自由(参见Contract, Freedom of)受联邦宪法第五修正案(the *Fifth Amendment)正当程序(*Due Process)条款的保护,依据合同自由,雇主和雇员有权讨价还价,不受政府干预。联邦最高法院还认为与制造或生产企业相关的劳动关系仅仅间接影响州际贸易,因此根据贸易条款,这些劳动关系超出了国会权力的合法范围。全国劳动关系法一直适用于琼斯与劳夫林公司宾夕法尼亚州艾利奎普工厂的雇主—雇员关系,该工厂生产钢铁及钢铁制品。

联邦最高法院宣布1933—1936年间国会通过的许多"新政"立法无效,受到阻挠的罗斯福总统在1937年早些时候寻求立法授权他任命联邦最高法院的增补大法官以获得支持新政的多数。刺激罗斯福总统采用所谓法院人员布置计划(*Court-packing Plan)的关键问题是联邦最高法院与总统和国会之间在联邦权力管制经济的范围上存在分歧,联邦最高法院对此权力采狭义解释,相反,总统和国会采广义解释(参见Delegation of Powers)。在琼斯与劳夫林案中,联邦最高法院便面临这一问题,此案辩论距罗斯福总统提出法院人员布置计划不到1周。

---

① 另请参见 Assembly and Association, Freedom of; Race and Racism。

② 另请参见 Commerce Power; History of the Court: The Depression and the Rise of Legal Liberalism。

大法官乔治·萨瑟兰（George *Sutherland）、皮尔斯·巴特勒（Pierce *Butler）、威利斯·范·德凡特（Willis *Van Devanter）和詹姆斯·麦克雷诺兹（James C. *McReynolds）在琼斯与劳夫林案中持反对意见，他们基于合同自由与贸易条款，主张全国劳动关系法无效。仅在1年前，首席大法官查尔斯·埃文斯·休斯（Charles Evans *Hughes）和大法官欧文·罗伯茨（Owen *Roberts）还一直赞同：与生产企业相关的劳动关系本质上是地方性的，仅间接影响州际贸易。然而在琼斯与劳夫林案中，休斯和罗伯茨投票支持全国劳动关系法，许多评论者注意到他们因为法院人员布置计划而改变了观点。

在代表联邦最高法院提出的判决意见中，休斯未理会基于正当程序和合同自由反对工人组织工会的权利的主张。另外，休斯还认为，联邦政府可以合法保护制造和生产企业的工人组织和参加工会的权利，作为防止影响州际贸易的企业罢工的一种手段。结果，联邦最高法院放弃了用贸易条款衡量正当性的直接影响标准，转而采纳了已被人们接受的观点，即根据贸易条款，国会能够触及和规范的不仅仅是州际贸易本身，而且还包括任何影响州际贸易的行为，无论他们的影响是直接的还是间接的。通过在此基础上支持全国劳动关系法的正当性，联邦最高法院发出信号，它不再禁止联邦政府试图管制经济，至此，罗斯福提出的法院人员布置计划的主要理由也就不存在了，这一计划最终被国会否决。

参考文献　Richard C. Contner, *The Wagner Act Cases* (1964).

[Richard C. Cortner 撰；杨力峰译；许明月校]

全国城市联盟诉尤塞里案[National League of Cities v. Usery, 426 U. S. 833 (1976)]①

1975年4月16日辩论,1976年3月2日再次辩论,1976年6月24日以5比4的表决结果作出判决，其中，伦奎斯特代表联邦最高法院起草判决意见，布莱克蒙持并存意见，布伦南、怀特、马歇尔和史蒂文斯持反对意见。全国城市联盟案推翻了一部1974年的联邦法律，这部法律将公平劳动标准法关于最长工时和最低工资的规定适用于大多数州和城市的雇员。公平劳动标准法关于最长工时和最低工资的规定适用于私营公司雇员符合宪法，这是一个已经解决的法律问题。然而，联邦最高法院似乎给联邦宪法第十修正案(the *Tenth Amendment)注入了新生命，认为由于适用于"作为各州的各州"(states as states)，该条款是对"各州政府主权本质属性"的违宪干涉(p.845)，因此违反联邦宪法第十修正案。

全国城市联盟案的重要性，不在于判决本身的实际影响，而在于他是一个有利于联邦主义的象征性打击。通过适用作为联邦权力重要界线的联邦宪法第十修正案，联邦最高法院使自"新政"(*New Deal)以来一直处于休眠状态的条款得以复活。联邦最高法院宣布受到争议的那部1974年法律违宪无效，不是因为国会缺乏通过该法的确定权力——这种规制很明显属于国会规制州际贸易和对外贸易的权力——而是因为该法侵犯了"州主权的传统领域"，"不可允许地干涉了各州完整的政府职能"(pp.849,851)。联邦最高法院自"新政"以来第一次以国会超越联邦制允许的界限为理由宣布一部联邦法律无效。

全国城市联盟案没有挑战国会对涉及州际贸易或实质影响州际贸易的各种活动的私营公司或个人实施规制的权力，该案判决只对类似的包含各州本身，即州政府或其各部门行为的案件有影响。联邦最高法院认为"在挑战国会规制贸易权力的实践时，作为美国各州的州处于与个人或公司很不相同的地位"(p.833)。这样，联邦最高法院推翻了"马里兰州诉沃茨案"(Maryland v. Wirtz)的判决，但对于长期以来授予国会规制州际贸易和对外贸易权利的判例路线并未触及。

在联邦对州事务的干预方面，全国城市联盟案恰恰在许可和不许可之间留下了模糊的区域。威廉·伦奎斯特(William H. *Rehnquist)大法官对检验标准，从"分离的基本职能和独立存在"，到"州主权的传统领域"，到"完整的政府职能"和"州与地方政府的传统运行"，作了不同的陈述。作为传统的或完整的政府职能的例子，联邦最高法院列举了消防、治安、公共卫生、公共健康，以及公共娱乐场所。由于全国城市联盟案本身包含着对那部1974年法律休眠条款的全面挑战，确定什么构成传统政府职能的具体问题留给了后来涉及更具体的国会行为的案件。

在简短的并存意见中，哈里·布莱克蒙(Harry *Blackmun)大法官提出，联邦最高法院的意见采取了"一种平衡方法，它并没有宣告诸如环保等领域的联邦权力不合法，在那些领域中，联邦的利益很明显是巨大的，州的措施符合强制性的联邦标准是重要的"(p.856)。

四名大法官反对。威廉·布伦南(William *Brennan)大法官指出联邦最高法院长期尊重国会对贸易领域的规制，并且引证了联邦最高法院先前的裁决，"州主权必须受到宪法授予的联邦政府权利的限制"(p.859)。布伦南指责联邦最高法院的多数意见创造了一个臆想的抽象概念作为一个使他们不赞同的国会意见无效的透明盖子(p.867)，还指责多数意见违反了司法自我约束和尊重各政府部

---

① 另请参见 Commerce Power; Federalism; State Sovereignty and States' Rights。

门的原则(参见 Judicial Self-Restranit)。他称多数意见的"基本职能"检验标准"在概念上不可行",因此毫无意义。他总结道,联邦最高法院的判决是司法机关对国会根据贸易条款享有的权力一个灾难性的打击(p.832)。

全国城市联盟案的生命期限很短。在细致区分是否是"基本的"或"传统的"州职能10年过后,联邦最高法院放弃了努力。在"加西亚诉圣安东尼奥都市交通局案"(*Garcia v. San Antonio Metropolitan Transit Authority)(1985)中,联邦最高法院同样以5比4的表决结果推翻了全国城市联盟案的判决,曾在全国城市联盟案表示对"联邦最高法院意见可能的含义不无忧虑"(p.865)的布莱克蒙改变了投票(于1981年接替斯图尔特的奥康纳投了与斯图尔特相同的票)。

[William Lasser 撰;杨力峰译;许明月校]

全国妇女组织
[**National Organization for Women(NOW)**]①

创立于1966年,当时女权主义者因为平等就业机会委员会拒绝其根据《1964年民权法》(the *Civil Rights Act of 1964)提出的就业歧视主张进行调查而受挫。在保证《平等权利修正案》(the Equal Rights Amendment)(ERA)和包括《信贷机会平等法》(the Equal Credit Opportunity)和《反怀孕歧视法》(the Pregnancy Discrimination Act)在内的多部法律通过的努力中,全国妇女组织一直是一个领导者。

1971年,全国妇女组织建立了独立、免税的全国妇女组织法律辩护及教育基金,目的是通过诉讼保证消除性别歧视,帮助成为性别歧视受害者的妇女。仿效全国有色人种协进会法律辩护基金(*Legal Defense Fund),全国妇女组织现今是联邦最高法院诉讼的积极参与者。全国妇女组织几乎在每一起联邦最高法院判决的涉及性别歧视的重要案件中都提交了法庭之友诉讼要点(*amicus brief)。

全国妇女组织在有关因怀孕而产生歧视的立法辩论中发挥着重要作用。该组织认为,法律——如"加利福尼亚联邦储蓄与贷款协会诉格拉案"(California Federal Savings & Loan Association v. Guerra)(1978)确认的法律——在迫使雇主为妇女增加男子不享有的福利时,歧视了妇女。

全国妇女组织及其法律辩护基金在关于堕胎(*abortion)的辩论中一直是主要力量。该组织是第一个要求完全废除所有限制堕胎的州法的重要的女权组织,该组织认为堕胎是妇女的一项权利。

[Karen O'Connor 撰;杨力峰译;许明月校]

国家治安权[**National Police Power**]
参见 Police Power。

国家安全[**National Security**]②

联邦宪法将"提供公共防御"的权力在联邦政府的立法和行政部门进行了分配。爱德华·S.科温(Edward S. Corwin)在《总统:职位与权力(1787—1957)》(The President: Office and Powers)一书中将这种国防上的分权描述为"一种对斗争的诱惑"(p.171)。当然一直存在斗争,但将其描述为,有效利用国家安全的宪法安排要求国会和总统相互合作,似乎更接近制宪者的意图。司法部门的角色是监督二者的宪法界线,并在它们受到保证国防安全的努力威胁时,保护公民自由。在扮演这种角色的过程中,法院对政治机构的决定极少发挥重要影响。

很明显,除了对根据联邦宪法、法律和条约提起的诉讼拥有一般的管辖权外,"司法权"也负责触及国家安全的某些案件,如影响大使和领事的案件,有关海事法及海事管辖权的案件,以及指控叛国罪的案件。联邦宪法对叛国罪的界定很精确,仅限于对国家"发动战争"或者"支持、援助和鼓励"国家的敌人。对于确定叛国罪,联邦宪法要求要有两名证人对同一个公开行为的证言或者本人在公开庭审中认罪。但是,依据这些概念审理的案件对涉及国家安全政策的行为有重要影响的,即便有,也极少。

法院的角色 相反,更为典型的是联邦最高法院决定在发动和进行战争中每个部门是否充当了恰当的宪法角色。在此类案件中,联邦最高法院通常尊重政治程序。

例如,在美国内战(the *Civil War)期间,船主们挑战亚伯拉罕·林肯(Abraham *Lincoln)总统的封锁命令,理由是在他们的财产被扣押时,国会仍未宣战,也未表示欲在武装力量的运用方面合作。联邦最高法院驳回了这一抗辩,虽然是以最微弱多数;并认为总统已对武装攻击作出反应,而且国会已经尽快地支持了总统的行动。

然而,面对国会与总统之间的尖锐分歧,联邦法院显示出较少的服从。1952年,朝鲜战争期间,哈里·S.杜鲁门总统以他作为总司令的责任和作为行政首脑的固有权力,作为他有权没收受到罢工威胁的轧钢厂的理据。联邦最高法院在"扬格斯通钢板与管道公司诉苏耶尔案"(*Youngstown Sheet & Tube Co. v. Sawyer)中作出回应,认为总统的权力必须或者源于某部法律(所有人都认为本案中国会拒绝制定这样的法律),或者源于联邦宪法。联邦最高法院认为总统没收私有财产的权力不能从授权条款或者总统作为总司令的任命中推出,否则将使

---

① 另请参见 Gender。
② 另请参见 Foreign Affairs and Foreign Policy; Sepatation of Powers。

总统的权力不受限制。因此联邦最高法院命令将轧钢厂归还给它们的所有者。

在保护公民自由方面,联邦最高法院向来不愿对联邦宪法第一修正案(the *First Amendment)的言论自由和结社权(rights of free *speech and association)作绝对解释,以对抗基于国家安全的各项要求。第一次世界大战(*World War Ⅰ)期间,国会通过立法使下列行为成为犯罪:传播旨在妨碍军事胜利的错误言论,或者发表旨在引起蔑视合众国政府、宪法或国旗的言论。根据这些法律,接近1000人被定罪。联邦最高法院采用"明显、即发的危险(*clear and present danger)"标准,在"申克诉合众国案"(*Schenck v. U. S.)(1919)中根据这些法律作出有罪判决。"冷战"期间,在诸如"丹尼斯诉合众国案"(*Dennis v. United States)(1951)等案件中,联邦最高法院判决共产党领导人有罪,因为他们蓄意鼓吹暴力推翻政府(参见 Communism and Cold War)。在"合众国诉尼克松案"(United States v. *Nixon)(1974)中,联邦最高法院暗示,如果理查德·尼克松(Richard *Nixon)总统行政特权(*executive privilege)的主张是基于保护军事、外交或需要保密的国家安全机密的需要,那么这种主张可能得到支持。

另一方面,联邦最高法院偶尔显示出愿意更充分考虑宪法第一修正案的各种自由来对抗总统国家安全利益的主张。在"纽约时报公司诉合众国案"(*New York Times Co. v. United States)(1971)中,联邦最高法院援引反"预先约束(*prior restraint)"规则,拒绝阻止发表五角大楼文件。因为简短的法院意见(*per curiam)附有9名大法官的论证,其中3名大法官持反对意见,该案未留下明确的先例。

言论自由、结社自由(参见 Assembly and Association)和新闻自由并非是在与国家安全的冲突中受到侵害的仅有的自由。美国内战期间,虽然首席大法官罗杰·B. 托尼(Roger B. *Taney)首先对总统中止人身保护状(*Habeas Corpus)的权力提出异议,但面对林肯总统明确拒绝接受令状,他未再追查此事[梅里曼的单方诉讼案(Merryman, Ex parte)(1861)]。联邦最高法院也未能有效对抗林肯政府的政策,通过该政策政府使超过13 000人受到无证逮捕、未经审讯的监禁,危险过后才予释放。最终,直到战争结束,联邦最高法院才以官方身份重新肯认公民接受公平审判的权利["米利根单方诉讼案"(*Milligan, Ex parte)(1866)]。

与此类似,第二次世界大战(*World War Ⅱ)期间,联邦最高法院判定迁移和拘禁日本裔美国公民不存在宪法障碍["海拉巴亚斯诉合众国案"(*Hirabayashi v. United States)(1943)];"科里马修诉合众国案"(*Korematsu v. United States)(1944)]。直到战后,联邦最高法院才开始修复"损害"["邓肯诉路易斯安那州案"(*Duncan v. Kahanamoku)(1946)]。2004年,在国家安全问题上对总统权力的司法限制再次成为焦点,联邦最高法院认定——就程序问题——在关塔那摩湾(Guantanamo Bay)的被拘禁者(*detainees)有权作出法律陈述,并获得在法院接受审理。对一个涉及将囚犯投入关塔那摩湾的、针对行政政府的案件,不知道联邦最高法院就其中的是非曲直将会如何裁断。

1950年以后,一种动态的平衡 从历史来看,从建国到20世纪中叶,如国父们所愿,部门间合作的需要由于两个深厚的文化传统得以加强:反对在和平时期维持一支常备军,也不愿结成"纠缠不休的联盟"。由于这些承诺,两个部门的政治领导人按自己的主张处理隐现的冲突,并且不得不使彼此相信国家有必要准备战争和派遣军队参战。小规模交战无需大的动员,总统经常能够决定开战和停战而无需更多的公开辩论,尽管在这种情况下总统会按例向国会领导咨询。

第二次世界大战结束后,开始了通常情况下彻底的军队复员,但很快进入"冷战",国家不情愿地放弃了这些历史承诺。杜鲁门政府谈判、参议院批准了一系列共同防御条约和其他协定(1949年的《北大西洋公约》是最重要的一个),通过这些条约,合众国同意与其他国家一起加入对共产主义侵略的抵抗。一些协定声明,对联盟任何一个国家的进攻将被视为对联盟所有国家的进攻,每个国家将根据自己的宪法程序作出回应。1787年制宪会议期间的辩论已经明确,根据联邦宪法,总统个人有权决定"击退突然进攻"。

国会和总统认为国家保卫"自由世界"的责任需要一支庞大的军队。这些武力包括固定在火箭上的能够在几小时之内彻底摧毁一个国家的核武器。由于双方都拥有这些武器,美国武库的控制权必须掌握在能迅速采取行动的人手中。

这些新的事实极大地影响了宪法上各种战争权力的平衡。国会和政府领导人无需为了动员武装部队回应特殊威胁而寻求政治上的支持;它们一直是准备好的。在受到共产主义威胁时,总统也无需授权即可作出反应,授权已经存在于"冷战"的条约、协定,以及制定这些协议的共识之中了。

这些安排在哈里·杜鲁门总统和莱顿·约翰逊总统将国家分别带入朝鲜战争和越南战争(*Vietnam War)时支持了他们。这两场战争的开始均未经国会宣战。当战争被证明拖得太久而且是致命的时,他们付出了高昂的政治代价。

由于越南战争拖得太久,许多人开始怀疑宪法上战争权力的分立是否仍能保证军事力量的运用仍然需要各政治部门合作。一些问题通过正当途径提到了法院面前。被征入伍的年轻人对政府让他们在不宣而战的战争中作战的权力提出异议["达科斯特诉莱尔德案"(DaCosta v. Laird)(1973)]。国会议员对总统不宣而战的权力提出异议["霍尔茨曼诉施勒辛格案"(Holtzman v. Schlesinger)(1973)]。在每起案件中,法院都拒绝干预,并认为前任总统们超过200次派军队参加未正式宣战的战争,联邦宪法已将军队的控制权委托给政治部门,国会如果选择,有许多方式可以对抗总统的政策。

只是在临近战争结束时,在一起由13名国会议员提起的诉讼中["米切尔诉莱尔德案"(Mitchell v. Laird)(1973)],联邦法院承认拨款不应视为国会支持总统政策的暗示。"法院[哥伦比亚特区上诉法院]不能忘记所有学童都知道:在就拨款或征兵问题投票时,国会议员不一定赞成继续战争"(p. 615)。然而,以同样的观点,查尔斯·维金斯基(Charles Wyzanski)法官表示尼克松总统陈述的政策将结束战争,他认为法院不可以猜测总统的策略,并拒绝同意国会议员提出的阻止总统进行战争的请求。

在越南战争期间,由于制度运作受挫,致使国会越过尼克松总统的否决,制定了《1973年战争权力决议法》(the *War Powers Resolution of 1973)。这部法律序言部分提出该法是为了实现制宪者的意图,该法命令总统在将武装部队引入战争状态前与"国会""协商"(这两个词在立法中均未定义),并且无论何时将武装部队引入战争状态,都要在48小时内向国会报告。该法进一步要求总统在60天之内撤军,除非国会专门批准交战;还规定总统有另外30天的时间完成部队撤离。

自尼克松以来的每位总统都将《战争权力决议法》视为对联邦宪法赋予权力的违宪侵犯。另一方面,总统们又总是设法遵循这部法律。所以,罗纳德·里根总统于1983年成功地获得国会的授权,在黎巴嫩进行了为期18个月的军事行动;1991年,乔治·H. W. 布什总统获得授权采取了旨在解救科威特而针对伊拉克的军事行动;同样地,国会于2002年10月授权乔治·W. 布什总统在萨达姆·侯赛因不愿按照联合国一系列决议的要求放弃在伊拉克的大规模杀伤性武器时,可以采取针对伊拉克的军事行动。在这些事件中,总统们坚持认为自己在采取行动前不需要国会的允许,但无一例外地都向国会寻求支持,并最终得逞心愿。

寻求法院对国会决议强制执行的诉讼一直是不成功的。在类似"克罗克特诉里根案"(Crockett v. Reagan)(1982)的案件中,联邦法院驳回了国会议员的诉讼请求,理由是案件事实不清楚,争议最好通过国会多数派立法,而不是国会议员个人或团体提起诉讼的方式解决。

罗伯特·杰克逊(Robert *Jackson)大法官在"科里马修诉合众国案"(*Korematsu v. United States),针对联邦最高法院认可拘禁日本裔美国人的雄辩的反对意见中,总结了国家安全的法理:一旦人民将战争权交由不负责任的、不道德的人控制,则法院没有能力制约战争权力。对掌控国家暴力之人的主要约束,……只能是他们对同时代人政治评判的责任感和历史的道德评判的责任感。(p. 248)。

参考文献 David Adler, "The Constitution and Presidential Warmaking," *Political Science Quarterly* 103 (Spring 1988): 1-36; Charles A. Lofgren, *Government from Reflection and Choice: Constitution Essays on War, Foreign Relations, and Federalism* (1986); H. Jefferson Powell, *The President's Authority over Foreign Affairs: An Essay in Constitutional Interpretation* (2002). Clinton Rossiter, *The Supreme Court and the Commander in Chief* (1951); Abraham D. Sofaer, *War, Foreign Affairs and Constitutional Power: The Origins* (1976).

[Donald L. Robinson 撰;杨力峰、潘林伟译;许明月校]

国库雇员工会诉冯·拉布案[National Treasury Employees Union v. Von Raab, 489 U. S. 656 (1989)]①

1988年11月2日辩论,1989年3月2日以5比4的表决结果作出判决,其中,肯尼迪代表联邦最高法院起草判决意见,马歇尔、布伦南、斯卡利亚和史蒂文斯反对。本案争议的是与"斯金纳诉铁路劳工执行协会案"(*Skinner v. Railwaw Labor Executives Association)(1989)共同涉及的问题,即美国海关药检计划的合宪性。该药检计划要求分析那些请求提升到禁毒、携带枪支以及接触机密材料的职位上的雇员的尿样。

一个联邦雇员工会以违反联邦宪法第四修正案(the *Fourth Amendment)为由对这项计划提起诉讼。联邦地区法院同意工会的看法,发出禁令,禁止政府部门继续进行药检计划。上诉法院撤销了禁令(*injunction)。

联邦最高法院判决联邦宪法第四修正案禁止不合理搜查和扣押的规定适用于该药检计划。权衡个人隐私预期和政府特殊需要二者之利弊,联邦最高法院承认此种需要可以使违反联邦宪法第四修正案普通搜查令(ordinary warrant)、对某一具体个人的怀疑(individualized suspicion)和正当理由(*probable cause)要求的行为正当化。本案中,联邦最高法院强调,该药检计划仅适用于那些请求提升的人,而且是为了保护隐私而小心谨慎地制定了该计划。考虑到滥用麻醉药品的流行,存在使用毒品的政府职

---

① 另请参见 Search Warrant Rule, Exceptions to。

员有可能受贿,以及滥用枪支的危险,联邦最高法院认为,政府证明在保卫边境和公共安全方面存在不可抗拒的利益,其重要性足以超过那些请求提升的雇员对隐私的预期。机密材料问题被发还低级别法院进一步补充材料。

持反对意见的瑟古德·马歇尔(Thurgood *Marshall)大法官和威廉·布伦南(William *Brennan)大法官,在斯金纳案中简短地概括了他们的意见,认为,联邦最高法院不考虑联邦宪法第四修正案正当理由的要求是无原则的和毫无道理的。安东尼·斯卡利亚(Antonin *Scalia)大法官和安东尼·肯尼迪(Anthony *Kennedy)大法官对联邦最高法院仅仅基于怀疑而未揭示出实际的危害或可能性,就认可政府部门药检计划,提出严厉批评。

[Gerald N. Rosenberg 撰;杨力峰译;许明月校]

土著美国人[Native Americans]

合众国与印第安部落之间的法律关系是独特而复杂的,自19世纪初开始,联邦最高法院就经常周旋在立法机构和行政机构的冲突之间,在解释这一法律体系时起到了重要的作用。在政治基础而非种族基础之上制定的印第安部落法律规定印第安民族是"国内非独立的民族",它与联邦政府和各州一道,构成界定合众国的联邦主义及并存的法律和政治主权的三个重要组成部分。

这一法律体系已经存在了两百多年了,不容易描述,前后矛盾。研究联邦印第安法律(Indian Law,与印第安部落自己制定的土著美国人法律相区别)的学者以不同的方式归结它们的特点。雷纳德·斯特里克兰(Rennard Strickland),一位著名的学者,认为联邦印第安法律是"种族灭绝法"(genocide at law),旨在以多种方式强迫印第安部落接受联邦印第安法律,同时把土著美国人法律(American Native law)和习惯推到一边。这些法律和社会、经济、政治、军事手段一起向印第安部落进攻,杀死居民并强占土地。另一种说法认为,这些政策是"家长作风式的"(paternalistic)——也许,首席大法官约翰·马歇尔个人对土著美国人的同情之心中也根植了这种家长作风,它正好赶上了无情席卷美国西部的政治、经济力量。

宪法和基础性的联邦印第安法律案例 在首席大法官马歇尔所作的判决意见中,联邦最高法院于1823年在"约翰逊诉姆因特希案"(Johnson v. M'Intosh)中第一次直接地考虑了土著美国人法律地位问题。在综合了国际法、英国普通法、民法及现在看来多少有些讽刺意味的"历史重要性"的基础上,当时的联邦最高法院认定印第安人因长期使用而有权占有现在的土地,但是他们没有世袭地产权(fee simple),也不能将土地卖给除合众国以外的其他人。联邦最高法院的这一判决使印第安人的土地权利在法律上低于欧洲法律权利,同时也拉开了席卷美洲大陆的大规模的灭绝印第安人权利的序幕。由于印第安民族只能将土地卖给合众国,因此印第安人不得不开始了建立在条约基础上的土地转让活动,联邦政府以一种不平等的程序进行"民族与民族"的谈判,通过上百个条约"购买"了他们的土地。对印第安人作为一个"民族"(nation)的认可,也因此为侵占它们的土地提供了一个法律框架。最后,马歇尔使联邦政府取得了对印第安事务的控制权,加上对于印第安土地的唯一购买权,从而大大削弱了各州的土地权利,而土地权利在19世纪的美洲大陆是财富和政治权力最主要的来源。

美国宪法并没有直接授予联邦政府对于印第安部落的排他权力,但这种特权思想在早期的案例中却一直得到了重申。这也可能就是宪法设计者们的意图。宪法只有三次提到了印第安人。商业条款授予联邦政府有权对各州之间及印第安部落之间的商业活动进行管理,这就是所谓的印第安商业条款,目前仍然是联邦政府对印第安部落的许多特权的基础。"不纳税的印第安人"被联邦宪法第1条和联邦宪法第十四修正案(the *Fourteenth Amendment)排除在分配税收和国会代表名额之外,这也是对其独立地位的承认。

"柴罗基部落诉佐治亚州案"(Cherokee Nation v. Georgia)(1831)、"武斯特诉佐治亚州案"(Worcester v. Georgia)(1832)和"科恩·塔塞尔案"(Corn Tassel)(1831)一起并称"柴罗基系列案"(*Cherokee Cases),它们使联邦与州之间的冲突成为联邦印第安法律的中心问题,约翰·马歇尔首席大法官再次确立了一种法律关系,时至今日,其在很大程度上仍然有效。佐治亚州是因为白人的定居行为而卷入到柴罗基人土地中的,也可能部分是因为那里发现了黄金。柴罗基人向联邦最高法院提起了诉讼,当时的总统安德鲁·杰克逊(Andrew *Jackson)支持白人的定居和佐治亚州的土地权利。但是,约翰·昆西·亚当斯总统(John Quincy *Adams)时期的前司法部长威廉·沃特(William *Wirt)却支持柴罗基人的主张,他认为,柴罗基部落拥有主权,这种权利在联邦保护下不受各州侵犯。柴罗基系列案很糟糕地开始于科恩·塔塞尔案,科恩·塔塞尔是柴罗基族人,佐治亚州当局逮捕了他,佐治亚州法院认定其犯有谋杀罪并判处死刑,并且,不顾马歇尔签发的停止执行的训令令状,对他执行了绞刑。

在"柴罗基部落诉佐治亚州"一案中,柴罗基部落认为自己是独立的民族,受到此前与合众国签订的条约的保护,有权要求合众国保护自己免受佐治亚州对土地的侵犯。受"武斯特诉佐治亚州案"影响,联邦最高法院产生了令人绝望的分歧,共分为三种不同意见。以约瑟夫·斯托里（Joseph Story）为首的两位大法官认为，柴罗基部落是事实上的主权民族，拥有美国法律规定的实质意义的主权。约翰·马歇尔与另一位大法官认为，柴罗基部落不是独立的民族，但其享有略逊于独立民族的法律地位，受合众国的保护。余下的两位大法官则否认柴罗基部落存在民族主权可能的观念。因为本案的管辖权最初是以涉及外国政府案件和美国各州案件适用的联邦最高法院原审管辖权为基础的，所以该案被驳回。对此，尽管其他两派有不同看法，但还是同意了。

现在普遍认为，"武斯特诉佐治亚州案"（Worcester v. Georgia）（1832）是联邦最高法院审理印第安法律的开山之作。武斯特是一名扬基人传教士，同时是柴罗基部落的联邦邮递员。他因协助印第安人而被判入狱，本案挑起了除了发生在他们的土地之上外本与柴罗基印第安人无关的联邦权限与州权利的冲突问题。马歇尔动用自己最高司法权力才形成了判决，至今仍有许多印第安法律案件引用这一判决。马歇尔认为，印第安部落处于一种不同寻常的法律地位。他所使用的"国内非独立的民族"这一带有家长式作风的用词也成为判决中最重要的语言。从印第安部落与生俱来的主权出发，马歇尔对"民族"一词的使用为印第安民族与合众国之间提供了"民族与民族"关系的法律框架。但是，这种法律地位是在依附性和家长作风的背景下分析得出的，它关注的焦点是：印第安部落强制性地并入地理意义上的美国，他们要依赖联邦政府而获得保护。

马歇尔的判决意见，引用了大量历史资料，许多用词被后来的数以千计的联邦印第安法律案件引用。如联邦最高法院认为"柴罗基部落……是占据自己领地的一个独立的社区……佐治亚州的法律不适用于该领域，佐治亚州居民也无权进入该领域"（p.561），这对州权利构成了有力的一击，同时也限制了州在印第安民族问题上的权限。此外，马歇尔还写道："根据联邦宪法和法律，合众国与该民族之间的所有交往，都是授权给合众国政府的。"（p.561），这也是合众国对于印第安民族权力的同样有力的宣告。

作为对这个判决意见的回应，人们预料安德鲁·杰克逊总统会说："即然马歇尔已经作出了判决，现在就让他执行吧"。在谈到宪法和联邦最高法院的关系，以及分权条款时，人们总会想到这一历史悠久的轶事。可能杰克逊总统什么也不曾说，但是，杰克逊总统对任何印第安民族主权暗示的蔑视，却预定了此后60多年的美国土著人政策，国会和行政机构也因此屡遭贬损。从1830年到1890年，大部分东部的印第安部落"迁徙"到西部，由此引发的几十起印第安人战争，从佛罗里达到明尼苏达，直至太平洋沿岸；数以千计的印第安人被杀死，数十万人死于疾病和饥荒；部落文化逐渐消失，孩子们离开了家；部落首领被杀死——而联邦最高法院和合众国的法律对这一切并没有做什么。没有法律保护印第安人免遭这些迫害。从武斯特案到19世纪80年代，只有少数涉及诸如在印第安部落领域内征税［柴罗基烟草案（Cherokee Tobacco）（1871）］，印第安部落授予白人部落居民资格［ "合众国诉罗杰斯案"（United States v. Rogers）（1846）］，以及印第安人保留地进行酒类销售［ "合众国诉四十三加仑威士忌酒案"（United States v. Forty Three Gallons of Whiskey）（1876、1883）］的案件被提交到联邦最高法院审理。

克罗狗案（Crow Dog）与印第安族的土著美国人法律 联邦印第安法律的基础内容在19世纪晚期形成，在克罗狗案（Ex parte Crow Dog）（1883）中，克罗狗是一名布鲁勒苏族（Brule Sioux）人，在一次政治争议中杀死了首领。联邦最高法院一致决定推翻了达科他州地区法院的有罪和处以死刑的判决，这样的判决来自于武斯特案判决中确定的印第安族部落的主权。尽管指控认为，联邦条约在字里行间限定了苏族的主权，但联邦最高法院认为，作为一个民族，苏族的主权地位固有地包含了按自己的法律进行统治的权利。

尽管联邦最高法院错误地把布鲁勒法律视为"红种人复仇"法律的一例（第571页），但很显然，土著美国人法律显然是调整有主权土著美国人的最适当的法律。到19世纪晚期，经过多年的"同化"（assimilation）政策后，虽然印第安部落保留自己的法律在政治上存有争议，但是，土著美国人法律的存在本身就是印第安民族强化的一个例证。

法律作为一种社会制度，根植于社会结构和社会目的。所以，美国不同的土著民族所运行的法律与这些民族本身一样是各不相同的。苏族人拥有高度发达的法律来形构基于邦群（band-based）而形成的社会，这种邦群结构社会是传统上苏族人围猎水牛而形成的。东部的土著民族则具有更为久居化的、农耕型的社会结构，他们的法律体系将以家族为基础的财产权配置给土地和猎场。关于毛皮交易的法律则在北方习惯狩猎和诱捕猎物的民族中进化形成；西北沿海民族则拥有高度分层化的法律秩序，而这种法律秩序则是建立在"大马哈鱼"（salmon）为主要经济财富的基础之上。

一般来说，印第安部落的法律秩序都没有与政治及宗教实现完全分离。他们的法律重在保持社会的和谐和稳定，重塑性和恢复性的规则占绝大多数，这与欧洲大陆和英国法律中惩罚性条文占多数的情况不同，纠纷常常能迅速得到解决，依据的仅仅是界定清楚的原则。这些建立在自然法基础上的原则得到了根深蒂固的坚守。时至今日，美国法律中的不确定性依然困扰着这些印第安部落:每一个法律原则都可以平衡和妥协,可能随着背景的变化而变化,这对于印第安人来说根本就不是法律。土著人的法律是一种自然法,它基于经过一代又一代的人流传下来的基本原则而形成,它仍然被部落长老会采用,以反映变化了的时代。印第安人至今仍遵守他们自己的法律,在各部落之中共有四百多个法庭存在。一些法律体系,如纳瓦霍人(Navajo)的法律,发展得较为完善,拥有自己的上诉法院和报告系统。其他一些部落也仍然在使用传统的法院,法庭由部落长老会或长者组成,适用的仍然是代代相传的古老法律。按照礼让承认条款的规定,这些法庭作出的判决对合众国、联邦及各州都有拘束力,必须予以承认。作为主权的一部分,每个印第安民族都可以适用任何他们认为合适的法律,但要遵从国会通过的《重罪法》(the Major Crime Act)、《印第安民事权利法》(Indian Civil Right Act)及其他行使绝对权力的原则而对部落法院设置的某些限制。

同化时期的联邦最高法院和联邦印第安法律
国会于1885年通过了《重罪法》(the Major Crime Act),专为阻止在以后的印第安刑事案件中适用克罗狗案的判决。事实上,国会对在印第安部落实施的七项"重"罪,即:谋杀、绑架、抢劫、强奸及其他类似严重的犯罪,确立了联邦司法管辖权。尽管从其出台的时间来看该法律的出台似乎主要是因为国会对克罗狗案结果的"震怒",但实际的背景却是当时存在着联邦对印第安民族的强制"同化"趋向。19世纪后期,随着印第安战争的结束和合众国横跨美洲大陆的扩展,与自己的领地上信奉自己的宗教、实施自己法律的印第安民族继续共处,已经越来越不能为在扩展的西部扎下根来的政治利益集团所接受。1年以后的1887年,国会通过了《道斯法》(the Dawes Act),据此,把印第安土地"切块分配"给个人从而破坏了印第安部落"共产主义式"社会结构,还把余下的土地"出售"给联邦政府以打开西部殖民的大门。

联邦最高法院默许了国会的意图,并为这种对印第安土地和主权的侵犯行为铺平了道路。在"合众国诉卡加马案"(United States v. *Kagama)(1886)中,联邦最高法院确认了《重罪法》的合宪性,在武斯特案使用的"国内非独立"一词的基础上,又明确地提出了"绝对权力原则",破坏了该案中受到冲击的作为平衡基础的"民族与民族"关系。根据"绝对权力"原则条款,国会对印第安部落拥有"绝对的"或"完全的"权力,一切印第安相关事务都要服从国会的意志。自此,印第安民族的主权失去了基本的保护。

十多年后,同样基于卡根马案判决所确定的国会对部落所享有的权力,"洛恩·沃尔夫诉希契科克案"(*Lone Wolf v. Hitchcock)(1903)的判决再次支持了强制印第安人出售土地和"切块分配"土地的进程。伦·沃尔夫案有时被称为印第安人的德雷德·斯科特案(Indian Dred *Scott case),判决认定国会可以出售印第安人的土地,侵犯其已有的按照条约享有的权利,而不必遵守宪法第五修正案(the *Fifth Amendment)中"合理补偿"条款的规定。从而,在逻辑上完成了"约翰逊诉姆因特希案"(John v. M'Intosh)对印第安人世袭地产权的否定。自此,印第安法律和印第安的土地都可以由国会按照古怪的政治意念任意处置,而丝毫不必顾及宪法中对印第安人权利的保护条款。这段岁月对印第安人来说是黑暗的,同时这些案件也表明联邦最高法院有关印第安法律的审理活动走入了低谷。

20世纪的联邦最高法院和联邦印第安法律
进入20世纪后,联邦印第安法律随着政策和法律的变化也更加复杂。理解这种发展的最佳逻辑理路是:印第安人在拒绝屈从于在他们看来窃走了他们土地、法律和文化的盗贼。他们开始提起一系列无休止的诉讼以保护自己的权利和土地。目前已有数千件案例诉至联邦法院,其中有上百件诉至联邦最高法院,单是案件的数量对他们的决心就是一个很好的说明。今天,有关印第安法律的案件是联邦最高法院处理最多的案件,这些案件涉及许多问题,关乎到合众国—印第安部落关系的方方面面。有些案件是印第安人胜诉,有些却是他们败诉。就原则而言,由于涉及如此众多的问题,这些案件覆盖了法律的各个方面,很难作出一个简单的原则性的分类。但也有一些清晰隐现的类型,从武斯特案开始不断发展的强调"印第安主权"理路的案件与通过绝对权力原则的表述而确立的强调"印第安附属性"理路的案件,其相互之间一直持续存在着一种紧张的关系。

同时,印第安民族本身则有明确的立场:合众国的法律,还有联邦最高法院,并没有界定过他们的法律地位,然而,法律和联邦最高法院是一个竞技场——一个重要的竞技场,在这里,他们必须为保护自己的权利而斗争。对于印第安人来说,按他们自己的法律规定,印第安部落的法律地位自史前时期以来就是作为主权国家而存在的。

在所有在联邦最高法院审理的有关印第安法律的案件中,最具争议的问题是涉及自然资源获得的问题。印第安人除了占有大量土地外,同样要利用自然资源。所以,出现了许多就印第安人对自然资源的利用而提出请求的案件被诉至联邦最高法院,也就不足为怪了。在这些案件中,最为著名的两件案例是"合众国诉怀南斯案"(United States v. Winans)(1905)和"温特斯诉合众国案"(Winters v. United States)(1908)。联邦最高法院在温特斯一案中认定,印第安人保留区的创设,其中本来就暗含了满足保留区需要的获得充分水的权利的保留条件。

在缺水的西部,这样的判决意味着印第安部落都拥有广泛的水权,而且自保留区创设时开始,它就有"优先性"。在"合众国诉怀南斯案"中,联邦最高法院认可,合众国有权保护印第安人通过条约而保留的捕鱼权,而这一原则对于其他类型的捕猎和渔猎行为也是适用的。1979年,在"华盛顿诉华盛顿州商业旅客运输和渔船协会案"(Washington v. Washington State Commercial Passenger Fishing Vessel Association)中,联邦最高法院依照怀南斯案的判决支持了联邦地方法院此前的判决,认定:条约未明确"捕鱼权"时,该权利由印第安人和非印第安人各自分享一半。同样,在"明尼苏达州诉迈尔拉克斯齐佩瓦印第安人部联盟案"(Minnesota v. Mille Lacs Band of Chippewa Indian)(1999)中,1837年条约界定的明尼苏达州齐佩瓦族人(Chippewa)在捕猎、打鱼,以及在大部分北部地区聚会的权利,也得到了联邦最高法院的确认。

20世纪50年代的"终结时代"(termination era)引起了联邦最高法院处理印第安法律案件的一个方向性转变。在"特里吉特印第安人诉合众国案"(Tee-Hit-Ton Indians v. United States)(1955)中,联邦最高法院否决了特里吉特部落(Tlingit nation)自远古时期就享有的对阿拉斯加州东南部的森林所拥有的权利,在经历一代人的时间以后,这样的判决才被后来的《阿拉斯加土著诉求处置法》(Alaska Native Claims Settlement Act)给予了部分的不公正的补救。这样的判决也使联邦最高法院听起来又像是回到了伦·沃尔夫案和"强制同化时代"。

"亚利桑那州诉威廉姆斯案"(Arizona v. Williams)(1959)标志着联邦最高法院在处理印第安法律案件中的又一次转变。经过20世纪80年代上百件案子的审理,联邦最高法院根据合众国的印第安法律应当推进部落主权,以及印第安民族在联邦系统中的作用这一基本原则,在武斯特案判决所确定的范式框架内,在处理印第安—合众国关系问题上,采取了一项"新的"联邦主义的政策。威廉姆斯案是发生在纳瓦霍部落的一桩收债案,随后移送至亚利桑那州地方法院。在引用了武斯特案的判决后,联邦最高法院认为,纳瓦霍部落是案件的适当管辖地。考虑到印第安部落与州之间的紧张对立,同时也考虑到作为武斯特案主题的这种合众国与印第安之间传统上的紧张关系自120多年前就已经存在,联邦最高法院的政策对于推进部落主权是完全必要的。这项政策带来了一系列支持部落主权——其中包括税收、治安、管制和实施地方自治的权利——的判决。这些法律的发展与民权时期国内政治观念并驾齐驱,使人们开始对印第安人享有的"维持其作为印第安人"的权利有了更自觉地意识。他们在多元文化的美国继续生存,被认为可丰富国家的文化遗产,其政治和法律功能则可以在美国的

民主制度中发挥重要的作用。印第安赌博的兴起——联邦最高法院在"卡巴佐印第安人联合使团诉威尔逊案"(Cabazon Band of Mission Indians v. Wilson)(1986)中对此进行了确认,正是这个时代的产物:只要其他联邦利益没有被削弱,主权将使印第安民族取得在广阔的全国平台中管理自己经济事务的权利。

国会对赌博问题进行的干预,即要求希望从事赌场经营的部落分别与各州政府签订契约,又引发了另一个法律问题,一个自柴罗基(Cherokee)时就议论已久的问题。从传统上来说,联邦政府负有保护义务,使印第安部落免受各州政府的侵害。但是,现代联邦主义却使本只属于地理邻居的印第安部落和各州之间签订互利的政治协议——基本的类型如:警察和消防力量的共用,救护车共用,分区制(*zoning)和环境保护。在"塞米诺族诉佛罗里达州案"(Seminole Tribe v. Florida)(1996)中,联邦最高法院认为,根据宪法第十一修正案(the *Eleventh Amendment)规定,国会不能授权印第安部落可以通过诉讼请求州就赌博经营活动问题必须履行与塞米诺族进行协商的法定义务。

"奥利芬特诉斯匡米西案"(Oliphant v. Suquamish)(1981)的判决预示了联邦最高法院在印第安法律问题案件管辖权上与威廉姆斯案不同的转变。首席大法官威廉·伦奎斯特(William *Rehnquist)是一个被收养的亚利桑那人,他给联邦最高法院带来了西部的反印第安法理学。这套法理学感受到正在兴起的印第安主权和日益增强的(尤其在西部)印第安部落政治势力的威胁。在奥利芬特案中,一个白人青年被斯匡米西部落法庭宣判酗酒和行为不端。但是,一向在"法律和秩序"问题上持保守态度的首席大法官却推翻了部落法庭的判决,理由是印第安部落法庭在行使主权时,对白人没有刑事管辖权。伦奎斯特大法官的推理忽视了这样的一个基本事实,即每个进入主权国家管辖区域的人都要遵守当地的法律,无论该国家是法兰西还是斯匡米西。从进一步的分析来看,奥芬利特案的判决背离了以主权为基础的威廉姆斯案关注的主题,将部落主权因素与其他广泛的社会因素进行平衡,这些社会问题包括斯匡米西保留区的位置、居住在该地区内的白人数量、历史上部落法律对白人的管辖权问题的处理等。但是,这种"平衡"标准存在的问题是:部落主权与居住在这里的白人人口的权利往往不能很好的平衡,因为,他们人数更众多,更有力量,拥有更多土地,更多的钱,而且有更多利益需要平衡。

奥利芬特案判决自作出后,联邦最高法院曾多次适用它推翻了部落在涉及商业、税收、狩猎和捕鱼管制案件中的管辖权的行使。由于低层联邦法院和州法院对这些判例的遵循,其对印第安人主权带来

的损害想必是很大的。

参考文献 Angie Debo, *A History of the Indians of the United States*(1970). Vine Deloria, Jr., and Clifford M. Lytle, *American Indians, American Justice*(1983). David Getches, Charles Wilkinson, and Robert A. Williams, Jr., *Case and Materials on Federal Indian Law*, 4th ed. (1998). Sidney L. Harring, *Crow Dog's Case: American Indian Sovereignty, Tribal Law, and United States Indian Law in the Nineteenth Century*(1994). Francis Paul Prucha, *The Great Father: The United States Government and the American Indian* (1984). Judith V. Royster and Michael C. Blumm, *Native American Natural Resources Law* (2002). Rennard Strickland, *Felix S. Cohen's Handbook of Federal Indian Law* 3rd ed. rev. ed. (1982). Rennard Strickland, "Genocide-at-law: An Historic and Contemporary View of the Native American Experience," *University of Kansas Law Review* 34 (1986): 713-755; Charles Wilkinson, *American Indians, Time and the Law* (1987); Robert Williams, Jr., *The American Indian in Western Legal Thought: The Discourse of Conquest* (1990).

[Rennard. J. Strickland 撰；Sidney L. Harring 修订；潘林伟、杨力峰译；邵海校]

归化[**Naturalization**]

参见 Alienage and Naturalization。

自然法[**Natural Law**]①

自然法学是一种哲学学说,认为自然界存在一种特定的秩序,规定了人类行为的规范。该学说因圣·托马斯·阿奎那的"论法律"[其《神学大全》(Summa Theologiae)的一部分]获得了相当的声誉。在阿奎那看来,自然法是人类"参与"包罗万象的永恒法。人类可以掌握一定的不证自明的(self-evident)实践理性原则,这些原则相当于人类本性倾向的不同善。自然法是人法的标准:非正义的法原则上没有约束力。

现代早期的政治哲学家,主要是托马斯·霍布斯(Thomas Hobbes)和约翰·洛克(John Locke),成功地取代了老的目的论哲学,他们也使用"自然法"术语,但是在一种新的意义上。根据他们的观点,自然法的根源不是一系列人类福利和满足(fulfilment)的自然安排的目标,而是自我保护的内在需要。在此基础上,这些理论家创立了新的"自然权利"学说。在自然状态下[霍布斯在《利维坦》(Leviathan)(1651)中将之描述为"一切人反对一切人的战争"],自我保护的需要导致订立社会契约,建立市民社会。根据洛克的《政府论》(Two Treatises of Government)(1690),政府的主要义务是保护生命权、自由权和财产权。

现代自然权利理论对美国政府的建立者有着重要影响,这一点已被《独立宣言》(*Declaration of Independence)的原则证实。然而,透过普通法(*common law)的不同概念和"城市共和国"传统教义,古老的自然法教义的某些方面,仍然嵌在美国法律和政治思想中。

一些早期的法官意见,如"考尔德诉布尔案"(*Calder v. Bull)(1798)中塞缪尔·蔡斯(Sameul* Chase)大法官的意见,维持法院可以独立于宪法具体规定适用"自然公正原则",但美国内战(*Civil War)后自然正义观念被引入联邦宪法第十四修正案的正当程序条款,这一观念被淹没,不再被人提及(参见 Due Process, Substantive)。19世纪早期,在就奴隶制(*slavery)问题辩论时,双方都援引了自然法。

19世纪后期至1937年,自然权利在对政府管理经济事务的权力进行的辩论中成为一种武器。资本主义放任自由理论的捍卫者有时援引自然权利观念(参见 Laissez-Faire Constitutionalism)。放任自由趋势的批评者,包括奥利弗·温德尔·霍姆斯(Oliver Wendell *Holmes),甚至在任职于联邦最高法院(1902—1932)之前作为法律实证主义的倡导者就已经惹人注目了。这些批评者知识上的后裔在1937年之后逐渐控制了联邦最高法院。在霍姆斯看来,自然法理论家们天真地假定他们熟悉的事物必定被所有人作为真理而接受。霍姆斯坚持认为法律只不过是一种对社会的主权者将适用的规则的预测。由于这些观点的影响,占支配地位的法哲学观点是实用主义的,以罗斯科·庞德的著作为代表,这些著作强调法律应适应社会变化。

从20世纪40年代开始,经过60年代早期,费利克斯·法兰克福特(Felix *Frankfurter)大法官和胡果·布莱克(Hugo *Black)大法官进行了关于法律正当程序意义的著名辩论。法兰克福特认为正当程序是一个具有相当普遍性和灵活性的概念,必须借助"表达英语民族观念的宽容和公平标准"来解释其内容["亚当森诉加利福尼亚州案"(*Adamson v. California)的并存意见]。布莱克以批评法兰克福特"自然法"观点的主观性作出回应。他后来在"格里斯沃尔德诉康涅狄格州案"(*Griswold v. Connecticut)的反对意见中认为,以前用来证明放任自由的经济决定合法化的主观正当程序原理,正在复苏使新的隐私权(right to *privacy)具有正当性,包括个人自主决定是否生育子女。

---

① 另请参见 Fundamental Rights; Higher Law。

当代法律思想的主流继续拒斥自然法原则。约翰·罗尔斯John *Rawls 的《正义论》(A Theory of Justice)(1971)提出了一个社会契约论者的理论,影响至今。其他有影响的观点,如功利主义和批判法学,也敌视自然法思想。在自由主义法学家中可能发现一些自然权利思想家,古典的自然法研究方法在约翰·菲尼斯(John Finnis)这样的著者中继续存在[《自然法与自然权利》(Natural Law and Natural Rights)(1980)]。

参考文献 Charles Grove Haines, *The Revival of Natural Law Concepts* (1930);Benjamin F. Wright, *American Interpretations of Natural Law* (1931).

[Christopher Wolfe 撰;杨力峰译;许明月校]

尼格尔对物(对事)诉讼案[Neagle, In re, 135 U. S. 1(1890)]①

1890年3月4—5日辩论,1890年4月14日以6比2的表决结果作出判决,其中,米勒代表联邦最高法院起草判决意见,拉马尔反对,菲尔德未参加。斯蒂芬·J.菲尔德(Stephen J. *Field)大法官招致戴维·特里(David *Terry)的敌意。戴维·特里是一位有名的律师,菲尔德大法官以前在加利福尼亚州最高法院的同事。事情的起因是,菲尔德所在的巡回法院判决特里妻子以前的婚姻无效。1889年菲尔德因巡回义务重回加利福尼亚时,由戴维·尼格尔——被指派给菲尔德的一名联邦警长陪同。当特里与菲尔德不期而遇并袭击菲尔德时,尼格尔射杀了袭击者。根据加利福尼亚州的法律,尼格尔被指控犯有谋杀罪,他向联邦巡回法院申请人身保护状(*habeas corpus),曾与菲尔德一同判决特里的婚姻无效的洛伦佐·索耶(Lorenzo Sawyer)法官授予了令状。

联邦最高法院不得不决定联邦法院是否可以作出正当杀人的最终判决以阻止加利福尼亚州法律的适用。如果一个人违反联邦法律(过去一直被理解为制定法)而被拘留,联邦法律可以授予人身保护状。为了将尼格尔从加利福尼亚州司法审判的不确定性中解救出来,联邦最高法院将"法律"定义为包括合众国授权制定的法令。反对者指责这种联邦权力的扩张,因为它侵入了州的刑法领地。

[John E. Semonche 撰;杨力峰译;许明月校]

尼尔诉明尼苏达州案[Near v. Minnesota, 283 U. S. 697(1931)]②

1931年1月30日辩论,1931年6月1日以5比4的表决结果作出判决,其中,休斯代表联邦最高法院起草判决意见,巴特勒、范·德凡特、萨瑟兰和麦克雷诺兹反对。为了应对20世纪20年代迅速增长的黄色新闻业,1925年明尼苏达州立法机关通过了《排除公共妨害法》,随后更名为《明尼苏达州限制言论(出版)自由法》(Minnesota Gag Law)。这部法律规定法官如果发现某份报纸是"淫秽的、猥亵的"或者是"恶意的、中伤诽谤他人的",无需陪审团即可判令该报停止发行。未来的违法可能导致期刊停刊,出版者被禁止出版。而且,违反禁令将受到藐视法院罪(*Contempt of Court)的处罚。明尼苏达州的做法引起全国热烈赞同,这种做法对于这些邪恶而言是一种渴望的纠正方法。

这部法律首先适用于"星期六新闻",一份产生不利影响的周报,该报主要关注明尼阿波利斯的腐败与欺诈勒索活动。该报夸张但仍然合理准确的披露,触犯了公共官员,尤其是为众人所瞩目的市长和警察局长。结果,地方司法部长弗洛伊德·B.奥尔森(Floyd B. Olson)成功地请求关闭这家报社的禁令(*injunction)。虽然出版者 J. M. 尼尔是一个令人厌恶的人物——反天主教、反闪族(anti Semitic)、反黑人、反劳工,但这一诉讼作为预先约束(*prior restrain)的一种形式,使许多人感到恐慌。美国公民自由联盟[*American Civil Liberties Union(ACLU)]表示支持尼尔挑战这部法律,但很快被保守的芝加哥出版人罗伯特·R.麦考密克(Robert R. McCormick)上校挤到一旁。麦考密克将他的法律班子投入该案,该案上诉至联邦最高法院。这证明是对联邦宪法第一修正案(the *First Amendment)的重大检验,是将"不得预先约束"这一传统历史概念适用于禁止传播新闻界大部分人士认为公众有权知道的信息的州法的机会。

首席大法官查尔斯·埃文斯·休斯(Charles Evans *Hughes)代表联邦最高法院提出判决意见,认定这部法律违宪。判决坚定地确立了新闻自由,反对新闻审查制度。休斯进一步认为:"这部法律引起了严肃重大的问题,超出了这一特定诉讼涉及的地方利益。不应再公开怀疑新闻自由……包含于联邦宪法第十四修正案(the *Fourteenth Amendment)的正当程序(*due process)条款保护的不受国家行为(*state action)侵犯的诸种自由之内"(p. 706)。他还表明反对预先约束是联邦宪法第一修正案的核心。只有在例外情况下才可以考虑预先约束。这样,《限制言论(出版)自由法》全部无效。

"四骑士"(*Four Horsemen)反对,皮尔斯·巴特勒(Pierce *Butler)发表反对意见。巴特勒指责这一判决给予新闻自由从未被承认的意义和范围,而且这一判决对各州施加了一种缺乏先例的联邦限制。巴特勒强烈主张明尼苏达州这部法律不构成预

---

① 另请参见 Federalism。
② 另请参见 Speech and the Press。

先约束(p.723)。恶意,一旦通过阅读出版物被证实,极易通过州治安权(*police power)实施控制。这种力量被法官看作为正在形成的一种禁止一系列有问题表达的广泛权力。但他的主张并不成功,新闻自由现在与言论自由"结合"起来反对各州(参见 Incorporation Doctrine)。

新闻业对此感到心满意足,对这一判决的直接反应极为积极。许多报纸引述麦考密克的话:"首席大法官休斯的判决将成为历史上自由思想的伟大胜利之一。"

尼尔案的判决宣布了一个定义美国新闻自由的一般原则。也许更重要的是,这一判决使无数编辑和出版者的脊梁更硬,有助于避开不时发生的政治家,法官和检察官们禁止新闻界自由发表意见的企图。它进一步代表在放松管制和非刑事化领域的一个重要发展。它是放松控制的一种形式,打击了运用州治安权和非正式的地方控制缩减对于受过教育的公民而言必不可少的公共信息的做法。

[Paul L. Murphy 撰;杨力峰译;许明月校]

奈比亚诉纽约州案[Nebbia v. New York, 291 U.S. 502(1934)]

1933年12月4—5日辩论,1934年3月5日以5比4的表决结果作出判决,其中,罗伯茨代表联邦最高法院起草判决意见,麦克雷诺兹、巴特勒、萨瑟兰和范·德凡特反对。奈比亚案涉及纽约州通过的旨在减轻大萧条引起的经济困难的紧急立法。列奥·奈比亚是纽约州罗蔡斯特的一名杂货商,违反了1933年牛奶控制法,以高于该法规定的最高价(每夸脱9美分)的价格出售了1夸脱牛奶。该案上诉至联邦最高法院后,法院维持了奈比亚的有罪判决,判决纽约州这部法律合宪。

在多数意见中,欧文·罗伯茨(Owen *Roberts)大法官放弃了联邦最高法院19世纪后期以来一直坚持的"影响公共利益"原则,作出结论:"州可以管制某个行业的任何方面,包括所售产品或商品的定价"。他补充说:"州可以自由采取任何有理由认为将增进公共福利的经济政策,并可以制定符合政策目的的法律实施这一政策"(pp.502,537)。

在反对意见中,詹姆斯·麦克雷诺兹(James *McReynolds)大法官提出谨慎的实体的正当程序(*Due Process, Substantive)的理由,坚持认为联邦宪法第十四修正案(the *Fourteenth Amendment)的正当程序条款准许大法官维持他们认为合理的经济立法,废除他们认为不合理的经济立法。

[John W. Johnson 撰;杨力峰译;许明月校]

内布拉斯加出版协会诉斯图尔特案[Nebraska Press Association v. Stuart, 427 U.S. 529 (1976)]①

1976年4月19日辩论,1976年6月30日以9比0的表决结果作出判决,其中,伯格代表联邦最高法院起草判决意见,布伦南和史蒂文斯持并存意见。在本案中,联邦最高法院第一次考虑是否允许对新闻界发布司法言论箝制令(gag order)以保护某个刑事被告接受公平审判的权利。本案涉及谋杀一家6口,随后奸尸。初审法院禁止发表被告的供述,以及犯罪当晚所写短信的内容。联邦最高法院推翻了司法限制言论令,重申对预先约束(*prior restrains)的一贯反对。联邦最高法院拒绝侵蚀联邦宪法第一修正案(the *First Amendment)确立的新闻(出版)自由,目的是减少可能危及被告接受公平审判权利的危险。

联邦最高法院主要从联邦宪法第一修正案的角度看待司法限制言论令,推定它违宪。联邦最高法院断定大多数负面宣传很少对联邦宪法第六修正案(the *Sixth Amendment)的重要权利构成威胁。此外,联邦最高法院发现新闻业使刑事审判受到广泛公开仔细彻底的检查,从而防止误判。联邦最高法院采用明显、即发的危险标准(*clear and present danger),表明联邦宪法第一修正案对初审法院为减少有偏见的公开所采用的方式的限制。

[Patrick M. Garry 撰;杨力峰译;许明月校]

必要与适当条款[Necessary and Proper Clause]

参见 Implied Powers。

纳尔逊,塞缪尔[Nelson, Samuel]

(1792年11月1日出生于纽约州的希布伦;1873年12月13日卒于纽约州的库珀斯敦,葬于库珀斯敦的湖林公墓)1845—1872年任大法官。纳尔逊的父母是苏格兰—爱尔兰移民。他在父母的农场中长大,先后在普通学校、私立学校和佛蒙特州的中贝里(Middlebury)学院接受教育。他在纽约州北部完成规定的法律学习之后,获得律师资格(1817),主要在诉讼、不动产法和商法领域执业,获得成功。纳尔逊有过两次婚姻,第一次是于1819年与帕梅拉·伍兹(PamelaWoods)结婚,帕梅拉死后,于1825年与凯瑟琳·安·拉塞尔(Catharine Ann Russell)结婚。

纳尔逊于1821年被选为纽约州制宪会议最年轻的代表,并积极支持州政府自由化的努力,特别是扩大公民权(franchise),重构司法机关。他于1823

---

① 另请参见 Pretrial Publicity and the Gag Rule; Speech and the Press。

Samuel Nelson

年被任命为纽约州巡回法院法官,1831年被任命为纽约州最高法院法官,1836年被任命为州最高法院首席大法官。1845年,约翰·泰勒(John *Tyler)总统在几次填补联邦最高法院的空缺失败后,提名民主党人纳尔逊,一名杰克逊主义者,为联邦最高法院大法官,很快获得参议院批准。

纳尔逊是海事法和专利法方面的专家。他的重要的海事判决意见包括"新泽西汽船公司诉波士顿商业银行案"(New Jersey Steam Navigation Co. v. Merchants' Bank of Boston)(1848)和"霍夫诉西部运输公司案"(Hough v. Western Transportation Co.)(1866),论及联邦法院的海事管辖权。专利法(*patent law)方面,他在"霍奇基斯诉格林伍德案"(Hotchkiss v. Greenwood)(1850)中的判决意见首次采用标的物非显而易见原则,这一原则至今仍是能否授予专利的三个条件之一。

纳尔逊的判决在坚持既定法律的同时达到了实用、常识效果。在"劳克斯郡诉阿斯平沃尔案"(Knox County v. Aspinwall)(1859)中,他判决该县发行的债券有效,虽然债券的发行并不完全符合制定法的规定。这一判决排除了市政债券的公众接受和可销售性方面的一个潜在障碍。纳尔逊尊重立法部门。在"宾夕法尼亚州诉威林-贝尔蒙特大桥公司案"(*Pennsylvania v. Wheeling and Belmont Bridge Co.)(1856)中,他判决维持国会一个使一座大桥合法化的法令,而联邦最高法院曾根据以前的法律宣布该座大桥违法。他强调针对联邦政府授权的各州权力,在"威廉森诉伯里案"(Williamson v. Berry)(1850)中,他的反对意见主张州法应当管理不动产问题,比联邦最高法院对"伊利铁路公司诉汤普金斯案"(*Tompkins Erie Railroad Co. v. Tompkins)(1938)的判决早了许多年。

奴隶制(*slavery)和美国内战(*Civil War)提升了纳尔逊工作的重要性。他在"斯科特诉桑福德案"(*Scott v. Sandford)中的并存意见本来将维持低级别法院的判决,在斯科特公民资格问题上遵从州法从而避开令人激愤的《密苏里妥协协议》的合宪性问题,正是这一问题使联邦最高法院在奴隶制存废的辩论中陷入泥潭。在战利品系列案(*Prize Cases)(1863)中,他的少数意见认为武装冲突只有经国会而非总统宣布,才成为战争。纳尔逊的司法的自我约束(*judicial self-restraint)哲学也体现在"佐治亚州诉斯坦顿案"(Georgia v. Stanton)(1868)中,他代表联邦最高法院提出的判决意见中,该案判决驳回了南方两个州对重建(*Reconstruction)的攻击。纳尔逊认为本案提出的是一个政治问题,因此不应由法院管辖。

1871年尤利西斯·S.格兰特总统任命纳尔逊为亚拉巴马索赔委员会(Alabama Claims Commission)美方代表之一。该委员会令人满意地解决了与英国的严重分歧,分歧是因英国支持南方进行美国内战(南北战争)而产生的。此后,因为年龄和日益恶化的健康状况,纳尔逊辞去了联邦最高法院的职务。

[Howard T. Sprow 撰;杨力峰译;许明月校]

新商业条款[New Commerce Clause]

在新政(*New Deal)复苏过程中,商业条款发挥了作为范围广泛的不同类型的联邦立法的宪法依据的作用,这些立法(制定法)中很多至少可以存疑地说并不涉及商业活动,或者至少不涉及"多州之间的……商业"。这些法律措施的基础就存在于诸如"威卡德诉菲尔伯恩案"(*Wickard v. Filburn)(1942)之类的案件判决中,在威卡德案中,联邦最高法院认定国会可以对州际经济活动和对州际商业产生"实质影响"的州内活动进行管制。此外,对于这些事务,该案所表明的态度是顺从的,传达了这样一个明显的感觉:国会对此拥有实际上的自由处置权。

这种状态,可以存疑地说,在联邦最高法院于"合众国诉洛佩斯案"(United States v. *Lopez)(1995)中以5比4的微弱多数认定《无枪校区法》(Gun Free School Zone Act, 1990)超越国会权限时,已走到了终点。该案的裁定,在"合众国诉莫里森案"(United States v. *Morrison)(2000)的判决中通过同样的5位大法官使《反针对妇女暴力法》(Violence Against Women Act,简称VAWA)中有关授权个人可对因"性别动机驱动的暴力"所受的损害提起赔偿诉讼的规定无效,而得到了重新确认。多数大法官认为,单纯地在离校园1000英尺范围携带枪支或强奸在校大学生的行为均与经济无关。他们强调,如果他们相信此类问题适合交由享有主权的州来考虑,那么,将国会权限扩展到这些行为的任何认可,其影响都将是深远的。

这两个案件的判决仅仅是联邦最高法院强调对联邦权限设置有力的限制,并同时特别强化州司法和立法权力的一系列近期作出的判决的一部分。这种"新联邦主义"可能会成为威廉·伦奎斯特(William *Rehnquist)作为首席大法官的联邦最高法院的主要遗产,这种做法曾受到主张美国宪法应当按照制定它的那一代人的意图和理解来进行解读和诠释的人的欢迎。相反,这种观点却遭到许多其他人的严厉批评,认为这是对一种宪法安排的不当且危险的偏离,在这种宪法安排中,联邦权限是对不能或不愿处理紧急的全国关心事务的各州的一种监督。

就其逻辑结果来说,洛佩斯案和莫里森案具有重要的理论意义。如果,比如说,联邦最高法院继续坚持认为只有商业活动才能适用商业条款——这不仅在语言上,而且在精神上也违背了威卡德案判决,因为该判决认为实质性影响在性质上应当是经济的,但对国会可以管制的行为并没有从实际上作出这种限制,这些案件肯定会对国会产生重要的限制,至少在它希望将商业条款作为其立法授权的依据使用时会如此。但是现在还不清楚,这是否会将国会置于对以前商业权力可以被调用的许多情形不再能够制定法律的境地。例如,在洛佩斯案意识到这一问题后,国会又制定了一部新的无枪校区法,表明国会在宪法上坚持认为相关的枪支属于宪法中的"商业物品"。同样可能的是,这实际上很可能发生,国会还可以利用其仍然享有的其他权限,特别是其开支权以及宪法第十四修正案第5款授予的权限,作为其实现所追求目标的宪法手段。

考虑到在商业权力基础上制定的现在仍然有效的法律的数量,和被各级法院认定违反宪法的很少法律数量,可以看出,至今为止,这些判决在很大程度上只是一个象征而已。考虑到新联邦主义实际上以牺牲联邦权力为代价而强化州权力的程度,这种象征之中确实也存在相当多的实质内容。不仅对自己要做什么,而且对将怎样去做,国会似乎都必须小心翼翼,并时刻留意尊重州主权的需要。

参考文献 Symposium, "The Commerce Clause: Past, Present, and Future," *Arkansas Law Review* 55 (2003): 711-1311.

[Mark R. KILLENBECK 撰;潘林伟译;邵海校]

"新政"[New Deal]

"新政"指富兰克林·德拉诺·罗斯福(Franklin Delano *Roosevelt)总统的国内计划,或者更确切地说,指他前两个任期(1933—1941)内的计划。联邦最高法院对"新政"有很大影响,反之亦然。

罗斯福应对大萧条危机的方法是以一种实验态度和自信为特征,坚信已经存在的持续的权力能够使国家和民族战胜经济困难。罗斯福在一次炉边谈话中断言,联邦宪法"如此简单实用,以至它总能满足特别的需要"。罗斯福政府在头100天内设立了一批新的管理机构,制定了一批新的法律,包括1933年农业调整法(AAA)和1933年全国工业复兴法(NIRA)。

尽管存在保守集团,新闻记者给这个集团起了个绰号叫"四骑士"[出自《启示录》(Revelation)6:2-8]——包括法官威利斯·范·德凡特(Willis *Van Devanter)、詹姆斯·克拉克·麦克雷诺兹(James Clark *McReynold)、皮尔斯·巴特勒(Pierce *Butler)和乔治·萨瑟兰(George *Sutherland),联邦最高法院起初仍接受了"新政"的一些措施和州的重要管制立法["住房建筑与贷款协会诉布莱斯德尔案"(*Home Building and Loan Association v. Blaisdell)(1934);"奈比亚诉纽约州案"(*Nebbia v. New York)(1934)]。联邦政府的措施包括国会规定约定用硬币支付的合同条款无效,在1935年所谓的黄金条款系列案(*Gold Clause Cases)中,对于私人合同,国会这种做法得到支持;设立田纳西山谷当局,在"阿什旺德诉田纳西河流域管理局案"(*Ashwander v. T. V. A.)(1936)中得到支持。

但是随着欧文·罗伯茨(Owen *Roberts)大法官的就任,以及首席大法官查尔斯·埃文斯·休斯(Charles Evans *Hughes)偶尔的加入,保守集团有力地打击了"新政"计划,在"谢克特禽畜公司诉合众国案"(*Schechter v. United States)(1935)中判决NIRA无效,在"合众国诉巴特勒案"(United states v. *Butler)(1936)中判决AAA无效。"卡特诉卡特煤炭公司案"(*Carter v. Carter Coal Co.)(1936)挖掘出声名狼藉的"合众国诉E.C.奈特公司案"(United states v. *E. C. Knight Co.)(1895),打击了商业权力(*commerce power)的行使。这些判例和否定州的管制努力的判例[如提帕尔多引起的"莫尔黑德诉纽约案"(*Morehead v. New York ex rel. Tipaldo)(1936)],证明那些理智的评论者的结论是有道理的,他们认为联邦最高法院可能盲目阻挠应对大萧条的所有努力,可能与"洛克纳诉纽约州案"(*Lochner v. New York)时代的过时、倒退的先例结合在一起。

罗斯福1937年以别有用心的法院人员布置(*court-packing)计划作出回应。这一计划虽然在战术上失败了,但是在战略上成功地迫使联邦最高法院从根本上转变司法指导思想。从"西海岸旅馆公司诉帕里西案"(*West Coast Hotel Co. v. Parrish)(1937)开始,联邦最高法院承认州和联邦的管制立法。联邦最高法院系统地拆除了放任自由(*laissez-faire)的立宪主义的完整结构(包括洛克纳案和奈特公司案),放弃了实体的正当程序(*due process,substantive)和合同(contract)自由的信条。在保守集团成员[包括大法官本杰明·内森·卡多佐(Benjamin N. *Cardozo)、路易斯·德姆比茨·布兰代斯(Louis Dembitz *Brandeis)和首席大法官休斯]的退休后,使罗斯福得以任命巩固"新政"实验成果的法官,他们是胡果·L. 布莱克(Hugo L. *Black)、费利克斯·法兰克福特(Felix *Frankurter)、威廉·O. 道格拉斯(William O. *Douglas)、弗兰克·墨菲(Frank *Murphy)、斯坦利·F. 里德(Stanley F. *Reed)和罗伯特·H. 杰克逊(Robert H. *Jackson)。

[William M. Wiecek 撰;杨力峰译;许明月校]

编辑部的搜查[Newsroom Searches]①

20世纪六七十年代,媒体重视调查性报道,在获得记者的文件中,法律强制的利益问题变得更尖锐,同时也引发了如何保护其资料来源的隐秘性问题。编辑部资料的保护者认为,新闻自由旨在保护公众获知信息的权利。因而,任何干涉编辑部的行为都侵害了公众权益。

从宪法上讲,这个问题集中于联邦宪法第四修正案(the *Fourth Amendment)搜查令和传票的优劣问题。官方更喜欢搜查令[搜查令属于单方(*Ex parte)法院命令],因为搜查令可以更快、更容易获得和执行。记者则反对,他们认为搜查增加了调查者看到搜查令未明确规定的资料的可能性,因而侵犯了资料来源的机密性。

由于大多数被搜查的编辑部并非被怀疑犯罪,搜查又引起了另外的隐私(*privacy)保护问题。联邦最高法院对"沃登诉海登案"(Warden v. Hayden)(1967)的判决扩大了警方的搜查权,除了寻找犯罪工具,还包括"易见的"另外的证据。这一判决未回答通过这种方式获得的书面材料能否作为法院采信的证据。

联邦最高法院在"泽克诉《斯坦福日报》案"(*Zurcher v. The Stanford Daily)(1978)中直接面临搜查编辑部的问题。联邦最高法院认为:联邦宪法第一和第四修正案没有对记者提供额外保护,记者没有搜查和扣押的特别豁免权。结果,许多媒体组织修改了资料保存政策,销毁照片、记录和其他资料。然而,1980年,国会通过了隐私保护法,该法将搜查编辑部限制在以下情形:传票没有效果或者有相当理由(*probable cause)怀疑记者涉嫌犯罪。

[Carol E. Jenson 撰;杨力峰译;许明月校]

新州冰块公司诉利布曼案[New State Ice Co. v. Liebmann,285 U. S. 262(1932)]②

1932年2月19日辩论,1932年3月21日以6比2的表决结果作出判决,其中,萨瑟兰代表联邦最高法院起草判决意见,布兰代斯反对,卡多佐未参加。本案中,联邦最高法院证明了它根据联邦宪法第十四修正案(the *Fourteenth Amendment)的正当程序条款保护企业家自由的承诺。本案中,对俄克拉荷马州1925年的一部制定法产生争议,这部法律宣布冰块的制售是一项公用事业,禁止发授新的销售冰块许可证,除非证明社区需要。这种管制的实际结果是将新的企业排除在外,准许现有企业实施垄断。根据这部法律,新州冰块公司提起诉讼,要求法院禁止没有许可证的利布曼在俄克拉荷马市销售冰块。

乔治·萨瑟兰(George *Sutherland)大法官认为,俄克拉荷马州的法律不合理地限制了涉足合法行业的一般权利,许可证的要求违反了正当程序条款。萨瑟兰坚持,州法不能简单地通过宣布某种普通行业影响公众,强加经济管制。路易斯·德姆比茨·布兰代斯(Louis Dembitz *Brandeis)大法官在其很长的反对意见中认为消除破坏性竞争的需要主要是一个立法决定的问题。他坚持认为联邦政府和州政府必须有权"通过实验,改造我们的经济行为和制度,以满足变动的社会经济需要"(p.311)。

虽然新州冰块案的判决从未被推翻,但那些承认管制工商企业的广泛立法权的判例有效地替代了它。然而,一些学者一直为新州冰块案的判决辩护,理由是俄克拉荷马那部法律是典型的特殊利益立法,是设计用来增加消费者的负担,以使现有的冰块公司受益。

[James W. Ely, Jr. 撰;杨力峰译;许明月校]

新加入的州[New States]

参见 Territories and New States。

纽约州俱乐部协会诉纽约市案[New York State Club Association v. City of New York,487 U. S. 1(1988)]③

1988年2月23日辩论,1988年6月20日以9比0的表决结果作出判决,其中,怀特代表联邦最高法院起草判决意见,奥康纳、肯尼迪与斯卡利亚持并存意见。根据联邦最高法院"罗伯茨诉合众国国际青年商会案"(*Roberts v. U. S. Jaycees)(1984)的判决,纽约市政会试图将俱乐部界定为"非严格私

---

① 另请参见 First Amendment; Speech and the Press。
② 另请参见 Due Process, Substantive。
③ 另请参见 Gender。

人性的",因此要由该市的人权法规范。该法规定,一个俱乐部至少要有 400 名会员,俱乐部定期提供食物,"并为促进商业或事业的发展,为了非会员的利益,直接或间接向非会员正常收取会费费用,以及其提供的场地、设施、服务、食物或饮料的报酬"。禁止俱乐部搞种族歧视和性别歧视。慈善界和宗教团体被排除在外。

纽约州俱乐部协会对这部法律提出异议,认为它是对该协会成员享有的、联邦宪法第一修正案规定的私人表意结社权的违宪限制,并且违反了平等保护条款(*equal protection)(参见 Assembly and Association, Citizenship Freedom of)。联邦最高法院一致同意驳回该协会的诉讼请求,判决认为这部法律不会侵犯俱乐部每个成员的私人结社权,因为许多俱乐部,如果不是全部的话,都具有公共性。联邦最高法院认为俱乐部可以以没有共同观点为由排斥会员,但不能因为种族或性别排斥会员。将慈善命令和宗教团体排除在外不违反平等保护,因为它们仅是为了成员利益而存在,并不愿从事商业活动。

本案判决的结果是使全国许多仅限"男性"的俱乐部决定招纳女性会员;这些俱乐部包括华盛顿特区的"宇宙俱乐部",哈里·布莱克蒙(Harry *Blackmun)大法官和安东尼·斯卡利亚(Antonin *Scalia)大法官均被视为该俱乐部的会员。

[Inez Smith Reid 撰;杨力峰译;许明月校]

纽约时报公司诉沙利文案[New York Times Co. v. Sullivan,376 U.S. 254(1964)]

1964 年 1 月 6 日辩论,1964 年 3 月 9 日以 9 比 0 的表决结果作出判决,其中,布伦南代表联邦最高法院起草判决意见,布莱克、道格拉斯和戈德堡持并存意见。本案中,联邦最高法院第一次考虑言论与新闻自由(freedom of *speech and the press)的宪法保证在何种程度上限制公共官员(public official)对其官方行为的批评者提起诽谤之诉要求损害赔偿。沙利文是亚拉巴马州蒙哥马利市的一名经选举产生的市政官(commissioner),对四名黑人教士和《纽约时报》提起民事诽谤之诉,他声称《纽约时报》中有一整页广告诽谤他。标题为"关注他们的呼声"的广告描绘了南方的民权运动(*civil rights movement),最后吁求资金援助。

不容否认,这个广告文本中有数处表述是不准确的。例如,广告声称抗议种族隔离的学生在亚拉巴马州议会前高唱"My country, 'Tis of Thee",但他们实际上唱的是"星条旗";广告还说几名学生因为领导抗议而被学校开除,而事实上是因为要求蒙哥马利市法院中实行隔离的小吃店提供午餐服务而被开除;最后,广告宣称亚拉巴马州立大学的"全体学生"抗议开除那几名学生,而实际上只是大多数学生,而非"全体"学生。

初审法官将案件提交陪审团,并指示:这些广告内容本质上是诽谤性的,可推定虚假和恶意,在没有经济损失的直接证据的情况下可判决概括损害赔偿和惩罚性损害赔偿。根据这些指示,陪审团判决每个被告支付沙利文 500 000 美元。

联邦最高法院撤销了这一判决,判决亚拉巴马州法院适用的法律规则违反了联邦宪法第一修正案(the *First Amendment)。开始,联邦最高法院遇到了自己过去的宣告,大意为:诽谤对于阐明思想并非必要["查普林斯基诉新罕布什尔州案"(*Chaplinsky v. New Hampshier)(1942)],诽谤不属于宪法保护的言论["伯哈奈斯诉伊利诺伊州案"(Beauharnais v. Illinois)(1952)]。联邦最高法院放弃了早先这些宣告,解释说:"和其他已在联邦最高法院受到挑战的压制言论的做法相似,诽谤不能对宪法的限制获得护身符般的豁免";相反,诽谤"必须受到符合联邦宪法第一修正案的标准的检验"(p. 269)。

威廉·约瑟夫·布伦南(William J. *Brennan)大法官试图阐明这些标准。在一段经常被引用的文字中,他说:"我们认为这一案件应考虑到国民深深信奉这样的原则:对公共问题的争论应当不受限制,健康进行,并广泛公开,争论很可能包含对政府及其官员强烈、辛辣且有时令其不快的尖锐攻击"(p. 270)。运用历史,联邦最高法院将亚拉巴马州法院适用的民事诽谤法(the civil law of *libel)与 1789 年煽动罪法(the *Sedition Act of 1798)作了类推,后者因为"对批评政府和公共官员强加限制"已经"在历史法庭中"失效了(p. 276)。

布伦南解释道,根本的困难在于,"自由辩论中错误的陈述不可避免,因此要使表达自由拥有'生存所需的''呼吸空间',即使是错误的陈述也必须保护"(pp. 271-272)。因此本案中亚拉巴马州的法律规则不能"被它允许以陈述真实作为抗辩所挽救",因为一个"强迫对官员行为的批评者保证其全部陈述真实的规则"将导致难以容忍的"自我审查"。实际上,在这种规则下,"批评者可能因怀疑能否在法庭证明其言论的真实性,或者惧怕证明真实性的巨大费用而放弃发表批评意见,即使这些批评被相信——并且的确——是真实的。"联邦最高法院最后认为,这样一个规则,"削弱了公共辩论的活力,并限制了其多样性"(pp. 278-279)。

基于上述考虑,联邦最高法院裁定,公共官员必须证明被告的陈述具有实际恶意(*actual malice),即"被告明知陈述是错误的或粗心大意不顾陈述是否错误,否则官员就不能对有关其官方行为的诽谤错误获得赔偿"(pp. 279-280)。

《纽约时报》案彻底改变了诽谤法,同样重要的是,它表明我们的联邦宪法第一修正案法律理论的一个关键性转变。《纽约时报》案放弃了仅仅关注诽谤是否是受保护的言论的传统思路,而采取了一种更多地保护言论的分析方法,这种方法集中关注诽谤之诉可能阻碍表达的危险,这是联邦宪法第一修正案的核心。通过以"惊人的"效果形成宪法第一修正案的标准,联邦最高法院向一种更加灵敏,更少固定程式的分析模式迈出了重要一步,这种分析模式是联邦宪法第一修正案当代法律理论的特征。

也许《纽约时报》案后遗留的最重要的问题是,是否该案承认的批评政府及其官员的特权仅适用于涉及公共官员行为的诽谤诉讼,或者说是否可以适用于其他人。在"柯蒂斯出版公司诉巴特斯案"(Curtis Publishing Co. v. Butts)(1967)和"美联社诉沃克案"(Associated Press v. Walker)(1967)中,联邦最高法院在意见严重分歧的情况下将《纽约时报》案的判决从公共官员延伸至诸如影星、运动员、实业家此类人物,这些人虽然不是官员,但仍为公众所熟知。在此过程中,联邦最高法院拒绝了《纽约时报》案以对煽动罪法的类推为前提,因此应受这一类推限制的主张。而且,联邦最高法院进一步论证,《纽约时报》案基于一种根深蒂固的国家承诺,即对公共问题的争论不受限制,健康进行,广泛公开。联邦最高法院因此得出结论,涉及公众人物的诽谤,如同涉及公共官员的诽谤,必须适用《纽约时报》案承认的特权。

然而几年后,在"格尔兹诉罗伯特·韦尔奇公司案"(*Gertz v. Robert Welch, Inc.)中,又出现了严重意见分歧,联邦最高法院承认了《纽约时报》案判决适用范围的重要限制,裁定《纽约时报》案的判决不适用于私人提起的诽谤诉讼,即使诽谤言论是一个"公众关心的"问题。联邦最高法院解释道,与公共官员和公众人物不同,私人通常不能有效反驳诽谤,不能得到公众关注。联邦最高法院推论,因为私人比公共官员或公众人物更易受到伤害,更应得到赔偿,所以他们可以获得因诽谤引起的损害赔偿,只要证明出版者或广播者传播诽谤信息存在过失。

《纽约时报》案及其后续案件一直受到对表达自由过度保护和保护不力两方面的批评。一些批评者坚持认为《纽约时报》案没有充分保护新闻业,因为该案的"因为粗心大意没有顾及(陈述是否错误)"的标准默许可对记者和编辑的思想过程进行产生严重扰乱的调查,而且该案也没有排除在陪审团认定新闻机构"粗心大意不顾事实"的情况下判定高额的、可能"骇人的"损害赔偿。这些批评者回应胡果·布莱克(Hugo L. *Black)大法官、威廉·奥维尔·道格拉斯(William O. *Douglas)大法官和阿瑟·戈德堡(Arthur J. *Goldberg)大法官在《纽约时报》案中的并存意见,主张新闻业应当受到绝对保护,免受诽谤诉讼。其他批评者坚持认为《纽约时报》案给予新闻业太多的保护,未能保护诽谤的无辜受害者。这些批评者发现了《纽约时报》案的缺点:否定无辜受害者获得合理的损害赔偿,妨碍这些受害者获得司法宣告诽谤错误,这至少可以纠正误解。

近几年已经提出一些建议,努力"矫正"这些"缺点"。其中最令人感兴趣的建议是,创设一种新的民事诉讼,诽谤错误的受害人在放弃起诉请求损害赔偿的权利后,可以起诉请求司法宣告诽谤错误。此建议的想法是,这样的诉讼将降低诉讼费用,使诽谤的受害者恢复名誉,而不会侵扰编辑过程或者以可能令人震惊的损害赔偿金威胁新闻业。虽然这种方法会避免与《纽约时报》案有关的一些问题,但它将事实上授权司法机关基于个案决定新闻界具体言论的"真伪"。司法机关与新闻界之间这样一种关系,是否体现了联邦宪法第一修正案的基本理论与假设前提尚存疑问。

如果没有认识到推动《纽约时报》案的不仅是对表达自由的忧虑,而且还有产生它的独特的历史环境,就不可能充分理解《纽约时报》案。简言之,《纽约时报》案是20世纪五六十年代民权运动的产物。像旨在阻碍民权运动的其他计谋一样,对《纽约时报》和非洲裔美国教士(广告中所称)的诽谤判决,也是旨在限制民权运动。毕竟,如果这种阿拉巴马州陪审团判决的巨额赔偿能够建立在如此小的表述错误基础上,那么将没有任何个人或组织能免费挑战南方的种族隔离。因此,《纽约时报》案,联邦宪法第一修正案历史上最重要的判例之一,不仅是表达自由的胜利,也是民权和种族平等的胜利。

参考文献 David A. Barrett,"Declaratory Judgments for Libel," *California Law Review* 74 (1986): 847-888; Harry Kalven, Jr., "The New York Times Case: A Note on 'The Central Meaning of the First Amendment,'" *Supreme Court Review* (1964):191-221; Rodney A. Smolla, *Suing the Press* (1986).

[Geoffrey R. Stone 撰;杨力峰译;许明月校]

纽约时报公司诉合众国案[New York Times Co. v. United States,403 U. S. 713(1971)]①

1971年6月26日辩论,1971年6月30日以6比3的表决结果作出判决,其中,道格拉斯、斯图尔特、怀特、马歇尔、布莱克和布伦南分别提出意见,伯格、布莱克蒙和哈伦反对。1971年6月13日《纽约时报》发表了"五角大楼文件"前一部分,这些文件是林登·约翰逊(Lyndon Johnson)总统的国防部长罗伯特·麦克纳马拉(Robert McNamala)提交的长达7000页的机密文件。此事揭露出保密实际上是

---

① 另请参见 First Amendment;Speech and the Press; Vietnam War。

为政府的欺骗行为服务。其他报纸很快转载了这些由丹尼尔·埃尔斯伯格(Daniel Ellsberg)披露的文件,此人是国家安全机构的一名持不同政见的官员。

尼克松政府的官员起初认为这些文件公布只会使前几届政府难堪。理查德·尼克松(Richard *Nixon)总统认为"对手"对遗忘这些文件感兴趣,但"我们的人却可以大肆宣传"。但与国家安全顾问亨利·基辛格(Henry Kissinger)讨论后,尼克松意识到发表这些文件会使自己的政策、保密模式和他的可信度陷入危险。最重要的是,尼克松害怕以后的总统会失去对机密文件的控制,从而可能使他们的前任难堪。

6月15日尼克松政府得到低级别法院的命令,临时限制公布文件。3天之后,法官拒绝发出永久性禁令(*injunction),但是一名巡回法官阻止在政府上诉期间进一步公布文件。6月25日,联邦最高法院同意越过中级法院,受理上诉,而没有撤销低级别法院的限制命令。大法官胡果·布莱克(Hugo *Black)、威廉·布伦南(William *Brennan)、威廉·奥维尔·道格拉斯(William Orville *Douglas)和瑟古德·马歇尔(Thurgood *Marshall)反对维持预先约束(*prior restaint)。第二天进行了听审,会间大法官们以6比3的表决结果拒绝了政府对永久禁令的请求。6月30日,联邦最高法院发表简短的法院意见(*per curiam),认为政府未能充分证明预先约束的必要性。

政府争辩道,公布文件将危及生命、战俘释放与和平进程。对于这些理由,大多数大法官不予考虑。政府首席律师(*Solicitor General)欧文·格里斯沃尔德(Erwin Griswold)深深怀疑政府坚持的理由。后来,他说判决"恰恰以其应有的形式产生了"。

仓促的听审和判决难免在大法官中产生意见分歧。布莱克、布伦南和道格拉斯坚持认为任何禁令均构成预先约束,联邦最高法院绝不应允许任何暂停发表文件。大法官拜伦·怀特(Byron *White)、马歇尔和波特·斯图尔特(Potter *Stewart)同意本案中预先约束没有必要,但是拒绝接受多数同事的绝对观点。首席大法官沃伦·伯格(Warren *Burger)和大法官哈里·布莱克蒙(Harry *Blackmun)、约翰·马歇尔·哈伦(John M. *Harlan)持反对意见,他们都反对程序的草率。伯格强调了他的信念:出版者可能因印刷机密材料违反国家安全法被指控犯罪,但只能是在机密材料公布之后。

但是,联邦最高法院存在分歧,多数同意认为预先约束是例外。然而,伯格的联邦最高法院不久便允许中央情报局要求以前的雇员提交规定的文件以供复查["马凯蒂诉合众国案"(Marchetti v. United States)(1968);"斯奈普诉合众国案"(Snepp v. United States)(1980)]。与国家安全机构有关的刑事法律大量存在;事实上,泄露这些文件的丹尼尔·埃尔斯伯格,因其在本案中的角色,最终被控告、审判。具有讽刺意味的是,政府自己的违法行为导致误审,政府最终撤诉。

联邦最高法院这一判决使媒体对政府秘密的攻击合法化,更加彰显了媒体自我标榜的保护人民免受政府侵害这一角色。这一事件加剧了新闻界与政府之间已很尖锐的敌对关系,这种关系必将更加恶化,给尼克松带来毁灭性的后果。

[Stanley I. Kutler 撰;杨力峰译;许明月校]

纽约州诉贝尔顿案[New York v. Belton, 453 U. S. 454(1981)]①

1981年4月27日辩论,1981年7月1日以6比3的表决结果作出判决,其中,斯图尔特代表联邦最高法院起草判决意见,布伦南和怀特反对。本案中联邦最高法院6名大法官同意将宪法许可的无证搜查汽车的范围扩大到合法拘捕(lawful custodial arrest)。本案与许多汽车搜查案件(*automobil search cases)类似。警察命令超速行驶的汽车停下后,察觉出大麻气味,于是拘捕了贝尔顿。一名警察搜查汽车后座时发现贝尔顿的一件夹克,拉开一个口袋的拉链,发现了可卡因。在审讯时,贝尔顿未供认可卡因问题,而是认为警方扣押可卡因违反了联邦宪法第四修正案(the *Fourth Amendment)和联邦宪法第十四修正案(the *Fourteenth Amendment)。代表多数法官提出判决意见的波特·斯图尔特(Potter *Stewart)大法官认为,为了指导警官,有必要采用"契莫尔诉加利福尼亚州案"(*Chimel v. California)(1969)中提出的"单一熟悉的标准(single familiar standard)"。在契莫尔案中,联邦最高法院认为,合法的警察拘捕有权在无许可证的情况下搜查邻近的环境。斯图尔特大法官推理道:因为夹克就在贝尔顿被捕前所在的车内,夹克"处在被拘捕者直接控制范围之内"(尽管贝尔顿及其同伙已不在车中或车附近)。

持反对意见的大法官对多数法官对契莫尔案的解释提出质疑,认为该解释对无证搜查获取证据的正当化基础(即保证负责拘捕的警官的安全,以及防止证据被隐匿或销毁)进行了限缩解释,并且没有证明本案中警官的搜查范围是合法的。他们最后认为,契莫尔案的焦点,不是被搜查的地方是否在被拘捕者所能控制的范围内,而是是否在被拘捕者被拘捕和搜查时所能涉及的范围。

[Christine B. Harrington 撰;杨力峰译;许明月校]

---

① 另请参见 Search Warrant Rule, Exceptions to。

纽约州诉米尔恩案[New York v. Miln, 11 Pet. (36 U. S.) 102 (1837)]

1837年1月27—28日辩论,1837年2月16日以6比1的表决结果作出判决,其中,巴伯代表联邦最高法院起草判决意见,汤普森持并存意见,斯托里持反对。米尔恩案是托尼主持的联邦最高法院处理的第一个重要的贸易条款案件。此案涉及一部法令,要求船长提供乘客清单,标明为贫穷乘客提供的担保,赶走不受欢迎的外国人,因为该法令涉及各州控制人员入境的权力,因而引起了关涉跨州奴隶贩运、黑人自由民、废奴主义者和反奴隶制宣传等敏感的、爆炸性的问题。距其最近的先例"吉本斯诉奥格登"(*Gibbons v. Ogden)(1824)本可能提出这样的州管制违宪,但是深层次的奴隶制(*slavery)问题歪曲了宪法原则。

菲利普·巴伯(Philip P. *Barbour)大法官回避了当时联邦与州之间贸易权的危险问题,但提出贸易条款很可能包括"货物"贸易而非"人"的贸易(p. 136)。联邦最高法院历史上第一次援引州的治安权(*police power)作为管制航行于州际水道的船舶装载内容的宪法依据。巴伯对州治安权的解读警告了反奴隶制团体。他说,这部法律,"不是贸易管制,而是治安管制"(p. 132);州保护公民健康与福利的权利,与管制州际贸易的权利不同,不能"放弃或限制",这种权利是"完全的、绝对的、排他的"(p. 139)。持反对意见的约瑟夫·斯托里(Joseph *Story)大法官坚持认为这部法律侵犯了贸易条款规定的联邦权力。米尔恩案一直是有效的判例,直至1941年联邦最高法院裁定米尔恩案错误地允许立法者以经济地位作为标准限制个人的流动性["爱德华兹诉加利福尼亚州案"(*Edwards v. California)]。

[Sandra F. VanBurkleo 撰;杨力峰译;许明月校]

九个老头[Nine Old Men]

由于联邦最高法院反对"新政"(*New Deal)应对大萧条时期的经济危机的努力,许多人批评大法官,并经常以偏见代替说理。富兰克林·德拉诺·罗斯福(Franklin Delano *Roosevelt)总统1937年针对联邦最高法院年迈大法官的法院人员布置计划(*court-packing)支持了这一看法:联邦最高法院由"九个老头"组成,"九个老头"是1936年出版的,由记者德鲁·皮尔逊(Drew Pearson)和罗伯特·艾伦(Robert Allen)所著的一本批评性著作的书名。

[William M. Wiecek 撰;杨力峰译;许明月校]

联邦宪法第十九修正案[Nineteenth Amendment]①

1868年国会中第一次提出赋予妇女选举权的修正案。10年后,赋予妇女选举权的支持者提出以苏珊·B. 安东尼(Susan B. Anthony)命名的安东尼修正案。这一修正案仿效联邦宪法第十五修正案,它规定"合众国或其任何一州不得因性别关系而否认或剥夺合众国公民的投票权"。这将成为联邦宪法第十九修正案的语言,但在其成为联邦宪法前还有42个年头。

由于对宪法修正案的前景不确定,争取选举权的人士自发地诉诸法律,但没有成功。安东尼(Anthony)在其没有投票"合法权利"的情况下试图投票,被提起公诉["合众国诉安东尼案"(United States v. Anthony)(1873)]。弗吉尼亚·迈纳(Virginia Minor)提起民事诉讼,试图使法院保证作为合众国公民的特权或豁免权(*privilege or immunity)一部分的选举权。联邦最高法院驳回了她的诉讼请求,判决认为联邦宪法第十四修正案没有授予妇女投票权,正如没有授予未成年人、精神病人和罪犯投票权["迈纳诉哈珀瑟特案"(*Minor v. Happersett)(1875)]。这一判决结果符合联邦最高法院在1873年屠宰场系列案(*Slaughterhouse cases of 1873)中对该修正案的限制性解释。

由于妇女在禁酒、社会工作和其他改革运动中发挥积极作用的推动,争取选举权的人士利用第一次世界大战(*World War I)造成的社会环境变化,在1919年成功地说服国会制定联邦宪法第十九修正案。该修正案于1920年8月26日批准生效。

[Nancy S. Erickson 撰;杨力峰译;许明月校]

联邦宪法第九修正案[Ninth Amendment]

联邦宪法第九修正案规定,不得用宪法列示的特定权利,否认或贬损人民所保留的其他权利。表面上看,这一规定似乎意味着一种权利即使未在联邦宪法中列明,也应受到司法保护。没有以我们保护列示权利的相同方式保护这些人民所保留的"其他"未列示权利,将无疑是"贬损"这些权利,如果没有"否认"它们的存在的话。

其他人怀疑这就是联邦宪法第九修正案的含义。一些人主张,第九修正案表达了一个"不言而喻的道理":政府不应做未被期望做的事。一些人认为"保留的"权利仅指制定宪法时存在的州普通法(*common law)权利和州宪法权利。与列示的"联邦宪法上的"权利不同,这些保留的权利,可以在不违反联邦宪法的前提下通过一般立法或州宪法修正案予以变更。

背景 联邦宪法第九修正案形成于围绕联邦宪法的批准而展开的激烈辩论之后。反联邦党的联邦宪法的反对者强调联邦宪法缺少《权利法案》保护

---

① 另请参见 Constitutional Amendments; Gender。

人民的自由。支持批准联邦宪法的联邦党则以怀疑联邦宪法中包含《权利法案》是否明智作为回应。例如,在《联邦党人文集》(the *Federalist)第84篇,亚历山大·汉密尔顿(Alexand *Hamilton)认为"《权利法案》在联邦宪法中不仅没有必要,甚至是危险的"。

要理解制宪者意识到的危险的根源,我们必须记住制宪者相信自然权利——这种观念认为人生来就具有特定的基本权利,这些权利先于政府的建立(参见 Natural Law)。正如罗杰·谢尔曼(Roger Sherman)代表在其建议的《权利法案》草案中所说"人民拥有特定的自然权利,他们在结成社会的时候保留了这些权利"。谢尔曼的观点反映了各州宪法批准会议的意见。根据对建国者有深远影响的英国自然权利理论家约翰·洛克的观点,建立政府的主要正当理由是,使这些权利比在自然状态(即无政府社会)下更安全。

根据这种观点,自然权利为每个人划定了一个界线分明的自由领域,个人可在其中行动自如。个人如何运用自由仅受制于自己的想象,因此具体列示一个人全部的自由权利是不可能的。正如制宪者之一、《权利法案》的反对者詹姆斯·威尔逊(James *Wilson)所说:"列示人的所有权利!我敢说,先生们,上次制宪会议中没有人试图这么做。"

直到联邦党人允诺在第一届国会中提出并支持《权利法案》,才挫败了反联邦派。詹姆斯·麦迪逊(James *Madison)和众议院负责起草《权利法案》的委员会不得不查看各州宪法批准会议官方建议写入联邦宪法的诸多权利并加以分类整理。他们最终在《权利法案》(*Bill of Rights)中列示的权利似乎是他们的经验所表明的最易受到侵害的权利。他们选择列示的一些(而非全部)权利,如言论自由权,均被麦迪逊与谢尔曼视为人民"保留的"自然权利。

对于联邦党人发出的以后的解释者可能宣称人民已经放弃了任何未被列示的权利的警告,麦迪逊建议增加下述修正案以防止这种可能:"此处以及本宪法其他地方规定的支持特定权利的例外,不应解释为降低人民保留的其他权利的重要性,或者扩大本宪法授予的权利应视为对此类权利事实上的限制,或引起高度警惕。"最终,这些话转变为联邦宪法第九修正案的语言。

现代解释 联邦宪法第九修正案自批准以来的一个半世纪,在很大程度上被联邦最高法院忽视。第二次世界大战(*World War Ⅱ)以来,联邦最高法院对联邦宪法第九修正案提出了两种不同的解释,反映了两种宪法权利观。第一种解释可称为"权利—权力"解释。根据这种观点,保留的权利和授予的权力在逻辑上互补。保留的权利就是权力授予联邦政府之后剩下的权利。要解释联邦宪法第九修正案,我们只要看一下联邦政府是否有它主张的权力;如果有,任何在逻辑上与这种权力矛盾的权利都不可能属于人民保留的权利。

斯坦利·里德(Stanley *Reed)大法官在"联合公务雇员协会诉米切尔案"(United Public Worker v. *Mitchell)(1947)中表述了这种观点:"联邦宪法授予联邦政府的权力是从原属于各州和人民的完整主权中分离出来的。……如果存在授权,反对侵犯联邦宪法第九、第十修正案保留的那些权利,必定失败"(p.95)。然而,因为联邦宪法第十修正案(the *Tenth Amendment)明确地将联邦权力的行使限制在宪法授权范围内,这种解释似乎没有赋予联邦宪法第九修正案任何实际功能。直到最近,大部分学者还同意这种观点。

另一种解释可称为"权力约束"解释。根据这种观点,保留的权利和授予的权力功能互补。即使事实上授予政府的权力,也可能受到保留权利的约束。例如,当一种保留权利被侵犯时,政府必须为其权力行使提供一种比权利未受侵犯时更有力的正当理由。此外,尽管联邦宪法第九修正案与《权利法案》的剩余部分一样,最初只适用于联邦政府,这种解释仍将联邦宪法第十四修正案(the *Fourteenth Amendment)的通过视为发展了联邦政府针对各州侵犯列示的与未列示的权利所提供的保护。

阿瑟·戈德堡(Arthur *Goldberg)大法官在"格里斯沃尔德诉康涅狄格州案"(*Griswold v. Connecticut)(1965)的并存意见中采取了权力约束解释,这一意见在很大程度上再次激起人们对联邦宪法第九修正案的兴趣:"如果涉及基本的个人自由,各州不能仅仅证明一部管制性法律与实现州的某个正当目标存在合理联系就可剥夺这些自由"(p.497)。戈德堡进一步认为,联邦宪法第九修正案证明,保护未包括在列示权利中的基本自由是合法、正当的。根据这种观点,保护列示的以及未列示的保留权利,巩固了限制授予的权力的体制,更好地保护了人民的自由。

这两种解释并非相互排斥。若不认为在扩大解释政府权力时保留权利自动缩减,我们可以推翻里德大法官的权利—权力解释方法。我们的探究并不限于明示的权力授予,相反,我们可以审查人民保留的权利来界定政府合法的"目的"或权力,这样便提供了另外一种方法,它可以使对政府权力的限制概念化。保留权利的分析也可以约束实现政府目的的"手段"。

列示的权利长期发挥着约束权力的作用。例如,联邦宪法第一修正案(the *First Amendment)一直被解释为通过约束政府追求管制人民言论内容的目的,保护"保留的"言论自由权。联邦宪法第四修正案(the *Fourth Amendment)对政府以不合理的搜查和扣押追求其正当目的实施约束。

与此相似,在格里斯沃尔德案中节育权受到保护是一个未列示权利的"目的约束"的例子。如果这样的活动属于人民保留的有限自由范围,它们便不属于政府的合法权力控制范围。"里士满报业公司诉弗吉尼亚州案"(*Richmond Newspapers, Inc v. Virginia)(1980)提供了一个未列示权利的"手段约束"的例子。该案中,联邦最高法院多数大法官,部分依据联邦宪法第九修正案,保护了新闻界参与公开审判的权利。虽然政府有权起诉、审判被告,但不能用排除新闻界的方法起诉、审判。

认同未列示的权利 一些人认为,由于缺乏对制宪者自然权利理论的理解与信任,现代的法官完全不能认同这些"其他"的保留权利。正如被提名联邦最高法院大法官但最终未在参议院通过的罗伯特·博克(Robert *Bork)在参议院听证会上作证时所说:"我认为你们不能运用联邦宪法第九修正案,除非你们清楚它是什么意思。比如,你们手上有一个修正案写道:国会不得制定……(Congress shall make no),后面是墨渍,你们无法读出其余部分,而且那是你们唯一的原件。我认为法院不可能补齐墨渍下面的内容。"根据这种观点,授权法官保护联邦宪法没有明确规定的权利,使他们仅根据个人偏好违法"创设"权利,以及不恰当地阻碍通常由人民民主选举的代表表达的人民意愿成为可能。

具有讽刺意味的是,这种观点通常是由对制宪者的意图深表尊重的宪法理论家提出的。然而这种怀疑未列示权利的观点使原来的有限规定权力处于个人权利的汪洋大海之中的体制,转变为有限的列示权利处于政府权力的汪洋大海之中的体制。

然而,可能存在一种保护个人自由界域的实用方法,而无需对自然权利进行复杂的哲学分析。我们可以采用宪法上的"自由的假定"(Presumption of liberty),人民被假定为自由的,可以任何不侵犯其他人的"普通法权利"的方式行为。例如,构成侵权或违约的行为可能被合法禁止。但是未侵犯普通法权利的行为,只有有力证明了政府管制这些行为对于实现政府的正当目标是必要的,才能被政府管制。

让政府承担证明所有限制自由权利行使的行为具有正当性的责任,正是联邦最高法院保护列示的保留权利的方法。例如,在立法限制言论自由时,政府应当承担提供如此限制的法律依据的重大义务。自由的假设,透过同等对待列示权利和未列示权利,可以避免"否认"或"贬损"未列示的权利。

然而,自由的假设会偏离"新政"以来的联邦最高法院的普遍看法。在诸如"卡洛伦产品公司诉合众国案"(Carolene Products Co. v. United States)(1944)之类的案件中,联邦最高法院创设了相反的规则:合宪性假定,即推定政府的合宪性,除非该行为侵犯了可确认的基本权利。并且,自从在"罗诉韦德案"(*Roe v. Wade)(1973)中运用未列示的隐私权保护堕胎(*abortion)后,联邦最高法院越来越不愿将任何未列示的权利视为基本的权利。例如在"鲍尔斯诉哈德威克案"(*Bowers v. Hardwick)(1986)中,联邦最高法院多数大法官轻视两愿的男性同性(*Homosexuality)性行为可以受到其自身权利保护,又可以受到未列示的隐私权保护的观点。鲍尔斯案的判决认为,只有当未列示的自由是深深的根植于这个国家的历史或传统,或蕴含在有序的自由观念之中时,才能认为该自由是基础权利。但是,对相关自由界定越狭窄,就越难确定某种特定自由,特别是某种新的自由的行使,是否深深的根植于传统。没有这些表现,限制单纯的"自由利益"的立法就应当享受合宪推定的利益。

1992年,联邦最高法院似乎倾向于从隐私权转向更一般意义上的对"被保留的"自由的保护。在具有里程碑意义的"宾夕法尼亚州东南计划生育组织诉凯西案"(*Planned Parenthood v. Casey)中,联邦最高法院认定一项限制堕胎的法律违反宪法。按联邦最高法院的观点,有限制的选择是受宪法第十四修正案中正当程序条款保护的一种自由形式。根据第九修正案,安东尼·肯尼迪、桑德拉·戴·奥康纳和戴维·苏特大法官在他们共同的判决意见中提出:"无论是权利法案还是各州在采用宪法第十四修正案时存在的特殊实践,都不能作为可以对第十四修正案保护的自由的实质内容进行外部限制的表征"(p.848)。这是联邦最高法院至今为止适用第九修正案最好的一次,但这种对"自由"的更新的保护,却在其后十年里没有再次应用。在"特罗克塞尔诉格兰维尔案"(Troxel v. Granville)(2000)中,联邦最高法院通过认定养育孩子是父母的基本权利,维持了后"新政"时代的自由利益—基本权利二分法。

后来,在"劳伦斯诉得克萨斯州案"(*Lawrence v. Texas)(2003)中,通过肯尼迪大法官的判决意见,联邦最高法院推翻了鲍尔斯案的判决,认为按第十四修正案中正当程序条款的规定,州法律禁止同性发生性行为的规定违反宪法。劳伦斯案的判决具有革命性的意义,原因在于:首先,判决基于对自由的权利保护,而不是隐私权保护。判决中至少有25次提到"自由",而只是在对格里斯沃尔德案所作的认定进行描述时使用了"隐私"。在肯尼迪大法官代表法院所作的判决意见的第一段,其所推论的自由的中心地位就得到清晰的阐明,他写道:"自由保护人们免受政府无证侵入自己的住所或其他属于其私人的空间。按照我们的传统,政府并不是在人们的家中普遍存在的,我们的生活、生存还有另外的一半,即在家之外的一半,在这里政府也不应当仅作为一种支配的力量而出现。自由可以超越空间限制,自由预示自我事务的自治,它包括:可以自由决定思考、信仰和表达,可以从事特定的亲密行为。本案中,人的自由不仅涉及其空间上自由,也关涉某些更先验的自由。"

其次,在劳伦斯案中,联邦最高法院在就案中涉及的自由是否属于基本的权利没有作出认定,并且,甚至在没有提及合宪性推定的情况下,直接推翻了州法律。在本案中,联邦最高法院自罗斯福新政前至今,在未列示权利的背景下首次从实质意义上采用了"自由推定"。与损害他人的行为——宪法缔造者们所称的"许可行为"——相对应,通过确认本案的相关行为属于自由,从而将禁止该行为正当性的举证责任转换到政府身上。立法机构仅仅认为该行为不道德是不充分的。如果本案的推理可以扩展而援用于本案所涉的亲密行为范围之外,那么,劳伦斯案实际上就代表着对后新政以来一直坚持的"合宪推定,仅基本权利可以推翻"的法理的一种明显的偏离。

克里斯沃尔德案、罗案、凯西案和劳伦斯案都涉及州法律的合宪性认定,这种合宪性认定意味着他们并不是直接以第九修正案,而是以第十四修正案为依据的。尤其值得一提的是,尽管不断有学者认为,将这种保护建立在宪法特权(*Privileges)或豁免条款的基础上,从历史上看更为保险,但这些判决意见却以正当程序条款这一传统上保护公民免受州政府侵害的"公民自由"作为其依据。尽管如此,这些案件对于未来第九修正案适用也具有重要的影响。因为第九修正案是为了防止联邦政府权力滥用而筑起的一道防堤,因此,没有理由相信,为什么劳伦斯案明确表述的"自由推定"不能被同样地适用于联邦法律侵犯人民保留的"自由"或权利的案件。

参考文献 Randy E. Barnett, *Restoring the Lost Constitution: The Presumption of Liberty*(2004); Calvin R. Massey, *Silent Rights: The Ninth Amendment and the Constitution's Unenumerated Rights*(1995).

[Randy E. Barnnett 撰;杨力峰、潘林伟译;许明月、邵海校]

尼克松,理查德[Nixon, Richard]

[1913年1月9日出生于美国加利福尼亚州的约巴林塔(Yorba Linda);1994年4月22日卒于新泽西州纽约市]律师、政治家,1969年至1974年任美国总统。因为其在"水门丑闻"中充当的角色,尼克松总统在执掌白官5年后的1974年辞职。这是历史上第一次总统被迫辞职。联邦最高法院因致使尼克松辞职而倍受瞩目,当然,在整个尼克松任期内,法院都是令其生畏的。

在1968年竞选中,尼克松对沃伦法院的判决进行了抨击,并强调联邦最高法院需要支持"和平力量"的新法官而不需要偏袒罪犯的法官。尼克松忽略了国内犯罪和暴力上升的社会和经济基础,但他毫无疑问因之对那些相信联邦最高法院已经使对法律的藐视滋生、增长的选民集团产生了吸引力。

在林登·约翰逊收回让阿贝·福塔斯(Abe *Fortas)作为首席大法官厄尔·沃伦(Earl *Warren)继任的提名之后,沃沦的辞职看起来就值得怀疑了。但尼克松迅速地使沃伦对1969年6月离职的同意变得不可更改,尼克松考虑提升联邦最高法院大法官波特·斯图尔特(Potter *Stewart)为首席大法官,但他意识到了任命的象征意义(参见 Chief Justice, Office of the)。哥伦比亚特区巡回上诉法院的沃伦·厄尔·伯格(Warren E. *Burger)确切地证明了这一点,因为他长期以来在按理说应该是全国最自由的法院里一直是一个孤独的持异议者。伯格曾经常批评他的同事(不管是在任的还是离任的),因为他们的激进和对刑事被追诉者的权利的过分关心(参见 Judicial Activism)。

在选出伯格之后,尼克松许诺挑选更多的"公认公正"的大法官,并且说他将和伯格保持距离。他们都将矛头对准具有道德问题和经常与约翰逊蹉商政策问题的福塔斯。尼克松强调说他将任命那些和他同样坚持"严格解释"理念的人为联邦法院法官。"严格解释"是一套与沃伦法院在社会政策领域中针锋相对的规则。有一次,尼克松赞扬首席大法官约翰·马歇尔(John *Marshall)是一个"严格解释主义者";但另一次,他却谴责沃伦法院1962年的诉讼请求规则,因为它遵照通常的模式严格地解释宪法。

当福塔斯因为他道德品行方面的新丑行的披露而于1969年5月辞职之时,尼克松迅速决定兑现他竞选中对南部支持者的诺言。8月,尼克松提名第四巡回区法院法官克莱门特·弗尔曼·海恩斯沃思(Clement F. *Haynsworth)为联邦最高法院大法官。此人来自加利福尼亚南部,对他的任命招致劳工和民权组织的强烈反对。海恩斯沃思的履历表明他也有道德方面的问题,也许这足以使得仍然对福斯塔的辞职愤愤不平的自由主义反对者的反对变得正当。1969年11月17名共和党参议员为否决对海恩斯沃思的提名加入到北方的民主党人一边,表决结果为55票对45票。这是1930年以来参议院第一次否决了一项对联邦最高法院大法官的提名。与其说海恩斯沃思是因自己的不良记录而失败,不如说他是政治势力想报复尼克松的牺牲品。尼克松迅速提名另一个南方的保守派,来自佛罗里达州的第五巡回法院法官乔治·哈罗德·卡斯韦尔(George Harrold *Carswell)。卡斯韦尔公开的种族主义记录和平庸的司法履历,使许多人认为对他的提名是对法院地位的蓄意侮辱。共和党人内部再一次分裂,在1970年4月,参议院以51票对45票的表决结果否决了这一提名。

尼克松对此感到恼怒,他坚信他的提名被拒绝是因为被提名者都是"南方的严格解释主义者"。尼克松指出,参议院否认了他应享有的与其他总统

"同样的选择权",很明显,这是关于历史记录的争论。然而,尼克松知道他的权力存在限制因素的制约,所以他随后提名了来自明尼苏达州的第八巡回区法院法官哈里·布莱克蒙(Harry *Blackmun)。尼克松生气地透露:布莱克蒙在法律和秩序方面相较于其他候选人保守,而在民权领域,他有一点激进。具有讽刺意味的是,布莱克蒙在1973年"堕胎案"的判决中制定了赞同堕胎的标准,显而易见,这是尼克松时代伯格法院最具自由主义的判决意见(参见 Abortion)。

1971年9月,联邦最高法院大法官胡果·拉斐特·布莱克(Hugo L. *Black)和约翰·马歇尔·哈伦(John Marshall *Harlan)因为健康原因辞职。一些尼克松总统的顾问希望与参议院在民权问题上进行另一场较量,另一些顾问则愤世嫉俗地建议提名一个在民权领域有不良记录的南方民主党参议员。一次,司法部长约翰·米切尔(John Mitchell)要求美国律师协会批准加利福尼亚地方法官米尔德里德·利利(Mildred Lillie)(如果她当选将成为联邦最高法院的第一个女法官)和赫谢尔·弗赖迪(Herschel Friday)一个阿肯色州的债券律师(参见 American Bar Association Committee on Federal Judiciary)。美国律师协会联邦司法委员会拒绝了这一要求。但在这一拒绝为所公众知晓之前,尼克松总统提名了前任律师协会主席,弗吉尼亚州的刘易斯·鲍威尔(Lewis *Powell)和司法部长助手威廉·伦奎斯特(William *Rehnquist)。

对鲍威尔当选的广泛欢迎证明尼克松对参议院不愿接受一个南方人的指责不能成立。伦奎斯特曾被尼克松称为"小丑",然而,事实证明这个小丑遇到了麻烦。作为一个直言的保守派人士,伦奎斯特因为他对"执行特权"过多要求的支持惹恼了国会议员,但最重要的是因为1953年他作为大法官罗伯特·霍沃特·杰克逊的秘书时,明确反对撤销"普勒西诉弗格森案"(*Plessy v. Ferguson)(1896)的判决。伦奎斯特为自己进行了有力的辩护并最终获得了参议院的批准。

鲍威尔和伦奎斯特是尼克松最后任命的法官,但尼克松渴望更多的机会以形成他观念中的法院。有一次,他要求伯格让大法官威廉·奥维尔·道格拉斯(William O. *Douglas)和瑟古德·马歇尔(Thurgood *Marshall)辞职。司法部在事先让尼克松知悉后,提供材料给国务议员杰拉尔德·福特(Gerald Ford)以帮助他弹劾道格拉斯(参见 Impeachment),但这一努力失败了。尼克松还考虑要伯格让位给一个更年轻的人,这一设想最终也没有实现。

尼克松与联邦最高法院在政策方面存在分歧,其个人所遭受的失败也缘于联邦最高法院的法官们。在"合众国诉合众国联邦地区法院案"(United States v. *United States District Court)(1972)中,联邦最高法院全体法官一致拒绝了行政机关欲不事先经过司法许可而发布电子监视令的请求。当然,最重要的是"合众国诉尼克松案"(United States v. *Nixon)(1974),尽管尼克松主张执行特权,法院法官再一次以8比0的表决结果要求尼克松把录音记录交给"水门事件"特别检察官(1983年以后称为独立检察官)。因为这些磁带事关刑事指控。这些磁带清楚地表明总统与违反法律、正义的行为有牵连,这也导致了国会要求尼克松辞职。

联邦最高法院在解决这一磁带论战中所扮演的角色受到美国上下交口称赞。具有讽刺意味的是:联邦最高法院作为尼克松很藐视的,然而却又进行了重大重构的机构,齐心协力促成了他的垮台。

[Stanley I. Kutler 撰;刘志杰译;许明月校]

合众国诉尼克松案[Nixon, United States v., 418 U.S. 683(1974)]①

1974年7月8日辩论,1974年7月24日以8比0的表决结果作出判决,其中,伯格代表联邦最高法院起草判决意见,伦奎斯特缺席。这一戏剧性事件是美国历史上唯一的一次总统很不体面地被赶下台事件。"合众国诉尼克松"一案的判决也成为美国宪法上的一个重要里程碑。它确立了总统豁免权的有限性,并且逐渐地,可能已影响了以后的判决。"巴兹诉伊科诺莫案"(*Butz v. Economou)(1978)就没有遵从"巴尔诉马特奥案"(Barr v. Matteo)(1959)中的多数意见——绝对的行政豁免权。最重要的是它制止了理查德·尼克松(Richard *Nixon)总统的律师过度的特权要求,该律师称总统的权力是无限的,尤其是在外交和国防方面,并且这种限制只能由总统本人权衡之后作出。首席大法官沃伦·伯格(Warren *Burger)有力地驳斥了这一主张,并宣布没有人能凌驾于法律之上。然而,他又在判决意见中两次引用1807年"合众国诉伯尔案"(United States v. Burr)中首席大法官约翰·马歇尔(John *Marshall)的话:就结果而言,总统对法律秩序的可依赖性并不意味着法院可以对总统进行与其他公民一样的诉讼程序。伯格也阐明了他对执行豁免和特权的有力推定。

本案的背景不管过去还是现在都是书籍、小说、影片的素材。1972年,有窃贼被发现潜入设在华盛顿水门宾馆的民主党竞选总部,窃贼与中情局和白宫的关系逐渐暴露出来。企图以合法和非法的手段保护窃贼的努力最终使尼克松总统卷入其中,尽管最终并未查清谁授意让窃贼潜入民主党总部,也未查明他们要这样做的原因。

---

① 另请参见 Executive Immunity; Executive Privilege; Inherent Powers。

妄图掩盖事实真相的努力产生了更复杂的手段,许多人卷入花钱让被捕的窃贼保持沉默这一事件之中。不法行为的增加、扩散导致了新的谣传和调查。法院、司法部、联邦调查局和国会都在调查。媒体也深入地进行追踪报道。尼克松低级别的助手欲联手减轻对他们的定刑,他们中的许多人最终进了监狱。他们的证言与总统的陈述有一些出入。为了平息批评,尼克松和司法部长埃利奥特·理查森(Eliot Richardson)建立了一个保证做到独立的特别检察官办公室。曾在约翰·F.肯尼迪总统手下任首席政府律师(*solicitor general)的阿奇博尔德·考克斯(Archibald Cox)同意负责调查此案。

国会的听证证实尼克松在他的办公室安装了声控录音器。在知悉这一情况并了解到有总统的白宫会见记录存在之后,特别检察官试图取得那些能证明总统的陈述及他的助手们尤其是法律顾问约翰·迪安(John Dean)的证言是否真实的录音带。

总统命令考克斯停止调查,当考克斯拒绝之后,总统命令司法部长撤去考克斯的职务。司法部长及其助手并没有选择服从而选择了辞职。首席政府律师罗伯特·博克(Robert *Bork)赞同他们的意见但却以代理司法部长的名义将考克斯撤职(他不是最初协议的一方当事人)。

然而公众的抗议是如此之强烈以至于不得不任命一个新的特别检察官——利昂·贾沃斯基(Leon Jaworski)。贾沃斯基仍然要求取得那些录音带。于是,联邦地区法院法官约翰·西里卡(John Sirica)给总统发出传票要求他交出录音带。

在联邦最高法院,尼克松的律师争辩说此事具有不可审查性,不属于司法管辖的范围。他们指出这是行政系统内部间的争议,因此,这是一个应由总统而非法院解决的问题。他们以国会议员间的争执,应由国会而非司法干预解决作比较。法院驳回了这一主张,并且指出博克对贾沃斯基的任命实际上已包含了国会的咨询意见。法院的这一决定以"彼得斯诉霍比案"(Peters v. Hobby)(1955)和阿卡迪引起的"合众国诉肖内西案"(United States ex rel. Accardi v. Shaughnessy)(1953)这类案件为依据,这些案件清楚地表明尽管有效的行政规章具有法律效力,可以创设在法院的权利,但却是完全可以撤销的。法院对特别检察官的赞同给了他继续调查的权力。在以前的判决中,在国会豁免权问题上是由法院而非国会确定其界限的,因此法院认为与此相似的执行特权问题由法院处理是恰当的。

在执行豁免和行政特权这一基础问题上,法院认为总统被授予极大的权力,尤其在事关防卫和国家安全(*national security)之时。所有这些推论都对总统有利。但特别检察官逐一列举并细致地说明了取得录音带的必要性。既与证人的可靠性有关又和证明指控的犯罪密切相连。由于尼克松已公布了传票中所索要录音带和另外一些磁带的部分内容,他所声称的保密特权已被弱化。这样,争议就变成了行政部门软弱而分散的主张和司法系统内指控犯罪这一要求的对垒。

伯格的意见一直强调需要尊重与协调,但又警告说法院不应轻率地决定保护总统的执行豁免和行政特权。他的意见明白地表明总统的这些特权是有条件的,它取决于当时的环境条件。尼克松被命令交出录音带,这些磁带证明他是妨碍司法行为的同谋。此后不到3周的时间,尼克松宣布辞职。

[Samuel Krislov 撰;刘志杰译;许明月校]

尼克松诉总务执行官案[Nixon v. Administrator of General Services,433 U. S. 425(1977)]

1977年4月20日辩论,1977年6月28日法院以7比2的表决结果作出判决,其中,布伦南代表联邦最高法院起草判决意见,怀特、史蒂文斯、布莱克蒙和鲍威尔持并存意见,伦奎斯特和伯格反对。1974年在尼克松(Nixon)总统为避免弹劾(*impeachment)而选择辞职之后,他和全国总务行政管理署达成了一个协议。协议约定他们将共同保管他的总统文件3年,3年之后文件归尼克松处置。白宫会议的录音带——作为证明他是掩饰水门案件共谋的主要证据,应由全国总务行政管理署保存。除了那些尼克松要求销毁的录音带外,剩余的全部录音带将保存10年或直到他死亡之时。尽管尼克松之前的总统都曾对他们的文件享有完全的权力,国会仍提出动议,要求通过全权授权全国总务行政管理署以保护那些具有历史意义的重要文件,全国总务行政管理署有权应对联邦政府或任何个人提出的关于这些材料的权利、抗辩或者特权。

在《总统记录与材料法》签署后的第2天,尼克松以该法违背分权(*separation)原则和个人隐私权(*privacy rights)为由提起诉讼,因为他之前的总统都对总统的文件享有保留权,所以他主张该法为褫夺公民权法案(*attainder, bill of)。地区法院和上诉法院不赞成他的主张,支持该法。

尽管根据法律,尼克松的请求被驳回。大法官威廉·布伦南(William *Brennan)的判决理由中却未采纳政府的论据——既然杰拉尔德·福特(Gerald Ford)总统签署了这一法令,吉米·卡特总统再一次确认了它,尼克松就无权提出行政请求。虽然尼克松的请求被拒绝了,但他的这一行为是有价值的。通过重新确认分权的灵活原则、合格的豁免权和特权,联邦最高法院注意到该法中建立有关尼克松提出质疑的保障和机会。关于特权和隐私问题,法院认为档案保管员有权接近那些材料,但正如"合众国诉尼克松案"一样,不应超过法官们庭内审阅的限度。

最终法院驳回了尼克松认为该法是褫夺公民权的法律的主张，因为法院判定该法从功能上和目的上都不是惩罚。鉴于具体情况，国会应能合理地以公共需要为据要求知晓得更多。法院还总结说，尼克松不被视为具有历史意义的公共文件的合适保管人。

大法官拜伦·怀特（Byron *White）同意法院的决定，但被没收实际上已被视为受总统财产的总统文件一事所困扰，尽管该法保留了尼克松要求赔偿的权利。大法官约翰·保罗·史蒂文斯（John Paul *Stewens）也同意，并特别指出尼克松本人构成了"合理的一人阶级（a Legitimate class of one）"。

首席大法官沃伦·伯格（Warren *Burger）和大法官威廉·伦奎斯特（William *Rehnquist）持各不相同的反对意见。首席大法官强调美国诉尼克松一案只同意行政特权（*executive privilege）是有限的，只限于"知悉的必要"范围内的干预。但在本案中对隐私权的侵犯几乎是不受阻碍的，在他看来，政府应承担更重的举证责任证明其做法具有正当性。最终他认定总统录音资料法是一褫夺公民权法案。伦奎斯特极力反对这样的政策，因为这一决定可能使所有的总统文件因未来的国会立法而被依"法"充公。

[Samuel Krislov 撰；刘志杰译；许明月校]

尼克松诉康登案［Nixon v. Condon, 286 U. S. 73（1932）］①

1932年1月7日辩论，1932年3月15日再次辩论，同年5月2日以5比4的表决结果作出判决，卡多佐代表联邦最高法院起草判决意见，麦克雷诺兹反对。重建（*Reconstruction）以后，民主党主宰了南方的政治。在民主党内的预选胜利就相当于赢得了选举的胜利。因此，州法律禁止黑人参加预选实际上是剥夺了他们的选举权。在"尼克松诉赫恩登案"（*Nixon v. Herndon）（1927）中，联邦最高法院认为，得克萨斯州法律禁止黑人参加预选是否定了他们基于联邦宪法第十四修正案的平等保护权（*equal protection）。得克萨斯以授权政党的执行委员会决定预选资格作为回应，该州民主党委员会迅速决定只有白人可以参加预选。当一个名为尼克松的黑人的预选投票权被否决的时候，他提起了诉讼，他指出委员会仍按州法行事并且违反了第十四修正案。作为被告的选举委员会官员们则争辩说，政党（*political party）只是民间团体，它自己有权限定会员的资格。

在本杰明·N.卡多佐（Benjamin N. *Cardozo）的第一份判决意见书中，他认为委员会违宪。决定会员资格的权力在于每年的全州政党大会，而该会议从未授予执行委员会这种权力，执行委员会的权力是由州法授予的。这一狭隘的裁定间接表明了这样一种选择——废除所有关于预选的法律，转而允许全州政党大会将黑人排除在外。在接下来的日子里，得克萨斯州就是这样做的。一直到"史密斯诉奥尔赖特案"（*Smith v. Allwright）（1944）确立预选是受宪法约束的、固有的国家行为（*state action）之前，这种剥夺黑人选举权的方法都是被允许的。

[Thomas E. Baker 撰；刘志杰译；许明月校]

尼克松诉赫恩登案［Nixon v. Herndon, 273 U. S. 536（1927）］

1927年1月4日辩论，法院于1927年3月7日以9比0的表决结果作出判决，其中，霍姆斯代表联邦最高法院起草判决意见。重建后，共和党在南方政治中的崩溃和1896年人民党的衰弱导致了在该地区的一党统治，这使南方的黑人失去了参加被视为一场选举的民主党预选的机会。20世纪20年代，得克萨斯的黑人试图登记成为民主党党员并参加选举。得克萨斯州的法律不允许黑人参加民主党的预选。来自艾尔朴瑟（Elpaso）的L. A.尼克松（L. A. Nixon）医生是一个黑人，他抨击这一法律违反联邦宪法第十四修正案（the *Fourteenth Amendment）和联邦宪法第十五修正案（the *Fifteenth Amendment）。尽管双方都主要对联邦宪法第十五修正案展开辩论，法院却认为关于第十五修正案的争论是不必要的，因为法院认为得克萨斯州的法律违反的是联邦宪法第十四修正案下的平等保护条款（*Equal Protection Clause）。

事实上，得克萨斯法律是否违反了联邦宪法第十四修正案，这是一个比猜测大法官奥利弗·温德尔·霍姆斯（Oliver Wendell *Holmes）灵活而精警的判决意见更难的问题。没有一个联邦宪法第十四修正案的提出者认为它保护选举权，审理"迈纳诉哈珀瑟特案"（*Minor v. Happersett）（1875）的联邦最高法院也同样未这样认为。

尼克松一案并未能使黑人的受排斥得以终结，只是使得克萨斯州将排斥黑人于预选之外的任务转移给了民主党。只有在"史密斯诉奥尔赖特案"（*Smith v. Allwright）（1944）中，法院才基于联邦宪法第十五修正案宣告白人预选不合法，并最终允许黑人参加南方的政治生活。

[Ward E. Y. Elliott 撰；刘志杰译；许明月校]

尼克松诉合众国案［Nixon v. United States, 506 U. S. 224（1993）］

1992年10月14日辩论，1993年1月13日以9

---

① 另请参见 Race and Racism; White Primary。

比 0 的投票结果作出判决;伦奎斯特代表联邦最高法院起草判决意见,怀特、布莱克蒙、苏特持并存意见。1986 年 2 月 9 日,在联邦地方法院按大陪审团(*grand jury)程序审理的诉讼中,密西西比州合众国地方法官沃尔特·L. 尼克松(Walter L. Nixon)被认为曾与当地的商人接触并接受了赠品而被判有罪。由于尼克松拒绝辞去司法职务,众议院于 1989 年 5 月 10 日批准了对他进行弹劾(*impeachment)的三项条款。联邦宪法第 1 条第 1 款第 5 项授予参议院享有"审理所有弹劾案的唯一权力"。按内部运作规则,参议员成立了由 12 名参议员组成证据委员会,以收集证人证言和尼克松案件中发现的问题。至少部分依据该委员会的报告,全体参议员于 1989 年 11 月 3 日对三项弹劾条款中的两项投票定罪之前就尼克松的命运进行了两天的商讨。尼克松法官随后就对他的罢免提出质疑,声称当参议院授权调查委员会代表其听证以后,它就放弃了以其整体"审理"弹劾案的宪法义务。"尼克松诉合众国案"使联邦最高法院不得不再次考查此前就有争议的政治问题原则(*Political Question Doctrine)——它将排除司法系统对另一政府部门工作的干预吗? 在审理"贝克诉科尔案"(*Baker v. Carr)(1962)时,联邦最高法院的大多数认为,只要"需要协调政治部门关系的问题在文义上可解释为宪法委托事项",政治问题原则就可以适用(p. 217)。30 年后,伦奎斯特法院的大多数在尼克松案件中形成的判决在其设法召回该原则之魂时,也验证了其在司法实用主义中的一次践行。诚然,"审理"(try)一词的含义并不是如此的精准,以至于可以据此而产生一个约束参议院的"具有操作性的审查标准"。伦奎斯特推理道,仍然存在的更大的担心,是因弹劾程序的司法审查而引起的终局性缺乏问题——这样的审查可能会威胁到执行机构的稳定,并可能引起政治混乱。"尼克松诉合众国"一案为政治问题原则(*Political Question Doctrine)注入了新的生命力,并为将来热衷于审查质疑弹劾程序的法院设置了明显的障碍。

[David A. Yalof 撰;潘林伟译;邵海校]

诺兰诉加利福尼亚滨海委员会案[Nollan v. California Coastal Commission, 483 U. S. 825 (1987)]①

1987 年 3 月 30 日辩论,法院于同年 6 月 26 日以 5 比 4 的表决结果作出判决,其中,斯卡利亚代表联邦最高法院起草判决意见,布伦南、布莱克蒙和史蒂文斯反对。为了提高公众对州海滩的享用,加利福尼亚州作出了一个重要的征收决定,诺兰对此提出反对。诺兰是一幢海滩小平房的主人,加利福尼亚州政府要求他捐献给政府可达海滩的地役权,这一地役权应永远给予公众沿着诺兰海滩的一块狭长土地行走的权利。作为条件,政府同意他异地再建并可扩大平房面积。联邦最高法院判定该决定无效,因为加利福尼亚州对公众地役权的要求无异于征收私人财产而不给予公平补偿(*just compensation)作为交换条件。

诺兰一案之所以重要的原因在于:在权衡加利福尼亚州的行为的效力之时,法院需要加利福尼亚表明地役权将为该州带来实质性的利益——减少因海滨建筑引起的交通拥挤状况。但诺兰异地再建的房屋的效果却是阻碍人们从道路上欣赏海滩景色的视线。而且,加利福尼亚所要求的地役权将只能使已经在海滩上的人受益,并不能使人们从远处能更好地看到海滨景致。对法院的大多数法官来说,危害(减少视觉接触)和补救措施(增加身体接触)之间的关联非常微不足道。几个持不同意见的法官批评大多数法官所要的不只是危害与补救措施之间的宽松的、合理的联系。

[Eric T. Freyfogle 撰;刘志杰译;许明月校]

法官的提名[Nomination of Justices]

参见 Appointment and Removal Power。

有异议的提名[Nominations, Controversial]②

宪法第 2 条第 2 款规定总统"应根据参议院的建议并取得其同意,提名并任命……联邦最高法院法官"。原文中对分权原则(总统享有提名的权力,参议院拥有确认的权力)是宪法创设者设计的整个联邦政府牵制与平衡体系的核心部分。尽管该文本确立了任命(*appointment)的形式要件,它并未确切规定总统或参议院实现他们各自作用所应涉及的规则和考量因素。自从宪法正式通过之后,这些一直由政治程序所决定,正是这一程序导致了有争议的提名和参议院对这些有争议提名的重要作用。19 世纪的后期是以国会强而政府弱为特征的。然而,随着行政部门权力的增长和准司法性的政府委员会设立的影响,平衡在 20 世纪初发生了改变。此外,规定了由人民直接选举议员取代由州立法机构选举的联邦宪法第十七修正案(the *Seventeenth Amendment)也增加了总统的权力。总统作为他所在政党的领袖,地位高于参议员。

参议员在确认程序中的作用是被动的。而总统在确定候选人时要考虑三个因素:政治、政策和专业特长。政治因素反射出利益集团政治,与地方势力、特定的种族和宗教集团或者总统所在政党内部派别

---

① 另请参见 Eminent Domain; Property Rights; Public Use Doctrine; Taking Clause。

② 另请参见 Appointment and Removal Power; Nominees, Rejection of; Selection of Justice。

的妥协、让步。政策因素涉及候选人的政治理念和司法理念，专业特长包括候选人的司法能力，理想的普通法法官的职业要求是：他们具有从判例中推理的能力和书写经过严密推理的判决意见的能力，这些标准允许法律予以改变，但只能逐渐地改变。这些标准包括了预测性和对司法的限制，但与此同时，坚持司法机关是这种改变速度的最终决断者。

当总统只有有限的政策目标且并未意识到法院是政策的重要制定者之时，政治因素趋向被置于首位。这在19世纪晚期还经常发生，那时总统的力量相对微弱，并且一些重大问题例如关税是不可能由法院处理的。当总统希望法院牵制其他部门时，对专业特长的关注就占主导地位。塔夫脱、胡佛、艾森豪威尔、尼克松和福特当政时期就是这样。当总统欲改变政府的结构或政策并且意识到法院是完成前述计划的必要盟友的时候，政策因素就居于统治地位。西奥多·罗斯福、富兰克林·罗斯福（Franklin *Roosevelt）和罗纳德·里根（Ronald *Reagan）为这一模式提供了明显的例子。

大多数的大法官满足全部3个条件并毫无争议地被参议院批准。在有的时候尽管一项提名引起争议，参议院也只扮演一个不重要的角色。胡果·布莱克（Hugo *Black）是"三K党"成员，或者道格拉斯·金斯伯格（Douglas *Ginsburg）吸食大麻的被揭露就是这样的例子。参议院几乎没有争议地批准了参议员布莱克，而对金斯伯格的提名在参议院作出决议前就被总统撤回。偶尔被提名的候选人会引起强烈的反对，但仍会被参议院批准。就像1916年对刘易斯·布兰代斯（Louis *Brandeis）的提名和1986年威廉·伦奎斯特（William *Rehnquist）大法官被提升为首席大法官一样。在这两个例子中，对候选人的专业特长都存在争议，但最能解释为什么存在反对意见的是总统和参议院的政治分歧。在布兰代斯反对者中，也有一些反犹太人的情绪存在。1991年，克拉伦斯·托马斯（Clarence *Thomas）经历了在参议院司法委员会（*Senate Judiciary Committee）的激烈论战之后，抵制住对他性骚扰行为的指责，坚持到最后一分钟，终于得到批准。

自1789年以来，参议院已经否决或迫使总统收回提名25次。但只有5次发生在20世纪。在18、19世纪，是政治因素"主宰总统对候选人的选择，这些因素也是参议院考量的主要因素。曾得罪辉格党和民主党的约翰·泰勒（John *Tyler）总统提名5个候选人均未得到参议院的批准。1879年，参议院中的共和党人竭力否决了格兰特总统对埃比尼泽·豪尔（Ebenezer *Hoar）的提名，因为他们希望自己集团内的人能获得任命。当政府和参议院为不同的党派所控制的时候，参议院偶尔可能会集聚反对的力量去阻止有缺陷的候选人当选。例如，参议院于1930年否决了对约翰·J.帕克（John J. *Parker）的

提名，因为他在联邦上诉法院作出的判决被注意到是反劳工、反非裔美国人的。相似地，1987年，罗伯特·博克（Robert *Bork）因为在参议院看来太过保守而遭到抵制。

总统们通过司法部作探查以判断某候选人的政策方向及候选人是否合适。自1925年起，参议院一直由参议院司法委员会主持对候选人的听证会。许多关于参议院应扮演的角色的学术性和普通的争论都围绕着参议员是否应探查候选人的政策方向这一问题。这种判断不只是一种技艺，它也包含政策的制定。既然宪法没有禁止参议院决定进入联邦最高法院人选应具备的资格，参议员就可以调查候选人是否拥有必要的专业知识和政策判断能力以坐在国家联邦最高法院法官的位置上。

参考文献 Laurence Tribe, *God Save This Honorable Court* (1985).

[Rayman L. Solomon 撰；刘志杰译；许明月校]

被提名者的拒绝[Nominees, Rejection of]①

从1789年到1992年中期，美国参议院已经否决了总统提交给它的143位候选人中的28位（其中有11位本身未被否决而仅仅是未被审议）。在20世纪，即使算上1968年参议院拒绝林登·B.约翰逊总统建议将大法官阿贝·福塔斯（Abe *Fortas）升为首席大法官（*chief justice）那一次，也只有5次曾被正式否决。他们是联邦第四巡回上诉法院首席法官约翰·约翰斯顿·帕克（John J. *Parker）（胡佛时期，39票对41票，1930年）；与帕克来自同一法院的首席法官克莱门特·弗尔曼·海恩斯沃思（Clement F. *Haynsworth）（尼克松时期，45票对55票，1969年）；美国佛罗里达的地区法院的法官乔治·哈罗德·卡斯韦尔（G. Harrold *Carswell）（尼克松时期，45票对51票，1970年）和美国哥伦比亚地方上诉法院的法官罗伯特·赫伦·博克（Robert H. *Bork）（里根时期，42票对58票，1987年）。这里未将约翰逊总统1968年对第五巡回上诉法院法官霍默·索恩伯里（Homer *Thornberry）的提名计算在内，这一提名因为提升福塔斯的失败而从未被参议院审议。罗纳德·里根总统对哥伦比亚地区上诉法院法官道格拉斯·霍华德·金斯伯格（Douglas H. *Ginsburg）的提名也未计算在内。对他的提名因为迅速引起了争议而从未正式递交给参议院。

在参议院作出否定性决议的28个例子中，可以相当容易确定的8种原因依次是：(1)参议院反对提名的总统而非被提名的候选人；(2)被提名的候选人卷入一个或多个关于公共政策的有争议的问题

---

① 另请参见 Nominations, Controversial。

之中,或者参议院只是反对被提名候选人的司法理念或者社会政治理念;(3)对候选人不利的所在法院的诉讼记录,不管正确或错误,该候选人都被推定为对该法院表示支持;(4)与咨询提名程序紧密相关的对参议院礼让(*senatorial courtesy);(5)被提名者被发现就执政党而言"政治上不可靠";(6)被提名候选人明显缺乏资格或仅有有限的能力以胜任;(7)利益集团或压力集团一致的持续的反对;(8)担心被提名候选人将突然大大改变法院的司法路线。通常有上述的几个理由而非仅仅一个理由才会导致对被提名候选人的否决。一些具体的例子可以表明这些主要的理由。

例如,1866年安德鲁·约翰逊总统对他天才的司法部长亨利·斯坦伯利(Henry *Stanbery)的提名失败的真正原因,仅仅是因为参议院对林肯的继任者(安德鲁·约翰逊)不满。参议院否决了严阵以待的总统的每一个提名。1811年,詹姆斯·麦迪逊(James *Madison)对亚历山大·沃尔科特(Alexand*Wolcott)的提名以9比24的表决结果遭否决,是因为持联邦主义的参议员反对当他还是康涅狄格州海关官员时对禁港令和不通商政策的积极执行。1870年尤利西斯·E.格兰特总统对他的能力超群并广受欢迎的司法部长埃比尼泽·罗克伍德·豪尔(Ebenezer Rockwood *Hoar)的提名以23票对44票失败,这主要是因为豪尔对派他到公职机关的任命一直持"非政治"的立场。1930年,赫伯特·胡佛总统对约翰·约翰斯顿·帕克(John Johnstone Parker)的提名以两票之差失败,主要是因为帕克被认为对劳工和新开展的民权运动不友好,参议院对这两个原因都只作了很简单的说明。尼克松1969年对海恩斯沃思(*Haynsworth)的提名被否决是因为他的司法道德问题,而1970年对法官卡斯韦尔(*Carswell)的提名失败是因为他明显缺乏基本的资格。参议院拒绝接受终结会议,以便对林登·B.约翰逊支持的阿贝·福塔斯(Abe *Fortas)升任首席大法官这一关键职务进行表决至少部分是因为:他在审理刑事司法案件中曾经中任高级职务的"记录";他对沃伦法院超前的公民自由主义的反对;共和党人确切地预计,在即将到来的1968年选举中他们将取得胜利,因此自那个秋天开始,他们将控制政府。

尽管几年前参议院一致同意批准罗伯特·赫伦·博克(Robert H. Bork)为上诉法院法官,1987年对他的提名仍被否决。对他的否决是基于他广为人知的法律理念(widely articulated jurisprudence)、利益集团反对意见的成功组织,他在参议院的批准听证会上暴躁的表现、行政机关错误的策略和民主党1966年在参议院中获取多数席位这一系列基础之上的。在当代,因明显缺乏资格做联邦最高法院大法官的最好例子是岌岌可危的尼克松对卡斯韦尔的提名。

最近的否决导致人们相信参议院可能倾向于对总统的提名持怀疑的态度。然而总的来说,如果参议院和政府机构由同一政党所控制,否决将是极少的例外——除非是为了将明显缺乏资格的候选人、有污点的候选人、政治背景有问题的候选人排除在外。

参考文献 Henry J. Abraham, *Justices & Presidents: A Political History of Appointments to the Supreme Court*, 3d ed. (1991).

[Herry J. Abraham 撰;刘志杰译;许明月校]

非言辞表达[Nonverbal Expression]①

尽管宪法缔造者们对于联邦宪法第一修正案中的关键词汇"言论""新闻"的含义设定并没有给予明确的指引,但可能的情形应当是:它所保护的并非简单的仅仅是书面和口头的言辞。对于曾经为波士顿茶叶事件而欢呼雀跃的那一代人而言,某种形式的行为肯定被认为是极具表达力的。艺术、戏剧和音乐同样被用来传递思想和情感,这在宪法缔造者所处的时代与今天基本没什么两样。因此将联邦宪法第一修正案所涉范围限制在书面或口头言辞范围,似乎与《权利法案》(Bill of Rights)起草者的本意是存在出入的。

事实上,涉及非言辞表达的案例为自由表达权利保护范围的扩大作出了重要的贡献。此类案件的早期案例之一是有关加利福尼亚禁止公开以红旗示威的法律。联邦最高法院在"斯特姆伯格诉加利福尼亚州案"(*Stromberg v. California)(1931)中否定了该法,因而,对于非言辞表达至少在某种程度上给予了保护,尽管对于此类保护的范围和理论基础都没有进行界定。实际上这是联邦最高法院关于言论自由保护的最早的裁定之一。仅仅6年以后,联邦最高法院宣布,各州和地方政府都完全有义务尊重表达自由,尽管宪法第一修正案仅仅提到国会和联邦政府有义务这样做。

"红旗案"的裁定很快就在一些涉及非言辞表达——越来越多的人将其称为象征性语言(*symbolic speech)——的案件得到遵循。纠察权(right to picket)(无论是否有言辞表达)在"桑西尔诉亚拉巴马州案"(*Thomhill v. Alabama)(1941)中得到了具体的支持。民权运动给法院带来了大量的相对于言辞来说行为更生动地表达了游行、示威者主张的情形。在诸如"爱德华兹诉南卡罗来纳州"(*Edwards v. South Carolina)(1963)之类的案件中,支持机会均等的游行示威权得到了充分的支持。2年多以后,在"布朗诉路易斯安那州案"(*Brown v. Lou-

---

① 另请参见 Speech and the Press。

isiana)(1966)中,大法官们又支持了通过在公共图书馆阅览室进行和平的示威而抗议种族歧视的权利(参见 Race and Racism)。

这些早期的案例实际上包含了一个重要的警示:在明确承认游行示威的表达性价值同时,联邦最高法院也告诫人们不要把这类表达行为完全等同于以书面或口头形式进行的"纯粹的言辞"表达。现在,在这个舞台上,已经确立了作为因不受普遍欢迎的越南战争而孵化出来的一系列宪法性测试标准之一的标准。当众焚烧兵役应征卡逐渐变成反战的一种可见而普遍的抗议方式。尽管已经存在要求所有这类人随时、随身地携带该登记卡的规定,一项新的联邦法律仍然规定登记应征者毁弃自己的应征卡将构成犯罪。该新法律因此受到基于以下双重理由的质疑:它专门用来处罚传递反战信息的表达性行为;通过先前已经存在的法律,政府利益已经得到了完全的保护。

这两个观点都没有说服联邦最高法院,在"合众国诉奥布赖恩案"(United States v. *O'Brien)(1968)中,它维持了有关毁弃兵役应征卡的法律。这个判例已经超出了直接面对的问题,成为体现对待非言辞交流的新的司法立场的工具。"当言辞和非言辞的要素在同一行为过程中结合起来的时候,管制非言辞成分而存在的充分重要的政府利益能够使对联邦宪法第一修正案所规定的自由进行限制具有正当性。"(p.376)。如果国会非错误地仅仅将焚烧应征卡的表达性或交流性因素作为标靶,那么,问题就是另一回事了,但是,大法官们裁定,情况并非如此。相反,他们认为,通过认定毁弃应征卡的行为构成犯罪,会使多项有效的政府利益分别得到满足。

奥布赖恩一案的影响很快就被"越战"时期的其他几个案件减弱。在"廷克诉德斯·莫因斯校区案"(*Tinker v. Des Mornes School District)(1969)中,高级别法院认定一个学生因戴上黑臂环以示对越战的抗议而被一所公立学校错误地令其休学,法院认为,佩戴黑臂环这种展示行为,尽管没有涉及言辞,属于典型的非言辞信息传达,但这种行为属于一种"非常接近于言辞的""意见表达",因此,应受到宪法第一修正案的保护,除非它确实使学校受到了困扰,或侵犯了其他学生的权利。廷克案是当时最清楚地认可了象征性语言在宪法第一修正案中的地位的标志性案例,它同时对高中学生的言论自由权确立了一个有力而清楚明白的先例。

很快法院就被涉及其他象征性语言或非言辞性抗议的案件所淹没。这些案件中很多属于对焚烧或其他方式污损国旗的人提出有罪控告,并根据不同的法律对其进行指控。每次联邦最高法院都试图找出某种依据以推翻有罪的控告,但都没有涉及一个根本性的问题:是否焚烧国旗构成或不构成受保护的表达。

直到越南战争结束后,联邦最高法院才开始面对这个核心的问题。在"得克萨斯州诉约翰逊案"(*Texas v. Johnson)(1989)中,联邦最高法院的大多数,赞同得克萨斯州刑事上诉法院观点,认为州在打击这种不甚流行的表达性行为方面,确实走得太远了。引起控告的行为很显然是具有表达性的,在很大程度上与法院在较早期的案件中认定的"与国旗有关的表达性因素"是相同的。令大法官们最感到困惑的是,得克萨斯州通过禁止与国旗相关的表达性行为,曾经就有关国旗问题形成了自己的观念(491 U.S. at 417),自此,国旗亵渎者在有关国家政策的讨论会上仅仅因为象征性地抓住国旗的一边就会受到惩罚。

杰克逊案判决不久,国会通过了联邦法律,对此,其支持者相信与有罪控告将可能成立的得克萨斯州法律有很大的不同。然而,这种希望很快就破灭了,在"合众国诉爱奇曼案"(United States v. *Erhchman)(1990)中,联邦最高法院再次维持了这种象征性语言形式。几乎在每届国会里,禁止污辱国旗的宪法修正案都会得到众议院2/3以上的多数赞成,但在参议院却会因为微弱的差距而不能通过。憎恨焚烧国旗行为但又不愿意削弱宪法第一修正案提供的保护的参议员们所表达的最具说服力的反对观点恰恰是:联邦最高法院从来没有明确地说过,亵渎国旗的行为是一种受到完全保护的表达性行为,超越了刑事法律所及的范围。联邦最高法院说过多次的是,在每个具体案件中所运用的手段要么只是为了某种特定的观念,要么,在某些其他方面没有能够达到大法官们曾为象征性表达所设定的高标准。

在较早案例中,我们并不清楚非言词表达是否需要具有政治意味。在"东南协进有限公司诉康拉德案"(Southeastern Promotions, Ltd. v. Conrad)(1974)中,最高法院强烈地暗示,艺术性行为——本案中为有争议的摇滚乐"头发"在公共场所的展演——如核心的政治性表达一样,有权获得保护。后来,联邦最高法院又将其他非政治性的表达性行为纳入了第一修正案的保护范围,尽管其热情似乎已在消退。在1991年的"巴恩斯诉格伦剧院有限公司案"(Barnes v. Glen Theatre, Inc)中,联邦最高法院维持了一个城市禁止裸体舞蹈表演的禁令,认为按照奥布赖恩案的测试标准,该法律所指的目标是与压制自由表达无关的城市的利益。

照这种理解,联邦最高法院勉强承认类似行为属于"第一修正案外围边界的表达性行为,尽管在我们看来,它仅仅是边缘性地如此"。因此,一个城市对公共安全或道德的担心可以优先于表演者不穿衣服而出现在舞台上的需求。10年后,这种多少有点蔑视意味的观点在"伊利市诉Pap's A. M 案"(City of Erie v. Pap's A. M)中再次得到了重申。多名法官认为,裸体舞蹈简单地说根本就不是言辞,而只是单纯的行为,因而要接受政府的管制,而不必遵守甚至奥布赖恩案确立的测试标准的约束。

联邦最高法院最近审查的象征性表达问题是与十字架焚烧相关的问题,此前弗吉尼亚最高法院已经比照污辱国旗行为进行了解释。然而在审理"弗吉尼亚州诉布莱克案"(Virginia v. Black)(2003)时,大部分法官认为问题有所不同。尽管承认两种焚烧行为有类似之处,承认十字架焚烧者也试图传递某种信息,但高级别法院认为,州可以处罚这种焚烧行为,尽管它具有交流的性质。在作出"第一修正案的保护……并不是绝对的"警告之后,大法官们回顾道,某些表达方式(如"挑斗言辞"、"实际威胁"等)曾被认定不能获得这种保护,与这种挑衅性交流方式被排除的原因相似,焚烧十字架行为"通常具有威胁性,企图在受害人的心中制造一种弥漫性的恐惧,认为自己可能成为暴力袭击的目标"。(p.360)

在非言辞表达的名目下,还存在一个具有特殊利益的领域。在第二次世界大战期间,联邦最高法院推翻了自己以前就州或公立学校是否可以强制学生朗诵效忠誓言而作出的判决。在"西弗吉尼亚州教育理事会诉巴尼特案"(West Virginia State Board of Education v. Barnette)中,高级别法院裁定,政府不能强迫公民作出令人厌恶的类似发誓效忠的宣誓——这不仅仅因为言论自由和宗教自由的缘故,在更宽泛的意义上,还因为政府根据正当程序根本没有该项权力。近1/4世纪后,大法官们在审理"伍利诉海纳德案"(Wooley v. Maynard)(1977)时,再次强调了这一观点,并认为州政府无权强行管制驾车者在牌照上标明的令人不快的格言——特别是新罕布什尔州禁止的"不自由,勿宁死"的格言。尽管这些案件都没有明确地使用非言辞表达的概念,但从两个案件的裁定都承认并维持了个人出于良知而保持沉默的权利来看,他们确实支持了第一修正案保护可能并不包含书面或口头言辞的交流这一基本前提。

尽管近来有些倒退——如裸体舞蹈和焚烧十字架案件,但对言论自由的保护却成功地通过拓展而超越了其传统的言辞信息范围,三十多年前的廷克案和奥布赖恩案中,该基本原则就已经形成,结合这些先例,对于理解非言辞表达的发展来说,是至关重要的。

参考文献 John Hart Ely, "Flag Desecration: A Case Study in the Roles of Categorization and Balancing in First Amendment Analyses," *Harvard Law Review* 88(1975): 1482-1508; Kent Greenwalt, " O'er the Land of the Free: Flag Burning as Speech," *U. C. L. A. Law Review* 37(1990):925-954; Melville B. Nimmer, "The Meaning of Symbolic Speech Under the First Amendment," *U. C. L. A. Law Review* 21(1973): 29-62; Mark Tushnet, "Character as Argument," *Law & Social Inqiury* 14(1989):539-550.

[Robert M. O'Neil 撰;刘志杰、潘林伟译;许明月、邵海校]

诺福克南方铁路公司诉尚克林案[Norfolk Southern Railway Co. v. Shanklin,529 U. S. 344]

2000年3月1日辩论,2000年4月17日以7对2的投票结果作出判决;奥康纳代表联邦最高法院提出判决意见,布雷耶持并存意见,金斯伯格和史蒂文斯反对。"诺福克南方铁路公司诉尚克林案"认定,对铁路平面交叉路口确立最低安全设施要求的联邦法律,优先于声称这些设施不充分的州侵权法(*tort law)诉讼。

1973年,国会制定了《公路安全法》(Highway Safety Act),该法规定向各州提供联邦基金,以减少铁路—公路交叉路口的安全隐患。交通部长发布了详细规定根据该法安装警示设施适当性的规章,在"CSX运输公司诉伊斯特伍德案"(CSX Transportation Inc. v. Eastwood)中,联邦最高法院拒绝就是否仅仅按照该规章的要求安装了设施就可以满足优先于州侵权法的要求作出判决。然而,"诺福克南方铁路公司诉尚克林案"则认定,尽管州可以自由地安装更多的保护设施,但一旦它在特定的路口安装了受联邦基金资助安装的设施,质疑其充分性的州侵权诉讼就会被超越。

鲁思·巴德·金斯伯格反对这种说法,他认为只有当联邦雇员认为某一特定地点的安全设施已经足够,才可以优先于侵权诉讼,某些联邦上诉法院也采取这一立场。

诺福克南方公司一案的审理结果反映了伦奎斯特(*Rehnquist)法院在州法律(包括侵权诉讼)可能打破联邦管制领域的统一性时会主张其优先性倾向。考虑到伦奎斯特法院为限制国会权力而一直不遗余力地执行联邦主义,这种倾向有时不免让人困惑。金斯伯格和约翰·保罗·史蒂文斯(John Paul *Stevens)大法官经常反对联邦最高法院作出的联邦主义(*federalism)判决,并经常在有关优先问题的案件中支持各州,他们辩解说,国会应当在相关的立法中明确地表达其优先的意图。

[Brannon P. Denning 撰;潘林伟译;邵海校]

诺里斯诉亚拉巴马州案[Norris v. Alabama, 294 U. S. 587(1935)]①

1935年2月15日和18日辩论,同年4月1日

---

① 另请参见 Due Process, Procedural; Race and Racism; Trial by Jury。

以8比0的表决结果作出判决,其中,休斯代表联邦最高法院起草判决意见,麦克雷诺兹没有参加。这是联邦最高法院在斯考特伯罗系列案(Scottsboro Cases)中作出的第二次判决,在"鲍威尔诉亚拉巴马州案"(*Powell v. Alabama)(1932)中,联邦最高法院撤销了亚拉巴马州判处几个非裔美国青年死刑的判决,因为他们未得到律师的有效帮助,未受到美国联邦宪法第十四修正案(the *Fourteenth Amendment)中正当程序条款所要求的公平审判。基于与"鲍威尔诉亚拉巴马州案"一样的原因,亚拉巴马州对斯考特伯罗案进行了重新审理。其中一个叫做克拉伦斯·诺里斯的被告再一次被判处死刑,尽管辩护律师提出,对诺里斯提起控诉的大陪审团和对诺里斯定罪的小陪审团中的非洲裔美国人被有计划地排挤了。

在上诉审中,联邦最高法院撤销了亚拉巴马州高等法院对诺里斯判决的维持判决。首席大法官查尔斯·埃文斯·休斯(Charles Evens *Hughes)代表联邦最高法院申明,州法院(*states courts)有计划地将非裔美国人排挤出大陪审团和小陪审团剥夺了被告依据联邦宪法第十四修正案(the *Fourteenth Amendment)所规定的平等法律保护(*equal protection of law)。由于被告已然提出了令人信服的证据表明,非裔美国人已经被有计划地排挤出了对诺里斯提起控诉的大陪审团和对诺里斯定罪的小陪审团,故联邦最高法院撤销了对他的定罪。

[Richard C. Cortner 撰;刘志杰译;许明月校]

诺里斯诉波士顿案[Norris v. Boston]

参见 Passenger Cases。

北方证券公司诉合众国案[Northern Securities Co. v. United States,193 U. S. 197(1904)]①

1903年12月14日和15日辩论,第二年3月14日以5比4的表决结果作出判决,其中,哈伦代表联邦最高法院起草判决意见,布鲁尔持并存意见,怀特和霍姆斯反对。19世纪末,联邦最高法院已开始在《谢尔曼反托拉斯法》(*Sherman Antitrust Act)中寻找有力的依据。然而,直到西奥多·罗斯福试图解散持有三大铁路股票的北方证券公司之时,该法是否能适用于股票所有权的问题才凸显出来。

在从更广阔的视野解读国会权力和法律的基础上,大法官法翰·马歇尔·哈伦(John Marshall *Harlan)认为法院不能恰当地考虑解散公司的判决给商业领域带来的负面影响。当坚信谢尔曼法只适用于不合理的贸易限制的大法官戴维·布鲁尔(David *Brewer)宣告北方证券公司的限制不合理的时候,一个多数意见就形成了。而所有的反对者都同意大法官爱德华兹·怀特(Edward *White)的争辩。在这里,该公司的限制是合理的;对法律的过于宽泛的解释将会扰乱贸易;国会对商业的控制不应包括股票所有权。他们也赞同大法官奥利弗·温德尔·霍姆斯(Oliver Wendell *Holmes)的观点:为了确保《谢尔曼法》的合宪性,它应被严格地解释,否则大部分地方性交易也会被纳入国会对跨州交易的控制范围(参见 Commerce Power)。在"标准石油公司诉合众国案"(*Standard Oil Co. v. United States)(1911)中,首席大法官怀特成功地劝说法院限制《谢尔曼法》的适用范围,其只应及于对贸易的不合理限制。

[John E. Semonche 撰;刘志杰译;许明月校]

西北法令[Northwest Ordinance]②

西北法令由联邦大会于1787年7月13日颁布,该法令确立了美国领土体系的基本框架。在经过一段时间国会任命者的直接统治之后,西北的领土——俄亥俄、印第安纳、伊利诺伊、密歇根、威斯康星和明尼苏达的一部及其分区在它们的人口分别达到6万之前,它们将享有有限的自治,在达到6万之后,它们将被授权制定本州的宪法,也可以要求以与其他已加入了联邦的州同样的条件加入联邦。新加入的州应成为联邦的平等成员,这一原则是在形成国家版图的西部土地割让时阐明的,这也一直是西北法令的首要特征。对西北法令的采纳也反映了国会实施新的土地政策的决心。这一新的土地政策是在1785年5月20日的土地法令中通过保证土地所有权的安全和确立边境地区的法律和秩序体现出来的。西北法令中有关国会在第一阶段(领土扩张阶段)进行直管的规定在边境地区政治上更加稳定、战略上更加不易受攻击之后逐渐被修正,并最终被取消。

西北法令第二部分的6个协议条款——包括建州的承诺;3至5个新州的边界的约定;对基本个人权利的保证[含陪审团的审理(*trial by jury)和人身保护状(*habeas corpus)];对奴隶制的禁止——这一项经证明更能经受时间检验,尽管在宪法上是不可强制执行的[根据首席大法官罗杰·B. 托尼(Roger B. *Taney)在"斯特拉德诉格雷厄姆案"(Strader v. Graham)(1851)中的判决附言(*obert dictum)]。剩下来的就是它向所有原领土和后来加入国家版图的地区作出的对于组建平等的新州的授权,尽管这已经显得有点晚了。

[Peter S. Onuf 撰;刘志杰译;许明月校]

---

① 另请参见 Antitrust。
② 另请参见 Territories and New States。

诺托诉合众国案[Noto v. United States, 367 U. S. 290(1961)]①

1960年10月10日至11日辩论,于1961年6月9日以9比0的表决结果作出判决,其中,哈伦代表联邦最高法院起草判决意见,布伦南·沃伦·布莱克和道格拉斯持并存意见。和它的姊妹案——"斯凯尔斯诉合众国案"(*Scales v. United States)一样,诺托一案也牵涉到《史密斯法》(*Smith Act)"会员条款"(membership clause)的合宪性问题。然而,在本案中,法庭全体成员同意撤销有罪的判决。5个大法官的判决理由是,没有足够的证据表明诺托作为成员所在的共产党从事了宣传武装推翻政府这一理念的活动,也没有足够的证据表明该党鼓动人们采取区别于抽象理念的行动以达到这一结果。必须有实质性的直接证据或环境证据证明它号召人们现在或将来进行暴乱,这些证据要既充分有力又有极强的说服力,去证明关于共产党教义的那些含糊理论材料是真实可信的(p.298),也应有实质的证据去证明以下推理是合理的——对暴乱的号召应归咎于整个党派(共产党)而非仅仅是其中极小的部分。

大法官威廉·布伦南(William *Brennan)和首席大法官厄尔·沃伦(Earl *Warren)指示审理法院驳回依据国内安全法的条款作出的指控,因为依据《史密斯法》的成员条款,这类行为具有免予公诉的豁免权。沃伦他们认为,赋予积极成员的豁免权不少于赋予名义成员的豁免权。大法官胡果·布莱克和威廉·O.道格拉斯认为定罪是无效的,因为这样会违反联邦宪法第一修正案(the *First Amendment)。

[Milton R. Konvitz 撰;刘志杰译;许明月校]

否认原则[Nullification]②

通过该原则,各州可要求宣布联邦政府的法律违反宪法的权力。该原则是把联邦最高法院作为宪法性争议的最终裁决者这一观念的一个最重要的替代理论。在肯塔基和弗吉尼亚州决议(1798—1800)中,托马斯·杰斐逊(Thomas *Jefferson)和詹姆斯·麦迪逊(James *Madison)对否认原则作了简要的阐述。新英格兰联邦论者通常忽略全国政府的权力,而其他的州拒绝承认联邦最高法院的权威,肯塔基州在"格林诉比德尔案"(*Green v. Biddle)(1823)、佐治亚州在"武斯特诉佐治亚州案"(Worcester v. Georgia)(1832)中,这一点表现得最为明显(参见 Cherokee Cases)。

否认原则的最重要和最系统的发展发生在南卡罗来纳州。在"南卡罗来纳州的陈述和抗议"(the South Carolina Exposition and Protest)(1828)中,当时的副总统约翰·C.卡尔霍恩(John C. Calhoun)争辩说,宪法是各拥有主权的州所达成的协议,在这一协议里,它们授予了联邦政府有限且被仔细限定的权力。如果一个州坚信联邦政府超越了它的权限,它可以召开一个特别会议宣布联邦政府的法律违宪并拒绝它的实施。如果联邦政府以通过一个宪法修正案使其权力合法化作为回应的话,该州可以选择默认该修正案或是退出联邦。

尽管卡尔霍恩总是强调否认原则的非暴力和法律本质,但在1832年至1833年对否认原则的争议期间,当南卡罗来纳州实施这一原则的时候,安德鲁·杰克逊(Andrew *Jackson)总统却视该原则为革命的和充满叛逆的。在接下来的30年里,由于否认原则强调各州分裂出联邦是一项宪法权利,它越来越和各州的权利及南方为奴隶制(*slavery)的辩护结合在一起。

[Richard E. Ellis 撰;刘志杰译;许明月校]

法官名额[Number of Justices]

参见 Justices, Number of。

---

① 另请参见 Communism and Cold War; Speech and the Press。

② 另请参见 State Sovereignty and States' Rights。

Oo

判决附言[Obiter Dictum]

[拉丁语,"附带意见";一般单数为 dictum(复数为 dicta),偶尔简化为 obiter]是对某种观点的主张,该观点对裁判结果而言并不是必要的,而只是法官的附加意见。判决结果和判决附言之间的区别常常难以辨认,尤其是在现代案件中。

[William M. Wiecek 撰;岳志军译;许明月校]

合众国诉奥布赖恩案[O'Brien, United States v., 391 U.S. 367(1968)]①

1968年1月24日辩论,1968年5月27日以7比1的表决结果作出判决,其中,法官沃伦代表联邦最高法院起草判决意见,哈伦提出并存意见,道格拉斯反对,马歇尔未出席。戴维·奥布赖恩在南波士顿法院前的台阶上烧毁了他的征兵证以表达其反战信念,依据有关禁止故意毁坏或复制这类证件的法律被裁定有罪。他认为该法律违背宪法,因为它剥夺了他的言论自由权利。法院拒绝了他的主张,并制定了一项标准用以判定在涉及象征性言论的自由表达案件中,何种情况下政府的管制才是正当的。这一标准要求政府利益合法有效而又极为重要,并且与压制言论自由毫无关系。而且,对联邦宪法第一修正案中自由的限制不比促进该方面的利益更重要。

法院认为前述法律符合上述要求。首先,该法包含了范围极广的宪法性权力以便采取各种措施来给养和支撑军队。其次,征兵证体现了许多合法的政府利益,如登记证明以及促进登记人和地方当局之间的交流。这些利益同对自由的压制毫不相干。最后,法院认为,该法的宗旨仅限于防止对和谐运作的征兵机制的侵害,此外别无他意。奥布赖恩的行为已经阻扰了政府的合法利益,这正是他被裁定有罪的原因。

"合众国诉奥布赖恩案"中确定的标准——它聚焦于管制是否与涉及的内容无关,是否被严格地设计服务于实现政府利益,该标准不仅在象征性言论案件被援引,而且在涉及时间、地点和方法规则(*time, place and manner restrictions)的案件中也被经常援引。

[Keith C. Miller 撰;岳志军译;许明月校]

淫秽与色情[Obscenity and Pornography]②

实际上每个社会就如何处理性行为描写的问题都发生过论争。这种东西极为普遍,因为它显露了产生于欲望与社会道德之间的冲突。性的艺术化处理提高了人们对这种冲突的认识。但是由于社会对性自由的态度相互冲突,而且都担忧庸俗的性描写会对性生活的质量产生影响,他们试图按照法律来将正当展示和不正当展示区别开来或者一并加以禁止。

这种论争在自由民主国家显得尤其激烈,在这里,自由和民主的价值经常发生冲突。自由原则坚持各种形式的表达都应当受到联邦宪法第一修正案(the *First Amendment)的保护,除非它们对他人造成了直接的、可表明的伤害。虽然在实验研究中发现,展示暴力、性爱使得男性更易对女性实施暴力犯罪,但是这种研究并没有表明存在直接的、系统的伤害。这种自由主义的态度将管理目的局限在保护未成年人以及不愿意的成年人(unconsenting adult)的情感。然而,民主原则则要求为了使社会免受潜在危害以及维护大多数社会成员的性价值准则限制自由,从而确保大多数人的权利。

尽管联邦最高法院已经确定在涉及政治或宗教言论的案件中适用自由原则,但是它也已经通过裁定宪法第一修正案并不保护所有形式的表达从而提出一些社区控制标准。被认为具有社会价值的表达才值得保护,除非它产生了直接的、可表明的伤害,而价值不高的表达不受"保护"。政府只消表明对其潜在影响表示担忧,它就可能被禁止。在1942年审结的具有深远影响的"查普林斯基诉新罕布什尔州案"(*Chaplinsky v. New Hampshire)中,法院确定了区分受保护表达和不受保护表达的原则。淫秽和下流,诽谤(*libel)和攻击性言辞就不受联邦宪法第一修正案的保护,因为"这种表达不具有任何显露思想的实质内容,而且就探索真理而言,其价值如此之小以致于从其中得到的收益远远小于社会秩序和道德方面的利益"(p.572)。

传统上,美国法律用"淫秽"概念把禁止的性描写和认可的性描写划分开来。淫秽与"色情"并不相同。从词源来看,淫秽是指那些令人作呕的、讨厌的、下流的,或者不符合道德的事物。色情的含义更为广泛,是指下流的性描写或者暴力行为的描写。色情的事物并不一定淫秽。

"查普林斯基诉新罕布什尔州案"(Chaplinsky)关于联邦宪法第一修正案的阐述表达了传统的道德

---

① 另请参见 Conscription; First Amendment; Speech and the Press。

② 另请参见 Speech and the Press; Unprotected Speech。

价值观念和将真理作为一种纯粹认识过程的传统理论。但是,在接下来的几十年里,当道德情感让位于20世纪60年代和70年代的体验主义时,这些假定受到了质疑,而且对心理学和情感美学的深层次理解补充了传统的认知观念。

直到1957年为止,淫秽案还只是涉及淫秽的法律含义问题。不存在合宪性方面的质疑,恰好反映了道德情感对淫秽的力量。但是当色情描写在第二次世界大战(*World War Ⅱ)后比比皆是时,联邦最高法院实际上面临着压制色情是否合宪的质疑。在"罗思诉合众国案"(*Roth v. United states)(1957)中,法官威廉·布伦南(William *Brennan)认为淫秽描述不受保护因为它"决无可取之处"(p.484)。布伦南把淫秽界定为"以一种使人产生淫乱兴趣的方式来描述性的事物"。他将淫乱兴趣定义为要么"有实施贪淫想法的倾向",要么"对性有着可耻而病态的兴趣"(p.487)。进而,他提出了下述判断淫秽的标准:"依照当时的社会标准,整个事物的主题思想是否会引发任何一个普通人的淫乱的兴趣"(p.489)。

罗思(Roth)案确立的标准集中体现在淫欲上。然而,淫欲从未被准确界定过,而且该标准的其他部分也没有对淫秽究竟为何物作出指引。

在"雅各布里斯诉俄亥俄州案"(Jacobellis v. Ohio)(1964)中,法院意识到它不得不在每个案件中就被指称的淫秽物品的性质作出自己独立的评价。这迫使法院在1966年的范尼·希尔案(Fanny Hill Case),"约翰·克莱兰之《一个快乐的女人的自述》诉马萨诸塞州司法部长案"(Book Named John Cleland's "Memoirs of a Woman of Pleasure" v. Attorney General of Massachusetts)(1966)中,明确提出了一项更为自由的三段论标准。法官布伦南宣称,如果某素材的主题思想是淫乱的;因为违背了当时的社会标准而具有明显的攻击性;以及完全不具有社会价值,那么该素材即应属于淫秽物品(pp.419-420)。只有最直白的描述才符合《一个快乐的女人的自述》案的标准,它将重点从淫欲(罗斯案)转移到了明显的攻击性和是否具有极小的社会价值。最小社会价值标准实际上要求检方证明该素材不具有社会价值——这一直是个难题。后来,法院实际上开始驳回其遇到的每个淫秽案的公诉,除非该物品向未成年人出售或者进行淫秽地宣传[如"里德拉普诉纽约州案"(Redrup v. New York)]。与此同时,由于出版商们将该新标准推向极致,因此日趋暴露的素材层出不穷。反色情主义积极分子则试图把色情和"过分纵容的"沃伦法院转变为重大的国内问题来引起全国的讨论。

在"斯坦利诉佐治亚州案"(*Stanley v. Georgia)(1969)中,沃伦法院裁定隐私(*privacy)的宪法性权利禁止就某人在家里享用不法的淫秽品而加以惩罚。但是,伯格法院拒绝落实斯坦利案的内在含义,并将控制性素材的权力交给了社会。在"米勒诉加利福尼亚州案"(*Miller v. California)(1973)中,法院宣布了一个修改了的标准。如果以一般社会成员的情感为依据某素材的主题思想是淫乱的;以具有明显攻击性的方式描写性行为的;而且,就整体而言,它"缺乏严肃的文学、艺术、政治或科学价值"(p.24),它就是淫秽的。

米勒案中社会价值标准的重新阐述更不具有可行性,因为其他的淫秽素材可以通过加入很少的一点虚假的社会批评从而获得保护。从另一角度而言,它只是重申了《一个快乐的女人的自述》案中对色情的含蓄的强调,因为首席大法官沃伦·伯格(Warren *Burger)认为只有赤裸裸描写的色情才能被认为具有明显的攻击性。伯格提出了一些"明显的例子",包括"明显的攻击性描写或者基本性行为的描述"和"生殖器的下流展示"(p.25)。仅仅是裸体画或者没有"极端行为"的性行为图片就不是淫秽的。

米勒案的标准仍然是判断淫秽与否的关键。法院在区别赤裸裸的色情与非赤裸裸的色情方面已经非常熟练。涉及性描写的文学作品受到严格保护,而且像《花花公子》(playboy)和《屋顶公寓》(penthouse)这种杂志在实际上不会遭受来自合宪性方面的攻击。

然而,问题仍然存在。虽然米勒案已经形成了相当客观的裁决,但是对那些争议性的作品却不可避免地带有主观色彩。只有采取直接损害的方法才能缓和这一问题。但是联邦最高法院至今还不愿意彻底放弃表达领域的非自由价值。另一方面,一些保守主义者和女权主义者认为米勒案对自由主义让步太多,以至于扭曲了社会对那种几乎完全是最暴露的色情形态的控制能力。反淫秽法所提供的往往不能满足人们对它的并不过分的指望。

针对这些问题,一些女权主义者早在20世纪80年代就提出把色情作为联邦宪法第一修正案自由条款的新例外(参见 Gender)。他们对色情概念定义得相当广泛,如明显描写女性在性方面的附属地位,以及并没有提供具有艺术或社会价值的内容。低级别联邦法院(*lower federal courts)认为这种方法不合宪法["美国书商协会诉赫德纳特案"(American Booksellers Association v. Hudnut)(1984)]。但是联邦最高法院已经在某些领域对米勒案中的半自由方法作了一些限制。它已经准许对非淫秽色情进行规划控制["雷顿市诉'娱乐时间'剧院案"(Renton v. Playtime Theatres Inc.)(1986)],并支持联邦电信委员会作出的限制(而非禁止)在广播中使用非淫秽的"下流的"表达的决定。而且,该法院裁定各州可以禁止故意传播以未成年人为主题的非淫秽色情["纽约州诉费伯案"(New York v. Ferber)(1982)]。

这些措施已经加强了民主控制的力量,但并没有扩大应加以禁止的领域(在纽约州诉费伯案中的儿童色情例外)。通常,反淫秽法在自由和民主价值之间维持着一个有利于自由主义的平衡。联邦最高法院通过采用一个更全面的自由标准从而更好地适用该部法律,这种标准使得性表达和其他大多数表达相协调,但是这种妥协相当于在这一高度争议的问题中摒弃了民主控制。

互联网的兴起使大量色情描写的网页能够为未成年人获得,这提出了一系列新的问题。联邦最高法院曾否决了一项禁止在知情情况下向未成年人传递带有淫秽或强烈感官刺激信息的联邦法律["里诺诉 ACLU 案"(*Reno v. ACLU)(1994)],和一项禁止以成年人真人或电脑合成图片(实质上是色情的)制造直接进行性行为的未成年人图片的联邦法律["阿什克拉夫特诉言论自由联盟案"(Ashcroft v. Free Speech Coalition)(2002)]。这些法律并没有被有效地限制于保护未成年人的范围。但是,联邦最高法院支持了《联邦儿童互联网保护法》(Children's Internet Protection Act),该法要求受联邦基金资助的图书馆使用互联网过滤器屏蔽那些含有色情成分的内容["合众国诉美国图书馆协会案"(United States v. *American Library Association)(2003)]。

参考文献 Donald A. Downs, *The New Politics of Pornography*(1989); Catherine Mackinnon,"Pornography, Civil Rights and Speesh,"*Harvard Civil Rights-Civil Libwerties Law Review* 20 (1985):1-70; Richard S. Randall, *Freedom and Taboo: Pornography and the Politics of a Self Divided*(1989).

[Donald A. Downs 撰;岳志军、潘林伟译;许明月校]

奥康纳,桑德拉·戴[O'Connor, Sandra Day]

[(1930 年 3 月 26 日出生于得克萨斯州的埃尔·帕索(El Paso)]1981 年任大法官至今。由罗纳德·里根总统提名,经参议院全票通过,桑德拉·戴·奥康纳成为联邦最高法院第 102 位大法官,并且是第一位女性大法官。

作为家中三个孩子的老大,奥康纳在位于亚利桑那州和新墨西哥州之间占地达 160 000 英亩的拉兹 B(Lazy B)家庭农场长大。她的父亲,亨利·A. 戴,年轻时是一个非常优秀的学生,还是加利福尼亚高中的游泳冠军,进入大学的愿望因为第一次世界大战中服兵役而破灭,后来,在其父亲病重时他开始经营拉兹 B 农场。她的母亲,艾达·梅·威尔基·戴,毕业于亚利桑那大学,是一位非常聪明贤慧的女性,为家庭贡献了很多精力。面对西南部沙漠的苍凉的美丽,农场生活的挑战,铸就了这位未来大法官终生不变的生活信念:果断、忠诚、努力工作和服务他人。

Sandra Day O'Connor

16 岁时奥康纳在埃尔帕索城完成了寄宿学校的学业,随后进入斯坦福大学学习。在三年级时被斯坦福大学法学院提前录取,并于 1952 年以全班第三名的成绩顺利毕业,仅次于在毕业典礼上致告别辞的威廉·H. 伦奎斯特(William H *Rehnquist)。其后,她遇到了后来成为丈夫的约翰·奥康纳,他也是斯坦福大学法学院的学生,他们育有 3 个儿子。

和其他大法官一样,奥康纳进入联邦最高法院之前也有法律职业和政治的经历。她的丈夫约翰·奥康纳在联邦德国军法署长使团任职时,奥康纳是一家民间军需团体的专职法律顾问。回到亚利桑那州以后,奥康纳于 1965 年至 1969 年间任检察长助理。1969 年,她被州长提名任州参议员。在亚利桑那州参议院任职的三年期间,奥康纳是全美唯一的一位女性州参议院多数党领袖。1974 年,随着奥康纳被选入玛丽科帕(Maricopa)郡的高级别法院,她离开政坛,投身司法职业。在那里,奥康纳被认为是一颗"正在升起的新星"。她的审判风格、法律素养和受欢迎程度使她在 1979 年被任命为亚利桑那州上诉法院的法官。

作为一名活跃的共和党人,奥康纳积极投身于帮助罗纳德·里根击败杰拉德·福特而获得总统提名。1981 年,随着女权主义在美国的风行,罗纳德·里根为了履行竞选时的诺言,提名奥康纳进入联邦最高法院。当波特·斯图尔特(Potter Stewart)辞职后,机会就真的降临了。

奥康纳从一开始就忠于保守的价值:依靠"法

治"以确保社会变革的审慎和增益;践行司法自我约束以追随立法的进程,承认州权力首要性的联邦主义理论;特定人身自由的保障应当保持政府不得触及。总的说来,她在案件的表决上一直与首席大法官伦奎斯保持着紧密的联盟。2003 年,他们对该时间段里 80% 案件意见一致。奥康纳对于宪法确立的"案件与争议"原则是如此的忠诚,以至于不能确定其特定的意识形态倾向,正如她在致力于对事实和出现的问题进行认真分析时所表现出的那样。她的法律观点或许在其对"罗森伯格诉弗吉尼亚州立大学校长及游客案"(*Rosenberger v. Rector and Visitors of the University of Virginia)(1995)的评论中有所体现:"当基本原则发生撞击时,他们探测了无条件坚持的界限,展现了最终发现它既不宏大又不统一的'大统一理论'(Grand Unified Theory)存在的缺陷和危险"。正是因为奥康纳逐一对案件作出判断的声誉,在公众高度关心的案件中,人们发现她很可能是一个"摇摆投票者"。例如,在审理"麦康奈尔诉联邦选举委员会案"(*McConnell v. Federal E-lection Commission)(2003)时,奥康纳就与伦奎斯特、斯卡利亚以及他们所持的言论自由观点分道扬镳,而同意了其他 5 位大多数大法官的观点,认为该案的核心问题是对竞选活动而不是对言论的管制,国会在联邦选举程序方面的专家性意见应当获得联邦最高法院的尊重。

奥康纳在几个方面发展了宪法性法律,其中包括积极行动(*affirmative action)、投票权、教会和国家的关系(*church-state issue),联邦宪法第五修正案(the *Fifth Amendment)项下的占用、州权力,以及堕胎(*abortion)。一方面,她在大法官职位上的任期以及已出版的纯粹属于她自己判决意见的书中似乎表明,在她这里,存在着一种"进化的"、"充满活力的"法理学;另一方面,说她改变自己的思想并不及对政治联盟的利用那样多,通过并存意见的运用,将其他大法官带到自己的立场观点上来,这种说法同样也存在充分的依据。

关于积极行动问题,奥康纳的司法哲学同时融入了文本和社会的背景。在"威甘特诉杰克逊教育委员会案"(Wygant v. Jackson Board of Education)(1986)中,非少数民族教师认为,不应按种族来决定临时解雇问题。由于法律忽视了更受限制的利用雇用控制来处理歧视问题,大多数大法官认为,该做法违反了平等保护条款(*Equal Protection Clause)。在她的并存意见中,奥康纳使明显一致的多数意见更添光彩,她认为,种族分类的做法在宪法上是受到质疑的,并重申,不管其目的如何,应当充分弄清的问题是,是否受质疑的立法是严格按要求起草的,是否能够通过严格的司法审查。威甘特案中的这一并存意见,是其以后案件中大多数判决意见的基础,这些意见在很大程度上改写了有关积极行动的法律。在"里士满市诉 J. A. 克劳森公司案"(*Rich-mond v. J. A. Croson Co.)(1989)中,她运用威甘特案抨击了一项政令,该政令要求城市工程承包工作的 30% 应当分给少数民族拥有的企业,她认为,在这里,并不存在将该政令的救济目标与当地的种族歧视连接起来的现实依据。在"阿达兰德建筑公司诉彭纳案"(*Adarand Constructors, Inc. v. Peña)(1995)中,奥康纳的意见将基于第五修正案和第十四修正案的请求权置入相同的地位,要求联邦和州工程承包分置计划都要接受平等保护目的的"严格审查"分析。

有两个涉及高等教育的案例,均以 5 比 4 表决结果作出判决,都再次认可了多元文化在有关救济性积极行动计划中所扮演的角色。在"克鲁特诉博林杰案"(*Crutter v. Bollinger)(2003)中,奥康纳代表多数意见起草了判决意见,维持了一项增进文化多元性的强制性州利益,支持了密歇根大学法学院严格按要求制定的在申请人资格确认方面基于种族考虑的录取政策。在同天判决的"格拉茨诉博林杰案"(*Gratz v. Bollinger)(2003)中,她仍属于多数派,只是其他持多数意见的法官与上一案件不尽相同,该案认定在本科生录取方面,对于少数民族申请人自动奖励录取分数不符合平等保护条款。

在投票权案件中,奥康纳早期在司法职业中形成的观点经过表面粉饰后,仍被其坚持。在"戴维斯诉班德默案"(*Davis v. Bandemer)(1986)中,奥康纳不同意认为政治性的改变选区划分的请求根据平等保护条款的规定是可诉的多数意见。对于奥康纳来说,司法机关作为一个与其他政府分支平等的分支,对政治或政策负载的程序进行审查,不仅宪法没有授权,而且操作上也没有准备就绪。在"维斯诉朱布利尔案"(Vieth v. Jubelirer)(2004)中,联邦最高法院再次撞入立法机构名额分配的"政治丛林"之中,这一次不同的是,联邦最高法院倾向于认为考虑党派利益的选区划分变更主张作为对平等保护的侵犯是可诉的。奥康纳在班德默案中的节制主义观点获得了额外的 3 票支持,同时,也为安东尼·肯尼迪大法官基于正当程序而提出的并存意见预设了框架。与此形成对比的是,在"肖诉雷诺案"(*Shaw v. Reno)(1993)中,奥康纳认为,涉及种族的选区划分变更主张是有区别的。在代表 5 位大法官写出的多数判决意见中,她认为,旨在保护投票权免受种族为基础的权力滥而制定的立法机构名额分配方案,如果能够通过严格的审查,并符合"严格按要求制定"的标准,它就可能是有效的,但仍应警惕,它可能形成畸形选区,该种族分类的程式也可能产生更大的社会危害。

在其于联邦最高法院任职的第三个年头审理的一个有关禁止确立宗教条款(*Establishment Clause)的案件——"林奇诉唐纳利案"(*Lynch v.

Donnelly)(1984)中,奥康纳提供了一种"签注"分析("endorsement" analysis)方法,再次确认了"莱蒙诉库兹曼案"(*Lemon v. Kurtzman)(1971)的"三叉头"测试标准。这种分析方法在"艾勒金尼县诉美国公民自由协会案"(County of *Allegheny v. ACLU)(1989)中得到运用,并启迪联邦最高法院后来在"泽尔曼诉西蒙斯-哈里斯案"(*Zelman v. Simmons-Harris)(2002)中批准了小学学生代金券计划。

在"东部企业诉阿普菲尔案"(*Eastern Enterprises v. Apfel)(1998)中,奥康纳对于宪法占用条款(*Taking Clause)进行了以事实为中心的、深入的分析,在其代表多数起草的判决意见中,她接受了这样的观点:国会试图根据《1992年煤矿产业退休人员健康福利法》的规定建立基金资助终身性健康福利的行为构成不当占用,其原因在于,东部企业已经在1965年退出了煤炭行业,不可能预见到后来制定的法律所确定的责任。在得出这一结论的过程中,奥康纳结合溯及力、投资回报预期等问题,以及"阿姆斯特朗诉合众国案"(Armstrong v. United States)(1960)中确立的经济公平观念进行了深入的考察。与东部企业案形成鲜明对比的是,在"夏威夷住房管理局诉米德基夫案"(*Hawaii Housing Authority v. Midkiff)(1984)中,奥康纳则作出了支持立法机构征用权的裁定,在这里,涉及的关键问题是第五修正案"公共使用"要求的含义。20世纪60年代中期,夏威夷的立法机构发现,其岛上几乎一半的不动产都被72个私人土地业主控制。为了对付这种令人窒息的土地寡头控制局面带来的经济影响,该州设计出一套计划,通过它,大片的住宅用地被没收,然后再出售给房屋租佃住户,对于奥康纳来说,她认为,决定土地使用政策最适合的机构应当是立法机关而不是司法机关,立法机关的决定有权获得确认。尽管私人土地所有权遭受到损害,但是,由于该项占用的总体目的是为了增进普遍的福利,因此,符合"公共利用"的要求。

在有关州权利的"纽约州诉合众国案"(New York v. United States)(1992)中,奥康纳对第十修正案的缜密分析使强制要求纽约州接收低水平放射性废料的立法无效。在"佛罗里达米诺尔部落诉佛罗里达州案"(*Seminole Tribe of Florida v. Florida)(1996)中,奥康纳与其他5名大法官一起形成多数意见,支持了佛罗里达州根据第十一修正案(the *Eleventh Amendment)提出的请求,它主张国会不能依据印地安商业条款而取消州的诉讼豁免权。

在堕胎权领域,当"罗诉韦德案"(*Roe v. Wade)(1973)所作的基本认定在"计划生育组织诉凯西案"(*Planned Parenthood v. Casey)(1992)中接受检验时,奥康纳成为大众争论的焦点。在5比4的表决意见中,她再次脱离了其保守派的阵营,并运用了自己在"阿克伦诉阿克伦健康康复中心案"(*Akron v. Akron Center for Reproductive Health)(1983)中首创的"不当负担"标准。通过承认在有关堕胎决定方面存在的与知情认可和父母同意条款相关的问题上政府享有某些管制性控制权,她代表凯西案中意见分裂的大多数所作的判决意见,仍然维持了罗案对妇女堕胎选择权中"自由"利益的认可。

从百分比来看,相对于其他大法官来说,奥康纳提出的反对意见是最少的。她致力于工作的协调一致也许更突出了她与联邦最高法院大多数不一致的意见的价值。在"布莱克尼诉华盛顿州案"(*Blakely v. Washington)(2004)中,联邦最高法院撤销了一项判决改善方案,该方案允许法官而不是陪审团来决定在制定法限制之上加刑的事实问题。奥康纳坚持自己在"阿普伦蒂诉新泽西州案"(Apprendi v. New Jersey)(2000)中的不同意见,谴责持多数意见者错误理解了法官和陪审团的适当角色,严厉斥责了其对调和不堪负重的刑事司法系统非常必要的判决指南的颠覆。

随着美国社会的不断变化,会不断提出甚至更难以应付的涉及政府角色和个人权利的新法律问题,奥康纳对于联邦最高法院所作的贡献无疑会受到充分关注和重新审视。在她的判决意见中,她是如何做到同时将中立派立场与独立的观点出人意料的融合起来的,在这个方面她是不是独一无二的,对于法学者来说,这也许是颇值争论的。她的法律与社会观点将会确定联邦最高法院未来宣言的基本轮廓,并且,她将会继续获得作为一个伟大法学家的崇高声誉。

参考文献 Henry J. Abraham, *Justices, Presidents, and Senators* (1999); Nancy Maveety, *Justice Sandra Day O'Connor: Strategist on the Supreme Court* (1996); Sandra Day O'Connor And H. Alan Day, *Lazy B* (2002); Sandra Day O'Connor, *The Majesty of the Law* (2003); "Symposium: Justice O'Connor: Twenty Years of Shaping Constitutional Law," *McGeorge Law Review* 32(2001): 821-956.

[George T. Anagnost 撰;潘林伟、许明月译;邵海校]

奥格登诉桑德斯案[Ogden v. Saunders, 12 Wheat,(25 U.S.) 213 (1827)]

1827年1月18至20日辩论,1827年2月19日以4比3的表决结果作出判决,其中,多数派法官逐一发表了意见,马歇尔、斯托里以及杜瓦尔持反对意见。在判决中,法官意见不一致,联邦最高法院认为在纽约州破产法颁布之后,它并不会削弱合同义务,该问题在"斯特奇斯诉克劳宁谢尔德案"(*Sturges v. Crowninshield)(1981)中便是悬而未决的,该案取消了一项具有溯及力的破产法。多数法官认为合同权利不是绝对的,而且商业本身需要某种破产立法(*bankruptcy legislation),由《宪法》第 1 条第 2 款赋予国会的破产立法权力并不是排他的,因此各州在这一领域有着同等的权力。首席大法官约翰·马歇尔(John *Marshall)持反对意见,他认为该法不仅违反了宪法契约条款(*Contract Clause),而且侵犯了公民个人的各种非文本列示的既得权利(*vested right)。"奥格登诉桑德斯案"消除了宪法契约条款这一针对州破产立法的顽固障碍,这是一个重要成就,因为直到 1898 年国会方能够颁布永久的破产立法。"奥格诉桑德斯案"是首席大法官马歇尔在重要的合宪性裁决中持反对意见的唯一案件。在重新进行评案分析时,威廉·约翰逊加入最初的反方阵营并形成了一个新的多数派,该多数派认为,一个州的破产法并不能适用于一个州外的债权人,因为他只与原合同的当事人有合同关系,而与所讨论的州没有合同关系。

[Richard E. Ellis 撰;岳志军译;许明月校]

奥戈尔曼与扬诉哈特富德火险公司案 [O'Gorman and Young v. Hartford Fire Insurance Co., 282 U. S. 251(1930)]①

1930 年 4 月 30 日辩论,1930 年 10 月 30 日再次辩论,1931 年 1 月 5 日以 5 比 4 的表决结果作出判决,其中,布兰代斯代表联邦最高法院起草判决意见,范·德凡特、麦克雷洛兹、萨瑟兰和巴特勒持反对意见。奥格尔曼与扬诉哈特富德火险公司案是正当程序在经济领域的一个转折点。这是最后一个合同自由案,涉及一部新泽西州规范保险公司支付给地方代理人费用的法律。该法被认为违反了联邦宪法第十四修正案(the *Fourteenth Amendment)正当程序条款。法官路易斯·布兰代斯(Louis *Brandeis)坚决主张法律产生和运作的相关事实应当具有决定性意义,并支持该部法律。他裁定当缺乏"废除该部法律"的事实基础时,该法就被推定为合乎宪法(p.258)。而且,应优先考虑立法的判断,除非能证明该判断的标准完全是武断的。在本案并没有这种证明。他认为,保险经营和公共利益是如此相关,该州可以将费率作为治安权范围内的内容来加以规范。他还认为法院应该停止以一种"实体的"方式运用正当程序条款揣测立法机关(参见 Due Process, Substantive)。

四个反对者竭力宣扬合同(*contract)自由、公共利益限制性的变更原则以及制止任何立法对财产的侵扰的迫切义务。他们尤其反对下述观点,即商业管理权含有对私人管理职责干涉的权力。然而,多数的观点都认为州对经济管制的合宪性不应再攻击其不合理性。

[Paul L. Murphy 撰;岳志军译;许明月校]

费城旧市政大厅 [Old City Hall, Philadelphia]

参见 Buildings, Supreme Court。

奥姆斯特德诉合众国案 [Olmstead v. United States, 277 U. S. 438(1928)]

1928 年 2 月 20—21 日辩论,1928 年 6 月 4 日以 5 比 4 的表决结果作出判决,其中,塔夫脱代表联邦最高法院起草判决意见,霍姆斯、布兰代斯、巴特勒和斯通持反对意见。奥姆斯特德因违反《全国禁酒令》从事酒的非法运输和销售而被裁定有罪。他向上诉法院提交了上诉书,这使得联邦最高法院第一次对以非法窃听电话的方式获得的证据在联邦法院的刑事审判中加以运用是否侵犯了被告依联邦宪法第四修正案(the *Fourth Amendment)和联邦宪法第五修正案(the *Fifth Amendment)所享有的权利的这一问题进行考虑。首席大法官威廉·H.塔夫脱(William H. *Taft)认为其谈话不受联邦宪法第四修正案的保护,并且在窃听过程中没有侵入被告住宅的行为,因此并没有侵犯被告的权利。大法官路易斯·D.布兰代斯(Louise D. *Brandeis)持反对意见,他认为联邦宪法第四修正案和联邦宪法第五修正案赋予个人隐私(*privacy)以一般性权利而不只是保护物质性的事物,而且允许采纳联邦官员以非法手段获取的证据会使政府成为一个违法者。在 1934 年的《联邦电信法》中,国会禁止窃听任何电话并禁止泄露窃听内容。在"纳道恩诉合众国案"(Nardone v. United States)(1937)中,法院对联邦诉讼程序中的电话窃听适用了证据排除规则(*exclusionary rule);但它又在"伯杰诉纽约州案"(Berger v. New York)(1967)和"卡茨诉合众国案"(Katz v. United States)(1967)中推翻了"奥姆斯特德诉合众国案"的裁决。在 1968 年的《犯罪控制和街道安全法》中,国会禁止为国内事务进行电话窃听,除非获得了联邦法官根据该法的特殊要求作出的授权。

[Susan E. Lawrence 撰;岳志军译;许明月校]

奥尔尼,理查德 [Olney, Richard]

(1835 年 9 月 15 日出生于马萨诸塞州的牛津,卒于 1917 年 4 月 8 日)律师和政治家。理查德·奥尔尼是个著名的新英格兰铁路律师,1893—1895 年任美国检察长,1895—1897 年任州秘书长。在"德布斯对物(对事)诉讼案"(*In re Debs)(1895)中,联邦最高法院维持了奥尔尼试图破坏 1894 年的客运火车工人罢工的一个禁令(*injunction)。因为对大企业的同情,奥尔尼没有咄咄逼人地运用 1890 年的《谢尔曼反托拉斯法》(*Sherman Antitrust Act)解

---

① 另请参见 Police Power; State Regulation of Commerce。

散糖业托拉斯["合众国诉 E. C. 奈特公司案"（United States v. E. C. Knight）(1895)]。在"波洛克诉农场主贷款与信托公司案"(*Pollock v. Farmers' Loan & Trust Co.)(1895)中，奥尔尼论述了政府在所得税案件中的立场。

[John W. Johnson 撰；岳志军译；许明月校]

一人一票[One Person, One Vote]

参见 Baker v. Carr; Fair Representation。

判决意见的书写与委派[Opinions, Assignment and Writing of]

判决意见宣告联邦最高法院作出的裁决并对作出该种裁决的理由进行解释。最初法院提出分述的判决意见(*seriatim opinions)，法院的每个成员都提交一个独立的意见。结果，法院出现了多种声音，而没有一个是决定性的。

1801年约翰·马歇尔(John *Marshall)成为首席大法官(*chief justice)后，法院开始以一个判决意见来宣告其裁决。虽然这一措施并未立即执行，但是到了1835年，马歇尔在法院的任期结束时，这已经成为规范。当首席大法官属于多数派时，他可以亲自书写判决意见或者委派多数派中的任一成员来书写判决意见。当首席大法官不是多数派时，判决意见的书写可能由多数派中的资深法官来完成。种种考虑影响着判决意见书写者的选任。

委派者的第一种考虑是将意见撰写工作不偏不倚地分配给所有的法官。这样一期又一期，丝毫没有重大变化，判决意见的发布确实表明这种分配相当公正。例外仅发生在法官未能任满该期或者患病。缺席是缺乏公正分配的最可能的原因。

委派者要考虑的另一个因素是该裁决是否重要或者在将来是否会变得很重要。对于此类案件，委派者会亲自书写判决意见，如首席大法官厄尔·沃伦(Earl Warren)对"布朗诉教育理事会案"(*Brown v. Board of Education)(1954)和"雷诺兹诉西姆斯案"(*Reynolds v. Sims)(1964)的裁决以及首席大法官沃伦·E. 伯格(Warren E. *Burger)对"合众国诉尼克松案"(United States v. *Nixon)(1974)的裁决。除了上述情况，委派者可能会选择一名在该问题上和自己观点保持一致并愿作出反映这种观点的判决意见的同事来书写判决意见。

另一些策略性考虑也会影响委派者的选择。任何判决意见的书写通常要求作者对自己的观点和用语进行某些调整。如果形成微弱多数，判决意见的撰写对于巩固多数派阵营或者吸引一名原来持不同意见的法官而言是相当关键的。由于案件表决容易发生变化，判决意见就可用来使持不同意见的法官改变其表决并加入多数派阵营。因此，多数派阵营中作者的思想立场显得非常重要。委派者可以将书写判决意见的任务交给一名表决不甚有把握的法官。一旦被指派阐述多数派的观点，这位犹豫不决的法官就有了一个确定的任务使其立场占优势，因而他不可能改变立场从而改变表决结果。

判决意见撰写者的交涉能力也影响着委派者的选择，特别是当形成的多数非常微弱并需要认真的劝说或交涉巩固或形成多数时。巩固多数派阵营或者通过吸引一票以形成多数派对于判决意见撰写者而言也是很重要的。

判决意见可能由某个法官或者书记官(*clerk)撰写。当该法官对其拟写的判决意见感到满意时，他就将判决意见草稿分发给法院的其他8位法官。这意味着任何其他法官都有机会将自己的观点加入其中。法官们也可以拒绝加入自己的观点，直到撰写法官对该判决意见进行轻微或重大的修改。当撰写法官得知其他所有法官都乐意接受多数派的观点时，而且并存意见和反对意见已经拟写妥善，此时就准备公布裁决了。

特别是在有争议或者复杂的案件中，各法官之间存在许多分歧，法院多数派判决意见的拟写工作要花费数月的时间。通常，这些案件总是在6月下旬至7月初法庭开庭期的最后一些日子里进行宣告。如果没有更充裕的时间进行协商且开庭期行将结束，那么完成判决意见的拟写就有着相当大的压力。

参考文献 Alexander Bickel, *The Unpublished Opinions of Mr. Justice Brandeis*; *The Supreme Court at Work* (1957).

[William P. McLauchlan 撰；岳志军译；许明月校]

判决意见的风格[Opinions, Style of]①

联邦最高法院是政府的一个修道院式的部门，它主要通过书面判决意见的方式来与本国的其他人进行交流。无论这些判决意见来自新闻概要，还是直接来自美国判例汇编(*United States Reports)，还是来自某些媒体材料，它几乎是我们了解联邦最高法院的唯一途径。如果判决意见表明法院的裁决对我们有意义，那么一切都好；如果它们因错误或者不公正而使我们感到困惑和震惊，那么社会的公平理念就会被削弱。因此，法院的用语就必须精挑细选——语言的运用必须熟练明确，否则在某种程度上，我们都会受到伤害。为了维持人们对法院的信仰，法院必须写好判决意见。

时代风格 联邦最高法院判决意见的格式在过

---

① 另请参见 Briefs; Opinions, Assignment and Writing of; Reporting of Opinions; Reporters, Supreme Court。

去的200年里已经发生了重大变化。虽然没有明显的高低起伏，但是仍然可以归纳出卡尔·卢埃林（Karl Llewellyn）所谓的"时代风格"。在19世纪上半叶，在美国法院判决意见的撰写上极尽"宏伟之风"，如首席大法官约翰·马歇尔（John *Marshall）和大法官约瑟夫·斯托里（Joseph *Story），以及宾夕法尼亚州上诉法院的约翰·班尼斯特·吉布森（John Bannister Gibson）和马萨诸塞州的莱缪尔·肖（Lemuel Shaw）。法官曾作为"神的代言人"以精练朴实的语言发表意见。当强调逻辑和判例（*precedent）的"形式主义"在1850年出现后，司法文书的质量日趋下降。判决意见越来越不具有可读性：华而不实，晦涩难解，带有诸多专门术语，重叠反复让人腻烦，而且充满了一系列援引和漫不经心的英语。到了20世纪，法官奥利弗·温德尔·霍姆斯（Oliver Wendell *Holmes）撰写的司法文书以其明快的风格在形式主义的阴霾中熠熠生辉。可能在他的影响下，联邦最高法院判决意见的质量在20世纪又好了起来，运用了修辞，更强劲有力并更具有说服力。但是，宏伟的风格自从1900年就已湮没，而形式主义虽然由于法律现实主义的崛起而大部分行将没落，但仍通过提出一套套的"检验"和"分组"（prongs）以及"标准"和"障碍"（hurdles）来重新解释宪法原则而苟延残喘。

联邦最高法院对判决意见进行的大刀阔斧的革新在某种程度上而言是基于实用主义考虑。马歇尔法院与首席法官梅尔维尔·富勒（Melville *Fuller）法院相比，他们有着更多的时间去修缮其工作成果，而在后者，其议事日程越来越紧，法官也越来越忙。而且，据一些评论家所言，1900年的法官并未受到如同1800年的法官那样的教育，因此，他们不可能对语言有太高的要求。在20世纪后半叶，法官们更多的是作为判决意见的修改者而非创作者；书记官（*clerk）逐渐地被授权把法官们业已作出的裁决和理由形成文字——由此普遍形成了经常遭受法院观察家们批判的"法律评论模式"。

从文学的角度来看，美国判例汇编的精华都被很好的隐藏起来了。这部受到高度赞扬的文献已经被称为"伟大的文学废墟（富兰克，1958，p.130）"。在这近五百卷中，可能会找出一流的司法文书精品，但却占不到整部书的0.5%；同样，从实体法的角度来讲，这些判决意见也可以说是存在不足。几乎没有一份判决意见真正地阐明了其所涉及的法域。

尽管存在诸多不足，但联邦最高法院的判决意见仍是一种最有力的法律工具，也是美国人的生活中最有力的言辞。书面判决意见的签发给法院带来了极大的权力和威望。法官威廉·布伦南（William *Brennan）在1970年曾谈及"法院和新闻之间……基本的相互依存"，因为正是通过新闻才使得多数的美国人——甚至多数的律师——明白他们所了解

到的联邦最高法院的行为。虽然更为重要的是在形成对特定案件的公正裁决过程中判决意见书起的作用。首席法官查尔斯·埃文斯·休斯（Charles Evans *Hughes）认为"在针对司法错误的预防措施中，没有比在对各种观点进行裁决时准确而充分地描述决定性事实更好的了"（休斯，1928，p.64）。当有人已经开始书写某个著名的司法判决意见时，在开始之初就已经孕育的不确定判断中，写作限制了思想的表达，甚至表露出缺陷。就像法官们经常说的一样，"有些判决意见根本不可能形成文字"。

判决意见的拟写 在联邦宪法中确实没有规定要求判决意见必须拟写成文。实际上，在法院的最初10年里，绝大多数都未拟写成文；在18世纪90年代，法院也仅将最重要案件的判决意见拟写成文。法官詹姆斯·艾尔戴尔（James *Iredell）起草的"奇泽姆诉佐治亚州案"（*Chisholm v. Georgia）（1793）的判决意见是我们所知的最早手稿，而且也正是那10年里唯一的一份。我们不知道早期判例汇编中有多少是法官们的作品，而又有多少是非官方汇编者亚历山大·詹姆斯·达拉斯（Alexander James *Dallas）的作品，他在1790年后的前16次开庭期内仅收编了60个案例。

威廉·克兰奇（William *Cranch），第一位官方的法院判决汇编者（1801年任命），从"法院决定将所有重要而困难的案件的判决意见书写成文的这一举措"得到了解脱。到了威廉·克兰奇时期，拟写判决意见成了规则，但是直到1834年为止才有指令要求所有的判决意见必须由书记官（*clerk）整理存档。

法院的观点 在19世纪早期，法官们自身的巨大不确定性不是判决意见是否拟写成文，而是是否发表分述的判决意见（*seriatim opinions）。在18世纪90年代，除了按资历逆序发言外，法官们按照王座法院的方式依次发表意见。例如，在1796年里最重要的"韦尔诉希尔顿案"（*Ware v. Hylton），法官塞缪尔·蔡斯（Samuel *Chase）发表了一长篇意见，而后其他每个法官相继发表了意见。

这一惯例在1801年约翰·马歇尔（John *Marshall）成为首席法官（*chief justice）时发生了剧烈的变化。马歇尔创立了我们现在所谓的"法院的观点"，即由一个法官写出判决意见，而该判决意见表述整个法院或大部分法官的意见。在马歇尔时期，几乎所有的判决意见都由他亲自拟写，虽然其中有些是由他的同事所拟写。通过这种单一判决意见的方式，马歇尔不仅能够提高他作为首席法官的权威，而且提高了法院在美国政治组织中的权威。

总统托马斯·杰斐逊（Thomas *Jefferson）曾在一篇有名的通信中反对这样的法院判决意见："在秘密会议中，可能还是被秘密会议中的多数派揉成一团，由于懒惰或胆小的法官的默认，狡猾的首席法

官就把这貌似一致的判决意见公诸于世,而该首席法官总是通过其推理曲解法律从而符合自己的意志"[1820年12月25日托马斯·杰斐逊写给托马斯·里奇(Thomas Ritchie)的信,《托马斯·杰斐逊文集》,1905年版,vol. 12, pp. 177-178]。杰斐逊想要一个规则来要求法官们分述其判决意见从而使得他们的立场公开化。尽管他鼓励他任命的法官威廉·约翰逊(William *Johnson)——被称为"持不同意见之第一人",分别书写以反对马歇尔的独裁,但是约翰逊也只是偶尔为之。如果他更为频繁地那样去做,则会削弱他在马歇尔主持的法院中的影响力。

从马歇尔时期到首席法官查尔斯·埃文斯·休斯去世——超过了1个世纪——法院一般公布一种判决意见,偶尔在一些重要事项中存在并存意见和反对意见。在马歇尔35年的职业生涯中,他只有9次表示反对意见,远远少于现在的法官在一年内的反对次数。从首席法官哈伦·菲斯科·斯通(Harlan Fiske *Stone)时期(1941—1946)到现在,附有并存意见(*concurring opinion)和反对意见(*dissent opinion)的判决意见已经见惯不惊。有些评论家已经把这些现代附件称为分述的判决意见的回归。

尊奉法院的学者们似乎认为——而不反对——独立的判决意见的激增是有违人愿的趋势。约翰·P. 弗兰克写道,"自从休斯时期以来,没有什么比对法院过于健谈的印象更使法院的地位下跌"(弗兰克, p. 129)。其他法院观察员们也认为独立判决意见已经有些过多了。

异议的激增 高级别法院里的反对意见如休斯描述的那样,在其最好状态时它"诉诸于法律的博大精神,诉诸于将来某天人们的理解力,在那时一个后来的裁决可能会纠正错误,并形成该反对法官认为法院业已违背的判决意见"(休斯, p. 68)。这一论述恰好能说明法官霍姆斯和法官路易斯·德姆比茨·布兰代斯(Louis D. *Brandeis)对反对意见表示尊重所做的一切;确实,霍姆斯被称为"伟大的反对者",而且还享有将其异议选编成集予以出版的荣誉。但是通常情况下,异议表达了对那些太不重要而不值得提出独立意见的事项的反对,而且,用法官刘易斯·F. 鲍威尔(Lewis F. *Powell)的话讲,它们不是"冷静而客观的话说之范式"。因而,有关法院行为的普及读物仅因为这个或那个法官的独立意见中所用的语言,倾向于谈论对法院的个人怨恨。

尽管独立判决意见中的语言可能受到比以前更少的限制,而这只是因为逐渐变化的社会风俗,但是这类判决意见的频频出现可能说明了比限制减少更加深层次的东西。法官威廉·H. 伦奎斯特(William H. *Rehnquist)把并存意见和反对意见归因于近年来宪法诉讼案件比例的飙升,更准确地说,宪法诉讼请求得到了支持。合宪性裁判可以提出比其他法域更多的独立意见。

法官威廉·布伦南(William *Brennan)的异议哲学正好表明现代观点与首席法官休斯时期的观点如何不同。在一篇题目为"为反对者辩护"的文章中,布伦南指出法官在他与多数派不一致时有表示异议的责任。就像他在哈斯汀斯法学杂志37期(1986)写道的那样,"每个法官都必须是个积极的参与者,而且,在必要之时必须独立地记录下他/她的想法。那么书写判决意见就不再是自我主义的艺术——而是职责。例如,'听我说,从我这个角度看,改换你的思路',这并不是自我放纵——这是我们不能躲避的非常艰巨的任务"(p. 427)。

托马斯·杰斐逊可能对其理想的接近而津津乐道,但是这剥夺了法院判决意见曾经有过的神谕般的品质。判决意见的多重性也削弱了法院的工作。约翰·P. 法兰克(John P. Frank)研究了法官费利克斯·法兰克福特(Felix *Frankfurter)的独立判决意见——他在那个时代是提出并存意见最多的法院成员——并表明它们几乎从未被任何人引用过。因而,结论就是法兰克福特"耗费了大量的精力和智慧在那些文章上,而从实际意义考虑,这些文章最好写在纸飞机上并扔到联邦最高法院的窗外"(法兰克, p. 126)。

书记官和冗长的判决意见 法院繁重的工作无疑是对现代判决意见风格最强烈的影响因素。法官哈里·布莱克蒙(Harry *Blackmun)在运用将来时预测"某人的工作沦为二流"的"转折点"时,他可能是经过慎重思考的(参见Workload of the Supreme Court)。判决意见的拟写是法官工作中最耗时的一件。今天,法官们平均每人每年要起草不少于25个判决意见。

按照传统,判决意见的拟写被当做法官工作的一部分,书记官对此很少能提供帮助。然而各级联邦法官正从起草者向其书记官工作成果修缮者的角色转化;这一过程在联邦最高法院几乎已经完成。这种转化是近来出现的事物。首席法官弗雷德·文森(Fred *Vinson)在拟写判决意见上有所破格,他根本"无需动手",只是详尽地告知其书记官他的想法,而后对该草稿进行评论并加以修正。在20世纪90年代,每个法官在拟写其判决意见时都采取这种做法。

代写并不会产生那些通常由不熟悉这一做法的人们所提出的问题;这不会赋予那些欠缺经验的书记官在决策过程中的权力。然而,这确实严重影响了法院的判决。它们变得冗长啰唆,整篇充斥着脚注,语调客观,在表述上毫无想象力可言。由那些以前做过法律评论编辑的书记官起草,判决意见带有法律评论文章的绝大多数负面特征。因为书记官的数目在1969—1979年之间几乎翻了一番,所以他们起草的判决意见的这些品质也增加了。

很可能书记官并没有提高工作效率而是使得判

决意见更为冗长。在 1889 年,法院无需书记官的帮助就签发了 265 份判决意见。在 1973 年,当每个法官有了 3 个书记官且首席法官有了 4 个书记官时,法院才签发了 130 份判决意见,但是它们的长度极大地超过了 19 世纪判决意见的长度。确实,从 1936—1986 年的这 50 年中,平均每个案件的判决意见的长度都增加了一倍。在一片对法院判决意见表示担忧的呼声中,约瑟夫·W. 利特尔(Joseph W Little)半带嘲讽地建议通过宪法修正案限制法院的判决意见不得超过 5 页。的确,在"弗曼诉佐治亚州案"(*Furman v. Georgia)(1972),判决意见长达 243 页,计 5 万余字,在其中,法院分别表述了 9 个独立的判决意见。这种排编竞争的后果使得读者只能阅读判决意见的概括性序言而不看正文。

不只是书记官因为法院的判决意见过分冗长多言而受到谴责。有些评论家曾因此而想到我们不断成长的行政国家和高涨的人权观念所产生的日趋复杂的意识形态方面的热点问题。就像法官威廉·O. 道格拉斯(William O. *Douglas)曾经评述的那样,"决策过程变得不再容易"。另外一些人则坚持问题并不比法官霍姆斯时代更困难,如果认为情况如此,就是一种屈尊俯就的态度,他们认为问题的关键在于判决意见本身的冗长啰唆,而且还缺乏时间把书记官的工作成果修剪到适当的篇幅。

这种现代审判风格无疑也是负责的。并非霍姆斯站在书桌旁的习惯使得他文笔简洁——他曾经说过"没有什么像弯曲膝盖那样有助于文笔简洁"。那也是他对法律问题的一种省略处理,这一方法在今天都不能为大多数的法官和学者所接受。在他的一个最著名的简洁论述即"巴克诉贝尔案"(*Buck v. Bell)(1927)的判决意见——"三代低能儿即已足够"(p.207)——霍姆斯说明其表决是合理的,他认为如果他不得不描述他的优生学推理,那么他可能不会认可。20 世纪后半叶的法官通过推理的每个步骤来评价工作的明确性和辛苦的过程。霍姆斯对此肯定极不耐烦。

作为整个社会法律精神的产物,我们已经失去了许多精妙而又具有启发性的东西,而我们已经得到的是更长的判决意见和更为愚巨的书卷。但是,并非所有的长篇大论都可由对更高明晰度的现代要求所合理化。一般而言,做法学教授们在创作他们的案例书时通常所做的一切事情根本无需技巧:删去大部分法院的观点以揭示确凿的分析性的讨论,只有这些讨论对一个特定案子的判决才是真正重要的。

例外情况总是使读者感到欣喜若狂。在近年作出的最短的判决意见中,法官约翰·保罗·史蒂文斯(John Paul *Stevens)在"麦克劳夫林诉合众国案"(McLaughlin v. United States)(1986)中亲自拟写了判决意见,而且仅用了 5 个小段——这是 20 世纪 90 年代这样做的唯一的法官。这个判决意见回归到了霍姆斯时期的精辟风格。

评价法官 在联邦最高法院的历史上,马歇尔和霍姆斯以及罗伯特·霍沃特·杰克逊(Robert Houghwout *Jackson)是第一流的法官文体家。马歇尔的宏伟风格显然无疑根源于 20 世纪:浮夸、神圣、绝对正确的制定法律。霍姆斯和杰克逊作为 20 世纪的法官,更几乎是我们同时代的人。在其他法官经常将激动人心的观点变得令人乏味时,霍姆斯和杰克逊可以使最乏味的案件成为趣味盎然的文学作品。

霍姆斯惯于运用修辞的方法来强调他的观点,如头韵法、隐喻法以及掉尾句等。他的对句不计其数。例如,"如果一个企业经营不成功,则意味着公众没有给予足够的关注并对其付出。如果它成功,则意味着公众支付了它的成本和其他更多的东西"["亚利桑那铜业公司诉哈默案"(Arizona Copper Co. v. Hammer)(1919),p. 433]。文学评论家埃德蒙·威尔逊(Edmund Wilson)则进一步称霍姆斯的风格为"完美"。

法律评论家则不曾对霍姆斯风格如此友善。法官理查德·A. 波斯纳(Richard A. Posner)认为,在"洛克纳诉纽约州案"(*Lochner v. New York)中,霍姆斯著名的异议的力量与其说是从严密的推理中得来,还不如说是来自于他的修辞方法。法官阿布纳·米克瓦(Abner Mikva)认为,纯粹的霍姆斯方法是站不住脚的,因为霍姆斯"并没有超越为确保精细分析的力度而塑造或者忽视某些事实"。教授简·多伊奇(Jan Deutsch)认为,霍姆斯在草拟这些精妙的短文的过程中,他的说服力不是靠描绘"朦胧而令人疑惑的事实本身,而是通过印证我们已知的认识使我们相信我们知道事实应该就是这样"。

这些对霍姆斯的评论自身又招来了批评。霍姆斯无疑认识到了他的省略:"艺术上永久的成就,即使是法律裁决的书写,也是省略次要而保留实质的东西"。如果霍姆斯已经这样做以便弥补批评提出的种种瑕疵,那么他就会引入许多别的东西,包括冗长啰唆。在他那精练的文体中所包含的优点本可以掩盖这些缺点。

杰克逊也不乏诋毁者。但是,如果要用格言式的、难忘的、尖锐的语言来表达一个想法时,则无人能与杰克逊匹敌。同霍姆斯一样,杰克逊擅长于对句:"针对占有行为,政府保护的利益是非常巨大的;而它认为针对以言论和新闻进行宣传的行为,其保护的利益则非常渺小"["托马斯诉柯林斯案"(Thomas v. Collins)(1945)p. 545]。他的双关语总是非常幽默,他总是说:"我们不能为自由本身提供自由"["合众国诉斯佩克特案"(United States v. Spector)(1952)p. 180]。他的一个著名的交叉表述极为精辟地阐述了法院的洞察力:"我们不是决定性的,因为我们一贯正确;但是,我们一贯正确只是因为我们是决定性的"["布朗诉艾廉案"(Brown v. Alien)(1953)p.540]。法官法兰克福特认为杰克逊与其他"联邦最高法院的任何一个法官"相比,他的文书都更充分地"反映了他内心的法律",而且他认为杰克逊属于"自然派的[判决意见书写者],他文如其言,而言如其思"。

但是在联邦最高法院天才的判决意见书写者总是很少。在联邦最高法院历史上,法官威廉·O.道格拉斯是唯一一位毫无争议的成为非法律主题方面的专业作者的法官。法院有着更多像詹姆斯·穆尔·韦恩(James Moore *Wayne)之流的法官,他们的文体在1850年受到这样的批评:"夸张繁缛;缺乏表达深邃思想的句子;评论甚至对有些法官不屑于批评。"这种描述符合法官乔治·夏伊拉斯(George *Shiras)、塞谬尔·布拉奇福德(Samuel *Blatchford),或者首席法官爱德华·道格拉斯·怀特(Edward D. *White)所拟写的大多数判决意见,而法官哈罗德·M.伯顿(Harold M. *Burton)早期的判决意见或者其他许多法官的工作也是如此。近年来,首席法官沃伦·厄尔·伯格(Warren *Burger)因为其语无伦次的脚注和毫无艺术性的判决意见而招来了比其同事更多的批评。

受到高度尊重的司法文书写作者不仅有霍姆斯、杰克逊和道格拉斯,还有法官路易斯·德姆比茨·布兰代斯(Louis *Brandeis)、本杰明·内森·卡多佐(Benjamin Nathan *Cardozo)、费利克斯·法兰克福特(Felix Frankfurter)以及胡果·拉斐特·布莱克(Huge Sullivan *Black)。布兰代斯有着伟大的修辞技巧,他把他嗜好的"布兰代斯辩护要点"(*Brandeis brief)提交给法院,在其建议中他不厌其烦地将社会学事实和个案事实进行通篇考虑。据说霍姆斯曾这样评价布兰代斯:"他相信脚注而我不相信。"

卡多佐则会用一页的篇幅来叙述霍姆斯用一句话所描述的内容,而且有时他对激昂雄辩的渴求使他的文书空洞乏味。在韦尔奇诉赫尔维林案(Welch v. Helvering)(1933)中,该案涉及雇员偿还了雇主的债务是否可以得到税收减免的这一问题,法官卡多佐说道:"充实的生活肯定会提供谜底"(p.115)。像迪安·欧文·格里斯沃尔德(Dean Erwin Griswold)曾经指出的那样:这是一些精美的句子,但是基本上毫无意义。就总体而言,卡多佐作为州法官——作为一名普通法法官所拟写的文书的档次要远比其在联邦最高法院所写的文书高得多。

法兰克福特是个特殊情况。英语是他的第二语言,他对词语的感觉可与纳巴科夫(Nabokov,俄裔美国诗人、短篇故事和小说家,以讽刺作品最为著名——校者注)相比。然而这种对比有些过分,除非它只强调法兰克福特对华丽辞藻的钟爱,如隐约预示(adumbrate)、深思熟虑地想出(excogitate)、不切实际地(quixotism)以及(subsilentio)等词语。法兰克福特经常陷入"抽象主义"。他曾说,"人类学、经济学、法学、心理学、社会学以及相关学科之所以存在独立的问题,只是因为部门划分的结果。这种划分是根据经分析得出的易操作的方法进行的,并且各学科之间相互渗透"。["斯维齐诉新罕布什尔州案"(Sweezy v. New Hampshire)(1957), pp.261-262)]。

布莱克和道格拉斯都有着大胆而有新意的文体。他们以广泛的笔触解决了宪法的诸多不确定,而这遭到了法学教授们的嘲弄。布莱克和道格拉斯可能被认为是缺乏技巧,只求后果,且毫无学术性的,但是部分原因在于他们是那个时代仅有的担心其判决意见能否被非法律工作者读懂的法官。

在现在的联邦最高法院,安东尼·斯卡利亚(Antonin *Scalia)和威廉·H.伦奎斯特(William H. *Rehnquist)属于最好的判决意见拟写者。他们的判决意见富含隐喻;其文风泼辣、精辟,且有时还略带嘲讽。可是,从收集的材料来看,只有当法官们有时间来修改其书记官的草稿和重新拟写时,判决意见才会具有这些品质。而且,现在一般有这种倾向,即现在所有法官的判决意见都表明:单调而迂腐的文体,对细枝末节的问题毫无必要的大加强调,直到叙述完为止。

不幸的是,法院的判决意见很少进行文学方面的审查,那可能会逐渐改善判决意见的质量。或许学术界、律师界和司法界的这种不足归因于这样的错误观念,即判决意见的书写对审判而言只是附带行为,而不是其主要的实质性部分。

参考文献 John P. Frank, *Marble Palace: The Supreme Court of American Life*(1958); Charles Evans Hughes, *The Supreme Court of the United States*(1928); Karl Llewellyn, *The Common Law Tradition: Deciding Appeals*(1960); Robert F. Nagel, *Constitutional Culture: The Mentality and Consequences of Judicial Review*(1989); Richard A. Posner, *Law and Literature: A Misunderstood Relation*(1988).

[Bryan A. Garner 撰;岳志军译;许明月校]

口头辩论[Oral Argument][①]

在1818年的"达特茅斯学院诉伍德沃德案"(*Dartmouth College v. Woodward)(该案涉及州改变达特茅斯学院章程的权力)中,丹尼尔·韦伯斯特(Daniel *Webster)用这样的话结束了他的口头辩论:"虽然它规模较小……但是那些人都爱它。"当

---

① 另请参见 Briefs; Decision-Marking Dynamics。

时的报道称在法庭听审的许多人都热泪盈眶。首席法官约翰·马歇尔(John *Marshall)自己也被感动了,由此韦伯斯特赢得了一个有利于该学院的判决。在美国内战(*Civil War)之前,法庭辩论可以持续数日。现在,除了少有的特别重要的案件外,每方当事人的辩论都被限制在 30 分钟以内。法院有时根本不要任何辩论即决定撤销裁决。而且首席法官对时间限制的要求非常严格。在 30 分钟后讲台上的一个红灯就会发亮,首席法官就会告知辩护人时间已到,哪怕有时一句话还没讲完。

因为每对法庭的辩论都作了充分的摘要,而法官也就靠对摘要和笔录彻底的了解来接受论据,因此通常认为口头辩论不会改变法官的任何看法,因而也就毫无用处。这并非事实。一次精彩的口头辩论并不是由一套演说词所组成——按照法庭规则,辩护人不必宣读他们的论据——这样通常可以避免出现竭尽修饰的华丽辞藻,而这在韦伯斯特时期使得法庭频频开庭。此外,一个能干的辩护人总是使得法官产生疑问,而且她的技巧则构成了她使其观点成为问题答案的能力。一个善辩的辩护人还要会从法官们的问题中辨别出每个法官关注什么,并利用机会加以强调。因而一次成功的口头辩论与其说是一次演讲倒不如说像一次使人非相信不可的谈话——这一点可由下述事实说明:在联邦最高法院里律师的讲台和法官的座位靠得很近,而且和法官的交谈比许多其他法院似乎要更亲密。

确实只有在口头辩论中律师才必须回答问题。在其辩护状中律师会避免或者尽量掩盖其不足。然而,反方的辩护状中则会竭力指出这种回避,在口头辩论中不能回避任一法官提出的直接问题。因此,确实是几乎没有案件能在口头辩论中说服法官,大多数口头辩论都未能说服法官。在法官们无情的甚至是变态的问讯下,一个似乎非常合理的事项可能会彻底地崩溃。因此,口头辩论提供了一个判断论据是否合理的有用的测试标准。重要的象征性意义也在于这样一个事实:在这一测试过程中,公众可以看到法官们确实在注意着这些案件,而且在公开质证之前没有任何论据具有说服力。

口头辩论中由法官提问也给他们提供了一种说服或者至少是相互辩论的机会,这样在他们对案件进行表决之前,他们在私下的案件讨论会(*conference)容易达成共识。有些公开辩论,如法官胡果·拉斐特·布莱克(Hugo Lafayette *Black)和费利克斯·法兰克福特(Felix *Frankfurter)之间通过一个倒霉的辩护人进行的辩论已经展现了一些传说性的意见交流。

法院历史上的某个时期曾存在一小部分律师专门在联邦最高法院进行辩论。丹尼尔·韦伯斯特可能是在联邦最高法院出庭的最著名的辩护人。约翰·W. 戴维斯(John W. *Davis)在 20 世纪最为出名。现在这种专业分工已经相当弱化,而且绝大多数论据是由那些愿意在联邦最高法院出庭的律师提交的,而这在其一生中只有一次。口头辩论对判决结果的影响比起法院运作而言更具有变化性。

参考文献 William H. Rehnquist, *The Supreme Court-How It Was, How It Is* (1987); G. Edward White, *The Marshall Court and Cultural Change, 1875-1835* (1988).

[Charles Fried 撰;岳志军译;许明月校]

指令一览表[Order List]

联邦最高法院的书记官(*clerk)在美国判例汇编的结尾部分编制了指令一览表并简要描述了它们在审理案件中的作用。每一表都注明了时间并以简要的案件编号和题目注明了引用的案例。法院可能会选择是否确认上诉申请令状(*writ of* appeal)或者以缺乏实质的联邦问题(*federal question)以及不具有管辖权而拒绝受理上诉。法院也可能依照特定的先例受理、驳回、撤销案件或将案件发回重审,或者可以依照下述惯例而拒绝调卷令(writ of *certiorari)申请,即在一个案件被受理审查之前,必须有 4 位法官同意听审。在上述这些情况下,法院都会作出指令。还有大量的指令可能会处理这样一些事务:取消律师资格、中止执行、特别司法主事官的任命、在某一特定月份中口头辩论(*oral arguments)的时间表、辩护人的指定、邀请或许可提出法庭之友诉讼要点(*amicus curiae brief)。这些指令通常是简洁的陈述而没有书面的正当理由。偶尔法官们会解释为什么他们会投票表示同意或反对调卷令申请。例如,当法官威廉·布伦南(William *Brennan)和瑟古德·马歇尔(Thurgood *Marshall)在对死刑案中法官拒绝调卷令申请的这一举措持异议时,他们总是阐明他们自己的看法:死刑(*capital punishment)本身是违反宪法的。有时某个法官可能由于利害冲突而没有参与案件听审,这种情况也会被注明。

[John R. Vile 撰;岳志军译;许明月校]

普通审查[Ordinary Scrutiny]

参见 Strict Scrutiny。

俄勒冈州诉米切尔案;得克萨斯州诉米切尔案;合众国诉亚利桑那州案[Oregon v. Mitchell; Texas v. Mitchell; United States v. Arizona, 400 U.S. 112 (1970)]①

1970 年 10 月 19 日辩论,1970 年 12 月 21 日以

---

① 另请参见 Federalism; Vote, Right to。

5 比 4 的表决结果作出判决,其中,布莱克代表联邦最高法院起草判决意见,道格拉斯、哈伦、斯图尔特、布伦南、怀特、马歇尔、伯格以及布莱克蒙都对其中的一部分表示反对而对另外部分提出了并存意见。在 1970 年国会通过了对《1965 年投票权法》的修正案中,将原来立法的有关条文延期了 5 年。该修正案也规范了参加全国选举的居住要件,而且还把参加联邦、州、地方选举的投票年龄戏剧性地降到了 18 岁。国会将其行为建立在执行联邦宪法第十五修正案(the *Fifteenth Amendment)规定的基础上。这一立法再次诱发了联邦主义的争论,因为国家的立法者们正试图规定州和地方选举的时间和方式,而这是各州的传统特权。当这一争议提交到了联邦最高法院时,主要问题就成了国会有无降低全国最低投票年龄的宪法权力。

以一份含有 5 个判决意见且没有泾渭分明的多数派的裁决,法院裁定国会无权就州的选举作出这样的规定,但是国会有权设定选举国会议员和联邦总统的最低投票年龄为 18 岁。有 4 位法官认为国会有权规定任何选举的投票年龄,而其他 4 位则认为国会并没有这种绝对的权力;法官胡戈·拉斐特·布莱克(Hugo Lafayette *Black)投了具有决定意义的一票,从而裁定国会可以规定联邦选举而不是州选举的投票年龄。

为了使法院裁决带来的混乱迅速结束,国会立即通过了联邦宪法第二十六修正案(the *Twenty-sixth Amendment),并以简短的规程予以了批准。修改了法院有关州选举中选举年龄的裁决,该修正案规定,美国公民年龄达到了 18 岁即享有投票权,这种权利不得为美联邦各州以年龄为借口而加以剥夺。

[Howard Ball 撰;岳志军译;许明月校]

立法者本意[Original Intent]①

立法者本意是宪法解释和法律解释的一种方法,它力图辨明文句的立法者本意,将有关文句按照立法者创设宪法和法律的相关规定时的意图进行解释。在美国传统上,立法者本意常常指"法律制定者的意图"、"本来意思"或者"本来的理解"。

对于这种方法的那些倡导者而言,在司法解释中对立法者本意的探求正是法律规则思想的实质;这是将判决活动和立法活动划分开来的一种思路。法官们不得不确定立法者通过文字所要表达的意图——不多不少,恰好合适。

法官在其解释法律时受到立法者本意束缚,这并非美国首创。将立法者本意作为审判的指导原则确实源远流长。这方面的例证早在亚里士多德的法学论著里就能找到,而且在英格兰最早的法学著作中就试图对不成文的普通法(*common law)和不成文宪法进行定义解释。

然而有关立法者本意最大的争议是围绕着联邦最高法院依照成文的美国宪法所享有的权力。在裁决它受理的宪法性案件过程中,法院是否应该受到立法者本意的束缚或者法院是否应该尽力使宪法同时代精神保持一致?立法者本意究竟是否就是法律制定者们的"立法者本意"?

立法者本意原则的批评家断然认为答案是否定的。而且,他们认为,考虑到宪法许多最重要的要求,制订者会将其所想,用一种庄重但可修改的语言写出。因此探求文字意义既不可能也不值得。

那些赞同立法者本意的人们认为如果法官们不受立法者本意的束缚,那么他们可能会避开法律的限制并在事实上成为立法者。从这个角度看,法官们的义务就是使时代精神同宪法保持一致,而不是使宪法同时代精神保持一致。

[Gary L. McDowell 撰;岳志军译;许明月校]

原审管辖权[Original Jurisdiction]②

原审管辖权是最先听审诉讼的法院所行使的司法管辖权。作为一审法院,法庭必须进行审判或者类似程序确定争议事实并对认定的事实适用法律,从而断结该案。国会创设了美国联邦地区法院并将其作为联邦司法主要的原审法院。

《宪法》第 3 条(*Article Ⅲ)授予联邦最高法院对涉及大使的案件和州为当事人的诉讼行使原审管辖权。然而这种授权并不排除国会对其他法院予以同样的授权。由于意识到联邦最高法院更适于进行上诉审查而不是进行审判,国会已经授权联邦地区法院对除各州之间的争议外的任何争议行使原审管辖权。法官们明确支持将案件初审授权给受理法院的立法,然而联邦最高法院并没有自动放弃自己的原审管辖权。后来,联邦最高法院听审了相当少的原审管辖权案件,而绝大多数是涉及两州之间争议边界的诉讼。当联邦最高法院受理了这种案件,法官们往往会任命一位特别司法主事官(通常是前任法官)以确定事实并就判决结果提出建议。然后联邦最高法院以对待低级别法院上诉案件的方式来处理特别司法主事官的报告,并签发出接受、修改,或者拒绝该建议的最终的判决意见。

[Thomas G. Walker 撰;岳志军译;许明月校]

原装原则[Original Package Doctrine]

参见 Brown v. Maryland。

---

① 另请参见 Constitutional Interpertation;Interpretivism and Noninterpretivism。

② 另请参见 Judical Power and Jurisdiction;Lower Federal Courts。

奥尔诉奥尔案 [Orr v. Orr, 440 U.S. 268 (1979)]①

1978年11月27日辩论,1979年3月5日以6比3的表决结果作出判决,其中,布伦南代表联邦最高法院起草判决意见,布莱克蒙和史蒂文斯提出并存意见,伦奎斯特(和伯格)以及鲍威尔持反对意见。奥尔是一名离婚男子,他质疑阿拉巴马州离婚扶养费法规。他认为由于该法只规定了男性须支付离婚扶养费,该法违反了宪法平等保护条款(*Equal Protection Clause),是一种性别歧视。

反对者着力于讨论主体的适格问题(参见 Standing to Sue),他们指出奥尔先生即使胜诉也不会因此而得到好处:他的妻子生活贫困而他能够支付这笔扶养费。他们认为,亚拉巴马州为了使法律在性别(*gender)方面保持中性从而废止离婚扶养费规定的可能性简直是个幻想。

法院多数派在阐述主体适格问题时认为,任何承受了以性别为基础的财产负担的人都有资格对其提出质疑。法官约翰·保罗·史蒂文斯(John Paul *Stevens)的独立的并存意见就完全致力于阐释这个观点。

多数派适用"克雷格诉博伦案"(*Craig v. Boren)(1976)的标准裁定该法定方案无效。亚拉巴马州提出了该法的3个目标:构建女主内男主外的家庭生活;缓和离婚费用对贫困妻子的冲击;对妻子因传统婚姻中的附属地位而遭到的经济歧视给予补偿。法院宣告在这个时代第一个目标无效,但是却认为另外两个目标是有效而重要的。然而,该法不符合克雷格诉博伦案的另一半标准:它同这些目标之间不具有"实质性的关系"。没有必要规定普遍适用的性别歧视补偿,因为每个扶养费给付判决都是来自于个案听审,在审理过程中,任何贫困的配偶都会被判别出来。因而,2个有效目标可以通过不针对性别的法律实现。

[Leslie Friedman Goldstein 撰;岳志军译;许明月校]

奥斯本诉俄亥俄州案 [Osborne v. Ohio, 495 U.S. 103 (1990)]②

1989年12月5日辩论,1990年4月18日以6比3的表决结果作出判决,其中,怀特代表联邦最高法院提起草判决意见,布莱克蒙提出并存意见,布伦南、马歇尔以及史蒂文斯反对。奥斯本案赞成通过法律认定拥有儿童色情描写物品违法。早期的"斯坦利诉佐治亚州案"(Stanley v. Georgia)(1969)已经判定一项禁止私人拥有淫秽物品的法律无效,因为在禁止这种占有以及控制私人所有者想法的过程中,政府唯一享有的利益并不是政府有权促进的利益。在奥斯本案中,法院认为禁止拥有儿童色情描写物品保护了另一种利益,即避免了在色情描写中对儿童的榨取和伤害。使拥有儿童色情描写物品违法会破坏市场从而减少对儿童榨取性利用的需求。法院还认为该法并没有包含大量宪法保护的行为,因为它已经被解释为仅适用于下流描写。

反对者认为即使对该法进行狭义解释仍会因为适用范围过宽而违反宪法。奥斯本案反映了当代法院与美国社会比比皆是的暴露的性描写素材之间的不协调,但是其重要性却是有限的,因为控制儿童色情的生产才具有明显的重要性。

[Mark V. Tushnet 撰;岳志军译;许明月校]

奥斯本诉合众国银行案 [Osborn v. Bank of the United States, 9 Wheat. (22 U.S.) 738 (1824)]③

1824年3月10—11日辩论,1824年3月19日以6比1的表决结果作出判决,其中,马歇尔代表联邦最高法院起草判决意见,约翰逊反对。"奥斯本诉合众国银行案"起因于对合众国银行收税之合宪性的质疑,首席法官约翰·马歇尔(John *Marshall)在该案中详尽地阐述了联邦法院的管辖权问题。在1819年,俄亥俄州对合众国银行在该州的分行征收极高的税收。州审计员拉尔夫·奥斯本(Ralph Osborn)无视联邦禁止各种对联邦公司征税的禁令(参见 Injunctions and Equitable Remedies),命令其下属扣留该银行资金并存入州国库。银行在联邦上诉法院巡回审判庭起诉奥斯本,要求其返还资金并获得胜诉。奥斯本向联邦最高法院提出上诉,法院维持原判。联邦最高法院对"麦卡洛克诉马里兰州案"(*McCulloch v. Maryland)(1819)的裁决就已经确认了该银行的合宪性,并禁止各州对联邦机构征税。

问题在于本案中不合宪法的州税是对一家联邦公司征收的。宪法把联邦司法权力扩展到所有"依据宪法、法律以及美国缔结的条约产生的案件"。然而,马歇尔利用该案宣称联邦法院对涉及银行的案件享有管辖权,即使那些看来因州法而引起的案件。由于联邦法院对那些几乎没有涉及联邦问题的案件享有管辖权,马歇尔大方地将国会权力解释为授予管辖权,法官威廉·约翰逊(William *Johnson)提出反对意见认为这将冒险把太多的问题联邦化。进一步的管辖权问题涉及联邦宪法第十一修正案(the *Eleventh Amendment),该修正案限制对各州提起诉讼。虽然奥斯本以其所在州的名义从事活动,但法院认为他不能因此主张诉讼豁免,这一观点在后来的涉及杨的单方诉讼案(Ex parte

---

① 另请参见 Marriage。
② 另请参见 Obscenity and Pronography。
③ 另请参见 Federal Questions; Judicial Power and Jurisdiction; Lower Federal Courts; State Sovereignty and States' Rights。

*Young)(1908)中得到了再次确认。

[John V. Orth 撰;岳志军译;许明月校]

奥托,威廉·托德[Otto, William Tod]①

（1816年1月19日生于宾夕法尼亚的费城，1905年11月7日卒于费城）1875—1883年任法院判决汇编人。奥托编写了第一套未署名的联邦最高法院判例汇编，在1833年和1836年从宾夕法尼亚大学分别获得了文学学士学位和文学硕士学位。在研习了法律之后，他搬到印第安纳州的布朗斯顿（Brownstown）从事开业律师工作。在1844年奥托成了印第安纳州上诉法院第二巡回审判庭的法官并任职到1852年他在选举中被击败。他是一个能干而严厉的法官，但是一旦离开办公室，他又是一个和善而幽默的男人。奥托在其担任法官的最后5年，在印第安纳大学教授法律，其后该大学授予他法学博士学位。

奥托在1858年竞选印第安纳州司法部长失败，但是在1860年成了林肯在共和党全国大会的代表。亚伯拉罕·林肯（Abraham *Lincoln）在1863年任命奥托为内政部部长助理，在其任上奥托对印第安人事务表现了浓厚的兴趣。在1871年他离开了内政部，并成了在古巴的美国人针对西班牙人诉讼的仲裁人。在"默多克诉麦穆非斯案"（*Murdock v. Memphis）(1875)中，奥托在联邦最高法院成功的论证了《1867年司法法》（*Judiciary Act of 1867）比起《1789年司法法》（*Judiciary Act of 1789）来并没有赋予法院更多的权力。

奥托在1875年继约翰·威廉·华莱士（John William *Wallace）之后成了联邦最高法院裁决汇编人并任职到1883年，出版了17卷汇编（91—107卷美国联邦最高法院判例汇编）。离开联邦最高法院以后，奥托重操旧业，在1885年他作为美国代表在里斯本参加了万国邮政联盟。

[Francis Helminski 撰;岳志军译;许明月校]

---

① 另请参见 Reporters, Supreme Court。

P p

太平洋州电话电报公司诉俄勒冈州案[Pacific States Telephone & Telegraph Co. v. Oregon, 223 U. S. 118(1912)]①

1911年11月3日辩论,1912年2月19日以9比0的表决结果作出判决,其中,怀特大法官代表联邦最高法院起草判决意见。在20世纪早期,改革者试图使政府更加关心民众。在1902年,俄勒冈州通过制定有关提案权和公民投票公决的法律——给予公民对管束他们的法律直接提出建议和/或投票的机会的制度设计,而领潮流之先。在1906年俄勒冈州公民提议并通过了一项对该州电话电报公司征收其总收入的2%为税收的决议。因为这种制定法律的程序剥夺了电报电话公司在立法活动中的游说力量,一家电报电话公司因拒绝缴纳该税收被政府提起诉讼。该公司在俄勒冈州法院败诉之后又提起上诉,认为宪法保证各州的政府是共和的政府,这意味着制定法律是立法机关的专属职责(参见 Guarantee Clause)。

该公司可能确实期望联邦最高法院将会判决该项提案权程序无效,并使俄勒冈州陷于法律的混乱状态,这种论调使最高法院感到无法接受。他们拒绝受理该案,认为该事件不是一个司法问题而是政治问题。首席大法官爱德华·D. 怀特(Edward D. *White)援引"卢瑟诉博登案"(*Luther v. Borden)(1848)的判决理由,指出只有国会才能够对这种情况提供补救。

[John E. Semonche 撰;邓宏光译;常传领校]

付费的待决案件[Paid Docket]②

联邦最高法院每年都要受理超过4000件的上诉申请,这些申请是由那些希望联邦最高法院对案件进行复审的当事人提出的。提交复审申请的个人中既有无力支付诉讼费的人,也有能够支付诉讼费和打印成本的人。联邦最高法院意识到这种区别,将上诉申请分为"贫民诉讼(*In forma pauperis)"和"付费案件"。通常后者比前者的质量更高,因为贫穷的被告通常是自己书写他们的上诉书的。

在20世纪70年代,当事人向联邦最高法院提交上诉申请的增幅中,将近一半归功于由贫穷被告的上诉申请,但法院还是接受了更多的已付费案件作为复审对象。在1988年的开庭期,联邦最高法院复审了10%的已付费案件,而对贫民被告所提交的申请案进行复审的比例仅为1%。但是如果上诉人是刑事案件的被告,联邦最高法院就很少受理。对于刑事案件的上诉申请,联邦最高法院更乐于受理由州案件被告提出的已付费申请,而不是由联邦刑事案件的被告提出的已付费的上诉申请。在联邦最高法院受理的由刑事被告提交的已付费的申诉案件中,通常情况下联邦最高法院也是更偏爱那些利用联邦权利进行辩护的案件。但联邦最高法院常常对付费的、由联邦刑事被告提交的申请进行复审,以便解决各巡回法院之间的冲突。

[Karen Maschke 撰;邓宏光译;常传领校]

联邦最高法院建筑上的油画[Paintings in the Supreme Court Building]③

联邦最高法院建筑上的油画中唯一对外公开的是首席大法官(*chief justice)的油画绘像。东会议室里陈列了从约翰·杰伊(John *Jay)到梅尔维尔·韦斯顿·富勒(Melville Weston *Fuller)这些首席大法官的肖像画。直到19世纪末期国会才批准由公共基金支付这些绘画的费用。因此联邦最高法院对早期首席大法官的油画费用依靠私人赞助。1888年10月2日,国会通过了政府采购政策,为了获得已故的首席大法官莫里森·雷米克·韦特(Morrison R. *Waite)的画像以及18世纪90年代的首席大法官奥利弗·埃尔斯沃思(Oliver *Ellsworth)和约翰·拉特利奇(John *Rutledge)的画像,国会提供了1500美元的拨款。这种拨款使联邦最高法院有能力收藏这些绘画,后来国会又继续对以后的首席大法官绘画提供了拨款。

约翰·杰伊的画像最为艳丽。它是以1794年吉尔伯特·斯图尔特(Gilbert Stuart)所画的肖像为摹本,具有建国时期领导阶层的贵族风格。杰伊身着一件合身的、有鲜红色衬边的黑色长袍,他的一只手放在一本厚厚的法律书上,坐在凳子上深思。在他身后是一根白色的大理石石柱和背景为波涛汹涌的帐帘,体现了共和主义的典型基调。杰伊所穿的灿烂的长袍再也没有在其他大法官身上出现过,大法官很快都穿着朴实的黑色长袍,这种服饰更能够表现大法官为名义上超阶级的社会服务的形象。

伦布兰特·皮尔(Rembrandt Peale)所画的著名的约翰·马歇尔(John *Marshall)的肖像画中也同

---

① 另请参见 Political Questions.
② 另请参见 Workload.
③ 另请参见 Building, Supreme Court; Sculpture in the Court Building.

样体现了这种典型的象征意义。在这幅"画中画"中，皮尔没有采用将石柱作为背景的传统做法，而是采用了朴实的白色作为背景。画像选择的是首席大法官晚年的半身像，画像呈椭圆形，周围用月桂树树叶织成的花环围绕着。它组成很具有吸引力的纪念碑的核心，纪念碑的座基上刻着"即使天塌下来，也要伸张正义"，顶上是他的大理石头像。这幅画暗示着马歇尔将被作为美国历史上最伟大的大法官。

随着美国民主法制制度在19世纪中期的兴起，大法官肖像画中的隐喻渐渐消失。早期的某些主题仍然保留着，但在西会议室中陈列的20世纪首席大法官画像中仍依稀可辨。例如，厄尔·沃伦（Earl Warren）的画像使人想起斯图尔特（Stuart）所画的约翰·杰伊画像中的显著特征。和杰伊一样，沃伦也是坐在凳子上，一只手放在一本法律书上，但是他身后不再有古代的石柱，而是一架装满法律书的书架。这幅画暗示着现代社会法律的复杂性，也重申了律师在18世纪是一种受人尊敬充满智慧的职业。沃伦的画像是最晚的，根据惯例，在已经退休的首席大法官沃伦·伯格（Warren *Burger）去世之前，其画像将不会挂出来。

由其家人、朋友、法院书记员捐款所画的大法官画像陈列在底楼的大厅中。该建筑物上同时还收藏着书记员和判决汇编人等人的画像，但它们都陈列在不对外开放的行政办公室内。

参考文献 Charles E. Fairman, *Art and Artists of the Capital of the United States* (1927).

[Maxwell Bloomfield 撰；邓宏光译；常传领校]

帕尔可诉康涅狄格州案[Palko v. Connecticut, 302 U. S. 319(1937)]①

1937年11月12日辩论，1937年12月6日以8比1表决结果作出判决，其中，卡多佐代表联邦最高法院起草判决意见，巴特勒反对。帕尔可被指控为一级谋杀，但陪审团认定其所犯的罪行轻于二级谋杀，并判处他终身监禁。根据康涅狄格州制定法中允许检察当局对特定刑事案件判决结果向审判法庭提起上诉的规定，该州对该有罪判决提起上诉并获胜，新判决判定帕尔可死刑。帕尔可以该案的审判使他因一次行为接受了两次审判为由，对对第二次判决提起上诉。

联邦宪法第五修正案（the *Fifth Amendment）规定的"免于双重治罪危险（Double Jeopardy）"之理论，仅仅适用于联邦政府，而不适用于州政府。但是帕尔可的上诉不仅仅只是依据联邦宪法第五修正案，他认为对他执行死刑将违反联邦宪法第十四修正案。该修正案规定，没有经过正当的法律程序，任何州都不得剥夺个人的生命、自由或财产。他的理论是援引约翰·哈伦在"特文宁诉新泽西州案"（*Twining v. New Jersey）(1908)和"胡塔多诉加利福尼亚州案"（*Hurtado v. California）(1884)中提出的反对理由。哈伦认为任何由联邦政府作出的违反《权利法案》（*Bill of Rights）的行为，根据联邦宪法第十四修正案由州政府作出时也是违法的。特文宁案涉及利用宪法第十五修正案保护免受自证其罪（*self-icrimination），但联邦最高法院拒绝了该理论。后来联邦最高法院将《权利法案》中的其他部分运用到各州，联邦宪法第一修正案中言论（*speech）、集会（*assembly）和宗教自由（*religion）都是以这种方式被运用到各州的，联邦宪法第六修正案（the *Sixth Amendment）所保证的获得律师辩护权（right to *counse）也是如此。

虽然认识到这种趋势，联邦最高法院还是明确否决了帕尔可的上诉理由。本杰明·卡多佐（Benjamin *Cardozo）大法官注意到与此相反的案例也照样存在。他承认《权利法案》中的部分内容确实适用于各州，但是并不是联邦宪法前八项修正案与联邦宪法第十四修正案所保证的正当程序原则共同合并的自然结果。这些（适用于各州的）特定的免予起诉制度（修正案）被正当程序原则所吸收仅仅是因为它们构成了我们自由和正义观念的基础。用卡多佐的话来说，这些权利之所以能够约束各州政府是因为"它们代表了有序的自由体系中的精髓……深深根植于人们传统和良心中的、最基本的司法原则"（p.305）。他认为康涅狄格州的制定法并不属于这种。政府所做的仅仅是寻求弥补审判中的实质错误，其并没有将被告置于痛苦境地，也没有希望通过多重诉讼来折磨被告。

帕尔可案表明了（联邦最高法院）试图将联邦宪法第十四修正案所规定的正当程序原则作为限制各州权力的开端。在此之前的三十多年期间，联邦最高法院都是把实体的正当程序（*Due Process, Substantive）原则作为否决各州各种形式经济规则效力的规则。在1937年大多数大法官都接受了这种观念：正当程序条款赋予了联邦最高法院既可以从实质上对各州立法进行复审，也可以从形式上对已生效法律的程序进行复审的权力。但是"西海岸旅馆公司诉帕里西案"（*West Coast Hotel Co. v. Parrish）(1937)的判决与帕尔可案一样，拒绝将该权力进行无限制地使用及其所表示的司法激进主义（*judicial activism）。现在法院面临着怎样用一个自由的规则来代替这种约束的规则。在这方面卡多佐的观点成为"合并讨论"的先驱，"合并讨论"在以后的"亚当森诉加利福尼亚州案"（*Adamson v. California）(1947)中体现得尤为明显。他支持康涅狄格州法律的理论基础被发展成为以后由费利克

---

① 另请参见 Due Process, Procedural; Fundament Rights。

斯·法兰克福特（Felix *Frankfurter）大法官所主张的"基本公平标准"规则。而他所否决的理论也成为后来由胡果·布莱克（Hugo *Black）大法官所支持的、著名的并入原则（*Incorporation doctrine）。正如许多《权利法案》所保护的权利最终直接适用于各州一样，许多并入原则最终取得胜利。在1969年，帕尔可案被"本顿诉马里兰州案"（*Benton v. Maryland）所推翻，双重治罪危险原则也成为合并于联邦宪法第十四修正案中的《权利法案》条款之一。

[Paul Kens 撰；邓宏光译；常传领校]

帕尔默诉汤普森案[Palmer v. Thompson, 403 U.S. 217(1971)]

1970年12月14日辩论，1971年6月14日以5比4的表决结果作出判决。布莱克代表联邦最高法院起草判决意见，伯格持并存意见，道格拉斯、怀特、马歇尔和布伦南反对。密西西比州杰克逊城的非裔美国人认为，该城市关闭公共游泳池的行为，是非法的种族歧视，违反了联邦宪法第十四修正案（the *Fourteenth Amendment）所规定的平等保护条款。在低级别法院判定游泳池中有关种族隔离的规则无效后，游泳池被关闭。该城市声称关闭游泳池是为了维护该城市的公共安全，同时还认为如果以无种族界限为基础开放游泳池，那么从经济角度来说不能维持游泳池的运行。但是该城市的黑人市民坚持认为，虽然关闭游泳池是基于这些表面上的理由，但实质上是出于种族歧视的目的，这种行为是一种违法的种族歧视行为。联邦最高法院没有支持黑人公民的上诉主张，主要的理由是一个法案不能仅仅因为政府官员出于种族歧视目的加以利用而被认定违反平等保护条款，至少在政府能够对其行为提出合理有效的理由时是如此。

帕尔默案明显地表达了联邦最高法院极不情愿透过表面上看似具有中立性质的政府行为来探析其种族歧视（*discriminary）的目的。随后的裁决在判定是否违反平等保护原则（*equal protection）时更加强调种族歧视的主观状态，因而淡化了帕尔默案的影响。但是该案作为联邦最高法院在通常情况下不情愿过问法律背后动机的一种标志，仍然具有非常重要的意义。

[Eric T. Freyfogle 撰；邓宏光译；常传领校]

巴拿马炼油公司诉瑞安案[Panama Refining Co. v. Ryan, 293 U.S. 388(1935)]①

1934年12月10—11日辩论，1935年1月7日以8比1的表决结果作出判决，其中，休斯代表联邦最高法院起草判决意见，卡多佐持并存意见。在20世纪30年代经济大萧条时期，油价因为供过于求和经济的普遍下滑而暴跌。因为仅仅靠各州自己控制生产规模是不能够提升石油的价格的，因此生产石油的州请求国会进行控制。富兰克林·罗斯福（Franklin *Roosevelt）政府为解决经济萧条作出了巨大的努力，根据《1934年联邦工业复兴法》的授权，禁止各州之间对超过生产限额的石油在州际之间进行贩运（通常称这种石油为"游油"）。历史上已经有联邦政府为了帮助州法的实施而采取措施的先例，例如1913年《韦布-凯尼恩法》（Webb-Kenyon）就禁止从其他州运输酒到禁酒的州内。

处理"游油"的方案仅仅是《联邦工业复兴法》许多条款中的一条，但它是最早提交到联邦最高法院审查的"新政"内容。"巴拿马炼油公司诉瑞安案"的判决被普遍认为是对新政方案（*New Deal）的致命威胁，该案判决认为"游油"条款将立法权授之总统，属违宪行为。

分权原则（*Separation of powers）是美国宪法的基本原则之一，但在1935年之前美国联邦最高法院从不认为国会授权行政机关立法权违反了宪法。授权立法的理由非常清楚，当国会采纳一项立法项目时，它不可能预料到所有该项目可能会遇到的问题，在该立法需要发展时也难以及时进行修改。早在1825年，马歇尔（John *Marshall）首席大法官在"韦曼诉索瑟德案"（Wayman v. Southard）中就认为，政府在实施一项总的法律方案时必须允许其"填补其细节"（p.43）。对于以前的授权立法，联邦最高法院一直坚持国会应当确立指导行政自由裁量的"标准"，但通常认为宽泛的、笼统的陈述也符合这种要求。因此，对巴拿马炼油公司案的裁决结果将取决于授权问题，国会对政府的授权是如此地模糊，以至于长达427页的罗斯福政府工作报告中只有13页与授权问题有关。

但在巴拿马炼油公司一案的判决中，首席大法官查尔斯·埃文斯·休斯（Charles Evans *Hughes）认为罗斯福政府的立法无效，因为国会并没有确立"基本标准"，没有给总统指明处理的方向和规则，总统能够"按他最愿意的方式处理事情"。休斯在判决中写到这种立法是建立在"没有限制总统行为方向标准的基础上，并没有要求总统以任何调查结果作为其行为的条件。这样国会……对超量生产的石油并没有表明任何政策"（p.430）。

本杰明·内森·卡多佐（Benjamin N. *Cardozo）大法官是唯一一位对判决表示反对的大法官。他支持该立法，因为它符合解决在"国家灾难"时期面临问题的政策，这些问题只能由总统根据每天的情况进行解决（p.443）。实际上国会要求对石油生产和"游油"的运输进行控制的意图在立法中体现得很明显，而且相似的授权范围在早期立法中已经存在，

---

① 另请参见 Commerce Power; Delegation of Powers。

它们并没有受到法院的禁止。

在"游油"案判决后不久,联邦最高法院在"谢克特禽畜公司诉合众国案"(*Schechter Poultry Corp. v. U.S.)(1935)中,判定《联邦工业复兴法》中另外一个主要部分——公平竞争工业法——因为授权立法不符合宪法而无效。在"卡特诉卡特煤公司案"(*Carter v. Carter Coal Co.)(1936)中,也以同样的理由判定管理烟煤工业有关价格和劳动关系的立法违反宪法。

在1937年国会否决了罗斯福政府的法院人员布置计划(*Court-packing Plan)之后,联邦最高法院开始与罗斯福新政和平共处。法院再也没有以国会对总统的立法授权违反宪法而否定立法的效力。

巴拿马案和谢克特案的判决并没有被推翻。事实上联邦最高法院在随后的判决中,有40余次引用了巴拿马案(几乎都是与谢克特案一起被引用),特别是在涉及对行政机关授权的案件中引用得更多。但在这些案件中没有一起认定国会的授权无效。正如威廉·哈布斯·伦奎斯特(William Hubbs Rehnquist)大法官在"汉普敦诉牟·孙·王案"(Hampton v. Mow Sun Wong)(1976)的判决中所说的:"在这些判决之后的40年间,联邦最高法院并不认为对他们相对狭隘的理解进行轻微地扩张是适当的。"(p.122)巴拿马案和谢克特案成为行政和司法之间关系糟糕期间的历史见证。

[C. Herman Pritchett 撰;邓宏光译;常传领校]

赦免权[Pardon Power]①

根据宪法第2条第2款对总统的授权,赦免权扩展适用于"对合众国的犯罪,但弹劾案件除外"。授予这种权力涉及1787年宪法制定者的一个理论问题。在英国赦免权属于国王,因为在英国罪犯被视为是对国王的犯罪,但在立宪共和国国家中,罪犯侵犯的不再是国王而是人民。据此,许多人认为只有人民才有权宽恕罪犯的犯罪行为。美国独立战争后的大多数州宪法都规定了赦免,但没有一个州规定这种赦免是无条件的,有几个州规定司法享有最终决定权。联邦宪法的制定者从一个新的视角来看待赦免,他们认为赦免与其说是一种恩惠的表达方式,还不如说是惩罚犯罪或防止犯罪的工具——例如,赦免罪犯以获得他反对美国南部同盟的宣誓,或者进行大赦以缓和叛乱。正是基于后者这种理由,亚历山大·汉密尔顿(Alexander *Hamilton)在《联邦党人文集》(the *Federalist)第74篇中否认了反联邦主义者所主张的赦免权不应当延及叛国罪这种观点。在批准宪法的表决时,对赦免问题已经没有什么很重大的争论了。

从一开始,赦免权就是由总统行使。乔治·华盛顿(George *Washington)赦免了两位涉嫌1794年宾夕法尼亚州威士忌地区反叛而被指控犯了叛国罪的人。约翰·亚当斯赦免了约翰·弗勒斯(John Fries),他在1799年宾夕法尼亚州北安普敦(Northampton)县策划暴动失败后被指控犯了叛国罪。托马斯·杰斐逊(Thomas *Jefferson)赦免了10位新闻报纸印刷者,根据《1798年煽动罪法》(*Sedition Act of 1798)的规定,他们被判处有罪。与此同时,国会通过投票表决免除了对这些印刷者的罚金,这表明最初认为总统的赦免权的理解并没有达到(赦免罚金)这么远。

正如汉密尔顿所主张的一样,大赦也是正常的现象。詹姆斯·麦迪逊(James *Madison)、亚伯拉罕·林肯(Abraham *Lincoln)、安德鲁·约翰逊分别在1815年、1863年和1865年颁布了这种赦免令。但约翰逊颁布的一项赦免令遭到质疑,使联邦最高法院有机会对赦免对象的明确的界定提出异议。根据《1865年宣誓法》的规定,国会要求任何试图在联邦法院中援引判例法的人都必须进行口头宣誓,表明他并没有帮助美利坚合众国的敌人。阿肯色州一位名为亚历山大·汉密尔顿·加兰(Alexander Hamilton Garland)的检察官不能进行这种口头宣誓,因为他是一位美国南部同盟的支持者。然而,他在法院审判之前就被杰斐逊总统赦免了他在美国国内战争期间所有的犯罪行为。在加兰单方诉讼案(Ex parte Garland)(1876)中,联邦最高法院作出了有利于加兰的裁决,认为赦免"延及任何法律规定的犯罪,并且不管是在司法程序实施之前,还是在案件审判过程之中,或者是判决之后,只要发布了这种赦免令之后,就能够得到执行"(p.380),同时从法律上来说,赦免使犯罪者溯及既往地成为"清白者"。

在近几十年期间发布的赦免令中影响最广的是福特总统和卡特总统所发布的赦免令。福特总统在1974年接替了前总统理查德·尼克松(Richard *Nixon)的职位,"对他作出的或可能作出的或者参加的所有对美国的犯罪行为……完全地、绝对地赦免"。福特利用汉密尔顿在《联邦党人文集》中所说的"为了保持联邦的和平与宁静"作为自己行为的辩解。在1977年,卡特总统发布了一系列大赦的公告,对所有在越南战争(*Vietnam War)期间非法逃避征兵的人进行赦免。他的理由实质上与福特的理由相同。

罗纳德·里根总统坚持他对犯罪的一贯态度和观念,通常对赦免的适用不予考虑,除非罪犯已经服完他的全部刑期的5/7之后。然后由司法部下面的一个审查赦免的受托机关仔细审查罪犯是否在离开监狱后已经成为一位积极守法的人。真正符合赦免

---

① 另请参见 Inherent Powers。

帕克,约翰·约翰斯顿[Parker, John Johnston]①

(1885年11月20日出生于北卡罗来纳州莫若斯,1958年3月17日卒于华盛顿)联邦上诉法官和未被正式任命的美国联邦最高法院法官候选人。在北卡罗来纳州从事法律工作几年后,帕克在1925年被卡尔文·柯立芝总统(Calvin Coolidge)任命为美国联邦上诉法院第十四巡回法院的法官。1930年3月17日,胡佛总统(Herbert Hoover)提名帕克法官取代美国联邦最高法院的爱德华·桑福德(Edward *Sanford)法官。但是参议院在1930年3月21日以39票赞成、41票反对的表决结果否决了对帕克的提名。此后,他继续在第十四巡回法院工作直到1958年去世。以后的总统也考虑过任命他为联邦最高法院大法官,但始终没有对他提名。

帕克在参议院表决时的失败是早期各种利益集团对司法影响的一个典范。低级别法院判定"黄狗合同"(承诺不加入工会为条件的雇佣合同)(*yellow-dog contract)有效,帕克发表了维持该判决的意见,因此美国联邦劳动协会反对对他的提名。全国有色人种协进会(*National Association for the Advancement of Colored People)也反对他,因为他在1920年竞选州长的活动中声明反对黑人参加政治。虽然帕克的支持者提出他仅仅对那些意图鼓励这种参与的陈述负责。这种指责对帕克的伤害很大,因为在他被提名的几个月之后,讨论的结果是支持查尔斯·埃文斯·休斯(Charles Evans *Hughes),休斯同样被参议院的有些议员认为太保守而遭反对。此后,他继续对人种问题采取折中主义。在代表联邦最高法院对"布朗诉教育理事会案"(*Brown v. Board of Education)、"鲍尔斯诉哈德威克一案"作出的生效判决中,他排除"巨大的压力",对联邦最高法院的判决进行严格的解释:"联邦宪法并没有要求取消种族隔离……[而是]仅仅禁止使用政府权力实行种族隔离"["布里格斯诉埃利奥特案"(Briggs v. Elliott)(1954)]。

[Susan M. Olson 撰;邓宏光译;常传领校]

帕克诉戴维斯案[Parker v. Davis]

参见 Legal Tender Cases。

条件的人很少——在3000份赦免申请中只有9%符合这种条件。

参考文献 William F. Duker, "The President's Power to Pardon: A Constitutional Hitory", *William and Mary Law Review* 18 (Spring 1977): 475-538.

[Forrest Mcdonald 撰;邓宏光译;常传领校]

政党制度[Party System]②

由一个党派长期稳定地控制美国的政府机构以及对公共政策进行广泛的控制,这种特征在美国政治史上特别明显。这些稳定的期间被一个个简短而剧烈的重组期间所分割,在重组期间旧政党倒塌而新政党诞生。联邦最高法院深受这种重组的影响。

政治学家和历史学家发现政党制度的重组发生在19世纪20年代末期、19世纪50年代、19世纪90年代和20世纪30年代。在这些剧变期间,旧政党衰退和新政党开始出现,或者政党的领导人、追随者、较大政党的政策方向发生很大的变化。在重组期间特别的争论也会在联邦最高法院出现,这些期间表明了联邦最高法院观点的重大变迁。

政党的重大重组是因为美国政治制度不能回应美国大多数民众长期要求造成的。这种要求通常集中在政府的经济政策上,并且这种要求往往会超越既存的党派性界限。两个政党的领导人都会采取措施平定这些不稳定的因素,并会寻求折中性的解决方案。但如果这种要求的压力继续增大,那么两个党的折中派都会受到政治极端派的攻击。在一系列引发争论事件的压力下,例如堪萨斯州奴隶制(*slavery)危机、1893年发生的恐慌、1929年发生的经济大萧条,通常都有一股要求改变既有政治制度的力量,这种力量促使一两个政党获胜或者是催生一个新的政党。紧随其后的是"关键性的选举",在选举中获得的席位特别多,出席者和参与者的热情高涨,不同党派对同一问题的处理可能有很大的差异,这种结果很清楚也很关键。其结果是有关新(或转变后的)政党的重组或者是选举产生的新的政党联盟执行一套新的公共政策。

在重组过程中最关键的步骤是较大的政党获胜并且在政党体系中产生观点的两极分化。政党制度的两极分化紧随在关键性选举之后,一旦两极分化开始,重组也很快紧接着会发生。

在这种两极分化过程中,联邦最高法院扮演着重要的角色。随着处理决定性事件意见之间矛盾的激化,一方或双方从宪法的角度解释他们对该问题的处理意见。例如,对于奴隶制问题,双方都诉诸宪法以支持他们对该准州(*territories)内奴隶制的处理意见。共和党主张宪法要求废除他们州的奴隶制;而南部的民主党持相反意见,并且认为依据宪法规定,国会无权废除他们领域内的奴隶制。与此相似,在"新政"(*New Deal)期间,共和党声称富兰克林·罗斯福(Franklin *Roosevelt)的"新政"违反了宪法。如果一个问题在宪法角度看显得模糊不清,

---

① 另请参见 Nominations, Controversial; Nominates, Rejection of。

② 另请参见 Political Parties。

双方都会寻求联邦最高法院;不管是判决胜诉还是败诉,联邦最高法院对该问题都尽可能地采取折中的方案。

联邦最高法院通常不愿意对宪法问题发表意见,而是更乐于接受折中、妥协性的解决方案或者遵从国会的意见。几十年期间道理很明显:重组前的多数党派所任命的大法官本身就是这些政党领导折中的反映(参见 Selection of Justices)。例如,在"斯科特诉桑福德案"(*Scott v. Sandford)(1857)之前几十年期间,联邦最高法院对奴隶制问题进行回避。与此相似,在新政党派制度之前的大法官也是尽可能地保留联邦的经济立法。当然大法官也面临政治制度中反对派的压力;促使党派发生两极分化的事件也会使一个或更多的大法官提升到更为显要的位置。对争议问题合宪性所作的判决证明极端主义团体的一方或另一方之理由更有效。更重要的是,因为中间派的立场是力争这种问题属于违反宪法性问题,这种裁决对关键性问题不可能达成妥协。如斯科特诉桑福德一案的判决称不仅共和党对奴隶制的理由属于违反宪法性的问题,而且斯蒂芬·道格拉斯提出的一般主权的折中方案也属于违反宪法性问题。亚伯拉罕·林肯(Abraham*Lincoln)在"斯科特诉桑福德案"之后对道格拉斯的理由进行了彻底地批驳。

联邦最高法院的判决往往会启动一个进程,通过它,极端分子会强行支配该领域,制造激进的选举。例如,联邦最高法院在 1935 年和 1936 年对"新政"立法效力的否认判决加强了共和党内部反对"新政"派别的力量,也使罗斯福的政策在 1936 年选举之前明显地向左偏移。在该年举行的关键性选举中解决了该问题(在 19 世纪 50 年代,该问题不能用政治方式解决是很明显的)。党派结盟这种结果延续到了下一代或更远,直到新的循环否定了它本身。

所谓关键性的问题,是指那些影响是如此重大或深刻,以至于司法机关不能解决的问题。联邦最高法院在"斯科特诉桑福德案"中试图解决奴隶制问题,其结果正如试图阻止"新政"的实施一样,最终以失败而告终。联邦最高法院不得不紧随人民在关键性选举时所表达的呼声。例如,联邦最高法院在 1936 年选举之后立即改变了立场,对"新政"持支持态度(参见 Court-Paking Plan)。

这种重组的景象可能会导致联邦最高法院最终以遵从选举结果而告终。在那些极少发生的重大重组中,这句老格言总是有道理的。但同样重要的是,要记住:很少有选举会以涉及联邦最高法院的问题为中心;大多数情况下不会有什么选举的结果需要联邦最高法院去遵从。因此,通常联邦最高法院能够按其意愿进行判决。当然,因为联邦最高法院的成员是由占支配地位的政治党派任命和招募的,他们不大可能反对联邦政府的主要政策。同样,只有在非常少的情况下人民才可能用其观点直接影响联邦最高法院。

联邦最高法院与政党制度之间的关系已经不再像以前一样明显。在"新政"之后,美国的政治制度发生了很大的变化,关键性重组中所内含的稳定与剧变模式似乎不再是美国政治的特征。联邦政府的急剧扩张以及联邦政府在经济和社会政策中的积极作用使它完全能够应付社会变化的要求,同时也使重组模式的潜在基础发生了转变。这种变化的结果是使被弱化的一项政党制度发生渐进性的而不是急剧性的转变,并使政党制度与联邦最高法院的关系更为间接。

参考文献 Walter Dean Burnham, *Critical Elections and the Mainsprings of American Politics* (1970); William Lasser, "The Superme Court in Periods of Critical Realignment," *Journal of Politics* 47 (1985): 1174-1187; James L. Sundquist, *Dynamics of the Party System: Alignment and Realignment of Political Parties in the United States*, rev. ed. (1983).

[William Lasser 撰;邓宏光译;常传领校]

帕萨德那教育理事会诉斯潘格勒案[Pasadena Board of Education v. Spangler, 427 U. S. 424 1976]①

1976 年 4 月 27 日和 28 日辩论,1976 年 6 月 28 日以 6 比 2 的表决结果作出判决,其中,伦奎斯特代表联邦最高法院起草判决意见,马歇尔和布伦南反对,史蒂文斯缺席。在"米利肯诉布拉德利案"(*Milliken v. Bradley)(1974)中所遗留的、联邦最高法院是否对学校废除种族隔离之措施持宽容态度的疑虑,在两年后的"帕萨德那教育理事会诉斯潘格勒案"中被澄清了。根据 1970 年学校废除种族隔离计划,初审法院判令在作出分配学生配额时应当保证该区没有一所学校是少数民族占大多数。在 4 年期间,有 5 所学校违反了该规定。初审法院认为该制度仍然没有废除种族隔离,每年重新作出分配以避免禁止性结果的出现是必要的。

联邦最高法院不同意这种判决,认为每年重新分配的配额超出了区法院的权限,同时强调人种比例并不是该地区的人有意识的种族隔离行为所能改变的。联邦最高法院在引用"斯旺诉卡尔罗特-麦克伦伯格教育理事会案"(*Swann v. Charlotte-Mecklenburg Board of Education)(1971)的基础上,认为宪法并没有要求每年重新分配配额,"只要履行了规定的废除种族隔离之积极义务,通过官方行

---

① 另请参见 Desegregation Remedies;Race and Racism。

为而实施的种族歧视就已经从制度中清除"。(p.425)

该案本身是一个很小的问题，但是正如瑟古德·马歇尔大法官（Thurgood *Marshall）在反对意见中所暗示的一样，在"米利肯诉布拉德利案"之前，有人可能会认为初审法院的判决很好地运用了斯旺案式的自由裁量。

[Dennis J. Hutchinson 撰；邓宏光译；常传领校]

乘客系列案[Passenger Cases（Smith v. Turner, Norris v. Boston）,7 How.（48 U. S.）283（1849）]

1848年12月19日至22日辩论，1849年2月7日以5比4的表决结果作出判决，没有形成代表联邦最高法院的判决意见（麦克莱恩、韦恩、卡特伦、麦金利、格里尔组成多数派），丹尼尔、伍德伯里、托尼、纳尔逊形成反对判决的少数派。"史密斯诉特纳案"（Smith v. Turner）和"诺里斯诉波士顿案"（Norris v. Boston）在并称为乘客系列案之前都分别进行了两次辩论，两个案件并称为乘客系列案取得了所有大法官的共识。在这两个案件中涉及纽约州和马萨诸塞州对包括移民在内的入境旅客征税的问题。这些收益被用来资助主要患者群体来源于这些乘客的医院。联邦最高法院的多数派否认该法律的效力，但判决并没有产生有效的学说理论。它仅仅反映了联邦最高法院内部因各州对奴隶制（*slavery）的控制、非裔美国人的自由、废奴主义者和反奴隶制运动等问题而产生的潜在分歧。过多的观点（总共有8种不同的观点）表明，在奴隶制存废之争的高压背景下，联邦最高法院不可能有效地处理好因商业条款而产生的问题。这个难题在罗杰·布鲁克·托尼（Roger Brooke *Taney）首席大法官的第一审案期，于"纽约州诉米尔恩案"（*New York v. Miln）（1837）中，就显现出来，并一直持续到"库利诉费城港监委员会案"（*Cooley v. Board of Wardens of the Port of Philadelphia）（1852）才得到部分解决（另请参见 Commerce Power）。

[Donald M. Roper 撰；邓宏光译；常传领校]

专利[Patent]①

根据《宪法》第1条第8款授予发明者和作者"特定期间"的排他权"以促进科学和艺术的进步"之规定，国会规定"发明或发现任何新的有用的程序、机械、制造或物质组合的任何人"都能够获得专利。但在实践中，联邦最高法院在"格雷厄姆诉约翰·迪尔公司案"（Graham v. John Deere Co.）（1966）中否认了国会"将已有的知识从公共领域中剥取或者限制获取已有资料的自由"的权力(p.6)；然而联邦最高法院在不久的过去作出的判决对专利权进行了如此的限制，以至于罗伯特·杰克逊（Robert *Jackson）大法官在其反对判决的意见中表明了这样一种观念："唯一有效的专利是那些联邦最高法院一直未能干涉的专利"["简吉森诉奥斯特比公司案"（Jungersen v. Ostby）（1949）]。如此看来，自19世纪开始的有关专利制度社会效用的争论的回声在20世纪仍然在很大程度上影响着联邦最高法院的思维，特别是其关于实用技术在自由竞争的市场没有受到法律垄断妨害时将会得到最好的繁荣的信念。

但是从20世纪70年代开始，行政和立法机关都对知识产权制度在提高国际竞争力和平衡国际贸易中所起的作用进行重新认识。按照改革的精神，国会将对专利上诉案件的专有管辖权全部赋予了新成立的专门法院——联邦巡回上诉法院，这项制度在1982年开始确立后使国内的专利法重现生机。与这种加强保护的风气相应，联邦最高法院在20世纪80年代打破常规，作出了几项扩大专利保护范围的判例。尽管如此，联邦最高法院对传统自由市场的偏好与当前加强专利保护的意见之间的司法矛盾仍然困扰着每一个重要的专利管辖部门，而且联邦最高法院一直努力追求的更强的专利保护制度到底能在多大程度上实现，仍然还不能确定。

在19世纪期间，司法中创造的有关专利的绝大多数规则都与联邦最高法院对专利特征的描述有关，美国联邦最高法院认为专利是一种社会交易产物，在这个交易过程中社会授予发明者独占权作为他对社会贡献的回报。联邦最高法院要求专利申请者将他的发明区别于已有技术，并将专利权的范围仅仅限于专利权利书中的内容。专利权利书中应当完全披露如何制造和使用该发明的信息。在申请日之前的公开使用或已有的知识通常将损害新颖性的要件。

在20世纪80年代，联邦最高法院对有关的立法进行扩张性解释，允许对生物基因["戴蒙德诉查克拉巴提案"（Diamond v. Chakrabarty）（1980）]和计算机程序申请专利，只要这种软件程序与其他能够获得专利保护的机械装置或程序相结合["戴蒙德诉戴伊尔案"（Diamond v. Diehr）（1981）]。在这些判决中联邦最高法院更强调专利在促进技术创新中的作用。

虽然1793年专利法规定新颖性和实用性作为专利的实质要件，联邦最高法院根据宪法的用语还增加了第三个要件，即创造性。该标准首先在"霍奇基斯诉格林伍德案"（Hotchkiss v. Greenwood）（1850）案中提出。联邦最高法院在1930年至1950年期间正是利用这一条很有争议的标准否认了20多起重大的专利申请案，在该期间，联邦最高法院仅

---

① 另请参见 Capitalism。

仅支持了5件专利申请。一般情况下排除结合专利,所谓结合专利就是将已经知道的要素用一种新的方法进行结合。与此相对,对于像贝尔的电话机或爱迪生的电灯这些"开拓性的初期"发明,根据流行的报酬理论,即使在缺乏充分证据的情况下也能够获得保护。

国会在1952年的法典编纂中对创造性增加了非显而易见性这一条标准,但直到联邦最高法院对"格雷厄姆诉约翰·迪尔公司案"(Graham v. John Deere Co.)作出的里程碑式的判决,该标准才完全走向成熟。根据格雷厄姆案的判决,是否为非显而易见取决于在先技术的范围和内容,申请专利的技术在多大程度上区别于在先技术以及在商业贸易中普通技术的水平。如果在申请某项发明时,合理技术人不能很明显地发现该技术,那么该发明就具备可授予专利性。格雷厄姆案同时还提出了确认非显而易见性的"主观"因素,这些"客观"参考因素被称为潜在的第四标准,包括商业上的成功、解决了长期以来需要解决但未解决的问题、其他人的失败和贸易上的成功等。格雷厄姆标准并没有减少认定发明的难度,直到联邦巡回上诉法院从1982年开始将这些次级参考因素作为评估有争议的专利的非显而易见性的重要标准运用于所有相关案件。这样,近年来法院否定实用新型专利和外观设计专利的判决数量呈现出急剧下降的趋势,这种趋势没有引起联邦最高法院的消极反应。

专利权人享有在国内制造、使用或销售专利发明的权利是广泛的,而且不能强迫国内专利所有人实施或许可实施其专利。但总的来说,联邦最高法院对有关专利范围还是进行严格的解释,以符合联邦最高法院在私人褒奖与激励方面一直主张自由竞争的精神。尽管有这些保守的因素,联邦最高法院还是接受并发展了平行理论,限制竞争者从专利申请书中获取并实施该发明专利实质部分["怀南斯诉登米德案"(Winans v. Denmead)(1853);"格拉韦尔容器制造公司诉林德航空产品公司案"(Graver Tank & Manufacturing Co. v. Linde Air Products Co.)(1950)]。

这种关于专利的限制性观点在20世纪大部分期间都得到了联邦最高法院的支持,因为该项制度是一项"谨慎地用来促进发明创造同时保护自由竞争的统一的联邦制度",通过对州嫁接专利制度的行动采取怀疑的立场,从而在逻辑上倾向于这种限制性观念["西尔斯·罗布克及其公司诉斯提费尔案"(Sears. Roebuck &. Co. v. Stiffel Co.)(1964);"孔普科公司诉戴-布赖特照明公司案"(Compco Corp. v. Day-Brite Lighting, Inc.)(1964)]。联邦最高法院在"伯尼托·伯茨公司诉桑德尔·克拉夫特轮船公司案"(Bonito Boats, Inc. v. Thunder Craft Boats, Inc.)(1989)中重申了这种观点,联邦最高法院全体大法官一致的判决意见否定了通过禁止竞争者复制特定的非专利船舶设计而不易察觉的侵入设计专利法域的州制定法。该判决似乎为竞争者对非专利产品的反向工程(reverse engineer)提供了宪法上的铺垫。

参考文献 Donald Chisum, Patents: *A Treatise on the Law of Patent ability, Validity and Infringement* (1990); Edmund Kitch, "Graham v. John Deere Co.: New Standards for Patents," *Supreme Court and Patents and Monopolies*(1966): 293-316; Philip Kurland, ed., *The Supreme Court and Patents and Monopolies* (1975); J. H. Reichman, "Design protection and the New Technologies: The United States Experience in a Transnational Perspective," *University of Baltimore Law Review* 19(Winter 1990): 6-153.

[J. H. Reichman 撰;邓宏光译;常传领校]

父权主义[Paternalism]
参见 Gender; Muller v. Oregon。

佩特森,威廉[Paterson, William]

[1745年12月24日出生于爱尔兰安特里姆郡(Antrium),1806年9月9日卒于埃尔巴尼(Albany),葬于曼纳德斯(Menands)地区的埃尔巴尼(Albany)墓区]1793年至1806年担任大法官。威廉·佩特森在1787年夏制定美国宪法时起着重要的作用,帮助起草《1789年司法法》(*Judiciary Act 1789),并且是18世纪90年代和马歇尔时代联邦最高法院早期的积极的重要成员。

佩特森虽出生于爱尔兰,但从小就移民到新泽西州。他在普林斯顿大学完成学业,学习法律,并于1768年获得律师资格。作为独立的积极倡导者,他很快成为新泽西州革命派中的优秀成员。他帮助起草美国的第一部宪法草案,并成为美国第一任司法部长。18世纪80年代他在保护土地所有人财产和债权人权益方面作出了非常突出的贡献。

佩特森积极地支持在18世纪80年代掀起的创建一个更有活力的政府的运动。作为制宪会议的一员,佩特森反对弗吉尼亚州计划,该计划提议国会的两院的代表名额都按照人口比例进行分配。佩特森担心这种规定对那些较大的州过于有利,而使新泽西州、特拉华州和康涅狄格州等小州处于极为不利的地位,他提议用新泽西州计划替代弗吉尼亚州计划,新泽西州计划最重要的特征是采取一院制,不管州的大小和人口多少,每个州都只有1票投票权。两种计划最终进行了调和,国会设立两院,下议院按各州的人口比例分配代表名额,上议院则每个州的代表数相同(每州两名)。根据该计划还创建了一个拥有广泛权力的联邦最高法院,并使联邦政府制

William Paterson

定的法律和缔结的条约成为该领域内的最高法律,州法院受它们的约束。该计划很可能是美国宪法联邦法律至上条款(第6条第2款)的渊源。

佩特森被选举为首届上议院议员后,成为《1789年司法法》(*Judiciary Act 1789)的起草者。该法根据美国《宪法》第3条(*Article Ⅲ),规定美国联邦最高法院由1名首席大法官(*chief justice)和5名大法官组成,联邦最高法院的低级别法院是区法院和巡回法院(参见 Lower Federal Court)。同时该法还规定设立司法部长。该法第25条成为联邦最高法院许多最重要判决的基础,它规定如果涉及宪法、联邦法律或国际条约,上诉法院有权受理州法院的终审判决(参见 Judicial Power and Jusdiction)。

1793年佩特森被乔治·华盛顿(George *Washington)总统任命为联邦最高法院法官,他在18世纪90年代几乎所有重要的判决中都起着重要的作用。在这些判例中他一直坚持联邦政府高于各州。他代表联邦最高法院对"彭哈洛诉多安那执行官案"(Penhallow v. Doane's Administration)(1795)提出的判决意见中,从完全的国家主义者角度对联邦的渊源和性质进行了解释。在"韦尔诉希尔顿案"(*Ware v. Hylton)(1796)中,弗吉尼亚州通过了一项没收美国公民在独立战争之前对英国公民所欠债务的立法,佩特森判定这种立法无效,其理由是美国与英国签订的和平条约中特别规定,恢复美国人对英国人的债务,而这种条约是"美国领域内的最高法律"。佩特森也支持一个强大而独立的司法系统。他在"范·霍恩租户诉多兰斯案"(Van Horne's Lessee v. Dorrance)(1795)的判决中支持司法审查(*judicial review)的制度。作为联邦立宪会议的一员,佩特森的观点非常重要,他能够以权威的身份解释宪法制定者的立法本意(*Original Intent)是什么。这方面最典型的就是"希尔顿诉合众国案"(*Hylton v. United States)(1796)和"考尔德诉布尔案"(*Calder v. Bull)(1798)。

在1798年至1800年的巡回审判期间,佩特森积极地实施《1978年反煽动罪法》(*Sedition Act of 1978)。他主持的审理中判决了包括马修·莱昂(Matthew Lyon)国会议员在内的多名批判约翰·亚当斯政府的民主共和政体的人有罪。在1800年杰斐逊竞选总统获胜后,1801年约翰·马歇尔(John *Marshall)被任命为联邦最高法院的首席大法官。佩特森变得更为谨慎和谦和。在"斯图尔特诉莱尔德案"(*Stuart v. Laird)(1803)中,佩特森代表联邦最高法院提出判决意见,联邦最高法院的大法官一致认为杰斐逊倡议废除《1801年司法法》(*Judiciary Act of 1801)的行为符合宪法规定,在这项判决中佩特森的新态度体现得最为清楚。

1804年,佩特森在巡回审判过程中受伤,以后一直没有康复,直到1806年去世。

参考文献 John E. O'Connor, *William Paterson, Lawyer and Statesman, 1745-1806*(1979).

[Richard E. Ellis 撰;邓宏光译;常传领校]

帕特森诉麦克莱恩信用合作社案[Patterson v. McLean Credit Union, 491 U.S. 164(1989)]①

1988年2月29日辩论,1988年10月12日第二次辩论,1989年6月15日以9比0的表决结果作出判决,而对另一个问题则是以5比4的表决结果作出判决,其中,肯尼迪代表联邦最高法院起草判决意见,布伦南、马歇尔和布莱克蒙对判决的一部分持并存意见,对另一部分判决表示异议,异议的部分由布伦南提出;史蒂文斯对判决的部分持并存意见,对判决的另一部分持有异议。帕特森案涉及这个问题:一名非裔美国妇女所主张的在工作中遭受种族骚扰是否符合《美国法典》第42编第1981节规定(该部分是《1866年民权法》仍然适用的部分)的有效诉因。在"鲁尼恩诉麦克拉里案"(*Runyon v. McCrary)(1976)和"琼斯诉艾尔弗雷德·H.迈耶尔公司案"(*Jones v. Alfred H. Mayer Co.)(1968)中,第1981节和另一些相关条文能够用于解释在合

---

① 另请参见 Employment Discrimination; Race and Racism。

同和财产关系中受到隐蔽式的种族歧视。在第一次辩论之后,联邦最高法院自己提议进行第二次辩论,重新讨论鲁尼恩案对第 1981 节的解释是否应当被推翻。因此,帕特森案差一点就成了推翻了前 20 年将《1866 年民权法》对应的现代部分运用于涉及隐蔽式歧视实践的一个里程碑式的判例。

在联邦最高法院的历史上,很少有程序性的问题引起过如此强烈的不稳定的反应。在第二次辩论中,布莱克蒙(Harry * Blackmun)和史蒂文斯(John Paul * Stevens)在布伦南(William * Brennan)和马歇尔(Thurgood * Marshall)大法官的附和下,分别对判决提出了相当尖锐的反对意见。这些反对意见使得多数派在记录第二次辩论时不得不采取不寻常的步骤。民权团体、媒体和学术期刊都非常关注这一起待决案件。

在第二次辩论之后,根据遵照先例原则(参见 Precedent),大法官们一致认为要推翻鲁尼恩案。但是,在解释第 1981 节时则出现了前所未有的四位大法官的反对意见,法院最终认为缔结合同的权利并不及于雇主成立合同关系后的行为,包括帕特森所声称的雇用后发生的种族骚扰。国会通过颁布《1991 年民权法》(* Civil Rights Act of 1991),对帕特森案和其他判决作出回应,该法推翻了帕特森案中对第 1981 节的狭隘解释。

[Theodore Eisenberg 撰;邓宏光译;常传领校]

保罗诉弗吉尼亚州案 [Paul v. Virginia, 8 Wall. (75 U.S.) 168(1869)]①

1869 年 10 月 12 日辩论,1869 年 11 月 1 日以 8 比 0 表决结果作出判决,菲尔德代表联邦最高法院起草判决意见。在 19 世纪期间,火灾和人寿保险公司是最早在全国推销产品的公司之一。为了促进当地公司的发展,许多州对非本地注册企业或"境外"保险公司征收歧视性的税收和许可证费用。这种保护性的立法直接针对东北部的大公司。"保罗诉弗吉尼亚州案"是由全国火灾保险商协会资助的、质疑这些歧视性措施作为判案标准的诉讼(* Test Cases)。保罗(他是纽约多家火灾保险公司的代理)因为没有获得许可证而销售保险,法院根据弗吉尼亚州的法律规定判定保罗有罪,于是保罗提起了诉讼。

公司法方面的律师认为《联邦宪法》第 4 条"特权与豁免条款"将公司视为"公民",根据第 1 条第 8 款的规定,销售保险是州际商业中的交易。如果作为商业条款问题能够得到成功的确认,就将会优先取代州对州际之间的保险销售进行管制和征税。

联邦最高法院的大法官们一致否定了保险业提出的两个问题,因此判决允许州保护主义的法律继续存在。该判决反映了 19 世纪的一个观念:就特权与豁免条款的适用而言,公司并不能被视为公民。在"合众国诉东南保险商协会案"(United States v. * South-Eastern Underwriters Association)(1944)中,联邦最高法院最终还是承认了保险业务属于州际商业活动,但在此时各州有关的管理制度早已根深蒂固。国会通过 1945 年《麦卡伦-弗格森法》规定各州有关的保险规则继续有效,也承认了这种社会现实。

[Philip L. Merkel 撰;邓宏光译;常传领校]

佩恩诉田纳西州案 [Payne v. Tennessee, 111 S. Ct. 2597(1991)]②

1991 年 4 月 24 日辩论,1991 年 6 月 27 日以 6 比 3 的表决结果作出判决,其中,伦奎斯特代表联邦最高法院起草判决意见,奥康纳与怀特和肯尼迪持并存意见,斯卡利亚与奥康纳和肯尼迪部分持并存意见,苏特与肯尼迪持并存意见;马歇尔与史蒂文斯和布莱克蒙反对。

在审理可能涉及判处死刑的佩恩案期间,一位幸存的受害者的祖母陈述了该受害者失去了他的母亲和姐妹,而她们俩都是被佩恩所杀。检察官在最后陈述时也提到罪犯对被害人家庭造成的严重后果。佩恩被判处死刑。联邦最高法院认为联邦宪法第八修正案(the * Eighth Amendment)并没有禁止死刑犯的陪审团考虑"受害方所受影响的"证据,即便辩护方经常发现对此不试图作出反驳是理智的。该判决推翻了不采纳被害人所受影响证据的"布思诉马里兰州案"(Booth v. Maryland)(1987)和甚至禁止检察官参考被害人影响的"南卡罗来纳州诉加瑟尔斯案"(South Carolina v. Gathers)(1989)。

[Michael L. Radelet 撰;邓宏光译;常传领校]

佩顿诉纽约州案 [Payton v. New York, 445 U.S. 573(1980)]③

1979 年 3 月 26 日辩论,10 月 9 日再次辩论,1980 年 4 月 15 日以 6 比 3 的表决结果作出判决,其中,史蒂文斯代表联邦最高法院起草判决意见,布莱克蒙持并存意见,伯格、伦奎斯特和怀特反对。佩顿案解决了一个长期悬而未决的问题:是否宪法第四修正案(the * Fourth Amendment)禁止警察没有搜查令进入嫌疑犯的家中以实施对重罪犯嫌疑人的逮捕。联邦最高法院清楚"如果没有搜查令,那么为了获取证据而进入私人的房屋是不恰当的"这一条

---

① 另请参见 Citizenship; Commerce Power; Privileges and Immunities。

② 另请参见 Capital Punishment。

③ 另请参见 Due Process, Procedural; Search Warrant Ruie, Exceptions to。

既定规则,认为为了逮捕而进入私宅也同样应受该规则的约束,因为这两种进入民宅的行为都"同样涉及保护家庭的隐私(*privacy)和尊严这种利益"(p.588)。因此,为了逮捕而进入私宅时,搜查令是必需的,除非存在"紧急情况"。

虽然有人认为搜查令对为了逮捕而进入私宅是必需的,因为对于被搜查的人是否可能在将要进入的特定房屋内,还需要司法机关的审查,但是联邦最高法院在佩顿案中仅仅要求必须要有逮捕令(这样仅仅对逮捕的理由进行了司法审查)。在"斯提加德诉合众国案"(Steagald v. United States)(1981)中,联邦最高法院判定为了保护房屋主人的隐私权,如果没有紧急情况,那么必须要有搜查令才能进入私宅逮捕客人,因为在这种情况下需要通过预先的司法审查确定被逮捕的人很有可能在该房屋内。

一种"紧急情况"是被逮捕的人是警察紧急追捕的人。在此以前,低级别法院经常使用一条"难于实施"的标准,该标准要考虑犯罪的程度、被逮捕者使用武器的可能性、逮捕所使用的时间长度、该人在屋内的可能性、不立即逮捕逃跑的可能性,以及是否以和平的方式进屋、进屋的时间是否是晚上等因素。在"韦尔什诉威斯康星州案"(Welsh v. Wisconsin)(1984)中,联邦最高法院倾向于支持所有这些因素,但认为如果没有前面这些因素,而且警察也没有搜查令,那么他不能为了逮捕在数分钟之前酒后驾车将要被处以罚款的人而进入私宅。联邦最高法院似乎并没有对为什么要在没有逮捕令的基础上立即进入私宅进行逮捕的另一理由——为了避免证据的丧失(在韦尔什案中,这种证据是被告血液中的酒精含量)——足以重视。

[Wayne R. LaFave 撰;邓宏光译;常传领校]

佩卡姆,鲁弗斯·惠勒[Peckham, Rufus Wheeler]①

[1838年11月8日生于纽约埃尔巴尼(Albany),1909年10月24日卒于纽约埃尔塔蒙特(Altamont),葬于埃尔巴尼乡村墓地] 1895年至1909年担任大法官。鲁弗斯·佩卡姆生于纽约一个非常显要的律师兼法官的家庭。在埃尔巴尼男子学院修完学业后到国外学习,并于1866年获得哥伦比亚大学荣誉学位。佩卡姆在奥尔班尼他父亲的办公室里学习法律并于1859年获得从事律师的资格。在其个人实践中,代理的最主要的客户是公司。他在社会上具有相当的影响力,并且是一名优秀的共和党党员。在1869年至1872年期间,他在埃尔巴尼县担任区检察官。1883年他被选举为纽约联邦最高法院的成员(州的低级别法院)。1886年佩卡姆被选为上诉法院——该州最高审判机关的法官,在那里他一直工作到1895年被格罗弗·克利夫兰(Grover Cleveland)总统提名为美国联邦最高法院的大法官为止。

Rufus Wheeler Peckham

克利夫兰总统对佩卡姆提名是为了让他来替代对佩卡姆的哥哥惠勒·佩卡姆(Wheeler*Peckham)的提名。他们兄弟俩都与民主党纽约北部地区的派系斗争有关,他们支持格罗弗·克利夫兰并经常与由美国参议院议员戴维·希尔所领导的纽约民主党发生冲突。即使在1892年克利夫兰赢得选举后,希尔派在该州仍然有很强的势力,他们成功地将一名民主党人士安排到政府机关并接替了在联邦两院的席位。1893年在克利夫兰有机会填补联邦最高法院的一个空缺时,他选择了威廉·巴特勒·霍恩布洛尔(William Butler*Hornblower)。希尔启动对参议院的礼让(*senatorial courtesy)程序,克利夫兰对霍恩布洛尔的提名未能通过。克利夫兰第二次选择了惠勒·佩卡姆,对他的提名也以失败告终。最后总统和参议院同意任命路易斯安那州的参议员爱德华·怀特(Edward*White)。1895年克利夫兰有第二次对联邦最高法院人选提名的机会,在该年12月3日他提名鲁弗斯·佩卡姆。此时,纽约民主党在刚刚进行不久的州选举中遭受了重大挫折,希尔感觉到自己的能力不足以阻止对鲁弗斯·佩卡姆的提名,因此默许了对他的提名。鲁弗斯·佩卡姆从1895年12月上任以后一直在美国联邦最

---

① 另请参见 Citizenship; Commerce Power; Privileges and Immunites。

高法院工作,直到 1909 年去世。

他在联邦最高法院工作的 13 年期间,共发表了 315 次意见。这些意见在现在已经没有什么作用了。虽然他的影响没有其他一些同事大,但佩卡姆却是放任自由的立宪主义(*laissez-faire constitutionalism)的积极倡导者。他轻视政府管理的态度在纽约法院工作时就表现得很明显。例如,他对"人民诉沃尔什案"(People v. Walsh)(1889)的判决所发表的异议中,称谷物仓库管理法"其本质上是邪恶的,在趋势上是共产主义的"(p.695)。

在司法激进主义的保守时期,佩卡姆很快就成为联邦最高法院保守派的主要人物。最早使他获得该名声的是他在"艾杰耶尔诉路易斯安那州案"(*Allgeyer v. Louisiana)(1897)中的评论,在该案中,联邦最高法院采纳了"合同自由"作为对州政府管理权力的限制(参见 Contract, Freedom of)。该理论提供了一条相当灵活的标准,法院可以利用该标准来审查立法的效力。佩卡姆在他对"洛克纳诉纽约州案"(*Lochner v. New York)(1905)所发表的他最有名的评论时就很好地运用了"合同自由"理论。在该案中他判定限制面包师工作时间长度的州立法违反了雇佣方和被雇佣人的合同自由。佩卡姆强调州的治安权(*police power)(这种权力是干涉个人自由的权力来源)仅仅限于保护公共道德、公共安全、公共卫生、公共福利。他认为对工作时间的限制并不属于有关公共卫生的范围,因此这种限制无效。佩卡姆主张联邦政府对经济管理的立法也应当受到同样的限制。在"钱皮恩诉埃姆斯案"(*Champion v. Ames)(1903)中,他也认为国会不能够禁止用邮寄的方式销售彩票。

在佩卡姆即将调到联邦最高法院工作之际,《谢尔曼反托拉斯法》(*Sherman Antitrust Act)被糖业托拉斯案即"合众国诉 E. C. 奈特公司案"(U.S. v. *E. C. Knight Co.)(1895)中的司法解释严重削弱。在"合众国诉跨密苏里货运协会案"(U. S. v. Trans-Missouri Freight Association)(1897)、"合众国诉联合交通协会案"(U. S. v. Joint Traffic Association)(1898)以及"阿狄斯顿管道与钢铁公司诉合众国案"(Addyston Pipe & Steel Co. v. United States)(1899)一系列案件的早期评论中,佩卡姆保留了一些联邦政府反对垄断的权力。这些判决表明,虽然佩卡姆的判决毫无疑问反映了经济的发展方向,但他关注的仍然是个人的经济自由。

参考文献 Skolnik, Richard, "Rufus Peckham," in *Justices of the Supreme Court of the United States*, edited by Leon Friedman and Fred L. Israel, vol. 3(1969), pp. 1685-1703.

[Paul Kens 撰;邓宏光译;常传领校]

佩卡姆,惠勒·哈泽德[Peckham, Wheeler Hazard]

(1833 年 1 月 1 日生于纽约埃尔巴尼,1905 年 9 月 27 日卒于纽约城)律师,未正式上任的联邦最高法院大法官提名候选人。惠勒·H. 佩卡姆是 1855 年埃尔巴尼法学院最早的毕业生之一。他在获得在纽约从事律师执业的资格之后,在他父亲的法律事务所工作。1856 年至 1864 年 8 年期间,他因病停止执业外出旅游,此后重返纽约并进入一家较大的综合性合伙制律师事务所。1868 年他因几起涉及州政府对"美钞"收入(greenback dollars)征税的权力的案件而出席美国联邦最高法院。联邦最高法院支持他的主张,判定州政府没有这种权力。他的出色才能给对方律师留下了深刻的印象,邀请佩卡姆帮助他们指控纽约的政治大腕威廉·M. 特威德(William M. Tweed)和他的助手。1873 年,法院对特威德作出有罪判决,这在很大程度上应归功于佩卡姆的努力。

尽管不是一个政治家,佩卡姆却是一位法律改革的积极倡导者。他是 1869 年纽约市律师协会的创始人之一,并在 1892 年至 1894 年期间担任该协会的主席。1894 年 1 月 23 日格罗弗·克利夫兰总统提名佩卡姆填补联邦最高法院大法官的空缺。佩卡姆的提名被纽约市的戴维·B. 希尔参议员否定,因为佩卡姆参与了格罗弗·克利夫兰与戴维·B. 希尔之间的斗争,斗争的结果是戴维·B. 希尔失败了。希尔启动对参议院的礼让(*senatorial courtesy)程序,1894 年 2 月 16 日,参议院以 41 票对 32 票的表决结果否定了对佩卡姆的提名。佩卡姆继续从事个人法律事务,直到 1905 年在其纽约城律师事务所办公室意外死亡。

[Judith K. Schafer 撰;邓宏光译;常传领校]

皮尔斯诉新罕布什尔州案[Peirce v. New Hampshire]

参见 License Cases。

佩恩中心运输公司诉纽约市案[Penn Central Transportation Co. v. City of New York, 438 U. S. 104(1978)]①

1978 年 4 月 17 日辩论,1978 年 6 月 26 日以 6 比 3 的表决结果作出判决,其中,布伦南代表联邦最高法院起草判决意见,伦奎斯特反对。该案判决在管制占用(*regulation taking doctrine)理论方面产生了几个重要的原则。纽约市地标保护委员会将大中央车站(Grand Central Terminal)确定为地标性建筑。

---

① 另请参见 Eminent Domain; Fifth Amendment; Just Compensation; Takings Clause。

这样,原告就不能在该地建设一座50层(拱形支撑的)的办公大楼。然而该城市承认"可转让的开发权",原告或受让人能够在附近特定的"转让"地点进行充分的开发。佩恩中心运输公司提起诉讼,认为这种限制违反了正当程序(*due process)并构成占用。

在涉猎广泛的判决意见中,联邦最高法院认为,本案中对开发限制并不构成占用,因为它没有妨碍现有的使用或者限制合理的投资回报。该意见强调这种限制并没有不正当的"阻碍了显在的以投资为基础的预期"(p.127)——这一表述在随后的占用判决中也多次使用。联邦最高法院在本案中并没有考虑到可转让开发权的缓和效果,有人提出,这种可转让的权利可以减少防止占用的成本,如果发生了占用,那么将会提供一定形式的补偿。联邦最高法院也否定了将空间作为占用意义上独立财产的观点。该观点认为,正是艺术价值,尤其是历史文物的艺术价值,这种重要的公共利益限制了私人土地(的利用)。

[William B. Stoebuck 撰;邓宏光译;常传领校]

彭诺耶诉奈弗案[Pennoyer v. Neff, 95 U.S. 714(1878)]①

1877年11月28日辩论,1878年1月21日以8比1的表决结果作出判决,其中,菲尔德代表联邦最高法院起草判决意见,亨特对判决持异议。"彭诺耶诉奈弗案"是联邦最高法院从宪法上和程序角度对各州就那些既不是该州的公民、在该州也没有住所,而且也没有亲自出现在该州的人行使管辖权发表意见的最早案例。该案涉及未定居的被告所拥有的位于俄勒冈州的不动产所有权。为了担保针对他的一项合同诉讼的判决的履行,原告将该不动产附系于判决(即为判决的履行指定担保财产——译者),并按法律的规定在一家当地报纸公告以"推定送达"的方式通知了被告。

斯蒂芬·约翰逊·菲尔德代表联邦最高法院提交判决意见,认为附系财产和推定送达都不足以使州法院获得对该案被告的管辖权。他提出了2条补充规则:"每一个州都对该州领域内的人和财产享有排他的管辖权和统治权","没有一个州能够对其领域之外的财产和人直接实施管辖权和统治权"(p.722)。他的观点是以管辖权中的实体观念(如亲自出现)和源于联邦宪法第十修正案的州统治权为基础的。

彭诺耶案表明,20世纪所谓的对人的管辖这样一种综合性的表达似乎越来越不合时宜了,特别是因为交通和通信方面的革命性发展,以及亲自出现的观念对公司(*corporation)管辖来说根本不能适用。联邦最高法院在"国际鞋公司诉华盛顿州案"(International Shoe Co. v. Washington)(1945)中,根据传统的公平交易和实体正义观念,对对人的诉讼管辖(in personam jurisdiction)理论作了修补。但"伯纳姆诉高级别法院案"(Burnham v. Superior Court)(1990)的判决则表明,即使以联邦宪法第十修正案为基础的彭诺耶案已经过时了,但是亲自出现的观念并没有过时,它仍然能够成为对临时出现在管辖地州的被告进行管辖的基础。

[William M. Wiecek 撰;邓宏光译;常传领校]

宾夕法尼亚煤炭公司诉马洪案[Pennsylvania Coal Co. v. Mahon, 260 U.S. 393(1922)]②

1922年11月4日辩论,1922年12月11日以8比1的表决结果作出判决,其中,哈布斯代表联邦最高法院起草判决意见,布兰戴斯对该案的判决持有异议。该案的判决成为"限制土地使用的管制可能构成财产占用"这一理论的渊源(参见 Taking Clause)。该案中,原告拥有地下的煤层但对地表不享有任何权利。宾夕法尼亚州一项法律为了防止地表下沉,禁止对该煤层进行开采。联邦最高法院判定该法无效,因为该法构成财产占用但没有按宪法第五修正案(the*Fifth Amendment)的规定进行补偿。联邦最高法院认为如果该规定在限制土地的使用和对土地价值的削弱方面走得"太远",那么对土地利用的管制构成占用(p.415)。但是有关土地利用方面的管制何时构成需要补偿的占用,这一问题还不清楚。

管制占用的观念对联邦政府和州政府都有约束力。它是联邦最高法院许多判决的主题。但在"基斯顿生煤协会诉德贝奈迪克提斯案"(*Keystone bituminous coal association v. DeBenedictis)(1987)中,宾夕法尼亚州的一项法律与马洪案中的法律相似,在马洪案中的立法被判定为无效,但在该案中联邦最高法院却支持了宾夕法尼亚州的法律,联邦最高法院在该案中似乎将占用理论仅仅限于那些几乎完全禁止利用被管制的土地之规定。随着对土地利用和环保的规定越来越多,占用问题越来越成为这种管制中的最显著问题。

[William B. Stoebuck 撰;邓宏光译;常传领校]

宾夕法尼亚州诉纳尔逊案[Pennsylvania v. Nelson, 350 U.S. 497(1956)]③

1955年11月15日至16日辩论,1956年4月2日以6比3的表决结果作出判决,其中,沃伦代表联

---

① 另请参见 Judicial Power and Judiction。
② 另请参见 Property Rights。
③ 另请参见 Communism and Cold War; Sate Sedition Laws。

邦最高法院起草判决意见，里德在伯顿和明顿大法官的附和下对该案的判决提出异议。在本案1955年审期中，联邦最高法院开始从支持州和联邦有关反共产主义法律的"冷战"(*Cold War)实践中撤退。在20世纪50年代的剩余时间里，联邦最高法院一直以各种实体和程序的理由对激进的反对者提供一定的司法保护，直到国会采取的敌视行动重新引导其大多数大法官又回到以前对国内安全问题采取自我约束(*self-restriant)的态度。

在也许可以称得上该审期最引人注目的有关"冷战"的判决中，联邦最高法院维持了宾夕法尼亚州最高法院撤销对共产党领导人史蒂夫·纳尔逊(Steve Nelson)所作的有罪认定的判决。与州法院一样，联邦最高法院认为，联邦法律(包括1940年《史密斯法》在内)已经调整了有关防止颠覆国家政府的领域。据此，联邦最高法院认为，即使国会没有这样明确表达，在这方面也不应当适用相关的州法律。联邦最高法院总结道：国会已完全地占据了该领域，因为已经存在联邦反颠覆法，而且联邦政府在保护它自己免遭颠覆方面有主导的利益，同时执行州法律将削弱联邦法律的作用。由于人们将其与一般立法完全禁止联邦对州法律的默示排除这一在政治上遭到了强有力的反对的建议联系起来，因而，国会为推翻该判决而作出的巨大努力最终以失败告终。

[Dean Alfange, Jr.撰；邓宏光译；常传领校]

宾夕法尼亚州诉威林—贝尔蒙特大桥公司案[Pennsylvania v. Wheeling and Belmont Bridge Co., 13 How. (54 U.S.)518(1852)]①

1851年12月1日辩论，1852年2月6日以7比2的表决结果作出判决，其中，麦克莱恩代表联邦最高法院起草判决意见，托尼和丹尼尔对该案判决表示反对。为了建设一条从威林(现在属于弗吉尼亚州西部)到西部各州的通道，1847年弗吉尼亚州立法机关特许威林-贝尔大桥公司在俄亥俄河上建设一座吊桥。宾夕法尼亚州认为该桥阻碍了大型汽船的通行，这样将影响到州际之间的贸易，并且该桥的建设还违反了州与州之间的合同，从而构成了公害。据此，宾夕法尼亚州根据联邦最高法院确立的原审管辖权(*original jurisdiction)原则提起诉讼。从更深层次上来说，该案实际上是旧式的水路运输技术与更新式的铁路运输技术之间的矛盾。

约翰·麦克莱恩(John*McLean)大法官代表联邦最高法院的多数派意见，认为宾夕法尼亚州享有诉权(*standing)，因为它导致了州属内部改善措施(主路线)的经济损失。联邦最高法院判定要么另择地点建设，要么增高至111英尺以减轻该桥的影响。首席大法官罗杰·B.托尼(Roger B.*Taney)和彼特·维维安·丹尼尔(Peter V.*Daniel)大法官不同意这种观点，认为在联邦法律没有规定在俄亥俄河上建设吊桥的行为构成公害时，联邦最高法院不应当受理该案(参见Judicial Power and Jurisdiction)。

6个月后，国会认定该桥的现有高度合法。1856年同名的案件纠纷又提交到联邦最高法院。意见分歧的联邦最高法院仍认定，因为有联邦法律的规定，该桥没有妨碍州际之间商业贸易。在整个19世纪，威林大桥的高度一直作为决定横跨可航河道大桥净空高度是否合法的标准。

[Elizabeth B. Monroe撰；邓宏光译；常传领校]

彭里诉利诺弗案[Penry v. Lynaugh, 492 U.S. 302(1989)]②

1989年1月11日辩论，1989年6月26日对该案作出判决，奥康纳代表联邦最高法院提出判决意见，并阐述了联邦最高法院的观点，该观点部分获得其他大法官赞同，部分遭到其他大法官反对。彭里案的判决认为判处反应迟钝但在法律上不构成精神病的人死刑并没有违反联邦宪法第八修正案(the *Eighth Amendment)所禁止的残忍和非正常刑罚(*cruel and unusual punishment)。然而联邦最高法院还认为必须给死刑案件陪审团考虑减轻罪行证据的机会以及在其提出定罪判决时提供对于这些证据的"合理的道德反应"的机会。

彭里反应迟钝，其原因可能是先天性的，也可能是小时候被人打的结果。尽管如此，他在法律上还是被认为神经正常的，并且在法律上有完全的刑事责任能力，因此因为强奸和谋杀而被判处死刑。

因为在决定是否判处死刑时没有对得克萨斯州的陪审团特别告知可能减轻责任的情节，联邦最高法院撤销了得克萨斯州的判决。联邦最高法院通过桑德拉·戴·奥康纳(Sandra Day *O'Connor)大法官认定，"陪审团必须能够考虑被告人的有关背景、性格和犯罪的环境等相关的减轻情节"(p.328)。

但是，联邦最高法院认为，不管是从联邦宪法第八修正案的立法意图来看，还是从社会以后对有关犯罪和刑罚的态度变化来看，第八修正案都不会当然地禁止对一名轻度或中等程度的反应迟钝的人判处死刑。联邦最高法院的判决并不影响它以前的判决，在"福特诉温赖特案"(Ford v. Wainwright)(1986)中，判定根据联邦宪法第八修正案禁止对精神病人判处死刑。

联邦最高法院的判决将彭里案发回到德州法院重审，但彭里再次被判处死刑。彭里再一次上诉至

---

① 另请参见Commerce Power。
② 另请参见Atkins v. Virginia；Capital Punishment。

联邦最高法院,后者又以合理的技术性原因将案件再次发回德州审理。2002年7月,彭里仍然被判处死刑。直到2003年年末,该案仍在上诉,彭里的命运还是一个未知数。

2002年,在审理"阿特金斯诉弗吉尼亚州案"(*Atkins v. Virginia)时,联邦最高法院成功地推翻了彭里案。法院认为,对患有精神疾病的人判处死刑违反了联邦宪法关于禁止残忍和非正常刑罚的规定。

[William Lasser 撰;邓宏光、潘林伟译;常传领、邵海校]

五角大楼文件案[Pentagon Papers Case]

参见 New York Times Co. v. United States。

劳役偿债制度[Peonage]①

劳役偿债制度是革新主义(*Progressivism)时代种族制度和经济制度结合的产物,这种结合具有美国南部独有的特征。劳役偿债制度案件——"贝利诉亚拉巴马州案"(Bailey v. Alabama)(1911)和"合众国诉雷诺兹案"(United States v. Reynolds)(1914)——是联邦最高法院在爱德华·道格拉斯·怀特(Edward Douglass *White)任首席大法官期间对非裔美国人作出的最有影响的判决。该判决对联邦宪法第十三修正案(the *Thirteenth Amendment)在反对非自愿劳役方面所提供的保护范围进行了合理的界定,这种非自愿劳役仍然隐含在20世纪美国南部一些强迫劳动的制度中。

劳役偿债制度存在于南部许多州内,并且是这些州成文法和习惯法中的组成部分,这些法律制度涉及对合同欺诈、罪犯的保证金、流浪的处理以及其他允许对试图放弃工作的人提起公诉的诸多法律。这些法律和它们的执行成为联邦最高法院所称的"奴役之轮"[雷诺兹案(Reynolds), pp.146-147]。

在1900年以后劳役偿债制度才成为司法部特别关心的问题并进入了联邦和州的司法程序中。第一例较大的劳役偿债制度的诉讼发生在1901年佛罗里达州,由佐治亚州针对塞缪尔·克莱特提起的公诉引起。"克莱特诉合众国案"(Clyatt v. United States)(1905)中合同当事人和债务人对强迫劳动的合法性提出了质疑。在上诉审中,联邦最高法院维持了1867年废除劳役偿债制度法的效力,该法宣称"任何根据被称为劳役偿债的制度强迫他人服务或劳动的行为"都是违法的,并废除维持劳役偿债制度的"任何法律、法令、法规和惯例"(p.546)。但联邦最高法院对劳役偿债制度进行了严格的定义,对联邦法律而言,它仅限于那些涉及因为债务而被强迫服役的部分。

在1901年(克莱特被判决有罪)至1905年(联邦最高法院对克莱特案作出判决)之间,联邦政府对一百多起劳役偿债案件提起了公诉。被称为阿拉巴马劳役偿债系列案件的其他公诉案件都由美国联邦地区法院托马斯·古德·琼斯(Thomas Goode Jones)法官在1903年审理。在这些案件的公诉期间,琼斯法官否定了亚拉巴马州一些强制性的立法,并肯定了任何人都有到他乐意工作的地方进行劳动的权利,认为违反合同仅仅应承担民事责任。在他的努力下,形成了反对劳役偿债制度的趋势,这种趋势反应到了白宫,引起了美国司法部的注意,激起了社会公众的兴趣,并直接导致联邦最高法院对劳役偿债制度进行审判。

在这些案件中,最早在美国南部改变非裔美国人以及外来劳工与他们雇主之间法律关系的案例是"贝利诉亚拉巴马州案"(Bailey v. Alabama)。法院在审理该案时,回避了社会群体相互指责和纠缠不清的种族关系,并以劳动自由为依据将联邦保护制度扩展到了美国最不幸的工人身上,劳动自由是从合同自由这种放任自由的抽象观念中积极衍生出来的。贝利案否定了对违反劳动合同者处以罚金的惩罚。第二例重要的判例是"合众国诉雷诺兹案",该案否定了罪犯的保证金制度。根据罪犯的保证金制度,贫穷的罪犯为了避免牢狱之苦,将自己与那些为他缴纳罚金的人订立被他们奴役的合同(*contract)。联邦最高法院认识到罪犯的保证金制度中罪犯并非自愿地订立被奴役的合同。贝利案和雷诺兹案的判决成为一种可靠的标志,表明在革新时代宪法性法律进行革新的趋势。它们表明了为了非裔美国人的正义,联邦最高法院乐于运用最基本的自由原则。

贝利案和雷诺兹案推翻了南部地区强迫非裔美国人劳动的特定法律制度的主要支柱,但联邦最高法院并没有触动有关流浪和其他允许酌情起诉的法律。那些根本不属于法律范围内的、支持着劳役偿债制度的因素则完全超出了联邦最高法院的范围,这些因素有:影响到种族关系的破坏和威胁;贫穷与那些约束着佃农和用谷物交租的佃农的债务之间的恶性循环,地主与土地劳动力之间的循环;对无能力和穷困潦倒的人漠不关心等。最终粉碎美国南部奴役黑人制度之轮的是非裔美国人向北方和城市的迁徙运动,而不是司法判决或法律实施的作用,但是劳役偿债制度案件仍然可以说是美国法律废除奴隶制这一漫长过程中的里程碑。

参考文献 Aiexander M. Bickel and Benno C. Schmidt, Jr., *The Judiciary and Responsible Government, 1910-1921*(1984).

[Benno C. Schmidt, Jr. 撰;邓宏光译;常传领校]

① 另请参见 Labor; Race and Racism。

佩珀, 乔治·沃顿 [Pepper, George Wharton]

[1867年3月16日生于宾夕法尼亚州的费城, 1961年5月24日卒于宾夕法尼亚州的德文郡 (Devon)]律师、政治家和联邦最高法院的工作者, 乔治·沃顿·佩珀获得宾夕法尼亚大学的文学学士学位和法学学士学位。其早期职业是法律教授, 佩珀从事教学和法律工作17年。后来他觉得双重身份的工作任务太重, 便辞去了教授职位。1922年佩珀被任命为宾夕法尼亚州在美国上议院的议员, 他一直担任该职到1927年。联邦最高法院在"迈尔斯诉合众国案"(*Myers v. United States)(1926)中邀请佩珀作为法院的友好人事(*amices curiae), 在该案中, 他在辩论总统有权不经国会同意撤销邮政局长职务的辩论中败北。在"合众国诉巴特勒案"(United States v. *Butler)(1936)中, 他所主张的"新政"中农业调整法无效的观点获胜。作为一名能力强且有很多荣誉的律师, 佩珀所著的作品涉猎颇广, 从宾夕法尼亚州法律摘要, 到美国主教的《普通祈祷书》的分析索引。他在1944年所写的自传中就贴切地使用了"费城律师"这个头衔。

[Francis Helminski 撰; 邓宏光译; 常传校]

法院意见 [Per Curiam]

法院意见是整个法院或多数派大法官的意见, 而不是某个大法官的意见。该词最初用来指案件处理的概要, 有时也作为多数大法官的意见, 例如, 在"布兰登堡诉俄亥俄州案"(*Brandenburg v. Ohio)(1969)中所使用的该词就是这种意思。

[William M. Wiecek 撰; 邓宏光译; 常传校]

无因回避 [Peremptory Challenges]

无因回避是遗留于现行法律体系的各种"陈规"中具迷惑力(intriguing)的堡垒之一。作出忠实宣誓时, 每个律师都可以以任何理由要求一组陪审员回避, 而无需表明原因, 该陪审员将被解除职务, 并送其回家。1986年之前, 无因回避不需要任何说明, 并可基于特定案件中的任何理由而使用, 除非常有限的例外[如一种歧视类型在一系列的案件中存在, 而举证责任则在于求证这种歧视存在的辩护方, 见"斯温诉亚拉巴马州案"(*Swain v. Alabama)(1965)]之外, 律师们都可以自由地按照自己的意愿运用无因回避。1986年后, 有两种情况, 而且仅有这两种情况, 成为正当提出无因回避的禁果。在具有里程碑意义的1986年"巴特森诉肯塔基州案"(*Batson v. Kentucky)中, 联邦最高法院裁定, 种族问题不能作为控告方或州提出无因回避请求的理由。与斯温(Swain)案不同, 本案中, 一系列案件中都存在的某种形式的歧视不再是必须证明的, 而且, 证明责任由行使无因回避权的一方, 而不是由质疑无因回避的少数民族一方来承担。后来, 联邦最高法院又把对以种族为由的无因回避的禁止扩大适用于民事案件中的代理人["艾德蒙森诉里斯韦尔混凝土公司案"(Edmonson v. Leesville Concrete Co.)(1991)]和刑事案件中被告的辩护律师["佐治亚州诉麦考伦案"(Georgia v. McCollum)(1992)]。最终在1994年, 联邦最高法院就以性别(*gender)为由无因挑战陪审团的不合宪性得出了同样的结论[特里萨·拜布尔引起的"詹姆斯·E. 鲍曼诉亚拉巴马州案"(*J. E. B. v. Alabama ex rel. T. B.)(1994)]。

考虑到联邦最高法院对运用无因回避所作的限制, 人们也许会想知道, 是否还应该继续允许该制度在法庭存在, 或者, 是否它简直就应当废除? 瑟古德·马歇尔(Thurgood *Marshall)大法官在巴特森案的并存意见中为它的废除进行了辩解, 他声称, "通过允许基于种族理由而排除陪审员, 无因回避制度对于歪曲陪审团程序具有固有的威胁, 这应当可以理想地让联邦最高法院在刑事案件中完全禁止它的适用"(p. 107)。但是, 伦奎斯特(*Rehnquist)法院却似乎在向另一个方向发展。安东尼·斯卡利亚(Antonin Scalia)试图让联邦最高法院取消对无因回避制度的限制, 他在许多场合都认为, 宪法并没有禁止律师可以任何理由提出陪审员回避的要求, 这种对无因回避制度的限制将会阻碍公正。其他大法官也倾向于赞成斯卡利亚的观点。在一项以7比2通过的法院意见(*per curiam)中, 联邦最高法院否决了第八巡回上诉法院的判决, 同时认为密苏里州最高法院支持控告方以陪审员的头发过长为由而要求其回避的决定是正确的(Purkett v. Elem)(1995)。

无因回避制度的前景并不明朗。尽管无因回避制度看起来总是有点矛盾, 但直到巴特森案之前, 它基本上没有受到法律的任何约束。联邦最高法院会推翻其作出的限制无因回避使用的判决吗? 或者, 简单地决定这样的问题不值得其花费时间吗? 考虑到联邦最高法院曾经采取的做法, 后一种结果似乎更可能出现。但有一点是明确的, 那就是, 目前的情况并不"稳定", 而巴特森案则开启了对陪审员选择提出质疑的性质进行进一步审查的水闸。

[Milton Henmann 撰; 潘林伟译; 邵海校]

佩里诉合众国案 [Perry v. United States]

参见 Gold, Procedural。

马萨诸塞州人事管理员诉菲尼案[Personnel Administrator of Massachusetts v. Feeney, 442 U. S. 256(1979)]①

1979年2月26日辩论,1979年6月5日以7比2的表决结果作出判决,其中,斯图尔特代表联邦最高法院起草判决意见,马歇尔和布伦南对该判决表示反对。菲尼案中的问题是马萨诸塞州的一项法律规定在公开招聘公务员时给予有经验者以绝对的终身优惠是否违反了联邦宪法第十四修正案(the*Fourteenth Amendment)有关平等保护的规定,造成对妇女的歧视。

1975年,该案由一名女公务员提出。尽管她在公务员考试中所得的分数比有(工作)经验的男性们高,但还是被淘汰出去,只录取了那些具有实际经验的人。联邦区法院两审都认定该州法律违反了宪法。该州向联邦最高法院提起上诉,该上诉得到了合众国首席政府律师(*solicitor general)的支持。

在审理中双方对这些事实都没有争议:在马萨诸塞州超过98%的有工作经验者都是男性,有工作经验的人占有了整个公开招聘中将近60%的职位,这些都严重地影响着妇女在整个公开招聘中的机会。然而,联邦最高法院根据"华盛顿诉戴维斯案"(*Washington v. Davis)(1976)和"阿林顿·海特诉都市房产开发公司案"(*Arlington Heights v. Metropolitan Housing Development Corp.)(1977),清楚地认识到该条宪法性标准需要证明歧视性的目的,而不仅仅是歧视性的影响。

联邦最高法院从两方面来探寻立法的意图:首先,认为该立法是中性而不是以性别(*gender)为基础的,因为它只是区分为有经验者和无经验者,而不是区分为男性和女性,法律上的这样区分同样对大量无经验的男性不利;其次,从整个立法行为和该法律的实施来看,联邦最高法院认为,该法律的实施并没有体现出以性别为基础的歧视。经过严格地审查是否具有歧视目的后,联邦最高法院认为即使可以预见到将产生歧视性的结果,也不一定构成歧视。因为根据联邦宪法第十四修正案规定,只有可以预见到这种歧视性的结果而对此立法才构成歧视,而不是在立法过程中没有顾及这种歧视性结果。

瑟古德·马歇尔(Thurgood*Marshall)和威廉·布伦南(William*Brennan)大法官对本案判决表示异议,认为因为对妇女的不利影响非常严重而且能够预见到,州应当证明在立法时性别因素并没有起作用,但州并没有做到这一点。

[Gerald N. Rosenberg撰;邓宏光译;常传领校]

小彼得斯,理查德[Peters, Richard, Jr.]②

(1780年8月17日生于贝尔蒙特,1848年5月2日卒于贝尔蒙特)1828年至1843年第四位联邦最高法院判例汇编者;1826年至1829年同时作为布什罗德·华盛顿法官巡回意见的汇编人。彼得斯因为他作为"惠顿诉彼得斯案"(Wheaton v. Peters)这一联邦最高法院首例版权案(*copyright case)的一方当事人而闻名。彼得斯的《法律报告摘要》(Condensed Reports)(1830—1834)出版了亚历山大·达拉斯(Alexander*Dallas)、威廉·克兰奇(William*Cranch)、亨利·惠顿(Henry*Wheaton)汇编人的报告。通过缩写了赞同意见和反对观点、律师的意见以及注释,彼得斯的《法律报告摘要》降价了75%,这样使社会更多的人能够买得起联邦最高法院的判例汇编,但这样也损害了惠顿等人法律报告的市场。于是惠顿提起诉讼。联邦最高法院1834年的判决中要求版权主张者严格地按照版权法的要求作出标记,同时还认为即使作出了这种标记,也不应当对联邦最高法院的观点享有版权。该案实际上判决了彼得斯胜诉。

除惠顿案之外,彼得斯很少获得成功。他曾尝试制作早期的眉批编号体系,但实际效果很糟糕;国会议员大多对其法律报告的"准确性和精确性"抱有意见;他还得罪了几位大法官。联邦最高法院在1843年解雇了他。

Morris L. Cohen and Sharon Hamby O'Connor, *A Guide to the Early Reports of the Supreme Court of the United States* (1995), pp. 61-74. Craig Joyce, "The Rise if the Supreme Court Reporter: An Institutional Perspective on Marshall Court Ascendancy," *Michigan Law Review* 83 (1985): 1291-1391. Sandra Day O'Connor, *The Majesty of the Law: Reflections of a Supreme Court Justice*, edited by Craig Joyce (2003), chapter 4, "The Supreme Court Reports," pp. 24-30.

[Craig Joyce撰;邓宏光译;常传领校]

请愿权[Petition, Right of]

联邦宪法第一修正案(the*First Amendment)保障"向政府申诉以获赔偿"的权利。与其他宪法性权利相似,该权利源于英国宪法,可以溯源至埃德加(Edgar)在959年至963年所著的《和平》一书中提出的"纠错"观念。国会权力萌芽于1215年英国《大宪章》(第61章)。在13世纪后半期,众议院开始代表公民个人或公司向国王提出条件。

3个世纪之后,在1688年光荣革命之后,议会制定了《1689年民权宣言》(Declaration of Right of 1689),同年即被批准为《权利法案》(Bill of Rights)。力图赋予公民请愿权,即作为一项宪法性权利,公民有机会请求政府纠正冤案或批准一项请

---

① 另请参见 Discriminatory Intent;Equal Protection。
② 另请参见 Reporters,Supreme Court。

求。这也是美国《1776年独立宣言》(*Declaration of Independence)和《1791年权利法案》的奠基石。托马斯·杰斐逊(Thomas *Jefferson)等人将轻视"纠正冤案之请求"作为人民对乔治三世国王最大的不满之一。《权利法案》中包含请愿权是很自然的。绝大多数州的宪法(*state constitutions)中也规定了相似的保护条款。

请愿权所受到的司法关注远比联邦宪法第一修正案规定的其他四项权利少,并且经常被认为是理所当然的事。请愿权经常被判例归于集会自由权和结社自由权(*assembly and association)之中,而后者实际上与请愿权处于平等地位。这种判例很多,例如,"美国诉克鲁克香克案"(United States v. *Cruikshank)(1876)、"特文宁诉新泽西州案"(*Twining v. New Jersey)(1908)、"德乔恩吉诉俄勒冈州案"(Dejonge v. Oregon)(1937)、"黑格诉工业组织协会案"(*Hague v. Congress of Industrial Organizations)(1939)和"布朗诉格兰斯案"(Brown v. Glines)(1980)。尽管如此,但没有迹象表明这种做法已经被或将被倾向于提出请求的申诉人或好讼的美国公民所接受。

行使请愿权的形式有两种。一种是直接由议员——有时是执法机构的成员,包括行政机关——对一个个体或组织所遭受的、真实的或虚拟的冤情提出的纠正申请。这种情况下立法主体成员国会议员起着非常重要的作用,他们为那些在选举中投他们票的和未投他们票的人跑腿。与联邦宪法第一修正案规定的其他几种神圣的权利一样,美国公民将请愿权视为最基本的权利。

另一种流行的形式是通过使个体(和/或组织以及商业团体或专业组织)签名的方式获得社会舆论的支持,从而对相关的政府工作人员制造一种可以感知的压力。这种权利请求方式已经成为最主要的方式,并且经常是直接针对政府机关的行为。制造舆论压力的形式多种多样,从手写的形式到更为复杂的形式,这些复杂形式一般都要利用媒体,特别是出钱在报纸上打广告,在广告中列举一长串的恳求者。

在通过美国宪法之后的两个世纪中,只有一次正式试图抑制纠正冤情的请愿权,1863年,当众议院通过了一项拒绝接受由那些奴隶制废除论者提出的请求案,这项立法就是有名的缄口规则(gag rule)。该规则通过后马上就遭到国会议员约翰·昆西·亚当斯(John Quincy *Adams)领导下的反对奴隶制度的辉格党(共和党的前身)的强烈反对。8年后,该规则被废除。

参考文献 Don L. Smith, *The Right of Petition for Redress of Grievances: Constitutional Development and Interpretations* (1971).

[Henry J. Abraham 撰;邓宏光译;常传领校]

起诉者和应诉者[Petitioner and Respondent]

起诉者是递交起诉状的人,由他启动整个诉讼程序;相对的一方就是应诉者。在上诉案中,该术语所对应的是上诉人和被上诉人。

[William M. Wiecek 撰;邓宏光译;常传领校]

小陪审团[Petit Juries]①

非法律专业人员参与美国司法的主要形式是陪审团审理制,大陪审团(*grand juries)和其他司法形式只占很小的比例。与判例法和各种程序一样,陪审员的大量工作也使美国的司法有别于其他国家的法律制度。其他国家也有小陪审团制度,但没有哪一个国家达到了美国的程度。即使在英国,也很少使用陪审团审理案件了。全世界陪审团审理的案件中,大约95%都发生在美国。

然而,大多数刑事案件和民事案件都不会使用陪审团审理制度。在美国由陪审团审理的案件只占全部案件的5%—10%。在刑事方面,陪审团审理案件比例低反映了辩诉交易(*plea bargaining)比例之高,大约90%的案件中被告人都表示认罪。在民事方面,陪审团审理案件的低比例反映了和解率和非陪审员审理比例之高。

5%—10%的比例显然降低了陪审团的重要性和作用。例如,在"邓肯诉路易斯安那州案"(*Duncan v. Louisiana)(1968)中,联邦最高法院对陪审团的重要性作了如下的表述:

撰写我们宪法的先人们从历史和实践的角度深切地认识到,保护人民不受到为了消除犯罪而进行不着边际的刑事指控之苦以及防止大法官听随更高机关的指使都是非常必要的……如果赋予被告获得由与他处于同等地位的陪审团进行审理的权利,那么将给他不可估量的保护作用,可以保护他免受那些腐败的或过于热忱的检察官以及那些听从上级指使的、偏见的或反复无常的大法官的危害。(p.156)。

陪审团具有对司法权力进行审查的作用。陪审团的裁决使法律制度体现出社会的正义感。陪审团形构并打造(shape and temper)裁决的各种方面——从形成检察官起诉的决定,到使被告同意辩诉交易或民事诉讼中当事人接受和解,一直到大法官作出判决。

陪审团的重要意义并不仅仅限于它在法律上的功能。在《论美国的民主》一书中,托克维尔(Alexis de Tocqueville)对美国陪审团制度的政治作用和教育作用进行了论述:

陪审团,尤其是民事案件的陪审团,起着沟通大

---

① 另请参见 Seventh Amendment; Sixth Amendment; Trial by Jury。

法官的精神与社会公众观念的作用;这种精神和与判决相关的各种习惯为自由制度作了最好的准备。

陪审团在判决的制作过程中起着重要的作用,在增加一个民族的才智方面也发挥着不可忽视的作用;在我看来,这才是陪审团的最大作用。可以将它视为一所免费的、永远公开的社会学校(pp. 295-296)。

除此之外,陪审团制度同时还起着支持国家法律制度的作用,至少它有助于对审判中疑难问题的正确解决。

陪审团审理案件的制度最早起源于日耳曼部落——盎格鲁-撒克逊和诺曼底——的全民会议。在英国,最早挑选非法律专业人员组成一个团体进行司法审判的是亨利二世,他在1166年创建的克拉伦顿调查团,在每个社团内选择12名"品行良好、遵纪守法"的人组成专门的控诉团体。这种控诉团体通过向国王报告已经(或传言已经)在陪审团的管辖区域内发生的犯罪行为来维护国王的利益。这种报告成为提起公诉的文件。用现在的术语来说,这种调查团体就是大陪审团。随后进行的"审判"最主要采用的是决斗或神明裁判形式。1215年拉特兰会议后,因禁止神职人员参与审判,这些纠纷解决形式被取消。此后很快恢复了陪审团审判制度,由社会的观点代替上帝的意志。

大约有200年时间,陪审员是从调查团的成员中选拔出来的,有些大陪审团的成员也将自己视为陪审员。因为这些陪审员需要像大陪审团的成员一样宣誓,认定特定的人实施了特定的犯罪行为。因为陪审团所认定的证据与最初调查的证据完全相同,这样最终判定无罪的案件非常少。直到14世纪中叶,大陪审团和小陪审团才完全分开。以后又经过了几个世纪,陪审员才与证人分开,陪审团也逐渐摆脱仅仅作为王室意志的工具的地位。

陪审团制度作为英国法律的一部分被引进到美国殖民地。在英国与殖民地发生冲突时,英国国王就使用陪审团以维护其利益。但殖民地人们很快就意识到陪审团的力量和权威能够被用于维护殖民地人民的特权和自由。在《独立宣言》(*Declaration of Independence)中列举了一系列对国王的不满,其中"在许多案件中,陪审团剥夺了我们的利益"是最重要的条款之一。《独立宣言》总共有10条,其中3条就是与大陪审团和小陪审团有关。

美国宪法只规定了陪审团制度适用于联邦刑事案件(第3条第3款;以及联邦宪法第六修正案)和民事诉讼(联邦宪法第七修正案)。但在"邓肯诉路易斯安那州案"(*Duncan v. Louisiana)中,联邦最高法院通过联邦宪法第十四修正案(the *Fourteenth Amendment)将陪审团制度的适用范围扩大到了各州的刑事公诉案件(参见 Incorporation Doctring)。然而在以同样的方法扩展到民事案件时则没有成功。在邓肯案之后2年,联邦最高法院就发表了限制陪审团适用范围的意见。例如,在"鲍德温诉纽约案"(Baldwin v. New York)(1970)中,联邦最高法院通过将刑事案件区分为轻微罪行和非轻微罪行的案件(在联邦宪法第六修正案中并不能找到依据),并将联邦宪法第六修正案(和第四修正案)仅仅适用于非轻微罪行的案件中(正如只对最高刑可能判处6个月以上拘役的案件提起公诉一样将它们进行区分),达到限制陪审团制度在刑事案件中的适用范围。

在"威廉斯诉佛罗里达州案"(Williams v. Florida)(1970)中,联邦最高法院对州刑事案件使用六人制陪审团持肯定态度;最后支持在州和联邦民事案件中使用小型陪审团制度。因为宪法将"排除合理怀疑"作为刑事案件证据的认定标准,联邦最高法院在"约翰逊诉路易斯安那州案"(*Johnson v. Louisiana)(1972)和"阿波达卡诉俄勒冈州案"(*Apodaca v. Oregon)(1972)中,认为州的刑事案件(非死刑案件)能够以10比2或9比3的表决结果作出有罪判决。最近,联邦最高法院在"巴特森诉肯塔基州案"(*Batson v. Kentucky)(1986)中严格限制公诉机关使用无因回避(即无需指明理由请求某陪审员回避——译者注)的条件。

虽然陪审团制度获得广泛的支持,但联邦最高法院判决的趋势是向降低陪审团的工作、权力、效力的方向发展。最早的例子可能就是"被指明方向的裁决"这一规则,即如果大法官认为该案的证据不足以认定为有罪,他可以指示陪审团重新作出一个"无罪"的裁定["共同体诉梅里尔案"(Commonwealth v. Merrill)(1860)]。

司法势力以减小陪审团的作用为代价日益扩张,其最重要的表现就是后者丧失了在决定法律问题方面的权利["斯帕夫与汉森诉合众国案"(Sparf & Hansen v. United States)(1896)]。陪审团决定法律使用方面的权利确实是以基于习惯而不是以宪法作为基础,但这种习惯是源于18世纪70年代,而且获得了绝大多数(1787年起草美国宪法的)制宪会议成员的支持。在传统上,美国陪审团有权决定案件的事实和解释法律(例如,使用或不使用法律)。但现在,除马里兰州和印第安纳州外,陪审员必须采纳大法官指示的法律。如果一位陪审员声称他不愿接受大法官指示的法律,那么完全可以将他排除出陪审团行列。

陪审团丧失适用法律方面的功能确实显得很突然,因为它与一些非常有名的案例和以前的规则相冲突。例如,"佐治亚州诉布雷斯富德案"(Georgia v. Brailsford)(1792)的判决认为,陪审员不仅有权而且也有义务作出指示,将他们认为错误或将会导致不公平的法律排除出适用范围。这方面最有名的案例也许是陪审团在1735年拒绝适用已经存在的诽谤法（*Libel）而作出对出版商约翰·彼得·曾格有罪的裁定。早期的美国陪审团能够创制法律也能够突破既有的法律。直到19世纪中叶，法律评论家一致承认陪审团有立法权。

不但陪审团作出法律适用指示的功能已经前途未卜，而且陪审团灵活运用法律的功能也是凶吉未定。成文法常常落后于社会和习惯的发展，成文法不能够预料到所有的情形，即使一项法律的灵活运用在通常情况下是公平的，但在特定的情况下可能会产生不公平的结果。陪审团的一个优点是能够不受法律适用先例的限制。与此相对，大法官则要受到先例的限制，而且，在自由裁量权方面受到很大的限制。

现在的陪审团仍然享有不适用大法官指示给他们的法律这种权力（"否认原则"），但是这种权力在很大程度上也丧失了。事实上，即使陪审团享有的对事实的认定这种权力也并非绝对地安全。有一种观点认为大法官应该有权向陪审团就案件的事实认定（包括证人证言是否应当采信）发表评论。现在，绝大多数州的立法规定和判决都禁止这种评论。

限制陪审团权力的一个非常重要的新方式是在民事案件中以案情对陪审团"太复杂"为由否定陪审团审理。联邦最高法院在"罗思诉伯纳德案"（Ross v. Bernhard）(1970)中发表评论后，几个低级别法院已经作出了这种否定陪审团审理的判决。联邦最高法院在"图勒诉合众国案"（Tull v. United States）(1987)中判定，由大法官而不是陪审团来判决处罚并没有违反联邦宪法第七修正案，这样进一步削弱了民事诉讼中陪审团的职能。

但在"斯特劳德诉西弗吉尼亚州案"（*Strauder v. West Virginia）(1880)之后，联邦最高法院一直保护所有的公民作为陪审员的权利。通过一系列案件，联邦最高法院禁止在选举陪审团成员时存在事实上或法律上的种族或其他团体歧视。这些判决已经被《1968年联邦陪审员选举和职责法》所肯定。在"巴特森诉肯塔基州案"（*Batson v. Kentucky）中，联邦最高法院将禁止种族歧视延伸到陪审员的实际选举上。

尽管陪审团制度在形式上受到《独立宣言》的保障，但其前途还是很不确定。现在看来对陪审团制度的限制并没有达到最大的限度。陪审团审理制度受到法律界内外的攻击。主要的批评理由是陪审员能力上不能胜任、不公平和不遵守法律。但专家学者的共同观点则与此相反，经过几次调查发现大多数陪审员严格地履行自己的职责，完全有能力胜任其职责，而且对所有当事人都公平对待。而且大多数陪审员都接受法院指示的法律。不管怎样，偶尔发生的"不遵守法律"的现象导致了整个体系的不稳定，并且这种不稳定应当被视为已经明确地发生了——正如联邦最高法院在邓肯案中所认识到的

一样（p.157）。

毫无疑问，陪审员确实有时候会理解不了案情或作出不公平的判决，但非陪审团审判同样也存在这种弊端。因此合理的做法不是废除陪审团制度，而是改进陪审员的工作状况。例如，在许多案件中，证据被以一种并无关联的方式连续地出示出来，而陪审员不作记录甚至根本不记要点。废除陪审团审判的制度的观点是一种错误的观点或者说是一种不成熟的观点。

参考文献 Reid Hastie, et al., *Inside the Jury* (1983); Harry Kalven and Hans Zeisel, *The American Jury* (1971); Peter W. Sperlich, "And Then There Were Six: The Decline of the American Jury," *Judicature* 63 (1980): 262-279; Lawrence S. Wrightsman, et al.; *In the Jury Box* (1987).

[Peter W. Sperlich 撰；邓宏光译；常传领校]

纠察[Picketing]

参见 Assembly and Association, Refreedom of; Thoranhill v. Alabama。

皮尔斯诉姐妹会案[Pierce v. Society of Sisters, 268 U.S. 510(1925)]①

1925年3月16日至17日辩论，1925年6月1日以9比0的表决结果作出判决，其中，麦克雷诺兹代表联邦最高法院起草判决意见。1922年俄勒冈州通过了一项议案，规定只要孩子处于8岁至16岁之间，那么其父母必须将其送到公立学校读书。该法最早是由美国"三K党"（Ku Klux Klan）和俄勒冈州苏格兰仪式共济会（the Oregon Scottish Rite Masons）所倡导。它是第一次世界大战后害怕布尔什维克主义者和外国人进入美国的结果。支持者极力主张，私立学校按照不同的宗教将学生区分将导致冲突和混乱。反天主教主义者在这场运动中也起着重要的作用。

由3位大法官组成的联邦地区法院判定俄勒冈州的这种首创违反了联邦政府第十四修正案（the *Fourteenth Amendment）所规定的正当程序（*due process）原则，并发布了中间禁令以禁止被告实施该法。联邦最高法院维持了该案判决。依据实体的正当程序原则，联邦最高法院认为根据"迈耶诉内布拉斯加州案"（*Meyer v. Nebraska）(1925)的理论，俄勒冈州的法律不合理的干涉了父母和监护人直接教育和抚养他们的孩子的自由，并且干涉了学校，威胁到原告的生意和财产。但是，联邦最高法院暗示各州有权力要求在"特定学校"上学，也有权力管理

---

① 另请参见 Education; Family and Children。

所有的学校以确保"那些对培育优秀公民所必需的特定课程……被传授……禁止讲授那些明显有害于社会公共福利的课程"(p.534)。

联邦最高法院对皮尔斯案可以采取三种不同的判决:首先,它能够完全支持各州强制孩子的父母将其孩子送到公立学校上学的权力;其次,它也能够判定任何强制性教育的法律都侵害了父母对其子女教育的决定权;但是联邦最高法院实际上所采用的是第三种方案,即各州有强制在特定学校上学的权力,但父母也享有在公立学校和私立学校之间进行选择的宪法性权利。这种"皮尔斯折中方案"承认各州在决定年轻公民(*citizenship)社会化过程中如何培育其思想道德方面享有立法利益,但否认了各州对教育的垄断权:"自由这种最基本的权利……排除了各州通过强制孩子们只接受公立学校教育使他们统一化的权力"(p.535)。

尽管在经济领域中该案所依据的实体正当程序理论已经被抛弃,但皮尔斯案的判决一直没有被推翻,而且该判决经常被其他案例所引用。该判决所依据的宪法理论基础是什么?对这个问题存在很大的争议。"教育理事会诉艾廉案"(Board of Education v. Allen)(1968)认为皮尔斯案的判决是以宗教自由作为理论基础。这种说法很勉强,因为在该案中有一位原告并不是宗教学校,而且联邦政府第一修正案所规定的宗教自由原则在"坎特威尔诉康涅狄格州案"(*Cantwell v. Connecticut)(1940)之前并没有适用到各州。有些判例认为皮尔斯案涉及(宪法没有明文规定保护的)父母抚养他们孩子的基本的父母权,也有观点认为皮尔斯案体现了对政府对孩子思想的灌输这种权力的限制,通过这种限制保护个人自治所必需的表达自由。不管其理论基础是什么,皮尔斯案都将成为美国宪法文化中的一个永久性特征。

皮尔斯案在判决后的七十多年间都深深地影响着美国公民自由演化进程。该判决所强调的家庭自治权这种基本权利并不是宪法上明文规定的权利,但这种家庭自治权孕育了以后的堕胎权(*abortion)["罗诉韦德案"(*Roe v. Wade)(1973)]和避孕权(*contraception)["格里斯沃尔德诉康涅狄格州案"(*Griswold v. Connecticut)(1965)]这些隐私权(*Privacy)判例。如果有学者主张美国存在一些"不成文宪法",那么皮尔斯案就是这种观点的最好例证。从这个角度来说,现代对立法者本意和宪法性解释(*constitutional interpretation)的讨论,仅仅是有关皮尔斯案判决的前提和适用这种争论的延续,其最好的例证就是1987年上议院拒绝罗伯特·博克(Robert * Bork)任职联邦最高法院这一事件。

参考文献 Mark G. Yudof, "When Governments Speak: Toward a Theory of Government," *Texas Law Review* 57 (1979): 863-918.

[Mark G. Yudof 撰;邓宏光译;常传领校]

平克雷,威廉[Pinkney,William]

[1764年生于马里兰州的安娜波利斯(Annapolis),卒于1822年2月25日]律师和政治家。他在公共事务和法律方面取得了显著的成绩,威廉·平克雷曾先后担任过马里兰州立法委员会的顾问(1788—1795)、美国司法部长(1811—1815)、美国上议院议员(1819—1822)。在作为特派到英国(根据杰伊条约)的政府特派员(1796—1804)和作为美国驻英国的官员(1807—1811)期间,他大量学习海商法知识并成为海商法方面的专家。在以后的期间,他成为联邦最高法院最有名的律师之一:超级的辩才、细致周全的准备、绝对的自信,甚至他那花花公子式的打扮也给他的名声增色不少。他在联邦最高法院庭审辩论中最有名的是在"麦卡洛克诉马里兰州案"(*McCulloch v. Maryland)(1819),在该案中他对美国人民建立的强大的联盟进行了定义,并且主张美国银行合宪。

[Maurice Baxter 撰;邓宏光译;常传领校]

皮特尼,马伦[Pitney,Mahlon]

[1858年2月5日生于纽约州的莫利斯顿(Morristown),1924年12月9日卒于华盛顿,葬于莫利斯顿的常青公墓]1912年至1922年期间任大法官。马伦·皮特尼是亨利·库珀·皮特尼(Henry Cooper Pitney)和他妻子萨拉·路易萨(霍尔斯特德)·皮特尼[Sarah Louisa (Halsted) Pitney]的次子。1879年从新泽西州大学毕业后,马伦没有就读法学院而是自己"专攻"新泽西州法律,然后从事家庭法律实务。1894年他被选举为国会议员,任期两届。作为北新泽西州共和党的领导人物,1898年他被选举为州议会的议员,1901年担任州议会主席,1908年他被选举为衡平法院大法官(新泽西州最高的司法职位),他担任该职直到1912年。

1912年威廉·霍华德·塔夫脱(William Howard * Taft)总统提名皮特尼为联邦最高法院大法官,在议会表决中以50票赞同,26票反对的表决结果通过了这项提名,在表决中共和党支持他,但民主党和激进的共和党反对对他的提名。

皮特尼大法官共写了274项判决意见,其中有252项是代表联邦最高法院的;他的一些观点引起了国会的注意。他的基本价值观是坚持个人主义,认为如果没有政府的干预个人将会获得平等的机会。

皮特尼将联邦宪法第五(the * Fifth)和第十四修正案(the * Fourteenth Amendment)所规定的正当程

Mahlon Pitney

序("duel process)条款视为保护个人主义精神和财产权("property rights)的方法。这一点在"威尔逊诉纽约州案"(Wilson v. New)(1917)发表的反对意见中就体现得很明显,在该案中国会规定了 8 小时工作日,并规定了跨州铁路雇用人员临时工资水平,皮特尼以正当程序原则为理由对这种规定进行反驳。但是为了个人长期利益的需要,他也主张对个人的自由进行限制。因此,在"皮尔斯诉合众国案"(Pierce v. United States)(1920)中,根据 1917 年间谍法(参见 Espionage Acts)的规定,他拒绝了被告人提出的依据联邦宪法第一修正案(the First Amendment)应当享有言论自由权的主张。虽然在"艾斯纳诉马可布尔案"(Eisner v. Macomber)(1920)中,他认为联邦宪法第十六修正案(the Sixteenth Amendment)不允许国会将公司股份分红作为收入进行征税,但是他认识到个人的行为经常被明显地划归为公司行为,因此他支持州和联邦的反托拉斯("antitrust)法。

皮特尼认为合同权利集中体现个人自由。他从正当程序条款中延伸出"合同自由",并对《宪法》第 1 条中的契约条款("contract clause)极其重视(参见 Contract, Freedom of)。他担心有组织的劳工将会对个人利益产生威胁,因此在"科皮奇诉堪萨斯州案"(Coppage v. Kansas)(1915)之类的案件中判决不支持工会利益。但皮特尼向来主张州在美国联邦体系中享有特权,这一点体现在他对"托拉克斯诉科里根案"("Truax v. Corrigan)(1921)判决的反对意见中,这也是他唯一的一次支持工会利益("labor uninon)的意见。皮特尼也很关心工业劳动场所中发生的不可预测的事件或行为,他对美国宪法的最重要、影响最持久的贡献是他对州工人补偿法的支持。在"纽约中心铁路公司诉怀特案"(New York Central Railroad Co. v. White)(1917)为开端的一系列案件中,他判决维持了几个州有关雇主对雇工在工作期间所受伤害进行补偿的立法。路易斯·布兰代斯大法官曾说过"要不是皮特尼,我们将不会有工人补偿法"。

1922 年 8 月皮特尼不幸中风,该年 12 月从联邦最高法院退休。2 年后去世。

参考文献 Alan Ryder Breed,"Mahlon Pitney"[B. A. thesis, Princeton University,(1932)].

[Robert David Stenzel 撰;邓宏光译;常传领校]

宾夕法尼亚州东南计划生育组织诉凯西案 [Planned Parenthood of Southeastern Pennsylvania v. Casey, 505 U. S. 833(1992)]

1992 年 4 月 22 日辩论,1992 年 6 月 29 日以 5 比 4 的投票结果作出判决;奥康纳、肯尼迪和苏特代表联邦最高法院作出判决意见,布莱克蒙和肯尼迪部分赞成;伦奎斯特、斯卡利亚、怀特和托马斯就判决的不同部分,分别持并存意见和反对意见。

很少有案件会像堕胎问题那样使美国社会和联邦最高法院产生了如此全面的震荡,但联邦最高法院关于堕胎("abortion)问题的标志性案件——"罗诉韦德案"("Roe v. Wade)(1973)的判决做到了。在罗案中,大法官们为堕胎确立了一项基本的宪法权利。由此,无论在终止妊娠技术的适当性方面,还是在联邦最高法院对于这一问题的决定应扮演的角色方面,都引起了轩然大波。自此以后,联邦最高法院先后作出了一系列判决,这些判决表明其越来越多的保守势力可能会摘除其已决先例的精华。事实上,对凯西案来说并非如此,尽管该案中大法官们的意见也存在很大分歧。

凯西案的审理涉及宾夕法尼亚州的一项规定,该规定要求在医生介绍了有关堕胎程序的性质、胎儿发育情况和获得替代堕胎的可选择方式的可能性后,欲行堕胎的妇女必须再等待 24 小时。它还要求未成人遇到此问题时至少必须征求父母一方的意见,而父母必须遵守知情同意的要求;已婚妇女则必须把自己堕胎的打算告诉丈夫。如果没有这样做,则面临 1 年的监禁。

和其他州的类似规定一样,宾夕法尼亚州堕胎控制法的目的在于通过设置耗费时间并潜在地使人尴尬的管制性规定迫使妇女怀孕到期,从而有效地减少堕胎。对于堕胎的反对者来说,主要的问题是,联邦最高法院尽管在"韦伯斯特诉生殖健康服务部案"(*Webster v. Reproduction Health Service)(1989)的判决中接受了各州可以对此设置管制,但却判决此类管制不得增加"不合理的负担"。韦伯斯特案的认定表明,联邦最高法院已经愿意改变宪法审查的标准,即从要求立法机关确立一种强制性的州利益这一更高的要求,转向任何管制不得对欲行堕胎者增加"不合理的负担"这种相对较不严厉的要求。

宾夕法尼亚州东南计划生育组织针对该项法律提起了诉讼,位于费城的联邦第三巡回上诉法院支持了除要求已婚妇女通知其丈夫之外的所有规定。大法官认为,该项规定确实增加了像韦伯斯特案所说的那种不合理的负担。

联邦最高法院的判决反映了美国社会对此问题的分歧。首先是罗纳德·里根总统,接着是乔治·H.W.布什总统,都要求联邦最高法院推翻罗案的判决。在对联邦最高法院作出任命时,他们都坚持要求法官这样做。但是,从某种意义上来说,堕胎问题的政治化实际上对联邦最高法院大胆地推翻罗案判决也许起了反作用。

以一种不同寻常的步骤,3名大法官,桑德拉·戴·奥康纳(Sandra Day *O'Connor)、安东尼·M.肯尼迪(Anthony M. *Kennedy)和戴维·H.苏特(David H. *Souter),联合代表联邦最高法院提出了判决意见,其中部分得到了哈里·A.布莱克蒙(Harry A. *Blackmu)大法官以及罗案判决的作者约翰·保罗·史蒂文斯(John Paul *Stevens)大法官的支持。多数意见认为,罗案的判决已经确立了一条联邦最高法院不愿放弃的法律规则和自由一部分。大法官们清楚地表明,任何试图推翻罗案的努力都会分裂国家,提出对联邦最高法院合法性的深刻的疑问,并使人感到大法官们会向政治压力低头。

大法官们运用韦伯斯特案的"不合理负担"标准支持了大部分宾州的法律,但他们却不愿意采取额外的步骤来推翻罗案的判决。他们认定违反宪法的宾州法律只有一条,那就是要求已婚女性告诉丈夫自己要堕胎的决定。布莱克蒙和史蒂文斯大法官在不同意见中认为,其他4条规定也应该被否决;而首席大法官伦奎斯特,以及大法官斯卡利亚、怀特、托马斯则一致认为需要推翻罗案的判决。这种观点交锋的状况也算是联邦最高法院历史上最激烈的几次交锋之一。

本案同时也强调了奥康纳和肯尼迪大法官在维护联邦最高法院作为意识形态中心方面所扮演的重要角色。罗纳德·里根总统之所以同时提名该2人进入联邦最高法院,目的就是想他们在处理堕胎这一尖锐问题上会投票同意推翻罗案的判决。在最初的几年里,他们的表现让人以为他们会这样做。然而,到凯西案时,奥康纳和肯尼迪两位大法官却都转变了立场:同意各州进行管制,但同时也使堕胎成为一项基本权利而永久存在。最终,2人更关注本案给联邦最高法院带来的制度上的危害,而不是通过认定堕胎非法来解决该项堕胎问题。联邦最高法院在凯西案中的行动——在很大程度上偏离了其所涉及的基本宪法问题——生动地表明:大法官们知道,自己的行动要在民主社会中被接受,这些行动就必须与政治行动相区别,而他们自己,作为大法官,也应当与政客相区别。

[Kermit L. Hall 撰;潘林伟译;邵海校]

辩诉交易[Plea Bargaining]①

辩诉交易是一种特殊程序,在该程序中被指控为有罪的人对特定的指控承认自己有罪,以换取经控辩双方同意的判决或向法官推荐的判决、撤销起诉或减轻其他的指控。一般情况下是由辩护律师和控方进行谈判,讨论对被告提出的指控。如果谈判的内容与判决有关,法官可能也会参加,除非法律禁止法官这样做。

该程序的具体特征因为具体审判的不同而相差很大,这些案件涉及的范围从高度对抗的案件到双方当事人相互合作以寻求"实体正义"案件,从因为委托判决政策只有一项指控能够谈判的案件到虽不是全部,但有很多项指控都含糊不清的案件。在有些案件中双方争议的焦点是案件的事实。如果双方对案件的事实没有很大的争议,那么就不存在是否承认有罪的问题,只是对如何处理需要进一步的协商。对特定的审判来说,辩诉交易因为该案涉及的检察官、辩护律师、法官和被告人这些主要因素的程度和倾向不同而不同。

辩诉交易的渊源还不清楚,有证据表明该制度存在于19世纪中叶。通常认为待审的案件太多以及涉及的犯罪人过多是产生辩诉交易制度的原因,但更有说服力的原因也许是刑事司法制度的官僚主义化。对那些很明显有罪的案件和那些所有的指控证据都存有疑问的案件这样处理会相当方便,也减少了指控机关和被告人的诉讼风险。因为19世纪时期采取的是快节奏式的审判并且审理结果是否有罪并不均衡,因此辩诉交易对有罪的被告相当富有吸引力。通过"避重就轻地认罪"他们就能够自己决定自己的命运,而不是把它留待并不仁慈的法官和陪审团。

虽然在乡村地区频繁地使用辩诉交易给人一种假象,认为法庭积压了大量的案件是产生该制度的原因。但如果没有这种快速处理大量案件的制度,现代的刑事司法制度确实会陷于瘫痪,因为审判过程是一个缓慢、麻烦而且周期很长的过程,控诉机关和辩护律师都需要花费很多的时间来准备他们的案

---

① 另请参见 Due Process, Procedural。

件;安排证人出庭也是相当困难的事;从逮捕到审判也是一段非常长的期间;判定有罪的比例也在下降;法院指定的辩护律师因为规定的律师费不足以补偿他们为其所付出的时间而拒绝提供服务。

因为辩诉交易的被告人放弃了自证其罪、陪审团审理和对控方进行对质和盘问这 3 项重要的宪法性权利,联邦最高法院认为需要对辩诉交易制度是否符合宪法进行审查。在"博伊金诉亚拉巴马州案"(Boykin v. Alabama)(1969)中,联邦最高法院认为,辩诉交易的记录必须表明被告人是自愿地而且清楚地承认有罪。在"布雷迪诉合众国案"(Brady v. United States)(1970)中,联邦最高法院判定承认有罪的自愿性并没有因为被告人害怕随后进行可能判处更重的判决而破坏,即使是因为被告人害怕根据某种法律判处死刑,这种法律被联邦最高法院认为是对布雷迪的自认其罪的违宪性的法律。在"圣托贝罗诉纽约州案"(Santobello v. New York)(1971)的判决中,联邦最高法院认为辩诉交易是"执法中的有机组成部分。正确实施辩诉交易是应该受到鼓励的"(p.260)。正如"斯特里克兰诉华盛顿州案"(Strickland v. Washington)(1984)和"尼克斯诉怀特西德案"(Nix v. Whiteside)(1986)这些案例所表明的一样,联邦最高法院认为联邦宪法第六修正案(the*Sixth Amendment)所保障的"获得辩护的权利"意味着有效的辩护,这似乎可以推出能够进行一定的交易和谈判。

联邦最高法院对辩诉交易的支持消除了该制度可能违反正当程序(*duel process)的顾虑。但其他问题仍然还存在:一方面是存在强制交易、虚假的认罪和不公正的现象,另一方面是导致过度的怜悯、法律威慑力的降低和法律规则价值的降低。辩诉交易制度虽然能够使法院从大量案件的苦海中解脱出来,但它确实严重背离了正常的对抗体系,在整个体系中陪审团审理(*trial by jury)是一种正常的现象而不是一种罕见的例外情况。法官和陪审员在理论上的职责——判断是否有罪和作出判决——已经被辩护律师和控诉机关所取代。因为后者的主要作用是辅助裁决而并非作出判决,因此不重要的因素可能会影响这一过程。这样,控诉机关为了避免寻找一位潜在的证人、为了避免那些证明力很弱的证据、为了避免使用那些违法获得的或被告人非自愿提供的证据,接受由被告人提出的备受责难的控辩交易条件。

另外,那些很有经验的被告人或辩护律师,他们因为知道如何控制整个谈判交易而使他们所受的处罚结果比那些欠缺谈判经验的人轻得多。没有谈判经验的被告在获知他们被判处的刑罚比那些与他们所犯的罪行相似的人重得多时,他们将会更加痛苦和懊恼,并增加了他们对判决的不满。

辩诉交易的结果是谈判取代了证据成为确定是否有罪的最重要的决定因素。虽然辩诉交易一般都要体现在记录上,但法官所要求的支持判决的事实基础常常被模糊性所掩盖。控诉机关管理公共事务的压力和辩护律师经济方面的原因成为推动该制度的动力。对被告人所作的假设首先是有罪而不是无罪。该程序中流水线作业的特征比正当程序这种正常特征更为明显。

参考文献 William F. McDonald and James Cramer, eds. *Plea Bargaining* (1980); William M. Rhodes, *Plea Bargaining: Who Gains? Who Loses?* (1978).

[Harold J. Spaeth 撰;邓宏光译;常传领校]

普勒西诉弗格森案[Plessy v. Ferguson, 163 U. S. 537(1896)][①]

1896 年 4 月 13 日辩论,1896 年 5 月 18 日以 7 比 1 的表决结果作出判决,其中,布朗代表联邦最高法院起草判决意见,哈伦对该判决持反对意见,布鲁尔没有发表意见。在该案中,路易斯安那州在 1890 年通过了一项法律,要求铁路对"白人和有色人种"提供"平等但相互隔离的车厢",并且禁止任何人超越他所属种族所应当乘坐的车厢进入分配给其他种族的车厢,联邦最高法院判定该法律并没有违反宪法。该案的判决意见形成鲜明的对比:判决在其作出时并没有多大的意义,而在以后 60 年却具有极其重要的象征意义;尽管反对派不断地呼吁(废除种族隔离),多数人的判决意见仍只具有极少的合理性;在该案审理时将美国内战修正案(即联邦宪法第十三修正案)勉强解释为仅仅适用于非裔美国人,而在主张经济权利时则对该条修正案进行扩张性解释。

该纠纷是作为对一部法律——当时在南部各州通过的、白人用来美化其对州政府控制的《黑人法》(the Jim Crow Laws)的一例——提出质疑的测试案件(*test case)而引起的。新奥尔良市的克里奥尔人团体和黑人组织作为公民社团对《车厢隔离法》(the Separate Car Law)的合宪性提出质疑。他们的提案获得了铁路部门的支持,因为该法律反对增加铁路部门提供隔离车厢的成本。普勒西同意代表该团体提起该质疑。虽然普勒西表面上看起来是白人,但是根据路易斯安那州法律的规定,他也被划归为"有色人种",因为他体内有 1/8 的黑人血统。

路易斯安那州最高法院此前的一项判决曾判定该法不能适用于州际商业活动。因此普勒西很小心地购买了一张仅在路易斯安那州内运行的车票,并

---

① 另请参见 Race and Racism;Segregation, de Jure。

且在他乘车之前确保铁路和乘务员都知道他是一个混血儿。他在拒绝转移到"有色人种专用"的车厢后被逮捕了。普勒西试图中止对他的审判,他认为根据联邦宪法第十三修正案(the*Thirteenth Amendment)和第十四修正案(the*Fourteenth Amendment)的规定,该法违反了宪法。在路易斯安那州法院判定驳回其诉讼请求后,他向联邦最高法院提起了诉讼。

亨利·比林斯·布朗(Henry Billings*Brown)大法官代表联邦最高法院撰写判决意见,在判决中驳回了普勒西的两项诉讼请求。他仍然坚持将联邦宪法第十三修正案解释为仅仅适用于那些为了维护奴隶制(*slavery)本身这种目的的行为,他认为并没有扩大适用到所有有色人种身上。

他也认为该法并没有违反联邦宪法第十四修正案所要求的对所有公民进行平等保护(*equal protection)的规定。他的基本理由是法律要求按人种进行区分并没有暗示哪个种族具有优越性。按他的推理,只有在能够从法律中觉察到某个特别的种族时,才存在优越性可言。他的另一个同样的基本理由是法律并不能改变长期存在的社会习惯。在一个具有非常强烈的社会公共情感环境(要求按种族进行教育的立法中就很明显地体现了这种社会情感)中,联邦最高法院判定种族的混合是没有作用的。布朗为了证明这种观点,他引证了马萨诸塞州首席大法官莱缪尔·肖(Lemuel Shaw)在"罗伯茨诉波士顿市案"(Roberts v. City of Boston)中的意见以及此后的一系列案例的判决理由。

布朗将火车上的种族分离与教育(*education)上的种族分离相联系,他触及到了维护种族分离的措施中最为微妙的部分。对任何提及立法上维护种族平等的人来说,教育问题都是一个令人头疼的事情。因此布朗试图通过暗示运输与教育相似以支持其观点。布朗案中的类比产生使联邦最高法院承认了相当地扩大正当性隔离的领域。

约翰逊·马歇尔·哈伦(John Marshall*Harlan)大法官独自所主张的反对观点成为以后支持反对隔离但公平原则(*separate but equal doctrine)(尤其是在教育方面)的强有力的理由。(尤其对于教育方面)哈伦拒绝将联邦宪法第十三修正案限制在奴隶制制度本身,而是将它视为禁止所有的"奴役的征兆"(p.555)。他提出了一条最出名的响亮的口号:"宪法是不设种族障碍的,它既不会知晓,也不会压迫公民中的特定阶层"(p.559)。该警句是由普勒西(Plessy)的代理人埃尔宾·托吉(Albion Tourgee),一个白人律师,平等权运动的领袖简言道出的。

参考文献 Charles A. Lofgren, *The Plessy Case* (1987); Otto H. Olsen, *The Thin Disguise: Turning Point in Negro History; Plessy v. Ferguson: A Documentary Presentation*(1864-1896)(1967).

[Walter F. Pratt, Jr. 撰;邓宏光译;常传领校]

多元意见[Plurality Opinions]

宣布联邦最高法院判决,但并没有保证参与大法官大多数同意的判决意见。20 世纪 70 年代以后,随着联邦最高法院在原则路线上走向分裂,多元意见也越来越多。

[William M. Wiecek 撰;邓宏光译;常传领校]

普莱勒诉无名氏案[Plyler v. Doe, 457 U. S. 202(1982)]①

1981 年 12 月 1 日辩论,1982 年 6 月 15 日以 5 比 4 的表决结果作出判决,其中,布伦南代表联邦最高法院起草判决意见,伯格、怀特、伦奎斯特和奥康纳反对该判决意见。得克萨斯州拒绝对没有官方证书证明是该州公民的儿童提供教育资助,并授权下级地方政府将他们排除在免费上学的公立学校的招收范围之外。联邦最高法院认为这种行为与联邦宪法第十四修正案(the*Fourteenth Amendment)所规定的平等保护的条款相矛盾,该修正案规定:"任何州在其管辖范围内,不得拒绝给予任何人以平等保护(*equal protection)。"得克萨斯州认为"其管辖范围内"这一词将非法的外来人排除在平等保护保障之外。但联邦最高法院否定了这种观点,认为该修正案所提供的保障延及于任何在该州地域范围内并受该州法律约束的人身上,不管是享有公民身份的人还是移民身份的人。

但是,联邦最高法院拒绝对此采取严格审查(*strict scrutiny),因为教育(*education)并不是一项基本的权利,而且没有证书证明的外来人因为自己有意识的行为而导致他们违法的地位,这样就不能成为对政府该行为是否符合宪法进行质疑的阶层。但联邦最高法院的大多数大法官还是采用了加强保护的标准("加强审查"),因为教育的特殊性而且教育与其他社会福利有重要的关系,同时没有证书证明的儿童与成年人不同,他们缺乏对他们的非法身份承担责任的能力。联邦最高法院认为除非有政策进一步维护了特定的政府实质利益,那么州政府对这种无辜的、独立的阶层的重要利益不予保护违反了平等保护的原则。

首席大法官沃伦·伯格(Warren*Burger)在批评了多数意见以结果为导向的司法程序,推理上的错误和不恰当的审查标准后,认为得克萨斯州的排除性立法在宪法上是有效的,因为它合理地进一步

---

① 另请参见 Alienage and Naturalization。

维护了合法的州利益。后来许多无证的儿童在1982年根据联邦政府所发布的特赦(amnesty)计划获得了合法的住所。但是该案判决是否合理还是很有争议。

[Richard A. Gambitta 撰;邓宏光译;常传领校]

波因特诉得克萨斯州案[Pointer v. Texas, 380 U. S. 400(1965)]

1965年3月15日辩论,1965年4月5日以9比0的表决结果作出判决,其中,布莱克代表联邦最高法院起草判决意见,哈伦、斯图尔特、戈德堡持并存意见。联邦宪法第六修正案(the* Sixth Amendment)规定:在所有的刑事审判中,被告人有权……与作出对他不利证据的证人进行质证。虽然质证权早就被州法律所承认,在该案中,联邦最高法院判定联邦宪法第六修正案所保护的权利经过联邦宪法第十四修正案(the* Fourteenth Amendment)所规定的正当程序条款适用于各州(参见 Due Process, Procedural; Incorporation Doctrine)。

在该案中,辩方律师反对控方所提交的一份证据,该证据是由被抢劫者提供的口供,该被害人在被告被预审和提交审判期间已经迁移出该州。在提交的这份证据中,被害人指认被告是犯罪行为人。法院在很大程度上就是依据这份证据判决被告有罪。联邦最高法院在上诉审中推翻了该判决,认为提供该份证据的证人虽在程序中已由被告人质证但并没有得到被告方律师质证,违反了联邦宪法第六修正案规定的对证人进行质证和由律师进行交叉询问的权利。

在推翻了该有罪判决并将质证的权利延伸到各州之后,联邦最高法院的判决中认为在联邦审判程序中也应采用同样的标准。联邦最高法院重申了该判决的理由,认为这样可以给被告对那些提出不利证据的证人进行交叉质证的机会。虽然联邦最高法院欣然接受了对该权利的所有解释,但认为在实践中这种权利也要受到一定的限制,指出并不能因为即将去世或已经去世的证人不能够当庭质证,而否认他们所作出证言的效力,只要他们在以前的审判构成中已经被质证了。

[Malcolm M. Freeley 撰;邓宏光译;常传领校]

治安权[Police Power]①

两个世纪以来,法官和学者们已不断地证明了"治安权"是一个不能清晰定义的概念。确实,治安权的首要特征似乎是,它随着社会经济现实的变化以及有关政府权力范围的不断变化政治观念而发生相应的变化。正如威廉·O. 道格拉斯(William O. *Douglas)大法官在"伯曼诉帕克案"(*Berman v. Parker)(1954)中所说的一样,"任何试图确定治安权范围和其外围边界的努力最终都会无功而返,因为每一个案件都必须依赖于它们自己特定的事实……这种定义实质上是立法决策的结果"(p.32)。

早期历史 在18世纪,英美法系的法学家们事实上将治安权视为是一种由政府对国内(包括民事和刑事在内的)所有治理事件行使的几乎所有权力。但很少有人试图对该概念下一个精确的定义,他们对此要么倾向于持开放或模糊态度,要么使用那些对裁判规则的确立毫无疑义的教说性术语。例如,威廉·布莱克斯通(William Blackstone)的《法律评论》中将治安权定义为:"王国内的正当管制和内部秩序,据此,国内的个体就像处在一个管理得非常良好的大家庭中一样,能够使他们的行为受到约束,遵守礼节、睦邻友好、彬彬有礼;并且兢兢业业、勤勉而不受侵犯地履行他们的光荣职责。"其他法学家通常将治安权实施的范围及于整个"市政法"。

在美国独立战争期间,有几个州的权利宪章中明确规定了治安权(参见 State Constitutions and Individual Rights)。例如,宾夕法尼亚州、佛蒙特州和特拉华州1776年《权利宣言》中就明确规定,人民是"统治和管理本州内部治安事务的唯一的、排他的、内在的权力主体"。马里兰州1776年宣言中也有类似的规定,"政府所有的权力都源于人民,政府仅是通过契约成立,并为全体人民的利益而组成……因此,本州人民应该对州内的治理与治安事务享有唯一的、排他的管理权"。在北卡罗来纳州的宣言中也能找到相似的规定。

这些宣言显然是为了表明主权转移——从英国国会领导下的国王手中(现已废弃)转移到新成立的政府手中——的合法性。考虑到美国宪法中已明确宣称所有的权力来源于公民——同时考虑到这些州宪章都是革命时代的文献,它不仅要规定权力的有序转移,而且要为与同大不列颠决裂提供合理理由,其对治安权的规定,应被认为是一种从人民到新政府的积极的、广泛的授权。

但这并不是说它含有这样的意思:独立战争时期的美国各州政府享有绝对地、不受限制的权力。恰恰相反,宪法坚持认为,治安权与宪法中限制州政府行为的特别条款处于同等的地位。《权利法案》和其他新的宪法性文件都规定了大量限制政府行为的特别条款——如规定言论、出版、宗教自由的大自由条款、在传统分类基础上确立的与正当程序有关的条款[陪审团审理(trial by* jury)、人身保护状(*habeas corpus)、保护财产免受未经补偿的占用(*takings)条款等]。这些条款成为州法院(*state

---

① 另请参见 Due Process, Substantative; Judiccial Review; Property Rights。

courts)在对立法或执法行为进行司法审查时的明确的指导原则。一般来说,州法院法官在审理宪法性案件时,既要适用这些规定,也要运用有关基本权利的自然法理论。

然而,形成一套限制立法权和行政权的具体的、操作性的原则却逐渐成为当时州上诉法院面临的最具挑战性和政治敏感性的任务。这种原则的形成过程非常漫长,因为州法官们根据18世纪立法权至上的传统理论——现在人民党主义者对新共和国的重构提出了合法性新主张,不愿诉诸司法审查权。司法裁判取代立法判断实质上是阻遏主权意志,也就是人民的意志。确实,直到19世纪50年代,州法院才开始出现一套比较完善的审查治安管制的标准。

联邦最高法院与治安权原则的产生 与此同时,联邦最高法院也需要发展出一套对应于美国政府治安权的法律。这种形成过程主要涉及3个要素。

首先,联邦最高法院必须判断《权利法案》(*Bill of Rights)是否适用于各州。联邦最高法院努力在四十多年中避免直接面对这个问题,而主要是依据宪法中的其他条款,尤其是宪法契约条款(*Contract Clause),来宣布各州有关侵犯私人既得权利(*vested rights)的立法无效。尽管马歇尔时期联邦最高法院的判决普遍倾向于国家主义,但在"巴伦诉巴尔的摩案"(*Barron v. Baltimore)(1833)的判决中,大法官们还是作出了《权利法案》不适用于各州的判决。这种观点一直持续到联邦宪法第十四修正案(the *Fourteenth Amendment)的通过。

第二个重要的原则问题更加复杂,并且在1861年前,它逐渐成为联邦最高法院建立在联邦主义原则基础上的整个法理学的关键问题。该问题是:州治安权或者说州主权(*state sovereignty)在多大程度上被联邦宪法中约束州行为的特定条款所限制?联邦最高法院需要寻找一套标准,以便通过它使得商业条款、宪法契约条款、宪法联邦法律至上条款以及各州对共和政府的保证条款能够在判断州立法和普通法是否符合宪法适用(参见 Commerce Power; Guarantee Clause)。联邦最高法院改变州际间商业贸易的定义、合同义务的定义以及符合宪法最高条款的定义都是为确定州权力与国家权力之间的界限服务的。

随着时间的推移,联邦最高法院对这些问题的主要观点因法院多数大法官群体的切换而发生改变。然而,联邦最高法院的基本取向却是连续的。这就是将自己的职责限制在确定治安权的边界方面,而不过多地干预治安权的原则性内容。因此,在"吉本斯诉奥格登案"(*Gibbons v. Ogden)(1824)中,首席大法官约翰·马歇尔称州治安权"就如同巨大的立法集合体,它含摄了一州领域内所有事务,并且不受制于联邦政府"(p.202)。首席大法官伯格·B.托尼(Roger B. *Taney)在"查尔斯河桥梁公司诉沃伦桥梁公司案"(*Charles River Bridge v. Warren Bridge)(1837)以及一系列商业条款案件中,试图将州的治安权解释得更加宽泛。在许可系列案件(*License Cases)(1847)中,伯格·B.托尼大法官将治安权定义为:"就是政府在管辖领域内主权每一方面所固有的权力。"(p.582)

在一些税收和征用权案件(*eminent domain)的判决中,联邦最高法院也就州主权的不可剥夺性问题作出了裁定,没有将它们(税收权和征用权)与治安权进行区别。但不仅如此,南北战争前的联邦最高法院甚至将一些"界定"问题,包括基本宪法约束的界定问题,都留给了州法院。

随着时间的推移,联邦最高法院又遇到了第三个重要的问题,即怎样界定全国政府享有的治安权的适当范围。"治安权"这一术语并没有出现在宪法中,但宪法不仅仅在第1条第8款中列举了授予国会的特定权力,而且在宪法序言有关联邦的宗旨中写到其目的是"……增进全民福利和确保我们自己及我们后代能安享自由"。在整个历史过程中,联邦最高法院对第三个问题的处理,一直都特别注意对商业条款的解释——通过探寻作为管制州际商业交易的权力而获得正当性的联邦政府管制权到底能够走多远。当然,联邦最高法院也非常注重对限制联邦政府行为的《权利法案》的解释。近年来,联邦最高法院则有争议地依据联邦宪法第十四修正案"正当程序"和"平等保护"条款来解释对联邦治安权行使的限制。

州法院与治安权 在美国独立战争之前,州治安权并非仅仅作为一种超出联邦优先权和联邦司法审查所及范围的州权力残余,州法院的法官比联邦最高法院的大法官更关注如何发展出一套有关州治安权的法律观点。马萨诸塞州高等法院在这方面处于领先地位,该法院首席大法官莱缪尔·肖(Lemuel Shaw)在"共同体诉阿尔杰案"(Commonwealth v. Alger)(1851)中所发表的意见,成为其后法院对治安权进行司法审查的最具影响力的学说。虽然肖承认"确定其边界或描述这种边界并不容易"(p.85),但是,如果"秩序良好的市民社会"原则和私人财产权利要得到适当保护,治安权就必须受到明确限制。肖抽象出了几条判断经济和社会管制合理性的适用性标准。首先是普通法中有关财产使用规则的基础,尤其是"使用自己的财产不得损及他人财产"(sic utere tu ut alienum non laedas)的原则。其次,在阿尔杰案的判决意见中强调"公共权利"是一种积极的因素,在衡量其合宪性时,作为一种利益,与私权一样,是完全正当的。再次,当管制性立法超出普通法中妨碍原则时将会有效,但是,立法机关必须有权力对于他们认为必要和权宜的事项制定法律——

管制本身也必须同时是合理的,而司法机关的功能正是去判断合理的标准是否得到了遵从(参见 Public Use Doctrine)。

其他州法院也提出了一些判断治安权的标准。对佛蒙特州最高法院来说,"索尔普诉鲁特兰与伯灵顿铁路公司案"(Thorpe v. Rutland and Burlington Railroad Co.)(1855)中,它就是"公众的舒适、公共卫生以及州的繁荣",这确实是一种非常宽泛的理解(p.150)。但密歇根州最高法院的一位法官则在一项判决中提供的是一种相对狭隘的定义:根据治安权,一项基于治安权的管制只有在"明显是社会安全和福利所必需的"时候,它才是正当的["人民诉杰克逊和密歇根普兰克路公司案"(People v. Jackson and Michigan Plank Road Company)(1861)(p.307)]。其他法院和法学家的观点都是处于这两个州所持的观点之间。

保守阶段 联邦宪法第十四修正案的通过在治安权问题案件方面给联邦最高法院提供了一个全新的背景。最初,联邦最高法院拒绝努力从该修正案中调用"正当程序"条款作为对各州管制性立法进行实质审查的法律渊源。在"屠宰场系列案"(*Slaughterhouse Cases)(1873)和"芒恩诉伊利诺伊州案"(*Munn v. Illinois)(1877)中,联邦最高法院大多数大法官维持了那些影响到私人重大经济利益实现的涉及广泛的立法。

作为保守主义法理学追随者典范的斯蒂芬·J.菲尔德(Stephen J. *Field)大法官,在"巴尔比诉康诺利案"(Barbier v. Connolly)(1885)中甚至主张:无论是联邦宪法第十四修正案,还是任何宪法其他条款,都不是"为了干涉各州的权力(这种权力有时又称为它们的治安权)而开具的提高人民健康、安宁、道德、教育和良好秩序的管制良方,也不是为发展各州工业、开发各种资源、增进其财富和繁荣而进行的立法"(p.31)。

对菲尔德和19世纪80年代后期联邦最高法院的大多数大法官来说,这种对于州立法机关权力的表述实际上是一种限制而并不意味着一种绝对自由裁量权的授权。因此菲尔德所说的"个人生活的正常的业余爱好"(超出"公共利益影响"保护范围的商业和职业活动)应当不属于州治安权所延及的范围,因此,当该项权力用来赋予垄断合法性或者限制"职业自由"时,就不应当得到维持。

从19世纪80年代至"新政"(*New Deal)期间,联邦最高法院越来越注意到对各州运用治安权管理社会和经济的法律进行司法审查的重要作用。它们发展了一套运用私权对抗州管理权力的理论,即除了利用"正当程序"从程序方面进行审查外,还利用"正当程序"作为宪法性标准从立法的目的和该法律所影响到的私人利益方面进行监督。

"影响公共利益"是最重要的理论学说之一,联邦最高法院首先在"芒恩诉伊利诺伊州案"(Munn v. Illinois)中采纳了该原则。该原则将商业区分为"一般性的"商业和更具有公共性的商业。一般性商业中的交易价格以及这种服务是否对普通公众公开这些问题,法律都不能管理;但是对于更具有公共性质的商业,法律则能够从各个角度进行管制。"影响"原则以个案分析为基础,因而导致不同的处理结果,但这一原则对各州将商业公司纳入其管制体系的权力显然产生了抑制的效果。

同时,联邦最高法院还扩大了"合理性"这种传统理论适用范围,使它远远超出了肖在"共同体诉阿尔杰案"(Commonwealth v. Alger)(1851)中的见解(参见 Rule of Reason)。在"马格勒诉勘萨斯州案"(*Mugler v. Kansas)(1887)中,联邦最高法院称:首先,一项管制的目的必须是为了真正的公共利益;其次,其实施手段也必须是为了实现该目的而采取的合理措施……因此,如果某一法律的目的声称是为了提高公共卫生、公共道德或公共安全,但却没有真正的或实质性的联系该目的的手段,或明显是侵犯了基本法律所保护的权利,那么法院就有责任作出这样的判决,并以此使宪法产生效果(p.661)。

在这种理论的发展过程中,联邦最高法院走向其审查角色,也是因为它这样做受到了托马斯·库利(Thomas *Cooley)和克里斯托弗·G. 蒂德曼(Christopher G. Tiedeman)等权威学者们的鼓励。这些学者们积极地主张,面对各州管制不断膨胀的现代政治趋势,一套强有力的"宪法限制"理论是完全必要的。

联邦最高法院接受"合同自由"原则作为对州治安权的另一种限制(参见 Contract, Freedom of),这是联邦最高法院与早期治安权法理学最明显的区别。这种观点在"洛克纳诉纽约州案"(*Lochner v. New York)(1905)中表现得最为充分,在该案中联邦最高法院以存在分歧的判决推翻了纽约限制面包房工作时间的规定。在洛克纳案中大多数大法官都清楚地认识到为了保护公共卫生、公共安全或公共道德而剥夺个人自由和财产权利是各州的抽象权力,但他们认定在该案中被质疑的法律实际上并没有有效地实现上述目的中的任何一种。因此,该立法被视为对工人与其雇主在市场中自由签订合同权利的一种"非法干涉"——而这种权利是获得联邦宪法第十四修正案中正当程序条款所保护的权利。

同时,联邦最高法院对州治安权(现在越来越趋向于仅仅指管制经济和社会关系的权力)与税收、征用权(参见 State Taxation)之间进行了区别。即使在19世纪80年代至20世纪30年代这段保守阶段,联邦最高法院也是更支持州税收和征收权的扩张,而不是支持治安权的扩张。

无论对联邦还是各州,在治安权法理学中,一个长期持续存在的主题便是与回复控告(*inverse

condemnation)有关的担忧——也就是对一项管制在事实上或法律上构成一种"占用"(*taking)这一问题的担忧。这个问题——它通过因在其利益上设置管制而遭受损失的当事人而得到升级——是非常关键的,因为占用,根据联邦宪法第五修正案(the *Fifth Amendment)——该修正案通过联邦最高法院于 1897 年与第十四修正案合并,因而可以适用于州行为(*state action),要求施加的财产损失必须是为了公共利用的需要,并且要给予补偿(参见 Regulatory Taking)。联邦最高法院对该问题的系统界定始于"宾夕法尼亚煤炭公司诉马洪案"(*Pennsylvania Coal Co. v. Mahon)(1922),在该案中,宾夕法尼亚州为了维护城市的结构而禁止挖掘地下的煤,联邦最高法院判定这种立法损害了煤炭公司的利益。奥利弗·温德尔·霍姆斯(Oliver Wendell *Holmes)大法官代表联邦最高法院的多数意见提交的判决中写道:"虽然能够对财产进行一定程度上的管制,但是如果这种管制走得太远,将会被视为一种占用",也就是说将会引起一种回复控告(p.415)。在该案之后,联邦最高法院就在尽力探寻"走得太远"的确切含义,直到 20 世纪 80 年代末才一致维持了各州立法机构或者诸如分区委员会(*zoning boards)之类的行政管理机构在这一领域的自由裁量权。

这并不意味着所有影响到重要的社会或经济利益的立法都将被推翻,实际上,联邦最高法院在这方面的判决并不一致。联邦最高法院在"马勒诉俄勒冈州案"(*Muller v. Oregon)(1908)中维护了俄勒冈州有关限制妇女最高工作时间的立法;还有一些判决则维持了住房检测和其他影响社会公共卫生和公共安全方面的法律效力。然而,联邦最高法院却一直否定有关规定最低工资的州法律的效力。

人们经常重复这样的断言:洛克纳案原则将会得到持续一致的维持,实际上与此相反,联邦最高法院却经历了一场多变而不确定的过程。这种过程首先体现在"诺布尔州立银行诉哈斯克尔案"(Noble State Bank v. Haskell)(1911),在该案中,霍姆斯代表联邦最高法院的多数派发表了判决意见,支持了俄克拉荷马州有关强迫银行向州存款人保险基金捐款的规定。该案仅仅发生在霍姆斯在洛克纳案件中提交强烈而愤懑的不同意见之后的第 5 年,在诺布尔州立银行案中,霍姆斯声称:"考虑到治安权在法律的其他部分中的情况,可以看出,界限需要在不断地接近或触及相反方面的判决才能形成。"(p.112)。法院在形成治安权界限的过程中的主观因素所带来的危险,在联邦最高法院保守主义达到鼎盛阶段的 20 世纪 30 年代早期表现得尤为明显。

联邦治安权理论　　在美国内战之后,联邦最高法院开始提出联邦治安权学说。早期,它对这类问题的处理主要建立在其有关国会管制州际商业贸易的权力不断进化的观点之上。在这方面最重要的判例是"钱皮恩诉埃姆斯案"(*Champion v. Ames)(1903),在该案中,联邦最高法院以 5 比 4 的表决结果判决国会管制非法彩票交易(*lottery traffic)的法律有效。联邦最高法院认为,这种非法交易明显是属于国会认为不道德的交易。首席大法官梅尔维尔·M.富勒代表少数派发表的评论意见中,谴责了这种判决,认为这种判决"违背了联邦宪法第十修正案(the *Tenth Amendment)",并且不正当地允许国会侵害各州治安权的领域(p.365)。

此后,联邦最高法院对国会的管制权(参见 Administrative State)出现了不同的判决。在 19 世纪后半期和激进时代所采取的许多重要措施都在事实上得到了维持,其中有对州际之间的铁路运输费率和实践的管制、对食品和酒类的监督、对肉类包装的检验以及对金融方面的更严格的管制(参见 Administrative State)。但国会的其他法律,根据富勒在埃姆斯一案中代表少数派所发表的意见——根据商业条款和联邦宪法第十修正案,特定领域中的经济和社会生活处于国会立法范围之外,而专属于州治安权的范围,则被推翻了。在联邦最高法院根据治安权理论否定国会权力的案件中,最具戏剧性的可能要数其推翻了试图宣告劳工实践不合法和限制使用童工方面的判决。

当然,在运用"合同自由"和其他限制原则时,州治安权本身也同样受到了当时联邦最高法院保守的大多数的严重的限制。因此,其结果是,产生了一块重要的司法创设的政策"飞地",在这里,无论是联邦层面,还是州层面的管制,都不能跨越司法的检阅。

现代阶段　　20 世纪 30 年代发生的"新政"这种宪法性"革命"几乎完全推翻了联邦最高法院有关治安权的主流观点。在 1934 年,联邦最高法院在州治安权方面保守立场的两个支柱性观点被颠覆。首先是在"奈比亚诉纽约州案"(*Nebbia v. New York)中,联邦最高法院摒弃了"影响公共利益"理论,该理论长期以来都是作为区分不可管制的"一般"商业与可以管制的更具有公共利益性质的商业的标准。现在联邦最高法院认为,任何经济企业都要接受程序上符合宪法的管制。其次是 1934 年的"住房建筑与贷款协会诉布莱斯德尔案"(*Home Building and Loan Association v. Blaisdell)判决,在本案中,首席大法官查尔斯·埃文斯·休斯(Charles Evans *Hughes)代表联邦最高法院的多数派作出判决,在判决中他认为,在极端的经济紧急情况下,治安权应当被视为合法。因为该判决影响到现存的抵押合同条款的效力,因而它表现了对长期坚持的契约条款和正当程序限制的否认。

在"西海岸旅馆公司诉帕里西案"(*West Coast Hotel Co. v. Parrish)(1937)中,联邦最高法院以 5

比4的表决结果作出判决,判定有关妇女最低工资的州立法规定有效,从而明确地抛弃了通过洛克纳案和早期有关工资和工作时间的案件所形成的理论遗产。在"奥尔森诉内布拉斯加州案"(Olsen v. Nebraska)(1941)中,联邦最高法院声称,它根本没有考虑"立法本身的智慧、需要或妥实",这些政策性问题应当由立法机构决定(p. 246)。在"伯曼诉帕克案"(Berman v. Parker)(1954)中,这种态度又得到了重申。如前所述,在该案判决中,联邦最高法院以非常宽泛的词汇表明,立法机构在确定公共需要方面应当享有广阔的空间;同时,伴随着需要的出现,也就会存在其立法权。

与此相似,限制国会管制措施的商业条款和联邦宪法第十修正案在1935年之后的一系列案件中也受到了限制。在"美国电力与照明公司诉证券交易委员会案"(American Power & Light Co. v. Securities and Exchange Commission)(1946)中,联邦最高法院认为,国会的管制权必须"与国家经济需要一样广泛"(p. 141)。在"二战"后的大多数期间,联邦最高法院一直都维持了国会对经济机构和经济行为进行管制的近乎绝对的权力,同时州立法和行政机关在财产权的管制方面也获得了巨大的空间。然而,在"诺兰诉加利福尼亚滨海委员会案"(*Nollan v. California Coastal Commission)(1987)和其他近期案件中,联邦最高法院在州权力方面似乎又发生了部分的回转;它通过要求州证明立法与合理的立法目的之间存在明显的"连接"(nexus),复活了对既得财产利益的保护。从效果上看,联邦最高法院实际上以此拓展了原告请求的依据,据此,原告可以成功地提出土地使用管制构成回复控告的主张,从而,要求州政府补偿私有财产所有者因此所受到的任何经济损失。

当然,提交到联邦最高法院的治安权问题不仅仅限于经济利益及其管制方面。个人和团体的有关受宪法保护的人身和自由、平等保护保障以及正当程序等方面的请求,也是州治安权在当前面临的关键性挑战。这一事实通过最近有关下列问题的激烈争论中所表现出的复杂性而得到了充分的反映:刑事审判制度、隐私权(*privacy)和堕胎权(*abortion)、种族歧视(*desegregation)和积极行动(*affirmative Action)、试图限制像言论自由、出版自由(*speech and the press)、政教分离等联邦《权利法案》中特别规定的自由的州立法。因此,就基于治安权的政府行为的宪法界限而言,至今仍然还遗留有大量关键性的重要问题。

参考文献 Ernst Freund, *The Police: Power Policy and Constitutional Rights* (1940); W. A. Hastings, "The Development of the Law as illustrated by the Decisions Relating to the Police Power of the State," *Proceedings of the American Philosophical Society* 39(1900): pp. 359-554; Clyde Jacobs, *Law Writers and the Courts: The Influence of Thomas M. Cooley, Christopher G. Tiedeman, and John F. Dillon* (1954); Alfred H. Kelly, Winfred A. Harbison, and Herman Belz, *The American Constitution: Its Origin and Development*, 7th ed. (1991); Harry N. Scheiber, "Public Right and the Rule of Law in American Legal History," *California Law Review* 72(1984): pp. 217-251. William E. Swindler, *Court and Constitution in the 20th Century*, Vol. 1, *The Old Legality, 1889-1932* (1970); Melvin Urofsky, "Myth and Reality: The Supreme Court and Protective Legislation in the Progressive Era", *Yearbook of the Supreme Court Historical Society* (1983), pp. 53-72.

[Harry N. Scheiber 撰;邓宏光译;常传领校]

政党[Political Parties]①

政党在美国的宪法中的地位很模糊。一方面,它们实际上是公民为了寻求选举产生的机构并参与其政治程序而自愿组成的团体;另一方面,联邦最高法院也认识到政党在美国政府体系中所扮演的核心和准官方角色。

大法官们将政党视为一种自愿组成的团体这种特性描述,为政党灌注了第一修正案的各种权利,使联邦最高法院避免了不正当地干涉它们的活动,并否定了会产生相同作用的法律的效力。因此,联邦最高法院在"奥布赖恩诉布朗案"(O'Brien v. Brown)(1972)中,援用政治问题原则(*political questions)和避免对选举程序进行司法干涉的必要性,拒绝对1972年民主党选举大会代表的议席进行干涉。与此相似,联邦最高法院也推翻了干涉政党选举和席位代表规则的州法律。

但是,为了减少名额分配中的混乱,确保选举的公正和诚实,大法官们也承认对政党、选举活动和名额分配实施合理管制的州权力。尽管为结社(*association)自由设置严重负担的管制可能会受到严格审查(*strict scrutiny),但是,如果能够满足重要的管制利益,较轻的负担往往会得到维持。例如,在"安迪森诉塞利布雷齐案"(Anderson v. Celebrezze)(1983)中,联邦最高法院就否定了早期制定的、限制第三方挑战已有候选人机会的最后申请期限。同样的,在审理"加利福尼亚州诉琼斯案"(California v. Jones)(2000)一案时,联邦最高法院使一项要求"毯式预选"(blanket primary,一译"开门预选")的州法律无效,在这种预选中,每一党派的候选人同时

---

① 另请参见 Financing Political Speech; Political Process; Vote, Right to。

在相同的选票上出现（不标明党派归属），而投票人则可以自由地就任何候选人投票。联邦最高法院裁定，这样的程序违宪地强迫各政党"将其提名人，并进而将其政党的地位"都交由"最好拒绝与政党联合的人，和最坏明确与其对手联合的"人决定（p. 577）。但是，在"蒂蒙斯诉双城地区新党案"（Timmons v. Twin Cities Area New Party）（1997）中，联邦最高法院则支持了明尼苏达州的一项规定，它禁止同一人同时作为两个政党的候选人出现在同一选票上。法院认为，禁止"混合候选人"的规定不会给第三方候选人增加严重的负担。从民权时代的早期开始，联邦最高法院就一直采取一种警惕的姿态，以防止政党以种族歧视的方式行动。在"史密斯诉奥尔赖特案"（*Smith v. Allwright）（1944）中，联邦最高法院推翻了得克萨斯州完全由白人参加的民主党预选，认为"在预选成为选举官员程序中的一部分时……那些确定歧视性的标准……同样应当适用于那些作为全国普选中一部分的预选"（p. 664）（参见 White Primary）。在"特里诉亚当斯案"（Terry v. Adams）（1953）中联邦最高法院走得更远。在该案中，联邦最高法院对一个全部由白人组成的名为"蓝鸟民主联盟"（Jaybird Democratic Association）的组织——其候选人在预选和大选中一般都会成功——预选前排斥黑人的行为进行了谴责。该案并没有形成联邦最高法院判决意见，但大多数大法官确实认为，无论如何，联合性的"蓝鸟民主联盟大选机制"构成了违反了联邦宪法第十五修正案（the* Fifteenth Amendment）的州行为（*state action）（p. 470）。后来，在审理"莫斯诉弗吉尼亚共和党案"（Morse v. Republican Party of Virginia）（1996）时，联邦最高法院支持了对联邦《投票权法》（*Voting Rights Act）的适用，以禁止政党要求代表出席提名大会时缴纳费用。

对于联邦一级的政党选举，联邦最高法院一直维持对政党提供经济援助的竞选资金筹措法，同时也维持那些限制对竞选活动捐款和要求公开这种捐款的法律。在"巴克利诉瓦莱奥案"（*Buckley v. Valeo）（1976）中，联邦最高法院并没有被认为资金援助条款将会进一步强化两大政党的优势地位的观点所打动。然而，在同一案件中，联邦最高法院却否定了对个人独立支出金额的限制，以及候选人自己承担的他或她自己在竞选活动中作出的开支金额限制。在"科罗拉多州共和党联邦竞选委员会诉琼斯案"（Colorado Republican Federal Campaign Committee v. Jones）（1996）中，联邦最高法院废除了联邦对政党本身作出的独立竞选费用支出的限制。到2003年底，联邦最高法院仍维持着联邦对"软钱"（soft money）限制的合宪性，其所谓"软钱"，是指为政党建设活动的目的而对政党作出的理论上独立于任何特定候选人或大选活动的捐款。

对于那些试图使特定的党派或其成员受益的州法律，联邦最高法院则一直持强硬的反对态度。在1986年的"戴维斯诉班德默尔案"（*Davis v. Banderme）中，联邦最高法院认为，政党操控选区划分（*gerrymandering）——其中，州立法席位按照对某一党比另一党更优惠的方式进行分配——会提出可诉问题，并会形成潜在的联邦宪法第十四修正案难题。最近，联邦最高法院在"拉坦诉伊利诺伊共和党案"（*Rutan v. Republican Party of Illinois）（1990）中判定一项规定某一政党成员在担任公共职位时比其他政党成员享有优先权的州立法无效。但大法官们很快又指出，在政党联合或政党支持对于所涉及的职务来说是一种"适当的要求"时，这种差别对待是允许的。

[William LASSER 撰；邓宏光、潘林伟译；常传领、邵海校]

政治程序 [Political Process]

理解联邦最高法院在美国政府中的作用必须参照范围更大的政治体系。美国政治程序中的独有特征使联邦最高法院在解决政治问题时发挥至关重要的作用成为可能。反过来，联邦最高法院又深深地受到政治程序的影响，这种政治程序指导并左右着联邦最高法院的判决，但有时这种政治程序又能维持联邦最高法院的政治独立性。

美国政治的特征 联邦最高法院的政治权力是美国宪法结构的产物。在"马伯里诉麦迪逊案"（*Marbury v. Madison）（1803）和"弗莱彻诉佩克案"（*Fletcher v. Peck）（1810）中，联邦最高法院确立了解释宪法和执行宪法的权力以防治州政府和联邦政府的侵害，这种权力就是有名的司法审查权。司法审查（*judicial review）部分源于有限的成文宪法。正如亚历山大·汉密尔顿（Alexander* Hamilton）在《联邦党人文集》（*The Federalist）第78篇中所说的一样，宪法"只有通过司法作为媒介，规定法院的职责是宣布所有与联邦宪法要旨相悖的行为无效，才可能在实践中得到保护"。

但是司法审查的理论依据并不能完全解释联邦最高法院运用该权力的成功历史。要完全地解释联邦最高法院所享有的特别政治权力，需要更深层次地分析美国政治体系的特征。

联邦最高法院司法审查权与美国悠久的自由传统背景有关，特别是与被广为接受的、被政治科学家路易斯·哈兹（Louis Hartz）称为"洛克式信条"有关。那些被政治家一致接受的资本主义（*capitalism）理论、个人主义和宗教自由观念等政治观念，使美国的政治体系至少在一定程度上能够为法院主要的政治问题指明方向。正如路易斯·哈兹所说的一样，如果没有这些统一的认识作为基础，美国不可能出现司法审查,因为"将高度的政策问题纳入到司法领域,其前提是这些原则将由法律来解释"(美国自由贸易,1955,p.9)。

虽然美国对这些基本问题的统一认识水平可能比欧洲国家更高,但并不能否认这些基本问题中存在着冲突、偏执、偏见和矛盾。美国政治体系具有抑制这些冲突的趋势。例如,除非在特定选举区域采取多元化,否则第三党在国会中就不可能获得议席,没有议席第三党就不可能对现行统一认识发表异议,因此美国两党制结构剥夺了第三党对现行统一认识发表异议的机会(参见 Party System; Political Parties)。与此相似,支配总统选举的规则有利于那些代表广大美国政治中心的候选人,因此实际上冻结了任何边缘利益代表者参与联合执政的机会。

美国社会制度性质上真正严重冲突的出现,例如,像在美国南北战争(*Civil War)和"新政"(*New Deal)期间那样,会严重地损害美国政治模式的声誉。这些期间被称为"激烈重组"期间,在这些期间,美国政治方面的争论非常激烈,较大党的内部往往产生派系分裂,第三党可能兴起并获得权力,公共政策方面也发生一些基本的变化。在对洛克式共识本身也发生了怀疑,以及政治争论又回到那些根本性问题时,联邦最高法院的权力也会受到严重的限制。因此,在美国国内战争危机期间,联邦最高法院不可能通过"斯科特诉桑福德案"(*Scott v. Sandford)(1857)的判决来解决该危机,而在1935年至1936年之间,联邦最高法院也不可能阻止"新政"的实施。

当然,在正常情况下联邦最高法院对大量的公共政策问题则享有很大空间,这种行动自由,追根溯源,主要由3个因素决定的:首先,联邦最高法院本身享有广泛的公共合法性(legitimacy);其次,联邦最高法院是作为联邦政府的三大平等的分支之一,而不是其他分支的附属单位而在分权的政治体系中运行的(参见 Separation of Powers);最后,联邦最高法院还得益于联邦主义(*federalism)的原则,据此,要在全国性的政府——联邦最高法院是其一部分——与各州之间进行权力分配。

如果不具有广泛的政治合法性,联邦最高法院就不可能行使重大的政治权力。不管对联邦最高法院作出的特定案件的判决有什么意见,美国人似乎都接受司法审查是联邦最高法院的合法权力这样的观念。即使是那些联邦最高法院判决的最臭名昭著或最不受欢迎的判例,也没有改变社会对司法审查的接受程度。例如,亚伯拉罕·林肯(Abraham *Lincoln)虽然对斯科特案件的判决进行了猛烈的抨击,但从没有对司法审查本身产生过怀疑;富兰克林·罗斯福(Franklin *Roosevelt)虽然面临着司法的强烈反对,他也同样没有怀疑过司法审查的合法性。即使在现代社会发生的对联邦最高法院所判决的诸如堕胎案(*abortion)、学校祈祷案(*school prayer)和巴士运送案(参见 Desegregation Remedies)存在特别激烈的争论,也没有动摇联邦最高法院的政治合法性。联邦最高法院在社会中的信任度仍然非常高,如果与其他机构相比,其信任度几乎是最高的。调查者还发现不仅仅那些强烈反对联邦最高法院特定判决的人对联邦最高法院的支持率很高,而且那些很少关注联邦最高法院判决或根本不关心联邦最高法院工作的美国人也积极地支持联邦最高法院。

分权原则也对联邦最高法院产生了积极的作用。任何"限制"联邦最高法院的行为,不管是通过联邦宪法修正案(*Constitutional Amendments)还是通过修订法律,都至少需要立法机关和行政机关的配合才可能有效(当然在理论上国会能够单独推翻总统的否决权,但必须经过上议院和下议院各2/3以上的代表通过,但在现实生活中这种情形只在极少的特定情形才可能发生)。在现代社会中,白宫通常由一个政党控制,而国会则由另一政党占主导地位——而且国会在每一件事情上都一直是高度分歧的,这种合作更加不可能发生。即使在总统和国会两院的大多数代表都反对联邦最高法院所作出的特定判决,国会的少数派通常也能够通过冗长的演说、将法案滞留在委员会,或者使用议会中的其他技巧,最终使反联邦最高法院的立法流产(参见 Court Curbing)。

最后,在联邦政府与州政府之间进行分配权力的联邦制也加强了联邦最高法院的权力。联邦最高法院当然是联邦政府中的一部分,在历史上联邦最高法院对各州作出的许多重要判决都得到了联邦政府其他机关的全力支持。在20世纪50年代和60年代,联邦最高法院作出的大多数民权方面的判决就得到了诸如《1964年民权法》(*Civil Rrights Act 1964)和《1965年投票权法》(*Voting Rights Act of 1965)等法律的支撑,这确实是真真切切的事。因此,历史上大多数对联邦最高法院的强烈批判都与支持州政府的权力或者与反对联邦政府所享有的广泛的权力有关,这一点并非纯粹的巧合。

联邦制同样增加了通过修订宪法而抑制联邦最高法院的难度。宪法修正案需要分别获得参众两院2/3多数通过,或者3/4的州通过(后者作为一种可供选择的程序,会涉及召开制宪会议,但它从未被使用过)。修正案程序因此需要联邦政府与绝对多数的州政府之间的合作——要达到这种合作的程度是十分困难的,除非在最没有争议的情况下,否则,这几乎是不可能实现的。

联邦最高法院与联邦至上 在过去的两个世纪,联邦最高法院在政治方面发挥作用的绝大多数事实都起着增加和维护联邦政府权力的作用。但这种情况也并非绝对,在美国历史上的某些关键时刻——包括过去的10年,联邦最高法院却背离了联邦政府而在关键的案件中站到了州一边。这种例子包括美国历史上一些最重要而且具有戏剧性的片段,其中最有名的是德雷德·斯科特案和联邦最高法院与富兰克林·罗斯福政府有关"新政"方面发生冲突。虽然如此,这种事件(和一些其他事件)都是一些例外,联邦最高法院的绝大部分精力都是花在提高和支持联邦政府的宪法性权力方面。

历史上联邦最高法院之所以遵从联邦权力的行使,其原因也很明显。联邦最高法院的大法官是通过一定的政治程序任命的,这种任命程序包括总统的提名和参议院的表决,因此联邦最高法院的大法官们大体上反映了这些机构的掌权者的观点。有时,联邦最高法院会与政治机构发生严重的分歧,此时政治程序便会提供快速的纠正,通过任命新的大法官,或在极少的情况下通过宪法修正案,联邦最高法院与政治机构之间任何严重的分歧都会很快得到解决(参见 Reversals of Court Decisions by Congress)。

当然,联邦最高法院大法官的任命程序并不能确保大法官的政策观点与政治机关的政策观点一致。一方面,虽然总统最希望能够任命一位与他的政治哲学基本一致的大法官,但是几乎不可能寻找到一位在联邦最高法院的职务上对任何事情的观点都能为总统所接受的大法官候选人。另一方面,在一般情况下,大法官的任期都远远超过任命他们的总统的任期,因而大法官要对任命过程中根本就未想到的问题作出判决(参见 Selection of Justice)。例如,胡果·布莱克(Hugo*Black)以及威廉·道格拉斯(William*Douglas)都是由富兰克林·罗斯福总统任命的,但他们一直担任联邦最高法院的大法官直到20世纪70年代初。而且正如许多总统所说的一样,联邦最高法院的大法官一旦被任命,通常他就获得了一定程度的独立性。"安排联邦最高法院的大法官人选实际上不起作用",哈里·杜鲁门(Harry Truman)曾经说过,"我曾经尝试过,但没有作用"。杜鲁门认为其中的问题是:"一旦你推举了一个人作为联邦最高法院的大法官,那么他就不再是你的朋友了"[引自戴维·M.奥布赖恩:《风暴中心:美国政治中的联邦最高法院》(Storm Center: The Supreme Court in American Politics, 1986, p.81)]。最后,许多总统并不十分关心他推选的大法官的观点是否完全符合自己的观点。例如,赫伯特·胡佛(Herbert Hoover)总统就推选了像欧文·罗伯茨(Owen*Roberts)、查尔斯·埃文斯·休斯(Charles Evans*Hughes)以及本杰明·卡多佐(Benjamin*Cardozo)这些观点不同的大法官。

虽然如此,如果联邦最高法院与政治机关之间的基本观点确实产生了根本性的分歧,这种分歧还是能够经常通过任命程序得到解决的。因此,如果总统对联邦最高法院处理的特定事项或者一系列紧密相关的事项施加影响,通常都能够取得成功。例如,不管罗斯福总统任命的大法官在其他事情上的观点如何,他们对"新政"是绝对持支持态度的。罗斯福总统任命的大法官在有关民事自由和民事权利方面存在着不同的观点,但对于联邦政府在监督全国经济方面所起的作用这一问题上,他们的观点与总统保持高度的统一。

因此,对于那些决定着美国特定政治时代的基本问题,联邦最高法院的观点几乎都是与立法机关和行政机关保持一致的。从长期来看,联邦最高法院很难挫败那些最重要的联邦政策。在解决联邦政府与州政府之间的矛盾时,联邦最高法院一贯支持联邦政府。

在马歇尔任首席大法官时期,联邦最高法院作出了像"麦卡洛克诉马里兰州案"(*McCulloch v. Maryland)(1819)和"吉本斯诉奥格登案"(*Gibbons v. Ogden)(1824)这样的判决,这些判决根据宪法确立了国会的广泛权力基础,特别是在有关州际之间贸易以及国外贸易方面的权力。而且,联邦最高法院明确表明任何有效的联邦立法都能够得到实施,即使它们直接与州的治安权(*police powers)发生冲突。托尼(*Taney)为首的联邦最高法院,尽管以判决了斯科特案而著名,但也作了增进联邦政府的利益的工作。虽然在欠缺相关联邦立法的情况下,联邦最高法院确实也维持了各种管制州际贸易的州法律,但并没有动摇马歇尔时代联邦最高法院确立的对有关联邦商业权力(*commerce power)的宽泛界定。即使是对奴隶制(*slavery)问题,托尼时期的联邦最高法院通常也是站在两种观点的分界线上,遵从国会坚持的折中方案,直到斯科特案为止。

在1860年之后,联邦最高法院再次确立了支持联邦权力的立场。1863年作出的战利品系列案(*Prize Cases)判决对林肯的战争政策提供了至关重要的支持。虽然重建(*Reconstruction)导致了联邦最高法院与国会之间的冲突,但到19世纪70年代,联邦最高法院又重新创设了一种亲联邦政府的宪法环境。尽管在1870年至1930年期间大法官们确实推翻了国会的一些重要的联邦法律,也通过解释削弱了一些法律的效力,但是并不能说联邦最高法院在这段时期就敌视联邦权力的行使。通过解读几十年前联邦最高法院与新政的对立而形成的这一观点,过分突出了那些否定联邦权力的案例而忽视了那些支持联邦权力的判决。例如,虽然联邦最高法院认为联邦政府不能管制童工(此项管制属于州权力范围),但联邦最高法院却同时支持了国会在此之前通过的几乎所有的铁路立法;虽然联邦最高法院有时反对国会管制地方制造业,但它却同时允许国会对屠宰场进行管制,屠宰场也是属于商流(*stream of commerce)中的一部分。此外,联邦最高法院还通过推翻了许多干涉国会对州际商业进行管制的州法律,加强了国家的权力。综合考虑到这些判例,联邦最高法院极大地扩大了联邦政府在美国经济生活中的作用。

"新政"案确实是一种非常特别的例外。在1935年和1936年,联邦最高法院反对罗斯福政府的立法,否定了不少于14件联邦法律。联邦最高法院对"新政"的反对,无论多么强烈,并没有持续太久,1937年,联邦最高法院向罗斯福政府妥协并支持了罗斯福政府急剧扩张的联邦权力。

近年来,尽管大法官们也在几件重要的案件中作出了反对联邦主义的判决,但从历史的视角来看,现代联邦最高法院却一直保持着对联邦权力强有力的支持。它继续允许国会在运用商业条款监督经济或实现其他目的方面的宽泛的——尽管不是无限制的——裁量权;允许范围广泛的对银行、工业、劳动关系(*labor relation)、工作条件、民事权利、环境(*enviroment)保护和公共卫生等方面所实施的联邦管制。联邦最高法院拒绝对对外政策(*foreign policy)进行干涉,即使这些外交政策确实引起实质上的宪法问题,很少有例外(也许2004年有关恐怖嫌疑人权利的判决算得上是这些例外中的一个)。联邦最高法院还认可了国会对联邦宪法第十三(*Thirteenth)、第十四(*Fourteenth)和第十五修正案(*Fifteenth Amendment)的执行条款所作的宽泛解释,尽管有些例外。目前看来,虽然联邦最高法院对联邦法律的特定条款还是很乐于运用司法审查权,但它很少对政治机关的政策进行干涉,对于大量与联邦政府相冲突的州政策,联邦最高法院也很少支持州政府。

伦奎斯特时期的联邦最高法院在如下3个方面阻碍了联邦权力的行使:首先,1994年以来,联邦最高法院在两件案子中裁定国会超出了其根据商业条款享有的权力。[详情参见"合众国诉洛佩斯案"(Lopez, United States v.),及"合众国诉莫里森案"(Morrison, United States v.)]。其次,通过一系列案件,尤其是"合众国诉普林兹案"(United States v. *Printz)(1997),联邦最高法院裁定,国会不能"征召"(conscript)各州并强迫他们执行全国性政策。最后,有好几次(尽管不是一贯的),联邦最高法院援引第十一修正案的规定,拒绝国会授权对州提起的诉讼。所有这些都表明联邦最高法院在通过制定政策划分联邦体系中的权力边界方面存在新的利益,但即便从总体上看,它们也没有达到对国会与各州之间的权力进行全方位重构的程度。更重要的是,联邦最高法院并没有缩小自己在宪法中的权力,事实上在几个方面还扩大了权力。由于联邦最高法院是宪法确定的全国政府的组成部分,也由于从长远来看大法官们可能会与政府其他两个分支控制者的利益一致,因此,联邦最高法院几乎不可能永久地或基础性地减少联邦政府权力。

联邦最高法院与国家政策 联邦最高法院很少对国家大政方针提出质疑,当然这并不意味着联邦最高法院在国家政策的制定中不重要。在大部分历史时期,联邦最高法院都羞于解决立法机关与行政机关之间的制度性冲突,相反,则一直允许这两个政府其他分支解决它们自己之间的纠纷。例如,从"新政"时期开始,联邦最高法院都没有干涉国会对总统或行政官僚体系的授权(*delegation of power)。一般来说,联邦最高法院也不反对国会在监督行政机关方面的各种技术性变化。

然而,从20世纪80年代开始,联邦最高法院对监督国会与行政执法机构之间的关系则采取了一种更主动的立场。在"移民与归化局诉查德哈案"(*Immigration and Naturalization Service v. Chadha)(1983)中,联邦最高法院否定了被称为立法否决制度(*legislative veto)的效力。在这种制度中,国会授权给行政机关,但自己保留着对这种权力执行结果进行审查和否决的机会。查德哈案的判决使两百多件不同的法律陷于困境,表面上也预示着国会与总统之间的关系将有一个很大的改变。但事实上,国会和白宫几乎没有理睬查德哈案所提供的暗示,继续在大量不同领域中运用和执行立法否决制度。在以后的案件中,联邦最高法院试图对国会授权由其直接或间接控制的官员的做法进行限制,判定《格拉姆-鲁德曼-霍林斯法》(Gramm-Rudman-Hollings)中授予全权控制者执行权的条款违宪,该全权控制者,按照联邦最高法院的说法,是只有国会才能解雇的官员。

更为晚近的判例,在权力分立问题上,似乎又转向司法干预和不干预混合的模式上来。因此,联邦最高法院维持了《独立检察官法》(the Independent Counsel Act)的合宪性,并允许对联邦法院就刑事量刑政策问题进行宽泛的授权。1998年,在审理"克林顿诉纽约市案"(Clinton v. City of New York)时,联邦最高法院否决了《择项否决法》(the Line Item Veto Act)。而国会试图通过该法案授权给总统,使后者可以无需经过对整体拨款法案进行投票而推翻单个的预算。

近几十年来,联邦最高法院在维护自身权力和联邦司法系统权力方面一直表现得很活跃,努力使自己摆脱立法和行政机关的侵蚀。如在审理1997年的"博尔纳市诉弗罗里斯案"(City of Boerne v. Flores)时,联邦最高法院认为,国会对第十四修正案的执行不能扩展到国会所宣称的但没有被联邦最高法院认可的"权利"。自"合众国诉尼克松案"(United States v. *Nixon)(1974)后,联邦最高法院作出的一系列判决表明,联邦最高法院在努力针对行政机构的特权与豁免的主张而维护司法机构的自身权力。正因为如此,在审理"克林顿诉琼斯案"

(Clinton v. City of Jones)(1997)时,联邦最高法院不同意比尔·克林顿总统提出的在自己离开白宫后再对其涉及的民事案件进行审理的要求。

这些案件表明,比起立法和行政机构来,联邦最高法院的权力在显著扩大。个中原因是很清楚的。首先,联邦最高法院利用了国会和白宫之间的斗争以及国会内部微妙的权力分歧以增加它的自由活动的空间。国会与行政机关之间的分歧经常陷于僵局,联邦最高法院借此乘虚而入。有时,联邦最高法院根据国会或总统的暗示作出一些到现在仍然有效的判决,因为这两个机构中的一方或者另一方不会联合起来反对这些判决。

实际上,联邦最高法院的判决之所以能够成功,确实是因为联邦最高法院在面对国会或总统其中的一方的反对时,能够成功地联合第三方。里根和布什政府"准成功"地限制国会通过的民权法就是其中的一个例子。更为普遍的情况是国会总是"闪避"很有争议的问题给联邦最高法院(尽管私下里得到议员们的支持),允许联邦最高法院作出那些在政治上很难获得公众支持的判决。一个最近的例子与国会试图反对联邦最高法院在"得克萨斯州诉约翰逊案"(*Texas v. Johnson)判决中推翻禁止焚烧国旗的规定有关。国会痛斥了该判决并通过立法以推翻该判决,但这种立法本身被联邦最高法院认定为违反宪法时,国会没有采取进一步的措施。

私人当事人也经常利用联邦最高法院达到因政治机关不愿意采取行动而通过其他方法不能达到的目标。民权运动(*civil rights movement)就是以这种方式进行的,但与此相似的策略也已经由政治谱系两边无数的利益集团采用,这些集团包括支持和反对堕胎的团体、男性和女性同性恋团体、商业团体和环保团体等。利益团体的策略包括直接资助或作为法院友好人事参与(案件的审理)。同样,其方式是人们所熟悉的:一旦联邦最高法院采取措施,尽管有国会或总统一方的反对,它的判决通常能够维持,因为另一方通常至少都会默默地站在联邦最高法院一边。

联邦最高法院与各州 当州政府与联邦政府在宪法上发生一定的冲突时,联邦最高法院通常站在联邦政府一边。尽管如此,在美国历史上的大多数期间,联邦最高法院都留给了各州管理他们州内事务相当大的自由。在1890年至1930年期间,联邦最高法院确实运用联邦宪法第十四修正案中规定的正当程序条款(*Due Process Clause)否定了许多州管制经济的立法。但即使是这些方面,联邦最高法院的干涉程度也很容易被夸大(参见 Due Process, Substantive)。从1937年开始,不管任何情况,联邦最高法院都不再限制州对其内部经济的管制权,只要不存在对州际商业的实质性干预。正如威廉·道格拉斯(William O * Douglas)大法官在"威廉森诉李·奥普提科案"(Williamson v. Lee Optical)(1955)的判决中所写的那样:"联邦最高法院利用正当程序条款……否定州立法——包括对商业和工业环境的管制——的时代已经一去不复返了,因为它们并不明智,也无远见,与其所处的特定思想派别也不协调"(p.488)。

在美国历史上,有三个因素限制了联邦最高法院对各州州内事务进行干涉。首先,在20世纪早期之前,联邦最高法院并没有将《权利法案》(*Bill of Rights)运用于各州,在此之前,各州对州内公共卫生、公共福利、公共安全和公共道德进行管理时是不受联邦干涉的(参见 Police Power),这是最重要的原因。

其次,虽然联邦最高法院有时确实利用联邦宪法第十四修正案反对种族歧视,但它对这种做法并没有什么热情。而且这种判决已经被联邦最高法院在1896年作出的"普勒西诉弗格森案"(*Plessy v. Ferguso)所模糊,在该案中联邦最高法院判定种族隔离合法。最后,即使联邦最高法院很乐于干涉各州州内事务,但其能力受到了许多技术上的限制。联邦宪法第十一修正案(the * Eleventh Amendment)限制了联邦法院接受由个人对州提起的诉讼;另外,一些由联邦最高法院自己或由国会制定的规则也限制了它受理这种案件的机会。

在20世纪,上述原因中许多因素都发生了改变。从1908年开始,联邦最高法院开始将《权利法案》的条款根据个案情况运用到各州(参见 Incorporation Doctrine)。这个进程开始于"芝加哥、伯灵顿及昆西铁路公司诉芝加哥市案"(Chicago Burlington & Quincy Railroad Company v. Chicago)(1897)对于联邦宪法第五修正案公正补偿条款的适用;另一个早期的案件是"吉特洛诉纽约州案"(*Gitlow v. New York)(1925),在该案中联邦最高法院提出了运用联邦宪法第一修正案保护言论自由的可能性。在随后几年,联邦最高法院又陆续将《权利法案》中几乎所有重要的权利都运用到了对州提起的案件中。另外,联邦最高法院还开始采取措施以终结种族隔离和种族歧视。数年后,联邦最高法院建立了一系列制度使得联邦法院能够审查对州提起的诉讼,同时也拓展了法院能够使用的救济措施的性质,提高了其效率。

现在,联邦最高法院完全地确立了它在保护个人民事权利和民事自由免遭州立法侵害方面的重要角色。联邦最高法院大法官已经判定过有关避孕(*contraception)、堕胎(*abortion)、淫秽色情、诽谤(*libel)、在校祈祷、同性恋者权利以及刑事程序方面的州法律无效。联邦法院在学校、监狱和精神病医院的管理方面也发挥着积极地作用,以维护宪法权利。联邦最高法院坚定地执行平等保护条款(*Equal Protection Cluase),并将该条运用到涉及性别("gender)、外侨身份("alienage)和非婚生子女（参见 Inheritance and Illegitimacy）方面的案件。联邦最高法院保护个人权利的行为在沃伦任首席大法官时期取得极大的成功，伯格时期的联邦最高法院在这方面也是毫不逊色。

近年来，曾有多次努力推翻联邦最高法院那些颇有争议的判决的尝试，但大多数都以失败告终，因为要推翻联邦最高法院的这些判决，或者需要通过联邦宪法修正案，或者需要国会与白宫联合行动，但这些程序都面临着难以想象的困难。最重要的是，在共和党竞选总统成功之后，白宫对大多数推翻保守时期的联邦最高法院判决的行为设置了障碍，国会对推翻自由的联邦最高法院作出的判决也就没有什么热情了。

在过去几年，保守派大法官的任命（截至2004年，民主党总统只任命了两位大法官）使得联邦最高法院对《权利法案》各种条款的解释出现了某种程度的收缩。尽管如此，联邦最高法院在监督州和地方影响民权及民事自由的行为方面仍然扮演着积极的角色。对沃伦和伯格时期联邦最高法院的判决进行了零零碎碎的修改，而且这种修改的量也在增加，但是只有极少数直接推翻了沃伦和伯格时期联邦最高法院的重要判决，对于特别重要的判例则从来也没有推翻过。

联邦最高法院与政治程序，小型书面令状 联邦最高法院除了在影响美国最高层次的政治形式方面发挥作用外，它还作出了许多对政治体系的运作起着作用的重要判决。在1938年"合众国诉卡洛伦产品公司案"（United States v. Carolene Products）之后，联邦最高法院卷入涉及这方面的案件大量增加。在卡洛伦案第四评注（"footnote four）中明确指出："那些限制通常会带来不必要立法废止的政治程序方面的法律"，可能"应接受比大多数其他类型的法律更严格的司法审查"（p.152）。

例如，在1944年，联邦最高法院在"史密斯诉奥尔赖特案"（"Smith v. Allwright）的判决中推翻了得克萨斯州民主党大会所批准的全白人预选规则。该判决推翻了1935年联邦最高法院判决的"格罗威诉汤森案"（Grovey v. Townsend）的判决，格罗威案判决中认为，政党大会是一种私的、自愿的组织，不是州的组成机构。在"史密斯诉奥尔顿特案"中，联邦最高法院根据联邦宪法第十四修正案的规定，认为预选是按照州法规定授权的整个选举程序中的一部分；同时还认为"选举政党候选人作为普选候选人的规范体系，使得那些被要求遵守该规范指导的政党在其决定参与预选的前提下成为州的代理机构。"（p.663）

在现代时期，联邦最高法院扩大了政治程序的保护范围。例如，联邦最高法院在"哈珀诉弗吉尼亚州选举委员会案"（"Harper v. Virginia State Board of Elections）（1966）中判定弗吉尼亚州对每一位投票者征收1.5美元的成人人头税（"poll taxes）作为参加投票的前提条件的规定无效。道格拉斯大法官代表联邦最高法院作出判决，认为这种税收违反了平等保护条款，因为"财富与种族、宗教信仰、肤色一样，与一个人参加政治选举的能力无关"（p.668）。纽约州有一项法律规定：只有在特定区域拥有房屋或者承租了不动产，或者是那些将其孩子送进地方公立学校的父母才有资格参加该校区的选举。1969年，联邦最高法院推翻了该规定。首席大法官厄尔·沃伦（Earl "Warren）认为：将投票权仅仅限于那些对该校区选举具有"根本兴趣"的人，这种做法尚不足以构成宪法针对限制选票获得所作的预设。在20世纪50年代，联邦最高法院驳回了对州规定的读写能力测试提出质疑的案件，尽管在更新近的时期，联邦最高法院判定根据读写能力进行差别待遇的行为违法，并根据《投票权法》支持了国会禁止读写能力测试的立法。

还有一些涉及政治程序的判例，其中包括许多涉及第三党进入候选人选票机会的判例。联邦最高法院对此持折中态度。在"威廉斯诉罗兹案"（Williams v. Rhodes）（1968）中，联邦最高法院否定了那种实质上剥夺第三党进入机会的州方案，但在"詹内斯诉福特森案"（Jenness v. Fortson）（1971）中，它又简单地允许了"在选票上印制政党名称和其候选人之前必须在某种程度上证明存在一定量的支持者"（p.442）的那些州方案。联邦最高法院不允许各州要求候选人提交一定的候选资格费，但又支持了那种限制在职的州官员竞选其他选举性职位的法律。

同时，联邦最高法院还支持了国会试图根据联邦宪法第十四和第十五修正案保持和扩大投票权的努力。在1966年发生的两起案件，即"南卡罗来纳州诉卡曾巴赫案"（"South Carolina v. Katzenbach）以及"卡曾巴赫诉摩根案"（"Katzenbach v. Morgan）中，联邦最高法院法官支持了《1965年投票权法》，认为国会在执行联邦宪法第十五修正案时享有很大的自由裁量权，其中包括暂时停止读写能力标准的实施。1970年，联邦最高法院支持了《投票权法》1970年修正案中的两个重要条款，其中包括在全国范围内暂停读写能力测试标准，以及总统大选中最高不超过30天的居住时间要求（指各州法律中对居住期间规定的要求最长不得超过30天——译者注）；在联邦选举中将投票权扩大到18周岁的人，但是，它却又阻止了赋予18周岁的人在州选举中享有投票权的法律，但后者被1971年通过的联邦宪法第二十六修正案推翻了。

联邦最高法院还一直支持国会为管制选举运动中捐赠问题所作的努力。在"巴克利诉瓦莱奥案"（"Buckley v. Valeo）（1976）中，联邦最高法院支持了该法中有关限制选举捐款（捐款者在每次竞选中对每位候选人的捐款不得超过 1000 美元，每位候选人接受的捐款总数最多是 25000 美元）的条款，同时还支持了该法规定的竞选活动中应当公开捐款者的条款，以及为总统选举建立一种公共资金的自动系统。但是联邦最高法院则废除了对个人支出的、与竞选活动无关的独立开支的限制，同时反对对候选人为参加竞选而捐献他或她自己的资金数额进行限制，也反对对竞选某政治职位时花费资金的总额进行限制。2003 年，在审理"麦康奈尔诉联邦选举委员会案"（McConnell v. Federal Election Commission）时，联邦最高法院支持了《2002 年两党竞选活动改革法》（Bipartisan Campaign Reform Act of 2002）的大部分主张，包括对向政党作出的所谓"软钱"捐献的限制。

总而言之，联邦最高法院通过自己的判决或者通过维护国会广泛的权力行使，直接或间接地极大地扩展了州和联邦选举中选举和被选举人范围。此外，联邦最高法院在拓展和开放政治程序方面所起的重要的作用还体现在大量扩大言论自由、出版自由、结社自由权（参见 Assemble and Association, Freedom of）方面的判例，以及扩大非裔美国人、妇女及其他少数人群体在教育和商业方面权利的判例。这些判例对美国的政治程序来说，其作用虽然不能具体衡量，但确实非常重要。

联邦最高法院在立法机构连任问题中也扮演了积极的角色，尤其是在监督为增加少数民族在联邦议会和州议会中的代表而进行的地区界限划定方面。在 20 世纪 90 年代的一系列案件中，大法官们都认为，种族也是重划选区中的一个因素，但不是"决定性"因素——除非政府能够满足克服严格审查（*strict scrutiny）标准的几乎不可能承担的负担。这样一来，立法机构试图通过重划选区而增加"奇形怪状"、不按地理或政治界限或地方选区划分的选区的少数民族代表的做法，都可能被认定为违宪。

直接干预政治程序问题的另一个重要案例是"合众国任期限制组织诉桑顿案"（U. S. Term Limits v. Thornton）（1995）。该案中，联邦最高法院否决了阿肯色州限制该州出任合众国的代表连任不得超过三届的宪法条款。联邦最高法院裁定，无论是州还是联邦，都不能对宪法就众议院议员资格所规定的条件清单作"改变或增加"，此类补充规定只能通过修改联邦宪法才能做到。

司法介入选举程序在 2000 年"布什诉戈尔案"（*Bush v. Gore）时达到了顶峰。联邦最高法院以代表法院的判决意见认定，由佛罗里达州最高法院实施的对该州几个县的总统大选选票所进行的重新计票无效，这个判决是建立在联邦最高法院对平等保护条款下的投票权的扩张解释基础之上的。按这种解释，选民应当有权利使自己的投票获得平等的统计，而不必屈从于计票（或重新计票）过程中的"武断或不平等对待"。联邦最高法院的判决对 2000 年总统大选结果的影响是巨大的，但该判决对将来投票权法的影响却没有那么确定。因为 2000 年大选的情况似乎不太可能再次重演，也不能确定联邦最高法院是否会在"布什诉戈尔案"判决的基础上创设一项宽泛的、可执行的、在投票和计票程序中获得平等对待的权利。

政治问题 联邦最高法院向来回避所谓的政治问题案件，这些问题，由于某种原因，联邦最高法院认为由任何政治机关，即国会和总统处理都比它处理更加妥当。这种政治问题原则在理论上是模糊的，而在实际运用上则是不确定的，并且总是适用于一些另类的案例。不管那种情形，现代时期的联邦最高法院总是越来越乐于忽视它。

传统的政治问题原则产生于"贝克诉卡尔案"（*Baker v. Carr）（1962）这一议席重新分配案中。有意思的是，该案中威廉·J. 布伦南（William J *Brennan）大法官对政治问题的总结似乎又是该原则在现代社会中呈下降的趋势的运用的最重要的原因。布伦南在该案判决中写道，该原则实际上"起着分权的作用"；这种案件往往含有"文本上可以解释为该问题需要协调政治机关进行处理的宪法意图；或者欠缺司法可以发现的、可操控的解决这类问题处理的标准"（p.217）。布伦南同时也提到，政治问题原则还可能运用于那些需要联邦最高法院作出其不适合司法解决或可能引起置国家利益于困境或危险境地的政策性判断的案件。

政治问题原则使联邦最高法院没有卷入许多外交政策问题，以及内战时期有关合法州政府的争议。同时，该原则也使联邦最高法院不愿受理许多重要的、直接影响到政治程序的案件，其中包括那些涉及联邦宪法修正、政党会议案件，特别是议员名额重新分配案件（参见 Gerrymandering）。

联邦最高法院不愿意进入费利克斯·法兰克福特（Felix *Frankfurter）大法官所称的"政治丛林（*political thicket）"，这一点在"科尔曼诉米勒案"（*Coleman v. Miller）（1939）中就曾有明确的表示，该案是 1939 年与建议的童工修正案有关的案件。该修正案在 1924 年就由国会通过，并已经送到各州等候批准；10 年之后，该修正案的反对者以该修正案通过的时间太久作为理由，试图阻止其他州进一步的批准（参见 Constitution Amendment Procwss）。联邦最高法院拒绝受理该案，认为宪法已经将所有的权力委诸于国会的修宪程序。在 1972 年也发生了一起与此相似的案件，在该案中联邦最高法院拒绝对加利福尼亚州和伊利诺伊州在全国民主党大会上的代表席位问题进行判决。联邦最高法院也以谨慎的理由拒绝卷入那些不宜由司法机关介入的纠纷中。这种案例之一是"莫拉诉麦克拉马拉案"（Mora

v. Mcnamara)(1967),该案中原告对越南战争(*Vietnam War)的合宪性直接提出了质疑。

在议席重新分配的领域,政治问题原则表现得最为充分。在1946年的"科尔格罗夫诉格林案"(*Colegrove v. Green)中,联邦最高法院否决了对伊利诺伊州议会议员名额重新分配方案提出的质疑。费利克斯·法兰克福特大法官引证证明了联邦最高法院完全欠缺对这种政策是否违反宪法进行判决的能力,并认为该问题"涉及特殊的政治性质,这将意味着并不适合由司法来裁判"(p.552)。法兰克福特大法官警告,如果联邦最高法院参与到了这种议会议员名额重新分配的争论中,那么将会导致它"与党派斗争发生直接而积极的关系",并且将"威胁到民主制度"(pp.553-554)。

法兰克福特大法官的推理在"贝克诉卡尔案"(Baker v. Carr)(1962)中被拒绝了。布伦南法官认为,联邦最高法院判决的众多涉及联邦宪法第十四修正案平等保护条款的判例提供了一套恰当而可行的司法标准;该案并没有涉及政治问题,而仅仅与判断州法律是否符合宪法规定这一问题有关。在以后的案件中,其中包括"雷诺兹诉西姆斯案"(*Reynolds v. Sims)(1964),联邦最高法院则创造了一种"一人一票(*one person, one vote)"的规则,并将该规则适用于除美国参议院之外的所有美国立法机关,根据美国宪法的明确要求,参议院是由每州两名参议员组成的。

近年来,联邦最高法院很少再提出政治问题原则。唯一的一个例外是1973年发生的"尼克松诉合众国案"(*Nixon v. United States)。其中,一联邦法官就参议院对他的弹劾提出质疑,其理由是,他并没有经过全体参议员参加的审理,而仅仅只受到一个参议院委员会的审理。联邦最高法院认为,有关弹劾程序合法性的问题应由参议院而不是法院决定。但是更多的情况下,大法官们会驳回政治问题的诉讼请求,并根据情况作出决定。

联邦最高法院与美国现代政治 联邦最高法院与美国政治之间的现代关系中具有两个显著的特征。首先,除偶尔发生的例外情形外,联邦最高法院在广泛的公共政策领域,尤其是对外政策和经济管制方面,特别遵从联邦政府。因为这些领域包含了现代联邦政府中最受争议的行为,因此联邦最高法院的遵从态度使得其不可能与国会全方位地产生对立——这里指与斯科特案件和"新政"系列案所表现出来的那种对立相当的对立。

联邦最高法院仍然维持着对国家重大问题作出判决的高度热情。联邦最高法院对个人与社区生活中特别重要问题的高度透明处理方式,实际上决定了它的判决必然将继续产生争议。因此,对于现代联邦最高法院来说,长期持续的浓郁的争论氛围已经成为常态。这种争论很可能要延续下去,尽管(或者也许因为)联邦最高法院在解释联邦宪法特定条款方面发生了变化。改变这种争论作为国家政治生活主要产品的状态,需要联邦最高法院在美国政治方面的角色发生剧烈的改变——一种如同联邦最高法院采用卡洛伦产品案评注四中所主张的观点将会带来的转换那样的基础性改变。

参考文献 Henry J. Abraham, *Justices Presidents, and Senators: A Political History of Appointments to the Supreme Court*, 3d ed. (1991); Alexander M. Bickel, *The Least Dangerous Branch: The Supreme Court at the Bar of Politics* (1962); Robert A. Dahl, "Decision-Making in a Democracy: The Supreme Court as a National Policy-Maker", *Journal of Public Law* 6 (1957): pp. 279-295; Lee Epstein, "Courts and Interest Groups," in *The American Courts: A Critical Assessment*, edited by John B. Gates and Charles A. Johnson (1991), pp. 335-371; William Lasser, *The Limits of Judicial Power: The Supreme Court in American Politics* (1988); Robert McLoskey, *The American Supreme Court* (1960), 3rd ed., revised by Sanford Levinson (2000); David M. O'Brien, *Storm Center: The Supreme Court in American Politics*, 2nd ed. (1990); Laurence H. Tribe, *American Court in American Constitutional Law*, 2d ed. (1988); Charles Warren, *The Supreme Court in United States History, 1836-1918*, 2 vols. (1926).

[William Lasser 撰;邓宏光、潘林伟译;常传领、邵海校]

政治问题[Political Questions]

政治问题历来被美国联邦最高法院认为是不适合通过司法途径解决的问题(参见 Justicibility)。虽然联邦最高法院对一些涉及政治问题的案件享有管辖权,但它经常选择不对该问题进行判决,而是更愿意将该问题留给政府的"政治机关"解决。

定义政治问题的首次尝试 首席大法官约翰·马歇尔(John *Marshall)主张,如果联邦最高法院受理的案件符合宪法规定的司法审查标准[例如,它满足了案件与争议的要求,或者出现了联邦问题(*Federal Questions)等],那么联邦最高法院有义务根据其具体情况进行判决。在"科恩诉弗吉尼亚州案"(*Cohens v. Virginia)(1821)中,他说道:"我们发现联邦最高法院被授予对所有根据宪法和美国法律进行上诉案件的管辖权。我们发现这种授权没有规定例外情况,我们不能添加(这种例外情况)"(p.109)。

但与此同时,联邦最高法院也认识到对宪法进行如此严格地解释在实践中是不可行的,特别是在一个案件存在可能被推入无名的政治领域的威胁时更是如此。马歇尔在"马伯里诉麦迪逊案"(*Marbury v. Madison)(1803)中也感觉到这种困境，他在该案判决中写道"联邦最高法院管辖的范围仅仅是对个体权利进行裁判……具有政治性质的问题……从来不是由本法院来处理的"(p.168)。此后不久，产生了一种与"不具可诉性"的政治问题有关的新的案件类型。

由联邦最高法院大多数大法官对政治问题进行定义首先发生在"卢瑟诉博登案"(*Luther v. Borden)(1849)中。卢瑟起诉博登的行为构成侵权，在罗德岛引发了被称为"多尔叛乱"(Dorr Rebellion)(1842)的政治骚乱期间，一群公民长期以来就对政府的现存宪章所作出的不合理议席分配和剥夺公民选举权的行为表示强烈不满，并试图取代该政府(参见 Fair Representation)。他们召开了一场法外的立宪会议，进行选举，并宣布成立一个新的、更民主的政府，选举托马斯·W.多尔(Thomas W. Dorr)作为该政府组织的首脑。州宪法政府否认了多尔政府的合法性，并试图以武力维持它对该州的政治统治。在职的州长宣布实行战争状态法，许多叛乱领导被逮捕了，其中包括多尔。多尔派势力然后试图迫使宪法政府根据《宪法》第4条的保障条款的规定宣布不合宪。根据《宪法》第4条的保障条款的规定，美国政府必须保障每个州实行"共和政体"。

首席大法官伯格·B.托尼在卢瑟案的观点中列举了许多理由说明为什么联邦最高法院不应当对该案进行裁判。他注意到，如果法院裁定一个新政府是否取代既存的政府，那么将会造成混乱。但他认为最根本的问题是联邦最高法院没有约束其作出判决的标准，它是一项宪法委诸其他政府机构处理的争议。《宪法》第4条保障条款对共和政府的保障并不是一个联邦最高法院能够或应该执行的标准，因此它是一个不具可诉性的政治性问题。

有意思的是，这种"政治问题原则"(从其暗示联邦最高法院从不对政治问题进行裁判的意义上说，它是用词不当的)，其存在却毋庸置疑地展示了司法程序所包含的政治特征。大法官们应当含蓄地或直白地考虑权力及其影响的问题、影响联邦最高法院声誉和地位的问题、司法与其他政府机关之间的关系问题，以及联邦最高法院对特定案件进行有效裁判的能力这一实效性问题，所有这一切，似乎都掩饰了联邦最高法院只对"非政治性"问题进行裁判这一内在的职责定位。

因此，政治问题原则并不是一个宪法要求的对适合或不适合由联邦最高法院受理的问题进行区分的界限，而只是一种自由裁量的工具，据此，联邦最高法院可以避免审理特定的"不便处理的"问题。它没有确切的范围，如何适用也不清楚。实际上直到卢瑟案一百多年之后，联邦最高法院才对界定哪些是政治问题和哪些不是政治问题提出了一个方案。

议席重新分配系列案 让联邦最高法院审理议席重新分配系列案(*reapportionment cases)而产生的政治压力使得联邦最高法院不得不对政治问题原则进行现代意义上的重新评价。"科尔格罗夫诉格林案"(*Colegrove v. Green)(1946)是一起涉及伊利诺伊州国会议席选区划分是否不恰当地剥夺了公民选举权的案件。费利克斯·法兰克福特大法官代表的多元意见认为，联邦最高法院不应当介入议席名额分配案中，该判决表明联邦最高法院认为所有的重新分配案都是不可诉的。后来的判决将这样的警告看成是代表联邦最高法院的多数大法官的意见。到1960年时，情况已经很清楚，只有司法介入才可能打破这种议席名额分配方面的州立法僵局。联邦最高法院真正对不合理地分配议席名额问题进行判决是"戈米利恩诉莱特富特案"(*Gomillion v. Lightfoot)(1960)。有意思的是，该案的判决意见也是由法兰克福特大法官撰写的，但戈米利恩案中涉及的问题是一个带有种族性的操纵选区划分问题，因此法兰克福特大法官便绕过议席分配问题——即绕过了其以前审理的科尔格罗夫案先例——认定该案是一个涉及联邦宪法第十五修正案的投票权问题(参见 Vote Right to)。

尽管如此，议席重新分配问题还是仍然存在，该问题直到1961年和1962年拜伦·怀特(Byron *White)及阿瑟·戈德堡(Arthur *Goldberg)就任后，联邦最高法院才形成足够的多数票避开科尔格罗夫案这一先例。"贝克诉卡尔案"(*Baker v. Carr)(1962)是一个对田纳西州议席名额分配提起质疑的案件，联邦最高法院以6比2的表决结果作出判决，威廉·J.布伦南代表联邦最高法院的多数派撰写判决文书，在判决中重新评价了政治问题原则，并且提出了一套新的、更为严格的确定不可诉问题的方案：

含有政治问题的任何案件在表面上会有以下方面的突出显现：存在文本上可以解释的、要求将该问题交由协调政府部门解决的宪法意图；或者欠缺司法上可发现并可操控的解决该问题的标准，或者在没有先期的、非司法裁量性的、较清晰的政策判断之前，判决不具备可能性；或者在相应、适当的政府协调部门未明确表示不参与的情况下联邦最高法院独立解决不具可能性；或者对已经作出的政治决策存在需要毫不犹疑地予以遵从的特别需要；或者存在由不同部门对同一问题作出多种宣告而引起尴尬局面的潜在可能性(p.217)。

布伦南承认宪法保障条款问题是不具有可诉性的(到现在该问题仍然如此)。但他注意到，贝克案也是根据联邦宪法平等保护(*equal protection)条款而提出的，注意到它并不涉及分权问题，而且也符合他的程式化的可诉性标准。议席重新分配案现在是可诉的案件了。法兰克福特大法官极力表示反对（这是他最后的不同意见），他重复了科尔格罗夫案的观点，认为联邦最高法院陷入议席重新分配的政治丛林(*political thicket)中是不明智的，这样做也违反了司法的自我约束(*Judicial self-restraint)原则。贝克案的判决是一个里程碑式的判决，这不仅因为它使议席重新分配问题司法化，而且因为它限制了政治问题原则的范围。它也逐步成为沃伦时期联邦最高法院积极司法哲学的一个标志。

联邦最高法院在"鲍威尔诉麦科马克案"(*Powell v. McCormack)(1969)中进一步显示了其限制政治问题原则的决心。在1966年11月小亚当·克莱顿·鲍威尔（Adam Clayton Powell, Jr.）——一位浮夸的黑人牧师兼政治领袖又被选举为国会议员，他从1942年起就一直被哈伦选区选举为国会议员。因为他被指控存在不正当地使用国会基金和其他政治不当行为，因此众议院不允许他参加1969年11月举行的第90届会议，并在该次会议上投票决定取消其众议院议员资格。鲍威尔和他的一些支持者向联邦地区法院提起诉讼，认为只有在他不满足《联邦宪法》第1条第2款规定的年龄、国籍和住所要求时，众议院才可以取消他的众议院议员资格，但这些条件他明显是符合的。在上诉审时，联邦最高法院同意他的看法，它认定，不按宪法规定的理由取消议员资格，并没有出现不可诉的政治问题。因此，联邦最高法院最终判定，鲍威尔被非法地剥夺了众议院议员资格。

在贝克案和鲍威尔案之后，许多法学家承认政治问题原则的作用已经不大了。例如在拉乌尔·伯杰(Raoul Berger)颇具盛名的专著《弹劾》(Impeachment)(1973)一书中，就强有力地指出，这两个案件如此程度地削弱了政治问题原则，以至对参议院审理弹劾(*impeachment)指控所作的裁判进行司法审查这种预设性的问题，又重新提了出来，而这个问题长期以来是被认为不能进行司法审查的。他指出，宪法第2条第2款对取消议员资格的种类的规定，比界定弹劾的条款（叛国罪、行贿受贿以及犯重罪和轻罪）清楚得多，因此，他认为，根据贝克案提出的政治问题第一标准，弹劾问题将不再认为是一种不可诉的政治问题。此外，他还认为，正是像卢瑟诉博登等案中那样的事实问题，而不仅仅是确定的"宪法界限"的问题，暗含了政治问题原则。

伯杰指出，鲍威尔案代表了一种普遍的主张：联邦最高法院可以对任何超过管辖范围或僭越权力的政府行为进行调查。他认为，宪法中隐含着这样一个普遍的原则：任何专断的权力都应当受到谴责，因此，所有宪法上的限制都可以司法执行。然而，尽管伯杰的观点得到了广泛的讨论，但它明显夸大了贝克案和鲍威尔案的作用；政治问题原则还远没有销声匿迹。

政治问题与分权 尽管贝克案标准至少已经表明分权问题是属于可诉性限制之外的或接近可诉性限制界限的问题，但鲍威尔案和后来的案件在这个问题上都没有走得更远。例如，在审理1983年的"移民归化局诉查德案"(Immigration and Naturalization Service v. Chadha)时，联邦最高法院就认定立法机构的否决无效。联邦最高法院认为，分权(*separation of powers)问题（只是）在某些时候才是不可诉的。同样，在1979年的"戈德沃特诉卡特案"(*Goldwater v. Carter)中，只有4名大法官认为，总统单方面终止条约是一个不可诉的政治问题。尽管如此，甚至在贝克案和鲍威尔案以前，总统处理外交事务的权力也被认为是不可诉的政治问题（另请参见Foreign Affairs and Foreign Policy）。

传统上高度遵从行政机构决策的战争权案件为联邦最高法院提供了另一个发展贝克案原则的机会。例如，越南战争(*Vietnam War)就为法院考虑该战争所产生的宪法性问题创造了许多良机。但是，在"霍尔茨曼诉施勒辛格案"(Holtzman v. Schlesinger)(1973)、"奥兰多诉莱尔德案"(Orlando v. Laird)(1971)和"莫拉诉麦克拉马拉案"(Mora v. McNamara)(1967)这些案件中，低级别法院却认为战争的合宪性问题不具有可诉性。使反战者大为震惊的是，联邦最高法院通过不颁发调卷令(*certiorari)这种方式避免了对这些案件的审理，虽然在莫拉案和以后的"马萨诸塞州诉莱尔德案"(Massachusetts v. Laird)(1970)中，许多法官认为，联邦最高法院至少应当坦然地面对是否具有可诉性的技术问题以及范围更广泛的危机时期司法机构的职责问题。

与此相似，20世纪80年代许多涉及美国在拉丁美洲部署部队的合宪性问题的案件也被低级别法院以不具有可诉性为由驳回了起诉。例如，在"克罗克特诉里根案"(Crockett v. Reagan)(1982)中，哥伦比亚地区的上诉法院就维持了驳回由29名国会议员提起的、对美国出兵萨尔瓦多行为的合法性提出质疑的初审判决。这些议员们认为，将军事人员驻扎在该地很可能导致非常严重的敌对行动，加上总统没有向国会报告，因而违反了《1973年战争权法》和宪法第1条的战争权条款。原告要求法院下令撤回美国部队。法院以政治问题原则为依据拒绝了原告的诉讼请求，驳回了该诉讼，上诉法院维持了该判决。联邦最高法院拒绝对该案颁发调卷令。

在1990年，53名众议员和1名参议员提起诉讼，要求禁止布什总统未获得国会授权而向海湾地区派出军事部队。行政机关辩称这种行为不属于宣战或需要取得国会支持的"战争"，而且，根据分权原则，这种行为也不属于法院受理的事项（参见Presidential Emergency Powers）。地区法院对后一种主张表示反对，认为这种行为"将国会的宪法权力置于需要总统言辞决策怜悯的地位,并指出,司法遵从就意味着对只有国会才有权宣战的宪法明确规定的规避。"但哈罗德·格林(Harold Greene)大法官还是拒绝了发布禁令。他说,该案并没有达到司法判决所要求的成熟性(*ripeness)程度,仅在国会两院大多数议员(不管是通过联合解决或者是通过参与诉讼的方式)清楚地表明国会要求联邦法院禁止总统的这种行为时,法院才可能进行判决。

政治问题与弹劾 弹劾同样体现了政治问题原则,1974年,理查德·M.尼克松总统的辞职使联邦最高法院没有机会去审查参议院提出的总统弹劾案。同样地,1999年参议院对比尔·克林顿总统提起的弹劾控告也因最终的无罪宣判阻止了它进入联邦最高法院。

但是,在"尼克松诉合众国案"(*Nixon v. United States)(1993)中,联邦最高法院最终还是就弹劾案作出了判决,这也是它第一次就弹劾案作出的判决。该案在一定程度上遵循了贝克案的思路,对传统政治问题原则的许多基本限制进行了重新确认。沃特·尼克松法官因对大陪审团作虚假陈述被判有罪,并因此入狱。由于尼克松法官拒绝辞职,故被众议院弹劾,并由参议院作出有罪判定,解除其职务。但是,尼克松法官坚持认为,参议院由一个委员会来举行听审,然后向参议院呈报证据材料,这种做法违反了《宪法》第1条弹劾条款关于"参议院享有审理所有弹劾案的专属权利"的规定。

首席大法官伦奎斯特代表联邦最高法院认定,将"审理"(try)仅看作允许参议院所采用的程序是相当不严密的(总统弹核除外);"专属的"(sole)一词也并不表明参议院只能统一行动。况且,无论如何,本案中并不存在"司法上可发现并可操控的"对参议院的行动进行评价的标准。伦奎斯特进一步指出,宪法并没有规定法院可以对弹劾案件的审理进行司法审查——"专属的"一词排除了任何类型的法院审查;而且,无论如何,联邦宪法中有关弹劾的规定构成了"提交政府协调性机构处理的……文本上可以解释的宪法意图"——这些使得它是不可诉的。

伦奎斯特的观点并没有明确地批评贝克案和鲍威尔案判决——相反,却部分地以它们为依据,但毋庸置疑,沃伦法院所作的大胆而激进的判决已经被更为传统的观点所取代了,或者,在联邦最高法院审理"布什诉戈尔案"(Bush v. Gere)(2000)之前,似乎是这样的。该判决表明,联邦最高法院的大多数是愿意审理那些仅在表面上符合贝克案所指"文本上可解释的宪法意图"标准的问题,布什案中,这种宪法意图就是宪法第十二修正案所规定的如下职责分配:将总统大选选票交由参议院议长进行统计,他应当在有参议员和众议员在场的情况下,打开所有的证书,然后,才能对选票进行清点计数。这种计票程序在《美国法典》的第三编有详细的规定,它要求议会而不是联邦最高法院来解决有关谁在州选举中获胜的争议。这项多数意见在很大程度上忽视了这样一个问题,即历史上类似案件中持不同意见者的观点。

无论如何,联邦最高法院在某些情形需要回避争论性的问题,这种需要是一直存在的。政治问题原则,不管其有哪些特别的限制,仍不失为一种便宜之计。现在,联邦最高法院已经享有了几乎完全的调卷令管辖裁量权,这使它在接受和拒绝案件方面取得了最大的灵活性——可以不作任何说明。联邦地方法院不享有这种裁量权,因此,该原则对它们来说仍然具有重要的意义。政治问题原则现在对于联邦最高法院来说,其作用似乎主要表现在:它可以不时利用它带来的机会向公众和低级别法院提醒遵守约束原则、尊重宪法约束界限的必要性,以及谨慎行使合众国司法权力的必要性。长期持续存在的、认为该原则不合宪,应当予以废除的观点,以及法院不应当仅仅因为这样做显得轻率,而拒绝审理一些适合审理的案件的观点,似乎并不会有什么市场。

参考文献 Raoul Berger, *Impeachment*:*The Constitutional Problems* (1973); J. Peter Mulhern, "In Defense of the Political Questions Doctrine," *University of Pennsylvania Law Review* 137 (1988): pp. 97-176; Martin Redish, "Judicial Review and the Political Question," *Northwestern University Law Review* 79 (1985): pp. 1031-1061.

[Joel B. Grossman 撰;邓宏光、潘林伟译;常传领、邵海校]

政治丛林[Political Thicket]

"政治丛林"一词来源于费利克斯·法兰克福特(Felix *Frankfurter)大法官在"科尔格罗夫诉格林案"(*Colegrove v. Green)(1946)中代表联邦最高法院(实际上只代表了两名大法官)提出的判决意见,在该案中,他主张联邦法院不应当审理议席重新分配的纠纷。他的原话是"支持这种行为[即作出宣告性判决(*declaratory judgement)认定伊利诺伊州分配国会议员选区的立法违宪]将会深深地侵害国会的权力。联邦最高法院不应陷入这种政治丛林之中"(p.556)。

法兰克福特法官的话本身很有生命力,因此它被广泛地引用,而且它一直被认为是对有关政府代表机构性质问题进行司法审查(*judicial review)的一种警告。法兰克福特大法官对首席大法官伯格·B.托尼(Rogere Brook *Taney)在"卢瑟诉博登案"(*Luther v. Borden)(1849)中首先提出的政治问题(*political questions)原则作出了呼应。然而,要支持下列观点似乎是困难的:许多可诉性问题,如政府强制实施种族隔离行为的合宪性问题,比较而言,不大可能使联邦最高法院卷入政治丛林(参见 Justiciability)。然而,如何最好地保障"公平而有效地代表",这个问题确实会比其他很多问题更可能引起尖锐的党派冲突(参见 Fair Representation)。也许正是在这个意义上,法兰克福特大法官的用语才显得引人注目。

大约16年之后,在"贝克诉卡尔案"(*Baker v. Carr)(1962)中,联邦最高法院抛开了法兰克福特的警告,对议席重新分配案打开了大门。两年后,在"雷诺兹诉西姆斯案"(*Reynolds v. Sims)(1964)中联邦最高法院在选区之间采纳了一种简单而易于操作的算术平均标准(参见 Reapportion)。在"戴维斯诉班德尔莫案"(*Davis v. Bandermer)(1986)中联邦最高法院通过判定党派之间的操纵选区划分问题具有可诉性从而在政治丛林中走得更远,即便它并没有召唤出大多数法官设计出判断这种操纵选区行为何时违宪的公式。缺少司法界一致共识也没有使联邦最高法院停止将种族性的重新划分选区行为宣布为非法,正如其在"肖诉雷诺案"(Shaw v. Reno)(1993)中所作的那样。

在其他大选和选举案件中,司法机关也继续深入政治丛林。1976年,在"巴克利诉瓦莱奥案"(*Buckley v. Valeo)中,联邦最高法院借用第一修正案,通过一般情况下维持对政治捐献的管制,而在立法限制政治性开支的情况下则拒绝维持的方式,为选举运动融资问题划定了一条模糊的法理界限。通过"埃尔罗德诉布恩斯案"(*Elrod v. Burns)(1976)和"奥黑尔卡车服务公司诉诺斯湖市案"(*O'Hare Truck Service, Inc. v. City of Northlake)(1996),联邦最高法院限制了政党赞助的实践,理由是其威胁了公共雇员或独立承包人的结社权。在驳回了科罗拉多州提出的要求对为了形成候选人动议而收集签名的方法进行管制的请求后,联邦最高法院在"巴克利诉美国宪法基金会案"(*Buckley v. American Constitutional Law Foundation)(1999)中的做法表明,它已经做好了准备,以更仔细地维护民主进程的完整性。2000年,联邦最高法院以平等保护条款为由,通过在"布什诉戈尔案"(*Bush v. Gore)(2000)中停止佛罗里达州2000年总统大选投票中的重新计票行为,又鲁莽地闯入了政治丛林。而反对意见则认为,该案是一个不具可诉性的政治问题。在联邦最高法院,对于判决停止有争议的佛罗里达州重新计票行为,而不将案件发回州最高法院并就如何确定伴随该案的没有标准的重新计票违反平等保护条款作出指导这种做法是否可取,也存在尖锐的分歧。联邦最高法院对布什案的介入,表明政治问题原则已经死亡,联邦最高法院愿意运用其司法权力监督选举程序的各个方面。

参考文献 David M O'Brien, *Constitutional Law and Politics: Struggles for Power and Government Accountability*, 5th ed. (2002), vol. 1, pp. 791-799, 867-873; Christopher P. Banks and John C. Green, eds., *Superintending Democracy: The Courts and the Political Process* (2001).

[J. W. Peltason 撰;Christopher P. Banks 修订;邓宏光、潘林伟译;常传领、邵海校]

波拉克,沃尔特·海尔普林因[Pollak, Walter Heilprin]

[1887年6月4日生于新泽西的桑密特(Summit),1940年10月卒于纽约]律师和公民自由主义者。波拉克利用联邦最高法院具有说服力的信念,通过将防止州侵害的保护"并入"联邦《权利法案》(*Bill of Rights)(参见 Incorporation Doctrine),在言论自由和刑事领域领导了一场统一国家宪法标准的运动。从1925年的"吉特洛诉纽约案"(*Gitlow v. New York)开始,联邦最高法院欣然接受了方案,将它作为一种对联邦宪法第十四修正案(the *Fourteenth Amendment)的恰当解释,并将言论和出版(*speech and press)自由视为联邦宪法第十四修正案规定的禁止各州专横地剥夺的"自由"。这种行为为后来将《权利法案》中大部分权利适用于各州打下了坚实的基础。尽管波拉克并没有成功地说服联邦最高法院将作为判定吉特洛有罪依据的纽约州限制性法律认定无效,也没有使联邦最高法院判定1927年"惠特尼诉加利福尼亚州案"(*Whitney v. California)所依据的加利福尼亚州犯罪集团法无效,但他的"并入原则"在1931年却颠覆了加利福尼亚州的"红旗法"(red flag law)和明尼苏达州"缄口法"(gag law),在1939年取缔了泽西市弗兰克·黑格(Frank Hague)市长对户外集会的镇压。

波拉克还致力于公平程序问题,这一点反映在他作为维柯山姆(Wickersham)委员会成员调查不法执行和指控方式这方面的工作上。他成功地说服联邦最高法院在"斯科茨伯勒男孩系列案"(Scottsboro boys)中撤销了两起独立的死刑判决(1931年3月,9名年龄在13岁至21岁的黑人男孩乘坐穿过亚拉巴马州乡村的敞篷货车时因斗殴被捕入狱。随后被控强奸了两名搭乘同列货车的白人女孩而受审。事发地点是斯科茨伯勒。其中的两名男孩就是鲍威尔和诺里斯,所以,"鲍威尔诉亚拉巴马州案"和"诺里斯诉亚拉巴马州案"是斯科茨伯勒案组成部分。斯科茨伯勒案在美国民权运动中具有重要的意义,有人认为,该案揭开了美国民权运动的序幕——译者)。第一例是因为被告在初审中没有得到辩护人充分辩护[鲍威尔诉亚拉巴马州(*Powell v. Alabama)(1932)],另一例是因为黑人被排除在陪审团名单外["诺里斯诉亚拉巴马州案"(*Norris v. Alabama)(1935)]。人们认为,他的工作取得"突出的成就",并且成为公民自由史上的一座丰碑。

[Paul L. Murphy 撰;邓宏光、华兵译;常传校]

波洛克诉农场主贷款与信托公司案[Pollock v. Farmers' Loan & Trust Co., (1)157 U. S. 429(1895)]

1895年3月7日至3月13日辩论,1895年4月8日分别以8比0、6比2和4比4的表决结果作出该案3部分判决,其中,富勒代表联邦最高法院起草判决意见,菲尔德持并存意见,怀特、哈伦、布朗和夏伊拉斯(Shiras)持异议,杰克逊没有参加投票表决。"波洛克诉农场主贷款与信托公司案"[(2)158U.S.601(1895)]1895年5月6日至5月8日对该案重新审理,1895年5月20日以5比4的表决结果作出判决,其中,富勒代表联邦最高法院起草判决意见,哈伦、布朗、杰克逊和怀特持异议。波洛克案并不是一个重要的先例,因为它已经被联邦宪法第十六修正案(the *Sixteenth Amendment)否定,并且在该修正案被采纳之前就有可能被联邦最高法院撤销。尽管如此,该案判决成为法院坚持放任自由的立宪主义(*laissezfaire constitutionalism)(参见Progreessivism)时期的最臭名昭著的例子之一。

该案争议的问题是1894年所得税法,它是国家在和平时期第一次试图对包括那些证券收入和公司利润之类的所得征税。税收本身并不是很重要——超出4000美元的每笔收入征收2%的平税——但它的原则非常重要。一方面,国家政府需要额外的财政收入以维持快速增加的各种活动。社会改革者也认为必须采取一定的行为以减少美国经济快速工业化造成的极大的贫富差距。另一方面,私人和企业则主张宪法保护他们不受这种财产再分配措施的侵害。

波洛克案是一起精心策划的案件(a contrived case),本案是一名股东提起诉讼要求禁止其银行支付该银行根本不愿意支付的税收。联邦最高法院同意加快对该案的审理,反映了尽快解决该问题的社会需要。

以纽约州的约瑟夫·霍奇斯·乔特(Joseph Hodges *Choate)为首的律师反对该税收,认为所得税违反了一致性原则并且它是一种只有在根据各州的人口比例征收时才符合宪法规定的"直接"税收。这两种理由都没有先例,而且长期以来都是对直接税收作狭义的解释。另外,联邦最高法院在"斯普林格诉合众国案"(*Springer v. United States)(1881)中支持了暂时性地征收美国内战(*Civil War)所得税,认为所得税不是直接税收。律师们部分支持了这一理由,并提出忠告,认为这种税收侵犯了个人财产权(*property rights)并迈出了通往共产主义之路的第一步。

在最初的判决中,联邦最高法院将该法律分成3部分,对每一部分进行了一次投票。首先,联邦最高法院一致认为对州公债和市政公债的收入进行征税实质上是对州本身征税,这种行为违反了州主权(*state sovereignty)原则。其次,由首席大法官梅尔维尔·富勒(Melville *Fuller)代表联邦最高法院提交的判决意见判定对不动产的收益进行征税构成直接税收。联邦最高法院大法官在这个问题上的表决比例为6比2,爱德华·D.怀特和约翰·马歇尔·哈伦(John Marshall *Harlan)大法官表示反对。第三,对于对私人和公司所得征收一般的税收是否构成直接税收这一问题,联邦最高法院大法官分成平等的两派,豪厄尔·杰克逊(Howell *Jackson)大法官没有参加评案表决,有证据表明亨利·布朗(Henry B. *Brown)、乔治·夏伊拉斯(George *Shiras)与怀特、哈伦大法官认为这种行为符合宪法。因此该税法的主要部分仍然有效。

没有一个人对这种结果表示满意,联邦最高法院立即表示就对一般收入征税这个问题重新进行审理。几近病危的杰克逊大法官挣扎着赶回华盛顿,毫无疑问,他希望他的这一票能够解决整个问题,以维持税收的效力。但是虽然他投了一张支持税收的赞成票,但另一位大法官(很可能是夏伊拉斯大法官)却改变了立场,结果是以5比4的表决结果否定了整个税收法的效力,因为它是一种必须在各州之间按人口比例进行征收的直接税。

对波洛克案的梗概性描述并不能充分地展现其充满感情色彩的背景。律师和法官对该案是否符合宪法的观点分歧很大;新闻报纸对该案进行了充分的报道,并插入了尖刻的编者按;哈伦私下里写道:斯蒂芬·J.菲尔德(Stephen J. *Field)大法官在整个案件中的行为就像一个"疯子",但持不同意见者也同样情绪化。毫无疑问,该案是该时期最有争议的案件。

1913年通过联邦宪法第十六修正案之后,只有一部分判决内容没有被否定,这就是禁止对州或市政公债的收入进行征税。虽然国会从来没有征收过这种税收,联邦最高法院还是在"南卡罗来纳州诉贝克案"(South Carolina v. Baker)(1988)中撤销了它在1895年作出的对这种行为的反对意见。

[Loren P. Beth 撰;邓宏光译;常传校]

成人人头税[Poll Taxes]①

通常是由地方政府对其辖区内成人征收的税收。从殖民时代到19世纪早期为止,美国一直存在

---

① 另请参见 Race and Racism;Vote,Right to。

着这种强制性的人头税,而且,在 19 世纪末,具有种族倾向的人头税又重新出现。1964 年批准的联邦宪法第二十四修正案(the *Twenty-Fourth Amendment)使联邦选举中征收人头税的行为不合法。

在美国殖民时代一般都存在这种税收,虽然偶尔有地方群体表示反对,但成人人头税并没有引起很大的注意。实际上美国宪法中规定了可以以这种税收筹集资金,只是必须按各州的人口比例进行征收(《宪法》第 1 条第 9 款)。但国会从来没有使用过这种权力筹集资金。

19 世纪早期,在要求全体白人男性享有选举权的民主化运动压力下,人头税制度已经日趋没落。但南部一些州却恢复了成人人头税以作为限制黑人公民参加政治选举的各种政策之一。在"布里德洛夫诉萨博尔斯案"(*Breedlove v. Suttles)(1937)中,查尔斯·巴特勒(Pierce *Butler)代表联邦最高法院的一致意见提出判决意见,认为州征收人头税是一种控制选举的合法行为。国会议员例行公事地提出宪法修正案(*constitutional amendments)以禁止在联邦选举时征收这种人头税,但是直到 1962 年国会才通过该修正案,当时只有 4 个州保留该制度。1962 年各州批准了该修正案。1966 年联邦最高法院在"哈珀诉弗吉尼亚州选举委员会案"(*Harper v. Virginia State Board of Elections)中,判定在州选举中征收人头税的规定违宪,从而推翻了布里德洛夫案的判决。该判决以宪法平等保护条款(*Equal Protection Clause)为基础,为以后更大范围内对可能侵犯公民权的行为进行司法监督扫清了道路。人头税在 20 世纪 60 年代后期已经完全废除,目前公民的投票权已经不再有这种负担。

[Thomas C. Mackey 撰;邓宏光译;常传领校]

联邦最高法院的公众形象[Popular Images of the Court]

美国公众对联邦最高法院的最早印象源于宪法批准之前报纸上的争论。建立一个强有力的联邦政府的倡导者,使得公众确信新的联邦法院将是政府中"危险最小的分支部门(*least dangerous branch)",因为它并不掌控财政或军队。在《联邦党人文集》(The *Federalist Papers)(1787—1788)中,亚历山大·汉密尔顿(Alexander *Hamilton)进一步论证了为保护有经验的法官免受国会或行政机关的侵害,在宪法中规定任期终身制和工资条款的必要性(第 78 篇)。另一方面,联邦最高法院的反对者则告诫说,利用其公众控制的独立地位,联邦最高法院可能会成为一种只关心其自身强大的专横机构。宾夕法尼亚州法官乔治·布赖恩(George Bryan)在他那封广为流传的"Centinel"(1787—1788)通信集中,描述了联邦最高法院可能与国会合作建立一个危险的联合政府,在该政府中,人民为了提起一起诉讼可能要奔波几百里(第 2 封信)。这种臆想的联邦最高法院的原形——一群柏拉图式卫士与阴谋的政治集团的对决——一直为有创意的作家提供着素材。

早期的小说家和剧作家在他们的作品中提及联邦最高法院时总是一笔带过。美国内战之前的几十年里,在普通美国人的心目中,华盛顿被认为是遥不可及的——几乎成了某个外国的首都,华府雇员很少以任何特别显著的方式介入公民日常生活。作为在一个人口分散稀疏国家的政府,共和政府必须得到地方和地区政府坚定的效忠,也必须具备一个鼓励私营企业活动与资本积累所允许的法律环境。在这样的背景下,法院对于文学想象几乎没有吸引力,尤其是当大多数作家相信法官仅仅是法律神谕的被动宣传者而并无权对重要公共政策进行修订时,情况更是如此。

一些早期的讽刺作家将法院的情景引入其故事情节中,并将其作为对华盛顿社区礼仪和习俗的更大范围的报道的一部分。典型情形是,在故事的某些地方,某个角色将会伴随观光客游历国会大厦,他们将在法庭辩论时在法庭前驻足。而此时,作者将会仔细描绘法官,并将他们刻画为共和党美德的具体体现者:年老博学而又公正无私。在其他一些充满幽默感的作品当中,对法袍的虔诚、神秘感的描述遍布于有关法院的章节当中,如查尔斯·贾里德·英格索尔(Charles Jared Ingersoll)的《英奇昆,杰苏伊特通信集:在合众国定居的晚期》(Inchiquin, the Jesuit's letter, During a Late Residence in the United States of American)(1810),以及乔治·沃特森(George Watterston)的《L······家庭在华盛顿》(The L... Family at Washington)(1822)。与之相似的是 1834 年的一部少见的政治卡通片,该片通过将法院作为由"宪法"铸就的公正基座顶端的象征来强调法院的道德权威。

与这些正直的司法形象相矛盾的是几部将大法官描述为与野心总统相勾结以破坏共和党政府的著作。J. 霍雷肖·尼科尔(J. Horatio Nichol)的戏剧《杰斐逊与自由》(Jefferson and Liberty)(1801)中暗示亚当斯政府试图在腐败的联邦司法体系帮助下在合众国建立一个特权阶层。按尼科尔的说法"恐怖盛行"与法院对不受欢迎的《煽动罪法》(*Sedition Act)的偏袒性实施相伴而生;他认为大法官塞缪尔·蔡斯(Samuel *Chase)是总统非法镇压政治异端的主要共谋。

此后的一代作家,纳撒尼尔·贝弗利·塔克(Nathaniel Beverley Tucker)在他预警性小说《同党领袖》(The Partisan Leader)(1836)中描述了一种与之类似的司法权滥用。故事开始于 1849 年,这正是第四任总统马丁·范布伦(Martin Van Buren)的中央集权政策迫使绝大多数南方各州成立为独立同盟的时期。为了保证其在北部和西部的残酷统治,范布伦依赖于其信任的一帮内部幕僚,其中包括联邦最高法院奴颜婢膝的大法官贝克。出于自身利益的考虑,贝克支持加强总统权力,甚至同意在华盛顿组织一个特别法院以对那些违反范布伦法令的叛国罪进行审判。

内战(*Civil War)之前,反对中央政府的司法情节也常常在想象力丰富的文学作品中得到描述。1861年,一个华盛顿的出版商重新出版了《同党领袖》一书,并以此作为南方各州密谋分裂长期存在的联邦的证据。特别在臭名昭著的德雷德·斯科特案(*Dred Scott)判决之后,反奴隶制作家更是将法院与这种阴谋联系起来。马丁·R.德拉尼(Martin R. Delany)的系列小说《布雷克》(*Blake*);以及《美国小屋》(*The Huts of America*)(1861—1862)将法院描述为奴隶主和北方种族主义者的巢穴,它曲解枉法以加快科顿王朝(the Cotton Kingdom)的政治议程。透过小说的主角布雷克,德拉尼将首席大法官罗杰·托尼(Roger *Taney)("合众国联邦最高法院的傀儡角色")与英国曼斯菲尔德勋爵(Lord Mansfield)———位有着"重要地位"的法学家相比较,后者在萨默塞特案(Somerset's case)(1772)中判决被带到英格兰的所有奴隶自动恢复自由。詹姆斯·罗素·洛厄尔(James Russell Lowell)的战时流行诗系列《比格罗诗稿》(*The Biglow Papers*)(1862—1866)中也相似地宣传了法院对南方政府的同情以及它对早期的战争努力所起到的阻碍。

没有一个作家将法院描述为一个工作机构,也没有一个作家试图将大法官的个人生活戏剧化。联邦法官在19世纪晚期的小说中没有留下任何重要痕迹。艾伯特·加勒廷·里德尔(Albert Gallatin Riddle)在他的华盛顿小说《爱丽丝·布南德》(*Alice Brand*)(1875)中,专章描写了首席大法官萨蒙·P.蔡斯(Salmon P. *Chase)在家中主持的一次招待会,其中暗示法院成员对其崇高社会地位的洋洋自得。然而,值得注意的是,在这部鸿篇巨制中,与法院相关的仅仅是一场招待会,而在国会和其他专门机构却充斥着其他形式的腐败。

事实上,在镀金年代(Gilded Age,指美国19世纪70—90年代。——译者注),与小说家和剧作家相比,卡通作家为读者提供了更多对法院的揭露。托马斯·纳斯特(Thomas Nast)在其1872年的一部讽刺性卡通中宣称大法官蔡斯和戴维·戴维斯(David *Davis)对总统权利的觊觎野心。为了揭露这一政治性机构的罪恶,纳斯特描绘了身穿法袍的两人坐在一张写着"公正?"的桌子之前的画面,他们的眼罩上写着"政治",而心中的天平却危险的偏向另一方。从另一不同的角度来说,在1885年一部值得纪念的"我们负担过重的联邦最高法院"的漫画中,约瑟夫·开普勒(Joseph Keppler)讽刺韦特(Waite)法院处理日益增长的案件的老式方法。开普勒的画描绘了在法院的会议室里,法官徒劳地用削尖了的铅笔圈阅未决案件,而此时,通信员还在不断地将装满新的诉讼状和上诉状的箱子堆在桌上和地上。

正如开普勒所描述的那样,到19世纪90年代为止,国父时代的那个农耕为主的闲适的共和国已经久不存在。在其地位已经上升的工业民主时代,血腥的劳工冲突不时威胁着与自由主义结盟的政治体系。世纪之交的改革者们,由于害怕一场成功的社会主义革命,尝试着从大公司最严峻的权利滥用当中保护工人和消费者的利益。随着1887年《州际商法》(the Interstate Commerce Act in 1887)的颁布,国会开始了对现代规范化国家的建立;法院通过它对这一国家立法的回顾,很快在公众心目中占领了更加突出的地位(参见 Interstate Commerce Commission; Administrative State)。

20世纪的前40年间,一系列相互矛盾的早期判决有助于形成法院在公众心目中的印象。1895年法官们推翻了卓有成效的所得税法,并拒绝执行《谢尔曼反托拉斯法》(*Sherman Antitrust Act)以反对民愤极大的糖业托拉斯,而且还同意由联邦法官颁布反对劳工争议的一系列禁令(*injunction)。可以预见的强烈抗议紧随其后,这些行动和受其影响而出现的乌托邦小说呼吁通过一场"和平"或"合法"的革命以恢复人民的政治权利。因为,在作者们看来,政府的每一个部门都被公司利益所控制,彻底的改革只能通过召开"人民会议",重新制订宪法来实现。新宪法应该由人民议案提出并赋予联邦政府近期已被法院否认的规范权力。

亨利·O.莫里斯(Henry O. Morris)通过不同版本发行的作品《等待信号》(*Waiting for The Signal*)(1897)比其他乌托邦作家更为有效地刻画了人民反对法院的斗争。莫里斯将生活当中的人物与他虚构的角色相融合,并赞赏尤金·德布斯(Eugene Debs)对联邦最高法院的重大攻击:

金钱如今控制着司法系统的每一个部门,甚至对联邦最高法院也是如此[德布斯宣称]。穷人没有办法进入联邦最高法院。联邦最高法院虽无所不能但却不对任何人负责。不久以前,国会通过了向国家富人阶层征税的法律,但法院却判定其违宪。在美利坚这块土地的法律之下:富人总是正确,而穷人总是错误。(p.228)

在莫里斯的故事当中,法院受到"百万富翁们"的影响,并不情愿的通过宣称所有谢尔曼法下的劳动组织无效来开展一次革命。从这以后,工人转入地下,与其他的不被认可的社会团体一道,组织秘密革命分会,并通过5月1日的一次兵不血刃的突然行动取代了政府(参见 Labour)。当法令一经恢复,普选会议起草了"人民宪法",恢复征收所得税,加强了反托拉斯法并将铁路和电信公司国有化。在这一新体系下,法官由国会选出,一届任期8年,8年之后,他们不能担任其他政治职务。

法院作为经济特权保护者的形象在20世纪早期的小说中经常重复出现。一些作家描述了法院与其为之利益服务的"看不见的政府"之间的直接联系。在雷金纳德·赖特·考夫曼(Reginald Wright Kauffman)的社会小说《蜘蛛网》(*The Spider's Web*)(1913)中,法官们仅仅是邪恶的"金钱权利"的受雇者,同时,在百老汇长期上映的查尔斯·克莱因(Charles Klein)的戏剧"狮子与老鼠"中,一位"财政上的拿破仑"发动了对法院唯一组成成员,不可能受贿的法官罗斯莫尔的弹劾案。

其他作者为法官的个人腐败开脱并对他们在社会经济条件下的保守判决辩解。在艾萨克·K.弗里德曼(Isaac K. Friedman)的《激进派》(*The Radical*)(1907)中,当法院拒绝通过联邦儿童劳动法案时,作者评论道:这些法官是"人,因而也可能犯错误,他们可能被他们所赖以存在、受教育和获得权利的阶级感情和偏见所左右"(p. 337)。而在罗伯特·赫里克(Robert Herrick)的《一命抵一命》(*A Life for a Life*)(1910)中,作者将法官描述为古代的逻辑机器,他们仅仅受到前工业时代的法律公式的程序控制。当一位政府律师在一项重要的反托拉斯案件中敦促法院应当顾及公共政策考量时,一位法官急切地追问到:"你们讨论的到底是法律还是衡平?"(p. 222)。被告公司赢了这场官司,因为它的律师避免提到公正或是道德并代之以"无可挑剔的逻辑"。赫里克的场景有效运用了世纪之交的合众国法理学,此时法律已经被广泛地认为是一种客观的科学,它的进步取决于严格遵循已建立的先例。

20世纪早期的卡通作家比起他们的先行者们来,对具体判决的评论要多得多。当法官赞成"斯威夫特及其公司诉合众国案"(*Swift and Co. v. United States*)(1905)中猪肉包装工业的联邦规定时,一部名为《华盛顿邮局》(*Washington Post*)的卡通片将法院描画为一位套住疯牛的合众国牛仔("肉业托拉斯")。相反的,在"哈默诉达根哈特案"(*Hammer v. Dagenhart*)(1918)中,司法宣布一部重要儿童劳动法无效判决引起了《解放者》杂志激烈的负面卡通反应。这幅卡通画的是一个靠近港口的抽着雪茄的老板带领一群营养不良的儿童进入一家工厂的场地,附解说词为:"现在,孩子们,让我们一起为联邦最高法院欢呼三声。"这些有所指的卡通批判,常常出现在结成辛迪加的报纸上或者发行广泛的杂志中,这证明了法院作为一个权威的国家机构在公众心目中增加了的知晓程度。

当第二次世界大战结束时,对大多数美国人来说,法院对经济管制的反应改变了它的公共形象,一些有创见的作者也考虑了有关民主权利判决对其的影响。萨顿·E. 格里格斯(Sutton E. Griggs)秘密出版的在非洲裔美国人社区发行广泛的小说将法院描绘为盎格鲁-撒克逊种族主义的堡垒。在格里格斯《帝国的最高权力》(*Imperium in Imperio*)(1899)一书中那位有着超凡魅力的黑人领袖评论道:"美国联邦最高法院,可能是人们用来维护所有与生俱来的对黑人怀有偏见的法律,并推翻任何维护黑人利益之法律的工具"(p. 237)。由于不能从白人的制度中得到公正,"最高权力"——一个黑人种族主义组织——在得克萨斯创造了平行的影子政府并准备开展一场反对美国白人的种族战争。其他作品,包括查尔斯·W. 切斯纳特(Charles W. Chesnutt)的《殖民地的梦想》(*The Colonel's Dream*)(1905)和沃特·F. 怀特的《火石中的火花》(*The Fire in the Flint*)(1924)都描述了在"普勒西诉弗格森案"(*Plessy v. Ferguson*)(1896)中被法院合法化了的罪恶的社会等级制度。

在20世纪30年代的大萧条中,美国人重新评价了他们在福兰克林·D. 罗斯福史无前例的经济复苏计划指引下的司法态度。保守派赞成法院对早期"新政"措施的反对立场并将法官描绘为负责任的共和党政府的最后保卫者。"联邦最高法院是我们的直布罗陀",戴维·密尔顿·普罗克特(David Milton Proctor)在《发薪日》(*Paydy*)(1936)一书中欢呼道,这对罗斯福政府来讲是一次讽刺的攻击。"我确信准备新经济立法的人从来没读过宪法。如果他们研究过它的话,应当通过一些更相符的措施。"

另一方面,对于自由主义者来说,法官们被视为蓄意阻挠者,他们将其意识形态的个人偏好与过时的宪法解释规范置于公共利益之上。由联邦电影项目委托制作的"生活报"中的作品提供了法院权利对影响普通合众国人未来健康和福利的最有力证明。"生活报"通过为广大读者设计的有限方式,将想象中的人物和事件与现实生活事件的翻版相结合来刻画当代的社会问题,正如每日新闻报道的那样。

在《权力》(*Power*)(1937)一书中,剧作家阿瑟·艾伦特(Arthue Arent)讨论了公共所有权与电力的分配,并将法院作为前工业时代的一种神带入他的描述当中。通过高等法院被9个启发性面具战胜的程式化表述方式,他直接引用了"阿什旺德诉田纳西河流管理局案"(Ashwander v. Tennessee Valley Authority)(1936)中多数派和少数派的观点,在该案中,判决在小范围限制下支持田纳西山谷当局法律的合宪化。当该判决宣布时,一个角色高呼到:"TVA当局胜利了!"人们涌上前台欢庆一次重大的胜利。但"生活报"关于电力公司将带给法院一个新的考验案例的报道将他们打断,而该案将决定TVA的最终命运以及"人们寻求控制他们的水力、积累盐资源并保持廉价能源的其他项目的命运"（p.88）。当前台的人们听到这个消息时都向前移动了一步，并问到"法院要做什么？"随后，舞台上出现了一个巨大的问号，幕布随之落下。

在艾伦特的戏剧首映之前的几个星期，总统宣布了新任命的6个法官以作为他"改革"法院的措施。这一不成功的最高法院人员布置计划（*court-packing）之战确保了庄重的卡通作家有机会使用一种司法权的新标志：法官们于1935年10月搬入的"大理石宫殿"。反罗斯福最好的卡通片之一描画了有着一个巨大靶子在前的法院建筑，而总统则在一边拿着一把刷子，号召"共和党人，当你们准备好之后，'开火'！"另一方面，政府的支持者们将法庭描画为一个被"公共福利"所制约的球，或者，将其描画为"新经济紧急救护车"的巨大障碍。

与卡通作家相比，没有一个小说家在另一1/4的世纪中，参与了法院之战。除了乔治·S.考夫曼（George S. Kaufman）和莫斯·哈特（Moss Hart）的音乐戏剧《我也许正确》（I'd Rather Be Right）（1937）之外，都没有形成任何舞台作品。在这部歌剧中，富兰克林·罗斯福绕着中央公园散步，试图努力思考出平衡预算的方案，以使菲尔和佩吉这一对年轻人可以结婚。然而，当他每次对一部法律想出一个新主意时，联邦最高法院的大法官们——看起来都像是查尔斯·E.休斯（Charles Evans *Hughes）的克隆人——就会从背后的岩石和草丛中站起来警告："噢，不！不！你不能！"最终，罗斯福认识到这些大法官对他如此疯狂的原因在于他有一次称他们为"老青蛙"。为证明他们不是青蛙，他们吹起尖利的口哨，召集了9名合唱团的好身材的姑娘加入他们并精力充沛地跳起了名为"开个宪法小玩笑"的舞蹈。这之后，他们又重新消失在灌木丛中。罗斯福看着他们，沉思道："你们知道，如果我建议再往台上加6个姑娘，我敢打赌他们一定会说'好的'（p.63）。"尽管法官们狡猾的老爷爷形象对公众理解法院没有任何帮助，但至少证明一贯与联邦最高法院相联系的庄严性暂时缺少时所受到的欢迎。

在20世纪40—50年代的几个新趋向中，法理学和文学联合将法院变成了有创造力的作家们更加迷人而可接近的描写主体。最重要是法院受理案件种类的主要变化。1937年之后，法院承认了联邦和州经济规范的合法性并将他们的注意力逐步转移到民事权利上来。通过宪法第十四修正案（*Fourteenth Amendment）的正当程序条款（*Due Process Clause），他们逐步对各州第一次实施了《人权宣言》的保障。这种风尚在沃伦法院时期（1953—1969）得到加速，此种风尚带来了曾经一度相互矛盾和前后不能连贯判决的一系列新问题，比如在国家刑事诉讼程序中犯罪嫌疑人的权利。

在司法传记中的某些进步提高了法院作为一种文学主体的魅力。凯瑟琳·德林克·鲍恩（Catherine Drinker Bowen）《从奥林匹克来的合众国人》（A Yankee from Olympus）（1944）的巨大成功——它依次成为了一本最畅销的书、一部戏剧、一部电影和一部电视剧——并强调了有关丰富多彩司法人格的个人生活的肥皂故事的确存在着广泛的市场。鲍恩夫人的多愁善感和某种程度上的腻味，奥利弗·温德尔·霍姆斯（Oliver Wendell *Holmes）的描画，在某种程度上应用了19世纪赚人眼泪的电影的方法，但是，不可否认的是人们对它的喜爱。

阿尔芬斯·托马斯·梅森（Alpheus Thomas Mason）在《哈伦·菲斯科·斯通》（Halan Fiske Stone）和《法律的栋梁》（Pillar of the Law）（1956）中进行了相当不同的构思和描述。它们都是赢得广泛褒奖的作品，它们对法院内部工作机构的描述是以前著作所未能做到的。梅森广泛引用了斯通的个人论文，它包括了在法官之间流通的其个人评论相关的草案观点。这些证据暴露了在重要的案件中法官们进行的争吵和讨价还价，一些评论家认为梅森破坏了法院的隐私。但是，他的书对法院的深思熟虑进行了有巨大价值的洞察，同时也为后来的司法传记提供了模式。流传下来的还包括鲍勃·伍德沃德（Bob Woodward）和斯科特·阿姆斯特朗（Scott Armstrong）最畅销的《兄弟：在联邦最高法院内部》（The Brethren: Inside the Supreme Court）（1979），其在很大程度上依赖于对大法官的法律助手们的访问。

随着关于法院的散文文学作品的增加，在美国文学中开始出现第一次正式描述联邦最高法院的作品。自从1963年以来，出现了9部著作，它们详细分析了由外到内施加给法院的压力。其中有7部小说：安德鲁·塔利（Andrew Tully）的《联邦最高法院》（Supreme Court）（1963）；威廉·伍尔福克（William Woolfolk）的《法院的观点》（Opinion of the Court）（1966）；亨利·登克（Henry Denker）的《强权的地方》（A Place for the Mighty）（1973）；沃特·F.墨菲（Walter F. Murphy）的《基督教皇》（The Vicar of Christ）（1979）；威廉·伍德福德（William Woolfolk）的《不再是梦》（No More Dreams）（1982）；马格丽特·杜鲁门（Margaret Truman）的《联邦最高法院的谋杀犯》（Murder in the Supreme）（1982）；以及艾伦·德鲁里（Allen Drury）的《判决》（Decision）（1983）。剩下的是两部戏剧：杰伊·布罗德（Jay Broad）《利益冲突》（A Conflict of Interest）（1972）以及杰罗姆·劳伦斯（Jerome Lawrence）和罗伯特·E.李（Robert E. Lee）的《十月的第一个星期一》（First Monday in October）（1978），后者在1981年被改编为电影。

总体来说，这些作品都遵循一个共同的公式：一个新法官被任命到法院。他（或她）碰到了兄弟，他们每一个都表达出了准确的司法哲学，并表现出了一些与众不同的个人怪癖。现实法官的身体及智力特征被小心地混在一起,以至于可辨别的自由主义者像保守主义者一般出现,或者相反。新任命的法官发现他(她)们自己立即淹没在一系列发人深省的案例中。这些普遍与近来民事权利相关的事件受到了媒体广泛的讨论。在听取了口头辩论之后,法官们个个深思熟虑,甚至于搜肠刮肚,都认识到了他们工作的历史意义。就像《基督教皇》中一个角色所表述的那样,"法官可以看出一个成熟的观点并知道它将影响法律的未来发展,甚而影响西方文明"(p. 138)。更衣室(*robing room)时常燃起争吵的怒火和口角,尖酸的辩论时常回响在会议桌旁。但是,在某种程度上,对事业的忠诚将领先于个体差异,通常在一项新的法院一揽子计划中和一项严重的弹劾案的情况下,法官们会同仇敌忾使法院免于外部危机。

为了平衡这种职业紧张,大多数作者加上了对困难的国内问题的普遍分担。在许多案例中,主要的司法角色就像是早期中世纪的人一样出现,其所涉及的浪漫事件减损了法院的道德影响。有以下一些例子:法院最年轻的法官,43岁英俊文雅的弗朗西斯·多尔顿,正计划与一位美丽的女演员结婚,当他知道其隐藏的丑闻历史将会震惊公众并将困扰一些同胞时,他应该结婚吗(《联邦最高法院》)?或者,一位46岁的大法官,一个粗壮的内布拉斯加人,是否应该与他结婚25年但从未受过的妻子离异,而另娶一位令人兴奋但即将秘密死于白血病的报业女杰(《法院的观点》)?这些情况暗示出这些著作的主要弱点:尽管它们有着好的研究背景,但最有野心的著作也不能脱离肥皂剧的窠臼。

他们也不能证明法院在美国人想象当中作为少数人利益保护者的重要位置。包括风行一时的《搜索网》(1967—1970)在内的无数电视罪案片,都使观众们熟识了为1966年米兰达(*Miranda)判决所界定的犯罪嫌疑人的权利;而且许多其他的影视作品也发展了法院废除种族隔离制度的影响。尤其是沃伦法院成为平等主义的有力象征,如在《吉迪恩的喇叭》中描写的那样,该电视剧将他看得与他们合众国早期的前任法官一样聪明和公正。

而事实上,其他一些作家严厉谴责了法院的激进主义,特别是在刑事审判领域。德鲁里的《判决》表达了对受害者权利运动同情的观点,而这一观点在它的支持者——一位自由主义的法官加入到激烈的反对由米兰达强加于警察身上的种种限制的微弱的四人小组当中时达到了高潮。在对沃伦法院遗产的攻击的背后,隐藏着一个从更加有代表性的政府机构夺权的权威司法形象(参见 Judicial Activism)。"最近几次,联邦法院法官赋予他们自己不顾以前所有判例的权力,转而在事实上追求他们自己的社会政治信仰。"亨利·登克引起争议的小说《斯潘塞法官的异议》(1986)中,老套角色亨利·斯潘塞法官抱怨道:"联邦法院的造法权以及解释法律的权利都已成为我们司法体系的一部分。"

从一定程度的不同视角来看,1987年就罗伯特·H.博克(Robert H. *Bork)以及1991年就克拉伦斯·托马斯(Clarence *Thomas)大法官任职的严厉听证,为几百万电视观众就单个法官在某些有争议的领域改变法律的权力有了进一步了解。基于这种个性化的司法判决观点,约翰·格里山姆在其畅销的悬念小说《鹈鹕之死》中,将联邦最高法院作为其构思的中心。格里山姆的故事情节以两个环保主义者法官被一个富有的企业家雇用的杀手谋杀而开始,这两个法官刚刚被保守的总统任命上任,该企业家就谋划保住其在野生动物保护区价值颇高的石油钻探权。小说的大部分都沿着书记官努力揭开谋杀阴谋真相的思路展开,但其隐含的信息是清楚的:法院组成的细微变化都会导致法律可预见的重大变化。

这种意识形态决定论者的形象决非仅存在于小说中,宗教广播的播音员帕特·罗伯逊(Pat Robertson)曾敦促其众多的听众祈求上帝将三个倾向于支持生育选择的大法官从联邦最高法院逐出,"解剖最高法院之自由"就是由罗伯逊于2003年7月7日在基督教广播网实施的,他试图通过21天的祈祷,以感动万能的上帝,说服这些"迷路的"法学家退休。"在他们退休而新的保守的法官继任后,联邦司法机关的法理学会发生重大的改变",他声称,这种改变将毫无疑问地包括最终抛弃罗诉韦德案的观点。

在大众文化中,对联邦最高法院的提及一直持续大量的增加。2002年的前几个月,大法官们第一次成了黄金时段播放的每小时1集,每天2集的电视连续剧中的焦点人物。令人欣慰的是,不论是《第一个星期一》,还是《联邦最高法院》,都一点没有偏离构思良好的情节主线和司法典型化的模板。每个片中都出现了一个新到的大法官在意见严重分歧的法庭中,处于摇摆不定的投票状态,并发现他(《第一个星期天》)或她(《联邦最高法院》)自己也受到来自其他大法官的游说。而法院面对的某些问题也是很现代的问题,如《第一个星期一》的前面的几集就涉及对一个智障年轻人适用死刑的合法性问题,以及一个16岁的姑娘在其父母反对的情况下进行堕胎的权利问题。这些电视连续剧的作者还对大法官秘书的生活给予了关注,以吸引年轻观众。在2001年纽约和华盛顿发生的"9·11"恐怖袭击之后,某些情节还关注了大法官对不断升级的安全问题的担忧。

这两个节目一直试图展示一种联邦最高法院的亲和的、经过无害化处理的形象,但是,当《第一个星期一》进入大法官投票交易的主题后,作者迅速地从法院的某些成员正在进行一项政治议程的暗示中游离出来(确实,一年多以前,伦奎斯特法院确曾以一种戏剧性的、史无前例的方式对政治程序进行过干预,在 2000 年"布什诉戈尔案"中,联邦最高法院以 5 比 4 的表决结果作出裁定,决定了一项争论激烈的总统选举的结果,并产生了对司法公正性主张长期持续的怀疑),观众对于两个虚构的法院的兴趣很快进入高潮,但又迅速消退,通过有点奇怪的演员班子和一些幽默的角色表现(包括一个爱对受审查的案件信口开河地作五行打油诗的年老的大法官),《第一个星期一》比播放进度仅差四集的《联邦最高法院》获得了更多的观众。

尽管联邦最高法院在 21 世纪初期在大众媒体中有了更多的曝光,但是,对大多数美国人来说,它还是存在某种程度的神秘色彩。从沃特森时代到现在,有创造性的作家时常将大法官们看作是一个类似教士的阶层,这主要是指他们的职责在于将宪法模棱两可的语言解释清楚。肤浅地说,黑色的法官袍强化了这种形象。百老汇戏剧《利益冲突》中的一个角色评论道:"人们认为,如果一人成为一名法官,他就好像行了宣福礼,从那天之后,就成了一个圣人,甚至连浴室也不会去了。"(p.38)但从一个更有意义的层面上来说,法官确实扮演着国家良知守护神的角色。他们每天被感召着,在民主价值的指引下,在相互矛盾的社会政策中进行选择,并以此来形构不断变化的国家特征。这个进程是探索性的、永无止境的、充满着丰富的文学蕴涵。

参考文献 Bernard W. Bell, *The Afro-American Novel and Its Tradition* (1987); Maxwell Bloomfield "The Supreme Court in American Popular Culture", *Journal of American Culture* 4 (Winter 1981): 1-13; Robert A. Ferguson, *Law and Letters in American Culture* (1984). Michael Kammen, *A Machine That Would Go Of Itself: The Constitution in American Culture* (1986); John D. Lewis ed., *Anti-Federalist versus Federalists: Selected Documents* (1967); Gordon Milne, *The American Political Novel* (1996); Caspar H. Nannes, *Politics in the American Drama* (1960); Pierre de Rohan, ed., *Federal Theatre Plays* (1938).

[Maxwell Bloomfiel 撰;王煜宇、许明月译;许明月校]

色情[Pornography]

参见 Obscenity and Pornography。

邮政权[Postal Power]

在《宪法》第 8 条第 1 款中,国会被授予"建立邮局及修建邮路的权力"。邮政权一直被解释为一种包含了一部分为建立路标和邮局明示权限和一部分为传递邮件及规范其快速安全送达的默示权限。邮政立法与管制通过宣布某些物品不得邮递来保护公共利益,如淫秽物品、诈骗信以及对人身或设施有危害的物品。

可适用的宪法性限制在宪法第一修正案有列举。自 1873 年的《康姆斯托克法》开始施行,联邦法律便开始禁止故意使用邮件传播淫秽物品,并且联邦最高法院也一直支持此类禁止措施,最近的一次是在"合众国诉雷德尔案"(United States v. Reidel)(1971)中。然而,在"拉蒙特诉邮电部长案"(Lamont v. Postmaster General)(1965)中,法院宣布对外国邮递"共产主义政治传单"的限制无效。法院还认为直接给邮政功能增加负担的法律无效。

在合众国早期,修建邮路通常意味着可以从国会获得支持地方建设经费的机会。直到 19 世纪 70 年代,美国邮局依然是一个行政机构,而美国总邮政官也是总统内阁中的一员。政治效率低下与经济亏损的双重累积产生了《1970 年邮政重组法》,该法创立了美国邮政服务公司作为一个从内阁中分离出来的、独立的公众公司,消除了由政治机构进行任命的控制,并保证了显著的自治。根据私人快递立法,国会授予合众国邮局信件邮递专营权,但是这些立法和其他可适用的管制规范,则允许私人快递服务参与竞争,并从事经营活动。

[Thomas E. Baker 撰;王煜宇译;潘林伟校]

贫困[Poverty]

参见 Indigency。

小鲍威尔,刘易斯·富兰克林[Powell, Lewis Franklin, Jr.]

(1907 年 11 月 19 日出生于弗吉利亚州的萨福克,1998 年卒于弗维吉利亚州的里士满,葬于弗吉利亚州里士满的好莱坞公墓)1972—1987 年,任大法官。作为一名举世尊崇和爱戴的大法官,鲍威尔是一位并不情愿的法院被提名者。他数次拒绝了总统理查德·尼克松指派他为法庭成员的请求,最后于 1971 年 10 月初碍于情面而同意。带着与生俱来与后天教育形成的涵养,鲍威尔无疑是合众国最负盛名的律师,也是最尊贵的老弗吉尼亚家族的后代(鲍威尔一世,是詹姆斯镇的最早殖民者,1607 年到达弗吉尼亚的土地)。作为弗吉尼亚海潮地区萨福克本地人,这位未来的大法官,考入了位于弗吉尼亚州莱克星顿(Lexington)的华盛顿和李大学,在那里,他于 1929 年以全班第一的成绩毕业。1931 年,他又在这里以 2 年的时间修完了通常 3 年修完的课程,获得了法学学位,1 年之后,在费利克斯·法兰克福特(Felix Frankfurter)和系主任罗斯科·庞德的指导下,他在哈佛大学取得了法学硕士学位(L L. M.)。

Lewis Franklin Powell, Jr.

鲍威尔后来加入了在里士满的"克里斯琴、巴顿和帕克"律师事务所,但是,2年之后,他又开始与"亨顿、安德森、威廉斯和穆尔"的律师事务所的时间更长的愉快合作(后来这一律师事务所成为极具有实力的"亨顿与威廉斯"大型律师事务所)。这一过程被他在"二战"期间多少有些点缀色彩的3年空军文职人员的役期而中断。复员之后,无论在社区还是在职业圈,他的影响和地位都迅速攀升。他担任了很多受人尊敬的显赫职位,包括下列组织的主席或总裁:美国律师协会,美国审判律师大学,里士满校区委员会,弗吉尼亚州教育理事会,威廉斯殖民地基金会,弗吉尼亚州图书馆委员会以及弗吉尼亚宪法修改委员会。

尽管作为弗吉尼亚州保守"机构"的一名组成人员,长期盛行隔离的南部地区的一个子民,在20世纪50年代,鲍威尔在主持里士满校区委员会期间,却公开的谴责伯德组织的反废除种族隔离的"介入"政策是"腐朽透顶的"。同时,从他在校区委员会期间的职业记录总体上看是以相对的不作为为标志的。实际上,正是鲍威尔领导了这一反伯德运动,并最终挫败了使种族隔离成为美国最"广泛持久的政策"的企图。早在1959年,当他还作为里士满校委主席供职时(1959—1961),他主持了一场成功的、没有任何骚乱的城市间校际合并——在"布朗诉教育理事会案"(*Brown v. Board of Education)之后仅仅4年,这是一场相当微妙和艰巨的工作。

当他获得联邦最高法院推荐提名时,美国律师协会司法委员会称他是"可得的最佳人选",而且弗吉尼亚"全国有色人种协进会"也支持他。国会以89比1的表决结果作出确认,鲍威尔在1972年7月1日宣誓就职,并迅速成为法院内最受欢迎的成员。他谨言慎行而又天生保守,谦和温文而又决无经院之风,他在联邦最高法院中心过得悠然惬意,常常在一些诸如政教分离等对抗激烈的关键性问题上投出自己决定性的一票。在30个主要判决中,他都站在胜利者一方,比法院中其他大法官都要多得多。在堕胎案件中他同样扮演着这种角色,在其参加审理的18个案件中,他坚持的立场都占上风。由于他作为法庭中温和"摇摆派"大法官经常投出决定性的一票,人们担心其可能的继任者罗伯特·H.博克(Robert H. *Bork)会持不同的法律哲学,这对后者的挫败,显然发挥了重要的作用(另请参见 Nominees, Rejection of)。

鲍威尔在两件案子中所扮演的角色可能最令人们难忘。其一是"加州大学校务委员诉巴基案"(*Regents of the University of California v. Bakke)(1978)。在本案中,他推翻了大学录取中的严重种族倾向的预留名额比例(投票结果为5比4),但是,同时又维护了"积极行动"原则。其二是1986年的"鲍尔斯诉哈德威奇案"(*Bowers v. Hardwick),本案中,鲍威尔试图在确认"反鸡奸法"合宪性问题上找到一条中间道路。尽管他希望在否决佐治亚州"反鸡奸法"的同时,又不对实施同性恋的行为确立一项宪法权利,但最终还是站到了多数意见一方,维持了佐治亚州的法律。鲍威尔在1987年退休。1990年,在一次面对某个法学院听众的场合,他承认自己参与多数派的做法"可能犯了一个错误"。

参考文献 Henry J. Abraham, Justices, *Presidents, and Senators: A History of U. S. Supreme Court Appointments from Washington to Clinton* (1999); John C. Jeffries Jr., *Justice Lewis F. Powell, Jr., A Biography* (1994).

[Henry J. Abraham 撰;王煜宇、潘林伟译;许明月、邵海校]

鲍威尔诉亚拉巴马州案[Powell v. Alabama, 287 U. S. 45(1932)]①

1932年10月辩论,1932年11月7日以7比3的表决结果作出判决,其中,萨瑟兰代表联邦最高法院起草判决意见,巴特勒和麦克雷诺兹持异议。"鲍威尔诉阿拉巴马案"是联邦最高法院审理的臭名昭著的斯考特伯罗案中的第一个。9名黑人青年

---

① 另请参见 Due Process, Procedural。

因为被控1931年3月在一辆货车上强奸了两名白人女性而在亚拉巴马附近的斯考特伯罗被逮捕。被告青年很快被指控并定罪为强奸。在审判当天,一位律师代表被告出庭,但指出他不愿正式地代理。初审法官当即宣布在场的所有当地律师协会的成员应当充任被告的代理律师。然而,大多数当地律师都从该案中退出。有2位律师确实代表被告出庭,但是,他们没有机会调查案件,仅在开庭前的30分钟对被告人进行了询问。8名被告被判有罪,并在草草的审理后被判处死刑,同时,陪审团对剩下一名被告的案子却未能形成有效意见。

在首席大法官约翰·C.安德森(John C. Anderson)反对的情况下,亚拉巴马州高等法院还是核准了7名被告的罪行,而驳回了对其中1名斯考特伯罗少年的指控,理由是,他是未成年人。接下来,在全国有色人种协进会(*National Association for the Advancement of Colored People)与国际劳工保护组织之间产生了激烈的斗争,由共产党人占大多数的国际劳工保护组织取得了对斯考特伯罗一案的控制权,在这一组织的鼓励下,"鲍威尔诉亚拉巴马州案"(Powell v. Alabama)被上诉到了联邦最高法院。

作为联邦最高法院的代言人,萨瑟兰大法官认为,根据宪法第十四修正案(the *Fourteenth Amedment)的正当程序条款,斯考特伯罗案的有罪判决必须被推翻。根据正当程序条款,各州必须给予刑事被告公正的审判,而获得律师辩护权(right to *counsel)也是整个诉讼程序不可分割的一部分。因而,至少就斯考特伯罗一案存在的情况来看,法庭没有为贫穷的被告指派律师即是否认了他们获得公正审判的权利。作为不同意法院对斯考特伯罗案进行重审的大法官,皮尔斯·巴特勒(Pierce *Butler)与詹姆斯·C.麦克雷诺兹(James *McReynolds)认为被告已经获得了律师的有效帮助。他们认为联邦最高法院发回重审是通过司法行政手段不正当地干预州法院。

鲍威尔一案是联邦最高法院首次判明正当程序条款要求州法院为那些缺乏律师代理将产生不公正的审判结果的贫穷的被告指定辩护人。然而,联邦最高法院并没有在鲍威尔一案中判定将宪法第六修正案的律师援助条款适用于各州。联邦最高法院仅承认要求对刑事犯罪被告人进行公正审判的宪法第十四修正案正当程序条款,而且在一些案例中,除非被告由律师代理,否则一场公正的审判将得不到保障。在鲍威尔判决之后,法院将遵从正当程序条款要求州法院在所有死刑案中为贫穷的被告指定律师的原则,对于那些非死刑案,指派律师的情况则只在没有指派律师将会导致不公正审判的情况下出现。与此相对,宪法第六修正案要求的法庭强制指派原则要求联邦法院为所有的严重刑事案件被告指定辩护人,不论是死刑案还是非死刑案。

然而,在"吉迪恩诉温赖特案"(*Gideon v. Wainwright)(1963)中,联邦最高法院认为宪法第十四修正案正当程序条款要求为所有州受理案件中被指控犯重罪的贫穷被告指定律师,无论所控罪行是否为死刑。这就使规范州法院中指派辩护人权利的规则与在宪法第六修正案下适用于联邦法院的规则保持一致。吉迪恩案被看作是将宪法第六修正案的律师援助原则与宪法第十四修正案相结合,并将其适用于州的典型。而关于对宪法辩护权的解释,则发端于1932年"鲍威尔诉亚拉巴马州案"中的法院判决。

参考文献 Dan T. Carter, Scottsboro: A Tragedy of the American South, rev. ed. (1979).

[Richard C. Cortner 撰;王煜宇译;许明月校]

鲍威尔诉麦科马克案[Powell v. McCormack, 395 U.S. 486]①

1969年4月1日辩论,1969年6月16日以8比1的表决结果作出判决,其中,沃伦代表联邦最高法院起草判决意见,道格拉斯持并存意见,斯图尔特反对。1966年,亚当·克莱顿·鲍威尔这位耀眼的黑人国会议员,被他自1942年为之服务的哈莱姆区(Harlem,美国纽约市的一个区,居民大都为黑人——校者注)重新选出。因为存在关于对国会基金不正当使用的谣言(也因为,他的支持者认为他将成为劳动与教育理事会主席),众议院拒绝允许鲍威尔在19届国会换届之时走马上任。选举委员会的一份报告指出:他完全符合宪法第1条第2款规定的关于年龄、居住期及国籍条件的规定,但是,结论指出:他有着各种不适当行为的过错。该报告建议:可以允许其宣誓就职,但要处以4万美元的罚款并剥夺其资历资格(因此其担任主席的资格也被剥夺)。这一决议遭到众议院的反对,众议院以307票对116票通过将他开除(exclude)出19届国会的决议,并宣布其席位保持空缺。

鲍威尔和其支持者后来在联邦法院提起了诉讼,要求对他的开除是一种不适当的行为作出宣告性判决(*declaratory judgment),并要求法院颁布禁止将其开除出国会的禁令(*injunction),而且退还罚款。在诉讼进行之时鲍威尔又重新被选为第19届国会议员。他被允许就职但被罚款2.5万美元并剥夺其资历及担任委员会主席资格。

联邦最高法院认为,对国会成员提起的诉讼包括对国会发言人约翰·麦科马克的诉讼,违反了由《宪法》第1条第6款规定的言论与辩论条款(*Speech and Debate Clause)所保护的立法豁免权,

---

① 另请参见 Congress, Qualifications of Members of。

法院撤销了他们的被告资格。但是,同时认为当该诉讼将国会的诸如守门人和武装警卫等雇员作为被告之时是可能成立的。

政府则认为鲍威尔的起诉应驳回,因为国会关于开除其成员的决定构成一个不可诉的政治问题。根据"贝克诉卡尔案"(*Baker v. Carr)(1962)所确立的原则,法院不能判决的政治问题包括那些宪法已作出"明文的可证明的授权政府其他机构实施特殊权力"的部分(p.518)。法院认为,国会仅仅拥有按照宪法第1条第2款的特别规定来辨别其成员资格条件的权利。鲍威尔符合这些资格条件,因此,由于其他原因遭到开除是可以进行司法审查的——而且,至少在这一案例中,是违宪的。

联邦最高法院也考虑到是否投票开除可以被作为一次投票驱逐(expel)来理解,因为开除需要2/3多数通过方可作出决议。但它注意到发言人建议众议院,这是一次开除,只需要简单多数通过即可作出决议。而且,众议院的规则不赞成对上一届国会的不良行为人开除。因此,一次投票开除的决议不能被转换成可溯及上届国会的一次投票驱逐决议;开除和驱逐意义是不相等的。

如果鲍威尔真的因为错误行为而被国会驱逐,联邦最高法院能否对此进行司法审查,或者这是否构成一个不可诉的政治问题?法院没有给出正式的答案,尽管大法官威廉·O.道格拉斯在一项脚注中暗示一项驱逐决议是不能被司法审查的。但仍然没有得到回答的是:由于发现他(她)并不是公民或并不是选区适当居民的争议也可以作为司法审查的对象。

鲍威尔案严格遵循"贝克诉卡尔案"的先例,对政治问题原则进行了严格的限制,这样一来就将更大的司法干预浸入到政府其他机构的内部程序中。然而,似乎并没有达到那样的效果。举例来说,在联邦法院拒绝阐述其合法性的越南战争的许多案例中,政治问题原理,与贝克一案含义相反,被用来支持对司法权的限制。

[Joel B. Grossman 撰;王煜宇译;许明月校]

鲍尔斯诉俄亥俄州案[Powers v. Ohio, 499 U. S. 400 (1991)]①

1990年10月9日辩论,1991年4月1日以7比2的表决结果作出判决,其中,肯尼迪代表联邦最高法院起草判决意见,斯卡利亚反对。本案进一步阐明了"巴特森诉肯塔基州案"(*Batson v. Kentucky)(1986)的判决基础。联邦最高法院裁定,在刑事案件的控告中不能以种族为基础断然地排除可能充任陪审员的人,而不论被告与被排除的陪审员是否属于同一种族。大法官安东尼·肯尼迪(Anthony *Kennedy)写道:陪审团遴选中的种族歧视,破坏的不仅仅是被告得到辩护的权利,也破坏了陪审员"参加司法管理"的潜在权利(p.1368)。而且,联邦最高法院认为"一名刑事被告有资格以违反这些原则为由提出对被排除陪审团之外的潜在陪审员的平等保护权(*equal protection rights)"(p.1370)。

在不同意见中,大法官安东尼·斯卡利亚(Antonin *Scalia)认为,法院以前的判决只是寻求保护刑事被告免于其同种族的成员被排除出陪审团,并保证没有任何公民因种族的原因被排除于陪审团之外。他指出,"联邦最高法院长篇大论的分析的要旨和实质就是,由于否认了出现于被告审判中的其他人的平等保护权,即使没有影响到对被告审判的公平,被告也必须被释放"(p.1381)。

[William Lasser 撰;王煜宇译;许明月校]

公立学校的祈祷[Prayer in Public Schools]

参见 Religion; School Prayer and Bible Reading.

先例[Precedent]

法院遵从英美法普遍遵循先例原则("让先例说话")。这一原则认为法官应当以先例为指导并回答与先例密切相关的法律问题。相应的,当法院对案例进行判决时,必须遵循同一或相似先例并将其作为为未来案例所确立的原则。

对先例的遵从为法律提供了连续性和可预测性。举例来说,当联邦最高法院在"布朗诉教育理事会案"(*Brown v. Boardof Education)(1954)中判定种族隔离公立学校违宪,人们就可以合理预期其后关于种族隔离(*segregation)案例的判决将会与布朗案一致。联邦最高法院的判决不仅仅对法官们自己今后的判决有约束力,而且也对合众国的每一个低级别法院有约束力。这保证了全国的司法统一。因此,根据遵循先例原则,法院使人们在对法律稳定性充满信心的情况下有序的安排他们的个人事务、商业交易及民事关系。

"让先例说话"原则并不是不可违背的。司法判决往往建立在随着国家的发展可能变化的历史条件之上,而我们会不时发现,过去的法律解释失之偏颇。因而,法律制度认为新的先例将有必要代替旧的先例。布朗案本身就代替了在"普勒西诉弗格森案"(*Pless v. Eerguson)(1896)中确立的"隔离但公平(*separate but equal)"原则。所以,遵循先例,提高法律的稳定性并不意味着放弃合理的法律变革的机会。

[Thomas G. Walker 撰;王煜宇译;许明月校]

---

① 另请参见 Due Process, Precedural; Race and Racism; Trial by Jury。

优先自由原则 [Preferred Freedoms Doctrine]①

这一原则认为宪法保护的自由——主要指被宪法第一修正案所保证的自由,是自由社会的基石,因而应得到比其他宪法价值更多的司法保护。大法官奥利弗·温德尔·霍姆斯(Oliver Wendell *Holmes)是第一个提出这种区别的人。在"洛克纳诉纽约州案"(*Lochner v. New York)(1905)和"艾布拉姆斯诉合众国案"(*Abrams v. United States)(1919)中,他认为经济立法需要简单合理的基础来建立其合宪性;同时,他认为对言论自由的限制仅仅在具有"明显、即发的危险"(*clear and present danger)时才能证明其合理性。

在"帕尔可诉康涅狄格州案"(*Palko v. Connectict)(1937)中,大法官本杰明·卡多佐(Benjamin *Cardozo)重申了对自由与公正等基础性原则的偏好,他认为"这些原则是我们所有民事与政治制度的基石";"它们是自由的所有其他形式的摇篮以及不可分割的条件"(pp.327-328)。在"合众国诉卡洛伦产品公司案"(United States v. Carolene Products)(1938)的第四评注(*Footnote Four)中,大法官哈伦·斯通(Harlan *Stone)认为,限制政治程序或是敌视离散孤立的少数人的立法应该受到"更严格的司法审查"。

罗斯福法院时期,绝大多数大法官有力地确认了此项原则。威廉·O.道格拉斯(William O. *Douglas)大法官在"默多克诉宾夕法尼亚州案"(*Murdock v. Pennsylvania)(1943)中写道:"新闻自由、言论自由、宗教自由是处于优先地位的"(p.115)。而大法官胡果·布莱克(Hugo *Black)认为第一修正案是政府的心脏。但大法官费利克斯·法兰克福特(Felix *Frankurter)在"考瓦斯诉库珀案"(Kovacs v. Cooper)(1949)中指出这种次序排列是"有害的"(p.90)。事实上,法院后来发现不特别使用一套"优先自由"原理,对第一修正案的价值加以严格保护也是可能的。正如列奥拉多·利维(Leonard Levy)所说,"这一原则的实质已被严格审查(*strict scrutiny)、基础权利(*fundmental right)以及选择性并入等概念所吸收"(参见 Incorporation)。

[C. Herman Pritchett 撰;王煜宇译;许明月校]

孕妇、无能力与孕妇离职 [Pregnancy, Disability, and Maternity Leaves]②

联邦最高法院第一次就母亲状态和有收入雇用关系发表意见时就提出这两者之间必然存在矛盾。"马勒诉俄勒冈州案"(*Muller v. Oregon)(1908)在强调支持各州有权"为保护妇女权益"而限制其工作时间的同时强调妇女的"母性功能"(pp.422-423)。那时,只有仅仅1/5的美国妇女在家庭外工作。虽然,20世纪90年代的现在,一半以上学龄前儿童的母亲都有工作。但是社会和法院仍然在调解这些紧张关系之中举步维艰。

当然,妇女们依然要孕育后代。但是,不可否认,社会的性别角色在20世纪发生了巨大的变化。在其初始之时,丈夫养家糊口,妻子料理家务的老式家庭是社会的典型范式;但到世纪末,男人和女人都承担经济责任,然而,妇女们在家庭外增长的义务与男人们在家庭内增长的义务却不相适宜。也就是说,今天,大多数男人有1个工作,而大多数妇女则有2个工作。

从传统的意义上来讲,政府和公司都没有帮助妇女们处理其双重负担的愿望。雇主们一度解雇怀孕的工人或规定强制性的产期离职——直到"克利夫兰教育理事会诉拉弗勒案"(Cleveland Board of Education v. LaFleur)(1974)之后,情况才有所改变。因为该案的判决认为这类离职是缺乏合理目的的违法政策。但是,强制性离职并非是使工作与母性互不兼容的唯一政策。在拉弗勒案之外,法院在"吉杜迪格诉艾洛案"(*Geduldig v. Aiello)(1974)及"通用电力诉吉尔伯特案"(General Electric v. Gilbert)(1976)的相应判决中认定:将孕期的雇员排除于健康保险计划之外既没有破坏宪法也没有破坏民事权利法。大法官坚持认为这些政策并没有构成对妇女的歧视而仅仅是对怀孕的人和没有怀孕的人作出了区分;而且,既然怀孕是一种"自愿"行为,它与绝大多数残疾并不类似。

国会在这一领域比联邦最高法院要先行一步。1978年的《孕期歧视法》(PDA)就拒绝了吉杜迪格和吉尔伯特案的推理。雇主们现在必须将怀孕与任何其他的身体条件一视同仁。《孕期歧视法》并没有解决所有相关问题。如果孕期可以被视为许多暂时性不能工作的条件中的一种的话,分娩便成为其与其他条件相区别的重大事件:它产生了孩子。母亲在分娩之后经历的身体变化形成了其对孩子的情感联系。她可以单独哺乳,而且她是新生婴儿所需要的不断关怀的主要提供者。在这个意义上,家庭最好能由那些不把分娩与其他条件等同的政策来进行调整。分娩既是一个医学现象,也是一个社会心理学现象。

一些州在这一领域走在了联邦政府的前面。也是在1978年通过的加州《加利福尼亚公平雇佣与住房法》要求雇主保证4个月的"孕期丧失工作能力离职"。加利福尼亚联邦储蓄与贷款协会(加州)拒绝执行,并坚持认为该法已被1964年人权法第7编优先取代。对加州法律提出质疑的"加利福尼亚联邦储蓄与贷款协会诉格拉案"(California Federal

---

① 另请参见 Bill of Rights。
② 另请参见 Employmebt Descrimination; Gender。

Savings & Loan Association v. Guerra）是一起在审判前就引起喧然大波的案件。许多女权主义者认为这种类型的单性别政策将会加强妇女们在照料孩子中不成比例的责任。但是并非所有的女权主义者都表示赞同；一些人不仅将这一负担作为社会现实同时也作为自然的和渴望的状态。另一些批评家则害怕像加利福尼亚州那样的法律将使雇主因为不愿违反第 7 编而拒绝雇用育龄妇女。

这些复杂的情况仅仅只是格拉案的表面。大法官瑟古德·马歇尔（Thurgood *Marshall）代表 6 比 3 的多数票认为，州法符合《孕期歧视法》的目的，即"保证妇女全面、平等地参加工作的权利，同时也不否认它们全面参与家庭生活的基本权利"。（p.289）尽管性别中立的父母离职可能是更好的政策，格拉案的结果却是敏感的。如果将怀孕与分娩划入暂时丧失工作能力的条件范围之内，它们必须得到与该类条件相似的处理。如果将分娩置于产生特殊社会关系与社会责任的范围之内，它可以被作为与身体条件不同的问题区别对待。如果说联邦最高法院未能强制社会去适应妇女的双重角色的话，那么它至少没有阻碍社会的这一努力。

参考文献 Sylvia Ann Hewlett, *A Lesser Life: The Myth of Women' Libertion in America*(1986).

[Judith A. Baser 撰；王煜宇译；许明月校]

总统紧急权力[Presidential Emergency Powers]①

尽管界限有时不甚明显，总统紧急权力还是可以被分为两大类：即基于总统自身的特权在紧急状态下行动的权利和根据法律享有的在已宣布的紧急状态下的权力。后者在美国法律早已确立，而前者在宪政理论上，还存在很多争议。

宪法文本中并不存在赋予总统在紧急状态下根据自己的裁量而行使的权力的规定。有时，这种权力被认为是从"授权条款"（"美利坚合众国的行政权力赋予总统"）和总统就职宣誓（"我将忠实履行合众国总统的职责，并愿尽我最大的努力坚持、保护和维护合众国宪法"）中推演而来——只有总统就职宣言为宪法所明定。

然而，据克林顿·罗希特（Clinton Rossiter）在其《合宪的专政》（Constitutional Dictatorship）一书（1963 年第二版）中所说：宪法起草者也许并不希望公共官员可以在未来的一些危机中超越宪法规定的正常制定和实施法律的程序。事实上，《宪法》第 2 条第 3 款已善意警示了总统所应受的约束，该警示指出总统"应当谨慎作为，确保法律得以忠实的执行"。《联邦党人文集》第 23 篇和第 28 篇，则对宪法可以适用于任何紧急状态的观点进行了阐述。

另一方面，政府依据人民的同意与法律而成立的哲学传统，承认共和国执政官有权在紧急状态下采取行动。马基雅维利（Machiavelli，佛罗伦萨政治家、历史学家）在他的《论利维斯著罗马史前十书》（Discourses on the First Ten Books of Titus Livius）中写道"那些在危急时刻不能借助专政的共和党人在重大事件发生之时通常将会被毁灭"。（第 1 本书，第 34 章）。在《政府论》（下篇）（The Second Treatise of Government）（1690）中，约翰·洛克指出，"因为所有事件和可能性都将无法预见，而法律亦无法事先提供，所以这就为行政权力留下了一个空间去做许多法律没有规定的事情"。洛克称其为"特权"，这是一种源于自由裁量，为了公共利益，无需法律明确规定，有时甚至违反法律的权力（莱斯特 1988，p.375）。

根据洛克的定义（即在没有法律或与法律相左的情况下采取的行政行为），即使在有限的时间内少量行使，特权也已成为总统行动的一种形式。罗希特（Rossiter）认为只有亚伯拉罕·林肯（Abraham *Lincoln）、伍德罗·威尔逊（Woodrow Wilson），以及富兰克林·罗斯福（Franklin *Roosevelt）才是"合宪专政者"，只有他们在法律未予充分授权的情况下于危机时刻根据自由裁量而采取了行动。

林肯是一个典型。为了解决联邦分离的危机，他在国会举行特别会议之前即采取了行动：暂停人身保护状，加强海军封锁，为军队购买装备提供尚未拨付的基金。独任巡回法院首席法官的罗杰·托尼（Roger B. *Taney）在"梅里曼单方诉讼案"（Ex parte Merryman）（1861）中宣布，只有国会有权延期人身保护状，但是他的判决没有得到执行。在"战利品系列案"（Prize Cases）（1863）中，联邦最高法院以 5 比 4 支持封锁，并支持总统在没有法律授权但有必要使用武力对抗叛乱地区公民的情况下维护宪法的决心。

一旦内战结束，联邦最高法院便试图回到宪法是"完美的"的观点，即宪法条文本身足以适应任何紧急状态。在"米利根单方诉讼案"（Ex parte *Milligan）（1866）中，法院一致认为由一军事法庭对一平民犯罪作出的判决无效。大法官戴维·戴维斯（David *Davis）在其观点陈述（代表 5 位大法官）中写道，"美国宪法既是统治者的法律也是美国人民的法律，既是战争时期的法律也是和平时期的法律……政府在宪法范围内拥有为保护其存在而赋予其本身的一切权力"（p.295）。20 世纪，"邓肯诉卡哈纳莫库案"（*Duncan v. Kahanamoku）（1946）认为战争法规定的夏威夷战时征税违宪，也是在战后试图回到宪法保护范围内的一种努力（参见 Military Trials and Martial Law）。首席大法官查尔斯·埃文

---

① 另请参见 Foreign Affairs and Foreign Policy; Inherent Powers; Sepatation of Powers; War Powers。

斯·休斯(Charles Evans *Hughes)在"住房建筑与贷款协会诉布莱斯德尔案"(Home Building & Loan Association v. Blaisdell)(1934)中进一步强调了相同的观点,"宪法在重大紧急时期得到修改,它赋予联邦政府权力……由由紧急状态决定的,但它们不会因为紧急状态而被改变"(p.425)。

在19世纪30年代的大萧条中,宪法的"完美性"又一次受到严重考验。在完成就职演说之后,富兰克林·罗斯福总统宣布国家进入紧急状态,命令一次"银行休市"(由此阻止人们收回存款和现金支票),禁止金银出口,制止外汇交易。他以《1917年与敌人贸易法案》(the Trading with the Enemy Act of 1917)作为依据,该法案赋予总统"制定法律制止、规范、禁止……任何形式的外汇交易以及出口、囤积,或将金银币,金银条及现金用于其他特定用途"的权力。这部法律作为一部战时措施得以通过,罗斯福在他全权代理律师托马斯·沃尔什(Thomas Walsh)的建议之下,并不将其行为建立在宪法和就职宣誓之上,而是将他的行政措施建立于该部休眠法律之上。不论采取何种方式,总统的行为都超越了林肯的先例并第一次在和平时期将政府带入符合宪法的由成文法将自由裁量权赋予行政首长的时期。

另一场对宪法基础上总统非常时期特权的严重考验是在1952年总统哈里·S.杜鲁门(Harry S. Truman)没收钢铁厂时期。法院不论在宪法还是制定法当中都没有发现总统采取该项行动的基础,于是便命令总统将钢铁厂返还给它们的主人["扬格斯通钢板与管道公司诉苏耶尔案"(*Youngstown Sheet & Tube Co. v. Sawyer)(1952)]。

大法官罗伯特·杰克逊(Robert *Jackson)在并存意见中,对他认为的紧急状态下的对总统的宪法性授权作出了分类。如果总统可以发现对其行动授权的立法,那么,他的权力确实无懈可击。如果总统在没有法律依据的情况下行事,则他必须依赖于其自身的独立权力。在那样的情况下,对总统的授权"倾向于依赖事件的紧急性和现实的无法估量性,而不是依赖于抽象的法律理论"(p.637)。但是,如果总统采取的行动与明示或暗示的国会意愿相左,"他的权力则处于最低潮",杰克逊写道。法院将"只能通过使国会无权对该主题采取行动"来支持总统的行动。

杰克逊认为杜鲁门对钢铁厂的没收应归于第三类,而且他赞同法院不允许其行为的判决。然而,他继续注意到,由宪法规定维持的平衡,部分依赖于国会对由该事件所引起的挑战应对的意愿。紧急状态权的控制权应该置于别处而不是掌握在实施它们的行政官手中,但是,如果国会拒绝对危机作出适当反应,依法行政的政府将不复存在。通过引用一条拿破仑的名言("工具仅仅属于会运用它们的人"),杰克逊警告说,"只有国会自身可以阻止权力从它的指间滑落"(p.654)。

杰克逊写道,没收工厂"代表一种非法权力的行使"并且"人们已经发现除了行政官依法行政,法律经议会深思熟虑制定而外,保持自由政府别无他法。"

总统非常时期特权的另一个渊源是在已经宣布的紧急状态下赋予总统实施权力的制定法。通常由行政官来辨别和宣布紧急状态。当他从事这些行动时,他将加速获得许多权力。根据参议院国家紧急状态特别委员会颁布的一个报告和1973年被授予的紧急状态权力法,在当时有470个联邦法律条款授予总统在已宣布的紧急状态下的权力[其中一些条款含有立法否决权(legislative *veto),这已在"移民与归化局诉查德案"(Immigration and Naturalization Service v. Chadha)中被判违宪。与立法否决相关的权力的地位因此判决而模糊不清]。

20世纪70年代中期,国会对这些可能的权力滥用越来越关注,特别是因为一些已宣布的紧急状态没有截止日期。事实上,参议院的研究发现国家自1933年罗斯福宣布紧急状态以来在法律上一直处于连续的紧急状态之中。

为了修正这一现象,国会于1976年通过了《国家紧急状态法》,该法宣布任何所有现存的紧急状态必须自该法颁行2年之内终止,而后总统宣布紧急状态将每6个月得到国会的例行检查。自该法颁布以后,总统紧急状态权适用的例子是1979年11月总统吉姆·卡特宣布伊朗扣押合众国人质造成了国家紧急状态,并冻结在合众国的伊朗资产。1980年1月,在其任期的末期,他与伊朗政府达成协议,以释放人质作为交换条件将冻结资产转移回伊朗并消除任何合众国人对该财产的请求权。联邦最高法院在"达姆斯与穆尔诉里甘案"(*Dames & Moore v. Regan)(1981)中确立了资产转移的立法授权,但是,为了压制该类主张,法院仅仅依赖于"国会立法在这一领域的普遍要旨",它认为,这可以被看作实施独立总统权的邀请(p.678)。

参考文献 Louis Fisher, *Constitutional Conflicts between Congress and the President*(1985);Christopher H. Pyle and Richard Pious, *The President, Congress, and the Constitution*(1984);U. S. Congress, *The National Emergencies Act*(Public Law 94-412); *Source Book:Legislative History, Texts, and Other Documents*(1976)。

[Donald L. Robinson 撰;王煜宇译;许明月校]

新闻自由[Press, Freedom of the]

参见 Speech and the Press。

新闻的保密性[Press Confidentiality]

参见 Newsroom Searches; Zurcher v. Stanford Daily。

新闻的报道范围[Press Coverage]①

联邦最高法院对于记者们来说是一个矛盾,它既是政府机构中最开放的一个,又是最难以接近的一个。它的开放表现在:从公开的口头辩论(*oral argument)到法官解释其推理的书面判决意见,几乎所有法院签署的文件都可以为公众所利用(参见 Opinions, Assignment and Writing of)。

同时,案件的实际审判程序却不对公众开放,而只有在房门紧闭的会议室和审判室将之后的最终结果呈现出来(参见 Conference)。大法官们通常不接受采访并且很大部分人不进行个人宣传。

这种截然相反的立场为采访法庭的记者们的生活定下了基调。起诉书、简讯和判决意见等——公开记录——构成了几乎所有新闻范围的基础。在行政机构和立法机构来说司空见惯的新的"透漏"或是"独家新闻"少之又少,对帷幕后的联邦最高法院个人生活的探视也是如此。

法院新闻范围的另一个显著特征是法院将无线广播与电视排除在法庭之外。公众听不到法官的声音。在由 2000 年总统大选而引发的两起上诉案件中,联邦最高法院让广播和电视台获得了录音磁带,立即引起了争议。观众们通过受雇于电视网并被正式许可报道法院的三个法庭艺术家的眼睛才能看到法庭,这些人是使用蜡笔和钢笔进行速画的高手,而电视报道人往往还只能站在法庭前的大厅里进行他们自己的相关报道。

2003 年 8 月,29 位报道人和艺术家取得了进行法庭报道的长期新闻许可资格。而就国会来说,单是就日报记者而言就有两千多位取得了国会新闻大厅的准入权。不同的是,法院将其新闻报道资格限定在那些按常规已获得许可报告该机构的人。而没有取得该种资格而又必须倾听一场特殊讨论的记者们会通过每天的许可申请收到新闻通行证。

在法庭中,与法官席垂直的两张木椅,可以安置下 19 位新闻记者,而且往往可以充分满足需要。当报道需求增多时,公共信息部(*Public Information Office)可以在邻接大厅的路上多加几张椅子,不过在那里,记者们只能通过扩音器听到法庭辩论,只能看到法庭活动的大概。记者们在法庭中可以记录但不得使用录音机。2000 年 12 月 1 日,在审理大选前的"布什诉巴尔摩·比奇县民意调查委员会案"时,联邦最高法院设立了 121 个新闻采访席,这创下了一个纪录。

记者们会收到一份法官每周例会的清单,列明根据当时的考虑申请向低级别法院调卷的清单。这种清单使记者可以为清单排在周一的事项作报道准备,在周一联邦最高法院将宣布给予或拒绝调卷。发送给新闻室的例会清单标明"只为新闻工作方便——不能发表",记者也被指示不能报道法官在某一个具体例会上正在考虑某一个具体申请的信息。

所有当前一期调卷申请和上诉辩状都保存在靠近新闻室的一间房间的文件里,记者可以使用。拥有永久报道许可证的记者也可以利用联邦最高法院的图书馆。

一旦联邦最高法院大法官作出了判决和决定,就由公共信息服务部负责分发。一些记者选择到法庭中聆听大法官们宣布他们的判决意见,而其他人则坐在新闻室中以尽快收到打印好的判决意见。通常,公共信息部对每一个判决意见要发布一百份左右的副本,也有以法院审判意见的形式复制分类装订在一起的。

与其他政府机构的新闻运作相反,法院的公共信息部并不向其附属机构解释其行动,也不解释除了法院工作的纯形式性方面之外的任何事情。那些在理解观点上寻求帮助的记者们被示意在该观点自身的眉批和内容中去寻找答案。

[Linda Greenhouse 撰;王煜宇、潘林伟译;许明月、邵海校]

普雷瑟诉伊利诺伊州案[Presser v. Illinois, 116 U.S. 252(1886)]②

1885 年 11 月 23—24 日辩论,1886 年 1 月 4 日以 9 比 0 的投票作出判决,伍兹代表联邦最高法院起草判决意见。在"普雷瑟诉伊利诺伊州案"中,法庭认可了一项伊利诺伊州法律,该法律禁止群体武装游行而不禁止有组织的民兵。赫尔曼·普雷瑟(Herman Presser),作为被指控在一次游行中领导兄弟会组织的犯罪嫌疑人,以该法律违反了宪法第二修正案(the *Second Amendment)和第十四修正案(the *Fourteenth Amendment)为理由提出异议。由大法官威廉·B.伍兹(William B. *Woods)撰写的判决意见驳回了普雷瑟的主张,法庭认为第二修正案对保存和携带武器权利的确认仅仅适用于联邦政府。

尽管普雷瑟观点的讨论常常包含在对第二修正案原文的辩论之中,但将其看作联邦最高法院拒绝承认宪法第十四修正案是将《权利法案》(*Bill of Rights)适用于各州的这种原始倾向的一个例证更好。伍兹的意见注意到,伊利诺伊州法并没有干涉保存和持有武器的权利,州政府不能解除其居民的

---

① 另请参见 Press Room。
② 另请参见 Incorporation Doctrine。

武装,因为这将侵害联邦政府从民间发展民兵的能力。尽管如此,判决意见仍强调第二修正案只限制联邦政府的行为。

但是,在20世纪普雷瑟案的现实有效性在联邦最高法院通过第十四修正案将人权宣言中大多数条款应用于州的情况下变得不清不楚。该案对下级的联邦法院仍有约束力,但是没有被联邦最高法院再次顾及,联邦最高法院在近段时期通常并没有审理以第二修正案为诉由的案件。

[Robert J. Coottrol 撰;王煜宇译;许明月校]

新闻室[Press Room]①

自联邦最高法院大楼1935年投入使用以来,在大约与底层地板位置一致的地方有一间新闻室。但是,随着法院新闻范围的扩大,以及许多在此工作的记者以计算机屏幕代替了手工打字机,新闻室已经多次被扩展和翻新。

新闻室如今的面貌源于1982年的一次重大革新,两间房子被连了起来,并因而产生一个扩大了的长方形空间。目的在于满足电子化需要的进一步改造将被纳入一个涉及整座建筑翻新的计划,该计划于2008年完成。19个新闻机构,包括《纽约时报》、《华尔街日报》、《华盛顿邮报》和主要的电视网都分配到了永久性办公桌。他们中的绝大多数被安置在有可移动的隔断分开的小区域中,并布置了由法院木匠铺制造的桌子和书橱。

没有分配到工作间的记者使用的是屋子中的两张长凳子。这些记者通常将他们的大部分时间花在其在城里的办公室中,他们来到法院仅仅是为了听取一场口头辩论(*oral argument)或是收集一个判决意见。在隔壁的房间里,存有一套有关本审期审理案件诉讼要点(*briefs)和诉状的完整材料,记者们也可以使用,还有一套美国判例汇编(*United States Reports)以及其他基础性研究资料。

[Linda Greenhouse 撰;王煜宇译;许明月校]

审前公开与缄口规则[Pretrial Publicity and the Gag Rule]②

与第一修正案有关的判例法一直鼓励在美国公众生活中充满活力的新闻界。然而,根据第六修正案,一次公正的审判要求法官和陪审团只能在法庭中提供的事实和证据的基础上作出判决。当这种公开明显的危及一次公正审判行为时,两项宪法规定的权利——公正审判与新闻自由之间的根本性冲突就产生了。

传统上,联邦最高法院一直不愿意尝试任何对审判前公开的限制。但是,在"欧文诉多德案"(Irvin v. Dowd)(1961)和"谢泼德诉马克斯韦尔案"(*Sheppard v. Maxwell)(1966)中——因为两案中有偏见的审判前公开,法院推翻了刑事犯罪的有罪判决——而这是由日益高涨的对无处不在的公开性潜在危险的司法觉醒决定的。这种觉醒使许多审判法院逐步对新闻机构报道刑事程序加以控制。

签发限制新闻机构报道相关审判事实的"缄口令"就是构成这种控制的方式之一。受谢泼德案的警醒,屈服于联邦最高法院作出的新闻报道具有重要的作用,因为它可以"防止法官的不当裁处"的认定,一些审案法院面对吸引大量公众关注的刑事审判,求助于针对新闻机构的"缄口令"。20世纪70年代中期投入使用以来,"缄口令"的使用已对曾受新闻界维护的、来之不易的自由构成了威胁。

在"内布拉斯加出版协会诉图尔特案"(Nebraska Press Association v. Stuart)(1976)中,联邦最高法院判定一项缄口令无效,理由是此项对新闻界的预先约束(prior restraint)是违宪的。法院认为只有当被禁止的公开构成对被告人公正审判权的明确和现实危险之时,该种预先约束才能获得支持。作为该项判决的结果,"缄口"规则现在必定会被推定为违宪。

在"俄克拉荷马出版公司诉俄克拉荷马郡地区法院案"(Oklahoma Publishing Co. v. District Court of Oklahoma County)(1977)中,联邦最高法院推翻了一项限制将青少年犯罪审判程序中一位涉嫌的未成年人姓名和照片公开的缄口令。在"兰马克通讯公司诉弗吉利亚州案"(Landmark Communication v. Virginia)(1978)中,联邦最高法院推翻了一项禁止新闻界报道司法审查委员会活动的立法;在"斯密斯诉每日邮报案"(Smiths v. Daily Mail)(1979)中,联邦最高法院又推翻了类似的防止新闻界公开在青少年法庭受控的未成年人姓名的立法。即便有内布拉斯加出版协会案的禁止,有些法官仍试图间接地去做他们不能直接去做的事情,并通过减少流向新闻界的信息流量,控制片面的公开。控制媒体的手段之一就是审判程序对公众和新闻界关闭。但是,在"里士满报业公司诉弗吉利亚案"(*Richmond Newspapers Inc. v. Virginia)(1980)中,联邦最高法院在很大程度上缩小了法官封闭审判的能力,并认定公众和新闻界出席刑事案件的审判是受宪法第一修正案和第十四修正案保障的极为重要的权利。"环球报业公司诉高级别法院案"(Globe Newspaper Co. v. Superior Court)(1982);"出版企业公司诉里弗赛德高级别法院案Ⅰ"(Press-Enterprise Co. v. Riverside Supior Court Ⅰ)(1984);以及"新闻企业公司案Ⅱ"(Press-Enterprise Co. Ⅱ)(1986)使公开审判原则更加明确,并且即使是在一部分审判中排

---

① 另请参见 Buildings, Supreme Court; Press Coverage。
② 另请参见 Speech and Press。

除公众和新闻机构的做法也只在一小部分例外情况下才可能存在。另一种减少的方法是限制信息被参与审判的人泄露给新闻界,在"杰恩太尔诉内华达州律师协会案"(Gentile v. State Bar Nevada)(1991)中,尽管发现该州的指南过于模糊,但联邦最高法院仍然认定,某些对于律师言论的限制,如果认真起草的话,是可以合宪的。

因此,尽管联邦最高法院一直允许对新闻机构及其对临近的刑事审判进行报道的自由采取有限的、间接的限制——如基于逐案审查而确立的不公开审理,以及限制电台播报,但是针对新闻界的"缄口令"本身——现在已被归入预先约束("prior restraints)的范围,无论是什么意图和目的,都是会受到禁止的。

[Patrick M. Garry 撰;S. L. Alexander 修订,王煜宇、潘林伟译;许明月校]

普里格诉宾夕法尼亚州案[Prigg v. Pennsylvania, 16 Pet. (41U. S.)539(1842)]①

1842年1月辩论,并以8比1的投票作出判决,其中,斯托里代表联邦最高法院起草判决意见,托尼、汤普森、鲍德温、韦恩和丹尼尔持并存意见,麦克莱恩反对。1837年,爱德华·普里格,一位职业奴隶贩子抓住了住在宾夕法尼亚州的一位逃跑的奴隶玛格丽特·摩根(Margaret Morgan)。爱德华·普里格和其他3人根据1793年联邦逃亡奴隶法和宾夕法尼亚州1826年个人自由法向一位治安法官(Justice of the Peace)申请办理迁徙证明。联邦法律授权州官员听审牵涉逃亡奴隶的案件。治安法官拒绝了普里格办理迁徙证明的请求。在没有任何法律授权的情况下,普里格后来将摩根以及她的孩子们,其中包括一个在宾夕法尼亚州孕育和生长的小孩,都迁到了马里兰州。于是,宾夕法尼亚州根据1826年州法指控普里格等4人犯有拐卖人口罪。摩根和他的孩子们后来被卖给奴隶贩子,并从历史记录中消失。

经过长期交涉之后,马里兰州同意将普里格引渡并使其接受审判,宾夕法尼亚州则同意加速审判进程使该案能够迅速进入联邦最高法院的管辖范围,以便联邦最高法院可以在州是否有权使流亡奴隶合法化问题上作出界定。

大法官约瑟夫·斯托里(Joseph Story)代表联邦最高法院认为:(1)1793年联邦逃亡奴隶法是合宪的;(2)1826年宾夕法尼亚州个人自由法(以及所有类似的法律)对认可的程序人为地加上了不符合宪法的新要求;(3)宪法的逃亡奴隶条款(第4条第2款第3项)暗示了再次捕获的权力,因此在不破坏和平的条件下,奴隶主或其代理人可以不遵守1793年联邦法的规定而抓获1名逃亡奴隶;以及(4)所有州的法官和州的官员应该实施联邦法但联邦政府无权强制他们这样做,因为联邦政府无权要求各州官员如何行为。

斯托里认为所有与逃亡奴隶法的强制性规定相矛盾的州法律均属违宪。斯托里将其大部分判决建立在对费城立法者们不正确的分析之上,他认为"不容置疑的是它(宪法的逃亡奴隶条款)构成了一个基础条款,没有它的实施,联邦将不会形成"(p. 611)。事实上,这一条款是在制宪会议的晚期加上的,而且它的通过几乎没有经过任何的争论和思考。

大法官罗杰·B. 托尼(Roger B. Taney)同意普里格一案的审理结果,但是不同意斯托里关于州法官不必实施逃亡奴隶法的结论。在他的并存意见中(看起来可能更像反对意见),托尼错误地表达了斯托里的观点,他认为斯托里判决禁止州官员实施逃亡奴隶法,但是事实上斯托里鼓励州的官员实施该法,只不过认为联邦政府无权要求他们这样做。托尼进一步错误解释道,斯托里的观点禁止关于逃亡奴隶问题的所有附加立法。而斯托里的观点实际上是,只要州的要求没有超过联邦法律的授权范围,各州可以实施有助于这一进程的法律。托尼认为在斯托里的观点之下,逃亡奴隶的转移事实上是不可能的,因为在当时只有为数不多的几个联邦法官在实施联邦法律。托尼的解释成了一个自圆其说的假设,一些州引用他对斯托里的意见的特征化评论作为正当性依据,拒绝听审逃亡奴隶案。一些州的立法者则禁止将属于州的设施用于流亡奴隶遣返。

斯托里的儿子认为其父亲的观点是一项反奴制的判决,因为它允许自由的州收回他们对流亡奴隶遣返的支持。然而在私人通信中,斯托里却教促国会创设联邦指挥官来实施不同的联邦法律,包括1793年法。在1850年逃亡奴隶法中,国会接受了斯托里的建议。斯托里的努力与其说是一项反奴制的观点不如说是一次在全国统一法制的努力,这种努力与其在同审期审理的"斯威夫特诉泰森案"(Swift v. Tyson)(1842)中的判决意见是一致的。

参考文献 Paul Finkelman, "Prigg v. Pennsylvania and Northern State Courts: Anti-Slavery Use of a Pro-Slavery Decision," *Civil War History* 25 (March 1979): 5-35.

[Paul Finkelman 撰;王煜宇译;许明月校]

普林兹诉合众国案[Printz v. United States, 521 U. S. 98(1997)]②

1996年12月3日辩论,1997年6月27日以5

---

① 另请参见 Comity; Federalism; Slavery。
② 另请参见 State Sovereighty and States' Rights。

比4的投票结果作出判决;斯卡利亚大法官代表联邦最高法院作出判决,奥康纳和托马斯赞成;史蒂文斯、苏特、金斯伯格及布雷耶大法官反对。

1981年,在试图刺杀罗纳德·里根总统时,约翰·欣克利严重地伤害了白宫新闻秘书詹姆斯·布雷迪。经过3年对议员们的不停游说,国会最终依据宪法商业条款在1993年制定了《布雷迪枪支暴力防范法》。除其他内容外,该法规定,在最终拥有枪支以前,必须经过5天的等待期,并赋予当地主要执法官员,如治安官等,对欲购枪支者进行背景审查。按照该法的这一规定,每个月大约有6600个购买申请因属于该法规定的情形之一,如犯过重罪者以及吸毒者就会被拒绝。

蒙大拿州拉瓦里县的治安官杰伊·普林兹和亚利桑那州格雷尼姆县的治安官理查德·麦克分别在各自的地方法院对这一法律提出了质疑,他们认为,联邦法律给地方法律执行官员增加了不合理的负担。联邦第九巡回上诉法院受理了联邦政府提起的上诉并支持了联邦政府,随后,普林兹和麦克向联邦最高法院提起了上诉。

意见严重分歧的联邦最高法院支持了普林兹。安东尼·斯卡利亚大法官含蓄地同时提到了商业条款和第十修正案(the *Tenth Amendment)规定的限制,它们都对各州授予了宪法没有授予给联邦的权力。斯卡利亚大法官在推翻该法规定的背景审查时,主要依据的是其自己以及联邦最高法院多数大法官对联邦制国家结构的理解(参见 Federalism)。斯卡利亚大法官坚持认为,在联邦政府与各州之间进行分权的联邦原则是宪法保护自由的重要手段。其结果就是,联邦政府不能要求地方官员执行联邦的法律,就如同各州官员不能命令联邦官员执行州法律一样。此外,他坚持,这样的分权制度是无条件的。这意味着,不可能存在一项以给予联邦政府优势地位的方式而在联邦和州之间进行平衡的标准。斯卡利亚大法官的观点,可以说是美国有史以来联邦最高法院作出的有利于维护州权限的最不平凡的宣言。

反对者们很直接地反驳了多数意见。约翰·保罗·史蒂文斯大法官认为,当国会依据明确的授权,如商业权力,而行使权力时,它是至高无上的,必须得到服从。实际上,史蒂文斯和持反对意见的其他大法官,并没有想象美国若按其他方式运行将会是什么状况。他们认为,国会通过的法律应该和州立法机关制定的法律一样在该州具有约束力。所以,联邦政府完全有权力要求地方官员实施"布雷迪法"要求的背景调查。史蒂文斯大法官认为,这样的规定只增加了很小的一点负担,并不像斯卡利亚大法官在判决意见中所描述的那样构成了严重侵害。

该判决对于执法的影响是有限的。它免除了地方执法官员进行背景审查的负担。但是,根据"布雷迪法"确定的期限,他们的职责按计划于1998年终止,随后,该项审查将由一个枪支销售商负责实施的联邦背景记录审查系统所取代。但是,该项判决在宪法领域的重要地位是十分明显的。它标志着各州权力在联邦最高法院决策中的地位上升,也标志着首席大法官伦奎斯特和联邦最高法院保守的多数派对州和联邦权力的平衡所进行的、有利于各州的、颇具进攻性的重新调整仍在继续。确实,诚如克拉伦斯·托马斯大法官在并存意见中所指出的那样,考虑到宪法第二修正案规定的"人民享有持有并携带武器的权利",国会也许在任何情况下都没有权力对州际枪支交易进行管制。

[Kermit L. Hall 撰;潘林伟译;邵海校]

预先约束[Prior Restraint]①

过去75年中,美国联邦最高法院的判决都明确地支持这样的推论:预先约束是违宪的。所谓预先约束,就是政府在公开表达前采取的防止言论和思想表达的企图。联邦最高法院一直认为,根据宪法第一修正案,政府在采取此类行动之前,要承担重举证责任,但是,表达自由并不是绝对的,对不当的言论(如诽谤)给予适当的救济,应是一种事后的惩罚。

在美国人看来,预先约束就等于审查制度(*censorship)。宪法史学家几乎一致认为联邦宪法第一修正案的制订者们试图按照威廉·布莱克斯通爵士的教导将英国普通法法典化,并禁止诸如许可和审查之类的所有预先约束。

在"尼尔诉明尼苏达州案"(*Near v. Minnsota)(1931)中,联邦最高法院审理了一桩涉及旨在阻止公开丑闻周报的"公共妨碍立法",它认定,除了有限的例外之外,任何诸如此类的反公开的禁令(*injunction)都会构成预先约束。

在"纽约时报公司诉合众国案"(*New York Times Co. v. United States)(1971)中,联邦最高法院拒绝允许政府阻止对分类为47卷的越南冲突历史研究材料进行新闻播报,这项研究材料通常被称为"五角大楼文件",又一次猛烈地抨击了预先约束。联邦最高法院认为,除了一项声称公开将威胁国家安全的请求之外,政府并没有在这个特别的案件中满足承担重举证责任的要求。但是,法院在本案中也没有就事后的惩罚,以及未来案件中可能的宪法预先约束问题确立规则。

1990年,在"美国有线新闻网诉诺里加案"(CNN v. Noriega)中,联邦最高法院却拒绝了对一

---

① 另请参见 Pretrial Publicity and the Gag Rule; Speech and the Press。

项预先约束案件的审理,在此案中,低级别法院维持了一项蔑视地援引 CNN 报道的行为,该报道是有关针对前巴拿马领导人曼纽尔·诺里加的联邦毒品交易案的报道。低级别法院在审理时,对第一修正案和第六修正案规定的权利进行了平衡,并认定诺里加享有的第六修正案规定的获得公正审判权占据优势。然而,低级别法院的认定只适用于诺里加案的曲折的特殊情况,它并没有暗示联邦最高法院根据其在该案中的不作为做法而作出的可能的判决。

[S. L. Alexander 撰;Patrick M. Garry 修订;王煜宇、王潘林伟译;邵海校]

囚犯的言论权[Prisoners' Rights of Speech]

联邦最高法院曾就涉及监狱中犯人与监狱外的狱友交流的自由言论权利的一系列案件作出过判决。在"普罗库内尔诉马丁内斯案"(Procunier v. Martinez)(1974)中,联邦最高法院认为宪法第一修正案(the *First Amendment) 所规定的狱友的权利以及狱外希望与犯人们交流的人的完全自由言论权,限制了监狱当局可能实施的对邮件的审查权(*censorship)。联邦最高法院判定,如果它促进了"与压制表达无关的一项重要的或根本的政府利益"(p.413),那么该种审查可以继续。法庭还认为"如果不是为了保护比涉及的必要或根本的特殊政府利益更大的利益"(p.413),这一规定就必然违反了宪法第一修正案。在这些标准下,普罗库内尔案中加利福尼亚州的规定——这一规定试图压制犯人们的不满,限制煽动性政治及其他观点以及限制其他淫秽物品——就显得过于宽泛因而构成违宪。

最近,法院在"特纳诉萨夫雷案"(Turner v. Safley)(1987)中判决:禁止不同州监狱中的犯人相互通信的密苏里州对监狱的管制规范有效。在这一案件中,联邦最高法院在重审中使用了一种次要标准:即该管制性规范是否"合理地与合法的监狱管理利益相关"(p. 89)。

在"贝尔诉沃尔费西案"(Bell v. Wolfish)(1979)中,联邦最高法院支持了位于纽约市"大都市矫正中心"的一项规定,该规定禁止犯人们接受除了出版商、读书俱乐部和书店以外寄来的硬皮本书籍。法院发现这一措施是对硬皮本书籍对监狱安全造成威胁的合理反应,因为硬皮本书籍可能比软皮本书籍和杂志更利于偷带或走私钱物、毒品和武器。

"索恩伯勒诉阿博特案"(Thornburg v. Abbott)(1989)维持了联邦监狱管理局的一项规定,该规定允许犯人们在不经过事先同意的情况下接受同狱犯人的期刊和书籍,但监狱可以禁止犯人接受外来的可能对机构安全、秩序和纪律构成危害的物品。但该规定并没有详尽列举所有符合该条件的标准。该规定还包含了程序性的保障措施。但凡是应该排除的项目都应当彻底排除(即"全部保留或全部不保留"条款)。合法的监狱管理利益为该规定提供了支持,人们也没有认为"全部保留或全部不保留"条款过分严格,因此当局没有必要采取一个限制较少的规则来替换它。

在"琼斯诉北卡罗来纳州监狱工会案"(Jones v. North Carolina Prisoners' Labor Union)(1977)中,法庭联邦最高法院监狱官员采取的"禁止同狱犯人引诱其他犯人加入北卡罗来纳犯人劳动工会……制止该工会的所有集会,并拒绝传递已经被大包邮寄给一些犯人以便在其他犯人中重新分配的工会出版物的包裹"(p. 121)。法庭认为作为这些行为所依据的规范是合理的,因而是合宪的。

在"佩尔诉普罗库尼尔案"(Pell v. Procunier)(1974)中,联邦最高法院支持一项关于禁止媒体与犯人见面的规定。法院认为,因为他们有各种方式与媒体联系,犯人们没有权利进行面对面的访谈。联邦最高法院进一步认为该规范并没有剥夺媒体的权利,因为它并没有赋予记者和其他媒体人员比对大众更为严格的限制。这些观点在"萨克斯比诉华盛顿邮报案"(Saxbe v. Washington Post)中被进一步拓展至联邦监狱。

"佩尔诉普罗库尼尔案的原则在霍琴斯诉KQED案"(Houchins v. KQED)(1978)中再次进行了确认,在该案中,公众和新闻机构一开始便被完全排除在一所监狱之外,该监狱对其最大安全区域的条件产生了争议(该监狱后来允许其工作人员在最大安全区域之外进行有限的公开走动)。这样一来,尽管第一修正案规定人们有在外与犯人交流的权利["普罗库内尔诉马丁内斯案"(Procunier v. Martinez)],所有的监狱官员为了防止媒体与犯人接触所需要做的就是禁止犯人与公众接触。根据联邦最高法院在特纳与索恩伯勒案中宣布的新标准,限制犯人与公众接触的规范仅仅需要与合法的监狱管理利益合理相关。

普罗库尼尔案作为先例,已发生了很大变化,但并不是由于联邦最高法院成员的变化。在普罗库尼尔案之后,法官沃伦·伯格(Warren *Burger)、威廉·H. 伦奎斯特(William H. *Rehnquist)、拜伦·怀特(Byron *White)以及波特·斯图尔特(Potter *Stewart)[也包括伯格的继任者安东尼·斯卡利亚(Antonin *Scalia)、斯图尔特的后继者桑德拉·戴·奥康纳(Sandra Day *O'connor)]从来没有对犯人自由言论的诉讼投票赞成,而且有一少部分案子甚至被驳回了诉讼。大法官刘易斯·鲍威尔(Lewis *Powell)和哈里·布莱克蒙(Harry *Blackmun)的摇摆票数使犯人们在普罗库尼尔案以来的所有联邦最高法院自由言论案例中败诉。

参考文献 Emily Callhoun, "The First Amendment Rights of Prisoners," in *Prisoners' Rights Sourcebook: Theory Litigation Practice*, vol. 2 (1980), pp. 43-65; Ila Jeanne Sensenich, *Compendium of the Law on Prisoners' Rights*(1979).

[Daryl R. Fair 撰;王煜宇译;许明月校]

隐私权[Privacy]①

正如大法官胡果·布莱克(Hugo *Black)所写,"'隐私权'是一个广泛、抽象、模糊的概念"["格里斯沃尔德诉康涅狄格州案"(Griswold v. Connecticut)(1965)(p.509)]。任何人要对被联邦最高法院采纳的关于"隐私权"的解释方法进行评论,都必须首先承认布莱克洞见的真理性。没有哪一种通过对案例的简单分类能够使人分析出已被大法官们确定的某种特殊的"隐私权"原则,或是可以容易的传达其意义。相反,人们发现"隐私权"及其相关概念,诸如"私人的",以及一大堆的参考概念,仅仅是松散地联系在一起的,这一概念在考虑其被宪法保护的程度方面已被证明是一个历时漫长的争议之源。

定义的两难境地 也许揭示隐私权概念的变化无常的本质的最有效的方法便是参考一些像"私人的"和"隐私"这样一些词汇在普通语言中的标准使用方法。比如,比较一下"私有财产"和"侵犯隐私权"这两个词颇为不同的含义。事实上,他们之间是相互联系的;尽管如此,他们依然指向不同的方向并且可以使法院作出完全不同的反应。

隐私权与政治自由 尽管关于私有财产(*property)的提法可以追溯到古代社会,但它却在众多美国政治思想得以发展的自由主义传统上有着特别重要的意义,通过对它更近距离的考察来开始此文是非常合适的。人们可能注意的第一件事情是"私有的"是一个形容词。而财产一词并不总是由形容词来修饰。"私有的"反义词是"公共的",而且我们经常使用"公共财产"一词来指属于国家的财产,如道路、公园和政府建筑。"公有"和"私有"的明显区别是自由政治传统的中心,特别是在约翰·洛克等人的思想表述中,"私有财产"一词被认为是保持这种区分的关键。

从定义来看,"公有"的概念是在政府管制的范围之内的,政府的目的之一便是规范公共生活条件。而且,宪法的关键任务便是对政府以公众之名的所作所为进行限制。因此,宪法第一修正案(the *First Amendment)阻止政府将公有财产仅交给支持其观点的政治团体,尽管私有礼堂的所有者在出租礼堂时可以自由的使用政治标准。

将什么东西说成是"私有的",在重要的方面,这意味着它受到了免受政府干预的保护。对政府最强硬的抵抗,特别是在继承洛克思想的自由主义思想家们眼中,便是建立一定的制度,包括强制执行契约的警察与法院,它们可以保护作为最基本的自然权利的"生命、自由和财产权"。对大多数当代的政治理论家们而言,特别是对那些来源于形形色色的康德主义传统的政治理论家们来说,保护这些权利所体现的基本价值是"自治"(autonomy),也就是说,人们有权自己选择生活方式。

对于那些强调个人自治的人,只要这些选择不与其他市民权利相冲突,政府应该尽可能的帮助个人实现他们的选择。事实上,许多反对洛克关于私有财产是个人"自然权利"的当代理论家依然支持对私有财产一种法定权利的承认,正如2500年前亚里士多德所论述的,为了自由和自主选择的现实实现,财产所有是必需的。平均主义者可能反对一种具体的财产分配,在这种财产分配中太多的穷人没有财产,因而没有实现其自治的有效形式,但这种关注分配的批评一点也没有必要拒绝承认一个免于国家否认的"私有"权的王国的重要性。

保护少数人利益 对受保护的"私有"王国的强调能够作为保护少数人免于多数人利用国家工具管制他们不喜欢的人的一种方式。这方面的例子很多,而且每一个例子都可能激起读者在情绪上的不同反响。一方面,父母希望将他们的孩子送入教导其宗教信条的"私立"学校,并反对国家取缔该种类型学校进而要求每一儿童加入给他们灌输国家指令的世界观的公立学校的方法[20世纪20年代的俄勒冈州曾作过这些方面的努力,那时受"三K党"影响,后来在"皮尔斯诉姐妹会案"(*Pierce v. Society of Sisters)(1925)中被联邦最高法院否定]。举例来说,人们也可以思考,一所选择只为白人服务的私有餐馆,尽管传统的"私有财产"的提法包含了人们可以随心所欲排除任何人使用该财产的权利,但是联邦最高法院在"亚特兰大中心旅馆诉合众国案"(*Heart of Atlanta Motel v. United States)(1964),以及"卡曾巴赫诉麦克朗案"(*Katzenbach v. McClung)(1964)两案中并未感到棘手,两案的判决都不约而同地支持《1964年民权法》(*Civil Rights Act)及其对该类排除的禁止(参见 Segregation, de Jure)。至少,这两个案子不仅可以说明与"少数人权利"、"多数人强制"概念相关的复杂性,而且也可以说明联邦最高法院对这些主张的不同反应。

隐私权与秘密 人们必须意识到对于"私有"财产而言已经没有任何"秘密",因而其他的自动增强的权利便一直被司法机关放入了"隐私"(privacy)的概念之中。因此,财产的主人常常向全世界宣布他们的地位。就像大多数信徒自豪的宣布他们对

---

① 另请参见 Fundmental Rights;Natural Law。

其忠实信条的忠贞一样。没有人认为宪法第一修正案的宗教自由践行条款仅仅保护"看不见"的宗教实践。事实上，即使这样的有限保护也比完全否认宗教信仰自由的极权主义好得多，但是，在宪法原则下有关宗教自由的基础案件却全都是涉及公共利益的，如发放宗教作品或是激烈攻击被看作代表魔鬼力量的其他教堂的"错误信条"（参见 Religion）。

在这样的环境下，考虑一下婚姻（*marriage）制度是大有裨益的。尽管许多人可能认为婚姻是最典型的私人生活的代表，大多数结婚的人却公开的宣布他们的法律地位。正如即将在本文结尾得到深入讨论的，当人们试图将"财产"或"婚姻"定义为"私人的"而不是"公开的"的时候，问题就出来了，但至少有一点是清楚的，那就是，不论一件特殊活动是与土地还是与爱情有关，将此项活动放入"私人的"王国，与将此项活动看成是避人耳目的活动并没有必然的联系。

然而，秘密这一元素，无疑在"侵犯隐私"这一概念中相当重要。事实上，人们如果不求助于自治价值以及上文提到的有关公—私区别的一些说法的话，也不能明白这一概念的意义。然而，隐私权不受侵犯并不是过分地依赖于个人领域与国家领域的正式分野，而是一个被更广泛接受的概念，即人们生活中的某些方面受到保护并不仅仅为了防止公共管制，而更重要的是，防止不受欢迎的公众监督。秘密的定义意味着人们应当只向他们所信任的人进行披露。一个典型的例子是对常常被称为"私人的"信息的披露。因此，那些邀请人们见证其交换誓言的新婚配偶们决不会邀请客人们见证他们在性生活方面对这些誓言的践行。

并不意味着这是一种牢不可破的区别。但是它们试图帮助人们理解附于隐私整体概念相关的各种不同的意义，同时也可帮助人们理解为什么联邦最高法院在此题目下判决的案件看起来如此令人费解。法院在过去的20年里，一直在使用隐私权的概念，特别是，但不是排他地，在涉及避孕、堕胎和同性恋案件中。如果人们意识到这些案子更多的涉及自治隐私——一个被保护的反对国家管制侵入的行为领域——而不是秘密隐私——一个应当得到保护的反对他人侵犯性窥探的生活领域——至少一些困惑将被澄清。因此，本文的剩余部分将参照隐私的这两种不同的概念来组织。

自主选择 尽管人们普遍认为宪法缺乏对"隐私"的具体规定，但是，这一看法忽视了第五修正案，该修正案表明"没有合理的补偿，私有财产不得作为公用"。除非宪法的起草者们意识到：第一，私有财产制度已经存在并且，第二，这一制度值得保护，否则，这一规定没有任何意义。也就是说，私有财产的存在有一个目的，一个最有利的目的即是——拥有私有财产将帮助人们成为自己命运的主人。

在这一背景之下，人们应当理解"新财产"——耶鲁大学教授查尔斯·赖克（Charles Reich）在1965年所作的一篇有影响的文章认为，与宪法保护的像土地一样的旧财产相一致并应得到保护的是"新财产"，比如社会保险，因为后者在保障个人自治方面同样有着重要的作用。然而，赖克文章中的深层次矛盾就真切地存在于这一事实当中，即联邦最高法院在整个20世纪，特别是在1937年宪法改革以后，更多的倾向于给予"旧财产"强有力的保护以反对国家管制。在这一方面的典型案例是"尤克里德村诉阿姆布勒物业公司案"（Villge of Euclid v. Ambler Realty Co.）（1926），在该案中，保守派大法官乔治·萨瑟兰（George *Sutherland）代表联邦最高法院支持一项严格限制土地所有者发展机会的地方性分区令。尽管该分区在事实上明显减少了土地的市场价值，但是它被推定不构成已通过宪法第十四修正案适用于各州的宪法第五修正案规定的、需要给予补偿的占用（*taking）。

私人财产的管制 当然，在今天被称为现代管制性或管理型国家的中心特征就是它管制"私有"财产的使用。1937年以后，法院对这种管制的合宪性几乎没有表现出任何关注。仅仅只在一小部分例外的案例中，我们可以发现管制被认定构成一种需要补偿的占用（参见 Regulatory Taking）。姑且不论它是好事还是坏事，对私有财产以及与所有权相关价值的保护，越来越多地留给了反复无常的普通的政治程序，留给司法审查的只是很少的一部分。

1937年以后的宪法理论家们因此面临着这样一项任务：对私有财产强烈的司法关注的退出应如何解释。它是否来自于这样一种普遍的认识，即法院作为一个有争议的不民主的机构（或者至少与多数人对立）应当遵从立法决议？抑或，在另一方面，它是一种更有限的认识的结果？即对私有财产的保护，与提高人们的自治能力相去甚远，它的目的是减少人们的自治能力，它的作用就在于防止经济资源从大量占有者（因而享有最大的自治）手中向占有太少的人（因而，如果有的话，也只有很少的自治）手中再分配。根据上述两种理论基础中更强调用哪一种来解释减少对私有财产所有权之传统权利保护的正当性，"新政"之后的宪法学家大体上可以被分为两大阵营。当"隐私"作为20世纪60年代的诉讼主题重新出现的时候，这两大阵营便短兵相接了。

避孕 关于赋予隐私以宪法保护的现代争论开始于"格里斯沃尔德诉康涅狄格州案"（Griswold v. Connecticut）（1965）。在该案中，法庭宣布康涅狄格州的一部法律无效，该部法律既禁止避孕药物的使用又制止任何人鼓励使用避孕药品，例如，通过药物咨询。康涅狄格州控告计划生育团体总裁为已婚夫妇提供避孕信息。联邦最高法院,在由威廉·O.道格拉斯(William O. *Douglas)起草的一份判决意见中,以该指控侵犯了格里斯沃尔德夫人(以及她的诊所的病人们)的隐私权为理由,推翻了对格里斯沃尔德夫人的有罪判决。没有顾及第五修正案的私有财产条款,道格拉斯注意到,关于隐私的普遍权限并没有在宪法文本中明确规定,相反的,涉及宗教自由的条款在第一修正案中得到了承认,而反对自证其罪(*self-incrimination)的条款在第一修正案中也得到彰显。但是,道格拉斯说道,宪法各种保障中的很多保障,其真正用意正在于"创造隐私区域"以保护其不受国家干预(p.484)。

道格拉斯所指的包括解释宪法第一修正案的案例,这些案例认可"结社自由以及一个人在其社团中的隐私";也包括宪法第三修正案,它禁止士兵在和平时期,未经房主许可而驻扎于任何民房;还包括宪法第四修正案及其明确申明的"人民保护其人身、住房、文件和财物不受无理搜查扣押的权利不得侵犯";以及宪法第五修正案的禁止自证其罪条款(p.483)。道格拉斯也注意到自20世纪20年代以来的涉及私人教育(*education)的几个案例。1923年,联邦最高法院在"迈耶诉内布拉斯加州案"(*Meyer v. Nebraska)中宣布了一项州关于在私立学校教授德语的禁令[由第一次世界大战(*World War I)期间的反德情绪所引起]无效。2年后,在"皮尔斯诉姐妹会案"中,又推翻了俄勒冈州的克兰(Klan)发起的企图全面禁止私立学校的企图。

相似地,道格拉斯说道,康涅狄格州的法律也不能存在,因为它"涉及几个基础性的宪法性保障所创制的隐私权范围的一种关系"(p.485)。特别是,它试图规范婚姻制度中最私人的一个方面——配偶们在性关系上相互联系的环境。以违反康涅狄格州的"使用"禁止为由指控某人将会构成非同寻常的州侵权。道格拉斯反问道,"难道我们会允许警察为了收集避孕药品的使用证据而搜查婚床的神圣领域吗?"他回应道:"对于与婚姻关系相关的隐私来说,这是一个令人厌恶的主意"(pp.485-486)。

格里斯沃尔德案是一个令人惊奇的有争议的判决,当然这并不是对持反对意见的大法官波特·斯图尔特所称的"不同寻常的愚蠢的法律"的司法同情。相反,对于反对者,特别是胡果·布莱克而言,这一判决使人想起了联邦最高法院的早期时代,当时,它使用相似概念,尽管这个概念是以"合同自由"而非"隐私"来命名的,划出了几乎可以对抗任何国家管制的受保护行为范围。这一早期时代以"洛克纳诉纽约州案"(*Lochner v. New York)的判决为标志,在这一案例中,联邦最高法院利用第十四修正案的正当程序条款宣布纽约州一项试图将面包师的每周工作时间限定为60小时的法律违宪。根据洛克纳案中5位多数大法官的观点,这部法律违宪地干涉了面包师及其雇员作为平等主体在雇佣条款上协商谈判的自治权。

洛克纳案大法官奥利弗·温德尔·霍姆斯(Oliver Wendell *Holmes)的观点,可能是在美国司法史上引用最多的反对观点:

当第十四修正案被用来阻止支配性判决意见的自然形成时,我认为它被曲解了,除非人们可以这样说,一个理性的、公正的人也必然会承认该项被提出来讨论的立法违反了像我们的人民和我们的法律传统所理解的那样的基本原则(p.76)。

整整一代的学者和律师将霍姆斯的观点作为代表司法遵从多数规则的圣歌来使用,并将它作为对实体正当程序(*due process, substantive)的一种拒绝。事实上,在格里斯沃尔德一案中,持反对意见的大法官布莱克,强烈反对各州对于言论的管制,但是,他将这一反对多数派的司法哲学建立在通过第十四修正案而适用于各州的第一修正案的特别规定上(参见 Incorporation Doctrine)。布莱克写道:"像其他人一样,我爱护我的隐私,但是,尽管如此,我依然不得不承认政府除了由一些宪法的特殊条款所禁止的范围之外,有权涉入隐私。"(p.510)布莱克显然是站在这样一种阵营之中,这些人认为1937年的教训是一种忠告,人们要遵从立法机构的立法,除非该立法被宪法条文所明确禁止。在他的判断中,格里斯沃尔德一案的判决结果与洛克纳案一样有害。

格里斯沃尔德案及其后案例都使用了"隐私"这样的语言,主要是为了避免直接与洛克纳案对比。这些案件可以一直使用一种不同的修辞——一种更加自觉的自由主义的、关注判决在实现个人人生计划中的确定性的修辞——来作出判决。阻止这种新自由主义修辞使用的,并不是知识上的不足,而是对较早的洛克纳时期的招魂,这一案件的基础即是建立在对政府限制的高度自由主义观念之上的。于是霍姆斯提醒他的同事,"第十四修正案并没有贯彻赫伯特·斯潘塞先生的社会静力学"(p.75);而斯潘塞的书是19世纪最著名的自由主义文章。由于这类毫不隐讳的自由主义词语的坏名声,联邦最高法院被吸引使用了另一种不同的隐私修辞。由于法律观点的实际运用,"隐私"成为大量案件的关键用语,这些案件如果根据更加直白的自由主义——自治取向的自由主义——进行分析的话,它们将得到更好的理解。

忽略其修辞特点,可以这样认为:如果"对隐私的权利"被局限于康涅狄格州禁止避孕的这种环境下,那么这一概念,除了对宪法领域的专家来说,不可能变得十分重要:康涅狄格州事实上是最后一个禁止避孕的州。而且,格里斯沃尔德案也适合于归入前文提到的、目的在于保护特定行为免受公众"注目"的"侵犯隐私权"判例,在这个例子中,涉及的便是对避孕用具的使用。这一用语在格里斯沃尔德案中可能早已将其限定:为了保护像计划生育之类的制度,它包括避孕用品的"使用",或者"使用"再加上一些医学方面建议的给予。而且,人们还要记住该案对避孕用具实际使用的特殊环境的强调,这样才能理解道格拉斯指向"神圣"婚床的力量。

然而,下述观点毫无意义:没有人严肃地辩称,即使警察有第四修正案所规定的相当理由(*probable cause)而得到搜查证,他们也没有权力以查找普通犯罪的证据为由搜查神圣的婚床,这一点是值得注意的。举例来说,一个贼如果将赃物藏于婚床的床垫之下,他不会被免于搜查。道格拉斯的大多数例子容易受到该类攻击,这导致很多观察家对他观点的批评,至少他从他所谓的《权利法案》(*Bill of Rights)原文的"边缘和发散"中引出"隐私权"的努力会受到人们的批评。

尽管道格拉斯的观点得到了法庭大多数大法官的支持,由大法官阿瑟·戈德堡(Arthur *Goldberg)和约翰·M. 哈伦(John M. *Harlan)写出的各自不同的反对意见则试图勾勒出"隐私权"的其他基础。哈伦暗示了他在一个早期案例中写到的观点,在"波诉厄尔曼案"(*Poe v. Ullman)(1961)中,法庭拒绝就格里斯沃尔德案推翻的康涅狄格州法律的合法性问题作出处理。在波诉厄尔曼案中,哈伦强调,第十四修正案的正当程序条款使法院试图去考虑"已经被我们这个建立在尊重个人自由基础上的国家破坏了的自由和有组织的社会需求之间的平衡"(p.542)问题。在回顾了合众国(以及,事实上说英语国家)的历史之后,哈伦总结道,康涅狄格州法律"所涉及的,按照整个英语世界的普遍理解来看,必须被视为'自由'的一个最基础的方面,在其最基础的意义上来说是房间内的隐私"(p.548)。戈德堡则将注意力集中第九修正案上,同时他提醒人们,《权利法案》具体列举了各项权利并不能被解释为"轻视"其他未列举的权利。戈德堡认为,隐私权恰恰就是一种这样的权利——一种即使没有被列举也应当受到宪法保护的权利。

在任何情况下,格里斯沃尔德案都不是一个孤立的案件,它的结果很快超越了哈伦的"屋内隐私权"和"神圣"婚姻关系的特殊性。在"艾森斯塔德诉伯尔德案"(*Eisenstadt v. Baird)(1972)中,联邦最高法院首先推翻了各州大量禁止向单身成年人出售和分发避孕用品的禁令,5年之后,在"凯里诉人口服务国际组织案"(Carey v. Population Services International)中,一项纽约州法律禁止向16岁以下的未成年人出售避孕用具并且禁止非执业药师向所有年龄段的人出售甚至是非处方性避孕药,联邦最高法院判决该法律无效。正如在上述关于"私有财产"的讨论中所暗示的一样,出卖避孕用品并没有什么秘密可言,更不必说为此作广告。重要的是,在涉及避孕的案件中,受保护的一种独立的隐私利益——再一次提高了人们的自治权利——从隐私的各个方面围绕秘密这个概念而组织起来。但是,考虑到性行为方面出现的重大变化以及大量的美国公众对避孕用品的使用,即使避孕自由摆脱了各州的控制,也很少会引起明显的公众争议。

堕胎 使"隐私"一词成为全民关注前沿的案例是"罗诉韦德案"(*Roe v. Wade)(1973),这一案件推翻了所有50个州禁止大多数(有些情形是全部)人工流产的法律。大法官哈里·布莱克曼(Harry *Blackmun)代表联邦最高法院写道:"不论隐私权存在于第十四修正案中的个人自由概念之中,还是存在于第九修正案的对人民权利的保留条款中,都有足够的空间来决定妇女有权决定是否终止其妊娠"(p. 153)。事实上,即使是这样重要的"个人隐私权",在国家代表一种"强制利益"的情况下也会受到国家干涉,但是罗案例外地限制了这种国家权力。罗案的判决意见毋庸置疑地会被每一个人列为最重要的判决意见,由于它曾给美国人生活带来的变化,也由于它所激起的争议。尽管它没有像"斯科特诉桑福德案"(Dred *Scott v. Sandford)所做的那样——激起了一场内战,但是,因为它认定了右翼政党的反堕胎立场,它确实在1976年和1978年导致许多民主党议员的选举失败,使共和党人获得了总统选举和议会选举的胜利,也最终挫败了平等权利的修正案的通过。

同样,堕胎与对个人生活条件的自治有重要的联系——因此其追随者采用了"亲选择派(pro-choice)"这样一个称呼。许多人读到从格里斯沃尔德案到罗案的系列判决结果,在"隐私"的主题下,看到了其对可以被称为"性自治权"的一般性权利的支持,这种权利就是一个人在性身份方面,包括在其生育方面的选择自由。

同性恋 有关性自治权利的呼声在1986年"鲍尔斯诉哈德威克案"(*Bowers v. Hardwick)中得到了最戏剧性的验证,该案涉及一位佐治亚州的男同性恋者对将"鸡奸"规定为犯罪的州立法的攻击。法庭以5比4的分歧意见支持了这一法律的合宪性。代表多数人观点的大法官拜伦·怀特(Byron *White)宣称,由宪法所含摄的隐私权不包括实施"同性恋鸡奸"的权利(他的观点引人注目地拒绝指明宪法是否容忍同性鸡奸犯罪的存在——而鸡奸包括已婚夫妻在内的许多美国人实践过的口交)。

尽管鲍尔斯案也涉及卧室行为,但这一案件最终形成骑虎之势的却是男女同性恋结合已经融入美国公共生活的各个方面。也就是说,如果此案的判决倒向另一方向,举例来说,要维持对男女同性恋人结婚或其他美国法律一直加以谴责行为,则意味着对男女同性恋者从密室走向公共场合的行为的禁止将会越来越困难。尽管投出的最关键的第五票来自支持佐治亚州法律的大法官刘易斯·鲍威尔(Lewis

*Powell),但在其退休之后,他宣称这一判决是一个错误。但是,由鲍威尔·威廉·J.布伦南(William J. *Brennan)和瑟古德·马歇尔(Thurgood *Marshell)大法官之后的继任者来推翻鲍尔斯一案,也是不大可能的。然而,这一案件却继续在各种不同的环境下被思考。它们包括武装部队关于公开的男女同性恋成员(不问,不说)服役禁令的讨论,关于公民联盟(佛蒙特)的讨论,以及最近发生的大多数男性同性恋婚姻的讨论。而鲍尔斯案本身也被2003年的"劳伦斯诉得克萨斯州案"(*Lawrence v. Texas)推翻,当时,联邦最高法院认定,政府不能禁止或惩罚经私人同意的性行为,无论它是由同性,还是异性实施的。

而且,尽管对推翻格里斯沃尔德一案并没有出现正式的支持,但是罗案本身将被推翻并非痴人说梦。然而,正像已经被提到的那样,如果将该项受宪法保护的对于隐私的权利(自治权)限制在避孕这一个领域,在涉及普遍的公共生活时,就不会有什么重大的意义。在21世纪早期,任何情况下,人们都很难想象在可预见的未来,隐私权的这一分支会得到很大的拓展。

信息控制 哈佛大学的一名教授查尔斯·弗里德(Charles Fried)(后来成为了美国政府首席律师)在1968年一篇有重大影响的文章中将隐私定义为"我们对有关我们自己的信息的控制"。弗里德将这一控制与繁荣人类生活中心部分相联系,包括"爱情与友谊"。尽管在隐私方面存在着众多的哲学文献,而且也并非每一个人都接受弗里德的特殊观点,但是人们已经达成了一个一般的共识——不仅仅在哲学家们当中——隐私的中心组成成分的确就是人们使个人生活的某些方面远离公众注意的能力。

缺少宪法基础 尽管人们普遍同意一个体面的社会即是一个人们在其中能对有关自己的信息发布进行有力控制的社会,但是,就像它很少被联邦最高法院解释一样,要想在宪法当中找到对该权利的保护是相当困难的。正如卢卡斯·鲍(Lucas Powe)所写,"隐私在法庭当中永远不会像在法学期刊当中那样做得好"。

考虑到这种情况,在有关隐私的辩护当中被引用得最多的宪法文本是第四和第五修正案。回想起第四修正案对"人们在其人身、房屋、证件和财产方面的安全权利"的保护以及第五修正案禁止任何人"在刑事案件中被迫自证其罪"的规定,这两者都被道格拉斯在他关于格里斯沃尔德案的观点中所引用。虽然,正如上述提到的那样,这些句子在它的反对者手中也可以被随心所欲地断章取义,以支持他们作品的观点。

但是,第四修正案在其所有有关屋内隐私的案件当中,明白地允许对屋内进行搜查并没收私人证件,只要有签发的搜查证,基于适当的理由使人们相信搜查将会提供与刑事犯罪相关证据。而且搜查证既可以作为进入新房的预告也可以为电话录音和安装其他窃听设备以允许侦查员监听最亲密对话的预告。

隐私限制 在20世纪60年代中期的一系列案件当中,最重要的一个案例是"霍法诉合众国案"(Hoffa v. United States)(1966),在该案中,涉及对梯姆斯特(Teamster)工会领袖吉米·霍法(Jimmy Hoffa)的起诉,法庭甚至拒绝要求便衣警察对其"进入私人空间"出示搜查证(参见 Search Warrant Rule, Exceptions to)。也就是说,对于国家来说,即使没有任何适当的原因,使人进入像霍法案一样目标的"私人生活"也是完全合乎宪法的。按照法庭的说法,我们每个人都有这样的危险,即经我们选择进入我们私人生活领域的人后来证明是不值得信任的,而且如果一个"新朋友"可能事实上是一位秘密警察,我们也不会因此而将得到任何特殊保护。因此毫不奇怪,在"合众国诉米勒案"(Miller, United Slates v.)(1976)中,在国家侦探们渴望进入他们侦查对象的"私人"银行记录的进程当中,联邦最高法院拒绝设置任何宪法第四修正案所提供的障碍。

相似的,在"厄尔曼诉合众国案"(*Ullman v. United States)和"卡斯提加诉合众国案"(*Kastigar v. United states)两案中,法庭宣布第五修正案反对罪责自证的保证仅适用于对强制证据的禁止,这类强制证据又仅限于那些证人在诉讼中被强行作证且法庭后来将用作证据的强制证据。法庭认为这样并没有限制一个州赋予证人一种经常不需要的"豁免"权——这种豁免即是对证人承诺他所说的一切都不会被用作反对他或她的证据。当有人诉称这种对他或她关于信息发布的破坏将构成对第五修正案所暗示的隐私权的破坏时,这一豁免的受益人将得不到任何司法支持。这样,只要问题与当前的案子有关,证人都可以被问那些最尴尬和最有侵入性的问题,如果拒绝回答的话,他们将受到藐视法院的惩罚[最广为人知的例子是在国会调查中授予该种豁免的增多,如果其间拒绝作证将因藐视国会被传讯(参见 Congressional Power of Investigation)]。

许多对"豁免浴场"的批评采纳了道格拉斯关于它们破坏了由第五修正案所公开保护的隐私权观点,但是这些批评没有得到盛行。法院将第五修正案的目的定义为:为保护公民个人的自治权,限制国家"解决"犯罪的动机并不是限制通过独立的侦查而是限制通过严刑拷打和其他虐待方式等更容易的强制方式来迫使被告承认他们莫须有的犯罪。于是,根据定义,在豁免条款下作证并不会导致犯罪,国家必须继续侦查并收集证明那些已获豁免的人的犯罪证据。

刑事被告的亲密伙伴,包括在某种情况下的家庭亲密成员,都是独立证据的一般来源。尽管国家经常承认一定的"证明特权",通过该权利特别秘密的交流可以得到反披露的保护,但是,这些特权到底是宪法所要求的还是仅由国家赋予的依然值得探讨(也许在由弗里德表达的道德宣言中得到了确认)。也许,这些特权中最普遍的例子存在于律师与客户之间以及配偶之间。大多数情况下,客户有权掌握信息的发布并能够禁止他的委托人披露甚至是涉及第三方利益的关键信息。与此相似,许多州依然允许被告阻止甚至是愿意作证的配偶提供在婚姻维系期间秘密交流的证词(或者,通常是前配偶)。尽管有的大法官将格里斯沃尔德一案作为对不愿作证来反对父母的孩子的保护,但是,此种类型的保护不会延伸至好朋友或者其他家庭成员,反之亦然。

新闻媒体 上述例子涉及国家欲获得相关信息的企图,但是,在通常平等的背景下,如果一方当事人调查某人或者揭露另外一方希望保密的行为,情况又是怎样的呢? 宪法是否对此种隐私侵犯也给予强有力的保护呢?

考虑到美国复杂的法律体系,对这个问题很难作出总结性的回答。但是,可以说,联邦最高法院对提起诉讼反对这种"侵犯"的人给予的保护是不充分的。最常见的例子就是报纸公布了有关起诉方虽有较高侵犯性但却千真万确的信息[公布错误信息不会构成侵犯隐私但构成"诽谤",将由诽谤(*libel)法予以调整]。

涉及声称侵犯隐私的案件中所遇到的典型问题包括:通过印刷品公开被强奸的受害人名称,或者公开青少年犯的名称,而对该青少年,某些人认为不将其公开打上青少年犯的烙印对于其改造来说更有利。无论人们对主张该种权利者表示多大的同情,他们还是会在不断地重复宣称第一修正案防止制裁报纸公开该种信息的联邦最高法院面前败北。于是,在"佛罗里达之星诉 B. J. F. 案"(Florida Star v. B. J. F.)中,联邦最高法院驳回了一项金钱赔偿判决,认为该案中,报纸公开强奸受害者的名字是在浏览政府记录时得到信息的(法庭拒绝承认将信息提供给那些可以出入特定地方——比如市政大厅——的大众与将同一信息公开于千万人可以阅读的报纸上存在区别)。

报纸获得保护的原因并不仅仅是由第一修正案所规定,更重要的是因为区分人们有权加以保护的秘密和对公众有合法利益的秘密几乎不可能。在这种情况下,让我们回顾一下 1987 年迈阿密先驱报案(Miami Herald')的经过,当时已婚的总统候选人加里·哈特(Gary Hart),在唐纳·莱斯的陪伴下,在乔治城市政厅断然否认他是一位好色之徒,而唐纳·莱斯并非他的妻子。尽管激起的狂热辩论集中于赫拉尔德将他的一位记者安排到哈特屋外灌木丛中这种行为是否道德的问题,但很少有人认为,他们据此得到的信息与公众利益无关,或者它仅仅与公众追逐色情的利益相关,或者报纸没有权利将其公开。

宪法保护报纸发表真实信息的权利,这一点是确凿无疑的,但是,当涉及"公众人物"的"隐私"——包括竞选官员的"隐私"时又是怎样呢? 无论这些人是否全部放弃他们可能拥有的"隐私权",作为政治事件,报纸和其他媒体都用不着担心如果他们披露的"真相"是经过精心策划的,他们会面临制裁。联邦最高法院没有判决支持过追求政治职位的公众人物反对披露可能在某些选民看来与其是否胜任公众职务有关的信息的隐私权主张。保护此种隐私权将会使民主进程因剥夺公众获得重要的信息而受到破坏。首席大法官威廉·H. 伦奎斯特(William H. *Rehnquist)重申:"吹嘘自己拥有无暇记录和正直纯洁禀赋的候选人在其对手或勤奋的记者试图证明情况相反时,不能令人信服的大吼'用心险恶'"。["赫斯特勒杂志诉法尔威尔案"(Hustler Magazine v. Falwell)(1988)(pp.46,51),转引自"莫尼特·帕特里奥特公司诉罗伊案"(Monitor Patriot Co. v. Roy)(1971)]。

只要人们查阅一下大多数判例法就会发现,公共官员对隐私权的实际丧失,或多或少地在范围上又转过来扩展到普通的老百姓身上。半个世纪之前,有一个著名案例很有示范意义:《纽约人》(The New Yorker)杂志描写了以前孩童时的一段奇事,其描述方式被州法院形容为"对主人公个人生活隐私细节的残酷剖析",并且是一种对"曾为公众角色……但从被发现开始一直与世隔绝的人的私人生活的无情揭露"["希蒂斯诉 F-R 出版公司案"(Sidis v. F-R Publishing Co., 2d circuit 1940, pp. 806-807)]。在这种情形,想象给予侵犯隐私权的行为以更大的同情是很困难的,但即使如此,由于主人公具有"新闻价值",该杂志还是得到了保护。"新闻价值"是一个外延宽泛的词语,它代表着大众的"好奇",而这种"好奇"则可能由报纸在收集的过去的材料中挑起(举例来说,《纽约人》杂志的任何读者对希蒂斯先生或其以前的奇事一直保持好奇是不可能的,也不会一直写信要求杂志找出他曾经作过什么)。

宪法很少保护作为信息控制的隐私,这一点并没有明确否定弗里德的观点。它仅仅指出了宪法的限定范围。在许多方面,隐私可以通过立法获得保护(尽管这些法律在试图限制媒体权力时会遇到宪法性难题),但关键是,这时的隐私权便被视为是立法决定的问题而非司法决定的问题。

公共事务的隐私 人们不难相信"公共的"和"私人的"领域之间存在一条泾渭分明的界限,而关于财产权的讨论就是以这样的假设开始的。但是,即使是 1937 年宪法改革的简短的讨论也可以让人们看到,这两者之间存在着多么多的联系。正如像过去的莫里斯·R.科恩(Morris R. Cohen)、罗伯特·希尔(Robert Hale)以及现在的加里·佩勒(Gary Peller)等"法律现实主义(legal realism)"和"批判法学研究(critical legal studies)"的理论家们所指出的那样,定义为"私人"的东西完全是公共决定的结果。举例来说,甚至想到"私人财产",也会同时使人想到,是一个完全公共领域的法律认可(有人会说确立)了一项私有财产权,并且如果必要还会得到公共力量的保护。美国宪法史上的关键事件——"1937年宪法改革"——的中心意思就是这些权利分配发生了显著的变化,如私有企业主所发现的,在某些情况下,他们可能被法律强制与工会进行谈判或者被强制将货物卖给他们不想与之交易的消费者。说得婉转些,人们今天对私有财产的设想与100年前私有财产业主的预期肯定大相径庭,而且我们也不敢相信在100年之后私有财产还有同今天一样的社会意义。

想要最清楚地理解这一点要参考一个使"预期"这一提法明显流行起来的案例。在"卡茨诉合众国案"(*Katz v. United States)(1967)中,联邦最高法院将宪法第四修正案所要求的搜查证拓展适用于窃听电话的行为;大部分大法官宣称,合众国市民对他们的交谈保持私人状态有"合法预期(legitimate expection)",要破坏这一预期需要有相当理由以获得搜查证。正如后来许多评论家所指出的那样,当时或从那时开始,联邦最高法院并不十分清楚"预期"的理论基础对其判决是如此重要。例如,政府可以通过声称在特定情况下人们都会期待电话将被第三方监听,而以此来粉碎这样的预期吗?也许相反,大多数人会相信,预期是指,对于他们的隐私权,绝大多数人相信应当出现的状况。通过证明绝大多数人确实存在所提的预期,前提性的政府声明就可能被推翻,如果政府胡乱窃听其市民的电话,他们的权利就会被侵害。如果公众的观点发生改变,情况又将如何呢?想想要求对毒品和HIV(爱滋病)病毒进行检查的普遍呼吁吧,对此,很多人认为,它是对隐私权的明显侵犯,并且,在没有提出某种程度的特殊的相当理由的情况下,应当推定其违宪。在1989年的两个案件[涉及海关雇员的"国库雇员工会诉冯·拉布案"(*National Treasury Employees Union v. Von Raab)和涉及铁路工程师的"斯金纳诉铁路劳工执行协会案"(*Skinner v. Railway Labor Executive Association)]中,即使没有对相当理由的充分证明,法院还是支持了对毒品的检测。在这两个案件中,法院关注的焦点是:对于这些职业中人员的吸毒问题,特别的理由,需要特别的考虑。

然而,如果一般的公众都相信,这场"对毒品之战(war on drug)"要求合众国超过1500万的公共雇员都要经常提交尿样的话,人们是否还可以以"预期"为名反对政府的这种侵犯呢?没有人相信个人的个性化预期会自动得到认可。毋庸置疑,人们发现个人的隐私权依赖于复杂的社会互动,这就有力地反击了任何公共与私人的简单划分。正是在这个意义上,"公众"会继续期待对"私有"领域与一般的公共区域的分开要有有力的确认,期待这个领域应得到充分的保护;也正是在这个意义上,考虑到私有财产的"传统"信号,认可所主张的隐私权会被认为将构成极大的社会浪费,于是"隐私"必然会被重新界定,以排除社会负担过多的方面。

美国宪法理论深深地植根于自由主义的政治传统之中。这就决定了公私区分会继续成为美国宪法体系的核心。不论联邦最高法院的成员是谁,或一定政治时期的特殊智力倾向如何,宪法性的"隐私权"将会永远存在。但是,它的意义和范围将会永远处于变化之中。

参考文献 Ruth Gacison, "Privacy and the Limits of law," *Yale Law Journal* 89(1980):421-471; Jennifer Nedelsky, *Private Property and American Constitution*(1990); Ellen Frankel Paul and Howard Dickman, eds., *Liberty, Property, and Government: Constitutional Interpretation before the New Deal*(1989); J. Roland Pennock and John W. Chapman, eds., *NomosXIII: Privacy*(1971); Alan Ryan, *Property and Political Theory*(1984); Ferdinand Schoeman ed., *Philosophical Dimensions of Privacy*(1984); William B. Scott, *In Pursuit of Happiness; American Conceptions of Priperty from the Seventeenth to the Twentieth Century*(1977); Alan Westin, *Privacy and Freedom*(1967).

[Sanford Levinson 撰;王煜宇译;许明月校]

私人公司章程[Private Corporation Charters]①

由州或联邦政府签发的公司章程赋予一群人作为一个独立的实体经营公司、教堂、学校医院或市政。19世纪,一些章程还规定了税收豁免、征用(*Eminent Domain)、股东的有限责任、公地(*Public Land)和其他附属条款。19世纪,国家授权州立法规范公司招致更多的争论。在"达特茅斯学院诉伍德沃德案"(*Dartmouth College v. Woodward)中,联邦最高法院宣布私人公司受宪法的契约条款(*Contract Clause)保护(第1条第10款第1项),免受州立法的任意修改和废止。达特茅斯学院案确立的原则禁止州立法对商事或非盈利私人公司的控制。

达特茅斯学院案原则为私人公司提供的保护是不完全的。在"查尔斯河桥梁公司诉沃伦桥梁公司案"(*Charles River Bridge v. Warren Bridge)

---

① 另请参见 Capitalism; Coporations。

(1837)中,法院认为私人公司章程应当严格构架以限制公司。法院进一步宣布各州保留保护公共健康、安全和福利的重大权力(参见 Police Power)。最后,尽管被保留的权利范围从来没有完全确定,一些州还是明确表示保留更改或废止公司章程的权利。

20 世纪,章程不再是有关私人公司的宪法性法律的核心。当然,联邦最高法院则主要通过联邦宪法第四修正案(the *Fourth Amendment)规定的正当程序(*Due Process)条款来处理州政府控制私营机构的问题。

[Bruce A. Campbell 撰;王煜宇译;常传领校]

私人歧视性协会[Private Discriminatory Associations]①

在"谢利诉克雷默案"(*Shelley v. Kraemer)(1948)中,联邦最高法院判决州对于基于种族与肤色的私人限制性租房契约的司法强制执行是不被允许的州行为(*State Action),违反了联邦宪法第十四修正案(the *Fourteenth Amendment)。1972 年,正当民权运动(*civil rights movement)方兴未艾之时,谢利案的判决适用范围在"穆斯旅店第 107 号诉艾尔维斯案"(*Moose Lodge No. 107 v. Irvis)中受到了限制。法院认为,宾夕法尼亚州允许在私人俱乐部里销售酒的行为不足以构成会触发根据第十四修正案进行司法审查的"国家行为"。尽管如此,法院还是承认纯粹的私人行为与带有"州行为"性质的行为之间的界限是难以划清的。

多年以来,民权活动家认为,穆斯旅店案是打击私人歧视性协会和俱乐部的一道不可逾越的障碍。但是,当越来越多的妇女开始进入工厂时,她们开始意识到将她们排除在这些协会和俱乐部之外是干涉她们职业发展的歧视。当她们被排除于被男人们定期使用作为提高商业机会手段的协会时,这一点显得尤为真实。

第一种招致司法挑战的私人歧视性协会是像合众国旋转俱乐部和合众国国际青年商会这样的大型的、全部由男人组成的团体,它们都拥有美籍非洲人成员。"罗伯茨诉合众国国际青年商会案"(*Roberts v. United States Laycees)(1984)是到达的高等法院的第一个此类案件。1978 年,合众国国际青年商会宣布允许妇女作为其成员的两个明尼苏达州分会违反了其全国性政策,因此它们将被撤销。这些分会后来向明尼苏达州人权部门提出了歧视控告,宣称对妇女的排除违反了明尼苏达州人权法(the Minnesota Human Rights Act)。明尼苏达州法律禁止基于性别而被向公众提供货物与服务的商事机构歧视。

全国国际青年商会试图以联邦宪法第一修正案(the *First Amendment)保护的结社自由为名重新界定这一问题(参见 Assembly and Association, Freedom of)。联邦最高法院考虑到第一修正案规定的权利的实质是对抗州权力,阻止对其居民的性别歧视,故而判决州有权制止特定私人俱乐部的歧视。尽管第一修正案明确保护基于家庭关系团体和小团体,对此,联邦最高法院称为"亲密者间的结社自由(intimate associational freedom)"。但是,像国际青年商会这样的"大型商事企业(large business enterprise)"还是被认为"远离……这种宪法保护",因为它们涉及的只是"明示的"结社(p.620)。国际青年商会的庞大和非选择性的特性使之不能依赖第一修正案的保护而使其对妇女歧视的合法化。

在"罗太来国际公司董事会诉桂瓦蒂罗太来俱乐部案"(Board of Directors of Rotary International v. Rotary Club of Duarte)(1987)中,这一观点得到了重申。在此案中,法院认为,"因为当地俱乐部的庞大规模、成员的高周转率,各俱乐部成员的个性、服务活动之外的公共目的,以及俱乐部鼓励陌生人加入并欢迎媒体报道其主要活动的事实"(pp. 537-538),罗太来俱乐部对女性会员的歧视将不会得到认可。

后来,在"纽约州俱乐部协会诉纽约市案"(*New York State Club Association v. City of New York)中,法院又一次提到这一问题。纽约市人权法禁止任何提供公共服务的地方存在基于种族、信仰、性别和其他方面的歧视,但是,却特别排除了私营组织。然而,1984 年的一个宪法修正案认为,如果俱乐部有超过 400 人的会员并提供正常的就餐服务,将不被视为是私人的。但兄弟会和宗教组织被排除在外。125 家俱乐部联合以第一和第四修正案为依据提起了诉讼。法院又一次拒绝了其基于宪法第一修正案的主张。

这些判决鼓励了日益增多的州和地方政府禁止符合罗太来案标准的私人俱乐部存在歧视。对歧视性俱乐部的压力也来自其他方面。早在 1984 年,美国律师协会修改其司法道德规范(Code of Judicial Ethics)时就宣称,法官加入任何以种族、性别、信仰和国籍为基础的歧视性组织是不合适的。1990 年,合众国参议院就一项尚无约束力的议案举行了听证会,该议案主张参加歧视性俱乐部的成员将不适宜作为联邦法官和司法部官员的候选人。在反对歧视性俱乐部的诸多方法中,更为有效的是近期提出和通过的大量市政法令,这些法令要求选择性的歧视性私人俱乐部接受妇女和非裔美国人,否则它们将会失去酒类营业执照。这是穆斯旅店案中没有要求也没有排除的一种办法。

[Karen O'Connor 撰;王煜宇译;常传领校]

---

① 另请参见 Gender。

特权与豁免[Privileges and Immunities]①

宪法中有两个条款保护美国公民的"特权与豁免"。第一个条款是《宪法》第4条第2款,它规定"每州公民应享受各州公民所有之一切特权及豁免"。第二个条款则见于宪法第十四修正案的第1款,它规定:"无论何州均不得制定或实施任何剥夺合众国公民特权或豁免权的法律"。尽管"特权与豁免"并没有定义,但是,每一州都不得歧视其他州的公民的思想,确曾被亚历山大·汉密尔顿(Alexander *Hamilton)看作是"联盟的基础"[见《联邦党人文集》(The *Federalist)第78篇]。

宪法第4条第2款规定的特权和豁免 对这一条款的最早解释是由巡回法院法官布什罗德·华盛顿(Bushrod *Washington)在"科菲尔德诉科里尔案"(Corfield v. Coryell)(1823)中作出的。新泽西州的一项法律禁止任何该州居民以外的其他人在该州水域捕捞牡蛎。华盛顿宣布该法并没有违反特权与豁免条款,因为这一条款仅仅保护那些"在性质上属于根本性的、在权利上属于所有自由政府公民"的特权与豁免——"如受政府保护,以获得并占有所有类型的财产的权利,享受生命与自由",以及进入法庭的权利。而捕捞由其他州公民所共同所有的牡蛎并不属于该种权利(参见 Fundmental Rights)。

在"海牙诉产业组织会议案"(*Hague v. Congress of Industrial Organizations)(1939)中,欧文·罗伯茨大法官认为,第4条认可了"一组权利,根据当时的法学理论,它们都属于'自然权利';该款规定的目的在于通过确保每一公民都认可这组其他州创设的权利,进而为合众国的公民创设该组权利。"(p.511)(参见 Natural Law)。但这一条款并没有规定政府在各州与公民之间充当保证人的角色,所以,这一条的规定实际上就等于是规定各州不得在本地居民和其他州居民之间有任何歧视。在"沃德诉马里兰案"(Ward v. Maryland)(1871)中,联邦最高法院认为,马里兰州对非本地居民出售生产于或制造于其他州的农产品或商品收取比本地居民更高的许可费的规定是违法的。同样,在"布莱克诉麦克劳案"(Blake v. McClung)(1898)中,联邦最高法院否决了一项规定本州债权人享有对于州外债权人的优先权的州立法;在"图默诉威特塞尔案"(Toomer v. Witsell)(1948)中,法院废除了对在南卡罗莱纳州水域捕虾的非本州渔民收取歧视性许可费的规定。在"多伊诉博尔顿案"(Doe v. Bolton)(1973)中,佐治亚州一部只允许该州居民在本州进行人工流产(*abortion)的法律被推翻。而在"希克林诉奥贝克案"(Hicklin v. Orbeck)(1978)中,则将一部给予阿拉斯加居民在修建本州排水管道工程中获得工作的优先权的法律宣布无效。在"新罕布什尔州最高法院诉派珀案"(Supreme Court of New Hampshire v. Piper)(1985)中,联邦最高法院判定各州不能禁止非本州居民从事法律职业。从另一方面来说,在"菲兰蒂斯诉派珀案"(Vlandis v. Piper)(1973)中,联邦最高法院认为,各州可以对本地居民收取比外地居民更低的学费;与科菲尔德案中捕捞牡蛎类似的教育补贴等措施并不是宪法规定的特权。与此类似,在"鲍尔温诉蒙大拿州渔业和竞技委员会案"(Baldwin v. Fish and Game Commission of Montana)(1978)中,联邦最高法院拒绝了对蒙大拿州向非本地居民征收较高狩猎许可费的做法所提出的违宪质疑;为休闲而进行的娱乐性狩猎(与谋生性狩猎相对)并不是受该条款保护的特权。

该条款的许多反歧视性目的是按照联邦最高法院所持的休眠状态的商业条款法理而对待的。但是,正如联邦最高法院在希克林一案中的判决那样,这两个条款并不完全是齐头并进的。公司可以根据休眠状态的商业条款对歧视性州立法提出质疑,但不能根据特权与豁免条款[如"保罗诉弗吉尼亚州案"(*Paul v. Virginia)(1869)],因为特权与豁免条款所禁止的是对州外的公民的歧视,而不管这种歧视是否涉及给州际商业增加了负担。

宪法第四修正案规定的特权或豁免 有关特权与豁免的第2项条款见于宪法第十四修正案。在围绕是否采纳第十四修正案的争论过程中,华盛顿大法官对与其并行的《宪法》第4条特权和豁免条款所作的解释常常被人们援引。《宪法》第4条的规定主要是确保各州在保护基本权利方面不会歧视其他州的居民,而宪法第十四修正案特权与豁免条款的目的则在于确保各州向其自己的公民提供基本的权利,以填补《宪法》第4条留下的缝隙(Colgate v. Harvey)(1935)。第十四修正案的主要起草人,参议员雅各布·M.霍华德在参议院就该被提出的修正案进行辩论时指出:"该修正案的最大目标就是……限制各州权力并强迫它们随时都尊重宪法第四条特权和豁免条款及《权利法案》所确立的伟大的基本权利保障。"

但是,第十四修正案特权与豁免条款的这种"最大目标"却没能维持多长时间。在有关该条款的首次诉讼中,认为新奥尔良州立法将屠宰业垄断权授予特定屠户的做法侵犯了竞争者的特权与豁免的诉讼主张被驳回了。萨缪尔·F.米勒大法官在屠宰场系列案(*Slaughterhouse Case)微弱的多数意见中写道:各州公民的特权或豁免并不是全国层面上需要关心的问题,"而是留给各州政府去保护和保障"的问题(p.78)。但斯蒂芬·J.菲尔德对此表示反对(*dissenting),认为这样的解释将会使特权或豁免条款成为"徒劳且没有意义的规定"(p.96)。

---

① 另请参见 Citizenship;Fourteenth Amendment。

在屠宰场系列案中,法院也反对针对垄断而适用第十四修正案的正当程序条款。正当程序和平等保护条款后来都有争议地被用来保护特权或豁免条款原本就欲保护的实体权利。(参见 Due Process, Substantive; Equal Protection)。从 1873 年到 1999 年,特权或豁免条款本身主要限于用来保护米勒大法官在屠宰场系列案中所注意到的由该条款所覆盖的少量"全国性的公民"权利(与州公民权利相对应),如向国会申诉的权利,使用合众国港口的权利,等等。在"科尔盖特诉哈维案"(Colgate v. Harvey)(1935)中,联邦最高法院曾简要地提及该条款是对州征税权力的限制,但这项认定很快就在"马登诉肯塔基州案"(Madden v. Kentucky)(1940)中被推翻了(参见 State Taxation)。随后,在"爱德华兹诉加利福尼亚州案"(*Edwards v. California)(1941)中,有 3 位大法官认为,跨州迁徙(*travel)权受特权或豁免条款的保护,但联邦最高法院的多数意见则援用商业条款而达致了相同的结果。

在"萨恩斯诉罗案"(Saenz v. Roe)(1999)中,约翰·保罗·史蒂文斯(John Paul *Stevens)大法官在为联邦最高法院撰写判决意见时,重新复活了该条款,他认定加利福尼亚州的立法将新迁入居民享受的福利水平限制在其在原来所在州将会获得的水平上,侵犯了第十四修正案特权与豁免条款所固有的迁徙权利。作为联邦最高法院唯一的一个自然权利法学家,克拉伦斯·托马斯(Clarence *Thomas)大法官对此表示反对,他发现,法院多数依据该条款"怀疑并不是最佳",因为对该条款的历史的理解是:它仅仅保护基本的权利,而不是所有的实证法所确立的公共获益(p. 527)。尽管如此,托马斯对在适当的情形"重新评价"该条款则持开放态度,因为他坚持这样的信念:"该条款在屠宰场系列案中的让位,对于今天(联邦最高法院)出现的在宪法第十四修正案法理学方面的混乱,有很大的关系"(pp. 527-528)。在援引第十四修正案之前,联邦最高法院"应该尽力弄清楚第十四修正案最初设计者所认为的该条的意义",并且"考虑第十四修正案是否应该取代,而不仅仅是强化或肢解(联邦最高法院的)平等保护和实体的正当程序法理学"(p. 528)。由托马斯大法官因受史蒂文斯大法官复活该条款的警醒而发起的学术性调查目前仍在进行当中。

参考文献 Akhil Reed Amar, "Did the Fourth Amendment Incorporate the Bill of Rights Against States?" *Harvard Journal of Law & Public Policy* 19 (1996): 443-449 (1996). Michael Kent Curtis, *No State Shall Abridge* (1986). John C. Eastman, "The Declaration of Independence as Viewed from the States," in *The Declaration of Independence: Origins and Impact*, edited by SCOTT Douglas Gerber(2002), pp. 96-117. Charles Fairman, "Does the Fourteenth Amendment Incorporate the Bill of Rights? The Original Understanding," *Stanford Law Review* 2 (1949): 5-139. John Harrison, "Reconstructing the Privileges of Immunities Clause," *Yale Law Journal* (1992):1385-1474. Douglas W. Kmiec, "Natural-Law Originalism-Or Why Justice Scalia (Almost) Gets It Right," *Harvard Journal of Law & Public Policy* 20 (1997):627-653. Philip B. Kurland, "The Privileges of Immunities Clause: 'Its Hour COME Round at Last'?" *Washington University Law Quarterly* (1972):405-420. Clarence Thomas, "The Higher Law Background of the Priviegs of Immunities Clause of the Fourteenth Amendment," *Harvard Journal of Law & Public Policy* 12 (1986): 63-70. Laurence H. Tribe, Comment, "Saenz Sans Prophecy: Does the Privileges of Immunities Revival Portend the Future—Or Reveal the Structure of the Present?" *Harvard Journal of Law & Public Policy* 113 (1999): 110-198.

[C. Hermann Pritchett 撰;John C. Eastman 修订;王煜宇、常传领译,常传领校]

战利品系列案[Prize Cases, 2 Black(67 U.S.) 635(1863)]①

1863 年 2 月 10—13,16—20,23—25 日辩论,1863 年 5 月 10 日以 5 比 4 的表决作出判决,其中,格里尔代表联邦最高法院起草判决意见,纳尔逊、卡特伦、克里福德及托尼反对。1861 年 4 月 19 日,亚伯拉罕·林肯(Lincoln *Abraham)总统宣布了一项对南部港口的封锁令,一个月之后,他将封锁范围扩大到新近脱离联邦的弗吉尼亚和北卡罗来纳州的港口。7 月 13 日,国会授权林肯宣布存在叛乱状态,8 月 6 日,国会追认了林肯先前的军事行动。

战利品系列案涉及针对 7 月 13 日之前没收四艘不同船舶及其船上所有货物的起诉。AMY WARWICK 号装运咖啡开往里士满。联邦最高法院支持将它"作为敌军财产"予以没收(p. 675)。Hiawatha 号是内战开始时在里士满截获的一艘英国船舶。船长接到通知所有中立船舶都必须在封锁令开始生效的 15 天内离开里士满。由于没有拖船,虽然在 15 天之内 Hiawatha 号货物已装卸完毕,但在封锁令开始生效的几天后,该船还是没能离开港口。法院确认了对该船舶及其货物没收的裁定。Brilliante 号是一艘在封锁令颁布一个月之后驶入新奥尔良的墨西哥船舶。船舶在离开新奥尔良之后被捕获,法院支持这一裁定。由里士满居民所有的 Crenshaw 号,在将烟草运往英格兰的途中被捕获。该船直接提出了

---

① 另请参见 Presendial Emergency Powers。

对敌军财产的处理问题,法院支持针对船舶和货物的起诉。

尽管这些案件涉及许多不同的技术性问题,但都说明了一个关键:在没有国会授权的情况下,总统是否有权实行封锁？林肯认为桑特尔堡(Fort Sumter)枪战之后,国家发生了叛乱,他有权采取单方行动以消除这种叛乱。在此问题上,联邦最高法院为了支持林肯,赞成他关于合众国内战(Civil *War)的观点：它是一场反对美国政府的叛乱,根据战争法应受到镇压。这样,即使不承认南方政府的存在,美国政府也可以像对付国际战争一样进行战斗。

在战利品系列案中,罗伯特·格里尔(Robert *Grie)大法官认为,在林肯宣言之后"一场封锁就事实上存在了(a blackade de facto existed)",而且林肯作为"政府行政长官和陆海军队的总司令","是作出上述宣告的合适人选"(p.666)。格里尔认为,只要一方政府不承认另一方政府的主权,战争就仍将存在。他还注意到,虽然"内战从来没有公开宣战,号召人们反对叛乱团体,但它的实际存在是我国历史上的一个事实,法院应当对这一事实注意并知晓"(p.667)。在这里,法院注意到了战争以及林肯对战争的反应。

持反对意见的大法官塞缪尔·纳尔逊(Samuel *Nelson)认为,7月13日"在没有得到国会法案(the Act of Congress)承认之前,政府与叛乱州之间并不存在战争,而且根据宪法,总统既没有宣战的权力,也没有在国家法律意义的范围内承认战争的权力,这种权力含有挑衅权,并将整个国家和国民从和平带入战争"。纳尔逊认为只有国会拥有此项权力,因而封锁下的没收是非法的。

在战利品系列案中,联邦最高法院勉强赞成林肯关于内战是一场带有国际战争特点的国内叛乱的理论。为了国内宪政,法院确认总统的行动权好像是为了镇压一场叛乱,同时,为了国际关系,法院向世界宣布南方是一个挑衅政府,能够被合法地封锁。案件接受有关战争理论意味着总统采取其他行动,包括奴隶解放宣言(Emancipation Proclamation)和中止人身保护状,也是宪法允许的,尤其是当得到国会后来追认时。

参考文献 Stewart L. Bernath, Squall the Atlantic: American Civil War Prize Cases and Diplomacy (1970).

[Paul Finkelman 撰;王煜宇译;常传领校]

相当理由[Probable Cause]①

美国宪法第四修正案(the *Fourth Amendment)规定"没有相当理由(probable cause)……[搜查和扣押]证不得签发"。该修正案源于对殖民地时期英国滥用普通令状与辅助令状等法律文件的反感,这些法律文件允许官员仅仅出于对走私的怀疑就可以搜查和扣押公民。尽管起草者的意图明显是想用它来反对中央政府任意侵犯个人隐私(*privacy),但对于该短语的含义却并没有界定。

虽然第四修正案是整个《权利法案》(*Bill of Rights)中诉讼案件最多的一条,但是,联邦最高法院却一直认为"相当理由"的要求仅存在于相对少量的案件中。法院通过合理性的检测标准来衡量"相当理由",这是一种介于纯粹的猜疑与确定的知识之间的主观标准。据此,指向逮捕与扣押的事实和案情必须足以说服一个理性的人相信违法行为已经实施或正在发生。这种标准常常涉及特殊的猜测和具体的事实。直觉或一般猜测并非是得出存在"相当理由"的合理原因。它要求由法官,而不是执法官员,来判断是否存在"相当理由",并以此判定是否应该签发搜查证。

1968年联邦最高法院修改了这一标准,即使没有逮捕的相当理由,也允许警察为了自身的安全,令停并搜查(*stop and frisk)犯罪嫌疑人["特里诉俄亥俄州案"(*Terry v. Ohio)]。最近以来,联邦最高法院接受了一位法律官员的经验：在确定相当理由是否存在时,犯罪嫌疑人的名声,即使是对此匿名泄露的消息,只要有其他事实佐证,也可放入合理性检测标准中用来作出权衡。

[David J. Bodenhamer 撰;王煜宇译;常传领校]

程序上的正当程序[Procedural Due Process]

参见 Due Process, Procedual。

革新主义[Progressivism]②

革新主义是一场横跨20世纪前20年的改革运动,通过这场运动合众国极力应付社会、经济与文化等广泛的变革。革新主义者因其对国家问题性质的理解以及解决问题的最好方法不同而各异,但是,大多数人一致的信念是：在各个层次上,政府都要在改革中扮演积极的角色。他们通过积极立法拓展国家权力来遏制大企业资本主义的过度扩张,并处理因经济和社会前所未有的急剧变革而带来的社会不公。由于按照合众国的传统标准,他们关于政府职能的看法不够正统,因此,改革者不仅要确保颁布新的立法,而且还要说服司法系统使这些法律既有效又合宪。

尽管当代社会活动家有时将司法系统视为变革的障碍,但在革新时期,联邦最高法院事实上却支持

---

① 另请参见 Serch Warrant Rule, Expression to。

② 另请参见 Capitalism; Contract, Freedom of; Due Process, Substantive。

了绝大多数当时通过的立法,尤其是支持联邦政府拓展管制商业活动并限制垄断加剧的权力。1906年的《赫伯恩法》(the Hepburn Act of 1906)拓宽了州际商业委员会(*Interstate Commerce Commission)的管辖范围和职能,第一次赋予它真正的权力。法院维持了州际商事委员会的活力,并确立了其行政性管制的合宪性。

最初,在"合众国诉 E. C. 奈特公司案"(United States v. *E. C. Knight Co.)(1895)中,当联邦最高法院在商业与制造业之间画出一条明显的界限以限制政府对后者的管制时,它提出,"谢尔曼反托拉斯法"(*Sherman Antitrust Act)(1890)对该案实质上是无效的。在其后的几年中,对于保守派的大法官来说,这部法律最基本的价值是作为对抗有组织的劳动(*labor)大军的武器。然而,20世纪的最初10年,联邦最高法院在几起重要的案件中恢复了谢尔曼法的适用。在"北部证券公司诉合众国案"(*Northern Securities Co. v. United States)(1904)中,法院发现一家铁路控股公司在禁止贸易中有非法联合,重新适用了该反垄断法。接下来的一年,在"斯威夫特及其公司诉合众国案"(*Swift & Co. v. United States)(1905)中,为了回避商业与制造业的区别,起草多数人意见的大法官奥利弗·温德尔·霍姆斯(Oliver Wendell *Holmes)提出了强调制造业对商业影响的"商流(stream of commerce)"理论(参见 Commerce Power)。就像许多革新派改革家一样,联邦最高法院的大法官相信,大型的公司规模、商业实践以及巨大的市场份额并不会必然造成对国家经济和社会进步的损害。在"标准石油公司诉合众国案"(*Standard Oil v. United States)(1911)中,联邦最高法院采纳了"合理原则(rule of reason)",该原则暗示,联邦最高法院对谢尔曼法的解释是:它只分解仅其存在就会对贸易构成不合理限制的公司。

传统上,保护公众健康、安全与道德的治安权属于各州。革新立法者对这一权力作了扩大解释,并通过了一系列涉及州际经济和社会的标准,包括童工、最低工资、最长工时、工厂安全、雇主责任以及工人赔偿方面的法律。有几个著名的判决,其中最值得注意的是"洛克纳诉纽约州案"(*Lochner v. New York)(1905),它推翻了这些法律的一部分。然而,在"马勒诉俄勒冈州案"(*Muller v. Oregon)(1908)和其他的一些案例中,法院又以这些法律有效地实现了国家的治安权为依据保留了其中大部分法律。

当州政府被证明无力切实解决经济和社会的问题时,革新主义者有时会转向华盛顿寻求帮助。在1906年至1916年之间,国会通过了几部有重大意义的社会公正立法,如纯净食品与药品法(the Pure Food and Drug)、肉类检查法(Meat Ispection)和曼恩法(Mann)、亚当森法(Adamson)以及基廷-欧文法(Keating-owen Acts)。当这些以联邦政府商业和税收权力为基础的法律受到挑战的时候,其中的大部分受到联邦最高法院的支持。然而,有几次,大法官们也认为,国会在努力实施联邦治安权中超出了宪法的界限。1908年,在第一例雇主责任案(Employer Liability Case)中,法院发现1906年的雇主责任法代表着对商事权的错误使用,因为它影响了直接从事州际贸易的工人。在"阿代尔诉合众国案"(*Adair v. United States)中,该法院判决:禁止"黄狗"合同(以不加入工会为条件的劳动合同)的俄德曼法(the Erdman Act)(1898)破坏了第五修正案正当程序条款项下的契约自由。在"哈默诉达根哈特案"(*Hammer v. Dagenhart)(1918)中,该法院发现基廷-欧文童工法(Keating-Owen Child Labor Act)并非合法的商事规范,并且侵犯了联邦的治安权。

因为联邦最高法院考虑到革新立法议程的合宪性,大法官有时将其司法审查(*judicial review)构筑得很窄,仅仅审查相关的法律是否具有明显的宪法基础。而在其他情况下联邦最高法院则将它的权力作扩大解释,认为它有权审查州立法的实体部分。19世纪90年代,一位活动家的司法审查观念常常被用于保护财产权(*property rights)方面,但是,20世纪早期,像路易斯·D. 布兰代斯(Louis D. *Brandeis)之类的革新派法官和律师常常成功地将它归结为社会变化的原因。

在革新时期,虽然联邦最高法院有时被有改革思想的批评家称为反动机构,但它对发生在合众国人生活中的重大变化通常是相当敏感的,并努力使法律传统适应现代的需要。它有时候会以个人自由、财产权利或联邦主义的名义阻碍改革,最终禁止了州与联邦权力的拓展,但其目的还是为了使政府在两个层面都能更有效地处理前所未有的时代问题。

参考文献 John W. Johnson, *American Legal Culture*, 1908-1940 (1981); Melvin I. Urofsky, "State Courts and Protective Legislation During the Progressive Era: A Reevaluation," *Journal of American History* 72 (June 1985):63-91.

[Robert F. Martin 撰;王煜宇译;常传领校]

禁止令状[Prohibition, Writ of]

履行职责令(*mandamus)的反义词,是由高级别法院签发命令低级别法院放弃它因缺乏管辖权的待决事项的一种令状。今天规范令状使用的法律有《美国法典》(the U. S. Code)第28编第1651节的《全部令状法》(the All Writs Act)以及《上诉程序联邦规则》(the Federal Rules of Appellate Procedue)第21条。

[William M. Wiecek 撰;王煜宇译;常传领校]

财产权[Property Rights]①

在漫长的美国历史上,联邦最高法院一直都捍卫财产权,反对立法干预。通过承担这一角色,大法官们充分地反映了深受约翰·洛克(John Locke)自然法哲学影响的美国宪法起草者们的价值观念。洛克认为,按照自然法理论,私有财产产生于政治权力创设之前。18世纪,辉格党(Whig)的政治传统依据自然法理论强调财产所有权,并将它作为反对专制政府的自由保障。起草者也强调私有财产的经济价值,他们相信财产安全与合同安排促进了投资的发展,也促进了强大的国民经济的形成。尽管有些州宪法保留了保护财产权的条款,但是,在紧随革命之后的几年间,许多人觉得州政府在尊重财产所有权方面不值得信赖。相应地,制宪会议的代表对保护经济利益也十分关注。

宪法中有相当多的条款与经济利益有关。举例来说,宪法禁止国会或州通过剥夺财产权法案(bill of *attainder)来剥夺财产,限制国会征收直接税(参见 Taxing and Spending Clause)。宪法还有几条关于奴隶财产保护的规定(参见 Slavery)。宪法限制州权力最多的是宪法契约条款(the *Contract Clause),它禁止州颁布任何"限制合同义务"的法律。与之相比,更为重要的是联邦宪法第五修正案(the *Fifth Amendment),它规定"未经正当程序,不得剥夺任何人的生命、自由或财产权;没有公平的补偿,私有财产不得被占用"。第五修正案将洛克视保护财产为政府主要目的的思想融入了宪法。

一开始,联邦法院就将他们的目的凸显为保护现存的经济安排,减少州立法对财产权的干预。在联邦司法审查(*judicial review)的第一批案件中——有一件是"钱皮恩和迪克森诉凯西案"(Champion and Dickason v. Casey)(1792),此案中,巡回法院就认定一项罗德岛的授予个人债务人一定期间内免受财产扣押的权利的立法构成对合同的违宪损害。

财产权与自然法 受自然法而非宪法任何具体规定的感召,一些联邦法官接受了既得权利(*vested rights)原则,以保护已经确立的财产权免受立法的侵害。根据这一理论,财产所有权是一项基础权利(*fundamental right),干涉这一权利的法律因其破坏了约束一切合宪政府的原则而无效。大法官威廉·佩特森(William *Paterson)在著名的巡回法院案件"范·霍恩租户诉多兰斯案"(Van Hone's Lessee v. Dorrance)中,清楚地阐明了这一观点,认为"取得和拥有财产,使其受到保护的权利是人的一种自然的、固有的和不可剥夺的权利"(p. 310),佩特森含蓄地将自然权利原理(the doctrine of natural rights)与契约条款联系起来。

在"考尔德诉布尔案"(*Calder v. Bull)(1798)中,大法官塞缪尔·蔡斯(Samuel *Chase)在其起草的分立的意见中,重申了既得权利原则。"在我们自由的共和政府当中,存在一定的重要原则",他认为,"它们将决定和制约立法权明目张胆的滥用"(p. 388)。蔡斯坚持认为,立法机构不能够"破坏先前合法存在的私人合同权利或财产权利"(p. 388)。

马歇尔与托尼法院 1801年成为首席大法官的约翰·马歇尔(John *Marshall)执掌联邦最高法院长达30年。作为联邦党人,马歇尔同情财产利益与商事企业。他坚信财产所有权能够保证个人自由和鼓励对资源的有效利用。契约条款成为马歇尔法院法律理论的核心。根据既得权利原则,马歇尔使宪法的该条规定转变为保护财产权的坚强壁垒。他第一步是拓宽有权获得宪法保护的合同的定义。在"弗莱彻诉佩克案"(*Fletcher v. Peck)这一具有里程碑意义的案例中,马歇尔认定,宪法禁止各州违反其合同。该案的问题是佐治亚州立法机构试图废止大片的雅佐(Yazoo)土地授权。马歇尔注意到契约条款的表述"是一般的,可以适用于每一指定土地"(p. 137)。类似的是,在"新泽西州诉威尔逊案"(New Jersey v. Wilson)(1812)中,马歇尔法院判定免税是契约规定的权利,因此州不能取消这种优待。

宪法契约条款的另一次意义更深远的适用是"达特默斯学院诉伍德沃德案"(*Dartmouth College v. Woodward)(1819),该案认定公司章程是受宪法保护的合同。19世纪,随着公司的数量增多和权力的加强,对公司的公共操纵成了主要的关注点。州可以撤销或变更公司章程的权力说明实施管制还有另一种途径。达特茅斯学院案判决,通过建立一种宪法性屏障来反对立法对现存公司章程的干预,帮助了公司型企业。然而,持并存意见的大法官约瑟夫·斯托里(Joseph *Story)却认为,州立法机构在公司章程制订的时候,可以保留修改公司章程的权利。这种被保留的权利的行使不构成对合同的损害(参见 Private Corporation Charters)。

契约条款是形成债权债务关系的主要力量。在宪法批准后,许多州继续维持了实施减轻债务人负担措施的实践(参见 Bankruptcy and Insolvency Legislation)。债权人强烈反对这些法律,认为州减轻债务人责任的措施代表了一种对合同的违宪损害。在"斯特奇斯诉克劳宁谢尔德案"(*Sturges v. Crowninshield)中,联邦最高法院审理了对1811年纽约州破产法(New York's Bankruptcy Act of 1811)的质疑。马歇尔得出了这样的结论:纽约州破产法无效,因为它减轻了债务人在这些措施实施之前合同约定的偿债义务。州对合同义务的免除没有溯及力。受到"1819年大恐慌"(the Panic of 1819)后的经济萧条的刺激,很多州颁布了仅对生效前发生的债务有

---

① 另请参见 Capitalism。

约束力的新破产法。在"奥格登诉桑德斯案"(*Ogden v. Saunders)(1872)中,联邦最高法院以4比3的微弱优势维持了纽约州新修改的法律。大法官认定,订立合同时生效的法律构成了合同的一部分。因此,适用于后续义务的破产法并没有损害任何合同。

在契约条款的解释史上,奥格登的判决是一个转折点。联邦最高法院还没来得及从早期的判决中抽身,就在之后审理的契约条款案件中受到更为谨慎的精神影响。在"普罗瓦登斯银行诉比林斯案"(*Providence Bank v. Billings)(1830)中,马歇尔宣布,州征税权的放弃并不能从其授予组织银行章程的行为中得到默示。该裁决建立一项原则,即赋予公司特权必须在其章程中得到明确的确认。

为了鼓励投资,马歇尔努力争取对契约的广泛保护,这反映了他对经济国家主义的认同。无论用什么标准来衡量,他都取得了重大的胜利——事实上,在19世纪,联邦最高法院裁判所引用的契约条款超过了宪法的其他部分。尽管存在着对一些裁判的批评,但对马歇尔思想的核心部分,即联邦法院应当保护既存的经济权利的观点,人们几乎没有任何异议。

杰克逊民主党的政治胜利给联邦最高法院带来了新的立场。马歇尔去世后,总统安德鲁·杰克逊(Andrew *Jackson)于1837年任命罗杰·布鲁克·托尼(Roger B. *Taney)为联邦最高法院首席大法官。在托尼的领导下,法院把宪法性法律与杰克逊式的州权利原则(the Jacksonian of states' rights)(参见State Sovereignty and States' Rights)、对特权的厌恶以及对宪法的严格解释协调起来。虽然工作的重点有所转移,但是,法院没有从根本上偏离马歇尔时代的宪法原则。托尼认同了马歇尔的经济价值观,尤其是在保护私有经济和促进经济增长的必要性方面。事实上,马歇尔与托尼的司法途径各有不同。托尼限制契约条款的适用范围,允许州在形成经济政策方面有更大的灵活性。这一点在"查尔斯河桥梁公司诉沃伦桥梁公司案"(*Charles River Bridge v. Warren Bridge)(1837)中得到了证明,该案中,托尼拒绝了默示公司特权的提法。他强调必须严格设定公司授权的原则,这是认可立法控制经济政策的一种观念。由于对法律与技术关系敏感,托尼进一步主张认可默示公司特权会破坏经济发展进程。按照托尼的思想,现存的财产权利有时会因为技术革新与技术进步预留空间而受到破坏。

国家征用权(*eminent domain)构成了对契约条款适用范围的另一限制。在"威斯特河大桥公司诉迪克斯案"(*West River Bridge Co. v. Dix)(1848)中,法院认定契约条款并不能保护公司免受国家的征用。大法官的理由是所有合同都受制于国家的最高权力——国家征用权。

然而,在涉及减轻债务人义务法律、免税和银行管制的案例中,大法官们则适用契约条款。在"布朗森诉金泽案"(*Bronson v. Kinzie)中,法院审理了对伊利诺伊州两部法律的质疑,这两部法律溯及既往地限制了取消抵押物回赎权,为恢复丧失回赎权的财产,又给予了抵押权人广泛的权利。托尼在代表联邦最高法院起草判决意见时发现伊利诺伊州的法律是对合同的违宪撤销。

在内战(*Civil War)之前,联邦法院对利用国家征用权占有私人财产没有过多地注意。宪法没有对国家征用权直接提及,但联邦宪法第五修正案(the *Fifth Amendment)规定:对私人财产的占用必须是为公共目的,并且要给予公平的补偿(*just compensation)。在范·霍恩租户案(Van Hone's Lessee)中,大法官佩特森得出结论:占用私人财产的"专制权力(despotic power)""存在于每一政府当中","没有该项权力,政府就不能运转"(p. 311)。然而,他强调,补偿必须给予土地所有人,确定土地价值属于司法职能而非立法职能。

在战前的实践中,适用第五修正案的占用条款(the *Takings Clause)不是很多。这一时期,联邦最高法院占用案判决中最引人注目的是"巴伦诉巴尔的摩案"(*Barron v. Baltimore)(1833)。该案中,巴尔的摩市力图通过改善港口设施来增加轮船的进入量。该市从原告码头改造水道,大大地减少了码头的价值,原告主张应获得第五修正案规定的损失赔偿。法院驳回了这一主张,认为第五修正案限制的是联邦政府而非州政府。

在内战之前,像占用条款一样,第五修正案的正当程序条款对经济利益的宪法保护几乎没有起到任何作用。19世纪中期,联邦法院开始转向对正当程序进行大量的解释。实体的正当程序(*due process, substantive)在充满争议的"斯科特诉桑福德案"(*Scott v. Sandford)判决中第一次出现于联邦法院的法理学之中。首席大法官托尼将正当程序条款解释为限制国会从地域排除奴隶财产的权力。斯科特案的判决被内战修正案和联邦宪法第十四修正案(the *Fourteenth Amendment)实际取代,但是,实体正当程序的概念注定要在未来一代获得有力的重生。因此,在战前关注财产的法学理论成为该世纪后期的自由立宪主义的先驱。

内战与重建 内战迫使合众国政府积极扮演一个管理经济的角色。国会对公共财政试行新的方案。1861年,国会第一次征收所得税,对年收入超过800美元的人统一按3%的税率征收。另外,政府还发行了大量不可兑换金银的纸币,也就是众所周知的美钞。1862年的《法定货币法》(the Legal Tender Act of 1862)宣布美钞作为偿债和付税的合法手段。美钞迅速贬值,债权人拒绝用这种现金偿债。1864年,国会组织全国金融系统,规定统一的流通货币。1年之后,国会对州银行券征收重税,有效地把它们排除在现金流通之外。

联邦最高法院维持这些新方案,使之向国家经济管制的方向发展。在"斯普林格诉合众国案"(*Springer v. United States)(1881)中,法院支持内战所得税适用于职业所得。同样,有巨大影响的是"韦泽银行诉菲诺案"(*Veazie Bank v. Fenno)(1896),此案中,法院确认国会对州银行券的征税权(参见 Tax Immunities)。为了强调确保货币统一的重要性,法院拒绝对国会实施这种禁止性征税的动机进行审查。这样,韦泽银行案确立了国会可以通过税收权来规范甚至取消一定的经济活动。

引起更大争议的是法院对法定货币立法的宪法性质疑所进行的处理。在"赫伯恩诉格里斯沃尔德案"(Hepburn v. Griswold)(1870)中,联邦最高法院以4比3的表决结果作出判决:当法定货币法适用于其订立前的合同时,该法无效。首席大法官萨蒙·P. 蔡斯(Salmon P. *Chase)代表联邦最高法院总结道:该法破坏了第五修正案的正当程序条款,以同宪法精神相悖的方式损害了合同义务。许多生意人和政府官员害怕该判决结果会引起经济秩序的混乱。经过重新讨论,在"诺克斯诉李案"(Knox v. Lee)中,法院推翻了赫伯恩案的判决,支持法定货币法案不论是适用于在先合同或之后合同都符合宪法。法定货币法系列案件是司法对国会拥有控制金融货币政策的庞大权力的确认。

内战之后,美国经历了一个经济高速增长的时代。以铁路为先锋,工业发展与技术改造都得到了快速发展。然而,高速的工业化造成了经济的断层,并非社会所有行业都受益于自由放任的市场经济。公司和财产所有人寻求司法保护以反对政府管制。他们试图利用联邦宪法第十四修正案作为屏障,反对在他们看来代表着专断与不合理干预经济权利的州立法。

在屠宰场系列案(*Slaughterhouse Cases)(1873)中,法院第一次解释了联邦宪法第十四修正案。在重建(*Reconstruction)过程中,路易斯安那州立法确立了对新奥尔良屠宰场生意的垄断。一些新奥尔良的屠户对路易斯安那州法律提出了挑战,认为这一垄断剥夺了他们从事贸易的财产权利,不仅违反了特权与豁免条款,也违反了第十四修正案的正当程序条款。以5比4的表决结果,联邦最高法院拒绝了这一主张,并对特权与豁免条款作出了严格的限制。法院认为,受联邦保护的权利都要受到既存的垄断制约。形成鲜明对比的是,持反对意见的大法官认为修正案是对管制所有人权利的州权力的一种实质性限制。大法官斯蒂芬·J. 菲尔德(Stephen J. *Field)攻击垄断,把它作为对获得财产的权利的侵犯,他认为追求合法职业的权利是受宪法第十四修正案保护的。

随后,在"芒恩诉伊利诺州案"(*Munn v. Illinois)(1877)中,联邦最高法院考虑到州控制私人财产的权力。芒恩案的问题是伊利诺州的一部法律规定了在芝加哥贮存谷物的费率。谷仓的管理人员认为该措施不经过正当的法律程序剥夺了他人的财产。为支持伊利诺伊州的法律,联邦最高法院对控制私人财产使用的州权力再次采纳了一种略有不同的观点。首席大法官莫里森·雷米克·韦特(Morrison R. *Waite)代表联邦最高法院裁定:"当私有财产用作公共用途时,它受到公共管制"(p. 130)。这种公共利益原则是否适用于个别企业是立法要解决的问题。虽然韦特认为对"披着公共利益外衣"的财产,其所有人有权获得合理的补偿,但他宣布,决定这种补偿是立法任务而不是司法任务(参见 Rule of Reason)。财产所有人反对立法权滥用的唯一途径是诉诸于政治程序求得保护。菲尔德强烈反对,他警告,按照芒恩案的理论,"该州的所有财产与商业就只有依靠立法机构大多数的怜悯而生存了"(p. 140)。

19世纪80年代,联邦最高法院对州管制财产与商业的问题采取了一种更怀疑的态度。在"波洛克诉农场主贷款与信托公司案"(Pollock v. Farmers' Loan & Trust Co.)(1886)中,法院支持密西西比州的一部法律,该法律授权一委员会对铁路费率进行管制,但它提醒这种授权并非没有限制。首席大法官韦特补充:"州不能要求铁路公司无报酬地承运乘客或货物,它也不能进行在法律上将构成不给予公平补偿的,或不依照法律正当程序的为公共用途而占用私人财产的行为"(p. 331)。不仅如此,法院还强化了公司的法律地位。在"圣克拉拉县诉南太平洋铁路公司案"(*Santa Clara County v. Southern Pacific Railroad)(1886)中,大法官裁决公司是宪法第十四修正案意义上的法人,因此有权获得正当程序条款的保护。

经济正当程序 在"马格勒诉堪萨斯州案"(*Mugler v. Kansas)(1887)中,联邦最高法院又迈出了一步,它开始转向对于保护基本财产权利的正当程序进行实体的解释。这一步奠定了经济正当程序原则的基础。尽管法院认定了一州为保护健康与社会道德而禁止生产和销售酒类饮料的措施是治安权的有效运用,但是,大法官约翰·马歇尔·哈伦(John Marshall *Harlan)强调,联邦最高法院能够有权对州管制的背后目的和被用来实现既定目标的手段实施严格审查。而且,哈伦坚持认为,"立法不能真正超越的限制"是存在的(p. 661)。

经济正当程序很快就成了保护财产权利和为放任自由的立宪主义(*laissez-faire constitutionalism)原则作辩护的最重要的司法工具。19世纪90年代,联邦最高法院裁定,公用设施依据宪法有权获得合理的定价,而对合理性的界定则是一个司法问题。这条发展思路在"史密斯诉埃姆斯案"(*Smyth v. Ames)(1898)中达到了顶峰,联邦最高法院在该案中一致认定,公用设施必须"根据其为公共便利而使用的价值得到公平回报"(p.547)。史密斯案确立的计算公式要求费率应根据公司的现有价值计算,并公布了确定这种价值的一项复杂文本规定。

在"艾杰耶尔诉路易斯安那州案"(*Allgeyer v. Louisiana)(1897)中,联邦最高法院也发展了经济正当程序的另一个推论——合同自由主义。法院推论,受宪法第十四修正案保护的自由包含了"签订所有目的在于维持财产占有和获取财产的适当合同的自由"(p.589)。国家不能干预这种合同自由,这一提法给企图管制雇佣合同条款的立法投下了浓重的阴影。

尽管放任自由的立宪主义在19世纪90年代占有支配地位,法院依旧认识到,在适当的情况下,州可以依据治安合法限制财产权利和合同权利。大法官们通常对保护健康、安全与社会道德的法律持同情态度。举例来说,在"霍尔登诉哈迪案"(*Holden v. Hardy)(1898)中,联邦最高法院以7比2的表决结果支持了把煤矿工作时间限定在每日8小时内的犹他州法律。为否决基于合同自由主义提出的质疑,法院强调不健康的煤矿工作条件,提出矿主与雇工之间没有平等的讨价还价权(参见 Contract, Freedom of)。

占用条款 除盛行的经济正当程序条款之外,联邦最高法院还拓展了宪法第五修正案占用条款对财产所有人的保护。法院在"庞佩利诉绿色港湾公司案"(Pumpelly v. Green Bay Company)(1871)中,扩大了占用的定义,认为即使土地权利表面上还属于所有人,但破坏土地使用价值的实质性侵入也构成了占用。联邦最高法院在"孟农加希拉航行公司诉合众国案"(Monongahela Navigation Company v. United States)(1893)中对公平补偿(*just compensation)要求进行了扩大理解,重申了确定赔偿数额是一个司法而非立法任务。大法官戴维·J.布鲁尔(David J. *Brewer)代表联邦最高法院作出裁决:所有权人必须得到"一个完全与精确的等值物"(p.325),财产的价值是由其利润决定的。更为重要的是,在"芝加哥、伯灵顿及昆西铁路公司诉芝加哥市案"(*Chicago, Burlington & Quincy Railroad Company v. Chicago)(1897)中,大法官们一致认为,公平补偿要求是构成宪法第十四修正案所保护的正当程序的一个核心组成部分。因此,公平补偿规则成为适用于各州的《权利法案》(*Bill of Rights)的第一个生效条款。

与此同时,联邦最高法院对于管制性限制财产利用构成违宪占用这一主张则反应冷淡。堪萨斯州的一部法律禁止酒的制造和销售,并命令销毁所有库存的酒。该部法律禁止酿酒厂为经营目的使用土地与设施,这大大减少了土地与设施对于所有权人的价值。在"马格勒诉堪萨斯州案"(Mugler v. Kansas)(1887)中,法院强调这一立法没有干扰所有权人以合法的行为使用财产,明确了限制财产使用不能认为是一种占用。

降低契约条款的重要性 内战之后,在宪法性政策中,契约条款继续发挥着作用。实际上,联邦最高法院扩大了契约条款的适用范围,涵盖按照对州法律的司法解释所作的安排。在"格尔普克诉杜布奎案"(*Gelpcke v. Dubuque)(1864)中,联邦最高法院确认,发行市政债券的行为作为契约行为,其有效性不能因对州法律的司法解释的变化而受到削弱。尽管如此,联邦最高法院通过淡化其提供的保护,还是造成了契约条款适用的下降。例如,在"斯通诉密西西比州案"(*Stone v. Mississippi)(1880)中,法院认定州有权禁止彩票的销售,即使存在先前制定的公司章程授权经营彩票的事实。可见,不可剥夺的治安权观念为各州以保护公共健康与道德为目的而制定的干预合同的立法大开方便之门。

所得税 联邦最高法院对国会的征税权给予限缩解释。为减少财富的集中和增加联邦的财政收入,1894年,国会第二次征收所得税,对年收入超过4000美元的个人或公司统一征收2%的所得税。在"波洛克诉农场主贷款与信托公司案"(*Pollock v. Farmers Loan & Trust Co.)(1895)中,保守主义者立即发起对新税制的挑战。代表6比2的多数,首席大法官梅尔维尔·W.富勒(Melville W. *Fuller)起草了判决意见,他认为按土地征收所得税是一种直接税,但却未能依据宪法规定按人口比例在各州之间进行分配。此外,法院还一致认为对市政债券征收所得税是违宪的,因为联邦政府不能对州发行的债券征税。关于征收统一税的有效性,法院的表决结果是4比4。在缺席大法官出庭后,大法官们对波洛克案进行了重新辩论。这次法院以5比4的表决结果将该项所得税从整体上作为一种违宪的直接税予以推翻。

关于所得税的争议,法院和国家出现了严重分歧。正如大法官菲尔德在并存意见中表明的那样:法院的多数派转向寻求对财产利益的保护,以对付已经察觉到的政治多数派的掠夺。菲尔德暗示阶级斗争的到来:"当前对资本的攻击才刚刚开始。但它是引起其他规模更大、影响更广的攻击的垫脚石,直至我们的政治斗争演变成一场穷人反抗富人的战争"(p.607)。反对者否认征收所得税是对富有的歧视,指责多数派破坏了政治民主。

[1913年通过的联邦宪法第十六修正案(the *Sixteenth Amendment)确立了国会征收所得税的权力。为了回击针对波洛克案判决的挑战,参议院保守党人于1909年提出一项修宪议案,赋予国会征收

所得税的权力。他们错误地认为,该提案不会得到各州的批准。联邦宪法第十六修正案使波洛克案判决完全无效(参见 Reversals of Court Decisions by Amendment)]。

放任自由与社会立法 到1900年,一个工业化和城市化的新社会日益取代了乡村社区的旧合众国。虽然许多美国人在20世纪早期就繁荣了起来,但是,经济的膨胀也导致了严重的社会断层。革新主义者努力修复与新兴工业化经济秩序有关的经济权力的不平衡(参见 Progression)。他们坚持认为,改革的中心环节是使各州与联邦政府在管制经济与解决社会问题方面扮演更加积极的角色。

受到放任自由主义的价值观影响,联邦最高法院的大多数大法官仍然对那些改变自由市场秩序和干预财产权利的经济管制持怀疑态度。在洛克纳诉纽约州案(*Lochner v. New York)(1905)中,法院判决一部限制面包房工作时间的法规无效,严厉抨击了经济的正当程序。代表5比4的多数,大法官鲁弗斯·W. 佩卡姆(Rufus W. *Peckham)认为,该法规违反了第十四修正案所保护的合同自由(参见 Contract, Freedom of)。他总结:该法超出了州治安权许可的范围。佩卡姆也多方面反对通过立法保护劳动(labor)权。2位持反对意见的大法官从不同的角度反驳多数派。哈伦大法官承认合同自由原则是合法的,但认为法院在这一案件适用该原则是一个错误。他强调合同要符合有关健康与安全的法律,认为在面包房里长时间的工作会威胁到工人的身体健康。大法官奥利弗·温德尔·霍姆斯(Oliver Wendell *Holmes)则考虑得更远,他反对随意解释宪法。霍姆斯阐述了一种司法自我约束(*judicial self-restraint)的哲学,按照这一哲学,联邦最高法院不应该干涉政治多数派的治理权。

洛克纳案的判决使联邦最高法院牢固地树立起根据正当程序条款审查经济管制性法规内容的权威。在后来的30年中,联邦最高法院严格地审查了众多影响财产权立法的合理性,并把合同自由作为处理经济事务的一般原则。各州利用治安权干预财产权利只有在例外情况下才具有正当性,而且,例外情况对合同的约束也不是随心所欲的。使革新主义者不满的是,洛克纳案的判决逐渐成为联邦最高法院致力于维护财产权利的标志。

尽管放任自由的立宪主义取得了胜利,联邦最高法院还是愿意接受应对明显的健康和安全危险的法律,即使这些法律会使财产所有人或商业活动增加大量的成本。例如,大法官们就曾支持了有关矿山安全的管制性立法,以及规定给予因工伤事故受到伤害的雇工以经济补偿的雇工赔偿法。在各州对公共道德的监管方面,法院也采取了不同的态度,它乐于赞同限制彩票和赌场经营以及禁止制造和销售酒类饮料的法律。联邦最高法院也不认为防止欺诈性商业实践的法律有任何违宪之处。

在"马勒诉俄勒冈州案"(*Muller v. Oregon)(1908)中,联邦最高法院保留了一项法律,该法律限制在工厂和洗衣房工作的女工工时。它强调妇女特殊的健康需求和她们的依附性地位,并以此作为法律区别对待的依据。大法官们没有将妇女看作是就业市场与男人平等的竞争者,因此接受了保护女性立法的必要性。尽管给变革带来了有限的胜利,但马勒案并没有对经济正当程序的主导地位产生质疑,而且,现代人仍能看到保护女性立法背后存在着温情主义的设想(参见 Gender)。

尽管存在对经济生活的管制进行协调的意愿,但是,联邦最高法院也越来越多地根据经济正当程序和合同自由来保护财产权。总的来看,法院反对那些它认为过分的、没有保障的法律。这种观点的轮廓并不清晰,不过,法院对以下几类经济法律并不抱好感:劳动法、反竞争措施以及固定工资与价格的制定法。

法院多数派认为政府不应介入劳动-管理关系。这种观点可以从一连串的案件得到例证,这些案件推翻了联邦与州禁止所谓"黄狗"合同(*yellow dog contract)的法律,该合同将雇员不加入工会作为被雇佣的条款之一。尽管大法官们对个体雇员在合同中讨价还价的地位可能持有不现实的态度,但断言他们存在对商业的有意偏袒则难以得到证明。事实上,因为联邦最高法院致力于无管制的市场经济的放任自由准则,所以大法官们也同样会使那些限制经商权以及给新企业设置壁垒的法律无效。

"新州冰块公司诉利布曼案"[*New State Ice Co. v. Liebmann(1932)]的判决确认了联邦最高法院对市场自由竞争的维护。俄克拉荷马州要求涉足制冰产业需要一种许可证。法院强调,规定这种许可证的真正效果是拒绝新企业进入市场,这样加剧了现存冰块公司中的垄断。因此,法院以6比2的表决作出判决:俄克拉荷马州的成文规定不合理地限制了私人从事合法经营的权利,由此违反了正当程序条款。

试图确立最低工资制的立法引发了新的问题。大法官们不愿接受工资法律,也不愿意拓展固定工资和价格行为符合宪法的商事领域。在"阿德金斯诉儿童医院案"(*Adkins v. Children's Hospital)(1923)中,联邦最高法院以5比3的表决结果否决了哥伦比亚特区一项为妇女确立了最低工资制的法律,认为它违反了合同自由原则。大法官乔治·萨瑟兰(George *Sutherland)代表联邦最高法院强调,"合同自由是普遍的法则,限制例外"(p.546)。他辩解,最低工资法是把属于整个社会的福利功能武断地强加在雇主身上。

联邦最高法院有时认为经济权利与其他权利是相互依赖的。例如,在一次成功地挑战居住隔离法

(residential segregation law)时,司法对财产权的保护就起到辅助作用(参见 Housing Discrimination)。在"布坎南诉瓦雷案"(*Buchanan v. Warley)(1917)中,联邦最高法院认为,这项法令限制了财产的转让,构成了不经正当程序剥夺他人的财产。

在20世纪早期,国会的征税权也得到了加强。联邦最高法院赞成用税收来管制或禁止国会用商业条款(the Commerce Clause)不能直接管制的经济活动。在"麦克雷诉合众国案"(McCray v. United States)(1904)中,法院支持禁止对黄酒征税。既然征税权不限于州际贸易,麦克雷案的判决似乎允许国会管制经济的方方面面。

通过广泛地使用税收权达到管制经济的结果的期望很快就破灭了。为了禁止使用童工,国会对雇佣童工的企业利润加收10%的税收。在"贝利诉德雷克塞尔家具公司案"(*Bailey v. Drexel Furniture Co.)(1922)中,法院审查了税收措施背后的目的,并以8比1的表决结果作出认定:征收童工税是对州管制制造业权力的违宪干预。贝利案的裁判结果限制将税收权用于管制的目的。

另外,依据第五修正案的占用条款,法院面临财产权保护的新问题。1900年之后,城市化与工业化给土地使用带来了严重问题。联邦和州政府开始更加强有力地控制土地的使用。在"宾夕法尼亚煤炭公司诉马洪案"(Pennsylvania Coal Co. v. Mahon)(1922)中,当私有财产的价值因政府行为受到锐减时,联邦最高法院认识到管制性占用(*regulatory taking)的内涵。占用并非必然发生财产权的转移或受到实质性的侵犯。大法官霍姆斯系统地阐述了在马洪案中所进行的关键性调查:"至少,普遍的规则是,尽管财产可以受到一定程度的管制,但如果管制走得太远,它就被认为是一种占用(p.415)。"

另一个令人烦恼的问题是由作为土地控制技术的分区制(*zoning)引起的。当传统的妨碍法不足以解决城市土地利用问题时,地方当局开始施行特殊的限制,目的是保卫公共健康与安全。但是,如此规范限制了土地所有人支配其土地,常常损害土地的价值。批评家认为分区制表明了对所有者使用其财产的一种违宪干预。

在"尤克里德村诉阿姆布勒物业公司案"(Villge of Euclid v. Ambler Realty Co.)(1926)中,法院以6比3的表决结果肯定了一项详细的分区法令符合宪法,该法令将一地区划分为居民区和商业区,规定了每个区的建筑风格。大法官萨瑟兰推断这些限制是为了公众健康、安全和道德的需要,判决州治安权包含有权划分土地类型以及禁止商业建筑侵占居民区。然而,法院强调分区权并非不受约束。在"奈克托诉剑桥城案"(Nectow v. City of Cambridge)(1928)中,联邦最高法院以未经正当程序剥夺财产为理由,废除一项分区法令的特别适用。

对租房实践的管制是引起争议的另一个源泉。援引"一战"引起的住房紧张,国会制定了一项措施,确立由一个委员会来决定哥伦比亚特区的合理租金,并保护承租人的承租权。在"布洛克诉赫什案"(Block v Hirsh)(1921)中,联邦最高法院以5比4的表决结果维护了该项措施规定的有效性。大法官霍姆斯总结道,战时住房紧张的条件下,特区的房屋租赁行业与公共利益密切相关,这使战时管制具有正当性。

"新政"与"宪法革命" 尽管经历了20世纪30年代的大萧条,联邦最高法院依旧对经济管制持有怀疑,特别是那些试图调整雇佣关系或严重影响自由市场运行的管制。富兰克林·德拉诺·罗斯福(Franklin Delano *Roosevelt)总统的"新政"(*New Deal)是建立在政府对提高社会公共福利有着积极义务的理论基础之上。"新政"的自由主义者努力拯救经济萧条、管理国民经济、控制公司行为、鼓励工会成立以及提高社会弱势群体的经济利益。这种社会福利政策与坚持有限政府、市场竞争以及尊重属于自由立宪主义核心的财产权发生了直接的冲突。

由大萧条引发的一个问题是,取消拖欠债务之人的抵押品赎回权将会给家庭和农场带来大量的损失。"住房建筑与贷款协会诉布莱斯德尔案"(*Home Building and Loan Association v. Blaisdell)(1934)中要解决的问题是,明尼苏达州在取消抵押品赎回权之前允许债务人延期偿还债务。联邦最高法院以5比4的表决作出认定:延期偿付没有破坏契约条款。首席大法官查尔斯·埃文斯·休斯(Charles Evans *Hughes)认为合同受制于州治安权的合理实施,而治安权包括了暂时缓解经济特别萧条的权力。

在"奈比亚诉纽约州案"(*Nebbia v. New York)中,联邦最高法院以5比4的表决结果判决维护制定牛奶控制法(milk contral law)是作为稳定牛奶价格的一种合理手段。奈比亚案的判决标志着从经济正当程序和对州管制性立法进行司法监督的重大转变。大法官欧文·约瑟夫斯·罗伯茨(Owen J. *Robert)代表联邦最高法院强调,州可以有效地"实施任何一种可以合理地增进公共福利的经济政策"(p.537)。他又说,"宪法并没有保证商业经营有不受限制的权利,也没有保证经营者可以随意经营"(pp.527-528)。

1935年和1936年,联邦最高法院推翻了"新政"的一系列重要举措。在"谢克特禽畜公司诉合众国案"(*Schechter Poultry Corp. v. United States)(1935)中,大法官们一致推翻了《全国工业复兴法》(the National Industrial Recovery Act),把它看作是对行政机构违宪地授予立法权(参见 Delegation of Powers)。在"卡特诉卡特煤炭公司案"(*Carter v.

Carter Coal Co.)(1936)中,法院以 6 比 3 的表决结果废除了沥青煤矿控制法(the Bituminous Coal Consevation Act),其依据是该立法超越了宪法商业条款(the Commerce Clause)对联邦政府的授权。

联邦最高法院对国会征税与划拨经费的权力也进行了严格的限制。《农业调整法》(the Agriculture Adjustment Act)批准向农民支付补助金以换取他们降低农作物产量。实施该方案需要增加财政收入,国会向这类商品的第一加工者征收一种"加工税(processing tax)"。在"合众国诉巴特勒案"(United States v. *Butler)(1936)中,大法官废除了加工税。大法官罗伯茨代表联邦最高法院总结道:这种公开征税实际上是管制农产品生产的一种手段,根据联邦宪法第十修正案(the *Tenth Amendmen),这是各州保留的问题。

对"新政"的另一反对集中在第五修正案的占用条款上。为了帮助负债农民,1934 年《弗雷泽-莱姆基法》(the Frazier-Lemke Act of 1934)强迫现存抵押的债权人放弃抵押人抵押的农产品而对抵押的债务不给予完全的清偿。在"路易斯威尔联合股份土地银行诉雷德福案"(Louisville Joint Stock Land Bank v. Radford)(1935)中,联邦最高法院一致认为该项管制构成了对财产的违宪的无补偿占用。

以前,联邦最高法院从来没有在如此之短的时间里推翻国会如此之多的法律。这些司法上的挫败给"新政"经济复苏和社会改革以重创。然而,大法官们在顽强地坚持放任自由的立宪主义的同时,对由政治现实强加给法院的种种限制却显得无所适从。它对财产权的竭力维护加速了宪政危机的到来。政治气候加上罗斯福总统法院人员布置计划(*court-packing plan)的威胁,演化出一场司法大退却。在此期间,联邦最高法院对标志性的判决都进行了全面的变更。这场发生在法院思想领域的突然变革,被称为 1937 年宪法革命,只有在一个更广阔的政治背景下才能获得最好的理解。

在"西海岸旅馆公司诉帕里西案"(*West Coast Hotel Co. v. Parrish)(1937)中,大法官们支持了华盛顿州一部有关妇女儿童最低工资的法律。首席大法官休斯代表 5 比 4 的多数,推翻了阿德金斯案的先例,强烈批判合同自由原则。西海岸旅馆案的判决标志着经济正当程序作为一条真正的宪法性道德标准的终结。从 1937 年开始,联邦最高法院没有推翻过任何一部以正当程序为基础的经济或社会立法。

"新政"司法革命对于政府对公用行业价格的管制也产生了重要影响。在"联邦动力委员会诉霍普天然气公司案"(Federal Power Commission v. Hope Natural Gas Company)(1944)中,联邦最高法院抛弃了在"史密斯诉埃姆斯案"(Smyth v. Ames)中的公平价值标准,判决定价机构决定价格不受任何单个规则的限制。司法审查针对的只是价格法令对受管制产业的影响,而不是其计算的方法。

对"新政"改革方案的有效性的抗争引起了人们对财产权司法保护的持续反感,这种抗争在美国宪法史上产生了深远的影响。联邦最高法院一旦接受了"新政",大法官们就快速地从经济管制领域撤离出来。这反映了法院对财产权和企业自由的态度发生了里程碑式的转变。奠定新的宪法性取向的基石是在 1938 年"合众国诉卡洛伦产品公司案"(United States v. *Carolene Products Co.)中形成的、由司法创设的财产权利与个人自由二分法(参见 Footenote For)。自此以后,经济管制只有当它们没有奠立"立法者根据其知识和经验认为是合理的基础时",才会被认为破坏了正当程序条款(p. 152)。其结果是,联邦最高法院最终将财产权从其运行了几十年的宪法议程中排除。

20 世纪晚期的发展 但是,司法对经济权利保护的关注从来都没有完全消失。到 1970 年,更加保守的联邦最高法院开始逐步恢复宪法对经济权利的保护。这种转变在 20 世纪 70 年代晚期当联邦最高法院重新运用久被忽视的契约条款时变得明显起来,在"合众国托拉斯公司诉新泽西州案"(United States Trust Co. v. New Jersey)(1977)中,大法官们在 40 年中第一次引用契约条款推翻了一部州法律。一年后,在"联合架钢公司诉斯潘瑞斯案"(Allied Structural Steel Co. v. Spannaus)(1978)中,联邦最高法院依据契约条款宣布一州对私人合同安排的干预无效。在 20 世纪 80 年代,联邦最高法院好像对契约条款的理解又更加严格起来。在"基斯顿生煤协会诉德贝奈迪克提斯案"(Keystone Bituminous Coal Association v. DeBenedictis)(1987)中,它驳回了一项适用契约条款对宾夕法尼亚州的一部法律提出的质疑,该法禁止通过合同放弃因采煤而遭受表面损伤的损害赔偿责任的执行。大法官约翰·保罗·史帝文斯(John Paul *Stevens)代表 5 比 4 的多数,评述"禁止削弱合同责任不能从字面上来理解"。

联邦宪法第五修正案的占用已成为当代宪法中阻碍财产权的主要障碍。联邦最高法院实质上已经取消了将"公共用途(public use)"作为对政府通过征用权来侵吞私人财产的权力进行审查的标准。在"伯曼诉帕克案"(*Berman v. Parker)(1954)中,它将"公共利用"条款等同于治安权。大法官们坚持认为,"公共福利的概念是宽泛且有概括性的"(p. 33),最后认定,在运用征用权的必要性方面,司法应遵从立法决定。

大法官们一直保护土地所有人不受政府通过物理性侵入而侵害其财产。例如,在"合众国诉考斯比案"(Causby, United States v.)(1946)中,联邦最高法院认定,在私人土地上空有规律地进行低空军事飞行损害了作为一个农场的财产价值,实际上是占用了这一财产。在"劳里托诉读稿机曼哈顿有线电视公司案"(Loretto v. Teleprompter Manhattan CATV Corp.)(1982)中,大法官进一步判定,任何对财产的长期的、物理性的占有,无论多么轻微,都等于一种占用。

大法官们一直不愿意援引管制性占用原则,并给予国会和各州政府在对土地使用设置限制性条件方面以宽广的空间。它允许城市颁布增进城市生活美感特质的土地使用管制性法规。在"佩恩中心运输公司诉纽约市案"(Penn Central Transportation Co. v. City of New York)(1978)中,联邦最高法院以6比3的表决结果维持了将大中央车站(Grand Central Terminal)作为一个历史性城市地标,尽管该行为阻碍了所有人不经市政府同意而对建筑物进行改造的权利,并因此导致了土地的价值大幅度地减少。

虽然如此,联邦最高法院在1987年还是采取了一个斩新视角来看待管制占用问题,加强了财产所有人防止政府通过管制而减少其财产价值的地位。在"诺兰诉加利福尼亚滨海委员会案"(Nolian v. California Coastal Commission)(1987)中,联邦最高法院自20世纪20年代以来第一次推翻了一项土地利用管制性法规。该案起因于一个州政府机构签署的许可,该许可同意土地所有人重建一所海滩别墅,条件是他同意赋予横跨海滨的公共役权。联邦最高法院以5比4的投票结果认定,施加条件构成了一种占用,因为该要求与该项开发产生的任何问题无关。诺兰一案的判决标志着对土地利用控制的司法监督水准的提高。不仅如此,在"格兰代尔第一英国福音路德教教堂诉洛杉矶县案"(First English Evangelical Lutheran Church of Glendale v. County of Los Angeles)(1987)中,大法官们判决,如果对财产的控制后来被认定无效,那么,财产所有人有权就因利用该土地而造成其临时的损失获得赔偿。这一判决提高了人们对于过度管制而获得损害赔偿的预期。

对财产权兴趣的复苏也明显地体现在根据占用条款对公用设施定价的新型司法审查中。在"杜奎斯那照明公司诉巴拉什案"(Duquesne Light Co. v. Barasch)(1989)中,大法官们支持宾夕法尼亚州的一项定价法令,再次确认了宪法并没有对任何特别的定价方法有强制性要求。联邦最高法院强调,"宪法保护公用事业免受其财产在为公众提供服务而收取费用方面被限制在如此'不公平'的程度,以至于他们像是被征用了一样"(p.307)。

在20世纪70年代的一个短暂期间,联邦最高法院对作为一种"新财产"类型的各种政府福利也偶尔有所考虑。其基本的问题是:社会保障、福利待遇以及公共就业等是否应当作为一种可以撤销的财产权或特权。批评家们指责"新财产"的提法仅仅只是一种使福利国家宪法化和保护政治自由主义者经济利益的托辞。在"戈德堡诉凯利案"(*Goldberg v. Kelly)(1970)中,大法官们以5比4的表决结果勉强接受了新财产概念。他们认定,纽约市因为没有举行事先听证会就终止了社会福利待遇的做法,破坏了正当程序的程序性保障。然而,联邦最高法院在正当程序条款适用方面,最终还是拒绝了将大多数政府项目规定的权利作为传统的财产权利来对待。相反,联邦最高法院却维护了立法当局大量管理甚至取消福利救济项目的立法权。

到20世纪90年代早期,联邦最高法院仍继续扮演着捍卫经济权利的主要角色,这一点是至为明显。然而,要回归放任自由的立宪主义却困难重重。联邦最高法院很可能会在人民民主与私有财产所有权宪法保护之间寻找平衡。

参考文献 James W. Ely Jr, *The Guardian of Every Other Right*:*A Constitutional History of Property Rights*(1991);Kermit L. Hall, *The Magic Mirror*: *Law in American History*(1989);Herbert Hovenkamp, "The Political Economy of Substantive Due Process," *Stanford Law Review* 40(1988):379-447;Alfre H. Kelly, Winfred A. Harbison,and Herman J. Belz, *The American Constitution*:*Its Origins and Development*, 7th ed. (1991);Paul Kens, *JudicialPower And Reform Politics*:*The Anamtomy of Lochner v. New York*(1990); R. Kent Newmyer, *Superme Court Justice Joseph Story*: *Statesman of the Old Republic*(1985);Joel Francis Paschal, *Mr. Justice Sutherland*:*A Against the State* (1951);Benjamin Fletcher Wright, *The Contract Clause of the Constitution*(1938).

[James W. Ely 撰;王煜宇译;常传领校]

亲自请求[Pro Se Petition]

一种为自己利益而由诉讼当事人自己(他或她)而不是律师递交法院的书面申请。

[Elaine J. Grand 撰;王煜宇译;常传领校]

普罗瓦登斯银行诉比林斯案[Providence Bank v. Billings, 4Pet. (29 U.S.) 514(1830)]①

1830年2月11日辩论,1980年5月22日以7比0的表决结果作出判决,马歇尔代表联邦最高法院提出判决意见。受到杰克逊民主运动和主张州权力思潮的影响,联邦最高法院在普罗瓦登斯银行案中限制了根据宪法契约条款(*Contract Clause)对公司章程的保护范围。1791年罗得岛的立法机关特许普罗瓦登斯银行开展金融业务。1822年立法者试图对该州每一银行的资本金征税。普罗瓦登斯

---

① 另请参见 Private Corporation Charters。

银行辩称,它的公司章程隐含了对州税收的豁免条款,因而该税收法削弱了合同义务。

首席大法官约翰·马歇尔(John *Marshall)反对这一主张,他强调道,税收权"是政府存在的必要条件"(p.560),而且也不能通过默示来放弃。只有对税收的明确豁免可以对州有约束作用(参见 Tax Immunity)。马歇尔进一步指出宪法"并不旨在对州政府可能进行的每一种权利滥用进行纠正"(p.563)。普罗瓦登斯银行案的判决确立了这样一个原则:即公司特权必须在公司章程中明示,才能得到宪法保护。后来法院在"查尔斯河桥梁公司诉沃伦桥梁公司案"(*Charles River Bridge v. Warren Bridge)(1837)中,以该案判决为基础,强调必须严格地解释公司特权。

[James W. Ely,Jr 撰;王煜宇译;林全玲校]

谨慎保险公司诉本杰明案[Prudential Insurance Co. v. Benjamin, 328 U. S. 408(1946)]①

1946 年 5 月 8 日和 11 日辩论,1946 年 6 月 3 日以 8 比 0 的表决结果作出判决,拉特利奇代表联邦最高法院提出判决意见,布莱克同意判决结果,但没有提出自己的意见,杰克逊则没有参加。南卡罗来纳州对州外保险公司在本州签署保险单收取的保险费征收 3% 的税款,但对南卡罗来纳州本身的公司却不征收类似的税款。谨慎保险公司,一家新泽西州公司,依据联邦最高法院在"合众国诉东南保险协会案"(United States v. *South-Eastern Underwriters Association)(1944)中的判决认为,这种歧视性征税增加了州际贸易的负担因而超出了州的权力。然而,国会在 1945 麦卡伦法案(*McCarran Act of 1945)中推翻了东南协会一案的判决,并明确赋予各州管制保险公司并向其征税的权力。

大法官威利·拉特利奇(Wiley *Rutledge)承认对州和州外公司的税收歧视构成了对商业条款的违反,但法院却在该案中支持征税。因为尽管该项管制影响了州际贸易,但国会已经同意了州对保险公司的管制。早期判决曾认为各州可以行使国会没有行使的权力[如"库利诉费城港监委员会案"(*Cooley v. Board of Wardens of the Port of Philadelphia)(1852)],在该案中,联邦最高法院允许州根据国会的"同意",从事若无同意将被禁止的、对州际商业的某些方面进行管制的行为。

[Melvin I. Urofsky 撰;王煜宇译;林全玲校]

公共论坛原则[Public Forum Doctrine]②

1939 年,在"黑格诉工业组织协会案"(*Hague v. Congress of Industrial Organizations)中,联邦最高法院确立了公共论坛原则。该案判决政府不能禁止在公共场所进行与演讲相关的活动。比如:游行示威、散发传单以及在一些传统上进行演讲的地方进行演讲。这些地方在历史上就被作为交流思想的重要场所,特别是对那些缺少权力或没有替代性交流方式的群体来说,更是如此。

20 世纪 60 年代的社会运动,即声势浩大的民权运动和主张社会变革的要求,使公共论坛原则趋向成熟。为了适当平衡第一修正案(the *First Amendment)所保护的利益和维护社会秩序以及国内安宁,联邦最高法院必须在两方面表明态度。第一,假定存在公共论坛原则,政府依然有权管制对它的利用,并对演讲带来的有害的附带后果进行控制。比如:噪音、拥挤、乱扔杂物以及无序。只要这些控制性管制不存在根据观点的不同进行歧视对待,并对交流没有实质性的限制["合众国诉格雷斯案"(U. S. v. Grace)(1983)]。这就是所谓的"时间、地点、方式"(*time,place,and manner)原则。第二,法院不得不首先决定哪些地方要符合公共论坛标准,这一问题是当代公共论坛审判的中心问题。

在"佩里教育协会诉佩里地方教育者协会案"(Perry Education Association v. Perry Local Educators' Association)(1983)中,联邦最高法院认为,应根据论坛的三种类型来确定第一修正案对其进行保护的水平。"传统的"公共论坛指的是那些由历史传统或政府命令建立起来的公共论坛。政府不能关闭这些论坛并且不论他们表达了何种观点,政府必须为所有的演说者提供合理的进入途径。在这种类型中,有争议的演讲不能因为观众的反应而遭到限制("演讲人否决权"),除非警察合理预计将有危急突发事件的发生["格雷戈里诉芝加哥城案"(Gregory v. City of Chicago)(1969)]。法院认定的传统的公共论坛的区域(在佩里案之前或之后)包括:与像州国会大厦["爱德华兹诉南卡来纳州案"(*Edwards v. South Carolina)(1963)]、法院["合众国诉格雷斯案"(U.S. v. Grace)、学校["芝加哥警察部门诉莫斯利案"(Police Department of Chicago v. Mosley)(1972)]、公园["聂莫特科诉马里兰州案"(Niemotko v. Maryland)(1951)]及居民区["弗里斯比诉舒尔茨案"(Frisby v. Schultz)(1988)]一样的公共建筑相连的街道或人行道。政府只有在经过仔细的权衡而且是为了达到一种具有说服力的社会或政府利益的必需时,才可以发布禁令禁止进入公共论坛。举例来说,在"弗里斯比诉舒尔茨案"中,法院认为城市为保护居民的隐私权而禁止了"仅在(或指向)一座建筑前的集中聚会"(p.483);在 1994 年的"麦德森诉妇女康复中心案"(Madsen v. Women's Health Center)中,联邦最高法院支持了对在人工堕

---

① 另请参见 Commercial Power。
② 另请参见 Sppech and Press。

胎诊所外进行抗议的限制。

第二种公众论坛是由政府"指定"产生的论坛。政府可以关闭这些论坛,但必须对观点采取中立的方式,并且在这些论坛的续存当中必须坚持该中立的标准。在"威德马诉文森特案"(Widmar v. Vincent)(1981)中,法院认为,既然一个州立大学将它的设施向学生团体开放,那么在没有一种具有说服力理由的情况下,它将不能将宗教组织排除在外。

第三种形式就是所谓的"禁止进入"的公共财产。那些服务于某一特殊政府目的,并且根据传统或指定都不是一个公共论坛的财产显然较少地受到第一修正案的保护。只要显示该措施是与该财产功能密切相关,政府甚至可以根据观点的不同有差别地干预这些领域。举例来说,在佩里案中,法院判决竞争性的协会将不得利用公共校际邮件系统(根据合同,只有选举产生的教育协会代表才有资格利用),尽管童子军和其他一些相关组织已经有权利用。在20世纪80年代,这一形式包括:储存没贴邮票的可邮物资的邮箱["合众国邮政部诉格林堡市民协会案"(United States Postal Service v. Greenbursh Civic Association)(1981)];张贴选举口号的公共邮箱["洛杉矶市政会诉文森特纳税人案"(Los Angeles City Council v. Taxpayers for Vincent)(1984)];军事基地["合众国诉艾伯蒂尼案"(United States v. Albertini)(1985)];投票站周围100英尺内["布森诉弗里曼案"(Burson v. Freeman)(1992)];机场和车站["牧牛神崇拜国际团体诉李案"(International Society for Krishna Consciousness v. Lee)(1992)];公共图书馆互联网接口["合众国诉全美图书馆协会案"(United States v. *American Library Association)(2003)]。

联邦最高法院将公共财产归入第三类而不是归入第一类或第二类的理由并不总是不证自明的(例如佩里案和文森特案)。这就意味着公共论坛原则的实际意义,更在于使法院更好地衡量言论自由以及与言论自由相竞争的政府利益,而不在于对实际案件的处理。而且,政府扩展禁止进入财产的权力与法院拒绝授予像商业中心这样的公立私有财产的公共论坛地位是相一致的["霍金斯诉全国劳动关系委员会案"(Hudgens v. National Labor Relations Board)(1976)]。因此,随着政府宣示了它的财产权利之后,公共论坛原则变得不那么可怕了。而且,统计表明人们倾向于使用商业街而不是传统的城市街道、人行道以及公园来从事商业活动和结社。

参考文献 John Nowak and Dan Farber, "The Misleading Nature of Public Forum Analysis: Content and Context in First Amendment Adjudication", *Virginia Law Review* 70(1984):1219-1266.

[Donald A. Downs 撰;王煜宇译;林全玲校]

公共信息部[Public Information Office]①

这一部门的设立源于下面3个因素:首先,在法院1935年搬入它的新建筑之后,需强化对它的公众监督。其次,审查"新政"计划的合宪性。最后,因为联合出版部门对黄金条款(*Gold Clause)判决进行了错误报道。经过首席大法官、书记员以及华盛顿新闻通讯机构的讨论之后,1935年12月,他们指定了一名非法定的"新闻联络人"。所有的机构都急于满足日益增长的对法院新闻的需求,以及提高信息的传播速度。尤其是当时印制的判决意见只能在法院公开口头宣布后才能分发。该部门位于整座大楼的底层,有5名工作人员及一间经1982年翻新并配置设备的新闻室(*press room)和一间文件储藏室。该新闻室为主要新闻机构提供了独立小隔间和为参观记者准备的书桌,广播室则提供给主要的广播和电视台。

纳尔逊·A.波特,由在法院工作的"审判记录员"成为了第一个"新闻秘书"。他一直任职至1947年。尔后,他的继任者班宁·惠廷顿(Banning Whittington),一位联合新闻机构的记者,一直服务到1973年。而在当时该职位被改称为"公共信息官员"。1973年,由首席大法官沃伦·伯格(Warren *Burger)任命的巴雷特·麦古恩(Barrett McGurn),在这一岗位上一直干到1982年。1982年伯格又任命了原《华盛顿之星》杂志的记者、编辑托尼·豪斯(Toni House,卒于1998年)担任此职。第二年由凯思琳·兰迪·阿贝格(Kathleen Landin Arberg)接任,此前阿贝格担任了16年的联邦最高法院公共信息助理。

这一部门为新闻媒体、公众以及其他法院部门提供信息,但不为它们提供司法判决的解释。它最明显的功能便是向记者分发法院意见的复印件。有些观点也将通过出版机构的网页而进行电子传输(http://www.supremecourtus.gov/opinions/opinions.html)。

[Peter G. Fish 撰;王煜宇译;林全玲校]

公地[Public Lands]②

曾经构成联邦政府公地的、在原有的13州之外的合众国几乎所有的领土,都是从外国势力或各州割让,以及从土著人那里得到的,一些公地是联邦政府为了政府的运行而从私人手中或州政府那里购买而来的。

联邦政府对其土地的权力,主要体现在宪法中明确规定的国会的权力以及宪法财产条款之中(第4条第3款第2项),它规定,国会对于属于合众国

---

① 另请参见 Staff of the Court, Nonjudicial。
② 另请参见 Land Grants;Territories and New States。

的领土或其他财产,有权处置和制定一切必要的条例和规章。联邦最高法院对财产条款进行了广义的解释,认为这一条款同时赋予了国会普遍的立法权和对联邦土地的所有权。依据这一对国会的广泛授权,联邦最高法院常常要服从国会的意愿,并大体上将自己限制在对控制或处置公地的国会立法与行政管制进行解释的范围内。

联邦最高法院必须协调好各州境内联邦公地上的联邦管辖权与州管辖权的问题。依照宪法的最高条款(第4条第2款),联邦的规定优先于与之冲突的州法,而且州不能侵犯联邦对公地的所有权。因此州不得对联邦土地征税。但是,各州有将他们的刑事法律适用于在它们地界内的联邦公地的属地管辖权,除非该州放弃其管辖权或是同意联邦政府依照"飞地"条款"(Enclave Clause)在该州获取土地(《宪法》第1条第8款第17项)。

[Bruce A. Campell 撰;王煜宇译;林全玲校]

公众意见[Public Opinion]①

公众意见对联邦最高法院的影响是一个微妙的、有争议的问题。联邦最高法院需要在一个界定好的事实框架内审理特殊的法律纠纷,以确立法律原则,从这个意义上说,人们设想大法官和其他法官一样,应当使自己免受包括公众意见在内的任何形式的偏见的影响。由于联邦最高法院经常需要对一些政治敏感问题作出裁决,而宪法条文和先例又没有提供较为清晰的答案,所以,大法官们在作出判决时,经常需要在不同的政治理论中作出选择。尽管人们希望这种选择与公众意见要普遍保持一致,但联邦最高法院为最好地服务于兼顾型民主的需要,有时也会坚定地反对那些会压迫少数人的多数人意见。

宪法为联邦最高法院与公众意见的隔离进行了有意的架构。宪法的缔造者中的许多人对公众法则都存有疑虑,他们希望设计一种不同于政治程序的制度,使这种制度尽管不能完全脱离政治程序,但却可以以与其他所谓的政治机构相当不同的方式与公众隔开。所以,大法官实行终身制,只有经过一系列烦琐而复杂的弹劾程序才能被罢免,并不得减少其获得的补偿。大法官是经任命的而不是选举产生的,由总统提名而由参议院确认。宪法之父们希望通过这种方式使联邦最高法院不要像议会一样过多地响应公众的意志。

长期以来,联邦最高法院享受的这种制度性保护一直维持了下来,即使其作出的判决曾经常引起激烈的反对。1805年,对萨缪尔·蔡斯(Samuel *Chase)提起的不成功的弹劾案确立了一项基本原则,即大法官不因政治原因而被罢免。尽管200年来联邦最高法院的批评者曾提出了许多宪法修正案,也采取了一些其他措施,试图使联邦最高法院响应公众的意志,但是大多以失败而告终。

尽管联邦最高法院从制度上看保持了与公众的距离,但还是有许多证据表明,公众意见间接地对联邦最高法院的判决产生了微妙的影响。许多研究表明,联邦最高法院的历史记录表明其经常反映广泛的公众意见。1959年,罗伯特·达尔的一项研究表明,联邦最高法院很少完全游离于人民的期待之外。达尔发现,联邦最高法院与公众的不一致常常发生在短暂的转换时期,此时,旧的占主导地位的联盟已经瓦解,而新的却正在形成。

近年来,托马斯·R.马歇尔(Thomas R. Marshall)通过科学的民意调查发现,联邦最高法院的判决与公众意见之间有实质性的协调和一致。马歇尔发现,即便对联邦最高法院作出的废除种族歧视、连任及堕胎等方面的有争议的判决,公众也是持支持态度的。马歇尔和其他人的分析都认为,联邦最高法院与公众意见的一致性程度与其他政策制定机构是相当的。

即便在相对少见的联邦最高法院的判决意见缺乏多数美国人支持的情形,它的判决仍可以得到大量的、基础宽广的支持。比如联邦最高法院在20世纪60年代作出的不太为公众普遍接受的关于校园宗教问题的判决,就得到了许多宗教界和其他方面人士的肯定和支持。类似的还有关于刑事审判程序问题的判决,尽管与公众意见相悖,但还是得到了许多法官、立法和执法人员的支持。最近的一个例子就是对"布什诉戈尔案"(*Bush v. Goer)(2000)的判决,大部分布什的支持者和一定量的少数戈尔的支持者都赞成联邦最高法院的判决。

在政治危机时期,联邦最高法院在一定程度上也会对公众意见作出回应,以使社会批评发生转向,保护其制度性的权力。有证据表明,20世纪二三十年代,联邦最高法院关于公民自由的一系列开创性的判决,就至少部分地收到了法院所希望的缓解对其就经济管制方面的立法作出的无效判决而带来的普遍批评的效果,以表明司法审查不仅可以保护个人自由,也可以保护经济自由。在20世纪50年代,联邦最高法院对不同政见者权利保护的进攻性有所减弱,因为这段期间的判决对抑制其自身的管辖权作出了很大的努力。

一个最著名的例子是1937年联邦最高法院在罗斯福总统欲增加大法官人数这一行动的警醒下对于经济改革立法有效性的支持。联邦最高法院放弃阻止此类立法的原则是罗斯福计划失败的一个重要因素。此项所谓的司法革命,存在许多复杂的原因,但是,许多学者们认为,法院法官人员布置计划的威

---

① 另请参见 Decision-Making Dynamics。

胁至少影响了两个人:查尔斯·埃文斯·休斯首席大法官(Charles Evans *Hughes)和欧文·罗伯茨大法官(Owen J. *Roberts),使他们更能接受有关经济管制立法是合宪的。我们不知道联邦最高法院在面对强大的、要求顺从公众愿望的政治压力下,还能坚持多长时间。但从大的方面来看,两者间的协调一致却是不可避免的,原因在于大法官是由总统提名并由参议院任命的,而总统和参议院都代表着公众意见。总统希望提名一般能在任期内与自己保持一致,或其观点与公众意见保持一致的人,这样,通过提名,可以使自己同时能在政治上获得公众的支持或至少不要引起过多的反对。除了少量的例外,厄尔·沃伦和哈利·布莱克蒙应在其中,大法官们一般都能与提名自己的总统的预期保持一致。

即使是最保守的观察家也不得不承认,联邦最高法院随着时间的推移也在不断发生着变化,而且这种变化使自己与民意之间越靠越近。由于相当数量的大法官席位存在着轮换,总统就有机会指派那些有着当代政策观点的大法官。这就使法院与当前的政治思想保持一致。于是,公众意见的变化最终将反映在大法官的组成和政策的变化当中,尽管有一些滞后。从这个意义上说,尽管可能有些迟缓,尽管单个的大法官可能对其公民的偏好是健忘的,联邦最高法院还是会随着选举的周期而变化的(另请参见 Selection of Justice)。

此外,大法官本身也是社会公众的一员,他们同样会受到形成整体公众意见的同样的文化、经济、社会和政治力量的影响,所以,联邦最高法院与公众保持一定程度的一致,原因也在于大法官们的价值观与身后的社会公众是一致的。因此,即便没有通过有意识的努力,联邦最高法院和公众意见也能保持密切的接触。

例如,联邦最高法院的大法官关于"残忍与非正常刑罚"的观念在过去两个世纪的发展都与公众关于"残酷"的观念的转变相一致。而联邦最高法院最近关于同性恋人群权利保护的判决,特别是"劳伦斯诉得克萨斯州案"(*Lawrence v. Texas)(2002)的判决,同样反映了对于同性恋行为的社会和文化观念的进化。与此相同,联邦最高法院对性别歧视(*gender discrimination)案件的判决也反映了妇女权利和妇女社会地位方面的社会观念的变化。也许在与种族有关的案件中联邦最高法院的判决与普通美国民众认识之间齐头并进的状态最引人注目。对"布朗诉教育委员会案"(*Brown v. Board of Education)(1954)和其他一些与公民权利有关的案件所作的断言,都是建立在深刻的人口统计学变化以及公众对于种族主义的接受度明显下降的基础之上的。

相似的,像司法自我约束(*judicial self-restraint)这样的准则——它认为大法官应当约束其自己的偏好并遵从普遍选举产生的机构的看法——也会在实际上使法院政策与多数人的意见更加一致。国会和总统要适应公众,因此,立法要反映公众意见,从这个意义上说,司法遵从选举产生的机构的意见有助于形成更具有回应性的法院政策。所以,联邦最高法院也要反映公众的意见,即便对单个大法官来说,并不存在要求其服从公众意志的激励。

另外,遵从先例也会使大法官判决对占主流地位的公众的意见作出回应,即使当时他们个人的倾向更可能是希望改变法律。例如,在审理1992年的"计划生育组织诉凯西案"(*Planned Parenthood v. Casey)时,联邦最高法院就以一种与主流观念一致的、可以避免争论升级的方式对堕胎权进行了重新确认,尽管如果其第一次考虑该问题的话,它很可能会拒绝确认堕胎权。

还存在一些法院公开而明显地遵从公众意见的特殊法律领域。举例来说,现行法律关于淫秽(*obscenity)的观点就直接参考了在公众当中盛行的判断在何种情况下构成淫秽的观念[例如,"米勒诉加利福尼亚州案"(*Miller v. California)(1973)]。与此类似,在现代法律中,也许没有哪个领域会像第八修正案规定的死刑诉讼那样,使大法官们如此努力地去理解公众的意见。联邦最高法院承认公众意见有重要的作用,从这个意义上说,公共意见与法院判决结果之间至少会存在着一定程度的一致性(参见 Capital Punishment)。

然而,也必须承认,在许多重要法律领域,联邦最高法院也抵制了一些甚至非常强硬和强烈的公众意见,如公立学校祷告案件(参见 School Prayer and Bible Reading)。在这个问题上的公众意见具有多数人暴政的色彩,从这个意义上,大法官们则相当不愿意遵从公众意见。因为美国人对联邦最高法院保护弱者和少数人群体权利的角色总是倍加欣赏,因此,联邦最高法院发挥了其所谓反多数人的功能,却有利于其获得公众对司法审查的支持,这一点真不失为一个令人欣慰的讽刺。

近来的发展趋势也许会影响联邦最高法院回应公众意见的方式。在过去的30年里,总统一直克制着不提名具有民选官员经历的人出任大法官职位,这一倾向会使联邦最高法院对公众意见的回应程度降低,因为大法官来源于更加与世隔绝的下级司法机关、私人职业者或学术界,对公众意见不会很敏感。此外,最近的几位大法官,与其不少的前任相比,似乎并没有出任总统的野心。如今的大法官的任期都比其前辈要长,这一事实同样会使联邦最高法院对公众意见的回馈程度降低,因为这有利于使他们与影响其提名的政治势力保持一定的距离。

从另一方面来说,联邦最高法院对公众意见也可能会有更多的回应,因为,公众成员们已越来越多地认识到,联邦最高法院是影响其日常生活的一种重要渠道,从而对联邦最高法院也更愿意表达他们自己的意见。这特别体现在:在支持或反对联邦最高法院和低级别联邦法院的法官提名上,公共利益集团和公民个人的参与已出现了大幅度的增加。

参考文献 Robert Dahl, "Decision-making in a Demoracy: The Supreme Court as a National Policy-maker," *Journal of Public Law* 6 (1957): 279-295; William Mishler and Reginald S. Sheehan, "The Supreme Court as Countermajoritarian Institution? The Impact of Public Opinion on Supreme Court Decision," *American Political Science Review* 87 (1993): 87-101; Thomas R. Marshall, *Public Opinion and the Supreme Court* (1989).

[James L. Gibson 撰;William G. Ross 校;王煜宇、潘林伟译;邵海校]

公共使用原则[Public Use Doctrine]

公共使用原则意味着政府行使国家征用权(*eminent domain)的目的应受到某种限制。宪法第五修正案(the *Fifth Amendment)写道,"未经适当补偿,私人财产不得挪作公用"。大多数州的宪法有着同样的规定。

公共使用原则的一层意思是,国家征用权只有在公众将对土地进行实质性使用时才可以实施,这体现在州法院的一些早期判决中,并且也依然存在于几部州宪法的解释之中。但是,现代联邦最高法院的判决使这一点变得非常明确:依据第五修正案,只有这种行为有助于政府实现其一些合适的政府目标时,财产将可以被征用。于是,"公共使用"一词并没有对国家征用实施特别的限制。这一观点在"伯曼诉帕克案"(*Berman v. Parker)中得以确立,并在"夏威夷房屋管理局诉米德基夫案"(*Hawaii Housing Authority v. Midkiff)(1984)中得到强化。但是,州法院可以自由地、更严格解释其所在州的占用条款(*taking clause)。而且,正如暗示的那样,有几个州这样做了。然而,大多数州在解释它们的占用条款时,与联邦最高法院解释第五修正案的公共使用原则是基本类似的。

[William B. Stoebuck 撰;王煜宇译;林全玲校]

惩罚性损害赔偿[Punitive Damages]

惩罚性损害赔偿是民事诉讼中判付的、目的在于惩罚并阻止被告实施应受谴责的行为的损害赔偿金。在桑德拉·戴·奥康纳大法官于"布朗宁-费里斯实业诉凯尔可公司案"(Browning-Ferris Industries, Inc. v. Kelco)(1989)代表法院作出的判决意见中,联邦最高法院总结道:作为一种当事人之间的民事救济,惩罚性损害赔偿并不适合刑事性宪法保护;更重要的原因是第八修正案(*the Eight Amendment)禁止过度的罚款。考虑到这种限制,再加上惩罚性损害赔偿来源于州侵权法(*tort law),所以在20世纪90年代后期,这种损害赔偿基于联邦宪法上的理由很难成功地主张。

一些人认为,惩罚性损害赔偿已经失去了控制,并且过度地阻碍了一些从事重复性工作的被告——如从事新产品的开发的被告——对社会有益的行为。而另一些人则称许,它的不确定性会阻止被告进行某些应受道德谴责、并会产生外部性的成本-收益分析。但尽管如此,许多州的立法机构仍然在不断地通过侵权行为改革立法形成惩罚性损害赔偿制度,而联邦最高法院也日益增强地发挥着其对它的控制作用。这是有争议的,因为它标志着实体的正当程序分析的卷土重来。

"太平洋互助人寿保险公司诉哈斯里普案"(Pacific-Mutual Life Insurance Co. v. Haslip)(1991)首次表明了联邦最高法院对限制州侵权法中惩罚性损害赔偿金额的强烈愿望,但这是在程序的正当程序名义下进行的。该案的判决支持了惩罚性损害赔偿,但提出,程序的正当程序要求各州规定,通过陪审团的指导,并随之以按照清晰的指南进行的上诉审查,对其进行适当的控制。安东尼·斯卡利亚大法官对此持并存意见,但同时指出,联邦最高法院不应该插手原本属于各州进行的程序。但奥康纳大法官却表示反对,其理由是:程序的正当程序并不能解决没有拘束的陪审团裁量问题。

尽管有哈斯里普案所作的考虑,但直到"宝马公司诉戈尔案"(BMW Inc. v. Goer)(1996)的判决作出之时,联邦最高法院都没有仅以惩罚性赔偿估算金额过高为由而否决了惩罚性损害赔偿。约翰·保罗·史蒂文斯代表联邦最高法院为本案撰写了判决意见。除提供了其他方面的指南外,戈尔案确立了惩罚性损害赔偿的数额应和类似案件判罚的数额以及法院判付的补偿性损害赔偿金额具有可比性。这些限制的理论基础是:如果没有它们,被告将不能自己计算出他将可能承担的惩罚性损害赔偿金额,并因而也不能注意到符合正当程序的风险。尽管在用词上使用了注意,但斯卡利亚和克拉伦斯·托马斯大法官总结道,联邦最高法院实际上还是为被告创设了一种实体的权利,即对"严重超额"的惩罚性损害赔偿,被告可以不承担责任。

戈尔案并没有使尘埃最终落定。联邦最高法院随后仍继续对各州的惩罚性损害赔偿判决给予审查。其中对陪审团审理权冲击最大的一次是"库珀公司诉莱瑟曼工具集团案"(Cooper Industries, Inc. v. Leatherman Tool Group)(2001),本案中,联邦最高法院确定,上诉法庭可以适用新的标准对惩罚性损害赔偿数额进行审查,因为这些损害表现了一种道德的伤害,而不仅仅是对事实的认定。所以,传统上法官对陪审团的遵从在这里并不适用。2003年,在"州农业互助保险公司诉坎贝尔案"(State Farm Mutual Insurance v. Campbell)中,联邦最高法院对一项惩罚性损害赔偿判决进行了谴责,认为按照戈尔案确立的标准其判罚的金额过高,但同时增加了一项改革:惩罚性损害赔偿数额大于补偿性损害赔偿数额的个位数(即超过1—9)倍数的将不符合正当程序要求。一些批评者认为,联邦最高法院对惩罚性损害赔偿的现行立场是另一种形式的实体正当程序,它篡夺了各州的权力,以及获得陪审团审判的权力。而其他许多人则对这种变化欢欣鼓舞,认为它是对一项被滥用的州救济手段的必要控制。

参考文献 Peter Diamond, "Integrating Punishment and Efficiency Concerns in Punitive Damages for Reckless Disregard of Risks to Others," *Journal of Law, Economics, and Organization* 18 (2002): 117-135. Cass A. Sunstein, Reid Hastie, John W. Payne, David A. Schkade, and W. Kip Viscusi, eds., *Punitive Damages: How Juries Decide* (2002). Catherine M. Sharkey, "Punitive Damages as Societal Damages," *Yale Law Journal* 113 (2003): 347-453. "Supreme Court, 2002 Term (Punitive Damages)," *Harvard Law Review* 117 (2003): 317-327.

[Joellen Lind 撰;张舫、潘林伟译;邵海校]

纯粹言论[Pure Speech]

另请参见 Speech and the Press。

小普策尔·亨利[Putzel, Henry, Jr.]

(1913年10月8日生于科罗拉多州的丹佛)1964—1979年,担任判决汇编人。小普策尔1935年毕业于耶鲁大学,1938年毕业于耶鲁大学法学院。1938—1941年在圣·路易斯从事律师业务之后,他在华盛顿特区得到了一系列联邦职位。它们分别是:价格管理署律师(1942—1945);司法部外事登记部律师(1945—1948);司法部刑事科民权部门律师(1948—1957)。在民权部门,小普策尔在取消学校隔离制度的案件中进行诉讼,并依据有色人种法对否认民权的人士提起过诉讼。

1957年,司法部创设了一个独立的民权部门,而小普策尔成为它的投票与选举科的主管。这一部门开始关注的是选举当中的种族歧视,而后来它又关注那些联邦选举当中的欺诈行为。1964年2月17日,他作为联邦最高法院第十三任判决汇编人宣誓就职。他编辑或参编了第376卷到440卷美国判例汇编(*United States Reports)。在其任期中,汇编程序发生了一个重要的变化,即法院决定:在批注必须在判决意见宣布之前就要准备好,而不像以前那样在判决宣布以后再做。

小普策尔有一次曾描述了作为一位判决汇编人所必须的条件:一名律师,即"字斟句酌"者和一位"文法严谨"者。当小普策尔1979年2月24日退休时,首席大法官沃伦·伯格(Warren *Burger)评价道,他"非常成功的履行了这一重要岗位的确切的职责并且保持了他的13位前任的优良传统。

[Francis Helminski 撰;王煜宇译;林全玲校]

Q q

奎因单方诉讼案[Quirin, Ex Parte, 317 U. S. 1 (1942)]①

1942年7月29—30日辩论,1942年7月31日以8比0的表决结果作出判决,墨菲没有参与。全部观点在1942年10月29日形成文件,斯通代表联邦最高法院提出判决意见。1942年7月初,富兰克林·D.罗斯福(Franklin D. *Roosevelt)总统建立了一个军事委员会,以破坏不成文的国际战争法以及国会颁布的战争条例为名,来审判8位最近被捕的德国籍的破坏分子。在审判当中,7名被告要求离开以提出人身保护状(*habeas corpus)的申请。在7月末的一个特别会议中,联邦最高法院概括性地拒绝了犯人们的请求,此举为他们中的6个人在一个星期后的死刑执行铺平了道路。

联邦最高法院于10月末作出一致意见,支持了犯人们要求司法审查(*judicial review)的权利。然而,法院宣布,由于总统作为总司令所拥有的权力,再加上国会立法授权对违反战争法的被告进行军事审判(*military trial),这两个因素决定了该军事审判是正当的。法院支持国会采用国际战争普通法(*common law),并且宣布国会并不需要详细规定违反该法的所有行为。法院进一步判定已有充分理由对被告的非法交战行为提出指控,并且这一犯罪处于该委员会的管辖范围之内。

法官们宣布罪犯将无权要求大陪审团(*grand jury)程序或陪审团审理(*trial by jury)。他们把该案与"米利根单方诉讼案"(Ex parte *Milligan)(1866)进行了区分,该案在当地州法院仍在运行的情况下,阻止了对违反战争法的行为进行军事审判,其理由是米利根并不是交战国的敌人。

参考文献 Michal R. Belknap, The Supreme Court Goes to War: The Meaning and Implications of the Nazi Saboteur Case," *Military Law Review* 89 (1980):59-95.

[James May 撰;王煜宇译;林全玲校]

公职质疑令状[Quo Warranto]

作为一种起源于中世纪的特殊令状,公职质疑令状(拉丁语"以得到保障的"),经过长期的发展,已形成一种质疑一方当事人的职业或其行使职权或特权的民事或刑事的程序。联邦最高法院在"约翰逊诉曼哈顿铁路公司案"(Johnson v. Manhattan Railway Co.)(1933)中指出,在合众国,这一令状是"旨在阻止连续的不法的实施权力",它由州或联邦政府针对任何"没有合法的权利履行公职或权力"人提起(p.502)。

[William M. Wiecek 撰;王煜宇译;林全玲校]

---

① 另请参见 Subversion。

Rr

种族与种族主义[Race and Racism]

种族与种族关系问题——特别是涉及非裔美国人的地位问题——自殖民时代以来在美国政治生活中就显得非常重要。鉴于联邦最高法院在政治体制中的地位,在解决这些问题方面,不可避免地需要它发挥积极作用。因此,在有关种族关系争议中,联邦最高法院经常是一个重要的参与者也就不足为奇了。

联邦最高法院对种族问题的反应取决于多种因素。最突出的是大法官个人对种族问题本身的态度。这些态度代表性地反映了作为一个整体的白人社会对黑人的态度。整个白人社会对种族问题的态度因时间而改变,法院的态度也会随之发生变化。进一步说,当人们对某一特定社会问题没有达成共识时,大法官之间也经常有分歧。

联邦最高法院解决种族问题的方式一直因联邦主义(*federalism)问题而复杂化。当联邦处理种族问题的行为受到质疑时,大法官们不得不考虑受质疑的行为是否属于宪法授予州政府或联邦政府的法定权力范围之内。对解决州政府行为受到的质疑,各州的权利理论有着重要的影响(参见 State Sovereignty and States' Rights)。近年,联邦最高法院对这些问题的态度有了根本性的转变,这要归因于种族问题解决模式的变化。

美国南北战争前的时期

美国内战(*Civil War)之前,对于解决黑人地位的争议,联邦法律只起到相对有限的作用。总的来说,州法律的首要地位既是基本的宪法哲学作用的结果,也是由宪法有关奴隶制(*slavery)问题的特定条款所决定的。首先,联邦主义的基本原理构成美国南北战争前宪法的基础,在调整其居民之间的关系和管理总体上纯属于其境内的事务方面,它赋予各州近乎完全的权力。而且,宪法规定了许多特别条款——最著名的有逃亡奴隶条款(the Fugitive Slave Clause)、奴隶贸易条款(Slave Trade Clause)和五分之三协议(the three-fifths compromise)——都明确地认可奴隶制度的存在。面对这样的依据,仅有一小部分最激进的废奴主义者——与政治主流极不相称的——主张国会有权力和义务直接反对各州奴隶制度就不足为奇了。

不过,在许多背景下联邦法律还是发挥着越来越重要的作用。其中的一组问题就是涉及跨州奴隶或自由黑人运动问题,这种案件涉及国家主权利益(或者至少是一个州以上的利益),它们为联邦行使支配权提供了可辩的基础。举例来说,各个废除奴隶制的州要承认黑人自由并尊重过境奴隶主财产权(*property rights),在探讨他们应履行的义务时,就会出现联邦宪法观点。然而,在这两种情况,非联邦的考虑都是关键(参见 Comity)。比较起来,在逃亡奴隶(*fugitive slaves)问题上,联邦法律占主导地位。

应南部各州代表的要求,联邦宪法的起草者已经明确规定了一项用于解决逃亡奴隶问题的条款。《宪法》第4条第2款规定:

> 根据一州法律须在该州服劳役或劳动的人,如逃往他州,不得因他州的法律或规章而免除此种劳役或劳动,而应根据应获此劳役或劳动之当事人的请求,将其移交。

显然,这一条款使普通法(*common-law)的"取回权"("reception")——奴隶主通过自力救济取回其奴隶的权利宪法化。但根据逃亡奴隶条款,宪法并没有明确州与联邦政府在行使及调整这一权利时各自的角色。

在宪法颁布不久,潜在的州与联邦权力之间的冲突就出现了。1973年联邦政府通过了第一部《逃亡奴隶法令》(Fugitive Slave Act)。北方几个州作出的反应是颁布人身自由与反绑架法律,大大地限制了取回权。在"普里格诉宾夕法尼亚州案"(*Prigg v. Pennsylvania)(1842)中,这些法律的合宪性问题被提到了联邦最高法院。

约瑟夫·斯托里(Joseph *Story)大法官所持的多数人意见,在反对与支持奴隶制度问题上保持中立,前者否定联邦有权通过立法实施逃亡奴隶条款,后者则断定联邦及州均有该项权力。斯托里认可奴隶主的自力救济权,各州法律妨碍该权利的行使是违宪的;国会有权立法援助奴隶主;而各州无权制定其他执行性法律。斯托里还提出,在实施法律过程中,国会不能合宪地要求州政府官员予以支持。

在19世纪50年代,有关奴隶制问题交替的紧张状态迅速加强,联邦最高法院在"艾布尔曼诉布思案"(*Ableman v. Booth)(1859)中又遇到了逃亡奴隶问题。废奴主义者谢尔曼·布思是威斯康星州的居民,根据1850年的逃亡奴隶法令(the Fugitive Slave of 1850),他因妨碍对一名逃亡奴隶行使取回权而被逮捕并起诉。被联邦拘留后,在对他审判之前,布思向威斯康星州最高法院申请了人身保护状(*habeas corpus)。威斯康星州法院的一位法官依据逃亡奴隶法令违宪释放了布思,这一判决被整个州最高法院所确认。但由于该判决引起向美国联邦最高法院的上诉而悬而未决,布思重新被逮捕,并在联邦地区法院被定罪。威斯康星州最高法院再次签发人身保护状,要求将其从联邦监狱中释放。在首席大法官罗杰·B. 托尼(Roger B. *Taney)作出的一项最著名、备受推崇的判决中,他推翻了人身保护状,强力坚持联邦司法至上的原则。虽然该判决明显有为奴隶制抗争的倾向,但托尼的意见却简单地被人们视为对联邦法律最高权威的维护。

在"德雷德·斯科特诉桑福德案"(*Dred Scott v. Sandford)(1857)中,同样涉及联邦主义的问题。但是,该案中有关种族关系问题则更清楚地成为整个案件的焦点。在密苏里这个存在奴隶制的州里,斯科特是一名奴隶。他的主人将他带入联邦的一个辖区,按照《密苏里妥协协议》,那里是禁止奴隶制的,因而属于一个自由的州。斯科特向联邦法院提起了一个变更身份之诉,认为既然自己被带入没有奴隶制的地方,那么他就应该被视为自由人。这个案例引发了与种族相关的两个关键性问题。第一个是斯科特可否由于公民身份(*citizenship)的变更被视为美国公民;第二个是国会能否依据宪法禁止该准州(*territories)实施奴隶制度。

首席大法官托尼驳回了斯科特的请求,对两个问题都给予了否定回答,尽管对每一个问题,他是否代表大多数大法官的意见仍是个疑问。托尼最初的结论认定,联邦法院对该案没有司法管辖权。因为根据宪法,奴隶的后代永远不能成为美国公民。他又主张,无论处于什么情况,《密苏里妥协协议》禁止北部地区奴隶制的规定是违宪的。这一主张的主要依据是宪法规定的列举的权力。在托尼看来,国会"对属于合众国……准州制定各种必要的法律法规"(第4条第3款),该权力不包括宣布奴隶制度非法。另外,托尼对实体的正当程序(*due process, substantive)进行了论证,他认为在某些地区,禁止奴隶制就等于不经过正当的法律程序剥夺了奴隶所有者的财产权。

尽管德雷德·斯科特案的判决不可能成为引发南北战争的主要原因,但它的确加剧了奴隶制度问题的局部紧张程度。一方面,该判决支持共和党人的主张,即:联邦政府受制于以牺牲北方社会所享有利益为代价而促进南部发展的"奴隶权力"。另一方面,也引起了这样的担忧,即法院可能要求各废除奴隶制的州允许南部人将奴隶带入它们的管辖区域。同时,德雷德·斯科特案的判决支持了亲奴制的主张,认为奴隶制向各地区的扩展不仅是正当的,而且是宪法本身规定的。但无论如何,德雷德·斯科特案的理论框架并没能经受住"南北战争"与重建(*Reconstrudtion)时期修宪的考验。

重建修正案及其结果 "南北战争"之后,宪法的修改从根本上改变了美国联邦法院在确立美国种族相关问题条款中所扮演的角色。考虑到南部各战败的州的黑人情况,国会通过了3个宪法修正案,并从根本上加以强化实施。联邦宪法第十三修正案(the *Thirteenth Amendment)宣布奴隶制为非法。宪法第十四修正案(the *Fourteenth Amendment)第1条给予黑人联邦与州的公民身份。此外,第1款还规定,各州给予所有公民以联邦公民身份的特权与豁免(*Privileges and Immunities),所有公民的生命权、自由权及财产权都受到正当法律程序的保护,并且所有公民都受到法律的平等保护(*Equal protection)。最后,宪法第十五修正案(the *Fifteenth Amendment)禁止投票权中有种族歧视。联邦宪法各修正案都包含了一个授予国会执行的条款。根据该项权力,国会制定一系列公民权利法律,旨在保护新获自由的奴隶免受种族歧视。

在19世纪的倒数第三年,联邦最高法院面临大量涉及对重建修正案及国会根据执行授权所制定法律的解释问题。问题是那些起草重建修正案的立法意图是模糊的,至少在一些边缘问题上是这样的。显然,重建时期的国会成员想要禁止某些特定的权限滥用,并授予国会能够管到这些滥用行为的权力。除了那些特定问题之外,修改宪法意欲给各州和国会权力产生的其他影响都处于争议之中,并且这种争论一直持续到今天。

有时,联邦最高法院将修正案的范围看得相当宽泛。例如,在"斯特劳德诉西弗吉尼亚州案"(*Strauder v. West Virginia)(1880)中,联邦最高法院发现一条将陪审团服务限于白人的法令与联邦宪法第十四修正案相矛盾,尽管历史上存在有利于得出相反结论的令人信服的观点。但是,在其他各种情况下,联邦最高法院对重建立法的解释是相对狭窄的。

在联邦最高法院的很多判决中,曾经把对联邦主义的考虑放到了重要位置。州权力及其相关利益的观念和有限国家政府原则对联邦最高法院解决公民权利问题的立场都是至关重要的。关注这些基本原则,联邦最高法院经常对重建修正案本身和国会制定的公民权利的法令加以严格限制。

"合众国诉克鲁克香克案"(United States v. *Cruikshank)(1876)例证了这一趋势。克鲁克香克案始于一次事件,在这次事件中,几百名白人武装包围了一座黑人正在举行集会的庭院,烧毁了建筑物,杀害了约百名群众。1870年《军队法》(the Force Act of 1870)规定,两人或两人以上共谋"损害、压迫、威胁或恐吓享有美国宪法或法律保障权利或权益的任何人均构成联邦犯罪",据此,他们被起诉。

受理克鲁克香克案的联邦最高法院驳回了该项指控。根据屠宰场系列案(*Slaughterhouse Cases)(1873),首席大法官莫里森·R. 韦特(Morrison R. *Waite)严格地限制宪法保障公民的权利范围。他认为,指控中所提到的所有权利,包括和平集会权及携带武器权,都源于州的公民权,因此,不属于联邦法律所保护的范围。国会保护黑人的权力范围就这样被大大地缩减。

这一时期,联邦最高法院对州行为(*state action)问题的处理也反映了一种类似的态度。民权系列案(*Civil Rights Cases)(1883)提供了一个特别引人注目的例子。这些系列案涉及《1875年民权法》(the Civil Rights of 1875),该法认定经营公共膳宿和交通运输者有种族歧视的行为违法。从本质上说,这些设施历来被视为准公共性质,甚至在重建修正案批准之前,许多法院也曾认定:普通法禁止经营公共运输者用种族区别来隔离其乘客。此外,在重建时代,国会曾特别禁止在哥伦比亚特区的有轨电车道路上有种族隔离行为。尽管如此,在民权系列案中,联邦最高法院仍认定,第十三修正案和第十四修正案都没有赋予国会有通过诸如《1875年民权法》之类的法律的权力。国会的权力只能控制各州的行为,而不能控制个人的行为。与此相似的还有"合众国诉哈里斯案"(United States v. Harris)(1883)和"合众国诉里斯案"(United States v. *Reese)(1876),民权系列案有效地限制了国会改善新获自由的奴隶处境的能力。

"普勒西诉弗格森案"(*Plessy v. Ferguson)(1896)使公共运输中的种族歧视问题又重新回到联邦最高法院。在普勒西案中,联邦最高法院面临着联邦宪法第十四修正案与一项州法令的冲突,该法令规定铁路保持白人与黑人乘客的车厢分开。联邦最高法院承认第十四修正案的宗旨是在实行"法律面前种族绝对平等"的原则。但是,同时,联邦最高法院的大多数则推论修正案"不可能试图消除基于肤色的差距,或者试图强制执行与政治平等不同的社会平等"(p.544)。审理该案的大部分大法官否定该法本质上把黑人标明为"劣等种族代名词"的主张,认为"如果是那样的话,并不是因为法律上规定了什么,而仅仅是由于(黑人)选择这样的解释"(p.551)(参见 Separate but Equal Doctrine)。

潜存于普勒西案判决之下的是这样一种没有宣明的信念:黑人天生就比白人低等。在19世纪末期,白人中广泛地存在这种信念。的确,甚至约翰·马歇尔·哈伦(John Marshall *Harlan)大法官在其反对意见中也公开声称:"在这个国家,白人认为自己是优等民族……所以,我不怀疑,如果它一直真诚地对待其伟大的遗产,如果它严格地坚守宪法的自由原则,这将会永远继续下去"(p.559)。只要由持这种观念的人主导联邦最高法院,宪法性法律对于追求种族平等的人来说就起不了什么作用。

20世纪早期:从普勒西案到布朗案 在20世纪早期,联邦最高法院对有关种族问题案件的判决纪录是不一致的。在大量案件里,联邦最高法院有时进行积极干预以保护少数民族的权利;比如,在"吉恩诉合众国案"(*Guinn v. United States)(1915)中,联邦最高法院拒绝了所谓的祖父条款(*grandfather clauses)——有关投票的规定,该规定的制定就明显带有限制黑人投票(*vote)而白人投票权却不受影响的观念。相反,在"龚伦诉莱斯案"(Gong Lum v. Rice)(1927)中,联邦最高法院不仅拒绝要求州允许华裔美国人与白人同校,而且以明确赞同的态度援引低级别法院的系列案例,那些案例对于公共教育(*education)普遍采用隔离但公平的原则。

对于第二次世界大战(*World War Ⅱ)期间政府针对日裔美国人采取的行动所提出的战时的质疑,联邦最高法院特别反感。军方发布了许多命令,以严格约束这部分公民,包括宵禁、驱逐及强迫迁居。国会通过立法确定违反这些命令是犯罪。在"海拉巴亚斯诉合众国案"(*Hirabayashi v. United States)(1943)和"科里马修诉合众国案"(*Korematsu v. United States)(1944)中,联邦最高法院驳回了认为这些命令违反宪法规范的主张。在科里马修案中,代表着大多数大法官意见的胡果·布莱克大法官(Hugo *Black)声称,"所有为削减单个种族群体公民权的限制应立即受到质疑",并且应接受"最严格的审查"(p.216)(参见 Suspect Classifications)。但尽管如此,他断定战时紧急状态为实施针对日裔美国人的限制提供了充足的合法理由。

尽管有上述案例,随着20世纪的发展,有迹象表明,联邦最高法院对少数种族的状况变得更为敏感。比如,海拉巴亚斯案和科里马修案没有影响到和平时期的种族相关问题,这一点很快变得非常明朗。在"欧雅马诉加利福尼亚州案"(Oyama v. California)(1948)和"塔卡哈西诉钓鱼与游戏委员会案"(Takahashi v. Fish and Game Commission)(1948)中,联邦最高法院明确各州不能对亚裔人施加特别的不利影响。

联邦最高法院的判决也扩展了州行为的概念。在著名的案例之一——"斯克鲁斯诉合众国案"(Screws v. United States)(1945)中,联邦最高法院对一项联邦制定法采用了广义的解释,该法规定对那些根据"肤色法"剥夺公民权的人可提起刑事诉讼。它认定了该掌握政府权力的州官员构成了依"肤色法"而行动,即便其因之而受控告的该特定的行为根据州法仍是不合法的。

在"谢利诉克雷默案"(*Shelley v. Kraemer)(1948)和"巴罗斯诉杰克逊案"(Barrows v. Jackson)(1953)中,州行为同样是中心问题。在那些案件中,联邦最高法院被要求判定执行不向黑人出售不动产的私人协议是符合宪法规定的。在"布坎南诉瓦雷案"(*Buchanan v. Warley)(1917)和"哈蒙诉泰勒案"(Harmon v. Tyler)(1927)中就已经认定,州不能直接限制黑人住在特定的城市居民区的权利,在谢利和巴罗斯案中,联邦最高法院几乎不费劲地就作出了法院不能合宪地执行私人间具有种族倾向的限制性协约(*restrictive covenants),并认定这样的司法介入行为属于州行为(参见 Housing Discrimination)。

在对将政党成员资格及政治参与资格限制在白人范围内的政党规则提出挑战时,州行为再次成为问题的关键。这些规则在南方各州特别重要,在那里,当时全部由白人组成的民主党作出的提名几乎就等于选举结果。最初,在"格罗威诉汤森案"(*Grovey v. Townsend)(1935)中,联邦最高法院判决认定,这些选举规则不属于州行为,因此与重建修正案并不冲突。在"史密斯诉奥尔赖特案"(*Smith v. Allwright)(1944)中,联邦最高法院却推翻了自己的判决,理由是通过确保政党预选获胜者获得投票,州实际上支持了排除政策。史密斯案的判决被扩展适用于"特里诉亚当斯案"(*Terry v. Adams)(1953)中,从而将一个民主党联盟的预选纳入了其覆盖的范围内,该民主党联盟的支持,几乎在功能上相当于为该党确定候选人的选举(参见 White Primary)。

最后,在这一阶段的后期,联邦最高法院开始放松基于"普勒西诉弗格森案"(*Plessy v. Ferguson)而确立的原则的严格性。具有讽刺意味的是,这种仅对隔离但公平原则给予的直接的攻击,却没有一点牵涉到重建修正案。在"摩根诉弗吉尼亚州案"(*Morgan v. Virginia)(1946)中,联邦最高法院判决弗吉尼亚州一项要求州际公共汽车维持种族隔离的条款是违宪的,因为该条款给州际的商业贸易造成了不合理的负担(参见 Commerce Power)。

相反,这一时期,联邦最高法院却一直拒绝重新审议隔离但公平原则在公共教育中应用的诉求。然而,与此同时,对于各州实际上为人口占少数的种族成员提供了相同教育机会的主张,它却越来越表示怀疑。在盖恩斯引起的"密苏里州诉加拿大案"(*Missouri ex rel. Gaines v. Canada)(1938)中,联邦最高法院认定,根据平等保护条款(the Equal Protection Clause),一州提供黑人在本州之外的法律学校学习的学费,并不能免除州的义务。在"斯韦特诉佩因特案"(*Sweatt v. Painter)(1950)中,联邦最高法院认为,单为黑人所设的法律学校意义不同于单为白人所设的,因为这实际上将黑人学生与他们未来工作中将接触的绝大部分人隔离了开来。在"麦克劳瑞恩诉俄克拉荷马州高等教育校务委员案"(*Mclaurin v. Oklahoma State Regents for Higher Education)(1950)中,联邦最高法院发现了一项制度的不足,根据这项制度,允许黑人与白人进入相同的研究生院学习,但是,却在物理上将其与白人同学隔离。

简而言之,20 世纪早期,联邦最高法院在保护少数民族权利方面比以前显得更为积极。然而,联邦最高法院这一立场转变的重要性也不应夸大,宪法基本原则的变化也仅在边缘领域发生。直至 1953 年沃伦出现在联邦最高法院,才发生了革命性的变化。

沃伦时期 在首席大法官厄尔·沃伦(Earl* Warren)领导期间,自 1954 年以后,联邦最高法院开展了一场日益积极的、旨在改善美国少数民族现状的运动。这场运动始于具有划时代意义的"布朗诉教育理事会案"(*Brown v. Board of Education)(1954)和与其相伴的案件,即"博林诉夏普案"(*Bolling v. Sharpe)(1954)的判决。与早期隔离教育的案件不同,布朗案直接聚焦于隔离但公平原则在教育领域的应用。联邦最高法院着眼于教育的重要意义,认为维持政府授权实施的隔离教育与联邦宪法第十四修正案平等保护条款存在冲突。与普勒西案的重大区别是,联邦最高法院特别倚重种族隔离给黑人造成的侮辱。在布朗案中,布朗案判决的某些语言似乎表明其仅仅针对美国社会公共教育这一特定领域。但很快人们就明白,联邦最高法院是想让所有由各州设置的种族隔离都无效(参见 Segregation, De Jure)。

联邦最高法院解决州行为问题的立场同样反映了其对种族平等问题的日益重视。虽然没有否定平等保护条款仅仅限制政府行为的基本原理,但正如"伯顿诉威明顿泊车管理局案"(*Burton v. Wilmington Parking Authority)(1961)和"埃文斯诉纽顿案"(Evans v. Newton)(1966)的判决所认定的那样,联邦最高法院认定众多貌似私人行为的活动,如在公共建筑上开办一家旅馆等,也应视为是符合宪法目的的州行为。因此,沃伦法院的判决扩大了联邦宪法第十四修正案的保护范围。

在同一时期,国会也表明了在种族平等观念方面的新的意图,在处理种族歧视问题上,制定了一系列具有划时代意义的法律,最重要的新法律是《1964 年民权法》(the* Civil Rights Act of 1964)和《1965 年投票权法》(the* Voting Rights Act of 1965)。意料之中的是,两部法律的反对者们认为,国会已经超越了宪法所赋予的职权。联邦最高法院一致驳回了这些质疑。

最早对《民权法》的抨击集中在其第二编,该编在公共膳宿供应的条款中禁止种族歧视。在支持该法条方面,联邦最高法院没有凭借宪法授予的任何禁止种族歧视的特权。相反,"亚特兰大中心旅馆诉合众国案"(*Heart of Atlanta Motel, Inc. v. United States)(1964)和"卡曾巴赫诉麦克朗案"(*Katzenbach v. McClung)(1964)的焦点则集中在国会管制州际贸易的权力,理由是,国会似乎能够令人信服地决定:种族歧视对货物及人员自由流动产生的消极影响。

在某些方面,投票权诉讼甚至更为重要。投票权法不仅禁止投票权方面的种族歧视,还规定联邦政府官员在有情况表明种族歧视普遍存在的地区应当对投票者进行登记;要求他们在上述地区对与投票相关的变化实行预先许可,以确保此类变化没有产生削弱少数民族投票权的目的或影响,并限制某些情况下读写测试的使用。无论按照何种标准来衡量,该立法都深深地侵入了历史上一直由州控制的领域。尽管如此,联邦最高法院仍驳回了对国会适用投票权法权力的所有质疑。在"南卡罗来纳诉卡曾巴赫案"(*South Carolina v. Katzenbach)(1966)中,联邦最高法院支持预先许可条款,声称"国会主要负责实现联邦宪法第十五条修正案所规定的权利",并且对已察觉的侵害投票权的行为,在设计救济方面,具有广泛的裁量权(p.326)。"卡曾巴赫诉摩根案"(*Katzenbach v. Morgan)(1966)的判决走得更远,该判决认定,在某些情况下国会能够依据其强制实施的权力禁止某些实践,即便这些实践联邦最高法院曾特别认定其未违背宪法。最后,在"艾伦诉州选举委员会案"(Allen v. Sstate Board of Election)(1969)中,联邦最高法院拒绝了所有试图狭义理解《选举权法》事先许可条款的(这是该法最受争议的部分)努力。首席大法官沃伦宣称:"选举权法所瞄准的正是各种微妙的和明目张胆的、可能产生基于种族而剥夺其公民选举权效果的各种州行为"。试图削弱少数人种族投票权强度的各种法律,都是宪法所不允许的,并且要服从国会对这一问题的权力。

沃伦法院不仅对国会察觉到的种族歧视的救济权采取了扩张性解释,而且对目前为止这一领域尚处于休眠状态的联邦立法也给予了扩张性解释。最突出的例子是"琼斯诉艾尔弗雷德·H. 迈耶尔公司案"(*Jones v. Alfred H. Mayer Co.)(1968),在该案中,联邦最高法院不仅重申了它的观点,即国会有权干预私人种族歧视行为,而且对禁止此种行为的《1866 年民权法》进行了重新解释。

总而言之,在沃伦时期,像国会享有处理种族歧视的权力一样,联邦最高法院在对待有关种族歧视的宪法上及制定法上的禁止条款,以及国会处理这类歧视所具有的权力问题方面,始终都采用了一种扩张的观点。但是,联邦最高法院处理有关学校取消种族隔离问题的经历,却反映了司法强加其意志给反抗的平民时会出现的困境。在布朗案 I 的判决意见中,联邦最高法院要求对采取何种救济性措施以废除学校种族隔离制度问题进行总结和讨论。而第二年,在"布朗诉教育理事会案 II"(*Brown v. Board of Education)(1955)的判决意见中,联邦最高法院却承认了地方当局在规定教育政策方面的首要地位,但指示地区法院确保学校一体化制度的转变要"以十分审慎的速度(*all deliberate speed)"来完成(参见 Desegregation Remedies)。

显然,在布朗案 II 中,联邦最高法院希望在取消种族隔离的过程中,联邦法院与地方权力机构能够进行合作。但这样的合作并没有进行。司法机构面对的是南部学校理事会及州政府,他们对取消种族隔离制度典型地奉行"大众抵制"哲学。即使对在某种程度上被法院强制变更的学生安置实践,地方学校当局也经常采取表面上中立但实际上却在努力削弱种族融合的政策。最极端的例子是,弗吉尼亚州爱德华王子县的学校理事会试图关闭它的公立学校,带着私立学校能够维持种族隔离的期望,向进入私立学校的学生提供学费。在"格里芬诉爱德华王子县学校理事会案"(*Griffin v. County School Board)(1964)中,联邦最高法院判令公立学校重新开学,宣称在取消种族隔离的过程中"谨慎有余,速度不足"。在"格林诉新肯特郡学校理事会案"(*Green v. County School Board)(1968)中,联邦最高法院的受挫表现得更为明显。在那里,联邦最高法院驳回了公立学校学生"选择自由"的计划,宣称"今天学校理事会所担负的职责是主动响应一项计划,即切实兑现承诺……立即……转变为一个统一的体制,实现该体制下种族歧视的彻底消除"(pp. 439, 438)。尽管有如此强烈的声明,但对于消除种族隔离令的合理适用范围问题,斗争却持续到沃伦时期之后。

伯格及伦奎斯特法院 在后沃伦时期,联邦最高法院对于种族关系问题的判决模式很难予以特征化。判决模式不明确的部分原因是大法官内部的多样性。沃伦法院里占据主导地位的是自由主义者,联邦最高法院关于种族问题的案例汇编充分反映了这一点(参见 Judicial Activism)。相反,伯格和伦奎斯特法院在意识形态方面却更为平衡,这一点通过对争议的问题进行细致的分类,可以经常得到证实。保守派对联邦最高法院的影响在日益增长,这可以从诸如"帕特森诉麦克莱恩信用合作社案"(*Patterson v. McLean Credit Union)(1989)之类的案件中得到证实,该案的判决限制了"琼斯诉艾尔弗雷德·H. 迈耶尔公司案"(Jones v. Alfred H. Mayer Co.)先前认定的范围。

联邦最高法院所面对的争议性质也发生了根本的变化。各州对少数人种族故意实施种族隔离及私人的种族歧视的合法性,给致力于种族平等基本原则的人所提出的是最简单的问题。与其前身不同,伯格和伦奎斯特法院面对的案件却引发了更多的难题,它既涉及种族平等的实质,又涉及联邦法院在推进种族平等进程中的角色定位。

学校种族隔离的消除 后沃伦时期在消除学校种族隔离法律的不断发展过程中,所有这些影响因素都充分地表现了出来。该时期始于"斯旺诉卡尔罗特—麦克伦伯格教育理事会案"(*Swann v. Charlotte-Mecklenburg Board of Education)(1971)的判决。在斯旺案中,联邦最高法院一致维持一个地区法院的判决,该判决指令在一个南部城市学校校区通过公共汽车接送学生实现种族间融合而进行大范围的重构。尽管否认存在宪法上的权力要求学校的学生应该反映这个地区整体的种族构成,但该案的判决意见得出了这样的结论:"对整个学校系统种族构成的了解也许会成为矫正昔日违宪行为的一个有用的开端。"

当消除种族隔离的诉讼移到北方时,问题变得更为复杂。在典型情况下,北方学校系统所适用的法律并没有明确设置过从布朗案到斯旺案中反映出来的各种类型的种族隔离;相反,这种学校系统的学生构成一般遵循临近学校原则(the principle of neighborhood schools)。但同时,这些学校也经常存在种族不平衡的现象。这种不平等源于两个因素。第一,人口统计学因素,人口统计学因素导致少数民族地理上分布的集中与学校政策没有直接联系。第二,经常巧妙地调整的分界,会减少学校里各种族的混合。考虑到斯旺案作出的"宪法并没有保证学生进入种族平衡的学校学习的权利"的断言,因而,区分故意种族隔离行为造成的还是其他因素造成的种族隔离,便成为一个重要而艰巨的难题(参见 Segregation, De Facto)。

"凯斯诉丹佛市第一校区案"(*Keyes v. Denver School District No. 1)(1973)为司法普遍干预北方学校系统提供了基础。在凯斯案中,联邦最高法院认为,当学校系统中一个"有意义的部分"(meaningful portion)被发现是故意种族隔离的时候,那么,其他种族不平衡的问题几乎不可否认地也应推定是故意种族隔离行为的结果。凯斯案和后来的系列案件,如"哥伦布教育理事会诉佩尼克案"(*Columbus Board of Education v. Penick)(1979)和"戴顿教育理事会诉布林克曼案"(Dayton Board of Education v. Brinkman)(1977),为北方许多市区学校适用斯旺案类型的判令开辟了道路。"米利肯诉布拉德利案"(Milliken v. Bradley)(1977)进一步扩大了判令的适用范围,认定联邦法院可以命令以前有种族隔离学校的地区采用非直接关系到种族平等的措施。"密苏里州诉詹金斯案"(Missouri v. Jenkins)(1990)判决认定,联邦地区法院的法官可以要求增加地方财产税为执行这种措施提供资金。

但是,联邦法院处理实行种族隔离学校问题的权力不是无限制的。在第一次审理"米利肯诉布拉德利案"(*Milliken v. Bradley)(1974)中,联邦最高法院认定,在缺乏证明种族隔离行为受学校系统内部影响的证据情况下,联邦最高法院就不能下达消除系统内部种族隔离的命令。考虑到少数民族学生日益成为很多城市学校学生的主要部分,米利肯案对联邦法院在学校实现种族实际平衡的能力实际上设置了很大的限制。

20世纪90年代早期,当联邦最高法院在逐渐被人们称为重新隔离的案件中通过降低评估学校是否达到"统一"(即完全融合)状态所必需的证明材料要求增强甚至是提高了米利肯案判决确定的限制之时,这项工作变得更困难了。它这样做实际上传递了一个明确的信息:加快解除种族融合法令的步伐,尽管这样做的结果可能会使许多地区重新恢复种族隔离政策。

首先出现的案件就是1991年的"俄克拉荷马城教育委员会诉道尔案"(Board of Education of Oklahoma City v. Dowell),本案中,联邦最高法院注意到,没有"完全"达标的校区也可能已经完成了种族融合。首席大法官伦奎斯特解释说,判断一个校区是否按法律要求完成融合,关键在于"校区委员会是否诚信地遵守了(最初的)解除种族隔离法令",从而消除了"所有过去歧视的痕迹……达到了实际可行的程度",本案中的学校就是这样,"这样的学校就是融合的,消除了歧视的痕迹"。一年后,在审理"弗里曼诉皮茨案"(*Freeman v. Petts)时,联邦最高法院认为,宪法并未要求采取"英雄式"措施以确保学生配置中的种族平衡,至少当这种不平衡可独立地归因于地理因素,而不是先前的种族隔离政策或校方事后采取人为因素造成的时候是这样的。后来,在审理"密苏里州诉詹金斯案"(*Missouri v Jenkins)(1995)时,联邦最高法院再次重申了这一观点,反对一项地方法院试图在密苏里州堪萨斯城通过多校区分配学生的形式而在大范围内实施解除隔离的计划。首席大法官认为,"正如单一的地理因素变化会影响学生配置中的种族构成一样,那些超出'校区委员会'控制范围的额外因素也会影响少数民族学生达到要求"。但是,只要这些"额外因素"不是"种族隔离的结果",在"救济性的计算"中就不要考虑。

这种原则上的变化产生的结果是急剧的。在1990年以前,南方共计有43.5%的黑人学生进入白人占多数的学校就读;到了1998年,这一数字变成了32.7%。这使得南方学校里的种族隔离比三十多年前还要严重,全国性的统计调查显示,上世纪90年代,全国的重新隔离水平也与此相当。

种族歧视影响 总体上看,沃伦法院基本上对故意歧视少数民族的问题是全神贯注的。相比较而言,后沃伦时期,在消除种族歧视影响方面,种族中立行动在日益增多的打击下开始抬头。一些人士认为,为了确保少数民族不被任意地剥夺机会,种族中立行为应该受到严格地审查。其他人则认为,只有故意的种族歧视才应该被禁止。这一问题包括宪法和制定法两个层面(参见 Discriminatory Intent)。

在"格里格斯诉杜克电力公司案"(*Griggs v. Duke Power Co.)(1971)中,联邦最高法院一致认定,根据《1964年民权法》第七编的规定,歧视影响应被视为一项重要的因素。按照格里格斯案,具有全然不同的影响(*Disparate Impact)的雇佣实践将被认为是非法的,除非其可因"商业上必要"而正当化。"商业上必要"这一抗辩的适用范围因此逐渐成为一个争论颇多的问题。诸如"阿尔贝马勒纸公司诉穆迪案"(*Albemarle Paper Company v. Moody)(1975)和"多萨德诉罗林森"(Dothard v. Rawlinson)(1977)之类的案件表明,"商业上必要"的标准是很难满足的。而"华盛顿诉戴维斯案"(*Washington v. Davis)(1976)和"纽约市交通局诉比泽尔案"(New York City Transit Authority v. Beazer)(1979)则给人一种截然不同的印象。最终,在"瓦德谷包装公司诉安东尼奥案"(*Ward's Cove Packing Co. v. Atonio)(1989)中,联邦最高法院改变了对全然不同影响的分析,认定对雇佣实践提出质疑者需要证明雇主提出的合法理由实际上是不真实的(参见 Employment Discrimination)。但是,《1991年民权法》(*Civil Rights Act of 1991)限制了瓦德谷案的效力范围。

联邦最高法院对种族歧视影响的宪法性定位问题表现了一种类似的矛盾心理。在"华盛顿诉戴维斯案"(Washington v. Davis)(1976)和"莫比尔诉博尔登案"(*Mobile v. Bolden)(1980)中,联邦最高法院分别根据联邦宪法第十四修正案和第十五修正案判定,仅证明存在种族歧视影响,不足以达到提高审查标准的程度(参见 Strict Scrutiny)。但同时,在"阿林顿·海特诉都市房产开发公司案"(*Arlington Heights v. Metropolitan Housing Development Corp.)(1977)中,联邦最高法院却指出,在一些案件中,种族歧视的影响能够作为种族歧视倾向的参考而提出(尽管它承认这种情况是很少见的,并且它要求涉及一个明确的歧视类型,除了种族外没有其他原因可以解释),而在"罗杰斯诉洛奇案"(Rogers v. Lodge)(1982)中,联邦最高法院则认定,对于投票权主张的评价而言,此种影响是特别重要的。

投票权 1969年,联邦最高法院在审理"艾伦诉州选举委员会"(Allen v. State Board of Election)一案时裁定,选举制度尽管表面上没有歧视的形式,但仍可在宪法上认定违宪而排除其效力,此举开创了司法机构对少数民族投票权给予强化的司法考虑的先河,而这种情况在联邦最高法院以前是少见的。在联邦最高法院对艾伦案作出判决以后二十多年来,除1973年的"怀特诉雷吉斯特案"(White v. Register)和1980年的"莫比勒诉博尔登案"(Mobile v. Bolden)以外,很少有选举案件呈交到联邦最高法院,但地方法院和联邦巡回上诉法院在此期间却审理了近百件选举案件。这些案件大多发生在南方,主要是针对意在减弱美国黑人投票效果的选举制度。其中一种方式就是重新划分选区,以将少数民族分散在几个不同的选区;另一种常见的方式就是把少数群体选民放在一个多数人群体选区内。在上述两种方式中,只要多数群体作为一个群体进行投票(在像南部这样的地方,这种情况很常见),多数群体只要不对少数人群体的候选人投票就可以不让少数民族在政府有声音。否认名额地区化应有的权力,可以有效地将少数民族排除在选举程序之外。

在联邦最高法院对艾伦一案判决的指导下,地方法院和联邦巡回法院都否决了上述做法及类似的投票权稀释制度,认定这些做法违反了1965年的《投票权利法》。取而代之的是目的在于确保少数民族按照自己的意愿选举数量与其在所在地区总人口中所占比例基本相当的候选人机会的地区选举制度。在实践中,这种做法创设了所谓的少数民族多数选区(minority-majority district),在这里,地区界线的划分要特别考虑少数民族投票人应占该选区内登记选民总数的60%以上。其结果不亚于在南方政治生活中发生了一场革命,因为,数以百计的城市、乡村和其他不同类型的选区,都转化为少数民族多数选区,而在这种选举中看到的回报则是,成百上千的少数民族候选人担任了政府部门的职务。

但是,少数民族多数选举制度也有问题。在一个特定选区内找到足够的少数民族投票人以形成少数民族多数选区有时证明是困难的。除非少数民族居住得高度集中,否则上述制度就要求将距离很远的居民连接起来组成一个单独的选区。这样做的结果就会使选区划分在地图上看起来像蛇一样不规则地蜿蜒穿过许多地方,其目的就是连接足够的少数民族住民区以形成少数民族多数选区。

这些趋势与联邦最高法院有关。大法官们对具有种族自觉意识的司法救济措施过度扩张的适用并不满意。1986年,当联邦最高法院在"索恩伯格诉金格尔斯案"(Thornburg v. Gingles)的判决中设置一项新的解决投票权稀释问题的标准时,就曾暗示了这种不满,该标准要求:"少数民族群体……应当是较大的、所处地理位置相当紧凑的,并且足以构成一个单个代表选区所需的多数(478 U.S.50)"。如果达不到这种要求,联邦最高法院进一步解释到,"少数民族选不出其候选人就不能归咎于多种族成员选区这种选区形式"。如果种族问题并非选举失败的原因,那么,进行具有种族自觉意识的选区划分也明显不是一个妥当的救济。

联邦最高法院对具有种族自觉意识的选区划分问题所进行的重新审视在1993年的"肖诉雷诺案"(Shaw v. Reno)中达到巅峰。北卡罗来纳州于1990年进行了人口普查,此后,该州议会作出了重新划分选区的努力,肖案就是作为对它的回应而提起的。本案中,原告对少数民族多数选区划分的整体构架提出了质疑。在他们看来,少数民族多数选区划分实质上是无异于为党派利益而进行的选区重新划分。作为其主张的证明,他们呈示了一个新划定选区的形状图,该图蜿蜒穿越了北卡罗来纳州的北部中心地区,通过一条比州际高速公路宽不了多少的地带与一个少数民族聚居区相连。在代表五人所写的多数意见中,桑德拉·戴·奥康纳大法官也赞同这样的逻辑。奥康纳大法官写道:"北卡罗来纳州的计划与过去异乎寻常的为党的利益而改变选区划分是多么的相似,这真令人不安。"她注意到,被质疑的选区在形式上简直是太"怪诞"、"不规则"和"不同寻常"了,以至于它不能通过宪法的检阅。奥康纳大法官注意到,"议席重新分配是一个竞技场,在这里出现确实很重要"。"议席重新分配将一个地区的同种族、但在其他方面却因地理界限和政治界限远远分隔的、除了肤色以外并没有什么共同点的人纳入其中……会强化同种族人在投票时会想的一样、具有相同的政治利益、并会喜欢同一个候选人这样的直觉,而不管他们的年龄、教育背景、经济状况或他们居住的社区"(p.647)。这在宪法上是不能接受的。基于上述理由,联邦最高法院在肖案中的多数意见得出这样的结论:"把分散居住的少数群体集中起来划分为一个选区,而不考虑选区划分传统上遵循的简洁、相邻状况和政治亚派系原则",对此,应该给予细致调查的红牌警告,以确认种族问题是不是该区划分的唯一决定性因素。

尽管联邦最高法院没有对北卡罗来纳州奇怪的选区划分进行司法评价(只是将其发回地方法院,并要求其对此项特殊选区划分的事实进行进一步调查),但是,肖诉雷诺一案的确为投票权诉讼设置了一项全新而复杂的标准,这套新标准使少数民族多数选区制度更加难以为继。投票权的新标准是一种对审美视觉考虑和对种族关系和政治行动的现实进行细致调查的考虑同样重视的、种族中立的救济——至少在立法机构选区划分上是这样的。种族基础的选区划分——从其含义上来说,应当是所有形式的具有种族自觉意识的救济措施——作为一种对种族歧视及权力排除的适当回应,其便成为受到质疑的问题。后来,联邦最高法院在诸如"米勒诉约翰逊案"(Miller v. Johnson)(1995)、"合众国诉海斯案"(U.S. v. Hays)(1995)、"布什诉维拉案"(Bush v. Vera)(1996)和"雷诺诉波斯尔教区学校案"(Reno v. Bossier Parish School Board)(1997)之类的、针对少数民族多数选区划分的案件的裁定中,更强化了这种倾向。在这个进程中,近三十年的反对针对种族的剥夺投票权的诉讼,竟有可能被认为与宪法没有关系。

积极行动 后沃伦时期,最有争议的与种族相关的问题是积极行动(*Affirmative Action)计划的地位问题,该项计划被其批评者称为"逆向种族歧视"。这些计划的细节差异非常大,但都涉及少数民族成员的优惠待遇原则。反对者们认为,积极行动计划违反了道义上的需要,即在决策过程中不应将每个人所属的种族都考虑在内。相反,支持者们主张,由于在美国种族歧视已经持续了很长的历史,所以它对少数民族成员产生消极影响的时间也很长,优惠的对待之所以有必要,目的在于向他们提供对利益及特权的公平分享。

当给予少数民族优惠待遇的计划面临法律挑战之时,社会作为一个整体在这一问题上的分歧在联邦最高法院中也得到了反映。有些大法官一直投票反对所有对此提出的质疑,有些则始终投票要求取消优惠待遇计划,也有些人采取了中立态度。直到最近,在这个问题上,中立者们似乎把握住了这一问题的权力平衡点。在"加州大学校务委员诉巴基案"(*Regents of the University of California v. Bakke)(1978)中,联邦最高法院取消了一家医学院为少数民族群体地区保留的一定数量的名额。在"威甘特诉杰克逊教育理事会案"(Wygant v. Jackson Board of Education)(1986)中,联邦最高法院也认定,为确保教师行业有少数民族代表而对教师资历权所作的调整是违宪的。在同一时期,在"美国钢铁工人联合会诉韦伯案"(*United Steelworkers of American v. Weber)(1979)中,联邦最高法院却驳回了一项制定法对于私人积极行动计划提出的挑战;在"富利洛夫诉克卢茨尼克案"(*Fullilove v. Klutznick)(1980)中,联邦最高法院驳回了联邦公共工程方案中对少数民族参与权计划进行另立的合宪性问题提出的质疑;在"金属片工人国际协会第28地方分会诉公平就业机会委员会案"(*Local 28 of Sheet Metal Workers International Association v. Equal Employment Opportunity Commission)(1986)和"合众国诉帕拉蒂斯案"(United States v. Paradise)(1987)中,联邦最高法院驳回了对作为过去种族歧视的救济手段而由法院实施种族配额的合宪性所提出的质疑。

最近,联邦最高法院的人事变化改变了其反对优惠待遇计划的力量平衡。在"里士满市诉J. A.克罗森公司案"(*Richmond v. J. A. Croson Co.)(1989)中,联邦最高法院判定一城市采用少数民族的一项保留计划违宪,该计划实际上与在富利洛夫案中受支持的联邦计划是一样的。更为重要的是,克罗森案是第一个联邦最高法院大部分人都明确地表示对积极行动计划进行非常严格审查的案件。

但是,克罗森案没有为全部积极行动计划敲响丧钟。在"麦特罗广播公司诉联邦通信委员会案"(*Metro Broadcasting v. Federal Communications Commission)(1990)中,联邦最高法院驳回了针对联邦通信委员会的一系列规定提起的合宪性质疑。根据这些规定,联邦通信委员会在颁发许可证程序时,可以给予少数种族拥有的广播公司以优惠待遇。制定这些管理规定旨在从法律上要求通信委员会在广播行业中促进多样化节目播报,而且它们业已得到国会的明确批准。大多数法官认定,这些规定是宪法上允许的,因为,它们可服务于重要的政府目的,并与那些目的有众多的联系。

在克罗森案和麦特罗广播公司案以后,有关积极行动的争论中心从就业和政府合同转向了大学录取问题。在整个20世纪90年代,反对入学积极行动的人对联邦地方法院采取积极行动的正当性进行了猛烈的抨击。批评者认为,这种具有种族自觉意识的补救措施只不过是一种反向形式的歧视而已。因此,根据宪法第十四修正案的规定,他们提出了质疑,并要求联邦地方法院对所有这些类似措施重新进行严格的审查。结果是很复杂的,1996年,第五巡回上诉法院对"霍普伍德诉得克萨斯州案"(Hopwood v. Texas)进行了审理,认为得克萨斯大学法学院在学院录取程序中适用基于种族的考虑违反了平等保护条款的规定;但是,在对"史密斯诉华盛顿大学法学院案"(Smith v. University of Washington Law School)(2000)和"格鲁特诉博林杰案"(*Grutter v. Bollinger)(2002)的审理中,第九巡回上诉法院和第六巡回上诉法院却分别认为密歇根大学录取政策是宪法允许的。

2003年,联邦最高法院开始着手处理这些问题,重新审查了第六巡回上诉法院在"克鲁特诉博林杰案"(Crutter v. Bollinger)及其相伴的案件"格拉茨诉博林杰案"(*Gratz v. Bollinger)——该案对密歇根大学本科院系的优惠录取政策提出了质疑——作出的裁定。在此,联邦最高法院的分歧与其下属法院一样很大。在克鲁特案里,联邦最高法院认为:"平等保护条款并不禁止学校严格界定的考虑种族的录取决定的运用,以便促进从不同办学实体获得教育利益这样一种强制性的利益。"(p. 443)但对于格拉茨案,联邦最高法院则认为,由于该大学在"现行新生录取政策中对种族的运用并没有被严格地界定,以实现相应的种族多样化的目的"(学校自动为每个少数民族申请者录取时奖励了20分),这样的政策违反了平等保护条款的规定。

上述类似案件出现了不同的判决,反映了联邦最高法院在处理此类问题时的不确定性。一方面,大法官们承认政府应保持社会的种族平衡,甚至可以采取相应的补救措施;另一方面,他们又深深担心具有种族自觉意识的行动对个人权利和平等保护可能带来的负面影响。所以,联邦最高法院作出的回应只能是根据一个个案件的具体情况分别作出裁定,大法官们对积极行动的基本原则提出了质疑,但又允许优惠的录取政策在范围和影响都有严格限定的情况下使用。

结论 在种族关系问题上,评价联邦最高法院在美国的所有影响是相当困难的。但是,有一点是很清楚的,在许多方面,联邦最高法院对种族关系问题处理方式的演化反映了作为一个整体的美国社会的发展。总的来说,21世纪的白人几乎肯定比1850年甚至1950年前的白人更加仁慈地对待少数种族。然而,与此同时,大多数美国白人为改善少数民族的状况而愿意付出的努力是有限的,这一点在当代的判例中亦有所反映。

州与联邦关系的观念变化对法院的判决也产生强烈的影响。从克鲁克香克案到卡曾巴赫诉麦克伦案再到麦特罗广播公司案及以后案件的变化,不仅仅是美国社会对种族问题态度演化的函数,也反映了美国社会中大部分人已经看到,是联邦政府而不是州政府更适于解决这些社会问题。

总而言之,联邦最高法院对种族关系问题的解决为法院与社会整体之间的互动提供了一个良好的例证。法院所能采取的行动的范围将取决于它在其中运行的整体社会政治文化。对这些行动的选择将受制于各种各样的因素,并不仅由判案法官的特殊喜好来定夺。这些因素决定了法院潜在的处理诸如种族关系之类的重要社会问题的可能性及其应受的限制。

参考文献 Derrick A. Bell, Jr., *Race, Racism and American Law*(1980); Harold M. Hyman and William M. Wiecek, *Equal Justice under Law: Constitutional Development 1835-1875*(1982); Richard Kluger, *Simple Justice: The History of Brown v. Board of Education and Black America's Struggle for Equality*(1975); Charles A. Lofgren, *The Plessy Case: A Legal-Historical Interpretation*(1987); J. Harvie Wilkinson, *From Brown to Bakke: The Supreme Court and School Integration: 1954-1978*(1979). Tinsley E. Yarbrough, *Race and Redistricting: The Shaw-Cromartie Case*(2002).

[Earl M. Maltz 撰;Charles L. Zelden 修订;龚柳青、潘林伟译;常传领、邵海校]

种族歧视与死刑[Race Discrimination and the Death Penalty]①

直到对"麦克莱斯基诉肯普案"(McCleskey v. Kemp)(1987)作出判决之时,联邦最高法院才直接就"死刑是以带有种族歧视的形态实施的"这一宪法性主张发表意见。但是,大法官意识到这一问题已经有几十年了。事实上,从20世纪30年代以来,联邦最高法院在刑事案件中确立的许多程序性保护措施,都是在涉及南方非裔美国人为被告的死刑案件时宣布的。而且一些早期的经验性研究也显示有这种种族歧视形态,特别是在南方各州。但是,联邦

---

① 另请参见 Race and Racism。

最高法院却表现出一贯不愿直接面对种族问题的态度。从1962年到1986年间的许多死刑案件中,联邦最高法院要么拒绝签发调卷令(*certiorari)以拒绝种族歧视案件的诉讼请求,要么靠其他依据来解决该类诉讼案件。

对这一问题的采取不同立场的、值得注意的一个著名的案例是"马克斯韦尔诉毕晓普案"(Maxwell v. Bishop)(1970)。马克斯韦尔是一名黑人男性,因强奸一名白人妇女而被阿肯色州的陪审团宣判了死刑,但强奸行为并非是致命的。马克斯韦尔的律师依据其统计数据,主张马克斯韦尔的死刑判决是由于种族歧视的模式决定的,这引起了人们的关注。最初提供的数据表明,在全国范围内,自1930年至1962年间,由于强奸罪而被执行死刑的被告89%都是黑人。

同时,马克斯韦尔的律师也提供了一项有关判刑模式的详细经验性研究成果,它是由全国有色人种协进会(NAACP)法律辩护基金(LDF)委托进行的。该研究成果表明,自1945年至1965年间,在阿肯色州,因强奸白人妇女而犯罪的黑人男性被判处死刑的比率是50%,但是,在涉及种族内强奸被判死刑的比率只有14%。马克斯韦尔的律师进一步证明,这一差别不能用非种族因素来解释,如所涉及的暴力程度或者被告以前的犯罪记录。尽管有这些证据,第八巡回上诉法院仍然判定,根据平等保护原则,马克斯韦尔案的统计证据不能充分证明法院宣告他死刑的判决无效。联邦最高法院对该案进行了重审,最终以另一宪法依据认定第八巡回法院作出的判决无效,但是联邦最高法院强调拒绝对马克斯韦尔以其统计证据为基础提出的平等保护的请求进行审查。

在审理马克斯韦尔诉毕晓普案的两年后,在一项重大的死刑案件即"弗曼诉佐治亚州案"(*Furman v. Georgia)(1972)中,联邦最高法院再次面临有关种族歧视的诉讼。联邦最高法院以5对4的投票表决结果作出判决,认定在佐治亚州和其他许多州陪审团被允许判处死刑的案件中,其依据的实质上是毫无标准的程序,该程序违反了联邦宪法第八修正案(the *Eighth Amendment)的残忍和非正常刑罚条款(*Cruel and Unusual Punishments Clause)。联邦最高法院简单的观点并没有直接提到弗曼和另一共犯案件上诉人提出的种族歧视,那些上诉人都是非裔美国人。但是,在独立意见书中,3位持赞同观点的大法官与1位持反对观点的大法官表达了各自的意见,认为陪审团通过审查作出死刑判决的做法导致了种族歧视的潜在危险。瑟古德·马歇尔(Thurgood *Marshall)大法官持赞同观点,这引起了对种族歧视性死刑判决问题的广泛注意。他引用了先前"马克斯韦尔诉毕晓普案"提出的涉及强奸案相同的全国统计数据并进行了重新审查,该数据表

明,虽然非裔美国人仅占美国人口的10%,但是,自1930年至1968年,被定为谋杀罪的3334人中,49%是非裔美国人。

虽然弗曼案宣告了在1972年运行的所有死刑审判体制无效,但是,它却意味着死刑判决并非都是绝对违宪的,只要它们是以公正的方式作出的。为了响应这一判决,超过30个州的立法机构都修改了法律,通过制定新的审判标准来适应弗曼案的判决——包括那些用于陪审团参考的加重与减轻罪行的情节列表——其目的是限制陪审团行使自由裁量权。1976年,联邦最高法院肯定了所有新死刑审判体制的合宪性,除了为某些法定犯罪而作出的强制性死刑宣判。

但是,仍允许检察官与陪审团行使大量自由裁量权的新体制是否也会以一种种族歧视的模式审理,这个问题仍然存在。在后来的10年间,超过24项主要是针对南方管辖区的经验性研究,验证了谋杀案中的种族歧视的假设(1977年,联邦最高法院已经禁止对强奸罪适用死刑)。这些研究表明了同被告种族歧视有关的混合性、一般非结论性的结果。但是,绝大部分都表明了谋杀白人的被告比谋杀黑人的被告更有可能被判处死刑。

这些研究中的一项规模最大的研究是20世纪80年代早期由全国有色人种协进会法律辩护基金委托进行的。由戴维·鲍尔达斯(David Baldus)、乔治·伍兹沃斯(George Woodworth)和小查尔斯·普拉斯基(Charles Pulaski, Jr.)指导作出的这项研究成果分析了自1973年至1979年间,佐治亚州2484件被起诉和判刑的谋杀案中判决结果与种族特征之间的关系。以下源于法院形容为"鲍尔达斯研究(Baldus study)"的列表说明了死刑判决与被告/受害人种族特征密切相关:

黑人被告/白人受害人: 21%　　(50/233)
白人被告/白人受害人: 8%　　(58/748)
黑人被告/黑人受害人: 1%　　(18/1443)
白人被告/黑人受害人: 3%　　(2/60)

这些数据表明,存在强烈的基于受害人种族的歧视,而且,对白人犯罪的黑人被告受到了更为严重的惩罚。该研究进一步对这些数据进行广泛而多元的统计分析,整理出法律案件的特点,比如受害人的数量、强奸或抢劫犯罪同时期的罪刑以及被告以前的犯罪记录,然后试图作出种族歧视的评估。

这些结果并没有提供针对黑人被告的、系统及州范围内的种族歧视证据。但是,它们的确表明如果谋杀案中的受害人是白人,那么就会出现判处死刑的被告的平均差距将高出4.3倍,而在情节严重程度处于中间水平的案件中,基于受害人种族而出现的差别最为明显,情节处中间水平是指,那些情节既不是极为严重而只能判处死刑,也不是情节如此轻微而只能判徒刑的案件。这些"中间范围"的案

件给予了检察官与陪审团最大程度的自由裁量权,是所有在研究中列出的受害人种族影响的主要来源。最后,该研究表明在审判中所观察到的歧视主要来自于检察官的控诉而不是陪审团的裁决。

法律辩护基金对佐治亚州的研究为"麦克莱斯基诉肯普案"(*McCleskey v. Kemp)(1987)———项1982年开始的联邦人身保护状诉讼程序——提供了基础。麦克莱斯基是一名由于在亚特兰大杀死一名白人警官而被判处死刑的黑人男性。在该案中,法律辩护基金的律师们认为,佐治亚州的死刑研究证明了有目的、故意的种族歧视审判模式的存在,麦克莱斯基的判决结果因此违反了联邦宪法第十四修正案(the*Fourteenth Amendment)的平等保护条款。同时,麦克莱斯基的律师们主张,佐治亚州的研究充分证明佐治亚州死刑法律的实施中存在任意与武断,正如与弗曼案中的解释一样,违反了联邦宪法第八修正案对残忍和非正常刑罚的禁止性规定。

联邦最高法院以5对4的投票表决结果否定了这两项宪法性主张。由刘易斯·鲍威尔(Lewis *Powell)大法官代表大多数大法官作出的判决意见声称,因为鲍尔达斯的研究并没有证实"在案件中裁决者的行为带有种族歧视的目的",并没有产生违反平等保护的情况(p.292)。根据联邦宪法第十四修正案作出的这一判决令人出乎意料的是,在死刑案件中对故意的种族歧视要求平等保护的主张比在普通陪审团的歧视和就业歧视(*employment discrimination)的案件中需要承担更多的举证责任。

为了回应麦克莱斯基案有关联邦宪法第八修正案的武断主张,联邦最高法院大多数大法官承认,死刑案件中种族歧视判决模式如果得到证明将会构成对宪法的违反。但是,鲍威尔大法官的意见否决了麦克莱斯基的主张,认为根据他所提供的统计证据不能说明种族因素造成了实际上影响了佐治亚州的死刑审判程序的"宪法意义上的巨大危险"(p.313)。

在麦克莱斯基案中,联邦最高法院的判决似乎终结了在可见的未来通过统计数据而挑战死刑的实施。相应地,在20世纪90年代早期,死刑执行中的独断与歧视问题的研究人员和诉讼当事人也已经把他们的注意力转移到以非定量化方式来证明基于受害人种族和被告人种族的歧视的潜在根源上。

麦克莱斯基案的另一个结果是民权的提倡者提出立法程序的努力。正如鲍威尔大法官自己在他的判决意见中所提出的那样,国会正在努力通过联邦法律来规范州的死刑审判程序。两项提案即"种族公平法(Racial Justice Act)"与"死刑审判公平法(Fairness in Death Sentence)"试图给被宣告有罪的罪犯一项联邦权利,它类似于第七编(可能指美国法典——译者)雇佣背景下的有关权利,以此挑战基于被告或受害人种族而作出死刑判决的"种族歧视模式的推进"。而且,这些法律议案还将给罪犯一种权利,即可用普通的统计证据方法来支持这样的挑战,而无需证明"任何有关个人或者机构存在歧视动机、意图或者目的"。该法一旦制定,将提供对死刑实施进行考虑的一种合适的方法。通过联邦立法来解决,允许对采用的方法和程序进行综合的评价,相对于法院必然会采用的逐案、逐问题的解决方式而言,显然还有另外的优越之处。

参考文献 David C. Baldus, George Woodworth, and Charles A. Pulaski, Jr., *Equal Justice and the Death Penalty: Legal and Empirical Analysis* (1990); General Accounting Office, *Death Penalty Semtencing: Research Indicates Patterns of Racial Disparities GGD-* 90-57 (1990); Samuel R. Gross and Robert Mauro, *Death and Discrimination: Racial Disparities in Capital Sentencing* (1989); Barry Nakell and Kenneth A. Hardy, *The Arbitrariness of the Death Penalty* (1987).

[David C. Baldus, Charles A. Pulaski, Jr., George Woodworth 撰;龚柳青译;常传领校]

铁路[Railroads]

参见 Commerce Power;Interstate Commerce Comnision。

法官的排名[Ranking of the Justices]

在过去的半个世纪里,许多独立学者与一个学术专家组试图对曾位于联邦最高法院这些处于全国最高司法宝座上的大法官的司法成就作出评价。尽管缺少特定以及可接受的评价标准,但是,一些相同意见还是提出了少数堪称"伟大"的大法官。本文将总结目前所公布的评估结果,并对他们的调查结果作出了推测性的结论。

1938年,著名的哈佛法学教授罗斯科·庞德(Roscoe Pound)提出了他个人所列的在美国司法历史上排名一流的10位法官的名单。庞德的名单涵盖了联邦及州法官,包括4位曾在联邦最高法院任职的男性法官:约翰·马歇尔(John*Marshall)、约瑟夫·斯托里(Joseph*Story)、奥利弗·温德尔·霍姆斯(Oliver Wendell*Holmes)和本杰明·内森·卡多佐(Benjamin Nathan*Cardozo)。

二十多年后,当时担任威斯康星州最高法院首席大法官的乔治·R.柯里(George R. Currie)以棒球比赛中的隐喻说法"空前的、全明星的美国联邦最高法院"为标题进行了筛选。同庞德相比,柯里在1964年删除了卡多佐,同意保留马歇尔、斯托里和霍姆斯,另加上6位法官的名字:威廉·约翰逊(william*Johnson)、罗杰·B.托尼(Roger Brooke *Taney)、塞缪尔·F.米勒、詹姆斯·布拉德利·塞耶(James *Bradley Thayer)、路易斯·D. 布兰代斯(Louis D. *Brandeis)和查尔斯·埃文斯·休斯(Charles E. *Hughes)。

下面一些对大法官的排名则是第一次体现了多个人意见的。基于65位学术专家的投票,由法学教授埃伯特·布劳斯坦(Albert Blaustein)和罗伊·默斯基(Roy Mersky)在1972年列出的名单中,在庞德所列出的4位法官之后,又加入了8位法官的名字:胡果·拉斐特·布莱克(Hugo Lafayette *Black)、布兰代斯、费利克斯·法兰克福特(Felix *Frankfurter)、约翰·哈伦 I (John *Harlan I)、休斯、哈伦·菲斯科·斯通(Harlan F. *Stone)、托尼和厄尔·沃伦(Earl *Warren)。尽管说明了该研究只作为学术上的游戏而非权威性的研究,但布劳斯坦(Blaustein)与默斯基(Mersky)的名单仍然频繁地成为博士论文与学术期刊论文争论的主题。

近来,更进一步的研究是由布劳斯坦和默斯基的名单激发的由吉姆·汉布勒顿(Jim Hambleton)于1983年所作的概括。汉布尔顿对布劳斯坦和默斯基的名单作了压缩,只选择了9位法官,删除了法兰克福特、哈伦和斯托里。

即使由布劳斯坦和默斯基所作出的名单考虑了65位学术专家的投票意见,这些研究也仅只反映了少数法院观察家的意见。尽管有某种程度的明显的共识,但是,对大法官排名的信任听到少数的反对声音就会消除。此外,出版的研究成果缺少方法论与标准应用的统一性。当然,任何对司法成绩作出的评价都是主观的,取决于个人的价值偏好。即使是采用了现代投票技术对学者、律师和记者作了广泛的调查,也仅仅只是为本质上仍然是个人意见的东西披上了一层具有"科学"可信度的外饰而已。

在我们所概括的评价中,任何调查中存在的一些固有偏见都有体现。最重要的是评价者的学术取向。法学教授尊重才华、学历和学者的写作风格——这些特点很明显地体现在被推举出来的所有优秀法官身上。时间的偏见也很明显,比如大多数优秀法官都是在20世纪担任职务的法官。最后,不容置疑的是,评价也表现有自由主义的倾向。后一点可以通过哈伦的例子作最好的说明,以在"普勒西诉弗格森案"(*Plessy v. Ferguson)(1896)和"民权系列案"(*Civil Rights Cases)(1883)中持反对意见而闻名的哈伦,被排在第二个哈伦法官约翰·哈伦之前,但后者明显是一位更出色的法官。

还有另一种方法可以用于大法官的排名,这种方法曾被认为在评价他们的影响力方面比其他方法更"客观",这就是计算与联邦最高法院各位大法官有关的著作和文章的数量。2000年,罗伊·梅斯基(Roy Mersky)首次应用了这种排名方法,得到的结果就是《优秀的108位大法官》(The First 108 Justicse)。这种引用率计算方法需要系统地研究期刊

索引、人物生平、在线目录,以对有关某一特定大法官的论文和书籍的数量进行跟踪统计。结果表明,霍姆斯、布兰代斯、马歇尔和布伦南是各种书籍和文章中被提及最多的4位大法官。这样的研究能否准确地反映大法官的能力和伟大,还有争议,但它确实提供了一种可以测算的对大法官进行排名的方法,也为公众对大法官生平的兴趣提供了一个很好的指示器。

参考文献 Albert P. Blaustein and Roy Martin Mersky, *The First One Hundred Justices*: *Statistical Studies on the Supreme Court of the United States* (1978). Roy Martin Mersky and William D. Bader, *The First 108 Justices* (2004).

[Roy M. Mersky 和 Gary R. Hartman 撰;龚柳青、潘林伟译;常传领、邵海校]

罗伯特·A. 维克特拉诉圣保罗市案[R. A. V. v. City of St. Paul, 505 U. S. 377(1992)]

1991年12月4日辩论,1992年6月以9比0的投票结果作出判决;斯卡利亚大法官代表联邦最高法院作出判决意见。20世纪80年代后期到90年代初,在一系列焚烧十字架和类似行为竞相发生的过程中,仇视性言论(*hate speech)问题逐渐成为一个重要的问题。作为回应,一半以上的州和联邦政府都制定了有关仇视性犯罪方面的制定法,其中有16个与焚烧十字架有关。明尼苏达州圣保罗市在1989年也采取了这样的措施,这就是《反偏见驱动之犯罪条例》(Bias-Motivated Crime Ordinance),该条例除其他内容外,规定,"任何人基于种族、肤色、信仰、宗教或性别等原因而在公共或私人财产上设置人们知道或有充分理由知道会引起愤怒、警觉或不满的符号、物体、称呼、特征化标志或涂鸦的,包括正在焚烧的十字架或纳粹标志等,均构成轻罪"。

1990年6月21日凌晨,17岁的罗伯特·A. 维克特拉,18岁的奥瑟·米勒和其他几个十多岁的孩子,涉嫌在一家地处其所在房屋街对面的黑人居民住宅的后院焚烧了一个十字架。维克特拉的辩护律师在初审法院成功地提出了使该案驳回的动议,其理由是,圣保罗市的条例过于宽泛,并且不能容忍地基于内容对受宪法第一修正案所保障的言论自由设置了限制,因而是不合宪的。但是,明尼苏达州最高法院则推翻了初审法官的判决,认定圣保罗市的规定使圣保罗市的安全和秩序免受基于偏见的犯罪的威胁,这一措施是实现强制性政府利益的适当方式。

高等法院的判决很少会形成如此一致的反对意见。斯卡利亚大法官在判决中严厉地谴责了圣保罗市的条例,尽管在并存意见中某些大法官以不同的尖锐语气降低了斯卡利亚宣告的判决的影响。斯卡利亚大法官认为,由于该条例试图基于言论的内容

来禁止言论自由,所以它完全违背了宪法第一修正案。他特别指出,圣保罗市的条例选择对某一种族、性别或宗教来说难以容忍的单纯的言论而进行限制。尽管这些言论可能是攻击性的,但该城市在惩罚这种言论时所采取的行动有效但不适当地阻止了一种言论表达的特定形式。人们基于其参加的政治联盟、成员资格或同种性别等原因表达敌意的言论也是可能的,但这些却没有包含在该条例中。

首席大法官威廉·H. 伦奎斯特(*Rehnquist)和大法官安东尼·M. 肯尼迪、戴维·苏特、克劳伦斯·托马斯都同意联邦最高法院的判决,但基于不同的理由。对于这四位大法官来说,圣保罗市的条例之所以无效,是因为它过于"宽泛",这意味着可以用它来限制在其他情况下会受宪法保护的言论或表达。

联邦最高法院的其他大法官们都同意斯卡利亚的意见,只是不同意他得出这一结论所依据的理论基础。以拜伦·怀特(*Byron White)为首的其他3位大法官,则试图为反仇视性犯罪措施找到一种支撑其合宪性的方法。正如作为明尼苏达州居民的哈利·布莱克蒙所言,"我并不认为宪法第一修正案所追求的价值,会因规定禁止那些小流氓在别人的后院焚烧十字架并驱赶少数民族成员的法律而受到牵制,但我认为,禁止圣保罗的市民对造成该社区如此偏见的、基于种族的'挑衅性言语'给予特别的惩罚,会带来更大的伤害"(p.416)。布莱克蒙大法官借助了"卓别林斯基诉新罕布什尔州案"(*Chaplinsky v. New Hampshire)(1942)判决提出的"挑衅性言语"概念——该案中大法官们认定,与猥亵和诽谤性言论一样,特定的言论不属于第一修正案中言论自由保护的范围。斯卡利亚大法官也意识到"挑衅性言语"除外的重要性,但他认为,本案中不适用这些规定。这是怀特及其支持者强烈争执的问题。尽管他们不认同判决的理由,但他们一致相信,圣保罗市的条例是宪法上所不能接受的。

本案的判决使人们对其他各州和地方有关仇视性言论的法律以及公立大学的言论规范的合宪性都产生了怀疑,其最引人注目的结果是立法机构以"内容中立"的方法重新制定相关条例的做法在不断增加。可见,罗伯特·A. 维克特拉案的影响是,它放慢了对立法机构有关仇视性言论所设限制的运用步伐,但它并没有完全终止其运用。

[Kermit L. Hall 撰;潘林伟译;邵海校]

罗尔斯,约翰[Rawls, John]

(1921年2月21日出生于马里兰州的巴尔的摩)道德哲学家、院士。约翰·罗尔斯是当代最有影响力的道德哲学家之一。他在普林斯顿大学接受教育,主要在康奈尔大学及哈佛大学任教,任教超过25年。

罗尔斯因1971年《正义论》(A Theory of Justice)而闻名于世,这本书反对公平是为最大多数人创造最多利益工具的实用主义主张。罗尔斯认为,正义存在于那些公平地对待个人的行为中。他提出以自由和理性的人在平等的最初起点上能够接受的规则作为正义原则。此种假设条件下,达成协议的情况是人们既不知道每个人在社会结构中处于何种地位,也不知道他全部的才能或心理倾向会是什么。因此,个人在"无知的面纱"(veil of ignorance)下进行思考,决定他们的权利和义务。罗尔斯总结道,在这样一种未必发生的情况下,人们会出于个人利益,选择一种保护最不富裕阶层的社会结构。

虽然罗尔斯的学说从未被联邦最高法院明确评论过,但是,他对宪法的学术研究作出了贡献,促进了与积极行动计划、选举经费开支改革和大众媒体参与相一致的宪法观点的发展。而且,罗尔斯证明了这样一个观点,即通过司法审查,宪法应会体现在社会公正、良好的人际关系及人格尊严方面的全国性追求。

[Stanley Ingber 撰;龚柳青译;常传领校]

里德,约翰·梅雷迪恩[Read, John Meredith]①

(1797年7月21日生于费城,卒于1874年11月29日)未被确认的联邦最高法院被提名者。1812年,里德毕业于宾夕法尼亚大学,于1818年9月9日成为律师。从1837年到1841年,他作为美国律师服务于宾夕法尼亚州东部地区。1845年2月7日,约翰·泰勒(John *Tyler)总统任命里德到联邦最高法院填补第三巡回法院的空缺。里德的提名是在爱德华·金(Edward *King)的提名被撤回之后提出的。这两次提名都没有获得辉格党和民主党的支持,在第二十八届国会中最后没有被通过。

1846年,里德被指定为宾夕法尼亚州的司法部长,但不久他又重新开始私人执业。在19世纪50年代中期,里德成为一名积极的新共和党成员。1858年,由于该党在宾夕法尼亚州的胜利,里德被选入宾夕法尼亚州最高法院任职,在那里他工作了15年,在1872年成为该州法院的首席大法官。在南北战争时,他是那个法院坚持联邦法律的微弱多数中的一个,他主张全国范围内的征兵和法定货币法(*legal tender)合宪性的观点得到了广泛地流传。

[Elizabeth B. Monroe 撰;龚柳青译;常传领校]

---

① 另请参见 Nominees, Rejection of。

里根,罗纳德[Reagan, Ronald]①

[1911年2月6日生于伊利诺伊州的坦皮科,2004年6月3日卒于洛杉矶,葬于加利福尼亚州西米谷市(Simi Valley)的罗纳德·里根总统图书馆] 1967至1974年,任加利福尼亚州州长,1981至1989年,任美国总统。1981年1月,罗纳德里根宣誓就任第四十届美国总统,1984年11月连任。自从艾森豪威尔以来,他是第一位任满两届的总统。在他的任期内,里根促进了保守派与自由派的联合,后者致力于推进他们称之为里根改革(Reagan Revolution)的重建美国政治、法律及经济的尝试。这一努力的核心是里根常常重复的削弱政府对美国人生活影响的追求。

当里根当上美国总统之后,他承诺对许多领域进行改革。其中一项重要的改革是从整体上改变联邦法院的导向,尤其是联邦最高法院的导向。在里根看来,由受自由主义激励的首席大法官厄尔·沃伦(Earl *Warren)领导的联邦最高法院的法官,已经不仅作出判决,而且开始造法活动。里根承诺让政府不再介入私人活动的部分包括让法院回到其应该处于的适当且受限制的合宪性位置上来。

达到最终目的办法在于总统的提名权,以及通过和利用参议院的建议与同意任命联邦法官。里根相当重视这项权力,他开始只任命那些同意他的司法限制理论的人员为联邦法院法官(参见 Selection of Justices)。到里根第二次任期届满的时候,他已经在很大程度上达到了改造法院的目的。

在里根总统二届任期内,他任命了《宪法》第3条(*Article Ⅲ)规定的联邦法院736名法官中的372名。这包括了地区法院的290名法官、上诉法院(*courts of appeals)的78名法官以及联邦最高法院的4名法官。在其任期的最后,346名法官——占联邦审判员人数的47%以上——仍积极的服务于任上。

里根试图通过任命权来改革联邦司法制度引起的强烈的政治反响。司法部开始对里根关于法院问题的批评加以重视。在第一任司法部长威廉·弗伦奇·史密斯(William French Smith)领导下,特别是在史密斯之后的第二任埃德温·米斯Ⅲ(Edwin MeeseⅢ)的后期,司法部以前所未有的认真态度着手进行挑选法官的工作。新成立的司法政策办公室(Office of Legal Policy)以极大的注意力寻找着潜在的被提名者,试图实现总统任命本质上支持其观点的法官和扩大司法权力的希望。

在里根任期期间,法官的遴选工作开始得更为热火朝天。在各级别的特别被提名者问题上存在着争论,最主要的考虑是联邦最高法院。当1982年波特·斯图尔特(Potter *Stewart)大法官退休时,政治上精明的里根通过提名一位来自亚利桑那州不出名的州法官桑德拉·戴·奥康纳(Sandra Day *O'Connor)回避了实质性的争论,使她成为在联邦最高法院任职的首位女性。

1985年,在首席大法官沃伦·伯格(Warren *Burger)宣布退休之后,联邦最高法院的政治改革道路变得艰难。里根提名当时联邦最高法院最为坦率的保守派威廉·伦奎斯特(William H. *Rehnquist)大法官引起许多政治上的反对。有讽刺意味的是,时任美国上诉法院哥伦比亚特区巡回法院法官、更为保守的安东尼·斯卡利亚(Antonin *Scalia),取代伦奎斯特的提名被指定为大法官,在参议院获得压倒性的多数票通过。许多因素造就一个事实,那就是他是首位在高等法院任职的意裔美国人。

由于3位被提名者都有了合适的位置,不可避免地会产生更为炙手可热的其他空缺。1987年,中立派刘易斯·鲍威尔(Lewis *Powell)大法官辞职,里根提名罗伯特·H.博克(Robert H. *Bork)法官担任这个职务。博克是当时联邦法院最著名的保守派法官。尽管他的公职既是联邦法院法官又是美国的政府首席律师(*Solicitor General),他有耶鲁法学院教授这个最著名职业以及在私人执业期间的经验,然而,在一次失败的确认听讼之后,他被断然否决了提名。

里根提名的下一位是道格拉斯·金斯伯格(Douglas *Ginsburg)法官,由于他身为哈佛法学教授吸食大麻被披露而撤回了提名,最后里根让时任于第九巡回上诉法院的安东尼·肯尼迪(Anthony *Kennedy)法官替代了小鲍威尔。在肯尼迪法官的第二任期末,里根实际上已经成功地转变了联邦最高法院的方向。虽然这种转变没被说成是总统的期望,但对里根安排法官却存在着分歧。

里根是继富兰克林·D.罗斯福(Franklin D. *Roosevelt)之后对联邦最高法院——无论在法院行动方面,还是其在更广阔的政治环境中的定位方面——有着最深刻影响的总统。美国法律的轮廓发生了改变,这不仅是因为他对联邦最高法院大法官的任命,而且也因为他对低级别法院法官的任命。案件的种类及联邦最高法院审理上诉案件的判决意见同样体现了与里根就宪法下的司法权力观点形成共识的大法官的观点。像罗斯福总统半个世纪前那样,里根总统也鲜明地展示:一位总统最能影响后世的遗产是他为联邦法院任命的法官。

参考文献 Robert H. Bork, *The Tempting of America*; *The Political Seduction of the Law* (1989); Terry Eastland, *Taking the Presidency Seriously* (1991).

[Gary L. McDowell 撰;龚柳青译;常传领校]

---

① 另请参见 Judicial Activism;Judicial Selfrestraint;Nominations, Controversial。

议席重新分配系列案 [Reapportionment Cases]①

1963年11月13日辩论,1964年6月15日作出判决的6个案件的总称。它们包括:亚拉巴马州——"雷诺兹诉西姆斯案"[Reynold v. Sims, 377 U.S. 533(1964)],以8比1的表决结果作出判决,其中,沃伦代表联邦最高法院起草判决意见,哈伦反对;纽约州——"WMCA诉罗蒙佐案"[WMCA v. Lomenzo, 377 U.S. 633(1964)],以6比3的表决结果作出判决,其中,克拉克、斯图尔特和哈伦反对;马里兰州——"马里兰州公平代表委员会诉塔维斯案"[Maryland committee for Fair Representation v. Taws, 377 U.S. 656(1964)],以7比2的表决结果作出判决,其中,克拉克持并存意见,哈伦反对,斯图尔特拒绝表示赞同或反对,但还是撤销了法院的判决;弗吉尼亚州——"戴维斯诉曼案"[Davis v. Mann, 377 U.S. 656(1964)],以8比1的表决结果作出判决,其中,沃伦代表联邦最高法院起草判决意见,克拉克和斯图尔特持并存意见,哈伦反对;特拉华州——"罗曼诉辛科克案"[Roman v. Sincock, 377 U.S. 695(1964)],以8比1的表决结果作出判决,其中,沃伦代表联邦最高法院提出判决文书,克拉克和斯图尔特持并存意见,哈伦反对;科罗拉多州——"卢卡斯诉第四十四届科罗拉多国民大会案"[Lucas v. Forty-Fourth General Assembly of Colorado, 377 U.S 713(1964)],以6比3的表决结果作出判决,其中,沃伦代表联邦最高法院起草判决意见,哈伦、克拉克和斯图尔特反对。

这些案例有效地表明了每个州立法机关的违宪分配议席情况。"贝克诉卡尔案"[*Baker v. Carr](1962)促进了这一情况的发展,该案为联邦法院审理那些挑战州立法机关由于不能提供平等的立法选区而剥夺了公民法律平等保护(*equal protection)的案件开启了方便之门。在1963年的早些时候,在"威斯伯里诉桑德斯案"(*Wesberry v. Sanders)(1964)中,联邦最高法院已经把人口均等(population equality)的要求(比如,选区必须切实、可行的近乎平等)扩大到众议院席位的选举选区;该判决是以《宪法》第1条第2款的法律条文解释为基础的。

首席大法官厄尔·沃伦(Earl *Warren)在与卢卡斯案共同作为指导性案件的"雷诺兹诉西姆斯案"(*Reynold v. Sims)中,再次强调了"一人一票"的原则,该原则是在1年前"格雷诉桑德斯案"(*Gray v. Sanders)(1963)中废除佐治亚州的州长选举名额分配体制时宣告的。"立法者代表着人民",沃伦写道,"立法者代表选民,而不代表树或者土地;他们是选民选出的,而不是农场或城市或经济利益选出的"(p. 562)。联邦最高法院同样也拒绝了"类推联邦(federal analogy)的意见,该意见认为

州可以像国会一样仅在一个院以人口为基础分配议席。通过这一主张法院再三表明,"平等保护条款要求实行两院制的各州两院都必须以人口为基础进行分配议席"。每个州的立法机关选区应"切实可行,人口近乎相等",以最近十年的人口普查为基础(p. 577)。但是,联邦最高法院注意到,"稍微更灵活的方法在……州的立法机关议席分配这一问题上比起联邦可能更会得到宪法许可"(p. 578)。

针对约翰·M.哈伦(John M. *Harlan)法官的不满及费利克斯·法兰克福特(Felix *Frankfurter)法官早些时候的警告,沃伦认为:"我们被警告进入了政治丛林及数学沼泽的危险。对此我们的回答是:对受保护的宪法权利的否定需要司法保护"(p. 567)。

在"卢卡斯诉第四十四届科罗拉多国民大会案"中,联邦最高法院认定科罗拉多州通过主动程序把议席分配计划写入州宪法之中的事实没有能免受联邦宪法的挑战,除此之外,对审查有关各州的事实,其他案件采用了雷诺兹案的判决原则。

汤姆·克拉克(Tom *Clark)法官与波特·斯图尔特(Potter *Stewart)法官在雷诺兹案中持并存意见,在卢卡斯案中持反对意见。他们反对雷诺兹案要求的数学上精确,以及扩大两院制立法机关参众两院人口均等的要件。在卢卡斯案中,斯图尔特写道,"如此苛刻的法院要求……在宪法、任何法院的先例或者我们联邦175年的政治历史中都找不到依据"(p. 746)。克拉克只要求立法机关避免"不公平的歧视"(invidious discrimination)。只要国会以人口为基础,他将允许其他议院"基于理性,为了给州内各种成分提供某种代表以至于要考虑其他因素"而产生的一些背离现象(p. 588)。

哈伦对这些案件都持反对意见,主张他所描述的应称为"将州政治体制的基本特征置于广泛的联邦司法制度的霸主身份之下"(p. 589)。到1964年,他是唯一认为联邦法律应当拒绝审查任何分配问题的法官。

继这些案件之后,伊利诺伊州的参议员埃弗里特·德克森(Everett Dirksen)发起对一项宪法修正案的指控,要求推翻州立法机关两院必须以相等人口选区为基础的判决。他开始谨慎行动,确保来自2/3立法机关的必要诉求,要求国会召开大会来审查该项修正案,但是直到20世纪70年代早期,不少州立法机关才得以重新分配议席以削弱这种意图(参见 Reversals of Court Decisions by Amendment)。毕竟,刚得到议席重新分配的立法机关并不愿意回到议席重新分配系列案之前的社会状态。

[J. W. Peltason 撰;龚柳青译;常传领校]

---

① 另请参见 Fair Representation。

重建[Reconstruction]①

重建联盟的过程开始于"南北战争"(*Civil War)的爆发,持续到1876年的美国总统选举。在这个过程中,联盟需要解决两个问题:退出联盟之州的地位以及亚裔美国人的未来。亚伯拉罕·林肯(Abraham *Lincoln)总统在1863年签发了一条行政性命令来处理这两个问题,要求退出的州经历重建的制度必须把废除奴隶制度(*slavery)作为重回联盟的条件。至1865年,联盟的军事与民事机构才开始对南方的政治与社会体制进行全面的重建。

林肯任命他的财政部长,萨蒙·P. 蔡斯(Salmon P. *Chase)取代罗杰·S. 托尼(Roger *Taney)担任美国的首席大法官。蔡斯联合了林肯先前任命的戴维·戴维斯(David *Davis)、斯蒂芬·J. 菲尔德(Stephen J. *Field)、塞缪尔·F. 米勒(Samuel F. *Miller)和厄·斯韦恩(Noah H. *Swayne),虽然联邦最高法院被共和党所任命的大法官所控制,但他们在行政特权、联邦主义(*federalism)和个人自由问题上还是存在着分歧。在战利品系列案(*Prize Cases)(1863)中,联邦最高法院坚持总统享有封锁同盟港口的权力。虽然"梅里曼的单方诉讼案"(Ex parte Merryman)(1861)和"瓦兰迪加姆单方诉讼案"(Ex parte Vallandigham)(1864)的判决都向林肯提出了政治障碍,但两案支持联邦政府在没有退出的州内对造成安全危险的公民有逮捕和扣留的权力。在"格尔普克诉杜布奎案"(*Gelpcke v. Dubuque)(1864)中,联邦最高法院判定州对公共债务拒不履行的行为有罪。总的来说,在战争时期,联邦最高法院的立场非常慎重。

然而,在阿波马托克斯一战以后,联邦最高法院以更坚决的态度来解决宪法性问题。在1867年"宣誓测验系列案"(*Test Oath Cases of 1867)[加兰单方诉讼案(Ex parte Garland)和"卡明斯诉密苏里州案"(*Cummings v. Missouri)]中,联邦最高法院废除了联邦及州规定个人对联盟发誓忠诚作为从业的条件。这个过程影响了要求南方政治势力回到先前分离论者的观点。1866年米利根单方诉讼案件(Ex parte *Milligan)的判决再次引发瓦兰迪加姆案中联邦最高法院审理公民上诉司法管辖权的诉求问题,这些问题源于军事法院的判决,同时,也引发了其中蕴含的对已无战争威胁的地区整个军事组织结构的挑战(参见 Military Trials and Martial Law)。这些早期的重建判决,结合了安德鲁·杰克逊总统的破坏性政策(比如他对所有公民权立法的禁止与对前同盟成员的大赦与赦免),阻碍了《弗雷德曼办公署法》(the Freedmen's Bureau Act)、《1866年民权法》(the Civil Rights Act of 1866)和《1867—1868年军事重建法》(Military Reconstruction Acts of 1867—1868)的实施。结果联邦对自由奴隶的援助尝试成为一场具有政治意味的宪法性论战。

在这些早期的对抗之后,联邦最高法院通过重建政策回避了与国会直接的争论。在"密西西比州诉约翰逊案"(*Mississippi v. Johnson)(1867)和"佐治亚州诉斯坦顿案"(Georgia v. Stanton)(1868)中,联邦最高法院拒绝了律师提出的以反重建利益为由判决《军事重建法》(Military Reconstruction Acts)违宪的一项请求。在1869年麦卡德尔单方诉讼案(Ex parte *McCardle)中,大法官承认人身保护状(*habeas corpus)上诉中排除管辖的法律的合宪性[虽然在与卡德勒案同年判决的叶尔格单方诉讼案(Ex parte Yerger)中,联邦最高法院再次肯定了《1789年司法法》(the *Judiciary Act of 1789)授予的人身保护权上诉管辖(*appellate jurisdiction)的初始范围]。蔡斯大法官援引了政治问题(*political questions)原则来支持国会重建政策的权力。

很多案件质疑通过"学徒"(apprenticeship)协议["特纳对物(对事)诉讼案"(In re Turner)(1867)]规避联邦宪法第十三修正案(the *Thirteenth Amendment)的行为违反了民权法["合众国诉罗兹案"(United Slates v. Rhodes)(1866)]和联邦宪法第十四修正案(the *Fourteenth Amendment)对州的禁止性规定["布莱鲁诉合众国案"(Blyew v. United Slates)(1872)和"合众国诉霍尔案"(United Slates v. Hall)(1871)],低级别联邦法院的法官或联邦最高法院在巡回法院的法官在这些案件中指出,重建修正案及实施这些修正案的制定法创设了联邦政府保护所有公民权利不受个人行为侵犯的权力和义务。

但是,联邦最高法院却取消了这些创新。在"布拉德韦尔诉伊利诺伊州案"(*Bradwell v. Illinois)(1873)中,联邦最高法院坚持传统联邦主义的价值高于个人权利,维持了一项州拒绝允许一位女性从事律师行业的权力。尽管联邦宪法第十三修正案已通过,在"奥斯本诉尼科尔森案"(Osborn v. Nicholson)(1873)中,联邦最高法院仍肯定了战前签订的出售一名奴隶合同的有效性。在1873年屠宰场系列案中,第一次判决直接解释和界定重建修正案的范围,联邦最高法院以5比4的表决结果判定宪法(包括其最近的修正案)几乎没有创制联邦公民的权利,并把大多数奴隶的权利内容和实现留给南方各州给予怜悯——那只是冷漠的安慰,因为南方各州政府是在种族主义的民主党人控制之下。联邦最高法院同样驳回了联邦宪法第十四修正案(the *Fourteenth Amendment)禁止各州否认妇女投票权(the right to *vote)的主张["迈纳诉哈珀瑟特

---

① 另请参见 History of the Court: Reconstruction, Federalism, and Economic Rights。

案"(*Minor v. Happersett,1875)]。

联邦最高法院决心保护经济上的利益,尤其是当各州试图使债券合同无效的时候["格尔普克诉杜布奎案"(Gelpcke v. Dubuque)(1864)]。格尔普克案判决的影响是限制了州控制公共债务的能力和州建房屋与桥梁的权力。在1867年税务许可系列案件中,通过维持对彩票的征税及许可的联邦条款,联邦最高法院拒绝了州有关联邦政府不合理地干涉地方事务及纵容违法的主张。在"韦泽银行诉菲诺案"(*Veazie Bank v. Fenno)(1869)中,联邦最高法院同样维持了联邦权力,支持作为一种流通工具、具有代替银行发行纸币的目的与效果的战时税的合法性。

联邦最高法院一开始就否认了联邦政府发行纸币作为法定货币的权力["赫伯恩诉格里斯沃尔德案"(Hepburn v. Griswold)(1871)],但是,在同年"诺克斯诉李案"(Knox v. Lee)却推翻了自己的判决(参见 Legal Tender Cases)。同时,联邦最高法院还确认了提出体现政府间税收免除(*tax immunities)问题的联邦战时所得税(*income tax)的有效性["税务官诉戴案"(*Collector v. Day)(1871)]。

在整个重建中,在重申与其具有同等宪法地位的同时,联邦最高法院通常遵从国会的政策决定。但蔡斯法院仍然判定了10部联邦制定法违宪,而1789年至1864年间,只有2个认定联邦制定法违宪的判决。正像格尔普克案的判决限制州对州及地方财政控制一样,测试宣誓系列案、布拉德韦尔案和屠宰场系列案阻碍了种族与性别平等的理想实现。

参考文献 Harold M. Hyman and William M. Wiecek, *Equal Justice under Law: Constitutional Development, 1835-1875* (1982); Robert J. Kaczorowski, *The Nationalization of Civil Rights: Constitutional Theory and Practice in a Racist Society, 1866-1883* (1987).

[Harold M. Hyman 撰;龚柳青译;常传领校]

法官的回避[Recuse]

在对案件进行审理或判决时,因为对相关事项的利益或偏见的原因法官可能回避(来源于拉丁文 recusare,"拒绝")。比如,首席大法官马歇尔(*Marshall)在"马丁诉亨特租户案"(*Martin v. Hunters Lesse)(1816)中自行回避,因为在该案的早期他曾担任法律顾问并且在所争议的财产中涉及他的经济利益。

[William M. Wiecek 撰;龚柳青译;常传领校]

红狮广播公司诉联邦通讯委员会案[Red Lion Broadcasting Co., Inc. v. Federal Communications Commission, 395 U.S. 367(1969)]①

1969年4月2—3日辩论,1969年6月9日以8比0的表决结果作出判决,其中,怀特代表联邦最高法院起草判决意见,道格拉斯未参与。在红狮案中,联邦最高法院维持了联邦通讯委员会(the Federal Communications Commission)(FCC)的公平原则(*fairness doctrine),该原则要求广播电台经营者允许个人对其遭受的私人抨击或政治社论有回应的时间。在此案件中,WGCB 广播电台拒绝允许批评亚利桑那州参议员巴里·戈德华特(Barry Goldwater)的书的作者弗雷德·库克(Fred Cook)有时间回应比利·詹姆斯·哈吉斯(Billy James Hargis)的抨击。联邦最高法院利用该案来研究电台和新闻出版业之所以引发联邦宪法第一修正案(the *First Amendment)不同保护的原因。广播频率数量的有限性意味着"与每一个人的发言权、写作权或公开发表权相比,给予完整的联邦宪法第一修正案的保护是毫无意义的"(p.388)。

联邦最高法院认为,当分配稀有的广播频道时,公众的听与看的利益必须优先于广播经营者的利益。自从许多出版社由于合并及商业上的失败一蹶不振而有线电视(及公众广泛地接触广播电台)激剧增加以来,稀缺原理就受到了严重的批评。而且,由于应进行自我审查以避免争议和给予回应时间的问题可能产生的"令人不寒而栗的影响",联邦最高法院的判决遭到广泛的批评。实际上,在罗纳德·里根总统否决使公平原则法典化的立法之后,联邦通讯委员会(FCC)在公众的长期批评下,于1987年修改了该项法规。然而,在其他情况下,联邦最高法院则继续坚持认为,广播业与新闻出版业之间的重大区别会引起宪法第一修正案的不同考虑。

[Elliot E. Slotnick 撰;龚柳青译;常传领校]

里德,斯坦利·福曼[Reed,Stanley Forman]

[1884年12月31日生于肯塔基州密涅瓦(Minerva,Ky),1980年4月2日卒于纽约的亨廷顿(Huntington),葬于肯塔基州梅维尔的梅维尔墓地(Maysville Cemetery,Maysville。)] 1938—1957年担任联邦最高法院大法官。作为第七十七任大法官,里德在任时经历过由行政国家(*administrative state)的产生所引起的重要变革、民权运动及对国际共产主义的论战。他是一位通常在公民权利及自由上保守的经济自由主义者。

里德出生于肯塔基州梅森县(Mason),是约翰·A.里德(John A. Reed)和弗朗西斯·福曼·里德(Frances Forman Reed)唯一的孩子。在地方私立学校毕业后,他进入肯塔基州卫斯理(Wesleyan)大学学习。毕业后,他在耶鲁大学取得第二个学士学位。

---

① 另请参见 Speech and the Press。

里德不是从法律院校毕业的。但是,他在弗吉尼亚大学法学院学习过1年,后继续在哥伦比亚大学法学院学习了1年。1908年,里德与威尼弗雷德·埃尔金(Winifred Elgin)结婚。他们在巴黎的索邦大学(Sorbonne),一边学习法律,一边度蜜月。从欧洲回来,里德定居在梅森县,在1910年取得律师资格,开始了他的执业生涯。

里德的法律及政治生涯是不平坦的。经过9年的独自执业之后,他成为沃辛顿(Worthinton)、布朗宁(Browning)与里德(Reed)律师事务所的合伙人。直到"一战"末在军队服役前,里德在州议会任职两期,在地方民主党的政治中他同样起着积极作用。

Stanley Forman Reed

里德在国家政治中的崭露头角开始于1929年,共和党主席赫伯特·胡佛(Herbert Hoover)任命他为联邦农场委员会(the Federal Farm Board)的顾问。虽然他是一名民主党员,但后来被提升至复兴金融公司(Reconstruction Finance Corporation)担任总顾问,在民主党总统富兰克林·D.罗斯福(Franklin D. *Roosevelt)执政后就一直担任着这个职务。1935年,作为司法部长(attorney general)的特别助手,他成功地在联邦最高法院为黄金标准的行政废除辩护。在黄金条款系列案件(*Gold Clause Cases)(1935)中,法院判决不久,里德马上被任命为政府首席律师(*solicitor general)。

在那个职位上,里德已经因为"新政"计划辩护而获得了成功。在"阿什旺德诉田纳西河流域管理局案"(*Ashwander v. Tennessee Valley Authority)(1936)中,他成功地说服了法院支持田纳西山谷当局法案,但在"谢克特禽畜公司诉合众国案"(*Schechter Poultry Corp. v. United States)(1935)和"合众国诉巴特勒案"(United States v. *Butler)(1936)中,当大法官否定《国家工业复兴法》(National Industryial Recovery Act)时他遭到了重创。罗斯福对那些判决十分不满,1937年,他计划推行他的前景不妙的法院人员布置计划(*court-packing plan)。虽然计划失败了,但罗斯福最后回报给里德的是在联邦最高法院任职的任命。

在联邦最高法院里,里德发表了228条判决意见,21条并存意见和79条反对意见;同时,他还有34次的其他无意见的同意,以及125次在其他裁定中无意见的反对。作为一名经济自由主义者,里德支持国会在商业条款(Commerce Clause)下享有广泛的权力。虽然里德在"布朗诉教育理事会案"(*Brown v. Board of Education)(1954)中参与了划时代的学校废除种族隔离的判决,并且在"史密斯诉奥尔赖特案"(*Smith v. Allwright)(1944)中提出判决撤销了"白人预选会",但在审查公民权利及自由的时候,他通常是保守的。在其最著名的一个案件即"亚当森诉加利福尼亚州案"(*Adamson v. California)(1947)的判决意见中,他反对把联邦宪法第五修正案(*Fifth Amendment)适用于针对州的自证其罪(*self-incrimination)。作为一名倾向于司法自我约束(*judicial self-restrait)的法律专家,里德对联邦最高法院的影响是温和的。

参考文献 F. William O'Brien, *Justice Reed and the First Amendment* (1958).

[David O'Brien 撰;龚柳青译;常传领校]

里德诉里德案[Reed v. Reed, 404 U. S. 71 (1971)]①

1971年10月19日辩论,1971年11月22日以7比0的表决结果作出判决,其中,伯格代表联邦最高法院起草判决意见,两票空缺(该席位后来由伦奎斯特与小鲍威尔填补)。本案判决是一个世纪中有关联邦宪法第十四修正案(the *Fourteenth Amendment)的诉讼裁定制定法中的性别歧视(*gender discrimination)违反平等保护条款的第一次判决。早期的案件已经确立了只要立法机关已经有理由相信制定法的区分促进了公共利益的某些方面的发展,则该条款并不禁止以群体为基础的区分。根据这种"理性基础的测试标准"(rational basis test),联邦最高法院支持禁止妇女参与律师执业的

---

① 另请参见 Equal Protection。

禁令["布拉德韦尔诉伊利诺伊州案"(*Bradwell v. Illinois)(1873)],禁止妇女参与法庭审理(tending bar)["高萨特诉克利里案"(Goesaert v. Cleary)(1948)],以及完全排除妇女参与陪审工作["霍伊特诉佛罗里达州案"(*Hoyt v. Florida)(1961)]。在里德案中,联邦最高法院不顾这一系列的先例规则,并且在一份特别简短的意见中解释道:性别歧视的案件体现了"立法机关作出的为平等保护条款所禁止的任意选择"(p.76)。

所争议的法律对已故而未立遗嘱的人的遗产执行人的优先顺序作了规定。法律的部分条文规定配偶优先于子女、子女优先于父母、父母优先于兄弟姐妹,等等;另一部分则规定在每个种类里,男性优先于女性。里德夫妇就是死者的父母,并已离婚。萨莉(Sally)起诉塞西尔(Cecil)对这一制定法上的性别优先提出质疑,要求获得对一项价值至少为一千美元的地产的管理权。里德案废除这项法律之后,接下来的10年联邦最高法院经常利用里德案这一先例废除许多其他以性别歧视为基础的法律。

[Leslie Friedman Goldsein 撰;龚柳青译;常传领校]

合众国诉里斯案[Reese, United States v., 92 U.S. 214(1876)]①

1875年1月13日至14日辩论,1876年3月27日以8比1的表决结果作出判决。韦特代表联邦最高法院作出判决意见,克利福德持并存意见,亨特表示反对。本案是联邦最高法院根据第十五修正案(*the Fifteenth Amendment)和《1870年执行法》(Enforcement Act of 1870)审理的第一件投票权案件。在肯塔基州的一次市政选举中,当地的选举官员拒绝为一名非裔美国人进行选民登记,从而违反了《1870年执行法》的两项条款;该法第2条规定,行政机关的初选不应考虑种族、肤色或以前的奴隶身份;第3条禁止在先决步骤"有上述要求"省略的情况下拒绝登记。联邦最高法院认为,第十五修正案虽没有授予非裔美国人选举权,但却禁止基于种族原因的排斥行为。随后,联邦最高法院废除了第3条,理由是它没有重申种族、肤色或奴隶身份等字眼而超出第十五修正案的范围。

在处理关于地方选举的系列案件时,由林肯(Lincoln)和格兰特(Grant)共和党人把持的联邦最高法院并没有打算为联邦宪法打上扩张性的、全国性的烙印。尽管联邦最高法院在审理关于联邦选举问题的案件时,愿意适用《1870年执行法》,但是,其对于各州及地方案件的模糊的、技术性处理,却是其行为成为实践意义上的跛脚者。这也使南方各州在19世纪90年代里,尽管不以种族为借口,却可以随心所欲地以读写能力、性格及其他测试标准为由剥夺非裔美国人的选民资格,不成比例地将他们排除在社会生活之外。

[Wade E. Y. Elliott 撰;潘林伟译;邵海校]

加州大学校务委员诉巴基案[Regents of the University of California v. Bakke, 438 U.S. 265(1978)]②

1977年10月12日辩论,1978年6月28日以5比4的表决结果作出判决,其中,鲍威尔代表法院起草判决意见,小布伦南、怀特、马歇尔和布莱克蒙部分同意,部分反对,史蒂文斯、伯格、斯图尔特和伦奎斯特部分同意,部分反对。巴基想成为一名内科医生。而地处戴维斯的加州大学医学院却想扩大其学生总体构成中的种族和民族的多样性。这两个目标的冲突产生了积极行动(*affirmative action)这一最重要的宪法性测试标准。它同样还提出了一个难以处理的问题:如何克服个人要求州平等对待的主张与州在它的公民中促进某种程度上的平等的责任两者之间的紧张状态。

在1972年,有2664名申请者想获得在戴维斯医学院的100个入学资格,巴基是其中的一个。有84个指标要通过常规的录取程序申请;16个指标则通过一个特别的录取程序申请——1970年确立的对少量的非裔美国人、亚洲人、拉丁美洲人及土著美国人学生的由管理人员特别考虑的一项分立的、独立的计划,其平均分数和标准测试分数的要求与按常规录取程序录取的学生相比,要宽松得多。

在被学校拒绝了两次后,巴基提起诉讼认为,戴维斯学院的程序违反了《1964年民权法》(*Civil Rights Act 1964)的第六编,即禁止在联邦基金所支持的项目中存在种族或民族的优先权,学校为人口占少数的种族预留名额的行为否定了他享有联邦宪法第十四修正案(the *Fourteenth Amendment)所规定的平等保护(*equal protection)。

学校则认为种族的分类是不利的,因为种族的特征通常与可容许的州的目的是不相干的。但是,领导层对于无种族歧视的承诺被州对过去和现在仍然受种族不公正对待的受害人的同样强制性的利益考虑所抵消。该大学同样注重方案的实际利益:通过学生的多样化丰富了医学教育,为人口占少数的种族青年塑造成功的典范,并提高了少数民族社会的医疗服务水平。

州初审法院与高等法院都裁定基于种族的排他性优惠构成一种配额,如果学校自身不能证明存在先期的种族歧视,则此配额是对平等保护的否定。

---

① 另请参见 Grandfather Clause; Poll Taxes; Race and Racism; Reconstruction; Understanding Tests; Vote, Right to。

② 另请参见 Education; Race and Racism。

美国联邦最高法院认定,只要"预定的名额"没有被使用,学校可以考虑将种族标准作为竞争入学方案的一个部分。但是判决掩饰了法院内的六种独立意见的严重分歧。4 位大法官[约翰·保罗·史蒂文斯(John Paul *Stevens)、沃伦·伯格(Warren *Burger)、波特·斯图尔特(Potter *Stewart)和威廉·伦奎斯特(William *Rehnquist)]倾向于解释法律而不是提出合宪性的问题。源于公共基金方案的在种族基础之上的《宪法》第 6 条的"清楚的意义"与其"对任何个体的排除的广泛禁止"(pp. 412-413),他们在裁判意见中认为要求巴基被接受入学具有足够充分的理由。

在另外一些大法官[威廉·J. 布伦南(William J. *Brennan)、瑟古德·马歇尔(Thurgood *Marshall)、拜伦·怀特(Byron *White)和哈里·布莱克蒙(Harry *Blackmun)]看来,平等保护条款的要求与《宪法》第 6 条之间没有什么不同。没有非难的目的或影响,人们"利用一个种族不如另一个种族的假设"或人们"将政府的威信置于种族仇恨与种族隔离之下"(pp. 357-358),引发最严格的平等保护审查是没有理由的。但是,案件中所设定的对基础权利(*fundamental rights)或者可疑的分级没有影响的"单纯的合理"审查是非常宽松的。相反,布伦南选择了强化审查(*heightened scrutiny)当中的中等程度审查。只要州能证明重要的目的以及手段没有不合理地增加"政治过程中那些未完全表现的"种族意识的负担,这种帮助因种族歧视而受害的群体成员的种族意识的补救就是合宪的(参见 Strict Scrutiny)。

刘易斯·鲍威尔(Lewis *Powell)大法官投了决定性的一票,同意史蒂文斯的有关种族名额违法及认定巴基应当入学的多数观点,同时也同意布伦南的有关入学时对种族考虑的可取性的多数观点。鲍威尔观点的决定性因素在于戴维斯方案排外的本质。由于巴基已经被"完全地排除"在 16 个特殊名额的竞争之外,他就得不到平等保护。只有当存在由合法授权的政府机构确定过去的违宪或违法行为,种族名额才是可以允许的。在联邦宪法第一修正案(*First Amendment)所保证的学术自由(*academic freedom)中,鲍威尔确实为不很明显的排外积极行动方案找到了合法理由。在一个真正竞争的过程中,种族的考虑能够被看作用于在促进"多样的学生群体"中学校利益的一部分(p.312)。

积极行动在美国的政治和司法活动中仍将是中心问题,巴基一案只是冰山一角,只涉及了州立学校录取中的种族配额问题,而将其他领域积极行动方案的妥适性问题留给了其他案件去检测。20 世纪 90 年代后期,加利福尼亚州和华盛顿州都通过立法,禁止州和地方的积极行动计划;而得克萨斯州和佛罗里达州则在其公立大学的录取问题上采取了种族中立标准。第五巡回上诉法院在审理"霍普伍德诉得克萨斯州案"(Hopwood v. Texas)(1996)时则认定,多样性并不是一项强制性的州利益。

2003 年,联邦最高法院再次重申了鲍威尔大法官判决意见的中心原则,维持了密歇根大学法学院使用的一项以种族为基础的、灵活的、强调种族多样性的录取计划["格鲁特诉博林杰案"(*Grutter v Bollinger)],但同时却废止了密歇根大学研究生院制定的以配额为基础的录取计划["格拉茨诉博林杰案"(*Gratz v. Bollinger)]。自此,具有种族自觉意识的录取方案就有了比一代人以前更加坚固的法律基础。

参考文献 Timothy J. O'Neill, *Bakke and the Politics of Equality* (1985);Peter Schuck, *Diversity in America* (2003).

[Timothy J. O'Neill 撰;龚柳青、潘林伟译;常传领、邵海校]

管制性占用[Regulatory Taking]

虽然所有者的权利没有受到侵害,但当土地使用限制实质上妨碍了所有人享有财产受益时,管制性占用就产生了。这样一种管制构成了根据联邦宪法第五修正案(the *Fifth Amendment)的占用条款(*Takings Clause)应给予公平补偿(*just compensation)的财产占用。虽然联邦最高法院在"宾夕法尼亚煤炭公司诉马洪案"(*Pennsylvania Coal Co. v. Mahon)(1922)中认可了管制性占用的法律原则,但大法官们发现,适当的土地使用控制与产生占用效果的管制之间是难以分清的。

[James W. Ely, Jr 撰;龚柳青译;常传领校]

伦奎斯特,威廉·哈布斯[Rehnquist, William Hubbs]

(1924 年 10 月 1 日出生于威斯康星州的米尔沃基)1972—1986 年担任联邦最高法院大法官,1986 年至今担任首席大法官。理查德·尼克松(Richard *Nixon)总统任命伦奎斯特出任大法官是因为对他的刑事司法观念,以及他对联邦最高法院应扮演一个更为温和角色的观点的认同。伦奎斯特是伯格法院中最保守的成员;同时他又经常被认为是给人印象最深刻、最聪明的大法官。后来,当首席大法官沃伦·伯格(Warren *Burger)宣布退休时,对伦奎斯特的保守观点及过人智慧有深刻印象的罗纳德·里根总统便提拔他担任首席大法官这一职务。20 世纪 80 年代末期,联邦最高法院出现了一个保守的成员集团,其观点与伦奎斯特的观点一致。就这样,伦奎斯特带领联邦最高法院走过了 20 世纪的最后 10 年,进入了 21 世纪。

伦奎斯特,威廉·哈布斯[Rehnquist, William Hubbs]

William Hubbs Rehnquist

伦奎斯特的背景会使人对其作为大法官的近期工作更加理解。1951年12月,伦奎斯特毕业于斯坦福大学法学院,此前他已经在政治学科领域获得了两个硕士学位,一个是1949年在斯坦福获得,另外一个是1950年在哈佛获得。1952年和1953年,他成为罗伯特·H. 杰克逊(Robert H. *Jackson)大法官的书记官。在那个职位上,他草拟了一份报告以帮助大法官提交法院对官方实施学校隔离的合宪性质疑进行讨论。伦奎斯特的报告支持了"普勒西诉弗格森案"(*Plessy v. Ferguson)(1896)中确立的"隔离但公平原则"(*separate but equal doctrine)。在结束了杰克逊大法官书记官的工作后,他到了亚利桑那州的菲尼克斯(Phoenix),在那里他待了16年,从事律师职业,参加了许多地方性的政治活动。他曾在反对公共膳宿法令的活动中作为证人出席了菲尼克斯市政会,参加了一项质疑大选投票人的计划。从1969年到1971年,伦奎斯特在司法部法律顾问处(Office of Legal Counsel)任司法部长助理(assitant attorney general)。在那个职位上,他支持行政执法部门可在没有取得法院批准令的情况下实施电话窃听和监视,他也支持警察的强行进入、预防性拘留以及废除排除规则(*exclusionary rule)。

上世纪最后3年和本世纪最初几年里,伦奎斯特对联邦最高法院判决的影响是围绕着他为实现权力从联邦政府向各州回归的权力平衡转换并以此限制联邦政府的司法权力所作的努力而产生的。他的有关合理配置联邦政府与州政府权力的观念对宪法保护个人权利的程度也产生了重要的影响。

在上个世纪70年代,伦奎斯特对重新挑起有关宪法商业条款的争论这一被普遍认为在30年代就已经解决的问题,也起到了关键性的作用。1976年,在代表5人形成的多数判决意见中,伦奎斯特认为,国会的商业权力应该基于这样的事实而受到限制:它不能以侵害对各州在联邦体系中发挥其功能的能力来说有实质影响的州主权的基本方面的方式来进行立法["全国城市联盟诉尤塞里案"(*National League of Cities v. Usery)]。1985年,当以同样微弱的多数意见推翻该判决时,伦奎斯特信心十足地表示,州主权应该会"再次唤起联邦最高法院多数意见的支持"["加西亚诉圣安东尼市案"(*Garcia v. San Antonio Metropolitan,第580页)]。1995年,他的意见再次占了上风。联邦最高法院在过去的60年里首次否决了一项联邦法律——《无枪校区法》(Gun-Free School Zones Act),其理由就是,议会超越了其管制州际商业活动的宪法权限["合众国诉洛佩斯案"(United States v. Lopez)]。伦奎斯特的立场主导着联邦最高法院走进了21世纪,尽管只是微弱的多数。事实上,这位首席大法官成功地结束了联邦最高法院对国会行使商业权力的遵从态度,并复活了上世纪30年代以前确立的要求:国会必须证明其试图管制的行为对州际商业产生了实质性的影响。

2000年,伦奎斯特代表多数意见否决了《反妇女暴力法》,对实施具有性别动机的针对妇女的暴力犯罪的个人,该法授权可以提起民事诉讼["合众国诉莫里森案"(United States v. Morrison)]。注意到具有性别动机的暴力犯罪不具有经济活动的性质,伦奎斯特提出,即使议会试图以性别动机的暴力犯罪严重影响了州际商业活动这一理由来支持该项立法,这些理由也不足以证明性别动机的暴力犯罪对州际商业交易或产品产生了实质性的影响。总的说来,伦奎斯特在联邦最高法院转换其长期以来严格遵从议会根据商业条款行使其权力的传统方面,起到了关键性作用。另外,他通过对宪法第十一修正案的解释,将联邦法院视为受理个人对州政府机关提起的联邦诉讼的法庭,从而在限制联邦法院的权力方面也发挥了积极的作用[参见"佛罗里达州米诺尔部落诉佛罗里达州案"(*Seminole Tribe of Florida v. Florida)(1996);"亚拉巴马州校董会诉加勒特案"(Board of Trustees of Alabama v. Garrett)(2001)]。

对联邦最高法院有关刑事被告人权利方面的判决,伦奎斯特也产生了重要的影响。他对法律实施的支持是始终如一的。他认为,联邦最高法院在上世纪60年代并入《权利法案》程序是"一种神秘怪诞的变形程序"(第309页),并支持了以前的立场:据此,不要求各州遵守权利法案,仅要求其以基本的公正来对待个人[参见"卡特尔诉肯塔基州案"(Carter v. Kentucky)(1981)]。伦奎斯特还支持了对排除规则给予警察"诚信"的例外的限制["合众国诉莱农案"(United States v. Leno)(1984))],同时,代表多数意见作出判决支持了审前羁押["合众国诉萨尔诺案"(United States v. Salerno)(1987)]。

伦奎斯特还在联邦最高法院限制米兰达案规则所作的努力方面,发挥了积极的作用。1984年,他代表大多数大法官提出判决意见,支持对米兰达案确立的要求警察在讯问之前应向在押犯罪嫌疑人提出权利忠告的规则适用"公共安全"例外["纽约诉夸尔斯案"(New York v. Quarles)]。对于米兰达案标准是否应继续存在的争论,涉及一个关键性的问题,这就是:米兰达权利告知是否本身就是宪法的一项要求,抑或仅仅是有助于保护宪法第五修正案权利的"预防性的"措施。如果宪法没有要求米兰达规则的话,议会就可以对以其他方式保障禁止自证其罪而进行立法,并可实际上推翻米兰达案。1974年,伦奎斯特宣布米兰达规则是"预防性规则"(p.439),是旨在"为禁止自证其罪的特权提供切合实际的强化措施"而确立的"程序性保障",其"本身并不是宪法保护的权利"["密歇根州诉塔克案"(Michigan v. Tucker), p.444],从而,明确表达了自己对这一问题的立场。2000年,当这一问题再次摆在联邦最高法院大法官面前时,许多人预期多数意见,包括伦奎斯特本人,会趁机推翻米兰达案,但出人意料的是,伦奎斯特代表多数意见作出的判决却拒绝这样做,它强调,将一项已经深深扎根于日常警察实践的规则废除,并不具有正当性["迪克森诉合众国案"(Dickerson v. United States)]。

在伦奎斯特任职于联邦最高法院的整个过程中,他都一贯反对限制死刑。针对死刑违反了第八修正案(the *Eighth Amendment)规定的指责["弗曼诉佐治亚州案"(*Furman v. Georgia)(1972)],他为联邦最高法院保留死刑而辩解;他加入了多数意见一方,认为对"重罪谋杀"应该适用死刑["蒂森诉亚利桑那州案"(Tison v. Arizona)(1987)]。伦奎斯特还投票支持多数意见,认定极刑定罪中使用有关证明存在种族歧视的统计性证据如果没有其他情况,其本身并不违反第八修正案["麦克莱斯基诉肯普案"(*McCleskey v. Kemp)(1987)]。另外,伦奎斯特还支持联邦最高法院认定对实施谋杀犯罪时年龄为16岁或17岁的人适用死刑,而在多数意见认定不得对15岁的人执行死刑时,他表示反对["斯坦福诉肯塔基州案"(*Stanford v. Kentucky)(1989);"汤普森诉俄克拉荷马州案"(Thompson v. Oklahoma)(1988)];在联邦最高法院根据宪法第八修正案禁止对智障者适用死刑时["阿特金斯诉弗吉尼亚州案"(*Atkins v. Virginia)(2002)],他也表示反对。

作为伯格法院的成员,伦奎斯特反对作为一种改革而对人身保护状(*habeas corpus)进行扩张运用。他主张限制利用联邦人身保护状质疑死刑判决。1981年,他抱怨,尽管联邦最高法院已经认定极刑并不违反宪法,但只有一个始终不满判决的被告被执行了极刑。他指责联邦最高法院让死刑"实际上等于虚设",并对刑事审判制度进行了嘲讽["科尔曼诉鲍尔康案"(Coleman v. Balkcom)]。尽管1981年时他还是孤芳自赏,但到了20世纪90年代,他的观点却成了主流。

1989年,当伦奎斯特主持美国司法会议时,他任命了一个委员会,以对死刑级的上诉案件中人身保护状的可得性问题提出推荐性限制措施,其最终结果就是鲍威尔报告,该报告建议,被判有罪的在押犯只能向地方法院上诉一次,被驳回后也只可向联邦法院提起一次上诉,且必须在6个月内上诉。尽管司法会议推迟了对该项建议的表决,但首席大法官却将这些建议直接提交到参众两院的司法委员会。国会司法委员会其他26名成员中有14名委员要求委员会推迟采取行动,以便听取联邦法院资深法官的意见,但伦奎斯特并未被阻止住,他要求国会尽快按建议采取行动。尽管国会没有照办,但联邦最高法院却执行了。1991年,大法官们认定,请求人在最初提出人身保护状请求失败后["麦克莱斯基诉肯普案"(*McCleskey v. Kemp)(1987)],在第二次及随后的请求中必须提供其充分的理由。2年后,伦奎斯特代表多数人提出判决意见,认定州人犯基于新发现的证据主张无罪,并不能构成可请求联邦法院给予人身保护状救济的理由["赫雷拉诉科林斯案"(Herrera v. Collins)(1993)]。1996年,议会制定《反恐怖和有效死刑法》,规定,除非联邦上诉法院提出动议允许在押犯提出请求,否则,不得提起第二次及随后的人身保护状请求,从而转向了选择对人身保护状进行严格限制。联邦最高法院全体一致地、迅速支持了该项立法["菲尔科诉托宾案"(Felker v. Turpin)(1996)]。

伦奎斯特还对其他两个与个人权利有关的领域直言不讳地发表了自己的意见,但却没能成功地把自己的观点引入有关个人隐私和平等保护的法律中。他曾明确表示反对把妇女选择终止妊娠的权利作为一项受宪法保护的权利的原则,在他看来,管制堕胎的法律,只要它与各州的正当利益——包括保护人的生命方面的利益——有合理的联系,就应当予以维持[参见"罗诉韦得案"(*Roe v. Wade)(1973);"韦伯斯特诉生殖健康服务部案"(*Webster V. Reproductive Health Services)(1989);"计划生育组织诉凯西案"(*Planned Parenthood v. Casey)(1992)]。在拒绝医学治疗的权利,即获得协助自杀的权利(安乐死)问题上[参见"克罗伊诉密苏里州健康部主任案"(*Cruzan v. Director, Missouri Department of Health)(1990);"华盛顿州诉格卢克斯伯格案"(*Washington v. Glucksberg)(1997)],以及有关同性恋伴侣间进行自愿的性行为的权利问题上[参见"鲍尔斯诉哈德威齐案"(*Bowers v. Hardwick)(1986);"劳伦斯诉得克萨斯州案"(*Lawrence v. Texas)(2003)],伦奎斯特也持相同的态度。

伦奎斯特对联邦宪法第十四修正案规定的州不能否定任何人获得法律的平等保护(*equal protection)的解释同样也是狭窄的。他认为,联邦宪法第十四修正案的制定者希望通过平等保护条款达到防止各州不平等地对待黑人公民与白人公民,因此,按照伦奎斯特观点,当州没有种族歧视的故意["哥伦布诉佩尼克案"(Columbus v. Penick)(1979)],也没有参与种族歧视["摩斯·洛齐诉艾维斯案"(Moose Lodge v. Irvis)(1972)]时,该条款就不能适用;平等保护条款也不应当解释为可适用于禁止基于性别的不平等对待["克雷格诉博伦案"(*Craig v. Boren)(1976);"迈克尔·M.诉所诺马县高等法院案"(*Michael M. v. Superior Court of Sonoma County)]。同时,伦奎斯特认为,在就业和大学录取问题方面,种族也不应成为参考因素之一[参见"加州大学校务委员诉巴基案"(*Regents of University of California v. Bakke)(1978);"美国钢铁工人联合会诉韦伯案"(*United Steelworkers of American v. Weber)(1979);"克鲁特诉博林杰案"(*Grutter v. Bollinger)(2003);"克雷兹诉博林杰案"(*Gratz v. Bollinger)(2003)]。

在财产权利方面,伦奎斯特也因其在州根据联邦宪法占用条款(*Takings Clause)对财产进行管制的适用范围上设置限制而再度引人注目。一般来说,当政府的管制对财产实施了物理性的侵入,或以使其价值受到严重减损的方式限制其使用时,就会构成应该给予补偿的占用。但是,仅仅存在因行使治安权(*police power)保护某一社区的人身健康、安全及公共利益而造成财产损失这一事实,并不构成对财产的占用。1978年,伦奎斯特对联邦最高法院的一项决定表示反对,该决定认为,适用纽约州保护性法律,禁止在"大中心车站"顶部加盖一栋53层办公楼不构成占用["佩恩中心运输公司诉纽约市案"(*Penn Central Transportation Co. v. New York City)(1978)]。他辩解说,地标法使所有人承担了几百万美元的损失——这是一项与实施地标保护的城市获得的利益不能抵充的不公平的负担——即便该法并没有干涉该土地作为地铁终点站的使用。在20世纪70—80年代的一系列案件中,伦奎斯特都投票支持了由州和地方对财产利用设置的限制,这表明,对他来说,其所持的以州为中心的联邦主义(*federalism)比保护财产权利重要[参见"贝尔特瑞诉博拉斯案"(Village of Belle Terre v. Boraas)(1973);"摩尔诉东克里夫兰市案"(Moore v. City of East Cleveland)(1977);"普鲁内·亚德购物中心诉罗宾斯案"(Prune Yard Shopping Centre v. Robbins)(1980)]。

1986年,斯卡利亚进入联邦最高法院,并成为联邦最高法院复兴适用占用条款保护财产所有人权利方面的领军人物时,伦奎斯特与他结成了同盟["诺兰诉加利福尼亚滨海委员会案"(*Nollan v. California Castal Cimmission)(1987);"卢卡斯诉南卡罗来纳州滨海委员会案"(*Lucas v. South Carolina Coastal Council)(1992)]。1994年,这位首席大法官在代表5人多数意见的判决书中认为,地方机构作出的、对所有人扩大经营场地要求留出一定比例的土地用作人行道和自行车道,并贡献其中的某些部分作为公共绿地的环境许可决定,构成占用行为。伦奎斯特进一步解释说,如果这种对土地开发的勒索性行为要经得住基于占用而提出的挑战,就必须存在某种类型的个体化的判断:在所建议的开发项目环境与建筑工程预期带来的负担之间存在一定的关系(p.391)。在强调占用条款是权利法案不可分割的一部分的基础上,伦奎斯特表示,应当对土地用途的管制给予更高水准的司法审查["多兰诉泰格市案"(*Dolan v. City of Tigard)(1994)]。

伦奎斯特首席大法官不仅对联邦最高法院的判决内容起到了决定性作用,同时还对联邦最高法院的工作方式也产生了重要影响。在沃伦和伯格时期,联邦最高法院的工作量(*workload)急剧上升,迫使首席大法官提高联邦最高法院的工作效率。伯格首席大法官采取了一系列改革措施以提高法院的审判效率,当伦奎斯特接任首席大法官时,也确定了同样的目标,其结果使联邦最高法院更加官僚化(参见 Bureaucratization of the Court)。此外,伦奎斯特对会议进行了流水线式的改造,减少了大法官间的学术争议。他还试图通过扣除在多数意见循环签阅开始后未能在4个星期内提出反对意见的大法官的多数意见所占的份额来提高效率。通过使大法官之间的学术讨论最少化而快速审结案件的做法与提高审判效率的目标是一致的,也有助于提高伦奎斯特对联邦最高法院判决的掌控能力。另外,联邦最高法院并没有参与全国性的争论,这也有助于伦奎斯特实现降低联邦司法机构作用的目的。伦奎斯特首席大法官在减少案件审理清单方面一直是言而有信的,联邦最高法院在2003年一共审理了不到90件案子,比1985年的175件有了大量的减少。联邦最高法院受理审查的案件数量的急剧减少使其可以更加高效地运转。同时,这样的结果也是伦奎斯特降低联邦最高法院作用战略的一个方面,它可以让联邦地方法院保守的判决能够继续存在。

学者们以各种方式解释了他的审判纪录。早期评价认为，司法自我约束(*judicial self-restraint)是他作出判决的驱动力。按照他自己的说法，伦奎斯特赞成司法遵从立法决策。在联邦最高法院被请求去解决政府权力与个体之间的冲突时，伦奎斯特倾向于克制，然而，当争议是在联邦政府与州之间发生时，他则倾向于利用司法权力废止联邦的法律，以便于州的自治。此外，当联邦最高法院被要求去解决2000年有争议的大选时，伦奎斯特大法官推翻了佛罗里达州高等法院的判决["布什诉戈尔案"(Bush v. Gore)(2000)]。

如此明显的矛盾强化了一种认识，认为伦奎斯特是没有原则的、结果取向的。然而，伦奎斯特的决策也可以被理解为是以法律的实证主义为核心的司法哲学和一种特殊的司法价值排序的产物。对伦奎斯特而言，最重要的价值是以州为中心的联邦主义。联邦主义对于伦奎斯特的决策来说占据了如此核心的地位，以至于所有其他方面对于联邦最高法院来说都是微不足道的。这样的分析有助于理解他为何没有真心实意地支持司法自我约束。此外，州自治的结果总是与诸如提高犯罪惩罚之类的政治目标相一致。

在过去的岁月里，伦奎斯特对联邦最高法院的影响越来越大。作为首席大法官，在形构其弱化联邦权力的日程表中处于中心地位的相关领域的法律方面，他显得特别成功。作为一名大法官，伦奎斯特会让人铭记在心，随着20世纪的最后几年里联邦最高法院日趋保守的态势的形成，他的保守观点已开始赢得了大多数人。在联邦最高法院某些最重要的判决中，他发挥了至关重要的作用，并且，在对他来说最为重要的领域特别成功地形构了相关法律。

参考文献 Sue Davis, *Justice Rehnquist and the Constitution* (1989); Sue Davis, "The Chief Justice and Judicial Decision-Making: The Institutional Basis for Leadership on the Supreme Court," in *Supreme Court Decision-Making: New Institutional Approaches*, edited by Cornell W. Clayton and Howard Gillman (1999); Jeff Powell, "The Compleat Jeffersonian: Justice Rehnquist and Federalism," *Yale Law Journal* 91 (1982):1317-1370; Jeffrey Rosen, "Court Marshall," *The New Republic*, 21 June 1993. John R. Rydell. "Mr. Justice Rehnquist and Judicial Self-Restraint," *Hastings Law Journal* 26(1975); 875-915.

[Sue Davis 撰;潘林伟、龚柳青译;邵海校]

宗教教导时间[Released Time]①

宗教教导时间是允许公立学校的学生在校期间接受宗教教育的一种实践。在麦科勒姆引起的"伊利诺伊州诉教育理事会案"(*Illinois ex rel McCollum v. Board of Education)(1948)中，伊利诺伊州香巴尼市的一项计划因为确立宗教(establishment of relegion)而被宣布为无效。教育理事会同意由教会的一个理事会任命信仰宗教的教师，在学校主管同意的情况下在公立学校的教室中开展宗教教导课程。参与宗教的学生出席宗教课程是必需的。其他学生则在另外的教室接受世俗的非宗教教育。联邦最高法院认定，学校主管同意接受宗教教导教师、允许其使用公立学校教室及通过强制学生出席宗教课程的规定所提供的帮助，都违反了政教分离的原则。

但是，在"左拉奇诉克卢森案"(*Zorach v. Clauson)(1952)中，联邦最高法院则同意了纽约州的一种做法，放出在校学生，让他们到宗教中心去接受他们所选的宗教课程教育。不参加宗教课程会被通报，但没有真正实施惩罚。未参加该计划的学生则仍留在学校。在这项方案中，不存在学校批准的宗教教导教师，也没有使用公立学校教室，没有花费公共基金。

左拉奇案修改了麦科勒姆案的严格分离主义者方式，允许教会与州之间的一定程度上的相互融通。可接受的与禁止的做法之间的界限要根据宗教与政府所需要的相互作用程度来确定。这两个判决所作的认定预示了1971年"莱蒙诉库尔兹曼案"(*Lemon v. Kurtzman)(1971)中所表现出来的"过多障碍"的审查(参见 Lemon Test)。左拉奇案开创了一些政府援助宗教教育机构的活动得到宪法许可的可能性。

[Robert H. Birkby 撰;龚柳青译;常传领校]

宗教[Religion]

在处理有关宗教与政府关系的宪法问题时，联邦最高法院一直面临着两个基本的挑战。首当其冲的就是第一修正案中对"确立宗教"和"禁止宗教自由践行"的立法的双重禁止。尽管联邦最高法院有时对这两个条款的处理是相互冲突的，但另一些时候，却试图弄清支撑二者的共同价值。其中一个受到普遍暗示的共同价值就是宗教机构与国家机构的分离，或更宽泛的意义上的宗教观念与政府的分离；价值之二是政府对宗教的"中立"，这意味着对不同宗教以及宗教与非宗教的观念与行为，都应平等的对待。第三，中立的另一层含义，就是对不受国家强制和干涉的个人选择宗教和宗教自由的强调。在具体的个案中，上述价值有时是一致的，有时却是冲突的。20世纪40年代以来，联邦最高法院将"分离"价值放在突出的位置，但近来也强调平等和自由选择的价值。

---

① 另请参见 Education;First Amendment;Religion;School Prayer and Bible Reading。

这些价值的运用是针对美国公共价值从新教主义向宗教多元主义和世俗主义重大转变的背景而发生的。从建国到20世纪初,新教主义被认为是美国公众价值观中最重要的部分。但是,在过去的50年里,美国人的生活变得越来越世俗化。究其原因,部分是由于政府认为,任何宗教观念在多元化的社会里受到偏袒都是不可接受的。但与此同时,大量美国人仍然保留着宗教信仰的习惯和活动,认为宗教是社会生活中的重要部分。联邦最高法院在宗教案件中的斗争,常常反映了关于政府是否必须以及在何种程度上世俗化的争论。

原初理解与历史发展 没有确切的证据能够证明首届国会通过这两个条款的用意何在,至少,禁止确立宗教条款是直接用于防止新成立的联邦政府授予任何一种宗教派别以官方性的任何特权和地位,正如圣公会(Anglican)在英国那样。但另一方面,可以明确肯定的是,该条款无意消除当时在美国新成立各州的确立宗教行为。新成立的联邦政府在很多方面实际上支持了宗教,如立法机构的祈祷仪式、总统感恩节宣言及向土著美国人派驻传教团等。

有关宗教自由践行条款的历史意义问题,也有类似的争论。大部分宪法制定者希望该条款可以防止政府对不同教义的宗教提出指控,这种指控在圣公会确立后在英国是允许的。一种说法是,在建国者那一代人中间,将"自由践行"条款理解为它可以使信教者免去迫使他们违背宗教信仰的法律对他们的适用;而另一种观点则将自由践行条款视为目的仅在于使政府避免有意识地卷入与宗教有关的事务,强调政府对世俗性事务的立法权力,即使这样做与宗教的教义存在冲突。

有关建国时代宗教自由和政教分离的争论所涉及的范围,在詹姆斯·麦迪逊(James *Madison)所写的《记忆和抗议》(Memorial and Remonstrance)中有所描述,它写于1785年,目的在于反对弗吉尼亚州通过征税以资助宗教人士。麦迪逊的观点包括:如个人所理解的那样履行对上帝的职责对于社会需要来说的重要性;由于政府的宗教偏爱会对其他信仰人群造成不平等待遇;政府对宗教偏好会对不赞同教义的公民造成不公平对待;确立宗教会对所偏爱的宗教带来的危害,其中包括对宗教独立性和生命力的冲击,以及政府卷入宗教争端可能引起的社会纷争等。

事实上的确立 19世纪早期,州确立宗教的行为在税收资助宗教人员的意义上,随着自然的政治上的消亡而消亡。人们开始明白,宪法要求政教在制度上实现分离;如果政府强制性的资助某一宗教或教派,就是一种宗教确立行为。但是,这并不意味着政府或政治活动应当完全世俗化或与宗教影响分离。事实上,正如上述麦迪逊的观点所表明的那样,美国人对宗教自由的理解本身在很大程度上是建立在理论诉求之上的。19世纪的美国人普遍认为,新教价值观是社会赖以建立的基础的重要组成部分。

所以,20世纪早期的政教关系反映了法史学家马克·德沃尔夫·豪(Mark De Wolfe Howe)所称的"事实上的确立新教"。公立学校有明显的新教偏好,老师们在课堂上领着学生祈祷及朗诵《英王詹姆斯一世钦定圣经》(King James Bible)的无牧师注释的经文。而立法机关的祈祷则相当流行,感恩节、耶稣受难节和复活节则成为官方的正式节日,政治修辞中更是经常提及"万能的上帝"。各州禁止对神的亵渎、强制推行基督教安息日,禁止异教徒或非基督教教徒担任公职,新教福音主义者甚至召集会议,通过法律禁止摩门教的一夫多妻制,强制性地推行节欲,禁止讲授进化论(参见Evolution and Creation Science)。新教积极主义者还发起了废除奴隶制度,确立妇女的投票权及改善产业工人的工作环境等运动。

在这些问题上,第一修正案关于宗教的条款只起到了很小的直接作用,原因主要在于联邦政府的活动受到了限制,并且,根据"巴伦诉巴尔的摩案"(*Barron v. Baltimore)(1833)的判决,权利法案也不适用于各州[联邦最高法院在"坎特威尔诉康涅狄格州案"(*Cantwell v. Connecticut)(1940)的判决中将自由践行条款适用于各州;在"埃文森诉学校董事会案"(*Everson v. Board of Education)(1947)的判决中确定宗教确立条款适用于各州]。在此期间,唯一在现代宪法性法律中占有一席之地的是"雷诺兹诉合众国案"(*Reynolds v. United States)(1879)的判决,联邦最高法院据此驳回了摩门教徒基于宗教自由践行条款而提起的对禁止一夫多妻制的联邦法律的质疑。

事实上的宗教确立使政府与宗教以多种方式实现了混合,但通常是以一种弥漫式的、非宗派性的方式融合的。美国人认为,英国那种以迫害异教徒为特点的对圣公会的法律上的确立,是宪法所禁止的,他们绝不允许政府对宗教的介入会有机再次创造出这样的邪恶。制度上的政教分离让美国人引以为傲——禁止国家教堂,放弃以税收资助教徒和教堂,但除此之外,人们很难找到理由把民众与宗教影响完全隔离。

现代多元主义、世俗主义与膨胀的政府 关于宗教公众影响的合法性和重要性的所谓事实上的宗教确立的推论,在20世纪却面临了更大的压力,非新教徒在数量上的增加以及非信教信念在合法性程度上的提升,使得政府发布的任何宗教性的言论都会显得对某个公民群体过于偏颇。来自明显的世俗主义观念的挑战也日益增多,如对于由查尔斯·达尔文等人倡导的进化论科学的自然主义的观念的增强。美国高等教育的职业化,导致大量的世俗科学学位的获得者取代了神职人员和宗教人士而成为大学的教学和管理人员。就法律本身而言,法律现实主义者拒绝接受与神学产生共鸣的自然法(*natural law)作为一种理想的法律渊源,取而代之的是注重实效推理和经验性的调查。一些学者精心设计了"世俗主义大前提",并据此断言,宗教将会日益加速直至最终失去其所有的公众影响。

但是,宗教仍然在影响着数以百万计的普通人的生活。这当中的许多人——不管在神学观念上是"保守主义者"还是"自由主义者",都坚持认为宗教与社会和生活密不可分。20世纪60年代民权运动中体现的宗教积极主义——主要由自由主义者推动,就是保守和自由主义者在有关堕胎(*abortion)和同性恋(*homosexuality)等问题上表现宗教积极主义的一例。如果对政府存在严格的限制范围,许多争议的宗教与道德关系问题就将会限定于文化性争论,就不会牵涉到政府行动和第一修正案。但至少自"罗斯福新政"(*New Deal)以来,通过限制各种活动或直接补贴行为,从教育到家庭再到经济关系,政府在大部分生活领域的影响日益增强。福利国家使得政府不使宗教私人化而置身于宗教之外的任务更加复杂,以至于达到自己侵犯宗教自由的程度。

许多交叉影响在埃文森(Everson)一案的判决中都有所体现,这是联邦最高法院在现代审理的第一个有关宗教确立条款的案件。问题主要是政府能否为接送教会学校以及公立学校学生的巴士提供补贴。联邦最高法院首次对第一修正案的历史进行了考虑,认为宪法制定者们希望在旧世界和新世界都能消除伴随确立某一宗教教派而出现的民事纠纷和暴力迫害。联邦最高法院的大多数在很大程度上依凭1785年的一段历史插曲,即弗吉尼亚州拒绝以税收来资助神职人员,通过引用麦迪逊和杰弗逊在那场论战中的观点,宣称,宗教确立条款不仅禁止政府比对另一宗教更多地支持一种宗教或一个教派,也广泛地禁止政府比对非信教人员更多地支持信教人员。多数意见方引用了托马斯·杰弗逊在1802年写给丹伯里市浸信会教徒(Danbury Baptists)的信中的句子,认为宗教确立条款"旨在于政府和教会之间竖起'一道隔离墙'"。

以上所述表明,事实上的宗教确立作为一种政教关系的指导原则应当放弃。事实上宗教确立仅要求政府在各种新教教派之间保持中立,但没有要求政府在基督教与其他宗教之间、信教与不信教之间也保持中立。事实是宗教确立认定教会与国家之间的制度分离,但并没有认可"一道隔离墙"这一比喻背后所深含的更具有决定性的意义。事实上,隔离和"不得资助"这些语言所蕴含的深刻含义都表明,巴士资助行为应当被禁止。

但是,联邦最高法院的多数意见在判决的后半部分却急转直下,支持了补贴行为。联邦最高法院强调,否定宗教信仰者依据一般福利立法而获得的利益,将会使他们处境困难,并会使政府成为"对立者"而不是"中立者"(第16,18页)。埃文斯一案使福利国家计划背景下的政教关系富有戏剧性,如果理解为不得以任何形式"资助",就会与中立性产生冲突,如果中立性被理解为信教者与不信教者之间的平等保护的话。因此,有关中立和分离概念的不同理解,仍然是宗教条款方面争议的潜在基础。

禁止确立宗教条款的一般标准 在埃文森案的二十多年后,联邦最高法院一直维持了该案以满足确立宗教条款的要求,政府行为必须首先具有世俗目的,其次,应当以世俗影响为主要影响,这就是说,它既不能促进也不能倚重于宗教。在"莱蒙诉库尔兹曼案"(*Lemon v. Kurtzman,1971)中,联邦最高法院又增加了第三个标准,即政府行为是否违宪地增加了宗教与政府的过度纠缠。

联邦最高法院莱蒙案中的三因素标准受到了广泛的批评。事实是,不赞同其他一切的意识形态上的反对者与政治上的反对者共同联合起来,对这一矛盾的、专断的结果大加批评。但是,这个问题至少有两个原因:第一,莱蒙案确立的标准,与其他大多数宪法性审查标准一样,并不是完全确定的。它可能根据其适用是特别严格还是较为屈从,可以基于相同的事实而得出不同的结论。第二,莱蒙案标准并没有具体确立审查政府行为是"促进"宗教还是保持"中立"的底线,如果完全世俗的政府是其中立的底线,那么,任何"流向"宗教的支持都会必然构成促进,但是,如果宗教和世俗立场被认为是处于竞争地位的不同选择,则对此有时很少甚至毫无解释。

自上世纪80年代中期以来,联邦最高法院也采取了一些莱蒙案标准的替代性做法,但从来没有真正抛弃莱蒙标准。桑德拉·戴·奥康纳(Sandra Day *O'Connor)大法官在审理"林奇诉唐纳利案"(*Lynch v. Donnelly)(1984)时,对莱蒙案标准作了提炼,把问题主要集中于政府是否资助宗教而给人传递了一种这样的信息:不同意的公民"是局外人,或不是该政治团体的完全的成员"(p.688)。此外,另一种更宽容的替代做法是允许政府资助某一宗教团体,但不得强迫其他人同意或参加这一活动。不强迫标准把宗教设立问题限制在维护个人信教自由方面,而不支持标准则保留了莱蒙对政府结构上与宗教教义、制度和纷争的分离考虑。

上世纪八九十年代期间,随着更多的保守派人士被任命为大法官,一些分析家认为,联邦最高法院有可能会像谴责学校祈祷实践那样推翻莱蒙案标准以及上世纪六七十年代的所作出的其他宽泛的理解宗教确立条款的判决。但实际情况却并非如此,因为伦奎斯特法院对政府资助公立学校宗教活动的做法一直持否定态度。比如,在"圣达菲市独立校区诉多伊案"(Santa Fe Independent School District v.

Doe)(2000)中,联邦最高法院在否决支持高中学校足球比赛中祈祷的实践做法时,对莱蒙案标准、不支持标准、不强迫标准都有所适用。有关宗教确立方面的判例法中,重大的变化还发生在对宗教机构的财政资助方面。

对宗教的财政资助 由于政府对教会的直接财政支持与英国确立圣公会国教地位的做法有些类似,所以有关政府对教会或其他宗教组织给予财政或其他实际的资助的问题,就一直成为争论不休的宪法问题。按照埃文斯一案的判决,联邦最高法院认为,弗吉尼亚州不给予宗教人员以资助,是禁止宗教确立条款的核心含义。目前与宗教确立条款有关的案件大多是关于政府为与教会有关的学校提供资助的问题,不管是小学、中学,还是大学。尽管这种资助同样被认为有助于宗教传播,会使政府与宗教机构纠缠不清,但这种资助也有可能实现提高教学质量的世俗效果和目的,并使它们获得与接受政府资助的世俗学校平等的对待——尽管对此可能存有异议。

对教会初级学校和中学的资助 埃文森案20年后,伯格法院于20世纪70年代在重新面对这一问题时,却否决了一系列资助教会初级教育和中学教育(从幼儿园到12年级,K-12)的计划。这些判决的基础是两个相互独立的观点:一是莱蒙案中确立的效果标准;二是政府过度纠缠标准。第一个观点认为教会中的K-12学校是"普遍深入的宗派主义性质的":他们在整个的教育计划中都贯穿了对学生进行支持宗教教义的教育。所以,州给予学校教育计划直接资助,对促进宗教会产生重要的影响。

作为对这一观点的回应,许多州都对资助计划作了调整,以防止资金被直接用于教授宗教理念。比如,在莱蒙案中,州政府为私立学校的教师提供薪水补贴,但要求他们不得在课堂上讲解宗教。但联邦最高法院认为,这些控制措施本身使政府与教会产生过度纠缠,违反了第三标准。这种约束限制了教会学校传播宗教理念的能力。他们还要求州政府定期检查教会学校对资金的使用情况。

实际上,联邦最高法院对效果标准和过度纠缠标准的应用将教会K-12学校诱入了一个宪法陷阱。因为如果不限制资金使用,联邦最高法院就会得出在推动宗教传播方面产生重要影响的结论;如果采取措施防止出现这种效果,联邦最高法院就会得出过度纠缠于宗教学校事务的结论。正如某个判例的判决中所说的那样,这种"令人左右为难"(catch-22)的要求,在此后10多年的时间里,使所有针对教会K-12学校作出的直接资助和其他有形的物质资助,都蒙上了阴影。

与此形成鲜明对比的是,联邦最高法院对于政府直接资助个体学生或家庭的做法却十分宽容,不论他们最后选择教会学校,还是公立学校,或者是私人学校。联邦最高法院在一系列案件的判决中都支持了这种所谓的"真正个人选择"方案。首先是1983年的"米勒诉艾伦案"(Mueller v. Allen),联邦最高法院支持州法律允许人们在应税收入中扣除因教育孩子而支付的学费和其他费用的支出,公立学校和私立学校的学生家长都可以作这种扣除。但是,由于学费是可以得到的扣除中所占比例最大的一部分,而公立学校是免学费的。这样一来,税收优惠项目资助的享有者大部分就是选择私立学校教育的家庭,而这些私立学校有95%是受教会资助的。所以,反对者们认为,这种税收扣除对宗教产生了重大影响。

但是,联邦最高法院认为,统计数字并不重要,认定税收扣除计划出现这种效果是可以接受的。理由是,对于教会学校和其他学校来说,从中获得利益的机会是公平的,该项收益的去向是由"学生家长的个体选择来控制的",而不是由政府决定的。所以,州政府没有必要将具有"普遍深入的宗派主义性质"的学校排除,或者热衷于在监督钱的使用方面过度纠缠。

此后的判例把米勒案的判决从税收扣除扩展到政府的积极资助,"个人选择"理论在2002年的"泽尔曼诉西蒙斯-哈里斯案"(*Zelman v. Simmons-Harris*)时达到了顶点,该案的判决赞成克利夫兰市为不能进入公立学校就读的学龄孩子的家庭提供优惠券时将教会学校纳入其中的做法。优惠券可以在私立学校、教会学校或世俗学校里使用,也包括参加的郊区公立学校。但是,由于80%的私立学校都是教会学校,所以郊区决定不参加这个项目。联邦最高法院以5比4的结果作出判决,认为该项目的条款对宗教是中立的,符合莱蒙案的效果标准,它由个体的家庭决定在教会学校,还是世俗学校使用优惠券,对父母来说,存在可得的"真正的世俗选择权"。学生家长的选择权含盖了克利夫兰公立教育系统中的私立学校、特色学校、特许设立的学校以及补充性的辅导学校。由于家长的选择权包含了这样多的公立学校的选择,因此,联邦最高法院的多数意见认为,优惠券本身实际上大多在教会学校使用是无关紧要的。由于优惠券在教会学校中使用的比例,与俄亥俄州私立学校中教会学校的比例相差无几,联邦最高法院再次认为,在这里,宗教倾向的使用是由通过家庭而作出的"个体选择"决定的,而不是由州法律形成的偏差或激励决定的。

对教会学校的直接财政资助仍然被认为与诸如优惠券使用之类的个人选择性计划是不同的。2000年,在"米切尔诉赫尔姆斯案"(Mitchell v. Helms)中,联邦最高法院支持了联邦政府直接向教会学校提供计算机和其他教学设施的做法,但五位大法官形成的多数意见再次重申该批教学设施不能用于宗教目的。不同的是,当由个人选择决定资金流向时,联邦最高法院则没有限制其使用的要求。联邦最高法院之所以会支持米切尔案中联邦政府的做法，是因为曾经主张禁止宗教直接资助的奥康纳大法官和斯蒂芬·G.布雷耶大法官(Stephen G. *Breyer)发现，联邦政府的项目对限制宗教目的的利用有充分的保障。正是基于这种并不坚实的基础，这两位大法官决定投票支持米切尔案的判决，以推翻20世纪70年代禁止提供教学设施资助的判决。同样地，1997年的"阿戈斯蒂利诉费尔敦案"(*Agostini v. Felton)一案的判决推翻了1985年禁止公立学校教师为教会学校提供世俗实习的决定。这样一来，禁止直接资助的控制仍然有效，但再也没必要在政府和教会学校之间引起因禁止而产生的纠缠了。

但是，直接资助和私人选择计划之间的区别也许并不值得如此看重。只有两位大法官认为区别很重要，而且，与他们的前任相比，即使是他们也更愿意支持直接资助。更为基础性的问题是，两种路径的判决实际上反映了对政府中立的两种不同的理解。20世纪70年代之所以否定了直接资助，是根据世俗教育的底线——尤其是公立学校——对中立进行界定，就此而言，从理论上说，无论是传播还是诋毁宗教都是不允许的行为。在这种理解的基础上，人们认为，对教会学校资助，构成了对其学生家长"在送孩子到完全由政府开支支持的公立学校就读的权利"之外给予的额外的特别补贴["珀尔诉尼奎斯特案"(Pearl v. Nyquist) (1973)，第782页]。与此形成鲜明对比的是，近来涉及私人选择的判决，将世俗教育，包括公立学校，作为教会学校的替代性选择，这就意味着对教会和公立学校的直接资助是中立而可以接受的。所以，泽尔曼案判决强调，在分析家长是否真正有自主选择权利时，应该把"所有俄亥俄州为克利夫兰市的适学儿童提供的选择"也计算在内(第656页)，包括公立的特色学校、特许设立学校和辅导学校。

在直接资助的案件里，基线的变化反映了人们对直接资助的主流价值观的改变。20世纪70年代的判决有力地促进了教会与政府的分离，这既体现在禁止利用政府资助传播宗教方面，也体现在对引起政教过度纠缠的资助资金使用控制的规制上。而近来的判决却强调教会学校和非教会学校之间在资助计划的一般条件方面的平等性以及公民在教会学校和世俗学校各种不同的选项中的合理选择权。

其他问题：高等教育和社区服务　在K-12教会学校背景之外，联邦最高法院总显示出支持直接资助的更大倾向。即使是在上世纪70年代，联邦最高法院也在几起案件中对向大学提供直接资助给予了支持。联邦最高法院认为，与初级和中学教育相比，教会大学在传播宗教之外(如果不是取而代之的话)主要是教授严谨的思考能力。另外，大学生相对于比他们年轻的中小学生来说，也要成熟一些，不太可能被强迫去接受任何宗教信仰或宗教活动。基于此，联邦最高法院认定，对教会大学的直接资助就其基本影响来说，是促进世俗教育的发展。

由于联邦最高法院认为大学教育至少一部分是世俗化的，所以，对于直接资助的认同仍然是建立在世俗教育是中立的底线这一假设基础之上的。联邦最高法院从未批准过一项向宗教传播遍及课堂和校园的大学直接资助计划，对于此类学校的资助也许在宪法上限于像联邦佩尔助学金(federal Pell grants)那样的对进入这类学校的贫困学生提供的资助。如1986年，在"威特斯诉盲人服务部案"(Witters v. Department of Services for the Blind)中，联邦最高法院以一致同意的判决认定，宗教确立条款并不禁止学生用政府的资助完成自己在一所"普遍而深入"的基督教学院中完成神学学业。

此外，联邦最高法院对一件直接资助教会社区服务案的判决也是较为宽容的["鲍文诉肯德瑞克案"(Bowen v. Kendrick) (1988)]。1982年的《青少年家庭生活法》(Adolescent Family Life Act of 1982)规定，给予社会服务组织，包括附属于教会组织以资助，以实施旨在减少青少年妊娠的计划。根据某个回应直接资助大学的观点，联邦最高法院认为，直接资助宗教背景的社会服务组织并不违反宗教确立条款的规定，只要直接接受人不是顽固的宗派主义者。联邦最高法院也许不久还会遇到对宗教性社会服务组织资助的问题，因为联邦政府已经提出了将"诚信基础"上进行的社会服务纳入平等资助计划的动议。联邦最高法院似乎同样会根据它在处理有关教育问题上一直采用的对直接资助和个人选择进行区分的分析框架来解决此类问题。

平等资助的宪法权利　随着宗教确立条款对资助限制的退却，资助计划是否应当将宗教接受者平等纳入的问题又浮出水面，这个问题不仅仅是宪法是否允许的问题，而且也是宪法要求的问题。资助支持者主张，为将其从资助计划中排除而对宗教背景的教育作出标示，构成了对宗教活动的歧视，并违宪地要求家庭或学校放弃宗教实践以作为获得资助的前提条件。这一问题使伦奎斯特法院在处理有关基金配置方面保留政府自由裁量权的问题上，深深陷入了宗教与非宗教平等对待的问题中。

在"罗森伯格诉弗吉尼亚大学校长和来访者案"(*Rosenberger v. Rector and Visitors of University of Virginia) (1995)中，联邦最高法院认为，当弗吉尼亚大学在为印刷和其他出版物支付费用时，不得拒绝为带有基督教新教观点的期刊给予相同的待遇。拒绝资助该期刊而把它排除在有限的"公共论坛"范围以外的做法是违反宪法的歧视行为(参见Freedom of Speech)。但是，在近期审理"洛克诉戴维案"(Locke v. Davey) (2004)时，联邦最高法院却维持了某州作出的一项规定，该规定允许大学基于学习成绩和家庭收入情况而设立的奖学金可以把那些"虔诚"的准备成为牧师的神学专业学生排除在外，即便该学生在不存在这些情况时有资格获得奖学金。

洛克案使罗森伯格案作出的认定仅仅限制在资助学生的言论行为的范围内，因为它反对资助教育计划。同时洛克案的判决还把神职人员的训练看作是与文学和数学之类的学科"明显不同的教育类别"。大量的判决意见表明，联邦最高法院将会在许多明确禁止资助"宗教"学校或宗教指导的州遵从宪法的规定，尽管有好几段的文字暗示，牧师的训练是一种特殊情况，因此，州拒绝给予其资助的利益特别强。如果宽泛地解读洛克案判决，并结合近来的其他案例来看待这个问题，这将意味着各州通常会把教会学校纳入资助计划内，但并没有要求他们要这样做。

对宗教的非财政资助 对于以非财政的方式而对宗教给予的支持或承认，如在公立学校和立法机构的祈祷、官方作出的感恩节宣言，等等，美国政府长期以来也采取了多种措施。这些行为作为事实上的宗教确立行为无处不在，而联邦最高法院也直到埃文森案确立了中立和分离原则后才开始对这些问题进行审查。彼时，公然强制的宗教践行行为大多都停止了，因此也没有多少够得上强制践行的案例被呈交到联邦最高法院。针对非财政性支持宗教的一项较为流行的观点认为，此类行为背离了中立原则，并从官方支持了某一宗教在地位上处于另一宗教之上，或者信教者处于不信教者之上。前文已经指出，这些支持被公开的指责是错误的，并不是因为它直接剥夺了个人的自由，而是因为它制造了没有保障的社会不协调，疏远了与政府持不同宗教观念的公民，无论其最初的意图是多么地非宗教性或大众化。

同时，即便在当今多元化和世俗化的背景下，许多市民仍然认为，取消这些宗教活动将会人为地、不明智地使美国公众生活世俗化。这种观点体现于公众对第九巡回上诉法院对"纽道诉合众国议会案"(Newdow v. U.S. Congress)(2002)所作判决的愤怒回应中。第九巡回上诉法院在判决中认定，在对美国的效忠誓言中废止使用"以上帝的名义"的表述，就像在公立学校中的吟诵一样。联邦最高法院随后在"埃尔克·格罗夫联合校区诉纽道案"(Elk Grove Unified School District v. Newdow)(2004)中立即否决了这一判决。联邦最高法院认为，无监护权的父母无权提起针对效忠誓言的诉讼。3位持并存意见的大法官认为，使用"以上帝的名义"一词自有好处，这也表明他们也不愿意在政府活动中取消所有的宗教元素。

另一个对抗性的观念是，要确保私人个体和团体在公共场所进行宗教活动，即使政府支持的宗教活动根据宗教设立条款被全部取消时，它仍然能够受言论自由条款和自由践行条款的保护。

公立学校中政府资助的宗教 与对宗教的财政资助问题一样，关于官方宗教活动问题的一个主要战场也是公立学校。自20世纪60年代以来，联邦最高法院一直坚持认定公立中、小学里出现的制度性的支持或倾向于宗教的活动违反了宗教确立条款的规定，这些活动包括：组织班级祈祷或者朗诵圣经、在典礼或其他校园活动中祈祷、为鼓励私人默祷而在教室里强制默诵、张贴诸如十诫之类的宗教文本以及讲授如圣经创世纪之类的教条等（参见School Prayer and Bible Reading）。如前所述，"以上帝的名义"一语在校园宣誓中如同在效忠宣誓中一样仍然得到保留，纽道案中的多数法官拒绝了原告的起诉，这并不是因为他们权衡利弊而支持这样的宗教活动。

取消学校支持宗教活动的判决仍然是建立在对于宗教支持的普遍担忧——使持不同观念的学生或其家庭与他们以税收和精力支持的学校疏远——的基础之上。但是联邦最高法院同时指出，事实上强迫所带来的危险在K-12年级学校里较为严重，因为年轻人更容易受到公开的或潜移默化的压力影响。众多分析家希望宗教设立原则的适用会推翻长久以来的校园祈祷原则，在"李诉韦斯曼案"(Lee v. Weisman)(1992)中，伦奎斯特法院出乎许多人意料地认定，学校在毕业典礼上邀请牧师来做简短祈祷的行为违反了宗教确立条款。尽管远不能说韦斯曼案推翻了以前关于校园祈祷的判决，但它却把它们的原则从教室扩大到了学校的其他活动。联邦最高法院的多数意见回避了非资助标准，而取而代之地适用了非强制原则，对此，不少观察家预期，这将会导致对学校支持的祈祷行为的认可，只要没有人被正式地强制要求参加这类活动。但是，魏斯曼案中关于强制的定义却十分宽泛：即使没有要求持不同观念者必须参加祈祷，只是要求在此过程中静静地站在那里等待，也是一种强制。后来，伦奎斯特法院在其2000年作出的一项废止官方支持足球比赛中祈祷的判决中，明确倾向于采取这种更为严格的不支持标准。

唯一在权衡利弊的基础上赞同涉嫌正式实施促进宗教活动的是涉及一所公立学校的案件："拉奇诉克劳森案"(*Zorach v. Clauson)(1952)。在该案中，联邦最高法院维持了每周一次地让学生离开课堂去参加在校外举行的宗教教导课这一习惯做法（参见Released Time）。仅仅在4年前，在"伊利诺伊州涉及麦科洛姆诉教育委员会案"(*Illinois ex rel. McCollum v. Board of Education)(1948)中，联邦最高法院认为，牧师、神父及犹太传教士向属于其宗教派别的学生进行宗教指导违反了宗教确立条款。在佐拉奇案中，联邦最高法院认为，在公立学校中,将校园内的宗教指导融入学生的课程表中,构成了违宪地对宗教的支持。

联邦最高法院对宗教指导在校园和不在校园发生这两种情况进行了区分,但这种区分遭到了广泛的批评。一个更具有说服力的立场似乎是值得注意的,这就是,在麦科洛姆案中,学生必须积极地行动才能免除该宗教课,而佐拉奇案中,学生则必须积极行动才能参加宗教指导课。所以,在麦科洛姆案中,学校直接提供了宗教指导,而在佐拉奇案中,学校却仅仅是对学生和家长接受宗教指导的独立选择作出回应。

取缔学校支持宗教行为的判决所依据的基础是世俗教育应当是中立的。联邦最高法院一再拒绝这样的观点:公立学校教育缺乏宗教实践会为"世俗化的宗教"奠定基础["阿宾顿校区诉谢穆普案"(*Abington School District v. Schempp)(1963),第225页]。从有关宣誓中"以上帝的名义"一语使用的判例可以测试出联邦最高法院认为消除公共活动中的宗教痕迹是中立的途径这种认识是多么地根深蒂固。在涉及官方宗教实践的案件中,伦奎斯特法院一直保留甚至加强了世俗教育的底线,即便在涉及资助个人进入私立教会学校读书方面它偏离过这一底线,在任何情形这都是值得注意的(见前文所述)。这种差别对待可以基于以下事实而得到合理的解释:财政资助计划留给个人去选择其所喜好的学校(世俗学校或教会学校),而官方支持宗教则会经常表达出一种或一系列受限的观念,而这种观念极有可能为大多数人所喜好。

公立学校里的自愿性宗教活动 相比较而言,当公立学校里的宗教活动完全是由学生、家长或其他个人自愿选择进行的时候,联邦最高法院始终认为,可以甚至有时必须允许这样的宗教活动。这种进步源于"威德马诉文森特案"(Widmar v. Vincent)(1981),本案中,联邦最高法院以8比1的投票结果作出判决,认定州立大学中具有宗教取向的学生组织和其他世俗的学生社团一样,可以获得集会场所。这一规则在"教育理事会诉摩根斯案"(Board of Education v. Mergens)(1990)中被有效地应用于处理高中学生的案件。本案中,联邦最高法院认定,宗教确立条款并未要求祈祷的学生团体在课后"活动时间"里不能像其他学生团体那样以同样的条件在教室中进行集会。据此,默根斯案的判决维持了《1984年平等接近法》(Equal Access Act of 1984)的合宪性,该法赋予了学生团体集会的法定权利。在默根斯一案中,会议是由学生自发组织的,在场的教学人员只负责安全问题而不参与其中。许多学生团体举行了会议,内容涉及校内体育运动、音乐、学术和社会活动等。基于以上事实,联邦最高法院认定,任何宗教活动的举办或组织都应当由学生进行,而不应由学校组织。

后来的一些判决把平等接近原则应用于越来越多的有争议的问题,包括为州立大学里的宗教组织提供积极的资助基金(而不仅仅是提供便利的设施)(罗森伯格案),以及小学生宗教组织在刚放学后参加作为"有限公共论坛"的集会["好消息俱乐部诉米尔福德中心学校案"(*Good News Club v. Milford Central School)(2001)]。联邦最高法院一再重申,排斥宗教俱乐部的做法从观念上说是一种歧视,也是违反言论自由原则的最明显的行为类型。在宗教背景下进行的宗教礼拜或指导不应获得比在非宗教背景下对道德问题进行讨论的言论更低的对待。由此可见,在利用有关设施的问题上,联邦最高法院对于宗教性的观念和世俗性的观念是可以相互替代的,作为一种中立的方式,宗教享有平等接近的待遇,这不仅是允许如此,而且是要求如此。

非学校问题 在公立学校的问题以外,联邦最高法院对支持宗教的行为的许可似乎显得更为宽容,只要这些行为没有明显的宗派偏好。所以,在"林奇诉唐纳利案"(Lynch v. Donnelly)(1984)中,联邦最高法院维持了某城市于城市财产上在圣诞老人与驯鹿图片附近悬挂基督降生图像的做法;在"艾勒金尼县诉美国公民自由联盟案"(Allegheny County v. American Civil Liberties Union)(1989)中,联邦最高法院的多数意见认为,在郡办公大楼外的一棵大圣诞树旁边悬挂犹太教圣烛台的行为是合宪的,尽管在另外一个案件中多数意见否决了将郡法院旁的空地作为设立基督教孤儿院的选址,原因是旁边没有代表其他宗教或世俗的标志,该孤儿院的存在容易给人传达一种支持基督教的信息。

对于公立学校范围以外的地方,平等接近原则同样可以适用于完全由个人进行的宗教演讲和标志。在"州议会大厦街区及顾问委员会诉派尼迪案"(Capitol Square Review and Advisory Board v. Pinette)(1995)中,尽管联邦最高法院内部分歧较大,但仍然认可了"三K党"(Ku Klux Klan)享有在州议会大厦外广场上一块供人们自由演讲的地方展示独立的十字架的权利。

宗教自由践行条款 宗教自由原则禁止政府直接处罚或管制宗教信仰,这已经成为长期以来人们普遍接受的观念。此外,如前文所述,具有宗教内容或动机的言论,根据言论自由原则和自由践行原则,都能得到强有力的保护。尽管行为比言论受到更多的约束,但政府也不会将具有宗教动机的行为独立出来而对其实施处罚。例如,在"鲁库米·巴巴鲁·艾教堂诉海尔里奇市案"(Church of Lukumi Babalu Aye v. City of Hialeah)(1993)中,联邦最高法院就一致否决了将萨泰里阿教(Santeria)的信徒宰杀动物作为宗教仪式牺牲品的行为刑事犯罪化的法令。

宗教行为的强制豁免 因此,根据宗教自由践行条款而提起的诉讼,对于政府是否应当对具有宗教动机的行为免除适用与该宗教良知相冲突的一般法律,就需要给予高度的关注。这个问题实际上就是:该条款是否保障信徒或教堂享有拒绝履行法律要求的但又违反其宗教信仰的行为的权利(如要求其基于无歧视原则而招募女性牧师等),或者实施法律禁止但又是其信仰要求的行为(如服用非法药品而进行盟誓的行为等)的权利。如果这种保障是存在的,它也不可能是绝对的——考虑一下以人为牺牲的祭奠——因此,确定强制性豁免的准确范围,确实提出了一个颇具挑战性的问题。

雷诺兹(Reynolds)案,1897 年就摩门教一夫多妻(或一妻多夫)问题作出判决,否定了宪法上对这类行为的强制性豁免,并明确将对宗教自由践行的保护仅限于信仰。但是,这种对行为与信仰的区分在近来的两件案例中却被推翻了。在"谢尔伯特诉佛尔纳案"(Sherbert v. Verner)(1963)中,联邦最高法院命令州政府为一位第七日基督再临论者支付失业救济金,即使他不愿意接受一份可以获得的工作,但这是失业救济金法律所要求的,他之所以拒绝,是因为该份工作要求在星期六工作,而这一天却是他的安息日。该州声称,保护失业补偿基金的完整性,保护它不被不愿意寻找工作的人耗尽是一种强制性的利益。联邦最高法院认为,政府应当承担一项像宗教自由践行那样的基本权利而给自己增加的负担,只有它为了保护一项强制性的利益而采取了最低限度的可能措施,它才做到了这一点,而在本案中,政府却没有满足这个要求。后来的一系列涉及失业救济金的案件都维持了本案的认定。

案件之二是"威斯康星州诉约德案"(*Wisconsin v. Yoder)(1972),该案认定,不能要求门诺教派(Amish)的父母违反信仰在孩子八年级后将其送到公立高中学校,因为威斯康星州政府不能证明这样做在教育方面的强制性利益——确保其自益或培养公民方面——是巨大的,以致可以不考虑法律赋予门诺教徒免除其遵守强制性子女就学的法律权利。约德案的判决表明,政府不仅要对相关的立法提出充分的理由,而且,也要对否定特定信教人员的豁免提出充分理由。这样一来,政府证明一项可能导致宗教践行受到限制的立法的正当性的证明责任就会大量增加。

谢尔伯特—约德案有关豁免的原则可以说是为了保护自由价值和个人在宗教事务方面的选择权的,因为,即使是非歧视的法律在应用过程中也会造成宗教的严重负担。同时,豁免通过限制政府对宗教的管制也可能更适合严格的实行政教分离。宗教之间的平等豁免的蕴涵是含混不清的。由于小群体的宗教与大群体的宗教或文化适应的信仰相比,更可能与一般的法律准则产生冲突,因而,强制性豁免在实践中能够服务于宗教平等化的目的。但如果平等仅仅意味着法律在表面上如何对待宗教与非宗教行为——即道格拉斯·莱科克(Douglas Laycock)教授所说的"形式的"平等——那么,将豁免局限于宗教动机的行为就不仅不应当是法律要求的,甚至可能是不适当的。

约德案后,大法官们便迅速从强硬的豁免立场中退却。这部分是由于对形式平等的沉迷,部分是由于谢尔伯特—约德案确立的原则在与联邦最高法院在其他案件中所作的认定结合起来考虑时可能提出的实践方面的挑战。宗教异议者通常只是一个少数人群体,他们对于一般性立法的不遵从很少会破坏法律总体的实际效果。此外,"合众国诉巴拉德案"(United States v. Ballard)(1944)有效地排除了对宗教信仰忠诚和合理性的司法调查。因此,如果结合巴拉德案进行解读,谢尔伯特案和约德案似乎要求任何要求法律豁免的宗教异议者几乎都可以得到豁免——这是一个许多大法官开始感到过于宽泛的自由空间。

当从豁免中获得的利益是少数人想要得到的东西时,如把孩子留在家中而不去上学的自由等,宪法性的强制豁免在实际中只会带来很小的问题。但是,在"合众国诉李案"(United States v. Lee)(1982)中,门诺教派(Amish)的信徒却认为自己可以对社会保障税行使自由践行豁免权。可能是由于害怕引起人们纷纷以宗教教义为由提出免税的诉讼,联邦最高法院认定,政府否认此项豁免的利益是强制性的。李案只是背离豁免原则的第一步,紧随其后,联邦最高法院又拒绝了一名土著人(*Native Americans)以宗教践行自由为由而阻止政府为他的女儿分配社会保障号码的豁免请求;还拒绝了一名东正教犹太人违反空军统一制服规章规定而穿戴犹太教小圆帽的豁免要求;还包括拒绝一个土著部落基于其会使他们与他们心目中的宗教圣地隔离开来而反对一条联邦高速公路建设的要求。由于这些案件的判决首先拒绝探求存在宪法意义的负担,故政府也不再需要为自己的行为找到强制性的理由。

在"就业分部诉史密斯案"(Employment Division v. Smith)(1990)中,联邦最高法院在范围广泛的一系列情形都背离了强制豁免原则。由于两名土著人在宗教仪式上吸食了 Peyteo(一种迷药)后被辞退,有关部门因此拒绝为两人支付失业保险金。州政府认为,按该州的法律规定,吸食 Peyteo 是一种刑事犯罪,所以,两人是因为"与工作相关的不当行为"而被辞退,因而不能获得失业保险金。两名土著人认为,根据谢尔伯特案所解释的宗教自由践行条款,政府不能对这种宗教实践适用"与工作相关的不当行为"这一标准。但联邦最高法院认为,政府拒付失业保险是合宪的,理由是拒付行为是依据"中立法律的一般适用"作出的决定。按这样的规则,可以认为,州利益的重要性或者对宗教实践所施加的影响的程度都是不相关的。

安东尼·斯卡利亚(Antonin *Scalia)大法官代表多数意见作出判决,其中特别强调法官不能为了平衡宗教实践和与之对抗的政府利益而划定原则性较强的界限。在处理先例的问题上,史密斯案的判决对约德案进行了重构,把它看作是宗教自由践行与父母和家庭自治这一实体的正当程序权利的融合。谢尔伯特案之所以重要,是因为它不仅确立了宽泛的禁止,而且确立允许基于某些世俗的原因而拒绝工作的"正当理由"的一般标准,并因此必须对宗教原因的正当理由也予以认可。泛而言之,史密斯一案的判决使宗教自由践行条款相对于诸如言论自由之类的宪法权利来说显得多此一举。

如今,自由践行法律设置的条件都要通过按史密斯案判决重新立法或解读来决定。国会通过制定《宗教自由重建法》(the Religious Freedom Restoration Act,1933,简称 RFRA),对此进行了否定性的重新立法。作为对抗为宗教设置"过重负担"的一种制定法保护手段,该法重新界定了谢尔伯特-约德案中的"强制性利益"标准。但是,联邦最高法院在审理"博尔纳诉弗罗里斯案"(*City of Boerne v. Flores)(1997)时,却否定了该法的规定可适用于州和地方政府的行为,其理由是:它的规定超出了国会在实现宪法第十四修正案权利方面的权力。联邦最高法院指出,国会不能超出联邦最高法院在史密斯案中所作的阐述而在更宽泛的范围内理解宗教自由践行条款,并在此基础上制定法律。

布尔尼案的判决留下了关于管束标准方面的许多问题,《宗教自由重建法》对于联邦政府来说依然有效,少数几个州也相继制定了各自版本的《宗教自由重建法》。2000 年通过了一项新法案——《宗教土地使用和法人法》(Religious Land Use and Institutionalized Person Act of 2000,简称 RLUIPA),对州及地方涉及土地规划、建筑保护和监狱状况等方面的法律规定实行严格的司法审查。所有这些法律都受到了不同程度的挑战,理由是豁免限于宗教行为而不包括类似的世俗行为,违反了宗教确立条款(Establishment Clause)。联邦最高法院在 2004 年签发了审理"库特诉威尔金森案"(Cutter v. Wilkinson)(2004)的调卷令(certiorari),以受理基于宗教确立条款在监狱问题方面对 RLUIPA 提出的挑战。该案还可能同时提出了另一个问题,即国会基于其商业权力(*Commerce Power)和开支权力(*Spending Power)制定法律的权限问题。

与此同时,宪法上的宗教自由践行的诉求其本身仍然会受就业分部诉史密斯案判决的约束,而对于史密斯案判决的解读也会聚焦在什么使法律具有"中立和一般适用性"的问题上。尽管大多数低级别法院会从尽量减少豁免的意义上来解读这一规则,但有些也曾作出过这样的认定:法律对世俗行为予以

豁免通常都不具有普遍的适用性,宗教实践的豁免也应当如此。由于有许多法律都包括了某些除外的规定,这样的立场会使史密斯案判决的效果大打折扣。联邦最高法院很可能会尽快解决这一问题。

史密斯案同时也批准了立法机构把宗教豁免写进法律中的能力,联邦最高法院在针对一项基于宗教确立条款而提出异议的主持"主教公司诉阿摩司案"(Corporation of Presiding Bishop v. Amos)(1987)中,对此项实践给予了确认。把立法机构的豁免与减少宪法性强制豁免结合起来看,似乎表明,小规模的、势力较弱的宗教信仰需要依靠政治上大多数的好意才能获得保护,而政治势力较强的宗教则可以通过成功的游说而获得保护。有时候立法机构会保护宗教少数人群体的实践,如有许多州对宗教圣典中服食 peyote 的行为实行豁免;但更多时候他们却得不到保护,正如联邦针对摩门教一夫多妻制而进行无情斗争时所显示的那样。

有关宗教自由践行原则的最后一个领域是法院对宗教组织内部纠纷进行裁判的问题。其中涉及的情形包括:因小派别间就一教堂内谁掌管教堂的财产和办公系统的问题而引发的纷争,因教堂的个体受雇人员或者成员声称教堂对其实施歧视或存在其他不合法对待他们的行为而引发的纠纷。联邦最高法院对此提出了两种解决方法。根据第一种方法,该方法是在"沃森诉琼斯案"(Watson v. Jones)(1872)中首先开始采用的,法院遵从将该问题交由教堂治理机构解决,不管后者是等级制的裁判所裁判还是按个体教众的多数意见裁判。根据第二种方法,该方法是在"琼斯诉沃尔夫案"(Jones v. Wolf)(1979)中确立的,法院可以适用世俗的法律原则进行裁判,即便这将推翻宗教当局作出的决定,只要该世俗的法律原则没有含摄对宗教教条的解释。如果宗教教条必须进行解释,法院就必须遵从宗教治理机构作出的解释。

州法院在处理宗教财产问题时,也可以选择采用以上两种办法,目前,很多州是采用世俗的财产和信托法律来对其作出处理。有所不同的是,当争议直接涉及牧师等神职人员时,不管是联邦最高法院还是低层法院,即便在就业分部诉史密斯案之后,仍然必须遵从宗教当局的处理,而不能直接适用世俗的雇佣法。这样做的理由是,司法介入会使法院置于宗教纠纷的一方,并且可能会要求法院处理神学问题,如某一牧师是否胜任地履行了其职责。但是,对于非处于宗教中心位置的问题,除非案件要求必须对宗教教条作出解释,否则,教会自治很少会优先于世俗法律。

参考文献 Christopher L. Eisgruber and Lawrence G. Sager, "Congressional Power and Religious Liberty after City of Boerne v Flores," *Supreme Court*

Review (1997):79-139. Frederick Mark Gedicks, *The Rhetoric of Church and State: A Critical Analysis of Religion Clause Jurisprudence* (1995). Philip A. Hamburger, "A Constitutional Right of Religious Exemption: An History Analysis," *George Washington Law Review* 60 (1992):915-948. John C. Jeffries, Jr., and James E. Ryan, "A Political History of the Establishment Clause," *Michigan Law Review* 100 (2001):279-370. Douglas Laycock, "Formal, Substantive and Disaggregated Neutrality Toward Religion," *DePaul Law Review* 39 (1990):993-1022. Ira C. Lupu, "Government Messages and Government Money: Santa Fe, Mitchell v. Helms, and the Arc of the Establishment Clause," *William and Mary Law Review* 42 (2001):771-822. Michael W. McConnell, "Religious Freedom at a Crossroads," *University of Chicago Law Review* 59 (1992):115-194. Michael W. McConnell, "The Origins and Historical Understanding of Free Exercise of Religion," *Harvard Law Review* 103 (1990):1409-1517. Steven D. Smith, *Foreordained Failure: The Quest for a Constitutional Principle of Religious Freedom* (1995). John Witte, Jr., "The Essential Rights and Liberties of Religion in the American Constitutional Experiment," *Notre Dame Law Review* 71 (1996):371-445.

[Frederick Mark Gedicks 撰；Thomas C. Berg 校；潘林伟、许明月译；许明月、邵海校]

1875 年管辖转移法[Removal Act of 1875]①

由于1875年管辖转移法所具有的重要性，该法有时被称为《1875年司法法》(the *Judicial Act of 1875)。它第一次授予联邦法院原审及转移管辖权(*original and removal jurisdiction)，这两种管辖权与宪法授予联邦法院对联邦问题(*federal questions)的管辖权相并存。宪法第3条(*Article Ⅲ)授予司法权的管辖范围包括宪法、合众国法律和合众国已订的及将订的条约之下发生的一切涉及普通法及衡平法的案件。但是，第一届国会却选择把联邦问题的管辖权主要授予州法院，并且仅仅允许有限的联邦问题的上诉(*appeal)案件由州法院(*state courts)转到联邦最高法院。它同时也规定了一项有限的审前从州法院移转管辖权到联邦法院的权利。

联邦问题的扩展与管辖权的转移在整个19世纪并存发展。在南北战争(*Civil War)时期，国家权力的增长包括了联邦法院司法管辖的扩张，这种扩张是伴随着重建修正案所带来的联邦实际权力的增长必然产生的。在《1875年管辖转移法》(The removal Act 1875)制定时期，这一趋势达到了高潮，这一法律授予联邦法院对"因美国宪法、法律或条约产生的"民事诉讼案件的共同管辖权。该法同时也极大地扩展了转移管辖，扩大到包括原告与被告。《1887年司法法》(the Judicial Act of 1887)通过统一转移管辖和原审管辖的要件，完善了《1875年司法法》。由于这些法律，联邦法院第一次成为维护合众国宪法所保障的权利的主要诉讼法院。

[William M. Wiecek 撰；龚柳青译；常传领校]

案件的转移[Removal of Cases]②

双重的司法体制的存在是美国联邦主义(*federalism)的特色。每个州都有自己的法院体制，代表性的包括初审法院、中级的上诉法院以及最高法院。联邦体制有着类似结构的司法体制。一般情形，由原告决定是在州法院或联邦法院提起诉讼，并且只要被选择的法院对该类案件和被告享有管辖权，原告的决定则是不受妨碍的。

案件的转移则是一般规则的例外，允许被告将案件从州法院转移到未决案件所在地区的联邦法院。因此，案件的转移使被告得以变更原告对州法院的选择。在一个案件被转移之后，州法院就失去对该案的管辖权，而联邦法院则获得决定这一案件所有方面的权力。

虽然转移管辖并没有在宪法中提及，但在《1789年司法法》(*Judiciary Act of 1789)创立了低级别联邦法院(*lower federal courts)体系后，就在某些方式上得到了制定法的授权。根据现行的制定法，只有当案件属于联邦法院的司法管辖范围，并且已经由原告诉诸联邦法院时，案件的转移才被允许。作为进一步的限制，涉及不同州公民的案件转移，只有当被告不是争议发生地之州的公民时才被许可。因为案件转移不符合允许原告选择受理案件法院的一般原则，所以联邦最高法院狭义地解释了案件转移法律，稍微限制了被告变更原告选择法院的权利。

[Daan Braveman 撰；龚柳青译；常传领校]

免职权[Removal Power]

参见 Appointement and Removal Power。

雷诺诉美国公民自由联盟案[Reno v. American Civil Liberties Union, 521 U. S. 844(1997)]

1997年3月19日辩论，1997年6月26日以7比2的表决结果作出判决，史蒂文斯代表联邦最高法院作出判决意见，奥康纳对判决持部分并存意见，部分不同意见，并得到伦奎斯特的附和。

---

① 另请参见 Judicial Power And Jurisdiction。
② 另请参见 Judicial Power and Jurisdiction; State Courts。

在首次对互联网问题作出判决时，联邦最高法院认为互联网上的言论受到第一修正案(the *First Amendment)的最大限度保护。

本案是由一批团体精心策划后发动的一起诉讼，这些团体里有出版商、公民权利活动家和AIDS觉醒与同性恋权利活动家等。《得体通信法》(Communications Decency Act，简称CDA)规定，在知情情况下向18岁以下的特定个人发送不体面的信息或图片，或以未成年人"可能得到的方式"公然展示具有侵害性的信息或图片的行为都是一种犯罪。上述团体对CDA的这一规定提出了质疑。

更深层次的问题是，如何根据第一修正案意图对互联网进行考量。在驳回了政府提交的广播管制模式方案时，联邦最高法院发现互联网不存在带宽稀缺问题，缺乏长期的政府管制历史，它不是一种"侵入性"的媒体，"使用者很少会'偶然'遇到某些内容"(第854页)。

因此，第一修正案要求对互联网实行以内容为基础的严格审查(*strict scrutiny)。联邦最高法院认为，如果从互联网的全国范围来看，"公然侵害"和"不体面"之类的词汇，含义模糊、冷僻。考虑到地区法院在认定年龄确认技术方面的无效性和成本支出，以及成年人对于对未成年人具有潜在危害的资料享有的宪法权利，CDA规定的积极防范措施不能解决这一问题。

联邦最高法院的判决未能解决在线猥亵性内容的判断适用什么样的"社区标准"(如果存在的话)问题。互联网缺乏弥漫性也似乎已经使其容易受到挑战。如果年龄确认技术或准确定位技术变得廉价而普及，同类的法律在未来可能会使对其进行的严格审查保留下来，桑德拉·戴·奥康纳大法官建议，"由国会建立互联网'成人区'……从宪法上说是可行的"(第886页)，但也许这只是个预言。

[Michael Froomkin 撰；潘林伟译；邵海校]

回应权[Reply, Right of]①

根据联邦宪法第一修正案(*First Amendment)，政府是否能够要求媒体向希望对该媒体所表达的观点作出回应的人民提供空间或时间？回应权问题正是因此而产生的。一些法律学者认为，联邦宪法第一修正案所禁止的只是对表达的剥夺而不是对表达的鼓励。正如频谱的稀缺限制了广播输出的数量，他们认为，经济上的集中已经严重地减少了报纸的数量。因此，要在媒体市场中促进多样化的思想交流，要求报纸及电子媒体对那些并不拥有报纸或具有广播许可或者操作有线电视系统的人提供某种可接近的权利是合理的。

在著名的"迈阿密先驱报出版公司诉托米罗案"(*Miami Herald Publishing Co. v. Tonillo) (1974)中，联邦最高法院拒绝了一项州设定的强制回应权。帕托·托尼罗(Pat Tonillo)，一位佛罗里达州立法机关的候选人，在《迈阿密先驱报》(*Miami Herald)的社论中受到批评。托尼罗根据佛罗里达州法律规定要求给予回应空间，该法律规定任何候选人的个人品格或官方记录受到报纸攻击的，报纸都要向其提供免费的回应空间，而《迈阿密先驱报》则拒绝了他的这一要求。法院一致认为该项法律违背了联邦宪法第一修正案对新闻自由的保障，因而是违宪的。"负责的新闻毫无疑问是理想的目标"，法院评论道，"但是，新闻的责任并不是宪法所规定的，像其他美德一样，它不能由立法设定"(p.256)。法院最后认定回应权可能造成过度的财政浪费，强迫报纸删掉他们想发表的材料以让回应有空间，导致报纸避免发表任何会引发回应的文章，并且给编辑过程造成无根据的干扰。

5年前，在"红狮广播公司诉联邦通讯委员会案"(*Red Lion Broadcasting Co. Inc. v. Federal Communications commission) (1969)中，联邦最高法院对广播媒体一致支持了与此惊人相似的回应权。红狮案判决支持了由联邦通讯委员会(the Federal Commision)制定的公平原则及个人批评和政治社论规则。根据其含义，判决同样肯定了联邦通讯法(the Federal Commisions Act)对所谓机会均等部分规定的合宪性。在红狮案中，联邦最高法院认为，观众及听众享有联邦宪法第一修正案规定的接受多样化观点的权利，这比广播者享有该法规定的任何权利都要重要。同时，在"CBS公司诉联邦通讯委员会案"(CBS v. FCC) (1981)中，法院也支持联邦法律要求广播者对联邦候选人提供"合理接近方式"的规定。但是，在"CBS诉民主党全国委员会案"(CBS v. Democratic National Committe) (1973)中，它却拒绝承认存在任何购买编辑宣传播报时间的宪法第一修正案权利。1987年，联邦通讯委员会宣布不再强制执行公平原则，但仍然保留个人批评规则、政治社论规则和平等机会法。平等机会法要求，除特定例外情况外，为某一合法候选人提供免费或付费宣传时段和频率的广播公司也应为竞争同一职务所有其他候选人提供相同的时段。个人批评规则和政治社论规则，除个别例外情况外，也同样要求广播公司为人格完整性受到攻击的个人或团体和受到电台社论攻击的政治候选人免费提供回应时段。2000年，哥伦比亚特区的联邦上诉法院在遭受联邦通信委员会长达两年的对其提出的要求废除这些规则的请求置之不理态度困扰之后，再次下令要求该机构取消上述规定，FCC很快就照办了。

公平原则从不要求广播者对特定的个人或群体

---

① 另请参见 Speech and the Press。

提供回应的时间。它只要求广播者以合理的方式广播具有公众价值的争论议题。尽管如此,联邦通讯委员会废除该原则也有其他的考虑,包括该原则打击了广播者对公众事务进行大胆新闻报道的勇气、妨碍了广播编辑的独立判断,以及赋予了联邦通讯委员会新闻审查权(*censorship)。公平原则废止后,联邦通讯委员会认识到很难令人信服地使其个人批评规则和政治社论规则的存在继续具有正当性,因此,当这些规则获得接踵而至的攻击后,它并不感到惊奇。对于今天来说,电子媒体中的回应权的问题仅限于公平机会法规定的范围。从理论上来说,国会和 FCC 确立公平原则,甚至个人批评规则和政治社论原则,并不存在第一修正案方面的障碍,但从目前放松管制的环境来看,制定这类立法的可能性确实很小。

参考文献 Jerome A. Barron, *Freedom of the Press for Whom*?: *The Right of Access to Mass Media*(1973)。

[Robert E. Drechsel 撰;龚柳青、潘林伟译;常传领、邵海校]

联邦最高法院判例汇编人[**Reporters,Supreme Court**]①

第一份判决的汇编人是一名未经授权的宾夕法尼亚州人,他利用了1791年联邦最高法院搬迁到他所在的州而获得的商业利益。现在判例汇编人拥有一个法定机构,其工作人员都是一直享有很高声望的公共官员。

亚历山大·达拉斯(Alexander *Dallas)是一名记者、编辑和未来的财政部秘书,联邦最高法院从纽约市迁至费城时,就已经开始为私人售卖而出版宾夕法尼亚州判例。在以英语注明判例汇编的传统中,他的第一卷被称为《达拉斯Ⅰ》,已经成为美国判例汇编(*United States Reports)的第一卷,但内容只是宾夕法尼亚州的判决意见。他的第二卷包括一些美国联邦最高法院的判决,对于1800年及其以后的判决,达拉斯时有保留地进行出版。那一年法院搬到华盛顿特区,威廉·克兰奇(*Wlilliam Cranch)承担了汇编工作。由于在哥伦比亚特区担任了54年的法官,克兰奇直到1815年才着手记录法院的判决。虽然克兰奇的司法工作使他的时间非常紧张,但他的汇编在慢慢地增多直至任期结束。

国会通过法律正式确定负责判例汇编的机构是在1816年,在《1817年司法法》(the Judiciary Act of 1817)之后,第一次规定判例汇编人可得到适当的补助。亨利·惠顿(Hhenry *Wheaton),联邦最高法院任命的第一位判例汇编人,是约瑟夫·斯托里(Joseph *Storey)法官的好朋友,在斯托里的部分协助下,他迅速出版了准确的、有注释的判例汇编。

但是,他的详细汇编也包括了"有关新奇的法律部门冗长、复杂的专业论文"。1827年,在惠顿被任命为驻丹麦公使之后,他的继任者,理查德·彼得斯(Richard *Peters)作了更为简练并省钱的判例汇编,甚至出版了在惠顿期间已经作过的汇编。彼得斯这一行为危及到惠顿所作汇编的市场。因此,惠顿将彼得斯告上法院,声称彼得斯侵害了他在普通法上的版权(*copyright)。在"惠顿诉彼得斯案"(Wheaton v. Peters)(1834)中,联邦最高法院认定法院的判决属于公有领域,判例汇编人的注释及评语属于可取得版权的内容。

从1843年至1861年,前任议员本杰明·乔·霍华德(Benjamin Chew *Howard)担任了汇编人,他所制作的汇编得到了高度赞扬。他的继任者,杰里迈亚·布莱克(Jeremiah *Black)作为汇编人,在其任职期间仅出版了两卷。在任詹姆斯·布坎南(James Buchanan)任司法部长、国务卿时,布莱克因脾气暴躁,得罪了很多议员,因此,总统对他担任联邦最高法院大法官的提名于1861年被否决,于是他转而担任判例汇编人。作为一名"卓越权力的提倡者",两年后布莱克辞去了该职,成为美国内战后联邦最高法院的领导者。

记名的判例汇编结束于约翰·威廉·华莱士(John William *Wallace)。1874年的司法拨款(the judiciary appropriation of 1861)第一次包括了由政府支持出版法院判决意见的款项,华莱士的23卷是最后在书的背面记录汇编人名字的汇编。为了从单调乏味的出版及分配任务中解脱出来,19世纪末的汇编人所面临的是要求不甚严格的工作。

虽然威廉·托德·奥托(William Tod *Otto)的名字一直出现在首页的显著位置,但他却是第一位匿名的汇编人。奥托的继任者,约翰·钱德勒·班克罗夫特·戴维斯(John Chandler Bancroft *Davis)也许是在这个职位上最多产的汇编人。戴维斯是纽约州议会的议员、国务秘书的助理、美英高等联合会秘书(American secretary to the Joint High Commission with Great Britain)、非洲争议中英国与葡萄牙之间的仲裁员、驻德国公使、上诉法院的法官,最后是联邦最高法院的判例汇编人。戴维斯的职业经历最有代表性地说明判例汇编人所应具有的就职条件。在担任汇编人之前,他们常常担任着要职,当然,有些人,如查尔斯·亨利·巴特勒(Charles Henry *Butler),可能最终发现判例汇编工作的单调、晦涩。

近年的判例汇编人也担任过具有同样地位的全职工作。欧内斯特·内布尔(Ernest *Knaebel)组织和领导司法部的公有土地处(Public Lands Division

---

① 另请参见 Reporting of Opinions。

of the Justice Department);沃尔特·怀亚特(Walter *Wyatt)升为联邦储备系统主席团总顾问(general counsel of the Board of Governers of the Federal Reserve System);亨利·普策尔(Henry *Putzel)是第一位司法部民权处(the Justice Department's Civil Rights)投票及选举科的领导;亨利·林德(Henry *Lind)是律师联合运作出版公司的编辑,负责《美国联邦最高法院判例汇编及摘要》(U. S. Supreme Court Reports and Digust),并且担任联邦最高法院的助理判例汇编人。

对于公众来说,联邦最高法院的判例汇编人是陌生的,但是,他们为国家最高司法机关的判决得以迅速及广泛地传播创造了可能。现在,尽管这一职务要求从计算机到引述体系有先进的专门技术,作为联邦最高法院使者,判例汇编人却继续安然地充当着默默无闻的角色。

参考文献 Gerald T. Dunne, "Early Court Reporters," Yearbook of the Supreme Court Historical Society (1976):61-72;Graig Jouce, "The Rise of the Supreme Court Reporter:An Institutional Perspective on Marshall Court Ascendancy," Michigan Law Review 83 (1985):1291-1391.

[Francis Helminski 撰;龚柳青译;常传领校]

判决意见的报道[Reporting of Opinions]①

早先,美国的司法判决极少被系统地出版。在美国,伊夫雷姆·柯比(Ephraim Kirby)出版了第一卷州判例汇编,不久之后,亚历山大·达拉斯(Alexander *Dallas)出版了他的宾夕法尼亚州最高法院的判例汇编。1790 年,达拉斯出版的宾夕法尼亚最高法院判例第一卷称为《达拉斯 I》,是《美国判例汇编》(*United States Reports)系列的第一卷。而达拉斯则继续出版宾夕法尼亚州的案件其他系列,以与第一卷相同的标准开始了标有美国联邦最高法院观点的《达拉斯 II》的出版工作。到 1874 年,他的继任者威廉·克兰奇(William *Cranch)、亨利·惠顿(Henry *Wheaton)、理查德·彼得斯(Richard *Peters)、本杰明·霍华德(Benjamin *Howard)、杰里迈亚·布莱克(Jeremiah *Black)和约翰·华莱士(John *Wallace)同样具名地编辑了联邦最高法院的判例汇编。

最初出版的几卷纯粹用于商业用途,汇编人没有得到政府的支助。编辑及出版判例汇编是应私营企业的要求。从法院的判决宣告到出版经常会有较长的时间间隔。这种书的价格非常高,市场也很狭小,许多早期的法院判决根本没有出版过,或者出版得不够准确。

1816 年,国会正式创建了判例汇编机构。1817 年,为这一职位建立了 1000 美元的年金。这一年金补充了汇编人员从出版这些判例汇编的销售中所获得的收入。在 1817 年 2 月 7 日的一封信中,首席大法官约翰·马歇尔(John *Marshall)说,联邦最高法院的所有大法官一致认为"钱的目标是为了达到一种高度的期望。"马歇尔认为,准确及迅速地对判例进行汇编"对于在美国所有法院中判决的正确性与统一性是必要的"。大法官已经感受到"如果汇编人仅仅靠他所编辑的销售收入来补偿在编辑时所花的费用及自己的报酬的话,联邦最高法院判例的出版会停留在非常不稳定的脚步上。人们相信政府的支持对于保证及达到某种目标是必要的"。

继亨利·惠顿之后,从 1816 年到 1827 年,汇编人首次开始注释联邦最高法院的判决,判决的出版更为及时。当彼得斯出版了更为便宜的判例汇编削弱了惠顿的出版市场时,惠顿控告他的继任者理查德·彼得斯侵犯了他的版权。1834 年,在"惠顿诉彼得斯案"(Wheaton v. Peters)中,法院却判定汇编者对法院的判决所形成的判例汇编不享有版权。这就允许了联邦最高法院的判例汇编存在着相互竞争的版本。

1874 年,司法拨款第一次拨了 25000 美元用于官方的判例汇编,开始了 91 卷不再注明当时汇编人姓名的《美国判例汇编》工作。直到 1921 年政府才授权私人出版者出版判例汇编,但自从 1921 年起他们只有通过政府印刷才得以进行出版工作。

1883 年,西方出版公司开始了《联邦最高法院判例汇编》系列的出版工作,它收录了始于 1882 年度 10 月所判决的案件。它所出版的判例汇编一直持续到今天。律师联合出版公司于 1901 年开始《联邦最高法院判例汇编》律师版(*Lawyers Edition)的编辑工作。第一系列有 100 卷,包括了从联邦最高法院第一次开庭期至 1955 年 10 月的判决。第二系列开始于 1956 年 10 月,此项工作仍然继续着。从 1931 年起国家事务委员会已经出版了《美国法律周刊》(*United States Law Week)。每期刊登了在公告期内联邦最高法院的大部分近期判决全文。联邦最高法院的判决同样也出现在如 *West Law 和 Lexis 等在线的网络服务上。1991 年 10 月,判决的电子版开始出现在联邦最高法院的网站上(http://www.supremecourtus.gov)。

在成卷出版以前,官方判决通常会以三种预先发行的印刷或电子文档出现:法庭意见、单项书面意见(*slip opinions)和预印刷本。印刷版本如果与电子版本出现不一致,将以印刷版为准。联邦最高法院的大法官作出裁决后马上就可以看到通过法院发布的来源于法庭的法庭意见。法庭意见中通常包括多数意见、多元意见、并存意见和反对意见,以及书

---

① 另请参见 Reporters, Supreme Court。

记员预先拟好的判决要点说明等。联邦最高法院的公共信息办公室负责发行印刷的法庭意见,为联邦最高法院网站提供电子文档,或通过法院赫耳墨斯项目服务部将其发送订购者。单项意见在法庭作出裁决后可能需要几个小时(电子形式)或几天(书面形式)就能得到。和法庭意见一样,单项意见也包括多数意见、多元意见、并存意见和反对意见,以及判决要点说明等。单项意见的书面形式免费散发,同样由公共信息办公室负责,同时,由美国政府印刷局的文件主管办公室对外发售,单项意见也要向网站提供。仅次于正式出版物的是预印刷本,它是一本平装的小册子,包括判决意见和在汇集成卷出版时通常包括的其他内容。

除了联邦最高法院判决的官方来源外,还存在大量从私人印刷商到专业数据库提供的各种非官方的书面和电子资源。联邦最高法院的判决迅速而准确的获得,帮助实现了威廉·克兰奇(第二任判例汇编人)编纂美国"普通法法典"的梦想。

参考文献 Gerald T. Dunne, "Early Court Reporters," *Yearbook of the Supreme Court Historical Society* (1976):61-72;Craig Joyce, "The Rise of the Supreme Court Reporter: An Institutional Perspective on Marshall Court Ascendancy," *Michigan Law Review* 83 (1985):1291-1391.

[Francis Helminske 撰;龚柳青、潘林伟译;常传领、邵海校]

明尼苏达州共和党人诉怀特案[Republican Party of Minnesota v. White, 536 U. S. 765 (2002)]

2002年3月26日辩论,2002年6月2日以5比4的表决结果作出判决,斯卡利亚代表联邦最高法院起草判决意见,奥康纳和肯尼迪持并存意见,金斯伯格和史蒂文斯反对。

全美共有39个州以选举的方式挑选或留任全部或部分法官。这种选举在很多方面不同于选拔其他政府人员,如在竞选中限制政治演讲。在怀特案中,联邦最高法院对明尼苏达州最高法院禁止候选法官对有争议的政治和法律问题表明自己的立场的一项司法行为准则进行了审查。通过安东尼·斯卡利亚(*Antonin Scalia)大法官表达的多数意见,认定该项禁令违反了宪法第一修正案(the *First Amendment),因为它禁止了处于第一修正案保护中心的政治言论。该项禁止性规定没有通过严格审查(*strict scrutiny),原因在于它不是为了服务于某种强制性的州利益而确立的,特别是在法官竞选中限制法官作出陈述并不有助于选出公正的法官。20世纪20年代时,美国律师协会(ABA)首次提出了限制法官竞选规范,在美国历史上也没有限制此类言论的长期传统,州不能既举行法官竞选,而同时又不让候选人讨论问题。反对意见认为,法官不同于政客,各州为了实现公正司法,可以对候选人的言论进行限制。

尽管如此,联邦最高法院的多数意见并不认为第一修正案要求像选举其他政治职务那样对待法官竞选。本案的判决似乎对司法竞选的其他规定适用与非司法竞选相同的审查作出了让步,如在竞选资金筹措的限制方面。本案过后,美国律师协会和各州都按照判决的要求开始重新制定法官竞选行为法,与此同时,重新探求司法选举方法的努力在许多州也进一步高涨。

参考文献 American Bar Association, Report of the Commission on the 21th Century Judiciary, *Justice in Jeopardy* (2003). Charles H. Sheldon and Linda S. Maule, *Choosing Justice: The Recruitment of State and Federal Judges* (1997). Ronald D. Rotunda, "Judicial Elections, Campaign Financing, and Free Speech," *Election Law Journal* 2 (2003):79-90.

[Michael E. Solimine 撰;潘林伟译;邵海校]

保留权力[Reserved Powers]

参见 State Sovereignty and States' Rights; Tenth Amendment。

辞职与退休[Resignation and Retirement]①

在美国的宪政体制中,表现良好即可终身任职的制度是司法独立的重要保障。它同样能保证法官自由的决定是否在联邦最高法院继续工作、辞职或退休等问题。

1869年之前,退休这一问题并不存在财政因素,因为大法官们没有退休补助。当年的司法法为已在法院工作至少10年以上及没有达到70岁的大法官提供全部的薪金(参见 Judiciary Act of 1869)。但是,这项法案的通过并没有说服内森·克里福德(Nathan *Clifford),他是詹姆士·布坎南(James Buchanan)总统在任期间唯一任命的法官。克里福德决心留在法院直到民主党总统能够指定他的代替者。塞缪尔·F. 米勒(Samuel F. *Miller)大法官认为,克里福德智力上的衰退是明显的,但克里福德3年之后卒于其任上,未能等到1884年格罗弗·克利夫兰(Grover Cleveland)的选举到来。

在19世纪中期,退休或辞职考虑经济因素的有三例。在联邦最高法院明显涉及经济原因而辞职的唯一法官是1857年本杰明·R. 柯蒂斯(Benjamin R. *Curtis),虽然某些前南部同事的不信任也是其中一

---

① 另请参见 Appointment and Removal Power。

个重要因素。尽管沃德·亨特(Ward*Hunt)实际上已经不能工作有5年时间,但直到1882年国会为他通过一项特别的退休金法案,他才辞职。1873年,萨蒙·P. 蔡斯(Salmon P. *Chase)卒于任上,是在患中风3年后死去的。他不能享用退休金,且错误地把自己看得很了得。

戴维·N. 阿金森(David N. Atkinson)对死亡、健康及联邦最高法院成员辞职与退休的决定作了仔细的调查。他的数据分1789—1864年、1865—1890年及1937—1975年三个时期,这些数据为比较提供了重要的信息。第一个时期表明,岁数大并不必然与体弱相联系,健康不佳也不是与辞职倾向相关。首席大法官罗杰·B. 托尼(Roger B. *Taney),因为在法院工作了28年而被所有人形容为"虚弱",但是,他意志坚定,利用体力小心谨慎,仍然工作在法院,直到88岁才死去。离开联邦最高法院有三个主要因素。一是死亡,这是不能控制的。大部分自愿离开法院的原因与健康不佳或政治有关。在许多情况下,特别是在19世纪,只要体质和脑力允许,经过认真考虑,通常会决定仍然留在法院工作,这一决定要考虑同事或思想因素以及个人的责任心。1838年以后,被选到联邦最高法院工作的成员平均年龄都超过了50岁。总的来说,年龄与职业地位的结合,增强了大法官视继续任职为他们最后职业晋升的趋势。因此,激励退休或辞职的法律选择因素是很少的,除非健康因素使退休或辞职成为必要。

历史阶段的一些特征是可以区别的。19世纪,政党及意识形态造就了一种趋势,即尽可能留在联邦最高法院。由于退休缺乏经济上的诱惑,加上联邦最高法院大法官的同行中存在一种非正式的传统,即不鼓励体力不支者辞职或退休,这种趋势无疑有所加强,直到1870年。鼓励辞职或退休这一传统虽被发起,但并不总是奏效,例如,1897年斯蒂芬·菲尔德(Stephnen*Field)大法官起初对同事力劝其辞职就拒绝了。

很少有证据表明,更慷慨的退休的规定对联邦最高法院成员退休选择有明显的影响。相反,司法外活动(*extrajudicial activities)却导致了现代社会中的几例辞职,反映了媒体、专家和公众坚持至今几乎未被遵守的制度规定。法院成员极少会为追求其他政治目的而辞职。一个主要例外是查尔斯·埃文斯·休斯(*Charles Evans Hughes)于1916年辞职去竞选总统,等他再回到法院担任首席大法官就没那么好的机会了。阿瑟·戈德堡(Arthur*Goldberg)被林登·B. 约翰逊(Lyndon B. Johnson)总统说服辞职去当联合国的大使。在现代社会,媒体的关注已经成为一种新的因素,但媒体关注对大法官退休或辞职的影响是不明确的。在20世纪60年代末,虽然受到弹劾(*impeachmen)的威胁,但威廉·O. 道格拉斯(William O. *Douglas)仍然决定继续留在法院工作。后来虽然身体不佳和精神偶尔不适,道格拉斯仍然计划留在法院,希望身体能够有所康复,只是在分别接受了两名医生劝其放弃的意见之后,道格拉斯于1975年辞了职。道格拉斯顶住了媒体和同事的压力,直到他意识到康复已不可能。相反,在1969年,由于媒体和同事的政治压力以及阿贝·福塔斯(Abe*Fortas)大法官本人严重违反了制度规定最终导致了他的辞职。然而福塔斯的确参考了他的一些同事和前任大法官厄尔·沃伦(Earl*Warren)的意见,被弹劾(*impeachmen)的顾虑是他作出辞职决定最重要的因素。

最后,党派或意识形态的倾向、强有力的职业和制度的成就感,对于大法官决定是否留任法院,在整个联邦最高法院的历史上都占据重要地位。

参考文献 David N. Atkinson, "Retirement and Death on the United States Supreme Court: From Van Devanter to Douglas," *University of Missouri Kansas City Law Review* 45(1976):1-27.

[John R. Schmidhauser 撰;龚柳青译;常传领校]

既判案件[Res Judicata]

(拉丁语,意指"已经判决的案件"(the matter adjudged),是普通法的一个原则,它规定有司法管辖权的法院依据事实本身所作出的最后判决对在其后所有要解决问题的诉讼中双方权利义务是决定性的。

[William M. Wiecek 撰;龚柳青译;常传领校]

被告[Respondent]

参见 Petitioner and Respondent。

限制性协约[Restrictive Covenants]①

从19世纪末开始,在城市中心盛行的限制性协约导致了邻居间隔离。在家庭主人之间,这样的协约采用合同(*contracts)的形式,禁止将不动产出售给非白人有色人种,经常包括犹太人和其他种族的人。因为这些协约是私人间约定,在产生邻居间隔离时也并未表现为州行为(*state action),并且并没有因此违背联邦宪法第十四修正案(the*Fourteenth Amendment)的规定。在规定种族隔离总是违法的美国北方地区,这种协约特别普遍。例如,密歇根州与伊利诺伊州都禁止种族隔离,但是在底特律和芝加哥,限制性协约产生了以种族划分的邻居间隔离。

在"谢利诉克雷默案"(*Shelley v. Kraemer)(1948)中,美国联邦最高法院禁止限制性协约的使用。联邦最高法院承认协约本身由私人行为构成,

---

① 另请参见 Housing Discrimination; Race and Racism; Segreagtion, De Jure。

因此,并不违背联邦宪法第十四修正案。但是,州法院(*state court)支持这种协约,而联邦最高法院认定这种州行为是违宪的。

在"琼斯诉艾尔弗雷德·H. 迈耶尔公司案"(*Jones v. Alfred H. Mayer Co.)(1968)中,美国联邦最高法院同意《1866 年民权法》(the*Civil Rights Act of 1866)禁止"在财产的出售或出租中针对黑人的所有歧视——公共机关的歧视与私人所有者的歧视是一样的"。联邦最高法院认定,联邦宪法第十三修正案(the*Thirteenth Amendment)的执行条款(第2款)授权国会禁止私人个体的住房歧视。

[Paul Finkelman 撰;龚柳青译;常传领校]

退休[Retirement]

参见 Resignation and Retirement。

通过修正案推翻判决[Reversals of Court Decisions by Amendment]①

联邦最高法院解释宪法条款的判决能直接被修正案所推翻。宪法第 5 条(Article V of the Constitution)规定,修正案可由 2/3 多数的国会两院议员提出或应 2/3 的州立法机关的要求由国会召集大会提出;修正案必须由 3/4 的州立法机关或特别会议的批准方可通过。迄今为止所有通过的修正案都是由国会提出,除了一个修正案[第二十一修正案,终止禁止令(the *Twenty-first, Ending Prohibition)]外,所有的修正案都是由国家立法机关批准的。

在 26 个宪法修正案中,有 7 个是为了推翻联邦最高法院的判决而作出的。第一个这样的修正案是 1795 年通过的第十一修正案(the*Eleventh Amendment),该修正案通过重申州豁免于联邦法院诉讼而推翻了"奇泽姆诉佐治亚州案"(*Chisholm v. Georgia)(1793)的判决。禁止奴隶制度的联邦宪法第十三修正案(the*Thirteenth Amendment)(1865)和确保黑人享有公民权的联邦宪法第十四修正案(the *Fourteenth Amendment)(1868)实际上推翻了法院最不光彩的"斯科特诉桑福德案"(*Scott v. Sandford)(1857)的判决。联邦宪法第十六修正案(the *Sixteenth Amendmen)(1913)授予国会征收所得税(*income tax)的权力,因而否决了"波洛克诉农场主贷款与信托公司案"(Pollock v. Farmers' Loan & Trust Co.)(1895)的判决。在最近的许多例子中,1971 年制定的联邦宪法第二十六修正案(the *Twenty-Sixth Amendment)推翻了"俄勒冈州诉米切尔案"(*Oregon v. Mitchell)(1970)的部分判决,该判决认为,在选举州官员的时候,国会不能要求州规定的投票年龄为 18 岁,修正案本身把投票年龄降低到 18 岁。禁止对妇女投票权否定的 1920 年联邦宪法第十九修正案(the* Nineteenth Amendment)及禁止在联邦选举中将征收的人头税(*Poll Taxes)作为投票要件的 1964 年联邦宪法第二十四修正案(the *Twenty-Fourth Amendment)推翻了根据宪法支持这种做法的判决。很多推翻其他判决的努力都失败了。

虽然还没有通过全国性大会(convention)来产生修正案,但在一些情况下,一些州立法机关要求召开这样的大会来推翻联邦最高法院的判决。在 20 世纪 60 年代,法院的判决要求州立法机关的辖区以"一人一票"的原则来重新分配议席之后,发生了仅有的一次请求召开大会以推翻判决,但因为数量不足所要求的 34 个州而宣告失败。

[Lawrence Baum 撰;龚柳青译;常传领校]

众议院推翻判决[Reversals of Court Decisions by Congress]②

在联邦最高法院解释宪法条款含义的时候,它的解释性判决仅能直接被宪法修正案所推翻。但解释联邦法律的判决只能通过制定新的法律来推翻,因此,国会有着相对容易的方法来拒绝法院对法律的理解。

国会权力是重要的,因为联邦最高法院将其精力的大部分都用于法律的解释。在 1988 年,根据《哈佛法律评论》(Harvard Law Review)(1989 年 11 月,第 401 页)提供的数据表明,在联邦最高法院判决中,只有 44% 是涉及宪性法律的重要问题判决。在比如《劳工法》(*labor law)、《反托拉斯法》(*antitrust)及税收的法律领域,联邦最高法院的工作集中在联邦法律的解释上。因此,和联邦最高法院相比,国会在这些领域比在宪法性法律占据着重要角色的领域,如公民自由权领域,有着更高的地位。

实际上,联邦最高法院的大多数就制定法问题作出判决很少能引起国会的注意。但是,立法会被用来推翻或修改许许多多的判决。实施这些立法的动机来自好多方面。个体成员特别关注政策领域,他们可能会对联邦最高法院对该领域的法律解释感到不满。利益集团时常会向推翻判决的立法施加压力,因为这些判决与他们的利益相悖。强权集团存在于双边的领域,如劳动法,法院判决有利于一方,就会经常引起对立方的反对。

偶尔,联邦最高法院自己会通过在意见书中表明,它对法律的解释达到并不适宜的结果,以此要求国会推翻某个判决。例如,在"韦斯特福尔诉欧文案"(*Westfall v. Irwin)(1988)中,联邦最高法院在本案中限制了联邦雇员在诉讼中的豁免权。瑟古

---

① 另请参见 Constitutional Amending Process; Constitutional Amendments。

② 另请参见 Reversals of Court Decisions by Amendment。

德·马歇尔(*Thurgood*Marshall)大法官总结的联邦最高法院的一致意见强烈要求国会修改法律,1年后通过了新的法律,取代了韦斯特福尔案的判决。

大部分被引用以推翻法律性判决的法案没能成为法律。实际上,在有些情况下,联邦最高法院判决的反对者屡次提出法案来推翻判决都没能获得成功。这种情况一直持续到"斐瑞斯诉合众国案"(Feres v. United States)(1950)。该案限制了军人为医疗事故而起诉联邦政府的权利。只有一小部分推翻联邦最高法院判决的法律能够得以采用,这个事实并不是源于不适宜否定联邦最高法院依法判决的舆论。不像修改宪法那样,法律的修改经常被视为一种惯例而不是部门之间的对抗。更确切地说,这些失败主要反映了有关制定法律的困难。

尽管有这些困难,国会全部或部分采用推翻法律性判决的法律并不少见。在20世纪80年代,通过推翻性法律所涉及的问题有:离婚案件中军人退伍金的分配、反托拉斯(*antitrust)案中外国政府所受的损害、已申请破产(*bankruptcy)案件的公司变更劳动合同,以及对国家和地方政府雇员超时工作金的给付等。

这些做法最普遍的特点反映了对它们缺少应有的注意。在抽象的法律领域,这是特别真实的。1984年,一个成功地推翻一项1972年有关专利(*patent)侵害判决的法案,几乎不被国会和专利委员会以外的人所注意。这种常情的一个明显例外是推翻"高夫城市学院诉贝尔案"(*Grove City College v. Bell)(1984)的判决,对禁止从联邦政府处获得资金的商业或其他机构歧视的法律,该案判决采用了一种狭义的解释;联邦最高法院认定只有部分歧视的机构被禁止获得联邦资金。在1988年,国会响应民权组织的要求,无视罗纳德·里根(Ronald *Reagan)总统的否决权,在一场漫长而广为人知的斗争之后推翻了该案判决。

这场斗争突出了联邦最高法院法律性判决的意义及国会推翻判决权力的重要性。通过对这一权力的运用,有助于国会在有关法律性事务的发展中维持自己连续性的地位。

[Lawrence Baum 撰;龚柳青译;常传校]

逆向歧视[Reverse Discrimination]

参见 Affirmative Action。

审查程序[Review, Process of]

在过去200多年中,实际上,案件到达联邦最高法院的机制已经有了改变。联邦最高法院已从强制性上诉管辖法院演化为完全任意性管辖法院。我们不能再说一个案件的审理总能到达联邦最高法院,极少数案件属于联邦最高法院必须管辖的范围。实际上,联邦最高法院的强制性管辖范围从19世纪末以来就已经缩小了。

从1789年到1891年,所有案件实际上都是通过错误审查令状(Writ of *Error)到达联邦最高法院的。错误审查令状允许联邦最高法院重新审理法律适用问题而并非事实问题。这对属于联邦最高法院上诉管辖案件的所有当事人都是有效的。直到19世纪80年代中期,错误审查令状都具有公开限期的特点,其结果是联邦最高法院的工作量增长到了令人担忧的程度,大法官们面临着大量且不断增加的案件积压。为解决这种危机,国会于1891年创建了上诉巡回法院(*Circuit Courts of Appeals)制度,并增加了某些案件中的任意调卷令(Writ of *Certiorari)。从此,国会不断扩大了联邦最高法院调卷令的管辖。

尽管有了这些立法规定,联邦最高法院积压的案件仍不断增多,因此,国会制定了《1925年司法法》(the *Judiciary Act),该法减少了大部分但并非全部的强制性司法管辖。随后,联邦最高法院的案件大约有95%是因调卷令受理的。在20世纪70年代,联邦最高法院又一次出现了案件积压的压力,国会废除了联邦最高法院保持的剩余强制性司法管辖,并且取消了大部分从低级别法院仍然可以直接上诉的上诉权(*appeal)。在1988年,近20多年对联邦最高法院工作量的争论之后,国会实际上废除了联邦最高法院所有强制性的上诉管辖权(参见 Judicial Improvements and Access to Justice Act)。

[Gregory A. Caldeira 撰;龚柳青译;常传校]

雷诺兹诉西姆斯案[Reynolds v. Sims, 377 U. S. 533(1964)]①

1963年11月13日辩论,1964年6月15日以8比1的表决结果作出判决,其中,沃伦代表联邦最高法院起草判决意见,斯图尔特与克拉克持并存意见,哈伦反对。在1964年6月,联邦最高法院宣布一批判决——总称为议席重新分配系列案(*Reapportionment Cases)——作为历史性重大事件而获得直接的承认。在来自6个不同州的案件中,法院宣布州立法机关的代表必须以实际上的人数为基础。一周后,联邦最高法院为另外9个州宣布了相似的判决(没有判决意见)。所有这些判决的基本原理都结合了亚拉巴马州的雷诺兹诉西姆斯案,该案的判决意见由首席大法官厄尔·沃伦(Earl *Warren)作出。

在"贝克诉卡尔案"(*Baker v. Car)(1962)判决确认议席分配案件的可诉性之后,1964年的判决

---

① 另请参见 Equal Protection; Fair Representation; Vote, Right to。

标志着为期两年涉及数州不断升温的诉讼达到了顶点。但是,贝克案并没有为低级别法院提供指导原则,大多数低级别法院擅自更改人口数量较相等的立法选区的判决。1963 年,"格雷诉桑德斯案"(*Gray v. Sanders)宣告佐治亚州以县单位的体系无效,并且奉行"一人一票(one person, one vote.)"的原则。因此,在"威斯伯里诉桑德斯案"(*Wesberry v. Sanders)(1964)中,联邦最高法院宣告佐治亚州非常不平等的议会选区划分无效。但是,根据宪法第 1 条而不是联邦宪法第十四修正案(the *Fourteenth Amendment),威斯伯里案的判决清楚地说明均等的人数享有平等代表权的基本宪法原则。

在雷诺兹案及 1964 年其他议席分配系列案中,联邦最高法院的判决并不完全出乎于意料之外。但是,规范的普遍性本质以及它们所运用的明确性语言令争论双方都感到惊奇。作为判决及其潜在的合理性结果,几乎在所有的州立法机关中,至少有一个议院认定无效,最多时有两个。该判决预示着一场巨大的制度革命。

1964 年判决所依据的基础是对联邦宪法第十四修正案的平等保护条款(Equal Protection Clause),该条款保障每个公民在州议员的选举中享有同样的地位。沃伦代表联邦最高法院作出判决意见宣布,"是立法者而不是树或土地代表人民。立法者是由投票者而不是农场或城市或经济利益选举产生的"(p.562)。判决意见书继续分析道,在立法选区人口数量上,任何本质上的差别都会产生相同与对不同的人分配不同数量票数的结果。因此,联邦最高法院把代表的不平等选举视为选举权问题,引用了各种案件来说明对公民基本投票权的"削弱"及"贬低"无效。

联邦最高法院认为,数字上的准确或精确几乎不能作为务实的宪法性要求,并且拒绝提及任何数字或百分数的指导原则。在州立法机关,无论是一个或两个议院,某些对人口数量均等要求的偏离是宪法所允许的,"只要偏离人口数量严格均等的标准是基于为实现合理的州政策易于产生的正当考虑"(p.579)。虽然对政治上的细节及社会利益有某种认识,但是,"人口数量必然是立法机关议席分配争论要考虑的起点及把握判断的标准"(第 567 页)。

法院明确排斥"联邦类推(federal analogy)"的观点,认为正如在国会一样,州应将立法机关建立在以政府为单位而不是以人民为单位的平等代表基础之上。判决意见书以不合适理由否决了有人提出的正如在统一国家存在县或镇一样,在联邦联盟的各州与地方单位也存在着这种并列的关系。联邦最高法院承认,几乎 3/4 的州在最初制定宪法时都规定立法机关两院完全或主要以人口数量为基础,而最新证据表明联邦类推的大多数理论只是立法机关代表名额分配不公平的理性化。

正如现存的议席重新分配系列案一样,在巴基案中,于雷诺兹案持反对意见的约翰·M. 哈伦(John M. *Harlan)大法官明确重申了他的观点,认为司法干涉政治过程是不必要的,也是危险的,那样做对司法水平的发展并无益处。通过从历史、起草、语言到批准等方面对联邦宪法第十四修正案进行详细分析,哈伦确认,平等保护条款并不意味着禁止各州选择旨在创建立法机关任何民主的方式。因此,他觉得判决深深刺进美国联邦主义(*federalism)的肋骨。哈伦针对用以治疗目前社会疾病的司法激进主义(*judicial activism)提出了警告,声称"宪法并不是医治公共福利任何疾病的万能药,法院也不是,作为司法机关注定会被看作改革运动的通常避难所"(pp.624-625)。

联邦最高法院选择将雷诺兹案作为 1964 年主要的议席重新分配系列案是可以理解的。立法机关代表的亚拉巴马州模式是国家对意义重大的投票人平等概念最明显的背离。在理论上,州投票人大概 1/4 是处于两院选举多数成员的地位,而两院都没有反映这一人口数量的依据。亚拉巴马州参议院人口数量差别的比率是 41 比 1,众议院则是 16 比 1,在巴基案判决后的几个月里,联邦地区法院的诉讼活动引起了迅速反应,全国首次出现了司法对议席重新分配作出的判决。通过及时、特别的司法审理,联邦最高法院已形成所谓最佳、实用的立法方案。地区法院要求暂时实施这些方案,待进一步的立法及州宪法诉讼。由这种司法要求引起的上诉就成了雷诺兹诉西姆斯案。

虽然联邦最高法院以 8 比 1 的压倒性投票表决作出了雷诺兹案(还有其他好几个 1964 年议席重新分配系列案)的判决,但是,大部分在推论上产生了分歧,其最好的说明是在宣告科罗拉多州的议席分配无效中以 6 比 3 的表决结果作出判决。1962 年,在全州范围开展所有县的普遍性投票,以压倒性的票数通过了一项创始性的投票方案,新宪法修正案建立了以人口数量为基础的众议院,并建立了以人口数量为主要因素并结合地理因素的参议院。

法院在"卢卡斯诉第四十四届科罗拉多国民大会案"(Lucas v. the Forty-fourth General Assembly of the State of Colorado)中宣告了该案中的议席分配的无效,法院所依据的是它最近表明的原则,即立法机关必须反映个人以平等地位参与投票的权利,一项不能被普遍的多数人侵犯的权利。在答复中,波特·斯图尔特(Potter *Stewart)大法官的意见书[有汤姆·坎贝尔·克拉克(Tom C. *Clark)大法官参与]否定了议席分配案涉及投票权或投票的"削弱"或"贬低"的观点。斯图尔特和克拉克的观点认为,平等保护条款允许各州在考虑设计立法选区的范围时,仅规定:(1)根据每个州的特点及其需要,它们必须是合理的;(2)它们并非一连串地阻碍"最终有效的多数原则(ultimate effective majority rule)"。但对其他一些案件适用这些指导原则,斯图尔特和克拉克没能同意。

在雷诺兹案中,联邦最高法院的多数人为了协调人口数量原则及相互冲突的各州利益,作了各种各样的保证,即不要求绝对的统一。当基本相同的合宪性推理适用于所有州时,体现了因情况不同的灵活性,表明了低级别法院能够以个案为基础设计出特定和适当的标准的信心。

这样的乐观主义来自于实践。低级别法院通常以可以计量的方式,试图寻找能够适用于议席分配方案的标准。令人最能普遍接受的标准是每一地区平均人数的百分比有正15和负15之间的人口数量偏差范围。在司法介入议席分配纠纷的很早以前,规则可能源于1951年美国政治科学联合会(the American Political Science Association)的一个委员会的建议。而且,能令人接受的人口数量差异范围在缩小,因为法院在处理议席分配纠纷时发现很难拒绝原告选择的人口方面"更加平等(more equal)"的方案。

在"柯克帕特里克诉普赖斯勒案"(Kirkpatrick v. Preisler)(1969)中,威廉·J. 布伦南(William J. *Brennan)大法官代表联邦最高法院的5位多数派大法官提出了一项新的人口数量标准,要求各州尽善意义务以在各地区获得精确的数字上的平等。当这一案件及涉及国会选举地区的并列案件,即"韦尔斯诉洛克菲勒案"(Wells v. Rockefeller),按照"威斯伯里诉桑德斯案"(Wesberry v. Sanders)依据宪法第1条进行类推判决时,该条规定与联邦宪法第十四修正案平等保护条款之间的界限日益模糊。从1969年的案件我们可以看出,正如同意与不同意的意见一样,法院的多数人都引用了雷诺兹诉西姆斯案。

1973年,联邦最高法院回到更为灵活的雷诺兹案指导原则上调整州的选区更改。在马汉诉豪厄尔案(*Mahan v. Howell)中,弗吉尼亚州的州立法机关的议席分配有正负为16.4%的总偏差仍被认定有效,因为国家政策始终遵循镇和县的边界。在接下来的三个判决中,法院(1)认定在10%(正负偏差)以下更小偏差范围无需州司法审查,证明责任转由原告承担;以及(2)强调期望给国会议员选区更为狭窄的人口数量范围。

在雷诺兹案中,沃伦告诫,"不顾政治上的划分或者自然或者历史的边界线,笼统的选区划分与一种由同党操纵对其开放的选区划分没有什么两样"(pp. 578-579)。这一警告由一些观察家重新提出,他们认为边界的操纵是由日益增多的司法先例所引起,这些司法先例是以各种区域属地检查(地方边界的简洁性、毗连性、完整性)为代价达到平等人口数量的。

自1969年以来,类似的司法关注常常被提出。在"卡彻诉达吉特案"(Karcher v. Daggett)(1983)中,法院宣告新泽西州的国会选举区无效,因为该方案为达到绝对的人口数量平等不尽其善意义务(最高至最低的人口稠密地区的偏差百分率小于0.7%)。5名大法官(1名同意,4名不同意)反对同党操纵选区划分(*Gerrymandering)比少量的人口偏差公平代表所突现的威胁更大。

在"戴维斯诉班德尔莫案"(*Davis v. Bandermer)(1986)中,联邦最高法院对政治上操纵选区划分的主张是否属于法院管辖问题作了肯定的回答。但是,法院的多元判决意见认为,限制司法管辖范围仅限于一致削弱个别投票者或集体投票者利益、整体上影响政治程序的边界处理范围之内。多元判决意见似乎并不支持司法介入由真正的竞选产生属于党派利益的修正。

联邦最高法院判决很少影响到雷诺兹诉西姆斯案。仅仅两年时间,所有州立法机关的选民分布情况实际上发生了经常的戏剧性变化。在几个城市化的州,控制乡村和小城镇的格局已经不复存在。而且,平等代表原则很快地扩大到乡村委员会和城市委员会的地方阶层。

尽管有这些快速的重建工作,问题和纠纷仍然不断。让地区人口数量精确平等的努力必然导致以牺牲其他代表的规模为代价来达到获得平等人口数量选区最大化的机械方法,并且极有可能引起大量而复杂的同一政党操纵选区划分。具有讽刺意味的是,事实上的结果反而促使联邦最高法院逐步地走入政治丛林(*Political Thicket)之中。

在雷诺兹案中,沃伦断言"代表全民实现公平与有效的代表毫无疑问是立法机关名额分配的基本目的"(pp. 565-566)。这一目标也许难以实现,也许不可能完全实现,但它仍是法院和其他机关需要面临的长远挑战。

参考文献 Gordon E. Baker, *The Reapportionment Revolution*(1966); Richard C. Cortner, *The Apportionment Cases*(1970); Robert G. Dixon, Jr., *Democratic Representation*(1968); Bernard Grofman, ed., *Political Gerrymandering and the Courts*(1990).

[Gordon E. Baker 撰;龚柳青译;常传领校]

雷诺兹诉合众国案[Reynolds v. United States, 98 U. S. 145(1879)]①

本案于1878年11月14日—15日辩论,1879年5月法庭以9比0的表决结果作出判决,其中,怀

---

① 另请参见 Marriage;Religion。

特代表联邦最高法院起草判决意见,菲尔德持并存意见。该案起源于格兰特政府消灭摩门教徒一夫多妻制的斗争。格兰特指定犹他州地区法院首席法官詹姆斯·B. 麦基恩(James B. McKean)和准州长杰纳勒尔·J. 威尔逊·谢弗(General J. Wilson Shaffer)消灭摩门教徒的一夫多妻制。麦基恩联合州的执行官(Marshalls)依据联邦反重婚法令缉捕了数百名摩门教徒。为验证联邦法律,摩门教徒的教会统治者推出了布里格姆·扬(Brigham Young)的秘书乔治·雷诺兹进行一次试验性的诉讼。在地区法院判决及犹他州最高法院的上诉之后,雷诺兹上诉至联邦最高法院。

反摩门教的人认为,一夫多妻制对社会的作用是破坏性的,以此控告摩门教构成对社会道德的一种威胁。摩门教徒则认为,联邦宪法第一修正案(the*First Amendment)保护宗教自由并且多配偶婚姻是宗教活动的一部分。在选择的方案中,他们认为一夫多妻制并不构成重婚,这也被美国主流价值观所支持,认为并没有破坏社会结构,很明显也没有威胁到社会稳定。

首席大法官莫里森·R. 韦特(Morrison R. *Waite)代表联邦最高法院的一致意见,认为联邦法令能够合宪性地惩罚犯罪行为而不管其宗教信仰。简单地说,削弱公众利益的宗教活动在联邦宪法第一修正案的保护之下并没有消失。

按照联邦宪法第一修正案有关宗教的语言,怀特分析了立法者本意时,他在很大程度上依赖历史特别是托马斯·杰斐逊(Thomas*Jefferson)的观点来作出解释(参见 History, Court Uses of)。其间,怀特注意到"在教会与国家之间隔离墙"的存在,因此,使用了一个有碍于下一世纪法院的比喻(p. 164)。

[Gordon Morris Bakken 撰;龚柳青译;常传领校]

赖斯诉凯耶塔诺案[Rice v. Cayetano, 528 U. S. 495(2000)]

1999 年 10 月 6 日辩论,2000 年 2 月 23 日以 7 比 2 的投票结果作出判决,肯尼迪大法官代表联邦最高法院提出判决意见,布雷耶和苏特赞成,史蒂文斯和金斯伯格反对。夏威夷事务办公室是为了管理为夏威夷土著人后裔利益的社会项目而专门设立的机构,哈罗德·F. 赖斯是一位夏威夷高加索族公民,在为夏威夷事务办公室选举受托人而进行的一次全州选举中,按照该州宪法他被排斥在选民之外。他对夏威夷州的州长本杰明·凯耶塔诺(Benjamin Cayetano)提起诉讼,声称根据联邦宪法第十五修正案(*the Fifteenth Amendment)的规定,他的投票权(*vote)受到了侵犯。地方法院支持了对赖斯的排除,理由是,根据授予夏威夷州法律地位的法律,国会与夏威夷在土著夏威夷人方面形成了一种委托关系,为履行这种受托义务,对投票权进行限制是合理的["赖斯诉凯耶塔诺案"(Rice v. Cayetano)(1997)]。第九巡回上诉法院维持了法院的判决。

但是,联邦最高法院在宽泛地对第十五修正案文本进行解释后推翻了这一判决,它认为,第十五修正案不仅排除以种族为基础的投票权资格限制,而且,也排除基于血统的限制,它相信这样做是"代表种族投票",是"民主选举力求保护的整个法律秩序的腐坏"(第 514、517 页)。联邦最高法院注意到,联邦立法确实将印第安部落视为准主权政治社区而规定了不同的待遇,特别是在履行条约义务方面,这是在宪法上允许的,联邦最高法院的多数意见认为即使国会也将夏威夷土著作为一个部落对待——事实上并非如此,第十五修正案也会禁止国会授权夏威夷创设一种种族歧视选举制度。

与此形成鲜明对比的是,反对意见认为,从第十五修正案的目的来说,历史的记录支持将夏威夷土著作为一个由本土居民组成的部落对待,而对于该部落,合众国承担一种受托的责任,这种责任如同其对印第安部落所承担的责任一样。因此,夏威夷的宪法授权在选举方面区别对待,从履行委托契约义务的角度来看是合理的,并因而在宪法上也是有效的。

本案的结果是,州资助土著夏威夷人——仅教育项目受到过基于宪法而提出的质疑,其中为保障联邦对委托责任的承认作出了相应的努力,并以此使这些项目获得了宪法的保护——得到了加强。对于此一目的的协商而言,1893 年土著夏威夷人与合众国政府之间进行的就后者在夏威夷推翻君主制中的角色而进行的规模更为宏大的交涉过程无疑提供了有益的背景。

[William C. Bradford 撰;潘林伟译;邵海校]

合众国诉理查森案[Richardson, United States v., 418 U. S. 166(1974)]①

1973 年 10 月 10 日辩论,1974 年 6 月 25 日法庭以 5 比 4 的表决结果作出判决,其中,伯格代表联邦最高法院起草判决意见,鲍威尔持并存意见,道格拉斯、布伦南、斯图尔特和马歇尔反对。理查森想寻求适用并扩大在"弗莱斯特诉科恩案"(*Flast v. Cohen)(1968)中纳税人所持的原则,对禁止透露美国中央情报局的财政支出的法律提出了质疑。他声称这一做法违反了宪法第 1 条第 9 款要求公布所有公共财政开支的规定。初级法院认定在弗莱斯特案中,理查森缺少支持,因为他并不是根据宪法征税与开支条款(*Taxing and Spending Clause)对一项拨款行为(appropriations act)提出挑战的。上诉法院推

---

① 另请参见 Standing to Sue。

翻了这一判决,认定根据弗莱斯特案的原则提出诉讼,他首先能够起诉要求获得他所需要的有关美国中央情报局拨款的信息。

对弗莱斯特案联邦最高法院作出最狭义的解释,再一次推翻了该判决。法院认定理查森缺少支持,因为理查森没有直接对拨款法案的违宪提出质疑,而且没有对具体违反国会征税和开支权力提出挑战。首席大法官沃伦·伯格(Warren*Burger)的判决意见重申了"弗罗辛尼姆诉梅隆案"(*Frothingham v. Mellon)(1923)的基本原则,学者们认为,弗莱斯特案修改了该原则:纳税人不能把联邦法院"作为其平时发表对政府行为或联邦体制分权不满的论坛"(p.175)。在政府不公布美国中央情报局的财政开支中,理查森没有遭受任何个人损失。伯格认为,很明显该问题不应由法院来处理。持反对意见的波特·斯图尔特(Potter*Stewart)大法官与瑟古德·马歇尔(Thurgood*Marshall)大法官坚持认为,公民应该有权在没有遭受任何个人损失的情况下对政府不能执行一项确定的宪法职责提出挑战。

[Joel B. Grossman 撰;龚柳青译;常传领校]

里士满报业公司诉弗吉尼亚州案

[Richmond Newspapers, Inc. v. Virginia, 448 U. S. 555(1980)]①

1980年2月19日辩论,1980年7月2日以7比1的表决结果作出判决,其中,伯格代表联邦最高法院起草判决意见,伦奎斯特反对,鲍威尔未参加。在有关获得刑事审判的权利方面,早期出现了一连串不确定的、令人困惑的判决之后,里士满报业公司诉弗吉尼亚州案宣告,根据联邦宪法第一修正案公众和新闻媒体有参与刑事审判的权利。有些问题联邦最高法院1980年这一划时代的判决虽然还是没有解决,不过其中某些问题已得到了解决。

20世纪70年代,在许多案件中,联邦最高法院根据联邦宪法第一修正案(the*First Amendment)支持媒体享有报道他们所拥有任何信息的权利——无论信息是机密的和以非公开方式获得的["纽约时报公司诉合众国案"(*New York Times Co. v. United States)(1971)],还是在公开庭审中得到的["内布拉斯加出版协会诉斯图尔特案"(*Nebraska Press Association v. Stewart)(1976)]。联邦最高法院承认新闻媒体可以公布他们所掌握的信息,因此就面临着确认新闻媒体是否享有参与刑事审判过程的宪法权利问题。

在"甘尼特诉德帕斯夸尔案"(Gannett v. DePasquale)(1979)中,一名新闻记者质疑法院为避免证据公开而在一件谋杀案中作出不公开证据审前调查程序的裁定。不公开是基于被告的顾虑(并得到了检察官的同意)——审前公开(*Pretrial Publicity)将影响他们得到公正审理的权利。在上诉中,联邦最高法院基于只有被告享有联邦宪法第六修正案(the*Sixth Amendment)所规定要求公开审理的权利,支持将新闻记者和公众排除在证据调查程序之外。相反,在甘尼特案中几个持反对意见的大法官认为,联邦宪法第六修正案不仅保护被告的权利,同时也保护公众参与的权利。

甘尼特案的判决表决结果是接近的(5比4的表决结果)、不统一的(5种不同的意见),并且对联邦宪法第一修正案所规定的参与权问题的适用范围(即这项审前规定是否会扩展到正式审判)是模糊的(对此联邦最高法院未作判决)。尽管这并不确定,但甘尼特案赋予了初审法官以权力,几乎逐渐同意所有不公开审理刑事案件的申请。新闻媒体的代表不满甘尼特案的判决,强烈要求法院重新考虑公众参与法庭审理的权利。

第二年联邦最高法院的确这么做了。在里士满报业公司诉弗吉尼亚州案中,联邦最高法院通过认定联邦宪法第一修正案与联邦宪法第十四修正案(the*Fourteenth Amendment)保护公众(包括新闻媒体)参与刑事审理的权利严格地限制了被告要求不公开审理的权利。该案始于对一谋杀案被告的第四次审理,其早期的审判被推翻或者宣告无效。由于没有考虑到审前的公开及对弗吉尼亚州法律的依赖,初审法院准许被告要求排除新闻媒体参与的提议。里士满报业对该裁定提出了质疑,并起诉要求获得参与审理的权利。联邦最高法院以7比1的投票表决结果作出判决,认定了联邦宪法第一修正案所规定的参与审理的权利。

在里士满报业案中,多数意见在6份不同的判决意见书中得到体现。首席大法官沃伦·伯格(Warren*Burger)代表联邦最高法院起草判决意见,强调在普通法(*Common Law)中刑事审理的悠久历史和对公开审理的推定。伯格认为,因为审理法官不坚持选择不公开庭审,也不寻求具体的证据以支持不公开审理,所以对新闻媒体的排除必须被推翻。拜伦·怀特(Byron*White)大法官和约翰·保罗·史蒂文斯(John Paul*Stevens)大法官同意伯格的观点,但他们也分别作出了判断。在甘尼特案中,持反对意见的怀特大法官仅仅提到,如果联邦最高法院在早期案件中承认联邦宪法第六修正案的参与法庭审理的权利,该案将会是不必要的。在史蒂文斯大法官的意见中,他把该原则扩大到禁止政府任意限制其他重要的、有新闻价值的信息。

在独立意见书中,威廉·布伦南(William*Brennan)大法官[瑟古德·马歇尔(Thurgood*Marshall)大法官也参与了]发展了一项不同的联

① 另请参见 Speech and the Press。

邦宪法第一修正案理论,该理论用对立的利益来平衡公众参与法庭审理的重要权利。他建议用两个原则来决定参与权:既定程序开放的历史和传统与程序的特定结构价值或功能。在刑事审判适用这些原则后,布伦南认为公众享有这项参与的权利,且弗吉尼亚州的法令违背了联邦宪法第一修正案和联邦宪法第十四修正案。

波特·斯图尔特(Potter *Stewart)大法官同意法院的判决,在他个人的意见中强调了能够应用于参与权的限制,注意到该项权利并不是绝对的。哈里·布莱克蒙(Harry *Blackmun)大法官同样独立作出了意见,他重申支持联邦宪法第六修正案参与权的观点,但同时,他也接受对联邦宪法第一修正案的保护。持反对意见的威廉·伦奎斯特(William *Rehnquist)大法官对联邦最高法院介入该案提出了意见,认为参与权问题应由50个州来解决而无需补充宪法性观点。

里士满报业公司诉弗吉尼亚州案产生了许多重要问题。联邦宪法第一修正案的参与审理权利是否扩展到审前听证,以及扩展到就如刑事审理一样的民事审理?除法庭之外,它是否扩展到其他的行政程序?参与权中哪些限制性条款是被承认的?对于参与权,在联邦宪法第一修正案中隐含了什么,以及用何种标准来指导以后的案件?

在"环球报业公司诉高级别法院案"(Globe Newspaper Co. v. Superior Court)(1982)中,联邦最高法院认定马萨诸塞州的一部法律违宪,该法律要求在强奸犯罪的受害人为未成年人案件中,受害人作证陈述时不公开审理。代表大多数人意见的布伦南大法官强调,通过公开审理可实现自我管理的一般功能,并且认为,只有特定类型案件的审理才可以不公开,该类案件对这类未成年人的伤害有着法律规定或者合理的考虑。首席大法官伯格持反对意见,他提出历史证据来支持这种特殊类型案件的不公开审理。在里士满报业案中,两种分歧观点同样体现在"出版企业公司诉高级别法院案"(Press-Enterprise Co. v. Superior Court)(1984)中。在该案中,法院把联邦宪法第一修正案的参与权扩展至一切照实陈述的程序之中。

在"沃勒诉佐治亚州案"(Waller v. Georgia)(1984)中,法院认为,被告享有联邦宪法第六修正案公开审理的权利排除了审理法院对被告异议停止审前听证的不公开。在沃勒案和里士满报业案中,联邦宪法第一修正案审前听证会公众参与权问题在"出版企业公司诉高级别法院案"(Press-Enterprise Co. v. Superior Court)(1986)中得到了解决,这有利于允许公众享有参与审前预备听证会的权利。在该案中,法院同样重申了环球报业公司案的原则,即唯有政府的重要利益能够判断参与权的否定。法院没有对民事审理的参与权作出规定,但是,民事审理案件有可能最终也会纳入其中。

[Lynn Mather 撰;龚柳青译;常传领校]

里士满市诉J. A. 克罗森公司案[Richmond v. J. A. Croson Co., 488 U. S. 469(1989)]①

1988年10月5日辩论,1989年1月23日以6比3的表决结果作出判决,其中,奥康纳代表联邦最高法院起草判决意见,史蒂文斯、肯尼迪和斯卡利亚持并存意见,马歇尔、布伦南和布莱克蒙反对。在克罗森公司案中,联邦最高法院的大多数大法官最后都支持了利用严格审查标准(*Strick Scrutiny)来判断以种族为基础的积极行动(*Affirmative Action)方案的合宪性。但是,在适用积极行动时,不可能明确地判断该标准的内容。

1983年,弗吉尼亚州里士满市议会制定了少数种族企业促进方案(Minority Business Utilization Plan),该方案要求主承包人要至少将合同总数的30%分包给少数种族企业。该方案运作了5年,并包括了弃权条款,即在所有可行的方案都尝试并失败后,可以不必分包给少数种族企业。

联邦最高法院认为该方案违背了联邦宪法第十四修正案中的平等保护条款。联邦最高法院拒绝了里士满案的辩护意见,这项辩护意见是一项联邦少数种族企业留出份额法的翻版,该法在"富利洛夫诉克卢茨尼克案"(*Fullilove v. Klutznick)(1980)中得到支持。桑德拉·戴·奥康纳(Sandra Day *O'Connor)大法官写道,该案与富利洛夫案是有区别的,因为联邦第十四修正案中的第5款只赋予国会制定法律实施平等保护的权力。但是,宪法并没有授予联邦最高法院同等的权力。安东尼·斯卡利亚(Antonin *Scalia)大法官的反对意见进一步指出,宪法是没有种族意识的,具有种族意识的方案,即使是联邦的,也不能被接受。

由于里士满诉J. A. 克罗森公司案,大多数州或地方的积极行动方案都将根据严格审查标准来审查。结合另外两个早期案件,即"威甘特诉杰克逊教育理事会案"(Wygant v. Jackson Board of Education)(1986)和"合众国诉帕拉蒂斯案"(United States v. Paradise)(1987),克罗森案似乎是说明,要证明一种具有说服力的利益,需要证明过去确实存在种族歧视,而不只是出于对社会歧视的信赖就可证明这些方案的正当性。同时法院必须选择合适的方法,来维护这种利益,而且必须考虑到一些其他因素,如这种救济的必要性和替代救济方式的效率、救济延续的期间、救济的适应性和/或放弃的可行性、在相关劳动力市场上少数人所占比例以及对无过错当事人可能的影响。在以后的案件中,法院的多数

---

① 另请参见 Equal Protection。

大法官将要求符合多少上面所列因素，或要求怎样结合上述要素都是不确定的。

1995年，在审理"阿德兰德建筑公司诉彭纳案"(*Adarand Constructors, Inc. v. Peña)时，联邦最高法院基于平等保护条款的规定，以多数意见推翻了早先在都市广播公司诉联邦通讯委员会(Metro Broadcasting, Inc. v. FCC)案作出的判决，认定克罗森案确立的"严格审查"标准适用于所有可根据平等保护条款进行司法审查的种族分类（联邦、州及地方）。2003年，在审理"格鲁特诉博林杰案"(*Grutter v. Bollinger)时，联邦最高法院再度重申了上述原则，维持了密歇根州大学法学院在录取过程中进行的种族分类。克罗森案的核心问题，即适用于州和地方政府项目的严格审查问题，即便法院的构成发生了新的变化，似乎也不太可能在短期内重新造访联邦最高法院。而阿德兰德对克罗森案所作的扩展，则更可能改变。

[James E. Jones, Jr 撰；龚柳青、潘林伟译；常传领、邵海校]

对____的权利[Right to____]

参见 Equal Protection。

武器持有权[Right to Bear Arms]

参见 Second Amendment。

林诉亚利桑那州案[Ring v. Arizona, 536 U.S. 584 (2002)]

2002年4月22日辩论，2002年6月24日以7比2的表决结果作出判决，金斯伯格代表联邦最高法院提出判决意见，斯卡利亚、肯尼迪、托马斯赞成，奥康纳和伦奎斯特反对。林案的问题是，亚利桑那州死刑判决方案是否违反了第六修正案中有关陪审团审判的保障。

联邦最高法院在"沃尔顿诉亚利桑那州案"(Walton v. Arizona)(1990)中对亚利桑那州的死刑判决方案给予了维持。该方案规定，如果陪审团认定嫌疑人一级谋杀罪成立，则法官可独立认定案件是否存在亚利桑那州法律规定判处死刑所应具备的加重的情节。只要法官认为有一个可判处死刑情节存在而没有其他足以要求对其进行宽容处理的减轻情形时，被告人就可能被判处死刑。在2000年联邦最高法院对"阿普伦蒂诉新泽西州案"(Apprendi v. New Jersey)作出判决之后，亚利桑那州死刑判决方案的合宪性问题变得模糊起来，因为该案裁定，第六修正案不允许使被告"受到……超过按照陪审团独立认定的事实而会受到惩罚的最高限度"(483页)。

在林案的判决中，联邦最高法院部分推翻了沃尔顿案的判决，认定亚利桑那州的死刑判决方案将法官独立认定加重处罚情节作为判处死刑的所必要的条件，在这个方面违反了联邦宪法。联邦最高法院认为，第六修正案要求任何增加被告犯罪惩罚最高限度的事实必须交陪审团认定，因为，任何此类事实的出现实际上等同于构成一种更重犯罪的要素。在独立的并存意见中，史蒂芬·布雷耶(Stephen *Breyer)大法官认为，死刑案件中的陪审团定罪正是第八修正案的要求。而在反对意见中，桑德拉·戴·奥康纳大法官则认为，阿普伦蒂案的判决是错误的，因此，本案，而不是沃尔顿案，应该被推翻。

[Jennifer L. Culbert 撰；潘林伟译；邵海校]

案件的成熟性与直接性[Ripeness and Immediacy]

可诉性(*Justiciability)条目下集中存在着一系列司法管辖权问题，这些问题关涉有争议的诉讼能否在联邦法院解决。可诉性要求联邦法院只能就宪法第3条(*Article Ⅲ)第2款规定的"案件与争议"(*Cases and Controversies)作出裁决。这些问题包括无实际价值(*mootness)、成熟性、诉权原则(*standing)、共谋诉讼(*collusive suits)以及咨询意见(*advisory opinions)。这些问题不仅涉及合宪性问题，而且大都具有谨慎的考量因素。成熟性就是"自始自终"与无实际价值相对应。当案件变得无实际价值时，它就不再是一个正在发生的争议；然而，如果案件尚未"成熟"，它就没有发展到对个人的财产、自由或其他权利产生威胁的程度。

最经典的涉及成熟性的先例——"联合公务雇员协会诉米切尔案"(*United Public Workers v. Mitchell)(1947)，表明了作为宪法第3条的可诉性问题中的成熟性所涉及的问题。该案原告是联邦公务员，他们寻求禁令(*Injunction)以反对哈奇法(Hatch Act，要求公务员行政中立的一部法令——校者注)的实施，声称如果他们从事他们认为由联邦宪法第一修正案(the *First Amendment)所保护的政治活动，根据该法可能会受到起诉。但实际上他们没有参与任何令他们担心受到起诉的活动。法院拒绝去禁止针对仅仅是"假想的威胁"提起诉讼，因为这并没有形成实际的案件或争议。

成熟性问题也使涉及国家反颠覆法["阿德勒诉教育理事会案"(Adler v. Board of Education)(1952)]、联邦竞选法(Federal Election Campaign Act)["巴克利诉瓦莱奥案"(*Buckley v. Valeo)(1976)]、堕胎(*abortion)限制["罗诉韦德案"(*Roe v. Wade)(1973)中想要成为原告的人]以及刑事控告[例如，"厄兹诺兹尼克诉杰克逊威尔案"(Erznoznik v. Jacksonville)(1975)]等问题变得复杂。

[James B. Stoneking 撰；龚柳青译；常传领校]

合众国诉罗贝尔案 [Robel, United States v., 389 U.S. 258 (1967)]①

1966年11月14日辩论,1967年10月9日重新辩论,1967年12月11日以6比2的表决结果作出判决,其中,沃伦代表联邦最高法院起草判决意见,怀特与哈伦反对,马歇尔未参与。在本案中,联邦最高法院推翻了国会的一项法令,这是法院历史上第二次(且仅有两次)以违背联邦宪法第一修正案(the *First Amendment)为由推翻国会立法。在"共产党诉颠覆活动控制委员会案"(* Communist Party v. Subversive Activities Control Board) (1961)中,法院支持了颠覆活动控制委员会根据《1950年颠覆活动控制法》(the Subversive Control Act of 1950)要求共产党登记为一个共产主义者活动组织的请求。共产党的一名成员,罗贝尔(Robel)受雇于一家官方指定的生产国防设施的造船厂。他因明知法律要求共产党员不得受雇于国防工厂,并且明知该造船厂已被指定为国防工厂,但却非法、故意在该造船厂工作而受到起诉。

法院认定该法的相关章节是对联邦宪法第一修正案所保护的结社权的违宪剥夺。该法令没有证据证明被告的结社行为对国防造成任何威胁就认定其有罪,而结社权是宪法明文昭示的权利。该法令过多扩展了应受惩罚的活动和不应被禁止的成员范围。该法律忽视了一些事实,即个人在所登记的组织中起着积极还是消极的作用,他是否意识到该政党的非法宗旨,或者是否同意那些宗旨,该成员是否在一家防御工厂里充当的不过是不起眼的角色。

[Milton R. Konvitz 撰;龚柳青译;常传领校]

罗伯茨,欧文·约瑟夫斯 [Roberts, Owen Josephus]

(1875年5月2日出生于美国宾夕法尼亚州的日尔曼敦,1955年5月17日卒于美国宾夕法尼亚州的切斯特县西文森特镇,葬于切斯特县西文森特镇圣安德鲁斯墓地)1935—1945年,担任大法官。欧文·罗伯茨在宾夕法尼亚大学接受教育,1988年在那里获得法律学位。他开始是一名私人律师,后来成为宾夕法尼亚州的地区司法部长。他在宾夕法尼亚大学兼职讲授法律直至1919年。1924年,卡尔文·柯立芝(Calvin Coolidge)总统任命罗伯茨担任调查茶壶丘丑闻的美国特别律师(Teapot Dome Scandals,茶壶丘位于美国怀俄明州中东部卡斯帕以北的一个旧的美国海军石油储备基地。1921年由内政部长阿尔伯特·B.福尔秘密租给哈里·F.辛克莱的石油公司,从而成为哈丁任期内政府丑闻的一个标记——校者注)。当赫伯特·胡佛(Herbert Hoover)提名的第一位人选——北卡罗来纳州的约翰·J.帕克(John J. *Parker)没有被参议院批准时(参见 Nominees, Rejection of),胡佛提名了罗伯茨。罗伯茨于6月就任此位。

Owen Josephus Roberts

罗伯茨所处的是一个保守消沉时期的法院,那一时期的法院确认企业家的自由,并对政府对商业的管制表示怀疑。处在由于后来任命的[查尔斯·埃文斯·休斯(Charles Evans *Hughes)和本杰明·内森·卡多佐(Benjamin Nathan *Cardozo)]产生尖锐对立的法院中。罗伯茨的决定在富兰克林·罗斯福(Franklin *Roosevelt)与法院之间的斗争中起了关键作用。

在某种程度上,罗伯茨的观点批评了困扰着法院的批评家们对"新政"(*New Deal)合宪性的质疑问题,这些批评家们在他的裁决中并没有找到一致的法律上的原则。在奈比亚诉纽约州案(*Nebbia v. New York) (1934)中,罗伯茨支持州的商业管制——在本案中,纽约州法律规定了牛奶价格(参见 State Regulation of Commerce)。作为对"新政"立

---

① 另请参见 Assembly and Association, Citizenship Freedom of; Communism and Cold War。

法加强的保守反对者,法院的态度倾向于稳定的联邦经济管制;在"巴拿马炼油公司诉瑞安案"(*Panama Refining Co. v. Ryan)(1935)中,罗伯茨与大多数法官的意见一样,宣告《国家工业复兴法》(the National Industrial Recovery Act)第9c款无效;在"铁路退休委员会诉艾尔顿铁路公司案"(Railroad Retirement Board v. Alton Railroad Co.)(1935)中,他的意见否定了《铁路退休金法》(the Railroad Retirement Pension Act);在"谢克特禽畜公司诉合众国案"(*Schechter Poultry Corp. v. United States)(1935)中,法院意见一致认定整个《国家工业复兴法》违宪;在"路易斯威尔联合股份土地银行诉雷德福案"(Louisville Bank v. Radford)(1935)中,则宣告了1934年《联邦农业破产法》(the Federal Farm Bankruptcy Act of 1934)无效。罗伯茨最具有意义的意见之一是以6对3的表决结果推翻第一个《农业调整法》(the Agricultural Adjustment Act)["合众国诉巴特勒案"(United States v. *Butler)(1936)]。在"卡特诉卡特煤炭公司案"(*Carter v. Carter Coal Co.)(1936)中,罗伯茨与大多数大法官意见一致,宣告《1935年生煤法》(the Bituminous Coal Act of 1935)无效,因为联邦权力入侵了应由州管理的事务。

法院坚持对"新政"立法的反对态度导致1937年对罗斯福的法院人员布置计划(*court-packing plan)的一场争论。部分是作为针对法院批评的回应,罗伯茨对"新政"的态度有所软化。1937年,在"西海岸旅馆公司诉帕里西案"(*West Coast Hotel Co. v. Parrish)中,罗伯茨与大多数大法官一致支持一部国家最低工资法(在法院改组之前,罗伯茨已经完成了一项总结),同时法院坚持了《1935年农业抵押法》(the Farm Mortgage Act of 1935)、《国家劳动关系法》(the National Labor Relations Act of 1935)和《社会保障法》(the Social Security Act of 1935)。在每件案件中,罗伯茨与大多数大法官的意见一致,都投票支持"新政"立法。

在20世纪30年代,法院日益重视民事权利,罗伯茨再次选择了不可预测的道路。他作出了法院的一致意见书,认定白人预选(*white primary)的合宪性["格罗威诉汤森案"(*Grovey v. Townsend)(1935)]。在"史密斯诉奥尔赖特案"(*Smith v. Allwright)(1944)中,当以8比1的表决结果推翻判决的时候,他表示不同意。在"坎特威尔诉康涅狄格州案"(*Cantwell v. Connecticut)中,罗伯茨1940年的意见书推翻了一项因未经许可请求捐赠而对"耶和华见证人"的定罪。同时,在"迈纳斯维尔校区诉哥比提斯案"(*Minersville School District v. Gobitis)(1940)中,他与大多数大法官一致支持一项旗礼的规定。3年之后,在"西弗吉尼亚州教育理事会诉巴尼特案"(*West Virginia State Board of Education v. Barnett)中,联邦最高法院推翻了自己的判决,但是罗伯茨仍坚持哥比提斯案的判决。在"盖恩斯引起的密苏里州诉加拿大案"(*Missouri ex rel. Gaines v. Canada)(1938)中,联邦最高法院宣告对非裔美国学生从国家的法律学校中排除的做法无效,因为这违背了联邦宪法第十四修正案(the *Fourteenth Amendment)的平等保护条款,罗伯茨投票同意大多数大法官的意见。最后,在"科里马修诉合众国案"(*Korematsu v. United States)(1944)中,对第二次世界大战期间日裔美国人被强制重新安置的合宪性审查时,罗伯茨强烈反对。他坚持认为,这将把上诉人排除出西海岸作为"对不服从在'集中营'关押的公民的惩罚……仅仅是因为他的血统(p.226)。

作为联邦最高法院在任大法官,罗伯茨主持了一项对日本袭击珍珠港的调查(参见 Extrajudicial Activities)。委员会免除了罗斯福的行政责任,将其归于珍珠港的军事指挥官。1945年罗伯茨从法院退休之后担任了宾夕法尼亚大学法学院的院长(1948—1951年),并兼任原子能委员会安全理事会的主席。1955年,罗伯茨在80岁生日后不久卒于心脏病。

参考文献 G. Edward White, *The American Judicial Tradition: Profiles of Leading American Judges* (1976); Elder Witt, *Congressional Quarterly's Guide to the U. S. Supreme Court*, 2d ed. (1990).

[Augustus M. Burns Ⅲ撰;龚柳青译;常传领校]

罗伯茨诉合众国国际青年商会案[Roberts v. United States Jaycees, 468 U. S. 609(1984)]①

1984年4月18日辩论,1984年7月3日以7比0的表决结果作出判决,其中,布伦南代表联邦最高法院起草判决意见,伦奎斯特和奥康纳持并存意见,伯格和布莱克蒙未参与。联邦最高法院认定,将明尼苏达州人权法(Minnesota Human Rights Act)适用于国际青年商会,要求国际青年商会允许接受妇女作为会员,并没有违背联邦宪法第一修正案(the *First Amendment)和第十四修正案(the *Fourteenth Amendment)对结社自由的保护,且认定人权法并没有因为规定模糊而无效。

代表联邦最高法院提出判决意见的威廉·J.布伦南认为,两种类型的结社自由应受到宪法的保护:与结婚(*marriage)、生育、避孕(*contraception)及家庭与子女(*family and children)有关的结社的自由,以及与表达活动有关的结社的自由。法院认定国际青年商会会员的结社自由并不属于结社自由的第一类,因为该群体人数众多,不存在需认真选择的

---

① 另请参见 Assembly and Association, Freedom of。

属性。他们这种自由在宪法上的依据,如果有的话,也只能是集体表达观点和利益的结社自由。但是,法院强调,这种结社的权利并不是绝对的。该权利相比具有说服力的政府利益并不具有优先性,明尼苏达州在禁止性别歧视中的利益就是这种具有说服力的政府利益,因此足以优先于男性国际商会成员表达活动的结社利益。

桑德拉·戴·奥康纳(Sandra Day*O'Connor)在并存意见中,主张社团应合理地划分为表达性与非表达性的社团。国际青年商会本质上是一种非表达性的商业性社团,政府对其进行有力的管制的权力早已获承认,而且由于国际青年商会群体具有显著的商业性、非表达性,因而明尼苏达州人权法对其适用是正当的。

[Richard C. Cortner 撰;龚柳青;常传校]

罩衣室[Robing Room]

位于与会议室相邻的联邦最高法院大楼的主层是一个橡木材料的房间。它有9个壁橱,用于存放大法官的制服。每个橱门上都有一个标示大法官名字的黄铜牌。壁橱是为资深大法官所安排的。房间暗红色地毯印有桂冠和五星的图案。在这里,大法官在开庭前会穿上制服。房间里同时还有为大法官传送信息准备的一台复印机和一张桌子。

[Francis Helminski 撰;龚柳青译;常传校]

鲁滨逊诉加利福尼亚州案[Robinson v. California, 370 U. S. 660(1962)]

1962年4月17日辩论,1962年6月25日以7比2的表决结果作出判决,其中,斯图尔特代表联邦最高法院起草判决意见,怀特和克拉克反对。在"鲁滨逊诉加利福尼亚州案"(Robinson v. California)(1962)中,一部认为吸食麻醉药物成瘾是犯罪的加利福尼亚州法律被认定为违宪,因为这是残忍和非正常的刑罚(*cruel and unusual punishment),违背了联邦宪法第八修正案和第十四修正案(the *Eighth and *Fourteenth Amendment)。该法律并没有要求有证据证明被告携带或使用毒品或者他或她拥有任何毒品。仅仅证明是成瘾的状态,比如说,被告者手臂上有针眼就足够了。美国联邦最高法院认定,麻醉药物成瘾是一种病态表现而不是一种犯罪,因为一种病就在监狱里关押9天,构成残忍和非正常刑罚。拜伦·怀特(Byron*White)大法官与汤姆·克拉克(Tom*Clark)大法官反对拘留是"一种为摆脱麻醉药物依赖性的复杂和开明的方案"形式(p.679)。

鲁滨逊案的判决并没有遵循1968年"鲍威尔诉得克萨斯州案"(Powell v. Texas)的判决结果,该判决以5比4的投票表决否定了慢性酒精中毒的刑事定罪是残忍和非正常刑罚的主张。法院大多数大法官认为,有关酒精中毒的知识和在这一案件中的记录不足以形成一项普遍适用的新合宪性原则。在鲍威尔案中,代表少数大法官意见的阿贝·福塔斯(Abe*Fortas)大法官坚持认为,鲁滨逊案的判决应当被未来的案件所遵循,并且"刑事惩罚并不可以使公民因为无力改变现状而受到打击"(p.533)。

涉及与成瘾相关的行为是否属于无意识而应被视为一种疾病的争论仍然在继续。但是,鲁滨逊案却通过联邦宪法第十四修正案的正当程序条款,将第八修正案的残忍和非正常刑罚条款适用于各州的相应案件中。

[C. Herman Pritchett 撰;龚柳青译;常传校]

鲁滨逊诉麦穆非斯—查尔斯顿铁路公司案[Robinson v. Memphis and Charleston Railroad]

参见 Civil Rights Cases。

罗沁诉加利福尼亚州案[Rochin v. California, 342 U. S. 165(1952)]①

1951年10月16日辩论,1952年1月2日以8比0的表决结果作出判决。法兰克福特代表联邦最高法院起草判决意见,明顿未参与。在加利福尼亚州高级别法院,罗沁因为拥有"吗啡的制剂"而被定罪,该药品是医生违背他的意愿从其胃里取出的,并且是按照执法人员的指导完成的。罗沁上诉并指控取出证据的方式违反了联邦宪法第十四修正案(the*Fourteenth Amendment)的正当程序条款。罗沁的上诉以失败而告终,加利福尼亚州最高法院驳回该案重审的要求,但是,美国联邦最高法院给予了调卷令(*certiorari)。联邦最高法院推翻了罗沁的定罪,认为从胃中取出方式获取证据确实违反了联邦宪法第十四修正案的正当程序条款。

在费利克斯·法兰克福特(Felix*Frankfurter)大法官代表联邦最高法院作出的意见书中,他强调在"以虐待身体的方式获取口头供述与强迫从原告嘴中取得证词是没有区别的,证据由真相组成"(p.167)。法兰克福特强调,正当程序条款要求法院在公正与公平受到怀疑时应当重新审查和注意州程序,但是,他指出这一责任并非让法官可以随意对正当程序发挥个人和私人的观点。在罗沁案中,法兰克福特得出结论:在未取得被告同意时,从胃中取出方式获取证据"使人良心受到震动",该行为"与偏离宪法的拷问和恐吓太相似"(p.172)。

在各自的并存意见中,胡果·布莱克(Hugo*Black)大法官和威廉·O.道格拉斯(William O.*Douglas)大法官主张定罪应当被推翻,参考的是联

---

① 另请参见 Due Process, Procedural。

邦宪法第五修正案(the *Fifth Amendment)反对自证其罪(*Self-Incrimination)的特权,而不是法兰克福特所使用的"模糊标准"(p.175)。

由于刑事程序能够以违反《权利法案》(*Bill of Rights)的大多数条款而进行审查,在罗沁案中,联邦最高法院最终把"马洛伊诉霍根案"(*Malloy v. Hogan)(1964)中联邦宪法第五修正案反对自证其罪的特权与"马普诉俄亥俄州案"(*Mapp v. Ohio)(1961)中适用于各州的排除规则结合起来,这一做法使多数大法官与少数大法官的分歧仍处于悬而未决的状态。

[Susette M. Talarico 撰;龚柳青译;常传领校]

罗诉韦德案[Roe v. Wade, 410 U.S. 113(1973)]

1971年12月13日辩论,1972年10月27日再次辩论,1973年1月22日以7比2的表决结果作出判决,其中,布莱克蒙代表联邦最高法院起草判决意见,道格拉斯、斯图尔特和伯格持并存意见,怀特与伦奎斯特反对。19世纪中期之后,医生希望给自己的活动建立起科学地位,在其推动下,大部分州制定了法律严格限制堕胎(*abortion)。20世纪50年代与60年代,所谓的性革命提供了更多接近避孕器具的机会,并促进了避孕药品的发展,同时也导致了妇女希望堕胎的增多。20世纪60年代和70年代早期,发现"反应停(thalidomide)",一种许多妇女用来减轻妊娠早晨恶心的药物,偶尔会造成生育缺陷,同时还发生了引起大众高度关注的谢里·芬克拜(Sherry Finkbine)案,该案是一名亚利桑那州广播公司职员因担心她的婴儿会有严重的缺陷而去瑞典堕胎,这些都增加了纵容堕胎法的公众压力。尽管不可能计算出准确数字,但非法堕胎非常普遍,一些妇女在非法堕胎时卒于环境的不卫生。这促使复兴的妇女运动把改变堕胎法作为她们的首要目标之一。

堕胎改革采取两种方式。通常,州立法机关以广义上保护妇女健康的名义允许堕胎,使堕胎开始变得较为容易,但也要求除为妇女堕胎的该医生外,还要经过一个医生委员会的允许。一旦有州开始放松堕胎限制,任何能够支付得起堕胎费用的妇女都会发现去另一个没有法律限制的州,或者找一个医生证明堕胎是为了保护自己身体健康,都是相当容易的。

法院攻击限制堕胎法最初集中在最具有限制性的传统法律上;反对者认为,仅仅在危及妇女生命时才允许堕胎的法律规定如此的模糊不清,导致医生不能知道他/她们在何时从事着一项非法的行为。加利福尼亚州最高法院在"人民诉贝洛斯案"(People v. Belous)(1969)中支持了上述异议。美国联邦最高法院在"合众国诉威奇案"(United States v. Vuitch)(1971)中解释哥伦比亚特区实施的联邦堕胎法,规定允许广义上健康处于危险中的妇女堕胎,避免作出一个有关宪法性问题的判决。

在提出这些反对意见的时候,联邦最高法院也发展了关于性生活方面个人隐私(*privacy)的法律,例如,在"格里斯沃尔德诉康涅狄格州案"(*Griswold v. Connecticut)(1965)中,认为严格限制避孕器材的使用侵犯了宪法上的隐私权。质疑限制堕胎法便以格里斯案为基础,认为这些法律侵犯了隐私权。

"罗诉韦德案"(Roe v. Wade)涉及反对一部传统的严格限制堕胎法(来自于得克萨斯州)以及一部更为现代的堕胎法(来自于佐治亚州),该法允许妇女为了避免对健康的危害,经过一个医院委员会的同意而在医院堕胎。该诉讼以简·罗(Jane Roe)的名义提起,采用确保原告不必向联邦最高法院透露事关她怀孕事实的一套程序。就法院对法律问题的分析,这些事实是不相关的,判决不久原告即被确认是诺尔马·麦科维(Norma McCorvey)。刚开始时麦科维说她的怀孕是因为受到的一次轮奸,后来她才透露是因为一次失败的恋爱。

布莱克蒙的分析 第一次辩论时,曾经是明尼苏达州罗切斯特梅奥诊所辩护律师的哈里·布莱克蒙(Harry *Blackmun)大法官起草了一份意见书,认定两部法规的违宪性不明确。一部分原因是他的分析明显没有说服力,另一部分原因是有些大法官认为该案交由布莱克蒙来作出判决不合适,于是又重新启动辩论。那年夏天进行了辩论,在此期间,布莱克蒙也投入了对有关堕胎药物的广泛研究之中。

重新辩论后,布莱克蒙重新发表了意见,根据联邦宪法第十四修正案(*Fourteenth Amendment)的正当程序条款,认为两项法律因侵犯了妇女的隐私权违宪。波特·斯图尔特(Potter *Stewart)大法官持并存意见,他指出实体正当程序(*due process, substantive)的诉求意味着联邦最高法院在执行一项没有被联邦宪法明确规定的权力。

尽管存在这样的事实,即在获得堕胎的机会丧失之前,根本没有时间确保作出判决,在发现该案并非没有实际意义之后,布莱克蒙的判决意见承认,各州在管制堕胎方面确实存在一些有效的利益。他的意见将怀孕分为三个时期或三个阶段。在第一阶段,在医生建议下,妇女享有基本上不受限制的选择堕胎的权利;因而,布莱克蒙认为,更"自由"的州法律对医院收容和委员会的要求是违宪的。在第二阶段,只有根据医学专家的意见,堕胎会导致对一名健康妇女的更大威胁时,各州才能规范堕胎以保护该妇女的健康。只有在第三阶段,各州保护胎儿潜在生命的利益才足以为在堕胎方面的严格限制提供正当根据,即使当时联邦最高法院认为,各州必须允许堕胎以挽救妇女的生命。在分析过程中,布莱克蒙主张:因为胎儿医学和道德地位的不确定性,各州不能采用一套关于生命何时开始的特别理论——例如,他/她们不能认定由于生命开始于妊娠,因此胎儿享有与新生婴儿一样的权利。

尽管首席大法官沃伦·伯格(Warren*Burger)的并存意见否认罗案在人们的要求下确立了堕胎权,但那只是它的实际效果。大法官拜伦·怀特(Byron*White)和威廉·伦奎斯特(William*Rehnquist)持独立的不同意见,他们批评联邦最高法院为了实施宪法没有明确规定的权利而推翻法规,它们并不比联邦宪法第十四修正案被通过时广泛生效的法律更具限制性。另外,他们还批评联邦最高法院的三段论构架,依他们的观点,该三段论构架是武断的。如果州在保护胎儿的潜在生命方面有权利的话,在怀孕的整个期间该权利便都是存在的,而且同样的重要。他们进一步论述,联邦最高法院对各种冲突意见的平衡以及就医生在不同的情况下所能作出的精心安排类似于一个法规。

由理查德·尼克松(Richard*Nixon)总统所任命的3位大法官在罗案中同意大多数大法官的意见,但他们的意见与他们主张的"严格解释"(strict construction)与宪法的观点不一致。从政治角度而言,罗案的判决可能最好理解为:该案判决是联邦最高法院对在重要选区中有组织的妇女运动的回应和支持该运动尝试的一部分。尽管意见没有把争议看作是一个性别(*gender)歧视问题,然而很明显,在堕胎争论中性别问题居于一个至关重要的地位,因为不想怀孕的负担排他性地落在了妇女的身上,这易于为人们所广泛理解。限制堕胎法通常被男性控制的立法机关所制定,这实际已被看作引起性别歧视问题之所在。在这些理由方面,联邦最高法院没能表达其意见可能是一个严重的战略失误,因为布莱克蒙的隐私分析存在缺陷,他采用一个新发现的宪法性"权利",在罗案判决后被广泛提及。

罗案后的批评与余波 罗案的学术批评家认为,没有宪法文本或历史显示被认定无效的立法与"洛克纳诉纽约州案"(*Lochner v. New York)时期暗示的为联邦宪法所保护的基础价值相冲突,当时联邦最高法院为了促进工人的经济状况,以法律违反了联邦宪法中没有详细解释的"契约自由"为由使许多法律归于无效(参见 Contract, Freedom of)。批评家同时指出,如果承认堕胎对胎儿和医疗技术范围的影响,那么以格里斯沃尔德案的方式把本案作为涉及"隐私"案件来对待是不明智的,格里斯沃尔德案是关于避孕器具的使用,包括在家中独处时实施的行为。

罗案的学术支持者提供了两条路径的辩论。一些人主张该案应被重定义为性别歧视案件,他们认为,性别歧视是联邦宪法第十四修正案平等保护条款实际禁止的。另外一些人同意罗案类似于洛克纳案,但认为洛克纳案的缺陷不是它实现了宪法文本没有体现的价值,而是实现了根据任何良好发展的权利理论不具有基础性的价值,而隐私权或者个人性生活自主权在许多毫无争议的自由政治理论解释中都是基础性的。

在大众中,罗案甚至存在更多的争议。被游说的立法机关尽可能在罗案的构架内制定限制堕胎可行性的法规,激发了一场实质性的"生命的权利"运动,同时,这对共和党获得权力具有特殊的影响,在20世纪80年代,共和党总统候选人同意不任命罗案中对宪法分析持赞同立场的大法官。

在随后10年中,联邦最高法院坚持了罗案的分析,在几个重要案件中,它支持立法机关试图限制妇女选择堕胎的权利。早期最重要的此类判决可能是"哈里斯诉麦克雷案"(*Harris v. McRae)(1980),该案判决认定,国会没有禁止支付非治疗性堕胎医疗援助基金违反了联邦宪法。同样,在较早期的"马厄诉罗案"(Maher v. Roe)(1977)中,联邦最高法院判决各州不需要资助妇女非治疗性的堕胎(大多数州不资助非治疗性的堕胎,但有一些州是资助的)。

这些判决有一个可能的预测结果,就是回到罗案以前盛行的形势,这种形势下能够支付得起堕胎费用的妇女安全堕胎相当容易,而没有办法支付堕胎费用的妇女只得非法堕胎,或者像简·罗(Jane Roe)那样,她们拖着不想要的身孕直到开庭期。然而,哈里斯案的实际影响是不确定的,因为尽管缺乏公共资助,合法堕胎仍在稳定增长,目前(1991年)每年达到大约160万人,现在,其中的大多数是由私人慈善机构资助。

联邦最高法院支持的其他限制是要求保存堕胎记录以及规定非成年妇女要求堕胎必须通知她的父母,除非她向法庭证明通知父母是不合适的。联邦最高法院确实降低了对父母和配偶的同意及各种规定使作出堕胎决定更加困难的要求[例如,"阿克龙诉阿克龙生育健康中心股份有限公司案"(*Akron v. Akron Center for Reproductive Health)(1983);"索恩伯勒诉美国妇产科学院案"(*Thornburgh v. American College of Obstetricians and Gynecologist)(1986)]。

在罗案中,伯格和斯图尔特都持多数意见,他们的退休使罗纳德·里根(Ronald*Reagan)总统有机会改变联邦最高法院在堕胎问题上的立场,但是,1987年刘易斯·鲍威尔(Lewis*Powell)大法官的退休提供的机会最大。里根任命大法官罗伯特·博克(Robert*Bork)继任鲍威尔的位置,部分原因是他对罗案的强烈反对众所周知。他的反对是引起罗案支持者极大关注的焦点,他们构成了挫败博克提名的政治派系的重要一部分。

1989年,安东尼·肯尼迪(Anthony*Kennedy)大法官第一次主持审理堕胎案件,在"韦伯斯特诉生育健康服务部案"(*Webster v. Reproductive Health Services)的判决中,联邦最高法院几乎推翻了罗案,最后,大多数大法官认为,两项附加对堕胎的限制相对于罗案自身允许有相对较小的延伸。然而,堕胎争议的两派都把韦伯斯特案看作是一个进一步采取政治行为合理性的信号。特别是堕胎权的活跃分子,当意识到选择堕胎的权利可能不再会得到法院的充分支持时,又重新开始了罗案前致力于政治游说的做法。韦伯斯特案后,立即进行两个州民主党州长的选举,显示了选举对堕胎权的威胁是一个重要因素,但因韦伯斯特案判决成为整个政治背景的一部分,其长期的影响就显得更为模糊。

对罗案判决最大的一次威胁是 1992 年的"宾夕法尼亚州东南计划生育组织诉凯西案"(Planned Parenthood of Southeastern Pennsylvania v. Casey)。联邦最高法院的分歧势同水火,判决支持了宾夕法尼亚州对堕胎事项实施一定限制的法律,但大法官们却不愿推翻罗案这一先例。桑德拉·戴·奥康纳大法官重新肯定说,在大约 6 个月的妊娠期内,妇女在胎儿形成生命能力之前有权决定是否选择堕胎。在凯西案的鼓励下,反对堕胎的人开始采取新策略以继续侵扰那些利用诊所堕胎和从事该项工作的人。1994 年,审理"全国妇女组织诉沙伊德勒案"(*National Organization of Women v. Scheidler)的大法官认为,对反堕胎主义者的暴力侵害,从事堕胎的医疗机构可以依据联邦反诈骗法提起损害赔偿之诉。

参考文献 Marian Faux, *Roe v. Wode*(1988); Laurence Tribe, *Abortion: The Clash of Absolutes* (1990).

[Mark V. Tushnet 撰;曹振海、潘林伟译;常传领、邵海校]

罗马法[Roman Law]

尽管美国法发展既不同于其他普通法(*common law)系国家,也不同于民法(*civil law)法系国家,但受到了其他法系的影响。其中,罗马法是最为重要的一个。

罗马法在形成美国法学家的思想以及在美国实体法的发展中所发挥的作用很容易被夸大。尽管在那些地区曾一度存在民法体系,例如,在佛罗里达州和得克萨斯州,在一段时间内,罗马法的确发挥了主导性的作用,但在美国,罗马法要从总体上取代普通法是没有任何可能的。在联邦最高法院,罗马法一直是次要与辅助性的,至多作为美国普通法的一个背景或配合。美国受罗马法影响的一些特点是清晰和连贯的。第一,罗马法和大陆法(民法或成文法)提供了一个体系化的法律结构模式,尤其是它们的组织结构和概念框架。第二,罗马法为表达复杂的法律概念提供了大量的精确术语。第三,也是最为重要的,罗马法提供了一个用以评价美国法律规则的比较法资源,也提供了许多英美法律规则用于美国的历史根基。联邦最高法院的许多意见不仅为设立的法律规则提供了理论上的正当性,而且为这些规则提供了历史上的合理性。在此种意义上,罗马法普遍被引用。

最后,在联邦最高法院的意见中,引用罗马法是因为个别的大法官对罗马法感兴趣。最伟大的罗马法主义大法官是约瑟夫·斯托里(Joseph * Story)和奥利弗·温德尔·霍姆斯(Oliver Wendell * Holmes),尽管包括斯托里和霍姆斯在内没有一名联邦最高法院大法官是真正的罗马法学者。

[M. H. Hoeflich 撰;曹振海译;常传领校]

罗默诉埃文斯[Romer v. Evans, 517 U. S. 620 (1996)]

1995 年 10 月 10 日辩论,1996 年 5 月 20 日以 6 比 3 的表决结果作出判决;肯尼迪大法官代表最高法院提出判决意见,斯卡利亚、伦奎斯特和托马斯大法官反对。20 世纪 80—90 年代,随着越来越多的同性恋者走出了私密空间,有关他们宪法地位的问题立即变得重要而充满争议起来。与诸如非裔美国等其他社会集团不同,联邦最高法院曾拒绝将他们作为根据宪法应受特别保护的"疑似"(suspect)阶层来对待。在"鲍尔斯诉哈德维奇案"(*Bowers v. Hardwich)(1986)中,联邦最高法院拒绝推翻弗吉尼亚地方法律中把同性性行为视为犯罪的规定。尽管同性恋者可以享受较大的公众可视度(public visibility,意指可在较大程度上公开地作出同性恋的表现——译者注),但这种公众可视度也把他们直接推向了与谴责同性性行为的基督徒和家庭对峙的另一端。

在科罗拉多州,该州在历史上就曾经是老西部(Ole West)与波尔得(Boulder)、阿斯彭(Aspen)及丹佛(Denver)这些自由主义周边地区冲突的一部分,传统性行为观念与同性恋者们的生活方式的冲突表现得尤为突出。自由主义占上风的城市相继颁布法令,禁止在住宿、就业、教育、公共膳食、健康和社会福利及其他交易和活动方面,对不同性取向的人群实施歧视。作为对上述法令的回击,"家庭价值"和其他信奉正统基督教派的宗教组织则成功地发起了一场全民投票运动,制定了科罗拉多州宪法第二修正案,从而排除了州及地方各级司法、行政及立法机关对不同性取向和不同生活方式人群的保护行动。随后,同性恋团体、自由宗教组织、美国公民自由联盟(*American Civil Liberties Union)、全国有色人种协进会先后向地方法院和科罗拉多州最高法院提起诉讼,以违反联邦宪法第十四修正案(*the Fourteenth Amendment)平等保护条款为由,要求法院禁止科罗拉多州宪法第二修正案实施。科罗拉多州，以州长罗伊·罗默为代理人，就此向联邦最高法院提出上诉请求。

科罗拉多州认为，该州宪法第二修正案并未歧视同性恋人群，只是剔除了他们的一些其他人不享有的特殊权利。既然科罗拉多人通过投票作出了决定，州高级别法院就必须遵从人民作出的判断，尤其是，这些措施符合州政府可以对城市和都市行使宽泛的权力这一通行的惯例。即使需要为同性恋群体提供特殊的保护，这种保护也应该来源于州这一层面。

科罗拉多州宪法第二修正案的批评者们基于联邦宪法认为，该规定是一项不可接受的歧视行为，因为它否定了特定人群所应获得的法律保护。理查德·埃文斯的律师——同性恋激进分子，丹佛市艾滋病资源项目协调人——认为，简单地说，科罗拉多州除证明了该州的大部分居民不喜欢同性恋者之外，并没有提出实施这种歧视的合法目的。

安东尼·M.肯尼迪大法官所代表的多数意见支持科罗拉多州最高法院废除该州宪法第二修正案的判决。肯尼迪大法官是基于如下两点作出上述判断的：首先是约翰·马歇尔·哈伦大法官在审理"普勒西诉弗格森案"（*Plessy v. Ferguson）(1896)时作出的著名的反对意见，即"联邦宪法中没有也不容忍在公民中进行阶层划分"（第625页）。肯尼迪据此认为，科罗拉多州立法缺乏理性和正当的立法意图，相反，它只是"让他们（同性恋者）与其他人不平等"（第646页）。和处理黑人问题一样，肯尼迪避免了将同性恋群体作为受特殊保护的群体来确定，肯尼迪这样做的理由来自于哈佛大学法学院劳伦斯·特赖布教授10年前在"鲍尔斯诉哈德维奇"（Bowers v. Hardwick）一案中所作的法庭友好人士建议，特赖布告诉法院，没有必要考虑同性恋者的特殊身份问题，因为，科罗拉多州宪法第二修正案是实质违反联邦宪法第十四修正案平等保护条款的少有例子。其他大多数大法官以同意而不是并存意见的方式签署了判决意见，这一事实，强化了法院多数意见在对待一个有争议问题上统一立场的效果。

然而，持反对意见的大法官却严厉地批评了多数意见方的行为。如安东尼·斯卡利亚认为，本案只是文化之争中的一个案件而已，科罗拉多州的大部分人只是在宪法权利范围内作出努力，为了"保护传统的性道德……科罗拉多州的大多数人只是制定了一项理性的而且并不一定对同性恋人群不利的规定"（第647页）。

对同性恋群体来说，罗默一案是一次伟大的胜利，从某种意义上说，它也是对州权力鼓吹者的一次痛击，这些鼓吹者一直受到伦奎斯特法院强有力的支持。然而，最为重要的是——联邦最高法院大多数法官总结道：所谓的同性恋者特殊权利的创设，可以防止他们受到歧视，这是每一个人都有资格享受的平等权利的又一次真实的宣示。其结果是，联邦最高法院的判决将会使各级政府将某一特定人群标示出来而对他们施加"特别的负担"更加困难。

[Kermit L. Hall 撰；潘林伟译；邵海校]

罗斯福，富兰克林·德拉诺[Roosevelt, Franklin Delano]①

（1882年1月30日出生于纽约州海德公园，1945年4月12日卒于佐治亚州斯布瑞）1933—1945年任美国总统。富兰克林·德拉诺·罗斯福是美国历史上总统任期最长的一个，也是美国历史上最受拥戴的总统之一。在他当政的12年里，"新政"通过扩大联邦政府权力的范围和界限，通过联邦官僚机构的现代化，以及将许多致力于政府工作以解决这个国家所面临的社会、政治和经济问题的聪明的改革家带入政府，来帮助改变联邦政府结构。

哈佛大学毕业后，罗斯福又到哥伦比亚法学院攻读了3年。接着获得纽约州的律师执业资格，1907—1910年，他主要在一个叫华尔街（Wall Street）的律师事务所执业。在20世纪20年代，他再次成为一个律师事务所的成员，但这次不是作为一名执业律师，而是主要以他的名义来吸引顾客。罗斯福热衷于政治，他是一名具有公众感染力和建立联盟天分的高级政客。他是一名爱国主义者，这可以追溯到17世纪（西奥多·罗斯福是他的远房堂叔）他的家族传统。到目前为止，他可能是这个世纪最受爱戴的民族政治家，在4次总统选举中轻易地获胜——一次是创造了获压倒性多票数的记录。在28岁时，他被选举为纽约州议会的民主党议员。他在伍德罗·威尔逊总统的政府中任海军助理部长，并在1920年的总统选举中与詹姆斯·考克斯搭挡任民主党副总统候选人，被共和党候选人华伦·G.哈丁击败。富兰克林·德拉诺·罗斯福两次在纽约州州长的选举中获胜，并在1932年获得民主党总统候选人的提名。在他以极大优势战胜在任总统赫伯特·胡佛的选举中，他建立的由进步人士、北方城市自由人士、南方保守民主党、劳工组织、农工、中低阶层的白人种族团体和非裔美国人组成的联盟完整地存在了近半个世纪。

罗斯福认为没有不变的政治目标。他更愿意承诺利用联邦政府去完成他和他的顾问认为对推动美国前进所必需的任务——首先走出经济大萧条，接着向战胜"二战"中轴心列强努力。在百日"新政"期间[即"第一次新政（the first New Deal）"]，他发动联邦政府尽力改革银行法以及减轻农民的困境，

---

① 另请参见 Court-Packing Plan; History of the Court; The Depression and the Rise of Legal Liberalism; New Deal。

接着规制保险业。他的经济复兴措施最重要的部分是全国工业复兴法,这是政府、企业与劳工三者之间共同努力的结果。在全国工业复兴法被联邦最高法院否决以及罗斯福在1936年获得压倒性多数票的选举胜利后(这也使民主党在国会中获得了多数的席位),他由同企业和富有阶层的合作开始转向敌对。他的"第二次新政(second New Deal)"包括一系列的全国劳动关系法(the Wagner Act)(保护劳工组织工会和集体谈判的权利)、大幅度增加对富有阶层的税率、社会保障(the Social Security)、进一步推动银行改革以及在美国历史上承建众多大型公共工程项目。正当他因为过于激进的改革而失去支持的时候,"二战"开始了,他又转回到比"百日新政"前与企业和富有阶层更亲密的政治合作。

不像另外一位律师总统,威廉·霍华德·塔脱(William Howard *Taft),富兰克林·德拉诺·罗斯福既不将联邦最高法院的传统作为一项习惯来尊重,也不尊重宪法先例。他视宪法为必须改变以适应国家现代经济和社会状况的文件。罗斯福的这些观点,导致了20世纪行政部门与司法机关之间最为尖锐与直接的冲突:1937年的法院人员布置斗争(the court-packing struggle of 1937)。

由于担心联邦最高法院——在1936—1937年为欧文·罗伯茨(Owen *Roberts)大法官参与的保守派所控制,首席大法官查尔斯·埃文斯·休斯(Charles *Evans Hughes)也经常参与其间——会阻碍"新政"应付危机的努力,罗斯福提出一个法案,该法案将允许他任命联邦最高法院的附加法官和低级别联邦法院(*lower federal courts)的法官,并且在人数上相当于已工作10年、年龄到达70岁仍拒绝退休的法官。该提议遭到了直接而强烈的反对。其间,联邦最高法院下达了"西海岸旅馆公司诉帕里西案"(*West Coast Hotel Co. v. Parrish)(1937)的判决,该判决以5比4的表决结果支持一个州关于妇女和儿童的最低工资法(minimum-wage law),标志着联邦最高法院对于联邦和州调节经济的立法持反对立场的转变。当时威利斯·范·德凡特(Willis *Van Devanter)大法官宣布退休,显而易见,这使总统不久能够任命足够的大法官确保该转变的持久性。当参议院司法委员会(*Senate Judiciary Committee)宣布该法案被否决时,虽然罗斯福在立法竞争中失败,但却取得了对联邦最高法院精神战斗的胜利。

罗斯福任命了9名联邦最高法院的大法官,仅次于乔治·华盛顿(George *Washington)任命的人数。在罗斯福逝世时,联邦最高法院唯一不是罗斯福任命的席位是欧文·罗伯茨。他任命民粹党议员胡果·布莱克(Hugo *Black)取代了威利斯·范·德凡特。政府首席律师斯坦利·里德(Stanley *Reed),其曾辩论过许多重要的行政案件,填补了因乔治·萨瑟兰(George *Sutherland)的辞职产生的空缺。费利克斯·法兰克福特(Felix *Frankfurter),哈佛法学院教授,也是罗斯福智囊团的重要成员,被任命接替了本杰明·内森·卡多佐(Benjamin N. *Cardozo)的位置。前耶鲁法学院教授,证券交易委员会(the Security and Exchange Commission)主席,威廉·奥维尔·道格拉斯(William O. *Doughlas),继任了路易斯·德姆比茨·布兰代斯(Louis D. *Brandeis)的位置。司法部长弗兰克·墨菲(Frank *Murphy)取代了皮尔斯·巴特勒(Pierce *Butler)。他的司法部长职位的继任者,罗伯特·霍沃特·杰克逊(Robert H. *Jackson)在哈伦·菲斯科·斯通(Harlan Fiske *Stone)接替了首席大法官查尔斯·埃文斯·休斯(Charles Evans Hughs)后,补充了斯通的位置。罗斯福任命议员詹姆斯·伯恩斯(James *Byrnes)接替了詹姆斯·麦克雷诺兹(James *McReynolds)的位置。仅仅1年后伯恩斯因参加总统的战时内阁而辞职,其位置被小威利·拉特利奇(Wiley *Rutledge)接替,他是一位联邦上诉法院法官,任衣阿华州大学法学院院长时曾支持过法院人员布置的斗争。任命的9人中有8人直接在"新政"时工作过,小拉特利奇在其任职之前和之中的著作中已表示对"新政"措施的支持。所有被挑选出来的人绝大部分是因为他们同意罗斯福认为极其重要的问题,也就是,他们在联邦宪法州际商业条款下对国会调节国家经济生活的权力采取了一种可扩大的立场。1938年后,再没有"新政"立法被宣布为违宪,实体正当程序(*due process, substantive)在经济调节领域迅速消失了。富兰克林·德拉诺·罗斯福不具有他所任命者具有的那种完整的宪法哲学。他们关于政府和司法权的性质有分歧,而且当联邦最高法院面对的争议由联邦调节权的范围转移到一个扩大的行政国家中民权和人民自由的保护以及社会正义时,他们观点不一致,时常相当尖锐。

富兰克林·罗斯福是20世纪的总统中对联邦最高法院最具影响力的一位,其中一个原因是他所任命的大法官长寿:道格拉斯任职36年,布莱克33年,法兰克福特23年,里德19年。5名判决20世纪最著名的"布郎诉教育理事会案"(*Brown v. Board of Education)(1954)的大法官,就是罗斯福所任命的。此外,后来任命的其他大法官某种程度上也是"新政"者。阿贝·福塔斯(Abe *Fortas)大法官曾在罗斯福的政府里任过职,其他大法官如阿瑟·戈德堡(Arthur *Goldberg)、小威廉·布伦南(William *Brennan)和瑟古德·马歇尔(Thurgood *Marshall)都被"新政"所深深影响。可能罗斯福最持久的遗产是20世纪后半期联邦最高法院所处理的问题因联邦权力和罗斯福所建立的联邦政府的转变而得到构架和形构。

参考文献 Wiliam E. Levchtenburg, *Franklin D. Roosevelt and the New Deal*, *1932-1940*(1963); Paul L. Murphy. *The Constitution in Crisis Times*, *1918-1969*(1972).

[Rayman L. Solomon 撰；曹振海译；常传校]

罗森伯格诉合众国案[Rosenberg v. United States, 346 U. S. 273(1953)]①

1953年6月18日辩论，1953年6月19日以6比3的表决结果作出判决，其中，文森代表联邦最高法院起草判决意见，布莱克、道格拉斯和法兰克福特反对。朱利叶斯（Julius）和艾塞尔·罗森伯格（Ethel Rosenberg）因提供原子秘密和其他军事信息给苏联而被判决阴谋违犯《1917年间谍法》(the Espionage Act of 1917)。罗森伯格有关原子秘密的行为发生于《1946年原子能法》（the Atomic Energy Act of 1946）生效以前，但阴谋行为的其他方面一直持续到1950年。罗森伯格被判处死刑。上诉法院维持了原判，美国联邦最高法院拒绝了调卷令。接着几个对该判决的附带攻击都没有成功。

1953年，律师代表罗森伯格家族的一个"亲密朋友"，没有经过他们家庭的授权，主张1946年的原子能法已经取代了1917年的间谍法，从而使地方法院在没有陪审团建议的情况下无权作出死刑判决。因考虑到该主张提出了一个法律的实质性问题，联邦最高法院威廉·奥维尔·道格拉斯（William O. *Douglas）大法官授权延迟执行该判决。两天后，联邦最高法院以原子能法没有取代间谍法的刑罚为根据撤销了延迟执行的判决。联邦最高法院进一步推论道：因为形成有罪判决的基础的绝大部分行为实施于原子能法实施以前，所以认为它的刑罚条款与间谍法中的刑法条款不一致的主张是不具有相关性的。持不同意见的大法官们坚持主张，在没有对实质争议进行一个全面的评议之前撤销延迟是不应该的。罗森伯格在联邦最高法院作出判决的当天就被处决。

[Edgar Bodenheimer 撰；曹振海译；常传校]

罗森伯格诉弗吉尼亚大学案[Rosenberger v. University of Virginia, 515 U. S. 819(1995)]

1995年3月1日辩论，1995年6月29日以5比4的投票结果作出判决，肯尼迪代表联邦最高法院提出判决意见，奥康纳和托马斯持并存意见；苏特、史蒂文斯、金斯伯格和布雷耶反对。20世纪80、90年代发生的文化之争引起了大量宗教冲突。但是，没有哪个案件显示出的紧张像罗森伯格案那样突出，该案是宗教保守主义对阵公民自由主义的一个案件。1990年，罗纳德·W.罗森伯格还是一名就读于弗吉尼亚大学的学生，他也是一个短期发行的基督教刊物《广泛觉醒》的编辑。该刊物在每页都印有基督标记，公开宣称自己的办刊政策是"号召基督徒真正地按照自己宣誓的信仰而生活，鼓励学生思考个人与耶稣基督关系的真正含义"（p. 833）。罗森伯格向学生活动基金申请6000美元的经费，该项申请首先受到学生顾问团而后又受到学校行政的否决，理由是该杂志劝人改变宗教信仰，给予其支持违反了现有的禁止资助宗教团体的规定。但是，罗森伯格认为，学校此前已经批准过类似的对宗教社团的支持，包括犹太法律学生协会和穆斯林学生协会。校方的行为构成了对其权利和其他基督教学生观念表达的侵害。

弗吉尼亚大学是托马斯·杰斐逊一手创立的，杰斐逊主张政教分离之必要性的观点以及他关于思想的市场应当高度开放的观念众所周知，这样看来，这种案件发生在弗吉尼亚大学真有点讽刺意味。然而，在本案背后，却隐藏着一个重要问题：联邦最高法院宣称的在涉及政教关系的问题中保持中立的立场是否会意味着允许某种形式的宗教歧视？本案所提出的问题是极为棘手的，因为它不仅牵涉到第一修正案（*First Amendment）的宗教确立条款（*Establishment Clause），而且也牵涉到同一修正案中的言论自由保障条款。

联邦地方法院倾向于支持学校的决定，第四巡回上诉法院维持了联邦地方法院作出的一项简短的裁定。巡回上诉法院认为，弗吉尼亚大学在拒绝向罗森伯格提供第三方资助时所表达的歧视观点确实违反了第一修正案中言论自由条款（*Speech Clause）。但是法院认为，平衡言论条款和宗教确立条款，弗吉尼亚大学不得不做有利于后者的事，第四巡回上诉法院据此作出结论：宗教确立条款禁止作为州实体的大学直接为宗教提供支持。

本案一系列的事实背景把大部分选民都卷入了关于政教关系的争论之中。保守派团体，如帕特·罗伯逊美国法律和司法中心、基督教法律协会、家庭研究协会等，敦促联邦最高法院支持罗森伯格的要求，废除"莱蒙案标准"（*Lemon's test）——根据"莱蒙诉库尔兹曼案"（*Lemon v. Kurtzman）（1971）的法院的裁定而得名。该项标准要求，与宗教有关的政府活动应具有世俗的目的，必须既不促进又不阻止宗教，不得使教会与政府过度纠缠。弗吉尼亚州针对其大学的立场采取了不同寻常的步骤，因而，占到了主张宗教权利的一边。

另一方，政教分离美国人联合会、美国公民自由联盟（*American Civil Liberties Union）、美国犹太教委员会和全美教堂委员会等，则敦促法院在政教分

---

① 另请参见 Capital Punishment；Communisn and Cold War。

离方面维持一个明确的界线,保留莱蒙案标准。

安东尼·M.肯尼迪大法官代表意见明显分歧的联邦最高法院作出了有利于罗森伯格的认定。遵照联邦宪法禁止确立宗教的规定,肯尼迪大法官写到:"基于刊物的观点而否定学生刊物获得资助的资格,对于一所大学来说是必要的"(第 868 页)。诚然,与内容歧视(即基于言论主题而实施的歧视)有所不同,观点歧视(基于意识形态、看法和立场的歧视)是不能被接受的。肯尼迪大法官继续写道,通过拒绝资助印刷《广泛觉醒》刊物,大学方面侵犯了学生的言论自由权,因为使学生们关于基督教信仰价值方面的特殊信息维持在沉默状态是不合宪的。肯尼迪发现,当第一修正案中的宗教确立条款和言论自由条款发生冲突时,二者间的平衡应向后者倾斜,而这一点正是第四巡回上诉法院的裁定所特别否定的。然而,联邦最高法院的多数大法官则认为,莱蒙案标准应当维持不变。

戴维·苏特大法官,他的不同意意见得到了约翰·保罗·史蒂文斯、鲁思·巴德·金斯伯格和史蒂芬·布雷耶大法官的附和,指责多数意见"第一次"同意了对典型宗教活动通过政府的臂膀(指州立大学——译者注)而给予的直接资助(p. 898)。在苏特大法官看来,如果公众资金可以被用来资助像发行《广泛觉醒》刊物这样的活动,那么,确立宗教的禁止就没有多大意义。

罗森伯格一案很重要,但却不是一个具有深刻宪法意义的案件。该案的判决没有确立什么新原则。但它回答了一个重要问题:即在什么程度上公共机构有义务资助宗教团体宣扬其主张? 联邦最高法院在权衡言论自由和宗教自由间的平衡时,通过作出在某种程度上更侧重于前者的巧妙而重要的切换,对这一问题作出了回答。

[Kermit L. Hall 撰;潘林伟、许明月译;邵海校]

罗斯美国判例汇编诠释[Rose's Notes on the United States Reports]

《罗斯美国判例汇编诠释》(1899—1901)共 13 卷,从它最初出版到 20 世纪 30 年代中期,一直是一套颇受欢迎的注释援引汇编。沃尔特·马林斯·罗斯(Walter Malins Rose)(1872—1908),一个年轻的加利福尼亚州律师,他发展了出版业,以编年体的方式整理了存在于联邦最高法院从两个达拉斯系列到 172 卷美国判例汇编判决中的法律原则,并且对所有后来引用每一原则的案例增添了引证。引证的案例来自联邦最高法院、中级和低级别联邦法院(*lower federal courts)以及所有州的终审法院(参见 State Courts)。这些后来的判决被用来分析以显示它们提及的法律要点以及引用原则的适用。罗斯的注释援引汇编提供了在谢泼德(Shepard)的援引汇编中简单的援引目录所缺少的讨论分析。尽管在它们最受欢迎的时期,罗斯的诠释经常被法院引用,仅仅十几年后,在上诉判决中已没有再提及该诠释。查尔斯·L.汤普森(Charles L. Thompson)的修订版(1917—1920)将该诠释扩大到 20 卷和两个增版(1925 和 1932),同时将援引案例延伸至 283 卷美国判例汇编。

[Morris L. Cohen 撰;曹振海译;常传领校]

合众国诉罗思案[Ross, United States v., 456 U.S. 798(1982)]①

1982 年 3 月 1 日辩论,1982 年 6 月 1 日以 6 比 3 的表决结果作出判决,其中,史蒂文斯起草判决意见,怀特和马歇尔反对,小布伦南同意他们的反对意见。在何种程度上对联邦宪法第四修正案(the *Fourth Amendment)搜查证要求的"汽车例外(automobile exception)"能使无证搜查放置在车上的容器具有正当性? 联邦最高法院第一次阐述该问题是在"合众国诉查德威克案"(United States v. Chadwick)(1977)中。首席大法官沃伦·伯格(Warren *Burger)在判决中代表一致性意见论述说:仅仅根据一个锁着的小脚柜,警察官员就有相当理由(*probable cause)认为它装有麻醉剂,放在汽车的车尾箱里并不能得出适用"汽车例外"的结论。联邦最高法院重申了一般原则,即锁着的包裹和容器在没有搜查证的情况不可被搜查,因为一个人在个人行李中的隐私(*privacy)期望在实质上大于汽车内的隐私期望。

然而,并非所有的警察怀疑都指向一个特定的容器。在"罗宾斯诉加利福尼亚州案"(Robbins v. California)(1987),以及另一同样的案件"纽约州诉贝尔顿案"(*New York v. Belton)(1981)中,联邦最高法院的过半数判决使无证搜查放在车尾箱内一个锁着的包裹的行为归于无效。罗宾斯,也就是汽车司机,被带上警车,警察搜查了车尾箱,发现两个为绿色塑料包着的包裹。警察打开了这两个包裹,在里面发现了大麻。波特·斯图尔特(Potter *Stewart)大法官认为除非这样的包裹处于一览无余的范围,否则不能无证搜查。

罗宾斯一案的理论基础在 1 年后的罗思案中被抛弃。根据一位可靠的消息提供者提供的秘密消息,一位叫做"强盗"的人正在销售他汽车车尾箱里的毒品,哥伦比亚警方停住了该汽车并逮捕了司机。在车尾箱里他们发现了一个裹着的装有白色粉末的褐色纸包,后来白色粉末被鉴订为海洛因。在警察总部,他们又一次搜查车尾箱时发现了一个拉链拉着的红色皮革小包,里面装有现款。罗思为禁止该

---

① 另请参见 Search Warrant Rules, Excepiions to。

证据的使用而提出的申请被否决,他因故意出售拥有的海洛因而被判决有罪。

约翰·保罗·史蒂文斯(John Paul *Stevens)大法官代表联邦最高法院的 6 名成员提出判决文书,判决认为只要搜查建立在相当理由的基础上,即使没有在一览无余的范围内,警察也可以搜查交通工具上的小间和容器,适用与有证搜查同样的标准。史蒂文斯认为"如果无证搜查一辆汽车的允许范围不包括该汽车内的容器和包裹,那么将在很大程度上使汽车例外的实际效果大部分归于无效"(第 820页)。罗思案联邦最高法院的判决扩大了建立在"卡罗尔诉合众国案"(*Carroll v. United States)(1925)中的汽车例外的范围。罗思案不仅使汽车例外达到了一个搜查容器的最低相当理由标准,而且实际上把决定理由的权力交到了警察的手中,而不是治安法官的手中。

一些观察者强调,随着斯图尔特大法官的退休,其在贝尔顿和罗宾斯两案中代表多数意见提出了判决文书,以及桑德拉·戴·奥康纳(Sandra Day *O'Connor)大法官的就任,关于无证搜查容器的争论可能已经结束了。接着任命的安东尼·斯卡利亚(Antonin *Scalia)与安东尼·肯尼迪(Anthony *Kennedy)大法官无疑会认可这个结果。警察现在可以对发现于汽车内的容器进行无证搜查,如果该容器与逮捕行为有自然关联,而他们仅仅需要证明他们有相当理由认为在汽车的某个地方放有违禁品。因为警察被赋予了对汽车以及汽车内的容器实施无证搜查的权力,只要他们达到相当理由标准,那么他们发现获得搜查证去搜查位于汽车内某一特定容器的必要就是不存在的。

瑟古德·马歇尔(Thurgood *Marshall)大法官在罗思一案中持反对意见,小威廉·约瑟夫·布伦南(William J. *Brennan)和拜伦·怀特(Byron White)也持同样立场,争议认为警察官员在决定相当理由方面应与治安法官有同样的权力。他认为多数派的观点"开始了朝向对搜查证要求没有先例的"相当理由"例外的第一步"(p.828)。

参考文献 Michael A. Jeter, "Constitutional Law-*United States v. Ross*: Final Obliteration of Fourth Amendment Protection From Warrantless Searches of Cars and Their Contents", *Black Law Journal* 8 (1983); 306-332.

[Christine Harrington 撰;曹振海译;常传领校]

罗斯克诉戈德堡案[Rostker v. Coldberg, 453 U. S. 57(1981)]

1981 年 3 月 24 日辩论,1981 年 6 月 25 日以 6 比 3 的表决结果作出判决,其中,伦奎斯特代表联邦最高法院起草判决意见,怀特和马歇尔反对。小布伦南既同意怀特的意见,也同意马歇尔的意见。

1971 年,几名男性面对越南战争(the *Vietnam War)的征兵,基于联邦宪法第五修正案(the *Fifth Amendment)正当程序条款所包含的平等保护原则,就仅对男性的征兵提出了异议。该征兵没有继续下去,该案件几年来也为法律所遗忘,直到 1980 年,吉米·卡特(Jimmy Carter)总统重新着手登记(尽管没有实际征兵),该诉讼因而被重新提起,戈德堡代表他自己以及与他情形相似的男性对罗斯克(Rostker),即征兵部门的主席提起了诉讼。1980 年 7 月 18 日,也就是新的征兵登记将要开始的 3 天前,一个联邦地方法院宣布该项征兵违宪并督促政府取消登记。罗斯克立即提出了一个延迟待决的上诉(*Appeal),小威廉·约瑟夫·布伦南(William J. *Brennan)大法官给予批准。登记按时开始。

大多数大法官认为,像现在这样,当联邦最高法院从国家安全(*national security)方面考虑混合行政立法权时,司法服从是它的最高利益,从而拒绝了戈德堡的请求。多数大法官进一步认为相关的"克雷格诉博伦案"(*Craig v. Boren)(1976)中衡量性别(*gender)歧视合宪性的"强化审查(heightened scrutiny)"标准因军事弹性是一个重要的政府目标因而也是符合宪法要求的。将女性从一个潜在征兵的登记中排除出去实质上是在强化这个目标,因为女性不同于男性,不能在战争与非战争状态中轮流工作。联邦最高法院没有考虑女性能够履行战争职责的可能性。

拜伦·怀特(Byron *White)大法官的反对意见在理解立法记录时有所不同,而且,他力陈就军事灵活性与登记女性之间的关系发回重审。大法官瑟古德·马歇尔(Thurgood *Marshall)的反对意见强调了征兵登记与征兵(*conscription)本身的区别,认为政府没有成功的说明将女性排除在登记之外实质是为了促进其他重要的政府利益。两人都没有对将女性排除于战争之外的规则提出异议。

[Leslie Friedmen Goldstein 撰;曹振海译;常传领校]

罗思诉合众国案;艾伯茨诉加利福尼亚州案[Roth v. United States;Albert's v. California, 354 U. S. 476(1957)]①

1957 年 4 月辩论,1957 年 6 月 24 日以 6 比 3 的表决结果作出判决,其中,布伦南代表联邦最高法院起草判决意见,道格拉斯与布莱克持反对意见,哈伦仅在罗思案中持反对意见。从 19 世纪早期以来,禁止淫秽出版物的销售与发行的法律规定在美国就已存在。但是,直到 1957 年,那些法律与其实施都

---

① 另请参见 Obscenity and Pornography。

没有涉及言论自由(*speech)或者出版自由。调整淫秽出版物的法律被认为属于联邦宪法第一修正案(the *First Amendment)的条款的范围之外;联邦最高法院在审理比如"杰克逊单方诉讼案"(Ex parte Jackson)(1878)和"尼尔诉明尼苏达州案"(*Near v. Minnsota)(1931)中所作的陈述仅仅是已有规定的重述。结果,有关刑法对淫秽出版物的定罪就以出版物明显的文学价值为基础,如西奥多·德莱塞(Theodore Dreiser)的《美国悲剧》(An American Tragedy)["共同体诉弗雷德案"(Commonwealth v. Friede)(1930)]和阿瑟·施尼茨勒(Arthur Schnitzler)的《卡萨诺瓦的回家》(Casanova' Homecoming)["人民诉塞尔策案"(People v. Seltzer)(1924)],超出了宪法调整的范围。

在 20 世纪 40 年代末 50 年代初处理了一些相关案件之后,联邦最高法院终于在 1957 年开始致力于处理淫秽出版物的问题。在"罗思诉合众国案"和与其相同的"艾伯茨诉加利福尼亚州案"中,法院重申了长期以来所坚持的观点,即淫秽出版物问题并非属于联邦宪法第一修正案调整的范围,同时,州与联邦有关淫秽出版物的法律都是符合宪法的。小威廉·J. 布伦南(William J. *Brennan)大法官的多数人意见认为,判决不仅仅是根据历史和判例(*precedent),同时也依据一种观念,即虽然联邦宪法第一修正案保护所有的思想,甚至是社会重要性很小而又令人生厌的思想,但并不包括淫秽出版物,因为它"完全不具有社会重要性"(p.484)。

既保留了法律又保留了矛盾的这一结论将淫秽出版物与许多法律不必按照联邦宪法第一修正案的标准来衡量的其他言论方式相比较。在认定不是限制言论自由,而是将打击淫秽出版活动上升到宪法的同等高度来进行后,联邦最高法院允许对淫秽出版活动进行规制,没有必要指出对联邦宪法第一修正案所涵盖的各种言论自由进行限制所造成的特定损害。因此,虽然在有关人类两性性行为之间的出版物的影响这一问题上有着长期的争论,但是,在学理上将淫秽出版物从联邦宪法第一修正案涵盖的范围中排除的做法使得法院没有必要在当时(或从那时开始)认真对待这些争论。

尽管联邦最高法院承认历史上将淫秽出版物排除出联邦宪法第一修正案的范围,并因此将淫秽出版物归入不属于联邦宪法第一修正案调整的口头或语言的活动范围(比如伪证与价格限定),但很清楚的是,不像过去那样,淫秽出版物的审查被纳入联邦宪法第一修正案的规定以确保确实具有联邦宪法第一修正案所保护价值的出版物不会受到限制。

如果因为淫秽出版物没有表达思想而不受联邦宪法第一修正案的保护,那么淫秽出版物的审查标准将保证仅仅不表达思想的出版物才是淫秽的。联邦最高法院并没有阐述符合宪法的明确的标准,但是联邦最高法院确实阐述了传统的美国审查标准,该标准是在英国的"里贾纳诉海克林案"(Regina v. Hicklin)(1868)确立的。根据该标准,基于作品中的一部分看是否会"腐化与堕落"最易受影响的大部分读者就进行起诉的标准不再有效,因此,仅当作品"从整体上"吸引"普通人"的"荒淫的兴趣",才是淫秽出版物。

在随后几年,一直存在需要对所有这些术语进行明确界定的问题。但由于"从整体上"代替了"选择作品中的一部分","普通人"代替了"大多易受影响的读者(通常指孩子)",它们倾向于——实际上也如此——排除了大多数作品被认定为淫秽出版物的威胁。因为,即使那些明显与性有关的作品,它们的目的也是传播思想而不是提供性刺激。

据此,罗思案的判决表现了两个方面的重要成就,一是确立了判断不受联邦宪法第一修正案保护的淫秽出版物范围的原则基础,二是为淫秽出版物的界定提供了宪法基础,即主要依据联邦宪法第一修正案而不是与淫秽出版物有关的普通法(*common law)。

[Frederick Schauer 撰;龚柳青译;常传领校]

纽约市皇家交易大楼[Royal Exchange in New York City]

参见 Buildings,Supreme Court。

法规制定权[Rule-making Power]①

法规制定权是联邦政府的行政部门颁布法规与规章的权力。大部分美国法律以行政法规的形式出现。这种现象的出现是因为在 20 世纪,特别是在"新政"(*New Deal)时期联邦行政机构的数量与职责的扩大。另一个增长时期是 20 世纪 70 年代,在环境领域、职业健康与安全和消费者的安全等方面制定新法规之时。

法规的基本定义规定在《1946 年行政程序法》(the Administrative Procedure of 1946)之中,该法直到现在仍然是行政程序的基本法律:为未来制定、解释、实施法律和政策的规则。就实际用途来讲,法规就象法律一样,通过制定有约束力的准则来约束自然人与公司将来的行为。法规与判决应有区别。法规是通用的、预期的准则,而判决则根据法律解决涉及特定事实的具体案件。联邦最高法院曾对这些术语的解释作了限制。在"全国劳动关系委员会诉怀俄明-戈登案"(National Labor Relations Board v. Wyman-Gordon)(1969)中,大多数大法官认为,新的、预期的政策就是法规。在"乔治城大学医院诉鲍恩案"(Georgetown University Hospital v. Bowen)(1988)中,联邦最高法院重申了法规具有未来效力

---

① 另请参见 Administrative State。

的原则。

在20世纪早期，联邦最高法院尽力解决行政机构如何能够制定具有法律效果的约束性法规的宪法性问题，因为宪法第1条将立法权赋予国会。联邦最高法院将此问题界定为授权(*delegation of power)问题的一个方面。比如，在"谢克特禽畜公司诉合众国案"(*Schechter Poultry Corp. v. United States)(1935)中，法院否定了"新政"中的包括有广泛不受限制地将立法权赋予行政机构的重要法律。但是，1937年联邦最高法院观念的重大转变导致了更为宽松的授权原则。不久，在支持战时价格控制法令的"亚库斯诉合众国案"(*Yakus v. United States)(1944)中，法院支持给行政机构的广泛授权。现在，如果管理性法律包括一项明确指导行政部门和联邦最高法院的原则，则行政部门就能够发布法规。

制定法规的权力范围很大程度上取决于有关每个特定行政部门的治理性立法(governing statute)。法规必须由治理性法律授权。法规不得与法律相冲突，并且必须在自己的授权范围之内。联邦最高法院和其他法院经常审理要求解释法律的案件。当遇到解释法律的情况，法院首先注意相关的法律术语。法院同时参考立法的历史以便了解所争议的条款是由于何种原因制定以及理解法规在其历史上所反映的目的，正如"美国纺织品制造商协会诉多诺万案"(American Textile Manufacturers' Institute v. Donovan)(1981)所体现的一样。

法官与学者们曾就法院遵从行政部门解释法律的程度展开过争论。遵从的理论基础是，行政部门应被推定为它所制定的法律的专家，因为它在解释自己所制定的法律时具有丰富经验。在"谢弗龙美国公司诉自然资源防护委员会案"(Chevron U.S.A. Inc. v. Natural Resources Defense Council)(1984)中，法院的判决结果暗示，当一条法律术语不明确时，法院应当弄清行政解释是否合理，因而，在很大程度上表现出对行政部门的遵从，这加剧了就这一问题而产生的争议。在实践中，司法遵从行政部门的程度在不断的变化，这取决于问题的领域、行政部门治理性法律的宗旨、相关利益争议的性质以及法规自身的范围和宗旨。

[Thomas O. Sargentich 撰；龚柳青译；常传领校]

四人规则[Rule of Four]

这个术语所指的是很久以来联邦最高法院形成的一项审查案件的惯例：如果联邦最高法院9名大法官中有4名同意对调卷令(*certiorari)的申请，联邦最高法院就将复审该案。在《1891年上诉法院法》扩大了联邦最高法院的裁量管辖权之后(参见Judiciary Act of 1891)，这一规则明显地被大法官们发展为一种程序手段。这一在1924年为公众所知的规则确保了联邦最高法院对高比例少数大法官认为重要的案件的审理。

[James W. Ely, Jr. 撰；刘志杰译；常传领校]

合理规则[Rule of Reason]①

本规则是法院依据《谢尔曼反托拉斯法》(*Sherman Antitrust Act)(1890)第1条审查商业行为合法性时所采用的标准。《谢尔曼反托拉斯法》禁止"任何限制贸易的协议、联合……或共谋"。最初，联邦最高法院认为对贸易的每一限制都是违法。后来，联邦最高法院开始脱离对法律的死板解释。1911年，首席大法官爱德华兹·D.怀特(Edward D. *White)代表大多数大法官起草了新泽西州的"标准石油公司诉合众国案"(*Standard Oil v. United States)和"合众国诉美国烟草公司案"的判决。在这两份判决中，他解释说，只有那些通过对贸易的不正当限制"损害公共利益"的行为才被谢尔曼法视为违法(p.179)。他陈述说，国会的意图是让法院适用"合理标准"以判断行为是否违反该法(p.60)。尽管联邦最高法院命令石油托拉斯解散，合理规则对商业活动逐案进行事实衡量的做法广泛地被视为"亲托拉斯"。

在"芝加哥贸易委员会诉合众国案"(Chicago Board of Trade v. United States)(1918)中，大法官路易斯·D.布兰代斯(Louis D. *Brandeis)列出了一些适用合理规则时应考虑的因素："对商业特别限制的事实；在强加限制之前和之后的情况；限制的本质和影响，是实际的还是可能的；限制的经过，被相信确实存在的恶意，采用特定救济的理由，试图达到的目的或结果，这些都是相关的事实"(p.238)。

在大约20年里，合理规则都是反托拉斯案件所采用的主要识别方法。1937年之后，随着联邦政府权力的扩张，联邦最高法院越来越多地不经过对各种商业协议或商业实践造成的损害或商业行为的正当性进行周密调查就宣布其不合理。大法官认为这些限制行为本身是不合法的，"因其对竞争的破坏性影响和缺乏履行的效力"["北部太平洋铁路公司诉合众国案"(Northern Pacific Railway Co. v. United States)(1958)(p.5)]。这种从行为本身识别的方法(本身违法规则)在20世纪40年代到整个60年代，都在反托拉斯诉讼中居于主导地位。本身违法规则禁止包含固定价格和市场瓜分的限制性协议。

随着解除管制重要性的日渐增加，以及20世纪70、80年代的自由市场，联邦最高法院开始废止或者修正本身违法规则，转而把合理规则作为检验商业行为的普遍性标准[如"大陆电视公司诉通用电

---

① 另请参见 Antitrust。

话西尔韦尼亚公司案"(Continental TV, Inc. v. GTE Sylvania, Inc.)(1977)]。然而,本身违法规则仍具有一定的生命力,尤其在适用于竞争对手间的限制时。在"全国专业工程师协会诉合众国案"(National Society of Professional Engineers v. United States)(1978)中,联邦最高法院宣布"合理规则所要求的调查是确定被控告的协议是一个促进竞争的协议还是压制竞争的协议……分析的目的是判断限制是否对竞争造成影响"(pp.691-692)。

尽管合理规则和本身违法规则有时被视为不同的规则,但它们也可以被认为是互为补充、结合使用的反托拉斯分析方法。联邦最高法院在20世纪80年代的几个案例反映了两种标准的综合运用。一些法官提倡在适用本身违法规则或合理规则之前,先将商业行为对竞争的影响迅速地进行最低限度的审查。

对合理规则的争论仍然很激烈。一些评论者把联邦最高法院重新以合理规则为重点视为自由市场的一部分,当作亲商业反政府的哲学,当作是对日益增长的经济中心主义的放任。另一些人对减少本身违法规则的适用表示欢迎,在他们看来,本身违法规则是建立在不合理的经济理论基础之上的。一些人批评合理规则缺乏实质性内容,他们深信,合理规则确立了一系列冗长而又难以衡量的因素,容许了一个没有限制的、放任自流的、高成本的司法调查却没有给审理法院或商业机构足够的指导。还有一些人主张联邦最高法院采取"本身合法规则",表明某些合法的商业行为可能是有益的。因为他们认为合理规则只适用于对竞争具有重大损害的危险商业行为。

在反托拉斯法的第一个世纪里,联邦最高法院使谢尔曼法的广泛适用得以形成。对谢尔曼法的解释和适用随时代的不同而变化,而合理规则恰恰提供了这样一种方法,去适应经济理论中随着政治和社会对商业活动与经济权力集中的态度的改变而产生的变化。

参考文献 Philip E. Areeda, *Antitrust Law*, Vols. 7 and 8(1986).

[Shirley S. Abrahamson 和 Charles G. Curtis. Jr. 撰;刘志杰译;常传领校]

联邦最高法院规则[Rules of the Court]

联邦最高法院第一次采用规则规范自己的行为是在1790年。从那以后,联邦最高法院对该规则已经进行了许多次修订。最近一次修订于1990年1月1日生效。联邦最高法院确立这些规则的权力规定在美国联邦法典第28编第2071节。改变规则可以由律师提出要求,也可以由联邦最高法院有时专为此目的而设的委员会提出,或者仅仅只需一个或一个以上的大法官提出。传统上,由全体大法官一致同意而非绝对多数同意获得通过。联邦最高法院在美国判例汇编中公布对法院规则的修订。因为修订的规则会改变号码和内容,所以律师在联邦最高法院执业应得到最新的版本。

现在,共有48条规则(其中一些不但条文冗长而且复杂)规范联邦最高法院的活动。范围包括:从宽泛的原则[例如,谁有权提出法庭之友诉讼要点(*amicus curiae brief),第37条;怎样申请调卷令(*certiorari),第12条]到具体的细节(例如:联邦最高法院听取口头辩论的日期和具体时间,第4条;诉状、请求书、法律理由书和其他的法院文件的分类,第33条)。联邦最高法院规则第1条到第9条规定了法院官员,第10条到第20条规定了法院的管辖权,第20条到第40条规定了出庭律师应遵循的形式和程序。第41条到第46条规定了案件作出判决后法院和当事人可能采取的行动。

联邦最高法院规则的第一组规则规范法院官员的行为。例如,第1条和第2条规定了法官、书记员和图书管理员的义务和责任,第5条规定一个联邦最高法院的出庭律师必须在他或她所在州的最高法院执业3年以上(参见 Admission to Practice Before the Bar of the Court)。

另一组规则说明了联邦最高法院可以获得管辖权的情况。第10条规定了对调卷令审查时的考虑因素。这些在审查低级别法院判决中最经常遇到的一种令状,完全由联邦最高法院的法官进行自由裁量。第17条解释了原审管辖权(*original jurisdiction),即根据美国宪法第3条(*Article Ⅲ),联邦最高法院对极少数的案件必须作为审理法院。第18条说明了另一通常被援引的管辖权——直接上诉,这是一种联邦最高法院被要求受理的上诉(参见 Appellate Jurisdicition)。直接上诉只有在案件涉及的联邦法律有特别规定时才可以作出。第20条解释了一些额外的令状,通过这些令状,法官或整个法庭可以在上诉悬而未决之时,发出暂时限制命令以防止对当事人的损害。

联邦最高法院规则也对代理人在联邦最高法院的诉讼中应遵循的程序作了说明。对每一类文件,它明确了规定的格式、内容、最后期限、页数限制和每一类诉讼的费用(第33条、第38条)。第39条免去了贫穷的当事人的诉讼费用和其他一些要求。许多条规则都说明了重要的程序性细节,包括翻译外文文件的步骤,对图表的恰当使用,对打印答辩状的技术性规定(第31-33条)。

其他一些规则给代理人以建议而非要求。例如,第37条提出了值得重视的忠告:法庭之友诉讼要点只有在其中加入了法官未曾引起注意的相关材料时才能提交。第10条说明了联邦最高法院倾向于在下列情况下许可对调卷令的申请:当一个判决将解决不同的巡回上诉法院相冲突的规则时;或涉及联邦最高法院未作说明的"联邦法的重要问题"时。

最后一组规则规定法院判决案件之后的事宜。第42条和第43条对损害赔偿金支付利息的计算、法院费用在败诉方中的分担等问题作了说明。第44条对判决之后要求再次审理的程序作出了规定,不过再次审理的要求很少被联邦最高法院同意。

参考文献 Bennett Boskey and Eugene Gressman, "The Supreme Court's New Rules for the Nineties" *Federal Rules Decisions* 128(1990):295-319.

[Lawrence H. Averill 撰;刘志杰译;常传领校]

鲁尼恩诉麦克拉里案[Runyon v. McCrary, 427 U. S. 160(1976)]①

1976年4月26日辩论,1976年6月25日以7比2的表决结果作出判决,其中,斯图尔特代表联邦最高法院起草判决意见,鲍威尔和史蒂文斯持并存意见,怀特和伦奎斯特反对。作为《1866年民权法》(the Civil Rights Act of 1866)遗留痕迹的《美国法典》(the U. S. Code)第42编第1981节规定,所有人都享有同样订立和执行合同的权利。在"琼斯诉艾尔弗雷德·H.迈耶尔公司案"(*Jones v. Alfred H. Mayer Co.)(1968)中,联邦最高法院坚持认为,《美国法典》中与《1866年民权法》很相近的第1982节适用于住房的种族歧视。鲁尼恩案的判决将琼斯案判决的推理予以扩展,援用了第1981节。联邦最高法院认为,第1981节禁止私立的非教会学校因非裔美国人的种族而不允许他们入学。大法官拜伦·怀特(Byron *White)和威廉·H.伦奎斯特(William H. *Rehnquist)表示反对,因为他们认为琼斯案作出了错误的判决。大法官约翰·保罗·史蒂文斯(John Paul *Stevens)的并存意见同意琼斯案是不正确的,但他认为,推翻琼斯案的判决是在解决种族歧视问题上的一大退步。

鲁尼恩案把第1981节对合同权利的规定适用于私人的种族歧视这一做法已对联邦民权法的适用范围作出了实质性的暗示。从字面上看,第1981节只适用于各种合同。但依据鲁尼恩案的判决,低级别联邦法院将之适用于广泛的行为,包括不动产租赁押金中基于种族的行为、进入美容美发师学校的许可、银行服务、供货合同、进入娱乐公园的许可、销售保险、对停尸房的处理等。既然像鲁尼恩案中法院所解释的,第1981节宣告其他联邦法未规定的许多歧视行为不合法,该条就同其他的法律一样,证明在美国种族歧视行为是非法的。然而,即使像鲁尼恩案那样对第1981节进行解释,还是有一些行为该条无法规制。例如像结婚(*marriage)这样的私人关系,很少有人会相信第1981节禁止种族意识行为。

因为第1981节适用于很多合同,所以该条在禁止雇佣方面的种族行为时和《1964年民权法》(the *Civil Rrights Act 1964)的第7编相重叠。因为这一重叠和鲁尼恩案对法律的解释被持续地关注,联邦最高法院差点推翻了该解释。在"帕特森诉麦克莱恩信用合作社案"(*Patterson v. McLean Credit Union)(1989)的口头辩论之后,联邦最高法院要求当事人作出简短答辩书并就鲁尼恩案对第1981节的解释是否应当被推翻进行答辩。帕特森案的判决意见不主张推翻鲁尼恩案,但认为缔结合同的权利不应被雇主延伸到合同关系确立之后,包括违反契约条款或强加歧视性的工作条件。因此帕特森案严重地限制了鲁尼恩案。然而,两年以后,国会通过《1991年民权法》(the *Civil Rights Act of 1991),该法案推翻了帕特森案对第1981节的狭隘的解释。

参考文献 Theodore Eisenberg and Stewart J. Schwab, "The Importance of Section 1981," *Cornell Law Review* 73 (March 1988): 596-604.

[Theodore Eisenberg 撰;刘志杰译;常传领校]

拉斯特诉沙利文案[Rust v. Sullivan, 111 S. CT. 1759(1991)]②

1990年10月30日辩论,1991年5月23日以5比4的表决结果作出判决,其中,伦奎斯特代表联邦最高法院起草判决文书,布莱克蒙、马歇尔、史蒂文斯和奥康纳反对。1970年,国会通过法律要求提供联邦基金以支持计划生育(famliy-planning或译为家庭计划,这里根据案件的内容翻译为计划生育更容易为中国读者理解——译者)。但法律规定基金被用在堕胎这样的计划生育方式之中是不合适的。从1971年到1986年,政府规定禁止提供堕胎的医院获得联邦的帮助。1986年,政府改变原规定,对帮助堕胎者和计划生育医院进行更严格的区分。1988年,在里根执政末期,政府的规定更加严格,把所谓的限制言论自由规则用于堕胎这一问题之上。根据这一规则,接受联邦基金的医院不允许建议孕妇堕胎。如果他们对孕育提及其他的服务,他们不应提到堕胎。如果一个孕妇提及堕胎这一问题,医院应像下面这样回答,"我们不认为堕胎是实施计划生育的一种适当方式"。

计划生育机构认为该规则未经国会授权,并且侵犯了他们根据联邦宪法第一修正案享有的权利,还侵犯了他们的顾客依据"罗诉韦德案"(*Roe v. Wade)(1973)应享有的权利。联邦最高法院驳回了

---

① 另请参见 Contract; Race and Racism。
② 另请参见 Abortion; Privacy; Speech and the Press。

他们以上两种辩论意见,并认定国会1970年的立法是模糊不清的。国会设立基金提供计划生育的帮助,禁止对堕胎的帮助,却未对计划生育服务作出精确的定义。联邦最高法院认为,政府1988年由负责计划生育管理的机构作出的法律解释是国会的立法所容许的,法院应当遵从该规定。联邦最高法院的4个反对者强调1988年的政府规定大大偏离了最初生效的规定。他们也争辩说限制言论自由规则引起了严重的宪法问题,对这一问题联邦最高法院可以通过认定该规则是未经授权的而规避。

联邦最高法院驳回了言论自由对限制言论自由规则的挑战。在对违宪条件原则,有时又叫有条件开支原则的一个重要讨论里,联邦最高法院认为政府可以对基金领受人设定条件,以确保基金的使用符合计划目的。联邦最高法院认为这一条件并没有强迫医院的医生放弃他们自由言论的权利;医生仍然可以在获得联邦基金的范围之外,建议使用堕胎术。法院暗示获得政府基金的医生能够同其顾客的谈话内容的限制条件可能是不合宪的,但认为计划生育医院里的医生和病人之间的关系是在一个很狭窄的范围,因此限制医生的建议并不影响其言论自由的权利。

联邦最高法院认定,该规则也并未加重选择进行堕胎的负担。并认为如果妇女可以从计划生育机构得到堕胎的信息,妇女可以更轻易地堕胎。法院总结说,联邦宪法所保护的选择权并未要求政府提供计划生育服务时"偏离计划本身的范围"(p.1777)。

大法官亨利·布莱克蒙(Harry *Blackmum)获得大法官瑟古德·马歇尔(Thurgood *Marshall)和约翰·保罗·史蒂文斯(John Paul *Stevens)的支持,他反对道,政府不能强加歧视特定观点的资金支付条件,限制言论自由规则也侵犯了医生、病人间的职业关系。最后,他争辩说,因为许多贫穷的孕妇只有通过联邦基金建立的医院得到她们唯一的关于计划生育的信息,限制这类医院能够提供的此类信息确实严重影响了她们选择堕胎的能力。

拉斯特案很重要,因为它是法院对堕胎发生观点转变的指示器,本案也是戴维·苏特(David H. *Souter)大法官投票的第一个有关堕胎的案件。此外,本案也对违宪条件原则的形成有所帮助,而违宪条件原则在政府基金活动的争议不断扩大时变得日渐重要。

[Mark V. Tushnet 撰;刘志杰译;常传校]

拉坦诉伊利诺伊州共和党案[Rutan v. Republican Party of Illinois, 110 S. Ct. 2729(1990)]①

1990年1月16日辩论,同年6月21日以5比4的表决结果作出判决,其中,布伦南代表联邦最高法院起草判决意见,史蒂文斯持并存意见,斯卡利亚、伦奎斯特、肯尼迪和奥康纳反对。本案遵循了先前联邦最高法院在"埃尔罗德诉布恩斯案"(*Elrod v. Burns)(1976)和"布兰提诉芬克尔案"(Branti v. Finkel)(1980)中作出的反对基于党派任职而解雇非决策性政府雇员判决,明显具有分歧的联邦最高法院在本案中扩张了联邦宪法第一修正案(the *First Amendment)的保护范围以反对在包括升职、调任、召回临时解雇人员及雇佣等在内行为中适用党派测试标准。原告称,这种测试标准在伊利诺伊州根据共和党州长作出的未经其明确同意不得雇佣的命令而被一直采用。大法官小威廉·J. 布伦南(William J. *Brennan)代表刚过半数的大法官认为,因党派任职原因拒绝将低级别的政府工作机会给予某人剥夺了联邦宪法第一修正案所赋予公民的权利,并且这种侵害并不能服务于某种需要通过界定非决策雇员的工作标准才能得到保障的重要的政府利益,基于政治观点选择或免除职务的只能是高级别职员。小布伦南又说,在他看来,党派任职并不是保障民主进程所必需的,政党(*political parties)可以通过其他方式得到发展。

大法官安东尼斯·斯卡利亚(Antonin *Scalia)的反对意见比法院的意见篇幅更长,也更加直接。他描述了传统的党派任职对促进政党发展的好处,但并没有赞同整个传统体制。他认为,应当由立法机关而非联邦最高法院去对这种利益与其他价值作出衡量。斯卡利亚不仅反对将埃尔罗德案和布兰提案的判决予以扩张,他想整个推翻这两个判决。由于他的异议得到了另3位大法官的支持,并且正好在小布伦南大法官辞职之前提出,因此,受到了人们的关注。大法官约翰·保罗·史蒂文斯(John Paul *Stevens),他对法院的判决持并存意见,专门针对斯卡利亚的意见作出了回应。

[Leon D. Epstei 撰;刘志杰译;常传校]

拉特利奇,约翰[Rutledge, John]②

(1739年9月出生于南卡罗来纳州的查尔斯顿. ,1800年6月2日卒于查尔斯顿,葬于查尔斯顿的圣·迈克尔墓地)1789—1791年,任联邦最高法院大法官,1795年被提名首席大法官,但未获批准。他出生于一个富有而享有特权的家庭,他是约翰·拉特利奇博士和萨拉·赫克斯特(Sarah Hext)的第7个孩子。拉特利奇在1755—1760年5年间学习法律,先是师从他的叔叔安德鲁·拉特利奇和詹姆斯·帕森(James Parson),然后在伦敦的中殿律师学院学习。在1761年回到南卡罗莱纳之后,他在作为

---

① 另请参见 Assembly and Association, Freedom of。
② 另请参见 Nominees, Rejection of。

律师和政治家方面很快获得了成功,这一成功不是暂时的,他成为律师的领袖,他也是国民大会中有影响力的成员。他还是制定印花税法会议(the Stamp Act Congress)、大陆会议(the Continental Congress)的代表,新组建的南卡罗莱纳的州长。他帮助起草了1787年《美国联邦宪法》(the U.S. Constitution)并努力使之获得批准。

John Rutledge

华盛顿曾认真考虑提名1775年他就已认识并很尊崇的拉特利奇为美利坚合众国第一任首席大法官,但在1789年9月24日只提名拉特利奇为联邦最高法院的大法官,参议院两天后批准了对他的提名。他明显地对未被提名为首席大法官有些生气,同时由于管理他所在的联邦巡回法院而精疲力竭,又对联邦最高法院的僵化感到厌烦,在1791年5月5日,拉特利奇辞去了大法官一职以接受南卡罗莱纳州普通法院首席法官这一任命。拉特利奇在联邦最高法院具有创造性的工作未产生实质的效果,因为联邦最高法院在他短暂的任职期间内未审理一件案件。

1795年6月,当知晓约翰·杰伊(John *Jay)当选为纽约市长之后,拉特利奇请求华盛顿提名他为联邦最高法院的首席大法官。7月1日,华盛顿作出了答复,称他对任命拉特利奇到他所期望的职位感到很高兴,并称联邦最高法院委员会正在费城等待拉特利奇的到来。拉特利奇在8月法院审判期及时赶到临时首都费城,主持联邦最高法院的工作。他参与了两个案件的审理。第一个案件是"合众国诉彼得斯案"(United States v. Peters)(1795),在此案中,联邦最高法院发出禁止令禁止联邦地区法院法官审理涉及法兰西共和国轮船的捕获案,因为一个主权国家的财产具有司法程序豁免权。在"塔尔伯特诉贾森案"(Talbot v. Janson)(1795)中,拉特利奇发表了他作为联邦最高法院成员的唯一的意见,他参与作出了法院的判决——归还被捕获的荷兰船只给它的所有权人,因为对该私掠船的捕获是不合法的。

对拉特利奇的任命是在相当危急的情况之下,甚至是在华盛顿提交给参议院批准之前。1795年7月16日,拉特利奇在查理斯顿主持了一个会议抗议参议院批准杰伊条约(Jay's *Treaty)。拉特利奇不满足于只主持这个表示抗议的会议,他发表了反对该条约的长篇大论,并力劝总统不要签署该条约。北方联邦党人被他作为政府外交基石的杰伊条约的反对所激怒,同时考虑到他那几近疯狂的报告,在1795年12月15日的投票中,参议院中的大多数联邦主义者反对对拉特利奇的任命,表决结果为14比10(参见 Nominations, Controversial)。在他的提名被否决之后不久,自1792年他妻子死后一直处于悲痛之中的拉特利奇试图从码头跳入查理斯顿湾自杀。后来,他在隐居中度过了他生命中最后岁月的大部分时光。

[Robert M. Ireland 撰;刘志杰译;常传领校]

小拉特利奇,威利·布朗特[Rutledge, Wiley Blount, Jr.]

(1894年7月20日生于肯塔基州的克洛维波特,1949年9月10日卒于缅因州的约克郡,葬于科罗拉多州博耳德市的德格林山公墓)1943—1949年间任联邦最高法院大法官。威利·拉特利奇是富兰克林·D.罗斯福(Franklin D. *Roosevelt)任命的最后一位联邦最高法院大法官。他于1914年在威斯康星大学获得文学学士并在第安纳州、新墨西哥州和科罗拉多州作为一名中学教师度过了他的早期生涯。1922年,他在科罗拉多大学获得法律学位,之后他执业了两年。在此后的15年里,他先后在科罗拉多大学作为一名副教授教法律,在圣·路易斯的华盛顿大学和衣阿华州立大学任教授和系主任。

拉特利奇对联邦最高法院反"新政"判决的公开批评和他对富兰克林·德拉诺·罗斯福的法院人员布置计划(*court-packing plan)的支持使他受到举国上下的注意。1939年,他曾被建议补联邦最高法院的两个空缺,但总统选择了威廉·O.道格拉斯(William O. *Douglas)和费利克斯·法兰克福特(Felix *Frankfurte)。后来,总统任命他为具有影响力的哥伦比亚地区巡回法院法官。作为一名上诉法院的法官,拉特利奇的意见一直反映了"新政"的宪法观念。当1942年詹姆斯·F.伯恩斯(James F. *Byrnes)从联邦最高法院退休之后,尽管法兰克福

小拉特利奇,威利·布朗特 [Rutledge, Wiley Blount, Jr.]

Wiley Blount Rutledge, Jr.

特极力支持勒尼德·汉德(Learned Hand),但罗斯福仍选择了拉特利奇。

拉特利奇在任的6年里,他在很多领域作出了意义重大的判决意见。行政法领域,"全国劳动关系理事会诉海斯特出版公司案"(National Labor Relations Board v. Hearst Publications)(1944);民事程序方面,"担保信用公司诉约克案"(Guaranty Trust v. York)(1945);劳动法领域,"艾尔金、乔利奥特与东方铁路诉伯利案"(Elgin, Joliet & Eastern Railway v. burley)(1946)和"合众国诉美国矿业工人协会案"(United States v. *United Mine Workers)(1947);以及税法领域,"合众国诉马萨诸塞州案"(United States v. Massachusetts)(1948)。然而他最持久的贡献是他参与对言论和宗教自由这一宪法原则的发展。

当拉特利奇进入法院之后,他开始发现宪法的双重标准。"合众国诉卡洛伦产品公司案"(United States v. Carolene Products)(1938)中,斯通大法官曾建议对联邦宪法第一修正案所规定的自由的限制应受到比政府的经济管理更严格的司法审查(参见 Footnote Four)。他在"琼斯诉欧佩里卡案"(Jones v. Opelika)(1942)中所作的反对意见得到大法官布莱克、道格拉斯、弗兰克·墨菲和那时已是首席大法官的斯通的支持,在该意见中,他明确地接受了斯通的立场。拉特利奇进入法院之后,他是在"默多克诉宾夕法尼亚州案"(*Murdock v. Pennsylvania)(1943)中第五个支持道格拉斯意见的人,该意见推翻了欧佩里卡案的判决,并根据优先自由原则(preferred freedom)批驳了强行对贩卖宗教资料征收许可费的行为。

拉特利奇对基本权利分析的贡献,体现在"托马斯诉柯林斯案"(Thomas v. Collins)(1945)之中。在谴责政府许可是对劳动组织者基于联邦宪法第一修正案所享有的权利的侵犯时,他代表联邦最高法院提出的判决意见书对优先自由原则作了清楚的解释。在"考瓦斯诉库珀案"(Kovacs v. Cooper)(1949)中,他反对法兰克福特称优先自由原则是对法理学的机械运用,这同时也谴责了政府管制。拉特利奇知道有例外,在"科里马修诉合众国案"(*Korematsu v. United States)(1944)中,他表示同意布莱克的意见,在"普林斯诉马萨诸塞州案"(Prince v. Massachusetts)(1944)中,他起草了法院的判决意见,在这两个案件中,他都承认在国家安全和大众福利所必需时,优先自由不能超越政府管理的范围。

参考文献 "Mr. Justice Rutledge," symposium in *Iowa Law Review* 35(Summer 1950):541-699.

[William Crawford Green 撰;刘志杰译;常传领校]

Ss

圣克莱尔,詹姆斯[St. Clair, James]

(1920年4月14日生于俄亥俄州的亚克朗市,2001年3月10日卒于马萨诸塞州的西木市,律师)在"合众国诉尼克松案"(United states v. *Nixon)中,总统律师圣克莱尔未能就行政特权(*executive privilege)允许理查德·尼克松(Richard *Nixon)总统保留磁带录音作出成功辩论。在弹劾(*impeachment)审查中,他也为总统辩护。毫无疑问,尼克松对辩护策略和技巧的严格亲自控制使圣克莱尔受到阻碍。

[Stanley I. Kutler 撰;胡海容译;林全玲校]

联邦最高法院大法官的薪金[Salaries of the Justices]

为了确保司法独立,联邦宪法规定禁止削减法官报酬,但宪法并没提到如何补偿因通货膨胀以及法官不能豁免的税收对其收入的减损问题。由于与政治、经济密切相关。宪法也未提及薪金水平和加薪事项,1789年的司法法(*Judicary Act of 1789)确定首席大法官的薪金为4000美元,大法官的薪金为3500美元,二者之间从而形成了500美元的差距,这种差距一直持续到1969年。到2005年这种差距已经增加到8900美元,这反映出首席大法官在行政管理方面承担了不同的责任(参见 Chief Justice, Office of the)。

国会在19世纪和20世纪早期经常要隔很长一段时间才会提高法官的薪金。1964年以后加薪才比较频繁。然而法官加薪的要求经常面临障碍:因为他们的薪金应与众议院发言人和副总统的薪金水平大致一致,而不能参照有利可图的律师业确定。于是,政治上法官们四处游说,试图通过立法获得更高的薪金,在这方面没有谁比威廉·伦奎斯特大法官更精力充沛、更执著。自20世纪50年代起这一举措就得到由两党成员组成的各部门薪金委员会的支持。

1964年国会通过行使报酬权明确表示了对沃伦法院宪法哲学的不满。国会当时提高了法官的薪金,但减少了联邦最高法院大法官和低级别联邦法院(*lower federal court)法官以及国会成员之间在薪金上的差距。在"合众国诉威尔案"(United States v. Will)(1980)中,联邦最高法院裁定,议会在1975年授权禁止随生活水平上涨而自动调整薪金的行为违宪。1981年(P.L. 97-92),国会便报复性地阻止薪金随生活水平自动调整(COLAs),但是却在1993年到2005年之间通过专门授权,六次允许法官的薪金随生活水平予以调整。这使得首席大法官的薪金达到208 100美元,这与副总统以及众议院发言人的薪金是相同的,而大法官的薪金为199 200美元。然而在1969年到2002年间,联邦最高法院大法官的薪金购买力实际上缩减了1/3以上,1989年的道德改革法更是加剧了大法官的经济损失,因为该法案限制法官从司法活动以外获得收入并禁止接受馈赠。

[Peter G. Fish 撰;李昱、胡海容译;许明月、林全玲校]

圣安东尼奥独立校区诉罗德里格斯案[San Antonio Independent School District v. Rodriguez, 411 U.S. 1(1973)]①

1972年10月12日辩论,1973年3月21日以5比4的表决结果作出判决,其中鲍威尔代表法院起草判决意见,斯图尔特持并存意见,道格拉斯、小布伦南、怀特以及马歇尔反对。1968年德米特里奥·罗德里格斯和其他几位居住在得克萨斯州的埃奇伍德校区的贫困学生父母向联邦地区法院提起集团诉讼(*class-action),控告该州的学校筹款制度有违联邦宪法第十四修正案(the *Fourteenth Amendment)之平等保护条款(the *Equal Protection Clause)。依得克萨斯州的法律规定,由该州拨款为每一位儿童提供最低程度的教育;各地校区再用地方征收的从价财产税提高基础教育质量。由于该州1000多个校区之间的财产税价值以及学龄儿童的数量截然不同,所以在提高教育质量的财政资助数量、每个学生可得的教育经费和税率方面存在显著的地区差距。

1971年地方法院认定,得克萨斯州的法律对贫穷的校区而言是一种花费少而征税多,而对富裕的校区而言则是花费多而征税少的筹款制度。由三位法官组成的审判小组一致裁决:教育是一项基本的宪法权利(参见 Fundamental Rights),以财富为根据的分类,诸如本案中得克萨斯州所形成的,有违宪之嫌。该低级别法院运用严格审查(*strict scrutiny)标准,裁定得克萨斯州的学校筹款方式剥夺了原告获得平等保护的保障。该法院责令该州为其辖区内的学校提供拨款,从而使每一位儿童所获的教育经费数目不是由该儿童所居住的地区的财富决定。

---

① 另请参见 Education;Race and Racism。

1973年,意见分歧的联邦最高法院推翻了低级别联邦法院的判决,并确认得克萨斯州现行的教育财政政策合法有效,从而实际上认可了其他49个州的教育财政政策的效力。刘易斯·鲍威尔(Lewis *Powell)提出的判决意见获得多数法官支持,该意见裁决教育权不是一项基本权利,因为宪法既未明示也未暗示保证该项权利。得克萨斯州根本没有剥夺任何阶层或个人受教育的权利,相反还确保该州的每位儿童免费获得最低程度的教育。此外,既然一些居住在富裕校区的贫穷家庭的学生也能获得较高的教育经费,那么该州并不存在任何受到歧视的明确依据财富划分的阶层。由于联邦最高法院素有不愿干预地方财政事务的传统,因而采用的是理性基础(或最低限度审查)标准。它裁定该州的学校筹资方式允许地方根据税率和教育质量的提高程度自主选择,从而进一步推动该州合理促使地方参与公共教育,而同时又为该州的每一位儿童提供免费的基础教育。

强烈的不同意见表达了一系列不同的解释及反对意见。大法官拜伦·怀特(Byron *White)同样运用最低限度审查标准,认为该法与该州所声称的实行地方管理的目标无任何合理联系,因为对于贫穷校区而言,他们没有任何有意义的改善教学质量的措施可供选择。大法官威廉·布伦南(William *Brennan)认为基于教育对宪法明示或暗示保证的权利之享有的重要性,受教育的基本权利是存在的。所以,本案应当适用严格审查标准。大法官瑟古德·马歇尔(Thurgood *Marshall)赞同采用变通的平等保护标准,即依据政府维持该种划分的利益确定某阶层的特征以及政府对该阶层予以补助的重要性。

罗德里格斯案件判决之后的10年间,得克萨斯州和其他许多州实施了一系列"平等化"改革,但未能有效减少资源获取、学生教育经费及税率方面的区间不平等。到了1984年,由于不再允许向联邦法院寻求救济,墨西哥裔美国法律辩护及教育基金会代表埃奇伍德校区、罗德里格斯及其他原告向低级州法院(lower *state court)提起诉讼,声称得克萨斯州的财政政策与得克萨斯州宪法相抵触。

1989年10月得克萨斯州最高法院一致裁定"艾奇伍德诉科比案"(Edgwood v. Kirby)(1989)中的上诉人胜诉。它宣判立法机构才能按照得克萨斯宪法第6条的授权"在该州所有地区确立和制定适当的条款……以形成公立学校一套行之有效的拨款制度"(p.500)。法官裁定,校区之间现存的不平等状况有违宪法之效率本意。法院责成立法机构必须在1990年5月1日之前重新制定该州的教育财政制度,以便使得各地区在实现税负平等时,每个学生得到的税收支持也相对等额,得克萨斯州从而成为由本州最高法院宣判教育财政法违背州宪法的第

10个州。然而,自1989年该案的判决以来,富有的校区与贫穷的校区已经不断地对财政的适当性以及州学校财政规则的公平性提出质疑,得克萨斯州最高法院也已经作出了多达5个以上的此类宪法性判决,但是这场斗争看起来远没有结束。

[Richard A. Gambitta 撰;李昱、胡海容译;许明月、林全玲校]

桑福德,爱德华·特里[Sanford, Edward Terry]

(1865年7月23日生于田纳西州洛克斯维尔市,1930年3月8日卒于华盛顿,葬于洛克斯维尔市格林伍德公墓)联邦最高法院大法官(1923—1930)。爱德华·特里·桑福德出生于内战后期,在成长的过程中深受其富有的南部家族以及新英格兰近亲的影响。桑福德在南部和北部的学校接受广泛的教育,分别获得田纳西州大学和哈佛大学的学士学位和硕士学位。这样的教育背景铸就了桑福德的鲜明个性——即善于平衡各方利益。在哈佛大学获得法学学位以后,桑福德继续在国外求学,之后重返田纳西州做执业律师。

Edward Terry Sanford

桑福德在担任联邦最高法院大法官之前曾从事多种职业,包括田纳西州的私人执业律师(1890—1907),田纳西大学的法律讲师(1898—1907),合众国司法部长的特别助理(1906),政府首席律师(1907)以及田纳西中东部管区的联邦法院法官(1908—1923)。1923年他被提名为联邦最高法院

大法官得益于首席大法官威廉·霍华德·塔夫脱(William Howard *Taft)以及司法部长哈里·多尔蒂(Harry Daugherty)的极力游说,他们向沃伦·G. 哈丁总统力荐桑福德,因为桑福德曾在低级别联邦法院(*lower federal courts)任职,而且其所受的教育毫无民族偏见。桑福德作为一名南部共和党人被哈丁所接纳,因为后者已获得南部的政治支持。

桑福德对美国宪法的最大影响体现在公民自由领域,其中包括确立了并入原则(*incorporation doctrine)。《权利法案》(*Bill of Rights)的保障最初仅仅适用于联邦一级。南北双方的矛盾引发内战就表明并非所有的州都做到保证基本的人身自由,而联邦宪法第十四修正案(the *Fourteenth Amendment)则宣称要这样做。这一保证的程度和范围于20世纪早期经过检验,当时州和联邦权力机构纷纷采用严厉的法律应付国内的政治动乱,联邦最高法院不得不在一系列案件中对州及国家的治安权(*Police power)和个人权利进行权衡比较。

正是在这样一种背景下,法官桑福德在两个重大案件中清晰地阐明了并入原则,在"吉特洛诉纽约州案"(*Gitlow v. New York)(1925)中,桑福德代表法院起草判决意见,其中的法官意见指出:联邦宪法第一修正案中的言论和出版自由是基本的人身自由,并且不受州的侵犯。虽然联邦最高法院裁定维持对出版商的定罪,因为该出版商出版的政治宣传小册子竭力鼓动暴力颠覆政府,但是桑福德的判决意见却具有重大的意义。并入原则运用第十四修正案所保证的自由对抗州的行为,从而扩展了《权利法案》所列举的权利。在两年以后的"菲斯科诉堪萨斯州案"(Fiske v. Kansas)(1927),桑福德进一步阐明该原则,在该案中他代表法院作出判决,确认了援用保障言论自由的联邦权利的第十四修正案对抗无政府状态的州刑事法律的辩护理由(参见 Speech and the Press)。

同时代许多高知名度的大法官,诸如霍姆斯和布兰代斯,使桑福德终其一生都黯淡无光,而他与首席大法官塔夫脱卒于同一天的事实又使得桑福德死后其光彩依然被遮掩。

[Alice Fleetwood Bartee 撰;李昱译;许明月校]

圣克拉拉县诉南太平洋铁路公司案[Santa Clara County v. Southern Pacific Railroad Co., 118 U. S. 394(1886)]①

1886年1月26日—29日辩论,1886年5月10日以9比0的表决结果作出判决,哈伦代表法院起草判决意见。这是涉及铁路和(各层)政府机构的系列案件之一,这些案件在19世纪频频发生使得法院疲于应付。加利福尼亚州和相关的县力图收回南太平洋铁路和太平洋中央铁路所欠的税款,争辩的焦点几乎全集中于这些税收是否为联邦宪法第十四修正案(the *Fourteenth Amendment)的正当程序条款所禁止。

美国联邦最高法院并未解决律师所提出的这一宪法性问题。相反,其所作的判决只是针对一个相当狭隘的问题:铁路财产周围的栅栏是否应当由县或州的征税机构予以评估。法官约翰·马歇尔·哈伦裁决,不得对这些栅栏征税,因为它们不属于加利福尼亚州法律规定的征税财产。联邦最高法院裁定维持加利福尼亚州法院的判决。

尽管联邦最高法院仅就有限范围的事项作了判决,但本案却产生了宪法意义上的影响。首席大法官莫里森·雷米克·韦特(Morrison R. *Waite)在进入辩论程序之前发表了一则不同寻常的前言,他认为联邦最高法院不用审查"联邦宪法第十四修正案禁止州拒绝给予其辖区内的任何人以宪法所赋予的平等保护的条款是否适用于所有公司,我们一致认为它适用于所有公司"(p.396)。接下来他又说,公司与自然人一样享有联邦宪法第十四修正案所规定的权利。

[Augustus M. Burns Ⅲ 撰;李昱译;许明月校]

圣克拉拉印第安村诉马丁内斯案[Santa Clara Pueblo v. Martinez, 436 U. S. 49(1978)]②

1977年11月29日辩论,1978年5月15日以7比1的表决结果作出判决,其中马歇尔代表法院起草判决意见,怀特反对,布莱克蒙未参加审判。1968年《印第安人权利法案》规定联邦《权利法案》(*Bill of Rights)的大多数保证适用于土著美国人(*Native American)的部落政府。最初该法仅规定了刑事案件中的人身保护状(*habeas corpus)救济。而低级别联邦法院(*lower federal courts)则由此形成了一系列"默示"的民事救济——请求宣告性救济、强制性救济或训令状的诉讼——结果联邦法院开始重新审查部落自治的主要事项,包括选举程序、议席重新分配系列案、投票权(right to *vote)和就任公职,以及获得部落资格的适当条件(参见 Indian Bill of Rights)。

马丁内斯案就是关于部落资格的案件,是根据《印第安人权利法案》的规定以性别歧视为由提出的诉讼。本案宣称部落法规允许授予与外族通婚的男性成员所生的孩子部落资格,而同样与外族通婚的女性成员所生的孩子却不能获得部落资格,这违反了宪法的平等保护条款(the *Equal Protection Clause)。大法官瑟古德·马歇尔(Thurgood

---

① 另请参见 Due Process, Substantive; Private Corporation Charters。

② 另请参见 Equal Protection。

*Marshall)代表法院起草判决意见，驳回了马丁内斯的诉讼请求，并剔除了该法。他认为法律并未规定将宪法规定的标准扩及于部落政府的联邦诉因，他对状况令人同情的印第安人在本部落法院所进行的诉讼施加压力，从而维护部落自决权。而大法官拜伦·怀特在其异议中写道："我无法相信国会希望将这些法案交由被指控违背了这些法律的部落机构实施。宪法权利扩展到单个公民，目的就在于限制政府权利的介入"(p.69)。

本案的结果是该判决强化了部落自决权，而对部落政府提出控诉的印第安人几乎没有机会获得救济。很少有人对部落法院的判决继续上诉。

[Paul L. Murphy 撰；李昱译；许明月校]

斯凯尔斯诉合众国案[Scales v. United States, 367 U.S. 203(1961)]①

1960年10月10日进行第二次辩论，1961年6月5日以5比4的表决结果作出判决，其中哈伦代表法院起草判决意见，小布伦南、沃伦、道格拉斯和布莱克反对。联邦最高法院在以前的两个案例，即"丹尼斯诉合众国案"(*Denis v. United States)(1951)和"耶茨诉合众国案"(*Yates v. United States)(1957)中已经讨论过《史密斯法》的通谋条款。斯凯尔斯案与"诺托诉合众国案"(*Noto v. United States)(1961)一样，联邦最高法院审查了《史密斯法》的资格条款。联邦最高法院将资格条款解释为要求证明"积极的"而非纯粹是"名义上的"或"消极的"共产党资格，从而维持了对斯凯尔斯的定罪。

联邦最高法院在法律行文中找到了明确要求"不仅明知其资格，而且必须是积极的有目的，其中有目的等同于该组织的犯罪目的"(p.210)的根据。由于这样解释该条款，法院裁定资格条款既不与联邦宪法第五修正案的正当程序条款相抵触，也不与联邦宪法第一修正案(the *First Amendment)保证言论自由的条款相抵触。既然共产党被视为进行犯罪活动的组织，联邦最高法院认为宪法并未禁止对积极地并且故意从事旨在促成非法目的的实现的行为的人提起公诉。尽管证据表明该组织并未鼓动即时推翻政府，联邦最高法院仍然判决现在鼓动未来行为与鼓动即时行为一样符合制定法和宪法规定的要件。

[Milton R. Konvitz 撰；李昱译；许明月校]

斯卡利亚，安东尼[Scalia, Antonin]

（1936年3月11日生于新泽西州的特伦顿）1986年起担任大法官。安东尼·斯卡利亚是由里根总统提名并经参议院批准的3位大法官中的第二位，他继承了法官威廉·哈布斯·伦奎斯特(William Hubbs *Rehnquist)的席位，后者由里根在沃伦·E.伯格(Warren E. *Burger)退休时提拔为首席大法官。

Antonin Scalia

斯卡利亚是意大利移民的儿子，其父亲在布鲁克林大学教罗马语，他是继1957年大法官小威廉·约瑟夫·布伦南之后首位担任联邦最高法院大法官一职的天主教徒。但随着里根于两年后对安东尼·肯尼迪(Anthony *Kennedy)的任命，联邦最高法院中的天主教大法官便在其成员中占了3位——这是历史上仅有的，这种状况一直持续到1990年布伦南退休。从乔治城大学毕业后，他在欧洲游学1年，就读于瑞士的弗莱堡(Fribourg)大学，1960年他以优异的成绩毕业于哈佛大学，获得法学学位。

他加入过著名的克利夫兰(Cleveland)律师事务所，后又辞职到弗吉尼亚大学法学院任教。1971—1977年他先后为尼克松和福特政府工作，担任各种法律职务。之后他又到芝加哥大学法学院教书，直到1982年里根任命他为哥伦比亚特区上诉法院法官。斯卡利亚有9个孩子，他是继法官费利克斯·法兰克福特(Felix *Frankfurter)(1939—1962)之后首位任职联邦最高法院的大学教师。

斯卡利亚一就职就很快确立了坚定的保守投票记录，在这一点上只有克拉伦斯·托马斯(Clarence *Thomas)有过之而无不及。威廉·伦奎斯特(William *Rehnquist)，这位新任的首席大法官最早确立

---

① 另请参见 Communism and Cold War; Speech and the Press。

了法院保守的路线,并且他也一直坚持这一路线,但是他发现斯卡利亚以及1991年之后的托马斯大法官比自己更加保守。因此,直到2001—2002年审期的末期,斯卡利亚法官仅对在最高法院进行的口头辩论的范围广泛的公民自由案件中的28.4%投了赞成票,在隐私权案件中最低,仅25%,刑事程序案件中较高,为33%,在涉及联邦宪法第一修正案(the *First Amendment)和公民权利的案件中为31%。在这些案件中,半数以下情形他与其自由主义的同事布伦南和瑟古德·马歇尔(Thurgood *Marshall)保持一致;在90%以上情形,他同意托马斯大法官的意见,与伦奎斯特保持一致的情形略少一些。

尽管斯卡利亚大法官声称自己是一个"严格的法律解释者",但是他的投票行为却没有体现这一点。如果这一短语确实有其实际内容的话,那么它应该被理解为反对就法律是否合宪提起诉讼,并应当遵循先例。然而斯卡利亚大法官却支持了2/3以上宣布州和地方的立法违宪,3/4以上宣布联邦立法违宪的判决。至于正式改变先例方面,从1946年的文森(*Vinson)法院开始,斯卡利亚法官在32个法官中位列第九,其中只有3位自由主义者,分别是沃伦、福塔斯(*Fortas)和戈德堡(*Goldberg)。从本质上说,在这方面比斯卡利亚更为激进的据说是他的保守主义的同事桑德拉·戴·奥康纳(Sandra Day *O'Connor)和安东尼·肯尼迪(Anthony *Kennedy),他们参与赞同改变先例的多数一方,在到2001—2002年审期末期为止有37次机会改变判例,他们就对其中的36个表示赞成(占97.3%)。比较而言,斯卡利亚这样做的频率要低10%:40个案件中赞成35个应该改变先例(87.5%)。但是,如果不考虑是否确实做到经大多数同意而改变先例,只关注大法官支持改变先例的频率,则斯卡利亚表现得比奥康纳和肯尼迪更为激进,在整个伦奎斯特法院期间他仅次于托马斯。在涉及先例的情形,斯卡利亚表现得很坦率,在"南卡罗来纳州诉加瑟尔案"(South Carolina v. Gathers)(1989)中,他陈述道:"在法院人员构成不发生调整的情况下,推翻先例的情形是很少发生的",他认为坚持先例"才能挽救联邦最高法院的声誉"有违他的誓言(p.824)。

如果我们用同样的标准——考虑实践中运用的频率而不管是否属于多数派的观点——来分析大法官在同意认定联邦立法违宪方面的投票记录,斯卡利亚位列第四,排在领头者——同样是托马斯——之后,仅次于斯蒂芬·J.布雷耶(Stephen J. *Breyer)和鲁思·巴德·金斯伯格(Ruth Bader *Ginsburg)。但是在讨论州和地方立法的合宪性问题时,却出现了一个不同的局面。在这方面,伦奎斯特通常尽量避免使这些法律无效,在其任首席大法官期间,他的投票总数中仅有2.8%支持立法无效。斯卡利亚紧追其后为4.4%。

关于他的意见——特别是反对意见与并存意见——不仅出现的频率很高,而且论证有力(使问题变得不可收拾),可以这么说,他的意见明显不同于同时期的其他法官。只有刘易斯·鲍威尔(Lewis *Powell)法官在常规并存意见中的比例为5.1%,超过了斯卡利亚的4.8%,然而在特别并存意见方面,斯卡利亚却超过了位列第二的约翰·马歇尔·哈伦(John Marshall *Harlan)1/3以上,斯卡利亚为9.1%,哈伦法官为6.7%。因为伦奎斯特法院期间普遍采用保守主义的立场,作为一个坚定的保守主义者,相对来说斯卡利亚自己很少有机会提出反对并据此撰写反对意见。因此,不持保守观点的约翰·保罗·史蒂文斯(John Paul *Stevens)法官在撰写反对意见的次数方面击败了斯卡利亚,其中史蒂文斯撰写的反对意见的次数占全部案件的38.5%,而卡利亚则为31.7%。考虑到1941年以前法官们很少出现意见不一致的情形,可以相当确定地认为,在这个方面斯卡利亚法官在法院中的地位是空前的。斯卡利亚的特别意见——反对和并存意见——与他的多数观点不同,因为在这种情形他的语言需要得到其他参与案件的绝大多数法官们的同意——表现得强劲有力而又相当尖锐,完全不似大多数法官那样冗长。明显地,具有这些特征的单独意见很少得到认同;例如"自鸣得意和好挖苦人","令人震惊的恩赐态度和侮辱性"。他的撰文据说是以"激进主义"为特征的,他的职业被认为是"激进的政客的行为"。虽然他没有达到以个人偏见出发的程度,但是已经滑向这一边缘。因此,他被伦奎斯特评价为极其"荒谬",并经常使奥康纳"暴怒"。

尽管斯卡利亚法官以拘泥于字面解释和立法原意而闻名,但他时常强烈反对参照立法者的意图来预言宪法或法律的含义。正如他在"宾夕法尼亚州诉联合天然气公司案"(Pennsylvania v. Union Gas Co.)(1989)中主张的那样,"我们的任务……不是进入议员的思维——在他们的意识里什么也没有,仅仅是为了使他们的投票合法和有效"(p.30)。特别值得提到的是,他在"爱德华兹诉阿圭拉德案"(Edwards v. Aguillard)(1987)中列出了单个立法者可能有的庞大的动机目录。但是另一方面,有时他也赞成用立法意图来解释法律,从而支持他的政策偏好。举例来说,在一系列议席重新分配案件中,如"肖诉亨特案"(Shaw v. Hunt)和"布什诉维拉案"(Bush v. Vera)中,斯卡利亚法官却悄然地同意大多数人的观点而使立法议席的重新分配无效。

尽管斯卡利亚法官被认为是拘泥于字面解释和原意的,也就是墨守原文的,他的意见却经常掩饰这些。他显示自己有能力将表述与法学的经典论述完全一致:"裁定一个政府的行为违宪并非我们宣布禁止这么做,而是宪法禁止这样"(American Trucking Assns,p.201)。或许更可能的原因是他相信语义的不一致会影响法律语言。在"合众国诉普林兹案"(United States v. *Printz)中,斯卡利亚法官和另外四位保守的同事一起宣布《布雷迪暴力预防法》无效。他没有引用宪法语言来使该法律无效,而是提醒读者注意宪法中的措辞,从而形成裁判这一案件的原则。

斯卡利亚拘泥字面解释的做法不时会出现。因此,在"合众国诉格兰德森案"(United States v. Granderson)中,他的观点是,即使"起草得很差劲的法律"也应作为成文法适用。但是他又时常不考虑法律中甚至非常明显的意思。他对宪法第十一修正案(the *Eleventh Amendment)的解释就是一个很好的例子:

"我们已经明白了第十一修正案所宣称的并不完全是它字面所说的,而是它所确认的我们宪法框架的一个前提:加入联邦体系的各州的主权是完整的;宪法第3条规定的司法权是受这种主权限制的。"["布拉奇福德诉诺阿塔克土著村案"(Blatchford v. Native Village of Noatak)(1991) p.779]。

不需要别的观点来揭示斯卡利亚在司法哲学方面的不连续性。在"克里斯滕森诉哈里斯郡案"(Chritensen v. Harris County)中,他一边赞颂司法限制的好处,一边投票支持司法激进主义者废止劳工部的条例——这个条例是司法部长支持的——因为它不能满足这样一个没有争议的、明确的标准:"合理"。

谈到斯卡利亚的重要观点,不得不提到下列案件。在"爱德华兹诉阿圭拉德案"(Edwards v. Aguillard)中,他强烈地要求废除依赖所谓立法意图进行裁判。在"莫里森诉奥尔森案"(Morrison v. Olson)中,他独自有预见性地详述道,一旦支持1978年的政府行为伦理法中的独立咨询条款就会增加政治成本并损害宪法。他的重要观点也体现在"诺兰诉加利福尼亚滨海委员会案"(Nollan v. California Coastal Commission)(1987)和"卢卡斯诉南卡罗来纳州海滨委员会案"(Lucas v. South Carolina coastal council)(1992)这两个具有标志性意义的管制占用案件中,他强化了对土地所有人的保护。在"俄勒冈州部门诉史密斯案"(Oregon Department v. Smith)(1990)中,斯卡利亚撰写了法院意见,从而在宗教自由案件中用理性标准取代了严格审查(*strict scrutiny)。在"R. A. V. 诉圣保罗市案"(*R. A. V. v. St. Paul)中,他的观点并不守旧,从表面来看这种观点使处于争议中的令人厌恶的刑事法令无效。在"马里兰州诉克雷格案"(Maryland v. Craig)(1990)的反对意见中,斯卡利亚法官表述了一个更显自由主义的观点,由他和马歇尔法官、布伦南法官、史蒂文斯法官一起照字面意思适用了对质条款。但是在涉及文化问题的案件中,如"劳伦斯诉得克萨斯州案"(Lawrence v. Texas)(2003),在这个州鸡奸法令案的反对意见中,斯卡利亚法官却强烈地坚持保守主义立场;而在"合众国诉弗吉尼亚州案"(United States v. *Virginia)(1996)中,他却支持州政府有权保留性别单一的大学,这是这个判决中唯一的反对意见。但是他的保守态度绝不会阻碍他拓宽宪法的视野,正如在"共和党诉怀特案"(Republican Party v. White)中,他将联邦宪法第一修正案(the *First Amendment)充分适用到司法官员的选举运动中。

斯卡利亚法官极有可能是他的同事中最聪慧的一个,同时也是最让人伤脑筋的一个,在法律之外,他被人称作一个讲究美食和生活享受的乐天派。他的近乎邪门的幽默感经常让人摸不着头脑。从某种意义上说,他认为他自己才具有发现宪法内在真实性的能力,因此他也经常被看成是堂吉诃德式的人物。但是他从来没有停止过用尖锐的言辞、破除崇拜等方式有效地抨击法律领域中的华而不实。

参考文献 The National Science Foundation supported U. S. Supreme Court Judicial Databases, Harold J. Spaeth, principal investigator, available at http://www.polisci.msu.edu./plip. Lee Epstein, et al., The Supreme Court Compendium, 3d ed. (2003). Jeffrey A. Segal and Harold J. Spaeth. The Supreme Court and the Attitudinal Model Revisited (2002).

[Harold J. Spaeth 撰;李昱、胡海容译;许明月、林全玲校]

谢克特禽畜公司诉合众国案
[**Schechter Poultry Corp. v. United States**, 295 U. S. 495(1935)][①]

1935年5月2日—3日辩论,1935年5月27日以9比0的表决结果作出判决,首席大法官休斯代表法院起草判决意见。《国家工业复兴法》(英文缩写 NIRA)于1933年6月16日由国会通过,这是罗斯福政府解决经济大萧条而采取的第一步也是最主要的措施。该法涉及范围较广,其目的在于解决失业问题,同时刺激经济复兴,不过其主要依据是正当竞争法律,这些法律是由所有的产业组织共同草拟的。在短短两年之内,国会共通过了750多部国家产业振兴法,涉及2.03亿人。该法宣布国家进入紧急状态,并依据联邦宪法的商业和普遍福利条款(*Commerce and *General Welfare Clauses)认定国会的行为合法有效。

这些法律在提高工资、禁止不正当行为以及鼓励商业道德方面起到了积极的作用,但它们都仓促而成,只对大企业有利,并且鼓励卡特尔。这些法律均由产业组织拟定,总统的作用仅仅是签署它们

---

① 另请参见 Administrative State;Capitalism。

而已。

司法部从一开始就意识到管制计划可能很难被联邦最高法院认定为合宪,于是千方百计找到一个适当的案件提交至联邦最高法院审查。不过,他们失败了,谢克特禽畜公司案所涉的商业行为,由于这些争议胜诉难料,只是极个别的。布鲁克林的一些屠宰场的经营者已被裁定违反了工业复兴法的工资和工时条款,而且销售"瘟鸡"的行为还构成其他犯罪。虽然家禽是从外州收购的,但谢克特公司作为本地经营者只能就地销售。

联邦最高法院一致驳回了政府实施规制计划的案件。首先,首席大法官查尔斯·埃文斯·休斯(Charles Evans *Hughes)抛弃了这样的观点:法律因国家经济形势紧急而具有合法性。尽管最近联邦最高法院接受了这样的请求,即在"住房建筑与贷款协会诉布莱斯德尔案"(*Home Building and Loan Association v. Blaisdell)(1934)中主张因面临农业危机,所以给予明尼苏达州农场主的按揭补贴是合理、合法的,但是休斯仍然坚持"特别情形并不创设或扩展宪法权力"(p.398)。

休斯最有力的根据是:该法违反宪法将法规制定权授予总统。早在数月之前,联邦最高法院在"巴拿马炼油公司诉瑞安案"(*Panama Refining Co. v. Ryan)(1935年)中就宣布:《国家工业复兴法》的另一条款违宪,即授权总统禁止超过州最高限额生产石油的州际贸易运输的条款。这一判决是以8比1的表决结果作出的,法官本杰明·内森·卡多佐(Benjamin N. *Cardozo)提出反对,认为法律由于经济危机而具有合法性。不过本案中该法授权产业组织在总统的协助下草拟涉及国家整个经济生活的法规,卡多佐说,"这是一种非法授权"(p.553)。

休斯反对该法的第三个理由是,家禽法涉及的是地方交易的管制,而非应当受国会管制的州际贸易。联邦最高法院在早先的判例中已认可地方贸易可以由国会管制,只要其对州际贸易具有"直接"影响。不过"直接"和"间接"影响之间通常难以区分。休斯认为二者之间的差别"原则上是很明确的",而且本案中的影响显然是"间接"的。卡多佐则认为差别不太明确,但同意谢克特公司的交易与州际贸易没有多大关系。如果一地方家禽经销商可以被认定为从事州际贸易,那么对国会贸易管理权所作的一切限制均将消失。

至1988年止,除巴拿马炼油公司案之外,谢克特案的判决被联邦最高法院7个以上的案件所援用,前一案件涉及现在受质疑的授权问题。正如大法官拜伦·雷蒙德·怀特(Byron Raymond White)在"移民与归化局诉查德哈案"(*Immigration and Naturalization Service v. Chadha)(1983)中所指出的,"对可以授予的权利范围限制(已)缩小,甚至几近消失"(p.985)。本案由于对贸易权力的解释到目前为止仍然具有实际意义。

富兰克林·德拉诺·罗斯福总统在谢克特案作出判决后,抨击联邦最高法院对联邦宪法的解释"过于陈腐"未能跟随形势,但事实上是当时国家复兴管理(英文缩写NRA)计划已经濒临崩溃,而联邦最高法院的一致裁决挽救了罗斯福政府,使其避免了这一令人尴尬的失败。不过,国家复兴管理带来的教训对于日后草拟"新政"(*New Deal)措施,如全国劳资关系法及公平劳动标准法,都大有裨益。

[C. Herman Pritchet 撰;李昱译;许明月校]

申克诉合众国案[Schenck v. United States, 249U. S. 47(1919)]

1919年1月9日—10日辩论,1919年3月3日以9比0的表决结果作出判决,霍姆斯代表法院起草判决意见。人们对合众国参加第一次世界大战(the *World War Ⅰ)有不同的看法,这为联邦最高法院根据联邦法律讨论、审查联邦宪法第一修正案(the *First Amendment)的言论自由案提供契机。该案的争议点是查尔斯·申克及其他社会主义党成员是否违反了1917年的间谍法,该法禁止妨碍军队征兵工作的行为。

社会主义党总书记申克命令印刷15000份反对征兵的传单,寄给那些正处于征兵(*Conscription)进程中的费城成年男子。传单中宣称应征的士兵是战争狂进行恫吓的牺牲品,年轻人应当维护其个人权利反对欧洲发生的战争,呼吁人们到社会主义党总部签署一份反对征兵的请愿书递交国会。

有几位接到传单的人向费城邮政监察员提出控诉,1917年8月28日联邦机构搜查了社会主义党办公室,查封该党的文件及会议记录,并逮捕了申克。该案件在宾夕法尼亚东部管区联邦地区法院审理,由法官怀塔克·J.汤普森(Whitaker J. Thompson)主审,被告申克在审判中作"无罪"辩护。

1917年12月20日该法院判决申克罪名成立,之后他向联邦最高法院上诉,以联邦宪法第一修正案为根据质疑间谍法的合宪性。他认为:该法完全禁止对战争问题进行公开讨论。申克的律师提出,该法与英美法律传统不一致,按照他们的观点,英美法律传统区分了表达真实想法的言论与煽动非法行为的言论,而政府方面的律师则认为该案不涉及联邦宪法第一修正案,而是事关联邦国会征兵政策,而联邦最高法院早在1918年就作出支持合众国的判决,从而解决了该问题。因此,联邦最高法院应当拒绝审查该案。

申克上诉案中,联邦最高法院一致裁决维持间谍法(参见 Espionage Acts)。大法官奥利弗·温德尔·霍姆斯(Oliver Wendell *Holmes)在其判决意见中阐述了他日后著名的"明显、即发的危险"标准

(*Clear and Present Danger Test),从而确定了第一修正案保护政治言论的界限。霍姆斯的分析推理不仅考虑了散发传单者的目的,还考虑了言论的内容:"每一个案件的争议均在于所运用的语言是否用于此种情形,并具有此种性质,即构成明显的、即发的危险,以致造成实质危害,而对此国会有权禁止"(p.52)。霍姆斯区分了战时和和平期的不同情况,并得出结论:申克的言论构成了一种危害,因为该制定法既适用于阴谋行为,又适用于实际妨碍军队的行为。根据该法的规定,这种行为构成违法无需实施成功。不过他的分析并未解释国会为什么可以首先宣布言语上的阴谋为非法。

申克案件所产生的争议使得整个国家在战争方面的矛盾冲突进一步激化。美国社会主义党人继续反对战争,甚至在美国参战之后也仍如此。另一些改革团体则继续坚持他们有权批评战时措施。而许多德裔美国人遭到极端爱国分子的辱骂,因为他们害怕这些移民与其祖国勾结。其他美国人,包括政府各阶层的许多政治家都坚持百分之百的爱国主义,并要求中断改革计划以全力配合战争。

霍姆斯所创设的"明显、即发的危险"标准旨在区分宪法性法律领域中受保护的和不受保护的言论,在这一方面他开辟了一新的领域——第一修正案的解释。之后,1919 年 11 月,霍姆斯与法官路易斯·D.布兰代斯(Louis D. Brandeis)在另一起言论自由案即"艾布拉姆斯诉合众国案"(*Abrams v. United States)中提出异议。霍姆斯在该异议中似乎已改变其早先的观点,他坚持即发的危险必须与某种即时的危害和具体的行为相关。反之,20 世纪 20 年代的 10 年,霍姆斯在其一系列异议中逐步形成了他的"明显、即发的危险"理论。至 20 世纪 30 年代,由于他的坚持,联邦最高法院的多数法官都支持他的观点,而该理论的许多方面直到今天仍保留在第一修正案的合宪解释中。

参考文献 Fred Ragan, "Justice Oliver Wendell Holmes, Jr Zechariah Chafee, Jr. and the Clear and Present Danger Test for Free Speech: The First Year, 1919," *Journal of History* 58 (June 1971):24-45.

[Carol E. Jenson 撰;李昱译;许明月校]

就学人数[School Attendance]

参见 Education;Wisconsin v. Yoder。

校内祈祷与诵经[School Prayer and Bible Reading]

过去,美国有组织的教育(*education)是宗教教育。从 19 世纪 20—30 年代起到第二次世界大战之后,这种公共教育不断得到传播,每日诵经和祈祷是大多数公立学校日常活动的一部分。如同联邦宪法的其他条款一样,联邦宪法第一修正案(the *First Amendment)的宗教确立条款最初仅适用于联邦政府,而与州立学校的宗教活动没有关系。

从 19 世纪 40 年代开始,天主教的移民反对在没有明显宗教信仰的学校里阅读新教徒詹姆斯王钦定版本的圣经,但是他们的抗议遭到了抵制,有时甚至是暴力的抵制,比如 1843 年发生在费城的圣经骚乱。1876 年提出的宪法修正案将宗教确立条款扩展适用于各州,并且禁止州资助那些失败的天主教学校,尽管有许多州采用宪法修正案禁止此类资助,但是诵经和祈祷依然存续下来。然而当联邦最高法院对"埃文森诉埃维因镇教育理事会案"(*Everson v. Board of Education of Ewing Township)(1947)作出判决后,人们对以基督教为中心的教育的不满重新受到关注,因为该案通过联邦宪法第十四修正案(the *Fourteenth Amendment)中的正当程序条款(*Due Process Clause)第一次将宗教确立条款适用于州。

由于早期许多评论家将禁止确立宗教条款理解为一般不禁止政府支持宗教,而是禁止政府完全支持领导他人的某一宗教派别,纽约州一些公立学校官员创设了"非教派"祈祷。尽管这表明了中立态度,但联邦最高法院在"恩格尔诉瓦伊塔尔案"(*Engel v. Vitale)(1962)中仍裁决州无权强制实施官方祈祷,并裁定支持所有宗教与支持任一宗教一样都是不允许的。学生自愿遵守这一本质也被认为是无关紧要的。强迫性不是违反禁止确立条款的必要构成要件。

联邦最高法院在"阿宾顿校区诉谢穆普案"(*Abington School District v. Schempp)(1963)中禁止以祈祷和诵经作为学校生活每一天的开始。联邦最高法院认为,恩格尔案所创设的非教派祈祷在法律上之所以无效,不仅在于发起校内祈祷的人是谁,更重要的是其目的和主要作用是推广宗教。联邦最高法院否决了这样一种主张,即认为吟诵上帝的祈祷文和圣经诗句实现了提高道德价值和减少物质享乐主义的世俗目的。不过联邦最高法院强调,研习圣经可以作为世俗教育的一部分。

几年以后,联邦最高法院采用一系列理由,已经逐渐禁止在教室以及学校的其他地方诵经和祈祷。肯塔基州在公立学校的教室里张贴十诫的举措在"斯通诉格雷厄姆案"(Stone v. Graham)(1980)中被裁定为不合宪的,因为这并不能由非宗教的目的所推动。在"华莱士诉杰弗里案"(*Wallace v. Jaffree)(1985)中,亚拉巴马州规定静默片刻的法律也被认定无效,因为制定该法实际上是为了鼓励祈祷。在李诉韦斯曼案(*Lee v. Weisman)中,在一所高中的毕业典礼中使用的祈祷文是由一位犹太教祭司提供的,这份祈祷文被认为对参与者施加了强制性的社会压力,因而违反了宗教确立条款。而在"圣非印地安校区诉多伊案"(Santa Fe Ind. School District v. Doe)(2000)中,由一个学院选定学生在周五晚的足球比赛中朗诵上帝的祈祷文被认为是违宪的,因为这等同于政府对宗教的认可。

与此同时,在学校里恢复祈祷或其他宗教象征的努力仍然是很重要的,学校祈祷的抗议从未停止。尽管试图通过修正宪法来达到学校祈祷合法的努力失败了,但是许多州仍然要求每日有片刻的沉默。最近的民意测验表明,绝大多数的美国人仍然支持公立学校的祈祷活动,自从民意测验开始关注此问题以来他们一贯如此。

只要政府对宗教保持中立的态度,而不是表示赞同,那么联邦最高法院就不应允许因宗教原因使用学校的设施甚至基金。在"威德马诉文森特案"(Widmar v. Vincent)(1981)中,联邦最高法院坚持其一贯的宗教中立立场,裁决本案中州立大学的设施对所有学生团体开放,所以禁止根据内容限制言论自由的预先要求对愿意参加宗教表述的学生组织平等开放这些设施。之后,国会通过了《1984年平等开放法》(Equal Access Act),将威德马案的推理分析扩展用于公立中学。根据该法的规定,任何获得联邦财政补助,并允许与课业无关的学生组织课外在校园集会的学校,均构成设立"有限开放的场所",并且不得因为言论的宗教、政治或哲学性而拒绝其他学生组织平等进入该场所。在"教育理事会诉摩根斯案"(Board of Education v. Mergens)(1990)中,联邦最高法院裁定该法有效,从而允许成立学生团体诵读、讨论圣经,分享基督教徒之间的情谊,并一起祈祷。联邦最高法院的平等进入原则既不是赞同宗教,也不是反对宗教。实质上,联邦最高法院区别了政府支持宗教的言论和私人支持宗教的言论,前者是宗教确立条款所禁止的,而后者则是言论自由和宗教自由践行条款所保护的(p. 2372)。

最近的一系列案件中,联邦最高法院进一步裁决,政府不能禁止宗教组织使用那些原本用于非宗教民事活动的学校设施。在"拉姆教堂诉中央默里切斯联盟自由校区案"(Lamp's Chapel v. Ctr. Moriches Union Free School District)(1993)中,联邦最高法院裁决,如果其他的团体活动得到允许,那么校区应该允许基督教的儿童团体课余使用学校的财产诵经和祈祷。随后根据联邦最高法院最近的裁决,在公立学校里严格禁止学校组织下的诵经和祈祷,但是如果学校允许其他的公民使用其设施,那么在课余由私人组织的诵经和祈祷也应得到允许。

参考文献 Rodney K, Smith, *Public Prayer and the Constitution*(1987).

[Stanley Ingber 撰;Noah Feldman 修订;李昱、胡海容译;许明月校]

斯科特伯罗系列案[Scottsboro Cases]

参见 Norris v. Alabama;Powell v. Alabama。

斯科特诉桑福德案[Scott v. Sandford, 19 How. (60 U. S.) 393(1857)]①

1856年2月11日—14日及1856年12月15日—18日辩论,1857年3月6日—7日以7比2的表决结果作出判决,其中托尼代表法院起草判决意见,柯蒂斯和麦克莱恩反对。斯科特诉桑福德案是美国宪法史上最重要的案件之一,是美国内战(*Civil War)爆发的一个极为重要的诱因;该案为实体正当程序(*Due Process, Substantive)作出意义深远的阐述提供了依据;而且它激发了美国种族关系发展的漫长进程中根深蒂固的敌对情绪。

历史背景 1846年德雷德·斯科特案开始在密苏里州低级别法院(Lower *State Court)审判时只是一件普通的诉讼案。德雷德·斯科特是一名奴隶,生于弗吉尼亚州,之后随其主人迁居南路易斯,1833年被卖给军队外科医生琼·爱默生。爱默生的军人职业使得主仆二人经常辗转于各地,从自由的伊利诺伊州到自由的威斯康星地区。在威斯康星地区时,斯科特与哈丽特·罗宾逊结婚,后者的所有权也相应给与爱默生。与此同时,1838年在西路易斯安那执行任务期间,爱默生与莉莎·艾琳·桑福德结婚,后者家住圣路易斯。

1842年军队派爱默生医生到佛罗里达州,那儿正在进行森密诺尔战争。爱默生太太和其家奴仍留在南路易斯。1843年,随着南北敌意的加剧,爱默生医生返回家中,不久之后便去世。奴隶们继续为爱默生太太工作,与城市劳役一样,他们偶尔还被外雇,为其他人服务。

1846年4月6日,德雷德和哈丽特·斯科特向南路易斯县的巡回法院提起诉讼要求脱离艾琳·爱默生获得自由,该巡回法院适用密苏里州法律(提起的是两个独立的但相类似的诉讼)。1850年,为了避免重复审案造成成本高昂,法院仅受理了德雷德·斯科特案,并且同意该案的判决同样适用于哈丽特)。尽管诉讼开始时某些具体细节仍不清楚,但是占绝对优势的证据表明奴隶仅能为了自由而提起诉讼,而不能像以后某些人的控诉那样,对有关奴隶制的政治问题提出挑战。事实上,依据密苏里州的许多先例——最主要的先例是"拉切尔诉沃尔克案"(Rachael v. Walker)(1837)——如果一名奴隶在某一自由州或地区暂时定居后,正如德雷德·斯科特所做的一样,该奴隶有权因为其居住在自由州

---

① 另请参见 Citizenship;Comity;Judicial Power and Jurisdiction;Property Rights;Race and Racism;Territories and New States。

或地区而获得自由。密苏里州确立的基本原则就是"一旦自由,永远自由"。事实上,在 1847 年对该案进行审判时,如果没有传闻证据问题,恰是该问题导致法官裁定该案的审判无效,斯科特本可以获得释放。1850 年对该案重审时,该问题得到纠正,法院毫不犹豫地裁定斯科特获得自由。

第二次审判延期 3 年,不过后来的事实表明这 3 年延期对本案的结果起了决定性作用。由于第一次审判未作判决,斯科特的工资交由第三人提存,直至法院裁定他是否得到解放或仍为奴隶。同时,爱默生太太再婚,随其第二任丈夫移居新英格兰,并将其在南路易斯的所有事务交由其从商的兄弟约翰·F.A. 桑福德(John F. A. Sanford)处理。当法院宣布斯科特获得自由时,由于斯科特工资累积可能造成损失,桑福德代表其姐姐向密苏里州最高法院提起上诉,希望撤销原判。

当该上诉提交至密苏里州最高法院时,其他种种事件加上奴隶制问题变得日益棘手,导致该诉讼从一场普通的自由权诉讼演变为一著名案件。该州最高法院宣称"现在的时代与当年不同了",并公然声言密苏里州的法律不应被反对奴隶制的局外人所利用,于是密苏里州最高法院在 1852 年推翻了低级别法院的判决,从而推翻了许多法律先例,并作出一带有明显偏袒性的判决,宣布将有争议的支持奴隶制的冠冕堂皇的理由作为密苏里州的法律,取代了"一旦自由,永远自由"的原则["斯科特诉爱默生案"(Scott v. Emerson)(1852)(p.586)]。

联邦诉讼 为了使联邦最高法院明确,如有可能,州法院在何种程度上可以推翻"一旦自由,永远自由"的原则,斯科特的律师开始了新的一轮诉讼,"德雷德·斯科特诉约翰·F.A. 桑福德案"(Dred Scott v. John F. A. Sandford)是向联邦法院提出的(由于笔误,Sanford 的名字在法院笔录里错拼为 Sandford)。斯科特本可以由密苏里州最高法院直接向联邦最高法院上诉,但由于近来确立的一个先例"斯特拉德诉格雷厄姆案"(Strader v. Graham)(1851),可能使联邦最高法院根本不审查案件的实体而径行维持州法院的判决。爱默生太太的兄弟列为被告,原因在于他居住在纽约州,从而得以由于居民身份的跨州而向联邦法院提起诉讼。

桑福德的律师在联邦诉讼中还提出了其他问题,包括:斯科特向联邦法院起诉的资格,从而产生了黑人要求成为合众国公民的问题。同样棘手的问题还有:他们支持奴隶制度就对《1820 年密苏里妥协协议》的合宪性提出了质疑。尽管联邦宪法早就确立国会有权禁止各地区实行奴隶制度,桑福德的律师现在却提出了支持奴隶制度的极端原则,即奴隶是私有财产,受到联邦宪法保护,因而国会无权废除各地区的奴隶制度。本案的争议不再是密苏里州能否仍将斯科特作为奴隶,而是他是否自始就是自由的。这些问题极富争议性和政治敏感性,以至于联邦最高法院要求双方进行两次辩论,这是极不寻常的程序,一次是 1856 年 2 月,另一次是同年 11 月。

最初司法限制似乎占上风(参见 Judical Self-Restraint)。由于"斯特拉德诉格雷厄姆案"(Strader v. Graham)作为先例,联邦最高法院拟同意密苏里州高等法院有权对本州法律作最终解释,而无需联邦最高法院审查。法官塞缪尔·纳尔逊(Samuel *Nelson)被指定撰写联邦最高法院的判决意见书,该判决意见书回避了任何有争议的关于奴隶制的实体法问题。

但是同时代的其他几股重要势力迫使联邦最高法院以司法手段解决那些政治制度已经无能为力的问题。佐治亚州的大法官詹姆斯·穆尔·韦恩(James M. *Wayne)建议重新撰写一份联邦最高法院的判决意见书,以解决直到那时仍一直回避的问题。尽管是由韦恩提出具体建议,但同时负责的还有首席大法官罗杰·布鲁克·托尼(Roger B. *Taney)以及大法官约翰·麦克莱恩(John *McLean),本杰明·罗宾斯·柯蒂斯(Benjamin R. *Curtis)以及彼得·维维安·丹尼尔(Peter Vivian *Daniel)。5 位法官全部来自蓄奴州,因而在会上绝大多数都同意韦恩的建议,托尼代表法院提出了一份新的审判意见书。1857 年 3 月 6 日送达当事人,它就是著名的(或臭名昭著的)德雷德·斯科特判决。

联邦最高法院以 7 比 2 的表决结果作出这一判决。托尼代表联邦最高法院提出法院审理意见书,宣布基于以下几点理由斯科特仍然是一名奴隶。首先,尽管黑人可以成为某一州的公民,但他们不是合众国的公民,相应地也就不具备在联邦法院起诉的权利。所以应驳回斯科特的起诉,原因就在于联邦最高法院缺乏管辖权。其次,除无权起诉外,斯科特仍然是一名奴隶的原因还包括他自始就不是自由的。国会禁止或取消各地区的奴隶制度属于越权,因为联邦宪法并未授予国会此种权力。而且,奴隶作为私有财产受宪法保护。《密苏里妥协协议》也相应被宣告无效。最后,无论从前的奴隶在自由州或地区可能获得怎样的身份,如果他自愿返回蓄奴州,他或她在当地的身份就取决于该州的法律,而这一法律由该州自己的法院进行解释。既然密苏里州的高等法院已经宣布斯科特为奴隶,那么这就是法律,联邦最高法院将予以承认。

本案的余波 联邦最高法院的判决引起社会暴力反应,奴隶制的反对者们群情激愤,与其他几股势力合并已经使得整个国家将要面临一场大的灾难。新闻界、论坛、政治性巡回演讲以及国会大厅中到处都回荡着人们对联邦最高法院行为的严厉遣责和有力抗辩。反对奴隶制的力量害怕政府的下一步措施可能是使奴隶制度在全国各地合法化。所以他们猛烈地抨击联邦最高法院，指责托尼的意见几乎是判决附言（*obiter dictum），他们还抨击法官的个人品性，甚至暗示这是一次支持奴隶制的司法阴谋。就在威严的国家司法制度发挥着日益稳定的影响力可能提供当时迫切需要的指引时，这一判决却令联邦最高法院威信扫地，随着联邦最高法院不断涉及奴隶制问题，许多人感觉到对奴隶制度作任何妥协现在都是不可能的，南北之间不可避免地要走向内战。

美国的法理学家和宪法学家认为德雷德·斯科特案判决是联邦最高法院迄今为止所作的最差的判决。历史学家则充分地证明了该判决使各方态度日益明朗化从而导致战争的爆发。托尼的意见所体现的是应受谴责的司法诡计以及法官治国才能的失败。联邦最高法院通过美国内战和几个内战修正案推翻了斯科特案的判决。联邦宪法第十三修正案（the *Thirteenth Amendment）废除奴隶制度，依据第十四修正案（the *Fourteenth Amendment）的规定，所有在合众国出生的人，无论肤色或曾经是否被奴役，均被宣布为合众国的公民。遗憾的是，德雷德·斯科特本人卒于1858年，没有享受到这些变革所带来的好处。

参考文献 Walter Enrlich, *They Have No Rights: Dred Scott's Struggle for Freedom* (1979); Don E. Fehrenbacher, *The Dred Scott Case: Its Significance in American Law and Politics* (1978); David M. Potter, *The Impending Crisis, 1848-1861* (1976).

[Walter Ehrlich 撰；李昱译；许明月校]

联邦最高法院建筑里的雕塑[Sculpture in the Supreme Court Building]①

为了与联邦最高法院建筑的新古典主义风格一致，雕塑家约翰·唐纳利（John Donnelly）在入口处的宏伟的青铜大门上描绘了西方法律传统的渊源。大门左边的四块镶板描绘了希腊和罗马所作的贡献：两个诉讼当事人在长老会面前为各自的主张辩论，正如《伊利亚特》中所描述的一样；罗马裁判官发布司法告示；法学家尤里安对学生进行法学教育；优士丁尼皇帝颁布著名的《优士丁尼法典》（参见 Roman Law）。与之相对应的右边的镶板上则描述了英美法学的主要发展历程：英王约翰签署《大宪章》（Magna Carta）；爱德华一世在《威斯敏斯特条例》（Statute of Westminster）中扩展普通法救济；首席大法官科克（Coke）违抗詹姆斯一世宣称司法独立和法治；约翰·马歇尔（John *Marshall）在"马伯里诉麦迪逊案"（*Marbury v. Madison）中确立司法审查制度。所有这些场景都是为司法的长久需要和司法权的发展而欢呼。

大厅最初被称为纪念堂，里面的雕塑同样体现了对传统和权威的求助。已故首席大法官的白色大理石半身塑像沿着大厅的四面墙依次排列，或立于壁龛之上，或立于大理石的柱基之上。这些雕塑出自多位雕塑家之手，反映了公众审美标准的变化。最早的法官，诸如约翰·杰伊（John *Jay）及奥利弗·埃尔斯沃思（Oliver *Ellsworth）缠裹着传统服装；以后的塑像都是身着普通法官长袍或外套。国会自1874年起就一直定期拨款购买首席大法官的半身塑像；但法律迄今为止未明文规定纪念大法官。一些私人捐赠者，包括家族、朋友以及前任法律秘书捐赠了好几位大法官的半身雕像。这些雕像均陈列在底楼。

法庭四面墙的上方雕有四组大理石雕像群。这些群雕的作者是阿道夫·A.韦曼（Adolph A. Weinman），他以比真人还大的雕像以及古典的标志来暗喻法律的庄严和必要。其中两座男性雕像，显露出帝王般的威严，高高坐于法官席上，俯瞰东面墙的雕像群。这两座雕像腰部以下裹着悬垂的服装，分别代表"法律的庄严"和"政府的权力"。他们之间立有一碑，代表最早的成文法（written law）。两边各立一较小的雕像，分别代表"智慧"和"公正"，两座雕像均手持保护盾。这组群雕的最后则是"民众"的代表，他们仰视着法律和政府以寻求保护其权利和自由。

法官雕像对面的墙上则刻有纪念法律宗教基础的群雕。中间立着一男性雕像，即"公平"，他倚着一把插入剑鞘的剑，脸部正对着"神灵"——一长着翅膀的女性，她手持天平。公平旁边坐着"智慧"，手持一古老的象征——一只鹰；而"真理"则紧挨神灵。寓言中的人物，"善"和"恶"位于雕像群的后部，他们正等候审判。

南面墙上的雕像群则表现了"古代立法者"的发展历程，从美尼斯到奥古都斯；与之相对应的现代立法者，包括布莱克斯通，马歇尔和拿破仑，则位于北墙，这样的安排有助于营造一种类似于宗教的神圣氛围，与首席大法官威廉·霍华德·塔夫脱（*William Howard Taft）的司法"神殿"的理念不谋而合。

参考文献 Fedaral Writers' Project, *Washington; City and Capital* (1937).

[Maxwell Bloomfield 撰；李昱译；许明月校]

联邦最高法院裁缝室[Seamstress's Room]

联邦最高法院建筑的底楼有一间小小的相当朴实的房间，里面摆放着一台缝纫机、熨板，并设有修

---

① 另请参见 Paintings in the Supreme Court; Supreme Court Building。

补衣物的地方。联邦最高法院的缝纫女工正是在这里修补工作人员的制服以及其他需要修补的衣物的。

[Francis Helminski 撰；李昱译；许明月校]

搜查令规则的例外[Search Warrant Rules, Exceptions to]

联邦宪法第四修正案保护民众不受不合理的搜查。而且联邦最高法院已经作出结论,无搜查令的搜查,即使存在相当理由,也是"本身不合理"的["卡茨诉合众国案"(*Katz v. United States)(1907)]。不过也存在例外的情况,如:无法取得搜查令或者明示或暗示同意搜查,同样,如果事实和情况排除了任何合理的侵犯隐私的预期,那么也无需搜查令。搜查令规则的例外包括但不仅仅限于以下事项:合法逮捕所附带的搜查或者确保安全所必需的搜查,诸如"令停与搜身"程序;海关、边境和机构官员的检查;经嫌犯同意进行的搜查;依照合法的政府行为所进行的搜查(诸如健康检查);对一眼就能看见的证物的搜查;对学生所带物的搜查。这一标准同样适用于所有有搜查令或无搜查令的搜查["布林加尔诉合众国案"(Brinegar v. United States)(1949)]。

早就确立的一个例外就是允许合法逮捕附带的搜查无需持有搜查令。因为当时的情况可能不容许进行逮捕的官员先获得搜查令再行搜查,但搜查的对象只能是被逮捕者本人以及当时周围的区域["契莫尔诉加利福尼亚州案"(*Chimel v. California)(1969)],不过,为了保护周围的民众,可以对邻近的藏身之处进行大略的目测以保护周围民众["马里兰州诉布伊案"(*Maryland v. Buie)(1990)]。特殊情况允许无搜查令搜查,即使当时不是进行逮捕。规定这些例外是基于保护官员自身及其他人的需要。发生这一情况后,法院将裁决是否存在"紧急情况"以使这一例外合法,其中包括执法官员依据其经验、疑犯的行为和声誉以及其他相关因素所作的合理怀疑["特里诉俄亥俄州案"(*Terry v. Ohio)(1968)]。但并非警方所采取的与逮捕相关的所有行为均是允许的。例如,警方不能为逮捕一重罪疑犯而对私宅进行无搜查令搜查["佩顿诉纽约州案"(*Payton v. New York)(1980)],也不能在缺乏相当理由的情况下对碰巧出现在疑犯所在地的其他当事人进行搜查["伊巴拉诉伊利诺州案"(Ybarra v. Illinios)(1979)](参见 Stop and Frisk Rule)。

20 世纪 60 年代之前,对违反市政法及其他政府规章的行为所作的行政搜查不受联邦宪法第四修正案的限制。不过,在"卡马拉诉市政法院案"(Camara v. Municipal Court)(1967)中,联邦最高法院将搜查令保护措施扩大适用于居民,本案中的居民拒绝对其私人住宅进行无搜查令的执法检查。而在"詹姆斯诉瓦提尔拉案"(James v. Valtierra)(1971)中,联邦最高法院裁定为社会福利计划而对私宅进行的检查无需搜查令,因为这与违法行为不同,拒绝搜查只是使个人得不到政府的资助,而不会导致刑事控诉。联邦最高法院一般还遵从国会关于何时无需搜查令的决议,诸如对枪支销售商在营业时间上锁的仓库进行无搜查令搜查,这是《1968 年枪支管理法》明确授权的行为。严格管制的产业,诸如枪支、烈性酒,不存在合理预期的隐私权,因而可以进行无搜查令搜查。

新技术的不断产生常常使得联邦最高法院由搜查令规则演绎例外规则:"卡罗尔诉合众国案"(*Carroll v. United States)(1925)中,法官裁决对走私嫌疑犯所使用的一辆汽车所作的无搜查令搜查合法有效,该案存在相当理由,而且当时也没有时间获得搜查令,因为该汽车以及所载的非法"货物"可能逃逸。这一汽车例外至今仍有效,而联邦最高法院一般在该领域赋予警方广泛的自由。只要存在拦截车辆的相当理由,未持有搜查令搜查所取得的证据都将被法院采信,即便这一证据是隐藏而无法直接看见的["合众国诉罗思案"(United States v. Roth)(1982)]。汽车的内部与住宅不同,不存在隐私["纽约诉克拉斯案"(New York v. Class)(1986)]。同时在固定的检查站也允许进行保护性的检查,如对饮酒适度性的检查,因为这不会带有个人感情色彩,但是同样的例外却不能适用到临时停靠的车辆上(参见 Automobile Seaches)。有意思的是,同样的保护也不能扩展到因为需要接受文件检查才停泊的船舶["合众国诉维兰蒙特—马科斯案"(United States v. Villamonte-Marquez)(1993)]。

另一例外与窃听电话有关,现已不再适用。在"奥姆斯特德诉合众国案"(*Olmstead v. United States)(1928)中,联邦最高法院裁决,这一新技术仅仅是提高了听觉,而不是无搜查令侵犯他人住宅。大法官路易斯·布兰代斯对此提出一个有名的异议,他警告道:政府的行为是非法侵犯他人隐私,而这正是联邦宪法第四修正案保障的基本精神,因而政府是在破坏法律。1934 年国会禁止联邦法院采信窃听证据,但直到 1967 年"伯杰诉纽约州案"(Berger v. New York)以及"卡茨诉合众国案",联邦最高法院才将第四修正案的规定适用于电子监视,但是美国 2001 年的爱国法(the USA Patriot Act)(2001)却创设了新的例外。

另外两个例外颇值一提。尽管对游客进行拘留必须要证明具有合理的怀疑,但常规意义上的搜查却不需要搜查令或者理由["合众国诉蒙托亚·德赫曼德兹案"(United States v. Montoya de Hernandez)(1985)]。学校官员基于合理怀疑可以搜查学生随身携带的物品,或者搜查学生的小橱柜以检查是否带有违禁物品,诸如枪支及毒品["新泽西州诉 T. L. O. 案"(New Jersey v. T. L. O.)(1985)]。相似的原则可以适用于公众雇主因工作关系而对雇员的办公室、桌子以及文件进行的搜查["奥康纳诉奥尔特加案"(O'Connor v. Ortega)(1987)]。没有搜查令,也没有合理的理由或者怀疑就可以对铁路和公众雇员的一定阶层进行强制性的毒品测试,同时这也可以随机适用于在校学生。用肉眼从空中或者透过一个建筑物半开的屋顶对宅院进行检查不构成搜查,即使发现了非法行为,也要签发搜查令才能进行搜查及逮捕["加利福尼亚州诉西拉罗案"(California v. Ciraolo)(1986);"合众国诉赖利案"(United States v. Riley)(1989)。但是,在"凯洛诉合众国案"[(Kyllo v. United States)(2001)]中,联邦最高法院裁定没有初步的合理理由官员不能用红外线装置搜查住宅。

2001年具有反恐怖主义意图的《合众国爱国者法》(USA Patriot Act)(2001)对搜查令规则的适用创设了一个新的有意义的例外。截至2004年底,联邦最高法院还没有就这个法及其条款的合宪性问题进行裁决。

[David J. Bodenhamer 撰;李昱、胡海容译;许明月校]

联邦宪法第二修正案[Second Amendment]

联邦宪法第二修正案规定:"管理良好的民兵,是保障自由各州的安全所必需的,因此人民持有和携带武器的权利不得侵犯。"这一规定引起了对枪支管制的更广泛的争论。主张严格管理枪支的支持者一般认为该修正案的本意是保护各州维持军事系统的集体权利,而反对者则认为该修正案旨在保护个人的权利,他们提及18世纪时军队是由全体自由的白人男性组成,他们于征召时各自携带武器。

这场激烈的争论不管结果如何,联邦最高法院也只是在少数案件中审查了第二修正案的各种主张。原因之一就是,美国历史上很少对武器拥有作出规定。美国殖民地时期,殖民者继承英国的传统,素来对常备军和职业治安权持怀疑态度,认为会危及个人自由。而且沿用英国组建义勇骑兵队执法和保卫国土不受外来敌人的侵犯的传统。为了保卫殖民地,镇压土著美洲人以及防止其他欧洲列强扩张殖民地,将全体白人组织起来战斗,殖民地的法律规定,所有白人,几乎无一例外,都必须持有武器,一旦召集军队就必须携带武器参战。美国革命更加重了历来对常备军的怀疑,并证实军队由武装的平民组成是保证安全和自由的最佳方式。

联邦宪法第二修正案与《权利法案》(*Bill of Right)的其他部分一样,都是为了回击反联邦分子的抗议,他们认为新宪法可能会剥夺民众的某些被视为英国人应享有的传统权利。联邦宪法第二修正案的主要起草者詹姆斯·麦迪逊(James *Madison)的陈述则表明,他认为该修正案是保护大多数民众拥有武器。

内战爆发前,联邦最高法院没有受理任何涉及第二修正案案件。当时实施的为数不多的几个枪支管理条例主要由蓄奴州制定,严格限制或禁止美国黑人拥有枪支。战前一些州的制定法禁止携带隐匿枪支,不过这些法律未经美国联邦最高法院审查。联邦最高法院对"巴伦诉巴尔的摩案"(*Barron v. Baltimore)(1833)裁定,《权利法案》仅限制国会的行为,从而实际上阻止联邦最高法院对州所作的限制性规定进行复审。尽管联邦最高法院在内战爆发之前并未对第二修正案作出裁决,但是大法官约瑟夫·斯托里(Joseph *Story)以及首席大法官罗杰·托尼(Roger *Taney)的陈述却不约而同地表达了其后流行的观点。斯托里在所著的《美国宪法评述》(1833)中提出这样一种观点:持有和携带武器的权利提供了"对抗统治者的暴政和专权的一种强大的道义上的制衡力量"(pp. 746-747)。托尼在"德雷德·斯科特诉桑福德案"(*Scott v. Sandford)(1857)中提到拥有并携带武器的权利是公民享有的权利之一。

美国内战结束之后,联邦宪法修正案进入了新的发展阶段。内战结束后不久南部诸州就颁布了黑人法,限制刚获得自由的奴隶的公民权利,其中就包括拥有武器的权利,这些法律促使人们加速起草联邦宪法第四修正案(the *Fourth Amendment)。许多立法者提出了这样一种观点,即新的修正案应要求各州实现《权利法案》,包括第二修正案(the *Second Amendment)。

除此之外,联邦最高法院继续坚持巴伦案判决。内战后涉及联邦宪法第二修正案的两个著名案件,"合众国诉克鲁克香克案"(*Cruikshank, United States v.)(1876)和"普雷瑟诉伊利诺伊州案"(*Presser v. Illinois)(1886)不仅至少让我们稍稍知晓联邦最高法院早期对第十四修正案的态度,而且还让我们知晓联邦最高法院对第二修正案的态度。在克鲁克香克案中,大法官约瑟夫·P. 布拉德利(Joseph P. *Bradley)撰写法官意见,裁定第二修正案与第十四修正案并未授权国会立法禁止干预私人拥有武器的权利。而在普雷瑟案中,联邦最高法院则宣布第二修正案仅保护个人不受联邦的侵犯,并不保护个人不受州的侵犯。

进入20世纪后,联邦最高法院仍坚持这一观点:即第二修正案仅限制联邦权力,这种观点再加上实际缺乏联邦枪支管制,使得联邦最高法院对该问题几乎没有发言权。随着实施禁止拥有枪支规定期间犯罪行为的激增,这种情况有所变化。20世纪20

年代及30年代有组织的犯罪行为不断增加,针对这一情况国会通过了1934年的《国家枪支法》,该法规定自动武器与短枪须征税和登记,由此引发了一个重大的第二修正案案件——"合众国诉米勒案"(United states v. Miller)(1939)。由大法官詹姆斯·C.麦克雷诺兹(James C. *McReynolds)撰写的,经全体法官一致通过的法院判决意见指出:第二修正案保护公民拥有属于一般军事武器的枪支的权利,该案中,米勒被指控所拥有的短枪未经登记,联邦最高法院指出没有证据证明这样一种武器属于一般的军事装备。

自米勒案后,联邦最高法院一直拒绝直接受理该争议。低级别联邦法院(*lower federal court)裁定维持枪支管理条例,以否决第二修正案的权利主张,有时是采用集体权利理论作出判决,而有时则是以修正案还未适用于各州为由。联邦最高法院也没有对这些判决提出批评。20世纪70—80年代,许多法官或者以庭外的陈述或者以法官附带意见的方式表示了对集体权利理论的支持。最近一段时间,首席大法官威廉·伦奎斯特(William H. Rehnquist)、大法官安东尼·斯卡利亚(Antonia *scalia)和克拉伦斯·托马斯(Clarence *Thomas)在庭外的陈述或法官的附带意见中,似乎赞同宪法第二修正案是个人权利的观点。在一些隐私权案件中,有权拥有武器也被作为美国公民的权利之一。在这个问题上,并没有决定性的证据可以说明法院的立场是什么。

尽管法院对此习惯保持沉默,但是热烈的讨论却在别的论坛上进行着。自从20世纪80年代以来,第二修正案的内容已经成为法学杂志和历史杂志中越来越多的文章关注的主题。这些争论已经影响了一些低级别联邦法院的法官。在"合众国诉埃默森案"(United States v. Emerson)(2001)中,联邦第五上诉巡回法院认为第二修正案是一项个人权利,同时该法院也支持通过联邦立法来限制涉及家庭暴力案件的人拥有武器。2002年,司法部长阿什克罗夫特·约翰发表了他的观点,他认为修正案在保护个人权利的同时也对武器的管制留有广阔的空间。

不知道联邦最高法院还能就此事保持多久的沉默。虽然从整体上来说对于拥有武器的限制还比较少,但是已经对此进行了大量相对比较严格的管制。有关武器控制的争论已经成为并将在未来很长一段时间里成为美国政治生活的一部分。一方面拥有武器的人数增多,另一方面要求对枪支实行更严格的控制,这就使得对联邦宪法第二修正案的争论存续下去;同时这也是联邦最高法院最终必须面对的问题。

参考文献 R. J. Cotter and R. T. Diamond, "The Second Amendment: Toward an Afro-Americanist Reconsideration," *Georgetown Law Journal* 80 (1991):309-361. D. B. Kates, Jr, "Handgun Prohibition and the Original Meaning of the Second Amendment," *Michigan Law Review* 82 (1983):204-273; S. L. Levinson, "The Embarassing Second Amendment," *Yale Law Journal* 99 (1989):637-659.

〔Robert J. Cottrol 撰;李昱、胡海容译;许明月、林全玲校〕

《1798年煽动罪法》[Sedition Act of 1798]①

《1798年煽动罪法》于1798年7月14日通过,当时发生了尴尬的"XYZ"事件,国内民众反法情绪高涨,该法是约翰·亚当斯政府企图平息颠覆(*subversion)政府的暴乱和反抗而采取的措施,亚当斯政府相信这大部分是由美国境内不诚实的英格兰、爱尔兰和法国移民造成的。该法规定对那些阴谋反对或妨碍联邦政府举措的人施以严惩,并且规定对有关政府的某些书面批评也要予以惩罚,因而一般的美国历史书通常将该法描述为对言论自由蛮横无礼的侵犯,与同时代的法国恐怖统治可相提并论。回顾历史,该法似乎是部分联邦党人歇斯底里热潮的产物,但该法也并非不含有对某些虚假出版物的挑衅,从当时的历史背景来看,该法并不是真正意义上的暴政。它反映了当时联邦党人的恐惧,他们害怕这种社会动荡以及法国大革命所宣传的自由主义思想会殃及美国,而富兰克林所领导的亲法民主社会党人占据了新成立的美国各州的统治地位,更加剧了联邦党人的这一恐惧。据报道,1794年爆发的反抗征收联邦税的"威士忌"农民起义的某些参加者就是身披法国国旗,更让联邦党人坚信自己的担忧并非多余。

该法最主要的条款是根据英国的煽动性诽谤普通法编纂而成,规定发表迥异于国家政府或政府官员的言论企图使他们被公开嘲弄并削弱他们的权威构成犯罪,可处以罚金或监禁。不过,该法放宽了英国普通法的限制,允许在审判时证明对政府指控的真实性以作为抗辩理由,并允许陪审团不仅对出版的事实作出裁决,而且还允许对出版物是否具有所指控的煽动性作出裁决。这两项改革也是1792年英国《福克斯诽谤法》(Fox's Libel Act)的一部分,因而被公认为是英国自由党人的胜利。

18世纪90年代后期,该法引发了几起煽动性诽谤罪的重要审判,其中最著名的是对马祖·里昂(Mathew Lyon),托马斯·库珀(Thomas Cooper)以及詹姆斯·汤普逊·卡伦德(James Thompson Callender)的审判。里昂是一位精力充沛的爱尔兰人,

---

① 另请参见 Speech and the Press。

是来自佛蒙特州的国会议员，他对亚当斯总统不必要的排场及炫耀的作风毫不留情地提出批评。威廉·佩特森（William *Paterson），一位冷酷无情的联邦党人法官主审该案["合众国诉马祖·里昂案"（U.S. v. Matthew Lyon）(1798)]，尽管佩特森告知陪审团他们裁定里昂煽动性诽谤罪成立必须是无合理疑问的，但里昂仍然被定罪，处以1000美元罚金，并处以4个月的监禁。

托马斯·库珀是移民美国的英国社会评论家，他后来与托马斯·杰斐逊（Thomas *Jefferson）联合起来在1800年的总统选举中击败约翰·亚当斯。库珀公开出版了一些批评亚当斯的评论，特别指出亚当斯在和平时期以过高的利率大量举债，维持常备军和海军以及在涉及引渡一有谋杀嫌疑的事件上干预司法独立。库珀的评述更可能是作者的个人观点，而非事实，而且尽管其错误性大于真实性，主审法官塞缪尔·蔡斯（Samuel *Chase）对陪审员作出指示时，仍要求库珀必须"彻底"证明其所有陈述的真实性才能宣告其无罪["合众国诉托马斯·库珀案"（U.S. v. Thomas Cooper）(1800)]。这与佩特森审判里昂案所适用的标准截然不同，这可能是因为蔡斯犹豫不决，不知道是应当适用英国秘密文字诽谤法所确认的标准（这恰是他所做的），还是使标准自由化以适应美国新兴的有关言论自由价值的观念（他没有这样做），蔡斯的疑惑是可以理解的。库珀被裁定罪名成立，并处以6个月的监禁。他与其他煽动性诽谤罪的被告一样，被托马斯·杰斐逊特赦，但是他拒绝了对他的特赦，被以后的一位历史学家称为"令人称赞的固执"，他坚持服完其刑期。

而最有名的煽动性诽谤罪审判可能是对詹姆斯·汤普逊·卡伦德的审判["合众国诉詹姆斯·汤普逊·卡伦德案"（U.S. v. James Thompson Callender）(1800)]。他是苏格兰移民，为人可恶，是杰斐逊党派中一位庸碌无能的御用文人，他出版了一本书，从头至尾都是对亚当斯的中伤。卡伦德曾因为写些乌七八糟的东西而被弗吉尼亚参议院开除，之后又将矛头对准杰斐逊，继续散布一些关于他的粗俗的谣言。

大法官蔡斯主审卡伦德一案，他早在弗吉尼亚州巡回法院审判该案时就阅读过该书，那时就似乎已确信卡伦德理应受到惩罚。卡伦德的律师几乎没有为其当事人作辩护，而是几次三番激怒法官蔡斯，他因此而名声大噪，并借此使亚当斯政府因其政治行为和炫耀的作风而出丑。卡伦德的律师企图证明应当允许陪审团以煽动罪法不合宪而拒绝适用该法，从而采信部分证据以便证明其当事人被指控的19项诽谤性陈述中唯一真实的一条的真实性，但是蔡斯作出了卡伦德败诉的判决，虽然存有疑问，至此卡伦德律师的辩护全盘崩溃，他们不得不放弃这一主张，之后卡伦德被定罪，处以200美元罚金，并处以9个月的监禁。

鉴于卡伦德所作的辩护带有明显的政治色彩，蔡斯的行为可能并非是不合理的，他的行为受到共和党人刊物的严厉的不公正的批评，被肆意渲染夸大，冠上许多莫名其妙的指控，如联邦党的司法系统是致力于平息所有的异议，以及剥夺倒霉的共和党人被告的言论权和陪审团审判权等（参见Trial by Jury）。蔡斯在审判卡伦德案中的行为成为日后对他的弹劾审判中的核心问题。

似乎是杰斐逊或者他的同党为库珀和卡伦德交纳了罚金，而且据记载这位新总统在宣誓就职之后立即特赦了所有根据煽动罪法定罪的被告，该法至此寿终正寝。

尽管该法与当时杰斐逊派和麦迪逊派有关言论自由的思想不一致，但是它作为普通法却可以加以修改以适应新的形势。该法在1798年通过之时，似乎得到了公众的普遍支持，但随着1798年末拿破仑在埃及大败而归，法国入侵的威胁论即刻烟消云散，公众不再支持联邦党人。由于杰斐逊派利用报纸大力宣传，公众对里昂、库珀和卡伦德案审判适用该法逐渐滋生憎恶感，再加上法官蔡斯的所作所为，从而导致了联邦党人在1800年总统和议会选举中的失败。

参考文献 Stephen Presser and Jamil Zainaldin, *Law and Jurisprudence in American History Cases and Materials*, 2d ed. (1989); James Morton Smith, *Freedom's Fetters: The Alien and Sedition Laws and American Civil Liberties* (1956).

[Stephen B. Presser 撰；李昱译；许明月校]

煽动性诽谤[Seditious Libel]①

煽动性诽谤罪逐步形成于17世纪的英格兰，任何有削弱政府及其法律或公共官员威望危险的政治批评均列入煽动性诽谤罪。该法形成于星座法院，改进于普通法法院（*common-law courts），它最初授权法官而非陪审员对批评是否具有诽谤性作出裁决，并禁止被告以事实真相作为辩护。依据传统的观念，"越是真实，越是诽谤"。

对煽动性诽谤提出的控诉，尤其是在北美殖民地时期，似乎是更有效地引发了争论而非抑制异议。另一种著名的观点，通常是与1732年对约翰·彼得·曾格（John Peter Zenger）的控诉联系在一起，它对上述传统的观念提出了挑战。18世纪中期的自由主义者认为应由陪审员（而非法官）对表达的诽谤性作出裁决，而且被告可以以事实真相进行辩护。直到1791年，联邦宪法第一修正案（the *First Amendment）的言论自由和出版自由的保障才得以通

---

① 另请参见 Libel; Speech and the Press。

过上升为法律,这些"曾格案原则"一般也标明了明确反对公共官员可以在法律的监督下对煽动性言论提出控诉的理论的界限。不过,普遍的政治文化容许的批评较之任何煽动性诽谤理论要广泛得多。

1798 年的煽动性诽谤法于 1800 年大选之前由联邦党人实施,该法既重新引发了理论方面的争论,又进一步使人们怀疑煽动性诽谤提起公诉是否有价值。尽管该法的确包含了曾格原则,但联邦党人法官所采用的程序对杰斐逊一派的被告极为不利。每一场审判均以裁定被告罪名成立而告终,杰斐逊领导的自由党拓宽了这一煽动性诽谤罪的理论案件,指出曾格原则为政治言论所提供的保护是不充分的。有些人甚至迫切要求终止所有的煽动性诽谤诉讼。虽然已有几位法官主审了这些煽动罪审判,但由于自由主义的兴起,该法在联邦最高法院全部终止实施。而另一方面,公众舆论普遍谴责煽动罪法,国会也为依据该法被判罪者支付了罚金。

从煽动罪法颁布到第一次世界大战(* World War Ⅰ),这一期间宪法学家们继续讨论煽动性诽谤法,1919 年之后联邦最高法院开始审理上诉案件,包括对政治言论的控诉,从而触及该问题。例如,法官奥利弗・温德尔・霍姆斯在"艾布拉姆斯诉合众国案"(* Abrams v. United States)(1919)中提出了一个有名的异议,他认为:联邦宪法第一修正案已摒除煽动性诽谤普通法,并指出政府只能根据他所提出的明显、即发的危险原则(* Clear and Present Danger Test)对政治言论提起公诉。而在冷战时期,针对对政治激进分子提起的公诉,一些有影响的第一修正案研究学者坚持煽动性诽谤罪不符合言论自由的基本解释。冷战时期的自由主义者小哈里・卡尔文写到:承认煽动性诽谤罪的任何社会,不论它的其他性质如何,均不可能是一个自由的社会(参见 Communism and Cold War)。

该法终止之后经过 160 多年,联邦最高法院才终于开始正视《1798 年煽动性诽谤法》。"纽约时报公司诉沙利文案"[(* New York Times Co. v. Sullivan)(1964)]是因阿拉巴马的民权运动而起,法官威廉・布伦南(William * Brennan)对由公共官员提起的民事诽谤诉讼与代表政府提起的煽动性诽谤公诉作了比较:对煽动性诽谤罪的反对,"最初形成时"带有 18 世纪 90 年代新兴的自由主义色彩,而现在已经演变为"国家坚定的承诺坚持公共问题的讨论不应被禁止,应是活跃的并广为公开的原则"(p. 270)。尽管煽动性诽谤罪采用了"曾格案形式",但还是与第一修正案的保证相抵触。之后,联邦最高法院推翻了"加里森诉路易斯安那州案"(Garrison v. Louisiana)的刑事诽谤定罪,从而再次肯定了这一立场。只有"明确肯定"地证明"事实上的恶意"(* actual malice)——即证明被告明知其陈述是错误的或者他们莽撞地不顾事实真相而出版——才可能构成政治诽谤行为,包括刑事的或民事的。

诸多的言论都已剔除于煽动性诽谤罪之外,那么还剩下何种言论可定为煽动性诽谤罪呢?沙利文案和加里森案这两起诽谤案件均涉及公共官员个人名誉,但联邦最高法院的多数法官拒绝同时否定煽动性诽谤罪。不过,从这些案件以及"布兰登堡诉俄亥俄州案"[(* Brandenburg v. Ohio)(1969)]来看——后一案件推翻了一项犯罪集团法(* criminal syndicalist law),其理论依据为,即便是偏激的政治言论,其本身也不能受到惩罚——联邦最高法院最终似乎已铲除了对涉及政府及其法律的一般性批评提起煽动性诽谤公诉的理论和宪法依据。

参考文献 Leonard W. Levy, *Emergence of A Free Press* (1985); Norman L. Rosenberg, *Protecting the Best Men: An Interpretive History of the Law of Libel* (1986).

[Noman L. Rosenberg 撰;李昱译;许明月校]

实质上的隔离[Segregation, De Facto]①

事实上存在,但既非由具体的法律所创设,亦非由法律或司法判决所实施的种族隔离被称为"实质上的隔离"。这种隔离通常是居住模式和经济条件的产物,再加上政府政策虽然未明确规定种族隔离,但实际具有种族隔离的效果(参见 Housing Discrimination)。

联邦最高法院在"斯旺诉卡尔罗特-麦克伦伯格教育理事会案"(* Swann v. Charlotte-Mecklenburg Board of Education)(1971)中首次使用"实质上的隔离"术语,不过在该案中法院虽然责令在曾一度由法律规定予以隔离的地区实行用公共汽车接送外区儿童上学,但是该案主要是针对其他问题(参见 Segregation De Jure)。在"凯斯诉丹佛市第一校区案"(* Keyes v. Denver School District No. 1)(1973)中,法官威廉・奥维尔・道格拉斯(William Orville * Douglas)和刘易斯・鲍威尔(* Lewis Powell)提出并存意见,竭力促使联邦最高法院放弃区分实质上的隔离和理论上的隔离。道格拉斯援引以往的国家行为(* State Action)、限制性协约(* Restrictive Covenants)、"城市建设机构用于建立种族贫民区"的公共基金、师资分配、学校的建设和关闭证明国家行为正是以这些手段实现实质上的隔离。在"米利肯诉布拉德利案"(* Milliken v. Bradley)(1974)中,联邦最高法院否定了这种推理分析,裁定法院不能对实质上的隔离给予救济,因为这并非因政府明确制定的政策所造成。在"华盛顿诉戴维斯案"(* Washington v. Davis)(1976)中,联邦最高法院裁定,若要

---

① 另请参见 Race and Racism。

认定实质上的隔离违宪,则它必须是各州推行"种族歧视目的"的结果(参见 Discrtminatory Intent)。在"华盛顿诉西雅图第一市区案"(Washington v. Seattle School District No.1)(1982)中,联邦最高法院裁定校理事会和州机构有权自愿采取补救措施以终止实质上的隔离。而另一方面,"克劳福德诉洛杉矶教育理事会案"(Crawford v. Board of Education of Los Angeles)(1982)却裁定加利福尼亚州有权修正该州宪法,禁止州官员允许用公共汽车接送外区儿童上学以终止实质上的隔离。

[Paul Finkelman 撰;李昱译;许明月校]

理论上的隔离[Segregation, De Jure.]①

法律规定的种族隔离被称为"理论上的隔离"。联邦最高法院在"普勒西诉弗格森案"(*Plessy v. Ferguson)(1896)中首次认可理论上的隔离这一概念,裁定立法规定在交通运输方面实施种族隔离没有违反联邦宪法第四修正案(the *Fourth Amendment)的平等保护条款(the *Equal Protection Clause),只要这些设施的使用是"隔离但公平的"(*Separate but Equal Doctrine)。普勒西案判决后,15个前蓄奴州,以及西弗吉尼亚州和俄克拉荷马州命令在大多数公共设施方面实行种族隔离,而其他州则允许但并不要求地方或州机构形成理论上的隔离(参见 Segregation, De Jure)。

联邦最高法院还确认了那些并未声称"隔离但公平的"种族隔离,在"卡明诉里士满县教育理事会案"[(*Cumming v. Richmond County Board of Education)(1899)]中,里士满县的学校制度规定只为白人提供中学教育,而将黑人排除在外,但联邦最高法院拒绝对该县学校制度进行干预,在"伯里亚学院诉肯塔基州案"(Berea College v. Kentucky)(1908)中联邦最高法院确认规定私立大学不得接收黑人学生的法律有效。在"龚伦诉莱斯案"(Gong Lum v. Rice)(1927)中,联邦最高法院肯定密西西比州有权隔离华裔美国人,拒绝其入读专为白人设立的学校。而在整个南部,法律规定在法庭、监狱、餐馆、旅馆、酒吧、火车及火车站、公共汽车、电车、电梯、快餐厅、游泳池、海滩、棒球场、渔场、电话亭、职业拳击赛、桌球室、工厂、公共厕所、医院、墓地以及白人和黑人可能相遇的其他所有场所均实行隔离。"布坎南诉瓦雷案"(*Buchanan v. Warley)(1917)是种族隔离案件,该案判决与种族隔离合法化的趋势背道而驰,联邦最高法院废除了要求在居住区实行隔离的法律(参见 Housing Discrimination)。

自盖恩斯引起的"密苏里州诉加拿大案"(*Missouri ex rel. Gaines v. Canada)(1938)始,联邦最高法院开始要求研究生院和职业培训学院解除隔离,其理论依据是:为黑人开办的隔离学校永远也不可能是平等的。在"亨德森诉合众国案"(Henderson v. United States)(1950)中,黑人原告力图使联邦最高法院确信在州际铁路餐车上实行理论上的隔离是违宪的,联邦政府也站在黑人这边。该案件,加上其他强行统一研究生院和法学院入学条件的案件,为"布朗诉教育理事会案"(*Brown v. Board of Education)(1954)奠定了基础。在布朗案中联邦最高法院裁决"在公共教育领域里'隔离但公平原则'是行不通的"(p.495)。在"盖尔诉布劳德案"(Gayle v. Browder)(1956)中,联邦最高法院维持了一项宣告性判决(*Declaratory Judgment),废除了蒙哥马利市和亚拉巴马州规定在公共运输方面实行种族隔离的法律,从而默示推翻了普勒西案的判决。加伊勒案起源于蒙哥马利市的公共汽车联合抵制运动,该运动使得马丁·路德·金博士在美国的历史上留下光辉的一页。在这十年间,联邦最高法院对所有形式的法律规定的隔离都适用该原则。最后一个废除理论上的隔离的案件是"洛文诉弗吉尼亚州案"[(*Loving v. Virginia)(1967)],该案废除了弗吉尼亚州反对异族通婚的法律。

[Paul Finkelman 撰;李昱译;许明月校]

大法官的遴选[Selection of Justices]②

联邦最高法院大法官的遴选极为重要,因为联邦最高法院作为一个相对不受约束的机构,其行为在很大程度上是反映其成员个人行为的。法官遴选是一政治程序,少有正式的规定要件,宪法(第2条)只是简单地规定"总统可作提名……根据已经获得参议院的咨询意见并经其同意……任命……联邦最高法院的法官。"由总统提名并经参议院批准后再由总统任命的这一程序,甚至没有正式规定被提名者必须是律师,当然总统肯定不会提名,参议院也不会批准未受过法律培训的人担任法官。

创设法官遴选程序是1787年制宪会议的一个主要议题。最初人们建议要么由参议院任命,要么由参议院和众议院共同任命,而联邦党人希望在未来国家里建立强有力的行政机关。之后在制宪会议上各方达成妥协,行政机构和立法机构共同参与法官遴选,而且法官只要忠于职守可终身任职,从而使得法官不受政治压力影响。

尽管宪法第2条对"总统权力"行使的具体事项作了规定,确定了选任法官的条件,但立法者从未厘清"意见和同意"的确切含义,而定期修宪的举措表明众议院参了这一程序或者说法官的选拔。如果亚历山大·汉密尔顿(Alexander Hamilton)和联邦党人认为他们牢牢地控制了法官的遴选,参议院的

---

① 另请参见 Race and Racism。

② 另请参见 Appointment and Removal Power。

批准只不过是例行公事,那么,"意见和同意"的含义到现在都不会公开。历史上联邦最高法院大法官的候选人中约有20%未获得参议院批准,在19世纪以及20世纪的最后40年里否决率都相当高。1968年林登·约翰逊(Lyndon Johnson)提名阿贝·福塔斯(Abe *Fortas)担任联邦最高法院的首席大法官,之后撤回提名,而在此之前20世纪中唯一一次被否决的提名只有1930年对约翰·帕克(John *Paker)的提名。自福塔斯提名之后,理查德·尼克松提名的两名候选人[1969年的小克莱门特·海恩斯沃思(Clement Haynsworth, Jr.)和1970年的乔治·哈罗德·卡斯韦尔(G. Harrold *Carswell)]都被否决了。1987年参议院再次否决了罗纳德·里根(Ronald *Reagan)对罗伯特·博克(Robert *Bork)的提名,这是美国历史上最激烈的法官遴选斗争之一。里根其后提名的候选人道格拉斯·金斯伯格(Douglas *Ginsburg),在正式提名之前就被撤回而未作审查(参见 Nominees, Rejection to)。

联邦最高法院大法官席位空缺犹如鼓手奏出不合谐的音调。例如,在富兰克林·德拉诺·罗斯福(Franklin Delano *Roosevelt)总统的第一个任期内就不存在职位空缺,而罗斯福在第二任期间任命了5位法官。尼克松在其第一个任期内任命了4位法官,从而得以重新塑造沃伦所领导的联邦最高法院的自由主义形象,尽管他本人更为保守。杰拉尔德·福特尽管任期较短,但还是有机会任命一名联邦最高法院大法官。而另一方面,吉米·卡特(Jimmy Carter)是一个多世纪以来唯一一位未能任命法官的总统。继卡特总统之后,里根在八年任期内共填补了四个联邦最高法院大法官职位的空缺,老布什总统在一届任期内填补了两个空缺,比尔·克林顿总统在两届任期内也填补了两个空缺。1994年,史蒂芬·布雷耶的任命填补了联邦最高法院的最后一个空缺;但根据2005年早些时候对近期前景作出的推测,不久将会出现至少一个,也许多达四个的联邦最高法院大法官职位空缺。

参与法官遴选的机构 总统是唯一由宪法授权任命法官的个人,当然他必须广泛征求意见。与低级别联邦法院(the *lower federal courts)法官候选人的提名相比,联邦最高法院的提名候选人很可能为总统个人所熟悉,并由总统本人作出的选择。尽管如此,总统还是极为倚重司法部成员(尤其是司法部长)和白宫的工作人员,以协助产生候选人并从中挑选。偶尔这种"协助"会使总统更难定夺。因此在里根对博克的提名失败之后,白宫成员希望法官候选人的提名更为民主,而奉行强硬路线的司法部保守派仍然继续寻求任命与其思想体系相符的法官。

除向自己的行政机构征询意见以外,总统还会遇到大量的来自各利益集团和个人自发提出的建议。潜在的被提名者可以争取候选人资格,在职的大法官也可能对提名施加影响。如大法官哈伦·斯通(Harlan *Stone)积极支持选任本杰明·卡多佐(Benjamin *Cardozo),甚至提出辞职以增加这位纽约继任者的机会。威廉·霍华德·塔夫脱(William Howard *Taft)竭力对几次任命施加影响,而沃伦·伯格则为候选人海恩斯沃思、卡斯韦尔和博克四处活动,同时活动的还有大法官哈里·布莱克蒙(Harry *Blackmun)和大法官桑德拉·戴·奥康纳(Sandra Day *O'Connor)。

联邦最高法院大法官的任命是全国范围的,极为重要。因而所有的参议员都相信他们应当扮演监督者的角色。而对行使建议和同意权时何种标准是恰当的,人们一直争论不休。参议员是必须仅对候选人的品德和专业能力进行评估,还是应更注重其思想体系或/和哲学思想。博克的失败表明参议院在批准时可能会考虑总统在确定提名候选人时所考虑的所有因素。

参与法官遴选的另一个重要机构是美国律师协会联邦司法常务委员会(*American Bar Association Standing Committee on Federal Judiciary)。该委员会将联邦最高法院大法官候选人评定为几个等级:"相当合格的"、"合格的"和"不合格的"。经委员会全体委员一致评定为"相当合格的",例如鲁思·巴德·金斯伯格(Ruth Bader *Ginsburg)和史蒂芬·布雷耶,这样的评价显然有利于得到参议院批准;而评定只要稍有异议就会给候选人带来不利影响。该委员会成立于1946年,并因总统不同而不断变化。从历史上来看,该委员会在共和党组阁期间发挥了最重要的影响,但是当律师协会在评价罗伯特·博克和克拉伦斯·托马斯(Clarence *Thomas)时,这种局面已经发生了急剧的变化,前者得到了四张"不合格"的投票,后者得到了两张。在乔治·W.布什总统期间,他决定并不正式征求律师协会对任命低级别法院法官的意见,主张任命过程中赋予其优越地位并不具有正当性。但是也有人认为政府的动机更多是受意识形态驱动的,这也反映出在调查任命中更依赖于诸如比较保守的"联邦主义者协会"这类团体的帮助。

最后应当指出的一点是,在参议院批准阶段许多利益集团可能积极地支持某一候选人或煽动敌对情绪反对某一候选人当选。参议院就罗伯特·博克的提名进行了长期争论,反对这次提名的组织有美国公民自由联盟(the *American Civil Union)、全国有色人种协进会[the *National Association for the Advancement of Colored People (NAACP)]、全国妇女组织(the *National Organization for Women)、劳联同道会(the AEL-CIO)、共同目标组织(Common Cause)和瑟尔拉俱乐部(Sierra Club)。而博克的支持者则包括美国保守联盟、全国政治行动委员会、警察互助会以及全国工作权利委员会。尽管博克的提名所卷入的组织范围之广可能是史无前例的,但团体参与任命程序的传统则是由来已久的。保守派于1916年竭尽全力否决任命布兰代斯为大法官的提议,而劳工组织和全国有色人种协进会在否决博克、海恩斯沃思和卡斯韦尔提名时则起了关键作用。很明显,将来出现的联邦最高法院大法官职位的空缺也将会在各个利益集团之间产生新一轮的角逐。

法官遴选的标准 遴选程序中所适用的标准相当多,包括代表、派别和政治、个人、专业能力以及思想体系等方面的因素。总统可能利用空缺职位奖励那些与他同一战线的支持者。不过总统也要力图平衡地理、宗教、少数民族以及新近的性别等几方面的因素。地理平衡一直是联邦最高法院的宗旨,而这几乎使得卡多佐不能通过审查,因为当时在位的大法官斯通以及查尔斯·埃文斯·休斯和他一样均来自纽约州。尼克松的"南部战略"大部分是基于政治考虑,旨在满足其选举班子成员以及具有相当影响力的支持者——南加利福尼亚州议员斯特罗姆·瑟蒙德(Strom Thurmond)的要求。

而追求宗教平衡同样也影响了法官的选任。自1916年任命路易斯·布兰代斯至1969年福塔斯辞职,联邦最高法院仅有一个犹太教大法官,诚然,大法官卡多佐、费利克斯·法兰克福特(Felix *Frankfurter)、阿瑟·戈德堡(Arthur *Goldberg)和福塔斯在后来连续占据了该"犹太教大法官席位"。同样,除了自弗兰克·墨菲(Frank *Murphy)去世(1949)至威廉·布伦南(William *Brennan)任职(1956)这一较短的期间以外,1894年以来,联邦最高法院天主教大法官一直是一人。林登·约翰逊任命瑟古德·马歇尔从而设立了一"黑人席位",乔治·布什提名克拉伦斯·托马斯(Clarence *Thomas)接替马歇尔的席位。总统里根任命桑德拉·戴·奥康纳,从而预示着妇女也将在法院占有一席之地,随后对鲁思·巴德·金斯伯格(Ruth Bader *Ginsburg)的任命也反映了这一点。据目前的预测,一旦联邦最高法院出现新的职位空缺可能会任命第一位西班牙裔大法官。

政治和党派因素往往是代表性因素考虑的补充。尼克松的南部战略是寻找代表和选票。水门事件发生后,杰拉尔德·福特任命受人尊敬的温和派约翰·保罗·史蒂文斯(John Paul *Stevens),这次任命看似是非政治性的,但他却因此在政治上获得许多选票。艾森豪威尔在面临重新选举时展示出卓越的政治家才华,他任命民主党人士威廉·布伦南为联邦最高法院大法官(并对反对派屈服)。超过90%的候选人属于总统所在党派的成员,而罕有的例外[诸如尼克松任命保守的民主党人士刘易斯·鲍威尔(Lewis *Powell)]也逐渐被人所理解。个人目的对某些提名也起到了一定作用,杜鲁门所任命的法官包括其密友哈罗德·伯顿(Harold *Burton)、谢尔曼·明顿(Sherman *Minton)、弗雷德·文森(Fred *Vinson)以及汤姆·克拉克(Tom *Clark)。肯尼迪总统任命其得力助手拜伦·怀特(Byron White),而约翰逊则任命其顾问兼密友阿贝·福塔斯。

总统对党派和政治动机的重视以及对私人密友的信任表明了思想体系在法官任命中可能起的作用。但这并不意味着总统期望他所提名的候选人在所有事项上均与其意见一致。相反,总统可能更关心他所提名的候选人能否与他就美国宪法的性质及含义和联邦最高法院制定政策的作用达成共识。尼克松喜欢任命"严格的宪法解释者",然而有些人认为这是寻找对个人权利作狭隘定义和对"法律和秩序"持强硬态度的候选人的简便方法。对候选人思想体系的争议的多少与奉行某一思想体系表面的偏激程度以及联邦最高法院的空缺席位的重要性成正比。安东尼·斯卡利亚(Antonin *Scalia)可能比罗伯特·博克更倾向于"主流"的保守态度,所以在博克注定要失败的提名之前就轻易地获得参议院的批准,原因就在于斯卡利亚在公众面前的形象表明其思想似乎比博克少一些偏激,所以他的当选不会从根本上动摇联邦最高法院的思想体系的平衡。

现在人们还未就法官应具备什么样的素质达成较为一致的意见,而抨击候选人的资格证书可能只是为反对其思想体系而放的烟幕而已。总统肯定希望任命一位合格的和受人尊敬的法官,因此有时其内在素质更是所有因素中最重要的,这一点毋庸置疑。美国历史上曾发生过这样一件事,共和党人胡佛总统任命卡多佐为大法官,此时代表性的标准从头至尾都"不适用",因为卡多佐是民主党人,又是犹太人(此时犹太法官布兰代斯仍在位),而且还是纽约人(联邦最高法院在位法官斯通和休斯均来自纽约州)。内布拉斯加州的参议员拉斯加(Hruska)为卡斯韦尔提名出谋划策,他对平庸作了如下一番入情入理动人心弦的解释,"即便他是平庸的,但是现实生活中存在许多平庸的法官,平庸的人以及平庸的律师。他们有权得到一点体现,获得一丝机会,对不对?我们的法官不可能都是布兰代斯、卡多佐和法兰克福特以及诸如此类的人才",此时对候选人专业资格的争论跌入历史的最低潮。

在审查专业资格时遇到的另一个问题是,法官是否需要有司法工作经验。在历史上,共和党人总统一直都极为重视这一点。显然许多著名的法官包括奥利弗·温德尔·霍姆斯(Oliver Wendell *Holmes)、塔夫脱、卡多佐、伯格以及布伦南,在担任联邦最高法院大法官之前均在州法院或低级别联邦法院工作过较长时间。而之前缺乏司法经历的法官中也不乏有与上述法官齐名的人物,诸如法官布兰代斯、法兰克福特、威廉·O.道格拉斯(William O. *Douglas)、鲍威尔以及首席大法官约翰·马歇尔（John *Marshall）和厄尔·沃伦。

展望未来 今天，法官任命程序已经明确地政治化，而总统也公开使联邦最高法院遵奉特定的思想体系。富兰克林·德拉诺·罗斯福在力图改变联邦最高法院阻挠其新政政策的状况时，感觉到有必要合理安排法院成员以帮助那些过度工作的年老法官。到1968年，尼克松公开将法官空缺席位作为竞选中的重要问题，1972年他夸耀自己成功地改变了司法政策的指导方针。以后的总统竞选都已将未来的法官任命作为竞选时的一个议题。

总统的行为随着人们对其成员班子的政策观念的关注程度的不断上升而相应改变。当联邦最高法院继续关注诸如堕胎和积极行动之类的问题时，以及当公众对这些问题的解决继续存在相当大的分歧和争议时，对法官任命的关注程度就只会不断上升。

法官任命交易一般进行得很顺利，只要候选人的客观素质不存在问题，道德问题就不会产生，而思想上的极端主义也毋庸担忧。但如果候选者胜任法官一职的能力受到质疑（如卡斯韦尔），或者受到道德方面的审查（如福塔斯、海恩斯沃思、托马斯），或者存在人们普遍恐惧的极端主义思想（如博克），那么候选者失败的可能性似乎就相当大，一般而言，总统在其执政时期，越早而非越晚提名就越容易获得参议院批准。同样，参议院的党派性也会影响总统提名的成功率以及任命法官的自由裁量权，如果参议院由总统所在的党派控制，那么总统在任命大法官方面就拥有更广泛的自由。

参考文献 Henry J. Abraham, *Justices and Presidents*, Revised ed. (1985); John A. Maltese, *The Selling of Supreme Court Nominees* (1995). David A. Yalof, *Pursuit of Justices* (1999).

[Elliolt E. Slotnick 撰；李昱、胡海容译；许明月校]

征兵法系列案[Selective Draft Law Cases, 245 U.S.366(1918)]①

1917年12月13日—14日辩论，1918年1月7日以9比0的表决结果作出判决，怀特代表法院起草判决意见。直到1917年征兵法产生以后，联邦政府才有权征召审核合格的公民服兵役。因违反该法而被定罪的人向联邦最高法院提出上诉，其理由是征兵与自由政府和个人自由不相容，国会扩建军队的权力受到规定召集各州民兵组织为国家服役的宪法条款的范围和目的的限制，而且征兵与联邦宪法第十三修正案（the *Thirteen Amendment）禁止强制服役条款和第一修正案（the *First amendment）的禁止确立宗教条款相抵触。首席大法官爱德华·D.怀特（Edward D. *White）援用英美史和各国的通行做法，裁决具有公民身份显然同时就应承担履行"捍卫国家权力和荣誉的至高无上的光荣神圣的职责"（p.390）的义务。这种服役至何种程度才能定性为强制性服役，该法为煞费苦心拒绝服兵役者规定了基于宗教信仰或道德的原因可以豁免服兵役，那么这是否可以看作是支持宗教。怀特对此也茫然不知。而该案的审理意见大部分是驳斥以下主张：军事条款对国会组建和维持军队的广泛权力作了限制性规定。无论是在1918年还是在此之后，联邦最高法院都未对国会征兵的权力提出质疑。

[John E. Semonche 撰；李昱译；许明月校]

选择性排斥[Selective Exclusiveness]②

"库利诉费城港监委员会案"（*Cooley v. Board of Wardens）(1852)涉及宾夕法尼亚州领航法，联邦最高法院裁决规制州际商业活动的权力未专门授予中央政府。按照联邦最高法院的观点，尽管贸易的某些特征使得国会有必要确立统一的国家规则，但其他特征却造成各州之间的多样化，从而要求州的规制。法官本杰明·罗宾斯·柯蒂斯（Benjamin Robbins *Curtis）指出，联邦最高法院需要逐案确认州贸易法规的效力，以便决定争议的问题是需要统一化还是多样化。

根据宪法商业条款确立的国会权力的"选择性排斥"观念并未明确解决州和联邦商业事项方面的分权问题。不过，它的确表明了联邦最高法院对这一问题处理方式的变化，它不再以联邦和地方政府的相对主权（参见 State Sovereignty and States' Rights）为依据，而是以一种更切合实际，更注重经济现实的观念对待州规制。

[Timothy S. Huebner 撰；李昱译；许明月校]

自证其罪[Self-Incrimination]

联邦宪法第五修正案（the *Fifth Amendment）规定任何人"不得在任何刑事案件中被迫自证其罪"。该权利不仅适用于调查程序、审前证据开示程序以及审判程序本身，而且还适用于民事、行政和立法诉讼中的证人证言。自证其罪的保护是以普通法的沉默权为基础而构建的，必须坚决予以实现。

第五修正案通过时联邦最高法院对第五修正案的解释源于"特文宁诉新泽西州案"（*Twining v. New Jersey）(1908)，在该案中联邦最高法院认为，禁止强制性的自证其罪的保护不是一项基本权利，而是一项重要的证据规则。联邦最高法院在"马洛伊诉霍根案"（*Malloy v. Hogan）(1964)中推翻了特文宁案的判决，将禁止强制性自证其罪的保护适

---

① 另请参见 Conscientious Objection; Conscription; Religion。

② 另请参见 Commerce Power。

用于州,从而形成了现在对第五修正案的解释(参见 Incorporation Doctrine)。沃伦领导的联邦最高法院在"米兰达诉亚利桑那州案"(*Miranda v. Arizona*)(1966)中裁决,避免强制性自证其罪的保护要求警察提醒嫌犯注意这一程序保证,联邦最高法院再次强调了第五修正案的这一含义。

一般而言,联邦最高法院扩大了保持沉默权的宪法保证所提供的这一保护。尤其在联邦最高法院将这一特权适用于审前和非刑事程序以及在著名的米兰达判决中为禁止自证其罪而规定的积极义务时,这一点表现得更为明显。这些积极义务相当重要,因为它们几乎覆盖了警方对刑事嫌疑犯的所有审讯过程,而且它们明确了哪些程序适用这一保护,以使当事人避免自证其罪的特权得到维护。

20世纪禁止自证其罪方面的这些发展部分是源于英国法律史。比如,16世纪之前,英国的审判就排除了强迫性宣誓及认罪,而直到18世纪末,庭审前强迫认罪也同样是不允许的。英国的这些证据规则深植于美国法律制度之中,联邦最高法院以自愿性标准为依据裁定是否对刑事被告施加了不正当的压力以迫使其放弃第五修正案的保护。联邦最高法院的米兰达判决扩大了这些措施的适用范围以确保被告不会被强迫放弃避免自证其罪的特权。

联邦最高法院对米兰达案的判决引起了人们对避免自证其罪特权的极大关注,事实上早在参议员约瑟夫·麦卡锡对美国的共产党人举行国会听证会时,人们就已开始关注这一特权。在麦卡锡主持的听证会上有几位证人拒绝作证,因为他们可能因此自证其罪。这些声言频频被解释为认罪,而证人也因此被称为"第五修正案的共产党人"(参见 Communism and Cold War)。

国家希冀或需要个人作证时,尽管他们主张自己享有避免自证其罪的特权,但这时可以适用特别文件。这包括两种豁免许可:一为和解性的;二为采纳性的。前者是保证证人不会因为他或她的证词而被起诉,而后者则是要求从他或她的证词中推导出的证据不得在其他控诉中予以采用(参见 Fifth Amendment Immunity)。

无论围绕避免自证其罪的特权产生了多少争议,它仍然是刑事正当程序中的一项重要权利。该权利建立在普通法的证据规则之上,反映了我们不愿意强迫任何人自证其罪,它仍然是我们对抗性司法制度必不可缺的一部分。

[Susette M. Talarico 撰;李昱译;许明月校]

佛罗里达州的塞米诺族诉佛罗里达州案
[**Seminole Tribe of Florida v. Florida**, 517 U.S. 44(1996)]

1995年10月11日辩论,1996年3月27日以5比4的表决结果作出判决;伦奎斯特法官代表大多数法官起草判决意见,斯蒂文斯、苏特、金斯伯格和布雷耶表示反对。20世纪80年代,几个州允许通过开设赌场来增加税收。也许任何地方的赌博热都比不上美国土著居民。到1995年,赌场每年创造40亿美元的商业收入,其中200个部落在24个州开设了126个赌场。在这股淘金热的中期,国会于1988年通过了印第安博彩管理法(the India Gaming Regulatory Act),这个法律允许部落开设赌场,并要求州政府与各部落进行协商,当州政府未能与其进行善意协商时应允许部落在联邦法院提起诉讼。这个法律是对1987年高等法院一个判决的回应,在加利福尼亚州诉卡巴松地带的印第安人教会案(California v. Cabazon Band of Mission Indians)中,高等法院裁决州政府不能禁止在保留区域进行高收益的赌博游戏。

根据这个法律,部落能够进行各式各样的赌博活动,但是这仅限于各州的范围之内。法律规定州和部落应善意地协商并设计一个"部落—州之间的契约"来共同规制赌博活动。新法立刻激发了更多的赌博活动,而且加剧了一些部落和州政府的冲突,因为许多州采取这样的立场,即他们仅允许在部落保留区进行诸如角子机之类赌博活动可以在全州范围内获得批准。

没有哪个地方的冲突比佛罗里达州更大的了。该州的州长劳顿·奇利斯反对赌场赌博,在全州范围内投票否决建立赌场提议的前后,他都采取了反赌博措施。奇利斯州长确实也同意塞米诺族可以在他们的保留区内继续进行纸牌游戏、奖券销售以及用赛马和回力球进行赌博,这些活动也得到州政府的允许。当奇利斯州长拒绝与塞米诺族就赌场赌博进行协商时,该部族决定将其告上联邦法院,诉称州政府没有尽到诚信协商义务。联邦第十一上诉巡回法院最后裁决,国会无权强制要求州政府与部落进行协商。在得出这一观点时,巡回法院提到了联邦宪法第十一修正案,该修正案规定未经同意不得起诉州政府。因此,土著美国人开设赌场这个问题已经转变成联邦主义与州权力性质的争议。

上诉到高等法院时,包括佛罗里达州在内已经有1/3的州加入这一行列,因为他们担心如果印第安博彩管理法实施,则国会就可能在其他一些领域,如环境、商业实践、健康和安全领域侵蚀州政府的主权。在法庭辩论时,佛罗里达州的代理律师认为赌博法直接要求州政府做某件事,这实际上是将各州仅仅看成是联邦政府的分支机构。

佛罗里达州的塞米诺族与美国政府辩称,按照印第安商业条款的规定,国会完全有权通过这样的立法。从这个案件来看,国会权力如此之大以致能够废除历史上形成的州政府的诉讼豁免权。

联邦最高法院支持了联邦第十一上诉巡回法院

的观点,这使州权力拥护者获得了胜诉。代表联邦最高法院起草判决意见的伦奎斯特首席大法官说,联邦宪法第十一修正案限制了联邦的管辖权,同时也使得分配给国会的其他宪法性权力,比如印第安商业条款,不能被用于阻止对联邦管辖权进行的宪法限制。伦奎斯特的观点非常重要,因为它也澄清了对联邦宪法第十一修正案20多年的争论。联邦最高法院一方面主张国会有权通过立法使州政府受联邦法院的管辖;另一方面又主张修正案禁止国会这么做。至少在美国土著保留区内赌博活动这一案件中,州获得了胜利,这是非常明确的。

戴维·苏特大法官依据宪法对这一判决予以了强烈指责,他异于常规地对整个联邦最高法院大声宣读了他的异议。苏特和另外三个法官坚持认为,国会总是力图将州置于联邦法院的管辖之下,这样来看《印第安博彩管理法》就是完全合宪的。苏特写到,"共和国建立以来,法院今天第一次支持当个人主张受联邦保护的权利时,国会无权使州受制于联邦法院的管辖。"(p. 138)。从历史上来看,向联邦法院提起诉讼就是弱势群体伸张权利的一种方式,在持异议的大法官看来,美国土著居民的这一权利被否决了。

联邦最高法院的行为明确宣示,伦奎斯特时期的法院决定重新回到美国联邦体制的一些最持久的假定上去。在"合众国诉洛佩斯案"[United States v. *Lopez(1995)]中可以预见这种发展路径,联邦最高法院判决国会无权对校园附近的持枪行为予以禁止。甚至在这两个案件中,大法官的阵容都是一致的,表决结果都是5比4。

但是佛罗里达州的塞米诺族案的结果却自相矛盾。依据该判决,一方面州政府依据《印第安博彩管理法》可以免于被美国土著居民起诉,因此,这本来应该事实上使当地部族开设赌场变得容易了。但随着议会法的无效,现在各部族能够做的就是寻求各州的内政部门,以获得允许其开设赌场的授权。

[Kermit L. Hall 撰;胡海容译;林全玲校]

参议院司法委员会[Senate Judiciary Committee]

参议院司法委员会是参议院最初的11个常务委员会之一,始建于1816年,很快就对全国的立法产生强大的影响,在美国内战爆发之前它对于加速1850年妥协案的通过还起到了一定作用。内战结束之后,它对联邦重建措施享有司法管辖权,其强大的影响力更可见一斑。

除对国家政府拥有广泛的影响力之外,参议院司法委员会最为公众所熟知的就是它有权对提名为联邦法院法官的候选人进行调查(参见 Selection of Justices)。尽管联邦宪法规定总统提名的候选人必须获得参议院全体参议员的意见和同意,但1868年参议院规定所有提名均应先提交一恰当的委员会进行审查,按照惯例,司法委员会承担了这一重任,对总统所提名的法官进行调查。然后,该委员会向整个参议院报告其调查结果和推荐意见(如果有的话),以便参议院将该候选人付诸表决。

由委员会处理法官提名,自这一做法实施以来就一直是人们争议的话题。先由委员会评定,与由参议院全体参议员处理法官提名招致了同样的指责,人们谴责这是一种推荐和保密制度。而最近人们更为关注委员会对候选人资格所做的形式调查以及该做法给法官的适格性、独立性所带来的危险。最近的调查表明,现在所有的候选人均提交至该委员会审查,因而委员会根本不可能进行具体调查。例如,1989—1990年,乔治·布什总统一共提名了48位地区法院法官以及18位上诉法院法官,而1990年国会新增了85个联邦法官席位。任务如此之繁重,也就怪不得委员会主席会经常将所授权力再分授予小组委员会,由其负责低级别联邦法院法官候选人的审查。

对联邦最高法院大法官候选人,整个委员会通常会举行一次听证会。在这种情形下,人们争论的就不是委员会所质询的问题的肤浅性,而是委员会对候选人背景调查的深度和广度。围绕法官克拉伦斯·托马斯的提名所产生的轰动表明,对某些人而言确有必要将候选人的个人素质和政治关系排除于委员会的审查之外,不过纵观联邦最高法院大法官的提名历史,可以看出个人特性和政治特性在委员会的审议中起到了相当大的作用。联邦最高法院大法官提名被否决或撤回的26位候选人中,只有5位现在看来是因为司法能力不合格。事实上,在听证过程中即便是诸如法官路易斯·布兰代斯(Louis *Brandeis)(首位犹太裔候选人)、法官胡果·布莱克(Hugo *Black)(前"三K党"成员)以及法官费利克斯·法兰克福特(Felix *Frankfurter)(国外出生的犹太裔自由党人士)之类的杰出人物也曾遭到强烈反对(参见 Nominees, Rejection of)。

但是,委员会听证中所进行的斗争并非都以候选者的成功而告终。在过去的60年间40位候选人中有6位被否决或撤回。其中最值得人们怀念的是法官阿贝·福塔斯(Abe *Fortas),由总统林登·约翰逊提名为联邦最高法院首席大法官,因被指控在财政上有违法行为而被迫辞职。另一个例子是法官道格拉斯·金斯伯格(Douglas *Ginsburg),他被公开指责有非法使用毒品的前科,之后其提名被撤回。最后一位是法官罗伯特·博克,委员会的一些成员认为他冥顽不化,之后委员会向参议院提交了不利的推荐意见,因而由罗纳德·里根总统提名的这位候选人自然失败了(参见 Nominations, Controversial)。

尽管司法委员会对联邦最高法院大法官候选人的听证一直都要审查政治方面的和个人的适格条件，但是对听证的现行状况所提起的诉讼几乎没有一个成为全国的著名案件。在这个国家的前140年间，候选者很少被邀请到参议院，而如果被邀请，他们会出于礼仪而加以婉拒。1925年，哈伦·斯通（Harlan *Stone）为回答有关他担任司法部长期间的个人行为的质询，而成为列席司法委员会听证会的首位候选人。接着是费利克斯·法兰克福特，他于1939年拜访委员会，当时的情形是其提名之后社会上紧接着就出现了大量对他的诽谤性指控。此后，仅有一位法官列席了委员会的听证会，直到1955年约翰·哈伦（John *Harlan Ⅱ）在听证会上作证。哈伦以后的19位候选人在委员会调查期间均作了陈述。147位联邦最高法院大法官候选人中有22位受到委员会质询，于是在后托马斯时代人们呼吁对委员会进行改革，他们的依据就是由参议院批准而未列席听证会的法官具有相对较高的素质。毕竟，委员会最近采取的邀请候选人作证的做法可能并不是确保联邦最高法院适格和独立的必要手段。

无论总统所提名的候选人可能位居何职，司法委员会在美国未来的生活中仍将是无法替代的。尽管行政提名表面上按照宪法的规定进行，但委员会才是平衡各协调部门之间权力的支点。总统借由提名希望在司法机构留下永不磨灭的印迹，因为司法机构任职时间比其政府存续的时间要长得多。参议院可以行使建议和同意权以否决总统精心策划的方案。与立法越权的制约不同，要否决一位法官不仅仅是需要有政治背景。参议院组成了一个至高无上的独立的司法机构，由它自行对国会的行为进行司法审查（*judicial review）。司法委员会所起的作用触及了美国宪政的基础，因而继续使委员会的工作，无论是何种形式，都会成为值得公众关注的对象。

参考文献 Henry J. Abraham. *Justices and Presidents*, 3d ed. (1991); Robert C. Byrd. *The Senate (1789-1989): Addresses on the History of the United States Senate*, edited by Wendy Wolf (1989).

[Kermit L. Hall 和 Mitchell S. Ritchie 撰；李昱译；许明月校]

对参议院的礼让[Senatorial Courtesy]①

总统应当注意的事项中，最为重要的是要求他在提名联邦高层职务的候选人时，被提名者个人不为本州参议员（或其他显赫的政界要人）所反感，否则就会对他们援用一项古老的、几乎一直受到尊重的惯例来处理——这差不多预示该候选人必然不被参议院批准。这一习惯或惯例是基于这样的假设：作为一个政治委任事项、或基于习惯和礼仪的考虑，从事物的本质出发，总统在被提名人被确定之前将会征求意见，而参议员或其他相关政治力量，通常被假设为总统政治派别的成员。

对参议院的礼让可以追溯至共和国成立之初，当时参议院意识到需要团结一致防止总统任命某一参议员的政敌担任高级官员。事实上，这一惯例始于1789年的第一次国会会议，当时乔治·华盛顿（George *Washington）总统提名本杰明·费斯布恩（Benjamin Fisbourn）担任佐治亚州萨瓦纳港的海军军官。尽管费斯布恩显然十分合格，但还是遭到佐治亚州的两位合众国参议员的反对，于是华盛顿收回其提名，因为此时参议院显然会站在其佐治亚州的同僚一边。华盛顿随后提名另一位为这两位立法者所支持的人担任该职务，从而形成了对参议院的礼让这一概念，并神圣地加以记载以永久流传。随后发生的事情更加清楚地说明了这一点，如果总统不能坚持这一习惯，那么几乎可以肯定，心有不平的参议员或参议员的同僚们会支持采取后一措施，要求否定该候选人的提名以作为一种礼让来替代。

总统在提名方面适当运用参议院礼让的特定领域之一就是行政首脑选任联邦法官。鉴于联邦法院法官是因为"忠于职守"而予以任命——即事实上是终身任职——法官席位代表了总统所能撷取的果实之一。这不仅是终身任命，而且还能够使总统至少可以尽量挑选那些通常似乎同意他本人的宪法兼政治哲学的候选人。无疑法官遴选所适用的参议院礼让较之总统拥有任命其他职位所适用的礼让而言，更具公开性和可预言性。参议院司法委员会主席负责批准所有联邦法官候选人的提名，因而历经数年形成了须同时由本州参议员同意的制度，这一制度已成为参议院礼让惯例的一部分。所以，直到参议员爱德华·M.肯尼迪（Edward. M Kennedy）新任参议院司法委员会（the *Senate Judiciary Committee）主席，才于1979年初宣布只要"蓝单"未被与候选人有关的以及对候选人有兴趣的参议员退回，他就不会单方面提出提名，这就使对参议院的礼让制度化。具体操作程序如下：一旦总统正式提名某一候选人担任法官，参议院司法委员就会发给候选人所在州的参议员一张蓝色纸条，询问他或她"对该提名的意见及更具体的情况"。事实上，蓝单是询问行政首脑正式选择的这个人是否是本州参议员所希翼的或至少能够同意的。如果参议员同意，他或她会将蓝单退回委员会；如果不同意，参议员保留蓝单。如果参议员与总统同属一党派，那么保留蓝单意味着行使一人否决权，从而终结了该候选人的机会。

参议员肯尼迪终止该制度的大胆革新，遭到司

---

① 另请参见 Appointment and Removal Power; Selection of Justices。

法委员会许多同僚的指责,之后参议员斯特罗姆·瑟蒙德(Strom Thurmond)于1981年继任司法委员会主席一职,他首先就打算重新恢复这一制度,但又明确决定以更加非正式的方式处理该问题。1987年参议员约瑟夫·R.比登(Joseph R. Biden)接替其职位,宣布了一项新政策,即如未能征求本州参议员同意,再加上一张消极的蓝单,某一候选人的资格即自动终止。

参考文献 Henry J. Abraham, *The Judicial Process: An Introductory Analysis of the Courts of the United States, England, and France*, 6th ed. (1992).

[Henry J. Abraham 撰;李昱译;许明月校]

资历[Seniority]

联邦最高法院大法官的传统是以资历来解决一系列问题。一般而言,资历是由法官在联邦最高法院担任法官一职的时间长短来决定。而唯有首席大法官(*Chief Justice)一人无需考虑资历。

资历传统所产生的某些后果涉及礼仪事项。资深法官可以选择占有联邦最高法院大楼里四个较宽敞的办公室套间。他们还可以在联邦最高法院会议桌边占据更宽敞的空间,而其他四位资历较低的法官则只能挤坐在一起。新任法官总是坐在法庭审判席的末座。而资格最低的法官的职责相当于看门人,只是在联邦最高法院的秘密会议上收发文件而已;不过他或她在联邦最高法院公开宣布某一案件判决时也可以首先发言。

资历控制了其他更重要的程序事项。在法院会议上,法官是按照资历从高至低依次发言。这种次序使资历较老的法官提出的议题,限制审议范围并详尽讨论相关问题,以致经常使得资历较低的法官几乎没有发言权。首席大法官通常负责分派起草案件判决意见书工作的重要任务,当其不属于多数派时,由参与多数派的高资历法官承担这一任务(参见 Opinions, Assignment and Writing of)。

在大多数情况下,资历为解决礼仪和程序问题提供了一简便有效的方法。不过,有时候某一法官的资历并不很清楚,这样的情况也很多。在联邦最高法院同时有两个或更多的职位空缺时,就可能发生这样的问题。学者们对19世纪至20世纪初几位法官继任的时间的先后顺序争论不休,一直未有定论。

参考文献 George A. Christensen, "Supreme Court Succession, or, Who Succeeded Whom," *The Supreme Court Historical Society Quarterly* 4 (Summer 1982) 2-7.

[Robert J. Janosik 撰;李昱译;许明月校]

立法的可分性[Separability of Statutes]

当法院对不止包含一个条款的制定法的合宪性进行解释时,就产生了立法可分性问题。该问题是指判定某部法律部分无效的司法判决的效力与该法其他部分的关系如何。州法院(*state court)裁定某部法律部分无效可能导致其余部分无效的第一个判决是"沃伦诉查尔斯顿市案"(Warren v. City of Charlestown),由马萨诸塞州最高法院于1854年作出。

美国联邦最高法院大约于1870年之后开始适用该原则,实际上是裁定基于某种事实的推定是针对某一立法的多种情况。比如,当联邦最高法院在1895年裁定1894年的联邦所得税法在它适用于源于财产的所得无效时,它会进一步裁定,该法中规定对源自职业、贸易和雇佣的所得征税的部分亦无效,原因在于该法的各部分是不可分的。换句话说,联邦最高法院裁决国会不能对源自职业、贸易和雇佣的所得设置该税种的所有税负。如果某一法律可能部分有效,部分无效,那么只有各部分之间彼此独立才会出现部分无效、部分有效的情况;如果法律的各部分不可分,则所适用的规则就不相同,即该法律全部无效["波洛克诉农场主贷款与信托公司案"(*Pollock v. Farmers' Loan & Trust Co.)(1895)]。

当立法机关在立法中添加独立性或"保留"条款时,可分性问题就变得更为复杂。保留条款的创设暗示了立法机关的目的所在:即宣布某一法律部分无效的司法判决不会影响该法其余部分的效力。总的说来,法院已经将此种保留条款解释为仅可分的条款可以保留有效。比如,在著名的"威廉斯诉路易斯安那州标准石油公司案"(Williams v. Standard Oil Co. of Louisiana)(1929)中,联邦最高法院裁定田纳西州关于管制汽油零售价格的立法部分无效,之后又接着裁定该法调整诸如保存凭证、调查、收集数据以及颁发许可证此类事项的其他部分违宪,尽管立法机构已经将一保留条款写入该法。联邦最高法院宣布,保留条款不是不可变更的命令,而只是帮助解释该部法律,纯粹只是确立了一种推定,与其他所有推定一样可以被推翻。联邦最高法院又裁定该特别法是不可分的;信息和许可条款按照联邦最高法院的判决,是为了方便价格管制。"卡特诉卡特煤炭公司案"(*Carter v. Carter Coal Co.)(1936)运用了同样的推理,宣告《古菲-辛德尔煤炭法》(Guffey-Snyder Coal Act)无效。

[David Fellman 撰;李昱译;许明月校]

隔离但公平原则[Separate but Equal Doctrine][①]

源自联邦最高法院审理的"普勒西诉弗格森

---

① 另请参见 Race and Racism。

案"(*Plessy v. Ferguson)(1896)判决。联邦最高法院裁定州规定在公共交通方面实行种族隔离没有违反联邦宪法第十三修正案(*the Thirteen Amendment)禁止强迫劳役的规定或联邦宪法第十四修正案(*the Fourteenth Amendment)的平等保护(the *Equal protection)和正当程序条款(*Due Process Clause),只要提供给被隔离的种族的设施是公平的。

在普勒西案中,联邦最高法院的所有大法官,除约翰·哈伦(John *Harlan)以外,都认为在南部确立种族隔离传统,其状况是令人满意的,而且对两个种族也极为有益,因而隔离本身并不是什么耻辱的标志(参见 Segregation, De Jure)。在州际交通运输案件中,联邦最高法院裁定路易斯安那州不能禁止在州际旅行实行种族隔离["霍尔诉德库尔案"(Hall v. Decuir)(1878)],但裁定密西西比州可以在州内交通运输方面实行种族隔离["路易斯威尔、新奥尔良与得克萨斯铁路公司诉密西西比州案"(Louisvill, New Orleans & Texas Railway Co. v. Mississippi)(1890)],大法官亨利·比林斯·布朗(Henry Billings *Brown)援引这些判决裁定"法律允许甚至要求……在黑人与白人可能接触的场所实行(种族)隔离,但这并不必然意味着某一种族劣于另一种族,而且人们一般,如果不是全部,也一直认为这属于州立法机关运用治安权的范畴"(p.544)。

自1898年开始,联邦最高法院在一系列案件中将"隔离但公平原则"从公共交通运输领域扩及公共教育领域。学校种族隔离制早于公共交通运输方面的种族隔离制,而法官布朗援用了普勒西案的州立学校种族隔离制判决。这些判决中第一个同时也是最有名的判决是"罗伯茨诉波士顿市案"(Roberts v. City of Boston)(1849),在该案中来自马萨诸塞州的首席大法官塞缪尔·肖(Lemuel Shaw)作出裁决,隔离黑人学生没有违反马萨诸塞州宪法的平等条款。联邦最高法院在"卡明诉里士满县教育理事会案"(*Cumming v. Richmond County Board of Education)(1899)和"龚伦诉莱斯案"(Gong Lum v. Rice)(1927)中沿用了罗伯茨案的判决。根据实行种族歧视的教育法的规定,黑人学校与白人学校相比,资金少,师资力量薄弱,外来资助也相当少。尽管当时专为黑人学生开办了学校,但这些孩子通常不得不经过他们居住区的"专为白人开办"的学校,步行数里去专为"有色人种"开办的学校读书。除此之外,他们不得不自行解决交通问题,而白人学生则可以乘公共汽车去学校。

从1938年至1950年,隔离但公平原则由于联邦最高法院的一系列判决而摇摇欲坠,这些判决责令密苏里州、俄克拉荷马州以及得克萨斯州的州立大学的职业学院不得实行种族隔离制度,而"布朗诉教育理事会案"(*Brown v. Board of Education)(1954)的判决更突破了隔离但公平原则。首席大法官厄尔·沃伦(Earl *Warren)起草的、由联邦最高法院全体法官一致通过的对布朗案的裁决意见认为,在小学教育领域实行隔离但公平原则违反了联邦宪法第十四修正案的平等保护条款。在其后的一系列法院判决意见中,联邦最高法院将布朗案的原则扩及于其他公共设施。《1964年民权法》给予了隔离但公平原则致命一击,之后法院在"亚特兰大之心旅馆诉合众国案"(*Heart of Atlanta Motel v. United States)(1964)中确认该法合宪。"格林诉纽肯特县学校理事会案"(*Green v. County School Board of New Kent County)(1968),正式宣告该原则寿终正寝,在该案中法官威廉·J. 布伦南(William *Brennan)宣布只有一元制学校才符合联邦宪法第十四修正案。

参考文献 Richard A. Kluger, *Simple Justice: The History of Brown v. Board of Education and Black America's Struggle for Equality*(1976).

[Peter Charles Hoffer 撰;李昱译;许明月校]

分权原则[Separation of Power]①

在美国文献中,分权仅是一个名词,而并未作详细阐述。国家政府的三个机构(立法、行政和司法)彼此之间并未明确划分界线。比如,国会拥有弹劾权以制约其他机构;总统的否决权(*veto power)具有立法性质。毋庸置疑,詹姆斯·麦迪逊(James *Madison)在《联邦党人文集》(The *Federalist)第47篇文章中回击了联邦党人提出的"几个权力部门并未分立而是相互混合,会即时摧毁形式上的所有的和谐统一,并使国家这一宏伟建筑的某些重要部门有因其他部门不恰当的膨胀而致压垮的危险"的指责。麦迪逊的回答是:孟德斯鸠——分权理论的"哲人"——并未说"各部门不得有部分代理或控制其他部门的行为"。他的本意更可能是"一个部门的所有权力不应当由拥有另一部门的所有权力的同一双手所掌握"。按照麦迪逊的观点,"混合"的优点就是,除两院制和联邦制(*federalism)之外,这也将构筑"制约和平衡"的安全巢。

但关键的一个问题在于分权的同时必须划分责任。毋庸置疑,联邦成立之时,美国政府所面临的诸多困难归根结底是我们的分权制度所造成的,议会制度是以明确的直接向全体选民负责的方式来寻求安全——而在强制分立的政府机构之间的机械冲突中,安全性就有所降低。将实际执行权集中于元首,从而使得元首直接向议会负责,而后者则直接向全

---

① 另请参见 Delegation of Powers; Judicial Power and Jurisdiction; Judicial Review; Party System; Polittical Parties。

体选民负责。这一方案在很大程度上消除了一直困挠我们的难题:这几种制度中哪一种制度权力与责任并重? 这一无所适从的窘境正是当今美国选民中普遍存在失望情绪的部分原因。

历史背景 制衡机制的本意是用于消除何种恶? 建国者们一直提心吊胆地提防着君主制,具体地说就是乔治三世。不过也可能如某些进步的历史学家所坚称的,他们所害怕的是无法抑制的民众。从这种观点来看,联邦宪法在这一国度予以强制实施是消除"民主弊端"的一剂灵丹妙药。据称该宪法的首要目的是保护授予民众的利益,这一利益受到诸如制衡机制——尤其是司法审查制——以及只有众议员实行普选的中央政府的约束。

麦迪逊在《联邦党人文集》中指出,最让建国者震撼的既非君主制也非民众,而是人性,一旦他们理解了人性一词的含义。按照他们的观点,人类更多地是受情感的支配,而非理性的支配,正如亚历山大·汉密尔顿所指出的:"为什么会形成政府? 因为人类的情感不会屈从于理性和不加约束的公平。"(《联邦党人文集》第 15 篇)。除制衡机制以外,分权是《联邦党人文集》中第 10、47、51 篇描述的几种"内部"和"外部"约束中最重要的一种。其中最重要的是,这些文献涉及了对少数派和多数派的制约,这些"派系"的产生源自人类的私利,这些文献的进步性表现在它们已经认识到多数派可能不会做错事。

但是如果多数派和少数派都受到约束,那么政府如何能期望有效运作呢? 答案必定是建国者青睐自我制衡的无效率的政府,因为一个更有效率的体制产生暴君统治的风险性更大。相比之下,无效率的政府似乎更为安全。1787 年时的社会简单、稳定,按照现代的标准,几乎无需政府管理,因而相对来说选择何种类型的政府就比较容易了,当然建国者们肯定已合理地推定他们最基本的日常需要只需君主制就可以满足了,至多也只是工作效率较低而已,不过这仅可能发生在举国上下舆论一致强烈支持君主制以致抵消弹劾制度的时候。建国者们所熟知的简单社会自他们去世以后还一直存续,因而他们制定的基本的政府规划一直延续至今。

分权和政党制度 分权的各机构之间互相合作的需要有助于解释为什么我们的政党制度是在宪法之外产生的,政党制度始于乔治·华盛顿政府。曾参加制宪会议的成员纷纷涌进新政府的各个机构。事实上,制宪会议上的联邦党人的价值观在华盛顿(George *Washington)政府的所有机构均占主导地位,在联邦最高法院也同样如此。这就是为什么尽管存在制约平衡机制,但汉密尔顿仍然能够很快地获得批准实施其存在争议的著名的立法计划。他成功的关键就在于还处于酝酿阶段的一党制,一党制使得制衡机制形同虚设。托马斯·杰斐逊(Thomas *Jefferson)吸取了这一教训。他意识到内部的反对是没有用的,因此他从华盛顿内阁辞职,创建并领导一支反对党。他达到的目的相当于制定非正式的宪法修正案,使得政党从此成为美国政府中极为重要的一部分。

强党有助于实施强有力的管理,因为他们致力于共同合作、协调一致,抑制了各独立机构之间的冲突。因而从长远看,美国政府的历史似乎是间歇性历史。在弱党执政时代,建国者们所设计的制度占上风,国会和总统很容易产生矛盾。而强党执政时代,各部门之间的矛盾得到缓和。随后我们就倾向于制订庞大的立法计划以解决历史遗留的问题。伍德罗·威尔逊(Woodrow Wilson)总统所进行的重大改革就是进步运动蓬勃发展的产物,在较短的时间内两大主要政党均焕发出新的活力(参见 Progressivism)。而之后的经济大萧条又使得富兰克林·罗斯福(Franklin D. *Roosevelt)有机会创建一新的民主政党,并紧接着制订一庞大的"新政"(*New Deal)计划。到 20 世纪 50 年代时该党就已丧失了它曾有的勃勃生机,而共和党则更早丧失了活力。即便是肯尼迪领导的一个崭新而开明的政府,也同样受到国会的百般阻挠。肯尼迪总统暗杀事件使得美国人非常震惊,之后林登·约翰逊(Lyndon Johnson)继任总统,再加之民主党在国会占据多数席位——这应归因于巴里·戈德华特(Barry Goldwate)1964 年的竞选失败——从而使得约翰逊得以通过国会推行一系列重大改革计划。在这一期间,约翰逊总统进行了一系列协调一致、强有力的立法改革,但因越南战争(*Vietnam War)的爆发而匆匆结束。随后分权又导致了另一停滞期。

那些乐于从逻辑上明确划分权力和责任界限的人发现这根本是不可能的。而其他人可能更对民众与政府间长期不愉快的历史耿耿于怀,他们发现:全世界几乎没有其他自由国度,美国根本没有可比对象,而历史已经证明国会和总统只有共同合作才足以应付紧急需要,在这些革新的和谐期之间事实上是孕育阶段,而制约和平衡并未阻碍革新,而仅仅只是延缓——从而有利于在实质上达成一致意见以支持公共政策。当然,任何被决定的和并不重要的少数派大多可以设立宪法或宪法之外的重要障碍以最终阻止它强烈反对的任何建议获得通过。

制约平衡机制中的司法独立 宪法通盘考虑了司法独立和制约平衡机制。它规定,司法系统尤其是联邦最高法院,是政府所有机构中独立性最强而所受制约最弱的机构。比如,在"哈默诉达根哈特案"(*Hammer v. Dagenhart)(1918)中,联邦最高法院裁决联邦政府限制雇佣童工是违宪的,这一裁决只需联邦最高法院的 5 位法官同意即可。而在"罗诉韦德案"(*Roe v. Wade)(1973)中联邦最高法院最终废除了现存的对堕胎(*abortion)的所有限制,这一裁决同样只需符合上述条件即可。而以立法的形式颁布上述公告则需经参议院、众议院和总统的批准。经国会两院中 2/3 多数同意即可推翻总统的否决案。此外,国会议员和总统与联邦最高法院的九位法官不同,他们要对竞选的选票负责,因为对其中大多数人而言,其任期不超过 2 年。但即便所有这些存在争议的制约平衡措施被采纳,它们还是会遇到另一个障碍,即司法审查。

自由竞选以及"忠于职守"得终身任职和"不削减"薪金的保证,使得联邦最高法院迄今为止未有一位法官经由弹劾程序(*impeachment process)而被免职。事实上,对联邦最高法院大法官提出弹劾只发生过一次——还是在大约 200 年前。该案对法官塞缪尔·蔡斯(Samuel *Chase)提出的弹劾似乎确立了这样一个原则,即弹劾只能针对刑事犯罪行为,而不能作为反对法官个人观点的一种报复手段。

迄今为止,联邦最高法院的判决被宪法修正案推翻的情形仅发生四例(参见 Reversal of Court Decision by Amendment)。联邦宪法第十一、十四、十六以及第二十六修正案(the *Eleventh, *Fourteenth, *Sixteenth and *Twenty-sixth Amendment)分别使"奇泽姆诉佐治亚州案"(*Chisholm v. Georgia)(1793)、"德雷德·斯科特诉桑福德案"(Dred *Scott v. Sandford)(1857)、"波洛克诉农场主贷款与信托公司案"[(*Pollock v. Farmers' Loan & Trust Co.)(1859)]以及"俄勒冈诉米切尔案"[(*Oregon v. Mitchell)(1970)]四案判决无效。提议的其他修正案则是针对涉及诸如巴士运送(busing)、校内诵经者、妇女的平等权利以及流产等事项的法院判决,但均未能获得通过。最终当然是由法官决定修正案的含义,而这正如他们解释联邦宪法各条款一样。这就是说"被制约者"确定制约的含义及其运用——甚至是效力。

如果这些法院控制措施可以称为制约和平衡,那么它们一直很少采用。司法系统毕竟未与政治完全隔绝。它与竞选结果可能没有多大关系,但是不可能对决定竞选结果的社会力量完全没有反应。任何时期的政党制度的强大或衰弱似乎不仅影响了总统和国会所发挥的作用,还影响了联邦最高法院作用的发挥。在强党执政并采取措施协调两大政治机构的时代,似乎就没有司法激进主义(*judicial activism)容身之地。当然我国历史上三次大规模的法官制定政策的浪潮,每一次都不是偶然的,每逢此时政党制度都处于历史最低谷。也许法官认为在其他机构瘫痪时,他们有责任也有义务进行干预,或者也可能只有在此时他们才愿意冒险大规模地介入政治程序。直至堪萨斯-内布拉斯加法(Kansas-Nebraska Act)(1854)严重损害了两大政党,法院大规模干预国家政策才开始形成。当时使联邦濒临瓦解的问题是,是否允许奴隶制在新获得的领土上实施。国会进行最后的垂死挣扎(参阅"checked and balanced"),联邦最高法院在"斯科特诉桑福德案"(*Scott v. Sandford)(1857)中解决了这一问题,结果引发了一场道德和法律的灾难。

旧的地方政党制度逐渐衰落,联邦最高法院重又成为主要的政策制定者。短短数月之间它在"波洛克诉农场主贷款与信托公司案"(*Pollock v. Farmers' Loan & Trust Co.)(1895)中废除了《联邦税法》,在"合众国诉 E. C. 奈特公司案"(United States v. *E. C. Knight Co.)(1895)中削弱了《谢尔曼法》,并在"国际商会诉亚拉巴马州米德兰铁路公司案"(ICC v. Alabama Midland Railway Co.)(1897)中削弱了州际商务委员会的作用。除了"普勒西诉弗格森案"(*Plessy v. Ferguson)(1896)中的种族隔离,它还在德布斯对物(对人)诉讼案(*Debs, In Re)(1895)中批准了劳工禁令。之后又废除了联邦政府的两大举措,其一为限制雇佣童工,另一为州管制措施,其代表案为"洛克纳诉纽约州案"(*Lochner v. New York)(1905)。这一经济激进主义一直持续到 1937 年,仅在进步运动时期稍有缓和,最终彻底摧毁了早期的全部"新政"立法计划。

法官在行将消亡的地方割据时代所起的强大作用因为富兰克林·罗斯福所领导的一种全新的城市政党制度而无法再继续维持。"旧的"联邦最高法院早在 1937 年就屈服了。"新政"时期的联邦最高法院迅速而直截了当地否决了 1890—1936 年期间的大部分激进革新措施。

"马普诉俄亥俄州案"(*Mapp v. Ohio)(1961)以及"贝克诉卡尔案"(Baker v. Carr)(1962)的判决似乎标志着新的司法时代的开始。至 20 世纪 60 年末,美国人民似乎已丧失了自治的资格。推论、妥协和调解逐渐被言行不一致和暴力所取代。当时没有任何政党联盟能控制极为稳定的多数派以推行一系列连贯的政策。富兰克林所创建的有力的城市政党制度的衰败似乎掀起了又一次司法激进主义的浪潮——此次浪潮由首席大法官厄尔·沃伦领导。

司法对分权的实施 由于法官拥有司法审查权,所以法官对没有相应宪法修正案规定的联邦政府三大机构的分权问题拥有最后发言权。值得特别关注的是,这包括了确定他们自身权限以及不受外部制约和平衡的权力。这一权力,即司法审查这一古老问题的其中一部分,以其他理由印证了上文所表明的看法:即司法系统至多只是稍受制约平衡机制的制约。由于得以最终豁免自身,它对政府的其他机构拥有相当大的制约权。法院判决界定了国会和总统分权的实质。

总统的权限 联邦最高法院在"合众国诉柯蒂斯-赖特出口公司案"(United States v. *Curtiss-Wright Export Corp.)(1936)中裁定,"联邦政府行使对外主权的权力而进行的投资,不需要依赖宪法

(相反,是基于这些权力)基于将联邦政府作为国家的伴随物而作出积极的授权"(p. 318)。一句话,从本源上看,它们是超宪法的。这些"固有的"和"绝对的"权力"在国际关系领域中专属于总统这一联邦政府机构"(参见 Inherent Powers; Presidential Emergency Powers)。据此,联邦最高法院维持一项准立法性总统令,该命令禁止向参与阿根廷查科省武装冲突的那些组织销售战争物资,目的在于促进玻利维亚和巴拉圭之间的和平。柯蒂斯-赖特案判决从未被认为是一项合格的司法判决。

联邦宪法授予总统缔约权,但须经参议院 2/3 多数票批准。行政首脑由于其固有的对外事务权是否可以利用行政协议而规避参议院同意这一要件?在"合众国诉贝尔蒙特案"(United States v. Belmont)(1937)中,联邦最高法院肯定了李维诺夫协议(Litvinov Agreement),虽然联邦最高法院的审理意见部分是以总统对其他国家作出承认的"表达"权为依据,但联邦最高法院还是作了肯定的回应。在李维诺夫协议中,罗斯福总统承认了苏联,并且接受同意苏联以从俄罗斯人手中没收的位于美国的财产来偿还债务。总统的这一政策得以广泛实施,并没有得到参议院的同意,而且无视被没收财产所在州的法律。因而根据联邦宪法第 6 条规定,李维诺夫协议与缔结的条约一样,是"全国的最高法律"。这种类型的判决,尤其是"密苏里州诉荷兰案"(*Missouri v. Holland)(1920),最终导致提出《布里克修正案》(Bricker Amendment)(1954)。但在参议院仅因一票之差而未能获得通过,该修正案中本已规定"国际协定除条约以外,只能通过国会的某一项法律而成为合众国有效的国际法"。尽管拟议的该修正案最终未予采纳,但它背后的政治力量似乎已经使得联邦最高法院的口风有所松动,虽然并没有改变其判决。在"达姆斯与穆尔诉里甘案"(*Dames & Moore v. Regan)(1981)中,联邦最高法院裁定吉米·卡特总统与爱尔兰就美国人质达成的行政协议以及冻结爱尔兰在美国的财产的私人声明继续有效。联邦最高法院强调该判决的"狭隘性",声称它仅适用于声明协议,并小心谨慎地论证得出,这不属于"国会已经以某种方式拒绝总统行使权力"的情形(p. 688)。

"戈德华特诉卡特案"(*Goldwater v. Carter)(1979)提出了一个问题:总统未经国会或参议院批准是否可以直接终止条约。卡特总统在承认中国的同时宣布终止与台湾的条约,上诉法院全体出庭法官听审后决定支持卡特总统。联邦最高法院驳回该案,没有对该案作出实体判决。这一结果就是总统权力的胜利。

联邦宪法授予国会"宣战权",并规定总统为武装部队总司令(参见 War Power)。此外,总统还在对外事务活动中发挥并曾力图发挥主要的作用。人们一直争论不休的一个古老问题就是:如有可能,在何种情况总统作为武装部队总司令可以不经国会宣战而动用武装力量是恰当的? 很快,联邦最高法院就遇到了这一问题,亚伯拉罕·林肯总统组织一支海军封锁南部港口——尽管国会此时还未宣战,但这显然是一次战争行动。在"战利品系列案"(the *Prize Cases)(1863)中,联邦最高法院维持了总统的行为,虽然遭到那些力图冲破封锁线而导致船只被抓获的人的强烈反对。其中四位法官提出强烈异议。在未宣"战"的情况下采取类似战争行为的措施,包括派遣新兵进行战斗,对这些措施合法性产生的争议由于越南的内乱而一再提交由法官裁决。自捕获案后,联邦最高法院已经将诸如此类的问题交由总统和全体选民来解决。显然国会在越战和美国内战中均默认此类行为,因为是它提供了武器和金钱,没有这些战争是不可能打起来的。此外,国会在这两次战争中均未采取在"入侵"柬埔寨时所采取的措施:切断资金来源。

在朝鲜危机时,为避免美国国内整个产业界的大罢工,哈佛·S. 杜鲁门总统没收了私人所有的钢铁厂。国会提出了多种解决方案以处理此类危机。政府机关的律师认为,总统作为行政首脑和总司令是在宪法规定的权力范畴内行事。在"扬格斯通钢板与管道公司诉苏耶尔案"(*Youngstown Sheet & Tube Co. v. Sawyer)(1952)中,法官胡果·布莱克(Hugo *Black)撰写了一份简洁的"联邦最高法院意见"。他说,实施捕获是行使军事权,不能被认定为合法。之后他注意到国会拒绝批准总统所采取的行动,他认定这是分权原则所禁止的:"在我们宪法所构筑的框架内,总统的权力是确保法律得到忠实地履行,这驳斥了总统是立法者的观点,……而联邦宪法对由谁来制定总统执行的法律既没有保持缄默,也没有含糊其辞。"(p. 587)。而其他所有法官认为这一问题远比布莱克所想的还要复杂。五位并存意见法官甚至撰写了独立的审理意见书。该问题的困难恰是法官布莱克所忽略的一个前提条件:联邦宪法和美国历史均拒绝严格的分权。虽然我们设立了三个不同的部门,但每个部门都或多或少带有立法、行政和司法色彩。此外,未分立的权力已被历史所认可。三位持异议的法官提到了一系列令人难忘的总统制定法律的事件。在未经国会批准的情况下,乔治·华盛顿宣布中立,托马斯·杰斐逊购买路易斯安那;詹姆斯·门罗提出有名的"门罗宣言",安德鲁·杰斐逊从合众国银行取走联邦储蓄;林肯解放南部联邦的奴隶。罗斯福银行假日宣言以及其后颁布大量战时法令中均沿用了这一方式。五位法官虽然同意布莱克的判决,但不能完全接受他的观点,布莱克的意见会使所有的总统立法均因违法而归于无效,而美国大部分历史也将被认定为非法。

国会与行政机构的对抗 分权原则的结果自然

是国会不得将立法权授予行政机关。尽管联邦最高法院在"小 J. W. 汉普敦及其公司诉合众国案"(J. W. Hampton Jr. & Co. v. United States)(1928)中支持国会授权总统在其认为为平衡美国和其他国家的生产成本而有必要增减进出口货物关税时,在规定的限制范围内增减关税。这一授权之所以得以维持就在于"如果国会将通过立法行为制定一项明确的原则要求被授权者服从,则诸种立法行为不是法律所禁止的立法权授予"(p.409)。

授权 国会经常这样授权不同的行政管理机构。这些授权一般相当广泛,而指导方针又定得含混不清,以致没有任何意义。比如授权州际商务委员会决定"公平合理"的公路货运费率,联邦电信委员会则有权依据"公共便利性、利害关系或必要性"决定是否给无线电台颁发许可证。同样,国会对第二次世界大战的供应合同作了规定,授权管理官员一旦发现缔约者获得"超额"利润就有权收回。另外还有两个例子,"巴拿马炼油公司诉瑞安案"(*Panama Refining Co. v. Ryan)(1935)以及"谢克特禽畜公司诉合众国案"(*Schechter Poultry Corp. v. United States)(1935),国会赋予立法权的授权迄今为止没有一次被裁定无效,无论所宣扬的指导方针是如何模糊。只有两个例外,这可能是自由放任的司法激进主义的最佳佐证,司法激进主义最终摧毁了早期的"新政"措施(参见 Laissez-Faire Constitutionalism)。事实上,现在国会不论是在法律方面还是在实践方面都完全足以认定问题,并将问题交由管理专家解决。值得一提的是,在"密斯特里塔诉合众国案"(*Mistretta v. United States)(1989)中,联邦最高法院在国会授权司法部门的一独立机构颁布联邦法院法定判例指导方针的行为中,未发现任何不恰当的授权以及分权问题。

无限制的授权可能导致互相推诿责任。不过有时候立法者也是以抽象的公共利益为指导方针,原因就在于他们无法预见许多日常生活中可能发生的问题,而这又要求其一般的政策目标必须不断完善。因而同时进行的司法审查不是使法定救济归于无效,而是确保它们受到足够的控制。管理程序本身之中就有许多诸如此类的控制,在该部分我们所讨论的重点是总统和国会的监督。一直到"查德哈案"(*Immigration and Naturalization Service v. Chadha)(1983)之后,国会才经常就行政机构行使其所授权力保有"立法否决权"。

行政人事 "迈尔斯诉合众国案"(*Myers v. United States)(1926)的争议点就是国会规定邮政局长由总统任命和免职,并须经参议院同意(参见 Appointment and Removal Power)。联邦最高法院裁定免职须经参议院同意的规定与宪法授予总统的"行政权"不相符,而且也与总统"确保法律得到忠实履行"(pp. 163-164)的职责不符。总统若没有控制权,即不受束缚的免职权,就无法成为行政首脑。

总统在迈尔斯案所取得的胜利很快就受到适格化限制。"汉弗莱遗嘱执行人诉合众国案"(*Humphrey's Executor v. United States)(1935)的起因是一项法律规定联邦贸易委员会成员在 7 年任期内,只要履行职责"无效率、失职或渎职"就可以被免职。总统罗斯福试图免去汉弗莱的职务,不依据任何法定理由,而仅以迈尔斯案判决为依据。联邦最高法院一致裁定该免职无效。联邦最高法院将迈尔斯案中单纯履行行政职责的官员和汉弗莱案中履行准司法职责的官员作了区分。这是通过制约和平衡机制所产生的政府的无效率促进自由的典型例子。汉弗莱先生是胡佛政府留任的官员,而胡佛政府在 1932 年的竞选中已经被选民抛弃了,他们改选了罗斯福。汉弗莱案还意味着一个新的政府内阁必须容许高层官员中有人的政策观念与新体制的观念明显相冲突。汉弗莱案确保了管理委员会的独立,为形成"群龙无首的政府第四部门"奠定了基础。

联邦最高法院在迈尔斯案中裁定,国会不能限制总统免去那些"单纯"履行行政职责的官员职务的权力,与此相同,在"巴克利诉瓦莱奥案"(*Buckley v. Valeo)(1976)中,大法官们裁定国会无权任命上述官员。依据"鲍舍诉西纳尔案"(*Bowsher v. Synar)(1986)判决,国会也无权免去他们的职务。

政策分歧 国会鉴于其所授予的权力一直相当广泛因此显得十分危险,自 1932 年起就频频地在一院或两院保留否决权,以否决那些肯定是不恰当或不明智地行使所授权力的行为(参见 Legislagtive Veto)。联邦最高法院在"移民与归化局诉查德哈案"(*Immigration and Naturalization Service v. Chadha)(1983)中裁定一院否决移民与归化局许可(履行所授权力)豁免驱逐是无效的。联邦最高法院认为这种否决权,属于立法权,只能由国会遵从总统的否决权才能行使。确实,按照 18 世纪形成的教条,联邦最高法院宣布"如果某一法律或程序在促进政府运作方面是有效的、便利的以及有益的,但是,如果其违背宪法,那么,这一事实本身无法改变其无效的结局。"(p.944)。在"合众国参议院诉联邦贸易委员会案"(U. S. Senate v. Federal Trade Commission)(1983)中,大法官们将查德哈案的原则扩大适用于经国会两院共同同意才有效的否决权。当然,国会可以通过调查以及财政预算权对各独立的管制委员会施加影响,但这与日复一日的监督截然不同。

1978 年的政府行为准则法规定任命"独立法律顾问"对特定的高层官员违反联邦刑事法律的行为进行调查,并在适当的时候提起公诉。这一措施的目的在于绕过司法部的日常职责,以免出现自己调查自己并提出公诉的现象。在"莫里森诉奥尔森案"(*Morrison v. Olson)(1988)中,联邦最高法院裁定国会没有违反分权原则,因为依据该法律,总统有权在任何时候免去"独立法律顾问"的职务——但仅限于"理由充分"的情况。联邦最高法院认为后一但书并未在实质上妨碍总统履行执法的职责。如果法官不准备推翻迈尔斯案判决,那么他们似乎有可能不会发现"理由充分"这一限制条件所设置的这一障碍。

自杰斐逊时代起,多位总统在未正式宣战的情况下一次又一次地动用军事力量,杰斐逊在的黎波里与海盗作战;林肯与南部联盟的战斗;杜鲁门与北朝鲜发生战争;肯尼迪、约翰逊和理查德·M.尼克松在越南动用军事力量。美国广大民众对美国政府在越南采取的冒险行动极为不满,从而导致国会通过了——在推翻尼克松总统否决案的基础上——1973 年的战争权力法(the *War Powers Act of 1973)。其目的在于"确保由国会和总统两个机构共同判断是否应当派遣合众国武装部队进驻敌国,或者是在各种形势明确表明需要立即进驻敌国的情况下是否应当派遣"。为了使该解决方案更具客观性,就要求国会和总统在采取任何军事冒险行动之前必须进行磋商。而且总统应当在采取任何此种行动的 48 小时之内向国会报告该行动及其原因。总统还必须在 60(或 90)日后终止该军事行动,除非国会批准或难以召开会议。此外,总统必须从合众国境外及属地以外的敌国"撤回"军队,如果国会一致决定要求采取此种措施,国会的一致决定不受总统否决权的约束。

自 1973 年以来至少有三位总统坚持这一决定与美国长期以来的传统以及联邦宪法授予总统的权力相抵触。而其他评论家也对此持批判态度,他们认为国会实际上是预先对总统所采取的 60 或 90 日之内的任何军事行动持支持态度。而战争权法案遇到的另一个难题是其后的查德哈案判决对立法否决权的限制。

任何人都无法确切知道战争权法事实上在何种程度限制了总统的行为。杰拉尔德·福特、卡特以及罗纳德·里根三位总统先后向国会报告了 17 次军事行动——有时候并未严格遵照 48 小时的期限规定。这些军事行动包括卡特总统积极营救爱尔兰的人质,里根总统干预格林纳达内政。国会从未对任何一个总统违反战争权解决方案的行为横加指责,司法系统也并不认为这引发了政治问题之外的任何司法问题。不过,里根总统和国会之间就在黎巴嫩何时开始算作维和行动产生了分歧,最后双方达成妥协,海军陆战队在 18 个月内撤回。

总结和结论 美国的司法审查制度赋予法院相当大的制约权以制约政府的其他机构。它还允许法院界定其他机构对抗司法系统的自我辩护的任何权力。这导致的最终结果就是,分权的意思几乎就是联邦最高法院对其所界定的含义。

在漫长的历史发展过程中,政治机构很少运用他们正式的武器(弹劾、宪法修正案和管辖权控制)对抗联邦最高法院。因此,政党似乎是——在其相当强大时——我们最有效的,如果是非直接的话,制约独立法官的手段。

联邦最高法院的判决很少限制总统。汉弗莱案是对总统的一次严重的可能存在争议的打击。而钢铁厂没收案则承认总统享有制定法律的重要权力,只要总统制定的法律与议会之前的措施不冲突。而"合众国诉尼克松案"(United States v. *Nixon)(1974)对尼克松总统而言是一次彻底的失败,但对总统一职来说又是一次胜利,因为联邦最高法院承认总统在处理事务时需要保密。在其他案件中,无论是否与国内外事务有关,联邦最高法院在面临分权原则的挑战时或是拒绝插手,或是支持总统。除国会一贯愿意授予行政机构相当广泛的自由裁量权以外,司法机构的这种宽厚仁慈就可以解释自经济大萧条以来为什么会产生小阿瑟·施莱辛格(Arthur Schlesinger Jr.)所说的"帝王般的总统权"。过多过宽的授权可能就是症结所在。

尽管国会承认其在授权方面的疏漏,但还是一再地规定采取事后补救措施,即所谓的立法否决权。查德哈案判决终结了该做法,这作为一种补救措施,肯定还不如国会承认过去已授予过多权力,而且一直也未能适当地履行其职责更有价值。这种承认似乎隐含在《格拉姆-鲁德曼法》(Gramm-Rudman Act)的行文之间,在该法中,国会寻求通过一种自动引导机制成功地解决其本身缺乏对财政预算的约束问题。查德哈案判决和国会荒谬的设法避免《格拉姆-鲁德曼法》结构的策略可能会带来一次真正的变革。

大法官路易斯·D.布兰代斯(Louis D. *Brandies)在迈尔斯案提出异议:"分权原则之所以被 1787 年的制宪会议采纳,不是为了提高效率而是防止独断专行。其目的不是为了避免矛盾,而是通过在政府三部门之间分配权力会不可避免地产生矛盾的方法来保证民众不受独裁统治"(p.293)。这是 18 世纪希望政府长年累积的无效率可以确保自由的经典表述。而一个更现代的愿望则是,只有在效率更高和更民主的责任制中才能更好地保障自由。我们现在仍然为一个古老的问题所困绕:在一个政府蜕变为君主专制之前,到底我们可以在建立一个有效的政府上走多远?如果要避免陷入这场灾难,我们可以承受的无效率又可以达到何种程度?

参考文献 Benjamin Ginsberg and Martin Shefter, *Politics by Other Means* (1990); Louis Henkin, *Foreign Affairs and the Constitution* (1972); Philip B. Kurland, *Watergate and the Constitution* (1978); Theodore Lowi, *The End of Liberalism* (1980); M. J.

C. Vile, *Constitutionalism and the Separation of Powers* (1967); Martin Wattenberg, *The Decline of American Political Parties* (1986); Chistopher Wolfe, *The Rise of Modern Judicial Review* (1986); Gordon Wood, *The Creation of the American Republic* (1969).

[Wallace Mendelson 撰;李昱译;许明月校]

分述判决意见[Seriatim Opinions]①

美国独立之时,依照英国当时的法律传统,上诉法院以每位参审法官各自撰写判决意见的形式宣布案件审理结果。直到今天,发布独立的或"分述"的判决意见的这一惯例在英格兰还是相当普遍。

联邦最高法院秉承其法律渊源,初期也采纳分述判决作为宣布判决的一种方式。首席大法官约翰·马歇尔(John *Marshall)终止了这一做法。在1801年马歇尔掌管联邦最高法院之时,司法系统是政府三大机构中最弱的,而且由于杰斐逊在1800年大选中获胜,司法系统是唯一一个继续由联邦党人控制的部门。马歇尔致力于将联邦最高法院建设成与行政、立法机构平级的机构。他认为终止分述判决的做法是达到这一目标的第一步。他推断要不断提高联邦最高法院的威望,它就必须是用一个声音说话而不是多个。因而他采纳了发布一个判决意见宣告联邦最高法院判决的做法,但这一改革遭到托马斯·杰斐逊(Thomas *Jefferson)的强烈反对。

同时代的一些观察家看到多数意见程序正逐渐被削弱。自20世纪40年代中期以来,并存意见和不同意见(*concurring and *dissenting opinion)呈剧烈上涨趋势,甚至联邦最高法院偶尔还几乎退回到了分述判决时代。例如,在"纽约时报公司诉合众国案"(*New York Times Co. v. United States)(1971)的五角大楼文件案以及"弗曼诉佐治亚州案"(*Furman v. Georgia)(1972)的死刑案中,9位法官均发表了各自的意见。

[Thomas G. Walker 撰;李昱译;许明月校]

联邦宪法第十七修正案[Seventeenth Amendment]②

联邦宪法第1条第3款规定参议员由各州立法机构选出,这显然是希望参议院所代表的选民不同于众议院。但至1900年,随着民主观念的不断发展完善,这一体制显得越来越不合时宜,有些州要求立法机构提名以前由公众投票同意的候选人担任参议员从而规避该条款。这给国会造成了很大的压力——包括威胁要召开一次制宪会议——以修正该条款。国会针对这一状况拟议了一个修正案,各州在1913年予以批准,该修正案规定参议员由那些有资格选举州立法机构这一"最庞大机构"的公民直接选举产生。

该修正案并未经常受到司法审查(*judicial review),因为各州似乎无意回避或削弱其效力。从政治上讲,这有利于打破某一政党在参议院实行寡头统治的局面,因为各州的政治后台老板发现,由选民选举候选人使得他们获得自己的候选人的难度加大。而另一方面,该修正案几乎看不出对参议院的性质产生了任何影响。但与这一时期的许多进步方案诸如直接预选一样,该修正案逐渐削弱了政党的权力,因为它绕过了行使该权力的政治机制。

[Loren P. Beth 撰;李昱译;许明月校]

联邦宪法第七修正案[Seventh Amendment]

支持和反对最初的联邦宪法的两派的分歧在于,该宪法文件未能明确规定保证民事案件中由陪审团审理(*trial by jury)的权利。在1787年的制宪会议上对这一问题进行了激烈的辩论,要求在宪法第3条中加入该权利的建议最终未能通过。反联邦党人在反对批准宪法的斗争中敏锐地意识到了该缺陷,并大加渲染。亚历山大·汉密尔顿(Alexander *Hamilton)在《联邦党人文集》(*Federalist Papers)中对此作了答复,他否认联邦宪法会限制普通法上的陪审团的民事审判权。第七修正案于1791年被批准,它保证联邦法院受理的普通法(*common law)上的诉讼,争议价额超过20美元的案件有受陪审团审理的权利,从而解决了这一争议。

联邦最高法院最近已召开了几次会议对第七修正案进行解释。在"科尔格罗夫诉巴廷案"(Colegrove v. Battin)(1973)中,联邦最高法院裁决,由6人组成的陪审团虽不同于传统的12人陪审团,但并未违反该修正案。在国会为那些与普通法上的诉讼相类似的诉讼创立新的诉因时,联邦最高法院就已经要求由陪审团审理。既然联邦法院已经实现了法律和公平的结合,那么当事人就有权要求陪审团审理与该案件法律方面相关的事实。比如,要求金钱损害赔偿的诉讼通常属于陪审团审理的范围。联邦最高法院已经拒绝裁定第七修正案适用于州法院(*State Courts)的民事审判。

[Philip L. Merkel 撰;李昱译;许明月校]

性别歧视[Sex Discrimination]

参见 Gender。

---

① 另请参见 Opinions, Assignment and Writing of。
② 另请参见 Constitutional Amendments; Elections; Progressivism。

性骚扰[Sexual Harassment]

禁止性骚扰的立法基础是民权法第 7 编(Title Ⅶ),该篇禁止雇主因为种族、肤色、宗教信仰、性别和祖籍雇用、解雇或者歧视性规定不同的合同条款或提供不同的工作条件。性骚扰请求被分成两类:以性作为交换条件和敌意工作环境(hostile environment)。当雇主因为雇员不愿意提供性服务而对其实施了事实上的不利雇用行为时,以性作为交换的性骚扰就会出现。更具争议的敌意工作环境的条款最初是由联邦最高法院在"墨里托储蓄银行诉文森案"[(Meritor Saving Bank, SFB v. Vinson)(1986)[29 CFR 1604.11(a)(1985)]中确立的。在这个案件中,联邦最高法院解释了美国平等就业委员会的规章,该规章将性骚扰定义为"不受欢迎的亲近、性要求以及具有性本质的言辞或身体的侵扰行为"。法院裁定这是可以起诉的,同时骚扰必须要严重到足以改变雇员的雇用状态,自此创立今天熟知的术语"敌意环境"。

随后,在"特里萨·哈里斯诉叉车系统公司案"(Teresa Harris v. Forklift Systems, Inc)(1994)中,法院进一步明晰了先前的裁决,即"综合考察所有的环境,包括差别对待的频率;差别对待的严重性;是否采用身体上的威胁或侮辱,或者仅仅是言语上冒犯;是否不合理地干预雇员的工作表现",这样才能确定存在敌意工作环境(p.369)。

最初引起困惑的一个问题是管理者对雇员进行性骚扰而雇员并没有遭受经济上的实际损失,那么雇主是否应该就该行为承担责任。在"伯林顿诉艾尔斯案"[(Ellerth v. Burlington)(1998)]和"法拉格诉波卡瑞顿市案"[(Faragher v. City of Boca Raton)(1998)]中,联邦最高法院裁决雇主应该对受害的雇员承担同样的责任,因为这一可诉的敌意环境是在雇主直接或间接的授意下形成的。但是,在其并没有采取实际的不利雇用行为时,被诉的雇主可以提出下列事项为自己辩护:(a)雇主尽到了合理的注意义务来阻止和纠正即将发生的任何性侵犯行为;(b)作为原告的雇员没有合理地按照雇主的要求利用防御手段或纠正机会以及避免损害的其他方式。但是一旦管理者的侵扰行为已经构成了实际的不利雇用行为时,任何抗辩都将是无用的。

是否可以对同性进行性骚扰是联邦最高法院必须解决的最后一个有争议的问题。最初,同性之间的骚扰不被认为是性骚扰,但是在"约瑟夫·奥康尔诉海滩服务部案"[(Joseph Oncale v. Sundowner Offshore Service)(1998)中,联邦最高法院拓展了法律的解释并裁定,不能仅仅因为原被告性别相同就禁止这一条款的适用。安东尼·斯卡利亚(Antonin *Scalia)法官在判决中写道,"关键的问题在于一种性别的人是否处于不利的雇佣状态,而另一种性别的人并不是这样"(p.78)。

[Nancy K. Kubasek 撰;胡海容译;林全玲校]

夏皮罗诉汤普森案[Shapiro v. Thompson, 394 U.S. 618(1969)]

1968 年 4 月 29 日辩论,1968 年 10 月 23 日—24 日进行第二次辩论,1969 年 4 月 21 日以 6 比 3 的表决结果作出判决,布伦南代表法院起草判决意见,斯图瓦特提出并存意见,沃伦联合布莱克和哈伦反对。这一里程碑判决审查了三个独立的上诉,这三个上诉案件分别涉及康涅狄格州、宾夕法尼亚州以及哥伦比亚特区所作出的须持续居住满一年才有资格获得本州福利待遇的规定。第一个案件是由维维安·M.汤普森(Vivian M. Thompson)提起,她年仅 19 岁,是一个孩子的单身母亲,现在又怀上另一个人的孩子。她从居住地马萨诸塞州迁至康涅狄格州与其母亲居住在一起,向该州申请社会福利但被拒绝,因为至申请之时她在康涅狄格州居住未满一年。由三位法官组成的联邦地区法庭取消了这一居住期限要件,因为它限制了迁移权(right to *travel),有违宪法,并且违反了联邦宪法第十四修正案(*Fourteenth Amendment)的平等保护条款(*Equal Protection Clause)。对另外两个案件,低级别法院作出了同样的裁决。

联邦最高法院同意低级别法院的判决,并强调迁移自由是基本的人身自由权之一,即"在我们国土上的任何地方均不受不合理阻碍或限制迁移的法律、法规或规章制度的禁止而自由迁移。"(p.629)联邦最高法院裁定迁移是一项"基本"权利,需要采取严格审查(*strict scrutiny)。不过各州不得在这样一部严格法中证明实施该法是为了"强制性的州利益",也不能表明它为了达到合法目的已采取最不严格的法律。首席大法官厄尔·沃伦(Earl *Warren)和大法官胡果·布莱克(Hugo *Black)对此提出异议,他们认为该规定对迁移权不构成任何限制。大法官约翰·M.哈伦(John M. *Harlan Ⅱ)认为,持续居住要件仅仅是对该权利的一种间接的非实质性的限制。

该判决为成功地抨击其他方面的居住要件,比如投票和律师执业方面的限制提供了先例(*precedent)。该判决对穷人的影响是相当大的,因为成千上万本不能获得福利救济的人因此而获得了福利救济。

[Sheldon Goldman 撰;李昱译;许明月校]

肖诉雷诺案[Shaw v. Reno, 509 U.S. 630 (1993)]

1993 年 4 月 20 日辩论,1993 年 6 月 28 日以 5 比 4 的表决结果作出判决;奥康纳代表法院起草判决意见,怀特、布莱克蒙、史蒂文斯和苏特持有异议。在这个案件中,联邦最高法院认为,如果选区的界线非常的不规则,即使没有稀释任何一个选民群体的投票权,重新划分选区的方案也会被认为违反了联邦宪法第十四修正案(the *Fourteenth Amendment)中的平等保护条款(*Equal Protection Clause),因为这会被看成是仅仅为了投票的目的而进行种族分离的结果。

司法部不同意北卡罗来纳州议会根据《1965年投票权法》(*Voting Rights Act)第五节的规定进行的选区划分方案,因为这个方案没有划分出一个以上的黑人占多数的选区。于是北卡罗来纳州提交了第二份方案,在这个方案中有两个黑人占多数的选区。其中一个选区呈现非常不规则的形状——大约沿着州际公路延伸了160英里长,但是宽却没有超过高速公路。修改后的选区划分方案用于1992年的议会选举,并产生了北卡罗来纳州自重建(*Reconstruction)以来的第一批黑人议员。五个白人居民以这份修改后的方案有基于种族操纵选区划分(racial *gerrymander)的嫌疑而质疑其合宪性。

法院裁定,对于白人居民依照平等保护条款提起的这一诉讼,法院有权管辖。依据法院的观点,这个奇形怪状的选区使得传统的种族中立的选区划分原则——例如紧凑性、连贯性和尊重各政治集团的意见等——附属于种族因素的考虑。因为选区划分方案从表面看来如此奇怪,以至于它仅仅被理解成试图通过种族分类来达到分离选票的目的,所以这个立法将受到严格的司法审查(*strict judicial scrutiny)。

大多数法官没有像传统上那样要求原告证明存在事实上的损害,而是允许基于广义上的对政治体制的损害提起诉讼。在法院看来,如果允许为种族利益操纵选区划分可能加深这种不合法的陋习的影响。同时这也可能恶化种族团体之间的选举。这也向当选的议员传达了一个信息,即它们的主要义务是代表特定种族的利益。因此,法院分析道,在重新划分选区案件中,选区的表面状况本身就具有重要意义。

持异议的法官注意到原告未能就审判权限内的损害提供主张。以"威廉斯堡犹太人联合组织诉凯里案"[(*United Jewish Organizations of Williamsburgh v. Carey)(1977)]为据,拜伦·怀特(Byron *White)法官辩论道,原告不能证明修改后的选区划分方案试图或实际上已经不正当地降低了自己的政治影响。实际上,白人居民也不能证明这样一个结果,因为12个选区中有10个是白人占多数的选区,这已经超过了白人占全州人口总数的比例。

在接下来的十年里,联邦最高法院不得不多次提到肖案,因为低级别法院为这个案件的适用争论不休。这个判决直接的后果就是使近来设立的许多数种族-少数种族的选区面临合宪性的挑战。这些选区也成为了依据《1965年投票权法》第二节和第五节提起的案件的救济途径,同时也使得黑人和西班牙人在20世纪90年代争取代表权方面受益匪浅。

[Grant M. Hayden 撰;胡海容译;林全玲校]

谢利诉克雷默案[Shelley v. Kraemer, 334U. S. 1(1948)]①

1948年1月15日—16日辩论,1948年5月3日以6比0的表决结果作出判决,文森代表联邦最高法院起草判决意见,里德、杰克逊和拉特利奇未参加该案的审理。谢利案是统一被称为"限制性协约"案的四个案件之一,其余三个案件分别是"麦吉诉赛普斯案"(McGhee v. Sipes)、"赫德诉霍奇案"(Hurd v. Hodge)以及"尤尔西奥罗诉霍奇案"(Urciolo v. Hodge)。在该案判决中,联邦最高法院裁定州以司法手段执行基于种族防止人们拥有并占有不动产的种族主义契约,是联邦宪法第十四修正案(*Fourteenth Amendment)的平等保护条款(*Equal Protection Clause)所禁止的。联邦最高法院同时还裁定,联邦法院执行种族主义契约违反了联邦宪法第五修正案(*Fifth Amendment)的正当程序条款。

签订协议对土地的使用强加各种限制是不动产法中一种常见的策略。不过,种族契约不是旨在禁止对土地的具体使用,而是禁止某一特定类型的人拥有并占有土地。联邦最高法院在"布坎南诉瓦雷案"(*Buchanan v. Warley)(1917)中宣布,要求在城镇住宅方面实行种族隔离的城镇分区法无效,自那以后利用种族契约来大力推行种族隔离的做法在各地普遍流行。至谢利诉克雷默案提交联邦最高法院之时,种族限制协议在许多北方城市实施,而种族契约制度蔓延至该国家的其他地方的势头相当强劲。

联邦最高法院在对该案作出判决的过程中,几乎忽略了当事人所提交的抨击种族契约的大量社会数据。联邦最高法院的意见着力于第四修正案的"国家行为"这一传统概念。签订限制协议和由衡平法院实施该协议,这二者是截然不同的。按照联邦最高法院的意见,这些签订协议的当事人所从事的纯属个人行为或活动,不受宪法条款管制或限制。不过,以司法手段实施这些限制性契约就构成官方行为,通过这些限制契约禁止少数人拥有土地侵犯了法律对少数人的平等保护权。联邦最高法院援引了许多论据以支持其结论,其中包括在实施这些契约时法院就涉及的问题采用普通法管辖权规则,将衡平权直接用于基于种族的缘故而遭受歧视的少数

---

① 另请参见 Race and Racism; Restrictive Covenants。

人,以及使自愿买卖双方的交易归于无效,从而迫使买方在出售土地时不得不注意种族标准。

联邦最高法院的意见常常受到批评。一般而言,并不能证实州在执行私人协议时对缔约当事人常产生冲突的各种目标负责或予以采用,相反,州被认为仅仅是为私人协议制度的实施提供了某种途径。但是限制性契约的相关事实却表明,州在实施种族主义契约时所做的不仅仅是中立地执行私人协议,事实上各州为了保护财产、制止犯罪以及提高种族纯粹度而纷纷采用居住种族隔离政策(参见 Housing Discrimination)。遗憾的是,联邦最高法院在审理意见中对这些事实未作充分的审议,也未提出充分的标准界定私人协议的实施演变为推行公共政策的国家行为的分水岭。

"谢利诉克雷默案"对以后的民权案件并未产生较大的影响。在"巴罗斯诉杰克逊案"(Barrows v. Jackson)(1953)中,谢利案的判决被扩及用于否决限制性协约的一方当事人可以依法提起诉讼,要求违反协议将财产售给黑人买主的另一方当事人给予损害赔偿的权利。而在其他许多案件中,谢利克雷默案经常被讨论或加以援用,但似乎很少能影响案件结果["穆斯旅店诉艾尔维斯案"(*Moose Lodge v. Irvis)(1972);"布莱克诉卡特实验室案"(Black v. Cutter Laboratories)(1956);"莱斯诉苏人城市纪念公园公墓案"(Rice v. Sioux City Memorial Park Cemetery)(1955)]。相对不重视谢利案的一个原因可能是 20 世纪 60 年代州和联邦公民权立法的实施(参见 Civil Rights Act of 1964),这些法律为那些本来会考虑谢利案判决的问题提供了答案。

虽然该判决很少被法院援引,但它仍然是现代宪法史上的重大事件。该案宣布种族契约的实施无效,从而摧毁了为推行种族歧视而精心设计的难以对付的一种工具。该判决推动了民权运动的进一步发展。最后它将居住隔离的问题上升到宪法层次,从而使得这些问题更具严重性,并与道德问题挂钩。

参考文献 Francis A. Allen, "*Remembering Shelley v. Kraemer*," *Washington University Law Quarterly* 67(1989):709-735.

[Framcis A. Allen 撰;李昱译;许明月校]

谢泼德诉马克斯韦尔案[Sheppard v. Maxwell, 384 U.S. 333(1966)]①

1966 年 2 月 28 日辩论,1966 年 6 月 6 日以 8 比 1 的表决结果作出判决,其中克拉克代表法院起草判决意见,布莱克提出异议。发表不利于刑事被告的报道对其宪法权利所构成的威胁自新闻媒介诞生之时就产生了。一直以来,联邦最高法院很少限制新闻媒体报导刑事审判。不过在 20 世纪 60 年代,由于不断扩张刑事诉讼中被告的宪法权利,法院再次提出了这一问题。

在谢泼德案中,联邦最高法院推翻了森姆·谢泼德博士谋杀妻子的罪名。谢泼德的案件吸引众多新闻媒体纷纷报道,法院裁定其罪名成立,他服刑几年之后又寻求联邦法院的人身保护状(*habeas corpus)救济。联邦最高法院颁发了这一令状,并命令释放谢泼德。它裁定谢泼德被剥夺了公平审判权,因为审判过程中充斥着"罗马假日"的气氛(以欣赏他人受苦为乐的气氛),因为法官未能将众多公开报道所造成的不利影响减至最小。

联邦最高法院在推翻对谢泼德的定罪过程中,着重考虑了联邦宪法第六修正案。它指出,新闻媒体对还未作出裁决的审判进行有偏见的评论已经成为社会上的一种普遍现象,因而告诫审判法官一旦发现存在公开报道妨碍公正审判的合理可能性时,应当基于保护公平审判权的考虑在小范围内采取一定的措施,诸如陪审员隔离,以降低造成偏见影响的可能性。

谢泼德案可能是联邦最高法院保护刑事被告在接受审判时免受偏见宣传影响的高水位线。自谢泼德案以来,联邦最高法院再也没有因为这样的不利评论就推翻一个单独的定罪。相反,联邦最高法院对于审判法院为消除偏向性公众舆论的危害后果所采取救济措施则给予更多的自由裁量权和尊重,这些措施包括决定是否改变审判地点、是否发出限制新闻报道令以及是否要求潜在陪审员宣誓如实陈述等等。举例来说,在"莫敏诉弗吉尼亚州案"[(Mu' Min v. Virginia)(1991)]中,联邦最高法院裁定,审判法院的法官拒绝就新闻报道中涉及被告的特定内容要求陪审员进一步宣誓如实陈述并没有违反联邦宪法第十四修正案中正当程序(*due process)的规定,该案中,被告被控谋杀并被判处死刑。

[Partrick M. Garry 撰;Patricia J. Falk 修订;李昱、胡海容译;许明月、林全玲校]

《谢尔曼反托拉斯法》[Sherman Antitrust Act]②

自 1890 年以来,《谢尔曼反托拉斯法》,一部最古老和最重要的联邦反垄断法,为美国在过去的一百年间实施反垄断政策及制定判例法提供了最基本的法律依据。谢尔曼法与其他反垄断法一样,是针对限制市场竞争的行为。该法是排除限制州际或涉外商业及贸易的"任何合同、联合……或共谋"的禁止性规定,该法第 1 条就开宗明义地规定了这一点,解决了共谋或独占性的集体行动。第 2 条规定禁止

---

① 另请参见 Pretrial Publicity and the Gag Rule;Speech and Thepress。

② 另请参见 Antitrust;Capitalism。

垄断及垄断企图,主要解决了单个企业的行为,尽管它也同样谴责了共谋垄断行为。违反该法,现在对个人可以处以 35 万美元以下的罚金,对企业则可处以 1 亿美元以下的罚金,同时还可并处 3 年以下监禁。无论是合众国,还是各当事人均可以要求联邦法院颁发禁令(*injunction)以禁止可能违反该法的行为,并有权获得 3 倍于因该违法行为所遭受的损害的赔偿金。此外,各州有权代表居住在本州的受到损害的自然人提起诉讼要求 3 倍损害赔偿。

该法于 1890 年通过之时几乎得到了全体国会议员的一致通过,这主要是因为 19 世纪卡特尔化、合并以及明显带有掠夺性的商业行为激增,公众的担忧也与日俱增。国会的审慎反映了美国一直以来的担忧,即反竞争行为潜在地危及了分配的公正、生产效率、个人的经济机会以及政治自由。自 1890 年起学者们却一直不同意国会所规定的这些具体目标。现在越来越多的学者、法官和执行官员则认为国会当初唯一的目的就是促进经济效率。而另一种有名的观点则认为国会主要的目的在于禁止因无竞争定价所造成的财富转移的不公平。这些解释反映了现代的一种观念,即各种争论中所体现的经济的、政治的以及道德的各种目标之间存在重大冲突。而 19 世纪末期人们则认为这些目标在绝大多数方面是相辅相成的,因而大部分国会议员可能乐意于实现所有这些目标。

国会没有规定该法实施的具体细节,而是将制定具体规则的任务交给了联邦法院。国会希冀以一般的方式将各州法院在普通法上对贸易手段的现行的限制性规定融入谢尔曼法中。但谢尔曼法的实施条款实质上大大超越了传统的普通法规则,因为后者仅仅是否定了限制性协议的法律强制执行效力。

尽管联邦最高法院最初在"合众国诉 E. C. 奈特公司案"(United States v. *E. C. Knight Co.)(1895)中限制适用该法,但它在早期的一系列案件中均支持政府的决议,"标准石油公司诉合众国案"(*Standard Oil v. United States)(1911)以及"合众国诉美国烟草公司案"(United States v. American Tobacco Co.)(1911)两案的判决最终标志着谢尔曼法达到其顶峰。联邦最高法院在这些案件中归纳出"合理原则"(*"rule of reason")标准以解释谢尔曼法,尽管联邦最高法院接受了该标准,但态度却颇为暧昧,这引发了新的政治争论,从而最终促使国会于 1914 年通过《克莱顿法》和《联邦贸易委员会法》以完善谢尔曼法。

在第一次世界大战(*World War I)期间以及蓬勃发展繁荣昌盛的 20 世纪 20 年代,谢尔曼法的实施受到限制。而之后的"新政"(*New Deal)时期联邦政府实施反垄断政策的力度日益加大,而且从此之后,与 20 世纪 30 年代之前的任何一个时期相比,联邦政府反垄断的力度一直都相当大。

随着时间的推移,该法的司法解释发生重大变化。尤其是自 20 世纪 70 年代中期开始,谢尔曼法的解释、学术理解以及实施都发生了重大变化。比如,在最近的几个案件中,联邦最高法院已经大大减少,虽然并未完全终止,运用"本身违法"规则草率宣布竞争者之间或存在买卖关系的企业之间签订的特定协议无效。同时联邦最高法院已经逐渐重视暗示各种合作安排可能有利于增加产量和提高效率的新的经济前景。联邦最高法院和低级别法院都同样体现出对进一步提高垄断公司市场地位但具有潜在效率的行为的宽容度不断提高的趋势,不过法院同时继续宣告这种公司在缺乏这样一种具有经济效率合理理由的情况下所实施的独占行为是无效的。

反垄断法的大量适用除外,限制或排除了谢尔曼法在特殊情况下的一般适用。其中较为重要的适用除外涉及劳工行为(*labor activities)、特殊管制产业的行为、属于州而非私人决策的行为以及联邦宪法第一修正案(*First Amendment)所保护的行为。

参考文献 E. Thomas Sullivan and Jeffrey L. Harrison. *Understanding Antitrust and Its Economic Implications*(1988).

[James May 撰;李昱译;许明月校]

小乔治·夏伊拉斯[Shiras, George, Jr.]

(1832 年 1 月 26 日生于宾夕法尼亚州匹兹堡市,1924 年 8 月 2 日卒于宾夕法尼亚州匹兹堡市,葬于匹兹堡的阿勒格尼山)联邦最高法院大法官(1892—1923)。小乔治·夏伊拉斯不为人所注目,但仍然是决定哪个集团在联邦最高法院胜出以及确定可接受的宪法解释的重要大法官之一。他在联邦最高法院的生涯表明了家庭地位、教育经历和在联邦最高法院任职之前的工作经历这些背景因素对司法态度可能产生的影响。

小夏伊拉斯的父亲是一位富有的酿酒厂厂主,他退休之后又成为乡绅,在这样的环境中小夏伊拉斯自小就被教育要尊重财产和工商企业家。小夏伊拉斯受教于耶鲁大学,同时还在那儿的法学院进行过短期学习。在整个内战期间他没有服兵役而是由其兄弟代服,从而得以致力于从事公司法律业务,并且不断扩展其事业,获利丰厚。他拒绝公共政府机关的职位,1881 年获得参议员提名但他却加以拒绝,因为他认为这会使他成为宾夕法尼亚州共和党操纵的傀儡。

尽管小夏伊拉斯既缺乏司法经验,又缺乏担任公职的经验,但 1892 年 7 月本杰明·哈里森总统(Benjamin Harrison)还是力排众议提名他担任联邦最高法院大法官。之所以选他,其中有两个因素起了关键作用:其一,他与其前任来自同一个地方;其二,他一直表现出独立于宾夕法尼亚州共和党反

George Shiras, Jr.

哈里逊派的姿态。

小夏伊拉斯将专业风格和社会经济学思想带入联邦最高法院,这形构了 1892—1903 年这一期间他自己和联邦最高法院的宪法立场。在这一时期联邦最高法院运用联邦宪法第十四修正案(*Fourteenth Amendment)的正当程序(*Due Process)条款,扩大了对社会经济立法的司法审查(*judicial review)范围。小夏伊拉斯像律师一样对待案件事实和先例,这意味着他绝不会附和极端保守派的大法官集团而致力于通过对州和国家的进步改革法进行严格审查来确立自由放任经济制度(参见 Laissez-Faire Constitutionalism)。因而在"布拉斯诉北达科他州案"(Brass v. North Dakota)(1894)中,小夏伊拉斯提出了一个带有自由主义色彩的意见,裁定维持管制商业的治安权。小夏伊拉斯个人的社会经济背景直接体现在从"合众国诉 E. C. 奈特公司案"(United States v. *E. C. Knight Co.)(1895)至"艾杰耶尔诉路易斯安那州案"(*Allgeyer v. Louisiana)(1897)等一系列保守判决中,这些判决废除了国家和州的管制法。在这些案件中小夏伊拉斯投票赞同限制 1890 年《谢尔曼反托拉斯法》(*Sherman Antitrust Act of 1890),并且采用缔约自由(*freedom of contract)原则废除劳工(*labor)及其他社会立法。

历史表明,小夏伊拉斯因为使联邦宪法第十六修正案(*Sixteenth Amendment)成为必要的法律,其法律声誉受到了不应有的诋毁。他被指责为"夏伊拉斯式的",亦即破坏了 19 世纪 90 年代最具希望的改革措施——所得税法(*income tax)。虽然他的确是"波洛克诉农场主贷款与信托公司案"(*Pollock v. Farmers' Loan & Trust Co.)(1895)中投票赞成废除税法的 5 位法官之一,但他本人显然不是关键人物。对这一判决的过分关注使得人们忽视了小夏伊拉斯那些带有自由主义色彩的民权判决,在这些判决中,他采纳了一贯坚持的正当程序方法,并且如同其在"王温诉合众国案"(Wong Wing v. United States)(1896)中所做的一样抗议否定个人的基本权利。

[Alice Fleetwood Bartee 撰;李昱译;许明月校]

施里夫波特费率系列案[Shreveport Rate Cases]

["休斯顿,东西得克萨斯铁路公司诉合众国案"(Houston, East and West Texas Railway Co. v. United States);"得克萨斯与太平洋铁路公司诉合众国案"(Texas and Pacific Railway Co. v. United States)][234 U. S. 342(1914)] 1913 年 10 月 28 日—29 日辩论,1914 年 6 月 8 日以 7 比 2 的表决结果作出判决,休斯代表联邦最高法院起草判决意见,勒顿和皮特尼反对(未撰写意见书)。这些案件表明联邦最高法院愿意接受州际商业委员会(*Interstate Commence Commission)(英文缩写为 ICC)在进步运动时期的革新措施。按照得克萨斯州铁路委员会的规定,得克萨斯州的铁路公司纷纷对州外的乘客实行歧视性费率,尽管州外的乘客自居住地至得克萨斯州境内目的地的距离与州内的乘客完全相同。州内的费率显然低于联邦所定的州际费率。因而从施里夫波特、路易斯安那州至东得克萨斯州任何一目的地的运输成本显然比自达拉斯、休斯敦同等距离的运输成本高得多。州际商务委员会认为州内费率较低有损于州际贸易,所以要求以更高的州际费率取代州内费率。得克萨斯州各铁路公司提出上诉,理由在于国会无权通过州际商务委员会管理州际运输者的州内费率。联邦最高法院裁定维持州际商务委员会确定州际运输者州内费率的决议,并宣布这种管制属于联邦商业权力(*commence powers)范围之内。鉴于地方商业和州际商业相互关联,联邦最高法院裁定得克萨斯州州内较低的费率对州际贸易产生了消极影响。

[Richard F. Hamm 撰;李昱译;许明月校]

涉及塞伯德的单方诉讼案[Siebold, Ex Parte, 100 U. S. 371(1880)]①

1879 年 10 月 24 日辩论,1880 年 3 月 8 日以 7

---

① 另请参见 Dual Federalism;Fifteenth Amendment;Vote, Right to.

比 2 的表决结果作出判决，布拉德利代表联邦最高法院起草判决意见，菲尔德以及克里福德提出异议。塞伯德，巴尔的摩参加竞选的一名法官，依据 1870—1871 年的执行法（the Enforcement Acts of 1870—1871）他被判犯有在联邦国会议员竞选中操纵选票罪。执行法规定，依据州或联邦法律州官员在联邦竞选中玩忽职守构成联邦刑事犯罪。

塞伯德申请人身保护状（*habeas corpus），他认为尽管联邦政府有权制定并实施联邦自己的竞选法，但不能以参照为名而采用现行州法律，至少不能采用尚不存在的州法律，而且它无权因州官员疏于履行职责而对其进行惩罚。法官约瑟夫·P. 布拉德利（Joseph P. *Bradley）和大多数法官否决这种行使双重主权的做法，裁定如果某一职责兼有州和国家职责，则违反该职责的行为"是对合众国的违法行为，所以罪犯应当服从联邦政府的管理"（p.388）。不过联邦最高法院限制其对国家管理联邦国会竞选的权力进行广泛的讨论，并且否认联邦对纯粹属于州及地方的竞选享有管理权。

只有法官斯蒂芬·J. 菲尔德（Stephen J. *Field）在其异议意见中接受了塞伯德的观点。菲尔德推定联邦政府无权强加职责于州官员。

[Ward E. Elliot 撰；李昱译；许明月校]

银盘原则[Silver Platter Doctrine]

排除规则（*exclusionary rule）的这一适用除外直至 1960 年才失效，该例外原则容许联邦法院采纳州官员在既无联邦官员参与，又不受联邦官员指示的搜查中非法获得的证据。第一个适用该原则的案件是"威克斯诉合众国案"（*Weeks v. United States）(1914)，排除规则禁止在审判中采用非法搜查的证据。这一判决并不适用于州法院，许多州法院继续沿用普通法（*common law）上承认这种证据效力的惯例。

1927 年联邦最高法院在两个涉及联邦宪法第十八（禁令）修正案[the *Eighteenth (Prohibition) Amendment]实施的案件中形成了所谓的银盘原则，这两个案件分别为"拜厄斯诉合众国案"（Byars v. United States）以及"加姆比诺诉合众国案"（Gambino v. United States）。州执法官员经常在联邦机构的秘密煽动下，违反搜查和扣押程序，将非法搜查的证据提交联邦检察官，唤起人们用银盘盛礼物的景象来比喻这种规避联邦排除规则的伎俩。

在"沃尔夫诉科罗拉多州案"（*Wolf v. Colorado）(1949) 中，联邦宪法第四修正案禁止非法搜查的规定扩大适用于州法院，从而对银盘原则能否继续有效提出了质疑。在"埃尔金斯诉合众国案"（Elkins v. United States）(1960) 中，联邦最高法院终于废除了该原则。法官们得出结论，该原则破坏了联邦制（*federalism）。当时几乎有一半的州一直采用排除规则，所以在联邦法院承认非法获取的证据的效力就等于使州法院竭力维持第四修正案（the *Fourth Amendment）标准的努力全部化为乌有。第二年，在"马普诉俄亥俄州案"（*Mapp v. Ohio）(1961) 中，联邦最高法院宣布排除规则对所有的州法院均具有约束力，从而彻底终止了利用银盘原则规避法律的种种做法。

[David J. Bodenhamer 撰；李昱译；许明月校]

静坐示威[Sit-in Demonstrations]①

静坐示威在 20 世纪 60 年代初席卷了整个南部，其主要目的在于铲除公共膳宿场所的种族歧视。国会依据其执行联邦宪法第十三修正案（the *Thirteenth Amendment）和第十四修正案（the *Fourteenth Amendment）的权限行事，在《1875 年民权法》中已经禁止了这一方面的歧视。但是《1875 年民权法》在民权系列案（*Civil Rights Cases）(1883) 中被联邦最高法院推翻。联邦最高法院裁定联邦宪法第十三修正案的禁止奴隶制度或强迫性奴役的禁止性规定，并不适用于公共膳宿场所的歧视；而且它裁定第十四修正案并未授权国会直接禁止私人歧视行为，而仅仅是禁止歧视性的"国家行为"。这一判决以及"普勒西诉弗格森案"（*Plessy v. Ferguson）(1896) 的判决将"隔离但公平原则"合法化，作为平等保护条款（the *Equal Protection Clause）的一合法注释，按照这两个判决，南部诸州重新制定了它们各自的宪法，要求隔离公共设施和膳宿场所。而这一方案的"平等"性内涵几乎完全被忽略了。

"二战"之后，反对公共膳宿方面的种族歧视的运动不断壮大。1947 年，哈瑞·S. 杜鲁门总统领导的民权委员会建议"由各州的法律规定保障所有人平等进入公共膳宿场所的权利，不论其种族、肤色、宗教信仰和国家来源如何"（p.170）。截至 1962 年，已有 28 个州制定了这样的法律，但南部没有一个州制定了这样的法律。在北部诸州依然存在种族歧视，但只有南部诸州以及一些靠近边界的州要求隔离公共设施。

第一次静坐示威发生于 1960 年 2 月 1 日。当时，北卡罗来纳州格林斯博罗市的 4 位黑人大学生为抗议一校园快餐馆拒绝为他们提供服务，而"静坐示威"了好几天。此间，不断有其他学生加入，但他们遭到了白人抗议者的诘难。这场特殊的示威最后以谈判而告终，没有任何人被逮捕。星星之火可以燎原，静坐示威运动很快席卷了全国。大约有 70000 黑人和白人学生，大部分来自北方，投入了不

---

① 另请参见 Civil Rights Movement; Race and Racism; Segregation De Jure。

断高涨的示威运动中;据估计有3600人因此而被逮捕,他们以各种名义被定罪,诸如破坏和平、非法侵入、拉皮条、流浪以及未能服从警局要求疏散的命令,等等。同时还对示威者及其家人施加暴力和经济制裁。

许多静坐示威案件很快就开始到达联邦最高法院——大部分是寻求推翻州法院(*state courts)的定罪。联邦最高法院罕有地受理了其中大部分案件的上诉,但只在极少数案件中站在示威者一边,这些案件最基本的争议是,是否存在完全的"国家行为",从而可以推翻认定为私人歧视的裁决,转而认定为州支持种族歧视的行为,因为前一行为并未违反宪法,而后一行为则是第十四修正案所禁止的。在"彼得森诉格林威尔市案"(Peterson v. Greenville)(1963)中,一群示威者被要求离开餐厅(之后他们被捕了),因为"这不符合当地风俗",而且该城市的一项法规也禁止统一黑人与白人的餐厅,联邦最高法院裁决该法规在很大程度上涉及的是州实施歧视的行为,因而推翻了定罪。但它常常不得不千方百计找出诸种联系。比如,在"隆巴德诉路易斯安那州案"(Lombard v. Louisiana)(1963)中,新奥尔良就不存在这样的法规。但是市镇官员公开谴责静坐示威运动,并私下对快餐厅老板施压迫使他们不得向示威者的要求屈服。联邦最高法院同样也推翻了这些定罪,裁定市镇官员的公开言论就是州行为,这就等同于一项政令。

在"贝尔诉马里兰州案"(Bell v. Maryland)(1964)中,联邦最高法院产生了较大的分歧,该案未涉及其他州,联邦最高法院拒绝裁定以侵入罪完全"中立的"逮捕示威者是推翻所定罪名的充分要件。绝大多数法官不愿意让第十四修正案演变为公开膳宿场所法,特别是其时国会正考虑通过国家公共膳宿场所法,虽然这是以商业条款而非以第十四修正案为依据(参见Commerce Power)。《1964年民权法》(*Civil Rights Act of 1964)第二编在"亚特兰大之心旅馆诉合众国案"(*Heart of Atlanta Motel v. United States)(1964)中被联邦最高法院全体法官一致裁定有效。

该法并不仅是禁止公开膳宿场所的种族歧视,还禁止对任何期望行使该法所确保的权利的人进行惩罚,比如要求在公共膳宿场所提供非歧视服务。在"哈姆诉洛克·希尔案"(Hamm v. Rock Hill)(1964)中,联邦最高法院不仅维持禁止州起诉的禁令,而且使其具有溯及既往的效力以解决所有非终审定罪的未决上诉案件。所以,国会已经承认了静坐示威者的权利主张和此种策略的合法性。

参考文献 President's Committee on Civil Rights, *To Secure These Rights*(1947).

[Joel B. Grossman 撰;李昱译;许明月校]

联邦宪法第十六修正案 [Sixteenth Amendment]①

这一修正案是对联邦最高法院对"波洛克诉农场主贷款与信托公司案"(*Pollock v. Farmers' Loan & Trust Co.)(1895)的判决的回应,在该案中,联邦最高法院宣布1894年的联邦税法违宪。随着联邦政府规模的不断扩大,导致传统的财政收入来源日益匮乏,而另一方面公众对于因工业化而导致的贫富悬殊日益不满。1909年国会中的一些保守分子支持这一修正案以否定尚未生效的税法。他们误以为各州不会批准该法。

1913年联邦宪法第十六修正案被批准,明确授予国会课征所得税之权,不必问其所得之来源,不必分配于各州,国会很快就行使了该权力。这一逐步形成的所得税很快就成为联邦政府的主要财政税源,并一直持续至今。

联邦最高法院大多仅限于解释日益复杂的所得税法以及国家税务总局制定的规章。该修正案本身很少成为宪法诉讼争议的客体。但无论怎样,联邦最高法院已经裁定对非法所得可以征税,而且还可以按照不同于个人的税率对公司征税。联邦最高法院在"南卡罗来纳州诉贝克案"(South Carolina v. Baker)(1988)中裁定,州和城市公债所得可以征税,虽然国会并不认为这样做恰当。

所得税现在已经不会因其合宪性而受到质疑,国会就如何行使这一权力拥有广泛的自由裁量权。政治斗争经常是由税收问题以及相关的改革事项引发的。

[Loren P. Beth 撰;李昱译;许明月校]

联邦宪法第六修正案 [Sixth Amendment]②

联邦宪法第六修正案是1791年作为《权利法案》(*Bill of Rights in 1791)的一部分而颁布的。有一些州就是因为第六修正案的通过才批准联邦宪法,这反映了人们已经觉察到限制联邦政府在调查、起诉及惩处刑事犯罪方面的权力的必要性。最初的联邦宪法几乎没有刑事程序方面的规定,但是在前8个修正案中明确规定了20项单独的权利。其中15项就是专门针对这一程序而规定的。第六修正案本身规定了在一切刑事诉讼中被告得以享有的7项权利:(1)快速审理(*speedy trial);(2)公开审判;(3)陪审团审判;(4)控诉通知;(5)与对方的证人对质;(6)获取对本人有利证据的强制性程序;(7)律师援助(参见Counsel, Right to)。尽管第六修正案仅仅保障与联邦政府有关的权利,但是1868

---

① 另请参见 Income Tax;Reversals of Court Decisions by Amendment。

② 另请参见 Due Process;Procedural。

年联邦宪法第十四修正案（the *Fourteenth Amendment）的通过使得选择性吸收《权利法案》条款的程序成为该修正案的正当程序条款规定的内容。第六修正案规定的所有权利已经形成为一个整体，因而也适用于各州（参见 Incorporation Doctrine）。

快速审理 快速审理权满足了刑事司法制度的三个基本要求："禁止审判前不正当的不公正的监禁，将公开指控所附随的焦虑与担忧减至最小化，限制长时间的延期审判削弱刑事被告自我辩护能力的可能性"["史密斯诉胡伊案"（Smith v. Hooey）(1969)(p. 378)]。被告如在审判之前或进行有罪辩护之前未主张快速审理权，那么他有可能丧失该权利，被告的快速审理权始于逮捕或正式起诉时，既可以先逮捕，也可以先起诉（参见 Plea Bargaining）。如果被告的这一权利被侵犯了，那么驳回这些控诉是唯一可行的补救措施。

在"巴克诉文哥案"（Barker v. Wingo）(1972) 中，联邦最高法院详细阐述了法院应当如何判断是否发生了拒绝这一权利的事实。联邦最高法院首先抛弃了两种严格的观念：其一是认为联邦宪法要求审判必须在规定的时间内完成的观念，之所以抛弃这样的一种观念，原因就在于这是要求联邦最高法院参加立法活动；其二是所谓的自动弃权规则，根据该规则，如未要求快速审理权，则视为在该审判的任何一个阶段都放弃该项权利，之所以否定该规则是因为这与以前的可以援引作为放弃一项宪法权利的根据的判决相冲突。联邦最高法院之后采纳了衡平标准，按照这一标准对控诉方和被告的行为都是一视同仁。这一标准的第一个衡量因素就是延期的长短，联邦最高法院似乎主要是以此启动认定剥夺快速审理权的程序；经过一特定时间（在 6—8 个月之间，低级别联邦法院一般是推定），延期可能造成损害，因而就有必要提出进一步的要求。第二个因素是延期的原因。联邦最高法院在巴克尔案中确认了三类：(1) "故意延期审理以妨碍被告辩护"，这"是严重偏袒政府的行为"。(2) "更客观公正的原因诸如疏忽或法院工作量过多"，这"对政府的偏袒程度较轻一些，但无论如何还是一种偏袒，因为政府肯定最终要对此种情况负责"。(3) "合法原因诸如证人缺席"，这"可以合理延期"(p. 531)。第三个要素是被告是否以及何时宣示其快速审理权。巴克尔案中所确定的最后一个要素则有损于上文所提的三种利益关系，它与前述三要素一样，本身既非认定剥夺快速审理权的必要要件，也非充分要件。

公开审判 第六修正案规定的公开审判权属于被告而非公众，这一权利贯穿整个审判过程以及某些审前程序，诸如停止听审，这与刑事审判有点类似。只要公众有听审的自由，那么这一权利就得到了充分保护；当然这并不意味着对每一个想听审的人，都必须为其安排听审。被告证明这一权利受到侵犯无需具体地证明他受到损害。

行使这一权利有助于限制司法权的滥用，有利于确保证词的可信度，有的时候甚至会使一些重要的证人出庭作证，但是该权利不是绝对的，因而必须将上述益处与合理关闭审判的某些益处进行权衡比较。一方当事人要求不公开审判，"必须提出一更为重要的利益可能受到损害，而且不公开审判不得超过保护这一利益的必要限度，审判法院必须考虑另一种合理的不公开诉讼程序的办法，而且陪审团的裁决必须足以支持不公开审判"["沃勒诉佐治亚州案"（Waller v. Georgia）(1984, p. 48)]。

陪审团审判 陪审团审判权反映了"涉及执法和司法方式的判决的复杂性，刑事被告享有陪审团审判权的目的在于禁止政府的压迫……赋予刑事被告以由与其同样的普通人组成的陪审团审判的权利，为他提供了无法估量的法律保护措施以制止检察官的贪污腐败行径和过激行为，并防止法官屈服于外界压力、具有偏见或不合常规"["邓肯诉路易斯安那州"（*Duncan v. Louisiana）(1968, p. 156)]。该权利仅与陪审团裁定有罪或无罪的裁决密切相关，而不适用于判刑事项。

该权利不适用于轻罪审判，任何处以 6 个月及以下的监禁的犯罪均认定为轻罪。虽然联邦最高法院曾一度认为 12 位陪审员的传统数目是该权利的一部分，但是由 6 位陪审员组成陪审团的效力也已被承认，原因在于这一数目足以进行集体商议，并免受外界所暗示的意图影响，提供了获得由代表公众的人来审判的公平机会["威廉斯诉佛罗里达州案"（*Williams v. Florida）(1970)(p. 100)]。联邦最高法院裁定传统的一致通过要件不包括在这一宪定权力之内。由于陪审团须符合代表公众的要件，那么若"陪审团仅由部分民众组成，或者大的特殊的集团被排除于陪审团之外"，则肯定违反宪法["泰勒诉路易斯安那州案"（*Taylor v. Louisiana）(1975)(p. 530)]。泰勒案中，该权利受到了侵犯，因为仅仅是在妇女提交了一份书面宣言声明希望加入陪审团的意愿时，她们才入选陪审团（参见 Petit Juries）。

控诉通知 第六修正案还规定刑事被告有权"得知控诉之性质和理由"，这意味着被告不得被定与所指控的罪名完全不同之罪。这还意味着被告有权合理了解指控的具体细节。阐述违宪之罪就是控告被告，用相应的法律语言来说就是，妨碍某些公民"自由行使及享有……宪法所赋予及保障的几项权利或特权"。联邦最高法院在"合众国诉克鲁克香克案"（United States v. *Cruikshank）(1876) 中裁定当法律采用上述这样的一般术语时，控诉就必须更具体，比如在本案中就必须声明何种宪法权利受到了所指称的妨碍。

与对方的证人对质 第六修正案所规定的这一

权利包括被告有权出席对他的审判。该权利也可以放弃，但是要弃权不光是缺席，被告还必须已由审判法院明确告知他有权出庭，如缺席审判将继续进行［"泰勒诉合众国案"（Taylor v. United States）(1973)（p. 19）］。如果被告扰乱庭审秩序，这一权利也可能丧失。

这一权利的另一层含义——质证，就是指被告有权盘问对方的证人。该权利与出庭权类似，在"史密斯诉伊利诺伊州案"（Smith v. Illinois）(1968)中，联邦最高法院裁决对警局线人的身份予以保密的意愿不是允许提供线索之人作证无需暴露真实姓名及住址的充分理由。而且质证的权利还为被告提供了保护，禁止裁定事实的司法官在"确认某一先期作出的陈述的真实性缺乏令人信服的依据"时采用传闻作为证据［"加利福尼亚州诉格林案"（California v. Green）(1970)（p. 161）］。

获得有利证据的强制程序 该权利的一个含义是被告可以自证。为了平衡刑事审判程序中其他合法权益，可以限制该权利，但是就限制的本身目的而言，这些限制不应是武断的或不恰当的，因而被告在催眠状态下回忆的证词的自身排除是违宪的。该强制程序权的另一个含义是被告有权传唤证人（*subpoena witness）。这意味着政府不能阻碍被告行使传唤权，比如法官以不必要的强烈语气警告证人不得损害司法公正，导致有利于被告的证人不出庭。该权利还包括要求证人出庭的权利，比如法律规定禁止互相作证，就侵犯了这一权利。但是作证特权，诸如禁止自证其罪（*self-incrimination）的特权是宪法明文规定的，即使它们可能使某些人无法作为有利于被告的证人。

律师援助 第六修正案规定被告有权"获得律师为其辩护的协助"，显然保障了私人委托律师代理的权利。这一权利包括由国家为经济穷困的被告提供律师的权利，但多年以来这一点一直未明朗化。联邦最高法院首次承认在特殊情况下指定律师的正当程序权的案件是"鲍威尔诉亚拉巴马州案"（*Powell v. Alabama）(1932)——斯科特伯罗少年案（Scottsboro Boys）。在本案中被告是文盲，面临被判处死刑。这一特殊情况规则直到"吉迪恩诉温赖特案"（*Gideon v. Wainwright）(1963)后才普遍适用于州案件中。在吉迪案中，法院裁定第六修正案规定的律师协助权适用于各州，联邦最高法院推论得出，"在我们这种对抗性的刑事审判中，任何被指控而受到法院审判的人如果太穷付不起律师费，那么就无法确保审判的公正，除非为他提供一名律师"（p. 344）。在不会被判监禁的案件中就无需为穷困的被告提供律师。

该权利可以放弃，但法院通常要求弃权是在当事人知悉并且精神正常的情况下作出的。法院不会简单地处理对弃权的所有疑问，因为实际上常见的情况是"弃权"可能会导致援用另一宪定权利。在"法瑞塔诉加利福尼亚州案"（Faretta v. California）(1975)中，联邦最高法院将第六修正案解释为使"律师像所保证的其他辩护工具一样，成为对自愿被告的一种援助——而非国家机构干预不愿请律师的被告及其自我辩护的权利"（p. 820）。所以联邦最高法院裁定被告还拥有亲自诉讼的宪法权利，即在刑事审判中自己为自己代理的权利。"

根据第六修正案的规定，被告所享有的权利是获得律师的有效协助。这首先意味着政府不得不合理地限制辩护律师的行为，比如审判法官命令被告在休庭期间不得与其律师进行磋商。其次说明被告有权要求其律师完全忠诚于他；如果被告所确立的实际利益冲突对其律师的行为产生了不利影响，就可以证明该权利受到了侵犯，这与被告是否因此受到损害无关。最后这还意味着被告有权获得履行职责没有缺陷的律师。为了证明律师的行为违宪必须证明"根据所有的情况，所确认的（律师的）行为或怠职行为超出了合法的专业援助范围"，而且"存在这样一种合理的可能性，即如果不是律师的非专业性而造成的失误，诉讼结果就会有所不同"［"斯特里克兰诉华盛顿州案"（Strickland v. Washington）(1984)（p. 690, 694）］。

参考文献 Joseph G. Cook, *Constitutional Rights of the Accused*, 2 vols. (1972); David Fellman, *The Defendant's Rights Today* (1976); Wayne R. LaFave and Jerold H. Israel, *Criminal Procedure* (1984); Charles H. Whitebread and Christocher Slobogin, *Criminal Procedure*, 2d ed. (1986).

［Wayne R. Lafave 撰；李昱译；许明月校］

斯金纳诉俄克拉荷马州案［Skinner v. Oklahoma, 316 U. S. 535 (1942)］①

1942年5月6日辩论，1942年6月1日以9比0的表决结果作出判决，其中道格拉斯代表法院起草判决意见，斯通和杰克逊并存意见。1942年多数州授权对"精神耗弱的"或多次犯罪的刑事犯实施绝育手术。这种法律被认定为合理，其依据是优生优育理论，但强制性绝育的批评者认为：犯罪性和精神疾病是否会遗传还不确定。斯金纳一次被判偷鸡罪，两次被判持械抢劫罪，根据俄克拉荷马州的刑事绝育法被责令实施输精管切除术。

联邦最高法院在判决斯金纳案时承认拥有后代的权利是一项基础权利（*Fundamental Right），但并未宣布强制性绝育法全部无效。相反，道格拉斯撰写的为多数法官所支持的意见主要是讨论俄克拉荷

---

① 另请参见 Buck v. Bell。

马州绝育法对犯有贪污罪或政治刑事罪的人的豁免绝育术的问题。道格拉斯(*Douglas)认为本案涉及基本权利,因而有必要对此种分类进行严格审查(*strict scrutiny)。他认为并不存在任何合理的根据可以推导出非法侵占财产的倾向会遗传从而应对惯犯实施绝育,而贪污公款则不会遗传。因而俄克拉荷马州的法律违反了第十四修正案(*Fourteenth Amendment)的平等保护条款(*Equal Protection Clause),属于违宪。

首席大法官哈伦·斯通(Harlan *Stone)持并存意见,认为:该法违反了正当程序条款,因为它并未要求专门就斯金纳的犯罪品性是否会遗传的问题举行一次听审。法官罗伯特·杰克逊(Robert *Jackson)也同样提出并存意见,他承认可以牺牲少数人的尊严为代价进行这种生物实验,但应当有所限制。

[Paul Kens 撰;李昱译;许明月校]

斯金纳诉铁路劳工执行协会案[Skinner v. Railway Labor Executives Association, 489U. S. 602(1989)]①

1988年11月2日辩论,1989年3月21日以7比2的表决结果作出判决,肯尼迪代表法院起草判决意见,史蒂文森提出并存意见,马歇尔和布伦南反对。本案的争议是对铁路雇员进行毒品测试是否合宪,它与"国库雇员工会诉冯·拉布案"(*National Treasury Employees v. Von Raab)(1989)一并作出裁决。该案开始之时,正值联邦铁路局颁布一系列规章,要求对涉及重大铁路事故的铁路雇员进行血检和尿检,并且允许对违反安全规则的雇员进行呼吸或尿液检测。铁路劳工会对这些规定提出质疑,认为它们违反了第四修正案(*Fourth Amendment)禁止不合理搜查和扣押的规定。

联邦最高法院裁定:尽管所涉工人均是由私人公司雇用,但本案牵涉政府干预行为,而且该计划具有足够的干预性,从而牵涉到联邦宪法第四修正案。至于依据第四修正案该计划是否是不合理的,联邦最高法院指出了当时的各种情况。联邦最高法院注重铁路事故中生命和财产的损失,因而裁定政府对确保安全极为关注表明了存在使该计划合理化的一种特殊需要。而且联邦最高法院认为,雇员对隐私(*privacy)的主观预期相当小而且几乎不涉及自由裁量权,并再三强调安全性,因而联邦最高法院裁定第四修正案所规定的搜查证、可能的事由以及个人涉嫌违法行为的一般要件不是必要要件。

法官瑟古德·马歇尔(Thurgood *Marshall)和威廉·J. 布伦南(William J. *Brennan)反对,他们警告道:联邦最高法院由于对毒品过分敏感而已容许逐渐削弱宪法所给予的基本保护。他们还认为联邦最高法院的特殊需要判断标准是不合原则的,而且极为危险,将导致对宪法内容的肆意漠视。

[Gerald N. Rosenberg 撰;李昱译;许明月校]

屠宰场系列案[Slaughterhouse Cases, 16 Wall. (83 U. S.)36(1873)]②

1873年2月3日—5日辩论,1873年4月14日以5比4的表决结果作出判决,米勒代表法院起草判决意见,菲尔德、布拉德利、蔡斯、斯韦恩反对。屠宰场系列案由三个诉讼组成,是由路易斯安那州的一部法律引发的,该法规定组建克里森特城市禽畜卸放与屠宰公司,要求新奥尔良所有的牲畜屠宰都必须采用该公司的设备。该案使得联邦最高法院第一次有机会解释1870年批准的联邦宪法第十四修正案的含义。根据一种至今仍存在争议但一直未被推翻的观点,多数大法官严格限制联邦宪法第十四修正案(the *Fourteenth Amendment)第1款的特权或豁免条款的含义。

问题法律在路易斯安那州一经通过就产生了许多争议,当时许多州和地方政府正在实施健康卫生改革,许多地方实施了管制牲畜屠宰的法律规章,因为在发明现代冷冻技术和实行蚊虫控制之前,这一行业对其周围居民的健康构成极大的威胁。而集中屠宰是管制的手段之一。

尽管由州亲自建立并经营新的屠宰中心是一个可行的办法,但是组建私人企业以承担提供所需的公用设施为代价获取政府管制的垄断是各州的通行做法。但是内战结束之后,路易斯安那州的财政陷入困境,于是就采取了由私人建立屠宰公司的办法。不过,这一决议也引发了另一个问题,即挑选谁享有组建新屠宰公司以及获得因此可得的纯利润的特权。按照19世纪美国的一般情况,这一特权由一群富有的具有政治影响力的个人获得,他们与著名的政治家有着千丝万缕的联系,当政府选择这一方式提供公共设施服务时,自然就要背负腐败的罪名。极为不满的市民已觉察到这种交易,将特权非法授予具有影响力的极少数人,而牺牲广大民众的利益。

路易斯安那州的这种情况尤为突出。该州由共和党人统治,主要是由被解放的黑人选民选举产生,这一举措也是战后重建联邦计划的一部分。路易斯安那州的大多数白人相信路易斯安那的共和党的白人领袖就是"南北战争之后去南方投机谋利的北佬"以及"参加共和党的南方白人",他们唯一感兴趣的就是掠夺财物。民主党人指责屠宰法就是共和

---

① 另请参见 Search Warrant Rule, Exceptions to。
② 另请参见 Due Process, Substantive; Federalism, Privileges and Immunities; Property Rights, State Sovereignty and States' Rights。

党人腐败的又一例证,尽管克里森特城市公司的组建者中既有共和党人也有民主党人。

各州纷纷实施屠宰法,给屠夫们造成了极大的不便。他们中的有些人习惯于自行屠宰牲畜。而其他人,如新奥尔良的屠夫,则已组建贸易协会由协会经营屠宰场。现在他们都被要求在远离城市的地方屠宰,而且常常是在规定缴费的一个中心进行。于是各地受屠宰法影响的屠夫提起诉讼,对该法的合宪性提出质疑。不过19世纪60年代末至70年代初,诉讼当事人和律师几乎都未觉察到第十四修正案只保护白人公民的一般权利的潜在含义;对该修正案的讨论几乎全是关于奴隶制(*slavery)的争议。屠夫向州法院(*state court)提出诉讼,宣称该法违反州宪法。但无一例外都败诉了,州法院裁定该法属于合法行使治安权(*police power)——制定法促进社会的健康、安全及道德的权力。

不过,路易斯安那州的屠夫有幸得到著名律师的帮助,其中就有约翰·A.坎贝尔(John A. *Campbell),前联邦最高法院大法官,他于其所在州退出联邦之时辞去联邦最高法院大法官一职。坎贝尔代表屠夫慈善协会向地方法院申请颁发禁令,该慈善协会就是经营屠宰场为其成员服务。坎贝尔要求法院禁止克里森特城市公司干预协会的屠宰经营或其成员的经营。虽然坎贝尔提出的主张与其他州的屠夫所提出的相类似,但他增加了一个新的诉讼主张,即该法违反了第十四修正案。这一新近通过的修正案禁止州实施"任何剥夺合众国公民的特权或豁免的法律",坎贝尔认为,这其中就包括从事正当职业的自由劳动权。

该争议于1870年提交路易斯安那州最高法院。屠夫们的律师争辩,该法已经超出了州固有的立法权,而且既违反了州宪法又违反了第十四修正案,因为它剥夺了屠夫的财产权,而这并非为了社会的利益,而是为了垄断者的私利。法官否决了屠夫认为该法是基于垄断者的私利重新分配财产权利的主张。对此只有1个法官反对。

屠夫们以第十四修正案为根据向联邦最高法院上诉。而同时克里森特城市公司获得州法院颁发的禁令,禁止各协会经营屠宰场。坎贝尔请求合众国巡回法院发布一道禁令禁止干预屠夫的经营活动,直到联邦最高法院宣布该案判决为止。联邦最高法院的大法官约瑟夫·P.布拉德利(Joseph P. *Bradley)当时是联邦巡回法院的法官,他利用这一机会向世人阐述了他对第十四修正案的观点。

新奥尔良法律界和商界的领导人物使布拉德利确信该法的目的在于让克里森特城市公司的组建者们发财,所以他在"禽畜零售商与屠宰协会诉克里森特城市禽畜卸放与屠宰公司案"(Live-Stock Dealers and Butcher's Association v. Crescent City Live-Stock Landing and Slanghter-House Company)(1870)中裁决该法不属于治安权的合法反映的实践。事实上该法的初衷就是授予"性质极为可恨的垄断权"(p.653)。这样的法律违反了第十四修正案。尽管该修正案的制定者不一定理解了该修正案更为深远的含义,但无论如何它对联邦体制进行了一场重大变革,将干预权赋予中央政府以禁止剥夺公民的基本权利。合众国公民所享有的特权及豁免之一就是劳动权(the right to *Labor),而路易斯安那州的屠宰法侵犯了该权利。

布拉德利的意见只对阐述第十四修正案极为有用,但不能左右该修正案的实际效力,联邦法律禁止合众国法院命令州法院行事。因此他仅能责令克里森特城市公司和州官员不得对屠夫及其组成的协会提出新的法律诉讼,并由州的各级法院对该公司已经获得的禁令予以执行。

当1873年屠宰场系列案提交至联邦最高法院时,法官们陷入了进退两难之境。共和党得到北方人民的支持,在一场主要是针对美国黑人在美国社会的未来地位的政治斗争中,制定了联邦宪法第十三、十四和十五修正案(*Thirteenth, *Fourteenth and *Fifteenth Amendment)(参见Race and Racism)。由于这些修正案获得批准而且民众继续支持共和党,人们已经预见到美国黑人应当享有与美国白人一样的公民权和政治权。此外,这些争论都表明了一般民众的一个模糊信念,即所有的美国人,无论是白人还是黑人,都享有特定的基本权利(*fundamental rights),而因为奴隶制度(*slavery)这些权利一直受到侵犯,因而应当确保这些权利不受侵犯。而同时共和党人承诺继续实行联邦制度。他们一直坚持,管理美国人之间的关系以及保护他们的权利不受侵犯的基本职责仍保留于各州。

共和党人竭力协调这两种承诺,他们制定法律和宪法修正案(*constitutional amendments)授权中央政府在各州侵犯了公民的权利或未能保护这些权利时出面干预。此外,这些法律和修正案都十分小心,避免使美国黑人成为特殊保护对象。它们平等保证所有美国人的权利。但事实上共和党人一直未能解决这一问题,而且屠宰场系列案更证明了共和党人的失败。屠宰场系列案并不是黑人的公民权受到侵犯或白人会员的言论自由权受到侵犯,而是在于健康法与全国通过的许多法律并不相同。如果联邦最高法院同意第十四修正案授权它审查这些立法,那么它可能会受理类似的上诉,任何人只要认为某一管理法规否定了基本权利,无论什么时候可都提出上诉。除此之外,联邦最高法院如果同意这一点,则事实上就是承认国会也有权干预,因为第十四修正案第五款规定国会有权为实施本条各项规定而制定适当的法律。如果联邦最高法院拒绝审查这些上诉,那么它如何才能避免削弱第十四修正案本来要确保的保证?

法院在这一问题上产生了极大的分歧。绝大多数法官裁决特权或豁免条款并不保护诸如劳动权一类的基本权利,而另外四位法官则强烈反对这一判决。大法官塞缪尔·F. 米勒提出为多数法官同意的意见。他得出一结论,内战中制定的修正案背后隐藏着"一个普遍目的",即确保黑人公民的自由,而不是扩展或加强对白人权利的保护(p.71)。

米勒在解释特权或豁免条款时再三强调,该条款禁止各州取消"合众国公民的特权或豁免",但也仅限于此。即使是在内战结束之后,大多数美国人还是严格区分哪些事项属于州管辖权范围,哪些属于国家政府管辖范围(参见 Dual Federalism)。米勒利用这一差别限制第十四修正案的适用范围。他坚持认为,"合众国公民的特权或豁免"这一术语意味着基于州公民身份所享有的权利和基于合众国公民身份所享有的权利是不同的。而第十四修正案仅仅禁止州废除后一种权利。

米勒说,自建立联邦以来,各州就一直被承认对诸如劳动权的基本权利享有最终的权力。由于各州享有最终的权力,因而第十四修正案根本没有作用。米勒解释道,如果联邦享有最终权力,就会使"联邦最高法院成为各州所有有关他们各自公民权利的立法的一个恒定的审查者",并有权废除任何它认为侵犯了这些权利的法律(p.78)。不仅如此,国会也将享有同样的干预权。基于这些理由,他认为美国人民在讨论和批准该修正案时并未这样透彻理解该修正案。

另外四位持异议的法官撰写了三份不同的审理意见书,不过他们四个人都参与了法官斯蒂芬·J. 菲尔德(Stephen J. *Field)撰写的意见书。他们否认第十四修正案的本意仅仅是保证美国黑人的权利,坚持认为劳动权属于合众国公民的特权和豁免。法官布拉德利和厄·斯韦恩(Noah *Swayne)也同样坚持路易斯安那州的规定未经正当的法律程序剥夺了屠夫的财产权,即违反了第十四修正案的另一禁止性条款。

人们一般是从联邦重建这一背景以及确保国家对公民权利保护的努力程度来评价屠宰场系列案。这些案件一直受到学者的严厉批评,他们认为米勒人为地限制了特权或豁免条款的范围。他不仅武断地区分根本不存在于立法者脑海中的州公民身份权利和国家公民身份(*citizenship)权利之间的差别,而且判决意见的字里行间均暗示国家公民身份的权利几乎不存在。一些学者以及 20 世纪联邦最高法院的法官均认为合众国公民的特权及豁免至少包括《权利法案》(*Bill of Rights)中所列举的那些权利。

评论家抱怨屠宰场案判决严重削弱了政府保护自由民的能力。现在有充分的证据表明这些判决事实上的确造成了这样的后果。19 世纪 70 年代那些反对由国家来保护美国黑人权利的人就是以此来证明自己的观点。

另一方面,这些案件并未涉及路易斯安那州黑人的权利。其争议更类似于多年以后的产权案件,而不是重建时期与经济无关的公民权案件。从这一角度看,米勒的审理意见可以被视为是解释经济案件的司法限制,而不是放弃保护人权的责任。联邦最高法院最终推翻了涉及米勒被视为属于州管辖权范围的权利的法规,而裁定这些权利属于自由权和财产权,州未经过"正当的法律程序"不得侵犯。许多学者已经预见到了这些判决和屠宰场系列案的异议之间的直接关系。

参考文献 Michael Les Benedict, "Preserving Federalism: Reconstruction and the Waite Court," *Supreme Court Review* 1978: 39-79; Loren Beth, "The Slaughter-House Cases Revisited," *Louisiana Law Review* 23 (April 1963): 587-605; Charles Fairman, History of the Supreme Court, vol. 6, *Reconstruction and Reunion, 1864-1888*, Part One (1971); Robert Kaczorowski, *The Politics of Judicial Interpretation: The Federal Courts, Department of Justice and Civil Rights, 1866-1876* (1985).

[Michael Les Benedict 撰;李昱译;许明月校]

奴隶制[Slavery]①

奴隶制是美国内战之前分歧最大的宪法问题。该问题产生于联邦共和国的成立,用亚伯拉罕·林肯的话说,即是"一半实行奴隶制度一半实行自由制度"的国度。奴隶制度产生了联邦最高法院最臭名昭著的判决——"德雷德·斯科特诉桑福德案"(Dred *Scott v. Sandford)(1857)——查尔斯·埃文斯·休斯(Charles Evans *Hughes)将该案描述为"自戳之痛"。该案例在 1858 年和 1860 年演变为政治问题,为 1860 年林肯当选总统提供了有利条件。但是德雷德·斯科特案并不是唯一提交至高等法院的有争议的奴隶制案件。要充分了解联邦最高法院关于奴隶制度的法理学,就要先分析联邦宪法及其与奴隶制有关的条款。

宪法解释和奴隶制度 直到 1865 年宪法第十三修正案(the *Thirteenth Amendment)废除了人类奴役,"奴隶制度"一词才从联邦宪法中消失。无论如何,联邦宪法有 5 个条款明确地保护奴隶制度。"3/5 条款"(第 1 条第 2 款)以蓄奴州 60% 的奴隶数量为基数给予蓄奴州议院议员名额;这一条款和人头税条款(第 1 条第 9 款)限制对奴隶征收人头税;该条款禁止政府在 1808 年之前终止非洲黑奴贸

---

① 另请参见 Commerce Power; Fugitive Slaves。

易(第1条第9款);补充条款(第6条)给予奴隶贸易进一步的保护,禁止在1808年之前对迁徙和入境条款作任何修正、补充;最后一条逃亡奴隶条款(第6条第2款)对遣返逃亡奴隶作了规定(参见 Constitutional Amengding Process)。其他条款则保证联邦军队镇压奴隶叛乱,禁止对出口征税(若容许征税,则是允许间接对奴隶征税),以及根据"3/5条款"的规定额外给蓄奴州选票,从而强化了奴隶制度。任何宪法修正案均须由各州3/4的州立法机关批准才能通过,从而保证南部诸州总是可以阻止所提出的任何修正案获得通过。威廉·劳埃德·哈里森(William Lloyd Garrison),美国最受人尊敬的废奴主义者,他相信联邦宪法对奴隶制度所作的许多妥协形成了"死亡公约"和"地狱协定"。

根据19世纪为一般大众所接受的联邦宪法的释义,中央政府无权干预蓄奴州的奴隶制度。在联邦宪法批准与反批准的斗争(1787—1789)中,南卡罗来纳州的查尔斯·科特斯沃斯·平克尼(Charles Cotesworth Pinckney)清晰阐述了对中央政府的诸种限制的理解。平克尼是费城制宪会议上奴隶制度的最强硬的拥护者之一,他告诫南卡罗来纳州的立法机构:我们拥有宪法保障,而中央政府永远不能解放他们(奴隶),因为宪法没有授予此种权力,而且无论是谁领导,都得承认中央政府仅仅拥有宪法明确规定的权力;宪法未明确规定的所有权力均由各州保留之。

联邦最高法院关于奴隶制度的几个重大案件涉及以下5个领域,它们是奴隶制度中属于联邦管辖权范围的事项:(1)非洲奴隶贸易;(2)州际贸易和奴隶;(3)逃亡奴隶的遣返;(4)联邦地区的奴隶制度;(5)通过或在自由州的州际奴隶运输和暂时逗留。除这些问题外,联邦最高法院还在一系列普通的民事和刑事诉讼案件中面对奴隶制问题,这些诉讼发生于属于蓄奴区的哥伦比亚特区。尽管这些案件对联邦最高法院关于奴隶制度的法理学的影响微乎其微,但它们重申了马歇尔时期和托尼时期联邦最高法院支持奴隶制的思想。

从1790—1861年(其间在19世纪30年代早期有几年例外)联邦最高法院的大多数法官都是南方人,此外,在法院的大部分北方人都是民主党人,他们与倾向于奴隶制的南方同僚一起投票,在他们之中的杰出者——被称为"面团脸"(软顺的人),因为他们受南方利益的左右——当中,就有亨利·鲍德温(Henry *Baldwin)(宾夕法尼亚州人)、罗伯特·格里尔(Robert *Grier)(宾夕法尼亚州人)、塞缪尔·纳尔逊(Samuel *Nelson)(纽约州人)、利瓦伊·伍德伯里(Levi *Woodbury)(宾夕法尼亚州人),除了早期涉及奴隶贸易的案件以外,所有重要的与奴隶制有关的案件都是来到以首席大法官罗杰·托尼(Roger B. *Taney)这个在其漫长的法官生涯结束前已经变成了狂热的倾向于奴隶制的南方人领导的联邦最高法院的。从1837年直到内战时期,法院的判决都反映了托尼的积极地对奴隶制与南方的支持。

非洲奴隶贸易和联邦最高法院 在美国革命战争时期,非洲奴隶贸易就被视为一种万恶的事物,即使是支持奴隶制度继续存在的许多人也对此深恶痛绝。托马斯·杰斐逊(Thomas *Jefferson)在最初起草的《独立宣言》(*Declaration of Independence)中,强烈谴责乔治三世纵容非洲奴隶贸易。他对奴隶贸易深恶痛绝,这一观点得到其他许多奴隶主的赞同,不过,杰斐逊本人,这位《独立宣言》的撰写者,一生之中拥有不计其数的奴隶。杰斐逊较好地阐述了反对奴隶贸易而同时又支持奴隶制度的可能性。

同样,在制宪会议上奴隶主詹姆斯·麦迪逊(George *Madison)也抨击了奴隶贸易,但并没有反对奴隶制度本身。制宪会议的多数代表赞成授权国会即刻结束非洲奴隶贸易。而南卡罗来纳州的代表说服制宪会议容许奴隶贸易至少再持续20年。1807年国会通过立法决定于1808年结束奴隶贸易,1818年又通过了更为严厉的立法制裁奴隶贩子。

1808年之后联邦最高法院审理了大量涉及非洲贩运奴隶问题的案件。联邦最高法院在这些案件之外又定义了两种截然相反的法律理念。在"羚羊号案"(*The Antelope)(1825)中,首席大法官约翰·马歇尔(John *Marshall)宣称非洲奴隶贸易与"自然法相悖",但是它与"各国的法律一致",而且"本身并非是非法掠夺"(pp. 120, 122)。联邦最高法院承认外国人有权从事奴隶贸易,只要他们自己的国家允许他们这样做。对此马歇尔写道,"如果这既不为各国的法律所厌恶,又不属于非法掠夺,那么联邦最高法院声称在和平时期有权起诉要求裁决是多余的,即使贩运奴隶的船只属于一个已经禁止奴隶贸易的国家"(pp. 122-123)。这允许联邦最高法院维持对美国奴隶贩子的起诉,而同时又保护各国公民拥有非洲奴隶的财产权,当然在这些公民所属的国家里奴隶贸易必须是合法的。"羚羊号"是一艘西班牙船,在公海被海盗截获。至该船被一艘美国税务艇捕获并被带到萨瓦纳时,共截获了从各船抓获的280多名奴隶,这些船只分属于不同国家的公民,其中包括西班牙和美国。联邦最高法院裁定,该船上的一些奴隶应移交西班牙政府,因为该船在美国水域被捕获时仍为西班牙公民合法所有。而剩下的非洲人则作为非法贸易所得移交给美国政府。1820年至1860年期间的案件说明了联邦最高法院是如何解决奴隶贸易问题的。在"合众国诉古丁案"(United States v. Gooding)(1827)中,联邦最高法院继续坚持反对奴隶贸易的立场,维持1818年法律的解释，即允许对非法从事奴隶贸易的船只的秘密所有者提起诉讼。

"合众国诉埃米斯塔德案"(United States v. The Amistad)(1841)涉及一艘西班牙船,该船上的奴隶发动叛乱,打死了大部分船员,之后该船漂进美国水域。所有叛乱的奴隶都刚从非洲贩运过来,这违反了西班牙法。该案很快成为著名案件,有许多重要的废奴主义者参与,前总统约翰·昆西·亚当斯(John Quincy *Adams)和未来的康涅狄格州参议员罗杰尔·S. 鲍德温(Roger S. Baldwin)代表这些奴隶向联邦最高法院提出抗辩。美国政府企图以谋杀罪指控这些奴隶,或者希望允许将他们引渡到西班牙接受刑事审判或为奴隶,联邦最高法院否决了美国政府的主张。联邦最高法院裁定根据西班牙法律的规定黑人奴隶贸易是非法的,因此所有非洲人依法是自由的,理应被遣返回非洲。联邦最高法院还多此一举地裁定,美国政府没有义务支付他们返回非洲的费用。最终还是在私人的资助下这些非洲人才得以返回他们的祖国。

在"涉及戈登的单方诉讼案"(Ex parte Gordon)(1861)中,联邦最高法院维持了对一名美国奴隶贩子的定罪以及所判处的死刑。在被称为"奴隶系列案"(The Slavers)(1864)的案件中,联邦最高法院维持了依法没收美国境内协作从事奴隶贩运活动的船只的判决。联邦最高法院相应地谴责奴隶贸易,它指出奴隶贸易有悖于自然法和伦理道德。但是在所有的贩运奴隶案件中,联邦最高法院所使用的均是国际法的概念。对此,大法官约瑟夫·斯托里在巡回法院审理"合众国诉拉杰恩·尤金尼亚案"(United States v. La Jeune Eugenie)(1822)的意见中指出:"我有必要将奴隶贸易视为违反社会一般法的犯罪行为,而且在所有的案件中,在不受外国政府保护的情况下,将其作为一种犯罪行为进行处理并处以没收的刑罚……"(p.847)。联邦宪法禁止联邦政府在1808年之前对非洲奴隶贸易进行任何干预。正是在这一年联邦政府实施了一项联邦禁令。19世纪50年代一些支持奴隶制度的拥护者要求重新开放奴隶贸易,但就连大多数南部人都否定了这一想法。1861年南部联邦宪法禁止在这一新兴的国家里进行奴隶贸易。

奴隶制度和州际贸易　自联邦宪法通过以后,这个国家就对奴隶制度和州际贸易问题在政治上达成了无州界之分的一致意见。就算大部分律师承认1808年之后国会有权管理州际奴隶贸易,各州还是一致认为国会不可能进行此种管理,而且此种管理将危及整个联邦。在商业条款案中律师提出的理由和法官的审理意见,诸如"吉本斯诉奥格登案"(*Gibbons v. Ogden)(1824)、"纽约州诉米尔恩案"(*New York v. Miln)(1837)、"许可系列案"(*License Cases)(1837)以及"乘客系列案"(*Passenger Cases)(1849),都承认在一般商业管制中奴隶处于特殊地位。事实上,奴隶制度几乎直接或间接影响了内战之前的每一个商业条款案。

"格罗夫斯诉斯劳特案"(*Groves v. Slaughter)(1841)是唯一提交至联邦最高法院的较为重要的奴隶制案件。该案直接提出了几个商业条款争议。1832年密西西比州宪法禁止贩卖奴隶。但这并非是反对奴隶制度,而是企图减少资本外流。斯劳特,一名奴隶贩子,违反该规定在密西西比州买卖奴隶,接受了由格罗夫斯和其他人签名的欠条。之后格罗夫斯拒绝还债,其理由是在密西西比州买卖奴隶是无效的。联邦最高法院裁定这些欠条并非无效,因为密西西比州的宪法规定禁止输入奴隶的条款不能自行生效。因此,由于缺乏相应的立法实施该禁令,密西西比州的该宪法性条款并未生效。来自北部和南部的法官虽然各自撰写了并存意见,但都一致认为州可以合法地禁止输入奴隶。该原则既支持那些希望在其所在州之外蓄奴的北方人,又支持了那些希望确保联邦法院不能干预地方奴隶制度的南方人。

奴隶制度和治外法权:逃亡奴隶　关于逃亡奴隶的法理学是美国战前最具争议性的宪法性问题。联邦最高法院审理了涉及逃亡奴隶的四大重要案件:"普里格诉宾夕法尼亚州案"(*Prigg v. Pennsylvania)(1842)、"琼斯诉冯·赞特案"(*Jones v. Van Zandt)(1847)、"艾布尔曼诉布思案"(*Ableman v. Booth)(1859)以及"肯塔基州诉丹尼森案"(*Kentucky v. Dennison)(1861)。尽管联邦最高法院解决了这些案件的法律争议,但却没有一个案件圆满地解决人类逃跑以获得自由所产生的道德和政治问题。这些案件判决只是进一步恶化了地区之间的矛盾。最终这些争议不是通过宪法性辩论和投票解决,而是以战争来解决的。

之后在制宪会议上,南卡罗来纳州的皮尔斯·巴特勒(Pierce Butler)提议,联邦宪法应"规定像遣返刑事犯一样遣返逃亡奴隶和仆役"。宾夕法尼亚州的詹姆斯·威尔逊(James Wilson)抱怨这是强迫各州政府这样做,而牺牲大众的利益。康涅狄格州的罗杰·谢尔曼(Roger Sherman)又用可能带有讥讽的语气补充道,"当众抓捕以及交出一名奴隶或仆役与抓捕及交出一匹马一样正当"。由于遭到反对,巴特勒只得收回其建议。第二天并未再进行任何辩论或者任何记录在案的投票表决,制宪会议就同意将"逃亡奴隶条款"写入联邦宪法。联邦最高法院受理的有关该条款的第一个案件就是"普里格诉宾夕法尼亚州案"(*Prigg v. Pennsylvania)(1842),该案解释了逃亡奴隶条款的含义,法官斯托里错误地将该条款解释为"一个基本条款,如果不通过,则联邦可能不成立"(p.611)。

该条款的文义以及它与第6条其他条款并列表

明了制宪会议并未预计联邦政府会实施该法。不过1793年国会通过了第一部逃亡奴隶法,该法详细解释了遣返逃亡奴隶的程序。该法允许其主人或代理人抓捕逃跑的奴隶,并送交任何治安官,无论是州的还是联邦的,以申请迁徙证明。有了这样一张证明,抓捕者就可以自由将逃亡奴隶从发现州带回其所在州。

在该法通过之时,所有新英格兰州及宾夕法尼亚州都已彻底废除了奴隶制度,或者通过逐步解放奴隶逐渐取消奴隶制度。1799年和1804年纽约州和新泽西州掀起了第一次解放奴隶的运动。北部诸州法律和公共政策所发生的这些变化意味着,在这个国度的一半地区以种族为依据推定黑人应为奴隶的论调不再存在。由于《1793年逃亡奴隶法》对遣返逃亡奴隶所规定的程序极为专横,以及因此而产生的极不严格的证据标准,对北部自由的黑人构成极大的威胁。为了防止绑架自由的黑人,北部诸州通过了人身自由法,从而迫使抓捕者所承担的责任超过了联邦法律的要求。这些法律是北部诸州采取的善意保护措施,以保护自由黑人不被绑架或被误认为奴隶,并规定了一些程序以使州官员同时能够帮助捉拿真正的逃亡奴隶。19世纪30年代之前北部诸州一般都竭力平衡他们保护自由黑人的自由权的愿望与服从联邦宪法所规定的遣返逃亡奴隶的义务的愿望。

尽管低级别联邦法院(*lower federal court)和一些州法院实施了1793年的这部联邦法,但其合宪性直到"普里格诉宾夕法尼亚州案"后才受到联邦最高法院的审查。该案的事实以及斯托里的审判意见揭示了抓捕逃亡奴隶在宪法上所产生的困难。法官斯托里维持《1793年逃亡奴隶法》,并且废除了干预抓捕逃亡奴隶的州法律。斯托里迫使州官员继续实施1793年的联邦法,但又得出结论不能要求他们这样做。1837年,爱德华·普里格,一个职业奴隶抓捕者,抓获了玛格丽特·摩根(Margaret Morgan),后者是一逃亡奴隶,居住在宾夕法尼亚州。普里格根据1793年的联邦法以1826年的宾夕法尼亚州的人身自由法向地方治安官申请迁徙证明,而后一部法律较之前一部法律对证据的要求更高。治安官拒绝了普里格的请求。普里格在未获得任何合法许可的情况下就擅自带走了马里兰·摩根和她的孩子,其中一个出生于宾夕法尼亚州。之后普里格被控犯有绑架罪,其依据是1826年的《宾夕法尼亚州人身自由法》,他向联邦最高法院上诉。该案所争议的是1793年的联邦法和1826年的宾夕法尼亚州人身自由法二者的合宪性。

斯托里代表法院起草判决意见,认定:(1)《1793年逃亡奴隶法》是合宪的;(2)宾夕法尼亚州1826年的人身自由法(包括所有相似的法律)违宪,它增加了抓捕程序的新要件;(3)合众国宪法的"逃亡奴隶"条款暗示了回复的普通法(*common law)权利,因此任何奴隶主或其代理人可以带走逃亡奴隶而无需遵守1793年的联邦法,只要该抓捕未扰乱社会治安;以及(4)所有州法官以及其他州官员应当实施该联邦法,但是联邦政府不能要求他们这么做。

首席大法官托尼同意普里格案的结论,但反对斯托里所宣称的州法官不是必须实施联邦法律。托尼准确地预测各州将利用斯托里的意见逐渐削弱《1793年逃亡奴隶法》的效力。

托尼对斯托里意见的批评是公平的,还是理由充分的,这一点并不确定。斯托里的意见事实上是允许法律支持抓捕程序,而这一点在"穆尔诉伊利诺伊州案"(Moore v. Illinois)(1852)中已经为联邦最高法院接受。无论如何,托尼对斯托里意见中的慷慨激昂的错误陈述显然比对多数意见参阅的频率更高,所以反而增强了反对奴隶制度的潜在效果,这颇具讽刺意味。因此产生的结果就是,19世纪40年代许多州法院拒绝审理逃亡奴隶案,宣称联邦最高法院的判决使得他们不能行使管辖权。有些州通过立法从而在实际上禁止州官员参与逃亡奴隶案。比如,1843年马萨诸塞州针对企图带走一名叫乔治·拉蒂默(George Latimer)的逃亡奴隶事件,通过了"拉蒂默法",禁止任何治安官员或其他民政官员逮捕被指控逃亡的奴隶,禁止使用公共设施包括监狱监禁逃亡者,并禁止任何州法官根据《1793年逃亡奴隶法》审理案件(参见 State Sovereignty and States' Rights)。

联邦最高法院在琼斯诉冯·赞特案中对1793年的法律进行严格解释,进一步激发了北方人民反对抓捕逃亡奴隶的敌对情绪。该案是一起民事诉讼,要求赔偿奴隶的价格,这些奴隶从肯塔基州逃到俄亥俄州,正是在那儿范·赞特用他的货车为他们提供了逃跑的机会,而其律师,萨蒙·波特兰·蔡斯(Salmon Portland *Chase)以及威廉·H. 塞华德(William H. Seward)争辩说,在俄亥俄州所有人都被推定是自由的,因而没有理由知悉其所运输的是逃亡奴隶。但他们的辩护理由被法院否决了。蔡斯后来将该案的摘要出版,从而成为全国瞩目的人物,之后他被称为"逃亡奴隶的司法部长"。

针对"拉蒂默法"以及其他人身自由法,以及诸如蔡斯等人领导的反奴隶制组织的不断壮大,南部诸州要求通过一新的更为严厉的逃亡奴隶法。1850年它们终于达到了这一目的,新的逃亡奴隶法授权在美国的任何一个县任命联邦委员会。该委员会可以签发带走逃亡奴隶的证明,而且有权召集联邦法院的执行官、军队以及"旁观者或者地方武装"执行该法。任何人干预该法实施可以判处6个月以下的监禁,并处以1000美元以下的罚金。而该法院所规定的程序甚至未能为其受害者提供与正当程序相似的程序。只需最少的证据,或者纯粹只是宣誓书即可还押被指控的逃亡者;被抓获的黑人不允许自证,甚至也不允许采用陪审团裁决被指控的逃亡者的身份。最糟的就是所有的联邦委员,如果站在追捕奴隶者的立场作出裁定可以获得 10 美元的酬金,而若裁定被指控的逃亡者事实上是自由民则只能获得 5 美元。国会认定这种差别是合法的,理由就是该委员会如果作出有利于追捕者的裁定,要做更多的书面工作,但是在许多北方人看来,这似乎是明目张胆地鼓励受贿。

逃亡奴隶法很快就在美国文化中得到体现,哈丽特·比彻·斯托的畅销小说《汤姆叔叔的小屋》(Uncle Tom's Cabin)(1852)就是其中涌现出来的一部杰作。整部小说用了大约一半的篇幅描写奴隶伊利扎特(Elizat)和她的儿子的窘境,他们沿着俄亥俄河逃跑获得了自由,该部小说引起了北方人民的强烈共鸣。对逃亡奴隶法公开的敌意蔓延了整个北部地区,反对该法的暴力事件时有发生,大部分抓捕不再以和平遣返被指控的逃亡奴隶为终结。解救行为和暴乱在马萨诸塞州的波士顿(1851,1854)、宾夕法尼亚州的克里斯蒂安娜(1851)、纽约州的锡拉丘兹(1851)、威斯康星州的拉辛(1854)、俄亥俄州的奥柏灵(1858)和伊利诺伊州的渥太华(1859)频频发生,俄亥俄州的伊比利亚(1860)的暴乱则举国皆知,被指控的逃亡奴隶有时候逃脱了联邦官员的抓捕,而偶有几名奴隶主或地方官员为此丧命。

根据 1850 年的逃亡奴隶法审判的案件大部分从未能提交至联邦最高法院,对废奴运动者及暴乱者的审判通常在地区和巡回法院进行。低级别联邦法院最具戏剧性的案件,即"合众国诉汉韦案"(United States v. Hanway)(1851),起源于克里斯蒂安娜的一场暴乱,在这场暴乱中,一名逃亡的奴隶杀害了他以前的主人,并逃到加拿大。因为这件事共有 40 多个人被指控犯有叛国罪。联邦最高法院大法官罗伯特·格里尔(Robert *Grier)当时还在巡回法院,他裁定违反逃亡奴隶法并不构成叛国罪(*treason)。尽管他赞同南方奴隶制,鄙视废奴运动者,但并不相信他们的行为是对中央政府发动战争。

"艾布尔曼诉布思案"[(Ableman v. Booth)(1859)]源于 1854 年拉辛的一场暴乱。谢尔曼·布思是一名编辑,著名的共和党人,因帮助救援一名已被抓捕的逃亡奴隶而被联邦法院的执行官逮捕,之后获得了州法官签发的人身保护状,从而得以解除联邦监禁。威斯康星州最高法院宣布《逃亡奴隶法》违宪,并拒绝将该案的审讯记录移交联邦最高法院。经联邦最高法院全体法官一致通过,由首席大法官托尼代表法院撰写了逻辑严谨、理由充分的审判意见,维持联邦司法权,而牺牲各州的司法权。托尼认为各州都曾发誓"支持该联邦宪法",而且还认为"联邦宪法"所授予的任何权力中,联邦最高法院的最终裁决权是规定得最明确的,所有案件都是在联邦"宪法和法律之下产生的"(p.525)(参见 Judicial Power and Jurisdiction)。艾布尔曼案现在仍用来支持这样一种观点,即联邦政府"应当是至高无上的,而且十分强大足以通过自身的机构执行自己的法律,而不受来自州或州的各机构的干预",而且还认为"因此授予该联邦政府至高无上的权威不可能以和平方式维持,除非它披上了司法权的外衣,而行使司法权的权力同样是至关重要的"(p.517)。具有讽刺意味的是,联邦最高法院在 20 世纪 50 年代运用 19 世纪支持奴隶制度的古老判决支持其批准废除种族隔离令的决定。

"肯塔基州诉丹尼森案"(*Kentucky v. Dennison)(1861)是南部诸州开始退出联邦之后裁定的,是联邦最高法院作出的最后一个关于奴隶制度的裁决。威利斯·纳戈(Willis Lago)是一名自由黑人,居住在俄亥俄州,帮助肯塔基州的一名奴隶逃往俄亥俄州。肯塔基州向俄亥俄州的州长要求引渡纳戈以便对他进行审判。丹尼森州长与他的前任萨尔曼·P. 蔡斯一样拒绝颁发引渡令。因此肯塔基州请求联邦最高法院干预。首席大法官陷入进退两难的境地。如果他责令丹尼森引渡纳戈,那么他就确立了一个先例,即联邦政府可以强迫州法官行事。而当时南部联盟已经建立,美国内战(*civil war)迫在眉睫,托尼不愿意授权联邦政府强迫各州州长行事。因而托尼的审判意见类似于马歇尔在"马伯里诉麦迪逊案"[(*Marbury v. Madison)(1803)]中的审判意见,严厉谴责了丹尼森拒绝引渡的行为,但最终还是拒绝对丹尼森签发训令令状(*mandamus)。托尼裁定,州与州之间的引渡属于州长自由裁量权范围的事项,实施引渡是出于礼让(*comity)和良好的公民资质。该先例直到 1987 年都还被视为是良法。

运输奴隶和准州内的奴隶制度 1787 年的《西北法令》和 1820 年《密苏里妥协协议》是两部有纪念意义的法规,在这两部法规中,国会禁止在美国拥有的准州领土上实行奴隶制度。一些最重要的、最具争议性和最复杂的案件就是因这些法规而引发,这些案件都曾提交至联邦最高法院。

在联邦宪法起草之前,合众国国会根据旧的邦联条例行事,对西部地区的奴隶制度实行管制。1787 年《西北法令》第 7 条禁止在俄亥俄河以北和以西的地方实行奴隶制度。俄亥俄州、印第安纳州、伊利诺伊州、密歇根州、威斯康星州以及明尼苏达州的部分地区,这些自由州或地区都是在西北地区逐渐形成的。联邦最高法院在"拉克兰奇诉仇提尤案"(LaGrange v. Chouteau)(1830)、"梅纳德诉爱斯帕西亚案"(Menard v. Aspasia)(1831)以及"斯特拉德诉格雷厄姆案"(Strader v. Graham)(1851)3 个案中遇到了解释禁止奴隶制度这一禁令含义的问题。每一个案件均牵涉到曾在原先的西北地区居住或工作的奴隶的身份问题；而对每一个案件，联邦最高法院均以缺乏管辖权为由驳回上诉。在斯特拉德案中，联邦最高法院裁定，当这些地区成为州时，禁止奴隶制的禁令暂缓实施（参见 Territories and New States）。因此裁定由各州自行决定其辖区内的人的身份，而且无需联邦最高法院审查。斯特拉德案将这一问题以及州际之间的礼让问题都交由各州自行解决，以决定奴隶是否可以通过在自由州居住或逗留而获得自由。

德雷德·斯科特案 除了"马伯里诉麦迪逊案"(*Marbury v. Madison)(1803)，"德雷德·斯科特诉桑福德案"(*Scott v. Sandford)(1857)是19世纪联邦最高法院受理的最著名案件，除马伯里案之外，它也是战前唯一一个由联邦最高法院裁定联邦法律违宪的案件。

1820年《密苏里妥协协议》承认密苏里州作为一个蓄奴州加入联邦，但新建的密苏里州以北的地方不允许奴隶制度存在；该地区被称为密苏里地区。斯科特是军队外科医生约翰·爱默生的奴隶，他居住的军区位于伊利诺伊自由州和斯奈林要塞(Fort Snelling)，该地区就是以后的密苏里地区，之后又成为明尼苏达州。爱默生医生逝世后，斯科特提出诉讼要求获得自由，1850年南路易斯安那州的州法院宣布他自由了，依据的原则就是他在斯奈林要塞时就已自由，而一旦自由，就永远自由，即使他重返密苏里州。该判决遵从了自1824年始的密苏里先例。在"斯科特诉爱默生案"(Scott v. Emerson)(1852)中，密苏里州最高法院的判决体现了南部日益发展的支持奴隶制度的思想体系，它推翻了这一历经多时的判决，密苏里州最高法院宣布：

现在的时代与以前就这一问题作出判决时所处的时代不同了。自那时起不仅是个人而且还有州都对奴隶制度持悲观和极端的态度，寻求种种措施企图迎合这一情绪，不可避免的结果必定是推翻和削弱我们的政府。在这种背景下，密苏里州没有必要表明至少赞同可能迎合这种情绪的任何措施（p.586）。

此时斯科特实际上是属于约翰 F. A. 桑福德(John F. A. Sanford)管理，后者是纽约人，他是爱默生医生的遗产执行人，这使得斯科特可以基于跨州管辖权向联邦法院起诉桑福德。桑福德向联邦地区法院请求减少损失，他提出斯科特不能因为跨州管辖权的目的就成为合众国公民，因为他是一个"黑人"。地区法院法官罗伯特·W. 威尔斯(Robert W. Wells)否决了桑福德的异议，裁定如果斯科特是自由的，那么他就是合众国的公民，基于跨州管辖权的目的，可以向联邦法院起诉。如果他不是自由的，那么他是否能够起诉自然还尚存争议（参见 Mootness）。威尔斯主审该案并作出实体判决，裁定斯科特的身份依法由密苏里州最高法院决定，因此他事实上是一名奴隶。针对这一点，斯科特的律师向合众国联邦最高法院上诉。到该案提交首席大法官托尼领导的联邦最高法院时，准州的奴隶制问题已经是这十年间最主要的政治问题。对于托尼的判决，必须结合当时的时代背景进行考虑。

从1820年起至1850年止，准州的奴隶制问题一直都是由《密苏里妥协协议》调整，该妥协协议几乎禁止在所有西部地区实行奴隶制度。不过由于美国在墨西哥战争中获得了新的领土，并且接受了遍及整个南部地区的关于奴隶制度的"积极善意"的观点，南方人不再满意奴隶制度排除于西部地区外。1854年国会开放堪萨斯州和内布拉斯加州的奴隶制度，从而废除了《密苏里妥协协议》，其依据的理论是人民主权理论。根据人民主权理论，某地区的居民可以自行解决是否采用奴隶制度。人民主权并未推进西部的民主化，相反还导致了一场小范围的内战，又称为"堪萨斯流血事件"("Bleeding Kansas")，自由州和蓄奴州的居民为了争夺地区政府的控制权而发生暴力冲突。与此同时，北部新成立的共和党，为反对奴隶制度扩张而进行不懈斗争，获得了许多民众的支持。在1856年总统竞选中，该党虽成立还不到两年，却获得了北方5个州的支持。

托尼的判决 首席大法官托尼是一位极端狂热的支持奴隶制度分子，他利用德雷德·斯科特案对紧迫的政治问题作出裁决，支持南部诸州。托尼提出了最具争议性的两个观点，分别解决《密苏里妥协协议》的合宪性和联邦宪法所规定的自由黑人的权利这两个问题。

托尼认为《联邦宪法》第6条的领土条款仅适用于1787年时所拥有的领土，而不适用于此后获得的领土，但这显然缺乏逻辑，这使他得出一个结论：《密苏里妥协协议》是违宪的。此外，托尼还提出在领土上释放奴隶是未经正当程序占用财产，违反了第五修正案(the *Fifth Amendment)。这是联邦最高法院首次运用实体正当程序(*Due Process)的概念。所以根据托尼的联邦宪法理论，德雷德·斯科特无权获得自由，即使是在他居住于明尼苏达州之时。更为重要的是，托尼的理论意味着国会对联邦管辖区内奴隶制度的所有限制都是违宪的。这将矛头直指那些一直努力使这些地区成为自由区的北方人。

托尼毫无理由地否定了合众国自由黑人的权利，实在令人震惊，这使得这一对北部反对奴隶制态度的抨击显得更加复杂。虽然对该案的结果毫无意义，但托尼还是审查了斯科特是否已在联邦法院具有诉权(*standing to sue)，尽管他是自由的。托尼问道："黑人的祖先贩运到该国家被卖为奴隶，那么黑人能否成为由合众国宪法建立的政治团体的一员，并享有受该文件所保障的公民享有的所有权利、特权及豁免?"托尼运用立法者本意(*original intent)的法律解释方法回答了自己提出的这一问题,但大多数人对此持否定态度。托尼得出结论,即使是那些生活在北部的自由黑人拥有完全的州公民身份,也永不可能成为合众国的公民。托尼认为黑人"并没有囊括在内,而且立法者的本意就是不包括黑人,其依据就是联邦宪法中'公民'一词,所以他们不能主张该宪法文件提供给合众国公民并确保的任何权利和特权。相反,当时(1978年)他们是被视为附属的劣等人,一直被优等民族征服,而且释放与否仍由优等民族决定,所以黑人不享有任何权利或特权,除了那些掌握权力的人,而联邦政府也可以有选择地给予黑人权利"(pp.404-405)。

这一分析推理是与历史不符的,而且令北方人民极为震惊,托尼宣称联邦宪法通过之时,黑人普遍被视为"劣等种族,因而从整体讲不配与白人种族交往,无论是在社会关系方面还是政治关系方面;到目前为止,他们仍然是劣等人,所以不享有任何应受白人尊重的权利,而且为了他(指白人)的利益,可以公平合法地使黑人沦为奴隶"(p.407)。托尼以歧视黑人的法律为例,这些法律"在美国战争开始之时都仍然有效"(p.409),从而证明黑人不属于独立时的那些州的公民。之后他又援用"那些已经废除或采取措施加速废除奴隶制度的国家"的资料,证明随着美国革命战争的推进,黑人在整个新英格兰均受到歧视且处于不平等的地位(p.413)。他争辩说,这些先例说明了"非洲民族的整体声誉"(p.415)。但托尼忽视了一点,美国革命战争时,自由的黑人在许多州均享有选举权,其中包括马萨诸塞州、宾夕法尼亚州和北卡罗来纳州,而且他们显然也是联邦宪法通过之时的选民。

最后,托尼讨论了斯科特身份受其居住在伊利诺伊州的事实影响程度。他以"斯特拉德诉格雷厄姆案"为依据,该案中联邦最高法院已裁定各州有权自行决定其辖区内的人的身份。因此,如果斯科特是在伊利诺伊州起诉,则该州就早已给他自由。但现在他是在密苏里州起诉,而该州最高法院已经拒绝根据他居住在伊利诺伊州给予他自由,这一判决对联邦法院具有拘束力。

柯蒂斯的异议 德雷德·斯科特案所有9位法官都各自撰写了意见,其中6位法官同意托尼的意见,包括两位同情南方的北方人,罗伯特·格里尔(Robert *Grier)和塞缪尔·纳尔逊。来自俄亥俄州的大法官约翰·麦克莱恩(John *Mclean)以及马萨诸塞州的大法官本杰明·罗宾斯·柯蒂斯(Benjamin R. *Curtis)则持异议。柯蒂斯几乎否定了托尼的所有观点,宣称合众国的公民身份(*citizenship)先于联邦宪法产生,而且根据《邦联条例》的规定获得州公民身份就有资格获得国家公民身份。柯蒂斯指出自由黑人在1787年之前就至少是5个州的公民,因而在联邦宪法通过之时他们也是合众国的公民。针对托尼提出的国会无权管辖各地区的奴隶制度的意见,柯蒂斯指出任何人,包括托尼在内,都承认"国会拥有在各地区建立临时政府的某种权力"(p.609)。他认为这一权力源自《联邦宪法》第6条的领土条款,因为这是对"联邦宪法主义的合理解释"(p.610),因而比起托尼证明该条款仅适用于1787年时加入联邦的地区的那种毫无说服力的推理分析来,他的逻辑推理要合情合理得多。柯蒂斯举例说明,如果国会有权管辖奴隶制度,那么这一权力必定是广泛的权力,而非托尼所认定的那样狭隘和受限制。柯蒂斯推理得出,地区条款中的"必需的管理"一词就是授予此种权力"必需的管理",是否可以涉及奴隶制度,柯蒂斯指出:

既然联邦宪法没有其他条款能证明这一点,即要求加入一例外条款表示尊重奴隶制度,而且过去50年间实际的宪法解释也禁止加入这样一种例外条款,那么以我的观点来看,基于抽象的政治推理而强行在联邦宪法中加入例外条款,则有违任何合理的法律原则的解释,我们确信合众国的民众认为这一政治推理并不足以促使他们限制国会的权力,因为他们所宣称的就是不包括任何这样的限制(p.623)。

德雷德·斯科特一案引起的政治反应 柯蒂斯的异议极大地鼓舞了北方人民,如霍勒斯·格瑞来(Horace Greeley)——《纽约民权捍卫者》的主编,他写到,托尼的判决是一个"残暴的"、"不道德的"、"令人憎恶的"、"错误的"审判意见。它是"错误陈述和肤浅诡辩的综合",是"令人憎恶的伪善",是"中庸的和不敢正视现实的怯懦"表现。《芝加哥民权捍卫者》表达了许多北方人的心声:"我们很少知道如何表达我们对非人道的判决的愤慨,或者说是如何充分理解因此而可能产生的不道德后果。"

德雷德·斯科特案让托尼有机会解决奴隶制问题,一次且是最后一次支持南部地区。托尼希望他的权威性判决能够结束有关各地区奴隶制度的争议,并且逐渐摧毁新诞生的共和党,因为该政党对奴隶制度产生极大的威胁。但他的判决却起了相反的作用,其中的原因,正如历史学家多恩·费伦巴切尔(Don Fehrenbacher)在所著的《德雷德·斯科特案》(1978)一书中所写的那样:"托尼的意见,经仔细阅读,所表现出的是绝对的偏袒,以及内心的挣扎,尽管其采用的是司法语言,它更像是最后通牒,而非实现各地区和解的方案。托尼行文中所用的和平一词代表的是暗含无条件投降的和平。"该判决正如政治学家哈里·加法(Harry Jaffa)所写的那样,"就是命令共和党解散"(p.3)。

共和党人非但没有解散,反而成功地使托尼及其判决成为他们1858年和1860年竞选时重点攻击的对象。亚伯拉罕·林肯在其"议会辩论"演讲

(1858)中提出,托尼的意见是支持奴隶制者企图将奴隶制全国化的阴谋的一部分,是未来实施支持奴隶制度的法理学的前奏,他提醒大家注意"联邦最高法院另一判决,宣布合众国的宪法不允许各州将奴隶制度排除各州之外"。他告知伊利诺伊州的选民,以及整个北部的选民,"我们将躺下来美好地懂憬密苏里州人民正在努力使他们的州变为自由州,但同时我们应清醒地意识到联邦最高法院已经使伊利诺伊州变为蓄奴州"。林肯之所以害怕这样的判决,原因有二:一是德雷德·斯科特一案由大法官塞缪尔·纳尔逊(Samuel Nelson)提出的并存意见意见的内容,该法官是一位同情南方的纽约人;二是因为一个奴隶制案件,该案即将在纽约州法院审理。

大法官纳尔逊指出,"除了联邦宪法所作的约束",各州享有"对奴隶制度充分的绝对的权力",纳尔逊可能仅仅是参考了逃亡奴隶条款对各州的限制。但是共和党人诸如俄亥俄州的萨尔曼·P.蔡斯和亚伯拉罕·林肯,却看到纳尔逊意见更阴暗的一面,尤其是因为纳尔逊经观察分析得出的下述结论:

已经提及的一个问题……可以称为:奴隶主在其奴隶迁至或通过自由州,可能是因为经商或其他商业目的,或者是行使联邦权利,或者是抛弃联邦义务,而成为合众国的公民时所享有的权利,现在我们还未遇到这类问题。该问题应当与我们现在所处理的案件区别处理,适用不同的原则,而且还要依据合众国宪法所确保的共和国普通公民的权利和特权而定。一旦该问题产生,我们就应准备对该问题作出裁决。(p.468)。

亚伯拉罕·林肯参加1858年的伊利诺伊州参议员竞选时,谴责德雷德·斯科特案判决所产生的"不道德后果",并表达了对联邦最高法院可能通过他称之为"下一个德雷德·斯科特案"强行在北部实行奴隶制的担忧和恐惧。他指出在各州受到约束的"案件"中"所遗留的只是一个是否公开的问题"。林肯警告北部"下一个德雷德·斯科特案"将使奴隶制在全国范围合法化。

林肯的担忧并非多虑。1852年纽约州最高法院裁定,8名奴隶在其主人改变航程不去新奥尔良而将他们带至纽约州时,理应被解放。自德雷德·斯科特案判决之后,纽约州上诉法院,即该州最高法院在"莱蒙诉人民案"(Lemmon v. the People)(1860)案中维持了该结论。即使该案上诉至联邦最高法院,托尼及其支持奴隶制的同僚也会裁定纽约州无权释放过境奴隶。在林肯的竞选议会会议以及美国内战中都讨论了该问题。

总结 自1790年至1861年,联邦最高法院关于奴隶制度的法学理论反映了美国的政治制度。最后联邦最高法院企图通过完全保护奴隶制度,彻底否定北部主流思想的判决化解了美国在奴隶制方面的困境。但这样一种解决方法注定要失败。托尼领导的联邦最高法院所作的这一解决方法与联邦最高法院的人员组成相吻合。联邦最高法院由南方人和北方的民主党人控制,几乎处处维护奴隶制度。奴隶主和奴隶制机构总是在高等法院胜诉。而唯一的例外就是非洲奴隶贸易的一般规则,即"肯塔基州诉丹尼森案"(Kentucky v. Dennison)判决,该案凸现了重大的政治问题,而其他极少的次要案件,则是严格地按照法律解释作出裁决。黑人寻求自由,但在这个国家的联邦最高法院里却得不到同情,直到那位来自马里兰州的首席大法官逝世,由废奴主义者萨尔曼·P.蔡斯接替其职位,此种情况才有所改观。联邦最高法院发生这一变动之后不到两年的时间里,奴隶制度就消失殆尽,留给联邦最高法院的艰巨任务只是在自由和种族平等的观念的基础上建立一种新的法理学。战后联邦最高法院不得不耗尽精力来应付那些支持奴隶制的先例,以致在保护自由权方面不如战前保护奴隶制那样成功。

参考文献 Robert M. Cover, *Justice Accused: Anti-Slavery and the Judicial Process* (1975); Paul Finkelman, "Prigg v. Pennsylvania and Northern State Courts: Antislavery Use of a Proslavery Decision," *Civil War History* 25 (1979): 5-35; Paul Finkelman, *An Imperfect Union: Slavery, Federalism, and Comity* (1981); Paul Finkelman, "Slavery and the Constitutional Convention: Making a Covenant with Death," in *Beyond Confederation: Origins for the Constitution and American National Identity*, edited by Richard Beeman, et al. (1987), pp. 188-225; Harold M. Hyman and William M. Wiecek, *Equal Justice under Law: Constitutional Development*, 1835-1875 (1982); Thomas D. Morris, *Free Men All: The Personal Liberty Laws of the North*, 1780-1861 (1974); William M. Wiecek, *The Sources of Antislavery Constitutionalism in America*, 1760-1748 (1977); William M. Wiecek, "Slavery and Abolition before the United States Supreme Court, 1820-1860," *Journal of American History* 65 (1978): 34-59.

[Paul Finkelman 撰;李昱译;许明月校]

条状书面判决意见[Slip Opinion][①]

联邦最高法院最初公布判决意见分两个步骤进行:判决当日出具庭审大法官判决意见,并在同一天将条状书面判决意见送去打印。自1990年开始还可以在庭审大法官意见发布几小时后,登陆 http://www.supremecourtus.gov/opinions/opinions.html 网

---

① 另请参见 Advance Sheets; Opinions, Assignment and Writing of。

站获取官方复印件。这些内容将在标注页码的官方正式文本形成之后的几个月消失,1年以后将由《美国判例汇编》编辑出版。

1970年,法院为新闻界发布之便,要求条状书面判决意见中应包括判决提要。因此这样的条状书面判决包含判决提要或简要说明,而判决提要由标题、初审法院、辩论和判决的案件目录编号、事实总结、裁定、法院的推理和判决以及法官的表决等组成。接下来就是多数意见或得票数最高的意见的内容,以及各个并存意见或者反对意见的内容。所有的判决提要之前均附授权声明,这源于"合众国诉底特律木材公司案" [(United States v. Detroit Lumber Co.) (1905)]。紧接着判决提要的是告知法院汇编人先前印刷品中存在的需要更正错误的通知(参见 Reporters, Supreme Court),汇编人负责清样校阅和撰写判决提要,印刷版和电子版的任何不一致都以最终的纸质版本为准。

现代条状判决意见由书面证据演化而来,曾经只能从联邦最高法院选定的私人印刷者或法官处获得。这种发布形式在威廉·霍华德·塔夫脱(William Howard *Taft)担任首席大法官时逐渐成为一种惯例,这起初是为了方便新闻工作者。沃伦·伯格(Warren *Burger)担任首席大法官时,技术革新加速了条状书面判决意见的印制。但是自1979年联邦最高法院对"赫伯特诉兰多案"(Herbert v. Lando)的未确定判决泄密事件发生后,确保防止过早披露判决意见就一直是人们关注的核心。

[Peter G. Fish 撰;李昱、胡海容译;许明月、林全玲校]

斯罗乔威尔诉纽约市教育理事会案[Slochower v. Board of Education of New York City, 350U. S. 551(1956)]①

1955年10月18日—19日辩论,1956年4月9日以5比4的表决结果作出判决,克拉克代表法院起草判决意见,里德、伯顿、明顿以及哈伦反对。在国会委员会调查教育界颠覆事件的一次听证会上,布鲁克林,一位被停聘的教员陈述,他不是一位共产主义者,并愿意说明自1941年以后其所参加的协会,但对关于其1940—1941年活动的质询主张享有禁止自证其罪的特权而拒绝回答。纽约城市章程规定,如果该城市的一位雇员利用避免自证其罪的特权以避免回答关于其官方行为的问题,那么该雇员的任期就将终止。教育理事会依据该条款行事,在未举行解聘职员一般要举行的听证会的情况下就解雇了斯罗乔威尔。

联邦最高法院裁定该规章的这一条款违宪并认定:整个解聘均违反了正当程序条款(*Due Process),本案中所适用的该规章的这一条款是将宪法规定的特权转变为有罪的结论性推定;未对停聘职员的适格性进行质询;对他的解聘仅仅是以在国会委员会举行听审过程中所发生的事件为依据。联邦最高法院裁定教育理事会的行为恰是"威曼诉厄普德格拉夫案"(Wieman v. Updegreff)(1952)所禁止的。而持异议的法官则认为:各州有权合理推定教师如拒绝就有关其官方行为的问题作出回答,则不再适合从事教育工作。该案件受"勒纳诉凯西案"(Lerner v. Casey)(1958)以及"纳尔逊诉洛杉矶县案"(Nelson v. County of Los Angeles)(1960)的限制,而它们又可能依次受"加德纳诉布罗德里克案"(Gardner v. Broderick)(1968)的限制。

[Milton R. Konvitz 撰;李昱译;许明月校]

史密斯,威廉[Smith, William]

(大约于1762年生于北卡罗来纳州,1840年6月26日卒于亚拉巴马州享廷威尔的家族庄园中)律师和法官。威廉·史密斯在南卡罗来纳州的约克郡成长并接受教育,他与安德鲁·杰克逊(Andrew *Jackson)以及威廉·克罗富德是童年时代的朋友,彼此十分熟稔。他是约克郡的一位成功律师,1802—1808年供职于参议院,1808年被选任为州上诉法院的法官。1816年他辞去法官一职,由立法机构选进联邦参议院。史密斯在联邦参议院一直任职至1823年,而1826—1831年他再次当选为联邦参议员。作为一名参议员,他维护各州的权力,反对银行业、国内改革和关税,也反对约翰·C.卡尔霍恩(John C. Calhoun,1825—1832年任美国副总统——译者注)。1832年史密斯迁至路易斯安那州,之后移居亚拉巴马州的享廷威尔,在当地他精明地投资于土地并获利丰厚,且供职于地方立法机构的下议院。

杰克逊总统曾两次提名史密斯担任联邦最高法院的大法官,一次是1829年,另一次是1937年。两次都被他拒绝了,并且在后一次提名时他宣布希望保留自由评论公共事务的权利。如果史密斯担任联邦最高法院的大法官,并坚持他常宣称的政治信仰,那么他必将坚持极端的州权力的立场以及严格限制联邦政府权力的宪法的严格解释。

[Robert M. Ireland 撰;李昱译;许明月校]

《史密斯法》[Smith Act]②

《史密斯法》是美国战前焦虑症的产物,由弗吉尼亚州的众议员霍华德·W.史密斯(Howard W.

---

① 另请参见 Communism and Cold War; Self-Incrimination。

② 另请参见 Communism and Cold War; Subversion。

Smith)提出，该措施是国会1939年通过的数个反颠覆阴谋的议案之一，该议案修改后于1940年6月22日由两院通过，作为外国人登记法的第1章。

该法第1条规定：企图削弱武装部队士气者可以处1万美元以下的罚金以及10年监禁。第2条和第3条则规定任何人如有下列行为，则处以与第1条相同的刑罚："鼓动、唆使、建议或教导"暴力推翻政府；出版或散发印刷品鼓动暴力颠覆政府；基于该目的组织任何社团；故意参加此类社团；或企图从事上述任何一项。

最早援用《史密斯法》的是1941年对明尼苏达州的社会主义工人党的18位成员所提出的指控，而"二战"期间则很少使用该法。战后，该法成为政府反对国内共产主义分子的斗争中最重要的武器。1948年司法部对共产主义中央委员会的12位成员提出控诉，联邦最高法院裁定这些罪名成立，并在"丹尼斯诉合众国案"(*Dennis v. United States)(1951)中肯定该法的有效性，之后对各州政党领袖的控诉就迅速在全国畅行无阻。一共有141人被指控违反了《史密斯法》，但是由于联邦最高法院在"耶茨诉合众国案"(*Yates v. United States)(1957)以及"斯凯尔斯诉合众国案"(*Scales v. United States)(1961)中采用了较为民主自由的标准，所以最后只有29位被判处监禁。

[Jerold L. Simmons 撰；李昱译；许明月校]

史密斯诉奥尔莱特案[Smith v. Allwright, 321 U. S. 649(1944)]①

1943年11月10日和12日辩论，1944年1月12日进行第二次辩论，1944年4月3日以8比1的表决结果作出判决，里德代表法院起草判决意见，罗伯茨反对。"白人预选"制度的产生及发展是反对黑人、由白人组成的联邦最高法院及得克萨斯州立法机构的一种宪法安排。联邦重建(*Reconstruction)后民主党取得的预选胜利确保了其在得克萨斯州普选中的胜利，之后又在一党执政的整个南部大获全胜。因此，将美国黑人排除于预选之外实际上具有剥夺其参政权的效果。

最初，在"纽伯里诉合众国案"(Newberry v. United States)(1921)中，联邦最高法院得出结论：政党的预选不为立法者所熟知，因而不属于联邦宪法管辖范围。两年以后，得克萨斯州的立法机构实施的一项法规明确规定禁止美国黑人参加民主党预选的投票。联邦最高法院在"尼克松诉赫恩登案"(*Nixon v. Herndon)(1927)中裁定，根据联邦宪法第十四修正案该规定无效。得克萨斯州的立法机构之后又颁布了另一法规，授权政党的执行委员会决定投票的适格条件，其中包括种族条件，之后联邦最高法院在"尼克松诉康登案"(*Nixon v. Condon)

(1932)中再次宣布该法无效。接着该州的立法机构废除了所有州预选法律，因为预计民主党的州代表大会会将美国黑人排除在外，而对此联邦最高法院在"格罗威诉汤森案"(Grovey v. Townsend)(1935)中裁定属于"私人"歧视行为，不属于联邦宪法管辖。

美国黑人选举者一直受到限制，全国有色人种协进会(*National Association for the Advancement of Colored People)(NAACP)直到"合众国诉克拉西克案"(United States v. Classic)(1941)后才看到一丝曙光，在该案中联邦最高法院裁定国会既有权管理联邦官员的普选，也有权管理预选事项。全国有色人种协进会支持史密斯，他起诉得克萨斯州民主党竞选官员，宣称自己由于种族的缘故而被拒绝参加预选投票是违宪的，从而直接向格罗威案的判决提出挑战。

法官斯坦利·里德(Stanley *Reed)运用古典逻辑推理推翻了格罗威案判决，白人预选的历史终于结束了。既然预选制度是各州竞选程序中必不可少的一部分，公民根据联邦宪法第十五修正案(the *Fifth Amendment)有权参加政党预选的投票而不受种族歧视。这一歧视不完全属于"私人"行为。首先，既然各州要求实行预选并且对政党选举的程序作了规定，那么政党在其代表大会上排除美国黑人事实上是代表州政府行事。其次，实行竞选是州的一项职责；州应对允许私人种族歧视的行为负责。

法官欧文·J.罗伯茨(Owen J. *Roberts)仅在判决格罗威案的9年前，代表联邦最高法院提出过经全体法官一致通过的判决意见，他在本案中提出异议，其理由是推翻先例有损联邦最高法院的尊严而且不利于法律的稳定。法官里德对此所作的回答是，联邦最高法院的判决仅仅是纠正已确定的原则的不恰当运用。这两份判决意见书均未提及联邦最高法院有7位法官均是由富兰克林·D.罗斯福总统(Franklin D. *Roosevelt)在这一期间任命的事实。

宪法学者援用奥尔莱特案作为形成"公共职责"这一概念的极具影响力的案件之一。传统上由政府实施的某些行为——诸如竞选——根据联邦宪法的规定必然属于国家行为，即便是在由私人代为实施的情况下亦是如此。该原则在"特里诉亚当斯案"(*Terry v. Adams)(1953)中得到进一步扩展，在该案中联邦最高法院裁定由一私人性质的全部由白人组成的"俱乐部"举行的非官方预选无效，尽管州并未制定关于俱乐部的规定。

自奥尔莱特案后，限制美国黑人参加竞选的可

---

① 另请参见 Race and Racism; Reapportionment Cases; White Primary。

行措施就仅限于直接针对个人而非团体,诸如文化水平测验以及人头税。这些措施随着时间的推移效力越来越弱。联邦政府对此制定了相应的立法,如1957、1960 年和1964 年《民权法》(*Civil Rights Act),之后又通过了联邦宪法第二十四修正案(the *Twenty-Fourth Amendment),该修正案禁止在联邦竞选中征收人头税,尤为突出的是《1965 年投票权法》以及其后的几个修正案。

该判决最突出的一点在于,联邦最高法院在决定选举权时注重透过形式看本质。这一方法成为其后的一些涉及诸如种族限制契约、学校隔离以及政治上的重新分配等事项的里程碑式民权案件的概念基础。

参考文献 Ward E. Y. Elliot, *The Rise of Guardian Democracy*: *The Supreme Courts' Role in Voting Rights Disputes*, *1845-1969*(1974); Darlene Clark Hine, Black Victory, *The Rise and Fall of the White Primary in Texas*(1979).

[Thomas E. Baker 撰;李昱译;许明月校]

史密斯诉埃姆斯案[Smyth v. Ames, 169 U.S. 466]

1897 年4 月5 日—7 日辩论,1898 年3 月7 日以9 比0 的表决结果作出判决。在"史密斯诉埃姆斯案"中,联邦最高法院裁定内布拉斯加州颁布的一项铁路定价计划无效,并且界定了宪法对政府设定铁路及其他多种费率的权利的限制。联邦最高法院裁定受管制产业依宪法规定有权基于企业"公平价值"获得"公平收益"。根据公平价值规则,政府机构必须确定"费率基数",即企业财产的现行价值,并且允许企业所收取的费用足以获得该价值的一般收益。

"史密斯诉埃姆斯案"是19 世纪末期联邦最高法院保护自由市场经济的标志。经过一段时期后,该判决受到反对放任自由的立宪主义的法官的批判。这些批判认为公平价值规则不切实际,因为确定有效资产的现行价值作为费率基数所要求的管理程序过于复杂,费率不可能根据一个企业的财产价值来确定,因为在费率确立之前不可能知道财产价值。

尽管人们对该案判决作出了诸如此类的批评,但是保守的联邦最高法院还是坚定不移地坚持史密斯诉埃姆斯案判决,从而确定了宪法对费率管制的限制,直到该案在"联邦动力委员会诉霍普天然气公司案"(Federal Power Commission v. Hope Natural Gas Co.)(1944)中被推翻。

[Stephen A. Siegel 撰;李昱译;许明月校]

联邦最高法院大法官的社会背景[Social Background of the Justices]

联邦最高法院大法官的个人素质自1790 年联邦最高法院创建以来,就一直是紧张的政治利害冲突的核心。对上述素质进行严格的学术分析几乎是20 世纪学者们一直努力的目标,连续几个历史时期的联邦最高法院大法官的选任反映了团体被拒绝或获得国家最重要的政治位置的情况。从更广阔的角度来讲,对那些在历史上曾经被拒绝给予平等权和/或参政权的人,如,对于美国黑人和妇女而言,获得联邦最高法院的任命一般后于国会的竞选但早于总统的竞选。罗杰·布鲁克·托尼(Roger Brooke *Taney),第一位天主教大法官,1836 年选任为大法官;路易斯·D. 布兰代斯(Louis *Brandeis),首位犹太裔大法官,1916 年入选联邦最高法院;瑟古德·马歇尔(Thurgood *Marshall),联邦最高法院首位黑人大法官,1967 年任命;首位女性大法官,桑德拉·戴·奥康纳(Sandra Day *O'Connor),1981 年任命。

个人的背景是选任联邦最高法院大法官中极为重要的因素,甚至在某种程度上说是至为关键的。个人背景包括个人的社会地位、父亲的职位、职业"遗传"方式、种族、宗教和教育程度。联邦最高法院的大法官一直都是挑选中年以上、来自社会和经济地位较高的家族的白人男性,几乎没有例外:信奉新教,在各政治派别中拥有较高地位,是英国不列颠群岛本地人的后裔,在享有国家声誉的学校接受大学教育。偏向上流阶层的倾向在20 世纪末期逐渐衰弱,但绝对没有消失。职业特征,诸如与政党的关系,法律和政治哲学,参政情况,以前担任法官的经历,与利益集团的关系(例如,斯蒂芬·J. 菲尔德与铁路巨头的关系),是否为重要的律师团体的成员及领导者[例如,威廉·霍华德·塔夫脱(William Howard *Taft)是美国律师协会的主席,瑟古德·马歇尔是法律辩护基金协会的法律顾问]同样也是决定能否入选联邦最高法院的重要因素。

对背景和职业特征的重要性争论得最为激烈的可能是上述因素是否会影响法官判决。一直以来存在争议的一种观点认为,背景以及职业因素会因为法官本身的职责而客观化或最终予以剔除。大法官费利克斯·法兰克福特(Felix *Frankfurter)在被称为"受制听众案"(Captive Audience)中为挽回自己的声誉而对这一观点作了最为清晰的表述。法兰克福特在"公共设施委员会诉波拉克案"(Public Utilities Commission v. Pollak)(1952)中宣称:

"现在有许多人泛泛而谈,认为法官的角色并没有在这一范围内改变他自己。事实是,总的来说法官的确在执行司法职责时带有个人观点。但这又是通过培训、职业习惯、自律以及人们据以忠诚履行

其所授予的职责的神奇的魔法而获得的。"(pp. 466-467)

而几代学者却发现了大量证据证明政党以及其他背景因素的重要性，如20世纪30年代的罗德尼·马特(Rodney Mott)，40年代的赫尔曼·普里切特(Herman Pritchett)，以及其后越来越多的学者都发现了这一点。20世纪60年代，学者们对此又作了重新评估，当时鲍恩(Bowen)和格罗斯曼(Grossman)提出了一些问题，主要是关于与法官投票行为相关联的背景因素的行为概念化，以及这种因素实际上在何种程度上可以解释法官投票行为。另一方面，C.尼尔·塔特(C. Neal Tate)总结了20世纪80年代之前所收集的实证性证据，从而得出一个结论：背景因素可以解释涉及公民权利以及自由和经济争议的案件中法官的投票情况为什么存在显著差异。

参考文献 Donald R. Bowen, "The Explanation of Judicial Voting Behavior from Sociological Characteristics of Judges" (Ph. D. diss, Yale University, 1965); Joel B. Grossman, "Social Backgrounds and Judicial Decision-Making," *Harvard Law Review* 79 (1966): 1551-1564; C. Neal Tate, "Personal Attributes as Explanations of Supreme Court Justices' Decision Making," in *Courts in American Politics*, edited by Henry M. Glick(1990), pp. 261-275.

[John R. Schmidhauser 撰；李昱译；许明月校]

社会科学[Social Science]

法院在制定法律和政策方面的作用日益凸现，显然说明了法律和科学之间的相互关系。审判法庭在对某一具体案件作出裁决时经常需求助于科学。尤其是涉及政策问题的诉讼进入上诉阶段时，对科学的需要就显得更为迫切。不过，法律和科学在司法事务方面是一对地位颇不平等的搭档。若法律对科学的需要远比科学对法律的需要大，法律就起决定作用。科学仅在法律需要时才参与纠纷的正式解决，法律规律和科学规律在法律领域相互作用，按照法律的原则和规则进行。科学家所能作的唯一选择就是参加或不参加。

对案件作出判决需要分别对法律和事实进行裁决。前者属于法律范畴，而后者则不是。诉讼当事人通过非专家(直接)或专家证人的作证提出有关案件事实争议的证据。非专家证人以他们个人对相关事实的了解作证。专家证人则以他们所掌握的大量知识以及对与案件相关的、具有特殊目的的质询行为的分析作证。

科学家作为专家证人提供两种类型的证词：一种是关于案件事实(判决事实)；另一种则是科学归纳(法律事实)。比如在对父亲是谁存有争议的案件中提出有关被告血型的证据就属于前者。而就适用不同的死刑作证属于后者(参见 Race Discrimination and the Death Penalty)。

许多科学家愿意为法庭提供帮助，但他们的证词并不总是会被接受或较好地采用。联邦最高法院以及其他上诉法院的记录表明不采用以及滥用科学证据至少与正确利用的频率是一样的。法院并非总是犯这一类错误。有时候是证据存在瑕疵或自相矛盾，有时是没能提供证据。有时候诉讼当事人和法院均不知道在何处能发现相关证据。他们可能没有意识到这一证据是可以取得的或者甚至是必需的。

经常是因清楚全面地提交最佳的科学证据而进入对抗程序。复问对方提出之证人的策略——人身攻击，恐吓证人，对证人的回答断章取义，故意欺骗以及设下圈套——目的都在于使证人的证言自相矛盾，不可信，甚至使证人陷入尴尬境地(证人当然不能还击)，因而此时他们的证词就不需要用其他方法驳斥。对抗程序并不旨在寻找真相而是偏袒优势。

科学家易于误解法律的基本目的。法律的目的在于解决纠纷而不是确定真相。科学家们致力于客观事实的发现。而客观性又是由公正性和独立性构成。公正性意味着学者个人的偏好不会影响他工作的结果。独立性则意味着外部机构的偏好也不会产生上述影响。当然客观性只是一个目标，不可能次次都达到。对法庭而言，更大的威胁是独立性。律师们希望胜诉，他们千方百计促使他们的专家偏袒自己这一方，这是可以理解的。

人们已经提议了许多程序性和结构性的改革方案以促进法律和科学之间的相互作用，并且使科学家的调查结果更准确，更能为法院所采用——这可能始于"布兰代斯辩护要点"(*Brandeis brief)。科学家在法院充当的角色包括"科学家书记员"、协助法官的专家陪审团，以及监督科学证据以及证词的形成过程的特别专家及监督者，角色多样。人们还建议更多利用专属管辖法院甚至是"科学法院"。但还没有试行或采纳此种改革方案，尽管其中一些法院依据现行规则被授予这种权力，例如任命特别专家。在任何情况下法官都应当考虑如何能更积极地确保安全准确地提交相关证据。法院还应当考虑创设新的(非对抗性的)程序以检验科学证据的效力。

社会科学的特殊性值得我们关注。法律未能采用社会科学的调查结果的失策因为这些规律的"柔性"——相对于物理学的"硬性"和法律的"确定性"而言——而变得合理。但这两种比较乍一看颇具说服力，而实际并不然。

至于科学的"硬性"，所有的科学归纳都只是一种可能。没有任何科学规律是"绝对的"。更严重的错误是将数学推理的确定性与科学推导的可能性混为一谈——费利克斯·法兰克福特正犯了这一错误,他拒绝接受物理证据因为他认为这种证据缺乏"数学的确定性"["布朗诉教育理事会案"(*Brown v. Board of Education)(1954)]。

至于法律的"确定性",只要进行细致的理性考察,就可以发现这一主张的虚假性。若要相信法官仅从判例法、成文法以及一般原则可以推导出判决——两个同样适格的法官必须作出同样的判决——这是无视法律现实:以 5 比 4 的表决结果作出的判决,撤销判决,推翻先例,法官选购(judge-shopping)以及任命法官的政治斗争。

现实问题不是社会科学证据的"柔性"或者"不确定性",而是对这种证据的提交、诉讼以及检验的方法。归根结底,所有这些可能是因为法律极不愿意处理这些未固定的不熟悉的事物。

参考文献 Saul M. Kassin and Lawrence S. Wrightsman, eds., *The Psychology of Evidence and Trial Procedure* (1985); Richard Lempert and Joseph Sanders, *An Invitation to Law and Social Science* (1986); Peter W. Sperlich, "Social Science Evidence in the Courts: Reaching Beyond the Adversary Process," *Judicature* 63(1980):280-289.

[Peter W. Sperlich 撰;李昱译;许明月校]

社会学法学[Sociological Jurisprudence]

哈佛法学院的罗斯科·庞德(Roscoe Pound)在1905—1923年间公开发表的一系列法律评论文章中,批判了当时盛行的他称之为"机械法理学"的论断。他否认公正的法律结果是以经济规律或社会结构等公理为前提条件通过逻辑推理而产生的,并指出这种公理更多的是反映法官个人的偏见,而非普遍真理。在这篇评论文章中,庞德回忆了大法官奥利弗·温德尔·霍姆斯(Oliver Wendell *Holmes)的怀疑主义,尤其是他在"洛克纳诉纽约州案"(*Lochner v. New York)(1905)的异议中所阐述的。

这一令人怀疑的形式主义掩盖了保守的政治偏见,庞德呼吁用他所命名的"社会学法学"取代形式主义。采取这样一种司法态度就将承认法律并不是相互独立、自我指认的规则的当然组合。相反,法官从法律之外的原则(包括政治学和社会学)获得启迪,将会更敏锐地把握法律原则的实际影响。他们会力争在具体案件中公平地适用法律以达到公正的结果。"布兰代斯辩护要点"(*Brandeis brief)是路易斯·D. 布兰代斯(Louis D. *Brandeis)在"马勒诉俄勒冈州案"(*Muller v. Oregon)(1908)中提出的,它就是庞德所建议的审判理论的典范。

社会学法学经常被视为是法律现实主义的早期表述,但这两者之间存在显著差别。现实主义者如卡尔·卢埃林(Karl Llewellyn),虽然人们承认他们借用了社会学法学,但他们与庞德对彼此的学说互持批判态度,庞德对现实主义的前提条件持怀疑态度。

[William M. Wiecek 撰;李昱译;许明月校]

首席政府律师(一译副司法部长)[Solicitor General]

在所有的国家官员中,首席政府律师是唯一一位由制定法明确规定要求"受过法律方面的教育"的人。他是行政机构的出庭大律师,供职于司法部,但同时也是联邦最高法院的成员。他在两大机构中担任职务更加说明了其特殊地位,其非正式的称呼"第十位大法官"就恰好说明了这一点。

首席政府律师一职是1870年设立的,当时国会建立了司法部。本杰明·布里斯托(Benjamin Bristow),美国首位首席政府律师,凭借对"三K党"提起的控诉而声誉鹊起。国会当时的目的是希望首席政府律师协助司法部长行事,代表合众国参加任何与政府相关的诉讼。早期的首席政府律师只是临时参与案件的审判。不过自1950年以来,首席政府律师一直致力于政府的上诉案件,尤其是以调卷令(*certiorari)申请的方式向联邦最高法院提出的上诉案。

首席政府律师在行政机构中所履行的职责实质上是司法职责。如果需要首席政府律师向联邦最高法院申请调卷令(the writ of *certiorari),那么联邦机构所提出的希望由联邦法院大法官解决的申诉会被首席政府律师驳回五次。首席政府律师在申请方面设立了这种限制,反而因此获得联邦最高法院的信任。联邦最高法院的大法官倚重首席政府律师挑选和提出最迫切的案件进行复审。从1985年到2002年,首席政府律师所提出的调取案卷申请大约有52%被联邦最高法院批准,而全国其他律师提出的申请唯有3%被批准,这形成了鲜明的对比。

不仅如此,联邦最高法院的大法官还求助于首席政府律师以便解决相当棘手的法律问题,并且定期邀请他就行政机构不是一方当事人的案件提出建议。大法官们希望他能逾越狭隘的政府利益从长远的角度看待法律原则的发展。

显然首席政府律师一职和联邦最高法院有着一种特殊的关系。如果联邦最高法院的大法官逝世,就会邀请首席政府律师主持联邦最高法院全体成员大会纪念这位逝世的法官。大法官还特准首席政府律师在联邦最高法院不按常规行事。在联邦最高法院的规则中,首席政府律师也是唯一可在联邦最高法院进行定期辩论的法院友好人士(*amicus curiae)。

首席政府律师还在一系列诸如此类的与众不同的实践安排中与联邦最高法院互惠对待,其中之一便是所谓的"承认错误"(confessing error),如果一位私人律师赢了一场他认为在低级别联邦法院(*lower federal court)本应败诉的案件,他可能会以外交式的沉默来迎接这一胜利。但是如果政府胜诉而首席政府律师认为是不公正的,则他可能会"承认错误",并建议联邦最高法院推翻这一存在瑕疵的判决。

首席大法官威廉·哈布斯·伦奎斯特(William Hubbs *Rehnquist)和大法官拜伦·怀特(Byron *White)站在法官的立场及观点批判了这种做法,原因在于首席政府律师现在所起的作用应当属于联邦最高法院。但是前首席政府律师阿奇巴德·考克斯(Archibald Cox)却表示了对承认错误这一措施的信心。他认为这验证了这样一种坚定的信念,即该职务对联邦最高法院负有特殊的责任。如果首席政府律师是公正无私的,即便当时这意味着放弃胜利,那么之后提交的政府的其他案件则更可能受到限制,更加公开化,更具长远意义。

自20世纪初以来,考克斯和民主党或共和党的政府中其他首席政府律师所采取的限制传统受到里根政府的冲击。雷克斯·李(Rex Lee)——里根任命的首位首席政府律师,由于次次拒绝政府的社会政策而被迫辞职。里根政府将首席政府律师一职演变为支持总统政策的党派发言人,而非政府法律正义的代言人,而且还是解释与美国前50年主流观点几乎不相符合的有关政府三大机构地位看法的党派发言人。

罗伯特·J.杰克逊(Robert Jackson)是富兰克林·D.罗斯福政府的首席政府律师,与法院反对"新政"(*New Deal)的态度不同,他支持"新政"宪政,而且还继续发挥该职务的传统作用。罗斯福政府和里根政府利用首席政府律师一职的关键区别在于,他们在解释联邦宪法时对行政机构和司法机构的作用持不同观点,尽管二者都要求联邦最高法院推翻已确立的原则。

罗斯福政府迫使联邦最高法院支持它已宣布无效的社会立法,但又尊重联邦最高法院作为宪法性法律的最后仲裁者的意见。里根政府抨击司法审查制,原因在于联邦最高法院在长达1/4个世纪中一直不恰当地运用该制度,它一直是制定社会政策而非解释法律。这一挑战引发了对首席政府律师一职和联邦最高法院关系的争议,因为一旦政府将行政机构提升至联邦最高法院的地位成为宪法的解释者,那么首席政府律师就没有理由维持遵从联邦最高法院的传统。

许多首席政府律师离职后在事业上都获得了成功。布里斯托成为财政部长,并在反对"威士忌铃声"组织中获得胜利,该组织是由蒸馏酒制造业者组成的,很有实力并经常逃避酒类税收。约翰·V.戴维斯(John V. Davis)1924年参加总统竞选,虽然输给了库利奇·卡尔文,但却成为一名常在联邦最高法院出庭的杰出执业律师。罗伯特·杰克逊、威廉·霍华德·塔夫脱、斯坦利·里德以及瑟古德·马歇尔都担任过联邦最高法院大法官。阿奇巴德·考克斯是"水门事件"的特别公诉人。

在20世纪80年代,关于首席政府律师作用的争论第一次将众多人的注意力引向行使其权利的首席政府律师,并且重新建构了首席政府律师作用的理论。尽管存在争议,但大多数人仍然一致认为首席政府律师对美国法律所起的作用是无人可以替代的,但是,无论是学者还是执业者,对首席政府律师的作用应当如何界定都还未有明确的一致看法。

对于首席政府律师究竟代表谁以及应如何确立他与政府之间的关系存在不同的观点。一种观点认为,无论多么难辨别,首席政府律师的主要责任在于代表美国政府的利益以及帮助联邦最高法院有序地发展法律。相反的观点认为,首席政府律师应主要作为代表行政部门的律师,特别是实施由总统确定的政策,他不应该是第十个法官。

在每一个案件中,首席政府律师可以选择如何履行自己的使命。他能够保持相对的独立,缓解日常的政治压力从而保持人们对官员的信任。或者他也可以搜寻司法部长和其他高级官员的意见,这也包括总统在内,以此来确保他能够了解各方的意见,特别是在法律和政策区别不明显的案件中尤其如此。然而,毫无疑问的是首席政府律师也是司法部的官员,最终也会受司法部长以及总统的制约。

法律评论中,对首席政府律师的"独立性"进行研究的文章呈现飞速增长的趋势:首席政府律师能够自治么?当首席政府律师出庭的时候,他有权决定政府的地位么?

当里根当选总统的时候,共和党任命的司法部长和联邦最高法院的首席大法官都向民主党总统吉米·卡特任命的韦德·麦克里(Wade McCree)发出召唤。他们要求麦克里任完联邦最高法院的本届任期,直到他的继任者得到参议院的批准,尽管这样就意味着在里根任总统的前6个月麦克里仍然要履行职务。对首席政府律师职位进行研究的人将麦克里最后部分的任期作为证据,以此来证明这个职位是不存在党派之争的,这一精神可以追溯到更早的先驱者杰克逊。

20年以后,当共和党人乔治·W.布什当选总统时,民主党总统比尔·克林顿任命的首席政府律师塞思·P.韦克斯曼在布什宣布就职的当天辞职。他这样做是因为他相信新总统有权选择他自己的首席政府律师(这就给他的副手安德伍德·巴巴拉一次机会,她将有望成为首席政府律师职位上的首位女性)。

韦克斯曼是近年来最受尊敬的首席政府律师之一,他对这个职位的观点将继续产生影响:"首席政府律师与联邦最高法院有特殊的关系并非是某种特权而是义务",他在联邦最高法院历史协会的演讲中这样说道,从传统来看首席政府律师"已经在很大程度上获得了独立地位"。然而麦克里的任期与韦克斯曼的做法的反差回应了首席政府律师这个职位是有党派性的观点,这种立场正日趋明晰。

参考文献 Lincoln Caplan, *The Tenth Justice*: *The Solicitor General and the Rule of Law* (1987). Drew S. Ⅲ, "In Search of the Solicitor General's Client: A Drama," *Kentucky Law Journal* (1994): 485-503. Charles Fried, *Order and Law*: *Arguing the Reagan Revolution*: *A Firsthand Account* (1991). "Rex E. Lee Conference on the Office of the Solicitor General of the United States," symposium in *Brigham Young University Law Review* 2003: 1-183. "The Role and Function of the United States Solicitor General," symposium in *Loyola Law Review* 21 (June 1988): 1047-1271. David A. Strauss, "Government Lawyering: The Solicitor General and the Interests of the United States," *Law & Contemporary Problems* (Winter 1998): 165-177. Seth P. Waxman, "Does the Solicitor General Matter?" *Stanford Law Review* 53 (May 2001): 1115-1126.

[Lincoln Caplan 撰;李昱、胡海容译;许明月、林全玲校]

苏特,戴维·哈克特[Souter, David Hackett]

(1939年9月17日生于马萨诸塞州的梅尔罗斯,1990年至今为联邦最高法院大法官)。威廉·布伦南(William *Brennan)退休3天之后,乔治·H.W.布什总统任命戴维·苏特(David *Souter)接替其职位。苏特大法官具有独特的品格,经常被比作18世纪的英格兰学者。对美国民众而言,他的任命比上届的任何任命都更像一个谜。被任命之前,他仅在联邦第一巡回上诉法院任职3个月。在此之前,苏特大法官的全部职业生涯,包括私人和公开活动,都在新罕布什尔州。

但是苏特大法官一直以一种近似浪漫的热情致力于法学研究,正是这种执著再加上他的学术水平和个人能力,最终引起了联邦政府的关注。苏特大法官出生于马萨诸塞州的梅尔罗斯,在他11岁的时候他和家人一起迁居到祖父位于新罕布什尔州的威尔农场,农场所在的小镇地处新英格兰的郊外。之后,苏特大法官离家赴哈佛大学求学,主修哲学。在奥利弗·温德尔·霍姆斯(Oliver Wendell *Holmes)的法哲学课上,苏特的一篇论文获得很高赞誉,这是他对法律问题产生兴趣的开始。1961年苏特以优异的成绩毕业以后,因获得罗兹奖学金而得以在牛津大学的莫德林学院学习两年法学。随后,他又回到哈佛大学法学院学习并于1966年毕

David Souter

业。毕业后,苏特在新罕布什尔州开始了他的职业生涯,有两年的时间他在著名的新罕布什尔州律师事务所执业。苏特被同事们描述为"天生的大法官",但在1968年他却在新罕布什尔州司法部长办公室谋到了一个职位。起初他在刑事分部,负责审判和上诉案件。3年以后,沃伦·B.拉德曼成为该州司法部长并选中苏特当他的助手。在接下来的5年里,苏特一直担任这一职务。拉德曼当选国会的参议员后也一直是苏特最重要的支持者之一,两人之间形成了一段长久的友谊。1976年,当拉德曼从司法部长的位置退下来的时候,汤普森·梅尔德里州长任命苏特接替他的职位。苏特任期内的主要起诉之一涉及一千多名抗议者,他们试图通过占领锡布鲁克核电厂来迫使当局关掉它。

不久,苏特又被授予了其他的职责。担任司法部长2年以后,苏特被任命为新罕布什尔州高级别法院的大法官。在这个职位上,苏特熟悉了全州各类刑事和民事案件,因为州法院的大法官需要参与巡回法院以及郡法院案件的审理。苏特对陪审团体系产生了浓厚的兴趣,同时也开展了在案件结束后召集陪审员们交流经验的实践。1983年约翰·苏努努州长任命苏特为新罕布什尔州最高法院的大法官。在州最高法院,苏特赢得了学者型大法官的美誉,在这里,他潜心研究先例,并致力于推进法律原

则的发展。因此，他也被看成是有独立见解的大法官。1990年，约翰·苏努努担任了乔治·H. W. 布什政府的工作人员，他便推荐苏特到了联邦第一巡回上诉法院。苏特到任3个月以后，联邦最高法院布伦南大法官的职位出现空缺，拉德曼议员便催促布什总统任命苏特接替布伦南的职位。

在联邦最高法院，苏特大法官独特的个性和对法律的独特见解在判决中得到彰显。从文体上而言，苏特大法官的观点以及文笔相比其他在任的大法官更具特色。他的判决中常常含有寓意深刻的短语以及令人难忘的从句。相比其他更为格式化的判决意见，苏特的充满学术性的判决意见显示了作者的个性以及在学术上的造诣。这也似乎表明他刻意追求文笔的优美。从方法上而言，他的判决也体现了以霍姆斯为代表的普通法的实用主义的影响、其作为州法院大法官的影响以及他所就读的哈佛大学法学院的影响。苏特最有名的观点之一体现在"华盛顿州诉格卢克斯伯格案"[(Washington v. Glucksberg)(1997)]的并存意见中。该案中，联邦最高法院认为州的法律禁止帮助自杀并没有侵犯个人的自由和隐私权的观点是违宪的。在对冲突的权利进行分析时，苏特大法官表明他的司法哲学观：

在这里，普通法上的方法的价值显得更为重要，因为普通法上的方法通常会对'非全有即全无'(all-or-nothing)的分析方法存在质疑，这种方法可能使得古老的原则走向僵化而非与时俱进。普通法的方法倾向于尊重旧的原则，用新的例子以及反面的例子来重新诠释古老的原则。'传统的东西应是充满活力的'[Poe,367 U.S. at 542(哈伦，反对意见)]，只是应当采用适当的速度推动传统的原则向前发展。(p.770)

尊重法律传统的连续性，但同时坚信法律应该不断地向前发展；以适当的速度，谨慎的推进法律的发展；进一步质疑非全有即全无的法律方法；坦然接受与自己立场相反的那些强有力的观点：所有这些反映了苏特在联邦最高法院面对任一法律问题所采取的方法。

苏特撰写了很多重要的判决意见，如宗教问题、联邦宪法第一修正案(the *First Amendment)、隐私权(*Privacy)、陪审团制度、联邦主义(*Federalism)、种族以及与民主政体相关的问题。他的许多观点表明了联邦最高法院在体制上的中立地位。同时这也传达了这样一种观点，即法律应当以基本的经验事实为基础，也应当随着经验事实的变化而变化。因此，在筹资运动领域，苏特在"尼克松诉史云克密苏里政治行动委员会案"(Nixon v. Shrink Missouri PAC)(2000)中写道，对筹资运动的限制，只要立法机关的决定从表面看有依据宪法就应该遵从。联邦最高法院以5比4的表决结果表示支持后，这个方法在几年后便成为一个重要的原则。在"麦康奈尔诉联邦选举委员会案"(McConnell v. Federal Election Commission)(2003)中，苏特也对2002年《两党竞选改革法》的合宪性表示支持。同样地，在反对意见中，苏特强烈反对这样的观点，即联邦最高法院有权以联邦主义为据限制宪法已经列举出的国会权力，或者联邦法院有权限制将种族作为重新划分选区的考虑因素。基于历史的分析可以看出，苏特在几个问题上的反对意见，如"奥尔登诉缅因州案"[(Alden v. Maine)(1999)]中的观点，已经促使联邦最高法院采取积极的态度来限制政府的活动。与此同时，苏特将联邦宪法的实施看成一个需要相对公开和政治竞争的过程。因此，在反对意见和多数意见中，苏特认为限制立法、行政、司法这三方中的任何一方的机会的州法律都是违宪的。苏特似乎对政治特别着迷，他也对这些领域比较感兴趣——同时往往持反对意见——比如说《投票权法》(*Voting Rights Act)这一政治和种族问题交叉的领域。尽管苏特认为该法规定的具有种族意识的重新划分选区要求是一个次优的方法，并且这一方法只有在白人与黑人的投票权差异很大的情形才是合理的["约翰逊诉德格瑞迪案"(*Johnson v. DeGrandy)(1994)]，但当联邦最高法院限制该法的范围时，苏特又撰写了言辞激烈的反对意见。

在宗教问题上，苏特一直赞成政教截然分开。在这个领域，他经常撰文从宗教和政治演化的角度讲述宗教和政府的界限。在联邦宪法第一修正案问题上，他为联邦最高法院的裁决开创了一个重要的观点，他认为民间团体有结社的权利，并且有权阻止政府强迫他们接受与自己观点相冲突的人成为该团体的成员["赫尔利诉波士顿爱尔兰裔美国人男女同性恋和双性恋组织案"(Hurley v. Irish-American Gay, Lesbian, and Bisexual Group of Boston)(1995)]。同时裁决也认为(尽管有异议)，这个原则并不能延展到允许童子军拒绝接收男同性恋者。

一般来说，苏特也反对联邦最高法院将第五修正案占用条款(*Takings Clause of the *Fifth Amendment)作为增强财产所有人保护的措施。但是，在"合众国诉温星公司案"[(United States v. *Winstar Corporation)(1996)]中，苏特撰写法院判决意见时认定，联邦政府违反与金融机构订立的合同，在金融机构收购破产的互助储蓄银行时政府从会计上加重了其负担。苏特裁决政府应该为因管制性政策改变引起的违约承担责任。

到目前为止，苏特在任期内对两个联邦最高法院已面临的重大纠纷中的投票非常有特色。在2000年的那场有争议的总统选举中，苏特同意法院的多数意见，即佛罗里达州的重新计票程序是不违宪的，但是他也赞同反对一方的观点，即在"布什诉戈尔案"(Bush v. Gore)(2000)中，联邦最高法院没有权力终止重新计票。这个先前曾任州最高法院大法官的苏特,实际上愿意给予佛罗里达州最高法院更多机会对重新计票的合宪性问题进行审查。在这个案件中,苏特试图在直接终止选举和根本没有违宪两者之间寻找一个中间的立场,在这个充满戏剧性的场景中,苏特试图形成自己独立的思考,限制联邦最高法院的角色,寻求中间的解决方法。同样地,苏特与桑德拉·戴·奥康纳(Sandra Day *O'Connor)、安东尼·肯尼迪(Anthony *Kennedy)在"宾夕法尼亚州东南计划生育组织诉凯西案"[(Planned Parenthood of Southeastern Pennsylvania v. Casey)(1992)]中一起提出了一个著名的观点,即妇女终止妊娠的权利受到宪法保护,从而使"罗诉韦德案"(*Roe v. Wade)(1973)中的观点重新加以确认。凯西案很大程度上依赖遵循先例这一强有力的正当依据,而这也与苏特在其他场合的观点相一致。

自此,苏特不再是一个谜。他是一个学识丰富的大法官,他熟知法律历史和普通法的传统,审慎地运用大法官的权利并尊重大法官先前作出的判决。从1990年以来,在联邦最高法院这一充斥着意识形态差异和方法纷争的舞台上,苏特以其谦逊而且迷人的魅力塑造了一个重要的角色。

参考文献 Edward DeGrazia, "David Hackett Souter," in The Justices of the Supreme Court, vol. 5, edited by Leon Friedman and Fred L. Israel(1995), pp. 1806-1828. John J. Sullivan, "David H. Souter," in The Supreme Court Justices: Illustrated Biographies, 1789-1995, 2d. edited by Clare Cushman(1995), pp. 521-525.

[Nicholas S. Zeppos 撰;李昱、胡海容译;许明月、林全玲校]

南卡罗来纳州诉卡曾巴赫案[South Carolina v. Katzenbach, 383 U. S. 301(1966)]①

1966年1月17日—18日辩论,1966年3月17日以8比1的表决结果作出判决,沃伦代表法院起草判决意见,布莱克就部分判决表示反对。该案确认了《1965年投票权法》的合宪性,是国会实施内战期间颁布的几个修正案的权力发展过程中的一个里程碑。它确立了国会有权禁止存在疑问的措施而无需逐一由法院裁定其违宪。"南卡罗来纳州诉卡曾巴赫案"确认《1965年投票权法》的效力,有助于给予数百万非白种人的美国人公民权。

《投票权法》规定国会以第十五修正案第2款的规定为依据行使其权力,该条款授权国会采取适当的措施执行该修正案有关在投票上实行种族歧视的规定。该法规定了这一标准界定适用于采用该法新的救济的州及政治分支机构,将某一测试或策略作为投票的先决条件的州,并且1964年总统大选中登记在册的选民较少或投票率太低的州也适用该救济。南卡罗来纳州属于该法效力范围,因而暂时禁止执行文化水平测试以及财产所有权的规定。新的投票要件仅在提交司法部长并经批准的情况下才有可能实施。该法还授权联邦任命投票测试专家,对各州以及地方若非种族缘故将不可能不列入选民名册的投票者进行测试。

在初审(*original jurisdiction)中,南卡罗来纳州对该法所规定的方案、投票要件的暂缓实施、联邦审查新的投票要件的规定以及任命联邦投票测试专家的权力提出质疑。它还宣称国会依据第十五修正案(the *Fifteenth Amendment)第2款享有的权力仅限于一般意义上禁止违反第十五修正案的立法权,而给予必要的救济都应全部交由法院解决。首席大法官厄尔·沃伦的判决意见驳回了所有的质疑。他的判决意见既解决了国会执行第十五修正案的一般权力问题,又解决了受质疑的各条款问题。

至于第十五修正案中第2款规定的国会权力的一般范围,联邦最高法院将"麦卡洛克诉马里兰州案"(*McCulloch v. Maryland)(1819)中对国会立法权的经典表述作为依据。不为联邦宪法所禁止的合法目的可以各种恰当的方式加以实现。国会发现逐案诉讼证明了此种方法在处理广泛存在的歧视性投票措施方面毫无效率,从而说明有必要采取措施消除种族歧视,而不是依据具体的歧视判决。正如沃伦所写,"国会最好决定改变先从恶多端的犯罪者再到其受害者的惯性思维"(p. 328)。投票权法有选择地在某些区域适用是允许的,因为国会发现投票歧视主要是发生在该国家的一些特定区域。国会可以仅关注最令人头疼的地区。

南卡罗来纳州抨击现行投票要件的暂缓实施,是以"拉斯特诉北汉普敦县选举委员会案"(*Lassiter v. Northampton County Board of Election)(1959)的陈述为依据,该判例认为文化水平测试及其他措施本身就违反了第十五修正案。联邦最高法院认为拉斯特尔案与本案不同,理由是投票权法解决了歧视性采用测试的问题,这就是拉斯特尔案所质疑的问题。

联邦最高法院承认,新的投票法规暂缓实施未经联邦机构审查是不按常规行使国会权力。但国会知悉过去各州采用的具体策略,这些策略企图使投票方面的种族歧视永久存在,尽管联邦法院颁布禁令禁止这种做法。国会自然也害怕州会因1965年投票法而采取类似措施,因此被授权坚决果断地抨击该问题。利用联邦投票测试专家列出合格的选民名单的目的,就是对拒绝给予美国黑人选举权的程序性策略的最好还击。

"南卡罗来纳州诉卡曾巴赫案"的规则在"卡

---

① 另请参见 Race and Racism; Vote, Right to。

曾巴赫诉摩根案"(*Katzenbach v. Morgan)(1966)中作为一重要的先例而加以援用。国会在强制实施第十五修正案时享有一定的立法自由裁量权,从而为国会行使第十四修正案规定的权力时享有同样的自由裁量权铺平了道路。在摩根案中,联邦最高法院否决了纽约州提出的国会只能在州法律与第十四修正案(the *Fourteenth Amendment)相抵触的情况下废除州法律的主张,这些案件与"琼斯诉艾尔弗雷德·H.迈耶尔公司案"(*Jones v. Alfred H. Mayer Co.)(1968)一道加速了国会强制执行内战期间制定的禁止种族歧视的几个修正案的权力的重大变革。

参考文献 Ward E. Y. Elliott, *The Supreme Court's Role in Voting Rights Disputes*(1974).

[Theodore Eisenberg 撰;李昱译;许明月校]

南达科他州诉多尔案[South Dakota v. Dole, 483 U.S. 203(1987)]①

1987年4月28日辩论,1987年6月23日7比2的表决结果作出判决,伦奎斯特代表法院起草判决意见,布伦南和奥康纳反对。本案中联邦最高法院维持国会要求各州将法定饮酒年龄提高为21岁,以作为获得联邦公路资金拨款的其中一个条件的立法。南达科他州主张,依据开支条款(参见 Taxing and Spending Clause)以及第二十一修正案(the *Twenty-First Amendment)的取消该禁令并授权州管理酒精饮料的规定,该规定与国会权力相抵触,联邦最高法院否决了这一主张。

联邦最高法院裁定国会对各州所获许可权的限制是合宪的,条件是他们要满足4个要件:第一,开支必须属于"普遍福利",虽然在这一方面"法律实际上应当服从国会的决议"(p.207)。第二,国会对各州获得拨款所规定的条件必须是"无异议的"。第三,对联邦授权所做的限制必须与联邦政府在特定国家项目或计划的利益有关。最后,对授权所规定的条件不得违反"其他宪法性条款……这些条款提供了一独立的障碍"(p.207)以阻碍国会对授权作出限制。至于最后一个条件,联邦最高法院解释,这只意味着国会不得利用附条件的授权促使各州参与非宪法性活动。

联邦最高法院裁定所有这4个条件都必须满足,缺一不可。只有最后一个条件使得联邦最高法院产生了另一种极为重要的观点。奥康纳提出了不同意见,她认为依据该标准的第三部分,国会确立最低饮酒年龄为21岁的利益与其在公路建设方面的利益并没有充分的关系。

[William Lasser 撰;李昱;许明月校]

合众国诉东南保险商协会案[South-Eastern Underwriters Association, United States v., 322 U. S. 533(1944)]②

1944年1月11日辩论,1944年6月5日以4比3的表决结果作出判决,布莱克代表法院起草判决意见,斯通和法兰克福特反对,杰克逊对部分判决表示反对,罗伯茨以及里德未参加。自"保罗诉弗吉尼亚州案"(Paul v. Virginia)(1869)始,签发保险单就不再视为商业交易,而且联邦最高法院依先例裁定,既然保险不再是州际贸易,那么各州可以对在其境内营业的外州保险公司进行管制。

之后司法部对东南保险商协会提起诉讼,指控它对火灾保险的保险费实行共谋以固定价格,违反了《谢尔曼反托拉斯法》。尽管此前的一系列案件所作出的裁决与本案截然相反,但联邦最高法院大多数法官还是同意火灾保险公司沿各州边界从事主营业行为属于州际贸易。大法官胡果·布莱克(Hugo *Black)为以前法院所作的不同判决进行辩解,其理由如下:以前的判决均只涉及州法律;而本案是联邦法律适用于保险的第一例,而且国会希望将其在限制信托和垄断协议方面的宪定权力发挥到极致(p.558)。

国会很快作出反应,通过1945年的《麦卡伦法》,明确宣布对保险公司的管制和征税仍归州管辖,而且国会的任何法律不得解释为取代州管理保险的权力,除非明确提及保险业。

[Melvin I. Urofsky 撰;李昱译;许明月校]

主权豁免[Sovereign Immunity]

该原则源于英国早期普通法,宣称国王不受其臣民的诉讼。该原则的理论依据是:既然法律源自主权,那么国王不能被自己所创设的法院裁定而对自己的行为负责。不过在实践中,该原则的许多例外适用则给予受冤屈的当事人以机会起诉国王,尤其是在主权明确允许起诉的情况下。

在美国,主权豁免原则在整个19世纪都是用于限制个人对州和联邦政府提起诉讼。联邦宪法第十一修正案(the *Eleventh Amendment)于1795年被批准,该修正案禁止联邦法院受理对任何对州的诉讼。各州最高法院都承认该原则。在"吉本斯诉奥格登案"(Gibbons v. Unites States)(1868)中,联邦最高法院裁定未经国会同意不得对联邦政府起诉。

而今天,主权豁免这一观念已得不到支持,许多州通过制定法以及司法判例限制豁免。随着联邦侵

---

① 另请参见 Federalism, State Sovereignty and States' Rights。

② 另请参见 Antitrust, Commerce Power; Reversals of Court Decisions by Congress; State Regulation of Commerce。

权赔偿请求法(the *Federal Tort Claims)(1946)的通过,国会明确授权个人可基于具体的诉讼请求起诉联邦政府,但也规定了各种例外情形。这一趋势反映了这样一种信念,即政府应当为他们所招致的损失负责。

主权豁免原则已经间接地衰落。即便是在主权豁免原则禁止起诉政府的情况下,受害的当事人也仍然可以从对该决定负有个人责任的官员处获得损害赔偿。

[Philip L. Merkel 撰;李昱译;许明月校]

斯帕罗纳诉合众国案[Spallone v. United States, 493 U. S. 265(1990)]①

1989年10月2日辩论,1990年1月10日以5比4的表决结果作出判决,伦奎斯特代表法院起草判决意见,布伦南反对。联邦地区法院裁定纽约州扬克斯市(City of Yonkers)故意将公共住宅集中建于少数种族居住区,实际上是将少数种族集中于城市的一个区,因此一联邦地区法院裁决未来的公共住宅应当保持分散。扬克斯市上诉败诉后,接受了包括应制定必要的法规等内容在内的协议裁决(*consent decree),但是该市的委员会公然违背裁决,并未制定这样的法规。地区法院裁定该市以及不服从裁决的委员会成员的行为是藐视法院,并处以逾日递增的巨额罚金。该委员会在政治上故作姿态几个月之后,终于还是通过了法规,因为当时该市的罚金已近100万美元。

联邦最高法院以5比4的表决结果作出判决,该判决通过首席大法官威廉·H.伦奎斯特(William Hubbs *Rehnquist)之口,认定:联邦地区法院滥用了其根据传统的衡平原则而享有的自由裁量权,因为地区法院对该市进行制裁前未给予该市合理的宽限期以便履行裁决,而直接就对委员会的成员个人处以罚款。大法官威廉·J.布伦南(William J. *Brenna)在其反对意见中提到,他更愿意尊重地区法官的裁量权,因为他们对地方的政治现状更为熟悉。

联邦最高法院的判决没有对联邦地区法院的命令是否侵犯委员会成员依据联邦宪法第一修正案(the *First Amendment)取得的,以投票这样一种特殊形式表达言论的自由这一问题作出裁判。但是在随后的"博根诉斯科特·哈里斯案"[(Bogan v. Scott-Harris)(1998)]中,联邦最高法院却判定地方议员对其合法的立法活动免于承担民事责任,包括如何就公共政策进行投票这类问题也不例外。

[Thomas E. Baker 撰;李昱、胡海容译;许明月、林全玲校]

言论与出版[Speech and the Press]

联邦宪法第一修正案(the *First Amendment)宣布:"国会不得制定法律……剥夺言论或出版的自由。"联邦宪法的言论和出版条款逐渐还包含了政府官员不得禁止公开讨论公共事务的含义。言论自由已经成为合众国制定政策程序的基础和象征。

第一修正案的立法者意识到新闻出版不受政府控制是以人民意愿为基础的政治制度的一个重要组成部分。新闻界需要报道公共官员滥用权力的自由。民众必须能够获得批评政府的负面消息,并就公共事务交换信息及观点而不受政府官员干涉。国家不对书籍等出版物进行严格检查同样被视为是追求知识,包括发展科学的关键。此外,政府不对言论进行监督,从而容许个人通过艺术、文学及音乐,以及公开争论等形式实现自我充实。

虽然第一修正案是《1791年权利法案》(*Bill of Rights in 1791)的一部分,但联邦最高法院所有解释该条款文义的案件几乎都是自"一战"之后陆续判决的。直到1925年联邦最高法院才裁定,州政府以及联邦政府不得限制联邦宪法规定的表达自由。在"吉特洛诉纽约州案"(*Gitlow v. New York)中,联邦最高法院宣布第一修正案规定的诸如言论及出版自由之类的权利受联邦宪法第十四修正案的正当程序条款保护,州政府不得侵犯,正当程序条款禁止州未经正当的法律程序即行剥夺公民的自由(参见 Incorporation Doctrine)。

尽管如此,西特洛案相对于联邦最高法院关于媒体的大部分判决而言也算是古老的案件了。只是自20世纪60年代联邦最高法院才对涉及诽谤、隐私、有害的审前公开、进入法院旁听、法庭摄像、对出版界及广播媒体的评论的回应权、商业性言论和秘密消息来源等法律领域的最重要的案件作出了判决。联邦最高法院每年仍在继续审理言论和出版案件,以此不断对第一修正案言论和出版条款增加新的解释。

联邦最高法院对言论和出版自由争议的态度不仅是多变的,而且从某种程度来讲是变幻莫测的。联邦最高法院以多种法律概念和标准为依据审理言论及出版案件,并作出裁决。联邦最高法院经常要求企图限制言论自由的政府机构承担大量的证明责任,联邦最高法院假定政府机构所采取的措施是违宪的,除非能够证明这是为了保障政府重大的或紧迫的利益。不过在某些情况下,联邦最高法院也会权衡比较言论自由的利益和其他社会价值,从而显得并未对个人的言论或出版表现出偏袒。

尽管如此,其主旋律还是具有连贯性的。比如,

---

① 另请参见 Desegregation Remedies;Injunctions and Equitable Remedies;Lower Federal Courts;Segregation, De Jure。

联邦最高法院通常努力禁止政府干预文章的内容。政府不能控制已进入公众讨论的思想、观点和事实。但联邦最高法院允许政府对言论的时间、地点和方式作出不针对内容的限制性规定，只要这些限制是为了政府的重大利益，诸如保持环境整洁。

联邦最高法院还裁定过于含糊以致公民无法知道他们所说的是否违法，从而因为害怕而保持缄默的法律违宪。在"史密斯诉高古恩案"(Smith v. Goguen)(1974)中，联邦最高法院裁定：规定对"蔑视"美国国旗的任何人施以惩罚的制定法违宪。联邦最高法院的推理过程是，"对于某人来说构成蔑视的东西，而对于另一人来说却可能是一件艺术作品"，它声称，该法律的行文赋予执行当局过宽的自由裁量权(p.573)。联邦最高法院还经常废除那些似乎规定得过于宽泛，以致不仅限制了不受保护的言论，还限制了受保护言论的法律。在"洛杉矶诉基督教犹太人案"(Los Angeles v. Jews for Jesus)(1987)中，联邦最高法院宣布：飞机场的法规违宪，该法规禁止第一修正案保护的所有行为，诸如讨论政策、阅读报纸以及佩戴运动徽章。

联邦最高法院宣布，政府对言论和出版实施预先约束的措施一般都是违宪的。联邦最高法院还认为，政府只能起诉持不同政见者或扰乱社会秩序的言论，而且必须是该言论企图煽动即将发生的非法行为，并有引起和产生这种非法行为的迹象。在民事案件中，大法官要求，对相关言论提出控诉的当事人若要获得损害赔偿，必须证明该言论至少存在疏忽或危害。

尽管第一修正案单独提及新闻出版，但它一般也并不比其他任何公众享有更多的特权。联邦最高法院确立了言论的分级制，据此为政治性言论提供了更多的保护，而大量减少了对商业性言论的保护。某些类型的言论，诸如猥亵品，就完全排除在第一修正案的保护范围外，而且联邦最高法院还对不同的媒介以不同的方式适用第一修正案，比如允许对广播的内容实施较出版界的新闻专栏更多的管制。

第一修正案的言论和出版条款的含义自第二次世界大战以来已迅速发生变化，其中的原因至少包括诉讼案件的增加、新的学术成就、技术革新以及远距离通信的重要性的日益增加。"言论或出版自由"这几个字今时的含义显然比 1791 年时广得多。

第一修正案的文义　建国者在 1791 年通过第一修正案时，他们的意图肯定是希望禁止政府对书籍、期刊以及其他形式的出版物实施许可证制度以预先约束出版，要求官员在书籍和新闻报纸出版之前先予以批准的法律，在英国已被取消，因而对其殖民地也自始无效。

学者并不太肯定建国者当时是否准备取消英国惩罚批评公共官员的作者的传统。煽动性诽谤罪的普通法在 18 世纪的英国和其殖民地都适用，它规定任何人如对政府的法律或政策进行批评，并且足以降低政府的声誉或扰乱社会治安，则处以罚款及监禁。而批评的真实性不能作为辩护理由。事实上官员们相信真实性更具破坏性，因为它更有可能造成社会的不安定。

1734 年对约翰·彼得·曾格(John Peter Zenger)的著名审判表明了殖民地的陪审员不能容忍英国官员提出的诽谤控诉，但是陪审团的裁定没有改变煽动性诽谤法。曾格是《纽约周刊》的出版商，他出版了批评纽约总督威廉·科斯比(William Cosby)的评论文章，之后被控犯有煽动性诽谤罪而受到审判。根据当时的法律规定，陪审团仅仅只能对曾格是否出版上述材料的事实作出裁定。曾格承认出版了评论文章，但申辩公民应当有权说出公共事务的真相。尽管殖民地的陪审团裁定曾格诽谤英国官员的罪名不成立，但这一裁决并没有更改限制陪审团作用的法律或者确认真实性可以作为诽谤案的辩护理由。

事实上，法律史学家列奥拉多·利维(Leonard Levy)认为，通过第一修正案的那一代人大部分都肯定政府有权惩罚批评官方行为的人。利维认为，第一修正案通过时对"出版自由"一词的全部理解都源自英国法著名法律著述家威廉·布莱克斯通(William Blackstone)。布莱克斯通宣称，出版自由意味着每一个人都可以出版任何他想出版的东西，但出版"不正确的、恶意中伤的或非法的"则属于违法行为要受到制裁。大多数州通过的州宪法中都包括保护出版自由的条款，同时它们还通过了一系列制定法制裁批评政府的个人。此外，多数州采用英国普通法，其中包括煽动性诽谤条款。

18 世纪 90 年代的报纸一般都是政党的喉舌，投给编辑部的文章及信件都过于夸大其辞。报纸一般是挪揄政府官员。此外，许多学者宣称，建国者们相信出版自由是公众挑选政府所必需的。法学家戴维·安德尔逊(David Anderson)认为，联邦党人和反联邦党人都相信公众需要独立的新闻界以作为防止政府滑向暴力和专制的必要约束。学者们认为，如果新闻界出版对政府的批评意见要冒着受到煽动性诽谤法惩罚的危险，那么就很难使公众充分了解事实真相。

历史的发展也未能充分证明 20 世纪的美国人民了解立法者在通过第一修正案时的真意。国会就批准《权利法案》而作的辩论，以及公众对此的讨论都不能提供令人信服的解释。利维认为，几乎没有立法者认真思索言论和出版条款的含义，并认为他们对此可能没有形成统一的认识。

至 1798 年，该条款含义的模糊性大大减少。在《权利法案》被批准之后的 7 年间，国会中的联邦党人多数派通过立法以阻止反对党(共和党)人反政府的过激之辞。联邦党人害怕共和党人鼓吹导致法国大革命的激进的法国革命思想会摧毁年轻的美利坚共和国。联邦党人通过了《1978年煽动罪法》(*Sedition Act of 1978),规定"凡撰写、印刷、宣扬或出版……任何虚假的、引起公愤的及带有恶意的"反对政府、国会或总统的文字,而且目的在于破坏其声誉,均构成刑事犯罪。对被裁定有罪的个人可以处以 2000 美元以下的罚款,并处以 2 年监禁。在这一期间至少有 10 个人被起诉并被定罪,有 3 份报纸被迫停刊。共和党人托马斯·杰斐逊于 1801 年在总统大选中击败联邦党人登上总统宝座,此时该法便终止了实施。

《1798年煽动罪法》囊括了两个重大改革,从而得以使该法继续有效。该制定法规定陪审团既可以对被告是否发表了据指控带有诽谤性的文字的事实作出裁定,又可以就该文字是否具有诽谤性作出裁定,是由陪审团而非出于政治考虑任命的法官裁定何为诽谤性的。此外,该法明确规定诽谤案的被告若能证明他们所说的是真实的,则可以胜诉。尽管普通法的解释自 1800 年后就限制以真实性作为辩护理由,而要求证明"动机是善意的",但是联邦最高法院还是逐渐采取措施保护对政府提出的实事求是的批评,其中最重要的一项就是允许公开讨论公共事务。

《1798 年煽动罪法》的终止并不标志着惩罚批评政府的言论的企图不存在了。杰斐逊党派在针对《煽动罪法》进行自我辩护时争辩说,惩罚批评政府的言论等于侵犯言论自由,而这有违第一修正案的规定。杰斐逊一就任总统,杰斐逊派就提出了他们自身的几个诽谤诉讼。1812 年联邦最高法院否定了联邦政府的煽动性诽谤普通法。诽谤法渐渐地从刑事法律转变为民法(*civil law)。政府不再对诽谤提出诉讼,转而由个人提起诉讼以保护自身的名誉。19 世纪除了保护真实的言论,还逐渐形成了两种特权:其一为报道已公开发表的诽谤性消息;其二为表达观点而非宣扬事实的陈述。

言论与出版　联邦最高法院并未明确区分第一修正案"言论"和"出版"二词。联邦最高法院甚至经常对"言论"和"出版"给予同样的保护。联邦最高法院经常说,依据联邦宪法的规定,记者所享有的权力不比任何公众多。因此它给予在报纸上发表言论的作者的第一修正案规定的自由,不再多于任何自己决定作为演说者的公民。仅有少数法官认为,机构性的新闻出版界应当获得不为一般公民所享有的特权。同样也只有少数法官提出,新闻出版机构,如果其他自然人无权进入监狱,则应当有权进入监狱,因而在公众成员必须被排除在外的情况下新闻媒体可以作为其代理人行事。

同等对待"言论"和"出版"两个术语的一般规则存在极少的例外。联邦最高法院也认为,宪法提供给诽谤案被告的某些保护可能仅适用于新闻媒体。记者有时也被授予可以在法庭上拒绝披露秘密消息的来源的特别特权,这项特权主要是在低级别法院形成的。

联邦最高法院迄今为止也未明确区分"言论"和"出版"这两个术语,部分原因是区分在哪种情况下适用这两种保护中的哪一种的实际操作难度较大。宣传小册子的作者是应当视为演说者还是新闻出版界的一员?政治宣传小册子的作者是否应当与街头演说者区别对待?书籍的作者是受言论条款保护,还是受出版条款保护,抑或二者兼而有之?电视新闻报道者是否应当与新闻出版媒体的报道者区别对待?联邦最高法院提出了其中的一些问题,但未作回答。

不得预先约束或强制出版　联邦最高法院至今还没有发现一例政府对出版的永久约束是不违宪的。法官们一再重复,政府不能抑制思想观点,因为社会认为这是令人反感的或无礼的,因而政府禁止某一思想进入精神市场领域是根本不能的。

联邦最高法院已经废除政府在涉及诽谤、威胁国家安全(*National Security)以及不利的审前公开的情形下中止出版的措施。它又表明在涉及猥亵品、煽动暴力行为以及国家安全的情况下可以实施预先约束,如果政府能证明不预先约束足以造成危害。

在"尼尔诉明尼苏达州案"(*Near v. Minnsota)(1931)中,联邦最高法院首次宣布了预先约束违宪。该案的判决废除了明尼苏达州允许官员禁止出版"含有恶意的、引起公愤的或带有诽谤性的"的杂志或报纸的法律。5 位法官支持该判决意见,宣布第一修正案最为大众所接受的含义就是出版自由等于禁止预先约束出版。"出版自由可能被滥用的事实",首席大法官查尔斯·埃文斯·休斯(Charles E. *Hughes)写到,"丝毫不减损处理官方的不当行为时使新闻出版免于预先约束的必要性"(pp. 719-720)。联邦最高法院指出,公共官员受到中伤可以控告他人诽谤,但他们不得中止报道其行为。联邦最高法院认为,第一修正案取决于这样一种信念,即虽然对官员的违法行为和错误提出控诉会扰乱社会秩序,但如果官员能够决定哪些事情可以由媒体出版,则会造成"更严重的公共灾难"(p. 722)。

禁止预先约束的禁令已作为第一修正案被广为接受的解释,它只是偶尔受到质疑。因而在允许预先约束的情况下不得起诉任何人。在"内布拉斯加出版协会诉斯图尔特案"(*Nebraska Press Association v. Stuart)(1876)中,联邦最高法院确立了刑事被告力图终止潜在不利的审前公开出版必须承担举证责任的原则。联邦最高法院说道,尽管不利的审前公开可能会导致在上诉时被撤销定罪,但预先约束是对表达不可撤销地惩罚,是对"第一修正案权利最严重的最难以容忍的侵犯"(p. 558)。联邦最高法院指出，在出版之后冒着被惩罚的危险可能"冻结"言论，不过法律确保只有进行严格地司法审查之后才能施以惩罚。联邦最高法院暗示，预先约束究其本质而言，我们并未能对其作出全面彻底的评价，而仅仅是理解为禁止发表言论，这有可能在报道瞬息万变的时事的情况下破坏出版自由原本的价值。

联邦最高法院在内布拉斯加出版协会案中指出，被告为获得禁止媒体报道的禁令，必须确认这对公正审判所构成的威胁是严重的，且可能性极大。被告必须证明约束新闻出版会消除因不利公开造成的对公正审判的危险，并须证明法官除了采取诸如更改审判地点等措施之外别无他法能充分保护被告。

对于政府基于国家安全的考虑实行预先约束在说服法官时必须承担怎样的证明责任，联邦最高法院几乎提及得更少。迄今为止只在一个案例，即"纽约时报公司诉合众国案"(*New York Times Co. v. United States)(1971)中，联邦最高法院禁止联邦政府停止报道国防部关于越南战争的绝密报告（一般称为"五角大楼文件"）。联邦最高法院大法官对此案的分歧相当大，多数派的6位法官唯一达成一致意见是，政府并没有承担约束出版所要求的繁重的举证责任。不过多数法官本意是要求政府至少证明，披露信息"肯定"会对国家安全利益造成"直接、即发的、无法挽回的损害"。

如果政府不能禁止新闻报纸出版明确具体的新闻报道，那么政府也不能要求报纸出版其希望发布的新闻报道。在"迈阿密先驱报出版公司诉托米罗案"(*Miami Herald Publishing Co. v. Tomillo)(1974)中，联邦最高法院废除了佛罗里达州的一项制定法，该法要求报纸如果出版了批评政治候选人的文章，则必须出版回击这一批评的文章。联邦最高法院认为，要求报纸出版一则新闻报道以否定另一则干预了编者决定报纸内容的权力，违反了宪法。联邦最高法院一致认为，第一修正案禁止政府控制报纸对公共事务和公共官员的处理。某一制定法强迫报纸利用其版面出版回应文章，可能鼓励报纸限制报道公共事务。

言论许可和管制　联邦最高法院从未表明其禁止预先约束的推定就意味着在任何条件下都允许发表任何言论。比如联邦最高法院在"科尼利厄斯诉美国有色人种协进会法律辩护与教育基金案"(Cornelius v. NAACP Legal Defense & Educational Fund, Inc.)(1985)中指出，"即使是受法律保护的言论也不是在任何地方和任何时间都是一样允许的"(p. 799)。事实上，联邦最高法院容忍对个人言论和大众媒体的重要管制。

联邦宪法通过之时还未发明电话、电影、广播、有线电视和卫星通讯，所以建国者在设想第一修正案时只能考虑到个人言论及印刷出版。更新的信息传递方式一般并未从联邦最高法院得到与面对面交流以及印刷的文字同等的第一修正案保护。"约瑟夫·伯斯泰因诉威尔逊案"(Joseph Burstyn Co. v. Wilson)(1951)涉及电影审查，联邦最高法院在该案中宣布某些媒介由于其自身的一些特点从而要求根据第一修正案予以不同对待。联邦最高法院指出：言论和出版自由的基本原则是不变的，但"每一种方式都会产生其特有的问题"(p. 503)，因而不是所有的媒介都必须遵从统率其他表述方式的"具体规则"。

采用不同的第一修正案标准的最令人震惊的例子是，联邦最高法院容忍广播机构实行许可证制度，事实上，联邦最高法院已经允许政府在作出许可决定时，审查广播和电视节目的内容，包括关于对公共事务的言论。

1927年，政府开始对致力于"公共利益、便利或需求"的广播机构实行许可制度。国会颁布了《1927年电台法》，以便政府机构可以对电台广播的时间及频率进行管制，以减少信号中断并最有效率地利用广播频率。在《电台法》以及其后的《1934年通讯法》中，国会采纳了一些节目管制措施，诸如规定如果广播机构为一政治候选人提供一广播时段，则也必须为其竞争对手提供同等机会，国会还禁止通过无线电波散布猥亵、淫秒和亵渎神灵的言论。

在"红狮广播公司诉联邦通讯委员会案"(*Red Lion Broadcasting Co. Inc. v. Federal Communications Commission)(1969)中，联邦最高法院至少确认了一项广播节目管理法规的合宪性。联邦最高法院允许联邦通讯委员会要求广播机构提供一定时段给在讨论争议问题过程中受到抨击的人以作为回复，这项管制类似于在"迈阿密先驱出版公司诉托米罗案"(Miami Herald Publishing Co. v. Tornillo)中由联邦最高法院废除的对于新闻报纸的一项管制。在红狮广播公司案中，联邦最高法院指出，任何人都不享有通过广播进行通信交流的宪定权利，因为电磁频谱不可能满足所有人的需求。所以，被政府选择授予广播许可证的机构，必须按照公众的委托行事，并允许就公共事务上存在不同观点。联邦最高法院仍坚持，公众有权要求广播机构的"职责与第一修正案的目的保持一致"，并继续指出，"这是发表意见者和听者的权利而非广播机构的权利，这一权利极为重要"(p. 390)。尽管联邦通信委员会对节目安排的许多限制都已经被取消了，这也包括公正原则的所有方面，但该委员会还可以继续监管儿童类节目、分配给政治候选人的播报时间，以及淫秒节目。

在"联邦通讯委员会诉帕西菲卡基金会案"(FCC v. Pacifica Foundation)(1978)中，联邦最高法院允许对淫秒广播节目进行管制则基于另一理由。

联邦最高法院认为,联邦通讯委员会有权管制在存在儿童可能正收看或收听的合理危险时播报明显刺激电台听众的性行为和排泄行为的描述。联邦最高法院声明,对诸如可重复使用所谓的脏话之类的淫秽广播节目可以实施管制,但不能禁止,因为广播信号可进入家庭私密空间。除上述原因之外,还有儿童太小无法识别,就有可能不经意地收看或收听淫秽的广播节目。

尽管有线电视运营商也可以播放与广播公司一样的录像节目,但是他们不使用广播频率。部分原因是有线电视运营商需要利用公共的通道传输电视节目,而有线电视也是需要当地批准的。联邦最高法院在"洛杉矶诉普瑞菲尔德通信公司案"(Los Angeles v. Preferred Communications)(1986)中说道:有线电视经营者可以实施报纸、书籍出版商、公开发言人以及宣传小册子作者可实施的大多数第一修正案行为。但是,当一家有线电视公司声明其第一修正案的权利因为洛杉矶市(Los Angeles)拒绝颁发许可证而受到侵犯时,联邦最高法院却裁定,有线电视经营者享有的第一修正案权利,必须权衡公用设施中电缆接口的空间以及在城市街道下铺设有线电缆所造成的破坏来决定。后来,在"特纳广播公司诉合众国案"(Turner Broadcasting System v. U. S.)(1994—1997)中,联邦最高法院认为,可以要求有线电视运营商传输广播电台的信号,因为利用同轴或者光纤电缆传输节目将会遇到障碍,这就会阻碍广播公司向公众播放节目。有线电视运营商不播放广播电台节目的决定限制了广播公司向听众广播。联邦最高法院认为,为了确保无线电广播节目"自由"的存续,政府应该要求有线电视运营商传输符合联邦通信委员会标准的广播信号。

联邦最高法院认为,这种管制不会违反联邦宪法第一修正案,因为只要这种管制能在不压制言论自由的情形下增进政府的实际利益,那么政府就能在管制内容的同时附带地对言论进行一些限制。在"合众国诉奥布赖恩案"(United States v. *O'Brien)(1968)中,联邦最高法院允许联邦政府惩罚通过烧毁征兵登记证来反对越南战争(*Vietnam War),因为这种行为侵犯了政府在集结军事力量方面的利益。联邦最高法院认为,对联邦宪法第一修正案的限制并不比增进政府的利益重要。

在"雷诺诉美国公民自由联盟案"(*Reno v. ACLU)(1997)中,联邦最高法院认为,与广播和有线电视比起来,互联网应与出版媒体一样免于接受政府的监督。排除了《通信规范法》限制互联网上的不文明现象合宪性的质疑后,联邦最高法院认为,互联网用户在网络上偶然遇到自己厌恶的材料的可能性并不比收听广播大。此外,互联网与广播和有线电视一样,在物理学上并没有相同的限制。然而几年以后,在"合众国诉美国图书馆协会案"[(United States v. *American Library Association)(2003)]中,联邦最高法院认为,联邦法律要求学校在计算机上使用过滤软件,以免孩子们受到直接的性伤害的做法并没有违反联邦宪法第一修正案。联邦最高法院还认为,联邦法律的规定会减少对不使用过滤软件的图书馆的补贴,这种做法是国会财政开支的权利,因而是有效的。

如果联邦最高法院对不同的技术有不同的第一修正案版本,那么它也应当针对各种不同的内容区别适用第一修正案。联邦最高法院给予政治言论,包括关于公共政策的争论和报道以及对公共官员的批评最大的尊重。联邦最高法院常常说,第一修正案的一个主要目的就是保护公共事项的激烈的以及涉及面广的辩论,保护民主政治中政策制定程序所必不可缺的言论。联邦最高法院经常严格审查对任何政治言论的管制,并经常要求政府在实施管制前必须用事实证明存在紧迫国家利益。对政治言论的保护一般也扩及于社会和经济言论。

商业性言论得到第一修正案的保护较少,这至少部分是因为,人们确信销售商品及服务的动机足以克服由于管制而产生的任何"冷漠"。联邦最高法院还指出,关于某一特定商品或服务的商业性言论比政治评论更容易查证。在"中央赫德森气电公司诉纽约公共服务委员会案"(Central Hudson Gas & Electric Corporation v. Public Service Commission)(1980)中,联邦最高法院裁定,只有如实宣传合法产品的言论才受第一修正案中消费者获悉商业信息的权益的保护。如果政府要管制受保护的商业表述,那么它对言论的限制不得超过有效保护政府重大利益的必要限度。

在"44酒商公司诉罗得岛案"[(*44 Liquormart, Inc. v. Rhode Island)(1996)]中,联邦最高法院扩大了对真实可信的广告的保护。联邦最高法院认为,罗得岛并没有证明州法禁止为酒类饮料做广告会直接大幅度提高政府在限制酒的消费方面的利益。联邦最高法院称,州政府并没有证明竞相作广告会降低酒的价格,从而鼓励消费。

相反,被界定为淫秽性的言论业已裁定不属于第一修正案的保护范围。联邦最高法院在"米勒诉加利福尼亚州案"(*Miller v. California)(1973)中指出,言论符合以下标准即视为淫秽性言论:(1)一般人按照当代社会的标准会发现该言论在整体上会引起淫乱的性欲。(2)以明显的侮辱性手法描写州法律明确规定的性行为。(3)缺乏重大的文学、艺术、政治或科学上的价值。

另一种不在第一修正案保护范围之内的言论是被称为"煽动仇视"的言论,即联邦最高法院在"查尔斯河河桥梁公司诉沃伦桥梁公司案"(*Charles River Bridge v. Warren Bridge)(1942)中所说的"可能激怒一般人采取报复行为,并因此扰乱社会秩序"的语言(p.574)。联邦最高法院得出结论:"煽动仇视的言论","由于其表述过激而造成人身伤害或者有妨害社会治安之迹象"(p.572),所以对于公共事务的讨论没有任何重要的意义。

即使是在言论受保护的情况下,联邦最高法院也允许在极窄的范围内对言论实施不针对内容的管制。联邦最高法院允许对言论的时间、地点、方式实行管制,这不但不会干预正在传递的信息而且还留下足够多的交流渠道以供选择。联邦最高法院允许对言论实施管制以有利于交通安全或禁止乱扔垃圾以保护环境,或者为了政府的其他重大利益。不过,管制言论的法律不能赋予政府官员广泛的自由裁量权,因为政府官员可以利用自由裁量权根据表述的内容实行差别待遇。

获取和收集信息 如果说联邦最高法院通常保护杂志出版其占有的任何信息的权利话,那么在保护媒体为公众收集信息的能力方面,它却没有给予大力度的保护。联邦最高法院一般会拒绝宣布新闻媒体享有出席政府会议,观察政府官员工作,查阅政府记录,或者保护秘密新闻来源的宪法权利。联邦最高法院大多将公众和新闻界接近政府议事程序以及获得信息的问题交由国会以及州立法机构决定。

联邦最高法院声言,该规则有一个重要的例外,在20世纪50年代的一系列案件中,公众和新闻界均有权观看刑事审判,选任陪审团以及预审听证程序。从"里士满报业公司诉弗吉尼亚州案"(*Richmond Newspapers, Inc v. Virginia)(1980)开始,联邦最高法院声明,公开审判程序是第一修正案保证出版自由的暗含之义,目的在于确保公开讨论政府事务。联邦最高法院说,刑事诉讼程序应当向公众和新闻媒介开放,原因有二:其一,公开是美国司法制度的传统;其二,公开程序对鼓励准确作证,防止法官的腐败行径,以及使公众信任法院系统有着极为重要的作用。若要不公开司法程序,联邦最高法院在"出版企业公司诉里弗赛德高级别法院案"(Press-Enterprise Co. v. Riverside Courty Superior Court)(1984)中指出,法官必须证明这是基于重大利益的考虑,诸如保护被告的公平审判权,而且除关闭审判室以外别无他法能对此进行有效保护。即使符合这样的条件,不公开司法程序也仅以不超过保护特定的明确载明的需要为限度。

进入法庭旁听的权利并不包括第一修正案中在法庭摄像和录音的权利。不过联邦最高法院在"钱德勒诉佛罗里达州案"(Chandler v. Florida)(1981)中指出,各州可以允许在州法庭摄像,只要不影响第六修正案规定的刑事被告的公平审判权。

为了使法庭既能保证被告的公平审判权,同时又保护新闻界享有的第一修正案规定的权利,联邦最高法院鼓励法官采用以下策略:比如在选择陪审团成员的程序中质询候选陪审员以判断其是否有偏见,以及更改审判地点、延期审判和避免陪审员受审判公开的影响等。在"谢泼德诉马克斯韦尔案"(*Sheppard v. Maxwell)(1966)中,联邦最高法院还鼓励法官限制律师、证人以及陪审员与新闻媒体的谈话。联邦最高法院还指出,对新闻媒体收集新闻的限制不构成对已为新闻媒体掌握的信息的出版的预先约束。

联邦最高法院要求记者向大陪审团披露其秘密新闻来源。联邦最高法院在"布兰兹布恩诉海斯案"(*Branzburg v. Hayes)(1972)中以5比4的表决结果裁定,记者不享有第一修正案关于拒绝在大陪审团面前作证的权利。联邦最高法院指出,记者目击吸毒以及与犯罪嫌疑犯交谈就与其他公民一样有在法庭作证的义务。联邦最高法院指出,对公民协助处理犯罪事项的迫切需要克服了作证对新闻收集所产生的"不确定性"影响。不过布兰兹堡案的并存意见和异议意见均认为依据第一修正案,记者有权拒绝披露秘密信息来源。由于联邦最高法院大法官的意见不一致,低级别法院经常保护新闻记者免于作证,除非寻求该消息的人能够证明存在作证的迫切需要,而该需要比保护第一修正案的权益更为重要,而且所寻求的消息与诉讼有关,并且没有其他来源能得到该消息。在"科恩诉考尔斯传媒公司案"(*Cohen v. Cowles Media)(1991)中,联邦最高法院裁定,第一修正案不得禁止各州执行州法律惩罚违背其保守消息来源秘密诺言的记者。

联邦最高法院发现第一修正案权利中只有收集信息的权利受到限制,这一事实可能部分是因为联邦最高法院审查的案件的性质决定的。在三个涉及保障监狱安全的政府利益的案件中,联邦最高法院拒绝承认进入监狱接近犯人权利属于第一修正案规定的权利。联邦最高法院的多数法官甚至拒绝承认公众探监的权利。联邦最高法院承认,第一修正案确实阻止政府干预新闻记者为寻求消息以及公开这些信息来源而作出的努力,但是,联邦最高法院得出结论是,联邦宪法并未给政府强加提供公众通常不能得到的消息的"积极义务"。

联邦最高法院之所以不愿意给予新闻界收集新闻信息——也包括出版—— 以第一修正案权利,其中的原因至少部分是因为联邦最高法院不愿意对第一修正案"出版"一词的含义作出明确的界定。因为,联邦最高法院对新闻界和公众是一视同仁的,所以它不愿意赋予出版界到一般公众通常不能去的地方的宪法权利。不过,联邦最高法院在拒绝让新闻界以公众的代理人的身份行事之时,就已经限制了其获取政府消息的第一修正案的宪法权利。

民事和刑事责任 联邦最高法院经常说,第一修正案保障言论和出版自由并没有禁止惩罚某些表述,或者禁止提起民事诉讼主张某种表达造成了对个人的伤害。在联邦最高法院的历史上,援用最多的表述之一就是大法官奥利弗·温德尔·霍姆斯(Oliver Wendell *Holmes)在"申克诉合众国案"(*Schenck v. United States)(1919)中的评论,霍姆斯在该评论中写道,第一修正案并不保护在拥挤的剧院大喊"起火"而制造混乱的人免于起诉。

不过,联邦最高法院在"布兰登堡诉俄亥俄州案"(*Brandenburg v. Ohio)(1969)中裁定:政府不能惩罚演讲者,除非它能证明该言论"是为了煽动或造成即将发生的违法行为,并且有引起和产生这种违法行为的迹象"(p. 447)。在该案中,"三K党"一成员号召在未来的某一时间采用非法行为,联邦最高法院推翻了对其的定罪。联邦最高法院在布兰登堡案中的阐述形成了一项标准,20世纪之时该标准经常用于诽谤案件。自1919年开始,在依据第一次世界大战期间诽谤法起诉的一案件中,联邦最高法院就已声明演讲者不受惩罚,除非他们的言论构成"明显、即发的危险",危及国家安全。不过,该标准常常是用来惩罚言论而不是保护言论,其主要原因是,联邦最高法院往往只要求政府宣称该危险是"明显和即发的"即可,而很少要求其再作进一步的证明。

20世纪40年代初,明显、即发的危险标准(*Clear and Present Danger Test)被用于保护新闻记者撰写的关于刑事司法制度的作品。联邦最高法院裁定,法官不得以新闻媒介对司法程序提出批评性评论而证明其藐视法院,因为这对司法不构成明显、即发的危险。

联邦最高法院还裁定惩罚扰乱社会治安的谣言法律违宪。联邦最高法院明确指出,认定发表扰乱市民秩序、社会秩序的言辞为犯罪的法律所惩罚的是其听众会采取暴力行为的演讲者。诽谤刑事法更注重的是听众的反应而非言论的内容,这是联邦最高法院在"阿什顿诉肯塔基州案"(Ashton v. Kentucky)(1966)案中明确宣布的。事实上,在"特米涅罗诉芝加哥案"(*Terminiello v. Chicago)(1949)中,联邦最高法院就曾指出,只有自由的言论能够"引起一种不安的社会环境,引发人们对他们现在所处状况的不满,甚至激怒民众"(p. 4),才能更好地实现言论自由的目的。

然而,在"弗吉尼亚州诉布莱克案"[(Virginia v. Black)(2003)]中,联邦最高法院裁定弗吉尼亚州政府立法禁止通过焚烧十字架以对抗对伤害或者死亡的恐惧,这是合宪的。联邦最高法院说道,立法惩罚通过焚烧十字架来进行恐吓的行为也是合宪的,因为该立法并没有单单挑选一个不受欢迎的主题进行惩罚。

联邦最高法院不大愿意容忍对新闻媒体发表合法获得的有关公共事务的消息而对其提起刑事控诉,即使新闻报纸或广播电台散布的是违反州法律的信息。比如,在"史密斯诉每日邮报出版公司案"(Smith v. Daily Mail Publishing Co.)(1979)中,联邦最高法院声称:政府必须证明存在最高阶位的秩序利益,否则不得因新闻记者准确真实的报道被控犯罪的少年犯的名字而对其施以处罚。

迄今为止,联邦最高法院也一直拒绝容忍在没有最低限度地证明新闻媒体存在疏忽的情况下因真实言论承担民事责任。联邦最高法院还未排除在新闻媒体披露有关个人私生活的一些敏感消息时,允许受害当事人获得损害赔偿的可能性。不过,它在"佛罗里达之星诉B. J. F案"(Florida Star v. B. J. F)(1989)中裁定,在缺乏严格界定的保护州的重大利益的救济措施的情况下,要求就公开发表合法获得的有关强奸案受害人的真实消息承担民事责任属于违宪,在佛罗里达之星案中,尽管联邦最高法院承认对强奸案的受害人的身份予以保密属于政府的重大利益,但它又指出,如果消息是从执法官员处获得并且可能已由其他方式散布出去,比如办公室的闲言碎语,那么不得自动裁定报纸承担责任。除此之外,联邦最高法院还裁定第一修正案要求原告提出诽谤时必须证明该诽谤性的报道是虚假的,而且最低限度要证明该报道之公开发表或广播存在疏忽。

政府官员和社会知名人士必须证明该消息是在明知虚假的,或毫不考虑事实真相的情况下公开发表的。在"纽约时报公司诉沙利文案"(*New York Times Co. v. Sullivan)(1964)中,联邦最高法院认定相关的诽谤法合宪,其逻辑推理是:第一修正案旨在确保自由交流思想以促进社会政治变革。联邦最高法院说,有关诽谤普通法将毁誉性的故事推定为是虚假的、对于"可能涉及强烈讽刺性的、有时甚至是尖酸刻薄的攻击"的、有关政府和公共官员的公开的、激烈争论来说,它并不能提供充分的保护(p. 270)。大法官们声称,政治言论并不因其是虚假的而丧失宪法保护,因为"在自由辩论中出现错误的说法是难免的,如果表达自由要具备其'赖以生存……'的呼吸空间,那么,就必须对此加以保护"(pp. 271-272)。联邦最高法院指出,官员不能以可能对其提起让其承担巨额民事损害赔偿责任的诉讼来威胁批评者,正如他们不得以对诽谤的刑事惩罚来威胁批评者一样。为了充分保护公民的批评权,第一修正案要求,政府官员必须证明存在事实上的恶意(*actual milice),用联邦最高法院的解释来说,就是明知虚假,或者存在毫不考虑事实真相的重大疏忽。

在"圣·阿曼特诉汤普森案"(St. Amant v. Thompson)(1968)中,联邦最高法院认为:证明事实上的恶意就需证明被告对出版物的真实性本身就抱有重大怀疑。联邦最高法院随后又裁定判断是否存在事实上的恶意的标准可能要综合考虑多种因素,如调查的彻底性、来源的可靠性、某一谣传的可信性、最后期限的压力,以及出版动机等。编造谣言足以构成事实上的恶意。

在"格尔兹诉罗伯特·韦尔奇公司案"(*Gertz v. Robert Welch, Inc.)(1974)中,联邦最高法院确定,第一修正案要求社会知名人士——指名声显赫或声名狼藉之人,以及本人被牵扯进某公开争议的论战中旨在影响相关问题处理的人——同样也需证明被告故意伪造事实,或者完全不顾事实真相,其提出的诽谤诉讼才能胜诉。联邦最高法院的裁决要求政府官员及社会知名人士证明明知其虚假或者完全不顾事实真相,从而使得政府官员或社会著名人士要证明他人犯有诽谤罪非常困难,几乎没有人能够逾越这些障碍。

在格尔兹案中,联邦最高法院还声明,各州可以对非社会知名人士的普通民众确定各自地方的责任标准,条件是每一个提起诽谤控诉的原告必须证明新闻媒体在故事的准备阶段未尽到合理注意。在"费城报诉赫普斯案"(Philadelphia Newspapers v. Hepps)(1986)中,联邦最高法院指出,个人控诉涉及公共利益事项的报道构成毁誉时,除了要证明它们具有毁誉性外,还必须证明这些报道是虚假的。

在"米尔可维奇诉洛兰杂志案"(*Milkovich v. Lorain Journal)(1990)中,联邦最高法院声明,要求原告证明报道是虚假的要件极大地保护了人们不因批评政府、餐馆和艺术的意见而被指控诽谤。联邦最高法院说,"费城报诉赫斯普案"确保了个人关于公共事务的观点陈述,如无虚假之处则受到宪法的保护。联邦最高法院还提及了以前的判决,这些判决指出,出版社和广播电台对使用不准确的比喻或夸张手法的语言描述,作为一种对事实的陈述并不能合理的认为其是错误的,不承担责任。除此之外,在米尔可维奇案中,联邦最高法院否决了低级别法院宣布所有意见均受宪法保护的动议。联邦最高法院认为,像赫斯普案以及其他保护夸张描述的之类的判决,是在未就意见表述和事实表述加以宪法上区分的情况下而为容许自由表达"生存"提供足够"呼吸空间"的。

联邦最高法院还就一相关的事项声言,当公众人物的原告控诉出版或广播的故意将某人曝光而致他人情感伤害时,第一修正案实质上是保护新闻媒体的。在"赫斯特勒杂志社诉法尔威尔案"(*Hustler Magazine v. Falwell)(1987)中,联邦最高法院得出一个结论:第一修正案禁止根据表达的动机决定新闻媒体是否承担责任,因为发表涉及某知名人士的意见即便是出于憎恶,但只要具有可信性,就有利于对观点和问题进行公开讨论。联邦最高法院还拒绝允许对"粗鲁"言论承担责任,粗鲁的言论只是确立故意严重伤害他人情感的要件之一。联邦最高法院认为,在讨论政治和社会问题时,"粗鲁"一词的主观性太强,以至于陪审员可仅以他们厌恶某一表述而将责任强加于当事人。联邦最高法院裁定,政府官员和社会知名人士以故意伤害他人情感为由提起诉讼至少得证明存在事实上的恶意,以避免不当限制对公共事务的争论。与此相似的,还有"时代周刊出版公司诉希尔案"(*Time Inc. v. Hill)(1967)。在该案中,联邦最高法院宣布,有新闻价值的人对某一虚假但不具有诽谤性的报道以侵犯隐私权为由提起诉讼,同样也必须证明存在事实上的恶意才能获得损害赔偿。

结论 联邦最高法院在不到70年的时间里就已形成了颇具规模的法律,充分解释了第一修正案的言论和出版条款的含义。虽然联邦最高法院肯定没有对所有处于第一修正案保护伞下的言论给予保护,但它通常都保护政治言论,包括处于主流的政治思想之外的观念,使其免于受政府干预。而对非政治言论以及通过非出版的媒介传递的言论,联邦最高法院的保护力度则相对稍弱。

尽管联邦最高法院保护口头的以及书写的言论不受政府控制,但它还是不太愿意将第一修正案当作完善信息收集过程的一个工具。到目前为止,由于强硬的多数派反对,联邦最高法院还是允许民众及新闻界进入法庭。

在20世纪60年代,对言论和出版自由的保护获得了极大的拓展,然而那些联邦最高法院的法官们已渐渐离我们而去,尽管他们中的一些人在推动20世纪80年代的变革也发挥了领导作用。更近一段时期的法院更倾向于墨守陈规,更注重衡平的价值,即使有改变也是谨慎的。在不久的将来,如果没有立法机构、行政部门和公众的有力推动,我们可能很难看到联邦最高法院会在表达自由的主要问题上有什么重大的革新。随着网络的不断发展,广播传输走向数字时代,光纤通信更多地进入到家庭和商业领域,而对知识产权的保护形势日益严峻,我们所面临的挑战旧有的判例并不总是能为这些新兴问题提供明确的答案。

参考文献 David A. Anderson, "The Origins of the Press Clause," *UCLA Law Review* 30 (1983):456-541; Walter Berns, *The First Amendment and the Future of American Democracy* (1976); Margaret A. Blanchard, "Filling in the Void: Speech and Press in State Courts prior to Gitlow" in *The First Amendment Reconsidered: New Perspectives on the Meaning of Freedom of Speech and Press*, edited by Bill F. Chamnberlin and Charlene J. Brown(1982), pp. 14-59. Vincent Blasi, "The Checking Value in First Amendment Theory," *American Bar Association Research Journal* (1977): 521-649. Lee C. Bollinger and Geoffrey R. Stone, eds, *Eternally Vigilant: Free Speech in the Modern Era* (2001). Matthew D. Bunker, *Critiquing Free Speech: First Amendment Theory and the Challenge of Interdisciplinary(2001). Rodney A. Smolla, *Free Speech in an Open Society*(2001). William W. Van Alstyne, *Interpretations of the First Amendment*(1984).

[Bill F. Chamberlin 撰；李昱、胡海容译；许明月、林全玲校]

言论或辩论条款[Speech or Debate Clause]

联邦宪法规定，国会成员"不因在各自议院作出的演说或辩论而在任何其他地方受到质问"（第1条第6款）。这种保护是英国议会经过和君主数百年的斗争后换来的，这就意味着议会成员不会因为履行立法义务而遭遇民事或刑事诉讼。

在整个16、17世纪，也就是都铎王朝和斯图亚特王朝统治时期，君主以提起诉讼来威胁立法者。英国《1689年权利法案》规定，议员不能因议会中的言论、辩论以及诉讼而被起诉，也不能在议会以外的地方受到诘问，这就极大地限制了君王以往的做法。

在美国宪法中，言论和辩论条款保护立法者免受行政处罚和司法诉讼，进一步巩固了分权原则（*Separation of Powers）。对这一条的解释集中在对"合法立法活动"的界定上。这类活动通常被理解为不仅包括各自席位上的辩论，还包括在委员会审议中表述的观点，也包括投票行为在内。在"基尔波恩诉汤普森案"（*Kilbourn v. Thompson）(1881)中，联邦最高法院对其进行了广义解释，而将保护的行为定义为"议会的成员在议会的集会中以及集会之前所作的相关的事务"。

在20世纪70年代，联邦最高法院试图通过几个案件限制这种解释。在"多伊诉麦克米伦案"（Doe v. McMillan）(1973)中，联邦最高法院将受保护的范围限制在议会的报告中表述的观点，而这些报告还仅限在议会内散发的那些文件。联邦最高法院在审理政府印刷办公室被诉案——政府印刷办公室因出版了据称含有诽谤性内容的会议报告而被起诉——时，措辞模糊地表明在国会外依据正常的渠道散播的言论不受保护。在随后的"哈钦森诉普罗克斯迈尔案"（*Hutchinson v. Proxmire）(1979)中，联邦最高法院判决国会的成员需要对他们在媒体和时事通讯中发布的观点负责。联邦最高法院裁决，尽管这些传播是有价值的，但是这也是国会审议过程不可分割的一部分。在这里联邦最高法院划分了必不可少的"信息发布"和向公众报告自己的行为之类的非重要的"信息发布"之间的区别，凭借前者国会已能更好地进行立法。

在"合众国诉布鲁斯特案"（United States v. Brewster）(1972)中，联邦最高法院明显减少了对言论和辩论条款的保护。前国会议员丹尼尔·布鲁斯特已经被指控收受贿赂并靠此来履行自己的职责。布鲁斯特依据言论或辩论条款来寻求保护。联邦最高法院支持了这一指控，并指出"很显然，收受贿赂不是立法过程的一部分"（p.256）。理由是这一条款只用于禁止调查议员履行特定的立法活动的动机，但不限制针对特定立法活动中的受贿行为展开调查。针对布鲁斯特议员调查的对象是贿赂，而不是通过受贿试图达到的立法目标。

同一年，联邦最高法院在第二个涉及参议员的案件中作出了一个裁定。在"格拉韦尔诉合众国案"（Gravel v. United States）中，联邦最高法院认为，在国会议员获得了国家安全机密文件并将以私人名义再次出版时，大陪审团（*Grand Jury）有权进行讯问。"虽然言论或辩论条款认为言论、投票以及立法活动是排除在这一条款之外的，但是并没有给予国会议员或者助手特权，准许他们在准备立法或者实施法律的过程中违反现行的刑事法律。"

很显然，格拉韦尔案将国会成员纳入到言论条款保护的范围中。在整个20世纪60年代，立法助手的人数增长快于以前的任何一个时期。国会的代理律师看到助手扩张的趋势，因而主张，"这些助手日复一日的工作对国会议员的工作是非常重要的，因此他们必须被当成议员来对待；如果不这样看待他们，那么言论或辩论条款的核心作用……将不可避免地被降低和遭到失败"（pp.616-617），最后律师成功了。这是不足为奇的，因为现代社会中媒体的力量和传播的速度已经使得言论和辩论条款也随之扩展了。

[Richard Allan Baker 撰；胡海容译；林全玲校]

迅速审理[Speedy Trial]①

联邦宪法第六修正案（the *Sixth Amendment）的一部分规定，在一切刑事诉讼中，被告享有获得……迅速审判的权利。这是《权利法案》（*Bill of Rights）明确否决先前英国实践的几个规定之一，英国的做法曾使得被告人在遭到控诉和开始审理前在监狱里遭受超期的折磨。

联邦宪法第六修正案迅速审理的保障规定曾多次在联邦最高法院审理的案件中被提到。该院已经详尽地论述了它作为基本权利的重要性并且在"克洛普弗尔诉北卡罗来纳州案"（*Klopfer v. North Carolina）(1967)中将它与联邦宪法第十四修正案（the *Fourteenth Amendment）有关正当程序条款结合起来。对于臭名昭著的积案超负荷的州法院来说，尽管迅速审理原则同样具有适用效力，但是联邦最高法院却几乎没有认定一例侵犯该权利的案例。例如，在"巴克尔诉文哥案"（Baker v. Wingo）(1972)中，法院认为，尽管在起诉和审理之间间隔了5年的期限，但是该权利并没有受到侵犯。考虑

---

① 另请参见 Due Process, Procedural。

到个案之间的差异性，联邦最高法院否决了一项严格而迅速的时间限制规则，而倾向于一个衡平的标准，该标准要综合考虑延迟期限、延迟原因、对被告的偏见，以及被告对其权利的及时宣告等因素。然而，在衡平这些因素时，法院几乎总是作出有利于检控方的裁决。

至少有两个原因可以说明法院为什么并不热心于对迅速审理的权利输入更多的含义。首先，虽然这被界定为被告的一项权利，但是事实上辩方律师却有着最强烈的愿望去延迟审理。其次，联邦最高法院鼓励各级法院通过规则制定权、立法机关通过他们自己的减少延迟规则来解决延迟问题。尽管如此，迅速审理的宪法性权利仍然被用于保障被告免受检察机关异乎寻常的滥用自由裁量权来延迟审理案件。

[Malcolm M. Feeley 撰；岳志军译；许明月校]

斯潘塞，约翰·C.[Spencer, John C.]①

(1788年1月8日出生于纽约州哈德逊，1855年5月17日卒于纽约州阿尔巴尼。) 曾当过律师，当过政府官员，还是未被确认的联邦最高法院大法官的被提名者。斯潘塞是安布罗斯(Ambrose)和劳拉·康菲尔德·斯潘塞(Laura Canfield Spencer)的儿子，在纽约州奥尔巴尼被抚养成人并接受教育。他也在威廉斯学校和联合学校接受过教育。在斯潘塞取得律师资格并同伊丽莎白·斯科特·史密斯(Elizabeth Scott Smith)结婚后，他在1809年搬到了纽约州的加南戴瓜(Canandaigua)，在那儿他展开了红火的律师业务。在他任职助理检察长和地区检察官后，斯潘塞在1817年被选入国会。由于连任选举失败，他就在纽约州众议院和参议院服务。斯潘塞在1837年搬到了奥尔巴尼，在那儿他成了辉格党党员，并在1839年出任纽约州州务卿。

在1841年，总统约翰·泰勒(John *Tyler)任命斯潘塞为国防部长，他担任这一职务直到1843年3月3日他出任财政部长为止。在1844年1月9日泰勒提名斯潘塞为联邦最高法院大法官，但是1844年1月31日参议院以21比26的表决结果否决了对他的提名，这在很大程度上归因于那些对泰勒的任何朋友都持不信任态度的辉格党人的反对和斯潘塞暴躁的脾气。在1844年5月2日，斯潘塞从财政部长职位上退休后，他到了奥尔巴尼继续开展律师业务。同事们都对斯潘塞作为律师所表现的技巧表示赞赏，但是却指出他对细节的过分专注使得他不能理解更大的公众性问题。

[Robert M. Ireland 撰；岳志军译；许明月校]

恶意任命[Spite Nominations]②

在影响联邦最高法院大法官提名的各种因素中包含着总统的报复。司法界和参议院对总统政策进行的攻击，对国家元首行政权所造成的综合性破坏已经诱发了白宫的报复，部门间的报复可能会采取恶意任命法官的形式。目的如此明确的任命超越了一定的限度，反映了总统对参议院或者法院普遍的或者含蓄的不满。理查德·尼克松任命沃伦·伯格(Warren E. *Burger)继任厄尔·沃伦(Earl *Warren)出任联邦最高法院首席大法官好像就是对沃伦有关联邦最高法院是社会和政治的超级立法机构的观念的责难。安德鲁·杰克逊(Andrew Jackson)对罗杰·布鲁克·托尼(Roger B. *Taney)的提名反映了总统对参议院先前处理忠诚的政治同盟的态度表示不满。富兰克林·罗斯福(Franklin *Roosevelt)对胡果·布莱克(Hugo *Black)的选任反映了总统对参议院以及法院而进行的报复，参议院反对其法院人员布置计划(*court-packing plan)而布莱克对该法案表示支持，联邦最高法院则反对"新政"(*New Deal)。

从另一方面来看，这些提名旨在明确表露总统的愤慨。针对现存以及潜在修宪趋势，这种报复性的任命就会随着总统在参议院的失败而出现，以有助于实现总统对联邦法院空缺职位的原始提名。一个遭到挫折的行政首脑肯定会在公开场合或者私下里表露他对其被提名者被倔强的参议院给予冷遇的愤恨。他决定阻止这一进程，依靠在参议院中的支持者并进行又一次的提名，以任命一个在政治——司法立场上同其先前的被提名者几乎类似的人。通过这种策略，总统试图恢复其丧失的政治资本，并促使参议院停止抵抗且确认二次提名。

在20世纪参议院总共已经行使了三次宪法特权以拒绝总统最欣赏的法官提名：罗伯特·赫伦·博克(Robert Heron Bork)(1987)、小克莱门特·弗曼·海恩斯沃思(Clement Furman *Haynsworth Jr.)(1969)和约翰·约翰斯顿·帕克(John Johnston *Parker)(1930)，这些被提名者作为联邦上诉法院法官的候补人明显的政治和观念品质引起了参议院的强烈反对，南方人帕克和小海恩斯沃思由于反对劳动人民和反对民权而被认为是受了魅惑，而博克则被认为是对当前的基本权利判例表现得相当冷漠。作为反击，总统罗纳德·里根(Ronald *Reagan)和理查德·尼克松公开地发泄了他们的愤怒，并且公开宣称其被提名人的资格绝不比原始被提名人更令参议院满意。但是，里根对年轻法学家道格拉斯·金斯伯格(Douglas *Ginsburg)的提名因为卷入以前的吸食大麻丑闻而被宣告无效，而尼克松的再次提名乔治·哈罗德·卡斯韦尔(George

---

① 另请参见 Nominees, Rejection of。
② 另请参见 Nominees, Rejection of; Political Process; Senatorial Courtesy。

Harrold *Carswell)出任巡回审判庭法官在参议院未获通过,因为该候补人具有明显的种族主义倾向且专业素质平庸。里根和尼克松的恶意任命遭到了失败,于是他们在政治上就采取了实用主义的态度。他们选择了别的候选人,这些候选人属于不同地方的无党派人士,都具有无懈可击的专业知识以及在观念上近乎中庸:他们分别是安东尼·麦克劳德·肯尼迪(Anthony Mcleod *Kennedy)和哈里·安德鲁·布莱克蒙(Harry Andrew Blackmun)。

因此,只有胡佛轻易地获得了参议院对他再次提名欧文·约瑟夫斯·罗伯茨(Owen Josephus *Roberts)的确认。尽管胡佛并没有公开表示抗议,但是他在私下里却大声地斥责参议院因为总统在院内的对手判定被提名人是总统的绝妙的帮手时对帕克所采取的态度。公司法律师罗伯茨曾公开宣称他自己是经济放任主义的鼓吹者,在第一次世界大战(*World War Ⅰ)期间因发表煽动性言论而被提起公诉,信奉国际主义的外交政策并且反对国家禁令。所有的这些品质对参议院反帕克集团的成员而言都是应受到诅咒的。但是,风度好的罗伯茨被当作一个自由主义者而加以引荐。作为调查参议院"茶壶丘"(Teapot Dome)石油丑闻的特别检察官以及他在林肯大学设立的慈善组织(一个美国黑人机构),使罗伯茨给人以优雅的印象。在那些疲累而又轻信的参议员眼里所推定的自由主义结果在罗伯茨后来的联邦最高法院记录中被证明基本属实。

避开对总统提名候选人进行明显的报复情绪、感情用事以及草率原因等方面的审查,胡佛取得了成功,而尼克松却不能恶意任命卡斯韦尔,里根则显露了他的感情用事和匆忙任命等不足。对罗伯茨,胡佛采用了实用主义策略,再次提名的候选人给人的公开印象是积极地支持主要的公共政策,完全与总统在参议院的那些对手们所支持的候选人不一致,而这些对手却一致确认了总统的提名。

参考文献 Peter G. Fish, "Spite Nominations to the United States Supreme Court;Herbert Hoover, Owen J. Roberts, and the Politics of Presidential Vengeance in Retrospect," *Kentucky Law Journal* 77 (1988-1989):545-576.

[Peter G.Fish 撰;岳志军译;许明月校]

斯普林格诉合众国案[Springer v. United States, 102 U.S. 586(1881)]

1880年4月8日—9日辩论,1881年1月24日以7比0的表决结果作出判决,斯韦恩代表法院提出判决意见,亨特和克里福德未出席。斯普林格案争论的问题是1862年开征的所得税(*income tax)的合宪性,该所得税旨在为美国内战(*Civil War)筹集经费。威廉·M.斯普林格拒绝就其从事律师所得职业收入缴纳所得税。联邦政府以属于斯普林格的土地抵税,且该地块最终以未缴税款额作价卖给了合众国。政府对斯普林格提起了所有权权属的诉讼,后者认为该所得税是无效的直接税,因为它没有依照宪法规定在各州间按人口数量进行分配。

依据历史惯例,法官厄·海恩斯·斯韦恩(Noah Haynes Swayne)裁定国会只能对不动产和奴隶征收直接税。他相当赞同国会作出的"对宪法的统一的实用解释"(p.599),斯韦恩同时强调了联邦最高法院对"希尔顿诉合众国案"(*Hylton v. United States)(1796)作出的裁决,该裁决支持对运输业征税。他总结认为直接税只包括资本税和土地税,因此征收所得税是符合宪法的。内战期间征收所得税的法律一直到1872年仍然有效。

联邦最高法院在"波洛克诉农场主贷款与信托公司案"(*Pollock v. Farmers' Loan & Trust Co.)(1895)中对斯普林格案的裁决进行了狭义解释和辨别,在该案中,法官们认为1894年所得税法未在各州间按比例分配而判决该法无效。国会立法征收所得税的权力直到1913年通过了联邦宪法第十六修正案(the *Sixteenth Amendment)后才得到了解决。

[James W. Ely, Jr. 撰;岳志军译;许明月校]

联邦最高法院的非司法人员[Staff of the Court, Nonjudicial]

美国联邦最高法院的职员总是长期任职,低姿态并忠心耿耿地支持着首席大法官(*Chief Justice)和大法官们的工作。雇员们一直培养着并反过来加强着联邦最高法院在独立性、秘密性和权力方面的神秘感。1935年联邦最高法院搬进其自己的大楼,见证了它的制度化过程。以前,9名法官从各自的家里走出,几乎没有随员,到国会大厦听取口头辩论(*oral argument),举行会议(*conference)。

同1970年的221个职位、1990年的319个职位相比,2003年对421个长期雇用的职员的工资和花费预算总计达4550万美元。在最近的30年里,随着联邦最高法院法律顾问处、联邦最高法院文史室、数据系统部以及公共信息部的设置,膨胀的案件数量以及安全和自动化要求的提高也促使了职员数量的激增(参见 Workload)。然而,法院的职员数比起国会22 000名职员的数额来仍然很小。

大多数法院职员在联邦最高法院法定的5个官员中的一个手下工作。在一个由3人或数个实习生组成的部门里,首席大法官的行政助理(*Administrative Office of the Chief Justice)(1972年创设该职位)会在非审判事务上协助首席大法官,这些事务包括联邦最高法院的内部管理、联邦最高法院内部相对独立的各部门间以及与美国司法会议、联邦司法中心、美国联邦法院管理署之间的协调（参见 Administration of Federal Court）。行政助理也作为与执法部门和立法机关、国家与私人组织和史密森学会（Smithsonian Institution）相沟通的联络官，并协助准备发言稿和出版事宜。联邦最高法院的人事和预算职能由这个部门监管。

法院书记官（*clerks of the court）(1790 年创设）管理着 25 名雇员，他们负责整理判决摘要书和日程安排、记录申诉和案情摘要、准备指令列表和议事录、负责判决的通知、收取诉讼费、许可律师到联邦最高法院法庭辩论以及依程序劝告律师。1994 年书记官办公室安装了自动应答系统。这就使得致电者可以不与雇员交谈就能够根据备忘录知道案件处理的状况。联邦最高法院外网（http://www.supremecourtus.gov）和内网的开通也能够提高书记官办公室和法院的效率。现在公众也可以通过电子方式来获取诸如备忘录、辩论日程和法官意见等许多信息。一套新的自动化备忘录系统使书记官办公室管理联邦最高法院数量日渐增多的案件更有效率。

法院判决意见汇编人（*Court Reporter）(从1790 年到 1816 年一直为自愿服务，而在 1816 年则规定了汇编人的工资）管理着 9 个人，他们负责修订和印刷法院的判决意见。

联邦最高法院执行官（*Marshals of the Court）(1867 年创设）管理着 227 个雇员，另外还有 33 个来自国会大厦建筑部门的雇员。联邦最高法院执行官队伍负责采购、治安保卫以及实物设施管理。

图书馆长（1887 年创设该职位）管理着 26 名职员，包括 7 名专业的图书管理研究员，他们管理着近 50 万册图书，大量的数据资料、图书馆间的相互借用以及研究（参见 Library）。

其他的职员在一些相对新兴的和扩展的部门内依照首席法官的指示而工作。法律顾问处（1973 年创设）由 2 名律师（他们通常工作几年时间）和 1 名辅助律师业务的专门人员/书记员组成，相对于每年都要轮换的法院书记官而言，该处会连续不断地提出一些不同寻常的程序问题，起到了内部法律顾问的作用。这些律师要为每个大法官就每个一审案件准备备忘录，并就特种救济提出动议。根据需要，这些律师可以协助巡回工作并进行特别调查。

公共信息部（Public Information Officer）(1935 年创设）官员管理着 4 个职员，负责分发条状书面判决意见（*Slip Opinion）、维持新闻室（*press room）和广播间的正常运作，对质问（而不是对判决意见和命令的解释）作出回答。

联邦最高法院文史室（*Curator's Office）(1974 年创设）有 6 个助手及一些实习生，管理着联邦最高法院的具有历史性的文件和文集，进行展览并供以参观。

数据系统部（1985 年创设）有 29 个雇员，提供技术支持，包括几套文字处理系统和法院所有判决意见的电子处理，以服务于大法官工作室（*Chambers）和法院的其他部门。数据系统部的职员为整个联邦最高法院开发、实施和维修软件系统，包括支持从财务管理到法律研究在内的各种功能的大型而复杂的数据库使用程序。

［Mark W. Cannon 撰；岳志军、胡海容译；许明月、林全玲校］

斯坦伯利，亨利[Stanbery, Henry]①

（1803 年 2 月 20 日出生于纽约州纽约市，1881 年 6 月 26 日卒于纽约州纽约市）。1866—1868 年出任美国司法部长，后被提名出任联邦最高法院大法官但未能得到参议院的确认。亨利·斯坦伯利的提名成了总统安德鲁·约翰逊与国会里的共和党领袖之间剧烈冲突的牺牲品。在任约翰逊总统的司法部长期间，斯坦伯利同约翰逊一样对重建（*Reconstruction）持保守态度。

斯坦伯利早年在俄亥俄州度过，21 岁时取得该州律师资格。1846 年他竞选俄亥俄州总检察长，一直在该州执业直到 1866 年。

当斯坦伯利代表美国政府在一个单方诉讼案件，即米利根案（Ex parte *Milligan）(1866）中进行诉讼时，引起了总统约翰逊的注意，1866 年约翰逊即提名他出任联邦最高法院大法官，参议院没有批准约翰逊对斯坦伯利的提名。国会中的共和党担心约翰逊的被提名人会支持总统的保守政策，把法官的人数从 10 个减少到 7 个，这一举措剥夺了约翰逊任命联邦最高法院大法官的机会。

在提名失败之后，斯坦伯利出任美国司法部长，他支持约翰逊的政策并促使总统对国会的重建措施加以否决，在 1868 年约翰逊遭受弹劾时，斯坦伯利从司法部长职位上退休以便能作总统的诉讼代理人。从那以后，他就一直在俄亥俄州重操旧业。

［Robert J. Cottrol 撰；岳志军译；许明月校］

标准石油公司诉合众国案[Standard Oil v. United States, 221 U.S.1(1911)]

1910 年 3 月 14 日—16 日辩论，1911 年 1 月 12 日—17 日再次辩论，1911 年 5 月 15 日以 9 比 0 的表决结果作出判决，怀特代表法院起草判决意见，哈伦提出了并存意见。"标准石油公司诉合众国案"是在《谢尔曼反托拉斯法》不断地遭到大公司质疑的情况下进行判决的，联邦最高法院对如何恰当解释该法律这一问题仍然存在着分歧，国会总是考虑增加修正案（而有时也在颁布），而执行部门则在解

---

① 另请参见 Nominees, Rejection of。

散托拉斯和进行管制之间犹豫徘徊。

作为对低级别法院依据《谢尔曼法》作出分拆公司令的回应，标准石油公司向联邦最高法院提起上诉，首席法官爱德华·道格拉斯·怀特（Edward Douglass *White）求助于普通法和法定解释来界定"限制贸易"和"垄断"。怀特强调了国会保护合同权利（参见 Freedom of Contract）以及保障商业自由的初衷，他总结认为，该法仅涵盖了"不合理的"限制贸易行为，而且普通法中的合理性标准应当被用来认定该法所禁止的那些行为。法官约翰·马歇尔·哈伦（John Marshall *Harlan）持并存意见，但是他斥责了作为法官立法的那种新"合理规则"，该规则把国会不予认可的解释强加给了某件法律。

联邦最高法院支持了解散石油托拉斯的命令，但是，尽管该判决产生了广泛影响，联邦最高法院却遭到了改良主义者和工商界领袖的批评，前者企图删削该法，而后者认为对经营活动增加了新的不确定性。针对反托拉斯政策的争论一直贯穿着1912年的总统大选，导致了《克莱顿反托拉斯法》和《联邦贸易委员会法》的产生。但是，合理规则（*Rule of Reason）仍然是司法解释反托拉斯法律的标准，在后来的案件中则允许考虑变通。

[Barbara C. Steidle 撰；岳志军译；许明月校]

起诉权[Standing to Sue]

起诉权是确定案件可诉性（*justiciability）的原则之一，该原则衍生于《宪法》第3条（*Article Ⅲ）（参见 Cases and Controversies）对"案件与争议"的要求，简而言之，起诉权确定谁可以就某些违反宪法的政府行为提起诉讼。其他的可诉性原则的要素确定可以提起何种诉讼[政治问题原则（the *political questions doctrine）]和何时可以提起诉讼[无实际价值和案件的成熟性原则（doctrines of *mootness and *ripeness）]。

通常只有在公民遭受政府行为侵害时，他们才有对该政府行为提起诉讼的起诉权。一般而言，就像原告诉称警察实施了非法搜查一样，产生的伤害非常明显。在大多数宪法案件中不会产生严重的起诉权问题。就像在争论是否违反《宪法》第1条第9款开支与账目（payments and accounts）条款时国会并不披露中央情报局的预算一样，政府行为有时并不会对特定的某个人造成有形损害["合众国诉理查森案"（United States v. *Richardson）(1974)]，在这些案件里，原告们以其作为公民或纳税人的资格提起诉讼，不是诉称他们个人受到了侵害，而是诉称政府的违宪行为对每个公民或纳税人造成了损害。

渊源 起诉权原则的渊源现已不可考。普通法（*common Law）规定的令状（*writ）制度似乎已经提供了足够的令状来质疑政府的任何行为。如果没有主权豁免（*sovereign immunity）的限制，任何人只要受到了明显的侵害就可以提起一般侵权赔偿请求（*tort claims）。即使政府的越权行为并没有对任何人造成通常意义上的侵害，训令令状（writ of *mandamus）或者公职质疑令状（*quo warranto）也可以用来质疑这些行为。当政府不断膨胀时，对传统普通法令状的运用就出现了种种实践问题和概念问题。依据令状制度，人们在权利受到侵害时可以提起诉讼。在某些案件中权利侵害的概念相当清晰，诸如那些涉及警察渎职行为可能导致人身伤害的案件。随着20世纪激进主义政府的出现，权利概念变得更加弥散。政府颁布种种法律赋予了某个群体各种利益，但是该群体中的某些成员可能会指责该法没有得到妥善地执行。这些原告受到伤害了吗？只有他们的权利受到侵害时，答案才是肯定的。但是，似乎他们的权利仅在该法律没有得到妥善地执行时才会受到侵害。因而，伤害概念以及相关的诉权概念似乎使得原告的诉求失去了法律意义。

激进主义政府同样也会产生政治对抗。由于在立法机关的失败，激进主义政府的反对者就会提起诉讼指责激进的立法超出了政府立法权的范围，从而将战场转移到法院来。原告会以纳税人的资格提起诉讼，他认为这些法律违法地浪费了纳税人的金钱。这些诉讼就是利用联邦法院限制国会权力的努力，并且这些诉讼和宪法限制的实质理论相关，而该理论又和双重联邦主义（*dual federalism）和实体的正当程序（*due process, substantive）观念相关，这一观念在1890—1937年间的"洛克纳时代"非常流行["洛克纳诉纽约州案"（*Lochner v. New York）(1905)]。

当联邦最高法院面对激进主义政府的质疑时，它就在普通法渊源之外逐步地开辟起"诉权"法来。法院实际上在减小纳税人起诉的可能性，至少在那些诉称国会行为侵入了各州的权力保留范围的案件中是这样["弗罗辛厄姆诉梅隆案"（Frothingham v. Mellon）(1923)]。法院也通过提出下述观念来逐渐将诉权概念从法律意义中分离出来，即如果国会想让人们对政府行为质疑，那么即使拒绝给予人们以普通法权利或者法定权利对人们并未造成伤害，人们仍然有资格提起诉讼。

到20世纪60年代，诉权原则几乎没有对原告进行限制。这一时期有两个案件试图定义该原则：在"弗莱斯特诉科恩案"（*Flast v. Cohen）(1968)中，法院受理了纳税人对被指责违反了联邦宪法第一修正案（the *First Amendment）有关禁止确立宗教条款（establishment of *religion）的经费支出提起诉讼，如争论的情况是对教区教育（*education）给以某种公开支持，按照"弗莱斯特诉科恩案"判例，如果宪法在某个方面对国会支拨款项的权力作了明确的限制，那么纳税人就应该有起诉权。在"数据处理服务联合会诉坎普案"(Association of Data Processing Services v. Camp)(1970)中,法院同意对在国会力图保护利益范围内任何有争讼的人予以起诉权。这些裁决看起来认可了对政府行为进行实质的司法审查而不是认可早期版本的诉权原则。就像限制性的诉权观念同洛克纳时代限制法院权力的努力相关一样,扩张性的诉权观念与20世纪60年代这个更激进的年代相关。

实际损害 当联邦最高法院开始限制其自身的激进主义倾向时,它就把起诉权原则作为一件工具来加以利用(参见 Judicial Activism)。然而,它并没有改变涉及对行政行为质疑案件中诉权的相关规则,而且它继续肯定了国会有赋予人们起诉权的权力。但是在宪法性案件中,法院鉴别了起诉权原则的两个方面:"实际损害以及政府行为和该损害结果之间的因果关系。依据法院的说法,实际损害的传统构成要件源于普通法中的损害观念,这些要件是必要的。"因果关系和救济原则与实际损害要件相关;受到质疑的政府行为肯定造成了损害,而且法院肯定能够指定救济措施以消除这一损害。"西蒙诉东肯塔基福利权利组织案"(Simon v. Eastern Kentucky Welfare Right Organization)(1976)就展示了因果关系的作用,该案涉及对国内税务局某个决定的质疑,该决定使得医院更加容易保有税收豁免地位,即使医院有限制地对贫民提供服务的行为。法院认为拒绝给予贫民医疗服务就是损害,它认为该损害源于该医院的决定,而不是被指称的国内税务局立场的不法改变,而且法院还不能保证如果它裁定国内税务局决定无效,穷人将会得到更多的医疗服务。

审慎限制 此外,法院确认了对诉权的"审慎"限制。法院并没有明确这些审慎限制的精确范围,但是它却表示这些限制旨在确保法院在以下情况中不介入:即通过政治途径来解决诉称的违宪行为更好时以及司法介入会诱发国会对法院作出不利反应时。联邦最高法院已经作出表示:虽然国会可以消除对起诉权的限制,但是《宪法》第3条规定实际损害这一要件,因此国会无权指令法院裁决案件,除非存在实际损害。

批评 审慎限制和实际损害要件遭到了广泛的批评。审慎要件是如此难以定义,批评家宣称这些要件实质上许可法院运用起诉权原则作为有关法律依据的裁决的替代品。如果法院认为回避一个麻烦的宪法问题会受到批评,它就会感到没有审慎的诉权限制;如果法院认为解决一个宪法问题比起回避这个问题会遭到更严厉的批评,那么它可以援引对起诉权的审慎限制来避免对法律依据进行裁决。对该原则的这一方面持赞同意见的人们承认批评家们已经准确地描述了法院的惯常做法,但是他们却争辩道,对法院而言,有了这类合用而灵活的原则,

就可以在国家的整个宪政体制中更顺利地发挥其作用。

由于它会使起诉权和法律依据趋向于对冲的这一问题再生,实际损害要件已经遭到了批评。"艾廉伦诉赖特案"(Allen v. Wright)(1984)就揭示了这个问题。那些孩子进入了依照法院命令解除隔离措施的各校区公立学校的美国黑人纳税人质疑国内税务局的检查制度,诉称私立学校的存在种族歧视行为。联邦法律明确禁止对实行种族歧视的私立学校给予税收豁免,而且原告们诉称他们分别从两个方面遭到了国内税务局行为的侵害:其一,政府本身失于调查对私立学校放肆的种族歧视表达了一个支持歧视行为的信息;其二,政府不健全的调查制度意味着具有歧视行为的学校可以干预解除隔离措施进程的方式继续运作(参见 Race and Racism)。

法院裁定原告们并不具有起诉权,它认为他们并没有证明国内税务局的惯常做法事实上使他们校区的解除种族隔离措施问题变得更加困难。法院认为第二层意义上被指称的实际损害并不是由国内税务局的行为所引发而且也不能通过司法干预来救济。依照法院的看法,第一层意义上的损害即政府不健全制度造成的耻辱并不是宪法强调的那种伤害。

这一分析的两个方面都已经受到了批评。因果关系的分析似乎否定了价格影响销售的这一原理——下述情况是个不可否认的事实:一个更加健全的检查制度会增加私立学校的成本,因为他们具有种族歧视行为,那么就会被剥夺税收豁免优惠;成本提高即意味着很少的白人父母可以负担费用而将子女送到这些学校,而私立学校的白人孩子越少,则公立学校越容易解除种族隔离措施。法院拒绝承认政府失于谨慎关注美国黑人利益是一种实际损害,这一裁决似乎是对宪法范围的判定,也就是说,这是一个关于法律依据的裁决而不是关于起诉权的裁决。"艾伦诉赖特案"最可能被理解为法院对原告提出的救济要求感到不安的宣泄,原告们提出的救济必然要求对国内税务局的日常行为以更多的司法监管(相对法院自身认为恰当的程度而言)。法院在事实上曾经以解释实际损害为幌子对救济措施和因果关系进行过讨论。这种迷惑在近年来的起诉权案件中也是屡见不鲜。

其他问题 虽然法院已经表示国会对侵权案创设的新权利会赋予起诉权,但是国会究竟会颁布受怎样限制的法律,这仍不明朗。依据1967年《信息自由化法》,任何人无需提出理由即可索求政府文件并可以对拒绝提交文件的行为提起诉讼。在此,国会就创设了一项权利,即每个人都有权获得政府文件,且任何人在该项权利受到侵害时都有起诉权。要将这种结果和对实际损害要件的限制解释结合起来是困难的。如果将这种情况推向另一逻辑极端,

国会能否制定一项法律,规定人人都有权生活在一个政府遵守宪法的社会,并且许可人们提起诉讼强制执行该项法律权利?

法院认为宪法中起诉权的范围与分权原则(*Separation of Powers)相关。按照这种观点,允许法院无需以某种形式的起诉权作为要件就受理案件将会在实质上改变政治部门同法院之间的权力平衡。按照这种观点,国会赋予起诉权的相关立法就能被理解为政治部门作出的意在邀请司法部门对其行为的合宪性进行审查的表述。尽管他们之间的权力关系会有些变化,但是在司法部门和政治部门之间不会发生对抗;即使国会希望这种变化发生,但是变化本身违反了分权原则。

起诉权原则作为司法审查(*Judicial review)理论的一个组成部分,是很重要的。对起诉权的分析给法院提供了种种机会,以便周期性地对宪法体制中司法审查地位的概念进行再造和再界定。实际上,人们对政府行为不能提起诉讼的情况非常少,尽管这很重要。

参考文献 Henry P. Monaghan, "Constitutional Adjudication: The Who and When," *Yale Law Journal* 82 (1973): 1363-1397; Gene R. Nichol, "Injury and the Disintegration of Article Ⅲ," *California Law Review* 74 (1986): 1915-1950; Kenneth E. Scott, "Standing in the Supreme Court: A Functional Analysis," *Harvard Law Review* 86 (1973): 645-692; Mark V. Tushnet, "The New Law of Standing: A Plea for Abandonment," *Cornell Law Review* 62 (1977): 663-700.

[Mark V. Tushnet 撰;岳志军译;许明月校]

斯坦福诉肯塔基州案[Stanford v. Kentucky, 492 U. S. 361(1989)]①

1989年3月27日辩论;1989年6月26日以5比4的表决结果作出判决,斯卡利亚代表法院起草判决意见,伦奎斯特、怀特和肯尼迪表示完全赞成,奥康纳对裁决和部分判决意见赞成,布伦南、马歇尔、布莱克蒙和史蒂文斯持反对意见。"斯坦福诉肯塔基州案"没有接受这种论点,即:联邦宪法第八修正案(the *Eighth Amendment)关于残忍和非正常刑罚(*Cruel and Unusual Punishment)的禁令禁止对那些被裁定犯了其所受指控罪行的青少年适用。联邦最高法院认为:这种做法并不属于"《权利法案》通过时认定的残忍和非正常的惩罚模式的一种情况"(p.361),而且,也并不违反"现代社会中不断发展的更加人性之标准"(p.369)。然而,法院似乎暗示该州对在犯罪时年龄不满16周岁的公民执行死刑的这种做法违反了宪法。

法院彻底地推翻了前述两部合成的判断标准的第一层面,因为在《权利法案》(*Bill of Rights)通过时的普通法对适用死刑设定的最小年龄在理论上是7岁而在实践上是14岁。法院查明在美国至少有281名不满18岁的犯人(其中至少有126名不满17岁),已经被执行了死刑。

法院对该标准第二层面论据(即违反了不断发展的人性标准)的拒绝接受更加复杂。考虑到几个州的法律都已颁布和实施,法官安东尼·斯卡利亚(Antonin *Scalia)认为多数州都允许对16岁以上的犯人执行死刑,而没有接受该被告提出的不相关的论据:检察官们几乎没有追求、陪审团也很少对青少年适用死刑。

在反对意见中,威廉·布伦南(William *Brennan)大法官辩论道,对各州的法律证据和各州的法律实践进行适当的分析就可以发现,对青少年适用死刑违反了"现代的人性标准"(p.388)。

2002年,联邦最高法院不仅驳回了斯坦福要求重新审理该案的请求,而且也驳回了对那些被认定为犯罪的青少年执行死刑的做法是否合宪提出的质疑。

[William Lasser 撰;岳志军、胡海容译;许明月、林全玲校]

合众国诉斯坦利案[Stanley, United States v.]

参见 Civil Rights Cases。

斯坦利诉佐治亚州案[Stanley v. Georgia, 394 U. S. 557(1969)]②

1969年1月14、15日辩论,1969年4月7日以9比0的表决结果作出判决,马歇尔代表法院起草判决意见。从1957年联邦最高法院裁决"罗思诉合众国案"(*Roth v. United States)起,到1970年联邦最高法院裁决"第一巴黎成人影剧院诉斯拉顿案"(Paris Adult Theatre Ⅰ v. Slaton)和"米勒诉加利福尼亚州案"(*Miller v. California),反淫秽原则一直没有统一。联邦最高法院的不同的多数派采用了不同的定义并对依据联邦宪法第一修正案(the *First Amendment)的限制制定的反淫秽法的允许度和范围存在着广泛的差异。在"斯坦利诉佐治亚州案"中,法院裁定仅仅是在家中拥有法定的淫秽物品并不会受到惩罚。大法官瑟古德·马歇尔(Thurgood *Marshall)的判决意见就裁决基础而言并不明确,一种解释似乎主要是依照联邦宪法第四修正案的搜查和扣押条款,另一种解释则又像是依据言论与出版(*speech and the press)自由条款,而第三种解释却更像是建立在"对除行为人外不影响其他任何人的隐私,州政府没有必要给予限制"这一更宽泛地

---

① 另请参见 Capital Punishment; Juvenile Justice。
② 另请参见 Obscenity and Pornography。

允许存在的权利之上。

在某种程度上这种不确定性使得"斯坦利诉佐治亚州案"作为良好法律的重要性成了问题。就其建立在隐私权之上这一点来说，它作出的认定已经被后来的裁定削弱了，尤其是"鲍尔斯诉哈德威克案"(*Bowers v. Hardwick) (1986)，该案允许各州对私下的性行为进行管制。而就涉及对反淫秽法的限制的判决而言，1973年米勒案和第一巴黎成人影剧院案的判决是否已经使它过时，也存在一些问题。无论如何，法院明显不愿意扩展该判决的含义。在"奥斯本诉俄亥俄州案"(*Osborne v. Ohio) (1990)中，大法官拜伦·雷蒙德·怀特代表法院认为，斯坦利案不能适用于那些私人藏有有关儿童色情物品的行为，并警告说，"斯坦利案不应该加以太宽泛地解释。"

[Frederick Schauer 撰；岳志军译；许明月校]

斯坦顿，埃德温·M.[Stanton, Edwin M.]

（1814年12月19日出生于俄亥俄州施托伊本威尔，1869年12月24日卒于华盛顿特区）。大法官的被提名人。内战爆发前斯坦顿先后在俄亥俄、匹兹堡、华盛顿特区等地从事律师行业，而且非常成功。从1862—1868年他作为陆军部长一直活跃在政坛，后受总统安德鲁·约翰逊疏远且与该总统的重建(*Reconstruction)政策意见相左，总统要求他辞职而他拒绝递交辞呈。只是在参议院在对约翰逊总统的弹劾案(*impeachment proceedings)中未能对其定罪时，他才辞职。尽管健康状况日趋恶化，他仍然接受了总统尤利西斯·S.格兰特的提名，于1869年12月20日出任联邦最高法院大法官。参议院当日通过了对他的提名(他在参议院颇受欢迎)，但是他却在4天后即去世，此时他还未曾到任。

[William M. Wiecek 撰；岳志军译；许明月校]

斯坦顿诉斯坦顿案[Stanton v. Stanton, 421 U. S. 7 (1975)]①

1975年2月19日辩论，1975年4月15日以8比1的表决结果作出判决，布莱克蒙代表法院起草判决意见，伦奎斯特持反对意见。"斯坦顿诉斯坦顿"是在"里德诉里德案"(*Reed v. Reed) (1971)和"克雷格诉博伦案"(*Craig v. Boren) (1976)之间作出裁决的几例性别歧视案之一，在这个时期，联邦最高法院的多数派力图运用一种合理依据标准，但却宣告一部立法者和其他法官仍认定它具有合理性的法律无效。本案涉及的法律规定男21岁为成年年龄、女18岁为成年年龄，它被认定违反了联邦宪法第十四修正案(the *Fourteenth Amendment)平等保护(*Equal Protection)条款，并被宣告违宪。

詹姆斯·斯坦顿的前妻西尔玛·斯坦顿对其前夫在他们的女儿年满18岁时就停止支付抚养费的行为提起了诉讼。犹他州最高法院基于以下理由已经拒绝了她的诉讼请求：法院认为该法具有合理的基础，即女性在生理上、精神上、感情上都比男性早熟，而且虽然男性必须抚养他们的家庭，但是他们需要时间来完成承担该项责任所应接受的教育。

大法官哈里·布莱克蒙(Harry Andrew *Blackmun)代表法院提出的判决意见认为：该法律是不合理的，男女同校教育是一个不争的事实，而且妇女也逐渐出现在商业和专业领域。他声称法院不会接受女性趋向于早熟的"毫无疑问的事实"或者与抚养子女需要的相关性(p. 15)。

法官威廉·伦奎斯特(William *Rehnquist)持反对意见，他认为西尔玛·斯坦顿的诉讼源于离婚时自愿达成的财产分配协议，该协议可以明确规定到何时可以不再给付子女抚养费，因此，有关成年年龄法的合宪性问题，并不适合提交到联邦最高法院审理。

[Leslie Friedman Goldstein 撰；岳志军译；许明月校]

遵循先例原则[Stare Decisis]

参见 Precedent。

国家(州)行为[State Action]②

联邦宪法第十四修正案(the *Fourteenth Amendment)和第十五修正案主要在于保护解放了的奴隶，确保法律的正当程序(*Due Process)、法律的平等保护(*Equal Protection)以及否决国家侵权的投票权(*Right to Vote)。在民权系列案(*Civil Rights Cases) (1883)中，联邦最高法院认为，第十四修正案仅适用于由国家法律直接授权或批准的行为。对国家行为要件的狭义解释排除了任何私人的、源于联邦权限范围之外非政府组织的种族歧视行为，因而限制了重建修正案的可能范围。这种方法的后果之一就是"格罗威诉汤森案"(*Grovey v. Townsend) (1935)，该判例维持了白人预选(*white primary) (旨在抑制第十五修正案关于确保公民不受歧视地享有投票权规定的一种措施)。

在1944—1972年之间，对国家行为采取了较少自由的观点。联邦最高法院在"史密斯诉奥尔赖特案"(*Smith v. Allwright) (1944)中推翻了"格罗威诉汤森案"判例，法院认为，虽然预先选举在政治进程中起着必要的作用，但是它必须被设置成国家公开批准的行为。"马休诉亚拉巴马州案"(Marsh v. Alabama) (1946)裁定，一个为私人公司所拥有的城

---

① 另请参见 Equal Protection；Gender。
② 另请参见 Fourteenth Amendment；Race and Racism。

镇必须履行传统的公共职能。在涉及住房建筑和公共招待设施的案件中，私人行为和国家行为的界限不甚明显。"谢利诉克雷默案"(*Shelley v. Kraemer)(1948)的裁决认为，当种族限制性协约(*restrictive covenants)是私人协约时，州法院的强制执行使得它们违反了宪法。"伯顿诉威明顿泊车管理局案"(*Burton v. Wilmington Parking Authority)(1961)的裁决认为：在一块由城市泊车设施管理机构出租的地方设旅馆的歧视性做法构成了国家行为。

国家行为概念的扩张伴随着联邦法院一系列的裁决，这些裁决推翻了各州的种族隔离法律。同时，这也反映了政治现实：直到州和联邦立法机关都禁止了在获得住房、食物和服务方面的种族歧视，联邦司法系统才能提供可供选择的救济。静坐示威案(*Sit-In Demonstration Cases)(1964)就是一个明证。这些案件的产生是因为美国黑人拒绝离开被隔离的便餐店而遭逮捕并被裁定犯了非法侵入罪(参见 Sit-In Demonstration)。联邦最高法院推翻了这个裁定，因为该餐馆的经营者对公共政策的遵从和实施种族歧视行为就相当于国家对平等保护法律的否定。《1964年民权法》(*Civil Rights Act of 1964)的通过将确保同等获取权的责任从法院转移到了国会。

国家对歧视行为的容忍也会构成国家行为。在"特里诉亚当斯案"(*Terry v. Adams)(1953)中，一个私人进行的非官方的、只是白人参加的预选被认为是国家行为。"莱特曼诉穆尔克案"(Reitman v. Mulkey)(1967)的裁决使得选民提出并批准的旨在确保住宅出卖和出租的选择自由的州宪法修正案归于无效。因为该修正案的目的在于废除一部公开占有法(open occupancy law)，这意味着选民们认可了该种歧视。4位持异议的大法官主张，修正案中中立的措辞并没有宽恕歧视行为(参见 Housing Discrimination)。

后来的案例就出现了差异，在这些案件中有些法官和评论家担心先前的案例可能会把私人行为和公共行为领域之间以及国家对私人行为的默许和保持中立之间的界限搞得模糊不清。在"穆斯旅店诉艾尔维斯案"(*Moose Lodge v. Irvis)(1972)中，法院并不认为持有例行签发的售酒令的私人俱乐部的歧视性行为不是国家行为。对该裁决持异议的三位法官认为，售酒令的有限数量(该俱乐部就持有一份)，限制了美国黑人获得该售酒令的可能性，据此剥夺了他们依法享有的平等待遇(参见 Private Discriminatory Associations)。

"穆斯旅店诉艾尔维斯案"确立了重要的国家行为原则。联邦最高法院一直在拒绝种族诱惑以免推翻民权案的裁决从而抛弃该原则，联邦最高法院坚持认为，只有在私人团体行使传统的政府职能时，或者在国家命令或积极鼓励该种受到质疑的私人行为时，或者在该行为可以归结于政府官员或与政府协力运作的团体时，其行为才是国家行为。例如，"杰克逊诉都市爱迪生公司案"(*Jackson v. Metropolitan Edison Co.)(1974)的裁决就没有裁定拥有政府授予的垄断权的一家公用事业单位没有预先举行听证会就终止提供服务的行为违反了正当程序。

国家行为原则的扩张构成了法院对种族歧视作出广泛反应的关键因素。有些批评家认为联邦公共设施和公平住宅立法的颁布减小了在"谢利诉克雷默案"、"伯顿诉威明顿泊车管理局案"、"莱特曼诉穆尔克案"中表现出来的对国家行为判例法的需要。尽管如此，对当前所持态度进行的批评认为，那些实质上与政府相关的私人团体，如国家认可的垄断权力集团(该垄断使得消费者只能从唯一的途径获得该项服务)，就应当被裁定负有与联邦宪法第十四修正案强加给各州的相同义务。

参考文献 Maimon Schwarzchild,"Value Pluralism and the Constitution: In Defense of the State Action Doctrine," *Supreme Court Review* (1988), pp. 129-161.

[Mary Cornelia Aldis Porter 撰；岳志军译；许明月校]

州宪法和个人权利[State Constitutions and Individual Rights]①

在1951年有一位法学教授写道"如果自由在得梅因市得不到保护，那么唯一的希望就在华盛顿了"[保罗森(Paulsen),"州宪法、州法院和联邦第一修正案规定的自由",《范德比尔特法律评论》, 1951年4月第4期：p.620,642]。在1988年这一妙语被修改成"如果在华盛顿自由得不到保护，那么唯一的希望就在得梅因市了"[古蒂西斯(Giudicessi),"州对言论和出版自由的独立理由：衣阿华州宪法第一条第7款,"《德雷克法律评论》(*Drake Law Review*)第38期(1988—1989)：9,29]。过去的30年见证了各州宪法在个人权利方面的复兴。一些观察家鼓吹"新司法联邦主义"，依据这种学说，州和联邦法院都可以运用州宪法来保护个人权利，当然这要服从于《联邦宪法》第6条最高条款的限制。

尽管人们广泛认为联邦最高法院通过解释《权利法案》而对保护个人权利负有特殊的职责，但实际上，它在保护可能受国家行为侵犯的个人权利中发挥作用却开始于相对较晚时期。1789年国会拒绝通过一项拟议的宪法修正案，该修正案禁止各州

---

① 另请参见 Federalism; Incorporation; State Courts; State Sovereignty and States' Rights。

侵犯个人在刑事案件中由陪审团审理(*Trial by Jury)的权利、良心拒绝权、以及言论和出版自由(*Speech and the Press)。在1833年联邦最高法院认为联邦《权利法案》并不适用于各州["巴伦诉巴尔的摩案"(*Barron v. Baltimore)]。然而在联邦《权利法案》通过约一个世纪后,各州的权利法案——而不是联邦的《权利法案》——也保护个人自由免遭州政府的侵犯。譬如,威斯康星联邦最高法院在1859年对威斯康星宪法进行解释,力图确保被指控犯了重罪的贫穷的被告有权享受由公众资助的法律服务["卡彭特诉戴恩郡案"(Carpenter v. County of Dane)]。直到104年之后,联邦最高法院才依据联邦宪法第十四修正案宣告被告在各州的重罪案件中享有与之类似的获得律师帮助的权利["吉迪恩诉温赖特案"(Gideon v. Wainwright) (1963)]。

对各州行为适用《权利法案》是在1868年联邦宪法第十四修正案被批准以后才开始。从1925年开始,联邦最高法院就有选择性地将联邦宪法前八条修正案的规定同第十四修正案联系起来,并由此宣称《权利法案》的这些条款可以适用到各州["吉特洛诉纽约案"(*Gitlow v. New York)]。到20世纪60年代末,联邦最高法院被认为是保护个人权利免遭联邦或州政府侵犯的法院中的杰出代表(参见History of the Court; Rights Consciousness in Contemporary Society)。联邦最高法院设定了保护的"最低限度",即:最低限度上受到联邦保护的个人权利,各州也必须保持尊重。对许多州而言,联邦的"最低限度"已经超过了各州的"最高限度"。各州可以实施各州许可的超过了联邦保护"最低限度"的权利,除非该种扩张的权利与另一项联邦权利的最低保护限度相冲突,但各州必须对权利请求人提供不低于联邦宪法保护水平的待遇。

随着联邦宪法保障条款的扩张,法院、律师界和公众都明显认为各州的权利法案对联邦几乎没有增加什么,从而州法院对州权利法案的依赖也在减少。20世纪50年代和60年代就见证了运用州宪法保护个人自由的萎缩。在20世纪70年代和20世纪80年代,政治思潮发生变化,于是在美国联邦体制中就强调起州的地位来。有人认为联邦最高法院应当从保护个人权利的行列中退出来。另外一些人则认为程序的改变是对联邦法院审理针对州行为的联邦宪法诉讼的能力的限制。在20世纪70年代,许多评论家、法官以及律师逐渐地倡导要同时依赖联邦宪法和各州宪法来保护美国人民的权利。

当州法院作出的判决是依据该州不同于联邦的、足以支撑该州法院判决的理由作出,并且不会引发联邦问题(*Federal Questions),联邦最高法院就不会审查州法院作出的判决。因此,联邦体制认可了该州作为一个独立的法律实体,有权在其管辖权范围内独立于联邦法律而赋予人民权利,并且不受联邦司法审查["密歇根州诉朗案"(Michigan v. Long) (1983)]。有几个州已经这样处理了。然而,在另外的许多案件中,州法院仍然无视他们的州宪法或者只是顺便提一下,真正遵循的仍是联邦宪法。

解释州宪法权利的案件可以分为两大类。一类是指州法院依赖该州的宪法规定的条文,而联邦宪法中没有类似条款。例如,当联邦最高法院裁定隐私权(*privacy)隐含在《权利法案》和联邦宪法第十四修正案(the *Fourteenth Amendment) ["格里斯沃尔德诉康涅狄格州案"(Griswold v. Connecticut) (1965)]里时,几个州宪法就规定了明确的隐私保护条款。佛蒙特联邦最高法院裁定,州宪法中的共同利益条款并没有排除对同性恋夫妇的婚姻和利益进行保护["贝克诉斯泰特"(Baker v. State) (1999)]。有些州宪法保护环保性则和集体谈判权利。有些州宪法规定公开审理并对侵害和不法行为提供法律救济。州法院已将州宪法规定的获得法院保护权利的保障条款,以及其他宪法性条款一样运用到侵权法(*tort)立法改革上,比如限制应予以赔偿的损害,这产生了诸多后果。

虽然各州没有批准拟议的平等保护修正案,但是到1990年为止,大部分州宪法都已经明确地规定了性别(*Gender)平等。而且,即使没有明确的平等保护(*Equal Protection)条款,州法院也对各种州宪法条款作出了保障平等法律保护的解释。有些评论家预言,州法院将从联邦最高法院审查被指控行为是否违反平等保护条款所适用的标准中退出,并将对性别平等和平等保护保障条款采取更宽泛的态度。

所有的州宪法都包含了与教育(*education)相关的条款,并且有些州法院已经把这当作是在创设教育这一基本权利。对于其教育筹款法根据各州教育和平等保护的规定是否违反宪法,对于这一问题,各州则存在分歧。而与此形成鲜明对比的是,在"圣安东尼奥独立校区诉罗德里格斯案"(*San Antonio Independent School District v. Rodriguez) (1973)中,美国联邦最高法院却否决了下述观点,即:教育是一项基本权利并且通过征收财产税来资助学校构成了以贫穷为基础的分类,依据联邦宪法第十四修正案,其合宪性是值得怀疑的。

解释州宪法权利的案件的第二种类型涉及州法院对州宪法中与《权利法案》类似或相同规定条款的依赖。例如,很多州宪法中都规定了与第四修正案(the *Fourth Amendment)、第五修正案(the *Fifth Amendment)、第六修正案(the *Sixth Amendment)以及第八修正案(the *Eighth Amendment)类似的刑事诉讼程序保障条款,就像各州宪法规定了类似于联邦宪法第一修正案(the *First Amendment)的表达和宗教自由的保障条款一样。州法院总是采纳联邦最高法院对联邦宪法的分析和解释,并将其作为他们解释本州宪法类似保障条款的指南;这些州法院对联邦最高法院总是亦步亦趋。其他一些州法院则以另外一种方式解释他们的州宪法。一些州先是审视联邦宪法对这个问题的观点,只有联邦宪法不保护此项权利的时候,他们才会求助于州宪法。依据"缝隙"方法,州宪法只能为个人权利提供补充性的保护。另一些法院则利用一种所谓的"优先方法"来解释宪法,即先看州宪法对这一问题的规定,只有在州宪法不保护此项权利时,才参考联邦宪法。

至21世纪的早期,州法院已经在数百个案件中宣布州宪法对权利的保护优于联邦宪法。在刑事诉讼领域,州法院也存在分歧,例如在是否接受"合众国诉利昂案"(United States v. *Leon)(1984)中认可的排除规则(*Exclusionary Rule)的善意例外,是否接受联邦最高法院就审问、招供以及获得律师帮助权所作的裁定,是否接受联邦最高法院在"伊利诺伊州诉盖茨案"(Illinois v. Gates)(1983)中确立的评估搜查令的标准(参见 Search Warrant Rules, Exceptions to)等问题上,就是如此。州法院就没有逮捕证的警察设置路障以便逮捕醉酒的驾驶员是否违宪以及对一个涉嫌醉酒驾车的人而言获得律师辩护权(*right to counsel)是否优先于呼吸测试的执行等问题同样也存在分歧。有些州法院已经宣告那些没有相当理由(*Probable Cause)就进行呼吸测试的法律无效,并剥夺了执法人员进行车辆搜查(*automobile searches)的权力。

美国联邦最高法院已得出结论:各州可以通过解释而将自己的言论自由的保障条款用于对私人的限制,就像限制国家一样["普路内·亚德购物中心诉罗宾斯案"(Prune Yard Shopping Center v. Robins)(1980)]。有些州法院还将本州的言论自由条款解释(通常其用语比联邦宪法第一修正案还要宽泛)为赋予了公民在私人商店的过道和大学校园里自由发言的权利。而大多数州法院对这个问题的裁定则拒绝将他们州宪法中的言论自由的规定延展适用到私人财产上面。

尽管联邦最高法院已经裁定淫秽物品不受联邦宪法的保护["米勒诉加利福尼亚案"(Miller v. California)(1973)],但州法院就他们的州宪法是否应当对淫秽物品提供比联邦法院依据联邦宪法第一修正案提供的更多的保护,这个问题也存在分歧。

一些学者和法官坚持认为:州法院在解释州宪法中的类似条款时,可以仅仅基于缺乏分析上的合理性而拒绝联邦最高法院对联邦个人权利保障条款作出的解释。其他人则认为:州法院仅仅是对联邦最高法院的某个裁决持不同意见,这不能说明该法院对州宪法作出不同于联邦最高法院裁定具有合理性。他们认为只有"各州特定的"原因才能够使上述分歧合理化。有些州法院已经在试着宣告其遵从

或者抛开联邦最高法院裁决的相关标准。这些标准一般包括该州宪法的用语和联邦宪法中的相关规定、在州宪法和联邦宪法之间的区别、州宪法的历史和当地的传统。例如,几个州的法官们就曾审查过该州宪法的历史,并判决宪法代表们意图是使他们的言论自由条款——作为一种积极的权利,而非作为一种禁止来声明——比第一修正案更为宽泛,而且,不要求有州的行动。

拥护州法院解释州宪法规定时独立于联邦最高法院对类似的联邦宪法条款作出解释的人宣称,"新司法联邦主义"是一种程序导向型的方法,该方法使联邦与州政府之间的历史关系与联邦主义的基本概念统一起来,他们宣称,这种方法创造了多样性,并为实验以及联邦法院与州法院之间的对话提供了机会。

反对者则认为,对州宪法重新强调是一种效果导向型的自由政策,是说服伯格和伦奎斯特法院(*Burger and *Rehnquist Court)从沃伦法院(*Warren Court)作出的那些扩张权利的判决中退却的方法。他们认为,"新司法联邦主义"产生了令人迷惑的规则多样性,推翻了美国作为一元国家的观念,扭曲了美国联邦最高法院进行的司法审查(*Judicial review),并且削弱了公众对联邦最高法院及其法律规则的信任。

尽管有着这些批评,用大法官小威廉·J.布伦南(William J. *Brennan, Jr)的话说,各州宪法已经而且可能仍将一如既往地是"个人自由的源泉"。尽管如此,必须注意,州宪法比联邦宪法容易修正。因此,只是受到州宪法保护的个人权利更容易发生变化。在1982年,佛罗里达州的选民们修正了他们的宪法以禁止与联邦最高法院对排除规则作出的裁定产生分歧。而且,许多州法官并不像联邦法官那样终生任职,他们受到全民选举的约束。在1984年,加利福尼亚州的选民们撤销了3名以愿意超出联邦宪法而扩展州宪法的保护范围而著称的 联邦最高法院法官的职务。

这些事件强调了在美国联邦体制中对个人权利进行双重宪法保护的相当重要性。联邦宪法并不是美国唯一的宪法。然而州宪法不能替代联邦宪法。美国联邦最高法院也不是保护个人权利不受国家侵犯的唯一法院。相反,正是美国联邦法院和各州法院通过交换意见和保留分歧,从而最好地保护了美国人民的自由。

参考文献 "Annual Issue on State Contitutional Law," *Rutgers Law Journal* 20 et seq. (1989-present). "Annual Issue on State Constitutional Commentary," *Albany Law Review* 59 et seq. (1996-present). William J. Brennan, Jr., "State Constitutions and the Protection of Individual Rights," *Harvard Law Review*

90 (Jan. 1977): 489-504. Jennifer Friesen, *State Constitutional Law: Litigating Individual Rights, Claims and Defenses*, 3d ed., 2 vols. (2000). Susan King, "State Constitutional Law Bibliography, 1989-1999," *Rutgers Law Journal* 31 (2000): 1623-1708. Earl M. Maltz, Robert F. Williams, and Michael Araten, "Selected Bibliography on State Constitutional Law, 1980-1989," *Rutgers Law Journal* 20 (1989): 1093-1113.

[Shirley S. Abrahamson, Charles G. Curtis, Jr. 撰; 岳志军、胡海容译; 许明月、林全玲校]

州法院[State Courts]①

州的案件可以从各州的最高上诉法院进入美国联邦最高法院审理，联邦最高法院依据它享有的受理或拒绝受理的自由裁量权，以及为了维持它自己的诉权(*standing to sue)规则，受理的案件不超过所有各州上诉案件的10%。州的案件也可以因为低级别联邦法院(*lower federal court)对来源于州法院的案件作出了裁决而进入联邦最高法院审理。这种情况包括从州法院转移到联邦法院的争议、联邦法院中止州法院审理程序的禁令以及联邦法院对那些声称被侵犯了联邦权利的各州犯罪嫌疑人签发的人身保护状(*habeas corpus)(参见 Removal of Cases)。

联邦法院和州法院之间的关系被称为"司法联邦主义"。按照法律的规定以及人们通常的理解，司法联邦主义指一种等级制度式的安排。联邦宪法设立了一个全国性的法院系统，并规定联邦法律和州法律之间不一致时，前者优先，而且州法官必须服从这个原则。而州法院必须优先适用联邦法律，并且依照联邦最高法院当时的裁定对联邦法律作出相应的解释。联邦法律授权联邦最高法院可以对各联邦最高法院的判决依据联邦法律进行审查，同时联邦法律授权联邦低级别法院对那些最初在州法院审理的联邦问题行使管辖权，这样做的目的是为了确保联邦法律的最高权威。在首席大法官约翰·马歇尔(John *Marshall)(1801—1835)的领导下，联邦最高法院不顾各州法院的强烈反对，成功地保留了裁决各州法律是否与联邦宪法、法律以及条约相一致的最后裁定权。

尽管联邦最高法院在这种司法联邦主义中占据着主导地位，但是联邦最高法院已经制定了一些措施以确保州法律和州法院的完整和自治。对此礼让(*comity)的遵守确保了对各州法律和相关裁定予以尊重的认可。"独立与充分的州法院理由原则"(*independent and adequate state ground doctrine)要求联邦最高法院在州法律不违反联邦宪法的前提下接受州法院对州宪法和法律进行的解释，同时，州法院的判决可以完全是以州法律为依据，并且其推论可不依赖于联邦法院的先例。

而且，联邦最高法院不会审查州法院作出的裁决，除非在该诉讼过程的早期发现了联邦问题(*federal questions)，因此，允许州法院将一切问题在州内各级法院彻底解决。当提出的联邦诉求依据州法院诉讼程序已经败诉时，联邦最高法院也不会考虑这些上诉。而且，它还认定，在人犯未穷尽该州所有的救济措施之前，人身保护状的请求将不会得到考虑。最后，"节制原则"鼓励联邦最高法院保持缄默，直到州法院有机会以一种可能排除联邦最高法院审查的方式来作出裁决(参见 Abstention Doctrine)。

联邦宪法和联邦法律表明了在联邦最高法院和州法院之间存在的命令服从关系，并且州法院的自治被视为是得到了联邦最高法院的容忍。事实上，在联邦最高法院和州高级别法院之间的互动关系是变动不居和多样性的，这反映了联邦最高法院对它自身在联邦体制中地位的认识、它的政策偏好以及州法院对它的训令的反应。没有什么比20世纪联邦法院和州高级别法院争相管辖民权自由问题更说明这一点。

直到第一次世界大战(*World War Ⅰ)结束后不久，劳动的分工才表明了这两个司法系统之间的关系。州的保证条款可以在州法院得到强制执行；联邦的保证条款(也就是联邦宪法的前10个修正案或者说是《权利法案》)可以在联邦法院得到强制执行，实际上，联邦法院和州法院各行其是。

在后来的30年里，联邦最高法院小心翼翼地拓展着它对州法院的监督权。通常，它以联邦宪法第十四修正案正当程序(*Due Process)条款和平等保护(*Equal Protection)条款为由，宣告州法院作出的涉及个人权利的判决无效。偶尔也以有关《权利法案》因为涉及宪法保障条款而对各州的可适用性认定为依据，特别是新闻、言论和宗教自由，就像联邦最高法院解释的那样，是"暗含在有序的自由概念里面的"。在这些年里，法院拒绝接受以下观点：各州刑事案件中的被告有权享受联邦宪法第四修正案(the *Fourth Amendment)、联邦宪法第五修正案(the *Fifth Amendment)、联邦宪法第六修正案(the *Sixth Amendment)、联邦宪法第七修正案以及联邦宪法第八修正案(the *Eighth Amendment)为联邦被告提供的保护。相反，为了裁定被告受到的待遇的合宪性，联邦最高法院会依据在司法实践中确立的联邦宪法第十四修正案正当程序标准，如对被告没有获得律师辩护的情况适用"公平审判规则"，对那

---

① 另请参见 Federalism; Incorporation Doctrine; State Constitutions and Individual Rights。

些遭受了异乎寻常的搜查和扣押的被告适用"震撼良心测试标准"(shock conscience test)。

联邦最高法院基本公平和正当程序概念,最初是为了给州法院以回旋余地,以便提出可接受的对被告的保护措施,被认为是模糊的、主观的。有些州法官谨小慎微地运用判例(*precedent),另外的一些则充分利用由于没有精确准则而产生的优势。

在首席大法官厄尔·沃伦(Earl *Warren)任职期间(1954—1969),联邦最高法院积极致力于民权自由的保护,这推动了在20世纪30年代和40年代开始的将《权利法案》运用到各州的进程。因此,许多州高级别法院的裁决,特别是那些关于刑事被告权利的案件,都被推翻了。

几乎来源于所有州的大法官们都表达过对联邦最高法院对于联邦体系中所谓司法关系的敏感性,以及对州法院所作的缺乏保护民权愿望与能力的假设的不满。联邦最高法院作出的维持联邦低级别法院(*lower federal courts)赋予为寻求维护由沃伦法院所阐明的权利的人犯签发人身保护状的裁定,使得联邦法院和联邦最高法院之间存在的紧张状态进一步恶化,据说它一直受到州法院的漠视。

在首席法官沃伦·伯格(Warren *Burger)任职期间(1969—1986)和首席法官威廉·哈布斯·伦奎斯特(William Hubbs *Rehnquist)领导期间(1986—),联邦最高法院明显地缩小了厄尔·沃伦领导的联邦最高法院所作出的大量民权自由裁定所触及到的范围。许多州法院对联邦最高法院的退缩作出了反应,一些法院比起另一些法院来,更是欢欣鼓舞和持之以恒地适用州宪法来扩展保护范围,这一范围比联邦最高法院确认的还要大得多。

起初,联邦最高法院对所谓的"新司法联邦主义"欢呼雀跃。然而,近几年来,联邦最高法院更加注意批判州法院所谓独立与充分的理由,州法院作出的鼓吹思想和行动自由的许多裁定已经被撤销或者发回重审。批评家认为:联邦最高法院日趋严厉的态度与独立、充分的州理由原则并没有很大的关联,更多的是与其对通常意义上的民权和自由案件的限制性观念,以及它对鼓吹思想和行动自由的司法激进主义的极度反感相关的。

伯格和伦奎斯特领导时期,联邦最高法院经历了这种退缩过程,他们不同意联邦低级别法院在搜查和扣押以及死刑上诉中授予人身保护状(参见Capital Punishment; Search Warrant Rules, Exceptions to)。因为联邦最高法院很少听审来自州法院的上诉案件,这就剥夺了州犯人获得联邦法院救济的权利,这导致了对州法院在这一领域是否具有终局裁定权的争论。

不遵守联邦最高法院判决的情况是例外而不是原则,但是州法院曾经采取过区分、限制或者蚀变联邦先例并规避联邦最高法院管辖权的措施。联邦最高法院有权在所有的州法院和联邦低级别法院贯彻它的意志,但是为了确保后者遵从它的命令,它必须决定花费多少时间、支出多少、机构能力和威望。

在不同的历史阶段,面对不同问题,当州法院藐视其指令或者不遵守那些有关宪法原则的先例时,联邦最高法院会采取视而不见、平静对待、自觉加以适应,以及特殊情况下予以让步的方式对待。这样的例子包括:弗吉尼亚州司法系统和马歇尔领导的联邦最高法院之间就联邦宪法问题的终局决定权进行的"拔河赛";联邦最高法院愿意给予州法院以充分的时间在种族关系案件中遵守指令,澄清查询裁定的权利的模糊之处,对州法院操纵自证其罪(*self-incrimination)的判例视而不见,以及故意允许联邦最高法院在最高州法院和联邦法院延长诉讼之后,对涉及复杂程序问题的死刑案件而按其自己的方式处理。

联邦最高法院和州法院之间的相互关系是很复杂的。如果简单地把联邦最高法院描述为主要的提议者、州法院为响应者,并认为联邦最高法院对州法院的响应只是有选择性地加以故弄玄虚的考虑的一种机构,这是一种误导。联邦最高法院并不是唯一的发起者;它也一直受到许多州法院的影响。

首先,就像1964年大法官威廉·布伦南(William *Brennan)在一篇法律评论的论文中承认的那样,在议席重新分配问题(*reapportionment)、淫秽(*obscenity)、宗教(*religion)自由以及被告的权利等领域,州高级别法院已经给联邦最高法院提供了就这一领域的联邦合宪性问题进行裁决的指导原则。其次,州法院,通过对联邦最高法院最近宣布的原则进行扩展,会为联邦最高法院的新原则进一步发展绘出路径。比如,加利福尼亚州高级别法院运用联邦最高法院在审理联邦宪法第十四修正案平等保护条款案件中发展出来的技巧,对"珀迪与费兹帕特里克诉斯泰特案"(Purdy and Fitzpatrick v. State)(1969)作出了裁决,认定该案中对外国人的特殊对待构成了不能为人接受的歧视。在"格雷厄姆诉理查森案"(*Graham v. Richardson)(1971)中,联邦最高法院遵循了这一诉讼。

再次,由于州法院与联邦最高法院都会受到对方裁决的影响,一段时间后,这会产生一种"混合的联邦—州宪法"。例如,在遵循联邦最高法院作出的有关穷人在撤销缓刑听证会上的获得律师辩护权(*right to counsel)的7年里,州法院裁决了数以百计的类似案件。当联邦最高法院再次审查这个问题时,它的裁决考虑到了州法院的问题和对先前命令的反对。同样,纽约联邦最高法院对"人民诉里韦拉案"(People v. Rivera)(1964)作出的裁决对沃伦领导的联邦最高法院有着相当的影响[该案承认了对警方令停和搜身规则(*stop and frisk rule)以及扣押获得的证据的认定],以至于联邦最高法院在"特里诉亚当斯案"(*Terry v. Adams)(1968)实际上已经同意了这些程序被排斥在联邦宪法第四修正案保护措施日趋膨胀的解释的范围之外。

联邦最高法院控制着它与州法院的关系。但是它选择怎样行使这种控制权则是另外一回事。曾经有一段时期,就像沃伦领导下的联邦最高法院所表现的那样,联邦最高法院曾竭力坚持等级制度模式。在其他时期,就像先沃伦时期的联邦最高法院和伯格、伦奎斯特领导下的联邦最高法院所表现的那样,则给予州法院相当大的回旋余地。对州法院自治的传统考虑可能被联邦最高法院维护自身规则的考虑所替代,但是联邦最高法院却愿意把权力从联邦法院转移给州法院,以便从实质上减少联邦最高法院认为过多的、涉及问题并不会得到联邦最高法院同情的上诉。

最后,如果过去的趋势预示着未来,那么州法院和联邦最高法院之间的关系将会持续保持变动不定。无论州法院多么具有说服力或多么顽强,联邦最高法院仍会继续努力以确立司法联邦体制。

参考文献 William J. Brennan, Jr., "Some Aspects of Federalism." *New York University Law Review* 39 (1964):945-961; Robert M. Cover and T. Alexander Aleinikoff, "Dialectical Federalism: Habeas Corpus and the Court," *Yale Law Journal* 86 (1977):1035-1110; Stanley H. Friedelbaum, ed., *Human Rights in the States* (1988), chaps. 1,2, and 6. Mary Cornelia Porter and G. Alan Tarr, eds., *State Supreme Courts: Policymaker in the Federal System* (1982); intro. and chaps. 1,2,7, and 8. G. Alan Tarr and Mary Cornelia Aldis Porter, *State Supreme Courts in State Supreme Courts in State and Nation* (1988).

[Mary Cornelia Aldis Porter 撰;岳志军译;许明月校]

州治安权[State Police Power]

参见 Police Power。

州商业管制[State Regulation of Commerce]①

今天的经济是极具复杂性和相互依赖性的领域之一。即使是最小的经济组织也会通过一些常见的形式,如邮箱、电话和电脑等与州际市场发生着关系,货物和服务总是会越过各州之间的分界线,大型公司在许多州都设立了办事处、工厂以及供销中心,大众媒体,如广播和电视,使得商业活动可能延伸到全国范围内的听众。显然,现代商业世界对州界限并不在意。

商业活动扩展到州际市场的过程并非毫无风险。其中之一就是多重征税风险(参见 Tax Immunities)。现实生活中一个不可回避的事实就是,各州总是急于向成功的商业征税。它们更易倾向于向州外的商业征收更为严厉的税收。这样做只有一个原因:税收是由政治家决定的,而政治家偏好向那些不享有投票权的人们征税。对来自州外的商业征税是政治家的梦想。这不仅能确保税金流入州金库,而且几乎不会产生不利的政治后果。

遭受多重征税是那些与多个州有着联系的商业面临的严厉现实。如果州的征税权力不受到限制,那么它们对州外商业的总计税收会使得该商业濒临灭绝。令人痛心的是,对非居民商业财产的消耗以及数百英里外的社区福利并不会博得各州的注意。它们唯一直接关心的是税金。然而,宪法商业条款则是对征税权的一项重要而又有历史意义的限制。

为了全面理解商业条款所包含的目的,概略地叙述我们国家最早期的历史是有用的。在美国邦联时期(American Confederation),对商业并不存在国家控制。每个州都可以自由地对通过它边界的所有商业进行管理和征税。因此,商品被运出或者运入每个州时出现了多重征税,这毫不令人惊讶。货物甚至会被禁止并被没收。这种实践严重阻扰了真正州际商业的发展,并引起了那些渴望利用州外市场的商人们的一致谴责。

先期判例法 宪法的设计者们决定通过集中商业控制权来促进州际商业。他们首先对州的权力进行了某些限制。各州被迫禁止对货物的进出口征税、加入贸易条约、铸造它们自己的货币,或者通过法律更改具有溯及力的商事合同。在这些特定的限制之外,国会被授予广泛的权力以"管理……发生在各州之间的商业活动"(参见 Commerce Power)。在接下来的几十年里,这个条款为国家控制商业奠定了基础,并成为一整套旨在严格限制各州征税权力的法律的来源之一。

早期的联邦判例法描绘了这套法律的发展。美国最早和最有名的税收案件之一是"麦卡洛克诉马里兰州案"(*McCulloch v. Maryland)(1819),该案的裁决并没有讨论商业条款,但是它却宣告了一项类似的主题,这在后来的商业案件中不断地重复着。因此,这是我们进行探索的一个很好的起点。作为1812 年战争的后果之一,国会组建了美国第二银行作为联邦资金的储备银行。马里兰州通过了一项法律,向该银行的巴尔的摩分行征收某种营业税。该银行的财务总管拒绝支付该项税收,由此引发了这起诉讼。

有人认为,首席大法官约翰·马歇尔(John *Marshall)对该案的判决意见是他在涉及州的问题上作出的最伟大的杰作。马歇尔用一句经常被引用的短语评道:"征税权力包含着破坏权"(p.430)。

---

① 另请参见 Capitalism。

当各州拥有征税权力时,这种权力不能被用来削弱或者破坏某项联邦法律的目的,国会被授权组建该银行,各州无权干涉该银行的合法经营。马歇尔强有力地总结道:

> 各州没有权力通过征税或者其他措施来阻挠、妨碍、使增加负担或者以任何方式影响国会颁布的用以执行授予联邦政府权力的合宪法律的运作(p. 36)。

"麦卡洛克诉马里兰州案"的裁决在"布朗诉马里兰州案"(*Brown v. Maryland*)(1827)中得到了遵循。马里兰州的一项法律要求所有外国货物的进口商必须交纳50美元以获得许可证。没有许可证而出卖进口的货物是一种刑事违法行为。马里兰州的一位名叫布朗的进口商,质疑该项法律,认为它违反了商业条款。马歇尔在"布朗诉马里兰州案"的判决意见中认可了州税收的权力,但是强调它必须服从联邦商业权力。该种权力的目的在于确保商业流通的旺盛和不受羁绊。马歇尔提出了一个简单的问题:为什么要把进口的货物排斥在外,不让他们进入商品流通呢?马里兰州的法律实际上对那些企图从商业活动中谋利的进口商而言是一种惩罚,因而对联邦法律是不友善的。

"布朗诉马里兰州案"中一个被问到但又没有权威性回答的问题就是:对州际商业活动中的货物买卖征税会不会造成同样的后果。联邦最高法院在"伍德拉夫诉帕勒姆案"(*Woodruff v. Parham*)(1869)中对此作了否定性回答。在"伍德拉夫诉帕勒姆案"涉及的是对亚拉巴马州莫比尔市发生的所有拍卖销售征税。联邦最高法院对布朗诉马里兰州一案进行了识别,它强调指出莫比尔市的税收是对货物的销售行为征收的,因而就实质而言,它对商业活动并不存在敌意。而且存在这样的重要事实,即该种税费是平等地适用于所有的商品,不论是本州的还是外州的。对州内和州际商业活动之间差别待遇的关注为以后商业条款分析投下了阴影。

从这些先前的案件中衍生出来的原则之一就是:对州际商业活动征税是一种不合理的负担,因而也是无效的。这被证明是经济迅猛发展的一个促进因素。新的产业在蓬勃发展,东部和西部通过铁路、水路以及早期的电信系统联结起来。但是这种"税收免除"的地位是短暂的。各州急切的想要乘经济发展之浪前进,因此它们就开始着手要求州际商业活动"留下买路钱"。不久以后,它们就以企业在州际商业活动中活动的收入为税基征税,但是他们把这些税收分摊给了那些实际上发生在州境内的商业活动。这些努力得到了这样一个事实的鼓舞,即各州给州外的企业提供了有价值的服务。举一个简单的例子,一辆在州际商业活动中运输货物的卡车同其本州有着实质性的联系。在那里,它要雇用工人、利用该州的道路、它会拥有或者租用不动产,并且它会得到该州法律的保护。各州认为,这种联系足以证明该项税收是合理的。到了20世纪早期,联邦法院才被说服该税收具有合理性。

另一个反常类型的原则也得到坚持。如果某一企业只从事州际的商业活动,那么每个州都将对其实行免税。这种做法产生了一些荒谬的结果。在这类案件裁决后的30余年间,由于没有从事州内商业活动的企业导致无法征税。这些案件引起了广泛的不满,由此法院就默默地退却。尽管在各州并不想对这些企业征收州际商业活动税的情况下缺少从事州内商业活动的企业,但是该种税收仍得到维持。这项法律也因此一直保持到了20世纪70年代。

近期的法律 在近代史上涉及州税收的最重要的案件可能是"全自动交通公司诉布雷迪案"(Complete Auto Transit, Inc. v. Brady)(1977),该案推翻了对州际商业活动免予征税的判例。该判决几乎没有什么新内容。相反,它的重要性在于这个事实,即它把先期判例法的种种思想综合在一起。读者们首次能够在同一处发现对于某种税收而言必定问及和回答从而幸免于商业条款攻击的那些问题。这些问题简述如下:

1. 联系。商业活动是否与支持征税的州之间有"充分的联系"?
2. 影响。这种税收是否歧视州际商业活动?
3. 公平。这种税收是否公平地与该州提供的服务挂钩,是否被公平地分配?

这些问题就是描述现代各州税收分析的三重审查,每一重都可追及商业条款的历史目标,每一重都在寻求平衡。为了表明对商业征税的合理性,州必须说明它与作为征税对象的某种商业活动之间有着充分的联系,这并不是绝对的,并且法院会依据个案审查事实。税收也必须不偏不倚,以便它可以同样地适用于州内商业活动和州际商业活动,各州必须起草它们的税收法律以确保对州际商业活动平等地征税。最后,对商业的征税必须公平地与该州与商业活动的关联性挂钩。只有当这些要素都处于恰当的平衡时,商业活动才能够完全避免遭受多重征税的厄运。

近来涉及州税收的案件已经在试图提炼这些概念,尤其是"联系"的概念。这从来就不是一件容易的事情。许多案件揭示了州外商业活动在其被予以合理的征税时所必须具有的联系。然而,划出来的界限却是模糊的。企业拥有州内办公场所或设施或者招引了州内的顾客,这是否足以说明存在联系?该税收是否必须与企业同该州存在的事实上的联系挂钩,或者它足以说明该企业确实存在某些联系?对这种联系的分析部分取决于被涉及的税收种类吗?这些问题将会继续型构作为对州征税进行限制的商业条款的未来。在涉及州税收的案件中,联邦最高法院一直力图对国家和州的职责进行区分,以此进一步实现商业条款制定者的意图。

参考文献 Merrill Jensen, *The New Nation* (1950); John E. Nowak, Ronald D. Rotunda, and J. Nelson Young, *Treatise on Constitutional Law: Substance and Procedure* (1986); Laurence H. Tribe, *American Constitutional Law*, 2d ed. (1988).

[James B. Stoneking 撰；岳志军译；许明月校]

州煽动罪法[State Sedition Laws]①

在第一次世界大战期间(*World War Ⅰ)和"一战"刚结束后,美国害怕俄国发生的布尔什维克革命的影响会造成合众国分裂,州煽动罪法正是基于这种担心而产生的。为了平息人们对那些可能的对国家不忠的行为的顾虑,许多州通过了惩罚那些可能造成不支持战争或危害州政府和联邦政府的后果的言论和出版(*speech and print)的法律。

对州煽动罪法提出质疑的第一案是"吉尔伯特诉明尼苏达州案"(Gilbert v. Minnesota)(1920),该案涉及一个寻求政治和经济改革的农场主团体发表的对政府不忠的言论。联邦最高法院的 7 位法官接受了州政府的抗辩理由,州政府认为,这种立法是以联邦宪法第十修正案(the *Tenth Amendment)为基础,将联邦主义(*federalism)与州治安权(*police power)相结合的典范,并且这种方式能够保护人民的健康和福利。

首席大法官爱德华·怀特(Edward *White)对该案判决持反对意见,他反对州煽动罪法这种提法,认为该法所规定的内容应当专属于国会权力的范围。路易斯·D.布兰代斯(Louis D. *Brandeis)大法官也不赞成该案判决,主张联邦宪法第十四修正案(the *Fourteenth Amendment)规定的正当程序条款(*Due Process Clause)保护了言论自由不受州的侵害。

联邦最高法院在"宾夕法尼亚州诉纳尔逊案"(*Pennsylvania v. Nelson)(1956)中接受了州煽动罪法规定的内容应当专属于国会这种观点,并且宣布宾夕法尼亚州州煽动罪法无效。在该案之前对州煽动罪法质疑的案件很少获得成功。在"宾夕法尼亚州诉纳尔逊案"之后,许多煽动罪法和一些限制言论自由的类似法律仍然还保留着,后来的政府当局有时也会利用它们逮捕民权鼓吹者和反战示威者。

[Carol E. Jenson 撰；邓宏光译；林全玲校]

州主权和州权利[State Sovereignty and States' Rights]②

州主权和州权利理论强调宪法对国家和州之间分权的双值性,以反对强大的联邦政府。在宪法批准之后至美国内战(*Civil War)之前,这种政治性观点达到了顶峰。虽然这种理论的终极主张——退出合众国的权利——在南部邦盟将军在阿波马托克斯投降以后彻底消失了,但这两种原则在司法上却一直充满了活力。自 1937—1970 年,当保守的联邦最高法院大法官们开始对其注入新的活力时,相对于以前而言它们只是隐隐约约地存在着,而伦奎斯特却一直以强有力的措施使其重新充满活力。

州权利理论的主要宪法性依据是联邦宪法第十修正案(the *Tenth Amendment)。州主权理论认为,作为美国独立革命的结果,英国国王在美国的主权被转移到了各个州。除了尊重专属于联邦政府的权力外,州能够像一个独立国家一样拥有广泛的主权。

这些理论被比喻为几何学中"双重主权的两个独立的半球"。每个政府都是主权政府,因此在其各自的领域内享有最高地位。这种比喻支持了认为政府之间的关系应当倾向于州的两种观点。第一种观点是,这两个半球具有相互排他的权力,认为如果一个政府能够管理某项事务,另一个政府就不能够管理该事务。第二种观点是并存权力的观点,认为州的"治安权"与国会根据商业条款的权力都指向同一个目标,每一方都能够管理,尽管可能造成混乱的结果(参见 Commerce Power)。

两种大胆主张州权力和州主权的观点——州的干预(*interposition)和州的否认原则(*nullification),首先在 1798 年的弗吉尼亚州和 1799 年的肯塔基州立法机构的决议中提出,它们分别由詹姆斯·麦迪逊(James *Madison)和托马斯·杰斐逊(Thomas *Jefferson)起草。这些决议旨在阻止由反法兰西革命的联邦主义者通过的《1798 年外侨和煽动叛乱法》(*Alien and Sedition Acts of 1798)在他们所在的州生效。根据煽动罪法,对属于杰斐逊党人的新闻编辑提起的刑事指控帮助了杰斐逊在 1800 年战胜了在任的总统约翰·亚当斯。考虑到这些法律违反了宪法,杰斐逊拒绝执行对新闻编辑的有罪判决。《1798 年外侨和煽动叛乱法》很快就被撤销了,因此联邦最高法院没有机会对该法或者弗吉尼亚以及肯塔基州立法机构决定的合宪性进行裁判。麦迪逊的观点是,一旦联邦政府超越了其权限,州政府"有权利也有义务进行干预,以限制这种错误行为的蔓延",杰斐逊认为,"否认……所有没有权限的行为……是正当的救济措施"。

虽然联邦最高法院对其他通过和平方式解决的、美国国内战争之前有关州权利的主要危机[如新英格兰(美国东北的一个地区,由现在的缅因州、

---

① 另请参见 Communism and Cold War; Subversion。
② 另请参见 Federalism。

州主权和州权利 [State Sovereignty and States' Rights]

新罕布什尔州、佛蒙特州、马萨诸塞州和康涅狄格州和罗德岛组成——校者注）对1812年战争的反对、南卡罗来纳州在19世纪30年代对高关税政策的反对〕没起到什么作用，但它在该期间仍起着重要的作用。联邦最高法院裁定了三个重要的问题：首先，州主权和州权利在多大程度上限制了联邦法院对案件和争议（*cases and controversies）进行审理和裁定的司法权？其次，这些相同的因素在多大程度上限制了国会的权力？最后，国家政府的权力在多大程度上限制了州权力的实施？

对联邦司法权力的限制涉及四个或更多的具体问题。其中一个问题在美国国内战争之前并没有给联邦最高法院带来难题，因为当时州的联邦最高法院被当然地认为是判断州立法是否与州宪法一致的最终裁判者。

第二个问题的产生与英国的普通法（*common law）被一个接一个的殖民地"接受"这一事实有关。那么是否存在联邦普通法（*federal common law）？如果在没有国会制定法的情况下，一个很可能被认为应受惩罚的行为（例如，在哥伦比亚地区的谋杀），可能在其他地区就不会受到惩罚。如果宪法第3条将联邦司法权延伸到"依据……合众国的法律产生的……所有案件"，而且这些法律中包括普通法，许多涉及全国性的问题的普通法争议都可能需要联邦司法来解决。大联邦主义者当然认为应当这样处理。"合众国诉赫德森和古德温案"（United States v. *Hudson & Goodwin）(1812)的判决提出了与此相反的杰斐逊主义者所持的观点。尽管如此，在"斯威夫特诉泰森案"（*Swift v. Tyson）(1842)中，联邦最高法院还是创造了一种"适用联邦主义的例外情况"，认定两个州的公民缔结的合同不必适用州普通法。相反，联邦最高法院认为，可以适用"商业法理的一般原则和理论"。"新政"（*New Deal）时期的大法官在"伊利铁路公司诉汤普金斯案"（*Erie Railroad Co. v. Tompkins）(1938)中推翻了斯威夫特案判决。

在州主权和权利案件中最常见的棘手问题是，英国时期的13个殖民地在成为美国的州之后，继承了主权免予诉讼的观念。但是为了确保错误得到纠正，一直赋予其公民申诉权。这是一种对独立的讽刺，类似于赋予从美国主权的澡盆中泼出去的婴儿以救济权。宪法第3条在列举联邦司法能够受理的案件种类时使用了这一词句："一个州与另一个州公民之间的……争议"，该如何解释它呢？

能不能像"奇泽姆诉佐治亚州案"（*Chisholm v. Georgia）(1793)一样，一位南卡罗来纳州公民可以向联邦法院对佐治亚州提起债权诉讼？宪法第3条是否使涉及跨州管辖权（*diversity jurisdiction）的主权豁免无效？在制宪会议上崭露头角的司法部长埃德蒙·伦道夫（Edmund Randolph）在奇泽姆案中作为原告的代理人时就是这样认为的。除了一位大法官之外，其他法官都对宪法第3条的规定进行了文义解释，并同意了埃德蒙·伦道夫的观点。这种结果激怒了佐治亚州，它根据联邦宪法第十一修正案（the *Eleventh Amendment）的规定，通过法律阻止任何联邦机构进入佐治亚州执行奇泽姆案的判决。该修正案规定："不应当将合众国的司法权扩张解释为延及任何……由另一州公民或者由任何其他州……向合众国中任何一个州提起的诉讼。"

联邦最高法院作出的判决遭到这种粗暴的拒绝之后，大法官们本来应当对联邦宪法第十一修正案采取谨慎的态度。但是在1821年，首席大法官约翰·马歇尔（John *Marshall）(1801—1835)的行为又激怒了那些州权利的支持者。他接受了联邦法院对一位根据国会许可法经营彩票销售并因此提出对其违反弗吉尼亚州禁止此类销售的法律的行为给予控诉豁免的商人，就弗吉尼亚州法院作出的判决而提出的上诉享有管辖权。尽管联邦最高法院认为，国会制定的法律并没有授权销售者违反州法律，但在"科恩诉弗吉尼亚州案"（*Cohens v. Virginia）中，联邦最高法院仍然认为，根据联邦宪法第十一修正案，若个人在联邦法院提起诉讼，联邦最高法院有权受理。1824年的"奥斯本诉合众国银行案"（*Osborn v. Bank of the United States）进一步修正了该修正案。认为该案针对的是俄亥俄州的审计员，而不是该州本身。

马歇尔时期的联邦最高法院在"马丁诉亨特租户案"（*Martin v. Hunter's Lessee）(1816)中解决了所谓第四司法权问题和"双重主权"问题。弗吉尼亚州上诉法院认为，美国革命战争之后与英国签订的协议并没有推翻战争期间没收亲英分子土地的法律，并否认了联邦最高法院享有推翻该判决的管辖权。弗吉尼亚州法院威廉·卡贝尔（William Cabell）法官的意见体现了这个时代的"温和主义"州权利的观点。卡贝尔主张州没有绝对的权力否认联邦法律或条约。与杰斐逊的肯塔基州解决方案不同，卡贝尔法官认为，双重主权只是决定是州法院还是美国联邦最高法院哪一个先审理该案。"宪法……规定州保留的主权和赋予合众国的主权一样，同样是不可侵犯的。"如果弗吉尼亚州的法官听从联邦最高法院的"指示"，撤销这些判决，他们仍可与"州法官"一样作出行为，因为他们没有受到联邦的委托。美国联邦最高法院与弗吉尼亚州法院之间表面上看似乎"具有……上诉法院的关系"。他还认为，"上诉法院包含了更高一级的意思。但一个法院的地位并不能高于另一个法院，除非两个法院……都属于同一主权之下。……美国联邦最高法院属于一个主权范围，它并不能成为处于另一主权下的州法院的上诉法院。"他认为，《1789年司法法》（*Judiciary Act of 1789）第25条规定，旨在……使州法院成为联邦法院的下一级法院是不符合宪法的。那些支持该条规定的观点错误地认为，联邦最高法院的裁判权针对的是"案件"，而不是"审判机构"，这会给予"（联邦最高法院）对……法国法院……上诉管辖权"。

约瑟夫·斯托里（Joseph *Story）大法官代表联邦最高法院提出意见——因为马歇尔在这块土地上有金钱利益，因而需要回避。他主张的扩张的国家主义招致州权利的拥护者嘲笑，认为他要主张对漂在水桶里的麦穗有联邦海事管辖权。约瑟夫·斯托里法官代表联邦最高法院从四个方面批驳了卡贝尔的意见。他认为：（1）宪法中规定的司法权是针对案件而不是法院；（2）宪法中存在"大量限制或撤销州主权的条款"（p. 343）；（3）宪法预计"各州对地方利益的保护……可能……妨碍司法公正"（p. 347），因此将"相关的权力授予给了合众国"，州法官"并不是不受约束的"；（4）宪法期望"整个美国境内的判决有统一的必要"，如果"不同州的具有同等学识的法官……对法律……条约和……宪法……进行不同的解释，可能任何两个州的解释都不会相同"。公共混乱"肯定会出现，我们相信，形成宪法的开明的制宪大会"不会追求这种结果（p. 348）。这一观点经常被认为是斯托里法官的最有力的观点。但它并没有从逻辑上推翻卡贝尔法官的这种观点：我们可以假设宪法制定者确实"预料到了有时会产生争议……"，但故意"不提供该争议的裁决者或裁判机构，因为他们相信这种裁判机构产生的危害可能比偶尔发生的冲突更大"。联邦最高法院最终取得了胜利，但只是基于它的政治力量。

马歇尔任首席大法官时期，对于涉及联邦宪法第十一修正案的案件，在11例案件中有10例持拒绝态度。首席大法官罗杰·托尼（Roger *Taney）(1836—1864）主持的联邦最高法院几乎是对所有的案件都拒绝适用该修正案。有时联邦最高法院以双重主权理论为由，推翻州法律的效力，但它从来没有利用该理论来推翻联邦法律。例如，依据马歇尔判决的先例——"麦卡洛克诉马里兰州案"（McCulloch v. Maryland）（1819）和"韦斯顿诉查尔斯顿案"（Weston v. Charleston）（1829），联邦最高法院在"多宾斯诉伊利县案"（*Dobbins v. Erie Country）（1842）中，判定对年收入在500美元的小艇船长无差别地征收3.58美元的州税这种行为无效。

1859年，托尼大法官又裁定反对甚至比马丁案法官做得更好的威斯康星州法官。在"艾布尔曼诉布思案"（*Ableman v. Booth）中，威斯康星州高等法院的法官认为，《1850年逃亡奴隶法》违反宪法，因此在一位威斯康星州公民因帮助逃亡奴隶（*fugitive slavery）而被联邦法院指控构成犯罪时，发布了人身保护状（*habeas corpus）以恢复其自由。托尼的两个独立半球的比喻帮助了国家主义者进行论证："合众国的领域……远远超出了州法院所能够管辖的范围，正如眼睛能够清楚看到的、由标石标出的分界线"（p. 516）。他认为，联邦最高法院"对所有根据宪法和法律产生的案件有最基本和最终的裁判权"（p. 525）是"宪法明确授予的"。

尽管如此，1861年，联邦最高法院在面对俄亥俄州州长拒绝向肯塔基州引渡一位被肯塔基州认定违反奴隶逃亡法的人时，托尼法院认为，是否引渡取决于俄亥俄州州长履行其宪法义务的责任，这种宪法义务在"肯塔基州诉丹尼森案"（*Kentucky v. Dennison）中被总结为："没有授权一般的政府采取……强制措施强迫他履行"（pp. 109-110）。

艾布尔曼案判决到现在仍然有效。丹尼森案判决持续了126年。但是在"波多黎各诉布兰斯塔德案"（Puerto Rico v. Branstad）（1987）中，瑟古德·马歇尔（Thurgood *Marshall）大法官代表联邦最高法院起草判决意见时认为："丹尼森式的州政府与联邦政府关系的模式现在已基本不符合经过一百多年发展后的宪法理论……与该模式相符的时代已经过去。我们可以断定该模式不会存在太久。"（p. 230）

美国国内战争中北方联盟的胜利，以及亚伯拉罕·林肯（Abraham *Lincoln）对全国第一位共和党首席大法官萨蒙·蔡斯（Salmon *Chase）（1864—1873）的任命，并没有结束双重主权问题。"得克萨斯州诉怀特案"（*Texas v. White）（1869）和屠宰场系列案（*Slaughterhouse Cases）（1873）就很好地证明了这一点。在屠宰场系列案中，联邦最高法院以5比4的表决结果作出判决，塞缪尔·米勒（Samuel *Miller）大法官代表联邦最高法院的多数派提出的判决意见就非常巧妙地，尽管并不一定令人信服地，对内战修正案进行了狭义的解释。但是蔡斯在"得克萨斯州诉怀特案"（Texas v. White）中的意见则将废奴主义的共和理论先定为正确的，而他们的这一观点即有关州退出联邦和他们的经济义务方面的观点尚须论证。那一条经常被引用的警句——"宪法，在其所有的条款中，都面对着一个不可破坏的联盟，由不可分离的各州组成（p. 725）"——并没有阐释什么，严格说来也是错误的。绝大多数宪法条款既非面对着，也非背对着不可破坏性或可被破坏性。

蔡斯在两个判例发表的意见中使用了相同的措词，表明新的宪法性平衡没有对未脱离联邦的州造成很大的不利。在"合众国诉德威特案"（United States v. DeWitt）（1869）中，蔡斯法院作出了美国内战之前从没有作出的判决——判定一项国会制定的法律因为侵害了州的治安权（*police power）而无效。现在看来这种侵害显得并不怎么样，它只是规定销售燃点低于110度的易燃灯油这种行为违法。但在电力使用普及之前，该法律对日常生活具有重大的影响。司法部长埃比尼泽尔·R.豪尔使用商业条款作为抗辩理由似乎无可指责，他认为，法律应当保护在各州之间运送产品公司的受雇者。德威特案使世纪之交形成了许多备受批评的限制国会商业权的判例[例如,"合众国诉 E.C. 奈特公司案"(United States v. *E.C. Knight Co.) (1895)],这些判例与过去的理论似乎不相符。德威特案式的固执的宪法性平衡意见也体现在要求对新加入的州平等对待的一系列案件中,这种问题现在已经很少了,但在美国向西部扩展时期争论得很激烈,这一系列判例始于"波拉德诉黑根案"[(Pollard v. Hagan) (1845),该案判定亚拉巴马州根据 1819 年签订的加入联邦协议拥有与其他 13 个州同样的对可航水域地下土地的所有权],并一直延续到革新时代[例如,"科伊尔诉史密斯案"(*Coyle v. Smith) (1911),该案判定国会不能以规定俄克拉荷马州在其希望的地方定都作为允许其加入联邦的条件]。

"双重政府"理论在"莱恩郡诉俄勒冈州案"(Lane County v. Oregon) (1869)中起了重要作用。首席大法官蔡斯在该案中解释到:"涉及本地区的案件,本案认为州法院对州法律所作的解释……是真正的解释。"(p.74)但是在"默多克诉麦穆非斯案"(*Murdock v. Memphis) (1875)中,在州权力问题上的处理方式与以前完全不同。联邦最高法院对1875 年国会在修订《1789 年司法法》时省略的词句是否扩大了联邦最高法院对州法院的案件上诉管辖权这个问题,进行了两次庭审辩论。《1789 年司法法》中被删除的词句限制联邦最高法院对"宪法、条约、立法……的有效性解释等问题……争议……从案卷记录表面"进行审查(p.617)。这些被省略的词句是否意味着,一旦这种案件产生了,联邦最高法院就不再限于案卷记录的表面错误,而是还可以涉及包括州法律的解释方面的其他错误? 基于这种复杂的局面,联邦最高法院向法院友好人士(*amicus curiae)寻求建议时,已经退休的本杰明·柯蒂斯法官(Benjamin R. *Curtis)[他是斯科特案(Dred *Scott)的反对意见的发表者]认为,答案是肯定的,蔡斯在该案庭审辩论与判决期间去世了,他的继任者莫里森·韦特(Morrison *Waite)法官(1874—1888)是一位温和的共和党人,他没有参加该案的审理。在屠宰场系列案中,塞缪尔·米勒法官以微弱的多数优势(5 比 4 的表决结果)拒绝了司法管辖权的扩张,但是如果马歇尔或者斯托里有这种扩张联邦最高法院司法权的良机,他们绝不会放过。

在美国国内战争至"新政"期间,联邦最高法院对州权利的发展是沿着两条线展开的。

首先,从"税务官诉戴案"(*Collector v. Day) (1871)开始,发展出一套与州不能够对联邦"部门"征税相对称的规则。戴案判定对州法官征税的联邦制度无效,该案与多宾斯案判定的州对联邦船长的征税制度无效正好相对。在 20 世纪 30 年代,这种"税收相互豁免"规则异常兴盛。州不能对联邦机关的交通工具上使用的汽油征税["潘汉德尔石油公司诉密西西比州案"(Panhandle Oil v. Mississippi) (1928)]。联邦政府不得对城市警车征收销售税["印第安摩托车公司诉合众国案"(Indian Motorcycle v. U.S.) (1931)]。在 1938 年"新政"时期的联邦最高法院对这种"税收相互豁免"制度干脆利落地完全推翻了["赫尔夫林诉吉哈特案"(Helvering v. Gerhardt)]。

其次,主权豁免(*sovereign immunity)问题又因为大肆挥霍的重建(*Reconstruction)政府肆意销售州公债而重新露面。重建之后的继任者否认了主权豁免问题。在 19 世纪 70 年代,联邦最高法院仍然继续马歇尔时期对联邦宪法第十一修正案进行严格限制的政策。但在 19 世纪 80 年代,这种政策发生了改变。尽管认为县不享有主权豁免[例如,"林肯郡诉卢宁案"(Lincoln County v. Luning) (1890)],联邦最高法院还是否认了两起对州本身提起诉讼的最重要的案件。新罕布什尔州和纽约州针对南方州利用联邦宪法第十一修正案进行拖欠偿还到期的迪谢(Dixie)债券的行为,试图通过授权州司法部长接受当地债券购买者转让的债券,以新罕布什尔州和纽约州本身的名义对南方拖欠债券的州提起诉讼。

如果由马歇尔和斯托里大法官来看"新罕布什尔州诉路易斯安那州案"(*New Hampshire v. Louisiana)和"纽约州诉路易斯安那州案"(*New York v. Louisiana),他们肯定会认为这两起案件属于宪法第 3 条所许可的州对州的诉讼。但是 1883 年的联邦最高法院的大多数法官认为:(1) 在批准宪法时,各州放弃了以本州的名义代表本州的公民向另一个具有独立主权的州提起诉讼这种权利;(2) 在批准宪法(1789 年)至联邦宪法第十一修正案通过(1798 年)之间的 9 年,公民已经拥有了以个人的名义提起这种诉讼的权利;(3) 联邦宪法第十一修正案在没有恢复早期州权利(以本州名义代表本州公民向另一个州提起诉讼的权利)的基础上,废弃了公民以个人名义对州提起诉讼的权利。"汉斯诉路易斯安那州案"(Hans v. Louisiana) (1890)的判决甚至认为,即使联邦宪法第十一修正案没有排斥公民对他所在的州提起诉讼的权利,一般的主权原则也要排斥这种权利。因此,可以这么说,联邦最高法院已经抛弃了马歇尔在科恩案判决意见中的格言——联邦宪法第十一修正案在这种情况下并没有取代宪法第 3 条规定的联邦法院享有"对任何根据宪法……不管是哪部分……产生的案件"都享有管辖权。而认为在这种情况下,宪法第 3 条已经被那种免于由其公民提起诉讼的主权豁免所取代。在 1890 年,联邦最高法院指出,虽然国家和政治对法律的最高要求"使得州承担而不可违反……公共义务",但联邦政府对州没有遵守这种规则的干涉"……将造成比州没有遵守这种规则所造成的过错更严重的过错"(p.21)。

尽管如此,重商的法官在1908年"涉及扬的单方诉讼案"(Ex parte *Young)中创造了一项马歇尔式的例外。为了加强明尼苏达州铁路委员会降低费率的权利,该州法律对违法者处以按日计算的很重的惩罚,声称以通常方式(听任它们存在,而等候州对其提起指控)对这种费率进行质疑将会遭到灾难性后果,铁路方申请联邦令(*injunction),以禁止明尼苏达州司法部长执行该费率。联邦最高法院对此表示同意,并因此创设了一种维护联邦宪法权利的法律机制。如果该法违反了宪法,州就不能实施。本案州官员以州的名义实施了一个无效的法律。这与主权问题无关。

在20世纪中叶,州权利与主权问题到达了低谷,造成这种结果的原因有两点。其一是罗斯福时代的法官判定现代社会和经济发展需要强大的国家政府。哈伦·斯通(Harlan *Stone)大法官在1941年发表的一项评论中就清楚地表达了这种观点。在"合众国诉达比木材公司案"(United States v. *Darby Lumber)中判定公平劳动标准法符合宪法规定时,斯通认为,联邦宪法第十修正案"确实表明,所有未让与的权力都保留在州,但这不过是一句陈词滥调"(p.124)。

另一个原因是20世纪中期白人至上主义者试图利用州权利的观点作为坚持种族隔离的理由,使得州权利这种理论遭到道德上的谴责。为了禁止种族隔离,大法官们对州权力实施了比以前更多的限制。"亚特兰大之心旅馆诉合众国案"(*Heart of Atlanta Motel v. United States)(1964)、"卡曾巴赫诉麦克朗案"(*Katzenbach v. McClung)(1964)以及"南卡罗来纳州诉卡曾巴赫案"(*South Carolina v. Katzenbach)(1966)就清楚地证实了这种观点。《1964年民权法》禁止州际商业贸易中的种族隔离。因为亚特兰大之心旅馆主要对使用85次州际列车的旅游者提供服务,很容易就认定该案可以适用民权法。但是,在伯明翰的麦克朗的烧烤餐厅,离联邦高速公路隔11个街区,几乎只对伯明翰的居民提供服务。联邦最高法院判定麦克朗提供的牛肉来源于另一个州的牛,他拒绝向黑人提供服务减少了州际之间牛的交易量,联邦最高法院以这种无关紧要的理由认定麦克朗的餐馆存在州际贸易中的种族隔离。麦克朗案几乎消灭了任何不符合国会意愿的、有关地方商业的州权力。

两年后,在"南卡罗来纳州诉卡曾巴赫案"中,所有的法官一致同意根据联邦宪法第十五修正案(the *Fifteenth Amendment)的规定,国会有权中止州规定的对投票者进行文化标准测试,并可以授权美国司法部长在低投票率的州任命投票检查人员的权力。该案大多数法官还认为,在这些规定有文化标准测试的州修改投票权法之前,应当劝说司法部

长或哥伦比亚区的联邦地区法院监督这些法律,使它们不具有种族歧视的目的或效果。胡果·布莱克(Hugo *Black)大法官对这种意见表示反对,认为这种要求"扭曲了……宪政结构……以至于州和联邦权力之间的任何界限都显得毫无意义"(p.358)。

对于怀疑州权力是否还有前途的人来说,1970年之后州权力却表现出令人奇怪的兴盛的发展趋势。在伦奎斯特法院时期,已经在许多领域复兴了州主权原则,不仅以州主权为基础限制了国会依据商业条款和联邦宪法第四修正案第5款所享有的权力,而且拓宽了主权豁免原则,还以联邦宪法第十修正案为基础创设了"反强行命令"来限制国会约束州政府。

在"合众国诉洛佩斯案"[(United States v. Lopez)(1995)]中,联邦最高法院自新政以来首次推翻了依据商业条款制定的法律。1990年的《校区禁枪法》中规定任何个人在校区拥有枪支将会构成违法。联邦最高法院裁决,这个措施超越了国会的商业权利,因为这并不属于对经济行为的规制,并且依照惯例对教育的管理属于州的权力。在"合众国诉莫里森案"[(United States v. Morrision)(2000)]中,联邦最高法院以伊洛佩兹案为佐证推翻了《反暴力伤害妇女法》中的民事权利条款,因为该法并没有规制经济行为,并且从传统而言,刑事法和家庭法也是属于州立法的范围。联邦最高法院解释道,对商业权利进行司法限制是必需的,因为国会已经不正当地使用该权力来干预州主权。

伦奎斯特法院时期,对国会按照联邦宪法第十四修正案第5款规定的商业条款进行立法的权力也进行了新的限制。在"博尔纳诉弗罗里斯案"[(*City of Boerne v. Flores)(1997)]中,联邦最高法院裁决,国会依据第5款享有的权力限于对违宪行为给予救济,并且以第5款为基础的立法必须与国会准备救济的违宪行为相符合且相称。布莱克法官在一篇回忆文章中提到,他对"南卡罗来纳州诉卡曾巴赫案"(South Carolina v. Katzenbach)持有异议,联邦最高法院是这样推理的:如果国会有权按照第5款的规定而创设实质的宪法性权利,那么国会就可能利用这种权力侵犯州的主权。在此后的案件中,联邦最高法院严格适用"相符合且相称"的检验标准推翻了《残疾人法》["亚拉巴马大学诉加勒特案"(University of Alabama v. Garret)(2001)]、《反雇佣中的年龄歧视法》["金梅尔诉州立大学董事会案"(Kimel v. Broad of Regents)(2000)]中的规定,从而废除了州政府雇主的主权豁免。

最近一些限制国会依据第5款所享有的权力的案件是在主权豁免的语境中提出的。州主权最全面的确认是从伦奎斯特法院时期的判决扩张主权豁免原则起逐步形成的。这个过程的第一步是使国会难以诱使州放弃主权豁免。在"帕登诉亚拉巴马铁路

终端案"(Parden v. Terminal Railway)(1964)中,沃伦法院支持了《联邦雇主责任法》规定的一般性原则,即雇员有权向联邦法院对雇主提起与工作有关的伤害。该规定推翻了亚拉巴马州对所有的铁路工作雇员作出的所有相反规定。而在"阿塔卡德罗州立医院诉斯坎伦案"(Atascadero State Hospital v. Scanlon)(1985)中,伯格时期的联邦最高法院(1969—1986)认为,强制由联邦法院审查受到歧视的残疾人实施《康复法》(Rehabilitation Act)中规定的、由联邦资助的方案的实施状况,必须要"州法律本身有清楚明确的规定"(p.243)。

联邦最高法院废除了推定弃权原则,并在"学院储蓄银行诉佛罗里达州预付后中学教育开支委员会案"(College Saving Bank v. Florida Prepaid Postsecondary Education Expense Board)(1999)中推翻了帕登案的原则。

伦奎斯特法院时期也对国会利用权力取消州豁免权进行了极大的限制,甚至在国会符合"阿塔卡德罗州立医院诉斯坎伦案"中确立的"法律有明确规定"的规则时也是如此。在"佛罗里达州的塞米诺族诉佛罗里达州案"[(*Seminole Tribe v. Florida)(1996)]中,联邦最高法院判决国会不能使用联邦宪法第1条的权力撤销州的主权豁免。依据"汉斯诉路易斯安那州案"(Hans v. Lousiana)中对联邦宪法第十一修正案的广义解读,联邦最高法院陈述道,该修正案对联邦宪法第3条规定的联邦法院司法权进行了限制,同时还禁止国会利用联邦宪法第1条的规定,包括商业条款,来改变这种限制。在"奥尔登诉缅因州案"(Alden v. Maine)中,联邦最高法院裁定,即使联邦宪法第十一修正案不在该州的法院适用,国会也不能利用联邦宪法第1条的权利取消州政府在州法院的被诉豁免权,从而在这一问题上走得更远。联邦最高法院认为,主权豁免是各州在批准联邦宪法时保留下来的"剩余主权和不可侵犯的主权"的一部分。这么强硬的语言遭到了苏特法官的激烈反对,他指责联邦最高法院将洛克纳式的自然法方法运用到了主权豁免中。

尽管在佛罗里达州的塞米诺族案件中国会保留了根据联邦宪法第十四修正案第5款的规定享有取消州主权豁免的权力。但是正如上文所述,伦奎斯特法院对国会在这方面的权力进行了限制,因此国会取消州主权豁免时必须依照此规定。

1970年之后的判决削弱了个人对不利的州行为申请联邦禁令的权利,同时也削弱了联邦法院转移州法院(*state court)审理的涉及联邦权利的案件的权利。伯格时期的联邦最高法院才存在两年,就通过在"扬格诉哈里斯案"(*Younger v. Harris)(1971)削弱了"涉及扬的单方诉讼案"(Ex parte Young)的效力,它认定,一旦州的刑事诉讼程序已经启动,联邦法院在证明州法院没有能力决定争议之中的任何联邦问题之前,不得发布禁令救济。在1991年联邦最高法院剥夺了公民对州法院正在进行的刑事或者民事诉讼申请联邦禁令救济和联邦宣告性判决的救济。联邦最高法院的大法官们甚至认为,即使联邦诉讼先于州诉讼,州法院对主张联邦权利的法律依据审查得比联邦法院早,公民也丧失了获得联邦救济的机会。自由主义的大法官偶尔也会抱怨保守主义的大法官,正如哈里·布莱克蒙(Harry *Blackmun)大法官在"佩恩索伊尔诉德士古案"(Pennzoil v. Texaco)(1987)中发表的意见那样:"将……扬格案的判决扩张到前所未有的程度……不管州的利益是多么的小……也不管原告权利可能遭受……怎样的后果"(pp.27-28)。

在"塞米诺族诉佛罗里达州案"[(*Seminole Tribe v. Florida)(1996)]中,伦奎斯特法院对"涉及扬的单方诉讼案"(Ex Pare Young)裁决进一步予以了限制,它认定,如果国会已经提供了一种行政救济措施,就不可以依据该原则来救济。这个裁定造成了很大混乱,因为无法判定哪种救济可以排除依据"涉及扬的单方诉讼案"应当给予的救济。在1997年的"爱达荷州诉科达伦部族案"(Idaho v. Coeur D' Alene Tribe)中,这种混乱状况明显恶化了,因为法院裁定科达伦部族在诉讼中不能依据"涉及扬的单方诉讼案"(Ex Pare Young)来反对爱达荷州在浸没土地上停止其权利。肯尼迪大法官在其提出的多元意见中,提出了一种衡平的考量标准,权衡州的利益与每个"涉及扬的单方诉讼案"需要救济的范围,从而提炼出该原则的精华。然而,联邦最高法院的多数法官反对使用肯尼迪法官的做法,而最近联邦最高法院却暗示该原则仍然具有生命力。

1970年以来,联邦最高法院已经两次以联邦宪法第十修正案为基础限制国会对州的管束进行约束。在"全国城市联盟诉尤塞里案"(*National League of Cities v. Usery)(1976)中,联邦最高法院以6比3的表决结果作出判决,判定将联邦的最高工作时间和最低工资标准条款扩展适用于州和地方政府的1974年对《公平劳动标准法》的修正无效,因为,按照威廉·伦奎斯特(William *Rehnquist)大法官的解释,这种条款使得州和地方政府发挥其诸如治安保护之类基本而传统的功能时成本更高。1981年"霍德尔诉弗吉尼亚表层采矿与垦殖协会案"(Hodel v. Virginia Surface Mining),判定国会可以要求州政府或者制定符合联邦标准的露天矿产开采标准,或者使露天矿产开采行为受联邦管制方案的制约。该案还形成了一种判断是否合宪的测试标准。国会的立法是否将州作为州而进行规制?国会制定的法律是否毫无争议地要与州主权的性质相冲突,是否会对传统的政府功能的完好运行发生直接影响?如果这些问题中任何一个问题的答案是否定的,这种法律就会被维持。

这种标准的运用也产生了冲突和混乱。在"加西亚诉圣安东尼奥都市交通局案"(*Garcia v. San Antonio Metropolitan Transit Authority)(1985)中,在讨论是否将在都市所有的公交车线路工作的人排除在"全国城市联盟诉尤塞里案"中规定的否决权这种国会权力之外时,联邦最高法院以5比4的表决结果作出判决。即将成为首席大法官的伦奎斯特对在1976年取得胜利的州权力过程中他所遭受的挫败非常不满,他写了一段反对意见,他认为,反对者并没有必要"进一步阐明⋯⋯一条将来又会获得联邦最高法院多数派法官支持的原则"(p.580)。

作为首席大法官的伦奎斯特证明了作为大法官的伦奎斯特的观点是正确的。仅在加西亚案7年之后,联邦最高法院就在"纽约诉合众国案"(New York v. United States)中裁决,联邦宪法第十修正案禁止国会通过"强行征募"州议会来完成联邦计划。联邦最高法院撤销了1985年《低辐射放射性物质政策修正法》,因为该法要求州议会获取无法在特定的日期前处置的含有放射性废料的土地的权力。联邦最高法院认为,这种规定带有不适当的强制,因而违反了联邦宪法第十修正案对州主权的保护。在"合众国诉普林斯案"[(United States v. *Printz)(1997)]中,联邦最高法院裁定"反强行征募"规则也禁止国会对州政府行政官员进行征募,这就使得《布雷迪手枪暴力防治法》的规定失去作用,因为该法要求州的法律规定政府官员有义务对购枪者的背景进行调查。在这两个案件中,联邦最高法院都将争议中的条款看成是国会以直接牺牲州政府官员为代价扩张联邦政府的权力。但是,"反强行征募"标准是否比全国城市联盟案中确立的以联邦宪法第十修正案为基础而实施的限制更有效,尚不清楚。

因此,尽管干预原则以及否认原则在法律体系内不再有效,但州主权远没有走向消亡。实际上,它一直是伦奎斯特法院的战斗口号,因为它已经对联邦政府的权力设置了大量的以州主权为基础的一般的限制,以及对国会的权力的特别限制。尽管州主权的支持者未来还会持什么主张并不明确,但是"我们的联邦主义"仍然会发挥重要作用,这是很明确的。

参考文献 Laurence H. Tribe, *American Constitutional Law*, Volume Ⅰ, 3d ed. (2000); Melvin I. Urofsky, *A March of Liberty: A Constitutional History of the United States* (1988). Erwin Chemerinsky, *Federal Jurisdiction*, 4th ed. (2003).

[A. E. Keir Nash 撰;Rebecca E. Zietlow 修订;邓宏光、胡海容译;林全玲校]

州税收[State Taxation]

州行使其必要的税收权的利益与推动经济和政治统一的国家利益之间的冲突已经成为美国联邦主义的一个显著特征。联邦宪法仅仅对州税收权的行使规定了三种明确的限制,这些限制也没有得到广泛适用。进出口条款规定,"任何一州,未经国会同意,不得对进口货或出口货征收任何税款,但为执行本州检查法所绝对必需者除外。"联邦最高法院解释道,这种禁止仅仅适用于对外国货物的进口或出口存在歧视而进行的征税["米其林轮胎公司诉韦杰斯案"(Michelin Tire Corp. v. Wages)(1976);"伍德拉夫诉帕勒姆案"(Woodruff v. Parham)(1868)]。其他明确针对州征税权的宪法性限制很少,如规定"未经国会的同意,任何一个州不得征收船舶吨位税",再比如联邦宪法第二十四修正案禁止州将缴纳人头税作为参加联邦选举的条件。

因为联邦宪法就州的税收主权问题规定的限制非常少,并且国会也很少利用立法权来限制州的征税权,所以事实上联邦体系内对州征税主权的限制主要来自联邦最高法院对宪法的解释,法院在解释宪法条款时针对的内容比征税本身要宽。联邦法院的很多判决表明,州征税权仅限于其主权领域所辖范围内的人、财产以及行为,联邦最高法院依据的是正当程序(*Due Process)和商业条款,尽管任何一个条款都没有明确规定州征税权限于其主权所辖领域[比如"联合信号公司诉税务部部长案"(Allied-Signal Inc. v. Director, Division of Taxation)(1992)]。

商业条款本身仅仅是对国会"规制与外国、美国各州以及印第安部落之间进行的商业活动"的一个积极的授权。然而联邦最高法院将商业条款解释为对州征税权实施的限制,甚至在国会没有立法来限制这类权力时也是如此。在"全自动交通公司诉布雷迪案"[(Complete Auto Transit Inc. v. Brady)(1977)]中,联邦最高法院详细阐述了当前依据商业条款判定州征税权有效的方法。第一,征税必须适用于与州有实质性联系的行为。第二,征税情况必须与纳税人在州内从事的活动相称。第三,征税不得歧视州际的商业活动。第四,征税必须与州提供的服务挂钩。

联邦宪法第十四修正案中的平等保护条款禁止州"在本州的管辖内拒绝按照法律规定给予公民平等的保护"。联邦最高法院将这条解释为禁止州依据不合理的分类进行区别对待。然而州在为实现征税而进行的分类上则享有广泛的自由裁量权,这种自由裁量权已经在很大程度上使得州征税权免受平等保护条款的约束["菲茨杰拉德诉衣阿华州赛马协会案"(Fitzgerald v. Racing Association of Iowa)(2003)]。

联邦最高法院将联邦宪法的最高条款解释为限制州对联邦政府征税。在具有里程碑意义的"麦卡洛克诉马里兰州案"[(*McCulloch v. Maryland)

(1819)]中,联邦最高法院认为,"征税权同时也包含了破坏权"(p.431),因此裁定州不能对联邦政府部门如国家银行征税。尽管早期的判例允许联邦政府及与其有联系的部门免纳州税的范围较宽,但是现代的案例中已经将免除的范围缩小为禁止对法律后果最终归属于合众国及其部门的机构征税,并禁止对其征收歧视性的税收。

联邦最高法院将联邦宪法第 4 条中的特权与豁免条款解释为:禁止在征税计划中对非本地居民歧视性地征税,除非这种歧视有充分的理由,并且这种歧视与州的目标有实质性的联系["伦丁诉纽约州税收上诉法庭案"(Lunding v. New York Tax Appeals Tribunal,1998)]。

参考文献 Jerome R. Hellerstein and Walter Hellerstein, *State Taxation*, vols. 1 and 2, 3d ed. (1998); Jerome R. Hellerstein and Walter Hellerstein, *State and Local Taxation*, 7th ed. (2001).

[James B. Stoneking 撰;Walter Hellerstein 修订;邓宏光、胡海容译;林全玲校]

制定法的解释[Statutory Construction]

制定法的解释是指法官在适用制定法时所采用的方法和准则,这种准则包括如在两个制定法发生冲突时,适用后制定的法律这种明显的规则。但是如果立法者使用的语言很模糊或含混[例如,1890年《谢尔曼反托拉斯法》(*Sherman Antitrust Act of 1890)中所规定的:"限制贸易的合同、联合……或通谋"],问题会显得更困难。在这种情况下,法院通常会寻求立法者的立法意图,这是一项非常困难的工作。

[William M. Wiecek 撰;邓宏光译;林全玲校]

中止诉讼程序[Stay]

这是指延缓或中止司法程序以及判决执行的一个命令。中止的授权必须来自法律、法院的判决或者当事人的协议。

[William M. Wiecek 撰;胡海容译;林全玲校]

钢铁厂查封案[Steel Seizure Case]

参见 Youngstown Sheet & Tube Co. v. Sawyer。

史蒂文斯,约翰·保罗[Stevens,John Paul]

(1920年4月20日生于伊利诺伊州芝加哥市)从 1975 年起任大法官。约翰·保罗·史蒂文斯,凭借其独立和谦逊赢得了良好声誉,因为作为法学家,他总是依据合理的理由得到一个合理的结论。他出生于显赫的海德·帕克家族,1941 年毕业于芝加哥大学,并获美国大学优等生的荣誉称号。第二次世界大战期间,史蒂文斯在海军服役,并因为破译密码而获得铜质勋章。在西北大学期间,他担任《法律评论》的主编,并在 1947 年以优异的成绩毕业于该校的法学院。他质疑法学抽象化与原则化,他认为这或者是将复杂问题过分简单化,或者是逃避解决案件或争议中的疑难问题。这一观点使他获得了法学教授的赏识。他对司法审查的理解受到联邦最高法院大法官威利·拉特利奇(Wiley Rutledge)的影响,1947 年起史蒂文斯担任了这个大法官的助手。从这一年开始,他逐步形成了自己的司法哲学:法院应该积极地并且坚定不移地保护个人的权利免受经选举产生的政府部门的侵害,这些部门负有保护人民的责任,并应直接对人民负责。

John Paul Stevens

1949 年,史蒂文斯在伊利诺伊州开始从事律师业务,他在著名的律师事务所里专攻反垄断法,同时他也作为助教在西北大学法学院和芝加哥大学法学院讲授这门课程。1951—1952 年,他担任了议会垄断权司法研究会小组委员会的法律顾问,而 1953—1955 年他是司法部长全国反垄断法研究委员会的成员之一。担任芝加哥律师协会的第二副会长期间,他是一个活跃的律师,而在担任衣阿华联邦最高法院特别委员会的公益律师期间,他的努力使得两个腐败的联邦最高法院法官在 1969 年辞职。1970—1975 年期间,史蒂文斯在联邦第七巡回上诉法院任职。

道格拉斯(*Douglas)大法官的退休给了杰拉尔德·福特总统仅有的一次提名联邦最高法院大法官

的机会,他希望任命一位谦逊的、名誉良好的、有丰富实践经验的大法官,这样一位曾经赢得美国律师协会最高评价的法官将有助于帮助人民在水门事件之后重拾对政府的信心。因为史蒂文斯被加冕为"律师中的律师"和"法官中的法官",国会以98比0的表决结果使他当之无愧地成为联邦最高法院的第101个法官,他于1975年12月19日宣誓就职。

在参议院的意见听取会上,史蒂文斯表述了这样一种司法义务,当他不同意判决时应撰写一个反对意见,当他不同意多数的推理时应撰写一个并存意见。他相信这样做能让诉讼当事人了解法院已经充分考虑了他们的争议,同时也为法院将来判决同类案件时提供不同的参考意见。随后,他果然比他的同事发表了更多的反对意见和并存意见。史蒂文斯法官戴着眼镜,打着蝴蝶领结,有点像沃尔特·米蒂。对于律师他总是胸有成竹、深思熟虑并且谦虚谨慎。他的问题总是直指案件的核心,他也总是对案件的答案充满兴趣。他追求一种有内涵的智识性生活,有时甚至是古怪,有时他在法庭外的演讲和著述也反映了他的法律分析。史蒂文斯的独特见解更多的受到学者的关注而不是同事们的赞许。他的文笔流畅、简洁,他的判决具有文学色彩,有时又极其精辟。这或许是因为在他的意识里认为自己是大学英语专业的学生,有自己的见解,并总能从不同视角看待问题。他是那种在工作之外还有自己生活的人,他爱好飞机、桥牌锦标赛、高尔夫、网球、读书和旅行。他以和蔼可亲和谦逊的个人魅力而饱受业内人士的欢迎和尊重。

他获得第一次任命是在伯格法院时期,司法部长利瓦伊将这位新人描述为"一个温和的保守主义者"。但是史蒂文斯法官对伦奎斯特法院的回应很快就被法院评论者们称为"自由主义"。在首席法官是少数一方时,作为最资深的大法官,他负责撰写判决,他常利用这一特权。在参议院的听证会上,当他表明"我不会给自己贴标签,议员先生"时,他已预言了自己的态度。他并不总是保守主义的或者是自由主义的。相反,他有一套实用主义的、独立的方法来探索案件事实之间的相互关系以及受到挑战的宪法的价值。

早些时候,史蒂文斯便在一个并存意见中表示不赞成联邦最高法院对联邦宪法第十四修正案的三层次解释,他提到"仅仅存在一个平等保护条款……"["克雷格诉博伦案"(Craig v. Boren)(1976)],他从根本上怀疑东罗马帝国法官造法的原则。他质疑对政府分类的挑战是否都是合理的,涉及公益目的的法律中,对谁是不利的,谁又在多大程度上受到伤害?

史蒂文斯也对社会中的弱势群体表示了关心。举例来说,他通常不赞同给予罪犯更多的权利["赫德森诉帕尔默案"(Hudson v. Palmer)(1984)]。他对政府歧视那些孤立的少数民族的行为很敏感。他怀疑与政府豁免或者主权豁免相关的任何主张,因为这样会使个人的权利无法获得救济。他常常被寄予厚望,在依据联邦宪法第四修正案、第五修正案以及第六修正案中的任一规定提起的刑事诉讼中作出有利于被告,而反对政府的裁决。他的司法理论认为,如果低级别法院已经裁决给予个人保护,联邦最高法院就应当尽量不去审查因此而提起的申请。在他的任期内,重大的问题包括——死刑、堕胎、安乐死以及同性恋的权利——他总是沿着保护个人权利的路径投票。史蒂文斯大法官在积极行动面对案件时,观点发生过变化。他在"富利洛夫诉克卢茨尼克案"(*Fullilove v. Klutznick)(1980)的反对意见中曾提到,由于国会未经谨慎思考,就制订了支持少数种族工商业的政府采购合同计划,所以需要利用联邦法律对制订这一计划时的状况进行重新审查。但是在"阿达兰德建筑公司诉彭纳案"(Adarand Constructors, Inc. v. Pena)(1995)中,史蒂文斯解释道,在批准这类计划时,多数人走得不够远。他进而支持桑德拉·戴·奥康纳(Sandra Day *O'Connor)法官那个具有里程碑意义的观点,允许以种族为基础设立大学是合宪的"格鲁特尔诉博林杰案"(Grutter v. Bollinger)(2003)。

在涉及联邦宪法第一修正案(*First Amendment)的案件中,史蒂文斯大法官拒绝采用联邦最高法院定义分析的标准来区分受到保护的言论类型与未被保护的言论类型,诸如淫秽和偏激的言辞。相反,他赞成用一种渐进的方式,以便使得有价值的言论比没价值言论受到更多的保护,联邦最高法院正在按照这种方法推行。举例来说,"联邦通讯委员会诉帕西菲卡基金会案"(FCC v. Pacifica Foundation)(1978)支持对不适于儿童收听的广播节目予以限制。他经常被认为是保护言论的,但是他却在法院支持人民有权焚烧国旗的案件["得克萨斯州诉约翰逊案"(*Texas v. Johnson)(1989)]时发表了言辞激烈的反对意见。作为一个虔诚的政教分离主义者,他非常关注宗教冲突和民主问题,因此他在"泽尔曼诉西蒙斯-哈里斯案"(Zelman v. Simmons-Harris)(2002)中反对政府对宗教学校的贫困学生发放优惠购物券计划。

史蒂文斯法官的联邦主义判决是混合型的。在"合众国任期限制公司诉桑顿案"(United States Term Limits, Inc v. Thornton)(1995)中,他引导联邦最高法院裁定,州无权就其对国会中的众议员和参议员的任期作出限制。在"布什诉戈尔案"(*Bush v. Gore)(2001)中,他非常不赞同这个有争议的判决,该判决停止了佛罗里达州的重新计票并决定了2000年总统选举的结果。

史蒂文斯大法官对分权的观点是微妙的。在"克林顿诉琼斯案"(*Clinton v. Jones)(1997)中,他认为应允许基于私法对总统任职前的不当性行为提起诉讼,他写道,"目前的这个案件……对我们而言不可能占用申请人任何时间。"(p.702)事后证明,这使克林顿总统处于被弹劾的境况中。在"谢弗龙美国公司诉自然资源防护委员会案"(Chevron U.S.A. Inc. v. Natural Resources Defense Council Inc.)(1984)中,史蒂文斯发表了一个具有里程碑意义的观点,他认为法院应当听从负责此项事务的联邦机构对法律的解释,实际上是表面听从这些机构的专业解释,最终听从于国会审查立法的特权。

在经济问题上,史蒂文斯法官的观点也是混合型的。他常常反对将严格的土地使用限制认定为对财产的管制占用。然而,在"北美宝马公司诉戈尔案"(BMW of North America, Inc. v. Gore)(1996)中,史蒂文斯代表联邦最高法院撰写的判决认为,州给予的惩罚性赔偿额度明显偏高,构成了管制占用。这也违反了联邦宪法第十四修正案中的正当程序条款的规定。

在一次演讲中,史蒂文斯法官将联邦宪法描述成"一个神秘的文件"。过去的30年里,这位法官已经分享了这份神秘,并通过一个又一个的案件揭示了这份神秘。

参考文献 Kenneth A. Manaster, *Illinois Justice: The Scandal of 1969 and the Rise of John Paul Stevens* (2001). Judd Sickels, *John Paul Stevens and the Constitution: The Search for Balance* (1988). John Paul Stevens, "The Bill of Rights: A Century of Progress," *University of Chicago Law Review* 59 (1992): 13-38. John Paul Stevens, "The Freedom of Speech," *Yale Law Journal* 102 (1993): 1293-1313. John Paul Stevens, "Judicial Restraint," *San Diego Law Review* 22 (1985): 437-457. "Symposium: Perspectives on Justice John Paul Stevens," *Rutgers Law Journal* 27 (1996): 521-661.

[Richard Y. Funston 撰;Thomas E. Baker 修订;邓宏光、胡海容译;林全玲校]

斯图尔德机械公司诉戴维斯案[Steward Machine Co. v. Davis, 301 U.S. 548 (1937)]①

1937年4月8日—9日辩论,1937年5月24日以5比4的表决结果作出判决,卡多佐代表法院起草判决意见,巴特勒、麦克雷诺兹、萨瑟兰和范·德凡特法官表示反对。《1935年社会保障法》是"新政"(* New Deal)的核心之一,该法和其他法律一起,建立了失业补偿金和老年救济金制度。

在"斯图尔德机械公司诉戴维斯案"中,联邦最高法院以5比4的表决结果支持《社会保障法》中规定的失业补偿金制度。在"赫尔夫林诉戴维斯案"(* Helvering v. Davis)这一与此案相伴的判例中,联邦最高法院以更高的表决结果(7比2),支持了该法中的老年救济金条款,本杰明·卡多佐(Benjamin * Cardozo)大法官撰写了这两个案件的判决意见。

在"斯图尔德机械公司诉戴维斯案"中,联邦最高法院认为对雇员征收工资税作为失业者社会保障基金的财政来源,符合宪法第1条第8款的规定,该款授权国会"为了合众国的普遍福利……设置和征收税收"。与1936年"合众国诉巴特勒案"(United States v. * Butler)的观点[该案在欧文·罗伯特(Owen * Robert)法官转向持自由主义意见的法官一边以前作出判决]不同,卡多佐法官以及该案的多数派并不把联邦宪法第十修正案(the * Tenth Amendment)作为国会税收权和开支权的一种限制。

[John W. Johnson 撰;邓宏光译;林全玲校]

斯图尔特,波特[Stewart, Potter]

(1915年1月23日生于俄亥俄州辛辛那提市,1985年12月7日卒于新罕布什尔州汉诺威,葬于阿林顿国家公墓)1958年至1981年担任大法官。斯图尔特生于辛辛那提市一个古老而富有的家庭,是詹姆士·加菲尔德·斯图尔特(James Garfield Stewart)的儿子。斯图尔特的父亲曾担任过辛辛那提市的市长和俄亥俄州最高法院的法官。波·斯图尔特先后在霍奇基斯(Hotchkiss)大学、耶鲁大学上学,此后获得了研究基金的资助,在剑桥大学做了一年研究员。1938年,他又回到耶鲁大学法学院,这里是法律现实主义的温床,也是对法律和公共政策形式主义进行批判的地方。1941年斯图尔特获得了耶鲁大学的法学博士学位,并加盟了华尔街的一家律师事务所。但随着"珍珠港"事件的爆发,他参加了海军,担任一名官员,并因为他在太平洋和地中海地区的大量服役而获得了三枚战争奖章。1943年4月24日,他与玛丽·安·贝特丽(Mary Ann Bertles)结婚。

战争结束后,斯图尔特又回到华尔街,但不久就离开了华尔街担任辛辛那提市一家较大公司的法律顾问。从事法律会引向政治,斯图尔特曾两次被选任为该市的议员,一次被选为副市长。在1954年美国上诉法院第六巡回法院有一个名额空缺时,艾森豪威尔总统基于斯图尔特卓越的表现而任命他为该院法官。

在第六巡回法院工作期间,斯图尔特作为一位思路清晰、很有技能的上诉法院法官,也是联邦法院的一位领袖人物。艾森豪威尔总统有任命低级别法院法官作为联邦最高法院法官的习惯,哈罗德·H.伯顿(Harold Hitz Burton)法官退休后,艾森豪威尔

---

① 另请参见 Taxing and Spending Clause。

Potter Stewart

总统在 1958 年 10 月 14 日提名斯图尔特法官为联邦最高法院的法官。有意思的是,有几位南方州的参议员以他主张取消种族隔离而反对对他的提名,因为他的一些宪法性意见中涉及消除学校种族隔离的意见。尽管如此,斯图尔特法官还是很容易被认可了。

斯图尔特法官在联邦最高法院的判决经常表现出或者激进或者保守的特征。他工作期间,联邦最高法院的法官对许多案件意见不一。在许多重要的案件中,斯图尔特法官的态度是摇摆不定的。最近,一位评论员在谈及斯图尔特法官时,认为他在法院比较保守时,是一位自由主义者;在法院比较倾向于自由时,是一位保守主义者。斯图尔特法官在联邦最高法院的整个工作过程中体现为温和派。他在联邦最高法院工作期间所判决的数百起公民自由的案件中,有 52% 的时候对公民自由的权利主张持支持态度,这比布莱克蒙(*Blackmun)法官和法兰克福特(*Frankfurer)法官还略高一些,而比史蒂文斯(*Stevens)法官和布莱克(*Black)法官略低一点。

斯图尔特法官的许多言辞都成为美国法律中最为经常引用的格言。在"雅各布里斯诉俄亥俄州案"(Jacobellis v. Ohio)(1964)这一涉及淫秽与色情的案件中,斯图尔特法官承认他没有能力提出一项统一的标准,他声称:"我一看见这种案件,就知道了。"(p.197)。他在解释为什么他在"弗曼诉佐治亚州案"(*Furman v. Georgia)(1972)中投票主张废除死刑时,认为这是基于对死刑怪诞的执行后果的一种反应:"死刑是残酷和非正常的,如同遭受电击一样。"(p.309)(参见 Capital Punishment)

斯图尔特法官撰写了几个非常有名的判决意见。"琼斯诉艾尔弗雷德·H. 迈耶尔公司案"(*Jones v. Alfred H. Mayer Co.)(1968)这一公民权利案就是其中最有名的判例之一。因为长期以来,法律对美国黑人承租房屋时受到的种族歧视都没有提供保护,但他代表法院的判决意见激活了这种法律保护。联邦最高法院在"金兹伯格诉合众国案"(Ginzburg v. United States)(1966)中维持了以淫秽判定出版者有罪的判决,斯图尔特法官反对该案判决:"联邦宪法第一修正案(the *First Amendment)对我们所有的人都给予平等的保护。它对拉尔夫·金兹伯格(Ralph Ginzburg)的保护力度并不比对帕特南(G. P. Putnam)的儿子低。"(p.501)在"罗诉韦德案"(*Roe v. Wade)(1973)中,斯图尔特法官对隐私权的扩大表示赞同,但呼吁联邦最高法院重新起用备受批判的"实体正当程序"(p.167)。他主张首先应当将隐私权宪法化,尽管他对私人事务的干涉并不支持。但在"格里斯沃尔德诉康涅狄格州案"(*Griswold v. Connecticut)(1965)中,他指称一个禁止避孕的州法律确实"非同一般的愚蠢",但却符合宪法规定(p.527)。

和诸如布莱克法官和道格拉斯(*Douglas)等许多法官不同,斯图尔特法官并没有对联邦最高法院的理论和政策产生个人的影响。实际上,他留给后人的是一种解决法律问题的一种独特的方法和风格。因此,他经常是作为法律人而为人所纪念。

参考文献 Jerald H. Israel, "Potter Stewart," in *The Justices of the United States Supreme Court, 1789-1969*, edited by Leon Friedman and Fred Israel, vol. 4 (1969), 2919- 2947; John P. Mackenzie, "Potter Stewart is Dead at 70," *New York Times*, 8 Dec. 1985.

[Gregory A. Caldira 撰;邓宏光译;林全玲校]

斯通,哈伦·菲斯科[Stone,Harlan Fiske]

[1872 年 10 月 11 日生于新罕布什尔州切斯特菲尔德,1946 年 4 月 22 日卒于华盛顿,葬于华盛顿的拉克克里克公园(Rock Creek Park)] 1925—1941 年任大法官,1941—1946 年任首席大法官。哈伦·菲斯科·斯通是共和党人,也是到现在为止唯一一位担任首席大法官的大学教授。只有他和民主党派的爱德华·道格拉斯·怀特(Edward Douglass *White)(1910—1921 年的首席大法官)是由另一党派的总统任命的首席大法官。斯通是 3 位直接从大法官提拔为首席大法官的人之一[其他两位是怀特法官和威廉·伦奎斯特(William *Rehnquist)法官]。他与其前任查尔斯·埃文斯·休斯(Charles Evans *Hughes)(1910—1916 年任大法官,1930—1941 年任首席大法官)亲密地共事 11 年。

斯通和怀特一样,其提拔部分归功于与他共事

斯通,哈伦·菲斯科[Stone, Harlan Fiske] 915

Harlan Fiske Stone

的大法官(包括胡果在内)的支持。在富兰克林·罗斯福(Franklin D. *Roosevelt)任第一任总统期间,对于提出的"新政"法律的合宪性质疑案,斯通是所有5位共和党法官中对这种质疑案投反对票以支持"新政"(*New Deal)的最积极的法官。他实际上也比另外两位民主党派的大法官[皮尔斯·巴特勒(Pierce *Butler)和詹姆斯·麦克雷诺兹(James *McReynolds)]积极。和胡果一样,斯通也是先任大法官,后又提升为首席大法官。在总统哈丁(Harding)任命威廉·霍华德·塔夫脱(William Howard *Taft)为首席大法官之后,休斯高兴地担任了国务卿一职。斯通在塔夫脱手下工作了5年后,又在胡果手下继续工作。1941年他能够被罗斯福提名为首席大法官,实际上还是受益于他在前两任不同风格的首席大法官手下工作过这种经历。

斯通的领导方式与其前任的领导方式很不同。塔夫脱经常给人一种很友好的假象,并习惯于搞拉拢活动以确保他的宪法性观点上占主导地位。据说胡果如同在教堂中的风琴上弹奏一样,熟练地操纵他的同事。斯通喜欢对案件进行充分的推理(参见Chief Justice, Office of the)。但随之而来的是大法官之间的意见尖锐的对抗并且公开中伤他人这种现象急剧增多。学者们认为,这种结果与两个重要的因素有关:首先,具有非常鲜明的个性而且性格暴躁的大法官比以前多;其次,斯通懒于缓和这种冲突。并且,在20世纪40年代联邦最高法院处于由联邦主义(*federalism)和经济管制问题向公民自由和民权

问题发展的时期,大法官之间产生一定冲突是不可避免的。以后的首席大法官至少也经历了一些类似的法院内部产生极大分歧的情况。

斯通在1872年出生于新罕布什尔州的农村,他的父亲弗雷德里克·劳森·斯通(Frederick Lawson Stone)是一位农民。斯通继承了新英格兰人的勤劳、具有公民责任感和独立的美德。他在十几岁时健壮的身体使得他不像在家庭农场中干活的人,这种身体条件使他进入了大学学习。但是在一年级新生与二年级学生之间的一场混战中,斯通不小心攻击了大学的一位教士,所以被马萨诸塞州农业大学开除了。后来他转到阿默斯特大学上学,在该校中曾参加了学校足球队,并负责编辑学校报纸,3次当选班长,并于1894年毕业。他通过在高中教书挣足了自己在哥伦比亚大学法学院学习的费用,1898年他获得法学博士学位。几个月后他留校任教。1899年他与艾格尼丝·哈维(Agnes Harvey)结婚,她是他在童年的一个夏天访问他的出生地时结识的。他们共同度过了接近47年的幸福婚姻生活。他们生有两个儿子,一个是纽约非常有名的律师;另一个是哈佛大学数学教授,被选为国家科学院(National Academy of Sciences)院士。在斯通的热情鼓励下,艾格尼丝·哈维·斯通成为一位非常优秀的画家,并两次在科克兰画廊(Corcoran Gallery)举办她的田园风景画。

斯通的法律职业沿着两条路发展,最主要的发展是在学术上,他曾担任了哥伦比亚大学法学院的系主任(1910—1923)。其次是在实践方面,1923年,他曾被任命为沙利文(Sullivan)和克伦威尔(Cromwell)司法部门的最高领导。他的著述——特别是有关信托受益人的权利、银行的责任、合同的实际履行方面具有"改革主义"性质的法律评论文章——对法官的影响非常广泛。他建立了一所专门进行科研的学院,为教授和科学家言论自由进行辩护的行为都在整个法律界很出名。1924年卡尔文·柯立芝(Calvin Coolidge)任命斯通为司法部长,让他清除司法部在哈丁总统政府遗留的丑闻。

虽然美国西部的一些参议员害怕斯通因为与华尔街发生联系后会变得过于重商,但实际上调查腐败只是他在任司法部长的很短任期内的主要工作。不过,在1925年1月柯立芝提名斯通为联邦最高法院法官时,参议院存在一些反对意见。斯通向来就是一位坦率的理性主义者,他当时提议亲自回答参议院司法委员会(*Senate Judiciary Committee)委员的问题。这一做法在当时是一创举,并成为现在的一种惯例。这种消除敌意的策略使他最终获得了71票赞成,6票反对的表决结果,成为联邦最高法院的法官。

在1925—1936年期间,斯通的最重要角色就是

[与路易斯·布兰代斯法官(Louis *Brandeis)以及奥利弗·W.霍姆斯法官(Oliver W. *Holmes)或者本杰明·卡多佐法官(Benjamin *Cardozo)一起]反对塔夫脱以及塔夫脱的忠诚的盟友——民主党的巴特勒法官、麦克雷诺兹大法官以及共和党的乔治·萨瑟兰(George *Sutherland)法官、威利斯·范·德凡特(Willis Van *Devanter)法官,后4位法官就是反对"新政"经济立法的有名的"四骑士"。即使在"新政"之前,斯通就认为他们主张一些稀奇古怪的观点,这使持自由主义的19世纪末20世纪初的他们的前任法官反而显得比较温和。例如,"迪·桑托诉宾夕法尼亚州案"(Di Santo v. Pennsylvania)(1927)涉及宾夕法尼亚州一项反诈欺法,该法以1910年查尔斯·埃文斯·休斯签署后由纽约州州长签发的纽约州制定法为基础。为了保护那些半文盲水平的移民者不受声称能够便宜地运送这些移民家属假船票的欺骗,宾夕法尼亚州和纽约州法律都要求轮船船票销售者交纳一定的保证金。胡果认为这种法律并没有违反宪法规定。但是塔夫脱和那4位"骑士"认为,这种规定对国会的商业性权利进行了"直接的限制",违反了宪法规定,虽然国会对该问题保持沉默(参见 Commerce Power)。正如布兰代斯大法官所坚持的一样,宾夕法尼亚州的该法律相对于在此之前获得联邦最高法院支持的众多州法律——例如,强迫一家铁路公司消除该铁路所绕的大弯,即使这种成本可能超出了它的偿付能力——来说,它对贸易自由的限制远远小得多。按斯通的观点来看,多数派正在实施一种"过于机械,过于……远离现实的没有多少价值的"标准(p.44)。

在"新政"的前3年中,在欧文·罗伯茨(Owen *Roberts)的支持下(有时也有胡果的支持),"四骑士"经常告诉州政府不能管得太多,因为国会有商业权力;他们又告诉国会,他们也不能管得太多,因为州有州的治安权。因此,在"铁路退休委员会诉艾尔顿铁路案"(Railroad Retirement Board v. Alton Railroad)(1935)中,联邦最高法院以5比4的多数票判定禁止国会要求州际之间的铁路运输公司为铁路工人提供退休金。在"合众国诉巴特勒案"(U. S. v. *Butler)(1936)中,斯通虽然不认为"新政"立法非常明智,但他嘲笑欧文·罗伯特的推理(该案以6比3的表决结果作出判决,欧文·罗伯特代表多数票的意见)会产生很荒唐的结果,"政府可以将种子送给农民,但不能规定这些种子被播种的条件……,政府可以资助那些失业者,但不能要求……这些受赠者……用这些钱维持家庭的生计……"(p.85)。

在提帕尔多引起的"莫尔黑德诉纽约案"(*Morehead v. New York ex rel. Tipaldo)(1936)中,"四骑士"和欧文·罗伯特一起不仅仅否认了胡果主张的中间派的共和宪政观,他们通过重新提及"1923年妇女最低工资标准案"[即"阿德金斯诉儿童医院案"(*Adkins v. Children's Hospital)],他们甚至比塔夫脱法官还要保守。在阿德金斯案中,哥伦比亚特区的法律禁止雇主支付低于维持最低健康标准成本的工资,虽然塔夫脱认为这种规定并没有什么不妥,但这"四骑士"和另一位法官主张根据联邦宪法第十四修正案(the *Fourteenth Amendment)的正当程序条款应当推翻这一规定。他们认为即使"健康标准"要求雇主支付超过雇佣者提供服务的价值量,雇主也不应当被指控。纽约州通过禁止那些既低于健康标准也低于雇佣者提供服务的价值的工资,以弥补该法的缺陷。胡果试图通过将纽约州法律与阿德金斯案中的法律相区别以支持纽约州的法律,斯通积极地主张推翻阿德金斯案,但都失败了。

斯通的反对意见源于他认为在涉及政府对经济的管理行为进行宪法性解释时应当遵循的三大基本原则。第一,宪法赋予适当级别的政府管理经济的权力。第二,正如他在莫尔黑德案中所评论的一样,管理权随着条件的改变而改变:"一个世纪之前……贫困、谋生、健康问题都是由个人解决的问题。现在,它们都是由国家来承担"(p. 635)。第三,"补救措施是否……比不受控制的经济力量的自然运作更有效或者更好……这种担心并不是由联邦最高法院来解决的"(p. 635)。1年后,在罗斯福的法院人员布置计划(*court-packing)的威胁下,联邦最高法院的法官有的(主要是罗伯特)改变了态度,有的退休了,斯通的宪法性观点很快成为主流。

20世纪中叶的学者,称赞斯通在其他领域,尤其是在行政管理权和公民自由领域的法理学贡献。对以后亲眼见证了威严的总统权力和公民权利的扩张的人来说,有两点可能还需要限制。

首先,斯通时常发出的对联邦最高法院扩张总统权力的不满并没有取得什么效果。在"合众国诉柯蒂斯-赖特出口公司案"(United States v. *Curtiss-Wright Export Corp)(1936)中,萨瑟兰允许总统享有毫无限制的外交权,斯通在以后还对自己在该案中没有说几句感到遗憾。1942年,在他反对"合众国诉平克案"(U. S. v. Pink)的判决时,他只是赢得了唯一的另一位前罗斯福时期法官(罗伯特)的支持。在该案中判定允许总统凌驾于州法律之上,并享有绕过参议院缔结条约的权力,从而赋予其与其他国家缔结政府协议的权力(参见 Treaties and Treaty Power)。

其次,在第二次世界大战期间(*World War II),如果行政权与公民自由发生冲突,斯通有时候会支持公民自由,但并不总是如此。今天看来,人们对他在下面几个案件中的态度似乎不是很满意。他支持惩罚不遵守宵禁法的美籍日本人["海拉巴亚斯诉合众国案"(*Hirabayashi v. United States) (1943)],以及不事先对他们个人的忠诚进行调查就将他们(违反宵禁法的美籍日本人)关进集中营 ["科里马修诉合众国案"(*Korematsu v. United States) (1944)]。有意思的是,他们将此归因于斯通的某一理论:"自从上个世纪末以来,社会、经济和政治条件……使他们加强了团结,在很大程度上防止了他们被同化为白人人口中不可分割的一部分"["海拉巴亚斯案"(Hirabayashi, p. 96]。

尽管如此,在 1946 年斯通去世后的大部分期间,联邦最高法院都是坚定地按照联邦最高法院在一个被引用最多的段落中所暗示的趋势发展,这种被引用最多的段落就是斯通在"合众国诉卡洛伦产品案"(U.S. v. Carolene Products) (1938)中所作的第四评注(*footnote)。斯通是自 1801 年以来的首席大法官在任时间最短的人。

在酝酿公民权利的早期阶段,斯通是最重要的领导者。斯通尽力使联邦最高法院在 9 年之间从支持所谓的白人预选符合宪法["格罗威诉汤森案"(*Grovey v. Townsend) (1935)],到宣称每个人在预选中行使投票权是联邦规定的一项相当公平的可强制执行的权利["合众国诉克拉西克案"(United States v. *Classic) (1941)]——判定白人预选(white primary)不符合宪法["史密斯诉奥尔赖特案"(*Smith v. Allwright) (1944)]。整个期间中,斯通比其他任何法官的功劳都大。在有关强迫耶和华见证人在学校的儿童向国旗敬礼是否符合宪法这一问题上,斯通所主张的将联邦宪法第一修正案(the *First Amendment)规定的自由运用到宗教(*religion)自由上的观点最终取得成功。在 1940 年"迈纳斯维尔校区诉哥比提斯案"(*Minersville School District v. Gobitis)中以 8 比 1 的表决结果败给了法兰克福特法官。在 1943 年"西弗吉尼亚州教育理事会诉巴尼特案"(*West Virginia State Board of Education v. Barnette)中以 6 比 3 的表决结果取得胜利,并指定另一位法官罗伯特·杰克逊(在他的观点中由只有少数人支持到获得多数人支持后,他经常是指定其他人)代表法院起草判决意见。

斯通深受 19 世纪美国理念的熏陶,但却能够努力使联邦最高法院和宪法适应 20 世纪的问题,很少有人能做到这一点。他取得这些成就的最重要原因是他具有提前进行谨慎预测的能力,这主要体现在他使"新政"尝试性的法律应付 1929 年 10 月发生股票崩市后的灾难性后果的判决中。在实践操作中也是如此,他在 1929 年春时断定市场处于高度危险的状态,将大量的股票转化为现金,而"四骑士"则被重重地摔倒在地。正如他在判决上取得的胜利一样,斯通从经济上也顺利地通过了经济大萧条时期和"新政"时期。

参考文献 Alpheus Thomas Mason, *Harlan Fiske Stone: Pillar of the Law* (1956); Charles Herman Pritchett, *The Roosevelt Court: A Study in Judicial Politics and Values*, 1937-1947 (1948); Merlo J. Pusey, *Charles Evans Hughes*, 2 vols. (1963); Herbert Wechsler, "Mr. Justice Stone and the Constitution," *Columbia Law Review* 46 (1946): 764.

[A. E. Keir Nash 撰;邓宏光译;林全玲校]

斯通诉密西西比州案[Stone v. Mississippi, 101 U. S. 814 (1880)]

1880 年 3 月 4 日至 3 月 5 日辩论,1880 年 5 月 10 日以 8 比 0 的表决结果作出判决,怀特代表法院起草判决意见,亨特没有参加该案辩论。首席大法官约翰·马歇尔(John *Marshall)和早期的联邦最高法院都认为公共契约和私人契约都属于宪法中契约条款的调整范围。正因为联邦最高法院将所有的合同,不管是公共契约还是私人契约,都适用契约条款才造成了在斯通案中的尴尬局面。1867 年美国国内战争之后的密西西比州政府临时性地许可了一个公司为期 25 年的发行彩票的权利,约翰·B. 斯通与该公司合伙。以后,该州通过了一项新宪法,规定禁止以前或以后的所有的彩票销售行为。斯通不顾新宪法的规定,仍然继续发行彩票。州司法部长从法院获得了一项阻止彩票发行的命令,该命令获得了密西西比州最高法院的支持。

美国联邦最高法院维持了州最高法院的判决,并认为现在才主张公共合同不属于合同损害中的合同范围确实有些"太晚"了(p. 816)。联邦最高法院认为,州的法律不能够通过订立合同将不具有可转让性的治安权(*police power)作交易。该案中联邦最高法院承认治安权的范围难以确定,但可以肯定的是,治安权包括为了防止公共道德的极大伤害而禁止发行彩票。联邦最高法院进一步判定那些依据州的许可而发行彩票的人拥有一种纯粹的许可权或特权,而不是一种合同。因此,斯通案只是缩小了而不是完全禁止公共合同适用宪法中的契约条款。

[Douglas Kmiec 撰;邓宏光译;林全玲校]

斯通诉鲍威尔案[Stone v. Powell, 428 U. S. 465 (1976)]

1976 年 2 月 24 日辩论,1976 年 7 月 6 日作出判决,鲍威尔代表法院提出判决意见,伯格持并存意见,布伦南、马歇尔与怀特表示反对。根据国会的一项立法(《美国法典》第 28 编,第 2254 节),州的犯人可以向联邦法院申请人身保护状(*Habeas corpus),并对州对其罪行之认定的合宪性提出质疑。一般来说,当事人不愿就已提交一个法院审理或已经作出裁决的纠纷再次进行诉讼。在"布朗诉艾伦案"(Brown v. Allen)(1953)中,联邦最高法院提出,根据第2254节,州的犯人有权就涉及联邦宪法问题的纠纷获得联邦法院的审理。

在"斯通诉鲍威尔案"(Stone v. Powell)(1976)中,大法官路易斯·鲍威尔(Lewis *Powell)代表大多数法官作出判决,对该法的解释重新进行了思考,主张根据联邦宪法第四修正案(*Fourteenth Amendment),一旦在州法院提出了诉讼请求,州法院也作出了裁决,只要州法院已经提供给当事人以充分、公平的审理机会,该案件就不能在联邦法院人身保护程序中再次审理。运用成本收益分析,鲍威尔主张借以阻止警察的不当行为这一额外的边际效应,并不能为排除州法院已经认定的证据及释放犯罪的被告提供充分的基础。这只会削弱人们对刑事司法制度的尊重。对判决终局性和联邦主义(*federalism)的关注也为他的这一结论提供了支持。

持反对意见者并不同意。他们主张,人身保护状保护所有人的权利,包括犯人。终身任职的联邦法院法官比州法院的法官更能较好地保护宪法权利。最后,分权原则(*separation-of-powers)的考量因素也反对法院对早已生效的制定法的文本重新进行解释。

事实证明,那些预计人身保护状进入了"斯通判例时代"(即联邦法院倾向于不作出人身保护状)的评论者是错误的。对于根据第四修正案提出的申请人身保护状的请求,联邦最高法院后来明确拒绝增加其他不予签发人身保护状的例外情况。

[Thomas E. Baker 撰;林全玲译;许明月校]

令停与搜身规则[Stop and Frisk Rule]①

"令停与搜身规则"是指警察在没有搜查令的情况下要求一个人停下来并搜查其是否携带有武器的权力。这种搜查可能不需要联邦宪法第四修正案(*Fourth Amendment)规定的"相当理由"(*probable cause)。

《1942年统一逮捕法》(Uniform Arrest Act of 1942)允许警察在有"合理的理由"怀疑某个人携带了武器时,命令其停下来接受盘问并进行搜查。只有3个州采纳了统一逮捕法,但在1964年纽约州采纳了有名的"令停与搜身法"。对几例警察行为研究表明,在警察怀疑正在交谈的人携带了武器,他们可以对他搜身。("搜身"是指用手在嫌疑人衣服外很快地摸索是否有武器,除非警察摸索到可能是武器的东西,他不得搜查该嫌疑人衣服里的东西。)

联邦最高法院在"特里诉俄亥俄州案"(*Terry v. Ohio)(1968)中支持了"令停与搜身规则"。首席大法官厄尔·沃伦(Earl *Warren)将其作为警察局在条件许可的情况下为了人身和公共安全而采取的合理措施。在沃伦·伯格(Warren *Burger)任首席大法官期间的一系列判例中,联邦最高法院扩张了特里案中的原则,允许警察在对他们所盘问的嫌疑人有"合理的"怀疑时,即使没有搜查令也能够搜寻是否携带武器、毒品,或者调查是否为外国的违法人员。

[Melvin I. Urofsky 撰;邓宏光译;林全玲校]

斯托里,约瑟夫[Story, Joseph]②

(1779年9月18日生于马萨诸塞州马波海德镇,1845年9月10日卒于马萨诸塞州剑桥,葬于剑桥的奥本山峰公墓)1811年至1845年任大法官。没有任何一位法官比约瑟夫·斯托里法官更能全面地表达国家和地方法律之间的依存关系。在新英格兰巡回审判时期,他带来了国家法,而对华盛顿的所有法官来说,他具有新英格兰商法的专门知识。与费利克斯·法兰克福特(Felix *Frankurter)大法官一样,约瑟夫·斯托里法官也经常用他的法律知识影响联邦最高法院,有时也利用其法律知识为其同事排忧解难。首席大法官约翰·马歇尔(John *Marshall)非常欣赏这位年轻的学者,他们俩的工作关系是联邦最高法院历史上取得最大成就的关系之一。他在履行完了他在联邦最高法院中远远超出应有工作义务的同时,还担任哈佛大学法学院的客座教授。在这里,他最早促进了以大学为基础的国家法律教育的发展。在他的教学过程中,他撰写了很多卷有关公法和私法的法律评论。通过法官、学者和政治评论家这种多角色的作用,斯托里成为他所在时期最权威的法学家。

新英格兰的传统为斯托里法官确定了法哲学的基本主题:共和主义、国家主义和洛克式的自由主义(Lockean liberalism)。他出生于马萨诸塞州马波海德镇一个渔村中。他的家人都很信宗教,虽然斯托里以后从信奉多种教派(Congregationalism)转向唯一神教派主义(Unitarianism),但他仍然深信上帝,坚信基督教道德标准的社会价值。他从他母亲身上继承了充沛的精力和唠唠叨叨的天性,从他父亲(乔治·华盛顿军队中的一名军医)身上继承了对国家的永久热爱和为公共服务是一种高尚的美德这种信念。1798年,他以第二优等的成绩从哈佛大学毕业,在这里他的这些信念得到了进一步加强,并成为他在以后法律实践过程中取得个人成功和社会名声的决定性因素。

斯托里从哈佛大学毕业之后,在1801年加盟了艾塞克斯县(Essex)的律师事务所,并迁入塞伦(Salem)。在他第一位妻子去世之后,他与萨拉·韦特莫尔(Sarah Wetmore)结婚并度过了一段很长的幸

---

① 另请参见 Seach Warrant Rules, Exceptions to。
② 另请参见 Judicial Power and Jurisdiction; Slavery。

斯托里,约瑟夫[Story,Joseph] 919

Joseph Story

福的婚姻生活。他们生了7个孩子,有两个在即将成年的时候不幸去世。斯托里在杰斐逊的共和党中的地位上升很快。1805年至1811年任马萨诸塞州议员,并在1808年至1809年期间担任南艾塞克斯县在国会的议员。他在这些工作中都表现得很突出。斯托里对托马斯·杰斐逊(Thomas *Jefferson)总统的封港令的否决票,使杰斐逊总统长期以来都对斯托里极为不满。随着党内越来越多的人怀疑他是一位背叛者,斯托里又转向了律师行业。他出庭辩论最多的地方是艾塞克斯县的州法院、波士顿的联邦法院,在联邦最高法院只出过一次庭,那是在"弗莱彻诉佩克案"(*Fletcher v. Peck)(1810)中作为土地投资者的代理人。1810年,威廉·库欣(William *Cushing)法官去世后,斯托里在共和党中的职务和作为一位新英格兰的法律新秀使得他理所当然地填补了库欣法官的空缺。尽管如此,只是在詹姆斯·麦迪逊(James *Madison)总统提名的前3个人被否决之后,他才提名斯托里,其后又克服了杰斐逊的反对(杰斐逊认为斯托里是一位"伪共和党人",事实结果表明这种认识是错误的)。

根据斯托里对共和政府的理念的理解,法官的作用就是利用客观的法律科学,保护宪法不受到各种政党通过控制各州立法对其的侵蚀。他的意见都会谨慎地引用大量学者的观点以澄清宪法中不清楚的问题,并使公法不受到政党的操纵。他最喜欢用普通法(*common law)原则来解释宪法性问题,但有时也以自然法(*natural law)、民法(*civil law)、比较法、历史分析的方法甚至有时以新英格兰的商事习惯为基础来论证他对宪法性问题的意见。

与他的裁判理论相一致,斯托里法官是联邦最高法院争取联邦管辖权方面最激进的斗士。事实上,他在作为一名新法官时作出的最早行为之一就是向他的同事施加压力,使他们重新考虑是否应当放弃对联邦刑事普通法的管辖权(参见 Federal Common Law)。他的这种理由早在巡回法院时期审理"合众国诉柯立芝案"(United States v. Coolidge)(1813)中就已经提出,这种观点在1816年被联邦最高法院否定之后,他极力主张国会制定刑事法典。在丹尼尔·韦伯斯特的帮助下,国会确实起草了一部法典并于1825年实施。这是两个人合作的开端,在这种合作过程中,斯托里起草法律、撰写文章支持韦伯斯特,给他一些政治上的建议甚至有时[例如在"达特默斯学院诉伍德沃德案"(*Dartmouth College v. Woodward)中]还提供一些立法策略的暗示。

斯托里在海商法和商法领域最成功地扩张了联邦管辖权。例如,在巡回法院时期的"德劳韦奥诉伯伊特案"(De Lovio v. Boit)(1816)中,为了达到对宪法第3条规定的海事裁判权进行扩大解释的目的,他以海上保险的技术问题作为出发点,大胆地对几个世纪的英国法律史重新进行了阐释。"斯威夫特诉泰森案"(*Swift v. Tyson)(1842)又是另一个扩张联邦管辖权和呼吁制定统一的商事法的判例。在该案中联邦最高法院提出一致意见,斯托里法官认为,联邦最高法院在审理第3条第34款中规定的跨州管辖案件中,不受州法院在判决意见中形成的商法原则的限制,可以参考适用商事法的一般原则。该案判决为联邦管辖权的扩张革命扫清了道路,这种扩张不断发展,直到"伊利铁路公司诉汤普金斯案"(*Erie Railroad Co. v. Tompkins)(1938)中推翻这一判决为止。

斯托里在"马丁诉亨特租户案"(*Martin v. Hunter's Lessee)(1816)中就管辖权所发表的意见,是他发表的最重要也是最富有争议的意见。该案的问题是《1789年司法法》(*Judiciary Act of 1789)中第25条的规定是否符合宪法。该条允许联邦最高法院对州法院所作出的有关宪法和联邦法律解释的判决进行审查。斯托里判定该条不仅仅符合宪法规定,而且是依据宪法的授权进行的规定。虽然他这种大胆的观点引发了弗吉尼亚州的反联邦最高法院的运动,但是它还是为对联邦最高法院上诉管辖权的质疑提供了明确的答案。

在"合众国诉西尔斯案"(United States v. Sears)(1812)以及他在"布朗诉合众国案"(*Brown v. United States)(1814)的不同意见中,斯托里主张扩张行政权。在主张扩张国会权力方面,他也比其大多数同事积极。例如,在巡回法院时期判决的

"合众国诉班布里奇案"(United States v. Bainbridge)(1816)中,他运用默示权力这一推理来支持国会对海军征募方面享有权力,这预见了马歇尔在"麦卡洛克诉马里兰州案"(*McCulloch v. Maryland)(1819)中的观点,斯托里法官完全支持马歇尔这一观点。在"吉本斯诉奥格登案"(*Gibbons v. Ogden)(1824)中,斯托里法官也支持马歇尔首席大法官的意见。他在"纽约州诉米尔恩案"(*New York v. Miln)(1837)]中的反对意见,以及"普里格诉宾夕法尼亚州案"(*Prigg v. Pennsylvania)(1842)中,他代表多数派法官所发表的意见都表明他主张国会的商业权力是排他性的权力。也就是说,宪法只将该权力授予国会,这种授权排除了州对该领域享有权力的可能性。但这种意见一直都没有获得联邦最高法院多数派的支持。

斯托里的法律国家主义既体现在经济方面也体现在政治方面。他在1820年至1821年马萨诸塞州宪法会议上的发言,就清楚地表明私有财产是构建其共和政府理论的基础。在他这种联邦主义辉格党党员看来,充分发挥私有财产的创造性作用也同样会增强联邦对各州的联合。作为新英格兰的拥护者,他积极地主张为企业保留不受州干预的领域。因此,在"特里特诉泰勒案"(Terrett v. Taylor)(1815)和"伯雷特镇诉克拉克案"(Town of Pawlet v. Clark)(1815)中,他根据自然法原理以及宪法契约条款(*Contract Clause),判定没收土地的州行为无效。他热衷于限制州政府对正在兴起的商事公司进行控制。马歇尔在这一方面起了领导作用。他在"达特默斯学院案"(Dartmouth College Case)(1819)中将私有公司的章程纳入宪法契约条款的保护范围内(参见 Private Corporation),从而达到对州政府控制公司行为的限制。但是斯托里法官在其并存意见中指出,是公司的资本而不是它们的功能确定其私有公司的性质。他的这种理由确保了商事公司能够和教育公司一样受到宪法的保护。斯托里是确立公司受托责任的先行者。在解释海事合同时,他使他所在的巡回法院支持一般水手的利益。

斯托里在经济方面的法律理论体现在新英格兰巡回法院时期的工作上(在此他与商业团体之间的联系很紧密)、教学中以及学术上。在这三个领域中他都主张创设一种能够合理而统一地管理商业行为的、"科学的"法律体系,并以此来反对地方主义的趋势。他反对将编纂大量的法律作为达到构建这种法律体系的方法。因为他不相信州的立法,而是主张撰写能够澄清原则和解决实践问题的商事法方面的论文。这些标准被哈佛大学法学院的学生们所接受,斯托里期望这些学生能够利用它们来纠正各个地方的法律。

一方面,斯托里想改进法律以使它们为企业提供更好的服务;另一方面,作为保守的一面,他又想保护绝对的财产权。这种财产权受到被他称为"古老的法律"的共和原则的保障。在这两者之间进行平衡有时相当困难,这种困难在"泰勒诉威尔金森案"(Tyler v. Wilkinson)(1827)这一河岸权案件中就体现得很明显。该案涉及上游工厂建的大坝是否非法地侵害了下游工厂主张的对自然水流的权利?如果根据已有的普通法原则支持后者,将会阻碍经济的发展;如果支持前者,又会损害财产权(*property rights)。斯托里法官在该案中创设了"合理使用"说,究竟什么属于合理使用则留待法官去判断。他的这种观点体现了普通法的创造性,也表明了他的理论处于一种过渡阶段。

在杰斐逊掌握民主党实权和州权利在联邦最高法院内外都具有很大势力的时期,由斯托里等司法政治家提出的、构建一个全国统一的法律体系的计划处于非常困难的境地。为了消除这两种影响,斯托里法官撰写了《宪法评论》(三卷,1833)(Commentaries on the Constitution)。他在联邦最高法院的策略是维持国家主义这种路线,并且维持其理论的纯洁性。斯托里在托尼时期联邦最高法院的第一年度就做了这些工作。这主要体现在他的三个情绪激昂的反对意见中。在"纽约州诉米尔恩案"(New York v. Miln)中,他以专属权理论为基础,反对将治安权(*police power)理论用于支持纽约州对移民的管制。在"布里斯科诉肯塔基共同体银行案"(*Briscoe v. Bank of The Commonwealth of Kentucky)(1837)中,他在总结了马歇尔法官的精神之后,对联邦最高法院认定由州所有的银行发行的、相当于宪法第1条第10款所禁止的纸币的法定支付工具符合宪法规定这种观点,提出了强烈的反对。在"查尔斯河桥梁公司诉沃伦桥梁公司案"(*Charles River Bridge v. Warren Bridge)(1837)中,他运用了他所有的知识来保护公司的财产不受到州的没收。在该案中,政府在1785年对查尔斯河桥梁公司予以许可,其中使用的词句很含混,这种含混不清的词句默示赋予查尔斯河桥梁公司享有征收通行费的垄断权,而对新建设的桥梁免费通行,就破坏了原告的垄断权。争议在于这是否如"达特茅斯学院诉伍德沃德案"(Dartmouth College)中所解释的一样,造成了对宪法契约条款的违反。首席大法官罗杰·布鲁克·托尼(Roger Brooke *Taney)认为没有违反,因为这种隐含的垄断权将会不正当地限制州对公共利益进行立法的权力,同时还会阻碍交通状况的改进。对斯托里来说,经济的发展只有在州严格地履行特许权中的承诺时才有可能,他的反对意见是对"古老的法理"、合同道德以及它们所具有的共和价值进行的卓越的辩护。

斯托里在联邦最高法院中仍然还具有相当大的影响力,但是随着联邦最高法院的分化和对州权利的逐步承认,斯托里的影响力越来越小(参见 State

Sovereignty and States' Rights)。斯托里的理论在那些涉及奴隶的宪法地位的案例中,所受到的损害尤为突出。他从道德和政策的角度反对该制度,他也深信宪法实际上支持这一制度。他的解决方法是,主要法律为其提供了机会他就尽量地给予奴隶自由,实在没有选择余地时则遵守宪法的规定。因此,在巡回法院审理"合众国诉杰恩·尤金尼亚案"(United States v. La Jeune Eugenie)(1822)时,他运用自然公正这种宽泛的原则,判定州际的奴隶贸易非法,这种解释被马歇尔在"羚羊号案"(The *Antelope)(1825)中否认。在"合众国诉埃米斯塔德案"(United States v. Amistad)(1841)中,他通过对与西班牙缔结的条约进行狭隘解释,解放了一名被卖为奴隶的黑人。他试图使道德与客观的法律相一致,这种努力在"普里格诉宾夕法尼亚州案"(*Prigg v. Pennsylvania)(1841)中失败了。但斯托里的司法职责迫使他判定州的人身自由法违反了联邦法律,并且依据宪法规定各州应交还逃亡的奴隶(参见 Fugitive Slavery)。他试图通过规定州不必参与引渡程序以挽救奴隶的一些自由,但事实上他的这一意见却使奴隶制获得了全国通用的宪法的支持,而这一支持是以前不存在的。

持废奴主义观点的宪法方面的理论家对他的判决和他本人的攻击,坚定了斯托里从联邦最高法院辞职的决心,转而致力于教学和学术。他于1845年逝世。在逝世之前,他认为他的努力大部分都是无用的。

参考文献 Gerald T. Dunne, *Justice Joseph Story and the Rise of the Supreme Court* (1970); James McCellan, *Joseph and the American Constitution: A Study in Political and Legal Thought* (1971); R. Kent Newmyer, *Supreme Court Justice Joseph Story: Statesman of the Old Republic* (1985). W. W. Story, ed., *The Miscellaneous Writings of Joseph Story* (1852).

[R. Kent Newmyer 撰;邓宏光译;林全玲校]

斯特劳德诉西弗吉尼亚州案[Strauder v. West Virginia, 100 U. S. 303 (1880)]①

1879年10月21日辩论,1880年以7比2的表决结果作出判决,斯特朗代表法院起草判决意见,克里福德法官和菲尔德法官反对。斯特劳德案是1880年判决的、涉及排除美国黑人参与陪审团服务的四大判例之一。这些案件为南方各州排除黑人参与陪审团服务提供了规避联邦宪法第十四修正案(the *Fourteenth Amendment)所规定的平等保护条款的指导。斯特劳德案是这4个案件中最容易解决的,因为它涉及一个州的法律,它明确规定陪审团的成员只能是由"清一色的男性白人"组成。联邦最高法院很轻松地判定该规定违反了平等保护条款。在"弗吉尼亚州单方诉讼案"(Ex parte Virginia)和

"尼尔诉特拉华州案"(Neal v. Delaware)中,联邦最高法院认为即使不是根据明确的宪法或者制定法条款,只要在实践中故意地排除黑人参与陪审团,那么也违反了联邦宪法第十四修正案。这一理论预示着联邦最高法院在6年后的"伊克·吴诉霍普金斯案"(*Yick Wo v. Hopkins)中要对非表面性的歧视进行严格审查。尽管如此,联邦最高法院在"弗吉尼亚州诉里夫斯案"(Virginia v. Rives)(1880)中认为不管是多么的绝对、怎样的有组织或者怎样的明显,仅仅是美国黑人被排除出陪审团这种行为本身并没有违反联邦宪法第十四修正案。这样联邦最高法院就否认了这些案例对将黑人排除出陪审团的行为所具有的任何有利的作用。南方州的官员利用这种特许制定了一些并不会与斯特劳德案所禁止的表面歧视相冲突的排除黑人参加陪审团的制度。在现代时期,联邦最高法院认为参加陪审团的权利有助于发挥联邦宪法第六修正案(the *Sixth Amendment)所保障的民事自决的功能["泰勒诉路易斯安那州案"(*Taylor v. Louisiana)(1975)],但斯特劳德案规则仍然是一个良法。

[William M. Wiecek 撰;邓宏光译;林全玲校]

斯特劳布里奇诉柯蒂斯案[Strawbridge v. Curtiss, 3 Cranch (7 U. S.) 267 (1806)]②

1806年2月12日辩论,1806年2月13日以6比0的表决结果作出判决,马歇尔代表法院起草判决意见。宪法第3条(*Article Ⅲ)规定联邦司法权延伸到"不同州之间公民的"争议。斯特劳布里奇案是第一例涉及跨州管辖权(*diversity jurisdiction)这种棘手问题的案件,并创设了现在的"彻底的跨州性"规则。首席大法官约翰·马歇尔(John *Marshall)在该案中援用的是《1789年司法法》(*Judiciary Act of 1789)第11条(该条是最早规定跨州管辖权的条款),而不是宪法本身。他认为多方当事人主张不同的利益,因此必须在联邦法院参加诉讼的充分的管辖基础。该规则在实践中运用时要求任何一方当事人的所有成员所主张的利益必须与其他方当事人的所有成员的利益主张不同。这种要求到现在为止还仍然有效,但它仅仅是作为制定法的解释,而不是宪法本身的强制要求。

[William M. Wiecek 撰;邓宏光译;林全玲校]

商流[Stream of Commerce]③

"商流"是联邦最高法院于"斯威夫特及其公

---

① 另请参见 Equal Protection;Trial by Jury。
② 另请参见 Judicial Power and Jurisdiction。
③ 另请参见 Commerce Power。

司诉合众国案"(*Swift & Co. v. United States)(1905)中首先提出的原则,它也通常被称为"商业之流"或者"流原则",在一段时期,它有利于及时消除曾经存在的跨州制造业和商业的区别。在对一项针对某地区肉类加工业联合起来控制牲畜价格的禁令表示支持意见时,联邦最高法院一方面允许在当地进行牲畜买卖;另一方面又强调活的牲畜运进该地区以及加工之后的肉类产品输出该地区这一事实。因此,地方垄断行为限制了州际商业之"流"。在"斯塔福德诉华莱士案"(Stafford v. Wallace)(1922)中,联邦最高法院加强了这一原则,并将此原则作为支持后来的"新政"(*New Deal)时期商业立法的基础。

在"卡曾巴赫诉麦克朗案"[(*Katzenbach v. McClung)(1964)]中,联邦最高法院虽然承认,地方行为与州际商业之间联系很少,但仍然符合宪法规定的标准。《1964年民权法》(*Civil Rights Act of 1964)规定,禁止在公共服务场所进行种族歧视,联邦最高法院支持这一观点,并认为,为当地顾客服务的饭店也包括在内,因为涉及别的州带来的食品。因此,除了在新政早期曾反对过一些国会立法外,从20世纪开始,联邦最高法院已经对依据商业条款制定的国会立法采取比较宽容的态度,甚至在这些法律只适用于当地的交易时也是如此,实际上,所有州际商业之"流"已经流进了全国范围内的经济活动大潮之中。

[Robert J. Steamer 撰;邓宏光、胡海容译;林全玲校]

严格审查[Strict Scrutiny]①

严格审查是指联邦法院根据平等保护条款(*Equal Protection Clause)评估政府按照种族或者按照那些侵害基础宪法性权利(*fundamental constitutional rights)的因素进行的分类是否符合宪法规定时所采用的一项标准。在20世纪70年代中期,严格审查标准也适用于以外籍身份(*alienage)为基础的分类["格雷厄姆诉理查森案"(*Graham v. Richardson)(1971)]。

在以前的审查中,受到挑战的政府行为必须要与"有说服力的"政府利益之间具有"密切的"关系。在这些审查标准中,严格审查是法院提出的三大标准中最严格的标准。普通标准(最低标准)适用于那些政府对人民和人民的行为(例如,像健康这种经济和社会因素)进行的最基本的分类。这种标准仅仅要求政府证明该分类计划与"合法的"政府利益之间具有"合理的"关系。中间水平被称为"强化的审查",该标准被运用于以性别(*gender)和是否婚生为基础进行的分类。在这种审查标准中,政府的行为必须与"非常重要的"政府利益之间具有"实质性的"关系(参见 Intermediate Scrunity)。

严格审查与普通审查不同。在普通审查时,法院假设法律或者被质疑的政府行为是符合宪法规定的,原告承担证明被质疑的法律或政府行为违反了宪法的举证责任。而严格审查则假设政府行为不符合宪法,政府承担证明其存在具有说服力的利益。联邦最高法院在审查被质疑法律或政府行为的有效性时,必须关注它们的目的或宗旨而不是仅仅考虑它们的作用或效果。联邦最高法院在"华盛顿州诉戴维斯案"(*Washington v. Davis)(1976)中认为,根据联邦宪法第十四修正案(the *Fourteenth Amendment)的规定,被质疑的法律或政府行为要构成违反宪法,在主观上必须是出于故意。

与"有说服力的"政府利益之间具有"密切的"关系,以及与"合法的"政府利益之间具有"实质上的"关系,两者之间并没有很明确的界限。尽管如此,联邦最高法院认为密切关系与该规定的措施"相对不严格"或"相对不具有侵害性"有关,如果被质疑的法律或政府行为与公共安全和公共卫生有关,相对于那些仅仅与管理的方便或财政因素有关的法律规定来说,它们具有可信的政府利益的可能性更大一些,但受到质疑的法律能够通过严格审查标准的很少。

[Harold J. Spaeth 撰;邓宏光译;林全玲校]

斯特姆伯格诉加利福尼亚州案[Stromberg v. California, 283 U. S. 359 (1931)]②

1931年4月15日辩论,1931年5月18日以7比2的表决结果作出判决,胡果代表法院起草判决意见,巴特勒和麦克雷诺兹法官对该案判决持有异议。斯特姆伯格在工人阶级出身的儿童的夏令营活动中,对那些儿童进行工作培训,这一活动引发了质疑1919年制定的、禁止公开使用或者展示红旗的一部州法律的案件。该法规定,红色丝织品的展示表明了反对政府,并且会导致混乱和煽动叛乱。

在1929年夏,由一个其中有许多成员是共产主义者的联合会主办的先锋夏令营,成为促进美国联合会(Better American Federation,简称为BAF)的反对目标,该团体力图清除所有在加利福尼亚州的不同意见。促进美国联合会(BAF)成功地劝说圣贝纳迪县(San Bernardino)的行政长官搜查该夏令营,发现了红旗并逮捕了斯特姆伯格和其他教员。

在斯特姆伯格被判处有罪之后,她向联邦最高法院提起上诉。她的辩护人认为加利福尼亚州的法律禁止使用的是一个合法政党的标志,该政党在以前选举中已经被5万选民承认。斯特姆伯格的律师

---

① 另请参见 Bill of Rights; Prefered Freedoms Doctrine。
② 另请参见 First Amendment; Speech and the Press。

的大部分主张建立在奥利弗·霍姆斯(Oliver Wendell *Holmes)大法官的明显、即发的危险标准(*clear and present danger)之上,认为在审查该法律时必须考虑行为的具体环境。

联邦最高法院的7位法官主张撤销判定斯特姆伯格有罪的判决。首席大法官查尔斯·埃文斯·休斯(Charles Evans *Huges)代表法院多数派遵循霍姆斯的理论进行推理,认为禁止红旗的规定太模糊,这种规定可能会被用于干涉那些政策上反对执政者的政治组织和党派的符合宪法规定的行为。因此,联邦最高法院的大多数法官认定《加利福尼亚州红旗禁止法》违反了联邦宪法第十四修正案(the *Fourteenth Amendment)所保护的自由,因而是不合宪的。该法在1933年被废除。

胡果在斯特姆伯格案中的意见被认为是联邦宪法第一修正案这一宪法性法律发展中的重要内容。因为该案是联邦最高法院大多数法官首次将联邦宪法第十四修正案延伸到实质上是由联邦宪法第一修正案所保护的内容——在本案中是象征性言论(*symbolic speech)——上,保护它们不受到州的侵害。

[Carol E. Jenson 撰;邓宏光译;林全玲校]

斯特朗,威廉[Strong, William]

[1808年5月6日生于康涅狄格州夏莫斯(Somers),1895年8月19日卒于纽约州米尼瓦斯卡(Minnewaska),葬于宾夕法尼亚州雷丁地区的查尔斯埃文斯公墓]1870年至1880年任大法官。威廉·斯特朗是威廉·斯特朗牧师(Rev. William Strong,夏莫斯地区的国会官员)("Standing Order")和梅瑞特·戴明·斯特朗(Merriet Deming Strong)的长子。斯特朗年轻时就学于当地学校并毕业于耶鲁大学,毕业后曾当过一段时间的教师,以后又回到耶鲁大学学习法律。虽然获得了康涅狄格州的律师资格,但最终还是移居宾夕法尼亚州的雷丁地区,他在此从事德语的学习和实践,取得了很大的成功。

1846年,斯特朗以民主党激进派身份当选为第13届国会议员,连任两届。1857年被选为联邦最高法院法官,在此工作到1868年。斯特朗在19世纪60年代成为一名共和党人,1864年亚伯拉罕·林肯(Abraham *Lincoln)差点将他任命为首席大法官。

1870年2月,虽然联邦最高法院在"赫伯恩诉格里斯沃尔德案"(*Hepburn v. Griswold)(参见 Legal Tender Cases)中裁定推翻《法定货币法》,尤利西斯·S.格兰特(Ulysses S. Grant)总统提名斯特朗和约瑟夫·P.布拉德利(Joseph P. *Bradley)填补联邦最高法院的空缺,此前,斯特朗曾在"肖伦伯格诉布林顿案"(Shollenberger v. Brinton)(1866)中作出了支持《法定货币法》的判决。1871年,联邦最高法院推翻了赫伯恩案的判决,斯特朗代表法院起草判决意见。

William Strong

在重建系列案(*Reconstruction csaes)中,斯特朗代表意见一致的联邦最高法院撰写了削弱有关没收方面法律的效力判决意见["比奇洛诉弗里斯特案"(Bigelow v. Forrest)(1870)],在"布莱鲁诉合众国案"(Blyew v. United States)(1872)中,斯特朗代表联邦最高法院全体法官阻止了政府对一位"杀人犯"的指控,因为这位"杀人犯"的被害人是一位没有生命权的死人。斯特朗在"斯特劳德诉西弗吉尼亚州案"(*Strauder v. West Virginia)(1880)和"弗吉尼亚州单方诉讼案"(Ex parte Virginia)(1880)中支持了黑人成为陪审团成员的权利,但在"弗吉尼亚州诉里夫斯案"(Virginia v. Rives)(1880)中,他拒绝了黑人成为陪审团成员的要求。

斯特朗的专长是专利法(*patent)和商法,在这些领域中他经常与斯蒂夫·J.菲尔德(Stephen J. *Field)大法官持相同的意见,这在"芒恩诉伊利诺伊州案"(*Munn v. Illinois)(1877)中表现得尤为明显。他在州货物税案(State Freight Tax Case)(1873)中撰写了判决意见,禁止宾夕法尼亚州对州际商业贸易征税(参见 Commerce Power)。

1877年,在另外两个争议中,斯特朗作为选举委员会的成员,很不情愿地投票支持了在选举中很有争议的卢瑟福·B.海斯(Rutherford B. Hayes)总统(参见 Extrajudicial Activity)。1880年,72岁的斯特朗突然提出退休。

从1846年开始,斯特朗就成为一位热情而按时到教堂做礼拜的人,他积极参加长老会的事务,在美国宗教小册子出版会、美国主日学校联盟、美国《圣经》出版协会和美国国外布道团委员会任职。他相信世俗化将会威胁美国的传统,率领全国改革委员会倡导修改宪法,确立"救世主上帝耶稣为各州统治者,他的意志为最高权威……"在神学院联盟中,斯特朗声称想建立一座全国性的教堂,但是主张在婚姻方面必须遵守基督教原则,坚持安息日仪式,禁止亵渎神明的言辞等。在"雷诺兹诉合众国案"(*Reynolds v. United States)(1879)中,斯特朗坚持他自己的原则反对摩门教信徒,但正是戴维·布鲁尔(David J. *Brewer)法官使斯特朗主张的"基督教国家"在"圣三一教堂诉合众国案"(Church of the Holy Trinity v. United States)(1891)中得以深刻体现。

斯特朗是工业化时代美国的典型。作为一名法律人,他支持资本主义;作为一名道德家,他在没有看到确切原因时就叹息社会的结果。

参考文献 Stanley I. Kutler,"William Strong," in *The Justices of the United States Supreme Court*, 1789-1969, edited by Leon Friedman and Fred L. Israel, vol. 2 (1969), pp. 1153-1180; Jon C. Teaford, "Toward a Christian Nation: Religion, Law and Justice Strong," *Journal of Presbyterian History* 54 (Winter 1976):422-437.

[Michael B. Dougan 撰;邓宏光译;胡智强校]

斯图尔特诉莱尔德案[Stuart v. Laird, 1 Cranch (5 U. S.) 299(1803)]

1803年2月23日—24日辩论,1803年3月2日以5比0的表决结果作出判决,佩特森代表法院起草判决意见,马歇尔没有参加。"斯图尔特诉莱尔德案"(Stuart v. Laird)(1803)中出现了废除《1801年司法法》(*Judiciary Act of 1801)所带来的两个宪法性问题。首先,国会是否有权废除《1801年司法法》所创设的巡回法院(*circuit court),从而实际上可以不管宪法第3条(*Article Ⅲ)第1款的品行良好规定而剥夺法官的资格?其次,国会能否要求法官继续担任巡回法院法官的职位?威廉·佩特森(William *Paterson)法官在回答这两个问题时都是持肯定态度,但以狭隘的技术性手法来回避了是否符合宪法的质疑,没有正面解决该问题。佩特森对第一个问题的解决仅仅限于:将根据《1801年司法法》设立的巡回法院未审结的案件转移到1802年创设的法院中的做法是否有效,他认为这符合国会的要求。对于巡回办案(*circuit riding),他认为这本来就是联邦最高法院的职责,现在进行质疑已经不合时宜。尽管如此,联邦最高法院在"马伯里诉麦迪逊案"(*Marbury v. Madison)(1803)判决后6天,又支持了1802年的撤销行为,这样避免了与共和党占支配地位的国会和行政机关发生正面的冲突。

[William M. Wiecek 撰;邓宏光译;胡智强校]

斯特奇斯诉克劳宁谢尔德案[Sturges v. Crowninshield, 4 Wheat. (17 U. S.) 122(1819)]

1819年2月8日辩论,1819年2月17日以7比0的表决结果作出判决,马歇尔代表法院起草判决意见。该案对州的破产法是否符合宪法规定提供了最早的审查标准,涉及的法律是1811年纽约州规定免除债务人因为欠债而入狱,并且规定只要债务人为债权人利益已指派专人管理财产即可免除其债务。

首席大法官约翰·马歇尔(John *Marshal)认为:不能以联邦法律对破产享有排他性权力为由对州法律提出质疑,同时,他又警告道:如果州法律与联邦法律发生冲突,联邦法律将优先适用(参见 Obiter Dictum)。他判定该法律无效是因为它免除了在先的债务,这与宪法契约条款(*Contract Clause)相冲突(宪法第1条第10款)。尽管如此,马歇尔承认州能够修改补救措施(因此,该法中有关免除破产人入狱的部分是符合宪法规定的),只要没有修改根本义务本身。

免除债务的州法律是否符合宪法这个问题直到1827年才得到解决,联邦最高法院在"奥格登诉桑德斯案"(*Ogden v. Saunders)中判定州法律能够免除债务,只要债务人在制定该法之前未对合同缔结造成损害。

即便如此,有关破产与濒临破产的政策问题在整个19世纪都没有得到解决。有一些州,主要是北方的州,确实创设了债务人免责制度,但立法者在平衡债权人与债务人之间的利益时仍然是困难重重,他们既想减轻(尤其是在经济萧条时期)"没有财产的"债务拖欠者的困境,同时他们又不想打击那些借贷者的积极性,因为他们对贸易的兴旺和经济的发展起着不可或缺的作用。这种矛盾大部分都在1898年国家破产法制定之后得到了解决。

[Peter J. Coleman 撰;邓宏光译;胡智强校]

传票[Subpoena]

法院对一个人下达的、要求他或她作为证人到庭或者携带证件到庭的命令,在联邦法院的民事程序中使用传票的有关规定是民事程序联邦规则第45条。

[William M. Wiecek 撰;邓宏光译;胡智强校]

实体的正当程序[Substantive Due Process]

参见 Due Process, Substantive。

颠覆[Subversion]①

从18世纪末以来，联邦政府和州政府试图采取包括制定成文法、立法调查、刑事指控在内的法律手段，禁止那些被当权派认为将危及政府现实制度和政策的行为，联邦最高法院很少判定这种法律手段不符合宪法规定。

联邦最高法院与反颠覆法之间冲突中包括联邦最高法院判决的一系列涉及联邦宪法第一修正案的重要案件。如："谢克特禽畜公司诉合众国案"(*Schechter Poultry Corp. v. United States)(1919)和"艾布拉姆斯诉合众国案"(*Abrams v. United States)(1919)，这里奥利弗·温德尔·霍姆斯(Oliver Wendell *Holmes)大法官首先提出并修正了明显、即发的危险标准(*Clear and Present Danger Test)；在"吉特洛诉纽约州案"(*Gitlow v. New York)(1925)中，联邦最高法院虽然维持了州的犯罪集团法(state *Criminal Syndicalism Laws)，但该案也开始将《权利法案》作为对州的一种限制(参见 Incorporation Doctrine)；在"丹尼斯诉合众国案"(*Dennis v. U. S.)(1951)中，联邦最高法院以普通法(*Common Law)中的不良倾向理论(*bad-tendency)为基础，对明显、即发的危险标准进行了文字上的限制性解释；"宾夕法尼亚州诉纳尔逊案"(*Pennsylvania v. Nelson)(1956)是一个非常少的判例，在该案中联邦最高法院以联邦法律优先适用为基础，否定了州制定的反颠覆的法律(参见 State Sedition Laws)；在"共产党诉颠覆活动控制委员会案"(*Communist Party v. Subversive Activities Control Board)(1961)中，联邦最高法院判定《1950年国内安全联邦法》符合宪法规定(参见 Mccarran Act)，丹尼斯案和颠覆活动控制委员会案是联邦最高法院对反颠覆法律处理的典型案例：遵从法律对是否存在颠覆阴谋的判断、在审查镇压颠覆的方式是否合理时标准很低、在个人政治自由与州维持其政权的利益之间进行衡量(参见 First Amendment Balancing)。随着冷战的缓和，联邦最高法院对政治自由的保护也有一些进步，例如："在布兰登堡诉俄亥俄州案"(*Brandenburg v. Ohio)(1969)中，联邦最高法院强调了霍姆斯在艾布拉姆斯案中提出的明显、即发的危险标准对自由的要求。

[William M. Wiecek 撰；邓宏光译；胡智强校]

选举投票[Suffrage]

参见 Fifteenth Amendment; Ninteenth Amendment; Twenty-Sixth Amendment; Vote, Right to。

糖业托拉斯案[Sugar Trust Case]

参见 E. C. Knight Co. v. United States。

星期日歇业法[Sunday Closing Laws]②

州或者地方法律要求除那些最为必要的商业贸易外，其他所有商业贸易在星期天必须歇业。因为这种法律最早是以蓝色作为法律文本的封面，因此这些法律又被称为蓝色法律，它们产生于殖民时代，最初该法的宗教目的表现得很明显，19世纪的州法院一般也支持这种法律。

在"麦高恩诉马里兰州案"(McGowan v. Maryland)(1961)中，联邦最高法院考虑了一个更大的问题，即确立宗教(Establishment of religion)。权利请求者承认选择星期天歇业是为了组织基督教的安息日和鼓励人民到教堂去做礼拜。联邦最高法院认为该法具有宗教的目的，同时它还具有世俗性的作用：为了给整个社会提供同一天休息时间，因为该法具有有效的世俗目的，对宗教只有间接的作用，因此该法并不构成树立宗教。

"布朗菲尔德诉布朗案"(Braunfeld v. Brown)(1961)案提出了这样一个问题：那些为了他们宗教的原因而有星期六歇业传统的犹太人，是否也必须在星期天歇业？如果一周有两天歇业，在经济上将对他们造成很大的损害。联邦最高法院判定：星期天歇业法并不干涉他们宗教活动的自由。基督教徒能够自由地决定星期六是否歇业，他们的宗教也并没有要求在星期天必须开业。星期天歇业对宗教仪式只有间接的影响，这种规定有效。

尽管这些规定已经合法化，但随着城市化运动向纵深发展，商业城不断增加，以后的政策也不愿强制实施该法，这样导致许多社会团体抵制星期天歇业法。除了禁止买牛肉和酒外，现在已经很少地方实施该法了。

[Robert H. Birkby 撰；邓宏光译；胡智强校]

《联邦最高法院判例汇编》[Supreme Court Reporter]

《联邦最高法院判例汇编》是西方出版公司出版的联邦最高法院判决的非官方文本，始于1883年，该年出版了1882年10月份的判决。判决样张为活页(*Advance Sheets)每半个月发行一期，每一期都有独立编页，但是只有合订本对官方报告提供主要的页码标记，并采用与官方报告以及美国联邦最高法院判例汇编律师版相同的引文方式。判决的正文与官方出版物相同。判决摘要和判决书前面的批注都是由西方出版公司自己制作，同时判决书前的批注都是采用西方出版公司自己的关键数字系统进行分类。西方出版公司根据他们不同的判决主题

---

① 另请参见 Communism and Cold War; First Amendment; Speech and the Press。

② 另请参见 First Amendment。

概括了联邦最高法院判例汇编的判决观点,以各种简装本的形式出版发行。判决样张和合订本都具有西方出版公司判例汇编的一般特征,包括案例表、重要数据索引和词汇、词组、法律和法律解释规则。除了判决样张之外,西方出版公司从 1986 年起每年还发行两卷或者三卷"临时出版物",以作为合订本的补充。

[Morris L. Cohen 撰;邓宏光译;胡智强校]

违宪嫌疑的分类[Suspect Classification]

联邦宪法第十五修正案(the *Fifteenth Amendment)规定的正当程序条款(*Due Process Clause)和联邦宪法第十四修正案(the *Fourteenth Amendment)规定的平等保护条款(the *Equal Protection Clause)禁止联邦政府和州政府进行特定形式的歧视性行为,但是并不是所有的歧视性行为都违反宪法,如果分类和区别对待是合理的或者旨在维护某种强制性的政府利益,法律对不同个体给予不同待遇就是正当的。例如州能够对实施了同样违法行为的青少年和成年人,根据年龄的不同给予不同的处罚。宪法仅仅禁止那些使人厌恶的、专横的、不合理的歧视,政府行为的有效性在很大程度上取决于这种歧视所依据的标准是否合理。

联邦最高法院判决了一些具有违宪嫌疑的特定分类。任何具有联邦最高法院已经判定属于违宪嫌疑特征的差别待遇,都被假定为不合理并且在宪法上无效。一旦这种歧视从宪法角度被提出质疑,联邦最高法院将会采用严格审查(*strict scrutiny),政府要就其行为的正当性承担严格的证明责任。例如,联邦最高法院已经判定种族(*race)和宗教(*religion)分类标准具有违宪嫌疑,因此,政府对少数民族或者宗教团体进行差别待遇几乎不可能得到联邦最高法院的支持。有时联邦最高法院也认定以诸如财产或非婚生等其他身份特征进行分类的标准具有违宪嫌疑,尤其是这种不平等待遇侵害了基础权利(*fundamental rights)的实施(参见 Indigency; Inheritance and Illegitimacy)。妇女团体很久以来就争取将性别作为违宪嫌疑的种类,但是到现在为止联邦最高法院还没有认可。

[Thomas G. Walker 撰;邓宏光译;胡智强校]

萨瑟兰,乔治[Sutherland, George]①

(1862 年 3 月 15 日生于英格兰的白金汉郡,1942 年 6 月 18 日卒于马萨诸塞州斯托克布里奇,葬于华盛顿的希尔雪松公墓)1922 年至 1938 年任大法官。乔治·萨瑟兰法官于 1922 年 9 月 5 日被沃伦·哈丁(Warren Harding)总统任命为联邦最高法院的法官,这是在意料中的事,因为早在 1910 年就已经有人提出让乔治·萨瑟兰担任该职。乔治·

萨瑟兰具有明显的保守倾向,他在联邦最高法院任职很长时间,目睹了几乎已成为他的代名词的实体的正当程序(*Due Process, Substantive)观念的衰落,在他于联邦最高法院任职的后期,他的诋毁者将他称为经常推翻"新政"(*New Deal)社会立法的"四骑士"(*Four Horsemen)之一。在富兰克林·罗斯福(Franklin D. *Roosevelt)总统的"法院人员布置计划"失败后,萨瑟兰法官从联邦最高法院退休,退休前他的观点在联邦最高法院已经不再受欢迎(参见 Court-Packing Plan)。

George Sutherland

萨瑟兰的价值观形成于犹他州的边远地区,他苏格兰籍父亲亚历山大和他英格兰籍母亲弗朗西斯,在萨瑟兰还是蹒跚学步的孩子时,就将他带到那里。父亲亚历山大很快发现,原来吸引他到犹他州的摩门教(Mormon)这样的事不再有吸引力,他换了很多种不同的职业,其中包括法律。乔治·萨瑟兰在 12 岁时就进入杨柏翰学院(BrighamYoung Academy)(后改为大学)学习,师从卡尔·G. 梅泽(Karl G. Maeser),梅泽关于宪法的制定者应受到神圣的敬重的观点深深影响了他。在密歇根州法学院教萨瑟兰的梅泽和托马斯·M. 库利(Thomas M. *Cooley)法官给这位年轻人这种观念:个人的权利先于州存在,要限制政府以保护这种权利,使社会发展得更好。

1883 年,在获得密歇根州和犹他州的律师资格

---

① 另请参见 History of the Court; The Depression and the Rise of Legal Liberalism。

之后,萨瑟兰直接参加了他父亲所在的律师事务所,在另一位合伙人加盟之后,他转到盐湖城一家最有名的律师事务所。萨瑟兰积极参与政治,首先他参加了自由党(或者称为非摩门党,与摩门教对立的党派),以后又参加了新成立的共和党。在1896年至1900年期间,萨瑟兰担任州的议员。此后他提议将征用权(*Eminent Domain)延伸到矿产工业和水利事业,在他的努力下通过了一项矿工每天工作8小时的法律。在1901年至1903年,他作为美国参议院议员,支持犹他州对糖类作物征收保护性关税,他在以后作为美国参议院议员期间(1905—1917)一直都是一名保护主义者。

在他担任两届参议院议员期间,他提出的一些与他作为一名坚定的保守主义者这种传统形象相左的观点。他支持1910年邮政储蓄银行法案(the Postal Savings Banks bill),主张政府有义务在没有银行的地方提供储蓄业务;他还利用联邦宪法第十九修正案(the *Nineteenth Amendment)支持妇女的投票权;他主张劳工补偿法适用于铁路工人,认为正当程序条款并不是"照亮人类思想"之路,这种观点现在看来是毫无疑问的;他还支持那些提高海员工作环境的法律。

萨瑟兰在联邦最高法院作大法官时期的表现也与他思想温和柔顺的形象不相符合。他的姓名经常与像"阿德金斯诉儿童医院案"(*Adkins v. Children's Hospital)(1923)这样的合同自由判例相联系(参见 Contract, Freedom of)。他代表联邦最高法院的多数法官意见,认为规定妇女最低工资的条款不符合宪法规定,因为该规定干涉了妇女的合同权利,是男女平等运动的一种倒退。他的自由放任主义观念在"住房建筑与贷款协会诉布莱斯德尔案"(*Home Building and Loan Association v. Blaisdell)(1934)中表现得很明显,在该案中,联邦最高法院支持了明尼苏达州延期偿债计划,但萨瑟兰法官以宪法契约条款为依据反对该案判决。

然而,萨瑟兰对自由权的保护与对财产权(*Property Rights)的保护一样热心。在"鲍威尔诉亚拉巴马州案"(Powell v. Alabama)(1932)这一非常有名的判例中,一位苏格兰籍黑人青年因对一名白人女孩行凶而被判处死刑,萨瑟兰代表联邦最高法院起草判决意见,他主张推翻该案判决,认为刑事犯有权获得辩护,这种权利包括获得律师辩护的权利(the right to *counsel)在内。在"格罗斯简诉美国出版公司案"(*Grosjean v. American Press Co.)(1936)中,州把对报纸广告进行征税作为一种预先约束,这被萨瑟兰法官认定为不符合宪法规定,这也是他认定不符合宪法规定的极少判例之一。即使在财产权案件中,萨瑟兰法官也不反对那些合理和必要的管制,他认为这些规定是符合宪法的:分区制(*zoning)、晚上10点之后禁止妇女在餐馆工作、伊利诺伊州公平交易法、管理有关在大街上和高速公路上进行汽车运输的制定法以及对其他行为的管理。

萨瑟兰在"尤克里德村诉阿姆布勒物业公司案"(*Euclid. v Ambler Realty Co.)(1926)中认为,宪法性保障条款的含义从来不会改变,但"为了适应新的和不同的环境,它们的适用范围必须随之改变"(p.387)。这种对宪法性原则的弹性运用给予了他足够的空间,使得他能够认为规定最低工资的立法不符合宪法,但允许那些规定工作时间的法律规定,尤其是对那些在危险领域的工作时间予以限定。随着联邦最高法院放弃了对政府经济管理规定进行严格审查这种做法,转而支持"新政"后,联邦最高法院的这种区别最终没有被坚持。

[Ellen Frankel Paul 撰;邓宏光译;胡智强校]

斯旺诉卡尔罗特-麦克伦伯格教育理事会案 [Swann v. Charlotte-Mecklenburg Board of Education, 402 U.S.1]①

1970年10月12日辩论,1971年4月20日以9比0的表决结果作出判决,伯格代表法院起草判决意见。在第二个"布朗诉教育理事会案"(*Brown v. Board of Education Ⅱ)(1955)之后,斯旺案是对"格林诉纽肯特县学校理事会案"(*Green v. County School Board of New Kent County)(1968)的一种逻辑扩张,也是联邦最高法院进一步消除南方各州公立学校种族隔离的标志。斯旺案因为支持公共汽车作为消除种族隔离的一种工具而闻名。联邦最高法院在长达30页纸的判决中(到现在为止也是有关消除学校种族隔离意见中最长的判决)所达成的一致意见,在第二个"布朗诉教育理事会案"(Brown Ⅱ)作出判决15年后,仍然未针对双重学校体系的联邦区法院提供大的指导原则。

与以前许多重要的学校种族隔离判例不同,以前主要涉及一些范围很小的农村地区,而斯旺案涉及的地区则比较杂,部分是农村地区,部分是城市地区,面积覆盖了550英里,涉及101所学校的84 000名小学生。这些学生中有29%是黑人,他们主要集中于卡尔罗特(Charlotte)地区的1/4的区域。该区按照法院要求的消除种族隔离计划办学,这种计划中取消种族隔离的措施最主要集中于禁止按地理区域分区划分和允许自由转校,但是在该案中有一半以上的黑人小学生是在那种完全没有白人学生和白人老师的学校中上学。在格林案之后,联邦区法院宣称要采取一项彻底的取消种族隔离的计划,将高度集中的黑人学生人口疏散,分散计划主要

---

① 另请参见 Desegregation Remedies; Race and Racism; Segregation, De Jure。

是提供100辆新的公共汽车为13000多名黑人学生上学提供便利,这100辆新的公共汽车需要开支100多万美元,每年的运行费用超过50万美元。

联邦最高法院只是以一种坦率而让人放心的观点支持该计划,在哀叹"故意抵制"第二个"布朗诉教育理事会案"和其他"拖延政策"之后,联邦最高法院认为,根据格林案的判决,新的指导规则是必要的(p.13)。在发现一种违反宪法的行为之后,如何公正地补救则成为一种惯常的问题。首席大法官沃伦·伯格(Warren *Burger)代表法院提交的判决意见,是一种各法官之间进行大量协调的产物,其中具有两个非常重要的特征:其一是它对学校成分的"比例"的处理;其二是它支持联邦区法院有效地转移学校之间学生的运输方法。

在支持初审法院要求各学校所要达到的71比29(白人与黑人的比例)的比例时,联邦最高法院注意到"宪法要求取消学校的种族隔离并不意味着每一个区中的每一所学校必须反映整个学校系统的种族比例",仅仅是因为"该比例的限制属于区法院自由裁量的范围"(pp.24-25)。伯格在判决中没有解释这种比例的限制是否为了达到使每所学校中种族比例与学校系统中的最终种族比例相一致。

对于该案中巴士运送这一焦点问题,联邦最高法院的意见更加简略。伯格在指出全国39%的公立学校都是乘坐小车上学后,他认为巴士运送和其他救济措施(例如重新设置学生上课的区域)都是属于区法院提供救济的权力范围之内:"取消种族隔离的方案并不能限于只能采取步行上学的方式"(p.30)。最后,伯格认为,《1964年民权法》(*Civil Rrights Act 1964)第六编的规定(该规定似乎得到了布朗案判决的肯定,但似乎与格林案规则不一致)并没有与联邦最高法院的判例相冲突,因此也就不会限制区法院的计划。在另一个与此相似的判例——"北卡罗来纳州教育理事会诉斯旺案"(North Carolina State Board of Education v. Swann)(1971)中,伯格认为即使没有违反布朗案的判决,州也不能明确禁止学校学生的转校或者分派。

尽管联邦最高法院在斯旺案中坦然地支持了区法院对全区范围内全部公立学校的监督,该案意见中还是隐含了两条对地区法院衡平法上自由裁量的限制,这两条限制在以后日显突出。伯格以不同的方式申明了几次,认为违反宪法的程度决定了补救的程度。他还认为,如果这种救济措施使得该制度又达到了"一致"的程度,区法院就不再有管辖权了。前一种观点形成于"米利肯诉布拉德利案"(*Milliken v. Bradley)(1974);后一种观点体现在"帕萨德那教育理事会诉斯潘格勒案"(Pasadena Board of Education v. Spangler)(1976)中。

参考文献 Bernard Schwartz, *Swann's Way* (1986).

[Dennis J. Hutchinson 撰;邓宏光译;胡智强校]

斯韦恩,厄·海恩斯[Swayne, Noah Haynes]

(1804年12月7日生于弗吉尼亚州弗雷德里克县,1884年6月8日卒于纽约城,葬于华盛顿希尔橡树公墓)1862年至1881年任大法官。厄·斯韦恩在1804年生于弗吉尼亚州,在一家有两个该州律师的事务所学习法律,在他19岁时获得了律师资格。但是此时他的反奴隶制观点使得他向西部迁徙,到达俄亥俄州这个自由的州。他在俄亥俄州开始法律执业,并成为安德鲁·杰克逊(Andrew *Jackson)民主党的积极分子。在1830年总统安德鲁·杰克逊任命斯韦恩为美国司法部长,他担任该职直到1841年。他的许多法律实践都取得很大的成功,其中包括在"俄亥俄州逃亡奴隶系列案"(*fugitive slaves cases)中担任辩护人。

Noah Haynes Swayne

其坚持不懈地反对奴隶制(*slavery)的思想使得他加入了共和党,并在1856年总统选举中支持约翰·弗里蒙特(John Fremont)候选人。1861年他的好朋友约翰·麦克莱恩(John *McLean)大法官突然去世,斯韦恩很快得到了包括俄亥俄州在国会的所有议员到纽约州检察长在内的朋友们的支持。他甚至亲自赶到华盛顿去为亚伯拉罕·林肯(Abraham *Lincoln)竞选总统做宣传,林肯取得胜利后,在1862年1月22日提名斯韦恩为联邦最高法院的大法官,两天后上议院投票通过(只有一名议员反对)。

不幸的是,斯韦恩作为伟大法学家的潜能未能充分发挥,在林肯总统任命的5位大法官中,他是上任最早但也最没有成效的一位。他唯一比较独特之处是他在司法中坚定地支持林肯的联邦封锁政策、纸币(美钞)的发行和海商法的制定等战争措施。另一方面,在"格尔普克诉杜布奎案"(*Gelpcke v. Dubuque)(1864)中,即使在衣阿华州立法和该联邦最高法院支持了铁路公债的延期偿付之后,斯韦恩还是坚定地支持铁路公债持有人的合同权利,认为法律规定的神圣义务并不会仅仅因为"州法院建起了祭坛并放弃了祭品"而遭到破坏。

作为一名大法官,斯韦恩并没有打算退出政治生涯。1864年,他积极策划试图取代罗杰·托尼(Roger *Taney)担任的首席大法官这一职位。林肯最终选择了萨蒙·蔡斯(Salmon *Chase),1873年,萨蒙·蔡斯去世后,斯韦恩虽然已经接近69岁,但仍然对该职位的争夺表示出非常浓厚的兴趣,不过最终仍然没有成功。斯韦恩一直待在联邦最高法院,直到1881年,在他的朋友、俄亥俄州籍的总统卢瑟福·B.海斯(Rutherford B. Hayes)的逼迫和承诺在斯韦恩退休后将推举斯韦恩的密友斯坦利·马修斯(Stanley *Matthews)填补其空缺后,斯韦恩才结束了他许诺很多而成效很少的大法官职位。

[Jonathan Lurie 撰;邓宏光译;胡智强校]

斯韦特诉佩因特案[Sweatt v. Painter, 196 U. S. 375 (1905)]①

1950年4月4日辩论,1950年6月5日以9比0的表决结果作出判决,文森代表法院起草判决意见。"斯韦特诉佩因特案"(Sweatt v. Painter)(1905)是美国种族关系史上具有划时代意义的判例,虽然该案判决所认定的规则比"布朗诉托普卡教育委员理事会案"(*Brown v. Board of Education of Topeka)(1954)的判决认定的规则狭窄,但它还是明确了"普勒西诉弗格森案"(*Plessy v. Ferguson)(1896)所确立的隔离但公平原则(*Separate But Equal Doctrine)不成立——至少在州立高等教育中是不成立的。该案还暗示了一条原则,即在任何公共生活领域中这种隔离但公平原则都是不可取的。

原告斯韦特(得克萨斯州休斯顿的一位邮差)立志成为一名律师。1946年,他因为是一名黑人而被取消到得克萨斯州大学法学院学习的资格,于是求助于全国有色人种协进会及其首席法律顾问瑟古德·马歇尔(Thurgood *Marshall)。此前,得克萨斯州按照联邦最高法院在盖恩斯引起的"密苏里州诉加拿大案"(*Missouri ex rel. Gaines v. Canada)(1938)中的要求,仓促建立了一所合格的允许黑人上学的法学院。

首席大法官弗雷德里克·M.文森(Frederick M. *Vinson)在代表联邦最高法院全体法官发表的一致意见中认为:得克萨斯州为该州黑人新建立的法学院在客观上根本不能与得克萨斯州大学法学院相比。文森在判决中写到:即使它在规模上与得克萨斯州大学法学院相当,但有许多难以具体衡量的因素,包括:导师的名声、在社会上颇有建树的校友、传统和历史等,决定着不同学校的差异,在这些方面,新建立的法学院根本不可能与得克萨斯州大学法学院的水平相比。因此,根据联邦宪法第十四修正案(the *Fourteenth Amendment)规定的平等保护条款(the *Equal Protection Clause)的要求,斯韦特应允许进入以前全部是白人的州立大学法学院学习。该案判决表明:不论是零打碎敲还是一步到位、彻底否定,种族隔离制定法的末日已经到来。

[Augustus M. Burns 撰;胡智强译;林全玲校]

斯威夫特及其公司诉合众国案[Swift & Co. v. United States, 196 U. S. 375 (1905)]

1905年1月6日—7日辩论,1905年1月30日以9比0的表决结果作出判决,霍姆斯代表法院起草判决意见。斯威夫特案是最有名的反牛肉业托拉斯法的判例,在该案中,联邦最高法院没有对它最早的反托拉斯法进行严格的解释,同时还接受了对联邦商业权力更宽泛的定义。该案原告被法院根据《谢尔曼反托拉斯法》颁发了禁令,原告认为该法的规定具有模糊性,而且公司的行为完全是在州内进行的,因此根据"合众国诉E.C.奈特公司案"(United States v. *E. C. Knight Co.)(1895)的理论,这种行为应属于联邦商业权力之外的范围。联邦最高法院全体法官一致否认斯威夫特的主张,认为为了操纵州际商业贸易、排除竞争者而进行的商业联合行为是违反《谢尔曼法》的。奥利弗·温德尔·霍姆斯(Oliver Wendell *Holmes)大法官以在贸易中产生的"实际"结果而不是"技术上、法律概念上的"结果为基础,提出了"商流"说(*stream of commerce)(p. 398)。由原告所操纵的从牛的运输到牛肉的销售这一系列行为,虽然仅仅是很短暂地阻碍了贸易,而且属于州内的商业贸易,但是这些独立的行为在本质上属于州际行为,而且直接限制了贸易。霍姆斯注意到:即使一个计划中每个独立部分合法,但其意图可能是非法的,他在判断是否属于限制商业和垄断贸易时特别强调了这些行为意图的重要性。

随着罗斯福政府的政策从设法解散托拉斯转变为加强对它的管理,斯威夫特案判决的作用越来越

---

① 另请参见 Race and Racism。

小。在20世纪30年代"新政"(*New Deal)时期的联邦最高法院重新采纳了对商业权力的扩张解释之前,"商流"说都还是一种尚未发掘的资源。

[Barbara C. Steidle 撰;邓宏光译;胡智强校]

斯威夫特诉泰森案[Swift v. Tyson, 16Pet. (41 U.S.) 1 (1842)]①

1842年1月14日辩论,1842年1月25日以9比0的表决结果作出判决,斯托里代表法院起草判决意见。通过本案,联邦最高法院确立了联邦法院适用一般商业法律原则的自由,即使在这些原则与该联邦法院所在州的州法院曾经作出的判决相矛盾。本案被告是纽约州人,他制作的支票流转到其他州居民手上后,原告因票据的承兑纠纷而向纽约州的联邦法院提起诉讼,被告援引纽约州法院的判决主张该票据无效,但原告认为根据州际贸易法的一般原则,这种票据有效。

纽约州的判决与一般商业性法律原则之间的冲突还牵涉《1789年司法法》(*Judiciary Act of 1789)第34条的规定,它要求联邦法院无论是否具有可适用性都应遵循州"法律",因此,联邦最高法院必须对纽约州的判决是否属于联邦法院必须遵循的"法律"作出判断。约瑟夫·斯托里(Joseph *Story)法官在判决中写道:

在语言使用的一般意义上来说,很难讲法院的判决属于法律。(第34条并不)……适用于那些具有普遍性、根本不取决于地方法律或当地使用习惯的问题……正如(第34条并不适用于)其他书面合同的解释,特别不适用于那些一般商法的问题,对于这些问题,州法院履行的职责和我们一样,都是根据一般的推理和法律分类去确定合同或文书的真实意图,或者确定能够适用于特定案件的公平合理的商业性原则。(pp.18-19)

斯威夫特案属于联邦法院司法权限多元性问题,不能归结于纽约州的专属法律制定权。被告所援引的纽约州判例本身是以"一般商法原则"为基础的,也就是说,是以一般的商业习惯和能够适用于各州商业贸易的判例为基础的。据此斯托里法官认定:纽约州的判决并不具有固定意义,也不是由纽约州主权所确定的"法律",纽约州法院试图阐释那些所有州都能够共同适用的商业习惯的内容,但是纽约州法院的解释是错误的。

作为一个宪法问题,一个联邦法院没有理由将纽约州的判决视为调整州际商业贸易的唯一有效的、排他的规则。纽约州法院对能够适用于各州的一般性商业性法律所发表的意见,应当被界定为经过司法认可的商业惯例。斯托里将纽约州的判决与能够适用于各州的商法内容相比较,发现纽约州的判决是错误的。

因此,斯威夫特案的意见并不意味着要确定纽约州商法的实体内容,而是要维护原告对于一般的、普遍接受的商业规则的信赖。斯托里非常巧妙地解决了联邦制中的一个重要问题,限制了各地方法院通过判例确立各种解决州际商业贸易事务的能力。他肯定了联邦法院作为一个独立的审判机构享有的提出那些体现在先例中的一般性商业规则的权力,从而使州际商业交易从处于分裂状态的地方各自为政的状态中解放出来。在国家商业发展的关键时期,斯托里大法官鼓励每个联邦法院使商业贸易规则统一化,建立商法及其在国内外商事活动中具有预见性和高效率的陈述体系。斯威夫特案为防止商法可能发生的巴尔干化(balkanization,本意指第一次世界大战时期帝国主义国家为推行侵略政策和殖民主义,把巴尔干半岛地区分裂成为若干相互牵制的小地区,以便其从中渔利。这里指使商业规则处于分裂状态。——译者注)起到了关键性的作用。

1938年,联邦最高法院在"伊利铁路公司诉汤普金斯案"(*Erie Railroad Co. v. Tompkins)中否认了斯威夫特规则。斯托里大法官所提出的以商业惯例标准解决私人行为冲突的理论,与路易斯·D.布兰代斯(Louis D. *Brandeis)大法官的实证主义相冲突,根据后者的观点,一个有效的法律规则只能来自州自身的需要。布兰代斯大法官对斯威夫特案的否定,标志着从19世纪的自由主义(各州在联邦法制框架内独立地依照统一的冲突法规则行事)法律向以各州为唯一的法律制度供给源的现代法律转变。

参考文献 Tony A. Freyer, *Harmony and Discourse: The Swift and Erie Cases in American Federlism* (1981).

[Robert Randall Bridwell 撰;胡智强译;林全玲校]

象征性言论[Symbolic Speech]②

联邦最高法院一直肯定宪法第一修正案(the *First Amendment)保护非言辞表达(*Nonverbal Expression),例如,在"斯特姆伯格诉加利福尼亚州案"(*Stromberg v. California)(1931)中,联邦最高法院判定那种禁止展示(被视为反政府标志的)红旗的法律无效。尽管如此,联邦最高法院也一直试图在象征性语言保护和防止危害行为之间建立一种利益平衡机制。在评估管制象征性语言的有关规定时,联邦最高法院最基本的考虑是:这种规定是压制表达中可以交流的内容,还是仅仅对相关的行为进行管制。在"合众国诉奥布赖恩案"(United States v.

---

① 另请参见 Capitalism; Federal Common Law; Federalism; Judicial Power and Jurisdiction; Lower Federal Court。

② 另请参见 Speech and the Press。

*O'Brien)(1968)中,联邦最高法院支持了禁止毁坏征兵登记证的联邦法律,因为该法的目的并不是为了侵害反战抗议者的言论自由权,而是为了维护有效地管理全国征兵活动合法的政府利益。与此相反,在"廷克诉德斯·莫因斯独立社区学校校区案"(*Tinker v. Des Moines Independent Community School District)(1969)中,联邦最高法院判定:中止那些戴黑臂章以反对越南战争(*Vietnam War)的学生上学资格的规定,违反了学生所享有的联邦宪法第一修正案所保护的权利,因为学校官员的目的是为了禁止那些受保护的反战信息,而不是这些学生可能造成的破坏性行为。

最近,联邦最高法院还遇到试图惩罚那些焚烧美国国旗以示不满的个人的法律,在"得克萨斯州诉约翰逊案"(*Texas v. Johnson)(1989)中和"合众国诉爱奇曼案"(United States v. *Eichman)(1990)中,联邦最高法院裁定:规定禁止侮辱国旗的联邦法律和州法律无效,因为这种法律除了创造一种特定的政治传统——敬仰国旗——之外,没有任何其他的国家利益。该案判决表明:即使是保守时期的联邦最高法院对宪法第一修正案也仍然会表现出自由主义立场,但该案也引起了人们要求通过宪法修正案禁止焚烧国旗。

[Eric W. Rise 撰;邓宏光译;胡智强校]

Tt

塔夫脱,威廉·霍华德[Taft,William Howard]

(1857年9月15日生于俄亥俄州辛辛那提,1930年3月8日卒于华盛顿,葬于阿林顿国家公墓)1909—1913年担任美国总统,1921—1930年任首席大法官。1857年9月15日,这位美国历史上唯一一位既担任总统又担任首席大法官的人物,生于俄亥俄州辛辛那提,他的父亲和祖父都是法官。宽大的肚皮和睿智的头脑,人们并不感到他雄心勃勃,反倒觉得他和蔼可亲。纵观他漫长而多姿多彩的人生,与政治相比,塔夫脱在总体上对法律,特别是对司法活动更感兴趣。虽然是一个有才能的律师,他却在司法领域取得了最高成就。他曾在好几个行政职位任职,包括这个国家的最高行政职务,但他始终保持着法官的使命感。"我喜欢法官职业、热爱法庭,它们是我的理想,它预示着我们来世最终将在公正无私的上帝那里相会。"在他晚年,当再次竞选总统失败后,他最终在法院得到了他终身梦寐以求的首席大法官审判席位,一位观察员描述坐在法官席上的他:"高高在上,像尘世间的上帝,一位微笑着的佛,平静、睿智、温和、慈祥"。[参见 J. Anderson, William Howard Taft(1981),(p.259)]

William Howard Taft

1878年,塔夫脱从耶鲁大学毕业,在辛辛那提大学法学院学习后,在俄亥俄州开始执业。但他个人的执业经历很短。由于是俄亥俄州政界显族的后代,1887年他被邀请去俄亥俄州高等法院。在两年之内,他就设法让本杰明·哈里森总统提名他填补联邦最高法院的空缺。虽然未获任命,但其影响却足以使哈里森总统任命这位32岁的俄亥俄州法官担任首席政府律师(*Solicitor General)。到华盛顿任职使他有幸结识国家政界和法律界的精英。虽然并不能言善辩,但作为首席政府律师,他却十分称职,参与法庭辩论18次有16次获胜。1892年,哈里森总统任命他担任联邦第六巡回法庭法官。

塔夫脱在巡回法庭担任了8年法官。他所处理的案件大多涉及有组织的劳工(*labor)。在他后来整个职业生涯中,特别是担任总统期间,总因其对劳工阶层的敌意而大受指责。事实上,只要回顾一下他的联邦司法生涯就可以看出,他并非一味地反对劳工阶层,而是抱有一种极为复杂的心态。例如,他毫不怀疑工人在必要时有权组织工会并罢工,他甚至在一个案件中裁定:雇主强迫工人接受免责条款作为雇用条件是非法的,当时雇主多以此逃避意外伤害赔偿责任。塔夫脱这一裁定后被最高法院驳回。

另一方面,罢工又不同于联合抵制,塔夫脱倾向于后者。尽管在一些特殊案件中,他也偶尔支持劳工阶层的立场,但在财产权(*property rights)问题上,他顽固坚持其保守立场。像其他保守派一样,他对源于劳资冲突的暴力持激烈的反对态度。在1984年的普尔曼罢工(Pullman)中,塔夫脱在给他妻子的信中写道:"有必要对这些暴徒进行军事镇压……他们只杀了6个,实在无法收到理想的效果。"

在担任联邦法官的岁月中,塔夫脱获得了极大的成就感。那里总是有机会向高级别法院发展,尽管塔夫脱的妻子对这一目标不以为然,她总是鼓励他向更有政治收获的领域发展。1900年当威廉·麦金利总统提名他为菲律宾委员会主席时,是他的妻子海伦·塔夫脱而不是他的兴趣起了决定作用。他在菲律宾待了4年,最后担任最高文职长官,在他看来,这一职位有点像他早期的工作经历,颇具裁判色彩,他是如此神迷于此,以至于在1901年和1904年,他至少两次拒绝了去联邦最高法院的任命,而选择继续在菲律宾留任。最后,在1904年西奥多·罗斯福(Theodore *Roosevelt)召他回华盛顿担任战争部部长(secretary of war)。他与总统密切的私人关系、海伦·塔夫脱的热情鼓励,还有罗斯福不再谋求连任的明确表态,这一切将并不情愿的塔夫脱推进了白宫。

假如当初罗斯福把首席大法官一职给了塔夫脱,后来发生的一切就会迥然不同。由于既对政治不感兴趣,也不精于政坛伎俩,塔夫脱觉得这4年的最高行政长官经历简直是令人沮丧、毫无价值。他任命了6位联邦最高法院法官,比美国历史上任何一位总统一届任期内任命的都多,甚至在提名一位首席大法官代替梅尔维尔·富勒(Melville *Fuller)时,他还用后悔的语调说道:"我不得不把自己最想干的位置让给别人。"塔夫脱个人的兴趣确实对他的行为产生了一定的影响。

后来,塔夫脱面前有两个人选——爱德华·O.怀特(Edward O. *White)和查尔斯·埃文斯·休斯(Charles Evans *Hughes),两人都是联邦最高法院的现任法官,塔夫脱最终选择的是民主党人的怀特,尽管就法官而言,塔夫脱更敬重休斯。但怀特比自己大12岁,比休斯大17岁。由于内心始终没有放弃最终做一名首席大法官的愿望,塔夫脱暗想,随着时光流转,自己也许还有机会接怀特的班。就这样,现实的盘算成为选择怀特的决定因素。

在1912年激烈的三方总统竞选中,塔夫脱希望自己失败,如释重负地把总统位子交给伍德罗·威尔逊。当耶鲁法学院授予他宪法学"肯特"客座教授(The Kent Chair in Constitutional Law)时,他诙谐地评论道:光一把椅子是不够的,也许一把"法律的沙发"才行。他转向广博有时也是报酬丰厚的学者生涯。他依然感兴趣于国家事务并极力赞同威尔逊的国际联盟,即使他因总统广招诟病的强硬政治立场而遭到严厉批评时也是如此。作为一个忠诚的共和党人,他始终不渝地支持沃伦·G.哈丁,哈丁赢得总统大选后提出让他担任法官,但这位前总统回答说他只接受首席大法官一职。

塔夫脱急于被提名担任首席大法官的态度虽不尽得体却是可以理解的,塔夫脱也许仔细琢磨过托马斯·杰斐逊(Thomas *Jefferson)就高等法院法官一事所发出的有名的悲观论调:"去者甚少而辞者近无"。首席大法官怀特看上去漫长的任期使塔夫脱着急了几个月,最终他对首席大法官任期的估计是正确的。某种程度上是在1908年,但至少在1921年是如此,塔夫脱恰巧在正确的时间、正确的地点、通过正确的总统获得了正确的位子。1921年6月30日,哈丁总统提名他担任首席大法官,稍后这一提名由参议院在同一天确认,甚至都用不着提交委员会讨论。

作为首席大法官,塔夫脱以不拘教条的机构改革而闻名,特别是在他9年任期的前半段身体健康状况相对较好的时候,在法院行政事务方面,他是迄今为止历史上最活跃的首席大法官。他毫不犹豫地利用他过去与总统和国会方面的老关系来实现他在法院的目标。他与议员进行各种形式的沟通技巧,与他对司法系统内在需求的深刻理解相得益彰,促使国会通过了《1925年司法法》(*Judiciary Act of 1925),为法官赢得了几乎所有待审案件的自由裁量权。这种灵活的自由裁量权力一直延续至今,使法院除极少数情况外,可以自由决定哪些案件需要解决和解决到什么程度。后来,塔夫脱还运用同样的技巧使国会保证支持法院在美国宪法判决方面发挥适当的建设性作用。他虽然没有看到那一天,但这一努力始终印证着他对联邦最高法院作用的远见卓识。

作为首席大法官,塔夫脱强调同事间的协力合作,他不欣赏频繁出现的异议[特别是经常出自于大法官路易斯·布兰代斯(Louis *Brandeis)的那些充满冗长注脚的异议],他认为这降低了法院工作的效率。他不愿意看到法庭内部的不同意见被公开化,这可以从以下事实中看出:在整整8个开庭期中,他20次表示异议,但书面提交异议的只有4次。然而,他有249次代表法庭发表意见。

塔夫脱在他首次司法生涯中表现出来的保守倾向在第二次司法生涯中表现得更为明显。1921年,在代表法庭勉强多数发表意见时,他驳回了亚利桑那州限制在劳工纠纷中使用禁令的规定。按照塔夫脱在"托拉克斯诉科里根案"(Truax v. *Corrigan)(1921)中的观点,罢工者所宣称为法规所限制的行为是:"讨厌、碍事和非法的精神强制,这明明白白地是个阴谋。"(p.328)不到6个月后,他裁定一个关于童工的联邦立法违宪。此前早些时候,国会根据其商业权力通过了一个类似的法律,同样被联邦最高法院裁定无效(参见 Commerce Power)。国会的第二次努力并非基于宪法商业条款而是基于征税权力;但塔夫脱仍然认为没有什么区别,不值得讨论(参见 Taxing and Spending Clause)。实际上,这些法律具有惩罚性,塔夫脱在"贝利诉德雷克塞尔家具公司案"(*Bailey v. Drexel Furniture Co)(1922)中总结道:"因为追求的是同样的目的,当然应当同样无效。"(p.39)

然而塔夫脱决不死板教条。在他仅有的几个异议之中,他对多数派拒绝给予妇女最低工资予以批驳。他十分赞同霍姆斯(*Holmes)法官的观点,在"阿德金斯诉儿童医院案"(*Adkins v. Children's Hospital)(1923)中,他写道:"我们联邦最高法院决不能仅仅因为国会的法律在执行一个在法院看来是不明智或不合理的经济政策,而宣布其无效"(p.562)。当联邦最高法院一致拒绝国会通过税收权力约束商品期货交易时,塔夫脱建议国会以其绝对的权威重新采取措施进行商业管制,国会也的确这么做了,塔夫脱几乎一字未改地批准了约束商品期货交易的有关规定。的确,塔夫脱在联邦最高法院如何对待国家商业权力问题上的观点将被那些支持国会权威的观点所压倒。如果他们代表的是保守观点,那就是一种充满活力的保守主义——为塔夫脱一贯坚持的思想所补充,那就是:法院不能被削弱,因而"法院的判决神圣不可侵犯"。

从1928年起,塔夫脱的健康每况愈下,尽管1929年10月的开庭期,他仍然坐在他习惯了的法官椅上,但疾病使他不得不于1930年辞职。仅仅一个月后他就去世了,成为第一个葬于阿林顿国家公墓的总统。即使不是一位富有学说与思想的法官,塔夫脱也是一位杰出的司法领导人,特别是在他任期的前半段,迄今为止历史上没有任何一位首席大法官能与他在法院管理方面所扮演的积极角色相比。正是他的领导,促使立法赋予最高法院对待审案件有必要的自由裁量权;正是他的领导,法院完成了迫切需要的审判现代化改革,然而,回顾他的历史,他的许多判决太多地反映了他惧怕变革,而不是积极地推动所需要的变革的倾向。

参考文献 Alpheus Thomas Mason, *The Supreme Court from Taft to Warren* (1958); Alpheus Thomas Mason, *William Howard Taft: Chief Justice* (1964); Walter F. Murphy, "In His Own Image: Mr. Chief Justice Taft and Supreme Court Appointments," *in the Supreme Court and the constitution*, edited by Philip Kurland (1965); Hentry F. Pringle, *The Life and Times of William Howard Taft*, 2 vols. (reprint, 1964).

[Jonathan Lurie 撰;胡智强译;林全玲校]

太浩-塞拉保护委员会诉太浩地区规划当局案[Tahoe-Sierra Preservation Council v. Tahoe Regional Planning, 535 U.S. 302 (2002)]

2002年1月7日辩论,2002年4月23日以6比3的表决结果作出判决;史蒂文斯代表法院起草判决意见,伦奎斯特、斯卡利亚和托马斯持有异议。太浩-塞拉案中,某一规定要求在管理机构制定土地利用计划期间,暂停太浩湖盆地土地的所有形式的利用,为期32个月。联邦最高法院提出,此案的焦点在于依据联邦宪法第五修正案(the *Fifth Amendment)中的占用条款(*Takings Clause),这种短期的暂停使用是否需要赔偿。在"卢卡斯诉南卡罗来纳州滨海委员会案"(Lucas v. *South Carolina Coastal Council)(1992)中,土地所有者认为,从经济上剥夺了对财产利用的所有可能性,构成本身的违法占用,因此应该给予赔偿。太浩-塞拉案的法院认为,依据卢卡斯案,本案需要解决的是,这个规定是否会导致财产价值完全被剥夺。接下来联邦最高法院裁定,考虑到这个规定对财产所有人的影响,财产不应当只考虑争议中的32个月的临时损失,而要包含将来的利益在内。因为如果规定是临时的,则总是会保留部分价值,因此联邦最高法院判决,卢卡斯案中的本身违法规则不适用于暂时性的限制土地使用。最终,联邦最高法院采用了"佩恩中心运输公司诉纽约市案"(*Penn Central Transportation Co. v. City of New York)(1978)中的多种因素分析法。法院认为,临时性的暂停使用等于占用财产,但是却认为没有强有力的规则来证明一个临时性的规定就是一种占用。

持反对意见者认为,依据卢卡斯案的分析,禁止开发就构成对财产的占用。判决最有意义的部分在于证明联邦最高法院对占用问题倾向使用个案分析的方式,而不是采用类型化规则。某一规定可能导致剥夺财产的所有价值的情形是很少的,因此"佩恩中心运输公司案"几乎可以适用于将来可能发生的所有财产占用案件。

[Andrew S. Gold 撰;胡海容译;林全玲校]

宪法占用条款[Takings Clause]

更准确地讲,应该称为征用权条款(*Eminent Domain Clause),它是联邦宪法第五修正案(the *Fifth Amendment)的组成部分。实际上,联邦最高法院在"多兰诉泰格市案"(*Dolan v. City of Tigard)中强调过占用条款是关注司法问题的权利法案(*Bill of Rights)不可分割的一部分。当政府实体强迫所有者向政府转移所有权,或存于不动产及动产中的财产权,财产就被占用。宪法并没有明确授予征用权,它被看做是政府天然的固有权力。相反,占用条款只是对这一权力的行使作出限制,即出于"公共使用"目的才能征用财产并对所有者给予公平补偿。占用条款的目的在于:保证政府执行公共政策的财政负担能被全体公众分担,而不会不公正地施加于个体财产所有者个人。

宪法占用条款最初仅适用于联邦政府。然而,联邦最高法院在"芝加哥、伯灵顿及昆西铁路公司诉芝加哥市案"(*Chicago, Burlington & Quincy Railroad Company v. Chicago)(1897)中指出:借助联邦宪法第十四修正案(the *Fourteenth Amendment)的正当程序条款(*Due Process Clause),占用条款可以适用于州政府。这一观点的含义是,强迫个体放弃财产权而不给予补偿将会构成对正当程序的违背。此外,几乎所有的州宪法都有占用条款,通常都采用联邦宪法第五修正案的用语。这样,人们有权依据联邦宪法第五修正案的规定要求联邦政府保证自己的财产免予被无偿占用,同样,人们也有权根据联邦宪法第五修正案和州宪法要求州政府提供同样的保护。

自20世纪70年代中期以来,联邦最高法院一直致力于解决政府行为在什么情况下不取得财产权而构成占用财产。在"劳里托诉读稿机曼哈顿有线电视公司案"(Loretto v. Teleprompter Manhattan CATV)(1982)中,联邦最高法院总结道,从实质上对土地永久地占有就等于占用财产。在"卢卡斯诉南卡罗来纳州滨海委员会案"(*Lucas v. South Carolina Coastal Council)(1992)中,联邦最高法院也认为当一项规定阻止了从经济上利用土地的全部可能性也会构成占用。然而与政府取得、私人财产的管制相关的许多问题仍然未能解决。

[William B. Stoebuck 撰;James W. Ely, Jr. 修订;胡智强、胡海容译;林全玲校]

塔尔顿诉梅斯案[Talton v. Mayes, 163 U.S. 376(1896)]①

1896年4月16—17日辩论,1896年5月18日以8比1的表决结果作出判决,怀特代表法院起草判决意见,哈伦反对。塔尔顿诉梅斯案是一名柴罗基人因被柴罗基部落联盟法院判处杀人罪而上诉,他认为,对他的审判违反了联邦宪法第五修正案(the *Fifth Amendment),但柴罗基法律允许负责指控他的大陪审团(*Grand Jury)仅仅由5人组成。联邦最高法院认为:联邦宪法第五修正案不能适用于柴罗基部落联盟的立法,因为印第安人部落一直保留着自己立法的权力,除非与联邦法律专门就部族事务制定的有关法律条款冲突,否则他们的法律对于印第安人具有绝对的约束力。

从"塔尔顿诉梅斯案"(Talton v. Mayas)(1896)中可以看出,宪法对联邦和州政府的限制并非当然适用于印第安人部落本身,印第安人部落并非宪法意义上的"州"。1968年《印第安人权利法案》(*Indian Bill of Rights)(1968)通过照搬(有时采用变通的形式)合众国宪法中对个人自由的一些明确的保障措施,对塔尔顿案中的法律原则作了修正。

[Rennard J. Strickland 撰;胡智强译;林全玲校]

托尼,罗杰·布鲁克[Taney, Roger Brooke]②

[1777年3月17日生于马里兰的卡沃特(Calvert),1864年12月12日卒于华盛顿,葬于福音传道士圣约翰公墓]1836—1864年任首席大法官。罗杰·布鲁克·托尼以曾为最高法院起草的一个臭名昭著的判决意见而广为人知,这就是"德雷德·斯科特诉桑福德案"(Dred *Scott v. John F. A. Sandford)(1857)中的多数意见。这使得许多学习美国宪法和历史的学生一提及托尼的名字就几乎充满发自内心的厌恶之情也毫不奇怪。但是,当美国律师协会让法律、历史和政治科学的教授们去评价联邦最高法院的大法官们的时候,他们却把他的名字与一些大名鼎鼎的大法官的名字,如约翰·马歇尔(John *Marshall)、奥利弗·温德尔·霍姆斯(Oliver Wendell *Holmes)和路易斯·D.布兰代斯(Louis D. *Brandeis)相提并论。显然,许多人仅仅注意到托尼职业生涯的一个小小片断,确实,如果放眼他的全部生活,这只是其中一个案件而已。

Roger Brooke Taney

罗杰·布鲁克·托尼出生于一个显赫的从事烟草种植的贵族家庭,传统上一直经营保守的农业。托尼成长期间,其家庭的政治态度就倾向于支持宪法、支持联邦主义,特别是竭力支持私有财产权利。作为家庭的次子,家庭着力培养和教育他从事法律事业(长子则继承了家庭的种植园),他先在安纳波利斯初涉法律,后在弗雷德里克师从马里兰当地最有名的一位律师。这一经历使他被选入州立法机构,开始是州众议院议员,接着担任州参议员,很快托尼便成为马里兰联邦主义党的领导人。

1806年,托尼与安尼·凯(Anne Key)成婚。她是富有的农场主约翰·罗斯·凯(John Ross Key)之女[其兄是弗朗西斯·斯科特·凯(Francis Scott Key),他因在1812年战争中轰炸巴尔的摩堡垒期间创作了后来成为美国国歌的《星条旗永不落》一曲(The Star Spangled Banner)而享誉终生]。托尼是罗马天主教教徒,妻子却是美国新教圣公会教徒,为了调和宗教差异,两人约定,把儿子培养成天主教教徒,把女儿培养成新教教徒。托尼共有六个孩子,皆为女儿。

早期生涯 当他还在马里兰州立法机关时,托

---

① 另请参见 Native Americans。
② 另请参见 State Sovereignty and States' Rights。

尼发现自己经常触及金融案件。托尼代表着乡村种植业主选民的利益，他对巴尔的摩银行将走向垄断表示担心，但他支持其他人帮助农场主。和他的许多联盟同伙一样，托尼的政治态度并不确定，早期他是国家银行的拥护者（当成为一个忠实的杰克逊派后他转而持反对态度），但认为这实际上应属于各州的权力。这一点在他对奴隶制度（*Slavery）的看法上表现尤为突出，他释放了自己继承的奴隶，但反对赋予联邦政府对此作出限制的权力，认为这应是各州自己的权力。早期形成的这一思想原则贯穿了他此后的司法生涯。

1821年，托尼的马里兰州参议院议员任期届满时，北方联盟无论在全国还是在各州都陷入混乱。托尼很快为自己找到了新的政治家园：安德鲁·杰克逊（Andrew *Jackson）的民主党。到了1926年，他就成为其所在的州民主党领袖之一，同时被选举为马里兰州司法部长，他在这一职位上干了5年。托尼的灵活务实加上令人信服的表现，为他赢得了一个忠诚的杰克逊派的美誉，当杰克逊总统因佩吉·伊顿（Peggy Eaton）事件不得不于1831年改组内阁时，托尼被要求去华盛顿担任美国司法部部长。

在任司法部长期间（1831—1833），托尼提出了与他早期的宪法观点相一致并预示着他后期所持的司法见解。作为一个坚定的杰克逊派，他认为资本家及垄断保护利益是对经济民主的威胁，这一观点突出地体现在由托尼协助起草的杰克逊著名的银行垄断咨文（bank veto message）中。托尼坚决主张联邦和州之间的分权制以及由联邦最高法院对其间界限不明的共存权力（Concurrent Power）进行裁断的权力。至于奴隶制度，他明确提出，除非宪法赋予国家行政机关权力，控制权应该由各州享有。

托尼升至联邦最高法院是他作为杰克逊派的坚决拥护者政治生涯的顶峰。杰克逊总统反对成立美国第二银行，企图通过将联邦储备金调至各州银行的做法促使这一"庞然大物"消亡。但是，转移这些基金的法定权限却由财政部部长享有，当时的两位部长宁愿辞职，也不同意杰克逊的做法。最后，总统在1833年把比较顺从的托尼从司法部调至财政部，通过他才使基金得以转移。然而，这只不过是过渡时期的临时安排，在随后召集的国会中，总统在进行正式任命时遭到议会拒绝。于是托尼便回到巴尔的摩从事律师职业。随后的两年，联邦最高法院出现了几个空缺，杰克逊总统希望能安插几个合适的人选，他提议由托尼取代加布里埃尔·杜瓦尔（Gabriel *Duvall）法官，但是反对派利用其足够多的票数否决了这一提名。1835年，当首席大法官约翰·马歇尔（John *Marshal）去世后，杰克逊总统这次提名托尼为首席大法官，同时提名莫利普·P. 巴伯（Philip P. *Barbour）填补杜瓦尔法官仍然空缺的位子。1836年3月15日召开行政会议后，参议院批准了这两项提名，但是此次会议记录却未被保留下来。反对派痛呼：联邦最高法院已经因"政治妥协"而被玷污。

任职联邦最高法院 托尼所接替的约翰·马歇尔是一位卓越的大法官，他留下了这样的传统：学者们应该拥护宪法的国家主义和国家资本主义。但是托尼的哲学与此不同，他是一个完全的杰克逊派。尽管骨子里有着上流人士传统的保守观点，但他和杰克逊一样对美国西部及其平均地权运动充满信心，对杰克逊的经济政策，尤其是对经济发展和竞争充满信心（值得注意的是，在马歇尔法官喜欢穿短裤的地方，托尼总喜欢穿象征民主化的长裤）。同马歇尔法官一样，托尼对联邦政府的贡献是显而易见的，但与马歇尔法官不一样，他看到了宪法赋予州权力的价值。毕竟，托尼是美国革命之后成长起来的，没有像马歇尔法官一样受到强烈的国家主义的影响。

在杰克逊统治的那几年内，联邦最高法院进行了包括托尼就职在内及与此相应的一系列人事变动。这种变化让那些担心财产权利（*property rights）将听任州议会支配的人感到恐慌，但事实证明托尼是个成熟、精明且颇有策略的人，他知道如何使用司法的自我约束（*Judicial self-restraint）机制。他使联邦最高法院沿着实用主义和折中主义的道路前进，实际上避免了武断——奴隶制问题除外。最终，托尼证明，在保证联邦政府对美国经济发展的权力方面，他和其前辈一样谨慎。

这位新上任的首席大法官不久便在美国司法体系中留下了自己的印记。在"查尔斯河桥梁公司诉沃伦桥梁公司案"（*Charles River Bridge v. Warren Bridge）(1837)中，联邦最高法院遇到了美国民主资本主义从未解决的两难问题：私有财产权利和社会财产权利之间的矛盾。托尼坚持一个最基本的宪法思想前提："一切政府的目标和最终目的都是要提高整个社会的福祉……尽管私有财产必须得到神圣的保护，但我们不能忘记，社会同样享有权利，每个公民的幸福和福利都取决于对这些权利的忠实保护。"(p.420)

问题在于如何确定两者的界限。为了改变马歇尔法官在私有既得权利方面的观点绝对地位，托尼强调程序对法律原则的影响，并且努力使法律规则适应历史变革的现实。后来的法官（有些人例外）可以沿着这一思路推理，如同商业和将农业乡村转化成工业城市的技术一样。按照托尼的杰克逊主义，他们将逐渐形成一种强调私有财产的社会责任的学说。

在"查尔斯河桥梁案"中，联邦最高法院对程序的适用为进一步评价马歇尔法官对宪法契约和商业条款（*Contract and Commerce Clauses）的国家中心主义观念铺平了道路。在一系列重大判决中——包括"纽约州诉米尔恩案"(*New York v. Miln)(1837)、"奥古斯塔银行诉厄尔案"(*Bank of Augusta v. Earle)(1839)、"斯威夫特诉泰森案"(*Swift v. Tyson)(1842)、"许可系列案件"(*License Cases)(1847)、"乘客系列案"(*Passenger Cases)(1849)、"吉尼斯船长诉菲茨休案"(*Genesee Chief v. Fitzbugh)(1852)和"库利诉费城港监委员会案"(*Cooley v. Board of Wardens of the Port of Philadelphia)(1852)及其他案件中,托尼坚决认为,联邦和州之间协调一致的关系确保了州政府的管理权,只要它不与联邦法规冲突,就可使新技术从公司(*Corporations)的垄断性限制和过时的章程中解放出来,联邦政府的管理权力没有受到削弱,只是取消了排他权。这些案例使自由竞争的领域扩大,并且提高了州政府在契约事务和公司事务中的地位,因此也使美国自然地在蓬勃发展的西部和新技术的带动下走向了未来(参见 Commerce Power)。

与相当普遍的错误认识相反,托尼接下来并没有推翻马歇尔大法官的主张,确立土地均分论者所主张的极端的人人平等主义和国家主权思想。相反,他保持并完善了马歇尔有关宪法性法律的主要原则,为许多美国人民敞开了经济大门,并且对所保留的国家权力予以重新定义,以适应双重主权。

但是,托尼之所以被人们记住,更多是因为德雷德·斯科特案。尽管对该案的判决与他早期包括担任司法部长时所提出的对奴隶制的看法相吻合。在德雷德·斯科特案之前的几个案例中,托尼和他的同事们强调程序,运用一种经过改变的司法限制来小心谨慎地尽量不触及奴隶制度这个根本问题,例如在"格罗夫斯诉斯劳特案"(*Groves v. Slaughter)(1841)及"斯特拉德诉格雷厄姆案"(Strader v. Graham)(1851)中,法院对州政府有权决定奴隶制度的状况给了一击,但却回避了主要的实体性问题。但在"普里格诉宾夕法尼亚州案"(*Prigg v. Pennsylvania)(1842)中,托尼认为,当各州法律与国会通过的有关奴隶制度的暂行立法冲突时,联邦政府享有绝对权威。

然而,到了1857年奴隶制度问题已经达到随时可爆发的程度时。尽管托尼没有看到解决奴隶制度本身的积极意义,同时又是一个受南部各州观念影响的南方人,但此时他有机会解决这一问题。由于联邦最高法院的大部分人是南方人,并且拥护奴隶制度。于是,德雷德·斯科特案便产生了如下判决:(1)黑人不属于美国公民;(2)奴隶是受宪法保护的私人财产;(3)在本州范围内州政府有权决定一个先前被解除奴隶身份的人是否恢复奴隶身份。在各种力量几乎已经拉开内战帷幕的时候,托尼代表法院所作出的这个极易点燃人们怒火的判决无异于火上浇油。

在德雷德·斯科特案7年后,托尼便去世了,由该案所酿成的人们对他的怨恨伴随了他的余生。尽管他在美国内战(*Civil War)期间仍然是一个忠诚的联邦主义者,面对法律冲突仍试图不遗余力地保护宪法权力,但他在法院的影响力已经减弱,正如法院本身的作用也在减弱一样,两者可能都与德雷德·斯科特案有关。托尼最后的岁月是在愤怒、痛苦和挫折中度过的,临死变成一个令人厌烦的老头。

托尼认为黑人低人一等的原则受到法律和联邦宪法甚至是《独立宣言》的支持,这使他声名狼藉。难怪很多人对他的宪法主张予以否定,但是,当学者们在综合评定托尼对美国司法的贡献时,还是把他和那些伟人们列在了一起。

参考文献 Frank Otto Gatell, "Roger B. Taney," in *The Justices of the United States Supreme Court 1789-1969*, edited by Leon Fiedman and Fred L. Israel, vol. 1, (1969) pp. 635-655; Walker Lewis, *Without Fear or Favor: A Biography of Chief Justice Roger Brooke Taney* (1965); Carl Brent Swisher, *Roger B. Taney* (1935); Samuel Tyler, *Memoir of Roger Brooke Taney, LL. D.* (1872).

[Walter Ehrlich 撰;胡智强译;林全玲校]

磁带录音[Tape Recordings]

从1955年10月的开庭期开始,联邦最高法院就公开开庭进行磁带录音。在律师的座位以及每位法官的面前都放置了麦克风。从录音系统设置以来,50年里基本没有进行大的变动。庭审都被记录在开盘式的录音系统里。

每个开庭期结束时,录音带将会被放入国家档案馆,但是根据联邦最高法院与档案馆的协议,这些录音带是不供公众使用的。1971年,哥伦比亚广播公司公开了五角大楼文件案的部分录音["纽约时报公司诉合众国案"(*New York Times Co. v. United States)(1977)],这一行为促使伯格·沃伦首席大法官停止与档案馆按照惯例进行录音带交接。由档案馆保管的事宜直到1986年才重新恢复,但是也仅在征得同意并签订书面文件的情形下才可以将录音的文稿用于教学、研究以及非商业的使用。

1992年以前,对录音磁带的利用相对比较少,直到新出版社宣布要出版一套时长9个小时,包括经编辑的23个案件在内的辩论磁带后,这一状况才有所改观。联邦最高法院以诉讼相威胁,但是当广播网、电视网以及新闻编辑批评法院思想保守时,事态才有所缓和。今天,任何人都可以在位于马里兰州的马里兰大学的国家档案馆获得音频材料。

录音档案包括所有的口头辩论、获准进入联邦最高法院法庭的条件、宣读的意见以及一些特别的公众事件。从2000年的审期开始,联邦最高法院将口头辩论的文字记录传到网上,网址为 www.supremecourtus. gov。可以通过西方出版公司(*WESTLAW)查询 1990 年以来的文字记录,也可以通过 LEXIS(*LEXIS)检索 1979 年以来的文字记录。联邦最高法院的图书馆保存了 1968 年以来的录音的文字记录。对于 1968 年以前案件的文字记录,该图书馆有选择地进行了保存。最早的文字记录可以追溯到 1935 年。从 2004 年开始,联邦最高法院在文字记录中采用法官的名字来作区分。

从 2000 年 12 月起,这种政策有些转变,在"布什诉棕榈滩县选举委员会案"(Bush v. Palm Beach County Canvassing Board)和"布什诉戈尔案"(Bush v. Gore)中,联邦最高法院同意同天广播延期。这种实践已经被广泛运用于此后的许多案件中,因为这是服务于公共利益的需要。

未经编辑的辩论录音,偶尔也包括判决意见的宣判,可以在 www.oyez.org 网站的 OYEZ 项目获得。

参考文献 Irons, Peter H, and Stephanie Guitton, *May It Please The Court*. (1993). Mersky, Roy M, and Kumar Percy, "The Supreme Court Enters the Internet Age: The Court and Technology," *LLRX. com*, http://www.llrx.com/features/supremect.htm.

[Jerry Goldman 撰;胡海容译;林全玲校]

税收免除[Tax Immunities][①]

如果某一州政府或者联邦政府可以就其他州政府实行征税,就会影响联邦体系的活力,正是基于这种担心,产生了各政府之间相互豁免税收的原则。在"麦卡洛克诉马里兰州案"(*McCulloch v. Maryland)(1819)中,首席大法官约翰·马歇尔(*Marshall)认为"征税的权力意味着破坏的权力"(p.431)。他在该案中所确立的税收豁免原则被认为是对保护宪法体制的不满。到 20 世纪 30 年代,各州和联邦政府之间相互联系因而要求税收豁免的观念和原则日益高涨,这时,政府的财政需求却为这一原则添加了压力,最高法院的判决也限制了这一原则适用的范围。

在麦卡洛克案中,联邦最高法院对马里兰州的一项制定法进行了合宪性审查,该立法要求,未经本州立法机构特许而在本州经营的银行,需以本州供给的盖印纸张发行票据(纸币),或者向州政府每年支付必要费用。马歇尔大法官的判决认定,美国银行可以豁免这些负担,这给各州之间的相互税收豁免提出了严峻的问题,包括这种豁免的根据问题、州政府和联邦政府之间豁免的不对称性问题,以及侵害性征税的特征问题。在"麦卡洛克案"中,联邦政府能够获得州政府的税收豁免并没有明确的宪法条文依据,相反,却体现于这些文献中确定联邦宪法和法律至高无上性的文献结构中。

"税务官诉戴案"(*Collector v. Day)(1871)认为,联邦政府不能向州政府的法官征收薪金所得税,它援引宪法结构体系和第十修正案(the *Tenth Amendment)作为州互惠地获得联邦政府的税收豁免的基础,但是由于这种豁免来源以及联邦政府结构体系的差异,所以,联邦政府的豁免与州政府获得联邦政府的税收豁免也不同。宪法第 6 条的最高条款和对各州在国会利益的表述,指导联邦最高法院得出这样的结论:两种政府间的豁免是不对称的。

直到 20 世纪 30 年代联邦最高法院的判决不再像以前那样给予这条原则广泛的适用范围之前,与政府间税收豁免原则相违背的各种税收的种类及其数量都显示出日益增多的态势。在"麦卡洛克案"随后的几年,政府间税收豁免原则开始保护雇佣工人、承租人、小商贩、专利及著作权持有人(*patent and *copyright holder)、政府债券持有者免予各种各样的联邦税收和州税收。这些豁免源自这样的理念:第三方的征税有可能增加与他们之间有契约关系的政府的经济负担,而这种经济负担是违反宪法原则的。

在 20 世纪 30 年代,法院抛弃了经济负担的考量标准,转而采用合法影响范围标准来认定税收是否违宪。30 年代到 40 年代期间,大多数对第三方的税收免除被推翻。尽管这一时期政府债券持有者的利息收入免税并未受到影响。富兰克林·D. 罗斯福(Franklin D. *Roosevelt)政府 1937 年改变了以前联邦政府的立场,承认州政府有权对联邦签约者征税,并试图于 1938 年对各州的承租人及雇佣工人征收联邦所得税。法官费利克斯·法兰克福特(Felix *Frankfurter)在奥基夫引起的"格拉雷斯诉纽约州案"(Graves v. New York ex rel. O'Keefe)(1939)所持的并存意见中,对以前对这一原则的扩展表示否定,因为它在政府财政需求膨胀时(p.490),未考虑到联邦主义的实际运作状况。在更晚一点的"南卡罗来纳州诉贝克案"(South Carolina v. Baker)(1988)中,联邦最高法院在拒绝对州政府债券持有人给予宪法豁免权的意见中,支持联邦政府对登记的州政府债券利息享有税收利益。小威廉·约瑟夫·布伦南(William J. *Brennan)大法官在贝克案中对政府间税收豁免原则所保留的部分总结如下:"州政府不能直接向联邦政府征税,但可向与它有业务往来的任何私人当事人征税……只要该税收对合众国以及与它进行交易者没有歧视对待"(p.523)。这一意见表明,"某些非歧视性联邦税收可以直接从各州征收,即便各州并不能直接向联邦政府征收与此平行的税收"(p.523),再次重申了这一原则的不对称性。

---

① 另请参见 State Taxation。

政府间税收免除原则已经发生了变化。这样的变化是由于税收对联邦主义的潜在威胁的担忧的减弱、对政府服务需求的增多以及州及联邦收入的增加所导致的。

参考文献　Thomas Reed Powell, "The Waning of Intergovernmental Tax Immunities," *Harvard Law Review* 58 (1945): 633-674; Thomas Reed Powell, "The Remnant of Intergovernmental Tax Immunities", *Harvard Law Review* 58(1945): 757-805.

[Carolyn C. James 撰;张伊明译;胡智强校]

宪法征税与开支条款[Taxing and Spending Clause]

国会"规定并征收税金、捐税、关税和其他赋税,用以偿付国债并为合众国的共同防御和全民福利提供经费"(第1条第8款)的权力是一项至关重要,同时又容易引起争议的权力。

这一条款的准确含义一直不明确。这跟此条款在宪法中出现的位置以及怪异的措辞有很大关系。一种解释认为,该条款赋予国会广泛的权力以保障公共福利(*General Welfare)。这种理解认为,这一条款是宪法列举的国会各种权力中的第一项权力(它的确在第1条第8款所列举出的很多内容中位居前列),而且,这符合字面解释(参见 Implied Power)。但是,这一解释违背了联邦政府是有限权力政府的前提,这将使宪法中开列权力列举清单显得多余。这种观点从来没有得到权威的认可,并且,在"合众国诉巴特勒案"(United States v. *Bulter)(1936)中,也被联邦最高法院正式否定过。

另一个极端是,詹姆斯·麦迪逊(James *Madison)和托马斯·杰斐逊(Thomas *Jefferson)认为,宪法征税与开支条款没有赋予国会任何额外的权力——它只不过是对这一特定权力的总结或概括描述。按照这一观点,该条款只是赋予国会征税与开支权,以促使其实施紧随其后所列举出的一系列权力。这一解释在巴特勒案中同样被否定。

亚历山大·汉密尔顿(Alexander *Hamilton)在他的《1792年制造业报告》(1792 Report on Manufactures)中提出了第三种观点,认为征税与开支条款授予国会一种独立的、独特的权力,因此,它存在于其他授权之外,不受宪法其他授权的限制。这一解释使国会可以为了公共福利而享有实体性的征税与开支权力,并且,这种权力存在于其执行所列举的其他权力而享有的征税与开支权力之上并位高于它。

在巴特勒案中,联邦最高法院接受了汉密尔顿的见解。但是欧文·罗伯茨(Owen *Roberts)大法官将这一点进一步明确为"征税与拨款权力仅可扩展于完全区别于地方的国家福利"(p.67),并且在最后的分析定性中,联邦最高法院有权裁定国家福利由什么组成。但是,在巴特勒案中对联邦计划是否符合公共福利却未作判定,因为法院以第十修正案(the *Tenth Amendment)为由撤销了该立法。

但是,不到一年,联邦最高法院又抛弃了在巴特勒案中的看法。在"赫尔夫林诉戴维斯案"(*Helvering v. Davis)(1937)中,联邦最高法院认为,尽管国会的征税与开支权力受公共福利条款制约,但是"国会享有自由裁量权,除非这一选择确实错误,或者属于专权"(p.640)。没有任何一项有征税与开支条款的立法曾因不符合公共福利条款而被宣布无效,而且也不可能会有。

开支权力还引发了其他宪法问题。国会自然可以对其资金的支出施加某些"非强迫性"限制,包括对接受联邦基金者的要求,或者限制以某些方式行事,这一点无论接受者是州[比如,在"南达科他州诉多尔案"(*South Dakota v. Dole)(1987)中要求各州将允许饮酒的最小年龄规定在21岁,否则部分没收他们在联邦的公路基金],还是私人。当然,由于《权利法案》中的不同规定,国会的开支权力也受到了限制。

该条款中有关税收方面的规定同样引起了争议,在联邦宪法第十六修正案(the *Sixteenth Amendment)被通过前,国会被要求"分摊"所有的直接税(如人头税),但是,消费税只需"统一"即可。对此,联邦最高法院在1900年的判决中认为只需地理上的统一即可["诺尔顿诉穆尔案"(Knowlton v. Moore)(1900)]。因此,将某种税收归入消费税类税收有优势,如此一来,这些税收便不再被视为是直接税。1913年的联邦宪法第十六修正案在很大程度上结束了这种争议,它赋予国会对"源于任何来源"的收入征税,并且"无需分摊"。

征税条款和开支条款一样,是在国会的其他权力之外被赋予的一种独立的权力。但是,如果某一税收因与国家收入意图相关,它就可能不能根据征税权而获得正当性,而只能根据国会其他权力,比如商业权力(*commerce power)而获得正当性。然而,自罗斯福新政(*New Deal)以来,法院对税收权力的解释非常大度,并且,无论在哪种情况下,由于国会基于商业条款的权力范围近年来日益扩大,使二者在这方面的区别仅具纯粹理论上的意义。

[William Lasser 撰;张伊明译;胡智强校]

泰勒诉路易斯安那州案[Taylor v. Louisiana, 419 U. S. 522(1975)]①

1974年10月16日辩论,1975年1月21日以8比1的表决结果作出判决;怀特代表法院撰写判决意见,伯格(Burger)持并存意见,伦奎斯特反对。泰

---

① 另请参见 Gender;Trial by Jury。

勒案是由一位被控犯有强奸罪的人起诉的,他曾向路易斯安那州法院主张,"纯自愿"陪审团服务的规定违反了联邦宪法第六修正案(the *Sixth Amendment)赋予他从该区的代表性人物中选择陪审团人员的权利,但是未获成功。在"霍伊特诉佛罗里达州案"(*Hoyt v. Florida)(1961)中,联邦最高法院确认一名女性被告犯罪,她曾提出同样的主张,即认为佛罗里达州的规定违反了她受平等保护(*equal protection)的权利及由她的同性组成陪审团来进行审讯的权利,佛罗里达州的陪审员登记规定仅产生了10名女性陪审员,而该州陪审员库中的陪审员总数达9900名,而且10名女性陪审员中没有一名女性被指派来为她的定罪陪审。

在泰勒案中,联邦最高法院认为,首先,把女性整体排除在陪审团之外违反了任何一名被告(无论男性还是女性)从该区的代表性人物中选择陪审团成员的基础权利(*fundamental right);其次,女性作为一个阶层,不能被排除在陪审团之外,也不能在全体陪审员几乎全部是男性的情况下被自动排除。由此,法院有力地推翻了"霍伊特诉佛罗里达州案"(Hoyt v. Florida)(1961)中的判决,尽管很明显它并非是基于联邦宪法第六修正案。4年以后,在"杜伦诉密苏里州案"(Duren v. Missouri)(1979)中,法院将泰勒案予以引申,宣布密苏里州的一项制定法无效,该法允许女性免除陪审义务,这导致了该州的陪审团成员中至少85%以上皆为男性。

[Karen O'Connor 撰;张伊明译;胡智强校]

田纳西州诉莱恩案[Tennessee v. Lane, 124S. Ct.1978;158L. Ed. 2d 820 (2004)]

2004年1月13日辩论,2004年5月17日以5比4的表决结果作出判决;史蒂文斯代表本人及布雷耶、金斯伯格、苏特、奥康纳撰写判决意见,伦奎斯特、斯卡利亚和托马斯撰写反对意见。在"田纳西州诉莱恩案"(Tennessee v. Lane)(2004)中,联邦最高法院认为,《美国残疾人法》规定残疾人无法进入法院大楼时,允许其对州提起诉讼是合宪的。

莱恩案始于莱恩·乔治对田纳西州提起的诉讼,莱恩是一个依靠轮椅行走的下身麻痹患者。在一项刑事指控中,莱恩被传召出庭,但是他发现依靠轮椅无法到达二楼的法庭。法院大楼没有电梯也没有斜坡,莱恩不得不爬了两层楼梯才到达法庭。当他再次被传召时,莱恩拒绝再爬楼梯或者被法院的工作人员抬上去,但是他因未能出庭而遭到了监禁。

《美国残疾人法》第2条规定,禁止在公众项目、服务以及活动中歧视残疾人,莱恩认为自己无法进入法院,田纳西州的行为已经违反了该法。但是田纳西州根据联邦宪法第十一修正案(*Eleventh Amendment)提出抗辩——联邦司法权不应延伸到"依据普通法或者衡平法进行的另外一个州的公民对其中一个州提起的诉讼"。尽管从字面意思来看,仅仅是禁止由另外一个州的公民在联邦法院针对州提起诉讼,但是联邦最高法院已将联邦宪法第十一修正案解释为从更广的范围来确认州的主权豁免(*sovereign immunity),即扩展到由本州公民提起的金钱损害赔偿诉讼。

莱恩引用了联邦宪法第十四修正案(*Fourteenth Amendment)第5款作为回应,该款授权国会有权通过立法来实施联邦宪法第十四修正案以便对抗州的侵犯。根据联邦最高法院的规则,这就包括有权撤销州的主权豁免,并授权可以对州提起金钱损害赔偿诉讼["菲兹帕特里克诉比泽尔案"(Fitzpatrick v. Bitzer)(1976)]。但是在"博尔纳诉弗罗里斯案"(*Boerne v. Flores)(1997)中,联邦最高法院裁决,国会只能对私人旨在寻求联邦宪法第十四修正案的救济时授权私人进行诉讼,而不能允许私人超越这个限制并据此从实质上重新定义这一权利。联邦最高法院承认,究竟如何区分"寻求联邦宪法第十四修正案救济的诉讼"和"重新定义这一权利"是"不容易的",为此,法院裁决救济必须与权利的侵犯相"一致和相称"["博尔纳诉弗罗里斯案"(*Boerne v. Flores)(1997)]。

自博尔纳案后,联邦最高法院运用"一致的和相称"的标准阻止了一系列来自州的寻求金钱损害赔偿救济的案件["佛罗里达州塞米诺族诉佛罗里达州案"(*Seminole Tribe of Florida v. Florida)(1996);"学院储蓄银行诉佛罗里达学费预付中学后教育基金委员会案"(College Saving Bank v. Florida Prepaid Postsecondary Ed. Expense Bd.)(1999);"合众国诉莫里森案"(United States v. *Morrison)(2000);"金梅尔诉佛罗里达州教务理事会案"(Kimel v. Florida Board of Regents)(2000)]。在"亚拉巴马诉加勒特案"[(Alabama v. Garrett)(2001)]中,联邦最高法院裁定,依据《美国残疾人法》,用雇用歧视条款作为私人诉讼理由是不恰当的。法院总结道,联邦宪法第十四修正案中的平等保护条款(the *Equal Protection Clause)仅仅禁止"不合理"地歧视残疾人,而依据《美国残疾人法》授权可以进行的诉讼超过了这个限度。

在莱恩案中持多数派观点的约翰·保罗·史蒂文斯法官主张,莱恩案与加勒特案不同,他认为,莱恩案涉及的是法院,因而能够被看成是实施联邦宪法第十四修正案正当程序中的刑事司法权,特别是进入法庭的权利。史蒂文斯辩论道,因为存在基础性的宪法权利,要对此实施保护需要更强有力的救济。史蒂文斯将调查、特别小组的报告、司法裁决、议会的证言归纳后认为,国会拥有充分的证据显示残疾人长期以来在各个公共服务领域受到歧视,这其中也包括法院;而《美国残疾人法》第2条对此规定的救济慎重而且相称。首席大法官威廉·伦奎斯特（William *Rehnquist）对史蒂文斯引用的议会证据极为不屑。伦奎斯特认为，本案的争点在于残疾人是否被法院拒之门外，而没有证据可以证明这一点。同时伦奎斯特辩论道，联邦最高法院从未规定残疾人享有可以依靠轮椅进入法院的权利；联邦宪法第十四修正案仅仅要求州不得拒绝个人进入法院——而且田纳西州也已经提出要把莱恩抬进法院。

此案中决定性的投票来自桑德拉·戴·奥康纳（Sandra Day *O'Connor）大法官。这次奥康纳没有参与"联邦主义五人小组"，她在莱恩案中将第五票投给了史蒂文斯为代表的多数派。因此莱恩案，再加上"内华达州人力资源部诉希布斯案"（Nevada Dept. of Human Resources v. Hibbs）（2003），在后一案中联邦最高法院反对依据联邦宪法第十一修正案就《家事及病假法》对州提起诉讼，这都表明联邦最高法院限制对州提起诉讼。

[Thomas F. Burke 撰；胡海容译；林全玲校]

联邦宪法第十修正案[Tenth Amendment]①

联邦宪法第十修正案于1791年得到批准成为《权利法案》的一部分，该修正案规定："宪法未授予合众国、也未禁止各州行使的权力，由各州各自保留，或由人民保留"。在所有由联邦主义的反对者在批准宪法的各州大会中提出的修正案中，要求保留权力条款是最普遍的。许多联邦主义者发言人，包括亚历山大·汉密尔顿（Alexander *Hamilton）、詹姆斯·麦迪逊（James *Madison）和詹姆斯·威尔逊（James *Wilson）认为，这样的条款实属多余。但是，对于中央权力的担心是非常普遍的，而且，对于州能够自主地处理内部事务提供明确保障的支持更构成了不可抗拒的多数比例。为回应这种担心，詹姆斯·麦迪逊在《联邦党人文集》（*The Federalist）一书的第45篇写道，联邦政府的权力是"很少的并且是清晰的"，"原则上仅延伸到对外的目标，如战争、和平、谈判和涉外商业"，而州保留的权力是"大量的并且是未穷尽列举的"，就常见的情况来说，它"延伸到生存、自由、人民的财产、内部命令、进步以及州的繁荣等事务，这些通常情况都归州管理"。在《联邦党人文集》第46篇中麦迪逊重申了分权原则，他阐述道，"实际上联邦政府和州政府是不同的机构，不同人民的代理人和受托人各自享有不同的权力，同时也是为了完成不同的目标"。联邦主义者几乎没人认为修正案是有害的，因此当麦迪逊把保留权力条款纳入其1789年所提出的修正案时，也就不觉得奇怪了。

托马斯·杰斐逊（Thomas ·*Jefferson）认为，联邦宪法第十修正案是"宪法的基础"，并且说道："在既定的界限内哪怕跨出只有一步……就等于权力没有限制，不受任何限定的约束"。杰斐逊对此规定坚持"严格解释"，几十年来一直为支持州主权（*state sovereignty）者所拥护。

相反，财政部长汉密尔顿先生在同样的场合下以"扩大解释"阐述了这一观点，这一解释被拥护扩大国会权力的人们视为典范；但是汉密尔顿的观点与第十修正案的实质并不冲突。实际上，对他而言，保留权力条款是任何一个共和国政府中都存在的原则，在宪法予以明确是完全多余的。既然汉密尔顿明确拒绝任何主张国会可以干预各州内部事务，比如卫生管理、道德、教育及人们的福利的要求，那么，他的观点并非反对联邦宪法第十修正案本身，而只是针对它的必要性。

联邦最高法院就此问题早期表明的态度是坚持这样的立场：治安权（*police power）向来都专属于各州。即便是首席大法官约翰·马歇尔（John *Marshal）在麦卡洛克诉马里兰州案（*McCulloch v. Maryland）（1819）的判决中也认为，联邦第二银行合乎宪法，这就严格地体现了汉密尔顿1791年提出的理由中的推论，他在后来也因此坚决否认"因解释国会权力而使其有所扩大"有任何作用，并且坚持他在行使宪法所赋予权力时一向依据的以"合法的方式"进行裁决。

从杰斐逊总统到亚伯拉罕·林肯（Abraham *Lincoln）总统，他们一致认为杰斐逊将第十修正案称为宪法之基础是正确的。确实，全国各地不同的州政府一度公然反抗联邦政府。在路易斯安那购买案（1803），1812年战争期间以及墨西哥战争阻止联邦诉讼期间（1846—1848），新英格兰都曾威胁要退出联邦。伊利诺伊州、俄亥俄州及威斯康星州在许多情况下都反对过联邦法律。南部各州试图阻止联邦法律的实施，1799年，19世纪30年代及后来的1860—1961年间，有11个州退出。

随着内战（*Civil War）的爆发及其后来的重建（*Reconstruction），一切都发生了临时的变化，联邦政府的权力在战争时大大增强，尽管后来缩减了很多，但再也不像战前那般微不足道。更确切地说，就战败后失去权势的南部各州而言，联邦宪法第十修正案实际上在战后的数年间被中止了。通过军事占领，国会可直接统治南部各州，并且设立自由人局来全面行使以前对奴隶的治安权。从更长远的意义来看，联邦宪法第十四修正案（the *Fourteenth Amendment）为议会将以前被认为是由州保留的权力采取相应的行动打开了方便之门。

但是，宪法革命是过渡性的。1883年，已就联

---

① 另请参见 Dual Federalism; Federalism; State Sovereignty and States' Rights。

邦宪法第十四修正案保护自由人的权利作出限制的联邦最高法院又宣布,1875年《公民权利法》违反宪法,因为它"与第十修正案矛盾"[民权系列案(Civil Rights Cases) p.15]。在随后的几十年内,法院确实推翻了许多州行使治安权的行为——与联邦宪法第十修正案中"宪法禁止赋予各州"的保持一致——但是,它也从未允许国会自身行使治安权。

对联邦宪法第十修正案的侵蚀在20世纪初就开始了。1895年,国会通过一项法案,禁止各州商业贸易中承销彩票,该法案在名义上是为了管理商业贸易,但其真实意图是限制博彩,这一直是专属于各州的一项产业。在"钱皮恩诉埃姆斯案"(*Champion v. Ames)(1903)中,联邦最高法院以5比4的表决结果作出判决,支持该法案。第二年,在"麦克雷诉合众国案"(*McCray v. United States)中,国会提出一项法案,对人造奶油征收抑制行业发展性的税收,联邦最高法院判决表示支持,这就等于允许国会行使治安权以保护市民的健康安全,尽管国会利用了联邦宪法第8条第1款赋予的为"公共福利"(*general welfare)合法地行使征税的权力。

但是,联邦最高法院的裁决并不一致,这使不少大法官相当不满,甚至愤怒,以致在随后的30年内分成两派。这段时间的紧张状态存在于这两方面:一方面是第十修正案,另一方面是国会管理各州间贸易往来的权力及征税的权力。对根据商业条款而获得正当性的最重要的治安权法律,包括《洁净食品和药物法》(1906)、《药品、肉类检验法》(1906,1907)和《贩卖妇女法》(1910),联邦最高法院对这些都予以支持,即使它曾在"凯洛诉合众国案"(Keller v. United States)(1909)中判决一项保护外国妇女不受不道德交易的法律是对联邦宪法第十修正案的非法侵犯。根据征税权条款而获得正当性的最重要的治安权力法律有《含磷火柴法》(1912)和《反麻醉剂法》(1914),两者都得到了联邦最高法院许可,尽管有人认为它们违反了联邦宪法第十修正案。

接着在1918年,联邦最高法院的做法则令人惊讶。国会为了与当时的改革精神保持一致,于1916年通过一项法案,禁止州际矿产贸易运输和工厂雇用未满14岁的童工。两年后,在"哈默诉达根哈特案"(*Hammer v. Dagenhart)中,联邦最高法院裁定该项法律违反宪法。大法官威廉·R. 戴(William R. *Day)代表了大部分人的意见,他将"明确"一词插入联邦宪法第十修正案:"有一点绝不能忘记,那就是国家是由各州组成的,因此我们才赋予地方政府权力,并且赋予这些州及人民那些未明确赋予国家政府而保留下来的权力"(p.275)。第二年,联邦最高法院确实对使用麻醉剂征收禁止性税收予以支持,但在"贝利诉德雷克塞尔家具公司案"(*Bailey v. Drexel Furniture Company)(1922)中,它以政府的税收权力为由判决第二部童工法不合宪。总而言之,联邦最高法院向国会发出的信号是模糊不清的。

新的问题随即出现。国会基于各种理由表决对州进行补助金资助,从防止森林火灾到对孕妇提供医疗照顾。1923年,有人对此提出质疑,理由是它削弱了联邦宪法第十修正案。在"马萨诸塞州诉梅隆案"(*Massachusetts v. Mellon)(1923)中,联邦最高法院否定了这一理由,宣布"本法令没有强加任何义务,只不过突出了一项选择权,对此各州可自主选择接受或拒绝"(p.480)。最终,尤其是在20世纪50年代之前,补助金和"岁入分享"增长如此迅速,以致使各州在许多方面成了联邦行政管理机关的附属物。

与此同时,所有的问题都来到一个终点——随着经济大萧条和第二次世界大战(*World War II)的到来,联邦宪法第十修正案变得一钱不值。在1934年到1935年间,联邦最高法院宣布许多紧急经济复苏政策不合宪法,而这些政策是富兰克林·罗斯福(*Franklin Roosevelt)"新政"计划(New Deal)中的部分内容。其中最有影响的是《国家工业复兴法》,该法授权总统与产业界进行协商以起草"公平交易实践法",它将具有法律效力。在"谢克特禽畜公司诉合众国案"(*Schechter Poultry Corp v. United States)(1935)中,代表联邦最高法院起草判决意见的首席大法官查尔斯·埃文斯·休斯(Charles Evans *Hughes)给出了三点理由来否决该法的效力,这使得该法在联邦宪法第十修正案面前稍纵即逝。但是,面对政治攻击,联邦最高法院的组织和方向发生了根本性的变化,很快,大部分法官都成了罗斯福所指定的人,联邦宪法第十修正案就此终止。在"马尔福德诉史密斯案"(*Mulford v. Smith)(1939)中,联邦最高法院完全否认了曾在童工案件中基于联邦宪法第十修正案而作出的判决。在"合众国诉达比木材公司案"(United States v. *Darby)(1941)中,首席大法官哈伦·菲斯科·斯通(Harlan Fiske *Stone)将联邦宪法第十修正案归为空洞无用的条文,他认为其只不过是政府间关系的一种宣言,没有任何实在意义。

如果说联邦宪法第十修正案曾经是不言自明的,而自从威廉·H. 伦奎斯特大法官(William H *Rehnquist)在"弗赖诉合众国案"[(Fry v. United States)(1975)]中发表了唯一的反对意见后,情况发生了变化。仅仅1年以后,在"全国城市联盟诉尤塞里案"(National League of Cities v. Usery)(1976)中,联邦最高法院的判决认为,将公平劳动标准法适用于州及地方政府雇员违反了联邦宪法第十修正案。该判决公开了许多问题,但是当哈里·A. 布莱克蒙(Harry A. *Blackmun)大法官出人意料地改变自己的投票时,联邦最高法院在"加西亚诉圣安东尼奥都市交通局案"(*Garcia v. San

Antonio Metropolitam Transit Auehoriey)(1985)的判决中明确推翻了全国城市联盟案的判决。在"纽约州诉合众国案"(New York v. United States)(1992)中,联邦最高法院分析道,国会为鼓励州遵守《1985年低辐射废弃物政策修正法案》从财政以及准入方面给予激励,这是国会有效行使其权力的表现。然而,国会提供给州政府选择的第三种激励手段是,或者承让废弃物的所有权或者遵守《1985年低辐射废弃物政策修正法案》的规定。在联邦最高法院看来,这最后一项规定,也被称为"获权条款",超越了鼓励的界限,从而成为强迫性手段。同样的,在"普林斯诉合众国案"(*Printz v. United States)(1997)中,联邦最高法院裁决,国会不能发布"指令要求州解决特定的问题,也不能命令州的官员……管理或者实施联邦的管制项目"。最近一段时间,在"雷诺诉康登案"(Reno v. Condon)(2000)中,联邦最高法院裁决,《1994年驾驶员隐私保护法》并没有违反"纽约州诉合众国案"(New York v. United States)和"普林斯诉合众国案"(Printz v. United States)中确立的联邦主义的原则;因为未经授权披露驾驶员的个人信息是"州际商业上的事",这也是国会管理的合适对象。

围绕联邦宪法第十修正案的解释问题产生的冲突不可避免地仍将作为热点话题持续地摆在联邦最高法院大法官面前,鉴于州将继续作为一个政治实体和法律实体而存在,而联邦宪法第十修正案仍将是联邦宪法的一部分,源于双重主权和分立主权的紧张状态也将继续存在。

参考文献 Raoul Berger, *Federalism: The Founders' Design*(1987). E. S. Corwin, *The Commerce Power Versus States Rights* (1936). William E. Leuchtenburg, "The Tenth Amendment over Two Centuries: More than a Truism" in *The Tenth Amendment and State Sovereignty: Constitutional History and Contemporary Issues*, edited by Mark R. Killenbeck (2002). Charles A. Lofgren, "The Origins of the Tenth Amendment: History, Sovereignty, and the Problem of Constitutional Intention," in *Constitutional Government in America*, edited by Ronald K. L. Collins (1980), pp. 331-357. Ruth Locke Roettinger, *The Supreme Court and State Police Power*(1957).

[Forrest McDonald 撰;Robert M. Hardaway and Adisa Hubjer 修订;张伊明、胡海容译;胡智强、林全玲校]

特米涅罗诉芝加哥案[Terminiello v. Chicago, 337 U. S.(1949)]①

1949年1月1日辩论,1949年5月16日以5比4的表决结果作出判决;1949年6月13日拒绝了再审的申请;道格拉斯代表法院起草判决意见,法兰克福特、文森、杰克逊反对。牧师特米涅罗在一个演讲厅里对大量听众发表演说,这导致一群反对者聚集在演说厅外面,因为他们公然抨击特米涅罗反犹太主义,并支持法西斯主义。由于担心引起暴力冲突,警察以扰乱秩序罪逮捕了他。伊利诺伊州法院基于"查普林斯基诉新罕布什尔州案"(*Chaplinsky v. New Hampshire)(1942)中所确立的"攻击性言论"原则支持了这一定罪,但是被联邦最高法院以勉强过半数的判决推翻。

大法官威廉·O. 道格拉斯(William O. *Douglas)在就这一案件的"先决问题"进行裁决时认为,初审法官仅仅以特米涅罗牧师的言论激起争议及愤怒这一事实就认定其有罪,这违反了联邦宪法第一修正案(the *First Amendment)具有明显、即发的危险(*Clear and Present Danger)引发实质性的暴力或混乱的要求。

所有的反对者都指责道格拉斯的判决理由,认为它没有直接面对这一问题:受情感驱使而对政治观点的表达提出的指控,依据宪法是否应受保护。首席大法官弗雷德·文森(Fred *Vinson)认为,在愤怒的听众周围用"攻击性的言论"进行演说当然应认定有罪。罗伯特·H. 杰克逊(Robert H. *Jackson)大法官在他冗长的异议书中强调,本案的争议是,演说厅中的众多支持者和演说厅外面愤怒的反对者这一事实的存在,使特米涅罗牧师的言论似乎在故意煽动暴力。

在演说者有可能引发敌对听众的愤怒的情况下,如何适用抽象的联邦宪法第一修正案,一直是一个难题。特米涅罗案正好是此问题最好的例证。

[Norman L. Rosenberg 撰;张伊明译;胡智强校]

开庭期[Terms]

联邦最高法院开庭的期间被称作法院的开庭期。《1789年司法法》(*Judiciary Act of 1789)规定开庭期从2月和8月的第一个星期开始,以使法官们在气候适宜的春秋两季进行巡回审判(*circuit riding)。对联邦司法权力(*judicial power)范围的政治纠纷导致1802年撤销了《1801年司法法》(*Judiciary Act of 1801),而该法将大法官从巡回审判的职责中解脱出来,并将开庭期固定在6月和12月的第一个星期一开始。在对1802年法尚未进行合宪性审查前,国会又重新确立了以前2月的开庭期,使1801年12月至1803年2月这段期间处于休息状态,同时,8月的开庭期大法官们裁定分配给第四巡回法庭。后一开庭期于1839年废除。

后来的开庭期是根据日益增加的积压案件而变化的。为了避免因开庭期的增加而妨碍春季的巡回

---

① 另请参见 Speech and the Press。

审判，国会于 1826 年将起始日提前到 1 月的第二个星期一，1844 年又提前到 12 月的第一个星期一，并允许在 3 月中旬休庭。在 19 世纪 50 年代，在偶数年里联邦最高法院 3 月休庭，而在 4 月重新开庭，5 月又休庭。经 1866 年的制定法授权可适用特别开庭期，法院通过在 10 月份召开会议的方式扩大了开庭期，1873 年国会正式将起始日设立在 10 月份的第二个星期一。1917 年，由于法院积案如山，国会将起始日又提前到 10 月份的第一个星期一（the *First Monday）。在 1974 年 7 月 24 日，联邦最高法院在"合众国诉尼克松案"（United States v. *Nixon）中发表了具有里程碑意义的观点，而 5 月到 6 月这一传统的休庭期间也策略性地推迟了。

特别开庭期是极为罕见的，主要包括涉及"奎因的单方诉讼案"（Ex parte *Quirin）(1942)、"罗森伯格诉合众国案"（*Rosenberg v. United States）(1953)、"库珀诉阿伦案"（*Cooper v. Aaron）(1958) 及"奥布赖恩诉布朗案"（O'Brien v. Brown）(1972)。当联邦最高法院于 1979 年开始适用连续开庭期后，特别开庭期便不复存在，而连续开庭期结束于第二个开庭期到来前的 10 月的第一个星期一，并于 1989 年以惯例的方式正式确立。当联邦最高法院就 2002 年《两党竞选改革法》["麦康奈尔诉联邦选举委员会案"（*McConnell v. Federal Election Commission）(2003)]进行扩大的言词辩论时，便将 2002 年 10 月的开庭期延至 2003 年 6 月 27 日到 2003 年 9 月 8 日，准确地说就是 2003 年 10 月开庭期开始之前的一个月。

[Peter G. Fish 撰；张伊明、胡海容译；胡智强校]

美国准州与新州[Territories and New States]①

联邦宪法第 4 条第 3 款授权国会为联邦准州制定专门"条例和规章"，并规定新州"可经国会接纳而加入联邦"。后一条款的许可性质引起相当大的争议：尽管有《西北法令》（the *Northwest Ordinance）(1787) 的约定，国会显然没有任何宪法义务去设立新州。准州权的拥护者们抵抗这一意旨，强调国会只是作为将来新的各州的受托人管理准州，但是，在"美国保险公司诉坎特案"（*American Insurance Co. v. Canter）(1828) 中，联邦最高法院企图回避这一问题，并且遵从国会对准州的"普遍主权权利"（p.545）。

到美国内战（the *Civil War）时，有关准州内奴隶制状况的争论似乎要损害国会的权威，反对奴隶制的国会议员力图阻碍准许密苏里州成为一个奴隶制的州（1819—1820）引发了第一次比较严重的地区危机。后来的《密苏里妥协协议》以参议院通过认可密苏里州为一个奴隶制的州和认可缅因州为解放奴隶的州联系起来的方式维持了地区间的平衡，通过将奴隶制排除在纬度 36°—30° 以北之外，这种妥协的意图是为了以后在有关新州地位的争议方面取得先发制人的优势。但是在该协议所确立的界限以南，因墨西哥战争（1846—1848）而并入美国的广大领土使这一脆弱的地区和解协议面临着危险。1848 年 7 月，参议院采纳了《克莱顿和解协议》，请求联邦最高法院对来自准州法院的有关加利福尼亚州和新墨西哥奴隶制问题的上诉作出裁决。尽管众议院此时否定了克莱顿的解决办法，但国会不愿意因奴隶问题而承担责任，这在其 1850 年为犹他州和新墨西哥州、1854 年为堪萨斯州和内布拉斯加州根据"人民主权论"而组织政府时表现得非常明显。堪萨斯—内布拉斯加法案废止了《密苏里妥协协议》，确立了国会不干涉他国内政的原则，请求联邦最高法院在决定以后准州内的奴隶制问题中扮演决定性角色。在"斯科特诉桑福德案"（Dred *Scott v. Sandford）(1857) 中，首席大法官罗杰·布鲁克·托尼（Roger B. *Taney）宣布，《密苏里妥协协议》不合宪法，并且保证奴隶在整个准州内部可作为一种"财产"。

托尼对国会权威的挑战与准州系统的长期发展是相违背的。扩展联盟的关键机制是国会的授权法、授权召开州际制宪大会、规定联邦成员接纳条件。接下来的有关接受条件的谈判则是"政治交易"，联邦最高法院只是予以确认，因而，是超出其范围的["斯科特诉琼斯案"（Scott v. Jones）(1847)]。最重要的条件是用以保护联邦财产利益的。尽管拥有公有地的州政府在获得州的地位上很讨厌联邦的持续存在，但慷慨的封地及随即而来的联邦土地分配减弱了他们对臆想的不平等条件的抱怨。当然，所有各州对保持各州平等原则很感兴趣，这在限制国会对新州成立的职权时至为重要。

美国内战后，联邦最高法院明显扩大了其对地方政府的权威及在设立新州的程序方面的职责。1911 年，在"科伊尔诉史密斯案"（*Coyle v. Smith）中，法院推翻了国会授权法案中禁止新成立的俄克拉荷马州在 1913 年之前迁移首府城市的约定，新州平等原则最终获得合法地位。

在整个 19 世纪，准州内的居民拥有全面的宪法保障，因此可以有效地限制国会的"主权"。同时，国会放松了对准州政治的管制，扩大了自治范围；《威斯康星州组织法》(1836) 取代《西北法令》，成为国会法律规则的基本模式。

联邦权力的增长使准州权力的认可及国会权力的限制成为可能。但重要的是，对新的海外准州，联邦宪法并不必然遵守这一规则，即便"并入"的准州能够主张所有的宪法权利，也不能奢望在联邦中享

---

① 另请参见 Political Question。

有州的身份及成员资格["海岛系列案"(*Insular Cases)(1901—1904)]。

参考文献 Peter S Onuf, "Territories and Statehood," in *Encyclopedia of American Political History*, edited by Jack P. Greene, vol. 3 (1984), pp. 1283-1304.

[Peter S. Onuf 撰;张伊明译;胡智强校]

反恐怖主义战争[Terrorism, War on.]

参见 Detainee Cases。

特里,戴维·史密斯[Terry, David Smith]

(1823年3月8日生于肯塔基州托德县,1889年8月13日卒于加利福尼亚州拉斯罗普)曾任律师、法官。戴维·史密斯·特里是得克萨斯州的律师,加利福尼亚州最高法院的法官,是一个带有暴力史的政治机会主义者。特里成长于得克萨斯这个边境地区,曾有过违法记录。1855年他被选入加利福尼亚州法院,1857年至1859年任首席大法官,特里提出宗教信仰自由的观点,但普遍不为外国人及少数民族人民支持。1879年他被选入加利福尼亚州制宪会议。特里和大法官斯蒂芬·菲尔德(Stephen J. *Field)之间存在个人和政治上的仇恨,并且互不相让,最终导致特里在攻击菲尔德时死亡。

Richard Mawell Brown, *No Duty to Retreat: Violence and Values in American History* (1991).

[Gordon Morris Bakken 撰;张伊明译;胡智强校]

特里诉亚当斯案[Terry v. Adams, 345 U.S, 461 (1953)]①

1953年1月16日辩论,1953年5月4日以8比1的表决结果作出判决;布莱克代表法院宣布判决,明顿反对。这是最后一件所谓的白人预选案(*white primary cases)。1889年,在得克萨斯州的本德堡县(Fort Bend),蓝鸟民主联盟(Jaybird Democratic Association),或称蓝鸟党(Jaybird Party),为选举本县公务人员候选人而举行了一次非官方的预选。这些候选人将直接进入民主党预选,并必然获得提名,然后在基本没有竞争的大选中获选。白人选民自动成为其成员,但是黑人被排除在外。因此,这种"自治的、自愿的俱乐部"是故意组织起来剥夺黑人的权利并规避联邦宪法第十五修正案(the *Fifteenth Amendment)(p.463)的。

对此案并没有形成多数意见。大法官胡果·布莱克(Hugo *Black)认为,政府不能将黑人排除在与其有关的唯一选举之外。费利克斯·法兰克福特(Felix *Frankfurter)强调了州选举官员对这种歧视选举的介入。大法官汤姆·克拉克(Tom *Clark)认为,蓝鸟党附属于国家管理的民主党。8位法官似乎赞成蓝鸟党是在执行公共职能,因此,违反了联邦宪法第十五修正案。只有谢尔曼·明顿(Sherman *Minton)大法官表示不同意见,他认为,蓝鸟党从宪法上讲不过是另一种"压力集团"(pressure group) (p.494)。

该判决除标志了南部白人预选的终结外,还确立了一个先例,即国会可以在联邦立法中以联邦宪法第十五修正案来禁止非公开的种族歧视,《1965投票权法》(the *Voting Act of 1965)就是如此。

[Thomas E. Baker 撰;张伊明译;胡智强校]

特里诉俄亥俄州案[Terry v. Ohio, 392 U.S.1 (1968)]

1967年12月12日辩论,1968年6月10日以8比1的表决结果作出判决;沃伦代表法院起草判决意见,哈伦、布莱克及怀特持并存意见,道格拉斯反对。历年来,警察在调查中一直采用一种通常称为"令停与搜身"(*stop and frisk)的措施,命令一个可疑的人或交通工具不准动,以便进行讯问或其他简要的调查,有时还会拍打嫌疑人的衣服以确保其未携带武器。特里案是第一个确认"令停与搜身"是一种有效做法的联邦最高法院重要判例。

在特里案中,警察对两个人产生了怀疑,其中之一沿街行走,双眼盯着一家商店,走过来又走过去,窥视着同一商店,然后与他的同伙商谈。另外一个嫌疑人重复着这一举动,在警察跟踪第三个人之前这一行为持续了大约12次。警官认为,他们是在为抢劫进行"察看",并且有可能携带武器,于是走到他们面前,要求他们说出姓名并搜身,由此发现了特里及其同伴所带的手枪。在证实特里犯有私带武器罪的过程中,联邦最高法院推定:"当一个警官发现的异常行为使他根据自己的经验合理地断定存在犯罪活动,并且他所对付的人有可能带有武器且确实存在危险时,在调查这一行为的过程中,他作为一个警察而行动并进行了合理的讯问……他有权为保护自己及一定范围内的他人对这些人的外衣进行有限的搜查,以发现有可能被用以攻击的武器"(p. 30)。

这个相当谨慎的裁定并未解决围绕这一做法而产生的所有重要法律争端;许多问题在后来的判决中最终得以答复。但是特里案澄清了两个基本问题:"令停与搜身"既不受联邦宪法第四修正案(the *Fourth Amendment)的约束,也不受联邦宪法第四修正案的通常限制。有观点认为,"当警察不是在进行'专业逮捕'或'大规模搜查'时要求对方停下来,联邦宪法第四修正案根本不能对警察的行为施

---

① 另请参见 Race and Racism。

加限制"(p.19),联邦最高法院英明地指出,联邦宪法第四修正案中的保护并非因警方对于搜查行为的不同称谓而受限。需要考虑的是警官的行为是否合理,而非政府对它如何称呼。

在推断得出"令停与搜身"不需要相当理由(*probable cause)时,联邦最高法院在特里案中解释道,由于警察是在没有许可证的情况下实施这一行为的,因此不能依据联邦宪法第四修正案中的许可证条款(其中包含明确的"相当理由"要件)对其进行评判,而是"应按照联邦宪法第四修正案中概括的禁止不合理的搜查及扣押的规定来进行判定"(p.20)。持反对意见的大法官威廉·O.道格拉斯(William O. *Douglas)认为,多数派判决警察享有比法院更宽泛的搜查和扣押权力,这与以往的判决相冲突(p.36)。在这一点上道格拉斯是正确的,但是,他的观点只对特里案中的推理而不是判决结果提出了质疑。

特里案的结果是以"卡马拉诉市政法院案"(Camara v. Municipal Court)(1967)中的平衡标准为基础的,联邦最高法院引用并明确遵守了卡马拉案。卡马拉案中关于得到搜查令才能进行房屋搜查的依据,显然与联邦宪法第四修正案及其相当理由有关。但是,法院显然采取了一个明显低于联邦宪法第四修正案所要求的相当理由标准,并且通过"将搜查的迫切需要与搜查可能带来的侵犯进行比较、权衡",最终同意了该搜查(p.537)。由此可以认为,特里案中的警察行为也是需要"相当理由"的,只是比起通常所要满足的联邦宪法第四修正案的"相当理由"的标准要低,因为该行为对个人隐私(*privacy)及自由的侵扰是十分有限的,而执行搜查所服务的利益是重要的。

根据特里案就有关搜查的部分所确立的原则,警察若合理地怀疑某嫌疑人带有武器则可留住他进行搜身,从嫌疑人的衣服中拿走任何据其大小及密度有可能是武器的物体。作证时,无论最后它被证明是枪支还是可作为违禁品或证据而依法没收的其他东西,发现的物体都是可以被接受的;在"密歇根州诉朗案"(*Michigan v. Long)(1983)中,联邦最高法院否定了搜身的依据只有确信其是武器时才是可以接受的。(朗案同时还认为,按此推理,特里案所允许的保护性搜查可以扩至交通车辆上嫌疑犯曾进入的旅客包间。)

参考文献 George E. Dix, "Noarrest Investigatory Detention in Search and Seize Law," *Duke Law Journal* 85 (1985): pp.849-959.

[Wayne R. LaFare 撰;张伊明译;胡智强校]

测试案件[Test Cases]

人们通常认为,测试案件是这样一种案件:个人,更多的时候是利益群体,为了对某项法律的合宪性或特定的令人生厌的解释提出质询而启动的诉讼。另外,还有一种情形,虽然与传统意义上的"测试案件"有点不同,但也可宽泛地称为"测试案件"。有些人对法律提出质询,未必是想"向联邦最高法院起诉",只是因为他们认为这些法律不适当,希望他们关心的情况能在联邦最高法院了结;如20世纪50年代及60年代在南部饭店静坐的民权示威者,他们因各种轻微的不当行为而被控诉,这为联邦法院反对种族歧视提供了机会。其他人可能故意作出依法将遭致逮捕的行为,从而使该案被诉至联邦高等法院,如1989年国会通过《禁止焚烧国旗(*flag burning)法》之后提起的很多案件。在另外一种情形下,人们故意违反他们并不想违反的法律,而律师可能也只是想质询该法律的合法性而非避免被定罪。

上面提到的基本上是近代有关公民自由和民权的案件,在经济管制领域也存在测试案件:商人及其商会,或类似自由游说团(Liberty Lobby)的保守利益集团,曾有意地提出许多对罗斯福新政(*New Deal)中的管制性立法的质询。更早的时候也有测试案,一个著名的例子便是确立隔离但公平原则(*Separate But Equal case)的"普勒西诉弗格森案"(*Plessy v. Ferguson)(1896),它是一些律师和铁路部门共同努力,为使黑人歧视法令无效而引起的;另外一个例子是在"波洛克诉农场主贷款与信托公司案"(*Pollock v. Farmers' Loan and Trust Company)(1895),保守主义者串通一气,就联邦所得税提出质疑。

现在,参与起诉的有关利益集团更可能在那些其欲反对的法律墨迹未干时提出直接集中的质疑,而不是等到法律实施或某人已受到这些法律不利影响的个案发生以后。

经常使用测试案有如下几个原因:联邦最高法院拓宽了试图向法院对法律提出质疑者的权利。法官们更倾向于受理寻求宣告性判决(*declaratory judgment)的案件,即在某人被控违反法律之前宣告该当事人的权利;更倾向于受理根据制定法"字面意思",而不是该法实施后提起的诉讼;倾向于发布实施某一法律的禁令(*injunction);还倾向于作出简易审判,也就是说,仅以当事人的书面陈述为基础进行裁决,而非等到双方质证形成确凿的证据才作出裁决。因此,只要一部新法有争议,就很快会有针对该法的测试诉讼提起。

测试案件有利于将政治问题很快转化为法律问题并使其尽快到达联邦最高法院。因为联邦最高法院是一个重要的政治角色,可以适时地面对任何重大争议，测试案件被认为与联邦最高法院的这一角色相一致。但是，一些测试案件也会使大法官们在某项制定法如何适用、无论其"字面意思"如何而是否可以合乎宪法的方式适用等问题上也没有优势。在这个意义上，我们反对的法律体系与定着于特定事实的案件相联系，对于制定法字面规定的挑战的更大功用实际上是对传统的背离。联邦最高法院本身可以使那些缺乏完整的事实情节的测试案件的起诉变得更难一些，一种方式是改变法院的程序性裁决，如同伯格（Burger）法院那样，严格限制向联邦最高法院提起诉讼的权利，例如，限制那些对分区制规则（*zoning rules）提出质疑的人的诉权（*standing）[华斯诉瑟尔德姆案（Warth v. Seldm）（1975）]。另一种方式是，对那些尚未形成详细的事实记录的案子，干脆不批准予以复审。

[Stephen L. Wasby 撰；张伊明译；胡智强校]

测试宣誓[Test Oaths]

带有强迫意味的排他性测试宣誓通常要求发誓告别过去的组织、行为或信仰，但是对将来的行为的强制性承诺也被认为是非正式测试宣誓的基础，如《五月花公约》（Mayflower Compact）（1620 年，一艘预期目的地为哈德逊河河口的名为"五月花号"的大帆船因遇海上大风浪，被迫停靠在现在的弗吉尼亚州亚科德角普罗温斯顿港，船上 41 名男乘客，签订了一项公约，发誓创立一个自治团体，并依法进行治理。该公约就是"五月花公约"。它被认为是美国历史上第一份重要的政治文献，有"美国出生证"之谓——编者注）和《独立宣言》（*Declaration of Independence）。《邦联条例》把反亲英分子的排除性宣誓（anti-Tory exclusionary oaths）问题留给各州。联邦宪法的制定者对宣誓表示怀疑，因此禁止在就职时进行宗教性测试宣誓，但是为求团结，为总统特别规定了就职宣誓（第 2 条第 1 款），并要求所有联邦及州政府官员宣誓拥护新宪法（第 6 条）。1832—1833 年在有关"否认原则"的（*nullification）争议中，南卡罗来纳州要求其官员首先对州而不是国家宣誓效忠。

测试宣誓在美国内战（*Civil War）及重建期间（*Reconstruction）急剧增加。起初，联邦政府以宣誓来辨认危及国家安全的危险人物，一项 1861 年的制定法要求联邦政府官员对将来宣誓效忠。接着，1862 年"不可改变宣誓测验法"要求对以往的行为宣誓效忠，1865 年，国会将此扩大到联邦法院的律师、立约者及领取养老金者。经过亚伯拉罕·林肯（Abraham *Lincoln）及大部分国会议员的同意，联盟军将这一形式的宣誓适用于已经被占领的南部地区的拟任官员及特许执业的专业人员身上——从整体上重新确认公务人员的一项政策。1865—1866 年，总统安德鲁·约翰逊（Andrew Johnson）则忽视了 1862 年的法律。联邦最高法院 1867 年对"加兰单方诉讼案"（Ex parte Garland）（1951）和"卡明斯诉密苏里州案"（*Cummings v. Missouri）的判决降低了黑人及拥护联邦主义的白人通过宣誓来拓宽获得政治和职业领导地位渠道的可能性。联邦最高法院中的大多数人认为，联邦政府及密苏里州的宣誓为溯及既往法律，（*ex post facto law）属于被宪法第 9 条第 1 款所禁止的法律及褫夺公权法案（Bill of *Attainder），是对职业领域财产权（*property rights）的实际否认，也是对总统赦免权（*pardoning power）的侵犯。持反对意见的大法官争辩说，效忠是就职的法定要求，他们坚持认为，赦免并未抹去罪过，联邦最高法院的大多数实际上是试图通过使密苏里州宪法的宣誓条件的无效来强化司法权力。军事重建未能成功地推翻前反叛者的政治和职业统治，部分原因是因为有该项涉及测试宣誓的判决存在。

第一次世界大战（*World War Ⅰ）并未激发产生很多官方的宣誓要求，但是，很多人关心"归化美国人"及工联主义者的忠诚问题。在战争及随后的"红色恐怖"中，外国人加入联邦的归化程序中被注入测试宣誓的要求[1929 年"合众国诉施维默案"（United States v. Schwimmer）对此予以支持]，各州的职业许可程序及犯罪集团法（*Criminal syndicalist Laws）中也要求宣誓。在第二次世界大战（*World War Ⅱ）期间，总统富兰克林·D. 罗斯福（Franklin D. *Roosevelt）认为，为数众多、难以计数的地方政府忠实执行者削弱了国家的安全。但除了在美日本人的重新安置外，几乎没有对后方造成损害，部分原因是私人团体，如美国公民自由同盟（*American Civil Liberties Union），对《权利法案》（*Bill of Rights）滥用的监控，部分是因为联邦最高法院就向国旗致礼的法律["西弗吉尼亚州教育理事会诉巴尼特案"（*West Virginia State Board of Education v. Barnette）（1943）]，剥夺纳粹分子的公民权的法律["鲍姆加特纳诉合众国案"（Baumgartner v. United States）（1944）]及就 1917 年间谍法（*Espionage Acts）的实施["哈策尔诉合众国案"（Hartzel v. United States）（1944）]所作出的判决，赋予《权利法案》所保障的权利以新的含义。

冷战中的红色恐怖破坏了这些成就（参见 Communism and Cold War）。联邦政府及州政府的立法调查及秘密的"极端爱国分子"夸大了政府、教室及工会中少数共产主义分子所带来的安全威胁。公职人员（尤其是教师）及工会官员必须签署自己非共产主义分子的声明。联邦最高法院一方面谴责国会在"合众国诉洛维特案"（United States v. *Lovett）（1946）中的越权，另一方面又在"威曼诉厄普德格拉夫案"（Wieman v. Updegraff）（1952）中维持宣誓效忠政策。但是，沃伦法院则强制治安政策必须遵守《权利法案》中的原则,在"宾夕法尼亚州诉纳尔逊案"(*Pennsylvania v. Nelson)(1956)中,联邦最高法院重新确认了联邦政府在效忠事务方面的首要地位,因此废止了40多个州的刑事法规。在"合众国诉布朗案"(United States v. Brown)(1965)、"克伊西安诉校务委员会案"(*Keyishian v. Board of Regents)(1967)及"布兰登堡诉俄亥俄州案"(*Brandenburg v. Ohio)(1969)中,联邦最高法院却坚持各州的效忠立法是褫夺公权法案(Bill of *Attainder),而且它是如此模糊以至于违反了联邦宪法第一修正案(the *First Amendment),这样,比起1867年的测试宣誓判决来,它更有效地支持了美国人民的自由。

无论"二战"后在种族关系方面的"二次重建",还是越南战争(*Vietnam War),均未使宣誓测试无论是对美国的国内安全还是国外安全而言都必不可少的这一主张复活。20世纪90年代以来,冷战的减弱使测试宣誓的复活成为不可能,但是,历史以及人们再次提议修改宪法对亵渎国旗进行惩罚都显示,测试宣誓的复活并非不可能。

参考文献 Harold M. Hyman, *To Try Men's Souls: Loyalty Tests in American History* (1959).

[Harold M. Hyman 撰;张伊明译;胡智强校]

得克萨斯与太平洋铁路公司诉合众国案[Texas and Pacific Railway Co. v. United States]

参见 Shreveport Rate Cases。

得克萨斯州诉约翰逊案[Texas v. Johnson, 491 U. S. 397(1989)]①

1989年3月21日辩论,1989年6月21日以5比4的表决结果作出判决,布伦南代表法院起草判决意见,伦奎斯特、怀特、奥康纳及史蒂文斯反对。在"得克萨斯州诉约翰逊案"(Texas v. Johnson)(1989)中,联邦最高法院的大多数第一次开始考虑联邦宪法第一修正案(the *First Amendment)对象征性语言亵渎美国国旗行为是否给予保护的问题。观点尖锐对立的联邦最高法院事先已对涉及滥用国旗的象征性语言案件作了处理,在那些案件["斯特里特诉纽约州案"(Street v. New York)(1969)、"史密斯诉高古恩案"(Smith v. Goguen)(1974)、"斯彭斯诉华盛顿案"(Spence v. Washington)(1974)]中虽作出了有利于被告的判决,但理由并不充足,因为法院拒绝直面亵渎国旗是否合乎宪法这一根本问题。

1984年,正当美国共和党全国代表大会在达拉斯举行时,约翰逊为了抗议罗纳德·里根(Ronald *Reagan)总统执政时的施政方针,而在一幢建筑物前焚烧了一面国旗。约翰逊的行为严重冒犯了旁边的数位观众,他因违反了得克萨斯制定法而被逮捕。按照该法,他的行为构成故意亵渎国旗罪,因而被判刑事入狱监禁一年并罚金2000美元。得克萨斯州刑事上诉法院认为,约翰逊的行为是受联邦宪法第一修正案保护的象征性语言,因而推翻了上述判决。

得克萨斯州法院就约翰逊的定罪提出了两个理由:其一,防止因亵渎国旗行为触发违反治安的情形;其二,维护国旗作为国家团结一致象征的完整性。为了评判这些理由的正当性,威廉·J.布伦南(William J. *Brennan)大法官不得不将此与联邦宪法第一修正案的意义进行决定性的权衡,比起有害的"言论",政府有更多的职权去禁止有害的"行为",所以,法院起初的判决并不考虑约翰逊的亵渎是"行为"还是"言论"。布伦南裁定这种亵渎是一种"言论表达的行为",因为它试图"传递某种特定信息"(p.404)。

但是联邦宪法第一修正案在许可政府管制"言论表达的行为"时所授予的权力比政府对"单纯的言论"还要多,如联邦最高法院在"合众国诉奥布赖恩案"(United States v. *O'Brien)(1968)中所言:"言论"及"非言论"作用是结合在一个行为当中的,在对非言论作用进行管制时,政府利益相当重要,这为对联邦宪法第一修正案中对自由的临时限制提供了理由(p.376)。得克萨斯州声称约翰逊焚烧国旗是一种有害的非言论行为,而且,他要对美国进行批评本来也可以不借助亵渎这种方式。但是,该州可以不用这种"临时"法规作为理由来约束言论——因为是其内容带有争议或者因为它导致反感。如果法律最终被指向言论本身,它必须符合联邦宪法第一修正案中至为严格的标准["布斯诉巴里案"(Boos v. Barry)(1988)(p.321)]。只有那些导致别人将进行非法行为或暴力行为的言论才有可能因此而被剥夺自由["布兰登堡诉俄亥俄州案"(*Brandenburg v. Ohio)(1969)]。

运用这些原则,布伦南断定,得克萨斯州对约翰逊的判刑是不被允许的。没有任何证据表明约翰逊的表现预示着即将破坏治安,而且,该州的法律把国旗的完整作为象征而加以保护,就把人们的视线不适当地指向焚烧国旗所表达的信息上。"如果在联邦宪法第一修正案中存在着根本原则的话",布伦南写道,"那么它就是:政府不可以仅仅因为社会认为某一想法带有攻击性或令人不悦就禁止这种想法的表达"(p.414)。

多数人的意见重新确认了联邦宪法第一修正案的核心原则,虽然如此,联邦最高法院仍有4位法官因为国旗的特殊象征意义而对此表示反对。首席大法官威廉·伦奎斯特(William *Rehnquist)发表了

---

① 另请参见 Speech and the Press; Symbolic Speech。

一篇极有诗意的异议书,颂扬美国的国旗史,对约翰逊案的反应迅速表现在政治舞台上。短短几个月内,国会便通过了《1989年国旗保护法》,该法力图从立法上对联邦最高法院就约翰逊案的判决表示质疑,在约翰逊案之后的"合众国诉爱奇曼案"(United States v. *Eichman)(1990)中,联邦最高法院宣布该法不合宪。

[Donald A. Downs 撰;张伊明译;胡智强校]

得克萨斯诉怀特案[Texas v. White, 74 U. S. 700(1869)]①

1869年2月5日、8日、9日辩论,1869年4月12日以5比3的表决结果作出判决;蔡斯代表法院起草判决意见,格里尔反对。美国内战(*Civil War)后,重新建立的得克萨斯州政府提起诉讼,要求取得以前被该州联盟政府所出售的本州公债的所有权,被告辩称,得克萨斯州已经脱离联邦政府,尚未复归,不具有州的地位,因此不能在联邦法院起诉。因此,该案提出了有关分离、战后重建(*Reconstruction)及联邦政府的本质等根本问题。

首席大法官萨蒙·P. 蔡斯(Salmon P. *Chase)认为,宪法所设立的是"一个不可分解的联邦政府,它由不可分离的各州组成"(p.725),因此,他判决得克萨斯州的脱离是非法的,它从未离开过联邦政府。他承认由于参与叛乱,该州过去丧失了合法政府的地位,在联邦政府中的成员权利也被中止。因此,根据宪法保障条款(*Guarantee Clause),国会有权重新建立州政府。尽管得克萨斯州尚未在联邦政府中复归其正常地位,但蔡斯大法官注意到,国会承认重新建立起来的政府作为临时政府,使它有权在联邦法院起诉。回到本案的实质来说,蔡斯的判决认为,该州的联盟政府是非法的,其在支持叛乱中的行为是无效的,该州有权收回这些公债的所有权。

该判决对共和党人的立场表示赞同,联邦是永久的,重建是属于国会权力范围内的一个政治问题。

[Donald G. Nieman 撰;张伊明译;胡智强校]

塞耶,詹姆斯·布拉德利[Thayer, James Bradley]

(1831年1月15日生于马萨诸塞州黑弗里耳,1902年2月14日卒于马萨诸塞州堪布里奇)宪法方面的学术权威。在波士顿从事20多年成功的法律执业活动后,塞耶开始在哈佛法学院任教,并成为四人团体之一[其他三人为克里斯托弗·C. 朗代尔(Christopher C. Langdell)詹姆斯·巴尔·埃姆斯(James Barr Ames)和约翰·奇普曼·格雷(John Chipman Gray)],这4个人创建了以"判例教学法"而著称的现代法律教育体系。塞耶是证据法和宪法方面的权威,他因在《美国宪法原则的起源与范围》(The Origin and Scope of the American Doctrine of Constitutional Law)一文中所提出的司法的自我约束(*judicial self-restraint)而名扬史册,该文章发表于《哈佛法律评论》第7卷(1893),是最早的有关司法审查(*judicial review)的学术评论之一。

[William M. Wiecek 撰;张伊明译;胡智强校]

联邦宪法第三修正案[Third Amendment]

联邦宪法第三修正案曾禁止和平时期士兵未经房主同意在民房驻扎,它在《权利法案》(*Bill of Rights)中几乎被遗忘,既没有博得更多的司法关注,也没有引起广泛的学术或政治争议。但是,它所揭示的主题对宪法的制定者们却具有重大意义,而且,近来它作为现代宪法中隐私权(*privacy)的基础而获新生。

1689年的英国《权利法案》是17世纪反抗斯图亚特王朝的结果,它把军队强制驻扎的行为列为国王詹姆士二世最恶劣的滥用权力行为之一。美国大革命之前及革命期间,英国军事势力得以增强,这使人们开始再次担心,并使美国殖民地开拓者形成这样的观念,他们将被剥夺英国人的传统权利,这一意识使得1791年联邦宪法第三修正案获得批准。

联邦最高法院从未审理过与强制驻扎军队直接相关的案子,尽管上诉法院曾在因对第二巡回法院在"恩布罗姆诉凯里案"(Engblom v. Carey)(1982)中的判决不服而上诉的案子中认为,联邦宪法第三修正案适用于服役中的国民警卫队。该修正案是《权利法案》很少的几个联邦最高法院未将其并入第十四修正案(the *Fourteenth Amendment),并适用于各州(参见 Incorporation Doctrine)的《权利法案》条款之一。该修正案的意旨是法官威廉·O. 道格拉斯(William O. *Douglas)对"格里斯沃尔德诉康涅狄格州案"(*Griswold v. Connecticut)(1965)判决理由中的重要组成部分,该判决认为,宪法中的隐私权可基于《权利法案》边缘地带所确立的个人自治而得到解释。

[Robert J. Cottrol 撰;张伊明译;胡智强校]

联邦宪法第十三修正案[Thirteenth Amendment]②

美国的奴隶制是由联邦宪法第十三修正案废除的,各种力量的结合促使这一修正案得以通过。其中一个必要因素就是奴隶制州对国会的影响突然减弱。1860年大部分奴隶制州脱离了联邦,这使自由

---

① 另请参见 State Sovereignty and States' Rights。

② 另请参见 Constitutional Amemdment; State Sovereignty and States' Rights。

制州几乎完全控制了联邦政府。在19世纪60年代初,来自拥护联邦各州的大部分国会成员,不是共和党就是联邦党成员,国会的政策方针也受到了反对奴隶制运动的影响。

第二个关键因素是内战(the *Civil War)对美国联邦主义(*federalism)观念的冲击。1861年以前,对州权利的信任明显限制了联邦对奴隶制(*slavery)可能作用的范围,只有那些最激进的主张废止奴隶制度者才主张撤销各州对其境内奴隶制进行管制的权力。虽然在内战之后,州的权力在观念上仍有很强的影响,但到战争结束前,共和党人对逐步扩大的联邦作用越来越表示接受。

但是,1865年国会对该修正案的批准却经历了一场旷日持久的政治斗争。尽管1864年,该修正案在参议院很容易就通过了。当时第三十八届国会中的共和党人在众议院的席位不是所要求的三分之二多数,当1864年众议院首次审议该修正案时,支持者未能从民主党人士中筹集到必要的票数。但是1864年,共和党人在选举中的胜利迅速改变了这一政治形势。选举之后,白宫所组织的广泛深入的游说活动使许多民主党人士同意于1865年在众议院重新审议该修正案。同年,第十三修正案成为联邦宪法的一部分,经所要求数量的州立法机关批准后生效。某些州的批准是在胁迫下达成的,国会中的共和党人使前南部联邦各州立法机关明白,在被重新接纳完全加入联邦前,批准该修正案是必须的(参见Constitutional Amenfing Process)。

该修正案第1款明确禁止奴隶制及强制劳役,除非作为刑罚的手段。第2款授予国会实施第1款的权力。即使是按照最狭义的解释,联邦宪法第十三修正案的通过也给美国的政治体制带来了重大变化,联邦法律首次对各州确认居民身份的权力施加了明显的限制。

这一变化的准确范围在立法者的本意中到底是什么,这在重建时代(the *Reconstruction Era)是一个有争论的问题,学者们对此的看法也一直有分歧。一些人认为,立法者的本意只想解决奴隶主-奴隶本身的关系问题,并不触及其他有关州特权的问题;另一些人持更宽泛的看法,认为第1款使一个不确定、发展变化着的自由观念宪法化,第2款至少授予国会把自由人与奴隶分别加以规定及保护的权利。

联邦最高法院对民权系列案(the *Civil Right Cases)(1883)的判决表明,第2款授权国会认定奴隶制"烙印及相关事件"以及制度本身不合法,但是,联邦最高法院同时对"烙印"及"相关事件"的定义非常狭窄,认为联邦宪法第十三修正案并未授权国会普遍地干涉私人行为["合众国诉哈里斯案"(United States v. Harris)(1883)]或在公共设施领域禁止种族歧视(民权系列案)。因此,在20世纪的大部分时间,民权诉讼几乎全部集中在1868年正式通过的第十四修正案(the *Fourteenth Amendment)第1款上,也就不足为怪了。

在"琼斯诉艾尔弗雷德·H.梅耶尔公司案"(Jones v. Alfred H. Mayer Co.)(1968)中,联邦宪法第十三修正案戏剧性地重现。琼斯案涉及一项制定法的解释,该法授予所有公民享有"与白人公民所享有的"相同的财产权,问题在于,是否这一禁令——派生于《1866年民权法》(Civil Rights Act of 1866)——禁止私人的种族歧视,以及国会是否有权根据第十三修正案而有权触及私人的行为。联邦最高法院认为,该法的确禁止私人歧视,并且该修正案第2款授予国会必要的权力。因此,联邦宪法第十三修正案作为当代民权法体系中的一个重要部分而重新出现了。

参考文献 Earl M. Maltz, *Civil Rights, The Constitution and Congress*, 1863-1869(1990).

[Earl M. Maltz 撰;张伊明译;胡智强校]

托马斯,克拉伦斯[Thomas, Clarence]①

(1948年6月23日生于佐治亚州的撒瓦拉)从1991起担任联邦最高法院大法官。虽然托马斯是美国联邦法院资历最浅的大法官之一(资历为倒数第三),但是他已经得到联邦最高法院的广泛认可,而且得到媒体关注的程度实际上也比美国历史上的其他大法官都高。原因一点也不难理解:参议院批准托马斯的听证会,是历史上最尴尬也是最轰动的听证会之一,就在听证会进行到第11小时之际,他以前的一个在里根政府的同事指控托马斯对其进行性骚扰。成为大法官后,托马斯作为现代自由主义法学最坦率的批评家形象出现在联邦最高法院的法庭上。事实证明,他让民主党的反对者们担心,而让共和党的同盟者欢喜,在美国,托马斯也就顺理成章地被他的支持者们奉为保守主义的领袖。他的观点包括攻击新政时期(*New Deal)的联邦最高法院,他认为这为联邦干预州打开了方便之门,也包括攻击以结果为中心的民权政策、联邦最高法院有关堕胎权方面的判决、有利于保护被告的刑法,还包括对联邦宪法第二修正案的解释,因为该修正案没有承认拥有武器是个人的权利。

托马斯是位于佐治亚州王室种植园的奴隶的后裔,他由外公外婆抚养长大。外公迈尔斯·安迪森对他的影响最大,外公教会小托马斯努力工作、坚忍不拔和自力更生。托马斯以优异的成绩毕业于圣十字学院后,又于1974年毕业于耶鲁大学法学院。1981年罗纳德·里根总统(Ronald *Reagan)任命他为教育部民事权利部的副部长。1982年里根总

---

① 另请参见 Nominations, Controversial。

托马斯,克拉伦斯[Thomas, Clarence]

Clarence Thomas

统将托马斯升职为就业平等委员会的主席。正是在里根政府的这两次任职期间,托马斯形成了自己保守主义的观点,他批评积极行动以及以数据为基础的种族配额,这种立场使他与民事权利部的从业人员意见不一致。1989年乔治·H.W.布什任命托马斯为哥伦比亚区上诉法院的法官。在上诉法院短暂任职后,1991年1月1日,布什总统又任命托马斯接替退休的联邦最高法院法官瑟古德·马歇尔(Thurgood *Marshall)的职位,马歇尔是联邦最高法院的第一位黑人法官。布什的这次任命很具有讽刺意味,因为托马斯很快就批评有关民权的正统观点和原则,而这些都是马歇尔法官任职期间倡导的原则。托马斯的法学观点是自然法和自然权利哲学独一无二的混合物,在宪法的解释理论方面探求联邦宪法制定的立法意图。

在投票权、积极行动和废除种族隔离的案件中,托马斯不厌其烦地强调美国宪法秩序里个人权利的重要性。他在"霍尔德诉霍尔案"(Holder v. Hall)(1994)中单独发表了一个并存意见,这是联邦最高法院历史上最长的并存意见,这个意见也阐述了托马斯对联邦最高法院以群体为基础建立民事权利政策的尖锐批评。在霍尔德案中,托马斯从批评的视角全面考察了根据《投票权法》(*Voting Right Act)形成的联邦最高法院的投票权稀释理论。投票权稀释法要求辖区创设"安全的"少数民族选区。联邦最高法院依据该法最后确定的"理想模式"是按照种族来确定相应的代表,托马斯指责这个政策是无原则的和割据主义的。托马斯批评联邦最高法院的投票稀释理论采用了一个专断的代表理论。"种族的成员应有相似的想法"(p.903)这样的观念不仅将联邦法院卷入"种族隔离变成政治性的家园"的纷争——这种实践相当于"政治性的种族隔离体系"(p.905),但是"与努力建立一个不以肤色区别对待的联邦宪法的观念相矛盾的"(pp.905-906),托马斯在霍尔德案中第一次主张这个原则,在联邦最高法院这个观点也只得到了托马斯的亲密盟友安东尼·斯卡利亚法官(Antonin *Scalia)的支持。约翰·保罗·史蒂文斯法官(John Paul *Stevens)、哈里·布莱克蒙法官(Harry *Blackmum)、戴维·苏特法官(David H. *Souter)以及道格拉斯·金斯伯格法官(Douglas *Ginsburg)难得地形成了一致意见,就托马斯对投票权法的解释撰写了一个单独的反对意见。

一年以后,在"阿达兰德建筑公司诉彭纳案"(Adaranda Constructors, Inc. v. Pena)(1995)中,托马斯激起史蒂文斯大法官和金斯伯格大法官撰写了另一个抨击托马斯的观点,因为托马斯认为积极行动是有害的。阿达兰德建筑公司案是一个开创性的积极行动案件,这个案件涉及联邦高速公路建设工程项目专门为少数种族建筑企业留出一定份额的做法是否合宪的问题。托马斯赞同多数派的观点,严格审查(*strict scrutiny)应适用于联邦和州的积极行动项目,这个判决推翻了联邦最高法院早些时候在"麦特罗广播公司诉联邦通信委员会案"(*Metro Broadcasting Inc. v. Federal Communications Commission)中的观点。在一个并存意见中,托马斯坚持认为,"除了平等保护原则外,不存在种族家长保护主义"(p.240)。接着他证实了积极行动的种族家长保护主义,例如黑人法实际上试图压迫黑人。在阿达兰德建筑公司案中,托马斯引证的是《独立宣言》,他也因此成为"内在平等性原则"的权威。

托马斯致力于宪法原则的阐释,这也构成他批评"布朗诉教育理事会案"(*Brown v. Board of Education)(1954)的基础,这是联邦最高法院判决的一个非常有名的校园废除种族隔离的案件。在"密苏里州诉詹金斯案"(Missouri v. Jenkins)(1995)中,托马斯强调联邦最高法院在布朗案中并不需要依靠社会科学的证据。将社会科学证据作为宪法判决的根据是很危险的事,因为一个人可以找到社会科学来支持任何结论。在宪法案件中,联邦最高法院应该仅仅依靠宪法性原则。在詹金斯案中,托马斯同样批评联邦法院过多地使用了联邦宪法第3条规定的平等权来为过去的种族隔离提供救济。

在一系列的裁决中,托马斯也表现出了对联邦最高法院联邦主义司法哲学的批评。在"合众国诉洛佩斯案"(United States v. Lopez)(1995)中,他对商业条款案件进行了研究。在洛佩斯案中,联邦政府根据《1990年校区禁枪法》的规定试图对得克萨斯州公立学校的持枪行为进行管制。托马斯赞同多数派的观点，否认联邦政府有权对这类地方行为进行管制，但是他还起草了一份单独的并存意见，批评联邦最高法院的商业条款司法哲学好像回到了新政时期。联邦最高法院的解释已经"远远偏离了商业条款的本意"(p. 584)，这实际上就是允许国会对任何可能产生"实际效果"的州际商业活动进行管制。当"走向逻辑的极端"时，实际效果的考量允许"国会对美国人民生活的方方面面都享有'治安权'"。对该款的此种解读使得联邦宪法第1条第8款的规定完全"不必要"，"更接近于把联邦宪法第十修正案抛到了脑后"。在"普林斯诉合众国案"(*Printz v. United States)(1997)中，托马斯重新提到上述问题，并以洛佩斯案为依据辩论道，联邦政府企图依据《布雷迪法》来对整个州际枪支买卖进行管制，这是违反商业条款和联邦宪法第十修正案的。在附带判决中，托马斯认为联邦宪法第二修正案规定个人有权拥有武器，这也可以看成是对《布雷迪法》施加的另一个限制。

托马斯也请求联邦最高法院推翻将联邦宪法第八修正案(*Eighth Amendment)中禁止实施残忍和非正常的处罚的规定适用于监狱里的行为。在"赫德森诉麦克米伦案"(Hudson v. Mcmillian)(1992)中，托马斯在反对意见中宣称"联邦宪法第八修正案不能也不应该变成《全国监狱管理法典》"(p. 28)。在死刑案件中，托马斯这种狭义地、遵循原意地解释联邦宪法第八修正案的意图很明显。更近一些时候，在"阿特金斯诉弗吉尼亚州案"(Atkins v. Virginia)(2002)中，他支持斯卡利亚法官反对意见中的观点，该案禁止对轻度精神发育迟滞的人适用死刑。斯卡利亚大法官、托马斯大法官和威廉·伦奎斯特首席大法官(William *Rehnquist)表达了担心，因为精神发育迟滞的症状很容易被伪装。此外，联邦最高法院所参考的关于对这些轻度精神发育迟滞的人施行死刑是违宪的"全国舆论"，但并不以任何全国性调查为基础，更与有偏好的律师精英团队毫无关系。

联邦最高法院在宪法案件中的指导性观点也经常成为托马斯大法官批评的主题。举例来说，在"格鲁特尔诉博林杰案"(*Grutter v. Bollinger)(2003)中，联邦最高法院接受了密歇根州大学法学院积极行动中"多样性"原理的阐述，托马斯将多数派描述成支持"法学院里的种族歧视，不是通过解释人民的宪法，而是通过回应评论家提出的一时流行的口号"。在"泽尔曼诉西蒙斯-哈里斯案"(*Zelman v. Simmons-Harris)(2002)中，联邦最高法院批准了克里夫兰市的俄亥俄州学校针对贫困学生发放的优惠券项目，托马斯同样谴责"普遍公共教育的浪漫主义理想"，只是为了响应支持优惠券项目者的要求。

在另外的一些案件中，托马斯请求联邦最高法院保护商业言论(*commercial speech)，允许州对国会的成员实施任期限制(这已经为联邦最高法院禁止)，减少宗教案件中教会与国家的分离，解释联邦宪法第五修正案中的占用条款(*Taking Clause)，使之能给予财产所有人更普遍的保护。托马斯在这些案件中的观点已经具体化为现代联邦最高法院的问题。考虑到伦奎斯特首席大法官退休以后，共和党有可能任命托马斯接替这一位置，托马斯这位联邦最高法院最年轻的法官会带给美国的法律比过去更重大的影响。

参考文献 Ken Foskett, *Judging Thomas : The Life and Times of Clarence Thomas* (2004). Scott D. Gerber, *First Principals : The Jurisprudence of Clarence Thomas* (1998). Andrew Peyton Thomas, *Clarence Thomas : A Biography* (2001).

[Anthony A. Peacock 撰；张伊明、胡海容译；胡智强、林全玲校]

汤普森,史密斯[Thompson, Smith]

(1768年1月17日生于纽约市的阿莫尼亚，1843年12月19日卒于纽约市的波基普西，葬于波基普西的乡村公墓)，1823—1843年任大法官。汤普森一生中的大部分时间居住在达切斯县，1788年毕业于新泽西大学(普林斯顿)之后，他跟随吉尔伯特·利文斯顿及詹姆士·肯特进行法律实习。他的政治见解与反联邦主义的利文斯顿恰好相同，但他的法律教育大部分是从保守的肯特那里获得的。1795年，汤普森取代肯特成为利文斯顿的合伙人，并与利文斯顿的女儿艾丽莎结了婚。利文斯顿没有什么田产，但他足够的政治影响使汤普森于1802年任命至州最高法院(在下议院一期任满之后)，汤普森在那儿一直待到1818年，1814—1818年曾任首席大法官。1818年当詹姆士·门罗总统寻找一位纽约人担任海军部长时，汤普森是马丁·范布伦(Martin Van Buren)的巴克特党(Bucktail Party)候选人。门罗显然很满意汤普森的政治见解，1823年3月当布罗克霍斯特·利文斯顿(Brockholst *Livingston)法官去世时，门罗不再任命其他人代替。

汤普森在法院的20年表明他是马歇尔时代和托尼时代的过渡人物。汤普森比利文斯顿更愿意表达他与同事观点的不同，在"奥格登诉桑德斯案"(*Ogden v. Saunders)(1827)中，法庭以4比3的多数人意见使首席大法官约翰·马歇尔(John *Marshall)发表了他唯一的一次宪法异议，汤普森是这四人之一。该案涉及纽约州破产法，马歇尔认为它违反了宪法的契约条款(*Contract Clause)，但是汤普森认为它不但是可转让契约之一部分而且是

Smith Thompson

任何商业社会所必需的。

汤普森在对商业条款进行解释时发挥了重要作用(参见 Commerce Power)。与他在纽约州法院及随后在最高法院所表明的观点一致,如果他参与讨论"吉本斯诉奥格登案"(*Gibbons v. Ogden)(1824),他将表示反对。汤普森认为各州可以对商业进行管制,除非这种行为与国会通过的法律直接抵触。例如,在他就"纽约州诉米尔恩案"(*New York v. Miln)(1837)所发表的并存理由中,他对结果表示同意,但拒绝把纽约州对外来入境者收税看做是有效行使治安权(*Police Power)。汤普森的合作态度与马歇尔和约瑟夫·斯托里(Joseph *Story)的独特理论及后来的詹姆斯·穆尔·韦恩(James Moore *Wayne)和约翰·麦克莱恩(John *McLean)均形成鲜明对比。

汤普森对土著美国人(*Native Americans)的态度也体现出他的纽约背景,和他就"柴罗基族诉佐治亚州案"(Cherokee Nation v. Georgia)(1831)提出反对意见时一样,这也获得他从前的良师益友詹姆士·肯特的支持(参见 Cherokee Cases)。虽然对汤普森的意见尚有争议,但他在柴罗基案中阐明了这样一种观念:印第安种族独立自主,尽管处于被征服状态。

参考文献 Donald M. Roper, *Mr. Justice Thompson and the Constitution*(1987).

[Donald M. Roper 撰;张伊明译;胡智强校]

索恩伯里,威廉·霍默尔[Thornberry, William Homer]①

(1909年1月9日生于得克萨斯州奥斯汀,1995年12月12日逝世)联邦法官,提名至联邦最高法院但未获准。索恩伯里在得克萨斯有过漫长的政治生涯,他曾在州及地方立法机关任职,并在美国众议院做过八任议员(1949—1963),之后于1963年被林登·约翰逊(Lyndon Johnson)任命至合众国在得克萨斯西部地区的地区法院工作。两年后,约翰逊总统将其提升至第五巡回上诉法院。1968年6月26日,约翰逊宣布他将提名索恩伯里以补联邦最高法院之空缺,这一职位是因约翰逊计划提升阿贝·福塔斯(Abe *Fortas)法官取代厄尔·沃伦(Earl *Warren)的首席大法官职位后产生的,他的这一"提名"于1968年10月2日夭折,因为此时约翰逊总统撤回了对福塔斯的提名,索恩伯里将要填补的空缺也就没有了。尽管索恩伯里未卷入福塔斯的自由主义裁定及所谓的道德失当行为,但他和福塔斯一样,被认为是约翰逊的"伙伴"。亨利·J.亚伯拉罕(Henry J. Abraham)在他的《法官和总统》(Justices and Judges)(1985)一书中,将索恩伯里描述为"一位才干一般、正派老练的公职人员,但是要使一个基本上来说怀有敌意的议会忽略政治因素,他几乎无能为力"(p.286)。自从1979年成为联邦上诉法院法官后,索恩伯里一直在第五巡回上诉法院任职直到逝世。

[Susan M. Olson 撰;张伊明译;胡智强校]

索恩伯勒诉美国妇产科学院案[Thornburgh v. American College of Obstetricians and Gynecologists, 476 U.S. 747(1986)]②

1985年11月5日辩论,1986年6月11日以5比4的表决结果作出判决;布莱克蒙代表法院起草判决意见,伯格、怀特、伦奎斯特和奥康纳反对。本案中联邦最高法院宣布宾夕法尼亚州的数项堕胎(*Abortion)法令无效,这些法律要求应该给企图堕胎的妇女以详细的信息[与"生殖健康中心股份有限公司案"(*Akron v. Akron Center for Reproductive Health)(1983)中废止的法律所要求的信息相似]以及详细的保持记录要求,同时也要求医生的手术尽可能保护胎儿,还要求在施行这种堕胎时必须有一位外科医生在场。

如同在阿克龙一案中被宣布无效的法律一样,其信息记录的要求被认为是试图劝阻妇女堕胎;此外,联邦最高法院认为,该要求侵犯了妇女与其医生之间的私人关系。保持记录的要求之所以无效是因

---

① 另请参见 Nominees, Rejection of。
② 另请参见 Due Process, Substantive;Gender;Privacy。

为这些记录过于详细,而且这些记录有可能被公众利用以此来确认哪些妇女曾经堕过胎。有关医疗保护的要求无效是因为这迫使医生不得不在妇女和胎儿的健康之间进行"权衡",而且该法律对两个医生在场的要求没有作出任何例外规定,比如妇女的生命或健康可能因等待第二个医生的到来而面临危险。

对于各州不断作出的规避"罗诉韦德案"的行为,联邦最高法院明显表示出不耐烦。面对首席政府律师(*Solicitor General)所提出的罗案的判决应予以否定的主张,联邦最高法院再次坚持了该堕胎案判决的正当性。首席大法官沃伦·伯格(Warren *Burger)在反对意见中说道:由于罗案提出这样的要求——只要需要,堕胎就可进行,他准备对此予以否定。

表示反对的拜伦·怀特(Byron *White)大法官也认为罗案应该否定,因为它起了误导作用。他承认选择堕胎的权利是受联邦宪法第十四修正案(the *Fourteenth Amendment)中的正当程序条款(*Due Process)所保护的自由权之一,但是,和其他联邦宪法未明确确认的自由权一样,应严格受到限制。各州可以将胎儿的利益看得很重要,因此,妇女选择堕胎的自由并非最根本的,而且无需严格审查(*strict scrutiny)。

索恩伯勒案是最后一个联邦法院中多数意见坚定地坚持"罗诉韦德案"中的推理的案子。一贯支持罗案的刘易斯·鲍威尔(Lewis *Powell)大法官的退休及安东尼·肯尼迪(Anthony *Kennedy)大法官的上任,使罗案确立的准则在"韦伯斯特诉生殖健康服务部案"(*Webster v. Reproductive Health Services)(1989)中受到相当的打击。

[Mark V. Tushnet 撰;张伊明译;胡智强校]

桑西尔诉亚拉巴马州案[Thornhill v. Alabama, 310 U. S. 88(1940)]①

1940年2月29日辩论,1940年4月22日以8比1的表决结果作出判决;墨菲代表法院起草判决意见,麦克雷诺兹反对。"桑西尔诉亚拉巴马州案"(*Thornhill v. Alabama)明确将和平的劳动示威置于联邦宪法第一修正案(the *First Amendment)的言论自由条款保护之下。弗兰克·墨菲(Frank *Murphy)大法官在1937年通用汽车工人静坐罢工时任密歇根州州长,在他提出的判决意见中,联邦最高法院撤销了亚拉巴马州的一项禁止以所有方式进行纠察罢工的法律。联邦最高法院之所以使该法律无效是因为它没有对工人游行示威的具体因素(比如罢工的人数)作出规定,但对"任何一种可能使劳工纠纷借以公开化的方式"(p.100)却不予保护。然而,墨菲否认联邦宪法第一修正案确示威是一项绝对的权利,聚集游行的价值在于它的教育作用,因为公开的工人游行可以告诉公民,对一个受拥护的政府而言,为铸就现代工业社会,有效、明智地利用那些经济问题是必不可少的(p.103)。由此,政府可以对那些妨碍公众评价劳工纠纷的游行示威进行适度管制。

桑西尔案承认"新政"(*New Deal)的改革措施将工会工人吸引到工业体制中。对工人的意愿自由进行保护有利于把工人阶级的利益和公共政策结合起来,同时,该判决允许法院在示威者的活动超出揭示劳工纠纷的问题时予以取缔。在后来的案子中,联邦最高法院明确引用桑西尔案中的原则来限制工人威胁经济生产的激进行动。因此,桑西尔案判决体现出在保护宪法所赋予的工人权利和维护不断变化着的工业秩序中经济稳定性之间的一种平衡。

[Eric W. Rise 撰;张伊明译;胡智强校]

图尔罗诉马萨诸塞州案[Thurlow v. Massachusetts]

参见 Licensing Cases。

潮浸区石油分歧[Tidelands Oil Controversy]②

直到第二次世界大战前,邻近海洋沿岸3海里邻海以内的潮浸区都是由州政府而非联邦政府行使司法权和管理权,由州政府许可进行近海捕鱼,并对其他沿海活动进行管理。20世纪20、30年代,加利福尼亚州、路易斯安那州及得克萨斯州开始提供开采沿岸石油的出租服务,科学家指出,海洋可能是石油和天然气的主要源泉。州和联邦官员都从出租矿业权和沿岸潮浸区中看到了巨大的岁入潜力,因此围绕谁有权对这些潮浸区资源进行管理的问题展开了争论。

1945年,哈里·杜鲁门总统发布了大陆架宣言,指出联邦政府对海洋底下的所有矿产资源享有管辖权,向外延伸到美国大陆架的尽头。在宣言之后,合众国随即对各州提起诉讼,主张其对所有的近海资源享有主权,包括那些历史上一直由各州所管理的资源。在"合众国诉加利福尼亚州案"(United States v. *California)(1947)及后来的案子中,联邦最高法院认为,联邦政府对从正常的低水位线向外3海里的区域享有"最高权力",各州对其沿海的水域及淹没地没有任何所有权,也没有任何财产利益。州和联邦之间的"潮浸区"之争成为1952年总统选举中的一个竞选问题。国会试图通过法律来推翻联邦最高法院的判决并确认州的海岸权,但被杜鲁门总统否决。妥协的德怀特·艾森豪威尔(Dwight Ei-

---

① 另请参见 Labor; Speech and the Press。
② 另请参见 Dual Federalism;Federalism。

senhower)在总统选举中获胜,国会于 1953 年颁布了《潮浸土地法》,该法使各州对其境内的近海土地享有所有权,对这些区域内的资源享有专属权。在大多数案件中,这基本上意味着各州享有 3 海里领海权。

沿海各州与合众国就历史上一直由各州享有的 3 海里以外(直到 3 海里格或 10.5 海里)的海岸水域权利继续向联邦最高法院起诉。在几乎所有的案子中,这类主张一概被拒绝,但在 1986 年以来,联邦最高法院开始逐案解决这些问题。

从 20 世纪 70 年代开始,各州把对资源进行管理转化为对行为进行管理。考虑到联邦政府对石油和天然气的出租以及渔业管理和污染状况,他们请求各州对所有影响其沿海及沿海水域的联邦近海活动进行管理。他们保证对这些区域的管理提供资金支持,并保障政策输入(policy input)的权利。

1988 年 12 月,罗纳德·里根总统遵循新的国际法规则,宣布 12 海里领海主权属美国政府所有。但他指出这一新的主张只是针对美国与其他国家的权利,不影响现在州和联邦之间的管辖权划分。各州现在要求国会适用起初的《潮浸土地法》的精神,把领海地带作为州管理的基础,并且把他们的权限扩大到 12 海里以外,此举遭到联邦政府的反对。"潮浸区论战"仍在继续。

[Martin H. Belsky 撰;张伊明译;胡智强校]

时代公司诉希尔案[Time Inc. v. Hill, 385 U. S. 374(1967)][1]

1966 年 4 月 27 日辩论,1966 年 10 月 18 日至 19 日再次辩论,1967 年 1 月 9 日以 5 比 4 的表决结果作出判决;布伦南代表法院起草判决意见,布莱克和道格拉斯持并存意见,哈伦部分赞同,部分反对,福塔斯、沃伦和克拉克反对。该案涉及《生活》杂志的一篇文章,这篇文章中写的百老汇有一个剧本,该剧本讲述了一个被越狱犯在自己家中坑害的苦难经历。《生活》杂志认为该剧本所描述的事实确实在希尔一家中发生过,这一家以前的确被越狱逃犯作为人质扣押过几年。这篇文章几处确有错误的报道。虽然不是诽谤性的,但它还是深深地伤了当事人面子,希尔一家的成员根据纽约州的法律起诉它对隐私权(*privacy)构成侵犯。

联邦最高法院对希尔案的意见是以 1964 年"纽约时报公司诉沙利文案"(*New York Times Co. v. Sullivan)的判决为基础的。该案中,法院认为,作为公职人员的原告不能因诽谤得到损害赔偿,除非他们能够证明这些诽谤怀有实际恶意(*actual malice),"即明知它是假的或者根本不考虑其真假"(pp.279-280)。在泰姆公司诉希尔案中,联邦最高法院将事实上的恶意规则扩大适用于该诉讼中,声称原告的隐私权已被"有关公共利益的错误报道"损害(p.388)。1974 年,在"格尔兹诉罗伯特·韦尔奇公司案"(*Gertz v. Robert Welch, Inc.)中,联邦最高法院判决原告一方在诽谤案中没有必要为取得赔偿而证明存在事实上的恶意,即便该案所涉及的诽谤的公开与公共利益有关。自此以后,法院就格尔兹案是否限制了对泰姆案的判决及隐私诉讼中的被告是否应该比诽谤案中的被告得到更多的宪法保护问题分成了两派。

[Robert C. Post 撰;张伊明译;胡智强校]

时间、地点和方法规则[Time, Place, and Manner Rule]

该规则认为政府在对社会进行保护时可对有害言论(*speech)的附带后果进行控制,只要这种管理满足一定的条件:首先,有关该言论的内容必须是中立的;其次,甚至不能附带地对言论实际内容的流动设置实质意义上的负担。极为重要的时间、地点和方法规则包括:控制进入及使用公共论坛的许可方案;减少由于表达方式所带来的令人不快的噪音、混乱、交通堵塞等问题及侵犯隐私权(*privacy)的管制规则;对征募基金的组织设立条件以便保护公众免受欺诈或虚假陈述的规则;以及限制人们使用某些表达工具的分区制(*zoning)法律。

该原则认为,言论的实际意思及其表达方式之间可以作出区分,完全的审查制度(*censorship)和只对言论的附带意思进行管制之间也可以作出区分。但是,某一意思的形式和内容并不总是易于区分的。此外,政府可能以表面上中立的时间、地点和方法管理为借口来制止那些不受欢迎的意愿表达,如同在色情制度中作出区分那样(参见 Obscenity and Pornography)。

关于时间、地点和方法的争议,最高法院提出的第一个问题是,受到质疑的规定是否中立。如果它不是,那么法院将适用严格审查(*strict scrutiny)标准,某一措施只有在当它是经过仔细剪裁("必要")以保护各州的"强制性"利益时才能继续使用。与此相应,联邦最高法院一贯对那些禁止在住宅区或校园附近游行的法律予以撤销,却对某些团体,如劳工示威者(*labor demonstrators)["芝加哥警察部诉莫斯利案"(Police Department of Chicago v. Mosley)(1972)]网开一面。但联邦最高法院确实支持过一项禁止所有以私人住宅区作为目标游行的法令;该法令是中立的,而且确实是为了保护居住隐私权的利益["弗里斯比诉舒尔茨案"(Frisby v. Schultz)(1988)]。法院也一贯使那些模糊且赋予行政官员太多自由裁量权的许可规则及反噪音规则无效,因

---

[1] 另请参见 Libel; Speech and the Press。

为这些法律经常是以一种区别对待的方式在适用[“纳克伍德诉普莱因零售商出版公司案”（Lakewood v. Plain Dealer Publishing Co）（1988）]。

如果某一法规真的是中立的，联邦最高法院必须在几个附加因素中进行平衡。当言论的附带后果并不严重时，这一法规将被支持，合理地对噪音进行控制的法律就是例子[“考瓦斯诉库珀案”（Kovacs v. Cooper）（1949）]。但当言论表达的附带后果很严重时，这种管制必须是"为满足重要的政府利益经过仔细剪裁的规则，并且使各种可选择的交流方式处于开放状态"[“合众国诉格雷斯案”（United States v. Grace）（1983）（p.177）]。当涉及在"公共论坛"中表达言论时，应更加严格地适用这一原则，因为在这种情况下，联邦宪法第一修正案（the *First Amendment）所保护的利益极其重要，尤其对那些很难获得其他交流机会的团体而言。基于此，那些限制弱势团体所运用的交流方式（传单、匿名小册子、征稿）的法律遭到失败[如"施奈德诉欧文顿案"（Schneider v. Irvington）（1939）]。那些没有缴足规定比例的费用，却以慈善为目的进行募捐的反欺诈法也惨遭失败，因为他对言论的影响过于严重[“沙姆伯格村诉市民环保组织案”（Village of Schaumburg v. Citizens for a Better Environment）（1980）]。

有一个案子为时间、地点和方法规则的运用提供了一个典型例子。该案中伊利诺伊州斯科基的大部分犹太人居民试图通过建立一个复杂的许可制度来阻止纳粹党1977年的游行。为了作出支持纳粹党有权在斯科克村进行示威的裁定，伊利诺州及低级别联邦法院（*lower federal court）不得不对大多数时间、地点及方法方面的主要问题作出处理，包括许可、人群控制、公共论坛的性质以及观点上的歧视对待等问题[“史密斯诉科林案”（Smith v. Collin）（1978）；"斯科克村诉美国全国社会主义党案"（Village of Skokie v. National Socialist Party of America）（1978）]。

近年来，联邦最高法院已经给了政府更大的余地来规范言论表达的附带后果。首先，联邦最高法院限制了自己对公共场所由何组成所作的解释，严格按照联邦宪法第一修正案的标准减少了公共财产的类型[“佩里教育协会诉佩里地方教育协会案"（Perry Education Association v. Perry Local Educators' Association）（1983）]。其次，联邦最高法院更愿意在通过严格的法律而带来的社会影响中发现其价值，更愿意减少他们对言论自由利益的不利影响，更愿意为有关团体发现更多可以选择的交流方式。例如，联邦最高法院已经允许对色情机构的设立进行细致区分[“雷顿市诉'娱乐时间'剧院案”（City of Renton v. Playtime Theatres, Inc.）（1986）]。同时，法院支持洛杉矶禁止在街道的灯柱上放置竞选标志，不仅因为这些灯柱并非公共场所，而且因为这一措施被认为符合环境质量方面的重要的社会利益[“洛杉矶市政会诉文森特纳税人案”（Los Angeles City Council v. Taxpayers for Vincent）（1984）]。

这样，尽管联邦最高法院仍然对明显进行观点歧视的管制、或通过可以的许可方案促进这种歧视的管制，仍然维持着强烈的怀疑态度，但它对那些只是附带影响表达自由的管制，已越来越表现出一种容忍立场。

参考文献 Donald Alexander Downs, *Nazis in Skokie: Freedom, Community, and the First Amendment*(1985).

[Donald A. Downs 撰；张伊明译；胡智强校]

廷克诉德斯·莫因斯独立社区学校校区案[Tinker v. Des Moines Independent Community School District, 393 U. S. 503(1969)]①

1968年11月12日辩论，1969年2月24日以7比2的表决结果作出判决；福塔斯代表法院起草判决意见，斯图尔特和怀特赞同，布莱克和哈伦反对。衣阿华州德斯·莫因斯的一些高中及初中的学生以在学校戴黑臂章的方式反对越南战争（the *Vietnam War）。两天以前，校方管理人员已经公布了一项禁止佩戴臂章的措施，当学生佩戴臂章上学时他们将被遣送回家直到返回时无此标志。学生们声称联邦宪法第一修正案（the *First Amendment）赋予他们的权利被校方的行为所侵犯。

联邦最高法院在判决中注意到校方的管理人员在学校制定规则方面享有综合的权限，但这必须与联邦宪法第一修正案所赋予的学生及教师的权利保持一致，这些学生和老师并没有"在校舍门口放弃宪法所赋予的言论或表达自由权利"（p.506）。按照联邦最高法院的观点，以佩戴臂章作为一种无言的形式来表达意愿，"类似于纯语言"表达，属于"联邦宪法第一修正案的基本权利"（p.508）。

联邦最高法院的判决理由中有两点特别值得注意。首先，学生们佩戴臂章这一形式没有引起任何混乱，而且也没有侵扰学校的工作及其他学生的权利。在18000多名学生中只有极少数人佩戴臂章，5人被中止上学，极个别同学对佩戴臂章的同学说过带有敌意的话语，但是在校内没有发生暴力事件或威胁事件。联邦最高法院认为，学校管理人员不能仅基于对混乱的担心或者仅因为不受欢迎的言论有制造不快及不安的可能就采取一定的行为。我们要生活在一个开明、言论自由的社会，这就是要付出的代价。

---

① 另请参见 Education；Speech and the Press。

其次,法院强调这一事实:校方管理人员允许佩戴其他政治标志。例如,一些学生佩戴政治性的竞选徽章,还有人佩戴宗教十字架、纳粹主义的标志。但是只有反对美国参加对越战争的黑色臂章被单列。由此可见,这一规则是对特定主体特定言论的压制,法院以其不为宪法所允许为由宣布其无效。正如法院所言:"州立学校不是被极权主义所包围的领地","学生们也不能被视为只接受国家选择传送给他们的信息的全封闭的接受者。"(p. 511)。

胡果·布莱克(Hugo *Black)大法官的反对意见很严厉,也值得注意,他认为,应该允许地方官员决定公立学校内言论自由在多大程度上是被许可的。布莱克指出,这些官员比联邦法官更清楚该如何管理学校,他们所作的判断比起学生的判断更为可取。此外,他对依多数意见所作的判决中所说的学生佩戴臂章并未引起任何混乱表示不同意见。在布莱克看来,对佩戴黑色臂章的同学已经有了评论和警告,而且一名数学老师曾因与一位请求人就其臂章发生的争吵也扰乱了上课秩序。

廷克案是有关公立学校学生宪法权利的最具意义的案子之一。在确定教室是"传播思想的阵地"时,廷克案表示出联邦最高法院对学校管理人员在教育学生中所扮演角色的关心,但在其他案件[如"哈泽尔伍德校区诉库尔梅尔案"(HazeLwood School District v. Kuhlmeier)(1988)及"贝瑟尔校区第403号诉弗雷泽案"(Bethel School District No. 403 v. Fraser)(1986)]中,法院向来对公立学校灌输价值观的做法表示赞许,而且特别指出学校在提高公民道德水平中所发挥的关键作用。这两种思想间的对抗导致联邦最高法院及低级别法院在对待由公立学校学生请求获得宪法保护的要求进行裁定时严重不一致。联邦最高法院已经给予学校管理人员广泛的权力去管理那些涉及课程的事项及发生于学校审查环境内的学生言论,如校内报纸或学校集会中的学生言论。

[Keith C. Miller 撰;张伊明译;胡智强校]

托德,托马斯[Todd, Thomas]

[1765年1月23日生于弗吉尼亚的国王和王后郡(king and Queen County),卒于1826年2月7日,葬于肯塔基州法兰克福公墓]1807—1826年任大法官。托马斯·托德的祖辈与其名字相同,1669年定居于诺福克县,托马斯·托德是伊丽莎白·理查兹(Elizabeth Richards)和罗伯特·托德(Robert Todd)5个孩子中最小的一个。18个月的时候父亲去世,刚刚成年后母亲去世。在14岁和16岁时,他曾因独立战争而两次短期服役,之后毕业于自由大学(后来的华盛顿和李大学)。随后他与大堂兄哈里·英尼斯(Harry Innes)住在一起,辅导他的孩子并继续学习测量术。1783年,当英尼斯被任命为肯塔基地区最高法院的法官时,托德随其家人一起迁往丹维尔。这两个人都是政治俱乐部(Political Club)的奠基人,政治俱乐部是一个虽小但很有影响的组织,其中包括该州的领导。

Thomas Todd

据说托德是从1788年开始他的法律工作的,当时只有1匹马,1个笼头及口袋中的3个先令(他很喜欢养马,但与其同辈不同的是,他从未能够从中获利)。同时,他还兼作肯塔基几乎每个官方团体的正式记录员,并因其特别清楚的笔迹而获得同时代的史学家的赏识。在为从弗吉尼亚分离而召开的十次会议中(1784—1792),他一直担任秘书,1789—1792年担任联邦地区法院(英尼斯在此任法官)的秘书;1792—1801年担任肯塔基上诉法院的秘书;1792年及1799年担任肯塔基制宪会议的秘书;有时担任众议院的秘书;1793—1794年任列克星敦民主社团的秘书。

托德还因解决了由该州承继弗吉尼亚法律而带来的土地权利冲突问题而赢得声誉。1801年他被任命为肯塔基州最高法院的法官,1806年成为首席大法官。1807年当联邦最高法院设立了第7个席位时,托德是肯塔基、田纳西及俄亥俄等属于第七巡回法院的州及其议员和代表们所想到的第一个或第二个人选。经一致同意,他于3月接受了总统托马斯·杰斐逊(Thomas *Jefferson)的委任并于1808年4月会议期间就职。

托德在联邦最高法院工作到1826年,但是也许他在第七巡回法院工作期间发挥了更大的司法作用。例如,在肯塔基作为巡回法官,他一直是英尼斯的上级直至他于1816年去世,他终止了法院在不符合最低管辖时的审判,并且批准8个案子被送往高级别法院。庆幸的是,法官们在工作上的不同意见并没有影响他们亲密的家庭关系,当托德的一个儿子娶了英尼斯的一个女儿后他们的关系更为密切。

由于疾病、家庭事务及前往华盛顿过程中的艰辛,托德总共缺席了6个联邦最高法院的开庭期。尽管他属于杰斐逊派,但他服从首席大法官约翰·马歇尔(John *Marshall)的领导,而且他只为自己写过14次判决意见,11次代表法院起草多数意见(其中10次与土地权利有关),两次并存意见,一次反对意见。

[Maryk. Bonsteel Tachan 撰;张伊明译;胡智强校]

侵权[Tort]

侵权是一种有损他人的过错行为(不同于违反契约),法院会对私人当事人提供救济,通常是损害赔偿。侵权包括人身伤害,如因疏忽而发生的交通事故、医疗事故、产品缺陷造成的伤害;财产伤害,如滋扰及侵入;还有名誉伤害。当被告违反了对原告的法定义务而且按照法律这种违反可能引起伤害时,法院允许进行追偿。

在联邦制度下,侵权法的发展主要由州法院(*state courts)和立法机关负责。但有时联邦最高法院判决州的法律与宪法有抵触时,联邦法律具有优先权。例如,自1964年以来,通过裁定州的侵权法可能违反了宪法对言论自由(free *speech)的保护,联邦最高法院实际上已修改了对诽谤侵权和侵犯隐私权(*privacy)的规定。再如,联邦最高法院几次试图在惩罚性赔偿的判决上强加宪法限制。在其他方面,联邦最高法院常常判定联邦环境立法相对于各州对妨碍行为的普通法诉讼(*common-law action)而言更优先(参见 Environment)。

联邦最高法院在联邦案件中也适用州侵权法。例如,在公民资格跨州的案件以及根据联邦侵权诉讼法(the *Federal Torts Claims Acts)起诉合众国的案件中,州的法律得到适用。

在少数几个案子中,联邦最高法院也确认了通过制定法或宪法的有关规定而明示或默示创设的联邦侵权行为。违反宪法权利的民事损害赔偿救济,根据《1964年民权法》(the *Civil Rights Act of 1964)第1983节和联邦宪法中隐含的诉讼理由,都得到了承认。

[Donald G. Gifford 撰;张伊明译;胡智强校]

迁移权[Travel, Right to]

自由地离开某人所居住的政治、地理实体,以及在一国领域内经常搬迁的权利,有着很深的历史根源。当摩西恳求法老"让我的人民走出去"时,他就提出了迁移权。《大宪章》(1215)第42条承认了向外迁移权。在美国殖民地建立、发展及后来的西部扩张时期,这一概念被明确认为是一项权利。尽管联邦宪法没有明确承认迁移权,但在第4条第2款中规定,"每个州的公民都应享有各州公民的一切特权和豁免权"。此外,第4条第2款还对迁移权作了明确的限制,即一个逃脱法网而在其他州被寻获的刑事嫌疑犯将被遣送回对此罪有管辖权的州,而且根据一州法律"须在该州服劳役"[宪法对奴隶(*slavery)的委婉说法]的人逃往其他州将被该州政府送回给"应得到这种劳役"的人——也就是奴隶主(参见 Fugitive Slaves)。

在美国历史的大部分时候,有关迁移权的问题与对美国黑人的镇压有关。南北战争之前,奴隶主向禁止奴隶制的州及领地要求奴隶们的迁移权,从而获得对奴隶的完全所有。这一请求获得了臭名昭著的1857年德雷德·斯科特案(Dred *Scott)判决的支持。白人居民向外迁移可获得通行证,但是黑人通常不能。1875年,国会立法禁止在公共场所包括交通工具上的种族歧视,但被联邦最高法院在民权系列案(*Civil Rights Cases)(1883)宣布不合宪法。后来,南部各州及边境各州制定法律,要求在生活的各个方面包括公共交通上实行种族区分。联邦最高法院在"普勒西诉弗格森案"(*Plessy v. Ferguson)(1896)中判决,在有关铁路旅行中许可种族隔离(参见 Separate But Equal)。大约68年后,如同联邦最高法院在一个支持《1964年民权法》(the *Civil Rights Act of 1964)的有关公共场所规定的判决["亚特兰大中心旅馆诉合众国案"(Heart of Atlanta Motel v. United States)(1964)]中所承认的那样,被隔离开的公共场所和交通,大大阻碍了美国黑人的迁移权。

迁移到国外的权利能否实现取决于能否得到护照。1948年起国务院因政治信仰及组织的问题开始拒绝发护照给共产主义分子及其他人(参见 Communism and Cold War)。这种做法受到法院的质疑,1955年一个低级别联邦法院(*lower federal court)承认迁移权是受联邦宪法第五修正案(the *Fifth Amendment)正当程序(*Due Process Clause)条款保护的"中性权利"。联邦最高法院在"肯特诉杜勒斯案"(*Kent v. Dulles)(1958)中给出同样的结论,并宣布国务院的限制无效。在"阿普特克诉国务卿案"(*Aptheker v. Secretary of State)(1964)中,禁止那些被命令去颠覆活动控制委员会登记的共产党组织成员申请或使用护照的法律被宣布无效。尽管如此,迁往国外的权利仍然受到许多限制。护照是必需的。在"里甘诉沃尔德案"(Regan v. Wald)(1984)中,联邦最高法院判决总统限制游客前往古巴是按照现行法合理行使总统权力的体现。

美国境内的迁移权在1868年对"克兰德尔诉内华达州案"（Crandall v. Nevada）的判决中首次获得承认。该判决不允许内华达州向每个通过公共运输方式离开该州的人收税。联邦最高法院判决，州际之间的迁移权是每个公民（*citizenship）的一项权利。这一权利由于联邦宪法第十四修正案（the *Fourteenth Amendment）中的特权（*privileges）与豁免保障而得以加强，并在屠宰场系列案（*Slaughterhouse Cases）(1873)中再次确认。到了20世纪，国内迁移权因对加利福尼亚州一项旨在拒绝非本地的穷人进入该州法律的宣布无效而得以推进["爱德华兹诉加利福尼亚州案"（*Edwards v. California）(1941)]。在随后的几年，联邦最高法院撤销了以公职[如"夏皮罗诉汤普森案"（*Shapiro v. Thompson）(1969)]和选举[如，"邓恩诉布鲁姆斯坦案"（Dunn v. Blumstein）(1972)]为由而要求持续居住或者把本州的居民身份作为法律执业的要求[如，新罕布什尔州"最高法院诉派珀案"（Supreme Court of New Hampshire v. Piper）(1985)；"巴纳德诉索尔斯坦案"（Barnard. v. Thorstenn）(1989)]而对迁移权设置的障碍。但是，有些对长期居民身份的要求是被允许的[如"威兰蒂斯诉克兰案"（Vlandis v. Kline）(1973)及"索斯纳诉衣阿华州案"（Sosna v. Iowa）(1975)]。

宪法上的迁移权作为一项基本权利（*fundamental right）而被承认，这种观念已深深植根于美国宪法之中。

[Sheldon Goldman 撰；张伊明译；胡智强校]

条约与条约权[Treaties and Treaty Power]①

在某种意义上，联邦最高法院在勾画条约权的外延及解释条约方面所起的作用很小。没有任何条约被联邦最高法院认定违宪，只有极少部分在法庭上受到合宪性攻击。此外，由于不愿意卷入政府部门有关条约权力的纷争，联邦最高法院逐渐形成这样的认识：政府部门制定国家外交政策应该不受司法监督（参见 Foreign Affairs and Policy）。这种有所保留的态度增强了总统对涉外事务的权力，但是联邦司法机关促进了条约权的发展。在一些重要的场合，联邦最高法院把条约置于和联邦及州的法律一样的地位上，并且认为，条约和其他联邦权力的行使一样受宪法约束。

联邦宪法的制定者规定由总统缔结条约，但应接受参议院的忠告和认可。它禁止各州缔结条约并且在第7条的最高条款中宣布：条约和联邦宪法、联邦政府的法律一样，在全国具有最高效力，对各州均有约束力。尽管很显然在缔结条约时必须共同参与，但联邦宪法的制定者并没有因此而对条约进行限制，也没有对条约和宪法或法律之间的冲突提供解决的办法。

在第一次世界大战（the *World War Ⅰ）前，有关条约权的争议涉及条约与州法律的效力问题。联邦宪法制定者已经规定了条约的签订者——总统（由各州选举人选举产生）和参议院是各州利益的代表（参见 State Sovereignty and States' Rights）。但是，各州时常主张条约无权处理按照联邦宪法第十修正案（the *Tenth Amendment）保留给各州的事务。尽管联邦最高法院早期认为当条约与州的法律冲突时条约具有优先地位，但是直到1920年联邦最高法院才对与各州有关的条约权的范围作出明确规定。

"密苏里州诉荷兰案"（*Missouri v. Holland）(1920)涉及有关加拿大和美国为规范候鸟的捕捉而签订的条约的有效性问题。密苏里州是美洲大陆中部随季节变化水鸟迁徙的所经路径的主要集中地，它认为该条约侵犯了其根据宪法第十修正案所保留给该州的权力。在否定密苏里州的主张时，联邦最高法院通过奥利弗·温德尔·霍姆斯（Oliver Wendell *Holmes）之口在判决附言（*obiter dictum）中指出，"面对有关国家福利的紧急问题，国会的法律可能无能为力，但是，据此而制定的条约却可以"（p.433）。霍姆斯似乎表明联邦宪法对条约权力的制约比对国会各项权力的制约要弱小，但是州的权力从来就不能制约条约权。

联邦宪法第7条中的最高条款认定条约、宪法及合众国的法律"在全国具有最高效力"，在"福斯特诉尼尔森案"（Foster v. Neilson）(1829)中，它被认为意指"法院应该将条约视同为……立法机关的法律"（p.254），并且当条约与宪法相抵触时条约依然有效。20世纪50年代初，由布里克修正案所引发的争论使人们再一次对"密苏里州诉荷兰案"中的条约权可能优先于宪法限制表示担心。在"里德诉科弗特案"（Reid v. Covert）(1957)中，联邦最高法院认为，美国海外军事人员的文职随从有权获得平民审判，即便制定法有相反的规定，并且一项多元意见认为，没有任何条约或行政协议"能授权国会或任何其他政府部门，而不受宪法制约"（p.16）。

最高条款对条约的地位和后果还产生了另外的影响。条约与国会通过的法律一样，在全国具有最高效力，它的"实施生效无需任何立法帮助，除非其在规定中含有约定，这时候，立法机关必须在它成为联邦最高法院判决依据的规则之前首先履行这一约定"（p.254）。另一方面，如果约定和国会通过的法律发生冲突，联邦最高法院认定，最近期发布者效力优先。从最高条款的内容来看，联邦最高法院对条约及成文法律两者关系的解释是合理的，但它未必

---

① 另请参见 Separation of Powers。

符合宪法制定者的意图。按照最高条款,条约和制定法的效力均高于州的法律,但并不意味着条约和立法两者效力相同。不过,联邦最高法院的解释使这一问题得以调和,并且将所有涉及国会和条约制定者发生冲突谁优先的问题交给了理论。

联邦最高法院在条约的制定、解释及终止方面少有发言权,但它的沉默却带来一些很重要的结果。1979年,议员巴里·戈德华特(Barry Goldwater)对吉米·卡特(Jimmy Carter)总统未经议会首先批准而终止与中国台湾的共同防卫条约行为提出质问,联邦最高法院对此予以驳回。只有威廉·J.布伦南(William J. *Brennan)大法官在"戈德华特诉卡特案"(*Goldwater v. Carter)的表决中支持总统依据法律作出的决定,他的意见是以对外国政府的承认是总统的绝对权力为基础的。以威廉·H.伦奎斯特(William H. *Rehnquist)大法官为代表的多数意见认为,议会在终止条约中扮演何种角色是一个不可由法官进行裁决的政治问题(*political question),因为宪法对这一问题没有作出规定,而且在不同情况下终止的程序也不一样(参见 Justiciability)。刘易斯·鲍威尔(Lewis *Powell)大法官是第五个赞成驳回的,尽管他并不同意伦奎斯特所谓的政治问题见解。在伦奎斯特大法官看来,对该案作出判决的时机尚未成熟(*ripe),因为作为一个整体,参议院并没有对总统的终止决定作出明确反对。

联邦最高法院的判决并没有解决戈德华特案,由此,里根政府(the *Reagan Administration)在没有寻求参议院忠告及认可的情况下终止、修改并且"重新解释"了许多条约。无论戈德华特案能否这样理解,事实上,联邦最高法院的退却使外交事务处理权大大倾向于总统而偏离国会。

但是,在戈德华特案之前以及之后,总统一直采用签订国际协议的方式单方面处理对外关系,这种国际协议所涉及的问题都在制定条约的范围内,但所采用的形式并未遵守获得议会2/3以上支持的程序要求。尽管联邦最高法院没有明确确定总统在没有参议院的参与下签订国际行政协议的范围,但一些判决的附带意见表明,这种协议和条约所涉及的问题是一样的。这种单方面签订协议的方式有可能使参议院所享有的对总统裁量权的审查变得没有意义,但这种可能性尚未形成可以司法解决的争议。相反,在议会不反对总统行为的情况下,联邦最高法院总是在不同的背景中赋予这些行政协议以效力。

参考文献 Loteris Henkin, *Foreign Affairs and the Constitution*(1972) Laurence Tribe, *American Constitution Law*, 2d ed. (1988).

[William C. Banks 撰;张伊明译;胡智强校]

陪审团的审理[Trial by Jury]①

陪审团制度植根于英国的普通法(*common-law)。这一制度从英国移植到美国。陪审制度在美国生根发芽并枝繁叶茂,但在其发源地却日渐萎缩。

在美国,陪审团参加审判的权利由联邦宪法第3条(*Article Ⅲ)及第六、第七和第十四修正案(the *Sixth, the *Seventh, the *Fourteenth Amendment)予以保障。因此,陪审团基本上不受立法废止之影响。英国没有这种宪法保障;议会可以随时废止陪审团参加审判,它也的确曾经如此。在英国的民事审判中,只有对欺诈、诽谤、造谣、诬告陷害及非法拘禁之类的诉讼才有陪审团参加,这种审判中尽管行为性质令人厌恶但却较少发生。陪审在刑法中的前景也并不光明。在处理大量案件的治安法庭,无权要求陪审团参加审判。

与此形成对比的是,在美国,任何非青少年的刑事诉讼只要可能判处6个月以上["鲍德温诉纽约案"(*Baldwin v. New York)(1970)]的刑罚或者在联邦民事案件中所涉争议在20美元以上(联邦宪法第七修正案),联邦宪法便确认陪审团参加审判,各州的宪法规定提供了同样的保护。实际上,大部分刑事案件和民事案件都是以认罪或和解的方式解决的(参见 Plea Bargaining)。

为什么陪审团参加审判的权利在英国和美国会如此迥然不同?答案可能在某些共同方面,就陪审团而言,在美国被认为是强有力的某些方面在英国却被认为是薄弱之处。英国民事审判中取消陪审团基于以下几个原因。首先,有人担心陪审团花费时间而且成本颇高。此外,还有人对它常常作出变化莫测的赔偿判决感到不满。后来,一个数学公式取代了陪审团有关损害赔偿的商议。这个公式包括乘数、被乘数及结果,比指望从陪审团那里得出结果成本要低得多。

在另一方面,在美国,陪审团对损害赔偿进行个案化处理,把受害者所受伤害的程度考虑在内、按照当地的生活条件加以调整,并在某些案件中判决惩罚性赔偿,陪审团的这种能力被视为一种美德。俄克拉荷马州的某个法院认定排除一位经历过车祸之苦的陪审员参与庭审是不恰当的做法。他们认为:一位"体验过剧痛"的陪审员有助于陪审团作出公正的判决,而且还可能成为"唯一一个能充分理解并正确对原告在损害中的伤痛因素作出评定的人"["布朗诉俄克拉荷马州交通公司案"(Brown v. Oklahoma Transportation Co.)(1978)(p.598)]。同样,由于陪审团来自群众,它可以将某一特定地区的生活状况考虑在内,但英国的数学公式却不能。

在刑事案件方面,对确定性的考虑同样要求在

---

① 另请参见 Grand Juries;Petit Juries。

英国废除陪审制。对英国陪审团的一种批评是他们很容易作出"荒谬的"的判决。"荒谬"一词显然是用来表示该判决通常不为政府官员所赞同。按照批评者的设想,陪审团唯一的作用是确定犯罪事实。但实际上并非如此。否则不存在争议事实的案子到不了陪审团。法官可以作出无罪判决,但无论是在英国还是在美国,法官都不可能命令陪审团作出有罪判决,无论犯罪事实的证据多么充分。

陪审团在刑事案件中所起的作用远不止确定事实问题。如果需要,它有权给予宽恕,也有权分别作出判决。它还有权——尽管未必正确,作出无罪判决,即使经过法律适用似乎需要作出有罪判决。它可以判决法律不应该适用于这种事实情况,像在安乐死案件中那样,或认为类似情况下作出有罪判决将不公正。或者它还可以判决法律本身是不公正的。因此,当被告被指控违反了要求执行种族隔离的法律(*segregation of the races)时,它可以宣告其无罪。当检察机关或警察机关的行为方式应受谴责,比如被告被警察殴打或在陪审团看来警察诱逼被告认罪时,它也可以宣告无罪。

陪审团的作用依赖于这样一个事实:它不完全以法律规则为中心;它有权从实际出发做它认为正确的事。尽管这一权力在某些情况可能被滥用,但它的正确使用使陪审团的作用得到很好发挥。这种可能的权力滥用能够也应该通过严格的挑选和法官给予更准确的当庭法律指导予以纠正,但是这种可能性也可能是陪审团可以自由地对每个案件作出判决的一种可以接受的代价。

参考文献 James J. Gobert, *The Jury on Trial: A Political, Philosophical, and Psychological Examination of the Jury* (1993). Harry Kalven and Hans Zeisel, *The American Jury* (1966).

[James J. Gobert 撰;张伊明译;胡智强校]

特赖布,H. 劳伦斯[Tribe, Lawrence H.]

(1941年10月10日出生于中国上海),法学家。从1968年以来他一直在哈佛大学法学院任教(2004年获得"Carl M. Loeb University Professor"的荣誉称号),特赖布是一位学识丰富的宪法学者,同时也是他这一代人中备受瞩目的由联邦最高法院支持的最有影响的律师之一。他的论文集《美国宪法》最初的两个版本(分别是1978年版和1988年版)截至2000年已经被引用了5351次,根据《法学研究杂志》的调查,这已经远远超过了20世纪发表的其他法学论文被引的数量。在1980年到2003年间,他一共在联邦最高法院参与了35个案件的辩论,最初是在"里士满报业公司诉弗吉尼亚州案"(*Richmond Newspapers, Inc v. Virginia)(1980)中就联邦宪法第一修正案(*First Amendment)问题获得胜诉,其间包括在2000年那场有争议的总统选举中,他担任副总统戈尔的代理律师参与了在联邦最高法院进行诉讼的两个案件中的第一个["布什诉棕榈滩县选举委员会案"(Bush v. Palm Beach County Canvassing Board)(2000)]。在"瓦卡诉奎尔案"(Vacco v. Quill)(1997)中,他主张在医生协助下自杀是宪法性权利,但是未能成功。他在"鲍尔斯诉哈德威克案"(*Bowers v. Hardwick)(1986)中提出经双方同意的鸡奸是合法的辩论意见,当时这一观点未被采纳,而17年以后在"劳伦斯诉得克萨斯州案"[(Lawrance v. Texas)(2003)]中,联邦最高法院却采用了特赖布当年的观点。特赖布多次在国会作证。作为民主党在议会司法委员会的顾问,他在挫败1987年提名罗伯特·博克(Robert *Bork)为联邦最高法院大法官的过程中发挥了重要作用,最后成功地任命了安东尼·肯尼迪(Anthony *Kennedy)。特赖布经常对联邦最高法院发表批评言论,他在其论文集的序言中写道:"联邦最高法院已令人痛心地从保护自由、平等的恰当做法中退却"。

[Linda Greenhouse 撰;胡海容译;林全玲校]

特林布尔,罗伯特[Trimble, Robert]

(1776年11月17日生于现为西弗吉尼亚州的伯克利,1828年8月25日卒于肯塔基州的巴黎并葬于此)1826—1828年任联邦最高法院大法官。罗伯特·特林布尔是玛丽·麦克米兰及威廉·特林布尔夫妇7个孩子中的长子,这一家可能早在1780年就搬往肯塔基州中部。特林布尔的早期教育不详,但他师从乔治·尼古拉斯和詹姆斯·布朗学习法律似乎可以确定,前者是肯塔基首部宪法的主要创始者,后者是法国外交使节。特林布尔于1800年在肯塔基州的巴黎开始他颇有前途的法律事业,两年后在该州曾担任一届众议院议员。

他的司法生涯以他1807年4月被任命至肯塔基上诉法院开始。鉴于经济上的损失,他于1808年12月辞职,但在1810年又担任过短期的首席大法官。特林布尔于1817年继哈里·英尼斯(Harry Innes)——肯塔基州第一位联邦地区法官,任联邦法院法官。他所担任的其他公职包括:1820年被任命加入最后解决与田纳西州边界争议的委员会,在霍勒斯·霍利执政的混乱时期曾是宾夕法尼亚大学理事会的成员。

1826年,约翰·昆西·亚当斯(John Quincy *Adams)总统提名特林布尔——第一位低级别联邦法院法官到联邦最高法院任大法官,他只在1827年和1828年工作了两年,然后突然卒于"恶性胆热症"。在此两年内,他提出过16项判决意见。其中最重要的是在"奥格登诉桑德斯案"(*Ogden v. Saun-

Robert Trimble

ders)(1827)中的并存意见,法院以 4 比 3 的表决结果作出判决,首席大法官约翰·马歇尔(John *Marshall)持反对意见,特林布尔认为,将《纽约破产法》(*bankruptcy act)适用于该法通过后所产生的债务并不违反联邦宪法第 1 条中的契约条款(the *Contracts Clause)。

[Mary K. Bonsteel Tachay 撰;张伊明译;胡智强校]

特罗普诉达勒德案[Trop v. Dulles., 356 U. S. 86(1958)]

1957 年 5 月 2 日及 10 月 28 日至 29 日辩论,1958 年 3 月 31 日以 5 比 4 的表决结果作出判决;沃伦、布莱克、道格拉斯及惠特克提出相对多数意见(注:少于 5 人赞同的多数意见,此判决意见不成为对以后的判决有约束力的法律)。布伦南持并存意见,法兰克福特、伯顿、克拉克和哈伦反对。本案和"佩雷斯诉布朗内尔案"(Perez v. Brownell)于同一日判决,后者以 5 比 4 的表决结果认定国会有权对参与外国选举投票的美国人取消公民身份(*Citizenship)。威廉·布伦南(William *Brennan)大法官在佩雷斯案中是多数意见中的一员,但在特罗普案中改变立场,联邦最高法院在特罗普案中判决国会无权对在战争中逃离军队的个人取消公民身份。首席大法官厄尔·沃伦(Earl *Warren)曾以国会未经允许无权剥夺任何人的公民身份为由而在佩雷斯案提出反对意见,在特罗普案中代表法院起草多元判决意见,该多元意见包括在佩雷斯案中持反对意见的 4 个人。沃伦反复向判刑委员会表明他在佩雷斯案中的宪法观念,并进一步认为:国会把剥夺公民身份作为一种惩罚不可能不违反联邦宪法第八修正案(the *Eighth Amendment)中的残忍和非正常刑罚条款(*Cruel and Unusual Punishment Clause)。沃伦在判决书中写道,非自愿的脱离国籍是一种残酷且非同寻常的惩罚,因为它"完全破坏了个人在有组织的社会中的身份地位"(p. 101)。布伦南单独提出并存意见,他只是认为,因战时脱逃而剥夺国籍并非是对战争权(*war power)的理智使用。因此,基于联邦宪法第八修正案而提出的观点并不为多数意见派所接受。尽管这场争论并未推动有关此问题的法律进一步发展,但其中的意见,即宪法第八修正案"必须从不断发展变化的,能够标志一个成熟社会的正当行为标准来进行理解"(p. 101),已被作为宪法中有关死刑部分的关键因素而被接受[如"格雷格诉佐治亚州案"(Gregg v. Georgia)1976]。

在"阿夫罗伊姆诉腊斯克案"(Afroyim v. Rusk)(1967)中,联邦最高法院推翻了佩雷斯案的判决,采纳了沃伦一方的观点,即公民身份只能自愿放弃。

[Dean Alfange, Jr 撰;张伊明译;胡智强校]

托拉克斯诉科里根案[Truax v. Corrigan, 257 U. S. 312(1921)]①

1920 年 4 月 29 日至 30 日辩论,1921 年 10 月 5 日至 6 日再次辩论,1921 年 12 月 19 日以 5 比 4 的表决结果作出判决;塔夫脱代表法院起草判决意见,霍姆斯、皮特尼(克拉克参与其中)及布兰代斯反对。19 世纪末 20 世纪初,法院常常以对罢工者发布禁令(*injunct)的方式终止劳工纠纷。为了纠正这一司法偏好,包括亚利桑那州在内的一些州通过立法使罢工者免于劳工禁令。这些法律并不禁止损害赔偿之诉。亚利桑那州当地的一个饭店老板发现,当罢工者纠集在他的饭店时,其营业额下降了 50% 多,于是对这一和平罢工无禁令的法律提起诉讼,但亚利桑那州法院支持和平聚集罢工。

联邦最高法院勉强过半数的多数意见认为该法律无效,尽管这种罢工没有暴力。首席大法官威廉·霍华德·塔夫脱(William Howard *Taft)认为,该法律通过剥夺所有者财产限制了联邦宪法第十四修正案(the *Fourteenth Amendment)中的正当程序条款(*Due Process Clause),并因把雇主及其以前的雇工之间的纠纷单独列出特别对待而违反了该同一修正案中的平等保护条款(the *Equal Protection Clause)。赞成商业主反对工会偏见的多数意见在三种反对意见中暴露无遗。奥利弗·温德尔·霍姆斯(Oliver Wendell *Holmes)大法官反对联邦最高法院继续以联邦宪法第十四修正案阻碍州的实践;马

———
① 另请参见 Labor。

伦·皮特尼(Mahlon *Pitney)大法官对塔夫脱的所有结论表示质疑；路易斯·D. 布兰代斯(Louis D. *Brandeis)大法官从历史上和法律上为亚利桑那州的法律提供了理由。

托拉克斯诉科里根案的判决是塔夫脱法院的代表,但它对正当程序及平等保护条款的解释却难以长久。确实,在"森诉瓷砖铺设商联盟案"(Senn v. Tile layers Union)(1937)中,威斯康星州一部类似的法律获得支持。

[John E Semonche 撰；张伊明译；胡智强校]

联邦宪法第十二修正案[Twelfth Amendment]①

联邦宪法第十二修正案规定,选举总统的选民分别就总统及副总统选举进行投票。联邦宪法第2条曾规定,通过一次投票完成：在过半数的情况下,谁的票数最多则当选为总统,票数次多的一位为副总统。按照这一规定,在1796年的选举中,约翰·亚当斯(John Adams)击败托马斯·杰斐逊(Thomas *Jefferson)成为总统,但杰斐逊得以在亚当斯总统之下任副总统。1800年,民主-共和党的杰斐逊和伯尔(Burr)击败联邦制拥护者亚当斯和平克尼(Pinckney),但票数相同,根据联邦宪法第二条,选举交由众议院处理。众议院为解决这一问题进行了35次投票表决。对此,国会于1803年通过了联邦宪法第十二修正案。该修正案于1804年获得通过。考虑到全国参与选举人数的增加,联邦宪法第十二修正案规定分别投票选举总统和副总统（参见 Politicals Parties)。

联邦最高法院将联邦宪法第十二修正案视为总统选举程序分散化的表现。联邦宪法允许选出来的被选举者代表州或地区["麦克弗森诉布莱克案"(MacPherson v. Blacker)(1892)],并且允许政党为其在全国选举中的票数向选民作出承诺["雷诉布莱尔案"(Ray v. Blair)(1952)]。后者随美国南部各州中民主党内的"异己"分子对全国民主党选票的质问而得以判决。

联邦宪法第十二修正案就设立联邦选举委员会几乎达成妥协,这时联邦最高法院却认为按照联邦宪法第十二修正案的票数计算条款,除了参议院有权批准总统提名外,国会无权任命选举委员会成员["巴克利诉瓦莱奥案"(*Buckley v. Valeo)(1976)]。

[Stephen E. Gottlieb 撰；张伊明译；胡智强校]

联邦宪法第二十修正案[Twentieth Amendment]②

人们在其批准时普遍称其为1933年"诺利斯跛脚鸭"修正案("Norris Lame Duck" Amendment, Lame Duck,跛脚鸭,系对在新一届议会选举中没有当选而在下一届议员上任前暂时留在议会的、即将退出议会的议员的戏称——编者注),它取消了12月份至3月份的国会"跛脚鸭"议员参加的短期会议,该会议是宪法及法律为确立国会开始(12月份)及结束(单数年份的3月)的会议而规定的。3月份的日期反映了在火车提速前,前往华盛顿所需的时间。在双数年份的12月开始的会期只有3个月,在此年间当选的国会议员在13个月内不能上任。那些被他们击败的人在短期会议中还会继续工作,这种会议,以阻碍议事而著称,效率极低,考虑到交通和通讯的变化,这一制度已经显得极为过时。落选议员制造麻烦的可能性在"脱离联邦的冬季"(1860—1861)会议及以后的事实中得到了证实。

由于把会期的开始日从12月及3月改到1月,缩短了宪法硬性规定的议员在位期,因此必须由宪法修正案而不是法律来实现这一改革。议员乔治·诺利斯(George Norris),作为该修正案的起草者,对议会的工作效率和可靠性进行了考虑,他把该修正案的起草作为自己一生最伟大成就之一。

该修正案还把总统及副总统的就职日从3月份改为1月份,明确总统在就职前去世时由副总统接任(当选副总统成为当选总统),并规定国会可以就规定的其他有关维持总统继任的紧急情况制定法律。

[Mary Cornelia Aldis Porter 撰；张伊明译；胡智强校]

联邦宪法第二十五修正案[Twenty-fifth Amendment]③

联邦宪法第2条规定,在总统"死亡,辞职或丧失能力"时,副总统应该"履行总统的职责"。它把总统和副总统均丧失履行职务能力的情况的处理交由国会以法律作出规定。但它并没有解决如何认定丧失能力及如何将权力交还总统。

詹姆斯·加菲尔德(James Garfield)总统1881年遇刺后昏迷几乎达二个月。伍德罗·威尔逊(Woodrow Wilson)总统1919—1921年被打击致残。很多总统都曾在短期内处于丧失能力状态。但尚没有出现援引丧失能力规定的例子。

联邦宪法第二十五修正案设立了总统丧失履行职务的能力时副总统"代理总统",以及总统可在丧失能力的情况终止时恢复权力的程序：通过总统或副总统及大部分高级行政官员发表的书面声明。丧失能力的认定可能遭到总统的反对,这时,由国会进行审查——副总统若要继续代理总统职务则要在

---

① 另请参见 Constitutional Amendments。
② 另请参见 Constitutional Amendments。
③ 另请参见 Constitutional Amendments。

21 天内获得两院 2/3 以上票数的支持。相较之下,如果没有满足 2/3 要求的规定,众议院便可向参议院提出弹劾(*impeachment),显然副总统在解决此问题的 21 天最长限期内可以总统身份行事。

遵循 1841 年由约翰·泰勒(John *Tyler)所确立的先例,按照联邦宪法第二十五修正案的规定,当总统死亡或辞职时由副总统继任,这并不仅仅是"履行"总统的职责。联邦宪法第二十五修正案还对副总统职位空缺时的补充作了规定。

该修正案于 1965 年提出,1967 年批准。1973 年 10 月 10 日,副总统斯皮罗·阿格纽(Spiro Agnew)因在位时的贿赂行为受到刑事指控,并因此而辞职。杰勒德·R. 福特(Gerald R. Ford)于 1973 年 12 月 6 日成为副总统。理查德·M. 尼克松(Richard *Nixon)因掩盖水门事件受到弹劾,并因此于 1974 年 8 月 9 日辞职。福特于 1974 年 12 月 19 日成为总统,纳尔逊·A. 洛克菲勒(Nelson A. Rockefeller)成为副总统。联邦宪法第二十五修正案所提供的当总统丧失履行职务能力时由副总统顶替其职的程序在 1985 年 7 月 13 日曾被使用过 7 个小时,当时的总统里根(Ronald *Reagan)因肿瘤而进行外科手术,副总统乔治·H. W. 布什暂时承担了这一职责。

[Stephen E. Gottlieb 撰;张伊明译;胡智强校]

联邦宪法第二十一修正案[Twenty-first Amendment]①

联邦宪法第二十一修正案是唯一一个经选民而非立法委员批准的修正案,也是修正案中唯一一个废除了另外一个修正案——联邦宪法第十八修正案(the *Eighteenth Amendment)的修正案。从 1919 年 1 月 16 日的全国禁酒修正案,到 1933 年 12 月 5 日联邦宪法第二十一修正案得以通过,差不多过去了 14 年。

全国禁酒明显减少但并未彻底消除酒精饮料在美国的饮用。《1919 年禁酒法》(1919 Volstead Act)没有授权州及地方法律执行者,也没有授权规模很小的联邦禁酒局妥善处理各种类型的、大量的违反全国禁酒令的行为。1929 年《联邦琼斯 5—10 法》(federal Jones "Five-and Ten" Act)所确立的更长的刑期和更重的罚款也成效甚微。联邦最高法院的一系列判决也没有支持州与联邦并存的执法权["合众国诉兰扎案"(United States v. *Lanza)(1922)]、对汽车的无证搜查["卡罗尔诉合众国案"(*Carroll v. United States)(1925)]、对药类酒处方的限制["兰伯特诉叶鲁雷案"(Lambert v. Yellowley)(1926)]以及对窃听电话的监视["奥姆斯特德诉合众国案"(*Olmstead v. United States)(1928)]。

禁酒令的反对者来自于近来的移民组织,他们在政治上比较活跃,认为禁酒令是对其文化传统的侮辱;还有反禁酒组织认为,禁酒令鼓励犯罪而轻视法律,而且同时给了联邦政府太多的权力干涉人民的个人生活。20 世纪 30 年代初的经济崩溃使许多人认为禁酒使人们失去工作并且减少了税收。

民主党 1932 年同意撤销禁酒令,它在 12 月的全面胜利使国会很快达成协议。1933 年 2 月 20 日,国会以超过所规定的 2/3 票数通过一个修正案决议,该决议将撤销联邦宪法第十八修正案,以及对合众国各州及其属地运输或违法拥有作为饮料的致醉酒类的禁止。该决议还要求由各州召开会议而非由立法机关来通过此项提案。联邦最高法院在"霍克诉史密斯案"(Hawke v. Smith)(1920)中,推翻了 1919 年俄亥俄州有关联邦宪法第十八修正案的公民复决结果,人们因此要求采用从未使用过的联邦宪法第 5 条所规定的备用程序,以便使代表选举会议能够直接表明人民对所提议的宪法修正案的意见。1933 年 38 个州举行了代表选举,2100 万选民中有 73% 的选票支持终止在全国范围内禁酒的候选人,只有南卡罗来纳州选民反对撤销。确认会议很快批准了这一结果,1933 年 12 月 5 日,宾夕法尼亚州、俄亥俄州还有后来的犹他州采取行动,最终全国禁酒时代结束了。尽管在全国禁酒后酒精的消耗率保持在 1920 年前的水平达 40 年,但联邦政府致力于禁止成年人饮用酒精被普遍认为是一项失败、徒劳的策略,也是对联邦宪法修正程序(*constitution amending process)的误用。

[David E. Kyvig 撰;张伊明译;胡智强校]

联邦宪法第二十四修正案[Twenty-fourth Amendment]②

禁止各州及联邦政府拒绝或剥夺那些未能缴纳成人人头税(*poll tax)或其他税收的美国公民参加联邦选举的权利。这一修正案于 1962 年 8 月 27 日由国会通过,1964 年 1 月 23 日被批准,其所针对的对象是人头税———种按人数计算的税收,被南部各州长期使用以排除美国黑人参加选举。

到 1964 年只有 5 个州还要求想要成为选民的人缴纳这种税,并且,甚至很多南部人士也赞成废除它。联邦宪法第二十四修正案的主要支持者是斯佩萨德·霍兰(Spessard Holland),一名保守的佛罗里达州民主党党员。从 1939 年起,要求废除人头税的议案在国会中屡次被提起;霍兰自己也在 1949 年提出了这一案由。到了 1960 年,这一观念已没有大的争议。唯一真正的分歧在于人头税的废除是通过一般的法律还是需要宪法修正案。许多自由主义者赞

---

① 另请参见 Constitutional;Amendments。
② 另请参见 Vote, Right to。

成采用颁布法律的方式,但是霍兰认为,国会缺乏通过这一法律的权限,主张对宪法作出修正(参见Constitutional Amendments Process)。

联邦宪法第二十四修正案遭到弗吉尼亚州的反抗,该州要求没有在州选举中缴纳人头税的选民进行特别的联邦登记。在"哈曼诉福森纽斯案"(Harman v. Forssenius)(1965)中,联邦最高法院认为这种策略不合宪法。尽管新的修正案没有禁止州选举中的人头税,但在"哈珀诉弗吉尼亚州选举委员会案"(*Harper v. Virginia State Board of Elections)(1966)中,联邦最高法院以这一实践违反了联邦宪法第十四修正案的平等保护条款(Equal Protection Clause of the *Fourteenth Amendment)而裁定其无效。

[Michal R. Belknap 撰;张伊明译;胡智强校]

联邦宪法第二十二修正案[Twenty-second Amendment]①

乔治·华盛顿(George *Washington)"以退休为遮挡"拒绝成为第三任总统。托马斯·杰斐逊(Tomas *Jefferson)以华盛顿总统为例,也拒绝了第三次担任总统,从而使两任期限成为一个原则。在富兰克林·D. 罗斯福(Frankin D *Roosevelt)之前没有人担任总统超过两届。罗斯福在第二次世界大战的阴影下,请求继任总统并于1940年和1944年均当选。他于1945年4月去世,由哈里·S. 杜鲁门(Harry S. Truma)继任,杜鲁门是民主党党员,曾短期主持过共和党人的国会。

制宪会议曾和国会选举一起以英国议会的方式就限制总统任期一事进行过详细的讨论。制宪会议围绕总统和国会的关系经过广泛的商议,在联邦宪法第2条中,与重选不受限制一起,规定了每届任期四年,并规定了选举团。

联邦宪法第二十二修正案于1947年由国会提议,1951年通过。它将总统的任期限制为两届,如果总统承担了前次被选举总统一半以上的任期,则只能再任一届。杜鲁门总统通过免除现任的总统职务而被豁免适用该条款,但是,他在1952年没有寻求连任。自从适用这一修正案后,只有德怀特·D. 艾森豪威尔(Dwight D. Eisenhower)和罗纳德·里根(Ronald *Reagan)总统任满两届。

尽管联邦宪法第二十二修正案推翻了制宪会议允许重选不受限制的决定,但它可以恢复总统和国会之间在某些方面的平衡。

[Stephen E. Gottlieb 撰;张伊明译;胡智强校]

联邦宪法第二十七修正案[Twenty-seventh Amendment]

联邦宪法第二十七修正案有一段漫长而不同寻常的历史。联邦宪法规定,改变参议员和众议员服务报酬的法律,在制定这一法律的议员在任期间不得生效。薪金补偿条款曾包含在国会1789年提交给各州的十二个修正案内,其中的十个修正案构成了《权利法案》,该法案已经在1791年得到批准。包括补偿修正案在内的另外两个修正案,因没能获得3/4的州同意而未能获得批准。

然而在1873年,为了抗议国会溯及既往地提高报酬,俄亥俄州的立法机构批准了未对批准的时间作出限制的补偿修正案。1978年怀俄明州的立法机构也这样做了。从缅因州开始,政治活动家们成功地促成了更多的州批准了该修正案。1992年密歇根州在批准第二十七修正案时规定了必要的灵活余地。1992年5月18日美国的案卷保管人对这些批准进行了证明,两天以后国会也确认了这些批准书。

尽管对于经过这么长的时间后才采用的修正案是否有效存在很大的争论,但是没有法院就此提出质疑,或许依据"科尔曼诉米勒案"(*Coleman v. Miller)(1939)它是不受法院管辖的,因为科尔曼案的判决认为,修正案程序中产生的冲突属于由国会单独解决的政治问题。联邦最高法院还没有在任何案件中就第二十七修正案作出裁定,但是,联邦上诉法院曾经裁定,依据生活水平的变化自动调整薪金不违反该修正案。联邦最高法院将来可能仍会遇到类似的问题。

参考文献 Richard B. Bernstein, "The Sleeper Wakes: The History and Legacy of the Twenty-Seventh Amendment," *Fordham Law Review* 61 (1992): 497-557. Adrian Vermeule, "The Constitutional Law of Official Compensation," *Columbia Law Review* 102 (2002): 501-538.

[Matthew J. Moore 撰;胡海容译;林全玲校]

联邦宪法第二十六修正案[Twenty-sixth Amendment]②

在1970年选举法中,国会规定联邦、州及地区选举中的选举年龄是满18岁,尽管各州通常规定的选举年龄为21岁。在"俄勒冈诉米切尔案"(*Oregon v. Mitchell)(1970)中,联邦最高法院中四位成员裁定,国会不能在联邦和州及地区选举中将选举年龄定为18岁,而另外4位认为国会有权如此。胡果·布莱克(Hugo *Black)大法官掌握着决定性的一票,他认为,国会可以在联邦选举中将18岁作为选举年龄,但不能在州及地区选举中如此规定,因为州选举资格只能由各州规定。

这一判决的结果是,年满18岁的人可以选举总

---

① 另请参见 Constitutional. Amendments。

② 另请参见 Constitutional Amendment Process; Constitutional Amendment; Elections; Vote, Right to。

统、副总统及国会议员,但可能不能参加州及地区选举,除非该州法律允许。这使当时即将举行的 1972 年选举面临很复杂的局面。为了改变这种局势,1971 年 3 月 23 日,国会提出了对联邦宪法的第二十六条修正案,规定联邦、州及地区选举中的选举年龄都必须为 18 岁。在国会提出建议的 107 天内,该修正案得到所必需的 3/4 的州的承认,从而成为联邦宪法的一部分,这是美国历史上获得承认时间最短的宪法修正案。

[Richard C. Cortner 撰;张伊明译;胡智强校]

联邦宪法第二十三修正案[Twenty-third Amendment]①

联邦宪法第 1 条规定,国会有权从各州接受领土并以政府的资格对它进行管理。哥伦比亚特区就是根据这一权力从马里兰州和弗吉尼亚州分割出来的领土为基础形成的。国会以立法程序创立了该区。

如同众议院在报告及提议中提到的,"特区的公民负有公民的一切义务,包括向联邦和地方纳税、服兵役。"尽管已经缴了税、征过兵,但该区的公民没有代表权。国会的代表及对总统有选举权的人都是由联邦宪法分配给各州,联邦宪法对该区公民的代表资格没有作任何规定。

联邦宪法第二十三修正案由国会于 1960 年提出,1961 年得到批准。它同意该区的选举人数不超过分配给人口最少的州的选举人总数——实际上是 3 张表决票,尽管按其人数应该更多。

联邦最高法院认为,该修正案是美国政府一系列扩大选举权的修正案中的一个["雷诺兹诉西姆斯案"(*Reynolds v. Sims)(1964)],因此,在其一人一票裁定方面,先例可类推适用。

[Stephen E. Gottlieb 撰;张伊明译;胡智强校]

特文宁诉新泽西州案[Twining v. New Jersey, 211 U.S. 78(1908)]②

1908 年 3 月 19 日至 20 日辩论,1908 年 11 月 9 日以 8 比 1 的表决结果作出判决;穆迪代表法院起草判决意见,哈伦反对。特文宁和科内尔被判犯有故意欺骗新泽西州银行稽核员罪。上诉所审议的事实是:初审法官指示陪审团,被告拒绝为自己进行证明这一事实在定罪时可以被考虑进来。少数州许可初审法官作出这种指示,新泽西州就是其中之一。

联邦最高法院在斟酌初审法官对陪审团的指示是否违反了联邦宪法第五修正案(the *Fifth Amendment)反对自证其罪(*Self-incrimination)的基本人权,如果是,这一规定是否被并入了联邦宪法第十四修正案(the *Fourteenth Amendment)所针对的国家行为中。威廉·亨利·穆迪(William Henry *Moody)大法官代表联邦最高法院的多数作出判决意见,拒绝了并入的观点,并且,拒绝对特文宁诉讼请求的具体范围进行审议。穆迪承认,作为讨论,初审法院就被告拒绝为其辩护所作的评论构成了"对反对自证其罪基本人权的违反"(p.114),但他强调,新泽西州法院并未违反他们自己对此项基本人权的解释,因此,"在各州法院免于强制性的自证其罪并不受联邦宪法任何部分的保护。"(p.114)。

约翰·马歇尔·哈伦(John Marshall *Harlan)大法官反对,他认为:联邦最高法院应该首先考虑初审法院的行为是否构成对反对自证其罪基本人权的侵犯。如果是,联邦最高法院接着必须考虑联邦宪法规定对各州的适用性。哈伦认定,初审法官侵犯了反对自证其罪的基本人权,而且,这项权利是受联邦宪法第十四修正案所保障并适用于全体公民的。

虽然联邦最高法院从未就特文宁案的完全并入明确表示过异议,但选择性并入程序则一直适用于《权利法案》(*Bill of Rights)中的大部分内容。"特文宁诉新泽西州案"的判决结论在"马洛伊诉霍根案"(*Malloy v. Hogan)(1964)中被推翻。

[Susette M. Talarico 撰;张伊明译;胡智强校]

泰勒,约翰[Tyler, John]③

(1790 年 3 月 29 日生于弗吉尼亚州的查尔斯顿,1862 年 1 月 18 日卒于弗吉尼亚州的里士满),政治家,1841 年至 1845 年任美国总统。1841 年由于威廉·亨利·哈里森(William Henry Harrison)总统的去世,约翰·泰勒就任国家的最高职位,之后,他发现自己深陷于一场同他自己所在的独立党的政治斗争中。泰勒意外地成为总统使肯塔基州的亨利·克莱(Henry Clay)领导的独立党感到恐慌,克莱是根本反对弗吉尼亚人的政治观念的(参见 State Sovereignty and States' Rights)。这种政党分裂的结果是:泰勒在联邦最高法院大法官任命方面的成就是所有总统中最少的。

1843 年 12 月,史密斯·汤普森(Smith *Thompson)大法官去世,泰勒提名财政部长约翰·C.斯潘塞(John C. Spencer)继任,他是一名来自纽约的律师。由于政敌克莱的反对,斯潘塞未能获得议会的批准;随后,泰勒提名了另一位才华出众的纽约律师,鲁本·H.沃尔沃思(Reuben H. *Walworth)。但是,议会还没来得及决议,亨利·鲍德温(Henry *Baldwin)大法官又于 1844 年去世,法院的空缺又增加了一个。对此,泰勒希望宾夕法尼亚州的詹姆斯·布坎南(James Buchanan)能够被任

---

① 另请参见 Constitutional. Amendments;Vote, Right to.
② 另请参见 Incorporation Doctrine。
③ 另请参见 Nominees, Rejection of。

命,但是,布坎南拒绝了这一职位。泰勒于是提名宾夕法尼亚州的律师爱德华·金(Edward *King),但是,由于议会中的独立党员感觉到在秋天的总统选举中可能获胜,因此将对沃尔沃思和金的批准推迟到六月。

尽管独立党未能赢得总统一职,但泰勒的政治地位在他任期的最后几个月持续下降。他于1845年1月收回了他的两项提名,却推荐了塞缪尔·纳尔逊(Samuel *Nelson)——纽约州的首席大法官。在议会迅速确认这一人选后,泰勒试图提名宾夕法尼亚州的律师约翰·梅雷迪恩·里德(John Meredith *Read)填补第二个空缺。但是,对泰勒而言,政治上的胜利来得太艰难了。议会使总统最后一次遭到失败,它没有对此提名进行审议就宣布休会,将这一位置留给了泰勒的继任者詹姆斯·K.波尔克(James K. Polk)。

[Timothy S. Huebner 撰;张伊明译;胡智强校]

泰森诉邦顿案[Tyson v. Banton, 273 U.S. 418 (1927)]①

1926年8月6日至7日辩论,1927年2月28日以5比4的表决结果作出判决。萨瑟兰(Sutherland)代表法院起草判决意见,霍姆斯(Holmes)、布兰代斯(Brandeis)、斯通(Stone)及桑福德(Sanford)反对。纽约州的法律试图对戏迷们予以保护,使他们免于承受那些获准从事倒票交易的代理人所要求的额外费用。联邦最高法院对这一著名且广受批评的观点表示反对。联邦最高法院裁定,戏院并非公共设施,不受公共利益影响。戏院只为一小部分公众服务,无论是戏院还是那些有限的公众都不享有政府的特别保护和特权。代表多数意见起草判决意见乔治·萨瑟兰(George *Sutherland)大法官指出,售票处不属于首席大法官威廉·H.塔夫脱(William H. *Taft)在"沃尔夫包装公司诉产业关系法院案"(*Wolff Packing Co. v. Court of Industrial Relations)(1921)中所列出的三类行为中的任何一种,据此,认定该法因违反契约自由(*contract)原则而不合宪。

有4个人反对。奥利弗·温德尔·霍姆斯(Oliver Wendell *Holmes)大法官强烈反对利用公共利益原则来削弱正当的社会管理。他认为,当立法机关在其有公共舆论支持的充分力量时,应该有权禁止或限制任何没有合法理由的商业行为。更宽泛地说,他认为,立法机关应该做一切它认为应该去做的事,只要宪法没有明确禁止。他明确指出,公共利益的概念是人为的,只不过是人们意在"美化那些受害者们所不满意的东西"的虚构(p.446)。路易斯·布兰代斯(Louis *Brandeis)大法官对此持并存意见。哈伦·F.斯通(Harlan F. *Stone)大法官提出了另外的反对意见,他对联邦最高法院日复一日地破坏那些以前被认为有效的管理社会的各种准则深表痛惜。实质上,属于少数意见的大法官们都要求抛弃整个公共利益观念,并以承认各州立法机关在它认为公共福利需要时享有管理私营商业的一般权利而取代之。

[Paul L. Murphy 撰;张伊明译;胡智强校]

---

① 另请参见 State Regulation of Commerce。

Uu

厄尔曼诉合众国案[Ullman v. United States, 350 U. S. 442(1956)]①

1955年12月6日辩论,1956年3月26日以7比2的表决结果作出判决;法兰克福特代表联邦最高法院起草判决意见,道格拉斯和布莱克表示反对。一个联邦地区法院根据豁免法发布了一项令状,要求厄尔曼向正在调查是否有危害国家安全(*national security)企图的大陪审团(*grand jury)作证。根据豁免法的规定,只要证词不会导致该证人被判处刑罚,证人就不能拒绝作证。而且,豁免法还规定了证人的交易豁免(transactional immunity),据此,州或联邦检察机构不得对与强迫获得的证据有关的任何和解的事务或事项提出刑事指控。尽管有这些豁免,厄尔曼还是拒绝作证,这样他因为藐视法庭而被判处6个月的监禁。

在上诉到联邦最高法院时,厄尔曼认为,豁免法违反了联邦宪法第五修正案(the *Fifth Amendment)规定的不得强迫自证其罪(*self-incrimination)的特权。他认为该法并没有给他完全的豁免,因为他的证词可能导致他在事实上的损害,例如失业、被开除出工会以及受到公众的责骂。

联邦最高法院否定了厄尔曼的诉讼主张,认为该法律并没有违反联邦宪法第五修正案。该修正案所规定的不得强迫自证其罪这种特权并不保护证人免受厄尔曼所称的不利后果,保护范围仅仅涉及使他免受他提供的证据提出的刑事指控。该法通过赋予交易豁免,避免了证人遭受刑事指控。因此,支持原告拒绝作证的理由并不存在。

[Daan Braveman 撰;邓宏光译;林全玲校]

理解力测试[Understanding Tests]②

它是在内战后重建(*Reconstruction)时代之后由州法律和州宪法提出的,它要求可能的投票者"理解"特定的法律,在投票之前必须向当地登记人员满意地"解释"法律。19世纪90年代至20世纪60年代中期,南部各州公开采取一定的措施以规避宪法中禁止投票时的种族歧视规定,理解力测试就是这些措施中的一种。在这些州的实际运作中,这种标准对白人执行得很宽松,对黑人则很严格。许多黑人则因为不理解晦涩的法律语言而不能行使投票权。正如冈纳·米达尔(Gunner Myrdal)在《美国的窘境》(An American Dilemma)一书中写到,一位南部官员吹嘘道:"只要我愿意,我能够使美国总统通不过选民登记这一关。上帝他也不能理解那些(法律中的)句子,我自己就是法官"(p.1325, n. 34)。

虽然联邦最高法院在1949年扼要地维持了一个联邦地区法院作出的、判定亚拉巴马州的理解力测试无效的判决,但南方其他几个州到20世纪60年代仍然继续使用该策略。直到"路易斯安那州诉合众国案"(Louisiana v. United States)(1965),联邦最高法院才发表完全地废除理解力测试的意见。它认为,这"并不是一种测试,而是一种陷阱",仅仅取决于登记员个人不受审查的"兴致与冲动"(p. 153)。尽管联邦最高法院公开表明标准化的、公平控制的"公民权"标准可能是合宪的,但国会在《1965年投票权法》(*Voting Rights Act of 1965)和以后的修正案中都限制了使用识字能力、"理解力"和其他受教育程度的测试来决定投票者的选举资格。联邦最高法院在"南卡罗来州诉卡曾巴赫案"(*South Carolina v. Katzenbach)(1966)和"俄勒冈州诉米切尔案"(*Oregon v. Mitchell)(1970)中支持了这些宽泛的禁止性规定。

[Charles G. Curtis, Jr. and Shirley S. Abrahamson 撰;邓宏光译;林全玲校]

威廉斯堡犹太人联合组织诉凯里案[United Jewish Organizations of Williamsburgh v. Carey, 430 U. S. 144(1977)]③

1976年10月6日辩论,1977年3月1日以7比1的表决结果作出判决;怀特代表起草判决意见,伯格对该案判决持有异议,马歇尔没有参加辩论。在该案中,联邦最高法院认为,纽约州以固定的种族比例为基础重新分配选区的计划符合宪法的规定。在1972年,纽约州对3个县就国会议席、州上议院议席和州国民大会议席重新进行了分配。按照《1965年投票权法》(*Voting Rights Act of 1965)的规定,纽约州的该计划必须取得美国司法部长的同意。司法部长发现,纽约州并不能解释该计划不是因为种族或肤色而有意地或事实上剥夺肯因县(Kings)(布鲁克林)的贝德福德—斯图佛逊(Bedford-Stuyvesant)地区

---

① 另请参见 Due Process;Procedural。
② 另请参见 Fifteenth Amendtment;Race and Racism;Vote,Right to。
③ 另请参见 Race and Racism;Vote,Right to。

对州国民大会代表议席的选举权。

该计划针对肯因县,其中包括威廉斯堡地区,该地区中包含了居住着约有3万名哈西德教派犹太人。在1972年计划中和在该计划之前,整个哈西德教派社区都属于一个既能选举州国民大会代表也能选举州上议院议员的选区。因为司法部长只接受那些非白人选民超过65%的选区的重新分配计划,纽约州提出了修改计划,建议将哈西德教派社区分到两个选区中,其中一个只能选举州国民代表大会代表,另一个只能选举州上议院议员。

在司法部长对修改后的重新分配选区提议表示赞同之前,哈西德教派社区向地区法院寻求禁令救济,认为根据联邦宪法第十四、第十五修正案(the *Fourteenth and *Fifteenth Amendment)的规定,新计划具有种族歧视的倾向(参见 Injunction and Equitable Remedies)。地区法院同意了驳回该诉讼的申请,其理由是,哈西德教派犹太人不能作为一个独立的社区而分立地享受宪法权利。在重新分配选区计划中,哈西德教派犹太人并没有被剥夺选举权,而且根据《投票权法》的规定,利用种族因素以纠正过去的种族歧视行为是合法的。

联邦最高法院在上诉审中支持了第二巡回法院的上诉法院的判决,认为该计划并没有对原告造成种族歧视,从而判定纽约州没有剥夺或限制肯因县白人投票权的目的。因为纽约州以前的立法违反了《投票权法》,联邦最高法院的大多数法官都没有考虑这个问题:为了使白人和非白人投票者之间达到一个协调的比例,州的立法以种族为基础划定选区的界限,这种行为是否符合宪法规定。上诉法院以投票权和"艾廉诉教育理事会案"(Allen v. Board of Elections)(1969)判决为基础,判定在重新划分选区的案件中种族因素能够被用于纠正那些令人厌恶的、对非白人产生种族歧视的法律。

联邦最高法院认为,根据《投票权法》,州的行为明显符合宪法。联邦最高法院的四位大法官同意第二巡回法院的观点,主要在于:(1)在划分选区界限时使用种族标准,其依据是《投票权法》第5条的规定;(2)根据该法,种族标准的使用并不限于纠正以前的明显的种族歧视;(3)在建立特定的黑人少数人种选区时,大量使用种族配额比例并不必然违反联邦宪法第十四、第十五修正案。拜伦·怀特(Byron *White)大法官撰写了该案的判决,该案判决意见是一种多元意见,怀特大法官在判决中支持了低级别法院对《投票权法》的解释,并认为该法符合宪法的规定。只要存在适用该法的适当条件,不管以前是否存在种族歧视行为,都能够使用明确的种族标准。波特·斯图尔特(Potter *Stewart)大法官发表了独立的并存意见,该意见得到了刘易斯·鲍威尔(Lewis *Power)大法官的支持,强调了纽约州重新划分选区的行为并没有种族歧视的目的。

首席大法官沃伦·伯格(Warren *Burger)不同意使用任何种族配额比例或"种族性的选区操纵"。他还主张那种不论任何情况都不能接受的州行为(*state action)并不会因为它们是为了遵守《投票权法》而成为符合宪法的规定。

在威廉斯堡犹太人联合组织案中,联邦最高法院摆脱了以前判决的限制,支持了纽约州利用明确的种族性名额数量目标获取司法部长批准其根据《投票权法》而作出的选区重划。这一方法作为法律现在仍然有效,但是它只适用于该法所覆盖的州或其管辖区域。

[Herbert Hill 撰;邓宏光译;林全玲校]

合众国诉美国矿业工人协会案[United Mine Workers, United States v., 330U.S.258 (1947)]①

1947年1月14日辩论,1947年3月6日以7比2的表决结果作出判决;文森代表法院起草判决意见,法兰克福特和杰克逊持并存意见,布莱克和道格拉斯对判决部分赞同,部分持否定意见,墨菲和小拉特利奇表示反对。在1946年春,美国矿业工人协会与煤矿经营者之间的谈判失败之后,联邦政府认定这种行为导致煤炭的紧缺,造成了国家的紧急状况。1946年4月21日,美国总统哈伦·S.杜鲁门没收了煤矿,因为煤炭对于战争以及国内经济实现从战时到和平时期的平稳过渡极为重要。矿业工人在他们的工会主席约翰·L.刘易斯的默许下,拒绝在签订合同之前到政府所有的矿山工作。政府又申请了一项禁止进一步罢工的禁令。在工人拒绝回到煤矿时,地区法院以藐视法庭为由对协会罚款350万美元,对刘易斯罚款1万美元。

协会对此提起上诉,上诉理由是1932年《诺里斯—拉瓜迪亚法》(Norris-LaGuardia Act)禁止联邦法院对正在罢工的劳动者发布禁令。政府答辩称,在作为最高指挥者的总统发布了一项宣布全国处于紧急状况的行政命令时(参见 Presidential Emergency Powers),《1943年战争时期劳动纠纷解决法》将取代1932年《诺里斯—拉瓜迪亚法》中规定的处理方式。

联邦最高法院认为,在国家作为雇主时,并不能适用《诺里斯—拉瓜迪亚法》,因此,地区法院能够受理该案。社会一般公众对该案判决的支持导致国会后来通过《塔夫脱—哈特莱法》(Taft-Hartley Act)取消了"新政"(*New Deal)时期,尤其是1935年《瓦格纳劳动者关系法》(Wagner Labor Relations Act)赋予劳动者(*labor)的一些特权。

[Melvin I. Urofsky 撰;邓宏光译;林全玲校]

---

① 另请参见 Lower Federal Courts。

联合公务雇员协会诉米切尔案[United Public Workers v. Mitchell, 330U.S.75(1947)]①

1945年12月3日辩论,1946年10月17日重新辩论,1947年以4比3的表决结果作出判决;里德代表法院起草判决意见,法兰克福特和道格拉斯对该案判决部分表示赞成,部分持有异议,布莱克表示反对,墨菲和杰克逊没有参加辩论。1940年《哈奇法》(Hatch Act)规定,除非有特殊情况,禁止行政机关的官员和工作人员"参加任何政治运动"。行政部门的工作人员现在也受到了原来只适用于向政府机构提供文职公务(civil service)的受雇人员的限制,并且违反该规则者就会被解雇。在行政机关供职的几个人向法院寻求宣告性判决(*declaratory judgment),认为该法违反宪法的规定,限制了他们享有的、受联邦宪法第一修正案(the *First Amendment)保护的言论自由权。

斯坦利·里德(Stanley *Reed)大法官指出,联邦最高法院在"柯蒂斯单方诉讼案"(Ex parte Curtis)(1882)开始的一系列案件中都支持对(向行政机关提供)文职公务的受雇人员进行相似的限制。同时,他还将个人的言论自由权与国会所作出的、公共利益所要求的、禁止政府机关工作人员参与政治活动的决定之间进行了权衡。他认为"这些基本的人权并不是绝对的,这是一条已经为大家接受的宪法性原则……联邦宪法第一修正案所规定的权利在特定情况下必须为基本的秩序需求让路,因为没有这种秩序,那么其他人的大量民事权利将会遭受威胁"(p.95)。

威廉·O.道格拉斯大法官在他的部分否定意见中认为,这一法律规定涉及的范围太广。他并不否认国会可以限制政府工作人员的政治性活动,但必须针对那些被认为具有明显、即发的危险(*clear and present)的行为形成规定更为具体的法律。胡果·布莱克(Hugo *Black)大法官在他的反对意见中尖锐地批判了《哈奇法》,认为该法剥夺了几百万人的言论自由权和政治参与权。

[Melvin I. Urofsky 撰;邓宏光译;林全玲校]

合众国诉合众国联邦地区法院案[United States District Court, United States v., 407U.S.297(1972)]②

1972年2月24日辩论,1972年6月19日以8比0的表决结果作出判决;鲍威尔代表法院起草判决意见,伯格、道格拉斯和怀特持并存意见,伦奎斯特没有参加该案的辩论。在20世纪70年代早期,全国处于一种骚动状态。许多组织因为爆炸建筑物或者推翻政府的阴谋而被指控。理查德·尼克松(Richard *Nixon)总统以国家安全为由,宣布在没有取得司法授权之前对那些据说涉嫌颠覆行为的美国公民使用电子监视手段。但联邦宪法第四修正案(the *Fourth Amendment)要求这种监视行为必须首先表明存在相当理由(*probable cause)以获得司法的授权(参见Search and Warrant Rule, Exception to)。

政府认为,联邦宪法第2条对总统授予行政权,暗示着有权使用电子监控手段以获得保护政府不被颠覆的必要信息。必须取得司法令状会构成对行政执法职责的干涉,因为它会增加那些高度敏感的信息被披露的风险。而且法官们没有能力对那些超出他们专业范围的内务情报作出判断。

联邦最高法院全体大法官一致否决了行政机关的主张。联邦最高法院强调,这种案件涉及联邦宪法第一修正案(the *First Amendment)和第四修正案所保护的价值,因为反对主导政策的政治组织是最可能被政府怀疑为可能造成国家安全危险的组织。根据联邦宪法第一修正案的价值取向以及国家安全概念的模糊性,联邦最高法院认为,政府官员在没有取得司法许可的前提下,仅仅凭总统的决定就对国内组织采取监控措施,将有不正当地滥用权力的危险。

在联邦最高法院发表这一意见之前两天,有5个人因为试图在华盛顿民主党全国委员会总部安装监控设备而被逮捕,该事件引发了水门事件。

[Stanley Ingber 撰;邓宏光译;林全玲校]

《美国法律周刊》[United States Law Week]③

《美国法律周刊》是一种活页装置的两卷本期刊,部分是专门供发表联邦最高法院的判决和新闻的,每周由华盛顿国家事务局有限公司公开发行。与其竞争者《美国联邦最高法院公报》一样,《美国法律周刊》中的"联邦最高法院"卷刊载美国联邦最高法院所有判决的全文,还附带刊载联邦最高法院的判决摘要、议事日程、以及法院的新闻等。一般情况下,《美国法律周刊》在联邦最高法院判决当天将该判决邮寄给各个订户。在提供互动式计算机法律检索服务的*Lexis和*West Law出现之前,《美国法律周刊》和《美国联邦最高法院公报》是报道联邦最高法院判决最快的两家杂志。

《美国法律周刊》除了"联邦最高法院"卷之外,另一卷是"一般法律",涉及的范围包括其他法律新闻、低级别联邦法院(*lower federal court)和州法院(*state courts)的重要判决,还包括最重要的法律和行政法令。

---

① 另请参见 Sppeech and the Press;Unprotected Speech。
② 另请参见 Political Process;Presidential Emerngency Power。
③ 另请参见 Reporting of Opinions。

《美国法律周刊》能够通过 LEXIS 和 WEST LAW 两家网站在线获得。涉及有关联邦最高法院活动和整个法律系统其他最新发展动态的《每日版》(Daily Edition)仅出现在这两家电子搜索引擎的网站上。

[Morris L. Cohen 撰;邓宏光译;林全玲校]

《美国判例汇编》[United States Reports]①

《美国判例汇编》是美国联邦最高法院判决的官方出版物,第一本判例汇编是由亚历山大·詹姆斯·达拉斯(Alexander J. *Dallas)准备和出版的。达拉斯是宾夕法尼亚州的一名律师,偶尔也充当新闻工作者和编辑,他汇编了一本名为《独立战争前后宾夕法尼亚州法院判决及裁定的判例汇编》(Reports Of Cases Ruled and Adjudged in the Courts of Pennsylvania Before and Since the Revolution)的书,并于 1790 年由托马斯·布拉德福德(Thomas Bradford)在宾夕法尼亚州印制成册。有意思的是,因为联邦最高法院还没有对任何案件作出裁决,该卷仅仅包含了宾夕法尼亚州法院作出的判决。达拉斯编辑的后三卷法律汇编(分别在 1798 年、1799 年和 1807 年),内容包含了联邦最高法院和低级别联邦法院(*lower federal courts)的判决以及宾夕法尼亚州法院的判决。1790 年卷被认为是美国判例汇编系列的第一卷。

虽然联邦最高法院汇编人(*reporter)的地位直到 1817 年国会的一项法律中规定对该职位提供一定的工资之后才得以确立,但最早出版的判例汇编都获得了联邦最高法院的支持。因为早期的法律汇编都是参照英国的习惯,每一卷都以汇编人的名字命名,它们被称之为"某某(任命者姓名)判例汇编"。正如表格一中所表明的一样,只有前 90 卷是以汇编者的姓名命名。此后,联邦最高法院任命的汇编人仍然继续从事判决文书出版的准备工作。

表 1 以被任命者命名的汇编

汇编人	以汇编人命名的卷数	在《美国判例汇编》的卷数	涉及年份
亚历山大·J.达拉斯	1—4	1—4	1790—1800
威廉·克兰奇	1—9	5—13	1801—1815
亨利·惠顿	1—12	14—25	1816—1827
小理查德·彼得斯	1—16	26—41	1828—1842
本杰明·C.霍华德	1—24	42—65	1843—1860
杰里迈亚·S.布莱克	1—2	66—67	1861—1862
约翰·W.华莱士	1—23	68—90	1863—1874

1922 年美国政府印制署承担了出版工作,在此之前,《美国判例汇编》都是由私人出版的。官方出版始于 1921 年 10 月卷,总第 257 卷。

在《美国判例汇编》每一卷固定时期发行之前,联邦最高法院的判决以两种临时的官方文件形式出现:其一是"条状"判决意见(*slip decision),每个判决都是由单独编页的一本小册子出版发行;另一种最基本的形式是判例样张活页(*advance sheet),通过连续编页的小册子将大量的判例分为三类,现在每一卷都在固定的时间出版。在 1990 年通过一项名为"赫姆斯计划"(Project Hermes)的试验性计划,联邦最高法院在判决之日向各种组织和出版物提供电子形式的判决文书。

实际上,所有载有联邦最高法院判决的公开出版物,例如《美国联邦最高法院判例汇编律师版》(*Lawyer's Edition)、*LEXIS、《联邦最高法院判例汇编》(*Supreme Court Reporter)、《美国法律周刊》(*United States Law Week) 和 *WEST LAW,都比《美国判例汇编》更为便捷。尽管如此,联邦最高法院的官方报告必须简要地引用该文本,而且在判决中也有首先引用该文本的传统。

[Morris L. Cohen 撰;邓宏光译;林全玲校]

美国钢铁工人联合会诉韦伯案 [United Steelworkers of America v. Weber, 443 U. S. 193 (1979)]②

1979 年 3 月 28 日辩论,1979 年 6 月以 5 比 2 的表决结果作出判决,布伦南代表法院起草判决意见,伯格和伦奎斯特大法官反对,鲍威尔和斯蒂芬大法官没有参加辩论。韦伯案是联邦最高法院最早对雇佣关系中的积极行动(*affirmative action)发表意见的案件。

凯泽铝公司的主要的集体谈判协议是根据消除钢铁行业中就业歧视的和解协议改写而来的。每一个凯泽分工厂都为黑人确立了同业雇佣目标,其中黑人所占的比例与黑人在各地区劳动力中所占的比例相当。在该工作中,培训计划也同时对白人和黑人中没有生产技术的人提供。该计划以工作的资历为基础确定入选者,在新创设的系统内部培训工作中,有 50% 在开始阶段可以为白人获得。

韦伯是一位不具有娴熟工作技能的白人,受雇于路易斯安那州格瑞莫斯(Gramercy)地区凯泽工厂。他提供的劳务比某些被选入该计划的黑人要多,但是少于参加该计划的所有成功的白人申请者。他对该公司和工会提起了诉讼,声称该计划按种族分类的接受条件,违反了《1964 年民权法》(*Civil Rights Act of 1964)第七编的规定。

威廉·布伦南(William J. *Brennan)大法官代

---

① 另请参见 Reporting of Opinions。
② 另请参见 Employment Discrimination; Labor; Race and Racism。

表法院的多数派在判决中承认韦伯对该法的文义解释并不是没有说服力,但他强调问题的关键在于该计划是私人自愿采用的,用以消除传统的种族隔离(*segregation)。他指出,司法发现的基于种族原因的同业排斥是如此之多,以至于确有必要将这种排斥行为列入司法关注的适当对象。

联邦最高法院否认了韦伯主张的观点,即《民权法》第七编的规定禁止对少数民族提供优惠待遇的行为。联邦最高法院认为第七编的禁止种族歧视的规定并不反对所有私人的、自愿的、种族自觉的积极行动计划。

联邦最高法院没有对允许的积极行动计划与不允许的积极行动计划之间划分一条明确的界限。但该培训计划没有不必要地损害了白人的利益,没有要求解雇白人而为黑人腾出空间,也没有永久性地组织白人工人的提升。该培训计划是临时性的,其宗旨并不在于维持种族的平衡,而仅仅是为了消除明显的种族不平衡。因此,这一计划属于第七编规定私人有权自由选择的领域,属于私人部门自愿采取的积极行动,其目的是为了消除传统上存在种族隔离的工作种类中存在的明显的种族不平衡。

[James E. Jones, Jr. 撰;邓宏光译;林全玲校]

不受保护的言论[Unprotected Speech]①

联邦最高法院已经围绕"言论自由原则"形成了一套联邦宪法第一修正案(the *First Amendment)理论。这一原则有两个最基本的宗旨:第一,言论自由可以服务于重要的、特定宪法目标;第二,联邦宪法第一修正案(the *First Amendment)并不保护所有的言论,而是仅仅保护那些具有特定性质的言论。言论自由原则反映了美国宪法中两个最基本的价值观——自由和民主之间的冲突。自由价值观强调个人的自由,反对家长主义,它支持联邦最高法院保护那些不会直接对社会造成实质性损害的表达。而民主原则则支持大多数人实施其限制自由的价值判断的权利。言论自由原则适用自由标准"保护"表达,但是,也较容忍在对那些"不受保护的"进行管制的过程中实施的民主控制。

言论自由支持者认为,言论自由促进了对客观真理的追求,维持了有助于社会多数人自己确定客观真理的、开放的"观点交流场所",促进了个人的自我实现,有助于自治的实现,还有益于监督滥用职权的政府行为。

虽然以上各种理论都对联邦最高法院产生了一定的影响,但其主要是依据在"查普林斯基诉新罕布什州案"(*Chaplinsky v. New Hampshire)(1942)中形成的理论。查普林斯基案涉及公开出版攻击性言论(*fighting words)、危害民族感情和引发敌对行为的言论这种行为是否违反宪法这一问题。弗兰克·墨菲(Frank *Murphy)大法官在维持了在警察局门口破口大骂的查普林斯基有罪的判决后,指出淫荡的(*obscenity)、色情的、诽谤性的(*libel)以及攻击性言论不受到保护。因为"这种言论并不是表达观点所必需的部分,而且它们对真理的价值非常小,它们显然比维护社会秩序和道德的社会利益小得多"(p.572)。

一方面,查普林斯基案中列举的受保护的言论还受到自由的内容中性化规则的保护。该原则保证"政府不能因为言论中的信息、观点、讨论对象或其内容而限制言论"["芝加哥警察部门诉莫斯利案"(Police Department of Chicago v. Mosely)(1972)(pp.95-96)]。政府也不能因为害怕从长远来看可能会造成不良后果而限制这种言论。只有在发表的言论对社会至关重要的利益造成直接的、实质上的损害时,才可以合法的剥夺言论自由。根据联邦宪法规定,剥夺行为只能在满足了严格审查(*strict scrutiny)标准时,即剥夺行为只有为实现"强制性"国家利益所必需时才可能实施。另一方面,只要政府能够证明这种限制与正当的政府目标之间存在合理的联系,就可以对不受保护的表达予以禁止。

联邦最高法院对鼓动违法行为的政治性言论的处理,对约束受保护表达言论的自由标准提供了最重要的说明。在1969年判决的"布兰登堡诉俄亥俄州案"(*Brandenburg v. Ohio)(1969)中,联邦最高法院认为,只有在这种鼓动违法行为的言论"直接鼓动或导致即发的非法行为或者是很可能导致这种结果"时(p.447),才能禁止它们。这种"直接导致"标准比在确定这种鼓动性言论时所采用的明显、即发的危险标准(*clear and present)["申克诉合众国案"(*Schenck v. United States)(1919)]更清楚、更客观。

布兰登堡案中确立的自由标准并不适用于像诽谤性的、淫秽的、攻击性的言论等不受保护的言论。然而,近几十年来,联邦最高法院对这些例外的言论的处理也越来越倾向于自由。查普林斯基案中提出的双重标准允许对粗俗的或者高度挑衅性的言论进行理性、文明的表述。该理论假设社会上已经存在足够多的、有关道德秩序性质方面的普遍共识。联邦最高法院将这种双重标准在20世纪60年代美国急速的政治和文化转型背景适用时,这些信条和假设都受到了质疑。

攻击性言论 攻击性言论的例外方面的发展,体现了言论自由原则的现代自由精神。在20世纪60年代,联邦最高法院裁定,敌意听众(无事生非的反对,heckler's vetoes)带来的威胁并不能为压制言论提供正当性,除非警察没有其他方法维持秩序

---

① 另请参见 Speech and Press。

["爱德华兹诉南卡罗来纳州案"(*Edwards v. South Carolina)(1963)]。"无事生非的反对"理论削弱了攻击性言论存在的理论基础,根据这种理论基础,对故意挑衅的言论可以实施惩罚。联邦最高法院在"科恩诉加利福尼亚州案"(*Cohen v. California)(1971)中在这一方向又迈出了一步,推翻了对一位违反加利福尼亚州扰乱治安法的青年所作的有罪判决。科恩曾穿着一件背面写着"fuck the draft"字样的夹克而从法庭穿堂而过。该案攻击性言论原则仅限制在因为该言论可能会引起强烈反应的场合。更宽泛地说,科恩案通过认可言论的"动机因素",而非其单纯的"感知性内容"是重要的,进一步在一般意义上降低了受保护表达的限度。

1992年,联邦最高法院又创设了一种约束政府限制攻击性言论或其他属于非受保护言论类型的言论的方法的重要的新理论。R.A.V.(一个少年姓名的首字母)被控违反了圣保罗市新的禁止煽动种族仇视的言论(*hate speech)的法令,因为他在一个非裔美国人家庭的门前焚烧十字架。该法令仅对有限的攻击性言论予以禁止,这些言论是在他人心中因为"种族、肤色、信念、宗教以及性别等方面的原因而引起愤怒、恐惧和憎恨"。R.A.V的言论可以依据一般性的攻击语言或威胁法的规定而对其予以适当的处罚。但是仅仅挑出这些特定的攻击性言论或者威胁而对其予以禁止,意味着圣保罗市在禁止的条件方面对特定的主题和其他主题的言论区别对待。根据联邦最高法院多数派的观点,这种偏袒构成观点性歧视["R.A.V.诉圣保罗市案"(R.A.V.v.St.Paul)]。仅当禁止所谓被涵摄言论的理论基础与最初就整个类别的言论被禁止所基于的理由相同,那么州才可以从有限制的不受保护的言论的次级分类中挑选部分言论予以禁止。根据这一推理,联邦最高法院在2003年支持了弗吉尼亚州一部禁止为了恐吓个人或者人群而焚烧十字架的立法。威胁是不受保护的言论,因为它会构成恐吓,因此从威胁性言论中挑选出最具恐吓性的言论形式之一而予以禁止,并不构成歧视。

淫秽 最早的处理淫秽问题的宪法性测试标准产生于"罗斯诉合众国案"(*Roth v. U. S.)(1957)。联邦最高法院判定联邦宪法第一修正案并不保护那些社会上认为明显淫秽(猥亵、肮脏的)的材料,因为这些材料危害着性方面的道德价值而又不能利用它们合理地表达观点(p.484)。在20世纪60年代,在性传统内容发生改变的时期,联邦最高法院发展了一套更为自由的标准。有一些色情材料,只要它们具有任何似乎合理的社会价值或者不是"明显地侵害"了社会准则,它们就能够获得宪法的保护["约翰·克莱兰《一个快乐的女人的自述》诉马萨诸塞州案"(A Book Named John Cleland's "Memoirs of a Woman of Pleasure" v. Massachusetts(1966)]。淫秽(*obscenity)仍然是不受联邦宪法第一修正案保护的言论,但是很少有被认定为淫秽的。

《自述》案判决之后,露骨地描写性方面的资料的市场急剧膨胀,高度分歧的伯格法院在"米勒诉加利福尼亚州案"(*Miller v. California)(1973)中试图为淫秽材料提供更大的保护余地。根据米勒案的判决,淫猥和"明显带有侵害性的"性材料都属于淫秽材料,除非它具有"严肃的文学、艺术、政治或者科学价值"(p.24)。"完全不认为具有社会价值"的判决标准被抛弃了。但是,米勒案算不上是一种逆潮流之动。它提出的淫秽标准等同于明显、纯粹的色情,而这个标准也被证明如同《自述》案标准一样是不可执行的。

诽谤 虽然诽谤(*libel)扭曲了"观点的表达",但它仍然可能是诚实的查证行为的非故意的副产品。因此,联邦最高法院在"纽约时报公司诉沙利文案"(*New York Times Co. v. Sullivan)(1964)中,史无前例地将宪法性保护延伸到了诽谤性言论上。该案是由亚拉巴马州的警察长官蒙哥马利(Montgomery)提起的,起诉纽约时报公司登载了由民权组织登载的诽谤性广告。亚拉巴马州法律体现了对诽谤的传统立场:如果使用的材料是毁誉性的,那么,通常就要承担严格责任,材料的真实是唯一的抗辩理由。但是联邦最高法院全体法官一致判定,联邦宪法第一修正案保护出版者不对毁誉"公众官员"的行为承担责任,除非受害者能够"令人信服地、清楚地"证明诽谤行为是出于主观恶意,也就是说"明知"材料的虚假性或者"因为疏忽没有注意是否真实"(p.280)。极少原告能够满足这种标准。沙利文案维护了对政府进行诚实但又错误地批评所需要的"喘息空间",维护了言论自治功能的精髓(p.278)。

诽谤原则符合自治的逻辑:被诽谤的事务或人物越具有公众性,出版者的自由空间就越大,出版者受到的保护也越多。沙利文案标准适用于对"公众官员"、拥有"实质上控制政府事务"职权的政府受雇者["罗森布拉特诉贝尔案"(Rosenblatt v. Baer)(1966)p.85],以及"公众人物"["格尔兹诉罗伯特·韦尔奇公司案"(*Gertz v. Robert Welch, Inc 1974)p.345]的诽谤。对私的角色人物的诽谤可能更容易获得赔偿(格尔兹案),尤其是诽谤的事情"与公共事务无关"时更是如此["邓恩与布拉德斯特里特诉格林莫斯建筑商公司案"(Dun & Bradstreet v. Greenmoss Builders Inc.,)(1985)]。

因为联邦最高法院必须在个人名誉的社会保护与联邦宪法第一修正案体现的价值之间进行平衡,这种区分似乎在理论分析上很有意义。但是仍然会产生与淫秽法引起的相似的不确定性。首先,联邦最高法院对什么构成"公众关心的事务"并没有明确地界定,对"公众人物"的处理也有些武断,这似乎表明联邦最高法院试图限制沙利文案标准的适用范围[例如,"时代公司诉费尔斯通案"(Time. Inc. v. Firestone)(1976)]。同时,极高的诽谤抗辩成本使得沙利文案式的保护显得有些没意义,因为单纯的法律控告的威胁就如同陪审团作出不支持判决的可能性很小一样,现在正在不详地隐现。

准保护言论及其新类型 过去的1/4个世纪里,在言论自由问题上不断爆发出令人伤脑筋的问题,这就使得某些领域的自由原则与民主原则之间的平衡日益变得模糊起来。作为回应,联邦最高法院已经创立了新的中间保护类型,从而使得言论自由原则的性质不那么分明。举例来说,联邦最高法院已经不得不致力于解决联邦宪法第一修正案中暗含的商业言论和选举言论,以及因日益增长的儿童色情材料带来的问题,诸如非淫秽的色情或者"不体面"表达之类的低素质言论而带来的问题。在最近一些案件的处理中,联邦最高法院已经不得不处理诸如有线电视和因特网这类新兴媒体引发的问题。

通过在广播媒体方面适用传统的较低保护的标准,联邦最高法院支持了联邦通讯委员会作出的决定,即仅对"不体面但不淫秽"的广播节目播出的时段进行限制["联邦通讯委员会诉帕西菲卡基金会案"(FCC v. Pacifica Foundation)(1978)]。联邦最高法院也允许社区限制区域地提供非淫秽的色情["雷顿市诉'娱乐时间'剧院案"(City of Renton v. Playtime Theatres, Inc.)(1986)],同时也支持社区有权要求酒吧和夜酒吧裸舞者穿着"贴乳布"和"G带"[(Erie v. Pap's A. M)(2000)]。这些情况都代表了对表达的准保护,因为他们包含了管制和限制,而并非完全的禁止。

然而,在"纽约州诉费伯案"[(New York v. Ferber)(1982)]中,联邦最高法院却对言论自由创设了一个新的例外,该案中法院一致裁定,州可以完全禁止制造和销售儿童色情物品,因为这类色情物品给深陷其中的未成年人造成了伤害。纽约州将儿童色情定义为"由16岁以下的儿童进行的任何性行为表演"。更晚近的时候,联邦最高法院又不得不解决费伯案遗留的问题:政府可以禁止制造、散发和拥有表面看来是以未成年人为对象的性图片而事实上却或者是以成年人为对象,或者看起来像未成年人的科技虚拟品(虚拟的儿童色情)。这种"虚拟"色情的危害在于对观看者产生潜在的影响,而生产产品过程中则没有对未成年人造成任何损害。根据现代的言论自由原则,为了阻止前面的危害而限制表达属于不合宪的家长主义的做法,除非这种表达具有引起违法行为的急迫的危险(布兰登堡案)。虚拟的儿童色情通常并不引起这种类型的危害,但是仍然是令人烦恼的。

2002年,当联邦最高法院使《儿童色情防治法》中的虚拟儿童色情条款无效时,它又遭遇了这个问题。联邦最高法院裁定,这个法律太宽泛,因为它忽视了既定的淫秽原则的限制,特别是米勒案中对具有艺术或文字价值的材料的保护。正如安东尼·肯尼迪大法官(Anthony *Kennedy)所言,这个法案有可能适用到剧本《罗密欧与朱丽叶》以及电影《毒品交易》、《美国丽人》和"阿什克罗夫特诉言论自由联盟案"(Ashcroft v. Free Speech Coalition)(2002, pp. 247-248)。毫无疑问,在不久的将来联邦最高法院将不得不解决这部法律的修订问题。

新技术也常常提出言论自由问题,特别是以性为内容的表达。1996年,在一个涉及非淫秽的性节目的案件中,联邦最高法院将联邦宪法第一修正案的内容延伸到收看有线电视的公众["丹佛地区教育电信联盟公司诉联邦电信委员会案"(Denver Area Educational Telecommunication Consortium, Inc. v. FCC)];1997年,联邦最高法院又否决了联邦《通信行为准则法》中的2条规定,因为该法禁止在明知的情形下向18岁以下的人发送或展示"猥亵的"和"明显侵害性的"的材料。联邦最高法院宣称,网络是"巨大的民主论坛",因此,法院适用严格审查原则,经过严格审查,发现《通信行为准则法》过于宽泛和模糊,因而认定其违宪。

联邦最高法院利用一种反家长主义作风的原理,也拓宽了对商业言论(*commercial speech)和广告的宪法性保护,特别是在该广告向消费者传递真实信息的情形[例如,"44酒商诉罗得岛案"(*44 Liquormart, Inc v. Rhode Island)(1996)]。尽管联邦最高法院也将类似于中间级审查的四步分析法运用到商业言论中["中央赫德森气电公司诉纽约公共服务委员会案"(Central Hudson Gas & Electric Corp v. Public Service Commission)(1980)],但是它已经以一种有时看起来更接近于严格审查的方式运用这一分析方法,至少在涉及真实广告的情形是如此。举例来说,2001年联邦最高法院运用了非常严格形式的中间级审查标准使得马萨诸塞州的一项规章无效,该规章严重限制了香烟以及无烟烟草的公共广告和销售点广告的范围["罗瑞拉德烟草公司诉赖利案"(Lorillard Tobacco Co v. Relly)]。因为虚假和误导的广告无助于发挥言论的真正功能,因此联邦最高法院继续允许政府禁止这类表达。

联邦最高法院越来越被热切期待给予民主控制的领域是选举筹资领域。联邦最高法院曾支持国会对竞选联邦政治职务的候选人提供捐款的个人和团体的捐赠金额给予限制["巴克利诉瓦莱奥案"(*Buckley v. Valeo)(1976)],也赞同要求公司和非营利的支持组织从单独的基金而不是他们一般的财产中拿出一部分进行捐赠[例如,"奥斯汀诉密歇根商会"(Austin v. Michigan Chamber of Commerce)

(1999);"费拉迪圣安娜诉博蒙特案"(FEC v. Beaumont)(2003)]。

除非联邦最高法院将布兰登堡案中的自由原则适用于所有类型的表达,否则它就必须面对区分受保护的言论和不受保护的言论这一困难任务。尽管近十年来,联邦最高法院已经扩展了自由的、反对家长主义的保护原则的摆幅,但是其言论自由法理学仍然可以容纳对于言论的特定形式的民主控制。区分受保护言论和不受保护言论仍是重要的,尽管天平已明显向前者倾斜。

参考文献 Kent Greenawalt, *Speech, Crime, and the Uses of Language* (1989); Alexander Meiklejohn, "The First Amendment Is an Absolute," *Supreme Court Review* 245-266 (1961); Frederick Schauer, *Free Speech: A Philosophical Inquiry* (1982); James Weinstein, *Hate Speech: A Philosophical, and the Radical Attack on Free Speech Doctrine* (1999).

[Donald A. Downs 撰;邓宏光、胡海容译;林全玲校]

美国任期限制公司诉桑顿案[U.S. Term Limits, Inc. v. Thornton, 514 U.S. 779 (1995)]

1994年11月29日辩论,1995年5月22日以5比4的表决结果作出判决;史蒂文斯代表法院起草判决意见,肯尼迪持并存意见,托马斯、伦奎斯特、奥康纳和斯卡利亚持反对意见。20世纪80年代末90年代初,人们明显察觉到在国会和州立法机构的任职的优势,于是在全国范围内推动了一场对经选举产生的官员的任职年限予以限制的运动。举例来说,1990年到1993年,23个州对该州在国会的代表施加了此种限制,更多的州对本州的立法人员实施了此种限制。而且,到了1994年,共和党的议员候选人在他们的"与美国的契约"中宣誓,他们将会提交一个任期限制修正案以供表决。整个围绕任期限制的争论形成了一幅幅公民立法者与腐败的职业政客之间对抗的景象。

在1992年的普选中,阿肯色州的选民接受阿肯色州宪法第73修正案。这次投票的初衷是将任期限制适用于三种群体:经选举产生的行政部门官员,州立法机构的成员和阿肯色州在联邦议会的代表。对第三种群体,新的修正案规定在众议院任职的任期为3届,在美国参议院任职的任期为2届。该修正案还规定,超过上述任期的人员在投票中将不再享有资格,但是,这种安排并不限制候选人参加选票上不列出候选人名单的竞选。该修正案的倡议者认为,州有权决定他们希望送谁去国会,选举资格问题是各州自己的事,而与联邦政府无关。

阿肯色州宪法第73修正案的支持者认为,这种规制并不属于担任公职的资格问题,而仅仅是联邦宪法"选举条款"授权类型的参与投票选举的措施问题。阿肯色州的措施仅仅是殖民地时代的惯例的一种继续,那时,确立任命规则和程序限制的权利全部授予给各州。而且联邦宪法的制定者也试图这样做,因为,最为重要的是,他们想组建一个由不会永久占据国会职务的公民立法者组成的国会。然而任期限制支持者对国会或州是否可以单独通过这些措施,认识并不一致,但是他们都赞同:越好的政府要求越高的任职更新率。

批评阿肯色州宪法第73修正案的人认为,州只能在一个单独的选举周期中保证选举过程的完整性,州不能废弃第1条第2款第3项(众议院)以及第1条第3款第3项关于任职资格的规定(参议院)。他们抱怨阿肯色州的修正案通过限制了一位候选人可能为公众服务的期限,对在国会任职设置了任职资格。现任议员的更换是选举程序的功能;涉及国会成员资格的规定超越了州的权限。

约翰·保罗·史蒂文斯(John Paul Stevens)大法官的多数派观点是直接明了的。他认为,联邦宪法的制定者当时试图建立一个代表全体美国人民的统一的全国立法机构。阿肯色州宪法第73修正案不能满足这种要求,因为各州建立他们自己的国会议员任职资格是受禁止的。主张阿肯色州修正案是一个参加选举投票的措施的观点,无论是作为一个历史事件还是一个好宪法的意识来看都是明显错误的。阿肯色州宪法第73修正案不过是采用迂回的办法试图规避联邦宪法和已有的明确规定,并试图使宪法所依据的基本民主原则变得无足轻重。史蒂文斯法官注意到,即使是国会也不能立刻改变第1条第4款对任期的规定,该款允许州规定选举议员和代表的时间、地点以及方式,但是授权国会可以在任何时候改变这种规定。史蒂文斯大法官指出,这种安排可能会使国会有权确定自己的任职资格,而这已经为宪法的制定者否决了。正如史蒂文斯大法官提醒他的同事时所说的那样,联邦宪法第十修正案(the Tenth Amendment)只能保留以前业已存在的立法。尽管《邦联条例》中曾经包含有任期限制的规定,但费城的宪法制定者们曾明确否决了职位"轮替"的建议。虽然在制宪会议中,没有就各州对设立自己任期限制的可能性问题进行讨论,但是根据多数派的观点,没有进行这种讨论就意味着它被默示否决了。史蒂文斯法官总结道,"允许各州为各自的代表设立不同的任职资格将使州任职资格方面出现像'拼板'一样状态,这将摧毁联邦宪法制定者期望和期待的统一以及全国性特征。"(p.850)简而言之,联邦宪法的制定者从不试图允许各州在议会的任职中排除整类的人民,如那些已经在众议院任职3年或者在参议院任职2年的人。这些条款的任何变化都只能通过联邦的修正程序来完成。

克拉伦斯·托马斯大法官(Clarence *Thomas)以强有力的反对意见支持阿肯色州宪法第73修正案的合宪性和政治智慧。托马斯大法官注意到,在阿肯色州已经有60%以上的选民认可了动议投票,而且在每个国会议员区都得到了通过。联邦最高法院按照史蒂文斯大法官的意见,未能接受阿肯色州的措施,错误表达联邦同盟的性质。他宣称,这个同盟是建立在每一个州单独同意的基础之上的,而不是建立在无差别的整个国家人民的同意基础之上的。托马斯的观点强烈地唤起了人们联系到联邦最高法院那些持保守主义的成员当年如何试图通过复兴"各州才是民主政府的真正构成的观念"以重新改写现代宪法的文本的。既然联邦宪法没有专门列出联邦政府设立任职资格的权力,那么,根据联邦宪法第十修正案,这项权力就应该由各州保留。

安东尼·肯尼迪(Anthony Kennedy)大法官的并存意见相当重要,因为代表了在这个案件中表决摇摆不定的观点。肯尼迪提醒持反对意见的大法官,尽管肯尼迪经常跟他们意见一致,美国的公民有双重身份,一个是州的,另一个是联邦的,这是美国宪法体系的重大"发现"。对国会成员资格进行的限制,这一权力不应被看成依据联邦宪法第十修正案由州保留的权力,因为它从来就不是州的原始权力的一部分。

联邦最高法院这一判决是涉及现代联邦政府结构最重要的判决之一。这个判决有效地取消了23个州设立的对国会任期限制的规定,尽管它并没有改变州的立法者和行政机构官员的任期限制。最重要的是,联邦最高法院承认了人民作为一个整体享有权利,而不是由各州单独形成如同美国代议制的政府。

[Kermit L. Hall 撰;胡海容,许明月译;林全玲校]

V v

撤销 [Vacate]

在法律程序中，撤销一项命令或一个判决即为宣布其作废和没有任何法律效力。在此语境中，"撤销"与"废除、解除、取消"同义。"vacate"还具有不动产占有的遗弃、抛弃、放弃的意思。

[William M. Wiecek 撰；蒋专平译；胡智强校]

范·德凡特，威利斯 [Van Devanter, Willis]

（1859年4月17日出生于印第安纳州的马里恩，1941年2月8日卒于华盛顿特区，葬于华盛顿特区洛克·克雷克公墓），1910—1937年间的大法官，"四骑士"（the *four horsemen）之一，1881年毕业于辛辛那提法学院。在父亲的"印第安纳马里恩"律师事务所执业3年之后，他移居到怀俄明并在那里开始公务生涯：先是夏延市的检察官（city attorney）和一名地区议员，后来成为地区法院的首席法官。当怀俄明成为一个州时，他重新开始律师执业，把联合太平洋铁路公司（the Union Pacific Railroad）作为客户之一。威利斯·范·德凡特参与共和党政治，这使他在1897年被任命为内政部的助理司法部长。1903年西奥多·罗斯福总统任命他为联邦第八巡回上诉法院法官，7年后已做总统的威廉·霍华德·塔夫脱（William Howard *Taft）让他替代了退休的联邦最高法院大法官威廉·穆迪（William *Moody）。

在范·德凡特任职的26年间，他被视为联邦最高法院思想最保守的大法官。原因在于他在评案会议（*conference）上的表现以及对同僚意见批评时显得与众不同。在司法领域，他具有丰富的知识，首席大法官塔夫脱选择他起草《1925年司法法》（the *Judiciary Act）并代表联邦最高法院在国会作证时担当主要角色。

范·德凡特并非一个多产著述者，他在法律上的贡献模糊地体现在联邦最高法院的判决摘要中，涉及的领域包括：公共土地所有权、水权问题、印第安人冲突、公司法、司法问题和海事法律。他的最重要多数意见是"麦格瑞因诉多尔蒂案"（McGrain v. Daugherty）（1927），在该判例中他概括地解释了国会进行调查的默示权力（*implied power），他认为，即使没有明确表述的立法目的，国会也有权调查并发出传票。除麦格瑞因案以外，范·德凡特的成名主要因为他起草或参加了对有限政府原则进行表述的法官意见。在"蒙杜诉纽约、纽黑文及哈特富德铁路公司案"（Mondou v. New York New Haven &

Willis Van Devanter

Hartford Railroad Co.)（1912）中，他代表联邦最高法院作出判决支持了《1908年雇员责任法》，因为他坚持了联邦最高法院一致观点：国会权力限于州际间商业本身和直接影响这些商业的行为。范·德凡特强烈反对使用商业权力（*commerce power）、征税权力（参见 Taxing and Spending Clause）和正当程序条款去控制工业和劳资关系。他与大法官威廉·戴（Wiliam R. *Day）在"哈默诉达根哈特案"（*Hammer v. Dagenhart）（1918），与首席大法官塔夫脱在"贝利诉德雷克尔家具公司案"（*Bailey v. Drexel Furniture Co.)（1922），与大法官乔治·萨瑟兰（George *Sutherland）在"阿德金斯诉儿童医院案"（*Adkinsv. Children's Hospital）（1923）中基于商业税收和正当程序原因撤销了童工和州最低工资立法。

大萧条对范·德凡特信奉的有限政府原则给予了一次完全的检验。蒙杜案、贝利案、阿德金斯案都表明了他与同另外三个保守的大法官——詹姆斯·麦克雷诺兹（James *McReynolds）、萨瑟兰和皮尔斯·巴特勒（Pierce *Butler）——的立场，他们一致反对"新政"（*New Deal）的经济和社会纲领。"四骑士"加上大法官欧文·罗伯茨（Owen *Roberts），在"铁路退休委员会诉阿尔顿铁路案"（1935）中撤销了铁路养老金法,在"合众国诉巴特勒案"(United States v. *Butler)(1936)中宣布农业调整法中的加工税无效,在提帕尔多引起的"莫尔黑德诉纽约州案"(Morehead v. New York er rel. Tipaldo)(1936)中,基于商业、税收和正当程序条款,撤销了纽约州最低工资法。

这些判决和"谢克特禽公司诉合众国案"(*Schechter Poultry Corp. v. United States)(1935)都对《全国工业复兴法》予以谴责,从而引发了一次宪政危机。面对富兰克林·罗斯福的"法院人员布置计划"(*court-packing)计划,联邦最高法院作出了让步。首席大法官查尔斯·埃文斯·休斯(Charles Evans *Hughs)、大法官罗伯茨联合大法官路易斯·布兰代斯(Louis *Brandeis)、哈伦·菲斯科·斯通(Harlan Fiske *Stone)、本杰明·卡多佐(Benjamin *Cardozo)在与"四骑士"的不同意见论争中胜出,裁定支持联邦和州立法。在"全国劳动关系委员会琼斯和劳夫林钢铁公司案"(*National Labor Relation Board v. Jones & Laughlin Steel Corp.)(1937)中,范·德凡特发表的了异议,并与萨瑟兰和巴特勒一道,认为劳资关系的联邦管制违背了宪法商业条款,因为它对州际商业的影响是间接和遥远的。在"斯图尔德机械公司诉戴维斯案"(*Steward Machine Co. v. Davis)(1937)中,范·德凡特同意萨瑟兰的观点,认为《1935年社会保障法》扩大了国会的征税权力。在"西海岸旅馆公司诉帕里西案"(*West Coast Hotel Co. v. Parrish)(1937)中,萨瑟兰代表"四骑士"的意见也反映了范·德凡特的坚定信念,州最低工资立法违背了正当程序条款。在以后的判例中,范·德凡特的保守同事们继续抵制罗斯福革命,但是,这三个判决和他在1936年审判期末的退休解决了联邦最高法院与"新政"的冲突。

参考文献 James O'Brien Howard, *Constitutional Doctrines of Mr. Justice Van Devanter*(1937).

[William Crawford Green 撰;蒋专平译;胡智强校]

韦泽银行诉菲诺案[Veazie Bank v. Fenno, 8 Wall. (75U. S.)533(1869)]①

1869年10月18日辩论,1869年12月13日以7比2的表决结果作出判决;蔡斯代表联邦最高法院起草判决意见,纳尔逊和戴维斯反对。这个重要案例源于南北战争(the *Civil War)期间为合众国筹措资金的需要。在1866年,国会颁布法令把对州银行现钞征收1%的税率提高到10%。缅因州的韦泽银行拒绝缴纳增加的税收,随之银行与一位国内税收的税务官菲诺展开了诉讼。银行认为10%的征税过重,将危及银行的生存。国会不能使用征税权来毁灭银行。这是国会在违宪行使税收权,因为这样的征税额是联邦宪法禁止的直接税,而且是对一个州机构的征税,因为韦泽银行已经获得缅因州的特许(参见 Tax Immunities)。

大法官萨蒙·P.蔡斯(Salmon P. *Chase)认为,同"希尔顿诉合众国案"(*Hylton v. United States)(1796)一样,对银行钞票的征税并不形成宪法意义上的直接税,该税收也不是对一个州机构的征税。最后,他认为,不能因韦泽银行认为税收过重就裁定税收不合宪。蔡斯认为,国会对此事项的权限是明确的,对过重税收的救济应通过政治程序,而不是法院。蔡斯总结说,实际上,该法不应被视为一种税收行为,而是一种控制国家货币的行为,后者显然是国会的权限。蔡斯对税收权力的解释在以后若干年均视为一个重要的里程碑,因为征税权力成为公共政策的有力工具。

持反对意见的塞缪尔·纳尔逊(Samuel *Nelson)大法官认为,国会超越了它的权力。纳尔逊认为该法令合并和控制在州辖区内开业的银行,削弱了作为宪法上主权实体的各州的权力。

[Augustus M. Burns Ⅲ 撰;蒋专平译;胡智强校]

维罗尼亚校区诉阿克顿案[Veronia School District v. Acton, 515 U. S. 646 (1995)]

1995年3月28日辩论,1995年6月26日以6比3的表决结果作出判决;斯卡利亚代表联邦最高法院起草判决意见,金斯伯格持并存意见,奥康纳持反对意见。

维罗尼亚案是另一个在禁毒战中提出有关个人自由的界限以及政府以减少毒品使用的名义对自由实施限制的程度这一基本问题的方法的例证。在这个案例中,有一个校区位于俄勒冈州小镇维罗尼亚(大约3000人),该镇的人以砍伐原木为生。维罗尼亚镇采用了很多控制学生吸毒的措施,但是未能达到满意的效果,于是该镇决定采用一种新方法。维罗尼亚校董事会面对学生吸毒,特别是运动员吸毒趋势的不断蔓延,在1989年批准了一个方案,即对所有的运动员随机进行毒品测试。校董事会分析,如果能够阻止这些运动员吸毒,如果他们能成为健康的榜样,那么,整个吸毒量就会减少。新规则规定,在每一季开始的时候,学校当局应收集初中生运动员和高中生运动员的尿样,用以检测其中是否存在毒品。在赛季的余下时间里,所有的运动员都有可能被怀疑而需要每隔一段时间随机地接受检验。学校董事会将这些尿样送到一所私人检验所检验,在当时该所的化验99.4%是有效的。任何拒绝参加这样检验的运动员将会被禁赛两年,而那些被检验为阳性的运动员必须接受戒毒治疗,并暂停一

---

① 另请参见 Taxing and Spending Power。

段时间的参加有组织的比赛。

1991年,12岁的七年级学生阿克顿·詹姆斯想加入足球队。然而他的父母拒绝在尿样分析同意书上签字。从未有人怀疑像詹姆斯这样一个模范学生吸过毒或者正在吸毒。他的父母反对这项政策,因为这干预了詹姆斯及其全家的隐私,从本质上说是实施了一项联邦宪法第四修正案(*Fourth Amendment)禁止的不合理地检查个人身体的行为。他们坚持认为,是否进行毒品测试取决于他们自己,而非学校董事会。

联邦最高法院和低级别联邦法院先前曾处理过有关随机进行毒品测试的案件,这些都是针对特别需要注意安全的领域的工人,如铁路和国家安全部门。在这之前,高等法院从未遇到学校是否有权从事这类毒品测试,以及是否有权随机进行这种检查的案件。在密歇根州的联邦地区法院驳回阿克顿的诉讼之后,联邦第九巡回上诉法院却推翻了该判决,并认为这样的毒品测试方案侵犯了那些未被怀疑吸毒的学生的隐私,这也违反了包括在联邦宪法第四修正案中的不合理的检查。然而,联邦第九巡回上诉法院的判决与联邦第五巡回上诉法院1988年作出的一个判决相冲突,后者允许对印地安州、伊利诺伊州和威斯康星州的学校进行随机的毒品测试。于是,联邦最高法院第一次步入解决学校毒品检验合宪性问题的领域。

大法官们的判决使这类测试的支持者们取得了胜利。安东尼·斯卡利亚法官(Antonin *Scalia)代表联邦最高法院基于三点理由确认校方的政策是"合理的,因而也是合宪的"(p.680)。其一,斯卡利亚法官认定,一般的学生,特别是运动员学生,对于带锁的公共房间以及休息间的隐私保护程度的要求较低。对这两种情形中的任何情形,联邦最高法院曾有过结论,即校方官员可以"实施并不能随意实施到无辜的成年人身上的一定程度的监督和控制"(p.663)。其二,因为尿样是以相对比较隐私的方式取得,并且,实验室里的化验也是高度隐秘的,因此,没有必要担心学校的行为会过度的引人注目。其三,斯卡利亚法官总结道,或许最重要的是,学校董事会已经看到了打击校园吸毒的重要利益,看到了该项计划在确保校园重要引领者远离毒品方面可能会是很有效的。在斯卡利亚法官看来,学校系统并不需要满足传统意义上的联邦宪法第四修正案规定的要求,即在政府实施检查之前必须存在个体化的嫌疑,因为州已经确认了一种具有强制性的州利益,并且,学生终究不能根据联邦宪法第四修正案享有与成年人一样的权利。

桑德拉·戴·奥康纳大法官(Sandra Day *O'Connor)的反对意见实际上是支持随机的毒品测试,但是她反对斯卡利亚大法官没有考虑传统的对个人进行审查应存在合理怀疑这一要求。根据奥康纳大法官的意见,维罗尼亚校董事会的行为达到了对群体实施的程度,相当于是没有怀疑依据的检查,这从表面来看是不合理的。什么才应当是合理的呢?奥康纳认为,如果校方将毒品测试限制到那些存在违纪问题的学生身上,就将会合理得多。鲁思·金斯伯格大法官(Ruth *Ginsburg)在她的并存意见中辩解道,这个判决仅适用于学生运动员,但是,联邦最高法院的其他成员都没赞同她作的这种区分。

从本质上来说,联邦最高法院认定了抑制学生吸毒对于学校的重要意义远远超过了对学生隐私权的限制。民权自由主义者谴责这个判决将学生沦为二等公民,也使个人权利成为这场毒品斗争祭坛上的牺牲品。包括比尔·克林顿政府在内的支持者为判决欢呼雀跃,因为这是反对美国年轻人吸毒的另一种方式。

[Kermit L. Hall 撰;胡海容译;林全玲校]

既得权利[Vested Rights]

在今天,"既得权利"这一短语无论对其欣赏者还是贬抑者来说,毋宁说是一种具有确定意义的概念,不如说只是一种口号。在通常场合,它的言外之意往往意味着一种法律制度,这种制度保护财产权利(*property rights)免于受其他个人干涉和政府无补偿的占用。它(作为一种口号)的力量来源于财产法中更为具体的相似概念,如既得财产或既得利益,它同时是公法领域内这些财产权内容的推演,在这个领域,它与更明确的征用权(*eminent domain)原则和实体的正当程序(*Due process, Substantive)原则相联系。

[William M. Wiecek 撰;蒋专平译;胡智强校]

否决权[Veto Power]①

联邦宪法的制定者们一致认为,总统的否决权能够限制立法机关越权,但他们难于在否决权应该采取的形式上取得一致意见。最终他们起草了联邦宪法第1条第7款,赋予总统有权否决每一个法案,或对此进行投票表决需要获得众议院和参议院的一致同意,除非该表决属于休会表决。提出宪法修正案的国会决议不受制于总统的否决权,总统的否决权也并非绝对,但国会需要两院2/3的多数(出席会议法定人数的2/3,而不是所有成员的2/3)赞成,才能推翻它。

否决权使总统在形构立法中扮演着重要的角色。国会宣布否决无效的几率大约占3%。在这样有限的成功几率下,单就总统否决权的威胁来说,就

---

① 另请参见 Separation of Powers。

可以为总统提供按照其喜好塑造所提交的立法的权力。

如果法案被提交其后10天内（星期日除外）总统没有签署，那么即使没有总统的签字，该法案也将成为法律，除非"国会通过休会而阻止其退回，在这种情形，该法案不能成为法律"（第1条第7款）。这被称为"口袋否决权"。在"口袋否决权"判例（Pocket Veto Case）(1929)中，联邦最高法院裁定休会的意思是在一次会期的任何时间休会，而不限于会期的最后结束。

[Ronald D. Rotunda 撰；蒋专平译；胡智强校]

越南战争[Vietnam War]①

越南战争引发了分裂国家的宪法争议，并使1965到1975年期间联邦最高法院面临了诸多的难题。联邦最高法院回避了这些问题中最棘手的问题：战争本身的合宪性问题。当临近发布结束战争命令时，联邦最高法院给予反战抗议者的保护程度令人惊讶。联邦最高法院也明显扩大了良心抗拒者免除服兵役的人数。

尽管受益于联邦最高法院的许多判决，但战争的反对者对联邦最高法院却极度失望，因为首席大法官拒绝裁定美国军队的干涉是不合法的。宪法第1条第8款规定："国会有权……宣战"；但是，在国会宣战之前，林登·约翰逊总统已投入了50万人进入东南亚进行战斗。约翰逊和他的继任者理查德·尼克松（Richard *Nixon）坚信，1964年8月的北部湾革命，国会鼓励三军总司令"采取所有必要措施击退对合众国军队的任何武装进攻和防止进一步的侵略"，众多的拨款法令使得国会为军队提供了资金，这些都使他们获得了在越南实施军事行动的任何形式的国会授权。这些政策的批评者反对说，因为国会没有宣战，他们的行为违宪。一些人还指责合众国在越南发动了侵略战争，主张参与这次战争的任何人都应根据在纽伦堡战争罪审判中确立的原则接受惩罚。

联邦最高法院回避了这些问题。在最初的"莫拉诉麦克拉马拉案"（Mora v. McNamara）(1967) 和"米切尔诉合众国案"（*Mitchell v. United States）(1967)中，联邦最高法院坚持利用其自由裁量权决定要听证的案件，以排除对战争合宪性提出的所有质疑以及提出纽伦堡辩解的所有案件。在"马萨诸塞州诉莱尔德案"（Massachusetts v. Laird）(1970)中，联邦最高法院甚至拒绝马萨诸塞州议会要求裁定战争合宪性的请求。被同僚们的拒绝所激怒，大法官威廉·O. 道格拉斯（William O. *Douglas）[有时得到大法官波特·斯图尔特（Potter *Stewart）和约翰·马歇尔·哈伦（John Marshall *Harlan）的支持]采取非常措施，对同僚拒绝调卷令（writs of *certiorari）的行为提出了长篇的书面异议，但是他的抗议没有效果。联邦最高法院甚至不容许一位联邦地区法官裁定终止对越南的中立邻国——柬埔寨的轰炸，尼克松发动的这次轰炸是没有国会的任何授权的。由于不愿陷入同行政机关的冲突，联邦最高法院让战争的法律问题在政治领域解决，以保护自己在制度上的利益。

但联邦最高法院的确帮助了那些为结束美国对东南亚的干涉而奋力斗争的人。在1971年丹尼尔·埃尔斯伯格——一位以前曾在五角大楼工作过的"智囊团"雇员，也反对这场战争。他把国防部的文件记录的影印件交给几家报纸，其中揭露了关于越南战争起因的一些尴尬事实，从而使这场战争名誉扫地。司法部立即请求禁令（*injunctions），禁止新闻界发行"五角大楼文件"。联邦最高法院在"纽约时报公司诉合众国案"（*New York Times Co. v. United States）(1977)中裁定政府未履行必要义务证明预先约束（*prior restraint）合理，从而阻止政府查禁这一公务真相。在相关的判例"格拉韦尔诉合众国案"（Gravel v. United States）(1972)中，联邦最高法院裁定，言论与争论条款（the *Speech and Debate Clause）保护那些在国会专门委员会听证会上阅读偷窃来的文件的参议员和帮助他获取这一文件的助手。

在愿意保护公开五角大楼文件的人同时，联邦最高法院却不愿保护对军队持异议的人。在"莱尔德塔特姆案"（Laird v. Tatum）(1972)中，它维持了地区法官对反战活动分子提起的一个诉讼不予受理的裁定，反战活动分子认为，军队对平民抗议者的监视是对联邦宪法第一修正案权利（the *First Amendment）的蔑视，而联邦最高法院宣称这个案例提出的问题是不可裁判的（参见 Justiciability）。大法官们也支持军事法律系统和下级平民法院拒绝对希望抗议这次战争的军队成员以实质的宪法性保护。在"帕克诉利维案"（Parker v. Levy）(1974)中，联邦最高法院裁定，军队既未违背联邦宪法第一修正案，也未违背联邦宪法第五修正案（the *Fifth Amendment），同时判决持不同意见的一名上尉有罪，因其有不利于军队纪律和良好秩序的行为，教唆应征入伍的军人不要到越南去服役，这些行为与其军官和绅士身份不相符。但是联邦最高法院并不是完全对平民和军士的利害关系感觉迟钝。在"奥卡拉汉诉帕克案"（O'Callahan v. Parker）(1969)中，联邦最高法院裁定军队的成员很多是征召或征召说服的志愿者，法院不能把他们当作与军事行动不相联系的普通犯罪审理（参见 Minitary Justice; Minitary Trialsand

---

① 另请参见 Conscientious Objection Speech and the Press。

Martial Law)。

联邦最高法院不愿通过制裁军队中的抗议来破坏军事纪律,但与此同时,却的确对美国卷入越南的平民批评者提供了宪法保护。最初,联邦最高法院同在第一次世界大战(*World War I)期间一样,似乎没有对异议者给予任何保护。在"合众国诉奥布赖恩案"(United States v. *O'Brien)(1968)中,沃伦法院裁定:联邦法令认为,反对战争最流行表达方式之一——烧毁征召入伍证有罪,没有违背联邦宪法第一修正案。奥布赖恩并不具有相当的代表性。在这个争议性判决下达之前,沃伦法院已在"邦德诉弗洛伊德案"(Bond v. Floyd)(1966)中作出判决:联邦宪法第一修正案禁止佐治亚州立法机关实施这样的行为,即拒绝给予一位非裔美国公民已被选举产生的职位,原因是他所在的组织已发表声明谴责这次战争并赞同抵制兵役。在奥布赖恩案后,沃伦和他的同事们在"廷克诉德斯莫因斯独立社区学校校区案"(*Tinker v. Des Moines Independent Community School District)(1969)中裁定:一所公立学校开除了为抗议美国卷入越南而戴黑臂章到教室的学生的行为违反宪法。

当沃伦·伯格(Warren *Burger)成为首席大法官后,联邦最高法院继续保持不同意见。尽管在"劳埃德公司诉坦纳案"(Lloyd Corp., Ltd. v. Tanner)(1972)中裁定,一家购物中心管理者不准示威者进入购物中心散发反战传单并不违背联邦宪法第一修正案,但在另一判例中,联邦最高法院判决联邦宪法保护在一群抗议者中穿真正军事制服的人免遭处罚。在"弗拉诉合众国案"(Flower v. United States)(1972)中,伯格法院认为,军队不能拒绝反战活动分子进入以不同方式向公众开放的军事基地或军事基地的某些部分。这些判决反映了美国公众对越南战争产生的日益不满情绪。联邦最高法院和其他联邦司法机构一起运用联邦宪法第一修正案保护那些旨在结束战争的鼓动。

联邦最高法院让那些不愿意参加战争的年轻人作为良心抗拒者而免除兵役变得更容易。《普遍军事训练和兵役法》(the Universal Military Training and Service Act)第6条第(j)项免除了因为宗教熏陶和信仰而出于良心地反对参加战争的任何人在军队中的作战义务。该法界定宗教熏陶和信仰为"与上帝相关的个人信念"。尽管"合众国诉西格案"(United States v. Seeger)(1965)和"韦尔什诉合众国案"(Welsh v. United States)(1970)的被告均算不上是因宗教信仰而拒服兵役者,因为他们是不可知论者,两人并不符合第6条第(j)项的规定,但联邦最高法院仍裁定韦尔什和西格均有资格成为良心抗拒者。显然,如果该法令严格按字面意思解释,它将是无效的,因为其违反了联邦宪法第一修正案中禁止确立宗教(establishment of religion)的规定,联邦最高法院把宗教信仰解释为包括道德和富有哲理性的原则的传统宗教信念力量。尽管西格案和韦尔什案明显曲解了国会的目的,但它们的确保护了立法机关试图豁免人们的意图。这些判决日益增加了在一场不受欢迎的战争中逃避兵役的人的数量。但是联邦最高法院拒绝给予那些仅以反对越南战争作为宗教信仰而拒服兵役者的这种法律地位。在"吉勒诉合众国案"(Gillette v. United States)(1971)中,联邦最高法院裁定拒绝豁免那些宗教观念仅为排除参与非正义的军事战争的人,例如天主教徒,这并不违反联邦宪法第一修正案的禁止确立宗教条款。联邦最高法院担心选择性的适用宗教信仰而拒服兵役不能公正适用法律,可能"侵蚀自由政府核心的公共服务精神和自愿履行公民义务的价值"(p.460)。

但是,战争本身侵蚀了所有这些东西。联邦最高法院适用联邦宪法第一修正案避免了对反战抗议者的镇压,赋予表达反战情绪、愤怒和异化的言论以合法地位,这些情绪最终成为让政府从东南亚撤军的动因。

参考文献 W. Taylor Reveley, *War Powers of the President and the Congress: Who holds the Arrows and Olive Branch* (1981); Arthur Schlesinger, Jr., *The Imperial Presidency* (1973); Bob Woodward and Scott Armstrory, *The Brethren* (1979).

[Michal R. Belknap 撰;蒋专平译;胡智强校]

文森,弗雷德里克·穆尔[Vinson, Frederick Moore]

(1890年1月22日出生于肯塔基州路易斯塞,1953年9月8日卒于华盛顿特区,葬于肯塔基州的路易斯塞),首席大法官(1946—1953)。这位第十三任首席大法官是肯塔基州一个小镇监狱看守的儿子。在肯塔基州丹维尔市的中心学院(Central College)他以本校有史以来的最好成绩获得法律学士学位。很快在家乡成为市检察官,1921年他被选为地区检察官,3年后他被选入国会。在1928年共和党大胜利中战败后,文森在1930年又回到国会任职超过四届,在拨款委员会和强力的筹款委员会,他是富兰克林·罗斯福(Franklin D. *Roosevelt)总统"新政"(*New Deal)的一位坚定支持者。

他的立法技巧和同事关系在国会中赢得的良好信誉,为后来的批准奠定了基础。在1937年罗斯福总统任命文森为美国联邦上诉法院哥伦比亚地区法院法官,在1943年5月文森从法院辞职而成为罗斯福政府经济稳定处的领导者。他在行政机构步步高升(联邦贷款行政长官,战争动员和经济恢复署主任),并以1945年7月哈里·杜鲁门总统任命他为财政部长为顶峰。

Frederick Moore Vinson

在1946年4月首席大法官哈伦·菲斯科·斯通(Harlan Fiske *Stone)去世后,对于杜鲁门总统是将要提升一位在任的大法官为首席大法官并任命一位新的大法官,还是只从联邦最高法院以外任择一名新的首席大法官存在着许多推测和政治运作。为了阻止大法官罗伯特·H. 杰克逊(Robert H. *Jackson)的提升两位法官以辞职威胁杜鲁门,明争暗斗加剧了。大法官们之间的尖锐分歧变为对个人的攻击且公开化。显然杜鲁门选择这位多年的朋友不仅因为文森在立法、行政、司法三机构中的经历,并期望他对行政机关的政府行动提供有力支持,而且因为他认为文森具有平定联邦最高法院的能力和个性。

文森的声望使公开的积怨稍微消散。在思想上,文森通常投票支持保守的法官[杰克逊,费利克斯·法兰克福特(Jackson Felix *Frankfurter),哈罗德·伯顿(Harold *Burton),斯坦利·里德(Staley *Reed)],反对自由派[威廉·道格拉斯(William *O. Douglas),威利·拉特利奇(Wiley *Rutledge),弗兰克·墨菲(Frank *Murphy)和胡果·布莱克(Hugo *Black)]。随着1949年大法官汤姆·C. 克拉克(Tom C. *Clark)和谢尔曼·明顿(Sherman *Minton)被任命,保守派开始控制联邦最高法院。

文森并非一个哲学家。他从未对联邦宪法提出概括或系统性观点。他是实用主义者,引导他的几个一般性原则是:民主是具有明达判断力的人民的理想政府形式;一个强有力的政府的本质是保护个人自由权;总统应当领导政府。

在他任职期间,联邦最高法院审理的案件数量下降,他给自己分配了较少的重要案件。据说,文森的判决意见都是由其书记员写就,而他只提供自己的想法纲要和做最后的润色修改。这一当时受到指责的做法如今已经成为了最高法院的惯例。他最著名的意见就是在"扬格斯通钢板与管道公司诉苏耶尔案"(*Youngstown Sheet & Tube Co. v. Sawyer)(1952)中所持的异议,称之为"钢铁厂没收案"。当联邦最高法院以6比3投票判决朝鲜战争期间,杜鲁门总统对钢铁厂的没收违反宪法时,文森站在总统的一边。文森对冷战担心(参见 Communism and Cold War)的最好例证是"丹尼斯诉合众国案"(*Dennis v. U. S.)(1951),该判决维持了对美国共产党领导人的刑事定罪的原判。文森为继任者沃伦法院拉开序幕,赞成非裔美国人对各种歧视性州行为提起诉讼。

1970年的一次"专家"民意测验把文森列为八个"失败者"之一,他是唯一归为此类的首席大法官。其他学者认为赋予文森的这一特征是不公平的。文森在联邦最高法院的任期短于大多数他的前任和继任,他主持的是一个思想和个性分化的联邦最高法院。除开公民权利领域以外,他的观点都是保守的,但也都是有理有据的。

参考文献 Herman Pritchett, *Civil Liberties and the Vinson Court* (1954); Symposium, "In Memoriam: Chief Justice Fred M. Vinson," *Northwestern University Law Review* 49(1954), 1-75.

[Thomas E. Baker 撰;蒋专平译;胡智强校]

弗吉尼亚州诉合众国案 [Virginia, United States v., 518 U. S. 515 (1996)]

1996年1月17日辩论,1996年6月26日以7比1的表决结果作出判决;金斯伯格代表联邦最高法院起草判决意见,斯卡利亚反对;托马斯没有参与该案的审议和判决,因为他的孙子是弗吉尼亚军事学院的一名学生。截至1995年,全美国仅有两所州资助的全男性的军事学院:一所是位于南卡罗来纳州查尔斯顿市的要塞军事学院,另一所是位于弗吉尼亚州列克星敦市的佛基尼亚军事学院。在这两所学校里,学院不允许女性进入该校。弗吉尼亚军事学院这么做的理由是,该校"对抗性"的训练不适合女性。联邦第四巡回上诉法院认为,州资助的军事教育将女性排除在外,这种做法违反了联邦宪法第十四修正案(*Fourteenth Amendment)中的平等保护规定。而在弗吉尼亚军事学院案件中,联邦第四巡回上诉法院却接受了弗吉尼亚州的计划,在玛丽鲍尔温大学建立弗吉尼亚女子领导学院专门提供适合女性的军事教育,该学院位于弗吉尼亚州斯汤顿市附近。克林顿政府对这个判决提起了上诉,理由是弗吉尼亚州的做法并不符合在"普勒西诉弗格森案"(*Plessy v. Ferguson)(1896)中确立的"隔离但公平"的宪法性标准,相反却使情况变得更糟糕。

弗吉尼亚州的律师向联邦最高法院主张,分性别进行教育对女性具有明显的优势,如果女性被允许参与这个项目,情况将会发生根本改变。弗吉尼亚州认为,女性无论是心理还是身体方面都不同于男性。男性可以更好地自力更生;女性则更适应于建立关系。女性不会也不能完成规定的"对抗性的"训练,而完成这种训练是弗吉尼亚军事学院学生毕业的一个标准。

合众国反驳道,联邦宪法第十四修正案中的平等保护规定,禁止州借助陈规来限制个人的权利。克林顿政府特别针对弗吉尼亚女子领导学院为想参加军事训练的女性设置的项目进行了猛烈的攻击,并认为这样的项目不仅否认女性能够使用与男性相同的器械并接受同样的训练方法,而且也阻止了女性宣布她们也能够在比弗吉尼亚军事学院更严格的环境取得成功。最后,克林顿政府要求联邦最高法院应该采用严格审查标准来解决性别歧视问题,这个标准曾被适用于种族问题。

鲁思·金斯伯格大法官(Ruth Ginsburg)代表联邦最高法院发表的意见,结束了弗吉尼亚军事学院157年以来只招收男性学生的传统。金斯伯格认为,这个惯例违反了联邦宪法第十四修正案中的平等保护条款。金斯伯格写道,"尽管弗吉尼亚州为该州的儿子们提供服务,但其却没有规定为女儿们提供服务。这是一种不平等的保护。"金斯伯格也解散了设在玛丽鲍尔温大学的弗吉尼亚女子领导学院,因为该学院的质量、学生的学术技能、学院的体育设施明显是次一等的。该法官也提醒说,弗吉尼亚州女性已经参加了全国的军队。金斯伯格总结道,"没有理由相信允许能够完成弗吉尼亚军事学院军官的所有要求的女性进入该校会破坏而不是增进该校的能力……"。

安东尼·斯卡利亚法官(Antonin *Scalia)谴责多数派的观点破坏了弗吉尼亚军事学院"作为一个机构,已经光荣地并且有区别地为弗吉尼亚联盟的人民服务了一个半世纪……我认为我们中的任何人,也包括妇女在内,都不能因为这种破坏而过得更好"。首席大法官威廉·伦奎斯特(William *Rehnquist)拒绝在金斯伯格法官撰写的判决上签字,并另外撰写了一份并存意见,表示接受金斯伯格法官判决的结果,但是反对多数派得出此结论的分析过程。伦奎斯特认为,如果弗吉尼亚女子领导学院提供了比得上弗吉尼亚军事学院的项目,那么他就投票支持它。

当时,弗吉尼亚军事学院案被看成是对所有单性别教育,甚至也包括得到公共基金资助的私立学校的试金石。正如斯卡利亚大法官在反对意见中警告的那样,这个案件能否证明已经达到目的,我们还将拭目以待。联邦最高法院拒绝就依据性别来分类的合法性确立一个新标准,结果就是继续遵守"中级审查"标准,而不是采用严格审查标准来代替它,这是非常引人注目的。与此同时,金斯伯格大法官的判决的确表明,传统的标准将会得到更广泛的运用。因此,政府要依据性别进行分类,也必须存在"非常有说服力的正当理由"。这个原则就是金斯伯格大法官所说的"怀疑审查"。

[Kermit L. Hall 撰;胡海容译;林全玲校]

弗吉尼亚州诉田纳西州案[Virginia v. Tennessee, 148 U.S.503(1893)]①

1893年3月8、9日辩论,1893年4月3日以8比0的结果作出判决;菲尔德代表法院起草判决意见,哈伦未参加。弗吉尼亚州请求联邦最高法院行使初审管辖权(the *original jurisdiction),宣布弗吉尼亚州和田纳西州两者在1803年认可的两州边界的勘测无效。弗吉尼亚州主张两者的协议是不可能实行的,因为它没有经国会批准。联邦宪法第1条第10款的盟约条款(compact clause)规定,没有国会的认可,任何州不能同其他州或外国势力签署任何协议和盟约。本案中的"盟约"据说来源于每一州在考虑对方州批准的情况下所作的批准。

大法官斯蒂芬·J.菲尔德(Stephen J. *Field)驳回了弗吉尼亚的诉讼请求。在菲尔德的实用主义的观点看来,该条款并未要求所有盟约都要国会批准,而仅对那些有以牺牲国民政府为代价而增加各州权力危险的条约要求获得批准。菲尔德进一步推论道,批准不必明示,正如本案中那样,批准可以通过认可条约结果的连续的国会行为得到认定。

菲尔德的意见具有两个突出优点:它较好地配合了联邦最高法院为各州在联邦体制内保留一定空间而作出的长期不懈的努力;同时,它免除了国会对两个或更多州之间采取的每一个共同行动进行审查的负担。这一解释现在仍得到遵循,并继续允许各州之间缔结契约以处理地区问题的相当大的自由。

[Walter F. Pratt. Jr. 撰;蒋专平译;胡智强校]

弗吉尼亚州诉西弗吉尼亚州案[Virginia v. West Virginia, 206 U.S.290(1907)]②

1907年3月11、12日辩论,1907年5月27日以9比0的表决结果作出判决;富勒代表联邦最高法院起草判决意见。作为州和州之间给予疆域而形成的财政责务划分的9个判例中的第一个,弗吉尼亚州诉西弗吉尼亚州案仅仅是为了测试联邦最高法

---

① 另请参见 State Sovereignty and States' Rights。
② 另请参见 State Sovereignty and States' Rights。

院对一个州执行法令的权力。在南北战争期间,当 1863 年西弗吉尼亚州从弗吉尼亚州中分离时,双方未就前者承担母州战前债务的份额达成协议。由于弗吉尼亚州与债券持有者之间甚至涉及其勉强认可的欠债份额的争议的耽搁,对西弗尼亚州应承担份额的协商工作直到 1894 才开始。弗吉尼亚州认为,西弗吉尼亚州应承担 1/3 的债务,因为后者继承了 1/3 的领土,而西弗吉尼亚州则主张,基于在该州内花费的借款所占的比例,它只应当承担少得多的份额。协商没有结果,在 1906 年弗吉尼亚州代表债券持有人在联邦最高法院提起原审诉讼。经过法院任命的主事官的事实调查,1911 年发布了一项指令,西弗吉尼亚分配的债务份额以州分离时的财产价值(除开奴隶)为基础;以此方式计算,西弗吉尼亚的债务不及原债券与利息的 1/4。当西弗吉尼亚州无力支付时,弗吉尼亚州以明显区别于一般州权利的方式请求联邦最高法院考虑强制措施。这样产生了一种可能性:联邦最高法院可能指令西弗吉尼亚议会征税,或者联邦最高法院可能亲自开征税收。在 1919 年,西弗吉尼亚州承认了债务,并开始支付应承担的债务份额,债务清偿最终于 1939 年完成。

[John V. Orth 撰;蒋专平译;胡智强校]

投票权[Vote, Right to]①

投票权意味着从一群持有对抗性观点的候选人中选择备选官员的能力。定期选举是民主制得以建立的基础,在这种制度里,对抗性候选者为公职而竞争。在合众国,为投票权而进行的斗争显示,有选举权的个人之网络在不断地扩展。

联邦宪法中的选举权 美国联邦宪法并没有在任何地方对选举权作出明确的宣示。最初,联邦宪法似乎是将选举权的规定留给各州的,一般来说,它们通常将选举权限制在给予男性、白人的财产所有人,他们通常是指达到一定年龄,偶尔还有特定宗教信仰要求的公民。举例来说,在"迈纳诉哈珀瑟特案"(*Minor v. Happersett)(1875)中,密苏里州的妇女提出请求,认为作为公民,联邦宪法应给予她以投票权,但联邦最高法院拒绝了这一请求,这暗示:公民资格并不必然包含投票权;州有权决定谁享有投票权。

美国内战结束后,一系列的处理选举权的宪法修正案得以通过。1870 年的联邦宪法第十五修正案(*Fifteenth Amendment)禁止各州基于"种族、肤色以及先前的奴役状态"而否认其投票权。1913 年的联邦宪法第十七修正案(*Seventeenth Amendment)对合众国的参议员实行普选。1920 年的联邦宪法第十九修正案(*Nineteenth Amendment)给予妇女投票权(参见 Gender)。1964 年的联邦宪法第二十四修正案(*Twenty-fourth)禁止征收人头税(*Poll Taxes)。1971 年的联邦宪法第二十六修正案(*Twenty-sixth)指示各州给予 18 周岁以上的公民以投票权。最后,1868 年联邦宪法第十四修正案(*Fourteenth Amendment)中的平等保护条款(*Equal Protection)和正当程序条款(*Due Process)被解读为禁止州制定与公平、民主和自治原则相冲突的选举法。

直到 20 世纪 60 年代,联邦最高法院才真正开始了积极处理宪法中的投票权问题。在"贝克诉卡尔案"(*Baker v. Carr)(1962)中,联邦最高法院推翻先前在"科尔格罗夫诉格林案"(*Colegrove v. Green)(1946)中的判决,并裁定法院应当审理涉及议席重新分配和重新划分选区的案件(参见 Reapportionment)。随后在"雷诺兹诉西姆斯案"(*Reynolds v. Sims)(1964 年)中,联邦最高法院支持了同样人数,同样代表的原则——一人一票。更重要的是,在雷诺兹案中,联邦最高法院裁决,联邦选举中的投票权存在于联邦宪法的第 1 条第 2 款有关众议院的代表"由各州人民选择"的表述中,而涉及参议员的选举则规定在联邦宪法第七修正案中。

用指明宪法文本的方式来支持州选举中的投票权是有问题的。在"哈珀诉弗吉尼亚州选举委员会案"(*Harper v. Virginia State Board of Elections)(1966)中,联邦最高法院否决了州选举中征收人头税的做法,并裁决依据联邦宪法第十四修正案中的正当程序条款和平等保护条款,州选举中的投票权由联邦宪法第一修正案确定。尽管该项征税符合传统的宪法标准,因为它既不是种族歧视,也不是没有任何依据的政策,但是法院发现这种做法将穷人划分出来而区别对待,这是不合宪的。然而,在"布什诉戈尔案"(Bush v. Gore)(2000)中,联邦最高法院却说宪法没有规定总统选举中的宪法权利,因为在建立选举团时,联邦宪法将如何选择总统候选人留给了州。所有这些判决表明,选举权获得了宪法的确认,但对于这一权利,更多的是强调,州不能对特定的个人进行歧视,而不是积极地授予投票权。

给予非裔美国人选举权 非裔美国人为获得投票权展开的斗争是漫长而又艰辛的。最初,联邦宪法对非裔美国人的投票权的规定是不明确的;相反,在联邦宪法第 1 条第 2 款中将他们称为"其他人",仅相当于 3/5 个自由人。经历了内战(*Civil War)和重建(*Reconstruction)以后,允许非裔美国人投票并选举南方在国会的几个议员。1870 年的联邦宪法第十五修正案认定,依据种族来否认投票权是不合宪的。

重建结束之后,非裔美国人的投票权开始生效。南部的许多州制定了许多限制非裔美国人投票权的法令。一些州征收人头税,要求非裔美国人为投票

---

① 另请参见 Fair Representation; Race and Racism。

付费。另一些州对非裔美国人进行文化测试,要参加投票必须回答一些晦涩难懂的琐事。仍然有一些州的制定法宣称,如果他们的祖父有投票权那么他们就有,或者是采用白人预选(*white primary)的方式将可以参加选举的非裔美国人排除在外。透过这些法律以及三K党和其他团体的直接恐吓,我们可以看出,直到20世纪60年代,非裔美国人仍没有实际获得投票权。

联邦最高法院最初也认为,文化测试和征收人头税是宪法允许的方式,它能使全体选民都是负责任的和有教养的,但是在20世纪20年代民主党将预选的参加人限制为白人,这就要开始面临诸如"史密斯诉奥尔赖特案"(*Smith v. Allwright)(1944)中的公平性责难了。到了1953年,联邦最高法院在"特里诉亚当斯案"(*Terry v. Adams)中对那些排斥性实践给了一系列打击中的最后一次重创。

直到20世纪60年代,联邦最高法院和联邦政府开始采用严厉的措施来保护非裔美国人的投票权。1996年的联邦宪法第二十四修正案使人头税成为非法,重新分配议席案件宣告,依据种族进行的不规则的选区划分是违宪的,这些案件也同时在州和联邦的层面对投票权确立了宪法保护。

投票权法 然而,正是1965年《投票权法》(the *Voting Rights Act)对非裔美国人的投票权产生了最大的影响。《投票权法》制定于1965年,在1970年、1975年和1982年分别进行了修订。该法的第四节宣布文化考试等做法是不合法的,第二节禁止州依据种族来进行投票稀释,该法的其他部分规定了一些新的法律救济方式以及联邦政府为了保护非裔美国人在州的投票权而进行干预的权利。

《投票权法》的核心是第五节,该节要求一些州预先清理投票权法律中的任何变化。投票权立法规定在所"被覆盖的"法域——那些以前有以有争议的方式剥夺少数民族选举权记录的地方,选举方式的所有变更都须征得联邦的预先清理(preclearance)许可。(《1965年投票法》唯一关心的是黑人选举权的剥夺,但1975年修正案则将其扩大到对拉丁人、亚裔和土著人的紧急特别保护,并扩大了剥夺公民选举权方式的定义,把选票中仅使用英语也包容其中)。立法决策首先涉及的是,什么将构成投票形式的变化问题(它使预先清理成为必要);其次涉及的是,某项选举变化被列为歧视性变化的情形。

1965年,预先清理条款仅被认为是防备拒绝南方黑人参加选举投票的对策。但在1969年"艾伦诉选举委员会案"(Allen v. Board of Elections)中,联邦最高法院扩大了"投票"变化的含义,将新划分选区界限,自由选举或多成员选区的选举机构,投票地点的重新选定,甚至城市对毗连郊区或农村的合并,也纳入其中。本案中,首席大法官厄尔·沃伦(Earl *Warren)暗示,《投票权法》的目标是那些由州作出的微妙的、明显基于种族而对选举权作出的限制。

虽然艾伦案解决了《投票权法》覆盖的范围问题,但是另一个问题仍然存在:划分选区计划和在一个管辖区内的合并或其他变化何时是没有歧视性目的或结果的?例如,在投票地点或辖区边界的确定中,哪类变化是歧视性的?

不同的标准适用于不同类别的案件。当市区与郊区的白人多于黑人时,黑人的选票的实力可能减小。如果选举是自由进行的,联邦最高法院认为,一个城市就必须为补偿其非裔美国人切换选区投票,并尽可能设立更多的"安全的"的少数民族选区[例见"里士满诉合众国案"(Richmond v. United States)(1975)(1989)]。

但是,重新划分选区及相关变化必然会带来逆向反应问题。联邦最高法院认为,问题在于新的划分选区计划是否会使黑人投票者不能选举出他们的代表——即他们的情况是否相对的恶化了。这种方法的合理性的理由有两个:它同预先清理条款的最初观点一致,是为了防止剥夺非裔美国人从另外的条款中已经获得的利益。同时,它建立了行政上可行的架构。

联邦最高法院曾采用过确定投票权逆向反应的不同标准。在1980年"罗姆诉合众国案"(Rome v. United States)中,联邦最高法院提到过投票权法的要点是促进非裔美国人担任公职,只有非裔美国人才能代表非裔美国人。在"索恩伯勒诉金勒斯案"(Thornburg v. Gingles)(1986)中,大法官们解释了1982年投票权法修正案,并主张很多时候需要建立少数种族占优势的选区,换句话说,就是以能够使少数群体最可能选出自己代表的方式划分选区。然而,在诸如"肖诉雷诺案"(*Shaw v. Reno)(1993)之类的案件中,联邦最高法院发现利用种族来重新划分选区以便提高少数民族的席位似乎更难办到了,于是裁决仅以种族为依据重新划分选区是违宪的。

《投票权法》和重新分配议席的判决已对投票权产生了极大的影响,特别是对非裔美国人,其次是对拉丁和墨西哥裔美国人。由于这个法律,少数民族的选举登记、参与投票以及在政府任职人数都显著增加了。

其他人的投票权 除了非裔美国人外,其他群体也曾使其选举权问题接受过联邦最高法院、国会或联邦宪法的处理。1924年国会给予印地安人投票权。1920年,联邦宪法第十九修正案给予妇女投票权,1971年联邦宪法第二十六修正案指示各州给予18周岁以上的公民投票权。

然而,仍有两部分人的投票权还没有宪法保障。侨民的投票权遭到否决,在"理查森诉拉米雷斯案"(Richardson v. Ramirez)(1974)中,联邦最高法院还支持州否认犯过重罪者的投票权。正如里查森案所指出的那样,许多州否认重罪犯的投票权,通常是终身的,因此影响了他们参与选举和政治生活的权利。据估计大约有 600 万犯过重罪者被否认享有投票权,而其中多数人属于有色人种。

总体而言,到 20 世纪 70 年代,实际上,任何年满 18 周岁的公民都在联邦选举、州选举和地方选举中享有投票权。然而,即使大多数法律上的障碍已经没有了,但是,仅有半数的选民参与总统选举,参与州和地方投票的选民比例则更低。其中不投票的多是年轻人以及缺乏教育的贫穷的有色人群。实际上,今天参与投票的人看起来更像是 1787 年被允许在法律上享有投票权的那些人。

目前政府已采取行动提高选民投票率,其中包括推动选民登记和公布投票方案。1993 年国会通过了《机动车选民法》,借助驾照代理机构进行选民登记,2002 年国会又通过了《帮助美国投票法》(HAVA),试图解决 2000 年总统选举中产生的许多问题。起草《帮助美国投票法》的目的是为联邦选举建立统一投票要求,并更新各州的投票技术。如果对于选民登记资格的有效性存在争议,该法允许个人进行临时性投票。但只有选民登记得到了确认,他的投票才能被计算在内。在 2004 年的大选中,计算临时投票的这种方式成了众多诉讼和争议的主题,其中俄亥俄州表现得特别突出。

联邦最高法院认识到,赋予选举权除包括赋予进行投票的权利外,还包括投票获得公平统计的权利。"雷诺兹诉西姆斯案"(Reynolds v. Sims)的判决在重新分配议席的背景下确立了一人一票原则,但是,在"布什诉戈尔案"(Bush v. Gore)中,联邦最高法院又将平等保护的请求扩展到选票有得到实际统计的权利。这个判决的作出使 2000 年总统大选的争议以及如何统计佛罗里达州的部分选票的问题有了结果。

因为担心投票人的混乱,民主党总统候选人戈尔提起诉讼要求就佛罗里达州几个郡的特定选票进行重新统计。联邦最高法院阻止了重新计票,从而使得共和党候选人乔治·W. 布什在佛罗里达州以微弱优势胜出,使他得到了该州的选票,并最终当选为总统。"布什诉戈尔案"(Bush v. Gore)是一个有争议的判决,但是,投票权请求可能扩展到计票和管理投票上,这又引发了人们对改进投票技术和登记程序的新的关注,也引起了人们为挑战剥夺犯过重罪者选举权的法律而作出新的努力。

参考文献 Taylor Branch, *Parting the Waters* (1988). William Gillette, *The Right to Vote: Politics and the Passage of the Fifteenth Amendment* (1969); Bernard Grofman and Chandler Davidson eds, *The Quiet Revolution in the South: The Impact of the Voting Rights Act, 1965-1990* (1994). Alexander Keyssar, *The Right to Vote: The Contested History of Democracy in the United States* (2000). Frank R. Parker, *Black Votes Count: Political Empowerment in Mississippi after 1965* (1990).

[Abigail M. Thernstrom 撰;Davidson Schultz 修订;蒋专平、胡海容译;胡智强、林全玲校]

《1965 年投票权法》[Voting Rights Act of 1965]①

1965 年国会通过了《投票权法》,用以提高非裔美国选民的登记率和参选率。自 1965 年以来,该法已经在 1970 年、1975 年、1982 年三次被修订,按照计划该法的部分条款将在 2007 年失效。

非裔美国人投票权的历史回顾 在《1965 年投票权法》通过之前,联邦政府对南部各州选举投票方面的种族歧视问题所作出的反应是不冷不热、依赖诉讼而漫不经心。这部分归因于联邦最高法院的限制性判例,如民权系列案(*Civil Rights Cases)(1983),这些判例限制了国会实施内战修正案的权限。但同时也因为南方在国会的过重影响,特别是在参议院,南方的民主党能够成功地阻挠议案的通过。

第二次世界大战(the *World War II)以前,在深度的南方地区,少数民族选举人登记实际上并不存在。1940 年,大约有 150000 名黑人,仅约占南部 500 万达到选举年龄的黑人的 3%,被登记参加投票。诸如文化测试(经常是种族歧视性的使用方式)、经济和人身方面的恐吓,白人预选(*white primary)之类的各种方法和手段结合在一起,阻止了黑人有效参与投票。白人预选制度的终止[联邦最高法院在"史密斯诉奥尔赖特案"(*Smith v. Allwright)(1944)中加以废除]和不愿再接受对黑人蔑视制度的一些黑人士兵从二战中返回,使得选举人登记人数有所增加。但是,南方对"布朗诉教育理事会案"(*Brown v. Board of Education)(1954)的敌意抵制又暂时延缓了这一进程。

民权运动 布朗案是关于学校种族歧视的判例,但它很快成为寻求彻底的种族平等运动的一个标志。它被延伸到禁止所有形式的公共场所的种族隔离(public *segregation),发动了一场此前不可想象的民权运动(*civil rights)。自 20 世纪 50 年代晚期开始,黑人民权组织,如南方基督领导会议(SCLC),学生非暴力协调委员会(SNCC)和种族平等委员会(CORE)等,组织并实施了各种静坐示威、联合抵制、选举登记运动、自由乘坐公共交通工具和"自由夏季"等活动,其目的在于结束各种各样的种

---

① 另请参见 Race and Racism;Vote, Right to。

族歧视。其中,要求给予非裔美国人投票权是主要目标。

1961年,就南方的选民歧视问题在联邦法院提起诉讼的不足5个案件。1963年民权委员会报告指出,艾森豪威尔的共和党政府和肯尼迪的民主党政府的诉讼策略不恰当,呼吁国家采取更直接的行动实施有意义的选举登记计划。

肯尼迪政府一开始并没有把民权作为其工作纲领的主要项目。由于抗议活动的逐步升级和保护自由乘坐公共交通工具的需要,加上1963年华盛顿示威游行和密西西比州与亚拉巴马州大学的联合抵制,肯尼迪政府增加了对这些事件的关注,措施渐趋强硬。

越来越多的公开反对投票种族歧视的斗争增加了国会通过有意义的立法的压力。1965年,南方基督领导会议在亚拉巴马州塞尔马市的游行,被视为迫使联邦政府通过一个干涉主义的选举权利议案的序幕。塞尔马郡长吉姆·克拉克对示威者的粗暴反应和对几人的屠杀(这些暴行都在人们的预料之中)通过电视传遍世界后,人们对警犬、水龙带和不分青红皂白地过分使用武力和暴力对抗非暴力的民权示威者的行为产生了强烈反响。很快,约翰逊政府提出了《投票权法》,不到5个月,它就在这块土地上生效了。

直接的联邦干预 以国会实施联邦宪法第十五修正案的权力为基础,《投票权法》再次广泛地声明了联邦宪法第十五修正案对投票种族歧视的禁止。它特别针对通过各种测试和谋划阻碍黑人投票人进行登记的7个州。

该法所针对的"受覆盖"州(covered states)(或下属行政区)包括运用"测试和谋划"决定投票人资格的那些地方,以及适龄投票人口获准登记参加1964年11月1日总统投票选举的不及50%的地方,它们是:亚拉巴马州、佐治亚州、路易斯安那州、密西西比州、北卡罗来纳州(部分)、南卡罗来纳州、弗吉尼亚州和阿拉斯加州。法令要求5年内在这些州取消所有这些测试和谋划手段的运用。阿肯色州、得克萨斯州和佛罗里达州未包括在内,因为它们并未使用文化测试,尽管它们也有很大部分黑人人口未参加投票。某个被覆盖的州可以在华盛顿特区的联邦地区法院出示证据,表明在以前的5年中没有使用任何测试或谋划以实施种族歧视,而从覆盖的名单中释出(bail out)。阿拉斯加州——该州尽管不是该法有意针对的目标,但在最初的覆盖名单中被列入,于1969年释出。其他州还不曾被许可如此。

根据该法,联邦治安官和其他联邦官员可以充当检查者,以确保非裔美国人和其他少数民族团体的成员没有受当地白人登记者的阻挠和侵犯,能够登记参加投票选举,他们被授权可直接登记合乎条件的投票人。

引起争议最大的是《投票权法》第五节"预先审查"(preclearance)条款。为了确保被覆盖的州不会通过新的立法阻碍黑人投票人登记和稀释黑人投票强度,这些州被禁止在事先获得首席政府律师或华盛顿特区的联邦地区法院许可前,就投票资格或投票的先决条件或与投票有关的标准、常例和程序,通过制定法规作出任何变化调整,据此,这些州为了保证获得联邦许可改变其投票法,就必须承担积极的举证责任(第五节直到1971年才正式实施;提交的所有更改法律中的绝大部分都获得了首席政府律师的预先审查许可。)

《投票权法》把举证责任从种族歧视的受害者转移到实施者。后者现在不得不举出证据表明他们没有歧视。这是一次联邦权力的史无前例的运用,也是对被覆盖的州制定和实施投票人资格的规则权力的前所未有的限制(参见 Federalism),但尽管如此,联邦最高法院在"南卡罗来州诉卡曾巴赫案"(*South Carolina v. Katzenbach)(1966)中仍维持了其合宪性。除了大法官胡果·布莱克(Hugo *Black)因认为其违反联邦宪法第十修正案(the *Tenth Amendment)而反对该第五节外,判决获得了一致的通过。该法的一个具体条款规定,英语语言文化测试不能适用于在"悬挂美国国旗"的学校至少受过六年级其他语言教育的人,该条款是为了授予纽约市波多黎各(Puerto Rican)社区的人数众多的投票人团体以选举权而插入其中的。这也在"卡曾巴赫诉摩根案"(*Katzenbach v. Morgan)(1966)中被联邦最高法院作为国会对联邦宪法第十四修正案(the *Fourteenth Amendment)的一个恰当的宪法适用而得到支持。

《投票权法》的延长 在1970年,《投票权法》延长了5年。禁止文化测试在全国普及,列入覆盖名单的方案得到了修正,将额外的法域列入了其中,禁止将持续居住扩为参加总统选举的条件。同时为联邦和州选举确立了18岁投票年龄限制(参见 Twenty-Sixth Amendment)。上述变化,除州选举中18岁的投票年龄限制外,在"俄勒冈州诉米切尔案"(*Oregon v. Mitchell)(1970)中都获得了支持。1975年,该法又被延长了7年。文化测试被永久禁止,并且为少数民族语言的投票人(印地安人、阿拉斯加的本地人和西班牙血统的公民)提供双语的辅助服务,联邦执法工作在24个州也得到了确立。

在广泛的论战之后,该法于1982年再一次被延长,但经历了持久的争论,最初,里根政府(the *Reagan administration)反对这种做法,因为他们认为,《投票权法》已经达到了预期目的,应当终结。第五节延长了25年,有关被覆盖各州的"释出"程序被修正。现在若一个州能显示它已经10年没有种族歧视并且一直为促进少数民族投票作了努力,它就能够从需要执行预先清理要求的名单中释出。

在1980年,对该法第二节展开了激烈的争论,该节也是"莫比尔诉博尔登案"(Mobile v. Bolden)中联邦最高法院的争议焦点。在这个案例中,联邦最高法院撤销了联邦地区法院的命令,该命令要求亚拉巴马州莫比尔市修改其自由选举制度,以保证40%的非裔少数民族美国人具有公平机会选举一些代表。根据可以追溯到1911年的现有制度,没有一个黑人曾被选举为三人城市委员会的成员。联邦法院认为,并不存在任何违背《投票权法》第二节和联邦宪法第十五修正案的地方,因为黑人既能登记,又能投票,没有任何证据显示莫比尔市选举制度受制于歧视倾向(*discriminatory intent)。

在1982年被修改的投票权法中,第二节(现在全国范围内适用)允许投票者基于所提交证据的整体通过显示某一投票实践或程序产生的结果,来证明该实践或程序是种族歧视的。但是,禁止原告运用第二节确立种族配额,也不得要求建立旨在保护特定少数民族从选举中胜出的比例代表制度。第二节的修改已经导致一些诉讼——很多判例以少数民族原告胜诉或成功和解而告终。

1990年重新划分选区之后,经修订的第二节被用以阻止种族倾向地的稀释或者逆向反应(retrogressive effects)问题。这导致尽可能多地创设少数种族占优势的选区和有色人种能够选举出他们的代表席位。通常这些选区在形状上并不规则,或者并不遵循诸如地域紧凑性之类的重新划分选区的传统原则。

在"肖诉雷诺案"(*Shaw v. Reno)(1993)中,北卡罗来纳州白人选民对一个少数种族占优势的选区提起诉讼,联邦最高法院裁定,如果仅仅依据种族来重新划分选区,那么借此来提高少数民族代表人数的做法是违宪的。桑德拉·戴·奥康纳(Sandra Day *O'Connor)大法官认为,用种族的名义为少数民族增加席位一直被认为属于第二节所列的实践,它必须接受严格审查。随后的"米勒诉约翰逊案"(*Miller v. Johnson)(1995)重申了这一观点。这两个案件都似乎使第二节以及利用《投票权法》增加少数种族代表席位的做法难逃厄运。

但是,在"布什诉维拉案"(Bush v. Vera)(1995)中,联邦最高法院认为,遵守第二节本身就是一种强制性的利益,足以证明设立"种族占主导"的选区的正当性。最后,在"亨特诉克罗马提案"(Hunt v. Cromartie)(2001)中,联邦最高法院支持了依据第二节设立的少数种族议席,并且,进入2000年的人口普查后的新一轮选区划分,它似乎表明,种族也可以作为重新划界可以考虑的几个因素之一。

在20世纪90年代,《投票权法》又面临了另一种诉讼。在"普雷斯利诉埃托瓦县委员案"(Presley v. Etowah County Commissioners)(1992)中,联邦最高法院限制了第五节的适用,而在"约翰逊诉德格瑞迪案"(*Johnson v. De Grandy)(1994)中,联邦最高法院裁定,成为少数种族多数选区的机会比例与少数种族选民占全体选民的比例"相称",是符合第二节公平重新划分选区的一种方式。在"霍尔德诉霍尔案"(*Holder v. Hall)(1994)中,联邦最高法院认为,第二节并没有授权法院将扩展选区范围作为选举稀释的救济方式,而在"鲍希尔教区学校董事会诉雷诺案"(Bossier Parish School Board v. Reno)(2000)中,联邦最高法院认为,第五节禁止的只是有意识地逆向反应。最后,在"乔治娜诉阿什克罗夫特案"(Georgia v. Ashcroft)(2003)中,联邦最高法院对评估第五节的环境整体性标准进行了阐释,它声称,法院必须考虑少数种族群体在所有选区的影响,以确定是否出现了逆向反应。这个规则似乎与以往对第五节的解读是相背离的,这也潜在的为针对《投票权法》的新诉讼打开了缺口。

总体上看,《投票权法》是国会通过的最成功的民权法,它使登记的少数种族投票者、相应的投票以及被选中的非裔美国公职人员的数目都大幅度增加。针对投票权稀释所作的努力主要聚焦于重新分配议席(*reapportionment)、操纵选区划分(*gerrymandering)、混合选区和自由选举的滥用等(参见Fair Representation)。受覆盖各州仍然要接受国家司法部长根据第五节实施的监督。在其他州,投票稀释的努力正越来越多地受到人们基于第二节的规定而提出的质疑,因此,在其通过之后的四十多年里,《投票权法》是行之有效的。

参考文献 Howard Ball, Dale Krane, and Thomas P. Lauth, *Compromised Compliance*: *Implementation of the 1965 Voting Rights Act* (1982); Numan V. Bartley and Hugh Graham, *Southern Politics and the Second Reconstruction* (1975); Taylor Branch, *Parting the Waters* (1988). David I. Garrow, *Protest at Selma*: *Martin Luther King, Jr. and the Voting Rights Act of 1965* (1978); Bernard Grofman and Chandler Davidson eds, *The Quiet Revolution in the South*: *The Impact of the Voting Rights Act*, 1965-1990 (1994). Stephen Lawson, *Black Ballots*: *Voting Rights in the South*, 1944-1969 (1976).

[Howard Ball 撰;David Schultz 修订;蒋专平、胡海容、许明月译;胡智强、林全玲校]

Ww

瓦巴施、圣路易斯和太平洋铁路公司诉伊利诺伊州案[Wabash, St. Louis & Pacific Railway Co. v. Illinois, 118U. S. 557(1886)]①

1886年4月14、15日辩论，1866年10月25日以6比3的结果作出判决；米勒代表联邦最高法院起草判决意见，布拉德利、韦特和格雷反对。在瓦巴施案中，联邦最高法院认为，各州无权在跨州货运中规定铁路的费率。联邦最高法院认为，商业条款允许各州对跨州商业规定"间接的"而不是"直接的"负担，这实质上修订了1852年"库利诉费城港监委员会案"(*Cooley v. Board of Wardens of the Port of Philadelphia)适用的标准。州费率管制是对商业的"直接"负担，因此不能约束跨州交通。

瓦巴施案没有否认各州对跨州铁路运输的所有权力。例如，联邦最高法院认定，州安全管制是一种可允许的"间接"负担。然而，瓦巴施案通过使州际运输费率管制成为联邦的专属权力，却创生了一个重要的管制空白地带。因为，在瓦巴施案以前，联邦政府几乎把铁路管制的事项完全交给了各州。作为对该判决的回应，国会建立了州际商事委员会(*Interstate Commerce Commission)(1887)。因此，瓦巴施案促使了现代独立管理机构的出现，并开始了政府经济事务的责任从各州到联邦的切换。尽管出于功能性平衡的立场考虑，界定州际商业中联邦专属权力范围的"直接"对"间接"的标准已经在20世纪30年代被废止，但瓦巴施案仍然不失为一个里程碑。

[Stephen A. Siegel 撰；蒋专平译；胡智强校]

合众国诉韦德案[Wade, United States v., 388U. S. 218(1967 年)]②

1967年2月16日辩论，1967年6月12日以5比4的结果作出判决；布坎南代表联邦最高法院作出判决文书，怀特、哈伦和斯图尔特对判决书的第二部分提出反对意见，但支持定罪；布莱克对判决书的第一部分持异议，但支持定罪；福塔斯、沃伦和道格拉斯在撤销定罪上意见一致，对判决书的第一部分持异议。韦德被指控抢劫银行，而联邦调查局在没有通知其律师的情况下把他放在一列人中。这一组人被要求戴上面罩并说"把钱放进口袋"。联邦最高法院判决认定：(1) 把被告放在这一列人中并让他们戴上面罩说出在犯罪时说的话，并非强迫自证其罪(*self-incrimination)，因为它不是言词证据；(2) "放在一列人中"排查是指控的一个"关键环节"，被告有权要求律师在场。联邦最高法院认为，对没有律师在场的被告而言，列队排查会无意识地形成偏见的环境。对韦德的定罪基于这一依据被推翻了。这一判决扩大了已在"米兰达诉亚利桑那州案"(*Miranda v. Arizona)(1966)中已被大大扩充的获得律师辩护的权利(*right to counsel)。

很多人视韦德案是沃伦法院在犯罪问题上表现软弱的一个缩影。在1968年的《犯罪控制和安全街区法》中，国会允许在联邦法院没有律师在场的情况下，使用一组人识别获得的证据。在"柯比诉伊利诺伊州案"(*Kirby v. Illinois)(1972)中，伯格法院又破坏了韦德案规则，裁定：在列队排查中获得律师帮助的权利要在起诉或采取相应措施以后才能获得。在"合众国诉阿什案"(United States v. Ash)(1973)中，联邦最高法院裁定：当证人被出示被告照片时，律师不必在场。

[Bradley C. Canon 撰；蒋专平译；胡智强校]

韦特，莫里森·雷米克[Waite, Morrison Remick]

(1816年11月29日生于康涅狄格州里蒙，1888年3月23日卒于华盛顿特区，葬于俄亥俄州托莱多森林公墓)，1874—1888年任首席大法官。其父是律师，曾为康涅狄格州的首席大法官。作为长子，莫里森·雷米克·韦特注定要在法律界谋职。1837年从耶鲁大学毕业后，他跟从父亲学习法律一年，然后加入北方地区的西部创业移民，定居在俄亥俄州的莫米(Maumee)。经过跟从当地律师的一段学徒经历后，1839年韦特进入俄亥俄州律师界，很快便同他以前跟从的律师结为合伙人。1840年韦特娶他的远房堂妹艾默利娅·沃伦为妻，她也是康涅狄格州里蒙人，后来长途跋涉到西部投奔韦特。由于在辉格党中表现积极，韦特在1849年被选举进入俄亥俄州议会。1850年他把家迁到托莱多，在那里他开办了律师事务所的分支机构。1856年在他的合伙人年老退休后，韦特和他的弟弟罗纳德开办了一家律师事务所。与此同时，这位未来的首席大法官抛弃了即将死亡的辉格党，帮助组建了俄亥俄州共和党。

由于在俄亥俄州的成功和荣誉，1871年韦特开

---

① 另请参见 Adminitrative State；Commerce Power；Federalism。

② 另请参见 Sixth Amendment。

华莱士,约翰·威廉[Wallace, John William]

Morrison Remick Waite

始在全国引起人们注意。这一年他被任命为美国在日内瓦仲裁庭的三位律师之一,应召解决亚拉巴马州索赔问题。这一任命出乎韦特的意料,最初他还以为这份从华盛顿来的电报是恶作剧。当仲裁庭裁定支持美国,并给予 1500 万美元的赔偿时,律师们归国后被赞誉所包围。1873 年,首席大法官萨蒙·蔡斯(Salmon *Chase)意外离世,尤利西斯·格兰特总统急于在毫无隔阂的政治密友中寻求一位候选人,当一个接一个地被拒绝或不予考虑后,总统被说服把该职位授予与同行政部门少有的胜利相联系的一位日内瓦律师。这样,从未在联邦最高法院辩论过的韦特,突然被任命为联邦最高法院法院的首席大法官。

担任这一职务之初,这位新任首席大法官面对的是一群不愿受约束且强硬的大法官,他们中的一些人曾经主动寻求过首席大法官的任命。非常出人意料的是,韦特取得了对联邦最高法院的决定性控制,从而表明了他本身能胜任法院的行政长官这一职位(参见 Chief Justice, Office of the)。在当时的主要宪法问题上,新任首席大法官是罗杰·托尼(Roger *Taney)的门徒,而不是约翰·马歇尔(John *Marshall)的追随者。虽然留下了几件著名的国有化判决记载,如在"偿债基金系列案"(Sinking-Fund Case)(1879)中,允许国会为了公共利益修改公司章程,但韦特在公民权和经济管制的关键领域却支持了各州。在"迈纳诉哈珀瑟特案"(*Minor v. Happersett)(1875)中,他认为拒绝给予妇女投票权

并未违反联邦宪法第十四修正案(the *Fourteenth Amendment),因为投票权并不是公民身份(*citizenship)的权利。在次年的"合众国诉克鲁克香克案"(United States v. *Cruikshank)(1876)和"合众国诉里斯案"(United States v. *Reese)(1876)中,他起草的判决意见缩小了对刚刚解放的奴隶的国家保护。同时,在"雷诺兹诉合众国案"(*Reynolds v. United States)(1879)——第一个提交联邦最高法院的禁止确立宗教条款案中,韦特支持对一位摩门教徒一夫多妻制婚姻定罪(参见 Religion)。

在经济管理问题上,韦特支持各州的权利的支配地位受到大法官斯蒂芬·约翰逊·菲尔德(Stephen J. *Field)的强有力的挑战。主要判例是"芒恩诉伊利诺伊州案"(*Munn v. Illinois)(1877),它是"农民系列案"(Granger Cases)的相关案例之一。显然是从大法官约瑟夫·P. 布拉德利得到了启发,韦特支持州权力管制"影响公共利益"的商业活动,从而引起了铁路公司和有钱人的愤怒。韦特平淡的写作风格使他起草的芒恩案和其他案件的判决意见未获得公众和学术界的承认;正如莫利克斯·法兰克福特后来提到的,"即使在他最著名的判决中,韦特也缺乏艺术。"在随后的"斯通诉农场主贷款和信托公司案"(Stone v. Farmers' Loan and Trust Co.)(1886)中,韦特也支持了州权力,他对首席大法官马歇尔在"麦卡洛克诉马里兰州案"(*McCulloch v. Maryland)中的名言稍作改动,说道:"管制的权力并不是破坏的权利,限制并不等于没收。"(p.331)

维特起草了在 20 世纪晚期不受拥戴的民权案判决。他也是州经济管制权的拥戴者。维特还被不公正地认定是倡导对国民经济进行司法管制的一员,而这种思潮其实应属于他的后辈。正是基于这些原因,维特在司法界并没有获得响亮的名声。

参考文献 C. Peter Magrath, *Morrison R. Waite* (1963).

[John V. Orth 撰;蒋专平译;胡智强校]

华莱士,约翰·威廉[Wallace, John William]①
(1815 年 2 月 18 日生于宾夕法尼亚州的费城,1884 年 1 月 12 日卒于宾夕法尼亚州费城),1863—1875 年担任判决汇编人。华莱士是联邦最高法院任命的最后一位署名判例汇编者,其父亲是费城一位著名律师。1833 年华莱士从宾夕法尼亚大学毕业后,在父亲的律师事务所学习法律。很快华莱士转入法律图书员职位的训练,在 1841 年成为费城法律协会图片管理员和司库。在 1849 年他为联邦第三巡回法院出版了美国法院判例集三卷中的第

---

① 另请参见 Reporters, Supreme Court。

一卷。

在进入联邦最高法院以前,华莱士最重要的著作是1844年的作品《编年判决汇编人:兼汇编人汇编功绩略评》(The Reporters, Chronologically Arranged: with Occasional Remarks Upon Their Reporting Merits)。这部关于英国判决汇编人的评论著作被修订和再版数次。该作品极具学术价值,确立了华莱士在全国法律界的地位。它还为《英国王室专用判例集》系列(British Crown Cases Reserved)(6卷,1839—1853)的第3卷写了关于美国判例的评述。

当杰里迈亚·布莱克(Jeremiah *Black)在1863年辞去联邦最高法院判决汇编人职务后,华莱士接任其职位,成为第7位判决汇编人。在1875年辞职以前,华莱士撰写了23卷判例集,即《华莱士判例汇编》(1—23卷)和《美国判例汇编》(68—90卷),他也因为这些著述的质量而受到称赞。1874年司法拨款后,国会为联邦最高法院的汇编分配了25 000美元,第23卷华莱士判例汇编成为非官方任命下进行的最后汇编。

离开联邦最高法院后,华莱士继续撰写图书管理类型的著作,并且成为宾夕法尼亚州历史协会的主席。作为一位虔诚的罗马天主教徒,华莱士以固守旧式礼节而著称。

[Francis Helminski 撰;蒋专平译;胡智强校]

华莱士诉杰弗里案[Wallace v. Jaffree, 472 U. S. 38(1985年)]①

1984年12月4日辩论,1985年6月4日以6比3的结果作出判决;史蒂文斯代表联邦最高法院起草判决意见,鲍威尔持并存意见,奥康纳在判决中持并存意见,伯格、怀特和伦奎斯特反对。现在公众意见从不认可联邦最高法院的学校祈祷案判决。盖洛普民意调查(Gallup Poll)显示,自1961年以来,超过75%的人一直坚定支持公立学校再次引入正式的祈祷。这一结果使联邦宪法修正案(*Constitutional Amendments)的提案几次在国会未获通过。"恩格尔诉瓦伊塔尔案"(*Engel v. Vitale)(1962)和"阿宾顿校区诉谢穆普案"(*Abington v. Schempp)(1963)的宪法原则仍然具有效力。华莱士案是对其持续效力的第一次严肃考验。

华莱士案争议的一项亚拉巴马州的法律最初于1978年颁布,该法授权学校为"冥思"规定一分钟的沉默。1981年修正案对"冥思或自愿祷告"规定了一个类似的期间,在1982年,该法被改为允许教师引导"愿意的学生"对"万能上帝"进行特定的祷告。针对杰弗里和各种分离者团体提起的诉讼,联邦地区法院判决恩格尔和谢穆普案是错误的;各州的确有权确立宗教。上诉法院撤销了这一判决,联邦最高法院发出调卷令(*certiorari)以审查1981年修正案的合宪性:一个州能够为了有利于"冥思或祷告"的明确目的,在每天的学校生活开始时规定一段时间的静默吗?

有充分的事实表明联邦最高法院在这一问题上应该对"隔离墙"(指宗教与政府之间的分离——校者注)打开一个缺口。各州议会将公众对学校祈祷的支持转化成支持宗教学校和宗教实践的制定法。当选为总统的罗纳德·里根(Ronald *Reagan)以及合法动员的妥协力量——七个团体,其中包括道义多数派(the Moral Majority)、基督教法律协会、美国法律基金会,在华莱士案中提出了法院之友诉讼要点(*amicus curiae briefs)——也认为分离主义者的先例是有问题的。行政机构也致力于对禁止确立宗教条款作出降低或放弃"隔离墙"的解释。它向联邦最高法院提出了很多法庭之友诉讼要点,并以各州对其观点的同情,开辟口头辩论(如在华莱士案中那样),以提高这种观点的影响。

一些迹象表明,联邦最高法院准备抛弃以前的立场。甚至在里根选举以前,联邦最高法院就曾摆出过一种妥协主义的姿态,第一次认可公共基金会可对宗教学校作出直接的支付["公共教育和宗教自由委员会诉里根案"(Committee for Public Education and Religious Liberty v. Reagan)(1980)]。在随后的判例中,它支持了对所有在校学生的父母亲进行税收抵免和扣除["米勒诉艾伦案"(Mueller v. Allen)(1983)],支持了州支付费用的立法机构牧师["马休诉钱伯斯案"(Marsh v. Chambers)(1983)]和公众赞助的育婴堂["林奇诉唐纳利案"(*Lynch v. Donnelly)(1984)]。初看起来,重新考虑恩格尔案和谢穆普案的时机已经成熟。然而,情况并非如此。

大法官约翰·保罗·史蒂文斯(John Paul *Stevens)撤销亚拉巴马州法律的多数意见援引有利于政教分离的先例,简练且切中要点。在适用被"莱蒙诉库尔兹曼案"(*Lemon v. Kurtzman)(1971)修订的谢穆普案标准时,他发现,这一被制定法支持的实践缺乏"世俗目的"——不是基于"促进"宗教的目的。尽管冥思和祷告的立法不能经受宪法审查,但是联邦最高法院却对没有确定默祷时刻范围内的冥思和祷告通过审查的可能性未置可否;鲍威尔的并存意见强调了这一点。大法官桑德拉·戴·奥康纳(Sandra Day *O'Connor)的并存意见独立地重申了其"认可"标准——她最初是在林奇案的并存意见中对此进行阐述的,以提醒人们注意,时间中性的默祷立法不应受恩格尔案和谢穆普案的原则支配。

---

① 另请参见 Religion。

持反对意见的首席大法官沃伦·伯格(Warren *Burger)和大法官拜伦·怀特认为,亚拉巴马州的立法是"仁慈中立"的典范,因此根据联邦最高法院的妥协主义的先例,它合乎宪法(p.89)。大法官威廉·伦奎斯特(William *Rehnquist)的反对意见更加尖锐。他认为,建立在"埃文森诉埃维因镇教育理事会案"(*Everson v. Board of Education of Ewing Township)(1947)基础上的任何判决都是错误的;联邦宪法不能在教会和国家之间强加一道"分离墙"。经过对联邦宪法第一修正案的制定者意图的广泛分析后,他得出结论:禁止确立条款仅仅禁止国家确立国教,或使某一教派优于另一教派,大多数情况下并不要求州在宗教和"非宗教"之间处于中立。

[Joseph F. Kobglka 撰;蒋专平译;胡智强校]

沃尔沃思,鲁本·海德[Walworth, Reuben Hyde]①

(1788年10月26日生于康涅狄格州巴兹诺,1867年11月27日卒于纽约州塞诺托加斯普瑞),未经最后确认的联邦最高法院被提名者。沃尔沃思跟从特洛伊的约翰·拉塞尔学习法律,1809年被获准执业。1817年任命为纽约州最高法院第四地区法院巡回法官;同时从1821年到1823年他就职于众议院。

在1828年,沃尔沃思被任命为纽约州法官,在此期间他对衡平法理作出了重大贡献,作出了关于证据、抗辩、禁令(*injunction)和自由裁量的重要判决。在1844年3月13日,约翰·泰勒总统提名沃尔沃思到联邦最高法院第二巡回法院填补空缺职位,沃尔沃思的提名因缺乏辉格党或民主党的支持而受阻。参议院在1844年1月15日推迟行动,在1844年6月17日泰勒收回对沃尔沃思的提名,而由约翰·C.斯潘塞(John C. *Spencer)代替。后来泰勒撤销了对斯潘塞的提名,再次提出沃尔沃思,再次未获得批准。

在1848年沃尔沃思以州法官身份退休,在1850年他被联邦最高法院邀请在"宾夕法尼亚州诉威林-贝尔蒙特大桥公司案"(*Pennsylvania v. Wheeling and Belmont Bridge Co.)(1852)中作为特别专家。1851年联邦最高法院公布了沃尔沃思的详尽报告。

[Elizabeth B. Monroe 撰;蒋专平译;胡智强校]

战争[War]②

当国家处于战争状态,涉及政府权力运用的主要方式是总统提出动议,紧随其后的是国会的默许或者批准。有时动用军队需要国会的事先批准,但这种情况并不多见。

就联邦最高法院本身来说,往往难以就战争问题作出裁决,因为这样做可能对战争行为产生负面影响。在联邦最高法院于战时就总统行为的合法性作出裁定的几个经典案例中,隐现出两条主旋律:第一,即使宪法性争议已经出现,联邦最高法院仍倾向于不干涉政府的政治分支机构的主要政策。第二,在有选择的情形,联邦最高法院确曾作出了限制,尽管这通常要谨慎地根据事实进行。这些倾向曾引发了这样的评论,在战争的严峻考验中,宪法原则可能变得"高度顺从"[科温(Corwin),1984,p.271]。

南北战争 这种主导模式在南北战争(the *Civil War)的初期就变得明确,当时在沙蒙特(Sumter)要塞崩溃和1861年7月4日召集国会特别会议之间的十周内,亚拉伯罕·林肯(Abraham *Lincoln)总统采取了紧急行动。在其他方面,林肯把全国民兵合成一支军队,召集志愿者为现役军人,在未经立法授权的情况下增加陆军和海军的规模,未经国会拨款从财政部借款,以"叛逆的通讯"为由关闭邮局,中止人身保护状(the writ of *habeas corpus)。在这些行动中仅一部分事后得到国会的批准。

"战利品系列案"(the *prize cases)(1863)中,联邦最高法院驳回了对林肯总统封锁南方港口提起的诉讼,这就导致俘获的船只成为战利品。联邦最高法院以5比4的结果支持了这样的主张,即使没有宣战和其他立法授权,林肯的行为是行使三军总司令的防御权。

"米利根单方诉讼案"(Ex parte *Milligan)(1866)起因于林肯中止人身保护状。尽管国会在1863年通过一个法令溯及既往地授权保护状中止,林肯在没有事先得到立法批准的情况下采取了行动。战争期间,军事当局逮捕叛国或间谍嫌疑人,把他们投进监狱,在军事法庭予以审判。如果犯了罪,他们不能向民事法庭申请人身保护状。这种方案导致了总统和首席大法官罗杰·布鲁克·托尼(Roger Brooke *Taney)之间的冲突,后者在"梅里曼的单方诉讼案"(Ex parte *Merryman)(1861)中对总统中止人身保护状的权力提出质疑。这位在巴尔的摩充任巡回法官的首席大法官发出了释放一位囚犯的命令。当地军事长官予以拒绝,林肯总统继续指令中止保护状。梅里曼案再次肯定了对法官权限的实际限制。

在米利根案中,联邦最高法院对军事法庭对平民审判的合法性进行了审查。它裁定只要普通法院正常开始工作并发挥作用,平民必须到普通法院接受审判,在那里他们受到诸如陪审团审理(*trial by jury)的程序保护。很明显,米利根案明显大胆的裁

---

① 另请参见 Nominees, Rejection of。
② 另请参见 Military Trials and Martial Law;Separation of Powers;War Powers。

决应当放在联邦最高法院是在战争已经结束和敌对状态已停止的情况下发挥作用这一事实来考虑。在"邓肯诉卡哈纳莫库案"(*Duncan v. Kahanamoku)(1946)中,同样的事情再次发生,联邦最高法院在"二战"后再次肯定了米利根案。

第一次世界大战 在第一次世界大战(*World War I)期间,这种主导模式再次上演,伍德·威尔逊总统关闭了德国人的无线电台,在宣战前成立了许多管理委员会。"一战"期间,许多法律授予总统广泛的行政权力,其中有几个立法被起诉到法院。1918年,联邦最高法院在"艾弗尔诉合众国案"(Arver v. United States)支持了征兵法(参见Selective Draft Law Cases),1919年,在"汉密尔顿诉肯塔基筛滤与仓储公司案"(Hamilton v. Kentucky Distilleries & Warehouse Co.)中,维持了一项禁止立法。

在"一战"期间和"一战"后,在控告依试图控制表达的法律提出时,联邦最高法院并没有保护言论自由,当时立法机关努力控制煽动性言论(参见Speech and the Press; State Sedition Laws; Subversion)。在"申克诉合众国案"(*Schenck v. United States)(1919)中,根据《1917年间谍法》,被告被判有罪,因为在对德战争期间,他在军队中图谋鼓动反叛,并阻碍征募到部队服役的人员。他们印刷并向已经被部队接受的人散发传单,批评征兵,并号召人们维护自己的权利。奥利弗·温德尔·霍姆斯(Oliver Wendell *Holmes)撰写的联邦最高法院判决维持了这一定罪。在判决中,他写道:"当一国处于战争状态时,许多在和平时期可以说的事,考虑其后果将会形成一种障碍,只要人们在战斗,这些言行都将不能被容忍。"在"德布斯诉合众国案"(Debs v. United States)(1919)中,联邦最高法院根据《间谍法》维持了另一个有罪判决。最后霍姆斯大法官在"艾布拉姆斯诉合众国案"[(*Abrams v. United State)(1919)]中,以言论自由原则为依据提出反对意见,这标志着联邦宪法第一修正案(*First Amendment)的发展方向。在"布兰登堡诉俄亥俄州案"(*Brandenburg v. Ohio)(1969)中,联邦最高法院采用了现代标准,对违法行为的提倡也是一种受保护言论,除非这类提倡直接指向激起或导致的即发的违法行为,并且有可能激发或导致这类行为。

第二次世界大战 在第二次世界大战(the *World War II)期间,这种主导模式再度出现。在美国1941年11月参战以前,富兰克林·罗斯福总统同意英国以出租位于加勒比海的英国港口的方式交换美国过期不用的驱逐舰。《1941年租借法》(Lend Lease Act of 1941)赋予总统有权定购或设法获得战争物品以转给总统认为对国防起关键作用的任何国家。罗斯福也成立了几个总统办公室,并对劳工关系实施大量控制(参见Presidential Emergency Powers)。

《1942年紧急价格控制法》(Emergency Price Control Act of 1942)授权价格管理署(OPA)管制消费品价格。在"亚库斯诉合众国案"(*Yakus v. United States)(1944)中,联邦最高法院支持了这一授权。在"斯图尔特兄弟诉鲍尔斯案"(Steuart & Bros. v. Bowles)(1944)中,联邦最高法院也确认了价格管理署的制裁权,该案涉及被控违反价格管理署命令的一家石油商的权利。国会并未为价格管理署对零售商提起诉讼制定处罚条款,但是联邦最高法院仍然裁定该行政机构有权对违背石油销售规定的供应商加以处罚。

在"二战"期间,联邦最高法院还支持了其他经济控制。其中包括一项授权根据《重新协商法》(Renegotiation Act)请求返还过高的利润的立法[里奇德诉合众国案"(Lichter v. United States)(1948)]和控制房租["鲍尔斯诉威灵汉姆案"(Bowles v. Willingham)(1944)]的立法。在"伍兹诉米勒案"(Woods v. Miller)(1948)中,联邦最高法院支持了战后对房租的继续控制,其依据的理论是,他们有必要对战争引发的环境给予处理。

"二战"期间公民自由(*civil liberties)被放在显著的位置,在经典判例中,联邦最高法院,如同在早期的争议中一样,倾向于遵从行政机构的决定。在1942年2月,为了防止间谍和破坏活动采取的一个关键行动是罗斯福总统颁布了一个行政命令,授权军事官员拒绝来自西海岸特定区域的人进入。依据该命令,战争期间的强制疏散权要求数万日本后裔离开他们在西部各州的家,并拘留在重新安置中心,然后将他们安顿到加利福尼亚州、爱达荷州、犹他州、亚利桑那州、怀俄明州、科罗拉多州以及阿肯色州。到1942年底,大约共有112000人,其中有65000人是美国公民,非自愿地搬离了自己的家园。

在"海拉巴亚斯诉合众国案"(*Hirabayashi v. United States)(1943)中,联邦最高法院支持了宵禁限制。联邦最高法院信赖总统作为武装力量总司令所享有的权力,并提到国会已经颁布了批准总统最初命令的法令。在"科里马修诉合众国案"(*Korematsu v. United States)(1944)中,联邦最高法院裁定驱逐日裔的计划并不是因种族而违宪地增加日本人后裔的负担。3名大法官表示反对,包括弗兰克·墨菲(Frank *Murphy),他认为驱逐日裔的计划表现了种族主义。在随后的几年里,科里马修案遭受了尖锐的批评,这一定罪最终在1984年宣布撤销。在20世纪80年代,国会颁布法令规定,对因排除计划受损的家庭予以赔偿。

朝鲜战争 第一次没有宣战的大规模战争是朝鲜战争(1950—1953)。在"扬格斯通钢板与管道公司诉苏耶尔案"(*Youngstown Sheet & Tube Co. v. Sawyer)(1952)中,联邦最高法院撤销了哈里·杜鲁门总统为了防止朝鲜战争期间钢板短缺而强行征收钢铁厂的命令。扬格斯通案现在作为需要对总统外交事务进行控制的一个主要宣言受到了赞扬。大法官们强调，国会为了防止罢工已经特别撤销了总统的强行征收权力。

大法官罗伯特·H. 杰克逊（Robert H. *Jackson）的并存意见对衡量总统行为提出了一个概念性框架。第一种情况，当总统在国会明确或默示的授权下行动，他的行为享受最高级别的合法性；第二种情况，当总统在立法沉默的情况下行动，一个"边缘区"要求联邦最高法院根据"无法估量的"紧要关头考虑总统的宪法权限的范围；第三种情况，当总统同国会明示或暗含的意愿相反，他的权限处于最低级别。杰克逊认为，在第三种情况中，即使国会没有失去能力，联邦最高法院也不能支持总统的行为，除非特殊情形，否则不能这么做，因为它将威胁到政府部门之间的宪法平衡问题。

许多评论者赞扬杰克逊在阐明总统权力界限方面的努力。事实上，总统采取行动比国会更迅速。考虑到其规模、成员的多样化以及通常作出反应的状态，国会形成一种共识需要花费一定时间。但是，当国会表达了特别意见时，扬格斯通案建议，就应该严肃对待。

越南战争及其余波 国会迟迟不表明自己对越南战争（*Vietnam War）的反对态度，这场战争涉及美国战斗部队从1965年到20世纪70年代中期的部署状况。实际上，在1964年的东京湾决议中，国会已经就总统依法提起战争给予了许多授权，只是后来国会的许多成员对授权后悔了。但是到1973年和1974年，国会对在越南进一步发动战争实施了具体限制，1975年4月美国撤回了驻西贡的使馆。尽管美国的军事卷入是总统发动的，但是国会在促使这一战争坚持到底方面发挥了重要作用。联邦最高法院拒绝就战争的合宪性问题进行裁决。但是在1971年五角大楼文件案的判决中（裁定政府对媒体的预先约束没有满足"证明其正当性的沉重的举证责任"），联邦最高法院确实在涉及联邦宪法第一修正案（*First Amendment）的案件中作出了不利于政府的裁决。这个案件也是越战时期的判决之一，联邦最高法院表述了自己的理解，即使是在战争期间保护政治言论也是重要的[参见"布兰登堡诉俄亥俄州案"（Brandenburg v. Ohio）]。

1973年，国会越过理查德·尼克松总统（*Nixon）的否决权，通过了对战争设置一般限制的决议案，力图使国会发挥一定作用（参见 War Power）。该决议案的合宪性问题已经成为立法部门和行政部门争议的常见话题。在随后的几十年里，该法的适用范围不断扩展，而行政部门则常常主张，它不能限制总统的权力追求军事目标。

越战结束后，美国的军事行动趋向于简便化。这包括1983年在格林纳达岛和1986年在巴拿马的军队部署。同时罗纳德·里根总统（Ronald *Reagan）执政时的"伊朗门事件"（1986）暗示，国家对许多国外冲突的介入是隐蔽的。合众国在使用国家权力方面的这些变化反映了对越长期军事部署磨炼的效果，同时也反映了对冷战时期美苏两个超级大国之间的冲突会不断升级的担心。

冷战后的世界 冷战结束以后，国际交往进入了一个新阶段，美国成为世界上唯一的超级大国。在乔治·H. W. 布什总统执政期间，美国发动了1991年海湾战争，制止了伊拉克对科威特的入侵。这次相对比较短暂而又果断的军事冲突是总统发动事先经国会批准的结果。而在乔治·W. 布什总统任职的2003年，美国对伊拉克又实施了更长时间的入侵以便实现政治体制的改变。这一次，主导模式再次继续，总统行使了军事发动权，国会通过概括的决议授予总统广泛的战争权力。围绕是否需要在较大规模的反恐战争中保护民事权利而展开的新争论，又开始凸显起来。

参考文献 Edwin S. Corwin, *The President: Office and Powers*, 5th ed. (1984); Harold H. Koh, *The National Security Constitution* (1990); Clinton Rossiter, *The Supreme Court and the Commander in Chief* (1976); J. Malcolm Smith and Stephen Jurika, *The President and National Security: His Role as Commander-in-Chief* (1972).

[Thomas O. Sargentich 撰；蒋专平、胡海容译；胡智强、林全玲校]

瓦德谷包装公司诉安东尼奥案[Ward's Cove Packing Co. v. Atonio, 490 U. S. 642(1989)]①

1989年1月18日辩论，1989年6月5日以5对4的结果作出判决；怀特代表联邦最高法院起草判决意见，史蒂文斯（加上布伦南、马歇尔和布莱克蒙）表示反对，布莱克蒙（加上布伦南、马歇尔）表示反对。原告证明在阿拉斯加州的鲑鱼罐头厂中，非白人工人在低报酬工作中占有高比例，在高报酬工作占有低比例，据此认为这是就业歧视（*Employment Discrimination）。非白人的工人依据劳动力的不成比例希望裁定这一行为违反了《1964年民权法》（*Civil Rights Act of 1964）第七编。联邦最高法院裁定，对高报酬和低报酬工作中的种族构成进行比较是不准确的，因为这些数据没有考虑潜在的合格的求职人员的总量。

瓦德谷包装公司案的三个附加裁决使这一裁定暗淡无光，并可以认为将《民权法》第七编的法律标准作了有利于被告的转换。第一，基于"沃森诉佛

---

① 另请参见 Race and Racism。

特·沃斯银行与信托公司案"(Watson v. Fort Worth Bank and Trust)(1988),联邦最高法院裁定,在第七编的然不同的影响案件(*disparate-impact)中,原告必须证明具体的就业实践造成了数据差异。第二,即使原告作出了一个满意的统计证明,若被告对这一实践提供了商业上的正当性理由,那么,说服判决作出者存在歧视的证明责任由原告负担。第三,被告提出的商业上的正当性理由必须证明"引起异议的实践明显地符合雇主合法的雇用目的"(p.659)。瓦德谷包装公司案被《1991年民权法》(the *Civil Rights Act of 1991)推翻,该法把举证责任转回到雇主,这使得原告更容易赢得就业歧视诉讼。

[Theodore Eisenberg 撰;蒋专平译;胡智强校]

韦尔诉希尔顿案[Ware v. Hylton, 3 Dall. (3 U.S.)199(1796)]①

1796年2月6日—12日辩论,1796年3月7日以4比0的结果作出判决;蔡斯、佩特森、威尔逊和库欣依次提交了意见,埃尔斯沃思和艾尔戴尔未参加(艾尔戴尔后来对法庭记录提交了一个意见)。韦尔案确立了国家条约对冲突州法的最高效力。它是由英国债权人提起的要求收回独立战争前美国人所欠债务的众多案件中的代表。《巴黎条约》(The Treaty of Paris)(1783)规定,债权人应可没有任何法律障碍地收回这些债务。但是,弗吉尼亚州颁布法规让居民用贬值通货将所欠英国人的债务交到州财政,并据此获得偿债证书。

该案是约翰·马歇尔(John *Marshall)在联邦最高法院辩论的唯一败诉的案件,这位后来的首席大法官,他当时是代表弗吉尼亚州的一名债务人的律师,他认为,该州有"主权"没收战争期间的英国债务,债务人向州财政的偿付是合法的债务清偿,在不违背州"宣誓"保证和侵害根据州法获得的既得权利(*vested rights)情况下,和平条约不能使这债务再生效力。联邦最高法院否决了他的观点,裁定条约使与其不一致的州法无效。塞缪尔·蔡斯(Samuel *Chase)大法官作了一个彻底的国家主义解释,宪法第六条的最高条款条款溯及既往地发挥作用,与国家条约冲突的所有州法都必须"让步"。

[Charles F. Hobson 撰;蒋专平译;胡智强校]

反恐怖主义战争[War on Terrorism]
参见 Detainee Cases。

战争权[War Power]②

战争权涉及在敌对情形下部署美国军队到国外的权力。两个宪法性条款是其核心:第1条第8款第11项,它赋予国会"宣战"权;第2条第2款第1项,它表明总统是武装力量的总司令。

美国军队已经5次在宣战后被派遣到国外:1812年战争、墨西哥战争(1846—1848)、西班牙—美国战争(1898)、第一次世界大战(*World War Ⅰ)(1917—1918)和第二次世界大战(*World War Ⅱ)(1941—1945)。此外,有超过150次各种范围的军事行动在未宣战的情况下进行。在"巴士诉廷恩案"(Bas v. Tingy)(1800)中,联邦最高法院承认,国会在未宣战的情况下,可以授权进行有限的敌对交战。以后的判例支持总统为了防御目的使用军队。在"战利品系列案"(the *prize cases)(1863)中,极度分歧的联邦最高法院支持了亚拉伯罕·林肯(Abraham *Lincoln)在南北战争(the *Civil War)开始时对南部港口实行的封锁。此外,总统们还成功地捍卫了调遣军队保护美国人生命和财产的权力。

在20世纪,首要问题已变成在未宣战的情形,总统并非出于防御目的使用军队促进国家利益的范围问题。在几个实例中,总统已经在没有事前的立法授权的情形使用军队,其中包括朝鲜战争(1950);美国入侵多米尼亚共和国(1965);越南战争(*Vietnam War)(20世纪60年代);在玛雅茨案(1975)中对美国船只职员的营救;试图营救在伊朗的人质(1980);在黎巴嫩(1983)和格林纳达(1983)的行动;对利比亚目标的轰炸(1986);在波斯湾避免油轮被袭的保护行动(1987);在巴拿马推翻曼留尔·诺内加将军(General Manuel Noriega)(1989);引发对伊拉克的战争(1991)的美国军队在沙特阿拉伯的集结(1990);侵入伊拉克推翻了萨达姆·侯赛因政权(2003)。在两次伊拉克战争中,总统确实是在开始敌对状态前获得了国会的批准。这一领域的主要立法动议是《1973年战争权力法》(*War Powers Act of 1973),它因理查德·尼克松(Richard *Nixon)的否决而流产。该法要求总统就可能的军队调度同国会商议,在没有具体的立法授权情况下限制使用军队不得超过6天。现在没有一个总统认可该法的效力,自尼克松以来的总统们认为,该法的规定在一些情况下不能适用于特殊情形。

这一领域的问题逐渐凸现为支持总统主导地位的观点和主张国会是一个控制和平衡的关键因素观点之间的斗争。联邦最高法院已经趋向于回避这一争议,视其为不适合司法解决的政治问题。

[Thomas O. Sargentich 撰;蒋专平译;胡智强校]

---

① 另请参见 State Sovereignty and States' Rights;Treaties and Treaty Power。

② 另请参见 Inherent Powers;Presidential Emergency Powers;Separation of Powers;War。

《1973年战争权力法》[War Powers Act of 1973]①

在美国历史上,国会仅宣战5次。在越南战争(*Vietnam War)和"水门事件"期间,《战争权力法》(更恰当地说战争权力决议案)因总统理查德·尼克松(Richard *Nixon)的否决(*veto)而流产,该法就美国部署军队介入战争或在国外即将发生的敌对状态,而为作出"集体判断"的国会和总统提供一个框架。考虑到自朝鲜战争(1950)以来单方行政开战和国外隐蔽行动的挫折越来越多,联合决议不失为恢复国会宣战(declaring *war)和监督国家安全政策(*National Security Policies)的宪法角色的诸项措施之一。

该法规定了未经国会授权情况下,武装力量部署的协商、报告和终止的程序。要求总统:(1)部署军队到国外之前,"在所有可能的情况下",同国会协商;(2)在48小时内向两院报告,并定期就部署的情况及预计的持续期间向国会报告;(3)在首次报告后的60天内终止军队部署,除非获得国会特别批准或总统要求30天延长以保护人员安全。国会被授权可在任何时候以共同决议的方式直接撤回军队,总统不能否决。为了引导解释,该法否认了援引立法、拨款预算案或条约表明总统可在未经专门授权的情况下调配军队;也否认改变两部门的宪法权力的意图。

赞成者希望这些指南能够在不抑制美国在国际事务中领导地位的情况下,提高立法权力和行政能力和可信度。对该法合法性和立法智慧的批评也很多。国会的拥护者认为,该法违宪地将立法机构批准战争的权力作了授权,授予总统未经国会同意可以进行90天的战争,这无异于给了总统一张危险的空白支票。行政权至上的拥护者,包括所有近期的总统在内,都认为这个法案侵犯了总统实施外交政策以及行使三军总司令的权力。到目前为止,联邦法院以政治问题(*political questions)、缺乏成熟性以及诉权(*standing to sue)等为由,拒绝对其进行审查。从以下两个案例,即"移民与归化局诉查德案"(*Immigration and Naturalization Service v. Chadha)(1983)与"合众国参议院诉联邦贸易委员会案"(United States Senate v. Federal Trade Commission)(1983)来看,通过联合决议直接召回军队是违宪的。实用主义者认为姑且不谈违宪的问题,协商条款是软弱的,自动的最后期限规定也是僵硬的和不灵活的。他们认为,国会应当公开行动,而不是不作为;协商渠道面临的问题不少,但平衡海外战争对于速度和保密的实际需要与为有效决策而组织国会两院的固有困难,问题更多。

多数人意见认为,这一规定不能在促进事前协商以及国会对战争的授权问题上很好地发挥作用。特定情况下未经批准调用军队是可以豁免的,除非涉及美国常规军队的卷入。"先斩后奏"已经成为总统们的主要做法。著名的例子有:卡特总统试图从伊朗营救被绑架的使馆人员,但未获成功(1980);里根总统对黎巴嫩(1982)、格林纳达(1983)、波斯海湾(1987—1988)的干涉;乔治·W. H. 布什总统对巴拿马总统诺力加的罢黜(1989);威廉·J. 克林顿对波黑内战、科索沃内战以及马其顿内战的干预(1993—2000)。

总统的报告出现的次数增加,但是往往却都是无关紧要的。第一次也是唯一一次触及60天时间限制的报告的是1975年杰拉尔德·R. 福特总统营救玛雅格茨号(Mayaguez)船员,报告在救援活动已近尾声时才发出。为了防止60天的计时开始,接下来的报告往往都是按法案要求提交或者宣布"即发的敌对状态"解除。有讽刺意义的对敌对状态的否认发生在20世纪90年代末期,在驱逐侵略科威特的伊拉克人的战斗即将打响之前,大规模的军队已经集结在科威特。

"冷战"结束以后,美国在北大西洋公约组织和联合国的支持下,在维持世界和平和人道主义援助中发挥了领导作用,这也加剧了上述问题的复杂性。截至2003年中,国会通过了一个法律和四个联合决议,提前就与其他国家的军事部署进行了专门授权。这些军事行动包括:联合国军队对西奈半岛的占领(1981—1982);对黎巴嫩的占领(1983);驱逐入侵科威特的伊拉克(1991);2001年袭击世贸大厦和五角大楼的"9.11"事件后的"反恐"战争,这也包括对基地组织的打击以及推翻阿富汗的塔利班政权(2002);以及入侵伊拉克(2003)。这些决议的功能实际上与《战争权力法》相同,因为这些都需要依靠事前的协商以及国会两院和总统的批准。但是法律冲突仍然存在。立法者援引法律证明自己的权限;总统则依据权力与行动和决议的"一致性"进行辩解。

因此,该法的有效实施主要依赖于总统需要支持的程度以及政治上对国会的动员。潜在的困境仍然是:它要求两院2/3以上同意票才能阻止总统的战争权,但同意总统发动战争却只需要"1/3加1"票。《战争权力法》作为分权政体内立法权与行政权关系的一个框架,具有在发生危机时促进部门间的沟通以及协商的功能,但是批评者认为这是多余的。经验表明,足以使战争获得合法性所需的共同舆论很少依赖于正式机制,更多情况下依赖于国会与总统之间的礼让(*comity)和政治意愿。

参考文献 John Hart Ely, *War and Responsibility* (1993). Louis Fisher, *Constitutional Conflicts between Congress and the President*, 4th ed (1997). Richard F.

---

① 另请参见 Presidential Emergency Powers。

Grimmet, *The War Powers Resolution* (2001). Gordon Silverstein, *Imbalance of Powers* (1997).

[J. Woodford Howard, Jr. 撰;蒋专平、胡海容译;胡智强、林全玲校]

沃伦,查尔斯[Warren, Charles]①

(1868年3月9日生于马萨诸塞州波士顿,1954年8月16日卒于华盛顿特区)律师,美国宪法和宪法史权威。沃伦毕业于哈佛法学院,"一战"期间任司法部部长的助手。在这一职位上,他帮助起草了《1917年间谍法》(Espinage Act of 1917)和《1917年对敌贸易法》(Trading With the Enemy Act of 1917)(参见 Espionage Acts)。他在职业生涯中始终保持着对国际法的兴趣。

沃伦历久弥珍的贡献与他作为一个历史学家的身份是分不开的。他的三卷本著作《美国历史中的联邦最高法院》(*The Supreme Court in the History of the United States*)(1922)在1923年获得了普利策历史学奖,这就确立了他在联邦最高法院研究上的杰出权威地位。作为强硬的国家主义者和保守派,沃伦反对查尔斯·比尔德(Charles *Beard)对宪法形成的经济解释及其对联邦最高法院的批评分析。但是他同意比尔德的如下观点:司法审查(*Judicial review)是众所周知的,它于1787年成为法院的功能之一也是正常的,以致联邦宪法缔造者视其为当然。沃伦在《国会、宪法和联邦最高法院》(*Congress, the Constitution, and the Supreme Court*)(1925)中认为,国会本身不受法官们强加的宪法性限制。在"伊利铁路公司诉普金斯案"(*Erie Railroad Co. v. Tompkins*)(1938)中,沃伦的亲密朋友大法官路易斯·布兰代斯(Louis *Brandeis)引用沃伦在1923年发表的关于《1789年司法法》(*Judiciary Act of 1789*)的一篇论文作为判决根据,该案推翻了近一个世纪以来以"斯威夫特诉泰森案"(*Swift v. Tyson*)(1842)为根据的判决。

[Kermit L. Hall 撰;蒋专平译;胡智强校]

沃伦,厄尔[Warren, Earl]

(1891年3月19日生于加利福尼亚州洛杉矶,1974年7月9日卒于华盛顿特区,葬于阿灵顿国家公墓)1953—1969年任首席大法官。厄尔·沃伦任首席大法官时期是美国民族历史中最动乱的时期之一,在此期间,联邦最高法院建立了关于民权(*civil rights)、公民自由(*civil liberties)和政治制度的本质的新原则。

沃伦出生于洛杉矶,但在贝克斯菲尔德(Bakersfield)长大,父亲是南太平洋铁路公司的铁路车修理工人。那时,贝克斯菲尔德是一个简陋的边缘小镇,酒馆和妓院比比皆是。在他的《回忆录》

Earl Warren

(Memoirs)(1977)中,沃伦回忆到他目睹了"腐败政府支持的各种犯罪和邪恶"(p.31),这在他脑海中留下了不可磨灭的印象。在铁路上的夏季工作也使他了解了工人以及他们存在的问题,还了解到那时在西海岸猖獗的反亚裔种族主义。

沃伦在加利福尼亚大学法学院学习,第一次世界大战期间曾在军队短期服役,接着进入阿拉梅达县的地区检察官办公室,原以为只会是一个短期停留,不料他在那里待了18年,做了13年的地区检察官。在此期间,沃伦是一个能干、强硬的检察官。但是他对犯罪嫌疑人的权利敏感,他亲自参与斗争以便确保穷人获得政府指派的免费律师。1931年的一次调查显示,厄尔·沃伦是美国最好的地区检察官,这一事实经常被批评者所忽视,他们认为,沃伦几乎没有审判经验且对罪犯"软弱"。

1938年,沃伦成功地竞选为加利福尼亚州司法部长,他在这个职位上待到1942年被选为州长时。作为司法部长期间,沃伦使这一职位适应了现代化的需要,但为人们记住的主要是他在要求日本人从西海岸撤离时所发挥的作用。终其一生,沃伦都认

---

① 另请参见 History, Court Uses of。

为在当时那样做是正确和必要的,直到在死后出版的回忆录中,他才承认那是一次错误(参见 World War Ⅱ)。

作为受人欢迎的任期三届的州长,沃伦似乎在向一些国家职位迈进。1948年,他作为共和党副总统候选人同汤普森·杜威(Thomas Dewey)参加竞选,在1952年确保对德怀特·艾森豪威尔(Dwight Eisenhower)的提名中,他发挥着关键作用。因此,艾森豪威尔许诺首先任命他到联邦最高法院。实际上,当1953年9月8日首席大法官弗里德·文森(Fred *Vinson)意外去世时,沃伦已经接受邀请成为首席政府律师。尽管艾森豪威尔似乎不太愿意提名沃伦来领导联邦最高法院,但是这位加利福尼亚人向司法部长赫伯特·布朗提起了早期的承诺。

尽管一些人对沃伦作为首席大法官(*Chief Justice)的能力或水平提出疑问,但是他的记录显示了他在管理制度技巧方面的稳健本性。在完成被首席大法官威廉·霍华德·塔夫脱(William Howard Taft)称为"凝聚联邦最高法院"的使命过程中,沃伦表现得游刃有余。由于不熟悉联邦最高法院的程序,沃伦要求年纪最大的大法官胡果·布莱克(Hugo *Black)主持会议,直到他能够熟悉他的职责、任务,这仅花费了几周的时间。他的政治经历也是无价之宝。他接管的是一个严重分立的联邦最高法院,一派为胡果·布莱克和威廉·奥维尔·道格拉斯(William O. *Douglas)领导的司法激进者,另一派为费利克斯·法兰克福特(Felix *Frankfurter)和罗伯特·H. 杰克逊(Robert H. *Jackson)领导的司法自治的强硬支持者(参见 Judical Activism; Judical Self-Restraint)。在四位杜鲁门任命的法官中,仅汤姆·克拉克(Tom *Clark)才思敏锐。在很短的时间内,沃伦已经把自己确立为联邦最高法院的领导人,根据波特·斯图尔特(Potter *Stewart)的说法,他是"一位任何人都尊敬且任何人都受其影响的天生领导人"(Schwartz, p. 31)。

在1953年10月的开庭期开始之时,联邦最高法院面临历史上最重要的问题之一,即种族隔离的合宪性。起诉学校隔离的案件已经在先前的开庭期进行了辩论,然后开始就对联邦宪法第十四修正案(the *Fourteenth Amendment)平等保护条款(the *Equal Protection Clause)的具体适用问题要求律师再次进行辩论。联邦最高法院的大法官们观点分歧;甚至反对种族隔离的人也怀疑联邦是否有权根据联邦宪法把它撤销。沃伦不得不小心处理,在1954年1月国会开会以前,对他的任命仅是临时性的;只有到开会之时,强硬的南方成员组成的参议院司法委员(*Senate Judiciary Committee)才会正式批准他。

在"布朗诉教育理事会案"(*Brown v. Board of Education)(1954)中,沃伦展现了赢得这个国家历史上最伟大的首席大法官之一这一荣誉的所有技巧。他个人很快对这一问题下定决心,在口头辩论前的第一次会议上,他宣布任何人不能支持种族隔离,除非他认为黑人劣于白人,沃伦并不接受这个前提。但是他也承认这个问题的政治易变性,联邦最高法院怎样构建意见与判决支持什么同等重要。

在整个冬天和1953—1954年的早春,沃伦让法官们提出问题并对各种选择展开辩论,这就让问题公开化了。除斯坦利·福曼·里德(Stanley Forman *Reed)以外,所有联邦最高法院成员逐渐开始同意撤销"普勒西诉弗格森案"(*Plessy v. Ferguson)(1896),面对这种情形里德(*Reed)也同意了。然后沃伦传达了他的意见草案,该草案对违反平等保护条款的种族隔离与对此情形进行救济将在未来予以决定的原则进行了仔细区分(参见 Race and Racism)。他想给南方各州机会去消化种族隔离将要结束的事实,给予温和主义者一个机会去平息判决将要产生的不可避免的愤怒,然后邀请南部各州一起设计一个稳健的法规来实施这一判决。

布朗案的判决在1954年5月7日宣布,该判决裁定种族隔离违背宪法,从而在20世纪50年代和20世纪60年代引发了大规模的民权革命(*civil rights revolution)。除了直接判决,布朗案也被视为联邦最高法院在美国人生活角色中的重要转变,在前一个世纪,联邦最高法院的主要争议是关于财产权利(*property rights)的经济问题,在保护财产方面,联邦最高法院大部分是告诉国会和各州他们不能实施某一特定行动。

自"二战"以来,联邦最高法院争议的主要问题已经集中于个人权利。在保护和扩大这些权利方面,联邦最高法院经常告诉各州和国会必须改变其惯例,在将来他们不得不采取同过去不同的行动。联邦最高法院不再是立法的障碍,在控制程序中变为一个主动参加者,这是沃伦联邦最高法院的"激进主义",当然也使一些保守主义者不安。无论何时,沃伦都把个人权利保护和实施作为法院的正当职责,他从不把司法视为消极或稍微劣于其他国家机构的角色。

在布朗案中,沃伦的判决意见因缺乏严格的宪法分析而受到批评,这也是沃伦的真实写照。沃伦从不声称具有伟大的法律思想,但他相信常识、公正和公平比琐细而无益的原则分析更为重要。在布朗案中,关键的裁决并不是以先例,甚至不以联邦宪法第十四修正案为基础,而是以种族主义隔离设施是不平等的,从来也不平等,而且使非裔美国儿童受到了伤害这一信念为基础的。沃伦把自己的结论建立在当代的社会观念而不是原则上,这样的论证为批评者所诟病。

正如一位沃伦的传记作家所写的那样,沃伦致力于将对正义的追寻融入宪法解释当中,他将诸如平等保护和程序正义的条款用作支持当代日益增强的人权呼声的宪法工具。因此布朗案预演了沃伦联邦最高法院的"激进主义",对社会正义的追求和保护个人权利并防备国家权力。当然这个判例没有立即改变联邦最高法院;几个开庭期之后,沃伦法院以社会正义的激进主义追求者的形象出现。

并非所有的联邦最高法院的成员都认同这种方式,费利克斯·法兰克福特(Felix *Frankfurter)很积极地反对任何背离严格的"司法自治"的做法。尽管法兰克福特在种族隔离案件中支持了沃伦,但是他和这位首席大法官很快分道扬镳。法兰克福特认为,沃伦仅仅是一个在法律原则和明确法院地位的方面都需要他的指导的政客。但是,沃伦是一位成功的地区检察官、州检察长和州长,他试图对法兰克福特礼貌,但是,这位首席大法官很快对来自同事不断的语言攻击显得不耐烦,卖弄学问的法兰克福特触怒他的情形屡屡出现。

联邦最高法院的两名成员布莱克和道格拉斯已经转向沃伦所采取的立场,即联邦宪法赋予联邦最高法院救济有背公平事件的充分权力。威廉·J.布伦南(William J. *Brennan, Jr.)同他们两人相处得好,这位在1956年由艾森豪威尔任命到联邦最高法院的大法官成为沃伦最亲密的知己和主要盟友。在很多情况下,布伦南成为沃伦的理论家和技术专家,制定了贯彻沃伦战略的司法观点。法兰克福特也喜欢曾为他学生的布伦南进入联邦最高法院,但是很快对他的变化感到失望,特别是自从布伦南能够很好地解析宪法观点以来,这点与沃伦不同。不久布伦南和沃伦开始了在会议之前碰头的惯例以便提出司法观点和政治策略。

由于在1958年思想开放的波特·斯图尔特和1962年众所周知的自由主义者阿瑟·戈德堡(Arthur *Goldberg)被任命,沃伦领导的激进主义者处于支配地位,不久,法兰克福特和保守派树起的障碍开始坍塌。一系列关键的案件涉及对州议会按比例分配提出异议的可诉性。1946年,法兰克福特宣布那是一个"政治问题"(*Political Questions),并且告诫远离"政治丛林"(*Political Thicket)。

1962年,通过布伦南在"贝克诉卡尔案"(*Baker v. Carr)中所起草的多数法官意见,联邦最高法院判定自己具有司法管辖权,两年后首席大法官沃伦在一系列案件中提出联邦最高法院的判决。集中起来,判决要求以一人一票的标准为基础对全国州议会按比例分配方案进行一次彻底的检查(参见 Reapportionment Cases)。与大法官约翰·M.哈伦(John M. *Harlan)的异议——联邦最高法院对历史和先例置之不理——相对应,沃伦清楚地表明联邦宪法授予了民主和正义,"是公民,而不是历史和经济利益在投票"。他在"雷诺兹诉西姆斯案"(*Reynolds v. Sims)(1964)中宣布,"是人民,不是土地、树木和牧场在选举"(p.579)。

对民主程序、正义和个人自由的诉求为厄尔·沃伦的法理核心,也是其弱点。他认为:在联邦宪法和《权利法案》(*Bill of Rights)中,不论是在政治权利的主张,还是在不受欢迎的意见表述,或是在防止通过刑事诉讼对嫌犯进行报复行为方面,建国者们已经建立了防备多数主义以保护个人的规则。多数的意愿本身表现在国会法律和行政机构行动中;反之,联邦最高法院已经承担保证选举的国家机构不能残暴地对待个人自由的批评性角色。当州长奥维尔·法比尔斯对联邦最高法院限制各州的联邦宪法解释权提出异议时,"库珀诉阿伦案"(*Cooper v. Aaron)(1958)中沃伦以布伦南的意见为后盾团结了联邦最高法院,这份联邦最高法院历史上最有力的声明,维护了联邦最高法院在决定宪法意义上的最终裁断者角色。

如果人们在自由言论、政教分离、按人口比例分配议席制度、种族歧视或刑事程序上观察联邦最高法院的成绩,以基本上同样的问题考量沃伦和他的联邦最高法院,这公平吗?这是在保护个人,特别是持不太受人欢迎观点的个人吗?这是否把本不属于州的权力强加给它?沃伦并不是反对政府或反对法律的实施,但他认为宪法禁止国家针对个人的不公平行为,这可以在涉及刑事程序的两个判例中清楚地看到。1963年,就州检察长的一般批准权,联邦最高法院在"吉迪恩诉温赖特案"(*Gideon v. Wainwright)的里程碑式判决中,将联邦宪法第六修正案(the *Sixth Amendment)所赋予每个嫌疑犯的辩护权扩大到了州的范围。3年后,在其任期所有判决中最受批评的判决之一中,沃伦试图确立控制警察程序的明确规则。在"米兰达诉亚利桑那州案"(*Miranda v. Arizona)中,他的意见认为,被指控犯罪的个人至少享有被告知他或她的权利(参见 Counsel, Right to)。沃伦认为——且经验主义研究已经证明,米兰达权利告知并未阻碍警务工作效率,它们仅仅是同时保证国家和个人能够得到平等对待的预防措施。

沃伦也未因支持激进主义团体对联邦宪法新的大胆理解而烦恼,如在"格里斯沃尔德诉康涅狄格州案"(*Griswold v. Connecticut)(1965)这一里程碑的案例中主张的隐私权(*privacy)。

由于对司法激进主义和对《权利法案》的宽泛解释,沃伦遭受持保守观点的保守派批评并不出乎预料,但在1963年,他接受约翰·肯尼迪谋杀调查专门委员会主席职务时,甚至他的一些支持者也对他的判决提出质疑(参见 Extrajudical Activitie),这位首席大法官不愿意接受这一任务,他认为,司法外活动容易削弱联邦最高法院的作用,违背了分权(*separation of powers)原则。但是,他发现自己难于抗拒林登·约翰逊的游说和总统对沃伦爱国主义的感召力,尽管沃伦没有主动参与委员会的工作,但他时刻关注工作的进展并参与了最终报告的撰写。

正如学者们所指出的那样,参与此次调查对于沃伦并非是美好的经历。他正直和正义的本性,同他对这一报告的政治意义认识和使这一报告获得一致认可的愿望(基于与布朗案相似的理由)发生了冲突,直到现在,专门委员会和它的报告受到来自一个个团体的不断批评,无疑像沃伦这样正直的人不会参与掩盖真相,证据的确表明:即使专门委员会的最终裁定是正确的,它也不能得到联邦调查局和中央情报局的重要文件。沃伦本应该遵照自己最初的本性拒绝这一任务。

1968年6月,沃伦到白宫向总统告知他退休的打算,直到他的继任者已经被批准他才公开这一日期,约翰逊提名与沃伦观点几乎一致的阿贝·福塔斯(Abe *Fortas),但是1968年共和党人已经觉察到胜利在望,他们拒绝给予约翰逊提名下位首席大法官的机会,那时又遇到了对福塔斯财务渎职的指控,10月福塔斯要求约翰逊收回这一任命,沃伦同意继续留任到下位总统——他政治上的老对手理查德·尼克松(Richard *Nixon)——对其继任者的提名。

在最后任职期间,沃伦主持的最高法院仍有许多涉及公民权的判决发布。沃伦的告别词是在1969年6月16日"鲍威尔诉麦科马克案"(*Powell v. McCormack)中作出的,这位首席大法官裁定:众议院拒绝来自哈莱姆(Harlem,一黑人聚居区——校者注)的浮夸的黑人议员——小亚当·克莱顿·鲍威尔(Adam Clayton Powell, Jr.)席位属于越权,尽管"文本上可表明的宪法许诺"赋予两院裁断其成员资格的权力,但是沃伦从狭义上理解这一条款,他宣布:"宪法未赋予国会权力,把符合宪法明确规定的所有成员资格条件,且由选民经正当选举产生的任何人排除于国会之外。"他认为任何其他的规则都将剥夺人民选举自己代表的权利(p.522)。

鲍威尔案的判决意见,同按人口比例分配议席系列案判例一样,重申了沃伦的民主程序信念,也同他在库珀案中帮助起草的法官意见一样,再次维护了联邦最高法院在宪法解释上的最高权力。一周后,他辞去第16任首席大法官职务,在退休期间,他撰写他的回忆录(该书几乎没有谈及在联邦最高法院期间的事),他反对建立一个新的中级上诉法院以缩小联邦最高法院司法管辖权的提议,认为这一建议目的在于把联邦最高法院救济非正义的能力缩小到最小,他坚持一个相当积极的日程安排直到1974年初他开始患心肌梗塞,也正是那年的7月9日他因此病而逝世。

关于沃伦的评价,现在学者们有一个普遍观点:在法学上,他不可同布兰代斯(Louis *Brandeis)、布莱克,甚至法兰克福特相提并论,这位首席大法官的意见常常并不清晰,很少涉及复杂或精深的法律分析。沃伦的力量来自这一信念:联邦宪法体现在联邦最高法院有权清楚表达的一些自然权利之中,保护个人自由和保证正义实现是联邦法院的责任和行动依据。

保守派不予赞同而主张限制司法行为的观点,然而沃伦的思想在一些美国人思想中引起了共鸣,这一事实仍在继续。沃伦退休后不久,耶鲁大学约瑟夫·毕晓普(Joseph Bishop)认为,没有什么能够使联邦最高法院在种族关系和刑事程序的主要判决中"合乎包括许多口头政治家在内的一大群人的胃口……但是在这些领域我的判断是……:(1)联邦最高法院是正确的;(2)大多数人认为这是正确的[M. I. 尤罗弗斯科:《自由的进程》(M. I. Urofsky, A March of Liberty, 1987), p. 852]。这种把法律作为道德的观念常被嘲笑为落伍,但是在沃伦手里,这种观念在形成公共政策时仍是一个有力的工具。

参考文献 Jack Harrison Pollack, *Earl Warren: The Judge Who Changed America* (1979); Bernald Schwartz, *Super Chief: Earl Warren and His Supreme Court-A Judicial Biography* (1983); Earl Warren,. *The Memoris of Earl Warren* (1977); John D. Weaver, *Warren: The Man, The Court, the Era* (1967); G. Edward White, *Earl Warren: A Public Life* (1982).

[Melvin I. Urofsky 撰;蒋专平、许明月译;胡智强校]

战时没收权[Wartime Seizure Power]①

涉及战争期间(time of war)合众国政府没收敌国侨民和公民财产(the property of enemy aliens and citizens)的权力。国会通过有关没收立法的权力来源于联邦宪法第1条第8款第11项,该条赋予国会"宣战"和"制定关于陆上和水上捕获的条例"的权力。

国会批准没收合众国内的敌人财产的权力早获认可,南北战争(the *Civil War)期间,国会颁布没收南部邦联支持者财产的两个法令。在"斯托尔诉华莱士案"(Stoehr v. Wallace)(1921)中,联邦最高法院根据《1917年对敌贸易法》(Trading With the Enemy Act of 1917)支持对一家德国公司财产的没收。联邦最高法院确认了该法关于敌侨财产的政府产权决定权的行政决定机制,并特别裁定:不需要对"敌方地位"的预先司法裁定。

没收在合众国的德国财产发生在第二次世界大战(*World War Ⅱ),当时国会通过了第一部战争权

---

① 另请参见 War Powers。

力法(1941)。在"西里西亚—美国人公司诉达克案"(Silesian-American Corp. v. Dark)(1947)中,联邦最高法院宣布:"毫无疑问,为了成功地开展战争,合众国可以没收敌人财产"(p.475)。在后来的"尤贝西·费尼斯·科尔普诉麦格拉思案"(Uebersee Finanz-Korp. v. McGrath)(1952)中,联邦最高法院认定:在未证实或断定财产的现实使用是从经济上支持针对合众国的战争的情况下,政府可以拿走合众国内的外国人财产。

政府也曾在战时临时没收过本国的财产。在国内战争初期,亚拉伯罕·林肯(Abraham *Lincoln)总统在没有事前立法授权的情况下,命令没收华盛顿特区和马里兰州安纳波利斯之间的铁路和电报线路,以恢复已经由南部各州同情者所中断的首都和北部各州之间的通讯,这些同情者毁坏了铁路和电报设施。这次没收后来由《1862年铁路和电报法》(Railroad and Telegragh Act of 1862)认可。联邦最高法院在"米勒诉合众国案"(Miller v. United States)(1871)中确认这些没收合宪。

第一次世界大战(*World War Ⅰ)期间,国会通过《1916年军队征收法》(Army Appropriations Act of 1916)授权没收国内运输系统,同时,通过《国家防卫法》(The National Defense Act)没收可以(或用于)制造战时必需装备的工厂。依据这些授权,国家没收了铁路、电报线路和各种各样的未能履行与政府间合同的公司。

第二次世界大战(*World War Ⅱ)期间,国内没收的范围大幅延伸。为了应付劳工争议,大约有60个工厂或其他设施被没收,1941年12月7日日本偷袭珍珠港之前的几起没收也包括在内。这些行为以第一次世界大战所认可的没收法令、总统的一般权力(参见 Inherent Powers)或新的没收法为根据。这些新法包括《1940年遴选训练和兵役法》(Selective Training and Service Act of 1940),该法授权总统对任何供应军需品或易转化为制造军需品的工厂,在其所有者拒绝考虑政府定购或拒绝供货时直接没收。另一重要的立法是《1943年战争劳工争议法》(War Labor Dispute Act of 1943),该法授权总统在发生劳工争议而中断生产的情况下,对生产战争必需商品或对战争有用品的设施直接予以占有。

对战争期间征收国内财产的总统权力予以限制的主要判例是"扬格斯通钢板与管道公司诉苏耶尔案"(*Youngstown Sheet & Tube Co. v. Sawyer)(1952),在该案中,联邦最高法院撤销了朝鲜战争期间哈里·杜鲁门总统没收钢铁厂的命令(参见 Presidenyial Emergency Powers)。多数意见认为,国会已经专门建立了没收机制——据此要求遵守一定的程序,而杜鲁门总统并未遵守,并有权拒绝进一步扩大行政机关的权力。在这种情形下,联邦最高法院裁定不存在一般的总统征收权。

尽管扬格斯通案作为法律仍然有效,但限制总统权力的精神通常并不占优势。在"达姆斯与穆尔诉里甘案"(*Dames & Moore v. Regan)(1981)中,联邦最高法院支持吉米·卡特总统中止美国人对伊朗债务清偿主张的行政命令,在法律根本未明确授权的情况下,授权总统采取涉及财产的行动。

[Thomas O. Sargentich 撰;蒋专平译;胡智强校]

华盛顿,布什罗德[Washington,Bushrod]

[1762年6月5日生于弗吉尼亚州,1829年11月26日卒于费城,葬于弗吉尼亚弗农山(Vernon)墓地]1798—1829任大法官。布什罗德·华盛顿出生于弗吉尼亚州名门望族,他是乔治·华盛顿(George *Washington)所钟爱的侄子,最终他继承了弗农山,成为叔叔财产的遗产执行人。这些财产包括乔治·华盛顿自己的公共和私人文件,而这些文件曾出借给首席大法官约翰·马歇尔(John *Marshal)以助其撰写著名的《华盛顿的一生》(Life of George Washington)。

Bushrod Washington

1778年布什罗德毕业于威廉和玛丽学院,跟从乔治·威思(George Wythe)学习法律。在1781年他参加了大陆军。在革命战争结束后他回到弗吉尼亚州,1784年被获准执业。作为一个开业律师他因工作勤奋和丰富的法律知识赢得了人们尊敬。后来他进入政界,被选为弗吉尼亚州制宪会议的代表,并且支持接受合众国宪法。18世纪90年代他支持联邦党,1798年约翰·亚当斯任命他为美国联邦最高法院大法官。

虽然曾在联邦最高法院供职31年,华盛顿并未因留下任何重要的判决而闻名。相反,他倾向于赞同约翰·马歇尔和约瑟夫·斯托里(Joseph *Story)的意见,增加联邦政府的权力,保护私人财产权(private *property)并鼓励经济发展。实际上他同马歇尔的联系很紧密,联邦最高法院的一位大法官评论他们"通常被认为是一个大法官"。

在巡回办案(*circuit riding),特别是在对政治性指控进行司法审判时,华盛顿的实力表现在忍耐、策略和公正上。例如,他设法实施了《1798年煽动罪法》(The *Sedition Act of 1798)而没有激起强烈的党派情绪,而这曾使得塞缪尔·蔡斯(Samue *Chase)和威廉·佩特森(William *Paterson)备受争议。华盛顿也主审了重要的叛国案——"合众国诉布莱特案"(United States v. Bright)(1809)。该案涉及迈克尔·布莱特,一位宾夕法尼亚州民兵准将,他被正式任命去阻止联邦最高法院在"合众国诉彼得斯案"(United States v. Peters)(1809)中作出的判决的执行。当詹姆斯·麦迪逊(James *Madison)总统威胁使用武力时,宾夕法尼亚州让步了,布莱特和一些其他官员被拘捕、定罪和判处罚金。审判在巨大的政治压力中进行,但是华盛顿在整个案件中既维持了秩序,同时也支持了联邦政府的权力。在对布莱特判决时,华盛顿提出警告:州绝对无权"动用武力抵制联邦法院判决的执行"。麦迪逊总统满意联邦政府的权威得到了维护,于是他以人道主义为由赦免了这些官员。

华盛顿留下来的另一重要巡回法庭判决是"戈尔登诉普林斯案"(Golden v. Prince)(1814),他裁定通过破产法的权力专属于联邦政府。他在"奥格登诉桑德斯案"(*Ogden v. Saunders)(1827)中抛弃了这一观点,这也是他少数几次同马歇尔观点相左中的一次。其他两个记录在案的联邦最高法院判决是"达特茅斯学院诉伍德沃德案"(*Dartmouth College v. Woodward)(1819)和"格林诉比德尔案"(*Green v. Biddle)(1823),前一案中他的并存意见试图限制多数意见过于广泛的含义,在后一案中他作出了最终证明是不可能执行的判决,该判决宣布肯塔基州为保护财产实际管理人免于名义地主侵害而通过的一系列法律不合宪。

参考文献 Ablert P. Blaustein and Roy M. Mersky, "*Bushrod Washington*," In the Justices of the United States Supreme Court 1789-1969, edited by Leon Fridman and Fred L. Israel, Vol. 1(1969), pp. 243-257.

[Richard E. Ellis 撰;蒋专平译;胡智强校]

华盛顿,乔治[Washington, George][①]

[1732年2月22日生于弗吉尼亚州威斯特莫兰县(Westmoreland County)教皇湾(Pope's Creek),现为威克福德(Wakefield);1799年12月4日在弗吉尼亚的弗农山庄逝世]大陆军总司令,1789—1797任总统。华盛顿对联邦最高法院最不朽的遗产是他在大法官提名的选择标准中所确立的先例。在两届任期内,他对联邦法院进行了14次提名——这一记录现仍保持着,不可能被超越。

在华盛顿对联邦最高法院的14项提名中,仅有10人供职。参议院批准了12个,但罗伯特·哈里森(*Robert H. Harrison)和威廉·库欣(William Cushing)(作为首席大法官)谢绝了任命。华盛顿对任命约翰·拉特利奇(John *Rutledge)为首席大法官犹豫,但最终遭到拒绝。华盛顿撤回了他对威廉·佩特森(William Paterson)的选择但后来成功地任命了他。因此,14项提名涉及11个不同的人,任职于联邦最高法院的10人及其任命如下:约翰·杰伊(John *Jay)(首席大法官,1789—1795)、约翰·拉特利奇(1789—1791)、威廉·库欣(1789—1810)、詹姆斯·威尔逊(James *Wilson)(1789—1798)、小约翰·布莱尔(John *Blair, Jr.)(1789—1796)、詹姆斯·艾尔戴尔(James *Iredell)(1790—1799)、托马斯·约翰逊(*Thomas Johnson)(1791—1793)、威廉·佩特森(1793—1806)、塞缪尔·蔡斯(1796—1811)和奥利弗·埃尔斯沃思(Oliver *Ellsworth)(首席大法官,1796—1800)。

华盛顿对联邦最高法院大法官的提名标准也非常清晰。首先,他坚持被提名者必须是在政治和思想上与其意向相投的人。许多被华盛顿选入联邦最高法院的人已在独立革命期间通过杰出的贡献证明了他们对国家的忠诚。给华盛顿留下特别深刻印象的是托马斯·约翰逊在战争中的表现,在任马里兰州州长时组建了1800人的武装力量,并且亲自领着这支部队到这位大陆军总司令的司令部。再则,这位第一任总统坚持认为,未来的大法官必须对合众国新的宪法表示支持和拥护。实际上,除开3名(杰伊、库欣和艾尔戴尔)以外,由华盛顿任命到联邦最高法院的大法官都参加了制宪会议。这位首任行政长官也确立了仅从自己的政党——联邦党——内选择司法提名者的先例。

华盛顿对联邦最高法院职务的第二个标准是美德与才干。除了在独立战争期间具有的杰出贡献以外,被华盛顿提名的人必须显示"在同僚中受到称赞"。例如詹姆斯·威尔逊签署了《独立宣言》,对费城会议贡献了充分的才干,并且被认为是同时代

---

① 另请参见 History of the Court; Establishment of the Union; Selection of Justice。

杰出的律师和法学家。

第三，华盛顿常选择与他有联系的人出任大法官。例如小约翰·布莱尔是弗吉尼亚老乡，也是同华盛顿和詹姆斯·麦迪斯一起作为各自所在的州授权支持整部联邦宪法的唯一成员。

第四，这位美利坚的首位总统确立了根据代表性思路平衡全国最高法院的传统。尽管他的前辈已经将代表性的清单扩展到宗教派别、种族和性别，但华盛顿关注联邦最高法院组成在地理上的平衡。在任命詹姆斯·艾尔戴尔时，这位总统评论道："他来自于联盟中具有重要作用的一个州(北卡罗来纳州)，该州还未有任何人被授予联邦职位。"

最后，他寻求的被提名者常具有在州或地方的政治经验或者在低级别法院的审判经验。康涅狄格州的奥利弗·埃尔斯沃思就是一个例子，他之前曾是州法官和国会议员。

参考文献 Henry J. Abranham, *Justices and Presidents A Political History of Appointments of the Supeme Court*, rev. ed (1999)。Hery J. Abraham and Barbara A. Peter, "The Father of Our Country as Court-Packer-in-Chief: George Washington and the Supreme Court," in *George Washington and the Origins of the American Presidency*, edited by Mark J. Rozell, William D. Pederson, and Frank J. Williams(2000)。

[Barbara A. Perry 撰；蒋专平译；胡智强校]

华盛顿诉戴维斯案[Washington v. Davis, 426 U. S. 229(1976)]①

1976年3月1日辩论，1976年6月7日以7比2的结果作出判决；怀特代表联邦最高法院起草判决意见，布伦南和马歇尔反对。该案涉及证明存在不合宪的种族歧视的标准问题，特别是具有在种族方面具有不成比例的影响的法律与采纳种族歧视目的或动机的法律之间的区别。

该案源于1970年由非裔美国警察官员和未成功的申请者针对哥伦比亚特区都市警察局提起的起诉。该起诉声称，该局的提升和雇用政策存在种族歧视。被拒绝的申请者认为，该局运用的书面的人事考试(21测试)使非裔美国申请者不能通过的人数处于不恰当的高比例，这违反了联邦宪法第十五修正案(the *Fifteenth Amendment)正当程序条款(*Due Process Clause)的平等保护(*Equal Protection)以及联邦和哥伦亚特区的几个法令。

地区法院支持了警察局。判决在上诉法院被撤销。在审查21测试是否违宪法歧视非裔美国人时，上诉法院依据了联邦最高法院的一个较早的判决，即"格里格斯诉杜克电力公司案"(*Griggs v. Duke Power Co.)(1971)。该案发展了《1964年民权法》(the *Civil Rights Act of 1964)第七编对禁止就业歧视的解释标准，只要能举证证明有不成比例的影响就足以识别为存在可以反证推翻的违宪种族歧视情形。上诉法院采用了格里格斯案的标准，并裁定，因为4倍于白人的非裔美国人不能通过21测试，也因为不能表明该测试是对工作成绩的恰当量度，因此，它是违宪的。它认定21测试的使用因缺乏充分的正当性，因而是具有种族歧视影响的(参见 Disparate Impact)。

联邦最高法院推翻了上诉法院的判决，并裁决上诉法院错误地把适用于民权法第七编的标准运用于宪法中。它直截了当地拒绝将不成比例的影响诉求作为足以证明违宪的种族歧视情形存在的理由。相反，联邦最高法院认为，歧视的目的或动机必须是现实地违反宪法。联邦最高法院引用了在陪审团歧视、立法机构议席分配和学校隔离判例中的多项判决意见，表明其在作出支持违宪歧视的判决时总是要求证明存在种族歧视(*discriminatory)的动机或目的。因此，《1964年民权法》第七编对于非法种族歧视的定性方法不同于宪法的相应要求。

联邦最高法院也提出了这一问题：什么可看作是种族歧视目的或动机的证据。它认为种族歧视目的可以从相关事实的总体加以推断，这也包括不成比例的影响。在"马萨诸塞州人事管理员诉菲尼案"(*Personnel Administrator of Massachusetts v. Feeney)(1979)中，为了扭转民权当事人的不利局面，这种相对薄弱的测试标准已被显著增强。

针对21测试，联邦最高法院认为，同白人相比，更多的黑人没有通过测试的事实不能表明一审原告被拒绝给予平等保护。它裁定测试在表面上是中性的，并且与适当提高政府雇员交流能力的这一合法政府目的相关联。联邦最高法院注意到警察局在吸收黑人警官以及改变各类招收员工中种族构成方面作出的努力。综合这些情况来看，原告所诉的行为并非违宪。

在反对意见中，威廉·布伦南(William J. *Brennan)和瑟古德·马歇尔(Thurgood* Marshall)大法官认为，警察局不能证明21测试与一位警官的工作有充分的关联。

尽管该判例仍是有效的法律，但由于几个原因而受到批评。第一，联邦最高法院未对怎样证明歧视的目的或动机作出充分的提示。除开极少数明显基于人们的肤色进行歧视性对待或者管理的法律和政策之外，还有什么可以作为证据？第二，正如大法官约翰·保罗·史蒂文斯(John Paul* Stevens)在并存意见中所表明的那样，歧视目的和歧视影响两者之间的差异通常并不清晰。的确，若种族歧视影响

---

① 另请参见 Due Process, Substantive; Employment Discrimination;Race and Racism。

是种族歧视动机的证据,两个标准则是可以相互瓦解的。第三,正如人们常认为的那样,该判决忽视了这样的事实,即缺乏歧视目的或动机的立法和政策,也能依靠过去歧视的现存影响而产生相同的结果。例如,如果21测试的目的是歧视,4倍于白人的黑人未通过测试,它是违背宪法的;但若不存在这样的动机,但由于现在仍然可以感觉到的长期种族隔离的历史而导致了完全相同的结果,这样的行为却不会违宪。

[Gerald N. Rosenberg 撰;蒋专平译;胡智强校]

华盛顿州诉格卢克斯伯格案和瓦卡诉奎尔案 [Washington v. Glucksberg and Vacco v. Quill, 521 U.S. 702(1997);521 U.S. 793(1997)]

1997年1月8日辩论,1997年6月26日以9比0的表决结果作出判决;伦奎斯特大法官代表联邦最高法院起草判决意见,奥康纳持并存意见,金斯伯格和布雷耶对其部分表示赞同;史蒂文斯、苏特、金斯伯格以及布雷耶提交了并存意见。

随着美国人口的与日俱增,医疗技术的日益成熟,对于怎样结束生命以及什么时候结束生命的争议日渐增多。举例来说,密歇根州的杰克医生主持了几个备受关注的事件,他帮助身患严重疾病的人自杀。批评杰克医生的人主张,一旦这种做法变得普遍起来,那么将会贬低生命的价值,而同时也会让最脆弱的群体受到最大的伤害。与此同时,若干希望让安乐死合法化的团体希望以诉讼的方式认定禁止安乐死的州法违宪。例如,华盛顿州和纽约州的法律都规定帮助别人自杀将构成重罪,虽然这两个州也允许有行为能力人可以拒绝维持生命或者撤销维持生命的治疗方案。而且,在"克鲁赞诉密苏里州健康部部长案"(Cruzan v. Director, Missouri Department of Health)(1990)中,首席大法官威廉·哈布斯·伦奎斯特(William H. *Rehnquist)代表多数派撰写的判决意见就指出,个人可以拒绝或者终止接受医治,即使这种做法会导致死亡。

纽约州和华盛顿州的医生以及他们照顾的一些处于疾病晚期的病人一同提起诉讼,他们认为,法律禁止帮助自杀是违宪的。在纽约州,代表两个艾滋病患者的奎尔·蒂莫西医生主张,克鲁赞案中允许的用终止治疗来结束生命与在医生的帮助下用药物结束生命之间并没有区别。联邦第二巡回上诉法院裁决,就像"瓦卡诉奎尔案"(Vacco v. Quill)的结果一样,应支持原告的主张,因为州的法律禁止安乐死违反了联邦宪法第十四修正案(the *Fourteenth Amendment)中的平等保护条款(*Equal Protection Clause)。联邦最高法院分析道:一方面纽约州的法律允许有行为能力的晚期病人通过撤回维持生命治疗方案的方式提前结束自己的生命;另一方面法律却违宪地禁止那些处于相同境况的人通过医生的帮助服用超过剂量的药物的方式结束生命。

来自华盛顿州的"格卢克斯伯格诉华盛顿案"(Gluksberg v. Washington)却采取了不同的策略。原告主张,州的法律禁止帮助自杀违反了联邦宪法第十四修正案中的正当程序条款(*Due Process Clause)。联邦第九巡回上诉法院支持了原告的主张,并撤销了华盛顿州禁止帮助自杀的法律。该巡回上诉法院判决,每个人拥有决定死亡事件和方式的根本自由权利,这个利益受正当程序条款的保护。

联邦最高法院就这些案件单独发表了两份意见,但是从本质上而言,与处理这两个案件的方式如出一辙。首席大法官伦奎斯特在这两份意见中代表联邦最高法院发言,尽管每个案件联邦最高法院的法官们似乎都是全体一致的支持原告的主张,但是必须认识到,九个法官中只有五个法官同意绝对的禁止帮助自杀是可以接受的。伦奎斯特对以拒绝治疗的方式结束生命与帮助自杀的方式结束生命作了严格的区分。因此,在瓦卡案中首席大法官总结道,作为历史事实以及专业医疗实践,法律已经正确地将这两种方式区别对待。伦奎斯特也发现这些区别完全是合理的,因此,可以作为支持州的立法特权的处理的问题。他也注意到,政府对禁止帮助自杀有合法利益,因为不禁止这种做法可能会毁掉医生救死扶伤的职业形象,而会在那些易受伤害的人身上滥用,从而使得安乐死合法化。

伦奎斯特在裁决"格卢克斯伯格诉华盛顿案"(Gluckburg v. Washington)时态度甚至更强硬。他拒绝接受这样的主张:抽象的个人自治的观念,它类似于在"罗诉韦德案"(*Roe v. Wade)(1973)这一堕胎案的判决所描述的个人自治观念,可以对主张自杀或者帮助自杀的正当程序权利提供充足的理论基础。伦奎斯特明确表示,帮助自杀不是一个基本权利,因为这并非植根于国家的历史与传统。在华盛顿案中禁止帮助自杀的观点被接受,是因为它与许多重要的政府利益相关,包括保护医疗职业的正直性和道德性,保护那些易受伤害的人因为错误而受到伤害,并且重新确立生命的价值。

在并存意见中,大法官们看重的地方各有不同,但所有的意见都表明,帮助自杀问题并没有完全从联邦最高法院的进一步讨论的话题中排除出去。比如,桑德拉·戴·奥康纳法官(Sandra Day *O'Connor)认为,一个正在遭遇巨大痛苦而又有认知能力的人也许可以就其即将面对的死亡的环境作出设计安排。甚至是伦奎斯特大法官也提到,这两个案件的判决仍然留有继续争论的空间。然而,如果没有州首先制定法律允许帮助自杀,这两个判决就会使得以后的提起的违宪诉讼不可能成功。因为在这个法律的很多领域，伦奎斯特法官都已决定将它们交给州以及州立法程序来解决，而不是从联邦的层面施加一个强制性的司法解决方案。

[Kermit L. Hall 撰；胡海容译；林全玲校]

水门事件[Watergate Affair]

参见 Executive Privilege; Nixon, Richard; Nixon, United States v.

沃特金斯诉合众国案[Watkins v. United States, 354 U. S. 178(1957)]①

1957年3月7日辩论，1957年6月17日以6比1的表决结果作出判决。沃伦代表联邦最高法院起草判决意见，克拉克异议，伯顿和惠特克未参加。沃特金斯，一名工会官员，作为证人来到众议院反美活动委员会（the Un-American Activities Committee）的一个分委员。他愿意回答自身和他所知道的共产党其他成员的任何问题，但他拒绝回答关于可能过去是、但现在不再是该党成员的人的问题。

沃特金斯的藐视国会罪被撤销。虽然该判决的理论依据可能曾限于小组未能表明调查的主题或与调查问题的相关内容，但沃特金斯案对限制国会的调查权力(*Congressional Power of Investigation)和概括性的宪法原则的清晰表述有特别意义。国会的调查权并非是没有限制的，除非基于国会的职能而使其具有正当性；否则，它不享有暴露个人私人事务的权限；而致力于法律的执行并非国会的职能（它是一种执法职能），作为司法审判机构施行行为（司法职能）也不是；调查本身可能并不是结果，但它必须能够促进国会的法定职责。联邦最高法院认为，《权利法案》(*Bill of Rights)可适用于国会调查，民众对政府的工作享有知情权，但这并不意味着国会有权侵入个人的私生活。

[Milton R. Konvitz 撰；蒋专平、许明月译；胡智强校]

韦恩，詹姆斯·穆尔[Wayne, James Moore]

（1790年生于佐治亚州萨凡纳，1867年7月7日卒于华盛顿特区，葬于萨凡纳市劳雷尔·格罗夫公墓）1835—1867年大法官。詹姆斯·穆尔·韦恩是佐治亚州贵族理查德·韦恩和伊丽莎白·克里福德的儿子。他在东北部接受教育，是具有国家观念的当地政治人物，也是南北战争(*Civil War)期间支持联邦的奴隶主。

韦恩于1808年毕业于新泽西州学院——即后来的普林斯顿大学。他在康涅狄格州跟从纽黑文的查尔斯·强森（Charles Chauncey）法官学习法律，1810年他回到佐治亚州，一年后他进入法律界，开始律师执业。

虽然他没有看到军事行动，但在1812年战争期

James Moore Wayne

间韦恩中断了法律职业，而成为佐治亚州民兵的一名上尉。战争结束后，他再次开始律师执业，并且投入"逍遥派"的政治生活（peripatetic political career）。在1815年和1819年之间，韦恩成为一名立法机关成员，萨凡纳市政参事会成员，后来成为市长。1819年州议会选举他为萨凡纳普通诉讼法院的法官，在该法院处理轻罪和小额民事请求。1822年韦恩成为高等法院的法官。在1828年他被选入合众国众议院。作为安德鲁·杰克逊（Andrew *Jackson）总统的忠实支持者，他连续3次当选。在1834年，来自南卡罗来州的大法官威廉·约翰逊（William *Johnson）去世，杰克逊总统以约翰逊的空位奖赏了韦恩的忠诚。

大法官韦恩的特殊专长在海事法(*admiralty)，在这一领域他采纳了联邦扩张性权力的观点。在"韦林诉克拉克案"（waring v. clark）(1847)中，他裁定联邦海事权力延伸到潮汐流到的海面或其流进的港口和河流。

在商业条款判例中，韦恩一方面尊重州的治安权，但也时时留意其可能作出的越权行为。在"纽约州诉米尔恩案"(*New York v. Miln)(1837)中，韦恩在其提出并存意见的判决中强制船长有义务就可能成为政府救济对象的移民乘客报告，并为他们邮寄保证金。在"许可系列案"(*License Cases)(1847)中，韦恩提交了没有任何意见的并存意见，

---

① 另请参见 Communism and Cold War。

该案涉及就每一个载入的移民向船长征税；但在"乘客系列案"(*Passenger Cases)(1849)中，他提出了一个并存意见：商业权力专属于国会。在涉及地方领航法的"库利诉费城港监委员会案"(*Cooley v. Board of Wardens)(1852)中，他重申了联邦权力对跨州和外国商事具有专属性的观点，对本杰明·R. 柯蒂斯(Benjamin R. *Curtis)大法官的方案持异议，该方案承认州权力对本质上属于地方事务且不需要做到全国统一的这些方面的商业活动的管制。

作为一个南方人和奴隶主，韦恩大法官通常作出有利于奴隶利益的裁决（参见 Slvery）。同他的联邦权力至高无上性和扩张性观点相一致，在"艾布尔曼诉布思案"(*Ableman v. Booth)(1859)中，韦恩与他的8位同事作出了全院一致的判决，该案判决阻止了威斯康星州把州法院权力插入联邦法院与因违背联邦逃亡奴隶法而被逮捕的人之间的企图。同样，在"普里格诉宾夕法尼亚州案"(*Prigg v. Pennsylvania)(1842)中，韦恩就联邦对逃亡奴隶(fugitive slaves)问题具有专属权持并存意见。

正是在"斯科特诉桑福德案"(*Scott v. Sandford)(1857)中，韦恩大法官关于联邦权力对奴隶制问题具有扩张性的观点和他保留该制度的愿望之间的冲突体现在司法结果上。作为唯一一位对首席大法官罗杰·布鲁克·托尼(Roger Brooke *Taney)的意见持并存意见的大法官，韦恩坚定不移地同意这一观点：根据联邦宪法第十五修正案(the *Fifteenth Amendment)的正当程序条款，国会无权禁止奴隶制引入准州，也无权宣布使那些进入准州的奴隶自由（参见 Due Process, Substantive)。

不同于其他南方的联邦官员，包括亚拉巴马州的约翰·A. 坎贝尔(*John A. Campbell)大法官，韦恩在南北战争(the *Civil War)期间没有辞职加入南方。南部邦联污辱他是卖国贼，并且没收了他在佐治亚州的财产。韦恩在"战利品系列案"(the *prize cases)(1863)中投票支持亚伯拉罕·林肯(Abraham *Lincoln)总统宣布对战争期间的南部港口实行海军封锁。战后，他在"卡明斯诉密苏里州案"(*Cummings v. Missouri)(1967)和加兰单方诉讼案(Ex parte Garland)(1867)中，投票撤销了效忠宣誓(*test oaths)。

参考文献 Alexander A. Lawrence, *James Moore Wayne, Southern Unionist*(1943).

[Raymond T. Diamond 撰；蒋专平译；胡智强校]

网络与计算机的使用[Web and Computer Access]

联邦最高法院对信息技术的使用非常谨慎，这减缓了它使用日新月异的技术媒介向公众公开信息的步伐。在复印技术已经成为政府办公的主流长达十年之后，联邦最高法院才在1969年配备了第一台复印机。今天，它依靠自动化系统来处理日常事务，比如按名单发薪水和办公室管理。2000年联邦最高法院建了自己的网站，政府机构早在五年前就这么做了。尽管现在可以在万维网上浏览联邦最高法院，但是它仍然不愿意利用这些在今天的大多数人和公司看来理所当然的信息技术。

联邦最高法院的网站(www. supremecourtus. gov)由政府印务办公室管理。通过这个网站可以访问以下内容：详细审案日程信息，24小时更新一次；《美国案例汇编》中的条状判决和成卷的判决（从1991年的审判期起共有502卷）；通过美国律师协会安排的按照重要性编排的诉讼要点（从2003年的审判期开始）；日程安排、计划、律师界的准入、访问者的指南以及一般信息；口头辩论的文字记录副本（从2000年的审判期开始）。除了审案日程信息外，网站上的多数文件都是便携式文档格式（扩展名为 pdf）。这类文档格式将所有的印刷文件变成电子图像，以便浏览、导航、复印或者发送给别人。这种文件格式限制搜索及在文档之间进行超级链接，在进行法律研究时，这是一种明显的限制。尽管有这些限制，这个网站每天仍然吸引了大约7万名使用者。

从1955年10月3日开始，联邦最高法院使用开盘式录音系统对公开程序进行记录（参见 Tape Recording）。执行官办公室每年秋季将这些录音移交给国家档案馆以及马里兰州的马里兰大学的登记管理机构管理。磁带的使用仅限于教育、研究以及非商业的目的。在一个政治学家公开质疑这一政策后，联邦最高法院于1993年取消了磁带使用的限制。联邦最高法院威胁要提起民事诉讼，但是面对强大的公众力量以及难以取得反对公众获取信息的支持，最后只好放弃了诉讼。

1995年，借助 OYEZ 计划(www. oyez. org)开始可以通过网络访问联邦最高法院的辩论意见。今天，已经可以从该网站获取大约2500个小时的口头辩论和口头判决意见宣告，这些辩论来自经过挑选后的一些案件。在符合一般许可条款的情况下，许多辩论意见和口头宣告的意见可以用 MP3 格式下载。预计该计划于2008年完成时，联邦最高法院保存在国家档案馆的所有口头裁决都可以被允许通过 OYEZ 的网站访问、浏览以及下载。

尽管录音技术已经有了很大改观，但是联邦最高法院仍在使用50年前配置的录音系统。使用这么久的一个原因是这种方式保存的持久性和可靠性。模拟录音系统符合这种存档标准。最近联邦最高法院已经在试着将数字录音作为备用手段，部分原因是原有的录音系统随着时间的流逝效果不再那么理想。

联邦最高法院仅仅允许对成卷意见中的一部分

进行访问,其采用的格式对搜索和检索是没有用的。其他网站已经填补这项空缺。找法网(www.lawfind.com/casecode/supreme.html)提供此项访问以及对该网站搜集的 1893 年以来的联邦最高法院的判决意见的全搜索服务。1893 年以前的历史观点可以在康奈尔大学法学院法律信息机构的网站上获得(http://supct.law.cornel.edu/supct/case/historic.htm)。

公众接近联邦最高法院的审理程序的呼声不断高涨,这使得它在对待当日公布口头辩论意见的政策方面发生了显著的变化。在涉及 2000 年总统选举的案件["布什诉棕榈滩县选举委员会案和布什诉戈尔案"(Bush v. Palm Beach County Canassing Board and *Bush v. Gore)]中,联邦最高法院在得出辩论结论后便向新闻媒体公布了录音。当日公布的例外情形在 2002 年涉及积极行动方案的案件["格拉茨诉博林杰案"、"格鲁特诉博林杰案"(Gratz v. Bollinger, *Grutter v. Bollinger)]和竞选筹资案件["麦康奈尔诉联邦选举委员会案"(*McConnel v. Federal Election Commission)]中也多次出现。在 2003 年审期中,这种例外情况又在 4 个案件中出现。反对整体放开主要是因为没有一项限制原则可以绕过法庭内照相机的规则。在法庭内没有进行实时广播的技术障碍。下一步——法庭的实时录像,却遭到绝大多数现任法官的强烈反对。因此,只要法官们反对在法庭内录像,那么联邦最高法院就可能会继续现在的政策,延缓声音文件的传送。

在大多数人看来理所当然的标准信息技术,比如电子邮件和网络访问,直到 2004 年才为联邦最高法院的法官和职员们所用。2002 年年底的时候,联邦最高法院的网络接入只在几个独立的区域存在。然而,今天的法官和书记员们已经使用了电子邮件、万维网以及法律检索数据库,比如*LEXISNEXIS 和*WESTLAW。对安全的担心是解释这种发展状况的理由。今天,大法官们可以在远离联邦最高法院的地方,借助 VNP(虚拟的私人网络)开展工作,这也能解决安全性问题。

尽管可以说所有的书记员们已经能够接触和使用这些技术,但不是所有的大法官都能这样。有的大法官仍然固守他们的传统("铅笔俱乐部"的成员),有的大法官已经向他们的年轻同事们学会了操作计算机的技巧。

提交电子版的诉讼要点还没有被采用。联邦最高法院只在"布什诉戈尔案"(Bush v. Gore)中允许提交这样的文件,但要随之提交拷贝文件。对此进行的解释是实用的也是谨慎的。作为一个实践性的问题,联邦最高法院更愿意自己作为这个奢侈品的最后一个实施者。传统上,联邦最高法院会等待低级别联邦法院(*Lower Federal Courts)提出新的技术信息的想法,然后再利用这种知识和经验。出于谨慎的考虑,提交电子版将会降低上诉的成本(减少印刷和投递费用),或许还会鼓励上诉。

尽管通过电子邮件可以与书记员办公室和公共信息办公室进行交流,但是大法官和书记员的地址是不公开的。联邦最高法院仍然固守使其与其他政府部门相分离的传统。法庭甚至还固守以前使用痰盂和羽毛笔时代的传统。联邦最高法院里仍然依靠现在看来已显得很奇怪的通过每天 24 小时等候呼叫的电话接线员使用电话。这样看来,联邦最高法院在与公众共享信息并进行交流方面的缓慢动作进行也就不足为奇了。在已经进入信息技术时代的今天,联邦最高法院宁愿追随其后而不愿领先一步。

参考文献 United States House Of Representatives, Committee On Appropriations, Subcommittee of the Departments of Commerce, Justice and State, the Judiciary, and Related Agencies(FY2003). "Listening in on the High Court," *Washington Post*, 19 August 2003, Editorial, p. A18. Roy M. Mersky and H. Kumar Percy, "The Supreme Court Enters the Internet Age: The Court and Technology," *Texas Bar Journal* 63(2000):569.

[Jerry Goldman 撰;胡海容译;林全玲校]

韦伯斯特,丹尼尔[Webster, Daniel]

(1782 年 1 月 18 日生于新罕布什尔州索尔兹伯里,1852 年 10 月 24 日卒于马萨诸塞州马歇菲尔德)律师和政治家。在 15 岁时,丹尼尔·韦伯斯特离开家里的农场进入达特茅斯学院学习,毕业后他教过书,学习法律后开始执业。从 1805 年起他在新罕布什尔州执业,1816 年他移居波士顿,寻求更多的职业机会。

韦伯斯特具有政治和法律的非凡经历。他是一个保守的国家主义者和联邦主义的辉格党党员,任过众议员(1813—1817 从新罕布什尔州,1823—1827 从马萨诸塞州),参议员(1827—1841,1845—1850)和国务卿(1841—1843,1850—1852)。他信奉推动经济增长和保护联邦的政策,但是地区主义和奴隶制削弱了这些目的,也使他无缘总统职位。作为律师,他依靠的是政治阅历,特别是在有关宪法的问题上。

韦伯斯特在联邦法院共进行了 249 个案件的辩论,作出了很多雄辩的论述。在"吉本斯诉奥格登案"(*Gibbons v. Ogden)(1824)中,他支持扩大国会的商业权力(*Commerce Power)。在"达特茅斯学院诉伍德沃德案"(*Dartmouth College v. Woodward)(1819)中,他以社团特许状属于联邦宪法的契约条款(*Contract Clause)(第 1 条第 10 款)的范围为由为母校辩护以反对州的管制。在 1835 年以前,他常在马歇尔法院胜诉,但他在托尼法院很少这样,因为后者转向了扩大州权力,缩小了对"既得权利"(*Vested Rights)的司法保护。在"查尔斯河桥梁公司诉沃伦桥梁公司案"(*Charles River Bridge v. Warren Bridge)(1837)中,首席大法官罗杰·布鲁克·托尼(Roger Brooke *Taney)驳回了韦伯斯特提出的公司特许状中存在默示垄断的主张。

[Maurice Baxter 撰;蒋专平译;胡智强校]

韦伯斯特诉生殖健康服务部案[Webster v. Reproductive Health Services, 492 U. S. 490 (1989)]①

1989年4月29日辩论,1989年7月3日以5比4的表决结果作出判决;伦奎斯特代表多数起草判决意见,斯卡利亚和奥康纳持并存意见,布莱克蒙、布坎南、马歇尔、史蒂文森反对。韦伯斯特案支持对堕胎(*Abortion)有效性予以各种限制,但是更为有意义的是,该判决被就堕胎进行政治论战的各党派视为联邦最高法院实际上愿意接受比以前更严格的管制的信号。因此,利益集团,特别是那些支持堕胎权的人,开始在国家立法和选举战役中动员更有力的政治行动。

韦伯斯特案涉及密苏里州对堕胎的几个限制。涉案立法的序言表明,生命开始于受孕,联邦最高法院多数人认为这一表述不具有操作意义的法律效果,因而并不与"罗诉韦德案"(*Roe v. Wade)(1973)的声明——州不可采用有关人的生命何时开始的特别理论——相冲突。另一条款阻止为堕胎使用州财产,因而,在该州没有任何一家公立医院实施堕胎,即便病人自身支付费用。若从广义上理解,这一条款可能阻止从该州租借土地的私人医院实施堕胎。联邦最高法院中的多数意见并未就从广义上理解该条款是否合乎宪法作出判决,而认定该条款适用的核心情形不能与禁止为堕胎提供公共资金两者间进行区别,后者的合宪性已在"哈里斯诉麦克罗案"(*Harris v. McRae)(1980)中被明确。

争议的第三个条款要求,医生在根据其判断在胎儿经20周以上妊娠期的情况下,实施恰当的医学检测以决定胎儿的存活能力。在"罗诉韦德案"确立的框架中,20周属于妊娠的第二个三月期,根据罗案,允许仅为了确保妇女的健康而进行管制。大法官桑德拉·戴·奥康纳(Sandra Day O'Connor)认为,医学检测的规定合乎宪法,并且认为在确定胚胎妊娠期中可能存在大约4周幅度的误差。因此,当一位医生认为胎儿为20周,胎儿可能是24周,那么怀孕就可能处于第三个三月期。因为根据罗案,如果胎儿存活,各州可以从保护胎儿的角度对第三个三月期堕胎实行管制,奥康纳认为,该法中医学测试的规定同罗案是一致的。

相反,由首席大法官威廉·伦奎斯特(William *Rehnquist)作出的多元意见认为,该条款属于对第二个三月期的管制,因而不能支持,除非罗案被修改。该判决意见也许对罗案已经作出了修改。它承认妇女选择堕胎的利益是受正当程序条款(*Due Process Clause)保护的一项"自由"权益。但多元意见认为,根据联邦宪法,无论何时,如果州具有充分的对抗性利益存在,这种利益是可以受到影响的。罗案已经认定,随着妊娠的继续,州在保护潜在生命上的利益增加。多元意见否认了这一分析,坚持认为,州在保护潜在生命上的利益在整个怀孕期的分量相等。因为医学测试增进了州的利益,因而它是合乎宪法规定的。

多元意见并未明确宣布"罗诉韦德案"无效,尽管它确立的分析结构似乎授权各州采取他们愿意的任何管制手段以增加保护潜在生命的利益,包括对实施或获得堕胎的刑事禁止。多元意见否认它设计了这样一个结局,声称相信州立法机关不会回到对堕胎可得性实施如此严格限制的"黑暗年代"。安东尼·斯卡利亚(Antonin *Scalia)大法官同意这样的结论,但他责备多元意见,特别是奥康纳未采取推翻罗案的步骤。

罗案判决意见的起草者大法官哈里·布莱克蒙(Harry *Blackmun)起草了一个有力的异议,他的口气表明联邦最高法院已经接近于推翻罗案。同多元意见一样,布莱克蒙把该条中医学测试条款看作是对第二个三月期的管制,它并非是旨在保护妇女健康而设计的,他本来可以据此裁定这是违宪的。

就法律分析而论,韦伯斯特案本身是很平常的。布莱克蒙指出,如果把它作为确认妊娠是处在第二个三月期还是第三个三月期的一种要求的话,那么,他赞同奥康纳对医学测试要求进行的分析。禁止使用公共设施与禁止使用公共资金支付堕胎在法律效力上没有差别,实际影响也可能没有差别,而联邦最高法院早在10年之前就已经禁止因堕胎而使用公共资金。

围绕堕胎问题形成的利益集团把韦伯斯特案解释为是对罗案的主要威胁。堕胎争议的双方都通过把它作为法律上已发生重大变化的问题进行表述以获取政治上的好处。赞成对堕胎的可得性加大限制的人运用这个判决来督促立法机关采取比已经采取的更多的措施;一些州立法机关颁布了许多依据罗案来判断明显违宪的法律。反对者发现,他们可以通过表明该判决是对堕胎选择权的巨大威胁而动员大量的潜在支持者赞同他们的观点;而不能再指望法院来对堕胎的可行性进行限制。

[Mark V. Tushnet 撰;蒋专平、许明月译;胡智强校]

---

① 另请参见 Gender; Privacy。

威克斯诉合众国案 [Weeks v. United States, 232 U.S. 383 (1914)]

1913年12月2—3日辩论,1914年2月24日以9比0的结果作出判决;戴代表联邦最高法院起草判决意见。威克斯案标志着联邦排除规则(*Exclusionary Rule)的诞生。在威克斯案以前,法院以个人拥有的权利劣于司法正义的需要为理论前提认可了非法收集的证据。在州警察和一位联邦法院执行官的无证拘捕和搜查的情形,威克斯被按照指控因使用邮政运送彩票而被判有罪。他在审判前请求返还其私人财产,在随后的审判中反对将其引入审判作为证据,并以此为由,依据宪法第十四修正案(the *Fourteenth Amendment)和第十五修正案(the *Fifteenth Amendment)提起诉讼。

大法官威廉·R.戴(Wiliam R. *Day)缩小了这一问题,强调了联邦法院和警察在实现联邦宪法第十四修正案的权利保障方面的义务。以"博伊德诉合众国案"(*Boyd v. United States)(1886)为依据,戴认为,对威克斯个人安全、个人自由和私人财产权利的侵犯是实质性侵害。联邦执行官最初的无证搜查及审案法院后来拒绝归还材料,都侵犯了原告的宪法权利。戴特别以联邦宪法第十四修正案为理由命令撤销该判决。

直到搜查和没收混合处理的禁止实施以后,威克斯案才引起了人们更多的关注。

[Barbara C. Steidle 撰;蒋专平译;胡智强校]

威姆斯诉合众国案 [Weems v. United States, 217 U.S. 349 (1910)]

1909年11月30日—12月1日辩论,1910年5月2日以4比2的表决结果作出判决;约瑟夫·麦克纳代表联邦最高法院起草判决意见,怀特反对,勒顿和穆迪未参加,布鲁尔的职位空缺。美国对菲律宾群岛的控制给予联邦最高法院少有的机会来界定《权利法案》(*Bill of Rights)为个人提供的保护。这是因为菲律宾权利法案包含大量的美国模式的措辞。

根据菲律宾法律,一名由美国支付报酬的官员因篡改官方文件被判有罪。他被判处大量的罚金和十五年戴着镣铐的苦役。面对这件菲律宾司法图解事件,联邦最高法院看到了最初在被告的辩护要点中提出的一种观点——这种刑罚是残忍而反常的。当意识到对菲律宾反对此类刑罚予以解释也将是对联邦宪法第八修正案(the *Eighth Amendment)作出解释时,多数人并没有退缩。约瑟夫·麦克纳(Joseph *Mckenna)大法官认为,残忍和非正常的刑罚,应当由共通的情感来决定,而不是由"软弱和无生命力的公式"来确定(p373)。因为这类刑罚与对更严重的犯罪应实施的惩罚相比,它仍是不相称的,因此,联邦最高法院裁定释放威姆斯,因为这部菲律宾法律规定了苛刻的刑罚,违背了对残忍和非正常刑罚(*Cruel and Unusual Punishment)的禁止。爱德华·怀特(Edward *White)大法官与奥利弗·温德尔·霍姆斯(Oliver Wendell *Holmes)大法官一道反对对立法职能进行司法干预,并反对对宪法保护进行扩张性解读。

[John E. Semonche 撰;蒋专平译;胡智强校]

温伯格诉威森菲尔德案 [Weinberger v. Wiesenfeld, 420 U.S. 636 (1975)]

1975年1月20日辩论,1975年3月19日以8比0的表决结果作出判决;布伦南代表联邦最高法院起草判决意见,鲍威尔、伯格和伦奎斯特持并存意见,道格拉斯未参加。遵循其最初在"里德诉里德案"(*Reed v. Reed)(1971)中作出的宣布性别分类(*Gender Classification)因否定了宪法规定的平等保护(*Equal Protection)而无效的判决,联邦最高法院面前出现了两难境地。很多性别分类有利于女性,不利于男性。联邦最高法院是否应当将这些"良性"分类视为等同于那些不利于妇女的分类?后来担任大法官的鲁斯·巴德·金斯伯格(Ruth Bader *Ginsburg)为被上诉人辩护说,这类法律是在培育最终有害于妇女的陈规,更不用说它对男性的歧视了。在"卡恩诉谢文案"(Kahn v. Shevin)(1974)中,联邦最高法院在是否支持一部旧的佛罗里达州法律时产生严重分歧,这部佛罗里达州法律免除寡妇,而不是鳏夫的财产税。

在温伯格案中,8位联邦最高法院法官全体一致推翻了联邦社会保障法中把幸存者救济金全部给予寡妇,而不给予鳏夫的规定。这一一致同意基于两个理由。第一,它认为该法不是政府所宣称的对寡妇的仁慈关照,而是对已死的妻子平等保护的否定:联邦宪法第五修正案(the *Fifth Amendment)的平等保护原则在本案中,与其通过"弗罗蒂罗诉理查森案"(Frontiero v. Richardson)(1973)而推翻的那一部国会立法一样,同样不允许国会"剥夺妇女像男人一样作为其就业的结果而使其家庭受到的保护"(p.645)(意指男人因其就业在死亡后其家庭可以获得救济金,而妇女在死亡后,按照该法,其家庭却不能获得救济金,因而,该法使妇女在家庭保护方面没有享受与男子相同的权利——校者注)。第二,没有一个大法官认为这种分类符合对平等保护的哪怕是最低限度的"理性依据"的测试标准。这项救济金的明确目的是帮助幸存的父母亲养育孩子。因为这一目的,该法的性别区分是"完全不合理"的。

[G. Roger McDonald 撰;蒋专平、许明月译;胡智强校]

威斯伯里诉桑德斯案 [Wesberry v. Sanders, 376 U.S.1(1964)]①

1963年11月18—19日辩论，1964年2月17日以7对2的表决结果作出判决；布莱克代表联邦最高法院起草判决意见，克拉克部分持并存意见、部分反对，哈伦反对。这是20世纪60年代第二个"议席重新分配案"(*reapportionment decision)，它确立了联邦法院对实施联邦宪法关于政府机构代表制须以相等人口地区为基础这一要求方面具有司法管辖权。第一个判例"贝克诉卡尔案"(*Baker v. Carr) (1962)没有就这一问题作出裁定，而只是认定了州立法机关的议席分配问题具有可诉性(*Justiciabe question)。

威斯伯里案解决的是佐治亚州国会议员选区的分配问题，这是根据联邦宪法第1条第2款提起的，该款规定"众议院应由各州人民每两年选举一次之议员组成"，而联邦宪法第十四修正案(the *Fourteenth Amendment)第2款规定"众议员名额应按各州人口总数的比例分配。"

在贝克案中，威廉·J.布伦南(William J. *Brennan)大法官代表联邦最高法院主张，由于田纳西州立法选区是否进行州立法机构议席重新分配的问题并不会使联邦最高法院面临与全国性政府协调部门发生冲突的可能性，因此，联邦最高法院能够将此作为一件可诉事件来处理。但是，在威斯伯里案中，联邦最高法院就面临这样的冲突：国会在1929年作了一个审慎的决定，重申了在每隔十年的分配以后，不得就州立法机关创设紧密、相邻、人口相等的国会选区提出新的要求。

威斯伯里案涉及由佐治亚州第五国会议员选区的选举人提出的诉讼，该区人口是其他议员选区的2至3倍。他们声称，由于佐治亚州立法机关没有根据人口重新排列国会众议员选区，这就使他们的选举权贬损，他们提起一个集团诉讼(Class *Actions)要求宣布这个议席分配立法违宪，并禁止佐治亚州的官员根据该法进行选举。一个由三名法官组成的地区法庭尽管承认这是一个宪法性问题，但是主要根据大法官费利克斯·法兰克福特(Felix *Frankfurter)在"科尔格罗夫诉格林案"(*Colegrove v. Green)(1946)中的意见，基于"需要衡平"而驳回了该诉讼请求。

胡果·布莱克(Hugo *Black)大法官基于"选举权在我们这个自由社会及其重要，不能剥夺其获得司法保护"(p.7)为由，果断地处理这个政治问题(*political questions)。他完全忽略了国会先前的行动，而把联邦宪法第1条第2款解释为：它要求尽实际可能地使"国会选举中一个人的投票权与另一个人的选票具有最接近的相同价值"。因此，"虽不可能用数学上的精确度划分众议院选区，"但是"宪法的明确目的"是："相等数目的人口，相等的代表"是众议院的一个基本目标(p.18)。

持反对意见(*dissent)的约翰·M.哈伦(John Marshall *Harlan)大法官相当令人信服地指出，这个结论并非如布莱克所论述的那样是制宪者的意图，也不能从国会曾经删除了5项有关国会选区应按人口平等的法律(这在1929年的议席重新分配法中是很尖锐的)这一行动中得出。

由于计算机的出现，与布莱克大法官的意见相反，用数学精确度划分议员选区已成为可能，并且在"柯克帕特里克诉普赖斯勒案"(*Kirkpatrick v. Preisler)(1969)中，这已经成为联邦最高法院有关国会议员重新分配的宪法标准。在"马汉诉豪厄尔案"(*Mahan v. Howell)(1973)中，州立法机关和其他政府机构的选举被认定不需要达到具有严格数学精确度标准。以后的判例清晰表明，最高法院现在还愿意对州在选区划分上出现的实质性偏离(等于或大于20%)表示容忍，但是，联邦最高法院对在国会议员选区则已经明确提出了"接近精确"的要求。

[J.W. Peltason 撰；蒋专平、许明月译；胡智强校]

西海岸旅馆公司诉帕里西案 [West Coast Hotel Co. v. Parrish, 300 U.S. 379(1937)]②

1936年12月16日—17日辩论，1937年3月29日以5比4的表决结果作出判决；休斯代表联邦最高法院起草判决意见，萨瑟兰反对。在"西海岸旅馆公司诉帕里西案"中，人们认为，联邦最高法院可能作出了"挽救了九人的及时转变"(9人指9名大法官——校者注)。该判决是在富兰克林·D.罗斯福(Franklin D. *Roosevelt)总统宣布以支持"新政"(*New Deal)经济管制的大法官充实联邦最高法院的计划后不足两月作出的。帕里西案判决所处的社会环境似乎使这一判决更成为对法院人员布置计划(*Court-packing Plan)的一个直接反应，该案本来可能不会这样判决。

通过支持华盛顿州的妇女最低工资法，帕里西案预示着联邦最高法院愿意在更大程度上尊重经济管制。通过这种做法，联邦最高法院批准了一个在很多人看来对未获得足额工资的女工来说无疑是迫切需要的政策。但是，由于对妇女的最低工资是建立在妇女不平等的理论之上的，也由于以性别(*gender)为基础的限制干涉了妇女的就业机会，所以一些女权主义者反对最低工资法律。

在"洛克纳诉纽约州案"(*Lochner v. New York)(1905)中，联邦最高法院基于其侵犯了雇主和雇员对契约自由(Freedom of *Contract,)的正当程序(*Due Process Clause)权利，废除了一项限制

---

① 另请参见 Fair Representation。
② 另请参见 Due Process, Substantive。

面包师工作时数的立法。但是,在"马勒诉俄勒冈州案"(*Muller v. Oregon)(1908)中,联邦最高法院曾支持了一项限制妇女工作时数的立法,其理论依据是各州对妇女就业进行管制具有更大的利益,因为妇女生育小孩的核心角色意味着妇女的健康对下一代的幸福是必不可少的。联邦最高法院把最长工作时间的立法与最低工资立法相区别,在"阿德金斯诉儿童医院案"(*Adkins v. Children's Hospital)(1923)中裁定对妇女和儿童的最低工资立法违背了合同自由。在帕里西案作出判决前刚好一年,联邦最高法院已经适用了阿德金斯案并在"莫尔黑德诉纽约案"(*Morehead v. New York ex rel. Tipaldo)(1936)中撤销了一项对妇女的最低工资的立法。

在帕里西案中,联邦最高法院撤销了阿德金斯案的判决。首席大法官查尔斯·埃文斯·休斯(Charles Evans *Hughes)代表5人多数意见起草判决意见,并认为合同自由的观念并非无限制。"什么是自由?"休斯问道,"联邦宪法并未提到合同自由"(p.391)。联邦宪法保护自由,但要服从于有利于社会利益的合理管制。休斯发现,国家权力对合同自由的限制在妇女保护性劳动立法领域特别明显。根据马勒案,他认为妇女的身体结构和作为母亲的角色要求国家"为了保持民族力量和活力"(p.394)保护她们。休斯没有发现管制工作时间的法律和管理工资的法律之间的相关差异,他认为州立法机关可以解决一些肆无忌惮的雇主权利滥用的问题,诸如他们向工人支付的工资还不够其维持生活。休斯采取遵从立法判断的姿态,表明即使政策的智慧是有争议的,立法机关也有权颁布法律,只要不是专横和反复无常的。

乔治·萨瑟兰(George *Sutherland)大法官有力地表达了他的异议。他部分地认为妇女和男人在法律上是平等的,因此立法机关在合同权利方面不同的处理方式构成了随意的歧视。

由于欧文·约瑟夫斯·罗伯茨(Owen Josephus *Roberts)大法官在莫尔黑德案中投票支持多数意见而在帕里西案中又握有第五张表决票,因此,他在该判决中的作用现在已经受到更多的关注。关于罗伯茨是不是迫于罗斯福总统的压力转变投票存在较多推测。两个因素影响了这一结论。第一,由于莫尔黑德案的多数意见依赖的理由勉强,罗伯茨可以认为他未改变立场,因为他从未在阿德金斯案中对实体问题发表意见。更为重要的是,帕里西案的投票是在1936年12月法院人员布置计划之前,并且罗伯茨投票支持了最低工资法。因此,法院人员布置计划似乎并未直接影响罗伯茨的投票。但是对联邦最高法院的严厉批评先于法院人员布置计划,因此,很可能罗伯茨在帕里西案的投票在一定程度上受到了这些事件和时代压力的影响。

参考文献 Charles A. Leonard, *A Search for a Judicial Philosophy: Mr. Justice Roberts and the Constitutional Revolution of* 1937(1971).

[Mary L. Dudziak 撰;蒋专平译;胡智强校]

Westlaw 数据库[Westlaw]

汤姆森 Westlaw 数据库的计算机法律检索服务包含了从1790年到现在的联邦最高法院的所有判例,现在的判决是从联邦最高法院电子传送的,通常在作出判决的同一天可获取。这一系统可通过关键词、短语或使用布尔连接号的词组(word combination using Boolean connectors)搜索。同竞争者*LexisNexis 系统相比,Westlaw 数据库的这一检索系统的优点在于有以西方版主题词和主要编号作为初次检索方式或作为附加检索要素查寻1915年以前的判例的能力。从1945年到现在的联邦最高法院判例存在于标明为 SCT 的西方版数据库中,从1790年到1944年的判例则在 SCT-OLD 数据库中。

在西方版检索服务中,判例可以通过由汤姆森 Westlaw 数据库开发的关键引用(KeyCite)来更新。《美国法律周刊》(*United States Law Week)也可在 BNA-USLW(1986—)和 BNA-USLWD(从1987年3月至现在的《美国法律周刊——日报版》)名下的数据库得到。另一特色是 Westlaw 公报——《联邦最高法院汇编》(数据库 WLB-SCT),它包括总结最近判决和诸如规则变化及命令之类的发展动态的文件。

Westlaw 数据库和其主要竞争对手 LexisNexis 公司提供的数据库,正在被全世界的律师、法官和学者广泛使用。

[Morris L. Cohen 撰;蒋专平、胡海容译;胡智强校]

韦斯顿诉查尔斯顿案[Weston v. Charleston, 2 Pet. (27 U.S.)449(1829)]①

1829年2月28日和3月10日辩论,1829年3月18日以4比2的表决结果作出判决;马歇尔代表联邦最高法院起草判决意见,约翰逊和汤普森反对,特林布尔去世。韦斯顿案涉及查尔斯顿市(南卡罗来纳州的一个行政区划)试图对"合众国债券"征税,合众国债券也就是说由联邦政府的债权人持有的借款凭证。联邦最高法院以州对联邦宪法第1条第8款"以合众国的信用举债"的权力进行了干涉为由取消了这一税收。首席大法官约翰·马歇尔(John *Marshal)重申了"麦卡洛克诉马里兰州案"(*McCulloch v. Maryland)(1819),该判决引用格言"征税权包含着毁灭的权力(力量)(power)"警惕地

---

① 另请参见 Tax Immunities。

避免了州对联邦权力的侵犯。

[Wiliam M. Wiecek 撰;蒋专平译;胡智强校]

威斯特河大桥公司诉迪克斯案[West River Bridge Co. v. Dix, 6 How.(4)U. S. 507(1848)]①

1848年1月5日—7日辩论,1848年1月31日以7对1的表决结果作出判决;丹尼尔代表联邦最高法院起草判决意见,麦克莱恩和伍德伯里持并存意见,韦恩反对,麦金利未参加。在威斯特河大桥公司案中,联邦最高法院规定行使征用权(*Eminent Domain Power)撤销某一特许权并不违背契约条款(the*Contract clause)。1795年,佛蒙特州立法机关授予一家公司(*corporation)以威斯特河收费桥一百年的专属优先权。随后该州决定在该收费桥上设计一条免费公共交通干线。桥梁公司获得因占用财产和特许权的补偿。但是桥梁公司提出了反对,并认为该州的做法违背了契约条款(*Contract clause)。代表桥梁公司出庭的丹尼尔·韦伯斯特(Daniel*Webster)坚决主张该州的行为构成了对建立一座收费大桥的授权的损害。同时他认为,无限制地使用征用权将使国家专横的权力凌驾于私人财产之上。

彼得·维维安·丹尼尔(Peter Vivian*Daniel)大法官否决了韦伯斯特的主张,他认为所有的私人财产权利从属于至上的征用权,他还强调特许仅为财产的一种形式。丹尼尔强调征用权的实施并未剥夺宪法契约条款保护的任何合同权利。这一判决确立了授权或特许并未剥夺一州征用权的原则,也为以后确立州不能将特定的治安权(*police powers)以合同让出的规则指明了道路。因此,各州可以广泛地运用征用权促进公共福利。

[James W. Ely Jr.撰;蒋专平译;胡智强校]

西弗吉尼亚州教育理事会诉巴尼特案[West Virginia State Board of Education v. Barnette, 319 U. S. 624(1943)]②

1943年3月11日辩论,1943年6月14日以6比3的表决结果作出判决;杰克逊代表联邦法院起草判决意见,布莱克、道格拉斯和墨菲持并存意见,法兰克福特、罗伯茨和里德反对。在"迈纳斯维尔校区诉哥比提斯案"(*Minersville School District v. Gobitis)(1940)中,联邦最高法院支持了强制在公立学校的行旗礼和忠诚宣誓(the Pledge of Allegiance),驳回了耶和华见证人组织(the Jehovah's Witnesses)的一位成员基于宗教良知理由提起的诉讼。唯一的不同意见是哈伦·斯通(Harlan*Stone)大法官提出的,并被记载在哥比提斯案的判决中。仅仅三年后,联邦最高法院作出相反的判决。在西弗吉尼亚州教育理事会诉巴尼特案中,由罗伯特·杰克逊(Robert*Jackson)大法官起草的多数意见成为美国宪法史上最伟大的判决之一。

联邦最高法院在哥比提斯案中的判决被一些人视为一种信号,它意味着耶和华见证人对旗礼和宣誓的进一步进攻是没有效果的。第二次世界大战(*World War Ⅱ)的突然爆发促使人们对拒绝宣誓效忠国旗更加猜疑。仅一周,司法部收到了数以百计的对耶和华见证人组织的成员进行人身攻击的报告。官员们威胁要将不信奉的"见证人"的孩子送到青少年感化院去。见证人的会议地被烧毁,他们的领导人被赶出镇外。

反过来,这些行动引发了强烈的反响。哥比提斯案的判决受到了学者的广泛批评,甚至一些像"美国军团"一样的爱国组织也支持颁布1942年法,使联邦层面的升国旗仪式自愿进行。当沃尔特·巴尼特和其他的耶和华见证人对西弗吉尼亚州学校的一项强制升旗礼仪法——一项直接基于联邦最高法院在哥比提斯案中的判决意见而制定的法律——提出异议之诉后,低级别法院仅仅否认了哥比提斯案的裁定,并作出了有利于父母们的裁定。

联邦最高法院什么也未失去,它宣布哥比提斯案无效,并裁定西弗吉尼亚州的立法违宪。判决引述的是联邦宪法第一修正案(the*First Amendment)中的广泛的自由言论条款,而不是主要以宗教条款为依据。

联邦最高法院认为,向旗帜行礼(the flag salute)是言论的一种形式,政府不可能在没有违背言论自由的情况下强迫公民表达信念。因此,不论向旗帜行礼的目的是否以宗教为基础,这种自由必得受到尊重。

在一定意义上,巴尼特案的判决标志着一个时代的终结。它不仅是耶和华见证组织最后一次在联邦最高法院的主要胜利,也是许多年里将宗教自由请求置于自由言论条款下处理的最后一个判例。的确,从"谢尔伯特诉佛尔纳案"(Sherbert v. Vemer)(1963)开始,联邦最高法院开始专门为宗教信仰者实施宪法豁免。这种趋势一直在继续,尽管它偶尔仍然根据言论自由处理宗教问题。

巴尼特案留下的真正遗产,与其说是它的法理,不如说是它对自由原则的维护。在宗教和特定的环境中,该判决的雄辩结束语在宗教和世俗的语境中都一直被援引。其中部分是这样表述的:"《权利法案》的真正目的是从政治论战的变迁中提取特定的主题,将它们置于多数派和官员所及的范围之外,并

---

① 另请参见 Property Rights。
② 另请参见 National Security;Religion;Speech and the Press。

将其确立为法院适用的法律原则(p.1185)。"

[Leo pfeffer 撰;蒋专平译;胡智强校]

惠顿,亨利[Wheaton, Henry]①

(1785年11月27日生于罗德岛普林维登斯市,1848年3月11日卒于马萨诸塞州多彻斯特)第三位判决汇编人,1816—1827年。作为最能干的早期汇编人,惠顿重新界定了这一职位,大大改善了作品的质量。他的任职经历了从"马丁诉亨特租户案"(*Martin v. Hunter's Lessee)(1816)到"奥格登诉桑德斯案"(*Ogden v. Saunders)(1827)的划时代岁月。惠顿死后,一个德国讣告公开赞扬他的十二卷判决汇编为"黄金般美国法律的著作"——在一定意义上这是由于这位判决汇编人的贡献。

与自封的前任不同,惠顿通过联邦最高法院的遴选而成为判决汇编人,担任由法律(1816年的法律)认可的职位并且接受一份不高的薪金。他的支持者是约瑟夫·斯托里(Joseph *Story)大法官,一位学者和完美主义者,这位大法官赏识惠顿的学识和决心。两人在华盛顿时同室而居,致力于依据合适的英国和欧洲大陆类似文本创作综合而简洁的全国法律。

惠顿忠实地出席法院的开庭,准确地报道辩论和法官意见,并且每年出版一卷判例汇编,凭借这种方式,使法官和律师迅速知道国家最高法院的各种判决。此外,偶尔在斯托里的帮助下(但是匿名的),惠顿用前所未有的注释提高了他的《判例汇编》的价值,阐明了判决意见的特别观点,或探索了关于该段期间发展的法律的整个领域。

惠顿在成为判决汇编人以后的经历同样值得注意。他同继任者小理查德·彼得斯(Richard *Peters, Jr.)进行了关于判例汇编的版权问题的漫长诉讼。"惠顿诉彼得斯案"(Wheaton v. Peters)(1834)勾画了《美国版权法》(*Copyright Law)的主要轮廓。作为一位外交官,惠顿在六位总统任内表现出众。作为国际法的阐释者和历史学者,他在大西洋两岸享有盛誉,出版了《国际法原素》(Elements Of International Law)(1836)和《各国法律史》(History of the Law of Nations)(1845)。《国际法原素》的多次再版,它把惠顿对国际法的影响延续到20世纪。

就惠顿对美国法学的贡献来说,与他同时代的威廉·平克尼在惠顿第一卷《判例汇编》出版时所发表的评论是恰如其分的:"这个职业肯定将惠恩于你……。"

参考文献 Morris L. Cohen and Sharon Hamby O'Connor, *A Guide to the Early Reports of the Supreme Court of the United States* (1995), pp.35-59. Craig Joyce, "The Rise of the Supreme Court Reporter: An Institutional Perspective on Msrshall Court Ascendancy," *Michigan Law Review* 83 (1985): 1291—1391. Sandra Day O'Connor, *The Majesty of the Law: Reflection of a Supreme Court Justice*, edited by Craig Joyce (2003), chapter 4, "The Supreme Court Reports," pp.24-30.

[Craig Joyce 撰;蒋专平译;胡智强校]

怀特,拜伦·雷蒙德[White, Byron Raymond]

(1917年6月8日生于科罗拉多州的柯林斯堡,2002年3月15日在科罗拉多州的丹佛市逝世;葬于科罗拉多州丹佛市的圣约翰主教大教堂)1962—1993年担任大法官。拜伦·怀特出生于科罗拉多州一个朴实的中产阶级家庭,他在科罗拉多州北部的一个小的农业社区惠灵顿度过童年,他的父亲在木材厂工作。这位未来的大法官靠奖学金在科罗拉多州大学就读,1938年毕业,曾作为班级致告别词的毕业生代表。怀特在体育上表现优秀,在橄榄球上被选入全美队(All American),因奔跑的天才而赢得了"离心干燥机"(Whizzer)的绰号。毕业后,他为匹兹堡铁人队(Steelers)服务一个赛季,领着这个竞赛联合会冲锋陷阵。1939年,他接受罗兹奖学金到牛津大学读书。当战争在欧洲爆发后,怀特回到美国到耶鲁大学学习法律,在1940—1941赛季中,他在底特律雄师队(Detroit Lions)重新开始他的职业橄榄球经历。在美国参战后不久,他加入了海军,在太平洋服役。战争结束后,他同大学情人马里恩·斯蒂尔丝结婚,并于1946年以优异成绩完成了在耶鲁大学的法律学习。1946年—1947年怀特给首席大法官弗雷德里克·穆尔·文森(Frederick Moore *Vinson)作书记员,随后回到家乡科罗拉多州从事律师执业。

当约翰·肯尼迪在1960年进行总统竞选时,怀特积极支持,两人已经在此前碰面三次——第一次是怀特在英格兰学习法律,肯尼迪的父亲担任驻英大使,接着是两人都在"二战"期间同为海军军官,最后是在华盛顿,怀特在联邦最高法院作书记员时碰巧是肯尼迪在国会的第一届任期。怀特最初在科罗拉多州领导支持肯尼迪的力量,随后主持"支持肯尼迪公民"组织,这是一个致力于征召共和党人和独立投票人的全国组织。这位新总统以首席政府律师的职位报答了怀特的努力,在这个职位上他负责级别法院法官的遴选和民权事件。

1962年,查尔斯·惠特克(Charles *Whittaker)大法官宣布辞职,肯尼迪总统第一次任命联邦最高法院大法官,由于司法部长罗伯特·肯尼迪的支持,总统选择了怀特。怀特既是极够格的法官,又是新

---

① 另请参见 Reporters, Supreme Court。

Byron Raymond White

边疆(New Frontier)政策的支持者。1962年4月3日提名怀特,4月11日就在参议院以呼声表决(voice vote)获得批准。4月16日44岁的拜伦·怀特宣誓就职为联邦最高法院第93个大法官。

在联邦最高法院,怀特是一个非教义至上的实用主义者。为了与具体的政策领域相一致,他的投票记录从自由到极其保守都有,在一个广泛领域变化。

怀特最自由化的立场是在歧视问题上。在沃伦法院时期,他坚定不移地支持《1964年民权法》(the *Civil Rrights Act of 1964)和《1965年投票权法》(*Voting Rights Act of 1965)的合宪性及其实施。在性别和经济歧视问题上他采取了同样的自由化立场。但是在20世纪80年代,在积极行动问题(*Affirmative Action)和少数民族单独对待方面,怀特经常与联邦最高法院的自由派有意见分歧。

对个人自由问题,怀特通常更可能作保守的投票。他支持伯格法院对淫秽图像资料采取的严格立场,否决了新闻记者的特权,投票支持实施反对政治抗议者焚烧国旗的法律,赞同进一步调和宗教与州的关系。尽管怀特在1965年承认隐私权(*privacy)是一项宪法权利,但是他自始至终投票支持国家对堕胎(*Abortion)的管制。此外,怀特在《鲍尔斯诉哈德威克案》(*Bowers v. Hardwick)中(1986)起草多数意见,支持不利于隐私权诉讼的州兽奸法。

怀特大法官最坚定的保守裁决是在刑事权利判例中。在"埃斯可贝多诉伊利诺伊州案"(*Escobedo v. Illinois)(1964)和"米兰达诉亚利桑那州案"(*Miranda v. Arizona)(1966)中,他反对联邦最高法院自由主义的判决,而支持死刑(*Capital Punishment)法律的合宪性。在搜查和扣押判例中,怀特也是排除规则(*Exclusionary Rule)的批评者并且在其执笔的1984年的多数意见中限制这一规则。

服务了31年之后(联邦最高法院历史上第10个任期这么长的大法官),怀特法官在健康状况良好的状态下于1993年退休了。退休期间,他也偶尔接受指派作为上诉法院的法官参与审判,同时他也在联邦上诉法院担任结构抉择委员会(Commission on Sstructural Alternative)的主席。

参考文献 Dennis Hutchinson, *The Man Who Once Was Whizzer White*: *A Portrait of Justice Justice Byron R. White* (1998).

[Thomas G. Walker 撰;蒋专平、胡海容译;胡智强、林全玲校]

怀特,爱德华·道格拉斯 [White, Edward Douglass]

(1845年11月8日生于路易斯安那州 LaFourche Parish,1921年5月19日卒于华盛顿特区,葬于华盛顿特区奥克山公墓)1894—1910年任大法官,1910—1921年任首席大法官。爱德华·道格拉斯·怀特是路易斯安那州一个富裕的甘蔗种植家庭的子孙。父亲是一位富裕的农场主,新奥尔良法官,州长和五届任期的合众国众议院众议员。年轻的怀特曾在耶酥学校、蒙特·圣·玛丽学院、乔治城大学读书。南北战争期间,他被联邦军队俘获并作为俘房扣留。战后他在新奥尔良跟从爱德华兹·伯姆德茨(Edwards Bermudez)学习法律,成为州长弗朗西斯·T.尼科尔斯的政治同盟者和耶稣基督(Redeemer)事业在路易斯安那州的领导人。怀特在1878年被任命为州最高法院法官。然而,随着1880年尼科尔斯选举的失败,怀特离开了这个看来是永久性的职位。在政治流放期间,怀特退隐到新奥尔良从事赚钱的律师职业。1888年,尼科尔斯再次当选为州长,很快他任命怀特填补空缺成为路易斯安那州最年轻的参议员。

在参议院三年任期内,这位肥胖而又粗壮的怀特几乎就是19世纪南方参议员的一幅漫画。实际上他对每一个公共政策问题的立场似乎已经有一个基本前提作为指导:对路易斯安那蔗糖有利就是对美国有利。为了领导在《威尔逊-戈曼关税法》(Wilson-Gorman Tariff Act)中对当地糖业的保护斗争,即使1894年被任命为联邦最高法院法官,怀特也在几周后才接受。同年他娶弗吉尼亚州的蒙哥马利·肯特为妻。

一旦到法院就职以后,怀特便认为《威尔逊-戈

Edward Douglass White

曼关税法》所得税条款并没有不妥。他曾作为参议员投票支持这项关税法,因此在"波洛克诉农场主贷款与信托公司案"(*Pollock v. Farmers' Loan & Trust Co.)(1895)中,他投票支持该法的所得税条款合宪是不令人奇怪的。但他的意见只是少数。一个5比4的多数意见宣布该项所得税的征收违背宪法规定。同样在"德利马诉比德韦尔案"(*Delima v. Bidwell)(1901),即第一个所谓的海岛系列案件(*Insular cases)中,怀特大法官加入由4人组成的少数派反对这一观念,即鉴于西班牙-美国战争后已获得波多黎各岛,那么从该岛进口蔗糖就不再需要缴纳美国关税。但是,德利马案的反对意见则是其对"并入原则"(Incorporation doctrine)第一次阐述,怀特在后来的"唐斯诉比德韦尔案"(Downes v. Bidwell)(1901)的并存意见中对其进行了进一步阐述。该原则回答了这个问题,联邦宪法适用于国旗所在的地方吗? 有时,它是彻底的。这一原则假定,宪法保护被延伸到美国领土居民的范围取决于该领土已经"并入"美国政治共同体的程度。并入度越强烈,对该地区公民的宪法保护程度也就越大。但是,这样的并入究竟完成得怎样是含糊和模棱两可的,因此,允许司法的主观能动性。

在怀特的任职期间,司法的主观能动性一直是主旋律。在任职的27年中,宪法性的争议主要涉及政府管制经济的权力问题。无论是对正当程序条款、商业条款还是对征税权,联邦最高法院的解释都反映出飘忽不定的立场(参见 Commerce Power)。例如,在"麦克雷诉合众国案"(*McCray v. United States)(1904)中,通过怀特大法官的表述,联邦最高法院承认了税收权下的联邦治安权(*police power)。怀特宣布国会制定税收法的目的不应属于司法审查范围。但是,15年后在"合众国诉多里默斯案"(United States v. Doremus)(1919)中,怀特自己否认了这一观点。

然而,怀特法官最大的法律贡献在于制定法的解释,而不在宪法解释方面。他将合理规则(*Rule of Reason)引入了对《谢尔曼反托拉斯法》(*Sherman Antitrust Act)的解释。尽管《谢尔曼法》宣布所有限制贸易的联合为不合法,但怀特从被任命到联邦最高法院起就反对对该法的字面理解。他坚决主张只有"不合理"的限制才是禁止的。这一观点最初被联邦最高法院所否决,怀特在任大法官期间长期坚持这一观点,直到"标准石油公司诉合众国案"(*Standard Oil v. United States)(1911),这也许是怀特代表联邦最高法院提出的最有名的意见,该观点得到了多数支持。从那以后,不管文字怎样表述,谢尔曼法已被理解为允许"合理"垄断。当然,什么是合理还得联邦最高法院说了算。此外,怀特还亲手处理过有关无约束的司法权主题的案件。怀特是第一位从大法官被提升到首席大法官(*chief justice)职位的人。

参考文献 James F. Watts, Jr., "Edward Douglass White", in *The Justices of the Supreme Courts, 1789-1970*, edited by Leonard M. Friedman and Fred L. Israel, vol. 3 (1980), pp. 1633-1657.

[Richard Y. Funston 撰;蒋专平译;胡智强校]

白人预选[White Primary]①

联邦宪法第十五修正案(the *Fifteenth Amendment)禁止投票方面的种族歧视,但在"合众国诉里斯案"(United States v. *Reese)(1876)中,联邦最高法院严格限制了国会的实施权力,并判决"联邦宪法第十五修正案并没有授权任何人在选举权方面的权利"(p.217)。这以后,各州运用包括文化测试和人头税(*Poll Taxes)在内的各种方法剥夺黑人的选举权。然而,这些方法也阻碍了一些黑人参加投票。

1923年,得克萨斯州在民主党预选中禁止黑人参加投票,这实际上阻止了黑人参与地方和州选举,那时得克萨斯州仅有一个政党。在"尼克松诉赫恩登案"(*Nixon v. Herndon)(1927)中,联邦最高法院一致裁定,该法违背了联邦宪法第十四修正案(the *Fourteenth Amendment)中的平等保护条款

---

① 另请参见 Vote, Right to。

(the *Equal Protection Clause)。得克萨斯州立法机关以一个新的法律来应对,该法赋予政党官员在预选中自己制定规则的权力。得克萨斯州民主党执行委员会立即禁止黑人参加该党的预选。在"尼克松诉康登案"(Nixon v. Condon)(1932)中,联邦最高法院以5对4的表决结果裁定,民主党执行委员会实际是该州立法机关的产物,因此对黑人投票者的禁止相当于违宪的州行为(*state action)。随后,得克萨斯州民主党召集一次州会议,独自通过了一个决议,对民主党预选中"白人公民"的参与也作出了规定。在"格罗威诉汤森案"(*Grovey v. Townsend)(1935)中,联邦最高法院一致支持这种形式的白人预选,但是,在"史密斯诉奥尔赖特案"(*Smith v. Allwright)(1944)中,联邦最高法院以8比1的表决结果作出了新的裁决,认定白人预选违背了联邦宪法第十五修正案。

[Paul Finkelman 撰;蒋专平译;胡智强校]

惠特尼诉加利福尼亚州案[Whitney v. California, 274 U. S. 357(1927)]①

1926年3月18日辩论,1927年5月26日以9比0的表决结果作出判决;桑福德代表联邦最高法院起草判决意见,布兰代斯和霍姆斯持并存意见。1919年加利福尼亚州通过了《犯罪集团法》(*Criminal Syndicalism Laws)企图限制世界产业工人组织(IWW)的活动,该组织是在加州农田和伐木营地长期活动的工会组织。犯罪集团法禁止在产业所有权或政治控制制度方面倡导变革。

根据该法而提起的第一个有影响的控诉涉及夏洛蒂·安提特·惠特尼,她是社会活动分子和社会主义党有名的成员。1919年末,当局因夏洛蒂·惠特尼参加共产主义劳动党(CLP)的一个十一月会议而拘留了她,她近期已经退出的一个组织。在惠特尼案的审理中,控方提出了相当多的世界产业工人组织的印刷品,目的在于把该组织同共产主义劳动党联系在一起,共产主义劳动党已经普遍认同世界产业工人组织的奋斗目标。惠特尼并未否认她曾短期是共产主义劳动党的成员,陪审团仅基于这样原因而认定她有罪——典型的因组织而获罪。

随后,联邦最高法院一致裁定支持加利福尼亚州的立法,理由是保护公众不受暴力政治行为攻击是州的权力。但是路易斯·德姆比茨·布兰代斯(Louis Dembitz *Brandeis)大法官与奥利弗·温德尔·霍姆斯(Oliver Wendell *Holmes)大法官在并存意见中认为,惠特尼的律师本应以明显、即发的危险标准(*Clear and Present Danger Test)来区分成员和危险行动为由进行辩护。他们认为联邦宪法第十四修正案(the *Fourteenth Amendment)的正当程序条款对自由的保护同联邦宪法第一修正案(the *First Amendment)保护集会自由不受国家控制应结合在一起(参见 Incorporation Doctrine)。

布兰代斯的并存意见是联邦最高法院最终认可明显、即发的危险标准的一个重要步骤。在"布兰登堡诉俄亥俄州案"(*Brandenburg v. Ohio)(1969)中,联邦最高法院推翻了惠特尼案的判决,但是该法的一种修改的版本却仍然具有法律效力。

[Carol E. Jenson 撰;蒋专平译;胡智强校]

惠特克,查尔斯·埃文斯[Whittaker, Charles Evans]

(1901年2月22日生于堪萨斯州特洛伊,1973年11月26日卒于蒙大拿州堪萨斯市,葬于堪萨斯市卡尔沃伦公墓)1957—1962年担任大法官。查尔斯·埃文斯·惠特克在一个农场长大,是查尔斯和艾达·米勒·惠特克的儿子。1920年,在完成高中教育之前,他进入堪萨斯市法学院学习。在1923年他仍在学校时就被获准执业,次年毕业。在学校时他开始在一家名为沃森、盖吉和埃斯的律师事务所工作;他在该所执业直到1954年被任命为联邦法院的法官。惠特克主要是作为诉讼代理人,尽管他也做一些公司业务,事务所的客户包括堪萨斯市及全国性的公司。除了密西西比州律师界的活动外,惠特克基本没有涉及社会或政治工作。

Charles Evans Whittaker

1954年惠特克成为堪萨斯市公司事务律师界

---

① 另请参见 Assembly and Association, Freedom of; Due Process, Substantive; Speech and the Press。

的一名领导人,他的表现引起了联邦司法部长赫伯特·布朗尔(Herbert Brownell)的注意,这位司法部长正在为密西西比州的联邦地区法院寻找一名被提名人选。通常这种任命是在同一党派的参议员作为主席提出推荐的基础上进行的。但是密西西州的两位参议员都是民主党人,他们正在为共和党主持的白宫在法官选任上的高度参与忧心。惠特克从1954年7月6日供职于地区法院,直到1956年7月22日参议院批准他为联邦上诉法院第八巡回法院法官。

1957年初,斯坦利·里德法官退休,戴维·艾森豪威尔总统喜欢从在位的法官中任命大法官,很明显是在赫伯特·布朗尔的强烈支持下,总统提名了惠特克。

惠特克在联邦最高法院的短暂任期内,曾在许多5比4的判决中加入多数意见。惠特克通常为保守派,偶尔他也赞同保护特别规定的个体权利免受政府侵犯。他自己的意见平凡,不能反映连贯的司法哲学。也许他最有名的意见发表于"斯托布诉巴克斯雷市案"(Staub v. City of Baxley)(1958),该案中联邦最高法院以7比2的表决结果裁定一城市法令规定结社请愿需要取得许可不合宪,因为它将自由裁量权赋予了城市官员。

因为感到疲劳,在医生建议下,惠特克于1962年4月1日退休,不同于其他退休的大法官,惠特克专心于私人的法律利益,而不是司法或公共服务。

[Eric A. Chiappinelli 撰;蒋专平译;胡智强校]

威卡德诉菲尔伯恩案[Wickard v. Filburn, 317 U. S. 111(1942)]①

1942年5月4日辩论,1942年11月9日以9比0的表决结果作出判决;杰克逊代表联邦最高法院起草判决意见。"威卡德诉菲尔伯恩案"的判决,也许是最能说明联邦最高法院是如何完全默认富兰克林·罗斯福(Franklin D. *Roosevelt)总统和参众两院的民主党多数派的国家主义经济哲学的判决。在这一判例中,取得一致意见的联邦最高法院通过大法官罗伯特·杰克逊(Robert *Jackson)的表述,维持了《第二农业调整法》(1938)的重要特征。

在之前的"马尔福德诉史密斯案"(*Mulford v. Smith)(1939)中,联邦最高法院已经支持了《第二农业调整法》所规定的烟草配额。本案中,联邦最高法院被请求审查涉及更普遍生长的作物——小麦。威卡德案提出的具体问题是,从未离开农场的小麦是否也应当受制于《第二农业调整法》所确立的销售配额。

对《第二农业调整法》的小麦配额提起诉讼的是俄亥俄州的一个名叫罗斯科·C. 菲尔伯恩的小农场主。他养了一群奶牛和家禽,并且在公开市场上销售牛奶、家禽和蛋,他种植了几亩冬小麦,用这些小麦喂小鸡和奶牛,磨成面粉供应家庭的消费,并且贮存下一年的种子。菲尔伯恩没有在公开市场上出售1蒲式耳小麦。1941年,菲尔伯恩耕种了超过《第二农业调整法》所允许耕种的12亩小麦。这就有了未经批准生产的239蒲式耳小麦,联邦政府对其实施每蒲式耳49美分的罚款。菲尔伯恩抗议政府的罚款,认为管理商业的联邦权力不能延伸到从未销售的小麦的生产和消费上(参见 Commerce Power)。

当菲尔伯恩的诉讼在1942年到达联邦最高法院时,法院因罗斯福总统的任命已改头换面。复审菲尔伯恩案件的大法官中,只有欧文·罗伯茨(Owen Roberts)的任命罗斯福没有插手,但他也在1937年经历了著名的"及时挽救9人的转变"。因此,到1942年,联邦最高法院已是非常"罗斯福化的联邦最高法院。"

根据重要的商业条款判例"合众国诉达比木材公司案"(United States v. Darby Lumber Co.)(1941)确立的逻辑,杰克逊代表联邦最高法院在威卡德案中裁定,《第二农业调整法》认可的小麦定额合乎联邦宪法第1条第8款的规定,该条款允许国会"管制跨州商业"。杰克逊认为,消费未销售的小麦仍对跨州商业有影响,因此应当加以管制。菲尔伯恩的用于家庭消费的239蒲式耳小麦似乎微乎其微,但它是全国粮食总产量的一部分。20世纪40年代初,超过20%的全国小麦从未离开过农场。通过消费自己产品的方式,菲尔伯恩和数以千计像他一样的农场主削弱了整个需求,压制了小麦的市场价格。他们的行为明显影响了州际商业,杰克逊裁定,这些行为要受联邦管制。

在以前几个商业条款判例中,联邦最高法院努力裁定一个恰当的标准以确定什么能够被合乎宪法的管制。在一系列判例中,联邦最高法院裁定生产不受管制;在另一系列中,联邦最高法院裁定只有在州内商业为跨州商业设置了直接负担时,州内商业才受管制。杰克逊在威卡德案中的裁决进一步扩大了联邦商业权力,更为重要的是,它确立了经济现实——而不是带有欺骗性的"直接"和"间接"的术语——将决定今后哪些事项属于商业条款的范畴。

[John W. Johnson 撰;蒋专平译;胡智强校]

威纳诉合众国案[Wiener v. United States, 357 U. S. 349(1958)]

1957年11月18日辩论,1958年6月30日以9比0的表决结果作出判决;法兰克福特代表联邦最高法院起草判决意见。宪法对解除总统权力没有作

---

① 另请参见 Agriculture。

出明确规定。在"迈尔斯诉合众国案"(*Myers v. United States)(1926)中,联邦最高法院裁定,总统无需参议院同意享有免除他所任命的行政机构官员的绝对权力,国会无权限制这一权力。在判决附言中(参见 Obiter Dictum),首席大法官威廉·霍华德·塔夫脱(William Howard *Taft)也主张,总统有免除"履行准司法特点的义务"的行政人员的宪法权限(p.352)。在"汉弗莱遗嘱执行人诉合众国案"(*Humphrey's Executor v. United States)(1935)中,总统固有权力的广泛主张受到限制;联邦最高法院裁定,国会可以通过禁止总统免除其委员的职务来保护实施"准司法"和"准立法"功能的机构的独立性(p.629),"除非有合理原因"。

威纳案的事实与汉弗莱遗嘱执行人案有惊人的相似,其结果也是如此。威纳被哈里·杜鲁门总统任命为战争赔偿委员会委员。根据战争赔偿法,委员们任职于委员会存续期间,没有任何免职规定。在1953年,戴维·艾森豪威尔总统要求威纳辞职下台。威纳拒绝这一要求,艾森豪威尔总统免除了他的职务。于是威纳向赔偿法院提起诉讼,要求支付从免职之日起到委员会结束之时所欠的薪水。赔偿法院驳回了他的诉讼请求,但联邦最高法院一致同意撤销赔偿法院的判决。

在代表联邦最高法院起草的判决中,费利克斯·法兰克福特(Felix *Frankfurter)大法官同时认可了汉弗莱遗嘱执行人案的法理和判决。战争赔偿委员会同早期判例中的联邦贸易委员会一样,是一个准司法实体,其官员受不由总统的无因免职的保护。

[Joel B. Grossman 撰;蒋专平译;胡智强校]

威廉斯,乔治·亨利[Williams, George Henry]①

(1820年3月26日生于纽约州新黎巴嫩;1910年4月4日卒于俄勒冈州波特兰)俄勒冈州的联邦参议院参议员,联邦司法部长,未获任命的首席大法官人选。1873年尤利西斯·S.格兰特总统以乔治·威廉斯作为首席大法官(*Chief Justice)的提名遇到了相当大的争议,在参议院和有组织的法官中引起了反对,他们认为威廉斯太平凡了,不能就任国家的首席法律职位。在威廉斯的要求下,格兰特总统撤回这一提名。

威廉斯的早年岁月在纽约度过,1844年被获准执业。他是衣阿华州一名地区法院法官,1853年他成为俄勒冈州地区的首席大法官。1864年他在联邦参议院获得席位。在参议院期间,他一般支持激进的共和党政策。在失去参议院职位后,威廉斯在1871年被格兰特总统任命为司法部长。

格兰特安置威廉斯到联邦最高法院的努力遇到了一部分律师的反对。部分反对意见包含一些情绪:从边远的俄勒冈州来的律师不适合判决联邦最高法院一些更复杂的商业案件。面对这样的反对意见,格兰特撤回了提名。

威廉斯继续任司法部长到1875年,在他的以后岁月中,他在俄勒冈州重新从事律师事务和公共服务。

[Rober L. Cottrol 撰;蒋专平译;胡智强校]

威廉斯诉佛罗里达州案[Williams v. Florida, 399U.S.78(1970)]

1970年3月4日辩论,1970年6月22日以7比1的表决结果作出判决;怀特代表联邦最高法院起草判决意见,马歇尔持不同意见,布莱克蒙未参加。按照州法,威廉斯被6人陪审团审判并判重罪——1967年6人陪审团在佛罗里达州被适用于除死刑以外的所有案件。威廉斯在审判前的动议中已经提出选择12人陪审团的申请,他认为较小的陪审团可能剥夺联邦宪法第六修正案(the *Sixth Amendment)中规定的由陪审团审理(*Trial by jury)的权利。威廉斯被判终生监禁。联邦最高法院批准了州在刑事案件中适用6人陪审团,并且维持了原判。

威廉斯案是20世纪70年代由联邦最高法院裁定推翻了延续几个世纪法律传统的系列判例的第一个,这个传统就是,长期以来确立的普遍惯例和共同理解认为,合乎宪法规定的审判应由12人组成的陪审团作出一致裁决。系列案件包括"兰德里诉霍普纳案"(Landry v. Hoepfner)(1988)、"科尔格罗夫诉巴廷案"(Colgrove v. Battin)(1973)、"巴柳诉佐治亚州案"(*Ballew v. Georgia)(1978)、"约翰逊诉路易斯安那州案"(*Johnson v. Louisiana)(1972)、"阿波达卡诉俄勒冈州案"(*Apodaca v. Oregon)(1972)和"伯奇诉路易斯安那州案"(Burch v. Louisiana)(1979)。威廉斯案裁定,从宪法规定看,州的6人刑事陪审团是恰当的,因为从功能上他们同12人陪审团相通。这一判决特别出乎意料,因为仅在2年前,联邦最高法院在"邓肯诉路易斯安那州案"(*Duncan v. Louisiana)(1968)中将第六修正案中陪审团审理的权利扩展适用于州。

几乎威廉斯案的所有评论者都认为,联邦最高法院这一推理和证据观念是异乎寻常的。对拜伦·怀特(Byron *White)大法官意见的准确理解使人们清晰认识到这一判决并没有任何宪法上的或事实上的支持。联邦最高法院引用的几个证明其功能相同的"证据"——从"可以认为几乎不存在任何差异"的陈述,到一位审判法官对更小陪审团可能带来的经济上的节省,没有任何一个是适当的证据,甚

---

① 另请参见 Nominees, Rejection of。

至与该案争议的问题无关。

对威廉斯案的批评是严苛的。唯一的争论在于联邦最高法院到底是有意还是无知。3 年后在"科尔格罗夫诉巴廷案"(Colegrove v. Battin)(1973)中,面对是否授权联邦法院采用 6 人民事陪审团的问题时,联邦最高法院的回答是支持故意看法的。该案再次大胆地坚持了威廉斯案的"证据",甚至还对证据阵列增加了更多有瑕疵的证据,并指责对威廉斯案的批评是不能令人信服的。无论如何,联邦最高法院需要更小的陪审团,并且已经如愿以偿。

[Peter W. Sperlich 撰;蒋专平译;胡智强校]

威廉斯诉密西西比州案[Williams v. Mississippi, 170U. S. 213(1898)]①

1898 年 3 月 18 日辩论,1898 年 4 月 25 日以 9 对 0 的表决结果作出判决;麦克纳代表联邦最高法院起草判决意见。一个全部由白人组成的大陪审团(*Grand Jury)控告密西西比州的一个黑人威廉斯犯有谋杀罪。一个全是白人的小陪审团(*petit juries)认定罪名成立并判处绞刑。威廉斯辩称,控告和审判违背了联邦宪法第十四修正案(the *Fourteenth Amendment)的平等保护条款,因为黑人被排除在陪审团服务之外。只有合格的选举人才能担任陪审团成员,而 1890 年的密西西比州宪法会议已将文化测试和人头税(*Poll Taxes)采纳为认定投票的资格标准,这就大大削减了被登记的黑人投票者的人数,1892 年以后实际上已把黑人从陪审团花名册中排除了。然而,联邦最高法院全体一致否决了威廉斯的论点,并将此案与"伊克·吴诉霍普金斯案"(*Yick Wo v. Hopkins)(1886)相区别,后者认为,表面上公正的法律在公共机构以一个不平等的方式适用时可以被宣布无效。威廉斯没有证明密西西比州选举权规定的实际执行是歧视性的。

其他南方各州以密西西比州为榜样,新法和白人预选(*white primary)实际上剥夺了南方黑人的选举权,直到 20 世纪 40 年代白人预选的终结。从实际目的看,威廉斯案被《1964 年民权法》(the *Civil Rrights Act of 1964)和《1965 年投票权法》(*Voting Rights Act of 1965)取代,两法禁止在少数民族参选率异常低的州和地区实施排斥性测试。

[Ward E. Y. Elliott 撰;蒋专平译;胡智强校]

威尔森诉布莱克包德港湾湿地公司案[Willson v. Blackbird Creek Marsh Co., 2Pet. (27U. S.)245(1829)]

1829 年 3 月 17 日辩论,1829 年 3 月 20 日以 6 对 0 的表决结果作出判决;马歇尔代表联邦最高法院起草判决意见,特林布尔(Trimble)逝世。威尔森案的判决具有双重意义:它表明了什么是现在被认为是休眠状态的商业权力(Commerce Powe);它也是 1824 年以后,首席大法官约翰·马歇尔(John *Marshall)从构成他早期联邦最高法院特点的强硬的国家主义立场退却的几个判例之一。

在"吉本斯诉奥格登案"(*Gibbons v. Ogden)(1824)中,马歇尔支持依据商业条款扩张国会权力,赋予联邦海岸特许法广义的理解。在威尔森案中,特拉华州的立法受到质疑,该法允许公司在可航行的小河上建立堤坝以排干一处沼泽地,但是也可以基于同样的理由宣布上述行为无效。但是,马歇尔支持这一法律。他指出国会没有颁布任何直接相关的立法。因此,马歇尔认为,当国会愿意让商业权力(*Commerce Power)暂停发生作用,各州可以实施同时发挥作用的权力管制商业。这间接地否决了马歇尔在吉本斯案意见中的一个模糊性暗示:国会通常对跨州商业具有专属性的权力,即使该权力未实施。两个判例在结果上的差异可以从几个方面解释。吉本斯案的路径并不重要,州的治安权力原则(*State Police Power)必然发生作用,特拉华州的立法作为一项公共健康措施是正当合理的。

[William M. Wiecek 撰;蒋专平译;胡智强校]

威尔逊,詹姆斯[Wilson, James]

(1742 年 9 月 14 日生于苏格兰法夫郡,1798 年 8 月 21 日卒于北卡罗来纳州埃德顿,最初葬于北卡罗来纳州埃德顿的海恩斯种植园,1906 年 11 月遗骨被移至宾夕法尼亚州费城基督教堂)1789—1798 年担任大法官。詹姆斯·威尔逊出生于苏格兰地位低下的农村生活环境,他是"传奇人生"(Lad o' parts)的一个生动例子:在 18 世纪苏格兰启蒙运动的全盛期完成大学学业,毕业后在 23 岁移居美国,主要通过才智和勤奋获得了名誉和财富。在宾夕法尼亚州和全国舞台中,他成为著名的律师、小册子作者(编者注:用于政治宣传等的便携读物)、政治人物、金融家和美国立宪主义理论家。但是最终他没有认识到他的才干和成就的前途;在联邦最高法院的任职基本上表明他的公职生涯虎头蛇尾。

1765 年定居宾夕法尼亚州后,威尔逊当时跟从一名在美国受过最好教育之一的律师约翰·迪金森(John Dickinson)学习法律。同迪金森一样,威尔逊把法律职业作为政治声望的一个工具。1767 年他在西部的宾夕法尼亚州开始较为成功的律师执业;但是到了 1768 年他在美国社会生活中具有发言权的雄心已经明显。在那一年他创作(尽管直到 1774 年才修改和出版)了《英国议会立法权的本质和范围思考》,该书被视为革命前小册子文献的一部重要

---

① 另请参见 Equal Protection; Trial by Jury; Vote, Right to。

James Wilson

作品。

18世纪70年代早期,威尔逊扩大了他的律师业务,并开始公职生涯。1775年他被选入第二次大陆会议。尽管并非早期的独立拥护者,他在《独立宣言》上签了字,在独立战争期间以及此后的时间里,他继续在全国和宾夕法尼亚州政界奋斗。他同本州主要的保守派结盟,对1776年宾夕法尼亚州宪法和邦联条例长期持批评态度。1778年移居费城,威尔逊成为代表罗伯特和当地金融机构的律师和投资者,他在1785年创作了另一本重要的政治小册子《北美银行的思考》。

通过那些小册子和18世纪80年代作为国会代表的其他活动,威尔逊创立了他强硬的国家主义学说。他的国家主义最终使他达到公职生涯的巅峰:他的作品有助于制定和保障联邦宪法。在1787年大陆会议,他发挥的作用仅次于詹姆斯·麦迪逊(James *Madison),在批准运动中,他在宾夕法尼亚州发挥着领导作用。威尔逊对美国立宪主义几个显著贡献至少可以与其他任何缔造者匹敌,特别是分权理论(*separation of powers)、总统的重要性,尤其是具有根本意义的"人民主权理论"。1790年他还成功地领导了一次运动,他用比联邦宪法更具体体现他与众不同的宪法理论的一个文件替代1776年宾夕法尼亚州宪法。最全面阐述威尔逊宪法理论的是他的著作《法律演讲集》(Lectures on Law),这部著作是在1790—1791期间为演讲而创作的,当时他被任命为宾夕法尼亚州学院的法律教授。

1789年,经乔治·华盛顿总统的提名,威尔逊被任命为第一届联邦最高法院的大法官。尽管他本人和其他人都曾提议他担任首席大法官(Chief *Justice),但在1789年、1795年和1796年均未能如愿。威尔逊作为大法官所积累的成就远没有实现他早年的抱负。除在"奇泽姆诉佐治亚州案"(*Chisholm v. Georgia)(1793)的特别评论意见以外,他的几个书面意见都很简洁。在处理州在联邦法院诉讼的主权豁免(*sovereign immunity)请求中,威尔逊详尽地阐述了人民主权的观念,这一观念以同时代的哲学思想的主要原理为基础,但是依当时的政治情形却走了调。然而,在与威廉·布莱克斯通相联系的法律实证主义分道扬镳的过程中,在维护和提高全国政府以及人民民主的权威方面,威尔逊在奇姆案中的意见预见了未来的美国法学。

18世纪90年代,威尔逊在投资事业上过分扩张并陷入财务困境。两次因欠债被投进监狱。最后,为了逃避债权人,他躲进了北卡罗来纳州,在孤独和耻辱中死去。一个伟大的法律思想和宪法理论家因富于想象的天性而毁灭了,这种天性也使得他为后世留下了国家缔造者的精神财富。

参考文献 Stephen A. Conrad, "Metaphor and Imagination in James Wilson's Theory of Federal Union," *Law & Social Inquiry* 13(1988):1-70; Stephen A. Conrad, "James Wilson's 'Assimilation of the Common-Law Mind,'" *Northwestern University Law Review* 84 (1989): 186-219. Robert Green Mccloskey, ed, *The works of James Wilson*, 2 vols. (1967).

[Stephen A. Conrad 撰;蒋专平译;胡智强校]

温希普对物(对事)诉讼案
[Winship, In Re, 397U. S. 358(1970)]①

1970年1月20日辩论,1970年3月31日以6比3的表决结果作出判决;布坎南代表联邦最高法院起草判决意见,哈伦持存有意见,伯格、斯图尔特和布莱克反对。联邦最高法院扩大可能面临监禁的青少年刑事被告的权利,这暴露出各州现有的青少年程序和高尔特对物(对事)诉讼案(In re *Gault)(1967)所含有的对应标准之间存在不一致。温希普案涉及了其中之一,并且在诉讼中提出了关于宪法制度中正当程序的重大法理本质问题。

争议在于要将一个12岁的男孩交送少年罪犯工读学校所必需的证据标准问题,这一行为若是由成人进行,则可能构成盗窃罪。根据纽约州当时的青少年法律,家事法院法官仅需要一个"数量优势证据"说明拘留青少年的正当性,而不是"排除合理

---

① 另请参见 Due Process, Procedual; Juvenile, Justice。

怀疑"的刑事证据标准。

在上诉审中,联邦最高法院大胆超越联邦宪法明确保证的范围(因为合理怀疑标准并没有在任何地方有明确的规定),主张:这一标准被普通法认可并在历史上被联邦最高法院作为定罪的依据,该标准对于正当程序和公平对待面临监禁的青少年也必不可少的;再则,它不会干扰对青少年定罪和判决的灵活性。因此,联邦最高法院使对成人刑事被告适用的合理怀疑标准"合宪化",并将其同样适用于青少年。

有意义的是,首席大法官沃伦·伯格(Warren *Burger)的异议预示着在赋予未成年人程序保护方面出现了更保守的态度。一年后,联邦最高法院明显压缩了正当程序的扩展。在"麦基沃诉宾夕法尼亚州案"(McKeiver v. Pennsylvania)(1971)中,联邦最高法院狭义地解释了高尔特案和温希普案,否认青少年有权要求陪审团审理。

[Albert R. Matheny 撰;蒋专平译;胡智强校]

合众国诉温星公司案[Winstar Corporation, United States v., 518 U. S. 839 (1996)]

1996年4月24日辩论,1996年7月1日以7比2的表决结果作出判决;苏特大法官代表法院起草判决意见,布雷耶持并存意见,斯卡利亚对判决持并存意见,伦奎斯特持反对意见,金斯伯格法官也持部分反对意见。这个纷繁复杂而又支离破碎的案件起源于20世纪70年代末80年代初存贷款产业的崩溃。为了解决互助储蓄银行濒临破产的问题,联邦政府引导健康运营的互助储蓄银行进行收购,并承诺给予特殊的会计待遇,即允许收购的互助储蓄银行将抽象的"商誉"作为对他们要求的"监管资本"的一部分。

然而,随后的立法禁止互助储蓄银行将商誉作为监管资本,这就使得政府早期的承诺无法兑现。举例来说,温星公司就因为不符合新规则中的资本要求而被管制机构抓住把柄。联邦上诉法院裁定,政府的承诺构成了有效的合同。

在联邦最高法院,政府强调两个宪法性问题。依据主权放弃的"明确性"(unmistakability,根据该原则,政府作为主权者在签订合同时,不得推定其放弃了作为主权者的权利,除非政府"明确"地、不会引人误解地表示要放弃主权——译者注),政府必须"以明确合同条款"表明将放弃自己的主权并对自己违反合同的行为承担责任。而依据"主权行为"原则,政府的"公共"行为不能被认为改变了自己的合同义务。

苏特在多元的判决意见中写道,明确性原则在本案中是不能适用的,因为合众国无需放弃自己的主权——政府可以制定新的银行业管制规定,并支付赔偿。为尊重主权行为,他在判决中总结道,承诺收购的互助储蓄银行将商誉作为监管资本不是一种公共行为。进而言之,将政府当成一个私的合同的当事人看待,它将不能证明实施违约责任免除的"不可能性"。

尽管不同意见之间的细微差别限制了温星公司案作为一个先例而应具备的明确性,但是这个案件似乎支持了这样的主张,即政府合同是可以依据一般合同原则进行裁判的。

[Steven J. Eagle 撰;胡海容、许明月译;林全玲校]

窃听[Wiretapping]

参见 Katz v. United States;Olmstead v. United States;Search Warrant Rule, Exceptions to。

沃特,威廉[Wirt, William]

(1772年11月8日生于马里兰州布雷登斯堡,1834年2月8日卒于华盛顿特区)律师和政治家。作为共和国早期的一名杰出律师,威廉·沃特促进了共和国法律体系的形成。尽管沃特喜欢一个学者的生活,迫于经济压力他怎么也避不开在法庭上辩论。作为合众国内阁中的司法部长(1817—1829),他面临许多争议性问题,但他似乎对政治不感兴趣。当1832年被反共济会的人提名为总统候选人时,他希望撤回而支持辉格党候选人亨利·克莱,但未如愿。他起初支持州的权力,后来在首席大法官约翰·马歇尔(John *Marshall)的影响下,他转向于宪法的国家主义,然而,他似乎并未理解法律和政治的关系。

沃特在联邦最高法院进行了174个案件的辩论,一些是作为代表政府的司法部长,更多的是作为代表私人当事人的律师(他和同时代的人并未意识到两种角色混同的不恰当)。在长期任司法部长期间,他强化了这一职位,在他任职以前这一职位已相当软弱。在"达特茅斯学院诉伍德沃德案"(*Dartmouth College v. Woodward)(1819)中,他就给予州以特许公司(*Chartered Corporation)的权力的辩论意见未获成功。但是在联邦最高法院的第一个商业条款案——"吉本斯诉奥格登案"(*Gibbons v. Ogden)(1824)中,他帮助丹尼尔·韦伯斯特(Daniel *Webster)打破了纽约州的汽船垄断。在"麦卡洛克诉马里兰州案"(*McCulloch v. Maryland)(1819)中,他关于美国银行合宪性的观点是雄辩的,尽管被威廉·平克雷(William *Pinknehy)强有力的国家主义的评注所淡化。在接近生命终结的一次勇敢尝试中,他在"武斯特诉佐治亚州案"(*Worcester v. Georgia)(1832)中胜诉,但是他认为印第安人向西部迁移已是不可避免的(参见 Cherokee Cases)。

[Maurice Baxter 撰;蒋专平译;胡智强校]

威斯康星州诉约德案[Wisconsin v. Yoder, 406 U. S. 205(1972)]①

1971年12月8日辩论,1972年5月15日以6比1的表决结果作出判决;伯格代表联邦最高法院起草判决意见,道格拉斯反对,鲍威尔和伦奎斯特未参加。在这个判例中,联邦最高法院判决威斯康星州将强制高中入学法适用于保守的安曼·门诺教派(Amish Mennonite Church)成员的孩子,这种做法侵犯了父母依据联邦宪法第一修正案(the *First Amendment)宗教自由践行条款享有的权利。

联邦最高法院判定,州存于普遍教育(universal *education)中的利益,在其侵害诸如受宗教践行条款特别保护的利益以及父母在培育孩子方面传统的自由利益之类的其他基本权利时,并非完全不能对其使用平衡程式进行平衡。安曼教派认为,若强制实施该法8年级以后的教育,他们的宗教信仰即使不被摧毁也可能受到严重威胁。他们提出了他们作为自给自足的宗教社区的历史、其信仰的神圣性、这种信仰与其独具一格的生活方式的互动关系——以及继续维持这种互动对于该教派的存续的必要性。

多数意见认为,安曼教派艰难地证明了他们选择的非正式职业教育模式并没有违反威斯康星州最高法院作为其支持该州强制性高中义务入学计划之依据的目标和重要的州权利。安曼教派认为,放弃一到两年的义务教育不会削弱孩子身心健康,也不会影响其成为自立和具有创造性公民的能力。此外,安曼教派认为,高中入学规定强调知识和科学成就、自我个性和竞争——所有价值都与安曼教派所关心以践求知、善良的生活、支持社区福利、独立而不是融入世俗社会的价值相对立。

联邦最高法院认为,真正的宗教信仰,而非单纯的个人偏好和人生哲学追求,支持了安曼教派的主张。对联邦最高法院来说,另一重要因素是安曼宗教文化的广度和历史的持续性;联邦最高法院承认,中学教育对宗教社区的威胁比小学更大。联邦最高法院裁定,高中义务教育会强迫年轻信徒放弃他们对宗教的自由践行或移居到更加宽松的环境,这将有损安曼宗教社区。

联邦最高法院驳回了威斯康星州提出的如下主张:联邦宪法第一修正案所保护的仅仅是宗教信仰,而非行为,哪怕是基于宗教原因的行为。联邦最高法院根据"谢尔伯特诉佛尔纳案"(Sherbert v. Vemer)(1963)认为,一个在表面上中性的管制,如果它不适当地增加了宗教自由践行的负担,也会在适用中违背宪法要求政府中立性的规定。在父母对孩子以宗教进行培育的利益与正当的宗教自由践行主张相结合的条件下,要维持这一法律,就必须满足比通常情况下更严的合理性基础测试标准。

联邦最高法院多次强调安曼社区在历史上的独特性和自足性。实际上,这也就表明,如果没有这样长久的历史,法院就不应当赋予其对义务学校教育法的豁免。联邦最高法院认为,很少有其他团体能够证明非正式职业教育或其他训练能对抗州存于义务学校教育中的正当的利益。

威廉·奥维尔·道格拉斯(William Orville *Douglas)大法官的异议聚焦于联邦最高法院判决框架的狭窄性,认为它仅将父母和州的利益考虑其中。他认为,首先必须听从孩子们关于他或她对高中教育的向往,以及从安曼宗教和社区中解放出来的愿望。此外,他也就是否只有正式的宗教社区才能够对他们的信徒寻求义务中学教育的豁免,提出了质疑。

同道格拉斯一样,许多学者认为,联邦最高法院在违背联邦宪法第一修正案的一项最重要的基本原则时,作了一个以内容为基础的选择。联邦最高法院在明显地拒绝给予基于世俗的理由而拥有独立的、个人主义的道德选择的公民和团体获得这种机会的同时,又选择这种具有特定的宗教信仰和长期稳定的构成成员的宗教社区而赋予其接受高中义务教育的豁免权,他们对其中的推理也表示怀疑。此外,很多学者认同道格拉斯的观点,孩子们可能具有与父母不同的宗教信仰和自由利益的宪法权利,他们需要中立的法律平台给予保护。

参考文献 Jesse H. Choper, "Defining 'Religion' in the First Amendment," *University of Illinois Law Review*(1984):579-613.

[Ronald Kahn 撰;蒋专平、许明月译;胡智强校]

质证[Witnesses, Confrontation of]

法律的对抗性系统以双方提供证据和抗辩的能力为前提。从本质上说,它表明一方挑战另一方观点的能力。这个一般原理已由联邦宪法第六修正案(the *Sixth Amendment)在刑事程序中得到强化,在某种程度上该修正案规定在所有的刑事控诉中,"被告享有……对针对他的证据进行质证的权利。"这一规定被添加到《权利法案》(*Bill of Rights)中,以此作为对不允许这样做的18世纪英国惯例的回应。尽管长期以来各州具有自己的质证保障规定以及对传闻证据的禁止,但是在"波因特诉得克萨斯州案"(*Pointer v. Texas)(1965)中,这一宪法保障才通过联邦宪法第十四修正案(the *Fourteenth Amendment)适用于各州(参见 Incorporation Doctrine)。

质证条款的理论目的在于确保刑事诉讼中作为依据的证据能在公开法庭出示,被告不仅具有听取

---

① 另请参见 Religion。

不利证据的权利,而且可以盘问、对质那些证据。尽管这一普遍原则已经确立并且为人们广泛接受,但是对于应当怎样广义地解释这一原则仍存在争论。例如,为了保护特别脆弱的证人——如涉及孩子的性虐待案件———些州修改传统的盘问方式,这就使得有人抱怨这在拒绝给予被告质证权。再则,作为一个现实问题,法院在没有质证机会的情况下已经允许使用一些证据,如允许采用垂死的人的陈述和在以前审判中已作证的已故证人的言词证据。

[Malcolm M. Feeley 撰;蒋专平译;胡智强校]

沃尔科特,亚历山大[Wolcott, Alexander]①

(1758年9月15日生于康涅狄格州温莎,1828年6月26日卒于康涅狄米德尔敦)律师、公务员,提名未获批准的大法官人选。这位亚历山大博士和玛丽·理查德·沃尔科特的儿子,在耶鲁大学上学并从此开始学习法律。他在康涅狄格州的温莎开始律师执业,后来在马萨诸塞州斯普林菲尔德执业,在那儿于1785年9月他娶了弗朗西丝·伯班克为妻。他携妻返回康涅狄格州成为共和党的一名领导人,同时担任米德尔敦港收税员。

1811年2月4日,詹姆斯·麦迪逊提名沃尔科特为联邦最高法院大法官。由于沃尔科特曾强硬地实施禁运令(Embargo,1807年的一个联邦立法),禁止所有对外国的海上商业,此举不仅不得人心还极大地刺激了联邦主义者,他们抗议对沃尔科特的提名,把他描述为法律才干平庸之人。尽管这些攻击具有党派倾向,但并非极端评论,即使是共和党人也发现很难为沃尔科特辩护,两党对他司法才干的极端怀疑导致参议院以9比24的表决结果否决了对他的提名。

参议院对沃尔科特的否决并未使他对政治活动失去信心。他在1818年的康涅狄格州宪法会议中发挥了突出的作用,他认为,宣布立法机关法律违背宪法的法官应当被开除。他还进一步主张联邦最高法院实行司法审查(*judicial review)是权力侵占。

[Robert M. Ireland 撰;蒋专平译;胡智强校]

沃尔夫包装公司诉产业关系法院案[Wolff Packing Co. v. Court of Industrial Relations, 262 U. S. 522(1923)]②

1923年4月27日辩论,1923年6月11日以9比0的表决结果作出判决,塔夫脱代表联邦最高法院起草判决意见。1920年堪萨斯州因颁布产业关系法(Industrial Relation Act)使整个国家感到吃惊,该法规定,对关键产业——食品、服装和燃料——的所有争议须通过特别任命法庭强制仲裁,该仲裁庭有权限制罢工和停业,也有权规定报酬和监督工作环境。这种措施不受劳工(*Labor)和资方欢迎。

裁定该法违宪时,首席大法官威廉·霍华德·塔夫脱(William Howard *Taft)利用这个机会系统阐述了合同自由(freedom of *contract)的确定准则,同时准确地解决了对哪些商业活动可以"影响公共利益"为依据而进行管制。这主要包括根据公共许可的权限而经营的商业(即提供公共服务的公共设施;传统上被视为公共服务范围的职业,如客栈、出租汽车、磨坊;自由经济法不发挥作用的商业,如垄断;或经营已转向公共服务以至于需要给一定程度的政府管制的商业)。

这一判决通过把多数商业排除在州管制范围之外的做法,否认了自"芒恩诉伊利诺伊州案"(*Munn v. Illinois)(1887)以来半个世纪法律的发展。经济自由成为规则,而限制则为例外。该判例通过为进一步更强烈地打击州对商业行为的直接管制提供了理论基础,使得一系列对各种私人商业的社会管制措施被宣布无效。

[Paul L. Murphy 撰;蒋专平译;胡智强校]

沃尔夫诉科罗拉多州案[Wolf v. Colorado, 338 U. S. 25(1949)]③

1948年10月19日辩论,1949年6月27日以6比3的表决结果作出判决;法兰克福特代表联邦最高法院起草判决意见,道格拉斯和墨菲持不同意见。沃尔夫在科罗拉多州被判犯共谋堕胎罪(*Abortion),科罗拉多州最高法院驳回沃尔夫对刑事程序中证据扣押和宪法适用的异议,维持了对他的定罪。联邦最高法院准予了调卷令(*certiorari),考虑是否将联邦宪法第十四修正案(the *Fourteenth Amendment)的平等保护条款与联邦宪法第四修正案(the *Fourth Amendment)搜查和扣押保护相结合,并据此适用于各州和联邦政府。联邦最高法院也考虑了并入是否要求适用"威克斯诉合众国案"(*Weeks v. United States)(1914)中定义的并适用于联邦法院的证据排除规则(*exclusionary rule)。联邦最高法院对第一个问题作了肯定的答复,但是拒绝将证据排除规则适用于州法院。

在代表多数意见起草的判决文书中,费利克斯·法兰克福特(Felix *Frankfurter)大法官认为,保护人不受专横的法律实施的侵入是"有序自由观念"暗含的内容,因此,需要并入联邦宪法第十四修正案并适用于各州(p.27)。但是,他否定了这样的主张:在州刑事诉讼中,非法或违宪采集的证据必须被排除。费利克斯·法兰克福特承认这样的规则可

---

① 另请参见 Nominees, Rejection of。
② 另请参见 State Reegulation of Commerce。
③ 另请参见 Incorporation Doctrine; Silver Platter Doctrine。

以阻止警察的不合理搜查,但是他强调还存在其他途径实施这样的基本权利,并且州法院曾抵制过威克斯案所界定的这一规则。在并存意见中,胡果·布莱克(Hugo *Black)大法官提出了一些相同观点,他强调并入并未要求适用"司法创造的证据规则"(p.40)。

该案出现两个反对的法官意见:一个由威廉·奥维尔·道格拉斯(William Orville *Douglas)大法官提出,一个由弗兰克·墨菲(Frank *Murphy)大法官提出,并由威利·B. 拉特利奇(Wiley B. *Rutledge)大法官附议。道格拉斯认为,在没有排除以违宪方法扣押证据的情况下,联邦宪法第四修正案保护的实施不起作用,墨菲强调事实上只有少数几个州设计了处理第四修正案违法行为的有效途径。

现在沃尔夫案已经被"马普诉俄亥俄州案"(*Mapp v. Ohio)(1961)推翻。联邦最高法院认可了沃尔夫案中的少数观点,要求各州不仅要遵循联邦宪法第四修正案的条款,而且要排除在违反这些保护过程中所获取的证据。

[Susette M. Talarico 撰;蒋专平译;胡智强校]

妇女[Women]

参见 Gender。

合众国诉王·金·阿克案[Wong, Kim Ark, United States v., 169 U.S. 649(1898)]①

1897年3月5日—8日辩论,1898年3月28日以6比2的表决结果作出判决;格雷代表联邦最高法院起草判决意见,富勒和哈伦反对,麦克纳未参加。该案由合众国19世纪晚期的排华争议引起,争议的焦点在于在美国出生的华人后裔的公民身份(*citizenship)。根据1882年的一个法令,华人被拒绝给予公民权。排外主义者极力主张应当拒绝给予华人后裔生来就有的公民权,而应以父母亲国籍为根据(血统主义)而不是以出生地为依据(出生地主义)确定公民资格。

王·金·阿克(音译)1873年出生于旧金山,父母为华人,当他到中国旅行后被拒绝进入美国,于是这一问题被提交到联邦最高法院。这个判决取决于联邦宪法第十四修正案(the *Fourteenth Amendment)第一款的解释,即"所有在合众国出生或归化合众国并因此受其管辖的人都是合众国的公民。"政府认为王·金·阿克并非美国公民,因为他的父母使他受制于中华帝国。但是联邦最高法院裁定支持王·金·阿克,它认定,普通法和联邦宪法第十四修正案(*Fourteenth Amendment)保证所有在美国出生的人的公民资格,而不管他们的种族传统。在充满排亚激烈情绪的时期,该判例对华裔美国人和其他亚裔都是一个重要的法律上的胜利。

[Lucy E. Salyer 撰;蒋专平译;胡智强校]

伍德伯里,利瓦伊[Woodbury, Levi]

(1789年12月22日生于新罕布什尔州法兰西顿,1851年9月4日卒于新罕布什尔州朴次茅斯,葬于朴次茅斯哈默里·格里夫公墓)1845—1851年任大法官。利瓦伊·伍德伯里是彼得和玛丽·伍德伯里的儿子,跟从杰里迈亚·史密斯(Jeremiah Smith)法官,并在利奇菲尔德(Litchfield)法学院学习法律。1812年他在新罕布什尔州法兰西顿被允许成为律师并开始执业。作为一个热情的杰斐逊主义共和党人,伍德伯里在1817年被任命为州高级别法院的法官,同年他在该法院赞成支持共和党人对他的母校达特默斯学院接管的判决。1819年6月他娶了朴次茅斯的一位共和党富裕商人的女儿伊丽莎白·威廉·克拉普为妻,岳父在政治上帮助了他。1823年在一个独立共和党的派别以及联邦党人的帮助下,伍德伯里被选举为新罕布什尔州长。

Levi Woodbury

派系争斗使伍德伯里在再次竞选中失败,但在1825年他首次入选立法机关,随后进入联邦参议

---

① 另请参见 Chinese Exclusion Cases; Citizenship。

院。他作为约翰·昆西·亚当斯的支持者开始参议员生涯,但是很快他转为杰克逊的支持者。1831年,甘愿放弃寻求参议院的另一任期后,伍德伯里被安德鲁·杰克逊(Andrew *Jackson)总统任命为海军部长。1834年杰克逊任命伍德伯里为财政部长,尽管存在许多对他能力的抱怨,但是在这一职位上他一直待到1841年,在马丁·范布伦总统任期内也未改变。1841年伍德伯里被新罕布什尔州议会作为一名民主党人候选人再次选举回到联邦参议院。1845年9月20日詹姆斯·K.波尔克(James K. Polk)暗示他将任命伍德伯里到联邦最高法院填补由约瑟夫·斯托里(Joseph *Story)大法官去世而产生的空缺。1845年12月23日,波尔克向参议院提交了这一提名,1846年1月3日参议院批准了对伍德伯里的任命。

绝大多数情况下,伍德伯里追随托尼法院的主流,尽管偶尔他也强烈支持各州权利而提出反对意见。例如,在"韦林诉克拉克案"(Waring v. Clarke)(1847)中,他对联邦最高法院的一个将联邦海事管辖权(参见 Admiralty and Maritime Law)延伸到北奥尔良以北95海里的水域的判决持不同意见。同样,他也不同意联邦最高法院对乘客系列案(*Passenger Cases)(1849)的判决,该判决判定对新来移民征收州人头税违背了联邦商业条款(参见 Commercial Power)。他的反对意见表达了他的担心:多数派的判决可能进一步导致作出将来各州不能拒绝接纳被解放的奴隶的判决,这一结果将激怒南方各州并分裂联邦。更早的时候,伍德伯里表达了支持奴隶制的观点,在"琼斯诉冯·赞特案"(*Jones v. Van Zandt)(1847)中,他代表联邦最高法院起草了判决意见,裁定支持一名奴隶主控告一名北方人非法窝藏一逃亡奴隶(*fugitive slaves)。一般情况下,他支持托尼法院对宪法契约条款(*Contract Clause)的判决,在"密西西比州种植园主银行诉夏普案"(Planters' Bank of Mississippi v. Sharp)(1848)中,他代表多数意见起草的判决意见裁定:州不能撤销一家银行在特许状中已经被赋予的票据和钞票转让的权利;在"库克诉莫法特案"(Cook v. Moffat)(1847)中他持并存意见,该案裁定州破产法(*Bankruptcy law)不能根据州外签订的合同免除该州居民的债务。

总之,伍德伯里具有敏锐的法律思想,但是他的短暂任职经历和喜欢起草过度冗长复杂法官意见的习惯冲淡了他在最高法院的声誉。

[Robert M. Ireland 撰;蒋专平译;胡智强校]

伍德拉夫诉帕勒姆案[Woodruff v. Parham, 8Wall.(75U. S.)123(1869)]

1869年10月13日辩论,1869年11月8日以8比1的表决结果作出判决;米勒代表联邦最高法院起草判决意见,纳尔逊反对。原告拒绝支付亚拉巴马州莫比尔市对拍卖出售商品征收的税收,他认为,他们的商品是从其他州引进并以原包装的形式加以销售,应当免除税收。他们援引联邦宪法对各州输入商品的州征税的禁止和商业条款,强调在"布朗诉马里兰州案"(*Brown v. Maryland)(1827)中所确立的原包装原则(original package doctrine)。在布朗案中,联邦最高法院认为,州商业权力开始于商品丧失其输入特征之时,当其处于在原包装状态时,该商品还是跨州商业的一部分。在伍德拉夫案中,联邦最高法院从狭义上理解先例布朗案,并裁决,只要征税州不对这些商品进行差别待遇,那么联邦宪法并未禁止一州对其他州提供的输入商品征税。本案涉及对莫比尔市所有销售征收的一种税收,它并未对跨州商业进行差别待遇。相反,它强调了州权力的限度。各州不能为了把其他州的商品驱除辖区之外或干预州际商业而对其他州的商品征税。企图束缚跨州商业的税收是违宪的。因而伍德拉夫案的判决有助于确立一个原则:一州对跨州商业的差别待遇违反了商业条款(参见 Commerce Power)。

[Richard F. Hamm 撰;蒋专平译;胡智强校]

伍兹,威廉·伯恩汉姆[Woods, William Burnham]

(1824年8月3日生于俄亥俄州纽瓦克,1887年5月14日卒于华盛顿特区,葬于纽瓦克塞达·希尔公墓)1881—1887年任大法官。1880年威廉·伯恩汉姆·伍兹被卢瑟福·B.海斯总统任命到联邦最高法院,直至1887年去世。在短暂的任职期间,伍兹是联邦最高法院主流派的一分子,对南北战争各修正案,特别是联邦宪法第十四修正案进行狭义的解释。他最重要的法官意见是将国会的能力限制在保护个人的民权免受私人侵犯方面,并拒绝将《权利法案》(*Bill of Rights)适用于各州。

威廉·伯恩汉姆·伍兹是伊基尔·S.伍兹和萨拉·伯恩汉姆的儿子,父亲为农场主和商人。他毕业于耶鲁大学,并担任过俄亥俄州一个名叫S. D.金(S.D. King)的律师的助手。1847年他获准进入俄亥俄州律师界。南北战争以前,他活跃于俄亥俄州民主党。战争爆发的前夕,他在州议会任职。战争期间他在俄亥俄州的一个志愿军团服役并提升为名誉少将。

战后,伍兹定居亚拉巴马州,并在政治上转向效忠共和党。他任职于该州的大法官法院,他在此形成的衡平法专业经验后来受到联邦法院的关注。1869年尤利西斯·S.格兰特总统任命他为联邦最高法院第五巡回法院法官,在那儿他对联邦宪法第十四修正案的保障采用一种更宽泛的理解,其宽泛

William Burnham Woods

程度超过了他后来在联邦最高法院坚持的观点。在第五巡回法院,他认为政府的强制垄断违背了联邦宪法第十四修正案的特权或豁免条款,因而投票支持取消之。他还把该条款解释为允许联邦政府惩罚对民权的私人的侵害。

1881 年被任命到联邦最高法院以后,伍兹对联邦宪法第十四修正案的观点变得更加保守。在民权系列案("Civil Rights Cases)中,他支持多数意见,以超越了联邦权力为由否决了《1875 年民权法》。

他的两个最有意义的法官意见都涉及联邦宪法第十四修正案。在"合众国诉哈里斯案"(United States v. Harris)(1883)中,他否决了 1871 年三 K 党法,因为使个人免受私人阴谋损害的保护是州而不是联邦的职责。在"普雷瑟诉伊利诺伊州案"("Presser v. Illinois)(1886)中,伍兹限制通过联邦宪法第十四修正案(the "Fourteenth Amendment)将《权利法案》("Bill of Rights)适用于各州的可能性。普雷瑟案涉及一个禁止公民私人携带武器游行的伊利诺伊州法,伍兹认为联邦宪法第二修正案(the "Second Amendment)限制的是联邦而不是州的行为。

伍兹大法官的哲学反映了他对维护州特权和限制联邦权力的担心。这种担心在帮助将联邦宪法第十四修正案限制在作为保护个人权利的武器的能力方面发挥了重要作用。

参考文献 L. Filler, "William B. Woods," in *The Justices of the Supreme Court of the United States, 1789-1969*, edited by Leon M. Friedman and Fred L. Israel. Vol. 2(1969), pp. 1327-1336.

[Robert J. Cottrol 撰;蒋专平译;胡智强校]

伍德森诉北卡罗来纳州案[Woodson v. North Carolina, 428 U.S. 280(1976)]

1976 年 3 月 31 日辩论,1976 年 7 月 2 日以 5 比 4 的表决结果作出判决;斯图尔特代表联邦最高法院起草判决意见,布伦南和马歇尔持并存意见,怀特、伯格、布莱克蒙和伦奎斯特反对。作为一个抢劫谋杀案的共犯,伍德森已被判一级谋杀罪。根据北卡罗来纳州法律,他收到了一份强制判处死刑的判决(指按照法律直接判处死刑,不允许根据案件的具体情况而进行自由斟酌,作出其他判决 ——校者注)。遵循"弗曼诉佐治亚州案"("Furman v. Georgia)(1972),北卡罗来纳州在一级谋杀中用强制性死刑判决代替了自由裁量制度。与"格雷格诉佐治亚州"("Gregg v. Georgia)(1976)同一天判决的本案,推翻了低级别法院基于联邦宪法第八修正案(the "Eighth Amendment)作出的对强制性死刑判决的认可。

大法官波特·斯图尔特(Potter "Stewart)的意见认为,宪法对残忍和非正常刑罚("Cruel and Unusual Punishment)的禁止要求州在文明标准的范围内行使刑罚权。斯图尔特认为,进化的得体的标准已经远离了强制性判刑,并且,弗曼案后重新制定的多数死刑法律都没有规定自动得出死刑判决。那些不是把人民看作独特的个体,而其视为不能识别的、无人性的群体的观点是违背了联邦宪法第八修正案的。斯图尔特也注意到,陪审团可以按照证据对死刑适用于个案作出调整,北卡罗来纳州的立法可能鼓励陪审团仅为了避免强制死刑判决("capital punishment)而裁决被告无罪。这样的选择在没有具体法规指导的情况下必然要发生,因而也会违背格雷格案确立的要求。威廉·J. 布伦南(William J. "Brennan)和瑟古德·马歇尔在并存意见中重申了他们如下的观点:死刑本身违背了联邦宪法第八修正案。持异议者认为联邦法院没有资格认定强制死刑不如根据制定法自由裁量死刑公正。

[Lief H. Carter 撰;蒋专平译;胡智强校]

伍德沃德,乔治·W.[Woodward, George W.]

(1809 年 3 月 26 日生于宾夕法尼亚州贝瑟尼,1875 年 5 月 10 日卒于意大利罗马)众议员、法官,提名未获批准的联邦最高法院法官人选。1830 年被允许进入律师界后,乔治·W.伍德沃德在他的家乡宾夕法尼亚州执业,1837 年担任州宪法会议代表,1841 年担任宾夕法尼亚州第四审判区的首席法官。4 年后,在竞选联邦参议员失败后,伍德沃德接受詹姆斯·K.波尔克总统在 1845 年 12 月 23 日的提名，填补由于大法官亨利·鲍德温（Henry *Baldwin）的去世而在联邦最高法院产生的空缺。

尽管伍德沃德是一位来自名门望族的忠实民主党人，但是他未能获得参议院的批准。民主党内的各派——特别是来自伍德沃德家乡的一位参议员的反对——使得参议院在1846年1月22日以20对29的表决结果否决了对伍德沃德的提名。后来伍德沃德担任宾夕法尼亚州最高法院大法官和首席大法官，并最终在联邦众议员的选举中获胜。

[Timothy S. Huebner 撰；蒋专平译；胡智强校]

武斯特诉佐治亚州案[Worcester v. Georgia]

参见 Cherokee Cases。

工作量[Workload]

自从"二战"结束后，提交到联邦最高法院的案件的数目急剧上升，从1947年的1295起到2002年的9500起，提交的案件数如雨后春笋般地增长。提交案件是指在每个开庭期向联邦最高法院呈送的供其逐一考虑的案件。但是因为联邦最高法院的自由裁量权允许其拒绝给予超过90%的申请案件以实质审查，单纯的案件提交数量并不能成为联邦最高法院工作量的精确指示器。其他因素也必须考虑，包括用于判断每一案件是非曲直的时间；法官意见的数目、长度和复杂性；法院书记官（law *clerk）需完成的工作量。

但是，提交案件的上升趋势已经引起了广泛的关注。正如前首席大法官沃伦·伯格（Warren *Burger）和其他人评论的那样：提交案件量的上升扩大了要求诉讼的案件绝对量。诉讼越多需要的时间也就越多，尽管很少有经验证据表明提起的诉讼越多实质上需要越多的审查时间。虽然大法官们并非要审查每件案子案情细节的来龙去脉，但确有证据表明联邦最高法院用于梳理案情的时间增加了。这可能更多的是因为需要裁判的案件更复杂，而不是因为最初提交案件的数量。

对联邦最高法院工作量的关注很多不是聚焦于作出努力的时间或程度，而在于用于单个案件的注意力的质量。人们已经对似乎不能形成多数意见的可能性以及他们推理和判决的明晰程度给予特别的关注。在1983年的一篇文章中，菲利普·库尔兰德和丹尼斯·赫琴森指出：过重的待决案件导致了在是非曲直判断方面"质劣"的法官意见。对联邦最高法院的产品是否事实上已经退化并不能作出充分、客观的评价。没有一致的判断或比较依据，即使有，导致判决质量退化的原因也很难识别。多大程度上归因工作量？多大程度上可归因于大法官们意识形态与立场偏向的冲突？

也存在一些人，包括许多大法官，简单否认存在产生一定后果的工作量问题——当然这里所讲的后果并不是要求作出明显更多集中精力的努力和（或）对书记官的更多依赖的纠正行为的后果。没有任何法官声称他或她亲自阅读了所有的调卷令（*certiorari）申请。法官们也存在普遍一致的看法，"贫民诉讼案"（*In Forma Pauperis cases）几乎占最初的提交案件的一半，而且大部分是琐屑的，能够很快处理的案件。实际上，这些案件给予复审的不到1%。但是，这些申请的确需要关注，因而它必然属于在考虑联邦最高法院的工作量以及它是否构成一个问题时应当考虑的一个因素。

如果联邦最高法院工作量的本质被对原因、结果和意义的争议弄得模糊不清，那么就无法对相关问题提出解决办法。这其中某些涉及制定法对司法管辖权的改变，如《1988年司法改善和申诉法》（*Judicial improvement and access to justice Act），除几个案件外，该法几乎排除了所有案件强制直接上诉到联邦最高法院的机会。而其他办法则可能要求对某些特别耗时的特殊类型的案件的考虑进行限制，这些案件如死刑案件（*capital punishment cases）中的人身保护状的申请。还有一些案件涉及高度政治性的内容；对这些案件进行限制的建议，既是对工作量的考虑，也是对意识形态问题的回应。

也有其他批评者呼吁建立新的法院或改变现有法院的司法管辖权，以便从联邦最高法院的待决案件中吸收调卷令申请或联邦最高法院自己指定的其他案件。但这些"解决办法"可能增加而不是解决问题，它们可能产生另一层级的联邦上诉法院，因而不可避免地增加了延期和政策混乱问题。更重要的是，它们必然贬损并因此降低联邦最高法院的政策影响力。当然，保守的批评者削弱联邦最高法院的想法，无论现在（或过去）都是很强烈的，既然联邦最高法院已经进行了明显的右倾转向，这些建议进行的"改革"变得不那么迫切了。

联邦最高法院本身也试图解决工作量的问题。大法官们靠书记官审查调卷申请，现在9位大法官中有7位参加了前大法官刘易斯·鲍威尔（Lewis *Powell）成立的文书组（*cert pool）。从每一个大法官工作室来的每一个书记员被分派审查申请，并且给每一个参加的大法官工作室分发"小组备忘录"——那些申请可以再次由另一位书记员在表面上进行评价或复审。这从理论上看会降低书记员的数量和个人专注于调卷申请的司法注意力。但它能实际节约多少时间还处于争议之中。

除开审查调卷令申请以外，在起草法官意见（the writing of *opinion）中势必额外增加书记员的责任。分配给每一位大法官的书记官的数量（并不是经常利用）已经增加到4人，增加书记官的工作量和责任是否能减轻单个大法官的工作量并不明确。大量依赖于书记官起草法官意见也制造了具有大量脚注的长篇法官意见,并且可能导致降低可接受性而成为真正的学院式作品。

联邦最高法院也通过简易程序处理一些并不像需要完全判决意见的案件那样要求同样水平强度的注意和单独的注意。在过去的 10 年中,联邦最高法院已经增加了不需要额外的诉讼要点(*briefs)或口头辩论(*oral argument)的案件数量。它简洁地撤销(*vacated)或发回重审低级别法院作出的与最近的判例"不矛盾"的判决。联邦最高法院也以法院意见(*per curiam)的方式判决了更多的案件。尽管这些判决可能包含一些法律推理,但是它们往往太简洁而不能给低级别法院或未来的诉讼提供一些指导。在任一种情况,都会受到这样的指责:诉讼当事人——法律——正在接受低于常规的对待。

最后,联邦最高法院能够通过延长精心设计的程序来调节工作量,例如在调卷申请和口头辩论之间、在辩论和宣判之间延长时间。但这仅会增加判决的等待或排队时间,并使得案件不断积压——除开最近的几个开庭期间以外,现代联邦最高法院已经能够避免这些情形。下列案件不可避免地被延期至下一次开庭期:在开庭期内提交的较迟的案件、在开庭期内被选择较晚判决的案件和已经辩论但在开庭期结束时不能及时宣布(或者被移交再次辩论)的案件。这允许联邦最高法院适用传统的精心设计的惯例。

然而,当联邦最高法院的正常节奏被打乱时,诉讼当事人便不得不等待很长的时间以便获悉联邦最高法院是否会裁决他们案件,对于决定审判的案件他们还要等待更长的时间。如果是在统一和可预见的情况下,那么几个月的额外延期不会对诉讼当事人或社会产生重要影响,但是它肯定会削弱联邦最高法院作为在华盛顿可能是或多或少跟得上工作进度的唯一的政府机构形象。

假若联邦最高法院不会(也不应当)改变依据"是非曲直"来判决案件的传统审议惯例,那么它也许已经开始一些边缘的、内部性的旨在加快案件进程的改革。设计激进的制度来减轻联邦最高法院的工作量(如将联邦最高法院分为几个裁判庭)或把起草法官意见的任务授予几个主要人员的主张几乎得不到什么支持,也不具有权威性。因此,除非且直到美国社会改变其对司法判决的日益依赖,否则联邦最高法院的工作量可能继续增加。只有当法官们自身迫切需要帮助时,一些重要改组才可能发生。

参考文献 Gerhard Casper and Ricard Posner, *The Workload of the Supreme Court* (1976);Philip kurland and Dennis Hutchinson, "The Business of the Supreme Court, O. T. 1982," *University of Chicago Law Review* 50 (1983),628-651,"Of High Designs:A Compendium of Proposals to Reduce the Workload of the Supreme Court," note in *Harvard Law Review* 97 (1983):307-325.

[William P. Mclauchlan 撰;蒋专平、许明月译;胡智强校]

第一次世界大战[World War I]①

由于进行了全民动员,第一次世界大战成了第一场现代化战争。对美国来说,它也代表了对传统的一个突破,因为美国军队第一次被派到了欧洲去打仗。1917 年 4 月正式宣战后,总统伍德罗·威尔逊和国会认为国家正面临着前所未有的危机,他们迅速行动起来扩大联邦政府的权力。在 5 月,《选征兵役法》(Selective Service Act)中规定了战时兵役制度。在 6 月,威尔逊政府提出了食品调控法案,它把燃料和食品纳入了联邦的控制之下,并且授予了总统可在"极端"紧急的情况下独断制定任何产业的价格目录的权力。尽管国会中的批评家们指控该项措施授予了总统独裁权并违反了联邦宪法第十修正案(the *Tenth Amendment),但是它仍然于 1917 年 8 月成为了法律。1918 年 11 月的《战时禁酒法》禁止在战争期间制造和销售酒精饮料。其他法令则授权总统强制优先履行政府与战争有关的合同,征用和经营战争所需的工厂,经营航道和铁路运输系统以及管制出口等。

通过行政命令和联邦法令,政府开始能够严厉压制言论和出版自由(*speech and the press)。1917 年 4 月,威尔逊总统发布了两个行政命令:一个创建第一个规模很大的政府宣传机构公共信息委员会;另一个要求政府控制通向国外陆地和海底的电报线。1917 年 6 月的《间谍法》(*Espionage Acts)规定煽动抗命、干扰征兵以及传送妨碍军事行动的虚假报告都是重罪(参见 Subversion)。建立了邮政审查制度,授权邮政总局局长艾伯特·S. 伯利森(Albert. S. Burleson)禁止邮寄那些认为具有煽动叛乱和涉及叛国的资料(他常常随意使用此项权利)(参见 Postal Power)。10 月份的《对敌贸易法》建立了一个检查委员会以协调和推行审查制度(*censorship)。该法允许审查邮件以及与外国的任何种类的联系。1918 年 5 月的《煽动叛乱法》(间谍法的修正案)的目的是镇压无政府主义者、社会主义者、和平主义者和一些劳工领袖。该法规定破坏征招和应募兵役、怂恿支持德国及其盟国、煽动对美国人民的事业的不敬以及其他任何败坏美国政府、领导人或标志的行为均为重罪。

批评家指责说,在战争期间,美国人民受到宪法保护的每一项权利实际上都被剥夺或无效了。然而,联邦最高法院并未被要求就这些法令是否违宪作出判决,大部分案件实际上并未到达联邦最高法

---

① 另请参见 Presidential Emergency Powers;War。

第一次世界大战[World War I] 1031

院,为数不多的几个例外也仅是在战争结束后才发生的。

来自路易斯安那的首席大法官爱德华·D.怀特(Edward D. *White)曾经是南部联盟的一名士兵和一家糖业公司的总裁,他在战争期间及其后的一些年份里领导最高法院的工作。和怀特一起共事的有：原为加利福尼亚律师后由威廉·麦金利总统任命的大法官约瑟夫·麦克纳(Joseph *Mckenna);两个由西奥多·罗斯福总统任命的大法官,威廉·R.戴(Wiliam R. *Day)和奥利弗·温德尔·霍姆斯(Oliver Wendell *Holmes);大法官威利斯·范·德凡特(Willis *Van Devanter)和法官马伦·皮特尼(Mahlon *Pitney),由威廉·霍华德·塔夫脱(William Howard *Taft)总统任命,他们也是联邦最高法院最保守的两个成员;还有三个由威尔逊总统任命的大法官：路易斯·D.布兰代斯(Louis Dembitz *Brandeis)大法官(由于信仰犹太教和提倡社会事业而成为保守派的死敌);约翰·H.克拉克(John H. *Clark)大法官,是一个进步的铁路律师;田纳西的詹姆斯·C.麦克雷诺兹(James C. *McReynolds)大法官,曾作为威尔逊总统的第一个司法部长,他十分成功地对反托拉斯案件(the *Antitrust cases)进行了起诉。作为联邦最高法院的大法官,麦克雷诺兹成为财产权的捍卫者和反对政府管制扩展的斗士,他远没有像威尔逊总统所期望的那样,为政府行为的合法性辩护。

联邦权力的扩大 尽管有内战(*Civil War)经历,但是怀特在州权利与战争的关系问题上却是一个强烈的国家主义者。在他的领导下,联邦最高法院基本上没有对联邦权力的扩大提出质疑。在"艾弗尔等诉合众国案"(Arver et al. v. United States)(1918)中,联邦最高法院支持了选征兵役法,该案以"征兵法系列案"(*Selective Draft Law Cases)而为人所知。在撰写联邦最高法院的一致意见时,怀特写道：国会有"召集和供养军队"的权力,而征兵并非联邦宪法第十三修正案(the *Thirteenth Amendment)所指的"强制奴役"(p.367)。几个月后,在"考克斯诉伍德案"(Cox v. Wood)(1918)中,联邦最高法院拒绝为一个男子提供救济,他以征兵法不能被用于强迫人们去国外服役为由要求免服兵役。在"鲁森伯格诉合众国案"(Ruthenberg v. United States)(1918)中,联邦最高法院拒绝了社会主义党成员认为自己的宪法权利已受侵犯的诉讼请求。(社会主义者认为,在有关他们拒服兵役的审判中,大陪审团和小陪审团都完全是由其他政党的人所组成的)。

赞成扩大联邦权力的类似形式也出现在其他案件中。虽然战时禁酒法在休战后通过,但是联邦最高法院仍在1919年年底的战时禁酒案中确定了它的合法性。布兰代斯大法官根据联邦的战争权承认了这项措施的合法性,并且坚持联邦管理当局甚至在停战之后也可以继续使用这项权力。几个月后,在"鲁珀特诉卡菲案"(Rupert v. Caffey)(1920)中,联邦最高法院拒绝接受该法侵犯了州治安权(*police power of the states)的理由,又支持了这项禁令。在"北部太平洋铁路公司诉北达科他州案"(Northern Pacific Railway Co v. North Dakota)(1919)中,联邦最高法院一致支持1916年的军队预算法的一个条款,该条款授权总统在战时接管和经营铁路。怀特评论道："合众国的战争权具有完全和不可分割的特点,这是不容置疑的",而且联邦政府可以使在和平时期有效的州的费率控制无效(p.367)。联邦最高法院也驳回了对《对敌贸易法》提起的诉讼["鲁梅利诉麦卡锡案"(Rumely v. McCarthy)(1919)、"中央信托联盟公司诉卡文案"(Central Union Trust Co. v. Carvin)(1921)、"斯托尔诉南达科他州案"(Stoehr v. South Dakota)(1921)],而让政府接管电报和电话线路["达科他州中心电报局诉南达科他州案"(Dakota Central Telephone v. South Dakota)(1919)],同时也让联邦政府在战时使用海底电缆财产["商用电缆诉伯利森案"(Commercial Cable v. Burleson)(1919)]。在"合众国诉L.科恩杂货公司案"(United States v. L. Cohen Grocery Co.)(1921)中,联邦最高法院宣布《食品调控法》中处理不公平食品价格的条款违宪,但它并没有否认联邦政府战时固定价格的权利。相反,它声称,《食品调控法》没有就什么是不合理的价格确立明确的标准。

限制不同政见者 自1798年《外侨与煽动叛乱法》(*Alien and Sedition Act)颁布以来,政府对不同政见者的限制从未像第一次世界大战期间那样严厉。根据《间谍法》和《煽动叛乱法》(*Sedition Acts),政府起诉了大约2200人,超过1000人被判有罪。虽然低级别联邦法院(*lower federal courts)在几个案例中支持和阐释了这些措施,但在战争期间,涉及这些法令是否违宪的案件没有一个被提交到联邦最高法院。

战后有几宗涉及公民自由的案件提交到了联邦最高法院。基于不良倾向测试(*Bad Tendency Test)标准,联邦最高法院维持了政府的安全立法,该标准认定,提起指控并不要求证明言论和非法行为之间有必然的因果关系。说话者和写作者的单纯的意图就足以构成犯罪。1919年的"申克诉合众国案"(*Schenck v. United States)涉及一项针对美国军事人员散发反征兵传单行为而依据《间谍法》提起的指控。上诉人申克认为,《间谍法》违反了联邦宪法第一修正案(the *First Amendment),但联邦最高法院一致认定该法合宪。大法官霍姆斯撰写的意见认为,言论自由并非一项绝对权利(他说,例如,它不应该"保护一个人有权在一家剧院里捏造事实大喊着火并造成恐慌"),在战争期间政府可以限制一些在和平时期是合法的言论(p.52)。霍姆斯确立了明显、即发的危险标准(*Clear and Present Danger Test),以便确定在特定环境中使用的词语是否会"导致"某人触犯《间谍法》。尽管"明显、即发的危险"这一措辞后来成为一些不同政见者的挡箭牌,但在申克案中,霍姆斯使用它的方法与"不良倾向"原则是一致的。他相信申克散布传单意在干扰征兵。

在另外两个间谍法案件中,联邦最高法院也维持了有罪判决:在"弗罗威克诉合众国案"(Frohwerk v. United States)(1919)中,一家德语报纸的编辑因发表了批评战争和质疑征兵的合法性的文章而被判有罪;在"德布斯诉合众国案"(Debs v. United States)(1919)中,社会主义者领导人德布斯因为在一个演讲中赞扬了那些因妨碍征兵而被判有罪的人而被起诉。联邦最高法院以德布斯有妨碍征兵的意图为由维持了有罪判决。在撰写弗罗威克案和德布斯案的意见时,霍姆斯没有提及"明显、即发的危险"原则。但没有等到那年结束,他就改变了他的立场,其中的部分原因是受到了小泽卡赖亚·查菲(Zechariah *Chafee,Jr)的影响。当他在随后的案件中发表反对意见时,他对"明显、即发的危险"原则所作的解释扩大了对不同政见者的保护。

在1919年的"艾布拉姆斯诉合众国案"(*Abrams v. United States)中,联邦最高法院支持了1918年的《煽动叛乱法》。艾布拉姆斯和其他人因为散发谴责美国在俄国远征军的传单和号召总罢工而被指控。克拉克法官在撰写多数意见时主张,那些传单试图"在战争最关键的时候激起不满,煽动叛乱、引发暴乱……和发动革命",因而它不被联邦宪法第一修正案所保护(p.623)。霍姆斯和布兰代斯反对,他们认为,指控没有证明传单对战争结果的影响。散发"匿名的无聊传单"不可能会产生"任何即发的危险",也不可能会有什么影响政府的武装力量获得成功的趋势。霍姆斯运用了"思想的市场"这一概念证明自己的立场(p.628)。

在4个月后的"谢弗诉合众国案"(Schaefer v. United States)(1920)中,克拉克也和霍姆斯、布兰代斯一样,不同意联邦最高法院的多数意见。该案涉及费城的一家德语报纸,它发表了一些赞许德军战果的文章,因而被普遍认为基调是不爱国的。在撰写少数意见时,布兰代斯认为,争论中涉及的那些文章相对来说是没有什么危害的,而查禁它们不仅在战时,就是在和平时期也会危及思想自由和出版自由。

"皮尔斯诉合众国案"(Pierce v. United States)(1920)缘于政府的战时安全立法。三个社会主义者因为散发反战传单而被起诉。皮特尼法官代表多数意见发言抨击那些出版物中的一个论点——这场战争有其经济根源——他认为这种资料只会有害于战争的结果。霍姆斯和布兰代斯再一次反对,他们认为,如果评判性的表述或意见也能被起诉,那么,言论自由必将受到危害,在国家处于非常情况下更是如此。在"社会民主党出版公司诉伯利森案"(Social Democratic Publishing Co. v. Burleson)(1921)中,联邦最高法院维持了邮政总局局长的决定,不予邮寄社会主义者的报纸《米尔沃基领导人报》。在"吉尔伯特诉明尼苏达州案"(Gilbert v. Minnesota)(1920)中,联邦最高法院认可了明尼苏达州的一个与《间谍法》相似的法令。该案中,霍姆斯赞成多数大法官的意见,但怀特反对,理由是,只有国会才有权在该领域立法。布兰代斯也反对,但理由是该项州法律侵犯了公民自由。

第一次世界大战加速了美国国家主义的成长,以州权力和与国会相关的总统权力为代价加强了联邦政府的权力。联邦最高法院通过裁决认可了这些变化。这一时期的做法成为了以后的榜样,国家一旦遇到非常情况就扩大联邦权力。因而在大萧条时期和第二次世界大战期间,美国人更乐于认同这样一种观点:联邦政府和总统比各个州政府和国会能更有效地处理各种问题。第一次世界大战也引发了关于联邦宪法第一修正案的含义的争论。虽然联邦最高法院维持了政府的安全立法,但在艾布拉姆斯案中所使用的"明显、即发的危险"的观点也打开了——即便是微不足道的一点点——更有力地保护不同政见的大门。

参考文献 David P. Currie, "The Constitution and the Superme Court:1910-1921," *Duke Law Journal* (Dec.1985); 1111-1162. Paul L. Mulphy, *The Constitution in Crisis Times*,1918-1969 (1972); Richard Polenberg, *Fighting Faiths:The Abrams Case, the Supreme Court, and Free Speech* (1987); Fred D. Ragan, "Justive Olive Wendell Holmes, Jr., Zechariah Chaffee, Jr., and the Clear and Present Danger Test for Free Speech:The First Year, 1919," *Journal of American History* 58 (1971):24-25.

[Stephen Vaughn 撰;蒋专平、许明月译;胡智强校]

第二次世界大战[World War Ⅱ]①

在1941—1945年期间,为了打败轴心国敌人,美国动员了它的全部人力和经济展开了对日本和德国的全面战争(*War)。联邦最高法院也参加到了这场全民战争中,从合宪审查上认可了总统和国会为赢得军事胜利而采取的措施。虽然也保护言论自由,但它驳回了所有对联邦政府所采取的经济措施

---

① 另请参见 Foreign Affairs and Foreign Affairs。

的异议,并多次重申其他宪法权利必然从属于军事需要。

大法官们的个人和哲学观念的冲突使联邦最高法院处理因全面战争而引发的法律问题的工作变得十分复杂。首席大法官哈伦·斯通(Harlan *Stone)(1941—1946)似乎毫无办法控制他的那帮桀骜不驯的同事,他曾经把他们比作一群野马。例如,他们在法官应该遵从立法决定的程度问题上就难以达成共识。虽然在对经济管制立法的合宪性提出异议的案件中所有大法官都认同司法的自我约束(*judicial self-restraint),但до费利克斯·法兰克福特(Felix *Frankfurter)大法官认为同样的立场也应该应用到有关公民自由(*civil liberties)的争议中时,而他的许多同事则坚持个人权利应该被置于优先地位,侵犯个人权利的政府行为应该被置于严格的司法审查之下(参见 Prefered Freedoms Doctrine)。第二次世界大战中的斯通法院内部也爆发了对武装部队总司令和军队行为纳入司法审查是否合适的争论。

1941年12月美国正式宣战以后,最高法院才不得不对这个问题进行仔细斟酌。从1939年9月欧洲大战的爆发到1942年12月7日日本进攻珍珠港为止,富兰克林·D.罗斯福(Franklin D. *Roosevelt)采取了许多在宪法上引起争议的行动。其中包括在北大西洋发动了对德国不宣而战的海战,征用了几家受到罢工威胁的国防工厂。以前这些总统行为从未被摆到联邦最高法院面前。

经济管制 联邦最高法院的确对作为罗斯福的发明之一物价管理署(OPA)作出了判决。最初,物价管理署是罗斯福运用固有的紧急权力建立起来的,后来在《1942年紧急物价管制法》中被国会认可,该法授权物价管理署确定物价。在1944年的"亚库斯诉合众国案"(*Yakus v. United States)中,联邦最高法院驳回了认为该法授予一个管理机构太多立法权的主张。严格来说,联邦最高法院并没有从法律上就联邦战争权(*war power)是否授予了国会本身物价确定权这一问题作出裁定,但是6个人的多数意见相信已经授予,斯通也几乎没有表示任何怀疑。在1944年的一个姊妹案"鲍尔斯诉威灵汉姆案"(Bowles v. Willingham)中,法官们驳回了一个对正当程序(*Due Process)的程序要求提起的诉讼,因为在其合法性可能受到诉讼之前,物价管理署的租金管制就已经生效了。联邦最高法院甚至支持了物价管理署的这样一项权力:它可以不经任何司法程序就对那些违反该机构凭票定量供应制度而出售油料的零售商中止提供燃油。在"斯图尔特兄弟诉鲍尔斯案"(Steuart & Bros. v. Bowles)(1944)中,联邦最高法院颇为令人难以置信地推论,物价管理署的中止令仅仅是一种促进燃油有效分配的方法而不构成惩罚,所以不需要任何司法程序。大法官们对政府在经济领域的行为如此容忍以致他们认为

《1947年住房和租金法》也是对战争权的合法行使,该法直到战争结束且总统正式宣布战争结束后才颁布的。

言论自由 如同在第一次世界大战(*World War Ⅰ)期间一样,联邦最高法院以战争时期的需要为由支持了几乎所有的经济管制。但在言论自由(*freedom of speech)问题上,联邦最高法院在第二次世界大战期间的表现却与在第一次世界大战期间的表现迥然不同。在第一次世界大战期间,联邦政府根据《间谍法》和《煽动叛乱法》(Espionage and Sedition Act)起诉社会主义者、德裔美国人和其他批评政府政策的人士,对持不同政见者进行了严厉压制。联邦最高法院维持了政府指控的有罪判决,坚定地认为这些行为违背了联邦宪法第一修正案(the *First Amendment)。而在第二次世界大战期间,美国的自由主义者开始反思当年的压制,司法部长弗朗西斯·比德尔(Francis Biddle)试图防止第二次对表达自由的大量侵犯。自由主义的斯通法院分担了他的使命。在"哈策尔诉合众国案"(Hartzel v. United States)(1944)中,联邦最高法院推翻了一项根据《间谍法》作出的有罪判决,该案涉及一个法西斯主义的支持者,他向军队的军官和已登记服役者邮寄了竭力宣扬由外国军队占领美国的印刷品。同一天,在"鲍姆加特纳诉合众国案"(Baumgartner v. United States)(1944)中,联邦最高法院一致同意宣布剥夺一个德国出生的公民的国籍的判决无效,该公民被控一直忠于阿道夫·希特勒的第三帝国。而在"基根诉合众国案"(Keegan v. United States)(1945)中,联邦最高法院认定,指控德裔美国人同盟的24名成员密谋商议抵制征兵的定罪指控证据不足。虽然这些判决基于范围狭窄的理由作出,而且没有明确宣布任何法令违宪,但它们为联邦宪法第一修正案所规定的权利实现提供了有力的保障。

在1943年的"西弗吉尼亚州教育理事会诉巴尼特案"(*West Virginia State Board of Education v. Barnette)中,联邦最高法院对表达自由作了最为重要的保护。在3年以前的"迈纳斯维尔校区诉哥比提斯案"(*Minersville School District v. Gobitis)(1940)中,它支持了宾夕法尼亚学校委员会开除耶和华见证人组织那些不向国旗敬礼的学生,法兰克福特在多数意见中强调,向国旗敬礼的目的是为了国家的团结,而国家的团结是国家安全的基础(参见 Religion)。而现在,就在战争当中,联邦最高法院推翻了哥比提斯案。法兰克福特表示反对,他认为法官们不应该用他们自己的政策观来代替那些制定国旗敬礼法律的立法者们的政策观。但多数法官以司法自我约束为由拒绝了他的观点,他们强调,只有当争论中的表达呈现出一个明显、即发危险的罪恶危险(*Clear and Present Danger of Evil),而州已经被授权予以阻止时,联邦宪法第一修正案才允许

进行表达审查(*censorship of express),而要作出一个令人信服的批准则需要存在更紧迫、更直接的理由。

尽管联邦最高法院严格地保护了表达自由,但对其他宪法价值而言它被证明是一个靠不住的护卫者。在"克拉默诉合众国案"(Cramer v. United States)(1945)中,联邦最高法院确实扩大解释了联邦宪法的规定,认定叛国罪可以经两个证人对同一个公开行为的证言予以证实,这对防止刑法中最严重和最容易滥用的指控的过度运用,提供了相当程度的保护。但威廉·O.道格拉斯对此表示反对,他指出这个判决走得太远了,以至将来已不可能实质上指控叛国罪。明显受其影响,联邦最高法院在"豪普特诉合众国案"(Haupt v. United States)(1947)中以8比1的表决结果维持了有罪判决,而所根据的证据并不真正符合克拉默案所确立的必要条件。该项判决使得对美国国民提起大量叛国罪指控变得容易,如"东京玫瑰"被指称在战争期间援助了德国人和日本人的人。

联邦最高法院在1946年的"邓肯诉卡哈纳莫库案"(*Duncan v. Kahanamoku)中的判决也几乎没有保护公民自由。争论的焦点是夏威夷准州实施战争法的问题。联邦最高法院裁定,建立军事法庭以审判那里的公民行为不合法,但它判决的根据是军队没有遵守夏威夷基本法,而不是有关中止人身保护状(the writ *Habeas Corpus)的宪法条款。此外,联邦最高法院是在夏威夷军事管制结束两年和战争结束一年之后才对邓肯案作出裁决的(参见 Military Trials and Martial Law)。

联邦最高法院也只是在战争结束后才同样扩大了对良心抗拒者(*Conscientious Objector)的保护。在"吉罗尔德诉合众国案"(Girouard v. United States)(1946)中,联邦最高法院推翻了3个较早的判决,并裁定良心抗拒者无资格取得国籍。然而,在更早的萨默斯对物(对事)诉讼案(Summers, In re)(1945)中,联邦最高法院却裁定,伊利诺伊州拒绝给一个良心抗拒者发放律师执业许可证是合宪的。

日裔美国人 在战斗进行得正酣的时候,联邦最高法院不会做任何可能影响胜利的事情。因为坚信对个人权利的保护不应该妨碍国家进行全面战争,联邦最高法院裁定行政部门因战争需要所从事的任何政府行为都是合宪的。它甚至听任居住在西海岸的112 000名日裔美国人,其中7万人是美国公民,不经起诉和审判就被处罚,而且由于种族(*race)原因被公然歧视。他们被实行宵禁、被禁止靠近海岸地区、随后被运到了内地的集中营,这些集中营被委婉地称为"重新安置中心"。在1943年的"海拉巴亚斯诉合众国案"(Hirabayashi v. United States)中,联邦最高法院一致裁定宵禁令合宪。在

1944年的"科里马修诉合众国案"(*Korematsu v. United States)中,它又认定排斥令有效。大法官胡果·布莱克(Hugo *Black)在代表联邦最高法院的意见中承认,在没有战争的情况下,这种对单一种群族体公民权利的剥夺可能是违宪的。然而,他也注意到艰难是战争的一部分,因而主张由于国家安全的需要,日裔美国人有必要忍受这种艰难。事实上,战争部门的官员,甚至政府的律师们(他们故意在这个问题上欺骗联邦最高法院)都知道排斥和禁闭日裔美国人没有任何军事上的意义。弗兰克·墨菲(Frank *Murphy)大法官对此判决表示反对,他认为科里马修案陷入了丑恶的种族主义深渊。在恩多单方诉讼案(Endo, Ex parte)(1944)中,联邦最高法院判定给予一个已经完全效忠于美国的日裔美国女孩人身保护令状,她可以不受重新安置中心的限制。但是无论在本案还是在海拉巴亚斯案中,联邦最高法院都不愿意审查重新安置计划本身的合宪性问题。

军事审判 如同这些日裔美国人案件所揭示的那样,第二次世界大战期间,联邦最高法院屈从于宪法相对主义,即个人权利的保护可能根据对德和对日战争的影响程度来决定。大法官们不想妨碍战争的进行,在军事需要这个问题上,他们完全听从总统和军队,甚至达到了忽视司法先例(*precedent)的地步。根据联邦宪法第五修正案(the *Fifth Amendment)大陪审团(*Grand Jury)起诉的规定和联邦宪法第六修正案(the *Sixth Amendment)陪审团审判(*trial by jury)的规定,联邦最高法院在1866年的米利根单方诉讼案(Ex parte *Milligan)中已确认,在民事法院开放并发挥作用时进行军事审判是不合宪的。第二次世界大战时,司法部认为米利根案是一个颇为不便的历史包袱,因而奎因单方诉讼案(Ex parte *Quirin)(1942)中劝说联邦最高法院抛开它。总统已决定出于军事的需要而由一个秘密的军事委员会审判被捕的8个纳粹怠工者。虽然米利根案要求至少他们当中的一部分应当经民事审判,但联邦最高法院还是维持了总统建立该委员会的命令,这项命令甚至找不到合适的法律作依据。

至少在奎因案中,联邦最高法院从宪法仍然适用的假设出发,竭力主张,即使在战争期间,法官也可以对行政行为的合法性进行审查。当在菲律宾战败的日本指挥官寻求重审军事法庭对其战争罪的定罪时,联邦最高法院甚至拒绝考虑这个案件。在亚马西塔对物(对事)诉讼案(Yamashita, In re)(1946)中,联邦最高法院采取的立场是敌军将领不可能有什么宪法权利。如同持不同政见者所认识到的那样,这就意味着在对待某些人时政府是不受联邦宪法约束的,尽管它的权力来源于此。

敌人无权利的观点在美苏冷战早期反共产主义

歇斯底里症中有很大吸引力(参见 Communism and Cold War)。同样具有吸引力的是宪法相对主义,即以牺牲个人权利来满足已认识到的国家安全需要。这些推理方法是联邦最高法院在战时的令人遗憾的遗产,尽管承担着保护公民自由的职责,但是,它如此坚决地推动了战争的进程以致常常颠倒了其职责。

参考文献 Michal R. Belknap, "The Superme Court Goes to War: The Meaning and Implications of the Nazi Saboteur Case," *Military Law Review* 89 (1980): 59— 96. J. Woodford Howard, *Mr. Justice Murphy* (1968); Peter Irons, *Justice at War: The Story of the Japanese American Internment Cases* (1983); Richard Polenberg, *War and Society: The United States 1941—1945* (1972).

[Michal R. Belknap 撰;蒋专平译;胡智强校]

令状[Writ]

在现代实务中,令状是法庭发出的要求某人做某事或禁止某人做某事的正式书面命令。

[William M. Wiecek 撰;蒋专平译;胡智强校]

怀亚特,沃尔特[Wyatt, Walter]

(1893 年 7 月 20 日出生于佐治亚州萨凡纳城,1978 年 2 月 26 日卒于华盛顿特区)1946—1963 年任判决汇编人。怀亚特在弗吉尼亚大学接受法律教育,并在那里担任了《弗吉尼亚法律评论》的主编。1917 年他获得法学学士学位后即开始长期在联邦储备委员会任职,从法律书记员到顾问助理,1922 年到 1946 年间任联邦储备系统总裁委员会总顾问。第一次世界大战期间,他是选征兵役法律顾问委员会的准成员。在 1936 年到 1946 年期间他还是联邦公开市场委员会的总顾问。

1946 年 3 月 1 日,怀亚特被任命为联邦最高法院判决汇编人,在此之前,该职位已空缺了两年多。到 1963 年卸任为止,他编辑了从第 322 卷到第 376 卷的《美国判例汇编》(the United States * Reports),其中的第 322 卷到第 325 卷是补编的,它们包含了在汇编人空缺期间最高法院公布的由助理汇编人菲利普·U. 盖亚特(Philip U. Gayaut)监督编写的判决。在他的职业生涯中,怀亚特出版了大量有关银行法的著作。

[Francis Helminski 撰;蒋专平译;胡智强校]

Yy

亚库斯诉合众国案[Yakus v. United States, 321 U. S. 414(1944)]①

1944年1月7日辩论,1944年3月27日以6比3的表决结果作出判决;斯通代表联邦最高法院起草判决意见,罗伯茨、拉特利奇和墨菲反对。在这个就《1942年紧急物价控制法》(Emergency Price Control Act)是否合宪提出质疑的案件中,联邦最高法院支持国会有权限制司法审查(*judicial review),并有权授予一个管理性机构广泛而有弹性的立法权。为加强物价控制力度,战时反通货膨胀措施授权低级别联邦法院管辖违反物价管理署根据《1942年紧急物价控制法》进行管制的案件。但是考虑这类管制合宪性的司法权力(*judicial power)被排除在外,国会明确规定,因这类管制的合法性引起的争议,首先由物价管理委员在严格的时间限制内进行初步审查,并只能在由根据联邦宪法第3条(*Article Ⅲ)而设立的位于哥伦比亚区的特别法庭——紧急上诉法庭——提出上诉,然后由联邦最高法院审理。

马萨诸塞州的肉商艾伯特·亚库斯因违反了批发牛肉最高限价而受到刑事指控,他没有能够成功地对管制条款的合宪性提出先于其实施的宪法质疑(pre-enforcement constitutional challenge),这种质疑存在复杂的诉讼程序问题。他也在整个诉讼中也被禁止提起附带质疑。联邦最高法院维持了有罪判决并裁决"只要获得了司法审查的机会,就满足了正当程序的要求……",双重的实施机制和宪法程序是准许的(p.444)。持反对意见的威利·拉特利奇(Wiley *Rutledge)和弗兰克·墨菲(Frank *Murphy)认为,一旦国会授予了管辖权,它就不应该强迫法官们漠视"马伯里诉麦迪逊案"(*Marbury v. Madison)的规则,也不应用缺乏正当程序支持的立法或规定实施刑法制裁来违反联邦宪法。

在"阿达莫·雷金公司诉合众国案"(Adamo Wrecking Co. v. United States)(1978)中,一个类似亚库斯案的不容质疑条款摆到了联邦最高法院面前。有关制定法的解释有利于规避宪法,刘易斯·鲍威尔(Lewis *Powell)在并存意见中对亚库斯案规则在行使战争权(*war power)以外的情形下的有效性提出了质疑。然而现代的环境立法包含了与亚库斯案所主张的相类似的司法审查制度。

罗伯茨大法官(*Roberts)也表示反对,他以未经授权原则为依据裁决物价管理署不合宪地行使了授权给国会的权力。支持"新政"(*New Deal)的联邦最高法院的多数意见认为只要制定法所确立的规则为法院提供能够判断管理机构是否遵循国会立法意图便可以算是足够明确了。

[Peter G. Fish 撰;蒋专平、胡海容译;胡智强、林全玲校]

涉及亚伯勒的单方诉讼案[Yarbrough, Ex Parte, 110 U. S. 651(1884)]②

1884年1月23—24日辩论,1884年3月3日以9比0的表决结果作出判决;米勒代表联邦最高法院起草判决意见。亚伯勒案的判决是重建(*Reconstruction)时期的一个例子,在该案中最高法院裁定联邦有权惩罚阻碍他人行使表决权的个人。亚伯勒和一群三K党徒被控殴打、伤害一个佐治亚州的黑人男子桑德斯,以便阻止他在一次联邦国会选举中投票。针对联邦宪法条款没有授权相关制定法禁止密谋伤害和威胁任何一个行使联邦权利的公民的主张,联邦最高法院一致支持这一定罪判决。

大法官塞缪尔·F. 米勒(Samuel Freeman *Miller)斟酌了默示权力(*Implied powers)和"时间、地点、方式条款"(联邦宪法第1条第4款),并认为联邦宪法第十五修正案"授予了黑人投票的权利"(p.665)。他用现实的理由论证了他对这些条款的宽泛理解。否则,他认为,这个国家就将会"任由那些信奉武力而不尊重权利的人所摆布"(p.667)。

然而,这种解释仅仅是那个时代的一个例外。在一个相似的案件"詹姆斯诉鲍曼案"(James v. Bowman)(1903)中,联邦最高法院不顾亚伯勒案而宣布试图控制私人行为的该联邦立法无效。

[Ward E. Y. Elliott 撰;蒋专平译;胡智强校]

耶茨诉合众国案[Yates v. United States, 354U. S. 298(1957)]③

1956年10月8—9日辩论,1957年6月17日以6比1的表决结果作出判决;哈伦代表最高法院起草判决意见,克拉克反对,伯顿、布莱克和道格拉斯持部分反对,布伦南和惠特克未参与。根据《史密斯法》(*Smith Act)的共谋条款,14个共产党领导人同"丹尼斯诉合众国案"(*Dennis v. United

---

① 另请参见 Delegation of Powers; Judical Power and Jurisdicayion。

② 另请参见 Race and Racism; Vote, Right to。

③ 另请参见 Communism and Cold War; First Amendment; Speech and the Press。

States)(1951年)的11个被告人一样被控有罪。但在该案中联邦最高法院发现了两个关键差别并推翻了对所有被告人的有罪判决;这些案件中的9个被告被发回重新审判。

其中的一个指控是:这些被告人曾密谋组织共产党,宣传并教育人们在条件允许时以武力和暴力推翻美国政府的指责和必要性。美国共产党早在1919年就已建立,而此项密谋据说是在1940年《史密斯法》颁布时组织的,并一直存续到1951指控提起之时。政府声称的观点是,"组织"一词汇意味着一个持续的过程,它贯穿一个组织存续的整个生存期间,它包括吸引新成员、组建分支机构、建立俱乐部和建立群众组织。但辩护方则认为,该党已被解散并于1945年进行了改组,"组织"意味着建立、创办和成立,从这个意义上理解词语的含义,则起诉因该法的3年时效限制而受到障碍。

联邦最高法院承认"组织"这一概念含义模糊,它认为该法是有缺陷的,因为它对一种犯罪缺乏准确的界定。它裁决《史密斯法》所使用的"组织"一词的含义仅指有关创建一个新组织的活动,而不意味着一个连续的过程。

起诉还指控那些被告企图鼓动和教导用暴力和武力推翻美国政府。联邦最高法院发现提交给陪审团的所谓的"鼓吹"有宪法上的缺陷,因为它没有区别对提倡暴力推翻的抽象学说的鼓吹和为达到这个目的而进行的实际行为的鼓吹。联邦最高法院认为丹尼斯案没有忽视这种差别,可能有号召立刻采取暴力行动的鼓动,也可能有号召在将来某一天采取行动的鼓吹,在后一种情形,必须包含建立一个时刻准备在时机有利时采取行动的煽动叛乱的组织。在阐释丹尼斯案时,联邦最高法院现在说:

某一组织为准备未来的暴力行动而以鼓动的方式进行的灌输,以及对即将发生的行动进行的劝导,如果发现其指向"实施"以"暴力推翻政府"的行为,指向"作为行动的原则和纪律"的暴力,并使用了"煽动性的语言",……如果该组织有足够的规模和凝聚力,有充分的采取行动的倾向,并且具备其他可以合理证明该行动将要发生的条件,那么,该组织的提倡、灌输是不受宪法的保护的(p.321)。

初审法院没有从这个意义上去理解丹尼斯案。在初审法院看来,根据《史密斯法》,单纯的从理论上为暴力推翻辩解,若其中含有实现推翻的意图,其本身就是可受到惩罚的。这个提交到陪审团的指控——至多也只是模棱两可或含混不清的——因此模糊了鼓动或教导抽象原则与鼓吹和教导行动之间的本质区别。然而,对行动的鼓动,联邦最高法院再次对丹尼斯案解释道,未必需要煽动立即采取行动,它可能会是鼓动在将来做什么事,正如某个团体为将来某一合适的时间(如领导认为罢工条件已成熟的时间)采取行动做准备那样。

本案件作为对丹尼斯案的一个注解是极其重要的。联邦最高法院提出的判决清楚地区分了鼓吹行动和鼓吹原则与信仰的不同,它认为,这一区别可从一些在20世纪20年代的有关言论自由和出版自由的案件中找到,特别典型的是"吉特洛诉纽约州案"(*Gitlow v. New York)(1925)。该案表明的观点对丹尼斯案的判决是非常重要的,即在将来时机成熟的时候宣传才会构成《史密斯法》所禁止的行为。

大法官胡果·布莱克(Hugo *Black)和威廉·O.道格拉斯(William Orville *Douglas)本来已经指出所有被告应该被宣布无罪,并认为联邦最高法院应该裁定《史密斯法》因违反了联邦宪法第一修正案而违宪。但作为一个实际问题,联邦最高法院关于丹尼斯案的解释实质上已使得《史密斯法》的密谋条款不能适用,从那以后,再没有出现以此为依据提起控诉的案件。

参考文献 Milton R. Konvitz, *Expanding Liberties: Freedom's Gains in Postwar America* (1966), chap. 4. Laurence H. Tribe, *American Constitutional Law*, 2d ed, (1988), chap. 12.

[Milton R. Konvitz 撰;蒋专平、许明月译;胡智强校]

黄狗合同[Yellow Dog Contracts]

"黄狗合同"是19世纪后期和20世纪早期,雇主用以防止雇工加入工会而使用的合同。该合同将工人不属于任何工会作为雇用的一个条件。根据这种合同,成为工会成员是解雇的理由。"黄狗合同"迫使工人滞留在工会大门之外;找工作的人要么签订合同时同意这个条件,要么就失去工作的机会。劳工组织者们对这种合同深恶痛绝,将它们称为"黄狗"(即"卑鄙的")合同。为支持工会运动,国会和州立法机关宣布"黄狗合同"不受法律保护,但在"阿代尔诉合众国案"(*Adair v. United States)(1908)和"科皮奇诉堪萨斯州案"(Coppage v. Kansas)(1915)中,联邦最高法院根据契约自由(freedom of *contract)的学说撤销了州和联邦对该种合同的禁令。"新政"(*New Deal)时期,国会和州立法机关恢复禁令。1932年的《诺里斯-拉瓜迪亚法》(Norris-LaCuardia Act)宣布:这种合同与公共秩序背道而驰,因而在联邦法院没有强制力。许多以工业为主的州也采用《诺里斯-拉瓜迪亚法》对"黄狗合同"予以禁止。1935年,作为现代劳动法基础的《全国劳动关系法》(National Labor Relation Act)承认了雇员参加工会的权利,它同时也将妨碍这种权利行使的行为打上了不公平的劳动关系实践的标签。因此,今天的"黄狗合同"是明确不受法律保护的。

[Richard F. Hamm 撰;蒋专平译;胡智强校]

伊克·吴诉霍普金斯案［Yick Wo v. Hopkins, 118U. S. 356(1886)］

1886 年 4 月 14 日辩论，1886 年 5 月 10 日以 9 比 0 的表决结果作出判决；马修斯代表最高法院起草判决意见。1885 年夏天，包括伊克·吴（音译）在内的许多在旧金山的华人违反市政洗衣店条例用以测试其合法性。这项地方法规只允许该市的监察委员会批准洗衣店营业执照，如果没有执照经营洗衣业将遭到轻罪起诉，1000 美元的罚金和最高达 6 个月的监禁。这个条例不适用于位于砖房建筑中的洗衣店。

很明显，该条例是针对华商的，因为他们的洗衣店一律位于木结构建筑内。这项法令同旧金山的其他几项措施一样不利于华人定居者。1870 年，《立体空间条例》以一定的空间要求为由限制华人套间建筑中居住者的数量；《1876 年排队条例》规定，所有的华人罪犯必须剃掉头发，而《1878 年不对中国街区提供特别警察保护条例》拒绝给唐人街提供警察保护。此外，如果使用马拉送货交通工具，华人洗衣店还不得不另外付一笔特别费用。

洗衣店条例的起草也反映了加利福尼亚白人对华人出现的担心。从 1820 年到国会通过第一个排华法的 1882 年，开放的移民政策使许多华人来到了加利福尼亚。1880 年有大约 75000 华人居住在加利福尼亚，总计达该州总人口的 10%。大约半数的加州华人集中在旧金山地区。

根据 1881—1882 年旧金山的一项劳动力调查，华人基本上工作在四个行业：制烟、制鞋、制衣和开洗衣店。旧金山的大部分洗衣店都是华人的。伊克·吴1861 年起就居住在加利福尼亚并从事洗衣业已 22 年。截至 1884 年，他的洗衣店通过了地方当局的检查并认定为安全。但 1885 年城市监察委员会吊销了他和另外两百个华人洗衣店主的营业执照。只有一个华人洗衣店被发给了执照，她可能并没有被当作是华人。监察委员会明显试图把华人清除出洗衣业。

被吊销营业执照后，伊克·吴因继续经营而被捕。他被治安法庭判有罪，罚款十美元。他拒绝交纳便被关押十天。伊克·吴接着诉请加利福尼亚最高法院颁布人身保护状（*habeas corpus）。请求被驳回后他又上诉到联邦最高法院，点名控告一个名叫霍普金斯的警官。

伊克·吴诉称，该条例的实施导致明目张胆的歧视，因而剥夺了他根据联邦宪法第十四修正案（the *Fourteenth Amendment）规定所享有的权利。他以统计数字为据证明旧金山华人社区受到的歧视。根据监察委员会颁发执照的条件，旧金山仅有 25% 的洗衣店能营业，它们当中的 79 家属于非华人所有，而只有一家属于华人所有。他的律师还认为该条例违反了中国 1880 年与美国签订的条约。而旧金山市争辩说，联邦宪法第十四修正案不能侵犯属于各市和各州所保有的治安权（*police power）。

尽管意见不一致，联邦最高法院仍作出了有利于伊克·吴的判决并指令释放他。大法官斯坦利·马修斯（*Stanley Matthews）在判决中写道：该法令强行授予一种比传统的警察权还要宽的财产管理权力。这种权力是歧视性的而且构成了联邦宪法第十四修正案所禁止的分类立法。对于马修斯来说，联邦宪法第十四修正案平等适用于所有个人、公民和外国人。他认为，合法的治安权必须用于管理具体的安全和健康事务，而且该权力必须诚信的行使。而这些并没有在旧金山华人身上得到体现。

联邦最高法院明显扩大了联邦宪法第十四修正案的含义。州治安权受到了限制，现在正当程序条款可以适用于地方政府的歧视性行为。虽然伊克·吴案的判决具有潜在的意义，但它并没有立即得到认同。1886 年后联邦最高法院的构成发生了变化，直到 20 世纪中期，这一案例才作为先例在联邦最高法院得以确立。

参考文献 William L. Tang "The Legal Status of the Chinese in America," in *The Chinese in America*, edited by Paul K. T. Sih and Leonard B. Allen (1976), pp. 3-15. Charles J. McClain, *In Search of Equality: The Chinese Struggle against Discrimination in Nineteenth Century America* (1994).

［John R. Wunder 撰；蒋专平译；胡智强校］

涉及扬的单方诉讼案［Young, Ex Parte, 209U. S. 123(1908)］

1907 年 12 月 2—3 日辩论，1908 年 3 月 23 日以 8 比 1 的表决结果投票；佩卡姆代表联邦最高法院起草判决意见，哈伦反对。作为州议会控制铁路权的长期争论中一个插曲，涉及扬的单方诉讼案后来成为有关联邦对州官员管辖权的一个里程碑式的案件。明尼苏达州 1907 年的一个法律降低了铁路价格并且对违法者处以严厉的罚款。恰如奥利弗·温德尔·霍姆斯的格言："那些不再对立法机关抱有希望的人……会转而求助于法院"，铁路股东们在联邦法院提起派生诉讼，以便禁止他们的公司服从该法以及州官员们执行该法。他们声称降低价格等于没收，未经正当程序剥夺了他们公司财产的行为违背了联邦宪法第十四修正案（the *Fourteenth Amendment）。申请人要求法院颁布禁令（*injunction），因为处罚如此沉重以致公司无法

---

① 另请参见 Alienage and Naturalization; Due Process, Substantive; Equal Protection; Race and Racism。

② 另请参见 Judicial Power and Jurisdication; Lower Federal Court。

承担,也使他们不得不为了直接测试其是否合宪而去违反它。尽管颁布了一个暂时禁令,但是明尼苏达州司法部长扬仍然不顾这个禁令,试图在州法院强制实行新的价格。因藐视法庭被监禁后,他向联邦最高法院申请人身保护状(the writ of *habeas corpus)。

联邦最高法院根据大法官鲁弗斯·佩卡姆(Rufus *Peckham)撰写的判决意见驳回了扬的申请,从而完成了整个诉讼程序。虽然联邦宪法第十一修正案(the *Eleventh Amendment)限制了联邦法院审理针对各州的诉讼的权力,但佩卡姆认为,当一个州的官员试图强制实施一个不合宪的法律时,"在这种情况下,他已不具有官员和代表州的特征,而只以他个人的身份对行为后果负责"(p.160)。佩卡姆没有回答这个问题:如果"不具有官员和代表的特征",官员如果为了联邦宪法第十四修正案的目的实施了威胁州的行为(p.160),又该如何。在与该案相似的艾尔斯诉讼案(in re Ayers)(1887)中,联邦最高法院释放了另一个州的司法部长,他因违反联邦禁令强制实施州法律而被关进了监狱。通过将艾尔斯案——一个州债券否认案——限制在涉及试图强迫州履行合同的案件范围内,佩卡姆摆脱了困境。

在冗长的反对意见里,大法官约翰·马歇尔·哈伦(John Marshall *Harlan)认为,联邦最高法院的判决"实际上抹掉了联邦宪法第十一修正案"(p.204)。因为他在艾尔斯案中投了反对票,所以他在本案中也很尴尬。哈伦写道:"无论我以前对这个普遍问题的某些方面的意见如何,我建议坚持法院以前的判决"(p.169)。最具讽刺意味的是,联邦最高法院随后在"辛普森诉谢泼德案"(Simpson v. Shepard)(1913)中判决,明尼苏达的铁路收费不是违宪的,因此,扬根本没有犯什么错。

当时,涉及扬单方诉讼案的判决是不得人心的。同样的联邦最高法院、同样的法官曾在"洛克纳诉纽约州案"(*Lochner v. New York)(1905)中,宣布了一个州对劳动时间的管制无效,又一次站在金融资本家的立场上作出不利于公众的判决。"禁令统治"受到责难,为了避开削减联邦法院权力的法案,国会以冗长而无效率的《1910年三法官法庭法》(Three-Judge Court Act of 1910)作出了回应,该法创立了一个由三名法官组成的特别法庭,并规定因对州官员颁布禁令而提起的诉讼可直接向联邦最高法院上诉并由其进行处理(1976年该法律的大部分在几乎失去价值很久以后被撤销)。特别在最近一些年里,涉及扬的单方诉讼案受到了法学家的广泛批评,其不合逻辑性也经常性地暴露出来。联邦最高法院也一直羞于言及它,在"彭哈斯特州立学校与医院诉哈尔德曼案"(Pennhurst State School and Hospital v. Halderman)(1984)中,联邦最高法院拒绝把

"扬案的假定"适用于违反州法的官员(p.105)。尽管不合逻辑,涉及扬的单方诉讼案却长期使洛克纳案和正当程序(*Due Process)原则幸存,因为这对联邦制政府来说是必不可少的。如同霍姆斯(他在扬案中是多数派)所言,如果联邦最高法院不能宣布各州的法律不合宪,"联邦将陷入危机之中"。禁止各州官员违反联邦法律的权力就像是这种能力的必需的附属物。具有讽刺意味的是,由公司股东和保守的联邦最高法院共同造就的这个权力,今天仍然经常被与州政府冲突的私人当事人(和一些无权者)为自己的利益而行使。

参考文献 William F. Duker, "*Mr. Justice Rufus W. Peckham and the Case of Ex parte Young: Lochnerizing Munn v. Illinois*," *Brigham Young University Law Review* (1980):539—558.

[John V. Orth 撰;蒋专平、许明月译;胡智强校]

扬格诉哈里斯案[Younger v. Harris, 401 U.S. 37(1971)]①

1969年4月1日辩论,1969年4月29日和1970年11月6日再次进行辩论;1971年2月23日以8比1的表决结果判决。布莱克代表联邦最高法院起草判决意见,斯图尔特、哈伦、布伦南、怀特和马歇尔持并存意见,道格拉斯反对。哈里斯在加利福尼亚法院被控违反该州的犯罪集团法(*Criminal Syndicalism Laws),联邦最高法院在"惠特尼诉加利福尼亚州案"(*Whitney v. California)(1927)中认为该法有效,但在"布兰登堡诉俄亥俄州案"(*Brandenburg v. Ohio)(1969)中,该法被判违宪,惠特尼案被推翻。哈里斯因此要求联邦法院颁布禁令(*injunction)禁止根据一个已被认定为违宪的法律来起诉他。他声称起诉和该法都侵犯了他根据联邦宪法第一修正案(the *First Amendment)和第十四修正案(the *Fourteenth Amendment)所享有的权利,而"多姆布罗斯基诉普费斯特案"(*Dombrowski v. Pfister)(1965)已允许联邦介入这类案件。

联邦最高法院没有探讨布兰登堡案的含义,尽管威胁到表达自由,仍然推翻了联邦地区法院的判决,解除了联邦禁令(*injunction)。

大法官胡果·布莱克(Hugo *Black)认为,这个问题涉及联邦主义(*federalism)的性质。长期以来,政策禁止联邦法院干涉州法院的诉讼,只有在以下几种情况下例外:(1)国会授权;(2)当"在其法域进行协助"必要时;(3)对"保护或使判决生效"必要时;(4)当被控者被各州指控将"遭受不可弥

---

① 另请参见 Abstention Doctrine; Judicial Power and Jurisdication; Lower Federal Courts。

补的损失"之时(p.43)。

这个政策旨在保护礼让(*comity)原则。州和联邦的合法担忧必须仔细平衡。因此,联邦法院不能干预各州的未决起诉,除非在有特别巨大、紧急的、不可弥补的伤害即将发生的特殊情况。即使在这种情况下,也只有在受保护的联邦权利受到威胁无法在州刑事法庭解决的时候,干预才是正当的。布莱克认为:这些干预的理由在哈里斯案根本不存在。

与多姆布罗斯案不同,哈里斯的表达自由并没有受到连续恶意起诉的威胁,或者被迫"噤若寒蝉"。除了普通的刑事审判结果外,哈里斯也没有受到任何不可挽回的伤害。同时,布莱克认为,威胁哈里斯受保护的联邦权利的合法性问题能够在州审判中得到很好的解决。

布莱克承认,多姆布罗斯案所涉及的联邦宪法第一修正案的问题表明,甚至不需要恶意和侵扰,那些明显不合宪的立法的实施也会造成负面的效果。但是,这种暗示与早期的判决并不直接相关,可能的负面效果本身并不足以证明在这种情况下颁布联邦禁令进行干涉是正确的。布莱克还主张,颁布禁令干涉未决案件涉及的宪法问题将使联邦司法机关处于非常尴尬的境地。联邦法院不应该对州法作出无益于州法院(*state courts)解释的判决。这样的判决将会构成咨询意见(*advisory opinions),不符合联邦宪法第3条(*Article Ⅲ)规定的真实案件与争议(*cases and controversies)条件。

在各自的并存意见中,大法官波特·斯图尔特(Potter *Stewart)仔细地列出了判决的受限范围,大法官威廉·布伦南(William *Brennan)则强调了该案与多姆布罗斯案的不同之处。

然而,大法官威廉·O.道格拉斯(William O. *Douglas)则在异议中高度赞扬了多姆布罗斯案所表现出来的远见卓识。他写道,在受压制的时代,联邦司法机构对保护宪法权利负有特别的责任,而哈里斯的情况则要求这种保护。根据一个不合宪的、过于概括和模糊的州刑法而提起的威胁性指控,将对宪法权利的实现产生负面效果,因此,要求运用联邦司法衡平的权力。否则,当"刑事指控对准那些因为表达了不受欢迎的观点的人们时,社会的对话就会处于危险之中。"(p.65)

[Charles H. Sheldon 撰;蒋专平译;胡智强校]

扬格斯通钢板与管道公司诉苏耶尔案
[Youngstown Sheet & Tube Co. v. Sawyer, 343 U. S. 579(1952)]①

1952年5月12至13日辩论,1952年6月2日以6比3的表决结果判决;布莱克代表联邦最高法院起草判决意见,法兰克福特、道格拉斯、杰克逊、伯顿和克拉克持并存意见,文森、里德和明顿反对。该判决拒绝了这样的论点:哈里·杜鲁门总统拥有固有的宪法授权于1952年发布行政命令没收私营钢铁厂的权力。

由于担心即将发生的钢铁工人罢工将危害美国参与的联合国在朝鲜的军事行动,杜鲁门总统发布了一道行政命令,指示商业部长查尔斯·苏耶尔没收并经营国家的钢铁工厂。苏耶尔部长指示各公司的总裁遵照政府的管制进行运营。总统就此行为立即向国会发出了正式的通知,但国会没有采取行动。虽然该没收缺乏法律授权,但杜鲁门总统认为,他的行动是根据总统和武装部队总司令所应有的权力而作出的,因而是合法的。他的依据是,历史上很多总统都未经国会授权而采取过行政没收行动。

钢铁业界认为,1947年的《塔夫脱-哈特莱法》(Taft-Hartley Act)的目的是允许双方达成协议,并允许国会在集体谈判不成功时进行干预。国会在就该法案进行辩论时特别否认了没收条款,这一事实只能被解释对行政没收的禁止。

大法官们的意见实际上反映了对联邦宪法第2条"行政权授予合众国总统"所进行的两种截然相反的解释。

代表联邦最高法院撰写判决的大法官胡果·布莱克(Hugo *Black)裁定,鉴于国会曾直接指示过钢铁厂的没收问题,在国会没有明示授权之前,总统无权没收钢铁厂。布莱克坚持认为,每个国家公共机关必须严格按照对宪法的原意理解履行职责。很明显,杜鲁门总统使用的权力完全是一种专属于国会的立法任务。

费利克斯·法兰克福特(Felix *Frankfurter)大法官在并存意见中暗示,长期存在的行政实践,经国会的默许,可能会给行政权抹上一层额外的光彩。大法官威廉·O.道格拉斯(William O. *Douglas)在并存意见中评论说,国会有权作出补偿,而且也是唯一有权批准合法没收的机关。

罗伯特·杰克逊(Robert *Jackson)大法官也持并存意见,他区分了总统权力变化的宪法环境:当它得到国会的授权时最为强大,当它与国会授权相左时最为脆弱,而当国会保持沉默时它则摇摆不定。杰克逊总结说,由于国会已经拒绝批准此次没收,因而总统的行为是违宪的。

哈罗德·伯顿(Harold *Burton)大法官也持并存意见,理由是国会已经明确没收是特别、排他的程序。作为司法部长时已向杜鲁门总统提过建议的汤姆·克拉克(Tom *Clark)大法官也持并存意见,理由是总统在国家紧急状态时采取行动的权力受制于

---

① 另请参见 Inherent Powers; Labor; Presidential Emergency Powers; Separation of Powers; War Powers。

国会设定的明确限制。

首席大法官弗里德·文森(Fred *Vinson)反对,反对的还有斯坦利·里德(Stanley *Reed)大法官和谢尔曼·明顿(Sherman *Minton)大法官,弗里德·文森考察了情况紧急的诸因素:朝鲜的军事干预、钢铁作为战争物资的重要性、陷入僵局的劳资谈判。过去总统的紧急行动一直被允许,因此反对意见得出了杜鲁门总统行动合宪的结论。

该案的判决特别是杰克逊大法官的并存意见,为后来驳回总统在扣押、行政特权、电子侦察、国家安全以及"反恐战争"等领域的固有权力请求时提供了一个很好的先例。这种认定作为合理分权框架内限制行政权力的一种解释而作出的努力,已经得到普遍认同。

参考文献 Maeva Marcus, *Truman and the Steel Seizure Case-the limits of Presidential Power*, rev. ed (1994); William H. Rehnquist, *The Supreme Court*, rev. ed. (2001). Alan F. Westin, *The Anatomy of A Constitutional Law Case*, rev. ed. (1990).

[Thomas E. Baker 撰;蒋专平、许明月译;胡智强校]

扬诉美国迷你剧场公司案[Young v. American Mini Theatres, Inc., 427 U.S.50(1976)]①

1976年3月24日辩论,1976年6月24日以5比4的表决结果判决;史蒂文斯代表最高法院多数起草判决意见,鲍威尔持并存意见,斯图尔特、布伦南、马歇尔和布莱克蒙反对。虽然控制直接性描写的资料所涉的大多数法律问题已属于刑事控诉和反淫秽法的内容,但"扬诉美国迷你剧场公司案"对于"成人"分区(即带有色情内容的电影、杂志以及其他仅对成年人出售的商品等商业活动的经营区)制度的确立,仍具有重要意义。案件缘起于底特律市试图通过分区制(*zoning)来防止这类产业的集中,尽管其他合乎宪法的分区制方法却力图使这些所谓"成人"产业集中而不是分散。

本案件的重要性存在于这样的事实:底特律的法令并没有要求发现商业机构经营合法的淫秽物作为提起诉讼的前提。根据当时存在的"厄兹诺兹尼克诉杰克逊威尔案"(Erznoznik v. Jacksonville)(1975)确立的原则,这似乎会导致限制不被允许,因为所有性取向的物质只要不是法律上的淫秽品都被认为有权获得联邦宪法第一修正案(the *First Amendment)的完全保护。但是大法官约翰·保罗·史蒂文斯(John Paul *Stevens)的多数意见裁定,在联邦宪法第一修正案范围内,对内容实行一定程度的管制是允许的,本案中的管制是合宪的,理由有三点。第一,露骨地描写性行为的材料,应比其他处于联邦宪法第一修正案更中心地位的言论受到更少的保护;如同史蒂文斯所说:"我们中间很少会有人将我们的儿女带入保护公民观看在我们选择的剧院中展示特定的性行为的战争。"(p.70)。第二,分区制限制并没有完全禁止获取此类资料。第三,这种内容会被大多数人认定为猥亵。

这些体现当今法律的结论[如"雷顿市诉'娱乐时间'剧院案"(Renton v. Playtime Theatres)(1986)至今仍十分重要,因为它们已成为大量的、还没有达到对性行为展示的直接禁止,而只是当作非淫秽资料传播的其他限制的基础,例如"联邦通讯委员会诉帕西菲卡基金会案"(Federal Communications Commission v. Pacifica Foundation)(1978);也因为它们表达了史蒂文斯所表述的影响不断加强的联邦宪法第一修正案的立场,即受保护的言论是否能得到许可取决于该言论的侵害性以及限制的形式。

[Frederick Schauer 撰;蒋专平、许明月译;胡智强校]

---

① 另请参见 Obscenity and Pornography。

Zz

泽尔曼诉西蒙斯-哈里斯案[Zelman v. Simmons-Harris, 536 U.S. 639 (2002)]

2002年2月20日辩论，同年6月27日以5比4的表决结果作出判决；伦奎斯特代表法院起草判决意见，奥康纳和托马斯持并存意见，苏特、史蒂文斯和布雷耶反对。作为克里兰夫市增加教育机会计划的一部分，俄亥俄州制定法律对低收入的家庭提供学费资助。这些父母除了能送自己的孩子去普通的公立学校上学，还可以凭借受州资助者的证明送孩子去参与此项计划的公立或者私立学校学习。在1999—2000学年里，郊区的公立学校没有参与这个计划，参与计划的学校中82%是教会学校，参与计划的学生中96%就读于这些教会学校。

从1999年到2000年间，位于俄亥俄州北部地区的一个联邦法院的法官以及联邦第六巡回法院的上诉法院的一个分庭认为，俄亥俄州的这项法律主要作用在于发展宗教，因而违反了联邦宪法第一修正案(the *First Amendment)中的禁止确立宗教条款(*Establishment Clause)。联邦最高法院推翻了这项裁决，并指出，先前的判决已经区分了"直接支持教会学校的政府计划与政府资助仅作为真实、独立的私人个体选择结果而到达学校的真正的私人选择项目"(p.649)。几乎所有的学生都就读于教会学校与那些不想送孩子去教会学校读书的家长缺乏更多的选择机会并没有关系。相反，联邦最高法院强调，从表面看来这个计划"从所有方面来讲对宗教都是中立的"(p.653)，而且受资助就读教会学校的学生人数是不断变化的。与此形成鲜明对比的是，持反对意见者则强调这些入学的模式。注意到三分之二参加该计划的家长将其子女送到了自己信仰的宗教改宗的学校(p.704)，苏特大法官谴责多数派"忽视了中立和私人选择的意义"。

[Neal Devins 撰；胡海容译；林全玲校]

分区制[Zoning]

分区制是地方政府据以调控辖区(*jurisdiction)内私有土地利用的程序。都市或县郡通常从州立法机构颁布的使他们可以这样做的立法中获得授权而实施分区。这些立法通常包含有为增进公共福利而对土地利用加以调控的州治安权(police power)授权。依据该授权，地方立法机关，如市议会，可以制定一个综合的分区计划，按照该计划整个社区将被划分为截然不同的区域或地带。每个具体的地域只能进行特定的利用。例如，在某一区域只能建居民区，而工厂则只能建在别的地方。

追溯普通法(*common-law)的滋扰行为的传统原则，分区制在20世纪早期就已经流行。尽管如此，分区制并不是没有争议的为司法机构所欢迎。最初，州法院(*state courts)并未就分区制的合宪性达成一致认识，有关在特定区域排除土地特定用途的合法性的判决也是相互冲突的。争论的焦点集中在有关正当程序(*Due Process)、平等保护(*Equal Protection)以及不给予公平补偿(*just compensation)的占用(*takings)私人财产等问题。最终，在具有深远影响的"尤克里德村诉阿姆布勒物业公司案"(*Euclid v. Ambler Realty Co.)(1926)中，分区制作为一种土地控制措施的合宪性得到了联邦最高法院的支持。

尽管有了尤克里德案，分区制的许多方面仍需加以改进并接受进一步的司法审查。根本问题在于，虽然一般而言分区计划是合理的，但是它却可能在某个特定的地块产生不适当的严重的影响。实际上，联邦最高法院在尤克里德案发现了这种可能性，在后来的"奈克托诉剑桥城案"(Nectow v. City of Cambridge)(1928)中，它实际上认定了一项分区令违宪，因为该分区令适用于特定的地块。奈克托案可以说是大量的现代分区诉讼的先驱；今天，土地所有人经常声称，涉及某宗特定土地财产权的地方分区令无效。

地方立法机关可以重新分区以矫正先前分区计划的种种缺陷。与此同时，分区令还设置了旨在改进全面分区计划的管理机制，以避免对社区土地所有人造成迥然不同的影响。管理机构，如分区申诉委员会，通常被授权负责协调因分区计划对土地所有者们产生"不必要的困难"而引起的冲突。该机构还有权授予分区令规定的各种附条件的使用许可。此外，那些先于分区令而且与之相悖的既存利用方式可以继续保持。

20世纪后半叶以来，分区制被以各种新的方式用来解决各种各样的城市问题。例如，为了增进审美价值、保护标志或者历史遗迹以及维持增长等而规范土地的利用。这些现代改进措施经常受到质疑，在1970年后有几个土地利用规划案还上诉到了联邦最高法院。

在此期间，联邦最高法院一直在考虑地方政府采取的分区制和相关行为是否超出了管理权限并构成无偿占用财产。在"佩恩中心运输公司诉纽约市案"(*Penn Central Transportation Co. v. City of New York)(1978)中，该市运用地标保护令来阻止在大中央车站上方修建办公场所。联邦最高法院确认其合法,并指出依据该法令,土地所有人仍然可以对土地加以合理利用,而且能够转移到其他地块上发展。相反地,在"卢卡斯诉南卡罗来纳州海滨委员会案"(*Lucas v. South Carolina Coastal Commission)(1987)中,联邦最高法院裁决(在州的妨害行为法或财产法中没有相反的规定的情况下),如果因为州立法禁止对两块沿海地带的建筑地块进行任何有意义的开发而导致这片地块没有"任何经济上的价值",那么这一行为就构成没有给予补偿的"本身"占用。

联邦最高法院还解决了一个久议不决的涉及对受害土地所有人的补偿问题。在"格兰代尔第一英国福音路德教教堂诉洛杉矶县案"(*First English Evangelical Lutheran Church of Glendale v. County of Los Angeles)(1987)中,联邦最高法院确认了土地所有人享有就其财产被临时占用而获得补偿的权利,该占用也许是由一份最终被裁定无效的法规产生的负面影响造成的。而在"太浩—塞拉保护委员会诉太浩地区规划当局案"[(Tahoe-Sierra Preservation Council v. Tahoe Regional Planning)(2002)]中,联邦最高法院认为,建筑物的中止使用在建筑物存续期间不构成本身占用。

尽管近年来联邦最高法院有了许多裁决,但是要形成各种规则以判定一项土地利用管制在何种情况下构成永久性或者临时性占用是非常困难的。因此,管制占用方面的争论仍将会继续。

参考文献 Daniel R. Mandelker, *Land Use Law*, 5th ed. (2003).

[Jon W. Bruce 撰;岳志军、胡海容译;胡智强、林全玲校]

左拉奇诉克卢森案[Zorach v. Clauson, 343 U. S. 306 (1952)]①

1952年1月31日至2月1日辩论,1952年4月28日以6比3的表决结果作出判决;道格拉斯代表联邦最高法院起草判决意见,布莱克、法兰克福特和杰克逊反对。"左拉奇诉克卢森案"是联邦最高法院就在校学习周期间为公立学校学生提供宗教教育的"宗教教导时间"(*released time)计划作出的第二个裁决。在麦科勒姆引起的"伊利诺伊州诉教育理事会案"(*Illinois ex rel. McCollum v. Board of Education)(1948)中,一项包含在学校教学场所内进行宗教教育的计划被认定违反了联邦宪法第一修正案(the *First Amendment)中的宗教确立条款(*Establishment Clause)。在"左拉奇诉克卢森案"中,联邦最高法院强调了宗教场所的合理性,认可了纽约市在公立学校之外进行宗教教育的计划。

按照法官威廉·奥维尔·道格拉斯(William Orville *Douglas)撰写的联邦最高法院的判决,麦科勒姆案的裁决被解释为利用教学场所进行宗教教育。相较而言,纽约州并没有违背宪法宗教确立条款。道格拉斯大法官写道:"我们是一个有信仰的民族,我们的制度预设了上帝的存在,"(p.313)这句话经常被反对对宗教确立条款持严格分离主义态度的人们所引用。

对麦科勒姆案的裁决持赞同意见的三个法官在本案中持反对意见。大法官胡果·布莱克(Hugo *Black)认为,他代表联邦最高法院对麦科勒姆案陈述的观点并不强调宗教教育的场所。同法官费利克斯·法兰克福特(Felix *Frankfurter)和罗伯特·H.杰克逊(Robert H. *Jackson)一样,胡果·布莱克认为,纽约市同伊利诺伊州一样,不经允许就将公立学校法令中的强制措施用在宗教教育中,即收集到课报告并把那些未去接受宗教教育的学生视为逃学者。

联邦最高法院在"左拉奇诉克卢森案"中所说的话与在麦科勒姆案中所说的话是不完全一致的。某些在麦科勒姆案中并未发表意见的大法官,他们可能认为宗教教育的场所比反省的观点更重要,或者进一步的反省会使他们接受那个观点,在某种程度上可能是对联邦最高法院因"敌视"宗教(*religion)而遭到批评作出的回应。在后来的案件中,"左拉奇诉克卢森案"已经被用来倡导对宗教的宽容;具有讽刺意味的是,道格拉斯后来采取了严格分离主义的态度,并推翻了自己之前用雄辩的言论证明的结果。

[Kent Greenawalt 撰;岳志军译;胡智强校]

泽克诉《斯坦福日报》案[Zurcher v. Stanford Daily, 436 U. S. 547 (1978)]②

1978年1月17日辩论,1978年5月31日以5比3的表决结果作出判决;大法官怀特代表联邦最高法院起草判决意见,斯图尔特、马歇尔和史蒂文斯反对,布伦南未出席。在1971年4月1日,来自加利福尼亚的帕洛阿尔托(Palo Alto)的警察在斯坦福大学医院与游行队伍冲突,并发生了暴力和侵害事件。后来,官方持搜查令对刊印事件照片的学生日报的办公室进行了搜查。虽没有找到其他的照片,但搜查过程中他们阅读了大量的秘密文件。《斯坦福日报》对警方提起民事诉讼,声称此次搜查违反了联邦宪法第一修正案(the *First Amendment)中确保出版自由的条款和联邦宪法第四修正案(the *Fourth Amendment)确保不受非法搜查的条款。

加利福尼亚北部管区联邦地区法院裁定,除非

---

① 另请参见 Education。

② 另请参见 Speech and the Press。

泽克诉《斯坦福日报》案 [Zurcher v. Stanford Daily]

以传票(*Subpoena)传唤已不具有可行性,否则搜查令不适宜搜查新闻场所,这一裁定为联邦第九巡回上诉法院所确认。在联邦最高法院,大法官拜伦·怀特(Byron *White)认为,联邦宪法第四修正案并没有为新闻场所规定特殊的搜查条款。他否认这样的观点,即搜查干扰了日报社的原始资料,造成一种影响新闻自由的有助于自我审查的紧张气氛。他认为,在搜查被批准之前,要求先行传票传唤会削弱执法效果。

大法官波特·斯图尔特(Potter *Stewart)代表自己和瑟古德·马歇尔(Thurgood *Marshall)在总结反对意见时说,在这种情况下,搜查令不合理地禁锢了新闻自由,因为它有实际扰乱报纸运营的危险,而且可能强行曝光报社收集的机密材料。大法官约翰·保罗·史蒂文斯(John Paul *Stevens)认为,该搜查并不符合联邦宪法第四修正案的合理标准,因为报纸本身并未被怀疑。

泽克案的判决在新闻界引起了轰动,并导致国会在《1980年隐私保护法》中通过了一个条款,以便限制在新闻场所使用搜查令,在那里不论是组织或者其成员都不得被怀疑在进行不法行为。

[Carol E. Jenson 撰;岳志军译;胡智强校]

附录一　美利坚合众国宪法

我们合众国人民,为建立一个更完善的联邦,树立正义,保障国内安宁,规划共同防务,增进普遍福利,使我们自己和后代永享自由之赐福,特为美利坚合众国制定并确立本宪法。

第一条

第一款　本宪法所授予的全部立法权,均委诸由参议院和众议院组成的合众国国会。

第二款　众议院由各州人民每两年一次选举产生的议员组成。每个州的选举人须具备成为该州立法机构人数最多一院所要求的选举人资格。

凡年龄不满25岁,成为合众国公民不满7年,于其当选时不是该选举州的居民者,不得担任众议员。

众议员和直接税,应于本联邦内的各州中按相应的人数进行分配。该人数应根据该州自由人总数,包括需服一定年限劳役的人,但不包括未被征税的印第安人,再加上所有其他人口的3/5予以确定。人口的实际统计在合众国国会第一次会议后3年内和此后每10年,依法律指示的方式进行。每3万人选出的众议员人数不得超过1名,但每州至少须有1名众议员;在进行上述人口统计以前,新罕布什尔州应有权选出3名,马萨诸塞州8名,罗得岛州和普罗维登斯种植园1名,康涅狄格州5名,纽约州6名,新泽西州4名,宾夕法尼亚州8名,特拉华州1名,马里兰州6名,弗吉尼亚州10名,北卡罗来纳州5名,南卡罗来纳州5名,佐治亚州3名。

任何一州的代表出现空缺时,该州行政当局应发布填补此项空缺的选举令。

众议院选举本院议长和其他官员,并享有专属的弹劾权。

第三款　合众国参议院由每州立法机构选出的两名参议员组成,任期6年;每名参议员有1票表决权。

参议员在第一次选举而集会后,应立即分为人数尽可能相等的3个组。第一组参议员席位应在第二年年终时空出,第二组参议员席位应在第四年年终时空出,第三组参议员席位应在第六年年终时空出,以便每两年得改选1/3的参议员。如果在一州的立法机构休会期间,因辞职或其他原因而出现空缺,该州行政当局应在州立法机构召开会议填补此项缺额前,作出临时任命。

凡年龄不满30岁,成为合众国公民不满9年,于其当选时不是该选举州的居民者,不得担任参议员。

合众国副总统任参议院议长,但无表决权,除非赞成票和反对票相等。

参议院选举本院其他官员,并在副总统缺席或出任合众国总统之职时,选举一名临时议长。

参议院享有审理所有弹劾案的专属权力。为此目的而开庭时,全体参议员应宣誓或作代誓声明。合众国总统受审时,最高法院首席大法官主持审判。无论何人,非经出席参议员2/3同意,不得被定罪。

弹劾案的判决,以免职和剥夺担任及享有具备合众国名下之荣誉、职责或收益的职务资格为限;但被定有罪者,仍得依法承担责任并接受起诉、审理、判决和惩罚。

第四款 参议员和众议员选举的时间、地点与方式,由其所在州立法机构规定。但除选举参议员的地点外,国会得随时以法律作出或改变这类规定。

国会每年应至少开会一次,除非国会以法律另行规定日期,此会议在十二月的第一个星期一举行。

第五款 国会两院之每一院是本院议员选举、再选和选举资格事项的裁断者。每院之多数即构成议事的法定人数,但低于法定人数时,可逐日推迟开会日期,并有权按本院规定的方式和罚则,强迫缺席议员出席会议。

每院可决定本院的议事规则,惩罚本院议员扰乱秩序的行为,并可经 2/3 议员的同意开除议员。

每院应保存本院议事录,并随时公布之,但依其判断属于需要保密的部分除外。每一院议员对于任何问题的赞成和否决,如出席议员中有 1/5 的人提出要求,亦应记入本院议事录。

在国会开会期间,任何一院,未经另一院同意,不得延期 3 日以上,也不得将会议地点改在两院举行会议应在地点以外的其他地方。

第六款 参议员和众议员应得到服务报酬,它由法律确定,并从合众国国库支付。除犯叛国罪、重罪和妨害治安罪外,在所有情形下均享有在出席各自议院会议期间和往返于各自议院途中不受逮捕的特权。他们不因在各自议院作出的演说或辩论而在任何其他地方受到质问。

参议员或众议员在当选任期内,不得被任命担任在此期间设置或被增加相关报酬的合众国授权设立的任何文职职务。合众国名下任何职务的任职者,在继续任职期间,不得担任任何一院议员。

第七款 一切筹措国家收入的议案应在众议院形成,但参议院可像对待其他议案那样,提出修正案或附修正案地表示赞同。

众议院和参议院通过的每一议案,在成为法律前须呈送合众国总统。如其批准该议案,即应签署;如不批准,他应将该议案连同其反对意见一并退回最初形成该议案的议院。该院应将此项反对意见详细记入议事录,并进行复议。如复议后,该院 2/3 议员同意通过该议案,则应将该议案连同反对意见一并送交另一院,该议案可通过该院同样地进行复议,如经该院 2/3 议员批准,它将成为法律。但在所有此类情形,两院均应以赞成票和反对票表决决定,对该议案投赞成票和反对票的议员姓名应分别载入每一议院议事录。任何议案如在送交总统后 10 日内(星期日除外)未被其退回,则该议案如同已经总统签署的那样成为法律,除非国会通过休会而使该议案不能退回,在此种情况下,它将不能成为法律。

凡需要由参议院和众议院两院同意的每项命令、决议或决决(有关休会问题的除外),均须呈送合众国总统。在其发生效力之前,必须由总统批准,或在总统不批准的情况下,按照为议案所规定的规则和限制,由参议院和众议院各以 2/3 多数重新通过。

第八款 国会有权:

开征并征收税收、捐税、关税与国产税,以偿付国债,提供合众国共同防务与普遍福利,但所征各种捐税、关税与国产税在整个合众国内应当统一;

以合众国之信用借款;

管制涉及外国的、各州之间的,以及与印第安部落之间的贸易;

制定合众国全国统一的归化规则和有关破产的法律;

铸造货币,管制本国货币和外国货币的价值,确定度、量的标准;

规定对伪造合众国证券和通行货币的惩罚;

建立邮局和邮路;

通过保障著作人和发明人对各自著作和发明一定期限内的专有权利,促进科学和有用艺术的进步;

设立最高法院之下的各法院;

界定和惩罚在公海上实施的海盗罪和重罪,以及违反国际法的犯罪行为;

宣战,颁发捕获敌船许可状,制定有关陆地和水上俘获物的规则;

招募并维持军队,但此项用途的拨款期限不得超过两年;

建立并维持一支海军;

制定统辖和管理陆海军的规则;

规定征召民兵,以执行联邦法律,镇压叛乱,抵抗入侵;

规定民兵的组织、装备和惩戒,规定其中可能被雇用为合众国服役者的统辖事宜,但民兵军官的任命和按国会规定纪律训练民兵的权力,分别由各州保留;

在经特定州让与并经国会接受而成为合众国政府所在地的地区(不得超过 10 平方英里),对一切事项行使专属立法权;对经所在地州立法机构同意而由合众国购买的用于建造要塞、弹药库、兵工厂、船场和其他必要建筑物的一切地方,亦行使同样的权力;并且有权为执行前述各项权力以及由本宪法授予合众国政府或其任何部门或官员的其他所有权力,制定一切必要而适当的法律。

第九款 现有各州认为可予接受之人的迁移或入境,在 1808 年以前,国会不得加以禁止,但对此种人的入境,可以课征每人不超过 10 元的税金或关税。

除非发生内乱或入侵情形而公共安全要求,否则,人身保护状之特权不得中止。

不得通过褫夺公民权法案或追溯既往的法律。

除按本宪法前文指示采取的人口普查或统计的

比例外，不得征收人头税或其他直接税。

不得对从任何一州输出的货物征收税金或关税。

不得通过管制商业和岁入的规定而给予一州港口以优惠于他州港口的待遇；开往或开出某州的船舶，不得在他州被强制报关、结关或交纳关税。

除因法律规定的拨款原因外，不得从国库提取款项。所有公共资金收支的定期报告和账目，应经常公布。

合众国不得授予任何贵族爵位。凡担任任何合众国名下有收益或职责之职务者，未经国会同意，不得从任何国王、亲王或外国接受任何礼物、报酬、官职或爵位。

第十款 各州均不得缔结任何条约，参加任何同盟或邦联；颁发捕获敌船许可状；铸造货币；发行信用券；以金银币以外的任何物品作为偿还债务的法定货币；通过褫夺公民权利法案、追溯既往的法律，或削弱契约义务的法律；或授予任何贵族爵位。

各州未经国会同意均不得对进出口货物开征任何进口税或关税，但为执行其检查法所绝对必要者除外，且：任何一州因对进出口货物所征全部关税和进口税的纯收益均应充作合众国国库之用；所有这类法律均应接受国会对其作出修订和控制。

未经国会同意，各州均不得开征任何船舶吨位税，不得在和平时期保持军队或战舰，不得与他州或外国势力缔结协定或盟约，除遭到实际的入侵或遇到不允许延缓的紧迫危险外，不得交战。

第二条

第一款 行政权授予美利坚合众国总统。总统之任期为4年，他与同样任期的副总统一起按以下程序选举：

各州依照本州立法机构就此所定的方式选派若干选举人，其人数与该州在国会应有的参议员和众议员总人数相等；但参议员和众议员，或担任合众国名下有职责或收益之职务者，不得被选派为选举人。

选举人应在其所在的相应州内举行会议，投票选举两人，其中必须至少有一人不是选举人本州的居民。选举人须造具名单，写明所有被选人和每人所得票数；该名单应由其签名作证，密封呈送到合众国政府所在地，交参议院议长。参议院议长应在参议员和众议员出席的情况下开拆所有证明文件，然后计算票数。得票最多的人，如所得票数超过所选派选举人总数的半数，即当选为总统。如获得此种过半数票的人不止一人，且得票相等，众议院应立即投票选举其中一人为总统。如无人获得过半数票，该院应以同样方式从名单上得票最多的5人中选举1人为总统。但选举总统时，以州为单位计票，每州全体代表有一票表决权；为此目的而设的法定人数包括：有来自2/3州的一名或多名众议员出席，所有州之过半数需作出相同选择。在每种情况下，总统选出后，获得选举人票数最多者，即为副总统。但如果有两人或两人以上得票相等，则由参议院投票选举其中一人为副总统。

国会得确定选出选举人的时间和选举人投票日期，该日期须全国一致。

仅本土出生的公民或在本宪法通过时为合众国公民者，才有资格当选为总统；年龄不满35岁、在合众国境内居住不满14年者，也不具有当选为总统的资格。

如总统被免职、死亡、辞职或丧失履行该职务之权力和职责的能力，应由副总统接任总统职务。对于总统和副总统同时被免职、死亡、辞职或丧失能力的情况，国会得作出法律规定，宣布应代理总统的官员。该官员应据此代理，直至总统丧失能力的状况消失或新总统被选出。

总统在规定的时间内应得到服务报酬，此项报酬在其被选出担任总统的期间内不得增加或减少。总统不得在此期间内接受合众国或任何一州的任何其他报酬。

总统在开始执行职务前，须作如下宣誓或代誓宣言："我在此庄严宣誓（或声明），我将忠实地执行合众国总统职务，竭力维持、保护和捍卫合众国宪法。"

第二款 总统为合众国军队、海军以及征召为合众国服现役的各州民兵的总司令。他可以要求各行政部门首要官员就与其各自职责相关的任何事项提出书面意见。他有权就针对合众国的犯罪给予缓刑和赦免，但弹劾案中的犯罪除外。

总统根据或经获得参议院的咨询意见，并取得其同意，有权缔结条约，但须有出席参议员总数的2/3赞成。总统可作出提名，根据或经获得参议院咨询意见并经其同意，任命大使、公使和领事、最高法院法官，以及法律规定的、其任命手续未由本宪法另行规定的合众国所有其他官员；但国会认为适当时，得以法律将这类较低级官员的任命权授予总统一人、法院或各部门首长。

总统有权对参议院休会期间出现的所有职务空缺进行填补，但这些委任需于参议院下期会议结束时期满。

第三款 总统应经常向国会报告联邦情况，并将其认为必要而有用的措施提请国会审议。在非常情形，他可以召集两院或其中任何一院开会。如两院对休会时间意见分歧，他可将其休会到他认为适当的时间。总统接见大使和其他公使；负责法律的诚信执行，并委任合众国的所有官员。

第四款 总统、副总统和合众国的所有文职官员，经弹劾并认定犯有叛国、贿赂或其他重罪与轻罪的,应予免职。

第三条

第一款 合众国的司法权授予最高法院和国会不时规定和设立的下级法院。最高法院和下级法院的法官如行为端正,可保持任职,并在规定的时间就其提供的服务而获得报酬。在其任职持续期间,该报酬不得减少。

第二款 司法权及于:基于本宪法、合众国法律和根据其授权缔结或将缔结的条约而产生的所有普通法和衡平法案件;所有关涉大使、公使和领事的案件;所有海事法和海事管辖权案件;合众国为一方当事人的争议;两个或两个以上州之间的争议;某一州与另一州的公民之间的争议;不同州的公民之间的争议;同一州的公民之间就请求不同州授予的土地而产生的争议;一州或其公民与外国或外国公民或国民之间的争议。

最高法院对所有关涉大使、公使和领事的案件、以及以一州为一方当事人的案件,享有初审管辖权。对前述所有其他案件,无论在法律方面还是事实方面,最高法院均享有上诉管辖权,但应遵从国会确立的例外和管束。

除弹劾案外,所有犯罪均应由陪审团审判;此种审判应在实施犯罪的州举行;但如果犯罪未在任何一州内实施,则审判应在国会通过法律指示的一地或数地举行。

第三款 对合众国的叛国罪仅限于发动针对合众国战争,或追随其敌方,给予他们以帮助和协助。除存在两名目击证人对同一公然叛国的行为作证或本人在公开法庭上供认以外,任何人不得被认定犯有叛国罪。

国会有权宣告对叛国罪的惩罚,但因叛国罪被褫夺公民权和财产的,不得污损血统,对其的剥夺仅限于其生存期间。

第四条

第一款 每州对于其他各州的公共行为、案卷和司法程序,应给予充分信任和尊重。国会可以通过一般法律规定这类行为、案卷和司法程序的证明方式及其效力。

第二款 每州公民都应享有各州公民享有的一切特权和豁免。

在任何一州被控告犯有叛国罪、重罪或其他罪行的人,如逃脱该州法办而在另一州被寻获,应根据其逃离之州政府检察官的要求移交、遣送至对该犯罪行为有管辖权的州。

根据一州法律须在该州服劳役或劳动的人,如逃往他州,不得根据他州的法律或规章而免除此种劳役或劳动,而应根据应获此劳役或劳动之当事人的请求,将其移交。

第三款 新州可经过国会认可而加入本联邦;但不得在任何其他州的管辖范围内组成或建立新州;未经相关州立法机构和国会的同意,也不得将两个或两个以上的州合并或将几个州的一部分合并而组成新州。

对属于合众国的准州或其他财产,国会有权处置并制定一切必要的规则和规章。本宪法不得作出对合众国或任何特定的州的主张存有偏见的解释。

第四款 合众国保证本联邦内各州均实行共和政体,保护它们抗击入侵;并应州立法机构或州行政机构(在州立法机构不能召集时)之请求保护其应对内乱。

第五条

如果在1808年前制定的修正案没有以任何方式影响本宪法第一条第九款第一项和第四项;且没有任何一州,未经其同意,应被剥夺其在参议院的平等投票权,则:在两院均有2/3认为必要时,国会可提出本宪法之修正案;在存在2/3的州立法机构提出请求时,亦可为提出宪法修正案召集制宪会议。无论在哪种情形,该修正案经3/4州立法机构批准或经制宪会议3/4通过,其所有意图与目的均将作为本宪法之一部分而发生效力;具体采用哪种批准方式,可由国会提出建议。

第六条

本宪法正式通过前承诺的一切债务及订立的合约,根据本宪法如同根据联邦条例一样,对合众国仍然有效。

本宪法及据此而制定的合众国法律,根据合众国的权限而缔结或将缔结的一切条约,均应为全国领土内的最高法律;每一州的法官均应受其约束,即便州宪法和法律中有相反规定。

前述国会参、众议员、各州立法机构的成员,以及合众国和各州所有行政和司法官员,均有义务就拥护本宪法而作宣誓和代誓宣言;但不得要求以宗教宣誓作为担任合众国名义下任何职务或公共职责的条件。

第七条

本宪法经9个州制宪会议的批准,即足以在各批准州之间确立。

本宪法经出席公元1787年,即美利坚合众国独立后第12年的9月17日制宪会议的各州一致同意制定。为此见证,我们谨签名如下。

主席、弗吉尼亚州代表
乔治·华盛顿

新罕布什尔州:
 约翰·兰登
 尼古拉斯·吉尔曼

马萨诸塞州:
 纳撒尼尔·戈尔曼
 鲁弗斯·金

康涅狄格州:
 威廉·塞缪尔·约翰逊
 罗杰·谢尔曼

纽约州:
 亚历山大·汉密尔顿

新泽西州:
 威廉·利文斯顿
 戴维·布里尔利
 威廉·帕特森
 乔纳森·戴顿

宾夕法尼亚州:
 本杰明·富兰克林
 托马斯·米夫林
 罗伯特·莫里斯
 乔治·克莱默
 托马斯·菲茨西蒙斯
 贾雷德·英格索尔
 詹姆斯·威尔逊
 古·莫里斯

特拉华州:
 乔治·里德
 小冈宁·贝德福德
 约翰·迪金森
 理查德·巴西特
 雅各布·布鲁姆

马里兰州:
 詹姆斯·麦克亨利
 圣托马斯·詹尼弗的丹尼尔
 丹尼尔·卡罗尔

弗吉尼亚州:
 约翰·布莱尔
 小詹姆斯·麦迪逊

北卡罗来纳州:
 威廉·布朗特
 理查德·德布斯·斯佩特
 休·威廉森

南卡罗来纳州:
 约翰·拉特利奇
 查尔斯·科茨沃斯·平克尼
 查尔斯·平克尼
 斯皮尔斯·巴特尼

佐治亚州:
 威廉·费尤
 亚伯拉罕·鲍德温

宪法修正案

第一修正案

国会不得制定有关确立宗教或禁止其自由践行,限制言论或出版自由,或人民和平集会及为申冤而向政府请愿的权利的法律。

第二修正案

管束良好的民兵是保障自由州的安全所必需的,因此人民持有和携带武器的权利不得侵犯。

第三修正案

在和平时期,未经房主同意,士兵不得在民房驻扎,但除以法律规定的方式外,战时也不得如此。

第四修正案

人民受保障的人身、住宅、文件和财物不受无理搜查和扣押的权利,不得侵犯。除基于合理理由,并有宣誓或代誓宣言支持,有具体说明的搜查地点和扣押的人或物,否则,不得签发搜查和扣押令。

第五修正案

无论何人,非经大陪审团提出或起诉,不得被认定死罪或其他不名誉之罪,但在战时或出现公共危险时服现役的陆军、海军或民兵中发生的案件除外。任何人不得因同一罪行而受两次生命或身体的危害;不得在任何刑事案件中被迫自证其罪;非经正当法律程序,生命、自由或财产不得被剥夺。未经公平赔偿,私有财产不得为公共利用而被占用。

第六修正案

在一切刑事诉讼中,被告均享有:在犯罪行为实施地的州和法律事先确定的地区由公正陪审团迅速、公开审判的权利;就控告的性质和理由获得告知的权利;与不利于他的证人进行对质的权利;以强制程序获得有利于他的证人的权利;为辩护而获得律师帮助的权利。

第七修正案

在普通法的诉讼中,争议价值超过 20 美元的,由陪审团审判的权利应受到保护。由陪审团裁决的事实,合众国的任何法院除非按照普通法规则,不得重新审查。

第八修正案

不得要求过高的保释金,不得处以过重的罚金,不得施加残酷和非常的刑罚。

第九修正案

本宪法中对特定权利的列举,不应被解释为剥夺或限制了由人民保留的其他权利。

第十修正案

未经本宪法授予合众国、也未以此对各州禁止的权力,分别由各州保留,或由人民保留。

第十一修正案

合众国的司法权,不得被解释为及于任何由他州公民或任何外国公民或臣民对合众国一州提起或起诉的任何法律或衡平诉讼。

第十二修正案

选举人应在各自所在州内举行会议,投票选举总统和副总统,其中至少一人不是选举人所在州的居民。选举人须在一张选票上写明被选为总统者的姓名,并在另一选票上写明被选为副总统者的姓名。选举人应就所有被选为总统和被选为副总统者分别开列清单,每人获得的票数,并在该名单上签名作证后,密封送至合众国政府所在地,呈交参议院长。参议院议长应在参议院和众议院议员在场的情况下开拆所有证明书,然后计算票数。获得总统选票最多的人,如果其所得票数超过所选派选举人总数的半数,即为总统。如无人获得这种过半数票,众议院应立即从选举总统名单中得票最多但总数不超过 3 人的人中,投票选举总统。但选举总统时,以州为单位计票,每州的全体代表拥有一票。为此目的选举的法定人数要求包括,2/3 的州有一名或多名众议员出席,所有州中有过半数票需作出同一选择。当选择权转移到众议院时,如该院在次年 3 月 4 日前未能选出总统,如总统死亡或宪法规定的丧失任职能力那样,由副总统代理总统。获得副总统选票最多者,如果其所得票数超过所选派选举人总数的半数,即为副总统,如无人得票超过半数,参议院应从名单上得票最多的两人中选出副总统。为此目的选举的法定人数要求包括,有参议员总数 2/3 的人出席,参议员总数过半数票作出同一选择。但依宪法无资格担任总统的人,也无资格担任合众国副总统。

第十三修正案

第一款 在合众国境内或受合众国管辖的任何地方,除作为对已被合理定罪的当事人的犯罪行为的一种惩罚之外,奴隶制和强迫劳役都不得存在。

第二款 国会有权通过适当的立法实施本条。

第十四修正案

第一款 凡在合众国出生或归化合众国并受其管辖的人,均为合众国和他们居住州的公民。任何一州,均不得制定或实施限制合众国公民的特权或豁免权的任何法律;未经正当法律程序,不得剥夺任何人的生命、自由或财产;对处于其管辖范围内的任何人,亦不得拒绝给予平等的法律保护。

第二款 国会代表的名额应在各州间依各自的人口数量按比例分配,各州人口数量包括该州除未纳税的印第安人之外的全部人口。但在选举合众国总统和副总统、选举人、国会议员、州行政和司法官员或州立法机构议员的任何选举中,投票权未被授予该州年满 21 岁且为该州公民的男性居民,或以参加叛乱或其他犯罪以外的原因而以任何方式予以限制的,计算该州代表的基数,应按以上男性公民占该州年满 21 岁男性公民总人数的比例核减。

第三款 任何人,凡在先前曾以国会议员,或合众国官员,或州立法机构成员,或州行政或司法官员的身份宣誓维护合众国宪法,而后又实施过针对它的叛乱及反叛活动,或为合众国敌方提供过帮助或协助的,均不得担任国会参议员或众议员,或总统和副总统的选举人,或合众国或任何州名义下的任何文职或军职官员。但国会得以两院各 2/3 的票数,取消此种无能力之限制。

第四款 经法律授权的合众国公共债务,包括因支付平定作乱或反叛有功人员的年金和奖金而产生的债务,其效力不应置疑。但无论合众国还是任何一州,均不得承担或偿付因援助针对合众国的叛乱或反叛而产生的任何债务或义务,亦不得承担或偿付因丧失或解放任何奴隶而提出的任何赔偿请求;所有这类债务、义务和请求,均应被认定为非法和无效。

第五款 国会有权通过适当立法实施本条规定。

第十五修正案

第一款 合众国公民的投票权,不得基于种族、肤色或曾被强迫服劳役而被合众国或任何一州剥夺或限制。

第二款 国会有权以适当立法实施本条。

第十六修正案

国会有权对任何来源的收入开征并征收所得税,无须在各州间按比例分配,也无须考虑任何人口普查或人口统计情况。

第十七修正案

合众国参议院由每州两名参议员组成,参议员由本州人民选举,任期6年;每名参议员各有一票表决权。每个州的选举人应具备该州立法机构人数最多一院选举人所需具备之资格。

任何一州在参议院的代表出现空缺时,该州行政当局应发布选举令,以填补此项空缺;如若此,任何一州的立法机构可以授权该州行政长官,在人民依照立法机构指示选举填补空缺以前,任命临时参议员。

本修正案不得被解释为可以影响在其作为宪法之一部分而生效之前当选的任何参议员的选举或任期。

第十八修正案

第一款 本条批准一年后,在合众国及其管辖下的一切领土内为饮用之目的而进行的致醉酒类饮料的酿造、出售或运送、输入或输出,在此予以禁止。

第二款 国会和各州都有权通过适当立法实施本条。

第三款 本条除非由各州立法机构按本宪法规定于国会提交各州批准之日起七年以内批准其为宪法修正案,否则不得实施。

第十九修正案

合众国公民的选举权,不得基于性别而被合众国或任何一州加以剥夺或限制。

国会有权以适当立法实施本条。

第二十修正案

第一款 本条若尚未获得批准,总统和副总统的任期在原定任期届满之年的1月20日正午结束,参议员和众议员的任期在原定任期届满之年的1月3日正午结束,其继任者的任期同时开始。

第二款 国会应每年至少开会一次,除国会通过法律另行确定日期外,此会议在1月3日正午开始。

第三款 如在规定的总统任期开始时间当选总统已经死亡,当选副总统应成为总统。如在规定的总统任期开始时间总统尚未选出,或当选总统不合乎资格,则当选副总统应代理总统直至其合乎资格为止。国会可以通过法律对当选总统和当选副总统都不合乎资格的情形作出规定,宣布谁将代理总统,或选出代理总统的办法。此人应代理总统直到总统或副总统合乎资格时为止。

第四款 国会可以通过法律,对在选举总统的权利转移到众议院时被该院选为总统的人死亡的情形,以及在选举副总统的权利转移到参议院时被该院选为副总统的人死亡的情形,作出规定。

第五款 第一款和第二款应在本条批准以后的10月15日生效。

第六款 本条除非由各州立法机构按本宪法规定于国会提交各州批准之日起7年以内批准其为宪法修正案,否则不得实施。

第二十一修正案

第一款 合众国宪法第十八条修正案在此予以废止。

第二款 为在当地交付或使用致醉酒类之目的而将其运输或输入合众国任何州、准州或属地,若违反当地法律,在此予以禁止。

第三款 本条除非由各州制宪会议按本宪法规定于国会提交各州批准之日起7年以内批准其为宪法修正案,否则不得实施。

第二十二修正案

第一款 任何人不得两次被选举担任总统职务;任何人在他人当选总统的任期内担任总统职务或代理总统两年以上,不得再当选担任总统职务一次以上。但本条不适用于在国会提出本条时正在担任总统职务的人;也不妨碍在本条实施时正在担任总统或代理总统职务的人在一届任期的剩余时间里继续担任总统或代理总统职务。

第二款 本条除非由各州立法机构于国会提交各州批准之日起7年以内以3/4多数批准其为宪法修正案,否则不得实施。

第二十三修正案

第一款 作为合众国政府所在地的特区,应依国会规定方式选派:人数与将其作为一州时有权获得的国会参议员及众议员名额总数相同的总统和副总统选举人,但不得超过人口最少的一州的人数。他们是各州选派的选举人之外另增的人,但为选举总统和副总统的目的,应被视为一个州选派的选举人;他们在特区集会,履行第十二条修正案规定的同一职责。

第二款 国会有权通过适当的立法实施本条。

第二十四修正案

第一款 在总统或副总统,总统或副总统选举人,或国会参议员或众议员的任何预选或其他选举中,合众国公民的选举权不得基于未交纳人头税或其他税收的原因而被合众国或任何一州加以剥夺或限制。

第二款 国会有权通过适当的立法实施本条。

第二十五修正案

第一款 在总统被免职、死亡或辞职的情况下,副总统应成为总统。

第二款 当副总统职位空缺时,总统应提名一名副总统,他于国会两院以过半数票确认后就职。

第三款 当总统就其不能履行职务权力和职责事宜向参议院临时议长和众议院议长提交书面声明时,直至他向其提交一份内容与此相反的声明时止,其权力和职责由副总统作为代理总统履行。

第四款 当副总统和行政各部首要官员或国会通过法律规定的其他机构成员的过半数,就其不能履行职务权力和职责事宜,向参议院临时议长和众议院议长提交书面声明,副总统应立即作为代理总统承担总统职务的权力和职责。

此后,当总统就其丧失能力的情况已不复存在向参议院临时议长和众议院议长提交书面声明时,他即应承担总统职务的权力和职责,除非副总统和行政各部首要官员或国会通过法律设立的其他机构成员之多数在4天内就总统不能履行总统职务权力和职责向参议院临时议长和众议院议长提交书面声明。遇此情形,国会应对此问题作出裁决,如在休会期间,应为此目的在48小时以内集会。如果国会在收到后一份书面声明后的21天之内,或者在国会因休会而按照要求专门为此目的集会以后的21天之内,以两院2/3的票数确定总统不能够履行职务权力和职责,则副总统应继续作为代理总统履行总统职务的权力和职责;否则总统应承担总统职务的权力和职责。

第二十六修正案

第一款 年满18岁或18岁以上的合众国公民的选举权,不得基于年龄而被合众国或任何一州剥夺或限制。

第二款 国会有权通过适当的立法实施本条。

第二十七修正案

任何改变参议员和众议员服务报酬的法律,在众议院选举发挥作用前,不得实施。

[翻译说明:目前国内已存在多种美利坚合众国宪法的中文译本(包括中国台湾地区、香港地区的译本),翻译过程中,译者综合参照了相关译本,在此一并致谢。对各译本中分歧较大的翻译,译者根据本书提供的相关说明,按照自己的理解,进行了翻译。并在有关概念的表述上力求与本书的表述保持一致。特此说明]

(许明月 译)

附录二 大法官的任命与连任

联邦最高法院大法官任命(1789—2005)[①]

1 总统/被任命者	2 任命日	3 投票日	4 宣誓就职日	5 任期届满日	6 服务年限
华盛顿总统					
约翰·杰伊*	1789.9.24	C 1789.9.26	1789.10.19	R 1795.6.29	6
约翰·拉特利奇	1789.9.24	C 1789.9.26	1790.2.15	R 1791.3.5	1
威廉·库欣	1789.9.24	C 1789.9.26	1790.2.2	D 1810.9.13	21
罗伯特·哈里森	1789.9.24	D 1789.9.26			
詹姆斯·威尔逊	1789.9.24	C 1789.9.25	1789.10.5	D 1798.8.21	9
小约翰·布莱尔	1789.9.24	C 1789.9.26	1790.2.2	R 1795.10.25	6
詹姆斯·艾尔戴尔	1790.2.8	C 1790.2.10	1790.5.12	D 1799.10.20	9
托马斯·约翰逊*	R 1791.8.5		1791.9.19		
	1791.10.31	C 1791.11.7	1792.8.6	R 1793.1.16	1
威廉·佩特森	1793.2.27	W 1793.2.28			
威廉·佩特森	1793.3.4	C 1793.3.4	1793.3.11	D 1806.9.9	13
约翰·拉特利奇*+	R 1795.7.1		1795.8.12		
		R 1795.12.15 (10—14)			
威廉·库欣*	1796.1.26	D 1796.1.27			
塞缪尔·蔡斯	1796.1.26	C 1796.1.27	1796.2.4	D 1811.6.19	15
奥利弗·埃尔斯沃思	1796.3.3	C 1796.3.4 (21—1)	1796.3.8	R 1800.12.15	4
亚当斯总统					
布什罗德·华盛顿	R 1798.9.29		1798.11.9		
	1798.12.19	C 1798.12.20	1799.2.4	D 1829.11.26	31
艾尔弗雷德·穆尔	1799.12.4	C 1799.12.10	1800.4.21	R 1804.1.26	4
约翰·杰伊	1800.12.18	D 1800.12.19			
约翰·马歇尔*	1801.1.20	C 1801.1.27	1801.2.4	D 1835.7.6	34
杰斐逊总统					
威廉·约翰逊	1804.3.22	C 1804.3.24	1804.5.8	D 1834.8.4	30

[①] 栏一: *代表首席大法官; +代表晋升为首席大法官的提名;任职年限处只适用于首席大法官;见前有关大法官提名和任命的名单。栏二: R 表示任命中止。栏三: C 表示批准, D 表示被否决; P 表示延缓; R 表示被撤销; W 表示撤回。栏五: D 表示去世; P 表示被提升为首席大法官(另见首席大法官任职的单独列表); R 表示退休或辞职。

（续表）

1 总统/被任命者	2 任命日	3 投票日	4 宣誓就职日	5 任期届满日	6 服务年限
布罗克霍尔斯特·利文斯顿	R 1806.11.10 1806.12.13	C 1806.12.17	1807.1.20 1807.2.2	D 1823.3.18	16
托马斯·托德	1807.2.28	C 1807.3.3	1807.5.4	D 1826.2.7	19
麦迪逊总统					
利瓦伊·林肯	1811.1.2	D 1811.1.3			
亚历山大·沃尔科特	1811.2.4	R 1811.2.13 (9—24)			
约翰·昆西·亚当斯	1811.2.21	D 1811.2.22			
约瑟夫·斯托里	1811.11.15	C 1811.11.18	1812.2.3	D 1845.9.10	34
加布里埃尔·杜瓦尔	1811.11.15	C 1811.11.18	1811.11.23	R 1835.1.14	23
门罗总统					
史密斯·汤普森	R 1823.9.1 1823.12.8	C 1823.12.19	1824.2.10	D 1843.12.18	20
约翰·昆西·亚当斯总统					
罗伯特·特林布尔	1826.4.11	C 1826.5.9 (27—5)	1826.6.16	D 1828.8.25	2
约翰·克里滕登	1828.12.17	P 1829.2.12			
杰克逊总统					
约翰·麦克莱恩	1829.3.6	C 1829.3.7	1830.1.11	D 1861.4.4	32
亨利·鲍德温	1830.1.4	C 1830.1.6 (41—2)	1830.1.18	D 1844.4.21	14
詹姆斯·穆尔·韦恩	1835.1.6	C 1835.1.9	1835.1.14	D 1867.7.5	32
罗杰·B.托尼*	1835.1.15 1835.12.28	P 1835.3.3 C 1836.3.15 (29—15)	1836.3.28	D 1864.10.12	28
菲利普·P.巴伯	1835.12.28	C 1836.3.15 (30—11)	1836.5.12	D 1841.2.25	5
威廉·史密斯	1837.3.3	D 1837.3.8 (23—18)			
范布伦总统					
约翰·卡特伦	1837.3.3	C 1837.3.8	1837.5.1	D 1865.5.30	28
约翰·麦金利	R 1837.4.22 1837.9.18	C 1837.9.25	1838.1.9	D 1852.7.19	15
彼特·V.丹尼尔	1841.2.26	C 1841.3.2 (22—5)	1842.1.10	D 1860.5.31	19
泰勒总统					
约翰·C.斯潘塞	1844.1.9	R 1844.1.31 (21—26)			

(续表)

1 总统/被任命者	2 任命日	3 投票日	4 宣誓就职日	5 任期届满日	6 服务年限
鲁本·H.沃尔沃思	1844.3.13	W 1844.6.17			
爱德华·金	1844.6.5	P 1844.6.15 (29—18)			
	1844.12.4	W 1845.2.7			
塞缪尔·纳尔逊	1845.2.4	C 1845.2.14	1845.2.27	R 1872.11.28	27
约翰·梅雷迪斯·里德	1845.2.7	No action			
波尔克总统					
乔治·W.伍德沃德	1845.12.23	R 1846.1.22 (20—29)			
利瓦伊·伍德伯里	R 1845.9.20		1845.9.23		
	1845.12.23	C 1846.1.3	1846.1.3	D 1851.9.4	5
罗伯特·C.格里尔	1846.8.3	C 1846.8.4	1846.8.10	R 1870.1.31	23
菲尔莫尔总统					
本杰明·R.柯蒂斯	R 1851.9.22		1851.10.10		
	1851.12.11	C 1851.12.20		R 1857.9.30	5
爱德华·A.布拉德福德	1852.8.16	No action			
乔治·埃德蒙·巴杰	1853.1.10	P 1853.2.11			
威廉·查特菲尔德·米库	1853.2.24	No action			
皮尔斯总统					
约翰·A.坎贝尔	1853.3.22	C 1853.3.25	1853.4.11	R 1861.4.30	8
布坎南总统					
内森·克里福德	1857.12.9	C 1858.1.12 (26—23)	1858.1.21	D 1881.7.25	23
杰里迈亚·S.布莱克	1861.2.5	R 1861.2.21 (25—26)			
林肯总统					
厄·H.斯韦恩	1862.1.22	C 1862.1.24 (38—1)	1862.1.27	R 1881.1.24	19
塞缪尔·F.米勒	1862.7.16	C 1862.7.16	1862.7.21	D 1890.10.13	28
戴维斯·戴维	R 1862.10.17				
	1862.12.1	C 1862.12.8	1862.12.10	R 1877.3.4	14
斯蒂芬·J.菲尔德	1863.3.6	C 1863.3.10	1863.5.20	R 1897.12.1	34
萨蒙·P.蔡斯*	1864.12.6	C 1864.12.6	1864.12.15	D 1873.5.7	8
A.约翰逊总统					
亨利·斯坦伯利	1866.4.16	No action			
格兰特总统					
埃比尼泽尔·R.豪尔	1869.12.15	R 1870.2.3 (24—33)			

(续表)

1 总统/被任命者	2 任命日	3 投票日	4 宣誓就职日	5 任期届满日	6 服务年限
埃德温·M.斯坦顿	1869.12.20	C 1869.12.20 (46—11)	(1869.12.24 去世)		
威廉·斯特朗	1870.2.7	C 1870.2.18	1870.3.14	R 1880.12.14	10
约瑟夫·P.布拉德利	1870.2.7	C 1870.3.21 (46—9)	1870.3.23	D 1892.1.22	21
沃德·亨特	1872.12.3	C 1872.12.11	1873.1.9	R 1882.1.27	9
乔治·H.威廉斯	1873.12.1	W 1874.1.8			
凯莱布·库欣	1874.1.9	W 1874.1.13			
莫里森·R.韦特*	1874.1.19	C 1874.1.21 (63—0)	1874.3.4	D 1888.3.23	14
海斯总统					
约翰·马歇尔·哈伦	1877.10.16	C 1877.11.29	1877.12.10	D 1911.10.14	34
威廉·B.伍兹	1880.12.15	C 1880.12.21 (39—8)	1881.1.5	D 1887.5.14	6
加菲尔德总统					
斯坦利·马修斯	1881.1.26 1881.3.14	No action 1881.5.12 (24—23)	1881.5.17	D 1889.3.22	7
阿瑟总统					
霍勒斯·格雷	1881.12.19	C 1881.12.20 (51—5)	1882.1.9	D 1902.9.15	20
罗斯科·康克林	1882.2.24	D 1882.3.2 (39—12)			
塞缪尔·布拉奇福德	1882.3.13	C 1882.3.27	1882.4.3	D 1893.7.7	11
克利夫兰总统					
卢修斯·Q.C.拉马尔	1887.12.6	C 1888.1.16 (32—28)	1888.1.18	D 1893.1.23	5
梅尔维尔·W.富勒*	1888.4.30	C 1888.7.20 (41—20)	1888.10.8	D 1910.7.4	22
哈里森总统					
戴维·约西亚·布鲁尔	1889.12.4	C 1889.12.18 (53—11)	1890.1.6	D 1910.3.28	20
亨利·比林斯·布朗	1890.12.23	C 1890.12.29	1891.1.5	R 1906.5.28	15
乔治·夏伊拉斯	1892.7.19	C 1892.7.26	1892.10.10	R 1903.2.23	10
豪厄尔·E.杰克逊	1893.2.2	C 1893.2.18	1893.3.4	D 1895.8.8	2
克利夫兰总统					
威廉·B.霍恩布洛尔	1893.9.19	R 1894.1.15 (24—30)			

1 总统/被任命者	2 任命日	3 投票日	4 宣誓就职日	5 任期届满日	6 服务年限
鲁弗斯·H.佩卡姆	1894.1.23	R 1894.2.16 (32—41)			
爱德华·D.怀特	1894.2.19	C 1894.2.19	1894.3.12	P 1910.12.18	17
鲁弗斯·W.佩卡姆	1895.12.3	1895.12.9	1896.1.6	D 1909.10.24	13
麦金利总统					
约瑟夫·麦克纳	1897.12.16	C 1898.1.21	1898.1.26	R 1925.1.5	26
T.罗斯福总统					
奥里弗·温德尔·霍姆斯	R 1902.8.11 1902.12.2	C 1902.12.2	1902.12.8	R 1932.1.12	29
威廉·R.戴	1903.3.2	C 1903.2.23	1903.3.2	R 1922.11.13	19
威廉·H.穆迪	1906.12.3	C 1906.12.12	1906.12.17	R 1910.11.20	3
塔夫脱总统					
霍勒斯·H.勒顿	1909.12.13	C 1909.12.20	1910.1.3	D 1914.7.12	4
查尔斯·E.休斯	1910.4.25	C 1910.5.2	1910.10.10	R 1916.6.10	6
爱德华·D.怀特*+	1910.12.12	C 1910.12.12	1910.12.19	D 1921.5.19	10
威利斯·范·德凡特	1910.12.12	C 1910.12.15	1911.1.3	R 1937.6.2	26
约瑟夫·R.拉马尔	1910.12.12	C 1910.12.15	1911.1.3	D 1916.1.2	5
马伦·皮特尼	1912.2.19	C 1912.3.13 (50—26)	1912.3.18	R 1922.12.31	10
威尔逊总统					
詹姆斯·C.麦克雷诺兹	1914.8.19	C 1914.8.29 (44—6)	1914.9.5	R 1941.2.1	26
路易斯·D.布兰代斯	1916.1.28	C 1916.6.1 (47—22)	1916.6.5	R 1939.2.13	22
约翰·H.克拉克	1916.7.14	C 1916.7.24	1916.8.1	R 1922.9.18	6
哈丁总统					
威廉·H.塔夫脱*	1921.6.30	C 1921.6.30	1921.7.11	R 1930.2.3	8
乔治·萨瑟兰	1922.9.5	C 1922.9.5	1922.10.2	R 1938.1.17	15
皮尔斯·巴特勒	1922.11.23 1922.12.5	No action C 1922.12.21 (61—8)	1923.1.2	D 1939.11.16	17
爱德华·T.桑福德	1923.1.24	C 1923.1.29	1923.2.5	D 1930.3.8	7
柯立芝总统					
哈伦·F.斯通	1925.1.5	C 1925.2.5 (71—6)	1925.3.2	P 1941.7.2	16
胡佛总统					
查尔斯·E.休斯*+	1930.2.3	C 1930.2.13 (52—26)	1930.2.24	R 1941.7.1	11

（续表）

1 总统/被任命者	2 任命日	3 投票日	4 宣誓就职日	5 任期届满日	6 服务年限
约翰·J.帕克	1930.3.21	R 1930.5.7 (39—41)			
欧文·J.罗伯特	1930.5.9	C 1930.5.20	1930.6.2	R 1945.7.31	15
本杰明·N.卡多佐	1932.2.15	C 1932.2.24	1932.3.14	D 1938.7.9	6
F. D. 罗斯福总统					
胡果·L.布莱克	1937.8.12	C 1937.8.17 (63—16)	1937.8.19	R 1971.9.17	34
斯坦利·F.里德	1938.1.15	C 1938.1.25	1938.1.31	R 1957.2.25	19
费利克斯·法兰克福特	1939.1.5	C 1939.1.17	1939.1.30	R 1962.8.28	23
威廉·O.道格拉斯	1939.3.20	C 1939.4.4 (62—4)	1939.4.17	R 1975.11.12	36
弗兰克·墨菲	1940.1.4	C 1940.1.16	1940.1.18	D 1949.7.19	9
哈伦·F.斯通*+	1941.6.12	C 1941.6.27	1941.7.3	D 1946.4.22	5
詹姆斯·F.伯恩斯	1941.6.12	C 1941.6.12	1941.7.8	R 1942.10.3	1
罗伯特·H.杰克逊	1941.6.12	C 1941.7.7	1941.7.11	D 1954.10.9	13
威利·B.拉特利奇	1943.1.11	C 1943.2.8	1943.2.15	D 1949.9.10	6
杜鲁门总统					
哈罗德·H.伯顿	1945.9.18	C 1945.9.19	1945.10.1	R 1958.10.13	13
弗雷德·M.文森*	1946.6.6	C 1946.6.20	1946.6.24	D 1953.9.8	7
汤姆·C.克拉克	1949.8.2	C 1949.8.18 (73—8)	1949.8.24	R 1967.6.12	18
谢尔曼·明顿	1949.9.15	C 1949.10.4 (48—16)	1949.10.12	R 1956.10.15	7
艾森豪威尔总统					
厄尔·沃伦*	R 1953.10.2 1954.1.11	C 1954.3.1	1953.10.5 1954.3.2	R 1969.6.23	15
约翰·M.哈伦II	1954.11.9 1955.1.10	No action C 1955.3.16 (71—11)	1955.3.28	R 1971.9.23	16
小威廉·J.布伦南	R 1956.10.15 1957.1.14	C 1957.3.19	1956.10.16 1957.3.22	R 1990.7.20	33
查尔斯·E.惠特克	1957.3.2	C 1957.3.19	1957.3.25	R 1962.4.1	5
波特·斯图尔特	R 1958.10.14 1959.1.17	C 1959.5.5 (70—17)	1958.10.14 1959.3.15	R 1981.7.3	22
肯尼迪总统					
拜伦·R.怀特	1962.4.3	C 1962.4.11	1962.4.16	R 1993.6.28	
阿瑟·J.戈德堡	1962.8.31	C 1962.9.25	1962.10.1	R 1965.7.25	3
L. B. 约翰逊总统					
阿贝·福塔斯	1965.7.28	C 1965.8.11	1965.10.4	R 1969.5.14	4

（续表）

1 总统/被任命者	2 任命日	3 投票日	4 宣誓就职日	5 任期届满日	6 服务年限
瑟古德·马歇尔	1967.6.13	C 1967.8.30 (69—11)	1967.10.2	R 1991.10.1	24
阿贝·福塔斯⁺	1968.6.26	W 1968.10.4			
霍默尔·索恩伯里	1968.6.26	W 1968.10.2			
尼克松总统					
沃伦·E.伯格*	1969.5.21	C 1969.6.9 (74—3)	1969.6.23	R 1986.9.26	17
小克莱门特·海恩斯沃思	1969.8.18	R 1969.11.21 (45—55)			
G.哈罗德·卡斯韦尔	1970.1.19	R 1970.4.8 (45—51)			
哈里·A.布莱克蒙	1970.4.15	C 1970.5.12 (94—0)	1970.6.9	R 1994.8.3	24
小刘易斯·F.鲍威尔	1971.10.22	C 1971.12.6 (89—1)	1972.1.7	R 1987.6.26	16
威廉·H.伦奎斯特	1971.10.22	C 1971.12.10 (68—26)	1972.1.7	P 1986.9.26	15
福特总统					
约翰·保罗·史蒂文斯	1975.11.28	C 1975.12.17 (98—0)	1975.12.19		
里根总统					
桑德拉·戴·奥康纳	1981.7.7	C 1981.9.21 (99—0)	1981.9.25		
威廉·H.伦奎斯特*⁺	1986.6.17	C 1986.9.17 (65—33)	1986.9.26		
安东尼·斯卡利亚	1986.6.17	C 1986.9.17 (98—0)	1986.9.26		
罗伯特·H.博克	1987.7.1	R 1987.10.23 (42—58)			
道格拉斯·金斯伯格	1987.10.29	W 1987.11.7			
安东尼·M.肯尼迪	1987.11.24	C 1988.2.3 (97—0)	1988.2.18		
布什总统					
戴维·H.苏特	1990.7.25	C 1990.10.2 (90—9)	1990.10.9		
克拉伦斯·托马斯	1991.7.8	C 1991.10.15 (52—48)	1991.10.23		
克林顿总统					
鲁思·巴德·金斯伯格	1993.6.22	C 1993.8.3 (96—3)	1993.8.10		
斯蒂芬·布雷耶	1994.5.17	C 1994.7.29 (87—9)	1994.8.3		

总统任期内的任命

在下表中,从总统指出的箭头表示对法官的任命;从首席大法官指入的箭头表示主持总统就职宣誓。

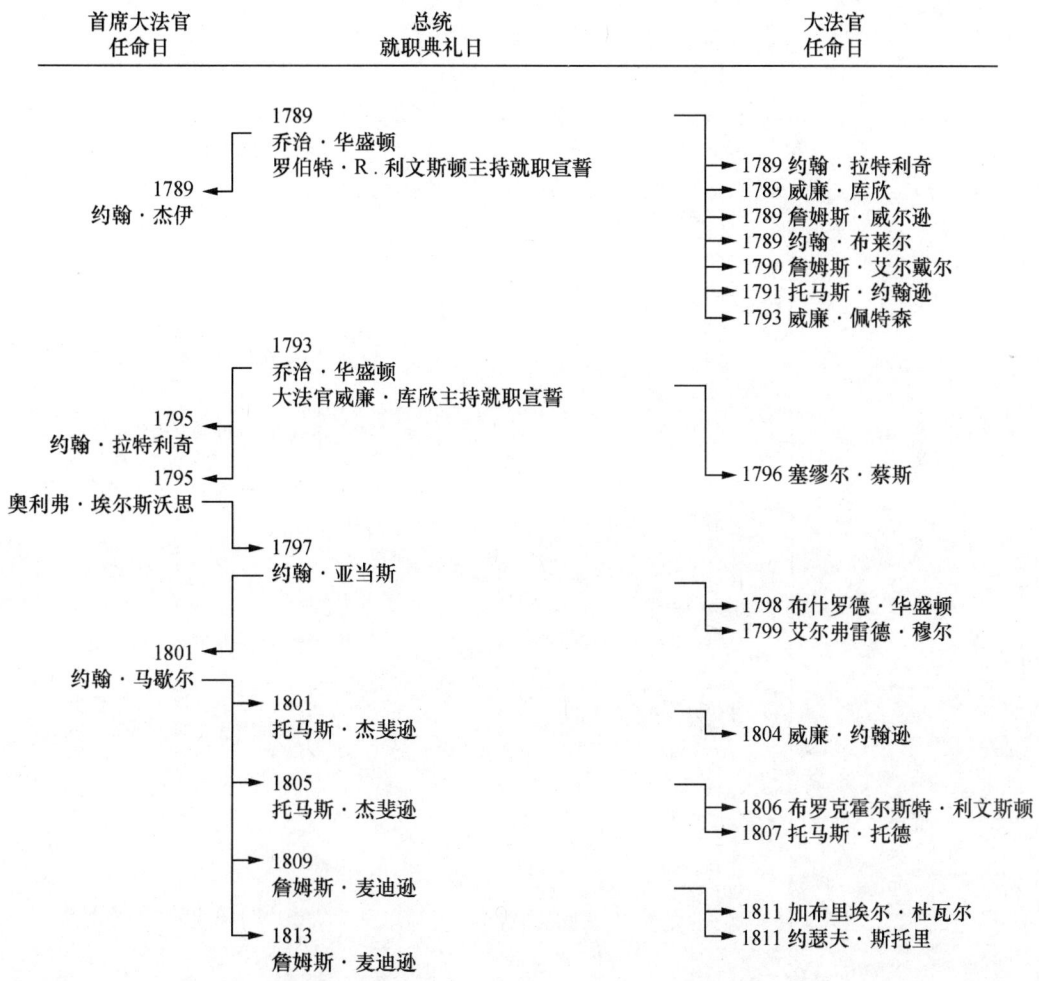

附录二 大法官的任命与连任

首席大法官 任命日	总统 就职典礼日	大法官 任命日
约翰·马歇尔	1817 詹姆斯·门罗	
	1821 詹姆斯·门罗	1823 史密斯·汤普森
	1825 约翰·昆西·亚当斯	1826 罗伯特·特林布尔
	1829 安德鲁·杰克逊	1829 约翰·麦克莱恩 1830 亨利·鲍德温
	1833 安德鲁·杰克逊	1835 J.詹姆斯·M.韦恩 1836 菲利普·P.巴伯
1836 罗杰·布罗克·托尼	1837 马丁·范布伦	1837 约翰·卡特伦 1837 约翰·麦金利 1841 彼特·V.丹尼尔
	1841 威廉·H.哈里森	
	1841 约翰·泰勒 威廉·克兰奇主持就职宣誓	1845 塞缪尔·纳尔逊
	1845 詹姆斯·K.波尔克	1845 利瓦伊·伍德伯里 1856 罗伯特·C.格里尔
	1849 扎迦利·泰勒	
	1850 米勒德·菲尔莫尔 威廉·克兰奇主持就职宣誓	1851 本杰明·R.柯蒂斯
	1853 富兰克林·皮尔斯	1853 约翰·A.坎贝尔
	1857 詹姆斯·布坎南	1858 内森·克里福德

附录二 大法官的任命与连任 1063

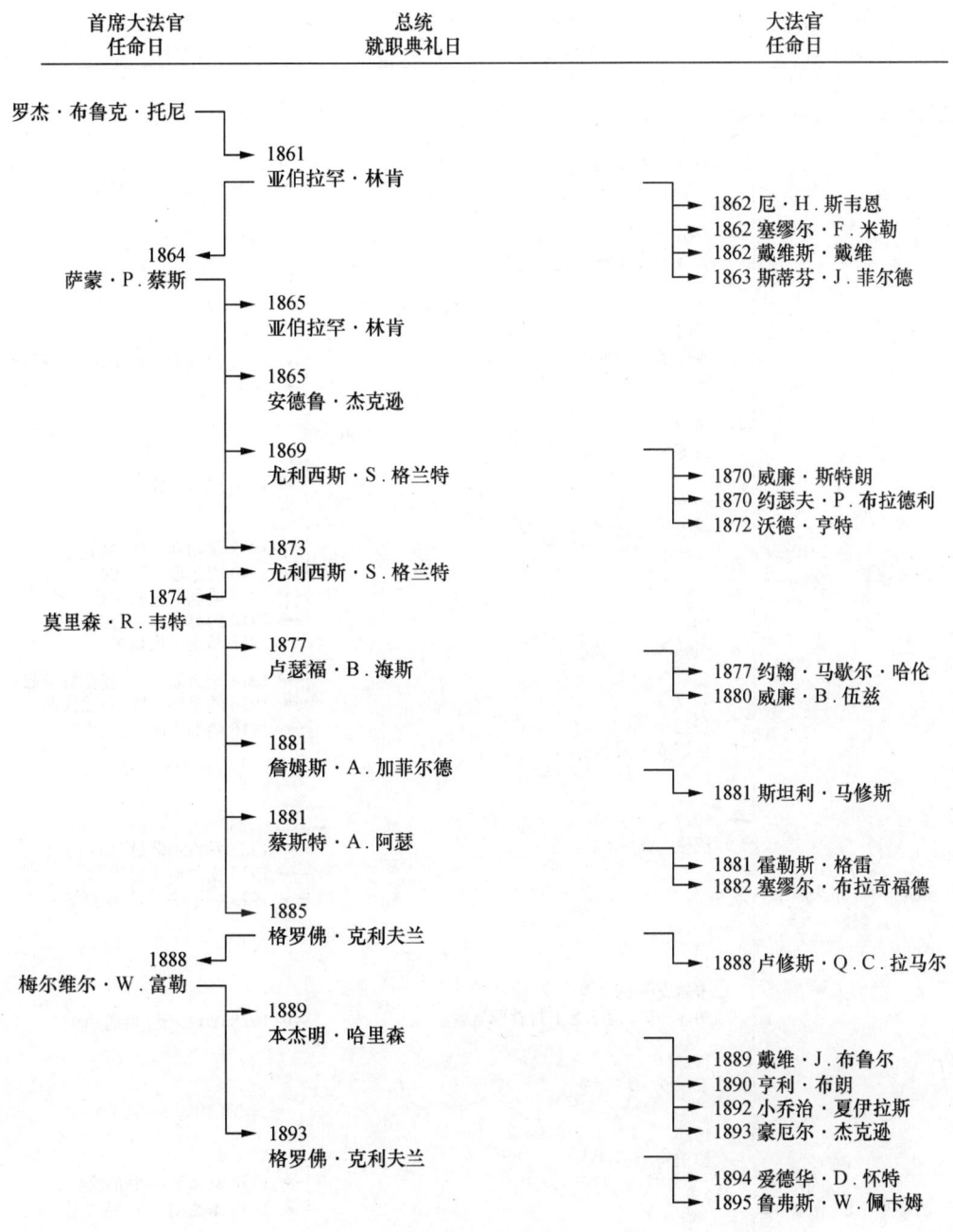

附录二 大法官的任命与连任

首席大法官 任命日	总统 就职典礼日	大法官 任命日

梅尔维尔·W.富勒
- 1897 威廉·麦金利
- 1901 威廉·麦金利
  - 1898 约瑟夫·麦克纳
- 1901 西奥多·罗斯福
  约翰·哈泽尔主持就职宣誓
  - 1902 奥利弗·温德尔·霍姆斯
  - 1903 威廉·R.戴
- 1905 西奥多·罗斯福
  - 1906 威廉·H.穆迪
- 1909 威廉·霍伍德·塔夫脱

1910 爱德华·D.怀特
- 1909 霍勒斯·H.勒顿
- 1910 查尔斯·E.休斯
- 1910 威利斯·范·德凡特
- 1910 约瑟夫·R.拉马尔
- 1912 马伦·皮特尼
- 1913 伍德罗·威尔逊
  - 1914 詹姆斯·C.麦克雷诺兹
  - 1916 路易斯·D.布兰代斯
  - 1916 约翰·H.克拉克
- 1917 伍德罗·威尔逊
- 1921 沃伦·G.哈丁
  - 1922 乔治·萨瑟兰
  - 1922 皮尔斯·巴特勒
  - 1923 爱德华·T.桑福德

1921 威廉·H.塔夫脱
- 1923 卡尔文·柯立芝
  约翰·C.柯立芝主持就职宣誓
  - 1925 哈伦·F.斯通
- 1925 卡尔文·柯立芝
- 1929 赫伯特·胡佛

1930 查尔斯·E.休斯
- 1930 欧文·J.罗伯茨
- 1932 本杰明·N.卡多佐
- 1933 富兰克林·D.罗斯福

附录二　大法官的任命与连任　1065

首席大法官 任命日	总统 就职典礼日	大法官 任命日
查尔斯·E.休斯	1937 富兰克林·D.罗斯福	1937 胡果·L.布莱克 1938 斯坦利·F.里德 1939 费利克斯·法兰克福特 1939 威廉·O.道格拉斯 1940 弗兰克·墨菲
	1941 富兰克林·D.罗斯福	
1941 哈伦·F.斯通		1941 詹姆斯·F.伯恩斯 1941 罗伯特·H.杰克逊 1943 威利·B.拉特利奇
	1945 富兰克林·D.罗斯福	
	1945 哈里·S.杜鲁门	1945 哈罗德·H.伯顿
1946 弗雷德·M.文森	1949 哈里·S.杜鲁门	1949 汤姆·C.克拉克 1949 谢尔曼·明顿
	1953 德怀特·D.艾森豪威尔	
1953 厄尔·沃伦		1955 约翰·M.哈伦 1956 小威廉·J.布伦南
	1957 德怀特·D.艾森豪威尔	1957 查尔斯·E.惠特克 1958 波特·斯图尔特
	1961 约翰·F.肯尼迪	
	1963 林登·B.约翰逊 萨拉·休斯法官主持就职宣誓	1962 拜伦·雷蒙德·怀特 1962 阿瑟·J.戈德堡
	1965 林登·B.约翰逊	1965 阿贝·福塔斯 1967 瑟古德·马歇尔

1066 附录二 大法官的任命与连任

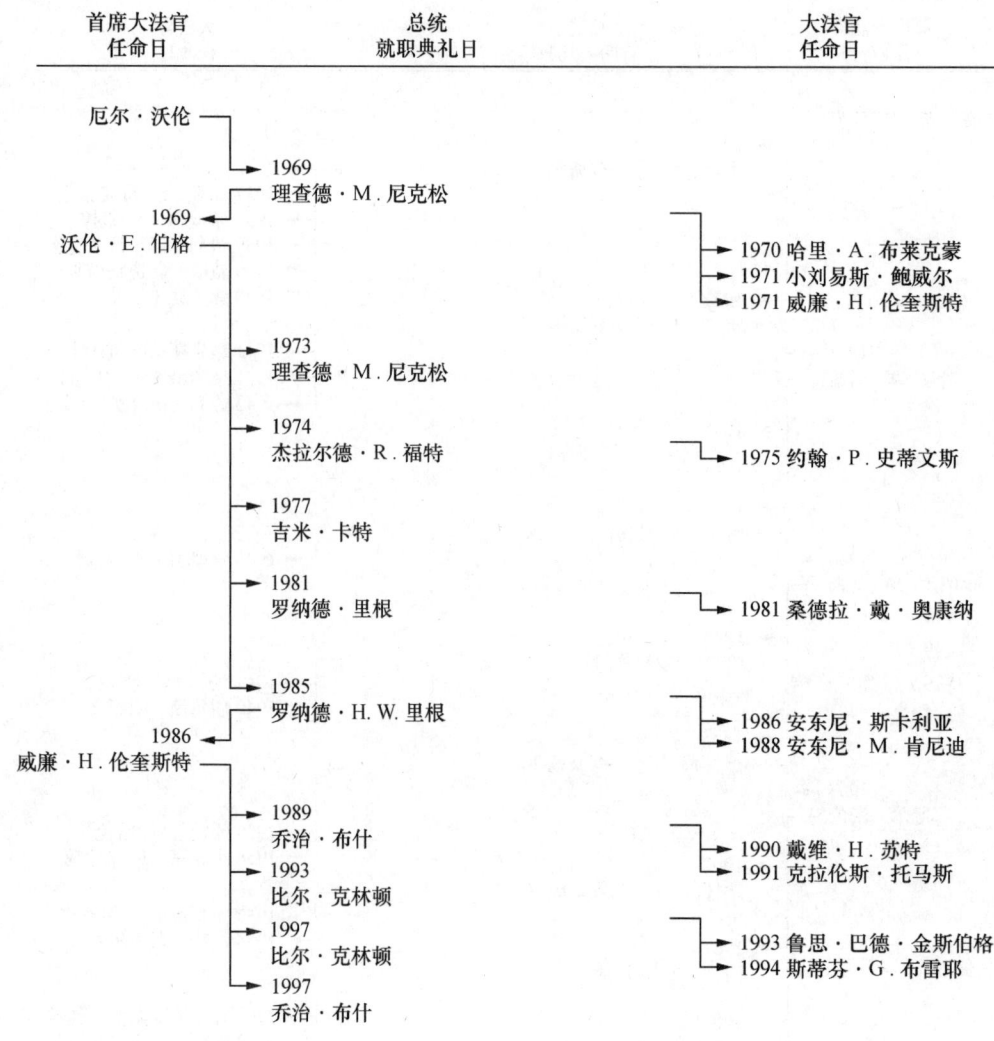

大法官继任年志

日期①	法官	事件
1789年10月5日	詹姆斯·威尔逊	就职宣誓
1789年10月19日	约翰·杰伊*	就职宣誓
1790年2月2日	威廉·库欣	就职宣誓
1790年2月2日	小约翰·布莱尔	就职宣誓
1790年2月15日	约翰·拉特利奇	就职宣誓
1790年5月12日	詹姆斯·艾尔戴尔	就职宣誓
1791年3月5日	约翰·拉特利奇	辞职
1792年8月6日	托马斯·约翰逊*	就职宣誓
1793年1月16日	托马斯·约翰逊	辞职
1793年3月11日	威廉·佩特森	就职宣誓
1795年6月29日	约翰·杰伊*	辞职
1795年8月12日	约翰·拉特利奇*	就职宣誓
1795年10月25日	约翰·布莱尔	辞职
1795年12月15日	约翰·拉特利奇*	撤销
1796年2月4日	塞缪尔·蔡斯	就职宣誓
1796年3月8日	奥利弗·埃尔斯沃思*	就职宣誓
1798年8月21日	詹姆斯·威尔逊	去世
1799年2月4日	布什罗德·华盛顿	就职宣誓
1799年10月20日	詹姆斯·艾尔戴尔	辞职
1800年4月21日	艾尔弗雷德·穆尔	就职宣誓
1800年12月15日	奥利弗·埃尔斯沃思*	辞职
1801年2月4日	约翰·马歇尔*	就职宣誓
1804年1月26日	艾尔弗雷德·穆尔	辞职
1804年5月8日	威廉·约翰逊	就职宣誓
1806年9月9日	威廉·佩特森	去世
1807年1月20日	布罗克霍尔斯特·利文斯顿	就职宣誓
1807年5月4日	托马斯·托德	就职宣誓
1810年9月13日	威廉·库欣*	去世
1811年6月19日	塞缪尔·蔡斯	去世
1811年11月23日	加布里埃尔·杜瓦尔	就职宣誓
1812年2月3日	约瑟夫·斯托里	就职宣誓
1823年3月18日	布罗克霍尔斯特·利文斯顿	去世
1824年2月10日	史密斯·汤普森	就职宣誓
1826年2月7日	托马斯·托德	去世
1826年6月16日	罗伯特·特林布尔	就职宣誓
1828年8月25日	罗伯特·特林布尔	去世
1829年11月26日	布什罗德·华盛顿	去世

① 在某些情况下,大法官是在参议院闭会期间被任命到最高法院的。这些"闭会期被任使者"中的少部分在他们的名字被正式递交给参议院之前已经进行了法院宣誓。列于本表的宣誓日期是指在参议院确认后的宣誓。关于闭会期被任命者其他事项,见前提名表。

* 代指首席大法官。

(续表)

日期	法官	事件
1830 年 1 月 11 日	约翰·麦克莱恩	就职宣誓
1830 年 1 月 18 日	亨利·鲍德温	就职宣誓
1834 年 8 月 4 日	威廉·约翰逊	去世
1835 年 1 月 14 日	加布里埃尔·杜瓦尔	辞职
1835 年 1 月 14 日	詹姆斯·M.韦恩	就职宣誓
1835 年 7 月 6 日	约翰·马歇尔*	去世
1836 年 3 月 28 日	罗杰·B.托尼*	就职宣誓
1836 年 5 月 12 日	菲利普·P.巴伯	就职宣誓
1937 年 5 月 1 日	约翰·卡特伦	就职宣誓
1838 年 1 月 9 日	约翰·麦金利	就职宣誓
1841 年 2 月 25 日	菲利普·P.巴伯	去世
1842 年 1 月 10 日	彼特·V.丹尼尔	就职宣誓
1843 年 12 月 18 日	史密斯·汤普森	去世
1844 年 4 月 21 日	亨利·鲍德温	去世
1845 年 2 月 27 日	塞谬尔·纳尔逊	就职宣誓
1845 年 9 月 10 日	约瑟夫·斯托里	去世
1846 年 1 月 3 日	利瓦伊·伍德伯里	就职宣誓
1846 年 8 月 10 日	罗伯特·库珀·格里尔	就职宣誓
1851 年 9 月 4 日	利瓦伊·伍德伯里	去世
1851 年 10 月 10 日	本杰明·R.柯蒂斯	就职宣誓
1852 年 7 月 19 日	约翰·麦金利	去世
1853 年 4 月 11 日	约翰·A.坎贝尔	就职宣誓
1857 年 9 月 30 日	本杰明·R.柯蒂斯	辞职
1858 年 1 月 21 日	内森·克里福德	就职宣誓
1860 年 5 月 31 日	彼特·V.丹尼尔	去世
1861 年 4 月 4 日	约翰·麦克莱恩	去世
1861 年 4 月 30 日	约翰·A.坎贝尔	辞职
1862 年 1 月 27 日	厄·H.斯韦恩	就职宣誓
1862 年 7 月 21 日	塞谬尔·F.米勒	就职宣誓
1862 年 12 月 10 日	戴维斯·戴维	就职宣誓
1863 年 5 月 20 日	斯蒂芬·J.菲尔德	就职宣誓
1864 年 10 月 12 日	罗杰·B.托尼*	去世
1864 年 12 月 15 日	萨蒙·P.蔡斯*	就职宣誓
1865 年 5 月 30 日	约翰·卡特伦	去世
1867 年 7 月 5 日	詹姆斯·穆尔·韦恩	去世
1870 年 1 月 31 日	罗伯特·C.格里尔	退休
1870 年 3 月 14 日	威廉·斯特朗	就职宣誓
1870 年 3 月 23 日	约瑟夫·P.布拉德利	就职宣誓
1872 年 11 月 28 日	塞谬尔·纳尔逊	退休
1873 年 1 月 9 日	沃德·亨特	就职宣誓
1873 年 5 月 7 日	萨蒙·P.蔡斯*	去世

（续表）

日期	法官	事件
1874 年 3 月 4 日	莫里森·R. 韦特*	就职宣誓
1877 年 3 月 4 日	戴维斯·戴维	辞职
1877 年 12 月 10 日	约翰·马歇尔·哈伦	就职宣誓
1880 年 12 月 14 日	威廉·斯特朗	退休
1881 年 1 月 5 日	威廉·B. 伍兹	就职宣誓
1881 年 1 月 24 日	厄·H. 斯韦恩	退休
1881 年 5 月 17 日	斯坦利·马修斯	就职宣誓
1881 年 7 月 25 日	内森·克里福德	去世
1882 年 1 月 9 日	霍勒斯·格雷	就职宣誓
1882 年 1 月 27 日	沃德·亨特	丧失行为能力
1882 年 4 月 3 日	塞缪尔·布拉奇福德	就职宣誓
1887 年 5 月 14 日	威廉·B. 伍兹	去世
1888 年 1 月 18 日	卢修斯·Q. C. 拉马尔	就职宣誓
1888 年 3 月 23 日	莫里森·R. 韦特*	去世
1888 年 10 月 8 日	梅尔维尔·W. 富勒	就职宣誓
1889 年 3 月 22 日	斯坦利·马修斯	去世
1890 年 1 月 6 日	戴维·J. 布鲁尔	就职宣誓
1890 年 10 月 13 日	塞缪尔·F. 米勒	去世
1891 年 1 月 5 日	亨利·B. 布朗	就职宣誓
1892 年 1 月 22 日	约瑟夫·P. 布拉德利	去世
1892 年 10 月 10 日	小乔治·夏伊拉斯	就职宣誓
1893 年 1 月 23 日	卢修斯·Q. C. 拉马尔	去世
1893 年 3 月 4 日	豪厄尔·E. 杰克逊	就职宣誓
1893 年 7 月 7 日	塞缪尔·布拉奇福德	去世
1894 年 3 月 12 日	爱德华·D. 怀特	就职宣誓
1895 年 8 月 8 日	豪厄尔·E. 杰克逊	去世
1896 年 1 月 6 日	鲁弗斯·W. 佩卡姆	就职宣誓
1897 年 12 月 1 日	斯蒂芬·J. 菲尔德	退休
1898 年 1 月 26 日	约瑟夫·麦克纳	就职宣誓
1902 年 9 月 15 日	霍勒斯·格雷	去世
1902 年 12 月 8 日	奥利弗·温德尔·霍姆斯	就职宣誓
1903 年 2 月 23 日	小乔治·夏伊拉斯	退休
1903 年 3 月 2 日	威廉·R. 戴	就职宣誓
1906 年 5 月 28 日	亨利·B. 布朗	退休
1906 年 12 月 17 日	威廉·H. 穆迪	就职宣誓
1909 年 10 月 24 日	鲁弗斯·W. 佩卡姆	去世
1910 年 1 月 3 日	霍勒斯·H. 勒顿	就职宣誓
1910 年 3 月 28 日	戴维·J. 布鲁尔	去世
1910 年 7 月 4 日	梅尔维尔·W. 富勒*	去世
1910 年 10 月 10 日	查尔斯·E. 休斯	就职宣誓
1910 年 11 月 20 日	威廉·H. 穆迪	丧失行为能力

(续表)

日期	法官	事件
1910年12月18日	爱德华·D.怀特	晋升
1910年12月19日	爱德华·D.怀特*	就职宣誓
1911年1月3日	威利斯·范·德凡特	就职宣誓
1911年1月3日	约瑟夫·R.拉马尔	就职宣誓
1911年10月14日	约翰·M.哈伦	去世
1912年3月18日	马伦·皮特尼	就职宣誓
1914年7月12日	霍勒斯·H.勒顿	去世
1914年9月5日	詹姆斯·C.麦克雷诺兹	就职宣誓
1916年1月2日	约瑟夫·R.拉马尔	去世
1916年6月5日	路易斯·D.布兰代斯	就职宣誓
1916年6月10日	查尔斯·E.休斯*	辞职
1916年8月1日	约翰·H.克拉克	就职宣誓
1921年5月19日	爱德华·D.怀特*	去世
1921年7月10日	威廉·H.塔夫脱*	就职宣誓
1922年9月18日	约翰·H.克拉克	辞职
1922年10月2日	乔治·萨瑟兰	就职宣誓
1922年11月13日	威廉·R.戴	退休
1922年12月31日	马伦·皮特尼	丧失行为能力
1923年1月2日	皮尔斯·巴特勒	就职宣誓
1923年2月5日	爱德华·T.桑福德	就职宣誓
1925年1月5日	约瑟夫·麦克纳	退休
1925年3月2日	哈伦·F.斯通	就职宣誓
1930年2月3日	威廉·H.塔夫脱*	退休
1930年2月24日	查尔斯·E.休斯*+	就职宣誓
1930年3月8日	爱德华·T.桑福德	去世
1930年6月2日	欧文·J.罗伯茨	就职宣誓
1932年1月12日	奥利弗·温德尔·霍姆斯	退休
1932年3月14日	本杰明·N.卡多佐	就职宣誓
1937年6月2日	威利斯·范·德凡特	退休
1937年8月19日	胡果·L.布莱克	就职宣誓
1938年1月17日	乔治·萨瑟兰	退休
1938年1月31日	斯坦利·F.里德	就职宣誓
1938年7月9日	本杰明·N.卡多佐	去世
1939年1月30日	费利克斯·法兰克福特	就职宣誓
1939年2月13日	路易斯·D.布兰代斯	退休
1939年4月17日	威廉·O.道格拉斯	就职宣誓
1939年11月16日	皮尔斯·巴特勒	去世
1940年1月18日	弗兰克·墨菲	就职宣誓
1941年2月1日	詹姆斯·C.麦克雷诺兹	退休
1941年7月1日	查尔斯·E.休斯*	退休
1941年7月2日	哈伦·F.斯通*	晋升

附录二 大法官的任命与连任　1071

（续表）

日期	法官	事件
1941年7月3日	哈伦·F.斯通*	就职宣誓
1941年7月8日	詹姆斯·F.伯恩斯	就职宣誓
1941年7月11日	罗伯特·H.杰克逊	就职宣誓
1942年10月3日	詹姆斯·F.伯恩斯	辞职
1943年2月15日	威利·B.拉特利奇	就职宣誓
1945年7月31日	欧文·J.罗伯茨	辞职
1945年10月1日	哈罗德·H.伯顿	就职宣誓
1946年4月22日	哈伦·F.斯通*	去世
1946年6月24日	弗雷德·M.文森*	就职宣誓
1949年7月19日	弗兰克·墨菲	去世
1949年8月24日	托马斯·C.克拉克	就职宣誓
1949年9月10日	威利·B.拉特利奇	去世
1949年10月12日	谢尔曼·明顿	就职宣誓
1953年9月8日	弗雷德·M.文森*	去世
1953年10月5日	厄尔·沃伦**	就职宣誓
1954年10月9日	罗伯特·H.杰克逊	去世
1955年3月28日	约翰·M.哈伦Ⅱ	就职宣誓
1956年10月15日	谢尔曼·明顿	退休
1957年2月25日	斯坦利·F.里德	退休
1957年3月22日	小威廉·J.布伦南	就职宣誓
1957年3月25日	查尔斯·E.惠特克	就职宣誓
1958年10月13日	哈罗德·H.伯顿	退休
1958年10月14日	波特·斯图尔特	就职宣誓
1962年4月1日	查尔斯·E.惠特克	丧失行为能力
1962年4月16日	拜伦·R.怀特	就职宣誓
1962年8月28日	费利克斯·法兰克福特	退休
1962年10月1日	阿瑟·J.戈德堡	就职宣誓
1965年7月25日	阿瑟·J.戈德堡	辞职
1965年10月4日	阿贝·福塔斯	就职宣誓
1967年6月12日	托马斯·C.克拉克	退休
1967年10月2日	瑟古德·马歇尔	就职宣誓
1969年5月14日	阿贝·福塔斯	辞职
1969年6月23日	厄尔·沃伦*	辞职
1969年6月23日	沃伦·E.伯格*	就职宣誓
1970年6月9日	哈里·A.布莱克蒙	就职宣誓
1971年9月17日	胡果·L.布莱克	退休
1971年9月23日	约翰·M.哈伦Ⅱ	退休
1972年1月7日	小刘易斯·F.鲍威尔	就职宣誓
1972年1月7日	威廉·H.伦奎斯特	就职宣誓
1975年11月12日	威廉·O.道格拉斯	退休
1975年12月19日	约翰·保罗·史蒂文斯	就职宣誓

（续表）

日期	法官	事件
1981年7月3日	波特·斯图尔特	退休
1981年9月25日	桑德拉·戴·奥康纳	就职宣誓
1986年9月26日	沃伦·E.伯格*	退休
1986年9月26日	威廉·H.伦奎斯特	晋升
1986年9月26日	威廉·H.伦奎斯特*	就职宣誓
1986年9月26日	安东尼·斯卡利亚	就职宣誓
1987年6月26日	小刘易斯·F.鲍威尔	退休
1988年2月18日	安东尼·M.肯尼迪	就职宣誓
1990年7月20日	小威廉·J.布伦南	退休
1990年10月9日	戴维·H.苏特	就职宣誓
1991年10月1日	瑟古德·马歇尔	退休
1991年11月1日	克拉伦斯·托马斯	就职宣誓
1993年6月28日	拜伦·怀特	退休
1993年8月10日	鲁思·巴德·金斯伯格	就职宣誓
1994年8月3日	哈里·A.布莱克蒙	退休
1994年8月3日	斯蒂芬·G.布雷耶	就职宣誓

大法官的继任

离任法官/空缺日期	替换法官/到任日期	缺员日期①
约翰·拉特利奇 1791年3月5日	托马斯·约翰逊 1792年8月6日	519
托马斯·约翰逊 1793年1月16日	威廉·佩特森 1793年3月11日	54
约翰·杰伊* 1795年6月29日	约翰·拉特利奇* 1795年8月12日	44
约翰·拉特利奇* 1795年12月15日	奥利弗·埃尔斯沃思* 1796年3月8日	83
约翰·布莱尔 1795年10月25日	萨蒙·蔡斯 1796年2月4日	102
詹姆斯·威尔逊 1798年8月21日	布什罗德·华盛顿 1799年2月4日	167
詹姆斯·艾尔戴尔 1799年10月20日	艾尔弗雷德·穆尔 1800年4月21日	183
奥利弗·埃尔斯沃思* 1800年12月15日	约翰·马歇尔* 1801年2月4日	51
艾尔弗雷德·穆尔 1804年1月26日	威廉·约翰逊 1804年5月8日	102
威廉·佩特森 1806年9月9日	布罗克霍尔斯特·利文斯顿 1807年1月20日	133
威廉·库欣 1810年9月13日 塞缪尔·蔡斯 1811年6月19日	约瑟夫·斯托里 1812年2月3日 加布里埃尔·杜瓦尔 1811年11月23日	508② (在库欣离任及斯托里 到任期间)
布罗克霍尔斯特·利文斯顿 1823年3月18日	史密斯·汤普森 1824年2月10日	330
托马斯·托德 1826年2月7日	罗伯特·特林布尔 1826年6月16日	129
罗伯特·特林布尔 1828年8月25日 布什罗德·华盛顿 1829年11月26日	约翰·麦克莱恩 1830年1月11日 亨利·鲍德温 1830年1月18日	505 (在特林布尔离任及鲍德温 到任期间)

① 在某些情况下,当参议院闭会期间一些法官被任命到最高法院,这些"闭会期间被任命者"的少部分在他们的名字被正式递交到参议院以前已进行了法院宣誓。本表所列的日期及天数是指法官正式到任日期,即参议院确认后的宣誓日期,尽管法官已经列席和参加了判决。有关在闭会期被任命者的其他事项见前提名表。

* 代指首席大法官。

② 括弧表示在所有现存空缺职位被填满之前又有新空缺职位产生的那段时间。因此席位持续空缺直到都被填满,尽管继任未被打破。在此例中,库欣大法官是退休并被杜瓦尔法官替代。斯托里大法官最后在库欣大法官的席位已空缺508天后才到席其位。

（续表）

离任法官/空缺日期	替换法官/到任日期	缺员日期
威廉·约翰逊 1834 年 8 月 4 日	詹姆斯·M. 韦恩 1835 年 1 月 14 日	646（在约翰逊离任及托尼到任期间）
加布里埃尔·杜瓦尔 1935 年 1 月 14 日	菲利普·P. 巴伯 1836 年 5 月 12 日	
约翰·马歇尔* 1835 年 7 月 6 日	罗杰·B. 托尼* 1836 年 3 月 28 日	
菲利普·P. 巴伯 1841 年 2 月 25 日	彼特·V. 丹尼尔 1842 年 1 月 10 日	319
史密斯·汤普森 1843 年 12 月 18 日	塞缪尔·纳尔逊 1845 年 12 月 27 日	965（在汤普森离任及格里尔到任期间）①
亨利·鲍德温 1844 年 4 月 21 日	罗伯特·C. 格里尔 1846 年 8 月 10 日	
约瑟夫·斯托里 1845 年 9 月 10 日	利瓦伊·伍德伯里 1846 年 1 月 3 日	
利瓦伊·伍德伯里 1851 年 9 月 4 日	本杰明·R. 柯蒂斯 1851 年 10 月 10 日	36
约翰·麦金利 1852 年 7 月 19 日	约翰·A. 坎贝尔 1853 年 11 月 11 日	266
本杰明·R. 柯蒂斯 1857 年 9 月 30 日	内森·克里福德 1858 年 1 月 21 日	113
彼特·V. 丹尼尔 1860 年 5 月 31 日	塞缪尔·F. 米勒 1862 年 7 月 21 日	923（在丹尼尔离任及戴维斯到任期间）
约翰·麦克莱恩 1861 年 4 月 4 日	厄·H. 斯韦恩 1862 年 1 月 27 日	
约翰·A. 坎贝尔 1861 年 4 月 30 日	戴维斯·戴维 1862 年 12 月 10 日	
罗杰·B. 托尼* 1864 年 10 月 12 日	萨蒙·P. 蔡斯* 1864 年 12 月 15 日	64
约翰·卡特伦 1865 年 5 月 30 日	无替代②	
詹姆斯·M. 韦恩 1867 年 7 月 5 日	无替代	
罗伯特·C. 格里尔 1870 年 1 月 31 日	威廉·斯特朗 1870 年 3 月 14 日	42
塞缪尔·纳尔逊 1872 年 11 月 28 日	沃德·亨特 1873 年 1 月 9 日	42

① 尽管鲍德温法官先于斯托里法官离任，但是直到斯托里法官的替代者到任之后，鲍德温法官的替代者格里尔法官才到任。因此，从汤普森法官离任到格里尔法官到任之前，该席位至少空缺了 965 天。

② 根据 1866 年法官法的规定，法官规模从原来的 10 名减至 7 名；1869 年的法官法又将法官人数确定为 9 名。

（续表）

离任法官/空缺日期	替换法官/到任日期	缺员日期
萨蒙·P.蔡斯* 1873年5月7日	莫里森·R.韦特* 1874年3月4日	301
戴维斯·戴维 1877年3月4日	约翰·马歇尔·哈伦 1877年12月10日	281
威廉·斯特朗 1880年12月14日	威廉·B.伍兹 1881年1月5日	22
厄·H.斯韦恩 1881年1月24日	斯坦利·马修斯 1881年5月17日	113
内森·克里福德 1881年7月25日	霍勒斯·格雷 1882年1月9日	168
沃德·亨特 1882年1月27日	塞缪尔·布拉奇福德 1882年4月3日	66
威廉·B.伍兹 1887年5月14日	卢修斯·Q.C.拉马尔 1888年1月18日	249
莫里森·R.韦特* 1888年3月23日	梅尔维尔·W.富勒* 1888年10月8日	199
斯坦利·马修斯 1889年3月22日	戴维·J.布鲁尔 1890年1月6日	290
塞缪尔·F.米勒 1890年10月13日	亨利·B.布朗 1891年1月5日	84
约瑟夫·P.布拉德利 1892年1月22日	小乔治·夏伊拉斯 1892年10月10日	261
卢修斯·Q.C.拉马尔 1893年1月23日	豪厄尔·E.杰克逊 1893年3月4日	40
塞缪尔·布拉奇福德 1893年7月7日	爱德华·D.怀特 1894年3月12日	248
豪厄尔·E.杰克逊 1895年8月8日	鲁弗斯·W.佩卡姆 1896年1月6日	151
斯蒂芬·J.菲尔德 1897年12月1日	约瑟夫·麦克纳 1898年1月26日	56
霍勒斯·格雷 1902年9月15日	奥利弗·温德尔·霍姆斯 1902年12月8日	84
小乔治·夏伊拉斯 1903年2月23日	威廉·R.戴 1903年3月2日	7
亨利·B.布朗 1906年5月28日	威廉·H.穆迪 1906年12月17日	203
威勒·H.佩卡姆 1909年10月24日	霍勒斯·H.勒顿 1910年1月3日	71

(续表)

离任法官/空缺日期	替换法官/到任日期	缺员日期
戴维·J.布鲁尔 1910年3月28日	查尔斯·E.休斯 1910年10月10日	281 (在布鲁尔离任及拉马尔到任期间)
梅尔维尔·W.富勒* 1910年7月4日	爱德华·D.怀特* 1910年12月19日	
威廉·H.穆迪 1910年11月20日	威利斯·范.德凡特 1911年1月3日	
爱德华·D.怀特① 1910年12月18日	约瑟夫·R.拉马尔 1911年1月3日	
约翰·马歇尔·哈伦 1911年10月14日	马伦·皮特尼 1912年3月18日	155
霍勒斯·H.勒顿 1914年7月12日	詹姆斯·C.麦克雷诺兹 1914年9月5日	55
约瑟夫·R.拉马尔 1916年1月2日	路易斯·D.布兰代斯 1916年6月5日	154
查尔斯·E.休斯* 1916年6月10日	约翰·H.克拉克 1916年8月1日	51
爱德华·D.怀特* 1921年5月19日	威廉·H.塔夫脱* 1921年7月11日	53
约翰·H.克拉克 1922年9月18日	乔治·萨瑟兰 1922年10月2日	14
威廉·R.戴 1922年11月13日	皮尔斯·巴特勒 1923年1月2日	84 (在戴离任及桑福德到任期间)
马伦·皮特尼 1922年12月31日	爱德华·T.桑福德 1923年2月5日	
约瑟夫·麦克纳 1925年1月5日	哈伦·F.斯通 1925年3月2日	56
威廉·H.塔夫脱* 1930年2月3日	查尔斯·E.休斯* 1930年2月24日	21
爱德华·T.桑福德 1930年3月8日	欧文·J.罗伯茨 1930年6月2日	86
奥利弗·温德尔·霍姆斯 1932年1月12日	本杰明·N.卡多佐 1932年3月14日	61
威利斯·范.德凡特 1937年6月2日	胡果·L.布莱克 1937年8月19日	78
乔治·萨瑟兰 1938年1月17日	斯坦利·F.里德 1938年1月31日	14
本杰明·N.卡多佐 1938年7月9日	费利克斯·法兰克福特 1939年1月30日	205

① 在这些情况下,席位的空缺是因为在职大法官被晋升为首席大法官而造成,而非法官离任的结果。

（续表）

离任法官/空缺日期	替换法官/到任日期	缺员日期
路易斯·D.布兰代斯 1939年2月13日	威廉·O.道格拉斯 1939年4月17日	63
皮尔斯·巴特勒 1939年11月16日	弗兰克·墨菲 1940年1月18日	61
詹姆斯·C.麦克雷诺兹 1941年2月1日 查尔斯·E.休斯* 1941年7月1日 哈伦·F.斯通* 1941年7月2日	詹姆斯·F.伯恩斯 1941年7月8日 哈伦·F.斯通* 1941年7月3日 罗伯特·H.杰克逊 1941年7月11日	160 （在麦克雷诺兹离任及 杰克逊到任期间）
詹姆斯·F.伯恩斯 1942年10月3日	威利·B.拉特利奇 1943年2月15日	135
欧文·J.罗伯茨 1945年7月31日	哈罗德·H.伯顿 1945年10月1日	62
哈伦·F.斯通* 1946年4月22日	弗雷德·M.文森* 1946年6月24日	63
弗兰克·墨菲 1949年7月19日	托马斯·C.克拉克 1949年8月24日	36
威利·B.拉特利奇 1949年9月10日	谢尔曼·明顿 1949年10月12日	32
弗雷德·M.文森* 1953年9月8日	厄尔·沃伦* 1953年3月2日	174
罗伯特·H.杰克逊 1954年10月9日	约翰·M.哈伦II 1955年3月28日	170
谢尔曼·明顿 1956年10月15日 斯坦利·F.里德 1957年2月25日	小威廉·J.布伦南 1957年3月22日 查尔斯·E.惠特克 1957年3月25日	161 （在明顿离任及 惠特克到任期间）
哈罗德·H.伯顿 1958年10月13日	波特·斯图尔特 1959年5月15日	213
查尔斯·E.惠特克 1963年4月1日	拜伦·R.怀特 1962年4月16日	45
费利克斯·法兰克福特 1962年8月28日	阿瑟·J.戈德堡 1962年10月1日	34
阿瑟·J.戈德堡 1965年7月25日	阿贝·福塔斯 1965年10月4日	71
托马斯·C.克拉克 1967年6月12日	瑟古德·马歇尔 1967年10月2日	112
阿贝·福塔斯 1969年5月14日	哈里·A.布莱克蒙 1970年6月9日	391

离任法官/空缺日期	替换法官/到任日期	缺员日期
厄尔·沃伦* 1969年6月23日	沃伦·E.伯格* 1969年6月23日	0
胡果·L.布莱克 1971年9月17日 约翰·M.哈伦Ⅱ 1971年9月23日	小刘易斯·F.鲍威尔 1972年1月7日 威廉·H.伦奎斯特 1972年1月7日	112
威廉·O.道格拉斯 1795年11月12日	约翰·保罗·史蒂文斯 1975年12月19日	37
波特·斯图尔特 1981年7月3日	桑德拉·戴·奥康纳 1981年9月25日	84
沃伦·E.伯格* 1986年9月26日	威廉·H.伦奎斯特* 1986年9月26日	0
威廉·H.伦奎斯特 1986年9月26日	安东尼·斯卡利亚 1986年9月26日	0
小刘易斯·F.鲍威尔 1987年6月26日	安东尼·M.肯尼迪 1988年2月18日	237
小威廉·J.布伦南 1990年7月20日	戴维·H.苏特 1990年10月9日	81
瑟古德·马歇尔 1991年10月1日	克拉伦斯·托马斯 1991年10月23日	23
拜伦·R.怀特 1993年6月28日	鲁思·巴德·金斯伯格 1993年8月10日	42
哈里·A.布莱克蒙 1994年8月3日	斯蒂芬·G.布雷耶 1993年8月3日	0

(续表)

附录三 联邦最高法院的琐事与传统

联邦最高法院的"第一"与琐事①

联邦最高法院的"第一"

1. 联邦最高法院的第一次会议于 1790 年 2 月 2 日在纽约市皇家交易大楼举行。

2. 联邦最高法院新大楼举行的第一次会议在 1935 年 10 月 7 日。在那次会议上没有讨论案件。

3. 在联邦最高法院新大楼讨论的第一件案件是"道格拉斯诉威尔库茨案"(Douglas v. Willcuts),于 1935 年 10 月 14 日举行。

4. 第一位联邦最高法院律师是伊莱亚斯·邦迪诺特(Elias Boudinot),于 1790 年 2 月 5 日宣誓。

5. 第一位联邦最高法院黑人律师是约翰·S. 罗克(John S. Rock),于 1865 年 2 月 5 日被认可。

6. 第一位联邦最高法院女律师是哥伦比亚特区的贝尔瓦·安·洛克伍德(Belva Ann Lockwood),于 1879 年 3 月 3 日被认可。

7. 第一位在联邦最高法院辩论案件的聋律师是迈克尔·A. 查托夫(Michael A. Chatoff),他于 1982 年 3 月 23 日在"教育委员会诉罗利案"(Board of Education v. Rowley)中进行了辩论。

8. 第一位联邦最高法院犹太人大法官是路易斯·D. 布兰代斯(Louis D. Brandeis),他于 1916 年 6 月 5 日宣誓就职。

9. 第一位联邦最高法院的黑人大法官是瑟古德·马歇尔(Thurgood Marshall),他于 1967 年 10 月 2 日宣誓就职。

10. 第一位联邦最高法院的女大法官是桑德拉·戴·奥康纳(Sandra Day O'Connor),她于 1981 年 11 月 21 日宣誓就职。

11. 第一位女性法律秘书是路西尔·洛曼(Lucile Loman),她在 1944 年 10 月 22 日至 1945 年 9 月 30 日为道格拉斯大法官做法律秘书。

12. 第一位黑人法律秘书是威廉·T. 科尔曼(William T. Coleman),他从 1948 年 9 月 1 日至 1949 年 8 月 31 日为法兰克福特大法官做法律秘书。

13. 第一位女性法院官员是海沦·纽曼(Helen Newman),她是法院的第一位女图书馆馆长。

14. 法院的第一位女警是艾琳·F. 辛考塔(Eileen F. Cincotta),于 1985 年 8 月 18 日任命。

15. 最早被选派访问联邦最高法院的总统与副总统是罗纳德·里根(Ronald Reagan)和乔治·布什(George Bush),他们于 1980 年 11 月 11 日对联邦最高法院进行访问。

16. 第一位在总统就职典礼上主持宣誓的女大法官是奥康纳,她在 1989 年 1 月 20 日(星期五)为当选副总统的丹·奎尔(Dan Quayle)主持宣誓典礼。

---

① 摘自美国联邦最高法院文史室研究档案。

琐事

1. 任命时最年轻的联邦最高法院大法官是约瑟夫·斯托里(Joseph Story)，他于1812年2月3日被任命，时年32岁。

2. 寿命最长的大法官是斯坦利·F.里德，他活到95岁。他于1957年2月25日退休，时年72岁。

3. 仅有的几个外国出生的大法官：詹姆斯·威尔逊，1742年出生于苏格兰；詹姆斯·艾尔戴尔，1751年出生于英国；戴维·J.布鲁尔，1837年出生于小亚西亚；乔治·萨瑟兰，1862年出生于英国；以及费利克斯·法兰克福特，1882年出生于澳大利亚。

4. 联邦最高法院最初只由6位大法官组成，1790到1869年之间，大法官的人数发生了6次变化，最终在1869年形成了现在的9位大法官的格局。

5. 联邦最高法院历史上已有108位大法官，共经过了113次任命。其差额在于有5位大法官被任命为首席大法官。

6. 联邦最高法院迄今有16位首席大法官，从约翰·杰伊(1789)到威廉·伦奎斯特(1986)。

7. 联邦最高法院迄今已有102位普通大法官，从约翰·拉特利奇(1789)到斯蒂芬·G.布雷耶(1994)，其中包括5位大法官后来被任命为首席大法官(约翰·拉特利奇就是其中一位，他于1795年被任命)。

8. 威廉·伦奎斯特和桑德拉·戴·奥康纳是斯坦福大学法学院的同学。

9. 乔治·华盛顿总统任命联邦最高法院的大法官人数最多：11位。富兰克林·D.罗斯福总统任命了9位。

10. 吉米·卡特和乔治·布什是虽任满了一个任期，但没有任命过大法官的总统。只有四位总统从未任命过大法官，他们是威廉·H.哈里森、扎迦利·泰勒、安德鲁·约翰逊以及吉米·卡特。

11. 首席大法官罗杰·B.托尼为最多的总统主持宣誓仪式(7人)，但是首席大法官约翰·马歇尔是主持就职宣誓次数最多的大法官(9次为5位总统)。

12. 三个家族与联邦最高法院有联系：
（1）约翰·马歇尔·哈伦(1877—1911)和他的孙子约翰·马歇尔·哈伦(1955—1971)。
（2）斯蒂芬·J.菲尔德(1863—1897)和他的侄子戴维·J.布鲁尔(1890—1910)。
（3）卢修斯·Q.C.拉马尔(1883—1893)是约瑟夫·R.拉马尔(1911—1916)的一位远亲。

13. 五位联邦最高法院大法官在成为首席大法官前已是大法官，他们是：约翰·拉特利奇、爱德华·D.怀特、查尔斯·E.休斯、哈伦·F.斯通以及威廉·H.伦奎斯特。

14. 哈伦·F.斯通是唯一一位坐过联邦最高法院每一张大法官席的大法官。在被任命为首席大法官之前，他从资历最浅的法官升至大法官。

15. 奥利弗·温德尔·霍姆斯在他90岁时成为在联邦最高法院任职的年龄最大的大法官。

16. 威廉·O.道格拉斯在联邦最高法院任职时间最长：36年零近7个月。

17. 大法官托马斯·约翰逊在联邦最高法院任职时间最短：1年零2个月。

18. 威廉·H.塔夫脱(William H. Taft)是唯一一位还做过美国总统的联邦最高法院大法官。

19. 大部分联邦最高法院大法官来自纽约州和俄亥俄州和马萨诸塞州，其人数分别为14、9、9。

20. 塞缪尔·蔡斯是唯一一位被弹劾的联邦最高法院大法官。然而，他并没有被宣告有罪。

21. "联邦选举委员会诉科罗拉多共和党联邦竞选委员会案"(FEC v. Colorado Republican Federal Campaign Committee)[533 U.S. 431 (2001)]的判决是联邦最高法院作出的最长的判决。

22. 1926年审判期内，联邦最高法院以作出签名判决的方式处理的案件有223个。这是目前已知的在一个审判期内审理案件最多的一次。

23. 小奥利弗·温德尔·霍姆斯曾在"巴克诉贝尔案"(Buck v. Bell)(1927)中，支持了一要求某智力欠正常者绝育的判决，宣称，"三代低能儿已经够多了"。

24. 大法官波特·斯图尔特在"雅各布里斯诉俄亥俄州案"(Jacobellis v. Ohio)(1964)的反对意见中提到，在涉及判断是否构成淫秽时，应当以"我一看见就明白"为标准。

25. 在梅尔维尔·韦斯顿·富勒1888年被总统格罗夫·克利夫兰任命为联邦最高法院首席大法官后，当时一家报纸将其评价为"联邦最高法院历史上立场最不明确的首席大法官"。

26. 联邦最高法院门口的大理石柱上刻有"法律下的公平司法"几个大字。

27. 萨蒙·P.蔡斯是唯一一位肖像出现在美国货币上的联邦最高法院大法官。他的肖像曾出现在一万美元的钞票上，该货币现已不再发行。

28. 大法官拜伦·R.怀特、约翰·保罗·史蒂文斯以及威廉·H.伦奎斯特是仅有的从法学院毕业后便在联邦最高法院从事书记员工作的几位大法官。怀特于1946年至1947年期间为弗雷德·M.文森大法官工作。史蒂文斯于1947年至1948年为威利·B.拉特利奇大法官工作。伦奎斯特于1952年至1953年为罗伯特·H.杰逊大法官工作。布雷耶在1964年到1965年期间为大法官阿瑟·戈德堡工作。

29. 已有18个大法官毕业于哈佛大学法学院，

比其他任何一个大学人数都多。有9个大法官被认为是自学成才。

30. 36个大法官曾经参过军。

31. 91个大法官有过在州或联邦政界工作的经历。

32. 大法官拜伦·怀特1938年参加过匹兹堡海盗队(后改称为钢铁队)的专业足球比赛,1940年和1941年作为芝加哥雄狮队队员参加过比赛。

联邦最高法院的传统

1. 至少从1800年开始,法院开庭时大法官穿黑袍已形成传统。联邦最高法院早期,在首席大法官约翰·杰伊的引导下,大法官们着镶红边的黑袍,与英国法官们的着装有些相似。

2. 资历在联邦最高法院组织机构实践中总是一项重要因素。资历由大法官任职期限的长短来决定,首席大法官除外(他们总被认为是最具资历的大法官)。

3. 在法庭上,资历决定大法官席位。首席大法官坐在座次最中间的席位上,资历最深的大法官坐于其右。次资深大法官坐在首席大法官左侧,再次居右,依据资历高低从右至左来交替就坐。因此,资历最浅的大法官坐在首席大法官左侧最远的席位上。

4. 在讨论会中,资历也决定大法官席位。首席大法官坐在会议桌一端,而资历最深的大法官坐在另一端。资历浅的大法官靠门就坐,因为与会期间除大法官外无他人出席,因此,他必须充当守门者。开会时,法院依据资历对案件进行讨论与表决。

5. 在19世纪80年代,首席大法官梅尔维尔·W.富勒开创了大法官握手的传统。当大法官们在会议或开庭相聚会面时,每一位大法官分别与其他大法官握手。富勒开创握手的传统以提醒大法官们,尽管彼此存在分歧,但法庭的所有成员都具有共同的目标。

6. 新任大法官在审判室中举行的正式授职仪式上宣誓就职。新任大法官坐在原属于约翰·马歇尔的座位上听司法部长宣读向法院任命新任大法官的特许状。然后首席大法官让新任大法官宣誓,并使他或她与其他大法官一起于法庭就坐。

7. 在诸如总统宣誓的国家正式场合,大法官们穿着他们的法袍一起出席。以前,大法官们在户外仪式上戴着高帽。但是,从伍德罗·威尔逊的就职仪式开始,大法官们开始戴被称为"室内便帽"的黑色无边帽。在乔治·H. W. 布什总统的就职仪式上,首席大法官伦奎斯特和大法官奥康纳便戴着这种帽子。

8. 带有大法官名字的头衔一直在变化。传统而言,一位大法官的头衔是"大法官先生",譬如"布莱克蒙大法官先生"。然而在1980年11月,大法官们去掉了那种尊称,开始仅仅作像"布莱克蒙大法官"这样的署名。当某人口头称呼法院一成员时,他仅仅称该大法官为"布莱克蒙大法官",但是人们仍称首席大法官为"首席大法官先生"。

9. 传统上,在联邦最高法院出庭的所有律师都要求着正式的"大礼服"。如今,只有司法部成员们以及美国联邦政府的辩护人仍坚持正式着装的传统。大部分私人律师着黑色西服,尽管其中一些仍坚持这种更为正式的传统。

10. 正如法院早期那样,羽笔在审判庭中一直很重要。法院的办公人员在法庭开庭期间,每一天都会放20支10英寸的白羽在会议桌上。

11. 法院有一枚很像美国国玺的传统印章,只不过在鹰爪下边多了一颗星。法院的秘书保存法院的印章,并用其来表征官方文件,譬如新接纳在法院执业的律师的证书。法院目前使用的印章在制度史上是第五枚。

12. 当一位新任大法官被任命到法院时,法院中的一位大法官将举行晚宴来欢迎他或她。这些晚宴仅宴请大法官(包括前任大法官)及其配偶。

13. 在一位大法官退休前,法院其他大法官将购买他在法庭上的座椅或他在会议室的座椅,并赠送给该大法官。法院将为每位退休大法官在法院大楼中保留一间办公室及少量职员,直到他去世。

14. 每年大法官们都要举行圣诞晚会宴请联邦最高法院的所有工作人员。另外,近年来大法官们已形成一项新的传统:他们在法律书记员就任或离职时为他们举行欢迎或欢送晚会。

15. 法院的另一项新传统是法律书记员的重聚,由某一个特定大法官以前的书记员做东在最高法院审判庭为该大法官举行晚宴。

16. 虽然宪法规定总统要宣誓就职,但是,由首席大法官主持就职宣誓只是一种传统。事实上,有七次总统就职宣誓仪式是由官员而非首席大法官主持的(另见附录二总统任期内的任命栏)。

判例索引

A

阿宾顿校区诉谢穆普案(Abington School District v. Schempp), 374 U.S. 203 (1963)
.... 1,167,217,263,540,828,993

艾布尔曼诉布思案(Ableman v. Booth), 62 U.S. 506 (1859) 1,300,316,343,409, 468,757,865,867,906,1008

艾布拉姆斯诉合众国案(Abrams v. United States),250 U.S. 616 (1919) 5,60,146, 169,171,318,341,437,721,828,836, 925,995,1032

阿代尔诉合众国案(Adair v. United States), 208 U.S. 161 (1908) ... 8,208,257,391,416, 502,740,1038

阿达莫·雷金公司诉合众国案(Adamo Wrecking Co. v. United States), 434 U.S. 275 (1978) 1037

亚当斯快递诉克罗宁格案(Adams Express v. Croninger), 226 U.S. 491 (1912) 185

亚当斯诉斯托里(Adams v. Storey), 1 Fed. Cas. 141 no. 66 (C.C.D.N.Y.1817) 547

阿达兰德建筑公司诉彭纳案(Adarand Constructors, Inc. v. Pena) 515 U.S. 200 (1995)
.... 9,203,656,802,912

亚当森诉加利福尼亚州案(Adamson v. California), 332 U.S. 46 (1947) 8,76,79,259, 377,390,422,457,561,615,629,670,774

阿德利诉佛罗里达州案(Adderley v. Florida), 385 U.S. 39 (1966) 54,164,320

阿德勒诉教育理事会案(Adler v. Board of Education), 342 U.S. 485(1952) 6,597,802

阿德金斯诉儿童医院案(Adkins v. Children's Hospital), 261 U.S. 525 (1923)
.... 10,133,208,257,355,417,418, 425,502,528,583,745,916,927,934,979,1013

阿狄斯顿管道与钢铁公司诉合众国案(Addyston Pipe & Steel v. United States), 175 U.S. 211 (1899) 135,680

埃特纳寿险公司诉霍沃斯案(Aetna Life Insurance Co. v. Haworth),300 U.S. 227(1937)
.... 513

埃特纳寿险公司诉拉沃伊案(Aetna Life Insurance Co. v. Lavoie), 475 U.S. 813 (1986)
.... 490

阿夫罗伊姆诉腊斯克案(Afroyim v. Rusk), 387 U.S. 253 (1967) 329,963

阿金斯诉蒂布伦市案(Agins v. City of Tiburon), 447 U.S. 255 (1980) 275,471,556

阿戈斯提尼诉费尔敦案(Agostini v. Felton), 521 U.S. 203 (1997) 23,784

阿杰拉诉费尔敦案(Aguilar v. Felton), 473 U.S. 402 (1985) 23,34

阿克龙诉阿克龙生育健康中心股份有限公司案(Akron v. Akron Center for Reproductive Health, Inc.), 462 U.S. 416 (1983)
.... 4,25,807

亚拉巴马州诉怀特案(Alabama v. White), 496 U.S. 325 (1990) 335

阿尔贝马勒纸公司诉穆迪案(Albemarle Paper Company v. Moody), 422 U.S. 405(1975)
.... 20,25,247

合众国诉艾伯蒂尼案(Albertini, United States v.), 472 U.S. 675 (1985) 750

艾伯茨诉加利福尼亚州案(Albert's v. California), 354 U.S. 476 (1957) 813,814

艾伯森诉颠覆活动控制会案(Albertson v. Subversive Activities Control Board), 382 U.S. 70 (1965) 25,187,577

奥尔登诉缅因州案(Alden v. Maine),527 U.S. 706 (1999) 134,269,270,304,498,878,909

艾勒金尼县诉美国公民自由联盟大皮茨堡分会案(Allegheny County v. ACLU Greater Pittsburgh Chapter), 492 U.S. 573 (1989)
.... 29,558,786

艾廉诉教育理事会案(Allen v. Board of Elections), 393 U.S. 544 (1969) ·········· 970

艾廉诉赖特案(Allen v. Wright), 468 U.S. 737 (1984) ·········· 894

艾杰耶尔诉路易斯安那州案(Allgeyer v. Louisiana), 165 U.S. 578 (1897) ······ **30**,131,208, 257,333,353,416,502,528,549,680,744,856

联合信号公司诉税务部部长案(Allied-Signal Inc. v. Director, Division of Taxation), 504 U.S. 768 (1992) ·········· 910

联合架钢公司诉斯潘瑙斯案(Allied Structural Steel Co. v. Spannaus),438 U.S. 234(1978) ·········· 747

合众国诉美国铝业公司案(Aluminum Co. of America(Alcoa), United States v.), 148 F. 2d 416 (2d Circuit 1945) ·········· 39

联合食品雇员联盟诉朗根·瓦利案(Amalgamated Food Employees Union v. Logan Valley Plaze)391 U.S. 308 (1968) ·········· 54

阿姆巴克诉诺威克案(Ambach v. Norwick), 441 U.S. 68 (1979) ·········· 27,263,370

美国书商协会诉赫德纳特案(American Booksellers Association, Inc. v. Hudnut), 771 F. 2d 323, 7th Cir. (1985) ·········· 593,654

美国通讯协会诉杜茨案(American Communications Association v. Douds), 339 U.S. 382 (1950) ·········· **32**,186,477,527

美国保险公司诉坎特案(American Insurance Company v. Canter 1 Pet.), 26 U.S. 511 (1828) ·········· **33**,945

合众国诉美国图书馆协会案(American Library Association, United States v.), 539 U.S. 194 (2003) ·········· **33**,77,655,750,885

美国电力与照明公司诉证券交易委员会案(American Power & Light Co. v. SEC)329 U.S. 90 (1946) ·········· 13,302,698

美国纺织品制造商协会诉多诺万案(American Textile Manufacturers' Institute v. Donovan), 452 U.S. 490(1981) ·········· 815

合众国诉美国烟草公司案(American Tobacco Co., United States v.), 221 U.S. 106(1911) ·········· 39,135,391,815,855

合众国诉埃米斯塔德案(Amistad, The, United States v.), 40 U.S. 518 (1841) ······ 8,865,921

阿莫可石油公司诉赌城案(Amoco Production Co. v. Village of Gambell), 480 U.S. 531 (1987) ·········· 276

安迪森诉塞利布雷齐案(Anderson v. Celebrezze), 460 U.S. 780 (1983) ·········· 698

安迪森诉克赖顿案(Anderson v. Creighton), 483 U.S. 635(1987) ·········· 336

安迪森诉邓恩案(Anderson v. Dunn), 19 U.S. 204 (1821) ·········· 206

合众国诉安东尼案(Anthony, United States v.), 24 F. Cas. 829 (No. 14,459) N.D.N. Y. (1873) ·········· 638

阿波达卡诉俄勒冈州案(Apodaca v. Oregon), 406 U.S. 404 (1972) ·········· 65,486,687,1020

阿普伦蒂诉新泽西州案(Apprendi v. New Jersey),530 U.S. 466(2000) ·········· 83,319, 657,802

阿普特克诉国务卿案(Aptheker v. Secretary of State), 378 U.S. 500 (1964) ·········· **45**,187, 366,379,959

阿杰辛格诉哈姆林案(Argersinger v. Hamlin), 407 U.S. 25 (1972) ·········· **48**,214,362,487

亚利桑那铜业公司诉哈默案(Arizona Copper Co. v. Hammer), 250 U.S. 400 (1919) ··· 662

亚利桑那管理委员会诉诺里斯案(Arizona Governing Committee v. Norris) 463 U.S. 1073 (1983) ·········· 466

亚利桑那州诉埃文斯案(Arizona v. Evans),514 U.S. 1(1995) ·········· 285

亚利桑那州诉福明南特案(Arizona v. Fulminante), 499 U.S. 279(1991) ·········· **49**,176

亚利桑那州诉莫罗案(Arizona v. Mauro), 481 U.S. 520 (1987) ·········· 600

亚利桑那州诉威廉姆斯案(Arizona v. Williams)(1959) ·········· 628

合众国诉亚利桑那州案(Arizona, United States v.), 400 U.S. 112 (1970) ·········· 664

阿肯色州诉桑德斯案(Arkansas v. Sanders), 442 U.S. 753 (1979) ·········· 126

阿林顿·海特诉都市房产开发公司案(Arlington Heights v. Metropolitan Housing Development Corp.), 429 U.S. 252 (1977) ··· **49**,246, 442,604,612,685,763

合公国诉阿姆斯特朗案(Armstrong, United States v.), 517 U.S. 456 (1996) ·········· **49**

阿姆斯特朗诉合众国案(Armstrong v. United States), 364 U.S. 40 (1960) ·········· 657

阿内特诉肯尼迪案(Arnett v. Kennedy), 416

U. S. 134 (1974) ………………… 256

合众国诉阿诺德、施温及其公司案(Arnold, Schwinn and Company, United States v.), 388 U. S. 365 (1967) ………………… 330

艾弗尔等诉合众国案(Arver et al. v. United States), 245 U. S. 366 (1918) ……… 194,1031

合众国诉阿什案(Ash, United States v.), 413 U. S. 300 (1973) ………………… 991

阿施克拉夫特诉田纳西州案(Ashcraft v. Tennessee), 322 U. S. 143 (1944) ……… 175,176

阿什克拉夫特诉言论自由联盟(Ashcroft v. Free Speech Coalition), 535 U. S. 234 (2002) ………………… 655,975

阿什顿诉肯塔基州案(Ashton v. Kentucky), 384 U. S. 195 (1966) ………………… 887

阿什旺德诉田纳西河流域管理局案(Ashwander v. Tennessee Valley Authority), 297 U. S. 288 (1936) ……… 53,421,457,505,633,714,774

阿斯彭滑雪场诉阿斯彭高地滑雪公司案(Aspen Skiing v. Aspen Highlands Skiing Corp.), 472 U. S. 585 (1985) ………………… 41

美联社诉合众国案(Associated Press v. United States), 326 U. S. 1 (1945) ………………… 588

美联社诉沃克案(Associated Press v. Walker, 389 U. S. 28 (1967) ………………… 636

数据处理服务联合会诉坎普案(Association of Data Processing Services v. Camp), 397 U. S. 150 (1970) ………………… 893,894

阿塔卡德罗州立医院诉斯坎伦案(Atascadero State Hospital v. Scanlon), 473 U. S. 234 (1985) ………………… 909

安瑟尔顿诉约翰斯通案(Atherton v. Johnston), 259 U. S. 13 (1922) ………………… 61

阿特金斯诉弗吉尼亚州案(Atkins v. Virginia), 536 U. S. 304 (2002) … 55,137,683,778,953

阿特沃特诉赖格威塔市案(Atwater v. City of Lago Vista), 532 U. S. 318 (2001) …… 57,336

奥斯汀诉密歇根商会案(Austin v. Michigan Chamber of Commerce), 494 U. S. 652 (1990) ………………… 323,975

奥斯汀诉合众国案(Austin v. United States), 509 U. S. 602 (1993) ………………… 56

埃弗里诉米德兰县案(Avery v. Midland County), 390 U. S. 474 (1968) ………………… 267

B

巴德姆诉欧共体案(Badham v. Eu), 488 U. S. 953 (1988) ………………… 359

巴格特诉布利特案(Baggett v. Bullitt), 377 U. S. 360 (1964) ………………… 270

贝利诉亚拉巴马州案(Bailey v. Alabama), 219 U. S. 219 (1911) ………………… 437,445,683

贝利诉德雷克塞尔家具公司案(Bailey v. Drexel Furniture Co.), 259 U. S. 20 (1922) ………………… 61,169,197,324,388,417,418,528,746,934,943

合众国诉班布里奇案(Bainbridge, United States v.), 24 F. Cas. 946 (No. 14,497)(C. C. D. Mass. 1816) ………………… 920

合众国诉巴加卡杰恩案(Bajakajian, United States v.) 524 U. S. 321 (1998) ………………… 73

贝克诉卡尔案(Baker v. Carr, 369 U. S. 186 (1962) …… 51,61,62,95,141,178,196,267,303,338,359,369,372,383,462,497,504,513,536,705,710,720,771,796,847,986,1001,1012

贝克诉塞尔登案(Baker v. Selden), 101 U. S. 99 (1879) ………………… 212

鲍尔温诉蒙大拿州渔业和竞技委员会案(Baldwin v. Fish and Game Commission of Montana), 436 U. S. 371 (1978) ………………… 737

鲍德温诉 G. A. F. 西利格公司案(Baldwin v. G. A. F. Seelig, Inc), 294 U. S. 511 (1935) ………………… 24

鲍德温诉纽约案(Baldwin v. New York), 399 U. S. 117 (1970) ………………… 687,961

鲍尔诉詹姆斯案(Ball v. James), 451 U. S. 355 (1981) ………………… 268

巴拉德诉合众国案(Ballard v. United States), 329 U. S. 187 (1946) ………………… 64,443

合众国诉巴拉德案(Ballard, United States v.), 322 U. S. 78 (1944) ………………… 477,787

巴柳诉佐治亚州案(Ballew v. Georgia), 435 U. S. 223 (1978) ………………… 65,1020

巴尔的摩与俄亥俄铁路公司诉鲍案(Baltimore & Ohio Railroad v. Baugh), 149 U. S. 368 (1893) ………………… 311

奥古斯塔银行诉厄尔案(Bank of Augusta v. Earle), 38 U. S. 519 (1839) ………… 65,129,300,407,938

合众国银行诉德沃克斯案（Bank of the United States v. Deveaux），5 Cranch 61 (1809) **65**, 129, 407, 484, 553

合众国银行诉丹德里奇案（Bank of United States v. Dandridge），25 U. S. 64 (1827) 129

班塔姆图书公司诉沙利文案（Bantam Books, Inc. v. Sullivan），372 U. S. 58 (1963) 142

巴尔比尔诉康诺利案（Barbier v. Connolly），113 U. S. 27 (1885) 311, 696

巴伦布莱特诉合众国案（Barenblatt v. United States），360 U. S. 109 (1959) 6, 54, **69**, 187, 206, 321, 393

巴克诉文哥案（Barker v. Wingo），407 U. S. 514 (1972) 523, 859

巴纳德诉索尔斯坦案（Barnard v. Thorstenn），489 U. S. 546 (1989) 960

巴恩斯诉格伦剧院股份公司案（Barnes v. Glen Theatre, Inc.），501 U. S. 560 (1991) ... **69**, 648

合众国诉巴尼特案（Barnett, United States v.），376 U. S. 681 (1964) 143, 366

巴伦诉巴尔的摩案（Barron v. Baltimore），7 Pet. 32 U. S. 243 (1833) **70**, 76, 196, 272, 299, 301, 332, 406, 415, 419, 457, 461, 568, 695, 742, 781, 833, 898

巴罗斯诉杰克逊案（Barrows v. Jackson），346 U. S. 249 (1953) 442, 759, 854

巴尔诉马特奥案（Barr v. Matteo），360 U. S. 564 (1959) 123, 642

巴斯克公司诉莱文森案（Basic, Inc. v. Levinson），485 U. S. 224 (1988) 130

合众国诉巴斯案（Bass, United States v.）404 U. S. 336 (2002) 50

巴士诉廷恩案（Bas v. Tingy），4 U. S. 37 (1800) 606, 997

贝茨诉亚利桑那州律师协会案（Bates v. State Bar of Arizona），433 U. S. 350 (1977) ... 67, **70**

巴特森诉肯塔基州案（Batson v. Kentucky），476 U. S. 79 (1986) **71**, 480, 684, 687, 688, 720

鲍姆加特纳诉合众国案（Baumgartner v. United States），322 U. S. 665 (1944) 948, 1033

贝亚德诉辛格尔顿1号，马丁42号案（北卡罗来纳州）[Bayard v. Singleton, 1 NC (Mart.)], 5(1787) 606

伯哈奈斯诉伊利诺伊州案（Beauharnais v. Illinois），343 U. S. 250 (1952) 635

比彻诉阿拉巴马州案（Beecher v. Alabama），408 U. S. 234 (1972) 600

贝尔克诉卡尔罗特-麦克伦伯格教育理事会案（Belk v. Charlotte-Mecklenburg Board of Education），269 F. 3d 305 (4th Cir. 2001) 340

贝尔·特瑞诉博拉斯案（Belle Terre v. Boraas），416 U. S. 1 (1974) **72**, 254, 295, 442, 612, 779

贝劳提诉伯尔德案（Bellotti v. Baird），443 U. S. 622 (1979) 4

贝尔诉伯森案（Bell v. Burson），402 U. S. 535 (1971) 256

贝尔诉马里兰州案（Bell v Maryland），38 U. S. 226 (1964) 858

贝尔诉沃尔费西案（Bell v. Wolfish），441 U. S. 520 (1979) 728

合众国诉贝尔蒙特案（Belmont, United States v.），301 U. S. 324 (1937) 286, 603, 848

贝尔顿诉纽约州案（Belton v. New York），453 U. S. 454 (1981) 336

本尼斯诉密歇根州案（Bennis v. Michigan），516 U. S. 442 (1996) 56, **72**

本顿诉马里兰州案（Benton v. Maryland），395 U. S. 784 (1969) **73**, 252, 314, 569, 671

伯里亚学院诉肯塔基州案（Berea College v. Kentucky），211 U. S. 45 (1908) 98, 106, 332, 837

伯杰诉纽约州案（Berger v. New York），388 U. S. 41 (1967) 420, 658, 832

伯曼诉帕克案（Berman v. Parker, 348 U. S. 26 (1954) **73**, 471, 694, 698, 747, 753

贝瑟尔校区第403号诉弗雷泽案（Bethel School District No. 403 v. Fraser, 478 U. S. 675 (1986) 263, 958

贝茨诉布雷迪案（Betts v. Brady），316 U. S. 455 (1942) **73**, 74, 214, 247, 362

比奇洛诉弗里斯特案（Bigelow v. Forrest），76 U. S. 339 (1870) 923

比奇洛诉弗吉尼亚州案（Bigelow v. Virginia），421 U. S. 809 (1975) **75**, 923

铋-金属投资公司诉州平等化委员会案（Bi-Metallic Investment Co. v. State Board of Equalization），239 U. S. 441 (1915) 256

布莱克诉卡特实验室案(Black v. Cutter Laboratories), 351 U.S. 292 (1956) 854

黑白出租车案(Black & White Taxicab Case) (1928) 279

布莱克尼诉华盛顿州案(Blakely v. Washington),542 U.S. (2004) **83**,657

布莱克诉麦克劳案(Blake v. McClung),172 U.S. 239(1898) 737

布雷斯坦诉唐纳森平板画公司案(Bleistein v. Donaldson Lithographing Co.), 188 U.S. 239 (1903) 212

布莱鲁诉合众国案(Blyew v. United States), 80 U.S. 581(1872) 411,772,923

宝马公司诉戈尔案(BMW Inc. v. Goer),517 U.S. 559(1996) 441,753,913

评议员委员会诉霍罗威茨(Board of Curators v. Horowitz), 437 U.S. 78 (1979) 263

罗太来国际公司董事会诉桂瓦蒂罗太来俱乐部案(Board of Directors of Rotary International v. Rotary Club of Duarte), 481 U.S. 537 (1987) 736

金尔亚斯·约耳教育委员会诉格拉米特案(Board of Education of Kiryas Joel Village School v. Grumet),512 U.S. 687(1994) 23

俄克拉荷马市教育理事会诉道尔案(Board of Education of Oklahoma City v. Dowell), 498 U.S.237(1991) 243,263

教育理事会诉艾廉案(Board of Education v. Allen), 392 U.S. 236 (1968) 263,540,689

教育理事会诉摩根斯案(Board of Education v. Mergens), 496 U.S. 226 (1990) 786,829

教育理事会诉比科案(Board of Education v. Pico), 457 U.S. 853 (1982) 7,263

校务委员会诉罗思案(Board of Regents v. Roth), 408 U.S. 564 (1972) 7,256

芝加哥贸易委员会诉合众国案(Board of Trade of City of Chicago v. United States), 246 U.S. 231(1918) 815

纽约州立大学受托人委员会诉福克斯案(Board of Trustees of the State University of New York v. Fox), 492 U.S. 469 (1989) 184

亚拉巴马州校董会诉加勒特案(Board of Trustees of University of Alabama v. Garrett),531. U.S. 356(2001) **84**,305,777

巴布斯-梅里尔诉斯瑞思案(Bobbs-Merrill v. Straus),210 U.S. 339 (1908) 212

鲍勃·琼斯大学诉合众国案(Bob Jones University v. United States), 461 U.S. 574(1983) 35,115

博迪诉康涅狄格州案(Boddie v. Connecticut), 401 U.S. 371 (1971) 394,459

博尔纳诉弗罗里案(Boerne v. Flores),521 U.S. 507 (1997) 84,85,305, 320,788,908,941

博根诉斯科特-哈里斯案(Bogan v. Scott-Harris),523 U.S. 44 (1998) 881

博尔杰诉扬斯药物产品公司案(Bolger v. Youngs Drug Product Corp., 463 U.S. 60 (1983) 207,380

博林诉夏普案(Bolling v. Sharpe), 347 U.S. 497 (1954) 28,**85**,104,277,345, 535,619,760

邦德诉弗洛伊德案(Bond v. Floyd), 385 U.S. 116 (1966) 983

伯尼托·伯茨公司诉桑德尔·克拉夫特轮船公司案(Bonito Boats, Inc. v. Thunder Craft Boat Inc., 489 U.S.141 (1989) 676

约翰·克莱兰之《一个快乐的女人的自述》诉马萨诸塞州司法部长案(Book Named "John Cleland's Memoirs of a Woman of Pleasure" v. Attorney General of Massachusetts), 383U.S. 413 (1966) 654,974

布斯诉巴里案(Boos v. Barry), 485 U.S. 312 (1988) 949

布思诉马里兰州案(Booth v. Maryland), 182 U.S. 496 (1987) 678

布思诉合众国案(Booth v. United States), 291 U.S. 339 (1934) 246

合众国诉布思案(Booth, United States v.), See Ableman v. Booth (1859) 1,2

鲍文诉肯德瑞克案(Bowen v. Kendrick), 487 U.S. 589 (1988) 784

鲍尔斯诉哈德威克案(Bowers v. Hardwick), 478 U.S. 186 (1986) **86**,88,201, 306,333,380,426,439,440,467,532, 640,732,896,962,1016

鲍尔斯诉威灵汉姆案(Bowles v. Willingham), 321 U.S. 503 (1944) 995,1033

鲍舍诉西纳尔案(Bowsher v. Synar, 478 U.S. 714 (1986) 14,**87**,114,452,609,849

博伊德诉合众国案(Boyd v. United States),
116 U. S. 616 (1886) **87**,284,
316,334,1011

博伊金诉亚拉巴马州案(Boykin v. Alabama),
395 U. S. 238 (1969) 692

美国童子军组织诉戴尔案(Boy Scouts of American v. Dale),530 U. S. 640 (2000) **87**,440

博因顿诉弗吉尼亚州案(Boynton v. Virginia),
364 U. S. 454 (1960) 163

伯伊斯市场公司诉零售商克拉克地方770号案
(Boys Market, Inc. v. Retail Clerks' Local
770),398 U. S. 235 (1970) 527

布拉德利诉费西尔案(Bradley v. Fisher),13
Wall 80 U. S. 335 (1872) 491

布拉德韦尔诉伊利诺伊州案(Bradwell v. Illinois), 16 Wall 83 U. S. 130 (1873) **89**,90,
149,332,353,546,772,775

布雷迪诉合众国案(Brady v. United States),
397 U. S. 742 (1970) 692

布兰登堡诉俄亥俄州案(Brandenburg v. Ohio), 395 U. S. 444 (1969) 5,**93**,171,222,
319,322,389,396,684,836,887,925,
949,973,995,996,1018,1040

布兰提诉芬克尔案(Branti v. Finkel, 445 U. S.
507 (1980) 272,818

布兰兹堡诉海斯案(Branzburg v. Hayes),408
U. S. 665 (1972) 93

布拉斯诉北达科他州案(Brass v. North Dakota), 153 U. S. 391 (1894) 24,856

布朗菲尔德诉布朗案(Braunfeld v. Brown),
366 U. S. 599 (1961) 925

布里德洛夫诉萨博尔斯案(Breedlove v. Suttles), 302 U. S. 277 (1937) **94**,394,712

布鲁尔诉威廉斯案(Brewer v. Williams),430
U. S. 387 (1977) 573,600

合众国诉布鲁斯特案(Brewster, United States
v.), 408 U. S. 501 (1972) 190,889

布里奇斯诉加利福尼亚州案(Bridges v. California), 314 U. S. 252 (1941) 60

布里格斯诉埃利奥特案(Briggs v. Elliott),349
U. S. 249 (1955) 673

布里格斯诉斯波尔丁案(Briggs v. Spaulding),
141 U. S. 132 (1891) 130

合众国诉布莱特案(Bright, United States v.),
24 F. Cas. 1232 (No. 14,642) (C. C. D. Pa.
1809) 1004

合众国诉布拉格诺尼-彭西案(Brignoni-Ponce,
United States v.), 422 U. S. 873 (1975) 28

布林加尔诉合众国案(Brinegar v. United
States), 338 U. S. 160 (1949) 832

布里斯科诉肯塔基共同体银行案(Briscoe v.
Bank of the Commonwealth of Kentucky), 11
Pet. 36 U. S. 257 (1837) ... **101**,221,585,920

布罗克特诉斯珀坎·阿卡狄斯公司案(Brockett
v. Spokane Arcades, Inc. , 472 U. S. 491
(1985) 180

布罗克诉公路快运公司案(Brock v. Roadway
Express),481 U. S. 252 (1987) 16

布朗森诉金泽案(Bronson v. Kinzie),42 U. S.
311 (1843) **101**,132,742

布罗克斯诉合众国案(Brooks v. United
States), 267 U. S. 432 (1925) 181

合众国诉布朗案(Brown, United States v.),
381 U. S. 437 (1965) 32,55,225,949

布朗宁-费里斯实业诉凯尔可公司案(Browning-Ferris Industries Inc. v. Kelco, 492 U. S.
257 (1989) 753

布朗诉艾廉案(Brown v. Allen), 344 U. S. 443
(1953) 663

布朗诉教育理事会案(Brown v. Board of Education, 347 U. S. 483(1954) 32,61,74,85,
102,158,163,186,196,211,217,235,242,249,
258,262,263,302,326,333,356,373,374,
390,425,427,428,462,468,477,492,
496,503,521,535,554,569,595,611,
619,659,673,718,720,760,774,837,
845,875,928,952,988,1000

布朗诉教育理事会案(Ⅱ)(Brown v. Board of
Education (Ⅱ), 349 U. S. 294 (1955) 29,
242,377,429,462,761,927

布朗诉格兰斯案(Brown v. Glines), 444 U. S.
348 (1980) 686

布朗诉路易斯安那州案(Brown v. Louisiana),
383 U. S. 131 (1966) 647

布朗诉马里兰州案(Brown v. Maryland), 12
Wheat 25 U. S. 419 (1827) **105**,203,
903,1027

布朗诉密西西比州案(Brown v. Mississippi),
297 U. S. 278 (1936) **105**,175,446

布朗诉俄克拉荷马州交通公司案(Brown v. Oklahoma Transportation Co.), 588 P. 2d 595

(Okla. Ct. App. 1978) ················· 961

布朗诉得克萨斯州案(Brown v. Texas),443 U. S. 47 (1979) ···················· 589

布朗诉汤姆森案(Brown v. Thomson),462 U. S. 835 (1983) ···················· 268

布朗诉沃克案(Brown v. Walker, 161 U. S. 591 (1896) ························ 371

布坎南诉瓦雷案(Buchanan v. Warley),245 U. S. 60 (1917) ······ **106**,213,441,534, 619,746,759,837,853

巴克诉贝尔案(Buck v. Bell),274 U. S. 200 (1927) ············ **107**,206,207,419,436,662

巴克利诉美国宪法基金会案(Buckley v. American Constitutional Law Foundation),525 U. S. 182 (1999) ······················ 306,710

巴克利诉瓦莱奥案(Buckley v. Valeo),424 U. S. 1 (1976) ··········· **106**,317,323,578,699, 704,710,802,849,964,975

巴德诉纽约州案(Budd v. New York),143 U. S. 517 (1892) ···················· 84,**108**

邦廷诉俄勒冈州案(Bunting v. Oregon),243 U. S. 426 (1917) ······ **111**,208,354,355,550

伯班克诉厄恩斯特案(Burbank v. Ernst),232 U. S. 162 (1914) ··················· 398

布尔班克诉洛克希德航空集散站案(Burbank v. Lockheed Air Terminal),411 U. S. 624 (1973) ·························· 275

伯奇诉路易斯安那州案(Burch v. Louisiana),441 U. S. 130 (1979) ···················· 1020

伯丁诉约翰逊案(Burdine v. Johnson),262 F. 3d 336 (5th Cir. 2001) ··············· 214

伯林顿诉艾尔斯案(Burlington v. Ellerth),524 U. S. 742 (1998) ···················· 852

伯纳姆诉高级别法院案(Burnham v. Superior Court),495 U. S. 604 (1990) ·········· 463,681

布恩斯焙烤公司诉布赖恩案(Burns Baking Co. v. Bryan),264 U. S. 504 (1924) ········ 91,133

合众国诉伯尔案(Burr, United States v.),25 F. Cas. 55 (No. 14,693) (C. C. Va. 1807) ····················· 115,316,404,642

伯罗-贾尔斯平板画公司诉萨罗尼案(Burrow-Giles Lithographic v. Sarony),111 U. S. 53 (1884) ························ 212

布森诉弗里曼案(Burson v. Freeman),504 U. S. 191 (1992) ···················· 750

伯顿诉威明顿泊车管理局案(Burton v. Wilmington Parking Authority),365 U. S. 715(1961) ····················· **116**,163,607,760,897

布什诉戈尔案(Bush v. Gore),531 U. S. 98 (2000) ········· 99,**117**,495,506,518,705,709, 710,717,751,780,878,912,939,986,988,1009

布什诉棕榈滩县选举委员会案(Bush v. Palm Beach County Canvassing Board),531 U. S. 70 (2000) ······················ 939,962,1009

布什诉维拉案(Bush v. Vera),517 U. S. 952 (1996) ······················ 764,825,990

新奥尔良文明屠宰协会诉克里森特城市禽畜卸放与屠宰公司案(Butchers' Benevolent Association of New Orleans v. Crescent City Livestock Landing and Slaughterhouse Co., 另见屠宰场案(Slaughterhouse Cases) ············· **120**

合众国诉巴特勒案(Butler, United States v.),297 U. S. 1 (1936) ··········· 24,**122**,218, 301,324,358,401,421,503,506,587,610,633, 684,747,774,804,913,916,940,980

巴兹诉伊科诺莫案(Butz v. Economou),438 U. S. 478 (1978) ················ **122**,287,642

拜厄斯诉合众国案(Byars v. United States),273 U. S. 28 (1927) ···················· 857

伯德诉布卢·里奇乡村电力合作公司案(Byrd v. Blue Ridge Rural Electric Cooperative, Inc., 355U. S. 950 (1958) ················· 279

C

卡巴佐印第安人联合使团诉威尔逊案(Cabazon Band of Mission Indians v. Wilson),480 U. S. 202 (1987) ························ 628

C & A 碳化物公司诉克拉克斯通城案(C&A Carbone, Inc. v. Town of Clarkstown),511 U. S. 383 (1994) ······················ 183

合众国诉卡兰德拉案(Calandra, United States v.),414 U. S. 338 (1974) ············ 285,336, 370,371,540

考尔德诉布尔案(Calder v. Bull),3 Dall 3 U. S. 386 (1798) ············· **125**,139,150,229, 399,403,405,473,500,629,677,741

合众国诉考德威尔案(Caldwell, United States v.),332 U. S. 19 (1972) ················ 93

合众国诉加利福尼亚州案(California, United States v.),332 U. S. 19 (1947) ········ **126**,955

加利福尼亚州牙医协会诉联邦贸易委员会案

（California Dental Association v. Federal Trade Commission）526 U. S. 756（1999）············ 136

加利福尼亚联邦储蓄与贷款协会诉格拉案（California Federal Savings & Loan Association v. Guerra），479 U. S. 272（1987）
·································· 622,721

加利福尼亚州诉阿策韦多案（California v. Acevedo），500 U. S. 565（1991）············ **126**

加利福尼亚州诉贝赫勒案（California v. Beheler），463 U. S. 1121（1983）············ 600

加利福尼亚州诉卡巴松地带的印第安人教会案（California v. Cabazon Band of Mission Indians），480 U. S. 202（1987）············ 841

加利福尼亚州诉卡尼案（California v. Carney），471 U. S. 386（1985）············ 57

加利福尼亚州诉西拉罗案（California v. Ciraolo），476 U. S. 207（1986）············ 516,833

加利福尼亚州诉格林案（California v. Green），399 U. S. 149（1970）············ 860

加利福尼亚州诉格林伍德案（California v. Greenwood），486 U. S. 35（1988）············ 335

加利福尼亚州诉琼斯案（California v. Jones），374 U. S. 501（2000）············ 698

加利福尼亚州诉普里索克案（California v. Prysock），453 U. S. 355（1981）············ 600

卡马拉诉市政法院案（Camara v. Municipal Court），387 U. S. 523（1967）··· 570,832,947

坎贝尔诉阿库夫－罗斯音乐案（Campbell v. Acuff-Rose Music），510 U. S. 569（1994）··· 212

坎普斯·纽芬达/奥瓦通纳公司诉哈里森城案（Camps Newfound/Owatonna, Inc. v. Town of Harrison），520 U. S. 564（1997）············ 183

坎特威尔诉康涅狄格州案（Cantwell v. Connecticut），310 U. S. 296（1940）······ **128**,689, 781,804

州议会大厦街区及顾问委员会诉派尼迪案（Capital Square Review and Advisory Board v. Pinette），515 U. S. 753（1995）············ 786

凯里诉人口服务国际组织案（Carey v. Population Services International）431 U. S. 678（1977）············ 207,380,732

卡尔森诉兰登案（Carlson v. Landon）342 U. S. 524（1952）············ 597

合众国诉卡尔顿案（Carlton, United States v.），512 U. S. 26（1994）············ **139**

合众国诉卡洛伦产品公司案（Carolene Products Co., United States v.），304 U. S. 144（1938）
·································· 704,721,747,820,917

卡彭特诉戴恩郡案（Carpenter v. County of Dane），9 Wis. 249（1859）············ 898

卡罗尔诉合众国案（Carroll v. United States），267 U. S. 132（1925）············ 56,**139**,197, 266,334,813,832,965

卡特诉卡特煤炭公司案（Carter v. Carter Coal Co.），298 U. S. 238（1936）············ 138,**140**, 179,218,240,421,529,587,633,672,746, 804,844

卡特尔诉肯塔基州案（Carter v. Kentucky），450 U. S. 288（1981）············ 778

合众国诉考斯比案（Causby, United States v.），328 U. S. 256（1946）············ 747

CBS诉民主党全国委员会案（CBS v. Democratic National Committee），412 U. S. 94（1973）
·································· 790

CBS公司诉联邦通讯委员会案（CBS v. Federal Communications Commission），453 U. S. 567（1981）············ 790

丹佛中央银行诉丹佛第一州际银行案（Central Bank of Denver v. First Interstate Bank of Denver），511 U. S. 164（1994）············ 130

中央赫德森气电公司诉纽约公共服务委员会案（Central Hudson Gas & Electric Corp. v. Public Service Commission of New York），447 U. S. 557（1980）············ 184,331,885,975

中央运输公司诉普尔曼豪华轿车公司案（Central Transportation Co. v. Pullman's Palace Car Co.），139 U. S. 24（1890）············ 134

中央信托联盟公司诉卡文案（Central Union Trust Co. v. Carvin），254 U. S. 554（1921）
·································· 1031

合众国诉查德威克（Chadwick, United States v.），433 U. S. 1（1977）············ 140,812

柴单平诉合众国案（Chae Chan Ping v. United States），130 U. S. 581（1889）············ 28

钱伯斯诉佛罗里达州案（Chambers v. Florida），309 U. S. 227（1940）············ 79

钱皮恩和迪克森诉凯西案（Champion and Dickason v. Casey）（1792）············ 741

钱皮恩诉埃姆斯案（Champion v. Ames），188 U. S. 321（1903）······ **147**,181,233,387,415, 416,583,680,697,943

钱德勒诉佛罗里达州案(Chandler v. Florida),
  449 U. S. 560 (1981) ………………… 126,886
钱德勒诉司法委员会案(Chandler v. Judicial
  Council), 398 U. S. 74 (1970) ………… 11,113
钱德勒诉怀斯案(Chandler v. Wise), 307 U. S.
  474 (1939) ………………………………… 178
查普林斯基诉新罕布什尔州案(Chaplinsky v.
  New Hampshire), 315 U. S. 568 (1942)
  …… **147**,316,396,542,615,635,653,944,973
查普曼诉加利福尼亚州案(Chapman v. California), 386 U. S. 18 (1967) ………………… 176
查尔斯河桥梁公司诉沃伦桥梁公司案(Charles
  River Bridge v. Warren Bridge Company), 11
  Pet. 36 U. S. 420(1837) …… 69,131,147,212,
  299,407,439,695,735,742,749,920,937,1010
查维斯诉马丁内斯案(Chavez v. Martinez),538
  U. S. 760(2003) …………………………… 77,315
柴罗基系列案[Cherokee Cases (1831 and
  1832)]
  …… **151**,406,475,484,515,551,568,
        585,625,651,954,1023,1029
柴罗基族诉佐治亚州案(Cherokee Nation v.
  Georgia), 5 Pet. 30 U. S. 1 (1831)
  ……………………… 151,406,484,568,585,954
谢弗龙美国公司诉自然资源防护委员会案
  (Chevron U. S. A. Inc. v. Natural Resources
  Defense Council Inc.), 467 U. S.837(1984)
  ……………………………… 15,276,815,913
卡瑞拉诉合众国案(Chiarella v. United States),
  445 U. S. 222 (1980) …………………… 130,213
芝加哥、伯灵顿及昆西铁路公司诉芝加哥市案
  (Chicago, Burlington & Quincy Railroad Company v. Chicago), 166 U. S. 226 (1897)
  …… 131,136,272,314,457,470,703,744,935
芝加哥、米尔沃基与圣保罗铁路公司诉明尼苏
  达州案(Chicago, Milwaukee & St. Paul Railway Co. v. Minnesota), 134 U. S. 418 (1890)
  ………… 84,108,131,**151**,415,502,528,531
芝加哥贸易委员会诉合众国案(Chicago Board
  of Trade v. United States)(1918) ………… 815
芝加哥与格兰德大干道铁路公司诉威尔曼案
  (Chicago & Grand Trunk Railway Co. v. Wellman), 143U. S. 339 (1892) ………………… 179
契莫尔诉加利福尼亚州案(Chimel v. California), 395 U. S. 752 (1969) …… **154**,637,832
排华案(Chinese Exclusion Cases (1884—1893)
  ………………………………… 28,**155**
奇泽姆诉佐治亚州案(Chisholm v. Georgia), 2
  Dall. 2 U. S. 419 (1793) ……… 52,82,89,**156**,
    196,215,229,231,269,403,473,480,
    660,795,847,905,1022
奇索姆诉罗默尔案(Chisom v. Roemer), 501
  U. S. 380 (1991) …………………… **156**,269
克里斯滕森诉哈里斯郡案(Christensen v. Harris County) 529 U. S. 576 (2000) ………… 826
鲁库米-巴巴鲁-阿耶公司教堂诉海利案
  (Church of Lukumi Babalu Aye, Inc. v. Hialeah),508 U. S. 520 (1993) …………… 550
圣三一教堂诉合众国案(Church of the Holy
  Trinity v. United States), 143 U. S. 457
  (1891) …………………………………… 924
辛辛那提、新奥尔良与得克萨斯太平洋铁路诉
  州际商业委员会案(Cincinnati, New Orleans
  & Texas Pacific Railway v. ICC)162U. S. 184
  (1896) …………………………………… 311
辛辛那提市诉发现网络公司案(Cincinnati v.
  Discovery Network),507 U. S. 410(1993) … 184
保护奥沃顿公园公民诉沃尔普案(Citizens to
  Preserve Overton Park v. Volpe), 401 U. S.
  402(1971) ………………………………… 276
洛杉矶市政会诉文森特纳税人案(City Council
  of Los Angeles v. Taxpayers for Vincent),466
  U. S. 789 (1984) ………………………… 750,957
博尔纳市诉弗罗里斯案(City of Boerne v.
  Flores),521 U. S. 507(1997) …… 84,192,270,
    305,320
克利本市诉克利本生活中心案(City of Cleburne
  v. Cleburne Living Centre),473 U. S. 432(1985)
  ……………………………………… 278,442
伊利市诉Pap's A. M 案(City of Erie v. Pap's A.
  M),529 U. S. 277 (2000) ………………… 648
蒙特利市诉蒙特利市戴蒙特顿有限公司案
  (City of Monterey v. Del Monte Dunes at
  Monterey, Ltd),526 U. S. 687 (1999) …… **159**,
    315,472
雷顿市诉娱乐剧院案(City of Renton v. Playtime Theatres. Inc),475 U. S. 41 (1986)
  ………………………………… 612,957,975
公民自由信仰者诉芝加哥案(Civil Liberties for
  Urban Believers v. Chicago), 342 F. 3d 752
  (7th Cir.)(2003) ………………………… 85
民权系列案(Civil Rights Cases), 109 U. S. 3

(1883) ……… 89,98,**162**,191,196,277,311, 332,383,384,390,398,412,413,462,488,592, 607,759,768,857,896,943,951,959,988,1028

克拉克蒸馏公司诉西马里兰铁路公司案(Clark Distilling Co. v. Western Maryland Railway Co.), 242 U. S. 311(1917) ……………… **168**

克拉克诉罗默案(Clark v. Roemer), 500 U. S. 646(1991) ……………………………………… 157

合众国诉克拉西克案(Classic, United States v.),313 U. S. 299 (1941) ……… **170**,872,917

克莱诉合众国案(Clay v. United States), 403 U. S. 698 (1971) …………………………… 193

克利尔菲尔德信托公司诉合众国案(Clearfield Trust Co. v. United States), 318 U. S. 363 (1943), ……………………………………… 297

克利夫兰教育理事会诉拉弗勒案(Cleveland Board of Education v. LaFleur, 414 U. S. 632 (1974) ……………………………………… 721

克利夫兰教育理事会诉罗德密尔案(Cleveland Board of Education v. Loudermill), 470 U. S. 532 (1985) ……………………………… 16,256

克林顿诉纽约市案(Clinton v. City of New York),524 U. S. 417 (1998) ……………… 702

克林顿诉琼斯案(Clinton v. Jones),520 U. S. 681 (1997) ……………… 99,**175**,199,702,912

克莱特诉合众国案(Clyatt v. United States), 197 U. S. 207 (1905) ……………………… 683

美国有线新闻网诉诺里加案(CNN v. Noriega),917 F. 2d 1543 (11th Cir. 1990) ……… 727

科恩诉弗吉尼亚州案(Cohen v. Virginia), 6 Wheat. 19 U. S. 264 (1821) …… 51,**176**,216, 221,298,299,316,405,501,566,706,905

科恩诉加利福尼亚州案(Cohen v. California), 403 U. S. 15 (1971) …… **176**,320,393,482,974

科恩诉考尔斯传媒公司案(Cohen v. Cowles Media Co.),501 U. S. 663(1991) …… 93,**177**, 886

科恩诉赫尔利案(Cohen v. Hurley), 366 U. S. 117 (1961) ……………………………… 561

科克尔诉佐治亚州案(Coker v. Georgia), 433 U. S. 584 (1977) …………… 137,**177**,223,535

科尔格罗夫诉格林案(Colegrove v. Green), 328 U. S. 549 (1946) …… 62,178,368,423, 706,707,709,986,1012

科尔曼诉鲍尔康案(Coleman v. Balkcom),451 U. S. 949 (1981) ……………………………… 778

科尔曼诉亚拉巴马州案(Coleman v. Alabama), 399 U. S. 1(1970) …………………………… 214

科尔曼诉米勒案(Coleman v. Miller, 307 U. S. 433 (1939) ……… **178**,195,245,538,705,966

科勒诉扬案(Cole v. Young), 351 U. S. 536 (1956) ……………………………………… 186

科尔盖特诉哈维案(Colgate v. Harvey), 206 U. S. 404 (1935) …………………………… 738

科尔格罗夫诉巴廷案(Colgrove v. Battin),413 U. S. 149 (1973) ………………… 65,851,1020

税务官诉戴案(Collector v. Day), 11 Wall. 78 U. S. 113 (1871) ……… 174,**178**,371,412, 773,907,939

学院储蓄银行诉佛罗里达州学费预付后教育基金委会案(College Saving Bank v. Florida Prepaid Postsecondary Education Expense Board), 527 U. S. 666 (1999) …………………… 909,941

科罗拉多州共和党联邦竞选委员会诉联邦选举委员会案(Colorado Republican Federal Campaign Committee v. Federal Electoral Commission),518 U. S. 604, 746 ……………… 699

科罗拉多州诉伯亭案(Colorado v. Bertine),479 U. S. 367 (1987)…………………………… 57

科罗拉多州诉康纳利案(Colorado v. Connelly),479 U. S. 157(1986)………………… 600

科罗拉多州诉斯普林案(Colorado v. Spring), 479 U. S. 564(1987)……………………… 600

哥伦布教育理事会诉佩尼克案(Columbus Board of Education v. Penick), 443 U. S. 449 (1979) ……………………………………… 762

商用电缆诉伯利森案(Commercial Cable v. Burleson), 250 U. S. 360 (1919) ………… 1031

公共教育与宗教自由委员会诉尼奎斯特案(Committee for Public Education and Religious Liberty v. Nyquist), 413 U. S. 757 (1973) …………………………………………… 262

公共教育与宗教自由委员会诉里甘案(Committee for Public Education and Religious Liberty v. Regan), 444 U. S. 646 (1980) ……… 263

日用品期货交易委员会诉舍尔案(Commodity Futures Trading Commission v. Schor), 478 U. S. 833 (1986)……………………………… 12

宾夕法尼亚州诉科尼利厄斯案(Commonwealth of Pennsylvania v. Cornelius)(1956) ……… 321

弗吉尼亚共同体诉卡顿等人案(Commonwealth of Virginia v. Caton et al.)(1782) ……………… 82

共同体诉阿尔杰案(Commonwealth v. Alger, 7 Cush.(61 Mass.) 53 (1851) ………… 695,696

共同体诉埃维斯案(Commonwealth v. Aves), 18 Pick.(35 Mass.) 193 (1836) ………… 180

共同体诉詹尼森案(Commonwealth v. Jennison),(Mass. unreported),(1783)………… 228

共同体诉梅里尔案(Commonwealth v. Merrill), 14 Gray (80 Mass.) 415(1860) …………… 687

共产党诉颠覆活动控制委员会案(Communist Party v. Subversive Activities Control Board), 367 U. S.1 (1961) ……… 25,45,**187**,803,925

孔普科公司诉戴-布赖特照明公司案(Compco Corp. v. Day-Brite Lighting, Inc.),376 U. S. 234(1964) …………………………… 676

全自动交通公司诉布雷迪案(Complete Auto Transit, Inc. v. Brady), 430 U. S. 274 (1977) ……………………………… 903,910

康涅狄格州诉巴瑞特案(Connecticut v. Barrett), 479 U. S. 523 (1987) …………… 601

大陆电视公司诉通用电话西尔韦尼亚公司案 (Continental TV, Inc. v. GTE Sylvania, Inc.), 433 U. S. 36 (1977) ……… 40,135,815

库克诉莫法特案(Cook v. Moffat), 46 U. S. 295 (1847) ……………………………… 1027

库利诉费城港监委员会案(Cooley v. Board of Wardens of the Port of Philadelphia), 12 How. 53 U. S. 299 (1852) …………… 142,181,**210**, 226,299,361,376,408,422,585,675,749,840, 938,991,1008

合众国诉柯立芝案(Coolidge, United States v.), 25 F. Cas. 619 (No. 14,857)(C. C. D. Mass. 1813) ……………………………… 919

库珀公司诉莱瑟曼工具集团案(Cooper Industries, Inc. v. Leatherman Tool Group),532 U. S. 424(2001) ……………………… 441,753

库珀诉阿伦案(Cooper v. Aaron), 358 U. S. 1 (1958) ……… 95,104,186,211,323,339,468, 564,945,1001

科皮奇诉堪萨斯州案(Coppage v. Kansas), 236 U. S.1 (1915) ……………… 8,237,257,445, 525,690,1038

科菲尔德诉科里尔案(Corfield v. Coryell), F. Cas. 546 (No. 3,230) (E. D. Pa. 1823) ……………………………… 545,576,737

科尼利厄斯诉美国有色人种协进会法律辩护与教育基金案(Cornelius v. NAACP Legal Defense and Educational Fund), 473 U. S. 788 (1985) ………………………………………… 884

主教公司诉阿摩司案(Corporation of the Presiding Bishop v. Amos), 483 U. S. 327 (1987) ……………………………………………… 788

科里根诉巴克利案(Corrigan v. Buckley), 271 U. S. 323 (1926) ……………… **213**,420,441

康塞尔曼诉希契科克案(Counselman v. Hitchcock), 142 U. S. 547 (1892) …… 84,**215**,316

考克斯广播公司诉科恩案(Cox Broadcasting Corp. v. Cohn), 420 U. S. 469 (1975) ……………………………………………… 317,321

考克斯诉路易斯安那州案(Cox v. Louisiana), 379 U. S. 559 (1965)…………… 54,163,320

考克斯诉新罕布什尔州案(Cox v. New Hampshire), 312 U. S. 569 (1941) …… 54,**219**

考克斯诉伍德案(Cox v. Wood. 247 U. S. 3 (1918) ……………………………………… 1031

科伊尔诉史密斯案(Coyle v. Smith), 221 U. S. 559 (1911) ……………………… **220**,907,945

科伊诉爱荷华州案(Coy v. Iowa), 487 U. S. 1012 (1988) ……………………………… 573

克雷格诉博伦案(Craig v. Boren), 429 U. S. 190 (1976) ……… 95,**220**,278,341,356,466, 588,601,666,779,813,896,912

克雷格诉密苏里州案(Craig v. Missouri), 4 Pet. 29 U. S. 410 (1830) … 101,**221**,568,585

克拉默诉合众国案(Cramer v. United States), 325 U. S.1 (1945) ………………… 254,1034

克兰德尔诉内华达州案(Crandall v. Nevada), 73 U. S. 35 (1868) …………………………… 960

克兰的单方诉讼案(Crane, Ex parte), 30 U. S. 190 (1831) ……………………………………… 64

克劳福德诉洛杉矶教育理事会案(Crawford v. Board of Education of Los Angeles), 458U. S. 527 (1982) ……………………………………… 837

克罗克特诉里根案(Crockett v. Reagan), 558 F. Supp. 893 (C. D. C. 1982) ……… 624,708

克罗斯比诉国家对外贸易委员会案(Crosby v. National Foreign Trade Council), 530 U. S. 363(2000) ………………………………… **222**

克罗斯威尔诉人民案(Croswell v. People), 3 Johnson (New York Reports) 342(1804) …… 387

克罗狗单方诉讼案(Crow Dog, Ex parte), 109
U. S. 557(1883) ·················· **222**,515,626
克罗威尔诉本森案(Crowell v. Benson), 285
U. S. 22(1932) ································ 53
合众国诉克鲁克香克案(Cruikshank, United
States v.), 92 U. S. 542(1876) ······ 162,**224**,
447,592,758,833,859,992
克鲁赞诉密苏里州健康部主任案(Cruzan v.
Director, Missouri Department of Health), 497
U. S. 261(1990) ······ 202,**224**,244,779,1006
CSX 运输公司诉伊斯特伍德案(CSX Transportation, Inc. v. Eastwood), 507 U. S. 658
(1993) ····································· 649
卡罗姆布诉康涅狄格州案(Culombe v. Connecticut), 367 U. S. 568(1961) ·············· 175
卡明斯诉密苏里州案(Cummings v. Missouri),
71 U. S. 277(1867),另见:测试咒语系列案
(Test Oath Cases)······ 2,**25**,149,377,410,772,
948,1008
卡明诉里士满县教育理事会案(Cumming v.
Richmond County Board of Education), 175U.
S. 528(1899) ·················· **225**,837,845
柯蒂斯单方诉讼案(Curtis, Ex parte), 106 U.
S. 371(1882) ································ 971
柯蒂斯出版公司诉巴特斯案(Curtis Publishing
Co. v. Butts), 388 U. S. 130(1967) ········· 636
合众国诉柯蒂斯-赖特出口公司案(Curtiss-Wright Export Corp. , United States v.), 299
U. S. 304(1936) ················ **227**,241,328,
847,916
库特诉威尔金森案(Cutter v. Wilkinson)
(2004) ····································· **788**

D

达科斯特诉莱尔德案(DaCosta v. Laird), 471
F. 2d 1146(1973)··························· 623
达科他州中心电报局诉南达科他州案(Dakota
Central Telephone v. South Dakota), 250 U.
S. 163(1919) ······························· 1031
戴尔海特诉合众国案(Dalehite v. United
States), 346 U. S. 15(1953) ·················· 309
达姆斯与穆尔诉里甘案(Dames & Moore v.
Regan), 453 U. S. 654(1981) ········· **231**,286,
460,723,848,1003
丹德里奇诉威廉斯案(Dandridge v. Williams),
397 U. S. 471(1970) ················ 395,458,569
丹尼尔诉保罗案(Daniel v. Paul), 395 U. S.
298(1969) ··································· 160
合众国诉达比木材公司案(Darby Lumber Co. ,
United States v.), 312 U. S. 100(1941)
········· 131,182,197,**232**,355,388,478,908,
943,1019
达尔诉伯福德案(Darr v. Burford), 339 U. S.
200(1950) ··································· 296
达特茅斯学院诉伍德沃德案(Dartmouth College
v. Woodward),4 Wheat. 17 U. S. 518(1819)
············ 132,208,209,212,**233**,260,405,484,
501,567,663,735,920,1004,1009,1023
戴维斯诉班德尔莫案(Davis v. Bandemer),478
U. S. 109(1986) ············ **235**,236,269,359,
536,699,710,798
戴维斯诉比森案(Davis v. Beason), 133 U. S.
333(1890) ·································· **236**
戴维斯诉曼案(Davis v. Mann), 377 U. S. 333
(1890) ····································· 771
戴维斯诉门罗郡教育理事会案(Davis v. Monroe County Board of Education),526 U. S. 629
(1999) ····································· 358
戴维斯诉合众国案(Davis v. United States),
512 U. S. 452(1994) ························· 600
戴顿教育理事会诉布林克曼案(Dayton Board of
Education v. Brinkman), 443 U. S. 526
(1979) ····································· 726
戴顿-古斯·克瑞克里克铁路公司诉合众国案
(Dayton-Goose Creek Railway v. United
States), 263 U. S. 456(1924) ················· 469
德布斯诉合众国案(Debs v. United States),
249 U. S. 211(1919) ············ 5,59,171,341,
995,1032
德弗尼斯诉奥德加德案(DeFunis v. Odegaard), 416 U. S. 312(1974) ················· 607
德格雷高戈诉新罕布什尔州案(DeGregory v.
New Hampshire), 383 U. S. 825(1966) ······ 54
德乔恩吉诉俄勒冈州案(DeJonge v. Oregon),
299 U. S. 353(1937) ··· 31,146,222,**240**,686
德利马诉比德韦尔案(DeLima v. Bidwell),182
U. S. 1(1901),另见海岛系列案(Insular Cases)
·· 1017
德劳韦奥诉伯伊特案(De Lovio v. Boit), 7 F.
Cas. 418(No. 3,776)(C. C. D. Mass. 1815)
··· 17,919

丹尼斯诉合众国案(Dennis v. United States), 341 U. S. 494 (1951) ………… 54,60,93,171, 186,**241**,254,322,423,429,477,623,624,872, 925,984,1037

丹佛地区教育电信联盟公司诉联邦电信委员会案(Denver Area Educational Telecommunication Consortium, Inc. v. FCC),518 U. S. 727 (1996) ……………………………………… 975

沙漠宫殿公司诉科斯特案(Desert Palace, Inc. v. Costa),539 U. S. (2003) …………… 161

德山尼诉温内贝戈郡社会服务部案(DeShaney v. Winnebago County Department of Social Services), 489 U. S. 189 (1989) …………… 513

被拘留者案件(Detainee Cases)(2004) ……… **243**

合众国诉底特律木材公司案(Detroit Timber and Lumber Company, United States v), 200 U. S. 321 (1905) ……………………… 398,871

合众国诉德威特案(DeWitt, United States v.), 76 U. S. 41 (1869) ………………… 415,906

戴蒙德诉查克拉巴提案(Diamond v. Chakrabarty), 447 U. S. 303 (1980) ……………… 675

戴蒙德诉戴伊尔案(Diamond v. Diehr, 450 U. S. 175 (1981) ……………………………… 675

迪克森诉合众国案(Dickerson v. United States),530 U. S. 428 (2000) …… 314,599,778

迪肯森诉泽尔克案(Dickinson v. Zurko),527 U. S. 150(1999) ………………………… 99

狄龙诉格罗斯案(Dillon v. Gloss), 256 U. S. 368 (1921) ………………… 178,195,**244**,245

合众国诉狄奥里西奥案(Dionisio, United States v.), 410 U. S. 1 (1973) ………………… 600

德克斯诉证券交易委员会案(Dirks v. Securities and Exchange Commission), 463 U. S. 646 (1983) ……………………………………… 130

迪·桑托诉宾夕法尼亚州案(Di Santo v. Pennsylvania), 273 U. S. 34 (1927) …………… 916

多宾斯诉伊利县案(Dobbins v. Erie County), 16 Pet. (41 U. S.) 435(1842) … 178,**250**,906

道奇诉伍尔西案(Dodge v. Woolsey), 18 How. (59 U. S.) 331 (1856) ……… 128,129,**250**

多伊诉博尔顿案(Doe v. Bolton), 410 U. S. 179 (1973) ……………………………… 81,737

多伊诉麦克米伦案(Doe v. McMillan), 412 U. S. 306 (1973) ……………………… 190,889

多兰诉泰格市案(Dolan v. City of Tigard),512 U. S. 374(1994) ……………… **250**,472,779

多姆布罗斯基诉普费斯特案(Dombrowski v. Pfister), 380 U. S. 499 (1965) ……… **251**,1040

杜利诉合众国案(Dooley v. United States), 182 U. S. 222 (1901), ……………………… 465

合众国诉多里默斯案(Doremus, United States v), 249 U. S. 86 (1919) …………………… 1017

多尔单方诉讼案(Dorr, Ex parte), 44 U. S. 103 (1845) ……………………………………… 585

多尔诉合众国案(Dorr v. United States), 195 U. S. 138 (1904) ……………………………… 465

多萨德诉罗林森案(Dothard v. Rawlinson), 433 U. S. 521 (1977) ……………………… 763

道格拉斯诉加利福尼亚州案(Douglas v. California), 372 U. S. 353 (1963) ……… 214,362

唐斯诉比德韦尔案(Downes v. Bidwell), 182 U. S. 244 (1901), …………… **255**,344,1017

博纳姆医生案(Dr. Bonham's Case)(1610) ……………………………………… 399,499,564

迈尔斯医生医药公司诉约翰·D. 帕克父子公司案(Dr. Miles Medical Co. v. John D. Park & Sons Co.),220U. S. 373 (1911) ………… 135

达克沃思诉伊根案(Duckworth v. Eagan), 492 U. S. 195 (1989) ……………………………… 600

邓恩与布拉德斯特里特诉格林莫斯建筑商公司案(Dun & Bradstreet v. Greenmoss Builders), Inc., 472 U. S. 749 (1985) …………… 360,974

邓肯诉卡哈纳莫库案(Duncan v. Kahanamoku), 327 U. S. 304 (1946) … **258**,385,594, 722,995,1034

邓肯诉路易斯安那州案(Duncan v. Louisiana), 391 U. S. 145 (1968) ……… **259**,429,486,581, 623,686,687,1020

邓恩诉布鲁姆斯坦案(Dunn v. Blumstein), 404 U. S. 330 (1972) ……………………………… 960

杜普雷克斯印刷公司诉迪尔林案(Duplex Printing Co. v. Deering), 254 U. S. 443(1921) ……………………………… **259**,418,526

杜奎斯那照明公司诉巴拉什案(Duquesne Light Co. v. Barasch), 488 U. S. 299 (1989) … 748

杜伦诉密苏里州案(Duren v. Missouri), 439 U. S. 357 (1979) ……………………………… 941

德拉姆诉合众国案(Durham v. United States), 214 F. 2d 862 (1954) ……………………… 329

蒂罗休诉合众国(Durousseau v. United States),

6 Cr. (10U. S.)307 (1810) ············· 51

戴恩斯诉胡佛案(Dynes v. Hoover), 61 U. S. 65 (1858) ····················· 590

E

合众国诉 E. C. 奈特公司案(E. C. Knight Co. , United States v.),156 U. S. 1 (1895) ········ 38, 131,181,217,**261**,311,388,415,528,551,633, 659,680,740,847,855,856,907,929

埃金诉劳布案(Eakin v. Raub), 12 S. & R. 330 (Pa. 1825) ················ 501,563

东部企业公司诉阿普菲尔案(Eastern Enterprises v. Apfel),524 U. S. 498(1994) ······ 139, **261**,657

东部各州零售木材经销商协会诉合众国案 (Eastern States Retail Lumber Dealers' Association v. United States), 234 U. S. 600 (1914) ························ 135

伊斯特曼柯达公司诉图像技术服务部案(Eastman Kodak Co. v. Image Teacnical Service), 504 U. S. 451(1992) ·············· 135

埃伯哈特诉佐治亚州案(Eberheart v. Georgia), 433 U. S. 917 (1977) ·········· 223

埃德尔曼诉乔丹案(Edelman v. Jordan), 415 U. S. 651 (1974) ················ 270

艾奇伍德诉科比案(Edgewood v. Kirby), 777 S. W. 2d 391 (Texas) (1989) ········ 822

艾德蒙森诉里斯维尔混凝土公司案(Edmonson v. Leesville Concrete Co. , 500 U. S. 614(1991) ····················· 71,480,684

爱德华兹诉阿圭拉德案(Edwards v. Aguillard), 482 U. S. 578 (1987) ······· 283,321, 825,826

爱德华兹诉加利福尼亚州案(Edwards v. California), 314 U. S. 160 (1941) ········ 123,**264**, 477,638,738,960

爱德华兹诉南卡罗来纳州案(Edwards v. South Carolina), 372 U. S. 229 (1963) ····· 54,163, **264**,320,647,974

埃格尔夫诉蒙塔纳案(Egelhoff v. Montana), 518 U. S. 37 (1996) ··············· 464

合众国诉爱奇曼案(Eichman, United States v.), 496 U. S. 310 (1990) ········ 95,**264**,319, 320,648,931,950

艾森斯塔德诉伯尔德案(Eisenstadt v. Baird), 405 U. S. 438 (1972) ········ 96,207,**266**,380, 439,732

艾斯纳诉马可布尔案(Eisner v. Macomber, 252 U. S. 189 (1920) ················ 690

埃尔德雷德诉阿什克罗夫特案(Eldred v. Ashcroft),537 U. S. (2003) ············ 212

电力工人诉国家劳动关系委员会案(Electrical Workers v. National Labor Relations Board), 341 U. S. 694 (1951) ·············· 527

埃尔夫布兰德诉拉塞尔案(Elfbrandt v. Russell), 384 U. S. 11 (1966) ············ **270**

艾尔金、乔利奥特与东方铁路诉伯利案(Elgin, Joliet Eastern Railway v. Burley), 327 U. S. 661(1946) ···················· 820

埃尔克·格罗夫联合校区诉纽道(Elk Grove Unified School District v. Newdow)(2004) ························ 785

埃尔金斯诉合众国案(Elkins v. United States), 364 U. S. 206 (1960) ·········· 284,562,857

艾尔基森诉德列瑟林案(Elkison v. Deliesseline), 8 F. Cas. 493 (No. 4,366) (C. C. D. South Carolina 1823) ·············· 484

艾尔克诉威尔金斯案(Elk v. Wilkins), 112 U. S. 94 (1884) ··················· 158

埃尔门多夫诉泰勒案(Elmendorf v. Taylor, 23 U. S. 152 (1825) ················ 298

埃尔罗德诉布恩斯案(Elrod v. Burns), 427 U. S. 347 (1976) ············ 95,**271**,710,818

合众国诉埃默森案(Emerson, United States v.),270 F. 3d 203(5th Cir 2001) ········· 834

雇主责任系列案(Employers' Liability Cases), 207 U. S. 463 (1908) ··············· 605

人力资源部就业局诉史密斯案(Employment Div. , Department of Human Resources v. Smith), 494 U. S. 872 (1990) ·········· 84

埃姆斯帕克诉合众国案(Emspak v. United States), 349 U. S. 190 (1955) ·········· 191

恩多单方诉讼案(Endo, Ex parte), 323 U. S. 283 (1944) ·················· 1034

恩布罗姆诉凯里案(Engblom v. Carey), 677 F. 2d 957 (2d Cir. 1982) ············· 950

恩格尔诉瓦伊塔尔案(Engel v. Vitale), 370 U. S. 421 (1962) ········ 1,32,**273**,274,828,993

爱普尔森诉阿肯色州案(Epperson v. Arkansas), 393 U. S. 97 (1968) ······ 6,263,283,330

公平机会就业委员会诉怀俄明州案(Equal Employment Opportunity Commission v. Wyoming), 460 U. S. 226 (1983) ………………… 22

伊利铁路公司诉汤普金斯案(Erie Railroad Co. v. Tompkins), 304 U. S. 64 (1938) … 92,131, 186,208,249,**279**,297,302,408, 422,496,632,905,919,930,999

厄兹诺兹尼克诉杰克逊威尔案(Erznoznik v. Jacksonville), 422 U. S. 205 (1975) … 802,1042

埃斯可贝多诉伊利诺伊州案(Escobedo v. Illinois), 378 U. S. 438 (1964) … 176,**280**,366, 429,1016

埃伊特尔诉史密斯案(Estelle v. Smith), 451 U. S. 454 (1981) ……………………… 600

伊斯特诉得克萨斯州案(Estes v. Texas), 381 U. S. 532 (1965) ……………………… 126

尤克里德诉阿姆布勒物业公司案(Euclid v. Ambler Realty Co., 272 U. S. 365 (1926) ………………… 134,**281**,315,730,746,927,1043

埃文斯诉阿布尼案(Evans v. Abney), 396 U. S. 435 (1970) ………………………… **282**

埃文斯诉纽顿案(Evans v. Newton), 382 U. S. 296 (1966) …………………… **282**,760

埃文森诉埃维因镇教育理事会案(Everson v. Board of Education of Ewing Township), 330 U. S. 1 (1947) ……… 262,273,**282**,339,553, 828,994

尤因诉迈廷格与凯斯伯里公司案(Ewing v. Mytinger & Casselberry, Inc., 339 U. S. 594 (1950) …………………………………… 16

喷气航空管理公司诉克利夫兰市案(Executive Jet Aviation, Inc. v. City of Cleveland), 409U. S. 249 (1972) ……………………… 18

埃克森公司诉中心海湾管线公司(Exxon Corp. v. Central Gulf Lines, Inc.),500 U. S. 603 (1991) …………………………………… 18

埃克森公司诉亨特案(Exxon Corp. v. Hunt), 475 U. S. 355 (1986) ………………… 275

F

费尔法克斯的地产受遗赠人诉亨特的地产承租人案(Fairfax's Devisee v. Hunter's Lessee), 7 Cranch 11 U. S. 603 (1813) ……… 29,**293**,571

法尔波诉合众国案(Falbo v. United States), 320 U. S. 549 (1944) ………………… 615

法拉格诉波卡瑞顿市案(Faragher v. City of Boca Raton),524U. S. 755(1998) ………… 852

法瑞塔诉加利福尼亚州案(Faretta v. California), 422 U. S. 806 (1975) ………… 214,860

费伊诉诺亚案(Fay v. Noia), 372 U. S. 391 (1963) ……………………… **296**,385,497

联邦通讯委员会诉帕西菲卡基金会案(Federal Communications Commission v. Pacifica Foundation), 438 U. S. 726 (1978) ……… 884,912, 975,1042

联邦选举委员会诉埃金斯案(Federal Election Commission v. Akins),524 U. S. 11(1998) …………………………………………… 556

联邦选举委员会诉全国保守政治行动委员会案(Federal Election Commission v. National Conservative Political Action Committee), 470 U. S. 480 (1985) …………………………… 107

联邦能源执行部门诉艾尔贡青 SNG 公司案(Federal Energy Administration v. Algonquin SNG, Inc.),426 U. S. 548 (1976) ……… 228

联邦海事委员会诉南卡罗来纳州港务局案(Federal Maritime Commission v. South Carolina Ports Authority),535 U. S. 743 (2002) …………………………………… 270,**307**

联邦动力委员会诉霍普天然气公司案(Federal Power Commission v. Hope Natural Gas Company), 320 U. S. 591 (1944) …… 253,747,873

联邦贸易委员会诉柯蒂斯出版公司案(Federal Trade Commission v. Curtis Publishing Co.), 260 U. S. 568 (1923) …………………… 418

联邦贸易委员会诉 F. R. 凯佩尔与布罗斯案(Federal Trade Commission v. F. R. Keppel & Bros.), 291U. S. 304 (1934) …………… 130

联邦贸易委员会诉标准石油公司案(Federal Trade Commission v. Standard Oil Co.), 449U. S. 232 (1980) …………………… 16

费纳诉纽约州案(Feiner v. New York), 340 U. S. 315 (1951) ………………………… 309,524

费斯特出版公司诉乡村电话服务公司案(Feist Publication, Inc. v Rural Telephone Service Company, Inc.), 499 U. S. 340 (1991) ……………………………………… 212,**309**

费尔德曼诉合众国案(Feldman v. United States), 322 U. S. 487 (1944) …………… 615

费克尔诉托宾案(Felker v. Turpin),518 U. S. 651 (1996) …………………… 498,778

斐瑞斯诉合众国案(Feres v. United States),
310 U. S. 135 (1950) ……………… 309,796

菲尔德诉克拉克案(Field v. Clark), 143 U. S.
649 (1892) ……………… 12,240,531,537

消防员第1794地方工会诉斯托茨案(Firefighters Local Union No. 1794 v. Stotts), 467 U.
S. 561(1984) ……………………… 21,161

格兰代尔第一英国福音路德教教堂诉洛杉矶县案
(First English Evangelical Lutheran Church of
Glendale v. County of Los Angeles), 482 U.
S. 304 (1987) ……………… 315,**322**,472,748,1044

波士顿第一国家银行诉贝洛提案(First National
Bank of Boston v. Bellotti), 435 U. S. 765
(1978) …………………………………… **323**

菲斯科诉堪萨斯州案(Fiske v. Kansas), 274
U. S. 380 (1927) ……………………… 222,823

菲兹帕特里克诉比泽尔案(Fitzpatrick v. Bitzer), 427 U. S. 445 (1976) ……………… 941

弗莱斯特诉科恩案(Flast v. Cohen), 392 U. S.
83 (1968) ……………… 34,51,**324**,342,799,893

弗莱彻诉佩克案(Fletcher v. Peck), 6 Cranch
10 U. S. 87 (1810) ……………… 8,132,179,209,
299,**325**,373,387,404,501,531,548,566,571,
699,741,919

弗林特诉斯通案(Flint v. Stone), 220 U. S.
107 (1911) ………………………………… 456

合众国诉佛罗里达东海岸铁路公司案(Florida
East Coast Railway Co., United States v.), 410U.
S. 224 (1973) ……………………………… 16

佛罗里达之星诉B.J.F案(Florida Star v. B. J.
F., 491 U. S. 524 (1989) ……………… 734,887

佛罗里达诉博斯蒂克案(Florida v. Bostick),
501 U. S. 429 (1991) ……………… **326**,335

佛罗里达州诉赖利案(Florida v. Riley),488 U.
S. 445 (1989) …………………………… 335

佛罗里达州诉韦尔案(Florida v. Wells),495
U. S. 1(1990) …………………………… 336

弗拉诉合众国案(Flower v. United States), 407
U. S. 197 (1972) ………………………… 983

合众国诉费林案(Flynn, United States v.), 348
U. S. 909 (1954) ………………………… 393

福利诉坎奈列案(Foley v. Connelie), 435 U. S.
291 (1978) …………………………… 27,570

冯月亭诉合众国案(Fong Yue Ting v. United
States), 149 U. S. 698 (1893),另见排华案
(Chinese Exclusion Cases) ………… 28,98,155,
157,372

合众国诉福代斯案(Fordice,United States v.),
505 U. S. 717(1992) …………………… **328**

福特诉温赖特案(Ford v. Wainwright), 477 U.
S. 399 (1986) ……………………… 137,682

佛里莫斯特诉理查森案(Foremost v. Richardson), 457 U. S. 668 (1982) ………………… 18

44酒商诉罗得岛案(44 Liquormart v. Rhode Island),517 U. S. 484(1996) …………… 184,**331**,
885,975

合众国诉四十三加仑威士忌酒案(Forty-Three
Gallons of Whiskey, United States v.),93 U. S.
188 (1876) and 108 U. s. 491 (1883) ……… 626

福斯特诉尼尔森案(Foster v. Neilson), 2 Pet.
27 U. S. (1829) ………………………… 960

福克斯影片公司诉马勒案(Fox Film Corp. v.
Muller, 296 U. S. 207 (1935) …………… 457

福克斯诉华盛顿州案(Fox v. Washington), 236
U. S. 273 (1915) …………………………… 59

特许税收委员会诉建筑业劳动者假日信托组织
案(Franchise Tax Board v. Construction Laborers Vacation Trust), 463 U. S. 1 (1983) … 308

弗兰克诉曼格姆案(Frank v. Mangum), 237 U.
S. 309 (1915) ……………………… **339**,445

弗里德曼诉马里兰州案(Freedman v. Maryland), 380 U. S. 51 (1965)…………………… 143

弗里曼诉皮茨案(Freeman v. Pitts),503 U. S.
467 (1992) ……………………… 243,**340**,762

弗里蒙特诉合众国案(Fremont v. United
States), 58 U. S. 542 (1854) ……………… 23

地球莱德劳公司诉之友环境服务(TOC)公司案
(Friends of the Earth v. Laidlaw Environmental
Services),528 U. S. 167 (2000) ……… 276,556

弗里斯比诉舒尔茨案(Frisby v. Schultz), 487
U. S. 474 (1988) ……………… 54,749,956

弗罗威克诉合众国案(Frohwerk v. United
States), 249 U. S. 204 (1919) …… 59,170,1032

弗罗蒂罗诉理查森案(Frontiero v. Richardson), 411 U. S. 677 (1973) …… 197,**341**,356,
363,1011

弗罗斯特诉俄克拉荷马州公司委员会案(Frost
v. Oklahoma Corporation Commission), 278
U. S.515 (1929) ……………………………… 24

弗罗辛厄姆诉梅隆案(Frothingham v. Mellon),

262 U. S. 447（1923）…… 325,**342**,573,800,893

富利洛夫诉克卢茨尼克案（Fullilove v. Klutznick），448 U. S. 448（1980）……… 9,20, 115,122,**345**,587,764,801,912

弗曼诉佐治亚州案（Furman v. Georgia），408 U. S. 238（1972）…………… 81,136,224,**346**, 374,535,662,766,778,851,914,1028

G

加夫费尼诉卡明斯案（Gaffney v. Cummings），412 U. S. 735（1973）…………… 293

加格兰诉斯卡普里案（Gagnon v. Scarpelli），411 U. S. 788（1973）………………… 214

加姆比诺诉合众国案（Gambino v. United States），275 U. S. 310（1927）………… 857

甘尼特诉德帕斯夸尔案（Gannett v. DePasquale），443 U. S. 368（1979）………… 800

加西亚诉圣安东尼奥都市交通局案（Garcia v. San Antonio Metropolitan Transit Authority），469 U. S. 528（1985）……… 81,182,210,233, 255,304,**349**,622,910,943

加德纳诉布罗德里克案（Gardner v. Broderick），392 U. S. 273（1968）…………… 871

加德纳诉马萨诸塞州案（Gardner v. Massachusetts），305 U. S. 559（1938）…………… 207

加兰单方诉讼案（Garland, Ex parte），71 U. S. 333（1867）；另见验证咒语系列案（Test Oath Cases） …… 225,377,410,672,772,948,1008

加纳诉公共事务委员会（Garner v. Board of Public Works），341 U. S. 716（1951）…… 271

加尔纳诉路易斯安那州案（Garner v. Louisiana），368 U. S. 157（1961）…………… 163

加里森诉路易斯安那州案（Garrison v. Louisiana），379 U. S. 64（1964）……………… 7,836

加斯顿郡诉合众国案（Gaston County v. United States），395 U. S. 285（1969）……………… 20

盖尔诉布劳德案（Gayle v. Browder），352 U. S. 903（1956）……………………………… 104,837

吉杜迪格诉艾洛案（Geduldig v. Aiello），417 U. S. 484（1974）………………………… 721

盖尔诉美国本田汽车公司案（Geier v. American Honda Motor CO.），529 U. S. 861（2000） …………………………………………… **351**

格尔普克诉杜布奎案（Gelpcke v. Dubuque），1 Wall. 68 U. S. 175（1864） …… 132,166,**351**, 407,414,545,744,772,773,929

合众国诉通用动力公司案（General Dynamics Corp., United States v.），415 U. S. 486(1974) ……………………………………………… 40

通用电力诉吉尔伯特案（General Electric v. Gilbert），429 U. S. 125（1976）………… 721

吉尼斯船长诉菲茨休案（Genesee Chief v. Fitzhugh），12 How. 53 U. S. 443（1852）… 17, 300,**358**,407,938

杰恩太尔诉内华达州律师协会案（Gentile v. State Bar of Nevada），501 U. S. 1030(1991) ……………………………………………… 726

乔治城大学医院诉鲍恩案（Georgetown University Hospital v. Bowen），488 U. S. 204(1988) ……………………………………………… 814

佐治亚州诉阿什克罗夫特案（Georgia v. Ashcroft），539 U. S.（2003）…………………… 537

佐治亚州诉布雷斯富德案（Georgia v. Brailsford），2 U. S. 402（1792）………… 483,687

佐治亚州诉麦考伦案（Georgia v. McCollum），505 U. S. 42（1992）……………………… 684

佐治亚州诉斯坦顿案（Georgia v. Stanton），73 U. S. 50（1868）………… 149,410,632,772

佐治亚州诉田纳西州铜矿公司案（Georgia v. Tennessee Copper Co., 206 U. S. 230（1907） ……………………………………………… 274

格尔兹诉罗伯特·韦尔奇公司案（Gertz v. Robert Welch, Inc.），418 U. S. 323（1974） ………………… **360**,636,888,956,974

吉本斯诉奥格登案（Gibbons v. Ogden），9 Wheat. 22 U. S.1（1824）……… 130,180,210, 232,298,299,**361**,362,398,405,484,501,567, 638,695,701,865,880,920,954,1009,1021,1023

吉布斯诉巴尔的摩联合气体公司案（Gibbs v. Consolidated Gas Co. of Baltimore），130 U. S. 396（1889）………………………………… 134

吉伯尼诉帝国存储与冰冻公司案（Giboney v. Empire Storage and Ice Co., 336 U. S. 490（1949）………………………………………… 54

吉布森诉佛罗里达州立法调查委员会案（Gibson v. Florida Legislative Investigation Committee），372 U. S. 539（1963）……… 54,164,366

吉迪恩诉温赖特案（Gideon v. Wainwright），372 U. S. 335（1963）… 49,74,214,247,329, **361**,424,426,429,458,487,719,860,898,1001

吉尔伯特诉明尼苏达州案(Gilbert v. Minnesota), 254 U. S. 325 (1920) … 91,419,904,1032

贾尔斯诉哈里斯案(Giles v. Harris), 189 U. S. 475 (1903) …………………… 98,384

吉勒诉合众国案(Gillette v. United States), 401 U. S. 437 (1971) …………… 983

金兹伯格诉合众国案(Ginzburg v. United States), 383 U. S. 463 (1966) ………… 914

吉拉吉诉穆尔案(Giragi v. Moore), 301 U. S. 670 (1937) ………………………… 380

吉特洛诉纽约案(Gitlow v. New York), 268 U. S. 652 (1925) …… 31,70,171,333,**365**,457, 553,710,898

格拉德斯通诉贝尔伍德村案(Gladstone v. Village of Bellwood), 441 U. S. 91 (1979) …… 442

格拉斯诉贝齐号帆船案(Glass v. The Sloop Betsy), 3 U. S. 6 (1894) ………………… 480

格利克曼诉怀尔德曼兄弟和埃里奥特公司案(Glickman v. Wileman Bros. & Elliott, Inc.), 521 U. S. 457 (1997) ………………… 24

环球报业公司诉高级别法院案(Globe Newspaper Co. v. Superior Court), 457 U. S. 596 (1982) ……………………………… 725,801

高萨特诉克利里案(Goesaert v. Cleary), 335 U. S. 464 (1948) ………………… 355,775

戈德堡诉凯利案(Goldberg v. Kelly), 397 U. S. 254 (1970) ………… 96,256,**367**,426,748

黄金条款系列案(Gold Clause Cases) (1935) ………………………… 324,**367**,633,774

戈尔登诉普林斯案(Golden v. Prince), 10 F. Cas. 1542 (No. 5,509) (C. C. D. Pa. 1814) ……………………………………… 1004

戈德法布诉弗吉尼亚州律师协会案(Goldfarb v. Virginia State Bar), 421 U. S. 773 (1975) ……………………………………… 70,**367**

戈德曼诉辩护秘书案(Goldman v. Secretary of Defence), 734 F. 2d 1531 (1984) …………… 364

戈德华特诉卡特案(Goldwater v. Carter), 444 U. S. 996 (1979) ………… **368**,848,961

戈米利恩诉莱特富特案(Gomillion v. Lightfoot), 364 U. S. 339 (1960) ………… 164,359,**368**,707

冈珀斯诉巴克炉灶厨具公司案(Gompers v. Buck's Stove & Range Co., 221 U. S. 418(1911) ……………………………… **369**,526

龚伦诉莱斯案(Gong Lum v. Rice), 275 U. S. 78 (1927) ……………………… 759,837,845

合众国诉古丁案(Gooding, United States v.), 25 U. S. 460 (1827) ……………………… 864

好消息俱乐部诉米尔福德中心学校案(Good News Club v. Milford Central School), 533 U. S. 98 (2001) …………………… **369**,786

古德里奇诉公共健康机构案(Goodridge v. Department of Public Health) (440 Mass. 309) (2003) ………………………………… 440

涉及戈登的单方诉讼案(Gordon, Ex parte), 66 U. S. 503 (1861) …………………… 865

戈林因诉合众国案(Gorin v. United States), 312 U. S. 713 (1941) ………………… 281

高斯诉洛佩斯案(Goss v. Lopez), 419 U. S. 565 (1975) ……………………… 426

合众国诉格雷斯案(Grace, United States v.), 461 U. S. 171 (1983) ………………… 749,957

格雷迪诉科宾案(Grady v. Corbin), 495 U. S. 508 (1990) ……………………… 252

格雷厄姆诉约翰·迪尔公司案(Graham v. John Deere Co., 383 U. S. 1 (1966) …… 675,676

格雷厄姆诉理查森案(Graham v. Richardson), 403 U. S. 365 (1971) ……………………… ………………………… 27,159,**369**,901,922,

合众国诉格兰德森案(Granderson, United States v.), 511 U. S. 39 (1994) ………… 826

格兰费南西拉 S. A. 诉诺德伯格案(Granfinanciera S. A. v. Nordberg), 492 U. S. 33 (1989) ……………………………………………… 67

农民系列案[Granger Cases (1877)], 657, 1060;另见芒恩诉伊利诺伊州案(Munn v. Illinois);格兰尼斯诉奥尔丁案(Grannis v. Ordean), 234 U. S. 385 (1914) ……… 89,**371**, 613,992

格拉茨诉博林杰案(Gratz v. Bollinger), 539 U. S. (2003) ……… 371,**382**,656,765,776,1009

格拉韦尔诉合众国案(Gravel v. United States), 408 U. S. 606 (1972) …………… 190,889,982

格拉韦尔容器制造公司诉林德航空产品公司案(Graver Tank & Manufacturing Co. v. Linde Air Products Co., 330 U. S. 605 (1950) …… 676

奥基夫引起的格拉雷诉纽约州案(Graves v. New York ex rel. O'Keefe), 306 U. S. 466 (1939) ……………………………………… 371

格雷诉桑德斯案(Gray v. Sanders), 372 U. S.

368（1963）………… 61,**372**,373,771,797

大新奥尔良广播协会股份有限公司诉合众国案（Greater New Orleans Broadcasting Association, Inc. v. United States）,527 U. S. 173（1999）………………………… 184

格林诉比德尔案（Green v. Biddle）,8 Wheat. 21 U. S. 1（1823）…………… **373**,651,1004

格林诉纽肯特县学校理事会案（Green v. County School Board of New Kent County）,391 U. S. 430（1968）…… 104,242,263,340,845,927

格林诉弗雷泽尔案（Green v. Frazier）,253 U. S. 233（1920）……………………… 237

格雷格诉佐治亚州案（Gregg v. Georgia）,428 U. S. 153（1976）…… 137,177,224,347,**374**,467,570,963,1028

格雷戈里诉芝加哥城案（Gregory v. City of Chicago）,394 U. S. 111（1969）…………… 749

格里芬诉加利福尼亚州案（Griffin v. California）,380 U. S. 609（1965）………… 9,**377**

格里芬诉爱德华王子县学校理事会案（Griffin v. County School Board of Prince Edward County）,377 U. S. 218（1964）… 29,**377**,761

格里芬诉伊利诺伊州案（Griffin v. Illinois）,351 U. S. 12（1956）………………… **394**,458

格里芬诉马里兰州案（Griffin v. Maryland）,378 U. S. 130（1964）………………… 163

格里格斯诉杜克电力公司案（Griggs v. Duke Power Company）,401 U. S. 424（1971）…… 20,161,247,272,**377**,762,1005

合众国诉格里莫德案（Grimaud, United States v.）,220 U. S. 506（1911）………… 12,530

格里斯沃尔德诉康涅狄格州案（Griswold v. Connecticut）,381 U. S. 479（1965）…… 3,79,92,202,207,254,258,266,280,295,303,333,366,**378**,420,426,439,505,565,593,629,639,689,729,730,806,898,914,950,1001

格罗斯简诉美国出版公司案（Grosjean v. American Press Co.）,297 U. S. 233（1936）………………………… **380**,927

格罗斯诉洛佩斯案（Gross v. Lopez）,419 U. S. 565（1975）……………………… 263

高夫城市学院诉贝尔案（Grove City College v. Bell）,465 U. S. 555（1984）…… **381**,430,796

格罗夫斯诉斯劳特案（Groves v. Slaughter）,15 Pet. 40 U. S. 449（1841）………… **381**,865,938

格罗威诉汤森案（Grovey v. Townsend）,295 U. S. 45（1935）…… 170,**381**,704,760,804,872,896,917,1018

格鲁特诉博林杰案（Grutter v. Bollinger）,539 U. S.（2003）……… 7,278,**382**,430,765,776,802,1009

担保信用公司诉约克案（Guaranty Trust v. York）,326 U. S. 99（1945）……………… 820

合众国诉格斯特案（Guest, United States v.）,383 U. S. 745（1966）………… 192,333,**383**,428,488

吉恩诉合众国案（Guinn v. United States）,238 U. S. 347（1915）……… 191,370,**384**,619,759

H

哈德利诉少年学院校区案（Hadley v. Junior College District）,397 U. S. 50（1970）…… 267

黑格诉工业组织协会案（Hague v. Congress of Industrial Organizations）,307 U. S. 496（1939）……………… 31,280,**386**,527,686,749

合众国诉霍尔案（Hall, United States v.）,26 F. Cas. 79（1871）……………………… 772

霍尔诉德库尔案（Hall v. DeCuir）,95 U. S. 485（1878）……………………… 845

汉密尔顿诉亚拉巴马州案（Hamilton v. Alabama）,368 U. S. 52（1961）……………… 214

汉密尔顿诉肯塔基筛滤与仓储公司案（Hamilton v. Kentucky Distilleries & Warehouse Co.）,251 U. S. 146（1919）……………… 995

哈默诉达根哈特案（Hammer v. Dagenhart）,247 U. S. 251（1918）…… 61,131,169,182,197,233,237,301,**387**,417,502,528,583,714,740,846,943,979

哈姆诉洛克·希尔案（Hamm v. Rock Hill）,379 U. S. 306（1964）……………… 858

汉普敦诉麦康奈尔案（Hampton v. McConnell）,16 U. S. 234（1818）……………… 345

汉普敦诉牟·孙·王案（Hampton v. Mow Sun Wong）,426 U. S. 88（1976）………… 28,672

汉尼根诉《先生》杂志公司案（Hannegan v. Esquire, Inc.）,327 U. S. 146（1946）………… 143

汉斯诉路易斯安那州案（Hans v. Louisiana）,134 U. S. 1（1890）……… 52,89,269,907,909

合众国诉汉韦案（Hanway, United States v.）,

26 F. Cas. 105（1851）............343,867

哈洛诉费茨杰拉德案（Harlow v. Fitzgerald），457 U. S. 800（1982）............123,288

哈曼诉福森纽斯案（Harman v. Forssenius），380 U. S. 528（1965）............966

哈蒙诉泰勒案（Harmon v. Tylor），273 U. S. 668（1927）............759

哈珀与罗出版公司诉全国关系企业案（Harper & Row v. Nation Enterprises），471 U. S. 539（1985）............309

哈珀诉弗吉尼亚州选举委员会案（Harper v. Virginia State Board of Elections），383 U. S. 663（1966）............164,197,254,**394**,458,704,712,966,986

合众国诉哈里斯案（Harris, United States v.），106 U. S. 629（1883）............759,951,1028

哈里斯诉麦克雷案（Harris v. McRae），448 U. S. 297（1980）............3,**395**,458,807

哈里斯诉纽约州案（Harris v. New York），401 U. S. 222（1971）............395,601

哈里斯诉合众国案（Harris v. United States），331 U. S. 145（1947）............155

哈策尔诉合众国案（Hartzel v. United States），322 U. S. 680（1944）............281,948,1033

合众国诉黑文斯案（Havens, United States v.），446 U. S. 620（1980）............336

夏威夷房屋管理局诉米德基夫案（Hawaii Housing Authority v. Midkiff），467 U. S. 229（1984）............**396**,471,753

夏威夷诉曼基奇案（Hawaii v. Mankichi），190 U. S. 197（1903），参见海岛系列案（Insular Cases）霍克诉史密斯案（Hawke v. Smith（No. 1），253 U. S. 231（1920）............465

哈伊布恩案（Hayburn's Case），2 Dall. 2 U. S. 409（1792）............82,290,**397**,403,480

合众国诉海斯案（Hays, U. S. v.），515 U. S. 737（1995）............764

哈泽尔伍德校区诉库尔梅尔案（Hazelwood School District v. Kuhlmeier），484 U. S. 260（1988）............143,958

黑曾纸业公司诉比金斯案（Hazen Paper Co. v. Biggins），507 U. S. 604（1993）............22

人头费系列案（Head Money Cases），112 U. S. 580（1885）............**397**

希利诉詹姆斯案（Healy v. James），408 U. S. 169（1972）............7

亚特兰大中心旅馆诉合众国案（Heart of Atlanta Motel, Inc. v. United States），379 U. S. 241（1964）............182,303,**398**,427,729,760,959

希思诉亚拉巴马州案（Heath v. Alabama），474 U. S. 82（1985）............252

赫尔夫林诉戴维斯案（Helvering v. Davis），301 U. S. 619（1937）............138,178,**398**,913,940

赫尔夫林诉吉哈特案（Helvering v. Gerhardt），304 U. S. 405（1938）............907

亨德森诉纽约市长案（Henderson v. Mayor of New York），92 U. S. 259（1876）............397,451

亨德森诉合众国案（Henderson v. United States），339 U. S. 816（1950）............837

合众国诉亨利案（Henry, United States v.），447 U. S. 264（1980）............573,574

赫伯恩诉格里斯沃尔德案（Hepburn v. Griswold），75 U. S. 603（1870），另见法定货币系列案（Legal Tender Cases）............174,245,**399**,535,536,743,773,923

赫伯特诉兰多案（Herbert v. Lando），441 U. S. 153（1979）............871

赫恩登诉劳里案（Herndon v. Lowry），301 U. S. 242（1937）............60,445

赫雷拉诉科林斯案（Herrera v. Collins），506 U. S. 390（1993）............778

希克林诉奥贝克案（Hicklin v. Orbeck），437 U. S. 518（1978）............737

希尔顿诉古约特案（Hilton v. Guyot），159 U. S. 113（1895）............345

海珀里特禽蛋公司诉合众国案（Hipolite Egg Co. v. United States），220 U. S. 45（1911）............387,583

海拉巴亚斯诉合众国案（Hirabayashi v. United States），320 U. S. 81（1943）............31,258,**400**,423,429,523,524,623,759,916,995,1034

希契科克诉艾肯案（Hitchcock v. Aicken），1 Cai. R. 460（N. Y. 1803）............547

H. L 诉马西森案（H. L. v. Matheson），450 U. S. 398（1981）............4

霍德尔诉弗吉尼亚表层采矿与垦殖协会案（Hodel v. Virginia Surface Mining and Reclamation Association），452 U. S. 264（1981）............349,909

霍奇斯诉合众国案（Hodges v. United States），

203 U. S. 1 (1906) ································· 98

霍奇森诉明尼苏达州案（Hodgson v. Minnesota），497 U.S. 417 (1990) ·········· 4,430,**432**

霍法诉合众国案（Hoffa v. United States），385 U. S. 293 (1966) ························ 733

霍克诉合众国案（Hoke v. United States），227 U.S. 308 (1913) ········ 181,233,387,561,583

霍尔登诉哈迪（Holden v. Hardy），169 U. S. 366 (1898) ··· **432**,502,525,529,549,610,744

霍尔德诉霍尔案（Holder v. Hall），512 U. S. 874 (1994) ·················· **433**,952,990

霍林沃斯诉弗吉尼亚州案（Hollingsworth v. Virginia），3 U. S. 379 (1798) ················ 195

霍姆斯诉詹尼森案（Holmes v. Jennison），14 Pet. 39 U. S. 540 (1840) ············ 69,**438**

霍尔茨曼诉施勒辛格案（Holtzman v. Schlesinger，484 F. 2d 1307 (2d Cir. 1973) ····· 624,708

住房建筑与贷款协会诉布莱斯德尔案（Home Building & Loan Association v. Blaisdell），290U. S. 398 (1934) ········ 101,132,200,209,302,401,420,502,633,697,723,746,827,927

本田汽车公司诉奥伯格案（Honda Motor Co. Ltd. v. Oberg），512 U. S. 415 (1994) ······ **440**

霍普伍德诉得克萨斯州案（Hopwood v. Texas），78 F. 3d 932 (5th Cir. 1996) ····· 765,776

霍奇基斯诉格林伍德案（Hotchkiss v. Greenwood），52 U. S. 248 (1850) ············ 632,675

霍琴斯诉 KQED 案（Houchins v. KQED），438 U. S. 1 (1978) ························ 728

霍夫诉西部运输公司案（Hough v. Western Transportation Co.），U. S. 20 (1866) ········ 632

休斯敦律师协会诉得克萨斯州检察长案（Houston Lawyers' Association v. Attorney General of Texas，501 U. S. 419 (1991) ············· 156

合众国诉霍克西案（Hoxie, United States v.），26 F. Cas. 397 (No. 15,407) (C. C. D. Vt. 1808) ······························ 547

霍伊特诉佛罗里达州案（Hoyt v. Florida），368 U. S. 57 (1961) ············· 355,**443**,775,941

霍金斯诉全国劳动关系委员会案（Hudgens v. National Labor Relations Board），424 U. S. 507 (1976) ·························· 750

合众国诉赫德森与古德温案（Hudson & Goodwin, United States v.），7 Cranch 11 U. S. 32 (1812) ········· 185,186,298,308,406,**443**,484

赫德森诉麦克米伦案（Hudson v. Mcmillian），503 U. S. 1 (1992) ······················ 953

赫德森诉帕尔默案（Hudson v. Palmer, 468 U. S. 517 (1984) ····················· **444**,912

霍夫曼诉普尔瑟案（Huffman v. Pursue），419 U. S. 892 (1974) ······················ 100

汉弗莱遗嘱执行人诉合众国案（Humphrey's Executor v. United States），295 U. S. 602(1935) ··············· 13,80,**446**,609,617,849,1020

亨特诉艾瑞克森案（Hunter v. Erickson），393 U. S. 385 (1969) ······················ 442

亨特诉匹兹堡案（Hunter v. Pittsburgh），207 U. S. 161 (1907) ······················ 611

亨特诉克罗马提案（Hunt v. Cromartie），532 U. S. 234 (2001) ······················ 990

赫德诉霍奇案（Hurd v. Hodge），334 U. S. 24 (1948) ···················· 425,442,853

赫尔利诉波士顿爱尔兰裔美国同性恋组织案（Hurley v. Irish-American GLB Group），515 U. S. 557 (1995) ···················· 88,440

胡塔多诉加利福尼亚州案（Hurtado v. California），110 U. S. 516 (1884) ······ 70,371,390,391,412,448,575,670

赫斯特勒杂志诉法尔威尔案（Hustler Magazine v. Falwell），485 U. S. 46 (1988) ············ **449**,734,888

哈钦森诉普罗克斯迈尔案（Hutchinson v. Proxmire），443 U. S. 111 (1979) ······ **449**,889

希尔顿诉合众国案（Hylton v. United States），3 Dall 3 U. S. 171 (1796) ······ 179,387,403,**449**,456,473,677,891,980

I

爱达荷州诉科达伦部族案（Idaho v. Coeur D'Alene Tribe），521 U. S. 261 (1997) ········· 909

爱达荷州诉弗里曼案（Idaho v. Freeman, 529 F. Supp. 1107 (D. Idaho 1981) ········ 178,195

爱达荷州诉赖特案（Idaho v. Wright），497 U. S. 805 (1990) ······················ 573

伊利诺伊州中心铁路公司诉麦肯德里案（Illinois Central Railroad Co. v. McKendree），203 U. S. 514 (1905) ······················· 24

麦科勒姆引起的伊利诺伊州诉教育理事会案（Illinois ex rel. McCollum v. Board of Education),333 U.S. 203（1948）.................. **451**

伊利诺伊州诉盖茨案（Illinois v. Gates），462 U.S. 213（1983）.................. **335**,899

伊利诺伊州诉克罗尔案（Illinois v. Krull），480 U.S. 340（1987）.................. 285

伊利诺伊州诉珀金斯案（Illinois v. Perkins），496 U.S. 292（1990）.................. 598

移民与归化局诉查德哈案（Immigration and Naturalization Service v. Chadha），462 U.S. 919（1983）......... 114,**452**,538,609,702,827,849

移民与归化局诉圣西尔案（Immigration and Naturalization Service v. St. Cyr），533 U.S. 289（2001）.................. 498

所得税案（Income Tax Case），157 U.S. 429（1895），363，492；另见波洛克诉农场主贷款与信托公司案（Pollock v. Farmers' Loan & Trust Co.）.................. 344,391,**456**,528,659

印第安摩托车公司诉合众国案（Indian Motorcycle Co. v. United States），283 U.S. 570（1931）.................. 907

英格利斯诉船员温暖港湾受托人案（Inglis v. Trustees of Sailor's Snug Harbour），28 U.S. 99（1830）.................. 239

英格拉哈姆诉赖特案（Ingraham v. Wright），430 U.S. 651（1977）.................. 256

海岛系列案（Insular Cases）（1901—1904）.................. 344,**464**,946,1017

国际机械师协会诉斯特里特案（International Association of Machinists v. Street），367 U.S. 740（1961）.................. 122

国际纸公司诉奎勒特案（International Paper Co. v. Ouillette），479 U.S. 481（1987）......... 275

国际鞋公司诉华盛顿州案（International Shoe Co. v. Washington），326 U.S. 310（1945）.................. 463,681

牧牛神崇拜国际团体诉李案（International society for Krishna Consciousness v. Lee），505 U.S. 672（1992）.................. 750

国际工联诉约翰逊控制公司案（International Union v. Johnson Controls, Inc.），499 U.S. 187（1991）.................. **468**

州际商事委员会诉亚拉巴马中部铁路公司案（Interstate Commerce Commission v. Alabama Midland Railway Company），168 U.S. 144（1897）.................. 469

欧文诉加利福尼亚州案（Irvine v. California），347 U.S. 128（1954）.................. 562

欧文诉多德案（Irvin v. Dowd），366 U.S. 717（1961）.................. 725

艾夫斯诉南布法罗铁路公司案（Ives v. South Buffalo Railway Co.），201 N.Y 271（1911）.................. 528

J

J. I. 凯斯公司诉伯拉克案（J. I. Case Co. v. Borak），377 U.S. 426（1964）.................. 213

小J. W. 汉普敦及其公司诉合众国案（J. W. Hampton Jr. & Co. v. United States），276 U.S. 394（1928）.................. 12,849

杰克逊单方诉讼案（Jackson, Ex parte），96 U.S. 727（1878）.................. 415,814

杰克逊诉都市爱迪生公司案（Jackson v. Metropolitan Edison Co.），419 U.S. 345（1974）.................. **479**,897

杰克逊维尔、麦珀特、帕布罗铁路与航运公司诉胡珀案（Jacksonville, Mayport, Pablo Railway & Navigation Co. v. Hooper），160 U.S. 514（1896）.................. 130

杰克诉马丁案（Jack v. Martin），14 Wend. 507（N.Y. 1835）.................. 343

雅各布与扬诉肯特案（Jacob and Youngs v. Kent），230 N.Y. 239, 242（1921）......... 138

雅各布里斯诉俄亥俄州案（Jacobellis v. Ohio），378 U.S. 184（1964）.................. 32,654,914

合众国诉詹姆斯·汤普逊·卡伦德案（James Thompson Callender, United States v.）（1800）.................. 835

詹姆斯诉鲍曼案（James v. Bowman），190 U.S. 127（1903）.................. 313,413,1037

詹姆斯诉瓦提尔拉案（James v. Valtierra），402 U.S. 137（1971）.................. 442,832

合众国诉贾尼斯案（Janis, United States v.），428 U.S. 433（1976）.................. 285

日本移民案（Japanese Immigrant Case）（1903）.................. 97

杰伊·布恩斯焙烤公司诉布赖恩案（Jay Burns Baking Co. v. Bryan），264 U.S. 504（1924）.................. 133

特里萨·拜布尔引起的詹姆斯·E. 鲍曼诉亚拉巴马州案（J. E. B. v. Alabama Ex Rel T.

B.),511 U.S. 127（1994） **480**,684

J.E.M. 农业供应公司诉先驱国际种子公司案（J.E.M. Ag Supply, Inc. v. Pioneer Hi-Bred International, Inc.),534 U.S. 124(2001) 24

詹金斯诉佐治亚州案（Jenkins v. Georgia),418 U.S. 152（1974） 593

詹内斯诉福特森案（Jenness v. Fortson),403 U.S. 431（1971） 704

杰威尔·里奇煤炭公司诉美国矿业工人联合会地方第6167分会案（Jewell Ridge Coal Corp. v. Local No. 6167, United Mine Workers of America),325 U.S. 161（1945） 478,615

约翰逊与格雷厄姆租户诉麦克尹托西案（Johnson and Graham's Lessee v. McIntosh),8 Wheat. 21 U.S. 543(1823) 485

约翰逊诉德格瑞迪案（Johnson v. DeGrandy),512 U.S. 997(1994) **485**,878,990

约翰逊诉道案（Johnson v. Dow）(La, 1879) ... 174

约翰逊诉路易斯安那州案（Johnson v. Louisiana),400 U.S. 356（1972） ... 65,**486**,687,1020

约翰逊诉曼哈顿铁路公司案（Johnson v. Manhattan Railway Co., 289 U.S. 479（1933） 755

约翰逊诉姆因特希案（Johnson v. M'Intosh),21 U.S. 543(1823) 625,627

约翰逊诉圣·克拉拉县案（Johnson v. Santa Clara County),480 U.S. 616（1987） ... 21,**486**

约翰逊诉泽尔布斯特案（Johnson v. Zerbst),304 U.S. 458（1938） 214,362,**487**

联合反法西斯难民委员会诉麦格拉思案（Joint Anti-Fascist Refugee Committee v. McGrath),341 U.S. 123（1951） **487**

合众国诉联合交通协会案（Joint Traffic Association, United States v), 171 U.S. 505(1898) 680

琼斯诉艾尔弗雷德·H.迈耶尔公司案（Jones v. Alfred H. Mayer Co.), 392 U.S. 409（1968） 192,428,442,**488**,677,761,795,817,880,914,951

琼斯诉克林顿案（Jones v. Clinton),520 U.S. 681（1997） 199,288

琼斯诉北卡罗来纳州监狱工会案（Jones v. North Carolina Prisoners' Labor Union),433 U.S. 119（1977） 728

琼斯诉欧佩里卡案（Jones v. Opelika),316 U.S. 584（1942） 254,820

琼斯诉冯·赞特案（Jones v. Van Zandt),5 How. 46 U.S. 215（1847） **489**,343,409,586,865

琼斯诉沃尔夫案（Jones v. Wolf),443 U.S. 595（1979） 788

约瑟夫·伯斯泰因诉威尔逊案（Joseph Burstyn, Inc. v. Wilson),343 U.S. 495（1951） 143,884

约瑟夫·奥康尔诉海滩服务部案（Joseph Oncale v. Sundowner Offshore Service),532 U.S. 75(1998) 852

朱利亚德诉格林曼案（Juilliard v. Greenman),110 U.S. 421（1884） 311,372

简吉森诉奥斯特比公司案（Jungersen v. Ostby),335 U.S. 560（1949） 675

居里克诉得克萨斯州案（Jurek v. Texas),428 U.S. 262（1976） 224

合众国诉居·托伊案（Ju Toy, United States v.）198 U.S. 253（1905） 97

K

合众国诉卡加马案（Kagama, United States v.),118 U.S. 375（1886） **515**,627

卡恩诉谢文案（Kahn v. Shevin),416 U.S. 351（1974） 1011

卡彻诉达吉特案（Karcher v. Daggett),462 U.S. 725（1983） 798

卡斯基诉耐克公司案（Kasky v. Nike, Inc.）（California. 2002） 184

卡斯提加诉合众国案（Kastigar v. United States),406 U.S. 441（1972） 215,315,316,371,**515**,615,733

卡曾巴赫诉麦克朗案（Katzenbach v. McClung),379 U.S. 294（1964） 160,182,304,398,**515**,516,729,760,908,922

卡曾巴赫诉摩根案（Katzenbach v. Morgan),384 U.S. 641（1966） 96,192,304,**516**,532,704,761,880,989

卡茨诉合众国案（Katz v. United States),389 U.S. 347（1967） 335,444,**516**,658,735,832

凯勒诉合众国案（Keller v. United States),213 U.S. 138（1909） 943

斯托克斯引起的肯德尔诉合众国案（Kendall v. United States Ex Rel. Stokes），12 Pet. 37 U. S. 524（1838）…………………………… **517**

肯塔基州诉丹尼森案（Kentucky v. Dennison），24 How. 65 U. S. 66（1861）…… 342,**519**,865, 867,870,906

肯特诉杜勒斯案（Kent v. Dulles），357 U. S. 116（1958）……………………… 45,329,959

肯特诉合众国案（Kent v. United States），383 U. S. 541（1966）……………………… 350,513

克尔诉加利福尼亚州案（Ker v. California），374 U. S. 23（1963）……………………… **520**

凯斯诉丹佛市第一校区案（Keyes v. Denver School District No. 1），413 U. S. 189（1973）……………………… **520**,595,762,836

克伊西安诉校务委员会案（Keyishian v. Board of Regents），385 U. S. 589（1967）………… 6, **521**,949

基斯顿生煤协会诉德贝奈迪克提斯案（Keystone Bituminous Coal Association v. DeBenedictis），480 U. S. 470（1987）……… 210,**521**, 681,747

基德诉皮尔逊案（Kidd v. Pearson）128 U. S. 1（1888）……………………… **521**,522

基尔波恩诉汤普森案（Kilbourn v. Thompson），103 U. S. 168（1881）……………… **522**,889

合众国诉基姆贝尔食品公司案（Kimbell Foods, Inc., United States v.），440 U. S. 715（1979）……………………… 24

金梅尔诉佛罗里达州教务理事会案（Kimel v. Florida Board of Regents），528 U. S. 62（2000）……………………… 22,305,941

基姆尔勒诉纽约州案（Kimmerle v. New York），262 N. Y. 99（1933）……………… 541

柯比诉伊利诺伊州案（Kirby v. Illinois），406 U. S. 682（1972）……………………… 366,991

柯克帕特里克诉普赖斯勒案（Kirkpatrick v. Preisler），394 U. S. 526（1969）…… 268,798, 1012

合众国诉克莱因案（Klein, United States v.），80 U. S. 128（1872）……………… 216,577

克洛普弗尔诉北卡罗来纳州案（Klopfer v. North Carolina），386 U. S. 213（1967）………… **522**,889

诺尔顿诉穆尔案（Knowlton v. Moore），178 U. S. 41（1900）……………………… 940

劳克斯郡诉阿斯平沃尔案（Knox County v. Aspinwall），62 U. S. 539（1859）…………… 632

诺克斯诉李案（Knox v. Lee），79 U. S. 457（1871）；……………… **523**,535,536,743,773

科里马修诉合众国案（Korematsu v. United States），323 U. S. 214（1944）…… 27,31,78, 254,259,277,338,423,428,**523**,615,623, 624,759,804,820,917,995,1034

考瓦斯诉库珀案（Kovacs v. Cooper），336 U. S. 77（1949）……………………… 721,820,957

孔兹诉纽约州案（Kunz v. New York），340 U. S. 290（1951）……………………… **524**

凯洛诉合众国案（Kyllo v. United States），533 U. S. 27（2001）……………………… 335,833

L

合众国诉 L. 科恩杂货公司案（L. Cohen Grocery Co., United States v.），255 U. S. 81（1921）……………………… 1031

拉宾诉文森特案（Labine v. Vincent），401 U. S. 532（1971）……………………… 461

拉克兰奇诉仇提尤案（LaGrange v. Chouteau），29 U. S. 137（1830）……………… 867

莱尔德诉塔特姆案（Laird v. Tatum），409 U. S. 829；408 U. S. 1（1972）……………… 491

莱尔德诉塔特姆案（Laird v. Tatum），409 U. S. 829/408 U. S. 1（1972）……………… 491

合众国诉拉杰恩·尤金尼亚案（La Jeune Eugenie, United States v），26 F. Cas. 832（No. 15,551）（C. C. D. Mass. 1822）… 37,865,921

纳克伍德诉普莱因零售商出版公司（Lakewood v. Plain Dealer Publishing Co.），486 U. S. 750（1988）……………………… 957

兰伯特诉叶鲁雷案（Lambert v. Yellowley），272 U. S. 581（1926）……………………… 266,965

拉姆教堂诉中央默里切斯联盟自由校区案（Lamb's Chapel v. Ctr. Moriches Union Free School District），508 U. S. 384（1993）…… 829

拉蒙特诉邮电部长案（Lamont v. Postmaster General），381 U. S. 301（1965）…………… 717

兰马克通讯公司诉弗吉尼亚州案（Landmark Communication Inc. v. Virginia），435 U. S. 829（1978）……………………… 725

兰德里诉霍普纳案（Landry v. Hoepfner），840

F. 2d 1201 (1988) ·················· 1020

莱恩郡诉俄勒冈州案(Lane County v. Oregon), 74 U.S. 71 (1869) ·················· 907

合众国诉兰扎案(Lanza. United States v.), 260 U.S. 377 (1922) ·················· 266, **531**, 965

拉斯特诉北汉普敦县选举委员会案(Lassiter v. Northampton County Board of Elections), 360 U.S. 45 (1959) ·················· 879, **532**

劳夫诉 E.G. 辛纳及其公司案(Lauf v. E. G. Shinner and Co.), 303 U.S. 323 (1938) ··· 526

劳伦斯诉达纳案(Lawrence v. Dana), 15 F. Cas. 26 (No. 8,136) (D. Mass.1869) ······ 174

劳伦斯诉得克萨斯州案(Lawrence v. Texas), 539 U.S. 558(2003) ··············· 87, 201, 202, 203, 426, 467, 506, **532**, 554, 640, 733, 752, 779, 826, 962

合众国诉李案(Lee, United States v.), 455 U.S. 252 (1982) ·················· 787

李诉韦斯曼案(Lee v. Weisman), 505 U.S. 577 (1992) ················ 518, **534**, 540, 785, 828

莱芬韦尔诉沃伦案(Leffingwell v. Warren), 67 U.S. 599 (1862) ·················· 351, 545

法定货币系列案(Legal Tender Cases) (1870—1871); 另见赫伯恩诉格里斯沃德案(Hepburn v. Griswold); 诺克斯诉李案(Knox v. Lee); 莱西诉哈丁案(Leisy v. Hardin), 135 U.S. 100 (1890) ······· 311, 324, 377, **535**, 536; 344

莱安德诉俄勒冈州案(Leiand v. Oregon), 343 U.S. 790 (1952) ·················· 464

勒姆克诉农场主谷物公司案(Lemke v. Farmers' Grain Company), 258 U.S. 50 (1922) ·················· 24

莱蒙诉人民案(Lemmon v. the People), 20 N.Y. 562 (1860) ·················· 180, 409, 870

莱蒙诉库尔兹曼案(Lemon v. Kurtzman), 403 U.S. 602 (1971) ··············· 29, 33, 262, 319, 534, 538, 539, 780, 782, 811, 993

合众国诉利昂案(Leon, United States v.), 468 U.S. 897 (1984) ··············· 285, 336, **540**, 899

利昂诉加尔西兰案(Leon v. Galceran), 78 U.S. 185 (1870) ·················· 174

勒纳诉凯西案(Lerner v. Casey), 357 U.S. 458 (1958) ·················· 871

莱塞诉加尼特案(Leser v. Garnett), 258 U.S. 130 (1922) ·················· 197

利维诉路易斯安那州案(Levy v. Louisiana), 391 U.S. 68 (1968) ·················· 295, 461

许可系列案(License Cases), 5 How. 46 U.S. 504 (1847) ······ 210, 376, 408, **543**, 585, 695, 773, 865, 938, 1007

里奇德诉合众国案(Lichter v. United States), 334 U.S. 742 (1948) ·················· 995

里基特诉李案(Liggett v. Lee) 288 U.S. 517 (1933) ·················· 128

里杰伯格诉健康服务采购公司案(Liljeberg v. Health Services Acquisition Corp.), 486 U.S. 847 (1988) ·················· 490

林肯郡诉卢宁案(Lincoln County v. Luning), 133 U.S. 529 (1890) ·················· 907

林马尔克联合公司诉威灵伯勒镇区案(Linmark Associates, Inc. v. Township of Willingboro), 431 U.S. 85 (1977) ·················· 569

禽畜零售商与屠宰协会诉克里森特城市禽畜卸放与屠宰公司案(Live-stock Dealers & Butchers' Association v. Crescent City Live-stock Landing and Slaughter-House Co.) (1870) ·················· 862

利文斯顿诉范·伊根案(Livingston v. Van Ingen), 9 Johnson (N.Y.) 507 (1812) ··· 361, 406

劳埃德公司诉坦纳案(Lloyd Corp., v. Tanner), 407 U.S. 551 (1972) ········· 54, 983

贷款协会诉托普卡案(Loan Association v. Topeka), 87 U.S. 655 (1874) ·················· 174

金属片工人国际协会第28地方分会诉公平就业机会委员会案(Local 28 of Sheet Metal Workers International Association v. Equal Employment Opportunity Commission), 478 U.S. 421 (1986) ·················· 21, 161, 764

国际消防员协会第93地方分会诉克利夫兰市案(Local 93 International Association of Firefighters v. City of Cleveland), 478 U.S. 501 (1986) ·················· 211

洛克纳诉纽约州案(Lochner v. New York), 198 U.S. 45 (1905) ··· 8, 27, 92, 97, 102, 133, 208, 217, 237, 245, 257, 301, 311, 333, 353, 389, 391, 416, 417, 433, 437, 489, 496, 502, 506, 525, 528, **548**, 583, 610, 633, 662, 680, 696, 721, 731, 740, 745, 807, 847, 875, 893, 1012, 1040

洛克诉戴维案(Locke v. Davey), 540 U.S. 712 (2004) ·················· **550**, 551, 784

洛伊诉劳勒案(Loewe v. Lawlor), 208 U.S. 274 (1908) ··············· 135, 344, 526, 528, **551**

隆巴德诉路易斯安那州案(Lombard v. Louisiana), 373 U. S. 267 (1963) ………… 858

伦敦人诉丹佛案(Londoner v. Denver), 210 U. S. 373 (1908) ………………… 256

洛恩·沃尔夫诉希契科克案(Lone Wolf v. Hitchcock), 187 U. S. 553 (1903) …… **551**,627

合众国诉洛佩斯案(Lopez, United States v.), 514 U. S. 549(1995) … 99,182,203,305,506, **551**,609,632,702,777,842,952

洛德诉维齐案(Lord v. veazie), 8 How. (49 U. S.),251 (1850) ………………… 179

劳里托诉读稿机曼哈顿有线电视公司案(Loretto v. Teleprompter Manhattan CATV Corp.), 458 U. S. 419 (1982) … 315,471,556,748,935

罗瑞拉德烟草公司诉赖利案(Lorillard Tobacco Co v. Reilly),533 U. S. 525(2001) … 184,975

洛杉矶水电部门诉曼哈特案(Los Angeles Department of Water and Power v. Manhart), 435 U. S. 702 (1978) ………………… 466

洛杉矶诉基督教犹太人案(Los Angeles v. Jews for Jesus),482 U. S. 569 (1987) ………… 882

洛杉矶诉莱昂斯案(Los Angeles v. Lyons),461 U. S. 95 (1983) ………………… 336

洛杉矶诉普瑞菲尔德通信公司案(Los Angeles v. Preferred Communications), 476 U. S. 488 (1986) ………………………… 885

洛杉矶市政会诉文森特纳税人案(Los Angeles v. Taxpayers for Vincent, 466 U. S. 789 (1984) ……………………… 750,957

弗朗西斯引起的路易斯安那州诉利斯威伯案(Louisiana ex rel. Francis v. Resweber), 329 U. S. 459(1947) ………………… **552**

路易斯安那州诉合众国案(Louisiana v. United States), 380 U. S. 145 (1965) ………… 969

路易斯·K. 李吉特公司诉鲍德里奇案(Louis K. Liggett Co. v. Baldridge), 278 U. S. 105 (1928) ………………………… 133

路易斯威尔、辛辛那提与查尔斯顿铁路公司诉勒葱案(Louisville, Cincinnati and Charleston Railroad Co. v. Letson), 43 U. S. 497 (1844) ………………………… 129,**553**

路易斯威尔、新奥尔良与得克萨斯铁路公司诉密西西比州案(Louisville, New Orleans and Texas Railway Co. v. Mississippi), 133 U. S. 587 (1890) ………………… 386,**553**,845

路易斯威尔银行诉雷德福案(Louisville Bank v. Radford),295 U. S. 555(1935) …… 80,217,804

路易斯威尔联合股份土地银行诉雷德福案(Louisville Joint Stock Land Bank v. Radford), 295 U. S.555 (1935) ………… 421,747

路易斯威尔铁路公司诉勒葱案(Louisville Railroad Co. v. Letson), 2How. (43 U. S.) 497 (1844) ………………… 66,407,**553**

洛弗诉格里芬市案(Lovell v. City of Griffin), 303 U. S. 444 (1938) ……… 128,142,**553**,614

合众国诉洛维特案(Lovett, United States v), 328 U. S. 303 (1946) ………………… **554**,948

洛文诉弗吉尼亚州案(Loving v. Virginia), 388 U. S. 1 (1967) ……………… **554**,565,837

卢卡斯诉第四十四届科罗拉多国民大会案(Lucas v. Forty-Fourth General Assembly of Colorado),377 U. S. 713 (1964),参见议席重新分配系列案(Reapportionment Cases)……… 267, 771,797

卢卡斯诉南卡罗来纳滨海委员会案(Lucas v. South Carolina Coastal Commission),505 U. S. 1003(1992) ……… 275,315,471,826,935, 936,1044

卢汉诉野生动物保护者案(Lujan v. Defenders of Wildlife),504 U. S. 555(1992) …… 51, 276,**556**

卢汉诉国家野生动物保护同盟案(Lujan v. National Wildlife Federation),497 U. S. 871(1990) ………………………… 276

伦丁诉纽约州税收上诉法庭案(Lunding v. New York Tax Appeals Tribunal), 522 U. S. 287 (1998) ……………………… 911

卢瑟诉博登案(Luther v. Borden), 48 U. S. 1 (1849) …………… 62,383,407,544,**557**,558, 669,707,709

林奇诉唐纳利案(Lynch v. Donnelly), 465 U. S. 668 (1984)……… 29,539,**558**,656,782, 786,993

林奴明诉伊利诺伊州案(Lynumm v. Illinois), 372 U. S. 528 (1963) ……………… 175

M

合众国诉麦辛多西案(MacIntosh, United States v.), 283 U. S. 605 (1931) …………… 28,193

麦克弗森诉布莱克案(MacPherson v. Blacker), 146 U. S. 21(1892) ………………… 964

麦克弗森诉别克案(MacPherson v. Buick), 217 N. V. 382 (1916) ······ 138

马登诉肯塔基州案(Madden v. Kentucky), 309 U. S. 83 (1940) ······ 738

麦德森诉妇女康复中心案(Madsen v. Women's Health Center),512 U. S. 753 (1994) ······ 749

马汉诉豪厄尔案(Mahan v. Howell), 410 U. S. 315 (1973) ······ 268,749,798,1012

马厄诉罗案(Maher v. Roe. 432 U. S. 464 (1977) ······ 807

缅因州诉莫尔顿案(Maine v. Moulton), 474 U. S. 159 (1985) ······ 574

马洛里诉合众国案(Mallory v. United States), 354 U. S. 449 (1957) ······ 175,**560**

马洛伊诉霍根案(Malloy v. Hogan), 378 U. S. 1 (1964) ······ 175,316,**560**,598,615,806, 840,967

合众国诉曼杜加诺案(Mandujano, United States v.), 425 U. S. 564 (1976) ······ 214,371

马普地板制造商协会诉合众国案(Maple Flooring Manufacturers Association v. United States),268 U. S. 563 (1925) ······ 128,135

马普诉俄亥俄州案(Mapp v. Ohio)367 U. S. 643 (1961) ······ 35,167,285,335,338,362, 424,427,429,503,520,**562**,806,847,857,1026

马伯里诉麦迪逊案(Marbury v. Madison), 1 Cranch 5 U. S. 137 (1803) ······ 14,15,16,42, 51,150,153,205,216,287,289,349,404,450, 466,482,483,493,499,559,561,**563**,566,602, 606,699,707,831,867,868,924,1037

马凯蒂诉合众国案(Marchetti v. United States), 390 U. S. 39 (1968) ······ 324,637

马歇尔诉巴尔的摩及俄亥俄铁路公司案(Marshall v. Baltimore and Ohio Railroad Co.), 57 U. S. 314 (1853) ······ 132,376

马歇尔诉巴洛公司案(Marshall v. Barlow's Inc.), 436 U. S. 307 (1978) ······ 570

马休诉亚拉巴马州案(Marsh v. Alabama), 326 U. S. 501 (1946) ······ 896

马休诉钱伯斯案(Marsh v. Chambers), 463 U. S. 783 (1983) ······ 993

合众国诉马丁内斯-富尔特案(Martinez-Fuerte, United States v.), 428 U. S. 543 (1976) ······ 589

马丁诉亨特租户案(Martin v. Hunter's Lessee), 1 Wheat. 14 U. S. 304 (1816) ······ 52,216,293, 316,405,482,484,495,501,**571**,572,773,905, 919,1015

马丁诉莫特案(Martin v. Mott), 12 Wheat. 25 U. S, 19 (1827) ······ **572**

马丁诉威尔克斯案(Martin v. Wilks), 490 U. S. 755 (1989) ······ 161

马里兰州公平代表委员会诉塔维斯案(Maryland Committee for Fair Representation v. Tawes), 377 U. S. 656 (1964),另见议席分配系列案(Reapportionment Cases) ······ 267,771

马里兰州诉布伊案(Maryland v. Buie), 494 U. S. 325 (1990) ······ 336,832

马里兰州诉克莱格案(Maryland v. Craig),479 U. S. 836 (1990) ······ **572**,826

马里兰州诉沃茨案(Maryland v. Wirtz), 393 U. S. 183 (1968) ······ 233,621

马萨诸塞州诉莱尔德案(Massachusetts v. Laird), 400 U. S. 886 (1970) ······ 708,982

马萨诸塞州诉梅隆案(Massachusetts v. Mellon) 262 U. S. 447 (1923) ······ 342,**573**,943

马萨罗诉合众国案(Massaro v. United States), 123 S. Ct. 1690 (2003) ······ 214

马西斯出版公司诉帕滕案(Masses Publishing Co. v. Patten), 244 F. 535 (S. D. N. Y,1917) ······ 389

梅西亚诉合众国案(Massiah v. United States), 377 U. S. 201 (1964) ······ 49,176,280,**573**

马森诉纽约客杂志有限公司案(Masson v. New Yorker Magazine,Inc.), 501 U. S. 496 (1991) ······ 8,**574**

马修斯诉迪亚兹案(Mathews v. Diaz), 426 U. S. 67 (1976) ······ 28,256,370

马修斯诉埃尔德里奇(Mathews v. Eldridge), 424 U. S. 319 (1976) ······ 16,289

马西斯诉合众国案(Mathis v. United States), 391 U. S. 1 (1968) ······ 600

合众国诉马祖·里昂案(Matthew Lyon, United States v.) (1798) ······ 835

马克斯韦尔诉毕晓普案(Maxwell v. Bishop), 398 U. S. 262 (1970) ······ 766

马克斯韦尔诉道案(Maxwell v. Dow), 176 U. S. 581 (1900) ······ 576

梅纳德诉希尔案(Maynard v. Hill), 125 U. S. 190 (1888) ······ 294

麦卡德尔单方诉讼案(McCardle, Ex parte), 74

判例索引 M 1109

U. S. 506（1869）……… 80,149,216,377,410, 482,**576**,772

麦克莱斯基诉肯普案（McCleskey v. Kemp），481 U. S. 279（1987）……… 200,**577**,578,765, 767,778

麦克莱斯基诉桑特案（McCleskey v. Zant），499 U. S. 467（1991） …………………… **578**

麦康奈尔诉联邦选举委员会案（McConnell v. Federal Election Commission），540 U. S. 93（2003） …… 318,**578**,656,705,878,945,1009

麦克雷诉合众国案（McCray v. United States），195 U. S. 27（1904） …………… 61,324,416, **579**,746,943,1017

麦卡洛克诉马里兰州案（McCulloch v. Maryland），4 Wheat. 17 U. S. 316（1819） ……… 2, 176,178,200,212,216,250,298,299,324,387, 401,405,412,455,482,484,501,509,567,571, 572,**579**,581,666,689,701,879,902,903,906, 910,920,939,942,992,1013,1023

麦加希诉弗吉尼亚州案（McGahey v. Virginia），135 U. S. 662（1890） ………………… 89

麦加塔诉加利福尼亚州案（McGautha v. California），402 U. S. 183（1971）…………… 346

麦吉诉赛普斯案（McGhee v. Sipes），334 U. S.（1948） ……………………………………… 853

麦高恩诉马里兰州案（McGowan v. Maryland），366 U. S. 420（1961） …………………… 925

麦格瑞因诉多尔蒂案（McGrain v. Daugherty），273 U. S. 135（1927） …………… 191,979

麦金泰尔诉俄亥俄州选举委员会案（McIntyre v. Ohio Elections Commission），514 U. S. 334（1995） ……………………………………… 199

麦基沃诉宾夕法尼亚州案（McKeiver v. Pennsylvania），403 U. S. 528（1971） …… 513,**581**, 1023

麦克劳夫林诉合众国案（McLaughlin v. United States），476 U. S. 16（1986） ……………… 662

麦克劳瑞恩诉俄克拉荷马州高等教育校务委员案（McLaurin v. Oklahoma State Regents for Higher Education），339 U. S. 637（1950） ……………………………… 103,425,**584**,760

麦克纳布诉合众国案（McNabb v. United States），318 U. S. 332（1943） …… 175,314,560

曼帕诉莱伊案（Mempa v. Rhay），389 U. S. 128（1967） ……………………………………… 214

梅纳德诉爱斯帕西亚案（Menard v. Aspasia），30 U. S. 505（1831）………………………… 867

墨里托储蓄银行诉文森案（Meritor Saving Bank,SFB v. Vinson），477 U. S. 57（1986） ………………………………………… 852

梅瑞尔·道医药品公司诉汤普森案（Merrell Dow Pharmaceuticals v. Thompson），478 U. S,804（1986） …………………………… 308

梅里曼的单方诉讼案（Merryman, Ex parte），F. Cas. 9487（1861）………………… 623,772,994

麦特罗广播公司诉联邦通信委员会案（Metro Broadcasting, v. Federal Communications Commission），497 U. S. 547（1990） ………… 9,22, **587**,764,952

迈耶诉内布拉斯加州案（Meyer v. Nebraska），262 U. S. 390（1923） … 6,202,262,294,379, 419,**587**,688,731

迈阿密先驱报出版公司诉托尼罗案（Miami Herald Publishing Co. v. Tornillo. 418 U. S.）241（1974）………………………… **588**,790,884

迈克尔·M. 诉所诺马县高等法院案（Michael M. v. Superior Court of Sonoma County），450 U. S. 464（1981）………………… 357,**588**,779

米其林轮胎公司诉瓦吉斯案（Michelin Tire Corporation v. Wages），423 U. S. 276（1976） …………………………………………… 105

密歇根州警察局诉西茨案（Michigan Department of State Police v. Sitz），496 U. S. 444（1990） ……………………………… 336,**589**

密歇根州诉朗案（Michigan v. Long），463 U. S. 1032（1983） ………… 336,**589**,898,947

密歇根州诉塔克案（Michigan v. Tucker），417 U. S. 433（1974） ………………… 599,600,778

米肯诉泰勒案（Mickens v. Taylor），122 S. Ct. 1243（2002） ……………………………… 214

合众国诉中西部石油公司案（Midwest Oil Company, United States v.），263 U. S. 459（1915） …………………………………………… 530

米尔可维奇诉洛兰杂志案（Milkovich v. Lorain Journal Co.），497 U. S. 1（1990） ………… 888

合众国诉米勒案（Miller, United States v.），425 U. S. 435（1976） ………… 335,517,733,834

米勒诉加利福尼亚州案（Miller v. California），413 U. S. 15（1973） ……… **592**,654,752,885, 895,974

米勒诉约翰逊案（Miller v. Johnson），515 U. S. 900（1995） ………………… **593**,764,990

米勒诉合众国案(Miller v. United States), 78 U.S. 268 (1871) ……………………… 1003

米利根单方诉讼案(Milligan, Ex parte), 71 U. S. 2 (1866) ……… 80,149,234,377,410,546, 576,591,**594**,623,722,755,772,994,1034

米利肯诉布拉德利案(Milliken v. Bradley), 418 U.S.717 (1974) …… 115,243,263,**594**, 595,603,612,674,675,762,836,928

米尔斯诉杜尔伊案(Mills v. Duryee), 11 U.S. .481 (1813) …………………………… 345,547

米尔斯诉圣克莱尔郡案(Mills v. St. Clair County),8 How. (49 U.S.)569 (1850) ………… 299

米玛女王及其子女诉赫伯恩案(Mima Queen and Child v. Hepburn), 11 U.S. 290 (1813) ……………………………………………… 260

明瑟诉亚利桑那州案(Mincey v. Arizona),437 U.S. 385(1978) ……………………………… 600

迈纳斯维尔校区诉哥比提斯案(Minersville School District v. Gobitis), 310 U.S. 586 (1940) ………… 146,254,422,**595**,804,917, 1014,1033

明尼阿波利斯明星与论坛公司诉明尼苏达州税收委员会案(Minneapolis Star & Tribune Co. v. Minnesota Commissioner of Revenue), 460 U.S. 575 (1983) ……………………………… 381

明尼苏达州费率系列案(Minnesota Rate Cases) (1913) ……………………………………… 469

明尼苏达州社区大学委员会诉奈特案(Minnesota State Board for Community Colleges v. Knight),465 U.S. 271 (1984)……………… 7

明尼苏达州诉卡特案(Minnesota v. Carter), 525 U.S. 83(1998) ……………………………… 335

明尼苏达州诉迈尔拉克斯齐佩瓦印第安人部联盟案(Minnesota v. Mille Lacs Band of Chippewa Indian),526 U.S. 172(1999)……………… 628

迈纳诉哈珀瑟特案(Minor v. Happersett), 21 Wall. 88 U.S. 162 (1875) …… 332,353,**596**, 638,644,772,986,992

明图恩诉梅纳德案(Minturn v. Maynard), 58 U.S. 477 (1854) ……………………………… 18

明茨诉鲍德温案(Mintz v. Baldwin), 289 U.S. 346 (1933) ……………………………………… 24

米兰达诉亚利桑那州案(Miranda v. Arizona), 384 U.S. 436 (1966)………………… 32,49,106, 175,214,280,314,316,330,366,395,429,560, 574,**597**,599,841,991,1001,1016

密西西比女子大学诉霍根案(Mississippi University for Women v. Hogan), 458 U.S 718 (1982) ……………………… 263,278,357,**601**

密西西比州诉约翰逊案(Mississippi v. Johnson), 71 U.S. 475 (1867) …… 149,287,410, **601**,772

密苏里、堪萨斯、得克萨斯铁路公司诉哈伯案 (Missouri, Kansas & Texas Railway Co. v. Haber), 169 U.S. 613 (1898) ……………… 24

盖恩斯引起的密苏里州诉加拿大案(Missouri ex rel. Caines v. Canada), 305 U.S. 337 (1938) …………………………… 443,**602**,804

密苏里州诉荷兰案(Missouri v. Holland), 252 U.S-416 (1920) ……………… 328,**602**,848,960

密苏里州诉詹金斯案(Missouri v. Jenkins), 495 U.S. 33 (1990) … 243,340,**603**,762,952

密苏里州诉詹金斯案(Missouri v. Jenkins), 515 U.S. 70 (1995) … 243,340,**603**,762,952

密斯特里塔诉合众国案(Mistretta v. United States), 488 U.S. 361 (1989) …… 10,13,14, 113,241,**603**,849

米切尔诉赫尔姆斯(Mitchell v. Helms),530 U. S. 793 (2000) ……………………………… 783

米切尔诉威尔斯案(Mitchell v. Wells), 37 Miss. 235 (1859) ……………………………… 180

莫比尔诉博尔登案(Mobile v. Bolden), 446 U. S. 44 (1980) …… 157,268,427,**604**,763,990

摩纳哥诉密西西比州案(Monaco v. Mississippi), 292 U.S. 313 (1943) ……………………… 269

蒙杜诉纽约、纽黑文及哈特富德铁路公司案 (Mondou v. New York), New Haven & Hartford Railroad, 223 U.S.1(1912) …………… 979

莫内尔诉社会服务部案(Monell v. Department of Social Services), 436 U.S. 658(1978) … **604**

莫尼特·帕特里奥特公司诉罗伊案(Monitor Patriot Co, v. Roy), 401 U.S. 265 (1971) ……………………………………………… 734

孟农加希拉航行公司诉合众国案(Monongahela Navigation Company v. United States),148 U. S. 312(1893) ……………………………… 744

芒罗诉帕普案(Monroe v. Pape),365 U.S. 167 (1961) ……………………………………… 604

合众国诉蒙托亚·德赫曼德兹(Montoya de Hernandez, United States v.),473 U.S. 531 (1985) ……………………………………… 832

穆尔诉东克利夫兰市案（Moore v. City of East Cleveland），431 U. S. 494 (1977) ················· 202,295,442

穆尔诉登普西案（Moore v. Dempsey），261 U. S. 86 (1923) ················· 339,419,**606**,619

穆尔诉伊利诺伊州案（Moore v. Illinois），55 U. S. 13 (1852) ······························ 376,866

穆斯旅店诉艾尔维斯案（Moose Lodge v. Irvis），407 U. S. 163 (1972) ······ **607**,854,897

莫兰诉布尔比恩案（Moran v. Burbine），475 U. S. 412 (1986) ································· 598,600

莫拉诉麦克拉马拉案（Mora v. McNamara），387 F. 2d 862（D. C. Cir. 1967）······ 705,708, 982

提帕尔多引起的莫尔黑德诉纽约案（Morehead v. New York ex rel. Tipaldo），298 U. S. 587 (1936) ··························· 218,526,529,**608**

合众国诉摩根案（Morgan, United States v.），313 U. S. 409 (1941) ························ 24

摩根诉弗吉尼亚州案（Morgan v. Virginia），328 U. S. 373 (1946) ······················· **608**,760

合众国诉莫里森案（Morrison, United States v.），529 U. S. 598 (2000) ······ 154,183,203, 305,**609**,632,702,777,908,941

莫里森诉奥尔森案（Morrison v. Olson），487 U. S. 654 (1988) ············· 14,199,241,453,**608**, 826,849

莫里西诉布鲁案（Morrissey v. Brewer），408 U. S. 471 (1972) ······························ 214,256

莫斯诉弗吉尼亚共和党案（Morse v. Republican Party of Virginia），517 U. S. 186 (1996) ······ 699

机动车辆制造商协会诉州农场互助汽车保险公司案（Motor Vehicle Manufacturers Association v. State Farm Mutual Automobile Insurance Co.），463 U. S. 29 (1983)························· 15

莫泽特诉霍金斯郡教育理事会案（Mozert v. Hawkins County Board of Education），827 F. 2d 1058 (6th Cir, 1987) ······················ 263

哈尔斯山城市校区教育理事会诉多伊尔案（Mt. Healthy City School District Board of Education v. Doyle），429 U. S.. 274 (1977). ··· 6

米勒诉艾伦案（Mueller v. Allen），463 U. S. 388 (1983) ························ 34,263,783,993

马格勒诉堪萨斯州案（Mugler v. Kansas），123 U. S. 623 (1887) ··········· 157,353,**609**,743,744

马尔福德诉史密斯案（Mulford v. Smith），307 U. S. 38 (1939) ········· 24,122,**610**,943,1019

马勒诉俄勒冈州案（Muller v. Oregon），208 U. S. 412 (1908) ········· 90,92,97,208,354,416, 418,502,550,**610**,697,721,740,745,875,1013

莫敏诉弗吉尼亚州案（Mu'Min v. Virginia），500 U. S. 415 (1991) ································· 854

芒恩诉伊利诺伊州案（Munn v. Illinois），94 U. S. 113 (1877) ········· 24,84,89,97,108,133, 151,185,257,301,311,414,415,469,502,**613**, 696,743,923,992,1025

默多克诉麦穆菲斯案（Murdock v. Memphis），20 Wall. 87 U. S. 590 (1875) ······ 52,457,**613**, 614,667,907

默多克诉宾夕法尼亚州案（Murdock v. Pennsylvania），319 U. S. 105 (1943) ······ **614**,721,820

墨菲诉纽约滨海委员会案（Murphy v. Waterfront Commission of New York），378 U. S. 52 (1964) ································· **615**

默里租户诉霍伯肯土地改良公司案（Murray's Lessee v. Hoboken Land & Improvement Co），18 How. 59 U. S. 272 (1856) ············ **615**

默里诉库尔勒特案（Murray v. Curlett），374 U. S. 203 (1963) ································ 1

默里诉合众国案（Murray v. United States），487 U. S. 533 (1988) ··························· 336

马斯克拉特诉合众国案（Muskrat v. United States），219 U. S. 346 (1911) ················ 616

迈尔斯诉伯利恒造船公司案（Myers v. Bethlehem Shipbuilding），Corp. 303 U. S. 41 (1938) ································· 16,289

迈尔斯诉合众国案（Myers v. United States），272 U. S. 52 (1926) ························ 13,446,**616**,684,849,1020

N

奈姆诉奈姆案（Naim v. Naim），350 U. S. 891 (1955) ··························· 554

纳道恩诉合众国案（Nardone v. United States），302 U. S. 379 (1937) ························ 658

帕特森引起的全国有色人种协进会诉亚拉巴马州案（National Association for the Advancement of Colored People v. Alabama ex rel. Patterson），357 U. S. 449 (1958) ···················· **619**

全国有色人种协进会诉巴顿案（National Association for the Advancement of Colored People v. Button), 371 U. S. 415 (1963) ……… 164, 428, 535, **620**

全国有色人种协进会诉克莱伯姆五金制品公司案(National Association for the Advancement of Colored People v. Clairbome Hardware Co.), 458 U. S. 886 (1982) ……………………… 528

全国劳动关系委员会诉范斯提尔冶金公司案(National Labor Relations Board v. Fansteel Metallurgical Corp.), 306 U. S. 240 (1939) ……………………………………………… 527

全国劳动关系委员会诉海斯特出版物公司案(National Labor Relations Board v. Hearst Publications), Inc. 322 U. S. 111 (1944) …… 14

全国劳动关系委员会诉琼斯与劳夫林钢铁公司案(National Labor Relations Board v. Jones & Laughlin Steel Corp), 301 U. S. 1 (1937) ……………… 131, 135, 141, 182, 218, 446, 526, **620**

全国劳动关系委员会诉怀俄明-戈登案(National Labor Relations Board v. Wyman-Gurdon), 394 U. S. 759 (1969) ……………… 814

全国城市联盟诉尤塞里案(National League of Cities v. Usery), 426 U. S. 833 (1976) …… 182, 233, 255, 349, **621**, 777, 909, 910, 943

全国妇女组织诉沙伊德勒案(National Organization of Women v. Scheidler), 510 U. S. 249 (1994) …………………………………… 808

国家禁令系列案(National Prohibition Cases), 253 U. S. 350 (1920) ………………… 195

全国专业工程师协会诉合众国案(National Society of Professional Engineers v. United States), 435 U. S. 679 (1978) …………… 816

国库雇员工会诉冯·拉布案(National Treasury Employees Union v. Von Raab), 489 U. S. 656 (1989) ………………… **624**, 735, 861

尼尔诉特拉华州案(Neal v. Delaware), 103 U. S. 370 (1880) …………………………… 921

尼尔诉明尼苏达州案(Near v. Minnesota), 283 U. S. 697 (1931) …… 121, 142, 319, 327, 422, 630, 727, 814, 883

奈比亚诉纽约州案(Nebbia v. New York), 291 U. S. 502 (1934)……… 24, 185, 257, 302, 503, **631**, 633, 697, 746, 803

内布拉斯加出版协会诉斯图尔特案(Nebraska Press Association v. Stuart), 427 U. S. 539 (1976) ………… 114, 143, 206, 321, **631**, 725, 800, 883

奈克托诉剑桥城案(Nectow v. City of Cambridge), 277 U. S. 183 (1928) ……… 282, 746, 1043

纳尔逊诉洛杉矶县案(Nelson v. County of Los Angeles), 362 U. S. 1 (1960) ……………… 871

内华达州人力资源部诉希布斯案(Nevada Dept. of Human Resources v. Hibbs), 538 U. S. 721(2003) …………………………… 942

纽伯里诉合众国案(Newberry v. United States), 256 U. S. 232 (1921) ……… 170, 872

纽道诉合众国议会案(Newdow v. U. S Congress), 292 F. 3d 597 (9th Cir. 2002) ……… 785

新罕布什尔州诉路易斯安那州案(New Hampshire v. Louisiana), 108 U. S. 76 (1883) ……………………………………………… 907

新泽西汽船公司诉波士顿商业银行案(New Jersey Steam Navigation Co. v. Merchants' Bank of Boston), 47 U. S. 344 (1848) …… 632

新泽西州诉 T. L. O. 案(New Jersey v. T. L. O), 469 U. S. 325 (1985) ………………… 263, 833

新泽西州诉威尔逊案(New Jersey v. Wilson), 11 U. S. 164 (1812)………………… 568, 741

新州冰块公司诉利布曼案(New State Ice Co. v. Liebmann), 285 U. S. 262 (1932) ……… 91, 133, 420, **634**, 745

纽约州单方诉讼案(New York, Ex parte), 256 U. S. 490 (1921) …………………………… 269

纽约中心铁路公司诉怀特案(New York Central Railroad Co. v. White), 243 U. S. 188 (1917) ……………………………………………… 690

纽约印第安人诉合众国案(New York Indians v. United States), 170 U. S. (1898) ………… 157

纽约寿险公司诉道奇案(New York Life Insurance Co. v. Dodge), 246 U. S. 357 (1918) ……………………………………………… 131

纽约州俱乐部协会诉纽约市案(New York State Club Association v. City of New York), 487 U. S.1 (1989) ………………… 54, **634**, 736

纽约时报公司诉沙利文案(New York Times Co. v. Sullivan), 376 U. S. 254(1964) ……… 7, 95, 164, 319, 360, 467, **635**, 836, 887, 956, 974

纽约时报公司诉合众国案(New York Times Co. v. United States), 403 U. S. 713 (1971) … 74, 143, 319, 623, **636**, 727, 800, 851, 884, 938, 982

纽约州诉贝尔顿案(New York v. Belton), 453 U. S. 454 (1981) ………………… **637**, 812

纽约诉克拉斯案(New York v. Class), 475 U.
S. 106 (1986) ·················· 832

纽约州诉费伯案(New York v. Ferber), 458 U.
S. 747 (1982) ·················· 654,655,975

纽约州诉路易斯安那州案(New York v. Louisiana), 108 U. S. 76 (1883) ············ 907

纽约州诉米尔恩案(New York v. Miln), 11
Pet. 36 U. S. 102(1837) ······ 69,210,299,451,
585,**638**,675,865,920,938,954,1007

纽约州诉夸尔斯案(New York v. Quarles), 467
U. S. 649 (1984) ·················· 599,600

纽约州诉合众国案(New York v. United
States),505 U. S. 144 (1992) ······ 304,657,944

尼古恩诉移民归化局案(Nguyen v. INS),533
U. S. 53 (2001) ···················· 357

聂莫特科诉马里兰州案(Niemotko v. Maryland), 340 U. S. 268 (1951) ············ 749

合众国诉尼克松案(Nixon, United States v.),
418 U. S. 683 (1974) ······ 114,249,288,289,
317,503,623,**642**,643,659,702,821,850,945

尼克松诉总务执行官案(Nixon v. Administrator
of General Services), 433 U. S. 425 (1977)
··························· 289,643

尼克松诉康登案(Nixon v. Condon), 286 U. S.
73 (1932) ············ 139,381,**644**,872,1018

尼克松诉菲茨杰拉德案(Nixon v. Fitzgerald),
457 U. S. 731(1982) ················ 175,288

尼克松诉赫恩登案(Nixon v. Herndon), 273
U. S. 536 (1927) ······ 313,381,**644**,872,1017

尼克松诉史云克密苏里政治行动委员会案
(Nixon v. Shrink Missouri PAC),528 U. S.
377(2000) ······················· 878

尼克松诉合众国案(Nixon v. United States),
506 U. S. 224(1993) ······ 51,**644**,645,706,709

尼克斯诉怀特西德案(Nix v. Whiteside), 475
U. S. 157 (1986) ···················· 692

尼克斯诉威廉斯案(Nix v. Williams), 467 U.
S. 431 (1984) ······················ 285

诺布尔州立银行诉哈斯克尔案(Noble State
Bank v. Haskell), 219 U. S. 104 (1911) ··· 697

诺兰诉加利福尼亚滨海委员会案(Nollan v.
California Coastal Commission), 483 U. S. 825
(1987) ············ 250,315,**645**,698,748,779,826

诺福克南方铁路公司诉尚克林案(Norfolk
Southern Railway Co. v. Shanklin),529 U. S.
344(2000) ························ 649

诺里斯诉亚拉巴马州案(Norris v. Alabama),
294 U. S. 587 (1935) ············ **649**,710,711

北卡罗来纳州教育理事会诉斯旺案(North
Carolina State Board of Education v. Swann),
402 U. S. 43 (1971) ················ 928

北卡罗来纳州诉巴特勒案(North Carolina v.
Butler, 441 U. S. 369 (1979) ············ 600

北达科他州药业委员会诉辛德拉药店案(North
Dakota State Board of Pharmacy v. Snyder'a
Drug Stores, Inc.), 414 U. S. 156 (1973)
································ 317

北部太平洋铁路公司诉北达科他州案(Northern
Pacific Railway Co, v. North Dakota), 236 U.
S. 585 (1919) ···················· 1031

北部太平洋铁路公司诉合众国案(Northern Pacific Railway Co v. United States), 356 U. S. 1
(1958) ·························· 815

北部管道建设公司诉马拉索管道公司案
(Northern Pipeline Construction Co. v. Marathon Pipe Line Co.), 458 U. S. 50 (1982)
·························· 10,12,53,67

北方证券公司诉合众国案(Northern Securities
Co, v. United States), 193 U. S. 197 (1904)
································ 650

诺托诉合众国案(Note v. United States), 367
U. S. 290 (1961) ················ 651,824

O

合众国诉奥布赖恩案(O'Brien, United States
v.), 391 U. S. 367 (1968) ········ 70,265,648,
653,885,930,949

奥布赖恩诉布朗案(O'Brien v. Brown), 409 U.
S. 1(1972) ······················ 698,945

奥卡拉汉诉帕克案(O'Callahan v. Parker), 395
U. S. 258 (1969) ···················· 591,982

奥康纳诉奥尔特加案(O'Connor v. Ortega),
480 U. S. 709 (1987) ·················· 833

奥格登诉桑德斯案(Ogden v. Saunders), 12
Wheat. 24 U. S. 213 (1827) ······ 66,132,209,
260,406,484,567,**657**,658,742,924,953,962,
1004,1015

奥戈尔曼与扬诉哈特富德火险公司案
(O'Gorman and Young v. Hartford Fire Insurance Co.), 282 U. S. 251 (1930) ············ **658**

奥黑尔卡车服务公司诉诺斯湖市案（O'Hare Truck Service, Inc. v. City of Northlake），518U. S. 712(1996) …… 710

俄亥俄州诉阿克龙生殖健康中心案（Ohio v. Akron Center for Reproductive Health），497 U. S. 502 (1990) …… 4

欧拉里克诉俄亥俄州律师协会案（Ohralik v. Ohio State Bar Association），436 U. S. 447 (1978) …… 70

俄克拉荷马市教育理事会诉道尔案（Oklahoma City Board of Education v. Dowell），430 S. Ct. 630(1991) …… 243,263

俄克拉荷马出版公司诉俄克拉荷马郡地区法院案（Oklahoma Publishing Co. v. District Court of Oklahoma County），430 U. S. 308 (1977) …… 725

俄克拉荷马州税务委员会诉杰弗森运输公司案（Oklahoma Tax Commission v. Jefferson Lines, Inc. ），514 U. S. 175(1995) …… 183

奥利芬特诉斯匡米西印第安部落案（Oliphant v. Suquamish Indian Tribe），435 U. S. 191 (1981) …… 628

奥利弗诉合众国案（Oliver v. United States），466 U. S. 170 (1984) …… 335

奥姆斯特德诉合众国案（Olmstead v. United States），277 U. S. 438 (1928) … 92,121,197,199,266,419,420,439,516,**658**,832,965

奥尔森诉内布拉斯加州案（Olsen v. Nebraska），313 U. S. 236 (1941) …… 698

俄勒冈州汽船航行公司诉温瑟尔案（Oregon Steamship Navigation Co. v. Winsor），87 U. S. 64 (1873) …… 134

俄勒冈州艾尔斯塔德案（Oregon v. Elstad），470 U. S. 298 (1985) …… 600

俄勒冈州诉米切尔案（Oregon v. Mitchell），400 U. S. 112 (1970) …… **664**,795,969,989

奥兰多诉莱尔德案（Orlando v. Laird），443 F. 2d 1039 (2d cir. 1971) …… 708

奥罗茨科诉得克萨斯州案（Orozco v. Texas），394 U. S. 324 (1969) …… 600

奥尔诉奥尔案（Orr v. Orr, 440 U. S. 268 (1979) …… **666**

奥斯本诉俄亥俄州案（Osborne v. Ohio），495 U. S. 103 (1990) …… **666**,896

奥斯本诉合众国银行案（Osborn v. Bank of the United States），9 Wheat. 22 U. S. 738(1824) …… 28,308,495,501,**666**,905

奥斯本诉尼科尔森案（Osborn v. Nicholson）80 U. S. 654(1873) …… 546,772

奥蒂斯诉帕尔克案（Otis v. Parker），187 U. S. 606 (1902) …… 437

欧雅马诉加利福尼亚州案（Oyama v. California），332 U. S. 633 (1948) …… 759

P

斐斯诉亚拉巴马州案（Pace v. Alabama），106 U. S. 583 (1883) …… 554

平安互助寿险公司诉哈斯里普案（Pacific Mutual Life Insurance Company v. Haslip），499 U. S. 1 (1991) …… 441

太平洋州电话电报公司诉俄勒冈州案（Pacific States Telephone & Telegraph Co. v. Oregon），223 U. S. 118 (1912) …… 669

帕拉佐罗诉罗德岛案（Palazzolo v. Rhode Island），533 U. S. 606(2001) …… 556

帕尔可诉康涅狄格州案（Palko v. Connecticut），302 U. S. 319 (1937) …… 9,73,76,139,333,346,422,457,**670**,721

帕尔默诉穆利甘案（Palmer v. Mulhgan），3 Cai. R, 307 (N. Y. 1805) …… 547

帕尔默诉汤普森案（Palmer v. Thompson），403 U. S. 217 (1971) …… **671**

巴拿马炼油公司诉瑞安案（Panama Refining Co. v. Ryan），293 U. S. 388 (1935) …… 13,240,421,**671**,804,827,849

潘汉德尔石油公司诉密西西比州案（Panhandle Oil Co. v. Mississippi），277 U. S. 218 (1928) …… 907

帕帕克里斯图诉杰克逊维尔市案（Papachristou v. Jacksonville），405 U. S. 156 (1972) …… 254

合众国诉帕拉蒂斯案（Paradise, United States v.），480 U. S. 149 (1987) …… 21,764,801

帕登诉亚拉巴马铁路终端案（Parden v. Terminal Railway of Alabama），377 U, S. 184 (1964) …… 908

帕勒姆诉 J. R. 案（Parham v. J. R.），442 U. S. 584 (1979) …… 293,513

巴黎成人影剧院诉斯拉顿案（Paris Adult Theatre v. Slaton），413 U. S. 49 (1973) …… 592,593,895

帕克诉布朗案(Parker v. Brown), 317 U.S. 341 (1943) ……………………………… 24

帕克诉利维案(Parker v. Levy), 417 U.S. 733 (1974) …………………………………… 982

帕拉特诉泰勒案(Parratt v. Taylor), 451 U.S. 527 (1981) …………………………………… 444

帕罗特诉威尔斯·法戈案(Parrot v. Wells Fargo), 82 U.S. 524 (1872) ………………… 185

帕萨德那教育理事会诉斯潘格勒案(Pasadena Board of Education v. Spangler), 427 U.S. 424 (1976)………………………………**674**,928

乘客系列案(Passenger Cases), 48 U.S. 283 (1849) …… 188,210,299,376,397,408,451,585,**675**,865,938,1008,1027

帕松诉宾夕法尼亚州案(Patsone v. Pennsylvania), 232 U.S. 138(1914) ……………… 27

帕齐诉校务委员会案(Patsy v. Board of Regents), 457 U.S. 496 (1982) …………… 289

帕特森诉科罗拉多州案(Patterson v. Colorado), 205 U.S. 454 (1907) ………………… 59

帕特森诉麦克莱恩信用合作社案(Patterson v. McLean Credit Union), 491 U.S. 164 (1989) ……………… 161,273,489,**677**,761,817

保罗诉弗吉尼亚州案(Paul v. Virginia), 8 Wall. 75 U.S. 168 (1869)……………… 414,**678**,737,880

合众国诉佩恩案(Payner, United States v.),447 U.S. 727 (1980) ……………………… 335

佩恩诉堪萨斯州案(Payne v. Kansas), 248 U.S. 112 (1918) ………………………………… 24

佩恩诉田纳西州案(Payne v. Tennessee), 501 U.S. 808 (1991) ………………………… **678**

佩顿诉纽约州案(Payton v. New York), 445 U.S. 573 (1980) …………………… 335,520,**678**,832

珀尔诉尼奎斯特案(Pearl v. Nyquist),413 U.S. 756 (1973) ……………………………… 784

派克诉芝加哥与西北铁路公司案(Peik v. Chicago & Northwestern Railway Co.), 94 U.S. 164 (1877) ……………………………… 181

皮尔逊诉波斯特案(Peirson v. Post), 3 Cai. R. 175 (N.Y. 1805) ……………………… 547

佩尔诉普罗库尼尔案(Pell v. Procunier), 417 U.S. 817 (1974) ………………………… 728

彭哈洛诉多安那执行官案(Penhallow v. Doane's Administration), 3 U.S. 54 (1795) ……………………………………… 677

佩恩中心运输公司诉纽约市案(Penn Central Transportation Co. v. City of New York), 438 U.S. 104 (1978) …… 275,315,471,556,**680**,748,779,935,1043

彭哈斯特州立学校与医院诉哈尔德曼案 (Pennhurst State School and Hospital v. Halderman), 465 U.S. 89 (1984) ………… 7,1040

彭诺耶诉奈弗案(Pennoyer v. Neff), 95 U.S. 714 (1878) ……………………… 130,463,**681**

宾夕法尼亚煤炭公司诉马洪案(Pennsylvania Coal Co. v. Mahon), 260 U.S. 393 (1922) …… 136,437,471,521,556,**681**,697,746,776

宾夕法尼亚州诉纳尔逊案(Pennsylvania v. Nelson), 350 U.S. 497 (1956) …… 482,**681**,904,925,949

宾夕法尼亚州诉联合天燃气公司案(Pennsylvania v. Union Gas Co., 491 U.S. 1 (1989) ……………………………… 270,275,304,825

宾夕法尼亚州诉威林-贝尔蒙特大桥公司案 (Pennsylvania v. Wheeling and Belmont Bridge Co.), 13 How.(54 U.S.)518 (1852) ……………………………………… **682**,994

宾夕法尼亚州诉威林-贝尔蒙特大桥公司案 (Pennsylvania v. Wheeling and Belmont Bridge Co.), 13 How.(54 U.S.)518 (1856) …… 632

佩恩索伊尔诉德士古案(Pennzoil v. Texaco), 481 U.S.1 (1987) ……………………… 909

彭里诉利诺弗案(Penry v. Lynaugh), 492 U.S. 302 (1989) ………………………… 55,**682**

彭萨古拉电报公司诉西部联盟电报公司案 (Pensacola Telegraph Co. v. Western Union Telegraph Co.), 96 U.S. 1 (1877) … 300,447

年金收益担保公司诉 R.A.格雷及其公司(Pension Benefit Guaranty Corporation v. R.A. Gray & Co.),467 U.S. 717(1984) ………… 139

商业银行诉税务委员会案(People ex rel. Bank of Commerce v. Commissioner of Taxes), 67 U.S. 620 (1863) ………………………… 166

人民船渡公司诉比尔斯案(People's Ferry Co. v. Beers), 61 U.S., 393 (1858) …………… 18

人民诉贝洛斯案(People v. Belous), 71 Cal. 2d 954 (1969) ………………………………… 806

人民诉巴德案(People v. Budd), 117 N.Y. 1 (1889) …………………………………… 108

人民诉德佛里案(People v. Defore),242 N.Y.

13（1926）……………………………… 284

人民诉杰克逊和密歇根普兰克路公司案（People v. Jackson and Michigan Plank Road Co.），9 Mich. 285（1861）……………… 696

人民诉韦拉案（People v. Rivera），14 N.Y. 2d 441（1964）………………………… 901

人民诉沃尔什案（People v. Walsh），117 N.Y. 621（1889）…………………………… 680

佩雷斯诉布朗内尔案（Perez v. Brownell），356 U.S. 44（1958）…………………………… 963

佩尔莫里诉新奥尔良州案（Permoli v. New Orleans），3 How. 44 U.S. 589（1845）……… 70

佩里教育协会诉佩里地方教育者协会案（Perry Education Association v. Perry Local Educators' Association），460 U.S. 37（1983）………… 749

马萨诸塞州人事管理员诉菲尼案（Personnel Administrator of Massachusetts v. Feeney），442 U.S. 256（1979）………… 246,357,604,**685**,1005

合众国诉彼得斯案（Peters, United States v.），9 U.S. 115（1809）………… 271,559,819,1004

彼得森诉格林威尔市案（Peterson v. City of Greenville），373 U.S. 244（1963）…… 163,858

彼得斯诉霍比案（Peters v. Hobby），349 U.S. 331（1955）……………………… 186,643

费城报诉赫普斯案（Philadelphia Newspapers v. Hepps），475 U.S. 767（1986）……………… 888

费城诉新泽西州案（Philadelphia v. New Jersey），437 U.S. 617（1978）……… 183,275

皮克林诉教育理事会案（Pickering v. Board of Education），391 U.S. 563（1968）……………… 6

皮尔斯诉姐妹会案（Pierce v. Society of Sisters），268 U.S. 510（1925）………… 6,202,262,294,379,419,**688**,729,731

皮尔斯诉合众国案（Pierce v. United States），252 U.S. 239（1920）…………………… 690,1032

合众国诉平克案（Pink, United States v.），315 U.S. 203（1942）………………… 286,603,916

俄亥俄州银行皮夸分行诉努普案（Piqua Branch of State Bank of Ohio v. Knoop），57 U.S. 369（1854）…………………………………… 585

合众国诉普莱斯案（Place, United States v.），462 U.S. 696（1983）………………………… 335

密苏里州中心计划生育部门诉丹福斯案（Planned Parenthood of Missouri v. Danforth），428 U.S. 52（1976）…………………………… 4

宾夕法尼亚州东南计划生育组织诉凯西案（Planned Parenthood of Southeastern Pennsylvania v. Casey），505 U.S. 833（1992）…… 99,201,518,532,640,657,**690**,808,879

计划生育当局诉阿什克罗夫特案（Planned Parenthood v. Ashcroft），462 U.S. 476（1983）… 4

密西西比州种植园主银行诉夏普案（Planters' Bank of Mississippi v. Sharp），47 U.S. 301（1848）…………………………… 232,1027

普勒西诉弗格森案（Plessy v. Ferguson），163 U.S. 537（1896）………… ,102,103,106,163,196,211,217,225,332,346,390,413,424,453,528,595,642,**692**,703,759,760,768,777,809,837,844,847,857,929,947,959,984,1000

普莱勒诉无名氏案（Plyler v. Doe），457 U.S. 202（1982）………………… 27,264,459,**693**

口袋否决权案（Pocket Veto Case），279 U.S. 655（1929）……………………………… 982

波诉厄尔曼案（Poe v. Ullman），367 U.S. 497（1961）……………… 207,280,378,393,732

波因特诉得克萨斯州案（Pointer v. Texas），380 U.S. 400（1965）………………… **694**,1024

芝加哥警察部门诉莫斯利案（Police Department of Chicago v. Mosely），408 U.S. 92（1972）…………………………… 569,749,**956**,973

波拉德诉黑根案（Pollard v. Hagan），44 U.S. 212（1845）……………………… 584,907

波洛克诉农场主贷款与信托公司案（Pollock v. Farmers' Loan & Trust Co.），157 U.S. 429（1895）…… 102,157,179,196,215,217,301,311,324,344,371,416,450,456,476,528,659,**711**,743,744,795,844,847,856,858,891,947,1017

波普诉伊利诺伊州案（Pope v. Illinois），481 U.S. 497（1987）…………………………… 593

波多黎各波萨达斯联谊会诉波多黎各旅游公司案（Posadas de Puerto Rico Associates v. Tourism Co. of Puerto Rico），478 U.S. 328（1986）……………………………… 184

珀洛斯诉新罕普什尔州案（Poulos v. New Hampshire），345 U.S. 395（1953）………… 143

鲍威尔诉亚拉巴马州案（Powell v. Alabama），287 U.S. 45（1932）…… 31,73,214,362,419,424,446,487,650,710,**718**,719,860,927

鲍威尔诉麦科马克案（Powell v. McCormack），395 U.S. 486（1969）… 190,538,708,**719**,1002

鲍威尔诉得克萨斯州案(Powell v. Texas), 392
U. S. 514 (1968) ………………………… 464,805

鲍尔斯诉俄亥俄州案(Powers v. Ohio), 499 U.
S. 400 (1991) ………………………… 71,**720**

出版企业公司诉里弗塞德高级别法院案(Press-
Enterprise Co. v. Riverside Superior Court),
464 U. S. 501(1984) ………… 725,801,886

普雷瑟诉伊利诺伊州案(Presser v. Illinois),
116 U. S. 252 (1886) ………… 724,833,1028

合众国诉普赖斯(Price, United States v.), 383
U. S. 767 (1966) ………………………… 383,428

普华永道诉霍普金斯案(Price Waterhouse v.
Hopkins), 490 U. S. 228 (1989) ………… 378

普里格诉宾夕法尼亚州案(Prigg v. Pennsylva-
nia), 16 Pet. 41 U. S. 539 (1842) … 188,408,
489,585,**726**,757,865,866,920,921,938,1008

普林斯诉马萨诸塞州案(Prince v. Massachu-
setts), 321 U. S. 158 (1944) ………… 294,820

普林兹诉合众国案(Printz v. United States),
521 U. S. 98(1997) …… 76,200,203,275,304,
506,702,**726**,826,910,944,953

战利品系列案(Prize Cases), 2 Black. 67 U. S.
635 (1863) ……… 17,166,376,409,511,544,
632,701,722,**738**,739,772,848,994,997,1008

合众国诉普罗克特与甘波公司案(Procter &
Gamble Co., United States v.), 356 U. S.
677 (1958) ………………………………… 370

普罗库内尔诉马丁内斯(Procunier v. Martin-
ez), 416 U. S. 396 (1974) ………… 533,728

普罗菲特诉佛罗里达州案(Proffitt v. Florida),
428 U. S. 242 (1976) …………………… 224

合众国诉《进步主义者》杂志案(The Progress-
sive, United States v.), 467 F. Supp. 990
(W. D. Wisc. 1979) …………………… 143

普罗瓦登斯银行诉比林斯案(Providence Bank
v. Billings), 4 Pet. 29 U. S. 514 (1830)
……………………………… 407,568,742,**748**

谨慎保险公司诉本杰明案(Prudential Insurance
Co. v. Benjamin), 328 U. S. 408 (1946) … **749**

普路内·亚德购物中心诉罗宾斯案(PruneYard
Shopping Center v. Robbins), 447 U. S. 74
(1980) ……………………………… 779,899

公共设施委员会诉波拉克案(Public Utilities
Commission v. Pollak), 343 U. S. 451 (1952)
……………………………………………… 873

波多黎各诉布兰斯塔德案(Puerto Rico v. Bran-
stad), 483 U. S. 219 (1987) …… 342,519,906

普利亚姆诉艾廉案(Pulliam v. Allen), 466 U.
S. 522 (1984) …………………………… 491

庞佩利诉绿色港湾公司案(Pumpelly v. Green
Bay Company), 80 U. S. 166 (1871) ……… 744

珀迪与费兹帕特里克诉斯泰特案(Purdy & Fitz-
Fatrick v. State), 71 Cal. 2d 566 (1969) … 901

伯克特诉埃姆案(Purkett v. Elem),514 U. S.
765(1995) ………………………………… 684

Q

奎克萨尔诉密歇根州案(Quicksal v. Michi-
gan), 339 U. S. 660 (1950) ……………… 362

奎恩诉合众国案(Quinn v. United States), 349
U. S. 155 (1955) ………………………… 191

奎因单方诉讼案(Quirin, Ex parte), 317 U. S.
1 (1942) …………………… 243,**755**,945,1034

R

合众国诉罗宾诺维茨案(Rabinowitz, United
States v.), 339 U. S. 56 (1950) ……… 155,334

铁路委员会案(Railroad Commission Cases),
116 U. S. 307(1886) …………………… 132

得克萨斯铁路委员会诉普尔曼公司案(Railroad
Commission of Texas v. Pullman Co.), 312 U.
S. 496 (1941) ……………………………… 6

铁路退休委员会诉艾尔顿铁路案(Railroad Re-
tirement Board v. Alton Railroad Co.), 295
U. S. 330(1935) ………………… 421,804,916

铁路劳工执行协会诉吉本斯案(Railway Labor
Executives Association v. Gibbons), 455 U. S.
457 (1982) ………………………………… 67

雷恩斯诉伯德案(Raines v. Byrd),521 U. S.
811(1997) ………………………… 494,538

拉卡斯诉伊利诺伊州案(Rakas v. Illinois),
439 U. S. 128 (1978) …………………… 335

拉姆齐诉艾里格里案(Ramsay v. Allegre, 25
U. S. 611 (1827) ………………………… 484

兰德尔诉布里格姆案(Randall v. Brigham), 74
U. S. 523 (1869) ………………………… 491

罗伯特·A.维克特拉诉圣保罗市案(R. A. V. v.
City of St. Paul),505 U. S. 377(1992)

.... 319,396,**768**,826,974

雷诉布莱尔案(Ray v. Blair), 343 U. S. 214
(1952) 964

里根诉农场主贷款与信托公司案(Reagan v.
Farmers' Loan & Trust Co.), 154. U. S. 562
(1894) 97,415

红狮广播公司诉联邦通讯委员会案(Red Lion
Broadcasting Co., Inc. v. Federal Communi-
cations), 395 U. S. 367 (1969) 588,**773**,
790,884

里德拉普诉纽约州案(Redrup v. New York),
386 U. S. 767 (1967) 654

里德诉里德案(Reed v. Reed), 404 U. S. 71
(1971) 90,197,220,341,356,363,**774**,
896,1011

合众国诉里斯案(Reese, United States v.) 92 U.
S. 214 (1876) 313,447,759,**775**,992,1017

李维斯公司诉斯塔克案(Reeves Inc. v. Stake)
447 U. S. 429(1980) 183

里甘诉沃尔德案(Regan v. Wald), 468 U. S.
222 (1984) 228,959

加州大学校务委员诉巴基案(Regents of the U-
niversity of California v. Bakke), 438 U. S.
265 (1978) 7,20,346,430,570,718,764,
775,779

密歇根大学校务委员诉尤因案(Regents of Uni-
versity of Michigan v. Ewing), 474 U. S. 214
(1985) 263

里贾纳诉肯司特(Regina v. Keegstra),3 S. C.
R. 697 (1990) 467

合众国诉雷德尔案(Reidel, United States v.),
402 U. S. 351 (1971) 717

里德诉科弗特案(Reid v. Covert), 354 U. S. 1
(1957) 287,329,602,960

莱特曼诉穆尔克案(Reitman v. Mulkey), 387
U. S. 369 (1967) 442,897

雷诺诉美国公民自由联盟(Reno v. American
Civil Liberties Union),521 U. S. 844(1997)
.... **789**,885

雷诺诉波斯尔教区学校案(Reno v. Bossier Par-
ish School Board),520 U. S. 471 (1997) ... 764

雷诺诉康登案(Reno v. Condon),528 U.S. 141
(2000) 944

明尼苏达州共和党人诉怀特案(Republican
Party of Minnesota v. White),536 U. S. 765
(2002) **793**

铁路退休委员会诉艾尔顿铁路案(Retirement
Board v. Alton Railroad), 参见:铁路退休委
员会诉艾尔顿铁路案(Railroad Retirement
Board v. Alton Railroad) 421,916

合众国诉雷诺兹案(Reynolds, United States
v.), 235 U. S. 133 (1914) 437,683

雷诺兹诉西姆斯案(Reynolds v. Sims), 377 U.
S. 533 (1964) 61,267,293,333,395,462,
497,536,596,659,706,710,771,**796**,797,798,
967,986,988,1001

雷诺兹诉合众国案(Reynolds v. United States),
98 U. S. 145 (1879) ... 564,781,**798**,924,992

罗德岛州诉英尼斯案(Rhode Island v. Innis),
446 U. S. 291 (1980) 600

合众国诉罗兹案(Rhodes, United States v.),
27 F, Cas, 785 (1866) 772

莱布尼克诉麦克布赖德案(Ribnik v.
McBride), 277 U. S. 350 (1928) 418

赖斯诉凯耶塔诺(Rice v. Cayetano),528 U. S.
495(2000) **799**

莱斯诉苏人城市纪念公园墓案(Rice v. Sioux
City Memorial Park Cemetery), 349 U. S. 70
(1955) 854

合众国诉理查森案(Richardson, United States
v.), 418 U. S. 24 (1974) 325,**799**,893

理查森诉拉米雷斯案(Richardson v. Ramirez),
418 U. S. 24 (1974) 987

里士满报业公司诉弗吉尼亚州案(Richmond
Newspapers, Inc. v. Virginia), 448 U. S. 555
(1980) 640,**800**,801,886,962

里士满市诉J.A克罗森公司案(Richmond v. J.
A. Croson Co.), 488 U. S. 469 (1989) 9,
22,346,587,764,**801**

里士满诉合众国案(Richmond v. United
States), 422 U. S. 358 (1975) 987

合众国诉赖利案(Riley, United States v.),550
F. 2d 233 (5th Cir. 1989) 833

林诉亚利桑那州案(Ring v. Arizona),536 U. S.
584(2002) 137,**802**

里韦拉诉特拉华州案(Rivera v. Delaware),
429 U. S. 877 (1976) 464

罗宾斯诉加利福尼亚州案(Robbins v. Califor-
nia), 453 U. S. 420 (1981) 812

罗宾斯诉谢尔比郡塔克辛地区案(Robbins v.

Taxing District of Shelby County), 120 U. S. 489 (1887) ………………………… 414

合众国诉罗贝尔案(Robel, United States v.), 389 U. S. 258 (1967) ………… 26,187,**803**

罗伯茨诉波士顿市案(Roberts v. City of Boston), 5 Cush. (Mass.) 198 (1849) … 693,845

罗伯茨诉合众国国际青年商会案(Roberts v. United States Jaycees), 468 U. S. 609 (1984) ………………… 54,88,634,736,**804**

鲁滨逊诉加利福尼亚州案(Robinson v. California), 370 U. S. 660 (1962) …… 224,464,**805**

鲁滨逊诉佛罗里达州案(Robinson v. Florida), 378 U. S. 153 (1964) ……………………… 163

罗沁诉加利福尼亚州案(Rochin v. California), 342 U. S. 165 (1952) ………… 379,505,**805**

罗德里格斯诉得克萨斯州案 Rodriguez v. Texas, 515 U. S. 1307(1973) ……………… 303

罗诉韦德案(Roe v. Wade), 410 U. S. 113 (1973) …… 3,25,75,81,82,85,96,192,197, 201,202,203,207,217,256,258,303,333,358, 364,366,380,395,426,430,439,490,494,503, 505,518,593,608,640,657,689,690,716,732, 802,**806**,817,846,879,914,955,1006,1010

罗杰斯诉洛奇案(Rogers v. Lodge), 458 U. S. 613 (1982) …………………………… 763

罗曼诉辛科克案(Roman v. Sincock), 377 U. S. 695 (1964) ………………………… 771

罗默诉埃文斯案(Romer v. Evans),517 U. S. 620 (1996) ……… 278,305,440,506,532,808

罗姆诉合众国案(Rome v. United States),446 U. S. 156 (1980) ……………………… 987

罗斯福诉迈耶案(Roosevelt v. Meyer), 68 U. S. 512 (1863) ………………………… 166,544

罗森伯格诉弗吉尼亚州大学案(Rosenberger v. University of Virginia),515 U. S. 819(1995) ……………………………… 550,**811**

罗森伯格诉合众国案(Rosenberg v. United States), 346 U. S. 273 (1953) … 281,**811**,945

罗森布拉特诉贝尔案(Rosenblatt v. Baer), 383 U. S. 75 (1966) ……………………… 974

罗森布劳姆诉麦特罗传媒公司案(Rosenbloom v. Metromedia), 403 U. S. 29 (1971) …… 542

合众国诉罗思案(Ross, United States v.), 456 U. S. 798 (1982) …………… 126,812,832

罗思诉伯纳德案(Ross v. Bernhard), 396 U. S. 531 (1970) ……………………………… 688

罗思诉默菲特案(Ross v. Morffit), 417 U. S. 600(1974) ……………………… 214,458

罗斯克诉戈德堡案(Rostker v. Goldberg), 453 U. S. 57 (1981) ……………… 278,357,**813**

扶轮国际公司诉杜瓦蒂扶轮俱乐部(Rotary International v. Rotary Club of Duarte), 481 U. S. 537(1987)…………………………… 54,**88**

罗思诉合众国案(Roth v. United States), 354 U. S. 476 (1957) …… 592,654,**813**,814,895,974

罗亚尔单方诉讼案(Royall, Ex parte), 117 U. S. 241 (1886) …………………………… 289

罗耶斯特·瓜诺公司诉弗吉尼亚州案(Royster Guano Co. v. Virginia), 253 U. S. 412 (1920) ……………………………………… 356

拉克尔肖斯诉蒙萨特公司案(Ruckelshaus v. Monsanto Co.),467 U. S. 986 (1984) …… 471

鲁道夫诉亚拉巴马州案(Rudolph v. Alabama), 375 U. S. 889 (1963) …………………… 366

鲁梅利诉麦卡锡案(Rumely v. McCarthy), 250 U. S. 283 (1919) …………………… 1031

鲁尼恩诉麦克拉里案(Runyon v. McCrary), 427 U. S. 160 (1976) …………… 488,677,**817**

鲁珀特诉卡菲案(Rupert v. Caffey), 251 U. S. 264 (1920) …………………………… 1031

拉斯特诉沙利文案(Rust v. Sullivan), 500 U. S. 173 (1991) ……………………… 4,**817**

拉坦诉伊利诺伊州共和党案(Rutan v. Republican Party of Illinois), 497 U. S. 62 (1990) ……………………………… 95,272,699,**818**

拉特格斯诉沃丁顿案(Rutgers v. Waddington), NYC Mayor's Court (1784) ……………… 547

鲁森伯格诉合众国案(Ruthenberg v. United States), 245 U. S. 480 (1918) ……………… 1031

S

萨恩斯诉罗案(Saenz v. Roe),526 U. S. 489 (1999) …………………………… 306,738

圣·阿曼特诉汤普森案(St. Amant v. Thompson), 390 U. S. 727 (1968) ……………… 887

圣约翰诉威斯康星雇佣关系委员会案(St. John v. Wisconsin Employment Relations Board), 340 U. S.411 (1951)……………………… 345

圣约瑟夫存货场诉合众国案(St. Joseph Stock

Yards Co. v. United States), 298 U. S. 38
(1936) ……………………………………… 24

合众国诉萨尔诺案(Salerno, United States v.),
481 U. S. 739 (1987) …………… 60,266,778

萨耶尔地产公司诉图拉里湖盆地储水区案(Salyer Land Co. v. Tulare Lake Basin Water Storage District), 410 U. S. 719 (1973) ………… 268

圣安东尼奥独立校区诉罗德里格斯案(San Antonio Independent School District v. Rodriguez), 411 U. S. I (1973) … 264,395,458,569,
612,**821**,898

圣克拉拉县诉南太平洋铁路公司案(Santa Clara County v. Southern Pacific Railroad), 118 U. S. 394 (1886) …… 129,212,277,333,
743,**823**

圣克拉拉印第安村诉马丁内斯案(Santa Clara Pueblo v. Martinez), 436 U. S. 49 (1978)
……………………………………… 458,**823**

圣达菲独立校区诉多伊案(Santa Fe Independent School District v. Doe), 530 U. S. 290(2000)
……………………………………… 540,782,829

圣达菲产业部门诉格林案(Santa Fe Industries v. Green), 430 U. S. 462 (1977) ………… 213

圣托贝罗诉纽约州案(Santobello v. New York), 404 U. S. 257 (1971) …………… 692

桑洛斯基诉克拉默案(Santosky v. Kramer), 455 U. S. 745 (1982) ……………………… 513

萨特利诉马祖森案(Satterlee v. Mathewson), 27 U. S. 380 (18211) ……………………… 125

索耶诉霍格案(Sawyer v. Hoag), 84 U. S. 610
(1873) ……………………………………… 129

萨克斯比诉华盛顿邮报案(Saxby v. Washington Post), 417 U. S. 843 (1974) …………… 728

斯凯尔斯诉合众国案(Scales v. United States), 367 U. S. 203 (1961) …… 187,393,651,**824**,872

斯查德诉艾弗莱姆山自治区案(Schad v. Borough of Mount Ephraim), 452 U. S. 61
(1981) ……………………………………… 69

谢弗诉合众国案(Schaefer v. United States), 251 U. S. 466 (1920) ……………… 91,1032

沙尔诉马丁案(Schall v. Martin), 467 U. S. 253 (1984) ……………………………………… 513

沙姆伯格村诉市民环保组织案(Schaumburg v. Citizens for a Better Environment), 444 U. S. 620
(1980) ……………………………………… 957

谢克特禽畜公司诉合众国案(Schechter Poultry Corp. v. United States), 295 U. S. 495(1939)
… 13,24,39,80,182,217,240,276,301,421,
446,503,526,587,633,672,746,774,804,
815,**826**,849,925,943

申克诉合众国案(Schenck v. United States), 249 U. S. 47 (1919) … 5,59,91,93,146,170,
281,322,389,437,623,**827**,887,995,1031

施勒辛格诉停止战争预备役军人委员会案
(Schlesinger v. Reservists Committee to Stop the War), 418 U. S. 208(1974) …………… 538

舍默伯诉加利福尼亚州案(Schmerber v. California), 384 U. S. 757 (1966) ………… 95,600

施奈德曼诉合众国案(Schneiderman v. United States), 320 U. S. 118 (1943) …… 28,159,615

施奈德诉州案(Schneider v. State), 308 U. S. 147 (1939) ………………………………… 533

里士满学校理事会诉州教育理事会案(School Board of Richmond v. State Board of Education), 412 U. S. 92(1973) ……………… 595

大瀑布城校区诉鲍尔案(School District of the city of Grand Rapids v. Ball), 465 U. S. 1064
(1984) ……………………………………… 23,34

合众国诉施维默案(Schwimmer, United States v.), 279 U. S. 644 (1929) …………… 420,948

斯科普斯诉州案(Scopes v. State), 154 Tenn. 105 (1926) ………………………………… 283

斯考特伯罗系列案(Scottsboro Cases), 参见诺里斯诉亚拉巴马州案(Norris v. Alabama); 鲍威尔诉亚拉巴马州案(Powell v. Alabama)
……………………………………… 619,650

斯科特诉爱默生案(Scott v. Emerson), 15 Mo. 576 (1852) ……………………… 830,868

斯科特诉伊利诺伊州案(Scott v. Illinois), 440 U. S. 367 (1979) ……………………… 49,214

斯科特诉桑福德案(Scott v. Sandford), 19 How. 60 U. S. 393 (1857) ………… 26,142,158,
180,191,196,198,226,232,332,352,376,390,
409,410,415,501,453,544,564,566,586,632,
674,700,732,742,758,795,**829**,833,847,863,
868,936,945,1008

斯克鲁斯诉合众国案(Screws v. United States), 321 U. S. 91 (1945) ………………… 759

西尔斯·罗布克及其公司诉斯提费尔案
(Sears. Roebuck &. Co. v. Stiffel Co.),376 U. S. 225 (1964) ……………………… 676

合众国诉西尔斯案(Sears, United States v.), 27 F. Cas. 1006 (No, 16,247) (C. C. D. Mass, 1812) ……………………………… 919

证券与交易委员会诉霍威公司案(Securities and Exchange Commission v. Howey Co.) 328 U. S. 293 (1946) ……………………… 24

合众国诉西格案(Seeger, United States v.), 380 U. S. 163 (1965) …………… 167,193,983

征兵法系列案(Selective Draft Law Cases), 245 U. S. 366 (1918) ………………… 193,**840**

佛罗里达州的塞米诺族诉佛罗里达州案(Seminole Tribe of Florida v. Florida),517 U. S. 44 (1996) ……………… 52,134,506,**841**,909

森诉瓷砖铺设商联盟案(Senn v. Tile Layers Union), 301 US, 468 (1937) ………………… 964

瑟维斯诉杜勒斯案(Service v. Dulles), 354 U. S. 363 (1957) ……………………………… 186

西摩诉麦考密克案(Seymour v. McCormick), 60 U. S. 96 (1854) ……………………………… 23

夏特尔诉赫特纳案(Shaffer v. Heitner), 433 U. S. 186 (1977) ……………………………… 463

夏皮罗诉汤普森案(Shapiro v. Thompson) 394 U. S. 618 (1969) … 96,122,277,458,**852**,960

合众国诉肖内西案(Shaughnessy, United States ex rel. Accardi v.),347 U. S. 260 (1953) ……………………………………………… 643

肖诉亨特案(Shaw v. Hunt), 517 U. S. 899 (1996) …………………………………… 537,825

肖诉雷诺案(Shaw v. Reno), 509 U. S. 630 (1993) …… 359,485,537,593,656,710,763, **852**,987,990

谢利诉克雷默案(Shelley v. Kraemer) 334 U. S. 1 (1948) …… 213,282,333,425,441,554, 569,607,736,759,794,**853**,897

谢泼德诉马克斯韦尔案(Sheppard v. Maxwell), 384 U. S. 333 (1966) …… 725,**854**,886

谢尔伯特诉佛尔纳案(Sherbert v. Verner), 374 U. S. 398 (1963) ……………… 787,1014,1024

肖伦伯格诉布林顿案(Shollenberger v. Brinton), 52 Pa), 9 (1866) ………………… 923

施里夫波特费率系列案(Shreveport Rate Cases), 234 U. S. 342 (1914) ………… 386,856

西库里拉诉合众国案(Sicurella v. United States), 348 U. S. 385 (1955) …………… 193

希蒂斯诉 F-R 出版公司案(Sidis v. F-R Publishing Co.), 113 P.2d 806 (2d Cir. 1940), cert. denied, 311 U.S. 711 (1940) ……… 734

塞伯德单方诉讼案(Siebold, Ex parte), 100 U. S. 371 (1880) ………………………… 856

瑟尔拉俱乐部诉莫顿案(Sierra Club v. Morton), 405 U. S. 727(1972) ……………… 254

西里西亚-美国人公司诉达克案(Silesian-American Corp. v. Dark.)332 U. S. 463 (1947) …………………………………………… 1003

西尔韦曼诉合众国案(Silverman v. United States), 365 U. S. 505 (1961) ………… 516

西尔韦索恩木材公司诉合众国案(Silverthorne Lumber Co, v. United States), 251 U. S. 385 (1920) ………………………………………… 284

西蒙诉东肯塔基福利权利组织案(Simon v. Eastern Kentucky Welfare Rights Organization), 426 U. S. 26 (1976) ………… 894

辛普森诉谢泼德案(Simpson v. Shepard) 230 U. S. 352 (1913) ………………………… 1040

辛勒顿诉国际税收委员会案(Singleton v. Commissioner of Internal Revenue), 439 U. S. 940 (1978) …………………………………………… 511

合众国诉辛塔克案(Sing Tuck, United States v.) 194 U. S. 161 (1904) ………………… 97

偿债基金系列案(Sinking-Fund Cases) (1879) …………………………………………… 992

塞普尔诉俄克拉荷马州校务委员会案(Sipuel v. Board of Regents of the University of Oklahoma), 332 U. S. 631 (1948) ……………… 425

静坐示威系列案(Sit-In Cases) (1964) ……… 897

斯金纳诉中美洲管道公司案(Skinner v. Mid-America Pipeline Co.) 400 U. S. 212 (1989) ………………………………………………… 13

斯金纳诉俄克拉荷马州案(Skinner v. Oklahoma), 316 U. S. 535 (1942) …… 207,277,379, 425,**860**

斯金纳诉铁路劳工执行协会案(Skinner v. Railway Labor Executives Association), 489 U. S. 602 (1989) …………………… 624,735,**861**

斯科克村诉美国全国社会主义党案(Skokie Cases) (1978) …………………………… 396,957

屠宰场系列案(Slaughterhouse Cases), 83 U. S. 36 (1873) ……… 24,26,89,90,131,162,191, 196,256,257,306,311,332,353,412,415,447, 457,502,503,528,546,549,576,591,592,638, 696,737,738,743,758,772,773,**861**,862,863, 906,907,960

奴隶系列案(Slavers, The), 69 U. S. 350 (1864) ………………………………… 865

斯罗乔威尔诉纽约市教育理事会案(Slochower v. Board of Educatiom of New York City), 350 U. S. 551(1956) ……………………… **871**

史密斯诉奥尔赖特案(Smith v. Allwright), 321 U. S. 649 (1944) …… 170,196,313,382,429, 569,644,699,704,760,774,804,896,917, 987,988,1018

史密斯诉教育理事会案(Smith v. Board of School Commissioners), 827 F. 2d 684 (11th Cir. 1987) ……………………………… 263

史密斯诉每日邮报出版公司案(Smith v. Daily Mail Publishing Co.), 443 U. S. 97 (1979) ……………………………………… 887

史密斯诉高古恩案(Smith v. Goguen), 415 U. S. 566 (1974) ………………………… 882,949

史密斯诉胡伊案(Smith v. Hooey), 393 U. S. 374 (1969) ………………………………… 859

史密斯诉伊利诺伊州案(Smith v. Illinois), 390 U. S. 129 (1968) ……………………………… 860

史密斯诉马里兰州案(Smith v. Maryland), 442 U. S. 735 (1979) …………………………… 517

史密斯诉斯沃姆斯特德案(Smith v. Swormstedt), 57 U. S. 288 (1853) ………………… 585

史密斯诉合众国案(Smith v. United States), 431 U. S. 291 (1977) …………………………… 593

史密斯诉华盛顿大学法学院案(Smith v. University of Washington Law School), 233 F. 3d 1188(9th Cir. 2000) ………………………… 765

史密斯诉埃姆斯案(Smyth v. Ames), 169 U. S. 466 (1898) …… 133,293,311,391,416,469, 744,747,**873**

斯奈普诉合众国案(Snepp v. United States), 444 U. S. 507 (1980) …………………… 143,637

社会民主党出版公司诉伯利森案(Social Democratic Publishing v. Burleson), 255 U. S. 407 (1921) ……………………………… 281,1032

合众国诉美孚-瓦库姆石油公司案(Socony-Vacuum Oil Co., United States v.)310 U. S. 150 (1940) ……………………………… 253

泽林诉大不列颠联合王国案(Soering v. United Kingdom)(European Court of Human Rights, 1989) …………………………………… 467

北库克县固体废物局诉合众国工程师军团案(Solid Waste Agency of Northern Cook County v. United States Army Corps of Engineers), 531 U. S. 159 (2001) ……………………… 276

萨默塞特诉斯图尔特案(Somerset v. Stewart), 98 Eng, Rep. 499 K. B. (1772) ……………… 342

索尼诉环球城影视制作公司案(Sony v. Universal City Studios), 464 U. S. 417 (1984) …… 212

南卡罗来纳州公路管理部门诉巴恩威尔兄弟案(South Carolina State Highway Department v. Barnwell Brothers),303 U. S. 177(1938) … 183

南卡罗来纳州诉贝克案(South Carolina v. Baker), 485 U. S. 505 (1988) …… 210,711,858,939

南卡罗来纳州诉加瑟尔案(South Carolina v. Gathers), 490 U. S. 805 (1989) ……………… 825

南卡罗来纳州诉卡曾巴赫案(South Carolina v. Katzenbach), 383 U. S. 301 (1966). …… 192, 303,427,430,532,704,761,**879**,908

南达科他州诉多尔案(South Dakota v. Dole), 483 U. S. 203 (1987) …………… 324,**880**,940

东南协进有限公司诉康拉德案(Southeastern Promotions, Ltd. v. Conrad), 420 U. S. 546 (1975) ……………………………………… 648

合众国诉东南保险商协会案(South-Eastern Underwriters Association, United States v.), 322 U. S. 533 (1944) ………………………… 678,**880**

南太平洋公司诉亚利桑那州案(Southern Pacific Co. v. Arizona),325 U. S. 761(1945) …… 183

南太平洋公司诉詹森案(Southern Pacific Co. v. Jensen), 244 U. S. 205 (1917) …………… 17

南太平洋终点公司诉州际商业委员会案(South Pacific Terminal Co. v. Interstate Commerce Commission), 219 U. S. 498 (1911) ……… 608

西南贝尔电话公司诉密苏里公共服务委员会案(Southwestern Bell Telephone Co. v. Public Service Commission of Missouri), 262 U. S. 276(1923) ……………………………………… 418

斯波尔丁诉威拉斯案(Spalding v. Vilas), 161 U. S. 483 (1896) ………………………………… 123

斯帕罗纳诉合众国案(Spallone v. United States), 493 U. S. 265 (1990) ……………… 881

斯帕诺诉纽约州案(Spano v. New York), 360 U. S. 315 (1959) ………………………………… 175

斯帕夫与汉森诉合众国案(Sparf & Hansen v. United States), 156 U. S. 51 (1896) ……… 687

合众国诉斯佩克特案(Spector, United States v.), 343 U. S. 169 (1952) ……………………… 662

斯皮内利诉合众国案（Spinelli v. United States），393 U.S. 410(1969) ·················· 335

斯普林格诉合众国案（Springer v. United States），102 U.S. 586 (1881) ········ 456,711, 743,**891**

斯塔克诉伯耶勒案（Stack v. Boyle），342 U.S. 1(1951) ································· 266

斯塔福德诉华莱士案（Stafford v. Wallace），258 U.S. 495 (1922) ······················ 24,922

标准石油公司诉合众国案（Standard Oil Co. v. United States），221 U.S. 1 (1911) ··· 39,135, 391,650,740,815,855,**892**,1017

合众国诉斯坦福案（Stanford, United States v.），(1896) 参见民权系列案（Civil Rights Cases) ·· 157

斯坦福诉肯塔基州案（Stanford v. Kentucky），492 U.S. 361 (1989) ············· 778,**895**

斯坦利诉佐治亚州案（Stanley v. Georgia），394 U.S. 557 (1969) ··· 86,569,654,666,**895**,896

斯坦利诉伊利诺伊州案（Stanley v. Illinois），405 U.S. 645 (1972) ···················· 295,461

斯坦顿诉斯坦顿案（Stanton v. Stanton），421 U.S. 7 (1975) ································· **896**

州货物税案（State Freight Tax Case），82 U.S. 232 (1873) ································· 923

斯托布诉巴克斯雷市案（Staub v. City of Baxley），355 U.S. 313 (1958) ··················· 1019

斯提加德诉合众国案（Steagald v. United States），451 U.S. 204 (1981) ············· 679

斯蒂尔诉路易斯威尔与纳什威尔铁路公司案（Steele v. Louisville & Nashville Railroad Co.），323 U.S. 192 (1944) ············· 443

斯腾伯格诉卡哈特案（Stenberg v. Carhart），530 U.S. 914(2000) ·························· 99

斯特托勒诉欧哈拉案（Stetler v. O'Hara），243 U.S. 629 (1917) ························ 354

斯图尔特兄弟诉鲍尔斯案（Steuart & Bros. v. Bowles），322 U.S. 398 (1944) ······ 995,1033

史蒂文斯单方诉讼案［Stevens, Ex parte（发表于 *Washington National intelligencer*, 10. *Sep*）(1861)］ ································ 544

史蒂文森继承人诉沙利文案（Stevenson's Heirs v. Sullivan），18 U.S. 260 (1820) ············ 460

斯图尔德机械公司诉戴维斯案（Steward Machine Co. v. Davis），301 U.S. 548 (1937) ················· 122,138,587,**913**,980

斯托尔诉华莱士案（Stoehr v. Wallace），255 U.S. 239 (1921) ····························· 1002

斯托尔诉哥特莱布案（Stoll v. Gottlieb），305 U.S. 165 (1938) ····························· 345

斯通诉农场主贷款和信托公司案（Stone v. Farmers' Loan and Trust Co.），116 U.S. 307 (1886) ································· 992

斯通诉格雷厄姆案（Stone v. Graham），449 U.S. 39 (1980) ····························· 828

斯通诉密西西比州案（Stone v. Mississippi），101 U.S. 814 (1880) ·············· 209,744,**917**

斯通诉鲍威尔案（Stone v. Powell. 428 U.S. 465 (1976) ············ 285,385,497,**917**,918

斯通诉威斯康星州案（Stone v. Wisconsin），94 U.S. 181 (1876) ·························· 311

斯特拉德诉格雷厄姆案（Strader v. Graham），51 U.S. 82 (1851) ······ 180,650,830,867,869,938

斯特劳德诉西弗吉尼亚州案（Strauder v. West Virginia），100 U.S. 303 (1880) ······ 277,688, 758,**921**,923

斯特劳布里奇诉柯蒂斯案（Strawbridge v. Curtiss, 3 Cranch). 7 U.S. 267 (1806) ········ **921**

斯特里特诉纽约州案（Street v. New York），394 U.S. 576 (1969) ················ 164,320,949

斯特里克兰诉华盛顿州案（Strickland v. Washington），466 U.S. 668 (1984) ··· 214,692,860

斯特姆伯格诉加利福尼亚州案（Stromberg v. California），283 U.S. 359 (1931) ······ 31,76, 366,445,647,**922**,930

斯图尔特诉莱尔德案（Stuart v. Laird, 1 Cranch). 5 U.S. 299 (1813) ··· 404,509,606, 677,**924**

合众国诉挑战管制机构程序之学生案（United States v. Students Challenging Regulatory Agency Procedure），412 U.S. 669(1973) ······ 275

斯顿普诉斯帕克曼案（Stump v. Sparkman），348 U.S. 349 (1978) ·························· 491

斯特奇斯诉克劳宁谢尔德案（Sturges v. Crowninshietd），4 Wheat. 17 U.S. 122 (1819) ··· 66,132,209,406,484,547,567,657,741,**924**

休格曼诉杜格尔案（Sugarman v. Dougall），413 U.S. 634 (1973) ······················ 27,159

萨姆纳诉舒曼案（Sumner v. Shuman），483 U.S. 66 (1987) ······························ 224

新罕布什尔州最高法院诉派珀案(Supreme Court of New Hampshire v. Piper),470 U.S. 274(1985) ·········· 737

萨顿医院案(Sutton's Hospital Case),77 E.R, 960(1613) ·········· 129

萨顿诉美国航空公司案(Sutton v. United States Airlines),527 U.S. 471 (1999) ·········· 273

斯温诉亚拉巴马州案(Swain v. Alabama), 380 U.S. 202 (1965) ·········· 71,684

斯旺诉卡尔罗特-麦克伦伯格教育理事会案(Swann v. Charlotte-Mecklenburg Board of Education), 402 U.S. 1(1971) ·········· 104,217, 242,263,520,674,761,836,**927**

斯韦特诉佩因特案(Sweatt v. Painter), 339 U. S. 629 (1950) ··· 103,425,427,535,584,619, 760,**929**

斯维齐诉新罕布什尔州案(Sweezy v. New Hampshire), 354 U.S. 234 (1957) ·········· 6,7, 186,663

斯威夫特及其公司帕克尔斯诉加勒比哥伦比亚公司案(Swift & Co. Packers v. Compania Colombiana Del Caribe. S. A.), 339 U. S. 684 (1950) ·········· 18

斯威夫特及其公司诉合众国案(Swift & Co. v. United States), 196 U.S. 371 (1905) ·········· 181, 208,605,714,740,921,**929**

斯威夫特诉泰森案(Swift v. Tyson), 16 Pet. 41 U.S. 1 (1842) ·········· 17,92,130,166,186,279, 297,300,351,408,495,726,905,919,**930**,938,999

T

塔格诉路易斯安那州案(Tague v. Louisiana), 444 U.S. 469(1980) ·········· 600

太浩-西雅拉保护委员会诉太浩地区规划局案(Tahoe Sierra Preservation Council v. Tahoe Regional Planning Agency), 535 U. S. 302 (2002) ·········· 472,556,**935**,1044

塔卡哈西诉钓鱼与游戏委员会案(Takahashi v. Fish and Game Commission), 334 U. S. 410 (1948) ·········· 759

塔尔伯特诉贾森案(Talbot v. Janson),3 U S 133 (1795) ·········· 819

塔尔顿诉梅斯案(Talton v. Mayes), 163 U. S. 376 (1896) ·········· 458,**936**

塔伯尔案(Tarble's Case), 80 U.S. 397 (1872) ·········· 2

泰勒诉路易斯安那州案(Taylor v. Louisiana), 419 U.S. 522 (1975) ··· 64,443,859,921,**940**

泰勒诉标准电气公司案(Taylor v. Standard Gas & Electric Co.),306 U.S. 307 (1939) ·········· 213

泰勒诉合众国案(Taylor v. United States),414 U.S. 17(1973) ·········· 860

帝格诉莱恩案(Teague v. Lane),489 U.S. 288 (1989) ·········· 497

货车驾驶员地方695号分会诉沃格特案(Teamsters, Local 695 v. Vogt, Inc.), 354 U.S. 284 (1957) ·········· 528

蒂姆斯特尔斯诉合众国案(Teamsters v. United States), 431 U.S. 324 (1977) ·········· 21

特里吉特印第安人诉合众国案(Tee-Hit-Ton Indians v. United States),348 U.S. 272(1955) ·········· 628

苏尔特引起的"特汉诉合众国案"(Tehan v. United States ex rel. Shult), 382 U.S. 406 (1966) ·········· 314

田纳西流域管理局诉希尔案(Tennessee Valley Authority v. Hill),437 U.S. 153(1978) ·········· 276

田纳西州诉莱恩案(Tennessee v. Lane),124 S. Ct. 1978; 158 L. Ed. 2d 820 (2004) ·········· **941**

特里萨·哈里斯诉叉车系统公司案(Teresa Harris v. Forklift Systems,Inc.),510 U. S. 17 (1994) ·········· 852

特米涅罗诉芝加哥案(Terminiello v. Chicago), 337 U.S. 1 (1949) ·········· 254,887,**944**

特伦斯诉汤普森案(Terrace v. Thompson), 263 U.S. 197 (1923) ·········· 27

特里特诉泰勒案(Terrett v Taylor), 13 U.S. 43 (1815) ·········· 405,920

特里诉亚当斯案(Terry v. Adams), 345 U. S. 461 (1953) ··· 699,760,872,897,901,**946**,987

特里诉俄亥俄州案(Terry v. Ohio), 392 U. S. 1 (1968) ·········· 35,335,739,832,918,**946**

得克萨斯州诉约翰逊案(Texas v. Johnson), 491 U.S. 397 (1989) ·········· 95,265,319,320, 648,703,912,931,**949**

得克萨斯州诉米切尔案(Texas v. Milchell), 400 U.S. 112 (1970) ·········· 664

得克萨斯州诉怀特案(Texas v. White), 74 U. S. 700 (1869) ·········· 149,300,377,412,906

合众国诉托马斯·库珀案(Thomas Cooper, United States v.),25 Fed. Cas. 631 (No. 14,

865）(C. C. D. Pa 1800) ………… 835

托马斯诉柯林斯案(Thomas v. Collins),323 U. S. 516（1945）………………… 662,820

托马斯诉联合碳化物(Thomas v. Union Carbide),473 U. S. 568（1985）………………… 12

托马斯诉西泽西铁路案(Thomas v. West Jersey Railroad), 101 U. S. 71（1879）………… 130

汤普森诉路易斯威尔市案(Thompson v. City of Louisville), 362 U. S. 199（1960）……… 317

汤普森诉俄克拉荷马州案(Thompson v. Oklahoma),487 U. S. 815(1988) ………… 137,778

索恩伯勒诉美国妇产科学院案(Thornburgh v. American College of Obstetricians and Gynecologists), 476 U. S. 747（1986）………… 4,807,954

索恩伯勒诉阿博特案(Thornburgh v. Abbott), 490 U. S. 401（1989）………………… 728

索恩伯勒诉金勒斯案(Thornburg v. Gingles), 478 U. S. 30（1986）………… 268,537,987

桑西尔诉亚拉巴马州案(Thomhill v. Alabama),310 U. S. 88（1940）………… 54,527,615, 647,955

索尔普诉鲁特兰与伯灵顿铁路公司案(Thorpe v. Rutland and Burlington Railroad Co.), 27 Vt. 140（1855）………………………… 696

泰尔斯顿诉厄尔曼案(Tileston v. Ullman), 318 U. S. 44（1943）…………………… 207,378

泰弗曼诉惠顿—哈文休闲娱乐协会案(Tillman v. Wheaton-Haven Recreation Association), 410 U. S. 431（1973）……………………… 160

时代公司诉费尔斯通案(Time, Inc. v. Firestone),424 U. S. 448（1976）…………………… 975

时代公司诉希尔案(Time, Inc. v. Hill), 385 U. S. 374（1967）……………………… 956

蒂蒙斯诉双城地区新党案(Timmons v. Twin Cities Area New Party),520 U. S. 351(1997) ……………………………………………… 699

廷克诉德斯·莫因斯独立社区学校校区案(Tinker v. Des Moines Independent Community School District), 393 U. S. 503（1969）… 7, 263,295,320,330,931,957

蒂森诉亚利桑那州案(Tison v. Arizona),481 U. S.137(1987)………………………… 778

图默诉威特塞尔案(Toomer v. Witsell), 334 U. S. 385（1948）……………………… 737

图比诉合众国案(Touby v. United States),500 U. S. 160(1991)……………………………… 13

伯雷特镇诉克拉克案(Town of Pawlet v. Clark),9 Cr(13 U. S.)292(1815) ………… 920

特拉菲坎特诉都市寿险公司案(Trafficante v. Metropolitan Life Insurance Co.), 409 U. S. 205(1972)……………………………………… 442

特雷恩诉纽约市案(Train v. City of New York), 420 U. S. 35（1975）…………… 455

合众国诉跨密苏里货运协会案(Trans-Missouri Freight Association, United States v.), 166 U. S. 290（1897）……………… 134,469,680

特罗普诉杜勒斯案(Trop v. Dulles), 356 U. S. 86（1958）……………………………… 224

特罗克塞尔诉格兰维尔案(Troxel v. Granville),530 U. S. 57(2000)…………………… 640

托拉克斯诉科里根案(Truax v. Corrigan), 257 U. S. 312（1921）……… 418,690,934,963,964

托拉克斯诉莱奇案(Truax v. Raich) 239 U. S. 33（1915）…………………………… 27

图勒诉合众国案(Tull v. United States), 481 U. S. 412（1987）………………………… 688

特纳广播公司诉美国通讯委员会案(Turner Broadcasting System, Inc. v. FCC),520 U. S. 180(1997)……………………………………… 99

特纳诉萨夫雷案(Turner v. Safley), 482 U. S. 78（1987）…………………………… 728

TXO 生产公司诉资源公司联盟案(TXO Production Corp. v. Alliance Recourses Corp.), 509 U. S. 433（1993）……………………… 441

特文宁诉新泽西州案(Twining v. New Jersey), 211 U. S. 78（1908）……… 561,605,670,686, 840,967

泰勒诉威尔金森案(Tyler v. Wilkinson), 24 F. Cas. 472（No, 14,312）(1827) …………… 920

泰森诉邦顿案(Tyson v. Banton), 273 U. S. 418（1927）………………… 133,418,968

U

尤贝西·费兰斯·科尔普诉麦格拉思案(Uebersee Finanz-Korp. v. McGrath), 342 U. S. 847（1952）…………………………… 1003

厄尔曼诉合众国案(Ullman v. United States), 350 U. S. 422（1956）…………………… 733,969

奥特拉马尔斯公司诉洛奇案(Ultramares Corporation v. Louche), 255 N.Y. 170 (1931) ………………………………………… 138

尤利西斯案(Ulysses Case) (1933) ………… 280

合众国诉联合太平洋铁路公司案(Union Pacific Railway Company, United States v.), 226 U.S. 61 (1912) ……………………… 135,237

合众国诉基姆贝尔食品公司案(United States v. Kimbell Foods, Inc.), 533 U.S. 405 (1979) …………………………………… 24

威廉斯堡犹太人联合组织诉凯里案(United Jewish Organizations of Williamsburgh v. Carey), 430 U.S. 144 (1977) ………… 359,537, 853,969

合众国诉美国矿业工人协会案(United Mine Workers, United States v.), 330 U.S. 258 (1947) ………………………………… 820,970

联合造纸商与造纸业工人诉穆迪案(United Papermakers and Paperworkers v. Moody), 422 U.S. 405 (1975) …………………… 25

联合公务雇员协会诉米切尔案(United Public Workers v. Mitchell), 330 U.S. 75(1947) …………………………………… 639,802,971

合众国诉合众国联邦地区法院案(United States District Court, United States v.), 407 U.S. 297(1972) ………………………… 642,971

合众国邮政部诉格林堡市民协会案(United States Postal Service v. Greenbursh Civic Association), 453 U.S. 114 (1981) ………… 750

合众国参议院诉联邦贸易委员会案(United States Senate v. Federal Trade Commission), 463 U.S. 121(1983) ………………… 849,998

合众国托拉斯公司诉新泽西州案(United States Trust Co. v. New Jersey), 431 U.S. 1 (1977) ………………………………………… 747

美国钢铁工人联合会诉韦伯案(United Sleelworkers of America v. Weber), 443 U.S. 193 (1979) ………… 20,96,273,486,764,779,972

寰宇摄影器材公司诉全国劳动关系委员会案 (Universal Camera Corp. v. National Labor Relations Board), 340 U.S. 474 (1951) …… 14

宾夕法尼亚大学诉平等就业机会委员会案(University of Pennsylvania v. Equal Employment Opportunity Commission), 493 U.S. 182(1990) ……………………………… 7

厄普豪斯诉怀曼案(Uphaus v. Wyman), 360 U.S. 72 (1959) ……………………… 187

尤尔西奥罗诉霍奇案(Urciolo v. Hodge), 334 U.S. 72(1948) ………………………… 853

合众国诉美国钢铁公司案(U.S. Steel Corporation, United States v.),251 U.S. 417 (1920) ……………………………………… 583

美国任期限制公司诉桑顿案(U.S. Term Limits, Inc. v. Thornton),514 U.S. 779 (1995) …………………………… 199,705,912,**976**

V

瓦卡诉奎尔案(Vacco v. Quill), 521 U.S. 793 (1997) ………………………… 244,962,**1006**

瓦伦丁诉克里斯琴森案(Valentine v. Christiansen), 316 U.S. 52 (1942) ………… 75,183

瓦兰迪加姆单方诉讼案(Vallandigham, Ex parte). 68 U.S. 243(1942) …… 166,544,591,772

瓦利·佛吉·克里斯提安学院诉政教分离美国人联合会案(Valley Forge Christian College v. Americans United for Separation of Church and State), 454 U.S 464(1982) ………………… 325

范·霍恩租户诉多兰斯案(Van Horne's Lessee v. Dorrance), 2 U.S. 304 (1795) … 403,677, 741

韦泽银行诉菲诺案(Veazie Bank v. Fenno) 8 Wall., 75 U.S. 533 (1869) …… 388,743,773, **980**

佛蒙特自然资源机构诉合众国案(Vermont Agency of Natural Resources v. United States), 529 U.S. 765 (2000) …………………… 276

维罗尼亚校区诉阿克顿案(Veronia School District 47J v. Acton),515 U.S. 646 (1995) …… **980**

维达尔等人诉费城案(Vidal et al v. Philadelphia), 43 U.S. 127 (1844) ……………… 585

维斯诉朱布利尔案(Vieth v. Jubelirer),124 S. Ct. 1769 (2004) ………………………… 656

合众国诉维兰蒙特-马科斯案(Villamonte-Marquez, United States v.),462 U.S. 579(1983) ……………………………………………… 832

弗吉尼亚州单方诉讼案(Virginia, Ex parte), 100 U.S. 339 (1880) …………… 311,921,923

合众国诉弗吉尼亚州案(Virginia, United States v.),518 U.S. (1996) …… 278,357,364, 506,826

弗吉尼亚州药物委员会诉弗吉尼亚州诉弗吉尼亚州市民消费委员会案(Virginia State Board

of Pharmacy v. Virginia Citizens Consumer Council), 425 U.S. 748 (1976) … 75,183,331

弗吉尼亚州诉布莱克案(Virginia v. Black), 538 U.S.(2003) …………………… 649,887

弗吉尼亚州诉里夫斯案(Virginia v. Rives), 100 U.S. 313 (1880) ………………… 921,923

弗吉尼亚州诉田纳西州案(Virginia v. Tennessee),148 U.S. 503 (1893) ………… 470,**985**

弗吉尼亚州诉西弗吉尼亚州案(Virginia v. West Virginia), 206 U.S.290(1907) ……… **985**

威兰蒂斯诉克兰案(Vlandis v. Kline), 412 U.S. 441 (1973) …………………………… 960

W

瓦巴施、圣路易斯和太平洋铁路公司诉伊利诺伊州案(Wabash, St. Louis & Pacific Railway Co. v. Illinois), 118 U.S. 557 (1886) ………………… 130,181,414,469,592,**991**

合众国诉韦德案(Wade, United States v.), 338 U.S. 218 (1967) ………………… 214,**991**

沃克诉伯明翰市案(Walker v. City of Birmingham), 388 U.S 307 (1967) ………… 143,164

华莱士诉杰弗里案(Wallace v. Jaffree), 472 U.S. 38 (1985) ……… 263,274,538,828,**993**

沃勒诉佐治亚州案(Waller v. Georgia), 467 U.S. 39 (1984) …………………………… 801,859

沃尔顿诉亚利桑那州案(Walton v. Arizona), 497 U.S. 639(1990) ……………………… 802

沃登诉海登案(Warden v. Hayden), 387 U.S. 294 (1967) …………………………… 634

瓦德谷包装公司诉安东尼奥案(Ward's Cove Packing Co v. Atonio), 490 U.S. 642(1989) …………………… 21,161,247,378,430,763,**996**

沃德诉马里兰州案(Ward v. Maryland), 12 Wall. (79 U.S.)418(1871) …………… 737

沃得诉洛克种族歧视案(Ward v. Rock against Racism),491 U.S. 781 (1989) ………… 533

韦尔诉希尔顿案(Ware v. Hylton), 3 U.S. 199 (1796) …… 229,231,403,473,480,483,566, 660,677,**997**

韦林诉克拉克案(Waring v. Clarke). 46 U.S. 441 (1947) ………………… 376,1007,1027

沃伦诉查尔斯顿市案(Warren v. City of Charlestown), 2 Garv (Maas.) 84(1854) … 844

华斯诉瑟尔德姆案(Warth v. Seldin),422 U.S. 490 (1975) ………………………… 442,948

华盛顿诉戴维斯案(Washington v. Davis), 426 U.S. 229 (1976) ……… 49,246,427,604,685, 763,836,922,**1005**

华盛顿州诉格卢克斯伯格案(Washington v. Glucksberg),521 U.S.702(1997) …… 244,779, 878,**1006**

华盛顿诉西雅图第一校区案(Washington v. Seattle School District No. 1), 458 U.S. 457 (1982) ………………………………… 837

华盛顿诉得克萨斯案(Washington v. Texas), 388 U.S. 14 (1968) ……………………… 187

华盛顿诉华盛顿州商业旅客运输和渔船协会案(Washington v. Washington State Commercial Passenger Fishing Vessel Association),443 U.S. 658 (1979) ……………………… 628

瓦特斯-皮尔斯石油公司诉得克萨斯州案(Waters-Pierce Oil Co. v. Texas)(No. 1), 212 U.S. 26(1909) ……………………… 266

沃特金斯诉合众国案(Watkins v. United States), 354 U.S. 178 (1957) … 69,186,187, 191,482,**1007**

沃森诉雇主责任保险公司案(Watson v. Employers Liability Assurance Corp.), 348U.S. 66 (1954) ……………………………… 131

沃森诉佛特·沃斯银行与信托公司案(Watson v. Fort Worth Bank and Trust), 487 U.S. 977 (1988) ……………………………… 996

沃森诉塔普利案(Watson v. Tarpley), 59 U.S. 517 (1855) …………………………… 130

韦曼诉索瑟德案(Wayman v. Southard), 23 U.S.1 (1825) ………………………… 10,671

威文诉帕尔默·布罗斯案(Weaver v. Palmer Bros), 270 U.S. 402 (1926) …………… 133

韦伯斯特诉无名氏案(Webster v. Doe), 486 U.S. 592 (1988)………………………… 15

韦伯斯特诉生殖健康服务部案(Webster v. Reproductive Health Services), 492 U.S. 490 (1989) ………… 4,35,82,207,430,432,690, 778,955,**1010**

威克斯诉合众国案(Weeks v. United States), 232 U.S. 383 (1914) …… 284,334,562,857, **1011**,1025

威姆斯诉合众国案(Weems v. United States), 217 U.S. 349 (1910) …………… 223,266,**1011**

温伯格诉罗默·巴尔西罗案（Weinberger v. Romero Barcelo），480 U.S. 531 (1982) … 276

温伯格诉威森菲尔德案（Weinberger v. Wiesenfeld），420 U.S. 636 (1975) ………… **1011**

韦尔奇诉赫尔维林案（Welch v. Helvering），290 U.S. 111 (1933) …………………… 663

韦尔斯诉洛克菲勒案（Wells v. Rockefeller，394 U.S. 542 (1969) ……………… 798

韦尔奇诉亨利案（Welsh v. Henry），305 U.S. 134(1938) ………………………… 139

韦尔什诉合众国案（Welsh v. United States），398 U.S. 333 (1970) …………… 983

韦尔什诉威斯康星州案（Welsh v. Wisconsin），466 U.S. 740 (1984) ………… 679

韦尔顿诉密苏里州案（Welton v. Missouri），91 U.S. 275 (1876) …………………… 129,414

威斯伯里诉桑德斯案（Wesberry v. Sanders），376 U.S.1 (1964) …… 61,771,797,798,**1012**

西海岸旅馆公司诉帕里案（West Coast Hotel Co. v. Parrish），300 U.S. 379 (1937) …… 10,218,258,327,355,421,446,526,550, 608,633,670,697,747,804,810,980,**1012**

西部联盟电报公司诉堪萨斯州案（Western Union Telegraph Co. v. Kansas），216 U.S. 1 (1910) ………………………… 129,131

韦斯特福尔诉欧文案（Westfall v. Irwin），484 U.S. 292 (1988) ………………………… 795

韦斯顿诉查尔斯顿案（Weston v. Charleston），2 Pet. 27 U.S. 449 (1829) ……… 298,906,**1013**

威斯特河大桥公司诉迪克斯案（West River Bridge Co. v. Dix），6 How. 47 U.S. 507 (1848) ………………… 232,299,407,742,**1014**

西弗吉尼亚州教育理事会诉巴尼特案（West Virginia State Board of Education v. Barnette），319 U.S. 624 (1943) ……… 146,263, 283,338,422,429,477,596,649, 804,917,948,**1014**,1033

惠顿诉彼得斯案（Wheaton v. Peters），33 U.S. 591 (1834) …… 185,186,211,212,406,585, 685,791,792,1015

惠特科姆诉查维斯案（Whitcomb v. Chavis），403 U.S. 124 (1971) ………………… 268

合众国诉怀特案（White, United States v.），401 U.S. 745 (1971) ………………… 516

怀特-史密斯音乐出版公司诉阿波罗公司案（White-Smith Music Publishing Co. v. Apollo），209 U.S. 1(1908) ………………… 212

怀特诉里杰斯特案（White v. Regester），412 U.S. 755 (1973) ………………………… 268

惠特曼诉美国货运联盟案（Whitman v. American Trucking Assn），531 U.S. 457(2001) … 13, 241,276

惠特尼诉加利福尼亚州案（Whitney v. California），274 U.S. 357 (1927) ……… 91,93,146, 171,222,322,420,710,**1018**,1040

威瑞诉合众国案（Whren v. United States），517 U.S. 806 (1996) ………………………… 336

威卡德诉菲尔伯恩案（Wickard v. Filburn），317 U.S. 111 (1942) ……… 24,122,131,182, 302,421,477,632,**1019**

威德马诉文森特案（Widmar v. Vincent），454 U.S. 263 (1981) ……………… 750,786,829

威曼诉厄普德格拉夫案（Wieman v. Updegraff），344 U.S. 183 (1952) …… 271,871,948

威纳诉合众国案（Wiener v. United States），357 U.S. 349 (1958)……………………… 446,**1019**

威尔克森诉犹他州案（Wilkerson v. Utah），99 U.S. 130 (1879) ………………………… 223

合众国诉威廉·史密斯案（William Smith, United States) (1861) ………………………… 376

威廉森县地区委员会诉约翰逊市汉密尔顿银行案（Williamson County Regional Planing Commission v. Hamilton Bank of Johnson City），437 U.S. 172(1985) ………………… 472

威廉森诉伯里案（Williamson v. Berry），49 U. S. 495 (1850) ………………………… 632

威廉森诉李·奥普提科案（Williamson v. Lee Optical），348 U.S. 483 (1955) ………… 703

威廉斯诉佛罗里达州案（Williams v. Florida），399 U.S. 78 (1970)………… 65,687,859,**1020**

威廉斯诉密西西比州案（Williams v. Mississippi），170 U.S. 213 (1898) …… 313,384,**1021**

威廉斯诉罗兹案（Williams v. Rhodes），393 U. S. 23 (1968) ………………………… 704

威廉斯诉路易斯安那州标准石油公司案（Williams v. Standard Oil Co. of Louisiana），278 U.S. 235(1929) ………………………… 844

威林诉芝加哥观众协会案（Willing v. Chicago Auditorium Association），277 U.S. 274 (1928) ………………………… 239

威尔森诉布莱克包德港湾湿地公司案(Wilson v. Blackbird Creek Marsh Co.), 2 Pet. 27 U. S. 245 (1829) … 181,183,298,406,568,**1021**

威尔逊诉纽约州案(Wilson v. New York), 243 U. S. 332 (1917) …………………… 690

合众国诉怀南斯案(Winans, United States v.), 198 U. S. 371(1905) ………………… 627

怀南斯诉登米德案(Winans v. Denmead), 56 U. S. 330 (1853) …………………… 676

合众国诉温星公司案(Winstar Corporation, United States v.), 518 U. S. 839 (1996) … 878,**1023**

温特斯诉合众国案(Winters v. United States), 207 U. S. 564(1908) ……………… 627

威斯康星铁路委员会诉芝加哥、伯灵顿及昆西铁路公司案(Wisconsin Railroad Commission v. Chicago, Burlington & Quincy Railroad Co.)257 U. S. 563(1922) …………… 131

威斯康星州诉约德案(Wisconsin v. Yoder), 406 U. S. 205 (1972)……… 262,294,787,**1024**

威特默诉合众国案(Witmer v. United States), 348 U. S. 375 (1955) …………………… 193

威特斯诉华盛顿盲人服务部案(Witters v. Washington Department of Services for the Blind), 474 U. S. 481 (1986) …………… 784

WMCA 诉罗蒙佐案(WMCA v. Lomenzo),377 U. S. 633(1964)参见议席重新分配案 …… 771

沃尔夫包装公司诉产业关系法院案(Wolff Packing Co. v. Court of Industrial Relations), 262 U. S. 522 (1923)……… 418,968,**1025**

沃尔夫诉科罗拉多州案(Wolf v. Colorado), 338 U. S. 25 (1949) ……… 284,424,562,615, 857,**1025**

沃尔曼诉瓦尔特案(Wolman v. Walter), 433 U. S. 229 (1977) …………………… 262

合众国诉王案(Wong, United States v.), 431 U. S. 174 (1977) …………………… 600

王温诉合众国案(Wong Wing v. United States), 163 U. S. 228 (1896) …………………… 856

伍德拉夫诉帕勒姆案(Woodruff v. Parham), 8 Wall. 75 U. S. 123 (1869) ………… 105,903, 910,**1027**

伍德拉夫诉特拉普纳尔案(Woodruff v. Trapnall), 51 U. S. 190 (1850) …………… 376

伍德森诉北卡罗来纳州案(Woodson v. North Carolina), 428 U. S. 280 (1976) …… 137,177, 224,374,375,**1028**

伍兹诉米勒案(Woods v. Miller Co.), 333 U. S. 138 (1948) …………………… 995

伍德诉佐治亚州案(Wood v. Georgia), 370 U. S. 375 (1962) …………………… 370

伍利诉梅纳德案(Wooley v. Maynard), 430 U. S. 705 (1977) …………………… 649

武斯特诉佐治亚州案(Worcester v. Georgia), 6 Pet. 31 U. S. 515 (1832),另见柴罗基族系列案 ……… 297,406,475,515,568,585,625, 626,651,1023,**1029**

合众国诉沃勒尔案(Worrall, United States v.), 28 F. Cas. 774 (C. C. Pa. 1798) …… 150

赖特诉洛克菲勒案(Wright v. Rockefeller), 376 U. S. 52 (1964) …………………… 359

合众国诉莱特伍德牛奶场案(Wrightwood Dairy, United States v.), 315 U. S. 110(1942) ……… 24

协助令状系列案(Writs of Assistance Case) (Mass. 1761) …………………… 564

威甘特诉杰克逊教育理事会案(Wygant v. Jackson Board of Education), 476 U. S. 267 (1986) ……………………… 21,764,801

威纳哈莫尔诉人民案(Wynehamer v. People), 13 N. Y. 378 (1856)…………………… 616

怀俄明州诉霍顿案(Wyoming v. Houghton), 526 U. S. 295(1999) ………………… 57

Y

亚库斯诉合众国案(Yakus v. United States), 321 U. S. 414 (1944) ……… 13,241,815,995, 1033,**1037**

亚伯勒·沃登诉阿尔瓦拉多案(Yarborough Warden v. Alvarado)(2004)…………… 601

涉及亚伯勒的单方诉讼案(Yarbrough, Ex parte), 110 U. S. 651 (1884)…………… 592,**1037**

耶茨诉合众国案(Yates v. United States), 354 U. S. 298 (1957) ……… 54,187,242,393,482, 824,872,**1037**

伊巴拉诉伊利诺伊州案(Ybarra v. Illinois), 444 U. S. 85 (1979) …………………… 832

叶尔格单方诉讼案(Yerger, Ex parte), 75 U. S. 85 (1868) ……………… 385,577,772

伊克·吴诉霍普金斯案(Yick Wo v. Hopkins), 118 U. S. 356 (1886) ……… 26,277,575,921, 1021,**1039**

涉及扬的单方诉讼案（Young, Ex parte）, 209 U. S. 123 (1908) ……… 52,133,270,461,496, 666,667,908,909,**1039**

扬格诉哈里斯案（Younger v. Harris）, 401 U. S. 37 (1971) …… 180,251,303,462,909,**1040**

扬格斯通钢板与管道公司诉苏耶尔案（Youngstown Sheet & Tube Co. v. Sawyer）, 343 U. S. 579 (1952) …… 154,167,235,424,459,597, 622,723,848,984,995,1003,**1041**

扬诉美国迷你剧场公司案（Young v. American Mini Theatres, Inc.）, 427 U. S. 50 (1976) ………………………………… **1042**

Z

扎布洛茨基诉里德海尔案（Zablocki v. Redhail）, 434 U. S. 374 (1978) ………… 459,565

得维塔丝诉戴维斯案（Zadvydas v. Davis）, 533 U. S. 678 (2001) ……………………………… 99

泽尔曼诉西蒙斯-哈里斯案（Zelman v. Simmons-Harris）, 536 U. S. 639 (2002) ……… 210, 319,320,540,657,783,912,953,**1043**

泽莫尔诉腊斯克案（Zemel v. Rusk）, 381 U. S. 1 (1965) ……………………………… 45

佐布里斯特诉卡特琳娜山脚校区案（Zobrest v. Catalina Foothills School District）, 509 U. S. 1 (1993) ……………………………… 23

左拉奇诉克卢森案（Zorach v. Clauson）, 343 U. S. 306 (1952) ………… 274,424,451,780, 785,**1044**

泽克诉《斯坦福日报》案（Zurcher v. The Stanford Daily）, 436 U. S. 547 (1978) … 634,**1044**

中文词条索引

44 酒商诉罗得岛案
44 Liquormart v. Rhode Island(1996) 331

1875 年管辖转移法
Removal Act of 1875 789

《1991 年民权法》
Civil Rights Act of 1991 161

《1964 年民权法》
Civil Rights Act of 1964 160

《1798 年煽动罪法》
Sedition Act of 1798 834

《1891 年司法法》
Judiciary Act of 1891 510

《1866 年司法法》
Judiciary Act of 1866 509

《1789 年司法法》
Judiciary Act of 1789 506

《1875 年司法法》
Judiciary Act of 1875 510

《1925 年司法法》
Judiciary Act of 1925 511

《1837 年司法法》
Judiciary Act of 1837 509

《1869 年司法法》
Judiciary Act of 1869 510

《1801—1802 年司法法》
Judiciary Acts of 1801 and 1802 508

《1965 年投票权法》
Voting Rights Act of 1965 988

《1973 年战争权力法》
War Powers Act of 1973 998

A

阿宾顿校区诉谢穆普案
Abington School District v. Schempp 1

阿达兰德建筑公司诉彭纳案
Adarand Constructors, Inc. v. Pena 9

阿代尔诉合众国案
Adair v. United States 8

阿德金斯诉儿童医院案
Adkins v. Children's Hospital 10

阿尔贝马勒纸公司诉穆迪案
Albermarle Paper Co. v. Moody 25

阿戈斯提尼诉费尔敦案
Agostini v. Felton 23

阿杰辛格诉哈姆林案
Argersinger v. Hamlin 48

阿克龙诉阿克龙生育健康中心股份有限公司案
Akron v. Akron Center for Reproductive Health, Inc. 25

阿林顿·海特诉都市房产开发公司案
Arlington Heights v. Metropolitan Housing Development Corp. 49

阿普特克诉国务卿案
Aptheker v. Secretary of State 45

阿什旺德诉田纳西河流域管理局案
Ashwander v. Tennessee Valley Authority 53

阿特金斯诉弗吉尼亚州案
Atkins v. Virginia 55

埃尔夫布兰德诉拉塞尔案
Elfbrandt v. Russell 270

埃尔罗德诉布恩斯案
Elrod v. Burns 271

埃尔斯沃思,奥利弗
Ellsworth, Oliver 271

埃斯可贝多诉伊利诺伊州案
Escobedo v. Illinois 280

埃文森诉埃维因镇教育理事会案
Everson v. Board of Education of Ewing Township 282

埃文斯诉阿布尼案
Evans v. Abney 282

艾伯森诉颠覆活动控制会案
Albertson v. Subversive Activities Control Board 25

艾布尔曼诉布思案；合众国诉布思案
Ableman v. Booth; United States v. Booth …… 1

艾布拉姆斯诉合众国案
Abrams v. United States …… 5

艾尔戴尔，詹姆斯
Iredell, James …… 473

艾杰耶尔诉路易斯安那州案
Allgeyer v. Louisiana …… 30

艾勒金尼县诉美国公民自由联盟大皮茨堡分会案
Allegheny County v. ACLU Greater Pittsburgh Chapter …… 29

艾森斯塔德诉伯尔德案
Eisenstadt v. Baird …… 266

爱德华兹诉加利福尼亚州案
Edwards v. California …… 264

爱德华兹诉南卡罗来纳州案
Edwards v. South Carolina …… 264

案件的成熟性与直接性
Ripeness and Immediacy …… 802

案件的转移
Removal of Cases …… 789

案件与争议
Cases and Controversies …… 141

奥尔尼，理查德
Olney, Richard …… 658

奥尔诉奥尔案
Orr v. Orr …… 665

奥戈尔曼与扬诉哈特富德火险公司案
O'Gorman and Young v. Hartford Fire Insurance Co. …… 658

奥格登诉桑德斯案
Ogden v. Saunders …… 657

奥古斯塔银行诉厄尔案
Bank of Augusta v. Earle …… 65

奥基夫引起的格拉雷斯诉纽约州案
Graves v. New York ex rel. O'keefe …… 371

奥康纳，桑德拉·戴
O'Connor, Sandra Day …… 655

奥姆斯特德诉合众国案
Olmstead v. United States …… 658

奥斯本诉俄亥俄州案
Osborne v. Ohio …… 666

奥斯本诉合众国银行案
Osborn v. Bank of the United States …… 666

奥斯汀诉合众国案
Austin v. United States …… 56

奥托，威廉·托德
Otto, William Tod …… 667

B

巴伯，菲利普·彭德尔顿
Barbour, Phillip Pendleton …… 68

巴德诉纽约州案
Budd v. New York …… 108

巴恩斯诉格伦剧院股份公司
Barnes v. Glen Theatre, Inc. …… 69

巴基案判决
Bakke Decision …… 63

巴杰，乔治·埃德蒙
Badger, George Edmund …… 59

巴克利诉瓦莱奥案
Buckley v. Valeo …… 106

巴克诉贝尔案
Buck v. Bell …… 107

巴拉德诉合众国案
Ballard v. United States …… 64

巴柳诉佐治亚州案
Ballew v. Georgia …… 65

巴伦布莱特诉合众国案
Barenblatt v. United States …… 69

巴伦诉巴尔的摩案
Barron v. Baltimore …… 70

巴拿马炼油公司诉瑞安案
Panama Refining Co. v. Ryan …… 671

巴士运送
Busing …… 120

巴特勒，查尔斯·亨利
Butler, Charles Henry …… 120

巴特勒，皮尔斯
Butler, Pierce …… 121

巴特森诉肯塔基州案
Batson v. Kentucky …… 71

巴兹诉伊科诺莫案
Butz v. Economou …… 122

白人预选
White Primary …… 1017

版权
Copyright …… 211

中文	英文	页码
邦廷诉俄勒冈州案	Bunting v. Oregon	111
保留权力	Reserved Powers	793
保罗诉弗吉尼亚州案	Paul v. Virginia	678
保释	Bail	60
鲍德温,亨利	Baldwin, Henry	63
鲍尔斯诉俄亥俄州案	Powers v. Ohio	720
鲍尔斯诉哈德威克案	Bowers v. Hardwick	86
鲍舍诉西纳尔案	Bowsher v. Synar	87
鲍威尔诉麦科马克案	Powell v. McCormack	719
鲍威尔诉亚拉巴马州案	Powell v. Alabama	718
北方证券公司诉合众国案	Northern Securities Co. v. United States	650
贝茨诉布雷迪案	Betts v. Brady	73
贝茨诉亚利桑那州律师协会案	Bates v. State Bar of Arizona	70
贝尔·特瑞诉博拉斯案	Belle Terre v. Boraas	72
贝克诉卡尔案	Baker v. Carr	61
贝利诉德雷克塞尔家具公司案	Bailey v. Drexel Furniture Co.	61
被告	Respondent	794
被拘留者案件	Detainee Cases	243
被迫认罪	Coerced Confessions	175
被迫认罪	Confessions, Coerced	190
被提名者的拒绝	Nominees, Rejection of	646
本顿诉马里兰州案	Benton v. Maryland	73
本尼斯诉密歇根州案	Bennis v. Michigan	72
本田汽车公司诉奥伯格案	Honda Motor Co. v. Oberg	440
比尔德,查尔斯·奥斯汀	Beard, Charles Austin	71
比克尔,亚历山大	Bickel, Alexander	74
比奇洛诉弗吉尼亚州	Bigelow v. Virginia	75
必要与适当条款	Necessary and Proper Clause	631
避孕	Contraception	206
编辑部的搜查	Newsroom Searches	634
辩诉交易	Plea Bargaining	691
标准石油公司诉合众国案	Standard Oil v. United States	892
宾夕法尼亚煤炭公司诉马洪案	Pennsylvania Coal Co. v. Mahon	681
宾夕法尼亚州东南计划生育组织诉凯西案	Planned Parenthood of Southeastern Pennsylvania v. Casey	690
宾夕法尼亚州诉纳尔逊案	Pennsylvania v. Nelson	681
宾夕法尼亚州诉威林-贝尔蒙特大桥公司案	Pennsylvania v. Wheeling and Belmont Bridge Co.	682
并存意见	Concurring Opinions	188
并入原则	Incorporation Doctrine	456
波拉克,沃尔特·海尔普林因	Pollak, Walter Heilprin	710
波洛克诉农场主贷款与信托公司案	Pollock v. Farmers' Loan & Trust Co.	711
波士顿第一国家银行诉贝洛提案	First National Bank of Boston v. Bellotti	323
波因特诉得克萨斯州案	Pointer v. Texas	694
伯迪诺特,伊莱亚斯	Boudinot, Elias	86

伯顿，哈罗德·希茨
Burton, Harold Hitz ……………………… 115

伯顿诉威明顿泊车管理局案
Burton v. Wilmington Parking Authority ……… 116

伯恩斯，詹姆斯·弗朗西斯
Byrnes, James Francis …………………… 123

伯尔，阿伦
Burr, Aaron ……………………………… 115

伯格，沃伦·厄尔
Burger, Warren Earl ……………………… 113

伯曼诉帕克案
Berman v. Parker ………………………… 73

博尔纳诉弗罗里斯案
Boerne v. Flores ………………………… 84

博克，罗伯特·赫伦
Bork, Robert Heron ……………………… 85

博林诉夏普案
Bolling v. Sharpe ………………………… 85

博伊德诉合众国案
Boyd v. United States …………………… 87

不公开审理
In Camera ……………………………… 456

不良倾向测试
Bad Tendency Test ……………………… 59

不受保护的言论
Unprotected Speech ……………………… 973

布拉德福德，爱德华·安东尼
Bradford, Edward Anthony ……………… 88

布拉德利，约瑟夫·P.
Bradley, Joseph P. ……………………… 88

布拉德韦尔诉伊利诺伊州案
Bradwell v. Illinois ……………………… 89

布拉奇福德，塞缪尔
Blatchford, Samuel ……………………… 83

布莱克，胡果·拉斐特
Black, Hugo Lafayette …………………… 77

布莱克，杰里迈亚·沙利文
Black, Jeremiah Sullivan ………………… 80

布莱克蒙，哈里·安德鲁
Blackmun, Harry Andrew ………………… 80

布莱克尼诉华盛顿州案
Blakely v. Washington …………………… 83

布兰代斯，路易斯·德姆比茨
Brandeis, Louis Dembitz ………………… 90

布兰代斯辩护要点
Brandeis Brief …………………………… 92

布兰登堡诉俄亥俄州案
Brandenburg v. Ohio ……………………… 93

布兰兹堡诉海斯案；涉及帕帕斯的对物（对事）
  诉讼案；合众国诉考德威尔案
Branzburg v. Hayes; In re Pappas; United States
  v. Caldwell …………………………… 93

布朗，亨利·比林斯
Brown, Henry Billings …………………… 101

布朗案第十一评注
Footnote Eleven(of Brown v. Board of
  Education) …………………………… 326

布朗森诉金泽案
Bronson v. Kinzie ………………………… 101

布朗诉教育理事会案
Brown v. Board of Education …………… 102

布朗诉马里兰州案
Brown v. Maryland ……………………… 105

布朗诉密西西比州案
Brown v. Mississippi …………………… 105

布朗印第安皇后宾馆
Brown's Indian Queen Hotel …………… 102

布雷耶，史蒂芬·G.
Breyer, Stephen G. ……………………… 98

布里德洛夫诉萨博尔斯案
Breedlove v. Suttles ……………………… 94

布里克修正案
Bricker Amendment ……………………… 100

布里斯科诉肯塔基共同体银行案
Briscoe v. Bank of the Commonwealth of
  Kentucky ……………………………… 101

布鲁尔，戴维·约西亚
Brewer, David Josiah …………………… 97

布什诉戈尔案
Bush v. Gore …………………………… 117

C

财产权
Property Rights ………………………… 741

财政与货币权
Fiscal and Monetary Powers …………… 324

彩票案
Lottery Cases …………………………… 552

中文	英文	页码
蔡斯,萨尔蒙·波特兰	Chase, Salmon Portland	148
蔡斯,塞缪尔	Chase, Samuel	149
参议院司法委员会	Senate Judiciary Committee	842
残忍和非正常刑罚	Cruel and Unusual Punishment	223
操纵选区划分	Gerrymandering	359
测试案件	Test Cases	947
测试宣誓	Test Oaths	948
查尔斯河桥梁公司诉沃伦桥梁公司案	Charles River Bridge v. Warren Bridge	147
查普林斯基诉新罕布什尔州案	Chaplinsky v. New Hampshire	147
柴罗基系列案	Cherokee Cases	151
产假	Maternity Leave	575
朝鲜战争	Korean War	523
潮浸区石油分歧	Tidelands Oil Controversy	955
车辆搜查	Automobile Searches	56
撤销	Vacate	979
成人人头税	Poll Taxes	711
城市	Cities	158
乘客系列案	Passenger Cases	675
惩罚性损害赔偿	Punitive Damages	753
程序的正当程序	Due Process, Procedural	255
程序上的正当程序	Procedural Due Process	739
持有武器权	Arms, Right to Bear	49
褫夺公民权法案	Attainder, Bills of	55
重建	Reconstruction	772
仇视性言论	Hate Speech	396
筹资性政治言论	Financing Political Speech	317
传票	Subpoena	924
创世论	Creation Science	221
纯粹言论	Pure Speech	754
辞职与退休	Resignation and Retirement	793
磁带录音	Tape Recordings	938
磁性学校	Magnet Schools	560
错误审查令状	Error, Writ of	280

D

中文	英文	页码
达拉斯,亚历山大·詹姆斯	Dallas, Alexander James	231
达姆斯与穆尔诉里甘案	Dames & Moore v. Regan	231
达特茅斯学院诉伍德沃德案	Dartmouth College v. Woodward	233
大法官的遴选	Selection of Justices	837
大法官秘书	Clerks of the Justices	172
大陪审团	Grand Juries	370
戴,威廉·鲁弗斯	Day, William Rufus	236
戴维斯,戴维	Davis, David	234
戴维斯,约翰·钱德勒·班克罗夫特	Davis, John Chandler Bancroft	235

戴维斯,约翰·威廉
Davis, John William ………… 235

戴维斯诉班德尔莫案
Davis v. Bandemer ………… 235

戴维斯诉比森案
Davis v. Beason ………… 236

丹伯里·哈特尔斯案
Danbury Hatters' Case ………… 231

丹尼尔,彼得·维维安
Daniel, Peter Vivian ………… 231

丹尼斯诉合众国案
Dennis v. United States ………… 241

单方诉讼
Ex parte ………… 290

弹劾
Impeachment ………… 454

道格拉斯,威廉·奥维尔
Douglas, William Orville ………… 252

道奇诉伍尔西案
Dodge v. Woolsey ………… 250

得克萨斯诉怀特案
Texas v. White ………… 950

得克萨斯与太平洋铁路公司诉合众国案
Texas and Pacific Railway Co. v. United States ………… 949

得克萨斯州诉约翰逊案
Texas v. Johnson ………… 949

德布斯对物(对事)诉讼案
Debs, in re ………… 237

德雷德·斯科特案
Dred Scott Case ………… 255

德利马诉比德韦尔案
DeLima v. Bidwell ………… 241

德乔恩吉诉俄勒冈州案
Dejonge v. Oregon ………… 240

邓肯诉卡哈纳莫库案
Duncan v. Kahanamoku ………… 258

邓肯诉路易斯安那州案
Duncan v. Louisiana ………… 259

低级别联邦法院
Lower Federal Courts ………… 555

狄龙诉格罗斯案
Dillon v. Gloss ………… 244

第二次世界大战
World War II ………… 1032

第一次世界大战
World War I ………… 1030

颠覆
Subversion ………… 925

调卷令状
Certiorari, Writ of ………… 144

东部企业公司诉阿普菲尔案
Eastern Enterprises v. Apfel ………… 261

《独立宣言》
Declaration of Independence ………… 238

独立与充分的州理由原则
Independent and Adequate State Grounds Doctrine ……… 457

独占
Monopoly ………… 605

杜普雷克斯印刷公司诉狄尔林案
Duplex Printing Co. v. Deering ………… 259

杜瓦尔,加布里埃尔
Duvall, Gabriel ………… 260

对_____的权利
Right to _____ ………… 802

对参议院的礼让
Senatorial Courtesy ………… 843

对人诉讼管辖
In Personam Jurisdiction ………… 463

对物(对事)诉讼
In Re ………… 463

对物(对事)诉讼管辖
In Rem Jurisdiction ………… 463

多宾斯诉伊利县案
Dobbins v. Erie County ………… 250

多兰诉泰格市
Dolan v. City of Tigard ………… 250

多姆布罗斯基诉普费斯特案
Dombrowski v. Pfister ………… 251

多元意见
Plurality Opinions ………… 693

堕胎
Abortion ………… 2

E

俄勒冈诉米切尔案;得克萨斯诉米切尔案;
  合众国诉亚利桑那州案
Oregon v. Mitchell; Texas v. Mitchell; United
  States v. Arizona ………… 664

厄恩斯特,莫里斯·利奥波德
Ernst, Morris Leopold ················· 279

厄尔曼诉合众国案
Ullman v. United States ················ 969

恶意任命
Spite Nominations ···················· 890

恩格尔诉瓦伊塔尔案
Engel v. Vitale ······················ 273

儿童
Children ·························· 154

F

法定货币系列案
Legal Tender Cases ··················· 535

法官的回避
Recuse ··························· 773

法官的排名
Ranking of the Justices ················ 767

法官人数
Justices, Number of ·················· 512

法官的提名
Nomination of Justices ················ 645

法官的无行为能力
Disability of Justices ·················· 245

法官工作室
Chambers ························· 146

法官名额
Number of Justices ··················· 651

法官意见
Dictum ··························· 244

法规制定权
Rule-making Power ·················· 814

法兰克福特,费利克斯
Frankfurter, Felix ···················· 337

法律辩护基金
Legal Defense Fund ·················· 534

法律现实主义
Legal Realism ······················ 535

法庭里的摄像机
Cameras in Courtrooms ················ 126

法庭之友诉讼要点
Amicus Brief ························ 34

法院对历史的运用
History, Court Uses of ················· 400

法院判决的国际影响
International Impact of Court Decisions ······ 466

法院判决的影响
Impact of Court Decisions ·············· 453

法院人员布置计划
Court-Packing Plan ··················· 217

法院书记官
Clerks of the Court ··················· 172

法院抑制
Court Curbing ······················ 215

法院意见
Per Curiam ························ 684

法院之友
Amicus Curiae ······················· 35

反恐怖主义战争
Terrorism, War on ··················· 946

反恐怖主义战争
War on Terrorism ···················· 997

反托拉斯法
Antitrust ··························· 37

犯罪集团法
Criminal Syndicalism Laws ·············· 221

范·德凡特,威利斯
Van Devanter, Willis ·················· 979

防御性否决
Defensive Denials ··················· 239

房屋修建及贷款委员会诉布莱斯德尔案
Home Building and Loan Association v.
　Blaisdell ························· 439

放任自由的立宪主义
Laissez-Faire Constitutionalism ··········· 528

非婚生子女
Illegitimacy ························ 451

非言辞表达
Nonverbal Expression ················· 647

菲尔德,斯蒂芬·约翰逊
Field, Stephen Johnson ················ 310

诽谤
Libel ···························· 541

费城旧市政大厅
Old City Hall, Philadelphia ·············· 658

费尔法克斯的地产受遗赠人诉亨特的
　地产承租人案
Fairfax's Devisee v. Hunter's Lessee ········ 293

费纳诉纽约州案
Feiner v. New York 309

费斯特出版公司诉乡村电话服务公司案
Feist Publication, Inc. v. Rural Telephone Service Company, Inc. 309

费伊诉诺亚案
Fay v. Noia 296

分区制
Zoning 1043

分权原则
Separation of Powers 845

分述判决意见
Seriatim Opinions 851

焚烧国旗
Flag Burning 324

佛罗里达诉博斯蒂克案
Florida v. Bostick 326

佛罗里达州的塞米诺族诉佛罗里达州案
Seminole Tribe of Florida v. Florida 841

否决权
Veto Power 981

否认原则
Nullification 651

弗吉尼亚州诉合众国案
Virginia, United States v. 984

弗吉尼亚州诉田纳西州案
Virginia v. Tennessee 985

弗吉尼亚州诉西弗吉尼亚州案
Virginia v. West Virginia 985

弗莱彻诉罗德岛案
Fletcher v. Rhode Island 326

弗莱彻诉佩克案
Fletcher v. Peck 325

弗莱斯特诉科恩案
Flast v. Cohen 324

弗兰克诉曼格姆案
Frank v. Mangum 339

弗朗西斯引起的路易斯安那州诉利斯威伯案
Louisiana ex rel. Francis v. Resweber 552

弗里曼诉皮茨案
Freeman v. Pitts 340

弗罗蒂罗诉理查森案
Frontiero v. Richardson 341

弗罗辛厄姆诉梅隆案
Frothingham v. Mellon 342

弗罗因德,厄恩斯特
Freund, Ernst 340

弗曼诉佐治亚州案
Furman v. Georgia 346

福塔斯,阿贝
Fortas, Abe 329

福塔斯辞职
Fortas Resignation 330

父权主义
Paternalism 676

付费的待决案件
Paid Docket 669

妇女
Women 1026

妇女投票权
Female Suffrage 310

富勒,梅尔维尔·韦斯顿
Fuller, Melville Weston 343

富利洛夫诉克卢茨尼克案
Fullilove v. Klutznick 345

G

盖恩斯引起的密苏里州诉加拿大案
Missouri ex rel. Gaines v. Canada 602

盖尔诉美国本田汽车公司案
Geier v. American Honda Motor Co. 351

冈珀斯诉巴克炉灶厨具公司案
Gompers v. Buck's Stove & Range Co. 369

钢铁厂查封案
Steel Seizure Case 911

高夫城市学院诉贝尔案
Grove City College v. Bell 381

高级法
Higher Law 399

戈德堡,阿瑟·约瑟夫
Goldberg, Arthur Joseph 366

戈德堡诉凯利案
Goldberg v. Kelly 367

戈德法布诉弗吉尼亚州律师协会案
Goldfarb v. Virginia State Bar 367

戈德华特诉卡特案
Goldwater v. Carter 368

中文	英文	页码
戈米利恩诉莱特富特案	Gomillion v. Lightfoot	368
革新主义	Progressivism	739
格尔普克诉杜布奎案	Gelpcke v. Dubuque	351
格尔兹诉罗伯特·韦尔奇公司案	Gertz v. Robert Welch, Inc.	360
格拉茨诉博林杰案	Gratz v. Bollinger	371
格兰代尔第一英国福音路德教教堂诉洛杉矶县案	First English Evangelical Lutheran Church of Glendale v. County of Los Angeles	322
格雷,霍勒斯	Gray, Horace	371
格雷厄姆诉理查森案	Graham v. Richardson	369
格雷格诉佐治亚州案	Gregg v. Georgia	374
格雷诉桑德斯案	Gray v. Sanders	372
格里尔,罗伯特·库珀	Grier, Robert Cooper	376
格里芬诉爱德华王子县学校理事会案	Griffin v. County School Board of Prince Edward County	377
格里芬诉加利福尼亚州案	Griffin v. California	377
格里格斯诉杜克电力公司案	Griggs v. Duke Power Co.	377
格里斯沃尔德诉康涅狄格州案	Griswold v. Connecticut	378
格林伯格,杰克	Greenberg, Jack	373
格林诉比德尔案	Green v. Biddle	373
格林诉新肯特郡学校理事会案	Green v. County School Board of New Kent County	373
格鲁特诉博林杰案和格拉茨诉博林杰案	Grutter v. Bollinger and Gratz v. Bollinger	382
格罗夫斯诉斯劳特案	Groves v. Slaughter	381
格罗斯简诉美国出版公司案	Grosjean v. American Press Co.	380
格罗威诉汤森案	Grovey v. Townsend	381
隔离但公平原则	Separate but Equal Doctrine	844
工作量	Workload	1029
公地	Public Lands	750
公共承运人	Common Carriers	184
公共福利	General Welfare	358
公共论坛原则	Public Forum Doctrine	749
公共使用原则	Public Use Doctrine	753
公共信息部	Public Information Office	750
公立学校的《圣经》阅读课	Bible Reading in Public Schools	74
公立学校的祈祷	Prayer in Public Schools	720
公民身份	Citizenship	158
公民自由	Civil Liberties	160
公平补偿	Just Compensation	512
公平价值原则	Fair Value Rule	293
公平原则	Fairness Doctrine	293
公司	Corporations	212
公正代表	Fair Representation	293
公职质疑令状	Quo Warranto	755
公众意见	Public Opinion	751
攻击性言论	Fighting Words	316

共产党诉颠覆活动控制委员会案
Communist Party v. Subversive Activities Control
　　Board …………………………………… 187
共产主义与冷战
Communism and Cold War …………………… 186
共存权力
Concurrent Power ……………………………… 187
共谋诉讼
Collusive Suits ………………………………… 179
固有权力
Inherent Powers ……………………………… 459
管辖权
Jurisdiction …………………………………… 512
管制性占用
Regulatory Taking …………………………… 776
归化
Naturalization ………………………………… 629
规避原则
Abstention Doctrine …………………………… 6
国会成员的免受逮捕权
Congress, Arrest and Immunity of Members of
　　…………………………………………… 190
国会成员的资格
Congress, Qualifications of Members of ……… 190
国会大厦中的联邦最高法院
Capitol, Supreme Court in the ………………… 138
国会的调查权力
Congressional Power of Investigation ………… 191
国会规则
Congressional Rules …………………………… 192
国会执行修正案的权力
Congressional Power to Enforce Amendments … 191
国际工联诉约翰逊控制公司案
International Union v. Johnson Controls, Inc. … 468
国家(州)行为
State Action …………………………………… 896
国家安全
National Security ……………………………… 622
国家治安权
National Police Power ………………………… 622
国库雇员工会诉冯·拉布案
National Treasury Employees Union v. Von
　　Raab ……………………………………… 624

H

哈里森,罗伯特·H
Harrison, Robert H. …………………………… 395
哈里斯诉麦克雷案
Harris v. McRae ……………………………… 395
哈里斯诉纽约州案
Harris v. New York …………………………… 395
哈伦,约翰·马歇尔
Harlan, John Marshall ………………………… 389
哈伦,约翰·马歇尔 II
Harlan, John Marshall, II …………………… 392
哈默诉达根哈特案
Hammer v. Dagenhart ………………………… 387
哈珀诉弗吉尼亚州选举委员会案
Harper v. Virginia State Board of Elections …… 394
哈钦森诉普罗克斯迈尔案
Hutchinson v. Proxmire ……………………… 449
哈伊布恩案件
Hayburn's Case ……………………………… 397
海岛系列案
Insular Cases ………………………………… 464
海拉巴亚斯诉合众国案
Hirabayashi v. United States ………………… 400
海商法
Maritime Law ………………………………… 564
海事与海商法
Admiralty and Maritime Law ………………… 17
汉德,比林斯·勒尼德
Hand, Billings Learned ……………………… 388
汉弗莱遗嘱执行人诉合众国案
Humphrey's Executor v. United States ……… 446
汉密尔顿,亚历山大
Hamilton, Alexander ………………………… 386
豪尔,埃比尼泽·罗克伍德
Hoar, Ebenezer Rockwood …………………… 432
好消息俱乐部诉米尔福德中心学校案
Good News Club, Inc. v. Milford Central
　　School …………………………………… 369
合理规则
Rule of Reason ……………………………… 815
合同
Contract ……………………………………… 207

合同自由
Contract, Freedom of ……… 208

合众国诉 E. C. 奈特公司案
E. C. Knight Co., United States v. ……… 261

合众国诉阿姆斯特朗案
Armstrong, United States v. ……… 49

合众国诉爱奇曼案
Eichman, United States v. ……… 264

合众国诉奥布赖恩案
O'Brien, United States v. ……… 653

合众国诉巴特勒案
Butler, United States v. ……… 122

合众国诉达比木材公司案
Darby Lumber Co., United States v. ……… 232

合众国诉东南保险商协会案
South-Eastern Underwriters Association,
　　United States v. ……… 880

合众国诉福代斯案
Fordice, United States v. ……… 328

合众国诉格斯特案
Guest, United States v. ……… 383

合众国诉合众国联邦地区法院案
United States District Court, United States v. … 971

合众国诉赫德森与古德温案
Hudson & Goodwin, United States v. ……… 443

合众国诉加利福尼亚州案
California, United States v. ……… 126

合众国诉卡尔顿案
Carlton, United States v. ……… 139

合众国诉卡加马案
Kagama, United States v. ……… 515

合众国诉柯蒂斯-赖特出口公司案
Curtiss-Wright Export Corp., United States v. … 227

合众国诉克拉西克案
Classic, United States v. ……… 170

合众国诉克鲁克香克案
Cruikshank, United States v. ……… 224

合众国诉兰扎案
Lanza, United States v. ……… 531

合众国诉里斯案
Reese, United States v. ……… 775

合众国诉理查森案
Richardson, United States v. ……… 799

合众国诉利昂案
Leon, United States v. ……… 540

合众国诉罗贝尔案
Robel, United States v. ……… 803

合众国诉罗思案
Ross, United States v. ……… 812

合众国诉洛佩斯案
Lopez, United States v. ……… 551

合众国诉洛维特案
Lovett, United States v. ……… 554

合众国诉美国矿业工人协会案
United Mine Workers, United States v. ……… 970

合众国诉美国图书馆协会案
American Library Association, United States v. … 33

合众国诉莫里森案
Morrison, United States v. ……… 609

合众国诉尼克松案
Nixon, United States v. ……… 642

合众国诉斯坦利案
Stanley, United States v. ……… 895

合众国诉王·金·阿克案
Wong, Kim Ark, United States v. ……… 1026

合众国诉韦德案
Wade, United States v. ……… 991

合众国诉温星公司案
Winstar Corporation, United States v. ……… 1023

合众国银行诉德沃克斯案
Bank of the United States v. Deveaux ……… 65

合作联邦主义
Cooperative Federalism ……… 210

赫伯恩诉格里斯沃尔德案
Hepburn v. Griswold ……… 399

赫德森诉帕尔默案
Hudson v. Palmer ……… 444

赫尔夫林诉戴维斯案
Helvering v. Davis ……… 398

赫尔利诉波士顿爱尔兰裔美国人同性恋组织案
Hurley v. Irish-American GLB Group of Boston,
　　Inc. ……… 448

赫斯特勒杂志诉法尔威尔案
Hustler Magazine v. Falwell ……… 449

黑格诉工业组织协会案
Hague v. Congress of Industrial Organizations ………
　　……… 386

黑色星期一
Black Monday ……… 80

亨特,沃德
Hunt, Ward ……… 446

衡平救济
Equitable Remedies ………… 279

红狮广播公司诉联邦通讯委员会案
Red Lion Broadcasting Co., Inc. v. Federal Communications Commission ………… 773

胡塔多诉加利福尼亚州案
Hurtado v. California ………… 448

华莱士,约翰·威廉
Wallace, John William ………… 992

华莱士诉杰弗里案
Wallace v. Jaffree ………… 993

华盛顿,布什罗德
Washington, Bushrod ………… 1003

华盛顿,乔治
Washington, George ………… 1004

华盛顿诉戴维斯案
Washington v. Davis ………… 1005

华盛顿州诉格卢克斯伯格案和瓦卡诉奎尔案
Washington v. Glucksberg and Vacco v. Quill ………… 1006

怀特,爱德华·道格拉斯
White, Edward Douglass ………… 1016

怀特,拜伦·雷蒙德
White, Byron Raymond ………… 1015

怀亚特,沃尔特
Wyatt, Walter ………… 1035

环境
Environment ………… 274

黄狗合同
Yellow Dog Contracts ………… 1038

黄金条款系列案件(1935)
Gold Clause Cases(1935) ………… 367

回复控告
Inverse Condemnation ………… 470

回应权
Reply, Right of ………… 790

会议
Conference, the ………… 188

惠顿,亨利
Wheaton, Henry ………… 1015

惠特克,查尔斯·埃文斯
Whittaker, Charles Evans ………… 1018

惠特尼诉加利福尼亚州案
Whitney v. California ………… 1018

毁誉
Defamation ………… 239

豁免
Immunity ………… 453

货币权
Monetary Powers ………… 605

获得律师辩护权
Counsel, Right to ………… 214

获准在联邦最高法院律协从事律师职业
Admission to Practice Before the Bar of the Court ………… 18

霍恩布洛尔,威廉·巴特勒
Hornblower, William Butler ………… 441

霍尔德诉霍尔案
Holder v. Hall ………… 433

霍尔登诉哈迪案
Holden v. Hardy ………… 432

霍尔诉德克尔案
Hall v. Decuir ………… 386

霍华德,本杰明·丘
Howard, Benjamin Chew ………… 443

霍姆斯,奥利弗·温德尔
Holmes, Oliver Wendell ………… 433

霍姆斯诉詹尼森案
Holmes v. Jennison ………… 438

霍奇森诉明尼苏达州案
Hodgson v. Minnesota ………… 432

霍伊特诉佛罗里达州案
Hoyt v. Florida ………… 443

J

积极行动
Affirmative Action ………… 19

基础权利
Fundamental Rights ………… 346

基础正当原则
Fundamental Fairness Doctrine ………… 346

基德诉皮尔逊案
Kidd v. Pearson ………… 521

基尔波恩诉汤普森案
Kilbourn v. Thompson ………… 522

基斯顿生煤协会诉德贝奈迪克提斯案
Keystone Bituminous Coal Association v. DeBenedictis ………… 521

中文	英文	页码
吉本斯诉奥格登案	Gibbons v. Ogden	361
吉迪恩诉温赖特案	Gideon v. Wainwright	361
吉恩诉合众国案	Guinn v. United States	384
吉尔伯特,卡斯	Gilbert, Cass	362
吉尼斯船长诉菲茨休案	Genesee Chief v. Fitzhugh	358
吉特洛诉纽约案	Gitlow v. New York	365
集会和结社自由	Assembly and Association, Cifizenship, Freedom of	53
集团诉讼	Class Actions	169
既得权利	Vested Rights	981
既判案件	Res Judicata	794
加利福尼亚州诉阿策韦多案	California v. Acevedo	126
加西亚诉圣安东尼奥都市交通局案	Garcia v. San Antonio Metropolitan Transit Authority	349
加州大学校务委员诉巴基案	Regents of the University of California v. Bakke	775
家庭和孩子	Family and Children	293
间谍法	Espionage Acts	280
缄口规则	Gag Rule	349
教会与国家	Church and State	157
教育	Education	262
杰斐逊,托马斯	Jefferson, Thomas	481
杰克逊,安德鲁	Jackson, Andrew	475
杰克逊,豪厄尔·埃德蒙兹	Jackson, Howell Edmonds	475
杰克逊,罗伯特·霍沃特	Jackson, Robert Houghwout	476
杰克逊—布莱克之争	Jackson-Black Feud	478
杰克逊诉都市爱迪生公司案	Jackson v. Metropolitan Edison Co.	479
杰伊,约翰	Jay, John	479
结婚	Marriage	564
解除种族隔离的救济	Desegregation Remedies	242
戒严法	Martial Law	571
金,爱德华	King, Edward	522
金斯伯格,道格拉斯·霍华德	Ginsburg, Douglas Howard	363
金斯伯格,鲁思·巴德	Ginsburg, Ruth Bader	363
谨慎保险公司诉本杰明案	Prudential Insurance Co. v. Benjamin	749
进化与创世论	Evolution and Creation Science	283
禁令与衡平法救济	Injunctions and Equitable Remedies	461
禁止令状	Prohibition, Writ of	740
精神错乱辩护	Insanity Defense	463
竞选资金	Campaign Finance	127
静坐示威	Sit-in Demonstrations	857
纠察	Picketing	688
纠错令状	Coram Nobis	212
九个老头	Nine Old Men	638
救济穷竭	Exhaustion of Remedies	289
就学人数	School Attendance	828

就业年龄歧视法
Age Discrimination in Employment Act ………… 22
就业歧视
Employment Discrimination ………… 272
军事审判与军事法
Military Trials and Martial Law ………… 590
军事司法
Military Justice ………… 590

K

卡茨诉合众国案
Katz v. United States ………… 516
卡多佐,本杰明·内森
Cardozo, Benjamin Nathan ………… 138
卡罗尔诉合众国案
Carroll v. United States ………… 139
卡洛伦案第四评注
Carolene Products Footnote ………… 139
卡洛伦案第四评注
Footnote Four(of United States v. Carolene Products Co.) ………… 327
卡明斯诉密苏里州案
Cummings v. Missouri ………… 225
卡明诉里士满县教育理事会案
Cumming v. Richmond County Board of Education ………… 225
卡斯提加诉合众国案
Kastigar v. United States ………… 515
卡斯韦尔,乔治·哈罗德
Carswell, George Harrold ………… 140
卡特伦,约翰
Catron, John ………… 141
卡特诉卡特煤炭公司案
Carter v. Carter Coal Co. ………… 140
卡曾巴赫诉麦克朗案
Katzenbach v. McClung ………… 515
卡曾巴赫诉摩根案
Katzenbach v. Morgan ………… 516
开庭期
Terms ………… 944
凯斯诉丹佛市第一校区案
Keyes v. Denver School District No. 1 ………… 520
坎贝尔,约翰·阿奇博尔德
Campbell, John Archibald ………… 127

坎特威尔诉康涅狄格州案
Cantwell v. Connecticut ………… 128
康克林·罗斯科
Conkling, Roscoe ………… 192
康塞尔曼诉希契科克案
Counselman v. Hitchcock ………… 215
考尔德诉布尔案
Calder v. Bull ………… 125
考克斯诉新罕布什尔州案
Cox v. New Hampshire ………… 219
柯蒂斯,本杰明·罗宾斯
Curtis, Benjamin Robbins ………… 226
科恩诉弗吉尼亚州案
Cohens v. Virginia ………… 176
科恩诉加利福尼亚州案
Cohen v. California ………… 176
科恩诉考尔斯传媒公司案
Cohen v. Cowles Media Co. ………… 177
科尔格罗夫诉格林案
Colegrove v. Green ………… 178
科尔曼诉米勒案
Coleman v. Miller ………… 178
科克尔诉佐治亚州案
Coker v. Georgia ………… 177
科里根诉巴克利案
Corrigan v. Buckley ………… 213
科里马修诉合众国案
Korematsu v. United States ………… 523
科温,爱德华·塞缪尔
Corwin, Edward Samuel ………… 213
科伊尔诉史密斯案
Coyle v. Smith ………… 220
可诉性
Justiciability ………… 513
克尔诉加利福尼亚州案
Ker v. California ………… 520
克拉克,汤姆·坎贝尔
Clark, Tom Campbell ………… 167
克拉克,约翰·赫辛
Clarke, John Hessin ………… 168
克拉克蒸馏公司诉西马里兰铁路公司案
Clark Distilling Co. v. Western Maryland Railway Co. ………… 168
克兰奇,威廉
Cranch, William ………… 221

克雷格诉博伦案
Craig v. Boren ……………………… 220

克雷格诉密苏里州案
Craig v. Missouri ………………… 221

克里福德·内森
Clifford, Nathan …………………… 174

克里滕登,约翰·乔丹
Crittenden, John Jordan …………… 222

克林顿诉琼斯案
Clinton v. Jones …………………… 175

克鲁赞诉密苏里州健康部主任案
Cruzan v. Director, Missouri Department
  of Health ………………………… 224

克罗狗单方诉讼案
Crow Dog, ex parte ………………… 222

克罗斯比诉国家对外贸易委员会案
Crosby v. National Foreign Trade Council …… 222

克洛普弗尔诉北卡罗来纳州案
Klopfer v. North Carolina ………… 522

克伊西安诉校务委员会案
Keyishian v. Board of Regents …… 521

肯尼迪,安东尼·麦克劳德
Kennedy, Anthony McLeod ………… 517

肯塔基州诉丹尼森案
Kentucky v. Dennison ……………… 519

肯特诉杜勒斯
Kent v. Dulles …………………… 520

孔兹诉纽约州案
Kunz v. New York ………………… 524

口头辩论
Oral Argument …………………… 663

扣留权
Impoundment Powers ……………… 455

库利,托马斯·麦金太尔
Cooley, Thomas Mcintyre ………… 210

库利诉费城港监委员会案
Cooley v. Board of Wardens of the Port of
  Philadelphia ……………………… 210

库珀诉阿伦案
Cooper v. Aaron ………………… 211

库欣,凯莱布
Cushing, Caleb …………………… 228

库欣,威廉
Cushing, William ………………… 228

跨州管辖权
Diversity Jurisdiction …………… 249

奎因单方诉讼案
Quirin, Ex Parte ………………… 755

L

拉马尔,卢修斯·昆塔斯·辛辛纳图斯
Lamar, Lucius Quintus Cincinnatus ……… 530

拉马尔,约瑟夫·拉克尔
Lamar, Joseph Rucker …………… 529

拉斯特诉北汉普敦县选举委员会案
Lassiter v. Northampton County Board of
  Elections ………………………… 532

拉斯特诉沙利文案
Rust v. Sullivan ………………… 817

拉坦诉伊利诺伊州共和党案
Rutan v. Republican Party of Illinois ……… 818

拉特利奇,约翰
Rutledge, John …………………… 818

莱蒙案标准
Lemon Test ……………………… 538

莱蒙诉库尔兹曼案
Lemon v. Kurtzman ……………… 539

赖斯诉凯耶塔诺案
Rice v. Cayetano ………………… 799

蓝法
Blue Laws ………………………… 84

劳工
Labor ……………………………… 525

劳伦斯诉得克萨斯州案
Lawrence v. Texas ……………… 532

劳役偿债制度
Peonage …………………………… 683

勒顿,霍勒斯·哈蒙
Lurton, Horace Harmon ………… 556

雷诺诉美国公民自由联盟案
Reno v. American Civil Liberties Union ……… 789

雷诺兹诉合众国案
Reynolds v. United States ……… 798

雷诺兹诉西姆斯案
Reynolds v. Sims ………………… 796

LexisNexis 数据库
LexisNexis ……………………… 541

冷战
Cold War ……………………………………… 178

礼让
Comity ………………………………………… 179

李诉韦斯曼案
Lee v. Weisman ……………………………… 534

里德,斯坦利·福曼
Reed, Stanley Forman ………………………… 773

里德,约翰·梅雷迪恩
Read, John Meredith ………………………… 769

里德诉里德案
Reed v. Reed ………………………………… 774

里根,罗纳德
Reagan, Ronald ……………………………… 770

里士满报业公司诉弗吉尼亚州案
Richmond Newspapers, Inc. v. Virginia ………… 800

里士满市诉 J. A. 克罗森公司案
Richmond v. J. A. Croson Co. ………………… 801

理解力测试
Understanding Tests ………………………… 969

理论上的隔离
Segregation, De Jure ………………………… 837

立法的可分性
Separability of Statutes ……………………… 844

立法否决权
Legislative Veto ……………………………… 538

立法机构的选区划分
Legislative Districting ………………………… 536

立法—行政协定
Legislative-Executive Agreements …………… 537

立法者本意
Original Intent ………………………………… 665

立法者诉权
Legislative Standing ………………………… 537

立宪主义
Constitutionalism …………………………… 204

利文斯顿,亨利·布罗克霍斯特
Livingston, Henry Brockholst ………………… 547

利益冲突
Conflict of Interest …………………………… 190

《联邦党人文集》
Federalist, The ………………………………… 307

联邦法官中心
Federal Justice Center ……………………… 307

联邦法院的管理
Administration of Federal Courts ……………… 10

联邦海事委员会诉南卡罗来纳州港务局案
Federal Maritime Commission v. South Carolina
　　Ports Authority …………………………… 307

联邦民事程序规则
Federal Rules of Civil Procedure ……………… 308

联邦普通法
Federal Common Law ……………………… 297

联邦侵权赔偿请求法
Federal Tort Claims Act ……………………… 309

联邦司法机关的体制化
Bureaucratization of the Federal Judiciary ……… 112

联邦问题
Federal Questions …………………………… 308

联邦宪法第八修正案
Eighth Amendment ………………………… 266

联邦宪法第二十二修正案
Twenty-second Amendment ………………… 966

联邦宪法第二十六修正案
Twenty-sixth Amendment …………………… 966

联邦宪法第二十七修正案
Twenty-seventh Amendment ………………… 966

联邦宪法第二十三修正案
Twenty-third Amendment …………………… 967

联邦宪法第二十四修正案
Twenty-fourth Amendment ………………… 965

联邦宪法第二十五修正案
Twenty-fifth Amendment …………………… 964

联邦宪法第二十修正案
Twentieth Amendment ……………………… 964

联邦宪法第二十一修正案
Twenty-first Amendment …………………… 965

联邦宪法第二修正案
Second Amendment ………………………… 833

联邦宪法第九修正案
Ninth Amendment …………………………… 638

联邦宪法第六修正案
Sixth Amendment …………………………… 858

联邦宪法第七修正案
Seventh Amendment ………………………… 851

联邦宪法第三修正案
Third Amendment …………………………… 950

联邦宪法第十八修正案
Eighteenth Amendment ……………………… 265

中文	英文	页码
联邦宪法第十二修正案	Twelfth Amendment	964
联邦宪法第十九修正案	Nineteenth Amendment	638
联邦宪法第十六修正案	Sixteenth Amendment	858
联邦宪法第十七修正案	Seventeenth Amendment	851
联邦宪法第十三修正案	Thirteenth Amendment	950
联邦宪法第十四修正案	Fourteenth Amendment	332
联邦宪法第十五修正案	Fifteenth Amendment	312
联邦宪法第十修正案	Tenth Amendment	942
联邦宪法第十一修正案	Eleventh Amendment	269
联邦宪法第四修正案	Fourth Amendment	334
联邦宪法第五修正案	Fifth Amendment	314
联邦宪法第五修正案豁免	Fifth Amendment Immunity	316
联邦宪法第一修正案	First Amendment	318
联邦宪法第一修正案的平衡	First Amendment Balancing	321
联邦宪法第一修正案绝对论	First Amendment Absolutism	320
联邦宪法第一修正案言论测试标准	First Amendment Speech Tests	322
联邦宪法缔造者	Framers of the Constitution	337
联邦刑事程序规则	Federal Rules of Criminal Procedure	309
联邦主义	Federalism	297
联邦最高法院裁缝室	Seamstress's Room	831
联邦最高法院大法官的社会背景	Social Background of the Justices	873
联邦最高法院大法官的薪金	Salaries of the Justices	821
联邦最高法院大楼的建筑结构	Architecture of the Supreme Court Building	45
联邦最高法院的非司法人员	Staff of the Court, Nonjudicial	891
联邦最高法院的公众形象	Popular Images of the Court	712
联邦最高法院的建筑	Buildings, Supreme Court	109
联邦最高法院的历史	History of the Court	402
联邦最高法院的体制化	Bureaucratization of the Court	112
联邦最高法院行政管理办公室	Administrative Office of U. S. Courts	11
联邦最高法院的业务	Business of the Court	118
联邦最高法院的预算	Budget of the Court	108
联邦最高法院规则	Rules of the Court	816
联邦最高法院建筑里的雕塑	Sculpture in the Supreme Court Building	831
联邦最高法院建筑上的油画	Paintings in the Supreme Court Building	669
联邦最高法院判决汇编人	Court Reporters	218
《联邦最高法院判例汇编》	Supreme Court Reporter	925
联邦最高法院判例汇编人	Reporters, Supreme Court	791
联邦最高法院图书馆	Library	543
联邦最高法院之前身	Antecedents to the Court	35
联邦最高法院执行官	Marshals of the Court	570
联合反法西斯难民委员会诉麦格拉思案	Joint Anti-Fascist Refugee Committee v. McGrath	487
联合公务雇员协会诉米切尔案	United Public Workers v. Mitchell	971
良心抗拒	Conscientious Objection	193
林德,亨利·柯蒂斯	Lind, Henry Curtis	546

林肯,利瓦伊
Lincoln, Levi ⋯⋯⋯⋯⋯⋯⋯⋯⋯⋯ 546

林肯,亚伯拉罕
Lincoln, Abraham ⋯⋯⋯⋯⋯⋯⋯⋯ 543

林奇诉唐纳利案
Lynch v. Donnelly ⋯⋯⋯⋯⋯⋯⋯⋯ 558

林诉亚利桑那州案
Ring v. Arizona ⋯⋯⋯⋯⋯⋯⋯⋯⋯ 802

羚羊号案
Antelope, The ⋯⋯⋯⋯⋯⋯⋯⋯⋯⋯ 37

令停与搜身规则
Stop and Frisk Rule ⋯⋯⋯⋯⋯⋯⋯ 918

令状
Writ ⋯⋯⋯⋯⋯⋯⋯⋯⋯⋯⋯⋯⋯⋯ 1035

卢汉诉野生动物保护者案
Lujan v. Defenders of Wildlife ⋯⋯⋯ 556

卢卡斯诉南卡罗来纳州滨海委员会案
Lucas v. South Carolina Coastal Council ⋯⋯ 555

卢瑟诉博登案
Luther v. Borden ⋯⋯⋯⋯⋯⋯⋯⋯ 557

鲁滨逊诉加利福尼亚州案
Robinson v. California ⋯⋯⋯⋯⋯⋯ 805

鲁滨逊诉麦穆非斯—查尔斯顿铁路公司案
Robinson v. Memphis and Charleston
    Railroad ⋯⋯⋯⋯⋯⋯⋯⋯⋯⋯ 805

鲁尼恩诉麦克拉里案
Runyon v. McCrary ⋯⋯⋯⋯⋯⋯⋯ 817

路易斯威尔,新奥尔良和得克萨斯铁路公司
   诉密西比州案
Louisville, New Orleans and Texas Railway Co.
    v. Mississippi ⋯⋯⋯⋯⋯⋯⋯⋯ 553

路易斯威尔铁路公司诉勒葱案
Louisville Railroad Co. v. Letson ⋯⋯ 553

律师版
Lawyers' Edition ⋯⋯⋯⋯⋯⋯⋯⋯ 533

律师广告
Advertising Bar ⋯⋯⋯⋯⋯⋯⋯⋯⋯ 19

律师广告
Bar Advertising ⋯⋯⋯⋯⋯⋯⋯⋯⋯ 67

律师资格
Bar Admission ⋯⋯⋯⋯⋯⋯⋯⋯⋯ 67

伦奎斯特,威廉·哈布斯
Rehnquist, William Hubbs ⋯⋯⋯⋯ 776

罗伯茨,欧文·约瑟夫斯
Roberts, Owen Josephus ⋯⋯⋯⋯⋯ 803

罗伯茨诉合众国国际青年商会案
Roberts v. United States Jaycees ⋯⋯ 804

罗伯特·A.维克特拉诉圣保罗市案
R. A. V. v. City of St. Paul ⋯⋯⋯⋯ 768

罗尔斯,约翰
Rawls, John ⋯⋯⋯⋯⋯⋯⋯⋯⋯⋯ 769

罗马法
Roman Law ⋯⋯⋯⋯⋯⋯⋯⋯⋯⋯ 808

罗默诉埃文斯
Romer v. Evans ⋯⋯⋯⋯⋯⋯⋯⋯ 808

罗沁诉加利福尼亚州案
Rochin v. California ⋯⋯⋯⋯⋯⋯⋯ 805

罗森伯格诉弗吉尼亚大学案
Rosenberger v. University of Virginia ⋯⋯ 811

罗森伯格诉合众国案
Rosenberg v. United States ⋯⋯⋯⋯ 811

罗思诉合众国案;艾伯茨诉加利福尼亚州案
Roth v. United States; Albert's v. California ⋯ 813

罗斯福,富兰克林·德拉诺
Roosevelt, Franklin Delano ⋯⋯⋯⋯ 809

罗斯克诉戈德堡案
Rostker v. Coldberg ⋯⋯⋯⋯⋯⋯⋯ 813

罗斯美国判例汇编诠释
Rose's Notes on the United States Reports ⋯⋯ 812

罗诉韦德案
Roe v. Wade ⋯⋯⋯⋯⋯⋯⋯⋯⋯⋯ 806

洛恩·沃尔夫诉希契科克案
Lone Wolf v. Hitchcock ⋯⋯⋯⋯⋯ 551

洛弗诉格里芬市案
Lovell v. City of Griffin ⋯⋯⋯⋯⋯ 553

洛克纳诉纽约州案
Lochner v. New York ⋯⋯⋯⋯⋯⋯ 548

洛克诉戴维案
Locke v. Davey ⋯⋯⋯⋯⋯⋯⋯⋯⋯ 550

洛文诉弗吉尼亚州案
Loving v. Virginia ⋯⋯⋯⋯⋯⋯⋯⋯ 554

洛伊诉劳勒案
Loewe v. Lawlor ⋯⋯⋯⋯⋯⋯⋯⋯ 551

M

马伯里诉麦迪逊案
Marbury v. Madison ⋯⋯⋯⋯⋯⋯⋯ 563

马丁,卢瑟
Martin, Luther ⋯⋯⋯⋯⋯⋯⋯⋯⋯ 571

马丁诉亨特租户案
Martin v. Hunter's Lessee 571

马丁诉莫特案
Martin v. Mott 572

马尔福德诉史密斯案
Mulford v. Smith 610

马格勒诉堪萨斯州案
Mugler v. Kansas 609

马克斯韦尔诉道案
Maxwell v. Dow 576

马勒诉俄勒冈州案
Muller v. Oregon 610

马里兰州诉克莱格案
Maryland v. Craig 572

马洛里诉合众国案
Mallory v. United States 560

马洛伊诉霍根案
Malloy v. Hogan 560

马普诉俄亥俄州案
Mapp v. Ohio 562

马萨诸塞州人事管理员诉菲尼案
Personnel Administrator of Massachusetts v. Feeney 685

马萨诸塞州诉梅隆案
Massachusetts v. Mellon 573

马森诉纽约客杂志有限公司案
Masson v. New Yorker Magazine, Inc. 574

马斯克拉特诉合众国案
Muskrat v. United States 616

马歇尔,瑟古德
Marshall, Thurgood 568

马歇尔,约翰
Marshall, John 565

马歇尔诉巴洛公司案
Marshall v. Barlow's Inc. 570

马歇尔塑像
Marshall Statue 570

马修斯,托马斯·斯坦利
Matthews, Thomas Stanley 575

迈阿密先驱报出版公司诉托尼罗案
Miami Herald Publishing Co. v. Tornillo 588

迈尔斯诉合众国案
Myers v. United States 616

迈克尔·M.诉所诺马县高等法院案
Michael M. v. Superior Court of Sonoma County 588

迈纳斯维尔校区诉哥比提斯案
Minersville School District v. Gobitis 595

迈纳诉哈珀瑟特案
Minor v. Happersett 596

迈耶诉内布拉斯加州案
Meyer v. Nebraska 587

麦迪逊,詹姆斯
Madison, James 559

麦基沃诉宾夕法尼亚州案
McKeiver v. Pennsylvania 581

麦金利,约翰
McKinley, John 583

麦卡德尔单方诉讼案
McCardle, Ex parte 576

麦卡伦法
McCarran Act 577

麦卡洛克诉马里兰州案
McCulloch v. Maryland 579

麦康奈尔诉联邦选举委员会案
McConnell v. Federal Election Commission 578

麦科勒姆引起的伊利诺伊州诉教育理事会案
Illinois ex. rel. McCollum v. Board of Education 451

麦克莱恩,约翰
McLean, John 585

麦克莱斯基诉肯普案
McCleskey v. Kemp 577

麦克莱斯基诉桑特案
McCleskey v. Zant 578

麦克劳瑞恩诉俄克拉荷马州高等教育委员案
McLaurin v. Oklahoma State Regents for Higher Education 584

麦克雷诺兹,詹姆斯·克拉克
McReynolds, James Clark 586

麦克雷诉合众国案
McCray v. United States 579

麦克纳,约瑟夫
McKenna, Joseph 582

麦特罗广播公司诉联邦通信委员会案
Metro Broadcasting v. Federal Communications Commission 587

曼恩法
Mann Act 561

芒恩诉伊利诺伊州案
Munn v. Illinois ………………… 613

梅西亚诉合众国案
Massiah v. United States ………… 573

媒体旁听审判
Access to Trials ………………… 7

美国保险公司诉坎特案
American Insurance Company v. Canter ………… 33

美国残疾人法
Americans with Disabilities Act. ………… 34

《美国法律周刊》
United States Law Week ………… 971

美国钢铁工人联合会诉韦伯案
United Steelworkers of America v. Weber ……… 972

美国公民自由联盟
American Civil Liberties Union ………… 31

美国律师协会联邦司法委员会
American Bar Association Standing Committee on Federal Judiciary ………… 30

美国内战(南北战争)
Civil War ………… 165

《美国判例汇编》
United States Reports ………… 972

美国任期限制公司诉桑顿案
U. S. Term Limits, Inc. v. Thornton ………… 976

美国司法会议
Judicial Conference of the United States ………… 490

美国通讯协会诉杜茨案
American Communications Association v. Douds ………… 32

美国童子军组织诉戴尔案
Boy Scouts v. Dale ………… 87

美国印第安人
American Indians ………… 32

美国准州与新州
Territories and New States ………… 945

蒙特利市诉戴蒙特顿有限公司案
Monterey v. Del Monte Dunes ………… 605

蒙特利市诉蒙特利市戴蒙特顿有限公司案
City of Monterey v. Del Monte Dunes at Monterey, Ltd. ………… 159

米尔可维奇诉洛兰杂志公司案
Milkovich v. Lorain Journal Co. ………… 591

米库,威廉·查特菲尔德
Micou, William Chatfield ………… 589

米兰达权利告知
Miranda Warnings ………… 599

米兰达诉亚利桑那州案
Miranda v. Arizona ………… 597

米勒,塞缪尔·弗里曼
Miller, Samuel Freeman ………… 591

米勒诉加利福尼亚州案;巴黎成人剧院诉斯拉顿案
Miller v. California; Paris Adult Theatre v. Slaton ………… 592

米勒诉约翰逊案
Miller v. Johnson ………… 593

米利根单方诉讼案
Milligan, Ex parte ………… 594

米利肯诉布拉德利案
Milliken v. Bradley ………… 594

密斯特里塔诉合众国案
Mistretta v. United States ………… 603

密苏里州诉荷兰案
Missouri v. Holland ………… 602

密苏里州诉詹金斯案
Missouri v. Jenkins(1990) ………… 603

密苏里州诉詹金斯案
Missouri v. Jenkins(1995) ………… 603

密西西比女子大学诉霍根案
Mississippi University for Women v. Hogan ……… 601

密西西比州诉约翰逊案
Mississippi v. Johnson ………… 601

密歇根州警察局诉西茨案
Michigan Department of State Police v. Sitz ……… 589

密歇根州诉朗案
Michigan v. Long ………… 589

免职权
Removal Power ………… 789

藐视法院权力
Contempt Power of the Courts ………… 206

藐视国会权力
Contempt Power of Congress ………… 206

民法(成文法)
Civil Law ………… 160

民权系列案
Civil Rights Cases ………… 162

民权运动
Civil Rights Movement ………… 162

民事损害赔偿的司法豁免
Judicial Immunity from Civil Damages ………… 491

明顿,谢尔曼
Minton, Sherman ………… 596

明尼苏达孪生兄弟
Minnesota Twins ………… 596

明尼苏达州费率案
Minnesota Rate Cases ………… 596

明尼苏达州共和党人诉怀特案
Republican Party of Minnesota v. White ……… 793

明显、即发的危险标准
Clear and Present Danger Test ………… 170

摩根诉弗吉尼亚州案
Morgan v. Virginia ………… 608

莫比尔诉博尔登案
Mobile v. Bolden ………… 604

莫里森诉奥尔森案
Morrison v. Olson ………… 608

莫内尔诉社会服务部案
Monell v. Department of Social Services ……… 604

墨菲,弗兰克
Murphy, Frank ………… 614

墨菲诉纽约滨海委员会案
Murphy v. Waterfront Commission of New York ………… 615

默祷时刻
Moment of Silence ………… 604

默多克诉宾夕法尼亚州案
Murdock v. Pennsylvania ………… 614

默多克诉麦穆菲斯案
Murdock v. Memphis ………… 613

默里租户诉霍伯肯土地改良公司案
Murray's Lessee v. Hoboken Land & Improvement Co. ………… 615

默示权力
Implied Powers ………… 455

穆迪,威廉·亨利
Moody, William Henry ………… 605

穆尔,艾尔弗雷德
Moore, Alfred ………… 606

穆尔诉登普西案
Moore v. Dempsey ………… 606

穆斯旅店诉艾尔维斯案
Moose Lodge v. Irvis ………… 607

N

内布尔,欧内斯特
Knaebel, Ernest ………… 523

内布拉斯加出版协会诉斯图尔特案
Nebraska Press Association v. Stuart ………… 631

纳尔逊,塞缪尔
Nelson, Samuel ………… 631

奈比亚诉纽约州案
Nebbia v. New York ………… 631

男女同性恋问题
Gay And Lesbian Issues ………… 350

南达科他州诉多尔案
South Dakota v. Dole ………… 880

南卡罗来纳州诉卡曾巴赫案
South Carolina v. Katzenbach ………… 879

尼尔诉明尼苏达州案
Near v. Minnesota ………… 630

尼格尔对物(对事)诉讼案
Neagle, In re ………… 630

尼克松,理查德
Nixon, Richard ………… 641

尼克松诉合众国案
Nixon v. United States ………… 644

尼克松诉赫恩登案
Nixon v. Herndon ………… 644

尼克松诉康登案
Nixon v. Condon ………… 644

尼克松诉总务执行官案
Nixon v. Administrator of General Services …… 643

逆向歧视
Reverse Discrimination ………… 796

纽约时报公司诉合众国案
New York Times Co. v. United States ………… 636

纽约时报公司诉沙利文案
New York Times Co. v. Sullivan ………… 635

纽约市皇家交易大楼
Royal Exchange in New York City ………… 814

纽约州俱乐部协会诉纽约市案
New York State Club Association v. City of New York ………… 634

纽约州诉贝尔顿案
New York v. Belton ………… 637

纽约州诉米尔恩案
New York v. Miln ……………………… 638

农民系列案
Granger Cases ………………………… 371

农业
Agriculture …………………………… 23

奴隶制
Slavery ………………………………… 863

诺福克南方铁路公司诉尚克林案
Norfolk Southern Railway Co. v. Shanklin …… 649

诺克斯诉李案
Knox v. Lee …………………………… 523

诺兰诉加利福尼亚滨海委员会案
Nollan v. California Coastal Commission ……… 645

诺里斯诉波士顿案
Norris v. Boston ……………………… 650

诺里斯诉亚拉巴马州案
Norris v. Alabama …………………… 649

诺托诉合众国案
Noto v. United States ………………… 651

P

帕尔可诉康涅狄格州案
Palko v. Connecticut ………………… 670

帕尔默诉汤普森案
Palmer v. Thompson ………………… 671

帕克,约翰·约翰斯顿
Parker, John Johnston ………………… 673

帕克诉戴维斯案
Parker v. Davis ………………………… 673

帕萨德那教育理事会诉斯潘格勒案
Pasadena Board of Education v. Spangler ……… 674

帕特森诉麦克莱恩信用合作社案
Patterson v. McLean Credit Union ……… 677

帕特森引起的全国有色人种协进会诉
　亚拉巴马州案
National Association for the Advancement of Colored
　People v. Alabama ex rel. Patterson ……… 619

排除规则
Exclusionary Rule …………………… 283

排华案
Chinese Exclusion Cases ……………… 155

判决的终局性
Finality of Decision ………………… 316

判决附言
Obiter Dictum ………………………… 653

判决结果
Holding ……………………………… 433

判决样张活页
Advance Sheets ……………………… 18

判决意见的报道
Reporting of Opinions ……………… 792

判决意见的风格
Opinions, Style of …………………… 659

判决意见的书写与委派
Opinions, Assignment and Writing of …… 659

判决作出机制
Decision-making Dynamics ………… 238

陪审团
Juries ………………………………… 512

陪审团的审理
Trial by Jury ………………………… 961

佩顿诉纽约州案
Payton v. New York ………………… 678

佩恩诉田纳西州案
Payne v. Tennessee ………………… 678

佩恩中心运输公司诉纽约市案
Penn Central Transportation Co. v. City of New
　York ………………………………… 680

佩卡姆,惠勒·哈泽德
Peckham, Wheeler Hazard ………… 680

佩卡姆,鲁弗斯·惠勒
Peckham, Rufus Wheeler …………… 679

佩里诉合众国
Perry v. United States ……………… 684

佩珀,乔治·沃顿
Pepper, George Wharton …………… 684

佩特森,威廉
Paterson, William …………………… 676

彭里诉利诺弗案
Penry v. Lynaugh …………………… 682

彭诺耶诉奈弗案
Pennoyer v. Neff ……………………… 681

批注
Headnotes …………………………… 398

皮尔斯诉姐妹会案
Pierce v. Society of Sisters …………… 688

皮尔斯诉新罕布什尔州案
Peirce v. New Hampshire …………… 680

皮特尼，马伦	
Pitney, Mahlon	689
贫困	
Poverty	717
贫民诉讼	
IFP	451
贫民诉讼	
In Forma Pauperis	459
平等保护	
Equal Protection	277
平等与保险费率	
Insurance Rates, Equality and	465
平克雷，威廉	
Pinkney, William	689
评议案件清单	
Discuss List	246
破产立法	
Bankruptcy and Insolvency Legislation	66
破产状态立法	
Insolvency Legislation	464
普莱勒诉无名氏案	
Plyler v. Doe	693
普勒西诉弗格森案	
Plessy v. Ferguson	692
普雷瑟诉伊利诺伊州案	
Presser v. Illinois	724
普里格诉宾夕法尼亚州案	
Prigg v. Pennsylvania	726
普林兹诉合众国案	
Printz v. United States	726
普罗瓦登斯银行诉比林斯案	
Providence Bank v. Billings	748
普通法	
Common Law	185
普通法法院	
Common-Law Court	185
普通审查	
Ordinary Scrutiny	664

Q

奇索姆诉罗默尔案	
Chisom v. Roemer	156
奇泽姆诉佐治亚州案	
Chisholm v. Georgia	156
歧视待遇	
Disparate Treatment	247
歧视意图	
Discriminatory Intent	246
歧视影响	
Disparate Impact	247
起诉权	
Standing to Sue	893
起诉者和应诉者	
Petitioner and Respondent	686
契莫尔诉加利福尼亚州案	
Chimel v. California	154
迁移权	
Travel, Right to	959
钱皮恩诉埃姆斯案	
Champion v. Ames	147
强化的审查	
Heightened Scrutiny	398
强制到庭程序	
Compulsory Process	187
乔特，约瑟夫·霍奇斯	
Choate, Joseph Hodges	157
窃听	
Wiretapping	1023
亲自请求	
Pro Se Petition	748
侵权	
Tort	959
青少年司法问题	
Juvenile Justice	513
请愿权	
Petition, Right of	685
琼斯诉艾尔弗雷德·H.迈耶尔公司案	
Jones v. Alfred H. Mayer Co.	488
琼斯诉冯·赞特案	
Jones v. Van Zandt	489
囚犯的言论权	
Prisoners' Rights of Speech	728
全国城市联盟诉尤塞里案	
National League of Cities v. Usery	621
全国妇女组织	
National Organization for Women (NOW)	622

全国劳动关系委员会诉琼斯与劳夫林钢铁
　公司案
National Labor Relations Board v. Jones &
　Laughlin Steel Corp. 620

全国有色人种协进会
National Association for the Advancement of
　Colored People 619

全国有色人种协进会诉巴顿案
National Association for the Advancement of
　Colored People v. Button 620

《权利法案》
Bill of Rights 75

权利共享
Collegiality 179

权利资格
Entitlements 274

确立宗教条款
Establishment Clause 281

确认程序
Confirmation Process 190

R

人身保护状
Habeas Corpus 385

人头费系列案
Head Money Cases 397

任免权
Appointment and Removal Power 43

日本人重新安置
Japanese Relocation 479

S

萨瑟兰,乔治
Sutherland, George 926

塞耶,詹姆斯·布拉德利
Thayer, James Bradley 950

桑福德,爱德华·特里
Sanford, Edward Terry 822

桑西尔诉亚拉巴马州案
Thornhill v. Alabama 955

色情
Pornography 717

煽动性诽谤
Seditious Libel 835

善意例外
Good Faith Exception 369

商流
Stream of Commerce 921

商业权力
Commerce Power 180

商业言论
Commercial Speech 183

上诉
Appeal 41

上诉法院
Courts of Appeals 218

上诉管辖权
Appellate Jurisdiction 42

社会科学
Social Science 874

社会学法学
Sociological Jurisprudence 875

涉及高尔特的诉讼案
Gault, In re 350

涉及塞伯德的单方诉讼案
Siebold, Ex Parte 856

涉及亚伯勒的单方诉讼案
Yarbrough, Ex Parte 1037

涉及扬的单方诉讼案
Young, Ex Parte 1039

涉外事务与对外政策
Foreign Affairs and Foreign Policy 328

赦免权
Pardon Power 672

申克诉合众国案
Schenck v. United States 827

审查程序
Review, Process of 796

审查与平衡
Checks and Balances 151

审查制度
Censorship 142

审前公开与缄口规则
Pretrial Publicity and the Gag Rule 725

圣安东尼奥独立校区诉罗德里格斯案
San Antonio Independent School District v.
　Rodriguez 821

中文词条	页码
圣克拉拉县诉南太平洋铁路公司案 Santa Clara County v. Southern Pacific Railroad Co.	823
圣克拉拉印第安村诉马丁内斯案 Santa Clara Pueblo v. Martinez	823
圣克莱尔,詹姆斯 St. Clair, James	821
施里夫波特费率系列案 Shreveport Rate Cases	856
十分审慎的速度 All Deliberate Speed	29
十月的第一个星期一 First Monday in October	323
时代公司诉希尔案 Time, Inc. v. Hill	956
时间、地点和方法规则 Time, Place, and Manner Rule	956
实际恶意 Actual Malice	7
实体的正当程序 Substantive Due Process	924
实体正当程序 Due Process, Substantive	256
实质上的隔离 Segregation, De Facto	836
史蒂文斯,约翰·保罗 Stevens, John Paul	911
史密斯,威廉 Smith, William	871
《史密斯法》 Smith Act	871
史密斯诉埃姆斯案 Smyth v. Ames	873
史密斯诉奥尔莱特案 Smith v. Allwright	872
市政公司 Municipal Corporations	611
首席大法官的行政助理 Administrative Assistant to the Chief Justice	11
首席大法官职位 Chief Justice, Office of the	152
首席政府律师 Solicitor General	875
受公共利益之影响 Affected with a Public Interest	19
授权 Delegation of Powers	240
书记官办公室 Clerk, Office of the	171
双方同意的裁决 Consent Decree	194
双重联邦主义 Dual Federalism	255
双重治罪危险 Double Jeopardy	251
水门事件 Watergate Affair	1007
税收免除 Tax Immunities	939
《司法改善与申诉法》 Judicial Improvements and Access to Justice Act	491
司法激进主义 Judicial Activism	489
司法伦理 Judicial Ethics	490
司法权力与管辖权 Judicial Power and Jurisdiction	492
司法审查 Judicial Review	499
司法外活动 Extrajudicial Activities	290
司法自我约束原则 Judicial Self-Restraint	504
私人公司章程 Private Corporation Charters	735
私人歧视性协会 Private Discriminatory Associations	736
私人引起的公诉 Ex rel.	290
斯金纳诉俄克拉荷马州案 Skinner v. Oklahoma	860
斯金纳诉铁路劳工执行协会案 Skinner v. Railway Labor Executives Association	861
斯卡利亚,安东尼 Scalia, Antonin	824
斯凯尔斯诉合众国案 Scales v. United States	824

斯科特伯罗系列案
Scottsboro Cases ················· 829

斯科特诉桑福德案
Scott v. Sandford ················· 829

斯罗乔威尔诉纽约市教育理事会案
Slochower v. Board of Education of New York
  City ·························· 871

斯帕罗纳诉合众国案
Spallone v. United States ············ 881

斯潘塞,约翰·C.
Spencer, John C. ·················· 890

斯普林格诉合众国案
Springer v. United States ············ 891

斯坦伯利,亨利
Stanbery, Henry ··················· 892

斯坦顿,埃德温·M.
Stanton, Edwin M. ················· 896

斯坦顿诉斯坦顿案
Stanton v. Stanton ················· 896

斯坦福诉肯塔基州案
Stanford v. Kentucky ··············· 895

斯坦利诉佐治亚州案
Stanley v. Georgia ················· 895

斯特朗,威廉
Strong, William ··················· 923

斯特劳布里奇诉柯蒂斯案
Strawbridge v. Curtiss ·············· 921

斯特劳德诉西弗吉尼亚州案
Strauder v. West Virginia ············ 921

斯特姆伯格诉加利福尼亚州案
Stromberg v. California ············· 922

斯特奇斯诉克劳宁谢尔德案
Sturges v. Crowninshield ············ 924

斯通,哈伦·菲斯科
Stone, Harlan Fiske ················ 914

斯通诉鲍威尔案
Stone v. Powell ··················· 917

斯通诉密西西比州案
Stone v. Mississippi ················ 917

斯图尔德机械公司诉戴维斯案
Steward Machine Co. v. Davis ········ 913

斯图尔特,波特
Stewart, Potter ··················· 913

斯图尔特诉莱尔德案
Stuart v. Laird ···················· 924

斯托克斯引起的肯德尔诉合众国案
Kendall v. United States ex rel. Stokes ······· 517

斯托里,约瑟夫
Story, Joseph ····················· 918

斯旺诉卡尔罗特-麦克伦伯格教育理事会案
Swann v. Charlotte-Mecklenburg Board of
  Education ····················· 927

斯威夫特及其公司诉合众国案
Swift & Co. v. United States ········· 929

斯威夫特诉泰森案
Swift v. Tyson ···················· 930

斯韦恩,厄·海恩斯
Swayne, Noah Haynes ·············· 928

斯韦特诉佩因特案
Sweatt v. Painter ·················· 929

死案名单
Dead List ························ 237

死亡权
Die, Right to ····················· 244

死刑
Capital Punishment ················ 136

死刑
Death Penalty ···················· 237

四骑士
Four Horsemen ··················· 332

四人规则
Rule of Four ····················· 815

搜查令规则的例外
Search Warrant Rules, Exceptions to ······· 832

苏特,戴维·哈克特
Souter, David Hackett ·············· 877

诉讼要点
Briefs ··························· 100

溯及既往的法律
Ex Post Facto Laws ················ 290

税务官诉戴案
Collector v. Day ·················· 178

所得税
Income Tax ······················ 456

所得税案
Income Tax Cases ················· 456

索恩伯勒诉美国妇产科学院案
Thornburgh v. American College of Obstetricians
  and Gynecologists ··············· 954

索恩伯里,威廉·霍默尔
Thornberry, William Homer ……… 954

T

塔尔顿诉梅斯案
Talton v. Mayes ……… 936

塔夫脱,威廉·霍华德
Taft, William Howard ……… 933

太浩-塞拉保护委员会诉太浩地区规划当局案
Tahoe-Sierra Preservation Council v. Tahoe Regional Planning ……… 935

太平洋州电话电报公司诉俄勒冈州案
Pacific States Telephone & Telegraph Co. v. Oregon ……… 669

泰勒,约翰
Tyler, John ……… 967

泰勒诉路易斯安那州案
Taylor v. Louisiana ……… 940

泰森诉邦顿案
Tyson v. Banton ……… 968

汤普森,史密斯
Thompson, Smith ……… 953

唐斯诉比德韦尔案
Downes v. Bidwell ……… 255

糖业托拉斯案
Sugar Trust Case ……… 925

逃犯
Fugitives from Justice ……… 342

逃亡奴隶
Fugitive Slaves ……… 342

特赖布,H. 劳伦斯
Tribe, Lawrence H. ……… 962

特里,戴维·史密斯
Terry, David Smith ……… 946

特里萨·拜布尔引起的詹姆斯·E.鲍曼诉亚拉巴马州案
J. E. B. v. Alabama ex rel. T. B. ……… 480

特里诉俄亥俄州案
Terry v. Ohio ……… 946

特里诉亚当斯案
Terry v. Adams ……… 946

特林布尔,罗伯特
Trimble, Robert ……… 962

特罗普诉达勒德案
Trop v. Dulles ……… 963

特米涅罗诉芝加哥案
Terminiello v. Chicago ……… 944

特权与豁免
Privileges and Immunities ……… 737

特文宁诉新泽西州案
Twining v. New Jersey ……… 967

提帕尔多引起的莫尔黑德诉纽约案
Morehead v. New York ex rel. Tipaldo ……… 608

田纳西州诉莱恩案
Tennessee v. Lane ……… 941

条约与条约权
Treaties and Treaty Power ……… 960

条状书面判决意见
Slip Opinion ……… 870

铁路
Railroads ……… 767

廷克诉德斯·莫因斯独立社区学校校区案
Tinker v. Des Moines Independent Community School District ……… 957

通过修正案推翻判决
Reversals of Court Decisions by Amendment ……… 795

同性恋
Homosexuality ……… 439

童工
Child Labor ……… 154

投票权
Vote, Right to ……… 986

图尔罗诉马萨诸塞州案
Thurlow v. Massachusetts ……… 955

屠宰场系列案
Slaughterhouse Cases ……… 861

土地授予
Land Grants ……… 531

土著美国人
Native Americans ……… 625

退休
Retirement ……… 795

托德,托马斯
Todd, Thomas ……… 958

托拉克斯诉科里根案
Truax v. Corrigan ……… 963

托马斯,克拉伦斯
Thomas, Clarence ……… 951

托尼,罗杰·布鲁克
Taney, Roger Brooke ……… 936

W

瓦巴施、圣路易斯和太平洋铁路公司诉伊利诺伊州案
Wabash, St. Louis & Pacific Railway Co. v. Illinois ………… 991

瓦德谷包装公司诉安东尼奥案
Ward's Cove Packing Co. v. Atonio …………… 996

外侨法和煽动叛乱法
Alien and Sedition Acts …………… 29

外侨身份与归化
Alienage and Naturalization …………… 26

外侨土地法
Alien Land Laws …………… 29

完全诚意和信任
Full Faith and Credit …………… 345

网络与计算机的使用
Web and Computer Access …………… 1008

危险最小的分支部门
Least Dangerous Branch …………… 533

威尔森诉布莱克包德港湾湿地公司案
Willson v. Blackbird Creek Marsh Co. …………… 1021

威尔逊,詹姆斯
Wilson, James …………… 1021

威卡德诉菲尔伯恩案
Wickard v. Filburn …………… 1019

威克斯诉合众国案
Weeks v. United States …………… 1011

威廉斯,乔治·亨利
Williams, George Henry …………… 1020

威廉斯堡犹太人联合组织诉凯里案
United Jewish Organizations of Williamsburgh v. Carey …………… 969

威廉斯诉佛罗里达州案
Williams v. Florida …………… 1020

威廉斯诉密西西比州案
Williams v. Mississippi …………… 1021

威姆斯诉合众国案
Weems v. United States …………… 1011

威纳诉合众国案
Wiener v. United States …………… 1019

威斯伯里诉桑德斯案
Wesberry v. Sanders …………… 1012

威斯康星州诉约德案
Wisconsin v. Yoder …………… 1024

威斯特河大桥公司诉迪克斯案
West River Bridge Co. v. Dix …………… 1014

韦伯斯特,丹尼尔
Webster, Daniel …………… 1009

韦伯斯特诉生殖健康服务部案
Webster v. Reproductive Health Services …………… 1010

韦恩,詹姆斯·穆尔
Wayne, James Moore …………… 1007

韦尔诉希尔顿案
Ware v. Hylton …………… 997

韦斯顿诉查尔斯顿案
Weston v. Charleston …………… 1013

韦特,莫里森·雷米克
Waite, Morrison Remick …………… 991

韦泽银行诉菲诺案
Veazie Bank v. Fenno …………… 980

违宪嫌疑的分类
Suspect Classification …………… 926

维罗尼亚校区诉阿克顿案
Veronia School District v. Acton …………… 980

温伯格诉威森菲尔德案
Weinberger v. Wiesenfeld …………… 1011

温希普对物(对事)诉讼案
Winship, In Re …………… 1022

文本主义和非文本主义
Interpretivism and Noninterpretivism …………… 468

文化水平测试
Literacy Tests …………… 547

文森,弗雷德里克·穆尔
Vinson, Frederick Moore …………… 983

文书组
Cert Pool …………… 145

Westlaw 数据库
Westlaw …………… 1013

沃尔夫包装公司诉产业关系法院案
Wolff Packing Co. v. Court of Industrial Relations …………… 1025

沃尔夫诉科罗拉多州案
Wolf v. Colorado …………… 1025

沃尔科特,亚历山大
Wolcott, Alexander …………… 1025

沃尔沃思,鲁本·海德
Walworth, Reuben Hyde …………… 994

中文	英文	页码
沃伦,查尔斯	Warren, Charles	999
沃伦,厄尔	Warren, Earl	999
沃特,威廉	Wirt, William	1023
沃特金斯诉合众国案	Watkins v. United States	1007
无实际价值	Mootness	607
无因回避	Peremptory Challenges	684
无助者	Indigency	458
五角大楼文件案	Pentagon Papers Case	683
午夜法官	Midnight Judges	590
伍德伯里,利瓦伊	Woodbury, Levi	1026
伍德拉夫诉帕勒姆案	Woodruff v. Parham	1027
伍德森诉北卡罗来纳州案	Woodson v. North Carolina	1028
伍德沃德,乔治·W.	Woodward, George W.	1028
伍兹,威廉·伯恩汉姆	Woods, William Burnham	1027
武器持有权	Right to Bear Arms	802
武斯特诉佐治亚州案	Worcester v. Georgia	1029

X

中文	英文	页码
西北法令	Northwest Ordinance	650
西弗吉尼亚州教育理事会诉巴尼特案	West Virginia State Board of Education v. Barnette	1014
西海岸旅馆公司诉帕里西案	West Coast Hotel Co. v. Parrish	1012
希尔顿诉合众国案	Hylton v. United States	449
夏皮罗诉汤普森案	Shapiro v. Thompson	852
夏威夷房屋管理局诉米德基夫案	Hawaii Housing Authority v. Midkiff	396
先例	Precedent	720
限制性协约	Restrictive Covenants	794
宪法保障条款	Guarantee Clause	383
宪法第3条	Article III	50
宪法解释	Constitutional Interpretation	197
宪法契约条款	Contracts Clause	209
宪法修正案	Constitutional Amendments	195
宪法占用条款	Takings Clause	935
宪法征税与开支条款	Taxing and Spending Clause	940
相当理由	Probable Cause	739
象征性言论	Symbolic Speech	930
小鲍威尔,刘易斯·富兰克林	Powell, Lewis Franklin, Jr.	717
小彼得斯,理查德	Peters, Richard, Jr.	685
小布莱尔,约翰	Blair, John, Jr.	82
小布伦南,威廉·约瑟夫	Brennan, William Joseph, Jr.	94
小查菲,泽卡赖亚	Chafee, Zechariah, Jr.	146
小海恩斯沃思,克莱门特·弗曼	Haynsworth, Clement Furman, Jr.	397
小拉特利奇,威利·布朗特	Rutledge, Wiley Blount, Jr.	819
小纳布里特,詹姆斯·M	Nabrit, James M., Jr.	619
小陪审团	Petit Juries	686

小普策尔·亨利
Putzel, Henry, Jr. ………………………… 754

小乔治·夏伊拉斯
Shiras, George, Jr. ……………………… 855

肖诉雷诺案
Shaw v. Reno …………………………… 852

校内祈祷与诵经
School Prayer and Bible Reading ……… 828

《谢尔曼反托拉斯法》
Sherman Antitrust Act ………………… 854

谢克特禽畜公司诉合众国案
Schechter Poultry Corp. v. United States ……… 826

谢利诉克雷默案
Shelley v. Kraemer ……………………… 853

谢泼德诉马克斯韦尔案
Sheppard v. Maxwell …………………… 854

新奥尔良文明屠宰协会诉克里森特城市禽畜卸放与屠宰公司案
Butchers' Benevolent Association of New Orleans v. Crescent City Livestock Landing and Slaughterhouse Co. ……………………… 120

新加入的州
New States ……………………………… 634

新商业条款
New Commerce Clause ………………… 632

新闻的保密性
Press Confidentiality …………………… 724

新闻的报道范围
Press Coverage ………………………… 724

新闻室
Press Room ……………………………… 725

新闻自由
Press, Freedom of the ………………… 723

"新政"
New Deal ………………………………… 633

新州冰块公司诉利布曼案
New State Ice Co. v. Liebmann ………… 634

星期日歇业法
Sunday Closing Laws …………………… 925

行政国家
Administrative State …………………… 11

行政豁免
Executive Immunity …………………… 287

行政特权
Executive Privilege …………………… 288

行政协定
Executive Agreements ………………… 286

性别
Gender …………………………………… 351

性别歧视
Sex Discrimination …………………… 851

性骚扰
Sexual Harassment …………………… 852

休斯,查尔斯·埃文斯
Hughes, Charles Evans ………………… 444

休斯顿,查尔斯·汉密尔顿
Houston, Charles Hamilton …………… 442

休斯顿、东西得克萨斯铁路公司诉合众国案
Houston, East and West Texas Railway Co. v. United States ……………………… 443

修宪程序
Constitutional Amending Process ……… 194

许可系列案
License Cases …………………………… 543

宣告性判决
Declaratory Judgments ………………… 239

选举
Elections ………………………………… 267

选举投票
Suffrage ………………………………… 925

选择性排斥
Selective Exclusiveness ………………… 840

学术自由
Academic Freedom ……………………… 6

巡回办案
Circuit Riding …………………………… 157

巡回上诉法院
Circuit Courts of Appeals ……………… 157

迅速审理
Speedy Trial …………………………… 889

Y

亚当森诉加利福尼亚州案
Adamson v. California ………………… 8

亚当斯,约翰·昆西
Adams, John Quincy …………………… 8

亚库斯诉合众国案
Yakus v. United States ………………… 1037

中文词条	英文词条	页码
亚拉巴马州校董会诉加勒特案	Board of Trustees of Alabama v. Garrett	84
亚利桑那州诉福明南特案	Arizona v. Fulminante	49
亚特兰大中心旅馆诉合众国案	Heart of Atlanta Motel v. United States	398
严格审查	Strict Scrutiny	922
言论或辩论条款	Speech or Debate Clause	889
言论与出版	Speech and the Press	881
言论自由	Freedom of Speech	340
扬格斯通钢板与管道公司诉苏耶尔案	Youngstown Sheet & Tube Co. v. Sawyer	1041
扬格诉哈里斯案	Younger v. Harris	1040
扬诉美国迷你剧场公司案	Young v. American Mini Theatres, Inc.	1042
耶茨诉合众国案	Yates v. United States	1037
一人一票	One Person, One Vote	659
伊克·吴诉霍普金斯案	Yick Wo v. Hopkins	1039
伊利铁路公司诉汤普金斯案	Erie Railroad Co. v. Tompkins	279
移民	Immigration	451
移民与归化局诉查德哈案	Immigration and Naturalization Service v. Chadha	452
遗产及非婚生子女	Inheritance and Illegitimacy	460
议席重新分配系列案	Reapportionment Cases	771
异议	Dissent	247
意见确认	Certification	143
淫秽与色情	Obscenity and Pornography	653
银盘原则	Silver Platter Doctrine	857
引用（令状）	Citation	158
隐私权	Privacy	729
《印第安人权利法案(1968)》	Indian Bill of Rights(1968)	457
优先自由原则	Preferred Freedoms Doctrine	721
尤克里德诉阿姆布勒物业公司案	Euclid v. Ambler Realty Co.	281
邮政权	Postal Power	717
有异议的提名	Nominations, Controversial	645
预先约束	Prior Restraint	727
原审管辖权	Original Jurisdiction	665
原装原则	Original Package Doctrine	665
约翰逊,托马斯	Johnson, Thomas	482
约翰逊,威廉	Johnson, William	483
约翰逊诉德格瑞迪案	Johnson v. De Grandy	485
约翰逊诉路易斯安那州案	Johnson v. Louisiana	486
约翰逊诉圣·克拉拉县案	Johnson v. Santa Clara County	486
约翰逊诉泽尔布斯特案	Johnson v. Zerbst	487
约翰逊与格雷厄姆租户诉麦克尹托西案	Johnson and Graham's Lessee v. Mcintosh	485
越南战争	Vietnam War	982
孕妇、无能力与孕妇离职	Pregnancy, Disability, and Maternity Leaves	721

Z

泽尔曼诉西蒙斯-哈里斯案
Zelman v. Simmons-Harris ······ 1043

泽克诉《斯坦福日报》案
Zurcher v. Stanford Daily ······ 1044

詹纳—巴特勒法案
Jenner-Butler Bill ······ 482

战利品系列案
Prize Cases ······ 738

战时没收权
Wartime Seizure Power ······ 1002

战争
War ······ 994

战争权
War Powers ······ 997

罩衣室
Robing Room ······ 805

征兵
Conscription ······ 194

征兵
Draft ······ 255

征兵法系列案
Selective Draft Law Cases ······ 840

征用权
Eminent Domain ······ 272

正当程序革命
Due Process Revolution ······ 258

政党
Political Parties ······ 698

政党制度
Party System ······ 673

政府间税收豁免
Intergovernmental Tax Immunity ······ 466

政教分离美国人联合会
Americans United for the Separation of Church and State ······ 33

政治程序
Political Process ······ 699

政治丛林
Political Thicket ······ 709

政治问题
Political Questions ······ 706

支持三位大法官签发调卷令的投票
Join Three ······ 487

芝加哥,米尔沃基与圣保罗铁路公司诉明尼苏达州案
Chicago, Milwaukee & St. Paul Railway Co. v. Minnesota ······ 151

芝加哥、布尔灵顿及昆西铁路公司诉芝加哥市案
Chicago, Burlington & Quincy Railroad Company v. Chicago ······ 151

执行令状(履行职责令状,训令状)
Mandamus, Writ of ······ 561

指控
Condemnation ······ 188

指令一览表
Orders List ······ 664

制定法的解释
Statutory Construction ······ 911

治安权
Police Power ······ 694

质证
Witnesses, Confrontation of ······ 1024

中级审查
Intermediate Scrutiny ······ 466

中心席
Center Chair ······ 143

中止诉讼程序
Stay ······ 911

种族歧视与死刑
Race Discrimination and the Death Penalty ······ 765

种族与种族主义
Race and Racism ······ 757

众议院推翻判决
Reversals of Court Decisions by Congress ······ 795

州的干预
Interposition ······ 468

州法院
State Courts ······ 900

州际商事委员会
Interstate Commerce Commission ······ 469

州际协约
Interstate Compacts ······ 470

州煽动罪法
State Sedition Laws ······ 904

中文	英文	页码
州商业管制	State Regulation of Commerce	902
州税收	State Taxation	910
州宪法和个人权利	State Constitutions and Individual Rights	897
州治安权	State Police Power	902
州主权和州权利	State Sovereignty and States' Rights	904
主权豁免	Sovereign Immunity	880
住房歧视	Housing Discrimination	441
专利	Patent	675
咨询意见	Advisory Opinions	19
资本主义	Capitalism	128
资历	Seniority	844
自然法	Natural Law	629
自证其罪	Self-Incrimination	840
宗教	Religion	780
宗教教导时间	Released Time	780
宗教自由践行条款	Free Exercise Clause	340
总统紧急权力	Presidential Emergency Powers	722
祖父条款	Grandfather Clause	370
最低约束手段标准	Least Restrictive Means Test	533
最高法院的理发室	Barber Shop	68
最高法院法律顾问处	Legal Counsel, Office of	534
最高法院健身房	Gymnasium	384
最高法院文史室	Curator, Office of the	226
遵循先例原则	Stare Decisis	896
左拉奇诉克卢森案	Zorach v. Clauson	1044
布坎南诉瓦雷案	Buchanan v. Warley	106